WINKLER DÜNNDRUCK
AUSGABE

EDUARD MÖRIKE

SÄMTLICHE WERKE

I

Maler Nolten (Erstfassung) / Erzählungen
Gedichte / Idylle vom Bodensee / Wispeliaden
Dramatisches

WINKLER VERLAG MÜNCHEN

Eduard Mörike: Sämtliche Werke in zwei Bänden. Nach dem Text der Ausgaben letzter Hand unter Berücksichtigung der Erstdrucke und Handschriften. Verantwortlich für die Textredaktion: Jost Perfahl. – Mit einem Nachwort von Benno von Wiese sowie Anmerkungen, Zeittafel und Bibliographie von Helga Unger. Bd. I

ISBN Leinen 3 538 05151 8   Leder 3 538 05651 x

MALER NOLTEN

Novelle in zwei Teilen

ERSTER TEIL

Ein heiterer Juniusnachmittag besonnte die Straßen der Residenzstadt. Der ältliche Baron Jaßfeld machte nach längerer Zeit wieder einen Besuch bei dem Maler Tillsen, und nach seinen eilfertigen Schritten zu urteilen, führte ihn diesmal ein ganz besonderes Anliegen zu ihm. Er traf den Maler, wie gewöhnlich nach Tische, mit seiner jungen Frau in dem kleinen, ebenso geschmackvollen als einfachen Saale, dessen antike Dekoration sich gar harmonisch mit den gewöhnlichen Gegenständen des Gebrauchs und der Mode ausnahm. Man sprach zuerst in heiterm Tone über verschiedene Dinge, bis die Frau sich in Angelegenheiten der Haushaltung entfernte und die beiden Herren allein ließ.

Der Baron saß bequemlich mit übereinandergeschlagenen Beinen im weichen Fauteuil, und indes die Wange in der rechten Hand ruhte, schien er während der eingetretenen Pause den Maler in freundlichem Nachsinnen mit der neuen Ansicht zu vergleichen, die sich ihm seit gestern über dessen Werke aufgedrungen. „Mein Lieber!" fing er jetzt an, „daß ich Ihnen nur sage, warum ich vornehmlich hieher komme. Ich bin kürzlich bei dem Grafen von Zarlin gewesen und habe dort ein Gemälde gesehen, wieder und wieder gesehen und des Sehens kaum genug gekriegt. Ich fragte nach dem Meister, der Graf ließ mich raten, ich riet und sagte: Tillsen! — schüttelte aber unwillkürlich den Kopf dabei, weil mir zugleich war, es könne doch nicht wohl sein; ich sagte abermals: Tillsen, und sagte zum zweitenmal: Nein!"

Bei diesen Worten zeigte sich eine Spur von Verdruß und Verlegenheit auf des Malers Gesicht; er wußte sie jedoch schnell zu verbergen und fragte mit guter Laune: „Nun! das schöne Wunderwerk, das meinen armen Pinsel bereits zweimal verleugnet hat — was ist es denn eigentlich?"

„Stellen Sie sich nicht, Bester", erwiderte der Alte aufstehend, mit herzlicher Fröhlichkeit und glänzenden Augen, „Ihnen ist wohl bekannt, wovon ich rede. Der von Zarlin hat Ihnen das Bild abgekauft und Sie sind nach seiner Versicherung der Mann, der es gemacht. Hören Sie, Tillsen", hier ergriff er seine Hand, „hören Sie! ich bin nun einmal eben ein aufrichtiger Bursche, und mag, wo ich meine Leute zu kennen glaube, nicht übertrieben viel Vorsicht brauchen, also platzte ich Ihnen gleich damit heraus, wie mir's mit Ihrem Bilde ergangen; es enthält unverkennbar so manches Ihrer Kunst, besonders was Farbe, was Schönheit im einzelnen, was namentlich auch die Landschaft betrifft, aber es enthält — nein, es *ist* sogar durchaus wieder etwas anderes, als was Sie bisher waren, und indem ich zugebe, daß die überraschende Entdeckung gewisser Ihnen in minderem Grade eigenen Vorzüge mich irregemacht, so liegt hierin ein Vorwurf gegen Ihre früheren Arbeiten, den Sie immer von mir gehört haben, ohne darum zu zweifeln, daß ich Sie für einen in seiner Art trefflichen Künstler halte. Ich fand jetzt aber eine Keckheit und Größe der Komposition von Figuren, eine Freiheit überall, wie Sie meines Wissens der Welt niemals gezeigt hatten; und was mir schlechterdings als ein Rätsel erschien, ist die auffallende Abweichung in der poetischen Denkungsart, in der Wahl der Gegenstände. Dies gilt insbesondere von zwei Skizzen, deren ich noch gar nicht erwähnte und die Sie dem Grafen in Öl auszuführen versprochen haben.

Hier ist eine durchaus seltene Richtung der Phantasie; wunderbar, phantastisch, zum Teil verwegen und in einem angenehmen Sinne bizarr. Ich denke dabei an die Gespenstermusik im Walde und Mondschein, an den Traum des verliebten Riesen. Tillsen! um Gottes willen, sagen Sie, wann ist diese ungeheure Veränderung vorgegangen? wie erklären Sie mir sie? Man weiß und hat es bedauert, daß Tillsen in anderthalb Jahren keine Farbe angerührt; warum sagten Sie mir während der letzten zwei Monate nicht eine Silbe vom Wiederanfange Ihrer Arbeiten? Sie haben heimlich gemalt, Sie wollten uns überraschen, und wahrlich, teuerster, unbegreiflicher Freund, das ist Ihnen gelungen." Hier schüttelte der feurige Redner den stummen Hörer kräftig bei den Schultern, schmunzelte und sah ihm nahezu unter die Augen.

„Ich bin wahrhaftig", begann der andere ganz ruhig, aber lächelnd, „um den Ausdruck verlegen, Ihnen meine Verwunderung über Ihre Worte zu bezeugen, wovon ich das mindeste nicht verstehe. Weder kann ich mich zu jenem Gemälde, zu jenen Zeichnungen bekennen, noch überhaupt faß ich Ihre

Worte. Das Ganze scheint ein Streich von Zarlin zu sein, den er uns wohl hätte ersparen mögen. Wie stehen wir einander nun seltsam beschämt gegenüber! Sie sind gezwungen, ein mir nicht gebührendes Lob zurückzunehmen, und der Tadel, den Sie vergnügt schon auf die alte Rechnung setzten, bleibt wo er hingehört. Das muß uns aber ja nicht genieren, Baron, wir bleiben, hoff ich, die besten Freunde. Geben Sie mir aber doch, ich bitte Sie, einen deutlichen Begriff von den bewußten Stücken. Setzen Sie sich!"

Jaßfeld hatte diese Rede bis zur Hälfte mit offenstehendem Munde, beinahe ohne Atemzug angehört, während der andern Hälfte trippelte er im Zickzack durch den Saal, stand nun plötzlich still und sagte: „Der Teufelskerl von Zarlin! Wenn ja der — aber es ist impossibel, ich behaupte trotz allen himmlischen Heerscharen, Sie sind der Maler, kein anderer; auch läßt sich nicht annehmen, daß es etwa nur zum Teil Ihre Produktion wäre; Sie haben sich in Ihrem Leben nie auf Fremdes verlegt." Der Maler bat wiederholt um die Schilderung der befragten Stücke.

„Ich beschreibe Ihnen also, weil Sie es verlangen, Ihr eigen Werk", hub der alte Herr, sich niedersetzend, an, „aber kurz, und korrigieren Sie mich gleich, wenn ich wo fehle. — Das ausgeführte Ölgemälde zeigt uns, wie einer Wassernymphe ein schöner Knabe auf dem Kahn von einem Satyr zugeführt wird. Jene bildet neben einigen Meerfelsen linker Hand die vorderste Figur. Sie drückt sich, vorgeneigt und bis an die Hüften im Wasser, fest an den Rand des Nachens, indem sie mit erhobenen Armen den reizenden Gegenstand ihrer Wünsche zu empfangen sucht. Der schlanke Knabe beugt sich angstvoll zurück und streckt, doch unwillkürlich, einen Arm entgegen; hauptsächlich mag es der Zauber ihrer Stimme sein, was ihn unwiderstehlich anzieht, denn ihr freundlicher Mund ist halb geöffnet und stimmt rührend zu dem Verlangen des warmen Blicks. Hier erkannte ich Ihren Pinsel, Ihr Kolorit, Ihren unnachahmlichen Hauch, o Tillsen, hier rief ich Ihren Namen aus. Das Gesicht der Nymphe ist fast nur Profil, der schiefe Rücken und eine Brust ist sichtbar; unvergleichlich das nasse, blonde Haar. Bei der Senkung einer Welle zeigt sich wenig der Ansatz des geschuppten Fischkörpers, in der Nähe schlägt der tierische Schwanz aus dem grünen Wasser, aber man vergißt das Ungeheuer über der Schönheit des menschlichen Teils und der Knabe vergeht

in dem Liebreiz dieses Angesichts; er versäumt das leichte, nur
noch über die Schulter geschlungene Tuch, das der Wind als
schmalen Streif in die Höhe flattern läßt. Eine Figur von großer Bedeutung ist der Satyr als Zuschauer. Die muskulose Figur
steht, auf das Ruder gelehnt, etwas seitwärts im Schiffe, und
überragt, obgleich nicht ganz aufrecht, die übrigen. Eine stumme
Leidenschaft spricht aus seinen Zügen, denn obgleich er der
Nymphe durch den Raub und die Herbeischaffung des herrlichen Lieblings einen Dienst erweisen wollte, so straft ihn jetzt
seine heftige Liebe zu ihr mit unverhoffter Eifersucht. Er möchte
sich lieber mit Wut von dieser Szene abkehren, allein er zwingt
sich zu ruhiger Betrachtung, er sucht einen bittern Genuß
darin. Das Ganze rundet sich vortrefflich ab und mit Klugheit
wußte der Maler das eine leere Ende des Nachens rechter Hand
hinter hohe Seegewächse zu verstecken. Übrigens ist vollkommene Meeraussicht und man befindet sich mit den Personen
einsam und ziemlich unheimlich auf dem hülflosen Bereiche.
Ich sage Ihnen nichts weiter, mein Freund. Ihre gelassene Miene
verrät mir eine hinlängliche Bekanntschaft mit der Sache; Sie
dürften übrigens, wenn keine Verwunderung, doch wahrlich ein
wenig gerechten Stolz auf ihr Werk blicken lassen, wofern nicht
eben in diesem Anscheine von Gleichgültigkeit schon der höchste
Stolz liegt."

„Die Skizzen, wenn ich bitten darf!" erwiderte der andere;
„wie verhält es sich damit? Sie haben mich sehr neugierig gemacht."

Der Baron holte frisch Atem, lächelte und begann doch bald
ernsthaft: „Federzeichnung, mit Wasserfarbe ziemlich ausgeführt, nach Ihrer gewöhnlichen Weise. Das Blatt, wovon jetzt
die Rede ist, hat einen tiefen, und besonders als ich es zum
zweitenmal bei Lichte sah, einen fast schauderhaften Eindruck
auf mich gemacht. Es ist nichts weiter als eine nächtliche Versammlung musikliebender Gespenster. Man sieht einen grasigen,
etwas hüglichten Waldplatz, ringsum, bis auf eine Seite, eingeschlossen. Jene offene Seite rechts läßt einen Teil der tief-
liegenden, in Nebel glänzenden Ebene übersehen; dagegen erhebt sich zur Linken im Vordergrunde eine nasse Felswand,
unter der sich ein lebhafter Quell bildet und in deren Vertiefung eine gotisch verzierte Orgel von mäßiger Größe gestellt
ist; vor ihr auf einem bemoosten Blocke sitzt im Spiele begriffen
gleich eine Hauptfigur, während die übrigen teils ruhig mit

ihren Instrumenten beschäftigt, teils im Ringel tanzend oder sonst in Gruppen umher zerstreut sind. Die wunderlichen Wesen sind meist in schleppende, zur Not aufgeschürzte Gewande von grauer oder sonst einer bescheidenen Farbe gehüllt, blasse mitunter sehr angenehme Totengesichter, selten etwas Grasses, noch seltener das geschälte häßliche Totenbein. Sie haben sich, um nach ihrer Weise sich gütlich zu tun, ohne Zweifel aus einem unfernen Kirchhof hieher gemacht. Dies ist schon durch die Kapelle rechts angedeutet, welche man unten in einiger Nähe, jedoch nur halb, erblickt, denn sie wird durch den vordersten Grabhügel abgeschnitten, an dessen eingesunkenem Kreuze von Stein ein Flötenspieler mit bemerkenswerter Haltung und trefflich drapiertem Gewande sich hingelagert hat. Ich wende mich aber jetzt wieder auf die entgegengesetzte Seite zu der anziehenden Organistin. Sie ist eine edle Jungfrau mit gesenktem Haupte; sie scheint mehr auf den Gesang der zu ihren Füßen strömenden Quelle, als auf das eigene Spiel zu horchen. Das schwarze, seelenvolle Auge taucht nur träumerisch aus der Tiefe des inneren Geisterlebens, ergreift keinen Gegenstand mit Aufmerksamkeit, ruht nicht auf den Tasten, nicht auf der schönen runden Hand, ein wehmütig Lächeln schwimmt kaum sichtbar um den Mundwinkel und es ist, als sinne dieser Geist im jetzigen Augenblicke auf die Möglichkeit einer Scheidung von seinem zweiten leiblichen Leben. An der Orgel lehnt ein schlummertrunkener Jüngling mit geschlossenen Augen und leidenden Zügen, eine brennende Fackel haltend; ein großer goldenbrauner Nachtfalter sitzt ihm in den Seitenlocken. Zwischen der Wand und dem Kasten scheint sich der Tod als Kalkant zu befinden, denn eine knöcherne Hand und ein vorstehender Fuß des Gerippes wird bemerkt. Unter den Gestalten im Mittelgrunde zeichnet sich namentlich eine Gruppe von Tanzenden aus, zwei kräftige Männer und ebensoviel Frauen in anmutigen und kunstvollen Bewegungen, mit hochgehaltener Handreichung, wobei zuweilen nackte Körperteile edel und schön zum Vorschein kommen. Indessen, der Tanz scheint langsam und den ernsten, ja traurigen Mienen derjenigen zu entsprechen, welche ihn aufführen. Diesen zu beiden Seiten und dann mehr gegen den Hintergrund entfaltet sich ein vergnügteres Leben; man gewahrt muntere Stellungen, endlich possenhafte und neckische Spiele. Etwas fiel mir besonders auf. Ein Knabengerippe im leichten Scharlachmäntelchen sitzt da und wollte sich gern von einem andern den Schuh ausziehen lassen, aber das Bein bis zum Knie ging mit und der ungeschickte Bursche will sich zu Tode lachen. Hingegen ein anderer Zug ist folgender: Vorn bei dem Flötenspieler befindet sich ein Gesträuche, woraus eine magere Hand ein Nestchen bietet, während ein hingekauerter Greis sein Söhnchen bei der hingehaltenen Kerze bereits einem Vogel in die verwundert unschuldigen Äuglein blicken läßt; der Bursche hat übrigens schon eine zappelnde Fledermaus am Fittich. Es gibt mehrere Züge der Art; es gäbe überhaupt noch gar vieles anzuführen. Die Beleuchtung, der wundervolle Wechsel zwischen Mond- und Kerzenlicht, wie dies einst beim Ölgemälde, besonders in der Wirkung aufs Grün, sich zauberisch darstellen wird, ist überall bereits effektvoll angedeutet und mit großer Kenntnis behandelt. Doch genug! der Henker mag so was beschreiben."

Tillsen hatte schon seit einer Weile zerstreut und brütend gesessen. Jetzt da das Schweigen des Barons ihn zu sich selbst gebracht, erhob er sich rasch mit glühender Stirn vom Sessel und sprach entschlossen: „Ja, mein Herr, ich darf es sagen, von meiner Hand ist, was Sie gesehen haben, doch" — hier brach er in ein gezwungenes Gelächter aus. „Gott sei Dank!" unterbrach ihn der Baron, entzückt aufspringend, „nun hab ich genug; lassen Sie sich küssen, umarmen, Charmantester! die anderthalb Jahre Fastenzeit, worin Sie die Palette vertrocknen ließen, haben Wunder an Ihnen gereift, eine Periode entwickelt, über deren Früchte die Welt staunen wird. Nun geht es Schlag auf Schlag, geben Sie acht, seitdem der neue, starke Frühling für Ihre Kunst durchbrochen hat, und in dieser Stunde prophezei ich Ihnen die Fülle eines Ruhmes, der vielleicht Hunderte begeistern wird, das ganze Mark der Kräfte an die edelste Kunst zu wenden, aber auch Tausende zwingen muß, in mutlosem Neide sie abzuschwören. Ach lieber, bescheidener Mann, Sie sind bewegt, ich bin es nicht weniger von herzlicher Freude. Lassen Sie uns in diesem glücklichen Moment mit einem warmen Händedruck auseinandergehen, und kein Wort weiter. Ich gehe zum Grafen. Leben Sie wohl! auf Wiedersehen." Damit war er zur Türe hinaus.

Der Maler, unbeweglich, sah ihm nach. Es wollte ihn jetzt fortreißen, dem Baron zu folgen, ihm eine plötzliche Aufklärung zu geben, aber ein unwillkürlicher trockener Entschluß hielt ihn wie an den Boden gefesselt. Erst nach einer langen

Stille brach er, beinahe schmerzlich lächelnd, in die Worte aus: „O betrogener redlicher Mann! wie hast du dich unnötig über mich verjubelt, mir arglos meine ganze Blöße gezeigt! Ich mußte ein Lob anhören, das nicht mir, sondern einem andern gehört und das just alles das heraushob, was mir zum rechten Maler abgeht, ewig abgehen wird!" Es ist wahr, fuhr er in Gedanken fort, die Ausführung jener Kompositionen ist mein und ist nicht das Schlechteste am Ganzen; sie dient, jenen Erfindungen die rechte Bedeutung zu geben; ohne mein Zutun wären vielleicht die Skizzen des armen Zeichners gleichgültig übersehen worden. Aber nur auf der Spur *seines* Geistes stärkte, belebte sich der meinige, und nur von jenem ermutigt konnte ich sogar auf eine Höhe des Ausdrucks kommen, bis zu welcher ich mich nie erhoben hatte. Wie arm, wie nichts erschein ich mir diesem unbekannten Zeichner gegenüber! Wie würf ich mit Freuden alles hin, was sonst an mir gerühmt wird, für die Gabe, solche Umrisse, solche Linien, solche Anordnungen zu schaffen! Ein Crayon, ein dürftig Papier ist ihm genug, damit er mich über den Haufen stürze. Wüßten nur erst die Herren, daß es die Werke eines Wahnsinnigen sind, welche sie bewundern, eines unscheinbaren verdorbenen Menschen, ihr Staunen würde noch größer sein, als da sie in mir den Meister gefunden zu haben glauben. Noch kennt außer mir niemand den wahren Erfinder, aber gesetzt, ich wollte auf die Gefahr, daß dieser sein eigensinniges Inkognito brechen kann, mir dennoch den Ruhm seiner Schöpfung erhalten, ich fände einen weit stärkeren Grund dagegen in dem eigenen innern Bewußtsein. Darum muß es an den Tag, lieber heute als morgen, ich sei keineswegs der Rechte.

Das waren ungefähr die Gedanken des lebhaft aufgeregten Mannes. Indessen war er, was den letzten Punkt betrifft, noch nicht so ganz entschieden. Hatte er bisher die Meinung der Freunde so hinhängen lassen, ohne sie eben zu bestärken, ohne zu widerlegen, indem er sich mit zweideutigem Scherz in der Mitte hielt, so dachte er jetzt, er könne unbeschadet seines Gewissens noch eine Zeitlang zuwarten mit der Enthüllung, und er wolle sein Benehmen nachher, wenn es nötig sei, schon auf ehrenvolle Art rechtfertigen.

Soeben trat die junge Frau wieder ins Zimmer: sie bemerkte die auffallende Bewegung an ihrem Manne, sie fragte erschrokken, er leugnete und herzte sie mit einer ungewohnten Inbrunst. Dann ging er auf sein Zimmer.

Es verstrichen mehrere Wochen, ohne daß unser Maler gegen irgend jemanden sich über den wahren Zusammenhang der Sache erklärte, seinen Schwager, den Major v. R., ausgenommen, dem er folgende auffallende Eröffnung machte. „Es mag nun bald ein Jahr sein, als mich eines Abends ein verwahrloster Mensch von schwächlicher Gestalt und kränklichem Aussehen, eine spindeldünne Schneiderfigur, in meiner Werkstätte besuchte. Er gab sich für einen eifrigen Dilettanten in der Malerei aus. Aber die windige Art seines Benehmens, das Verworrene seines Gesprächs über Kunstgegenstände war ebenso verdächtig, als mir überhaupt der ganze Besuch fatal und rätselhaft sein mußte. Ich hielt ihn zum wenigsten für einen aufdringlichen Schwätzer, wo nicht gar für einen Schelmen, wie sie gewöhnlich in fremden Häusern umherschleichen, die Leute zu bestehlen und zu betrügen. Hingegen wie groß war meine Verwunderung, als er einige Blätter hervorzog, die er mit vieler Bescheidenheit für leichte Proben von seiner Hand ausgab. Es waren reinliche Entwürfe mit Bleistift und Kreide voll Geist und Leben, wenn auch manche Mängel an der Zeichnung sogleich ins Auge fielen. Ich verbarg meinen Beifall absichtlich, um meinen Mann erst auszuforschen, mich zu überzeugen, ob das alles nicht etwa fremdes Gut wäre. Er schien mein Mißtrauen zu bemerken und lächelte beleidigt, während er die Papiere wieder zusammenrollte. Sein Blick fiel inzwischen auf eine von mir angefangene Tafel, die an der Wand lehnte, und wenn kurz vorher einige seiner Urteile so abgeschmackt und lächerlich als möglich klangen, so ward ich jetzt durch einige bedeutungsvolle Worte aus seinem Munde überrascht, welche mir ewig unvergeßlich bleiben werden, denn sie bezeichneten auf die treffendste Weise das Charakteristische meiner Manier und lösten mir das Geheimnis eines Fehlers, den ich bisher nur dunkel empfunden hatte. Der wunderliche Mensch wollte mein Erstaunen nicht bemerken, er griff eben nach dem Hute, als ich ihn lebhaft zu mir auf einen Sitz niederzog und zu einer weiteren Erörterung aufforderte. Es übersteigt jedoch alle Beschreibung, in welch sonderbarem Gemische des fadesten und unsinnigsten Galimathias mit einzelnen äußerst pikanten Streiflichtern von Scharfsinn sich der Mensch in einer süßlich wispernden Sprache nun gegen mich vernehmen ließ. Dies alles zusammengenommen und das unpassende Kichern, womit er sich selber und mich gleichsam zu verhöhnen schien, ließ keinen Zweifel übrig, daß ich hier das seltenste

Beispiel von Verrücktheit vor mir habe, welches mir je begegnet war. Ich brach ab, lenkte das Gespräch auf gewöhnliche Dinge und er schien sich in seinem stutzerhaft affektierten Betragen nur immer mehr zu gefallen. Dies elegante Vornehmtun machte mit seinem notdürftigen Äußern, einem abgetragenen, hellgrünen Fräckchen und schlechten Nankingbeinkleidern einen höchst komischen, affreusen Kontrast. Bald zupfte er mit zierlichem Finger an seinem ziemlich ungewaschenen Hemdstrich, bald ließ er sein Bambusröhrchen auf dem schmalen Rücken tänzeln, indem er zugleich bemüht war, durch Einziehung der Arme mir die schmähliche Kürze des grünen Fräckchens zu verbergen. Mit alle diesem erregte er meine aufrichtige Teilnahme. Mußt ich mir nicht einen Menschen denken, der mit seinem außerordentlichen Talente, vielleicht durch gekränkte Eitelkeit, vielleicht durch Liederlichkeit, dergestalt in Zerfall geraten war, daß zuletzt nur dieser jämmerliche Schatten übrigblieb? Auch waren jene Zeichnungen, wie er selbst bekannte, aus einer längst vergangenen, bessern Zeit seines Lebens. Auf die Frage, womit er sich denn gegenwärtig beschäftige, antwortete er hastig und kurz: er privatisiere; und als ich von weitem die Absicht blicken ließ, jene Blätter von ihm zu erstehen, schien er trotz eines preziösen Lächelns nicht wenig erleichtert und vergnügt. Ich bot ihm drei Dukaten, die er mit dem Versprechen zu sich steckte, mich bald wiederzusehen. Nach vier Wochen erschien er abermals und zwar schon in merklich besserem Aufzuge. Er brachte mehrere Skizzen mit: sie waren womöglich noch interessanter, noch geistreicher. Indessen hatt ich beschlossen, ihm vorderhand nichts weiter abzunehmen, bis ich über die Rechtmäßigkeit eines solchen Erwerbs völlig ins reine gekommen wäre, etwa dadurch, daß er veranlaßt würde, gleichsam unter meinen Augen eine Aufgabe zu lösen, die ich ihm unter einem unverfänglichen Vorwande zuschieben wollte. Ich hatte meine Gedanken hiezu schriftlich angedeutet, erklärte mich ihm auch mündlich darüber, und er eilte sogleich mit der Hoffnung weg, mir seinen Versuch in einigen Tagen zu zeigen. Aber wer schildert meine Freude, als schon am Abende des folgenden Tages die edelsten Umrisse zu der angegebenen Gruppe aus dem Statius vor mir lagen, in der ganzen Auffassung des Gedankens weit kühner und sinnreicher als der Umfang meiner Imagination jemals reichte. Manche flüchtige Bemerkung des närrischen Menschen bewies überdies unwidersprechlich, daß er mit Leib und Seele bei der Zeichnung gewesen. Auch dieser Entwurf und in der Folge noch der eine und andere ward mein Eigentum; allein plötzlich blieb der Fremde aus und eigensinnigerweise hatte er mir weder Namen noch sonstige Adresse zurückgelassen. Nach und nach fühlte ich unwiderstehliche Lust, drei bis vier der vorhandenen Blätter vergrößert in Wasserfarbe aufs neue zu skizzieren und sofort in Öl darzustellen, wobei denn bald die liebevollste wechselseitige Durchdringung meiner Manier und jenes fremden Genius stattfand, so daß die Entscheidung so leicht nicht sein möchte, wenn nunmehr bei den völlig ausgemalten Tableaus ein zwiefaches und getrenntes Verdienst gegeneinander abgewogen werden sollte. Vor einem Freunde und Schwager darf ich dieses selbstgefällige Bekenntnis gar wohl tun, und vielleicht wird das Publikum mir nicht mindere Gerechtigkeit widerfahren lassen, wenn ich ihm demnächst bei der öffentlichen Ausstellung jene Bilder vorführen werde, ohne ihren doppelten Ursprung im mindesten zu verleugnen; denn dies war längst mein fester Entschluß."

„Das sieht dir ähnlich", erwiderte hierauf der Major, welcher bisher mit gespannter Aufmerksamkeit zugehört hatte; „es bedarf, dünkt mich, bei einem Künstler von deinem Rufe nicht einmal großer Resignation zu einer solchen Aufrichtigkeit, ja man wird in dem ganzen Unternehmen eine Art Herablassung finden, wodurch du jenes unbekannte Talent zu würdigen und zu ehren dachtest. Aber, um wieder auf den armen Tropfen zu kommen, hast du ihn denn auf keine Weise ausfindig machen können?"

„Auf keine Weise. Einmal glaubte mein Bedienter seine Spur zu haben, allein sie verschwand ihm wieder."

„Es wäre doch des Teufels", rief der Major aus, „wenn *meine* Spürhunde mich hier im Stiche ließen! Schwager, laß mich nur machen. Die Sache ist zu merkwürdig, um sie ganz hängen zu lassen. Du magst mich vor aller Welt nur selbst für den geheimnisvollen Narren ausgeben, wenn ich dir ihn nicht binnen vierundzwanzig Tagen aus irgendeiner Spelunke, Dachstube oder dem Narrenhause selbst hervorziehe!"

Diese vierundzwanzig Tage waren noch nicht um, so geschah es, daß Tillsen über die wahre Bewandtnis der Sache auf einem ganz anderen Wege aufgeklärt wurde, als er je vermuten konnte.

In seiner Abwesenheit meldete sich eines Morgens ein wohlgekleideter junger Mann im Tillsenschen Hause an, und die Frau führte ihn indes in ein Seitenzimmer, wo er ihren Gemahl erwarten möchte. Sie selbst, obgleich durch seine sehr vielversprechende und auffallend angenehme Gesichtsbildung nicht wenig interessiert, entfernte sich sogleich wieder, weil die zerstreute Unruhe seiner Miene ihr hinlänglich sagte, daß eine weitere Ansprache hier nicht am Platze sein würde. Nach einer Viertelstunde erst trat der Maler in das bezeichnete Kabinett. Er fand den jungen Mann nachdenkend, den Kopf in beide Hände gestützt, auf einem Stuhle sitzen, den Rücken ihm zugewandt und dem großen Gemälde gegenüber, das, bis auf die breit goldene Rahme, verhüllt an der Wand dahing. Der Maler, einigermaßen verwundert, trat stillschweigend näher, worauf dann der andere erschrocken auffuhr, indem er zugleich hinter einer angenehmen, verlegenen Freundlichkeit die Tränen zu verstecken suchte, worin er sichtbar überrascht worden war. „Ich komme", fing er jetzt mit heiterem Freimute an, „ich komme in der wunderlichsten und zugleich in der erfreulichsten Angelegenheit vor Ihr Angesicht, verehrter Mann! Meine Person ist Ihnen unbekannt, dennoch haben Sie, wie ich weiß, mein eigentliches Selbst bereits dergestalt kennengelernt und bis auf einen gewissen Grad sogar liebgewonnen, daß ich mich nun mit unabweislichem Vertrauen unter Ihre Stirne dränge. Doch, lassen Sie mich deutlich reden. Ich heiße Theobald Nolten und studiere in hiesiger Stadt ziemlich unbekannt die Malerei. Nun fand ich gestern in der aufgestellten Galerie unter andern ein Gemälde, das Opfer der Polyxena vorstellend, das mir auf den ersten Blick als eine innig vertraute Erscheinung entgegentrat. Es war, als stünde durch Zauberwerk hier ein früher Traum lebendig verkörpert vor meinem schwindelnden Auge. Diese schmerzvolle Königstochter schien mich so schwesterlich bekannt zu grüßen, ihre ganze Umgebung deuchte mir so gar nicht fremd, und doch, über das Ganze war ein Licht, ein Reiz gegossen, der nicht aus meinem Innern, der von einer höhern Macht, von den Olympischen selbst herabgestrahlt schien; ich zitterte, bei Gott! ich —"

„Was?" unterbrach ihn Tillsen, „Sie wären — ja Sie sind der wunderbare Künstler, dem ich so vieles abzubitten —"

„Nicht doch", entgegnete jener feurig, „nein! der *Ihnen* Unendliches zu danken hat. O edelster Mann! Sie haben mich mir selbst enthüllt, indem Sie mich hoch über mich hinausgerückt und getragen. Sie weckten mich mit Freundeshand aus einem Zustande der dunkeln Ohnmacht, rissen mich auf die Sonnenhöhe der Kunst, da ich im Begriffe war, an meinen Kräften zu verzweifeln. Ein Elender mußte mich bestehlen, damit Sie Gelegenheit hätten, mir in Ihrem klaren Spiegel meine wahre, meine künftige Gestalt zu zeigen. So empfangen Sie denn Ihren Schüler an das väterliche Herz! Lassen Sie mich sie küssen, die gelassene Hand, welche auf ewig die verworrenen Fäden meines Wesens ordnete — mein Meister! mein Erretter!"

So lagen sich beide Männer einige Sekunden lang fest in den Armen und von diesem Augenblicke an war eine lebhafte Freundschaft geschlossen, wie sie wohl in so kurzer Zeit zwischen zwei Menschen, die sich eigentlich zum ersten Male im Leben begegnen, selten möglich sein wird.

„Erlauben Sie, mein Lieber", sagte Tillsen, „daß ich erst zur Besinnung komme. Noch weiß ich nicht, bin ich mehr beschämt oder mehr erfreut durch Ihre herzlichen Worte. Ich werde Sie in der Folge noch besser verstehen. So sagen Sie fürs erste nur, wie verhält sich's denn mit dem diebischen Schufte, dem wenigstens das Verdienst bleiben muß, uns zusammengeführt zu haben?"

„Wohl! Hören Sie! Nach meiner Rückkehr aus Italien, es ist nun über ein Jahr, traf ich auf der Reise hieher, wo ich völlig fremd war, einen Hasenfuß, Barbier seiner Profession — er nannte sich Wispel —, der mir seine Dienste als Bedienter antrug, und ich nahm ihn aus einem humoristischen Interesse an seiner Seltsamkeit um so lieber auf, da er neben einem, daß ich so sage, universal-enthusiastischen Hieb, neben einem badermäßigen Hochmut, immer eine gewisse Gutmütigkeit zeigte, die in der Folge nur der borniertesten Eitelkeit weichen konnte; denn so wollt ich darauf schwören, er hatte mit jenen entwendeten Konzepten anfangs keine andere Absicht, als vor Ihnen den Mann zu machen."

„Allein er nahm doch Geld dagegen an?"

„Und wenn auch; diese Spekulation ward sicherlich erst durch Ihr Anerbieten bei ihm erweckt."

„Aber er stellte sich völlig närrisch!"

„Ich zweifle sehr, daß er es darauf anlegte, oder gesetzt, er legte es darauf an, so geschah es nur, nachdem er Ihnen bereits den interessanten Verdacht abgelauscht. Seiner Dummheit kam übrigens die List beinahe gleich; so wußte er mich unter einem ausgesuchten Vorwande zu einer Zeichnung aus dem Stegreife zu bewegen, die ohne Zweifel auch für Sie bestimmt war, und wozu ich mich selbst durch den angenehm proponierten Gegenstand angereizt fühlte. Wenn er Sie ferner durch den Schein eigener Bildung irregeführt hat, so begreif ich nur um so besser, warum er sich bei den Unterhaltungen, welche gelegentlich zwischen mir und einem Freunde vorkamen, immer viel im Zimmer zu schaffen machte. Er mag Ihnen auf diese Art manchen schlecht verdauten Brocken hingeworfen haben."

„Ach", sagte Tillsen nicht ohne einige Beschämung, „freilich, dergleichen Äußerungen sahen mir dann immer verdächtig genug aus, wie Hieroglyphen auf einem Marktbrunnenstein, ich wußte nicht, woher sie kamen. Aber ein abgefeimter Bursche ist es doch! Und wo steckt denn der Schurke jetzt?"

„Das weiß Gott. Seit einem halben Jahre hat er sich ohne Abschied von mir beurlaubt; etliche Wochen später entdeckt ich die große Lücke in meinem Portefeuille."

„Ich will sie wieder ausfüllen!" erwiderte Tillsen mit Heiterkeit, indem er den Freund vor das verhängte Bild führte. „Ich wollte es diesen Morgen noch zur öffentlichen Ausstellung wegtragen lassen; doch, es ist nun Ihr Eigentum. Lassen Sie sehen, ob Sie auch hinter diesem Tuche Ihre Bekannten erkennen."

Nolten hielt die Hand des Malers an, während er das Geständnis ablegte, daß er vorhin der Versuchung nicht widerstanden, den Vorhang um einige Spannen zurückzustreifen, daß er ihn aber, wie von dem Gespenste eines Doppelgängers erschreckt, sogleich wieder habe fallen lassen, ohne die Überblickung des Ganzen zu wagen.

Jetzt schlug Tillsen mit *einem* Male die Hülle zurück und trat seitwärts, um den Eindruck des Stückes auf den Maler zu beobachten. Wir sagen nichts von der unbeschreiblichen Empfindung des letztern und erinnern den Leser an das wunderliche Geisterkonzert, wovon ihm der alte Baron früher einen Begriff gegeben. Bewegt und feierlich gingen die Freunde auseinander.

Die umständlichere Erzählung dieser Begebenheit mußte vorangeschickt werden, um die rasche und erfreuliche Entwicklung desto begreiflicher zu machen, welche es von nun an mit der ganzen Existenz des jungen Künstlers nahm. War es ein gewisser Kleinmut oder Eigensinn, grillenhafter Grundsatz, was ihn bisher bewegen mochte, mit seinem Talente unbeschrieen hinter dem Berge zu halten, bis er dereinst mit einem höhern Grade von Vollendung hervortreten könnte: soviel ist gewiß, daß die Behandlung der Ölfarbe ihm bisher große Schwierigkeiten entgegensetzte, jedoch, wie Tillsen fand, nicht so große, als unser bescheidener Freund sich gleichsam selbst gemacht hatte. Vielmehr entdeckte jener auch diesfalls an den Versuchen des letztern die überraschendsten Fortschritte, und gerne faßte er den Entschluß zur förderlichen Mitteilung einzelner Vorteile. In kurzem stand Nolten, was Geschicklichkeit betrifft, jedem braven Künstler gleich, und in Absicht auf großartigen Geist hoch über allen. Seine Werke, sowie seine Empfehlung durch Tillsen, verschafften ihm sehr schätzbare Verbindungen, und namentlich erwies der Herzog Adolph, Bruder des Königs, sich gar bald als einen freundschaftlichen Gönner gegen ihn.

War Theobald auf diese Weise durch die rasche und glänzende Veränderung seines bisherigen Zustandes gewissermaßen selbst überrascht und anfänglich sogar verlegen, so verwunderte er sich in der Folge beinahe noch mehr über die Leichtigkeit, womit er sich in seine jetzige Stellung gewöhnte und darin behauptete. Allerdings brauchte er die Achtung, durch die er sich vor andern ausgezeichnet sah, nur als etwas Verdientes hinzunehmen, so kam sie ihm auch ganz natürlich zu.

Durch die Vermittlung des Herzogs erhielt er Zutritt im Hause des Grafen von Zarlin, der sich ohne eigene Einsichten, und wie mehrere behaupteten, aus bloßer Eitelkeit als einen leidenschaftlichen Freund jeder Gattung von Kunst hervortat, und dem es wirklich gelang, einen Zirkel edler Männer und Frauen um sich zu versammeln, worin geistige Unterhaltung aller Art, namentlich Lektüre guter Dichterwerke vorkam. Die lebendig machende Seele des Ganzen jedoch war, ohne es zu wollen, die schöne Schwester des Grafen, Constanze von Armond, die junge Witwe eines vor wenigen Jahren gestorbenen Generals. Ihre Liebenswürdigkeit wäre mächtig genug gewesen, den Kreis der Männer zu beherrschen und Gesetze vorzuschreiben, aber die angenehme Frau blieb mit der sanften Wirkung zufrieden, welche von ihrer Person auf alle übrigen Gemüter ausging, und sich allgemein in der erwärmteren Teilnahme an den Unterhaltungsgegenständen offenbarte; ja, Constanze schien ihrer natürlichen Lebendigkeit öfters einige Gewalt anzutun, um die Huldigung von sich abzuleiten, womit die Herren sie nicht undeutlich für die Königin der Gesellschaft erklärten. Auch Theobald fühlte sich insgeheim zu ihr hingezogen, und während der anderthalb Monate, worin er jede Woche drei Abende in ihrer Nähe zubringen durfte, entwickelte sich dies heitere Wohlgefallen zu einem stärkeren Grade von Zuneigung, als er sich selbst eingestehen durfte. Die Reize ihrer Person, die Feinheit ihres gebildeten Geistes, verbunden mit einem lebhaften, selbst ausübenden Interesse für seine Kunst, hatten ihn zu ihrem leidenschaftlichen Bewunderer gemacht, und wenn sein Verstand, wenn die oberflächlichste Betrachtung der äußern Verhältnisse ihm jeden entfernten Wunsch niederschlugen, so wiederholte er sich auf der andern Seite doch so manche leise Spur ihrer besondern Gunst mit unermüdeter Selbstüberredung, wobei er freilich nicht vergessen durfte, daß er in dem Herzog einen sehr geistreichen Nebenbuhler zu fürchten habe, der ihm überdies, was Gewandtheit und schmeichelhaften Ton des Umgangs betrifft, bei weitem überlegen war. Die Leidenschaft des Herzogs war Theobalden desto drückender, je inniger sonst ihr beiderseitiges Verhältnis hätte sein können, dagegen nun der letztere seinem arglosen fürstlichen Freunde gegenüber eine heimliche Spannung nur mit Mühe verleugnete.

Übrigens hatte er wohl Grund, sich über seine wachsende Neigung so gut wie möglich zu mystifizieren, denn eine früher geknüpfte Verbindung machte noch immer ihre stillen Rechte an sein Herz geltend, obwohl er dieselben mit einiger Überredung des Gewissens bereits entschieden zu verwerfen angefangen hatte. Das reine Glück, welches der unverdorbene Jüngling erstmals in der Liebe zu einem höchst unschuldigen Geschöpfe gefunden, war ihm seit kurzem durch einen unglückseligen Umstand gestört worden, der für das reizbare Gemüt alsbald die Ursache zu ebenso verzeihlichem als hartnäckigem Mißtrauen ward. Die Sache hatte wirklich so vielen Schein, daß er das entfernt wohnende Mädchen keines Wortes, keines Zeichens mehr würdigte, ihr selbst nicht im geringsten den Grund dieser Veränderung zu erkennen gab. Mit unversöhnlichem Schmerz verhärtete er sich schnell in dem Wahne, daß der edle Boden dieses schönen Verhältnisses für immerdar erschüttert sei, und daß er sich noch glücklich schätzen müsse, wenn es ihm gelänge, mit der Bitterkeit seines gekränkten Bewußtseins jeden Rest von Sehnsucht in sich zu ertöten und zu vergiften. In der Tat blieb aber dieser traurige Verlust nicht ohne gute Folgen für sein ganzes Wesen; denn offenbar half diese Erfahrung nicht wenig seinen Eifer für die Kunst beleben, welche ihm nunmehr ein und alles, das höchste Ziel seiner Wünsche sein sollte. Vermochte er nun aber nach und nach über eine schmerzliche Empfindung, die ihn zu verzehren drohte, Herr zu werden, so war auf der andern Seite das Mädchen indessen nicht schlimmer daran. Agnes glaubte sich noch immer geliebt, und dieser glückliche Glaube ward, wie wir später erfahren werden, auf eine wunderliche Art, ganz ohne Zutun Theobalds, unterhalten, während *er* schon eine freiwillige Auflösung des Bündnisses von ihrer Seite zu hoffen begann, denn das Ausbleiben ihrer Briefe nahm er ohne weiteres für ein Zeichen ihres eigenen Schuldbewußtseins. In dieser halbfreien, noch immer etwas wunden Stimmung fand er die Bekanntschaft mit der Gräfin Constanze, und nun läßt sich die Innigkeit um so leichter begreifen, womit die gereizten Organe seiner Seele sich nach diesem neuen Lichte hinzuwenden strebten.

Im Spanischen Hofe, so hieß das bedeutendste Hotel der Stadt, war es am Abende des letzten Dezembers, wo die vornehme Welt sich bereits eifrig zur Maskerade zu rüsten hatte, ungewöhnlich stille. In dem hintersten grünen Eckzimmer leuchteten die beiden hellbrennenden Hängelampen nur zweien Gästen, wovon der eine, wie es schien, ein regelmäßiger, mit Welt und feinerer Gasthofsitte wohlvertrauter Besuch, ein pensionierter Staatsdiener von Range, der andere ein junger Bildhauer war, der erst vor wenig Stunden in der Stadt anlangte. Sie unterhielten sich, in ziemlicher Entfernung auseinander sitzend, über alltägliche Dinge, wobei sich Leopold, so nennen wir den Reisenden, bald über die zerstreute Einsilbigkeit des Alten heimlich ärgerte, bald mit einem gewissen Mitleiden auf die krankhaften Verzerrungen seines Gesichts, auf die rastlose Geschäftigkeit seiner Hände blicken mußte, die jetzt ein Fältchen am fein schwarzen Kleide auszuglätten, jetzt eine Partie Whistkarten zu mischen, oder eine Prise Spaniol aus der achatnen Dose zu greifen hatten. Das Gespräch war auf diese Weise ganz ins Stocken geraten, und um ihm wieder einigermaßen aufzuhelfen, fing der Bildhauer an: „Unter den Künstlern dieser Stadt und des Vaterlandes soll, wie ich mit Vergnügen höre, der junge Maler Nolten gegenwärtig große Aufmerksamkeit erregen?"

Diese Worte schienen den alten Herrn gleichsam zu sich selber zu bringen. Seine Augen funkelten lebhaft unter ihrer grauen Bedeckung hervor. Da er jedoch noch wie gespannt stille schwieg und eine Antwort nur erst unter den schlaffen Lippen zurechtkaute, fuhr der andere fort: „Ich habe seit drei Jahren nichts von seiner Hand gesehen und bin nun äußerst begierig, mich zu überzeugen, was an diesem ausschweifenden Lobe, wie an den heftigen Urteilen der Kritiker Wahres sein mag."

„Befehlen Sie", sagte der Alte fast höhnisch, „daß ich nun mit einem hübschen Sätzchen antworte, wie etwa: vielleicht in der Mitte liegt das fürtreffliche Talent, das seine bestimmte Richtung erst sucht — oder: es ist das Größte von ihm zu hoffen, wie das Schlimmste zu fürchten — und was dergleichen dünnen Windes mehr ist? Nein! ich sage Ihnen vielmehr geradezu, dieser Nolten ist der verdorbenste und gefährlichste Ketzer unter den Malern, einer von den halsbrecherischen Seiltänzern, welche die Kunst auf den Kopf stellen, weil das ordinäre Gehen auf zwei Beinen anfängt langweilig zu werden; der widerwärtigste Phantasie-Renommiste! Was malt er denn? eine trübe Welt voll Gespenstern, Zauberern, Elfen und dergleichen Fratzen, das ist's, was er kultiviert! Er ist recht verliebt in das Abgeschmackte, in Dinge, bei denen keinem Menschen wohl wird. Die gesunde, lautere Milch des Einfach-Schönen verschmäht er und braut einen Schwindeltrank auf Kreuzwegen und unterm Galgen; apropos, mein Herr!" (hier lächelte er ganz geheimnisvoll) „haben Sie schon Gelegenheit gehabt, eine der köstlichen Anstalten zu sehen, worein man die armen Teufel logiert, die so, verstehn mich schon, einen krummen Docht im Lichte brennen — nun? Kam Ihnen da nicht auch schon der Gedanke, wie es wäre, wenn sich etwa der Ideendunst, der von diesen Köpfen aufsteigen muß, oben an der Decke ansetzte, welche Figuren da in Fresko zum Vorschein kommen müßten? Was sagen Sie? Nolten hat sie alle kopiert, hä hä hä, hat sie sämtlich kopiert!"

„Sie scheinen", erwiderte Leopold gelassen, „wenn ich Sie anders recht fasse, mehr die Gegenstände zu tadeln, unter denen sich dieser Künstler, nur vielleicht etwas zu vorliebig, bewegt, als daß Sie sein Talent angreifen wollten; nun läßt sich aber ohne Zweifel auf dem angedeuteten Felde so gut als auf irgendeinem das Charakteristische und das Rein-Schöne mit großem Glücke zeigen, abgeschmackte und häßliche Formen jedoch, geflissentliches Aufsuchen sinnwidriger Zusammenstellungen kann man von Nolten nicht erwarten; ich kenne sein Wesen von früher und kam in der Absicht hieher, ihn mit einem gemeinschaftlichen Freunde, der auch Maler ist, zu besuchen und uns an seiner bisherigen Ausbildung zu erfreuen."

Der alte Herr hatte diese Worte wahrscheinlich ganz überhört, denn er ging mit lautem Kichern nur wieder in den Refrain seines vorhin Gesagten über: „Hat sie sämtlich kopiert, ja ja, zum Totlachen! Ei, das muß er täglich von mir selber hören."

In diesem Augenblicke trat Ferdinand, der Reisegefährte des Bildhauers, ein und rief diesem mit einem glänzenden Blicke voll Freude zu: „Er kommt! er folgt mir auf dem Fuße nach! Er ist der gute Nolten noch, sag ich dir! o gar nicht der achselblickende junge Glückspilz, wie man ihn schildern wollte. Stelle dir vor, er vergaß vorhin im Jubel über unsre Ankunft eine Einladung zum Herzog, mit dem er trefflich stehen muß, und eilte nur von der Straße weg, sich zu entschuldigen."

Nach einiger Zeit erschien, in Begleitung eines andern, der Erwartete wirklich. Es war ein herzerfreuendes Wiedersehen, ein immer neu erstauntes trunkenes Begrüßen und Frohlocken unter den dreien. Wie ergötzten sich die Freunde an dem stattlichen Ansehen Theobalds, an dem reinen Anstande, den ihm das Leben in höherer Gesellschaft unvermerkt angehaucht hatte, nur verbargen sie ihm nicht, daß die kräftige Röte seiner Wangen in Zeit von wenigen Jahren um ein Merkliches verschwunden sei. Er sah jedoch immer noch gesund und frisch genug neben seinem hageren Begleiter, dem Schauspieler Larkens, aus, den er soeben freundschaftlich produzieren wollte, als dieser sofort mit der angenehmsten Art sich selber empfahl und mit den Worten schloß: „Nun setz dich, liebes Kleeblatt! Ich werde mich mit eurer Erlaubnis bald auch zu euch gesellen, aber den ersten Perl- und Brauseschaum des Wiederfindens müßt ihr durchaus miteinander wegschlürfen! Ich sehe dort ein paar Spielerhände konvulsivisch fingern, das ist auf *mich* abgesehen."

Damit setzte er sich zu dem alten Herrn in der Ecke, den unser Nolten erst jetzt gewahr wurde und nicht ohne Achtung begrüßte. „Sag mir doch", fragte Leopold heimlich, „was für eine Art von Kenner das ist? Er hat die wunderlichsten Begriffe von dir."

„Ach", lächelte der Freund, „da kann ich dir wenig dienen. Das ist ein sehr kurioser Kauz, voll griesgrämischer Eigenheiten, übrigens von viel Verstand, und mir immer ein lieber Mann. Er besitzt gute Kenntnisse von Gemälden, ist aber auf diesen Punkt von den einseitigsten Theorieen eingenommen. Aus einigen meiner Stücke soll er eine eigene Vorliebe und zugleich den unverhohlensten Widerwillen gegen mich gefaßt haben, den ich mir kaum zu enträtseln weiß. Denn daß ich es bloß als Künstler mit ihm verdorben habe, ist nicht wohl möglich, wenigstens täte er mir sehr Unrecht, indem der Vorwurf des Phantastischen, den er mir zu machen scheint, nur den kleinsten Teil meiner Erfindungen träfe, wenn es je ein Vorwurf heißen soll. Die meisten meiner Arbeiten bezeichnen in der Tat eine ganz andere Gattung. Ich vermute, der Mann hat irgendein geheimes Aber an meiner Person entdeckt, und ich muß ihn, ohne mir das geringste bewußt zu sein, mit irgend etwas beleidigt haben, das er mir nicht vergessen kann, so gern er möchte, denn es ist auffallend, sooft er mich ansieht, sträubt sich's auf seinem Gesicht wie Sauer und Süß."

Auf diese Weise waren jene leidenschaftlichen Äußerungen einigermaßen erklärt, und es gab nun Veranlassung genug, sich gegenseitig über Geschäfte, Schicksale und mancherlei Erfahrungen auszutauschen. Sie durchliefen die Vergangenheit, erinnerten sich des Aufenthalts in Italien, wo sich vor drei Jahren ihre Bekanntschaft entsponnen hatte. Endlich fing Ferdinand an: „Du errätst wohl kaum, wo wir heute vor sechs Tagen um diese Stunde zu Gaste gesessen sind; in welchem Dörfchen, in welchem Stübchen und wer uns bewirtete?" „Nein!" sagte Nolten; aber ein aufmerksamer Beobachter würde in dieser kleinlauten Verneinung ein sehr schnell erratendes Ja gewittert haben. „Neuburg", flüsterte Leopold freudig zuvorkommend und von der anderen Seite flog der Name „Agnes" über Ferdinands Mund. „Ich dank euch", sagte Nolten, wie abbrechend, und verbarg eine unangenehme Empfindung.

„Was danken? du hast ja den Gruß noch nicht einmal in der Hand, den wir dir zu bringen haben!" — und hiemit sah er sich einen Brief entgegengehalten, den er mit erzwungenem Wohlgefallen zu sich steckte, indem er die beiden durch einen Vorsicht gebietenden Blick auf die Spieler für jetzt zum Stillschweigen zu vermögen suchte.

„So laß mich", fuhr Ferdinand fort, „wenigstens des anmutigen Örtchens, laß mich des Försterhauses gedenken, wo du deine Knabenjahre bei einem zweiten Vater verlebtest, bis der benachbarte Baron auf dem Schlosse, der gute lebendige Mann, für die Förderung deines Talents sorgte. Er lebt noch in frischem Marke, der ehrliche Veteran, er und der fromme Förster erinnerten sich mit Herzlichkeit jenes glücklichen Tages, da du mich, es sind nun drei Jahre her, nach unserer Rückkunft von der italienischen Reise, bei ihnen einführtest. Wahrlich, es hätte wenig gefehlt, so hätten die Alten geweint wie die Kinder bei deinem Namen, ein Paar anderer Augen nicht zu gedenken, die auch dabeistanden, und von denen es schien, als wollten sie sich im voraus recht satt sehen an mir und meinem Gefährten, an unsern Kleidern und Bündeln, weil das alles in fünf Tagen mit dem Geliebten in Berührung kommen sollte. Du pflegtest das Mädchen sonst immer dein blondes Reh zu nennen; wie treffend fand ich diesen Ausdruck wieder! ja, und das ist sie noch im lieblichsten rührendsten Sinne des Worts. Wie hätt ich gewünscht, den Umriß ihrer niedlichen Figur mit dem Bleistift in mein Portefeuille für dich wegzustehlen, wie ich sie so durch die halboffene Tür des Nebenzimmers am Tischchen sitzen und den Brief schreiben sah, den Rücken gegen uns gewendet, von der Seite kaum ein wenig sichtbar, allein der Baron war allzu gesprächig."

„Du bist es auch", erwiderte Nolten freundlich-böse, indem er aufstand und sich gegen den soeben herbeitretenden Larkens wandte. Dieser sagte: „Nun, wirst du die Herren nicht bewegen, sich diesen Abend in Dominos zu stecken und ein paar Stunden mit närrischen Leuten närrisch zu sein? oder machen wir's wie dort der Herr Hofrat, der an solchen Abenden hier im Gasthofe zu Nacht speist, und sich dann ein Zimmer vom Kellner anweisen läßt, um fünf Straßen weit vom Lärm des Redoutenhauses zu schlafen, das zum Unglücke seiner Wohnung gegenüberliegt? Ich dächte, ihr Herren, bevor Sie in den nächsten Tagen mit den hübschen Realitäten unserer Stadt Bekanntschaft machen, müßte es unterhaltend für Sie sein, heute im Maskensaale, sozusagen, die Fata morgana der hiesigen Menschheit zu sehen. — Verzeihen Sie mein hinkendes Gleichnis und folgen Sie meinem Vorschlage." Es kostete Überredung, aber man entschloß sich und wünschte dem seltsamen Hofrate gute Nacht.

Nachdenklich, unbehaglich, ja traurig war Nolten mit den anderen vor den Türen des großen hellerleuchteten Gebäudes angekommen, worin schon das mannigfaltigste Leben wogte und wühlte. Alle möglichen Gestalten, zum Teil in auffallendem Kontraste, drehten sich stumm, feierlich, fremde oder leise summend, kopfnickend und tanzend durcheinander. Unser trübe gestimmter Freund, schneller als er vermutete, von seinen Begleitern verloren, fühlte nach und nach in seiner Vermummung eine Art von dumpfem Troste, und wie mit seiner Umgebung, so spielte er gewissermaßen mit dem eigenen Herzen Versteckens, wobei er sich kaum bekannte, welche besondere Hoffnung ihn zwang, die Reihen der weiblichen Masken sorgfältiger zu mustern, als er sonst wohl getan haben würde. Das bescheidene Bild Agnesens, das ihn aus weiter Ferne sehnsüchtig und bittend anzulocken schien, trat mehr und mehr in den Hintergrund seiner Seele zurück, um einem ganz anderen Platz zu machen, das mit jeder neuen Entfaltung der glänzenden Gruppen leibhaftig aus der Menge hervortreten sollte. Constanze! sprach er für sich, wer entdeckt mir sie? Und doch wie wäre es möglich, daß ich aus tausend Drahtpuppen das einzige Wesen nicht sollte herausfinden können, das in der einfachsten, unwillkürlichsten Bewegung jene angeborene Grazie, jenen stets lächelnden Zauber verrät, den nur die ewig wahrhaftige Natur, den nur die Unschuld selber zu geben und so reizend und leicht mit der anerzogenen Sitte zu verschmelzen vermag! Ist nicht alles, was an ihr sich regt und bewegt, der unbewußte Ausdruck des Engels, der in ihr atmet? ist nicht alles nur Hauch, nur Geist an ihr? Und heute, eben heute, wie wohl täte mir ihr Anblick! wie wollte ich mich drei Sekunden mit allen Sinnen und Gedanken an dieser tröstlichen Erscheinung festklammern und davoneilen und mir zufrieden sagen, daß mein Auge sie sah, daß ihr Fuß einen und denselben Boden mit mir betrat, daß eine gemeinschaftliche Luft meine und ihre Lippen berührte!

Unter diesen und ähnlichen Gedanken hatte er sich endlich ermüdet auf einen Sitz in einem Fenster geworfen, als der Glockenschlag zehn Uhr ihn mahnte, sich mit den drei Freunden in einem zuvor abgeredeten leeren Zimmer des Hauses zusammenzufinden. Sie erschienen fast alle zu gleicher Zeit, und Larkens mit einer guten Ladung warmen Getränkes. Man freute sich aufs neue des Wiedersehens; jeder brachte seine eigenen Bemerkungen aus dem Saale mit, nur Nolten schien wenig oder nichts gesehen zu haben. Es war beinahe komisch, wie er auf die Fragen über eine oder die andere interessante Erscheinung immer mit einem kleinlauten „ich weiß nicht" antwortete und zuletzt, um sich nicht gar auslachen zu lassen, nur so tat, als erinnerte er sich. „Wie gefiel dir der König Richard und der Herzog von Friedland?" „Recht gut", war die Antwort, „sehr artig, bei meiner Seele! der bucklichte König hätte können besser sein." — Larkens, indem er den andern mit den Augen winkte, machte den Schalk und sagte:

„Ein Stückchen ist aber doch wohl allen entgangen. Ein Riese in altdeutscher Tracht, ohne Zweifel einen Studenten vorstellend, geht mit langen Sporen und der Tabakspfeife schwerfällig auf und ab; endlich, da er in einer Ecke stehenbleibt, eilt ein winziges Kerlchen herbei, ein kleiner Schornsteinfeger in einer Art von Hanswursttracht, schwarz und weiß gewürfelten Beinkleidern und Wämschen, bindet den Riesen, legt das schwarze Leiterchen an den breiten Rücken des Mannes an, klettert flink mit Scharreisen und Besen hinauf, hebt ihm vorsichtig den Scheitel wie einen Deckel ab, und fängt nach allerlei bedenklichen Grimassen an, den Kopf recht wacker auszufegen, indem er einen ganzen Plunder symbolischer Ingredienzien herauszieht, z. B. einen täuschend nachgemachten Wurm von erstaunlicher Länge, ein seltsam gezeichnetes Kärtchen von Deutschland, eine ganze und dann mehrere zerbrochene Kronen, kleine Dolche, Biergläser, Bänder und dergleichen. Dagegen wurden andere Sächelchen hineingelegt, worunter man ein griechisches ABC-Buch zu erkennen glaubte; der Kopf wurde geschlossen, dann bekam der ganze Mann ein wenig Streiche und nach einer Weile kroch ein ganz vergnügtes, bescheidenes, rundes Pfäfflein aus der prahlerischen Hülle hervor."

Die Freunde lachten im stillen über die echt Larkenssche Lüge (die eigentlich nur ein versteckter Hieb auf den Übermut burschikoser Studenten überhaupt war, deren einer vorhin im Saale sich durch Streitsucht prostituiert hatte), und man genoß heimlich den Triumph, daß Nolten ganz die Miene annahm, als hätte er die Farce gar wohl gesehen, obgleich nicht von weitem etwas Ähnliches vorgekommen war.

Indessen wurde die Aufmerksamkeit der Freunde durch eine wirkliche Maske angezogen, welche sich unversehens im Zimmer befand. Es war eine hohe Gestalt, einfach in ein grob braunes schweres Gewand gehüllt, eine Laterne und einen Stock in der Hand, den Kopf bedeckte eine Kapuze. Haltung, Anstand und der tief herabfallende weiße Bart, alles gab der

Person etwas Ehrwürdiges, Staunenerweckendes. Wie sie so eine Zeitlang gestanden, ohne daß von beiden Seiten ein Wort fiel, begann die Maske mit angenehmer Stimme, worin man jedoch trotz einer gewissen Dumpfheit gar bald das Frauenzimmer unterscheiden konnte, folgendermaßen:

„Ihr kennet mich nicht, meine Herren, aber euer Aussehen sagt mir, ich sei in keiner frivolen Gesellschaft. Schwerlich seid ihr gesonnen, diese ernste Nacht, die Geburtsstunde eines neuen Jahres, in gedankenlosem Rausche hinzubringen. Wollte es euch gefallen, ein Stündchen mit mir in frommer Unterhaltung zusammenzusitzen, so bezeichne ich euch einen traulichen Ort. In meiner Kleidung erkennet ihr den Wächter der Nacht. Es stoße sich niemand an dem sonst verachteten Titel. Ich bin der *Geist* dieser Zunft, ich nenne mich den König der Wächter dieses Landes. Mancher fromme Angehörige meines nächtlichen Staats wird euch von meinem Dasein, meinem Tun und Treiben erzählt haben. Heute mit dem zwölften Glockenschlage wird es hundert Jahre, seit ich die Dörfer und Städte des Reiches besuche, unter heiterem Sternenhimmel, wie im wilden Wintersturme. Vor Mitternacht werd ich im Wächterstübchen auf dem Turme der Albanikirche sein."

Hiemit neigte er sich und ging mit kaum vernehmlichem Tritte hinweg.

Einstimmig war man geneigt, der sonderbaren Einladung zu folgen, was ihr auch immer zugrunde liegen möge; an einen bösartigen Scherz oder ein gemeines Abenteuer sei hier auf keinen Fall zu denken, und auf einen vergeblichen Gang könne man sich ja gefaßt halten. Ohne die treuherzige Miene und die große Neugierde, womit auch Larkens die Sache aufnahm, hätte leicht der Verdacht einer Mystifikation auf ihn fallen können, denn sein Humor war bekannt genug, er hatte ihn mit Unrecht in den Ruf eines bösartigen Spötters und Intriganten gebracht, wozu mitunter auch sein Äußeres beitrug, sowenig eben eine gelbe Hautfarbe und ein paar schwarze blitzende Augen häßlich, oder das lauernde Lächeln um den Mund gefährlich war. Es war einer von den Menschen, die man auf den Grund kennen muß, um sie nicht zu fürchten. Als Schauspieler und Sänger schätzte man ihn sehr, er wäre der Liebling des Publikums gewesen, hätte er nicht die rätselhafte und hartnäckige Grille gehabt, das Fach des Komischen, wozu er durchaus geboren war, mit ernsten Rollen zu vertauschen, die er, ohne es selbst zu fühlen, nur mittelmäßig ausfüllte. Zuweilen schien sich die unterdrückte Neigung seiner Natur durch eine unwiderstehliche Sehnsucht nach dem Lustspiele rächen zu wollen, und es war immer eine Festtagsbeute für die Kasse, wenn der Name Larkens bei einer Holbergschen oder Shakespeareschen Komödie auf dem Zettel stand. Dann hatte es aber auch das Ansehen, als wäre der Gott des Scherzes selbst in den entzückten Mann gefahren. Der Beifall der Verständigen und zuletzt auch des gemeinen Volks war ihm um so gewisser, je bescheidener die strotzende Ader der komischen Kraft innerhalb der feinen Schönheitslinie blieb, die nur der echte Künstler, vom richtigsten Takte geleitet, zwischen Begeisterung und Weisheit hinzuziehen weiß. Statt, wie so mancher an seinem Platze, immer gleichsam auf erhitztem Boden zu gehen, schien Meister Larkens nur von einer sanften Wärme belebt, die ihm die Grazien angehaucht, und die Funken des Genies, welche er auswarf, entzündeten keineswegs ihn selber. Maßhaltung blieb immer die Seele seines Spiels, aber sie verdiente um so mehr Bewunderung, wenn es wahr ist, was genauere Freunde behaupteten, daß seine humoristische Stimmung jederzeit nur die günstige Krise eines schmerzhaft bewegten und gedrückten Gemütes war. Wie dem auch sein mag, die Direktion besoldete ihn eigentlich nur um dieser außergewöhnlichen Darstellungen willen, und ließ ihn im übrigen, weil er nicht gezwungen werden konnte, gewähren.

Die viere waren schon nach eilf Uhr auf dem Albaniturme angekommen. Außer dem Türmer, seiner Frau und Kindern saßen in dem Stübchen um die einzige Lampe her noch einige junge Stadtmusiker, die nach althergebrachter Sitte um Mitternacht ein Lied auf der Galerie abzublasen hatten. Die neuen Gäste wurden gar freundlich aufgenommen, zumal sie für eine Kollation mit Wein gesorgt hatten. Nach einem allgemeinen Gespräche fanden die Freunde durch einige beiläufige Fragen zu ihrer nicht geringen Verwunderung, daß die Sage von einem gespensterhaften Nachtwächter dem Aberglauben dieser Leute längst nichts Fremdes war, wiewohl sie die Versicherung, man habe heute einen Besuch der Art zu erwarten, bloß für einen angelegten Spaß der Herren nehmen wollten. Indessen kam die Unterhaltung auf ähnliche Märchen und Geschichten, wahre Leckerbissen für Larkens, und selbst Nolten konnte sich seine Musterkarte phantastischer Stoffe mit manchem neuen Zuge bereichern, wäre er weniger stumpf gegen alles gewesen, was seiner gegenwärtigen Laune keine Nahrung gab. Desto aufmerksamer waren die übrigen, die in solchen Erzählungen gleichsam einen abenteuerlichen Widerschein jener bunten Gaukelbilder des Maskensaals zu finden glaubten. Ein solches Geschichtchen aus dem Munde eines jungen hübschen Burschen aus der Gesellschaft war auch folgendes:

„In der Lohgasse, wenn sie den Herren bekannt ist, wo noch zwei Reihen der urältesten Gebäude unserer Stadt stehen, sieht man ein kleines Haus, schmal und spitz und neuerdings ganz baufällig; es ist die Werkstatt eines Schlossers. Im obersten Teile desselben soll aber ehmals ein junger Mann, nur allein, gewohnt haben, dessen Lebensweise niemandem näher bekannt gewesen, der sich auch niemals blicken lassen, außer jedesmal vor dem Ausbruche einer Feuersbrunst. Da sah man ihn in einer scharlachroten, netzartigen Mütze, welche ihm gar wundersam zu seinem todbleichen Gesichte stand, unruhig am kleinen Fenster auf und ab schreiten, zum sichersten Vorzeichen, daß das Unglück nahe bevorstehe. Eh noch der erste Feuerlärm entstand, eh ein Mensch wußte, daß es wo brenne, kam er auf seinem mageren Klepper unten aus dem Stalle hervorgesprengt und wie der Satan davongejagt, unfehlbar nach dem Orte des Brandes hin, als hätt er's im Geist gefühlt. Nun geschah's —"

„Ei, so laß dein langweilig Geschwätz!" fiel dem Erzähler ein Kamerade in die Rede, „und sing das Stückchen lieber in dem Liede, das du davon hast, laut't ja viel besser so und hat gar eine schöne schauerliche Weise. Sing, Christoph!"

Der Bursche sah die Gäste verlegen an, und da sie ihm begierig zusprachen, begann er alsbald mit einer klangreichen, kraftvollen Stimme:

„Sehet ihr am Fensterlein
Dort die rote Mütze wieder?
Muß nicht ganz geheuer sein,
Denn er geht schon auf und nieder.
Und was für ein toll Gewühle
Plötzlich auf den Gassen schwillt —
Horch! das Jammerglöcklein grillt:
Hinterm Berg, hinterm Berg
Brennt's in einer Mühle!

Schaut, da sprengt er, wütend schier,
Durch das Tor, der Feuerreiter,
Auf dem rippendürren Tier,
Als auf einer Feuerleiter;
Durch den Qualm und durch die Schwüle
Rennt er schon wie Windesbraut,
Aus der Stadt da ruft es laut:
  Hinterm Berg, hinterm Berg
Brennt's in einer Mühle!

Keine Stunde hielt es an,
Bis die Mühle borst in Trümmer,
Und den wilden Reitersmann
Sah man von der Stunde nimmer;
Darauf stille das Gewühle
Kehret wiederum nach Haus,
Auch das Glöcklein klinget aus:
  Hinterm Berg, hinterm Berg
Brennt's! —

Nach der Zeit ein Müller fand
Ein Gerippe samt der Mützen,
Ruhig an der Kellerwand
Auf der beinern' Mähre sitzen.
Feuerreiter, wie so kühle
Reitest du in deinem Grab!
Husch! da fällt's in Asche ab —
  Ruhe wohl, ruhe wohl,
Drunten in der Mühle!"

Schon vor dem Schlusse des Gesanges öffnete sich die Tür und leise trat die Gestalt des Nachtwächters herein. Er blieb unbeweglich an der Wand hingepflanzt stehen, während der erschrockene Sänger, im Begriffe abzubrechen, auf einen Wink des Larkens mit der letzten Strophe fortfuhr, deren Eindruck durch die Gegenwart dieses fremden Wesens entweder nur um so mehr erhöht wurde oder ganz verlorenging.

Jetzt begrüßte der sonderbare Gast mit Würde die Anwesenden, und wenn sich auch anfangs einige Verlegenheit von seiten der Freunde bemerken ließ, so war doch bald eine ebenso natürliche als eigentümliche Unterhaltung eingeleitet. Man sprach vom geheimnisvollen Reize des Wohnens auf Türmen, von dem frommen und großen Sinn des Mittelalters, wie er sich in den Formen der Baukunst, der heiligen besonders, offenbarte, und dergleichen mehr. Die Gegenwart des Unbekannten, so sparsam bis jetzt seine Worte waren, übte dennoch den größten Einfluß auf die Bedeutung und die steigende Wärme des Gesprächs. Die hohl aus der Maske tönende Sprache und der ruhige Ernst der durchblickenden, dunkel feurigen Augen konnte sogar ein vorübergehendes Grauen erregen und einen momentanen Glauben an etwas Übermenschliches aufkommen lassen.

Auf einmal erhob sich der Unbekannte, öffnete ein Fenster und sah in die klare Winterluft hinaus, indem er sagte: „Noch eine kurze Weile, so ist der Sand verlaufen, hoch emporgehalten schwebt der Faden der Zeit. Kommt hieher und fühlet, wie es schon frisch herüberduftet aus der nahen Zukunft!"

Jetzt schlug das letzte Viertel vor zwölf Uhr. Die Zinkenisten schlichen mit ihren Instrumenten auf die Galerie, und schon ließen sich von der entfernten Paulskirche herüber einige sanfte, fast klagende Töne vernehmen, die von unserer Seite anfänglich in schwachen, dann in immer stärkeren Akkorden erwidert wurden; jene bezeichneten das scheidende, diese das erwachende Jahr, und beide begegneten sich in einer Art von Wechselgesang, der am lebhaftesten wurde, als endlich die Glocken von verschiedenen Seiten her die Stunde ausschlugen; die diesseitige Partie ging in freudige Melodien über, während es von drüben immer schmerzlicher und wehmütiger klang, bis mit dem fernsten Glöckchen, das wie silbern durch die reine Luft erzitterte, die traurigen Klarinetten den letzten sterbenden Hauch versandten. Nun erfolgte eine Pause, und jetzt erst trat das vorhandene Jahr im siegreichsten Triumphe hervor.

Nachdem alles still geworden und die Gesellschaft wieder traulich um den Tisch versammelt war, ergriff man das freundliche Anerbieten des idealistischen Wächters, etwas aus seinem Tag- oder Nachtbuch vom vorigen Jahre mitzuteilen, mit allgemeinem Beifalle. Er zog ein mit sonderbaren Charakteren geschriebenes Heft hervor, welches unter regelmäßigen Daten, abgerissene Bemerkungen und Gedanken zu enthalten schien, wie sie ihm auf seinen nächtlichen Wanderungen, auf den Straßen der Städte und Dörfer sich dargeboten haben mochten; charakteristische Bilder aus den verschiedensten Verhältnissen

und Zuständen der Menschen. Wir übergehen den größten Teil
seiner Vorlesung und führen bloß *eine* Stelle an, die auf Nolten
um so tiefern Eindruck machte, je vielsagender der Blick war,
womit Larkens ihn darauf aufmerksam zu machen suchte.

*

„Nacht vom 7. auf den 8. Januar im Dorfe*.
— — Ich trete vor ein reinlich gebautes Haus; ich kenne es
wohl; es wohnen glückliche Menschen darin. In harmloser Stille
blühet hier eine Braut, deren Verlobter ferne lebt. Vergönne
mir, du Haus des Friedens, einen Blick in deine Gemächer. Mein
Auge ist geheiligt wie das eines Priesters; hundert Jahre schon
belauscht es die Nächte der Könige dieses Landes und die
Schlummerstätten der Armen im Volk, und meine Gebete erzählen
dem Himmel, was ich gesehen. Sieh da! was zeigt mir
mein magischer Spiegel? Es ist die Kammer des Mädchens. Wie
ruhig atmet die Schlafende dort! Ihr liebliches Haupt ist hinabgesunken
nach der Seite des Lagers. Der Mond schaut durch das
kleine Fenster; mit *einem* Strahle berührt er eben das unschuldige
Kinn der Schläferin. Eine Hyazinthe neigt ihre blauen
Glocken gegen das Kissen her und mischt ihren Duft in die
Frühlingsträume der Braut, indes der Winter diese Scheiben mit
Eise beblümt. Wo mögen ihre Gedanken jetzo sein? Auf diesem
Teppiche sind seltsame Figuren eingewoben, hundert segelnde
Schiffe. Vielleicht auf diesen Bildern ruhte ihr sinnendes Auge
noch kurz, eh sie die Lampe löschte, nun träumt sie den Geliebten
in die wilde See hinaus verschlagen und ihre Stimme
kann ihn nicht erreichen. O besser, daß er in die Tiefe des
Meeres versänke, als daß du ihn treulos fändest, gutes Kind!
Aber du lächelst ja auf einmal so selig, träumst ihn im Arme
zu halten, seinen Kuß zu fühlen. Vielleicht in dem Augenblicke,
da du mit seinem Schatten spielest, sucht er wachend ein verbotenes
Glück und treibt schändlichen Verrat mit deiner Liebe.
Aber immer noch seh ich dich freundlich; du arglose Seele, ach
wohl, es ist auch unerhört und fast unglaublich; was sucht er
denn, das er bei *dir* nicht fände? Schönheit und Jugendreiz?
ich weiß nicht, was die Sterblichen so nennen, aber hier darf
selbst der Himmel wohlgefällig über seine Schöpfung lächeln.
Verstand und Geist? O schlüge sich dies Auge auf! aus seiner
dunkelblauen Tiefe leuchtet mit Kindesblick die Ahnung jedes
höchsten Gedankens. Wie, oder Frömmigkeit? die Frage klingt

wie Spott auf *ihn*. Ihr bescheidnen Wände zeuget, wie oft ihr sie habt knieen sehn im brünstigen Gebet, wenn alles rundum schlief! — — Bist ernst geworden, mein Töchterchen; wie seltsam wechselt dein Traum! Ach, nur zu bald wirst du weinen. Gott helfe dir. Gute Nacht."

*

Dies war die auffallende Stelle, die Nolten mit heimlichem Unmute gegen Larkens anhörte, denn nun zweifelte er nicht mehr, daß dieser das Ganze veranstaltet hatte. Was noch weiter aus dem Hefte vorgetragen wurde, war ohne besondere Beziehung, und der Vorleser hörte eben zur rechten Zeit auf, als die Ungeduld Noltens am höchsten war. Der letztere konnte kaum erwarten, bis man auseinanderging und er Gelegenheit fand, dem Larkens einige Worte zuzuflüstern, die ihm wenigstens andeuten sollten, wie wenig jener Wink am Platze gewesen. „Ich danke dir", sagte er mit beleidigtem Tone, indem sie die Treppen des Turmes hinabstiegen, „ich danke dir für deine wohlgemeinte Zurechtweisung in einer Sache, worin ich übrigens füglich mein eigener Richter sein könnte. Ich habe mich dir schon früher im allgemeinen darüber erklärt, du scheinst mich aber nicht verstanden zu haben. Verlang es, und ich will mich weitläufiger vor dir rechtfertigen."

„Fürs erste", antwortete der Freund halb lächelnd, „berg ich dir meine Freude darüber keineswegs, daß du meinen versteckten Ausfall auf dein Gewissen nicht spaßhaft aufgenommen, so seltsam auch die Komödie war; aber es täte mir auf der andern Seite ebenso leid, wenn du einen Popanz oder selbstgefälligen Sittenrichter in mir erblicken wolltest. Niemand würde sich mit weniger Recht hiezu aufwerfen, als ich, der ich selber erst vor kurzem dem Teufel entlaufen bin und drei Viertel meines Seelenheils an ihn verloren habe; aber ich schwör ihm auch das letzte teure Restchen vollends zu, wenn ich daran lügen sollte, daß ein uneigennützig Mitleid mit jenem liebenswürdigen Geschöpfe, ja mit euch beiden, mich zwinge, alles aufzubieten, was deine unselige Entfremdung von dem Mädchen hintertreiben kann."

„Gut, wir sprechen uns bald mehr darüber", sagte Nolten, und wollte ihm freundlich die Hand drücken, was jedoch Larkens nach seiner Art schnell abtat, weil ihn der geringste Anschein von Sentiment zwischen Freunden immer verlegen und ärgerlich machte.

Nachdem man die beiden auswärtigen Freunde bis zu ihrem Quartiere begleitet und die nächste Zusammenkunft abgeredet hatte, gingen die andern, welche in *einem* Hause und auf demselben Boden wohnten, ziemlich einsilbig ihre gemeinschaftliche Straße.

Unser Maler fand zwischen den eigenen Wänden jene Wohltat ungestörter Einsamkeit, nach welcher er sich vor wenigen Minuten so ungeduldig hingedrängt hatte, keineswegs. Die Eindrücke dieser letzten Stunden waren zu mannigfaltig, zu mächtig, zu entgegengesetzt, als daß er hoffen konnte, sie zu ordnen, sich ihrer mit Vernunft zu bemeistern. Er schickte den Bedienten, der ihn auskleiden sollte, zu Bette, und saß eine Weile unschlüssig, den Kopf in die Hand gestützt, den Blick auf die ruhige Flamme der vor ihm brennenden Kerze geheftet. Erst der Anblick jenes unwillkommenen Briefs (er lag noch uneröffnet auf dem Tische) schien seinem Unmut, seinem Grame eine entschiedene Gestalt zu geben. „Oh!" brach er aus, „muß heute sich alles herzudrängen, mich zu peinigen? soll ich nicht zu mir selbst kommen? Was kann sie wollen mit dem Briefe? muß sie nicht fühlen, wir sind getrennt auf immer, muß sie's nicht? Ja, wenn dies wirklich der Inhalt dieses Blattes wäre! Könnt ich's nur ahnen aus den Zügen dieser Aufschrift! Doch, die sind treu und gut, und blicken schmeichelhaft wie in den glücklichen Tagen — Nein, nein, ich wag es nicht, dies Siegel zu erbrechen."

Er stand plötzlich auf und suchte die Gesellschaft des Freundes. Zu seinem Troste traf er ihn noch wach am Kamine sitzend und nicht minder geneigt, die wenigen Stunden bis zum Tagesanbruch vollends in vertrautem Gespräche zuzubringen. „Recht, daß du kommst!" hieß es, „du triffst mich mit ernsthaften Betrachtungen über *dich* beschäftigt. Es wäre gar schön von dir, wolltest du mich jetzt ein wenig tiefer in deine Karten schauen lassen, denn nach dem, was du heute gemunkelt, sollte man ja beinahe glauben, daß deine Erkältung gegen Agnes noch ihre absonderlichen Ursachen habe, wiewohl ich immer bloß die Symptome eines ganz ordinären Liebesfrosts an dir zu bemerken meinte, der sich selten anders erklären läßt, als im allgemeinen aus einem gewissen Defizit von Wärme. In der Folge mag denn auch Gräfin Constanze einigen Einfluß gehabt haben; was? oder hätte sie wirklich schon alles wie mit Besemen gekehrt in deinem Herzschrank angetroffen?"

„Laß uns nicht leichtsinnig von einer ernsthaften Sache reden!" versetzte Nolten, „nein, glaub es, Alter, mein Verhältnis zu Agnes fand den Grund seiner Zerstörung nicht ebenda, wo ihn dein Scharfsinn mit soviel Zuversicht entdecken will. Du hättest mir die Ursache längst abmerken können; eine ausführliche Entwicklung der verhaßten Geschichte war mir zu verdrießlich, und zudem mag mich eine dumme Scham abgehalten haben, über die ich nicht gebieten konnte. Mich von einem kindischen Geschöpfe so genarrt, so gekränkt zu wissen! mich selber so zu narren, so zu täuschen! Höre nun; du weißt, was mich an das Mädchen gefesselt hatte, was ich alles in ihr suchte, tausendfach fand; aber dir ist nicht bekannt, wie sehr mich meine Rechnung zuletzt betrog. Siehst du, wenn äußerste Reinheit der Gesinnung, wenn kindliche Bescheidenheit und eine unbegrenzte Ergebung von jeher in meinen Augen für die Summe desjenigen galt, was ich von einem weiblichen Wesen verlangen müsse, das ich immer sollte lieben können, so ist der Eigensinn begreiflich und verzeihlich, womit sich mein Herz verschloß, sobald jene Eigenschaften anfingen, sich im geringsten zu verleugnen; denn je gemäßigter meine Ansprüche in jedem andern Sinne waren, desto beharrlicher durften sie sein in dieser einzigen Rücksicht, mit welcher nach meinem Gefühle der schönste und bleibendste Reiz aller Weiblichkeit wegfällt."

„Ha ha ha!" lachte der Freund, „deine Forderungen sind bescheiden, und doch auch impertinent groß von Weibern der jetzigen Welt!"

„Oh", fuhr der andere fort, „o Larkens! ja verlache mich, denn ich verdien's! daß ich der Tor sein konnte, zu glauben an die Unwandelbarkeit jener ursprünglichen Einfalt, die mir unendlichen Ersatz für jeden glänzenden Vorzug der Erziehung gab! Wo blieb doch jener fromm genügsame Sinn, den auch die leise Ahnung nie beschlich, daß es außer dem Geliebten noch etwas Wünschenswertes geben könne? jene ungefärbte Wahrheit, welche auch den kleinsten Rückhalt nicht in sich duldet, jene Demut, die sich selbst Geheimnis ist? Das alles lag einst in dem Mädchen! Wie heimlich und entzückt belauscht ich nicht zu tausend Malen das reine Aderspiel ihres verborgensten Lebens! Durchsichtig wie Kristall schien der ganze Umfang ihres Daseins vor mir aufgeschlossen und auch nicht *ein* unebener Zug ließ sich entdecken. Sprich! mußte darum nicht der erste Schatten weiblicher Falschheit mich auf ewig von ihr schrecken?

Mein Paradies, gesteh ich, Larkens! war vergiftet von diesem Augenblicke. Kann ich es ändern? kann *sie* es ändern? Sie selbst mag zu entschuldigen sein, auch ich entschuldige sie, aber die Bedeutung des Ganzen ist mir verloren, ist weg, unwiderbringlich. Und wenn ihre Liebe, göttlich neugeboren, mir entgegenweinte, ich müßte die Hände sinken lassen, sie fände ihre alte Wohnung nicht mehr."

Larkens schwieg einige Zeit nachdenklich. „Aber", fing er nun an, „was verbrach denn das Mädchen eigentlich? wo streckte denn der Satan, der in sie gefahren sein soll, zuerst sein Horn heraus? wo sind die Indizia?"

„Meinst du", fuhr Nolten fort, „es sei mir nicht schon fatal gewesen, da es bereits vor einem Jahre bei meinem letzten Besuch in Neuburg sehr deutlich das Ansehen hatte, als ob dem Närrchen bange würde um eine genügende Versorgung durch mich? und wenn mir der Vater mit kritischem Gesichte zu verstehen gab, es wolle nirgends recht fort mit meiner Kunst, mit meinem Erwerbe, er selber könne uns nur wenig unter die Arme greifen, ich möge mich doch wohl bedenken, ob ich mir eine Familie zu nähren getraue, und was des Geschwätzes mehr war, so nahm das Töchterchen mich zwar zärtlich genug in eine Ecke, küßte mir die Runzeln von der Stirn, lächelte und verbarg doch nur mit Müh und Not ihre Sorgen, ihre Tränen. Das ließ ich denn so gehen und hielt's ihnen zugute. Aber bald nachher, verflucht! die garstige Niederträchtigkeit!"

„Nun?"

„Ein zierlicher Laffe kam ins Haus, Geometer, oder was er ist, ein weitläufiger Vetter aus der benachbarten Stadt. Mir ward von freundschaftlicher Hand ein Wink gegeben, daß man sich in dem Burschen, nur auf gewisse Fälle, ein Schwiegersöhnchen reservieren wolle."

„Ist nicht möglich das!" rief Larkens erschrocken aufspringend.

„Und ist gewiß. Zwar Agnes wußt anfangs nicht um den saubern Plan, man wollt abwarten, ob ihr's Mäulchen nicht selber überliefe, man steckte die Leutchen recht geflissentlich zusammen, daß dem Mädel zuletzt wirklich schwindlig ward, denn mein Rival trug ohne Zweifel eine brillante Vorstecknadel, wußte treffliche Dinge von Bällen und dergleichen zu erzählen, wunderte sich recht mitleidig, daß Fräulein Agnes an

solchen Herrlichkeiten keinen Teil nehme, worauf denn das gute
Schäfchen sich ebenfalls im stillen verwunderte, sich ganz tiefsinnig in die neue prächtige Welt verguckte, von welcher sie
auf ihrem stillen Waldhäuschen bisher das mindeste nicht geahnt. Mir entdeckten jedoch ihre sehr liebreichen, wiewohl
etwas sparsamen, Briefe nichts von diesen Visionen, die Wischchen waren lieb und simpel und treuherzig, wie sonst auch,
rochen weder nach eau de Portugal noch de mille fleurs, sondern
es war genau der alte echte Maiblumen- und Erdbeernduft —
aber den höllischen Gestank brachten mir die Briefe sehr ehren-
werter Personen unter die Nase; dort ist von musikalischen und
andern Notturnis, von Rendezvous im Gärtchen, kurz von allerliebsten Sachen die Rede, die ich zuerst unglaublich und bis
zur Desperation abscheulich, dann aber ganz natürlich und
zum Totlachen plausibel fand."

„Die Briefe, von wem denn?"

„Sie sind — gleichviel."

„Das nun eben nicht, mein Bester!"

„Nun ja, ich bin den Personen eine gewisse Diskretion
schuldig."

„Nur ungefähr; männlich? *weiblich?* oho! nun rat ich den
Pfeffer; die Episteln hat der Neid diktiert."

„Unwürdiger Verdacht! Und ich hab außerdem Beweise, die
— o laß mich schweigen, laß mich vergessen! nur jetzt verschone
mich, du siehst ja, wie mich's martert!"

„Aber was sagte Agnes zur Entschuldigung?"

„Nichts, und ich macht ihr keinen Vorhalt."

„Alle Teufel! bist du verrückt? du stelltest sie nicht zur
Rede?"

„Mit keiner Silbe. Der Herr Papa, in Furcht, ich habe Wind
erhalten von dem Spaß, kam mir mit Rechtfertigungen zuvor,
vielleicht weil ihm der Reukauf angekommen. Da versteigt er
sich nun in den rührendsten psychologischen Subtilitäten, als
gälte es eine Preisaufgabe, den Leichtsinn einer läppischen Dirne
wieder zu Ehren zu bringen. Er ruft sogar die Medizin zu
Hülfe; es ist wahr, das Mädchen war kurz vorher krank, aber
was, zum Henker! hatten die Nerven meiner Braut mit dem
Geometer zu schaffen? Kurzum, ich weiß nun, was ich von
allem zu glauben habe. Ich schrieb ihr, wie du weißt, seit sechs
Monaten nicht mehr, und hoffte zuletzt, auch sie habe stillschweigend resigniert, allein der Alte mag von Verbesserung

meiner Umstände gehört haben: nun erhalt ich gestern unerwartet einen Wisch durch Ferdinand — da!"

Larkens griff hastig nach dem Briefe, und zwar mit einer Bestürzung, die nur in *diesem* Augenblicke dem Freunde entgehen konnte. Nolten drang ihm die Papiere beinahe bittend auf, indem er wiederholt sagte: „Behalt es, vergrab es bei dir, bester einziger Larkens! und wenn es möglich ist, verschone mich mit seinem Inhalt, antworte statt meiner, nicht wahr, du tust mir die Liebe? O wie mir nun wieder leicht ist, seit ich des Quarks los bin! — Alter, komm, laß Wein bringen! Wollen uns einmal wieder lustig machen. Der Tag schläft noch fest. Laß diese trübe Lampe mit unsern verdüsterten Geistern sich im Karfunkel des Burgunders spiegeln!"

In kurzem stand eine kühle Flasche auf dem Tische. Man suchte einige Lieblingsmaterien der Kunst auf und war bald im Feuer des Gesprächs. Mit der Morgendämmerung trennte man sich, um noch eine kurze Ruhe nachzuholen.

„Noch eins!" rief Theobald unter der Tür, „wer war denn der Vermummte auf dem Albaniturm?"

„Frag mich jetzt nicht; es ist gleichgültig; du sollst's ein andermal erfahren. Schlaf wohl."

Nolten war auf seinem, vom Frühlichte blaß erhellten Schlafzimmer angekommen. Er will sich soeben aufs Bette werfen, als ihm an dem spanischen Hute, welchen er gestern auf dem Balle gebraucht, eine Zierde auffällt, die ihm völlig fremd ist; die rote Blüte einer Granate, der Natur täuschend nachgemacht. Das Blut steigt ihm in die Wange, eine plötzliche Ahnung schießt ihm durch den Kopf — „von *ihr!* von ihr! o sicherlich von dir, Constanze!" rief er aus. „Die Liebe deutet mir das rätselhafte Wort, das du vor wenig Tagen, halb Scherz, halb Ernst, gegen mich hast fallenlassen. Die Blüte der Granate — war's nicht so? Ja, so war's! Und nun heute nacht — stutzte mein Auge nicht mehr als *einmal* an der Blumen austeilenden Gärtnerin und ihrem kleinen Diener? So ist sie's doch gewesen! gewiß, der Junge hat mir's angesteckt, wie ich verdrießlich in jenem Fenster saß. Sie muß ihm den Wink gegeben haben. So erkannte sie mich doch. Du Engel! Engel! Und du, mein seliges Herz! ja hoffe nur und hoffe kühn! das ist ein teures, unschätzbares Merkzeichen. Mir beginnt ein neues Leben! Herauf, du schläfriger Morgen! O warum stürzt die Sonne sich nicht prächtig und entzückt mit *einemmal* über den schattenden Berg, da mich ein Wunder glücklich macht? Du grauer Tag, wie blickst du seltsam in die glühende Blätterkrone dieses geborstenen Kelchs! Lieber, grauer Tag, wahrsage mir nicht Schlimmes mit dieser gelassenen Miene! und willst du neidisch sein, so wiß es nur und ärgre dich — *sie* liebt mich! Mich! Ja, *sie* — mich!

Indessen hatte Larkens das ihm übergebene Briefchen Agnesens geöffnet und gelesen; es war ein einfacher Gruß, wobei sie Theobalden aufs lebhafteste dankt für *sein letztes Schreiben,* welches jedoch, die Wahrheit zu sagen, von ganz anderer Hand, und, wie so manche frühere Sendung, bloß unterschoben war.

„Du bittest mich", sagte Larkens nach einer Pause gerührten Nachdenkens vor sich hin, „du bittest mich, armer Freund, ich soll das Blättchen bei mir vergraben, soll den Knoten zerhauen, soll deine ganze verleidete Sache über Hals und Kopf der Vergessenheit überliefern, und so alles mit *einem* Male gutmachen. Ich will gutmachen, aber auf ganz andere Art als du denkst, und Gott sei Dank, daß mir nicht jetzt erst einfällt, diese Sorge auf mich zu nehmen. Wie preis ich den Genius, der mir gleich anfangs das Mittel eingab, dem guten Kinde deinen Wankelmut zu verbergen, ihm durch eine leichte Täuschung allen Schmerz, alle Angst zu ersparen, und, wenigstens solange sich noch Heilung für den Verblendeten hoffen läßt, das holde Geschöpf im schönen Traum seiner Liebe zu lassen. Aus einem Verhältnisse zu der Gräfin kann offenbar nichts werden, tausend Umstände sind dagegen; Constanze selber, wie ich sie kenne, hat nicht den entferntesten Gedanken an so etwas, kann ihn gar nicht haben. Theobald wird müssen seiner Leidenschaft entsagen lernen, ich seh alles voraus, es wird tief bei ihm einschneiden — schad't nichts, das soll mir ihn zu sich selbst bringen, soll mir ihn weich machen für Agnes; er wird dem Himmel danken, wenn ihm das weggeworfene Kleinod erhalten blieb. Für jetzt wär's Unsinn, ihm die Gräfin gewaltsam vom Herzen reißen zu wollen; ich hoffe, es ist nur ein Übergang, und ich müßt ihn schlecht kennen, oder es kann ihm in die Länge selbst nicht schmecken. Auf jeden Fall läßt er mich ja an allem teilnehmen, was etwa mit ihm und Constanzen vorgeht, und Larkens ist bei der Hand, wenn Feuer im Dach auskommen sollte; überdies will ich meinen Leuten so genau aufpassen, daß mir nichts in die Quere laufen soll. Das erste ist nun, ich muß wissen, was an dem Märchen mit Agnes ist;

gewiß irgendeine verleumderische Teufelei, und mein vortrefflichster Nolten hat in der blinden Hitze einmal wieder danebengeschossen; ich lasse mich rädern, das ist's. — Hm! freilich, hätt ich nur ein einzig Mal das Mädel mit diesen meinen Augen gesehen! aber so, was bürgt mir für sie? Man hat Beispiele, daß so ein Engelchen auch einmal einen schlechten Streich macht, oder, was bei ihnen geradesoviel ist, einen dummen. Nein, zum Henker, ich kann's wieder nicht denken! Sind mir ihre Briefe nicht Zeugnis genug? So schreibt doch wahrlich keine Galgenfeder! Und gesetzt, sie hätt einmal ein paar Tage einen Wurm im Kopf gehabt und ein bissel nebenaus geschielt, etwas Gift mag so was immer ansetzen beim Liebhaber, doch im ganzen was tut's? Ein verdammter Egoismus, daß wir Männer uns alles lieber verzeihen, als so einem lieben Närrchen; eben als hätten wir allein das Privilegium, uns zuweilen vom Leibhaftigen den Pelz ein wenig streicheln zu lassen, ohne ihn just zu verbrennen. Wetter! diese frommen Hexchen haben so gut Fleisch und Blut wie unsereiner, und der nächste Blick auf die Person des Alleinzigen wirft den Hundertstels-Gedanken von Untreue und das gewagteste Luftschloß wieder übern Haufen; dann gibt es nichts pikanter Wollüstiges für so eine süße Krabbe, als die Tränchen, womit sie gleich drauf die Verirrung ihrer Phantasie am bärtigen Halse des Liebsten unter tausend Küssen stillschweigend abbüßet. Aber auch nicht einmal dieser leichten Seitensprünge halt ich Agnesen fähig; wenigstens wär mir leid um das goldreine Christengelsbild, das ich mir so nach und nach von dem Mädchen konstruierte. Mord und Tod! daß man doch gar, gar nichts in der Welt soll denken können, wobei einem der alte Verderber nicht wieder ein Eselsohr drehte! Ich möcht mich in Stücke reißen vor Wut! nicht um meinetwillen — für mich ist nichts mehr zu verlieren: nein, nur um Noltens willen, der so ehrlich, gut knabenartig sein Ideal in einer Dorflaube salviert glaubte und nun eben auch in faule Äpfel beißen soll. So geht's — ei, und am Ende haben wir's all nicht besser verdient. Aber laß sehen, es fragt sich ja immer noch — Verflucht! was doch das Mißtrauen ansteckt! Stand nicht bis den Augenblick mein Glaube an das Mädchen fest wie ein Fels? und, sachte beim Licht besehn, steht er noch wie vor. So laß mich denn meine Maschinen getrost fortspielen! meine Maskenkorrespondenz mit dem Liebchen mag dauern solang sich's tut. Bin ich durch diese sechs Monat lange Übung im Stil der Liebe, im

Ausdruck und individueller Gedankenweise nicht so ganz und gar zum andern Nolten geworden, daß ich fast fürchten muß, das Mädchen, wenn heut oder morgen der Spuk an Tag käme, könnte sich in *mich* verlieben? was denn ceteris paribus auch so übel nicht wäre. Doch, soviel ist gewiß, ich glaube für hundert galante Schurkereien, wozu ich ehedem meine gewandte Handschrift mißbrauchte, mir hinlängliche Absolution dadurch erworben zu haben, daß ich die Kunst, ehrlichen Leuten ihre Züge abzustehlen, endlich einmal für einen guten Zweck nütze. Du liebes betrogenes Kind! und hast du denn niemals beim innigen vertieften Anschaun meiner Lügenschrift etwas Unheimliches verspürt, wenn du das Blatt mit dankbarem Entzücken an deine Lippen drücktest? hat nicht der Engel deiner Liebe dir zugeflüstert: halt, eine fremde Hand schiebt der des Geliebten sich unter? Nein doch! dein Schutzengel wird sich ja eher mit mir verschwören, als daß er dich mit der unzeitigen Wahrheit betrüben sollte, die dir zugleich den Geliebten raubt! Immerhin also laß mich gewähren. Und hat es mir zeither an Vorwänden nicht gefehlt, dich über das immer verschobene Wiedersehn deines Theobalds und die langentbehrte Umarmung zu trösten, so wird es mir, denk ich, noch gelingen, dir ihn bald als einen völlig Neuen entgegenzuführen, und du wirst nicht einmal wissen, daß es ein strafwürdiger, aber bekehrter Flüchtling ist, der zu deinen Füßen weint."

Dies war so ziemlich das bald leise, bald laute Selbstgespräch Larkens'. Indem wir es wiederzugeben suchten, weihten wir den Leser in das Geheimnis ein, das ihm gegenwärtig vor allem am Herzen lag. Es versteht sich von selbst, daß er gleich beim Beginn seines wunderlichen Briefwechsels mit Agnes alle Vorsicht gebrauchte und jene namentlich unter irgendeinem Vorwand aufforderte, ihre Briefe immer unter der Larkensschen Adresse laufen zu lassen. Dies geschah indessen auch pflichtlich, nur das letzte Billett machte eine Ausnahme, weil Agnes die Gelegenheit durch die Freunde ohne Umschweif nützen zu können meinte, und so war das Papier wirklich zu anfangs nicht geringem Schrecken des heimlichen Korrespondenten in die Hände desjenigen gelangt, für den es am wenigsten gehörte, und dem sein Inhalt das ganze hübsche Gewebe hätte verraten müssen. Eine geschärfte Instruktion für die Briefstellerin war die einzige Folge dieser glücklich abgeleiteten Gefahr, aber einen weit wichtigern Grund, ungesäumt an Agnes, sowie auch an den Förster, zu schreiben, fand Larkens in der Ungewißheit über die bewußte Ehrensache. Er setzte sich noch in dieser Stunde nieder, doch mit dem Vorsatze, seine Sorge nur so gelinde als möglich reden zu lassen, und seine Erkundigungen ganz im Allgemeinen zu halten, damit nicht etwa ein Verstoß gegen frühere Verhandlungen, die ihm unbekannt waren, zum Vorschein komme.

Um aber die Stellung Noltens gegen die Braut ganz anschaulich zu machen, müssen wir in der Zeit etwas zurückschreiten und Folgendes erzählen.
Das Verhältnis der Verlobten stand in der wünschenswertesten Blüte, als Agnes durch eine heftige Nervenkrankheit dem Tode nahe gebracht war. Der kritische Zeitpunkt ging indessen gegen Erwartung glücklich vorüber, und mehrere Wochen verstrichen, ohne daß es mit der allmählichen Genesung des Mädchens irgendeinen auffallenden Anstoß gegeben hätte. Jetzt aber konnte es dem Vater, und wer ihn sonst besuchen mochte, nimmer entgehen, daß mit der Tochter eine Veränderung, und zwar eine sehr bedeutende, vorgegangen sei. Offenbar war sie tief am Gemüte angegriffen, auch körperlich bemerkte man die sonderbarste Reizbarkeit an ihr; im ganzen war sie sanft, meist niedergeschlagen, zuweilen ungewöhnlich heiter und gegen ihr sonstiges Wesen zu allerlei Possen geneigt. Oft machte sie ihrem Herzen durch heftige Tränen Luft, brach in Klagen aus um den entfernten Geliebten, den sie mit Sehnsucht zu sich wünschte. Zugleich äußerte sie eine leidenschaftliche Liebe zur Musik, verlangte nichts so sehr als irgendein Instrument spielen zu können, und setzte jedesmal hinzu, sie wünsche dies nur um Noltens willen, damit er künftig doch wenigstens *ein* Vergnügen von ihr haben möge. „Ich bin ein gar zu bäurisches einfältiges Geschöpf, und solch ein Mann! O werden wir denn auch jemals füreinander taugen?" Und wollte man sie nun beruhigen, setzte der Vater den schlichten treuen Sinn des Bräutigams recht faßlich auseinander, so konnte sie nur um desto heftiger ausrufen: „Das ist eben der Jammer, daß er sich selber so betrügt! ihr alle betrügt euch, und ich mich selbst in mancher törichten Viertelstunde. Meint ihr denn, wie er im vorigen Herbste da war, ich hätte nicht gemerkt, daß er oft Langeweile bei mir hatte, daß ihn etwas beengte, stocken machte? Seht, wenn er bei mir saß, mir seine Hand hinhielt und ich verstummte, nichts in

der Welt begehrte, als ihm nur immer in die Augen zu sehn, dann lächelt' er wohl — ach, und wie lieb, wie treulich! nein, das macht ihm kein anderer nach! Und hab ich dann nicht oft, mitten in der hellen Freude, bestürzt mich weggewandt und das Gesicht mit beiden Händen zugedeckt, geweint und ihm verhehlt, was eben an mich kam? — ach, denn ich fürchtete, er könnte mir im stillen rechtgeben, ich wollt ihm nicht selber draufhelfen, wie ungleich wir uns seien, wie übel er im Grunde mit mir beraten sei." So fuhr sie eine Zeitlang fort und endete zuletzt mit bittern Tränen; dann konnte es geschehn, daß sie sich schnell zusammennahm, gleichsam gegen den Strom ihres Gefühls zu schwimmen strebte, und mit dem Ton des liebenswürdigsten Stolzes fing das schöne Kind nun an, sich zu rechtfertigen, sich zu vergleichen; die blasse Wange färbte sich ein wenig, ihr Auge leuchtete, es war der rührendste Streit von leidender Demut und edlem Selbstbewußtsein.

Diese sonderbare Unzufriedenheit, ja dies Verzweifeln an allem eigenen Werte fiel desto stärker auf, da Theobald in der Tat nicht die geringste Ursache zu dergleichen gegeben, man auch früher kaum die Spur von einer solchen Ängstlichkeit an ihr entdeckte. Jetzt ward es freilich aus manchen ihrer Äußerungen klar, daß sie schon in gesunden Tagen diese Sorge heimlich genährt und wieder unterdrückt hatte, daß ein krankes Gefühl, das von jenem Nervenübel bei ihr zurückgeblieben war, sich mit Gewalt auf den verletzbarsten Teil des zarten Gemütes geworfen haben müsse.

Damit wir jedoch sogleich über das Ganze ein hinreichendes Licht verbreiten, sind wir die Erzählung einer Tatsache schuldig, welche jenen Symptomen von Schwermut vorausging, und wodurch das, was vielleicht nur vorübergehende Grille war, eine weit schwierigere Gestalt annahm.

Zwei Wochen, nachdem Agnes vom Krankenlager freigesprochen war, hatte sie vom Arzte die Erlaubnis erhalten, zum erstenmal wieder die freie Luft zu kosten. Es war an jenem Tage eben ein weitläuftiger Verwandter, dessen eigentliche Bekanntschaft man jetzt erst machte, im Hause gegenwärtig; der junge Mann war seit kurzem in der benachbarten Stadt bei der Landesvermessung angestellt und bei dem Förster ein um so willkommnerer Gast, als er neben einem angenehmen Äußern manches schöne gesellige Talent bewies. Man speiste fröhlich zu Mittag und Agnes durfte den Vetter Otto nach Tisch beim wärmsten Sonnenschein eine Strecke gegen die Stadt hin begleiten. Das Mädchen, wie neugeboren unterm offenen Himmel, genoß ganz das erhebende Vergnügen neugeschenkter Gesundheit, das sich mit nichts vergleichen läßt; sie sprach wenig, eine stille, gegen Gott gewendete Freude schien ihr den Mund zu verschließen und ihren Fuß im leichten Gang vom Boden aufzuheben; ihr war, als sei ihr Inneres nur Licht und Sonne; ein deutliches Gefühl von körperlicher Kraft schien sich mit einem kleinen Rest von Schwäche angenehm bei ihr zu mischen; sie kehrte früher um und nahm Abschied von Otto, damit sie völlig ungestört sich dem Überflusse des Entzückens und des Dankes hingeben könne.

Ihr Weg führte sie durch ein Birkenwäldchen, bei dessen letzten Büschen sie eine Zigeunerin allein am Rasen sitzen fand, eine Person von ansprechendem und trotz ihres gesetzten Alters noch immer von jungfräulichem Aussehen. Man grüßt sich, Agnes geht weiter, und hat kaum fünfzehn Schritte zurückgelegt, als sie bereuet, die Unbekannte nicht angeredet zu haben, deren ganzes Wesen und freundlich bedeutender Blick doch sogleich den größten Eindruck auf sie gemacht hatte. Sie besinnt sich, sie lenkt um und eine Unterredung wird angeknüpft. Nach einer Weile, während der man gleichgültige Dinge gesprochen, pflückt das braune Mädchen gleichsam spielend einige Gräser, knüpft sie in eine regelmäßige Figur zusammen, löst sodann kopfschüttelnd den einen oder andern Knoten wieder auf und sagt: „Setzt Euch zu mir. — Der Herr, dem Ihr da vorhin ausgefolgt, ist Euer Schatz zwar nicht, doch denkt an mich, er wird es werden."

Agnes, obgleich etwas betreten, scherzt anfangs über eine so unglaubliche Prophezeiung, verwickelt sich aber immer angelegentlicher und hastiger ins Gespräch, und da die Äußerungen und Fragen der Fremden eine ganz unbegreifliche Bekanntschaft mit den eigentlichen Verhältnissen der Braut vorauszusetzen scheinen, so kommt sie den Worten der Zigeunerin unvermerkt entgegen. Das gutmütige Benehmen derselben entfernt zugleich fast jedes Mißtrauen bei Agnesen. Wie schmerzhaft aber und wie unvermutet wird ihr geheimstes Herz mit einem Male aufgedeckt, da sie aus jenem ahnungsvollen Munde unter andern die Worte vernimmt: „Was Euern jetzigen Verlobten anbelangt, so wär es grausam Unrecht, Euch zu verbergen, daß ihr auch allerdings nicht geboren seid füreinander. Seht hier die schiefe Linie! das ist verwünscht; stimmt doch das Ganze sonst gar hübsch zusammen! Aber die Geister necken sich und machen Krieg mit den Herzen, die freilich jetzt noch fest zusammenhalten. Ei närrisch, närrisch! mir kam so was noch wenig vor."

Agnes fand Sinn in diesen dunkeln Reden, denn sie erklärten ihr nur ihre eigene Furcht. „Wie?" sagte sie leise und starrte lange denkend in den Schoß, „so ist's — so ist's! ja Ihr habt recht."

„Nicht ich, mein Töchterchen, nur Stern und Gras behalten recht. Vergib, daß ich die Wahrheit sagte; aber Wermut kann auch Arznei sein, und sei versichert, Zeit bringt Rosen."

Hier stand die Fremde auf. Agnes, im Innern wie gelähmt und an den Gliedern wie gebunden, vermochte kaum sich zu erheben, sie hatte nicht den Mut, die Augen aufzuschlagen, es war ihr leid, daß sie verriet, wie sehr sie sich getroffen fühlte. Und doch, indem sie aufs neue in das Gesicht der Unbekannten sah, glaubte sie etwas unbeschreiblich Hohes, Vertrauenerwekkendes, ja Längstbekanntes zu entdecken, in dessen seelenvollem Anblicke der Geist sich von der Last des gegenwärtigen Schmerzens befreie, ja selbst die Angst der Zukunft überwinde.

„Behüt dich Gott, mein Täubchen! und hab immerhin guten Mut. Läßt dich die Liebe mit einer Hand los, so faßt sie dich gleich wieder mit der andern. Und stoße nur dein neues Glück nicht eigensinnig von dir; es ist gefährlich, dem Gestirn Trotz bieten. Nun noch das letzte: bevor ein Jahr um ist, wirst du niemand verraten, was ich dir gesagt; es möchte schlimm ausfallen, hörst du wohl?"

Dies letztere hatte die Zigeunerin mit besonderem Nachdrucke gesprochen. Aufs äußerste ergriffen dankte das Mädchen beim Abschiede und reichte der Fremden ein feines Tuch zum Angedenken hin.

Agnes war allein und vermochte kaum sich selber wiederzuerkennen; sie glaubte einer fremden, entsetzlichen Macht anzugehören, sie hatte etwas erfahren, was sie nicht wissen sollte, sie hatte eine Frucht gekostet, die unreif von dem Baume des Schicksals abgerissen, nur Unheil und Verzweiflung bringen müsse. Ihr Busen stritt mit hundertfältigen Entschlüssen und ihre Phantasie stand im Begriffe, den Rand zu übersteigen. Sie hätte sterben mögen, oder sollte Gott ihrer Neugierde verzeihen und schnell das fürchterliche Bewußtsein jener Worte von ihr nehmen, die sich wie Feuer immer tiefer in ihre Seele gruben, und deren Wahrheit sie nicht umstoßen konnte.

Erschöpft kam sie nach Hause und legte sich sogleich mit einem starken Froste; der Alte befürchtete einen Rückfall in das kürzlich erst besiegte Übel, allein vom wahren Grunde ihres Zustandes kam keine Silbe über ihre Lippen. Sie ließ sich ältere und neuere Briefe Theobalds aufs Bette bringen, aber statt des gehofften Trostes fand sie beinahe das Gegenteil; das liebevollste Wort, die zärtlichsten Versicherungen, schon gleichsam angeweht vom vergiftenden Hauche der Zukunft, betrachtete sie mit Wehmut, wie man getrocknete Blumen betrachtet, die wir als Zeichen vergangener schöner Augenblicke aufbewahrten: ihr Wohlgeruch ist weg und bald wird jede Farbenspur daran verbleichen.

Dergleichen traurige Ahnungen erfüllten sie mit desto ungeduldigerem Schmerz, je mehr sie Theobalden noch in dem vollen Irrtum seiner Liebe befangen denken mußte — in einem Irrtum, den sie nicht länger mit ihm teilen durfte noch wollte, der ihr abscheulich und beneidenswert zugleich vorkam.

Jener Fieberanfall ging indes vorüber und außer einer gewissen Überspannung hielt man das Mädchen für gesund. Die Ungewißheit ihres Schicksals beschäftigte sie Tag und Nacht. Suchte sie auch einen Augenblick jene drohenden Aussprüche mit ruhigem Verstande zu bestreiten, schalt sie sich abergläubisch, töricht, schwach, sie fand doch immer zwanzig Gründe gegen einen, und selbst im Fall die unerhörteste Täuschung des Weibes mit im Spiele war, so schien dieser seltsame Zufall ihr wenigstens eine früher gefühlte Wahrheit aufs wunderbarste zu bestätigen. Denn freilich hatte sie bei dem Gespräch im Walde nicht bemerkt, wieviel ihr die Zigeunerin, nachdem das erste aufs Ungefähr keck hingeworfene Wort einmal gezündet, mit leisem Tasten abzulauschen wußte, noch weniger ließ sie sich träumen, daß ebendiese Person auf sehr natürlichem Wege von der äußeren Lage der Dinge im allgemeinen unterrichtet, mit Theobald nicht unbekannt, und, wie sich späterhin entdecken wird, überhaupt gar sehr bei der Sache interessiert war. Was aber immer die geheime Absicht dabei sein mochte, genug, das arme Kind war schon geneigt, einen höheren Wink in jenem Auftritte zu erblicken.

Indessen, es gehen zuweilen Veränderungen in unserer Seele vor, von welchen wir uns eigentlich keine Rechenschaft geben

und denen wir nicht widerstehen können, wir machen den
Übergang vom Wachen zum Schlaf ohne Bewußtsein und sind
nachher ihn zu bezeichnen nicht imstande: so ward in Agnes
nach und nach die Überzeugung von der Unvereinbarkeit ihres
Schicksals und Noltens befestigt, ohne daß sie genau wußte,
wann und wodurch dieser Gedanke eine unwiderstehliche Gewalt
bei ihr gewonnen. Ihre Grundempfindung war Mitleid
mit einem geliebten und verehrten Manne, hinter dessen Geist
sie sich weit zurückstellte, den sie durch ihre Hand nur unglücklich
zu machen fürchtete, weil es in der Folge doch auch
ihm selbst nicht mehr verborgen bleiben könne, wie wenig sie
ihm als Gattin genüge. Allein wenn dies Gefühl, das unstreitig
aus dem reinsten Grunde uneigennütziger Liebe hervorging,
das gute Geschöpf allmählich einer frommen und in sich selber
trostvollen Resignation entgegendrängte, so wurde der Entschluß
freiwilliger Trennung auf der andern Seite wieder durch
eine Idee verkümmert, welche sich sehr natürlich aufdrang: ein
künftiges Mißverhältnis war ja nur in dem Falle gedenkbar,
wenn Nolten überhaupt seine ursprüngliche Gesinnung verleugnete,
wenn er dem ersten reinen Zuge seines Herzens untreu
würde; und so betrachtete sich nun Agnes schon zum voraus
aufs tiefste gekränkt von dem Verlobten, sie war versucht, ihm
dasjenige bereits als Schuld anzurechnen, wovon er selbst noch
keine Ahnung hatte, was aber unvermeidlich kommen müsse. So
sonderbar es klingen mag, so ist es doch gewiß, es traten Augenblicke
ein, wo ihre Empfindung gegen Theobald nicht fern von
Widerwillen, ja von Abscheu war, allein dergleichen feindliche
Regungen widerstrebten dergestalt ihrer innersten Natur,
sie selbst kam sich dabei als ein so hassenswürdiges, entstelltes
Wesen vor, daß sie mit Absicht alles und jedes vorkehrte, was
den Bräutigam, auch im äußersten Falle, rechtfertigen könnte.
Es kam eine tödliche Angst über sie, wenn ihr zuweilen die
Möglichkeit erschien, daß sie von dem, der ihr noch jüngst
das Teuerste der Welt gewesen, jemals geringer denken oder
daß er ihr gar sollte gleichgültig werden können, es war ihr,
wenn es dahin kommen sollte, als zerstöre sie ihr eigen Selbst,
als sei die innerste Wurzel ihres Lebens angegriffen, als müßte
sie jedem schönen Glauben, allem, was würdig, hoch und heilig
sei, für immerdar entsagen. Sie nahm in dieser äußersten Not
ihre Zuflucht zum Gebet, und flehte mit Inbrunst, Gott möge
die Liebe zu Nolten stets frisch bei ihr erhalten, er möge ihr

nur helfen, alles, was leidenschaftlich an dieser Neigung sei, aus ihrem Herzen wegzuscheiden.

Bemerkenswert ist es, daß das treffliche Mädchen, von einem richtigen Takte geleitet, sich mitunter alle Gewalt antat, ganz unabhängig von jener verdächtigen Prophetenstimme zu denken und zu handeln, so wie sie sich auch leicht beredete, die Verzichtleistung auf den Verlobten sei in Betracht der ersten Gründe doch immer aus ihr selbst hervorgegangen. Vielleicht sie unterschied hierin nicht scharf genug, und jene dunkle Stimme behielt auf Agnesens Tun und Lassen den mächtigsten Einfluß; nur verscheuchte sie jede Erinnerung an den verhaßten Fingerzeig des Weibes, der so entschieden auf ein neues Bündnis hindeutete; nicht ohne heimliches Schaudern konnte sie in diesem Sinne an den Vetter denken, ja sie vermied seinen Anblick eine Zeitlang geflissentlich, nur um dieser unerträglichen Vorstellung loszuwerden.

Wie sehr das Mädchen unter solchen Umständen litt, von wieviel Seiten ihr Gemüt im stillen zerrissen und gepeinigt war, läßt sich wohl besser fühlen als beschreiben. Unglaublich erscheint bei diesem allen der Wechsel ihrer Stimmung; denn während sie jede Hoffnung auf Theobald verbannte und in den nüchternsten Stunden sogar die Fähigkeit bei sich entdeckte, ihn seinem bessern Schicksale freizugeben, fehlte es mitunter nicht an Augenblicken, wo alle jene düstern Bilder gleich Gespenstern vor der aufgehenden Sonne zurückflohen, wo ihre Liebe mit einemmal wieder in dem heitersten Lichte vor ihr stand und eine Vereinigung mit Nolten ihr, allen Orakeln der Welt zum Trotze, notwendiger, natürlicher, harmloser deuchte, als jemals. Mit Entzücken ergriff sie dann eilig die Feder, dem teuren Freund ein liebevolles Wort zu senden, und sich im Schreiben gleichsam selbst des überglücklichen Bewußtseins zu versichern, daß sie und Nolten ewig unzertrennlich seien.

In solchen Stimmungen mochte sie auch Ottos Gegenwart nicht ungern leiden, sie behandelte ihn noch immer mit einiger Zurückhaltung und hatte auch diese schon halb überwunden; nur als der Vater gelegentlich dem Vetter, der die Mandoline fertig spielte, den Vorschlag machte, das Bäschen in die Lehre zu nehmen, ward sie einigermaßen verlegen und zauderte, wiewohl sie den Wunsch früher selbst geäußert hatte und noch jetzt in gewisser Hinsicht Lust dazu empfand. Auf das freundlichste Zureden Ottos entschloß sie sich wirklich, und sogleich wurde die Probe gemacht, die denn auch ganz munter vonstatten ging; Agnes bewies den größten Eifer, denn es galt, den Geliebten später mit diesem neuen Talent zu überraschen, und das kleine Geheimnis machte sie glückselig.

Aber dergleichen lichte Zwischenräume waren vorübergehend; jene schwermütigen Zweifel kehrten nur um desto angstvoller zurück, und ein solcher alle Kraft der Seele anspannender Wechsel diente nur, eine Epoche vorzubereiten, worin die geistige Natur der Armen unter der Last einer schrecklichen Einbildung und eines unseligen Geheimnisses unterlag.

Noch immer beobachtete Agnes das tiefste Stillschweigen über die Begebenheit im Walde, bloß im allgemeinen gab sich ihr Gram in lauten Klagen zu erkennen, wovon wir gleich anfangs ein Beispiel gegeben.

Die musikalischen Lektionen wurden ausgesetzt und fingen wieder an, weil es der Vater verlangte, der in solchen Unterhaltungen eine willkommene Zerstreuung für seine Tochter sah. Diese zeigte nunmehr eine sonderbare stille Gleichgültigkeit, ließ mit sich anfangen, was man wollte, oder ging ihr lebloses träumerisches Wesen sprungweise in jene zweideutige Munterkeit über, wovon wir oben gesprochen. Der Alte sah es gern, wenn sie mit Otto sich lustig machte, nur stutzte er oft über die Ausgelassenheit, ja Keckheit seines Mädchens, wenn es nach beendigter Lektion an ein Spaßen, Lachen und Necken zwischen den jungen Leuten ging, wenn die Schülerin dem Lehrmeister blitzschnell in die Locken fuhr und auch wohl einen lebhaften Kuß auf die Stirne drückte, so daß Freund Otto selbst etwas verlegen ward und mit all seiner sonstigen Gewandtheit sich zum erstenmal ein wenig linkisch der reizenden Kusine gegenüber ausnahm. „Bist doch mein lieber Vetter", lachte sie dann, „was zierst du dich so närrisch? Aber fürwahr, ich wollte, wir wären Brautleute! mit dir könnt ich leben, du bist ganz darnach gemacht, daß man dich nicht zuviel und nicht zuwenig lieben kann!"

Diese und ähnliche Reden, so arglos sie auch hingeworfen waren, klangen dem Alten bedenklich, und vollends finden wir sein Erstaunen gerecht, als er einmal beim Weggehen Ottos, welcher Agnesen wie sonst auf der Schwelle die Hand gab, eine Träne in ihrem klaren Auge bemerkte. „Was soll doch das, mein Kind?" fragte der Vater, nachdem sie allein waren, betroffen. „Nichts", erwiderte sie mit einigem Erröten und drehte sich zur Seite; „sein Anblick rührt mich oft, er gefällt mir nun einmal." Dann ging sie sorglos, wie es schien, und singend in der Stube auf und nieder.

Vorübergehende Auftritte der Art brachten den Förster auf mancherlei Gedanken, und es ist zu begreifen, wenn er es endlich mehr als wahrscheinlich fand, daß hinter diesem unnatürlichen Zustande eine aufkeimende Leidenschaft für Otto sich verstecke, die er nur einer krankhaften Reizbarkeit des Mädchens schuld geben konnte. Der Zeit nach, worein die ersten Besuche des Vetters und jene ersten grillenhaften Äußerungen Agnesens fielen, widersprach jener Vermutung nichts. Der Leser aber kann über den wahren Zusammenhang des wunderlichen Gewebes wohl nimmer im Zweifel sein.

Der Verstand des guten Wesens hatte das Gleichgewicht verloren, und der traurige Riß war kaum geschehen, als die Schatten des Aberglaubens mit verstärkter Wut aus ihrem Hinterhalte brachen, um sich der wehrlosen Seele völlig zu bemächtigen. Jene Idee von Otto fixierte sich gleichsam künstlich im Gemüte der Armen, und die eingebildete Notwendigkeit fing an, den Widerwillen gegen ihn zu überbieten.

Die Art jedoch, wie sich Agnes äußerlich betrug, ließ in der Tat nicht auf eine so bedeutende Störung ihres Innern schließen, und der Vater glaubte nicht an eigentlichen Wahnsinn. Der sonderbare Hang zur Lustigkeit verlor sich ganz und machte einer gesetzten Ruhe, einem liebenswürdigen Gleichmute Platz, der dem Gespräche sowie dem ordentlichen Gange der häuslichen Geschäfte gleich günstig war, man bemerkte nichts Verkehrtes in ihrem Tun und Reden, nichts Schwärmerisches in Miene und Gebärde; aber an Theobald wollte sie nicht erinnert sein, selbst Ottos Namen berührte sie kaum, solange er abwesend war, nur wenn er kam, sah man sie ihre ganze Aufmerksamkeit, alle Anmut und Freundlichkeit an ihn verschwenden.

Wenn nun der Alte, durch ein so unerhörtes Benehmen zur Verzweiflung gebracht, sie zur Rede stellte, sie bald mit Sanftmut, bald mit drohenden Vorwürfen an ihre Pflicht, an ihr Gewissen mahnte, so zeigte sie entweder eine stumme Gelassenheit, oder sie lief weinend aus dem Zimmer und schloß sich ein.

Der Vater hatte indessen auf die Entfernung des jungen Menschen gedacht und ihm bereits einige leise Winke gegeben, die aber bis jetzt ganz ohne Wirkung blieben; er war in der peinlichsten Not, zumal er Ursache hatte, zu befürchten, daß die Reize des Mädchens auch nicht ohne Eindruck auf Otto geblieben sein möchten. Und wirklich, wie erstaunte nicht der gute Mann, als er eines Tages dem Vetter unter vier Augen seine Bitte so schonend als möglich vortrug, und dieser mit dem unumwundenen Geständnisse hervortrat: er sei von der Neigung Agnesens für ihn vollkommen überzeugt und nichts halte ihn ab, sie offen zu erwidern, wenn er vom Vater die Zustimmung erhalten würde, die er ohnehin in diesen Tagen zu erbitten entschlossen gewesen sei; es komme nun freilich auf ihn an, ob er dem innigsten Wunsche seiner Tochter Gehör schenken oder auf Kosten ihrer Ruhe und ihrer Gesundheit eine Verbindung erzwingen wolle, welche man, alle Vorzüge Noltens in Ehren gehalten, nun einmal durchaus für den gröbsten Mißgriff halten müsse.

Der Förster, über eine so kühne Sprache wie billig empört, unterdrückte dennoch seinen Unmut und wies den vorschnellen Freier mit Mäßigung zurecht, indem er ihn vorderhand zur Geduld ermahnte und wenigstens für die nächste Zeit das Haus zu meiden bat, worauf denn jener willig zusagte und nicht ohne geheime Hoffnung wegging.

Nun überlegte der Alte, was zu tun sei. Bald ward er mit sich einig, daß unter so mißlichen Umständen Veränderung des Orts, eine starke Distraktion, das Rätlichste sein dürfte. Zwar dachte er anfangs daran, ob nicht gerade eine Reise zu dem Bräutigam das kürzeste Mittel zur Ausgleichung des Ganzen wäre, allein die geringste Erwähnung des Planes bei Agnesen versetzte diese in den größten Jammer, sie beschwor den Vater auf den Knien, von dem Vorhaben abzustehen, das ihr gewiß den Tod bringen würde. Da nun überhaupt von einer Reise, gleichviel wohin, die Rede war, schien sie viel mehr erfreut als abgeneigt, und gerne ließ der Förster sich's gefallen, bei dieser Gelegenheit einen ziemlich entfernten Freund, den er seit vielen Jahren nicht gesehen, heimzusuchen.

In kurzem befanden Vater und Tochter sich unterwegs in einem wohlgepackten Gefährt. Das Wetter war das schönste, nach wenig Stationen sah man schon völlig neue Gegenden. Das Mädchen war zufrieden, ohne gerade lebhafter zu sein.

Mit dem Aufenthalte in dem kleinen Städtchen Wiedecke, wo der vieljährige Bekannte des Försters, ein jovialer behaglicher Sechziger, als Verwalter eines edelmännischen Guts wohlhabend wie ein kleiner Fürst lebte, begann für Agnes bald eine ganz andere Art den Tag hinzubringen, als sie es bisher gewohnt war. Der lebensfrohe Mann machte sich's zur Pflicht, seine Gäste auf die mannigfaltigste Weise zu vergnügen, und im eigentlichen Sinne des Worts keine Stunde ruhen zu lassen. Sie mußte die Güter der gräflichen Herrschaft, Gärten, Waldungen, Parks und Fischplätze mustern, gelegentlich die Ordnung des Verwalters und seine Einsichten bewundern, man durfte mit keinem seiner Freunde im Städtchen und der Umgegend unbekannt bleiben, eine ländliche Partie verdrängte die andere, kurz der Förster sah seine Wünsche, die im stillen hauptsächlich nur auf Zerstreuung der Tochter gingen, beinahe über alles Maß und mehr als sie ertragen konnte, erfüllt; eigentlich gab sie sich mehr nur aus Gutmütigkeit zu all der geräuschvollen Lustbarkeit her, als daß sie mit ganzem Herzen teilgenommen hätte.

Großen und schönen Eindruck machte bei ihr eines Abends der erstmalige Anblick eines Theaters, wozu eine wandernde Truppe das Wiedecker Publikum lud. Das Stück war von der leichten, heitern Gattung und wurde überdies sehr brav gespielt. Agnes lachte zum erstenmal wieder recht herzlich und ging ganz aufgeräumt zu Bette. Doch in der Nacht kam sie in das Schlafzimmer des Vaters geschlichen, weckte ihn, und wollte anfangs auf die Frage, was ihr zugestoßen sei, lange mit der Sprache nicht heraus. Sie habe, gestand sie endlich, von Theobalden so lebhaft, so deutlich geträumt; er sei trostlos gewesen und habe sie um Gottes willen gebeten, ihn nicht zu verlassen, zuletzt sei sie aufgewacht, erstickt von seinen Küssen. „Nun seht, Vater", fuhr sie unter heißen Tränen fort, „Euch darf ich wohl bekennen, daß er mich unbeschreiblich dauert, ob ich ihn gleich nicht mehr liebe; er wird sein Glück gewiß bei einer andern finden, aber das sieht er jetzt nicht ein, und es wäre vergeblich, ihn überreden zu wollen; man muß nur abwarten, bis er von selbst zur Überzeugung kommt. Aber" (hier brach sie in lautes Schluchzen aus) „wenn er während der Zeit verzweifelte! wenn er sich ein Leid antäte — nein! nein! das wird er nicht, das kann er nicht! nicht wahr, Vater, so weit kann es unmöglich kommen? Ach, könnt ich ihn über diese Zwischenzeit nur schnell wegheben, ihn mit irgendwas beruhigen, ihm einen Trost zusenden!"

Der Alte vernahm diese Worte mit heimlicher Zufriedenheit, denn sie waren ihm nichts anders als das Zeichen der wiedererwachten Neigung für den Bräutigam. „Wenn du es über dich vermöchtest", sagte er, „ihm deine volle Liebe wiederzuschenken, da wäre freilich am besten geholfen. Siehst du, noch ist im Grunde nichts verloren, noch verdorben; ja, prüfe dich, mein Kind! sei mein verständiges Mädchen wieder! nimm aufs neue meinen Segen mit Theobald hin; schreib ihm gleich morgen einen unbefangenen heitern Brief, so wie dein letzter vor drei Wochen war, das wird ihn freuen."

Nach einigem Nachdenken antwortete Agnes: „Ihr wißt nicht, Vater, wie es um die Zukunft steht, drum mögt Ihr wohl so sprechen. Aber seht, ich denke nun, Theobald muß ja mein Mann nicht eben sein, und ich darf ihn dennoch liebbehalten. Ist's ja doch ohnehin noch nicht an der Zeit, daß wir uns die Brautschaft förmlich aufsagen, und warum soll ich ihn eher als nötig ist, aus seinem guten Glauben reißen, da er die Wahrheit jetzt noch nicht begriffe, warum nicht immerfort so an ihn schreiben, wie er's bisher an mir gewohnt war? Ach, ganz gewiß, ich sündige daran nicht, mein Herz sagt mir's; er soll, er darf noch nicht erfahren, was ihm blüht, und, Vater, wenn Ihr ihn liebhabt, wenn Euch an seinem Frieden etwas liegt, sagt Ihr ihm auch nichts! Dagegen aber kann ich Euch versprechen, ich will vorderhand mit Otto nichts mehr gemein haben. Die Zeit wird ja das übrige schon lehren."

Der Förster wußte nicht so recht, was er aus diesen Reden machen sollte, er schüttelte den Kopf, nahm sich aber vor, das Beste zu hoffen, und entließ Agnesen, die sich ruhig wieder niederlegte.

Wie groß war seine Freude, als er sie des andern Morgens in aller Frühe mit einem Brief an Theobald beschäftigt fand, den sie ihm auch nachher zur Durchsicht reichte, wiewohl mit Widerstreben und ohne gegenwärtig zu bleiben, solange der Alte las. Aber welch köstliche, hinreißende, und doch wohlbedachte Worte waren das! So kann bloß ein Mädchen schreiben, das völlig ungeteilt in dem Geliebten lebt und webt. Nur die absichtliche Leichtigkeit, womit jene ernsten und tiefen Bewegungen in Agnesens innerm Leben hier gänzlich übergangen waren, frappierte den Vater an dem sonst so redlichen Kinde. Er selber hatte noch geschwankt, ob die Pflicht von ihm fordere, Theobalden von diesen Dingen in Kenntnis zu setzen, oder ob es nicht vielmehr geraten sei, jenem die Sorge und der Braut die Beschämung über eine Sache zu ersparen, die am Ende doch nur unwillkürliche und vorübergehende Folge eines sonderbaren Krankheitszustandes sei. Und nun, da offenbare Hoffnung war, daß alles sich von selbst ausgleiche, bereute er um so weniger, in seinem letzten Schreiben bloß im allgemeinen von wiederholten Gesundheitsstörungen gesprochen zu haben. Er sah bereits die schöne Zeit voraus, wo er dem Schwiegersohne den ganzen Verlauf der seltsamen Begebenheiten in einer traulichen Abendstunde ruhig und wohlgemut wie ein glücklich überstandenes Abenteuer würde erzählen können.

Die Rückreise nach Neuburg wurde endlich angetreten. Man begrüßte die Heimat nach längerer Abwesenheit mit doppelter Liebe. Agnes ward allgemein blühender, ansprechender, geselliger gefunden, als man sie vor vier Wochen hatte abreisen sehen; was aber der Vater mit besonderem Wohlgefallen bemerkte, war, daß ihr die alte Nähe des Vetters gar nicht einzufallen schien. Dieser wurde indessen durch seine Geschäfte ganz außerhalb der Gegend festgehalten, und der Förster durfte einen Überfall, worauf er sich bereits gefaßt gemacht, so bald noch nicht befürchten.

Übrigens mußte es nach und nach befremden, daß Nolten seit einem vollen Monat und darüber nichts von sich hören ließ. Der Alte fand es unerklärlich, denn eine Irrung, welche etwa durch die fatale Geschichte entstanden sein möchte, war kaum gedenkbar, da weiter niemand darum wissen konnte; möglicher schien es, daß Nolten krank, daß Briefe verlorengegangen seien. Agnes hatte dabei ihre besonderen Gedanken und schwieg nur immer, indem sie auf etwas Entscheidendes zu spannen schien.

Wirklich hatte sich inzwischen nicht wenig Bedeutendes in der Ferne zugetragen.

Es waren, bald nachdem der Vetter die Bekanntschaft des Försterhauses gemacht, von zwei verschiedenen Seiten und von sehr wohlmeinenden Personen Briefe an Nolten gelangt, worin er auf ein sehr zweideutiges Benehmen des Alten und seiner Tochter in betreff des jungen Menschen aufmerksam gemacht wurde. Eine dieser Warnungen kam sogar von dem guten Baron auf dem Schlosse bei Neuburg, welcher sonst mit dem Förster in freundlichem Vernehmen stand, und von dessen Rechtlichkeit und vorsichtigem Urteil sich weder Übereilung noch Parteilichkeit erwarten ließ. Schon diese ersten Laute des Verdachts, obgleich sie unsern Maler noch keineswegs zu überzeugen vermochten, erschütterten und lähmten, ja vernichteten ihn doch dergestalt, daß er sich lange nicht entschließen konnte, auch nur eine Zeile nach Neuburg zu richten, seinen väterlichen Freund, den Baron, ausgenommen, dem er eine nochmalige Nachforschung dringendst empfahl. Allein nach mehreren Wochen erhielt er auf eine höchst unerwartete Weise die vollkommenste Bestätigung seines Argwohns, und zwar durch das ausführliche Schreiben Otto Lienharts – ein Name, den er früher einmal gelegentlich von Agnes gehört zu haben sich sogleich erinnerte. Daß dies eine und dieselbe Person mit dem mehrerwähnten Vetter sei, brauchen wir kaum anzumerken.

Der Eingang des Briefes nimmt auf eine ebenso bescheidene als verständige Art das Vertrauen Theobalds in Anspruch; der Unbekannte bittet um ruhiges und männliches Gehör für dasjenige, was er vorzutragen habe; es sei, versichert er, so sonderbar und so feindselig gar nicht, als es wohl in dem ersten Augenblicke erscheinen könnte. Nun geht er auf das innere Mißverhältnis der Verlobten über, wie die Natur der Charaktere ein solches wesentlich und notwendig begründe, ohne daß einem der beiden Teile das geringste dabei zur Schuld falle. Sodann wird die Neigung des Mädchens zu ihm, dem Vetter, entwickelt, gerechtfertigt und endlich wird ohne Anmaßung erklärt, in welchem Sinne er Agnesen ihren ersten Freund, dessen eigentümlichen Wert sie noch immer verehre, zu ersetzen hoffen dürfe. Wenn nun die angeführten Gründe hinreichen würden, um Nolten zu freiwilliger Abtretung seiner Ansprüche zu bewegen, so hänge am Ende alles nur vom Vater ab. Es scheine, daß dieser im stillen einen solchen Wechsel gutheiße und sich nur vor Nolten scheue, deswegen halte er die Sache mit schwankendem Entschlusse hin und sorge in der Tat für keinen Teil sehr vorteilhaft, wenn er Theobalden noch immer in einer Hoffnung lasse, auf welche er selber insgeheim verzichte; er tue Unrecht, daß er die Tochter stets aufs neue irrezumachen suche und sie nötige, in ihren Briefen unredlich gegen Theobald zu sein. Ihr Herz habe für immer entschieden. Einige Briefe von Agnesens eigener Hand an den Cousin werden ihre Gesinnung hinreichend beweisen. (Die Blätter lagen bei, und man hat sich Briefe zu denken, welche die Unglückliche ohne Vorwissen des Försters an Otto gesandt.) Er habe diese Eröffnungen für Pflicht gehalten, und Nolten möge seine Maßregeln darnach ergreifen. Sollte der Förster, was jedoch wenig Wahrscheinlichkeit habe, zuletzt eigensinnig und grausam die Rechte des Vaters geltend machen, oder Theobald die des Verlobten, so könne nur ein vollendetes Unglück für alle daraus entspringen, während im andern Falle Nolten wenigstens den Trost für sich behalte, den der Mann im Bewußtsein einer ungemein und großherzig erfüllten Pflicht von jeher gefunden.

Ein schallendes, verzweiflungsvolles Gelächter war das erste Lebenszeichen, das unser Maler, nachdem er einige Sekunden wie besinnungslos gestanden, von sich gab. Wir schildern nicht, in welchem Kreislaufe von Zerknirschung, Wut, Verachtung und Wehmut er sich nun wechselnd umgetrieben sah. Was blieb hier zu denken, was zu unternehmen übrig? Haß, Liebe, Eifersucht zerrissen seine Brust, er faßte und verwarf Entschluß auf Entschluß, und hatte er die wirbelnden Gedanken bis ins Unmögliche und Ungeheure matt gehetzt, so ließ er plötzlich mutlos jeden Vorsatz wieder fallen und blickte nur in eine grenzenlose Leere.

Nach Verfluß einiger Tage war er so weit mit sich im reinen, daß er stillschweigend allem und jedem seinen Lauf lassen und etwa zusehen wollte, wie man in Neuburg sich weiter gebärden würde. Seinem Larkens, der indessen von einer kleinen Reise zurückgekommen war, und dem sein Kummer bald auffiel, entdeckte er sich keineswegs; denn einmal wollte er sich in seinem Benehmen in der Sache durch fremdes Urteil nicht geirrt wissen, er fürchtete die Geschäftigkeit, welche sein lebhafter und unternehmender Freund in solchem Falle sicherlich nicht würde verleugnen können, und dann hielt ihn ein sonderbares Gefühl von Scham zurück, wie es denn seinem Charakter eigen war, fremdes Mitleid, und käme es auch vom geliebtesten Freunde, soviel möglich zu verschmähen.

Gewisse weggeworfene Äußerungen des Malers, sowie eine Menge kleiner Umstände, ließen jedoch dem Schauspieler keinen Zweifel mehr übrig, wen die Verstimmung betreffe; aber weit entfernt, den Fehler auf seiten Agnesens zu suchen, sah er an seinem Freunde im stillen nur den seichten Überdruß, die undankbare Laune eines Liebhabers, und es mußte ihn die kleinlaute Verlegenheit Theobalds, wenn darauf die Rede kam, in der Meinung bestärken, dieser fühle sein Unrecht. Dem Maler war ein solcher Irrtum gewissermaßen nicht zuwider, er mochte lieber den Schein der Untreue haben, als sein wahres Elend täglich in den Augen des Schauspielers lesen.

Dem letztern konnte es nicht entgehen, daß die gewöhnlichen Briefe nach Neuburg seit einiger Zeit stockten, obwohl von dorther immer welche einliefen, und so entstand denn in dem sonderbaren Manne der Entschluß, Noltens Pflicht in diesem Punkte zu versehen. Allerdings nahm er sogleich das Unsichere und Zufällige mit in Rechnung, doch zu befürchten war ja eigentlich nichts, auch wenn das kecke Spiel früher oder später an den Tag käme.

In der Zwischenzeit aber, d. h. vor der heimlichen Einrichtung, in deren Folge nachher alles vom Försterhause an den Bräutigam Geschriebene in die Hände des unechten Korrespondenten gelangte, waren mehrere Briefe teils von seiten des Alten, teils von Agnesen selbst an Nolten gekommen, und sie waren von der Art, daß Theobalds Urteil, insofern es bis jetzt unbedingt verwerfend gewesen, sich gewissermaßen modifizieren mußte. Der Alte ersucht nämlich seinen Schwiegersohn in einem ebenso herzlichen als wahrhaftigen Ton, er möchte von gewissen Gerüchten, welche sich zu Neuburg durch die Zudringlichkeit eines eingebildeten jungen Menschen verbreitet hätten, und die vielleicht auch — was wohl der Grund seines langen Stillschweigens sei — bis zu ihm gedrungen sein könnten, auf keine Weise Notiz nehmen. Der Alte setzt die Verwirrung des Mädchens nach *seinen* Begriffen auseinander, macht, ohne das Rechte zu treffen, eine nicht eben unwahrscheinliche Erklärung davon, wobei alles am Ende auf eine seltsame Skrupulosität, melancholische Überspannung und zuletzt auf alberne Kinderei reduziert wird. Nolten möchte der Jugend, der Unerfahrenheit des Mädchens vergeben; er als Vater beteure, daß der Vorgang in keinem Sinne störende Folgen nach sich ziehen werde, Agnes habe sich gefaßt, ihr Herz sei rein und hänge mit doppelter Innigkeit an ihm. Indessen, fährt der Vater von sich fort, sei er so unbillig nicht, es dem Bräutigam zu verdenken, wenn die Sache ihn erschreckt habe, wenn er der Zeit die Probe überlasse, ob die Braut seiner nicht unwert geworden, nur wäre zu wünschen, daß er sich persönlich überzeugte, und er sei deshalb aufs freundlichste nach Neuburg eingeladen. Übrigens möchte er, wenn er Agnesen schreibe, ihr tief gebeugtes Gemüt soviel wie möglich schonen, sie wisse nichts von diesen Mitteilungen und scheine sich vorzubehalten, ihm bald mündlich die treueste Rechenschaft zu geben. Schließlich möge er sich doch wohl bedenken, ehe er ein Geschöpf, dessen ganzes Glück an ihn gebunden sei, um eines immerhin rätselhaften und darum schwer zu richtenden Vergehens willen, ohne weitere Prüfung verstoße.

Diese Nachricht versetzte den Maler in die sonderbarste Unruhe. Er war während des Lesens weich geworden, er mußte wider Willen seinen entschiedenen Haß mit einem tiefen Verdruß und ärgerlichen Mitleid vertauschen, und er fühlte sich dabei fast unglücklicher als zuvor.

Wenn er freilich Agnesens ursprüngliche, so äußerst reine Natur mit ihrem neuesten Betragen verglich, so schien ihm der Absprung so gräßlich widersinnig, daß er sich jetzt wunderte, wie er eine Weile an die Möglichkeit einer Untreue im gewöhnlichen Sinne des Worts hatte glauben können; der Fall stritt dergestalt gegen alle Erfahrung, daß eben das Außerordentliche des Vergehens zugleich dessen Entschuldigung sein mußte. „Aber was auch immer die Ursache sei" — rief Theobald aufs neue verzweifelnd aus —, „wie tief der Grund auch liegen mag, die Tatsache bleibt — um den ersten heiligen Begriff von Reinheit, Demut, ungefärbter Neigung bin ich für immer bestohlen! Was soll mir eine verschraubte, kindische Kreatur? Werd ich nun meine schönsten Hoffnungen zerbrochen als kümmerliche Trümmer, halb knirschend, halb weinend, am Boden aufsammeln und mir einbilden, was ich zusammenstückle, sei mein altes köstliches Kleinod wieder? O hätt ich den bübischen Fratzen zur Stelle, der mir an meine süße Lilie rührte! könnt ich die Augen ausreißen, die mir das treuste Herz verlockt! dürft ich den heillosen Schwätzer zertreten, der in die stille Dämmerung meiner Blume den frechen Sonnenschein des eiteln, breiten Tages fallen ließ! — Unmündig, unerfahren, noch ganz ein Kind, ach wohl, das war sie freilich, das könnte sie entschuldigen bei dem und jenem, vielleicht auch bei mir, aber bin ich darum weniger betrogen, hilft mir das ihr entstelltes Bild herstellen, hilft es meiner verbluteten Liebe das Leben wieder einhauchen? Ich fühl's, hier ist an kein Ausgleichen mehr zu denken. Vergessen, was ich einst besaß, das bleibt das einzige, was ich versuchen kann."

Dies waren die Empfindungen des Malers und sie blieben noch immer dieselben, während im Försterhause zu Neuburg durch Larkens' Vermittlung längst alles wieder einen friedlichen Gang angenommen hatte. Zwar wunderte es den Alten, daß jene vertrauten Eröffnungen ganz mit Stillschweigen übergangen wurden, doch hielt er zuletzt dafür, es geschehe mit Absicht und der Schwiegersohn wolle den gehässigen Gegenstand für jetzt nicht berührt wissen. Was Agnesens inneres Leben betrifft, so verhüllte sich jener hoffnungslose Wahn, der die Unglückliche noch immer beherrschte, vor dem Vater und gewissermaßen vor ihr selbst unter dem Eifer, womit sie Noltens Liebe durch schriftlichen Verkehr noch eine Zeitlang nähren zu müssen glaubte, und während sie sich einzig nur auf seine Ruhe bedacht schien, wollte sie keineswegs gewahr werden, wie begierig das eigene Herz bei diesem süßen Geschäfte sein Teil für sich wegnahm, wie gerne es, den Willen des Schicksals gleichsam hintergehend, den holden Tönen lauschte, welche Larkens täuschend genug dem wirklichen Geliebten nachzuspielen wußte. Übrigens blieb Vetter Otto immer das gefürchtete Augenmerk ihrer kranken Einbildung; er selbst hatte sich, nachdem ihn der Förster in aller Stille ernstlich abgewiesen, beschämt und ärgerlich zurückgezogen.

Die Zigeunerin war inzwischen auch wieder zum Vorschein gekommen; Agnes offenbarte ihr bei einer heimlichen Zusammenkunft den Plan ihrer Entsagung, womit die Betrügerin sehr zufrieden schien, und sogar einen Brief an Nolten zu besorgen versprach.

Auf diese Weise standen die Personen eine geraume Zeit in der wunderlichsten Situation gegeneinander, indem eines das andere mit mehr oder weniger Falschheit, mit mehr oder weniger Leidenschaft zu hintergehen bemüht war.

Nolten kam um so weniger in Versuchung, dem Schauspieler den wahren Grund seiner Entfremdung von der Braut zu entdecken, da dieser nicht weiter in ihn drang, indem er, vielleicht von eigenen Erfahrungen in der Liebe ausgehend, alles nur einer ekeln Lauheit zuschrieb, wogegen kein anderes Heilmittel sei als die Zeit, von der er denn auch mit größter Zuversicht das Beste hoffte, wenn nur sein Freund, erst anderwärts durch leichten Schaden klug geworden, die Ansicht mit ihm teilen gelernt hätte, daß die verfeinertsten Reize der weiblichen Welt keinen Ersatz für ein so seltenes Gut gewähren, als jenes einfache Mädchen nach der Überzeugung des Schauspielers war.

Wenn also zwischen beiden Freunden die Sache nur sehr wenig berührt wurde, so fehlte es gleichwohl nicht an Auftritten wie der, dessen sich der Leser vielleicht noch von jener Neujahrsnacht erinnert, wo übrigens unser Maler von einer offenen Darlegung der Umstände nur noch durch die Furcht abgehalten ward, der Schauspieler möchte ihm ins Gewissen reden, und das zur höchsten Unzeit, da ihm in Constanzen ein neues herrliches Gestirn aufging.

Länger als gewöhnlich entbehrte Theobald die Gelegenheit, das Zarlinsche Haus zu besuchen. Der Graf und Constanze hatten eine längst vorgehabte Reise zu einer Verwandten ausgeführt. Zwölf Tage verstrichen ihm unter leeren Zerstreuungen, unter der peinlichsten Unruhe, denn frühe genug hatten sich verschiedene Zweifel über das hohe Glück bei ihm eingestellt, das er sich vielleicht zu voreilig aus dem sonderbaren Vorfall in jener Ballnacht gedeutet haben konnte. Daß Constanze unlängst in seiner und anderer Freunde Gegenwart, als eben von der Blumensprache die Rede war, aus Gelegenheit eines blühenden Granatbaums das feurige Rot desselben für das Symbol lebhafter Neigung erklärt hatte, indem sie sich dabei schalkhaft geheimnisvoll auf das Urteil Noltens als „besonders passionierten Kenners" vorzugsweise berief, und daß ihm eine Woche später von unbekannter Hand ein solcher Strauß war angeheftet worden, konnte sehr leicht bloße Neckerei des Zufalls sein, oder wohl gar — und dieser Meinung sind wir selbst — der Schelmstreich einer lustigen Person, welche nicht nur jenen Ausdruck der Gräfin mit angehört, sondern auch dem Maler seine schwache Seite längst mochte abgelauscht haben. Er befand sich deshalb in der größten Ungewißheit; nur soviel schien ihm bisher ausgemacht, daß die Gräfin damals auf dem Balle gewesen, und jetzt erst fiel ihm ein, sich näher zu erkundigen. Aber auch wenn er manchmal sich selbst geflissentlich die vielverheißende Bedeutung jenes Zeichens ausredete, wenn er alles verwarf, was er sich sonst zu seinem Vorteil ausgelegt, so konnte er am Ende bei jedem Blick in sein Inneres bemerken, daß ein unerklärlicher Glaube, eine stille Zuversicht in ihm zurückgeblieben war, und er nahm sodann diese wundersame Hoffnung gleichsam wieder als ein neues Orakel, dem er unbedingt zu vertrauen habe. So eigen pflegt der Geist mit sich selber zu spielen, wenn jene träumerische Leidenschaft uns beherrscht.

Endlich kam der Abend, der den auserlesenen Zirkel wieder in das Haus des Grafen lud. Mit bangen Empfindungen schritt Nolten, gegen die kalte Winterluft dicht in den Mantel ge-

hüllt, an der Seite seines Freundes Larkens nach der geliebten
Straße zu. Aber sie sahen die Jalousiefenster, deren sanft durchscheinendes Licht den kommenden Gästen sonst schon von weitem ein wohl erwärmtes, fröhlich belebtes Zimmer versprach,
diesmal nicht erhellt, und schon besorgten sie eine widrige
Täuschung, als der Bediente, der im untern Hausflur die Mäntel, Degen und Stöcke der Herren abzunehmen hatte, sie hinten
durch den Garten nach dem Pavillon wies, dessen erleuchtete
Glastüren auch wirklich schon von ferne die glänzende Gesellschaft zeigten.

Sie traten in einen angenehmen, geräumigen, halbrunden
Saal, dessen Wände rings mit Spiegellampen versehen waren.
Maler Tillsen und der wunderliche Herr Hofrat sind die ersten,
von welchen unser Freund sogleich ins Gespräch gezogen wird.
Die schöne Hauswirtin, von einer Menge Damen umringt,
schien sein Eintreten anfangs nicht zu bemerken, aber während
Theobald zuweilen mit rechter Ungeduld hinüberschielte nach
den freundlich beredten Lippen, nach dem stets gefällig mitnickenden Köpfchen, glitt zufällig ihr Blick über die versammelten Gruppen hin und eine gütige Verbeugung gegen Nolten
setzte dessen Lebensgeister auf einmal in eine muntere, mit
aller Welt ausgesöhnte Bewegung. Der Graf kam indessen mit
einer Rolle Papier herbei und flüsterte: „Hier meine Herren
— wir könnten später nicht mehr so leicht dazu kommen — eine
neue Zeichnung in Tusch von unserer eigensinnigen Künstlerin,
die uns gerne alles versteckte und verschöbe — aber diesmal
hab ich selbst einigen Anteil an dem Lobe, das Sie ihr gönnen
werden; die Idee ist, sozusagen, hälftig mein." Er wollte eben
das Blatt entrollen, als ihm von hinten eine zarte Hand in die
Finger griff — „Erlauben meine Herren!" sagte die herbeigeeilte
Schwester, merklich errötend, „es ist billig, daß ich die Sache
selbst vorzeige: — zu seiner Zeit, heißt das!" setzte sie lachend
hinzu und eilte mit dem Blatte nach dem Schrank, wo sie es
trotz aller Einsprache der Anwesenden rasch verschloß. Sie verschwand in einem Kabinett, nach dem Tee zu sehen.

Wenn sie so auf Augenblicke abwesend war, so mochte Theobald gerne im ruhigsten Anschauen ihres geistigen Bildes das
Auge auf irgendeinen der leblosen Gegenstände heften, mit dem
ihre Person noch soeben in Berührung gekommen war. So stand
auf einem schmalen Mahagonipfeiler an der Wand eine offene
Kalla in buntgemaltem Topfe, der den goldenen Buchstaben C.

im blauen Schilde trug. Diese Pflanze, dachte er bei sich, nimmt sie nicht in meiner Einbildung einen Teil von Constanzens eigenem Wesen an? Ja, dieser herrliche Kelch, der aus seiner schneeigen Tiefe die mildesten Geister entläßt, diese dunkeln Blätter, die sich schützend und geschützt unter das stille Heiligtum der Blume breiten, wie schön wird durch das alles die Geliebte bezeichnet und was sie umgibt! wie vertritt die Pflanze mir durch ihre ahnungsvolle Gegenwart die himmlische Gestalt!

Unversehens war Constanze wieder da, die Gesellschaft diesmal allein bedienend. Sie brachte endlich Theobalden die Tasse, und indes Larkens eine neue Anekdote zu allgemeiner Belustigung preisgab, nahm jener Anlaß, sich scherzhaft gegen Constanze wegen der vorenthaltenen Tuscharbeit zu beschweren.

„Ei", war die Antwort, „Sie haben's nicht um mich verdient, Sie haben mir neulich einen übeln Schrecken zugefügt, der mir wohl das Leben hätte kosten können, zwar bloß im Traume."

„Wie? meine Gnädige, ich wäre so unglücklich gewesen? und so glücklich doch, daß mein Bild im kleinsten Ihrer Träume —?"

„Das eben nicht — doch ja, Ihr Bild, ein Bild aus Ihrer Phantasie."

„Wieso, wenn ich fragen darf?"

„So hören Sie und lachen mich aus! Vorige Nacht beliebte es Ihrer gespensterhaften Orgelspielerin, ungebührlicherweise aus dem Rahmen des schauerlichen Gemäldes herauszuschreiten und leibhaftig vor mich hinzutreten."

Nolten war bestürzt, ohne eigentlich zu wissen, warum.

„Ja, ja, mein Herr! mit recht kuriosen, hämischen Augen starrte sie mir tief ins Gesicht und sagte — nein! das sollen Sie jetzt nicht hören."

„Ich bitte!"

„Nehmen Sie sich in acht —"

„Sagte sie?"

„Nicht doch, das sag *ich*; eben gleitet Ihnen ja die Tasse aus der Hand!"

„Wirklich fast — Aber was sprach der Geist?" fragte Nolten dringend aufs neue, und nach einer Pause brachte die schöne Frau mit kaum unterdrückter Verwirrung die Worte hervor: „,*Constanze Josephine Armond wird auch bald die Orgel mit uns spielen*'" —

„Aber, mein Gott", erwiderte Nolten, „doch hat der Traum Sie nicht erschrecken können?"

„Bis zum Erwachen doch; übrigens dank ich ihm, daß er mir Anlaß gibt, meinem etwaigen Berufe zu dieser Gattung von Musik, sowie meiner Aufnahme in so ernste Gesellschaft, auch ein wenig nachzudenken."

Theobald, wie er nun wieder allein stand, wußte nicht, was er aus den letzten Worten machen sollte; dem Tone nach konnten sie nur für Scherz gelten, aber das Ganze hatte einen störenden Eindruck bei ihm zurückgelassen. Warum denn just *diese* Figur? Er wußte zu gut, daß er gerade in *ihr* das getreue Porträt eines Zigeunermädchens, einer Person dargestellt hatte, welche einst verhängnisvoll genug in sein eigenes Leben eingegriffen hatte. Auf der andern Seite ließ sich alles und jedes ganz natürlich aus dem starken Eindruck erklären, welchen das Gemälde auf eine sehr empfängliche Einbildungskraft machen mußte.

Was übrigens den Mut unsers Freundes noch weit mehr niederschlug, das war die aus dem Verfolg des allgemeinen Gesprächs für ihn hervorgegangene Gewißheit, daß Constanze damals wirklich nicht an der Maskerade teilgenommen, sondern bereits auf der Reise begriffen gewesen.

Die nicht mehr erwartete Ankunft des Herzogs verursachte eine plötzliche Bewegung. Nolten aber, statt durch die Gegenwart seines Rivals nur immer trüber und unmächtiger in sich selbst zu versinken, fühlte sich dadurch zu einem gewissen Kraftaufwande genötigt, der, obgleich anfangs nur erkünstelt, doch bald, von Larkens' ehrlicher Munterkeit unterstützt, eine wohltätige Wirkung auf das Ganze ausübte. Vorzüglich willkommen war es Theobalden, als man endlich auf den Wunsch des Herzogs selbst Anstalt machte, ein gewisses Spiel vorzunehmen, das auf eine sinnreiche Art drei verschiedene Künste in Verbindung brachte, den Tanz, die Malerei oder Zeichnung, und untergeordneterweise die Musik. Dies setzt jedoch folgende Bemerkung voraus. Constanze, bekannt als fertige und geistreiche Zeichnerin, war zugleich eine große Freundin des schönen künstlichen Tanzes und entwickelte namentlich bei Solopartien eine hohe Grazie. Nun hatte Nolten einmal gelegentlich den Einfall geäußert, es müßte eine artige Unterhaltung abgeben, wenn einige Personen in Zeit von einer kleinen Stunde zusammen ein Tableau, irgendeine Szene zeichneten, indem sie den Kreidenstift von Hand zu Hand gebend, nach einer langsamen Melodie tanzend, abwechslungsweise vor eine aufgerichtete Tafel träten und den darzustellenden Gegenstand immer nur um einige Striche weiter förderten, bis zuletzt eine harmonische Komposition zum Vorschein käme, über die man sich zuvor im allgemeinen verständigt, deren Einzelheiten aber der augenblicklichen Eingebung eines jeden überlassen war. Der Gedanke fand Beifall, und nach einigem Besprechen zeigte sich die Möglichkeit seiner Ausführung vollkommen, obwohl man anfangs verlegen war, die gehörige Anzahl von Tänzern, die auch zugleich gute Zeichner wären, und umgekehrt, zu finden. Doch hiezu wußte man Rat. Nolten selbst, obgleich ein abgesagter Feind alles des Schlendrians, um den sich unsere Ballbelustigungen gewöhnlich zu drehen pflegen, besaß doch Leichtigkeit der Glieder und reinen Sinn genug für eine edle rhythmische Bewegung. Die dritte Rolle mußte notwendig Herrn Tillsen übergeben werden, denn wenn vielleicht auch der ungeübteste Tänzer immer noch besser gewesen wäre als er, so blieb doch die andere Eigenschaft die wichtigere. „Und", sagte er verbindlich zu der Gräfin, „neben Ihnen würde ein Vestris übersehen werden, glücklicherweise also auch Tillsen, der ich in diesem Stück zum voraus allem Neid und jedem Ruhm entsage."

Seitdem hatte man diese Unterhaltung schon etliche Abende mit Glück versucht. So ließ man denn auch jetzt die eigens hiezu bestimmte große Tafel aufstellen, deren angenehm graulackierte Fläche recht eigentlich einladend sich dem schwarzen Stifte darbot. Ein schöner Fußteppich lag unmittelbar davor auf dem Boden gebreitet, für eine stärkere Beleuchtung war ebenfalls gesorgt. Die drei Virtuosen kamen heimlich in der Wahl eines anziehenden Sujets überein. Larkens nahm die Violine zur Hand und eröffnete das Spiel mit einer gewissen Feierlichkeit, dadurch die Erwartung nur noch mehr gespannt wurde. Jetzt trat Constanze, im weißen Atlaskleide, mit ernstem Schritt hervor, stellte sich einige Momente sinnend der Tafel gegenüber, allmählich fing ihre Gestalt an mit der Musik sich zu heben, in mäßiger Bewegung bald nach beiden Seiten schwebend, bald der Tafel entgegen. Sie schien dabei noch immer den ersten entscheidenden Strich zu überlegen, jetzt hielt sie vor dem Brette still, indem sie leicht vorgebeugt auf dem rechten Fuße fest stehend, den linken rückwärts auf die Zehe gestützt, die Kreide ansetzte. Das begleitende Adagio der Violine schien die Hand gefällig auf der glatten Fläche hinzuführen. Bald erkannte man die Umrisse eines lieblichen Knabenkopfs, welcher mit dringenden Blicken bittend an etwas hinaufsieht. Dieser Ausdruck des Affekts war von der Art, daß er in der vorgreifenden Phantasie des Zuschauers beinahe jetzt schon ein paar flehend ausgestreckte Arme und Hände hervorrufen mußte. Doch die Zeichnerin hielt inne, und unter einem Allegro zurücktretend, beobachtete sie, während ihr reizender Leib sich hin und her wiegte, das angefangene Werk noch eine kleine Weile. Mit einer Verbeugung empfing Tillsen die Kreide aus ihrer Hand und ohne viel Umstände stellte dieser Meister mit raschen Zügen den oberen kraftvollen Körper eines Mannes in drohender Gebärde dem Mitleid fordernden Gesichtchen gegenüber. Die Begierde der Gesellschaft wuchs mit jeder Linie; es ließen sich schon einige Beifall rufende Stimmen vernehmen, es hieß: der junge Prinz Arthur ist's, wie er vor seinem Mörder steht! Aber der freudigste Applaus entstand, als Constanze, nachdem Tillsen für Theobald den Platz geräumt, vom Eifer ihres Gedankens hingerissen, dem letztern in den Weg sprang und nun die beiden großen Gestalten mit trefflich mimischer Heftigkeit um das Vorrecht der Kreide rangen, die denn zuletzt in zwei geschickte Teile brach, worauf das Paar bei lebhafter Musik ein verschlungenes Duo tanzte, um dann vereinigt vor die Tafel zu schreiten. Die Hauptsache war in kurzer Zeit getan, die Versammlung drängte sich herbei, inzwischen Tillsen noch mit einigen derben Strichen nachhalf. Man lobte, tadelte, lachte, bewunderte, wie es auch bei einer solchen Stegreifproduktion nicht fehlen konnte, daß neben den glücklichsten Spuren eines umfassenden, gleichartigen Geistes doch immer etwas Inkorrektes oder Halbes hervorsprang. Im ganzen war die Szene so wohlgeraten, daß Tillsen der Aufforderung gerne nachgab, sie gelegentlich für das kleine Gesellschaftsarchiv zu kopieren.

In der Hitze des Hin- und Widerredens war indessen kaum jemandem aufgefallen, wie Constanze mit jedem Augenblicke blaß und blässer wurde. Sie entfernt sich in ein Seitenzimmer, man flüstert, die Damen eilen nach, alles wird aufmerksam, der Herzog läßt sich nicht halten, sie selbst zu sehen, er klagt sich an, daß er den anstrengenden Tanz verlangt, am meisten ist Nolten bestürzt. Es konnte ihm nicht entgehen, daß unter der Türe noch Constanzes letzter Blick mit einem matten sonderbaren Lächeln auf ihm ruhte. Endlich geht man auseinander, nachdem der Graf, aus dem Kabinette tretend, die Versicherung gegeben, man habe von dem Anfall keine Folgen zu befürchten.

In den folgenden Tagen erging vom Grafen eine Einladung an Theobald, gemeinschaftlich das unfern der Stadt gelegene Lustschloß des Königs, Wetterswyl, zu besuchen, wo man eben im Begriff war, mehrere kürzlich vom Ausland angekommene Statuen aufzustellen. Der italienische Künstler mußte selbst dabei zugegen sein, und sowohl die Persönlichkeit des letztern als jene Werke lockten manchen Gebildeten und manchen Neugierigen heraus. Unserem Freunde war die Gelegenheit nicht minder erwünscht, doch zog er es vor, den angenehmen, auch zur Winterszeit immer noch gar mannigfaltigen Weg dahin allein zu Pferde zu machen, während der Graf im Schlitten fuhr. Der heiterste Januarmorgen begünstigte den Ausflug; die Sonne war kaum aufgegangen, als Theobald schon, in lebhaftem Trabe sich erwärmend, von der Straße ab, den schönen einsamen Gründen zustrich, welche, größtenteils von Fichten und Niederwald besetzt, allmählich der Höhe des königlichen Parks zuführten. Rings gewährte die Landschaft, in dichter Schneehülle und nur von dunkeln Waldstrecken durchbrochen, ein vollständiges Wintergemälde, und die Gemütsstimmung Noltens nahm diese stillen Eindrücke heute ganz besonders willig auf. Eine unbestimmte Mischung von Lebenslust und Wehmut lag allen seinen Betrachtungen zugrunde, wobei er anfangs deutlich zu fühlen glaubte, daß die Neigung zu Constanzen keinen oder doch nur einen sehr entfernten Anteil daran habe, bis ihm mitten unter seinen Träumereien ein längst vergessenes Lied von Larkens wieder vor der Seele aufging, welches ihm seinen gegenwärtigen Zustand wunderbar zu erklären schien. Er wiederholte sich die Verse seines Freundes, und konnte zuletzt nicht umhin, sie laut für sich zu singen.

> In dieser Winterfrühe,
> Wie ist mir doch zumut?
> O Morgenrot! ich glühe
> Von deinem Jugendblut.
>
> Es glüht der alte Felsen,
> Die Wälder Funken sprühn;
> Berauschte Nebel wälzen
> Sich in dem Tale hin.

Wie von der Höhe nieder
Der reinste Himmel flimmt,
Der nun um Rosenglieder
Entzückter Engel schwimmt!

Und Wunderkräfte spielen
Mir fröhlich durch die Brust,
In taumelnden Gefühlen
Kaum bin ich mir bewußt.

Mit tatenlustger Eile
Erhebt sich Geist und Sinn,
Und flügelt goldne Pfeile
Durch alle Ferne hin.

Wo denk ich hinzuschweifen?
Faßt mich ein Zauberschwarm?
Will ich die Welt ergreifen
Mit diesem jungen Arm?

Auf Zinnen möcht ich springen,
In alter Fürsten Schloß,
Möcht hohe Lieder singen,
Mich schwingen auf das Roß;

Und stolzen Siegeswagen
Stürzt ich mich brausend nach,
Die Harfe wird zerschlagen,
Die nur von Liebe sprach.

— Wie? schwärmst du so vermessen,
Herz! hast du nicht bedacht,
Hast, Närrchen, ganz vergessen,
Was dich so trunken macht?

Ach wohl, was aus mir singet
Ist nur der Liebe Glück;
Die wirren Töne schlinget
Sie sanft in sich zurück.

> Was hilft, was hilft mein Sehnen!
> Geliebte, wärst du hier!
> In tausend Freudetränen
> Verging' die Erde mir.

Bei seiner Ankunft im Schlosse fand er den Italiener, einen lebhaften Mann von mittleren Jahren, in komisch leidenschaftlichem Kommando mit den Leuten begriffen, welche die marmornen Kunstwerke in dem Hauptsaale aufzustellen hatten. Zwischen Zorn und Spaß schrie und lachte der Strudelkopf auf das grellste und brauchte zuweilen auch wohl den Stock gegen einen der Arbeiter, wovon keiner seine Sprache verstand. Theobald, nach einer sorgfältigen Beachtung der in ihrer Art einzigen Skulpturen, redete den Fremden italienisch an, und würde sich bei seiner Unterhaltung hinlänglich interessiert gefunden haben, wäre das Bestreben des Fremden, immer nur recht paradox zu sein und das Ernsthafte ins Lächerliche zu ziehen, nicht allzu widrig aufgefallen. Ja, am Ende, als der künstlerische Charakter Theobalds zur Sprache kam, konnte der Mann eine gewisse tückische Neckerei nicht lassen. Halb gekränkt und unwillig entzog sich unser Freund, um auf die spätere Ankunft des Grafen ein frugales Mittagsmahl in der Meierei zu bestellen. Müßig wie er war, besah er sich sodann die Umgebungen und die innere Einrichtung des fürstlichen Aufenthalts. Mehrere Zimmer gewährten eine reiche und belehrende Unterhaltung an ausgesuchten Malereien; es war leicht, sich in diesen geschmackvollen Räumen auf einige Zeit selber zu vergessen, und so stand er eben betrachtend mit sich allein, als ihm der entfernte Spiegel eines dritten Zimmers zwei von der entgegengesetzten Seite herbeikommende Personen zeigte, in denen er bei genauerem Hinblicken endlich den Grafen, und gegen alle seine Erwartung, Constanzen selbst erkennen konnte. Ganz außer Fassung gebracht schaute er unverrückt mit klopfendem Herzen noch immer auf die nah und näher im Spiegel herbeischwebenden Gestalten, bis die Tritte hinter ihm rauschten, und seinerseits ein ziemlich verwirrtes, andererseits ein durchaus unbefangenes und fröhliches Willkommen stattfand. Nie war ihm die Gräfin so reizend, so anmutig vorgekommen, sie trug ein mild graues Kleid mit roten Schnüren, Gürtel und Schleifen, deren Faltung und Farbe ihm flüchtig die Granatblüte wieder in das Gedächtnis rief; an die zarte Wange, von der frischen Luft mit einem leisen Karmin überhaucht, legte sich ein weißer Pelz, und der zurückgeschlagene Schleier ließ dem Beschauer den Anblick des holdesten Gesichtes frei. Man kehrte fürs erste zu den neuen Sehenswürdigkeiten und ihrem tollen Meister zurück, an dessen Art und Weise der Graf sich dergestalt erbaute, daß die Schwester, sich mit einiger Ungeduld nach anderem umsehend, den Vorschlag Noltens, in den mannigfaltigen Sälen hin und wieder zu wandeln, nicht ungerne annahm. Gar bald ging ihre Unterhaltung auf eigene Verhältnisse und Persönlichkeiten über, denn Noltens leidenschaftlich beengte und zurückhaltende Stimmung gab Constanzen Anlaß, einen leichten Vorwurf gegen ihn auszusprechen, den er sogleich ergriff und ins Allgemeine über sich ausdehnte.

„Sie haben recht!" sagte er, „und nicht heute, nicht in gewissen Augenblicken bloß bemächtigt sich meiner dieser lästige, mir selbst verhaßte Mißmut; es ist keine Laune, die nur kommt und geht, es ist ein stetes unruhiges Gefühl, daß es anders mit mir sein sollte und könnte, als es ist."

„Wie meinen Sie das? Sollte Ihnen Ihre Lage nicht genügen? Das wäre mir doch kaum gedenkbar."

„Sprechen Sie's geradezu aus, gnädige Frau: Es wäre unbillig. Wohl, es ist wahr, ich könnte glücklich sein, aber ich weiß nicht eigentlich zu sagen, warum ich es nicht bin. Ich wäre undankbar, wollte ich nicht gerne bekennen, daß während meines ganzen Lebens sich alle Umstände vereinigten, mich endlich bis zu dem Punkte zu führen, auf dem ich jetzt stehe, in eine Lage, die mancher andere und würdigere Mann vergebens suchte. Ein günstiges Schicksal, so grillenhaft und mißwollend es mitunter scheinen mochte, trug nur dazu bei, ein Talent in mir zu fördern, in dessen freier Ausübung ich von jeher das einzige Ziel meiner Wünsche erblickt hatte. Manche Arbeit ist mir gelungen, ich habe, wenn ich meinen Freunden glauben darf, den höheren Forderungen der Kunst einiges Genüge getan, und, was mir fast ebenso lieb sein sollte, man hat von der Zukunft größere Erwartungen, ohne daß mir vor ihrer Erfüllung bange wäre. Ein unendliches Feld dehnt sich vor mir aus, und wenn ich sonst an der Möglichkeit verzweifelte, die Welt, welche sich in mir drängte, jemals in heiterer Gestaltung an das Licht hervorzuführen, so seh ich, daß sie jetzt, sobald ich recht will, von selber leicht und zwanglos unter meinem Pinsel sich befreit. Aber wie kommt es, daß eben jetzt mein

Fleiß und meine Lust nachläßt? Warum so manche Arbeit angefangen, ohne sie zu vollenden? Woher die Ungeduld, sich auswärts umzutun, überall, nur nicht in meinen vier Pfählen, vor meiner Staffelei mich zu befriedigen? Was den Künstler sonst wohl reizt und treibt und ermuntert, das ist die Hoffnung auf die ruhmvolle Anerkennung der Verständigen, die rege Teilnahme zunächst seiner Freunde; auch mir war dies Gefühl nicht fremd, jetzt vermag es nichts mehr auf mich. Ungenützt und trocken und verdrießlich gehn mir die Wochen dahin, und nur *die* Stunden glaub ich wirklich gelebt zu haben, die mir in Ihrem Hause vergönnt sind. Aber nun, für einen Mann, welcher seine Pflicht so gut fühlt, als ein jeder andere, sagen Sie mir, ist so ein Leben nicht ein unerträgliches? Und sehen Sie ein Mittel, es zu ändern? Könnten Sie auch nur den kranken Fleck entdecken, wovon mir all dies Unheil kommt, das mich so gänzlich von mir selber trennt und scheidet?"

„Mit Verwunderung, Nolten, hör ich Sie an", erwiderte die Gräfin, „und Ihre Klagen, ich gestehe es, mißfallen mir mehr, als daß mein Mitleid dadurch rege würde. Ich verstehe Sie nicht ganz, nur glaub ich fast zu sehen, die Schuld liegt meist an Ihnen. Gern dacht ich Sie mir diese ganze Zeit her tätig, frisch und aller Hoffnung voll. Ließen nicht Ihre Gespräche nur den wärmsten Eifer blicken für Ihren Beruf und alles, was dahin gehört? War Ihr Benehmen denn nicht weit mehr heiter als zerstreut und unbefriedigt? Wie angenehm für unsern kleinen Kreis, wenn Sie des Abends als ein mehr und mehr unentbehrlich werdender Gast bei uns erschienen, munter, gefällig, teilnehmend an allem, erfinderisch für jede Art von Unterhaltung, dabei bescheiden und ohne viel Worte. Dann, was soll ich's Ihnen bergen, so wie auf diese Weise wir Ihnen manches schuldig wurden, so mochten wir uns gerne überreden, daß eben in unserem Hause eine Zuflucht für Nolten gefunden sei, wo der Künstler das vielfach bewegte Leben seines Innern harmlos und ruhig mit der Gesellschaft zu vermitteln imstande wäre, um immer wieder mit freigeklärter Stirne in den Ernst seiner Werkstätte zurückzukehren und sich mit mehr Gelassenheit alles desjenigen zu bemeistern, was sonst mit verworrener Übermacht betäubend und niederschlagend auf ihn eindrang. Ja, mein Freund, Sie mögen im stillen meiner spotten, ich leugne nicht, so weit gingen meine Hoffnungen."

„Verhüte Gott es, edle vortreffliche Frau, daß ich verkenne

sollte, was Sie mit unverdienter Güte für mich dachten! Mehr, weit mehr als Sie soeben angedeutet haben, könnte der herrliche Kreis mir gewähren, wofern ich den Segen zu nutzen verstünde, den er mir bietet. Aber, meine Gnädige, wenn gerade der neue Reiz dieser schönen Sphäre einen Zwiespalt in mir hervorbrächte, wenn der innige Anteil, den das *Herz* hier nehmen muß, dem weit allgemeineren Interesse des *Geistes* im Wege stünde, wenn ich, statt beruhigt und gestärkt zu mir selbst zurückzukehren, immer das leidenschaftliche Verlangen fühlte, in den Mittelpunkt eines so lieblichen Vereins alle Strahlen meines menschlichen und künstlerischen Daseins zu versammeln, sie ewig dort festzuhalten, und so meinem Bestreben einen um so wärmeren Schwung, einen unmittelbareren Lohn zu verschaffen, als der zerstreute Beifall der Welt jemals gewähren kann?"

„Es liegt", antwortete die Gräfin nach einigem Nachsinnen mit Heiterkeit, „es liegt in der Natur von Männern Ihresgleichen, alles nur einseitig zu nehmen, von *einer* Seite her alles zu erwarten, und zwar je unmöglicher, je schädlicher es wäre. Indessen, mein lieber Maler, ich bin für jetzt nicht gefaßt, noch geneigt, in Ihren gegenwärtigen Zustand, in Ihr Wünschen und Wollen augenblicklich ratend und helfend einzugehen. Die erhabenen Grillen dieses Geschlechts von Künstlern sind schwer zu fassen, und wir scharfsinnigen Frauen haben jedesmal Mühe, um bei dergleichen subtilen Erörterungen, wo wir nur lauschen, nur tasten und halb erwidern können, nicht unsern Blödsinn, unsre Einfalt zu verraten. Am Ende möchten wir bei einem Menschen, welchem wir doch einmal herzlich wohlwollen, alles gerne mit *einem* Schlage gutmachen, und, dem Unnatürlichen zum Trotz, mit der natürlichsten Auskunft dazwischenfahren. Gar oft sind wir aber selbst um eine solche Zauberformel verlegen, ja wenn wir sie gefunden zu haben glauben, will es uns manchmal gefährlich dünken, davon Gebrauch zu machen, und so können wir zuletzt nichts Besseres tun, als — mit Bedeutung schweigen und die Herren an ihren Genius verweisen."

Theobald machten diese Worte nachdenklich; sie schienen ein Verständnis der Absicht, welche er vorhin halb versteckt Constanzen nahegelegt, ebenso zweideutig zu verhüllen, und obgleich sich bereits ein guter Schluß auf die Gesinnungen der liebenswürdigen Frau daraus machen ließ, so hatte der muntere ablehnende Ton ihn doch etwas erschreckt, sogar verletzt.

Die Gräfin sah sich im Vorbeigehen nach den beiden Herren um; da jedoch der Italiener soeben in einer lustigen und langen Erzählung begriffen war, welche für ein weibliches Ohr nicht eben von der delikatesten Art sein mochte, so zog sich Constanze wieder zurück, und Theobald verfehlte keineswegs, ihr Gesellschaft zu leisten.

Sie stiegen die breiten Stufen zur Gartenanlage hinab, und die Gräfin bezeugte auf eine drollige und neckische Art ihre Freude über die Leichtigkeit, womit sie auf der gefrorenen Schneedecke hinschlüpfen konnte, indes ihr Begleiter zuweilen unversehens mit dem Fuße einsank. Aber all ihr munteres Wesen vermochte kaum etwas gegen den sinnenden Ernst des Malers. Sie kamen vor eine dunkle Gruppe hoher Forchen, welche den Eingang zu der sogenannten *schönen Grotte* vorbereiteten. Diese zog sich eine beträchtliche Länge unter einem reichbewachsenen Felsen fort und führte unmittelbar in den großen Saal der Orangerie. Nicht ohne vielen Sinn war die Sache so angelegt worden, um dem Spaziergänger eine höchst überraschende Szene zu bereiten, wenn man, besonders zu dieser Jahreszeit, aus dem toten Wintergarten in eine schauerliche Nacht eingetreten, nach etlichen hundert Schritten mit *einem* Male einen hellgrünen, warmen Frühling zauberhaft aus breiten Glastüren sich entgegenleuchten sah.

Theobald forderte zu einem Gang durch die Höhle auf, und die Gräfin, die den Ort noch nicht kannte, nahm nach kurzem Zaudern den Arm ihres Begleiters an. Ein eisernes Geländer, woran man fortlief, leitete sicher an den Wänden hin, und so waren beide mit vorsichtigen Tritten eine Strecke weit gewandert, als Constanze, das Ende des dunkeln Ganges vergeblich erwartend, bereits ängstlich die Umkehr verlangte. Nolten bat dringend, vollends auszuhalten, und überredete sie endlich. Aber in steter Furcht, einen Mißtritt zu tun, oder gegen einen Vorsprung des Felsens zu stoßen, hielt sich die zarte Frau fest und fester an ihren Führer, und indes beide schweigend und sachte nebeneinander gingen, wie seltsam war es unserem Freunde, so viel Schönheit und Jugend in voller und doch unsichtbarer Gegenwart leis atmend an seiner Seite! Sein Herz pochte gewaltsamer, und wie schon das Wunderbare und Großartige eines solchen Ortes erhöhend auf die Sinne wirkt, so steigerte sich jetzt seine Phantasie bis zu einer gewissen Feierlichkeit, alles schien ihm etwas Außerordentliches, etwas Entscheidendes ankündigen zu wollen.

Dies trat auch nur zu bald und auf ganz andere Weise ein, als er sich hätte je vermuten können; denn in dem Augenblick, wo ihm vorne ein dämmernd hereinfallendes Licht den nahen Ausgang verheißt, glaubt er von derselben Seite her eine Stimme zu vernehmen, deren wohlbekannter Ton ihn plötzlich starr wie eingewurzelt stehenbleiben macht. Constanze fühlt, wie er zusammenschrickt, wie sein Atem ungestüm sich hebt, wie er mit der Faust gegen die Brust fährt. „Was ist das? um Gottes willen, Nolten, was haben Sie?" Er schweigt. „Wird Ihnen nicht wohl? Ich beschwöre, reden Sie doch!"

„Keine Furcht, edle Frau! Besorgen Sie nichts — aber ich gehe nicht weiter — keinen Schritt — denken Sie was Sie wollen, nur fragen Sie mich nicht!"

„Nolten!" entgegnete die Gräfin mit Heftigkeit, „was soll der unsinnige Auftritt? kommen Sie! Soll ich mich etwa krank hier frieren? Was haben Sie vor? Den Augenblick verlaß ich diesen Ort — werden Sie mir folgen oder geh ich allein? Lassen Sie mich los! ich befehl es Ihnen." — Er hält sie fester. „Nolten! ich rufe laut, wenn Sie beharren!"

„Ja, rufen Sie! rufen Sie ihn herbei — er ist nicht weit von uns — ich habe seine Stimme gehört, meines schlimmsten, meines tödlichsten Feindes — Herzog Adolph ist in der Nähe!"

Nun erst schien Constanze zu begreifen; sie stand sprachlos, ohne Bewegung.

„Der Augenblick ist da!" rief Theobald, „ich fühl es, jetzt, oder niemals muß es heraus, das Geheimnis, das seit Monaten an meinem Leben zehrt und frißt, das mich zugrunde richten wird, wenn ich's nicht endlich darf aus der Brust stoßen — Constanze! ahnest du es nicht? O daß ich dir ins Auge blicken, dir's von der Stirne lesen könnte, du habest längst erraten!"

„Still, Nolten! schweigen Sie — um meiner Ruhe willen, kein Wort weiter! Kommen Sie vorwärts, dort an das Licht —"

„Dorthin? nein, nimmermehr! sein Sie barmherzig — Nicht daß ich mich fürchtete vor ihm, dem Übermütigen — sein Anblick nur ist mir unerträglich — Jetzt, eben jetzt, als hätte die Hölle ihn bestellt, mir jede meiner kurzen Seligkeiten zu vergiften! Ich haß ihn, haß ihn, weil er um deine Liebe schleicht, Constanze! Ist's nicht so? kannst du's leugnen? und dürft er hoffen? Er? Gib einen Laut! Laß mich's erfahren! Alles weißt du, weißt, was ich leide, mein Herz, mein Verlangen kann dir nicht unbekannt sein; Engel! o himmlischer, gib mir ein Zeichen! Laß mir ein Lispeln, mir einen schwachen Händedruck bekennen, was du im stillen mir zudenkst, was deine Güte schüchtern mir gewähren möchte! Glaub mir, ein Gott hat uns hieher geführt, mein Innerstes erst bitter aufgeregt und alles, alles — Haß, Verzweiflung, Angst, die unbegrenzte Wonne deiner Nähe zusammengedrängt hier in diesen verborgenen Winkel, um endlich mein Herz hervorzurufen, mir das Bekenntnis zu entreißen, und auch deine Lippen aufzuschließen — So sprich denn, o sprich! die Minuten sind kostbar!" Er zog die Zitternde, Verstummte an sich. Ihr Haupt sinkt unwillkürlich an seine Brust, indes ihre Tränen fließen und sein Kuß auf ihrem Halse brennt. Den Mund in die dichte Lockenfülle drückend, hätte er ersticken mögen vom süß betäubenden Dufte dieser üppigen Haare — der Boden schien sich zu teilen unter den Füßen Constanzens — Erd und Himmel zu taumeln vor ihrem geschlossenen Auge — in eine unendliche Nacht voll seliger Qualen stürzt ihr Gedanke hinab — liebliche Bilder in flammendem Rosenschein, wechselnd mit drohenden, grünaugigen Larven, dringen auf sie ein — aber noch immer halten ihre Kniee sich aufrecht, noch immer entfährt ihr kein Laut, kein Seufzer, nur von einem flüchtigen Schauder zuckt augenblicklich ihr Körper zusammen. Mächtiger, kecker fühlt das herrliche Weib sich umschlungen; da rauscht auf einmal der Tritt eines Menschen unfern von ihnen, jäher Schrecken faßt Theobald an, und eh er noch seitwärts ausbeugen kann, streift schon das Kleid des Vorübergehenden an ihnen hin. Glücklich war die Gefahr überstanden. Niemand als der Herzog kann es gewesen sein. Theobald schöpft wieder Atem. Constanze, regungslos in seinen Armen, scheint von allem nichts bemerkt zu haben. Nach einer Weile fährt sie wie aus einem Traume empor und — „Fort! fort!" ruft sie mit durchdringender Stimme — „Wo bin ich? Was soll ich hier? Hinweg, hinweg!" Sie riß sich heftig los und eilte voran, so daß Theobald kaum mehr folgen konnte. Ein blendendes Meer von Sonnenschein empfängt die Eilenden an der Schwelle des blühenden Saales. Nolten will soeben die Gräfin erreichen, aber die große Glastüre schlägt klirrend hinter ihr zu, ohne daß er sie wieder öffnen könnte. Er sieht die geliebte Gestalt zwischen dem Laub der Orangen verschwinden. Trunken an allen Sinnen, ratlos, verwirrt, in schmerzlicher Furcht steht er allein. Noch einmal versucht er das verwünschte

Schloß — umsonst, er sieht sich gezwungen, rückwärts zu gehen. Wütend rennt er eine Strecke fort bis in die Gegend der verhängsnisvollen Stelle, wo er stehenbleibt, sich fragt, ob es Blendwerk, ob es Wirklichkeit gewesen, was hier vorgegangen? Unmöglich schien es, daß noch soeben Constanze hier zwischen diesen Felsen gestanden, daß er *sie*, sie selber in seinen Armen gehalten, ihren Busen an dem seinigen klopfen gehört. Wie kalt und teilnahmlos lag jetzt diese Finsternis um ihn her, wie so gar nicht schienen diese rohen Massen von jener holden Gegenwart zu wissen, deren Gottheit noch soeben rings die Nacht purpurisch glühen machte! Hier klang das Rufen der Geliebten, hier fiel der Tropfe aus dem schönen Auge! O läßt kein leiser Geisterton sich hören, der mir versichere: ja, hier war es, hier geschah's! Begreife denn dein Glück, ungläubig Herz! umfaß, umspanne den vollen Gedanken, wenn du es kannst, denn ohne Grenzen ist dein Glück, auch dann, wenn du sie nimmer sehen solltest, wenn dich ihr Zorn, ihr Stolz auch auf immer verbannte! War sie nicht *dein,* dir hingegeben einen vollen, unerschöpflichen Moment? O dieser Augenblick sollte eine bettelarme, leere Ewigkeit reich machen können!

Glühend aufgeregt verließ der Freund den Ort, und um sich, so gut es gehen mochte, noch zu sammeln, nahm er absichtlich einen weiten Umweg nach dem Saale, wo die Gesellschaft beieinander war.

„Sie bleiben lange aus!" rief ihm der Graf entgegen, „und haben dadurch den Herzog versäumt, welcher diesen Morgen auf eine Stunde hier gewesen, aber bereits wieder weg ist."

Die Unbefangenheit dieses Empfangs, den er mit einer leichten Entschuldigung erwiderte, und die Ruhe, welche sich in Constanzens Benehmen aussprach, überzeugte Theobald hinlänglich, daß ihre und seine Abwesenheit nicht aufgefallen war. Dennoch wollte ihn die Art, wie die schöne Frau sich anließ, befremden: sie kam ihm beinahe wie ein anderes Wesen vor, ernst ohne niedergeschlagen, zurückhaltend und höflich, ohne abstoßend zu sein; eine gleichgültige Frage, die er an sie richtete, beantwortete sie mit mehr Natürlichkeit und Geistesgegenwart, als der Frager in diesem Augenblicke selbst besaß. Bei alledem schien ihre Miene das, was vorgefallen war, eher stillschweigend zu verzeihen als zu billigen, ja es hatte das Ansehen, als verleugnete sie die Erinnerung daran ganz und gar.

Nicht mehr lange, so wurde das Mittagessen angesagt, wozu der Graf ohne weiteres auch den Italiener geladen hatte, zu nicht geringem Verdrusse Noltens, der es denn auch geduldig geschehen lassen mußte, als jener sich die Gnade erbat, Eccellenza der Frau Gräfin seinen Arm zum Gange nach dem Meierhause leihen zu dürfen.

Die kleine Tafel fiel reichlicher aus, als man erwartet hatte, denn außer dem fremden Weine, der im Schlitten des Grafen mitgekommen war, fand sich ein schmackhafter und seltener Bissen Geflügel ein, bei dessen Auftischung der Graf zu bemerken nicht unterließ, daß man den trefflichen Seevogel der Galanterie seiner Hoheit verdanke, der Herr Herzog haben ihn vorhin am großen Teiche geschossen.

Der Italiener hielt sich besonders an den feinen Roussillon und schwatzte kunterbuntes Zeug durcheinander, was indessen für Theobald zu jeder andern Zeit ärgerlicher gewesen wäre, als jetzt, wo er seine Zerstreuung gerne hinter diesen Lärm verbarg. Man redete dem Ausländer zuliebe, der kein Deutsch verstand, und Constanzen, der das Italienische nicht geläufig war, französisch, und unser Freund fand in dieser fremden Sprache eine willkommene Art von Scheidewand zwischen sich selber und seinem gegenwärtigen Gefühl; aber sonderbarerweise rückte sich ihm auch die lebhafte Szene von heute morgen nur um desto mehr in das Unglaubliche, ja Constanze selbst verschwand ihm in eine zweifelhafte Ferne, so nahe ihm ihre äußere Gestalt auch war. Er sah die jetzt verflossenen Stunden, wenn er je sie wirklich verlebt haben sollte, wie eine längst entflohene Vergangenheit an, aber die Gegenwart deuchte ihm deshalb um nichts wahrhafter und gegenwärtiger und die Zukunft völlig ein Unding.

So leidlich auf diese Art die Stimmung Theobalds war, so bitter sollte sie bald gestört werden. Der fremde Künstler nahm nach und nach Anlaß, seine gute Laune an dem Manne zu üben, welchen er doch in keinem Betracht als Nebenbuhler ansehen konnte. Erst waren es leichte Spötteleien, dann höchst indiskrete Fragen, worauf Nolten anfangs mit gutmütigem Spaße, zuletzt mit einiger Schärfe antwortete, ohne jedoch seinen Gegner zu dem Grade von Wut reizen zu wollen, welcher sich alsbald sehr ungesittet hervortat, so daß Nolten schnelle aufstand und dem Schreier den Vorschlag machte, den Streit außerhalb des Zimmers mit ihm abzutun, damit wenigstens das Ohr der übrigen nicht beleidigt würde. Constanze hatte bereits den Tisch verlassen.

„Sie sind Zeuge!" rief der jähzornige Mann dem Grafen zu, „Sie gestehen, daß Signor meinen Scherz absichtlich böse mißverstand, um mich beleidigen zu können! Aber es soll ihm nicht hingehen, so wahr ich lebe, Signor wird mir Genugtuung verschaffen!"

„Sehr gern!" erwiderte Theobald, „doch dünkt mich, wer dies am ersten fordern könnte, das wäre *ich*; indessen hätte ich für meine Person darauf verzichtet, weil Sie durch Ihre Reden meine Ehre nicht zu kränken vermochten, weder in meinen noch in den Augen der Anwesenden. Sollten Sie aber die Rettung der Ihrigen noch auf irgendeine Art versuchen wollen, so will ich alles dazu beitragen, wiewohl ich mir fast lächerlich dabei vorkomme."

„Lächerlich, Signor?" triumphierte der Italiener, das Wort falsch deutend, mit entsetzlichem Lachen, „lächerlich? ja, ja, nun ja, da haben Sie recht! ich kann beinahe zufrieden sein mit diesem Geständnis, hi, hi, hi!"

Nolten wollte sich dem Unverschämten mit derber Wahrheit erklären, aber ein Wink des Grafen bat ihn um Zurückhaltung, und er folgte um so williger, je mehr er dabei an Constanzen und ihre entschiedene Abneigung gegen dergleichen Ehrenerörterungen dachte. Doch der Italiener wollte sich seines Siegs noch weiter freuen, er wandte sich gegen seinen Mann mit den Worten: „Gratulieren Sie sich, daß Sie so wegkommen, mein Herr Maler! Künftig etwas bescheidener, will ich geraten haben! Sie dürften sonst eine deutsche Klinge mit einer welschen messen, oder daß ich es recht sage, ich möchte mir leicht einmal den Spaß machen, und mein scarpello aufheben gegen einen deutschen — Pinsel; verstanden?"

„Wohl, mein Herr", versetzte Nolten ruhig, „ich bin der Meinung, Sie machten die Probe je eher je lieber; ich werde mich diesfalls heute noch in bester Form eines nähern bei Ihnen vernehmen lassen. Was inzwischen den deutschen Pinsel betrifft, so mögen Sie immerhin den Maler in mir verachten, und zwar noch ehe Sie ihn kennengelernt haben, ich bin gegen den Bildhauer gerecht, dessen Werke ich vorhin gesehen habe; sie sind vortrefflich, und sind es so sehr, daß es der frechsten Lüge gleichsieht, wenn Sie, mein Herr, sich den Schöpfer derselben nennen."

Dieser letzte Ausfall machte den Fremden offenbar ein wenig betroffen, obgleich er getan, als hörte er nichts; aber er wurde noch verlegener, da Nolten ihm tiefer ins Gesicht schaute, den Kopf schüttelte und mit einem zweifelnden Lächeln dem Grafen zuwinkte; — noch einen prüfenden Blick auf die seltsame Physiognomie des Italieners, noch einen, und wieder einen und — „Gemach, mein Freund!" rief Theobald, den Burschen am Schnurrbart packend, da er eben aus der Tür schlüpfen wollte, „ich glaube, wir kennen uns!" — Wunder! der falsche Schnurrbart blieb Nolten in den Fingern, der arme Teufel selber fiel zitternd auf seine Kniee, es war kein anderer Mensch als — Barbier Wispel, der entlaufene Bediente Noltens.

Der Graf traute seinen Augen kaum bei dieser Szene, und unser Freund, ungewiß, sollte er lachen oder zürnen, rief: „Du unterstehst dich, Elender, nachdem du mich einmal schändlich bestohlen, aufs neue deinen Betrug, deine Narrheit an mir und in dieser Gegend auszuüben, wo dich das Zuchthaus erwartet? Wie kommst du nur zu diesen Kleidern, wie kommst du überhaupt dazu, diese apokryphische Rolle zu spielen?"

In der Tat konnte Nolten trotz aller angenommenen und wirklichen Indignation ein herzliches Lachen kaum zurückdrängen. Es nahm ihn nun gar nicht mehr wunder, wie er sich eine Zeitlang wirklich in der Person dieses Menschen täuschen konnte; denn es war bei weitem nicht der magere, splitterdünne Wispel mehr, es mußte ihm auf seinen neuen Reisen ganz besonders wohl ergangen sein, auch von seinen früheren Manieren hatte sich vieles verwischt, oder legte er sie auf einige Stunden ab, und dann die künstlich braun gefärbte Haut, veränderte Stimme, verstellte Frisur, Bart und sonstige Ausstattung, alles half zu diesem närrischen Quiproquo. Aus seinen Bekenntnissen ergab sich nach und nach, daß er in die Dienste des fremden Künstlers ungefähr auf dieselbe Weise gekommen war, wie einst in Theobalds; es ging dies um so leichter an, da ihm von seinen früheren Landstreichereien noch einige Kenntnis der Sprache seines Herrn geblieben war, und er diesem als Dolmetscher auf seiner Reise nach Deutschland, an dessen Grenze sie sich kennengelernt, gar oft nützlich sein konnte. Die guten Kleider, die er am Leibe trug, waren teils Geschenk seines Herrn, teils hatte er sich zur Ausführung des gegenwärtigen Prunkstückchens die Garderobe des Künstlers heimlich zunutze gemacht. Der Italiener, erst vorgestern angelangt, hielt sich in

ERSTER TEIL

der Stadt auf, und sollte erst diesen Abend zu Anordnung der
Bildwerke herauskommen, weil aber durch ein Mißverständnis die Handlanger schon in der Frühe vergeblich hieherge-
sprengt worden, so empfand Wispel einen unüberwindlichen
Reiz, vor diesen Leuten und den etwa sich einfindenden Fremden jenen berühmten Mann vorzustellen, dessen bizarres Wesen
er zwar mit Übertreibung, doch nicht ganz unglücklich, nach-
zuahmen wußte. Es sei ihm selber, gestand er nun, sehr leid
gewesen, als ihm Nolten, sein ehemaliger Gebieter, so unerwartet in den Wurf gekommen, und noch jetzt wisse er nicht
recht, was ihn verführt habe, augenblicklich eine offensive Stellung gegen ihn anzunehmen.

„Aber Mensch, wie konntest du so unbegreiflich grob, so
frech gegen mich sein? Weißt du, was du noch im Rest bei mir
sitzen hast?"

„Ach, mein charmantester, mein göttlicher Herr, wie sollt
ich's nicht wissen? aber das steht ja in guter Hand — es mag
etwa eine halbe Carolin sein, was Sie mir an meinem Lohn
noch schulden — Bagatell — wenn Sie gelegentlich, aber wohl-
verstanden, nur ganz gelegentlich, das Pöstchen —"

Hier bekam Wispel unversehens einen Backenstreich von
Theobalds Hand, daß ihm die Haut feuerte. „Schandbube! eine
Anweisung ins Spinnhaus bin ich dir schuldig! Aber gib Rechenschaft über das, was ich eben frage: wie warst du fähig,
gegen deinen ehemaligen Wohltäter dich so zu vergessen?"

„Ach", antwortete er, ganz wieder mit seiner gewohnten
Affektation, mit jenem Hüsteln und Blinzeln, „dem Himmel
ist es bewußt, wie das zuging, ich wollte mich durch solch ein
Betragen gleichsam unkenntlich machen, mich gegen meine eigene
Rührung verschanzen, daher meine Wut, meine Malice, auch
leugn' ich nicht, es war vielleicht ein — ein — vielleicht ein Kitzel, das heiße Blut des Südens an mir selbst zu bewundern, und
so — und dann — aber gewiß werden Sie mir zugeben, Monsieur,
ich habe den höhern Ton der Schikane und den eigentlichen
vornehmen Takt, womit das point d'honneur behandelt werden
muß, mir so ziemlich angeeignet. Wie? ich bitte, sagen Sie, was
denken Sie?"

Mit diesem letzten Zusatz war es seiner Eitelkeit so völlig
Ernst, er war so gespannt auf ein schmeichelhaftes Urteil Nol-
tens, daß dieser und der Graf nur staunten über die unsinnigste
Art von Ehrgeiz, womit dieses Subjekt wie mit einer Krank-

heit gestraft war. Erinnerte man sich vollends der einzelnen Momente, in denen der Mensch seit heute früh sich stufenweise, zuerst bei der Ankunft Theobalds, dann beim Grafen, endlich als Weltmann bei der Gräfin geltend gemacht, so hätte man sich beinahe schämen müssen, wäre die Sache weniger lustig und neu gewesen. Sogar Constanze, welche vom Bruder herbeigerufen ward, konnte, nachdem sie den unglaublichen Betrug eingesehen, sich des Lächelns nicht enthalten, obgleich sie den Entlarvten, dessen Beschämung sie sich schmerzlicher als billig vorstellte, mit einem fast peinlichen Gefühl, wie einen armen Verrückten, betrachtete. Die Fragen, welche sie etwa an ihn tat, bildeten durch ihre wahrhaft naive Delikatesse einen fast komisch rührenden Kontrast zwischen der edlen Frau und der verächtlichen Kreatur. Theobald fand sich hiedurch auch wirklich zu einem gewissen Grad von Mitleid mit dem ärmlichen Sünder bewogen, und als Wispel auf das beredteste ihn um Wiederaufnahme in sein Haus ersuchte, konnte er sich zwar hiezu nicht verstehen, aber er versprach, ihm außer einer Warnung, die man dem Italiener schuldig sei, keineswegs schaden zu wollen. Hierauf verabschiedete sich Wispel mit gehörigem Anstand, er wollte Constanzen die Hand küssen, was jedoch höflich verbeten wurde.

Die Gesellschaft verhehlte sich den im ganzen versöhnenden Eindruck nicht, welchen der letzte Auftritt bei ihr zurückgelassen hatte. Bei der Gräfin selbst war der Rückblick auf den heutigen Morgen leichter, weil seine Wirkung wenigstens äußerlich durch so manches andere in etwas war verdrängt worden; nur sobald Nolten ihr näher kommen wollte, wich sie schüchtern und unbehaglich aus. Im allgemeinen, dies durfte er sich mit Recht sagen, ließ ihr Benehmen sich gar nicht zu seinen Ungunsten auslegen, ja er konnte den tief gegründeten Keim wirklicher Liebe nicht mehr an ihr verkennen, er hoffte eine zwar langsame, aber unaufhaltsame Entwicklung. Nur jede Voreiligkeit, alles dringend Heftige, sosehr dies in seinem Temperamente lag, beschloß er zu vermeiden, und wir selber sind der Meinung, daß er dabei seinen Vorteil und die Sinnesart der Frauen von Constanzens Werte fein genug zu schätzen gewußt.

Man hätte gerne noch den echten Italiener gesehen, allein der Abend nahte stark heran, es war unwahrscheinlich, daß der Künstler noch käme, überdies verlangte Constanze nach Haus, und so schickte man sich denn zum Aufbruch an.

Nolten, der den Schlitten des Grafen eine Weile rasch verfolgte, blieb mit seinem Pferde doch bald zurück. Er hatte Zeit, seinen Gedanken über den heutigen Tag, seinen Besorgnissen und Hoffnungen stille nachzuhängen, indes der Mond mit immer hellerem Lichte die dämmernde Schneelandschaft überschien. Was hatte sich doch verändert in den wenigen Stunden, seit er diese Wege hergeritten! um wieviel näher war er gegen alles Denken und Vermuten seinem ersehntesten Ziele gekommen, ja, das er wirklich schon erreicht, das er schon mit kühnen Armen umschlungen und auf alle Zukunft für sich geweiht hatte! Je verwunderter er diese rasche Wendung bei sich überlegte, desto stärker drang sich ihm der alte Glaube auf, daß es Augenblicke gebe, wo ein innerer Gott den Menschen unwiderstehlich besinnungslos vorwärts stoße, einer großen Entscheidung entgegen, so daß er, daß sein Schicksal und sein Glück sich selber gleichsam übertreffen müssen. Er schauderte im Innersten, er drang mit weit offenem Aug in das tiefe Blau des nächtlichen Himmels und forderte die Gestirne heraus, seine Seligkeit mitzuempfinden. Was doch jetzt in Constanzen vorgehen mag! — er hätte die Welt verschenken mögen, um dieses Einzige zu wissen, und doch pries er wieder seine Ungewißheit, weil sie ihm vergönnte, alles zu glauben, was er wünschte. Sollte jetzt nicht auch in *ihrem* Busen der wonnevollste Tumult von Freude, Furcht und Hoffnung laut sein? und ist nicht der Grund ihrer Seele, wie die Tiefe eines stillen Meeres, jetzt von jener unendlichen Ruhe beherrscht, welche im Bewußtsein hoher Liebe liegt? — So dachte er, so durchlief er noch manches, was ihn mächtig emporhob; kräftig gab er seinem Pferde die Sporen, als gälte es, noch heute allen seinen Wünschen die Krone aufzusetzen.

In derselben Woche kamen Briefe aus Neuburg an Theobald, wie gewöhnlich unter der Aufschrift an Larkens. Voll Begierde nach dem Inhalte, welcher ihm, wie er zuverlässig hoffte, jeden Zweifel über Agnes benehmen sollte, riß er das Kuvert auf. Jedesmal ergriff ihn die eigenste Rührung, wenn er solche treuherzige Linien ansah, die nach des Mädchens Meinung der *Geliebte* lesen sollte, und die unser Schauspieler doch wiederum nur sich selber zueignen konnte, da es nur Antworten auf dasjenige waren, was er zwar ganz im früheren Sinne Noltens geschrieben, aber doch gleichsam durch alle Fasern des eigenen innigsten Gefühls übertragend, empfunden hatte. In der Tat, er kam sich dann immer wie ein gedoppeltes Wesen vor, und nicht selten kostete es ihn Mühe, sein Ich von der Teilnahme an diesem zärtlichen Verhältnis auszuschließen.

Was Agnesens gegenwärtigen Brief betrifft, so klangen ihm die Worte anfangs einigermaßen rätselhaft, bis ihm ein größeres Schreiben vom Vater in die Hände fiel, das er auch zugleich von Blatt zu Blatt mit immer steigendem Erstaunen hastig durchlas. Der Alte beruft sich auf seinen frühern Brief an Theobald, worin die sonderbare Verirrung des Mädchens, soweit es damals möglich gewesen, bereits entwickelt worden sei; er wolle aber, da einige erst neuerdings entdeckte Umstände die Ansicht des Ganzen bedeutend verändert hätten, alles von vornherein erzählen, und so setzt er denn dasjenige weitläufig auseinander, was wir dem Leser schon mitgeteilt haben. Mehrere auffallende Vorgänge hatten dem Förster zuletzt über das Dasein eines stillen Wahnsinns keinen Zweifel mehr übriggelassen. Es ward ein Arzt zu Rat gezogen, und mit Hülfe dieses einsichtsvollen Mannes gelang es gar bald, den eigentlichen Grund des Unheils aus dem Mädchen hervorzulocken. Hiebei mußte es für den aufmerksamen Beobachter solcher abnormen Zustände von dem größten Interesse sein, zu bemerken, daß schon das Aussprechen des Geheimnisses an und für sich entscheidend für die Heilung war. Denn von dem Augenblicke, da der Auftritt mit der Zigeunerin über Agnesens Lippen kam, schien der Dämon, der die Seele des armen Geschöpfes umstrickt hielt, seine Beute fahrenzulassen, und ein herzzerschneidender Strom der heftigsten Tränen schien die Rückkehr der Vernunft anzukündigen. Die Entdeckung jener geheimen Ursache fand aber um so weniger Schwierigkeit, da das Mädchen selbst seit der zweiten Unterredung mit der Zigeunerin ein gewisses Mißtrauen gegen dieselbe nährte, worin sie sich nun eben nicht ungerne bestärken ließ. Wirklich rührend war es anzusehen, mit welcher Begierde sie jedes Wort einschluckte, das man zum Beweis eines offenbaren Betrugs vorbringen mochte. Auf ihrem zwischen Angst und dankbarer Freude wechselnden Gesichte malten sich die letzten Zuckungen des abergläubischen Gewissens, dem die vernünftige Beredsamkeit des Vaters nun den Todesstoß gab. Dennoch fühlte sie noch immer eine Art von Zwiespalt im Innern, sie fand sich schwer zurecht, und wie der Blindgewesene sich nur langsam wieder an das Licht gewöhnt das alle Welt erfreut, so dauerte es einige Zeit, bis Agnes ihr Glück zu fassen vermochte, bis sie es wagte, sich den andern Menschen wieder gleichzustellen. Oft kam es ihr noch vor, als ob irgendein finsterer Zeuge ihres Schicksals hinter ihrem Rücken lauschte und auf Rache denke, weil sie seinen Banden entsprungen. Aber der Verbrecher, der durch eine feierliche Absolution aus dem Munde des Heiligen Vaters mit *einemmal* sich einer ganzen Hölle entbunden fühlt, kann nicht leichter atmen als Agnes, nachdem endlich das düstere Phantom für immer verabschiedet war. Wie ganz anders konnte sie nun an Nolten denken! Wie herzhaft prüfte ihre Liebe wieder die alte Freiheit ihrer Flügel! Wie ungewohnt erschien ihr alles, was in bezug auf ihn gesagt oder getan ward! Sprach jemand seinen Namen aus, so konnte sie den Namen mit seligem Befremden vor sich wiederholen und mit Entzücken rief sie ihn dann laut aus, so daß man sie kaum begreifen wollte. Kam ihr zufällig seine Handschrift vors Auge, so deuchten ihr die Züge wie sprechend, sie betrachtete sie mit einem völlig neuen Sinn — kurz, es schien, als sei er ihr erst heute geschenkt, als heiße sie jetzt zum ersten Male Noltens Braut.

Dieselbe unschuldige Trunkenheit atmete aus ihrem Briefe, den Larkens jetzt in der Hand hielt. Sie vermied soviel möglich jede Berührung jener störenden Ereignisse, und ihre Worte verrieten nicht die geringste Unruhe darüber, wie Theobald die Geschichte ihrer Krankheit aufnehmen werde, welche der Vater mit ihrem Vorwissen, jedoch ohne der Tochter sie lesen zu lassen, ihm aufrichtig mitteilte.

Mit Staunen und Rührung legte Larkens die Blätter auf den Tisch, nachdem er sie zwei- und dreimal mit der größten Sorgfalt durchgelesen hatte. Er hatte Mühe, sich die Fäden dieser unerhörten Verwirrung klarzumachen, sich zu sammeln und ein ruhiges Bild vom Ganzen zu gewinnen, um hierauf seine Entschließung zu fassen. An der getreuen Darstellung der Begebenheiten zweifelte er keinen Augenblick, alles trug zu sehr das Gepräge der inneren Wahrheit. Aber was ihn bei der Sache besonders nachdenklich machte, das war die Einmischung der Zigeunerin. Denn auf der Stelle war es wie ein Blitz in ihn geschlagen, daß er die Person kenne, daß ihm ihr sonderbarer Bezug zu Nolten nicht unbekannt sei. Nach dem sehr bestimmten Bilde, das er von ihrem Charakter hatte, befremdete ihn einigermaßen ihr falsches Spiel gegen Agnes, dennoch hatte er guten Grund, sie deshalb keineswegs mit den gemeinen Betrügerinnen ihrer Nation zu verwechseln, ja ihn ergriff das tiefste Mitleid, wenn er bedachte, daß eben dieses unbegreifliche Wesen, das an Agnesens Verrückung Schuld war, selbst ein trauriges Opfer des Wahnsinns sei. So verhielt es sich wirklich; und in diesen Zustand mischte sich eine Leidenschaft für Theobald, von deren wunderbarer Entstehung wir dem Leser in der Folge Rechenschaft geben werden. Die Unglückliche glaubte sich in Agnes von einer Nebenbuhlerin befreien zu müssen, und leider kam der Zufall, wie wir gesehen haben, ihrer Absicht gar sehr zu Hülfe. Ihre List mochte übrigens leicht von der Art sein, wie sie sich bei Verrückten häufig mit der höchsten Gutmütigkeit gepaart findet, und Larkens entschuldigte sie um so mehr, da er Elisabeth (so hieß das Mädchen) immer von einer äußerst arglosen, ja kindlichen Seite kennengelernt hatte. Wieviel eigentliche Lüge und wieviel Selbstbetrug an jener verhängnisvollen Prophezeiung Anteil gehabt, wäre daher nicht wohl zu entscheiden, nur wird es jetzt um so begreiflicher, daß die Erscheinung und der ganze Ausdruck der Prophetin eine so gewaltsame und hinreißende Wirkung auf das kränklich reizbare Gemüt Agnesens machen konnte.

Einige Augenblicke war der Schauspieler entschlossen, sogleich mit dem ganzen Paket zu seinem Freunde zu eilen. Aber die Sache näher betrachtet verbot solches die Klugheit. Nolten wäre im gegenwärtigen Zeitpunkt zu einer unbefangenen Ansicht der Dinge nicht fähig gewesen und es war zu befürchten, daß ihm die Überzeugung von der Tadellosigkeit des Mädchens jetzt eben nicht willkommen wäre, daß er, von zweien Seiten aufs äußerste gedrängt, an einen Abgrund widersprechender Leidenschaften gezerrt, nichts übrig hätte, als an allem zu verzweifeln. Larkens sah dies deutlich ein, und stand wirklich eine Zeitlang ratlos, was zu tun sei. „Ich muß auf einen Kapitalstreich sinnen", rief er aus, „das Zögern wird mir gefährlich, es ist Zeit, daß man dem Teufel ein Bein breche!"

Vor allem wollte er suchen, es gelte was es wolle, einen Bruch mit der Gräfin vorzubereiten. Aus einzelnen Spuren hatte er neuerdings von der Neigung Noltens doch ernstlichere Begriffe bekommen, und er fing an, mehr und mehr an der Offenheit seines Freundes in diesem Punkte zu zweifeln, wie denn auch wirklich der Vorfall im Parke bisher ganz und gar ein Geheimnis für Larkens geblieben war. Für jetzt dachte dieser nur auf schleunige Beruhigung des Mädchens durch einen abermaligen Brief, den er auch sogleich, und mit ungewöhnlicher Wärme und Heiterkeit des Ausdrucks, niederschrieb.

Es gingen, bis Nolten wieder eine Einladung zu Zarlins erhielt, zwei volle Wochen auf, und wenn diese lange Zwischenzeit unserem Freunde desto unausstehlicher vorkam, je bedeutender seine gegenwärtige Stellung zu Constanzen war, so stand er nun doch betroffen und unentschieden, ob Furcht oder Freude mächtiger in ihm sei. Aber als er sich nun an dem bestimmten Abende mit Larkens wieder in jenen geliebten Wänden, in jener edlen Umgebung fühlte, als die Gräfin nun die Versammlung bewillkommte und auch ihn mit einer Fröhlichkeit begrüßte, wie man sie sonst kaum an ihr wahrnahm, da schien sich um ihn und über sein ganzes Dasein ein Lichtglanz herzugießen, in welchem sich alle Vergangenheit und Zukunft seines Lebens wie durch Magie verklärte: und doch war es nur die Sorglosigkeit ihrer Miene, es war die edle Freiheit ihres Benehmens, was ihn so tief erquickte, und was ihm, auch abgesehen von jeder andern Vorbedeutung, die uneigennützigste Rührung hätte abgewinnen müssen, indem es ihm die Wiederherstellung des schönen Friedens ihrer Seele verbürgte, welchen gestört zu haben er sich zum Verbrechen rechnete.

Von ähnlicher Munterkeit wurde denn auch die übrige Gesellschaft belebt, und die letzte beengende Rücksicht bei Nolten fiel vollends weg mit der Nachricht, Herzog Adolph werde heute nicht gegenwärtig sein.

Herren und Damen saßen bereits in bunter Ordnung, als die Gräfin sich mit den Worten an Larkens wandte: „Sie sagten ja von etwas ganz Besonderem, das Sie uns diesmal zum besten geben wollten; machen Sie doch die Gesellschaft mit Ihrem Vorhaben bekannt, ich zweifle nicht, wir dürfen uns etwas recht Hübsches, zum mindesten etwas Ungewöhnliches versprechen."

„Es liegt", antwortete Larkens mit guter Laune, „in diesem Komplimente etwas so verzweifelt Bedingtes, daß ich nun erst schüchtern werde, mit meinem Schatz hervorzutreten. Wirklich, es ist immer gewagt, wenn ein einzelner oder wenn zwei Mitglieder eines gebildeten Kreises die Unterhaltung ausschließlich über sich nehmen wollen, und obendrein ist mein Gegenstand von der Beschaffenheit, daß ihm ein allgemeines Interesse sehr schwerlich zukommen möchte, wenigstens insoweit *ich* dabei betätigt bin. Aber was mich tröstet, ist einzig die Unterstützung durch meinen Freund Nolten, der Ihnen bei dieser Gelegenheit ein ganz neues Genre seiner Kunst vorführen wird."

„Ich meines Teils", erwiderte der Maler, „muß die Gesellschaft untertänigst bitten, auf diese Bedingung hin von ihren Forderungen an Larkens nicht nagelsgroß nachzulassen, da mein Beitrag als bloße Verzierung und Erläuterung der Hauptsache an und für sich nicht in Betracht kommen kann." —

„Kurz, meine Gnädigsten", fiel der Schauspieler ihm ins Wort, „was wir Ihnen diesmal zeigen, ist nichts anderes, als ein Schattenspiel."

„Ein Schattenspiel!" riefen die Damen in die Hände klatschend, „ach, das ist ja ganz unvergleichlich! wirklich ein ordentliches, chinesisches werden wir sehen?"

„Allerdings", sagte der Graf, „und zwar ein ganz neu eingerichtetes, wozu Herr Nolten die Bilder auf Glas gemalt, und dieser Herr, der als Dichter noch allzuwenig von sich hören ließ, den Text geliefert hat. Soviel ich weiß, besteht der letztere durchaus in einer dramatisierten Fabel, rein von der Erfindung des Herrn Larkens."

„Diese Fabel", bemerkte der Schauspieler, „und der Ort, wo sie vorgeht, ist freilich närrisch genug, und es bedarf einer kleinen Vorerinnerung, wenn man den Poeten nicht über alle Häuser wegwerfen soll.

Ich hatte in der Zeit, da ich noch auf der Schule studierte, einen Freund, dessen Denkart und ästhetisches Bestreben mit dem meinigen Hand in Hand ging; wir trieben in den Freistunden unser Wesen miteinander, wir bildeten uns bald eine eigene Sphäre von Poesie, und noch jetzt kann ich nur mit Rührung daran zurückdenken. Was man auch zu dem Nachfolgenden sagen mag, ich bekenne gern, damals die schönste Zeit meines Lebens genossen zu haben. Lebendig, ernst und wahrhaft stehen sie noch alle vor meinem Geiste, die Gestalten unserer Einbildung, und wem ich nur *einen* Strahl der dichterischen Sonne, die uns damals erwärmte, so recht gülden, wie sie war, in die Seele spielen könnte, der würde mir wenigstens ein heiteres Wohlgefallen nicht versagen, er würde selbst dem reiferen Manne es verzeihen, wenn er noch einen müßigen Spaziergang in die duftige Landschaft jener Poesie machte und sogar ein Stückchen alten Gesteins von der geliebten Ruine mitbrächte. Doch zur Sache. Wir erfanden für unsere Dichtung einen außerhalb der bekannten Welt gelegenen Boden, eine abgeschlossene Insel, worauf ein kräftiges Heldenvolk, doch in verschiedene Stämme, Grenzen und Charakterabstufungen geteilt, aber mit so ziemlich gleichförmiger Religion, gewohnt haben soll. Die Insel hieß *Orplid,* und ihre Lage dachte man sich in dem Stillen Ozean zwischen Neuseeland und Südamerika. Orplid hieß vorzugsweise die Stadt des bedeutendsten Königreichs: sie soll von göttlicher Gründung gewesen sein und die Göttin Weyla, von welcher auch der Hauptfluß des Eilands den Namen hatte, war ihre besondere Beschützerin. Stückweise und nach den wichtigsten Zeiträumen erzählten wir uns die Geschichte dieser Völker. An merkwürdigen Kriegen und Abenteuern fehlte es nicht. Unsere Götterlehre streifte hie und da an die griechische, behielt aber im ganzen ihr Eigentümliches; auch die untergeordnete Welt von Elfen, Feen und Kobolden war nicht ausgeschlossen.

Orplid, einst der Augapfel der Himmlischen, mußte endlich ihrem Zorne erliegen, als die alte Einfalt nach und nach einer verderblichen Verfeinerung der Denkweise und der Sitten zu weichen begann. Ein schreckliches Verhängnis raffte die lebende Menschheit dahin, selbst ihre Wohnungen sanken, nur das Lieblingskind Weylas, nämlich Burg und Stadt Orplid, durfte, obgleich ausgestorben und öde, als ein traurig schönes Denkmal vergangener Hoheit stehen bleiben. Die Götter wandten sich auf ewig ab von diesem Schauplatz, kaum daß jene erhabene Herrscherin zuweilen ihm noch einen Blick vergönnte, und auch diesen nur um eines einzigen Sterblichen willen, der, einem höheren Willen zufolge, die allgemeine Zerstörung weit überleben sollte.

Neuerer Zeiten, immerhin nach einem Zwischenraum von beinahe tausend Jahren, geschah es, daß eine Anzahl europäischer Leute, meist aus der niedern Volksklasse, durch Zufall die Insel entdeckte und sich darauf ansiedelte. Wir Freunde durchstöberten mit ihnen die herrlichen Reste des Altertums, ein gelehrter Archäologe, ein Engländer, mit Namen Harry, war zum Glück auf dem Schiffe mitgekommen, seine kleine Bibliothek und sonst Materialien verschiedenen Gebrauchs waren gerettet worden; Nahrung aller Art zollte die Natur im Überfluß, die neue Kolonie gestaltete sich mit jedem Tage besser und bereits blüht eine zweite Generation in dem Zeitpunkte, wo unser heutiges Schauspiel sich eröffnet.

Was nun diese dramatische, oder vielmehr sehr undramatische Kleinigkeit betrifft, so sind meine Wünsche erfüllt, wenn die verehrten Zuschauer sich mit einiger Teilnahme in die geistige Temperatur meiner Insel sollten finden können, wenn sie für die willkürliche Ökonomie meines Stückes einen freundschaftlichen Maßstab mitbringen und sich mehr nur an den Charakter, an das Pathologische der Sache halten. Das ganze Ding machte sich, ich weiß nicht wie, vor kurzem erst, nachdem mir seit langer Zeit wieder einmal eines Abends die alten Erinnerungen in den Ohren summten. Eine längst gehegte tragische Lieblingsvorstellung drang sich vorzüglich in dem Charakter des letzten Königs von Orplid auf; dagegen gab es Veranlassung, zwei moderne, aus dem Leben gegriffene Nebenfiguren lustig einzuflechten, wovon die eine in der Laufbahn meines Freundes Nolten dergestalt Epoche gemacht, daß diese Person — und sie soll ja neuerdings wieder in unserer Stadt spuken — sogar einigen der Anwesenden als eine nicht ganz unbekannte Fratze wiederbegegnen wird."

Hier steckten sich einige begierige Köpfe zusammen, und als es hieß, daß jener diebische Bediente Noltens im Schattenspiel seine Aufwartung machen werde, verlautete allgemein ein herzliches Vergnügen; man machte sich überhaupt auf eine ergötzliche Unterhaltung gefaßt, nur Tillsen fühlte sich im stillen durch jene komische Berührung verletzt, wiewohl niemand an etwas Beleidigendes dachte.

„In einem andern Subjekt", fuhr der Schauspieler fort, „in dem Kameraden des vorigen zeig ich Ihnen meinen eigenen ehmaligen Sancho; es machte mir Freude, diese beiden Tröpfe einmal treulich zu kopieren, Nolten verfehlte keinen Zug, und die Gesellschaft muß uns schon vergeben, wenn wir sie auf einen Augenblick in das Dachstübchen dieser Schmutzbärte zu schauen zwingen."

Indessen hatte Larkens den erforderlichen Apparat aus seinem Hause holen lassen; der Diener brachte ein braunes Kästchen, worin das Zaubergeräte verschlossen war; zugleich zog der Schauspieler ein Manuskript hervor, blätterte und sagte: „In Absicht auf die Art und Weise, wie die Tableaux den Text begleiten, versteht sich von selbst, daß der Schauplatz zuweilen, wiewohl nur selten, leer bleiben wird, daß für den Maler nicht jede Szene gleich brauchbar sein konnte, daß er von einer Szene meist nur *einen* Moment, *eine* hervorstechende Gruppe darstellen konnte, daß jedoch so viel Varietät als nur immer möglich in die Bilder gebracht wurde. Nun hab ich nur noch *eine* Bitte, den Vortrag des Dialogs betreffend. Ich werde zwar sämtliche männliche Personen aus meinem Munde mit abwechselnder Stimme unter sich sprechen lassen, für die weiblichen aber und für die Kinderkehlen sollte mir doch eins und das andre der Fräulein zur Seite stehen und mit mir aus der Rolle lesen. Welche von den Damen würde wohl die Gefälligkeit haben? Sie, Fräulein von R. und von G. erfreuten uns schon auf dem Liebhabertheater, an Sie richt ich meine Bitte im Namen aller."

Die Schönen mußten sich's gefallen lassen, sie traten mit dem dargereichten Hefte beiseit, es vorläufig zu durchsehen, während Larkens sich von der Gräfin einen geheizten Saal mit weißen Wänden ausbat und seine Einrichtung traf.

Nach kurzer Zeit ertönte sein Glöckchen, das die Gesellschaft hinüber lud in den verdunkelten Saal. Hinter einer spanischen Wand, die nach einer Seite offen war, befanden sich Larkens und seine Gehülfinnen neben der magischen Laterne, welche inzwischen nur einen runden hellen Schein an die Zimmerdecke warf. Man nahm im Halbkreise Platz, und Nolten hatte sich so gesetzt, daß er Constanzen ins Auge fassen konnte.

Nachdem alles stille geworden, begann hinter der Gardine eine einleitende Symphonie auf dem Klavier von einem Mitgliede der Gesellschaft gespielt und von Larkens mit dem Violoncello begleitet. Unter den letzten Akkorden erschien an der breitesten, völlig freien Wandseite des Saales in bedeutender Größe die Ansicht einer fremdartigen Stadt und Burg, im Mondschein, vom See bespült, links im Vorgrund drei sitzende Personen und der Dialog nahm seinen Anfang.

Wir bedenken uns nicht, den Leser an dem Spiele teilnehmen zu lassen, da es nachher in den Gang unserer Geschichte einschlägt und die wichtigsten Folgen hat. Zugleich mag es einen lebhaften Begriff von dem inneren Leben jenes Schauspielers geben, welcher bereits unsere Aufmerksamkeit erregte und noch mehr künftig unsere Teilnahme gewinnen wird.

DER LETZTE KÖNIG VON ORPLID

Ein phantasmagorisches Zwischenspiel

Erste Szene

Anblick der Stadt Orplid mit dem Schlosse; vorn noch ein Teil vom See. Es wird eben Nacht. Drei Einwohner sitzen vor einem Haus der unteren Stadt auf einer Bank im Gespräch. SUNTRARD, *der Fischer, mit seinem* KNABEN, *und* LÖWENER, *der Schmied.*

SUNTRARD: Lasset uns hieher sitzen, so werden wir nach einer kleinen Weile den Mond dort zwischen den zwei Dächern heraufkommen sehen.

KNABE: Vater, haben denn vor alters in all den vielen Häusern dort hinauf auch Menschen gewohnt?

SUNTRARD: Jawohl. Als unsere Väter, vom Meersturm verschlagen, vor sechzig Jahren zufälligerweise an dem Ufer dieser Insel, was das Einhorn heißt, anlangten, und tiefer landeinwärts dringend sich rings umschauten, da trafen sie nur eine leere steinerne Stadt an; das Volk und das Menschengeschlecht, welches diese Wohnungen und Keller für sich gebauet, ist wohl schon bald tausend Jahr ausgestorben, durch ein besonderes Gerichte der Götter, meint man, denn weder Hungersnot noch allzu schwere Krankheit entsteht auf dieser Insel.

LÖWENER: Tausend Jahr, sagst du, Suntrard? Gedenk ich so an diese alten Einwohner, so wird mir's, mein Seel, nicht anders, als wie wenn man das Klingen kriegt im linken Ohr.

SUNTRARD: Mein Vater erzählt, wie er, ein Knabe damals noch, mit wenigen Leuten, fünfundsiebzig an der Zahl, auf einem zerbrochenen Schiffe angelangt, und wie er sich mit den Genossen verwunderte über eine solche Schönheit von Gebirgen, Tälern, Flüssen und Wachstum, wie sie darauf fünf, sechs Tage herumgezogen, bis von ferne sich auf einem blanken, spiegelklaren See etwas Dunkeles gezeigt, welches etwan ausgesehen, wie ein steinernes Wundergewächs, oder auch wie die Krone der grauen Zackenblume. Als sie aber mit zweien Kähnen darauf zugefahren, war es eine felsige Stadt von fremder und großer Bauart.

KNABE: Eine Stadt, Vater?

SUNTRARD: Wie fragst du, Kind? Ebendiese, in der du wohnest.
— Des erschraken sie nicht wenig, vermeinend, man käme übel
an; lagen auch die ganze Nacht, wo es in einem fort regnete,
vor den Mauern ruhig, denn sie getrauten sich nicht. Nun es
aber gegen Morgen dämmerte, kam sie beinahe noch ein
ärger Grauen an; es kräheten keine Hähne, kein Wagen ließ
sich hören, kein Bäcker schlug den Laden auf, es stieg kein
Rauch aus dem Schornstein. Es brauchte dazumal jemand
das Gleichnis, der Himmel habe über der Stadt gelegen, wie
eine graue Augbraun über einem erstarrten und toten Auge.
Endlich traten sie alle durch die Wölbung der offenen Tore; man
vernahm keinen Sterbenslaut als den des eigenen Fußtritts
und den Regen, der von den Dächern niederstrollte, obgleich
nunmehr die Sonne schon hell und goldig in den Straßen lag.
Nichts regte sich auch im Innern der Häuser.
KNABE: Nicht einmal Mäuse?
SUNTRARD: Nun, Mäuse wohl vielleicht, mein Kind. *Er küßt
den Knaben.*
LÖWENER: Ja, aber Nachbar, ich bin zwar, wie du, geboren hier
und groß geworden, allein es wird einem doch alleweil noch
sonderlich zumut, wenn man so des Nachts noch durch eine
von den leeren Gassen geht und es tut, als klopfte man an
hohle Fässer an.
KNABE: Aber warum doch wohnen wir neuen Leute fast alle
wie ein Häuflein so am Ende der Stadt und nicht oben in
den weitläuftigen schönen Gebäuden?
SUNTRARD: Weiß selber nicht so recht; ist so herkommen von
unsern Eltern. Auch wäre dort nicht so vertraut zusammennisten.
LÖWENER: Wo wir wohnen, das heißt die untere Stadt, hier
waren vor alters wahrscheinlich die Buden der Krämer und
Handwerker. Die ganze Stadt aber beträgt wohl sechs Stunden im Ring.
SUNTRARD: Wenn der Mond vollends oben ist, laßt uns noch
eine Strecke aufwärts gehen, bis wo die Sonnenkeile* ist.
Nachbar, als ein kleiner Junge, wenn wir Buben noch abends
spät durch die unheimlichen Plätze streiften bis zur Sonnen-

---

* Sonnenkeile — so nannte man drei eigentümlich gegeneinanderge-
stellte steinerne Spitzsäulen, welche durch den Schatten, den sie werfen, den Ureinwohnern als eine Art von Sonnenuhr gedient haben
sollen.

keile, so trieb und plagte mich's immer, den Stein mit dem Finger zu berühren, weil ein Glauben in mir war, daß er den warmen Strahl der Sonne angeschluckt, wie ein Schwamm, und Funken fahren lasse, welches im Mondschein so wunderlich aussehen müsse.

LÖWENER: Hört, was weiß man denn auch neuerdings von dem Königsgespenst, das an der Nordküste umgeht?

SUNTRARD: Kein Gespenst! wie ich dir schon oft versicherte. Es ist der tausendjährige König, welcher dieser Insel einst Gesetze gab. Der Tod ging ihn vorbei; man sagt, die Götter wollten ihn in dieser langen Probezeit und Einsamkeit geschickt machen, daß er nachher ihrer einer würde, wegen seiner sonstigen großen Tugend und Tapferkeit. Ich weiß das nicht; doch er ist Fleisch und Bein, wie wir.

LÖWENER: Glaub das nicht, Fischer.

SUNTRARD: Ich hab es sicher und gewiß, daß ihn der Kollmer, der Richter ist in Elnedorf, jeweilig insgeheim besucht; sonst sieht ihn kein sterblicher Mensch.

KNABE: Gelt, Vater, er trägt einen Mantel und trägt ein eisern spitzig Krönlein in den Haaren?

SUNTRARD: Ganz recht, und seine Locken sind noch braun, sie welken nicht.

LÖWENER: Laßt's gut sein! ist schon spät. Das Licht dort in der äußersten Ecke vom Schloß ist auch schon aus. Dort wohnt Herr Harry, der bleibt am längsten auf. Will noch eine Weile in die Schenke. Gut Nacht!

SUNTRARD: Schlaf wohl, Freund Löwener. Komm Knabe, gehen zur Mutter.

Zweite Szene

Öder Strand. Im Norden.

KOLLMER *allein*: Hier pflegt er umzugehn, dies ist der Strand.
Den er einförmig mit den Schritten mißt.
Mich wundert, wo er bleiben mag. Vielleicht
Trieb ihn sein irrer Sinn auf andre Pfade,
Denn oft konnt ich gewahren, daß sein Geist
Und Körper auf verschiedner Fährte gehn.
O wunderbar! mich jammert sein Geschick,
Denk ich daran, was doch kaum glaublich scheint,

Daß die Natur in einem Sterblichen
Sich um Jahrhunderte selbst überlebt —
Wie? tausend Jahre? — tausend — ja nun wird mir
Zum ersten Male plötzlich angst und enge,
Als müßt ich's zählen auf der Stell, durchleben
In *einem* Atemzug — Hinweg! man wird zum Narren!
  Hm, tausend Jahr; ein König einst! — o eine Zeit
So langsam, als man sagt, daß Steine wachsen.
Vergangenheit und Gegenwart und Zukunft —
Gäb es für die Vernunft ein drittes noch,
So müßt er dort verweilen in Gedanken.
  Sind's aber einmal tausend, ja, so können
Unzählige noch kommen; sagt man nicht,
Daß auch ein Ball, geworfen über die Grenze
Der Luft, bis wo der Erde Atem nicht mehr hinreicht,
Nicht wieder rückwärts fallen könne, nein,
Er müsse kreisen, ewig, wie ein Stern.
So, fürcht ich, ist es hier.
  Auch spricht man von der Inselgöttin Weyla,
Daß sie ein Blümlein liebgewann von seltner
Und nie gesehner Art, ein einzig Wunder,
Dies schloß die Göttin in das klare Wasser
Des härtsten Diamants ein, daß es daure
Mit Farben und Gestalt; wahrhaftig nein,
Ich möchte so geliebt nicht sein von Weyla,
Doch diesem König hat sie's angetan.
  Oft ahnte mir, er selber sei ein Gott,
So anmutsvoll ist sein verfinstert Antlitz;
Das ist sein größtes Unglück, darum ward,
Wie ich wohl deutlich merke, eine Fee
Von heißer Liebe gegen ihn entzündet,
Und er kann ihrem Dienste nicht entgehn,
Sie hat die Macht schon über ihn, daß er,
Sooft sich ihr Gedanke nach ihm sehnt,
Tag oder Nacht, und aus der fernsten Gegend,
Nach ihrem Wohnsitz plötzlich eilen muß.
Wenn dieser Ruf an ihn ergeht, so reißt
Der Faden seines jetzigen Gedankens
Auf einmal voneinander, ganz verändert
Erscheint sein Wesen, hellres Licht durchwittert
Des Geistes Nacht, der längst verschüttete Brunn

Der rauhen und gedämpften Rede klingt
Mit e i n m a l hell und sanft, sogar die Miene
Scheint jugendlicher, doch auch schmerzlicher:
Denn greulich ist verhaßter Liebe Qual.
Drum sinnt er sicherlich in schwerem Gram,
Wie er sich ledig mache dieser Pein;
Dahin auch deut ich jene Worte mir,
Die er einst fallenlassen gegen mich:
„Willst du mir dienstbar sein, so gehe hin
Zur Stadt, dort liegt in einem unerforschten Winkel
Ein längst verloren Buch von seltner Schrift,
Das ist geschrieben auf die breiten Blätter
Der Thranuspflanze, so man göttlich nennt,
Das suche du ohn Unterlaß, und bring es."
Drauf lächelt' er mitleidig, gleich als hätt er
Unmögliches verlangt, und redete
Zeither auch weiter nicht davon. Nun aber
Kam mir zufällig jüngst etwas zu Ohren
Von ein paar schmutzigen, unwissenden Burschen,
Die hätten der Art einen alten Schatz
Bestäubt und ungebraucht im Hause liegen.
Vielleicht, es träfe sich; so will ich denn
Vom König nähere Bezeichnung hören;
Doch aber zweifl' ich, zweifle sehr — Horch! ja, dort kommt
Den Hügel vor. O trauervoller Anblick! [er
Sein Gang ist müde. Horch, er spricht mit sich.

KÖNIG: O Meer! Du der Sonne
Grüner Palast mit goldenen Zinnen!
Wo hinab zu deiner kühlen Treppe?
KOLLMER: (Ob ich es wagen darf, ihn anzurufen?)
Mein teurer König!
KÖNIG: Wer warf meinen Schlüssel in die See?
KOLLMER: Mein hoher Herr, vergönnt —
KÖNIG *ihn erblickend*:
Was willst du hier? Wer bist du? Fort! Hinweg!
Fort! willst du nicht fort? Fluch auf dich!
KOLLMER: Kennst du mich nicht mehr? dem du manches Mal
Dein gnädig Antlitz zugewendet hast?
KÖNIG: Du bist's; ich kenne dich. So sag mir an,
Wovon die Rede zwischen uns gewesen
Das letztemal. Mein Kopf ist alt und krank.

KOLLMER: Nach jenem Buche hießest du mich suchen.
KÖNIG: Wohl, wohl, mein Knecht. Doch suchet man umsonst,
Was Weyla hat verscharrt, die kluge Jungfrau,
Nicht wahr?
KOLLMER: Gewiß, wenn nicht ihr Finger selbst
Mich führt; wir aber hoffen das, mein König.
Für jetzt entdeck mir mehr vom heilgen Buche.
KÖNIG: Mehr noch, mein Knecht? das kann schon sein, kann sein,
Will mich bedenken; wart, ich weiß sehr gut —
— Wär vor der Stirn die Wolke nicht! merkst du?
Elend! Elend! hier, hier, merkst du? die Zeit
Hat mein Gehirn mit zäher Haut bezogen.
Manchmal doch hab ich gutes Licht ...
KOLLMER: Ach Armer!
Laß, laß es nur, sei ruhig! Herr, was seh ich?
Was wirfst du deine Arme so gen Himmel,
Ballst ihm die Fäust ins Angesicht? Mir graut.
KÖNIG: Ha! mein Gebet! meine Morgenandacht! Was?
Willst einen König lehren, er soll knien?
Seit hundert Jahren sind ihm wund die Kniee —
Was hundert —? o ich bin ein Kind! Komm her,
Und lehr mich zählen — Alte Finger! Pfui!
Auf, Sklave, auf! Ruf deine Brüder all!
Sag an, wie man der Götter Wohnung stürmt!
Sei mir was nütze, feiger Schurke du!
Die Hölle laß uns stürmen, und den Tod,
Das faule Scheusal, das die Zeit verschläft,
Herauf zur Erde zerren ans Geschäft!
Es leben noch viel Menschen; Narre du,
Mir ist es auch um dich! willst doch nicht ewig
Am schalen Lichte saugen?
KOLLMER: Weh! er raset.
KÖNIG: Still, still! Ich sinne was. Es tut nicht gut,
Daß man die Götter schmähe. Sag, mein Bursch,
Ist dir bekannt, was, wie die Weisen meinen,
Am meisten ist verhaßt den sel'gen Göttern?
KOLLMER: Lehr mich's, o König.
KÖNIG: Das verhüte Weyla,
Daß meine Zunge nennt was auch zu denken
Schon Fluch kann bringen. — Hast du wohl ein Schwert?
KOLLMER: Ich habe eins.

KÖNIG: So schone deines Lebens,
Und laß uns allezeit die Götter fürchten!
— Was hülf es auch, zu trotzen? Das Geschick
Liegt festgebunden in der Weissagung,
So deins wie meines. Nun — wohlan, wie lautet
Der alte Götterspruch? ein Priester sang
Ihn an der Wiege mir, und drauf am Tag
Der Krönung wieder.
KOLLMER: Gleich sollst du ihn hören;
Du selber hast ihn neulich mir vertraut.

> Ein Mensch lebt seiner Jahre Zahl:
> Ulmon allein wird sehen
> Den Sommer kommen und gehen
> Zehnhundertmal.
>
> Einst eine schwarze Weide blüht,
> Ein Kindlein muß sie fällen,
> Dann rauschen die Todeswellen,
> Drin Ulmons Herz verglüht.
>
> Auf Weylas Mondenstrahl
> Sich Ulmon soll erheben,
> Sein Götterleib dann schweben
> Zum blauen Saal.

KÖNIG: Du sagst es recht, mein Mann; ein süßer Spruch!
Mich dünkt, die wen'gen Worte sättigen rings
Die irdische Luft mit Weylas Veilchenhauch.
KOLLMER: Ergründest du der Worte Sinn, o Herr?
KÖNIG: Ein König, ist er nicht ein Priester auch?
Still, meine heil'ge Seele kräuselt sich,
Dem Meere gleich, bevor der Sturm erscheint,
Und wie ein Seher möcht ich Wunder künden,
So rege wird der Geist in mir.
— Freilich, zu trüb, zu trüb ist noch mein Aug —
Ha, Sklave, schaff das Buch! mein lieber Sklave!
KOLLMER: Beschreib es mir erst besser.
KÖNIG: Nur Geduld.
Ich sah es nie und kein gemeiner Mensch.
Von Priesterhand verzeichnet steht darin,

Was Götter einst Geweihten offenbarten,
Zukünftger Dinge Wachstum und Verknüpfung;
Auch wie der Knoten meines armen Daseins
Dereinst entwirrt soll werden, deutet es.
(Laß mich vollenden, weil die Rede fließt —)
Im Tempel Nidru-Haddin hütete
Die weise Schlange solches Heiligtum,
Bis daß die große Zeit erfüllet war,
Und alle Menschen starben; sieh, da nahm
Die Göttin jenes Buch, und trug es weg
An andern Ort, wer wollte den erkunden?
Auch meinen Schlüssel nahmen sie hinweg,
Die Himmlischen, und warfen ihn ins Meer.

KOLLMER: Herr, welchen Schlüssel?
KÖNIG: Der zum Grabe führt
Der Könige.
KOLLMER: Was zitterst du? erbleichst?
KÖNIG: Die Zaubrin lockt — Thereile reißt an mir —
Leb wohl! Ich muß —

Beide nach verschiedenen Seiten ab.

Dritte Szene

Nacht.

Ein offener, grüner Platz an einem sanften Waldabhang beim Schmettenberg, ohnweit des Flusses Weyla.
THEREILE, *eine junge Feenfürstin.* KLEINE FEEN *um sie her.*
KÖNIG *an der Seite, mehr im Vorgrund.*

THEREILE: Seid ihr alle da?
MORRY: Zähl nur, Schwester, ja!
THEREILE: Ein, zwei, drei, vier, fünf, sechs, sieben.
Silpelitt ist ausgeblieben!
Hat doch stets besondre Nester!
Nun, so sucht, ihr faulen Dinger,
Steckt euch Lichtlein an die Finger!
Kinder eilen davon.
MORRY *die heimlich zurückbleibt, leise:*
Weithe!
WEITHE: Was?

MORRY: Siehst du nicht dort
Ihren Buhlen bei der Schwester?
Darum schickt sie uns nun fort,
Dieses hat was zu bedeuten.
WEITHE: Ei, sie mag ihn gar nicht leiden.
MORRY: Bleibe doch! und laß uns lauschen,
Wie sie wieder Küsse tauschen.
Guck, wie spröd sie tut zum Scheine,
Trutzig ihre Zöpfe flicht!
Sie nur immer ist die Feine,
Unsereins besieht man nicht.
WEITHE: Aber wir sind auch noch kleine.
MORRY: Nun, so sag, ist dieses Paar
Nicht so dumm wie e i n e s war?
Darf sich süße Feenbrut
Einem Sterblichen wohl gatten?
Beide zwar sind Fleisch und Blut,
Doch die Braut wirft keinen Schatten.
WEITHE: Ja, das ist doch unanständig.
MORRY: Aber stets war sie unbändig.
WEITHE: Morry, laß uns lieber fort!
Mir wird angst an diesem Ort.
MORRY: Wie sich wohl dies Spiel noch endet!
Beide stehen abgewendet;
Wahrlich, wie im tiefsten Schlummer
Steht der König, unbeweglich.
WEITHE: Ach, wie traurig scheint der Mann!
Liebe Schwester, ist's nur möglich,
Daß man so betrübt sein kann?
MORRY: Seine Stirne, voller Kummer,
Seine Arme sind gesenkt!
WEITHE: Was nur unsre Schwester denkt!
MORRY: Wär er mir wie ihr so gut,
Ich ließ mich küssen wohlgemut.
WEITHE: Bitte, komm und laß uns gehn!
Wollen nach dem Walde sehn,
Ob die holden Nachtigallen
Bald in unsre Netze fallen. *Beide ab.*

ERSTER TEIL

Vierte Szene

König *und* Thereile *allein.*

könig *für sich*: Still, sachte nur, mein Geist; gib dich zur Ruhe!
Lagst mir so lang in ungestörter Dumpfheit,
Hinträumend allgemach ins Nichts dahin,
Was weckt dich wieder aus so gutem Schlummer?
Lieg stille nur ein Weilchen noch!
Umsonst! umsonst! es schwingt das alte Rad
Der glühenden Gedanken unerbittlich
Sich vor dem armen Haupte mir!
Will das nicht enden? mußt du staunend immer
Aufs neue dich erkennen? mußt dich fragen,
Was leb ich noch? was bin ich? und was war
Vor dieser Zeit mit mir? — Ein König einst,
Ulmon mein Name; Orplid hieß die Insel;
Wohl, wohl, mein Geist, das hast du schlau behalten;
Und doch mißtrau ich dir; Ulmon — Orplid —
Ich kenne diese Worte kaum, ich staune
Dem Klange dieser Worte — Unergründlich
Klafft's da hinab — O wehe, schwindle nicht!
Ein Fürst war ich? So sei getrost und glaub es.
Die edle Kraft der Rückerinnerung
Ermattete nur in dem tiefen Sand
Des langen Weges, den ich hab durchmessen;
Kaum daß manchmal durch seltne Wolkenrisse
Ein flüchtges Blitzen mir den alten Schauplatz
Versunkner Tage wundersam erleuchtet.
Dann seh ich auf dem Throne einen Mann
Von meinem Ansehn, doch er ist mir fremd,
Ein glänzend Weib bei ihm, es ist m e i n Weib.
Halt an, o mein Gedächtnis, halt ein wenig!
Es tut mir wohl, das schöne Bild begleitet
Den König durch die Stadt und zu den Schiffen.
Ja, ja, so war's; doch jetzt wird wieder Nacht. —
Seltsam! durch diese schwanken Luftgestalten
Winkt stets der Turm von einem alten Schlosse,
Ganz so, wie jener, der sich wirklich dort
Gen Himmel hebt. — — Vielleicht ist alles Trug

Und Einbildung und ich bin selber Schein.
  Er sinkt in Nachdenken; blickt dann wieder auf.
Horch! auf der Erde feuchtem Bauch gelegen
Arbeitet schwer die Nacht der Dämmerung entgegen,
Indessen dort, in blauer Luft gezogen,
Die Fäden leicht, kaum hörbar fließen,
Und hin und wieder mit gestähltem Bogen
Die lustgen Sterne goldne Pfeile schießen.
THEREILE *noch immer in einiger Entfernung:*
Wie süß der Nachtwind nun die Wiese streift,
Und klingend jetzt den jungen Hain durchläuft!
Da noch der freche Tag verstummt,
Hört man der Erdenkräfte flüsterndes Gedränge,
Das aufwärts in die zärtlichen Gesänge
Der reingestimmten Lüfte summt.
KÖNIG: Vernehm ich doch die wunderbarsten Stimmen
Vom lauen Wind wollüstig hingeschleift,
Indes mit ungewissem Licht gestreift
Der Himmel selber scheinet hinzuschwimmen.
THEREILE: Wie ein Gewebe zuckt die Luft manchmal,
Durchsichtiger und heller aufzuwehen,
Dazwischen hört man weiche Töne gehen
Von sel'gen Elfen, die im blauen Saal
Zum Sphärenklang,
Und fleißig mit Gesang,
Silberne Spindeln hin und wieder drehen.
KÖNIG: O holde Nacht, du gehst mit leisem Tritt
Auf schwarzem Samt, der nur am Tage grünet,
Und luftig schwirrender Musik bedienet
Sich nun dein Fuß zum leichten Schritt,
Womit du Stund um Stunde missest,
Dich lieblich in dir selbst vergissest —
Du schwärmst, es schwärmt der Schöpfung Seele mit!
Thereile legt sich auf einen Rasen, das Auge sehnsüchtig nach
dem Könige gerichtet. Er fährt fort, mit sich selbst zu reden.
Im Schoß der Erd, im Hain und auf der Flur
Wie wühlt es jetzo rings in der Natur
Von nimmersatter Kräfte Gärung!
Und welche Ruhe doch, und welch ein Wohlbedacht!
Dadurch in unsrer eignen Brust erwacht
Ein gleiches Widerspiel von Fülle und Entbehrung.

In meiner Brust, die kämpft und ruht,
Welch eine Ebbe, welche Flut!
Pause.
Almissa — —! Wie? Wer flüstert mir den Namen,
Den langvergeßnen, zu? Hieß nicht mein Weib
Almissa? Warum kommt mir's jetzt in Sinn?
Die heilge Nacht, gebückt auf ihre Harfe,
Stieß träumend mit dem Finger an die Saiten,
Da gab es diesen Ton. Vielleicht genoß ich
In solcher Stunde einst der Liebe Glück — —
Langes Schweigen. Aufschauend endlich gewahrt er Thereilen,
die sich ihm liebevoll genähert hat.
Ha! bin ich n o c h hier? Stehst d u immer da?
So tief versank ich in die stummen Täler,
Die mir Erinnrung grub in mein Gehirn,
Daß mir jetzt ist, ich säh zum erstenmal
Dich, die verhaßte Zeugin meiner Qual.
O warf ein Gott mich aus der Menschheit Schranken,
Damit mich deine fluchenswerte Gunst
Gefesselt hält in seligem Erkranken,
Mich sättigend mit schwülem Zauberdunst,
Mir zeigend aller Liebesreize Kunst,
Indes du dich in stillem Gram verzehrst
Um den Genuß, den du dir selbst verwehrst?
Denn dieser Leib, trotz deinen Mitteln allen,
Ist noch dem Blut, das ihn gezeugt, verfallen;
Umsonst, daß ich den deinen an mich drücke,
Vergebens diese durstig schöne Brust,
So bleiben unsre Küsse, unsre Blicke
Fruchtlose Boten unbegrenzter Lust!
Für sich:
Weh! muß ich eitle Liebesklage heucheln,
Mir Mitleid und Erlösung zu erschmeicheln? —
Darum, unsterblich Weib, ich bitte sehr,
Verkenne dich und mich nicht länger mehr!
Verbanne mich aus deinem Angesicht,
So endigst du dies jammervolle Schwanken,
Mein unwert Bildnis trage länger nicht
Im goldnen Netze liebender Gedanken!
THEREILE: Ganz recht! was ungleich ist, wer kann es paaren?
Wann wäre Hochzeit zwischen Hund und Katze?

Und doch, sie sind sich gleich bis auf die Tatze.
Wie soll, obwohl er Flossen hat, der Pfeil
Alsbald, dem Fische gleich, den See befahren?
Hat ja ein jedes Ding sein zugemessen Teil;
Doch weiß ich nichts, das wie des Menschen Mund
So viel verschiedne Dienste je bestund:
Ei, der kann alles trennen und vereinen,
Kann essen, küssen, lachen oder weinen,
Nicht selten spricht er, wenn er küssen soll;
Muß aber einmal doch gesprochen sein,
So ist es Wahrheit, sollt ich meinen,
Schön Dank! da ist er aller Lügen voll.
  Denn sieh, mit welcher Stirn wirfst du mir ein,
Wir glichen uns nur halb, und nur zum Schein?
Kann der von Bitter sagen oder Süß,
Den ich den Rand noch nicht des Bechers kosten ließ?
Still, still! ich will nichts hören, nicht ein Wort!
So wenig lohnt es sich mit dir zu rechten,
Als wollt ich einem Bären Zöpfe flechten.
Tu, was du magst. Geh, trolle dich nur fort!
Ich bin des Schnickeschnackens müde.
KÖNIG: Ist es dein Ernst?
THEREILE: Ernst? o behüte!
Jetzt überfällt mich erst die wahre Lust,
Dir zum Verdruß dich recht zu lieben.
Komm, laß uns tanzen! Komm, mein Freund, du mußt!
  Sie fängt an zu tanzen.
KÖNIG *für sich*: Wie haß ich sie! und doch, wie schön ist sie!
Hinweg! mir wird auf einmal angst und bange
Bei dieser kleinen golden-grünen Schlange.
Von ihren roten Lippen träuft
Ein Lächeln, wie drei Tropfen süßes Gift,
Das in dem Kuß mit halbem Tode trifft.
Ha! wie sie Kreise zieht, Anmut auf Anmut häuft!
Doch stößt's mich ab von ihr, ich weiß nicht wie.
  Es ruft etwas entfernt: „*Thereile! Ach Thereile!*“
KÖNIG: Horch!
THEREILE: Die Kinder kommen: welch Geschrei!

ERSTER TEIL 105

Fünfte Szene

Die Vorigen *und die* Kinder *mit* Silpelitt.

thereile: Was habt ihr denn? was ist geschehn? sprich, Malwy! Talpe, oder du!
malwy: Ach Schwester!
thereile: Nun! Der Atem steht euch still. Wo habt ihr Silpelitt?
silpelitt *hervortretend*: Hie bin ich.
malwy: Als wir Silpelitt suchten, konnten wir sie gar nicht finden. Wir rannten wohl neun Elfenmeilen, darfst glauben, und stöberten in dem Schilf herum, wo sie zu sitzen pflegt, wenn sie sich verlaufen hat. Auf einmal an dem Fels, wo das Gras aus den mauligen Löchern wächst, steht Talpe still und sagt: „Hört ihr nicht Silpelitts Stimme, sie redet mit jemand und lacht." Da löschten wir die Laternlein aus und liefen zu. Ach du mein! Thereile, da ist ein großer, grausam starker Mann gewesen, dem saß Silpelitt auf dem Stiefel und ließ sich schaukeln. Er lachte auch dazu, aber mit einem so tückischen Gesicht —
talpe: Schwester, ich weiß wohl, das ist der Riese, er heißt der sichere Mann.
thereile: Über das verwegene, ungeratene Kind! Warte nur, du böses, duckmäuseriges Ding! Weißt du nicht, daß dieses Ungeheuer die Kinder alle umbringt?
talpe: Bewahre, er spielt nur mit ihnen, er knetet sie unter seiner Sohle auf dem Boden herum und lacht und grunzt so artig dabei und schmunzelt so gütig.
thereile *zum* König: Mir tötete er einst den schönsten Elfen durch diese heillose Beschäftigung. Er ist ein wahrer Sumpf an Langerweile.
talpe *zu einem andern Kind*: Gelt? ich und du wir haben ihn einmal belauscht, wie er bis über die Brust im Brulla-Sumpf gestanden, samt den Kleidern; da sang er so laut und brummelte dazwischen: ich bin eine Wasserorgel, ich bin die allerschönste Wassernachtigall!
thereile: Hast du dieses Ungetüm schon öfter besucht, Silpelitt? Ich will nicht hoffen.
silpelitt: Er tut mir nichts zuleide.
könig *für sich*: Wer ist das Kind? Es gleicht den andern nicht.

Mit sonderbarem Anstand trägt es sich,
Und ernsthaft ist sein Blick. Nein, dieses ist
Kein Feenkind, vielleicht die Fürstin hat
Es grausam aus der Wiege einst entführt.
> *Man hört in der Ferne eine gewaltige Stimme:*
> Trallirra — a — aa — aü — ü —
> Pfuldararaddada — —! —!

Die Anwesenden erschrecken heftig. Die Kinder hängen sich schreiend an Thereile.

THEREILE: Seid stille! seid doch ruhig! Er kommt gar nicht daher, es geht gar nicht auf uns. *Zum König*: Es ist die Stimme dessen, von dem wir vorhin sprachen.

KÖNIG: Horch!

THEREILE: Horcht! ...

KÖNIG: Dies ist der Widerhall davon; das Echo, das durch die Krümmen des Bergs herumläuft.

THEREILE: Habt gute Ruhe, Kinder. Jetzt muß er schon um die Ecke des Gebirges gewendet haben.

Nun auf und fort ihr närrischen Dinger alle!
Und sammelt tausend wilde Rosen ein;
In jeder soll mit grünem Dämmerschein
Ein Glühwurm, wie ein Licht, gebettet sein,
Und damit schmückt, noch eh der Morgen wach,
Mein unterirdisch Schlafgemach
Im kühlen Bergkristalle!

Die Kinder hüpfen davon. Thereile wendet sich wieder an den König.

Du bist heut nicht gelaunt zum Tanz,
Den alten Trotzkopf seh ich wieder ganz.
Was möcht ich doch nicht alles tun,
Dir nur die kleinste Freude zu bereiten!
Laß uns in sanfter Wechselrede ruhn,
Zwei Kähnen gleich, die aneinander gleiten.

Sieh, wie die Weide ihre grünen Locken
Tief in die feuchte Nacht der Wasser hängt,
Indessen dort der erste Morgenwind
Ihr ihre keuschen Blütenflocken
Mutwillig zu entführen schon beginnt.

KÖNIG: Und siehst du nicht dies hohe Feenkind,
Vom Atemzug der lauen Nacht beglückt,

ERSTER TEIL 107

Nicht ahnend, welche schmeichelnde Gefahr
Auf ihre Tugend nah und näher rückt?
THEREILE: Du bist ein Schalk! Dies ist nicht wahr!
KÖNIG: Gestatte wenigstens, daß wir nun scheiden,
Und, möcht es sein, für immerdar;
Ich sehe keine Rettung sonst uns beiden,
Wenn nicht dein Herz, verbotner Liebe voll,
So wie das meine, ganz verzweifeln soll.
THEREILE: O Gimpel! ich muß lachen über dich.
Leb wohl für heute. Morgen siehst du mich. *Sie stößt ihn fort.*

SECHSTE SZENE

THEREILE *allein; nach einer Pause, auffahrend:*
O Lügner, Lügner! schau mir ins Gesicht!
Sprich frei und frech, du liebst Thereile nicht!
Dies nur zu denken zitterte mein Herz,
Und hinterlegte sich's mit kümmerlichem Scherz.
Nun steh mir, Rache, bei ...! Doch dies ist so:
Von nun an wird Thereile nimmer froh.
Hätt ich den Hunger eines Tigers nur,
Dein falsches Blut auf e i n m a l auszusaugen!
Ha, triumphiere nur, du Scheusal der Natur,
Ich sah es wohl — allein mit blinden Augen.
Doch, bleibt mir nicht die Macht, ihn festzuhalten?
Ist er gefesselt nicht durch ein geheimes Wort?
Ich bann ihn jeden Augenblick,
Wenn ich nur will, zu mir zurück.
So fliehe denn, ja stiehl dich immer fort,
Ich martre dich in tausend Spukgestalten!
Sie sinnt wieder nach.
Oft in der Miene seines Angesichts
Ahnt ich schon halb mein jetziges Verderben;
Ich hatte Wunden, doch sie taten nichts:
Da ich sie s e h e, muß ich daran sterben! *Ab.*

Siebente Szene

Wirtsstube in der Stadt Orplid. KOLLMER *aus Elne und einige* BÜRGER *sitzen an den Tischen umher, trinkend und schwatzend.*

EIN WEBER: Hört, Kollmer! Ihr habt ja neulich wieder nach den beiden Lumpenhunden gefragt, von denen ich Euch sagte, daß sie gern die alte Chronik an Euch los wären, die kein Mensch lesen kann. Wenn Ihr noch Lust habt, so mögt Ihr dazutun, sie wollen's aufs Schloß dem gelehrten Herrn bringen, dem Harry; der ist Euch wie besessen auf dergleichen Schnurrpfeifereien aus.

KOLLMER: Seid außer Sorgen, ich hab den Schatz schon in Händen und wir sind bereits halb handelseinig. Diesen Abend wird es vollends abgemacht.

GLASBRENNER: Wenn ich Euch raten darf, laßt Euch nicht zu tief mit den saubern Kameraden ein; Ihr habt sie sonst immer aufm Hals.

MÜLLER: Mir denkt's kaum, daß ich sie e i n m a l sah.

WEBER: O sie liegen ganze Nachmittage im lieben Sonnenschein aufm Markt, haben Maulaffen feil, schlagen Fliegen und Bremsen tot und erdenken allerlei Pfiffe, wie sie mit Stehlen und Betrügen ihr täglich Brot gewinnen. Es sind die einzigen Taugenichtse, die wir auf der Insel haben; Schmach genug, daß man sie nur duldet. Wenn's nicht den Anschein hätte, als ob die Götter selbst sie aus irgendeiner spaßhaften Grille ordentlich durch ein Wunder an unsern Strand geworfen, so sollte man sie lange ersäuft haben. Nehmt nur einmal: Unsere Kolonie besteht schon sechzig Jahre hier, ohne daß außer den Störchen und Wachteln auch nur e i n lebend Wesen aus einem fremden Weltteil sich übers Meer hieher verirrt hätte. Die ganze übrige Menschheit ist, sozusagen, eine Fabel für unsereinen; wenn wir's von unsern Vätern her nicht wüßten, wir glaubten kaum, daß es sonst noch Kreaturen gäbe, die uns gleichen. Da muß nun von ungefähr einem tollen Nordwind einfallen, die paar Tröpfe, den Unrat fremder Völker, an diese Küsten zu schmeißen. Ist's nicht unerhört?

SCHMIED: Wohl, wohl! Ich weiß noch als wär's von gestern, wie eines Morgens ein Johlen und Zusammenrennen war, es seien Landsleute da aus Deutschland. All das Fragen und Verwundern hätt kaum ärger sein können, wenn einer warm vom Mond gefallen wär. Die armen Teufel standen keuchend und schwitzend vor der gaffenden Menge, sie hielten uns für Menschenfresser, die zufällig auch deutsch redeten. Mit Not bracht man aus ihnen heraus, wie sie mit einer Ausrüstung von Dingsda, von — wie heißt das große Land? nun, von Amerika aus, beinah zugrund gegangen, wie sie, auf Booten weiter und weiter getrieben, endlich von den andern verloren, sich noch zuletzt auf einigen Planken hieher gerettet sahen.

GLASBRENNER: Hätt doch ein Walfisch sie gefressen! Der eine ist ohnehin ein Hering, der winddürre lange Flederwisch, der sich immer für einen gewesenen Informator ausgibt, oder wie er sagt, Professor. — Der Henker behalt alle die ausländischen Wörter, welche die Kerls mitbrachten. Ein Barbier mag er gewesen sein. Sein Gesicht ist wie Seife und er blinzelt immer aus triefigen Augen.

SCHMIED: Ja, und er trägt jahraus jahrein ein knappes Fräcklein aus Nanking, wie er's nennt, und grasgrüne Beinkleider, die ihm nicht bis an die Knöchel reichen, aber er tut euch doch so zierlich und schnicklich, wie von Zucker und bläst sich jedes Stäubchen vom Ärmel weg.

WEBER: Ich hab ihn nie gesehen, wo er nicht ängstliche, halbfreundliche Gesichter gemacht hätte, wie wenn er bei jedem Atemzug besorgte, daß ihm sein Freund, der Buchdrucker, eins hinters Ohr schlüge. Ich war Zeuge, als ihm dieser von hinten eine Tabakspfeife mit dem Saft auf seine Häupten ausleerte, um einen Anlaß zu Händeln zu haben.

GLASBRENNER: Richtig, der mit dem roten schwammigten Aussehen, das ist erst der rechte; so keinen Säufer sah ich in meinem Leben. Sein Verstand ist ganz verschlammt, er redt langsam und gebrochen, auf zehn Schritte riecht er nach Branntwein.

WEBER: So haltet nur die Nase zu, denn dort seh ich beide edle Männer an der Tür.

KOLLMER: Sie werden mich suchen wegen des Kaufs. Auf Wiedersehn, ihr Herren! *Ab.*

SCHMIED: Was will denn der Kollmer mit dem unnützen Zeug, dem Buch, oder was es ist?

WEBER: Er sagt, er lege vielleicht eine Sammlung an von dergleichen alten Stücken.

SCHMIED: Ein sonderbarer Kauz. Es heißt auch, er gehe mit Gespenstern um.

WEBER: Man redt nicht gern davon. Was geht's mich an!

Achte Szene

Eine kleine schlechte Stube.

BUCHDRUCKER *allein;* er steht an die Wand gelehnt mit geschlossenen Augen: Den Fund hab i c h getan, nicht du! So ist die Sache. Du hast keinen Teil an der Sache, miserable Kreatur! Ich hab die Rarität entdeckt, ich hab im alten Keller im Schloß, hab ich das eiserne Kistel — alle Wetter! hab ich's nicht aufgebrochen? Willst gleich mein Stemmeisen an Kopf, Nickel verfluchter? *Er schaut auf und kommt zu sich.* Wieder einmal geschlafen. Ah! — Der Musje Kollmer wird jetzt bald dasein. Muß ihn der Teufel just herführen, wenn ich besoffen bin? Nimm dich zusammen, Buchdrucker, halt die Augen offen, lieber Drucker. — Und der Tropf, der Wispel muß weg, wenn mein Besuch kommt, er geniert mich nur; der Affe würde tun, als gehörte der Profit ihm und die Ehre.

WISPEL *kommt hastig herein. Durchaus mit Affektation:* Bruder, geschwind! Wir wollen aufräumen, wir wollen uns ankleiden. Der Herr wird gleich kommen, er will Bunkt ein Uhr kommen. Jetzt haben wir gerade zwölf.

BUCHDRUCKER: Ja, man muß sich ein wenig einrichten. Ich will mich etwas putzen. Wenn ich mich heut mit lauem Wasser wasche, kann er zufrieden sein; er wird es zu rühmen wissen.

WISPEL *geschäftig hin und her:* Es kömmt darauf an, daß ich in größter Eile meine Toilette rangiere oder embelliere.

BUCHDRUCKER: Wo wirst du dich indessen aufhalten, während mich der Fremde spricht?

WISPEL *schnell:* Ich bleibe, Guter, ich bleibe. Wo ist das Zähnebürstchen, das Zäh — — die Schuhbürste wollt ich sagen. — Aber meine Zähne sind ebenfalls häßlich und teilweise ausgefallen. — Ei, was tut's aber? ich bekomme dadurch eine sehr weiche Aussprache, eine Diktion, die mich besonders bei den Damen sehr empfehlen muß, denn, verstehst du, weil der Buchstabe R in seiner ganzen Roheit gar nicht ohne die Zähne ausgesprochen werden kann, so darf ich von meinen ausgefallenen Zähnen füglich sagen, es seien lauter elidierte Erre. Durch dergleichen Elisionen gewinnt aber eine Sprache unendlich an süßem italienischem Charakter. Aber, mein Gott, dieses Hemd ist gar zu schmutzig — Nun!

BUCHDRUCKER *stellt sich dicht neben ihn*: Wo willst du denn
hingehen, solang der Herr mich abfertigt, mich honoriert?
WISPEL: — und meine Kamaschen ebenfalls etwas abgetragen.
Wie? Ich bleibe, ich bleibe, Bester.
BUCHDRUCKER: Vielleicht machst du in dieser Zeit einen Gang
um die Stadt, Bruder? Geh, führ dich ab!
WISPEL: Freilich, wir sollten ihn eher an einem dritten Ort empfangen, du hast recht. Es ist doch gar zu unreinlich in unserm
Zimmerchen, in unserm kleinen Appartementchen. Eine un-
säuberliche Mansarde präsentiert sich nicht gut — malpropre.
BUCHDRUCKER *für sich*: Er muß fort — er muß fort. Wie er sich
putzt! Ich würde wie ein Schwein aussehen neben ihm; neben
seiner geläufigen Zunge müßte ich wie ein einfältiger unwissender Weinzapf dastehn. Ich kann es nicht ertragen, daß
er zusehn soll, wie ich meinen Profit einstreiche, er würde
gleich auch seine knöcherne Tatze dazwischenstrecken, mein
Seel, er wär imstand und bedankte sich mit allerhand Ausdrücken für die Bezahlung. *Laut*: Was hast du denn in dem
großen Hafen da?
WISPEL: Es is nur ein Schmalznäpfchen, Bruder. Ich habe das
Näpfchen unterwegs — ä — ä — entlehnt, um meine Haare
ein wenig zu befetten, weil wir keine Pomade haben für
unsre beiderseitigen Kapillen. Es is nur — e — nämlich, daß
man nicht ohne alle Elegance erscheint vor dem Manne;
mein Gott!
BUCHDRUCKER: Das ischt ja aber eine wahre Schweinerei!
WISPEL: Nämlich — ä — nein, es is —
BUCHDRUCKER *für sich*: Aber er wird sich doch gut damit heraus-
staffieren, er wird für einen Prinzen neben mir gelten. Herr
Gott! was sich diese Spitzmaus einreibt! was sich dieser un-
scheinbare weiße Ferkel auf einmal herausstriegelt!
*Der Buchdrucker taucht jetzt die Hand auch in den Topf und
streicht sich's auf. Es stehen beide um den Tisch; in der Mitte
der Topf.*
WISPEL: Hör mal, Bruder, es soll gar ein kurioser Mann sein,
auf Ehre; ganz eichen, welcher seine Liebhaberei an abenteuerlichen, seltsamen, dunkeln Redensarten und Ideen hat. Ich
denke recht in ihn einzugehen, recht mit ihm zu konservieren.
Ich freue mich sehr, wahrhaftig.
BUCHDRUCKER: Nein, nein, nein! bitt dich! just das Gegenteil!
Je weniger man redt, je stummer und verstockter man ist,

desto mehr nimmt man an Achtung bei diesem eigenen, allerdings raren Manne zu.

WISPEL: Gottlob, daß mich mein beseligter Vater in der Erziehung nicht vernachlässigte. Ich werde ihm z. B. von dem eigentlichen sinnigen Wesen der unterirdischen Quellen oder Fontänen, von den Kristallen unterhalten.

BUCHDRUCKER *für sich*: So wahr ich lebe, Kristallknöpfe trägt er wirklich an seinem Rock. Ich werde ihm auch von Korallen und Steinen allerhand sagen.

WISPEL *im Ankleiden*: Seit meiner berühmten Seefahrt hab ich gewiß allen Anspruch auf Distinktion; ich werde mich erbieten, ein praktisches Kollegium über Nautik und höhere Schwimmkunst vorzutragen; ich werde dem guten Kollmer überhaupt dieses und jenes Phantom kommunizieren. Und was das seltene Buch betrifft, so überlaß nur mir, zu handeln. Man muß etwa folgendergestalt auftreten: Mein Herr! Es is'n Band, der, wie er einmal vor uns liegt, ohne Eigendünkel zu reden, in der Tat ein antiquarisches Interesse, eine antiquarische Gestalt annimmt. Wenn Sie zu dem bereits festgesetzten Kaufpreis, nämlich zu den drei Butten Mehl, dem Fäßchen Honig und dem goldenen Kettlein, etwa noch eine Kleinigkeit, eine Hemdkrause, eine Busennadel oder dergleichen — ä — hinzufügen wollten, so möcht es gehen. Nun macht er entweder Basta oder macht nicht Basta; ich werde jedoch auf jeden Fall delikat genug sein, um schnell abzubrechen; es wäre gemein, werd ich sagen, zu wuchern um etwas ganz Triwiales; transilieren wir auf andere Materie. Ich habe oft eigene Gedanken und Ideen, mein Herr, auch weiß ich, daß Sie nicht minder Liebhaber sind. So z. B. fällt mir hier ein, es wäre eichen, wenn sich ä — wart, ich hab es sogleich — Ja, nun eben stößt mir's auf, ich hab es: — nämlich in der Natur, wie sie einmal vor uns liegt, scheint mir alles belebt, rein alles, obgleich in scheinbarer Ruhe schlummernd und fantatisierend; so par exemple, wenn sich einmal die Straßensteine zu einem Aufruhr gegen die stolzen Gebäude verschwüren, sich zusammenrotteten, die Häuser stürzten, um selbst Häuser zu bilden? Wie? heißt das nicht eine geniale Fantaisie? Comment?

BUCHDRUCKER: Esel! So? Wenn sich die Finger meiner Hand auch zusammenrottieren und machen eine Faust und schlagen dir deinen Schafskopf entzwei? Comment?

wispel *lächelt*: Ä hä hä hä! ja das wäre meine Idee etwas zu weit ausgeführt, Bester. — Aber was treibst du —? Ciel! Deine Haare werden ja so starr wie ein Seil! Dein Haupt ist ja wie eine Blechhaube! Du leertest ja die Hälfte des Topfes aus!
buchdrucker: Alle Milliarden Hagel Donnerwetter! Warum sagst du's nicht gleich! du hundsföttischer neidischer Blitz! *Mißhandelt ihn.*
wispel: Himmel! wie konnt ich es früher äußern, da ich es in diesem Moment erst gewahre? so wahr ich lebe, Bruder — Himmel! du beschmutzest ja mein Fräckchen völlig — schlag auf die Wange, lieber auf die Wange! um deiner Freundschaft willen —
buchdrucker: Daß dich das höllische Pech! Du Krötenlaich! Du Stinktier! Schwerenot! die Brüh läuft mir den Hals nunter! Ein' Kamm her! Ein' Kamm!
wispel *trocknet ihn mit einem Tuch*: So. So. Es is ja alles wieder gut und hübsch — Ich habe dich nie so glänzend gesehen, auf Ehre. So. Jetzt sind wir ja fix und fertig. *Geht vor ein kleines Spiegelchen und hüpft freudig empor.* Ach alle Engel! Ich sehe aus wie gemalt. *Singt*:

Das Bräutlein schön zu grüßen
Stürz ich vor ihre Füßen —

Sieh her, du hättest eben freilich auch solche kleine Löckchen zwirbeln sollen — Schau — ich hab hier mehrere Dutzende auf der Stirn; allein du siehst, wie gesagt, nicht so übel aus, gar nicht so übel aus — Horch! Es klopft doch nicht?
buchdrucker: Laß es klopfen!
wispel: Schön gesagt! das erinnert treffend an Don Giovanni, wo der Geist auftreten muß — Eine treffliche Oper.
buchdrucker *gibt ihm eine Ohrfeige*: Da hast du einen Schiowanni und eine Ooper. Und jetzt gehst du auf der Stell, weil mich jemand sprechen will, weil ich einen Wert von drei Louisdor einnehmen will — Geh spazieren! *Man hört anklopfen.*
wispel: Er kömmt! — Bruder — Was stößt mir auf — wir sind noch nicht balbiert!
buchdrucker: Laß dich vom Henker einseifen, Chinese!
wispel: Soll ich durch den Spalt wispern und sagen: er soll

in einer halben Stunde wiederkommen; wir seien zwar schon
rasiert, aber wir hätten — ä noch einen Brief zu schreiben?
BUCHDRUCKER: Dummer Hund! — Herein!
EIN MÄDCHEN *des Wirts tritt herein*: Drunten hat ein Knecht
von Elne einige Sachen gebracht, und einen Gruß von Herrn
Kollmer.
WISPEL: Mein! Will denn der Herr nicht selbst kommen?
MÄDCHEN: Scheint nicht.
WISPEL: Ich bin des Todes! Mich so um nichts und wieder nichts
präpariert — mich bei zwei Stunden — o himmelschreiend!
Denke nur, gutes Kind, ich hatte ihm die wichtigsten Er-
öffnungen zu machen!
MÄDCHEN: Mein Vater, der Wirt, läßt die Herren ersuchen, Sie
möchten bei dieser Gelegenheit auch an die halbjährige Rech-
nung denken.
WISPEL: Ja Mädchen, ich wollte Herrn Kollmern sogar den
Plan zur Grundlegung einer gelehrten Gesellschaft mitteilen.
So was wie die Académie française.
MÄDCHEN: Der Vater läßt fragen, ob er Ihre Schuldigkeit nicht
lieber gleich von den bei uns niedergelegten Sachen abziehen
soll, die der Knecht gebracht hat.
WISPEL: So manche Erfindungen der gebildeten Europa dachte
ich auch auf unserer armen Insel einzuführen! z. B. die Buchdruckerkunst, welch ein herrlicher Wirkungskreis gleich für
dich, mein Bruder! — sodann die Fabrikation des Schieß-
pulvers — das Münzwesen — ein Nationaltheater — ein hôtel
d'amour — ich wollte der Schöpfer eines neuen Paris werden.
MÄDCHEN: Was sag ich denn meinem Vater als Antwort?
WISPEL: Und dieser Monsieur Kollmer wäre offenbar der einzige Mann, den ich mir assoziieren könnte.
MÄDCHEN: Ade, ihr Herren!
BUCHDRUCKER: Bleibe sie ein wenig bei uns, lieber Schatz. Ver-
treibe sie uns ein wenig die Zeit!
WISPEL: Ja, lassen Sie uns einiger Zärtlichkeit frönen!
Mädchen macht sich schnell davon.
BUCHDRUCKER *nach einem Stillschweigen*: Jetzt muß eine ganz
besondere Maßregel ergriffen werden, und ergib dich nur
gutmütig drein.
WISPEL: Was soll dieser Strick, Bruder?
BUCHDRUCKER: Bei meiner armen Seele, und so wahr ich selig
werden will, ich drehe dir den Kragen um, wenn du nicht

alles stillschweigend mit dir anfangen läßt, was ich mit diesem Strick vorhabe.

WISPEL: Grand Dieu! o Himmel! nur schone mein bißchen Leben, nur juguliere mich nicht! bedenke, was ein Brudermord besagt!

BUCHDRUCKER: Schweig, sag ich! *Er bindet ihm beide Füße an einen Pfosten und knebelt ihn fest*: So. Ich will nur nicht haben, daß du beim Auspacken meines Profits die Nase überall voraus habest, Racker! Addio indessen.

Ab. Wispel wimmert und seufzt, dann fängt er in der Langeweile an, mit dem Saft seines Mundes künstliche Blasen nach Art der Seifenblasen zu bilden. Der Buchdrucker sieht ihm eine Zeitlang durchs Schlüsselloch zu. Endlich schläft Wispel ein.

Neunte Szene

Nacht. Mondschein.

Waldiges Tal. Mummelsee. Im Hintergrunde den Berg herab gegen den See schwebt ein Leichenzug von beweglichen Nebelgestalten. Vorne auf einem Hügel der KÖNIG, *starr nach dem Zuge blickend. Auf der andern Seite, unten, den König nicht bemerkend,* ZWEI FEENKINDER.

DIE FEENKINDER *im Zwiegespräch*:
Vom Berge, was kommt dort um Mitternacht spät
Mit Fackeln so prächtig herunter?
Ob das wohl zum Tanze, zum Feste noch geht?
Mir klingen die Lieder so munter.
                                Ach nein!
So sage, was mag es wohl sein?

Das was du da siehest ist Totengeleit,
Und was du da hörest sind Klagen;
Gewiß einem Könige gilt es zu Leid,
Doch Geister nur sind's, die ihn tragen.
                                Ach wohl!
Sie singen so traurig und hohl.

Sie schweben hernieder ins Mummelseetal,
Sie haben den See schon betreten,

Sie rühren und netzen den Fuß nicht einmal,
Sie schwirren in leisen Gebeten.
                                O schau!
Am Sarge die glänzende Frau!

Nun öffnet der See das grünspiegelnde Tor,
Gib acht, nun tauchen sie nieder!
Es schwankt eine lebende Treppe hervor
Und — drunten schon summen die Lieder.
                                Hörst du?
Sie singen ihn unten zur Ruh.

Die Wasser, wie lieblich sie brennen und glühn!
Sie spielen in grünendem Feuer,
Es geisten die Nebel am Ufer dahin,
Zum Meere verzieht sich der Weiher.
                                Nur still,
Ob dort sich nichts rühren will? —

Es zuckt in der Mitte! O Himmel, ach hilf!
Ich glaube, sie nahen, sie kommen!
Es orgelt im Rohr und es klirret im Schilf;
Nur hurtig, die Flucht nur genommen!
                                Davon!
Sie wittern, sie haschen mich schon!
*Die Kinder entfliehen. Der Zug streicht wieder den Berg hinan.
Während er verschwindet, ruft der König mit ausgestreckten
                        Armen nach.*
KÖNIG: Halt! Haltet! Steht! Hier ist der König Ulmon!
Ihr habt den leeren Sarg versenkt, o kommt!
Ich, der ihn füllen sollte, bin noch hier.
Almissa, Königin! hier ist dein Gatte!
Hörst du nicht meine Stimme? kennst sie nimmer?
Nein, kennst sie nimmer. Weh, o weh mir, weh!
Könnt ich zur Leiche werden, sie vergönnten
Mir auch so kühles Grab. Leb ich denn noch?
Wach ich denn stets?
Mir deucht, ich lag in dem kristallnen Sarge,
Mein Weib, die göttliche Gestalt, sie beugte
Sich über mich mit Lächeln; wohl erkannt ich
Sie wieder und ihr liebes Angesicht.

Fluch! wenn sie einen anderen begraben,
Wenn einem Fremden sie so freundlich tat!
Wie? so starb Lieb und Treue vor mir hin?
Freilich, zu lange säumt ich hier im Leben —
O Weyla, hilf! laß schnell den Tod mich haben!
Auf kurze Weile nur führ mich hinab
Ins Reich der Abgeschiednen, daß ich eilig
Mein Weib befragen mag, ob sie mir Treue
Bewahrt, bis daß ich komme.
  Und wenn dem nicht so wäre, wenn ich ganz
Vergessen wäre bei den sel'gen Toten?
O Weyla hilf! Laß dieses Ärgste mich
Nicht schauen, dies nur nicht! Denn eher fleh ich,
Wenn deine Gottheit keinen Ausweg weiß,
Laß lieber hier mich an der irdschen Sonne,
Die traurgen Tage durch die Ewigkeit
Fortspinnend, leben, fern gebannt von jenen,
Die meine königliche Seele so
Gekränkt. O schändlich, schändlich! unbegreiflich!
Almissa, du mein Kind? Sollt ich das glauben?
  Man hört eine besänftigende Musik. Pause.
  Das Nachtgesichte, das ich vorhin sah,
Ich wag es nun zu deuten — Ja, mir sagt's
Der tiefe Geist.
Die Götter zeigten wohlgesinnt und gütig
Im Schattenbilde mir das baldge Ende
All meiner Not. Es war das holde Vorspiel
Des Todes, der mir zubereitet ist.
Vor Freude stürmt mein Herz!
Und schwärmt schon an des Sees Ufern hin
Wo endlich mir die dunkle Blume duftet.
Oh, eilet, Götter, jetzt mit mir! Laßt bald
Mich euren Kuß empfangen! sei es nun
Im Wetterstrahl, der schlängelnd mich verzehre,
Sei es im Windhauch, der die stillen Gräser
Vorüberwandelnd neigt und weht die Seele
Ulmons dahin. *Ab.*

Zehnte Szene

Mittag.

In der Nähe des Meeres.

KOLLMER *allein*:
Welch Wunder wird geschehen durch dies Buch!
Ja, welch ein Wunder hat sich schon ereignet
In meiner Gegenwart! Denn als ich ihm,
Dem König, jene Blätter übergab,
Warf er sein Haupt empor mit solchem Blick,
Als sollt es kommen, daß vom Himmel ein Stern
Herniederschießend rückwärts würde prallen
Vorm Sterne dieses siegestrunknen Auges.
Dann, alsbald meiner Gegenwart vergessend,
Lief er mit schnellem Schritt davon. Gewiß
Ist jenes dunkle Buch die Weissagung
Und Lösung seines Lebens, es enthüllet
Das Rätsel der Befreiung — Horch,
Es donnert! Horch! Die Insel zittert rings,
Sie hüpfet wie ein neugebornes Kind
In den Windeln des Meers!
Neugierige Delphine fahren rauschend
Am Strand herauf, zu Scharen kommen sie!
Ha! welch ein lieblich Sommerungewitter
Flammt rosenhell in kühlungsvoller Luft
Und färbt dies grüne Eiland morgenfrisch!
Ihr Götter, was ist dies? Mich wundert' nicht,
Wenn nun, am hellen Tag, aus ihren Gräbern
Gespenster stiegen, wenn um alle Ufer
In grauen Wolken sich die Vorzeit lagerte!
   Ein heftiger Donnerschlag. Kollmer flieht.

Eilfte Szene

Mondnacht. Wald.

KÖNIG *tritt herein.* SILPELITT *springt voraus.*

SILPELITT: Hier ist der Baum, o König, den du meinst,
Den meine Schwester manche Nacht besucht;
Das Haupt anlehnend pflegt sie dann zu schlummern.

KÖNIG: Von gelber Farbe ist der glatte Stamm,
Sehr schlank erhebt er sich, und, sonderbar,
Die schwarzen Zweige senken sich zur Erde,
Wie schwere Seide anzufühlen. Kind,
Wir sind am Ziel. Sei mir bedankt, du hast
Mich mühsam den versteckten Pfad geleitet,
Die zarten Füße hat der Dorn geritzt,
Doch sind wir noch zu Ende nicht. Sag mir —
SILPELITT: Ich will dir alles sagen, nichts verschweigen —
KÖNIG: Was hast du? Warum fängst du an zu zittern?
Nicht dich zu ängstigen kam ich hieher.
SILPELITT: Nein, du mußt alles wissen, aber nur
Der Schwester sage nichts —
KÖNIG: Gewißlich nicht.
SILPELITT: Schon seit der Zeit, als ich mich kann besinnen,
War ich Thereilen untertan, der Fürstin;
Doch nur bei Nacht (dies ist der Feen Zeit)
War ich gehorsam, gleich den andern Kindern;
Allein am Morgen, wenn sie schlafen gingen,
Band ich die Sohlen wieder heimlich unter,
Nach Elnedorf zu wandern, und im Nebel
Schlüpft ich dahin, von allen unbemerkt.
Dort wohnt ein Mann, heißt Kollmer, dieser nennt
Mich seine Tochter, warum? weiß ich nicht.
Er meint, ich wäre gar kein Feenkind.
Er ist gar gütig gegen mich. Bei Tag
Sitz ich an seinem Tisch, geh aus und ein
Mit andern Hausgenossen, spiele dann
Mit Nachbarkindern in dem Hofe, oder
Wenn ich nicht mag, so zerren sie mich her
Und schelten mich ein stolzes Ding; ei aber
Sie sind zuweilen auch einfältig gar.
Zur Nachtzeit geh ich wieder fort und tue,
Als lief ich nach der obern Kammertür,
So glaubt der Vater auch, denn droben steht
Mein Bettlein, wo ich schlafen soll. Allein
Ich eile hinten übern Gartenzaun
Durch Wald und Wiesen flugs zum Schmettenberg,
Damit Thereile meiner nicht entbehre;
Auch hat sie's nie gemerkt, doch e i n m a l fast.
KÖNIG: Besorge nichts; vertraue mir; bald hörst du weiter.

Silpelitt verliert sich während des Folgenden etwas im Walde.
KÖNIG: Dies ist die Frucht von einem seltnen Bund,
Den vor elf Jahren eine schöne Fee
Mit einem Sterblichen geschlossen hat;
Nachher verließ sie ihn, ja sie benahm
Ihm das Gedächtnis dessen, was geschah,
Vermittelst einer langen Krankenzeit;
Nur dieses Kind sollt ihm als wie ein eignes
Lieb werden und vertraut. Ja, sonder Zweifel
Ist es der Mann, der, wenn mein Geist nicht irrt,
Mich oft besucht und mir das Buch verschaffte.
So also ward der Vater Silpelitts
Zum ersten Werkzeug meiner Rettung weislich
Erlesen von den Göttern, doch das Kind
Soll noch das Werk vollenden, aber beide
Erwartet gleicher Lohn. Dies liebliche Geschöpf
Wird eine Handlung feierlicher Art
Nach Ordnung dieses Buchs mit mir begehen,
Und in dem Augenblicke, wo der Zauber
Thereilens von mir weicht durch dieses Kinds
Unschuldge Hand, ist auch das Kind befreit;
Ein süß Vergessen kommt auf seine Sinne,
Und der geliebte Vater wird in ihm
Die eigne Tochter freudevoll umarmen.
Zum ersten Male morgen, Silpelitt,
Wirst du den Fuß ins kleine Bettlein setzen,
Das noch bis jetzt dein reiner Leib nicht hat
Berühren dürfen; dennoch sollst du glauben,
Du wärst es so gewohnt, Thereile aber
Wird dir ein fabelhafter Name sein.
— Wo bleibst du, Mädchen?
SILPELITT *kommend*: Sieh, hier bin ich schon.
Ich war den Felsen dort hinangeklettert,
Mein' Schwester Morry hat einmal auf ihm
'nen roten Schuh verloren.
KÖNIG: Sei bereit,
Hier rechter Hand die Schlucht hinabzusteigen.
Dort wirst du eine Grotte finden —
SILPELITT: Wohl.
Ich kenne sie. Noch gestern hat der Riese,
Der starke Mann, den Felsen weggeschoben.

Jetzt ist der Eingang frei. Ich sah ihm zu
Bei seiner Arbeit. Herr, die Erde krachte,
Da er den Block umwarf, ihm stund der Schweiß
Auf seiner Stirn, doch sang er Trallira!
Und sagte: dies wär nur ein Kinderspiel.
Dann nahm er mich und setzt' mich auf den Gipfel;
Ich bat und weint, er aber ließ mich zappeln,
Bis ich ihm oben ein hübsch Liedchen sang.
Nun trollt er weg und brummt: ich soll dich grüßen,
Wenn du ihn wieder brauchest, sollst's nur sagen.
Verzeih, daß ich's vergaß.

KÖNIG: Schon gut; nun höre!
Durch jene schmale Öffnung dringest du
Zu einer Höhle, deren Innerstes
Ein Schießgerät mit einem Pfeil verwahrt.
Dies beides hole mir.

Sie geht.
So lehret mich
Das Buch des Schicksals, so heißt mich ein Gott.
Dort lehnt ein uralt schwer Geschoß, zeither
Von keines Menschen Hand berührt, nur heute
Soll dieser Bogen an das Tageslicht,
Den Pfeil zu schleudern in den giftgen Auswuchs
Reizvoller Liebe, die nach kurzem Schmerz
Zur Heilung sich erholet. O Thereile,
Ich nehme bittern Abschied, denn es fährt
Die feige Schneide, die uns trennen soll,
Bald rücklings in dein treues Herz; hier steht
Der träumerische Baum, in dessen Saft
Du unser beider Blut vor wenig Monden
Hast eingeimpft.
Jetzt kreiset es in süßer Gärung noch
Im Innern dieses Stammes auf und nieder.
Wie sehr die Nacht auch stille sei, mein Ohr
Bestrebet sich vergeblich, zu vernehmen
Den leisen Takt in diesem Webestuhl
Der Liebe, die mit holden Träumen oft
Dein angelehnet Haupt betöret hat.
Bald aber rinnet von dem goldnen Pfeil
Der Liebe Purpur aus des Baumes Adern,
Und alsbald aus der Ferne spürt dein Herz

>   Die Qual der schrecklichen Veränderung,
>   Doch nach vertobtem Wahnsinn wird im Schlummer
>   Sich Ruhe senken auf dein Augenlid.
>
>   O Himmel! wie verlangt mich nach Erlösung!
>   Die Senne jenes göttlichen Geschosses
>   Zu spannen, fordert tausendjährge Stärke,
>   Ich habe sie; doch wahrlich, o wahrhaftig,
>   Auch ohnedem fühl ich die Kraft in mir,
>   Gleich jenem Gott, der den demant'nen Pfeil
>   Zum höchsten Himmel schnellte, daß er knirschend
>   Der Sonne Kern durchschnitt und weiterflog,
>   Bis wo des Lichtes letzter Strahl verlöschte.

Das Kind kommt zurück mit einer Art von Armbrust. Er spannt sie mit leichter Mühe, legt auf, und reicht sie dem Mädchen in der Richtung nach dem Baume. Silpelitt drückt ab und in dem Augenblicke wird es ganz finster. Man hört ein Seufzen von der getroffenen Stelle her. Beide schnell ab.

Zwölfte Szene

Vor Tagesanbruch.

Tal.

Die Feenkinder *treten auf.*

MORRY: Hurtig! nur schnelle!
　　　　Entspringt und versteckt euch
　　　　Da hier ins Gebüsche!
　　　　Laß keine sich blicken!
　　　　Los bricht schon das Wetter.
TALPE: Was hast du? Was schnakst du?
MORRY: Gift speit die Schwester!
　　　　Sie raset, sie heulet
　　　　Mit Wahnsinnsgebärde
　　　　Dort hinter dem Felsen
　　　　Durchs Wäldchen daher.
WEITHE: Was ist ihr begegnet?
　　　　Ach laßt uns ihr helfen!
　　　　Hat Dorn sie gestochen?
　　　　Eidechslein gebissen?

ERSTER TEIL 123

MORRY: Dummköpfige Ratte,
Halt's Maul und versteck dich!
Das ist ihre Stimme —
Die Kniee mir zittern.
Alle ducken sich zur Seite ins Gesträuch.
THEREILE *tritt auf:*
Sieh her! Sieh her, o Himmel!
Seht an, seht an, ihr Bäume,
Thereile, die Fürstin,
Die Jammergestalt!
Die Freud hin auf immer!
Verraten die Treue!
Und weh! nicht erreichen,
Und weh! nicht bestrafen
Kann ich den Verräter,
Entflohen ist er.
O armer Zorn!
Noch ärmere Liebe!
Zornwut und Liebe
Verzweifelnd aneinandergehetzt,
Beiden das Auge voll Tränen,
Und Mitleid dazwischen,
Ein flehendes Kind.
Hinweg! kein Erbarmen!
Ich muß ihn verderben!
Ha! möcht ich sein Blut sehn,
Ihn sterben sehen,
Gemartert sterben
Von diesen Händen,
Die einst ihm gekoset,
Die Stirn ist ihm gestreichelt —
Wie zuckt mir die Faust!
Vergebliche Rachlust!
So reiß ich zerfleischend
Hier, hier mit den Nägeln
Die eigenen Wangen,
Die seidenen Haare —
Du hast sie geküsset,
O garstiger Heuchler!
Weh! Schönheit und Anmut —
Was frag ich nach diesen!

Ist Freud hin auf immer,
Ist brochen die Liebe,
Was hilft mir die Schönheit,
Was frag ich darnach!
Und bleibt nichts zu hoffen?
Ach leider, ach nimmer!
Der Riß ist geschehen,
Er traf aus der Ferne
Mir jählings das Leben,
Mein Zauber ist aus.

WEITHE *hervorstürzend*: Ich halt mich nicht — O liebe süße Schwester!

THEREILE: Du hier? und ihr? Was ist's, verdammte Fratzen?
WEITHE: Gewiß nicht lauschen wollten wir; sie fürchten
Sich nur vor deiner argen Miene so,
Da steckten wir uns neben ins Gebüsch.
THEREILE: Was glotzt ihr so, gefällt euch mein Gesicht?
Könnt's auch so haben, wenn ihr wollt.
Wo habt ihr Silpelitt? Antwort! ich will's!
WEITHE: Sei gütig, Schwester, wir verschulden's nicht;
Sie fehlt uns schon seit gestern.
THEREILE: Wirklich? So?
Ihr falschen Kröten! Ungeziefer! Was?
Ich will euch lehren, eure Augen brauchen.
Mißhandelt sie.
Daß euch die schwarze Pest! Ja, wimmert nur!
Ich brech euch Arm und Bein, ihr sollt's noch büßen!
Alle ab.

DREIZEHNTE SZENE

Nacht. Wald. Bezauberte Stelle.

FEENKINDER.

TALPE: Dies ist der Platz; dort steht die schwarze Weide.
Was nun? sagt, wie befahl die Fürstin uns?
WINDIGAL: Was kümmert's mich? Ich rühre keine Hand.
TALPE: Hast du die Püffe schon versaust von gestern?
WINDIGAL: Pfui! Bückel und Beulen übern ganzen Leib!
Ich lege mich ins weiche Moos; kommt nur,
Wir ruhen noch ein Stündchen aus und plaudern;

Zur Arbeit ist noch Zeit; die andern sind
Auch noch nicht da. — Seht, eine feine Nacht!
MALWY: Vollmond fast gar.
WINDIGAL: Wir singen eins; paßt auf!
Sie singen.
Bei Nacht im Dorf der Wächter rief:
Elfe!
Ein ganz kleines Elfchen im Walde schlief;
Elfe!
Und meint', es rief ihm aus dem Tal
Bei seinem Namen die Nachtigall,
Oder Silpelitt hätt ihm gerufen.

Drauf schlüpft's an einer Mauer hin,
Daran viel Feuerwürmchen glühn:
„Was sind das helle Fensterlein!
Da drin wird eine Hochzeit sein,
Die Kleinen sitzen beim Mahle
Und treiben's in dem Saale;
Da guck ich wohl ein wenig 'nein —"
Ei, stößt den Kopf an harten Stein!
Elfe, gelt, du hast genug?
Gukuk! Gukuk!
MORRY *kommt mit den andern:*
Ei brav. So? tut sich's? Nun, das ist ein Fleiß;
Wollt ihr nicht lieber schnarchen gar? Thereile
Wird euch fein wecken. Das vertrackte Volk,
Noch bluten Maul und Nasen ihm, und doch
Um nichts gebessert.
TALPE *leise:* Schaut, wie sie sich spreizt!
Sie äfft der Schwester nach, als wenn sie nicht
So gut wie wir voll blauer Mäler wäre.
MORRY: Den Baum sollt ihr umgraben, rings ein Loch,
Bis tief zur Wurzel, dann wird er gefällt.
Dies alles muß geschehen sein, bevor
Die erste Lerche noch den Tag verkündet.
Rasch, sputet euch, faßt Hacken an und Schaufel!
WINDIGAL: Hört ihr nicht donnern dort?
TALPE: Beim Käuzchen, ja.
Es wetterleuchtet blau vom Häupfelberg,
Der Mond packt eilig ein; gleich wird es regnen.

MORRY: Dann habt ihr leidlich graben. Frisch daran!
THEREILE *tritt auf in Trauerkleidern, für sich*:
Zum letztenmal betritt mein scheuer Fuß
Den Ort der Liebe, den ich hassen muß.
Vor diesem Abschied wehret sich mein Herz
Und krümmt sich wimmernd im verwaisten Schmerz!
Verblutet hast du, vielgeliebter Baum,
Vom goldnen Pfeil, zerronnen ist dein Traum.
Wie grausam du es auch mit mir geschickt,
Seist du zu guter Letzte doch geschmückt!
Ach, mit dem Schönsten, was Thereile hat,
Bekränzet sie der Liebe Leichenstatt:
Ihr süßen Haargeflechte, glänzend reich,
Mit dieser Schärfe langsam lös ich euch;
Umwickelt sanft die Wunde dort am Stamm!
Noch quillt die Sehnsucht nach dem Bräutigam.
Mit euch verwese Liebeslust und Leiden,
Auf solche will ich keine neuen Freuden!
Und du, verwünschtes, mördrisches Geschoß,
Um das die Träne schon zu häufig floß,
Mein Liebling hat dich wohl zuletzt berührt,
So nimm den Kuß, ach, der dir nicht gebührt!
　Und nun, ihr kleinen Schwestern, macht ein Grab,
Und berget Stamm und Zweige tief hinab.
Seid ohne Furcht, und wenn ich sonsten gar
Zu hart und ungestüm und mürrisch war —
Von heute an, geliebte Kinder mein,
Wird euch Thereile hold und freundlich sein. *Ab*.

Vierzehnte Szene

Morgen.

Mummelsee. KÖNIG *steht auf einem Felsen überm See*.

KÖNIG: 　„Ein Mensch lebt seiner Jahre Zahl,
　　　Ulmon allein wird sehen
　　　Den Sommer kommen und gehen
　　　Zehnhundertmal.

　　　Einst eine schwarze Weide blüht,
　　　Ein Kindlein muß sie fällen,

Dann rauschen die Todeswellen,
Drin Ulmons Herz verglüht.

Auf Weylas Mondenstrahl
Sich Ulmon soll erheben,
Sein Götterleib dann schweben
Zum blauen Saal."

So kam es und so wird es kommen. Rasch
Vollendet sich der Götter Wille nun.
 Noch e i n m a l tiefaufatmend in der Luft,
Die mich so lang genährt, ruf ich mein Letztes
Der Erde zu, der Sonne und euch Wassern,
Die ihr dies Land umgebet und erfüllt.
Doch du, verschwiegner See, empfängst den Leib,
Und wie du grundlos, unterirdisch, dich
Dem weiten Meer verbindest, so wirst du
Mich flutend führen ins Unendliche,
Mein Geist wird bei den Göttern sein; ich darf
Mit Weyla teilen bald das ros'ge Licht.
 Gehab dich wohl, du wunderbare Insel!
Von diesem Tage lieb ich dich; so laß
Mich kindlich deinen Boden küssen; zwar
Kenn ich dich wenig als mein Vaterland,
So stumpf, so blind gemacht durch lange Jahre
Kenn ich nicht meine Wiege mehr; gleichviel,
Du warst zum wenigsten Stiefmutter mir,
Ich bin dein treustes Kind — Leb wohl, Orplid!
 Wie wird mir frei und leicht! wie gleitet mir
Die alte Last der Jahre von dem Rücken!
O Zeit, blutsaugendes Gespenst!
Hast du mich endlich satt? so ekelsatt
Wie ich d i c h habe? Ist es möglich? ist
Das Ende nun vorhanden? Freudeschauer
Zuckt durch die Brust! Und soll ich's fassen das?
Und schwindelt nicht das Auge meines Geistes
Noch stets hinunter in den jähen Trichter
Der Zeit? — Z e i t , was heißt dieses Wort?
Ein hohles Wort, das ich um nichts gehaßt;
Unschuldig ist die Zeit; sie tat mir nichts.
Sie wirft die Larve ab und steht auf einmal
Als Ewigkeit vor mir, dem Staunenden.

Wie neugeboren sieht der müde Wandrer
Am Ziele sich.
Er blickt noch rückwärts auf die leidenvoll
Durchlaufne Bahn; er sieht die hohen Berge
Fern hinter sich, voll Wehmut läßt er sie,
Die stummen Zeugen seines bittern Gangs:
Und so hat meine Seele jetzo Schmerz
Und Heiterkeit zugleich. Ha! fühl ich mir
Nicht plötzlich Kräfte gnug, aufs neu den Kreis
Des schwülen Daseins zu durchrennen — Wie?
Was sagt ich da? Nein! Nein! o gütge Götter,
Hört nimmer, was ich nur im Wahnsinn sprach!
Laßt sterben mich! O sterben, sterben! Nehmt,
Reißt mich dahin! Du Gott der Nacht, kommst du?
Was rauscht der See? was locken mich die Wellen —
Was für ein Bild? Ulmon, erkennst du dich?
Fahr hin! Du bist ein Gott! ...

Bei den letzten Worten stieg Silpelitt in der Mitte des Sees mit einem großen Spiegel hervor, den sie ihm entgegenhielt. Wie der König sich im Bildnis als Knaben und dann als gekrönten Fürsten erblickt, stürzt er unmächtig vom Felsen und versinkt im See.

Das Spiel war beendigt. Das Pianoforte machte nach einigen erhebenden Triumphpassagen zuletzt einen wehmütig beruhigenden Schluß, der den übriggebliebenen Eindruck vom Grame Thereilens mild verklingen lassen sollte. Die Gesellschaft erhob sich unter sehr geteilten Empfindungen. Einige, besonders die Männer, klatschten den herzlichsten Beifall, drei oder vier Gesichter sahen zweifelhaft aus und erwartungsvoll, was andere urteilen würden. Schon während der Vorstellung war hin und wieder ein befremdetes, deutelndes Flüstern entstanden, jetzt schienen ein paar hochweise unglückverkündende Frauennasen nur auf Constanzens Miene und Äußerung gespannt, aber sie zogen sich eilig wieder ein, als die liebenswürdige Frau ganz munter und arglos, bald dem Schauspieler, bald Theobalden das ungeheucheltste Lob erteilte, wobei die Mehrzahl der Männer und Damen fröhlich mit einstimmte. Endlich konnten die Bedenklichen sich doch der bescheidenen Frage nicht enthalten, ob nicht irgend etwas Politisches, Satirisches, Persönliches dem

Stücke zugrunde liege? irgendein versteckter Sinn? denn für das, was es nur obenhin an Poesie prätendiere, könne man es doch nicht einzig nehmen.

„Und warum denn nicht, meine Gnädigste?" fragte Larkens die Hofdame, indem er jenes schneidend scharfe Gesicht zeigte, das einem durch die Seele ging.

„Weil — weil — ich meinte nur —"

„Aber wie? wenn ich Sie alles Meinens und Vermutens überhebe, wenn ich Sie versichere, es ist ein reines Kindermärchen, womit ich Sie zu unterhalten wagte? Doch Sie vermissen die Pointe dabei — ja, so ist der Dichter eben ein ruinierter Mann!"

„Er mag nur sorgen, daß er kein solcher wird, wenn man die Pointe wirklich herausgefunden haben sollte", raunte der Baron von Vesten einem Geheimenrat ins Ohr und zog ihn beiseite, „merken Sie denn nicht, daß das Ganze ein Pasquill auf unsern verewigten König und seine Geschichte mit der Fürstin Viktorie ist?"

„Was sagen Sie? Ja, wahrlich, jetzt geht mir ein Licht auf! Mir deucht, die Figur im Schauspiel hatte Ähnlichkeit mit den Zügen des Höchstseligen —"

„Allerdings! allerdings! nun? ist das aber nicht ein ungeziemender Spaß? ist es nicht impertinent von diesem Larkens? aber ich hielt ihn von jeher für einen maliziösen Menschen."

„Fein und edel wär's auf keinen Fall, ich muß sagen, wenn es sich wirklich so verhielte. Denn, was man auch behaupten mag, der Verewigte war doch ein geistreicher, vortrefflicher Mann. Es ist seine Schuld nicht, daß er in der Folge krank und elend wurde, daß er zum Verdruß gewisser Patrioten ein übermäßiges Alter erreichte, daß ihn die Fürstin — nun! könnten wir uns aber nicht etwa täuschen, wenn wir diese Beziehungen —"

„Täuschen? täuschen? Gerechter Gott! Sind Sie blind, Exzellenz? Stieß ich denn nicht nach dem zweiten Auftritt gleich meine Frau an? und fiel es ihr nicht auch plötzlich auf? Treffen nicht die meisten Umstände zu? Daß der Vogel sich dann wieder hinter andere unwesentliche Züge versteckte, das hat er schlau genug gemacht, aber er mag sich wahren; es gibt Leute, die die Lunte riechen, und ich tue mir in der Tat etwas darauf zugute, daß ich die Bemerkung zuerst gemacht."

„Jedoch, nur das noch, Baron! mir deuchte doch, der alte Narr in der Piece da, er benimmt sich, wenigstens der Absicht des Poeten nach, immer recht nobel, besonders vis-à-vis der Hexe oder was es ist, und es widerfährt ihm, wie mir's vorkam, zuletzt noch gleichsam göttliche Ehre."

„Spott! Spott! lauter infame Ironie! ich will mich lebendig verbrennen lassen, wenn es was anders ist." „Und wie gemein mitunter", lispelte die bleichsüchtige Tochter Vestins, hinzutretend, „wie pöbelhaft!"

Die übrigen hatten sich inzwischen wieder in das vordere Zimmer begeben. Man unterhielt sich noch eine Weile über das sonderbare Stück, allein bald stockte das Gespräch; ein vorsichtiges Ansichhalten, eine gewisse Verlegenheit teilte sich auch dem Unbefangensten mit, es glaubten endlich mehrere, es müsse jemand aus der Gesellschaft beleidigt worden sein, und man sah einander lauschend an. Wer sich allein nicht irremachen ließ, das war die schöne Wirtin des Hauses, und dann Larkens selbst, welcher nur desto mehr schwatzte, lachte, dem Wein zusprach, je kälter das Benehmen der übrigen war, das er im stillen gutmütig mehr nur als eine verzeihliche Gleichgültigkeit gegen sein fremdartiges Produkt, denn als Spannung auslegte.

Da es übrigens schon spät war, ging man in kurzem auseinander. Constanze beehrte den verkannten Schauspieler noch auf der Schwelle mit der Bitte, sein Manuskript zu nochmaliger Erbauung dabehalten zu dürfen, und Freund Nolten bekam eine, wie ihm schien, ungewöhnlich freundliche „Gute Nacht" mit auf den Weg.

Im Heimgehen machte Theobald seinen Begleiter auf jene Störung aufmerksam. „Gott weiß", antwortete Larkens, „was die Fratzen im Kopfe hatten! Am Ende war's nur Unbeholfenheit, was sie zu dem exotischen Ding sagen sollten; wären wir doch lieber damit zu Hause geblieben oder hätten ihnen eine gutbürgerliche Komödie gegeben — Ei aber ein verdammter Streich müßt es doch sein, wenn sie eine Neckerei mit der alten Majestät darunter suchten!"

„Das fürcht ich", erwiderte Nolten, „und riet ich dir nicht damals schon, wie du mich mit der Sache bekannt machtest, es lieber bei dir zu behalten, weil für keine Mißdeutung zu stehen sei? Es war vorauszusehen. Denn daß dir der alte Nikolaus und die Mätresse bei der ganzen Komposition vorgeschwebt, gestehst du selber und hat sich heute nur zu sehr gerechtfertigt —"

„Zumal", unterbrach der andere ihn mit Gelächter, „zumal, wenn es wahr sein sollte, daß dir selbst der Teufel auch einigemal in den Pinsel gefahren ist, weil du, wie du sagtest, den herrlichen Kopf des Alten auf dem Porträt über meinem Schreibtisch länger als rätlich war, ins Auge gefaßt!"

„Leid genug auf alle Fälle sollte mir's sein", gestand Nolten nach einigem Besinnen, „man weiß nicht, wie so was umkommt und sich in der Leute Mund verunstaltet."

„Was da!" rief der andere, „wer wird so abgeschmackt sein und etwas Böses da herauskombinieren wollen? weißt du mir was Tolleres? Gar zu klein fänd ich es schon, wenn diese Kreaturen, die sich Gebildete nennen, überhaupt einem fremden Gedanken dabei Raum geben und über das Poetische der schlichten Fabel hinausgehen konnten. Aber das ist ganz in der Art eines schöngeistigen Klubs, das weiß man ja lange. Lassen wir's halt gut sein; werden uns den Prozeß nicht machen."

So kamen die beiden in ihrer Wohnung an. Theobald, ganz nur in der heimlich entzückten Erinnerung an die Güte der Geliebten schwelgend, ließ sich den ärgerlichen Gegenstand wenig anfechten, er freute sich auf die Stille seines Zimmers, wo er ungestört mit seinem Herzen weiterreden konnte. Larkens pfiff wie gewöhnlich, wenn er bei der Nachhausekunft den Schlüssel in die Türe steckte, seine fröhliche Arie, und so überließ sich denn jeder sich selber.

Dem Leser aber mag zum Verständnisse des Obigen Folgendes dienen.

Der seit etwa zwei Jahren mit Tod abgegangene König Nikolaus, Vater und Vorfahrer des regierenden, galt bis in sein späteres Alter für einen ausnehmend schönen und auch sonst sehr begabten Mann. Er hatte mit einer ungleich jüngeren Dame aus einem anverwandten Fürstenhause ein zärtliches Verhältnis, das die letztere mit einiger Aufdringlichkeit und — so glaubte man — aus eigennützigen, politischen Absichten auch dann noch fortzusetzen wußte, als der Monarch für die Reize der Jugend bereits abgestorben sein sollte, oder ihnen auch wirklich schon entsagt hatte. Aber Schwäche des Charakters, oder eine Verbindlichkeit, der er nicht ausweichen konnte, machten ihn gegen die Zauberin nachgiebiger, als wohl seinem Rufe dienlich war. Eine beschwerliche Nervenkrankheit, aber mehr noch die Sorge, er genüge als Regent seinem Volke nimmer, verbitterte ihm vollends das Leben, er sehnte sich mit einer Ungeduld, deren

Ausbrüche oft schauerlich gewesen sein sollen, dem Tod entgegen, und man wollte wissen, daß er einen mißlungenen Versuch zum Selbstmorde gemacht. Bekannt genug war die Anekdote, wonach er einst in einem Anfall von Verzweiflung bitter scherzend ausgerufen: „Der Himmel will einen neuen Methusalah aus mir haben, und Viktorie zerrt mich mit Gewalt in die Jünglingsjahre zurück." Diese Worte klangen um so komischer, je mehr man der boshaften Meinung einiger Spötter trauen wollte, daß die schneeweißen Locken Seiner Majestät sich noch immer nicht ungerne von den Rosen der jungen Fürstin schmeicheln ließen. Wie dem auch gewesen sein mag — unter denjenigen, welchen das Gedächtnis dieses merkwürdigen, früher sehr wohltätigen Regenten höchst ehrwürdig, ja heilig blieb, war auch unser Larkens, und zwar abgesehen von der persönlichen Gunst des Königs gegen ihn als Schauspieler, war Nikolaus in seinen Augen ein großartiges tragisches Rätsel der Menschennatur, eine mächtige graue Trümmer an dem uralten Königspalast. Geschmäht von dem Geschmacke einer frivolen Zeit, angestaunt von wenigen edleren Geistern, hätte sich die herrliche Säule, wie sie bereits mit halbem Leibe schon in die Erde eingesunken war, gramvoll lieber vollends unter den Boden verborgen mit ihren für dieses Geschlecht unlesbar gewordenen Chiffern, aber es war anders mit ihr beschlossen, und so konnte oder wollte sie auch den Trost nicht von sich abwehren, daß ein jugendlicher Efeu sich liebevoll an ihr hinanschlinge.

Zu entschuldigen ist es nun, wenn der Freund einen Teil jener Idee mit frommem Sinne auf ein Gebilde seiner Phantasie übertrug, und gewissermaßen eine Apotheose jenes unglücklichen Fürsten liefern wollte, ohne weder zu hoffen noch zu fürchten, daß andere, denen er seinen Versuch vorgeführt, auch nur entfernterweise geneigt sein könnten, irgendeine — würdige oder unwürdige — Deutung zu machen.

Es war eine überaus klare und schöne Winternacht. Die Glocke schlug soeben eilf. Im Zarlinschen Hause war alles schon stille geworden, nur das Schlafzimmer der Gräfin finden wir noch erhellt. Constanze, im weißen Nachtgewande, allein vor einem Tischchen bei dem Bette sitzend, ist beschäftigt, die schönen Haare loszuwickeln, das Ohrgehänge und die schmale Perlschnur abzulegen, die ihrem Halse immer so einfach reizend gestanden. Sie hob die Schnur nachdenklich spielend am kleinen

Finger gegen das Licht, und wenn wir recht auf ihrer Stirne lesen, so ist es Theobald, an den sie gegenwärtig denkt. Scheint es doch, als wüßte sie, daß sie *ihm* diese Gabe verdanke, daß das Geschenk nur vermittelst eines künstlichen Umwegs aus seiner Hand durch eine dritte in die ihre gelangt war! — aber, in der Tat, sie wußte es nicht; und doch wiederholte sie sich heute nicht zum erstenmal jene Worte, die er einst, im Anschaun ihrer Gestalt verloren, gegen sie hatte fallenlassen. „Perlen", sagte er, „haben von jeher etwas eigen Sinn- und Gedankenvolles in ihrem Wesen für mich gehabt, und wahrlich, *diese* hier hängen um diesen Hals, wie eine Reihe verkörperter Gedanken, aus einer trüben Seele hervorgequollen. Ich wollte, daß *ich* es hätte sein dürfen, der das Glück hatte, Ihnen das Andenken umzuknüpfen. Es liegt ein natürliches unschuldiges Vergnügen darin, zu wissen, daß eine Person, die wir verehren, der wir stets nahe sein möchten, irgendeine Kleinigkeit von uns bei sich trage, wodurch unser Bild sich ihr vergegenwärtigen muß. Warum dürfen doch Freunde, warum dürfen entferntere Bekannte sich einander nicht allemal in diesem Sinne beschenken? muß das edlere Gefühl überall der Konvenienz weichen?"

Constanze erinnerte sich gar wohl, wie sie damals errötete, und was sie scherzhaft zur Antwort gab. Ach, seufzte sie jetzt vor sich hin, wüßte er, wie tief ich sein Bild im Innersten des Herzens bewahre, er würde den Geber dieser armen Zierde nicht beneiden.

Unruhig stand sie auf, unruhig trat sie ans Fenster und ließ den herrlich erleuchteten Himmel mit aller seiner Ahnung, mit all seiner Hoheit auf ihre Seele wirken. Die Liebe zu jenem Manne, von ihren ersten unmerklichen Pulsen bis zu dem bestürzten Zustande des völligen Bewußtseins, von der Zeit an, wo ihr Gefühl bereits zur Sehnsucht, zum Verlangen ward, bis zu dem Gipfel der mächtigsten Leidenschaft — alles durchlief sie in Gedanken wieder und alles schien ihr unbegreiflich. Sie sah unter leisem Kopfschütteln, mit schauderndem Lächeln in die reizende Kluft des Schicksals hinab. Die Augen traten ihr über wie damals in der Grotte, wo die noch getrennten Elemente ihrer Liebe, durch Noltens unwiderstehliche Glut aufgereizt, zum erstenmal in volle süße Gärung überschlugen und alle Sinne umhüllten. Sie hatte nichts zu beweinen, nichts zu bereuen, es waren die Tränen, die dem Menschen so willig kommen, wenn er, sich selbst anschauend, das Haupt geduldig in den Mutterschoß eines allwaltenden Geschicks verbirgt, das die Waage über ihm schweben läßt; er betrachtet sich in solchen Momenten mit einer Art gerührter Selbstachtung, die höhere Bedeutsamkeit einer Lebensepoche macht ihn in seinen eigenen Augen gleichsam zu einem seltenen Pflegekinde der Gottheit, es ist, als fühlte er sich hoch an die Seite seines Genius gehoben.

Lange, lange noch starrte Constanze, stillversunken, einer Bildsäule gleich an die Fensterpfoste angelehnt, hinaus in die schöne Nacht. Jetzt überwältigte sie der Drang ihrer Gefühle; sie sank unwillkürlich auf die Kniee nieder, und indem sie die Hände faltete, wußte sie kaum, was alles in ihrem Innern durcheinanderflutete; und doch, ihr Mund bewegte sich leise zu Worten des brünstigen Dankes, der innigsten Bitten.

Nachdem sie sich wieder erhoben, glaubte sie, der Himmel wolle ihr in der ruhigen Heiterkeit, wovon ihre Seele jetzt wie getragen war, Erhörung ihres Gebets ankündigen. In der Tat, jetzt war sie auch beherzt genug, um endlich nicht länger die Frage abzuweisen: was denn zuletzt von dieser Liebe zu hoffen oder zu fürchten sei? was es mit Theobald, was es mit *ihr* werden solle? Sie stellte sich aufrichtig alle Verhältnisse vor, sie verschwieg sich keine Bedenken, keine Schwierigkeit, sie wog jegliches gegeneinander ab, und mehr und mehr vertraute sie der Möglichkeit einer ehrenvollen und glücklichen Vereinigung, ja, wenn sie sich genauer prüfte, so fand sie diese Hoffnung längst vorbereitet im Hintergrund ihrer Seele gelegen. Aber nicht allzukühn durfte sie ihr sich überlassen, denn schon der nächste Augenblick wies ihr so manches Hindernis, worunter der Adelstolz der Familie keineswegs das geringste war, in einem strengeren Lichte, als es ihr noch kaum vorher erschien. Es bemächtigte sich ihrer eine nie empfundene Angst; sie wollte sich für heute der Sache ganz entschlagen, sie griff nach einem Buche: umsonst, kein Gedanke wollte haften; Mitternacht war vorüber; sollte sie sich niederlegen, schlafen? Es wäre unmöglich gewesen, so bang, so heiß und unbehaglich wie ihr war.

Ich will Emilien wecken, fiel ihr endlich ein, das Mädchen soll mit mir plaudern. Sie bedachte sich um so weniger, die Gesellschaft des Kammermädchens zu suchen, da zu ihrer Verwunderung wirklich noch der Schein eines Lichtes in dem Erker zu sehen war, wo jene schlief. Sie ging leise über den Gang, öffnete das Kabinett und fand das Mädchen fest eingeschlafen im Bette, daneben das Licht, ausflammend in den Leuchter hinabgesunken. Eine offene Brieftasche und eine Anzahl zerstreuter Blätter lag unter den Händen der Schlafenden. Auf einen Anruf erwachte diese, heftig erschrocken, und ihre erste Bewegung war, schnell Tasche und Papiere zu verbergen, so daß Constanze dadurch aufmerksam gemacht, gelassen fragte: was sie hier gelesen?

„Ach!" war die bebende Antwort, „zürnen Sie nicht, gnädige Frau! es sind alte Briefe, die ich nach langer Zeit einmal wieder vornahm, und darüber muß der Schlaf mich überrascht haben — wieviel Uhr ist es doch?"

„Wieviel?" sagte Constanze, sie scharf ansehend, „ich denke es ist halb — *gelogen,* was du da sprichst. Laß doch sehen!"

„O bitte, liebste, süße gnädige Frau! ich habe ja gewiß nichts Unrechtes — aber erlassen Sie's mir!"

„Nichts weiter, mein Kind, verlang ich, als einen Blick, mich zu überzeugen."

So reichte denn Emilie mit Zittern alles hin, indem sie in lautes Weinen ausbrach. Aber Constanze, wie mußte sie erschrecken, als der Anblick der Tasche, als die goldgedruckten Lettern T. N. auf der dunkelblauen Saffiandecke zur Genüge den Eigentümer bezeichneten.

„Wie kommst du zu diesem?" fragte sie, mit Mühe ihre Verlegenheit bergend.

„Drüben", schluchzte das Mädchen, „wo die Herren heute das Spiel machten, lag die Tasche hinter dem Schattenspielkästchen, ich wollte mir nur die bunten Gläser ein wenig besehen, und da — nun da nahm ich —"

„Hinter dem Kästchen, sagst du?"

„Ja ja, gnädige Frau! ich sage nun die reine Wahrheit, es hälfe mir ja doch nichts mehr, und aufgeschlagen lag sie da, ganz nachlässig, als hätte man sie eben erst gebraucht und dann vergessen; — richtig! die Bleifeder war auch herausgenommen, sie muß noch auf dem Tischchen zu finden sein. Wahrhaftig, wäre nicht alles so offen dagelegen, ich hätte mich nicht unterstanden."

„Eine Entschuldigung ist das in keinem Falle. Indessen — blieb nichts mehr zurück? Sieh im Bette nach!"

„Sie haben das letzte Papierchen."

„Ich werde das zu mir nehmen bis morgen. Lösche dein Licht. Gute Nacht!" — Unwillig und ängstlich eilte sie auf ihr Zimmer. Daß das, was sie in Händen hielt, Nolten zugehöre, zweifelte sie keinen Augenblick; auch wie es zu dem Larkensschen

Apparate gekommen, erklärte sie sich leicht daher, daß Theobald einmal hinter die Gardine getreten war, um mit irgend etwas auszuhelfen, wobei er vielleicht der Tasche bedurfte. Aber die Möglichkeit, es könnte außer dem Mädchen sonst noch jemand neugierig auf den Inhalt derselben gewesen sein, beunruhigte sie um so stärker, je mehr sie Ursache hatte zu der Vermutung, daß auch *ihr* Name und damit ein gefährliches Geheimnis darin berührt sein könnte. Diese Rücksicht und vielleicht mitunter ein verzeihliches Interesse des eigenen Herzens bewog sie, zwar mit beklommenem Atem, erst nur einen halben Blick, dann einen ganzen, endlich mehrere und immer gierigere Blicke in die Blätter zu werfen. Aber mitten im wärmsten Zuge riß ihr das Gefühl von etwas Unerlaubtem, Verächtlichen die Tasche wieder aus der Hand. Vor lauter ängstlicher Hast hatte sie bis jetzt nichts Zusammenhängendes lesen können, und sie sagte das ihrem Gewissen zum Troste, während sie, dennoch mit einiger Überwindung, den Schatz beiseite legte. Allein plötzlich steigt ihr eine Besorgnis auf, die alles Blut in ihre Wangen jagt. Sie hatte vorhin nur oberflächlich einige Briefe von zarter, unbekannter Schrift gesehen, und, ohne zu wissen warum, an eine Schwester Theobalds dabei gedacht; jetzt meldete sich noch ein ganz anderer Gedanke. Entschlossen kehrte sie zu dem Gegenstande ihres Verdachts zurück und griff einiges Geschriebene heraus, sie las und las, errötend, erblassend; ihr Busen kämpfte mit lauten Schlägen; jetzt entfällt das Papier ihren Fingern, sie sinkt auf das Lager, einer Leiche gleich, keines Lautes, keiner Träne mächtig.

Ein Pochen an der Tür bringt sie endlich zu sich, sie fährt auf, und indem sie verworren umherblickt, lächelt die Arme, wie fragend, ob jenes Entsetzliche ihr bloß im Schlummer begegnet sei, und lächelt wieder, aber wie eine Verzweifelte, da das Blatt auf dem Boden ihr die traurige Wahrheit bezeugt.

Es klopfte von neuem an und eine klägliche Mädchenstimme ließ sich hören: „Nein! ich kann nicht ruhen, ich will erfrieren hier, bis ich sie gesprochen habe, bis sie mir vergeben hat! — Gnädige Frau! Liebe! Gute!"

Da keine Antwort erfolgte, bat es wiederholt im flehentlichsten Tone: „Um Gottes willen, lassen Sie Emilien ein, nur auf zwei Minuten, nur auf zwei Worte! Vergeben Sie mir!"

„Ja, ja doch! geh nur, mein Kind!" erwiderte Constanze kaum hörbar, und das Mädchen schlich getröstet weg, ohne alle

Ahnung, welchen Schmerz sie ihrer Herrin bereitet. Wir wagen es nicht, diesen Schmerz zu schildern. Aber wie alles zum Äußersten und Unnatürlichen Gesteigerte sich nicht lange auf dieser Höhe erhält, so fiel alsbald ein unwiderstehlicher tiefer Schlaf über die Erschöpfte her und versenkte sie in ein wohltätiges Vergessen ihres mitleidswerten Zustandes.

Ebenso ruhig und gelassen wie vor einer Stunde, da der Blick der Sterne das Gebet einer Glücklichen zu segnen schien, funkelten sie jetzt auf das Lager des unglücklichsten Weibes herab. So rasch kann sich an die höchste irdische Wonne das Dasein unübersehbaren Jammers drängen.

Noch ehe es vollkommen Tag geworden, erwachte Constanze, und leider schnell genug besann sie sich auf den betäubenden Schlag. Sie bat Gott um Stärkung und Fassung, stand ermattet auf und ordnete mit trockenem Aug die Brieftasche, woraus ihr zum Überflusse noch eine Haarlocke, ohne Zweifel von der unbekannten Briefstellerin, entgegenfiel.

Sie erschien sich selber im Spiegel wie ein verändertes Wesen, das, seitdem etwas Ungeheures mit ihm vorgegangen, gar nicht mehr in die bisherigen Umgebungen, in diese Wände, unter diese Geräte passen wolle; es schien sie alles umher wie einen lange entfernten Gast, ja als eine Abgeschiedene anzublicken, und sie selbst kam sich mit ihrem schwanken Tritt, mit ihrem schmerzverklärten, stillen Gefühl beinahe wie ein erst kurz aus dem Grabe Entlassenes vor, das noch nicht festen Fuß gefaßt und den Eindruck des letzten Todeskrampfes nur nach und nach loswerden kann.

Indessen sie sich langsam ankleidete, wunderte sie selbst ihre Ruhe, die freilich mehr Stumpfheit zu nennen war. Sie eilte aus dem traurigen Gemach und hinüber in die vorderen Zimmer, wo noch niemand war. Bald erschien die Morgensonne in den Fenstern und lud zu Heiterkeit und Leben ein. Gedankenlos schaute Constanze durch die Scheiben, und um nur etwas zu tun, rieb sie die Meubles mit dem Staubtuch ab, wobei sie manchmal zerstreut innehielt. — Emilie trat herein, voll Erstaunen, ihre Gebieterin schon hier zu treffen. „Ich habe dir dein Geschäft abgenommen!" sagte die Gräfin freundlich, „siehst du, zum Zeichen, daß ich wieder gut bin. Aber den Gefallen tu mir und rede kein Wort weiter darüber." Ein warmer Handkuß dankte der Gütigen.

Sehr willkommen war es der sonderbar gestimmten Frau, als jetzt auch ihr Bruder erschien. „Guten Tag, mein Schwesterchen! So früh wie der Vogel schon auf? Die Sorge um das Gewächshaus trieb mich aus den Federn; das war eine grimmkalte Nacht, mein Thermometer zeigt fast fünfundzwanzig; ich muß nur nachsehen, ob unten nichts gelitten hat." „Ich darf dich begleiten!" sagte die Gräfin und warf die Saloppe um. Ihr Wesen, erzwungen munter und verstört, machte den Bruder einen Augenblick stutzig, aber er hatte fast keine Augen vor lauter Erwartung, wie es im Garten stehe.

Die streng frische Luft tat Constanzen wohl. In gereizten Stimmungen, wie die ihrige jetzt war, hat der Mensch auf einige Sekunden vielleicht die höchste Empfänglichkeit für die Natur, in welcher Gestalt sie ihm auch entgegentreten mag; er möchte mit *einem* Sprung sich ganz nur *ihrer* Freundschaft, ihres göttlich stillen Lebens bemächtigen, um auf einmal eine Last von alten Zuständen abzuwerfen und zu vergessen. Aber dieses schnell aufflackernde Gefühl ist nur der Sonnenblick, dem alsbald wieder die vorige Wolkentrübe folgt. Constanze erwehrte sich so gut wie möglich. Doch als der Graf zu seiner größten Freude die Gewächse meist unverletzt fand, und bei jedem neuen Stocke bemüht war, die Schwester von seinem Glück zu überzeugen, da konnte sie den wehmütigen Gedanken nicht bei sich unterdrücken: wie war *mir* zumute in der Stunde, als diesen Pflanzen, diesen edlen Stämmchen der Frost das Verderben drohte? Sie grünen noch und blühen, wie auch ich noch aufrecht stehe, mir selber zum Wunder; aber vielleicht der innerste Lebenskeim dieser zarten Staude ist doch angegriffen, es wird sich zeigen, ob sie uns nicht mit dem bloßen Scheine von Gesundheit täuscht, ob nicht heute abend schon diese Knospe erstorben dahängt, und — —

Constanzens künstliche Fassung war weg, sie eilte, ihr Gesicht bedeckend, mit schnellen Schritten nach dem Hause zu. Bei dem Wiedersehen ihres Zimmers, dessen Türe sie sogleich hinter sich zuriegelte, brach aller verhaltene Schmerz mit doppelter und dreifacher Gewalt hervor, und sie überließ sich ihm ohne Schonung. Nun erst überdachte sie, was geschehen war, nun erst wagte sie ganz in den Abgrund ihres Elends hinabzutauchen. Wie begierig auch ihr Verstand mitunter nach einer Auskunft, nach einem Troste umhertastete, wie scharfsinnig auch selbst die Verzweiflung noch war, um einen erträglichen

Zusammenhang der Sache zu entdecken, um den ungeheuren Widerspruch, worin Nolten in dem Doppelverhältnis zu ihr und einer Unbekannten erschien, beruhigend zu lösen oder doch zu erklären, sie fand keinen Ausweg, keinen Schimmer von Licht. Verglich sie alles dasjenige, wodurch er ihr die unzweideutigste Leidenschaft an den Tag gelegt, mit den fremden Briefen, deren ganzer Ausdruck ein längst begründetes und sehr blühendes Verlobtenverhältnis verriet, so blieb nichts übrig, als Theobalden für den ruchlosesten Heuchler zu erkennen, der zwei Geschöpfe zugleich betrog, oder für einen Wahnsinnigen, Charakterlosen, welcher mit sich selber in unerhörtem Zwiespalte lebt. Beides aber ist mit der ganzen Art und Weise, wie Nolten sonst sich gab, schlechterdings nicht zu reimen. Denn selbst die Spuren exzentrischen Wesens an ihm waren bei weitem gemäßigter, als sie zuweilen sogar an geachteten Männern von verwandtem Talente und Bestreben hervorzutreten pflegen. Am wenigsten konnte Constanze die Güte seines Herzens aufgeben. Jeder einzelne Moment, den sie sich zurückrief und worin sie in die Falten seines eigensten Denkens und Empfindens geblickt zu haben glaubte, so mancher Anlaß, wo in wenigen treffend ausgesprochenen Worten über Leben, über Kunst, ein gedrungener Strahl seines Gemüts aufgestiegen war und auf eine ganze Versammlung anregend wirkte, endlich der ganze erschöpfende Begriff, den sie sich nach so langem Umgange von ihm abgezogen hatte — alles stritt mit dem finstern, unheimlichen Zerrbilde, das vielleicht ein blinder Zufall ihr aufdringen wollte, sie zu schrecken, zu ängstigen, und worüber der Geliebte, der wahre unverfälschte, wohl selbst verwundert lächeln würde. Ein Funke von Hoffnung beschleicht sie, sie schaut aufs neue nach dem Datum der Briefe, sie rechnet schnell Monate, Wochen, Tage, aber das Resultat ist immer nicht tröstlich, immerhin fällt ein Teil der zärtlichen Korrespondenz in die Zeit, wo Theobald Constanzen bereits unverkennbare Zeichen seiner Absichten gegeben. Und gesetzt auch, die Neigung, wovon jene Briefe zeugen, wäre bloß eine einseitige — was jedoch den Anschein gar nicht hat —, gesetzt, Nolten hätte, den Glauben des Mädchens hinhaltend, sich indessen heimlich einer unglaublichen Veränderung schuldig gemacht, was würde das Constanzen helfen? was hätte sie von einem solchen Manne zu gewarten? wie möchte sie ein anderes Geschöpf um seine teuersten Hoffnungen bestehlen? und ein Geschöpf, das sie wirklich nicht hassen konnte, das allem nach das rührendste Bild der Unschuld, der hingebenden Liebe ist? ja, wie konnte ihr die heißeste Liebe Theobalds nur im entfernten noch schmeicheln, wenn diese der sündige Raub an einem fremden guten Wesen wäre?

Aber noch immer war ja die Frage nicht überwunden, wie nur Nolten eines so beispiellosen Betrugs fähig sein konnte?

Constanzens Auge stand weit, groß, nachdenkend in einen Winkel des Zimmers gerichtet, während ihr Geist sich nach und nach den unglückseligen Gedanken zurechtarbeitete: es könne denn doch wohl einen Menschen geben, der aus Schwäche, frevelhafter Selbstsucht und gelegentlich aus einem Rest ursprünglicher Gutmütigkeit zusammengesetzt, vor andern, wie zum Teil auch vor sich selber, einen Schein von Vortrefflichkeit zu erhalten und vor dem eigenen Gewissen jede Untat zu rechtfertigen wisse, es lasse sich ein Grad von Verstellung denken, der alle gewöhnlichen Begriffe übersteige. Der genaue Umgang Theobalds mit Larkens, so wenig sie dem letztern bis jetzt mißtraut hatte, konnte sie nun, wenn sie sich der Meinungen anderer erinnerte, in ihrem Urteile nur bestärken, und sie glaubte in ihm den Verführer entdeckt zu haben.

Teilnehmend blickte sie aufs neue nach den Briefen Agnesens, sie enthielt sich nicht, den reinen harmonischen Sinn zu bewundern, welcher sich in jedem Worte des Mädchens aussprach. „Arme Agnes!" sagte sie, „armes betrogenes Kind! Ist es möglich? sollte er sich nicht der Sünde gefürchtet haben, diese Seele zu hintergehen, wenn er sie auch nur so weit kennengelernt hatte, als ich sie aus diesen Blättern kennenlernte? Gütiger Gott! solch ein Lamm und solch eine Schlange, wie kommen *sie* zusammen? Mich hat Gottes Finger noch zu rechter Zeit gewarnt, aber *sie* — tue ich recht, wenn ich sie ihrem Schicksal überlasse? ist's nun nicht an *mir*, zu warnen? Ja, wahrlich, das kommt mir zu — — Und doch, es könnte übereilt sein; wer weiß, ob ich Schlimmes nicht schlimmer machte, ob der Verräter, wenn der Himmel ihn noch retten will, nicht einzig durch die Liebe dieses Engels zu retten ist?"

Der letzte Zweifel über die Gesinnungen Noltens verschwand vollends, als ein Dokument von seiner eigenen Hand zum Vorschein kam — das Konzept eines Schreibens an die Braut, das erst gestern entworfen worden war. Mit einem tiefen Gefühle von Unwillen, von Wehmut, von Verachtung, ja von Schauder vernahm sie hier die Sprache der beredtesten Liebe und einen sehr redlichen, männlich klingenden Ton. Eine Stelle aber war ihr besonders merkwürdig. „Ich befand mich", hieß es, „diese letzte Zeit her in einem vielleicht nicht ganz löblichen Rausche von Zerstreuungen aller Art, wobei denn die geistige Gestalt meiner Agnes doch immer aufs lebendigste durchblickte. Ja, ich darf dir wohl gestehen, daß ich seit der glücklichen Beilegung jenes argwöhnischen Skrupels mit doppelter Innigkeit in dir lebe."

Die Äußerung sah fast aus wie ein verstecktes Geständnis seiner Herzensverirrung, das ihm vielleicht sein Gewissen notdürftig abgedrungen. Diese Verirrung selbst konnte nunmehr in Constanzens Augen, wenn auch keinen Entschuldigungsgrund, doch eine Art Erklärung für Noltens Betragen abgeben, wenn sie annahm, daß das Mißverständnis, wovon sie auch in einem Briefe Agnesens eine Spur gefunden, der Anlaß zu einer heftigen und nachhaltigen Verstimmung für Theobald geworden, daß er, seinem extremen Charakter nicht ungemäß, sich in einen desperaten Wechsel gestürzt habe, und daß *sie* als das Opfer dienen müssen. Seine Bekehrung war natürlich in die Zeit zwischen gestern und jener Lustpartie gefallen, und allem nach unterzog er sich ihr sehr willig.

Soviel Wahrscheinliches diese Schlüsse hatten, und sosehr sie auch geeignet schienen, ein wenigstens erträgliches Licht auf Noltens Benehmen zu werfen, so wenig Trost gaben sie der schönen Frau. Denn von dem Augenblicke an, wo ihre Achtung für ihn sich einigermaßen erholte, begann auch ihre Liebe wieder zu atmen, und nun war sie fast übler daran, als solange sie ihn getrost verabscheuen konnte. Also Noltens Glück war wiederhergestellt, das Mädchen selig in seinem Besitz und — *sie selbst* hatte nur auf eine kurze Zeit die Lücke gebüßt, um jetzt wieder allein, verlassen, vergessen dazustehen, den bittern Stachel im Herzen. Eine Regung von Zorn flammte in ihr auf, sie fühlte ihre weibliche Würde beleidigt, mit Füßen getreten, sie fühlte alle Qual verschmähter Liebe. Und hatte sie vorhin einen reinen Zug schwesterlicher Neigung zu Agnes empfunden, so konnte sie nun einer Anwandlung von schmerzlicher Mißgunst nicht widerstehen, so lebhaft sie sich auch darüber anklagte. Aber auch indem es ihr gelang, allen Groll von der Unschuldigen ab und auf den geliebten Überläufer zu werfen — es blieb nur das Bewußtsein ihrer Unmacht, ihrer Kränkung übrig. Jede Erinnerung an das Vergangene, das kleinste Zeichen, womit sie ihm ihre Gunst verraten haben mochte, versetzte jetzt ihrem Stolze, ihrem Ehrgefühle Stich auf Stich. Noch gestern beim Abschied unter der Türe hatte sie ihn mit bedeutungsvoller Freundlichkeit entlassen und — so kam es ihr jetzt vor — ihm beliebte kaum ein kalter Dank darauf. Am meisten demütigte und beschämte sie der Auftritt in der Grotte, sie bedeckte bei diesem Gedanken ihr glühendes Gesicht mit dem Tuche, weinend und schluchzend.

Kein Wunder, wenn ihr jetzt die kläglichen Worte Thereilens aus dem gestrigen Schauspiele einkamen, das gleichsam weissagend von ihr gesprochen; kein Wunder, gab sie auf einen Augenblick dem widersinnigen Gedanken Raum, als hätte Larkens einigemal eine boshafte Anspielung auf *sie* im Sinne gehabt. Aber ganz ist ihr gegenwärtiger Zustand durch die leidenschaftlichen Zeilen bezeichnet:

> O armer Zorn!
> Noch ärmere Liebe!
> Zornwut und Liebe
> Verzweifelnd aneinandergehetzt,
> Beiden das Auge voll Tränen,
> Und Mitleid dazwischen,
> Ein flehendes Kind!

Desselben Morgens gegen zehn Uhr, als Larkens eben von einem Ausgange nach Hause kam, übergab sein Bedienter ihm das braune Kästchen, das die Laterna magica verwahrte; man habe es vor einer Viertelstunde aus dem Zarlinschen Hause hiehergebracht nebst dem Danke der gnädigen Frau. Unser Schauspieler öffnete den Deckel, zog begierig die zuoberst liegende Brieftasche heraus, untersuchte sie von allen Seiten und sein Mund verzog sich zu einem vergnügten, doch gewissermaßen befremdeten Lächeln, indem er ausrief: „Beim Himmel! die Falle hat gelockt, der Speck ist angebissen, und das wacker! kein Zettelchen blieb unverrückt. Ich sorge nur, der Spaß ist in plumpere Hände geraten, als ich gewollt hatte. Sei's drum; durch die Finger von Madame ist die Tasche auf jeden Fall auch gekommen, und ich müßte mich übel auf Evas Geschlecht verstehen, wenn diese Finger mehr Diskretion gehabt hätten, als mir für den Kasus lieb wäre. Genug; es wird sich zeigen, die Wirkung kann nicht ausbleiben. Diesmal hättest du fürwahr meisterlich kalkuliert, Bruder Larkens, der Herr gebe seinen Segen dazu."

Wirklich war es die Absicht des Freundes gewesen, daß Constanze die Tasche finden und sich ihrer Geheimnisse nicht enthalten möge; er konnte darauf zählen, daß man sie für das Eigentum Noltens erkennen würde, in der Tat aber war sie nur ein Geschenk, das dieser dem Freunde zu der Zeit gemacht hatte, wo er alles, was ihn an Agnes erinnern konnte, Briefe, Haare und hundert andere Kleinigkeiten, auf immer loswerden wollte.

Larkens hoffte durch jenen ausgedachten, wohlgemeinten Streich teils bei der Gräfin jeder möglichen Neigung gegen Theobald vorzubeugen, teils glaubte er, sie müßte von nun an, eingedenk des Verhältnisses mit Agnes, durch ihr Betragen unzugänglich für Nolten selber werden. Nun hatte zwar Larkens, zufolge der mißtrauischen Verschlossenheit seines Freundes mit der wahren Lage der Dinge unbekannt, sich in seinem Plane etwas geirrt; er hätte, wäre er besser unterrichtet gewesen, vielleicht einen ganz andern Weg eingeschlagen, aber auch auf diesem erreichte er, wie wir gesehen haben, seinen Hauptzweck vollständig, nur freilich auf eine grausamere Art, als er sich vorgestellt hatte. Sehr übereilt und tadelnswert würden wir seine eigenmächtige Handlungsweise nennen müssen, wenn er eine Ahnung von den großen Fortschritten gehabt hätte, welche Theobalds neue Liebe bereits gemacht hatte, weil Larkens jene Rechte der Braut nur auf große Kosten der Ehrlichkeit seines Freundes aufdecken konnte; übereilt und unsicher müßten wir sein einseitiges Verfahren auch insofern schelten, als er ja nicht wissen konnte, ob Nolten, wenn er sich auch bis jetzt noch gegen Constanze zurückgehalten, doch in kurzem nicht vielleicht ihr sein Herz anbieten werde, da er dann notwendig im zweideutigsten Lichte vor ihr erscheinen müßte; allein fürs erste hatte Larkens nicht die mindeste Vermutung davon, wie weit bereits das Verständnis der beiden gediehen war, und fürs zweite, was die Zukunft betrifft, ging er neuerdings ernstlich mit dem Gedanken um, Theobalden die Zeugnisse für Agnesens Unschuld vorzulegen, ihn zu näherer Prüfung der Sache zu vermögen, ihn im Notfall damit zu bedrohen, daß er die Gräfin selbst zur freundschaftlichen Schiedsrichterin darüber aufrufen werde.

Vor allen Dingen widmete er der Frage, inwiefern es geraten sei, Theobalden schon jetzt seine Pflichten für die Verlobte aufzudringen, eine reifliche Überlegung. — Wir überlassen ihn jetzt seinen Gedanken und kehren in das Zarlinsche Haus zurück.

Dort meldete sich des andern Tages gegen Abend ein vornehmer Besuch. Herzog Adolph erschien, und Constanze, in Abwesenheit ihres Bruders, empfing ihn allein. Das ungewöhnlich blasse und verstörte Aussehen der schönen Frau mochte ihm sogleich auffallen, er erkundigte sich auf das angelegentlichste nach ihrem Befinden, ging dann mit einer leichten Wendung auf sein eigenes Anliegen über und erzählte mit sichtbarem Verdrusse, was ihm gestern von einer höchst ärgerlichen Sache bekannt geworden, wobei er bedaure, daß sie gerade in *diesem,* ihm so höchst schätzbaren, Hause habe vorfallen müssen. Der König, sein Bruder, dessen Ehre dabei beteiligt wäre, sei auf das genaueste davon unterrichtet und aus dessen eigenem Munde habe er es gehört.

Constanze erschrak, erklärte, wie sie zwar an jenem Abende die allgemeine Bewegung der Gesellschaft wahrgenommen, wie auch sie nachher den Grund davon erfahren, wie sie aber an einen solchen Frevel von solchen Männern nicht sogleich habe glauben können. Sie bat, man möge doch wenigstens *sie* aller Stimme dabei überheben, da Leute von besserer Einsicht, von bedeutenderem Urteil zugegen gewesen. Aber der Herzog gestand, daß der König die vorläufige Ausmittelung der Sache ihm anbefohlen, daß er das Manuskript und was dazugehöre, bereits in Beschlag genommen, daß er aber nach wiederholtem Lesen und genauer Prüfung alles einzelnen noch nicht ganz habe mit sich einig werden können. Er sei zuletzt auf den Einfall geraten, alles von der Entscheidung einer „ebenso scharfsinnigen, als unbefangenen Dame" abhängen zu lassen, und er werde diesfalls auf seiner Bitte beharren, *ihrem* Ausspruch werde er unbedingt vertrauen. „Freilich", setzte er mit einem pikanten Akzente hinzu, „freilich, wenn meine getroste Voraussetzung von der gänzlichen Unbefangenheit meiner geliebten Freundin mich denn doch etwas trügte, wenn ihr einer oder der andere von den Beklagten mehr als billig am Herzen läge, dann, meine Gnädige, wäre es wirklich höchst undelikat, trotz Ihrer Weigerung einen gerechten Spruch aus Ihrem Munde zu verlangen."

Gelassen schaute die Gräfin ihn an und erwiderte: „Beide Männer waren mir sehr viel wert; Sie selbst haben diesen Nolten begünstigt, und schon um Ihretwillen, Adolph, sollte es mir leid sein, wenn Ihnen ein Freund unschuldig gekränkt würde. Was aber jenen Fehler, ich sagte füglich, jenes Verbrechen, betrifft, das man diesen Leuten schuld gibt, so will ich keineswegs der Gerechtigkeit im Wege stehen, nur sie zu befördern bin ich außerstande. Sie selbst können, dünkt mich, doch wohl am besten wissen, was Ihrem Freunde allenfalls zuzutrauen wäre, Sie dürfen von *ihm* aus dann getrost auf die Gesinnungen des Schauspielers schließen, denn beide sind ja *ein* Sinn und *ein* Gedanke. Richten Sie also. Sie waren zwar nicht Zeuge jenes Abends, aber die Dokumente liegen in Ihren Händen, was hätt ich demnach vor Ihnen voraus, das mich zu einem Urteil geschickter machte?"

Der Herzog stand auf, machte einige Schritte und sagte dann im freundlichsten Tone: „Ich tat Ihnen Unrecht, meine Liebe! vergeben Sie's. Ich sehe, wir sind beide in einer und derselben Verlegenheit, und wären so ziemlich gleich geneigt, das Ganze zu entschuldigen, wenigstens zum Guten zu wenden. Ich finde nun erst, wie unbillig es von meinem Bruder war, mich in diesen schlimmen Fall zu setzen, wie töricht von mir, den Auftrag anzunehmen. Zwar auch *meine* Ehre mußte dabei interessiert sein, aber je leidenschaftlicher ich die Sache aufnahm, um so weniger konnt ich hoffen, klar darin zu sehen, und meinem Unwillen hielt auf der andern Seite die Neigung für Nolten kaum das Gleichgewicht, da diese, in der letzten Zeit gar zu lässig von ihm gepflegt, so gut wie eingeschlafen war; um so schlimmer für Noltens Recht, wenn ich ohnehin Ursache hatte, ihm böse zu sein. Bei Ihnen, Beste, spricht ein reines menschliches Gefühl zugunsten des übrigens so braven Künstlerpaares, und ich gestehe Ihnen, auch mich will in Ihrer Nähe die alte Vorliebe für diesen Maler wieder einnehmen, ohne daß Sie noch ein Wort zu seiner Verteidigung vorgebracht — aber vielleicht gerade *darum* könnt ich ihm verzeihen, *weil* Sie ihn nicht verteidigen. Könnte ich bei dem Lärm, bei der Erbitterung, die der tolle Vorfall schon bei Hofe veranlaßt hat, ganz ruhig sein, mich vor dem Verdachte der Parteilichkeit bei meinem Bruder sichern, ich möchte die Herren wohl freisprechen und alles zu vertuschen suchen; so aber bin ich der Sorge doch nicht los, und meiner Stellung zu dem guten Maler erwächst aus der dummen Geschichte auf alle Fälle eine bleibende Schwierigkeit. Doch, was beschwere ich Sie mit diesen Unbilden — Lassen Sie uns davon schweigen. Am artigsten wär's", setzte er scherzend hinzu, „man setzte ein Gericht nieder, bestehend aus einem Archäologen, einem Professor der Ästhetik und einem Advokaten, die sich über das Manuskript und die Bilder hermachen sollten. Nicht wahr, meine Schönste?"

Die wahre Gesinnung des Herzogs und seine schwierige Lage läßt sich übrigens leicht aus folgenden Bemerkungen erkennen.

Weit entfernt von der Torheit, in der fabelhaften Figur jenes tausendjährigen Königs eine ehrenrührige Beziehung zu entdecken, fand er diese Beziehung eher schön und wohlgemeint; dagegen ihm die Ähnlichkeit jener Feenfürstin mit Viktorien um so bedenklicher vorkam. Denn wenn gleich das wahre Verhältnis dieser Person zum verstorbenen Regenten nicht ganz getroffen sein mochte, so war die scheinbarste Seite davon doch so charakteristisch herausgehoben, daß man nicht leugnen konnte, ein sehr frappantes Bild von Viktoriens Erscheinung vor sich zu haben. Die Zeichnung des selbstsüchtigen schalkhaften und doch wieder so innigen Wesens ahmte wirklich die leisesten Nuancen nach. Das alles hätte noch hingehen mögen. Aber diese Dame glänzte noch am Hofe, das Vertrauen, das Nikolaus ihr geschenkt hatte, ward noch vom Sohne geehrt. Insoferne müssen wir jenes Spiel höchst unbedachtsam nennen. Dennoch hätte es vielleicht dem Herzog nicht schwer sein müssen, den möglichen Schaden abzulenken, wäre nicht der König selbst in einer müßigen Stunde auf das verschrieene Manuskript neugierig gewesen. Hier entging ihm denn so manche Verwandtschaft keineswegs, er äußerte sich mit großer Unzufriedenheit über eine so unschickliche Anspielung, namentlich die leichtfertige oder ernste Einführung der bewußten wertgeschätzten Frau empörte ihn als eine unverzeihliche Vermessenheit. Der Herzog besänftigte ihn vorläufig, indem er dieses und jenes noch problematisch darstellte, versprach, das Ganze nochmals genau zu durchgehen, sowie auch nähere Erkundigungen einzuziehen; weil er aber doch ein gerechtes Gefühl des Bruders nicht schlechterdings umgehen und das Zutrauen nicht mißbrauchen wollte, womit dieser ihm die Entscheidung des keineswegs gleichgültigen Gegenstandes überließ, so kam er wirklich mit einer doppelten Pflicht ins Gedränge, er hätte ebensogerne den Maler geschont als dem Bruder Genüge getan; daher denn auch jene

Anfrage bei Constanze nichts weniger als bloße Pantomime war, er dachte sie bei dieser Gelegenheit ein wenig zu schrauben, fand aber ein solches Frauenorakel wirklich bequem für seine Unschlüssigkeit, nur glaubte er auf den Fall, daß die Geschichte Rumor machen könnte, aus Diskretion gegen Viktorie den eigentlichen Grund des Ärgernisses verstecken und mehr das Allgemeine vorkehren zu müssen.

Constanze blickte noch immer ernst vor sich nieder, ohne eine Miene zu ändern. Den Herzog rührte ihr Anblick, worin er von jetzt an wirklich nur die edelste Teilnahme an dem Schicksale zweier Hausfreunde zu lesen glaubte; ihr ganzes Wesen, von diesem Kummer leicht beschattet, deuchte ihm nie so reizend, so weich gewesen zu sein. Er setzte sich an ihre Seite und gab dem Gespräch eine andere Richtung, sie ging soviel möglich darauf ein, und der Zwang, den sie sich mitunter dabei antat, machte sie nur immer liebenswürdiger, kindlicher, unwiderstehlicher. Dazu kam die einladende Ruhe dieser Stunde, von zweien auf dem Tische brennenden Kerzen traulich verklärt. Der Herzog ergriff in der Unterhaltung die Hand seiner schweigsamen Nebensitzerin, er ließ die schmeichelhaftesten Vorwürfe gegen sie spielen über die karge Art, womit sie seiner Zärtlichkeit immer entgegne, auch jetzt erfuhr diese noch einigen Widerstand, doch — so schien es dem schlauen Manne — mehr einen anständigen als strenge zurückweisenden Widerstand.

Aber als ihr gepreßter Schmerz, ihre Unruhe, ihr Mißbehagen sich immer weniger verbarg, als der wärmer gewordene Liebhaber aufs neue mißtrauisch werden wollte, bald mit dringenden Worten, bald mit den lebhaftesten Liebkosungen zu einer Erklärung nötigte, da war es seltsam, jammervoll anzusehen, wie die arme Frau ganz außer sich geriet, in dem Augenblick, wo sie von ihrem unseligen Geheimnis aufs höchste bewegt, an die verlorene Liebe doppelt schmerzlich erinnert werden mußte, indem eine andere, bisher verhaßte, sich hülfreich stürmisch aufdrang. Jetzt stößt sie den Herzog heftig weg, jetzt gibt sie sich seiner Kühnheit unerhört willig hin, dem bängsten Seufzer, dem heißesten Gusse von Tränen folgt plötzlich ein Lachen, dessen kindische Lieblichkeit, dessen herzlicher Klang unter jeden andern Umständen hätte bezaubernd sein müssen. Der Herzog sah in alle diesem nur den unbeschreiblich rührenden Ausdruck einer bis jetzt verhüllten Leidenschaft für ihn, welche sich endlich verraten und noch im entzückten Mo-

mente der ersten Umarmung mit holder Scham und süßer Reue
kämpfe, ihn selber jedoch zum seligsten der Menschen mache.
Wie ganz anders sah es im Busen Constanzens aus! Oft war es
ihr, als säße sie, von einem Dämon, von einem höllischen Wesen
umschlungen, in entsetzlicher Unmacht festgebannt; Lust und
Unlust empörten sich wechselseitig in ihrem Innern, sie überließ
sich seinem Kusse mit einem schneidenden Gefühle von Widerwillen, ja von Ekel, sie empfand es unerträglich, wie elend sie
sich verirrt, wie töricht rasend ihre Einbildung sei, als ob sie
auf diese Art an jenem Verräter heimlich Rache üben könnte!
Er — (so rief, so wimmerte es in ihrer Seele) ja *er* allein hat es
verschuldet, daß Constanze so sich verleugnet, daß ich tue, was
ich sonst verabscheut hätte, und doch — wie wird alles werden?
wie soll das enden? wohl, wohl — mag es, wie es kann! — Sie
rang sich los, drückte den Kopf in die Purpurkissen des Sofa,
ihr Schluchzen zerriß dem Herzog das Herz, er berührte sie
schüchtern, er bat, er beschwor sie um Fassung; sie möge sich
doch besinnen, warum sie denn eigentlich verzweifle, ob das
unfreiwillige Bekenntnis einer Neigung, die ihn auf ewig zu
einem guten, mit Welt und Himmel glücklich ausgesöhnten Menschen zu machen bestimmt sei, ob die Furcht, daß dieses schöne
Verständnis jemals dem rohen Urteil der Menschen bloßgestellt
werden könne, ob ein Zweifel an seiner Verschwiegenheit, an
seiner Treue, ein Zweifel an seiner Ehrfurcht vor ihrer Tugend
sie quäle? „Constanze! Teure! Geliebte! blicken Sie auf! sagen
Sie, daß ich für heute, für jetzt, mich entfernen soll, fordern Sie,
daß ich Sie mein Leben lang durch nichts, durch kein halbes
Wort, mit keiner Miene, keinem leisen Wunsche mehr an diesen
Abend mahne! *Mir* aber darf er unvergeßlich bleiben; so wie
jetzt wird auf ewig dieses Zimmer, wird das Licht dieser Kerze
und wovon es Zeuge gewesen, vor meiner Erinnerung stehen —
o Gott! und *so,* in dieser traurig abgewendeten Lage muß die
Gestalt der edelsten Frau vor mir erscheinen, um allen himmlischen Reiz des vorigen Augenblicks wieder auszulöschen! ich
werde vergehen, verzweifeln, wenn Sie sich nicht aufrichten,
wenn ich Sie so verlassen muß."

Er faßte sie schonend an beiden Schultern, und sanft rückwärts gebeugt lehnte sie den Kopf an ihn, so daß die offenen
schwimmenden Augen unter seinem Kinne aufblickten. Freundlich gedankenlos schaut sie hinan, freundlich senkt er die Lippen
auf die klare Stirne nieder.

Lang unterbrach die atmende Stille nichts. Endlich sagt er heiter: „Ist's nicht ein artig Sprichwort, wenn man bei der eingetretenen Pause eines lange gemütlich fortgesetzten Gesprächs zu sagen pflegt: es geht ein Engel durch die Stube?"

Constanze schüttelte, als wollte sie sagen: der vorige, der gegenwärtige Auftritt habe doch wohl einen so friedsamen Geist nicht herbeilocken können.

Abermals versagt ihm ein weiteres Wort; er sinnt über den Zustand der Gräfin nach, der ihm aufs neue verschiedenes zu bedenken gibt. Nicht ohne Absicht kommt er daher spielend wieder auf Nolten und Larkens zurück. „Nein", sagt er zuletzt, „es würde mir sehr angenehm sein, wenn Sie, meine Liebe, mir über den bösen Punkt Ihre Ansicht offenbaren wollten. Ganz gewiß sind Sie längst darüber im reinen, zum wenigsten haben Sie eine Meinung. Reden Sie mir, ich bitte recht ernstlich — Halten Sie die beiden für schuldig?"

Die Befragte bedenkt sich eine Weile und sagt mit einer sonderbar zuckenden Bewegung: „Schuldig? — er ist's!"

„Wer doch?"

„Nun, der Nolten —"

„Ich erstaune! — und Larkens?"

„Wohl ebensogut. Ja, mein Herr, darauf verlassen Sie sich."

„Und sind strafbar?"

„So denk ich."

„Nun, auf mein Wort! so sollen sie's bereuen."

Der Herzog stand auf; Constanze blieb wie angefesselt. Er hatte dies strenge Urteil aus Constanzens Munde am wenigsten erwartet, um so gegründeter mußte es sein. Er fragte einiges, was ihre Ansicht näher bestimmen sollte, sie versicherte, nichts weiter zu wissen: er möge sich damit begnügen und auf keinen Fall sie verraten. Nun erst, da er Gewißheit zu haben glaubte, da selbst diese billig denkende Frau von solcher Ungebühr bewegt, entrüstet schien, erwachte Ärger und Verdruß in ihm, er enthielt sich der empfindlichsten Ausdrücke nicht, wiederholt dankte er der Geliebten ihre Aufrichtigkeit, die er als natürliche Folge einer zärtlich aufgeschlossenen Stimmung auslegte. Ihm ahnte nicht, von welchem Aufruhr widersprechender Gefühle die Gräfin innerlich zerrissen war, seitdem sie das Entscheidende ausgesprochen. Wie versteinert vor sich hinstarrend, blieb sie auf *einer* Stelle sitzen, war mehr als einmal versucht zu Milderung, zu völliger Widerrufung des Gesagten, aber ein

unbegreiflich Etwas band ihr die Zunge. Plötzlich hört man
den Wagen des Grafen vor dem Haus anrollen, ein eiliger Kuß,
ein schmeichelhaft Wort versiegelt von seiten des Herzogs das
Geheimnis dieser Stunde.

Ehe wir noch auf die Folgen zu reden kommen, welche diese
Vorgänge rasch genug nach sich gezogen, enthalten wir uns
nicht, einen allgemeinen Blick auf die Gemüter zu werfen, zwischen denen sich durch die fatalste Verschränkung der Umstände, durch ein doppeltes und dreifaches Mißverständnis eine
so ungeheure Kluft gebildet hatte.

Indem unser Maler sich den Aussichten eines unbegrenzten
Glückes überläßt, mit jedem Tage der völligen Entscheidung
desselben entgegenblickt und soeben beschäftigt ist, der Gräfin
seine Wünsche, seine Anerbietungen in einem ruhig besonnenen
Briefe frei und edel hinzulegen, spinnt ihm die Liebe selbst durch
Constanze ein verräterisches Netz. Der redliche Wille eines
Freundes, der im dunkeln seinen Zweck hartnäckig verfolgte,
ward zum Spiel eines schlimmer oder besser gesinnten Schicksals: die sorgsam aber grillenhaft angelegte Mine, womit Larkens einen gefährlichen Standpunkt der Personen nur leicht
auseinanderzusprengen dachte, hat sich tückisch entladen und
ist im Begriff, ihrer viere, und darunter ihn selber, mit bitterm
Unheil zu treffen, so daß man kaum wüßte, wer von allen am
meisten zu bedauern sei, wenn es nicht jenes unschuldige Mädchen ist, um dessen gerechtes Wohl es sich von Anfang an
handelte. Aber, scheint Constanze unser Mitleid verscherzt zu
haben, seitdem sie sich zu einer heftigen Rache hinreißen ließ
und derselben einen falschen Grund unterzuschieben wußte, ja
seitdem es den Anschein hat, als wolle sie sich an einen zweideutigen Verehrer wegwerfen, so werden wir doch billig genug
sein, uns den Zustand eines weiblichen Herzens zu vergegenwärtigen, das aufs grausamste getäuscht, von der Höhe eines
herrlichen Gefühls herabgestürzt, an sich selber, wie an der
Menschheit, auf einen Augenblick irrewerden mußte. Was Theobalden selbst betrifft, so sehen wir schon jetzt, wie sich ein zwar
sehr verzeihliches, aber dennoch übereiltes Mißtrauen in der
Liebe durch ein ganz ähnliches an ihm bestraft, und wir wollen
erwarten, ob diese harte Züchtigung mehr zu seinem Unglück
oder zu seinem Heile ausschlagen soll.

Die auf Befehl des Herzogs geschehene Konfiskation des verdächtigen Spielkästchens war den Freunden schon kein gutes Zeichen. Larkens geriet in Wut über diesen abgeschmackten Gewaltstreich, wie er's nannte. „Mögen sie sich doch", rief er dem Maler zu, „die Zähne ausbeißen an diesen armseligen verklecksten Gläsern! und dem ersten Schöpsen, der die Nase in mein argloses Machwerk stecken wird, schlage der Geist des alten Nikolaus nur tüchtig hinters Ohr, zur Erleichterung des kritischen Verständnisses!"

Theobald wollte den Herzog selbst belehren, der Schauspieler gab es nicht zu, indem er behauptete, man müsse dem Pack den Gefallen nicht tun, man müsse abwarten, bis die Maus selbst aus dem unheilschwangeren Berg hervorspringe und die Dummheit sich prostituiere. Da demungeachtet der Maler in seiner gütlichen Absicht den fürstlichen Gönner aufsuchte, ward er zu seiner größten Bestürzung und Verdruß nicht vorgelassen. Ganz trostlos aber machte es ihn, als er sich seine letzte Zuflucht zu Zarlins auf gleiche unerhörte Weise abgeschnitten sah. Er wußte sich nicht zu helfen, nicht zu raten, er hätte mit Freuden den Haß des ganzen Hofes auf sich geladen, wenn er nur über Constanze hätte ruhig sein können.

Inzwischen ward jene mißliche Sache durch einen hinzugetretenen Umstand gar sehr verschlimmert, ja sie bekam eine völlig veränderte Gestalt. Wie immer ein Übel das andere erzeugt und in solchen Fällen des Unheils kein Ende ist, so hatten einige Stimmen nicht ermangelt, bei dieser Gelegenheit an gewisse vor längerer Zeit anhängig gemachte und zum Teil wirklich erhobene Kriminalfälle, geheime Umtriebe betreffend, zu erinnern, und obgleich diese Dinge bereits für abgetan galten, so glaubte man doch keinen unbedeutenden Nachtrag hinter dem Schauspieler suchen zu müssen.

Der unruhige Geist, welcher, von gewissen politischen Freiheitsideen ausgehend, eine Zeitlang die Jugend Deutschlands, der Universitäten besonders, ergriffen hatte, ist bekannt. Die Regierung, von welcher hier die Rede ist, behandelte dergleichen Gegenstände mit um so größerer Aufmerksamkeit, als sich entdeckte, daß immer auch einige durch reiferes Alter, Geist und übrigens unbescholtenen Charakter ausgezeichnete Männer nicht verschmäht hatten, an solchen Geheimverbindungen, im weiteren oder engeren Sinne, teilzunehmen. So hegten denn namentlich zwei genaue Bekannte unseres Schauspielers diese gefährliche Tendenz mit vieler Vorliebe, und der letztere, weit

entfernt von jedem ernstlichen Interesse an der Sache, verbarg
diesen Leuten gegenüber seine Gleichgültigkeit und Geringschätzung hinter der Maske des feurigsten Enthusiasten, indem
er sich das Vergnügen nicht versagen konnte, seine Genossen
auf eine jedenfalls unverantwortliche Weise zum besten zu haben. Er schrieb ihnen Briefe voll schwärmerischen Schwungs,
machte die absurdesten Vorschläge und wußte den Verdacht
einer bloßen Äfferei durch eine kunstvolle ironische Einkleidung, durch abwechselnd vernünftige Gedanken, sowie durch
die höchste Konsequenz in der persönlichen und mündlichen
Darstellung zu entfernen, so daß ihn die Gesellschaft zwar für
ein seltsam überspanntes, doch aber höchst talentvolles Mitglied
ansprach, wenn es gleich an einzelnen klugen Köpfen nicht
fehlte, die ihm heimlich mißtrauten und scharf auf die Finger
sahen; er bemerkte dies, spielte den Gekränkten, zog sich noch
eben zu rechter Zeit zurück und erhielt gegen das Versprechen
der tiefsten Verschwiegenheit seine schriftlichen Aufsätze sämtlich zurück. Als es zwei Jahre nachher von Staats wegen zur
Untersuchung und Aufhebung der Verbrüderten kam, und entfernterweise auch seiner erwähnt ward, konnte es ihm bei der
Diskretion der Bundesgenossenschaft wirklich gelingen, sich
wie ein Aal aus der Klemme zu winden, während andre, zum
Teil schon in öffentlichen Ämtern stehende, Männer zu nachdrücklicher Bestrafung gezogen wurden. So erfreute er sich
geraume Zeit einer guten Sicherheit, aber sein frevelhafter Mutwille sollte nicht ungerächt bleiben. Das berüchtigte Schauspiel
rief die alten Erinnerungen wieder hervor, übelwollende, wichtigtuende Aufklauber übten sogleich ihre ganze Geschäftigkeit,
und der König sah sich bewogen, einen so verhaßten Gegenstand
abermals in öffentliche Anregung zu bringen. Der Herzog,
seinerseits an die Erheblichkeit dieses neuen Verdachtes keineswegs glaubend, bedauerte diese höchst verdrießliche Wendung
der ohnehin so schief gedrehten Geschichte um so aufrichtiger, je
weniger Freund Nolten ungefährdet dabei bleiben konnte, und
je weniger er selbst sich verhehlte, daß vielleicht einige glücklich angebrachte Winke von ihm hingereicht haben würden, den
ersten schwierigen Eindruck des bewußten Gedichtes zu vernichten, und so jedem weiteren Nachhalle vorzubeugen. Er sah
nur zu deutlich ein, wie es am Ende doch jenes einzige Wort
aus Constanzens Munde gewesen, was seine Schritte geirrt und
seine versöhnliche Gesinnung mit einem geheimen Aber ange-

steckt habe. Jetzt konnte an eine Vertuschung nicht mehr gedacht werden, und alles nahm seinen strengen, gesetzlichen Gang.

Wie ein Donnerschlag traf es die Freunde, als ihre Verhaftung nun wirklich erfolgte. Eine Kommission ward beauftragt, ihre Papiere zu durchsuchen, und zum Unglück kam dies alles so rasch, so unvermutet, beide hatten so gar keine Ahnung von den neuesten Gerüchten, daß Larkens nicht von weitem daran dachte, jene verfänglichen Briefe auf die Seite zu schaffen; denn leider waren sie noch vorhanden, er hatte die Vertilgung so merkwürdiger Aktenstücke nicht über sich vermocht, vielmehr lagen sie über die Zeit der ersten Untersuchung als geheimes Depositum in dem Hause eines unverdächtigen Bekannten, später nahm sie der Verfasser wieder zu sich und ein versiegeltes Portefeuille in seinem Pult verwahrte den verräterischen Schatz. Wie sehr der Umstand unsern Schauspieler beunruhigen mußte in dem Augenblick, als ihm die Festnehmung seiner eigenen Person das Ernstliche der Absicht genugsam bewies, läßt sich denken; denn daß man die Briefe finden würde, daß der Inhalt, obwohl höchst komischer Natur, gar sehr gegen ihn zeugen müsse, war zu erwarten.

Die beiden wußten kaum, wie ihnen geschah, als sie sich eines Morgens in zwei abgesonderte Zimmer des sogenannten alten Schlosses zu trauriger Einsamkeit verwiesen sahen. Leopold und Ferdinand waren teilnehmende Begleiter auf dem verhaßten Gange. Beim Abschied konnte Nolten kein Wort vorbringen, kaum fand er Gelegenheit, dem Bildhauer ein kurzes Billett an den Grafen nochmals zu empfehlen. Larkens' Benehmen drückte einen knirschenden Schmerz aus, er kehrte das Gesicht ab, während er Noltens Hand zum letztenmal faßte.

Wenn der Mensch von einem unerwarteten Streiche des ungerechtesten Geschickes betäubt stille steht und sich allein betrachtet, abgeschlossen von allen äußeren mitwirkenden Ursachen, wenn das verworrene Geschrei so vieler Stimmen immer leiser und matter im Ohre summt, so geschieht es wohl, daß plötzlich ein zuversichtliches, fröhliches Licht in unserm Innern aufsteigt, und mit Heiterkeit sagen wir uns, es ist ja nicht möglich, daß dies alles wirklich mit mir geschieht, ungeheurer Schein und Lüge ist es! Wir fühlen uns mit Händen an, wir erwarten, daß jeden Augenblick der Nebel zerreiße, der uns umwickelt. Aber diese Mauern, diese sorgsam verriegelte Tür wiesen dem armen Maler mit frecher Miene ihr festes unbezwingliches Dasein. Erschüttert, mit lautem Seufzen ließ er sich auf den nächsten Stuhl nieder, ohne einmal an das Fenster zu treten, das ihm eine weite Aussicht ins Freie und seitwärts einen kleinen Teil der Stadt freundlich und tröstlich hätte zeigen können. In der Tat hatte das Zimmer eine angenehme Lage, in dem obersten Teil des ohnehin hochgelegenen, altertümlichen, hie und da noch befestigten Gebäudes. Dieser eine Flügel war, die Wohnung des Kommandanten und des Wärters ausgenommen, ganz unbewohnt, von einer andern Seite, wo Garnison lag, tönte zuweilen ein munterer militärischer Klang, Trommel und Musik nicht allzu geräuschvoll. Auch die nächsten Umgebungen Theobalds nahmen sich eben nicht sehr düster aus, die Wände rein geweißt und trocken, die Eisenstäbe vor den Fenstern weit genug, um nichts zu verdunkeln, die Heizung regelmäßig, soweit die herankommende Frühlingszeit sie nicht gar entbehrlich machte. Aber an der notdürftigsten Unterhaltung mit Büchern, Schreibzeug und dergleichen fehlte es, und jede Art von Material für den Künstler insbesondere schien ausdrücklich verwehrt. Auch dachte unser Gefangener für jetzt noch an alle das keineswegs; vielmehr liefen seine Gedanken mit der Geliebten, mit dem ganzen zerrissenen und verhüllten Bilde seiner Zukunft beschäftigt, immer in demselben Schwindelkreise, wie an einem unübersteiglichen, von keiner Seite zugänglichen Walle, verzweifelnd hin und her. Und wenn er sich das Ärgste, das Äußerste vorgehalten, so kam ihm doch stets wieder der Glaube an Constanzens richtiges Gefühl, an ihre Klarheit, ihre treue Gesinnung mutig entgegen. Sie mochte ihn damals abgewiesen haben, weil ihre Stellung zum Hofe ihr diesen Zwang auflegte, sie mochte selbst, auf kurze Zeit vom allgemeinen Irrtum angesteckt, einigen Unwillen hegen, aber ihr Herz werde ihn freisprechen, werde mit ihm leiden, sie selbst werde eine Milderung des gegenwärtigen Übels zu befördern wissen. Diese seine Hoffnung gewann nach und nach so viel Stärke, daß ihm die Gestalt der schönen Frau nicht anders als mit dem Ausdruck mitleidiger Liebe wie ein Friedensbote vorschwebte, ja zuletzt mit dem reizenden Ungestüm einer angstvollen Braut, welche die Befreiung des Verlobten fordert. Aber furchtbar lastete die Zeit der Ungewißheit auf ihm, bis er den ersten gütigen Laut von ihr vernehmen könnte! Jenes Billett an den Grafen — kaum erinnerte er sich der hastig hingeworfenen Worte — drückte eigentlich nur eine lebhafte Beteurung seiner Unschuld, einen schmerzlichen Klageton aus, der hauptsächlich auf das Gemüt Constanzens berechnet sein mochte. Ein früher entworfenes Schreiben an die letztere, wovon wir oben etwas gesagt, hatte er mit sich hiehergebracht; er las jetzt diese gemäßigten, freudig hoffenden, kühn versprechenden Linien aufs neue; er glaubte die Teure vor Augen zu haben, ihre zarte Hand zu ergreifen, ihre Zusage zu hören, den Hauch ihres Mundes zu fühlen, und ach! wie stumpfte dann wieder der Anblick dieser Zelle gegen den lebendigsten Traum!

Larkens an seinem Orte quälte sich nicht weniger mit Zweifeln und Sorgen auf und nieder. Es entbehrte seine Phantasie der immer noch lieblichen Hintergründe, womit jener Leidensbruder sich seinen Zustand aufschmeichelte. Überdies mußte er nach einer Äußerung, die ihm privatim zugekommen war, und die er schonungsvoll für sich allein behalten, die Aussicht auf baldige Lossprechung viel weiter hinaus denken, als man sonst geneigt war; und er empfand dies um so peinlicher, je mehr er alle Schuld dieses doppelten Mißgeschicks auf sich zurückführte. Für die auswärtigen Angelegenheiten seines Freundes glaubte er indessen vorläufig dadurch gesorgt zu haben, daß er, auf den Fall eines längeren Stillstandes im schriftlichen Verkehr mit Agnes, diese unter Vorschützung einer Geschäftsreise beruhigte. Einigen Vorteil für seinen geheimen Plan fand er in der Entfernung Noltens von der Person Constanzens. Aber dieser kleine Gewinn, wie teuer erkauft! Und bedachte er vollends, was er selbst entbehre durch die Trennung von Theobald, was in solcher Widerwärtigkeit der Trost eines gemeinsamen Gespräches wäre, erwog er die Unmöglichkeit, sich auch nur durch einen Buchstaben von Zeit zu Zeit wechselsweise mitzuteilen und anzufrischen, so hätte er laut toben, er hätte aufschreien mögen über die Einförmigkeit eines Daseins, wovon er, der ungebundene, keck verwöhnte und reizbare Mensch nie einen Begriff gehabt. Die einzige Hoffnung setzte er auf ein Verhör.

Schon waren einige Tage verstrichen, als die Lage der beiden durch die zugestandene Erholung mit Lektüre bereits erträglicher zu werden versprach, doch Larkens wies dergleichen starrsinnig von sich, und während Nolten bei allem erdenklichen Leidwesen doch den Vorzug genoß, daß ihm teils die Liebe, teils ein zu Hülfe gerufener Künstlersinn immer neuen Stoff zu innerlicher Belebung zuführte, so versank der Schauspieler gar bald in die Finsternis seines eigenen Selbst, er wurde die freiwillige Beute eines feindseligen Geistes, den wir bisher nur wenig an ihm kennengelernt, weil er ihn selber bis auf einen gewissen Grad glücklich genug bekämpft hatte. Um uns übrigens hierin ganz verständlich zu machen, wird folgender Aufschluß hinreichen.

Von vermögenden Eltern herkommend, ohne sorgfältige Erziehung von Hause aus, bezog er sehr jung die Akademie, wo er, keinen festen Plan im Auge, neben einem lustigen kameradschaftlichen Treiben dennoch schöne philosophische und ästhetische Studien machte. Eine Reise nach England und die Höhe des dortigen Schauspielwesens bekräftigte den Entschluß, sich mit höchstem Ernste dieser Kunst zu weihen. Seine erste theatralische Schule begleiteten bereits öffentliche Proben auf einem der angesehensten Schauplätze, und die Aufmerksamkeit des Publikums wurde zur Bewunderung, als er, obwohl ungerne, dem Rate eines erfahrenen Mannes folgend, sich eine Zeitlang in durchaus komischen Repräsentationen erging. In dem Maße, wie er, einem sonderbaren Naturzwang zufolge, wieder zum Ernsthaften einlenkte, nahm der allgemeine Beifall ab, und so schwankte er unbefriedigt, mißlaunisch ein volles Jahr hin und her, ohne einsehen zu wollen, welchem von beiden Fächern er sein Talent zuwenden müsse. Dazu kam der Übelstand, daß dem praktischen Künstler seine poetische Produktivität viel mehr hinderlich als förderlich war; er wollte im Reiche seiner eigenen Dichtung leben und empfand es übel, wenn ihn mitten in der schaffenden Lust das Handwerk störte, was um so unvermeidlicher war, da seine Arbeiten ganz außer der allgemeinen Bühnensphäre lagen und nur von einem engen Freundeskreise gefaßt und geschätzt werden konnten. Dieser widrige Konflikt des Dichters und des Brotmenschen brachte die ersten Stockungen und Unordnungen in seinem Leben hervor; aus Verdruß über die Unausführbarkeit seiner höhern Geisteswelt warf er sich in den Strudel der gemeinen, und die Leidenschaften, welche er durch kunstmäßige Darstellung im schönen Gleichgewichte mit seinem bessern Selbst zu erhalten gedacht hatte, ließ er jetzt in zügelloser Wirklichkeit rasen.

Um jene Zeit hatte sich unter seinen Freunden die eigene Sucht hervorgetan, sich durch Erfindung und Durchführung fein angelegter Intrigen zu zeigen. Larkens spielte in einem gutartigen Sinne hierin gerne den Meister, aber leider verwickelte ihn dies Unwesen bald mit einer, als schön und witzig gleichbekannten, Schauspielerin, ein Umgang, der ihn bald in einen Wirbel der verderblichsten Genüsse niederzog. Sein Beruf ward ihm leidige Nebensache, und, mehr als einmal im Begriffe, verabschiedet zu werden, erhielt er sich nur dadurch, daß er von Zeit zu Zeit durch eine Vorstellung, worin er allem Genie aufbot, die Gunst seiner Leute gewaltsam an sich riß. Mit Schmerzen blickte man ihm nach, als er freiwillig den Ort verließ, welcher Zeuge seiner traurigen Versunkenheit gewesen. Er entsagte dem unwürdigen Leben, raffte sich zu neuer Tätigkeit auf, und ward ein erfreulicher Gewinn für die Stadt, worin wir ihn später als Noltens Freund kennenlernten. Aber jene fleckenvolle Zeit seines Lebens hinterließ auch dann noch eine unüberwindliche Unruhe, eine Leere bei ihm, als er seine sittliche und physische Natur längst mit den besten Hoffnungen aus dem Schiffbruch gerettet hatte. Des heiteren geistreichen Mannes bemächtigte sich eine tiefe Hypochondrie, er glaubte seinen Körper zerrüttet, er glaubte die ursprüngliche Stärke seines Geistes für immer eingebüßt zu haben, obgleich er den zwiefachen Irrtum durch tägliche Proben widerlegte. Wie oft hielt er Theobalden, wenn dieser bemüht war, seine Grillen zu verjagen, mit wehmütigem Lachen das traurige Argument entgegen: „Das bißchen, was noch aus mir glänzt und flimmt, ist nur ein desparates Vexierlichtchen, durch optischen Betrug in euren Augen vergrößert und verschönert, weil sich's im trüben Hexendunste meiner Katzenmelancholien bricht." Mit solchen Ausdrücken konnte er sich ganze Stunden gegen Theobald erhitzen, und erst nachdem er sich gleichsam völlig zerfetzt und vernichtet hatte, gewann er einige Ruhe, eine natürliche Heiterkeit wieder, wobei er, nach dem Zeugnis aller, die ihn umgaben, unglaublich sanft und liebenswürdig gewesen sein soll. Außer Theobald und etwa einem andern früheren Vertrauten kannte ihn jedoch keine Seele von dieser schwermütigen Seite, er wußte sie trefflich zu verbergen, und sein Betragen auf diesen Punkt gab selbst dem Menschenkenner niemals eine Blöße. Inzwischen war der gute Einfluß nicht zu mißkennen, den Noltens Umgang, sein kräftiger Sinn, auf jenes verdunkelte Temperament ausübte, denn wenngleich unser Maler selbst an einer gewissen Einseitigkeit leiden mochte, so war doch sein sittlicher Grundcharakter unerschütterlich, und ein Streben nach voller geistiger Gesundheit beurkundete sich zeitig in der mehr und mehr zum Allgemeinen aufsteigenden Richtung seiner Kunst, mit Bereinigung alles dessen, was ihm von einer phantastischen Entwicklungsperiode noch anklebte. Larkens schöpfte mit Lust aus dieser Quelle ein reines Wasser auf sein dürres Land, er hielt sich leidenschaftlich an den neuerworbenen Freund, ohne doch diese Inbrunst stürmisch im Worte zu verraten; vielmehr geriet er unwillkürlich in die gemäßigte Rolle eines Mentors hinein, eines Meisters, welcher durch eigenen unsäglichen Schaden klug geworden, dem Jüngern gar wohl gelegentlich auf die rechte Spur helfen zu können glaubt. Und indem er so am raschen Strom eines in jugendlicher Fülle strebenden Geistes teilnahm, erwuchs ihm ein neues Zutrauen zu sich selber, die Schuppen seines veralteten Wesens fielen ab, eine frische Bildung erschien darunter. Immer seltener wurden jene selbstquälerischen Ausbrüche, ja sie verschwanden zuletzt völlig; was Wunder, daß nun ein Gefühl von Dankbarkeit ihn unserem Freunde auf ewig verband, daß er sich's zur Pflicht machte, mit aller Kraft für das Wohl des Geliebten zu arbeiten? Mögen wir auch an einem auffallenden Beispiele, das er von diesem warmen Eifer gab, einen Hang zum Seltsamen keineswegs verkennen, so war die Intention dennoch die lauterste, brüderlichste, und wer wollte ihm verargen, wenn er bei der zarten Pflege, die er einem gebrochenen Liebesverhältnis widmete, zugleich seinem Herzen den Triumph bereitete, welcher in dem Zeugnis lag, daß er als ein vielversuchter Abenteurer sich dennoch mit unschuldiger Innigkeit an der eingebildeten Liebe eines engelreinen Wesens erfreuen konnte, eines Mädchens, das er nie mit Augen gesehen und an dessen Besitz er niemals gedacht hatte, so wünschenswert er auch erscheinen mochte. Gerne begnügte er sich mit der Fähigkeit, ein schönes Ideal noch in sich aufnehmen und außer sich fortbilden zu können; er fing an, mit sich selber, mit der Welt sich zu versöhnen. So weit war alles in gutem Geleise: nun aber herausgerissen aus aller Tätigkeit, aus einem gesellig zerstreuenden Leben, dem Elemente seines Daseins, gefoltert überdies von dem Gedanken, einem teuren Freunde Veranlassung zu bedenklichem Unfalle geworden zu sein, erwehrte er sich eines allgemeinen Trübsinnes nicht mehr, die alten Wunden brachen wieder auf, geschäftig wühlte er darin, Vergangenheit und Gegenwart flossen in ein grinzendes Bild vor ihn zusammen, er betrachtete sich als den elendesten der Menschen, er verlor sich mit Wollust in der Vorstellung, daß dem Manne, durch Schuld und Jammer überreif, die Macht gegeben sei, das Leben eigenwillig abzuschütteln. Je gewisser er im äußersten Falle auf diese letzte Freistatt rechnen konnte, und je ruhiger er nach und nach den entsetzlichen Gedanken beherrschen lernte, desto mehr gewann sein Gemüt auf der andern Seite an Freiheit und an Mut, die nächste Zukunft duldend abzuwarten; sein Zustand wurde milder, sogar heiterer.

Eine unerwartete Unterbrechung dieses brütenden Stillesitzens, so angenehm sie erschien, wollte ihn doch beinahe störend überraschen, da er die ersten Fäden einer allmählichen Verpuppung durch den Zudrang frischen Lebenshauches wieder zerrissen, und sich selbst zu neuer Hoffnung aufgemuntert sah. Denn eines Morgens, in der vierten Woche der Gefangenschaft, trat der Kommandant ins Zimmer, mit der Nachricht: es solle beiden Herren erlaubt sein, zuweilen einen und den andern Freund bei sich zu sehen, doch jeder nur auf seinem eigenen Zimmer und ohne daß die Gefangenen selbst zusammengeführt würden. Larkens dankte so gut er konnte, besonders verdroß ihn die letzte Bedingung; auch hatte der Offizier einem weiteren guten Vorurteil, das man aus dieser Vergünstigung ziehen mochte, nicht undeutlich vorgebeugt, und überdies vermutete Larkens, daß man diese Gunst nur der besonderen Attention des Herzogs gegen Nolten zu verdanken habe.

Den ersten Abend brachten Ferdinand und Leopold bei Theobald zu, den folgenden bei dem Schauspieler, wozu sich noch ein dritter Freund anschloß. So lebhaft ein solches Wiedersehen sein mußte, so freundlich die lieben Gäste mit Neuigkeiten aller Art und mit dem besten Weine zu Belebung der Gemüter das Ihrige taten, so war es doch nur erzwungene Freude, und Theobald wußte sich um so weniger zu lassen, da er gleich anfangs hören mußte, daß sein Billett an Zarlin zwar angenommen worden, daß jedoch bei einem Besuche, welchen Leopold im Hause gemacht, der Graf bloß ein allgemeines, ziemlich kühles Bedauern geäußert habe. Insofern Leopold nichts von der wahren Beziehung wissen sollte, welche Noltens Interesse für jene Familie hatte, so konnte dieser nur durch entfernte Fragen herauslauschen, daß Constanze gar nicht sichtbar, auch keine Rede von ihr gewesen sei.

Diese Lage der Dinge drückte nun freilich schwer auf das Herz des geängstigten Liebhabers, aber wie ward ihm vollends zumute, als der Bildhauer sein vor einigen Wochen schon gemachtes Anerbieten wiederholte, einen Brief an Agnes zu besorgen, ja als er gutmütig äußerte, wie er die ganze Zeit her im Zweifel gewesen, ob er nicht selbst diese Pflicht übernehmen und dem Vater des Mädchens die leidigen Begebenheiten schonungsvoll beibringen solle, wie ihn aber ein Wort, das Larkens gleich anfangs hierüber fallenlassen, dennoch beruhigt habe. „Jawohl", sagte Nolten, „dafür ist schon Rat geschafft!" und verdrängte diese Materie, während er im stillen aus der ablehnenden Äußerung, welche der Schauspieler getan haben sollte, nicht ganz klug werden konnte, und überhaupt auf die traurigsten Kombinationen verfiel.

Die Art, wie Larkens die Besuche aufnahm, war im Grunde ansprechender, denn er setzte von jeher einen Vorzug darein, sich vor Menschen zusammenzunehmen und eine wohlwollende Annäherung, auch wenn sie zur Unzeit kam, gutmütig, zart und gefällig zu erwidern. Die Nachricht aber, womit man ihn besonders zu erfreuen dachte, daß das Theater und dessen Liebhaber herzlich und laut um ihren besten Liebling trauern, nahm er gleichgültig auf und wollte nichts davon hören. Die Urteile der Stadt im allgemeinen betreffend, hieß es, man trage sich mit allerlei übertriebenen Meinungen von dem Vergehen der Verhafteten; die Vernünftigen zucken die Achsel, niemand wolle an eine gänzliche Unschuld der beiden glauben. Auch hatten indessen drei Verhöre stattgefunden, ohne daß man dadurch einer glücklichen Entscheidung um vieles nähergerückt wäre.

War der Zustand unseres Paares unter diesen Umständen beklagenswert genug, so sollte noch die schwerste Prüfung über den Maler ergehen, indem sich auf alle die heftigen Erschütterungen ein Fieber bei ihm ankündigte, das der Arzt sogleich für bedeutend erkannte. Der Kranke verließ seit drei Tagen das Bett nicht mehr, häufig lag er ohne Bewußtsein da und in freieren Stunden war das Gefühl seines Elends nur um so stärker; die Phantasien der Fieberhitze setzten ihr grelles Spiel auch im Wachen fort und schleuderten den Gequälten in unbarmherzigem Wechsel hin und her. Bald nahte sich Constanze seinem Lager, und wenn sein inniger Klageton ihr Mitleid, ihre Liebe ansprach, wenn sich die edle Gestalt soeben über den Leidenden herzusenken schien, floh sie entsetzt und zürnend wieder weg; bald zeigte sich die verstoßene Agnes an der

Tür, den stillen Blick betrübt auf ihn gerichtet, bis sie sich nicht mehr hielt und lautweinend neben ihm auf die Kniee stürzte, seine Hand mit tausend Küssen bedeckte und er die arme Reuevolle gleichfalls liebreich an sich herzuziehen genötigt war.

Dergleichen Vorstellungen, worin sich der Rest seiner Neigung zu jenem verkannten liebenswürdigen Kinde nun auf dem durch Krankheit und Schwäche erweichten Grunde seines Gemütes sonderbar und lebhaft abspiegelte, wiederholten sich immer häufiger und waren um so weniger abzuweisen, da sie ihm zunächst durch einen seltsamen Zufall von außen aufgedrungen worden waren. Denn eines Morgens erwachte er vor Tag aus einem unruhigen Halbschlafe an einem weiblichen Gesang, der aus der Küche des Wärters unter seinem Fenster zu kommen schien. Der Inhalt des Lieds, sowenig es ihm selber gelten konnte, traf ihn im Innersten der Seele, und die Melodie klang unendlich rührend durch das Schweigen der dunkeln Frühe, ja die Töne selber nahmen in seiner Einbildung eine wunderbare Ähnlichkeit mit der Stimme Agnesens an.

> Früh, wenn die Hähne krähn,
> Eh die Sternlein verschwinden,
> Muß ich am Herde stehn,
> Muß Feuer zünden.
>
> Schön ist der Flammen Schein,
> Es springen die Funken,
> Ich schaue so drein,
> In Leid versunken.
>
> Plötzlich da kommt es mir,
> Treuloser Knabe!
> Daß ich die Nacht von dir
> Geträumet habe.
>
> Träne auf Träne dann
> Stürzet hernieder,
> So kommt der Tag heran —
> O ging' er wieder!

Zum ersten Male seit undenklicher Zeit fühlte Theobald wieder die Wohltat unaufhaltsamer Tränen. Die Stimme schwieg, nichts unterbrach die Ruhe des langsam andämmernden Morgens. Der Kranke barg das Gesicht in die Kissen, ganz der Süßigkeit eines — dennoch so bittern! Schmerzens genießend.

An demselben Morgen bekam Larkens, da er kaum das Bett verlassen hatte, von Leopold, dem Bildhauer, einen Besuch, der eigentlich Theobalden bestimmt war; auf die Nachricht vom Pförtner jedoch, daß der Kranke nach einer erträglichen Nacht soeben noch ruhig schlummere, wagte der Freund keine Störung und ließ sich das Zimmer des Schauspielers aufschließen. Er fand den letztern in der traurigsten Stimmung, worein ihn die Sorge um Nolten versetzte, und Leopold, gleichfalls heftig bewegt, hatte Mühe, ihn zu trösten.

Nach einiger Zeit fing der Bildhauer an: „Nun muß ich Ihnen eine Eröffnung machen, die freilich zunächst für Nolten gehörte, sie betrifft einen Vorfall, womit ich mich schon drei Tage herumtrage, ohne daß ich Gelegenheit erhalten konnte, ihn einem oder dem andern von Ihnen mitzuteilen; denn der Obrist schlug mir die Bitte zweimal ab, zumal da der Arzt den Kranken sowenig als möglich durch Gesellschaft beunruhigt wissen will; gestern bekam ich mit Not auf eine Stunde Erlaubnis; die Angst um Nolten und, ich darf wohl sagen, auch meine Neuigkeit ließ mir nicht Rast noch Ruhe mehr. Das was ich mitzuteilen habe, ist unerhört, ist ganz unbegreiflich, für Nolten taugt es unter gegenwärtigen Umständen auf keinen Fall."

„Nun, nur um Gottes willen kein Unglück!" sagte der Schauspieler verdrießlich lächelnd über den langen Eingang; „ich meine schon von einer neuen Resolution hören zu müssen, daß wir armen Tropfen am Ende noch Karren schieben werden bei Wasser und Brot?"

„Nichts! Setzen wir uns, und hören Sie. Es war an dem Abend unserer neulichen Zusammenkunft; ich und Ferdinand hatten Sie kaum verlassen, das Schloß lag hinter uns, ich wollte soeben in die Prinzenstraße einlenken, so zeigt mir ein zufälliger Seitenblick in die leere Kastanienallee, wo wir vorüber mußten, ein weibliches Wesen ganz ruhig an einen der Bäume gelehnt. Das Auge der Unbekannten begegnete dem meinigen. Ich kam fast von Sinnen beim Anblick dieser Physiognomie, denn — doch zuvor muß ich fragen — Sie erinnern sich wohl des tollen Gemäldes von Nolten?"

„Welches?"

„Der Organistin."

„Ganz wohl."

„Und wenn ich Ihnen nun sage, *diese war's,* werden Sie mir glauben?"

„Nicht, bis ich erst ausgerechnet, wie viel Bouteillen wir damals getrunken."

„Spaßen Sie; es war heller Mondschein, ich sah das Gesicht deutlich wie am Tage, und was meine Nüchternheit betrifft —"

„Schon gut!" unterbrach ihn Larkens aufstehend und ging einigemal nachdenklich auf und ab, indessen Leopold fortfuhr. „Noch muß ich Ihnen gleich eine Schwachheit bekennen, lieber Larkens, und Sie mögen mich immerhin darüber ausschelten, aber wer in aller Welt ist ganz vorm Aberglauben sicher, sonderlich unter solchen Umständen? Kaum war mir vorgestern gesagt worden, Theobald habe sich gefährlich krank gelegt, so deutete ich mein Begegnis mit der gespenstischen Orgelspielerin urplötzlich als ein Omen aus, denn mir fiel ein, was man von Trauerfällen sagt, welche auf ähnliche Weise angekündigt worden. Und dieser dummen Furcht bin ich noch heute nicht ganz los, obwohl ich recht gut weiß, daß die Erscheinung keine Vision, noch Gespenst oder dergleichen, sondern ein ordentliches Menschenkind gewesen."

„Aufrichtig gesprochen, mein Bester", sagte Larkens, „ich zweifle an dieser Apparition so gar nicht im mindesten, daß ich Ihnen vielleicht selber den Schlüssel zu dem Rätsel geben kann. Doch, schweigen Sie darüber gegen unsern Freund, versprechen Sie mir reinen Mund zu halten."

„Gewiß, wenn Sie's für nötig finden."

„Nun denn — aber zuvor wär ich begierig, wie Ihr Abenteuer abgelaufen. Sie sprachen die Person?"

„Mein Gott, nicht doch! denn (beinahe schäme ich mich, es zu bekennen) die Erscheinung bestürzte mich dergestalt, daß ich mich wohl drei- viermal im Ring herumwirbelte, und während ich nach meinem zurückgebliebenen Begleiter umsah, war das Nachtbild schon verschwunden, auch mit aller Mühe nicht mehr aufzufinden. Das einzige erfuhren wir des andern Tages zufällig von Theobalds Bedientem, daß eine Bettlerin, deren Beschreibung mit jener Person vollkommen zusammenstimmte, sich tags vorher in Noltens Hause eingefunden und auf die Versicherung, er sei auf längere Zeit abwesend, sich wieder fortgeschlichen. Alles mein Fragen und Forschen blieb fruchtlos."

„Also" — fing Larkens an — „merken Sie auf. Zwei Tage vor der letzten Neujahrsnacht, die Ihnen hoffentlich noch im Gedächtnis ist, traf ich auf meinem Hausflur ein Mädchen an, dessen Äußeres mich gleich frappierte, und zwar eben auch in der von Ihnen angegebenen Beziehung. Es war eine Zigeunerin, hoch, schlank gewachsen, nicht mehr ganz jung, aber immer noch eine wirkliche Schönheit, kurz die Ähnlichkeit mit jenem Bilde bis auf wenig zwischenliegende Jahre vollkommen. Ein Korb mit hölzerner Schnitzware hing ihr am Arme, allein meine erste Ahnung, daß sie wohl in anderer Absicht als des Verkaufs wegen hiehergekommen, bestätigte mir bald ihre Frage nach einem Maler, der hier wohnen sollte; sie zog einen Brief hervor, es war die Handschrift von Noltens Braut, doch lautete die Adresse, ich weiß nicht mehr warum, an *mich,* die Sendung selbst gehörte für Nolten. Es hatte nämlich die Zigeunerin auf ihren Streifzügen auch Neuburg berührt und einen Gruß mit hiehergenommen. Mir war die Person nach mehrfältigen Erzählungen Theobalds nichts weniger als fremd, aber je genauer ich um ihre frühere Berührung mit unserm Freunde wußte, desto bedenklicher fand ich's, so ohne weiteres zur Erfüllung ihres Wunsches beizutragen, welcher dahin ging, den „schönen herrlichen Jungen", wie sie ihn nannte, *einmal* wiederzusehen. Wenigstens, dacht ich, müßte der herrliche Junge vorbereitet werden, und bei näherer Betrachtung schien mir die Hintertreibung einer solchen Zusammenkunft das Sicherste und Zweckmäßigste. Ich gebrauchte allerlei Finten, sie ein für allemal von jedem Versuche abzuschrecken; da indessen das närrische Ding darauf bestand und ihr Verlangen ebenso gerecht als arglos und treuherzig erschien, so sann ich auf Mittel, wie Nolten ihr gezeigt werden könnte, ohne daß jedoch *er* sie gewahr würde. Das ließ sich nun wohl auf verschiedene Weise machen. Mir gefiel aber, wie ich gern gestehen will, ein etwas romantisch seltsamer Weg besser als etwa ein simples Gucken durch Spalt und Schlüsselloch, kurz, die Neujahrsmaskerade kam mir eben recht zu statten und —"

„Was?" rief Leopold verwundert, „am Ende wird noch der Nachtwächter vom Albaniturm aus der Geschichte hervorspringen!"

„Das errät sich nun leicht; so hören Sie kurz noch den Hergang. Nachdem ich das Mädchen mit meinem Plane bekannt gemacht, den sie anfangs freilich gar nicht fassen wollte; nachdem sie mir ferner auf eine mir unvergeßlich rührende Weise das Versprechen gegeben, mit Willen schlechterdings nichts gegen meine genaue Instruktion zu tun oder merken zu lassen, so diktiert ich ihr einige Seiten, welche sie zu meiner größten Freude mit fremden Zeichen schrieb, da sie unsere Buchstaben nur sehr schlecht zu machen wußte. Aber es kostete immer noch Mühe genug, bis ich ihr meine Worte geschickt in die Feder gegeben und noch mehr, bis sie sich die Rolle einigermaßen angeeignet hatte. Sodann schafft ich die nötige Kleidung, und wahres Vergnügen gewährte mir die naive Miene, womit sie sich selbst in ihrer idealischen Vermummung betrachtete. Sie behandelte das Ganze mit einer gewissen Feierlichkeit und gefiel sich gar wohl dabei; ihre Rezitation freilich war hart und trocken, allein ihr Begriff von dieser poetischen Figur so ziemlich richtig. Sämtliche Vorbereitungen geschahen in einem abgelegenen Zimmer außer dem Hause, wo ich Schauspielern beiderlei Geschlechts zuweilen Unterricht erteilte, so daß mein jetziges Geschäft niemandem auffiel. Wie anständig das Mädchen seine Sache machte, haben Sie ja gesehen, und ich selbst verwunderte mich im stillen über die glückliche Ausführung."

Leopold ward kaum fertig, sein Erstaunen auszudrücken, indem er sich die Einzelheiten der Neujahrsfeier auf dem Turme zurückrief. Da er nun um so mehr Verlangen bezeugte, über die sonderbare Person der Zigeunerin und ihr früheres Verhältnis zu Theobald eines näheren belehrt zu werden, zeigte sich der Schauspieler nicht ungerne bereit; er wollte soeben seine Erzählung beginnen, als er sich bedenkend innehielt und endlich sagte: „Wissen Sie was, mein Lieber? Sie erfahren die kurze Geschichte am besten aus einigen Blättern, worin ich dasjenige, was mir Nolten im Anfange unserer Bekanntschaft vertraute, treulich darzustellen gesucht habe, da mir die Begebenheit gar wohl der Aufbewahrung wert geschienen; besonders merkwürdig ist das mit dem Ganzen verflochtene Schicksal eines gewissen längst gestorbenen Verwandten der Noltenschen Familie, in dessen Leben überhaupt ich die prototypische Erklärung zur Geschichte unseres Freundes zu finden glaube. Vor mehreren Wochen entlehnte ein Bekannter das Heft von mir, ich gebe Ihnen einige Zeilen an ihn mit und er wird es Ihnen einhändigen. Durchläuft man dies Bruchstück aus unsers Noltens Leben mit Bedacht, und

vergleicht man damit seine spätere Entwicklung bis auf die
Gegenwart, so erwehrt man sich kaum, den wunderlichen Bahnen tiefer nachzusinnen, worin oft eine unbekannte höhere
Macht den Gang des Menschen planvoll zu leiten scheint. Der
meist unergründlich verhüllte, innere Schicksalskern, aus welchem sich ein ganzes Menschenleben herauswickelt, das geheime
Band, das sich durch eine Reihe von Wahlverwandtschaften
hindurchschlingt, jene eigensinnigen Kreise, worin sich gewisse
Erscheinungen wiederholen, die auffallenden Ähnlichkeiten,
welche sich aus einer genauen Vergleichung zwischen früheren
und späteren Familiengliedern in ihren Charakteren, Erlebnissen, Physiognomieen hie und da ergeben (so wie man zuweilen unvermutet eine und dieselbe Melodie, nur mit veränderter Tonart, in demselben Stücke wiederklingen hört), sodann
das seltsame Verhängnis, daß oft ein Nachkomme die unvollendete Rolle eines längst modernden Vorfahren ausspielen
muß — dies alles springt uns offener, überraschender als bei
hundert andern Individuen hier am Beispiel unseres Freundes
in das Auge. Dennoch werden Sie bei diesen Verhältnissen nichts
Unbegreifliches, Grobfatalistisches, vielmehr nur die natürlichste Entfaltung des Notwendigen entdecken. Die Spitze des
Ganzen besteht aber in der Art und Weise, wie unser Freund
als Knabe zur innigsten Vermählung mit der Kunst geleitet
worden, deren ursprünglicher Charakter sich noch heute in
einem großen Teil seiner Gemälde erkennen läßt. Genug, Sie
mögen selbst urteilen. Aber ach! was werden Sie bei dieser
Lektüre fühlen, wenn Sie denken, daß eben derjenige, dessen
ahnungsvolle Knabengestalt Ihnen in den Blättern begegnet,
nunmehr als Mann von der sinnlosen Faust eines fremdartigen
Geschickes aus seiner eigenen Sphäre herausgestoßen, und noch
ehe er die Hälfte seiner Rechnung abgeschlossen, hier in diesen
Mauern eilig verwelken und vergehen soll! Denn, o mein
Freund! ich fürchte alles, und dieser Kummer wird mich aufreiben, wird mich noch vor *ihm* töten — und möchte er nur!
Sehen Sie mich an; ich glaube zu fühlen und mein Spiegel sagt
es mir, daß der Gram dieser drei Tage mich um doppelt soviel
Jahre älter gemacht hat. Still; ich muß abbrechen, wenn ich
nicht von Sinnen kommen will. Gehen Sie hinüber zu dem
Armen und drücken ihm die Hand im Namen des Larkens.
Ach, möchte ich ihn wenigstens *einmal* wieder von Angesicht
sehen! und doch — ich fürchtete mich davor."

Leopold griff nach dem Hute und erbat sich noch die Anweisung zu dem merkwürdigen Heft; da eben der Schließer eintrat, säumte er nicht länger, um vor allem den geliebten Patienten zu besuchen. Mit heißen Blicken sah ihm der Schauspieler nach, eine unbegrenzte Sehnsucht nach Theobald übermannte ihn, aber umsonst, die Türe zog sich zu und drüben hörte er das Schloß zum Zimmer des Geliebten rauschen.

So stand nun der Bildhauer vor dem Bette Noltens, und heimlich entsetzt über das äußerst elende Aussehen des Kranken mußte er alle Fassung aufbieten, um seine Bewegung nicht zu verraten. Den Gemütszustand Noltens konnte er im ganzen nicht gewahr werden, er sprach wenig und nur angestrengt mit matter Stimme. Einmal fragte er den Wärter, wer doch des Morgens in aller Frühe unten in der Küche so hübsch zu singen pflege? Etwas kleinlaut erwiderte der Alte: „Meine Tochter. Ich will's ihr aber untersagen, es schickt sich nicht; und ach! das Gesinge ist noch ihr einzig Leben." Theobald bat sehr, man möge das Mädchen ja nicht irremachen in diesen Unterhaltungen; er fragte, wie es komme, daß sie nur ernste traurige Lieder zu kennen scheine? „Der Henker weiß", war die Antwort, „woher sie all das Zeug herkriegt; sie war von Kindheit auf ein närrisches Ding, nicht auch lustig und rasch wie die andere Jugend, aber fleißig und verständig, und besorgt mir alles in der Haushaltung seit ihrer Mutter Tod." Da der Alte sofort über den Verlust seiner Frau, deren Tugend er nicht genug rühmen konnte, in die beweglichsten Klagen ausbrach, auch zuletzt immer wärmer und aufrichtiger werdend eine unglückliche Liebschaft seines Kindes auseinanderzusetzen anfing, konnte man leicht bemerken, wie angreifend solche Dinge auf Nolten wirkten, daher Leopold dem Erzähler einen Wink gab. Endlich schied der Bildhauer mit ungewissem beklommenem Herzen. Er eilte, nachdem er sich zuvor das bewußte Manuskript verschafft, allein aus dem Geräusche der Stadt, einen selten betretenen Weg verfolgend. Ein warmer, sonnenheller Tag schmolz vollends die letzten Reste Schnee und Eis hinweg, eine erquickende Luft schmeichelte bereits mit Vorgefühlen des Frühlings. So gelangt unser ernster Fußgänger, eh er sich's versah, in die ländlichste Umgebung, ein freundliches Dorf lacht ihm entgegen. Dort sucht er nach einem stillen Garten hinter dem nächsten besten Wirtshause und findet auch bald ein hübsches erhöhtes Plätzchen zwischen Weinbergen mit Tisch und Bank, von wo man die angenehmste Aussicht hat. Er bestellt eine Flasche Wein, setzt sich und holt jene Schrift hervor, deren Inhalt wir dem Leser nicht vorenthalten können.

Ein Tag aus Noltens Jugendleben

Die Zeit war wieder erschienen, wo der sechszehnjährige Theobald von der Schule der Hauptstadt aus die Seinigen auf zwei Wochen besuchen durfte. In dem Pfarrhause zu Wolfsbühl war daher gegenwärtig große Freude, denn Vater und Schwestern (die Mutter lebte nicht mehr) hingen an dem jungen blühenden Menschen mit ganzem Herzen. Ein besonders inniges Verhältnis fand aber zwischen Adelheid und dem nur wenig jüngeren Bruder statt. Sie hatten ihre eigenen Gegenstände der Unterhaltung, worein sonst niemand eingeweiht werden konnte; sie hatten hundert kleine Geheimnisse, ja zuweilen ihre eigene Sprache. Es beruhte dies zarte Einverständnis vornehmlich auf einer gleichartigen Phantasie, welche in den Tagen der Kindheit unter dem Einfluß eines märchenreichen, fast abergläubischen Dorfes und einer merkwürdigen Gegend die erste Nahrung empfangen und sich nach und nach auf eine eigentümliche und sehr gereinigte Weise ihren bestimmten Kreis gezogen hatte. Von der Richtung, welche die beiden jugendlichen Gemüter genommen, war also, wie es schien, nichts zu befürchten, und selbst äußerlich wurde das Verhältnis keineswegs einseitig auf Kosten der übrigen drei minder empfänglichen Schwestern unterhalten. Es herrschte eine gutmütige heitere Verträglichkeit; nur die ältere Tochter, Ernestine, deren Sorge vorzüglich das Hauswesen überlassen blieb, zeigte mitunter ein finsteres, gebieterisches Wesen, und sie hatte den Vater bereits mehr als billig war auf ihre Seite gebracht.

An einem trüben Morgen in der letzten Zeit des Oktobers spazierten Theobald und seine Vertraute zusammen im Gärtchen hinter dem Hause. Er erzählte soeben seinen Traum von heute nacht und die Schwester schien ernsthaft zuzuhören, indes sie unverwandt nach der Seite hinüberblickte, wo die alte Ruine, der Rehstock genannt, tief in Nebel gesteckt liegen mußte.

„Aber du gibst nicht acht, Adelheid! Ich habe vorhin, um dich zu prüfen, absichtlich den tollen Unsinn in meinen sonst vernünftigen Traum hineingebracht und du nahmst es so natürlich wie zweimal zwei vier."

Das Mädchen erschrak ein wenig über die Ertappung, lachte sich jedoch sogleich herzlich selber aus und sagte: „Ja, richtig! ich hab nur mit halbem Ohr gehört, wie du unaufhörlich von einer großen großen, unterirdischen Kellertür schwatztest, welche endlich mit beiden Hinterfüßen nach dem armen Mann ausgeschlagen habe. Indessen, was ist im Traum nicht alles möglich? Gib mir aber keck eine Ohrfeige! ich hatte fürwahr ganz andere Gedanken. Höre! und daß du es nur weißt, wir gehen heute auf den Rehstock. Noch nie hab ich ihn an einem Tag gesehen, wie der heutige ist, und mich deucht, da muß sich das alte Gemäuer, die herbstliche Waldung ganz absonderlich ausnehmen; mir ist, als könnten wir heut *einmal* die Freude haben, so ein paar stille heimliche Wolken zu belauschen und zu überraschen, wenn sie sich eben recht breit in die hohlen Fenster lagern wollen. Wie meinst du? Schlag ein. Wir werden's vom Papa schon erhalten, daß mir Johann das Pferd satteln darf, und du selbst bist ja rüstig auf den Füßen. Wir gehen gleich nach dem Frühstück womöglich ganz allein, und kommen erst mit dem Abend wieder."

Dem Bruder war der Vorschlag recht; es wurde verabredet, man wolle alles Erdenkliche von Gefälligkeit tun, um die übrigen günstig zu stimmen. Adelheid flocht der ältern Schwester, der eiteln Ernestine, diesmal den Zopf mit ungewöhnlichem Fleiße, verlangte nicht einmal den Gegendienst, und der Kuß, den sie dafür erhielt, war für die beiden ungefähr dasselbe gute Zeichen, was für andere, wenn sie ein gleiches Vorhaben gehabt hätten, der erste Sonnenblick gewesen wäre. Ehe man es dachte, hat Theobald die Sache bereits beim Vater vermittelt und bald stand der Braune mit dem bequemen Frauensattel ausgerüstet im Hofe. Man ließ das Pärchen ungehindert ziehen. Der Alte brummte unter dem Fenster mit einem geschmeichelten Blick auf die schlanke Reiterfigur seines Mädchens bloß vor sich hin: „Narrheiten!" Ernestine kreischte nur etwas weniges zur Empfehlung der zerbrechlichen, mit Mundvorrat gefüllten Gefäße nach, welche der Knecht in einer Ledertasche nebst den Schirmen hinten nachtrug, und die ehrlichen Wolfsbühler, an das berittene Frauenzimmer längst gewöhnt, grüßten durchs ganze Dorf auf das freundlichste.

Die Sonne hielt sich brav hinter ihrem Versteck und der Tag behielt zu Adelheids größter Zufriedenheit „sein mockiges Gesicht" bei.

„Indem ich", hob sie nach einer Weile an, „wohl gute Lust hätte, recht wehmütig zu sein, wie dieser graue Tag es selber ist, so rührt sich doch fast wider meinen Willen ein wunderlicher Jubel in einem kleinen feinen Winkel meines Innersten, eine Freudigkeit, deren Grund mir nicht einfällt. Es ist am Ende doch nur die verkehrte Wirkung dieses melancholischen Herbstanblicks, welche sich von Kindheit an gar oft bei mir gezeigt hat. Mir kommt es vor, an solchen trauerfarbnen Tagen werde die Seele am meisten ihrer selbst bewußt; es wandelt sie ein Heimweh an, sie weiß nicht wornach, und sie bekommt plötzlich wieder einen Schwung zur Fröhlichkeit, sie kann nicht sagen woher. Ich freue mich der Freiheit auf meinem guten Pferde, ich wickle mich mit kindischem Vergnügen in mein Mäntelchen gegen die rauhe Luft, die da auf uns zustreicht, und halte mir das sichre Herze warm und wiege mich in meinen Gedanken. Aber nicht wahr, als wir noch in Rißthal wohnten, da war es ein anderes, auszureiten? Enges Tal, dichter Wald, wohin man immer sah. Hier das platte Feld und lauter Fruchtbaum. Wir haben anderthalb gute Stunden, bis es ein wenig krauser hergeht. Glücklich, daß wir wenigstens die Landstraße nicht brauchen."

Beide Geschwister durchliefen jetzt in unerschöpflichen Gesprächen die Lichtpunkte ihres früheren Lebens in Rißthal, einem dürftigen Orte, wo der Vater zwölf Jahre lang Pfarrer gewesen. Sie begegneten sich mit der innigsten Freude bei so mancher angenehmen, kaum noch in schwachen Anklängen vorhandenen Erinnerung, es wagten sich nach und nach gegenseitige Worte der Rührung und Frömmigkeit über die Lippen, wie sie sonst, von einer Art falscher Scham bewacht, zwischen jungen Leuten nicht gewechselt werden.

Endlich sagte der Bruder: „Indem wir da so offenherzig plaudern, läßt mich's nicht ruhen, dir zu gestehen, daß ich doch *ein* Geheimnis auch vor dir habe, Adelheid! Es ist nichts Verdächtiges, nichts, was ich verheimlichen müßte, eine Grille hat mich bisher abgehalten, dir es mitzuteilen. Aber heute sollst du es hören, und zwar unter den Mauern des alten Rehstocks, damit du künftig daran denken magst, wenn du hinaufsiehst."

„Gut!" erwiderte die Schwester, „ich freue mich, und für jetzt kein Wörtchen weiter davon!"

Unter hundert Wendungen des Gesprächs war man in weniger als zwei Stunden unvermerkt dem erwünschten Ziele ziemlich nahe gekommen. Deutlich und deutlicher traten die Umrisse der hohen Trümmer hervor; in kurzer Zeit stand man am Fuße des wenig bewachsenen Bergs, an dessen Rückseite sich jedoch die lange Fortsetzung eines waldreichen Gebirgs anschloß. Hier ward gerastet und die fast vergessene Provianttasche mit weniger Gleichgültigkeit geöffnet, als man sie am Morgen hatte füllen sehen. Dann ging es langsam die Krümmung des Weges hinan, nachdem das Pferd an Johann abgegeben war, um es in einem nahe gelegenen Meierhof unterzubringen und zur bestimmten Zeit wieder hier mit ihm einzutreffen. Auf der Höhe angelangt schweiften die Glücklichen zuerst Hand in Hand, dann zerstreut durch die weitläuftigen Räume über Wälle und Graben, durch zerfallene Gemächer, feuchte Gänge, verworrenes Gesträuch. Man verlor sich freiwillig und traf sich wieder unvermutet an verschiedenen Seiten. So geschah es, daß Adelheid eben allein mit der Entzifferung einer unverständlichen Inschrift beschäftigt war, als auf einmal sich die verlorenen Töne eines, wie es schien, weiblichen Gesanges vernehmen ließen. Das Mädchen erschrak, ohne zu wissen warum. Ein besorgter Gedanke an ihren Bruder, an Hülferufen, an ein Unglück hatte sie flüchtig ergriffen. Sie horchte mit geschärftem Ohr, sie glaubte schon sich getäuscht zu haben, aber in diesem Augenblick hörte sie dieselbe Stimme deutlicher und allem Anscheine nach innerhalb des Mauerwerks aufs neue sich erheben, den schwermütigen Klängen einer Äolsharfe nicht unähnlich. In einem gemischten Gefühle von feierlicher Rührung und einer unbestimmten Furcht, als wären Geisterlaute hier wach geworden, wagte die Überraschte kaum einige Schritte vorwärts und stand wieder still bei jedem neuen Anschwellen des immer reizendern Gesanges, und während unwillkürlich ihre Lippen sich zu dem Lächeln einer angenehmen Verwunderung bewegten, fühlte sie doch fast zu gleicher Zeit ihren Körper von leisem Schauder überlaufen. Jetzt verstummte die rätselhafte Stimme; nur das Rauschen des Windes in dem dürren Laube, der leise Fall eines da und dort losbröckelnden Gesteins, oder der Flug eines Vogels unterbrach die totenhafte Stille des Orts. Das Mädchen stand eine geraume Zeit nachdenklich, unentschlossen, stets in bänglicher Erwartung, daß die unsichtbare Sängerin jeden Augenblick an einer Ecke hervorkommen werde, ja sie machte sich bereits auf eine kecke Anrede gefaßt, wenn die Erscheinung sich blicken lassen sollte. Da rauschten plötzlich starke, hastige, aber wohlbekannte Tritte. Theobald kam atemlos einen Schutthügel heraufgeklommen, war froh, die Schwester wiedergefunden zu haben und sagte: „Höre nur! mir ist etwas Sonderbares begegnet —"

„Mir auch; hast du den wunderlichen Gesang gehört?"

„Nein, welchen? — aber bei dem Eingang in die Kasematte, wo der verschüttete Brunnen ist, sitzt eine Gestalt in brauner Frauenkleidung und mit verhülltem Haupt. Sie hatte mir den Rücken zugekehrt, ich konnte nichts weiter erkennen und lief bald, dich zu suchen."

Die Schwester erzählte ihrerseits auch, was vorgegangen, und beide kamen bald dahin überein, man müsse sich die Person genauer besehen, man müsse sie anreden, sei es auch wer es wolle. „Ein ähnliches Gelüsten, wie das unsrige, hat diesen Besuch wohl schwerlich veranlaßt", meinte Adelheid; „das heutige Wetter findet außer mir und dir gewiß jedermann gar unlustig zu solchen Partien; ich vermute eine Unglückliche, Verirrte, Vertriebene, welche zu trösten vielleicht eben wir bestimmt sind." — „Und laß es ein Gespenst sein!" rief Theobald, „wir gehen darauf zu!"

So eilte man nach der bezeichneten Stelle hin. Sie fanden eine Jungfrau, deren fremdartiges, aber keineswegs unangenehmes Aussehen auf den ersten Blick eine Zigeunerin zu verraten schien. Bildung des Gesichts, Miene und Anstand hatte ein auffallendes Gepräge von Schönheit und Kraft, alles war geeignet, Ehrfurcht, ja selbst Vertrauen einzuflößen, wenn man einem gewissen kummervollen Ausdruck des Gesichts nachging. Bis zu dem Gruße Adelheids hatte die Unbekannte die Annäherung der beiden nicht bemerkt, oder nicht beachten wollen; jetzt aber hielt sie die schwarzen Augen groß und ruhig auf die jungen Leute gespannt und erst nach einer Pause erwiderte sie in wohlklingendem Deutsch: „Guten Abend!" wobei ein Schimmer von Freundlichkeit ihren gelassenen Ernst beschlich. Adelheid, hiedurch schnell ermutigt, war soeben im Begriff, ein Wörtchen weiter zu sprechen, als ein erschrockener Blick der Zigeunerin auf Theobald sie mitten in der Rede unterbrach. Sie sah, wie er zitterte, erbleichte, wie ihm die Kniee wankten. „Der junge Herr ist unwohl! Lassen Sie ihn niedersitzen!" sagte die Fremde, und war selbst beschäftigt, ihn in eine erträgliche Lage zu bringen und ihr Bündel unter seinen Kopf zu legen. „Gewiß eine Erkältung in den ungesunden Gewölben?" setzte sie fragend gegen das Mädchen hinzu, das sprachlos in zagender Unruhe über dem ohnmächtig Gewordenen hing und nun in lautes Jammern ausbrach. „Kind! Kind! was machst du? der Unfall hat ja, will ich hoffen, wenig zu bedeuten; wart ein Weilchen, ich will schon helfen!" tröstete die Fremde, indem sie in ihrer Tasche suchte und ein Fläschchen mit starkriechender Essenz hervorholte, das sich gar bald recht kräftig erweisen sollte an dem „hübschen guten Jungen", wie sie sich ausdrückte. Als aber nach wiederholten Versuchen die Augen des Bruders geschlossen blieben und Adelheid untröstlich davongehen wollte, verwies ihr die Zigeunerin das Benehmen durch einen unwiderstehlich Ruhe gebietenden Wink, so daß das Mädchen unbeweglich und gleichsam gelähmt nur von der Seite zusah, wie die seltsame Tochter des Waldes ihre flache Hand auf die Stirne des Kranken legte und ihr Haupt mit leisem Flüstern gegen sein Gesicht heruntersenkte. Dieser stumme Akt dauerte mehrere Minuten, ohne daß eines von den dreien sich rührte. Siehe, da erhub sich weit und helle der Blick des Knaben und blieb lange fest, aber wie bewußtlos, an den zwei dunkeln Sternen geheftet, welche ihm in dichter Nähe begegneten. Und als er sich wieder geschlossen, um bald sich aufs neue zu öffnen, und nun er klar erwachte, da begegnete ihm ein blaues Auge statt des schwarzen; er sah die Freudetränen der Schwester. Die Unbekannte stand seitwärts, er konnte sie nicht sogleich bemerken, aber er richtete sich auf und lächelte befriedigt, da er sie gefunden. Es trat nun einige Heiterkeit überhaupt auf die Gesichter, und Theobald erholte sich mehr mit jedem Atemzug.

Indes Adelheid nach dem innersten Hofraum der Burg eilte, wo die Reisetasche lag, um Wein für den Bruder herbeizuholen, entspann sich zwischen den Zurückgebliebenen ein sonderbares Gespräch. Theobald nämlich begann nach einigem Stillschweigen mit bewegter Stimme: „Sagt mir doch, ich bitte Euch sehr, wißt Ihr, warum das mit mir geschehen ist, was Ihr vorhin mit angesehen habt?"

„Nein!" war die Antwort.

„Wie? Ihr habt nicht in meiner Seele gelesen?"

„Ich verstehe Euch nicht, lieber Herr!"

„Seht nur", fuhr jener fort, „als ich Euch ansah, da war es, als versänk ich tief in mich selbst, wie in einen Abgrund, als schwindelte ich, von Tiefe zu Tiefe stürzend, durch alle die Nächte hindurch, wo ich Euch in hundert Träumen gesehen habe, so, wie Ihr da vor mir stehet; ich flog im Wirbel herunter durch alle die Zeiträume meines Lebens und sah mich als Knaben und sah mich als Kind neben Eurer Gestalt, so wie sie jetzt wieder vor mir aufgerichtet ist; ja ich kam bis an die Dunkelheit, wo meine Wiege stand, und sah Euch den Schleier halten, welcher mich bedeckte: da verging das Bewußtsein mir, ich habe vielleicht lange geschlafen, aber wie sich meine Augen aufhoben von selber, schaut ich in die Eurigen, als in einen unendlichen Brunnen, darin das Rätsel meines Lebens lag."

Er schwieg und ruhte in ihrer Betrachtung, dann sagte er lebhaft: „Laßt mich Eure Rechte einmal fassen!" Die Fremde gab es zu, und eine schöngebildete braune Hand wog er mit seligem Nachdenken in der seinigen, als hielte er ein Wunder gefaßt; nur wie endlich ein warmer Tropfen nach dem andern auf die hingeliehenen Finger zu fallen begann, zogen diese sich schnell zurück, die Jungfrau selber entfernte sich mit auffallender Gebärde nach einer andern Seite, wo sie hinter den Mauern verschwand. In diesem Augenblick kam Adelheid rüstig den Wall heruntergesprungen, allein sie hielt mit einemmal betroffen an, denn der alte Gesang schwang sich mächtig, durchdringend, anders als vorhin, wild wie ein flatternd schwarzes Tuch, in die Luft. Die Worte konnte man nicht unterscheiden. Ein leidenschaftlicher, ein düsterer Geist beseelte diese unregelmäßig auf- und absteigenden Melodien, so fromm und lieblich auch zuweilen einige Töne waren. Erstaunt erhob sich Theobald von seinem Sitz, mit Entsetzen trat ihm die Schwester nahe. „Wir haben eine Wahnsinnige gefunden", sagte sie, „mache, daß wir fortkommen." „Um Gottes willen bleib!" rief Theobald, durch das Ungewöhnliche des Auftritts zu einer außerordentlichen Kraft gesteigert: „Liebe Schwester, du warst doch sonst keine von denen, die für das Seltene, was sie nicht begreifen, gleich einen verpönenden Namen wissen. Ja, und wär es auch eine Wahnsinnige, sie wird uns nicht schaden. Ich kenne sie und sie kennt mich. Du sollst noch vieles hören." Damit ging er nach dem Orte hin, von wo der Gesang gekommen war, welcher indessen wieder aufgehört hatte. Die Schwester, ihren Ohren kaum trauend, sah ihm nach, unter verworrenen Ahnungen, in äußerster Besorgnis. So blieb sie eine geraume Weile, dann rief sie, von unerträglicher Angst ergriffen, mehrmals und laut den Namen ihres Bruders.

Er kam, und zwar Hand in Hand mit der Fremden, traulich

und langsam heran. Es schien, daß unter der Zeit eine entschiedene Verständigung zwischen den beiden stattgefunden haben müsse. Wenn die Miene Theobalds nur eine tiefbefriedigte, entzückte Hingebung ausdrückte, so brach zwar aus der Jungfrau noch ein matter Rest des vorigen Aufruhrs ihrer Sinne wie Wetterleuchten hervor, aber um so reizender und rührender war der Übergang ihres Blickes zur sanften, gefälligen Ruhe, wozu sie sich gleichsam Gewalt antat. Adelheid begriff nichts von allem; doch milderte der jetzige Anblick der Unbekannten ihre Furcht um vieles, erweckte ihre Teilnahme, ihr Mitleid. „Sie geht mit uns nach Hause, Schwester, damit du es nur weißt!" fing Theobald an, „ich habe schon meinen Plan ausgedacht. Nicht wahr, Elisabeth, du gehst?" Ihr Kopfschütteln auf diese Frage schien bloß das schüchterne Verneinen von jemand, der bereits im stillen zugesagt hat. „Laßt uns aber lieber gleich aufbrechen, es will schon Abend werden!" setzte jener hinzu; und so rüstete man sich, packte zusammen und ging.

„Ich sehe nicht", flüsterte Adelheid in einem günstigen Augenblick, während Elisabeth weit vorauslief, dem Bruder zu, „ich begreife nicht, was daraus werden kann! Hast du denn überlegt, wie der Vater dies Abenteuer aufnehmen wird? Wenn du die Absicht hast, daß diese Person heute nacht eine Unterkunft bei uns finde, was kann ihr dieses viel nützen? oder was trägst du sonst im Sinne? Um des Himmels willen, gib mir nur erst Aufschluß über dein rätselhaftes Benehmen! Welche Bewegung! welche Leidenschaft! Wie hängt denn alles zusammen? du handelst wie ein Träumender vor mir!"

„Da magst du wohl recht haben", war die Antwort, „ja, wie ein Träumender! weiß ich doch kaum, wie alles kam. Ich zweifle zuweilen an der Wirklichkeit dessen, was da vorging. Aber doppelt wunderbar ist es, daß dasjenige, was ich dir heute auf dem Rehstock offenbaren wollte und was nirgends als in meiner Einbildung lebte, uns beiden in leibhafter Gestalt hat erscheinen müssen."

Nach und nach erklärte er, daß ihm das Mädchen über sich selbst nichts weiter zu sagen gewußt, als: sie habe sich vor vier Tagen heimlich von ihrer Gesellschaft, einer übrigens öffentlich geduldeten Zigeunerhorde, getrennt, weil sie ihre Heimat habe wiedersuchen wollen, der man sie in jungen Jahren entrissen, deren sie sich auch nur schwach mehr erinnere. Diese Nachricht diente keineswegs, die Teilnahme Adelheids sehr zu vermehren, vielmehr erregte der angegebene Grund der Entweichung ihren Verdacht in hohem Grade als unwahrscheinlich. Indessen war das vernünftige Mädchen in der Voraussicht, daß eine Zurechtweisung des Bruders für jetzt schlechterdings vergeblich wäre, nur darauf bedacht, unter mißlichen Umständen wenigstens größeres Unheil zu verhüten. Theobalds körperlicher Zustand, der nach einer unnatürlichen Anspannung eine gefährliche Schwäche befürchten ließ, war das nächste, was sie beunruhigte, und ihr Vorschlag, man wolle den benachbarten Rittmeister um sein Gefährt ansprechen, fand bei dem Bruder nur insoferne Widerspruch, als Elisabeth ihrerseits darauf beharrte, den Weg zu Fuß zu machen. Johann, welcher inzwischen treulich gewartet hatte, ward jedoch mit den geeigneten Aufträgen nach dem nächsten Hofe zu dem alten Herrn Rittmeister, einem guten Bekannten des Pfarrers, abgeschickt. Während einer peinlichen halben Stunde des Wartens fand Adelheid Veranlassung, den Gegenstand ihres Unmuts und ihres Mißtrauens von einer wenigstens unschuldigen Seite kennenzulernen. Elisabeth äußerte auf die unzweideutigste Weise eine fast kindliche Reue darüber, daß sie sich von ihrer Bande weggestohlen, wo man sie nun recht mit Sorgen vermisse, wo ihr nie ein Leid geschehen sei, wo sie, sooft sie krank gewesen, immer guten Trost und geschickte Pflege bei gar muntern und redlichen Leuten gefunden habe. Bei dem Wörtchen „krank" legte sie mit einer traurig lächerlichen Grimasse den Zeigefinger an die Stirn, und gab auf diese Art ganz unverhohlen ein freiwilliges Bekenntnis dessen, was Adelheid anfangs gefürchtet hatte. Aber sie fügte sogar noch den naiven Trost hinzu: „Seid nur nicht bang, ihr guten Kinder, daß ich jemand Übels zufüge, wenn mein Leid mich übernimmt. Da sorgt nur nicht. Ich gehe dann immer allein beiseite und singe das Lied, welches Frau Faggatin, die Großmutter, mich gelehrt, da wird mir wieder gut. Du, armer Junge, du sollst auch das Lied noch lernen, du hast gar viel zu leiden; ich habe das wohl bald bemerkt, darum geh ich mit dir, bis du zu Hause bist, doch behalten könnt ihr mich nicht. Auch schlaf ich heute nicht bei euch. Diese Nacht noch zieht Elisabeth weiter, woher sie gekommen, denn die Heimat ist nicht mehr zu finden. Man hat mir sie verstellt; die Berge, das Haus und den grünen See, mir alles verstellt! Wie das nur möglich ist! Ich muß lachen!"

Der Knecht kam jetzt mit der verlangten Aushülfe; nicht

mehr zu frühe, denn schon war es dunkel geworden. Um so weniger wollte Theobald und selbst Adelheid es geschehen lassen, daß Elisabeth neben dem Gefährt herging. Allein sie war nicht zu überreden, und so rückte man immerhin rasch genug vorwärts.

Indes die Geschwister nun unter sehr verschiedenen Empfindungen, jedoch einverstanden über die nächsten Maßregeln, sich auf diese Weise dem väterlichen Orte nähern und Theobald endlich der Schwester die ganze wundersame Bedeutung des heutigen Tags entdeckt, ist man zu Hause schon in großer Erwartung der beiden, und der Vater machte seine Verstimmung wegen des längern Ausbleibens der jungen Leute bereits auf seine Art fühlbar. Um übrigens einen richtigen Begriff von der gegenwärtigen Stimmung im Pfarrhause zu geben, müssen wir, so ungerne es geschieht, schlechterdings eine gewisse Gewohnheit des Hausvaters anführen, welche soeben jetzt wieder in Ausübung gebracht wurde. Der Pfarrer nämlich, ein Mann von den widersprechendsten Launen, wohlwollend und tückisch, menschenscheu, hypochondrisch, und dabei oft ein beliebter Gesellschafter, hatte neben manchen höchst widrigen Eigenheiten den Fehler der Trägheit in einem fast abscheulichen Grade und sie verleitete ihn zu den abgeschmacktesten Liebhabereien. Konnte es ihm gefallen, mit gesundem Leibe ganze Tage im Bette zuzubringen und über ein und dasselbe Zeitungsblatt hinzugähnen, so machte dieses wenigstens niemanden unglücklich. Nun aber fand er, der in früheren Tagen gelegentlich ein Jagdfreund gewesen war, eine Art von Zeitvertreib darin, vom Bette aus nach allen Seiten des Zimmers hin mit dem Vogelrohr zu schießen. Zu diesem Behuf knetete er mit eigenen Fingern kleine Kugeln aus einem Stücke Lehm, das stets auf seinem Nachttisch liegen mußte. Er selbst war so gelegen, daß er von seinem Schlafgemach aus fast das ganze Wohnzimmer mit seinem Rohr beherrschen konnte. Das Ziel seiner Übungen blieb jedoch nicht immer der große Essigkrug auf dem Ofen, oder das Türchen des Vogelkäfigs, oder das alte Portrait Friedrichs von Preußen, sondern der Pfarrherr betrachtete es mitunter als den angenehmsten Teil seiner Kinderzucht, gewisse Unarten, die er an den Töchtern bemerken wollte, durch dergleichen Schüsse zu verweisen. Jungfer Nantchen, bei Licht am Nähtische beschäftigt, brauchte z. B. vorhin etwas längere Zeit, als dem Vater billig vorkam, um ihren Faden durch das Nadelöhr zu schleifen, und unerwartet klebte eine Kugel an ihrem bloßen Arm, die denn auch so derb gewesen sein muß, daß das gute Kind recht schmerzhaft aufseufzte. Es kamen diesen Abend noch einige Fälle der Art vor, wobei doch Jungfer Ernestine verschont blieb, ein Vorzug, welchen gewöhnlich auch Adelheid, Theobald ohnehin, mit ihr teilen durfte. Allein welchen Empfang können wir den letztern unter solchen Umständen versprechen? Es wurde acht Uhr, bis sie gegen das Dorf herfuhren. Sie waren inzwischen übereingekommen, man wolle Elisabeth, welche jedes Nachtquartier fortwährend mit Hartnäckigkeit ausschlug, zum wenigsten über Tisch behalten, wozu sie sich zuletzt auch verstand.

Die endliche Ankunft der Vermißten war indessen im Pfarrhause schon durch einen Burschen hinterbracht, den man entgegengesandt und welchem der ehrliche Johann im Vertrauen das Merkwürdigste zugeraunt hatte. Dies veranlaßte denn ein groß Verwundern, ein gewaltig Geschrei im Haus. Dem Pfarrer sank das Spielzeug aus der Hand, da von einer Zigeunerin, von der Chaise des Rittmeisters, von Unpäßlichkeit seines Sohns verlautete. Er stand vom Bette auf und warf den Schlafrock um unter den Worten: „Was? eine Kartenschlägerin? eine Landfährerin? alle Satan! eine Hexe? und deswegen mein Sohn plötzlich unwohl geworden? — und ein Fuhrwerk — eine Heidin, was? Ich will sie bekehren, ich will ihr die Nativität stellen! gebt mir mein Rohr her! nicht das — mein spanisches! Wie hat Johann gesagt? Die Pferde seien scheu geworden, wenn die Zigeunerin neben ihnen hergelaufen?"

Die Tür ging auf. Adelheid und Theobald standen im Zimmer; jene mit stockender Stimme, an ihrer Angst schluckend, dieser mehr beschämt und vor bitterem Unwillen glühend über das unwürdige Benehmen seines Vaters. Umsonst stellte er sich dem hitzigen Manne beschwörend in den Weg, als er mit dem Licht in den Hausflur treten wollte, wo Elisabeth in einer Ecke unbeweglich hingepflanzt stand und ihm nun groß und unerschrocken entgegenschaute. Jetzt aber folgte eine den gespannten Erwartungen aller Umstehenden völlig entgegengesetzte Szene. Dem Pfarrer erstickt die rauhe Anrede auf der Zunge, wie er die Gesichtszüge der Fremden ins Auge faßt, und mit dem Ausdruck des höchsten Erstaunens tritt er einige Schritte zurück. Auf der Schwelle des Zimmers wirft er noch einen Blick auf die Gestalt, und in lächerlicher Verwirrung läuft er nun durch alle Stuben. „Wie kommt sie denn zu euch? was wißt ihr von dem Weibsbild?" fragt er Adelheiden, während Theobald sich auf den Gang hinausschleicht. Das Mädchen berichtete, was es wußte, und setzte zuletzt noch hinzu, daß der Bruder von einem Bilde gesagt, welches er schon als Kind öfters in einer Dachkammer gesehen und das die wunderbarste Ähnlichkeit mit dem Mädchen habe. Der Pfarrer winkte verdrießlich mit der Hand und seufzte laut. Er schien in der Tat über die Person der Fremden mehr im reinen zu sein, als ihm selber lieb sein mochte, und der letzte Zweifel verschwand vollends während einer Unterredung, welche er, so gut es gehen mochte, mit Elisabeth unter vier Augen auf seiner Studierstube vornahm. Er ward überzeugt, daß er hier die traurige Frucht eines längst mit Stillschweigen zugedeckten Verhältnisses vor sich habe, das einst unabsehbares Ärgernis und unsäglichen Jammer in seiner Familie angerichtet hatte. Was jedoch Elisabeth jetzt über ihr bisheriges Schicksal vorbrachte, war nicht viel mehr, als was die andern bereits von ihr wußten, und der Pfarrer fand nicht für gut, sie über das Geheimnis ihrer Geburt und somit über die nahe Beziehung aufzuklären, worin sie dadurch zu seinem Hause stand. Den auffallenden Umstand aber, daß die Flüchtige just in diese Gegend geriet, machten einige Äußerungen des Mädchens klar, aus welchen hervorging, daß ein unzufriedenes Mitglied jener Bande sich an dem Anführer durch die Entfernung Elisabeths rächen wollte, wozu ihm die letztere selbst durch die häufige Bitte Gelegenheit gegeben haben mußte, er möchte sie doch einmal in ihre Heimat zu Besuche führen, und allerdings war der Mensch, wie sich später ergab, von der eigentlichen Herkunft des Mädchens, sowie von dem Dasein einiger Verwandten ihres Vaters vollkommen unterrichtet; er beabsichtigte, sie nach Wolfsbühl zu bringen, wo er sich nicht geringen Dank versprach, aber wenige Stunden von dem Orte traf er auf die Spur von Zigeunern, welche ohne Zweifel ihm nachzusetzen kamen. Er ließ das Mädchen im Stiche und setzte seine Flucht alleine fort.

Jungfer Ernestine mahnte bereits zum dritten Male an das ohnehin verspätete Nachtessen; man schickte sich also an, und wohl selten mag eine Mahlzeit einen sonderbarern Anblick dargeboten haben. Sie ging ziemlich einsilbig vonstatten. Der fremde Gast war natürlich unausgesetzt von neugierigen zweifelhaften Blicken verfolgt, die nur, wenn zuweilen ein Strahl aus jenen dunkeln Wimpern auf sie traf, pfeilschnell und schüchtern auf den Teller zurückfuhren.

Elisabeth ersah sich nach Tische den schicklichsten Zeitpunkt, um aus der Tür und sofort geschwinde aus dem Haus zu entschlüpfen, ohne auch nachher, als man sie vermißte, wiederaufgefunden werden zu können. Der Vater schien dadurch eher erleichtert als bekümmert. Sie hatte jedoch, wie man jetzt erst bemerkte, ihr Bündel zurückgelassen; sie mußte also wahrscheinlich wiedererscheinen, und Theobald tröstete sich mit dieser Hoffnung.

Eine mächtige und tiefgegründete Leidenschaft, soviel sehen wir wohl schon jetzt, hat sich dieses reizbaren Gemütes bemeistert, eine Leidenschaft, deren Ursprung vielleicht ohne Beispiel ist und deren Gefahr dadurch um nichts geringer wird, daß eine *reine* Glut in ihr zu liegen scheint. Der junge Mensch befand sich, seit das rätselhafte Wesen verschwunden war, in dem Zustand eines stillen dumpfen Schmerzens, wobei er, sooft Adelheid ihn mitleidig ansah, Mühe hatte, die Tränen zurückzuhalten. Sie nötigte ihn auf seine Schlafkammer, wo sie ihm bald gute Nacht sagte. Der Pfarrer war durch das unerwartete Ereignis des heutigen Abends in seinem gewohnten Gleichmute dergestalt gestört, daß er jetzt noch an keine Ruhe denken konnte. Die Erinnerung an eine bedeutende Vergangenheit, an das unglückliche Schicksal eines leiblichen *Bruders* wurde nach langer Zeit wieder zum ersten Male heftig in ihm aufgeregt, er fühlte ein Bedürfnis, sich seiner ältesten Tochter mitzuteilen, und Ernestine, von jeher nur wenig unterrichtet über jenes merkwürdige Familienverhältnis, sah jetzt mit neugieriger Miene den Vater ein bestäubtes Manuskript hervorholen, worin die Geschichte ihres Oheims größtenteils von dessen eigener Hand verzeichnet stand. Alle übrigen im Hause hatten sich zu Bette begeben, nur Adelheid saß nachdenklich in einem Winkel des Zimmers und hörte bescheiden zu, indes der Vater aus dem Gedächtnis erzählte, nachdem er die vor ihm liegende Handschrift mit Wehmut, ja mit Grauen, bald wieder auf die Seite geschoben hatte.

„Mein jüngerer Bruder Friedrich", fing er an, „dein seliger Oheim, war ein Genie, wie man zu sagen pflegt, und leider bei aller Herzensgüte ein überspannter Kopf, welcher schon in der frühesten Jugend nichts wollte und nichts vornahm, was in der Ordnung gewesen wäre. Er bewies ein außerordentliches Geschick zur Malerkunst und mit der Zeit unterstützte ihn der Fürst auf das großmütigste. Er ließ ihn auf sechs Jahre nach Italien reisen, gab ihm auch nach seiner Zurückkunft ungemeine Zeichen seiner Gnade. Anfänglich nahm er seinen Aufenthalt in der Hauptstadt, später kaufte er sich das etwa fünf Stunden von Rißthal und drei von hier entfernte Gütchen F., wo er, noch immer unverheiratet, bloß für sein Geschäft lebte. In dieser Zeit habe ich ihn gar oft gesehen. Es war ein großer schöner Mann und gar munter, wenn es an ihn kam. Er hätte glücklich sein können, aber eine Reise hat ihn in sein Verderben geführt. Er entschloß sich nämlich im Frühjahr 17** auf den Rat der Ärzte, seiner Erholung wegen, einen Freund in Böhmen zu besuchen, mit dem er zu gleicher Zeit in Rom gewesen war. Ach, er ahnete nicht, welchem Verhängnis er entgegenging!"

So sprach der Pfarrer und nun folgte die Erzählung einer Geschichte, welche der Leser besser aus dem Tagebuche des Malers selbst erfährt.

In der Gegend von H**, den 22. Mai

Schon seit Wochen fühle ich meine Gesundheit kräftiger als jemals; aber seit wenigen Tagen streckt auch der Geist seine erschlafft gewesenen Organe so begierig und arbeitsdurstig wieder aus, daß ich ordentlich über mich selbst erstaune. Ich spüre, es will sich ein neues Leben hervordrängen, es will ein Wunder in mir werden. Ich wüßte niemanden, dem ich die Ursache dieser mächtigen Revolution, die Geschichte der letzten vier Tage, so vertraulich mitteilen könnte, als diesen verschwiegenen Blättern. Aber fürwahr, ich tue es beinahe bloß in der grillenhaften Besorgnis, daß mein gegenwärtiges Glück, ja daß mir selbst die Erinnerung an diese außerordentliche Zeit entrissen werden könne.

Am 17. Mai trat ich von G. aus eine kleine Exkursion an, und zwar allein, weil mein Freund verhindert war. Ich fand etwas Reizendes in dem Gedanken, so wie zuweilen im Vaterland, jetzt auch auf böhmischem Boden einmal ohne bestimmtes Ziel und besondere Absicht auszufliegen, nur dachte ich an das schöne Gebirge gegen *** zu, das ich vom Fenster aus als dunkelblauen Streif gesehen hatte. Ich schlug also ungefähr diese Richtung ein und ließ mich nach Bequemlichkeit vom nächsten besten Wege fortziehen, verweilte bei allem, was mir neu und merkwürdig war, machte meine Beobachtungen an Menschen und Natur, zog mein Skizzenbuch hervor, zeichnete oder las wie mir's einkam, und ließ es mir mitunter in den dürftigsten Dorfschenken aufs beste gefallen. Am zweiten Abend meiner Wanderung befand ich mich bereits in einer anziehenden Gebirgsgegend und der darauf folgende Mittag sah mich schon tief in den herrlichsten Waldungen herumschwärmen, wo ich nach Herzenslust den wilden Atem der Natur kostete, die Schauer der Einsamkeit empfand, mich hundert Zerstreuungen überließ. Unvermerkt sank die Dämmerung herein, da es mir denn erst einfiel, den Fußsteig wieder aufzusuchen, der, wie man mir gesagt hatte, nach einer guten, mitten im Walde gelegenen Herberge führen mußte. Das ging aber nicht so leicht; eine volle halbe Stunde quälte ich mich ab, ohne eine Spur zu entdecken. Jetzt war es fast Nacht. Meine Wahl ging nahe zusammen. Auf gut Glück lief ich noch eine Zeitlang vorwärts, bis das dicker werdende Gesträuch und eine große Müdigkeit mich verdrossen stille stehen machte. Ungeduld und Ärger über meine Unvorsichtigkeit waren aufs äußerste gestiegen, da überraschte mich mit einemmal der Gedanke, daß ich mir ehedem oft eine solche Situation gewünscht, und daß dieser scheinbar widerwärtige Zufall recht eigentlich im Charakter meiner Reise sei. Hiemit gab ich mich denn auch wirklich zufrieden. Unbequem genug lagerte ich mich unter einer hohen Eiche, murmelte etwas von der Lieblichkeit der warmen Sommernacht, vom baldigen Aufgang des Mondes und konnte doch nicht verhüten, daß meine Gedanken einigemal in dem verfehlten Wirtshaus einkehrten, wo ein ordentliches Abendbrot und ein leidlicheres Bette auf mich gewartet haben würden. Mit solchen Bildern beschäftigt, bemerkte ich jetzt in einiger Entfernung durch das Gezweige hindurch den Glanz eines Feuers. Meine ganze Einbildungskraft entzündete sich in diesem Anblick unter tausend mehr oder weniger angenehmen Vermutungen; aber bald entschloß ich mich zu einer genauern Untersuchung. Nach einer mühsam zurückgelegten Strecke von etwa fünfzehn Schritten unterschied ich eine bunte Gesellschaft von Männern, Weibern und Kindern auf einem etwas freien Platz um ein Feuer herumsitzend und zum Teil von einer Art unordentlichen Gezeltes bedeckt; sie führten, soviel ich hörte, ein zufriedenes aber lebhaftes Gespräch.

Das Herz hüpfte mir vor Freuden, hier einen Trupp von Zigeunern anzutreffen, denn ein altes Vorurteil für dies eigentümliche Volk wurde selbst durch das Bewußtsein meiner gänzlichen Schutzlosigkeit nicht eingeschreckt. Ich weiß nicht, welches rasche zuversichtliche Gefühl mich überredete, daß wenigstens bei dieser Versammlung durch eine offene Ansprache nichts zu wagen sei. Mein kleiner Tubus trug in keinem Fall etwas dazu bei, denn bei einer physiognomischen Untersuchung der vom roten Schein der Flamme beleuchteten Köpfe hätte mein Urteil unentschieden bleiben müssen, trotz der frappantesten Deutlichkeit, womit jeder Zug sich vor mein Auge stellte. Ich trat hervor, ich grüßte treuherzig und erfuhr ganz die gehoffte Aufnahme, nachdem ich mich durch das erste barsche Wort des Häuptlings nicht hatte irremachen lassen. Meine unbefangene Keckheit schien ihm plötzlich zu gefallen, auch meinen Anzug musterte er jetzt mit sichtbarem Respekt. Man lud mich ein, auf einen Teppich niederzusitzen, und bot mir zu essen an. Ich gab mir ein mehr und mehr treuherziges und redseliges Wesen, dessen gute Wirkung sich gar bald an meinen Leuten zeigte, die mit Aufmerksamkeit meinen Schilderungen aus fremden Ländern zuhörten, während ich mich nebenher an den merkwürdigen Gesichtern und köstlichen Gruppen in die Runde erquicken konnte.

Dies dauerte ungestört eine ganze Zeit. Jetzt ließ sich ein ferner Donner vernehmen und man machte sich auf ein Gewitter gefaßt, das auch wirklich unvermutet schnell herbeikam. Jedes schützte sich so gut wie möglich.

Bei dieser allgemeinen Bewegung, indes der Regen unter heftigen Donnerschlägen stromweise niedergoß und eines der seitwärts stehenden Pferde scheu wurde, war mir mein Portefeuille entfallen. Ich suchte es in der dicksten Finsternis am Boden und hatte es soeben glücklich aufgehoben, als ich plötzlich beim jähen Licht eines starken Blitzes hart an meiner Seite ein weibliches Gesicht erblickte, das freilich derselbe Moment, welcher es mir gezeigt, wieder in die vorige Nacht verschlang. Aber noch stand ich geblendet wie in einem Meere von Feuer und vor meinem innern Sinne blieb jenes Gesicht mit bestimmter Zeichnung wie eine feste Maske hingebannt, in grünflammender Umgebung des nassen glänzenden Gezweigs. Nichts in meinem Leben hat einen solchen Eindruck auf mich gemacht, als die Erscheinung dieses Nu. Unwillkürlich streckte sich mein Arm aus, um mich zu überzeugen, aber es rauschte schon an mir vorüber und eine längere Zeit, als meine Ungeduld wollte, verging, bis ich ins klare kommen sollte. Doch das blieb nicht aus.

Ein Mädchen, das anfangs in dem Zelt verborgen gewesen sein mochte, und das man mit dem Namen Loskine rief, zeigte sich jetzt auch unter den andern, als man bei nachlassendem Regen wieder Feuer anmachte und sich unter wechselnden Scherz- und Scheltworten auf den störenden Überfall wieder in Ordnung brachte. Das Mädchen ist die Nichte des Hauptmanns. — Loskine — wie soll ich sie beschreiben? Sind doch seit jener Nacht vier volle Tage hingegangen, in denen ich dies Gebilde der eigensten Schönheit stündlich Aug in Auge vor mir hatte, ohne daß dem Maler in mir eingefallen wäre, sich ihrer durch das elende Medium von Linien und Strichen zu bemächtigen! O diese wenigen Tage, wie reich an Entdeckungen, wie unermeßlich in ihren Folgen für meine ganze Art zu existieren!

Ich bin seither der freiwillige Begleiter dieser streifenden Gesellschaft. Ja, das bin ich und ich erröte keineswegs über diesen Einfall, den mir auch kein Professor ordinarius der schönen Künste beachselzucken soll, weil ich ihn einem Professori ordinario sicherlich nicht erzählen werde. Oder schändet es in der Tat einen vernünftigen Mann, den sein Beruf selber auf Entdeckung originaler Formen hinweiset, eine Zeitlang der Beobachter von wilden Leuten zu sein, wenn er unter ihnen unerschöpflichen Stoff, die überraschendsten Züge, den Menschen in seiner gesundesten physischen Entwicklung findet, und dabei die übrige Natur wie mit neuen Augen, mit doppelter Empfänglichkeit anschaut? Ich lerne mit jeder Stunde und die Leute sind die Gefälligkeit selbst gegen mich. Einiger Eigennutz ist freilich immer dabei; meine Freigebigkeit behagt ihnen, aber mich wird sie nie gereuen.

Einen Tag später

Ich muß lächeln, wenn ich mein gestriges Räsonnement von Malerstudium und Kunstgewinn wieder lese. Es mag seine Richtigkeit damit haben, aber wie käme diese hochtrabende Selbstrechtfertigung hieher, wenn nicht noch etwas anderes dahinterstäke, um was ich mir mit guter Art einen Lappen hängen wollte? Doch ich gestehe ja, daß Loskine schon an und für sich allein die Mühe verlohnen könnte, sich eine Woche lang mit dem Zug herumzutreiben. Ich kann dies Geschöpf nicht ansehen, ohne die Bewunderung immer neuer geistiger, wie körperlicher Reize. Sie fesselt mich unwiderstehlich, und wäre es auch nur durch das Interesse an der ungewöhnlichen Mischung dieses Charakters.

Äußerungen eines feinen Verstandes und einer kindischen Unschuld, trockener Ernst und plötzliche Anwandlung ausgelassener Munterkeit wechseln in einem durchaus ungesuchten und höchst anmutigen Kontraste miteinander ab und machen das bezauberndste Farbenspiel. Das Unbegreifliche dieser Komposition und dieser Übergänge ist auch bloß scheinbar; für mich hat das alles bereits die notwendige Ordnung einer schönen Harmonie angenommen. Erstaunlich ist zuweilen die Behendigkeit ihrer äußern Bewegungen und herrlich das Lächeln der Überlegenheit, wenn es ihr mitunter gefällt, die Gefahr gleichsam zu necken. Mit Zittern seh ich zu, wie sie einen jähen Abhang hinunterrennt und so von Baum zu Baum stürzend sich nur einen kurzen Anhalt gibt; oder wenn sie sich auf den Rücken eines am Boden ruhenden Pferdes wirft und es durch Schläge zum plötzlichen Aufstehen zwingt. Unter den übrigen bildet sie indessen eine ziemlich isolierte Figur; man läßt sie auch gehen, weil man ihre Art schon kennt, und doch hängen alle mit einer gewissen Vorliebe an ihr. Besonders scheint der Sohn des Anführers, ein gescheiter männlich schöner Kerl, größere Aufmerksamkeit für sie zu haben, als ich leiden mag, wobei mich zwar einesteils ihre Kälte freut, auf der andern Seite aber sein heimlicher Verdruß doch wieder herzlich rührt. Mich mag sie gerne um sich dulden, allein ich scheue mich fast vor Marwin, so heißt jener Mensch, und bin schon daran gewöhnt, vorzüglich nur die Gelegenheit zu benützen, wann er eben auf Rekognoszierung oder sonst in einem Geschäft ausgeschickt wird, was häufig vorkommt. Ich habe ihr schon manche kleine Geschenke gekauft, deren Absichtlichkeit ich durch ähnliche Gaben an die andern zu bemänteln weiß. — Aber, mein Gott! was will ich denn eigentlich? Noch treffe ich nicht die Spur eines Gedankens an die Umkehr bei mir an. Vorgestern schrieb ich, unter einem nicht sehr wahrscheinlichen Vorwand und ohne das geringste von meinem jetzigen Leben verlauten zu lassen, an Freund S., er möchte mir meine ganze Barschaft nach dem Städtchen G*** senden, wo wir, wie der Hauptmann sagt, in vier Tagen zur Marktzeit eintreffen werden. Dieser Marsch bringt mich dem Orte, von dem ich ausgegangen, wieder um fünf Meilen näher. Aber doch welche Entfernungen immer noch! Gut, daß ich in diesen Gegenden nicht fürchten muß, auf irgendein bekanntes Gesicht zu stoßen, wofern ich anders in meinem gegenwärtigen Zustand noch kenntlich wäre. Ich habe meinem Anzug durch einige geborgte Kleidungsstücke ein etwas freieres Wesen gegeben, um mich meinen Gesellen einigermaßen zu konformieren. Eine violett und rote Zipfelmütze auf dem Kopf, ein breiter Gürtel um den Leib tun wahrlich schon viel.

26. Mai

Einen artigen Auftritt hat es gegeben. Wir rasteten nach einem ermüdenden Strich mittags in einem Tannengehölze. Marwin war abwesend und sonst überließ sich fast alles dem Schlafe. Loskine suchte ihre Lieblingsspeise, das durstlöschende, angenehme Blatt des Sauerklees, der dort in großer Menge wächst. Ich begleitete sie und wir setzten uns endlich hinter einem Hügel an einer schattigen Stelle auf den von abgefallenen Nadeln ganz übersäeten Moosboden. Ich weiß nicht, wie wir auf allerlei Märchen und wunderbare Dinge zu sprechen kamen, woran sie bei weitem reicher war als ich. Unter anderem wußte sie von der spinnenden Waldfrau zu sagen, die im Frühen, wenn der herbstliche Wald von der Morgenröte glühet, unter den Bäumen hergehe und das Laub, wie vom Rocken, in grün und goldnen Fäden abspinne, indes die Spindel neben ihr hertanze. Auch vertraute sie mir vieles von der heimlichen Kraft der Kräuter und Wurzeln, was nicht wiederholt werden kann, ohne zugleich ihre eigenen Worte zu haben. Dazwischen arbeitete sie mit dem Schnitzmesser sehr fertig an einem niedlichen Geräte, dergleichen die Zigeuner aus einem gelben Holze zum Verkauf machen. Ich hatte zuletzt beinahe kein Ohr mehr für ihre Erzählungen ob der Aufmerksamkeit auf die Bewegung der Lippen, auf das Spiel ihrer Miene, und endlich von stille glühenden Wünschen innerlich bestürmt und aufgeregt, wandte ich mich von ihr ab, so daß ich etwas tiefer sitzend ihr Gesicht im Rücken und ihren nackten Fuß — denn so geht sie gar häufig — dicht vor meinem Auge hatte. Wie trunken an allen Sinnen und meiner nicht mehr mächtig ergriff ich den Fuß und drückte meinen Mund fest auf die feine braune Haut. In diesem Augenblick gab Loskine mir lachend einen derben Stoß, wir standen beide auf und ich bemerkte eine hohe Röte auf ihrer Wange, eine Verwirrung, die ich schnell zu deuten wußte. Dadurch kühn gemacht schlang ich ohne Besinnen die Arme um die treffliche Gestalt, und sie widerstand mir nicht. Heiß brannten ihre Lippen und ihr Blick sprühte in den meinigen sein schwarzes Feuer. Aber kurz nur, denn jetzt kehrte er sich verworren ab, und der nächste Gegenstand, auf den er zugleich mit dem meinigen fällt, ist — Marwin, welcher ruhig an einen unfernen Baum gelehnt ein Zeuge dieser Szene war. Loskine stand wie vom Schlage gerührt. Ich suchte, ohne Marwin bemerken zu wollen, ihn über den Vorfall zu täuschen, indem ich laut und scherzhaft mich über Sprödigkeit beklagte und daß sie mir das Gesicht schändlich zerkratzt hätte. Bei dieser Komödie leistete mir das Mädchen nicht die geringste Unterstützung. Sie starrte schweigend vor sich hin und unter stille hervorstürzenden Tränen entfernte sie sich langsam. Nun erst grüßte ich ganz verwundert meinen Nebenbuhler, ging auf ihn zu und wollte in meiner Rolle fortfahren, allein er sah mich ein paar Sekunden lang verächtlich an, dann ließ er mich stehen und ging.

Es sind seitdem sechzehn Stunden verflossen, ohne daß sich bisher die mindeste Folge gezeigt hätte, außer daß Loskine mir überall ausweicht.

In einer Bauernhütte zu ***

Ich bin getrennt von meiner Bande, aber um welchen Preis getrennt!

An demselben Morgen, da ich das letzte schrieb, nahm der Hauptmann mich beiseite und erklärte mir mit Mäßigung, aber mit finsterm Unmut, daß ich ihn verlassen müßte oder mich ganz so verhalten, als ob Loskine gar nicht vorhanden wäre. Sein Sohn wünscht sie als Weib zu besitzen, er selber habe sie ihm versprochen, sie werde sich auch jetzt nicht länger weigern. Ich möchte überhaupt auf meiner Hut sein, Marwin wolle mir sehr übel, nur die Furcht vor ihm, seinem Vater, habe ihn im Zaum gehalten, daß er sich nicht an mir vergriffen. Ich erwiderte, wenn mein argloses Wohlgefallen an dem Mädchen Verdruß errege, so wäre es mir ein leichtes, künftig behutsam zu sein; wenn aber Marwin überhaupt durch meine Gegenwart beunruhigt werde, so würde ich auch diese aufheben. Der Hauptmann, im Bewußtsein der nicht unbeträchtlichen Vorteile, die ihm meine Gesellschaft brachte, lenkte ein. Ich antwortete darauf wieder in unbestimmten Ausdrücken und so beruhte die Sache auf sich. Aber bald kam ich zu einer herzzerschneidenden Szene, woran ich sogleich selber teilnehmen sollte. Loskine, mit dem Strickzeug auf dem Schoße, saß an der Erde, das Gesicht mit beiden Händen bedeckend, indes ihr Liebhaber unter gräßlichen Verwünschungen und im heftigsten Schmerz ihr ein offenes Geständnis über jenen Vorfall auszupressen suchte. Wie er mich gewahr wurde, sprang er gleich einem Wütenden auf mich los, faßte mich an der Brust und forderte von mir, was jene ihm vorenthalte. Er zog das Messer und drohte mir noch immer, als wir schon von fünf bis sechs Personen, die herbeieilten, umringt waren. Der Vater entwaffnete ihn auf der Stelle. Aber erst Loskine, welche sich jetzt mit einem mir unvergeßlichen Ausdruck von würdevoller Ruhe aufhob, machte dem Lärmen ein Ende; sie faßte, ohne ein Wort zu sprechen, Marwin mit einem vielsagenden Blicke bei der Hand und er, der von der Bedeutung ihrer feierlichen Gebärde so mächtig ergriffen zu sein schien, wie ich, folgte wie ein Lamm, als sie ihn tief mit sich in das Gebüsche führte.

Nach einer Weile kehrte sie allein zurück, ging mit entschiedenem Schritt auf *mich* zu, den sie gleichfalls aus der Mitte der übrigen hinwegwinkte.

„Ich habe ihm versprochen", fing sie, da wir weit genug entfernt waren und stillestanden, in ernstem Tone an, „ich hab ihm versprochen, dir zu sagen, daß ich dich hasse wie meinen ärgsten Feind und bis in den Tod. Ich sage dir also dieses. Doch du weißt es anders. Ich sage dir für mich, daß ich dich vielmehr liebe wie meinen liebsten Freund, und das solange ein Atem in mir sein wird. Aber du mußt fort von uns, auch das hab ich ihm gesagt. Mach es kurz, ich darf nicht lange ausbleiben. Küsse mich!"

„Muß ich fort", antwortete ich, durch das Großartige dieses Augenblicks fast über allen Affekt hinausgehoben, „muß ich fort, und ist es wahr, daß du mich mehr liebest als alles, so laß uns zusammen gehen."

Sie sah mich staunend an, dann schüttelte sie gedankenvoll das schöne Haupt:

„Loskine!" rief ich, „wolle nur, und was dir unmöglich scheint, soll gewiß möglich gemacht werden. Aber noch eins zuvor beantworte mir: Kannst du Marwins Verlangen nicht gutwillig erfüllen? Kannst du nicht die Seinige werden?"

Sie schwieg. Ich tat dieselbe Frage wieder, worauf sie ein bestimmtes: Nein! ausstieß. Mir fiel ein Berg vom Herzen und zugleich war mein Entschluß gefaßt. Mit Blitzesschnelle ordnete sich ein Plan in meinem Kopfe, dessen Unsicherheit ich freilich sogleich fühlte. Er lief darauf hinaus, daß ich nach meiner unverzüglichen Trennung von ihren Leuten allein bis G*** vorausreisen wolle, dem Städtchen, wo sie, wie ich ja wußte, nächstens auch eintreffen würden. Dort sollte sie sich alsdann von den Ihrigen verlieren, sich unter der Hand und mit kluger Art nach dem angesehensten Gasthaus erkundigen, wo ich mich unfehlbar bereits befinden und alle Anstalten zur schnellen Flucht getroffen haben würde. Loskine hatte meinen Vorschlag kaum vernommen, so entriß sie sich mir eilig, denn wir hörten Geräusch. In einem Gewirre von ängstlich sich durchkreuzenden Gedanken über die Ungewißheit, in welcher ich in mehr als einer Hinsicht mit meinem Plane stand, blieb ich mir selber überlassen. Hat das Mädchen mich verstanden? Werde ich Gelegenheit finden, sie noch einmal darüber zu vernehmen? oder, wenn sie mich gefaßt hat, wird sie sich zu dem Schritte entschließen? ist der letztere überhaupt ausführbar? Diese Zweifel beunruhigten mich nicht wenig, bis mir der glückliche Einfall kam, alles dem Willen des Schicksals anheimzustellen und zuletzt das Glücken oder Mißlingen meiner Absichten als Probe ihrer Güte oder Verwerflichkeit anzusehen. Mit dieser Idee schmeichelte ich mir ordentlich, sowie durch den strengen Vorsatz, Loskinen für jetzt nicht mehr aufzusuchen, mich wenigstens nicht näher mit ihr darüber zu verständigen. Um wieviel bedeutender — dies schwebte im Hintergrund meiner Seele — um wieviel glänzender wird nachher die Erfüllung deiner Erwartungen sein! Aber auch selbst in ihrem Fehlschlagen sah ich einen für mich reizenden Schmerz und eine schöne Entsagung voraus.

Jetzt begab ich mich zu meiner Gesellschaft, zog den Hauptmann beiseite und erklärte ihm die Notwendigkeit meiner Entfernung, die ich ihm durch einen letzten Beweis meiner Erkenntlichkeit um so leichter verschmerzen machte. Er empfing mein immer ansehnliches Geschenk mit einer Miene von Stolz und Freundlichkeit, erbot sich zu einem Ehrengeleite, was ich aber ausschlug, und er versprach, meiner Bitte gemäß, die andern in meinem Namen zu grüßen, da ich aus Schonung für Marwin einen allgemeinen Abschied vermeiden wolle. Im Grunde aber unterließ ich den Abschied aus Schonung für mich selber, aus einem eigenen Schamgefühl, das mich nicht vor den Menschen treten ließ, den ich um seine schönste Hoffnung zu betrügen gedachte. Ich suchte mich damit zu trösten, daß ich mir sagte, er werde um nichts beraubt, das er je besessen hätte oder jemals besitzen könnte, denn Loskinens Herz war weit von ihm entfernt.

In kurzer Zeit befand ich mich wieder allein und in meinen

ordentlichen Kleidern. Ich verfolgte zu Pferde mit einem gleichfalls berittenen Begleiter aus dem nächsten Dorfe einen Umweg nach G***, welchen, wie zu vermuten war, der Hauptmann nicht einschlug. Diese Vorsicht gebrauchte ich auf alle Fälle, so wie ich ihm auch die Richtung meiner Reise falsch angab.

In G. langt ich beizeiten an und nahm mein Absteigequartier gemäß dem Loskinen gegebenen Worte. Was meine Absicht weiter fördern konnte ward unverzüglich eingeleitet. Einige neue Kleidungsstücke, vor allem ein anständiger Mantel lag für die Geliebte bereit. Es fand sich ein bequemer verschlossener Wagen, dessen Anblick mich mit abwechselnd glücklichen und bekümmerten Ahnungen erfüllte; doch erhielt sich meine Hoffnung um so aufrechter, je weiter ich die Zeit hinaussetzte, wo meiner Berechnung nach die Ankunft des Trupps erfolgen konnte. Dies war auf den folgenden Morgen, als den eigentlichen Markttag. Ganz gelassen schaute ich soeben von meinem Zimmer auf die Straße hinab und überlegte, nicht ohne einige bedenkliche Rücksicht auf den sehr herabgesunkenen Zustand meiner Börse, die Art und Weise, wie ich das in den nächsten Tagen unfehlbar hier auf der Post einlaufende Paket von S. wollte am zweckmäßigsten heimwärts mir nachschicken lassen. Ich sah unter diesen Betrachtungen ruhig zu, wie unter meinem Fenster ein Junge vom Haus mit einer neuen hölzernen Armbrust spielte, wobei ein dunkles, gleichgültiges Gefühl in mir war, als wäre mir ein gleiches Instrument während der letzten Zeit irgendwo vorgekommen. Wie ein Blitz durchzückt mich plötzlich der Gedanke, daß ich noch vor zwei Tagen dergleichen Schnitzarbeit in den Händen Loskinens gesehen, daß sie bereits in der Nähe sein müsse, daß sie jeden Augenblick in das Haus treten könne. Ich war außer mir vor Freude, vor Erwartung und Angst. Aber dieser peinvolle Zustand sollte nicht lange dauern. O Gott! wer schildert den Augenblick, da die herrliche Gestalt in mein Zimmer schlüpfte, diese Arme sie empfingen und sie mit ersticktem Atem rief: „Da bin ich! da bin ich Unglückliche! beginne mit mir, was du willst!"

In kurzem saßen wir im Wagen; erst fuhr ich allein eine Strecke weit vor die Stadt und erwartete sie dort. Wir reisten den Tag und die Nacht hindurch und sind vorderhand weit genug, um nichts mehr zu fürchten. Aber welche Not, welche süße Not hatt' ich, den Jammer des holden Geschöpfs zu mäßigen. Sie schien jetzt erst den ungeheuren Schritt zu über-

denken, den sie für mich gewagt, sie quälte sich mit den bittersten Vorwürfen und dann wieder lachte sie mitten durch
Tränen, mit Leidenschaft mich an sich pressend. So kamen wir
gegen Tagesanbruch im Grenzorte B. ermüdet an. Ich schreibe
dies in einem elenden Gasthof, indessen Loskine nicht weit von
mir auf schlechtem Lager eines kurzen Schlafs genießt. Getrost, gutes Herz, in wenig Tagen zeig ich dir eine Heimat. Du
sollst die Fürstin meines Hauses sein, wir wollen zusammen ein
Himmelreich gründen, und die Meinung der Welt soll mich
nicht hindern, der Seligste unter den Menschen zu sein.

*

Hier brach das Tagebuch des Malers ab. Der Pfarrer machte
eine Pause und Jungfer Ernestine sagte: „Er brachte sie also
ins Vaterland und nahm sie förmlich zum Weibe?" „Ja, leider,
daß Gott erbarm! er setzt' es durch. Er verleugnete die abscheu-
liche Herkunft der Person, doch man merkte sogleich Unrat,
und wer von der Familie hätte sich nicht davor bekreuzen
sollen, so eine wildfremde Verwandtschaft einzugehen? Alles
riet dem Bruder ab, alles verschwor sich gegen eine Verbindung,
ich selbst, Gott vergebe mir's, habe mich verfeindet mit ihm, so
lieb ich ihn hatte. Umsonst, der Fürst war auf seiner Seite, er
ward in der Stille getraut und lebte mit dem Weibsbild einsam
genug auf seinem kleinen Gute. Seine Kunst nährte ihn vollauf,
aber es konnte kein Segen dabei sein; beide Eheleute, sagt man,
hätten sich geliebt, abgöttisch geliebt, und doch, heißt es, sei
sie in den ersten Monaten krank geworden vor Heimweh nach
ihren Wäldern, nach ihren Freunden. Man sage mir was man
will, ich behaupte, so ein Gesindel kann das Vagieren nicht
lassen, und mein armer Bruder muß tausendfachen Jammer
erduldet haben. Es dauerte kein Jahr, so schlug der Tod sich
ins Mittel, die Frau starb in dem ersten Kindbett. Euer Onkel,
statt, wie man hoffte, dem Himmel auf den Knieen zu danken,
tat über den Verlust wie ein Verzweifelnder; er lebte eine
Zeitlang nicht viel besser als ein Einsiedler; sein einziger Trost
war noch das Kind, das am Leben erhalten war und in der
Folge eine unglaubliche Ähnlichkeit mit der Mutter zeigte. Er
ließ das Mädchen sorgfältig bei sich erziehen bis in sein siebentes Jahr. Da strafte Gott den hart Gezüchtigten mit einem neuen
Unglück. Das Kind ward eines Tags vermißt, niemand begriff, wohin es geraten sein konnte. Später fand man Ursache,
zu glauben, daß die verruchte Bande den Aufenthalt meines

Bruders entdeckt, und weil die Frau nicht mehr zu stehlen war, sich durch den Raub des Mädchens an dem Vater gerächt habe. Sein halb Vermögen ließ dieser es sich kosten, seinen Augapfel wieder an sich zu bekommen; vergebens, er mußte die Tochter verlorengeben, und nie vernahm man weiter etwas von ihr. Und heute nun — es ist ja unfaßlich, es ist rein zum Tollwerden, mir wirbelt der Verstand, wenn ich's denke, heute muß ich es erleben, daß der Bastard mir durch meine eigenen Kinder über die Schwelle gebracht wird. Mir ist nur wohl, seit sie wieder aus dem Haus ist! Wenn sie sich nur nicht irgendwo versteckt! dort liegt ja ihr Bündel noch; wenn nur nicht der ganze Trupp hier in der Nähe umherschleicht! Heiliger Gott! wenn sie mir das Haus anzündeten, die Mordbrenner — Auf, Kinder! mir läuft es siedend über den Rücken, mir ahnet ein Unglück! Durchsucht jeden Winkel — der Knecht soll den Schultheiß wecken — man soll Lärm machen im Dorfe —"

„Um Gottes willen, Vater, was denken Sie?" riefen die Mädchen, „besinnen Sie sich doch! die Zigeuner sind ja meilenweit von uns entfernt und das Mädchen wird uns nicht schaden."

„Was? nicht schaden? wißt ihr das? Ist sie nicht von Sinnen? Was ist von einer Närrin nicht alles zu fürchten!"

„So kann ja Johann die Nacht wachen, wir alle wollen wachen."

„Keinen Augenblick hab ich Ruh, bis ich mich überzeugt, daß nicht irgendwo Feuer eingelegt ist. Kommt! ich habe nun einmal die Grille; begleitet mich."

So tappte man denn zu dreien ohne Licht durch das ganze Haus; die Gänge, die Ställe, die Bühne, alles wurde sorgfältig untersucht. Als man in die Dachkammer kam, wo sich das merkwürdige Bild befand, empfanden die Mädchen einen heimlichen, jedoch reizenden Schauder; es war so aufgehängt, daß soeben der Mond sein starkes Licht darauf fallen ließ, und selbst der Pfarrer ward wider Willen von der dämonischen Schönheit des Gesichtes festgehalten; man hätte es wirklich für ein Porträt Elisabeths halten können; von ganz eigenem, nicht weiter zu beschreibendem Ausdruck waren besonders die braunen durchdringenden Augen. Keines von den dreien wollte ein lautes Wort sprechen, nur Adelheid fragte den Vater, ob der Onkel es gemalt? ob es seine Frau vorstelle? Der Pfarrer nickte, nahm das Bild seufzend von der Wand und versteckte es in die hinterste Ecke.

Im Vorbeigehen traten sie in Theobalds Schlafkammer, er schlief ruhig, die Hände lagen gefaltet über der Decke.

Mitternacht war vorüber. Der Alte hatte wenig Lust sich zur Ruhe zu begeben, die Töchter sollten ihm Gesellschaft leisten, und um sie wach zu erhalten mußte er den Rest der traurigen Geschichte erzählen. „Dieser geht nahe zusammen", sagte er. „Der Unfall mit dem Kinde vernichtete den Oheim ganz; der Aufenthalt im Vaterlande ward ihm unerträglich, er ging auf Reisen, nach Frankreich und England, soll aber in steter Verbindung mit seinem Fürsten geblieben sein und fortwährend für ihn gearbeitet haben, bis er aus unbekannten Gründen mit dem Hofe zerfiel. Auf einmal verscholl er und man weiß bloß, daß er mit einem Schiffe zwischen England und Norwegen umgekommen. Den größten Teil seines Vermögens hatte er bei sich, aber aus dem, was er zurückließ, zu schließen, schien er eine Heimkehr nicht aufgegeben zu haben. Seine Güter fielen der Herrschaft zu, welche Anspruch darauf machte. Außer einem kleinen Vorrat von Effekten, worunter auch jenes Gemälde und das Diarium sich befand, kam nichts an uns. — So endete der Bruder eures Vaters. Ich sage, Friede sei mit ihm! Ich werde ihn aufrichtig beweinen bis an meinen Tod, ob ich gleich was er tat nicht billigen kann und jeden warnen muß, dem Gott ein so gefährlich Temperament verlieh, daß er den Fallstrick des Versuchers vermeide und nie die Bahn heilsamer Ordnung verlasse. Ich denke hier an meinen eigenen Sohn, an Theobald. Der Junge hat, so fromm und sanft er ist, mich manchmal schon erschreckt. So ganz das Gegenteil von mir! So manches Übertriebene, Unnatürliche! So heute wieder — mir läuft die Galle über, wenn ich's denke — was soll die dumme Neugierde auf die Fremde? nichts, als daß seine Phantasie toll wird! Und du, Adelheid, machst oft gemeinschaftliche Sache mit ihm, statt ihn zu leiten. — Er läßt sich nicht wie andere Knaben seines Alters an. Da — stundenlang oben im Glockenstuhl sitzen, wie ein Träumer, Spinnen ätzen und aufziehen, einfältige Geheimnisse, Zettel, Münzen unter die Erde vergraben — was sind mir das für Bizarrerien? Und daß ich einen Maler aus ihm mache, soll er sich nur nicht einbilden. Das ist das ewige Zeichnen und Pinseln! wo man hinsieht, ärgert man sich über so ein Fratzengesicht, das er gekritzelt hat, und wär's auch nur auf dem Zinnteller. Wenn er einmal sonntags nachmittag zur Erholung sich eine Stunde hinsetzte und machte einen ordentlichen Baum, ein Haus und dergleichen nach einem braven Original, so hätt ich nichts dagegen, aber da sind es nur immer seine eigenen Grillen, hexenhafte Karikaturen und was weiß ich. Bei Gott! gerade solche Possen hat Onkel Friedrich in seiner Jugend gehabt. Nein, bei meiner armen Seele, mein Sohn soll mir kein Maler werden! Solange *ich* lebe und gebiete, soll er's nicht!"

Die Mädchen machten große Augen zu diesen Worten, denn es war beinahe das erstemal, daß der Vater über seinen Liebling entrüstet schien, und doch war auch dies nur der ängstliche Ausdruck seiner grenzenlosen Vorliebe für ihn. Endlich brach er auf und noch während des Auskleidens redete er nach seiner heftigen Gewohnheit laut mit sich selber über den störenden Vorfall des Abends.

Am folgenden Morgen meldete der Knecht, daß, als er mit Tagesanbruch aufgestanden und in den Hof getreten, um Wasser zu schöpfen, das Zigeunermädchen ihm dort in die Hände gelaufen sei; sie hätte sich nur ihr Kleiderbündel von ihm bringen lassen, um sogleich weiterzugehen. Sie habe ihm einen freundlichen Gruß an Adelheid, besonders aber an den jungen Herren befohlen. Ein Medaillon, das sie vom Halse losgeknüpft, soll man ihm als Angebinde von ihr einhändigen.

Der Vater nahm das Kleinod sogleich in Empfang; es war von feinem Golde, blau emailliert, mit einer unverständlichen orientalischen Inschrift; er verschloß es und verbot jedermann aufs strengste, seinem Sohn etwas von diesem Auftrage kundzutun.

Der junge Mensch hatte außer Adelheiden keine Seele, der er sein Inneres hätte offenbaren mögen. Er wandelte, seitdem er Elisabethen gesehen, eine Zeitlang wie im Traume.

Wenn er seit seinen Kinderjahren, in Rißthal schon, so manchen verstohlenen Augenblick mit der Betrachtung jenes unwiderstehlichen Bildes zugebracht hatte, wenn sich hieraus allmählich ein schwärmerisch religiöser Umgang wie mit dem geliebten Idol eines Schutzgeistes entspann, wenn die Treue, womit der Knabe sein Geheimnis verschwieg, den Reiz desselben unglaublich erhöhte, so mußte der Moment, worin das Wunderbild ihm lebendig entgegentrat, ein ungeheurer und unauslöschlicher sein. Es war, als erleuchtete ein zauberhaftes Licht die hintersten Schachten seiner inneren Welt, als bräche der unterirdische Strom seines Daseins plötzlich lautrauschend zu seinen Füßen hervor aus der Tiefe, als wäre das Siegel vom Evangelium seines Schicksals gesprungen.

Niemand war Zeuge von dem seltsamen Bündnis, welches der Knabe in einer Art von Verzückung mit seiner angebeteten Freundin dort unter den Ruinen schloß, aber nach dem, was er Adelheiden darüber zu verstehen gab, sollte man glauben, daß ein gegenseitiges Gelübde der geistigen Liebe stattgefunden, deren geheimnisvolles Band, an eine wunderbare Naturnotwendigkeit geknüpft, beide Gemüter, aller Entfernung zum Trotze, auf immer vereinigen sollte.

Doch dauerte es lang, bis Theobald die tiefe Sehnsucht nach der Entfernten überwand. Sein ganzes Wesen war in Wehmut aufgelöst, mit doppelter Inbrunst hielt er sich an jenes teure Bild; der Trieb zu bilden und zu malen ward jetzt unwiderstehlich und sein Beruf zum Künstler war entschieden.

In kurzem starb der Vater am Schlagflusse. Die Kinder wurden zerstreut. Theobald ward einem wackern Manne (dem Förster zu Neuburg) in die Kost gegeben, von dessen Hause aus er die benachbarte Malerschule zu *** besuchte. Nach fünfthalb Jahren fleißiger Studien fand ein reicher Gönner sich bewogen, dem jungen Manne die Mittel zu seiner weiteren Bildung im Auslande zu reichen. In hohem Grade fruchtbar ward ihm der Aufenthalt zu Rom und Florenz, aber selbst die mannigfaltigen Anschauungen dieser herrlichen Kunstwelt vermochten den Grundton jener früheren Eindrücke nie völlig zu verdrängen, deren mysteriöser Charakter zunächst in der Idee des Christlichen eine analoge Befriedigung fand.

Elisabethen hat er nie wiedergesehen.

ZWEITER TEIL

Leopold ging unter tiefen Betrachtungen nach der Stadt zurück. Er kommt an dem Garten des wunderlichen Hofrats vorbei. Der Liebling des letztern, ein zahmer Star, sitzt auf dem Spitzdache eines Pumpbrunnens, über den sich eine Trauerweide neigt. Der Vogel stimmt, eben wie Leopold vorüber will, sein Stückchen an, mit einem spöttischen Zwischenruf, der offenbar ihm gilt: „Es reiten drei — Spitzbub — zum Tore hinaus"; zugleich wird das gepuderte Haupt des Hofrats sichtbar; derselbe ersucht den Bildhauer, einen Augenblick hereinzutreten. „Ich habe eine Neuigkeit", sagt er, „über deren angenehmen Inhalt Sie wohl dem Flegel da droben seine Unart vergessen werden. Monsieur Larkens wurde den Morgen schnell zu einem Verhöre berufen. Man darf sich auf ein erwünschtes Resultat gefaßt halten; mir ward nur en passant und ganz im allgemeinen, jedoch von sicherer Hand ein Wink gegeben. Bringen Sie den Leutchen diesen Trost, sagen es aber nicht weiter." Voll Freuden dankte der Bildhauer und wollte eilends gehn, als der Hofrat, der heute seinen schönen Tag hatte, ihn noch am Rockknopf festhielt und sagte: „Widmen Sie doch dem Burschen da droben noch einen Blick! Bemerken Sie die philosophische Klarheit, den feinen Sarkasmus, womit dieser Schnabel in die Welt hinaussticht! Stellen wir uns nun etwa unter der Brunnenpyramide ein Monument, ein Grabmal vor, so wäre es dem elegischen Geschmack ohne Zweifel gemäßer, in den hängenden Weidenzweigen sich Philomelen, die süße Sängerin der Wehmut und der Liebe, zu denken, als den gebildetsten Staren, dessen bloße Figur schon viel zu viel vom Weltmann hat. Indessen, dünkt mich, wäre ein Hanswurst, gedankenvoll auf einem Sarkophagen sitzend, eine so üble Vorstellung auch nicht, vielleicht ein Gegenstand für einen Hogarth. Man gäbe dem Kujon etwa ein schlafendes Kind auf den Schoß und hinter seinem Rücken würde, halb zürnend halb lächelnd, ein eisgrauer Alter am Stabe das sonderbare Selbstgespräch belauschen. Des Narren Gesicht müßte zeigen, wie er sich Mühe gibt, recht tiefsinnig und ernsthaft zu sein; aber es geht nicht, und das bedeutendste Kopfschütteln wird jedesmal von der Schellenkappe begleitet. Was meinen Sie nun? der geflügelte Schlingel dort, welcher gestern das Unglück gehabt, ich weiß weder wo noch wie, in einen Topf mit gelber Ölfarbe zu fallen, davon er die Spuren noch trägt — gleicht er denn nicht aufs Haar so einem buntscheckigen Allerweltsspötter? Ist es nicht ein unvergleichlicher Junge?"

Der Bildhauer mußte dem Vogel eine Lobrede halten, war aber endlich nur froh, loszukommen und sich bei den Freunden seiner glücklichen Zeitung zu entledigen.

Wirklich gingen nicht vier Tage hin, als den Gefangenen bereits ihre Lossprechung eröffnet ward. Man hatte bei keinem von beiden eine bösliche Absicht, wohl aber eine strafbare Unziemlichkeit in ihrer Handlungsweise entdeckt, wofür ihnen die Gnade des Königs Verzeihung zuerkannte.

Sämtliche Freunde fanden dies ganz in der Regel, nur den Schauspieler schien die schnelle Wendung der Sache zu befremden, er schüttelte den Kopf, indem er nicht undeutlich zu verstehen gab, daß dahinter irgend etwas stecken müsse; übrigens äußerte er weiter keine Vermutung und teilte von Herzen den allgemeinen Jubel.

Der Augenblick, in dem er Nolten zum ersten Male wieder, obgleich am Krankenbett begrüßte, riß jeden, der zugegen war, zu Rührung und Freude hin. Nie hatte man eine leidenschaftlichere Freundschaft gesehen, und wenn sonst Larkens die Vermeidung jedes Anscheins von Empfindsamkeit beinahe bis zur Härte trieb, so ward er jetzt nicht satt, den Kranken zu umarmen und zu küssen, ihm aufs beweglichste den Unfall abzubitten, dessen er sich allein anklagte. Zum Glück versprach der Arzt, daß Nolten in kurzer Zeit völligen Gebrauch von seiner Freiheit würde machen können, ja der Kranke selber schwur, es fehle gar nicht viel, so hätte er wohl Lust, sich heute schon auf die Füße zu richten; zum wenigsten wollte er aus dem traurigen Arrestzimmer erlöst sein und müßte man ihn auch samt dem Bette wegtragen. Larkens nahm gleich den Schließer auf die Seite, ließ sich die nächstgelegenen Zimmer weisen und kam bald mit der lustigen Botschaft wieder, er habe nur wenige Schritte von Theobalds Zelle ein Lokal entdeckt, darüber in der Welt nichts gehe: einen kleinen getäfelten Rittersaal mit einem Erker, der die schönste Aussicht im ganzen Schloß darbiete.

Sodann beschrieb er den altertümlichen Reiz der vielfach verzierten eichenen Wände, eine Reihe von lebensgroß in Holz geschnitzten Grafen und Herzogen mit ihren Wappenschildern und Sinnsprüchen, die hölzerne Decke, auf welcher, in gleiche Quadrate geteilt, die halbe biblische Historie in rührender Geschmacklosigkeit gemalt zu schauen, zwei riesenhafte Ofen, die man im Notfall beide heizen würde; daneben in einer Ecke lehne ein Haufen rostiger Waffen, an deren Schwere der Patient von Tag zu Tage seine zunehmenden Kräfte prüfen müsse; auch stünden ein paar kleine Feuerspritzen bereit, und er behalte sich vor, dieselben an dem Tage, wo man Befreiung und Genesung festlich begehen würde, mit Tokaier füllen zu lassen, denn da müsse der Wein recht eigentlich in Strömen fließen. Sprach er das letztere im Scherz, so war es ihm mit der Verlegung Noltens in den bezeichneten Saal so vollkommen Ernst, daß er noch jenen Morgen die Erlaubnis hiezu von seiten des Verwalters einholte und Anstalt machte, alles recht sauber und reinlich herzustellen. Der Umzug ging des andern Tages vor sich, und Nolten mußte gestehen, er fühle sich wahrhaft erleichtert und erhoben durch eine so heitere als eindrucksvolle Umgebung. Fenster an Fenster reihten sich die langen Wände entlang und die ehemalige Pracht erstreckte sich selbst bis auf die kleinen runden Scheiben, deren Blei noch überall die Spuren guter Vergoldung zeigte. Es soll der Saal vorzeiten seiner Kostbarkeit und außerordentlichen Helle wegen, „die goldene Laterne" geheißen haben.

Einer der ersten Besuche, deren unser Freund in seiner neuen Wohnung eine große Anzahl erhielt, war Tillsen und der alte Baron von Jaßfeld. Beide hatten während der Gefangenschaft, vermutlich aus Rücksicht gegen den Hof, Anstand genommen, diese Pflicht zu erfüllen. Der Schauspieler konnte eine spöttische Bemerkung deshalb nicht unterdrücken, für Theobald aber war wenigstens der gegenwärtige Beweis von Aufmerksamkeit um so wichtiger, als er eine günstige Folgerung auf die Gesinnungen der Zarlinschen daraus zog. Allein hierin irrte er sich, denn gar bald ließ man ihn merken, daß in jenem Hause noch immer eine auffallende Verstimmung herrsche, daß er wohltun würde, sich vorderhand durchaus entfernt zu halten. Hiezu war er nun wirklich fest entschlossen, besonders da auch in den folgenden Tagen von seiten des Grafen nicht einmal ein trockener Glückwunsch, geschweige denn, wie doch zu erwarten gewesen wäre, ein freundlich Wort an ihn erging.

Unter andern Umständen vielleicht hätten diese Aussichten ihn trostlos gemacht, aber so ward sein Stolz empfindlich gereizt, er sah sich unfreundlich, schnöde zurückgestoßen, und da er wußte, wie wenig von jeher die Gräfin gewohnt gewesen, sich ihre Gefühle und Handlungen durch den Bruder oder sonst jemanden vorschreiben zu lassen, so konnte er auch ihr jetziges Benehmen keineswegs auf fremde Rechnung setzen. Er glaubte sich in seinen Vorstellungen von der ungemeinen Denkart dieses Weibes entschieden getäuscht, zum erstenmal fand er an Constanzen die Kleinlichkeit ihres Geschlechts, die engherzige Pretiosität ihres Standes, ja was noch mehr als dies, er überzeugte sich, daß sie ihn niemals eigentlich geliebt haben könne. Er war traurig, allein er wunderte sich, daß er es nicht in höherem Grade sei.

Auf diese Art hatte nun freilich der Schauspieler, dem sehr darum zu tun sein mußte, die Eindrücke dieser Leidenschaft bei Nolten von Grund aus zu vertilgen, bei weitem leichtere Arbeit, als er immer gefürchtet. Er wunderte sich im stillen höchlich über die vernünftige Gelassenheit seines Freundes, und gab dem Wunsche desselben gerne nach, daß von der Sache nicht weiter die Rede sein solle.

Übrigens gab es für Larkens gar mancherlei zu bedenken und auszumitteln. Gleich nach der Haftsentlassung war es eine seiner ersten Sorgen gewesen, ob jene seltsame Elisabeth, welche vor wenig Tagen von Leopold war auf der Straße gesehen worden, nicht etwa noch in der Nähe sich befinde: mehrere Gründe setzten es jedoch außer Zweifel, daß sie die Stadt bereits wieder verlassen. Jetzt wünschte er sich über den Zustand der Gemüter im Zarlinschen Hause, sowie über den wahren Grund der eilfertigen Erledigung jener anfänglich so ernsthaft behandelten Rechtssache genauer zu unterrichten. Er war um so begieriger, als einige heimliche Stimmen sich verlauten ließen, Herzog Adolph habe sich mit seinem fürstlichen Worte für die Gefangenen verbürgt und so den Knoten mit *einemmal* zerschnitten. Dies fand der Schauspieler so unwahrscheinlich nicht, obgleich der Herzog, wie es schien, seine Großmut öffentlich nicht Wort haben wollte und sich übrigens jeder Berührung mit seinen Schützlingen entzog. Höchst peinlich empfand daher Larkens seine Ungewißheit über diesen Punkt, sowie die Un-

möglichkeit, dem Wohltäter ausdrücklich zu danken, wenn
dieser sich wirklich in der Person des Herzogs versteckt haben
sollte. Letzteres ward er je länger je mehr überzeugt, und bald
gesellte sich hiezu noch eine weitere, obgleich noch sehr entfernte Mutmaßung, welche er jedenfalls vor Nolten auf das
sorgfältigste zu verbergen guten Grund haben mochte. Der
Gedanke stieg nämlich bei ihm auf, ob nicht Gräfin Constanze
selbst als geheime Triebfeder, zunächst zugunsten Theobalds,
durch den Herzog könnte gewirkt haben? Er wußte nicht
eigentlich, was ihn auf diese Vorstellung führte, im allgemeinen
aber setzte er bei Constanzen noch immer eine stille, sehr nach-
haltige Neigung für Theobald voraus, und es war ihm unmöglich, sie anders als in einem leidenden Zustande zu denken.

Eines Morgens findet er seinen Freund außer dem Bette unter
dem halboffenen Fenster sitzen und sich im kräftigen Strahl
der Frühlingssonne wärmen. Der Schauspieler drückte laut seine
Freude über die glücklichen Fortschritte des Rekonvaleszenten
aus, während Theobald ihm lächelnd mit der Hand Stillschweigen zuwinkte, denn der lieblichste Gesang tönte soeben aus dem
Zwinger herauf, wo die Tochter des Wärters mit den ersten
Gartenarbeiten beschäftigt war. Sie selbst konnte wegen eines
Vorsprungs am Gebäude nicht gesehen werden, desto vernehmlicher war ihr Liedchen, wovon wir wenigstens einen Vers anführen wollen.

> Frühling läßt sein blaues Band
> Wieder flattern durch die Lüfte,
> Süße wohlbekannte Düfte
> Streifen ahnungsvoll das Land;
> Veilchen träumen schon,
> Wollen balde kommen;
> Horch, von fern ein leiser Harfenton! — —
> Frühling, ja du bist's!
> Frühling, ja du bist's!
> Dich hab ich vernommen!

Die Strophen bezeichneten ganz jene zärtlich aufgeregte Stimmung, womit die neue Jahreszeit den Menschen, und den Genesenden weit inniger als den Gesunden, heimzusuchen pflegt.
Eine seltene Heiterkeit belebte das Gespräch der beiden Männer, während ihre Blicke sich fern auf der keimenden Landschaft ergingen. Nie war Nolten so beredt wie heute, nie der

Schauspieler so menschlich und liebenswürdig gewesen. Auf
einmal stand der Maler auf, sah dem Freunde lang und ernst,
wie mit abwesenden Gedanken, ins Gesicht, und sagte dann,
indem er seine Hände auf die Schultern des andern legte, im
ruhigsten Tone: „Soll ich dir gestehen, Alter, daß dies der
glücklichste Tag meines Lebens ist, ja daß mir vorkommt, erst
heute fang ich eigentlich zu leben an? Begreife mich aber. Nicht
diese erquickende Sonne ist es allein, nicht dieser junge Hauch
der Welt und nicht deine belebende Gegenwart. Sieh, das Gefühl, wovon ich rede, lag in der letzten Zeit schon beinahe
reif in mir; ich kann nicht sagen, daß es die Folge langer Überlegung sei, doch ruht es auf dem klarsten und nüchternsten Bewußtsein und ist so wahr als ich nur selber wirklich bin. Es hat
sich mir in diesen Tagen die Gestalt meiner Vergangenheit,
mein inneres und äußeres Geschick, von selber wie im Spiegel
aufgedrungen und es war das erstemal, daß mir die Bedeutung
meines Lebens, von seinen ersten Anfängen an, so unzweideutig
vor Augen lag. Auch konnte das und durfte nicht wohl früher
sein. Ich mußte gewisse Zeiträume wie blindlings durchleben,
vielleicht geht es mit den folgenden nicht anders und vielleicht
ist das bei den meisten Menschen so; aber auf den kurzen
Moment, wo die Richtung meiner Bahn sich verändert, wurde
mir die Binde abgenommen, ich darf mich frei umschauen, als
wie zu eigner Wahl, und freue mich, daß, indem eine Gottheit
mich führt, ich doch eigentlich nur *meines* Willens, *meines* Gedankens mir bewußt bin. Die Macht, welche mich nötigt, steht
nicht als eigensinniger Treiber unsichtbar hinter mir, sie schwebt
vor mir, *in* mir ist sie, mir deucht, als hätt ich von Ewigkeit
her mich mit ihr darüber verständigt, wohin wir zusammen gehen wollen, als wäre mir dieser Plan nur durch die endliche
Beschränkung meines Daseins weit aus dem Gedächtnis gerückt
worden, und nur zuweilen käme mir mit tiefem Staunen die
dunkle wunderbare Erinnerung daran zurück. Der Mensch rollt
seinen Wagen wohin es ihm beliebt, aber unter den Rädern
dreht sich unmerklich die Kugel, die er befährt. So sehe ich
mich jetzt an einem Ziele, wonach ich nie gestrebt hatte, und
das ich mir niemals hatte träumen lassen. Vor wenig Wochen
noch schien ich mir so weit davon entfernt! Manches, was mir so
lang als notwendige Bedingung meines Glücks, meines vollendeten Wesens erschienen war, was ich mit unglaublicher Leidenschaft genährt und gepflegt hatte, liegt nun wie tote Schale von

mir abgefallen; so ist Constanze mir nicht viel mehr als noch ein
bloßer Name, so ist mir schon früher jene Agnes untergesunken.

Große Verluste sind es hauptsächlich, welche dem Menschen
die höhere Aufgabe seines Daseins unwiderstehlich nahebringen,
durch sie lernt er dasjenige kennen und schätzen, was wesentlich
zu seinem Frieden dient. Ich habe viel verloren, ich fühle mich
unsäglich arm, und eben in dieser Armut fühle ich mir einen
unendlichen Reichtum. Nichts bleibt mir übrig, als die Kunst,
aber ganz erfahr ich nun auch ihren heiligen Wert. Nachdem
so lange ein fremdes Feuer mein Inneres durchtobt und mich
von Grunde aus gereinigt hat, ist es tief still in mir geworden,
und langsam spannen alle meine Kräfte sich an, in feierlicher
Erwartung der Dinge, die nun kommen sollen. Eine neue Epoche
ist für mich angebrochen, und, so Gott will, wird die Welt die
Früchte bald erleben. Siehst du, ich könnte dir die hellen Freudetränen weinen, wenn ich dran denke, wie ich mit nächstem zum
ersten Male wieder den Pinsel ergreifen werde. Viel hundert
neue, nie gesehene Gestalten entwickeln sich in mir, ein seliges
Gewühle, und wecken die Sehnsucht nach tüchtiger Arbeit. Befreit von der Herzensnot jeder ängstlichen Leidenschaft, besitzt
mich nur ein einziger gewaltiger Affekt. Fast glaub ich wieder
der Knabe zu sein, der auf des Vaters Bühne vor jenem wunderbaren Gemälde wie vor dem Genius der Kunst geknieet, so jung
und fromm und ungeteilt ist jetzt meine Inbrunst für diesen
göttlichen Beruf. Es bleibt mir nichts zu wünschen übrig, da
ich das Allgenügende der Kunst und jene hohe Einsamkeit
empfunden, worin ihr Jünger sich für immerdar versenken muß.
Ich habe der Welt entsagt, das heißt, sie darf mir mehr nicht
angehören, als mir die Wolke angehört, deren Anblick mir eine
alte Sehnsucht immer neu erzeugt. Ich sage nicht, daß jeder
Künstler ebenso empfinden müsse, ich sage nur, daß mir nichts
anderes gemäß sein kann. Auf diese Resignation hat jede meiner
Prüfungen hingedeutet, dies war der Fingerzeig meines ganzen
bisherigen Lebens; es wird mich von nun an nichts mehr irremachen."

Der Maler schwieg, seine blassen Wangen waren von einer
leichten Röte überzogen, er war aufs äußerste bewegt und bemerkte mit Unwillen die Befremdung seines Freundes, sowie
sein zweifelhaftes Lächeln, das jedoch weniger Spott als die
Verlegenheit ausdrückte, was er auf Theobalds höchst unerwartete Erklärung erwidern sollte.

„Darf ich", fing Larkens an, „darf ich aufrichtig sein, so leugne ich nicht, mir kommt es vor, mein Nolten habe sich zu keiner andern Zeit weniger auf sich selber verstanden, als gerade jetzt, da er plötzlich wie durch Inspiration zum einzig wahren Begriff sein selbst gelangt zu sein glaubt. Weiß ich es doch aus eigener Erfahrung, wie gerne sich der Mensch, der alte Taschenspieler, eine falsche Idee, das Schoßkind seines Egoismus, die Grille seiner Feigheit oder seines Trotzes, durch ein willkürlich System sanktioniert, und wie leicht es ihm wird, einen schiefen oder halbwahren Gedanken durch das Wort komplett zu machen. Denn du gibst mir doch zu —"

„Hör auf! ich bitte dich", rief Theobald lebhaft, „hör auf mit diesem Ton! du machst, daß ich bereue, dir mein Innerstes aufgeschlossen, dir das heiligste Gefühl bloßgestellt zu haben, das mir kein Mensch unter der Sonne von den Lippen gelockt hätte, wenn es der Freund nicht wäre, von dem ich eine liebevolle Teilnahme an meiner Sinnesart erwarten durfte, selbst wenn sie der seinigen zuwiderliefe. Höre, ich kenne dich als einen verständigen und klugen Mann, nur was gewisse Dinge anbelangt, gewisse Eigenheiten eines treuen Gemüts, so hätt ich nicht vergessen sollen, daß wir von jeher vergeblich drüber disputierten. Laß uns von diesem Punkte lieber gleich abgehn und tun, als wäre von nichts die Rede gewesen; es braucht's auch nicht, da ich meinen Weg verfolgen kann, unbeschadet unseres bisherigen Verhältnisses."

„Doch wirst du mir nicht zumuten", antwortete Larkens, „ich soll dich stillschweigend einer Grille überlassen, die dir nur schädlich werden kann. — Vorderhand finde ich deinen Irrtum verzeihlich; das Unglück macht den Menschen einsam und hypochondrisch, er zieht den Zaun dann gern so knapp wie möglich um sein Häuschen. Ich selber könnte wohl einmal in diesen Fall geraten, nur wär es dann ein Kasus — wahrhaftig ganz verschieden von dem deinen. Der Herr führt seine Heiligen wunderlich. Unstreitig hat dein Leben viel Bedeutung, allein du nimmst seine Lehren in einem viel zu engen Sinn: du legst ihm eine Art dämonischen Charakter bei, oder, ich weiß nicht was? — glaubst dich gegängelt von einem wunderlichen Spiritus familiaris, der in deines Vaters Rumpelkammer spukt. Ich will mich in diese Mysterien nicht mischen; was Vernünftiges dran ist, leuchtet mir ein, so gut wie dir: nur sage mir, mein Lieber, du hast vorhin von Einsamkeit, von Unabhängigkeit gesprochen:

je nachdem du das Wort nimmst, bin ich ganz einverstanden. In allem Ernst, ich glaube, daß deine künstlerische Natur, um ihren ungeschwächten Nerv zu bewahren, ein sehr bewegtes gesellschaftliches Leben nicht verträgt. Eben die edelsten Keime deiner Originalität erforderten von jeher eine gewisse stete Temperatur, deren Wechsel soviel möglich nur von dir abhängen mußte, eine heimlich melancholische Beschränkung, als graue Folie jener unerklärbar tiefen Herzensfreudigkeit, die so recht aus dem innigen Gefühl unseres Selbst hervorquillt. Im ganzen ist das so bei jedem Künstler von Genie, ich meine bei jedem Künstler deines Faches, nur weiß der eine mehr, als der andere seine Stimmung in die Welt zu teilen. Was aber namentlich die Berührung mit der sogenannten großen Welt anbelangt, so war es mir gleich anfangs eine ausgemachte Sache, daß du dich nie dorthin verlieren würdest. Der plötzliche Anlauf, den du mit der Bekanntschaft des Herzogs genommen, schien mir deshalb der größte Widerspruch mit dir selber. Gewohnt, dich als einen seltnen Knaben zu betrachten, der ausgerüstet mit erhabnen Kräften, sich auf einmal ungeschickt und fast unmächtig fühlen müsse, sobald man ihn in jene blendenden Zirkel hineinzöge, war mir die Geschmeidigkeit, womit du dich in kurzem assimiliertest, beinah, wie soll ich sagen? nicht verdächtig, doch höchst auffallend, und mir ahnete, es würde in die Länge nicht wohl dauern. Wie leicht, so meint ich, wär es möglich, daß unter solchen Influenzen sich dies und jenes von seiner ursprünglichen Farbe verwischte, daß sein Ehrgeiz eine falsche Richtung nähme, daß er an der Treue gegen seinen Genius etwas aufopferte! Kurzum, mich peinigte etwas, und wär's auch nur das törichte Mitleid, das einen anwandeln kann, wenn der Kristall, losgerissen aus seiner mütterlichen Nacht, die sein Wachstum förderte, in die unkeuschen Hände der Menschen fällt. Doch das sind Possen. Aber du siehst nur daraus, ich bin weder borniert, noch anmaßend, noch leichtsinnig genug, dir dein eigentliches Esse zu bestreiten und den stillen Boden aufzulockern, worin dein Wesen seit frühester Zeit so liebevoll Wurzel geschlagen. Gewiß, ich habe die herrlichsten Früchte daraus hervorgehn sehen; und — Nolten! siehst du, es hat dich nicht befremdet noch verdrossen, wenn du seit der ganzen Zeit, als wir uns kennen, nichts von überschwenglichem Lobe, von enthusiastischen Diskursen über den Gang deines Geistes und dergleichen aus meinem Munde vernahmst; ich bin nun einmal

wie ich bin. Aber in diesem Augenblick, wo sich so viel ernste
Betrachtung von selbst aufdringt, du deine Sache gleichsam auf
die Spitze stellst, jetzt möcht ich wohl, daß die Zunge sich mir
löste, daß ich dir sagen könnte, wie ich von Anfang an mit
einer stillen Rührung, mit einer bewundernden Freude deiner
Entwicklung zugeschaut, ja gewiß mit mehr Pietät und Sorgfalt, als du mir zuzutrauen scheinst."

Nolten hörte mit zunehmendem Staunen die Bekenntnisse
seines Freundes, wodurch er sich wirklich höher geehrt und herzlicher gestärkt fühlte, als durch das ruhmvollste Lob, das ihm
irgendein mächtiger Gönner hätte spenden mögen. Er wollte
soeben etwas erwidern, als der Schauspieler fortfuhr:

„Laß mich dir eins anführen. Du erinnerst dich des Gesprächs, das wir bei einem Spazierritt nach L. zusammen hatten.
Es war der köstlichste Abend mitten im Juli, die untergehende
Sonne warf ihren roten Schein auf unsere Gesichter, wir schwatzten ein weites und breites über die Kunst. Mit jedem Worte
schlossest du, ohne es zu wollen, mir die Bildung deiner Natur
vollständiger auf, zum erstenmal durft ich mich freudig in den
innern Kelch deines Wesens vertiefen. Es frug sich, weißt du,
über das Verhältnis des tief religiösen und namentlich des
christlichen Künstlergemüts zum Geist der Antike und der poetischen Empfindungsweise des Altertums, über die Möglichkeit
einer beinahe gleich liebevollen Ausbildung beider Richtungen
in einem und demselben Subjekte. Ich gestand dir eine hohe
und seltne Universalität zu, wie denn hierüber auch nur *eine*
Stimme sein kann. Ich überzeugte mich, es sei für deine Kunst
von seiten deines christlichen Gefühlslebens, das immerhin doch
überwiegend bleibt, nichts zu befürchten, selbst wenn zuletzt
der Argwohn gewisser Zeloten sich noch rechtfertigen sollte,
die einen heimlichen Anhänger der katholischen Kirche und den
künftigen Apostaten in dir wittern. Du hast, so dacht ich, ein
für allemal die Blume der Alten rein vom schön schlanken
Stengel abgepflückt, sie blüht dir unverwelklich am Busen und
mischt ihren stärkenden Geruch in deine Phantasie, du magst
nun malen was du willst; nichts Enges, nichts Verzwicktes wird
jemals von dir ausgehn. Siehst du, das war mir längst so klar
geworden! und seh ich nun all den glücklichen Zusammenklang
deiner Kräfte, und wie willig sich deine Natur finden ließ,
jeden herben Gegensatz in dir zu schmelzen, denk ich das unschätzbare einzige Glück, daß dir die Kunst so frühe, fast ohne

dein Zutun, als reife Frucht aus den Händen gütiger Götter zufiel, die sich es vorgesetzt zu haben scheinen, in dir ein Beispiel des glücklichsten Menschen aufzustellen — sag mir, soll mich's nicht kränken, toller Junge, soll mir's die Galle nicht schütteln, wenn du, vom seltsamsten Wahne getrieben, mit Gewalt Einseitigkeit erzwingen willst, wo keine ist, keine sein darf! Ich rede nicht von deiner Stellung zur allgemeinen Welt, darüber kann ja, wie gesagt, kein Streit mehr sein, aber daß du der freundlichsten Seite des Lebens absterben und einem Glück entsagen willst, das dir doch so natürlich wäre, als irgendeinem braven Kerl, das ist's, was mich empört. Zwar geb ich gerne zu, dir hat die Liebe nicht ganz zum besten mitgespielt, ich leugne nicht, daß du seit Agnes —"

„Ach, so?" rief Nolten auf einmal, wie aus den Wolken gefallen, „dahinaus? das war die Absicht, die du bisher mit soviel schmeichelhafter Beredsamkeit glaubtest vorbereiten zu müssen?"

„Sei nicht unbillig, guter Freund! Was ich bisher zu deinem Ruhm gesprochen haben mag, war mein aufrichtiger barer Ernst, und es bedarf wohl der Beteurung nicht erst zwischen uns. Übrigens magst du immerhin den Kuppler in mir sehen, ich halte dies Geschäft im gegenwärtigen Falle für ein sehr löbliches und ehrenwertes. — Wo dich eigentlich der Schuh drückt, ist mir ganz wohlbekannt. Deine Liebeskalamitäten haben dich auf den Punkt ein wenig revoltiert, nun ziehst du dich schmerzhaft und gekränkt ins Schneckenhaus zurück und sagst dir unterwegs zum Troste: du bringest deiner Kunst ein Opfer. Du fürchtest den Schmerz der Leidenschaft, sowie das Überschwengliche in ihren Freuden. Zum Teufel aber! was soll man von dem Künstler halten, der zu feige ist, dies beides in seinem höchsten Maß auf sich zu laden? Wie? du, ein Maler, willst eine Welt hinstellen mit all ihrer tausendfachen Wonne und Pein, und steckst dir vorsichtig die Grenzen aus, wie weit du wolltest dich mitfreun und leiden? Ich sage dir, das heißt die See befahren und sein Schiff nicht wollen vom Wasser netzen lassen!"

„Wie du dich übertreibst!" rief Nolten, „wie du mir Unrecht tust! eben als ob ich mir eine Diätetik des Enthusiasmus erfunden hätte, als ob ich den Künstler und den Menschen in zwei Stücke schnitte! Der letztere, glaub mir, er mag sich drehen, wie er will, wird immerhin entbehren müssen, und ohne das — wer triebe da die Kunst? Ist sie denn was anders, als ein Versuch, das zu ersetzen, zu ergänzen, was uns die Wirklichkeit versagt, zum wenigsten dasjenige doppelt und gereinigt zu genießen, was jene in der Tat gewährt? Muß demnach Sehnsucht nun einmal das Element des Künstlers sein, warum bin ich zu tadeln, wenn ich drauf denke, mir dies Gefühl so ungetrübt und jung als möglich zu bewahren, indem ich *freiwillig* verzichte, eh ich verliere, eh ich's zum zweiten und zum dritten Male dahin kommen lasse, daß die gemeine Erfahrung mir mein blühend Ideal zerpflückt, daß ich, ersättigt und enttäuscht am Gegenstande meiner Liebe, zuletzt dastehe — arm — mit welkem Herzen? Du merkst, ich rede hier zunächst von dem gepriesenen Glück der Ehe: denn dies ist's doch, um was deine ganze Demonstration sich dreht."

„Und was gilt es, ich bringe dich noch zurechte, wenn ich nur erst deine tollen Prätensionen herabgestimmt habe! Wer heißt dich Ideale im Kopf tragen, wo von Liebe die Rede ist? Bei allen Grazien und Musen! ein gutes natürliches Geschöpf, das dir einen Himmel voll Zärtlichkeit, voll aufopfernder Treu entgegenbringt, dir den gesunden Mut erhält, den frischen Blick in die Welt, dich freundlich losspannt von der wühlenden Begier einer geschäftigen Einbildung und dich zur rechten Zeit herauslockt in die helle Alltagssonne, die doch dem Weisen wie dem Toren gleich unentbehrlich ist — was willst du weiter?"

Nolten sah schweigend vor sich nieder und sagte endlich: „Es gab eine Zeit, wo ich ebenso dachte." Er wandte sich erschüttert auf die Seite, ging mit lebhaften Schritten durch den Saal und ließ sich dann erschöpft auf einen entfernten Stuhl nieder.

Der Schauspieler, nachdem er die Erörterung des ihm über alles wichtigen Gegenstands nicht ohne Klugheit und Nachdruck bis hieher geführt, war voll Begierde, den Augenblick zu nutzen, und jetzt mit dem Gedanken an Agnes entschiedener hervorzutreten, mußte jedoch von diesem Wagnis ganz abstehen, da er bemerkte, wie heftig Nolten angegriffen war; er suchte deshalb das Gespräch zu wenden, allein es wollte nichts mehr weiterrücken, man war verstimmt, man mußte zuletzt höchst unbefriedigt scheiden.

Seit seiner Haftsentlassung hatte Larkens einen Entschluß gefaßt, wovon er bis jetzt noch gegen Nolten nichts laut werden ließ. Er wollte auf unbestimmte Zeit die Stadt verlassen und ins Ausland gehen. In mehr als einer Hinsicht schien dies wünschenswert und notwendig. Sein Schauspielkontrakt war seit kurzem zu Ende, der hiesige Aufenthalt war ihm durch die öffentlichen Vorfälle verbittert, der Hof selber schien seine Entfernung, auf eine Zeit wenigstens, nicht ungerne zu sehen. Aber dringender als dieses alles empfand er das eigene Bedürfnis, durch Zerstreuung, ja durch völlige Entäußerung von seiner bisherigen Lebensweise sich innerlich auszubessern und auszuheilen. Er entdeckte Theobalden seine Absicht, soweit er vorderhand für rätlich fand, und dieser, obgleich höchst unangenehm dadurch überrascht und fast gekränkt, konnte bei genauerer Betrachtung nichts dagegen sagen.

Wie man aber, ehe an die Zukunft gedacht wird, vor allen Dingen der Gegenwart und der Vergangenheit ihr Recht erzeigen muß, so hatte Larkens im stillen einen Abend ausersehen, an dem man die Erlösung von so mancherlei Unlust und Fährlichkeit recht fröhlich miteinander feiern wollte. Er besorgte ein ausgewähltes Abendessen und machte sich's besonders zum Vergnügen, die kleine, für ein Dutzend Gäste berechnete Tafel auf alle Art mit den frühesten Blumen und Treibhauspflanzen, sowie mit den verschiedenen Geschenken aufzuputzen, deren sich eine ziemlich bunte Sammlung von teilnehmenden Freunden und Gratulanten eingefunden. Was unter diesen hübschen und zum Teil kostbaren Dingen am meisten figurierte, war eine große Alabastervase von höchst zierlicher Arbeit, welche für Nolten bestimmt, in der Mitte des Tisches mit üppigen Gewächsen prangte. Sie war eine Gabe des Malers Tillsen, der sich heute überhaupt als einen der herzlichsten und redseligsten erwies. Der wunderliche Hofrat hatte nach seiner Weise die Einladung nicht angenommen und sich entschuldigt, doch zum Beweis, daß er an anderer Wohlsein Anteil nehme, einen Korb mit frischen Austern eingeschickt. Die übrige Gesellschaft bestand meist aus Künstlern.

Unser Maler, von soviel ehrenden Beweisen der Freundschaft gleich anfangs überrascht und bewegt, hatte gegen eine wehmütige Empfindung anzukämpfen, die er, eingedenk der heitern Forderung des Augenblicks, für jetzt abweisen mußte. Die Unterhaltung im ganzen war mehr munter und scherzhaft abspringend, als ernst und bedeutend; ja es nahmen die Späße eines gewissen Akteurs und Sängers dergestalt überhand, daß jeder eine Weile lang vergaß, selbst etwas Weiteres zur allgemeinen Ergötzlichkeit beizutragen, als daß er aus voller Brust mitlachte. Larkens, der Laune seines theatralischen Kollegen zuerst nur von weitem die Hand bietend, wiegte sich lächelnd auf seinem Stuhle, während er zuweilen ein Wort als neuen Zündstoff zuwarf; bald aber kam auch er in den Zug, und indem er nach seiner Gewohnheit einen paradoxen Satz aufstellte, der jedermann zum Angriff reizte, wußte er durch den lustigen Scharfsinn, womit er ihn verfocht, die lebendigste Bewegung unter den sämtlichen Gästen zu bewirken, und immer das Beste, was in der Natur des einzelnen verborgen lag, war es Gemüt, Erfahrung oder Witz, mit Leichtigkeit hervorzulocken, wodurch denn unvermerkt das Interesse des Gesprächs sich auf das höchste vermannigfaltigen mußte. Zuletzt als man dem Frohsinn ein äußerstes Genüge geleistet, ward Larkens zusehends stiller und trüber; er nahm, da man ihn damit aufzog, keinen Anstand, zu erklären, daß er der glücklichen Bedeutung dieses Abends im stillen noch eine andere für sich gegeben habe, und daß er sich die Bitte vorbehalten, es möge nun auch die Gesellschaft in ebendem besondern Sinne die letzten Gläser mit ihm leeren; er werde auf längere oder kürzere Zeit aus der Gegend scheiden, um einige lang nicht gesehene Verwandte aufzusuchen. — Der Vorsatz, so natürlich er unter den bekannten Umständen war, erregte gleichwohl großes, beinahe stürmisches Bedauern, und um so mehr, als einige vermuteten, man werde den geschätzten Künstler, den sich die ganze Stadt seit kurzem erst gleichsam aufs neue wiedergeschenkt glaubte, bei dieser Gelegenheit wohl gar für immerdar verlieren, aber Nolten verbürgte sich für die treuen Gesinnungen des Flüchtlings. So wurden denn die Kelche nochmals angefüllt, und unter mancherlei glückwünschenden Toasten beschloß man endlich spät in der Nacht das muntere Fest.

Die Ungeduld, mit welcher von jetzt an Larkens seinen Abgang betrieb, verhinderte ihn nicht, das fernere Schicksal seines Freundes zu bedenken, vielmehr wenn er sich bisher zur ernstlichsten Aufgabe gemacht hatte, die Neigung Noltens wieder auf die Braut zurückzulenken, wenn er sich vermittelst jenes fromm täuschenden Verkehrs mit Agnesen fortwährend von der Liebenswürdigkeit des Mädchens, von ihrem reinen und schönen Verstande, aber auch von dem natürlichen Verlangen überzeugte, womit, wie billig, ein zärtliches Kind sich den Geliebten bald für immer in die Arme wünscht, wenn er Theobalds ganze Verfassung, die noch immer drohende Nähe Constanzens bedachte, so konnte ihm nichts angelegener sein, als diesem zweifelhaften Schwanken einen raschen und kräftigen Ausschlag zu geben. Sein Plan deshalb stand fest, aber er sollte erst nach seiner Abreise in Wirkung treten, ja es war der günstige Erfolg, dessen er sich vollkommen versichert hielt, gewissermaßen auf seine Entfernung berechnet.

Nun schrieb er an Agnesen, und wirklich, er dachte nur ungerne daran, daß es zum letzten Male sei. „Was für ein Tor man doch ist!" rief er aus, indem er nachdenklich die Feder weglegte. „Mitunter hat es mich ergötzt, von der innersten Seele dieses lieblichen Wesens gleichsam Besitz zu nehmen, und um so größer war mein Glück, je mehr ich's unerkannt und wie ein Dieb genießen konnte. Ich bilde mir ein, das Mädchen wolle mir wohl, während ich ihr in der Tat soviel wie nichts bedeute; ich schütte unter angenommener Firma die ganze Glut, die letzte, mühsam angefachte Kohle meines abgelebten Herzens auf dies Papier und schmeichle mir was Rechts bei dem Gedanken, daß dieses Blatt sie wiederum für *mich* erwärme. O närrischer Teufel du! kannst du nicht morgen verschollen, gestorben, begraben sein, und wächst der Schönen drum auch nur ein Härchen anders? Bei alledem hat mir die Täuschung wohlgetan, sie half mir in hundert schwülen Augenblicken den Glauben an mich selbst aufrechterhalten. Es fragt sich, ob es nicht ähnliche Täuschungen gibt, eben in bezug auf unsre herrlichsten Gefühle? Und doch, es scheint in allen etwas zu liegen, das ihnen einen ewigen Wert verleiht. Gesetzt, ich werde diesem wackern Kinde an keinem Orte der Welt von Angesicht zu Angesicht begegnen, gesetzt, es bliebe ihr all meine warme Teilnahme für immerdar verborgen, soll das der Höhe meines glücklichen Gefühls das mindeste benehmen können? Wird denn die Freude reiner Zuneigung, wird das Bewußtsein einer braven Tat nicht dann erst ein wahrhaft Unendliches und Unveräußerliches, wenn du damit ganz auf dich selbst zurückgewiesen bist?

Er nahm jetzt in Gedanken den herzlichsten Abschied von dem Mädchen, und weil nach seiner Berechnung schon ihr nächster Brief wieder unmittelbar an Nolten kommen sollte, so gab er ihr deshalb die nötige Weisung, jedoch so, daß sie dabei nichts weiter denken konnte.

Verriet nun das Benehmen des Schauspielers in diesen letzten Tagen überhaupt eine gewisse Unruhe und Beklommenheit, so war er bei dem Abschied von Theobald noch weniger imstande, eine heftige Bewegung zu verbergen, welche, zusammengehalten mit einigen seiner Äußerungen, auf ein geheimes Vorhaben hinzudeuten schien und unserm Maler wirklich auf Augenblicke ein unheimliches Gefühl gab, das denn Larkens nach seiner Art, wobei man oft nicht sagen konnte, ob es Ernst oder Spaß sei, schnell wieder zu zerstreuen wußte.

Übrigens fühlte Nolten die große Lücke, welche durch des Schauspielers Entfernung notwendig nach innen und außen bei ihm entstehen mußte, nur allzubald, und die vielfachen Nachfragen der Leute zeigten ihm genugsam, daß er nicht als der einzige bei dieser Veränderung entbehre. Die beiden Freunde Leopold und Ferdinand reisten indessen auch ab, und doppelt und dreifach ward jetzt des Malers Verlangen geschärft, das Gleichgewicht seines Wesens vollkommen herzustellen. Der Entwurf eines neuen Werkes, wozu die erste Idee während der Gefangenschaft bei ihm entstanden war, lag auf dem Papier, und nun ging es an die Ausführung mit einer Lust, mit einem Selbstvertrauen, dergleichen er nur in den glücklichsten Jahren seines ersten Strebens gehabt zu haben sich erinnerte. Dennoch mußte er nach und nach bemerken, daß ihm zu einer völligen Freiheit der Seele noch vieles fehlte; er ward verdrießlich, er stellte die Arbeit unwillig zurück, er wußte nicht, was ihn hindere.

Eines Morgens bringt man ihm die Schlüssel zu den Zimmern des Schauspielers. Dieser hatte sie bei seiner Abreise einem dritten Freunde mit dem ausdrücklichen Wunsche hinterlassen, daß er sie erst nach Verfluß einiger Tage an den Maler ausliefere, welcher dann nicht säumen möge, die Zimmer aufzuschließen und was darin sich vorfinde, teils in Empfang zu nehmen, teils zu besorgen. Zugleich erhielt Nolten ein Verzeichnis der sämtlichen Effekten, nebst Angabe ihrer Bestimmung. Er stutzte nicht wenig über diese sonderbare Kommission und befragte jene Mittelsperson mit einiger Ängstlichkeit: Was denn das alles zu bedeuten hätte? Der junge Mensch aber wußte nicht viel weiter Bescheid zu geben und entfernte sich bald. Sogleich öffnete Nolten die Zimmer, wo er Mobilien, Bücher, Kupferstiche, Uhren und dergleichen wie sonst in der besten Ordnung fand. Alsbald aber zogen einige an ihn über-

schriebene Pakete, die auf einem Tischchen besonders hingerüstet waren, seine Augen auf sich. Hastig riß er den Brief auf,
welcher obenan lag. Gleich bei den ersten Linien geriet Nolten
in die größte Bewegung, es zitterte das Blatt in seiner Hand,
er mußte innehalten, er las aufs neue, bald von vorne, bald aus
der Mitte, bald von hinten herein, als müßte er die ganze bittere
Ladung auf einmal in sich schlingen. Inzwischen fiel sein Blick
auf die übrigen Pakete, deren eines die Überschriften hatte:
„Briefe von Agnes. Von deren Vater. Meine Briefkonzepte an
Agnes." Ein anderes zeigte den Titel: „Fragmente meines Tagebuchs." Ohne recht zu wissen was er tat, griff er nochmals nach
dem einzelnen Schreiben, er durchlief es ohne Besinnung, indem
er sich von einem Zimmer, von einem Fenster zum andern rastlos bewegte; er wollte sich fassen, wollte begreifen, nachdem
er schon alles begriffen, alles erraten hatte. Er warf sich aufs
Sofa nieder, die Ellbogen auf die Kniee gestützt, das Gesicht
in beide Hände gedrückt, sprang wieder auf und stürzte wie
ein Unsinniger umher.

Sein Bedienter hatte soeben das Pferd zum Spazierritt vorgeführt und meldete es ihm. Er befahl, es wegzuführen, er
befahl, noch zu warten, er widersprach sich zehnmal in *einem*
Atem. Der Bursche ging, ohne seinen Herrn verstanden zu
haben. Nach einer halben Stunde, während welcher Nolten,
weder die übrigen Papiere anzusehen, noch sich einigermaßen
zu beruhigen vermocht hatte, wiederholte der Diener seine
Anfrage. Rasch nahm der Maler Hut und Gerte, steckte die
nötigsten Papiere zu sich und entkam wie betrunken der Stadt.
Wir wenden uns auf kurze Zeit von ihm und seinem traurigen
Zustande weg und sehen inzwischen nach jenem wichtigen
Schreiben.

Larkens an Nolten

„Indem Du diese Zeilen liesest, ist der, der sie geschrieben,
schon viele Meilen weit von Dir entfernt, und wenn er Dir
denn die Absicht gesteht, daß er sich fortgestohlen, um so bald
nicht wiederzukehren, daß er seinen bisherigen Verhältnissen
auf *immer* und auch Dir, dem einzigen Freunde, vielleicht auf
Jahre sich entziehen will, so soll folgendes wenige diesen Schritt,
so gut es kann, rechtfertigen.

Gewiß klingt es Dir selber bald nicht mehr wie ein hohles
und frevelhaft übertriebenes Wort, was Du wohl sonst manch-

mal von mir hast hören müssen: mein Leben hat ausgespielt, ich habe angefangen, mich selber zu überleben. Das ist mir so klar geworden in der letzten Zeit, wo ja unsereiner wahrhaftig schöne Gelegenheit hatte, die Resultate von dreißig Jahren wie Fäden mit den Fingern auszuziehn. Ich mag Dir die alte Litanei nicht vorsingen; genug, mir ist in meiner eigenen Haut nimmer wohl. Ich will mir weismachen, daß ich sie abstreife, indem ich von mir tue, was bisher unzertrennlich von meinem Wesen schien, vor allem den Theaterrock, und dann noch das eine und andere, was ich nicht zu sagen brauche. Mancher grillenhafte Heilige ging in die Wüste und bildete sich ein, dort seine Tagedieberei gottgefälliger zu treiben. Ich habe noch immer etwas Besseres wie das im Sinn. Am End ist's freilich nur eine neue Fratze, worin ich mich selber hintergehen möchte; und fruchtet's nicht, nun so geruht vielleicht der Himmel, der armen Seele den letzten Dienst zu erweisen, davor mir denn auch gar nicht bang sein soll.

Den Abschied, Lieber, erlaß mir! O ich darf nicht denken, was ich mit Dir verliere, herrlicher Junge! Aber still; Du weißt, wie ich Dich am Herzen gehegt habe, und so ist auch mir Deine Liebe wohlbewußt. Das ist kein geringer Trost auf meinen Weg. Auch kann es ja gar wohl werden, daß wir uns an irgendeinem Fleck der Erde die Hände wieder reichen. Aber wir tun auf alle Fälle gut, diese Möglichkeit als keine zu betrachten. Übrigens forsche nicht nach mir, es würde gewiß vergeblich sein.

Und nun die Hauptsache.

Mit den Paketen übergeb ich Dir ein wichtiges, ich darf sagen, ein heiliges Vermächtnis. Es betrifft Deine Sache mit Agnesen, die mich diese letzten zehn Monate fast einzig beschäftigte. Mein Lieber! ich bitte dich, höre mich ruhig und vernünftig an.

In der gewissesten Überzeugung, daß die Zeit kommen müsse, wo Dein heißestes Gebet sein werde, mit diesem Mädchen verbunden zu sein, ergriff ich ein gewagtes Mittel, Dir den Weg zu diesem Heiligtume offenzuhalten. Vergib den Betrug! nur meine Hand war falsch, mein Herz gewißlich nicht: ich glaubte das Deine treulich abzuschreiben; straf mich nicht Lügen! Laßt mich den Propheten eurer Liebe gewesen sein! Ihr Märtyrer war ich ohnehin; denn indem ich Deiner Liebe Rosenkränze flocht, meinst du, es habe sich nicht manchmal ein Dorn in mein eigen Fleisch gedrückt? Doch das gehört ja nicht hieher; genug, wenn meine Episteln ihren Dienst getan. Fahre Du nun mit der Wahrheit fort, wo ich die Täuschung ließ. O Theobald — wenn ich jemals etwas über Dich vermochte, wenn je der Name Larkens den Klang der lautern Freundschaft für Dich hatte, wenn Dir irgend das Urteil eines Menschen richtiger, besser scheinen konnte als Dein eignes, so folge mir diesmal! Hätt ich Worte von durchdringendem Feuer, hätt ich die goldne Rede eines Gottes, jetzt würd ich sie gebrauchen, um Dein Innerstes zu rühren, Freund, Liebling meiner Seele! — So aber kann ich's nicht; mein Kiel ist stumpf, mein Ausdruck matt, Du weißt ja, es ist alle Schönheit von mir gewichen; die dürre nackte Wahrheit blieb mir allein, sie und — die Reue. Vor dieser möcht ich Dich bewahren. Ich bin Dein guter Genius, und indem ich von Dir scheide, sei Dir ein andrer, besserer, empfohlen. Ich meine Agnesen. Setze das Mädchen in seine alten Rechte wieder ein. Du findest auf der Welt nichts Himmlischers, als die Seele dieses Kindes ist. Glaub mir das, Nolten, so gewiß, als schwür ich's auf dem Totenbette. — Du hast Dich in Deinem Argwohn garstig geirrt. Lies diese Briefe, namentlich des Vaters, und es wird Dir wie Schuppen von den Augen fallen. Dann aber zaudre auch nicht länger; fasse Dich! Eile zu ihr, tritt sorglos unter ihre Augen, sie wird nichts Fremdes an Dir wittern, sie weiß nichts von einer Zeit, da Theobald ihr minder angehört als sonst; das Feld ist durchaus frei und rein zwischen euch.

Es steht bei Dir, ob der gute Tropf das Intermezzo erfahren soll oder nicht; bevor ein paar Jahre vorüber, würd ich kaum dazu raten. Dann aber wird euch sein, als hättet ihr einmal in einem Sommernachtstraum mitgespielt, und Puck, der täuschende Elfe, lacht noch ins Fäustchen über dem wohlgelungenen Zauberspaß. Dann gedenket auch meiner mit Liebe, so wie man ruhig eines Abgeschiednen denkt, nach welchem man sich wohl zuweilen sehnen mag, doch dessen Schicksal wir nicht beklagen dürfen."

*

Auf einem besondern Zettel befand sich noch folgende
Nachschrift
"Schon war mein Brief geschlossen, als es mir nachgerade gewaltigen Skrupel machte, Dir einen Umstand verschwiegen zu haben, der Dich vielleicht verdrießen mag, mir aber ad

inclinandam rem nicht wenig dienen konnte. Ein Winkelzug
gegen die Gräfin. So höre denn, und fluche mir die ganze Hölle
auf den Hals und heiß mich einen Schurken, wenn Du das
Herz hast — ich weiß doch, was ich zu tun hatte. Constanze
wurde durch mich, oder vielmehr durch einen angelegten Zufall (hinter welchem sie weder mich noch sonst jemand vermuten
kann) avertiert, daß ein gewisser Freund bereits irgendwo auf
der Liste der glücklichen Bräutigame stehe. — Ich hoffe nicht,
Dich durch den Coup zu stark kompromittiert zu haben, und
ein weniges war schon zu wagen. Wenn ihr die Neuigkeit nicht
schmeckte, so ist das in der Regel; nicht, weil sie in Dich verliebt, sondern weil sie ein Weib ist. Wir haben die Ungnade,
worein sie uns gleich auf jenes Possenspiel hat fallen lassen,
einer elenden Konvenienz gegen die Hofsippschaft zugeschrieben, und einesteils bin ich noch jetzt der Meinung; gesteh ich
Dir nun aber zugleich, daß sie um die nämliche Zeit auch die
Agnesiana zu schlucken bekam, so seh ich schon im Geist voraus, an was für neuen verzweifelten Hypothesen nun plötzlich
Dein armer Kopf anrennen wird. Wie, wenn Madam sich mit
ganz andern Gründen zum Zorne hinters allgemeine Zeter
ihrer Schranzen versteckt hätte? Holla! das läuft dem guten
Jungen heiß und kalt über die Leber! Auch will ich ein Rhino-
zeros von Propheten sein, wenn sich Dir nicht in diesem Augenblick die rührende Gestalt von der Ferne zeigt, den schwarzen
Lockenkopf in Trauer hingesenkt, weinend um Deine Liebe.
Ein verführerisch Bild, fürwahr, dem schon Dein Herz ent-
gegenzuckt! Doch halt, ich weise Dir ein anderes. — In dem
sonnigen Gärtchen hinter des Vaters Haus betrachte mir das
schlichte Kind, wie es ein fröhlich Liedchen summt, seine Veilchen, seine Myrten begießt. Man sieht ihr an, sie hat den
Strauß im Sinne, den ihr heimkehrender Verlobter bald unter
tausend tausend Küssen zum Willkomm haben soll; jeden Tag,
jede Stunde erwartet sie ihn — —

Was nun? wohin, Kamerade? Nicht wahr, ein bittrer Scheideweg! Hier wollt ich Dich haben! so weit muß ich's führen. Der
Rückweg zu Constanzen — vielleicht er steht noch offen, ich
zeig ihn Dir, nachdem Du ihn schon für immer verschlossen
geglaubt. Du solltest freie Wahl haben; das war ich Dir schuldig. Inzwischen hast Du gelernt, es sei auch möglich, ohne eine
Constanze zu leben, und damit mein ich, ist unendlich viel
gewonnen.

Theobald! noch einmal: denk an den Garten! Neulich hat sie die Laube zurechtgeputzt, die Bank, wo der Liebste bei ihr sitzen soll. Wirst Du bald kommen? wirst Du nicht? — Wag es sie zu betrügen! Den hellen süßen Sommertag dieser schuldlosen Seele mit *einem* verzweifelten Streiche hinzustürzen in eine dumpfe Nacht, wehe! das wimmernde Geschöpf! Tu's, und erlebe, daß ich in wenigen Monden, ein einsamer Wallfahrer, auf des Mädchens Grabhügel die kraftlose Posse, das Nichts unsrer Freundschaft, und die zerschlagene Hoffnung beweine, daß mein elendes Leben, kurz eh ich's ende, doch wenigstens noch so viel nutz sein möchte, zwei gute Menschen glücklich zu machen."

*

Wer war unglücklicher als der Maler? und wer hätte glücklicher sein können als er, wäre er sogleich fähig gewesen, seinem Geiste nur so viel Schwung zu geben, als nötig, um einigermaßen sich über die Umstände, deren Forderungen ihm furchtbar über das Haupt hinauswuchsen, zu erheben und eine klare Übersicht seiner Lage zu erhalten. Doch dazu hatte er noch weit. In einer ihm selbst verwundersamen, traumähnlichen Gleichgültigkeit ritt er bald langsam, bald hitzig einen einsamen Feldweg, und statt daß er, wie er einigemal versuchte, wenigstens die Punkte, worauf es ankam, hätte nach der Reihe durchdenken können, sah er sich, wie eigen! immer nur von einer monotonen, lächerlichen Melodie verfolgt, womit ihm irgendein Kobold zur höchsten Unzeit neckisch in den Ohren lag. Mochte er sich Gewalt antun so viel und wie er wollte, die ärmliche Leier kehrte immer wieder und schnurrte, vom Takte des Reitens unterstützt, unbarmherzig in ihm fort. Weder im Zusammenhange zu denken, noch lebhaft zu empfinden war ihm gegönnt; ein unerträglicher Zustand. „Um Gottes willen, was ist doch das?" rief er zähneknirschend, indem er seinem Pferde die Sporen heftig in die Seiten drückte, daß es schmerzhaft auffuhr und unaufhaltsam dahinsprengte. „Bin ich's denn noch? kann ich diesen Krampf nicht abschütteln, der mich so schnürt? Und was ist's denn weiter? wie, darf diese Entdeckung so ganz mich vernichten? was ist mir denn verloren, seit ich das alles weiß? genau besehen — nichts, gewonnen — nichts — ei ja doch, ein Mädchen, von dem mir jemand schreibt, sie sei ein wahres Gotteslamm, ein Sanspareil, ein Angelus!" Er lachte herzlich über sich selbst, er jauchzte hell auf und lachte über seine eignen Töne, die ganz ein andres Ich aus ihm herauszustoßen schien.

Indem er noch so schwindelt und schwärmt, stellt sich statt jener musikalischen Spukerei eine andere Sucht bei ihm ein, die wenigstens keine Plage war. Seine aufgeregte Einbildungskraft führte ihm mit unbegreiflicher Schnelligkeit eine ganze Schar malerischer Situationen zu, die er sich in fragmentarisch-dramatischer Form, von dichterischen Worten lebhaft begleitet, vorstellen und in großen Konturen hastig ausmalen mußte. Das Wunderlichste dabei war, daß diese Bilder nicht die mindeste Beziehung auf seine eigene Lage hatten, es waren vielmehr, wenn man so will, reine Vorarbeiten für den Maler, als solchen. Er glaubte niemals geistreichere Konzeptionen gehabt zu haben, und noch in der Folge erinnerte er sich mit Vergnügen an diese sonderbar inspirierte Stunde. Wir selbst preisen es mit Recht als einen himmlischen Vorzug, welchen die Muse vor allen andern Menschen dem Künstler dadurch gewährt, daß sie ihn bei ungeheuren Übergängen des Geschickes mit einem holden energischen Wahnsinn umwickelt und ihm die Wirklichkeit so lange mit einer Zaubertapete bedeckt, bis der erste gefährliche Augenblick vorüber ist.

Auf diese Weise hat sich unser Freund beträchtlich von der Stadt entfernt, und ehe er ihr von einer andern Seite wieder näher kommt, sieht er unfern in einer anmutigen Kluft die sogenannte Heermühle liegen, einen ihm wohlbekannten, durch manchen Spaziergang wert gewordenen Ort. Er war ein stets gerne gesehener Gast bei dem Müller, welcher zu derjenigen Gattung von Pietisten gehörte, mit denen jedermann gut auskommt. In gewisser Art konnte der Mann für unterrichtet gelten, nur hatte er Ursache, manche Eigenheiten zu verbergen, deren er sich mitunter schämte; so hatte er, da er anfänglich zur Schreiberei bestimmt, in alten Sprachen nicht ganz unwissend war, sich noch bei vorgerücktem Alter in den Kopf gesetzt, die heiligen Schriften alten und neuen Testaments im Urtexte zu lesen, wobei es hauptsächlich auf chiliastische Zwecke mochte abgesehen sein. Nach einem sehr mühsamen und wenig geordneten Studium von mehreren Jahren sah er sich ungern überzeugt, daß alles eitel Stückwerk bei ihm sei und das ganze schöne Unternehmen auf nichts hinauslaufe. Aus Verdruß über die verlorene Zeit warf er sich in kecke ökonomische Spekulationen, dabei er denn zwar keinen Schaden, doch auch nicht ganz seine Rechnung fand. Seine Frau, eine kluge und stille Haushälterin, wußte ihn mit guter Art zu lenken und zu leiten, niemals rückte sie ihm seinen Irrtum ausdrücklich vor, auch wenn sie ihn denselben fühlen ließ, und da ihm nichts Unangenehmeres begegnen konnte, als wenn er irgendwie an die Nichtigkeit jenes wissenschaftlichen Treibens erinnert ward, ja da er, um nur kein Unrecht einzugestehen, sich auch wohl die Miene gab, als würden ihm jene Forschungen seinerzeit noch die reichlichsten Zinsen abwerfen, so schonte das Weib diese Schwachheit gerne und war heimlich zufrieden, wenn sie ihm eine neue falsche Idee vergessen machen konnte. Übrigens kannte man ihn als einen muntern, redseligen Gesellschafter, als den besten Gatten und Vater seiner größtenteils schon wohlversorgten Familie.

Nolten sehnte sich nach der harmlosen Gegenwart eines menschlichen Wesens ebensosehr, als er sich ungeschickt fühlte, an irgend einer Gesellschaft teilzunehmen; er überlegte deshalb soeben, ob er den Pfad nach der Mühle hinunter einschlagen oder nach der Stadt zurückkehren werde, als ihm ein Müllerknecht begegnet, der ihm sagt, Herr und Frau wären über Feld und kämen vor Abend nicht nach Hause. Wie erwünscht war dem Maler die Nachricht! eigentlich wollte er ja nur sein trauliches Plätzchen in des Müllers Wohnstube aufsuchen: es schien ihm dies der einzige Ort der Welt, der seiner gegenwärtigen Verfassung tauge. Und er hatte recht; denn wer machte nicht schon die Erfahrung, daß man einen verwickelten Gemütszustand, gewisse Schmerzen, Überraschungen und Verlegenheiten weit leichter in irgendeiner fremden ungestörten Umgebung, als innerhalb der eignen Wände bei sich verarbeite? Nolten gab sein Pferd in den Stall, wo man ihn schon kannte, und trat in die reinliche braungetäfelte Stube, wo er niemanden traf, nur in der Kammer neben saß auf dem Schemel ein zehnjähriges Mädchen, das ein kleineres Brüderchen im Schoße hatte. Eine ältere Tochter Justine, eine Prachtdirne, schlank und rotwangig mit kohlschwarzen Augen, trat herein unter dem gewöhnlichen treuherzigen Gruß, bedauerte, daß die Eltern abwesend seien, lief gleich nach den Kellerschlüsseln und freute sich, als Nolten ihr erlaubte, weil man im Hause schon gegessen hatte, ihm wenigstens ein Stückchen Kuchen bringen zu dürfen. Er nahm sogleich seine alte Bank und das Fenster ein, von wo man unmittelbar auf die Wassersperre hinunter und weiter hinaus auf das erquickendste Wiesengrün und runde Hügel sah. Um wieviel lieblicher, eigener kam ihm an dieser beschränkten Stelle Frühling und Sonnenschein vor, als da ihn dieser noch im Freien und Weiten umgab! Lange blickte er so auf den Spiegel des Wassers, er fühlte sich sonderbar beklommen, bange vor der Zukunft, und zugleich sicher in dieser eingeschloßnen Gegenwart. Auf einmal zog er die Papiere aus der Tasche, das nächste, was ihm in die Hände kam, wollte er ohne Wahl zuerst öffnen: es waren Briefe seiner Braut, vermeintlich an Theobald geschrieben. Er sieht hinein und augenblicklich hat ihn eine Stelle gefesselt, bei der sein Inneres von einer ihm längst fremd gewordnen Empfindung anzuschwellen beginnt; er will zu lesen fortfahren, als er Justinen mit Gläsern kommen hört; ganz unnötigerweise verbirgt er schnell den Schatz, aber ihm ist wie einem Diebe zumut, der eine Beute vom höchsten, ihm selber noch nicht ganz bekannten Wert, bei jedem Geräusche erschrocken zu verstecken eilt. Das Mädchen kam und fing lebhaft und heiter zu schwatzen an, in dessen Erwiderung Nolten sein möglichstes tat. Sie mochte merken, daß sie überflüssig sei, genug, sie entfernte sich geschäftig und ließ den Gast allein. Er ist zufällig vor einen kleinen schlechten Kupferstich getreten, der unter dem Spiegel hängt und eine kniende Figur vorstellt; unten stehn ein paar fromme Verse, die er in frühester Jugend manchmal im Munde seiner verstorbenen Mutter gehört zu haben sich sogleich erinnert. Wie es nun zu geschehen pflegt, daß oft der geringste Gegenstand, daß die leichteste Erschütterung dazugehört, um eine ganze Masse von Gefühlen, die im Grunde des Gemüts gefesselt lagen, plötzlich gewaltsam zu entbinden, so war Noltens Innerstes auf einmal aufgebrochen und schmolz und strömte in einer unbeschreiblich süßen Flut von Schmerz dahin. Er saß, die Arme auf den Tisch gelegt, den Kopf darauf herabgelassen. Es war, als wühlten Messer in seiner Brust mit tausendfachem Wohl und Weh. Er weinte heftiger und wußte nicht, wem diese Tränen galten. Die Vergangenheit steht vor ihm, Agnes schwebt heran, ein Schauer ihres Wesens berührt ihn, er fühlt, daß das Unmögliche möglich, daß Altes neu werden könne.

Dies sind die Augenblicke, wo der Mensch willig darauf verzichtet, sich selber zu begreifen, sich mit den bekannten Gesetzen seines bisherigen Seins und Empfindens übereinstimmend zu vergleichen; man überläßt sich getrost dem göttlichen Elemente, das uns trägt, und ist gewiß, man werde wohlbehalten an ein bestimmtes Ziel gelangen.

Nolten hatte keine Ruhe mehr an diesem Ort, er nahm schnell Abschied und ritt gedankenvoll im Schritt nach Hause.

Wie er den Rest des Tages hingebracht, was alles in ihm sich hin und wieder bewegte, was er dachte, fürchtete, hoffte, wie er sich im ganzen empfunden, dies zu bezeichnen wäre ihm vielleicht so unmöglich gewesen als uns, zumal er die ganze Zeit von sich selbst wie abgeschnitten war durch einen unausweichlichen Besuch, den er zwar endlich an einen öffentlichen Ort, wo man viele Gesellschaft traf, glücklich abzuleiten wußte, ohne sich jedoch ganz entziehen zu dürfen.

Entschieden war er nun freilich so weit, daß er Agnesen aufsuchen müsse und wolle. Noch hatte er die schriftliche Darstellung der Tatsachen, welche so sehr zur Rechtfertigung des teuren Kindes dienten, gar nicht angesehn; ein stiller Glaube, der das Wunderbarste voraussetzte und keinen Zweifel mehr zuließ, war diese letzten Stunden in ihm erzeugt worden, er wußte selbst nicht wie. Doch als er in der Nacht die merkwürdigen Berichte des Försters las, als ihm Larkens' Tagebuch so manchen erklärenden Wink hiezu gab, wie sehr mußte er staunen! wie graute ihm, jener schrecklichen Elisabeth überall zu begegnen! mit welcher Rührung, welchem Schmerz durchlief er die Krankheitsgeschichte des ärmsten der Mädchen, dem die Liebe zu ihm den bittern Leidenskelch mischte! Und ihre Briefe nun selbst, in denen das schöne Gemüt sich wie verjüngt darstellte! — Der ganz unfaßliche Gedanke, dies einzige Geschöpf, wann und sobald es ihm beliebe, als Eigentum an seinen Busen schließen zu können, durchschütterte wechselnd alle Nerven Theobalds. Auf einmal überschattete ein unbekanntes Etwas die Seligkeit seines Herzens. Diese zärtlichen Worte Agnesens, wem anders galten sie, als *ihm*? und doch will ihm auf Augenblicke dünken, er sei es nicht: ein Luftbild habe sich zwischen ihn und die Schreiberin gedrungen, habe den Geist dieser Worte voraus sich zugeeignet, ihm nur die toten Buchstaben zurücklassend. Ja, wie es nicht selten im Traume begegnet, daß uns eine Person bekannt und nicht bekannt, zugleich entfernt und nahe scheint, so sah er die Gestalt des lieben Mädchens gleichsam immer einige Schritte vor sich, aber leider nur vom Rücken; der Anblick ihrer Augen, die ihm das treueste Zeugnis geben sollten, war ihm versagt; von allen Seiten sucht er sie zu umgehn, umsonst, sie weicht ihm aus: ihres eigentlichen Selbsts kann er nicht habhaft werden.

Zu diesen Gefühlen von ängstlicher Halbheit, wovon ihn, wie er wohl voraussah, nur die unmittelbare Nähe Agnesens lossprechen konnte, gesellten sich noch Sorgen andrer Art. Das unbegreifliche Verhängnis, daß die rätselhafte Person der Zigeunerin aufs neue die Bahn seines Lebens, und auf so absichtlich gefahrdrohende Weise durchkreuzen mußte, der Gedanke, wie nahe er selbst ihr, ohn es zu wissen, neuerdings wieder gekommen (denn des Schauspielers Tagebuch entdeckte ihm ihre zweimalige Anwesenheit), dies alles gab ihm mancherlei zu sinnen und weckte die Besorgnis, es möchte die Verrückte über kurz oder lang ihm in den Weg treten, oder hinter seinem Rücken, vielleicht in diesem Augenblick, zu Neuburg wiederholte Verwirrung anstiften. Ein weiterer Gegenstand seiner Unruhe war Larkens; er wußte die treffliche Absicht des Freundes, wenn er gleich die einzelnen Schritte nicht billigen konnte, ja zum Teil sie bitter zu schelten geneigt war, doch von der rechten Seite zu nehmen und dankbar zu schätzen; er erkannte auch darin eine kluge Vorsicht desselben, wenn er durch seine eigene Entfernung alles weitere Unterhandeln über die Pflicht, über Neigung oder Abneigung Noltens in dieser zweifelhaften Sache völlig zwischen sich und ihm abschneiden und den Maler, indem er ihn ganz auf sich selber stellte, zwingen wollte, das Gute, Notwendige frisch zu ergreifen — Aber was sollte man überhaupt von der eiligen Flucht des Schauspielers denken? welchem Schicksal ging der unfaßliche Mann entgegen? Beinahe seiner sämtlichen häuslichen Habe hat er sich entäußert, ein großer Teil war ohne Zweifel ins Geld gesetzt, ein anderer, der hier zurückblieb, entweder zu Geschenken bestimmt, oder sollte er durch Nolten verwertet und zu Befriedigung der Gläubiger verwendet werden. Mangel für Larkens selber war nicht zu fürchten. Aber wenn aus allem hervorging, daß eine tiefe Erschöpfung, ein verjährter Schmerz ihn in die Weite trieb, wenn sogar einige Stellen seines Briefs auf eine freiwillig gewaltsame Erfüllung seines Schicksals gedeutet werden konnten — so frage man, wie Nolten dabei zumute gewesen! Eine dritte und nicht die kleinste Sorge war ihm die schlimme und selbst verächtliche Meinung, womit die Gräfin, seit sie durch Larkens einseitig und falsch von dem Verhältnis zu Agnesen unterrichtet worden, ihn notwendig ansehen mußte. Nicht als ob er fürchtete, es hätte sie

eine solche Entdeckung irgend unglücklich gemacht, denn in der
Tat war seine Vorstellung von der Leidenschaft Constanzens bedeutend herabgestimmt, und höchstens wollte er glauben, daß
ihr seine Liebe einigermaßen habe schmeicheln können, aber
da er ihr doch seine Absicht damals so dringend, so entschieden
bekannt hatte, wie elend, wie verrucht mußte er als Verlobter
vor ihr erscheinen, wie tückisch und planvoll sein Schweigen
über diese Verbindung! Mußte sie sich, abgesehn von jedem
eignen leidenschaftlichen Interesse, nicht insofern persönlich für
beleidigt halten, als schon der Versuch, sie mit zum Gegenstande
eines so zweideutigen Spieles zu machen, einen Mangel der
Achtung bewies, deren sie sich von Nolten hätte versichert halten
dürfen? Schien in diesem Sinne der Zorn und die Kälte, womit
sie ihn seit jenem Abende keines Blicks mehr würdigte, nicht
sehr verzeihlich und gerecht? Unser Maler fühlte das Beschämende, die ganze Pein dieses Verdachts: keine Stunde mehr
konnte er ruhen, der Boden brannte unter seinen Füßen, er
wollte eilen, wollte sich reinigen, es koste was es wolle. Aber
das ging so schnell nicht an. Wie sollte er an Constanzen gelangen? wie war es möglich, sich zu rechtfertigen und doch
zugleich die höchste Delikatesse zu beobachten? Denn gar leicht
konnte die Gräfin ihn dergestalt mißverstehn, als wenn er gekränkte Liebe bei ihr voraussetzte, ein Irrtum, der ihn, wie er
meinte, zum lächerlichsten Menschen in den Augen der schönen
Frau machen müßte. Er überlegte sich die Sache fleißig, und
wollte warten, bis ihm ein glücklicher Weg erschiene.

Am folgenden Tage fiel ihm ein, von dem Hofrat, dem er
ohnehin einen Besuch schuldig war, die Stimmung der Zarlinschen zu erlauschen, und sogleich machte er sich auf den Weg.

Bei der Wohnung des Hofrats angelangt, fangt er zufällig
die Haustüre nur angelehnt, was ihn sehr wundernahm, da es
einen der ersten Grundsätze in der Hausordnung dieses Mannes
ausmachte, die Eingänge jederzeit geschlossen zu halten. Außer
dem Briefträger und einer alten Magd, welche auswärts wohnte,
und zu gesetzten Stunden mit dem Essen erschien, betrat nur
selten ein Besuch die Schwelle, und wenn jemals, so mußte die
Glocke gezogen werden, worauf ein grauer Diener, das einzige
lebende Wesen, das den Hofrat umgab, bedächtig aus dem
Fenster schaute und öffnete. Im untern Hausflur, wo sich sogleich der Geschmack und die Kunstliebhaberei des Hausherrn

in gut aufgestellten Gipsfiguren ankündigte, findet Theobald einen unscheinbar gekleideten Knaben auf der Treppe sitzen und Zuckerwerk aus seiner Mütze naschen, der übrigens ganz hier zu Hause zu sein scheint. Eine unglaublich angenehme Gesichtsbildung, die hellsten Augen, sehr mutwillig, lachen dem Maler entgegen, dem besonders die zierlich gelockten Haare auffallen. Der Knabe, nachdem er unsern Freund ruhig vom Kopf bis zum Fuße gemessen, stand auf und gab der Türe einen tüchtigen Tritt, daß sie schmetternd zuschlug. „Kannst du sagen, artiger Junge, ob der Herr Hofrat daheim ist?" Der Kleine antwortete nicht, sondern indem er die Treppe hinaufging, winkte er Theobalden, zu folgen. Oben öffnet er leis eine schmale Türe und deutet schalkhaft hinein. Nolten befand sich allein in einem kleinen Vorzimmer, wollte eben an einem zweiten Eingang klopfen, als ihm ein kleines Seitenfenster, dessen Vorhang von innen schlecht zugezogen ist, die wunderbarste stumme Szene im Nebenzimmer zeigt. In einer gespannten Beleuchtung, fast nur im Dämmerlichte, sitzt weiß gekleidet ein Frauenzimmer, bis an den Gürtel entblößt. Ihre Stellung ist sinnend, das Haupt etwas zur Seite geneigt, eine Hand oder vielmehr nur den Zeigefinger hat sie unterm Kinne, dies kaum damit berührend. Ihr Sessel steht auf einem dunkelroten Teppich, auf welchen herab die reichen Falten des Gewandes und der Tücher sich prächtig ergießen. Ein Bein, das über das andre geschlagen ist, läßt den Fuß nur bis über die Knöchel blicken, wo ihn die andre Hand bequem zu halten scheint. Aber welch ein herrlicher Kopf! mußte Theobald unwillkürlich für sich ausrufen; die römische Kraft im Schwunge des Hinterhaupts vom starken Nacken an kontrastierte so rührend gegen das Kindliche des Angesichts, dessen Ausdruck nur lautre Scham verriete, wenn sich die letztere nicht soeben zur liebevollsten Ergebung in die Notwendigkeit des Augenblicks zu neigen schiene. Offenbar war das Frauenzimmer nicht gewohnt, als Modell zu dienen. Und in des Hofrats Hause? Sollte der alte Narr etwa selbst den Pfuscher machen? Leider war es unmöglich, eine zweite Person, die sich gewiß im Zimmer befinden mußte, zu entdecken; auch hörte man keinen Laut: die Schöne verharrte wie ein Marmor in derselben Stellung, nur die leisen Bebungen der Brust verrieten, daß sie atme, auch schien es einmal, als ob sie einen müden Blick gegen das Fenster hinüber wagte, von wo das Licht hereinfiel. Nolten hätte geschworen, dort sitze der Hofrat. Sagte nicht ein Gerücht, daß der alte Herr früher wirklich die Kunst getrieben? und wollten nicht einige behaupten, er habe den Meißel noch in seinem Alter insgeheim ergriffen? Wie überraschte es daher unsern Maler, als auf ein Geräusch, das in der Ecke entstand, die Jungfrau sich erhob und ein schlanker, schwarzbärtiger Mann anständig auf sie zutrat, ihr mit einem Kusse auf die Lippen dankte, so herzlich und unbefangen, als wenn es eine Schwester wäre. Theobald erkannte in dem Krauskopf auf der Stelle einen Bildhauer, Raymund, den er öfters und namentlich bei dem Larkensschen Abschiedsschmause gesehen, ohne ihm irgend nähergekommen zu sein. Doch es war endlich Zeit zum Rückzuge, so schwer er sich von diesem Anblick trennen konnte, der ihm ebenso rührend und schuldlos deuchte, als er reizend und erhebend war. Kaum hat er die Tür hinter sich zugezogen und sich gefreut, daß der verräterische kleine Schelm nicht etwa wieder um den Weg war, um Zeuge seiner gestillten Neugierde zu sein — so streckt der Hofrat den Kopf aus dem Saale, und beide begrüßen sich mit merklicher Verlegenheit, die denn auch noch eine Weile fortdauerte, nachdem das Gespräch bereits in Gang gekommen. Theobald war durchaus zerstreut von seinem schönen Abenteuer; auf seinem Gesicht, in seinen Augen lag eine ungewöhnliche Glut, deren Grunde der Alte schlau genug nachkam. „Ich merke, merke was!" schmunzelte er und klopfte dem Freund auf die Achsel; „nur lassen Sie ja sich sonst nichts anmerken! es ist ein wilder Eber, der Raymund, und nicht mit ihm zu spaßen." Nolten gestand offenherzig den sonderbaren Zufall. „Unter uns", sagte der Hofrat, „Sie sollen wissen, wie alles zusammenhängt. Der junge Mann, furios in seiner Kunst so wie im Leben, verlangte von seiner Braut, an der er außer einem hübschen Wuchs lange keinen Vorzug mochte gekannt haben, daß sie ihm sitze, stehe, wie er's als Künstler brauche. Das Mädchen konnte sich nicht überwinden, es kam zum Verdruß, der bald so ernstlich wurde, daß Raymund das störrige Ding gar nicht mehr ansah. So dauert es ein halb Jahr und das Mädchen, sonst ein sanftes, verständiges Geschöpf, das ihn unbändig liebt, überdies armer Leute Kind ist, fängt an im stillen zu verzweifeln. Überdem bekömmt sie einen vorteilhaften Antrag, sich fürs Theater zu bilden, da sie sehr gut singen soll. Sie schlägt es standhaft aus, und diese wackere Resignation bringt den Trotzkopf von Bräutigam plötzlich auf ganz andere Gedanken von dem Werte des

Mädchens, so daß er sie vor etlichen Tagen zum erstenmal wieder besuchte. Auf beiden Seiten soll die Freude des Wiedersehens ohne Grenzen gewesen sein, und gleich in der ersten Viertelstunde, so erzählt er mir, habe sie ihm die Gewährung seiner artistischen Grille freiwillig zugesagt. Da nun Raymund durch sein Zusammenwohnen mit einem andern Künstler um ein Lokal verlegen war, so fand er bei mir, der ich ihm auch sonst zuweilen nützlich zu sein suche, gerne den erforderlichen Raum. Heut ist die zweite Sitzung. Das Närrische dabei ist, daß er sich nicht entschließen kann, was er eigentlich machen soll. Er behauptet, wenn man eine Weile ins Blaue hinein versuche und den Zufall mitunter walten lasse, so gerate man häufig auf die besten Ideen."

„Er hat recht!" sagte Theobald.

„Er hat nicht unrecht", versetzte der Alte; „wenn mir aber solch ein Verfahren am Ende nur nicht gar zu dilettantisch würde! So fängt er neulich einen Amor in Ton zu formen an, wozu er das Muster auf der Gasse unter den Betteljungen aufgriff, wirklich ein delikates Füllen, schmutzig, jedoch zum Küssen die Gestalt. Seitdem nun aber die Geliebte sich eingestellt, durfte der Liebesgott springen; jetzt liegt ihm die aufdringliche Kröte, die sich gar gut bei dem Handel gestanden, tagtäglich auf dem Hals, und daß der Bursche nicht schon im Hemdchen unters Haus kömmt, ist alles; neulich ward er gar boshaft und paßte der Braut mit einem Prügel auf; recht ein Cupido dirus!"

„Ein Anteros!" rief Theobald lachend.

„Suchen Sie doch einiges Verhältnis zu Raymund", fuhr der Hofrat fort, „es wird Ihnen leicht werden: er respektiert Sie höchlich, und das will bei dem stolzen Menschen schon etwas heißen. Sie finden das ehrlichste Blut in ihm und ein eminentes, leider noch wildes Talent. Es ärgert manches an ihm, Kleinigkeiten vielleicht, die indessen doch einen Mangel an Bildung verraten, genug, mich indignieren sie; nur *ein* Beispiel und Sie werden mir beistimmen. Man traut mir billig zu, daß ich kein Pedant bin mit archäologischer Vielwisserei, insofern sie dem Künstler nichts hilft. Stellt mir einer eine lobenswerte Ariadne hin, so frag ich den Henker darnach, ob er wisse, daß die Gemahlin des Bacchus auch Libera heißt. Macht es einen Mann aber nicht lächerlich, wenn er von Göttern und Halbgöttern nur eben wie ein Dragoner spricht? Werden es ihm diejenigen

vergeben, die auf den ersten Blick unmöglich wissen können,
daß dieser Mensch, so gut als einer, Charakteristik der Mythen
versteht und plastischen Sinn genug in Aug und Fingern sitzen
hat? Nun stellen Sie sich vor, neulich abends im ‚Spanischen
Hofe', es waren lauter gründliche Leute da, kömmt auf ein
paar Kunstwerke die Rede, Raymund fällt in seinen begeisterten
Schuß und sagt wirklich vortreffliche Dinge, aber er spricht statt
von Panen und Satyrn, mir nichts dir nichts, und in vollem
Ernste immer von Waldteufeln! Ist so was auch erhört? Ich saß
wie auf Nadeln, schämte mich in sein Herz hinein, trat ihm fast
die Zehen weg und wollt ihm helfen; nichts da! ein Waldteufel
um den andern! und merkte das Lächeln nicht einmal, das hie
und da auf die Gesichter schlich. Nachher verwies ich ihm die
Unschicklichkeit, und was ist seine Antwort? Er lacht; ‚nun,
alter Papa', rief er, ‚es muß mir doch erlaubt sein, mitunter so
zu *sprechen*, wie die Niederländer *malen* durften!'" Der Hofrat
lachte selber aufs herzlichste, und man sah ihm an, wie lieb er
den hatte, den er soeben schalt. „Ein stupender Eigensinn! Mich
dauert nur die Braut."

„Wer ist sie denn eigentlich?" fragte Nolten.

„Des Schloßwärters F. Tochter."

„Was? hör ich recht?" rief Nolten voll Verwunderung aus.
„O gute Henriette! Wie manchmal hat dein wehmütiger Gesang
unter meinen Gittern mich getröstet!"

„Ja ja", versetzte der Hofrat, „das war noch zur Zeit der
liebekranken Nachtigall!"

Der Maler fiel auf einige Augenblicke in süße Gedanken. Die
glückliche Vereinigung dieser Liebenden war ihm von guter
Vorbedeutung für sich; denn hatte nicht jene Verlassene in
seiner kranken Einbildung einigemal die Stimme Agnesens geborgt? und war er nicht auf dem Wege, der letztern auch den
Bräutigam zurückzugeben?

Nun aber fand er erst Zeit, den Hofrat in der Angelegenheit
zu befragen, um derentwillen er eigentlich gekommen war. Der
alte Herr bedachte sich und zuckte die Achseln. „Ich weiß nicht,
an Ihrer Stelle ging' ich geradezu selbst hin — die Gräfin zwar
soll unpaß sein, den Grafen können Sie immer sprechen. Mein
Gott, was sollten denn diese Leute eigentlich gegen Sie haben?"
Soviel indessen Theobald aus dem weitern Gespräch entnehmen
konnte, war es geratener, sich nicht persönlich auszusetzen. Der
beste Ausweg fiel ihm aber ein. Eine Frau von Niethelm, die

intimste Freundin Constanzens, eine feine hochbegabte Dame, deren Zeit und Talent vorzüglich der Bildung zweier Prinzessen gewidmet war, hatte sich ihm von jeher gewogen gezeigt; ihrer hoffte er sich nun als Mittelsperson zu bedienen, und der glückliche Gedanke erfüllte ihn augenblicklich dergestalt, daß er den Hofrat eilends verlassen wollte, als eben Raymund hereintrat. Der feurige Mann umarmte ihn alsbald mit Enthusiasmus, und suchte ihm seine Achtung auf jede Art zu bezeugen. Um nicht unfreundlich zu erscheinen, verweilte Nolten noch eine Viertelstunde, worauf er sich bestens empfahl.

Gegen Abend trat er den Gang zur Gouvernantin an, nachdem er auf sein Anmelden eine höfliche Einladung erhalten hatte. Unterwegs erst fiel ihm auf, wie wenig er auf das, was zu sagen und wie es zu sagen war, vorbereitet sei; er nahm sich schnell zusammen; eh er sich's versah, stand er im Zimmer der Gouvernantin.

Die zarte Dame empfing ihn im ganzen freundlich genug, und wenn dennoch etwas von Zurückhaltung fühlbar war, so schien es, als ob sie nur ungerne und mit Rücksicht auf Constanzen sich einigen Zwang auflegte.

„Ich bin", begann Nolten, als er der liebenswürdigen Frau gegenüber Platz genommen hatte, „ich bin veranlaßt, in kurzem dieser Stadt und Gegend Lebewohl zu sagen; Pflicht und Neigung führen mich auswärts; aber wie sehr muß ich wünschen, mit vollkommen beruhigtem Sinne scheiden zu können! Es ist so schön und tröstlich, sich im Andenken seiner Freunde gesichert wissen! Die Liebe, die Neigung, die wir an einem Orte zurücklassen, gibt uns eine stille Gewähr, daß uns auch anderswo ein guter Stern erwarte. Möchte denn auch ich diesen Trost mit mir nehmen dürfen! möchten Sie, meine Gnädige, mich in dieser frohen Zuversicht bestärken können! — Indem sich mir in diesen Tagen eine Reihe ausgezeichneter Personen, deren Bekanntschaft ich mich im Laufe dreier Jahre vielfach zu erfreuen hatte, doppelt lebendig vor dem Geiste aufstellt, und indem ich mich anschicke, den einzelnen noch ein herzliches Wort zu sagen, muß ich vor allen jenes verehrten Hauses gedenken, dessen Gastfreundschaft mir unvergeßlich bleibt, das mit den Edelsten dieser Stadt, und, wie freudig spreche ich es aus! auch mit Ihnen, gnädige Frau, mich in freundliche Verbindung setzte. Leider hat das schöne Verhältnis zuletzt eine Störung erlitten, die mir das ganze Glück einer dankbaren Erinnerung für alle

Zukunft trüben muß, und um so schmerzlicher, da man mir aus den Gründen meines Mißgeschicks, insofern ich dieses selbst verschuldet haben soll, ein Geheimnis macht. Sollte nun auch Ihnen, Verehrteste, nicht erlaubt sein, meine Zweifel zu lösen, so gestatten Sie doch, daß ich die Versicherung bei Ihnen niederlege, ich sei mir, Ihrer teuren Freundin, sowie dem Herrn Grafen gegenüber, eines solchen Vergehens nicht bewußt; vergönnen Sie, daß ich den Freunden, die mich nicht mehr zu sehen wünschen, die Aufrichtigkeit meiner Gesinnungen durch Ihren Mund beteure."

Die Gouvernantin, die in den Mienen des Malers, solange er sprach, mit Aufmerksamkeit zu lesen gesucht hatte, schien keineswegs ungerührt; zwar erwiderte sie nur das Allgemeinste, doch sah man ihr an, sie hätte herzlich gerne mehr gesagt. Nolten gewann nun Mut, folgendergestalt fortzufahren: „Wie wäre Ihnen zu verargen, gnädige Frau, wenn sich Ihnen, so wie wir uns jetzt einander gegenüber befinden, und nach dem, was indessen alles zur Sprache gekommen sein mag, ein unüberwindliches Mißtrauen gegen mich im Herzen aufwerfen sollte! Ich fühle wohl, und Sie selber verbergen sich's nicht, wie fremde in ganz kurzer Zeit Ihnen ein Mann geworden sei, der Ihnen früher nicht ganz unwert gewesen. Sonst war es uns willkommener Genuß, Erfahrung und Empfindung in heiteren Gesprächen auszuwechseln, Entferntes und Nächstgelegenes lebendig durcheinanderzumischen; stets schenkten Sie mir nachsichtsvolles Gehör, wenn, wie es wohl dem jüngeren Manne, der eben erst in eine völlig neue Welt eintrat und vielfach Ursache findet, unzufrieden mit sich selbst zu sein, natürlich zu geschehen pflegt, sich auch bei mir ein inniges Bedürfnis regte, mich einer gemütvollen, geistreichen Frau bescheiden mitzuteilen, Ihnen meine Verehrung für jenes edle Haus im ersten glücklichen Erstaunen auszudrücken. Nun heute wieder, wie gerne möcht ich den Zustand meines Innern offen und gläubig vor Ihnen enthüllen, doch Ihr Verstummen verschüchtert mir das Wort auf meinen Lippen! wie gerne würden Sie meiner Unruhe hülfreich entgegenkommen, doch wird es schwer, den Faden des Vertrauens so schnell wiederaufzunehmen. Wohlan, meine teure, meine hochverehrte Freundin, lassen Sie mich wenigstens einige Augenblicke der schönen Täuschung leben, als säßen wir noch so wie ehmals gegeneinander über! Erlauben Sie, daß ich erzähle, was in der Zwischenzeit sich mit mir begeben, in mir verändert hat.

Lassen Sie mich keine Absicht nennen, wozu dies Bekenntnis dienen soll. Es soll nur sein, als spräche ich zu einer Dame, von der ich weiß, sie nehme an meinem Schicksale allgemeinen heitern Anteil, und aus deren Munde eine günstige Divination meines künftigen Geschickes zu vernehmen mich hoch beglücken würde."

Mit sanftem Lächeln forderte sie den Maler zu reden auf, indem sie sagte: „Sie sollen eine emsige Zuhörerin haben, und was ihr an Prophetengabe mangelt, werden die redlichsten Wünsche für Ihr Wohl ergänzen." Somit war Theobald im Begriff, seine Sache mit Agnesen, und wie sie sich durch Larkens' Tätigkeit neuerdings umgestaltet, weitläufig darzulegen, und ebendamit auf indirekte Weise sich gegen Constanze zu rechtfertigen. Aber in dem Augenblick, da er beginnen will, überrascht ihn die ganze Schwierigkeit seiner Aufgabe und es tat wahrlich not, daß ihm der gute Geist noch schnell genug ein bequemes Mittel, sich aus dieser Verlegenheit zu retten, eingab, worauf er sagte: „So vermessen es sein würde, in Rätseln zu Ihnen reden zu wollen, so wenig kann es schaden, wenn ich zuvörderst, um die Kluft, welche sich zwischen uns gelegt hat, erst nach und nach und nur von weitem auszufüllen, dasjenige, was nun zu sagen ist, mit veränderten Namen in eine allgemeine Darstellung einkleide; so werde ich unbefangner reden, ohne deshalb unverständlicher oder der Wahrheit ungetreu zu sein." Sofort wurde denn das Verlobtenverhältnis eines Antonio zu Clementinen, von seiner ersten Entstehung bis zu dem drohenden Zerfall, es wurde das ungeheure Irrsal, wozu Elisabeth Veranlassung gegeben, in allen seinen Wendungen entwickelt. Einer Cornelia ward gedacht, Antonios Leidenschaft für diese nicht verhehlt, jedoch nur als einseitig zugegeben. Ein Mime Hippolyt löst heimlich den fatalen Knoten, doch daß er dies und *wie* er es auch bei Cornelien tat, davon schweigt Nolten mit Bedacht, als wenn er selbst nicht darum wüßte. Er hatte sich Zeit zu seiner Erzählung genommen, um so mehr, als er das gespannteste Interesse bei seiner Nebensitzerin wahrnahm; auch wurde er, wie wohl zu merken war, vollkommen gut verstanden. Die ganze Geschichte, an sich abenteuerlich und unglaublich, gewann durch einen gewandten und lebhaften Vortrag die höchste Wahrheit. Endlich war er fertig, und nach einigem Stillschweigen versetzte die Gouvernantin (während sie ihn mit einem Blick ansah, worin er ihren Dank für die zarte

Schonung lesen sollte, die er gegen ihre Freundin und gewissermaßen gegen sie selbst mit seiner Fabel beobachtet hatte): „Meint man doch wahrlich ein Märchen zu hören, so bunt ist alles hier gewoben!"

„Es stehen Beweise für die Wahrheit zu Dienste", erwiderte Theobald; „ja ich erbitte mir ausdrücklich die Erlaubnis, Ihnen dieser Tage einige Papiere vorlegen zu dürfen, welche Sie jedenfalls mit Interesse durchlaufen werden."

„Vielleicht", antwortete die Gouvernantin, „kann ich anderwärts Gebrauch davon machen, der Ihnen wünschenswert sein dürfte."

„Was Sie tun werden, Gnädigste, habe meinen innigsten Dank voraus!" versetzte Nolten mit einiger Hast, indem er ihr die Hand mit Ehrfurcht küßte. Sie war indessen nachdenklich geworden. Unvermerkt lenkte sie das Gespräch auf die Gräfin und es traten ihr Tränen in die Augen. „Leider muß ich Ihnen sagen, lieber Nolten", fuhr sie fort, „es ist bei Zarlins seit einiger Zeit gar viel anders geworden; auch unsre Kränzchen haben aufgehört. Constanze ist nicht mehr die sie war, ein seltsamer Gram wirft sie nieder. Lange wußte niemand die Ursache, selbst ich nicht, und mit Unrecht schrieb man alles körperlichem Leiden zu, denn freilich leidet ihre Gesundheit mehr als je. Aber Gott weiß, wie alles zusammenhängt. Vorgestern nachts, als ich allein vor ihrem Bette saß, sprach sie halb in der Hitze des Fiebers, halb mit Bewußtsein dasjenige aus, wovon ich glauben muß, daß es wo nicht der einzige, doch immer ein Grund ihres angstvollen Zustandes sei."

Nolten, dem diese Worte eine rasche und voreilige Ahnung erweckten, tat sehr wohl, noch an sich zu halten, denn sogleich kam es ganz anders, als er erwartet haben mochte.

„Ich bin überzeugt", fuhr die Gouvernantin fort, „es handelt sich bloß um einen wunderlichen Zufall, um eine Kleinigkeit, worüber mancher lächeln würde; gleichwohl ist jetzt sehr viel daran gelegen, und Sie werden mich völlig darüber aufklären können. — Sie haben ein Gemälde, worauf eine Frau abgebildet sein soll, welche die Orgel spielt?"

„Ganz recht."

„Sagen Sie doch, welche Bewandtnis hat es mit dem Bilde? Kennen Sie eine solche Person? Ist sie in der Wirklichkeit vorhanden?"

Nolten war durch die Frage natürlich frappiert. Er hatte, wie

der Leser weiß, in der Skizze, die bei dem Gemälde zugrunde
gelegen, jene Wahnsinnige kenntlich genug gezeichnet, ja er
hatte noch auf Tillsens ausgeführtem Tableau dem merkwürdigen
Kopfe durch wenig beigefügte Striche die äußerste Ähnlichkeit
gegeben. Constanzen war das Bild immer sehr wichtig gewesen
und Nolten erinnerte sich jetzt plötzlich des Traumes, den sie
ihm damals mit so großer Bewegung entdeckt. Er sagte nun der
Gouvernantin: daß, wenn er vorhin in seiner Erzählung von
einer Zigeunerin gesprochen, ebendiese das Original zum Bilde
des weiblichen Gespenstes sei.

„Sonderbar!" sagte die Gouvernantin, „sehr sonderbar! —
Wissen Sie nicht, ob die Person sich neuerdings in hiesiger Stadt
gezeigt hat?"

„Vor etwa einem Monat wollen meine Freunde sie hier gesehen haben."

„Nun, Gott sei Dank!" rief die Gouvernantin aus, „so ist es
doch wie zu vermuten war; so darf mir doch nun die Arme
Trost und Vernunft nicht länger bestreiten!"

„Wer?" fragte Theobald, „wer sah denn —? doch nicht die
Gräfin?"

„Nun ja!"

„Himmel, und wo?"

„In der Kirche."

Jetzt rief der Maler sich auf einmal einen Umstand ins Gedächtnis, den man sich vor mehreren Wochen in der Stadt erzählte und woraus er damals nicht eben sonderlich viel zu
machen wußte. Constanze hatte nämlich, bei nicht völligem
Wohlsein, sonntags die Frühkirche besucht und während des
Gottesdienstes den sonderbaren Zufall gehabt, daß sie plötzlich
mit einem für die Zunächstsitzenden sehr vernehmlichen Laut
des heftigsten Schreckens bewußtlos niedersank. Sie mußte nach
Hause getragen werden, wo sie sich in kurzem zu erholen schien.
Die wahre Ursache des Unfalls blieb durchaus Geheimnis. In
der Kirche selbst wollten einige bemerkt haben, daß die Gräfin
unmittelbar, bevor sie ohnmächtig geworden, den Blick starr
nach dem offenstehenden Haupteingang gerichtet, wo sich mehreres gemeine Gassenvolk unter die Türen gepflanzt hatte. Niemand aber gewahrte unter dieser bunten Gruppe den Gegenstand einer so außerordentlichen Apprehension, niemand war
versucht, denselben in der gleichwohl stark genug hervorragen-
den Gestalt einer Zigeunerin zu suchen.

Es war bei Theobald nun gar kein Zweifel mehr, daß jenes ungeheure Wesen, so wie einst bei Agnesen mit Absicht, so nun hier bei der Gräfin unwillkürlich ihn abermals verfolgte. Es fing dieser Eigensinn des Schicksals ihm nachgerade ängstlich zu werden an. Er hatte Mühe, seine Gedanken davon loszumachen, und auf die Gegenwart, auf Constanzen zurückzulenken. Ihr Zustand bekümmerte ihn sehr; denn aus allem, was die Gouvernantin von eigenen Äußerungen Constanzens wiederholte, ging hervor, daß das Entsetzen über die Erscheinung in der Kirche unmittelbar mit jenem Traume zusammenhing, und daß die Gräfin seit diesem Auftritte mit heimlichen Gedanken an einen frühen Tod umgehe. Der Maler versank in stilles Nachdenken, und ein tiefer Seufzer entwand sich seiner Brust. Wie vieles, dachte er, muß hier zusammengewirkt haben, um den hellen und festen Geist dieses Weibes zu betören! Wie sehr ist nicht zu glauben, daß dies Gemüt lange zuvor mit sich selbst uneins gewesen sein müsse, eh solche Träume es gefangennehmen konnten! Er enthielt sich nicht, dergleichen gegen die Gouvernantin zu äußern, die ihm mit traurigem Kopfnicken beistimmte. Sie sah ihn an, und sagte: „Vergessen wir nicht, unsre Freundin ist krank, und — krank in mehr als *einem* Sinne."

Ein Besuch, welcher in dem Augenblick angesagt wurde, nötigte Theobalden zum Aufbruch. Er empfahl sich mit der Bitte, in diesen Tagen nochmals erscheinen zu dürfen. Die versprochenen Papiere sandte er noch denselben Abend nach, jedoch mit Auswahl, und namentlich ward jene Nachschrift zu Larkens' Brief mit schonendem Bedacht zurückbehalten.

Obgleich er sich die Unterredung mit der Gouvernantin in gewissem Betracht nicht besser hätte wünschen können, denn eine vollständige Ausgleichung des widerwärtigsten Mißverständnisses war damit auf das sicherste eingeleitet, so war er doch seitdem von einer unbegreiflichen Unruhe umgetrieben. Er konnte den Tag nicht erwarten, an dem er endlich die Stadt würde verlassen können. Unverzüglich fing er daher an, seine Anstalten zur Abreise zu treffen, besorgte die Angelegenheiten seines Freundes, und machte nur die notwendigsten Besuche ab, da ihm ein ungehöriges, obwohl aufrichtiges Mitleid, womit man überall den Scheidenden betrachten zu müssen glaubte, allzu verdrießlich fiel. An den Herzog richtete er ein allgemein verbindliches Billett, das er nicht ohne ein Lächeln zusammen-

falten konnte, weil es ihm diesmal gelungen war, mit mehreren
Worten so viel wie nichts zu sagen. Am herzlichsten entließ ihn
Tillsen und der Hofrat, welch letzterer ihm in den wunderbarsten Ausdrücken eine nie genugsam ausgesprochene Neigung
auf einmal verraten zu wollen schien, indem er zugleich auf
ein besonderes Verhältnis anspielte, das längst zwischen ihnen
beiden bestünde, und welches zu entdecken er sich bis auf diese
Stunde nicht habe entschließen können; auch jetzt überrasche
ihn der Abschied des Malers dergestalt, daß er notwendig eine
andere Zeit abwarten müsse. Theobald, welcher den Alten von
jeher im Verdacht gehabt, als ob er mit einiger Schalkheit
gerne den Geheimnisvollen spiele, achtete wenig auf diese dunkeln Winke, obgleich dem guten Manne die Rührung sichtlich
aus den Augen sprach.

Sein letzter Ausgang am Schluß der vielgeschäftigen Woche
war zu der Gouvernantin. Unglücklicherweise war eben Gesellschaft dort und die liebenswürdige Frau konnte ihm nur wenige
Augenblicke allein auf ihrem Zimmer schenken. Sie zog einen
versiegelten Brief hervor und sagte: „Ihre neulichen Mitteilungen haben der Gräfin ein unerwartetes Licht gegeben, von dessen
erster erschütternder Wirkung ich jetzt nichts sage. Ich danke
Gott, daß dieser Kampf vorüber ist. Empfangen Sie hier das
letzte Wort von unsrer Freundin. Seitdem sie den Entschluß
gefaßt, sich Ihnen zu offenbaren, ist endlich ein Schimmer von
Frieden bei ihr eingetreten, den zu befestigen ich mir nach
Kräften angelegen sein lasse. Nur was dies Blatt betrifft, so darf
ich nicht verschweigen, daß es im ersten Schmerz geschrieben
wurde, wo es schien, als ob sie nur im ungemessensten Aus-
drucke ihrer Schuld einige Erhebung und ein willkommenes
Mittel gegen völlige Verzweiflung habe finden können. Schließen Sie also aus diesem Briefe nicht auf ihren Zustand überhaupt, den sicherlich die Zeit auch heilen wird. Vielleicht erkennen Sie in diesen Linien, deren Inhalt ich wohl ahnen kann,
noch jetzt das schöne Herz, das sein Vergehn mehr als genug
empfindet. Gewiß, ich darf das sagen, ohne eben entschuldigen
zu wollen — ach leider, daß ich es nicht kann! Aber wie gerne
wollen wir der Armen alles vergessen, wenn sie nur erst ihre
Ruhe wiedergewonnen hätte! O wüßten Sie, Nolten, welche
traurige Besorgnisse mir die Richtung einflößte, der sich ihr
Geist starrsinnig hinzugeben drohte. Und noch bin ich nicht
aller Sorge los. Zu oft noch seh ich ihren Blick nach jener trüben

Seite hingekehrt, von wo sie sich ein frühes Grab verkündigt
glaubte. Denn selbst durch Ihre freundschaftlichen Aufschlüsse,
sosehr sie uns zustatten kamen, konnte diese Vorstellung nicht
ganz zerstört werden. Freilich sieht sie nun alles bis auf einen
gewissen Grad natürlich an, weil aber doch etwas Außerordentliches an dem Zusammentreffen der Begebenheiten nicht zu
leugnen und jener frühere Eindruck auch nicht so schnell aus-
zutilgen ist, so kann sie den Gedanken an eine solche Vorbedeutung nicht von sich wegbringen. Aber lassen Sie mich abbrechen, eh ich weich werde, und ins Klagen falle. Wie sehr
bedaure ich, daß Sie eben jetzt so eilig von uns müssen — und
doch, es wird auch wieder gut für beide Teile sein. Und nun"
(sie ging an einen Schrank und holte ein schönes Futteral hervor, das sie ihm in die Hand drückte), „zwei Freundinnen bitten, dies zu dem Hochzeitsschmuck der lieben Braut zu legen
und ihr zu sagen, wie sehr sie in der Ferne gekannt, wie schwesterlich geliebt sie sei. Leben Sie wohl, und denken gerne mein."

Ehe Theobald noch recht zu danken wußte, hatte sie sich
bereits, ihre steigende Bewegung zu verbergen, leise zurückgezogen. Eilig ging er nach seiner Wohnung, aufs höchste erstaunt
über die rätselhaften Dinge, die er soeben gehört. War es denn
nicht, als sollte ihm ein Verbrechen Constanzens entdeckt werden? Sprach nicht die Gouvernantin so, als wüßte er bereits
darum? — Auf seinem Zimmer angekommen, verschloß er hinter
sich die Tür und las wie folgt:

„Nicht einen letzten Blick der Neigung, kein Auge des Mit-
leids sollen Sie diesem Blatte gönnen, das von dem jammer-
vollsten, ach zugleich von dem unwürdigsten Weibe kommt;
denn (davon hatten Sie bis diesen Augenblick noch keine Ahnung) so wie mein Unglück, ist auch meine Schuld ohne Grenzen. Nie kann ich hoffen, Sie mir zu versöhnen, ja wäre das
möglich, ich kann keine Vergebung, auf ewig keine, von *mir*
erhalten. Aber die Strafe, die ich schrecklich genug im eigenen
Bewußtsein trage, bin ich im Begriff aufs höchste zu schärfen,
indem ich meinen Frevel vor Ihnen enthülle, indem ich freiwillig Ihre ganze Verachtung, Ihren gerechtesten Haß auf mich
ziehe. Was hält mich ab vom entehrendsten Bekenntnis? Ist
man noch eitel, ist man noch klug, sucht man ängstlich noch
einigen Schein für sich zu bewahren, wenn man einmal sich
selbst zu verachten einen verzweifelten Anfang gemacht hat?
Gleichgültig verzicht ich auf die kleinen Künste, womit wir

Armen sonst in solchen Fällen der Bedrängnis uns vor uns selbst und vor Ihrem Geschlechte beschönigen. Hinweg damit! Dem besten, dem edelsten Manne zeige sich, ganz wie es ist, das elende Geschöpf, das ihn so unerhört betrogen. — Erfahren Sie's also, Constanze war's, durch deren Tücke Ihnen Ihr harmloser Anteil an jener letzten Abendunterhaltung in unserem Hause so schwer zu stehen kam, und — so wollte es die Wut eines Weibes, dessen entschiedene Liebe sich beispiellos hintergangen wähnte — ich hätte vielleicht, o ich hätte gewiß, wär es in meiner Macht gestanden, die Grausamkeit aufs äußerste getrieben. Der Himmel fand noch zeitig ein wunderbares Mittel, mich einzuschrecken, mich zu züchtigen. Nun auf einmal zum törichten Kinde verwandelt, von Göttern und Geistern verfolgt, eilt ich in meiner Herzensnot, Sie zu befreien. Es gelang, und durch dieselbe Hand zwar, an die ich Sie zuerst verraten. O Schande, Schande! mein kurz gemeßnes Leben reicht nicht hin, sie zu beweinen, wie sie es verdient, und — nein ich schweige; daß Sie nicht etwa denken, ich gehe darauf aus, durch übertriebne Selbstanklagen mir einen Funken gerührter Teilnahme zu erschleichen, so entsag ich der Wollust, mich jetzt im Staube vor Ihnen zu winden. Aber hassen Sie, verdammen Sie mich keck, ja dürft ich mein ganzes Geschlecht wider mich aufrufen, möchten die Besten desselben mich fremd aus ihrer Mitte weisen! das härteste Gericht, dürft ich's erdulden, damit ich doch den einzigen Trost genösse, meine Buße vollendet zu sehen, eh mein beflecktes Dasein sein Ende erreicht! Gott, du Gerechter, weißt, ob ich mich solcher Missetat je fähig halten konnte, bevor du mir diese Versuchung bereitet! Doch daß ich sie so schlecht bestand, das öffnet mir schaudernd die Augen über mich selbst, über mein gesamtes Wesen. Die schönen Stunden auch, wo mich die Liebe mit Hoffnungen der glücklichsten Zukunft täuschte und eine fromme Weihe über mein kommendes Leben harmonisch zu verbreiten schien — mit Tränen sag ich mir, daß selbst der Wert so reiner Augenblicke, so himmlischer Entschlüsse, nichtswürdig in jenem ungeheuern Abgrunde verschwindet, den dieses Herz, sein selbst unkundig, mir bis daher verbarg. Nun ich mich aber kenne, nun, Gott sei gepriesen, weiß ich auch, wohin mein Trachten gehen muß. Doch davon red ich Ihnen nicht, ich habe das mit einem Höhern.

Nehmen Sie meinen Dank für die Mitteilungen an die Niethelm; sie sind mir treulich zugekommen. Ich wäre verloren gewesen ohne sie; drum tausend, tausend Dank für die Barmherzigkeit!

Aber mit welchen Empfindungen hab ich zugleich in die Wege blicken müssen, in denen Ihr Geschick Sie führte! Nur eine Heilige, wie Agnes, wird mit Kinderhänden den wunderbaren Schleier lüpfen, der über Ihrem Schicksal liegt. In diesem herrlichen Geschöpf fürwahr ist Ihnen die Befriedigung Ihres höchsten Strebens aufbehalten. — Leben Sie wohl! wohl! Ach aus dem tiefsten Grund der Seele wünsch ich, fleh ich, es möge Ihnen wohl ergehen. Welch einen Trost ich darin für mich suche, ahnet Ihnen kaum. Und dürft ich nur *einmal* im Leben Agnesen umarmen, den Engel, den ich preise! Sie ist die Glücklichste auf Erden, ich aber bin die erste, die dieses Glück ihr gönnt. Lebt beide wohl, Ihr Teuren, und laßt mich Ärmste für Euch beten."

Wir lassen nun über dem bisherigen Schauplatze von Noltens Leben den Vorhang fallen, und wenn er jetzt sich aufs neue hebt, so treffen wir den Maler bereits seit zweien Tagen auf der Reise begriffen. Wohin er seinen Weg nehme, fragen wir nicht erst. Wir denken uns übrigens wohl, daß eben nicht die leidenschaftliche Wonne des Liebhabers, wie man sie sonst bei solchen Fahrten zu schildern gewohnt ist, auch nicht die bloße kühle Pflicht es sei, was ihn nach Neuburg führt; es ist vielmehr eine stille Notwendigkeit, die ihn ein Glück nur leise hoffen heißt, welches leider jetzt noch ein sehr ungewisses für ihn ist. Denn eigentlich weiß er selbst nicht, wie alles werden und sich fügen soll. Beharrlich schweigt sein Herz, ohne irgend etwas zu begehren, und nur augenblicklich, wenn er sich das Ziel seiner Reise vergegenwärtigt, kann ein süßes Erschrecken ihn befallen.

Er hat mit seinem muntern Pferde schon in der vierten Tagreise das Ende des Gebirgs erreicht, das die Landesgrenze bezeichnet und von dessen Höhe aus man eine weite Fläche vor sich verbreitet sieht. Es war ein warmer Nachmittag. Gemächlich ritt er die lange Steige hinunter und machte am Fuß derselben Halt. Er führte sein Pferd seitwärts von der Straße, band es an eine der letzten Buchen des Waldes, wo zwischen kleinem Felsgestein ein frisches Wasser vorquoll. Er selber setzte sich auf eine erhöhte, mit jungem Moos bewachsene Stelle und schaute auf die reiche Ebene, welche in größerer und kleinerer

Entfernung verschiedene Ortschaften und die glänzende Krümmung eines ansehnlichen Flusses zeigte. Ein Schäfer zog pfeifend unten über die Flur, überall wirbelten Lerchen, und Schlüsselblumen dufteten in nächster Nähe.

Den Maler übernahm eine mächtige Sehnsucht, worein sich, wie ihm deuchte, weder Neuburg, noch irgendeine bekannte Persönlichkeit mischte, ein süßer Drang nach einem namenlosen Gute, das ihn allenthalben aus den rührenden Gestalten der Natur so zärtlich anzulocken und doch wieder in eine unendliche Ferne sich ihm zu entziehen schien. So hing er seinen Träumen nach und wir wollen ihnen, da sie sich von selbst in Melodieen auflösen würden, mit einem liebevollen Klang zu Hülfe kommen.

> Hier lieg ich auf dem Frühlingshügel,
> Die Wolke wird mein Flügel,
> Ein Vogel fliegt mir voraus.
> — Ach sag mir, alleinzige Liebe,
> Wo *du* bleibst, daß ich bei dir bliebe!
> Doch du und die Lüfte haben kein Haus.
>
> Der Sonnenblume gleich steht mein Gemüte offen,
> Sehnend
> Sich dehnend
> In Lieben und in Hoffen.
> Frühling, was bist du gewillt?
> Wann werd ich gestillt?
>
> Die Wolke seh ich wandeln und den Fluß,
> Es dringt der Sonne goldner Kuß
> Mir tief bis ins Geblüt hinein;
> Die Augen, wunderbar berauschet,
> Tun als schliefen sie ein,
> Nur noch das Ohr dem Ton der Biene lauschet.
>
> Ich denke dies und denke das,
> Ich sehne mich, und weiß nicht recht, nach was;
> Halb ist es Lust, halb ist es Klage.
> Mein Herz, o sage,
> Was webst du für Erinnerung
> In golden grüner Zweige Dämmerung?
> Alte, unnennbare Tage!

Aber nicht allzulange konnte sich das Gefühl unseres Freundes in so allgemeinem Zuge halten. Er nahm eine alte Locke Agnesens vor sich, es lag neben ihm im Grase blitzend das kostbare Kollier der Gräfin (denn dies war der Inhalt jenes zierlichen Futterals), der Brief des Schauspielers ruhte auf seiner Brust. Zärtlich drückte er alle diese Gegenstände an seinen Mund, als hätten sie sämtlich gleiches Recht an ihn.

Ein leichter Regen begann zu fallen und Theobald erhob sich. Wir lassen ihn seine Straße ungestört fortziehn und sehen ihn nicht eher wieder, bis er mit dem vierten Sonnenuntergang im letzten Dorfe angelangt ist, wo man ihn versichert, daß er von hier nur noch drei kleine Stündchen nach Neuburg habe. Auf dieser letzten Station wollte er übernachten, sich zu stärken, sich zu sammeln. Er tat dies nach seiner Art mit der Feder in der Hand und legte sich sodann beruhigt nieder. Der Morgen graute kaum und der Mond schien noch kräftig wie um Mitternacht, als Theobald den Ort verließ. So wie der Tag nun unaufhaltsam vordrang, zog sich die Brust des Freundes enger und enger zusammen; aber der erste Blitz der Sonne zuckt jetzt im roten Osten auf und entschlossen wirft er allen Kleinmut von sich. Mit einer unvermuteten Wendung des Wegs öffnet sich ein stilles Tal, das gar kein Ende nehmen will, aus ihm entwickelt sich ein zweites und drittes, so daß der Maler zweifelt, ob er das rechte wähle; doch ritt er zu, und die Berge traten endlich ein wenig auseinander. „Herz, halte fest!" ruft er laut aus, da er auf einmal den Rauch von Häusern zu entdecken glaubt. Er irrte nicht, schon konnte man des Försters heitere einstockige Wohnung mit ihren grünen Läden, einzeln an die Seite des Bergs hinaufgerückt, unweit der Kirche, liegen sehn. „Herz, halte fest!" klingt es zum zweitenmal in seinem Innern nach, da ihn die Gassen endlich aufnahmen. Er gab sein Pferd im Gasthof ab, er eilte zum Forsthaus.

„Herein!" rief eine männliche Stimme aufs Klopfen an der Tür. Der Alte saß, die Füße in Kissen gewickelt, im Lehnstuhl und konnte vor Freudeschrecken nicht aufstehn, selbst wenn das Podagra es erlaubt hätte. Wir sagen nichts vom hellen Tränenjubel dieses ersten Empfangs und fragen mit Nolten sogleich nach der Tochter.

„Sie wird wohl", ist die Antwort, „ein Stückchen Tuch drüben auf den Kirchhof zur Bleiche getragen haben; die Sonne ist gar herrlich außen; gehn Sie ihr nach und machen ihr gleich die köstliche Überraschung! Ich kann nicht erwarten, euch beieinander zu sehn! Ach mein Sohn! mein lieber trefflicher Herr Sohn! sind Sie denn auch noch ganz der alte? Wie so gar stattlich und vornehm Sie mir aussehen! Agnes wird Augen machen! Gehn Sie, gehn Sie! Das Kind hat keine Ahnung. Diesen Morgen beim Frühstück sprachen wir zusammen davon, daß heute wohl ein Brief kommen würde, und nun!" — Theobald umarmte den guten Mann wiederholt und so entließ ihn der Alte. Im Vorbeigehn fiel sein Blick zufällig in die Kammer der Geliebten, er sah ein schlichtes Kleid von ihr, das er sogleich wiedererkannte, übern Sessel hängen; der Anblick durchzückte ihn mit stechender Wehmut, und schaudernd mußte sein Geist über die ganze Kluft der Zeiten hinwegsetzen.

Der Weg zum Kirchhof hinter dem Pfarrhaus zwischen den Haselhecken hin, wie bekannt und fremd war ihm alles! Das kleine Pförtchen in der Mauer stand offen; er trat in den stille grünenden Raum, der mit seinen ländlichen Gräbern und Kreuzen die bescheidene Kirche umgab. Begierig und schüchtern sucht er die Gestalt Agnesens; hinter jedem Baum und Busch glaubt er sie zu erspähen; umsonst; seine Ungeduld wächst mit jedem Atemzug; ermüdet setzt er sich auf eine hölzerne Bank unter den breiten Nußbaum und überschaut den friedsamen Platz. Die Turmuhr läßt ihren festen Perpendikeltakt vernehmen, einsame Bienen summen um die jungen Kräuter, die Turteltaube gurret hie und da, und, wie es immer keinen unerfreulichen Eindruck macht, wenn sich unmittelbar an die traurigen Bilder des Todes und der Zerstörung die heitere Vorstellung eines tätig regsamen Lebens anknüpft, so war es auch hier wohltuend für den Beschauer, mitten auf dem Felde der Verwesung einzelne Spuren des alltäglichen lebendigen Daseins anzutreffen. Dort hatte der benachbarte Tischler ein paar frisch aufgefärbte Bretter an einen verwitterten Grabstein zum Trocknen angelehnt, weiter oben blähten sich ein paar Streifen Leinwand in der lustigen Frühlingsluft auf dem Grasboden, und von ganz eigener Rührung mußte Theobald ergriffen werden, wenn er dachte, welche Hände dieses Garn gesponnen und sorglich es hieher getragen, wie manche Stunde des langen Tages und der langen Nacht das treuste der Mädchen unter wechselnden Gedanken an den Entfernten, in hoffnungsreichem Fleiße, mit dieser Arbeit hingebracht, während er, in übereiltem Wahne, mit sündiger Glut eine fremde Neigung pflegte.

Jetzt hatte er kein Bleibens mehr an diesem Ort, und doch konnte er den Mut auch nicht finden, Agnesen geradezu aufzusuchen; er trat unschlüssig in den Eingang der Kirche, wo ihn eine angenehme Kühle und, trotz der armseligen Ausstattung, ein feierlicher Geist empfing. Haftete doch an diesen braunen abgenützten Stühlen, an diesen Pfeilern und Bildern eine unendliche Reihe frommer Jugendeindrücke, hatte doch diese kleine Orgel mit ihren einfachen Tönen einst den ganzen Umfang seines Gemüts erfüllt und es ahnungsvoll zum Höchsten aufgehoben, war doch dort, der Kanzel gegenüber, noch derselbe Stuhl, wo Agnes als ein Kind gesessen, ja den schmalen Goldstreifen Sonne, der soeben die Rücklehne beschien, erinnerte er sich wohl an manchen Sonntagmorgen gerade so gesehen zu haben; in jedem Winkel schien ein holdes Gespenst der Vergangenheit neugierig dem Halbfremden aufzulauschen und ihm zuzuflüstern: Siehe, hier ist sich am Ende alles gleichgeblieben, wie ist's indessen mit dir gegangen?

Zur Emporkirche stieg er nun auf; er sah ein altes Bleistiftzeichen wieder, das er einst in einem bedeutenden Zeitpunkt, abergläubisch, gleichsam als Frage an die Zukunft, hingekritzelt hatte — aber wie schnell bestürzt wendet seine Aufmerksamkeit sich ab, als ihm durch die bestäubten Glasscheiben außen eine weibliche Figur auffällt, über die er keinen Augenblick im Zweifel bleiben kann. Agnes ist es wirklich. Sein Busen zieht sich atemlos zusammen, er vermag sich nicht von der Stelle zu bewegen, und um so weniger, je treffender, je rührender die Stellung ist, worin eben jetzt ihm das Mädchen erscheint. Er öffnet behutsam den Fensterflügel um etwas und steht wie eingewurzelt.

Die den Kirchhof umschließende Mauer bildet etwa in der Hälfte ihrer Höhe ein breites fortlaufendes Gesimse, worauf sich ein Kreuz von alter Steinhauerarbeit freistehend erhebt; an dessen Fuße auf dem Gesimse sitzt, noch immer in beträchtlicher Höhe über dem Boden, das liebliche Geschöpf mit dem Strickzeug und im Hauskleide, so daß dem Freunde das Profil des Gesichts vollkommen gegönnt ist; an einem Arm des Kreuzes über dem Kopfe der Sitzenden hängt ein frischer Kranz von Immergrün, sie selber bückt sich soeben aufmerksam, die Nadel leise an die Lippen haltend, gegen eine Staude vorwärts, worauf ein Papillon die glänzenden Flügel wählig auf- und zuzieht; jetzt, indem er auffliegt, gleitet ihr Blick flüchtig am

Fenster Theobalds hin, daß diesem vor entzücktem Schrecken beinahe ein Ausruf entfahren wäre; aber das Köpfchen hing schon wieder ruhig über dem geschäftigen Spiele der Finger. Schichtweise kam einigemal der süßeste Blumengeruch gegen den Lauscher herübergeweht, um den geistigen Nerv seiner Erinnerung nur immer reizender, betäubender zu spannen, denn diese eigentümliche Würze, meint er, habe das Veilchen von jeher an keinem Orte der Welt ausgehaucht, als hier, wo sich sein Duft mit den frühen Gefühlen einer reinen Liebe vermischte.

Er dachte jetzt ernstlich darauf, wie er am schicklichsten aus seinem Versteck hervortreten, und sich dem ahnungslosen Mädchen zeigen wolle; aber, durfte er bisher in schönem Vorgenuß die Gestalt und alle das Regen und Bewegen der Geliebten unbemerkt beobachten, so wollte ein artiger Zufall ihn auch den langentbehrten Ton ihrer Stimme noch hören lassen. Der Storch, der seit uralter Zeit sein Nest auf dem Kirchdache gehabt, spazierte mit sehr vieler Gravität erst unten im Gras, dann auf der Mauerzinne umher, als gälte es eine Morgenvisite bei Agnes. „Hast schon gefrühstückt, Alter? komm, geh her!" rief sie und schnalzte mit dem Finger; der langbeinige Bursche aber nahm wenig Notiz von dem herzlichen Gruße und marschierte gelassen hinten vorüber. Jetzt streckte plötzlich der alte Förster den Kopf schalkhaft durchs Pförtchen: „Muß doch auch ein bißchen nach dem verliebten Paare schauen, das seine Freude so ganz aparte haben will — Nun, mein Herzchen? dein Besuch? was läuft er denn wieder weg?" Agnes, diese Worte auf den Storch ziehend, deutet mit Lachen seitwärts nach dem fortstolzierenden Vogel: allein bevor der Förster sich näher mit ihr erklärt und ehe das Mädchen die Mauerstufen ganz herunter ist, erscheint Nolten unter der Kirchtür: Agnes, ihn erblickend, fällt mit einem leichten Schrei dem zunächststehenden Vater um den Hals, wo sie ihr glühendes Gesicht verbirgt, während unser Freund, der sich diese erschüttert abgewandte Bewegung blitzschnell durch sein böses Gewissen erklären läßt, mit einiger Verlegenheit sich heranschmiegt, bis ein verstohlener, halbaufgerichteter Blick des Mädchens über des Alten Schulter hinweg ihm sagte, daß Freude, nicht Abscheu oder Schmerz es sei, was hier am Vaterherzen schluchze. Aber als das herrliche Kind sich nun plötzlich gegen ihn herumwandte, ihm mit aller Gewalt leidenschaftlicher Liebe sich um den Leib warf und nur die Worte vorbrachte: „Mein! Mein!" da hätte auch er laut ausbrechen mögen, wenn die Übermacht solcher Augenblicke nicht die Lust selbst der glücklichsten Tränen erstarren machte.

Indem man nach dem Hause zurückging, bedauerte man sehr, daß Theobald den guten Baron vor einigen Tagen nicht würde begrüßen können, da er seit einer Woche verreist sei.

„Ich bin noch ganz freudewirr und dumm", sagte Agnes, wie sie in die Stube traten, „laß mich erst zu mir selber kommen!" Und so standen sie einander in glücklicher Verwunderung gegenüber, sahen sich an, lächelten, und zogen aufs neue sich lebhaft in die Arme.

„Und was es schön geworden ist, mein Kind, Papa!" rief Theobald, als er sie recht eigens um ihre Gestalt betrachtete; „was es zugenommen hat! Vergib, und laß mich immer nur staunen!"

Wirklich war ihre ganze Figur entschiedener, mächtiger, ja wie Theobald meinte, selbst größer geworden. Aber auch alle die Reize, die der Bräutigam ihr von jeher so hoch angerechnet hatte, erkannte er wieder. Jenes tiefe Dunkelblau der Augen, jene eigene Form der Augbraunen, die von allen übrigen sich dadurch unterschieden, daß sie gegen die Schläfe hin in einem kleinen Winkel absprangen, der in der Tat etwas Bezauberndes hatte. Dann stellten sich noch immer, besonders beim Lachen, die vollkommensten Zahnreihen dar, wodurch das Gesicht ungemein viel kräftige Anmut gewann.

„Indessen das Wundersamste, und worauf ich mir selber etwas einbilden möchte, das will der Herr, scheint's, absichtlich gar nicht entdecken!" sagte Agnes, indem eine köstliche Röte sich über ihre Wangen zog. Wohl wußte er, was sie meine. Ihre Haare, die er bei seiner letzten Anwesenheit noch beinah blond gesehen hatte, waren durchaus in ein schönes glänzendes Kastanienbraun übergegangen. Theobalden war es beim ersten Blicke aufgefallen, aber auch sogleich hatte sich ihm die sonderbare Ahnung aufgedrungen, Krankheit und dunkler Kummer hätten Teil an diesem schönen Wunder. Agnes selber schien nicht im entferntesten dergleichen zu denken, vielmehr sie fuhr ganz heiter fort: „Und meinst du wohl, es habe sonderlich viel Zeit dazu gebraucht? Nicht doch! fast zusehends, in weniger als zwanzig Wochen war ich so umgefärbt. Die Pastorstöchter und ich, wir haben heut noch unsern Scherz darüber."

Am Abend sollte Nolten erzählen. Allein dabei konnte wenig Ordentliches herauskommen; denn wenn er sich gleich aus Larkens' Konzepten überzeugt hatte, wie treulich ihm der Freund bereits in bezug auf gewisse Verlegenheitspunkte, so namentlich auch wegen der Verhaftsgeschichte, zur Beruhigung der guten Leutchen vorgearbeitet, so fand er sich nun doch durch die Erinnerung an jene gefährliche Epoche dem unvergleichlichen Mädchen gegenüber im Herzen beengt und verlegen; er verfuhr deshalb in seinen Erzählungen nur sehr fragmentarisch und willkürlich, und übrigens, wie es bei Liebenden, die sich nach langer wechselvoller Zeit zum ersten Male wieder Aug in Auge besitzen, natürlich zu geschehen pflegt, verschlang die reine Lust der Gegenwart mit Ernst und Scherz und Lachen, es verschlang ein stummes Entzücken, wenn eins das andere ansah, jedes übrige Interesse und alle folgerechte Betrachtung. Wenn nun das junge Paar nichts, gar nichts in der Welt vermißte, ja wenn zuweilen ein herzlicher Seufzer bekannte, man habe des Glückes auf einmal zu viel, man werde, da die ersten Stunden so reich und überschwenglich seien, die Wonne der folgenden Zeit gar nicht erschwingen können, so war der Alte an seinem Teil nicht eben ganz so zufrieden. Er saß nach aufgehobenem Abendessen (Tischtuch und Gläser mußten bleiben) geruhig zu einer Pfeife Tabak im Sorgensessel, er erwartete mancherlei Neues von der Reise, vom Ausland und namentlich von Bekanntschaften des Schwiegersohns dies und jenes Angenehme oder Ruhmvolle behaglich zu vernehmen. Agnes, den Fehler wohl bemerkend, stieß deshalb den Bräutigam ein paarmal heimlich an, der denn nach Kräften schwatzend, gar bald den Vater in den besten Humor zu versetzen und einigemal zum herzlichsten Gelächter anzuregen wußte. Es fiel dem ganz jugendlich auflebenden Greise noch ein, eine Flasche echten Kapweins, welche der Baron verehrt, vom Keller bringen zu lassen, und immer wurde man munterer.

Von dem Vater, den wir im allgemeinen schon kennen, sagen wir bei dieser Gelegenheit nur soviel: Es war ein Mann von gutem geraden Verstande, sein ganzes Wesen vom besten Korn, und während die eigensinnige Strenge seines Charakters durch die äußerste Zärtlichkeit für seine Tochter auf eine liebenswürdige Weise gemildert schien, so war dagegen der Schwiegersohn beinahe der einzige Mensch, vor dem er einen unbegrenzten Respekt fühlte. Denn eigentlich pflegte der Alte etwas auf sich zu halten, und da er als Forstmann, zumal in frühern Zeiten, mit einem hohen Jagdpersonal in vielfache Berührung kam, als erfahrner und gründlicher Mann gesucht und geschätzt war, so durfte er sich zu einer solchen Meinung gar wohl berechtigt glauben.

Als man nach eilf Uhr sich endlich erhob, versicherten alle drei, es werde vor freudiger Bewegung keins schlafen können. „Kann ich's doch ohne das nicht!" seufzte der Förster, „hab ich doch in jungen Jahren bei Tag und Nacht in Nässe und Kälte hantierend, mich um den wohlverdienten Schlaf meines Alters bestohlen! nun hab ich's an den Füßen. Doch mag's! Es denkt und lernt sich manches so von Mitternacht bis an den lieben hellen Tag. Und wenn man sich dann so im guten Bette sagen kann, daß Haus und Eigentum von allen Seiten wohl gesichert und geriegelt, kein heimlich Feuer nirgend ist, und so weit all das Ding wohl steht, und dann der Mond in meine Scheiben fällt, so stell ich mir dann Tausenderlei vor, stelle das Wild mir vor, wie's draußen im Dämmerschein aufm Waldwasen wandelt und Fried und Freud auch hat von seinem Schöpfer; ich denke der alten Zeit, der vorigen Jahre — sagt der Psalmist —, ich denke des Nachts an mein Saitenspiel (denn das ist dem Weidmann seine Büchse), und rede mit meinem Herzen, mein Geist muß forschen. Ja ja, Herr Sohn, lächeln Sie nur, ich kann auch sentimentalisch sein, wie ihr das so nennt, ihr junges Volk. Nun, schlafen Sie wohl!" Er lüpfte freundlich seine Zipfelmütze und Agnes durfte dem Bräutigam leuchten.

Es glänzte wieder die herrlichste Sonne in die Fenster des Forsthauses, um die Bewohner zeitig zu versammeln.

Agnes, seit lange gewohnt, die Stelle der Hausfrau zu behaupten, war am ersten rege. Und aufs neue wie trat sie den Augen des Liebsten entgegen! Ein ander Kleid als gestern, eher noch ein einfacheres, hatte sie angelegt; aber wie alle das auch paßte, sich innig schmiegte an ihr wahrstes Wesen, ja völlig eines mit demselben ward! Gleich diesem neuen Tag war sie für Nolten durchaus eine Neue; gewiß, wir sagen nicht zuviel, sie war der goldne Morgen selber. Soeben hatte sie den Stöcken Wasser gegeben, und es hing ihr ein heller Tropfen an der Stirn; mit welcher Wollust küßt' er ihn weg, küßt' er die glatt und rein an beiden Seiten heruntergescheitelten Haare!

Er machte eine Bemerkung, die ihm das Mädchen nach einigem Widerspruch doch endlich gelten lassen mußte. Bräute, deren Väter vom Forstwesen sind, haben vor andern in der Einbildung des Liebenden immer einen Reiz voraus, entweder durch den Gegensatz von zarter Weiblichkeit mit einem mutigen, nicht selten gefahrbringenden Leben, oder weil selbst an den Töchtern noch der frische freie Hauch des Waldes zu haften scheint; es sucht überdies die gemeinschaftliche Farbe Grün solche Ideen gar gefällig zu vermitteln. Nur das letztere litt eine Ausnahme bei Agnesen, welche die Eigenheit hatte, daß sie diese muntre Farbe in der Regel nicht, und nur sehr sparsam an sich leiden mochte.

Sie ging, das Frühstück zu besorgen, und Nolten unterhielt sich mit dem Förster. Das Gespräch kam auf Agnesens Krankheit und weil kein Teil dabei verweilen mochte, sehr bald auf einen Gegenstand, wovon der Alte mit Begeisterung, der Sohn mit einem stillen, fast scheuen Vergnügen sprach — seine Hochzeit. Man dürfe nun damit nicht lange mehr zögern, meinte der Vater, meinte auch Nolten, selbst Agnes hatte sich mit dem ernsten Gedanken mehr vertraut gemacht. Eine Hauptfrage war noch unentschieden: wo der Herr Sohn sich niederlassen werde? Nun eben sprachen die Männer darüber. Auf einmal fragt Nolten, den Kopf aufrichtend und horchend: "Wer ist so musikalisch in der Küche? wer pfeift denn?" *„Sie* tut's, die Agnes", antwortete der Alte gleichgültig, indem er die Tür einen Augenblick öffnet, und fährt gelassen in seiner Rede fort. Man hörte das Mädchen mit der Magd verhandeln, Geschirre hin und her stellen und dazwischen wohlgemut, wie unter Gedanken, trillern und pfeifen. Unwillkürlich mußte Nolten laut auflachen: die unbedeutendste Sache von der Welt hat ihn überrascht. Es gibt unschuldige Kleinigkeiten, die mit unserm Begriffe von einer Person, wenn er nur einigermaßen etwas Idealisches hat, schlechterdings zu streiten scheinen, ja ihn beinahe verletzen. Sogleich ward Nolten von dieser Empfindung berührt, von einer unangenehmen, wenn man will, und sogleich fühlte er dieselbe in eine ganz entgegengesetzte, oder vielmehr in eine gemischte, umschlagen, wobei ein pikanter Reiz unwiderstehlich war. Er hätte aufspringen mögen, die gespitzten Lippen zu küssen und zu beißen, doch verharrte er auf seinem Sitz, bis das Kind unbefangen hereintrat, da er denn nicht umhinkonnte, ihr den Mund tüchtig zu zerdrücken, ohne jedoch (er wußte nicht, was es ihm verbot) den närrischen

Grund seiner verliebten Laune zu verraten. „Ei", rief der Vater dazwischen, „bis wir trinken, hole doch die Mandoline! das ist dir, glaub ich, noch gar nicht eingefallen." Wie Feuer so rot wurde das schöne Kind bei diesem Wort. Es gibt einen Grad von Verlegenheit, der wirklich furchtbar ist und das höchste Mitleid fordert; er kam bei Agnes selten vor, war es aber der Fall, so wurden ihre Augen, ohne eigentlich zu tränen, plötzlich schwimmend und öffneten sich mächtig weit, wie man etwa bei Somnambülen dies bemerkt; es war unmöglich, sie dann anzusehn, denn man ward innig bange, sie stehe auf dem Punkt, wie durch ein Wunder zu zerfließen, wie eine leichte Wolke sich völlig aufzulösen. Sie trat ängstlich hinter Theobalds Stuhl und ihr Finger spielte hastig in seinem Haar. Niemand wagte weiter etwas zu sagen und so entstand eine drückende Pause. „Ein andermal!" sagte sie kleinlaut und eilte in die Küche.

„Der Vetter, der Lehrmeister, irrt sie, merk ich wohl, Ihnen gegenüber. Doch hätt ich das nicht mehr erwartet, aufrichtig zu sagen."

„Wir wollen sie ja nicht stören!" versetzte Theobald, „lassen Sie uns ja vorsichtig sein. Ich denke mich recht gut in ihr Gefühl. Des Mädchens Anblick aber hat mich erstaunt, erschreckt beinah! Merkten Sie nicht, wie sie beim Weggehn die Farbe zum zweitenmal wechselte und schneebleich wurde?"

„Sonderbar!" sagte der Vater, mehr unmutig als besorgt, „in jener schwermütigen Periode konnte man dasselbe manchmal an ihr sehn und inzwischen nie wieder, bis diesen Augenblick." Beide Männer wollten nachdenklich werden, aber Agnes brachte die Tassen.

Beim Frühstück hielt man Rat, was heute begonnen werden sollte. „Eh ich an irgend etwas weiter denken kann, eh wir den Papa zum Wort kommen lassen mit Besuchen, die zu machen, mit Rücksichten, die zu nehmen sind, erlauben Sie uns das Vergnügen, daß Agnes mir zuvörderst das Haus vom Giebel bis zum Keller, von der Scheune bis zum Garten, und alles nach der Reihe wieder zeige, was mich als Knaben glücklich machte. Was waren das doch schöne Zeiten! Sie hatten ihrer vier Jungen im Hause, lieber Vater, die beiden Z., diese wilden Brüder, mich und Amandus, der ja nun Pfarrer drüben ist in Halmedorf. Wie freu ich mich, ihn wiederzusehn! wir müssen hinüber gleich in den nächsten Tagen, hörst du mein Schatz? hört Ihr Papa? da muß dann jedes sein Häufchen Erinnerung herzubringen, und es wird ein groß Stück Vergangenheit zusammen geben." „Leider", sagte Agnes, „kann aus dieser Zeit von mir noch nicht die Rede sein; ich hatte nur erst sieben Jahre, wie du zu uns kamst." „Was? nicht die Rede? meinst du, der Tag, der verhängnisvolle, schwarze Unglücks-Sonntagnachmittag werde nicht aufgeführt in unsern Schulannalen, wo du mein Exerzitienheft zur Hand kriegtest, es auf dem Schemel hinter den Ofen nahmst und unmittelbar hinter das rote Pessime des Rektors hin mit ungelenker Feder, in bester Meinung, eine ganze Front langer hakiger P's und V's maltest? Welch ein Jammer, da ich das Skandal gewahr wurde! Ich nahm dich, Gott verzeih mir's, bei den Ohren, und die andern auch über dich her, wie ein ergrimmter Bienentrupp wenn ein Feind einbrechen will! — Ach, und was das immer ein saurer Gang war morgens mit dem Bücherriemen nach der Stadt ins Lyzeum! denn der gute Rektor lag mir besonders scharf an. Aber, kam dann der Samstag heran, der ersehnte Wochenschluß! wir sagten: im Himmel müßte es immer Samstagabend sein, denn selbst der Sonntag sei so lieblich nicht mehr. O ich muß den Boden wiedersehn, wo wir das Heu durchwühlten, das Garbenseil, an welchem wir uns schaukelten, den Teich im Hofe, wo man Fische großzog!" „Kirch und Kirchhof", lachte der Vater, „diese Herrlichkeiten haben Sie schon in Augenschein genommen; zu den Glocken hinauf wird auch wohl noch der Steg zu finden sein." „Ei, und", warf Agnes dazwischen, „deinen alten Günstling, deinen Geschaggien hast du auch schon gehört!" Theobald begriff nicht gleich, was sie damit wollte, plötzlich fiel ihm mit hellem Lachen bei, sie meine einen alten Nachtwächter, über den sie sich lustig zu machen pflegten, weil er die letzten Silben seines Stundenrufs auf eine eigne, besonders schön sein sollende Manier entstellte.

Soeben brachte der Bote von der Stadt die neuesten Zeitungen, die der Vater schon eine Weile zu erwarten schien, denn er sparte seinen Kaffee und die zweite Pfeife lag nur zum Anzünden parat. Höflich, nach seiner Art, gab er dem Sohn die Hälfte der Blätter hin, der sie indessen neben sich ruhen ließ. „Nein", sagte er, wieder heimlich zu Agnesen gewendet, während der Alte schon in Politik vertieft saß, „ich habe Käsperchen die Nacht nicht gehört." „Ich habe!" versetzte sie, „um drei Uhr, es war noch dunkel, rief er den Tag an; und", setzte sie leise hinzu, „an *dich* hab ich gedacht! aber wie! eben war ich

erwacht, mich überfiel's auf einmal, du wärst hier, wärst mit
mir unter *einem* Dache! ich mußte die Hände falten, ein Krampf
der Freude drückte sie mir ineinander, so dankbar, froh und
leicht hab ich mein Tage nicht gebetet." — „Gebt mal acht,
Kinder", hub der Vater an: „das ist ein Einfall vom russischen
Kaiser! superb, ganz excellent! Da hört nur." Und nun ward
ein langer Artikel vorgelesen, wobei der Alte seine Wölkchen
heftiger vom Mund abstieß. Nolten vernahm kaum den Anfang des Edikts, er ist noch hingerissen von den letzten Worten
Agnesens, woraus ihm alles Gold ihrer Seele entgegenschimmert;
durchdringend ruht sein Blick auf ihr und zugleich ergreift ihn
das Andenken an Larkens auf das lebhafteste. „Oh", hätte er
ausrufen mögen, „warum muß er mir jetzo fehlen? Er, dem ich
diese Seligkeit verdanke, warum verschmäht er, selbst Zeuge
zu sein, wie herrlich die Saat aufgegangen ist, die seine treue
Hand im stillen ausgestreut! Und ich soll hier genießen, indes
ein freudelos Geschick, ach, das eigne unersättliche Herz, ihn in
die Ferne irren heißt, verlechzend in sich selber, ohn eine hülfreiche teilnehmende Seele, die seine heimlichen Schmerzen bespräche, in die Tiefe seines Elends bescheidnen Trost hinunterleiten könnte! Ihn *so* zu denken! und keine Spur, keine Ahnung,
welcher Winkel der Erde mir ihn verbirgt. Und wenn ich ihn
nimmer fände? Gott! wenn er bereits, wenn er in diesem Augenblick dasjenige verzweifelt ausgeführt hätte, womit er sich und
mich so oft bedrohte — —!" Eine Sorge, die nur erst als schwacher Punkt zuweilen vor uns aufgestiegen und immer glücklich
wieder verscheucht worden war, pflegt tückischerweise gerade in
solchen Momenten uns am hartnäckigsten zu verfolgen, wo alles
übrige sich zur freundlichen Stimmung um uns vereinigen will.
Im heftigen Zugwinde einer aufgescheuchten Einbildungskraft
drängt sich schnell Wolke auf Wolke, bis es vollkommen Nacht
um uns wird. So ballte mitten in der lieblichsten Umgebung das
riesenhafte Gespenst eines abwesenden Geschickes seine drohende
Faust vor Theobalds Stirn, und so war plötzlich eine sonderbare Gewißheit in ihm aufgegangen, daß Larkens für ihn verloren sei, daß er auf eine schreckliche Art geendigt habe. Er
ertrug's nicht mehr, stand auf von seinem Sitze, und ging im
Zimmer umher. Die süße Nähe Agnesens beklemmt ihn wunderbar, eine unerklärliche Angst befällt ihn, ihm ist, als wenn
ihn diese reine Gegenwart mit stillem Vorwurf wie einen Fremden, Unwürdigen, ausstieße. Dies Zimmer, der Alte mit seiner

Tochter, die ganze Szene, die ihm ein Blitz des Gedankens im vollen überraschenden Kontraste mit der Vergangenheit aufreißt und erhellt, dünkt ihm auf einmal Duft und Traum zu sein, ja, wäre das, was er hier um sich her mit Augen sah, durch einen mächtigen Zauber urplötzlich vor ihm versunken und verschwunden, er hätte darin nur die natürliche Auflösung einer ungeheuren Illusion gesehen.

Glücklicherweise war die Aufmerksamkeit Agnesens während dieser heftigen Bewegung Theobalds völlig auf den Vater gespannt, der es liebte, mit seiner Tochter über politische Begebenheiten zu räsonieren und ihr Urteil daran zu prüfen und zu üben.

Unser Freund kam sich ganz verstoßen und verlassen vor, und wenn sein Blick auf das liebe Mädchen fiel, so schien sie ihm gar nicht mehr anzugehören, ihn niemals etwas angegangen zu haben.

Wie nun aber unser Herz, durch die Dazwischenkunft eines kleinen Umstandes sich von einem Äußersten zur natürlichen Empfindung geschwind umschwenken zu lassen, eine wohltätige Fertigkeit besitzt, so war, als nun die Türe aufging und unerwartet der gute alte Baron eintrat, unser Freund alsbald sich selbst zurückgegeben, und nicht die Erscheinung einer Gottheit hätte ihm wohler tun können. Mit ausgestreckten Armen eilt er auf ihn zu und liegt schluchzend, als ein Kind, am Halse des ehrwürdigen Mannes, dessen weißgelockten Scheitel er mit Küssen deckt. Auch bei den übrigen war Freude und Verwunderung groß; sie hatten den gnädigen Herrn noch hinter Berg und Tal gedacht, und er erzählte nun, wie ein Ungefähr ihn früher heimgeführt, wie man ihm gestern abend spät bei seiner Ankunft gesagt, daß der Maler angekommen, und wie er denn kaum habe erwarten können, denselben zu begrüßen.

Es macht bei solchen Veranlassungen eine besonders angenehme Empfindung, zu bemerken, wie Freunde, zumal ältere Personen, welche man geraume Zeit nicht gesehn, gewisse äußerliche Eigentümlichkeiten, gewohnte Liebhabereien, unverändert beibehielten; dies Beharren gewährt uns eine Art von Versicherung für unser eignes Dasein, denn indem wir in den Alten das Leben, das diese so eifrig festhalten, doppelt liebgewinnen, finden wir Jüngere uns zugleich in unsern Ansprüchen darauf und in einem herzhaften Genusse desselben bestärkt. So hatte der Baron bei diesem Besuche seinen gewohnten Morgenspaziergang,

den er seit vielen Jahren immer zur selben Stunde machte, im
Aug, so stellte er sein Rohr noch wie sonst in die Ecke zwischen
den Ofen und den Gewehrschrank, noch immer hatte er die
unmodisch steifen Halsbinden, die an seine frühere militärische
Haltung erinnerten, nicht abgeschafft. Aber zum peinlichen
Mitleiden wird unsre frohe Rührung umgestimmt, wenn man
wahrnehmen muß, daß dergleichen alles nur noch der Schein
des frühern Zustandes ist, daß Alter und Gebrechlichkeit diesen
überbliebenen Zeichen einer bessern Zeit widersprechen. Und
so betrübte auch Nolten sich im stillen, da er den guten Mann
genauer betrachtete. Er ging um vieles gebückter, sein faltiges
Gesicht war bedeutend blässer und schmaler geworden, nur die
wohlwollende Freundlichkeit seines Mundes und das geistreiche
Feuer seiner Augen konnte diese Betrachtungen vergessen
machen.

Während nun zwischen den vier Personen das Gespräch heiter
und gefällig hin und her spielt, kann es bei aller äußern Unbefangenheit nicht fehlen, daß Nolten und der Baron durch
Blick und Miene, noch mehr aber durch gewisse zufällige, unbeschreibliche Merkmale des Ideengangs sich einander unwillkürlich verraten, was jeder von beiden bei diesem Zusammentreffen besonders denken und empfinden mochte, und unser
Freund glaubte den Baron vollkommen zu verstehen, als dieser
mit ganz eignem Wohlgefallen und einer Art von Feierlichkeit
seine Hand auf das schöne Haupt Agnesens legte, indem er
einen Blick auf den Bräutigam hinüberlaufen ließ. Nolten fand
einen Trost darin, daß er den heimlichen Vorwurf, das teure
Geschöpf so tief verkannt zu haben, mit einem Manne teilen
durfte, den er so sehr verehrte; ja es war diese Idee, wiewohl
vielleicht nur dunkel, eben dasjenige gewesen, was ihm gleich
bei des Barons Eintritt ins Zimmer die größte Last vom Herzen weggenommen. Der feine Greis mochte übrigens recht haben,
jene verdeckte Zwiesprache der Gedanken sogleich abzuschneiden, indem er in allgemeinen heitern Umrissen von Theobalds
Glück, wie es von unten herauf mit ihm verfahren, eine Darstellung machte, und man so auf die Jugendzeit Theobalds zu
sprechen kam. Agnes inzwischen hatte sich in Geschäften entfernt.

„Man sagt mir noch auf den heutigen Tag ins Gesicht", begann der Maler, „und selbst mein wertester Herr Papa gibt
zuweilen zu verstehen, ich sei länger als billig ein Knabe ge-

blieben. Zu leugnen ist nun nicht, meine Streiche als Bursche von sechzehn Jahren sind um kein Haar besser gewesen, als eines Eilfjährigen, ja meine Liebhabereien sahen vielleicht borniert aus, wenigstens hatten sie die praktische Bedeutung nicht, um derentwillen man diesem Alter manche Spiele, wären sie auch leidenschaftlich und zeitvergeudend, noch allenfalls verzeihen kann. Bei meiner Art sich zu unterhalten, wurde der Körper wenig geübt; Klettern, Springen, Voltigieren, Reiten und Schwimmen reizten mich kaum; meine Neigung ging auf die stilleren Beschäftigungen, öfters auf gewisse Kuriositäten und Sonderbarkeiten. Ich gab mich an irgendeinem beschränkten Winkel, wo ich gewiß sein konnte, von niemanden gefunden zu werden, an der Kirchhofmauer, oder auf dem obersten Boden des Hauses zwischen aufgeschütteten Saatfrüchten, oder im Freien unter einem herbstlichen Baume, gerne einer Beschaulichkeit hin, die man fromm hätte nennen können, wenn eine innige Richtung der Seele auf die Natur und die nächste Außenwelt in ihren kleinsten Erscheinungen diese Benennung verdiente; denn daß ausdrücklich religiöse Gefühle dabei wirkten, wüßte ich nicht, ausgeschlossen waren sie auf keinen Fall. Ich unterhielt zuzeiten eine unbestimmte Wehmut bei mir, welche der Freude verwandt ist, und deren eigentümlichen Kreis, Geruchskreis möcht ich sagen, ich, wie den Ort, woran sie sich knüpfte, willkürlich betreten oder lassen konnte. Mit welchem unaussprechlichen Vergnügen konnte ich, wenn die andern im Hofe sich tummelten, oben an einer Dachlücke sitzen, mein Vesperbrot verzehren, eine neue Zeichnung ohne Musterblatt vornehmen! Dort nämlich ist ein Verschlag von Brettern, schmal und niedrig, wo mir die Sonne immer einen besondern Glanz, überhaupt ein ganz ander Wesen zu haben schien, auch konnte ich völlig Nacht machen, und (dies war die höchste Lust), während außen heller Tag, eine Kerze anzünden, die ich mir heimlich zu verschaffen und wohl zu verstecken wußte." „Herr Gott, du namenlose Güte!" rief der Förster aus, „hätt ich und meine selige Frau damals gewußt, was für ein gefährlich Feuerspiel —"
„So verging eine Stunde", fuhr Nolten fort, der ungern unterbrochen war, „bis mich doch auch die Gesellschaft reizte, da ich denn ein Räuberfangspiel, das mich unter allen am meisten anzog, so lebhaft wie nur irgendeiner, mitmachte. Jüngere Kinder, darunter auch Agnes, hörten des Abends gern meine Märchen von dienstbaren Geistern, die mir mit Hülfe und Schrek-

ken jederzeit zu Gebote standen. Sie durften dabei an einer hölzernen Treppenwand zwei Astlöcher sehen, wo jene zarten Gesellen eingesperrt waren; das eine, vor das ich ein dunkles Läppchen genagelt hatte, verwahrte die bösen, ein anderes (oder das vielmehr keines war, denn der runde Knoten stak noch natürlich ins Holz geschlossen) die freundlichen Geister; wenn nun zu gewissen Tageszeiten eben die Sonne dahinter schien, so war der Pfropf vom schönsten Purpur brennend rot erleuchtet; diesen Eingang, solange die Rundung noch so glühend durchsichtig schien, konnten die luftigen Wesen gar leicht aus und ein durchschweben; unmittelbar dahinter dachte man sich in sehr verjüngtem Maßstab eine ziemlich weit verbreitete See mit lieblichen, duftigen Inseln. Nun war das eine Freude, die Kinder, die andächtig um mich herstanden, ein Köpfchen ums andre hinaufzulüpfen, um all die Pracht so nahe wie möglich zu sehn, und jedes glaubte in der schönen Glut die wunderbarsten Dinge zu entdecken; natürlich! hab ich's doch beinah selbst geglaubt! — Jedoch, es ist nicht schicklich, so lange von sich selbst zu reden, nur wenn Sie das Bekenntnis belustigen kann, Papa, so will ich gern gestehn, daß der alte Theobald noch jetzt zuweilen sich über einer Spur von diesen Kindereien ertappt."

Der Förster schüttelte den Kopf und ließ nach seiner Gewohnheit, wenn ihn etwas sehr wunderte, ein langes „sss—t!" vernehmen. Der Baron dagegen hatte mit einem ununterbrochenen lieben Lächeln zugehört und sagte jetzt: „Ähnliche Dinge habe ich von andern teils gehört, teils gelesen, und alles, was Sie sagten, trifft mit der Vorstellung überein, die ich von Ihrer Individualität seit früh gehabt. Überhaupt preis ich den jungen Menschen glücklich, der, ohne träge oder dumm zu sein, hinter seinen Jahren, wie man so spricht, weit zurückbleibt; er trägt gewöhnlich einen ungemeinen Keim in sich, der nur durch die Umstände glücklich entwickelt werden muß. Hier ist jede Absurdität Anfang und Äußerung einer edeln Kraft, und dieses Brüten, wobei man nichts herauskommen sieht, das kein Stück gibt, ist die rechte Sammelzeit des eigentlichen innern Menschen, der freilich eben nicht viel in die Welt ist. Ich kann es mir nicht reizend und rührend genug vorstellen, das stille gedämpfte Licht, worin dem Knaben dann die Welt noch schwebt, wo man geneigt ist, den gewöhnlichsten Gegenständen ein fremdes, oft unheimliches Gepräge aufzudrücken, und ein Geheimnis damit

zu verbinden, nur damit sie der Phantasie etwas bedeuten, wo
hinter jedem sichtbaren Dinge, es sei dies, was es wolle — ein
Holz, ein Stein, oder der Hahn und Knopf auf dem Turme —
ein Unsichtbares, hinter jeder toten Sache ein geistig Etwas
steckt, das sein eignes, in sich verborgnes Leben andächtig abgeschlossen hegt, wo alles Ausdruck, alles Physiognomie annimmt."

„Nur werden Sie mir zugeben", versetzte Nolten, „daß dergleichen Eigenheiten auch gefährlich werden können, wenn ich
Ihnen den freilich nur sehr schwachen Anfang einer fixen
Idee in einem Kindergemüt vortrage, einen Fall, den Sie wenigstens bei diesem Alter nicht gesucht haben würden. Ich rede
von meiner Braut, von Agnesen. Da das gute Kind es nicht
hört, so können wir offen davon sprechen; es ist zugleich ein
Beweis, wie ein unheimlicher Hang bei ihrer übrigens so reinen
und schönen Natur doch frühzeitig vorhanden war, und wie
sehr man seit den Vorfällen vom vorigen Jahre Ursache haben
mag, sich bei ihr in acht zu nehmen. Erzählen Sie's dem Herrn
Baron, Vater, da ich's ja auch nur von Ihnen erfuhr; wissen Sie,
die frühere Grille des Mädchens bei Gelegenheit als vom Auslande, von fremden Städten, die Rede war."

„Nun, meine Tochter war etwa zehn Jahre, zur Zeit, da Ihr
Herr Bruder, der Herr Oberforstmeister, von Ihren Reisen zu-
rückkamen, und die Gnade hatten, manchmal in meinem Hause
davon zu erzählen. Dieser Herr, nachdenklich und ernsthaft,
aber freundlich und gut gegen Kinder, machte auf das Mädchen
einen besondern Eindruck, der ihr lange geblieben ist. Nun
kommt sie einmal (die Gesellschaft war gerade weggegangen)
von ihrem Sitz hinter dem Ofen, wo sie eine Zeitlang ganz still
gesessen und gestrickt hatte, hervor, stellt sich vor mich hin,
sieht mir scharf ins Gesicht und lacht mich an, wie über etwas,
das mir schon bewußt sein müßte, und dabei fährt sie mir mit
der Stricknadel schalkhaft über die Stirn. Auf meine Frage,
was dies zu bedeuten habe, gibt sie keine deutliche Antwort
und geht wieder an ihren Platz. So treibt sie's zu verschiedenen
Zeiten ein paarmal. Zuletzt ward ich doch ungeduldig und fuhr
sie etwas hart an, da fiel sie in ein Weinen, indem sie sagte:
‚Gesteht es nur Papa, daß es die Länder und Städte gar nicht
gibt, von denen Ihr alls redet mit dem Herrn; ich merke wohl,
man tut nur so, wenn ich um den Weg bin, ich soll wunder
glauben, was alles vorgehe draußen in der Welt, und was doch

nicht ist; deswegen laßt Ihr mich auch nie weiter als bis nach Weil, nach Grebenheim und Neitze. Zwar daß unsers Königs Land sehr groß ist, und daß die Welt noch viel viel weiter geht, auch noch andre Völker sind, weiß ich wohl, aber *Paris*, das ist gewiß kein Wort, und *London*, so gibt es keine Stadt; Ihr habt es nur erdacht und tut so bekannt damit, daß ich mir alles vorstellen soll.' — So ungefähr schwatzte das einfältige Ding; halb ärgert's mich, halb mußt ich lachen. Ich gab mir Mühe, ihr alles klar auseinanderzusetzen, wies ihr auch die Karten, die sie übrigens schon oft gesehen hatte; dabei lauschte sie immer auf meine Miene, und der kleinste Zug von Lachen brachte sie fast zur Verzweiflung. Nun, die Kaprice verlor sich bald, und als ich sie vor etlichen Jahren wieder dran erinnerte, lachte sie sich herzlich selber drüber aus, erklärte deutlicher, wie's ihr gewesen, und sagte — ich weiß nicht was alles." „Kurz", nahm Theobald das Wort, „es läuft darauf hinaus, daß sie sich als Mittelpunkt und Zweck einer großen Erziehungsanstalt betrachtete, die auf jene Weise allerlei lebhafte Ideen in des Kindes Kopfe habe in Umlauf setzen und seinen Gesichtskreis durch eine Täuschung erweitern wollen, deren Nutzen sie zu ahnen glaubte, doch nicht begriff. Sie vermutete, man wisse überall, wohin sie komme, wer ihr da und dort begegnen werde, und da seien alle Worte abgekartet, alles auf das sorgfältigste hinterlegt, damit sie auf keinen Widerspruch stoße. Übrigens hatte sich die Grille durchaus nicht so festgesetzt, daß sie nicht dazwischen hinein wieder längere Zeit ganz frei davon gewesen wäre, sie schien sich selbst nicht recht dabei zu trauen. Ich habe sie nie darüber fragen mögen."

„Indessen", sagte der Baron nach einigem Besinnen, „bei näherer Betrachtung zeigt sich doch, es gehört dieser skeptische Kasus, der allerdings höchst merkwürdig bleibt, nicht ganz in unser voriges Kapitel. Lassen Sie uns noch einen Augenblick zu jenem glücklichen Mystizism des Knabenalters zurückkehren! denn eigentlich sind es doch nur die Knaben, nicht aber die Mädchen, bei denen er sich findet. Das wollt ich noch sagen: denken Sie wohl, daß Subjekte von dieser angenehm phantastischen Komplexion — wozu ich überdies, was nicht notwendig dabeisein muß und bei den wenigsten ist, eine größere Portion Geist überhaupt zusetze — daß, sag ich, solche Individuen jedesmal zu Dichtern und Künstlern geboren sind? ich sollte nicht meinen."

„Keineswegs!" versetzte Nolten. „Ich habe mir bei einem Manne, der scheinbar nicht hieher gehört, bei Napoleon, einige geheime Eigenschaften gemerkt, welche sich sehr gut an gewisse Fädchen von Lichtenbergs eigenster Natur anknüpfen lassen; sie berühren zwar nicht eben das, wovon wir jetzo reden, aber sie hängen mit einer Gattung Aberglauben zusammen, der ein Grenznachbar aller Idiosynkrasien ist."

„Napoleon!" rief der Baron aus, „als wenn nicht auch sein Aberglaube nur angenommene Maske wäre!"

„Machen Sie mir ihn nicht vollends zum seichten Verbrecher!" entgegnete Nolten. „Er war nüchtern überall, nur nicht in dem tiefsten Schachte seines Busens. Nehmen Sie ihm nicht vollends die einzige Religion, die er hatte, die Anbetung seiner selbst oder des Schicksals, das mit göttlicher Hand ihm einen Spiegel vorzuhalten schien, worin er sich und die Notwendigkeit seiner Taten erblickte."

„Wir lassen das gut sein", versetzte der Baron, „soweit ich Sie aber verstehe, haben Sie vollkommen recht. Das Schicksal verwendet die Kräfte, welche verschränkt in einem Menschen liegen können, gar mannigfaltig, und aus einer Mischung von Poesie, bald mit politischem Verstand, bald mit philosophischem Talent, mit mathematischem Sinn u.s.f., in einem und demselben Subjekte springen die wunderbarsten, die größten Resultate hervor, vor denen die Gelehrten gaffend und kopfschüttelnd stehn und wodurch das lahme Rad der Welt auf lange hinein wieder einen tüchtigen Schwung erhält. Da scheint denn die Natur vor unsern eingeschränkten Augen sich auf einmal selbst zu widersprechen, oder wenigstens zu übertreffen, sie tut aber keines von beiden. Zwei heterogen scheinende Kräfte können sich wunderbar einander stärken, und das Trefflichste hervorbringen. Doch ich verirre mich. — Ich wollte von Ihren kindischen Geständnissen aus nur auf den Punkt kommen, wo der Philister und der Künstler sich scheiden. Wenn dem letztern als Kind die Welt zur schönen Fabel ward, so wird sie's ihm in seinen glücklichsten Stunden auch noch als Mann sein, darum bleibt sie ihm von allen Seiten so neu, so lieblich befremdend.

Am meisten als Enthusiast hat Novalis (der mir übrigens dabei nicht ganz wohl macht) dieses ausgesprochen, soweit es den Dichter angeht —"

„Ganz recht!" fiel Nolten ein; „aber wenn dem wahren Dichter bei dieser besondern Anschauungsweise der Außenwelt jene holde Befremdung durchaus eigen sein muß, selbst im Falle sie sich in seinen Produktionen nicht ausdrücklich verraten sollte, so kann dagegen die Vorstellungsart des bildenden Künstlers ganz entfernt davon sein, ja sie ist es notwendig. Auch der Geist, in welchem die Griechen alles personifizierten, scheint mir völlig verschieden von demjenigen zu sein, was wir soeben besprechen. Ihre Phantasie ist mir hiefür viel zu frei, zu schön und, möcht ich sagen, viel zu wenig hypochondrisch. Ein Totes, Abgestorbenes, Fragmentarisches konnte in seiner Naturwesenheit nichts Inniges mehr für sie haben. Ich müßte mich sehr irren, oder man stößt hier wiederum auf den Unterschied von Antikem und Romantischem."

Nun kam das Gespräch auf Theobalds neuste Arbeiten, und da es hierauf abermals eine gewisse allgemeine Wendung nehmen wollte, sagte der Baron, indem er auf die Uhr sahe: „Damit wir nun aber nicht unversehens in den unfruchtbarsten aller Dispute hineingeraten, denn wir sind auf dem Wege, was nämlich stärkender sei, ionische Luft einzuatmen, oder den süßesten Himmel, wo er den Umriß einer Madonnawange berührt, so entlassen Sie mich, damit ich meinen gewohnten Marsch antrete. Auf den Abend hoffe ich Sie bei mir zu sehn, und Sie sagen mir dann mehr von Ihrem angefangenen Narziß." Da Nolten wußte, daß der alte Herr morgens gerne allein auf seinen Gütern herumging, so drang er seine Begleitung nicht auf. Er bat Agnesen zu einem Gang ins Gärtchen; sie befahl der Magd einige Geschäfte, ging in ihre Kammer, ein Halstuch zu holen, und Theobald folgte ihr dahin.

„Hier sieh auch einen Mädchenkram!" sagt sie, indem sie die Schublade herauszieht, wo eine Menge Kästchen, Schächtelchen, allerlei bescheidner Schmuck bunt und nett beieinanderlag. Sie nahm ein rotes Schatullchen auf, drückte es an die Brust, legte die Wange darauf und sah Theobalden zärtlich an: „Deine Briefe sind's! mein bestes Gut! Einmal hast du mich diesen Trost lange entbehren lassen, und dann, als du gefangen warst, wieder; aber gewiß, ich habe mich nicht zu beklagen." Unserm Freund ging ein Stich durchs Herz und er erwiderte nichts. „Dein neuestes Geschenk" (es war eine kleine Uhr), „siehst du", fuhr sie fort, indem sie eine zweite Schublade zog, „soll *hier* seinen Platz nehmen, es gehört ihm eine vornehme Nachbarschaft. Aber, Seele! was hast du damals gedacht? Das ist der Putz für eine Gräfin, nicht für unsereine!" (Sie zeigte einen geschmackvollen Spenzer von dunkelgrünem Sammet, reich mit goldnen Knöpfchen und zarten Ketten, statt der Litzen, besetzt; Larkens hatte ihr das Maß auf eine feine Weise abzulisten gewußt, und so das Kleidungsstück ganz fertig gesendet.) Theobald stand geblendet, vernichtet von der Großmut seines Freundes. Er spielte in Gedanken mit einem Strauß italienischer Blumen, ohne zu merken, wie jämmerlich seine Finger ihn zerknitterten; Agnes zog ihm das Bouquet sachte aus der Hand: er lächelte, die Tränen standen ihm näher. Das Kollier der Gräfin fiel ihm ein; er wagte immer noch nicht, damit hervorzurücken. Wie alles, alles ihn verletzte, quälte, entzückte! ja selbst der reizende Duft, der den Putzschränken der Mädchen so eigen zu sein pflegt, schien ihm auf einmal den Atem zu erschweren; es war Zeit, daß er sich losmachte und auf sein Zimmer ging, wo er sich elend auf den Boden warf, und allen verdrungenen Schmerzen Tür und Tor willig eröffnete.

In kurzem klopft Agnes außen: er kann nicht aufschließen, er darf sich in diesem Zustand nicht vor ihr sehen lassen. „Ich kleide mich an, mein Kind!" ruft er, und leise geht sie wieder den Gang zurück.

Nach einer Weile, da er sich gefaßt hatte, kam der Vater. „Auf ein Wort!" sagte er, als sie allein waren, „das wunderliche Ding, das Mädchen, jetzt geht es ihr im Kopf herum, sie hätte Ihnen vorhin spielen sollen; sie fürchtet sich davor und wird sich fürchten, bis es einmal überwunden ist; nun fiel's ihr ein, sie wolle sich geschwinde entschließen" — „Nur jetzt nicht!" rief Nolten, „ich bitte Sie um Gottes willen, Papa, nur diesen Morgen nicht!" „Warum denn?" versetzte der Alte, in der Meinung, Theobald wolle nur das Mädchen geschont wissen, „wir müssen den Augenblick ergreifen, sonst machen wir sie stutzig; sie ist ganz guten Muts: ich riet ihr, zugleich in dem neuen Anzug zu erscheinen und Sie zu überraschen, das schien ihr die Aufgabe zu erleichtern, denn sie kann sich einbilden, das wäre nun die Hauptsache. Lassen Sie's zu diesmal! Sie wird gleich fertig sein und Sie kommen dann hinüber." So mußte Nolten nachgeben, der Alte ging und rief ihn in kurzem.

Da stand sie nun wirklich! glänzend, schön, einer jungen Fürstin zu vergleichen. Innig verwundert und erfreut ward Theobald durch den Anblick. Es war ihm so fremd, sie so geschmückt zu sehen, und doch schien ein solcher Anzug ihrer einzig würdig zu sein. Ein weißes Kleid stand gar gut zu dem prächtigen

Spenzer und einige Blumen zierten das Haar. Wie lebhaft empfängt er die Verschämte in seinen Arm! wie selig blickt sie ihm in die Augen!

„Nun aber lache mich nicht aus!" sprach sie, während sie sich nach der Mandoline umsah und man sich setzte. „Ich will dir erzählen, wie es eigentlich zuging, daß ich's lernte. Ich habe dich einmal, weißt du noch? an dem Abend, wo wir die Johanniskäfer in das gläserne Körbchen sammelten, da hab ich dich von ungefähr gefragt, ob es dir nicht leid wäre, daß ich so gar nichts von den hübschen Künsten verstehe, die dir so wert und wichtig sind, nicht auch ein bißchen von Musik oder eine Blume hübsch zu malen oder dergleichen, was wohl andre Mädchen können. Du sagtest: das vermissest du an deiner Braut gar nicht. Ich glaubt's auch, wie ich dir denn alles glaube, und dankte dir im Herzen für deine Liebe. Weiter sagtest du dann: die paar Jägerliedchen, die ich zuweilen sänge, die wären dir lieber als alles. Zwei Tage darauf kamen wir nach Tisch ins Pfarrhaus zu Besuch. Die älteste Tochter spielte den Flügel, und so schön, daß wir uns kaum satt hörten, du besonders. Aber *eins* hat mich damals verdrossen, an der jüngern, an Augusten. Du mußt dich erinnern. Lisette war kaum aufgestanden vom Klavier, so fordert die Schwester mich auf, meine Stimme auch hören zu lassen; ich ahnte nichts Unfeins von dem Mädchen und fing das nächste beste an. Aber auf einmal werd ich befangen und rot, denn Auguste hält sich ein Notenpapier vor den Mund, ihr Lachen zu verbergen; der Ton zitterte mir in der Kehle, und wie ich mich wenigstens zum letzten Verse noch ermannen will, guckt Auguste spottend durch die Rolle wie durch ein Fernrohr auf mich, daß ich vollends konfus ward und mit kleiner Stimme kaum noch zum Ende schwankte. Indes ihr andern weiter spieltet und sangt, hatt ich am Fenster genug zu tun und zu wischen mit Weinen. Später, du warst schon fort, fing mich der Vorfall an zu wurmen; ich hätte gern auch etwas gegolten, ich grämte mich innig um deinetwillen; überdem kam meine Krankheit; ich glaube noch bis auf die Stunde, ich wäre schneller genesen, hätt ich mir mit Musik manchmal die Zeit vertreiben können; indessen ging's gottlob auch so vorüber. Um diese Zeit besuchte uns der Vetter zuweilen aus der Stadt und" — (sie stockte und streifte verlegen über das Instrument hin) „nun, also dieser lehrte mich's."

„Eins von den lustigen zuerst!" fiel der Vater, schnell zu

Hülfe kommend, ein. Rasch und herzhaft fing sie nun an, mit einer Stimme, die kräftig und zart, sich doch stets lieber in die Tiefe als in die Höhe bewegte. Ihr Gesang wurde nach und nach immer einschmeichelnder, immer kecker. „Der Herr darf mich wohl ansehn!" sagte sie einmal dazwischen zu Theobald hinüber, der ihren Anblick bisher vermieden hatte. Er zeigte, als das Lied geendigt war, auf ein anderes in ihrem Notenhefte, „der Jäger" überschrieben, dessen Text ihm gefiel, und obwohl es Agnesen nicht ebenso ging, stimmte sie doch sogleich damit an.

> Drei Tage Regen fort und fort,
> Kein Sonnenschein zur Stunde,
> Drei Tage lang kein gutes Wort
> Aus meiner Liebsten Munde!

> Sie trutzt mit mir und ich mit ihr,
> So hat sie's haben wollen;
> Mir aber nagt's am Herzen hier,
> Das Schmollen und das Grollen.

> Willkommen denn, des Jägers Lust,
> Gewittersturm und Regen!
> Fest zugeknöpft die heiße Brust,
> Und jauchzend euch entgegen!

> Nun sitzt sie wohl daheim und lacht,
> Und scherzt mit den Geschwistern;
> Ich höre in des Waldes Nacht
> Die alten Blätter flüstern.

> Nun sitzt sie wohl und weinet laut
> Im Kämmerlein, in Sorgen;
> Mir ist es wie dem Wilde traut,
> In Finsternis geborgen.

> Kein Hirsch und Rehlein überall!
> Ein Schuß zum Zeitvertreibe!
> Gesunder Knall und Widerhall
> Erfrischt das Mark im Leibe. –

> Doch wie der Donner nun verhallt
> In Tälern in die Runde,
> Ein plötzlich Weh mich überwallt,
> Mir sinkt das Herz zugrunde.
>
> Sie trutzt mit mir und ich mit ihr,
> So hat sie's haben wollen,
> Mir aber frißt's das Herze schier
> Das Schmollen und das Grollen.
>
> — Und auf! und nach der Liebsten Haus!
> Und sie gefaßt ums Mieder!
> „Drück mir die nassen Locken aus,
> Und küß und hab mich wieder!"

Beide Männer klatschten lauten Beifall. Sie wollte aufstehn. „Aller guten Dinge — weißt du?" rief der Alte, „noch eines!" Also blätterte sie abermals im Heft, unschlüssig, keines war ihr recht; über dem Suchen und Wählen war der Vater aus der Stube gegangen; sie klappte das Buch zu und sprach mit Theobalden, während sie hin und wieder einen Akkord griff. Auf einmal fiel sie in ein Vorspiel ein, bedeutender als alle frühern; es drückte die tiefste rührendste Klage aus. Agnesens Blick ruhte ernst, wie unter abwesenden Gedanken, auf Nolten, bis sie sanft anhob zu singen.

Wir teilen das kleine Lied noch mit, und denken, der Leser werde sich aus den einfachen Versen vielleicht einen entfernten Begriff von der Musik machen können, besonders aus dem zweiten Refrain, bei welchem die Melodie jedesmal eine unbeschreibliche Wendung nahm, die alles herauszusagen schien, was irgend von Schmerz und Wehmut sich in dem Busen eines unglücklichen Geschöpfs verbergen kann.

> Rosenzeit! wie schnell vorbei,
>   Schnell vorbei,
> Bist du doch gegangen!
> Wär mein Lieb nur blieben treu,
>   Blieben treu,
> Sollte mir nicht bangen.
>
> In der Ernte wohlgemut,
>   Wohlgemut,

Schnitterinnen singen;
Aber ach, mir kranken Blut,
Mir kranken Blut,
Will nichts mehr gelingen.

Schleiche so durchs Wiesental,
So durchs Tal,
Als im Traum verloren,
Nach dem Berg, da tausendmal,
Tausendmal,
Er mir Treu geschworen.

Oben auf des Hügels Rand,
Abgewandt,
Wein ich bei der Linde:
An dem Hut mein Rosenband,
Von seiner Hand,
Spielet in dem Winde.

Agnesen hatte der Ton zuletzt vor Bewegung fast versagt; jetzt warf sie das Instrument weg und stürzte heftig an die Brust des Geliebten. „Treu! Treu!" stammelte sie unter unendlichen Tränen, indem ihr ganzer Leib zuckte und zitterte, „du bist mir's, ich bin dir's geblieben!" — „Ich bleibe dir's!" mehr konnte Theobald, mehr durfte er nicht sagen.

An einem der folgenden schönen Tage wollte man den schon mehrmals zur Sprache gekommenen Ausflug nach Halmedorf zu den jungen Pfarrleutchen machen, denen man sich bereits hatte ansagen lassen. Die beiden alten Herren, der Förster und der Baron, versprachen im Wagen des letztern zu fahren; denn immerhin war es drei Stunden dahin. Die Jugend, nämlich unser Paar, ein Sohn und zwei Töchter des Pastors, welche man trotz einigen Einwendungen Noltens zuletzt auf Agnesens beharrliche Vorstellungen hinzubitten müssen, diese wollten zu Fuße gehn; die eine Partie sollte morgens bei guter Tageszeit sich auf den Weg machen, die Fahrenden erst nach Tische. Leider aber war der Baron indessen bedeutend unpaß geworden, er mußte, was in langer Zeit nicht erhört worden, das Bett hüten, die Reise hatte ihm zugesetzt, wie er nun selber eingestand. Also beschloß auch der Förster zurückzubleiben, dem verehrten Freunde zur Gesellschaft.

So wanderte denn der kleine Zug und gelangte bald aus dem Tälchen auf die fruchtbare höher gelegene Ebene, die sich abermals um ein weniges senkte, wo ihnen denn der reinliche, etwas steil heraufgebaute Ort entgegensah. Lange zuvor hatte man den Hügel vor sich, der unter dem Namen Geigenspiel bekannt, an seinem Fuße unbedeutend anzusehn, oben mit einer außerordentlichen Aussicht überrascht.

„Schön! schön! das heiß ich doch die Stunde eingehalten!" rief der Pfarrer, der sie hatte kommen sehen und bis an die nächsten Äcker entgegengegangen war. „Seht da, mein Dachs will den Gruß vor mir wegschnappen! Der Narre kennt dich noch von vier Jahren her: aber sein Herr fürwahr hätte dich bald nicht wiedererkannt — Komm an mein Herz, alter Kamerad! Ad pectus manum, sagte der Rektor, wenn wir gelogen hatten: manum ad pectus, ich liebe dich und habe nicht gelogen. O ich möchte schreien, daß die Berge aufhüpften, möcht alle Glocken zusammenläuten lassen, durchs ganze Ort möcht ich posaunen und duten, wäre ich just nicht der Seelenhirt, der sich im Respekt erhalten muß, sondern ein anderer."

In diesem Tone fuhr Amandus fort, eins nach dem andern zu salutieren, und noch als man bereits vor dem Pfarrhause stand, war er nicht fertig. Jetzt sprang, so leicht und zierlich wie ein achtzehnjähriges Mädchen unter der Haube, die Pastorin entgegen, aber auch sie konnte über dem Mutwillen ihres Manns nicht zum Worte kommen. Mit Jubel betritt man endlich die Stube, die hell und neu, recht eigentlich ein Bild ihrer Bewohner darstellte. Kaum über die Schwelle getreten, kann man sogleich bemerken, wie der Pfarrer in eiliger Verlegenheit einen grünen Uniformrock, der an der Wand hing, zu entfernen sucht; er bleibt jedoch, da er seine Absicht verraten sieht, mitten auf dem Wege stehn: „Daß dich!" rief er, gegen Nolten gewendet — „nun Freundchen, ist mir's herzlich leid, da du eine Heimlichkeit doch einmal gewittert hast, so will ich lieber gar mit der sonderbaren Geschichte herausrücken." (Er zupfte heimlich seine Frau und fuhr mit verstelltem Ernst und vieler Gutmütigkeit fort.) „Seit gestern haben wir einen fremden Offizier, einen Obrist, im Hause, der eigentlich bloß *dich* hier erwartet; er ist nur eben ausgeritten, wird aber nicht bis Abend ausbleiben. Er langte gestern spät hier an, und weil wir kein anständiges Wirtshaus im Dorf haben, lud er sich auf das höflichste bei mir zu Gaste, das mir denn um so größere Ehre war, als ich einen Freund von dir in ihm vermutete. Allein ich merkte bald, daß es mit der Freundschaft nicht so recht sein müsse; er nannte deinen Namen kaum, und verstummte nachdenklich, beinahe finster, wenn ich von dir anfing; im übrigen zeigte sein Gespräch viel Welterfahrung und alle die Anmut, die man bei gebildeten Militärs zuweilen findet. Meine Frau zwar gab mir gleich bei seinem Empfang nicht undeutlich zu verstehen, er habe ihr so ein visage de contrebande, und in der Tat, ich weiß nicht — das Geheimnisvolle in Beziehung auf dich — er könnte — wenn er dir nur nichts anhaben will —"

„Wie heißt er denn?"

„Ja, gehorsamer Diener, das hat er mir nicht gesagt."

„Woher denn? in welchen Diensten?" fragte Nolten dringender und nicht ohne einige Bewegung, denn augenblicklich, er wußte nicht warum, fiel ihm ein Bruder Constanzens ein, der noch in der letzten Zeit von des Malers Aufenthalt in jener Residenz, bei der Gräfin zu Besuch gewesen sein sollte. Er selbst hatte ihn nicht gesehn und konnte die Schilderung, welche Amandus von dem Fremden machte, auch sonst mit niemandem vergleichen. Die Heimat des Gastes indessen, wie der Pfarrer sie zufällig angab, widersprach jener besorglichen Vermutung nicht. — „Gern", fuhr Amandus fort, „hätt ich dir das Abenteuer noch verschwiegen, das einmal doch nichts Angenehmes verspricht; es wäre Nachmittag noch Zeit gewesen, und die Delikatesse des Fremden, daß er uns unser erstes Beisammensein über Tisch nicht stören wollte, war in der Tat zu loben, er gab mir diese freundliche Absicht beim Wegreiten sehr deutlich zu verstehn. Nun freilich wär's fast besser, er wäre gleich zugegen und du dieser verteufelten Ungewißheit überhoben. Höre, wenn es am Ende nur keine odiöse Ehrensache ist! Du weißt, die Herren Offiziers — Du hast doch keine Händel gehabt?" „Ich wüßte doch nicht", sagte Nolten und ging einigemal still die Stube auf und ab.

Indessen war die Pfarrerin sachte mit der Uniform in die Kammer gegangen. Auf einmal tat sich die Tür weit auf, ein hoher schöner Mann trat heraus und lag blitzschnell in Theobalds Armen. Es war kein anderer Mensch, als sein getreuer Schwager S., der Gatte Adelheids, die wir ja schon als Mädchen kennenlernten. „Der Tausend!" rief der Pfarrer, während alles der herzlichsten Umarmung zusah, „so ganz feindselig, wie ich dachte, so auf Leben und Tod ist die Rencontre nun doch nicht, es wäre denn, sie brächen sich einander vor Liebe die Hälse. Nun! hab ich es nicht schön gemacht? Sorge voraus, Freud gleich hinterdrein, wird erst ein wahrer Jubel sein. — Also" (brummte er für sich in den Bart) „das wäre Numero 1." Seine Schalkheit ward jetzt wacker gescholten. Doppelt und dreifach mußte Nolten erstaunen, denn S. war, seitdem sie sich nicht mehr gesehen, zum Obristen avanciert, deswegen jener auch aus der Uniform nicht klug werden konnte. Triumphierend erzählte der Pfarrer, wie er, nachdem die Nachricht von Theobalds Ankunft in Neuburg bei ihm eingelaufen, sogleich den herrlichen Einfall gehabt, den Schwager, den er in Geschäften für sein Regiment nur auf fünf Stunden in der Nähe gewußt, durch eine Staffette herbeizukriegen.

Aufs fröhlichste speiste man gleich zu Mittag. Es war eine ansehnliche Tafel. Sohn und Töchter des Neuburger Pastors saßen halb bänglich, halb entzückt in einem für sie so neuen Freudenkreise trefflicher Menschen. Unser Maler, zwischen Agnes und den Schwager gesetzt, wollte die Hände der beiden gar nicht aus den seinigen lassen, er fühlte seit langer Zeit einmal wieder alles Drückende und Schwere rein von sich abgetan und ein übers andre Mal traten ihm die Augen über.

An dem Pfarrer wurde nach und nach eine prickelnde Unmüßigkeit sichtbar; er entfernte sich öfters, gab vor der Tür geheime Befehle und sah mit Vergnügen die letzte Schüssel auftragen. Eh man zum Nachtisch kam, stand er auf und sagte: „Es beginne nun die Symphonie zum zweiten Aktus, mit etwelchem Gläsergeklingel, wenn's beliebt. Sofort erhebe sich eine werte Gesellschaft, greife nach Hüten und Sonnenschirmen und verfüge sich allgemach aus meinem Hause, woselbst für jetzt nichts mehr abgereicht wird. Zuvor aber richten Sie gefälligst noch die Blicke hier nach dem Fenster und bemerken dort drüben den sonnigen Gipfel." Man erblickte auf einem vor dem Walde gelegenen Hügel, den wir schon als das Geigenspiel bezeichnet haben, ein großes linnenes Schirmdach mit bunter Flagge aufgerichtet, das einen runden weißgedeckten Tisch zu beschatten schien. Die dichten Laubgewinde, die an fünf Seiten des Schirms herunterliefen, gaben dem Ganzen das Ansehn eines leichten Pavillons. Amandus hatte diese bewegliche Einrichtung schon seit einiger Zeit für die jährlichen Kinderfeste, sowie zur Bequemlichkeit der Fremden machen lassen, weil die daneben stehende Linde dem Platze mehr Zierde als Kühlung verlieh. — Die Gesellschaft kam außer sich vor Freude; man machte sich auch unverzüglich auf den Weg, denn jedes sehnte sich, sein glückliches Gefühl in freiester Weite noch leichter auszulassen. Die Jüngern waren schon vorausgegangen.

Unterwegs wurden Nolten und die Braut nicht satt, sich von Adelheiden erzählen zu lassen. Wir wissen die fast mehr als brüderliche Neigung, welche den Maler an die Schwester band, deren stille Tiefe sich, wie behauptet wird und wir gern glauben mögen, inzwischen zu einem höchst liebenswerten und seltenen Charakter entwickelt und befestigt hatte; zum wenigsten fand Agnes nach ihrer demütig liebevollen Weise sogleich im stillen ein Musterbild der echten Frauen in dieser Schwägerin für sich aus, obgleich sich beide nur erst einmal gesehen hatten. Jetzt gedachte man der Entfernten mit desto innigerer Rührung, da man gleich anfangs gehört, sie sei vor kurzem zum ersten Male Mutter, und eine höchst beglückte, geworden. — Noch sagen wir bei dieser Gelegenheit, daß eine ältere Schwester, Ernestine, auch längst verheiratet war, jedoch, soviel man wissen wollte, nicht sehr zufrieden, da sie auch in der Tat nicht geschaffen schien, einen Mann für immer zu fesseln. Die Jüngste, Nantchen, stand eben in der schönsten Jugendblüte und lebte bei einer Tante.

Man kam an einem Tannengehölze vorüber, das Reiherwäldchen genannt, dessen Echo berühmt war. Der Pfarrer rief, mit den gehörigen Pausen, hinein:

„Frau Adelheid,
Zu dieser Zeit
In ihrem Bettlein reine,
Muß ferne sein,
Muß ferne sein,
Doch ist sie nicht alleine.
Herr Storch hat ihr Besuch gemacht,
Darob ihr süßes Herze lacht,
Ob auch das Bürschlein greine.
— Frau Echo, sprich,
Noch weiß ich nicht:
Was herzet denn das Liebchen,
Ein Mädchen oder Bübchen?"
„Büb—chen!"

In kurzem befand man sich auf dem Berg, tief atemholend und erstaunt über die unbegrenzte Aussicht. „Bei Frauenzimmern", fing Amandus an, „wenn sie den letzten herben Schritt überwunden haben und jetzt sich umsehn, unterscheide ich jedesmal zweierlei Gattungen Seufzer. Der eine ist ganz gemein materieller Natur, kein Lüftchen ist imstand, ihn von der Rosenlippe aufzunehmen und über die glänzende Gegend selig hinwegzutragen, sondern sogleich fällt er plump, schwer zu Boden, prosaisch wie das Schnupftuch, womit man sich die Stirn abtrocknet. Billig sollten die Schönen sich seiner ganz enthalten, ihn wenigstens unterdrücken, denn gewissermaßen muß er den Wirt beleidigen, den Cicerone der Gesellschaft, der alle diese Herrlichkeit mit Enthusiasmus wie sein Eigentum vorzeigt und nicht begreifen kann, wie man in solchem Augenblicke nur noch das mindeste Gefühl von der armseligen Mühe haben kann, womit man sich so einen Anblick erkaufte. Ja, Damen hab ich gesehen, die gaben sich Mühe, diesen Seufzer recht reizend schwindsüchtig und ätherisch hervorzubringen, und ein mitleidflehendes Gesicht zu machen, als würde gleich die Ohnmacht kommen. Man enthält sich kaum dabei recht schmachtend zu fragen: Ist Ihnen nicht ein Schluck Affenthaler gefällig, Fräulein, oder dergleichen? Kurz also, wenn jene erste Gattung nichts weiter sagen will als: Gottlob, dies wäre überstanden! so ist dagegen die zweite" — Er hatte noch nicht ausgeredet, so kam erst Agnes, bis jetzt von niemand eigentlich vermißt, mit einem Kinde des Pfarrers, das nicht mehr hatte fortquackeln können und das sie sich auf den Rücken geladen, den steilen Rand von der Seite heraufgeklommen; sie setzte atemlos das Kind auf die Erde und ein „Gottlob!" entfuhr ihr halblaut. Bei diesem Wort sah man sich um, ein allgemeines Gelächter war unwiderstehlich, aber auch rührender konnte nichts sein, als die erschrocken fragende Miene des lieben Mädchens. Herzlich umarmte und küßte sie Amandus, indem er rief: „Diesmal, wahrhaftig, ist Marthas Mühe schöner als selbst das eine, das hier oben not ist."

Welch ein Genuß nun aber, sich mit durstigem Auge in dieses Glanzmeer der Landschaft hinunterzustürzen, das Violett der fernsten Berge einzuschlürfen, dann wieder über die nächsten Ortschaften, Wälder und Felder, Landstraßen und Wasser, im unerschöpflichen Wechsel von Linien und Farben, hinzugleiten! Hier schaute, gar nicht allzuweit entfernt, eine langgedehnte

Albtraufe ernsthaft und groß herüber*; sie verschloß beinah die ganze Ostseite, Berg hinter Berg verschiebend und ineinanderwickelnd, so doch, daß man zuweilen ein ganz entlegnes Tal, wie es stellenweise von der Sonne beschienen war, mit oder ohne Fernrohr erspähen und sich einander freudig zeigen konnte. Besonders lang verweilte Agnes auf den Falten der vorderen Gebirgsseite, worein der schwüle Dunst des Mittags sich so reizend lagerte, die ahnungsvolle Beleuchtung mit vorrückendem Abend immer verändernd, bald dunkel, bald stahlblau, bald licht, bald schwärzlich anzusehn. Es schienen Nebelgeister in jenen feuchtwarmen Gründen irgendein goldenes Geheimnis zu hüten. Eine bedeutende Ruine krönte die lange Kette des Gebirgs und selbst durch einen schwächern Tubus glaubte man ihre Mauern mit Händen greifen zu können, dagegen ganz hinten in der Ferne vom Rehstock nur der Abfall des Waldrückens sichtbar war, auf dem er ruhen mußte.

Indes war von gar muntern Händen ein Feuer zwischen Steinen angemacht worden, der Kaffee fing an zu sieden, die Tassen klirrten, und der Pfarrer gebot ein allgemeines Niedersitzen; niemand aber wollte sich noch des schönen Zeltes bedienen, welches bis jetzt nur für eine Art Speiseküche galt; man saß in willkürlichen Gruppen auf dem Boden umher, ein jedes ließ sich schmecken was ihm beliebte, nur rückte man etwas näher zusammen, als Amandus folgendermaßen das Wort nahm:

„Es darf, meine Lieben, der schöne Platz, worauf wir gegenwärtig ruhen, nicht leicht besucht werden, ohne daß man das Andenken des Helden erneuert, dem er seinen Namen verdankt. Gewiß ist keines von Ihnen völlig unbekannt mit der merkwürdigen Sage, aber die wenigsten hatten wohl Gelegenheit sich aus den verschiedenen, zum Teil einander scheinbar widersprechenden Erzählungen des Volks, ein vollständiges Bild von dem Charakter des wundersamen Wesens zu machen, von welchem hier die Rede ist; es kann also niemanden unangenehm sein, jetzt eine genauere Schilderung zu hören, wobei ich mir weniger angelegen sein lassen will, alle einzelnen Geschichten und Anekdoten anzubringen, als vielmehr nur die Hauptzüge anschaulich

---

* Die kurze Beschreibung dieser Gegend ist, soviel es möglich war, nach der Natur entworfen. Der Punkt, auf welchen man hier ausdrücklich aufmerksam machen will, befindet sich im Württembergischen, im Oberamt Nürtingen, zunächst bei dem Pfarrdorfe Groß-Bettlingen.

zu machen. Vielleicht kann ich dadurch Freund Nolten veranlassen, meinen seltsamen Geiger zum Gegenstand einer malerischen Komposition zu nehmen, ein lang von mir gehegter Wunsch, den er mir einmal feierlich zugesagt und noch bis heut nicht erfüllt hat. Sie, lieber Oberst, werden mich in meiner Bitte gewiß kräftig unterstützen, da Sie sich selbst für die poetische Figur des Spielmanns so lebhaft interessieren und noch heute sich emsig um die Vervollständigung seiner Geschichte bekümmert haben. Ei, eben recht, daß mir das beifällt; Sie sollen auch jetzt zuerst die Ehre haben und die Ergebnisse Ihrer staubigen Forschungen uns in einem lebendigen und heiteren Gemälde vorlegen, ich aber will etwa nachhelfen, wo Sie eine Lücke lassen sollten." Der Oberst ließ sich nicht lang bitten und die Gesellschaft merkte wacker auf.

„In dieser Gegend soll vor alters gar häufig ein Räuber, Marmetin, sein Wesen getrieben haben, den jedermann unter dem Namen Jung Volker kannte. Räuber sag ich? Behüte Gott, daß ich ihm diesen abscheulichen Namen gebe, dem Lieblinge des Glücks, dem lustigsten aller Waghälse, Abenteurer und Schelme, die sich jemals von fremder Leute Hab und Gut gefüttert haben. Wahr ist's, er stand an der Spitze von etwa siebenzehn bis zwanzig Kerls, die der Schrecken aller reichen Knicker waren. Aber, beim Himmel, die pedantische Göttin der Gerechtigkeit selbst mußte, dünkt mich, mit wohlgefälligem Lächeln zusehn, wie das verrufenste Gewerbe unter dieses Volkers Händen einen Schein von Liebenswürdigkeit gewann. Der Prasser, der übermütige Edelmann und ehrlose Vasallen waren nicht sicher vor meinem Helden und seiner verwegenen Bande, aber dem Bauern füllte er Küchen und Ställe. Voll körperlicher Anmut, tapfer, besonnen, leutselig und doch rätselhaft in allen Stücken, galt er bei seinen Gesellen fast für ein überirdisches Wesen, und sein durchdringender Blick mäßigte ihr Benehmen bis zur Bescheidenheit herunter. Wär ich damals im Lande Herzog gewesen, wer weiß, ob ich ihn nicht geduldet, nicht ein Auge zugedrückt hätte gegen seine Hantierung. Es war, als führte er seine Leute nur zu fröhlichen Kampfspielen an. Seht, hier dieser herrliche Hügel war sein Lieblingsplatz, wo er ausruhte, wenn er einen guten Fang getan hatte; und wie er denn immer eine besondere Passion für gewisse Gegenden hegte, so gängelt' er seine Truppe richtig alle Jahr, wenn's Frühling ward, in dies Revier, damit er den ferndigen Gukuk wieder höre an demselben Ort. Ein Spielmann war er wie keiner, und zwar nicht etwa auf der Zither oder dergleichen, nein, eine alte abgemagerte Geige war sein Instrument. Da saß er nun, indes die andern sich im Wald, in der Schenke des Dorfs zerstreuten, allein auf dieser Höhe unterm lieben Firmament, musizierte den vier Winden vor und drehte sich wie eine Wetterfahne aufm Absatz herum, die Welt und ihren Segen musternd. Der Hügel heißt daher noch heutzutag das Geigenspiel, auch wohl des Geigers Bühl. — Und dann, wenn er zu Pferde saß, mit den hundertfarbigen Bändern auf dem Hute und an der Brust, immer geputzt wie eine Schäfersbraut, wie reizend mag er ausgesehn haben! Ein Paradiesvogel unter einer Herde wilder Raben. Etwas eitel denk ich mir ihn gern, aber auf die Mädchen wenigstens ging sein Absehn nicht; diese Leidenschaft blieb ihm fremd sein ganzes Leben; er sah die schönen Kinder nur so wie märchenhafte Wesen an, im Vorübergehn, wie man ausländische Vögel sieht im Käfig. Keine Art von Sorge kam ihm bei; es war, als spielt' er mit den Stunden seines Tages wie er wohl zuweilen gerne mit bunten Bällen spielte, die er, mit flachen Händen schlagend, nach der Musik harmonisch in der Luft auf und nieder steigen ließ. Sein Inneres bespiegelte die Welt wie die Sonne einen Becher goldnen Weines. Mitten selbst in der Gefahr pflegte er zu scherzen und hatte doch sein Auge allerorten; ja, wäre er bei einem Löwenhetzen gewesen, wo es drunter und drüber geht, ich glaube, er hätte mit der einen Faust das reißende Tier bekämpft und mit der Linken den Sperling geschossen, der ihm just überm Haupt wegflog. Hundert Geschichtchen hat man von seiner Freigebigkeit. So begegnet er einmal einem armen Bäuerlein, das, ihn erblickend, plötzlich Reißaus nimmt. Den Hauptmann jammert des Mannes, ihn verdrießt die schlimme Meinung, die man von ihm zu haben scheint, er holt den Fliehenden alsbald mit seinem schnellen Rosse ein, bringt ihn mit freundlichen Worten zum Stehen und wundert sich, daß der Alte in der strengsten Kälte mit unbedecktem Kahlkopf ging. Dann sprach er: ‚Vor dem Kaiser nimmt Volker den Hut nicht ab, jedoch dem Armen kann er ihn schenken!' Damit reicht er ihm den reichbebänderten Filz vom Pferde herunter, nur eine hohe Reiherfeder machte er zuvor los und steckte sie in den Koller, weil er diese um alles nicht missen wollte; man sagt, sie habe eine zauberische Eigenschaft besessen, den der sie trug in allerlei Fährlichkeit zu schützen. — Jetzt käme ich auf Volkers Frömmigkeit und wunderliche Bekehrung, da dies aber eine Art von Legende ist, so wird sie sich am besten im Munde Seiner Hochehrwürden geziemen."

„Ich zweifle nur", erwiderte Amandus, „ob ich meine Aufgabe so zierlich lösen werde, wie mein beredter Vorgänger sich aus der seinigen zog. Aber ich rufe den Schatten des Helden an und sage treulich was ich weiß, und auch nicht weiß. Also: in den Gehölzen, die da vor uns liegen, kam man einsmals einem seltenen Wilde auf die Spur, einem Hirsch mit milchweißem Felle. Kein Weidmann konnte seiner habhaft werden. Des Hauptmanns Ehrgeiz ward erregt, eine unwiderstehliche Lust, sich dieses edlen Tieres zu bemächtigen, trieb ihn an, ganze Nächte mit der Büchse durch den Forst zu streifen. Endlich an einem Morgen vor Sonnenaufgang erscheint ihm der Gegenstand seiner Wünsche. Nur auf ein funfzig Schritte steht das prächtige Geschöpf vor seinen Augen. Ihm klopft das Herz; noch hält Mitleid und Bewunderung seine Hand, aber die Hitze des Jägers überwiegt, er drückt los und trifft. Kaum hat er das Opfer von nahem betrachtet, so ist er untröstlich, dies muntere Leben, das schönste Bild der Freiheit zerstört zu haben. Nun stand an der Ecke des Waldes eine Kapelle, dort überließ er sich den wehmütigsten Gedanken. Zum erstenmal fühlt er eine große Unzufriedenheit über sein ungebundenes Leben überhaupt, und indes die Morgenröte hinter den Bergen anbrach und nun die Sonne in aller stillen Pracht aufging, schien es, als flüstere die Mutter Gottes vernehmliche Worte an sein Herz. Ein Entschluß entstand in ihm, und nach wenig Tagen las man auf einer Tafel, die in der Kapelle aufgehängt war, mit zierlicher Schrift folgendes Bekenntnis (ich habe es der Merkwürdigkeit Wort für Wort auswendig gelernt):

> Dieß täflein weihe*
> *unserer lieben frauen*
> ich
> Marmetin, gennent Jung Volker

---

* Möglicher Irrung zuvorzukommen, weil es sich hier um ein bestimmtes Lokal handelt, wird erinnert, daß man dort weder ein solches Denkmal, noch überhaupt diese Sage zu suchen hat, wozu übrigens der wirkliche Name des gedachten Hügels dem Verf. Veranlassung gegeben.

zum daurenden gedächtnuß eines gelübds. und wer da solches
lieset mög nur erfahren und inne werden was wunderbaren
maßen Gott der Herr ein menschlich gemüethe mit gar geringem
dinge rühren mag. denn als ich hier ohn allen fug und recht
im wald die weiße hirschkuh gejaget auch selbige sehr wohl
troffen mit meiner gueten Büchs da hat der Herr es also gefüget daß mir ein sonderlich verbarmen kam mit so fein sanftem
thierlin, ein rechte angst für einer großen sünden. da dacht ich:
itzund trauret ringsumbher der ganz wald mich an und ist als
wie ein ring daraus ein dieb die perl hat brochen. ein seiden
bette so noch warm vom süeßen leib der erst gestolenen braut.
zu meinen füeßen sank das lieblich wunderwerk. verhauchend
sank es ein als wie ein flocken schnee am boden hinschmilzt
und lag als wie ein mägdlin so vom liechten mond gefallen.

Aber zu deme allen hab ich noch müeßen mit großem schrekken merken ein seltsamlichs zeichen auf des arm thierlins seim
rucken. nemlich ein schön akkurat kreuzlin von schwarz haar.
also daß ich kunt erkennen ich hab mich freventlich vergriffen
an eim eigenthumb der muetter Gottes selbs. nunmehr mein
herze so erweichet gewesen nahm Gott der stunden wahr und
dacht wohl er muß das eisen schmieden weil es glühend und
zeigete mir im geist all mein frech unchristlich treiben und lose
hantierung dieser ganzer sechs Jahr und redete zu mir die
muetter Jesu in gar holdseliger weiß und das ich nit nachsagen
kann noch will. verständige bitten als wie ein muetterlin in
schmerzen mahnet ihr verloren kind. da hab ich beuget meine
knie allhier auf diesen stäfflin und hab betet und gelobet daß
ich ein frumm leben wöllt anfangen. und wunderte mich schier
ob einem gnadenreichen schein und klarheit so ringsumbher ausgossen war. stand ich nach einer gueten weil auf, mich zu bergen im tiefen wald mit himmlischem betrachten den ganzen Tag
bis daß es nacht worden und kamen die stern. sammlete dann
meine knecht auf dem hügel und hielte ihne alles für, was mit
dem volker geschehen sagt auch daß ich müeß von ihne lassen.
da huben sie mit wehklagen an und mit geschrey und ihrer
etlich weineten. ich aber hab ihne den eyd abnommen sie wöllten auseinander gehn und ein sittsam leben fürder führen. wo
ich denn selbs mein bleibens haben werd deß soll sich niemand
kümmern noch grämen oder gelüsten lassen daß er mich fahe.
ich steh in eins andern handen als derer menschen. dieß täflein
aber gebe von dem volker ein frumm bescheidentlich zeugnuß

und sage dank auf immerdar der himmlischen huldreichen jungfrauen Marien als deren segen frisch mög bleiben an mir und allen gläubigen kindern. so gestift am 3. des brachmonds im jahr nach unsers Herren geburt 1591.

Leider", fuhr der Pfarrer gegen die Gesellschaft fort, welche mit sichtbarer Teilnahme zuhörte, „leider ist das Original dieser Votivtafel verlorengegangen; eine alte Kopie auf Pergament liegt auf dem Halmedorfer Rathause. Auch die Kapelle ist längst verschwunden; die ältesten Leute erzählen, ihre Urgroßväter hätten sie noch gesehn. Wo aber Volker damals sich hingewendet, blieb unbekannt. Einige vermuten einen Pilgerzug nach dem gelobten Land, wo er dann in ein Kloster gegangen sein soll."

„Eine andere Sage", nahm der Obrist wieder das Wort, „läßt ihn auf dem Wege nach Jerusalem von seiner Mutter, einer Zauberin, entführt werden und ich gedenke hier nur noch einiger alten Verse, welche wahrscheinlich den Schluß eines größern Lieds ausmachten. Sie weisen auf die fabelhafte Geburt Volkers hin und machen ihn, wie mich deucht, gar charakteristisch für den freien kräftigen Mann, zu einem Sohne des Windes. Er selber soll das Lied zuweilen gesungen haben.

> Und die mich trug in Mutterleib,
> Die durft ich niemals schauen,
> Sie war ein schön, frech, braunes Weib,
> Wollt keinem Manne trauen.
>
> Und lachte hell und scherzte laut:
> Ei, laß mich gehn und stehen!
> Möcht lieber sein des Windes Braut,
> Denn in die Ehe gehen.
>
> Da kam der Wind, da nahm der Wind
> Als Buhle sie gefangen,
> Von dem hat sie ein lustig Kind
> In ihren Schoß empfangen."

„Wird mir doch in diesem Augenblick", sagte die Pfarrerin, indem sie ein heimliches Auge an der Linde hinauflaufen ließ, „mir wird von all dem Zauberwesen so kurios zumute, daß ich mich eben nicht sehr entsetzen würde, wenn jetzt noch die Fabel vom singenden Baum wahr würde, ja wenn Herr Volker leibhaftig als lustiges Gespenst in unsre Mitte träte."

„Noch ein anderes Lied", sagte der Obrist, „ist mir im Gedächtnis geblieben, das man sich im Munde von Volkers Bande denken muß. Ich will, wenn die Frauenzimmer nicht schon durch das vorige — —"

Plötzlich wurde der Erzähler von den Tönen eines Saiteninstruments unterbrochen, welche ganz nahe aus dem Gipfel der dichtbelaubten Linde hervorzukommen schienen. Die Anwesenden erschraken und aller Augen waren nach dem Baume gerichtet. Niemand bewegte sich vom Platze; tiefe Stille herrschte, während die Musik in den Zweigen von neuem begann und der unsichtbare Spielmann mit lebhafter Stimme Folgendes sang:

> Jung Volker das ist der Räuberhauptmann
> Mit Fiedel und mit Flinte,
> Damit er geigen und schießen kann
> Nachdem just Wetter und Winde,
>   Ja Winde!
> Fiedel oder Flint,
> Fiedel oder Flint,
>   Volker spielt auf!
>
> Ich sah ihn hoch im Sonnenschein
> Auf seinem Hügel sitzen;
> Da spielt er die Geig und schluckt roten Wein,
> Seine blauen Augen ihm blitzen,
>   Ja blitzen!
> Fiedel oder Flint,
> Fiedel oder Flint,
>   Volker spielt auf!
>
> Ich sah ihn schleudern die Geig in die Luft,
> Ich sah ihn sich werfen zu Pferde,
> Da hörten wir alle wie er ruft:
> Brecht los wie der Wolf in die Herde!
>   Ja Herde!
> Fiedel oder Flint,
> Fiedel oder Flint,
>   Volker spielt auf!

Die Saiten klangen aus. Es war ein allgemeines Schweigen. Die Gesellschaft sah sich lächelnd an, und schon während des Gesangs verkündigten einige schlaue Gesichter eine angenehme Überraschung, wobei es mit ganz natürlichen Dingen zugehen dürfte. Es rauschte jetzt und knackte in den Zweigen, zwischen denen jemand behutsam herunterzusteigen schien. Ein Fuß stand bereits auf dem letzten Aste; ein kecker Sprung noch, und, wen man am wenigsten erwartete, den auch die wenigsten kannten — Raymund, der Bildhauer, stand mit der Zither, sich tief verneigend, vor der verblüfft-erfreuten Versammlung. Amandus und der Obrist klatschten, Bravo rufend, in die Hände. Raymund sprang auf den Maler zu, der wie aus den Wolken gefallen dastand; die übrigen hörten inzwischen von der Pfarrerin, wer der Herr wäre. Agnes hatte den Schauspieler Larkens vermutet, ja Nolten selbst, als die Musik anfing, bebte das Herz bei dem gleichen Gedanken, und es dauerte eine ganze Zeit, bis er sich wieder fassen konnte.

Man nahm nun ordentlich am runden Tisch unter dem Schirme Platz; mit dem besten Weine füllten die Gläser sich frisch, und während die Frauenzimmer das Strickzeug vornahmen, begann der Bildhauer: „Zuvörderst ist es meine Pflicht, mit wenig Worten den Schein des Greulichen und Ungeheuren von meiner Hieherkunft zu entfernen, besonders um der Damen willen, denen der Schreck noch nicht ganz aus den Gliedern gewichen sein muß, weil bis jetzt keine sich getraute, mich auch ein wenig freundlich anzuschauen. Nun also: zwei Tage, bevor Sie, lieber Nolten, die Rückkehr in ihr Vaterland antraten, die ich mir so nahe gar nicht vermutend sein konnte, war ich genötigt, in nicht sehr erfreulichen Angelegenheiten eines Bruders nach K* zu reisen, was kaum sechs Meilen von hier liegt. Ich wußte damals noch nichts von Ihren Verbindungen in dieser Gegend, und weder ein Neuburg noch ein Halmedorf existierte für mich in der Welt, sonst hätt ich wohl um Aufträge bei Ihnen angefragt und wäre vielleicht nicht so schmählich um Ihren Abschied gekommen. Doch wider Hoffen und Vermuten sollt ich um vieles glücklicher werden. Ich war bereits acht Tage in K*, so kommt ein Brief, pressant, an mich dorthin — (von wem? das raten Sie wohl nicht!) mit dem dringenden Auftrage, im Rückweg einen kleinen Abstecher zu Ihnen zu machen und ein beigelegtes Schreiben eigens in Ihre Hände zu überliefern." (Er gab Theobalden den Brief und wandte sich gegen die andern.)

„Dem schönen Zufall muß ich noch besonders lobpreisende Gerechtigkeit widerfahren lassen, der mich zwei Stunden von hier mit dem Herrn Obrist zusammenführte; wir gesellten uns als fremde Passagiere zueinander und wären beinahe ebenso wieder geschieden, als kaum noch zu rechter Zeit sich entdeckte, daß wir die gleiche Absicht hätten. Wer weiß mir eine artigere Fügung? Ich war's zufrieden, sogleich nach Halmedorf mitzureiten. Dort hieß man mich denn freundlich bleiben, und Herr Pastor war ganz glückselig, eine doppelte Überraschung veranstalten zu können. Der Plan zu diesen Späßen ward heute früh entworfen, und gerne ließ ich mir's gefallen, mein Mittagsmahl hier unter freiem Himmel zu verzehren, von Volkers rotem Wein zu trinken und meine Rolle einzuüben. Auch hab ich, wenn man Lust hätte, den Geiger zu malen, diesem Hügel vorläufig eine Ansicht abgemerkt, wo er sich als ein Hintergrund ganz unvergleichlich ausnehmen müßte."

Indessen spiegelte sich auf Noltens Angesicht die erhaltene Botschaft mit leserlicher Freude: ja so mächtig ergriffen war er, daß er Agnesen das Blatt nur still hinbieten und Raymunden die Hand nur mit einem leuchtenden Blicke des Dankes über den Tisch reichen konnte. „Nun", sagte jener, „ich darf der erste sein, der Ihnen Glück wünscht." „So sind wir nicht die letzten!" rief der Obrist mit dem Pfarrer, indem man die Gläser erhob. Agnesen stürzte eine Träne aus den schönen Augen und auch sie hob ihr Glas. Es wurde sofort erklärt: daß Nolten und Raymund einen sehr vorteilhaften Ruf in die Dienste eines hochgebildeten und verehrten Fürsten des nördlichen Deutschlands erhalten haben, zunächst um bei einer gewissen Privatunternehmung des kunstliebenden Regenten verwendet zu werden, doch sollte die Anstellung auf zeitlebens sein. Die Sache ging durch den Maler Tillsen und den alten Hofrat, deren Empfehlung man, wie es schien, das Ganze eigentlich zu danken hatte. Etwas Geheimnisvolles war immer dabei, und Nolten hatte Ursache zu glauben, daß noch ganz andere Hebel gewirkt haben müßten. Jenes Schreiben selbst war von dem Hofrat. Er gibt sich alle Mühe, dem Freunde dies Offert so einleuchtend als möglich zu schildern, er hatte zum Überfluß Raymundens mündliche Beredsamkeit noch in Reserve gestellt, wenn Nolten je Bedenken tragen sollte, die Stelle anzunehmen, ein Zweifel, dessen nur der Hofrat fähig sein konnte, weil er immer von seiner eignen Seltsamkeit ausging.

Was übrigens die Sendung Raymunds anbelangt, so verhielt sich's wirklich so, wie er vorhin erklärte; er selber hatte beim Antritt seiner Reise noch keine Ahnung von den Dingen, die im Werke waren.

Die beiden Künstler schlossen jetzt in der Aussicht auf ihr gemeinschaftliches Ziel sogleich Brüderschaft, und wer hätte nicht Teil an ihrem Glücke nehmen sollen? Alle sprachen durcheinander aufs lebhafteste von der Sache hin und her.

„Ja", fragte die Pfarrerin, „und der Zug geht wohl bald vor sich?"

„Bald oder nicht! wie man's nimmt; jeder Tag später macht mir Langeweile!" rief Raymund, indem er sich ungeduldig auf dem Absatz herumwarf. „In zwei Monaten ist der Termin."

„Da wird man erst ein Pärchen aus euch machen müssen?" sagte der Pfarrer zu Agnes hin.

„Dacht ich es doch!" rief Raymund, „bleibt mir nur, ihr schwarzen Herrn, mit euren Weitläufigkeiten fort! Soviel ihr aus den beiden machen könnt, sind sie ja schon." Er sprach dies halb im Scherz, doch hätte der Pfarrer nicht wissen dürfen, daß er die Geistlichen für etwas Überflüssiges hielt und nie recht hatte leiden mögen.

„Wie?" rief Amandus, „Sie sind, wie ich höre, auch Bräutigam: Sie lassen sich wohl gar nicht kopulieren?"

„Bewahre Gott mich davor!" antwortete der Bildhauer. „Die Kopula ist schon gefunden."

„So sind Sie ein Heide?"

„Und zwar ein frommer!"

„Doch was sagt Ihre Braut zu Ihrem Vorsatz?"

„Ich habe sie noch nicht gefragt."

„Und", sagte der Pfarrer, leicht abbrechend, „was spricht lieb Agneschen?" Sie schaute auf, sie hatte nicht gehört, wovon die Rede war, da sie sich angelegentlich mit Nolten unterhielt. Nach der sonderbaren, beinahe verdrießlichen Wendung, welche das Gespräch der beiden Männer genommen, war es natürlich, daß die Frauen im stillen schon das arme Mädchen bedauerten, das an einen so närrischen und wilden Menschen geraten müssen, und dies Mitleiden verbarg sich endlich gar nicht mehr, als Theobald sich eifriger nach Henrietten erkundigte, und Raymund anfing, mit aller ihm eigenen treuherzigen Lebhaftigkeit zu erzählen, auf welchem guten Fuß er mit ihr lebe, wie sie sich unterhielten, welche Untugenden und „Dummheiten" er ihr schon abgewöhnt, was für Talente an ihr entwickelt habe. Da er zum Beispiel ein leidenschaftlicher Freund vom Kegelschieben sei und es für die gesundeste Motion halte, so habe er sich in den Kopf gesetzt, seine Braut müsse es aus dem Fundamente lernen. Er habe den Unterricht, auf einer unbesuchten Bahn, auch sogleich mit ihr begonnen; es geschehe ihr zwar einigermaßen sauer, doch zeige sie den besten Willen und werde es mit der Zeit sehr weit bringen. Ferner, weil er wahrgenommen, daß sie mit einer törichten Furcht vor allem Feuergewehr und Schießen gestraft sei, und ihm solche übertriebene Alterationen in den Tod zuwider seien, so habe er sie von dem Lächerlichen dieses Benehmens zuerst theoretisch überzeugt, ihr den Mechanismus einer Flinte, die Wirkung des Pulvers ruhig und ordentlich erklärt und endlich einen praktischen Anfang im Schloßgraben bei der Scheibe gemacht, der aber leider bis jetzt den gehofften Erfolg noch nicht bewiesen. Im Fall es nun, wie das ungeschickte Ding ihn mit Tränen versichert habe, er aber noch nicht glaube, wirkliche Nervenschwäche wäre, so würde er freilich davon abstehen müssen, doch hoffe er es noch durchzusetzen.

Die Frauenzimmer, sowie die Männer, konnten nicht umhin, ihr Mißfallen auszudrücken, es gab einen allgemeinen Streit, und Agnes fing an dem Bildhauer im Herzen recht gram zu werden, sie kannte ihn nicht genug und hielt ihn für boshaft; wie nun ihr ganzes Wesen seit jener Botschaft gewaltsam aufgeregt war, so nahm sie auch den gegenwärtigen Fall heftiger auf als sie sonst getan haben würde, sie glaubte eine ihrer Schwestern von einem Barbaren mißhandelt, die Wange glühte ihr vor Unwillen und ihre Stimme zitterte, so daß Theobald, der diese Ausbrüche an ihr fürchtete, sie sanft bei der Hand nahm und beiseite führte.

Raymund hatte, wie ernst es mit den Vorwürfen besonders der Frauenzimmer gemeint sei, gar nicht bemerkt, weil es ihm in der Gesellschaft durchaus an allem Takte gebrach. Sein unruhiger von einem aufs andere springender Sinn war schon ganz anderswo mit den Gedanken, während man ihn über seinen Fehler nachdenklich gemacht und fast verletzt zu haben meinte. Er blickte durch den Tubus in die Ferne und schüttelte zuweilen mit dem Kopf; auf einmal stampft er heftig auf den Boden. „Ums Himmels willen, was ist Ihnen?" fragte der Oberst. „Nichts!" lachte Raymund, aus seinem Traum erwachend, „es ist nur so verflucht, daß ich die Jette jetzt nicht da haben soll! sie nicht am Schopfe fassen kann und recht derb abküssen! Sehn Sie, lieber Oberst, eigentlich ist's nur die Unmöglichkeit, was mich foltert, die plumpe, physische Unmöglichkeit, daß der einfältige Raum, der zwischen zweien Menschen liegt, nicht urplötzlich verschwindet, wenn einer den Willen recht gründlich hat, daß dies Gesetz nicht fällt, wenn auch mein Geist mit allem Verlangen sich dagegen stemmt! Ist so was nicht, um sich die Haare auszuraufen und mit beiden Füßen wider sich selber zu rennen? Wie dort der Berg, der Mollkopf, glotzt und prahlt, recht dreist die Fäuste in die Wampen preßt, daß er so breit sei!" Hier schlug Raymund ein schallendes Gelächter auf, machte einen Satz in die Höhe und sprang wie toll den Abhang hinunter.

„Nun ja, Gott steh uns bei! so etwas ist noch nicht erhört!" hieß es mit *einem* Munde. Aber Nolten nahm sich des Bildhauers mit Wärme an; er schilderte ihn als einen unverbesserlichen Naturmenschen, als einen Mann, der seine Kräfte fühle, und übrigens von aller Tücke, wie von Affektation gleich weit entfernt sei, und wirklich gelang es ihm durch einige auffallende Anekdoten von der Herzensgüte seiner Sansfaçon die Gesellschaft so weit auszusöhnen, daß man zuletzt nur noch lächelnd die Köpfe schüttelte. Alle gesellige Lust flammte noch einmal auf; man sprach nun erst recht kordial von Noltens und Agnesens Zukunft; der Bildhauer hatte sich auch wiedereingefunden, unvermerkt verflossen ein paar Stunden und einige Stimmen erinnerten endlich nur leise an den Heimweg. Die Sonne neigte sich zum Untergang. Das herrlichste Abendrot entbrannte am Himmel und das Gespräch verstummte nach und nach in der Betrachtung dieses Schauspiels. Agnes lehnt mit dem Haupt an der Brust des Geliebten, und wie die Blicke beider beruhigt in der Glut des Horizonts versinken, ist ihm, als feire die Natur die endliche Verklärung seines Schicksals. Er drückt Agnesen fester an sein Herz; er sieht sich mit ihr auf eine Höhe des Lebens gehoben, über welche hinaus ihm kein Glück weiter möglich scheint. Wie nun in solche Momente sich gern ein leichter Aberglaube spielend mischt, so geschah es auch hier, als der helle Doppelstrahl, der von dem Mittelpunkt des roten Luftgewebes ausging, sich nach und nach in vier zerteilte. Was lag, wenn man hier deuten wollte, der Hoffnung unseres Freundes näher, als einen Teil des wonnevoll gespaltnen Lichts auf zwei geliebte, weit entfernte Gestalten fallen zu lassen, deren wehmütige Erinnerung sich jeden Abend einige Male bei ihm gemeldet hatte. Allein wie sonderbar, wie schmerzlich muß er es eben jetzt empfinden, daß er dem treusten Kinde, das hier in seinen Armen geschmiegt mit leisen Küssen seine Hand bedeckte, und dann ein Auge aller Himmel voll, gegen ihn aufrichtete — nunmehr nicht seinen ganzen Busen öffnen durfte! Er mußte den Kreis seines Glücks, seiner Wünsche im stillen für sich abschließen und segnen, doch in die Mitte desselben darf er Agnesen als schützenden Engel aufstellen.

Die übrigen waren aufgestanden, man wollte gehen. Theobald trennte sich schwer von diesem glücklichen Orte, noch einmal überblickt' er die Runde der Landschaft und schied dann mit völlig befriedigter Seele.

Alsbald bewegte sich der Zug munter den Hügel hinab. Am Wäldchen wurde nicht versäumt, das Echo wieder anzurufen; Raymund brachte allerlei wilde Tierstimmen hervor und stellte mit Hussa-Ruf und Hundegekläff das Toben einer Jagd vollkommen dar; die Frauenzimmer sangen manches Lied, und gemächlich erreicht man das Pfarrhaus, wo die von Neuburg sich sogleich zum Abschied wenden wollen, trotz den Vorstellungen des Pfarrers, der einen Plan, die sämtlichen Gäste diese Nacht in Halmedorf unterzubringen, komisch genug vorlegte. Raymund schloß sich der Partie des Malers an, um morgen von Neuburg aus weiterzureisen. Wenigstens müsse man den Mond noch abwarten, meinte Amandus, und er wollte seine Kalesche, ein uraltes aber höchst bequemes Familienerbstück, inzwischen parat halten lassen. So verweilte man sich aufs neue; den Männern schien erst jetzt der Wein recht zu schmecken, und Nolten selbst überschritt sein gewöhnliches Ziel. Währenddem hat der Himmel sich umzogen, es wurde völlig Nacht, und Agnes, von seltsamer Unruhe befallen, ließ mit Bitten und Treiben nicht nach, bis man endlich zum letzten Wort gekommen war und die beschwerte Kutsche vom Haus wegrollte. Raymund ritt vor den Pferden her und kaum hatten sie das Dorf im Rücken, so fing er herzhaft an zu singen. Er nahm in seinem frohen Übermut dem Bauernburschen, der nebenher leuchtete, die beiden Fackeln ab und schwang sie rechts und links in weiten Kreisen, indem er sich an den wunderlichen Schatten höchlich ergötzte, die er durch verschiedene Bewegung der Brände in eine riesenhafte Länge, bald vor-, bald rückwärts, schleudern konnte. So oft es

anging kam er an den Schlag und brachte die Gesellschaft durch
allerlei phantastische Vergleichungen über seine Reiterfigur zum
innigen Lachen. Er war wirklich höchst liebenswürdig in dieser
Laune, selbst Agnes ließ ihm Gerechtigkeit widerfahren. Der Maler
wetteiferte mit ihm, teils schauerliche, teils liebliche Märchen
aus dem Stegreife zu erzählen, wobei sich Theobald ganz unerschöpflich
zeigte. Als sie im Wald an einer öden Strecke Ried
vorüberkamen, hieß es, hier sei vor vielen hundert Jahren das
Herz eines Zauberers nach dessen Tode in die Erde gegraben
worden, das dann, zum schwarzen Moos verwachsen, als ein
unendliches Gespinst rings unterm Boden fortgewuchert habe.
Daraus wäre von dem Riesen Flömer eine unermeßliche Strickleiter
gemacht worden, die er gegen den halben Mond geworfen;
das eine Ende sei mit der Schleife am silbernen Horne hängen
blieben und nun sei der Riese triumphierend zum Himmel hinaufgeklettert.
Agnes erinnerte, im Gegensatz zu solchen Ungeheuern,
an eine kleine anmutige Elfengeschichte, die Nolten
als Knabe ihr vorgemacht hatte, und so gab jedes einen Beitrag
her; auch die drei andern jungen Leute blieben nicht zurück,
vielmehr diese trauliche Dunkelheit schien sie nun erst mehr
aufzuwecken. Der Bildhauer fand den Gedanken Noltens, daß,
um die romantische Fahrt vollkommen zu machen, Raymund
notwendig Henrietten auf seinem Rappen hinter sich haben
sollte, ganz zum Entzücken, und sogleich fing er an, die sämtlichen
Balladen, welche von nächtlichen Entführungen, Gespensterbräuten
usw. handeln, mit Pathos zu rezitieren. Nun
war es aber für unsre beiden Liebenden der süßeste Genuß,
zwischen alle diesen Spielen einer unstet umherflackernden Einbildung
auf Augenblicke heimlich im stilleren Herzen einzukehren
und die Gedanken auf das Bild der nächsten reizenden
Zukunft zu richten, sich einander mit einem halben Wort ins
Ohr, mit einem Händedruck zu sagen, wie man sich fühle, was
eines am andern besitze, wieviel man sich erst künftig noch zu
werden hoffe.

Schon eine Zeitlang hatte Raymund von ferne ein Fuhrwerk
zu hören geglaubt; es kam jetzt näher und eine Laterne lief
mit. Es war der Wagen des Barons. Der Herr Förster schicke
ihn entgegen, sagte der Knecht mit einem Tone, der eine
schlimme Nachricht fürchten ließ. Der gnädige Herr, hieß es,
sei schnell dahingefallen, von einem Nervenschlag spreche der
Arzt, vor zwei Stunden habe man ihm auf das Ende gewartet,

sie möchten eilen, um ihn noch am Leben zu sehn. Welche Bestürzung! welche Verwandlung der frohen Gemüter! Schnell wurden die Wagen gewechselt, der eine fuhr zurück, der andre eilte Neuburg zu.

Der Baron erkannte bereits den Maler nicht mehr, er lag wie schlummernd mit hastigem Atem. Theobald kam nicht von seinem Bette, er und die einzige Schwester des Sterbenden, eine achtungswürdige Matrone, und ein alter Kammerdiener waren zugegen, als der verehrte Greis gegen Morgen verschied.

So hatte Nolten einen andern Vater, es hatte der Förster den würdigsten Freund verloren; ja dieser durch und durch erschütterte Mann, da ihm zugleich ein neues Glück in seinen Kindern tröstlich aufgegangen war, gewann doch seinem ersten Schmerzgefühl kaum so viel ab, als billig schien, um, wie es sonst in seiner frommen Art gewesen wäre, dankbar und laut eine Wohltat zu preisen, die ihm der Himmel mit der einen Hand als reichlichen Ersatz nicht minder unerwartet schenkte, als er ihm unerwartet mit der andern ein teures Gut entrissen hatte.

Was Theobald betrifft, so war ein solcher Verlust für ihn noch von besonderer Bedeutung. Wenn uns unvermutet eine Person wegstirbt, deren innige und verständige Teilnahme uns von Jugend an begleitete, deren ununterbrochene Neigung uns gleichsam eine stille Bürgschaft für ein dauerndes Wohlergehn geworden war, so ist es immer, als stockte plötzlich unser eignes Leben, als sei im Gangwerk unseres Schicksals ein Rad gebrochen, das, ob es gleich auf seinem Platze beinah entbehrlich scheinen konnte, nun durch den Stillstand des Ganzen erst seine wahre Bedeutung verriete. Wenn aber gar der Fall eintritt, daß sich ein solches Auge schließt, indem uns eben die wichtigste Lebensepoche sich öffnet, und ehe den Freund die frohe Nachricht noch erreichen konnte, so will der Mut uns gänzlich fehlen, eine Bahn zu beschreiten, welche des besten Segens zu ermangeln, uns fremd und traurig anzublicken scheint.

Wer dieser trüben Stimmung Theobalds am wenigsten aufhelfen konnte, war Agnes selbst, deren Benehmen in der Tat den sonderbarsten Anblick darbot. Sie war seit gestern wie verstummt, sie ließ die andern reden, klagen oder trösten, ließ um sich her geschehen was da wollte, eben als ginge sie's am wenigsten an, als werde sie nicht von dieser allgemeinen Trauer, sondern von etwas ganz anderem bewegt. Sie kämpfte mit Erhebung gegen ein Gefühl, das sie mit niemand teilen zu können schien. Dann wieder war ihr Wesen auf einmal feierlich gehoben; sie griff die gewöhnlichen häuslichen Geschäfte mit aller äußern Ruhe an, wie sonst, aber nur der Körper, nicht der Geist, schien gegenwärtig zu sein. Auf mitleidiges Zudringen des Bräutigams und Vaters bekannte sie zuletzt, daß eine unerklärliche Angst seit gestern an ihr sei, ein unbekannter Drang, der ihr Brust und Kehle zuschnüre. „Ich seh euch alle weinen", rief sie aus, „und mir ist es nicht möglich. Ach Theobald, ach Vater, was für ein Zustand ist doch das! Mir ist, als würde jede andere Empfindung von dieser einzigen, von dieser Feuerpein der Angst verzehrt. O wenn es wahr wäre, daß ich meine Tränen auf größeres Unglück aufsparen soll, das erst im Anzug ist!" Sie hatte dieses noch nicht ausgesagt, als sie in das fürchterlichste Weinen ausbrach, worauf sie sich auch bald erleichtert fühlte. Sie ging allein ins Gärtchen, und als Theobald nach einer Weile sie dort aufsuchte, kam sie ihm mit einer weichen Heiterkeit auf dem Gesicht, nur ungewöhnlich blaß, entgegen. Der Maler im stillen war über ihre Schönheit verwundert, die er vollkommener nie gesehen hatte. Sie fing gleich an, jene traurigen Ahnungen zu widerrufen, und nannte es sündhafte Schwäche, dergleichen bösen Zweifeln nachzugeben, die man durch aufrichtiges Gebet jederzeit am sichersten loswerde, und es sei auch gewiß das letzte Mal, daß Nolten sie so kindisch gesehen. Mit der natürlichen Beredsamkeit eines frommen Gemüts empfahl sie ihm Vertrauen auf Gottes Macht und Liebe, von welcher sie nach solcher Anfechtung nur um so freudigeres Zeugnis in ihrem Innersten empfangen habe. — So wahr ihr auch dies alles aus dem Herzen floß, so wich sie Noltens Fragen, was denn eigentlich der Grund jenes Verzagens gewesen sei, mit einiger Unruhe aus. Sie glaubte ihn mit dem Bekenntnisse verschonen zu müssen, daß, als sie gestern den Brief des Hofrats gelesen, ihre Freude hierüber auf der Stelle mit einer dunkeln Furcht vor diesem Glück, vielleicht gerade weil es ihr zu groß gedeucht, seltsam gemischt gewesen war.

Den folgenden Tag war die Beisetzung des Barons. Alle, auch Agnes, die ihm die Totenkrone flocht, hatten ihn noch im Sarge gesehen, und einen durchaus reinen und erhebenden Eindruck von seinem Liebe-Bild zurückbehalten. Raymund, mit einem dankbaren Schreiben Theobalds an den Hofrat, war zeitig weitergegangen. Zur festgesetzten Zeit wollten beide Künstler sich an dem neuen Orte ihrer Bestimmung fröhlicher wieder begrüßen, als sie sich jetzo trennten.

Zunächst nun folgte in dem Forsthaus eine stille, doch wohltätige Trauerwoche. In traulichen, öfters bis tief in die Nacht fortgesetzten Gesprächen vergegenwärtigte man sich die eigentümliche Sinnesart des Verstorbenen auf alle Weise. Erinnerungen aus frühester und neuester Zeit traten hervor. Entwürfe eines Denkmals, das Grab des Toten einfach und edel zu zieren, wurden verschiedentlich versucht, Umrisse der freundlichen Gesichtsbildung wurden gezeichnet, nach Ansicht eines jeden sorgfältig verändert und wieder gezeichnet. Jetzt langten Noltens Effekten an. Er fand unter seinen Papieren eine Sammlung älterer Briefe des Barons (denn in dem letzten Jahre schrieb er fast nichts mehr, und alle Verbindung zwischen ihm und dem Maler war nur gelegentlich durch das Forsthaus). Meistens fiel diese Korrespondenz in die Zeit, da sich Theobald in Rom aufhielt, man bekam die Gegenblätter vollständig aus dem Nachlasse des Barons zusammen und sie gewährten jetzt eine ebenso lehrreiche als erbauliche Unterhaltung.

Von einem solchen, dem teuren Abgeschiedenen mit frommer Neigung gewidmeten Andenken war dann der Übergang zum lebendigen Genusse der Gegenwart in jedem Augenblicke leicht gefunden. Größere und kleinere Spaziergänge, Besuche aus der Nachbarschaft erwidert, hundert kleine Beschäftigungen in Haus und Feld und Garten wechselten ab, die Tage schnell und harmlos abzuspinnen. Nolten versäumte dabei nicht, wenn von der großen Veränderung die Rede war, die ihm und den Seinigen bevorstand, gelegentlich einen Plan erst nur entfernterweise und wie im Scherze blicken zu lassen, womit er aber eines Abends, als alle drei beim traulichen Lichte versammelt saßen, ernsthaft hervortrat und den Vater wie Agnesen nicht wenig überraschte. Er sei entschlossen, sagte er, seinen künftigen Wohnort auf einem kleinen Umweg über einige sehenswerte Städte Deutschlands zu erreichen, und nicht nur die Geliebte werde ihn begleiten, sondern, wie er halb hoffe, auch der Vater, den er auf jeden Fall als bleibenden Genossen seines künftigen Hauses schon längst im stillen angesehn und nunmehr, von Agnesen unterstützt, um seine Einwilligung herzlich und kindlich bitte. Gerührt versprach der Alte, der Sache nachzudenken; „was aber", setzte er hinzu, „diese nächste Reise betrifft, so taugt ein alter gebrechlicher Kamerade wie ich zu dergleichen Seitensprüngen nicht mehr. Und überdies" (er hatte die Landkarte auf dem Tisch ausgebreitet) „so ganz unbeträchtlich find ich den Umweg des Herrn Sohns eben nicht. Sehn Sie, dies Dreieck, man mag es nehmen wie man will, macht immer einen ziemlich spitzen Winkel hier bei P*, wo Sie dann gegen Norden lenken wollten. Nein, liebe Kinder, vorderhand bleib ich hier. Euch so lange hinzusperren, bis ich Haus und Hof beschickt und abgegeben hätte, wäre unsinnig, und doch muß man sich zu so etwas Zeit nehmen können; daß ich aber für jetzt nur abbräche, um wiederzukommen und dann die Sachen in Ordnung zu bringen, wäre womöglich noch ungeschickter. Kommt ihr nur erst an Ort und Stelle an, wir wollen sehen, was sich dann weiter schickt und ob es Gottes Wille ist, daß ich euch folge."

Agnes konnte dem Vater nicht Unrecht geben; am liebsten freilich hätte sie Theobalden jenen Nebenplan ausreden mögen, der ihr und, wie sie wohl bemerkte, noch mehr dem Vater, der bedeutenden Kosten wegen, bedenklich vorkam. Sie hielt auch diese Einwendung nicht ganz zurück, doch da man sah, wie vielen Wert der Maler auf die Sache legte, so dachte man sie ihm nicht zu verkümmern. Man fing also zu rechnen an, und Theobald erklärte, daß er, so günstig wie nunmehr die Dinge für ihn lägen, eine Schuld ohne Gefahr aufnehmen könne, ja er gestand, er habe dies Geschäft schon abgetan und bereits die Wechsel in Händen. Dies gab ihm einen kleinen Zank, doch mußte man es ihm wohl gelten lassen.

Nun aber kam ganz unvermeidlich die Hochzeit zur Sprache. Es war ein Punkt, der diese letzten Tage her Agnesen im stillen vieles mochte zu schaffen gemacht haben; sie faßte sich daher ein Herz und fing von selbst davon zu reden an, jedoch nur um zu bitten, daß man damit nicht eilen, daß man diesen und den nächsten Monat noch abwarten möge. „Was soll das heißen?" rief der Vater und traute seinen Ohren kaum. „Wir reisen ja die nächste Woche schon, mein Kind!" rief Nolten. Das hindere nichts, behauptete Agnes; sie müßten sich ja nicht notwendig im Lande trauen lassen, was ihr freilich, an sich betrachtet, ungleich lieber wäre, es könne aber auch in W* geschehn (dies war der Ort, wo sie sich niederlassen sollten), und noch besser in H* (hier lebte ein naher Verwandter des Försters und die Reisenden mußten das Städtchen passieren, das nur wenige Meilen von W* gelegen war); dort würden sie in einer festzusetzenden Woche mit dem Vater zusammentreffen, und so alle miteinander aufziehn. — Der Alte hielt seinen Verdruß noch an sich, um erst die Gründe der Tochter zu hören, allein da diese rein innerlich, dem guten Mädchen selber nicht ganz klar und überhaupt gar nicht geeignet waren, eine gemein verständige Prüfung auszuhalten, so geriet der Vater in Hitze und es kam zu einem Auftritt, den wir dem Leser gern ersparen. Genug, der Förster, nachdem er seine Meinung über solchen Eigensinn mit Bitterkeit von sich geschüttet hatte, verließ ganz außer sich das Zimmer. Die Arme warf sich voller Schmerz aufs Bette, und Theobald, dem sie nur rückwärts ihre Hand hinlieh, saß lange schweigend neben ihr. Sie wurde ruhiger, sie rührte sich nicht mehr, ein leiser Schlaf umdämmerte ihre Sinne.

Unserem Freunde drangen sich in dieser stummen sonderbaren Lage verschiedene Betrachtungen auf, die er seit jenem Morgen, an dem er die Geliebte von neuem an sein Herz empfing, nimmermehr für möglich gehalten hätte, doch jetzt, wer möchte ihm verargen, wenn ihn der Zweifel überschlich, ob denn das Rätselwesen, das hier trostlos vor seinen Augen lag, dazu bestimmt sein könne, durch ihn glücklich zu werden, oder ihm ein dauerndes Glück zu gründen, ob er es für ein wünschenswertes und nicht vielmehr für ein höchst gewagtes Bündnis halten müsse, wodurch er sich fürs ganze Leben an dies wunderbare Geschöpf gefesselt sähe? Aber zu fragen brauchte er sich wenigstens das eine nicht: ob er sie wirklich liebe, ob seine Neigung nicht etwa nur eine künstlich übertragene sei? vielmehr durchdrang ihn das Gefühl derselben nie so vollglühend als eben jetzt. Er dachte weiter nach und mußte finden, daß eben jene dunkle Klippe, woran Agnesens sonst so gleichgewiegtes Leben zum erstenmal sich brach, dieselbe sei, nach der auch sein Magnet von früh an unablässig strebte, ja daß (man gönne uns immer das Gleichnis) die schlimme Zauberblume, worin des Mädchens Geist zuerst mit unheilvollen Ahnungen sich berauschte, nur auf dem Grund und Boden seines eignen Schicksals aufgeschossen war. Notwendig daher und auf ewig ist er mit ihr verbunden, Böses oder Gutes kann für sie beide nur in *einer* Schale gewogen sein.

Seine Gedanken verschwammen nach und nach in einer grundlosen Tiefe, doch ohne Ängstlichkeit; mit einer Art von frommer Todeswollust, mit überschwenglichem Vertrauen küßt er den Saum am Kleide der Gottheit, deren geweihtes Kind

er sich empfindet. Er hätte eine Ewigkeit so sitzen können, nur
diese Schlafende neben sich, nur diese ruhige Kerze vor Augen.
— Er neigt sich über Agnes her und rührt mit leisen Lippen
ihre Wange; sie schrickt zusammen und starrt ihm lange ins
Gesicht, bis sie sich endlich findet. Stillschweigend treten beide
ans offene Fenster, eine balsamische Luft haucht ihnen entgegen;
der volle Mond war eben aufgegangen und setzte die Gegend,
das Gärtchen, ins Licht. Sie deutet hinab, ob er noch einen Gang
zu machen Lust hätte. Man zauderte nicht. Der Vater war zu
Bette gegangen, das ganze Dorf in Ruhe. Sie wandelten den
mittlern Weg vom Haus zur Laube, zwischen aufblühenden
Rosengehegen, Hand in Hand auf und nieder. Keins konnte
die ersten Worte recht finden. Er fing endlich damit an, den
Vater zu entschuldigen, und rückte so dem Gegenstand des
Streites näher, um zu erfahren, woher ihr diese Scheu, dies
Widerstreben gegen ein so natürliches als erfreuliches Vorhaben
kam, von dem sie noch vor wenig Wochen mit aller Unbefangenheit, ja ganz im Sinn des echten Mädchens gesprochen hatte,
dem auch die äußeren Erfordernisse eines solchen Tags, die Musterung und Wahl des Putzes, ein reizender Gegenstand der
Sorgfalt und der Mühe sind. Mit welcher Rührung hatte sie
neulich (wir versäumten bis jetzt, es zu erwähnen), mit welcher
Bewunderung das schöne Angebinde der unbekannten Freundinnen aus Theobalds Händen empfangen und gegen das
schwarze Festkleid gehalten! „Sieh", sagte der Bräutigam jetzt,
und streichelte ihr freundlich Kinn und Wangen, indem sein
Ton zwischen Wehmut und einer ermutigenden Munterkeit
wechselte, „dort schaut das Kirchlein her und tut wie traurig,
daß es die Freude deines Tags nicht sehen soll! kannst du ihm
seinen Willen denn nicht tun? — Gewiß, Agnes, ich will dich
nicht bestürmen: hier meine Hand darauf, daß du mit keinem
Wort, mit keiner unfreundlichen Miene, auch vom Vater nicht,
es künftig entgelten sollst, wenn du, was wir verlangen, nun
einmal nicht über dich vermöchtest, nur überleg es noch einmal.
Ich will alles beiseite setzen, was der Vater hauptsächlich für
seine Absicht anführt, ich will davon nichts sagen, daß es jedermann auffallen müßte, Stoff zu Vermutungen gäbe, und dergleichen. Aber ob du der Heimat, in deren Schoß du deine frohe
Jugend lebtest, von der du nun für immer Abschied nimmst,
ob du ihr dies Fest nicht schuldig bist, worauf sie so gerne stolz
sein möchte? Der Ort, das Haus, das Tal, wo man erzogen

wurde, dünkt uns von einem eigenen Engel behütet, der hier zurückbleibt, indem wir uns in die weite Welt zerstreuen: es ist dies wenigstens das liebste Bild für ein natürliches Gefühl in uns; bedenke nun, ob dieser fromme Wächter deiner Kindheit dir's je verzeihen könnte, wenn du ihm nicht vergönnen wolltest, dir noch den Kranz aufs Haupt zu setzen, dich auf der Schwelle deines elterlichen Hauses mit seinem schönsten Segen zu entlassen. Es hoffen alle deine Gespielen, jung und alt hofft dich vor dem Altar zu sehen, das ganze Dorf hat die Augen auf dich gerichtet. Und darf ich noch mehr sagen? Zweier Personen muß ich gedenken, die diesen Tag nicht mehr mit uns begehen sollten, deine teure Mutter und unser kürzlich vollendeter Freund: ihr Gruß wird uns an jenem Morgen schmerzlich fehlen, aber doch eine Spur ihres Wesens wird uns an der Stätte begegnen, wo sie einst mit uns waren, von ihrer Ruhestätte wird —"

„Um Jesu willen, Theobald, nicht weiter!" ruft Agnes, ihrer nicht mehr mächtig, und wirft sich schluchzend vor ihm auf die Kniee — „Du bringst mich um — Es kann nicht sein — Erlasset mir's!" Bestürzt hebt er sie auf, liebkost, beschwichtigt, tröstet sie: man sei ja weit entfernt, sagt er, ihrem Herzen Gewalt anzutun, er habe sich nun überzeugt, wie unmöglich es ihr sei, auch liege ja so sehr viel nicht an der Sache, er werde es dem Vater vorstellen, es werde alles gut gehn. Sie kamen vor die Laube, sie mußte sich setzen; ein schmaler Streif des Mondes fiel durchs Gezweige auf ihr Gesicht und Theobald sah ihre Tränen in hellen Tropfen fallen. Er solle die Reise allein machen, verlangte sie, er solle wieder zurückkommen, indessen sei die Zeit vorüber, vor welcher sie sich fürchte, dann wolle sie gern alles tun, was man wünsche und wo man es wünsche. Auf die Frage, ob es also nicht die Reise selbst sei, was sie beängstige, erwiderte sie: nein, sie könne nur das Gefühl nicht überwinden, als ob ihr überhaupt in der nächsten Zeit etwas Besonderes bevorstünde — es warne sie unaufhörlich etwas vor dieser schnellen Hochzeit. „Was aber dies Besondere sei, das wüßtest du mir nicht zu sagen, liebes Herz?" Sie schwieg ein Weilchen und gab dann zurück: „Wenn der Zeitpunkt vorüber ist, sollst du es erfahren." Nolten vermied nun, weiter davon zu reden. Er war weniger wegen irgend eines bevorstehenden äußern Übels, als um das Gemüt des Mädchens besorgt; er nahm sich vor, sie auf alle Art zu schonen und zu hüten. Was ihm

aber eine solche Vorsicht noch besonders nahelegte, war eine
Äußerung Agnesens selbst. Nachdem nämlich das Gespräch
bereits wieder einen ruhigen und durch Theobalds leise, verständige Behandlung, selbst einen heitern Ton angenommen
hatte, gingen beide, da es schon gegen Mitternacht war, ins
Haus zurück. Sie zündete Licht für ihn an, und man hatte
sich schon gute Nacht gesagt, als sie seine Hand noch festhielt,
ihr Gesicht an seinem Halse verbarg und kaum hörbar sagte:
„Nicht wahr, das Weib wird nimmer kommen?" „Welches?"
fragt er betroffen. „Du weißt es", erwiderte sie, als getraue sie
sich nicht, das Wort in den Mund zu nehmen. Es war das erstemal, daß sie ihm gegenüber die Zigeunerin berührte. Er beruhigte sie mit wenigen aber entschiedenen Worten.

Auf seinem Zimmer angekommen untersucht er eifrig den
Verschlag, worin unter andern Malereien auch das fatale Bild
vergraben war; eine augenblickliche Besorgnis, die Kiste möchte
aus Irrtum geöffnet worden sein, war durch Agnesens Worte
in ihm aufgestiegen; doch fand sich alles unversehrt.

Den andern Morgen, noch ehe Agnes aufgestanden war, erzählte er die gestrige Szene dem Vater, den er schon wider
Erwarten milde gestimmt fand. Der Alte gestand ihm, daß bald
nachdem er die beiden verlassen, er etwas Ähnliches, wo nicht
noch Schlimmeres, zu befürchten angefangen habe, und seine
Heftigkeit bereue. Es bleibe nichts übrig, als man gebe nach;
daß sie aber am Ende nicht auch die Reise verweigere, müsse
man ja vorbauen. — „Laß uns Frieden schließen!" sagte er beim
Frühstück zu der Tochter und bot ihr die Wange zum Kuß;
„ich habe mir den Handel überschlafen, und es soll dir noch
so hingehn; man muß eben auf einen Vorwand denken, wegen
der Leute. Aber soviel merk ich schon", setzte er scherzhaft
gegen den Schwiegersohn hinzu, „der Pantoffel steht Ihnen gut
an, von der Bösen da." Die Böse schämte sich ein wenig, und
der Zwist war vergessen. Zu der Reise ließ sie sich willig finden
und mit den Vorbereitungen ward noch heute der Anfang gemacht. Zur erheiternden Begleitung wollte man unterwegs Nannetten, Theobalds jüngste Schwester, aufnehmen, die er ohnedies vorderhand zu sich zu nehmen entschlossen war.

Nunmehr überspringen wir einen Zeitraum von wenigen
Wochen, in denen der Wagen unsrer beiden Liebenden schon
eine gute Strecke weit auf landfremden Wegen fortgerollt sein

mag. Man war um zwei muntere Augen vermehrt und in der Tat um so viel reicher geworden. Denn wenn das Glück eines Paares, welchem vergönnt ist, auf unabhängige und bequeme Weise ein größeres Stück Welt miteinander zu sehen, schon an sich für den seligsten Gipfel des mit zarten Sorgen und Freuden so vielfach durchflochtenen Brautstandes mit Recht gehalten wird, so gewinnt diese glückliche Zweiheit gar sehr an herzinnigem Reiz durch das Hinzutreten einer engbefreundeten jüngern Person, deren lebendige, mehr nach außen gerichtete Aufmerksamkeit den beiden die vorüberfliegende Welt in erhöhter Wirklichkeit zuführt, und jene wortlose Beschaulichkeit, worein Liebende in solcher Lage sich sonst so gerne einwiegen lassen, immer wieder wohltätig aufschüttelt. Eine solche Ableitung nun war unserm Paare um so nötiger, als gewisse schwere Stoffe auf dem Grunde der Gemüter, sowenig man es einander eingestand, sich anfangs nicht sogleich zerteilen wollten. Diesen Vorteil aber gewährte Nannettens Gegenwart vollkommen Sowohl im Gefährte, wo sie sich mit Konrad, dem Kutscher, einem treuherzigen Burschen aus Neuburg, gleich auf den lustigsten Fuß zu setzen wußte, als in den Gasthöfen, wo sie die Eigenheiten der Fremden genau zu beobachten, auf alle Gespräche zu horchen und die Merkwürdigkeiten einer Stadt immer zuerst auszukundschaften pflegte — überall zeigte sie eine rasche und praktische Beweglichkeit, und wo man hinkam, erwarb sie sich durch ein ansprechendes Äußere, durch ihren naiven und schnellen Verstand die charmantesten Lobsprüche. — Das Wetter, das in den ersten Tagen meist Regen brachte, hatte sich gefaßt und versprach beständig zu bleiben. So langte man eines Abends ganz wohlgemut in einer ehemaligen Reichsstadt an, wo übernachtet werden mußte. Unsere Gesellschaft war in dem besten Gasthofe untergebracht, und während diese sich auf ihre Weise gütlich tut, möge der Leser es nicht verschmähen, auf kurze Zeit an einer entfernten Trinkgesellschaft aus der niedern Volksklasse teilzunehmen. Konrad hofft seine Rechnung dort besser als an jedem andern Orte zu finden; man hat ihn auf ein großes Brauereigebäude, den Kapuzinerkeller, neugierig gemacht und er wird uns den Weg dahin zeigen.

Es lag der genannte Keller in einem ziemlich düstern und schmutzigen Winkel der Altstadt und bildete den Schluß einer Sackgasse, die meist von Küfern, Gerbern und dergleichen bewohnt ward. Konrad sitzt in dem vordern allgemeinen Trink-

zimmer, hart an der offnen Tür einer Nebenstube, der er seine
ganze Aufmerksamkeit schenkt. Dort hat nämlich ein Zirkel
von fünf bis sechs regelmäßigen Gästen seinen Tisch, dessen
schmale Seite von einem breitschultrigen Manne mit pockennarbigem Gesicht besetzt ist, einem aufgeweckten und, wie es
scheint, etwas verwilderten Burschen. Aus seinen kleinen schwarzen Augen blitzte die helle Spottlustigkeit, eine zu allerlei Sprüngen und Possen aufgelegte Einbildungskraft. Er trug seine
Scherze übrigens mit trockener Miene vor, und machte die Seele
der Gesellschaft aus. Man nannte ihn den Büchsenmacher, auch
wohl Stelzfuß, denn er hatte ein hölzernes Bein. Zwei Mann
unter ihm saß ein Mensch von etwa sechsunddreißig Jahren. Es
war keine besonders feine Beobachtungsgabe nötig, um in dieser
Gestalt, diesem Kopfe etwas Bedeutenderes und durchaus Edleres zu entdecken, als man sonst in einem solchen Kreis erwarten würde. Ein schmales, ziemlich verwittertes und tief-
gefurchtes Gesicht, das unstete feurige Auge, eine leidenschaftliche Hast in den anständigen Bewegungen zeugten offenbar
von ungewöhnlichen Stürmen, die der Mann im Leben mochte
erfahren haben. Er sprach wenig, sah meist zerstreut vor sich
nieder, und doch, je nachdem ihm die Laune ankam, konnte
er an Einfällen den Stelzfuß sogar überbieten, nur daß dies
immer auf eine feinere Weise geschah, und ohne sich das geringste zu vergeben. Alle betrachteten ihn mit auffallender
Distinktion, ja mit einer gewissen Scheu, obgleich er nur Joseph, der Tischler, hieß. Ihm gegenüber hatte ein jüngerer Geselle, namens Perse, ein Goldarbeiter, sein Glas stehen. Es
war der einzige, mit dem Joseph auch außerhalb dem Wirtshaus einigen Umgang pflegen mochte. Von den übrigen wüßten
wir nichts weiter zu sagen, als daß es aufgeweckte Leute und
ehrbare Handwerker waren.

„Mir fehlt heut etwas", sagte der Büchsenmacher, „ich weiß
nicht was. Ich hab das Licht nun schon viermal hintereinander
geputzt, in der Meinung, derweil ein frisches Trumm in meinem
Kopf zu finden, denn euer einerlei Geschwätz da von Meistern,
Kunden, Herrschaften ist mir ganz und gar zum Ekel; ich weiß
von diesem Quark lange nichts mehr und will vorderhand auch
nichts davon hören. Die Lichtputze noch einmal! und jetzt was
Neues, ihr Herrn! Mir schnurrt eine Grille im Oberhaus. Es
wäre nicht übel, der Mensch hätte für seinen Kopf, wenn der
Docht zu lang wird, auch so eine Gattung Instrumente oder

Vorrichtung am Ohr, um sich wieder einen frischen Gedankenansatz zu geben. Zwar hat man mir schon in der Schule versichert, daß seit Erfindung der Ohrfeigen in diesem Punkte nichts mehr zu wünschen übrig sei; das mag vielleicht für junge Köpfe gelten, aber ich bin bald vierzig; nur in diesem köstlichen Öl, ich meine diesen goldnen Trank aus Malz und Hopfen, find ich ein kleines Surrogat für —"

„Spaß beiseit!" rief Perse ihn unterbrechend, „ich kann mir überhaupt nicht denken, Lörmer, wie dir's nur eine Stunde wohl sein mag bei dem unnützen Leben, das du in den zwei Monaten führst, seit du Hamburg verlassen hast. Bei Gott, ich wollt dich schon mehrmals auf dies Kapitel bringen und dir zureden, denn mich dauert's in der Seele, wenn sie davon erzählen, wie du ein geschickter Arbeiter gewesen, wie du Grütz und Gaben hättest, dich den ersten Meistern in deinem Fache gleichzustellen und dein Glück zu machen auf Zeitlebens — und nun! sich hier auf die faule Haut legen, höchstens um Taglohn für Hungersterben da und dort ein Stück Arbeit annehmen in einer fremden Werkstatt und dich schlecht bezahlen lassen für gute Ware, wie sie dem Geübtesten nicht aus der Hand geht! Heißt das aber nicht gesündigt an dir selber? ist das nicht himmelschreiend?"

Der Angeredete schaute verwundert auf über diese unerwartete Lektion und lauerte einigermaßen beschämt nach Joseph hinüber, als wollte er dessen Gedanken belauschen: aber dieser traf ihn mit einem finstern, bedeutungsvollen Blick, wobei sich die übrigen allerlei zu denken schienen.

„Was?" nahm Perse wieder das Wort, „will dem Kerl niemand die Wahrheit sagen? hat keiner das Herz, ihm den Leviten zu lesen, wie's recht ist? Redet doch auch ihr andern!"

„Redet nicht ihr andern!" entgegnete ernsthaft der Büchsenmacher; „das ist, hol mich der Teufel, kein Text für diesen Abend und für die Schenke, wo man Fried haben will. Ich sag euch, und das ist mein letzt Wort in der Sache: gar gut weiß ich, woran ich bin mit mir selber, und soviel ist auch gewiß, wenn ich *will* hat dies tolle Leben ein End über Nacht. Der Lörmer wird sich vom Kopf bis zum Fuß das alte Fell abziehen mit einemmal, wie man einen Handschuh abreißt. Ihr sollt sehen. Laßt mich aber indes mit eurer Predigt in Ruh, sie richtet in zwei Jahren nicht aus, was der ungefähre Windstoß eines frischen Augenblicks bei mir aufjagt. — Muß aber heut ja von Lumperei die Rede sein, so will ich euch und" — hiemit nahm der Sprecher plötzlich seine wohlbehagliche, muntere Haltung wieder an — „will ich euch ein Rätsel vorlegen in betreff eines Lumpen, der sich auf unbegreifliche Weise innerhalb vierundzwanzig Stunden zum flotten Mann poussiert hat, und zwar ist es einer aus unserer Gesellschaft." „Wie? Was?" riefen einige. „Ohne Zweifel", erwiderte der Büchsenmacher; „er befindet sich zwar gegenwärtig nicht unter uns und schon mehrere Tage nicht, aber er rechnet sich zur Kompanie, er versprach heute zu kommen, und es wäre unbarmherzig, wenn ihr ihn nicht wenigstens als Anhängsel, als ein Schwänzchen von mir wolltet mitzählen lassen." „Ah!" rief man lachend, „die Figur! die Figur! er meint die Figur!"

„Allerdings", fuhr der andere fort, „ich meine das spindeldünne bleichsüchtige Wesen, das mir von Hamburg an, ungebetenerweise und ohne vorausgegangene genauere Bekanntschaft hieher folgte, um, wie er sagte, in meinen Armen den Tod seines unvergeßlichen Freundes und Bruders, des Buchdruckers Murschel, zu beweinen. Nun wißt ihr, ich bewohne seit einiger Zeit mit diesem zärtlichen Barbier, Sigismund Wispeln, *eine* Stube, er ißt mit mir und ich teile aus christlicher Milde alles mit ihm, bis auf das Bett, das ich mir aus billigen Gründen allein vorbehalten. Man hat aber keinen Begriff, was ich für ein Leiden mit dieser Gesellschaft habe. Schon sein bloßer Anblick kann einen alterieren. Eine Menge kurioser Angewohnheiten, eine unermüdliche Sorgfalt, seine Milbenhaut zu reiben und zu hätscheln, seine rötlichen Haare mit allerlei gemeinem Fette zu beträufeln, seine Nägel bis aufs Blut zu schneiden und zu schaben — ich bekomme Gichter beim bloßen Gedanken! und wenn er nun die Lippen so süß zuspitzt und mit den Augen blinzt, weil er, wie er zu sagen pflegt, an der Wimper kränkelt, oder wenn er sich mit den tausend Liebkosungen und Gesten an mich anschmiegt, da dreht sich der Magen in mir um und ich hab ihn wegen dieser Freundschaftsbezeugungen mehr als einmal wie einen Flederwisch an die Wand fliegen lassen. Nun ging ich neulich damit um, mir das Geschöpf mit guter Art vom Hals zu schaffen. Vielleicht ist euch nicht unbekannt, daß der Kerl an Händ und Füßen, besonders aber zwischen den Zehen, wirkliche Schwimmhäute hat, auch lebe ich der festen Überzeugung, man würde aus seinen Gliedmaßen lauter schmale Stäbe von Fischbein, statt der Knochen, ziehen und überhaupt die wunderbarsten Dinge bei ihm entdecken. Mein Rat war also, sich zuvörderst von einem Professor besichtigen und dann dem Fürsten empfehlen zu lassen, vor allen Dingen aber sich aus meinem Logis zu verlegen. Dieser mein Vorschlag kam freilich etwas unerwartet, und ich mußte ihm schon einige Tage Zeit gönnen, um sich zu fassen. Gestern morgen aber stand er ungewöhnlich früh vom Bette auf; ich lag noch halbschlafend mit geschlossenen Augen, mußte aber im Geist jede Gebärde verfolgen, die der Widerwart während des Ankleidens machte, jede Miene, nein, ich sage passender, jeden Gesichtsschnörkel, der sich während des Waschens zwanzig- und dreißigfältig bei ihm formierte. Jetzt griff er nach seinem ordinären Frühstück, einem vollen Glas mit kaltem Brunnenwasser, jetzt hört ich ihn seine beinernen Finger auf den Tisch setzen und knackend abdrucken, daß die Wände gellten, das gewöhnliche Manöver, wodurch er mich zum Erwachen, zum Gespräch zu bringen sucht, und: ‚Guten Morgen, Bruder! wie schlief sich's‘ lispelt er, aber ich rühre mich nicht. Er wiederholt den Gruß noch einigemal, ohne Erfolg; endlich fühle ich meine Nase zärtlich von zwei eiskalten Fingerspitzen gehalten, ich fahre auf und der Freund hat eben noch Zeit, sich meinem Zorn durch eine schnelle Ausbeugung zu entziehen. Allein wie groß war mein Erstaunen, als ich den Hundsfott im neuen schwarzen Frack, mit neumodisch hoher Halsbinde und süperbem Hemdstrich in der Ecke stehen sah. Die mir wohlbekannte verblichene Hose aus Nanking und die abgenutzten Schuhe zeugten zwar noch von gestern und ehegestern, aber die übrige Pracht, woher kam sie an solchen Schuft? Gestohlen oder entlehnt waren wenigstens die Kleider nicht, denn bald fand ich die quittierten Rechnungen von Tuchhändler und Schneider mit Stecknadeln wie Schmetterlinge an das bekannte armselige Hütchen gesteckt, das naseweis von dem hohen Bettstollen auf seinen veränderten Herrn blickte. Vergebens waren alle meine Fragen über diese glücklich begonnene Besserung der Umstände meines Tropfen; ich erhielt nur ein geheimnisvolles Lächeln und noch heute ist mir das Rätsel nicht gelöst. Der Schuft muß auch bare Münze haben; er sprach von einer Schadloshaltung, von einem Kostgeld und dergleichen. Übrigens speist er, wie ich höre, jetzt regelmäßig im Goldenen Schwan. Nun! sagt mir, ist einer unter euch, der mir beweist, es gehe so was mit natürlichen, oder doch ehrlichen Dingen zu? Sagt, muß man den Menschen nicht in ein freundschaftliches Verhör nehmen, ehe die Obrigkeit Verdacht schöpft und unsern Bruder einsteckt?"

Man sprach, man riet, man lachte herüber und hinüber. Endlich nahm der Stelzfuß das Wort wieder, indem er sagte: „Weil wir ohnedem jetzt an dem Kapitel von den Mirakeln sind, so sollt ihr noch eine kleine Geschichte hören. Sie hat sich erst heute zugetragen, steht aber hoffentlich in keinem Zusammenhang mit der vorigen. Diesen Morgen kommt ein Jude zu mir, hat einen Sack unterm Arm und fragt, ob ich nichts zu schachern hätte, er habe da einen guten Rock zu verhandeln. Der Kerl muß die schwache Seite an dem meinigen entdeckt haben; das verdroß mich und ich war dem Spitzbuben ohnedies spinnefeind. Während ich also im stillen überlege, auf was Art ich den Sünder am zweckmäßigsten die Treppe hinunterwerfe, fällt mir zufällig meine Taschenuhr ins Aug. Nun weiß ich nicht, war es ein weichherziger Gedanke an meinen seligen Vater, von welchem mir das Erbstück kam, oder was war es, daß ich plötzlich in mitleidige Gesinnungen überging. Ich dachte, ein Jud ist doch gleichsam auch eine Kreatur Gottes und dergleichen; kurz, ich nahm die Uhr höchst gerührt vom Nagel an meinem Bette, besah sie noch einmal und fragte: was sie gelten soll? Der Schurke schlug sie nun für ein wahres Spottgeld an und ich gab ihm einen Backenstreich, den schlug er aber gar nicht an, und endlich wurden wir doch handelseinig."

Alles lachte über diese sonderbare Erzählung, nur dem Joseph schien sie im stillen weh getan zu haben.

„Wartet doch", fuhr der Stelzfuß fort, „das Beste kommt noch. Ich ging mit meinen zwei Talern, die ich ungesehn, wie Sündengeld in die Tasche steckte, aus dem Haus, ohne recht zu wissen wohin. Soviel ist sicher, ich langte endlich vor dem besten Weinhaus an und nahm dort ein mäßiges Frühstück zu mir. Da mir aber, wie gesagt, ein Jude meinen Zeitweiser gestohlen, so wußt ich schlechterdings nicht, woran ich eigentlich mit dem Tag sei; kurz, es wurde Abend, eh mir der Kellner die letzte Flasche brachte. Ich gehe endlich heim, ich komme auf meiner Kammer an und spaziere in der Dämmerung auf und ab; zuweilen blinzl' ich nach dem leeren Nagel hinüber und pfeife dazu, wie einer, der kein gut Gewissen hat. Auf einmal ist mir, es lasse sich etwas hören wie das Picken eines solchen Dings, dergleichen ich heute eins verlor; ganz erschrocken spitz ich die Ohren. Das tut wohl der Holzwurm in meinem Stelzfuß, denk ich, und stoße den Stelzen gegen die Wand, wie immer geschieht, wenn mir's die Bestie drin zu arg macht. Aber Pinke Pink, Pinke Pink, immerfort und zwar nur etliche Schritte von mir weg. Bei meiner armen Seele, ich dacht einen Augenblick an den Geist meines guten Vaters. Indessen kommt mir ein Päckel unter die Hand, ich reiß es auf und, daß ich's kurz mache, da lag meine alte Genferin drin! Weiß nicht, wie mir dabei zumut wurde; ich war ein veritabler Narr für Freuden, sprach französisch und kalmukisch untereinander mit meiner Genferin, mir war, als hätten wir uns zehn Jahre nicht gesehn. Jetzt fiel mir ein Zettel in die Finger, der — nun, das gehört nicht zur Sache. Schaut, hier ist das gute Tier!" und hiemit legte er die Uhr auf den Tisch.

„Aber der Zettel?" fragte einer, „was stand darauf? wer schickte das Paket?" — Der Büchsenmacher griff stillschweigend nach dem vollen Glas, drückte nach einem guten Schluck martialisch die Lippen zusammen und sagte kopfschüttelnd: „Weiß nicht, will's auch nicht wissen." „Aber dein ist die Uhr wieder?" „Und bleibt mein", war die Antwort, „bis ins Grab, das schwör ich euch."

Während dieser Erzählung hatte Perse etlichemal einen pfiffigen Blick gegen den Tischler hinüberlaufen lassen, und er und alle merkten wohl, daß Joseph der unbekannte Wohltäter gewesen war.

Jetzt hob der Büchsenmacher sachte seinen hölzernen Fuß in die Höhe und legte ihn mitten auf den Tisch. Dabei sagte er mit angenommenem Ernst: „Seht, meine Herren, da drinne haust ein Wurm; es ist meine Totenuhr; hat der Bursche das Holz durchgefressen und das Bein knackt einmal, eben wenn ich zum Exempel über den Stadtgraben zu einem Schoppen Roten spaziere, so schlägt mein letztes Stündlein. Das ist nun nicht anders zu machen, Freunde. Ich denke gar häufig an meinen Stelzen, d. h. an den Tod, wie einem guten Christen ziemt. Er ist mein Memento mori, wie der Lateiner zu sagen pflegt. So werden einst die Würmer auch an euren fleischernen Stötzchen sich erlustigen. Prosit Mahlzeit, und euch ein selig Ende! Aber wir gedenken bis dahin noch manchen Gang nach dem Kapuzinerkeller zu tun und beim Heimgang über manchen Stein wegzustolpern,

> bis das Stelzlein bricht, juhe!
> bricht, juhe!
> bis das Stelzlein bricht!"

So sang der Büchsenmacher mit einer Anwandlung von Roheit, die ihm sonst nicht eigen war, und von einer desperaten Lustigkeit begeistert, womit er sich selbst, noch mehr aber dem Joseph wehe tat. — Auf einmal schlug Lörmer den Fuß dreimal so heftig auf das Tischblatt, daß alle Gläser zusammenfuhren, und zugleich entstand ein helles Gelächter, denn in diesem Augenblick öffnete sich die Tür, und eine Figur trat ein, in welcher der elegante Barbier Wispel keineswegs zu verkennen war.

Er schwebte einigemal vornehm hüstelnd in der vordern Stube auf und ab, strich sich den Titus vor dem Spiegel und schielte im Vorübergehen nach unserer Gesellschaft.

„O Span der Menschheit!" brummte Joseph leise in den Bart, denn Lörmer hatte den andern gleich anfangs ein Zeichen gegeben, man müsse tun, als bemerke man Sigismund gar nicht. Dieser ließ sich indessen mit vieler Grazie an Konrads Tisch nieder, wo er die Freunde auf vier Schritte im Aug hatte. Er nippte zimpferlich aus einem Kelche Schnaps, warf wichtige Blicke umher, klimperte mit dem Messer auf dem Teller und suchte sich auf alle Art bemerklich zu machen.

„Habt ihr", fing der Büchsenmacher gegen die andern gewendet an, „ei, habt ihr von dem Joko, dem brasilianischen Affen, auch schon gehört, von dem wirklich in allen Zeitungen steht?"

„Ja", erwiderte Joseph, „aber er soll sich flüchtig gemacht haben; man vermutet, daß er einer Theatergarderobe ein und anderes entwendet, sich Gesicht und Hände rasiert und so, gänzlich unkennbar, beschlossen habe, sich die Welt ein wenig zu mustern."

Diese Rede gab Wispeln Gelegenheit, über das bekannte Ballett ein kunstverständiges Gespräch mit seinem nächsten Nachbar, dem Kutscher unserer drei Reisenden, anzubinden. Konrad, die hochtrabenden Floskeln des Windbeutels keineswegs zu erwidern imstande, nahm seinen ganzen Witz zusammen, ihn seinerseits zum besten zu haben, woran denn die Gesellschaft ihren köstlichen Spaß hatte. Je länger aber der Kutscher sich seinen Mann betrachtet, desto mehr kommt ihm vor, als hätte er den Menschen schon irgendwo gesehen, ja zuletzt geht ihm wirklich ein Licht auf: zu Neuburg selbst war es gewesen, wo Nolten vor drei Jahren diesen Wicht als dienendes Subjekt bei sich gehabt. Kaum hat ihm Konrad seinen Gedanken zugeraunt und etwas von der Anwesenheit seines ehemaligen Herrn fallenlassen, so springt Wispel wie besessen auf, nimmt Hut und Stock, und fliegt, über Stühle und Bänke wegsetzend, davon, indem der Kutscher ihm ebenso flugfertig auf dem Fuße nachfolgt, eh die verblüffte Gesellschaft nur fragen kann, was der tolle Auftritt bedeute.

Eben kommt Konrad noch zu der erstaunlichen Szene, wo Wispel sich dem Maler zu erkennen gegeben hat. Dieser saß eben mit den beiden Mädchen auf seinem Zimmer beim Nachtessen und jedes ergötzte sich nun von ganzem Herzen an dieser lächerlichen Erscheinung. „Aber", fängt der Barbier nach einer Weile mit geheimnisvoller Preziosität zu lispeln an, „wenn mich nicht alles trügt, so war Ihnen, mein Wertester, bis jetzt noch völlig unbewußt, welche seltene Connaissancen Sie in hiesiger Stadt zu erneuern Gelegenheit finden würden."

„Wirklich?" antwortete der Maler; „es fiel mir nicht im Traume ein, daß mir dein edles Angesicht hier wieder begegnen sollte, aber Berg und Tal kommen zusammen und das nächste Mal seh ich dich, so Gott will, am Galgen."

„Aye! je vous rends mille graces! Sie scherzen, mein Bester. Doch ich sprach soeben nicht sowohl von meiner Wenigkeit, als vielmehr von einer gewissen Person, die früher sehr an Sie attachiert, gegenwärtig in unsern Mauern habitiert, freilich unter so prekären Umständen, daß ich zweifle, ob ein Mann wie Sie, es anständig findet, sich einer solchen liaison auch nur zu erinnern. Auch muß ich gestehn, das Individuum, wovon ich eben rede, machte es mir gewissermaßen zur Pflicht, sein Inkognito unter allen Umständen —"

„Ei so packe dich doch zum Henker, du heilloser, unerträglicher Schwätzer!"

„Aha, da haben wir's ja! Sie merken, aus welcher Hecke der Vogel pfeift, und mögen nichts davon hören. O amitié, oh fille d'Avril — so heißt ein altes Lied. Waren Sie beide doch einst wie Kastor und Pollux! Aber — loin des yeux, loin du cœur!"

Jetzt wird Nolten plötzlich aufmerksam, eine schnelle Ahnung schauert in ihm auf, er schüttelt den Barbier wie außer sich an der Brust, und nach hundert unausstehlichen Umschweifen flüstert der Mensch endlich Theobalden einen Namen ins Ohr, worauf dieser sich entfärbt und mit Heftigkeit ausruft: „Ist das möglich? Lügst du mir nicht, Elender? Wo — wo ist er? Kann ich ihn sehen, kann ich ihn sprechen? jetzt? um Gottes willen, jetzt im Augenblick?"

„Quelle émotion Monsieur!" krächzt Wispel, „tout-beau! Ecoutez moi!" Jetzt nimmt er eine seriöse Stellung an, räuspert sich ganz zart und sagt: „Kennen Sie vielleicht, mein Wertester, den sogenannten Kapuzinerkeller? le caveau des capucins, ein Gebäude, das seines klösterlichen Ursprungs wegen in der Tat historisches Moment hat; es soll nämlich bereits zu Anfange des neunten Siècle —"

„Schweig mir, du Teufel, und führ mich zu ihm", schreit Nolten, indem er den Burschen mit sich fortreißt. Agnes, am ganzen Leibe zitternd, begreift nichts von allem und fleht mit Nannetten vergebens um eine Erklärung; Theobald wirft ihr wie von Sinnen einige unverständliche Worte zu und stürmt mit Wispeln die Treppe hinunter.

Sie kommen vor den erwähnten Gasthof und treten in die große Wirtsstube vorn, die sich unterdessen ganz gefüllt hatte. Der Dampf, das Gewühl und Geschwirre der Gäste ist so unmäßig, daß niemand die Eintretenden bemerkt. Jetzt klopft Wispel unserm Maler sachte auf die Schulter und deutet zwischen einigen Köpfen hindurch auf den Mann, den wir vorhin als Joseph, den Tischler, bezeichneten. Nolten, wie er hinschaut, wie er das Gesicht des Fremden erkennt, glaubt in die Erde zu sinken, seine Brust krampft sich zusammen im entsetzlichsten Drang der Freude und des Schmerzens, er wagt nicht zum zweitenmal hinzusehn, und doch, er wagt's und — ja! es ist sein Larkens! er ist's, aber Gott! in welcher unseligen Verwandlung! Wie mit umstrickten Füßen bleibt Theobald an eine Säule gelehnt stehen, die Hände vors Auge gedeckt und glühende Tränen entstürzen ihm. So verharrt er eine Weile. Ihm ist, als wenn er, von einer Riesenhand im Flug einer Sekunde durch den Raum der tosenden Hölle getragen, die Gestalt des teuersten Freunds erblickt hätte, mitten im Kreis der Verworfenen sitzend. Noch schwankt das fürchterliche Bild vor seiner Seele, und sinkt und sinkt, und will doch nicht versinken — da klopft ihn wieder jemand auf den Arm und Wispel flüstert ihm hastig die Worte zu: „Sacre-bleu, mein Herr, er muß Sie gesehen haben, soeben steht er blaß wie die Wand von seinem Sitz auf, und wie ich meine, er will auf Sie zugehen, reißt er die Seitentür auf und — weg ist er, als hätt ihn der Leibhaftige gejagt. Kommen Sie plötzlich ihm nach — er kann nicht weit sein, ich weiß seine Gänge, fassen Sie sich!"

Nolten, wie taub, starrt nach dem leeren Stuhle hin, indessen

Wispel immer schwatzt und lacht und treibt. Jetzt eilt der Maler in ein Kabinett, läßt sich Papier und Schreibzeug bringen, wirft drei Linien auf ein Blatt, das Wispel um jeden Preis dem Schauspieler zustellen soll. Wie ein Pfeil schießt der Barbier davon. Nolten kehrt in sein Quartier zurück, wo er die Frauenzimmer aus der schrecklichsten Ungewißheit erlöst und ihnen, freilich verwirrt und abgebrochen genug, die Hauptsache erklärt.

Es dauert eine Stunde, bis der Abgesandte endlich kommt, und was das schlimmste war, ganz unverrichteter Dinge. Er habe, sagte er, den Flüchtling allerorten gesucht, wo nur irgendeine Möglichkeit gedenkbar gewesen; in seiner Wohnung wisse man nichts von ihm, doch wäre zu vermuten, daß er sich eingeriegelt hätte, denn ein Nachbar wolle ihn haben in das Haus gehen sehn.

Da es schon sehr spät war, mußte man für heute jeden weitern Versuch aufgeben. Man verabredete das Nötige für den folgenden Tag und die auf morgen früh festgesetzte Abreise ward verschoben. Unsere Reisenden begaben sich zur Ruhe; alle verbrachten eine schlaflose Nacht.

Des andern Morgens, die Sonne war eben herrlich aufgegangen, erhob sich unser Freund in aller Stille und suchte sein erhitztes Blut im Freien abzukühlen. Erst durchstrich er einige Straßen der noch wenig belebten Stadt, wo er die fremden Häuser, die Plätze, das Pflaster, jeden unbedeutenden Gegenstand mit stiller Aufmerksamkeit betrachten mußte, weil sich alles mit dem Bilde seines Freundes in eine wehmütige Verbindung zu setzen schien. Sooft er wieder um eine Ecke beugte, sollte ihm, wie er meinte, der Zufall Larkens in die Hände führen. Aber da war keine bekannte Seele weit und breit. Die Schwalben zwitscherten und schwirrten fröhlich durch den Morgenduft, und Theobald konnte nicht umhin, diese glücklichen Geschöpfe zu beneiden. Wie hätte er so gerne die Erscheinung von gestern als einen schwülen, wüsten Traum auf einmal vor dem Gehirn wegstäuben mögen! In einer der hohen Straßenlaternen brannte das nächtliche Lämpchen, seine gemessene Zeit überlebend, mit sonderbarem Zwitterlichte noch in den hellen Tag hinein: so und nicht anders spukte in Theobalds Erinnerung ein düsterer Rest jener schrecklichen Nachtszene, die ihm mit jedem Augenblick unglaublicher vorkam.

Ungeduld und Furcht trieben ihn endlich zu seinem Gasthof zurück. Wie rührend kam ihm Agnes schon auf der Schwelle mit schüchternem Gruß und Kuß entgegen! wie leise forschte sie an ihm, nach seiner Hoffnung, seiner Sorge, die zu zerstreuen sie nicht wagen durfte! So verging eine bange, leere Stunde, es vergingen zwei und drei, ohne daß ein Mensch erschien, der auch nur eine Nachricht überbracht hätte. Sooft jemand die Treppe herankam, schlug Nolten das Herz bis an die Kehle; unbegreiflich war es, daß selbst Wispel nichts von sich sehen ließ; die Unruhe, worin die drei Reisenden einsilbig, untätig, verdrießlich umeinander standen, saßen und gingen, wäre nicht zu beschreiben.

Nannette hatte soeben ein Buch ergriffen und sich erboten, etwas vorzulesen, als man plötzlich durch einen immer näher kommenden Tumult auf dem Gange zusammengeschreckt von den Stühlen auffuhr, zu sehen was es gibt. Der Barbier, außer Atem mit kreischender Stimme, stürzt in das Zimmer und während er vergeblich nach Worten sucht, um etwas Entsetzliches anzukündigen, ist der Ausdruck von unverstelltem Schmerz und Abscheu auf dem verzerrten Gesichte dieses Menschen wahrhaft schauerlich für alle Anwesenden.

„Wissen Sie's denn noch nicht?" stottert er — „heiliger barmherziger Gott! es ist zu gräßlich — der Joseph da — der Larkens, werden Sie's glauben — er hat sich einen Tod angetan — heute nacht — wer hätte das auch denken können — Gift! Gift hat er genommen — Gehn Sie, mein Herr, gehn Sie nur und sehen mit eignen Augen, wenn Sie noch zweifeln! Die Polizei und die Doktoren und was weiß ich? sind schon dort, es ist ein Zusammenrennen vor dem Haus und ein Geschrei, daß mir ganz übel ward. Bald hätt ich Sie vergessen über dem Schreck, da lief ich denn, soviel die Füße vermochten, und —"

Nolten war stumm auf den Sessel niedergesunken. Agnes schloß sich tröstend an ihn, während Nannette die eingetretene Totenstille mit der Frage unterbrach: ob denn keine Rettung möglich sei?

„Ach nein, Mademoiselle!" ist die stockende Antwort, „die Ärzte sagen, zum wenigsten sei er seit vier Stunden verschieden. Ich kann's nicht alles wiederholen, was sie schwatzten. — O liebster, bester Herr, vergeben Sie, was ich gestern in der Torheit sprach. Sie waren sein Freund, Ihnen geht sein Schicksal so sehr zu Herzen, so entreißen Sie ihn den Blicken, den Händen der Doktoren, eh diese seinen armen Leib verletzen! Ich bin ein elender, nichtswürdiger, hündischer Schuft, hab Ihren Freund so schändlich mißbraucht und verdiene nicht, hier vor Ihnen zu stehen, aber möge Gott mich ewig verdammen, wenn ich jetzt fühllos bin, wenn ich nicht hundertfach den Tod ausstehen könnte für diesen Mann, der seinesgleichen auf der Welt nimmer hat. Und nun soll man ihn traktieren dürfen wie einen gemeinen Sünder! Hätten Sie gehört, was für unchristliche Reden der Medikus führte, der S. —, ich hätt ihn zerreißen mögen, als er mit dem Finger auf das Gläschen hinwies, worin das Operment gewesen, und er mit lachender Miene zu einem andern sagte: ‚Der Narr wollte recht sichergehen, daß ihn ja der Teufel nicht auf halbem Weg wieder zurückschicke; ich wette, die Phiole da war voll, aber solche Lümmel rechnen alles nach der Maßkanne! — nicht wahr Herr Hofrat, wer par force tot sein will, kann doch wohl weder im comparativo noch superlativo tot sein wollen?‘ Und dabei nahm der dicke, hochweise Perückenkopf eine Prise aus seiner goldenen Tabatiere, so kaltblütig, so vornehm, daß ich — ja glauben Sie, das hat Wispeln weh getan, weher als alles — Wispel hat auch Gefühl, daß Sie's nur wissen, ich habe auch noch ein Herz!" Hier weinte der Barbier wirklich wie ein Kind. Aber da er nun mit geläufiger Zunge fortfahren wollte, das Aussehen des Toten zu beschreiben, wehrte der Maler heftig mit der Hand, schlang die Arme wütend um den Leib Agnesens und schluchzte laut. „O Allmächtiger!" rief er vom Stuhle aufstehend und mit gerungenen Händen durchs Zimmer stürmend, „also *dazu* mußt ich hieher kommen! Mein armer, armer, teurer Freund! *Ich*, ja *ich* habe seinen fürchterlichen Entschluß befördert, mein Erscheinen war ihm das Zeichen zum tödlichen Aufbruch! Aber welch unglückseliger Wahn gab ihm ein, daß er vor mir fliehen müsse? und so auf ewig, so ohne ein liebevolles Wort des Abschieds, der Versöhnung! Sah ich denn darnach aus, als ob ich käme, ihn zur Verzweiflung zu bringen? Und wenn auf meiner Stirn die Jammerfrage stand, warum mein Larkens doch so tief gefallen sei, gerechter Gott! war's nicht natürlich? konnt ich mit lachendem Gesicht, mit offnen Armen, als wäre nichts geschehen, ihn begrüßen? konnt ich gefaßt sein auf ein solches Wiedersehen? Und doch, war ich es denn nicht längst gewohnt, das Unerhörte für bekannt anzunehmen, wenn *er* es tat? das Unerlaubte zu entschuldigen, wenn es von *ihm* ausging? Es hat mich überrascht, auf Augenblicke stieg ein arger Zweifel in mir auf, und in der nächsten Minute straft' ich mich selber Lügen: gewiß, mein Larkens ist sich selber treu und gleich geblieben, sein großes Herz, der tiefverborgene edle Demant seines Wesens blieb unberührt vom Schlamme, worein der Arme sich verlor!"

Schon zu Anfang dieser heftigen Selbstanklage hatte sich sachte die Tür geöffnet, kleinmütig und mit stummem Gruße, einen gesiegelten Brief in der Hand, war der Büchsenmacher eingetreten, ohne daß der Maler ihn wahrgenommen hätte. Starr vor sich hinschauend stand der Stelzfuß an der Seite des Ofens und jedermann fiel es auf, wie er bei den letzten Worten Theobalds zuweilen die buschigen Augbrauen finster bewegte und zornglühende Funken nach dem Manne hinüberschickte, der mitten im Jammer beinahe ehrenrührig von dem Verstorbenen und dessen gewohnter Umgebung zu sprechen schien.

Kaum hatte Nolten geendigt, so trat der Büchsenmacher gelassen hervor mit den Worten: „Lieber Herr! es ist für uns beide recht gut, daß Sie gerade selber aufhören, denn ich stand auf heißen Kohlen im Winkel dort, weil's fast aussehen konnte, als wollt ich horchen; das ist aber meine Sache nicht, sonderlich wenn es mein eigenes oder meiner Kameraden Lob oder Schande gilt, und davon war just eben die Rede. Ihre Worte in Ehren, Herr, Sie müssen ein genauer Freund von meinem wackern Joseph gewesen sein, also sei's Ihnen zugut gehalten. Werden späterhin wohl selbsten innewerden, daß Sie dato nicht so ganz recht berichtet sind, was für eine Bewandtnis es mit dem Joseph und seiner Genossenschaft habe. Ich sollte meinen, er hatte sich seiner Leute nicht eben zu schämen. Nun, das mag ruhen vorderhand; zuvörderst ist es meine Pflicht und Schuldigkeit, daß ich Ihnen gegenwärtiges Schreiben übermache, denn es wird wohl für Sie gehören; man fand es, wie es ist, auf dem Tisch in Josephs Stube liegen."

Begierig nahm Theobald den dargebotenen Brief und eilte damit in ein anderes Zimmer. Als er nach einer ziemlichen Weile wieder zurückkam, konnte man auf seinem Gesicht eine gewisse feierliche Ruhe bemerken, er sprach gelassener, gefaßter, und wußte namentlich den gekränkten Handwerker bald wieder zu beruhigen. Übrigens entließ er für jetzt die beiden Kameraden, um mit Agnesen und der Schwester allein zu sein und ihnen das Wesentlichste vom Zusammenhang der Sache zu eröffnen. Oft unterbrach ihn der Schmerz, er stockte, und seine Blicke wühlten verworren am Boden.

Von dem Inhalt jenes hinterlassenen Schreibens wissen wir nur das Allgemeinste, da Nolten selbst ein Geheimnis daraus machte. Soviel wir darüber erfahren konnten, war es eine kurze, nüchterne, ja für das Gefühl der Hinterbliebenen gewissermaßen versöhnende Rechtfertigung der schauderhaften Tat, welche seit längerer Zeit im stillen vorbereitet gewesen sein mußte, und deren Ausführung allerdings durch Noltens Erscheinen beschleunigt worden war, wiewohl in einem Sinne, der für Nolten selbst keinen Vorwurf enthielt. Auch wäre die Meinung irrig, daß nur das Beschämende der Überraschung den Schauspieler blindlings zu einem übereilten Entschluß hingerissen habe, denn wirklich hat sich nachher zur Genüge gezeigt, wie wenig ihm seine neuerliche Lebensweise, so seltsam sie auch gewählt sein mochte, zu eigentlicher Unehre gereichen konnte. Begreiflich aber wird man es finden, wenn bei der Begegnung des geliebtesten Freundes der Gedanke an eine zerrissene Vergangenheit mit überwältigender Schwere auf das Gemüt des Unglücklichen hereinstürzte, wenn er sich ein für allemal von demjenigen abwenden wollte, mit dem er in keinem Betracht mehr gleichen Schritt zu halten hoffen durfte, und aus dessen reiner Glücksnähe ihn der Fluch seines eigenen Schicksals für immer zu verbannen schien.

(Einige Jahre nachher hörten wir von Bekannten des Malers die Behauptung geltend machen, daß den Schauspieler eine geheime Leidenschaft für die Braut seines Freundes zu dem verzweifelten Entschlusse gebracht habe. Wir wären weit entfernt, diese Sage, wozu eine Äußerung Noltens selbst Veranlassung gegeben haben soll, schlechthin zu verwerfen, wenn wirklich zu erweisen wäre, daß Larkens, wie allerdings vorgegeben wird, kurz nachdem er seine Laufbahn geändert, Agnesen bei einer öffentlichen Gelegenheit, und unerkannt von ihr, zu Neuburg gesehen habe. — Getraut man sich also nicht, hierin eine sichere Entscheidung zu geben, so müssen wir das harte Urteil derjenigen, welche dem Unglücklichen selbst im Tode noch eine eitle Bizarrerie schuld geben möchten, desto entschiedener abweisen.)

„O wenn du wüßtest", rief Theobald Agnesen zu, „was dieser Mann mir gewesen, hätt ich dir nur erst entdeckt, was auch *du* ihm schuldig bist, du würdest mich fürwahr nicht schelten, wenn mein Schmerz ohne Grenzen ist!" Agnes wagte gegenwärtig nicht zu fragen, was mit diesen Worten gemeint sei, und sie konnte ihm nicht widersprechen, als er das unruhigste Verlangen bezeigte, den Verstorbenen selber zu sehen. Zugleich ward ihm die Sorge für den Nachlaß, für die Bestattung seines Freundes zur wichtigsten Pflicht. Larkens selbst hatte ihm diesfalls schriftlich mehreres angedeutet und empfohlen, und Theobald mußte auf einen sehr wohlgeordneten Zustand seiner Vermögensangelegenheiten schließen. Vor allen Dingen nahm er Rücksprache mit der obrigkeitlichen Behörde, und einiger Papiere glaubte er sich ohne weiteres versichern zu müssen.

Indessen war es bereits spät am Tage und so trat er in einer Art von Betäubung den Weg nach der Stätte an, wo der traurigste Anblick seiner wartete.

Ein Knabe führte ihn durch eine Menge enger Gäßchen vor das Haus eines Tischlers, bei welchem sich Larkens seit einigen Monaten förmlich in die Arbeit gegeben hatte. Der Meister, ein würdig aussehender, stiller Mann, empfing ihn mit vielem Anteil, beantwortete gutmütig die eine und andere Frage und wies ihn sodann einige steinerne Stufen zum unteren Geschoß hinab, indem er auf eine Tür hinzeigte. Hier stand unser Freund eine Zeitlang mit klopfendem Herzen allein, ohne zu öffnen. Jetzt nahm er sich plötzlich zusammen und trat in eine sauber aufgeräumte, übrigens armselige Kammer. Niemand war zugegen. In einer Ecke befand sich ein niedriges Bett, worauf die Leiche mit einem Tuch völlig überdeckt lag. Theobald, in ziemlicher Entfernung, getraute sich kaum von der Seite hinzusehen, Gedanken und Gefühle verstockten ihm zu Eis und seine einzige Empfindung in diesem Augenblicke war, daß er sich selber haßte über die unbegreiflichste innere Kälte, die in solchen Fällen peinlicher zu sein pflegt, als das lebhafteste Gefühl unseres Elends. Er ertrug diesen Zustand nicht länger, eilte auf das Bette zu, riß die Hülle weg und sank laut weinend über den Leichnam hin.

Endlich, da es schon dunkel geworden, trat Perse, der Goldarbeiter, mit Licht herein. Nur ungern sah Theobald sich durch ein fremdes Gesicht gestört, aber das bescheidene Benehmen des Menschen fiel ihm sogleich auf und hielt ihn um so fester, da derselbe mit der edelsten Art zu erkennen gab, daß auch er einiges Recht habe mit den Freunden des Toten zu trauern, daß ihm derselbe, besonders in der letzten Zeit, viel Vertrauen geschenkt. „Ich sah", fuhr er fort, „daß an diesem wundersamen

Manne ein tiefer Kummer nagen müsse, dessen Grund er jedoch sorgfältig verbarg; nur konnte man aus manchem eine übertriebene Furcht für seine Gesundheit erkennen, so wie er mir auch selbst gestand, daß er eine so anstrengende Handarbeit, wie das Tischlerwesen, außer einer gewissen Liebhaberei, die er etwa für dies Geschäft haben mochte, hauptsächlich nur zur Stärkung seines Körpers unternommen. Auch begriff ich gar wohl, wie wenig ihn Mangel und Not zu dergleichen bestimmt hatte, denn er war ja gewiß ein Mann von den schönsten Gaben und Kenntnissen; desto größer war mein Mitleiden, als ich sah, wie sauer ihm ein so ungewohntes Leben ankam, wie unwohl es ihm in unserer Gesellschaft war und daß er körperlich zusehends abnahm. Das konnte auch kaum anders sein, denn nach dem Zeugnis des Meisters tat er immer weit über seine Kräfte und man mußte ihn oft mit Gewalt abhalten." Hier deckte er die Hände des Toten auf, wie sie von grober Arbeit gehärtet und zerrissen waren. — Jetzt öffnete sich die Türe und ein hagerer Mann mit edlem Anstande trat herein, vor welchem sich der Goldarbeiter ehrerbietig zurückzog und dessen stille Verbeugung Nolten ebenso schweigend erwiderte. Er hielt den Fremden für eine offizielle Person, bis Perse ihm beiseit den Präsidenten von K* nannte, den keine amtliche Verrichtung hieher geführt haben könne. So stand man eine Zeitlang ohne weitere Erklärung umeinander und jeder schien die Leiche nur in seinem eignen Sinne zu betrachten.

„Ihr Schmerz sagt mir", nahm der Präsident das Wort, nachdem Perse sich entfernt hatte, „wie nahe Ihnen dieser teure Mann im Leben müsse gestanden haben. Ich kann mich eines näheren Verhältnisses zu ihm nicht rühmen, doch ist meine Teilnahme an diesem ungeheuren Fall so wahr und innig, daß ich nicht fürchten darf, es möchte Ihnen meine Gegenwart —"
„O seien Sie mir willkommen!" rief der Maler, durch eine so unverhoffte Annäherung in tiefster Seele erquickt, „ich bin hier fremd, ich suche Mitgefühl — und ach, wie rührt, wie überrascht es mich, solch eine Stimme und aus solchem Munde hier in diesem Winkel zu vernehmen, den der Unglückliche nicht dunkel genug wählen konnte, um sich und seinen ganzen Wert und alle Lieb und Treue, die er andern schuldig war, auf immer zu vergraben."

Des Präsidenten Auge hing einige Sekunden schweigend an Theobalds Gesicht und kehrte dann nachdenklich zu dem Toten zurück.

„Ist's möglich?" sprach er endlich, „seh ich hier die Reste eines Mannes, der eine Welt voll Scherz und Lust in sich bewegte und zauberhelle Frühlingsgärten der Phantasie sinnvoll vor uns entfaltete! Ach, wenn ein Geist, den doch der Genius der Kunst mit treuem Flügel über all die kleine Not des Lebens wegzuheben schien, so frühe schon ein ekles Auge auf dieses Treiben werfen kann, was bleibt alsdann so manchem andern zum Troste übrig, der ungleich ärmer ausgestattet, sich in der Niederung des Erdenlebens hinschleppt? Und wenn das vortreffliche Talent selbst, womit Ihr Freund die Welt entzückte, so harmlos nicht war, als es schien, wenn die heitere Geistesflamme sich vielleicht vom besten Öl des innerlichen Menschen schmerzhaft nährte, wer sagt mir dann, warum jenes namenlose Weh, das alle Mannheit, alle Lust und Kraft der Seele, bald bänglich schmelzend untergräbt, bald zornig aus den Grenzen treibt, warum doch jene Heimatlosigkeit des Geistes, dies Fort- und Nirgendhin-Verlangen, inmitten eines reichen, menschlich schönen Daseins, so oft das Erbteil herrlicher Naturen sein muß? — Das Rätsel eines solchen Unglücks aber völlig zu machen, muß noch der Körper helfen, um, wenn die wahre Krankheit fehlt, mit einem nur um desto gräßlicheren Schein die arme Seele abzuängstigen und vollends irre an sich selber zu machen!"

Auf diese Weise wechselten nun beide Männer, beinahe mehr den Toten als einander selbst anredend und oft von einer längern Pause unterbrochen, ihre Klagen und Betrachtungen. Erst ganz zuletzt, bevor sie auseinandergingen, veranlaßte der Fremde, indem er seinen Namen nannte, den Maler, ein Gleiches zu tun, sowie den Gasthof zu bezeichnen, wo jener ihn morgen aufsuchen wollte. „Denn es ist billig", sagte er, „daß wir nach einer solchen Begegnung uns näher kennenlernen. Sie sollen alsdann hören, welcher Zufall mir noch erst vor wenigen Wochen die wunderbare Existenz Ihres Freundes verriet, den bis auf diesen Tag, soviel ich weiß, noch keine Seele hier erkannte. Meine Sorge bleibt es indessen, daß ihm die letzte Ehre, die wir den Toten geben können, ohne zu großes Aufsehn bei der Menge, von einer Gesellschaft würdiger Kunstverwandten morgen abend erwiesen werden könne. Ich habe die Sache vorläufig eingeleitet. Aber nun noch eine Bitte um Ihrer selbst willen: verweilen Sie nicht allzulange an diesem traurigen Orte mehr. Es ist das schönste Vorrecht und der edelste Stolz des Mannes, daß er das Unabänderliche mit festem Sinn zu tragen weiß. Schlafen Sie wohl. Lieben Sie mich! Wir sehn uns wieder." Der Maler konnte nicht sprechen, und drückte stammelnd beide Hände des Präsidenten.

Als er sich wieder allein sah, flossen seine Tränen reichlicher, jedoch auch sanfter und zum erstenmal wohltuend. Er fühlte sich mit dieser Last von Schmerz nicht mehr so einsam, so entsetzlich fremd in diesen Wänden, dieser Stadt, ja Larkens' Anblick selber deuchte ihm so jämmerlich nicht mehr; eben als wenn der Schatte des Entschlafenen mit ihm die ehrenvolle Anerkennung fühlen müßte, die er noch jetzt erfuhr.

Nun aber drang es Theobalden mächtig, am Busen der Geliebten auszuruhen. Er steckte ein Nachtlicht an, welches für die Leichenwache bereitlag, er sagte unwillkürlich seinem Freund halblaut eine gute Nacht, und war schon auf der Schwelle, als Lörmer, der Büchsenmacher, ihm den Weg vertrat. Der Mensch bot einen Anblick dar, der Ekel, Grauen und Mitleid zugleich erwecken mußte. Von Wein furchtbar erhitzt, mit stieren Augen, einen gräßlichen Zug von Lächeln um den herabhängenden Mund, so war er im Begriff, das Heiligtum des Todes zu betreten. Nolten, ganz außer sich vor Schmerz und Zorn, stößt ihn zurück und reißt den Schlüssel aus der Tür, Lörmer wird wütend, der Maler braucht Gewalt und kann nicht verhüten, daß das Scheusal vor ihm niederstürzt und mit dem Kopf am Boden aufschlägt. „Ich bitte Sie", lallt er, indem er sich vergebens aufzurichten sucht, und nicht bemerkt, daß Nolten schon verschwunden ist, um die Hausleute von dem Skandal zu benachrichtigen, „um Gottes Barmherzigkeit willen! lassen Sie mich hinein! *mich!* ich bin noch allein der Mann, ihm zu helfen — Sie müssen wissen, Herr, er pflegte gelegentlich auf den Lörmer was zu halten, Herr — Sehn Sie, diese Uhr hab ich von ihm — aber sie ist stehengeblieben — Wir standen du und du, mein guter Herr, ich und der Komödiant — Hieß er mich nicht immerdar sein liebes Vieh? hat er je einen andern so geheißen? und — — Hol euch der Teufel alle zusammen — Sehn muß ich ihn, da hilft kein Gott und keine Polizei — Ihr wißt den Henker zu distinguieren, ob ein Mensch in der Tat und Wahrheit k... iert ist oder nicht — Soll ich dir etwas im Vertrauen sagen? Da drinne liegt er munter und gesund und hat euch alle am Narrenseil. Denn das ist einer, sag ich euch, der weiß wie man den Mäusen pfeift. Und — aber — — wenn es je wahr wäre —" (hier fing er an zu heulen) „wenn er mir das Herzeleid antun wollte, und aufpacken und seinen Stelzer verlassen — wenn das — Jesu Maria! Auf! auf! schlag die Tür ein! ich muß ihm noch beichten — Jagt Papst und Pfaff und Bischöf, die ganze Klerisei zum Teufel! ich will dem Komödianten beichten, trotzdem daß er ein Ketzer ist — Er muß alles wissen, was ich seit meiner Firmelung an Gott und Welt gesündigt! Auf! hört ihr nicht? Ich will die ganze Baracke in Trümmer schmeißen, ich will ein solches Jüngstes Gericht antrommeln, daß es eine Art hat! — Alter! lieber Schreiner, laß mich hinein —" Das Schloß sprang auf, und Lörmer stürzte einige Stufen hinab in das Zimmer, wo man ihn, als die Leute kamen, bewußtlos am Fuß des Bettes liegen fand.

Am Morgen kam ein Billett des Präsidenten und lud den Maler mit den Frauenzimmern zu einem einfachen Mittagmahl. Nolten war diese Ableitung besonders um der Mädchen willen sehr erwünscht, mit deren verlassenem Zustande, weil er jeden Augenblick veranlaßt ward, bald aus dem Hause zu gehen, bald sich mit Schreibereien zu befassen, man in der Tat Bedauern haben mußte. Agnes und ihr Benehmen war indes zu loben. Bei allen Zeichen des aufrichtigsten Anteils bewies sie durchaus eine schöne, vernünftige Ruhe, sogar schien sie natürlicher, und sicherer in sich selbst, als es auf der ganzen Reise der Fall gewesen sein mochte; nicht nur dem Maler, auch Nannetten fiel das auf. Es hatte aber diese sonderbare Verwandlung ihren guten Grund, nur daß das Mädchen zu bescheiden war, ihn zu entdecken, oder zu schüchtern vielmehr, um an ihre alten „Wunderlichkeiten" (wie Theobald zuweilen sagte) in dem Augenblicke zu mahnen, wo es sich um eine ernste und schaudervolle Wirklichkeit handelte. Allein auch ihr war es ein hoher Ernst mit dem, was sie für jetzt zurückzuhalten ratsam fand. Denn in der ganzen schrecklichen Begebenheit mit Larkens erblickte sie nichts anderes als die gewisse Erfüllung eines ungewissen Vorgefühls, und so vermochte sie ein offenbares und geschehenes Übel mit leichterem Herzen zu beweinen, als ein gedrohtes zu erwarten.

Nolten erkundigte sich bei dem Wirt nach den Verhältnissen des Präsidenten, und erfuhr, daß derselbe, obgleich seit Jahr und Tag mit seiner Frau gespannt, eines der angesehensten Häuser hier bilde, sich aber als ein leidenschaftlicher Mann vor kurzem auch mit der Regierung entzweit habe, und bis auf weiteres von seinem Amte abgetreten sei. Er wohnte selten in der Stadt und neuerdings fast einzig auf seinen Gütern in der Nähe.

Perse, der Goldarbeiter, kam einiger Bestellungen wegen, welche die Leiche betrafen. Beiläufig erzählte er, daß der Barbier, als mehrerer Diebstähle verdächtig, seit heute früh im Turme sitze. Er habe gestern in der öffentlichen Wirtsstube sich aus Alteration und Reue wegen ähnlicher an Larkens verübter Schändlichkeiten selber verschwatzt. Die größte Niederträchtigkeit an dem Schauspieler habe der Taugenichts dadurch begangen, daß er sich von jenem das Stillschweigen über seinen wahren Charakter mit schwerem Gelde habe bezahlen lassen, indem er ihm täglich gedroht, alles auszuplaudern. — Theobald fragte bei dieser Gelegenheit nach dem Büchsenmacher, und konnte aus Perses umständlichem Berichte soviel entnehmen, daß Larkens dem Menschen, weil es ein gescheiter Kopf, einiges Interesse geschenkt, das übrigens so gut als weggeworfen gewesen, da die deutliche Absicht des Schauspielers, ihn zu korrigieren, bloß dem Übermut des Burschen geschmeichelt habe, zumal die Art, wie Larkens zu Werke gegangen, bei weitem zu delikat gewesen. Übrigens habe sich Larkens nicht nur dem Zirkel, sondern besonders auch vielen Armen als unbekannter Wohltäter unvergeßlich gemacht.

Mittagszeit war da, die Mädchen angekleidet und Nolten bereit, mit ihnen zu gehen. Eine Tochter des Präsidenten empfing sie auf das artigste, und nach einiger Zeit erschien der Vater; außerdem kam niemand von der Familie zum Vorschein. Die Frau, mit dreien andern Kindern, einem ältern Sohne und zwei Töchtern, wurde erst heute abend vom Lande erwartet, und zwar, wie man überall wußte, nur um ihren Aufenthalt wieder auf einige Monate mit dem Gemahl zu wechseln.

Während der Präsident sich, bis man zu Tische ging, eifrig mit dem Maler unterhielt, gesellte sich Margot zu den beiden Frauenzimmern. Sie war immer der Liebling des Vaters gewesen und bildete, weil es ihrer innersten Natur widersprach, ausschließende Partei zu nehmen, eine Art von leichtem Mittelglied zwischen den zwei getrennten Teilen.

Es war serviert, man setzte sich. Für jetzt betraf die Unterhaltung nur Dinge von allgemeinerem Interesse. Ein zartes Einverständnis der Gemüter schloß von selbst den Gegenstand geweihter Trauer für diese Stunde aus. Dagegen war der Augen-

blick, wo endlich das Gefühl sein Recht erhielt, einem jeden
desto inniger willkommen. Wir sind genötigt, hier so manches
bemerkenswerte Wort der wechselseitigen Aufklärung über die
Eigentümlichkeit und allmähliche Verkümmerung von Larkens'
Wesen zu übergehen, und erzählen dafür mit den eignen Worten des Präsidenten, auf welche Art er zur Bekanntschaft des
Schauspielers gelangte.

„Vor einem Vierteljahr machte die hiesige Bühne den bis
daher in Deutschland noch nicht erhörten Versuch, Ludwig
Tiecks Lustspiele aufzuführen. Die Idee war von dem berühmten S** ausgegangen, welcher als Gast hier einige Monate spielte
und für jenes enthusiastische Projekt weniger die Intendanz,
als vielmehr die höheren Privatzirkel des gebildeten Publikums,
denen er Vorlesungen hielt, zu elektrisieren wußte. Nach einer
sehr gründlichen Vorbereitung unseres Akteurs, und nachdem
er durch eine Reihe anderer, gewohnter Vorstellungen sich vorweg das Zutrauen sämtlicher Theaterliebhaber im höchsten
Grade gewonnen hatte, ward endlich ‚Die verkehrte Welt' angekündigt. Die wenigen, welche diese geistvolle Dichtung kannten und schätzten, wollten freilich voraussehn, daß bei der
Stumpfsinnigkeit, nicht nur der Menge, auf die man im voraus
verzichtete, sondern der sogenannten Gebildeten, die schöne
Absicht im ganzen verunglücken müsse; ja S** selbst soll dies
vorhergesehen haben, und man glaubt, er habe diesmal teils
auf Kosten des großen Publikums, teils seines eigenen Rufs,
einer Privatvorliebe zu viel nachgegeben. Auf der andern Seite
ist seine Uneigennützigkeit zu bewundern, da ihm offenbar
mehr daran lag, das Genie des Dichters vor den Einsichtsvollen
zu verherrlichen, als ihn zur Folie seiner persönlichen Kunst
zu gebrauchen. Da inzwischen auch die Eingeweihten das mögliche taten, um eine allgemeine Erwartung zu erregen, den
Philistern eins anzuhängen und ihnen die Köpfe im voraus zu
verrücken, so versprachen sich diese, vom Titel des Stückes
verführt, ein recht handgreifliches Spektakelstück und alles ging
glücklich in die Falle. Die Aufführung, ich darf es sagen, war
meisterhaft. Aber, Gott verzeihe mir, noch heute, wenn ich an
den Eindruck denke, weiß ich mich nicht zu fassen. Diese Gesichter, unten und auf den Galerien, hätten Sie sehen müssen!
Tieck selbst würde die Physiognomie des Haufens, als mitspielender Person, neben den unter die Zuschauer verteilten Rollen,
sich nicht köstlicher haben denken können. Diese unwillkürliche

Selbstpersiflage, dies fünf- und zehnfach reflektierte Spiegelbild der Ironie beschreibt kein Mensch. In meiner Loge befand sich der Legitationsrat U., einer der wärmsten Verehrer Tiecks; wir sprachen und lachten nach Herzenslust während eines langen Zwischenakts (denn eine ganze Viertelstunde lang war der Direktor in Verzweiflung, ob er weiterspielen lasse oder aufhöre). Während dieses tollen Tumultes nun, während dieses Summens, Zischens, Bravorufens und Pochens hörten wir neben uns, nur durch ein dünnes Drahtgitter getrennt, eine Stimme ungemein lebhaft auf jemanden losschwatzen: ‚O sehn Sie doch nur um Gottes willen da aufs Parterre hinunter! und dort! und hier! der Spott hüpft wie aus einem Sieb ein Heer von Flöhen an allen Ecken und Enden hin und her — Jeder reibt sich die Augen, klar zu sehen, jeder will dem Nachbar den Floh aus dem Ohre ziehen und von der andern Seite springen ihm sechse hinein — Immer ärger! — ein Teufel hat alle Köpfe verdreht — es ist wie ein Traum auf dem Blocksberg — es wandelt alles im Schlaf — Herrn und Damen bekomplimentieren sich, im Hemde voreinander stehend, glauben sich auf der Assemblee, sagen: ‚Waren Sie gestern auch in der verkehrten Welt? Gottlob nun wäre man doch wieder bei sich selbst‘ usw. — Der alte Geck dort aus der Kanzlei, o vortrefflich! bietet einer muntern Blondine seine Bonbonniere mit großmächtigen Reichssiegeloblaten an und versichert, sie wären sehr gut gegen Vapeurs und Beängstigungen. Hier — sehn Sie doch, gerade unterm Kronleuchter — steht ein Ladendiener vor einem Fräulein und lispelt: ‚Gros de Naples-Band? Sogleich. Wieviel Ellen befehlen Sie wohl?‘ Er greift an sein Ohr, zieht es in eine erstaunliche Länge, mißt ein Stück und schneidet's ab. Aber bemerken Sie nicht den Inkroyable am dritten Pfeiler vom Orchester an? wie er sich langsam über die Stirne fährt und auf einmal den Poeten embrassiert: ‚O Freund! ich habe schön geträumt diese Nacht! Ich habe ein winzig kleines Spieldöschen gehabt, das ich hier, schaun Sie, hier in meinen hohlen Zahn legte, ich durfte nur ein wenig darauf beißen und die ganze Zauberflöte, sag ich Ihnen, die ganze Oper von Wolfgang Amadeus Mozart, spielte drei Stunden en suite fort. Eine Dame, die neben mir stand, behauptete, es wäre ja Rataplan, der kleine Tambour, was ich spiele — Himmel! sagt ich, ich kenne ja doch die Bären und die Affen und diese heilgen Hallen! O göttlich war's — Nein! — Aber da drüben, ich bitte Sie — —‘ ‚Erlauben Sie‘, unterbrach hier eine tiefe Baßstimme die Rede des Schalks mitten im Fluß, ‚erlauben Sie, mein lustiger, unbekannter Herr, daß ich endlich frage: wollen Sie *mich* foppen, oder wollen sie andere ehrliche Leute mit diesem Unsinn foppen?' ‚Ach ganz und gar nicht', war die Antwort, ‚keins von beiden, ich bitte tausendmal um Vergebung — Aber was ist denn unserm Herrn Nachbar da zugestoßen? der weint ja erschrecklich — Mit Erlaubnis, haben Sie den Wadenkrampf?' — In diesem Augenblick öffnet sich unser Gitter, ein langes weinerliches Gesicht beugt sich herein mit den erbärmlichen Worten: ‚Ach, liebe Herren, ist es denn nicht möglich, daß ich durch Ihre Loge hinaus, fort aus diesem Narrenhaus, ins Freie kommen könnte? Oder wenn das nicht ist — so sein Sie so gütig — nur eine kleine Bitte — Wie heißt denn das Indigo Perfektum von obstupesco, ich bin betäubt, verwirrt, bin ein Mondskalb geworden? das Perfektum Indikativi wollt ich sagen — O lachen Sie nicht — ich bin der unglückseligste Mann, bin seit einiger Zeit am hiesigen Lyzeo Präzeptor der lateinischen Sprache, habe mir's recht sauer werden lassen — auch hatte es bis jetzt keine Gefahr, man war mit mir zufrieden — allein seit einer halben Stunde, bei dem verkehrten verfluchten Zeug da — ich weiß nicht — mein Gedächtnis — die gemeinsten Wörter — ich mache von Minute zu Minute eine Probe mit mir, examino memoriam meam — es ist mir, wie wenn mein Schulsack ein Löchlein, rimulam, bekommen hätte, zuerst nur ein ganz geringes, aber es wird immer größer, ich kann schon mit der Faust — o entsetzlich! es rinnt mir schockweise alles bei den Stiefeln hinaus, praeceps fertur omnis eruditio, quasi ein Nachlaß der Natur — o himmelschreiend, in einer halben Stunde bin ich rein ausgebeutelt, bin meinem schlechtesten Trivialschüler gleich — Lassen Sie mich hinaus, hinaus! ich sprenge die Verzäunung —'

Ich und der Legationsrat kamen ganz außer uns. Der Mensch aber, empört durch unser Lachen, schlug uns das Gitter vor der Nase zu und wir sahen ihn eine ganze Weile nicht wieder. Wir glaubten anfangs, es wäre etwa eine komische Figur aus dem Lustspiele, der Legationsrat schwur scherzend, gar Tieck selber müsse es gewesen sein. Indessen ging der letzte Aufzug an und ging gleich den ersten herrlich vorüber. Der Vorhang fiel. Das alterierte Publikum drängte sich murrend und drohend nach den Türen, einige wollten auf der Stelle Rechenschaft haben. ‚Sieh da!' rief der Legationsrat mir zu, ‚ein Beispiel, ein erstes und letztes für ganz Deutschland, ein Wahrzeichen für alle Direktionen, welche auf Sinn und guten Geschmack bei uns rechnen!' Plötzlich antwortete eine ganz gelassene Stimme am Gitter mit den Worten Cäsars: ,Pro ostento non ducendum, si pecudi cor defuit.' Und zugleich streckte sich wieder jenes Präzeptorsgesicht herein, aber ohne die vorige Grimasse und daher fast kaum mehr zu erkennen. ,Glauben Sie mir, meine Herren (denn ich habe mich unterdessen erholt und ein wunderbares Licht ging mir auf) dieses Stück wird vergöttert werden bei unsern Landsleuten, und die Direktionen können für solche Abende das Entree getrost auf das Dreifache steigern, um den Pöbel zu verschmerzen. Denken Sie an mich. Ihr Diener.' Während er das sagte, glaubte ich mich dunkel zu erinnern, daß mir dieses Gesicht nicht zum erstenmal begegne, ich wollte ihn schnell anreden, aber wie weggeblasen war er unter dem Gewühl. Ich und mein guter U., nachdem wir von unserm Erstaunen einigermaßen zurückgekommen waren, beschlossen, diesen Mann, wenn er sich anders hier aufhalte, was zu bezweifeln war, auszukundschaften, es koste was es wolle. Umsonst sahn wir uns auf den Treppen, an den Ausgängen überall um, fragten die Personen, denen er zunächst gesessen, niemand wußte von ihm. Nach acht Tagen dacht ich nicht mehr an den Vorfall und hielt den Unbekannten für einen Auswärtigen. — Ich befinde mich eines Morgens mit mehreren Bekannten auf dem Kaffeehause. Im Auf- und Abgehen klopf ich meine Zigarre am offenen Fenster aus und werfe zufällig einen Blick auf die Straße; ein Handwerker mit Brettern unterm Arm geht hart am Hause vorüber, meine Asche kann ihn getroffen haben, kurz, er schaut rasch auf und bietet mir das ganze Gesicht entgegen, mit einem Ausdruck, mit einer Beugung des Körpers, wie ich das in meinem Leben nur von *einem* Menschen gesehen hatte, und — genug, in diesem Momente wußt ich auch, wer er sei: der Komiker, den ich vor fünf Jahren im Geizigen des Molière bewunderte, Larkens. Unverzüglich schickt ich ihm nach, ohne mir gegen irgend jemand das geringste merken zu lassen. Er kam, in der Meinung, man verlange seine Dienste als Handwerker, ich ging ihm entgegen und ließ ihn in ein leeres Zimmer treten. Es gab nun, wie man denken kann, eine sehr sonderbare Unterredung, von welcher ich nur sage, daß ich mich ungewisser stellte als ich war, nur entfernt von großer Ähnlichkeit mit einem früheren Bekannten sprach, um ihm auf den Fall er sein Geheimnis lieber bewahren wollte, den Vorteil der Verleugnung ohne weiteres zu lassen. Hier aber erkannte man nun erst den wahren Meister! Eine solche köstliche Zunftmiene, so eine rechtfertige Zähheit — kein Flamänder malt diesen Ausdruck mit solcher Wahrheit. Man glaubte einen Burschen zu sehen, auf dessen Stirne sich bereits die Behaglichkeit zeichne, womit er am ruhigen Abend beim Bierkrug und schlechten Tabak den Auftritt seinen Kameraden auftischen wollte, nachdem er ihre Neugierde durch etwas unnötig längeres Feuerschlagen gehörig zu schärfen für dienlich erachtet. Wie hätte ich nun nach allem diesen es noch übers Herz bringen können, dem unvergleichlichen Mann sein Spiel zu verderben oder länger in ihn zu dringen? Ich entließ ihn also, konnte aber freilich nicht ganz ohne lachenden Mund mein: ‚Adieu, guter Freund, und nehm Er's nicht übel!' hervorbringen. Er sah mir's um die Lippen zucken, kehrte sich unter der Tür noch einmal um und sagte im liebenswürdigsten Ton: ‚Ich sehe wohl, der Schulmeister von neulich hat mir einen Streich gespielt, ich bitte, Euer Exz. mögen diese meine gegenwärtige Figur noch zur verkehrten Welt schlagen. Dürft ich aber vollends hoffen, daß dieser Auftritt unter uns bliebe, so würde ich Ew. Exz. sehr verpflichtet sein, und Sie haben hiemit mein Ehrenwort, daß mein Geheimnis ohne das mindeste Arge ist; aber für jetzt liegt mir alles dran, das zu scheinen, was ich lieber gar sein möchte.' Jetzt nahm ich länger keinen Anstand, ihn bei seinem Namen herzlich willkommen zu heißen. Da er natürlich geniert war, in seinem gegenwärtigen Aufzuge einen Diskurs fortzusetzen, und doch mein Interesse ihm nicht entging, so hieß er mich Zeit und Ort bestimmen, wo wir uns gelegener sprechen könnten, und so verabschiedete er sich mit einem unwillkürlichen Anstande, der ihm selbst in diesen Kleidern trefflich ließ.

Um mir nun die ganze sonderbare Erscheinung einigermaßen zu erklären, lag freilich der Gedanke am nächsten, es habe dem Künstler gefallen, die niedrige Natur eine Zeitlang an der Quelle selbst zu studieren, wiewohl derselbe Zweck gewiß auf andre Art bequemer zu erreichen war. Als wir kurz nachher auf meinem Gute zusammenkamen, schien er mich auch wirklich auf meinem Glauben lassen zu wollen; doch dachte er zu redlich, um nicht die wahre Absicht, deren er sich vielleicht schämen mochte, wenigstens als ein Nebenmotiv bemerklich zu machen, und da überdies eine hypochondrische Seite in seinem

Gespräche mehrmals anklang, so erriet ich leicht, daß dies wohl der einzige Beweggrund sein müsse. Ich vermied natürlich von nun an die Materie gerne, aber auffallend war es mir, daß Larkens, wenn ich das Gespräch auf Kunst und dergleichen hinlenkte, nur einen zerstreuten und beinahe erzwungenen Anteil zeigte. Er zog praktische oder ökonomische Gegenstände, auch die unbedeutendsten, jedesmal vor. Mit wahrer Freude untersuchte er meine Baumschule und jede Art von Feldwerkzeug, zugleich suchte er sich beim Gärtner über alle diese Dinge gelegentlich zu unterrichten und gab mitunter die sinnreichsten Vorteile an, die ihm weder Handbuch noch Erfahrung, sondern nur sein glücklicher Blick gezeigt haben kann. Übrigens waren unserer Zusammenkünfte leider nicht mehr als drei; vor sechs Tagen speiste er das letzte Mal bei mir."

Der Präsident war fertig. Eine tiefe Wehmut war auf alle Gesichter ausgegossen und keines wollte reden. Hatte man während dieser Erzählung, wenigstens in der Mitte derselben, nur das rege Bild eines Mannes vor sich gehabt, welcher, obgleich nicht im reinsten und glücklichsten Sinne, doch durch die feurige Art, wie er die höchsten Glanzerscheinungen des Lebens und der Kunst in sich aufnehmen konnte, mit Leib und Seele dieser Welt anzugehören schien, und konnte man also auf Augenblicke völlig vergessen, es sei hier von einem Verstorbenen die Rede, so überfiel nun der Gedanke, daß man in wenig Stunden werde seinen Sarg in die Erde senken sehen, alle Gemüter mit einer unerträglichen Pein, mit einer ganz eigenen Angst, und unsern Freund durchdrang ein nie gefühlter brennender Schmerz der ungeduldigsten Sehnsucht. Sekundenlang konnte er sich einbilden, sogleich werde die Türe sich auftun, es werde jemand hereinkommen, mit freundlichem Gesicht erklären, es sei alles ein Irrtum, Larkens komme frisch, und gesund unverzüglich hieher. Aber ach! kein Wunder gibt es und keine Allmacht, um Geschehenes ungeschehen zu machen.

Der Präsident trat stille auf Theobald zu, legte die Hand auf seine Schulter und sprach: „Mein Lieber! es ist nun Zeit, daß ich eine Bitte, eine rechte Herzensbitte an Sie bringe, mit der ich seit gestern abend umgehe und welche Sie mir ja nicht abschlagen müssen. Bleiben Sie einige Tage bei uns. Es ist uns beiden unerläßliches Bedürfnis, des teuren Freundes Gedächtnis eine Zeitlang miteinander zu tragen und zu feiern. Wir werden, indem wir *uns* beruhigen, auch *seinen* Geist mit sich selber zu versöhnen glauben. Wir müssen, wenn ich so sprechen darf, dem Boden, welchem er seine unglückliche Asche aufdrang, die fromme Weihe erst erteilen, damit diese Erde den Fremdling mütterlich einschließen könne. Wenn Sie uns verlassen haben, so ist hier keine Seele außer mir, die Ihren Larkens kannte und schätzte wie er es verdient, und doch sollen zum wenigsten stets ihrer zwei beisammen sein, um das Andenken eines Abgeschiedenen zu heiligen. Ja, geben Sie meiner Bitte nach, überlegen Sie nicht — Ihre Hand! Morgen reisen wir alle aufs Gut und wollen, traurig und froh, eines dem andern sein was wir können."

Nolten ließ den in Tränen schimmernden Blick freundlich auf Agnesen hinübergleiten, die denn, zum Zeichen was sie denke, mit Innigkeit die Hand Margots ergriff, welch letztere, diese Meinung liebreich zu erwidern, sich alsbald gegen beide Mädchen hinbeugte und sie küßte.

„Wer könnte hier noch länger widerstehn!" rief Nolten aus. „Ihre Güte, teurer Mann, ist fast zu groß für mich, ich nehme sie aber, wenn auch nur schüchtern, im Namen unseres Toten an. — Unsere Reise, meine guten Kinder", setzte er gegen die Seinigen hinzu, „insofern sie dem Vergnügen gelten sollte, war ich seit gestern ohnehin entschlossen abzukürzen, ich wollte ungesäumt dem Orte unseres künftigen Bleibens und meiner Pflicht entgegengehn. Unvermutet hat sich uns nun eine dritte Aussicht eröffnet, die selbst mit ihrer schmerzlichen Bedeutung bei weitem den schönsten Genuß und die lieblichste Zuflucht verspricht."

Ein Bedienter kam und meldete einige Herren, welche der Präsident auf diese Stunde zu sich gebeten hatte. Es war der Regisseur des Theaters und drei andere Künstler, die sich für Nolten nicht weniger, als für den Verstorbenen interessierten, da ihnen der Maler durch Renommee schon längst nicht fremd mehr war. Der Regisseur kam vor Jahren einmal mit Larkens in persönliche Berührung. Er wollte, auf Anregung des Präsidenten und darum ohne Widerspruch von seiten der Geistlichkeit, ein Wort am Grabe reden; Theobald hatte ihm hiezu die nötigen Notizen schon am Morgen zusammengeschrieben. Man beredete noch einiges wegen der Feierlichkeit.

Indessen hatte sich der Tag schon ziemlich geneigt, und seine ahnungsvolle Dämmerung wälzte mit den ersten Trauerschlägen von dem Turme her langsam und feierlich das letzte größte

Schmerzgewicht auf die Brust unsrer Freunde. Die Leiche mußte vor dem Hause des Präsidenten vorüberkommen, wo denn die ordentliche Begleitung mit einbrechender Nacht, Punkt neun Uhr sich aufstellen und ein Fackelzug von Künstlern und Schauspielern die Leiche abholen sollte, währenddessen die übrigen Fußgänger und die Wagen hier zu warten angewiesen waren.

Nolten suchte noch einen Augenblick loszukommen, um in aller Stille einen letzten Gang nach des Tischlers Hause zu tun. Dort traf er bereits eine Menge Neugieriger in der engen Gasse versammelt, doch wagte niemand, ihm zu folgen, als der alte Meister ihm den Schlüssel zu der bekannten, weit nach hinten zu gelegenen Kammer reichte. Ein weißer, mit frischen Blumen behängter Sarg stand auf dem Gange. Köstliches Rauchwerk kam ihm aus dem Zimmer entgegen, als er eintrat. Aber aufs schönste ward er überrascht und gerührt durch einen Schmuck, den eine unbekannte Hand dem Toten hatte angedeihen lassen. Nicht nur war der Körper mit einem langen, feinen Sterbekleid und schwarzer Schärpe reinlich umgeben, sondern ein großer, blendend weißer Schleier, mit Silber schwer gestickt, bedeckte das Antlitz und ließ einen grünen Lorbeerkranz, der um die hohe Stirne lag, und selbst die Züge des Gesichts gar milde durchschimmern.

Der Maler blieb nicht länger vor dem Bette stehn, als eben hinreichte, um jenes stumme, langgedehnte Lebewohl – sei es auf Wiedersehn, ach! oder auch auf ewig Nimmersehn – durch das Tiefinnerste der Seele ziehn zu lassen und jeden stillen Winkel seiner Brust mit diesem Liebesecho schmerzlich anzufüllen.

Er hörte Tritte auf dem Gang, schnell riß er sich los, in Eifersucht, daß diesen Ruheanblick, den er auf alle Zeiten mit sich nehmen wollte, kein anderer mit ihm teile.

Wir sehen einen frischen Tag über der Stadt aufgehn, und sagen von dem gestrigen Abende nicht mehr, als daß die ganze Feier schön und würdig vollzogen wurde.

Der heutige Morgen, es war ein Sonntag, ging mit Einpacken, oder mit Besuchen hin, die Nolten in der Stadt zu machen und zu erwidern hatte. Die außerordentliche Begebenheit erwarb ihm eine große Anzahl teils neugieriger, teils aufrichtiger Freunde, es kam nun eine Einladung nach der andern, darunter sehr ehrenvolle, die er nicht ablehnen durfte. Es wurde deshalb

beschlossen, daß man nicht heute abend, wie anfangs verabredet
gewesen, sondern morgen auf das Landgut fahre. Die Familie
des Präsidenten war indessen in aller Frühe schon hier eingetroffen, und Nolten sah die Präsidentin auf kurze Zeit, neben
dem Gemahl, doch war es ebendarum bei aller möglichen Artigkeit von ihrer Seite eine ziemlich frostige Bekanntschaft. Nannette, welche auch dabei zugegen, konnte sich nicht genug verwundern über die hohle Zärtlichkeit des vornehmen Ehepaars
und sie machte gleich hernach Agnesen die ganze Szene vor,
wie sich beide geküßt, wie zierlich die Frau ihr Sprüchlein ge-
lispelt habe.

Als Theobald wegen des dem armen Freunde gewidmeten
Ehrenschmucks ein dankbares Wort an das Fräulein richtete
— denn er vermutete sonst niemanden darunter — vernahm
er, daß zwar der Schleier von ihr, das übrige jedoch von einer
edlen Dame gekommen, welche den Schauspieler vor mehreren
Jahren in einigen seiner vorzüglichsten Rollen gesehen habe.
Margot nannte ihren Namen mit Achtung und erzählte, daß
sie dieselbe Frau noch vor ganz kurzer Zeit gelegentlich in einer
Gesellschaft sehr munter von jenen Vorstellungen habe erzählen hören.

Montag mittag endlich verließen die Freunde erleichterten
Mutes die Stadt. Die Neuburger Chaise mit einem Teil des
Gepäcks sollte hier zurückbleiben. Unsre Gesellschaft teilte sich
in zwei Gefährte des Präsidenten, so daß die Herren in dem
einen, die drei Frauenzimmer in dem andern für sich allein
waren.

Nach einer Stunde schon sah man das Schloß vor sich auf
der flachen Anhöhe liegen, am Fuße derselben ein kleines Landstädtchen, dessen Marken durch manches Bethaus am Wege,
durch manches hölzerne Kreuz die katholische Einwohnerschaft
im voraus verkündigen. Das Schloß selber ist ein altertümliches
Gebäude, massiv von Stein, in zwei gleich lange Flügel gebaut,
welche nach unsrer Seite her in einen stumpfen Winkel zusammenlaufen, so, daß der eine, mehr seitwärts gelegene, sich, je
näher man dem Hauptportale kam, hinter den andern zurücklegen mußte. Das ernste und würdige Ansehn des Ganzen verlor nur wenig durch die moderne gelbbraune Verblendung.
Überall bemerkte man vorspringende Erker und schmale Altane, ziemlich unregelmäßig, aber bequem und auf die Aussicht
ins Weite berechnet. Man fuhr in den Schloßhof ein, der hinten

durch eine im Halbkreis gezogene Kastanienallee gar schön
geschlossen ist, indem dieselbe rechts und links auf beide Flügelenden zugeht. Die Mitte des Halbzirkels nimmt ein achteckig
gefaßter See mit Springbrunnen ein, deren altfränkische Delphine nach vier Seiten hin ihr Wasser strahlen. Die Allee wird
durch geradlinige Wege dreimal durchschnitten, um in die zunächst hinterliegenden Anlagen zu gelangen; der mittlere Ausgang führt nach der Schnur auf ein ansehnliches Gartenhaus zu.

Von der Herrschaft wurden im ganzen Schlosse bloß die
beiden Etagen des einen Flügels bewohnt, die obern vom Präsidenten, unten befanden sich die Zimmer der Frau, wo nun
auch die beiden Mädchen mit dem Fräulein einquartiert werden
sollten. Das alles war, wenige Piecen ausgenommen, nach neuerem Geschmacke. An Bedienung, weiblicher sowohl als männlicher, fehlte es nicht.

Nachdem die neuen Gäste einigermaßen eingerichtet waren,
trank man den Kaffee in einem der vielen Boskett s im Garten
und wandelte sodann, in zwei Partien abermals getrennt, die
ganze Anlage durch. Ihr Umfang war, obgleich beträchtlich,
doch kleiner als es von innen der Anschein gab, weil Bäume
und Gebüsch die Mauer überall verbargen.

Agnes und Nannette, ihre gefällige Freundin in der Mitte,
empfanden sich in einem völlig neuen Elemente; jedoch sein
Fremdes ward ihnen durch Margots höchst umgängliches und
ungeniertes Wesen mit jeder Viertelstunde mehr zu eigen. Überhaupt finden wir nun Zeit von der Tochter zu reden, und sie
verdient, daß man sie näher kennenlerne. Das munterste Herz,
verbunden mit einem scharfen Verstande, der unter dem unmittelbaren Einflusse des Vaters, verschiedene, sonst nur dem
männlichen Geschlecht zukommende Fächer der Wissenschaft,
man darf kecklich sagen, mit angeborener Leidenschaft und
ohne den geringsten Zug von gelehrter Koketterie ergriffen
hatte, schienen hinreichende Eigenschaften, um mit einem
Äußern zu versöhnen, das wenigstens für ein gewöhnliches
Auge nicht viel Einnehmendes, oder um es recht zu sagen, bei
viel Einnehmendem, manches unangenehm Auffallende hatte.
Die Figur war außerordentlich schön, obgleich nur mäßig hoch,
der Kopf an sich von dem edelsten Umriß, und das ovale Gesicht hätte, ohne den aufgequollenen Mund und die Stumpfnase, nicht zärter geformt sein können; dazu kam eine braune,
wenngleich sehr frische Haut, und ein Paar große dunkle Augen.

Es gab, freilich nur unter den Männern, immer einige, denen eine so eigene Zusammensetzung gefiel; sie behaupteten, es werden die widersprechenden Teile dieses Gesichts durch den vollen Ausdruck von Seele in ein unzertrennliches Ganzes auf die reizendste Art verschmolzen. Man hatte deshalb den Bewunderern Margots den Spottnamen der afrikanischen Fremd- und Feinschmecker aufgetrieben, und wenn hieran gewisse allgemein verehrte Schönheiten der Stadt sich nicht wenig erbauten, so war es doch verdrießlich, daß eben die geistreichsten Jünglinge sich am liebsten um diese Afrikanerin versammelten. Die Späße der ballgerechten Stutzer waren indes, der Eifersucht zum Troste, unerschöpflich. So hatte ein Lieutenant, der sonst eben nicht im Geruche des witzigsten Kopfes stand, den köstlichen Einfall ausgeheckt: man bemerke an des Präsidenten Tochter, bei genauerer Betrachtung, ein feines Bärtchen um die Lippen, welches wohl daher komme, daß sie als Kind sich schon von den alten Knasterbärten, den Ciceros und Xenophons habe küssen lassen, und vergessen, sich den Mund rein zu wischen. Das Schönste war, daß Margot dergleichen Armseligkeiten, auch wenn sie darum wußte, im geringsten nicht bitter empfand; sie erschien bei den öffentlichen Vergnügungen, wozu freilich mehr die Mutter als das eigene Bedürfnis sie trieb, immer mit gleich unbefangener Heiterkeit, sogar gehörte sie bei Spiel und Tanz zu den eigentlich Lustigen; aber indem sie Wohlgesinnte und Zweideutige ganz auf einerlei Weise behandelte, zeigte sie, ohne es zu wollen, daß sie den einen wie den andern missen könne. Allein auch diese unschuldigste Indifferenz legte man entweder als Herzlosigkeit, oder Stolz aus. Agnes und selbst die leichter gesinnte junge Schwägerin huldigten dem guten Wesen von ganzem Herzen, ohne erst noch seine glänzendste Seite zu kennen.

Die Mädchen saßen im Gespräch auf einer Bank und sahen jetzt einen jungen Menschen von etwa sechszehn Jahren, gewöhnlich aber rein gekleidet und einige Bäumchen im Scherben tragend, den breiten Weg herunterlaufen. Wie er an ihnen vorüberkam, nickte er nur schnell und trocken mit dem Kopfe vor sich hin, ohne sie anzusehn. Die zarte Bildung seines Gesichts, die ganze Haltung des Knaben machte Nannetten aufmerksam, und Margot sagte: „Es ist der blinde Sohn des Gärtners. Sie haben ihn mitleidig angesehn und es geht anfänglich jedermann so, man glaubt ihn leidend, doch ist er es nicht, er hält sich für den glücklichsten Menschen. Wir lieben ihn alle.

Er hilft seinem Vater und verrichtet eine Menge Gartengeschäfte mit einer Leichtigkeit, daß es eine Lust ist, ihm zuzusehn, wenn ihm einmal die Sachen hingerüstet und bedeutet sind. Nichts kommt ihm falsch in die Hand, kein Blättchen knickt ihm unter den Fingern, eben als wenn die Gegenstände Augen hätten statt seiner und kämen ihm von selbst entgegen. Dies gibt nun einen so rührenden Begriff von der Neigung, dem stillen Einverständnis zwischen der äußern Natur und der Natur dieses sonderbaren Menschen. Da er nicht von Geburt, sondern etwa seit seinem fünften Jahre blind ist, so kann er sich Farben und Gestalten vorstellen, aber wunderlich klingt es, wenn man ihn die Farben gewisser Blumen mit großer Bestimmtheit, aber oft grundfalsch so oder so angeben hört; er läßt sich seine Idee nicht nehmen, da er sie ein für allemal aus einem unerklärlichen Instinkt, hauptsächlich aus dem verschiedenen Geruche, dann auch aus dem eigentümlichen Klange eines Namens vorgefaßt hat. Das erstere kann man ihm noch hingehn lassen, der Zufall tut viel, und wirklich hat er es einigemal bei sehr unbekannten Blumen auffallend getroffen."

„Wäre aber", sagte Agnes, „doch etwas Wahres daran, so sollte man auch wohl die Gabe haben können, etwa aus der Stimme eines Menschen auf sein Wesen zu schließen, wenn auch nicht auf den Namen, denn gesetzt, man schöpfte diesen für die Blumen wirklich aus einem bestimmten Gefühl, oder, wie soll ich sagen? aus einer natürlichen Ähnlichkeit, so kämen wir auf jeden Fall zu kurz neben diesen Frühlingskindern, die man doch gewiß erst, nachdem sie vollkommen ausgewachsen waren, getauft hat, um ihnen nicht Unrecht zu tun mit einem unpassenden Namen, während wir den unsrigen erhalten, ehe wir noch den geringsten Ausdruck zeigen."

Margot war über diese artige Bemerkung erfreut und Nannette erinnerte gelegentlich an die sogenannte Blumensprache, woraus man seit einiger Zeit ordentlich kleine Handbücher mache. „Was mir an dieser Lehre besonders gefällt, das ist, daß wir Mädchen bei all ihrer Willkürlichkeit doch gleich durch die Bedeutung, die dem armen nichtswissenden Ding im Buche beigelegt ist, unser Gefühl bestimmen und umstimmen lassen können, weil wir dem Menschen, der sich untersteht, so was ein für allemal zu stempeln, doch einen Sinn dabei zutrauen müssen, oder weil eine gedruckte Lüge doch immer etwas Unwiderstehlicheres hat als jede andere."

„Oder", versetzte Margot, „weil wir ängstlich sind, durch unser vieles Um- und Wiedertaufen eine böse Verwirrung in das hübsche Reich zu bringen, so daß uns die armen Blumen am Ende gar nichts Gewisses mehr sagen möchten."

„Wie närrisch ich früher über Namen der Menschen gedacht habe und zuweilen noch denken muß, kann ich bei der Gelegenheit nicht verschweigen", sagte Agnes. „Sollten denn, meint ich, die Namen, welche wir als Kinder bekommen, zumal die weniger verbrauchten, nicht einen kleinen Einfluß darauf haben, wie der Mensch sich später sein innerliches Leben formt, wie er andern gegenüber sich fühlt? ich meine, daß sein Wesen einen besondern Hauch von seinem Namen annähme?"

„Dergleichen angenehmen Selbsttäuschungen", erwiderte das Fräulein, „entgeht wohl niemand, der tiefern Sinn für Charakter überhaupt hat, und da sie so gefahrlos als lieblich sind, so wollen wir sie uns einander ja nicht ausreden."

Nannette war beiseite getreten und kam mit einem kleinen Strauß zurück. Während sie ihn in der Stille zurechtfügte, schien ihr ein komischer Gedanke durch den Kopf zu gehn, der sie unwiderstehlich laut lachen machte. „Was hat nun der Schelm?" fragte Margot, „es geht auf eins von uns beiden — nur heraus damit!" „Es geht auf Sie!" lachte das Mädchen, „ist aber nichts zum Übelnehmen. Ich suchte da nach einer Blume, die sich für Ihren Sinn und Namen passen könnte, nun heißt doch wohl Margot nicht weniger noch mehr als Margarete, natürlich fiel mir also ein, wie leichtfertig es lassen müßte, wie dumm und ungeschickt, wenn Ihnen jemand hier dies *Gretchen im Busch* verehren wollte." Alle lachten herzlich über diese Zusammenstellung, die freilich nicht abgeschmackter hätte sein können.

„Im Ernst aber", sagte Nannette und sprach damit wirklich ihres Herzens Meinung aus, „für Sie, bestes Fräulein, könnte ich wohl einen Sommer lang mit dem Katalogen in der Hand durch alle Kaisergärten suchen, eh mir endlich das begegnete, was Ihrer Person, oder weil dies einerlei ist, Ihres Namens vollkommen würdig wäre." „So?" lachte Margot, „also bleib ich, eben bis auf weiteres brav Gretel im Busch! Zum Beweis aber" (hier stand sie auf und trat vor ein Rondell mit blühenden Stöcken) „daß ich glücklicher bin im Finden als Sie, Böse und Schöne, steck ich Ihnen gleich diese niedliche Rose ins Haar, Agnes hingegen diese bläuliche Blüte mit dem würzigen Vanilleduft!"

Man ging nun scherzend weiter und das Fräulein fing wieder an: „Vom guten Henni sind wir ganz abgekommen, so heißt der Blinde, eigentlich Heinrich. Weil seine vorhin genannten Talente einigermaßen zweideutig sind, so muß man ihm bei den andern desto mehr Gerechtigkeit widerfahren lassen. Er hat viel mechanisches Geschick und seltne musikalische Anlagen. In einer leeren Kammer des linken Schloßflügels, welche vor nicht sehr langer Zeit noch zur Hauskapelle der frühern Besitzer eingerichtet war, steht eine Orgel, die lange kein Mensch ansah. Sie befand sich im schlechtesten Zustande, bis Henni vor anderthalb Jahren sie entdeckte. Er hatte nun nicht Rast noch Ruhe, das verwahrloste staubige Werk, Klaviatur, Pedal und Blasbälge, samt den fehlenden und zerbrochenen Stäbchen, Klappen und Drähten, deren Zahl beiläufig hundert und eines sein mag, wieder ordentlich herzurichten. Oft hörte man ihn bei Nacht operieren, klopfen und sägen, und es war sonderbar, ihn dann so ohne alles Licht in der einsamen Kammer bei seiner Arbeit zu denken. Was ihm aber kein Mensch geglaubt hätte: nach weniger als vier Wochen war er wirklich mit allem zustande gekommen. Sie müssen ihn einmal, und ohne daß er's weiß, auf der Orgel phantasieren hören; er behandelt sie auf eine eigene Art und nicht leicht würde ein anderes Instrument das eigentliche Wesen dieses Menschen so rein und vollständig ausdrücken können. Ich hätte billig unter seinen Vorzügen zuerst von seiner Frömmigkeit gesprochen, doch wird Ihnen diese nach dem bisher Gesagten um so wahrer und zärter erscheinen, und ich brauche jetzt desto weniger Worte davon zu machen. — Klavierspielen hatte er schon früher ohne Anleitung auf einem schlechten Pantalon gelernt, mein Vater versprach, ihm auf seinen Geburtstag ein ordentliches Instrument zu schenken. Solange wir in der Stadt wohnen, laß ich auch wohl zuweilen den Schlüssel in dem meinigen stecken und mag mir gerne denken, daß er sich ein Stündchen nach Herzenslust darauf ergehe, derweil seine Mutter die Zimmer reinigt. Er lobte mir neulich den Ton des Flügels mit solchem Feuer, daß er sich mit seinem Geheimnis verschnappte, er wurde plötzlich blutrot und ich hätte fürwahr viel gegeben, um einen Augenblick selbst zu erblinden und kein Zeuge dieser Beschämung zu sein. Es blieb nichts übrig, als ihn aufzufordern, sogleich eine Sonate mit mir zu probieren, die er mir und meinem Bruder abgehört hatte. Nichts geht ihm über das Vergnügen, vierhändig zu spielen. Das Stück, wovon ich rede, ist eines von den schwerern, allein es ging durchweg fast ohne Anstoß."

Der Präsident stand eben mit dem Maler auf der rechten Seite des Schlosses, als die Mädchen gegen den Hof herkamen; sie sprachen dort über eine gewisse Baukuriosität, der wir gelegentlich auch einen Blick schenken müssen. Es endigte sich nämlich jener Flügel mit einer breitstufigen Steintreppe, welche vor den Fenstern des oberen Stocks ein Belvedere ansetzte und, hüben und drüben mit einem Geländer versehen, auf steinernen Bogen herablief. Mit der letzten Stufe an der Erde trat man in ein niedliches Rosengärtchen, welches im Viereck von einer niedern, künstlich ausgehauenen Balustrade umgeben, einerseits auf den Abhang des Schloßbergs hinuntersah, andererseits durch ein eisernes Gatter in die Allee einführte. Alles das fand sich in den gleichen Verhältnissen auch auf der entgegengesetzten Flanke des Gebäudes, jedoch meist nur von Holz und auf den Schein berechnet. Altan und Treppe waren dort verwittert und ohne Gefahr nicht mehr zu betreten.

Die Gesellschaft begab sich ins Innere des Hauses, und bis zum Abendessen trieb ein jedes was ihm beliebte. Der Präsident ließ seinen Gästen Zeit, es sich bequem zu machen. Gleich anfangs hatte er den Grundsatz erklärt, es müsse neben den Stunden der gemeinsamen Unterhaltung und des unmittelbaren Beieinanderseins durchaus auch eine Menge Augenblicke geben, die, sozusagen, den zweiten und indirekten, gewiß nicht minder lieblichen Teil der Geselligkeit ausmachen, wo es erfreulich genug sei, sich miteinander unter *einem* Dache zu wissen, sich zufällig zu begegnen und ebenso nach Laune festzuhalten. Unseren beiden Frauenzimmern, welche dem Hausherrn gegenüber doch immer etwas von Schüchternheit bei sich verspürten, kam eine solche Freiheit zu ganz besonderm Troste, dem Maler war sie ohnehin Bedürfnis, und sogleich gab der Präsident das Beispiel, indem er sich noch auf ein Stündchen ins Arbeitskabinett zurückzog.

Die Tischzeit versammelte alle aufs neue, und als man sich zuletzt gute Nacht sagte, trat jedem der Gedanke erstaunend vor die Seele, durch was für eine ungeheure Fügung sich die fremdesten Menschen dergestalt haben zusammenfinden können, daß es schon heute schien, als hätte man sich immerdar gekannt, als wäre man zusammengekommen, um niemals wieder Abschied zu nehmen.

Nachdem wir von der Stellung der Personen, sowie von deren häuslicher und ländlicher Umgebung insoweit den Begriff gegeben haben, besorgen wir noch kaum, daß unsre Leser ein vollständiges Journal von den Unterhaltungen der nächsten Tage von uns erwarten möchten.

Was außerhalb des Schloßbezirks nur immer Anlockendes zu Pferd und Wagen zu erreichen war, und was das Eigentum des Präsidenten, zumal eine sehr reichhaltige Bibliothek, zur Unterhaltung darbot, ward abwechselnd genossen und versucht. Der Präsident liebte die Jagd, und obgleich Theobald weder die mindeste Übung, noch auch bis jetzt einigen Geschmack daran hatte, so war ihm in seiner gegenwärtigen Verfassung der Vorteil dieser Art sich zu bewegen, wobei sowohl Leib als Seele in kräftiger Spannung erhalten wird, gar bald sehr fühlbar und bei einigem Glück mit den ersten Versuchen sogar ergötzlich geworden. Er kehrte an so einem Abend auffallend erheitert und lebhaft nach Hause. Auch hatten die Mädchen bereits ihren Scherz mit ihm, indem Margot behauptete: es könnte wohl nicht leicht ein Maler die schönste Galerie der seltensten Kunstwerke mit größerem Interesse durchlaufen, als er die Gewehrkammer ihres Vaters, worin er wirklich stundenlang verweilte. Gewiß aber war auch weit und breit eine solche Sammlung nicht anzutreffen. Gewehre aller Art, vom ersten Anfang dieser Erfindung bis zu den neuesten Formen des englischen und französischen Kunstfleißes, konnte man hier aufs schönste geordnet in fünf hohen Glaskästen sehen. Die Freunde bemerkten mit Lächeln, wie Nolten jedesmal eine andere Flinte für sich aussuchte, denn mit jeder hoffte er glücklicher zu sein, und endlich griff er gar nach einem alten türkischen Geschoß, welches zwar prächtig und gut, doch für den Zweck nicht passend und deshalb von dem schlechtesten Erfolg begleitet war.

Besonders angenehm erschienen immer nach dem Abendessen die ruhigen gemeinschaftlichen Lesestunden. Der Maler hatte anfangs unmaßgeblich eine Lektüre vorgeschlagen, welche man in doppelter Hinsicht willkommen hieß. Unter den schriftlichen Sachen, die er vorläufig aus Larkens' Nachlasse an sich gezogen, befand sich zufälligerweise ein dünner, italienischer Quartband, die „Rosemonde" des Ruccelai enthaltend, wovon ihm der Schauspieler, teils wegen der Seltenheit der alten ursprünglichen Venezianer-Ausgabe, teils weil eine angenehme Erinnerung für ihn dabei war, vormals mit besonderer Liebe gesprochen und gelegentlich erzählt hatte, daß er als fünfzehnjähriger Knabe das Buch aus der Sammlung eines Großonkels nebst einigen andern Werken verschleppt habe, natürlich ohne es zu verstehen, nur weil die schön vergoldete Pergamentdecke ihn gereizt. Einige Zeit hernach habe von ungefähr ein Kenner es bei ihm erblickt und es für einen außerordentlichen Schatz erklärt; hiedurch sei er auf den Inhalt neugierig worden, um so mehr, da seine Neigung zu Schauspielen und Tragödien schon damals bis zur Wut entzündet gewesen. Nun habe er der Rosemonde — der unbekannten Geliebten — zu Gefallen mit wahrhaft ritterlichem Eifer sich stracks dem Italienischen ergeben, und nachdem er die Süßigkeit der Sprache erst verschmeckt, für gar nichts anderes mehr Aug und Ohr gehabt, in kurzem auch, ein zweiter Almachilde (so hieß Rosemondens Liebhaber und Retter), der armen Königstochter sich völlig bemächtigt.

War aber dieses Stück, als ein verehrter Zeuge der schönen Kindheit des tragischen Theaters der Italiener schon an und für sich merkwürdig genug, so setzte sich nun unser Zirkel, des Mannes eingedenk, von dem es herkam, mit einer Art von Andacht zu dem Trauerspiel, wiewohl es während des Lesens und Verdeutschens an muntern Bemerkungen nicht fehlte, entweder weil die Übersetzung zuweilen stocken wollte, oder weil man nicht umhin konnte, die im ganzen herrliche Charakteristik in der Dichtung mitunter etwas hart und holzschnittartig zu finden. Außer Agnes und Nannetten war allen die Sprache bekannt; man übersetzte wechselsweise, am liebsten aber sah man immer das Buch in Margots Hände zurückkehren, welche mit eigener Gewandtheit die Verse in Prosa umlegte und meistens ein paar Szenen im voraus zu Papier gebracht hatte, da denn wirklich der Ausdruck an Kraft, Erhabenheit und Rundung nichts mehr zu wünschen übrig ließ, so daß man, obgleich alles sehr treu gegeben war, etwas ganz Neues zu hören glaubte und den Dichter in seiner ursprünglich grandiosen Natur vollkommen gerechtfertigt sah. Dem in gewisser Hinsicht unbefriedigenden Schlusse der Handlung half das Fräulein, einem glücklichen Fingerzeig ihres Vaters folgend, durch Einschaltung einer kurzen Szene auf, worin die Vereinigung des liebenden Paares, welche der Dichter nur anzudeuten, bei seinem höhern Zwecke kaum für der Mühe wert gehalten, zum Troste jedes zart besorgten Lesers klärlich motiviert war. Man bedauerte nur, mit der Lektüre so schnelle fertig geworden zu sein, und weil jedermanns Ohr nun schon von den südlichen Klängen gereizt und hingerissen war, so brachte der Präsident einen italienischen Novellisten hervor, indessen der Maler gereimte Gedichte gern vorgezogen hätte, aus einem Grunde zwar, den er nicht allzu lebhaft geltend machen wollte: er war entzückt, wie Margot Verse las; er glaubte einen solchen Wohllaut kaum je von Eingeborenen gehört zu haben, und wenn es manchen Personen als ein liebenswürdiger Fehler angerechnet wird, daß sie das R nur gurgelnd aussprechen können, wie denn dies eben bei dem Fräulein der Fall war, so schien diese Eigentümlichkeit der Anmut jenes fremden Idioms noch eine Würze weiter zu verleihen. Agnes entging es nicht, mit welchem Wohlbehagen Freund Theobald am Munde der Leserin hing, allein auch sie vermochte demselben Zauber nicht zu widerstehen.

Überhaupt lernten die Mädchen nach und nach immer neue Talente an dieser Margot kennen; das meiste brachte nur der Zufall an den Tag, und weit entfernt, es auf eine falsche Bescheidenheit anzulegen, oder im Gefühl ihrer Meisterschaft den Unkundigen gegenüber die Unterhaltung über gewisse Gegenstände vornehm abzulehnen, teilte sie vielmehr die Hauptbegriffe sogleich auf die einfachste Weise mit und machte durch die Leichtigkeit, womit sie alles behandelte, den andern wirklich glauben, daß das so schwere Sachen gar nicht wären, als es im Anfang schien; sogar legte sie einmal das liebenswürdige Geständnis ab: „Wir Frauen, wenn uns der Fürwitz mit den Wissenschaften plagt, krebsen mitunter bloß, wenn wir zu fischen meinen, und freilich ist es dann ein Trost, daß es den Herren Philosophen zuweilen auch nicht besser geht. — Sehn Sie aber", rief sie aus und schob die spanische Wand zurück, die in der Ecke ihres Zimmers einen großmächtigen Globus verbarg, „sehn Sie, das bleibt denn doch eine Lieblingsbeschäftigung, wo man auf sicherem Grund und Boden wandelt. Der Vater hat mich drauf geführt, er ließ die hohle hölzerne Kugel mit Gips und feiner Farbe weiß überziehen, ich zeichne die neuesten Karten darauf ab und mache ohne Schiff und Wagen mit Freuden nach und nach die Reise durch die ganze Welt. Die eine Hälfte wird bald fertig sein, und hier die neue Welt steigt auch schon ein wenig aus dem leeren Ozean." Agnes bewunderte die Schönheit und Genauigkeit der Zeichnung, die zierliche Schrift bei den Namen, die breit lavierte Schattierung des Meers an den Küsten herunter; Nannette aber rief: „Will man den Weibern einmal nichts anderes lassen, als das beliebte Nähen, Stricken, Bandmalen oder Sticken, und was damit verwandt sein mag, so sollte man mir gegen eine Arbeit wie diese, wenn ich es je bis dahin brächte, die Nase wahrhaftig nicht rümpfen, denn die Strickerin wollt ich doch sehen, die schönere Maschen und künstlichere Filets vorweisen könnte, als Sie, mein Fräulein, hier bei diesen Linien und Graden gemacht haben!"

Sofort erklärte Margot dies und jenes, und wenngleich Nannette immer diejenige war, welche die Sachen am begierigsten auffaßte, am schnellsten begriff, und am besten zu schmeicheln verstand, so blieb doch Margots Aufmerksamkeit, obwohl nicht unmittelbar, denn sie fürchtete durch eine direkte und vorzugsweise Belehrung Agnesen zu verletzen, dennoch am ersten auf diese gerichtet. Überhaupt hatte ihre Neigung zu dem stillen Mädchen etwas Wunderbares, man darf wohl sagen, Leidenschaftliches. Man sah sie, zumal auf dem Spaziergange, nicht leicht neben Agnes, ohne daß sie einen Arm um sie geschlagen, oder die Finger in die ihrigen hätte gefaltet gehabt. Zuweilen machte diese Innigkeit, dies unbegreiflich zuvorkommende Wesen das anspruchlose Kind recht sehr verlegen, wie sie sich zu benehmen, wie sie es zu erwidern habe.

Inzwischen hatte man die Nachbarschaft des Guts ziemlich kennengelernt, die Stadt ohnehin schon mehrmals besucht. Unter anderm rief Theobalden die Publikation des Larkensschen Testaments dahin. Es fand sich ein bedeutendes Vermögen. Ohne alle Rücksicht auf entferntere Familienglieder (nähere aber lebten überall nicht mehr), hatte der Verstorbene vorerst einige öffentliche Benefizien, zumal für seinen Geburtsort gestiftet; sodann betrafen einzelne Legate nur eine kleine Zahl von Freunden, darunter eine Dame, deren Name und Charakter außer dem Maler niemand erfuhr. Der letztere selbst und seine Braut waren keineswegs vergessen. Bemerkenswert ist die ausdrückliche Verfügung des Schauspielers, daß niemand sich beigehen lassen solle, sein Grab — gleichgültig übrigens wo es sei — auf irgendeine Weise ehrend auszuzeichnen.

Am Abende desselben Tags, da diese Dinge in der Stadt bereinigt werden mußten, gab ein Konzert, von welchem alle Freunde der Musik lange vorher mit großer Erwartung gesprochen, einen höchst seltenen Genuß. Es war der Händelsche Messias. Der Maler, dem ein hiesiger Aufenthalt oft eine Art von Überwindung kostete, weil er sich eine reine Totentrauer durch unvermeidliche Zerstreuung fast jedes Mal vereitelt und zersplittert sah, fand heute in dem frommen Geist eines der herrlichsten Tonstücke den übervollen Widerklang derjenigen Empfindungen, mit denen er vom Grabe des Geliebten kommend unmittelbar in den Musiksaal eintrat. Er hatte sich etwas verspätet und mußte ganz entfernt von seiner Gesellschaft, in einer der hintersten Ecken sich mit dem bescheidensten Platze begnügen, den er jedoch mit aller Wahl nicht besser hätte treffen können. Denn ihn verlangte herzlich, die süße Wehmut dieser Stunde bis auf den letzten Tropfen rein für sich auszuschöpfen, er sehnte sich, dem Sturme gottgeweihter Schmerzen den ganzen Busen ohne Schonung preiszugeben. — Spät in der Nacht fuhr er mit den drei Frauenzimmern (der Präsident war diesmal nicht dabei) im schönsten Mondenschein nach Hause. Es hatte jenes Meisterwerk dermaßen auf alle gewirkt, daß es in der ersten Viertelstunde, wo sie sich wieder im Gefährt befanden, beinahe aussah, als hätte man ein Gelübde getan, auf alles und jedes Gespräch darüber zu verzichten; und als das Wort endlich gefunden war, galt es dem teuren Larkens fast ausschließlich. Das Fräulein offenbarte sich bei der Gelegenheit zum erstenmal entschiedener von seiten des Gefühls, was wenigstens dem Maler gewissermaßen etwas Neues war, da es ihn manchmal deuchte, als stünde diese Eigenschaft bei ihr unter einer etwas zu strengen und jedenfalls zu sehr bewußten Vormundschaft des mächtigern Verstandes. Das Wahre aber ist: Margot verbot sich, bei aller übrigen Lebendigkeit, von jeher den kecken Ausdruck tieferer Empfindung, vielmehr — er verbot sich von selber bei ihr, da sie ihr Leben lang nie einen Umgang gehabt, wie ihn das Herz bedurfte. Es wäre nicht leicht zu bezeichnen, was es eigentlich war, das einem so trefflichen Wesen von Kindheit an die Gemüter der Menschen, oder doch ihres Geschlechts, entfremden konnte. In der Tat aber, so wenig kannte sie das Glück der Freundschaft, daß sie ihre eigene Armut auch nur dunkel empfand, und daß ihr von dem Augenblick ein durchaus neues Leben, ja ein ganz anderes Verständnis ihrer selbst aufgegangen zu sein schien, da sie in Agnesen vielleicht die erste weibliche Kreatur erblickte, welche sie von Grund des Herzens lieben konnte und von der sie wiedergeliebt zu werden wünschte. Nolten las heute recht in ihrer Seele, obgleich auch jetzt noch ihre Worte etwas Gehaltenes und Ängstliches behielten, so daß sie, was niemals erhört gewesen, mitten in der Rede ein paarmal stockte, oder gar abbrach.

Zu Hause angekommen, glaubten alle aus der lichten Wolke eines frommen und lieblichen Traumes unvermutet wieder auf die platte Erde zu treten, doch fühlte jedes im sanft und freudig bewegten Innern, daß dieser Abend nicht ohne bedeutende Spuren, sowohl in dem Verhältnis zueinander als im Leben des einzelnen werde bleiben können.

Der Präsident nahm dieser Tage eine Reise vor, und in Geschäften, wie er sagte; doch eigentlich war seine Absicht, dem bevorstehenden Geburtsfeste seiner Frau auszuweichen. Der Maler mit den Mädchen war anstandshalber gleichfalls geladen und diese Höflichkeit mußte angenommen werden. Der Präsident war schon fort, als die Botschaft einlief, die Feier unterbleibe wegen Unpäßlichkeit der Frau. Vermutlich lag nur eine Empfindlichkeit gegen den Gatten zugrunde. Margot indes fuhr am Morgen allein nach der Stadt, verhieß jedoch, am Abend wieder hierzusein. So blieben unsre Leute einen vollen Tag sich selbst überlassen, was zur Abwechslung vergnüglich genug schien. Sie konnten sich so lange als die Herren dieser Besitzung denken; Nannettens rosenfarbener Humor erfreute sich einmal wieder des freiesten Spielraums, selbst Agnes behauptete, so behagliche Stunden in langer Zeit nicht mehr gelebt zu haben, Nolten bemühte sich zum wenigsten, einen unzeitig auf ihm lastenden Ernst zu verleugnen. Nach Tische schickten sich die Mädchen an, Briefe nach Haus zu schreiben. Der Maler aber nahm eine Partie hinterlassener Schriften seines Freundes in den Garten.

Es war ein schwüler Nachmittag. Nolten trat in ein sogenanntes Labyrinth. So heißen bekanntlich in der altfranzösischen Gartenkunst gewisse planmäßig, aber scheinbar willkürlich ineinandergeschlungene Laubgänge, mit einem einzigen Eingang, welcher sich schwer wiederfinden läßt, wenn man erst eine Strecke weit ins Innere gedrungen ist, weil die grünen, meist spiralförmig umeinander laufenden und durch unzählige Zugänge unter sich verbundenen Gemächer fast alle einander gleichen. Die Wege sind sehr reinlich gehalten, die Wände glatt mit der Schere geschnitten, ziemlich hoch und oben gemeiniglich offen. Der Maler schritt in diesen angenehmen Schatten, seinen

Gedanken nachhängend, von Zelle zu Zelle, und nachdem er
lange vergeblich auf das Zentrum zu treffen gehofft hat, verfolgt er endlich eine bestimmte Richtung und gelangt auch bald
in ein größeres rundes Gemach, worauf die verschiedenen Wege
von allen Seiten zuführen; es ist oben bis auf eine schmale
Öffnung überwölbt, und diese sanfte Dämmerung, die Einsamkeit des Plätzchens, wo kaum das Summen einer Fliege die
tiefe süße Mittagstille unterbrach, alles stimmte vollkommen
zu den Gefühlen unseres Freundes. Er setzte sich auf eine Bank
und schlug die Mappe auf. Verschiedene Aufsätze fanden sich
da, meistens persönlichen Inhalts, Poesien, kleine Diarien, abgerissene Gedanken. Sehr viel schien sich auf Theobald selbst
zu beziehen, anderes war durchaus unverständlich, auf frühere
Lebensepochen hindeutend. Besonders anziehend aber war ein
dünnes Heft mit kleinen Gedichten, fast lauter Sonette „an L.",
sehr sauber geschrieben. Nolten erriet, wem sie galten; denn der
Verstorbene hatte ihm selbst von einer frühen Liebe zu der
Tochter eines Geistlichen gesprochen. Es war allem nach ein
höchst vortreffliches Mädchen, das in der schönsten Jugend gestorben. Wahrscheinlich fiel das Verhältnis in den Anfang von
Larkens' Universitätsjahren; wie heilig ihm aber noch in der
spätesten Zeit ihr Andenken gewesen, erkannte Theobald teils
aus der Art, wie Larkens sich darüber äußerte (er sprach ganz
selten und auch dann nie ohne Rückhalt von der Sache), teils
auch aus andern Zeichen, die er erst jetzt verstand. So lag z. B.
in den zierlich geschriebenen Blättern ein hochrotes Band mit
schmaler Goldverbrämung, das der Schauspieler von Zeit zu
Zeit und, wie Nolten sich bestimmt erinnerte, immer nur an
Freitagen, unter der Weste zu tragen pflegte; der Maler legte
die Gedichte zurück, um sie später mit Agnes zu genießen. Jetzt
aber ward er durch die Aufschrift einiger andern Bogen aufs
äußerste frappiert und eigentlich erschreckt. „Peregrinens Vermählung mit *." Eine Note am Rand sagte deutlich, wer gemeint war; er blätterte und entdeckte im ganzen eine unschuldige Phantasie über seine frühere Berührung mit Elisabeth. –
Von jeher war es dem Schauspieler gewohntes Bedürfnis gewesen, alles, was ihn auf länger oder kürzere Zeit interessierte,
die Eigentümlichkeiten seines nächsten Umgangs, das ganze
Leben mancher Freunde, durch Zutat seiner Einbildung mit
einem magischen Firnis aufzuhöhen, sich näherzubringen und
so alles auf zweifache Art zu genießen. Er trieb diesen idealen

Unterschleif nicht leicht in solchem Maße, daß ihm dadurch
die natürliche Ansicht von Dingen und Personen verrückt oder
unschmackhaft geworden wäre, er beurteilte namentlich Theobalds Wesen bei alledem auf die nüchternste Weise und pflegte
jener phantastischen Neigung so wenig auf Kosten der Freundschaft, daß er vielmehr mit ängstlicher Sorgfalt alles und jedes
vor ihm versteckte, was auf die Gesundheit seines Gemüts
irgend nachteilig von dorther hätte wirken können. So ließ er
sich denn insbesondere von seiner Vorliebe für Elisabeth nichts
gegen Theobald merken. Er beschäftigte sich lange Zeit mit dem
Schicksale dieser Person, doch außer den getreu nach der Wahrheit verfaßten Memoiren, welche der Leser längst kennt, kam
Nolten keine Zeile von den dahin einschlagenden Versuchen zu
Gesicht. Ohne Zweifel hatte Larkens einmal die Absicht gehabt,
die Geschichte mit der Zigeunerin für sich zu erweitern und ins
Fabelhafte hinüberzuspielen; dasjenige, was der Maler in Händen hielt, waren teils Fingerzeige zu Gedichten, teils ausgeführte Stücke, welche in loser und schwebender Verknüpfung,
wie es der mythischen Komposition angemessen schien, zuletzt
einen gewissen Lebenskreis erschöpfen sollten. Freilich geschah
diese wunderliche Amplifikation der an sich schon wunderbaren
Tatsachen mehr in seiner eignen als Noltens Sinnesweise. Der
Maler konnte sich an der Fiktion als solcher ergötzen, doch
brachte diese Reihe von seltsamen Bildern alsbald eine solche
Beklemmung, Unruhe und Schwere über ihn, daß er die Blätter
mehr als einmal ungeduldig wegwarf.

Indem hier einige Stücke ausgehoben werden mögen, ist zum
Verständnis des ersten Gedichts einer Randbemerkung zu erwähnen, wodurch auf eine gewisse Zeichnung hingewiesen wird,
welche von Nolten zur Zeit, als er die Schule zu ** besuchte,
entworfen, Elisabeths Gestalt in asiatischem Kostüm, mit Szenerie im ähnlichen Geschmack, darstellte; später sah Larkens
das Blatt und bat sich's aus, doch lag es nicht hier bei.

DIE HOCHZEIT*

Aufgeschmückt ist der Freudensaal;
Lichterhell, bunt, in laulicher Sommernacht

* Im Munde des Bräutigams gedacht.

Stehet das offene Gartengezelte;
Säulengleich steigen,
Reichlich durchwirket mit Laubwerk,
Die stolzen Leiber
Sechs gezähmter, riesiger Schlangen,
Tragend und stützend das
Leicht gegitterte Dach.

Aber die Braut noch wartet bescheiden
In dem Kämmerlein ihres Hauses.
Endlich bewegt sich der Zug der Hochzeit,
Fackeln tragend,
Feierlich stumm.
Und in der Mitte,
Mich an der linken Hand,
Schwarzgekleidet geht einfach die Braut;
Schöngefaltet ein Scharlachtuch
Liegt um den zierlichen Kopf geschlagen,
Lächelnd geht sie dahin;
Das Mahl schon duftet.

Später, im Lärmen des Fests,
Stahlen wir seitwärts uns beide
Weg, nach den Schatten des Gartens wandelnd,
Wo im Gebüsche die Rosen brannten,
Wo der Mondstrahl um Lilien zuckte,
Wo die Bäume vom Nachttau troffen.

Und nun strich sie mir, stillestehend,
Seltsamen Blicks mit dem Finger die Schläfe:
Jählings versank ich in tiefen Schlummer.
Aber gestärkt vom Wunderschlafe
Bin ich erwacht zu glückseligen Tagen,
Führte die seltsame Braut in mein Haus ein.

WARNUNG

Der Spiegel dieser treuen braunen Augen
Ist wie von innrem Gold ein Widerschein;
Tief aus dem Busen scheint er's anzusaugen,
Dort mag solch Gold in heilgem Gram gedeihn.

In diese Nacht des Blickes mich zu tauchen,
Unschuldig Kind, du selber lädst mich ein,
Willst, ich soll kecklich dich und mich entzünden —
Reichst lächelnd mir den Tod im Kelch der Sünden!

SCHEIDEN VON IHR

Ein Irrsal kam in die Mondscheinsgärten
Einer einst heiligen Liebe,
Schaudernd entdeckt ich verjährten Betrug;
Und mit weinendem Blick, doch grausam
Hieß ich das schlanke,
Zauberhafte Mädchen
Ferne gehen von mir.
Ach, ihre hohe Stirn,
Drin ein schöner, sündhafter Wahnsinn
Aus dem dunkelen Auge blickte,
War gesenkt, denn sie liebte mich.
Aber sie zog mit Schweigen
Fort in die graue,
Stille Welt hinaus.

Von der Zeit an
Kamen mir Träume voll schöner Trübe,
Wie gesponnen auf Nebelgrund,
Wußte nimmer, wie mir geschah,
War nur schmachtend, seliger Krankheit voll.

Oft in den Träumen zog sich ein Vorhang
Finster und groß ins Unendliche,
Zwischen mich und die dunkle Welt.
Hinter ihm ahnt ich ein Heideland,
Hinter ihm hört ich's wie Nachtwind sausen;
Auch die Falten des Vorhangs
Fingen bald an, sich im Sturme zu regen,
Gleich einer Ahnung strich er dahinten,
Ruhig blieb ich und bange doch,
Immer leiser wurde der Heidesturm —
Siehe, da kam's!

Aus einer Spalte des Vorhangs guckte
Plötzlich der Kopf des Zaubermädchens,
Lieblich war er und doch so beängstend.
Sollt ich die Hand ihr nicht geben
In ihre liebe Hand?
Bat denn ihr Auge nicht,
Sagend: da bin ich wieder
Hergekommen aus weiter Welt!

UND WIEDER

Die treuste Liebe steht am Pfahl gebunden,
Geht endlich arm, verlassen, unbeschuht,
Dies kranke Haupt hat nicht mehr wo es ruht,
Mit ihren Tränen netzt sie bittre Wunden.

Ach, Peregrinen hab ich so gefunden!
Wie Fieber wallte ihrer Wangen Glut,
Sie scherzte mit der Frühlingsstürme Wut,
Verwelkte Kränze in das Haar gewunden.

Wie? Solche Schönheit konnt ich einst verlassen?
— So kehrt nun doppelt schön das alte Glück!
O komm! in diese Arme dich zu fassen!

Doch wehe! welche Miene, welch ein Blick!
Sie küßt mich zwischen Lieben, zwischen Hassen,
Und wendet sich und — kehrt mir nie zurück.

Wie sonderbar ist Nolten von dieser Schilderung ergriffen! wie lebhaft erkennt er sich und Elisabeth selbst noch in einem so bunt ausschweifenden Gemälde! und diese Wehmut der Vergangenheit, wie vielfach ist sie bei ihm gemischt! — Mechanisch steht er endlich auf und läßt sich von der träumerischen Wirrung der grünen Schattengänge eine Zeitlang willenlos hin und wider ziehen. So lieblich war die schmerzhafte Betäubung seiner Seele, so sehr hat er sich in den Wundergärten der Einbildung vertieft, daß, als er nun ganz unvermutet sich am Ausgange des Labyrinths dem hellen nüchternen Tageslichte zurückgegeben sah, dies ihm das unbehaglichste Erwachen war. Mit verdüstertem Kopfe schleicht er nun da und dort umher, und als endlich Agnes mit untergehender Sonne, vergnügt vom Schreibtische kommend, nach dem Geliebten suchte, fand sie ihn einsam auf dem Kanapee des großen Gartenhauses. Sie sehnte sich nach frischer Abendluft, nach dem erholenden Gespräch. Kaum waren einige Gänge gemacht, so hörten sie in der Entfernung donnern; das Gewitter zog herwärts. Der Gärtner, welcher diese schwülen Tage her immer nach Regen geseufzt, lief jetzt — und Henni hinterdrein — mit schnellen Schritten nach Frühbeet und Gewächshaus, beide bezeugten laut ihren Jubel über den kommenden Segen, dem ein paar Windstöße kräftig vorangingen. Die Liebenden waren unter das hölzerne Dach des Belvedere getreten; Nannette trug einige Stühle hinaus. Sie bemerkten ein zwiefaches Wetter, davon die Hauptmacht vorne nach der Stadt zu lag, ein schwächeres spielte im Rücken des Schlosses. Die ganze Gegend hat sich schnell vernachtet. Da und dort zucken Blitze, der Donner kracht und wälzt seinen Groll mit Majestät fernab und weckt ihn dort aufs neue mit verstärktem Knall. Auf der Ebene unten scheint es schon herzhaft zu regnen. Hier oben herrscht noch eine dumpfe Stille, kaum hört man einzelne Tropfen auf dem nächsten Kastanienbaum aufschlagen, der seine breiten Blätter bis an das Geländer des Altans erhebt. Jetzt aber rauscht auch hier der Segen mächtig los. — Ein solcher Aufruhr der Natur pflegte den Maler sonst wohl zu einer mutigen Fröhlichkeit emporzuspannen; auch jetzt hing er mit Wollust an dem kühnen Anblicke des feurig aufgeregten Elements, doch blieb er stille und in sich gekehrt. Agnes verstand seinen Kummer und leise nannte sie einigemal den Namen Larkens, doch konnte sie dem Schweigenden nicht mehr als ein Seufzen entlocken.

Der Himmel hatte sich erschöpft, der Regen hörte auf, hie und da traten die Sterne hervor. Die angenehme Luft, das Tropfen der erquickten Bäume, ein sanftes Wetterleuchten am dunkeln Horizont machte die Szene nun erst recht einladend. Die junge Schwägerin, nach ihrer unsteten Art, war indes weggelaufen, um mit des Fräuleins Zofe zu kurzweilen, einer muntern Französin, in der sie einen unerschöpflichen Schatz von Geschichten und Späßen, eine wahre Adelschronik entdeckt hatte. Agnes bemühte sich, in Noltens Gedanken einzugehen, sein Schweigen tröstlich aufzulösen. Sie erinnerte sich jener

Worte, welche der Maler im ersten Schmerz auf die entsetzliche Todesnachricht im Gasthof etwas vorschnell gegen sie hatte fallenlassen, wornach sie sich dem Toten auf eine besondere Weise persönlich verpflichtet glauben mußte. Ihre Fragen deshalb hatte Nolten nachher nur ausweichend und so allgemein wie möglich beantwortet, auch diesmal ging er schnell darüber hin und sie beharrte nicht darauf. Nun aber sprach sie überhaupt so ruhig, so verständig von dem Gegenstand, aus ihren einfachen Worten leuchtete so ein reines und sicheres Urteil über die innerste Gestalt jenes verunglückten Geistes hervor, daß Theobald ihr mit Verwunderung zuhörte. Zugleich tat sie ihm aber weh, in aller Unschuld. Denn freilich mußte sich in einem weiblichen Gemüt, auch in dem liebevollsten,. die Denk- und Handlungsweise eines Mannes wie Larkens, nach ihrem letzten sittlichen Grunde, um gar viel anders spiegeln als in den Augen seines nächsten Freundes, und Nolten konnte im Räsonnement des Mädchens, wie zart und herzlich es auch war, doch leicht etwas entdecken, wodurch er dem Verstorbenen zu nahegetreten sah, ohne daß er Agnesen auf ihrem Standpunkt zu widerlegen hoffen, ja dieses auch nur wagen durfte. „Du kennst, du kennst ihn nicht!" rief er zuletzt mit Eifer aus, „es ist unmöglich! O daß er dir nur *einmal* so erschienen wäre, wie er mir in zwei Jahren jeden Tag erschien, du würdest einen andern Maßstab für ihn finden, vielmehr du würdest jedes hergebrachte Maß unwillig auf die Seite werfen. Ja, liebstes Herz" (er stockte, sich besinnend, dann rief er ungeduldig:) „Warum es dir verhalten? was ängstigt mich? O Gott, bin ich es ihm nicht schuldig? Du sollst, Agnes, ich will's, du mußt ihn lieben lernen! dies ist der Augenblick, um dir das rührendste Geheimnis aufzudecken. Du bist gefaßt, gib deine Hand, und höre, was dich jetzt, versteh mich Liebste, jetzt, da wir uns ganz — so selig ungeteilt besitzen, nicht mehr erschrecken kann. Wie? hat denn das Gewitter, das mit entsetzlichen Schlägen noch eben jetzt erschütternd ob deinem Haupte stand, uns etwas anderes zurückgelassen, als den erhebenden Nachhall seiner Größe, der noch durch deine erweiterte Seele läuft? und überall die Spuren göttlicher Fruchtbarkeit? die süße, rein verkühlte Luft? Wir können vom Vergangenen gelassen reden, ohne Furcht, daß es deshalb mit seiner alten Pein aufs neue gegen uns aufstehen werde. Wär es nur Tag, nun würde rings die Gegend vom tausendfachen Glanz der Sonne widerleuchten! Doch, sei es

immer Nacht! Mit tiefer Wehmut weihe sie ein jedes meiner
Worte, wenn ich nunmehr von alten Zeiten zu dir rede, wenn
ich längst heimgeschickte Stürme vom sichern Hafen der Gegenwart aus anbetend segne, hier an deiner Seite, du Einzige, du
Teure, ach schon zum zweitenmal und nun auf ewig Mein-Gewordene! Ja, in den seligen Triumph so schwer geprüfter Liebe
mische ich die sanfte Trauer um den Freund, der uns — du wirst
es hören — zu diesem schönen Ziel geleitet hat.

Agnes! nimm diesen Kuß! gib ihn mir zurück! Er sei statt
eines Schwurs, daß unser Bund ewig und unantastbar, erhaben
über jeden Argwohn, in deinem wie in meinem Herzen stehe,
daß du, was ich auch sagen möge, nicht etwa rückwärts sorgend, dir den rein und hell gekehrten Boden unsrer Liebe verstören und verkümmern wollest.

Ein anderer an meinem Platz würde mit Schweigen und
Verhehlen am sichersten zu gehen glauben, mir ist's nicht möglich, ich muß das verachten, o und — nicht wahr? meine Agnes
wird mich verstehen! — Was ich von eigner Schuld zu beichten
habe, kann in den Augen des gerechten Himmels selbst, ich weiß
das sicher, den Namen kaum der Schuld verdienen; und doch,
so leicht wird die rechtfertige Vernunft von dem schreckhaften
Gewissen angesteckt, daß noch in tausend Augenblicken und
eben dann, wenn ich den Himmel deiner Liebe in vollen Zügen
in mich trinke, am grausamsten, mich das Gedächtnis meines
Irrtums, wie eines Verbrechens befällt. Ja, wenn ich anders
mich selbst recht verstehe, so ist's am Ende nur diese sonderbare Herzensnot, was mich zu dem Bekenntnis unwiderstehlich
treibt. Ich kann nicht ruhn, bis ich's in deiner liebevollen Brust
begraben, bis ich durch deinen Mund mich freudig und auf
immer losgesprochen weiß."

Der Maler wurde nicht gewahr, wie dieser Eingang schon die
Arme innig beben machte. In wenigen, nur schnell hervorgestoßenen Sätzen war endlich ein Teil der unseligen Beichte heraus. Aber das Wort erstirbt ihm plötzlich auf der Zunge. „Vollende nur!" sagt sie mit sanftem Schmeichelton, mit künstlicher
Gelassenheit, indem sie zitternd seine Hände bald küßt, bald
streichelt. Er schwankt und hängt besinnungslos an einem Absturz angstvoll kreisender Gedanken, er kann nicht rückwärts,
nicht voran, unwiderstehlich drängt und zerrt es ihn, er hält sich
länger nicht, er zuckt und — läßt sich fallen. Nun wird ein jedes
Wort zum Dolchstich für Agnesens Herz. Otto — die unterscho-

benen Briefe — die Verirrung zu der Gräfin — alles ist herausgesagt, nur die Zigeunerin, ist er so klug, völlig zu übergehn.

Er war zu Ende. Sanft drückt er ihre Hand an seinen Mund; sie aber, stumm und kalt und versteinert, gibt nicht das kleinste Zeichen von sich.

„Mein Kind! o liebes Kind!" ruft er, „hab ich zuviel gesagt? hab ich? Um Gottes willen, rede nur ein Wort! was ist dir?"

Sie scheint nicht zu hören, wie verschlossen sind all ihre Sinne. An ihrer Hand nur kann er fühlen, wie sonderbar ein wiederholtes Grausen durch ihren Körper gießt. Dabei murmelt sie nachdenklich ein unverständliches Wort. Nicht lang, so springt sie heftig auf — „O unglückselig! unglückselig!" ruft sie, die Hände überm Haupt zusammenschlagend, und stürzt, den Maler weit wegstoßend, in das Haus. Vor seinem Geiste wird es Nacht — er folgt ihr langsam nach, sich selbst und diese Stunde verwünschend.

Margot kam erst den andern Vormittag zurück von der Stadt. Sie war verwundert, eine auffallende Verstimmung unter ihren Gästen sogleich wahrnehmen zu müssen. Bescheiden forschte sie bei Nannetten, doch diese selbst war in der bängsten Ungewißheit. Agnes hielt sich auf ihrem Zimmer, blieb taub auf alle Fragen, alle Bitten, und wollte keinen Menschen sehn. Das Fräulein eilt hinüber und findet sie angekleidet auf dem Bett, den Bleistift in der Hand, sinnend und schreibend. Sie ist sehr wortarm, nach allen Teilen wie verwandelt, ihr Aussehn dergestalt verstört, daß Margot im Herzen erschrickt und sich gerne wieder entfernt, nicht wissend, was sie denken soll. — Nannette bestürmt den Bruder mit Fragen, er aber zeigt nur eine still in sich knirschende Verzweiflung. Zu deutlich sieht er die ganze Gefahr seiner Lage; er fühlt, wie in dem Augenblick das Herz des Mädchens aus tausend alten Wunden blutet, die seine Unbesonnenheit aufriß: und nun soll er dastehn, untätig, gefesselt, sie rettungslos dem fürchterlichen Wahne überlassend? er soll die Türe nicht augenblicklich sprengen, die ihn von ihr absperrt! Einmal übers andre schleicht er an ihre Schwelle; ihm wird nicht aufgetan. Zuletzt erhält er ein Billett von ihr durch seine Schwester; der Inhalt gibt ihm zweideutigen Trost; sie bittet vorderhand nur Ruhe und Geduld von ihm. Sie sei, hinterbrachte Nannette, mit einem größeren Briefe beschäftigt, gestehe aber nicht, an wen er gehe.

Dem Maler bleibt nichts übrig, als ebenfalls die Feder zu ergreifen. Er bietet allem auf, was ruhige Vernunft und was die treueste Liebe mit herzgewinnenden Tönen in solchem äußersten Falle nur irgend zu sagen vermag. Dabei spricht er als Mann zum krank verwöhnten Kinde, er rührt mit sanftem Vorwurf an ihr Gewissen und schickt jedwedem leisen Tadel die kräftigsten Schwüre, die rührendsten Klagen verkannter Zärtlichkeit nach.

Am Abend kam der Präsident. Zum Glück traf er schon etwas hellere Gesichter, als er vor wenig Stunden noch gefunden haben würde. Die Mädchen hatten dem Maler berichtet: Agnes sei ruhig, anredsam und freundlich und habe nur gebeten, daß man sie heute noch sich selber überlasse; es sei ihr vor, vielmehr, sie wisse sicher und gewiß, daß diese Nacht sich alles bei ihr lösen werde.

Der Präsident, der manches zu erzählen wußte, bemerkte etwas von Zerstreuung in den Mienen seiner Zuhörer und vermißte Agnesen. „Schon gut", gab er Nolten mit Lächeln zur Antwort, als dieser ihm nur leichthin von einem kleinen Verdrusse sprach, den er sich zugezogen, „recht so! das ist das unentbehrlichste Ferment der Brautzeit, das macht den süßen Most etwas rezent. Der Wein des Ehestands wird Ihnen dadurch um nichts schlimmer geraten."

Das Abendessen war vorbei. Man merkte nicht, wie spät es bereits geworden. Die beiden Herren saßen im Diskurs auf dem Sofa. Nannette und Margot lasen zusammen in einem kleinen Kabinett, das nur durch eine Tür von dem Zimmer geschieden war, wo Agnes schlief.

Die Unterhaltung der Männer geriet indes auf einen seltnen Gegenstand. Der Präsident nämlich hatte gelegentlich von einem üblen Streich gesprochen, den ihm der Aberglaube des Volks und die List eines Pachters hätte spielen können. Es handelte sich um ein sehr wohlerhaltenes Wohnhaus auf einem Bauernhofe, den er, als Bestandherr, noch gestern eingesehn. Das Haus war wegen Spukerei verrufen, so daß niemand mehr drin wohnen wollte. Der kluge Pachter sah seinen Vorteil bei dieser Torheit, er hatte dem Gebäude längst eine andere Bestimmung zugedacht, die der Präsident nicht zugeben konnte, und nährte deshalb unter der Hand die Angst der Bewohner. Mit sehr vieler Laune erzählte nun jener, auf welche Art er die Köpfe samt und sonders zurechtgesetzt und wie er die ganze

ZWEITER TEIL

Sache niedergeschlagen. Dies gab sofort Veranlassung, den Glauben an Erscheinungen, inwieweit Vernunft und Erfahrung dafür und dagegen wären, mit Lebhaftigkeit zu besprechen. Der Maler fand es durchaus nicht wider die Natur, vielmehr vollkommen in der Ordnung, daß manche Verstorbene sich auf verschiedentliche sinnliche Weise den Lebenden zu erkennen geben sollten. Der Präsident schien dieser Meinung im Herzen weit weniger abhold zu sein, als er gestehen wollte; vielleicht auch war ihm nur darum zu tun, das Interesse des Gesprächs durch Widerspruch zu steigern.

„Ich will Ihnen doch", sagt er endlich, „eine kleine Geschichte mitteilen, für deren Wahrheit ich Bürge bin. Noch aber weiß ich selber nicht, für welchen von uns beiden sie am meisten spricht.

Ich wohnte in England bei einer Verwandten, einer Witwe ohne Kinder. Sie war mit ihrem Manne gegen den Willen beider verheiratet worden, sie lebten nur wenige Monate zusammen und er starb nach einigen Jahren im Auslande. Mein Aufenthalt in London fiel eben in die Zeit, als die schöne Frau sich zum zweiten Male, und entschieden nach Neigung mit einem reichen Kaufmann aus Deutschland verlobte. Religiöse Schwärmerei, eben dasjenige, wodurch sie in der ersten Ehe so unglücklich gewesen, machte hier neben einer natürlichen Leidenschaft das wesentliche Band der Herzen aus. Ich erinnere mich seiner noch ganz wohl, als eines Mannes von hoher und zugleich sehr zarter Gestalt, anziehend und geheimnisvoll in seinen Manieren. Er ging lange Zeit im Haus der Witwe aus und ein, sie sollen gemeinschaftlich die heimlichen Versammlungen einer gewissen Sekte besucht haben, deren Grundsätze man eigentlich nicht kannte, kurz, er war erklärter Bräutigam; aber niemand begriff, warum es mit der Hochzeit nicht vorangehn wollte, von der sich die Familie eines der glänzendsten Feste versprach. Indessen ward er veranlaßt, eine sehr weit aussehende Reise in Geschäften nach Nordamerika zu tun, und nun zweifelte man gar nicht mehr, daß er die Verbindung in der Stille werde ausgehn lassen; man bemitleidete die Braut, die ihn jedoch ganz ruhig und getrost sich einschiffen sah, und soviel man bemerken konnte, bald einen lebhaften Briefwechsel mit ihm unterhielt. Ich war zugegen, als einsmals eine Kiste mit ausgewählten Geschenken anlangte, welche die Lady mit einem feierlichen Wohlgefallen ausbreitete, wobei sie mir vertraute: es wäre dies die Morgengabe ihres Gatten. Ich verstand sie nicht und sie erklärte sich auch nicht deutlicher. Späterhin erst ward mir das Rätsel gelöst. Das wundersame Paar hatte sich nämlich verpflichtet, die Vermählung auf eine höchst mysteriöse und völlig geistige Weise vollziehen zu lassen. Indem sie so viele hundert Meilen durch Land und Meer geschieden waren, sollte jedes in seinem eignen Hause, zu einer und derselben Stunde, hier zwischen Aufgang, dort zwischen Untergang der Sonne, feierlich von zwei besondern Priestern eingesegnet werden. Nachdem also die Braut ganz im geheimen aufs festlichste gekleidet und mit Blumen geschmückt, welche man gegen die Morgendämmerung im Garten gebrochen, die halbe Nacht sich mit Gebet auf die wichtige Handlung vorbereitet hatte, erschien der Geistliche, von dreien Glaubensbrüdern begleitet. Ein kleiner Saal war sparsam erleuchtet, ein Tisch, worauf zwei Kerzen brannten, zum Altare aufgeputzt. Als nun der Geistliche in seiner Liturgie an die Stelle kam, wo im Namen des Abwesenden mit dem Ja geantwortet werden sollte, verlöschte plötzlich eins der Lichter von selbst, zum Erstaunen der Gegenwärtigen und zum größten Schrecken der Braut, die indessen dadurch getröstet wurde, daß man sie in diesem Zufall ein erfreuliches Zeichen sehen ließ; sie richtete sich beruhigt von ihren Knieen auf und fühlte sich mit dem Geliebten innig und geheimnisvoll verbunden. Als man sie sofort allein gelassen, bestieg sie, der Vorschrift gemäß, ein hochzeitlich verziertes, mit süßen Wohlgerüchen besprengtes Lager, worin sie den Vormittag hinter dicht verschloßnen Fensterladen zubrachte. Mit was für Bildern sich ihre Träume beschäftigten, ob sie mit dem himmlischen Bräutigam oder dem irdischen verkehrt habe, laß ich dahingestellt sein — wahrscheinlich mit beiden zugleich, und keiner hatte somit Ursache zur Eifersucht. Genug von dieser tollen Zeremonie, deren raffiniert sinnliche Heiligkeit jeden empört. Merkwürdig bleibt nur, daß bald nachher die Nachricht vom Tode des Kaufmanns einlief. Er war, nach kurzem Krankenlager, einige Tage vor der Hochzeit gestorben, an welcher er, wenn man der armen Wachskerze glauben will, wenigstens geistweise teilgenommen. Was halten Sie von dieser Manifestation eines Abgeschiedenen, mein lieber Maler?"

Theobald lächelte und war im Begriff, zu antworten, als Margot und Nannette mit großer Bewegung ins Zimmer gelaufen kamen, und hastig ein Fenster öffneten, das gegen die

Gartenallee hinaussah. „Um Gottes willen, hören Sie doch",
rief das Fräulein den beiden Männern zu, „was für ein seltsamer
Gesang das ist!" Während der Präsident, ganz erstaunt, sich mit
den Mädchen stritt, ob die Stimme im Garten oder außerhalb
desselben sei, war Nolten in der Mitte des Zimmers sprachlos
stehen geblieben: er kannte diese Töne, die Ruine vom Rehstock stand urplötzlich vor seinem Geist, ihm war, als schlüge
das Totenlied einer Furie weissagend an sein Ohr, er zog seine
Schwester vom Fenster hinweg und mit hastig verworrenen
Worten fordert er sie auf, mit ihm nach Agnesen zu sehn. Sie
fanden Schlafzimmer und Bett des Mädchens leer. Unter dem
Wehruf eines Verzweifelten eilt Nolten hinunter, den Anlagen
zu. Bediente mit Laternen waren bereits dort angekommen. Der
Präsident vom Fenster aus gab ungefähr die Richtung an, von
wo die Stimme hergekommen, denn schon war kein Laut mehr
zu hören. Das ganze Schloß war in Bewegung und in dem
weitläufigen Garten sah man bald so viele Lichter hin und her
schweben, als nur Personen aufzutreiben waren. Der Präsident
selbst half jetzt eifrig mitsuchen. Es war eine laue Nacht, der
Himmel überzogen, kein Lüftchen bewegte die Zweige. Alle
größern und kleinern Wege, Schlangenpfade, Gänge, Lauben,
Pavillons und Treibhäuser hat man in kurzem vergeblich durchlaufen, einige steigen über die Mauer, andre eilen ohne Schonung
der Gewächse und Beete, das Gebüsch und die tiefern Schatten zu beleuchten. Nicht lange, so winkt der Jäger des Präsidenten diesen mit einem traurigen Blicke hinweg, der Maler und
die Frauenzimmer folgen. Wenige Schritte vom Haus, hart
unter den Fenstern Agnesens, sehn sie das schöne Kind unter
einigen Weimutsfichten, regungslos ausgestreckt, im weißen
Nachtkleide liegen, die Füße bloß, die Haare auf dem Boden
und über die nackten Schultern zerstreut. Nolten sank neben
dem Körper in die Kniee, fühlte nach Atem, den er nicht fand,
er brach in lauten Jammer aus, indem er die Hände der Armen an seine heißen Lippen drückte. Die übrigen standen
erschrocken umher, nach und nach sammelten die Lichter sich
leise um den unglücklichen Platz, ein banges Stillschweigen
herrschte, während andere eine Trage herbeizuholen eilten, und
Margot die Füße der Erstarrten in ihr Halstuch einhüllte.
„Lassen Sie uns", sagt jetzt der Präsident zu Nolten, welcher
noch immer ohne Besinnung an der Erde kauerte, „lassen Sie
uns vernünftig und gefaßt schnelle Hülfe anwenden, Ihre Braut

wird in kurzem die Augen wieder öffnen!" Also hob man vorsichtig die Scheinleiche auf das Polster und alle setzten sich in Bewegung, als auf einmal eine fremde Weiberstimme, welche ganz in der Nähe aus dichtem Gezweige hervordrang, einen plötzlichen Stillstand veranlaßte. Unwillkürlich ballte sich Theobalds Faust, da er die majestätische Gestalt der Zigeunerin mit keckem Schritt in die Mitte treten sah; aber die Gegenwart einer unnahbaren Macht schien alle seine Kraft in Bande zu schlagen.

Indes man Agnesen, von den Mädchen geschäftig begleitet, hinwegtrug, sagte Elisabeth mit ruhigem Ernst: „Wecket das Töchterchen ja nicht mehr auf! Entlaßt in Frieden ihren Geist, damit er nicht unwillig, gleich dem verscheuchten Vogel, in der unteren Nacht ankomme, verwundert, daß es so balde geschah. Denn sonst kehrt ächzend ihre Seele zurück, mich zu quälen und meinen Freund; es eifert, ich fürchte, die Liebe selber im Tode noch fort. Ich bin die Erwählte! mein ist dieser Mann! Aber er blickt mich nicht an, der Blöde! Laßt uns allein, damit er mich freundlich begrüße!"

Sie tritt auf Theobalden zu, der ihre Hand, wie sie ihn sanft anfassen will, mit Heftigkeit wegwirft. „Aus meinen Augen, Verderberin! verhaßtes, freches Gespenst! das mir den Fluch nachschleppt, wohin ich immer trete! Auf ewig verwünscht, in die Hölle beschworen sei der Tag, da du mir zum ersten Male begegnet! Wie muß ich es büßen, daß mich als arglosen Knaben das heiligste Gefühl zu dir, zu deinem Unglück mitleidig hinzog, in welche schändliche Wut hat deine schwesterliche Neigung, in was für teuflische Bosheit hat deine geheuchelte Herzensgüte sich verkehrt! Aber ich konnte wissen, ich kindischer, rasender Tor, mit wem ich handeln ging! — Herr Gott im Himmel! nur diese Strafe ist zu hart — Elend auf Elend, unerhört und unglaublich, stürzt auf mich ein — O ihr, deren Blicke halb mit Erbarmen, halb mit entehrendem Argwohn auf mich, auf dieses Weib gerichtet sind, glaubt nicht, daß meine Schuld dem Jammer gleich sei, der mein Gehirn zerrüttet! Das Elend dieser Heimatlosen lest ihr auf ihrer Stirn — aus dieser Quelle floß mir schon ein übervolles Meer von Kummer und Verwirrung. Keine Verbrecherin darf ich sie nennen — sie verdiente mein Mitleid, ach, nicht meinen Haß! Doch wer kann billig sein, wer bleibt noch Mensch, wenn der barmherzige Himmel sich in Grausamkeiten erschöpft? Was? wär's ein Wunder, wenn hier auf der Stelle mich selbst ein tobender Wahnsinn ergriffe, mich fühllos machte gegen das Äußerste, Letzte, das — o ich seh es unaufhaltsam näher kommen! Was klag ich hier? was stehn wir alle hier? und droben der Engel ringt zwischen Leben und Tod — Sie stirbt! Sie stirbt! Soll ich sie sehn? kann ich sie noch retten? O folgt mir! — Wohin? dort kommt Margot eben von ihr! Ja — ja — auf ihrer Miene kann ich es lesen — Es ist geschehen — mit Agnes, mit Agnes ist es vorbei! — Hinweg! laßt mich fliehen! fliehen ans Ende der Welt —" Kraftvoll hält ihn Elisabeth fest, er stößt im ungeheuren Schmerz ein entsetzliches Wort gegen sie aus, aber sie umfaßt mit Geschrei seine Kniee und er kann sich nicht rühren. Der Präsident wendet das Auge von der herzzerreißenden Szene. „Weh! Wehe!" ruft Elisabeth, „wenn mein Geliebter mir flucht, so zittert der Stern, unter dem er geboren! Erkennst du mich denn nicht? Liebster! erkenne mich! Was hat mich hergetrieben? was hat mich die weiten Wege gelehrt? Schau an, diese blutenden Sohlen! Die Liebe, du böser, undankbarer Junge, war allwärts hinter mir her. Im gelben Sonnenbrand, durch Nacht und Ungewitter, durch Dorn und Sumpf keucht sehnende Liebe, ist unermüdlich, ist unertötlich, das arme Leben! und freut sich so süßer, so wilder Plage, und läuft und erkundet die Spuren des leidigen Flüchtlings von Ort zu Ort, bis sie ihn gefunden — Sie hat ihn gefunden — da steht er und will sie nicht kennen. Weh mir! wie hab ich freudigern Empfang gehofft, da ich dir so lange verloren gewesen, und, Liebster, du mir! — So gar nicht achtest du meines herzlichen Grames, stößest mich von dir wie ein räudiges Tier, — das aber leckt mit der Zunge die Füße des Herrn, das aber will von seinem Herrn nicht lassen. — — Ihr Leute, was soll's? Warum hilft mir niemand zu meinem Recht? Sei Zeuge du Himmel, du frommes Gewölbe, daß dieser Jüngling mir zugehört! Er hat mir's geschworen vorlängst auf der Höhe, da er mich fand. Die herbstlichen Winde ums alte Gemäuer vernahmen den Schwur; alljährlich noch reden die Winde von dem glückseligen Tag. Ich war wieder dort, und sie sagten: Schön war er als Knabe, wär er so fromm auch geblieben! Aber die Kinder allein sind wahrhaftig. — Agnes, was geht sie dich an? Ihr konntest du dein Wort nicht halten; du selbst hast's ihr bekannt, das hat sie krank gemacht, sie klagte mir's den Abend. Warst du *ihr* ungetreu, ei sieh, dann bist du mir's doppelt gewesen."

Diese letzten Worte fielen dem Maler wie Donner aufs Herz. Er wütete gegen sich selbst, und jammervoll war es zu sehen, wie dieser Mann, taub gegen alle Vernunft, womit der Präsident ihm zusprach, sich im eigentlichen Sinne des Worts, die Haare raufte und Worte ausstieß, die nur der Verzweiflung zu vergeben sind. Endlich stürzt er dem Schlosse zu, der Präsident, voll Teilnahme, eilt nach. Auf seinen Wink wollen einige Leute sich der Verrückten bemächtigen, aber mit einer Schnelligkeit, als hätte sie es aus der Luft gehascht, schwingt sie ein blankes Messer drohend in der Faust, daß niemand sich zu nähern wagt. Dann stand sie eine ganze Weile ruhig, und nach einer unbeschreiblich schmerzvollen Gebärde des Abschieds, indem sie ihre beiden Arme nach der Seite auswarf, wo Nolten sich entfernt hat, wandte sie sich und verschwand zögernden Schritts in der Finsternis.

Die Nacht ging ruhig vorüber. Agnes hatte sich gestern, noch eh der Arzt erschienen war, unter den Bemühungen so vieler zärtlichen Hände sehr bald erholt. Das Fräulein und die Schwägerin wichen die ganze Nacht nicht von ihrem Bette: von Stunde zu Stunde war Nolten an die Tür getreten, zu hören, wie es drinne stand. Gesprochen hatte das Mädchen seit gestern fast nichts, nur in einem wenig unterbrochenen Schlummer hörte man sie einigemal leise wimmern. Am Morgen aber nahm sie das Frühstück mit einer erfreulichen Heiterkeit aus Margots Hand, verlangte, daß diese und Nannette sich niederlegen, und ausruhn, für sich selber wünschte sie nichts, als allein bleiben zu dürfen. Da man ihr dies nicht weigern durfte, so ward eine Person ins Nebenzimmer gesetzt, von welcher sie auf der Stelle gehört und allenfalls beobachtet werden konnte.

Noltens Unruhe und Verzagtheit, solange man in Agnesens Zustand noch nicht klar sehen konnte, ist nicht auszusprechen. Es trieb ihn im Schlosse, es trieb ihn im Freien umher, nicht anders als einen Menschen, der jeden Augenblick sein Todesurteil kommen sieht. Dabei sagt er sich wohl, daß vor allem der Präsident eine befriedigende Erklärung des Vorfalls erwarten könne, daß er diese sich selbst und seiner eigenen Ehre schuldig sei. Jedoch mit der edelsten Schonung verweist ihn jener auf einen ruhigeren Zeitpunkt und gönnt ihm gerne die Wohltat, sich in der Einsamkeit erst selbst zurechte zu finden.

Ach, aber leider überall erstarren ihm Sinn und Gedanke;

wo und wie er auch immer das fürchterliche Angstbild in sich zu drehen und zu wenden versucht, er sieht nicht Grund noch Boden dieser Verwirrungen ab; auf sich selbst wälzt er die ganze Schuld, auf jenen Abend, da er die arme Seele so tödlich erschüttert und für die wahnsinnigen Angriffe des Weibs erst empfänglich gemacht.

Unglücklicherweise kam nachmittags Besuch von der Stadt, Herren vom Kollegium des Präsidenten mit Frauen und Kindern. Der Maler ließ sich verleugnen; seine Schwester half Margoten treulich die Hausehre retten.

Gegen Abend fand sich eine günstige Stunde, dem Präsidenten die gedachte Aufklärung zu geben. An ihrem Vater bemerkte Margot, als er und der Maler, nach einer langen Unterredung im Garten, endlich ins Zimmer traten, eine auffallende Bewegung; er mochte nicht reden, man setzte sich schweigend zu Tische und doch wollte man sich nachher nicht sogleich trennen; es war, als bedürften sie alle einander, obgleich keins dem andern etwas zu sagen oder abzufragen Miene machte. Die Mädchen griffen in der Not zu einer gleichgültigen Arbeit. Der Präsident sah ein großes Paket Kupferstiche, noch uneröffnet, an der Seite liegen; es war das prächtige Denonsche Werk zu der französischen Expedition nach Ägypten (er hatte es Nolten zuliebe von der Stadt bringen lassen), es wurde ausgepackt, doch niemand hielt sich lange dabei auf.

Noch lasten auf jedem die Schrecken des gestrigen Abends; bald muß man mitleidig die flüchtige Gestalt Elisabeths auf finsteren Pfaden verfolgen, bald stehen die Gedanken wieder vor dem einsamen Bette Agnesens still, welche durch eine wunderbare Scheidewand auf immer von der Gesellschaft abgeschnitten scheint.

Der Präsident kann sich sowenig als der Maler es verbergen, daß das Mädchen auf dem geraden Wege sei, sich durch eine falsche Idee von Grund aus zu zerstören. Das Unerträgliche, das Fürchterliche dabei ist für die Freunde das Gefühl, daß weder Vernunft noch Gewalt, noch Überredung hier irgend etwas tun können, um eine Aussöhnung mit Nolten zu bewirken: denn dies muß entscheiden, und zwar unverzüglich, ein jeder Augenblick früher ist, wie bei tödlicher Vergiftung, mit Gold nicht aufzuwiegen. Aber Agnes verriet den unbezwinglichsten Widerwillen gegen ihren Verlobten; man wußte nicht, war Furcht oder Abscheu größer bei ihr. Wieviel Elisabeth mit-

gewirkt, stand nicht zu berechnen, vermutlich sehr viel; genug
ein zweimaliger, erst bittender, dann stürmischer Versuch, den
Theobald heute gemacht, sich Zutritt bei der Braut zu verschaffen, hätte sie eher bis zu Konvulsionen getrieben, als daß sie
diesem sehnlichsten Verlangen würde nachgegeben haben. So
mußte man der Zeit und dem leidigen Zufall die Entwicklung
fast ganz überlassen.

Die sonderbar verlegene Spannung der vier im Zimmer sitzenden Personen isolierte nun ein jedes auf seltsame Weise.
Es war, als *könnte* man gar nicht reden, als müßte jeder Laut,
wie in luftleerem Raume, kraftlos und unhörbar an den Lippen
verschwinden, ja, als verhindere ein undurchdringlicher Nebel,
daß eins das andere recht gewahr werden könne.

Nannette war die Unbefangenste. Sie stellte der Reihe nach
ihre Betrachtungen an. Es kam ihr so närrisch vor, daß niemand
den Mund öffnen wolle, um der Sache rasch und beherzt auf
den Grund zu gehn, daß man nicht Anstalt treffe, so oder so
Agnesen beizukommen; sie fühlte sich wenigstens Mannes genug,
den bösen Geist, welchen Namen er auch haben, in was für einem
Winkel er auch stecken möge, kurz und gut auszutreiben, wenn
sie nur erst wüßte, wovon es sich handelte, wenn nur der Bruder
sie eines Winkes würdigen wollte. Ihre ganze Aufmerksamkeit
war auf den Präsidenten gerichtet, als dieser anfing, in Beziehung auf Agnesen der Gesellschaft einige Verhaltungsregeln ans
Herz zu legen, welche hauptsächlich darauf hinausliefen: man
müsse, so schwer es auch falle, durchaus sein Gefühl verleugnen,
in allen Stücken tun, als wäre nichts Besonderes vorgefallen,
man müsse bei dem Mädchen durch kein Wort, keine Miene
den Grund ihres Kummers, ihrer Absonderung anerkennen;
man solle Noltens bei jeder schicklichen Gelegenheit und in Verbindung mit den alltäglichsten Dingen bei ihr erwähnen, usw.
der gute Mann bedachte nicht, daß die Frauenzimmer zu wenig
von dem wahren Standpunkte wußten, um den Sinn dieser Vorschriften ganz einzusehn. — Nannetten war es gewissermaßen
behaglich, den Präsidenten unter so bedenklichen Umständen
zu beobachten. Wir sprechen, was das Mädchen hiebei empfand,
in einer allgemeinen Bemerkung aus.

Es gibt Männer, deren ganze Erscheinung uns sogleich den
angenehmen Eindruck vollkommener Sicherheit erweckt. Das
Übergewicht einer kräftigen, mehr verneinenden als bejahenden
Natur, die Rechtlichkeit eines resoluten Charakters, sogar die

eigentümliche Atmosphäre, welche Rang und Vermögen um sie verbreiten, dies alles scheint nicht nur sie selber zu Herren jedes bösen Zufalls zu machen, sondern ihre Gegenwart wirkt auch auf andere, die sich ihres Wohlwollens nur einigermaßen bewußt sind, mit der Magie eines kräftigen Talismans: herzlich gern möchten wir solch einen Glücksmann immer auch ein wenig in unsere Sorge und Gefahr verflochten sehn, denn nicht nur etwas Tröstliches, sondern wirklich Reizendes liegt darin, sich eine Person, die uns in jedem Betracht überlegen und unzugänglich scheint, nun durch gemeinsame Not auf einmal so menschlich nahe zu fühlen. Das kleinste Wort aus diesem Munde, der unbedeutendste Trost tut Wunder; ja einige wollen behaupten, daß selbst die körperliche Berührung durch die weichere Hand, durch das weichere Kleid eines dieser Vornehmen zuweilen etwas Unwiderstehliches habe, und desto mehr, je seltener sie vorkomme. Dies nun empfand Nannette wirklich, als der Präsident vorhin — einer lange still fortgesetzten Gedankenkette gleichsam den letzten Ring anschließend — mit etwas ermuntertem Gesicht von seinem Stuhle aufstand und so im Vorbeigehn mit einer wehmütigen Freundlichkeit das Mädchen unterm Kinn anfaßte; sie war von diesem kleinen Lichtblick so sonderbar gerührt, daß sie eine Sekunde lang meinte, nun sei die ganze Not am Ende und alles wieder gut.

Man ging jetzt auseinander. Eine Person mußte die Nacht wachen; übrigens kam die ganz anfänglich getroffene Einrichtung, daß Nannette mit Agnes in *einem* Zimmer schlief, nun freilich sehr zustatten.

Die tiefe Pause, welche wie durch einen furchtbaren Zauberschlag im Leben unserer Gesellschaft eingetreten war, bezeichnete auch die nächstfolgenden Tage. Nannette und Margot waren indes von dem Zusammenhang des Übels unterrichtet worden. Alles hatte einen andern Gang im Schlosse angenommen. Es war nicht anders, als es läge ein Todkrankes im Hause; unwillkürlich vermied man jede Art von Geräusch, auch an Orten, von wo nicht leicht etwas in Agnesens Abgeschiedenheit hätte dringen können; es schien, das müsse nun einmal so sein, und wahrlich, wer auch nur den Maler ansah, das leidende Entsagen, den stumpfen Schmerz in seiner gesunkenen Haltung, der glaubte nicht leise, nicht zart genug auftreten zu können, um durch jede Bewegung, durch jede kleine Zuvorkommenheit das Unglück zu ehren, das uns in solchem Fall eine Art von Ehrfurcht abnötigt. Der Präsident jedoch tadelte mit Ernst diese Ängstlichkeit, welche sich selbst auf die Dienerschaft erstreckte; dergleichen, behauptete er, sei auf die Kranke vom übelsten Einfluß, indem sie sich dadurch in ihrem eingebildeten Elend, in ihrer Mitleidswürdigkeit nur immer mehr müsse bestärkt fühlen.

Inzwischen erreichte man doch mehrere Vorteile über sie. Die Mädchen durften ungehindert bei ihr aus und ein gehn; nur gegen das Fräulein, trotz der schwesterlichsten Liebe, womit diese ihr stets nahe zu sein wünschte, verriet sie ein deutliches Mißtrauen. Sie verließ ihr Zimmer manchmal und ging an die frische Luft, wenn sie versichert sein konnte, Theobalden nicht zu begegnen. Ihn aber hie und da von der Ferne zu beobachten, war ihr offenbar nicht zuwider, ja man wollte bemerken, daß sie sich die Gelegenheit hiezu geflissentlich ersehe. Stundenlang las der Präsident ihr vor; sie bezeugte sich immer sehr ernst, doch gefällig und dankbar. Ein Hinterhalt in ihren Gedanken, ein schlaues Ausweichen, je nachdem ein Gegenstand zur Sprache kam, war unverkennbar; sie führte irgend etwas im Schilde und schien nur den günstigen Zeitpunkt abzuwarten.

Diese geheime Absicht offenbarte sich denn auch gar bald. Der alte Gärtner machte eines Tags dem Präsidenten in aller Stille die Entdeckung: Agnes habe ihn auf das flehentlichste beschworen, daß er ihr Gelegenheit verschaffe, aus dem Schlosse zu entkommen und nach ihrer Heimat zu reisen. Dabei habe sie ihm alles mögliche versprochen, auch selbst die Mittel sehr geschickt angegeben, wie seine Beihülfe völlig verschwiegen bleiben könnte. — Ein solches Verlangen war nun, die Heimlichkeit abgerechnet, so unverzeihlich nicht, der Maler hatte neulich selbst den Gedanken für sie gehabt, man ging jetzt ernstlich darüber zu Rate, verdoppelte indes die Wachsamkeit.

Sowenig es bei diesem allen jemanden im Schlosse einfiel, den armen Freund sein lästiges Gastrecht empfinden zu lassen, so war ihm eine solche Großmut doch nichtsdestoweniger drükkend. Dann rückte der Termin herbei, wo er jene Stelle in W[*] antreten sollte. Er dachte mit Schaudern der Zukunft, mit doppelt und dreifach blutendem Herzen des alten Vaters in Neuburg, der nichts von dem drohenden Umsturz der lieblichsten Hoffnungen ahnte.

An einem Morgen kommt Nolten wie gewöhnlich zum Frühstück auf den Saal. Nannette und Margot fliehen bei seinem Eintritt erschrocken auseinander, sie grüßen ihn mit abgewandtem Gesicht, ihr Weinen verbergend. „Was ist geschehen?" fragt er voll Ahnung, „was ist Agnesen zugestoßen?" Er will hinaus, sich überzeugen, im selben Augenblick tritt der Präsident eilfertig herein. „Ich bin auf alles gefaßt!" ruft Nolten ihm zu: „Ums Himmels willen, schnell! was hat es gegeben?" „Gelassen! ruhig! Mein teurer Freund, noch ist nicht alles verloren. Was wir längst fürchten mußten, das frühere Übel, wovon Sie mir sagten, scheint leider eingetreten — Aber fassen Sie sich, o sein Sie ein Mann! Wie es damals vorübergegangen, so wird es auch diesmal." „Nein, nimmer, nimmermehr! Sie ist das Opfer meiner Tollheit! — Also das noch! Zu schrecklich! zu gräßlich! — Was? und das soll ich mit ansehn? mit diesen Augen das sehn und soll leben? — Nun, sei's! Sei's drum; es geht mit uns beiden zur Neige. Ich bin es gewärtig, bin's völlig zufrieden, daß morgen jemand kommt und mir sagt: Deine Braut hat Ruhe, Agnes ist gestorben." Er schwieg eine Weile, fuhr auf und riß im unbändigsten Ausbruch von Zorn und von Tränen, nicht wissend, was er wollte oder tat, die Schwester wild an sich her — „Wie stehst du da? was gaffst du da?" „Herr, nicht so! das ist grausam", ruft Margot entrüstet und nimmt die Zitternde in Schutz, die er wie rasend von sich weggeschleudert hat. „Oh", ruft er, die Faust vor die Stirne geschlagen, „warum wütet niemand gegen mich? warum steh ich so ruhig, so matt und erbärmlich in kalter Vernichtung? Ha, würfe mir irgendein grimmiger Feind meinen Schmerz ins Gesicht, vor die Füße! und schölte mich den gottverlaßnen Toren, der ich bin, den dummen Mörder, der ich bin! streute mir Salz und Glut in die Wunde — das sollte mir wohltun, das sollte mich stärken —"

„Wir überlassen Sie sich selbst, mein Freund", versetzte ganz ruhig der Präsident, „und wollen Ihnen dadurch zeigen, daß wir nicht glauben, einen Mann, denn dafür hielt ich Sie bis jetzt, vor sich selber hüten zu müssen."

So stand nun der Maler allein in dem Saale. Es war der schrecklichste Moment seines Lebens.

Wenn uns ganz unerwartet im ausgelassensten Jammer ein beschämender Vorwurf aus verehrtem Munde trifft, so ist dies immerhin die grausamste Abkühlung, die wir erfahren können. Es wird auf einmal totenstill in dir, du siehst dann deinen

eigenen Schmerz, dem Raubvogel gleich, den in der kühnsten
Höhe ein Blitz berührt hat, langsam aus der Luft herunterfallen
und halbtot zu deinen Füßen zucken.

Der Maler hatte sich auf einen Sitz geworfen. Er sah mit
kalter Selbstbetrachtung geruhig auf den Grund seines Innern
herab, wie man oft lange dem Rinnen einer Sanduhr zusehn
kann, wo Korn an Korn sich unablässig legt und schiebt und
fällt. Er bröckelte spielend seine Gedanken, der Reihe nach,
auseinander und lächelte zu diesem Spiel. Dazwischen quoll
es ihm, ein übers andre Mal, ganz wohl und leicht ums Herz,
als entfalte soeben ein Engel der Freuden nur sachte, ganz
sachte die goldnen Schwingen über ihm, um dann leibhaftig vor
ihn hinzutreten!

Erschrocken schaut er auf, ihm deucht, es komme jemand,
wie auf Socken, durch die drei offen ineinandergehenden Zimmer herbei. Er staunt — Agnes ist's, die sich nähert. Sie geht
barfuß; sonst aber nicht nachlässig angetan; nur eine Flechte
ihres Haars hängt vorn herab, davon sie das äußerste Ende
gedankenvoll lauschend ans Kinn hält. Ein ganzer Himmel
voll Erbarmung scheint mit stummer Klagegebärde ihren schleichenden Gang zu begleiten, die Falten selber ihres Kleids mitleidend die liebe Gestalt zu umfließen.

Nolten ist aufgestanden; doch ihr entgegenzugehen darf er
nicht wagen; all seine Seele hält den Atem an. Das Mädchen
ist bis unter die Türe des Saals vorgeschritten, hier bleibt sie
stehen und lehnt sich in bequem-gefälliger Stellung mit dem
Kopf an die Pfoste. So schaut sie aufmerksam zu ihm hinüber.
Der rührende Umriß ihrer Figur, sowie die Blässe des Gesichts
wird noch reizender, süßer durch die Dämmerung des grünen
Zimmers bei den gegen die schwüle Morgensonne verschlossenen
Fensterladen. So ihn betrachtend, spricht sie erst für sich: „Er
gleicht ihm sehr, er hat ihn gut gefaßt, ein Ei gleicht dem andern
nicht so, aber eines von beiden ist hohl." Dann sagte sie laut
und höhnisch: „Guten Morgen, Heideläufer! Guten Morgen
Höllenbrand! Nun, stell Er sich nicht so einfältig! Schon gut,
schon gut! ich bin unbeschreiblich gerührt. Er bekommt ein
Trinkgeld fürs Hokuspokus. — Bleib Er nur — bitte gehorsamst,
ich seh's recht gut, nur immer zwölf Schritt vom Leibe. Was
macht denn seine liebe braune Otter? — haha, nicht wahr? Mein
kleiner Finger sagt mir nur zuweilen auch etwas. Nun, ich
muß weiter. Kurze Aufwartungen, das ist so Mode in der vor-

nehmen Welt. Und bemüh Er sich nur nie wegen meiner, wir nehmen das nicht so genau."

Sie neigte sich und ging.

Wenn man — sprach Theobald erschüttert bei sich selbst — wenn man etwa so träumt, wie dieses wirklich ist, so schüttelt sich der Träumende vor Schmerz und ruft sich selber zu: hurtig erwecke dich, es wird dich töten! Schnell dreht er die nächtliche Scheibe seines Geistes dem wahren Tageslichte zu — Noch mehr! er greift mit Geisterarmen entschlossen durch die dicke Mauer, hinter der sein Körper gefangen steht, und öffnet wunderbar sich selber von außen die Riegel. Mir schießt in der wachsenden Todesnot kein Götterflügel aus den Schultern hervor und entreißt mich dem Dunstkreis, der mich erstickt, denn dies ist wirklich, dies ist da, kein Gott wird's ändern!

Soviel man nach und nach aus Agnesens verworrenen Gesprächen zusammenreimen konnte, so schien die sonderbarste Personenverwechslung zwischen Nolten und Larkens in ihr vorgegangen zu sein; vielmehr es waren diese beiden in ihrer Idee auf gewisse Weise zu einer Person geworden. Den Maler schien sie zwar als den Geliebten zu betrachten, aber keineswegs in der Gestalt, wie sie ihn hier vor Augen sah. Die Briefe des Schauspielers trug sie wie ein Heiligtum jederzeit bei sich, ihn selbst erwartete sie mit der stillen Sehnsucht einer Braut, und doch war es eigentlich nur wieder Nolten, den sie erwartete. Man wird, wie dies gemeint sei, in kurzem deutlicher einsehn.

Inzwischen hielt sie sich am liebsten an den blinden Henni; sie nannte ihn ihren frommen Knecht, gab ihm allerlei Aufträge, sang mit ihm zum Klavier oder zur Orgel, beredete ihn, sie da- und dorthin zu begleiten, wobei sie ihn gewöhnlich mit der Hand am Arm zu leiten pflegte. Man glaubte nur eben ein Paar Geschwister zu sehen, so vollkommen verstanden sich beide. Der Präsident und Nolten versäumten deshalb nicht, dem jungen Menschen gewisse Regeln einzuschärfen, damit eine zweckmäßige Unterhaltung ihren Ideen womöglich eine wünschenswerte Richtung gebe. Der gute, verständige Junge ließ sich's auch wirklich mit ganzer Seele angelegen sein. Er verfuhr auf die zärteste Weise und wußte die Absicht gar klug zu verstekken. Sie selbst hatte die religiösen Gespräche geführt, da er sich denn recht eigentlich zu Hause fand und aus dem stillen Schatze seines Herzens mit Freuden alles mitteilte, was eben das Thema gab. Am glücklichsten war er, wenn sie in irgendeinen Gegenstand so weit hineingeführt werden konnte, daß sie von selbst darin fortfuhr; und wirklich verfolgte sie dann die Materie nicht nur sehr lange, mit ziemlicher Stetigkeit, sondern er mußte sich häufig auch über den Reichtum ihrer Gedanken, über die tiefe Wahrheit ihrer innern religiösen Erfahrung verwundern, die freilich mehr nur durch Erinnerung aus dem gesunden Zustand hergenommen sein mochte und mehr historisch von ihr vorgebracht wurde, als daß sie jetzt noch rein und innig darin gelebt hätte; nichtsdestoweniger war die Fähigkeit unschätzbar, sich diese Gefühle lebendig zu vergegenwärtigen, so wie der Vorteil, solche befestigen und Neues daran knüpfen zu können, dem treuen Henni höchst willkommen war. Gegen einige grelle, aus Mißverständnis der Bibelsprache entstandene Vorstellungen, welche zwar von Hause aus Glaubensartikel bei ihr gewesen sein mochten, in reiferen Jahren aber glücklich verdrungen, jetzt wieder, auf eine närrische Art erweitert, zum Vorschein kamen, hatte Henni vorzüglich zu kämpfen. Besonders kam er mit ihrer falschen Anwendung des Dämonenglaubens ins Gedränge, weil er diese Lehre, als eine an sich selber wahre und in der Schrift gegründete, unmöglich verwerfen konnte.

Allein im höchsten Grad betrübend war es ihm, wenn sie, mitten aus der schönsten Ordnung heraus, entweder in eine auffallende Begriffsverwirrung fiel, oder auch wohl plötzlich auf ganz andere Dinge absprang.

So saßen sie neulich an ihrem Lieblingsplatz unter den Akazienbäumen vor dem Gewächshaus. Sie las aus dem Neuen Testamente vor. Auf einmal hält sie inne und fragt: „Weißt du auch, warum Theobald, mein Liebster, ein Schauspieler geworden ist? Ich will dir's anvertraun, aber sag es niemand, besonders nicht Margot, der Schmeichelkatze, sie plaudert's dem Falschen, dem Heideläufer. Vor *dem* muß mein Schatz sich eben verbergen. Drum nimmt er verschiedene Trachten an, ich sage dir, alle Tage eine andere Gestalt, damit ihn der Läufer nicht nachmachen kann und nicht weiß, welches von allen die rechte ist. Vor ein paar Jahren kam Nolten in den Vetter Otto verkleidet zu mir; ich kannte ihn nicht und hab ihn arg betrübt. Das kann ich mir in Ewigkeit nicht vergeben. Aber wer soll auch die Komödianten ganz auslernen! Die können eben alles. Sie sind dir imstande und stellen sich tot, völlig tot. Unter uns, mein Schatz tat es auch, um dem Lügner für immer das Handwerk niederzulegen. Ich war bei der Leiche damals in der Stadt. Ich sage dir — verstehst du, dir allein Henni! — der leere Sarg liegt in der Grube, nur ein paar lumpige Kleiderfetzen drin!"

Sie verfiel einige Sekunden in Nachdenken und klatschte dann fröhlich in die Hände: „O Henni! süßer Junge! in sechs Wochen kommt mein Bräutigam und nimmt mich mit und wir haben gleich Hochzeit." Sie stand auf und fing an, auf dem freien Platz vor Henni aufs niedlichste zu tanzen, indem sie ihr Kleid hüben und drüben mit spitzen Fingern faßte und sich mit Gesang begleitete. „Könntest du nur sehn", rief sie ihm zu, „wie hübsch ich's mache! fürwahr solche Füßchen sieht man nicht leicht. Vögel von allen Arten und Farben kommen auf die äußersten Baumzweige vor und schaun mir gar naseweis zu." Sie lachte boshaft und sagte: „Ich rede das eigentlich nur, weil du mir immer Eitelkeit vorwirfst, ich kann dein Predigen nicht leiden. Warte doch, du mußt noch ein bißchen Eigenlob hören. Aber ich will einen andern für mich sprechen lassen." Sie zog einen Brief des Schauspielers aus dem Gürtel und las:

‚„Oft kann ich mir aber mit aller Anstrengung dein Bild nicht vorstellen, ich meine, die Züge deines Gesichts, wenn sie mir einzeln auch deutlich genug vorschweben, kann ich nicht so recht zusammenbringen. Dann wieder in andern Augenblicken bist du mir so nahe, so greifbar gegenwärtig mit jeder Bewegung! sogar deine Stimme, das Lachen besonders, dringt mir dann so hell und natürlich ans Ohr. Dein Lachen! Warum eben das? Nun ja! behaupten doch auch die Poeten, es gebe nichts Lieblichers von Melodie, als so ein herzliches Mädchengekicher. Ein Gleichnis, liebes Kind. In meiner Jugend, weißt du, hatt ich immer sehr viel von zarten Elfen zu erzählen. Dieselben pflegen sich bei Nacht mit allerlei lieblichen Dingen, und unter anderm auch mit einem kleinen Kegelspiel die Zeit zu verkürzen. Dies Spielzeug ist vom pursten Golde, und drum wenn alle neune fallen, so heißen sie's ein goldenes Gelächter, weil der Klang dabei gar hell und lustig ist. Gerade so dünkt mich, lacht nun mein Schätzchen.'

Henni, was meinst du dazu? Zum Glück hab ich so schnell gelesen, daß du nicht einmal Zeit bekamst, dich drüber zu ärgern. Hör du, als Kind da hatt ich einen Schulmeister, der fand dir gar eine sonderliche Methode, einem das Schnell-Lesen abzugewöhnen, er gab einem das Buch verkehrt in die Hand, daß es von der Rechten zur Linken ging — ‚So', rief er dann,

‚jetzt laß den Rappen laufen! ich will auch beizeit Hebräisch lehren.' Recht, daß mir der Schulmeister beifällt — ich bitte dich, mache doch deinen guten Vater aufmerksam, daß er nicht mehr ginesisches Gartenhaus sagen soll, sondern chinesisches; er würde mich dauern, wenn man ihn spöttisch drum ansähe, es hat mich schon recht beschäftigt; heut hab ich gar davon geträumt, da gab er mir die Erklärung: ‚Jungfer, ich pflege mit dem Wort zu wechseln, und zwar nicht ohne Grund: zur Winterszeit, wo alles starr und hartgefroren ist, sprech ich ginesisch, im Frühjahr wird mein G schon weicher, im Sommer aber bin ich ganz und gar Chinese.' Fürwahr, das ist er auch: er trägt ein Zöpfchen. Im Ernst, ich hätte gute Lust, einmal mit der Schere hinter ihm herzukommen; es ist doch gar zu leichtfertig und altväterisch."

Eine Magd lief über den Weg, Agnes kehrte ihr zornig den Rücken und sagte, nachdem sie weg war: „Mir wird ganz übel, seh ich die Käthe. Gestern hört ich sie dort über die Mauer einem Bauerburschen zurufen: ‚Weißt du schon, daß die fremde Mamsell bei uns zur Närrin worden ist?' Das erzdumme Mensch. Wer ist verrückt? Niemand ist verrückt. Die Vorsehung ist gnädig. Deswegen heißt es auch in meinem heutigen Morgengebet:

> Wollest mit Freuden,
> Und wollest mit Leiden
> Mich nicht überschütten!
> Doch in der Mitten
> Liegt holdes Bescheiden.

Ja, nichts geht über die Zufriedenheit. Gottlob, diese hab ich; fehlt nur noch eins, fehlt leider nur noch eins!"

So ging es denn oft lange fort. Und wenn nun Henni, vom Maler täglich einigemal aufgefordert, nichts Tröstlicheres zu berichten hatte, so brach dem armen Manne fast das Herz.

Die Ärzte, die man befragt, gaben bloß Regeln an, die sich von selber verstanden und überdies bei dem Eigensinn der Kranken schwer anzuwenden waren. Zum Beispiel ließ sie sich um keinen Preis bewegen, an der allgemeinen Tafel zu speisen; und nur etwa wenn man beim Nachtisch noch auf dem Saale beisammen saß, erschien sie zuweilen unvermutet in der offenen Tür des Nebenzimmers, mit ruhigen Augen rings auf der Gesellschaft verweilend, ganz wieder in der angenehmen Stellung, worin wir sie oben dem Maler gegenüber gesehen. Versuchte aber Theobald, sich ihr zu nähern, so wich sie geräuschlos zurück und kam so leicht nicht wieder.

Es war indes aufs neue davon die Rede geworden, daß man vielleicht am besten täte, sie geradezu nach Hause zurückzubringen. Der Antrag ward ihr durch Nannetten mit aller Zartheit gestellt, allein statt daß sie ihn, wie man erwartete, mit beiden Händen ergriffen hätte, bedachte sie sich ernstlich und schüttelte den Kopf. Es war, als wenn sie ihren Zustand fühlte und ihrem Vater zu begegnen fürchtete.

Es sprach jemand die Meinung aus, daß Nolten sich entweder ganz entfernen, oder seine Entfernung wenigstens der Braut sollte glauben gemacht werden, da seine Gegenwart sie offenbar beunruhige und ihrem Wahne täglich Nahrung gebe, dagegen, wenn er ginge, wohl gar ein Verlangen nach ihm bei ihr rege werden dürfte, wo nicht, so könnte man zuletzt Veranlassung nehmen, ihn als den erwarteten wahren Geliebten ihr förmlich vorzuführen, oder sie, wie ein Kind, den frohen Fund gleichsam selbst tun zu lassen; gelänge diese List und wisse man sie kühn und klüglich durchzuführen, so sei Hoffnung zur Kur vorhanden. — Diese Ansicht schien so ganz nicht zu verwerfen. Doch Theobald behauptete zuletzt: er müsse bleiben, sie müsse ihn von Zeit zu Zeit vor Augen haben, ein ruhiges, bescheidenes Benehmen, der Anblick seines stillen Kummers werde günstig auf sie wirken, er halte nichts auf künstliche Anschläge und Täuschungen, er denke, wenn irgend noch etwas zu hoffen sei, auf seine Weise eine weit gründlichere und dauerhaftere Heilung zu erzielen.

Nunmehr aber würden wir es unter der Würde des Gegenstands halten und das Gefühl des Lesers zu verletzen glauben, wenn wir ihn mit den Leiden des Mädchens ausführlicher als nötig, auf eine peinliche Art unterhalten wollten, so viele Anmut ihr Gespräch auch selbst in dieser traurigen Zerstörung noch immer offenbaren mochte. Deshalb beschränkt sich unsere Schilderung einzig auf das, was zum Verständnis der Sache selbst gehört.

„Fräulein, du kannst ja Lateinisch", sagte sie einmal zu Margot, „was heißt der Funke auf lateinisch?" „Scintilla", war die gutmütige Antwort. „So, so; das ist ein musterhaftes Wort, es gibt ordentlich Funken; aber du wirst es nur geschwind erdacht haben? Tut auch nichts, desto besser vielmehr: ich will künftig, wenn ich dir etwas über die Augen des Bewußten zu sagen habe, in seiner Gegenwart nur bloß Scintilla sagen, dann merk aufs grüne Flämmchen — Bst! hörst du nichts? er regt sich hinterm Ofenschirm — nämlich, er kann sich unsichtbar machen — Ei, das weißt du besser wie ich. Und, Fräulein, wenn du wieder mit ihm buhlst, mir kann es ja eins sein, aber gewarnt hab ich dich." „Was soll mir das — Liebe Agnes!" „O ihr habt einander flugs im Arm, wenn niemand um den Weg ist! Ich bitte dich, sag mir, wie küßt sich's denn mit ihm? ist er recht häßlich süß? merkt man ihm an, daß er den Teufel im Leib hat? — Fräulein, weil dir doch nichts dran liegt, ob er hie und da noch andre Galanterien neben dir hat, so will ich dir gleich einige nennen; kannst ihn damit necken: Erstlich ist da: eine schöne Komtesse — fürnehm, ah fürnehm! Sieh, so ist ihr Anstand —" (hier machte sie eine graziöse Figur durchs Zimmer) „Zieh ihn nur damit auf! Aber angeführt seid ihr im Grund doch alle miteinander. Du willst mir nicht glauben, daß er mit der Zigeunerin verlobt ist? Wenn ich Lust hätte, könnt ich den Ort wohl nennen, wo der Verspruch gehalten wurde und wer den Segen dazu sprach, aber fromme Christen beschreien so was nicht. Überhaupt, ich werde jetzt zur Schlittenfahrt müssen. Du leihst mir deinen Zobel doch wieder?" Margot verstand, was sie im Sinne hatte, und gab ihr das Kleidungsstück. Nach einiger Zeit kam sie sehr artig geputzt, wie der Frühling und Winter, aus ihrem Zimmer hervor, ging in den Garten und zum Karussell, wo sie sich dann gewöhnlich in einen mit hölzernen Pferden bespannten Schlitten setzte. Der Boden durfte nicht gedreht werden, sie behauptete, es komme alles von selbst in Gang, wenn sie die im Kreise springenden Rosse eine Zeitlang ansehe, und es mache ihr einen angenehmen Schwindel.

Nannette setzte sich mit ihrer Arbeit in den Schatten der nächsten Laube. Bald gesellte sich Agnes zu ihr, forderte sie auf, nicht traurig zu sein und verhieß: ihr Bruder werde nun bald ankommen und sie beide entführen. „Nicht wahr, wir wollen fest zusammenhalten? Du bist im Grund so übel dran wie ich mit diesen Lügengesichtern. Ja, ja, auch dir gehn die Augen nach und nach auf, ich merkte es neulich, wie dir grauste, als dich der Bösewicht Schwester hieß. Zwinge dich nur nicht bei ihm, er kann uns doch nicht schaden. — Jetzt aber sollst du etwas Liebes sehen, das wird dich freuen: Lies diese Blätter, du kennst die Hand nicht, aber den Schreiber. Sie sind mein höchster Schatz, mehr, mehr als Gold und Perlen und Rubinen!

Ich mußte sie dem Höllenbrand abführen, er hatte sie mir
unterschlagen. Nimm sie drum fein in acht und lies ganz in der
Stille, recht in herzinniger Stille." Sie ging und ließ Nannetten
das Liederheft zurück, dessen wir schon bei Gelegenheit der
hinterlassenen Papiere des Schauspielers erwähnt haben.

Da diese Gedichte „An L." überschrieben waren und Agnes
unter ihren Namen eine Luise hatte, so eignete sie sich dieselben völlig zu, nicht anders als sie wären von Theobald an sie
gerichtet worden. Überdies hatte sie eine Silhouette in jenen
Blättern gefunden, von der sie sich beredete, es sei ihr Bild.
Man traf sie etlicheMale darüber an, daß sie zweiSpiegel gegen-
einanderhielt, um ihr Profil mit dem andern zu vergleichen.

Vielleicht ist es dem Leser angenehm, von jenen Gedichten
etwas zu sehen und sich dabei des Mannes zu erinnern, der,
wie einst im Leben, so jetzt noch im Tode, das Herz des unglücklichen Kindes so innig beschäftigen mußte.

*

Der Himmel glänzt vom reinsten Frühlingslichte,
Ihm schwillt der Hügel sehnsuchtsvoll entgegen,
Die starre Welt zerfließt in Liebessegen,
Und schmiegt sich rund zum zärtlichsten Gedichte.

Wenn ich den Blick nun zu den Bergen richte,
Die duftig meiner Liebe Tal umhegen —
O Herz, was hilft dein Wiegen und dein Wägen,
Daß all der Wonne herber Streit sich schlichte!

Du, *Liebe,* hilf den süßen Zauber lösen,
Womit Natur in meinem Innern wühlet!
Und du, o *Frühling,* hilf die Liebe beugen!

Lisch aus, o Tag! Laß mich in Nacht genesen!
Indes ihr, sanften Sterne, göttlich kühlet,
Will ich zum Abgrund der Betrachtung steigen.

*

Wahr ist's, mein Kind, wo ich bei dir nicht bin
Geleitet Sehnsucht alle meine Wege,
Zu Berg und Wald, durch einsame Gehege
Treibt mich ein irrer, ungeduldger Sinn.

In deinem Arm! o seliger Gewinn!
Doch wird auch hier die alte Wehmut rege,
Ich schwindle trunken auf dem Himmelsstege,
Die Gegenwart flieht taumelnd vor mir hin.

So denk ich oft: dies schnell bewegte Herz,
Vom Überglück der Liebe stets beklommen,
Wird wohl auf Erden nie zur Ruhe kommen;

Im ewgen Lichte löst sich jeder Schmerz,
Und all die schwülen Leidenschaften fließen
Wie ros'ge Wolken, träumend, uns zu Füßen.

*

Wenn ich, von deinem Anschaun tief gestillt,
Mich stumm an deinem heilgen Wert vergnüge,
Da hör ich oft die leisen Atemzüge
Des Engels, welcher sich in dir verhüllt.

Und ein erstaunt, ein selig Lächeln quillt
Auf meinen Mund, ob mich kein Traum betrüge,
Daß nun in dir, zu himmlischer Genüge,
Mein kühnster Wunsch, mein einzger, sich erfüllt.

Von Tiefe dann zu Tiefen stürzt mein Sinn,
Ich höre aus der Gottheit nächtger Ferne
Die Quellen des Geschicks melodisch rauschen;

Betäubt kehr ich den Blick nach oben hin,
Zum Himmel auf — da lächeln alle Sterne!
Ich kniee, ihrem Lichtgesang zu lauschen.

*

Schön prangt im Silbertau die junge Rose,
Den ihr der Morgen in den Busen rollte,
Sie blüht, als ob sie nie verblühen sollte,
Sie ahnet nichts vom letzten Blumenlose.

Der Adler strebt hinan ins Grenzenlose,
Sein Auge trinkt sich voll von sprühndem Golde,
Er ist der Tor nicht, daß er fragen wollte,
Ob er das Haupt nicht an die Wölbung stoße.

Mag einst der Jugend Blume uns verbleichen,
So war die Täuschung doch so himmlisch süße,
Wir wollen ihr vorzeitig nicht entsagen.

Und unsre Liebe muß dem Adler gleichen:
Ob alles, was die Welt gab, uns verließe —
Die Liebe darf den Flug ins Ewge wagen.

*

Am Waldsaum kann ich lange Nachmittage,
Dem Kuckuck horchend, in dem Grase liegen,
Er scheint das Tal gemächlich einzuwiegen
Im friedevollen Gleichklang seiner Klage.

Da ist mir wohl; und meine schlimmste Plage,
Den Fratzen der Gesellschaft mich zu fügen,
Hier wird sie mich doch endlich nicht bekriegen,
Wo ich auf eigne Weise mich behage.

Und wenn die feinen Leute nur erst dächten,
Wie schön Poeten ihre Zeit verschwenden,
Sie würden mich zuletzt noch gar beneiden.

Denn des Sonetts vielfältge Kränze flechten
Sich wie von selber unter meinen Händen,
Indes die Augen in der Ferne weiden.

IN DER KARWOCHE

O Woche, Zeugin heiliger Beschwerde!
Du stimmst so ernst zu dieser Frühlingswonne,
Und breitest im verjüngten Strahl der Sonne
Des Kreuzes dunklen Schatten auf die Erde.

Du hängest schweigend deine Flöre nieder,
Der Frühling darf indessen immer keimen,
Das Veilchen duftet unter Blütenbäumen,
Und alle Vöglein singen Jubellieder.

O schweigt, ihr Vöglein hoch im Himmelblauen!
Es tönen rings die dumpfen Glockenklänge,
Die Engel singen leise Grabgesänge,
O schweiget, Vöglein auf den grünen Auen!

Ihr Veilchen, kränzt heut keine Lockenhaare!
Euch pflückt mein frommes Kind zum dunkeln Strauße,
Ihr wandert mit zum stillen Gotteshause,
Dort sollt ihr welken auf des Herrn Altare.

Wird sie sich dann in Andachtslust versenken,
Und sehnsuchtsvoll in süße Liebesmassen
Den Himmel und die Welt zusammenfassen,
So soll sie mein — auch mein! dabei gedenken.

*

Agnes war inzwischen mit Henni spazierengegangen. Sie führte ihn ins freie Feld hinaus, ohne recht zu sagen, wohin es ginge, ein nicht seltener Fall, wo ihr jedesmal eine dritte zuverlässige Person unbemerkt in einiger Entfernung hinten nachzufolgen pflegte. Agnes brachte seit einiger Zeit die schöne Sammetjacke, das Geschenk ihres vermeintlichen Liebhabers, kaum mehr vom Leibe; so trug sie dieselbe auch jetzt, und sah trotz einiger Nachlässigkeit im Anzug sehr reizend darin aus. Unter ordentlichen Gesprächen gelangten beide zu dem nächsten Wäldchen und in der Mitte desselben auf einen breiten Rasenplatz, worauf eine große Eiche einzeln stand, die einen offenen Brunnen sehr malerisch beschattete. Agnes hatte von diesem Brunnen, als von einer bekannten Merkwürdigkeit, gelegentlich erzählen gehört. Es ist dies wirklich ein sehenswertes Überbleibsel aus dem höchsten Altertum und äußerlich noch wohlerhalten. Die runde Mauer ragt etwa eine halbe Mannshöhe über den Erdboden vor, die Tiefe, obgleich zum Teil verschüttet, ist noch immer beträchtlich, man konnte mit mäßiger Schnelle auf sechszehn zählen, eh der hineingeworfene Stein unten auf dem Wasser aufschlug. Sein Name „Alexis-Brunn" bezog sich auf eine Legende. Agnes verlangte die Sage ausführlich von Henni zu hören, und er erzählte wie folgt.

„Vor vielen hundert Jahren, eh noch das Christentum in deutschen Landen verbreitet gewesen, lebte ein Graf, der besaß eine Tochter, Belsore, die hatte er eines Herzogs Sohn, mit Namen Alexis, zur Ehe versprochen. Diese liebten einander treulich und rein; über ein Jahr sollte Alexis sie heimführen dürfen. Mittlerweile aber mußte er einen Zug tun mit seinem Vater, weit weg, nach Konstantinopel. Dort hörte er zum erstenmal in seinem Leben das Evangelium von Christo predigen, was ihn und seinen Vater bewog, diesen Glauben besser kennenzulernen. Sie blieben einen Monat in der gedachten Stadt und kamen mit Freuden zuletzt überein, daß sie sich wollten taufen lassen. Bevor sie wieder heimreisten, ließ der Vater von einem griechischen Goldschmied zwei Fingerringe machen, worauf das Kreuzeszeichen in kostbaren Edelstein gegraben war; der eine gehörte Belsoren, der andere Alexis. Als sie nach Hause kamen und der Graf vernahm, was mit ihnen geschehen, und daß seine Tochter sollte zur Christin werden, verwandelte sich seine Freude in Zorn und giftigen Haß, er schwur, daß er sein Kind lieber würde mit eigner Hand umbringen, eh ein solcher sie heiraten dürfe, und könnte sie dadurch zu einer Königin werden. Belsore verging für Jammer, zumal sie nach dem, was ihr Alexis vom neuen Glauben ans Herz gelegt, ihre Seligkeit auch nur auf diesem Weg zu finden meinte. Sie wechselten heimlich die Ringe und gelobten sich Treue bis in den Tod, was auch immer über sie ergehen würde. Der Graf bot Alexis Bedenkzeit an, ob er etwa seinen Irrtum abschwören möchte, da er ihn denn aufs neue als lieben Schwiegersohn umarmen wolle. Der Jüngling aber verwarf den frevelhaften Antrag, nahm Abschied von Belsoren, und griff zum Wanderstab, um in geringer Tracht bald da bald dort als ein Bote des Evangeliums umherzureisen. Da er nun überall verständig und kräftig zu reden gewußt, auch lieblich von Gestalt gewesen, so blieb seine Arbeit nicht ohne vielfältigen Segen. Aber oft, wenn er so allein seine Straße fortlief, bei Schäfern auf dem Felde, bei Köhlern im Walde übernachten blieb und neben soviel Ungemach auch wohl den Spott und die Verachtung der Welt erfahren mußte, war er vor innerer Anfechtung nicht sicher und zweifelte zuweilen, ob er auch selbst die Wahrheit habe, ob Christus der Sohn Gottes sei, und würdig, daß man um seinetwillen alles verlasse. Dazu gesellte sich die Sehnsucht nach Belsoren, mit der er jetzt wohl längst in Glück und Freuden leben könnte. Indes war er auf seinen Wanderungen auch in diese Gegend gekommen. Hier, wo nunmehr der Brunnen ist, soll damals nur eine tiefe Felskluft, dabei ein Quell gewesen sein, daran Alexis seinen

Durst gelöscht. Hier flehte er brünstig zu Gott um ein Zeichen, ob er den rechten Glauben habe; doch dachte er sich dieser Gnade erst durch ein Geduldjahr würdiger zu machen, währenddessen er zu Haus beim Herzog, seinem Vater, geruhig leben und seine Seele auf göttliche Dinge richten wolle. Werde er in dieser Zeit seiner Sache nicht gewisser und komme er auf den nächsten Frühling wiederum hieher, so soll der Rosenstock entscheiden, an dessen völlig abgestorbenes Holz er jetzt den Ring der Belsore feststeckte: blühe bis dahin der Stock und trage er noch den goldenen Reif, so soll ihm das bedeuten, daß er das Heil seiner Seele bisher auf dem rechten Wege gesucht und daß auch seine Liebe zu der Braut dem Himmel wohlgefällig sei. So trat er nun den Rückweg an. Der Herzog war inzwischen dem Erlöser treu geblieben, und von Belsoren erhielt Alexis durch heimliche Botschaft die gleiche Versicherung. Sosehr ihn dies erfreute, so blieb ihm doch sein eigener Zweifelmut; zugleich betrübte er sich, weil es im Brief der Braut beinah den Anschein hatte, als ob sie bei aller treuen Zärtlichkeit für ihn, doch ihrer heißen Liebe zum Heiland die seinige in etwas nachgesetzt. Er konnte kaum erwarten, bis bald das Jahr um war. Da macht er sich also zu Fuße, wie er's gelobt, auf den Weg. Er findet den Wald wieder aus, er kennt schon von weitem die Stelle, er fällt, bevor er näher tritt, noch einmal auf die Knie und eilt mit angstvollem Herzen hinzu. O Wunder! drei Rosen, die schönsten, hängen am Strauch. Aber ach, es fehlte der Ring. Sein Glaube also galt, aber Belsore war ihm verloren. Voll Verzweiflung reißt er den Strauch aus der Erde und wirft ihn in die tiefe Felskluft. Gleich nachher reut ihn die Untat; als ein Büßender kehrt er zurück ins Vaterland, dessen Einwohner durch die Bemühungen des Herzogs bereits zum großen Teil waren bekehrt worden. Alexis versank in eine finstere Schwermut; doch Gott verließ ihn nicht, Gott gab ihm den Frieden in seinem wahrhaftigen Worte. Nur über einen Punkt, über seine Liebe zu der frommen Jungfrau, war er noch nicht beruhigt. Eine heimliche Hoffnung lebte in ihm, daß er an jenem wunderbaren Orte noch völlig müsse getröstet werden. Zum drittenmal machte er die weite Wallfahrt, und gücklich kommt er ans Ziel. Aber leider trifft er hier alles nur eben wie er's verlassen. Mit Wehmut erkennt er die nackte Stelle, wo er den Stock entwurzelt hatte. Kein Wunder will erscheinen, kein Gebet hilft ihm zu einer fröhlichen Gewißheit. In solcher Not und Hoffnungslosigkeit überfiel ihn die Nacht, als er noch immer auf dem Felsen hingestreckt lag, welcher sich über die Kluft herbückte. In Gedanken sah er so hinunter in die Finsternis und überlegte, wie er mit anbrechendem Morgen in Gottes Namen wieder wandern und seiner Liebsten ein Abschiedsschreiben schicken wolle. Auf einmal bemerkt er, daß es tief unten auf dem ruhigen Spiegel des Wassers als wie ein Gold- und Rosenschimmer zuckt und flimmt. Anfänglich traut er seinen Augen nicht, allein von Zeit zu Zeit kommt der liebliche Schein wieder. Ein frohes Ahnen geht ihm auf. Wie der Tag kommt, klimmt er die Felsen hinab, und siehe da! der weggeworfene Rosenstock hatte zwischen dem Gestein, kaum eine Spanne überm Wasser, Wurzel geschlagen und blühte gar herrlich. Behutsam macht Alexis ihn los, bringt ihn ans Tageslicht herauf und findet an derselben Stelle, wo er vor zweien Jahren den Reif angesteckt, ringsum eine frische Rinde darüber gequollen, die ihn so dicht einschloß, daß kaum durch eine winzige Ritze das helle Gold herausglänzte. Noch voriges Jahr müßte Alexis den Ring, wäre er nicht so übereilt und sein Vertrauen zu Gott größer gewesen, weit leichter entdeckt haben. Wie dankbar warf er nun sich im Gebet zur Erde! Mit welchen Tränen küßte er den Stock, der außer vielen aufgegangenen Rosen noch eine Menge Knospen zeigte. Gerne hätte er ihn mitgenommen, allein er glaubte ihn dem heiligen Orte, wo er zuvor gestanden, wieder einverleiben zu müssen. Unter lautem Preise der göttlichen Allmacht kehrte er, wie ein verwandelter Mensch, ins väterliche Haus zurück. Dort empfängt ihn zugleich eine Freuden- und Trauerbotschaft: der alte Graf war gestorben, auf dem Totenbett hatte er sich, durch die Belehrung seiner Tochter gewonnen, zum Christentum bekannt und seine Härte aufrichtig bereut. Alexis und Belsore wurden zum glücklichsten Paare verbunden. Ihr erstes hierauf war, daß sie miteinander eine Wallfahrt an den Wunderquell machten und denselben in einen schöngemauerten Brunn fassen ließen. Viele Jahrhunderte lang soll es ein Gebrauch gewesen sein, daß weit aus der Umgegend die Brautleute vor der Hochzeit hieherreisten, um einen gesegneten Trunk von diesem klaren Wasser zu tun, welches der Rosentrunk geheißen; gewöhnlich reichte ihn ein Pater Einsiedler, der hier in dem Walde gewohnt. Das ist nun freilich abgegangen, doch sagen die Leute, die Schäfer und Feldhüter, daß noch jetzt in der Karfreitag- und Christnacht das rosenfarbene Leuchten auf dem Grund des Brunnens zu sehen sei."

Agnes betrachtete einen vorstehenden Mauerstein, worauf noch ziemlich deutlich drei ausgehauene Rosen und ein Kreuz zu bemerken waren. Henni leitete aus der Geschichte mehrere Lehren für seine arme Schutzbefohlene ab; sie merkte aber sehr wenig darauf und zog ihn bald von dem Platze weg, um nahebei einen kleinen Berggipfel zu besteigen, welcher sich kahl und kegelförmig über das Wäldchen erhob. „Der Wind weht dort! Ich muß das Windlied singen; es ist sehr ratsam heute", rief Agnes, voraneilend.

Sie standen oben und sie sang in einer freien Weise die folgenden Verse, indem sie bei Frag und Antwort jedesmal sehr artig mit der Stimme wechselte, dabei sehr lebhaft in die Luft agierte.

„‚Sausewind! Brausewind!
Dort und hier,
Deine Heimat sage mir!'

‚Kindlein, wir fahren
Seit vielen Jahren
Durch die weit weite Welt,
Und wollen's erfragen,
Die Antwort erjagen,
Bei den Bergen, den Meeren,
Bei des Himmels klingenden Heeren —
Die wissen es nie,
Bist du klüger als sie,
Magst du es sagen.
— Fort! Wohlauf!
Halt uns nicht auf!
Kommen andre nach,
Unsre Brüder,
Da frag wieder.'

‚Halt an! Gemach,
Eine kleine Frist!
Sagt, wo der Liebe Heimat ist,
Ihr Anfang, ihr Ende!'

,Wer's nennen könnte!
Schelmisches Kind,
Lieb ist wie Wind,
Rasch und lebendig,
Ruhet nie,
Ewig ist sie,
Aber nicht immer beständig.
— Fort! Wohlauf auf!
Halt uns nicht auf!
Fort über Stoppel, und Wälder, und Wiesen!
Wenn ich dein Schätzchen seh,
Will ich es grüßen;
Kindlein, ade!'"

Gegen Abend hatte sich Agnes ermüdet zu Bette gelegt; der Präsident war eine Zeitlang bei ihr gewesen; auf einmal kam er freudig aus ihrem Schlafzimmer und sagte eilfertig zu Theobald hin: „Sie verlangt nach Ihnen, gehn Sie geschwinde!" Er gehorchte unverzüglich, die andern blieben zurück und er zog die Türe hinter sich zu. Agnes lag ruhig auf der Seite, den Kopf auf einem Arm gestützt. Bescheiden setzte er sich mit einem freundlichen Gruß auf den Stuhl an ihrem Bette; durchaus gelassen, doch einigermaßen zweifelhaft sah sie ihn lange an; es schien als dämmerte eine angenehme Erinnerung bei ihr auf, welche sie an seinen Gesichtszügen zu prüfen suchte. Aber heißer, schmelzender wird ihr Blick, ihr Atem steigt, es hebt sich ihre Brust, und jetzt — indem sie mit der Linken sich beide Augen zuhält — streckt sie den rechten Arm entschlossen gegen ihn, faßt leidenschaftlich seine Hand und drückt sie fest an ihren Busen; der Maler liegt, eh er sich's selbst versieht, an ihrem Halse und saugt von ihren Lippen eine Glut, die von der Angst des Moments eine schaudernde Würze erhält; der Wahnsinn funkelt frohlockend aus ihren Augen, Verzweiflung preßt dem Freunde das himmlische Gut, eh sich's ihm ganz entfremde, noch einmal — ja er fühlt's, zum letztenmal, in die zitternden Arme.

Aber Agnes fängt schon an unruhig zu werden, sich seinen Küssen leise zu entziehen, sie hebt ängstlich den Kopf in die Höhe: „Was flüstert denn bei dir? was spricht aus dir? ich höre zweierlei Stimmen — Hülfe! zu Hülfe! du tückischer Satan, hinweg —! Wie bin ich, wie bin ich betrogen! — O nun ist alles,

alles mit mir aus. — Der Lügner wird hingehn, mich zu beschimpfen bei meinem Geliebten, als wär ich kein ehrliches Mädchen, als hätt ich mit Wissen und Willen dies Scheusal geküßt — O Theobald! wärest du hier, daß ich dir alles sagte! Du weißt nicht, wie's die Schlangen machten! und daß man mir den Kopf verrückte, mir, deinem unerfahrnen, armen, verlassenen Kind!" Sie kniete aufrecht im Bette, weinte bitterlich und ihre losgegangenen Haare bedeckten ihr die glühende Wange. Nolten ertrug den Anblick nicht, er eilte weinend hinaus: „Ja lache nur in deine Faust und geh und mach dich lustig mit den andern — es wird nicht allzu lange mehr so dauern, denn es ist gottvergessen und die Engel im Himmel erbarmt's, wie ihr ein krankes Mädchen quält!"

Die Schwägerin kam und setzte sich zu ihr, sie beteten; so ward sie ruhiger.

„Nicht wahr?" sprach sie nachher, „ein selig Ende, das ist's doch, was sich zuletzt ein jeder wünscht; einen leichten Tod, recht sanft, nur so wie eines Knaben Knie sich beugt; wie komm ich zu dem Ausdruck? ich denke an den Henni; mit diesem müßte sich gut sterben lassen."

In diesem Ton sprach sie eine Weile fort, vergaß sich nach und nach, ward munterer, endlich gar scherzhaft, und zwar so, daß Nannetten dieser Sprung mißfiel. Agnes bemerkte es, schien wirklich durch sich selbst überrascht und beschämt, und sie entschuldigte alsbald ihr Benehmen auf eine Art, welche genugsam zeigt, wie klar sie sich auf Augenblicke war: „Siehst du", sagte sie mit dem holdesten Lächeln der Wehmut, „ich bin nur eben wie das Schiff, das leck an einer Sandbank hängt und dem nicht mehr zu helfen ist; das mag nun wohl sehr kläglich sein, was kann aber das arme Schiff dafür, wenn mittlerweile noch die roten Wimpel oben ihr Schelmenspiel im Wind forttreiben, als wäre nichts geschehn? Laß gehen wie es gehen kann. Wenn erst Gras auf mir wächst, hat's damit auch ein Ende."

Der Maler verließ den folgenden Tag in aller Frühe das Schloß: der Präsident selbst hatte dazu geraten und ihm eines seiner Pferde geliehen. Es war vorderhand nur um einen Versuch mit einigen Tagen zu tun, wie das Mädchen sich anließe, wenn Theobald ihr aus den Augen wäre. Er selbst schien bei seiner Abreise noch unentschlossen, wohin er sich wende. Auf alle Fälle ward ein dritter Ort bestimmt, um zur Not Botschaft für ihn hinterlegen zu können. Von W* war nicht die Rede; noch kürzlich hatte er dorthin um Frist geschrieben, im Herzen übrigens gleichgültig, ob sie ihm gewährt würde oder die ganze Sache sich zerschlüge.

Die größere Ruhe, die man bei Agnes, seit der Gegenstand ihrer Furcht verschwunden ist, alsbald wahrnehmen kann, wird nach und nach zur stillen Schwermut, ihre Geschwätzigkeit nimmt ab, sie ist sich ihres Übels zuzeiten bewußt und der kleinste Zufall, der sie daran erinnert, ein Wort, ein Blick von seiten ihrer Umgebung kann sie empfindlich kränken. Auffallend ist in dieser Hinsicht folgender Zug. Der Präsident, oder Margot vielmehr, besaß ein großes Windspiel, dem man, seiner ausgezeichneten Schönheit wegen, den Namen Merveille gegeben. Der Hund erzeigte sich Agnesen früher nicht abgeneigt, seit einiger Zeit aber floh er sie offenbar, verkroch sich ordentlich vor ihr. Ohne Zweifel hatte diese Scheu einen sehr natürlichen Grund, Agnes mochte ihn unwissentlich geärgert haben — genug, sie selber schien zu glauben, es fühle das Tier das Unheimliche ihrer Nähe. Sie schmeichelte dem Hund auf alle Weise, ja gar mit Tränen, und ließ zuletzt, da nichts verfangen wollte, betrübt und ärgerlich von ihm ab, ohne ihn weiter ansehn zu wollen.

Seit kurzem bemerkte man, daß sie ihren Trauring nicht mehr trug. Als man sie um die Ursache fragte, gab sie zur Antwort: „Meine Mutter hat ihn genommen." „Deine Mutter ist aber tot, willst du sie denn gesehen haben?" „Nein; dennoch weiß ich, sie hat den Ring mit fort; ich kenne den Platz, wo er liegt, und ich muß ihn selbst dort abholen. O wäre das schon überstanden! Es ist ein ängstlicher Ort, aber einer frommen Braut kann er nichts anhaben; ein schöner Engel wird da stehn, wird fragen, was ich suche, und mir's einhändigen. Auch sagt er mir sogleich, wo mein Geliebter ist und wann er kommt."

Ein andermal ließ sie gegen Henni die Worte fallen: „Mir kam gestern so der Gedanke, weil der Nolten doch gar zu lange ausbleibt, gib acht, er hat mich aufgegeben! Und, recht beim Licht besehn, es ist ihm nicht sehr zu verdenken; was tät er mit der Törin? er hätte seine liebe Not im Hause. Und überdies, o Henni — welk, welk, welk, es geht zum Welken! Siehst du, wie es nun gut ist, daß noch die Hochzeit nicht war; ich dachte wohl immer so was. Nun mag es enden wann es will, mir ist doch mein Mädchenkranz sicher, ich nehm ihn ins Grab

— Unter uns gesagt, Junge, ich habe mir immer gewünscht, so und nicht anders in Himmel zu kommen. Aber den Ring muß ich erst haben, ich muß ihn vorweisen können."

Noch eines freundlichen und frommen Auftritts soll hier gedacht werden, zumal es das letzte ist, was wir von des Mädchens traurigem Leben zu erzählen haben.

Nannette kam einsmals in aller Eile herbeigesprungen und ersuchte das Fräulein und deren Vater, ihr in ein Zimmer des untern Stocks herab zu folgen, um an der angelehnten Türe der alten Kammer, wo die Orgel stand, einen Augenblick Zeuge der musikalischen Unterhaltung Hennis und Agnesens zu sein. So gingen sie zu dreien leise an den bezeichneten Ort und belauschten einen überaus rührenden Gesang, in welchen die Orgel ihre Flötentöne schmolz. Bald herrschte des Knaben und bald des Mädchens Stimme vor. Es schien alt-katholische Musik zu sein. Ganz wundersam ergreifend waren besonders die kraftvollen Strophen eines lateinischen Bußliedes aus E-dur. Hier steht nur der Anfang.

> Jesu, benigne!
> A cuius igne
> Opto flagrare,
> Et te amare; —
> Cur non flagravi?
> Cur non amavi
> Te, Jesu Christe?
> — O frigus triste!*

Es folgten noch zwei dergleichen Verse, worauf Henni sich in ein langes Nachspiel vertiefte, dann aber in ein anderes Lied überging, welches die ähnlichen Empfindungen ausdrückte. Agnes sang dies allein und der Knabe spielte.

---

* Diese Zeilen finden sich wirklich in einem uralten, wohl längst vergriffenen Andachtsbuch. Sie sind unnachahmlich schön; indessen fügen wir, um einiger Leser willen, diese Übersetzung bei:

> Dein Liebesfeuer,
> Ach Herr! wie teuer
> Wollt ich es hegen,
> Wollt ich es pflegen —
> Hab's nicht geheget,
> Und nicht gepfleget,
> War Eis im Herzen,
> — O Höllenschmerzen!

Eine Liebe kenn ich, die ist treu,
War getreu, seitdem ich sie gefunden,
Hat mit tiefem Seufzen immer neu,
Stets versöhnlich, sich mit mir verbunden.

Welcher einst mit himmlischem Gedulden
Bitter bittern Todestropfen trank,
Hing am Kreuz und büßte mein Verschulden,
Bis es in ein Meer von Gnade sank.

Und was ist's, daß ich doch traurig bin?
Daß ich angstvoll mich am Boden winde?
Frage: Hüter, ist die Nacht bald hin?
Und: was rettet mich von Tod und Sünde?

Arges Herze! ja gesteh' es nur,
Du hast wieder böse Lust empfangen;
Frommer Liebe, alter Treue Spur —
Ach, das ist auf lange nun vergangen!

Darum ist's auch, daß ich traurig bin,
Daß ich angstvoll mich am Boden winde —
Hüter! Hüter! ist die Nacht bald hin?
Und was rettet mich von Tod und Sünde?

Bei den letzten Worten fiel Margot Nannetten mit heißen Tränen um den Hals. Der Präsident ging leise ab und zu. Noch immer klang die Orgel alleine fort, als könnte sie im Wohllaut unendlicher Schmerzen zu keinem Schlusse mehr kommen. Endlich blieb alles still. Die Türe ging auf, ein artiges Mädchen, Hennis kleine Schwester, welche die Bälge gezogen, kam auf den Zehen geschlichen heraus, entfernte sich bescheiden und ließ die Türe hinter sich offen. Nun aber hatte man ein wahres Friedensbild vor Augen. Der blinde Knabe nämlich saß, gedankenvoll in sich gebückt, vor der offnen Tastatur, Agnes, leicht eingeschlafen, auf dem Boden neben ihm, den Kopf an sein Knie gelehnt, ein Notenblatt auf ihrem Schoße. Die Abendsonne brach durch die bestäubten Fensterscheiben und übergoß die ruhende Gruppe mit goldenem Licht. Das große Kruzifix an der Wand sah mitleidsvoll auf sie herab.

Nachdem die Freunde eine Zeitlang in stiller Betrachtung

gestanden, traten sie schweigend zurück und lehnten die Türe sacht an.

Am folgenden Morgen ward Agnes vermißt. Nannette hatte beim Aufstehn ihr Bette leer gefunden und voller Schrecken sogleich Lärm gemacht. Niemand begriff im ersten Augenblick, wie sie nur irgend aus dem Schlafzimmer entkommen können, da man dasselbe aus verschiedenen Gründen seit einiger Zeit von dem untern Stock in den obern verlegt hatte, die Türen nachts sorgfältig geschlossen, auch wirklich am Morgen noch verschlossen gefunden wurden. Aber vor einem Seitenfenster, das neben dem Belvedere hinausführte, entdeckte man zwischen den Bäumen eine hohe Leiter, welche der Gartenknecht, nach seinem eigenen Geständnis, gestern abends angelegt, weil Agnes durchaus ein altes Vogelnest verlangt habe, das oben aus einer der Lücken im steinernen Fries hervorgesehen. Nachher war die Leiter vergessen worden, was ohne Zweifel die Absicht des Mädchens gewesen.

Der Vormittag verflog unter den angestrengtesten Nachforschungen, unter endlosem Hin- und Herraten, Fragen, Boten-Aussenden und -Empfangen. Innerhalb des Schloßbezirks war bereits alles um- und umgekehrt. Es wurde Abend und noch erschien von keiner Seite die mindeste Nachricht, der mindeste Trost. Eine falsche Spur, wozu die irrige Aussage eines Feldhüters Veranlassung gegeben, machte überdies den größten Aufenthalt.

Die Sonne war seit zwei Stunden untergegangen und noch blieb alles Laufen und Schicken fruchtlos; die Freunde kamen außer sich. Nach Mitternacht kehrten die letzten Fackeln zurück, nur der alte Gärtner und selbst der blinde Henni waren noch immer außen, so daß man endlich um diese besorgt zu werden anfing. Niemand im Schlosse dachte daran, sich schlafen zu legen. Der Präsident stellte die Mutmaßung auf, daß Agnes irgendeinen Weg nach ihrer Heimat eingeschlagen und, je nachdem sie zeitig genug sich von hier weggemacht hätte, bereits einen bedeutenden Vorsprung gewonnen haben dürfte, ehe die Späher ausgegangen; für ihr Leben zu fürchten, sei kein Grund vorhanden, es stünde vielmehr zu erwarten, daß sie unterwegs als verdächtig aufgegriffen und öffentlich Anstalt würde getroffen werden, sie in ihren Geburtsort zu bringen. Nannette dachte sich in diesem Fall die Ankunft der Unglücklichen im väterlichen Hause beinahe schrecklicher als alles; und doch, wenn man sie nur übrigens wohlbehalten den Armen des Vaters überliefert denken durfte, so ließ sich ja von hier an wieder neue Hoffnung schöpfen. Allein mit welchem Herzen mußte man der Rückkehr des Malers entgegensehen, wenn sich bis dahin nichts entschieden haben sollte! — Margot hielt die Vermutung nicht zurück, daß die Zigeunerin auch diesmal die verderbliche Hand mit im Spiele habe. Dies alles sprach und wog man hin und her, bis keine Möglichkeit mehr übrig zu sein schien, das Schlimmste aber getraute man sich kaum zu denken, geschweige auszusprechen. Zuletzt entstand eine düstere Stille. In den verschiedenen Zimmern brannte hie und da eine vergessene Kerze mit mattem Scheine; die Zimmer stellten selbst ein Bild der Angst und Zerstörung dar, denn alle Dinge lagen und standen, wie man sie gestern morgen im ersten Schrecken liegen lassen, unordentlich umher. Die Schloßuhr ließ von Zeit zu Zeit ihren weinerlichen Klang vernehmen, von den Anlagen her schlug eine Nachtigall in vollen, herrlichen Tönen.

Auf ein Zeichen des Präsidenten erhob man sich endlich, zu Bette zu gehen. Ein Teil der Dienerschaft blieb wach.

Gegen drei Uhr des Morgens, da eben der Tag zu grauen begann, gaben im Hofe die Hunde Laut, verstummten jedoch sogleich wieder. Margot öffnet indes ihr Fenster und sieht in der blassen Dämmerung eine Anzahl Männer, darunter den Gärtner und seinen Sohn, mit halb erloschenen Laternen am Schloßtor stehen, welches nur angelehnt war und sich leise auftat. Eine plötzliche Ahnung durchschneidet dem Fräulein das Herz und laut aufschreiend wirft sie das Fenster zu, denn ihr schien, als wären zwei jener Leute bemüht, einen entsetzlichen Fund ins Haus zu tragen. Gleich darauf hört sie die Glocke vom Schlafzimmer ihres Vaters. Alles stürzt, nur halb angekleidet, von allen Ecken und Enden herbei.

Die Verlorene war wirklich aufgefunden worden, doch leider tot und ohne Rettung. Vor einer Stunde wurde der Körper nach langen mühsamen Versuchen aus jenem Brunnen im Walde gezogen. Es hatte sich der Gärtner, von seinem Sohne auf diesen Platz aufmerksam gemacht, noch spät in der Nacht dorthin begeben, und ein aufgefundener Handschuh bestätigte sogleich die Vermutung. Alsbald war der Alte ins nächste Städtchen geeilt, um Mannschaft mit Werkzeugen, Strickleiter und Haken, sowie einen Wundarzt herbeizuholen.

Der Leichnam war, außer den völlig durchnäßten und zerrissenen Kleidern, nur wenig verletzt; das schneeweiße Gesicht, um welches die nassen Haare verworren hingen, sah sich noch jetzt vollkommen gleich; der halbgeöffnete Mund schien schmerzlich zu lächeln; die Augen fest geschlossen. Offenbar war sie, mit dem Kopfe vorwärts stürzend, ertrunken; nur eine leichte Wunde entdeckte man rechts über den Schläfen. Bemerkenswert ist noch, daß sie in Larkens' grüner Jacke, woran man sie gestern eine Kleinigkeit, jedoch sehr emsig und wichtig, hatte verändern sehn, den Tod gefunden.

Der Wundarzt machte zum Überfluß noch den einen und andern vergeblichen Versuch. Vom grenzenlosen Jammer der sämtlichen Umstehenden sagen wir nichts.

Nach Nolten hatte man ausgesendet, doch traf ihn weder Bote noch Brief. Den zweiten Tag nach dem Tode der Braut erschien er unvermutet von einer andern Seite her. Sein ganzes Eintreten, das sonderbar Gehaltene, matt Resignierte in seiner Miene, seinem Gruß war von der Art, daß er, was vorgefallen, entweder schon zu wissen oder zu vermuten, aber nicht näher hören zu wollen schien. Sonach war denn auch andrerseits der Empfang beklommen, einsilbig. Nannette, die bei der ersten Begrüßung nicht gleich zugegen gewesen, stürzt, da sie des Bruders ansichtig wird, mit lautem Geschrei auf ihn zu. Sein Anblick war nicht nur im höchsten Grade mitleidswert, sondern wirklich zum Erschrecken. Er sah verwildert, sonnverbrannt und um viele Jahre älter aus. Sein lebloser gläserner Blick verriet nicht sowohl einen gewaltigen Schmerz, als vielmehr eine schläfrige Übersättigung von langen Leiden. Das Unglück, das die andern noch als ein gegenwärtiges in seiner ganzen Stärke fühlten, schien, wenn man ihn ansah, ein längst vergangenes zu sein. Er sprach nur gezwungen und zeigte eine blöde seltsame Verlegenheit in allem, was er tat. Er hatte sich, wie man nur nach und nach von ihm erfuhr, während der letzten sechs Tage verschiedenen Streifereien in unbekannten Gegenden überlassen, zwecklos und einsam nur seinem Grame lebend; kaum daß er's über sich vermocht, einmal nach Neuburg zu schreiben.

Indem nun von Agnesen noch immer nicht bestimmt die Rede wurde und man durchaus nicht wußte, wie man deshalb bei Nolten sich zu benehmen habe, so wurde jedermann nicht wenig überrascht, als er mit aller Gelassenheit die Frage stellte: auf wann die Beerdigung festgesetzt sei, und wohin man diesfalls gedenke? — Mit gleicher Ruhe fand er hierauf von selbst den Weg zum Zimmer, wo die Tote lag. Er verweilte allein und lange daselbst. Erst diese Anschauung gab ihm das ganze, deutliche Gefühl seines Verlustes, er weinte heftig, als er zu den andern auf den Saal zurückkam.

„Unglücklicher, geliebter Freund", nahm jetzt der Präsident das Wort und umarmte den Maler, „es ist mir vorlängst einmal der Spruch irgendwo vorgekommen: wir sollen selbst da noch hoffen, wo nichts mehr zu hoffen steht. Gewiß ist das ein herrliches Wort, wer's nur verstehen will; mir hat es einst in großer Not den wunderbarsten Trost in der Seele erweckt, einen leuchtenden Goldblick des Glaubens; und nur auf den Entschluß kommt es an, sich dieses Glaubens freudig zu bemächtigen. O daß Sie dies vermöchten! Ein Mensch, den das Schicksal so ängstlich mit eisernen Händen umklammert, der muß am Ende doch sein Liebling sein und diese grausame Gunst wird sich ihm eines Tags als die ewige Güte und Wahrheit enthüllen. Ich habe oft gefunden, daß die Geächteten des Himmels seine ersten Heiligen waren. Eine Feuertaufe ist über Sie ergangen und ein höheres, ein gottbewußteres Leben wird sich von Stund an in Ihnen entfalten."

„Ich kann", erwiderte Nolten nach einer kleinen Stille, „ich kann zur Not verstehen, was Sie meinen, und doch — das Unglück macht so träge, daß Ihre liebevollen Worte nur halb mein dumpfes Ohr noch treffen — O daß ein Schlaf sich auf mich legte, wie Berge so schwer und so dumpf! Daß ich nichts wüßte von gestern und heute und morgen! Daß eine Gottheit diesen mattgehetzten Geist, weichbettend, in das alte Nichts hinfallen ließe! ein unermeßlich Glück — —!" Er überließ sich einen Augenblick diesem Gedanken, dann fuhr er fort: „Ja, läge zum wenigsten nur diese erste Stufe hinter mir! Und doch, wer kann wissen, ob sich *dort* nicht der Knoten nochmals verschlingt? — — O Leben! o Tod! Rätsel aus Rätseln! Wo wir den Sinn am sichersten zu treffen meinten, da liegt er so selten, und wo man ihn nicht suchte, da gibt er sich auf einmal halb und von ferne zu erkennen, und verschwindet, eh man ihn festhalten kann!"

Agnesens Begräbnis ist auf den morgenden Sonntag beschlossen.

Die Nacht zuvor schläft Nolten ruhig wie seit langer Zeit nicht mehr. Der ehrliche Gärtner mutet sich zu, noch einmal bei der geliebten Leiche zu wachen, ihm leistet der Sohn Gesellschaft, und da der Alte endlich einnickt, ist Henni die einzig wache Person in dem Schlosse. — Der gute Junge war recht wie verwaist, seit ihm die Freundin und Gebieterin fehlte. Er war ihr so nahe, so eigen geworden, er hatte insgeheim die schüchterne Hoffnung genährt — eine Hoffnung, deren er sich jetzt innig schämte — Gott könnte ihm vielleicht die Freude aufbehalten haben, die arme Seele mit der Kraft des evangelischen Wortes zu der Erkenntnis ihrer selbst, zum Lichte der Wahrheit zurückzuführen; sein ganzes Trachten und Sinnen, alle seine Gebete gingen zuletzt nur dahin, und wieviel schrecklicher als er je fürchten konnte, ward nun sein frommes Vertrauen getäuscht! — Er hält und drückt eine teure kalte Hand, die er nicht sieht, in seinen Händen, und lispelt heiße Segensworte drüber; er denkt über die erziehende Weisheit Desjenigen nach, an welchen er von ganzer Seele glaubt, vor dessen durchdringendem Blick das Buch aller Zeiten aufgeschlagen liegt, der die Herzen der Menschen lenkt wie Wasserbäche, in welchem wir leben, weben und sind. Er schrickt augenblicklich zusammen vor seligem Schrecken, indem er bedenkt, daß das, was vor ihm liegt, was er mit glühenden Tränen anredet, ein taubes Nichts, ein wertloses Scheinbild ist, daß der entflohene Geist, viel lieblicher gestaltet, vielleicht in dieser Stunde am hellen Strome des Paradieses kniee und, das irre Auge mit lauterer Klarheit auswaschend, unter befremdetem Lächeln sich glücklich wiedererkenne und -finde. — Henni stand sachte auf, von einer unbekannten süßen Unruhe bewegt; unbeschreibliche Sehnsucht ergriff ihn, doch diese Sehnsucht selbst war nur das überglückliche Gefühl, die unfaßliche Ahnung einer himmlischen Zukunft, welche auch seiner warte. Er trat ans Fenster und öffnete es. Die Nacht war sehr unfreundlich; ein heftiger Sturm wiegte und schwang die hohen Gipfel der Bäume, und auf dem Dache klirrten die Fahnen zusammen. Des Knaben wunderbar erregte Seele überließ sich diesem Tumulte mit heimlichem Jauchzen, er ließ den Sturm seine Locken durchwühlen und lauschte mit Wollust dem hundertstimmigen Winde. Es deuchten ihm seufzende Geisterchöre der gebundenen Kreatur zu sein, die auch mit Ungeduld einer herrlichen Offenbarung entgegenharre. Sein ganzes Denken und Empfinden war nur ein trunkenes Loblied auf Tod und Verwesung und ewiges Verjüngen. Mit Gewalt muß er den Flug seiner Gedanken rückwärts lenken, der Demut eingedenk, die Gott nicht vorzugreifen wagt. Aber, wie er nun wieder zu Agnesens Hülle tritt, ist ihm wie einem, der zu lange in das Feuerbild der Sonne geschaut, er sinkt in doppelt schmerzliche Blindheit zurück. Still setzt er sich nieder, und schickt sich an, einen Kranz von Rosen und Myrten zu Ende zu flechten.

Nach Mitternacht erweckt indes den Maler ein sonderbarer Klang, den er anfänglich bloß im Traum gehört zu haben glaubt, bald aber kann er sich völlig überzeugen, daß es Musik ist, welche von dem linken Schloßflügel herüberzutönen scheint. Es war als spielte man sehr feierlich die Orgel, dann wieder klang es wie ein ganz anderes Instrument, immer nur abgebrochen, mit längeren und kürzeren Pausen, bald widerwärtig hart und grell, bald sanft und rührend. Betroffen springt er aus dem Bette, unschlüssig was er tun, wo er zuerst sich hinwenden soll. Er horcht und horcht, und — abermals dieselben unbegreiflichen Töne! Leis auf den Socken, den Schlafrock umgeworfen, geht er vor seine Tür, und schleicht, mit den Händen an der Wand forttastend, den finstern Gang hin, bis in die Nähe des Zimmers, wo sich der Gärtner und Henni befinden. Er ruft um Licht, der Gärtner eilt heraus, verwundert, den Maler zu dieser Stunde hier zu sehn. Da nun weder Vater noch Sohn irgend etwas anderes gehört haben wollen, als das wechselnde Pfeifen des Windes, welcher auf dieser Seite heftiger gegen das Haus herstieß, so entfernte sich Nolten, scheinbar beruhigt, mit Licht, gab übrigens nicht zu, daß man ihn zurückbegleitete.

Keine volle Minute verging, so vernahm der Alte und Henni vollkommen deutlich die oben beschriebenen Töne und gleich darauf einen starken Fall samt einem lauten Aufschrei.

Kaum sind sie vor die alte Kapelle gelangt, kaum sah der Gärtner drei Schritte vor sich den Maler der Länge nach unter der offenstehenden Tür ohne Lebenszeichen liegen, so ruft schon Henni, sich angstvoll an den Vater klammernd und ihn nicht weiter lassend „Halt, Vater, halt! um Gottes willen seht Ihr nicht — dort in der Kammer —"

„Was?" ruft der Alte ungeduldig, da ihn der Knabe aufhält, „so laß mich doch! *Hier, vor* uns liegt, was mich erschreckt — der Maler, leblos am Boden!"

„Dort aber — dort steht er ja auch und — o seht Ihr, noch jemand —"

„Bist du von Sinnen? du bist blind! was ist mit dir?"

„So wahr Gott lebt, ich sehe!" versetzte der Knabe mit leiser, von Angst erstickter Stimme und deutet fortwährend nach der Tiefe der Kammer, auf die Orgel, wo für den Gärtner nichts zu sehen ist; dieser will nur immer dem Maler beispringen, über welchen Henni weit wegschaut. „Vater! jetzt — jetzt — sie schleichen auf uns zu — Schrecklich! o flieht —" Hier versagt ihm die Sprache, er hängt ohnmächtig dem Alten im Arm, der jetzt ein verzweifeltes Notgeschrei erhebt. Von allenthalben ruft es und rennt es herbei, der Hausherr selbst erscheint mit den ersten und schon ist der Wundarzt zur Hand, der diese letzten Tage das Schloß nicht verließ; er läuft von Nolten zu Henni, von Henni zu Nolten. Beide trägt man hinauf, ein jedes will helfen, mit raten, mit ansehn, man hindert, tritt und stößt einander, der Präsident entfernt daher alles bis auf wenige Personen. Ein Reitender sprengt nach der Stadt, den zweiten Arzt zu holen, indes der gegenwärtige, ein ruhiger, tüchtiger Mann, fortfährt, das Nötige mit Einreibung und warmen Tüchern nach der Ordnung zu tun; schon füllte schauerlicher Duft der stärksten Mittel das Zimmer. Mit Henni hat es keine Gefahr, obgleich ihm die volle Besinnung noch ausbleibt. An Nolten muß nach stundenlanger Anstrengung, so Kunst wie Hoffnung erliegen. Bescheiden äußerte der Wundarzt seinen Zweifel und als endlich der Medikus ankam, erklärte dieser auf den dritten Blick, daß keine Spur von Leben hier mehr zu suchen sei.

Hatte Agnesens Krankheit und Tod überall in der Gegend das größte Aufsehn und die lebhafteste Teilnahme erregt, so machte dieser neue Trauerfall einen wahrhaft panischen Eindruck auf die Gemüter der Menschen, zumal bis jetzt noch kein hinreichender Erklärungsgrund am Tage lag. Da indes doch irgendein heftiger Schrecken die tödliche Ursache gewesen sein muß, so lag allerdings bei der von Kummer und Verzweiflung erschöpften Natur des Malers die Annahme sehr nahe, daß hier die Einbildung, wie man mehr Beispiele hat, ihr Äußerstes getan. Dieser Meinung waren die Ärzte, sowie der Präsident. Doch fehlte es im Schlosse, je nachdem man auf gewisse Umstände einen ängstlichern Wert legen wollte, auch nicht an andern

Vermutungen, die, anfänglich nur leise angedeutet, von den Vernünftigen belächelt oder streng verwiesen, in kurzem gleichwohl mehr Beachtung und endlich stillschweigenden Glauben fanden.

Der Schwester ließ sich das Unglück nicht lange verbergen; es warf sie nieder als wär es ihr eigener Tod. Margot hielt treulich bei ihr aus, doch freilich blieb hier wenig oder nichts zu trösten.

Henni befindet sich, zum wenigsten äußerlich, wieder wohl. Er scheint über einem ungeheuern Eindruck zu brüten, dessen er nicht Herr werden kann. Ein regungsloses Vor-sich-Hinstaunen verschlingt den eigentlichen Schmerz bei ihm. Er weiß sich nicht zu helfen vor Ungeduld, sobald man ihn über sein gestriges Benehmen befragt; er flieht die Gesellschaft, aber sogleich scheucht ihn eine Angst in die Nähe der Seinen zurück.

Der Präsident, in Hoffnung irgendeines neuen Aufschlusses über die traurige Begebenheit, befiehlt dem Knaben in Beisein des Gärtners, zu reden. Auch dann noch immer zaudernd und mit einer Art von trotzigem Unwillen, der an dem sanften Menschen auffiel, gab Henni, erst mit dürren Worten, dann aber in immer steigender Bewegung, ein seltsames Bekenntnis, das den Präsidenten in sichtbare Verlegenheit setzte, wie er es aufzunehmen habe.

„Als ich", sprach nämlich der Befragte, „gestern nacht mit meinem Vater auf den Lärm, den wir im untern Hausflur hörten, nach der Kapelle lief — die Tür stand offen, und die Laterne außen auf dem Gang warf einen hellen Schein in die Kammer — sah ich tief hinten bei der Orgel eine Frau, wie einen Schatten, stehn, ihr gegenüber in kleiner Entfernung stand ein zweiter Schatten, ein Mann in dunkelm Kleide, und dieses war Herr Nolten."

„Sonderbarer Mensch!" versetzte der Präsident, „wie magst du denn behaupten, dies gesehen zu haben?"

„Ich kann nichts sagen, als: vor meinen Augen war es licht geworden, ich konnte sehn, und das ist so gewiß, als ich jetzt nicht mehr sehe."

„Jenes Frauenbild" — fragte der Präsident mit List, „vergleichst du es jemandem?"

„Damals noch nicht. Erst heute mußt ich an die verrückte Fremde denken, ich ließ mir sie daher beschreiben und kann die Ähnlichkeit nicht leugnen."

„Herrn Nolten aber, wie konntest du diesen sogleich erkennen?"

„Mein Vater zeigte auf den Boden und nannte dabei den Herrn Maler, da merkt ich erst, daß dieser, welcher vor uns lag, und jener, welcher drüben stand, sich durchaus glichen und einer und derselbe wären."

„Warum brauchst du den Ausdruck Schatten?"

„So deuchte mir's eben; doch ließen sich Gesicht und Miene und Farben der Kleidung wohl unterscheiden. Als beide sich umfaßten, sich die Arme gaben und so der Tür zu wollten, da bogen sie wie eine Rauchsäule leicht um den hölzernen Pfeiler, der in der Mitte der Kammer steht."

„Arm in Arm, sagst du?"

„Dicht, dicht aneinandergeschlossen; sie machte den Anfang, er tat's ihr nur wie gezwungen nach und traurig. Hierauf — aber o allmächtiger Gott! wie soll ich, wie kann ich aussprechen, was keine Zunge vermag, was doch niemand glaubt und niemand glauben kann, am wenigsten mir, mir armen Jungen!" Er schöpfte tief Atem und fuhr sodann fort: „Sie schlüpften unhörbar über die Schwelle, er glitt über sein Ebenbild hin, gleichgültig, als kennt er es nicht mehr. Da wirft er auf einmal sein Auge auf mich, o ein Auge voll Elend! und doch so ein scharfer, durchbohrender Blick! und zögert im Gehn, schaut immer auf mich und bewegt die Lippen, wie kraftlos zur Rede — da hielt ich's nimmer aus und weiß auch von hier an nichts weiter zu sagen."

Der Präsident verschonte den jungen Menschen mit jeder weitern Frage, beruhigte ihn und empfahl endlich Vater und Sohn, die Sache bei sich zu behalten, indem er zu verstehen gab, daß er nichts weiter als eine ungeheure Selbsttäuschung darunter denke. Der alte Gärtner aber schien sehr ernst und maß selbst seinem Herrn im Innern eine andre Meinung bei, als ihm nun eben zu äußern beliebe.

Nachdem die beiden Leichen auf dem katholischen Gottesacker des nächsten Städtchens, jedoch mit Zuziehung eines protestantischen Geistlichen, zur Erde bestattet worden, traf der edelmütige Mann, durch den es vornehmlich gelang, diese letzte Pflicht mit allem wünschenswerten Anstande und unter einem ansehnlichen Geleite vollzogen zu sehen, ungesäumt Anstalt, der Freundschaft und der Menschenliebe ein neues Opfer zu bringen. Weder konnte er zugeben, daß die arme überbliebene Schwester des Malers sich einer so traurigen Heimreise, als ihr jetzt bevorstand, allein unterziehe, noch sollte der Förster den Verlust seiner Kinder auf andere Weise, als aus dem Munde des Gastfreundes vernehmen, dessen Haus der unschuldige Schauplatz so schwerer Verhängnisse ward.

Bald saß daher der Präsident mit Nannetten und Margot im Wagen. Übrigens war es bei ihm schon im stillen beschlossene Sache, das Mädchen, wenn es ihr und den Ihrigen gefiele, wieder zurückzunehmen und für ihr künftiges Glück zu sorgen. Der Gedanke war eigentlich von Margot ausgegangen und kaum enthielt sie sich, Nannetten nicht schon unterwegs die Einwilligung abzudringen.

Der Schmerz des Alten in Neuburg übersteigt allen Ausdruck; doch verfehlte die Persönlichkeit des hohen Gastes ihre gute Wirkung nicht.

Noch in der Anwesenheit des Präsidenten kam ein Brief des Hofrats im Forsthause an, mit der Überschrift an Nolten und mit der ausdrücklichen Bitte um schleunigste Beförderung. Der Förster erbrach ihn, las und reichte das Blatt mit stummer Verwunderung dem Präsidenten. Der Brief lautete folgendermaßen:

„Soeben erfahre durch Freundeshand den grausamen Verlust, der Sie mit dem Tode einer geliebten Braut betroffen. Auch die näheren Umstände und was alles dazu mitgewirkt, weiß ich. Ihr Unglück, welches mit dem meinigen so nah zusammenfällt, ja recht vom Unglücksstamme meines Daseins ausging, erschüttert mich und zwingt mich zu reden.

Wie oft, als Sie noch bei uns waren, hat mir das Herz gebrannt, Ihnen um den Hals zu fallen! Wie preßte, peinigte mich mein Geheimnis! Aber — wie soll man es heißen — Furcht, Grille, Scham, Feigheit — ich konnte nicht, verschob die Entdeckung von Tag zu Tag, mich schauderte davor, in Ihnen, in dem Sohne eines Bruders, mein zweites Ich, meine ganze Vergangenheit wiederzufinden, dies Labyrinth, wenn auch nur im Gespräch, in der Erinnerung, aufs neue zu durchlaufen!

Seit Ihrem Abgang war ich für solchen Eigensinn, Gott sei mein Zeuge, recht gestraft mit einer wunderbaren Sehnsucht nach Ihnen, Wertester! Nun aber vollends dürstet mich nach Ihrem Anblick innig, wir haben einander sehr, sehr viel zu sagen. Meine Gedanken stehn übrigens so: Zu einer so gemeßnen Tätigkeit, als Sie in W* erwarten würde, dürfte Ihnen der Mut jetzt wohl fehlen, um so leichter werden Sie es daher verschmerzen, daß dort, wie mir geschrieben wird, gewisse Leute, auf Ihr Zögern, bereits geschäftig sind, Sie auszustechen. Wir wollen, dächt ich, selbigen zuvorkommen und erst dabei nichts einbüßen. Hören Sie meinen Vorschlag: Wir beide ziehn zusammen! sei es nun hier, oder besser an einem anderen Plätzchen, wo sich's fein stille hausen läßt, gerade wie es zweien Leuten ziemt, wovon zum wenigsten der eine der Welt nichts mehr nachfragt, der andere, soviel mir bekannt, von jeher starken Trieb empfunden, mit der Kunst in eine Einsiedelei zu flüchten. Was mich betrifft, ich habe noch wenige Jahre zu leben. Wie glücklich aber, könnt ich das, was etwa noch grün an mir sein mag, auf Sie, mein teurer Neffe, übertragen. Ja schleppen wir unsere Trümmer aus dem Schiffbruch mutig zusammen! Ich will tun, als wär ich auch noch ein Junger. Mit Stolz und Wehmut sei's gesagt, wir sind zwei Stücke *eines* Baums, den der Blitz in der Mitte gespalten, und ist vielleicht ein schöner Lorbeer zuschanden gegangen. Sie müssen ihn noch retten und ich helfe mit.

Sehn Sie, wir gehören ja recht füreinander, als Zwillingsbrüder des Geschicks! Mit dreifachen ehernen Banden haben freundlich-feindselige Götter dies Paar zusammengeschmiedet — ein seltenes Schauspiel für die Welt, wenn man's ihr gönnen möchte; doch das sei ferne; das Grab soll unsern Gram dereinst nicht besser decken, als wir dies Geheimnis bewahren wollen, nicht wahr? — Aber so kommen Sie! kommen Sie gleich!

Schließlich noch eine kleine Bitte: daß Sie mir vor den Menschen immerhin den Namen lassen, unter dem Sie zu ** meine arme Person haben kennengelernt.

Für Sie aber heiß ich, der ich bin

Ihr treuer Oheim
Friedrich Nolten,
Hofrat."

Der Präsident wollte in die Erde sinken vor Staunen. Er hatte durch Theobald von diesem Verwandten als dem verstorbenen Vater Elisabeths gehört und nun — er glaubte zu träumen.

Die beiden Männer sahn sich lange schweigend an und blickten in einen unermeßlichen Abgrund des Schicksals hinab.

Der Präsident verweilte sich noch einen Tag und schied sodann mit großer Rührung. Es war natürlich, daß Nannette den Alten nicht verließ. Später entschlossen sich beide auf unwiderstehliches Bitten des Hofrats, mit diesem in einem dritten Orte, einer kleinen Landstadt unfern Neuburg, zusammenzuwohnen. Der Oheim ward fast rasend, als er den Tod des Neffen vernahm und daß nicht wenigstens noch sein Bekenntnis ihn hatte erreichen sollen! Mit größerer Ruhe empfing er die Nachricht von dem, vielleicht nur wenige Tage vor Theobalds Ende eingetretenen Tod seiner wahnsinnigen Tochter. Man hatte sie, wie der Präsident sogleich bei seiner Heimkunft Meldung tat, etliche Meilen von seinem Gute entseelt auf öffentlicher Straße gefunden, wo sie ohne Zweifel vor bloßer Entkräftung liegen geblieben. — Ihr Vater war von ihrer jammervollen Existenz seit Jahren unterrichtet. Er hatte früher unter der Hand einige Versuche gemacht, sie in einer geordneten Familie unterzubringen; aber sie fing, ihrer gewohnten Freiheit beraubt, wie ehmals ihre Mutter, augenscheinlich zu welken an, sie ergriff zu wiederholten Malen die Flucht mit großer List und da überdies ihr melancholisches Wesen, mit der Muttermilch eingesogen, durchaus unheilbar schien, so gab man sich zuletzt nicht Mühe mehr, sie einzufangen.

Noch ist nur übrig zu erwähnen, daß Gräfin Armond, seit lange krank und aller Welt abgestorben, jedoch mit Noltens Glück noch bis auf die letzte Zeit, und zwar in Verbindung mit dem Hofrat, insgeheim beschäftigt, jene kläglichen Schicksale nur wenige Monate überlebte.

ERZÄHLUNGEN

LUCIE GELMEROTH

Novelle

Ich wollte — so erzählt ein deutscher Gelehrter in seinen noch ungedruckten Denkwürdigkeiten — als Göttinger Student auf einer Ferienreise auch meine Geburtsstadt einmal wieder besuchen, die ich seit lange nicht gesehen hatte. Mein verstorbener Vater war Arzt daselbst gewesen. Tausend Erinnerungen, und immer gedrängter, je näher ich der Stadt nun kam, belebten sich vor meiner Seele. Die Postkutsche rollte endlich durchs Tor, mein Herz schlug heftiger, und mit taumligem Blick sah ich Häuser, Plätze und Alleen an mir vorübergleiten. Wir fuhren um die Mittagszeit beim Gasthofe an, ich speiste an der öffentlichen Tafel, wo mich, so wie zu hoffen war, kein Mensch erkannte.

Über dem Essen kamen nur Dinge zur Sprache, die mir ganz gleichgültig waren, und ich teilte daher in der Stille die Stunden des übrigen Tags für mich ein. Ich wollte nach Tische die nötigsten Besuche schnell abtun, dann aber möglichst unbeschrien und einsam die alten Pfade der Kindheit beschleichen.

Die Gesellschaft war schon im Begriff auseinanderzugehen, als ihre Unterhaltung noch einige Augenblicke bei einer Stadtbegebenheit verweilte, die das Publikum sehr zu beschäftigen schien und alsbald auch meine Aufmerksamkeit im höchsten Grad erregte. Ich hörte einen mir aus alter Zeit gar wohlbekannten Namen nennen; allein es war von einer Missetäterin die Rede, von einem Mädchen, das eines furchtbaren Verbrechens geständig sein sollte; unmöglich konnte es eine und dieselbe Person mit derjenigen sein, die mir im Sinne lag. Und doch, es hieß ja immer: Lucie Gelmeroth, und wieder: Lucie Gelmeroth; es wurde zuletzt ein Umstand berührt, der mir keinen Zweifel mehr übrigließ; der Bissen stockte mir im Munde, ich saß wie gelähmt.

Dies Mädchen war die jüngere Tochter eines vordem sehr wohlhabenden Kaufmanns. Als Nachbarskinder spielten wir zusammen, und ihr liebliches Bild hat, in so vielen Jahren, niemals bei mir verwischt werden können. Das Geschäft ihres Vaters geriet, nachdem ich lange die Heimat verlassen, in tiefen Zerfall, bald starben beide Eltern. Vom Schicksal ihrer Hinterbliebenen hatte ich die ganze Zeit kaum mehr etwas gehört; ich hätte aber wohl, auch ohne auf eine so traurige Art, wie eben geschah, an die Familie erinnert zu werden, in keinem Fall versäumt sie aufzusuchen. Ich ward, was des Mädchens Vergehen betrifft, aus dem Gespräch der Herren nicht klug, die sich nun überdies entfernten; da ich jedoch den Prediger S., einen Bekannten meines väterlichen Hauses, als Beichtiger der Inquisitin hatte nennen hören, so sollte ein Besuch bei ihm mein erster Ausgang sein, das Nähere der Sache zu vernehmen.

Herr S. empfing mich mit herzlicher Freude, und sobald es nur schicklich war bracht ich mein Anliegen vor. Er zuckte die Achsel, seine freundliche Miene trübte sich plötzlich. „Das ist", sagte er, „eine böse Geschichte, und noch bis jetzt für jedermann ein Rätsel. Soviel ich selber davon weiß, erzähl ich Ihnen gerne."

Was er mir sofort sagte gebe ich hier, berichtigt und ergänzt durch anderweitige Eröffnungen, die mir erst in der Folge aus unmittelbarer Quelle geworden.

Die zwei verwaisten Töchter des alten Gelmeroth fanden ihr gemeinschaftliches Brot durch feine weibliche Handarbeit. Die jüngere, Lucie, hing an ihrer, nur um wenig ältern, Schwester Anna mit der zärtlichsten Liebe, und sie verlebten, in dem Hinterhause der vormaligen Wohnung ihrer Eltern, einen Tag wie den andern zufrieden und stille. Zu diesem Winkel des genügsamsten Glücks hatte Richard Lüneborg, ein junger subalterner Offizier von gutem Rufe, den Weg aufgefunden. Seine Neigung für Anna sprach sich aufs redlichste aus und verhieß eine sichere Versorgung. Seine regelmäßigen Besuche erheiterten das Leben der Mädchen, ohne daß es darum aus der gewohnten und beliebten Enge nur im mindesten herauszugehen brauchte. Offen vor jedermann lag das Verhältnis da, kein Mensch hatte mit Grund etwas dagegen einzuwenden. Das lustige Wesen Luciens stimmte neben der ruhigern Außenseite der gleichwohl innig liebenden Braut sehr gut mit Richards munterer Treuherzigkeit, und sie machten ein solches Kleeblatt zusammen, daß ein Fremder vielleicht hätte zweifeln mögen, welches von beiden Mädchen er denn eigentlich dem jungen Mann zuteilen

solle. Hatte beim traulichen Abendgespräch die ältere seine
Hand in der ihrigen ruhen, so durfte Lucie von der andern
Seite sich auf seine brüderliche Schulter lehnen; kein Spaziergang wurde einseitig gemacht, nichts ohne Luciens Rat von
Richard gutgeheißen. Dies konnte, der Natur der Sache nach,
in die Länge so harmlos nicht bleiben. Anna fing an, in ihrer
Schwester eine Nebenbuhlerin zu fürchten, zwar zuverlässig
ohne Ursache, doch dergestalt, daß es den andern nicht entging.
Ein Wink reichte hin, um beider Betragen zur Zufriedenheit
der Braut zu mäßigen, und alles war ohne ein Wort ausge-
glichen.

Um diese Zeit traf den Lieutenant der unvermutete Befehl
seiner Versetzung vom hiesigen Orte. Wie schwer sie auch allen
aufs Herz fiel, so konnte man sich doch, insofern ein lange
ersehntes Avancement, und hiemit die Möglichkeit einer Heirat,
als die nächste Folge vorauszusehen war, so etwas immerhin
gefallen lassen. Die Entfernung war beträchtlich, desto kürzer
sollte die Trennung sein. Sie war's; doch schlug sie leider nicht
zum Glück des Paares aus. — Daß Richard die erwartete Beförderung nicht erhielt, wäre das wenigste gewesen, allein er
brachte sich selbst, er brachte das erste gute Herz — wenn er
es je besaß — nicht mehr zurück. Es wird behauptet, Anna habe
seit einiger Zeit abgenommen, aber nicht, daß irgend jemand
sie weniger liebenswürdig gefunden hätte. Ihr Verlobter tat
immer kostbarer mit seinen Besuchen, er zeigte sich gegen die
Braut nicht selten rauh und schnöde, wozu er die Anlässe weit
genug suchte. Die ganze Niedrigkeit seines Charakters bewies
er endlich durch die Art, wie er die schwache Seite Annas, Neigung zur Eifersucht, benützte. Denn der Schwester, die ihn mit
offenbarem Abscheu ansah, tat er nun schön auf alle Weise, als
wollte er durch dies fühllose Spiel die andere an den Gedanken
gewöhnen, daß er ihr weder treu sein wolle noch könne; er
legte es recht darauf an, daß man ihn übersatt bekommen und
je eher je lieber fortschicken möge. Die Mädchen machten ihm
den Abschied leicht. Lucie schrieb ihm im Namen ihrer Schwester. Diese hatte zuletzt unsäglich gelitten. Nun war ein un-
haltbares Band auf einmal losgetrennt von ihrem Herzen, sie
fühlte sich erleichtert und schien heiter; allein sie glich dem
Kranken, der nach einer gründlichen Kur seine Erschöpfung
nicht merken lassen will und uns nur durch den freundlichen
Schein der Genesung betrügt. Nicht ganz acht Monate mehr,

so war sie eine Leiche. Man denke sich Luciens Schmerz. Das Liebste auf der Welt, ihre nächste und einzige Stütze, ja alles ist ihr mit Anna gestorben. Was aber diesem Gram einen unversöhnlichen Stachel verlieh, das war der unmächtige Haß gegen den ungestraften Treulosen, war der Gedanke an das grausame Schicksal, welchem die Gute vor der Zeit hatte unterliegen müssen.

Vier Wochen waren so vergangen, als eines Tags die schreckliche Nachricht erscholl, man habe den Lieutenant Richard Lüneborg in einem einsam gelegenen Garten unweit der Stadt erstochen gefunden. Die meisten sahen die Tat sogleich als Folge eines Zweikampfs an, doch waren die Umstände zweifelhaft und man vermutete bald dies bald das. Ein Zufall führte die Gerichte gleich anfangs auf einen falschen Verdacht, von dem man nicht so bald zurücke kam. Vom wahren Täter hatte man in monatelanger Untersuchung auch noch die leiseste Spur nicht erhalten. Allein wie erschrak, wie erstaunte die Welt, als — *Lucie Gelmeroth*, das unbescholtenste Mädchen, sich plötzlich vor den Richter stellte, mit der freiwilligen Erklärung: sie habe den Lieutenant getötet, den Mörder ihrer armen Schwester, sie wolle gerne sterben, sie verlange keine Gnade! — Sie sprach mit einer Festigkeit, welche Bewunderung erregte, mit einer feierlichen Ruhe, die etlichen verdächtig vorkommen wollte und gegen des Mädchens eigne schauderhafte Aussage zu streiten schien; wie denn die Sache überhaupt fast ganz unglaublich war. Umsonst drang man bei ihr auf eine genaue Angabe der sämtlichen Umstände, sie blieb bei ihrem ersten einfachen Bekenntnisse. Mit hinreißender Wahrheit schilderte sie die Tugend Annas, ihre Leiden, ihren Tod, sie schilderte die Tücke des Verlobten, und keiner der Anwesenden erwehrte sich der tiefsten Rührung. „Nicht wahr?" rief sie, „von solchen Dingen weiß euer Gesetzbuch nichts? Mit Straßenräubern habt ihr, mit Mördern und Dieben allein es zu tun! Der Bettler, der für Hungersterben sich an dem Eigentum des reichen Nachbars vergreift — o freilich ja, der ist euch verfallen; doch wenn ein Bösewicht in seinem Übermut ein edles himmlisches Gemüt, nachdem er es durch jeden Schwur an sich gefesselt, am Ende hintergeht, mit kaltem Blut mißhandelt und schmachvoll in den Boden tritt, das geht euch wenig, geht euch gar nichts an. Wohl denn! wenn niemand deine Seufzer hörte, du meine arme arme Anne, so habe doch ich sie vernommen! an deinem Bett stand ich und

nahm den letzten Hauch von der verwelkten Lippe, du kennst
mein Herz, dir ist vielleicht schon offenbar, was ich vor Menschen auf ewig verschweige — du kannst, du wirst der Hand
nicht fluchen, die sich verleiten ließ, deine beleidigte Seele durch
Blut versöhnen zu wollen. Aber leben darf ich nicht bleiben,
das fühl ich wohl, das ist sehr billig, und" — dabei wandte sie
sich mit flehender Gebärde aufs neue an die Richter — „und
ist Barmherzigkeit bei euch, so darf ich hoffen, man werde mein
Urteil nicht lange verzögern, man werde mich um nichts weiter
befragen."

Der Inquirent wußte nicht, was er hier denken sollte. Es war
der seltsamste Fall, der ihm je vorgekommen war. Doch blickte
schon soviel aus allem hervor, daß das Mädchen, wenn sie auch
selbst nicht ohne alle Schuld sein könne, doch den ungleich
wichtigern Anteil von Mitschuldigen ängstlich unterdrücke.
Übrigens hieß es bald unter dem Volk: sie habe mit dem
Lieutenant öfters heimliche Zusammenkünfte am dritten Orte
gepflogen, sie habe ihm Liebe und Wollust geheuchelt und ihn
nach jenem Garten arglistig in den Tod gelockt.

Inzwischen sperrte man das sonderbare Mädchen ein und
hoffte ihr auf diesem Weg in Bälde ein umfassendes Bekenntnis
abzunötigen. Man irrte sehr; sie hüllte sich in hartnäckiges
Schweigen, und weder List, noch Bitten, noch Drohung vermochten etwas. Da man bemerkte, wie ganz und einzig ihre
Seele von dem Verlangen zu sterben erfüllt sei, so wollte man
ihr hauptsächlich durch die wiederholte Vorstellung beikommen,
daß sie auf diese Weise ihren Prozeß niemals beendigt sehen
würde; allein man konnte sie dadurch zwar ängstigen und
völlig außer sich bringen, doch ohne das geringste weiter von
ihr zu erhalten.

Noch sagte mir Herr S., daß ein gewisser Hauptmann Osten-
egg, ein Bekannter des Lieutenants, sich unmittelbar auf Luciens
Einsetzung entfernt und durch verschiedenes verdächtig gemacht
haben solle; es sei sogleich nach ihm gefahndet worden, und
gestern habe man ihn eingebracht. Es müsse sich bald zeigen,
ob dies zu irgend etwas führe.

Als ich am Ende unseres Gesprächs den Wunsch blicken ließ,
die Gefangene selber zu sprechen, indem der Anblick eines alten
Freundes gewiß wohltätig auf sie wirken, wohl gar ein Geständnis beschleunigen könnte, schien zwar der Prediger an
seinem Teile ganz geneigt, bezweifelte aber, ob er imstande

sein werde, mir bei der weltlichen Behörde die Erlaubnis aus-
zuwirken; ich sollte deshalb am folgenden Morgen zum Frühstück bei ihm vorsprechen und die Antwort einholen.

Den übrigen Abend zersplitterte ich wider Willen da und
dort in Gesellschaft. Unruhig, wie ich war, und immer in Gedanken an die Unglückliche, welche zu sehn, zu beraten, zu
trösten ich kaum erwarten konnte, sucht ich beizeiten die Stille
meines Nachtquartiers, wo ich doch lange weder Schlaf noch
Ruhe finden konnte. Ich überließ mich mancherlei Erinnerungen
aus meiner und Luciens Kindheit, und es ist billig, daß der
Leser, eh er die Auflösung der wunderbaren Geschichte erfährt,
die Ungeduld dieser Nacht ein wenig mit mir teile, indem ich
ihm eine von diesen kleinen Geschichten erzähle.

In meinem väterlichen Hause lebte man auf gutem und reichlichem Fuße. Wir Kinder genossen einer vielleicht nur allzu
liberalen Erziehung, und es gab keine Freude, kein fröhliches
Fest, woran wir nicht teilnehmen durften. Besonders lebhaft
tauchte jetzt wieder eine glänzende Festivität vor mir auf,
welche zu Ehren der Herzogin von *** veranstaltet wurde. Sie
hatte eine Vorliebe für unsere Stadt, und da sie eine große
Kinderfreundin war, so war in diesem Sinne ihr jährlicher kurzer Aufenthalt immer durch neue Wohltaten und Stiftungen
gesegnet. Diesmal feierte sie ihr Geburtsfest in unsern Mauern.
Ein Aufzug schön geputzter Knaben und Mädchen bewegte sich
des Morgens nach dem Schlosse, wo die Huldigung durch Gesänge und eingelernte Glückwünsche nichts Außerordentliches
darbot. Am Abend aber sollte durch eine Anzahl von Kindern,
worunter Lucie und ich, vor Ihrer Königlichen Hoheit ein
Schauspiel aufgeführt werden, und zwar auf einem kleinen
natürlichen Theater, das zu den Hofgärten gehörig, in einer
düsteren Allee, dem sogenannten Salon gelegen, nach allen seinen Teilen, Kulissen, Seitengemächern und dergleichen, aus
grünem Buschwerk und Rasen bestand und, obschon sorgfältig
unterhalten, seit Jahren nicht mehr gebraucht worden war. Wir
hatten unter der Leitung eines erfahrenen Mannes verschiedene
Proben gehalten, und endlich schien zu einer anständigen Aufführung nichts mehr zu fehlen. Mein Vater hatte mir einen vollständigen türkischen Anzug machen lassen, meiner Rolle gemäß,
welche überdies einen berittenen Mann verlangte, was durch
die Gunst des königlichen Stallmeisters erreicht wurde, der eines
der artigen, gutgeschulten Zwergpferdchen abgab. Da sämt-

liche Mitspielende zur festgesetzten Abendstunde schon in vollem Kostüm und nur etwa durch einen Überwurf gegen die Neugier und Zudringlichkeit der Gassenjugend geschützt, jedes einzeln von seinem Hause aus, nach dem Salon gebracht wurden, so war es meiner Eitelkeit doch nicht zuwider, daß, als der Knecht den mir bestimmten kleinen Rappen in der Dämmerung vorführte, ein Haufe junger Pflastertreter mich aufsitzen und unter meinem langen Mantel den schönen krummen Säbel, den blauen Atlas der Pumphosen, die gelben Stiefelchen und silbernen Sporen hervorschimmern sah. Bald aber hatte ich sie hinter mir, und wäre sehr gern auch den Reitknecht los gewesen, der seine Hand nicht von dem Zügel ließ, und unter allerlei Späßen und Sprüngen durch die Stadt mit mir trabte.

Der Himmel war etwas bedeckt, die Luft sehr still und lau. Als aber nun der fürstliche Duft der Orangerie auf mich zugeweht kam, und mir bereits die hundertfältigen Lichter aus den Kastanienschatten entgegenflimmerten, wie schwoll mir die Brust von bänglich stolzer Erwartung! Ich fand die grüne offene Szene, Orchester und Parterre aufs niedlichste beleuchtet, das junge Personal bereits beisammen; verwirrt und geblendet trat ich herzu. Indes die hohen Herrschaften noch in einem nahen Pavillon bei Tafel säumten, ließ auch die kleine Truppe sich es hier an seitwärts in der Garderobe angebrachten, lecker besetzten Tischen herrlich schmecken, sofern nicht etwa diesem oder jenem eine selige Ungeduld den Appetit benahm. Die Lustigsten unter den Mädchen vertrieben sich die Zeit mit Tanzen auf dem glattgemähten, saubern Grasschauplatz. Lucie kam mir mit glänzenden Augen entgegen und rief: „Ist's einem hier nicht wie im Traum? Ich wollte, das Stück ginge heut gar nicht los, und wir dürften nur immer passen und spaßen; mir wird kurios zumut, sobald mir einfällt, daß es Ernst werden soll." Wir hörten einander noch einige Hauptpartien unserer Rollen ab. Sie kam nämlich als Christensklavin mit meiner sultanischen Großmut in vielfache Berührung und sollte zuletzt, durch ihre Tugend, ihren hohen Glauben, welcher selbst dem Heiden Teilnahme und Bewunderung abzwang, der rettende Schutzengel einer braven Familie werden.

Wir waren mitten im Probieren, da erschien ein Lakai: die Gesellschaft habe sich fertig zu halten, man werde sogleich kommen. Geschwind sprang alles hinter die Kulissen, die lachenden Gesichter verwandelten sich, die Musik fing an, und das vornehme Auditorium nahm seine Plätze. Mit dem letzten Posaunenton trat, ohne daß erst ein Vorhang aufzuziehen war, jene Sklavin heraus. Die zarten Arme mit Ketten belastet, erhob sie ihre rührende Klage. Auftritt um Auftritt folgte sofort ohne Anstoß rasch aufeinander, bis gegen das Ende des ersten Akts. Ich glaubte schon ein lobreiches Flüstern sich durch die Reihen verbreiten zu hören; doch leider galten diese Rumore ganz etwas andrem. Ein regnerischer Wind hat sich erhoben, der in wenigen Minuten so stark wurde, daß die Lampen gleich zu Dutzenden verloschen und die Zuschauer laut redend und lachend aufbrachen, um eilig unter Dach zu kommen, bevor die Tropfen dichter fielen. Ein grauer Emir im Schauspiel deklamierte, ganz blind vor Eifer, noch eine Weile in den Sturm hinein, indes wir andern, wie vor die Köpfe geschlagen, bald da-, bald dorthin rannten. Einige lachten, andere weinten, unzählige Stimmen mit Rufen und Fragen durcheinander verhallten unverstanden im heftigsten Wind. Ein Hofbedienter kam herbeigesprungen und lud uns hinüber in den festlich erleuchteten Saal. Weil aber diese angenehme Botschaft nicht alsbald überall vernommen wurde und gleichzeitig verschiedene erwachsene Personen uns immer zuschrien: „Nach Hause, Kinder! macht daß ihr fortkommt!" — so legt ich schon die Hand an meinen kleinen Rappen, und nur ein Blick auf Lucien, die nah bei mir in einer Ecke ein flackerndes Lämpchen mit vorgeschützten Händen hielt, machte mich zaudern. „Frisch! aufgesessen Junker!" rief ein riesenhafter, schwarzbärtiger Gardist, warf mich mutwillig in den Sattel, faßte dann Lucien, trotz ihres Sträubens und Schreiens, und schwang sie hinter mich. Das Mädchen saß kaum oben, mit beiden Armen mich umklammernd, so rannte das Tier, der doppelten Last ungewohnt, mit Blitzesschnelligkeit davon, dem nächsten offenen Baumgang zu, und so die Kreuz und Quer wie ein Pfeil durch die feuchte Nacht der mannigfaltigen Alleen. An ein Aufhalten, an ein Umkehren war gar nicht zu denken. Zum Glück blieb ich im Bügel fest und wankte nicht, nur daß mir Luciens Umarmung fast die Brust eindrückte. Von Natur mutig und resolut, ergab sie sich bald in ihre verzweifelte Lage, ja mitten im Jammer kam ihr die Sache komisch vor, wenn anders nicht ihr lautes Lachen krampfhaft war.

Der Regen hatte nachgelassen, es wurde etwas heller; aber das Tote, Geisterhafte dieser Einsamkeit in einem Labyrinth von ungeheuren, regelmäßig schnell aufeinanderfolgenden Bäumen, der Gedanke, daß man, dem tollen Mute dieser Bestie unwiderstehlich preisgegeben, mit jedem Augenblicke weiter von Stadt und Menschen fortgerissen werde, war schrecklich über alle Vorstellung!

Auf einmal zeigte sich von fern ein Licht — es war, wie ich richtig mutmaßte, in der Hofmeisterei — wir kamen ihm näher und riefen um Hülfe, was nur aus unsern Kehlen wollte — da prallte das Pferd vor der weißen Gestalt eines kleinen Obelisken zurück und schlug einen Seitenweg ein, wo es aber sehr bald bei einer Planke ohnmächtig auf die Vorderfüße niederstürzte und zugleich uns beide nicht unglücklich abwarf.

Nun zwar für unsere Person gerettet, befanden wir uns schon in einer neuen großen Not. Das Pferd lag wie am Tode keuchend, und war mit allen guten Worten nicht zum Aufstehn zu bewegen; es schien an dem, daß es vor unsern Augen hier verenden würde. Ich gebärdete mich wie unsinnig darüber; meine Freundin jedoch, gescheiter als ich, verwies mir ein so kindisches Betragen, ergriff den Zaum, schlang ihn um die Planke und zog mich mit sich fort, jenem tröstlichen Lichtschein entgegen, um jemand herzuholen. Bald hatten wir die Meierei erreicht. Die Leute, soeben beim Essen versammelt, schauten natürlich groß auf, als das Pärchen in seiner fremdartigen Tracht außer Atem zur Stube hereintrat. Wir trugen unser Unglück vor, und derweil nun der Mann sich gemächlich anzog, standen wir Weibern und Kindern zur Schau, die uns durch übermäßiges Lamentieren über den Zustand unserer kostbaren Kleidung das Herz nur immer schwerer machten. Jetzt endlich wurde die Laterne angezündet, ein Knecht trug sie, und so ging man zu vieren nach dem unglücklichen Platz, wo wir das arme Tier noch in derselben Stellung fanden. Doch auf den ersten Ruck und Streich von einer Männerhand sprang es behend auf seine Füße, und der Meier in seinem mürrischen Ton versicherte sofort, der dummen Kröte fehle auch kein Haar. Ich hätte in der Freude meines Herzens gleich vor dem Menschen auf die Kniee fallen mögen: statt dessen fiel mir Lucie um den Hals, mehr ausgelassen als gerührt und zärtlich allerdings, doch wohler hatte mir im Leben nichts Ähnliches getan.

Nach einer Viertelstunde kamen wir, unter Begleitung des Mannes, nach Hause. Die Eltern, welche beiderseits in der tödlichsten Angst nach uns ausgeschickt hatten, dankten nur Gott, daß wir mit unzerbrochenen Gliedern davongekommen waren.

Am andern Tag verließ die Herzogin die Stadt. Wir spielten bald nachher in meinem Hause unser Stück vor Freunden und Bekannten zu allseitiger Zufriedenheit. Aber auch an diese zweite Aufführung hing sich ein bedenklicher Zufall. Beim Aufräumen meiner Garderobe nämlich vermißte meine Mutter eine schöne Agraffe, die sie mir an den Turban befestigt hatte. Es schien, der Schmuck sei absichtlich herabgetrennt worden. Vergeblich war alles Nachforschen und Suchen; zuletzt wollte eine Gespielin den Raub bei Luciens kleinem Kram gesehen haben. Ich weiß nicht mehr genau, wie meine Mutter sich davon zu überzeugen suchte, nur kann ich mich erinnern, sehr wohl bemerkt zu haben, daß sie in einer ängstlichen Beratung mit einer Hausfreundin, wovon mir im Vorübergehen etwas zu Ohren kam, den Fehltritt des Kindes als ausgemacht annahm. Ich selbst war von dem Falle höchst sonderbar ergriffen. Ich vermied meine Freundin und begrüßte sie kaum, als sie in diesen Tagen wie gewöhnlich zu meiner Schwester kam. Merkwürdig, obwohl in Absicht auf das undurchdringliche Gewebe verkehrter Leidenschaft und feiner Sinnlichkeit, wie sie bereits in Kinderherzen wirkt, zu meiner Beschämung merkwürdig, ist mir noch heute der reizende Widerstreit, welchen der Anblick der schönen Diebin in meinem Innern rege machte. Denn wie ich mich zwar vor ihr scheute und nicht mit ihr zu reden, viel weniger sie zu berühren wagte, so war ich gleichwohl mehr als jemals von ihr angezogen, sie war mir durch den neuen, unheimlichen Charakterzug interessanter geworden, und wenn ich sie so von der Seite verstohlen ansah, kam sie mir unglaublich schön und zauberhaft vor.

Die Sache klärte sich aber zum Glück auf eine unerwartete Art noch zeitig genug von selbst auf, wovon ich nur sage, daß Luciens Unschuld vollkommen gerechtfertigt wurde. Bestürzt, beschämt durch diese plötzliche Enttäuschung sah ich den unnatürlichen Firnis, den meine Einbildung so verführerisch über die scheinbare Sünderin zog, doch keineswegs ungern verschwinden, indem sich eine lieblichere Glorie um sie zu verbreiten anfing.

Diese und ähnliche Szenen rief ich mir in jener unruhigen Nacht zurück und hatte mehr als *eine* bedeutsame vergleichende Betrachtung dabei anzustellen.

Am Morgen eilte ich bei Zeit zum Geistlichen, der mir mit

der Nachricht entgegenkam, daß mein Besuch bei der Gefangenen keinen Anstand habe; er war nur über die Unbedenklichkeit verwundert, womit man die Bitte gewährte. — Wir säumten nicht, uns auf den Weg zu machen.

Mit Beklommenheit sah ich den Wärter die Türe zu Luciens einsamer Zelle aufschließen. Wir fanden sie vor einem Buche sitzen. Ich hätte sie freilich nicht wiedererkannt, sowenig als sie mich. Sie sah sehr blaß und leidend aus; ihre angenehmen Züge belebten sich mit einem flüchtigen Rot in sichtbar freudiger Überraschung, als ich ihr vorgestellt wurde. Allein sie sprach wenig, sehr behutsam und nur im allgemeinen über ihre Lage, indem sie davon Anlaß nahm auf ihre christliche Lektüre überzugehen, von welcher sie viel Gutes rühmte.

Der Prediger fühlte eine Spannung, und entfernte sich bald. Wirklich wurde nun Lucie nach und nach freier, ich selber wurde wärmer, ihr Herz fing an, sich mir entgegenzuneigen. In einer Pause des Gesprächs, nachdem sie kurz zuvor dem eigentlichen Fragepunkt sehr nah gekommen war, sah sie mir freundlich, gleichsam lauschend, in die Augen, ergriff meine Hand und sagte: „Ich brauche den Rat eines Freundes; Gott hat Sie mir gesandt, Sie sollen alles wissen! Was Sie dann sagen oder tun, will ich für gut annehmen."

Wir setzten uns, und mit bewegter Stimme erzählte sie, was ich dem Leser hiermit nur im kürzesten Umriß und ohne eine Spur der schönen lebendigen Fülle ihrer eigenen Darstellung mitteilen kann.

Noch war Anna erst einige Wochen begraben, so erhielt Lucie eines Abends in der Dämmerung den unerwarteten Besuch eines früheren Jugendfreundes, Paul Wilkens, eines jungen Kaufmanns. Lange vor Richard hatte derselbe für die ältere Schwester eine stille Verehrung gehegt, doch niemals Leidenschaft, nie eine Absicht blicken lassen. Er hätte aber auch als offener Bewerber kaum seinen Zweck erreicht, da er bei aller Musterhaftigkeit seiner Person und Sitten, durch eine gewisse stolze Trockenheit sich wider Willen gerade bei denen am meisten schadete, an deren Gunst ihm vor andern gelegen sein mußte. Die Krankheit und den Tod Annas erfuhr er nur zufällig bei seiner Rückkehr von einer längeren Reise. Es war ein trauriges Wiedersehn in Luciens verödetem Stübchen. Der sonst so verschlossene, wortkarge Mensch zerfloß in Tränen neben ihr. Sie erneuerten ihre Freundschaft, und mir ist nicht ganz unwahrscheinlich, obwohl es Lucie bestritt, daß Paul die Neigung zu der Toten im stillen schon auf die Lebende kehrte. Beim Abschiede nun, im Übermaß der Schmerzen, entschlüpften ihr, sie weiß nicht wie, die lebhaften Worte: „Räche die Schwester, wenn du ein Mann bist!" Sie dachte, wie ich gerne glauben mag, dabei an nichts Bestimmtes. Als aber sechs Tage darauf die Schreckenspost von ungefähr auch ihr zukam, war jenes Wort freilich ihr erster Gedanke. Ein Tag und eine Nacht verging ihr in furchtbarer Ungewißheit, unter den bängsten Ahnungen. Paul hatte sich seit jenem Abende nicht wieder bei ihr sehen lassen, er hatte ihr noch unter der Türe empfohlen, gegen niemand von seinem Besuche zu sprechen. Bei seiner eigenen Art und Weise fiel ihr dies nicht sogleich auf; jetzt mußte sie notwendig das Ärgste daraus schließen. Indes fand er Mittel und Wege, um heimliche Kunde von sich zu geben. Sein Billett ließ deutlich genug für Lucien erraten, daß der Lieutenant durch ihn, aber im ehrlichen Zweikampf gefallen. Sie möge sich beruhigen, und außer Gott, der mit der gerechten Sache gewesen, niemanden zum Vertrauten darin machen. Er werde unverzüglich verreisen und es stehe dahin, ob er je wiederkehre; sie werde im glücklichen Fall von ihm hören. — Es lag eine Summe in Gold beigeschlossen, die anzunehmen er auf eine zarte Weise bat.

Das Mädchen war in Verzweiflung. Sie sah sich einer Handlung teilhaftig, welche in ihren Augen um so mehr die Gestalt eines schweren Verbrechens annahm, je ängstlicher sie das Geheimnis bei sich verschließen mußte, je größer die Emsigkeit der Gerichte, der Aufruhr im Publikum war. Die Vorstellung, daß sie den ersten, entscheidenden Impuls zur Tat gegeben, wurde bald so mächtig in ihr, daß sie sich selbst als Mörderin im eigentlichen Sinn betrachtete. Dazu kam die Sorge um Paul, er könne verraten und gefangen werden, um seine Treue lebenslang im Kerker zu bereuen. Ihre lebhafte Einbildungskraft, mit dem Gewissen verschworen, bestürmte nun die arme Seele Tag und Nacht. Sie sah fast keinen Menschen, sie zitterte, sooft jemand der Türe nahe kam. Und zwischen allen diesen Ängsten schlug alsdann der Schmerz um die verlorene Schwester auf ein neues mit verstärkter Heftigkeit hervor. Ihre Sehnsucht nach der Toten, durch die Einsamkeit gesteigert, ging bis zur Schwärmerei. Sie glaubte sich in eine Art von fühlbarem Verkehr durch stundenlange nächtliche Gespräche mit ihr zu setzen, ja mehr als einmal streifte sie vorübergehend schon an der Versuchung hin, die Scheidewand gewaltsam aufzuheben, ihrem unnützen, qualvollen Leben ein Ende zu machen.

An einem trüben Regentag, nachdem sie kurz vorher auf Annas Grabe nach Herzenslust sich ausgeweint, kam ihr mit eins, und wie durch eine höhere Eingebung, der ungeheure Gedanke: sie wolle, *müsse* sterben, die Gerechtigkeit selbst sollte ihr die Hand dazu leihen.

Es sei ihr da, bekannte sie mir, die Sünde des Selbstmords so eindrücklich und stark im Geiste vorgehalten worden, daß sie den größten Abscheu davor empfunden habe. Dann aber sei es wie ein Licht in ihrer Seele aufgegangen, als ihr dieselbe Stimme zugeflüstert habe: Gott wolle sie selbst ihres Lebens in Frieden entlassen, wofern sie es zur Sühnung der Blutschuld opfern würde.

In dieser seltsamen Suggestion lag, wie man sehr leicht sieht, ein großer Selbstbetrug versteckt. Sie wurde nicht einmal gewahr, daß der glühende Wunsch und die Aussicht, zu sterben, bei ihr die Idee jener Buße, oder doch die volle Empfindung davon, die eigentliche Reue, beinahe verschlang und aufhob.

Nach ihren weiblichen Begriffen konnte übrigens von seiten der Gerichte, nachdem sie sich einmal als schuldig angegeben hätte, ihrer Absicht weiter nichts entgegenstehn, und da sie, völlig unbekannt mit den Gesetzen des Duells, weder an Zeugen noch Mitwisser dachte, so fürchtete sie auch von dorther keinen Einspruch. Genug, sie tat den abenteuerlichen Schritt sofort mit aller Zuversicht, und länger als man denken sollte erhielt sich das Gefühl des Mädchens in dieser phantastischen Höhe.

Aus ihrer ganzen Darstellung mir gegenüber ging jedoch hervor, daß sie inzwischen selbst schon angefangen hatte, das Unhaltbare und Verkehrte ihrer Handlung einzusehen. Und so konnte denn jetzt zwischen uns kaum die Frage mehr sein, was man nun zu tun habe? Nichts anderes, erklärte ich, als ungesäumt die ganze, reine Wahrheit sagen! — Einen Augenblick fühlte sich Lucie sichtlich bei diesem Gedanken erleichtert. Dann aber stand sie plötzlich wieder zweifelhaft, ihre Lippen zitterten und jede Miene verriet den heftigen Kampf ihres Innern. Sie wurde ungeduldig, bitter, bei allem was ich sagen mochte. „Ach Gott!" rief sie zuletzt, „wohin bin ich geraten! wer hilft aus diesem schrecklichen Gedränge! Mein teurer und einziger

Freund, haben Sie Nachsicht mit einer Törin, die sich so tief in ihrem eigenen Netz verstrickte, daß sie nun nicht mehr weiß was sie will oder soll — Sie dürfen mein Geheimnis nicht bewahren, das seh ich ein und konnte es denken bevor ich zu reden anfing — War's etwa besser, ich hätte geschwiegen? Nein, nein! Gott selber hat Sie mir geschickt und mir den Mund geöffnet — nur bitt ich, beschwör ich Sie mit Tränen: nicht zu rasch! Machen Sie heute und morgen noch keinen Gebrauch von dem was Sie hörten! Ich muß mich bedenken, ich muß mich erst fassen — die Schande, die Schmach! wie werd ich's überleben —"

Sie hatte noch nicht ausgeredet, als wir durch ein Geräusch erschreckt und unterbrochen wurden; es kam gegen die Türe. „Man wird mir ein Verhör ankündigen" — rief Lucie und faßte angstvoll meine Hände: „um Gottes willen, schnell! wie verhalte ich mich? wozu sind Sie entschlossen?" „Bekennen Sie!" versetzt ich mit Bestimmtheit und nahm mich zusammen. Drei Herren traten ein. Ein Wink des Oberbeamten hieß mich abtreten; ich sah nur noch, wie Lucie seitwärts schwankte, ich sah den unaussprechlichen Blick, den sie mir auf die Schwelle nachsandte.

Auf der Straße bemerkte ich, daß mir von fern eine Wache nachfolgte; unbekümmert ging ich nach meinem Quartier und in die allgemeine Wirtsstube, wo ich mich unter dem Lärm der Gäste auf den entferntesten Stuhl in eine Ecke warf.

Indem ich mir nun mit halber Besinnung die ganze Situation samt allen schlimmen Möglichkeiten, und wie ich mich in jedem Falle zu benehmen hätte, so gut es ging, vorhielt, trat eilig ein junger Mann zu mir und sagte: „Ich bin der Neffe des Predigers S., der mich zu Ihnen sendet. Er hat vor einer Stunde von guter Hand erfahren, daß das Gericht in Sachen Luciens Gelmeroth seit gestern schon auf sicherem Grunde sei, auch daß sich alles noch gar sehr zugunsten des Mädchens entwickeln dürfte. Wir haben überdies Ursache zu vermuten, es seien während Ihrer Unterredung mit dem Fräulein die Wände nicht ganz ohne Ohren gewesen; auf alle Fälle wird man Sie vernehmen; die Herren, merk ich, lieben die Vorsicht, wie uns die beiden Lümmel beweisen, die man in Absehn auf Ihre suspekte Person da draußen promenieren läßt. Glück zu, mein Herr! der letzte Akt der Tragikomödie lichtet sich schon, und Luciens Freunde werden sich demnächst vergnügt die Hände schütteln können."

So kam es denn auch. Es fand sich in der Tat, daß durch das Geständnis des Hauptmanns, der sich, durch mehrere Indizien überführt, mit noch einem andern als Beistand des Duells bekannte, die Sache schon erhoben war, noch eh man Luciens und meine Bestätigung einzuholen kam. Das Mädchen hatte, unmittelbar auf jene Unterredung mit mir, unweigerlich alles gestanden. In kurzem war sie losgesprochen.

Jetzt aber forderte der Zustand ihres Innern die liebevollste, zärteste Behandlung. Sie glaubte sich entehrt, vernichtet in den Augen der Welt, als Abenteurerin verlacht, als Wahnsinnige bemitleidet. Fühllos und resigniert tat sie den unfreiwilligen Schritt ins menschliche Leben zurück. Die Zukunft lag wie eine unendliche Wüste vor ihr, sie selbst erschien sich nur eine leere verächtliche Lüge; sie wußte nichts mehr mit sich anzufangen.

Nun bot zwar für die nächste Zeit der gute Prediger und dessen menschenfreundliche Gattin eine wünschenswerte Unterkunft an. Allein wie sollte ein so tief zerrissenes Gemüt da, wo es überall an seinen Verlust, an seine Verirrung gemahnt werden mußte, je zu sich selber kommen? Man mußte darauf denken, ein stilles Asyl in einer entfernteren Gegend ausfindig zu machen. Meine Versuche blieben nicht fruchtlos. Ein würdiger Dorfpfarrer, mein nächster Anverwandter, der in einem der freundlichsten Täler des Landes mit seiner liebenswürdigen Familie ein echtes Patriarchenleben führte, erlaubte mir, die arme Schutzbefohlene ihm zu bringen. Ich durfte dort im Kreise feingesinnter, natürlich heiterer Menschen neben ihr noch mehrere Wochen verweilen, die mir auf ewig unvergeßlich bleiben werden.

Und soll ich nun zum Ende kommen, so wird nach alle dem bisher Erzählten wohl niemand das Geständnis überraschen, daß Mitleid oder Pietät es nicht allein gewesen, was mir das Schicksal des Mädchens so nahegelegt. Ich liebte Lucien, und konnte mich fortan getrost dem stillen Glauben überlassen, daß unser beiderseitiges Geschick für immer unzertrennlich sei. Mit welchen Gefühlen sah ich die Gegenwart oft im Spiegel der Vergangenheit! Wie ahnungsvoll war alles! Mein Kommen nach der Vaterstadt just im bedenklichsten Moment, wie bedeutend!

Noch aber fand ich es nicht an der Zeit, mich meiner Freundin zu erklären. Wir schieden wie Geschwister voneinander, sie ohne die geringste Ahnung meiner Absicht. Durch Briefe blieben wir in ununterbrochener Verbindung, und Lucie machte sich's zur Pflicht, in einer Art von Tagebuch mir von allem und jedem, was sie betraf, getreue Rechenschaft zu geben. Aus diesen Blättern ward mir denn bald klar, daß für das innere sittliche Leben des Mädchens, infolge jener tief eingreifenden Erfahrung und durch die milde Einwirkung des Mannes, welcher sie in seine Pflege nahm, eine Epoche angebrochen war, von deren segensreicher, lieblicher Entwicklung viel zu sagen wäre.

Die Welt verfehlte nicht, mir ein hämisches Mitleid zu zollen, als ich nach kaum zwei Jahren Lucie Gelmeroth als meine Braut heimführte; und doch verdanke ich Gott in ihr das höchste Glück, das einem Menschen irgend durch einen andern werden kann.

Hier bricht die Handschrift des Erzählers ab. Wir haben vergeblich unter seinen Papieren gesucht, vom Schicksal jenes flüchtigen Kaufmanns noch etwas zu erfahren. Auch mit Erkundigungen anderwärts sind wir nicht glücklicher gewesen.

DER SCHATZ

Novelle

Im ersten Gasthofe des Bades zu K* verweilte eines Abends eine kleine Gesellschaft von Damen und Herrn im großen Speisesaale, der nur noch sparsam erleuchtet war. Der Hofrat Arbogast, ein munterer, kurzweiliger, obgleich etwas eigener Mann von imposanter Gestalt, schon in den Fünfzigen, schickte sich an, eine Geschichte zu erzählen.

Er war, durch rätselhafte Umstände begünstigt, vom Goldschmied aus sehr schnelle zur Bedienung des damals sogenannten königlichen Schatzmeisteramtes in Achfurth gelangt, und eine Zeitlang gingen im höhern Publikum seltsame Sagen darüber, indem man nicht umhin konnte, die Sache mit einer, auf keinen Fall ganz grundlosen Gespenstergeschichte, welche den Hof zunächst anging, in Verbindung zu bringen.

Nun wurde man auch gegenwärtig wieder durch eine lustige Wendung, die das Gespräch genommen hatte, von selbst auf diesen Gegenstand geführt, und da man dem Hofrat mit allerlei Späßen und Anspielungen stets näher auf den Leib rückte, versprach er der Gesellschaft auf die Gefahr hin Genüge zu tun, daß man Unglaubliches zu hören bekommen und sich am Ende ganz gewiß bitter beklagen würde, als wenn er sie mit einem bloßen Kindermärchen hätte abspeisen wollen. „Es ist einerseits schade", fügte er bei, „daß meine Frau sich heute so früh zurückgezogen hat. Da das, was Sie vernehmen sollen, ein Stück aus ihrem, wie aus meinem Leben ist, so könnten wir uns beide füglich in die Erzählung teilen, Sie hätten jedenfalls sogleich die sicherste Kontrolle für meine Darstellung an ihr. Auf der andern Seite gewinnt aber diese vielleicht an Unbefangenheit und historischer Treue —" „Nur zu! nur angefangen!" riefen einige Damen: „Wir sind nicht allzu skrupulös, und die Kritik, wer Lust zu zweifeln hat, steht nachher jedem frei."

Wohlan! In Egloffsbronn, einer der ältesten Städte des Königreichs, lebte mein Vater, ein wackerer Goldschmied. Ich, als der einzige Sohn, sollte dieselbe Kunst dereinst bei ihm erlernen, allein er starb frühzeitig, und für das größte Glück war es daher zu halten, daß mich Herr Vetter Christoph Orlt, der erste Goldarbeiter in der Hauptstadt, umsonst in die Lehre aufnahm. Ich hatte große Lust an dem Geschäft und war so fleißig, daß ich nach fünf Jahren als zweiter Gesell in der Werkstatt saß.

Mein gutes Mütterlein war indes auch gestorben. Wie gern gedacht ich ihrer, wenn ich in Feierstunden oft an meinem Eckfenster allein zu Hause blieb, mit welcher Ehrfurcht zog ich dann zuweilen ein gewisses Angebinde hervor, welches ich einst aus ihrer Hand empfing! Es war am Tag der Konfirmation. Ich hatte nach der Abendkirche mit den andern Knaben und Mädchen einen Spaziergang gemacht — wie das so Sitte bei uns ist, daß die festliche Schar mit großen Blumensträußen an der Brust zusammen vor das Tor spaziert — und war nun eben wieder heimgekommen, da holte meine Mutter aus dem Schrank ganz hinten ein kleines wohlversiegeltes Paket hervor, worauf geschrieben stand: „Franz Arbogast am Tage seiner Einsegnung treulich zu übergeben." Die Mutter versicherte mir, sie wisse nicht, woher es eigentlich komme, ich sei noch ein kleiner Bube gewesen, als sie es eines Morgens auf dem Herd in der Küche gefunden. Mir klopfte das Herz vor Erwartung; ich durfte den Umschlag mit eigenen Händen erbrechen, und was kam heraus? Ein Büchlein, schwarz in Korduan gebunden, mit grünem Schnitt, die Blätter schneeweiß Pergament, mit allerlei Sprüchen und Verslein, von einer kleinen, gar niedlichen Hand fast wie gedruckt beschrieben. Der Titel aber hieß:

Schatzkästlein,
zu Nutz und Frommen
eines
Jünglingen,
so als ein Osterkind geboren ward,
in 100 Reguln allgemeiner Lehr,
nebst einer Zugab
für sondere Fäll in Handel und Wandel;
wahrhaftig abgefasset
von
Dorothea Sophia von R.

Ich meinerseits war freilich insgeheim in meiner Hoffnung ein wenig getäuscht; die Mutter aber legte vor freudiger Verwunderung ihre Hände zusammen. „Ach Gott!" rief sie aus, „es ist die Wahrheit, ja, am Ostersonntag mittags zwölf Uhr hast du zum erstenmal das Licht der Welt erblickt!" Sie pries und segnete mich. „Mein Sohn", sagte sie, „du wirst im Leben viel Glück haben, wenn du dich christlich hältst und auf die Weisungen in diesem Büchlein merkst." Sie unterließ auch nicht, mir meine Pflichten wiederholt ans Herz zu legen, als sie mir bald darauf mein Wanderbündel schnürte, darin das wunderliche Schatzkästlein den besten Platz erhielt.

Ich könnte gerade nicht sagen, daß ich die nächsten Jahre einen absonderlichen Segen von diesem seltenen Besitztum spürte, obwohl ich gar bald die sämtlichen Sprüche von vorn und von hinten auswendig wußte; ja zu einer gewissen kritischen Zeit, wo ich gerade angefangen hatte, Wirtshaus, Tanzboden, Kugelbahn öfter als billig zu besuchen, da waren es, wie mir deuchte, nicht sowohl die hundert Reguln, als vielmehr die Erinnerung an meine gute Mutter, die Vorstellungen meines ehrlichen Meisters, was mich bald wieder ins Geleise brachte. Hier sei es übrigens gelegentlich bemerkt, daß mir von allen Arten der Versuchung just die am wenigsten gefährlich war, die sonst in jenen Jahren die allergewöhnlichste ist, die Neigung zu dem weiblichen Geschlechte. Es hatten deshalb meine Kameraden das ewige Gespött mit mir, ich hieß ein kalter Michel hin und her, und weil ich doch zuletzt um keinen Preis der Tropf sein wollte, der nicht wie jeder andere brave Kerl sein Mädchen hätte, nahm ich etlichemal einen tüchtigen Anlauf, kam bei ein Stück drei oder vieren herum, darunter ein Paar Goldfasanen, die redlich ihren Narren an mir fraßen; allein es tat nicht gut; nach vierzehn Tagen wollte ich schon Gift und Galle speien, vor lauter Langerweile und heimlichem Verdruß. Kurzum, auf diesen Punkt schien wohl mein Schatzkästlein recht zu behalten — „Dein erstes Lieb, dein letztes Lieb." Ich konnte dieses Wort lediglich nur auf eine Kinderliebschaft mit einem guten armen Geschöpfe beziehen, das ich als das Opfer eines frühzeitigen Todes von Herzen beweinte.

Mein Vetter schenkte mir sofort ein immer größeres Vertrauen. Er schickte mich manchmal auf kleine Geschäftsreisen aus, er fing nichts Neues von Bedeutung an, eh er mit mir es erst besprochen hatte, und als er den Befehl erhielt, auf die Vermählung Seiner Majestät des Königs mit einer Prinzessin von Astern den Krönungsschmuck für die durchlauchtige Prinzessin Braut zu fertigen, so konnte er mir wohl keine größere Ehre erzeigen, als daß er das Hauptstück des wichtigen Auftrags, nämlich eine Krone von durchaus massiver, doch zierlicher Arbeit, wie sie sich in die Haare einer schönen, blutjungen Königin geziemt, mir größtenteils allein zu überlassen dachte. Die Zeichnung war gemacht und höchsten Orts gebilligt. Bevor man aber an das Werk selbst ging, war noch verschiedenes zu tun. Besonders fehlte es noch an einigen Steinen, die man im Lande nicht nach Wunsch erhalten konnte, daher mein Vetter sich nach reifer Überlegung zuletzt dahin entschied, ich sollte selbst nach Frankfurt gehn, die Steine auszuwählen. Es handelte sich nur darum, auf welche Art ich am sichersten reise, denn leider waren die Posten damals noch nicht so vortrefflich als jetzt eingerichtet; indessen fand sich doch Gelegenheit, die ersten Stationen mit ein paar Kaufleuten zu fahren. Der Vetter zählte mir vierhundert blanke Goldstücke vor; wir packten sie sorgfältig in mein Felleisen, und ich reiste ab.

Den zweiten Tag, in Gramsen, wo das Gefährt einen andern Weg nahm und mich daher absetzte, fiel Regenwetter ein, ich mußte mich bis zu Mittag gedulden, da ich es mir denn gern gefallen ließ, daß mir der Gramsener Bote ein Plätzchen ganz hinten in seinem Wagen gab, den eine Bläue gegen Wind und Wetter schützte. Ein junger Mann, ein Jude, wie mir schien, war meine einzige Gesellschaft. Wir waren gar bequem zwischen Wollsäcken gelagert, nur ging die Fahrt etwas langsam. Es wurde Nacht bis man Schwinddorf erreichte, wo der Jude sich absetzen ließ, indes wir noch drei gute Stunden bis zu dem Städtchen Rösheim vor uns hatten. Als ich nun so allein in meiner dunkeln Ecke lag und an verschiedenem herumdachte, war mir, als hätt ich längst einmal gehört, daß diese Gegend nicht im besten Rufe stehe; besonders schwebte mir die sonderbare Geschichte eines Galanteriehändlers vor, welchem sein Kasten, während des Marschierens, auf ganz unbegreiflich listige Art, Schubfach für Schubfach, soll ausgeleert worden sein. Mein Fuhrmann wollte zwar so eigentlich nichts von dergleichen wissen, doch konnte ich mich nicht enthalten, von Zeit zu Zeit durch die Tuchspalte hinten mit *einem* Aug hinauszuschauen. Der Himmel hatte sich wieder geklärt, man konnte jeden Baum und jeden Pfahl erkennen, man hörte auch nichts als das Klirren und Ächzen des Wagens, inzwischen ließ ich doch die Hand nicht von meinem Gepäck und tröstete mich mit des Fuhrmanns großem Hund; nur kam es mir ein paarmal vor, als wenn die Bestie sonderbar winsle, das ich aber zuletzt mitleidig dem puren Hunger zuschrieb.

„Jetzt noch ein Viertelstündchen, Herr, so hat sich's!" rief mir der alte Bursche zu und ließ zum erstenmal die Peitsche wieder herzhaft knallen. „Die Wahrheit zu gestehn", fügte er bei, „sonst ist es auch gerade nicht mein Sach, so spät wegfahren: ein Fuhrmann aber, wißt Ihr wohl, hat es halt nicht immer am Schnürlein. Nu —

's Löwenwirts Roter
ist allzeit hell auf!"

Es schlug halb zwölfe, als man vor das Städtchen kam. Am nächsten Wirtshaus hielten wir. Es schien kein Mensch mehr aufzusein. Ich hob indes getrost mein Gepäck aus dem Wagen. Aber — Hölle und Teufel! wie wurde mir da! — das Ding war so leicht, war so locker! Den Angstschweiß auf der Stirn eil ich ins Haus; ein Stallknecht, halb im Schlaf, stolpert mit seiner Laterne heraus, ein zweites Licht reiß ich ihm aus der Hand, und jetzt in der Stube gleich atemlos wie der Feind übers Felleisen her! Das Schlößchen find ich unverletzt, ganz in der Ordnung — weiter — Allmächtiger! mein Gold ist fort! Der Schlag wollte mich treffen. „Nein, nein, ums Himmels willen, nein! es ist nicht möglich!" rief ich in Verzweiflung, und wühlte, zauste alles durcheinander. Das Schatzkästlein fiel mir entgegen (ich hatte es nur gleichsam aus Erbarmen so mitlaufen lassen): im Wahnsinn meiner Angst hielt ich es einen Augenblick für möglich, das Büchlein habe mir meine Dukaten verhext! — Halb mit Wut, halb mit Grauen warf ich den schwarzen Krüppel an die Wand; allein wie schnell verschwand der vermeintliche Zauber, da sich ein Messerschnitt, vier Finger breit, in meinem Felleisen entdeckte! Jetzt wußt ich vorderhand genug: der Jude hat dich bestohlen!

Soeben wollte ich hinaus, die Hausleute, die Nachbarschaft aufschreien — da muß mein Fuß zufällig nochmals an das arme Büchlein stoßen, und wie ein Blitz schießt der Gedanke in mir auf: Halt! wie, wenn heut *Sankt Gorgon* wäre? Mechanisch nehm ich es vom Boden; indem tritt der Kellner herein, grüßt, fragt, ob ich noch zu trinken verlange? Ich nicke stumm, gedankenlos, und sehe mich dabei nach einem Wandkalender um.

„Was ist gefällig? neuer? alter? Dreiundachtziger? vierundachtziger?"

„Versteht sich, einen neuen!" rief ich mit Ungeduld und meinte den Kalender; „den heurigen, nur schnell! nur her damit!"

Der Kellner lächelte hochweise: „Wir haben hierzuland noch keinen heurigen!"

„Wie? was? um diese Zeit? verflucht! so bringt ins Kuckucks Namen einen alten! Das ist mir aber doch, beim Donner, eine Wirtschaft, wo man — ei daß dich, da hängt ja doch einer!" Ich riß den Kalender vom Nagel, ich blätterte mit bebender Hand — richtig! Gorgonii, der 9. September! Und daß ich jetzt nicht wie ein Narr vor Freuden in der Stube herumtanzte, den Gläserschrank zusammenschlug, den Kellner umarmte, war alles. Von nun an wußte ich, was für ein herrliches Kleinod mein Schatzkästlein sei. Stand nicht ein Verslein drin, ein Reimlein, ach, mehr wert als alle Reime in der Welt? (der siebente war's in der Zugab für sondere Fäll):

> Was dir an Gorgon wird gestohlen,
> Vor Cyprian kannst's wieder holen;
> Jag nit darnach, mach kein Geschrei,
> Und allerdings fürsichtig sei.

Ich zweifelte nicht einen Augenblick an der Unfehlbarkeit dieses prophetischen Rates. Denn, dacht ich, wär es überhaupt nicht richtig mit dem Büchlein, wie konnte es denn wissen und mir so treulich melden, daß man mich just auf Gorgonstag bestehle? und dann — und kurz, es war in mir ein unwiderstehlicher Glaube: vor Cyprian kannst's wieder holen. Bis dorthin waren's freilich noch immer siebzehn Tage; nun, meinte ich, das ist der äußerste Termin, wer weiß, es kann so gut auch morgen und übermorgen glücken. Wart Mauschel, wart Halunk! es wird sich bald ausweisen, wo deine Krallen es eingescharrt haben; drei Schritt von deinem Galgen, hoffe ich.

Franz Arbogast setzte sich hinter den Tisch, mit einer Empfindung, mit einem Gesicht, wie ungefähr ein Kaufmann haben mag, wenn er gerade einen Brief aus Nordamerika bekam, des Inhalts: Mein Herr! Ich habe die Ehre zu melden, daß Ihr sehr wackeres Schiff, die Faustina, nachdem wir sie bereits in der Gewalt der Seeräuber geglaubt, soeben wohlbehalten im Hafen eingelaufen ist.

Ich aß und trank nach Herzenslust, schenkte besonders auch dem Fuhrmann tapfer ein, der mir gestand, der Kellner habe ihm vorhin ins Ohr gesagt, ich müsse wohl ein Wiedertäufer sein, ein Separatiste oder dergleichen, ich hätte mein Gebetbuch so närrisch geküßt. „Gut", habe er darauf gesagt, „wenn's nur kein Jude ist; denn der, den ich gefahren, der Spitzbub, stiehlt mir ein Paar nagelneue Handschuh weg! Ich hatte sie am Reif im Wagen hängen. Und das war nicht genug, beim Abschied im Finstern was tut er? drückt mir den breiten nichtsnutzigen Knopf da in die Hand statt einem Fünfzehner! Aber, nur stät! es gibt allerhand Knöpf, ganz besondere Sorten. Wißt Ihr wohl, Herr, welches die besten Knopfmacher sind, will sagen, die flinksten, und macht doch einer lang kein Dutzend im Jahr? Ihr ratet's nicht. Die Henkersknecht! Mein Seel, wenn mir der Jud wieder begegnet, das Rätsel geb ich ihm auf; was gilt's, er hat's heraus, eh ich ihm zweimal mit der Geißel winke?"

„Hört", sprach ich zu dem Fuhrmann, „Ihr seid ein braver Kerl, wißt Ihr was? vielleicht daß mir der Jude doch noch früher in die Hände läuft als Euch; laßt mir den stählernen Knopf, hier ist ein Zwölfer dafür." Der Handel fand keinen Anstand. — Mir fiel inzwischen ein, daß noch mein Stock im Wagen liege; ich ging mit Licht hinaus und fand bei der Gelegenheit noch einen meiner goldenen Füchse zwischen dem Flechtwerk des Korbes stecken und gleich dabei ein ziemlich großes Loch im Boden. Ich wußte nicht recht was ich davon denken sollte. Ich ließ es eben gut sein; zu holen war heut doch nichts mehr.

Singend und pfeifend ließ ich mir meine Schlafkammer zeigen, und ruhiger schlief ich in meinem Leben nicht als diese Nacht.

Am andern Morgen nun, nach ernstlicher Erwägung aller Umstände, schien es mir keineswegs geraten, mich aus der Gegend zu entfernen. Ein jeder Schritt schien zwecklos, wo nicht bedenklich. „Jag nit darnach." Das war für mich eben, als wenn ein Daniel mit eigenem Mund zu mir gesprochen hätte: „Mein Sohn, bleib Er ganz ruhig sitzen im Löwen zu Rösheim; Er sieht, es ist ein braves Wirtshaus hier; tu Er sich etwas gütlich auf den gehabten Schreck und scher Er sich den Teufel um die Sache, Er wird bald hören, was die Glocke schlägt." Ich kam dieser Weisung gewissenhaft nach. Rösheim ist ein lustiges Städtchen, es fehlte mir nie an Gesellschaft, besonders meine Wirtin war die gute Stunde selbst. So gingen drei, sechs, sieben Tage hin. Dazwischen gab es freilich auch tiefsinnige Momente und nachgerade ward mir doch die Zeit zu lang.

Ich stehe eines Nachmittags am Fenster und gräme mich über das köstliche Wetter, das mir so jämmerlich verlorengeht: kommt eine Chaise vor das Haus gefahren, die ich sogleich für dieselbe erkenne, mit welcher ich damals von Achfurth abreiste. Ein Herr steigt aus, es war einer von jenen Kaufleuten, der nächste Nachbar meines Meisters, ein wusliger, kleiner geschwätziger Mann. Schnell wollt ich noch entweichen, doch eh ich mich's versah, war er herein.

„Ah! was der Tausend — da ist ja Herr Franz! Schön, schön, daß wir uns unvermutet treffen! Auf Ehre, wie bestellt! Wie steht's in Frankfurt? gute Geschäfte gemacht?"

„O ja, so so, so ziemlich, ja."

„Charmant. Und, mein Freund, nun fährt Er natürlich mit mir, ich gehe direkte nach Haus und bin ganz allein."

Ich fing nun an mich zu entschuldigen — ein guter Bekannter, den ich notwendig, Geschäfte halber, hier abwarten müsse, besondere Affären — kurz, alles was zu sagen war. Der Kaufmann stutzte, wollte nicht begreifen, sondierte, fragte, schwieg zuletzt und trank sein Schöppchen Würzburger, gelben. Ich bat mir Feder und Tinte aus und schrieb etliche Zeilen an den Vetter; daß ich Frankfurt dato noch nicht gesehen, ein kleiner Unfall habe mich verspätet, bereits sei aber alles wieder ganz auf gutem Weg, so daß ich hoffe noch zeitig genug mit meinen Einkäufen in Achfurth einzutreffen; übrigens möge er sich ja ganz stille halten, mit niemand weiter von der Sache reden, mir aber ganz und gar vertrauen. — Der Kaufmann sprach indessen leise mit dem Wirt beiseit. Gewiß erfuhr er von diesem, wie lang ich schon hier liege, und er konnte sich denn an den Fingern abzählen, daß ich noch nicht über die Grenze kam. Ich ließ mich das weiter nichts kümmern, versiegelte den Brief, empfahl ihn dem Herrn Nachbar zur Besorgung, er steckte ihn sehr seriös zu sich und schlürfte gelassen sein Restchen. „Viel Glück *nach Frankfurt!*" rief er mir mit höhnischem Gesicht beim Abschied zu. Der Wagen rollte fort.

Jetzt war auch meines Bleibens hier nicht länger. Ich hatte weder Rast noch Ruhe mehr, obgleich ich nicht wußte wohin. Ich fragte nach der Zeche, man war sogleich bereit, und wahrlich unverschämter wurde sie nie einem Grafen gemacht; ich hätte heulen mögen wie ein Weib, als ich berechnete, daß mir nur wenige Gulden übrigblieben.

Aber mein Mut sollte noch tiefer sinken. Denn auf der Straße, als ich schon ein gutes Weilchen fortgewandert war, fiel mir auf einmal ein, daß ich von nun an nirgends mehr im Lande sicher sei. Wird sich der Vetter wohl mit meinem Brief beruhigen? muß er nicht das Ärgste befürchten? Wenn er nun fahnden läßt auf dich! wenn man dich greift! Mir wurde es schwarz vor den Augen. Ich machte mir die bittersten Vorwürfe, verfluchte abermals das Schatzkästlein, denn dies war schuld, daß ich die Sache nicht sogleich vor Amt angab, wie jeder andere, der nicht ein ganzer Esel war, getan hätte; jetzt freilich war die Katz den Baum hinauf und alles war zu spät. Noch volle zwei Tage trieb ich mich, bald da, bald dort verweilend, und mich dabei immer aufs neue wieder an meinem Osterengel aufrichtend, im gleichen Reviere umher. Zuletzt kam mir in Sinn, daß nicht gar weit von hier, über der Grenze, ein paar weitläuftige Verwandte meiner Mutter, vermögliche Pelzhändler, wohnten, die meinem Vater viel zu danken hatten. Glückshof, soviel ich wußte, hieß der Ort; dort war doch vorderhand Trost, Rat und Unterkunft zu hoffen. So setzte ich denn meinen Weg zum ersten Male wieder in einer entschiedenen Richtung fort, und eingedenk der Flasche des trefflichen Likörs, womit mich meine gute Base beim Abschied noch versah, bediente ich mich dieses Stärkungsmittels zu meinem Encouragement ein übers andere Mal mit solchem glücklichen Erfolg, daß ich seit langer Zeit wieder ein Liedlein summte und endlich meinen vielberühmten Baß mächtig und ungebändigt walten ließ.

Allein das wunderbare Schicksal, unter dessen Leitung ich stand, kündigte sich nunmehr auf eine höchst seltsame Weise an. Es war etwa fünf Uhr des Abends, als ich getrosten Herzens so fortschlendernd in eine gar betrübte Gegend kam. Da lag nur öde Heide weit und breit. Rechts drüben sah ein düsteres Gehölz hervor, und links vom Hügel her ein langweiliger ausgedienter Galgen, so windig und gebrechlich, daß er den magersten Schneider nicht mehr prästiert haben würde. Die Pfade wurden zweifelhaft, ich stand und überlegte, marschierte noch ein Stück und traf zu meiner großen Freude jetzt auf einen hölzernen Wegweiser. O weh, dem armen Hungerleider war die Schrift hüben und drüben rein abgegangen vor Alter! Er streckte den einen Arm rechts, den andern links hinaus und ließ

die Leute dann das Ihre dabei denken. „Du wärst ein Kerl",
sprach ich, „für den Ewigen Juden, dem es wenig verschlägt,
ob er in Tripstrill oder Herrnhut zur Kirchweih ankommt."
Nun sah ich unten einen Schäfer seine Herde langsam die
Ebene herauftreiben. Dem rief ich zu: „He, guter Freund, wo
geht der Weg nach Glückshof?" — Kaum ist mir das letzte
Wort aus dem Mund, so klatscht es dreimal hinter mir, eben
als schlüge jemand recht kräftig zwei hölzerne Hände zusammen. Erschrocken seh ich mich um — o unbegreiflicher, entsetzenvoller Anblick! Er hatte sich gedreht! der Wegweiser — gedreht,
so wahr ich lebe! Mit einem Arm wies er schief über die Heide,
den andern hatte er, damit ich ihn ja recht verstehen sollte,
dicht an den Leib gezogen. Des Schäfers Antwort ging indes im
Widerhall des Walds verloren. Ich starrte und staunte den
Wegzeiger an und hörte wie mein Herz gleich einem Hammer
schlug. Alter! sprach ich in meinem Sinn, du gefällst mir nur
halb; du hältst wohl gute Nachbarschaft mit dem dreibeinigen
Gesellen auf der Höhe, mich sollst du nicht drankriegen! Damit
rannt ich davon, als wär er schon hinter mir her. Der Schäfer
kam mir entgegen: „Was gibt's? Wer ist Euch auf den Fersen?
Habt Ihr etwas verloren?" „Nichts! sagt nur, wo geht's Glückshof zu?" Der Mann mochte glauben, ich hätte gestohlen, er maß
mich von Kopf bis zu Fuß; dann deutete er nach der Waldecke
hin: „Von dort seht Ihr ins Tal, ein Fußpfad führt nach dem
Weiler hinab, da fragt Ihr weiter." Inmittelst hatt ich mich
etwas gefaßt. Der Mann schien mir eine ehrliche Haut, demungeachtet nahm ich Anstand, ihm mein Abenteuer zu vertrauen, und fragte nur, indem ich meinen Finger in der Richtung hielt, in der das hölzerne Gespenst gewiesen: „Was liegt
denn *dahin?*" „Da? kämt Ihr schnurgerad aufs graue Schlößlein." Bewahr mich Gott! dacht ich, dankte dem Schäfer und
folgte seiner Weisung nach dem Walde. Im Gehen macht ich
mir verschiedene Gedanken, und schaute wohl noch zehnmal um
nach dem verwünschten Pfahl. Er hatte seine Alltagsstellung
wieder angenommen und sah wahrhaftig aus, als könnte er
nicht fünfe zählen. Was wollte er doch mit dem grauen Schlößchen? Ich hatte früher mancherlei davon erzählen hören. Es
gehörte den Freiherrn von Rochen, und war, soviel ich wußte,
noch unlängst bewohnt; es stand im Rufe arger Spukereien,
doch nicht sowohl das Schlößchen selbst, als vielmehr seine
nächste Umgebung. Die Sichel fließt unten vorbei, darin schon

mancher, durch ein weibliches Gespenst irregeführt, den Tod gefunden haben soll. Nun glaubte ich nicht anders, als der Versucher habe mich in Wegweisersgestalt nach dieser Teufelsgegend locken wollen. Jedoch, erhob sich bald ein anderes Stimmchen in mir, wenn du ihm Unrecht tätest? wenn du gerade jetzt deinen Dukaten entliefst? Was also tun? kehr ich um? geh ich weiter? So stritt es hin und her in meiner Seele. Ermüdet und verdrossen setzt ich mich am Waldsaum oben nieder, wo ich denn immer tiefer in mich selbst versank, ohne zu merken, wie die Dämmerung einbrach und daß der Schäfer lange heimgetrieben. Rasch und entschlossen stand ich auf. Gut Nacht, Wegweiser! — Ich stieg bergab, dem Weiler zu.

Ein dichter Nebel hatte sich wie eine weiße See durchs Tal ergossen, er reichte bis zu mir herauf und ich stieg immer mehr in ihn hinein. Zum Glück war die Nacht nicht sehr finster, die Sterne taten ihre Schuldigkeit. Aber ach, ich glaubte bereits in der Tiefe zu wandeln, während ich nur auf einem fahrbaren Absatz des Berges rings um denselben herum und ganz unmerklich wieder aufwärts lief. In kurzem spazierte meines Vaters sein Sohn also wieder ganz hübsch auf der öden, verhenkerten Heide herum, ungefähr da wo ihm vor drei Stunden zum erstenmal das Trumm verlorenging.

Sie fragen, meine Wertesten, wie mir bei dieser Entdeckung zumute gewesen? Je nun, ich dachte, jetzt säßest du besser daheim bei deiner braven Meisterin, wenn sie den Abendsegen liest, meinethalben auch beim Storchenwirt und Fritz der Färber gäbe die Geschichte preis, wie er Anno 70 im Kniebis verirrte. Allein, wo nun hinaus? Eine bekannte gute Regel ist: wenn einer spürt, es sei ihm angetan, tut er am klügsten, er steckt den Verstand in den Sack und läuft wie seine Füße mögen. So tat ich auch, und fing das frische Kernlied an zu singen: Seid lustig und fröhlich ihr Handwerksgesellen! — Es ging jetzt unaufhörlich eben fort. Auf einmal aber schien es hell und immer heller um mich her zu werden, ich sah mich um, da ging der volle Mond sehr herrlich hinter goldnen Buchenwipfeln auf. Von Furcht empfand ich eigentlich nichts mehr, nur *selbigem* wollt ich nicht gern zum zweitenmal begegnen. Sooft er mir einfiel, tat ich einen herzhaften Zug aus der Flasche und hub alsbald mit heller Stimme wieder an:

> Hamburg, eine große Stadt,
> Die sehr viele Werber hat.
> Mich hat nicht gereut,
> Vielmehr erfreut,
> Lübeck zu sehn;
> Lübeck eine alte Stadt,
> Welche viel Wahrzeichen hat.

Nun schritt ich über Stoppelfeld. Gottlob, das war doch eine Menschenspur. Aber, Goldschmied, wenn es nun allgemach hinunter und ans Wasser ging', und dir die bleiche Edelfrau ein kühles Bad anwiese?

> Dresden in Sachsen,
> Wo schöne Mädchen wachsen;
> Ich denk jetzund
> Alle Stund
> An Nürnberg und Frankf —

patsch! lag ich auf der Nase. Der Schmerz trieb mir die Tränen in die Augen, mir schwebte ein Fluch auf der Zunge; aber nein —

> Augsburg ist ein kunstreicher Ort,
> Und zuletzt nach Elsaß fort.
> Alsobald mit Gewalt
> Geh ich nach Straßburg.
> Es ist eine schwere Pein
> Von Jungferen insgemein,
> Wenn man alsdann
> Nicht herzen kann
> Und wieder soll mareschieren fort.

Allmittelst aber nahe an den Rand der Ebene gekommen, bemerkte ich auf gleicher Höhe mit derselben, links hin, wo sie in einem spitzen Vorsprung auslief, nur dreißig Schritt von mir, ein altes, guterhaltenes Gebäude, mehr schmal als breit, mit etlichen Türmchen und hoch gestaffeltem Giebel. Ich konnte nicht mehr zweifeln wo ich sei. Ganz sachte schlich ich näher. Es schimmerte Licht aus einem verschlossenen Laden des untern Stocks; hier mußte der Hausschneider wohnen. Ein Hund machte Lärm, und sogleich öffnete ein Weib das Fenster.
„Wer ist da?"

„Ein Handwerksgesell, ein verirrter."

„Welche Profession?"

Ich wagte, eingedenk meiner gefährdeten Person, nicht, die Wahrheit zu sagen. „Ein Schneider!" sagt ich kleinlaut. Sie schien sich zu bedenken, entfernte sich vom Fenster und ich bemerkte, daß man drin sehr lebhaft deliberierte; es wisperten mehrere Stimmen zusammen, wobei ich öfter das fatale „Schneider" nur gar zu deutlich unterscheiden konnte.

Jetzt ging die Pforte auf. Der Hausvogt stand bereits im Gang; die Frau hielt auf der Stubenschwelle und hinter ihr ein sehr hübsches Mädchen, welches jedoch auffallend schnell wieder verschwand. Die Ehleute sahen einander an und baten mich, ins Zimmer zu spazieren.

Hier war nun alles gar sauber und reinlich bestellt. Ein Korb mit dürren Bohnen und reifen Haselnüssen, zum Ausmachen bereit, wurde beiseite geschoben, man nahm mir mein Gepäcke ab und hieß mich sitzen. Es war zehn Uhr vorüber. Die Alte deckte mir den Tisch, derweil der Mann, gesprächsweise, die nächstgelegenen Fragen, nach meiner Heimat und dergleichen, ohne Zudringlichkeit und in so biederem Ton an mich tat, daß ich mein einmal angenommenes Inkognito, wobei natürlich eine Lüge aus der andern folgte, nur mit innerlichem Widerstreben, deshalb auch etwas einsilbig und unsicher, behauptete. Das Mädchen lief einige Male geschäftig von der Küche durchs Zimmer, ohne mich kecklich anzusehen. Man brachte endlich eine warme Suppe und einen guten Rahmkuchen. Ich aß und trank mit Appetit, worauf mein Wirt sich bald erbot, mir meine Schlafstätte zu zeigen. Die Frau ging mit dem Licht voran, er selbst trug meinen Ranzen die Treppe hinauf nach einem hohen geweißten Eckzimmer, worin es neben einem frischen Bette nicht an den nötigsten Bequemlichkeiten fehlte. Ich sagte dankbar gute Nacht, setzte mein Licht auf den Tisch und öffnete unter kuriosen Gedanken ein Fenster.

Der Nebel ließ mich wenig unterscheiden, doch schien die Höhe da hinab beträchtlich, und, was mir nicht das lieblichste Gefühl erregte, dem sanften Rauschen eines Wassers nach, mußte die Sichel ganz unmittelbar am Fuß des Felsen, der das Schlößchen trug, vorüberziehn. Sei's drum! ich riegelte getrost die Türe, und zog mich aus. Mich niederlegen und schlafen war eins. Es regnete die halbe Nacht, ich merkte nichts davon; mir träumte lebhaft von dem schönen Mädchen.

Am andern Morgen, durch und durch gestärkt, fand ich die Sonne schon hoch am Himmel über dem engen Sicheltale stehen, welches, reichlich mit Laubwald geschmückt, die Aussicht hier zunächst sehr stille und reizend beschränkt, alsdann, mit einer kurzen Beugung um das Schloß, sich in das offene, flache Land verläuft.

Ein Glockengeläute von unten, aus dem gutsherrschaftlichen Dorf an der Seite des Berges, erinnerte mich, es sei Sonntag. Mein Herz bewegte sich dabei, ich weiß nicht wie. Doch war jetzt keine Zeit, um solchen Rührungen lang nachzuhängen; auf alles Denken aber und Grübeln über meine Lage tat ich sofort grundsätzlich ein für allemal Verzicht; nur, als ich mir den beispiellosen Spuk des gestrigen Abends zurückrief, geriet ich auf die Mutmaßung, ich könnte wohl ein bißchen beschnapst gewesen sein, denn meine Branntweinflasche fand sich beinahe leer.

Ich eilte, sauber angezogen, zu meinem Wirt hinunter, der mir mit Heiterkeit ankündigte, es sei nur noch ein Stündchen bis Mittag; sie hätten mich nicht wecken wollen, weil sie dächten, ich habe nicht besonders zu pressieren und würde vielleicht ein paar Tage bei ihnen ausruhen. Nach einigem, wiewohl nur scheinbaren Bedenken, und auf wiederholtes Zureden, nahm ich diese unerwartete Gastfreundschaft an und blieb geruhig in meinen Pantoffeln. „Zwar werden wir Euch leider über Tisch für diesmal nicht Gesellschaft leisten", sagte der Schloßvogt; „der Schulmeister im Dorf läßt heute taufen, da sind wir zu Gevatter gebeten und müssen gleich fort: Josephe aber, meine Nichte, wird Euch nichts abgehen lassen." Ich war alles zufrieden.

Das Ehpaar hatte sich in Staat begeben und außen wartete ein Fuhrwerk. Sie baten nochmals um Entschuldigung, mit dem Versprechen, vor Abend wieder dazusein.

Ich befand mich allein in der Stube, und mit Josephen, die draußen am Herde beschäftigt sein mochte, allein im ganzen Schlosse. Die Nähe dieses Mädchens, zu dem ich von der ersten Stunde an ein stilles, unerklärliches Vertrauen hegte, obgleich wir bis jetzt kaum ein Wort miteinander gewechselt, beunruhigte mich ganz sonderbar. Es zog und zupfte mich immer, sie in der Küche aufzusuchen, allein wenn ich eben dran war, schien mir von allen den bei Handwerksburschen üblichen galanten Redensarten nicht *eine* gut genug. Auf einmal kam sie selbst herein, band sich die Küchenschürze ab, stellte sich dann mit einigem Erröten mir gerade gegenüber und sprach, nachdem sie ihre offenen braunen Augen ein ganzes Weilchen auf mir ruhen lassen: „Also Ihr kennt mich wirklich gar nicht mehr?"

Da ich betroffen schwieg und nun mit halben Worten zu erkennen gab, daß ich auf eine frühere Bekanntschaft mit einem so charmanten Frauenzimmer im Augenblick mich nicht besinnen könne, verbarg sie sehr geschickt ihre Beschämung und Empfindlichkeit hinter ein flüchtiges Lachen und tat, als hätte sie den puren Scherz mit mir getrieben. „Nein! Nein!" rief ich, sie eifrig bei der Hand nehmend, „dahinter steckt etwas — Ihr seid betreten, Ihr seid gekränkt! Ums Himmels willen, beste, schönste Jungfer! helft mir ein klein wenig darauf — wenn, wo — wie hätten wir uns denn gesehen? es wird mir gleich beifallen!" In der Tat, ihr Gesicht wollte mir nun bereits ganz außerordentlich bekannt vorkommen, nur wußte ich es nirgend hinzutun. Ich bat sie wiederholt um einen kleinen Fingerzeig.

„Seid erst so gut", versetzte sie, „und nennt mir Euren Namen." Da ich bestürzt ein wenig zauderte und eben eine ausweichende Antwort geben wollte, brach sie kurz ab, wie wenn sie ihre Frage selbst bereute: „Der Braten verbrennt mir! verzeiht, ich muß gehen."

In kurzem kam sie wieder, schob ohne Geräusch einen Tisch in die Mitte der Stube und fing sodann, indem sie ihn sehr ruhig deckte, als wäre nichts geschehn, vom Wetter an. Als ich mich auf dergleichen nicht einließ, sondern mich nachdenkend und fast verdrießlich zeigte, nahm sie zuletzt, um dieser lächerlichen Spannung zu begegnen, das Wort: „Hört, tut mir doch den einzigen Gefallen, denkt nicht mehr an die einfältige Posse. Ich habe mich in der Person geirrt, und das ist alles! Noch einmal, ich bitte, denkt nicht mehr daran." — Dagegen war nun freilich schicklicherweise nichts weiter zu sagen, obgleich ich ihren Worten nur halb traute.

Wir setzten uns zum Essen. Josephe tat alles, um mich zu zerstreuen. Sie war die lautere Unbefangenheit, Anmut und Herzensgüte. Zum erstenmal, ich darf beinah so sagen, zum erstenmal in meinem Leben begriff ich, wie es möglich sei, sich in ein Weibsbild zu verlieben.

„Man sagt soviel von Eurem grauen Schlößchen", hub ich an, nachdem sie das Essen abgetragen und die herrlichsten Äpfel zum Nachtisch aufgestellt hatte, „wie wär's, Ihr schenktet mir, weil wir gerade so beisammen sind, einmal recht reinen Wein darüber ein?"

„Das kann geschehen", antwortete sie; „wir reden sonst nicht leicht mit jemandem davon, allein man macht wohl eine Ausnahme. Zudem seid Ihr ein verständiger Mann und werdet Euch bei uns nicht fürchten." (Hier sah sie mir sehr scharf, wie prüfend, ins Gesicht.) „Auch ist noch keiner Seele seit Menschengedenken im Hause selbst das mindeste zuleid geschehn, und außerhalb, nun ja, man hütet sich. Es gab wohl schon so leichtsinnige Menschen, die mögen immer ihren Fürwitz büßen."

Sie hatte sich gesetzt und eine kaum erst angefangene Strickerei mit grün und schwarzem Garn zur Hand genommen, der Knaul lag ihr im Schoße. „Ach mein! so seht doch, was das regnet! was das schüttet! Wie gut ist's, daß Ihr heut nicht auf der Straße seid." Und nun begann sie zu erzählen:

„Vor ungefähr vierhundert Jahren wohnte allhier ein Graf mit Namen Veit von Löwegilt, ein frommer und tapferer Ritter. Er ehlichte als Witwer ein junges Fräulein, Irmel von der Mähne, welche ein Ausbund von Schönheit gewesen sein muß und sehr reich. Am Hochzeitabend, als der Tanz im kerzenhellen Saal begonnen hatte, und nun die Frau bald dem, bald jenem Gast die Hand zum Reigen gab, da sah Herr Löwegilt eine ganze Zeit mit Wohlgefallen zu, bald aber kam seltsame Wehmut über ihn, wie eine böse Ahnung, davon er sich jedoch nichts merken ließ; nur gegen das Ende des Tanzes gab er der Dame einen Wink, daß sie ein wenig aus dem Saale käme. Er nahm ein Licht und führte sie in ein ander Gemach. ,Mein liebstes Herz!' sprach er, da sie alleine waren, ,Euren Gemahl hat wunderlich verlangt, daß er sich abgesondert von den Leuten mit einem Küßlein Eurer Lieb versichere.' Damit schloß er sie in den Arm und küßte sie und sie tat gleich also. In ihrem Innern aber war sie ungehalten, dachte: was will mir der Narr? es ziemt den Wirten schlecht, die Gäste zu verlassen. Jetzt zog Herr Veit eine schwere, goldene Kette unter dem Goller hervor mit den Worten: ,Betrachtet diese Kette. Mein Ahnherr schenkte sie einst seiner Frau, der züchtigen und edlen Richenza vom Stain; hernachmals ist das Kleinod als ein ehrenwertes Denkzeichen der glücklichsten Ehe von einem Sohn auf den andern gekommen, und jetzo, heut, da Ihr mein väterliches Erbe als Hausfrau betreten, vergönnt, daß ich Euch diesen Schmuck umhängen mag: ich weiß, Ihr werdet ihn mit Ehren tragen.' — ‚Ich danke meinem Herrn und gütigen Gemahl', antwortete die schöne Frau sehr freundlich: ‚dafern Ihr aber irgend Zweifel habt an mir, so sei es nicht genug an meinem Wort, das Ihr in Marien-Kapelle empfangen, und ich gelobe nochmals hier, Euch als ein treues Weib zu dienen, so Gott mir nach dem Tode gnädig sei.' — So gingen sie, und Irmel war vergnügt über die gelbe Kette und zeigte das Geschenk mit Freuden der Gesellschaft vor.

Im Anfang ging alles ganz gut. Die Gräfin schenkte ihrem Mann im ersten Jahre einen Sohn. Sein Hauskreuz aber stellte sich beizeiten ein. Die Frau wurde geizig über die Maßen. Ein Sprichwort ging beim Volk, sie singe der Henne ums Ei. Es hieß: Frau Irmel ist nicht dumm, weil sie der Tropfen Öl im Lämplein dauert, läßt sie die Mägde bei Mondschein spinnen. Sonst war Gesang und Harfenspiel ihr schönster Zeitvertreib, jetzt tat sie nichts wie rechnen und ihre Leute scheren. Das Ärgste dabei war, sie fing ohne Wissen Herrn Löwegilts an, viel Geld auszuleihen auf Zins an ihre Untertanen und in der Nachbarschaft umher. Wenn nun die armen Leute nicht zu rechter Zeit bezahlten, sprach sie zum Vogt: ‚Solang mein Mann daheim, mag ich nichts anfangen; er ist zu gut und dankt mir's wohl, wenn ich ihn mit dem Plack verschone. Jedoch das nächste Mal, daß er mit Reisigen aus ist, auf einen Monat oder zwei, da sollt Ihr sehn, wie ich mein Zornfähnlein aufs Dach stecke! Wir schicken den Presser herum und brauchen Gewalt; man muß dem Gauchenvolk die Frucht vom Acker und die Kuh von der Raufe wegnehmen.' Zum Glück kam es nicht gar so weit. Herr Veit erfuhr die feine Wirtschaft der Frau Gräfin und wollte sich zu Tod darüber schämen; allein weil er die Dame Tausendschön im ganzen doch wie närrisch liebte, verfuhr er christlich mit ihr und legte ihr in aller Güte den saubern Handel nieder. Das nahm sie denn so hin, wohl oder übel. Wie aber hätte ihr auch nur im Traum einfallen sollen, ihr Veit könnte so gottlos sein und den verwünschten Bauern ihre Schuld bis auf den letzten Heller schenken? Er machte das ganz in der Stille ab, und eines Tages bei Gelegenheit bekannte er's ihr frei, auf holde Art. Frau Irmel hörte ihn nur an, verblaßte, und sagte nicht ein Sterbenswort. Sie ging mit ihm denselben Tag, weil eben Ostern war, zu Gottes Tische. Da mag sie wohl ihr eigen Gift hinabgegessen haben anstatt den süßen Leib des Herrn. Von Stund an war sie wie verstockt. Es sah just aus, als

hätte sie zu reden und zu lachen und zu weinen für immerdar
verlernt. Wenn er so vor ihr stand und ihr zusprach mit guten
klugen Worten, so sah sie unter sich wie ein demütig Muttergottesbild und wich mit falschem Seufzen auf die Seite; war der
Gemahl hingegen auf der Jagd oder sonst ausgeritten, damit er
einen Tag seinen Kummer vergesse, da sei der kalte Fisch daheim
lauter Leben, lauter Scherz und lustige Bosheit gewesen. Wer
sollte glauben, daß der Graf für eine solche Kreatur auch nur
ein Fünklein Liebe haben können? Und doch, es heißt, er hing
an ihren Augen trotz einem Bräutigam. Einige meinten drum,
sie hab es ihm im roten Wein gegeben.

Einst saß er allein auf dem Saal und hatte seinen Knaben,
nicht gar ein jährig Kind, sein liebstes Gut, auf seinem Schoß,
und war sehr traurig, denn der Knabe war seit kurzer Zeit
siech und elend worden und aß und trank nicht mehr, und
wußte niemand was ihm fehle. Tritt leise die Amme herein,
ein braves Weib, und fängt zu weinen an: ‚Ach lieber Herr,
ich habe etwas auf dem Herzen, das muß heraus und wäre mir
die größte Sünde, so ich's vor Euch verschwieg. Dürft aber
mich um Gottes willen nicht verraten bei der gestrengen Frau.'
— Der Knabe, da sie solches sprach, bewegte sich mit Angst in
seines Vaters Arm, als hätte er verstanden und gewußt, wovon
die Rede sei. Der Graf winkte der Wärterin zu reden, die denn
fortfuhr: ‚Neulich, Ihr wart eben verreist, geh ich des Morgens,
wie ich immer pflege, nach der Kammer zum Kind. Das hört ich
schon von weitem schrein, als hätte man's am Messer. Indem
ich eintrete, Gott steh mir bei, muß ich mit diesen meinen Augen
sehn, wie die gnädige Frau den jungen Herrn, bevor sie ihm
das Röcklein angezogen, glatt auf den Tisch gelegt, und ihn
gequält, geschlagen und gekneipt, daß es zum Erbarmen gewesen. Wie sie mein ansichtig geworden, erschrak sie fast und
tat dem Söhnlein schön und kitzelt' es, daß das arm Würmlein
gelacht und geschrien untereinander. ‚Schau, was er lacht!' rief
sie: ‚ist er nicht seines Vaters Konterfei?' — Ich dachte: wohl,
du armes Kind, drum mußt du also leiden. — Herr, haltet's mir
zu Gnaden, daß ich so frech vor Euer Edlen alles sage; glaubt
aber nur, man hat wohl der Exempel mehr, daß eine Ehefrau
ihres Mannes Fleisch und Bein im eigenen Kind hat angefeindet,
und, mein ich, solches tut der böse Geist, daß einer Mutter Herz
sich so verstellen muß und wüten wider die Frucht ihres Leibes.'

So redete Judith und sah, wie ihrem Herrn ein übers andere

Mal die Flammen zu Gesichte stiegen und wie er zitterte vor Zorn. Er sagte lange nichts und starrte vor sich nieder. Jetzt stand er auf, sprach zu dem Weib: ‚Geh, sag dem Kaspar, daß er gleich drei Rosse fertig halten soll, den schönen Schimmel mit dem Weibersattel, den Rappen und sein eigen Pferd. Du selber lege dein Feierkleid an und nimm des Kindes Zeug zusammen in ein Bündlein, wir werden gleich verreisen. Fürchte dich nicht, dir soll kein Haar gekrümmt werden.' — Sie lief und tat wie ihr befohlen war, derweil Herr Veit sich rüstete. Alsdann nahm er das Büblein auf und eilte nach dem Hof. Auf seinen Wink bestieg Judith ihr Pferd; es war das edelste von allen aus dem Stall. Veit nahm den Junker vor sich hin; so ritten sie zum Tor hinaus, der Knecht hinterdrein. Frau Irmel aber sah am Erkerfenster halb versteckt dem allen zu, höchlich verwundert und erbost, und bildete sich freilich ein was es bedeute. Sie folgte dem Zug mit höhnischen Blicken den Burgweg hinunter, und als die Rößlein dann ins obere Sicheltal einlenkten, sprach Irmel bei sich selbst: Richtig! jetzt geht es nach Schloß Greifenholz, zur lieben gottseligen Frau Schwägerin. — So war es auch. Dort hatte der Graf seine nächsten Verwandten, bei denen er viel Trost und für den Knaben und die Wärterin die beste Aufnahme fand. Am zwölften Morgen kehrte der bedrängte Mann um eine große Sorge leichter zu seinem Fegfeuer zurück, denn sichtbarlich gedieh das Kind fern seiner Mutter, wie eine Rose an der Maiensonne. Die Gräfin fragte, wie man denken kann, mit keiner Silbe nach dem Junker, und beide Gatten lebten so fortan als ein paar stille und höfliche Leute zusammen.

Drüber geschah's einmal, daß Löwegilt in seines Kaisers Dienst mit Kriegsvolk auswärts war sechs ganzer Monate, vom Frühling bis tief in den Herbst. Das wäre eine schöne Zeit zur Buße gewesen, Frau Gräfin! Es gibt ein altes Lied, da steht der Vers:

> In Einsamkeit,
> In Einsamkeit
> Da wächst ein Blümlein gerne,
> Heißt Reu und Leid ...

Das war auch des Grafen sein Hoffen und Beten, wenn er manchmal bei stiller Nacht in seinem Zelte lag und seines Weibes dachte.

Und als nun endlich Friede ward, und Fürsten, Ritter,
Knechte, des Siegs vergnügt, nach Hause zogen, da dachte Löwegilt: Gott gebe, daß ich auch den Frieden daheim finde. Er
führte seine Mannschaft unverweilt auf den kürzesten Wegen
zurück. Sie hatten noch zwei kleine Tagreisen vor sich, da sie
an einem Abend ein Städtlein liegen sahen, wo man zu übernachten dachte. Begegnete ihnen ein Mönch, der betete vor
einem Kreuz. ‚Ei‘, rief der Graf, und hielt: ‚das ist ja Bruder
Florian! willkommen, frommer Mann! Ihr kommet vom Gebirg herüber?‘ — ‚Ja, edler Herr.‘ — ‚Da habt Ihr doch auf dem
Schloß eingekehrt?‘ — ‚Für diesmal nicht, Gestrenger, ich hatte
Eil.‘ — ‚Das ist nicht schön von Euch. Und nicht ein Wörtlein
hättet Ihr von ungefähr vernommen, wie es dort bei mir steht?‘
— ‚Ach Herr‘, antwortete der Mönch, ‚die Leute dichten immer
viel, wer möchte alles glauben! Begehret nicht, daß Euer Ohr
damit beleidigt werde.‘ — Bei solchem Wort erschrak der Löwegilt in seine Seele, er nahm den Mönch beiseit, der machte ihm
zuletzt eine Eröffnung von so schlimmer Art, daß man den
Grafen laut ausrufen hörte: ‚Hilf Gott! hilf Gott! hast du die
Schande zugelassen, so lasse nun auch zu, daß ich sie strafen
mag!‘ Und hiermit spornte er sein Roß und ritt, nur von seinem
getreuesten Knappen begleitet, die ganze Nacht hindurch, als
wenn die Welt an tausend Enden brennte.

Frau Irmel indes glaubte ihren Gemahl noch hundert Meilen
weit dem Feinde gegenüber, sonst hätte sie wohl ihre Schwelle
noch zu rechter Zeit gesäubert. Seit vielen Wochen nämlich
beherbergte sie einen Gast, einen absonderlichen Vogel. Derselbe
kam eines Tags auf einer hinkenden Mähre geritten und fragte
nach Herrn Veit, seinem sehr guten Freunde. Der Gräfin machte
er viel vor: er sei ein Edelmann, landsflüchtig, soundso. Ein
Knecht aber vom Schloß raunte den andern gleich ins Ohr,
daß er den Kauzen da und dort auf Jahrmärkten gesehen
habe, Latwerg und Salben ausschreien. Man warnte die Gräfin, sie hörte nicht drauf: der Bursche hatte gar zu schöne
schwarze Haare, Augen wie Vogelbeer, und singen konnte er
wie eine Nachtigall. Er wußte eine Menge welscher Lieder, die
Gräfin schlug ihre Harfe dazu und ließ ihn nicht mehr von der
Seite. Die Knechte aber und die Mägde unter sich hießen ihn
nur den Ritter von Latwerg.

Nun saß das feine Paar, so wie gewöhnlich, nach dem Mittagmahl allein im Saal am großen Fenster, und schauten unter lustigem Gespräch in die offene Gegend hinaus, wie sie im hellen Sonnenschein, mit dem Fluß in der Mitte, dalag. Frau Irmel nahm ihre goldene Kette vom Hals, spielte damit und schlang sie so um ihren weißen Arm. ‚Was dünkt Euch, Lieber‘, sagte sie, ‚wenn ich ein Kettlein hätte, seht, nicht länger als die kleine Strecke dort, so weit die Sichel im Bogen zwischen den Wiesen längs dem Dörflein läuft. Versteht, ein jedes Glied müßte nicht größer sein als wie ich hier den Mittelfinger gegen den Daumen krümme, schaut!‘

‚Ei‘, sagte der Galan, ‚was Ihr für kurzweilige Einfäll habt! Das hieß' mir ein Geschmeide; hätten zwei Riesen genug dran zu schleppen.‘

‚Nicht wahr? und nun was meint Ihr‘ (das sagte sie aber Herrn Veiten zum Spott, weil er von Hause aus nicht zu den Reichsten gehörte): ‚wenn man dem Löwegilt sein Hab und Gut verkaufte, merkt wohl, nach Abzug dessen was *mein* ist, und machte den Plunder zu Gold und schmiedet' eine Kette draus, wie ich eben gesagt, wie groß schätzt Ihr, daß sie ausfallen würde?‘ — Es lachte der Galan und rief: ‚Ich wollte schwören, sie reichte just hin, Frau Irmels Liebe zu Herrn Veit damit zu messen!‘ — Da klatschte Irmel lustig in die Hände und setzte sich dem Ritter auf den Schoß und küßte ihn und ließ sich von ihm herzen.

Auf einmal sprach er: ‚Horcht! mir ist, ich höre jemand im Alkoven; wird doch das Gesinde nicht lauschen?‘ — ‚Ihr träumt‘, sagte die Frau, ‚er ist verschlossen gegen den Flur. Laßt mich sehen.‘

Aber, indem sie aufstehn will, o Höllenschreck! wer tritt hinter der Glastür vor — Graf Löwegilt, er selber, ihr Gemahl!

Die falsche Schlange, schnell bedacht, warf sich mit einem Schrei der Freuden dem Manne um den Hals, er schleuderte sie weg, daß sie im Winkel niederstürzte. Sodann griff seine starke Faust den Buhlen, wie dieser eben auf dem Sprung war auszureißen, und übergab ihn seinen Knechten zum sicheren Gewahrsam. Jetzt war er mit dem Weib allein. Da stand die arme Sünderin und deckte ihr Gesicht mit beiden Händen; er schaute sie erst lange an, dann nahm er ihr die Kette ab, riß solche mittenvoneinander, sprechend: *‚Also sei es von nun an zwischen uns! Und diese Kette hier werde für dich zu einer Zentnerlast, und sollest ihr Gewicht jenseits des Grabs mit Seufzen tragen,* *bis ihre Enden wiederum zusammenkommen.*' Damit warf er die beiden Stücke durchs offene Fenster hinab in den Fluß.

Ich mache kurz was weiter folgt. Dem saubern Ritter ward ein lüftig Sommerhaus gezimmert mit drei Säulen, nicht fern von hier, man nennt's am Galgenforst. Frau Irmel aber saß jetzt unten in der Burg wohl hinter Schloß und Riegel. Sie bot alles Erdenkliche auf, mit List und Gewalt zu entkommen, sogar wollte sie ihren Beichtvater bestechen, dem sie bekannt, sie hätte, weil sie vom ersten Tag an ihren Mann nicht lieben können, ein großes Unheil, wie nun leider eingetroffen, lange vorausgesehn, und drum beizeiten ihre Zukunft vorgesorgt, indem sie einen Notpfennig beiseit getan und außerhalb dem Schloß verborgen. Den Wächtern sagte sie: wer ihr zur Freiheit helfe, des Hände würde sie mit Golde füllen. Hierauf machten auch zwei einen Anschlag, sie wurden aber auf der Flucht ergriffen samt der Frau. Am andern Morgen fand man sie in ihrem Kerker tot. Sie hatte eine große silberne Nadel, womit sie immer ihre schönen Zöpfe aufzustecken pflegte, sich mitten in das Herz gestochen.

Nicht lang darauf verließ der Graf das Schloß und die Gegend für immer. Er lebte weit von hier auf einer einsamen Burg, der Hahnenkamm genannt, davon die Trümmer noch zu sehen sein sollen. Der junge Hugo war der Trost seines Alters. Er zeigte früh die edlen Tugenden und Fähigkeiten, dadurch er nachher als treuer Vasall und tüchtiger Kriegsmann in hohe Gnaden bei dem Kaiser kam. Geschlecht und Name der von Löwegilt ward nach und nach zu den berühmtesten gezählt in deutschen Landen; es kam ja das Herzogtum Astern an sie, daher sie auch den Namen führen, und, wie Euch wohl bekannt sein wird, die schöne Prinzessin Aurora, die unser König noch dies Jahr heimführt, ist eine Tochter des jetzt regierenden Herzogs, Ernst Löwegilt von Astern."

„Was?" rief ich voll Erstaunen — „hier also, dieses Schloß wäre das Stammschloß der von Astern? und jene Irmel eine Ahnfrau der Prinzeß?"

„Nicht anders! Warum fällt Euch dies so auf?"

„Und hat das seine Richtigkeit, daß diese Irmel noch bis auf den heutigen Tag — nun, Ihr versteht mich schon —"

Josephe nickte ja, indem sie sich ein wenig an meinem Schreck zu weiden schien. Wir schwiegen beide eine ganze Weile und allerlei Gedanken stiegen in mir auf.

„Aber", so fing ich, unwillkürlich leiser sprechend, wieder an: „auf welche Art erscheint sie denn? und wo?"

Mit einer unbegreiflichen Ruhe, doch ernsthaft wie billig, versetzte das Mädchen:

„Von jeher zeigt sie sich nur *bei* und *auf* dem Wasser, zunächst am Schloß, dem großen Saale gegenüber, dann abwärts eine Strecke bis gegen den Steg. Feldhüter und Schäfer versichern, sie nehme ihren Lauf auch wohl bis nahezu ans Dorf, weiter in keinem Fall. Ich selber sah sie bloß ein einzig Mal, vom Küchenfenster aus, die Küche aber liegt gerade unterm Saal. Es war um Johannis, drei Stunden vor Tag, wir hatten eben eine Wäsche und waren deshalb frühe aufgestanden. Der Mond schien ganz hell. Von ungefähr schau ich hinaus und auf die Sichel hinter. Da steht schneeweiß gekleidet ein schlankes Frauenbild in einem Nachen, der drüben an den Weidenbüschen so halb aus dem Schatten des grünen Gezweigs hervorstach, und ob es wohl kein rechter Nachen war, ich meine kein natürlicher, so hörte man doch deutlich, wie die Wellen am Schifflein unten schnalzten. Sie kauerte sich erst mühsam nieder, dann beugte sie sich weit über den Bord, indem sie mit den Händen hinab ins Wasser reichte und ringsherum wie suchend wühlte. Jetzt zog sie langsam, langsam, und mit dem ganzen Leib rückwärts gebeugt, etwas herauf, das schimmerte und glänzte als wie das lautre Gold und war, wie ich aufs deutlichste erkannte, eine dicke, mächtig schwere Kette. Elle um Elle zog sie herein in den Kahn, und dabei klirrt' und klang es jedesmal im Niederfallen so natürlich als nur etwas sein kann. So ging es lange fort, es war kaum auszudauern. Ich hatte meine Leute gleich herbeigeholt; die sahen alle nichts, und weil ich mich nach meiner Art weiter nicht ängstlich dabei anstellte, so hätten sie mir's nimmermehr geglaubt, wenn sie die sonderbaren Töne nicht so gut wie ich vernommen hätten. Auf einmal klatschte das Wasser laut auf, die Kette mußte abgerissen sein, so heftig schnellte es, und dabei, sag ich Euch, folgte ein Seufzer so tief aus einer hohlen Brust, so langgezogen und schmerzlich, daß wir im Innersten zusammenschraken. In diesem Augenblick war aber auch Gestalt und Kahn, alles wie weggeblasen.

Und − ja, daß ich das auch noch sage − verzeih mir Gott, noch muß ich lachen, wenn ich daran denke. Wir Weiber gingen mäuschenstill an unsere Kessel und Zuber zurück, und rieben und seiften drauflos und traute sich keine ein Wörtlein zu

reden; auch dem Herrn Vetter, merkt ich wohl, war der Schlaf
für heute vergangen: er ließ sein Licht fortbrennen und ging
allein die Stube auf und nieder. Kaum guckt der Tag ein wenig
in die Scheiben, so sticht der Mutwill schon eine von uns an,
nämlich ein junges Weib vom Dorf, man nannte sie nur die
lachende Ev. Die zieht so ein langes gewundenes Leintuch ganz
sachte sachte aus dem Seifenwasser, Frau Irmel nachzuäffen,
und macht ein paar Augen gegen uns — husch! hat sie eine Ohrfeige."

„Eine Ohrfeige? was?"

„Ja denkt! aber nicht vom Geist. Es war mein Herr Vetter,
der zufällig hinter ihr stand und ihren Frevel so von Rechts
wegen bestrafte."

Josephe lachte so herzlich, daß ich selber den Mund ein wenig
verzog. Doch sogleich tadelte sie sich: man sollte nicht spaßen
auf diesen Punkt.

Sie schwieg und strickte ruhig fort. Der Regen hatte aufgehört, nur die eintönige Musik der Dachtraufen klang vor den
Fenstern.

Was mich betrifft, mir war ganz unheimlich geworden. Die
Vorstellung, daß ich jenem Gespenst so nahe sei, die Möglichkeit, daß erst meine Beraubung, alsdann meine Verirrung auf
das Schlößchen das Werk dieses schrecklichen Wesens sein könne
— dieses zusammen jagte mich im stillen in einem Wirbel von
Gedanken und ängstlichen Vermutungen herum. Das kluge
Mädchen konnte mir vielleicht einiges Licht in diesen Zweifeln
geben, und wenn ich auch nicht wagte, ihr mein Unglück offen
zu entdecken, so nahm ich doch Anlaß, ihr die Geschichte des
bestohlenen Galanteriekrämers mit Zügen meiner eigenen Geschichte zu erzählen und so ihre Meinung darüber zu hören.

Sie ließ mich ausreden und schüttelte den Kopf. „Dergleichen
hörte ich wohl auch", erwiderte sie, „sind aber dumme Märchen,
glaubt mir: Spitzbuben machen sich's zunutz, vexieren und
schrecken einfältige Leute daß sie in Todesangst ihr Hab und
Gut im Stiche lassen."

„Aber die Kette!" versetzte ich dringend, „bedenke Sie Jungfer, die Kette, so viele hundert Klafter lang, die wächst doch
nicht von selbst so fort, das braucht Dukaten, fremdes Gold!"

„Braucht's nicht! Was Ihr doch närrisch seid! Der ganze Plunder wiegt kein Quentlein unseres Gewichts."

„Wie? also alles eitel Schein und Dunst?"

„Nicht anders."

„Allein" — so fragte ich nach einigem Besinnen weiter — „der Schatz, dessen Irmel im Kerker gedachte, soll der noch irgendwo vergraben liegen?"

„Man sagt es. Hättet Ihr Lust ihn zu lösen?"

„Nicht doch; ich meine nur, weil wir gerade von so wunderbaren Räubereien reden. Wär es nicht möglich, daß eben auch besagter Schatz von Jahr zu Jahr zulegte auf Kosten mancher Passagiere?"

„Was fällt Euch ein! Ihr meint also, daß so ein armer Geist mit Zangen und Messern ausziehe und ordentlich wie ein gemeiner Strauchdieb den Leuten die Koffer und Taschen umkehre?"

Ich sah das Abgeschmackte meines Argwohns ein, allein ich wußte nicht, ob ich mich freuen oder grämen sollte. Denn wenn mich vorhin der Gedanke mit einem freudigen Schrecken ergriff, daß ich vielleicht nur wenig Schritte von meinen Dukaten entfernt sein möge, so schwand mir die Hoffnung, dieselben jemals wieder zu erblicken, nun abermals in eine ungewisse Ferne. Was aber den Umstand anbelangt, daß ich als ein Verirrter meine Zuflucht hier, gerade hier in dem verhängnisvollen Ahnenschlosse der Herzoge von Astern finden mußte, nachdem ich in der Absicht ausgereist war, ein Geschäft zu besorgen, welches unmittelbar mit der Verherrlichung von Irmels Enkelin, künftig der ersten gekrönten Königin aus diesem Stamm, zusammenhing, und das auf eine so höchst rätselhafte Art gestört werden sollte — dahinter schien doch wahrlich mehr als ein bloßer Zufall zu stecken, es mußte eine höhere Hand im Spiele sein, und fester als jemals war ich entschlossen, ihr alles mit der vollsten Zuversicht zu überlassen, mich, ihres weiteren Winkes gewärtig, jeder eigenen Geschäftigkeit und Sorge zu entschlagen.

„Mein Freund wird mir so still", sagte Josephe: „ich dächte, wir gingen ein wenig und schöpften draußen frische Luft." Ich war bereit, denn dies fehlte mir wirklich.

Die erquickende Kühle wirkte auch sogleich auf meinen verdüsterten Sinn. Wir gingen langsam auf den breiten Platten vor dem Hause auf und nieder, während die Schöne noch stets mit ihrem sonderbaren grünen Gestricke beschäftigt blieb. Wir bogen rechts ums Schlößchen und blickten in das stille Sicheltal, am liebsten aber wandte man doch immer wieder nach der andern Seite zurück, wo man über die niedrige Schutzmauer weg, am Abgrund des Felsens, die köstliche Aussicht auf das tiefliegende

Land und näher dann am Berg herauf den Anblick eines Teils vom Dorf genoß. Dort haftete mein Auge zwar oft unwillkürlich auf dem berüchtigten Flüßchen, das, hinter dem Schloß vorkommend, sich weit in die Landschaft schlängelnd verlor; allein ich drängte mit Gewalt alle unerfreulichen Bilder zurück.

Die Gegenwart des unwiderstehlichen Mädchens begeisterte mich zu einer Art von unschuldigem Leichtsinn und kecker Sicherheit; ich hatte ein Gefühl, wie wenn mich unter ihrem Schutz nichts Widriges noch Feindliches antasten dürfte. Die Sonne trat soeben hinter grauen und hochgelben Wolken hervor, sie beglänzte die herrliche Gegend, das alte Gemäuer, ach und vor allem das frische Gesicht meiner Freundin!

„Erzählt mir was aus Eurem Leben, von Eurer Wanderschaft und Abenteuern; nichts hört sich lustiger als Reisen, wenn man's nicht selbst mitmachen kann."

Es fehlte wenig, daß ich ihr nicht auf der Stelle mein ganzes übervolles Herz eröffnete; jedoch, um ungefähr zu prüfen, wie es wohl mit dem ihrigen stehe, fing ich in hoffnungsvollem Liebesübermut verschiedenes von Frauengunst zu schwadronieren an, und wußte mich als einen auf diesem edlen Felde schon ganz erfahrenen Gesellen auszulassen. Das Mädchen lächelte bei diesem allen getrost und still in sich hinein.

„Und nun, mein Kind", sagt ich zuletzt, „wie denkt denn Ihr in Eurer Einsamkeit hier oben von diesem bösen Männervolk?"

„Ich denke", sagte sie mit angenehmer Heiterkeit, „wie eben jede Braut es denken muß: der Meine ist, so Gott will, noch der Beste von allen."

Ein Donnerschlag für mich! Ich nahm mich möglichst zusammen. „Ei so?" — rief ich lachend und fühlte dabei, wie mir ein bittrer Krampf das Maul krumm zog — „so? man hat auch schon seinen Holderstock? Das hätt ich Ihr nicht zugetraut! Wer ist denn der Liebste?"

„Ihr sollt ihn kennenlernen, wenn Ihr noch ein paar Tage bleibt", versetzte sie freundlich und ließ den Gegenstand schnell wieder fallen. Dagegen fing sie an, ausführlich von ihrem häuslichen Leben bei den zwei alten Leuten, von den letzten Bewohnern des Guts, insonderheit von einer seligen Freifrau Sophien als ihrer unvergeßlichen Wohltäterin zu reden. Mir war längst Hören und Sehen vergangen, mir sauste der Kopf wie im Fieber. Ach Gott! ich hatte mich den lieben langen Nachmittag an diesem braunen Augenschein geweidet und gewärmt und mir so allgemach den Pelz verbrannt und weiter nichts davon gemerkt! Und jetzt, in *einem* Umsehn, wie war mir geworden! Unauslöschlichen heimlichen Jammer im Herzen! die tolle wilde Eifersucht durch alle Adern! Noch immer schwatzte das Mädchen, noch immer hielt ich wacker aus mit meiner sauer-süßen Fratze voll edler Teilnehmung, und schweifte in Gedanken schon meilenweit von hier im wilden Wald bei Nacht durch Wind und Regen, das Bündel auf dem Rücken. Ein Blick auf meine nächste Zukunft vernichtete mich ganz: die ungeheure Verantwortung, die auf mir lag, die Unmöglichkeit meiner Rückkehr nach Hause, gerichtliche Verfolgung, Schmach und Elend — dies alles tat sich jetzt wie eine breite Hölle vor mir auf.

Josephe hatte soeben geendigt. In der Meinung, ein Fuhrwerk vom Tal her zu hören, sprang sie mit Leichtigkeit aufs nächste Mäuerchen und horchte, den Ast eines Ahorns ergreifend, ein Weilchen in die Luft. Noch einmal verschlang ich ihr liebliches Bild — Ach so, dacht ich, in ebendieser Stellung, aber mit freudiger bewegtem Herzen, wird sie nun bald ihren Liebsten erwarten! Ich mußte das Gesicht abwenden, ich drängte mit Mühe die Tränen zurück. Ein Zug von Raben strich jetzt über unsern Häuptern hinweg, man hörte den kräftigen Schwung ihrer Flügel; es ging der Landesgrenze zu; der Anblick gab mir neue Kraft. Ja, ja — sprach ich halblaut: mit Tagesanbruch morgen wanderst du auch, du hast hier doch nichts zu erwarten als neue Täuschungen, neuen Verdruß! Ich fühlte plötzlich einen namenlosen Trost, als wenn es möglich wäre, mit Wandern und Laufen das Ende der Welt zu erreichen.

„Sie sind es nicht! des Müllers Esel waren's!" lachte Josephe und griff nach meiner Hand zum Niedersteigen.

Sie sah mich an. „Mein Gast ist ernsthaft worden — warum?" — Ich antwortete kurz und leichtsinnig. Sie aber forschte mit sinnenden munteren Blicken an mir und begann: „So wie wir uns hier gegenüberstehen, sollte man doch beinah meinen, wir kennten uns nicht erst von heute. Ja, aufrichtig gesagt, ich selbst kann diesen Glauben nicht loswerden, und, meiner Sache ganz gewiß zu sein, war ich gleich anfangs unhöflich genug und fragt Euch um den Namen; glaubt mir, ich brauch ihn jetzt nicht mehr. Um Euch indes zu zeigen, daß man bei mir mit faulen Fischen nicht ausreicht, so kommt, ich sag Euch was ins

Ohr: — Männchen! wenn du ein *Schneider* bist, will ich noch heut Frau Schneidermeisterin heißen, und, Männchen! wenn du nicht der *kalte Michel* bist, heißt das *Franz Arbogast* aus Egloffsbronn, bin ich die dumme Beth von Jünneda" — hiemit kniff sie mich dergestalt in meinen linken Ohrlappen, daß ich laut hätte aufschreien mögen — zugleich aber fühlte ich auch so einen herzlichen, kräftigen Kuß auf den Lippen, daß ich wie betrunken dastand. „Für diesmal kommt Ihr so davon!" rief sie aus: „Adieu, ich muß jetzt kochen. Ihr bleibt nur hübsch hier und legt Euch in Zeiten auf Buße."

Nachdem ich mich vom ersten Schrecken ein wenig erholt, empfand ich zunächst nur die süße Nachwirkung des empfangenen Kusses. All meine Sinne waren wie zauberhaft bewegt und aufgehellt; ich blickte wie aus neuen Augen rings die Gegenstände an, die ganz in Rosenlicht vor mir zu schwanken schienen. Wie gern wär ich Josephen nachgeeilt, doch eine sonderbare Scham ließ mir's nicht zu. Dabei trieb mich ein heimliches Behagen, die angenehmste Neugierde, wohin dies alles denn noch führen möchte, unstet im Hofe auf und ab. Denn daß die unvergleichliche Dirne mehr als ich denken konnte von mir wisse, daß sie, vielleicht im Einverständnisse mit ihren Leuten, irgend etwas Besonderes mit mir im Schilde führe, soviel lag wohl am Tage, ja mir erschien auf Augenblicke, ich wußte nicht warum, die fröhlichste Gewißheit: alle mein unverdientes Mißgeschick sei seiner glücklichen Auflösung nahe.

Leider fand sich den Abend keine Gelegenheit mehr, mit dem Mädchen ein Wort im Vertrauen zu reden. Die Alten kamen unversehens an, schwatzten, erzählten und packten Taufschmausbrocken aus. Dazwischen konnte ich jedoch bemerken, daß mich Josephe über Tisch zuweilen ernst und unverwandt, gleich als mit weit entferntem Geist, betrachtete, so wie mir nicht entgangen war, daß sie gleich bei der Ankunft beider Alten von diesen heimlich in die Kammer nebenan genommen und eifrigst ausgefragt wurde. Es mußte der Bericht nach Wunsch gelautet haben, denn eines nach dem andern kam mit sehr zufriedenem Gesicht zurück. Später, beim Gute-Nacht unter der Tür, drückte Josephe mir lebhaft die Hand. „Ich wünsche", sagte sie, „daß Ihr Euch fein bis morgen auf etwas Guts besinnen mögt." — Lang grübelte ich noch im Bett über die Worte nach, vergeblich mein Gedächtnis quälend, wo mir denn irgendeinmal in der Welt diese Gesichtszüge begegnet wären, die mir bald so bekannt, bald wieder gänzlich fremde deuchten. So übermannte mich der Schlaf.

Es schlug ein Uhr vom Jünnedaer Turm, als ich, von heftigem Durste gepeinigt, erwachte. Ich tappte nach dem Wasserkrug; verwünscht! er schien vergessen. Ich konnte mich so schnelle nicht entschließen mein Lager zu verlassen, um anderswo zu suchen was ich brauchte. Ich sank schlaftrunken ins Kissen zurück, und nun entspann sich, zwischen Schlaf und Wachen, der wunderlichste Kampf in mir: stehst du auf? bleibst du liegen? Ich suche endlich nach dem Feuerzeug, ich schlage Licht, werfe den Überrock um und schleiche in Pantoffeln durch den Gang, die Treppe hinab... Ob ich dies wachend oder schlafend tat — das, meine Wertesten, getraue ich mir selbst kaum zu entscheiden; es ist das ein Punkt in meiner Geschichte, worüber ich trotz aller Mühe noch auf diese Stunde nicht ins reine kommen konnte. Genug, es kam mir vor, ich stand im untern Flur und wollte nach der Küche. Die Ähnlichkeit der Türen irrte mich und ich geriet in ein Gemach, wo sich verschiedenes Gartengerät, gebrauchte Bienenkörbe und sonstiges Gerümpelwerk befand; auch war an der breitesten Wand eine alte, riesenhafte Landkarte von Europa aufgehängt (wie ich denn dieses alles den andern Tag gerade so beisammen fand). Schon griff ich wieder nach der Türe, als mir auf einem langen Brett bei andern Gefäßen ein voller Essigkolben in die Augen fiel. Das löscht den Durst doch besser als bloßes Wasser, dachte ich, hub den Kolben herab und trank in unmenschlichen Zügen; es wurde mir gar nicht genug. Auf einmal rief nicht weit von mir vernehmlich ein äußerst feines Stimmchen: „He! Landsmann, zünd Er doch ein klein bißchen hierher!" Ich sah mich allenthalben um, und es rief wieder: „Da! daher, wenn's gefällig ist." So leuchte ich gegen die Karte hin, ganz nahe, und nehme mit Verwunderung ein Männlein wahr, auf Ehre, meine Damen, nicht größer als ein Dattelkern, vielleicht noch kleiner! Natürlich also ein Elfe, und zwar der Kleidung nach ein simpler Bürgersmann aus dieser Nation; sein grauer Rock etwas pauvre und landstreichermäßig. Er hing, vielmehr, er stand wie angeklebt auf der Karte, just an der südlichen Grenze von Holland. „Noch etwas näher das Licht, wenn ich bitten darf", sagte das Kerlchen, „möchte nur gelegentlich sehen, wie weit es noch bis an den Pas de Calais ist, und unter welchem Grad der Länge und Breite ich bin."

Nachdem er sich gehörig orientiert hatte, schien er zu einigem Diskurs nicht übel aufgelegt. Bevor ich ihn jedoch weiter zum Worte kommen ließ, bat ich ihn um den einzigen Gefallen, er möchte sich von mir doch auf den Boden niedersetzen lassen, „denn", sagte ich in allem Ernst, „mir schwindelt, Euch in dieser Stellung zu sehen; habt Ihr doch wahrhaftig weit über Mückengröße und Gewicht, und wollt so mir nichts, dir nichts, an der Wand hinauflaufen ohne zu stürzen! Hier ist meine Hand, seid so gut." — Statt aller Antwort machte er mit hellem Lachen drei bis vier Sätze in die Höhe, oder vielmehr, von meinem Standpunkt aus zu reden, in die Quere. „Versteht Ihr nun", rief er aus, „was Schwerkraft heißt, Anziehungskraft der Erde? Ei Mann, ei Mann, habt Ihr so wenig Bildung? Seht her!" Er wiederholte seine Sprünge mit vieler Selbstgefälligkeit. „Indessen, wenn's Euch in den Augen weh tut, auf ein Viertelstündchen kommt mir's nicht an. Nur nehmet die Karte behutsam hüben und drüben vom Nagel und laßt sie allgemach samt mir aufs Estrich herab, denn dies Terrain zu verlassen ist gegen meine Grundsätze." Ich tat sofort mit aller Vorsicht wie er's verlangte. Das Blatt lag ausgebreitet zu meinen Füßen und ich legte mich, um das Wichtlein besser vor Augen zu haben, gerade vor ihm nieder, so daß ich ganz Frankreich und ein gut Stück vom Weltmeer mit meinem Körper zudeckte. Das Licht ließ er hart neben sich stellen, wo er denn, ganz bequemlich an den untern Rand des Leuchters gelehnt, sein Pfeiflein füllte und sich von mir den Fidibus reichen ließ.

„Ich war nämlich", fing er an, „vormals Feldmesser in königlichen Diensten, verlor durch allerlei Kabalen diesen Platz, worauf ich eine Zeitlang bei den Breitsteißlern diente." Bei dieser Gelegenheit ließ ich mir sagen, daß es mehrere Elfenvolksstämme gebe, die sich durch Leibesgröße gar sehr unterscheiden; die kleinsten wären die Zappelfüßler, zu denen sich mein wackerer Feldmesser bekannte, dann kämen Heuschrekkenritter, Breitsteißler und so fort, zuletzt die Waidefeger, welche nach der Beschreibung ungefähr die Länge eines halben Mannsarms messen mögen. „Nun", fuhr der kleine Prahlhans fort, „treib ich aber meine Kunst privatim aus Liebhaberei, mehr wissenschaftlich, reise daneben und verfolge noch einen besondern Zweck, den ich freilich nicht jedem unter die Nase binde."

„Ihr habt", bemerkte ich, „bei diesen wichtigen Geschäften doch immer hübsch trockenen Weg."

DER SCHATZ

„All gut", versetzte er, „aber auch immer trockene Kehle. Den Mittag schien die Sonne so warm dort in dem Strich über Trier herein, daß ich beinah verschmachtet wär — Apropos, guter Freund, füllt doch einmal da meine Wanderflasche." „Unser Wein ist aber stark", sagt ich, indem ich ihn mit einem Tropfen aus meinem Essigkrug bediente. „Hat keine Not", sprach er, und soff mit Macht, wobei er das Mündlein ein wenig verzog. „Was übrigens", fuhr er nun fort, „den Weg betrifft, zum Exempel bei Nacht, ja lieber Gott, da ist einer keinen Augenblick sicher, ob er auf festem Erdreich einhergeht oder im Wasser; das wäre zwar insoweit einerlei, man macht ja keinen Fuß hier naß; hingegen ein Gelehrter, seht, es ist so eine Sache, man will sich keine Blöße geben, nicht einmal vor sich selbst. Ich lief unlängst bei hellem Tag nicht weit von der Stadt Andernach, und sah so in Gedanken vor mich nieder und dachte an nichts — auf einmal liegt der grüne breite Rhein, wie'n Meer, vor meinen Füßen! um ein kleines wär ich hineingeplumpst so lang wie ich bin — wie dumm! und stand doch schon eine Viertelstunde davor mit ellenlangen Buchstaben deutlich genug geschrieben: Rhenus. Vor Schrecken fiel ich rückwärts nieder und dauerte zwei Stunden, bis ich mich wieder besann und erholte." — „Aber", fragt ich, „habt Ihr denn das Rauschen dieses Stroms nicht schon von fern gehört?" — „Gehorsamer Diener, Mosje, so weit haben's eure Herren Landkartenmacher noch nicht gar gebracht; all die Gewässer da, wie hübsch sie sich auch krümmen, machen nur stille Musik." Der Feldmesser schwieg eine Zeitlang und schien etwas zu überlegen.

„Hört", fing er wieder an, „ich muß jetzt doch mit meiner Hauptsache heraus. Ihr könntet mir einen Gefallen erweisen." — „Recht gern." — „So sagt einmal, es gibt ja sogenannte Osterkinder unter euch Menschen; wißt Ihr mir wohl Bescheid, wie solche ungefähr aussehn?" „Gewiß", versetzte ich. Der Feldmesser hüpfte vor Freuden hoch auf. „Jetzt will ich Euch denn gleich vertrauen", sprach er weiter, „um was es mir eigentlich ist. Merket auf. Euch ist bekannt, wo Jünneda liegt; unweit vom Irmelschloß. Nun haust in diesem Gau der Waidefegerkönig, ein stolzer, habgieriger Fürst, allzeit auf Raub und Plünderung bedacht, bestiehlt sogar das Menschenvolk nächtlicherweis und schleppt was er von Gold erwischen kann nach seinem alten Schatzgewölb — was glotzt Ihr mich so an? es ist doch wahr; die Waidfeger wittern das Gold. Da ist neulich erst wieder so ein Streich passiert, daß die Koken sich hinter ein Fuhrwerk machten, und einem reisenden Kaufherrn den Goldsack zwischen den Füßen ausleerten!"

„Was? zwischen den Füßen? ein Felleisen, nicht wahr?"

„Ja, oder dergleichen. Die haben ihre Pfiffe, Herr! Wie der Blitz kommen die einem Wagen von unten her bei, ein paar setzen sich auf die Langwied, durchgraben den Boden und schütteln den Dotter heraus — das Gelbe vom Ei, wie sie sagen — was Weißes ist, Silbergeld, lassen sie liegen."

„Wo aber tragen sie's denn hin, ums Himmels willen? wo hat der König seinen Schatz?"

„Beim Sixchen, ja, das sollt ich eben wissen. Versteht, es hat damit so seine eigene Bewandtnis. Der Grundstock ist von Menschenhand gelegt, vor etlich hundert Jahren; von der bösen Frau Irmel habt Ihr gehört — ich kenn sie wohl und sie mich auch, mir tut sie nichts zuleide. Gut also, die soll noch zu ihren Lebzeiten eine Kiste mit einem braven Sparpfennig wo eingemauert haben — das war noch zu Hadelocks Zeiten, des ältesten Waidfegerkönigs. Nicht lange stand es an, so kam auch schon das Waidheer dahinter. Der König legte gleich Beschlag darauf und machte das Gewölbe zu seiner heimlichen Schatzkammer, wo man sofort alle kostbare Beute verwahrte, darunter auch die große Irmelskette, die Hadelock der Andere mit erstaunlicher Arbeit und Mühe in zweien Stücken aus dem sandigen Bette der Sichel herausschaffen lassen. Der Irmel-Geist hat seitdem keine Ruhe und sucht die Kette und kann sie nicht finden. Nun geht im Volk eine uralte Sage: ein Menschenjüngling würde dereinst das Kleinod ans Tageslicht bringen und wiederum zusammenfügen, dann wäre auch der Geist erlöst; der Jüngling aber müsse als ein Osterkind geboren sein, die seien äußerst rar und käme oft in einem Säkulo kaum *eins* zur Welt. Doch, unter uns gesagt, ich denke schon den rechten Mann wo aufzugabeln und wär es am Ende der Welt. Ich habe mich deshalb hier auf die Bahn gemacht, vorläufig einmal die Wege einzulernen und die Strapazen einer solchen Reise, Hunger und Durst in etwas zu gewöhnen. Mein Glück ist gemacht auf zeitlebens, wofern es gelingt, und Euch soll's nicht gereuen, wenn Ihr mir Rat und Beistand leisten mögt."

Ich wollte ihm eben antworten, als er, das Köpfchen schnell zur Seite drehend und in die Ferne horchend, mir Stillschweigen zuwinkte. „Der Waidekönig gibt heute ein Fest; ich höre sie von weitem jubeln."

„Wo denn?"

Er deutete links in die Ecke der Karte hinauf. Dort waren nämlich, wie man es auf älteren Augsburger Blättern gewöhnlich bemerkt, zu Verzierung des Titels verschiedene Schildereien angebracht, gewisse Symbole der Kunst, Zirkel und Winkelmaß, an den mächtigen Stamm einer Eiche gelehnt, hinter dem ein Stück Landschaft hervorsah, ein Tal mit Rebenhügeln und dergleichen, im Vordergrund eine gebrochene Weinbergmauer; das Ganze fabrikmäßig roh koloriert.

„Seht Ihr noch nichts?"

„Wo denn, zum Henker?"

„Unten im Tal!"

„Nicht eine Spur!"

„So seid Ihr blind, ins Kuckucks Namen!"

Jetzt kam es mir wahrhaftig vor, als wenn die Landschaft Leben annähme, die matten Farben sich erhöhten, ja alles schien sich vor mir auszudehnen, zu wachsen und zu strecken, der Länge wie der Breite nach; die Formen schwollen und rundeten sich, die Eiche rauschte in der Luft, zugleich vernahm ich ein winziges Tosen, Schwirren und Klingen von lachenden, jubelnden, singenden Stimmchen, das offenbar aus der Tiefe herkam.

„Stellt Euer Licht weg!" rief mir der Feldmesser zu, „oder löschet es lieber gar aus! der Mond ist ja schon lang herauf."

Ich tat wie er befahl, und da ließ freilich alles noch hundertmal schöner. Als ich aber vollends den Kopf übers Mäuerchen streckte — o Wunder! sah ich das lieblichste Tal sehr artig und festlich erleuchtet, mit tausend geputzten, gepützelten Leutchen bedeckt, die immerhin eine ziemlich ansehnliche Größe hatten, sehr schlank und wohlgebaute Puppen. Es war ein unendliches Drängen. Der meiste Teil bestand aus Landleuten, welche mit Kübeln und Butten geschäftig zwischen den Kufen umsprangen. Eine Weinlese also, und eine königliche zwar! Denn vorn sah man in bunten geselligen Gruppen die Vornehmen vom Hofe, nach hinten zu eine gedeckte Tafel; vor allem stach ein Zelt hervor, es schien aus blendendweißen Herbstfäden gewoben, mit grünen Atlasdraperien behängt, welches im Mond- und Fackelschein aufs herrlichste erglänzte. Der Feldmesser war neben mir auf einen untern Ast der Eiche geklettert, wo er kommode alles übersah. Ich hatte gerade den König entdeckt

und meine Augen suchten just die Königin, da ruft mir mein
Begleiter zu: „Seht! Seht!" und deutet in die Luft nach einer
neuen Erscheinung, welche zugleich von der ganzen kleinmäch-
tigen Menge mit Jubelgeschrei und aufgeworfenen Mützen begrüßt wird. Wie muß ich erstaunen, wie hüpft mir das Herz
vor kindischer närrischer Freude, als ich den goldnen Hahn vom
Jünnedaer Kirchturm mit der großen Uhrtafel in seinen zwei
Klauen daherfliegen sehe! Der arme Tropf flog sichtbar angestrengt, seine Flügel klirrten erbärmlich. Indessen merkt ich
bald was daraus werden sollte: ein Festschießen galt es und
hier kam die Scheibe. Der Vogel erreichte die Erde, setzte die
Tafel inmitten eines länglicht umschränkten Platzes und ließ
zugleich zwei Eisen fallen (die Zeiger der Uhr ohne Zweifel),
die alsbald von mehreren Edlen betrachtet, in der Hand gewogen und wie es schien verdrießlich, als ein paar unförmliche
Wurfspieße, wieder weggelegt wurden. Die Schützen zogen dagegen ihre silbernen Bogen hervor, alles ordnete sich, das Ziel war
gerichtet, der Hahn amtspflichtlich stellte sich darauf. Er krähte
hell bei jedem Schuß die betreffende Zahl nach den Ringen. Die
Majestät selber verschmähte nicht, die Armbrust einmal zu versuchen, und ob sie gleich ganz abscheulich fehlschoß, ja sogar
den Rufer blutig verletzte, so schrie derselbe doch, anständig
seinen Schmerz verbeißend, mit lauter Stimme: „Zwölf in die
Minut!" was diesmal ausnahmsweise noch höher als das
Schwarze galt. Unmäßiger Beifall erscholl aus den Reihen, derweil der Göckel sich insgeheim den Pfeil aus seinem Schwanze
zog. Ich konnte mich des Lachens nicht enthalten. Mein Feldmesser raunte mir zu: auf die Scheibe sei der König nie glücklich gewesen; vor zwei Jahren sei der gleiche Fall begegnet und
man wolle wissen, es habe damals der Monarch, als ihm sein
Hofnarr die wahre Bewandtnis mit dem Meisterschuß ins Ohr
gesagt, die edle Delikatesse des Turmhahns so wohl vermerket,
daß er desselben alleruntertänigstes Gesuch, ihm seine unscheinbar gewordene Vergoldung erneuern zu lassen, nicht nur ohne
weiters bewilligt, sondern ihm überdies Titel und Rang eines
geheimen Wetter- und Kirchenrats gnädigst verliehen habe.

Nun aber setzte sich der Hof zu Tische, und da war ich es
leider selbst, welcher die ganze Herrlichkeit verstörte. Ich konnte
nämlich bei andauerndem entsetzlichem Durste unmöglich der
Versuchung widerstehn, den Arm ins Tal hinabzustrecken, und
mir eine der größten, mit rotem Most gefüllten Kufen herauf-

zulangen, die ich auch, unbekümmert um das rasende Zetergeschrei, das in der Tiefe losbrach, geschwinde ausgetrunken hatte, nur eben wie man einen Becher leert. „Wir sind verloren!" rief der Feldmesser aus, rutschte vom Baum und war nicht mehr zu sehen. „Heidoh!! Heidoh!" scholl's aus dem Tal, „ein Menschenungeheuer auf der Höhe! Weh, weh! bei der heiligen Eiche! bei Hadelocks Baum!" „Auf! zu den Waffen, tapfre Recken!" rief eine stärkere Stimme: „rettet! rettet! dort ist mein Schatzgewölbe! des Königs heiliger Schatz!" Ein wütendes Getrappel kam jetzt über Stock und Stein den Berg herauf. Ich dachte an ein großes Hornißheer, ließ schnell den Becher fallen und entfloh.

Wie ich auf meine Stube, wie ich ins Bett gelangte, weiß ich nicht. Das weiß ich, daß ich mir die Augen rieb und nur geträumt zu haben glaubte.

Es war erst eben heller Tag geworden. Das sonderbare Nachtgesicht beschäftigte mich sehr. Der Leuchter stand auf meinem Tisch, die Tür war ordentlich verriegelt, hingegen fehlte der Wasserkrug richtig, und meinen Durst schien ich gestillt zu haben, denn wirklich, er war ganz verschwunden. Auf jeden Fall hat mir in meinem Leben kein Traum einen so heitern Eindruck hinterlassen; ich konnte nicht umhin, die glücklichste Vorbedeutung darin zu erblicken.

Mein Frohmut trieb mich aus dem Bette, so früh es auch noch war. Ich zog mich an und pfiff dabei vergnüglich in Gedanken. Von ungefähr kam mir mein leerer Beutel in die Hand, und in der Tat ich konnte ihn diesmal mit größter Seelenruhe betrachten. An seinem ledernen Zugbande hing ein alter, schlichter, oben und unten offener Fingerhut, den ich als ehrwürdigen Zeugen einer kindlichen Erinnerung seit vielen Jahren aus Gewohnheit, um nicht zu sagen aus Aberglauben, immer bei mir trug. Indem ich ihn so ansah, war's als fiel' es mir wie Schuppen von den Augen; ich glaubte mit einmal zu wissen, warum mir Josephe so äußerst bekannt vorgekommen, ja was noch sonderbarer — ich wußte wer sie sei! „Bei allen Heiligen und Wundern!" rief ich aus, und meine Kniee zitterten vor Schrecken und Entzücken: „es ist Ännchen! mein Ännchen und keine Josephe!"

Es drang mich fort, hinunter: unwissend, was ich wollte oder sollte, schoß ich, barfüßig, wie von Sinnen, den kalten Gang vor meinem Zimmer auf und nieder; ich preßte, mich zu fassen,

die Hand auf meine Augen — „Sie kann's nicht sein!" rief ich,
„du bist verrückt! ein Zufall hat sein Spiel mit dir — und
doch ..." Ich hatte weder Ruhe noch Besinnung, alle die Wenn
und Aber, Für und Wider bedächtig auszuklauben, nein, auf
der Stelle, jetzt im Augenblick, durchs Mädchen selbst wollt ich
Gewißheit haben; mein Innerstes lechzte und brannte nach ihr,
nach ihrem lebendigen Anblick! Ich war die Treppe hinabgeschlichen und hatte im Vorbeigehn einen Blick in das Gemach
geworfen, wo die Landkarte hing — allein was kümmerte mich
jetzt das Teufelszeug! ich spürte nach des Mädchens Kammer:
umsonst, noch rührte sich kein Laut im ganzen Hause. Ich
konnte doch wahrhaftig nicht, als wäre Feuer im Dach, die
Leute aus den Betten schreien, um nachher, wenn ich mich betrogen hätte, als ein Wahnsinniger vor ihnen dazustehn. Ich
ging zurück nach meinem Zimmer, warf mich in voller Desperation aufs Bett und begrub mein Gesicht in die Kissen.

Doch es ist Zeit zu sagen, was mir so plötzlich eingekommen
war.

In meiner Vaterstadt, zu Egloffsbronn, als meine Mutter sich
sehr knapp, nach Witwenart, mit mir in ein Oberstübchen hinterm Krahnen zusammengezogen (ich war damals zehn Jahre
alt), wohnte mit uns im gleichen Haus ein Sattlermeister, ein
liederlicher Kerl, der nichts zu schaffen hatte und, weil er etwas
Klarinett verstand, jahraus jahrein auf Dorfhochzeiten und
Märkten herumzog. Sein junges Weib war ebenfalls der Leichtsinn selber. Sie hatten aber eine Pflegetochter, ein gar zu schönes
Kind, mit welchem ich ausschließlich Kameradschaft hielt. An
einem schönen Sonntagnachmittag, wir kamen eben aus der
Kirche von einer Trauung her, ward von dem Pärchen ernstlich
ausgemacht, daß man sich dermaleinst heiraten wolle. Ich gab
ihr zum Gedächtnis dieser Stunde ein kleines Kreuz von Glas,
sie hatte nichts so Kostbares in ihrem Vermögen, und heute
noch kann ich es spüren, wie sie mich dauerte, als sie mir einen
alten Fingerhut von ihrem Pfleger, an einem gelben Schnürchen
hängend, übermachte. — Allein es sollte dieses Glück sehr bald
aufs grausamste vernichtet werden. Im folgenden Winter nach
unsrer Verlobung brach in der Stadt eine Kinderkrankheit aus,
die man in dieser Gegend zum ersten Male sah. Es war jedoch
nicht mehr noch weniger als das bekannte Scharlachfieber. Die
Seuche räumte greulich auf in der unmündigen Welt. Auch
meine Anne wurde krank. Mir war der Zutritt in die untere

Kammer, wo sie lag, bei Leib und Leben untersagt. Nun ging es eben in die dritte Woche, da kam ich eines Morgens von der Schule. Weil meine Mutter nicht daheim, der Stubenschlüssel abgezogen war, erwartete ich sie, Büchlein und Federrohr im Arm, unter der Haustür und hauchte in die Finger, denn es fror. Auf einmal stürmt die Sattlersfrau mit lautem Heulen aus der Stube: soeben hab ihr Ännchen den letzten Zug getan! — Sie rannte fort, wahrscheinlich ihren Mann zu suchen. Ich wußte gar nicht wie mir war. Es wimmelten just so dicke Flokken vom Himmel; ein Kind sprang lustig über die Gasse und rief wie im Triumph: „'s schneit Müllersknecht! schneit Müllersknecht! schneit Müllersknecht!" Es kam mir vor, die Welt sei närrisch geworden und müsse alles auf den Köpfen gehn. Je länger ich aber der Sache nachdachte, je weniger konnte ich glauben, daß Ännchen gestorben sein könne. Es trieb mich, sie zu sehn, ich faßte mir ein Herz und stand in wenig Augenblicken am ärmlichen Bette der Toten, ganz unten, weil ich mich nicht näher traute. Keine Seele war in der Nähe. Ich weinte still und ließ kein Aug von ihr und nagte hastig hastig an meinem Schulbüchlein.

„Schmeckt's, Kleiner?" sagte plötzlich eine widrige Stimme hinter mir; ich fuhr zusammen wie vorm Tod, und da ich mich umsehe, steht eine Frau vor mir in einem roten Rock, ein schwarzes Häubchen auf dem Kopf und an den Füßen rote Schuhe. Sie war nicht sehr alt, aber leichenblaß, nur daß von Zeit zu Zeit eine fliegende Röte ihr ganzes Gesicht überzog. „Was sieht man mich denn so verwundert an? Ich bin die Frau von Scharlach! oder, wie der liebwerteste Herr Doktor sagen, die Fee Briscarlatina!"* Sie ging nun auf mein armes Ännchen zu, beugte sich murmelnd über sie, wie segnend, mit den Worten:

* Viele Jahre nachher, als ich diese Geschichte gelegentlich vor einer Gesellschaft erzählte, tat sich ein junger Arzt nicht wenig auf die Entdeckung zugut, daß jene Worte weiter nichts als eine sonderbare Verstümmelung des lateinischen Namens Febris scarlatina seien. Der nämliche Gelbschnabel setzte mir dabei sehr gründlich auseinander, die ganze Erscheinung sei ein bloßes Phantasma gewesen, der fieberhafte Vorbote meiner bereits erfolgten Ansteckung; auf gleiche Weise pflege sich in Ungarn das gelbe Fieber anzukündigen.
Anmerkung des Hofrats

> „Kurze Ware,
> Roter Tod;
> Kurze Not
> Und kurze Bahre!"

„Wär Numero Dreiundsiebenzig also!" Sie schritt vornehm die Stube auf und ab, dann blieb sie plötzlich vor mir stehn und klopfte mir gar freundlich kichernd auf die Backen. Mich wandelte ein unbeschreiblich Grauen an, ich wollte entspringen, wollte laut schreien, doch keins von beiden war ich imstande. Endlich, indem sie steif und strack auf die Wand losging, verschwand sie in derselben.

Kaum war sie weg, so kam Frau Lichtlein zur Türe herein, die Leichenfrau nämlich, ein frommes und reinliches Weib, das im Rufe geheimer Wissenschaft stand. Auf ihre Frage: wer soeben dagewesen? erzählte ich's ihr. Sie seufzte still und sagte, in dreien Tagen würd ich auch krank sein, doch soll ich mich nicht fürchten, es würde gut bei mir vorübergehn. Sie hatte mittlerweilen das Mädchen untersucht, und ach, wie klopfte mir das Herz, da sie mit einigem Verwundern für sich sagte: „Ei ja! ei ja! noch warm, noch warm! Laß sehn, mein Sohn, wir machen eine Probe." Sie zog zwei kleine Äpfel aus der Tasche, weiß wie das schönste Wachs, ganz ungefärbt und klar, daß man die schwarzen Kern beinah durchschimmern sah. Sie legte der Toten in jede Hand einen und steckte sie unter die Decke. Dann nahm sie ganz gelassen auf einem Stuhle Platz, befragte mich über verschiedene Dinge: ob ich auch fleißig lerne und dergleichen; sie sagte auch, ich müßte Goldschmied werden. Nach einer Weile stand sie auf: „Nun laß uns nach den Äpfeln sehn, ob sie nicht Bäcklein kriegen, ob sich der Gift hineinziehn will." — Ach, lieber Gott! weit weit gefehlt! kein Tüpfchen Rot, kein Striemchen war daran. Frau Lichtlein schüttelte den Kopf, ich brach in lautes Weinen aus. Sie aber sprach mir zu: „Sei wacker, mein Söhnchen, und gib dich zufrieden, es kann wohl noch werden." Sie hieß mich aus der Stube gehn, nahm Abschied für heute und schärfte mir ein, keinem Menschen zu sagen was sie getan.

Auf der Treppe kam mir meine Mutter entgegen. Sie schlug die Hände überm Kopf zusammen, daß ich bei Ännchen gewesen. Sie hütete mich nun aufs strengste und ich kam nicht mehr aus der Stube. Man wollte mir am andern Tag verschwei-

gen, daß meine Freundin gegen Abend beerdigt werden sollte;
allein ich sah vom Fenster aus, wie der Tischler den Sarg ins
Haus brachte. (Der Tischler aber war ein Sohn der Leichenfrau.) Jetzt erst geriet ich in Verzweiflung und war auf keine
Art zu trösten. Darüber stürmte die Sattlersfrau herauf, meine
Mutter ging ihr vor die Tür entgegen und jene fing zu lamentieren an, ihr liederlicher Mann sei noch nicht heimgekommen,
sie habe keinen Kreuzer Geld daheim und sei in großer Not.
Ich unterdessen, aufmerksam auf jeden Laut im untern Hause,
hatte den Schemel vor ein kleines Guckfenster gerückt, welches
nach hinten zu auf einen dunkeln Winkel sah, wohinaus auch
das Fenster des Kämmerchens ging, in welchem Ännchen lag.
Da sah ich unten einen Mann, dem jemand einen langen schweren Pack, mit einem gelben Teppiche umwickelt, zum Fenster
hinausreichte. Ahnung durchzuckte mich, freudig und schauder-
haft zugleich: ich glaubte Frau Lichtlein reden zu hören. Der
Mann entfernte sich geschwind mit seinem Pack. Gleich darauf
hörte ich hämmern und klopfen, ohne Zweifel wurde der Sarg
zugeschlagen. Die Mutter kam herein, nahm Geld aus dem
Schranke und gab es dem Weib vor der Türe. Ich weiß nicht,
was mich abgehalten haben mag, etwas von dem zu sagen was
eben vorgegangen war, im stillen aber hegte ich die wunderbarste Hoffnung; ja als der Leichenzug anging und alles so
betrübt aussah, da lachte ich heimlich bei mir, denn ich war
ganz gewiß, daß Ännchen nicht im Sarge sei, daß ich sie vielmehr bald lebendig wiedersehen würde.

In der folgenden Nacht erkrankte ich heftig, redete irre und
seltsame Bilder umgaukelten mich. Bald zeigte mir die Leichenfrau den leeren Sarg, bald sah ich, wie sie sehr geschäftig war,
den roten Rock der bösen Fee, samt ihren Schuhen, in den Sarg
zu legen, bevor man ihn verschloß. Dann war ich auf dem
Kirchhof ganz allein. Ein schönes Bäumchen wuchs aus einem
Grab hervor und ward zusehends immer größer, es fing hochrot zu blühen an und trieb die prächtigsten Äpfel. Frau Lichtlein trat heran: „Merkst du?" sprach sie: „das macht der rote
Rock, der fault im Boden. Muß gleich dem Totengräber sagen,
daß er den Baum umhaue und verbrenne; wenn Kinder von
den Früchten naschen, so kommt die Seuche wieder aus."

Dergleichen wunderliches Zeug verfolgte mich während der
ganzen Krankheit, und monatelang nach meiner Genesung verließ mich der Glaube nicht ganz, daß das Mädchen noch lebe,

bis meine Mutter, welcher ich inzwischen alles anvertraute, mich mit hundert Gründen so schonend wie möglich eines andern belehrte. Auch wollte leider in der Folge wirklich kein Ännchen mehr zum Vorschein kommen. Mit erneuertem Schmerz vernahm ich nur später, das gute Kind wäre vielleicht bei einer besseren Behandlung noch gerettet worden, doch beide Pflegeeltern wären der armen Waise längst gern los gewesen.

Wir kehren zum grauen Schlößchen zurück.

Ich war so sehr in die Vergangenheit vertieft, daß ich einige Zeit die lebhafte Bewegung, die sich indes unten in der Wohnung des Schloßvogts verbreitete, ganz überhörte. Nun sprang ich auf, fuhr rasch in meine Kleider und ging hinab.

Schon von weitem vernahm ich die heftige Stimme der Alten im Innern der Stube. Es war ein lamentierendes Verwundern, Schelten und Toben, worein der Vogt zuweilen einen derben Fluch mischte. Ich stutzte, blieb stehn. „Der Spitzbub!" hieß es innen — „der keinnützige Schuft! vierhundert Dukaten! ist das erhört? Drum hat er gleich von Anfang seine Profession verleugnet! Du meine Güte, was sind wir doch Narren gewesen!"

Jetzt hatte ich genug. Mein Blut schien stillzustehen. Am äußern Hoftor stand ein junger, gutgekleideter Mann: er kehrte mir den Rücken zu, indem er einen Buben, der draußen Ziegen hütete, mit eifrigen Gebärden zu sich winkte; er gab ihm einen Auftrag, wie es schien, sehr dringend, und rief dem Knaben, da er schon im Laufen war, noch halblaut nach: „Sie sollen doch ins Teufels Namen machen! und ja die Fußeisen mitbringen! hörst du?" — — Man denke sich meine Bestürzung! Besinnungslos klink ich die Türe auf und trete in die Stube. Bloß beide Eheleute sind zugegen. Kein rechter Gruß, kein Blick wird mir gegönnt. Ein frisches Zeitungsblatt liegt auf dem Tisch, welches der Schloßvogt hurtig zu sich steckt, ich denke mir im Nu was es enthält. Er geht hinaus, vermutlich dem jungen Mann zu melden, daß ich schon unten sei.

„Ihr habt Besuch bekommen?" fragte ich, um nur etwas zu reden, mit erzwungenem Gleichmut die Alte. „Meiner Nichte Bräutigam!" versetzte sie kalt und fing mit recht absichtlichem Geräusch, um jedes weitere Gespräch zu hindern, Hanfkörner zu zerquetschen an, dem Distelfinken zum Frühstück. Ich hatte in meiner Verwirrung nach einem Buch gegriffen (ein Kochbuch war's, wenn ich nicht irre): dahinter wühlten meine Blicke sich schnell durch ein Rudel von tausend Gedanken hindurch. Reiß ich aus? Halt ich stand? Vielleicht wäre ersteres möglich gewesen, der beiden Männer hätt ich mich zur Not erwehrt; allein was half mir eine kurze Flucht? Und in der Tat, ich fühlte mich bereits durch die Notwendigkeit erleichtert, endlich ein offenes Geständnis abzulegen. Dessenungeachtet war mein Zustand fürchterlich. Nicht die Nähe meiner schmachvollen Verhaftung, nicht die Sorge, wie ich mich in einem so äußerst verwickelten Falle von allem Verdacht würde reinigen können — nein, einzig der Gedanke an Josephe war's, an Ännchen, was mich in diesen Augenblicken fast wahnsinnig machte, der unerträgliche Schmerz, dieses Mädchen, sie sei nun wer sie wolle, als die Verlobte eines andern zu denken, und eines Menschen zwar, welcher das schadenfrohe Werkzeug meiner Schmach, meines Verderbens werden sollte! Wußte *sie* etwa selbst um den verfluchten Plan? Unmöglich! doch für mein Gefühl, für meine Leidenschaft, indem ich sie mit dem verhaßten Kerl in eins zusammenwarf, war sie die schändlichste Verräterin. Liebe, Verachtung, Eifersucht goren im Aufruhr aller meiner Sinne dermaßen durcheinander, daß ich mich wirklich aufgelegt fühlte, das Mädchen mit eigener Hand aufzuopfern, den Kerker, welchem ich entgegenging, durch ein Verbrechen zu verdienen und so mein Leben zu verwirken, an welchem mir nichts mehr gelegen war.

Die Alte war inzwischen in die Kammer nebenan gegangen; soeben kam sie wieder heraus, zog die Türe still hinter sich zu und ging nach der Küche. Schnell, wie durch Eingebung getrieben, spring ich keck auf die Kammer zu und öffne ganz leise. Niemand ist da. Ich sehe eine zweite Tür, ich trete unhörbar über die Schwelle und bin durch einen Anblick überrascht, vor dem mein ganzes Herz wie Wachs zerschmilzt. Denn in dem engen, äußerst reinlichen Gemach, das ich mit einmal überblickte, lag die Schöne an ihrem Bett halbknieend hingesunken, die Arme auf den Stuhl gelegt, die Stirn auf beide Hände gedrückt, wie schlafend, ohne Bewußtsein; Gewand und Haare ungeordnet, so daß es schien, sie hatte kaum das Bett verlassen, als jene Nachricht sie betäubend überfiel.

Ich wagte nicht, die Unglückliche anzusprechen, ich fürchtete mich, ihr ins Gesicht zu sehn. Aber Sehnsucht und Jammer durchglühten mir innen die Brust, von selber streckte mein Arm sich aus, von selbst bewegten sich die Lippen — „Ännchen!" sagt ich — es war kein Rufen, es war nur ein Flüstern gewesen; dennoch im nämlichen Moment richtet die Schlummernde den

Kopf empor; sie schaut, noch halb im Traum, nach mir herüber, der ich bewegungslos dastehe; nun aber, wie durch Engelshand im Innersten erweckt, steht sie auf ihren Füßen, schwankt — und liegt an meinem Halse.

So standen wir noch immer fest umschlungen, als es im Hofe laut und lauter zu werden begann. Tosende Stimmen durcheinander, ein Eilen und ein Rennen hin und her — das alles hörte ich und hörte nichts von allem. Jetzt kommt man heran durch die Zimmer, jetzt reißen sie die letzte Tür auf — ein allgemeiner Ausruf des Erstaunens! Das Mädchen wie in Todesangst drückt mich gewaltsamer an sich, dann sinkt sie erschaudernd plötzlich zusammen und fremde Hände fassen die Ohnmächtige auf. Vor meinen Augen wird es Nacht; ich fühle mich unsanft hüben und drüben beim Arme ergriffen und wie im Sturm hinweggeführt nach einem finstern Gange, dann abwärts einige Stufen, wo eine Tür sich öffnet und alsbald donnernd hinter mir zuschlägt.

Ich hatte mich in kurzer Zeit wieder gesammelt. Es war ein förmliches Gefängnis, worin ich mich nunmehr befand, dunkel und moderfeucht und kalt. Die Sichel, von dem Regen angeschwollen, brauste wild in die Tiefe. Ich überdachte meine Lage schnell. So schrecklich sie auch schien, sie konnte doch unmöglich lange dauern. Und was mich über alles tröstete, fürwahr ich brauchte das nicht weit in Gedanken zu suchen. Denn wenn es mir auch anfangs nur wie eine dämmernde Erinnerung vorschwebte, daß ich das geliebteste Mädchen vor wenig Augenblicken noch an diese Brust gedrückt, so gab ein nie gefühltes Feuer, das mir noch Mark und Bein heimlich durchzuckte, das seligste Zeugnis, daß dieses Wunder nicht ein eitles Blendwerk gewesen sein könne; ein Übermaß von Hoffnung und Entzücken riß mich vom Boden auf und machte mich laut jauchzen.

Bald aber, da Stunde um Stunde verging und es schon weit über Mittag geworden war, ohne daß sich ein Mensch um mich bekümmerte, stellten sich Ungeduld, Zweifel und Sorge allmählich bei mir ein. Für meinen Hunger hatte man zwar durch ein Stück schwarzes Brot, das ich nebst einem Wasserkrug in der Mauer entdeckte, hinreichend gesorgt, und ich verzehrte es mit großer Gier; doch eben diese reichliche Vorsorge ließ befürchten, daß ich für heute wenigstens aus diesem Loche nicht loskommen würde, daß ich vielleicht die Nacht hier zuzubringen hätte. Ich leugne nicht, mir war diese Aussicht entsetzlich.

Denn, hatte nicht vielleicht jene verruchte Irmel in ebendiesen
Mauern ihr blutiges Ende genommen? Wie, wenn es ihr einfiele,
diese Nacht ihr altes Quartier einmal wiederzusehen? Es rieselte
mir kalt den Rücken hinunter bei solchen Gedanken. Dabei
wird man begreifen, daß es mir unter diesen Umständen keine
sehr angenehme Diversion gewährte, der Frechheit zweier Ratten zuzusehen, welche sich auf den Rest meines Mittagmahls
bei mir zu Gaste luden.

Es schlug drei auf dem Schloß; ich wollte fast vergehen. Auf
einmal aber rasselten die Riegel. Der Schloßvogt öffnete, Verwirrung und Verlegenheit im Blick. „Der gnädig' Herr ist angekommen; er schickt mich, Euch zu holen."

Ich folgte dem Vogt nach der vordern Hausflur, wo er mich
warten hieß. Zu meinem Ärger standen hier verschiedene gemeine Leute herum, die sich ihrem Gebieter zu präsentieren
wünschten, der Pächter samt dem Schäfer und dergleichen. Sie
gafften mich wie einen armen Sünder an und zischelten einander in die Ohren; ich machte aber ein Gesicht wie ein Pan-
durenoberst und kehrte ihnen dann den Rücken zu.

Es dauerte nicht lang, so kam, gestiefelt und gespornt, vom
Stalle her ein kleiner, blasser, ältlicher Herr mit großen blauen
Augen, in Begleitung einer schneeweißen Dogge, durch deren
gewaltige Größe die kurze Gestalt ihres Herrn nur desto auffallender wurde. Er sah mich im Vorbeigehn scharf so von der
Seite an, sprach mit den andern ein paar gütige Worte, ließ
abermals den Blick auf mich herübergleiten und war schon im
Begriff die Leute zu entlassen. In diesem Augenblick gewahrte
ich den jungen Mann, der sich am Morgen mit so vielem Eifer
meiner Person hatte versichern wollen und den man mir als
Ännchens Bräutigam bezeichnet — Aber wo nehm ich Worte
her, um mein Erstaunen, mein Entsetzen auszudrücken, als ich
beim zweiten Blick meinen Juden in ihm erkannte! — — Un-
fühlend, wo ich stand, und des Respekts vergessend, den ich der
Gegenwart des gnädigen Herrn schuldig war, warf ich mich
auf den Burschen mit einer Wut, mit einer Schnelligkeit, wie
kaum ein Tiger sich auf seine sichere Beute stürzt. „Vermale-
deiter Dieb! so hab ich dich!" und packt ihn kräftig bei der
Kehle. Eine Totenstille entstand. Entsetzen hielt das Gesindel
gebannt. Der alte Herr sah unwillig verlegen zu dem Auftritt,
und einem allgemeinen Murren folgte unmittelbar der wildeste
Tumult. Man wollte mir mit Gewalt meinen Feind entreißen,

von dessen Gurgel meine Hand nicht loszubringen war, und hätten sie mich in Stücke zerrissen. Die kreischende Stimme des Freiherrn allein war imstande, mich zur Vernunft zurückzubringen. In kurzem ward es ruhig.

„Faßt Euch, Herr Peter!" sagte der Patron zu meinem Gegenpart, der mich erhitzt und keuchend mit weinerlichem Lachen angrinste — „ich hoffe, dieser allzu rasche Jüngling wird Euch seinerzeit den gröbsten Irrtum abzubitten haben; indes, Herr Schulzensohn, seid Ihr einmal entschieden angeklagt und werdet Euch gefallen lassen, inmitten dieser Leute hier Euch zu gedulden, bis ich mit jenem fertig bin."

Der Schloßvogt führte mich nun auf Befehl des Herrn hinauf in den Saal, wo er mich alsbald wieder verließ. Ich hatte vor lauter Erwartung kaum einige Aufmerksamkeit auf das, was hier mich umgab. Uralte, gewirkte Tapeten mit abenteuerlichen Schildereien, zwei lange Reihen von Porträts bedeckten die Wände; ein ungeheures Fenster umfaßte die prächtigste Aussicht. Mir wurde die Zeit unsäglich lang. Endlich ging eine Flügeltür auf und Herr Marcell von Rochen trat herein, in feierlicher, sonderbarer Tracht. Er war in Reitstiefeln so wie vorher; sein übriger Einband jedoch erinnerte mich auf der Stelle frappant an mein Schatzkästlein. Er hatte ein schwarzseiden Mäntelchen an, darunter ein geschlitztes, spanisches Wams von meergrüner Farbe hervorstach. Sein grauer Knebelbart rieb sich an einem steifen Ringelkragen, welcher wie Pergament aussah. Wenn sich der Mann von ungefähr umdrehte, so war etwas Erkleckliches von einem Höcker zu gewahren, ein Merkmal, das gedachter Ähnlichkeit auf keine Weise Abbruch tat. Nichtsdestoweniger hatte sein ganzes Wesen etwas Ehrwürdiges, Unwiderstehliches für mich.

Er nahm nunmehr mit Anstand Platz und sprach: „Ihr seid Franz Arbogast aus Egloffsbronn, Goldschmiedsgesell bei Meister Orlt in Achfurth?"

„So ist es, Ew. Gnaden!" versetzte ich mit großer Zuversicht, und erzählte sofort auf Verlangen die ganze unglückselige Historie ausführlich und gewissenhaft, wobei er sehr aufmerksam zuhörte. Am Ende zog er die Klingel und ließ mein Felleisen bringen. Hierauf begehrte der Freiherr das Büchlein zu sehen, das eine so wichtige Rolle in meiner Geschichte gespielt. Ich überreichte ihm das unschätzbare Werklein ungesäumt, das er mit einem ganz erheiterten Gesicht, ja mit unverkennbarer

Rührung, wie eine wohlbekannte Reliquie empfing. „Meiner Schwester Hand, bei Gott!" rief er halblaut, blätterte lang und schmunzelte dazwischen, sah mich dann wieder ernsthaft an, ging auf und ab, mit allen Zeichen stiller, nachdenklicher Verwunderung. Nun trat er auf mich zu, und sagte: „Also just vierhundert Dukaten betrüge die Summe, die Ihr verloren?"

„Gerade soviel, Ew. Gnaden."

„Und davon hättet Ihr nicht das geringste übrigbehalten? Besinnt Euch ja wohl!"

Auf einmal fiel mir ein, daß ja noch ein Goldstück im Wagen gewesen und daß ich dieses in der Not bei der Zeche zu Rösheim auswechseln lassen. Ich bekannte aufrichtig wie alles gegangen.

„Da habt Ihr sehr übelgetan!" versetzte der Freiherr bedenklich, mit kaum merkbarer Schalkheit. „So geht es, wenn ein Osterjüngling nicht genau nach seinem Katechismo lebt. Ihr werdet Euch des trefflichen Spruches erinnern, worinnen gesagt ist, daß man sich fremden Eigentums unter keinerlei Umständen anmaßen möge. Genug, Ihr habt den Lockvogel hinausgelassen, mit dessen Hilfe Ihr die ganze goldne Schar gar leichtlich wieder in Eure Hand würdet bekommen haben."

„O Gott! ich Unglückseliger!" rief ich verzweifelnd aus und schlug mich vor die Stirne.

„Geduld, Geduld, Gesell!" sagte der alte Herr, „noch ist nicht alles verloren. Laßt Euch den Fehler für die Zukunft zu einer Warnung dienen; indes" — hier griff er in die Tasche und zog zu meinem freudigsten Erstaunen den Dukaten hervor, den er mir lächelnd mit den Worten reichte: „Er kann nun freilich die erwünschte Wirkung nicht mehr tun, der Zeitpunkt ist versäumt; dessenungeachtet werdet Ihr vor Cyprian Eure 399 wiederhaben, da es Euch denn doch angenehm sein dürfte, auch den Vierhundertsten gleich draufzulegen. Er fand sich noch zum Glück in den Zähnen des goldenen Löwen."

Mit Tränen küßte ich die Hände des Patrons und wußte meinem Danke keine Worte. Der unvergleichliche Mann fuhr nun fort:

„Franz Arbogast, Ihr seid von nun an frei, und die Gerechtigkeit gibt Euch hiemit durch meinen Mund und kraft dieses Papiers, bis auf ein weiteres, Euren ehrlichen Namen zurück. Marcell von Rochen hat Bürgschaft für Euch geleistet; ich sprach Euren wackeren Meister noch kürzlich in Achfurth. Er läßt Euch freundlichst grüßen. Auch mußte er mir das Versprechen geben, daß er die Arbeit, derenwegen Ihr nach Frankfurt reisen solltet, in keines andern Hände legen wolle. Es hat noch Zeit damit, und auf mein Wort bleibt Ihr nur vorderhand getrosten Muts hier auf dem Schlosse. Josephe wird schon sorgen, daß Ihr uns nicht entlauft; denn noch erwartet Euch ein wichtiges Geschäft. Ich kann für heute nicht bleiben, in wenig Tagen sehen wir uns wieder. Bevor ich aber scheide, nehmt meinen besten Segen für Euch und für Josephen. Gewiß, mein Freund, Euch ist nach mancher Prüfung ein selten Glück beschieden: was man dagegen von Euch fordern wird, das sollt Ihr seinerzeit von Eurer Braut vernehmen. Indes gehabt Euch wohl!" Hiemit entfernte er sich in ein Seitenzimmer, eh ich ihm nochmals hatte danken können.

Ich blieb in einer Art von freudiger Betäubung noch eine ganze Weile auf *einem* Flecke stehn, halb in Erwartung, ob mein Wohltäter nicht noch einmal heraustrete. Als ich den Saal endlich verließ und die Treppe herabkam, stand der Freiherr bereits in seinen ordentlichen Kleidern unterm Tor und stieg soeben zu Pferde. Er winkte mir im Wegreiten noch ein Adieu zurück. Der Schloßvogt mußte ihn den Berg hinab, dem Dorfe zu, begleiten. Ein junger flinker Jäger, der hinterdreinritt, gab mir durch lustige Gebärden zu verstehn, daß man „den Juden" schon vorausgeführt habe. In Gottes Namen! dachte ich und eilte in die Stube und auf Ännchen zu, die mir entgegenflog.

Die Trunkenheit der nächsten Stunden zu beschreiben, soll mir billig erlassen sein.

Josephe — so will ich sie immerhin nennen, denn dieser Name war ihr ganz eigen geworden — Josephe zog mich an ein Tischchen, auf dem ein appetitliches Abendbrot, mit frischen Herbstblumen geziert, mein wartete. Ich hatte hundert Fragen an das Mädchen, doch meine Ungeduld sprang immer nur von einer zu der andern, dergestalt, daß ich am Ende sowenig wie vorher von allem begriff. Die seligste Konfusion von gegenseitigen Erklärungen, von Tränen, Scherzen, Küssen löste sich zuletzt in das Geständnis auf: man wolle jetzt nichts wissen und nichts fassen, als daß man sich wiederbesitze, daß man sich ewig so umschlungen halten würde.

Frau Base schien in großer Not, wie sie dem glücklichen Paar ihre Teilnahme ausdrücken sollte. Sie hatte in der Tat, wie ich nachher erfuhr, nicht das beste Gewissen. Denn wenn Josephe gestern, im Sinne mich zu prüfen, auf zweideutige Weise etwas von einem Bräutigam verlauten ließ, so hing dies bei der Alten ganz anders zusammen. Gedachter Schulzensohn, ein angehender Wirt, filzig und reich, doch sonst ein guter Christ, hoffte an diesem Mädchen eine tüchtige Hausfrau für sich zu erwerben und betrieb seine Absicht um so ernstlicher, da nicht verschwiegen blieb, daß sie von der seligen Freifrau von Rochen — auf welche merkwürdige Dame wir näher zurückkommen werden — mit einem Vermächtnis bedacht worden war, dessen Eröffnung bis auf ihre Hochzeit ausgesetzt sein sollte, und wovon, in Betracht, wieviel sie bei gnädiger Herrschaft gegolten, sehr übertriebene Vermutungen bestanden. Josephe, die den Menschen nicht entfernt ausstehen konnte, war überdies, durch manchen geheimnisvollen Wink ihrer verblichenen Beschützerin geleitet, mit Sinn und Herzen immerfort nur auf die Zeit gespannt, wo der Goldschmiedsgeselle von Achfurth anrücken würde. Die Base aber, insoweit auch sie in das Geheimnis eingeweiht war, hatte, als eingefleischtes Weltkind, noch nie so recht daran geglaubt und konnte endlich eine kleine Kuppelei nicht lassen. Doch ihre Künste scheiterten an der Beharrlichkeit des braven Kindes, und der gekränkte Freier blieb einige Zeit aus. Am letzten Sonntag kam er wieder, sein Heil noch einmal zu versuchen. Allein wie sehr war er erstaunt, als er noch außerhalb des Hofraumes wahrnehmen mußte, wie sich das Jüngferchen mit einem fremden Gesellen, dessen Person er sich von der Gramsener Botenfahrt her sogleich erinnerte, gar traulich vor dem Schlößchen hin und her spazierend, behagte. Er hatte auf der Stelle weg, wo das hinauszielte, zumal er an demselben Nachmittag in Jünneda mit der Gevatterschaft vom Schloß zusammengetroffen, und ihm die Ängstlichkeit, womit die Base ihn für dieses Mal von einem Besuche bei Sephchen abhalten wollte, bereits verdächtig vorgekommen war. Ganz stille schlich er sich den Berg wieder hinab und sann auf Rache. In kurzem trat auch wirklich ein ganz vertrackter Zufall ein, völlig dazu gemacht, mich mit *einem* Schlag in die Lüfte zu sprengen.

Herr Peter hatte nämlich in folgender Nacht einige Reisende beherbergt, Handelsherren, die mit anbrechendem Tage weiter wollten. Der Wirt war aufgestanden; er reichte ihnen zwischen dem Frühstück gefällig die neueste Zeitung, und einer trug daraus das Merkwürdigste vor, unter anderm einen ellenlangen Steckbrief, der viel Aufsehen erregte. Der Wirt geht eben durch das

Zimmer, steht still und spitzt die Ohren; er ist von dem Signalement frappiert, er liest mit eigenen Augen, wird plötzlich Feuer und Flamme und rennt mit dem Blatte davon — zum Schulzen, seinem Vater. Der, weil er eben unpaß ist, überträgt die Sache dem Sohn, auf den er sich verlassen kann. In weniger als einer halben Stunde war meine Aufhebung erfolgt. — Daß ich nachher denselben Menschen, welcher mit solcher Zuversicht die Schergen wider *mich* aufbot, noch immer als den Dieb ansehen und behandeln konnte, war freilich eine Unbesonnenheit, die nur der blinde Drang des Augenblicks verzeihlich machte. Ich meinerseits indessen war nicht einmal geneigt, mir den Irrtum so sehr zu Herzen zu nehmen, besonders da ich gar wohl merkte, daß unser guter Schatzkästleinspatron, welcher von vornherein der Sache auf den Grund gesehen, dem schadenfrohen Kauzen eine vorübergehende Demütigung — er saß zwei ganze Tage zur Untersuchung im Arrest — absichtlich nicht ersparen wollte. —

Josephe schlug noch einen Gang ins Freie vor; der Abend war so schön, die Luft außerordentlich milde.

Indem wir nun allein so Hand in Hand entlang dem Ackerfeld, am Rand des Bergs hinwandelten, war mir's noch immer wie ein Märchen, daß ich das schönste liebste Mädchen von der Welt als meine ausgemachte Braut besitzen sollte und daß dieselbe zwar nach Leib und Seele mein altes Schätzlein aus der Melbergasse hinterm Krahnen sei! — — „So sag mir denn, ums Himmels willen", hob ich an, „wie bist du von den Toten auferstanden?"

„Mir kam es wahrlich selber vor", versetzte sie, „als ging' es nicht mit rechten Dingen zu, da ich eines Morgens die Augen aufschlug und mich in einem fremden Zimmer, wo alles gar vornehm und lieblich aussah, in einem feinen seidenen Bettchen zum ersten Male wiederfand. Es war ein wenig dunkel in dem Zimmer, die Laden waren zu, die Vorhänge herabgelassen. Nach einer Weile kam eine ältliche Dame herein; sie war mir gleich bekannt, so ein sanftes und liebreiches Witwengesicht hatt ich schon sonst einmal gesehen. Du mußt dich noch erinnern, zu Egloffsbronn, vor dem Brückentor, gegen die Landstraße hin, steht einzeln ein freundliches Haus zwischen Gärten —"

„Ganz recht! Es liefen immer ein paar prächtige Pfauen im Hofe herum, die wir oft halbe Stunden lang durch die Staketen beguckten —"

„Ja, und da rief uns eines Tags eine vornehme Frau in das Haus, befrug uns über dies und das, und schenkte jedem einen neuen Zwanziger. Wir kamen nachher noch einigemal, doch leider war die gute Frau nie mehr zu sehen. Nun aber kannte ich sie sogleich wieder. Sie setzte sich zu mir ans Bett, erkundigte sich nach meinem Befinden und reichte mir köstliche Bissen zur Stärkung. Dann trat Frau Lichtlein ins Gemach und gleich darauf ein schönes Frauenzimmer, das mich mit Schmeichelworten und Liebkosungen überhäufte und fast nur allzu lebhaft war. Man nannte sie Josephe, zur ältern Dame sagte sie Tante Sophie. Sie zeigte mir ein schönes Kleid, das sollte ich anziehen sobald ich wieder aufstehn dürfte. Meine Frage, ob ich zu Egloffsbronn wäre, bejahte man mir, und als ich weiterforschte, ob ich denn wieder zu meinen Pflegeeltern müßte, hieß es: nein, die Tante nehme mich mit auf ihr Gut, wenn ich wollte. ‚Ach ja‘, sagt ich, ‚wenn der Goldschmied-Franz auch mitgeht.‘ ‚Der kommt dir nach!‘ versetzte das Fräulein und lachte.

Kaum war ich völlig wiederhergestellt und wohl in meiner neugewachsenen Haut, so putzte mich das Fräulein so artig heraus, daß ich mich kaum mehr kannte; sie flocht mir mit eigener Hand meine Zöpfe, sie stellte Puppen und allerlei Spielwerk vor mich und ging dabei selber mit mir nur wie mit einer neuen Puppe um. ‚Hören Sie, Tantchen!‘ rief sie der gnädigen Frau einmal zu, ‚ich habe Lust, einen Vertrag mit Ihnen abzuschließen: hiermit verspreche ich, Ihnen nicht nur den kommenden Monat, wie wir ausgemacht haben, sondern ein ganzes Jahr auf Ihrem verrufenen Schlößchen Gesellschaft zu leisten, mit dem Beding, daß ich das Kind nach meinem Sinn erziehen und mir es ganz aneignen darf.‘

‚Schon gut‘, war die Antwort, ‚wir wollen sehen, wie lang das dauern wird.‘

Am Abend fuhr ein Wagen an und kam ein kleiner munterer Herr in Reisekleidern herauf, welchen die beiden Frauen mit vieler Zärtlichkeit empfingen. Es war der Herr vom Hause, ein Bruder jener Dame, die, so wie die Nichte, sich nur gastweise bei ihm, der eben Witwer war, aufhielt. Das Fräulein präsentierte mich dem Oheim, der sogleich herzlich zu lachen anfing: ‚Ich wollte wetten, Schwester‘, rief er aus, ‚das ist nun wieder eins von deinen Auserwählten, ein Osterlämmchen, eine Friedensbraut nach deinem heimlichen Kalender. Ja ja, Frau Irmel mag sich freuen: die große Stunde der Erlösung muß nun allernächstens schlagen. Ich hoffe doch, die Gräfin wird so höflich sein, mir mindestens ein Dritteil ihres Mammons zuzuscheiden.'

‚Du wirst', versetzte Frau Sophie lächelnd mit einem sanften Vorwurf, ‚du wirst, Marcell, noch einst ganz anders von diesen Dingen reden.'

So stritten sie und scherzten noch vieles hin und her, wovon ich nichts weiter verstand.

An einem heitern Wintermorgen reisten die beiden Frauen mit mir ab. Es war das erstemal in meinem Leben, daß ich in einer Kutsche fuhr; ich war vor Lust ganz außer mir. Den zweiten Tag erreichten wir das Schlößchen. Nun ging ein Leben wie im Himmel für mich an. Es war, als wäre ich nur für Josephen da; sie gab sich ganze Tage mit mir ab, und da ich sogar ihren Namen führen mußte, schien ich mir selber wie verwandelt und eine ganz neue Person. Nun sollte ich gleich tausenderlei Sachen auf einmal von dem Fräulein lernen; selbst auf der Harfe nahm ich Unterricht bei ihr. Es fand sich nämlich so ein altes Ding von Instrument aus den früheren Zeiten der Tante. Das Fräulein sagte oft: es sei die Irmels-Harpfe; ich wußte damals nicht was mit dem Scherz gemeint war, welchen die Tante jedesmal und endlich sehr ernsthaft verwies. Wir trieben unser Wesen so drei Monate zusammen, als meine junge Gönnerin zu meinem größten Kummer von den Verwandten nach der Hauptstadt abgerufen wurde. Die Tante konnte den Wildfang wohl missen, und späterhin gestand sie mir geradezu, es hätte in der Art, wie ihre Nichte mich behandelt, unmöglich fortgehn können; der Stand, in den ich künftig treten würde, verlange nicht etwa so ein verwöhntes Modepüppchen, wohl aber eine wackere Hauswirtin. Doch war es niemand weniger gegeben, mit Kindern umzugehen, als eben dieser guten, von mir so hochverehrten Frau; ich machte ihr nur Langeweile, störte und ärgerte sie. So mußte ich mich denn fast einzig zu des Hausschneiders halten, und war froh, daß ich nur jemand hatte, zu dem ich einmal wieder, wie einst in Egloffsbronn, Vetter und Base sagen durfte. Dies wurde gegenseitig so sehr zur Gewohnheit, daß jedermann uns für Verwandte hielt."

Indem nun meine Braut — so fuhr der Hofrat zu erzählen fort — mich mit den Eigenheiten ihrer seligen Wohltäterin näher bekannt machte, bedauerte ich aufrichtig, diese Edle nicht mehr am Leben zu wissen: ihr hatte ich mein Schatzkästlein, ach und noch weit mehr zu verdanken. Aber — mit diesen Worten wandte sich Herr Arbogast an eine ganz besonders aufmerksam zuhörende bejahrte Dame — Sie, Frau Majorin, bringen ja den Mund nicht mehr zusammen, seit ich von Frau Sophien rede! Am Ende haben Sie die Baronesse selbst gekannt?

„Gewiß! gewiß hab ich! Leibhaftig steht sie wieder vor mir, wie ich sie vor vierzig und mehr Jahren in meiner Jugend sah."

„Was ist das?" brummte hier ein treuherziger Schweizer, der während der Erzählung einigemal sehr merklich eingenickt war: „Bi Gott, ich dacht, das alles si halt numme so ne Fabel g'si, jetzt chümmt es doch anderster usi! Hätt ich das eh gwüßt, hätt es mich bi miner Ehr nit g'schläferet!"

Auf dies Bekenntnis folgte ein allgemeines, unauslöschliches Gelächter. Der Hofrat endlich nahm das Wort und bat gedachte Dame um eine Schilderung der Frau von Rochen: ein solches Zeugnis, sagte er, wird für meinen Kredit als Erzähler entscheiden.

Die angenehme Frau ließ sich nicht lange bitten. „Von allen Gliedern der Familie", fing sie an, „war Sophie die letzte, welche dem alten Rittersitz die Ehre ihrer persönlichen Gegenwart schenkte, indem sie den verstorbenen Gemahl, Anselm von Rochen, gern am Ort wo er begraben lag betrauern wollte. Ich sah sie dort mehrmals mit meiner Mutter, und hörte auch später noch manches von ihr. Ohne gerade menschenscheu zu sein, liebte sie Einsamkeit und Stille über alles, selbst ihre Kammerfrau verweilte nur wenige Stunden des Tags in ihrer unmittelbaren Nähe, und nicht über viermal im Jahre, an hohen Festen etwa, kam sie ins Dorf herab. Dagegen ward sie auch von groß und klein als eine Heilige verehrt, wenn nun die schlanke feingebaute Gestalt mit der ihr eigenen Freundlichkeit und, bei einem Alter von bald siebenzig Jahren, mit beinah jungfräulichem Anstand in der Kirche den gewohnten Platz einnahm und aus dem offenen erhöhten Gitterstuhl ihre Untertanen durch ein Lächeln begrüßte, nach angehörter Predigt aber die Kranken und die Armen als freigebige Trösterin in ihren Häusern besuchte.

Dem klösterlichen Leben, das Sophie im Innern ihrer prunklosen Gemächer führte, entsprachen denn auch ihre Lieblingsbeschäftigungen ganz und gar. Von Jugend an zu einer bewundernswürdigen Kunstfertigkeit in feiner bunter Stickerei geübt, war sie bei völlig ungeschwächten Sinnen noch immerfort imstande, dergleichen Arbeiten, wozu sie sich ehemals die reichsten Muster kommen ließ, mit gleicher Sorgfalt fortzusetzen; sie wiederholte unermüdet ihre alten Zeichnungen, um mit solchen Prachtstücken, an denen Gold und Silber glänzte, von Zeit zu Zeit die Ihrigen zu überraschen, ganz unbekümmert freilich um den Geschmack des Tags.

Bedeutend aber war ihr Ansehn bei der Familie dadurch, daß sie die Gabe der Weissagung in hohem Grade besessen haben soll; besonders wollte sie es jedem gleich ansehen, ob er Sinn und Beruf für übersinnliche Dinge besitze. Auch stand sie allezeit mit einer Anzahl Geistlichen in Briefwechsel und wußte sich — zu einem Zweck, den weiter niemand kannte, worüber wir jetzt freilich ganz im klaren sind — von den Verhältnissen aller möglichen Menschen, von Zeit und Stunde ihrer Geburt und dergleichen genaue Kenntnis zu verschaffen. In ihrer eigenen Verwandtschaft fand sie den unbedingtesten Glauben, obschon sie gerade hier am sparsamsten mit ihren Eröffnungen war. Bruder Marcell allein wagte es, den hartnäckigen Zweifler, sogar gelegentlich den Spötter gegen sie zu spielen, dessenungeachtet ist er doch ihr Liebling immer geblieben. Nach ihrem Tode mag er sich wohl bekehrt haben, ja wie es scheint verschmähte er nicht, Sophiens mystische Hausfarbe, Grün, Schwarz und Weiß, zu Ehren der Schwester bei feierlichen Anlässen zu tragen.

Nun aber ist leicht zu vermuten, daß unserer guten Nonne das kleinste Verdienst dabei blieb, wenn unter ihrem frommen Regiment die Gutsökonomie, die gar nicht unbeträchtlich war, dennoch durchaus zum Vorteil der Besitzer aufrechterhalten wurde. Sie nahm von ihrem samtnen Armstuhl aus sehr regelmäßig Anteil an den vorkommenden Geschäften; sie hörte an bestimmten Tagen den Verwalter an, durchsah als eine gute Rechnerin die Bücher mit der Feder in der Hand, ermahnte die Dienstboten und übte mitunter auch wohl ein klein wenig die Kunst, unterrichtet zu scheinen, wo sie es nicht war. Jedoch verstand es sich bei männiglich von selbst, daß alles in der Wirtschaft hätte drunter und drüber gehn müssen ohne die Einsicht und Treue eines Verwalters, der wirklich seinesgleichen suchte. Der gute Mann nahm aber unvermutet seinen Abschied, die Güter wurden verpachtet, und die edle Matrone, den Bitten ihres Bruders jetzt nicht länger widerstrebend, entsagte diesem

DER SCHATZ

Aufenthalt und ließ es sich gefallen, den späten Abend ihres Lebens im Schoße der Familie zuzubringen.

Dies wäre nun alles, was ich zugunsten der Wahrhaftigkeit des Herrn Erzählers vorzubringen hatte."

Nachdem sich die Versammlung für diese interessanten Nachrichten aufs schönste bedankt, sprach unser Hofrat weiter: Ich werde mich nunmehr zum Schluß so kurz wie möglich fassen.

Josephens Konfirmation war in der Dorfkirche vollzogen worden. Die Nachfeier des Tages aber fand in aller Stille auf dem Schlößchen statt. Am Abend nahm Sophie das Mädchen bei der Hand und führte sie nach einem Gemache im untern Stock, zu dem niemand, sogar der Vogt nicht, Zutritt hatte. Sephchen erblickte nun hier eine vollständige Goldschmiedswerkstatt, ganz neu und sauber eingerichtet. „Mein Kind!" sagte die edle Frau: „sieh an, das ist für deinen Franz, hier führst du ihn herein, wenn er mal kommen wird; hier muß dein Liebster sein Meisterstück machen. Ist das geschehn, so findet sich das übrige von selbst. Der Werkzeug bleibt sein Eigentum; er nimmt ihn mit gen Achfurth, wo ihr euch niederlassen sollt. Und dann gedenket mein und habt einander lieb in Gottesfurcht und Frieden." — Zugleich bekam Josephe ein ähnliches Büchlein wie ich, obgleich sie nach Geburt und Rang nur ein Sonntagskind war. Die Werkstatt wurde nun wieder geschlossen, und ich war in der Tat der erste, dem sie sich nach vier Jahren wieder öffnete. Josephen war der Schlüssel durch Herrn Marcell bei seiner neulichen Anwesenheit behändigt worden. Ich hatte nur zu staunen und zu preisen, als ich mit meiner Braut von diesen Sachen Einsicht nahm; da war auch nicht das geringste vergessen, vom großen Ofen bis zum unbedeutendsten Lötrohr herab, und Stück für Stück untadelhafte Ware, so rein und einladend, daß einem gleich der Mund nach der Arbeit zu wässern anfing. Auf meine Frage, was denn wohl zunächst hier mein Geschäft sein würde, gab mir Josephe nur ganz verblümten Bescheid, indem sie mich auf Herrn von Rochens Wiederkunft verwies; allein ich hatte längst gewittert, was da werden sollte, und war gefaßt auf alles, obwohl ich gar nicht leugnen will, daß mir etwas unheimlich wurde, als mir das Mädchen bald hernach zwei sonderbar gestrickte Schärpen zeigte, worauf gewisse Chiffern und Figuren von grüner, schwarzer, weißer Farbe sich durchschlangen. „Wozu soll das, Josephe?" fragte ich. „Die eine für dich, die andere für mich", antwortete das Mädchen mit geheimnisvollem Lächeln, „wir tragen sie auf *eine* Nacht."

„Aber wozu, um Gottes willen?"

Sie legte ihren Finger auf den Mund: „Für jetzt nicht weiter, Franz; du bist ein Mann, und da wo ich mich hin getraue, wirst du dich hoffentlich nicht scheuen." — So kamen wir stillschweigend überein, daß vorderhand nicht mehr die Rede davon sein solle.

Der nächste schöne Morgen reizte uns zu einem kleinen Ausflug in die Gegend. Wir hatten uns noch unzählige Dinge zu sagen. Unter anderem wollte ich wissen, warum sie sich mir denn nicht gleich am ersten Abend, als ich kam, entdeckte? ja wie sie es nur übers Herz bringen können, den ganzen folgenden Tag so grausam Komödie mit mir zu spielen? — „So? meint der Herr", entgegnete sie, „man hätte nicht auch Lust gehabt, ihm etwas auf den Zahn zu fühlen? Im ganzen habe ich mir freilich all die Jahre her nie eigentliche Sorge wegen deiner gemacht. Besonders hielt ich mich an das, was wir gelegentlich durch Reisende erfuhren. So kam einmal der Vetter, als eben Kirmes war zu Jünneda, mit einem lustigen Messerschmied an *einen* Tisch im Rößlein zu sitzen, der war nicht weit von hier zu Haus, kam erst von Achfurth her und wußte gar manches von dir; darunter war mir denn das wichtigste und angenehmste, daß sie dich dort den kalten Michel hießen. Die Base wollte dies nicht eben tröstlich für mich finden, ich aber sagte gleich, bei mir wird er schon auftauen. Nun mußt du aber wissen, Freund, ausdrücklich hatte Frau Sophie mir gesagt, du müßtest mich bei unserm Wiedersehn von selbst erkennen: dies sei die erste Probe, wie tief dir Ännchen noch im Herzen sitze. Und daß ich's nur gestehe, mir wollte schon anfangen bange werden, weil du so gar vernagelt warst; ja meinen Ohren traute ich kaum, als mir der Mensch anfing, von seinen Liebschaften da vorzuprahlen! Sieh, hätt ich mir nicht alle diese Faxen so ziemlich zurechtlegen können, es wär ja wahrhaftig mein Tod gewesen! Etwas muß aber doch daran sein, dachte ich, so arg er auch aufschneidet, ganz leer ging es nicht ab, dafür soll er mir jetzt ein bißchen zappeln."

Unter so fröhlichen Gesprächen waren wir, stets auf der flachen Höhe des Gebirgs fortschlendernd, bis an die gutsherrlichen Weinberge gekommen. Wir setzten uns auf eine kleine Mauer und blickten, über die Rebstöcke weg, hinunter in den sogenannten Schelmengrund. Die Gegend fiel mir auf, ja ich war ganz verblüfft — denn auf und nieder war ja hier das Tälchen wieder, das ich in jener Nacht gesehen, wo es vom Herbstvergnügen der Waidefeger widerhallte! Wie sonderbar! Alles traf zu, die Eiche abgerechnet, von welcher nichts zu sehen war. Ich säumte nicht, die Sache gleich Josephen zu erzählen, die sich höchlich darüber vernahm. Zwar hielt auch sie den Spuk in jener Rumpelkammer für einen bloßen Traum, den sie jedoch nichtsdestoweniger bedeutsam fand. Nachdem wir uns den Ort, und namentlich eine gewisse rundliche, mit Gras und Disteln überwachsene Vertiefung in der Erde zunächst am Mäuerchen, genau bemerkt, begaben wir uns, aller guten Hoffnung voll, nachdenklich auf den Rückweg.

Zu Hause ließ ich es mein erstes sein, die alte Karte mit dem Titelbildchen genauer zu betrachten. Die Ähnlichkeit war abermals nicht zu verkennen, obgleich sie sich bereits nicht mehr so ganz wie vorhin wollte finden lassen. — Während ich noch darüber nachdenke, reicht mir Josephe einen Brief: er sei in unserer Abwesenheit vom Dorf gebracht worden. Ich meinte Wunder was es wäre, das schlaue Mädchen aber sagte: „Gib acht, Herr Peter hat was auf dem Korn." So war es in der Tat. Seiner gekränkten Ehre eingedenk, machte er Miene, mir einen Prozeß anzuhängen; soviel sich aus der ganz konfusen Schreibart absehen ließ, schien er jedoch nicht ungeneigt, bevor es dahin käme, Genugtuung, und zwar mit barem Gelde, privatim von mir anzunehmen. — Zu rechter Zeit erinnerte ich mich jenes stählernen Knopfs, womit der Schuft den Fuhrmann damals prellte. Ich schlug sogleich ein säuberlich Papier um das edle Schaustück und legte ein paar Zeilen bei, worin ich ihm andeutete, wie sehr man sich zuweilen irren könne, und daß ein Biedermann, der in der Eile einen glatten Knopf für einen Fünfzehner ausgab, es eben auch passieren lassen müsse, wenn ihn ein anderer einmal für einen Galgenvogel nahm. — Der Brief tat völlig die gehoffte Wirkung; Herr Peter zeigte ihn zwar keiner Seele, doch soll er sich geäußert haben, ich hätte ihm sehr anständig Abbitte getan.

Nun kämen wir an das letzte Kapitel in meiner Geschichte, von dem ich zwar versichern darf, daß es seine besondern Reize hat, allein ich habe die Geduld meiner verehrten Zuhörer längst über die Gebühr erprobt und so mag es für heute bewenden.

„Wie? was, Herr Hofrat?" riefen mehrere Stimmen — „jetzt

fällt es Ihnen plötzlich ein, Punktum zu machen, jetzt, da es
auf das Ziel losgeht? da alles voll Erwartung ist? Nein, nein,
das geht nicht an, wir protestieren sämtlich!"

Der Hofrat aber rückte gelassen seinen Stuhl, und da man
ihn schon kannte, so sprach ihm niemand weiter zu.

„Wann werden wir denn nun das Ende hören?" fragten
einige Damen.

„O morgen abend, wenn Sie wollen."

„Was? da haben wir ja Ball! Als wenn er das nicht wüßte!"

„Gut — also übermorgen."

„Da reisen Sie ja ab!"

„Ich?"

„Freilich! Ihre Frau hat es uns selbst gesagt. Seht doch, den
Schalk! Er wollte uns wahrhaftig den Rest ohne weiteres schuldig bleiben!"

„Nun" — war die Antwort — „daß ich's nur gestehe, ich pflege
diesen Teil meiner Geschichte, der sich im wesentlichen übrigens
von selbst ergibt, nie gerne zu erzählen."

„Darf man wissen, warum?"

„Eine Grille."

„Das scheint geheimnisvoll."

„Ich glaube unsern Freund beinahe zu verstehn", sagte Cornelie, eine geistvolle, höchst liebenswürdige Blondine: „und so
sehr mich selber die Neugierde plagt, es will mir doch zugleich
gefallen, daß von den geisterhaften Dingen, die wir ahnen, der
letzte Schleier nicht hinweggenommen werde. Sie würden einem
fast, deucht mich, zu wirklich und zu nahe, und wären wenigstens mit einer heitern Darstellung, wie diese noch im ganzen
war, kaum zu vereinigen."

„Ei was!" rief Oberst Mathey hier mit halb komischer Ungeduld: „was für Umstände! Wir müssen absolut jetzt irgendeinen Schluß, einen expressen Schluß bekommen, und wenn wir
ihn uns selbst erzählen sollten."

„Das möchte wohl so schwer nicht sein", sagte Cornelie.

„Eh bien! ich nehme Sie beim Wort, mein schönes Kind! Geschwinde, geben Sie uns eine hübsche Skizze, damit sich unsere
Imagination vor Schlafengehn beruhige."

„Fürs erste", fing Cornelie an, „wird Herr von Rochen, als
ihm der merkwürdige Traum erzählt wurde, sogleich Anstalt
zur Nachgrabung bei jenen Weinbergen getroffen haben. Gewiß geschah dies mit der größten Vorsicht, und zwar nicht

anders als bei Nacht, teils um ein Aufsehn zu verhüten, teils weil der feierliche Gegenstand es so erforderte. Es war die Nacht vor Cyprian. Herr Marcell ermangelte nicht, bei Fackelschein in seiner Ostergalatracht zu Pferde den kleinen Zug geziemend anzuführen. In dessen Mitte ging Herr Arbogast als Hauptperson, dann folgten ein halb Dutzend Arbeiter mit brennenden Laternen, Spaten und Hacken wohl versehen. Diese geheimnisvolle Prozession, die Ankunft auf dem Platze, die Tätigkeit der Leute daselbst, wobei kein lautes Wort gesprochen werden durfte, sodann die immer steigende Bewegung, da man nach einem zweistündigen Graben endlich auf ein Gewölbe, zuletzt auf eine schmale Treppe stößt, und nun der auserwählte Jüngling, die Fackel in der Hand, sich zwischen Schutt und Trümmerwerk hindurcharbeitend, ein enges Kellerchen betritt, wo er vor allen Dingen eine kleine verrostete Kiste entdeckt, hierauf, nicht weit davon, Frau Irmels unheilvolle Kette und endlich – o Entzücken! ein helles Häuflein Gold, seine Dukaten! – fürwahr das sind köstliche Szenen, deren getreue Ausmalung sich allerdings verlohnen würde. Allein das Wichtigste ist noch zurück. Der Irmelgeist, je näher die ersehnte Stunde kam, verdoppelte, wie man leicht denken kann, sein Seufzen, seine Ungeduld. Auf alle Fälle mußte der edle Jüngling noch um Mitternacht in seine Werkstatt gehn, die Kette herzustellen; ein kitzliches Geschäft, wobei er jeden Augenblick besorgte, daß ihm der Geist über die Schulter gucke, ob auch die Arbeit fördere. Das Bräutchen war ihm hier der größte Trost; sie hielt ihm vermutlich das Licht. Nachdem er fertig war, schickte das vielgetreue Paar sich an, das Letzte und Bedenklichste selbander zu bestehen. Josephe knüpfte sich und ihrem Liebsten die magische Leibbinde um, die zwar nicht jede Gänsehaut verhüten, doch sonst vor bösen Einflüssen bewahren konnte. So zog denn Bräutigam und Braut, die goldene Kette zwischen sich haltend, dem Sichelflusse zu, wo nun das Kleinod unter stillen Segenssprüchen den Wellen übergeben ward. Wie sich der Geist dabei benommen und wie Frau Irmels Danksagung gelautet, muß freilich dahingestellt bleiben; genug daß sie zur Ruhe kam. Begierig wäre ich, was in dem eisernen Kistchen gewesen, und fast noch mehr, was für niedliche Dinge das Waidfeger-Volk in die Nischen und Ritzen des königlichen Schatzgewölbs versteckt haben mochte. Zuverlässig fand man auch der Waidekönigin ihr Krönlein darunter, das ich mir so geschmackvoll, so zierlich vorstelle, daß es Herrn Arbogast gleich als Modell zu seiner größern Arbeit dienen konnte, von der die Welt behauptet, sie sei ein Meisterstück der Kunst; wo aber eigentlich der Künstler die unvergleichlichen, sonst nie gesehenen Formen dazu hernahm, hat er den Leuten freilich nicht gesagt und kann auch billig unter uns bleiben."

Der Hofrat lächelte und sprach: „Sie haben in der Tat, bis auf einige Kleinigkeiten, meine Geheimnisse so artig erraten, daß ich mich, ganz im Ernst, darüber wundern muß und kein Bedenken trage, hiemit meine Geschichte für geschlossen zu erklären."

Sofort entspann sich unter den Zuhörern noch eine kleine Diskussion über Wahrheit und Dichtung in dem erzählten Abenteuer. „Vielleicht", sagte einer der Herrn, ein Forstmeister, „vielleicht bin ich imstande, gerade was die Hauptfrage betrifft, einiges Licht in den Zusammenhang zu bringen. Es hatten, ungefähr vor dreißig Jahren, wirklich Nachgrabungen bei jenem Schlößchen statt. Ein alter Förster meines Schwagers, der in der Nähe dort begütert ist, erzählte viel davon. Man fand einen langen, gewölbten, teilweise noch gut erhaltenen Gang. Er zog sich unterirdisch noch eine Strecke in den Wald hinein, wo er in eine wilde, fast unzugängliche Bergschlucht auslief. An seinem andern Ende, vermutlich in der Richtung nach der Burg, wo er etwa nur eingestürzt war, entdeckte man verschiedene, zum Teil kostbare Gegenstände, die schwerlich anders als durch Raub dahin gekommen sein konnten. Der berüchtigte Faligan, der sich bekanntlich im Spessart und im Odenwald lange umhertrieb und sein Leben in einem Gefecht mit streifenden Bauern durch einen Büchsenschuß verlor, soll an mehreren Orten solche geheime Niederlagen hinterlassen haben. Auch im gedachten Falle führten gewisse Spuren auf ihn zurück. Nun war er selbst zwar zu der Zeit, in die Herrn Arbogasts Beraubung fiele, schon längst tot, allein was hindert uns anzunehmen, daß in der Zwischenzeit ein ähnliches Genie das Loch entdeckt, den vorgefundenen Schatz auf gleiche Art vermehrt, und endlich auch Herrn Arbogasts Felleisen so glücklich operiert haben möge?"

Indes nun die Gesellschaft sich hierüber stritt, war der Hofrat still hinausgegangen, kam aber sehr bald wieder und sah sich rings im Saale um. Man fragte, was er suche. „Ich suche meine Frau!" versetzte er, „die ich schon längst im tiefsten Schlaf begraben glaubte. Ihr Bette ist noch unberührt!"

„Das sieht bedenklich aus!" sagte Cornelie, „wenn man sie Ihnen nur nicht entführte, Herr Hofrat! Sagt nicht Ihr Schatzkästlein etwas dergleichen?"

Eine bekannte, angenehme Stimme sprach hier auf einmal hinter dem Ofen hervor:

„Jag nit darnach, mach kein Geschrei,
Und allerdings fürsichtig sei."

und sogleich trat zu allgemeinem Jubel Madam Arbogast aus ihrem dunkeln Versteck. Sie dankte ihrem Manne sehr anmutig für alle das Schöne und Gute, das er ihr angedichtet, bestätigte jedoch, daß er im ganzen keineswegs ein Märchen erzählt habe.

Als die Gesellschaft nun aufbrach, und jedermann sein Licht ergriff, sprach Arbogast noch mit Cornelien und sagte ihr etwas ins Ohr. „Ist's möglich?" rief sie mit Verwunderung, so daß die andern in der Türe stehenblieben. „Wissen Sie auch", fuhr sie, gegen jene gewendet, heraus: „wer der verdächtige Wegzeiger war auf der Heide? − Der Ritter von Latwerg! Er wartete auf seinen Osterengel."

„Was Teufels!" rief der Oberst. „Nun denn − Gut Nacht, Herr Ritter! Die Hähne krähen schon, mich verlangt nach dem Bette!"

DER BAUER UND SEIN SOHN

Märchen

Morgens beim Aufstehn sagt einmal der Peter ganz erschrokken zu seinem Weib: „Ei, schau doch, Ev, was hab ich da für blaue Flecken! Am ganzen Leib schwarzblau! — und denkt mir doch nicht, daß ich Händel hatte!" „Mann!" sagte die Frau, „du hast gewiß wieder den Hansel, die arme Mähr, halb lahm geschlagen? Vom Ehni hab ich das wohl öfter denn hundertmal gehört: wenn einer sein Vieh malträtiert, sei's Stier, sei's Esel oder Pferd, da schickt es seinem Peiniger bei Nacht die blauen Mäler zu. Jetzt haben wir's blank." Der Peter aber brummte: „Hum, wenn's nichts weiter zu bedeuten hat!" schwieg still und meinte, die Flecken möchten ihm den Tod ansagen; deshalb er auch etliche Tage zahm und geschmeidig war, daß es dem ganzen Haus zugut kam. Kaum aber ist ihm die Haut wieder heil, da ist er wie immer der grimmige Peter mit seinem roten Kopf und lauter Flüchen zwischen den Zähnen. Der Hansel sonderlich hatte sehr böse Zeit, dazu noch bittern Hunger, und wenn ihm oft im Stall die Knochen alle weh taten von allzuharter Arbeit, sprach er wohl einmal vor sich hin: Ich wollt, es holte mich ein Dieb, den würd ich sanft wegtragen!

Es hatte aber der Bauer einen herzguten Jungen, Frieder mit Namen, der tat dem armen Tier alle Liebe. Wenn die Stalltür aufging, etwas leiser wie sonst, drehte der Hansel gleich den müden Kopf herum, zu sehn, ob es der Frieder sei, der ihm heimlich sein Morgen- oder Vesperbrot brachte. So kommt der Junge auch einmal hinein, erschrickt aber nicht wenig: denn auf des Braunen seinem Rücken sitzt ein schöner Mädchen-Engel mit einem silberhellen Rock und einem Wiesenblumenkranz im gelben Haar und streicht dem Hansel die Bückel und Beulen glatt mit seiner weißen Hand. Der Engel sieht den Frieder an und spricht:

DER BAUER UND SEIN SOHN

> „Dem wackern Hansel geht's noch gut,
> Wenn ihn die Königsfrau reiten tut.
> Arm Frieder
> Wird Ziegenhüter,
> Kriegt aber Überfluß,
> Wenn er schüttelt die Nuß,
> Wenn er schüttelt die Nuß!"

Solches gesagt, verschwand der Engel wieder und war nicht mehr da. Den Knaben überlief's, er huschte hurtig aus der Tür. Als er aber den Worten, die er vernommen, weiter nachsann, ward er fast traurig. Ach! dachte er, der Ziegenbub vom Flecken sein, das ist doch gar ein faul und ärmliches Leben, da kann ich meiner Mutter nicht das Salz in die Suppe verdienen. Aber Nüß? woher? In meines Vaters Garten wachsen keine; und wenn ich sie auch ganzer Säcke voll schütteln sollte, wie der Engel verheißt, davon wird niemand satt. Ich weiß, was ich tun will, wann ich die Ziegen hüten muß: ich sammle Besenreißig nebenher und lerne Besen binden, da schafft sich doch ein Kreuzer. Solche Gedanken hatte Frieder jenen ganzen Tag, sogar in der Schule und schaute darein wie ein Träumer. „Wieviel ist sechs mal sechs?" fragte der Schulmeister beim Einmaleins. „Nun, Frieder, was geht dir heut im Kopf herum? schwätz!" Der Bub, voll Schrecken, wußte nicht, sollt er sagen: Besenreißig, oder: sechsunddreißig, denn eigentlich war beides richtig; er sagte aber: „Besenreißig!" Da gab es ein Gelächter, daß alle Fenster klirrten, und blieb noch lang ein Sprichwort in der Schule, wenn einer in Gedanken saß: der hat Besenreißig im Kopf.

In der Nacht konnte Frieder nicht schlafen. Einmal kam es ihm vor, als sei es im Hof nicht geheuer; er richtete sich auf und sah durchs Fenster über seinem Bett. Sieh da! drang eine Helle aus dem Stall und kam der Hansel heraus und der Engel auf ihm, der ritt ihn aus dem Hof so sachten Tritts, als ging es über Baumwolle weg. Im ersten Augenblick will Frieder schreien, doch gleich besinnt er sich und denkt, es ist ja Hansels Glück! — legt sich also geruhig wieder hin und weint nur still in die Kissen, daß jetzt der Hansel fort sein soll und nimmer wiederkommen.

Wie nun die zwei auf offener Straße waren und der Gaul im hellen Mondschein seinen Schatten sah, sprach er für sich:

„Ach! bin ich nicht ein dürres Bein! eine Königin säße mir nimmermehr auf." Der Engel sagte weiter nichts hiegegen und lenkte bald seitwärts in einen Feldweg ein, wo sie nach einer guten Strecke an eine schöne Wiese kamen; sie war voll goldener Blumen und hieß die *unsichtbare*, denn sie von ordinären Leuten nicht gesehen ward und ging bei Tage immer in einen nahen Wald hinein, daß sie kein Mensch ausfand. Kam aber guter armer Leute Kind mit einem Kühlein oder Geiß daher, dem zeigte der Engel die Wiese; es wuchs ein herrliches Futter auf ihr, auch mancherlei seltsame Kräuter, davon ein Tier fast wunderbar gedieh. Auf demselbigen Platz stieg der Engel jetzt ab, sprach: „Weide, Hans!" lief dann am Bach hinunter und schwand in die Lüfte, nur wie ein Stern am Himmel hinzückt. Der Hansel seinerseits fraß aber tapfer zu; und als er satt war, tat's ihm leid, so fett und milchig war das zarte Gras. Endlich kommt ihm der Schlaf; also legt er sich stracks an den Hügel dort bei den runden Buchen und ruht bei vier Stunden. Weckt ihn mit eins ein Jägerhorn, da war es Tag und stund die Sonne hell und klar am Himmel. Risch, springt er auf, sieht seinen Schatten auf dem grünen Rasen, verwundert sich und spricht: „Ei! was bin ich ein schmucker Kerl geworden! unecket, glatt und sauber!" So war es auch, und glänzte seine Haut als wie in Öl gebadet.

Nun aber jagte der König des Landes schon etliche Tage in selbiger Gegend und ging just aus dem Wald hervor mit seinen Leuten. „Ah schaut! ah schaut!" rief er: „was für ein schönes Roß! wie es die stolzen Glieder übt in Sprüngen und lustigen Sätzen!" So sprechend trat er nahe herzu mit den Herren vom Hofe, die vernahmen sich alle über das Pferd und klopften ihm liebkosend auf den Hals. Sagte der König: „Reit, Jäger, in das Dorf hinein, zu fragen, ob dieses Tier nicht feil. Sag ihnen, es käm an keinen schlechten Herrn." Derselbe Jägersmann ritt eine Schecke, welche dem Hansel wohlgefiel, derhalben er von selbst mit in den Flecken trabte, wo die Bauern alsbald neugierig die Köpfe aus den Fenstern streckten. „Hört, Leute! wessen ist der feine Braun?" ruft der Jäger durch die Gassen. „Mein ist er nicht! — das ist kein hiesiger!" hieß es von allen Seiten. „Sieh, Frieder, guck!" sagte der Peter, „das ist ein ungrischer. Ich wollt, der wär mein." Zuletzt beteuerte der Hufschmied, ein solches Tier sei auf sechs Meilen im Revier gar nicht zu Hause. Da ritt der Jäger samt dem Hansel zum König zurück, vermeldend: „Das Roß ist herrenlos." „Behalten wir's denn!" versetzte der König, und ging der Zug also weiter.

Indessen meint der Peter, es wäre Zeit sein Vieh zu füttern, und stößt mit Gähnen die Stalltür auf. Hu! macht der Rüpel Augen, wie er den leeren Stand der Mähre sieht. Lang waren ihm alle Gedanken wie pelzen. „Zum Gukuk!" fuhr er endlich auf, „wird nicht viel fehlen, war da vorhin der fremde Gaul mein Hansel und ist's mit des Teufels Blendwerk geschehen, daß ihn kein Mensch dafür erkannte!" Der Peter wollte sich die Haar ausraufen: allein was konnte er machen? Der Gaul war fort. Es haben mich nur die zwei Ochslein gedauert. An denen ließ der Unmensch seinen Grimm in diesen Tagen aus und mußten sie für ihrer drei arbeiten. Was ihnen aber, nächst Püffen, Schlägen, Hungerleiden, das Leben vollends ganz verleidete, das war das Heimweh nach dem braven Hans. Sie trauerten und wurden wie verstockt und taten alles hinterstfür; deshalb der Peter leis zu seinem Weibe sprach: „Es ist schon nicht anders, die Ochsen sind mir auch verhext." Bald wurden die Ehleute eins, daß sie das Paar für ein Spottgeld dem Metzger abließen; der schlachtete sie in der Stadt. Allein was geschieht? In einer Nacht, da alles schlief, klopft es dem Peter am Laden; schreit er: „Wer ist da drauß?" Antworten ihm zwo tiefe Baßstimmen:

„Der Walse und der Bleß
Müssen wandeln deinetwegen,
Wollen zu fressen, fressen in ihre kalten Mägen!"

Dem Peter schauerte die Haut, er zupfte sein Weib: „Steh *du* auf, Ev!" „Ich nicht!" antwortete die Frau, „sie wollen halt ihr Sach von *dir.*" So stund der Großmaul auf mit Zittern, warf ihnen Futter hinaus, und wie sie damit fertig waren, gingen sie wieder.

Nun kam das Unglück Schlag auf Schlag. Der Peter brachte zwar vom nächsten Markt wieder zween Stiere heim, allein da zeigte sich's, es wollte mit aller Lieb kein Vieh mehr in dem Stalle bleiben: die beiden Stiere samt der Kuh wurden krank, man mußte sie mit Schaden aus dem Hause tun. Der Peter läuft zu einem Hexenbanner, will sagen Erzspitzbuben, legt ihm gutwillig einen Taler hin, dafür kriegt er ein Pulver, mit dem soll er den Stall durchräuchern, Schlag zwölfe um Mittag. Er räucherte auch wirklich so handig, daß er die Glut ins Stroh

brachte, und schlug der rote Hahn alsbald die Flügel auf dem
Dach, das heißt, Stallung und Scheuer ging in lichten Flammen
auf; mit knapper Not konnte die Löschmannschaft das Wohnhaus retten. Peter, wo will's mit dir hinaus? — Die nächste
Nacht klopft es am Kammerladen. „Wer ist da?"

„Der Walse und der Bleß
Kommen in Wind und Regen,
Wollen zu fressen, fressen in ihre kalten Mägen!"

Da fuhr der Peter in Verzweiflung aus dem Bett, schlug die
Hände überm Kopf zusammen und rief: „Ach mein! ach mein!
soll ich die Toten füttern und hab doch bald für die Lebendigen nichts mehr!" Das erbarmte die Tiere, sie gingen fort,
kamen auch nimmermehr.

Anstatt daß der Peter jetzt in sich geschlagen hätte und seinen
Frevel gutgemacht, bot er dem Jammer Trutz im Wirtshaus
unter lustigen Gesellen. Je mehr sein Weib ihn schalt und lamentierte, um desto weniger schmeckt's ihm daheim; er machte
dabei Schulden, kein General hätt sich dran schämen dürfen,
und bald kam es so weit, daß man ihm Haus und Gut verkaufte. Jetzt mußte er taglöhnen, und auch sein armes Weib
spann fremder Leute Faden. Der Frieder aber, der saß richtig
vor dem Dorf, hielt einen Stecken in der Hand und wartete
der Ziegen oder band Besenreis auf den Verkauf.

Drei Jahre waren so vergangen, begab sich's einmal wieder,
daß der König das Wildschwein jagte, und war auch die Königin diesmal dabei. Weil es aber Winterszeit war und sehr kalt,
wollten die Herrschaften das Mittagsmahl nicht gern im Freien
nehmen, sondern die königlichen Köche machten ein Essen fertig
im Greifenwirtshaus und speiste man im obern Saal vergnüglich, dazu die Spielleute bliesen. Das Volk aber stund auf der
Gasse, zu horchen. Als nunmehr nach der Tafel die Pferde wieder vorgeführt wurden und man auch das Leibroß der Königin
zäumte, stund vornean der Ziegenbub, der sprach gar keck zum
Reitknecht hin: „Das Roß ist meines Vaters Roß, daß Ihr's
nur wißt!" Da lachte alles Volk laut auf; der Braune aber
wieherte dreimal für Freuden und strich mit seinem Kopf an
Frieders Achsel auf und nieder. Dies alles sah und hörte die
Königin vom Fenster hochverwundert und sagt' es gleich ihrem
Gemahl. Derselbe läßt den Ziegenbuben rufen und dieser tritt
bescheidentlich, doch munter, in den Saal mit Backen rosenrot,

und war er auch sonst ein sauberer Bursche mit lachenden Augen, ging aber barfuß. Redt ihn der König an: „Du sagtest ja, das schöne Pferd da unten wär deines Vaters, nicht?" „Und ist auch wahr, Herr, mit Respekt zu melden." „Wie willst du das beweisen, Bursch?" „Ich will es wohl, wenn Ihr's vergönnt. Den Reitknecht hört ich rühmen, das Roß ließe niemand aufsitzen, außer die Königin, der es gehöre. Nun sollt Ihr aber sehn, ob mir's nicht stillehält und nachläuft, wenn ich ihm Hansel rufe: darnach mögt Ihr denn richten, ob ich die Wahrheit sprach." Der König schwieg ein Weilchen, sprach dann zu einem seiner Leute: „Bringt mir drei wackre Männer aus der Gemeine her, damit wir hören, was sie dem Knaben zeugen." Als nun die Männer kamen und über das Pferd gefragt wurden, so fiel ihr Ausspruch nicht zu Frieders Gunsten aus. Da tät der Knabe seinen Mund selbst auf und hub an, treu und einfältig die Geschichte vom Engel zu erzählen, wie er den Hansel entführte, auch wie er ihm unlängst wieder erschienen sei und ihm die unsichtbare Wiese gezeigt habe, welche den Hansel so stattlich gemacht. Darüber waren freilich die Anwesenden hoch erstaunt, etliche blickten schelmisch, allein die Königin sagte: „Gewiß, das ist ein frommer Sohn und steht ihm die Wahrheit an der Stirn geschrieben." Der König selber schien dem Buben wohlgesinnt, doch, weil er guter Laune war, sprach er: „Das Probestück wollen wir ihm nicht erlassen." Hiermit rief er den Frieder an ein Seitenfenster, das nach dem Freien ging auf einen Grasplatz, weit und flach, in dessen Mitte stand ein großer Nußbaum, wohl hundert Schritt vom Haus; es lag aber alles dicht überschneit, denn es im Christmond war. „Du siehst", sagte der König, „die große Wiese hier." „O ja, warum denn nicht", rief ein Hofmann, des Königs Spaßmacher, halblaut dazwischen: „es ist zwar eine von den unsichtbaren, denn sie ist über und über mit Schnee zugedeckt." Die Hofleute lachten; der König aber sprach zum Knaben: „Laß dich ein loses Maul nicht irren! Schau, du sollst mir auf dem Hansel einen Ring rund um den Nußbaum in den Schnee hier reiten, und wenn es gut abläuft, soll aller Boden innerhalb des Rings dein eigen sein!" Da freuten sich die Schranzen, meinend, es gäbe einen rechten Schnack; der Frieder wurde aber so freundlich, daß er die weißen Zähne nicht wieder unterbringen konnte. Das Roß ward vorgeführt (nachdem man ihm zuvor den goldnen Frauensattel abgenommen), es jauchzte hellauf, und alles

Volk mit ihm, und Frieder saß oben mit *einem* Schwung. Erst ritt er langsam bis zur Wiese vor, hielt an, und maß mit dem Aug nach allen Seiten den Abstand vom Baum, dann setzt' er den Hansel in Trab und endlich in gestreckten Lauf, das ging wie geblasen und war es eine Lust ihm zuzusehen, wie sicher und wie leicht der Bursche saß. Er war aber nicht dumm und nahm den Kreis so weit als er nur konnte; gleichwohl lief derselbe am Ende so schön zusammen, als wäre er mit dem Zirkel gemacht. Mit Freudengeschrei ward der Frieder empfangen, im Nu saß er ab, küßte den Hansel auf den Mund und der König am Fenster winkt' ihn herauf in den Saal. „Du hast", sprach er zu ihm, „dein Probstück wohl gemacht; die Wiese ist dein. Den Hansel anbelangend, den kann ich dir nicht wiedergeben: ich hab ihn meiner Königin geschenkt; soll aber dein Schaden nicht sein." Mit diesen Worten drückte er ihm ein Beutelein in die Hand, gespickt voll Dublonen. Des war der Knabe sehr zufrieden, zumal die Königin hinzusetzte: er möge alle Jahr zur Stadt kommen, in ihrem Schloß vorsprechen und den Hansel besuchen. „Ja", rief der Frieder, „und da bring ich Euch zur Kirchweih allemal ein Säcklein grüne Nüß vom Baum!" „Bleib es dabei!" sagte die Königin; so schieden sie. Der Frieder lief heim durch all das Volksgewühl und Gejubel hindurch, zu seinen Eltern. Der Peter hatte den Ritt von weitem heimlich mit angesehen, und jetzt tat er in seinem Herzen ein Gelübde — ich brauche ja wohl nicht zu sagen, worin das bestand. Genug, der Hansel und der Frieder hatten ihm wieder auf einen grünen Zweig geholfen: er wurde ein braver, ehrsamer Mann, dazu ein reicher, der einen noch reichern Sohn hinterließ. Seit dieser Zeit hat sich im ganzen Dorf kein Mensch an einem Tier mehr versündigt.

DIE HAND DER JEZERTE

Märchen

In des Königs Garten, eh das Frühlicht schien, rührte der Myrtenbaum die Blätter, sagend:

„Ich spüre Morgenwind in meinen Zweigen; ich trinke schon den süßen Tau: wann wird Jezerte kommen?"

Und ihm antwortete die Pinie mit Säuseln:

„Am niedern Fenster seh ich sie, des Gärtners Jüngste, schon durchs zarte Gitter. Bald tritt sie aus dem Haus, steigt nieder die Stufen zum Quell und klärt ihr Angesicht, die Schöne."

Darauf antwortete der Quell:

„Nicht Salböl hat mein Kind, nicht Öl der Rose; es tunkt sein Haar in meine lichte Schwärze, mit seinen Händen schöpft es mich. Stille! ich höre das Liebchen."

Da kam des Gärtners Tochter zum Born, wusch sich und kämmte sich und flocht ihre Zöpfe.

Und sieh, es traf sich, daß Athmas, der König, aus dem Palaste ging, der Morgenkühle zu genießen, bevor der Tag anbrach; und wandelte den breiten Weg daher auf gelbem Sand und wurde der Dirne gewahr, trat nahe zu und stand betroffen über ihre Schönheit, begrüßte die Erschrockene und küßt' ihr die Stirn.

Seit diesem war sie Athmas lieb und kam nicht mehr von seiner Seite Tag und Nacht; trug köstliche Gewänder von Byssus und Seide, und war geehrt von den Vettern des Königs, weil sie sich hold und demütig erwies gegen Große und Kleine und gab den Armen viel.

Übers Jahr aber wurde Jezerte krank, und half ihr nichts, sie starb in ihrer Jugend.

Da ließ der König ihr am Garten des Palasts ein Grabgewölbe bauen, wo der Quell entsprang, darüber einen kleinen Tempel, und ließ ihr Bildnis drin aufstellen aus weißem Marmor, ihre ganze Gestalt, wie sie lebte, ein Wunderwerk der Kunst. Den Quell aber hielt das Volk heilig.

Alle Monden einmal ging der König dahin, um Jezerte zu weinen. Er redete mit niemand jenen Tag, man durfte nicht Speise noch Trank vor ihn bringen.

Er hatte aber eine andere Buhle, Naïra; die ward ihm gram darob und eiferte im stillen mit der Toten; gedachte, wie sie ihrem Herrn das Andenken an sie verkümmere und ihm das Bild verderbe.

Sie beschied insgeheim Jedanja zu sich, einen Jüngling, so dem König diente; der trug eine heimliche Liebe zu ihr, das war ihr nicht verborgen. Sie sprach zu ihm: „Du sollst mir einen Dienst erzeigen, dran ich erkennen will, was ich an dir habe. Vernimm. Ich höre von Jezerten immerdar, wie schön sie gewesen, so daß ich viel drum gäbe, nur ihr Bildnis zu sehn, und ob ich zwar das nicht vermag, weil mein Herr es verschworen, will ich doch eines von ihr sehen, ihre Hand, davon die Leute rühmen, es sei ihresgleichen nicht mehr zu finden. So sollst du mir nun dieses Wunder schaffen und mir vor Augen bringen, damit ich es glaube."

„Ach, Herrin", sagte er, „ich will dich selbst hinführen, daß du Jezerte beschauest, bei Nacht."

„Mitnichten!" antwortete sie: „wie könnte ich aus dem Palaste gehen? Tu, wie ich sagte, Lieber, und stille mein Gelüst." — Und sie verhieß ihm große Gunst, da versprach es der Knabe.

Auf eine Nacht ersah er die Gelegenheit durch Pforten und Gänge, und kam zum Grabmal unbeschrieen, denn die Wache stand in den Höfen. Er hatte aber einen künstlichen Haken, der öffnete das Schloß, und wie er eintrat, sah er das Bildnis stehn im Schein der Lampen; die brannten Tag und Nacht.

Er trat herzu, faßte die eine Hand und brach sie ab, hart über dem Gelenke, barg sie in seinen Busen, eilte und zog die Tür hinter sich zu.

Wie er nun längs der Mauer hinlief, vernahm er ein Geräusch und deuchte ihm als käme wer. Da nahm er in der Angst die Hand und warf sie über die Mauer hinweg in den Garten und floh. Die Hand fiel aber mitten in ein Veilchenbeet und nahm keinen Schaden. Alsbald gereuete den Jüngling seine Furcht, denn sie war eitel, und schlich in den Garten, die Hand wiederzuholen; er fand sie aber nicht, und suchte bis der Tag anfing zu grauen, und war wie verblendet. So machte er sich fort und kam in seine Kammer.

Am andern Morgen, als die Sonne schien, lustwandelte Athmas unter den Bäumen. Er kam von ungefähr an jenes Beet und sah die weiße Hand in den Veilchen und hob sie auf mit Schrecken, lief hinweg und es entstand ein großer Lärm durch den Palast. Kamen auch alsbald Knechte des Königs und sagten ihm an: „Wir haben in der Dämmerung Jedanja gesehn durch den Garten hin fliehen und haben seine Fußstapfen verfolgt."
— Darauf ward der Jüngling ergriffen und in das Gefängnis geworfen.

Naïra mittlerweile bangte nicht, denn sie war keck und sehr verschlagen. Berief in der Stille Maani zu sich, Jedanjas Bruder, und sagte: „Mich jammert dein Bruder, ich möchte ihm wohl heraushelfen, wenn er den Mut hätte, zu tun wie ich ihn heiße, und du mir eine Botschaft an ihn brächtest."

Maani sprach: „Befiehl und nimm mein eigen Leben, daß ich nur den Knaben errette!"

Da hieß Naïra ihn schnell einen Pfeil herbeiholen. Sie aber nahm einen Griffel und schrieb der Länge nach auf den Schaft diese Worte:

„Verlange vor den König und sprich: ‚Jedanja liebte Jezerten und war von ihr geliebt, und hängt sein Herz noch an der Toten, also daß er im blinden Wahn die Übeltat verübte.‘ So spreche mein Freund und fürchte nicht, daß ihn das Wort verderbe. Die dieses rät, wird alles gutmachen."

Nachdem sie es geschrieben, sagte sie: „Nimm hin und schieße diesen Pfeil zu Nacht durchs Gitter, wo dein Bruder liegt im Turm."

Maani ging und richtete es kühnlich aus.

Den andern Tag rief Athmas den Gefangenen vor sich und redete zu ihm: „Du hast das nicht von selbst getan. So bekenne denn, wer dich gedungen!"

Der Jüngling sagte: „Herr, niemand."

Und als er Grund und Anlaß nennen sollte seines Frevels, verweigert’ er’s und schwieg, so hart man ihn bedrohte, und mußten ihn die Knechte wieder wegführen. Sie schlugen ihn und quälten ihn im Kerker, drei Tage nacheinander, solchermaßen, daß er nahe daran schien, zu sterben. Dies litt er aber listigerweise, der Absicht, daß er Glauben finden möge, wenn er nunmehr zu reden selbst begehrte. Ließ sich also am vierten Morgen, da die Peiniger aufs neue kamen, zu dem König bringen, fiel zitternd auf sein Angesicht, schien sprachlos, wie vor großer Angst und Reue, bis ihm verheißen ward, das Leben zu behalten, wofern er die Wahrheit bekenne. Da sagte er: „So wisse, Herr! Bevor des Gärtners Tochter meinem Herrn gefiel, daß er sie für sich selbst erwählte, war sie von Jedanja geliebt, und sie liebte ihn wieder. Hernach floh ich hinweg aus Kummer, und kehrte nicht zur Stadt zurück, bis ich vernahm, Jezerte sei gestorben. Die ganze Zeit aber habe ich nicht aufgehört, das Kind zu lieben. Und da ich jüngst bei Nacht, von Sehnsucht übernommen, wider dein Gebot in das Gewölbe ging und sah das Bild, trieb mich unsinniges Verlangen, den Raub zu begehn."

Der König hatte sich entfärbt bei dieser Rede und stand verworren eine Zeitlang in Gedanken; dann hieß er die Diener Jedanja freilassen, denn er zweifelte nicht mehr, daß dieser wahr gesprochen. Doch befahl er dem Jüngling und allen, die jetzo zugegen gewesen, bei Todesstrafe, nicht zu reden von der Sache.

Athmas war aber fortan sehr bekümmert, denn er dachte, Jezerte habe ihm gelogen, da sie ihm schwur, sie habe keinen Mann gekannt, bis sie der König gefunden; also daß er nicht wußte, sollte er die Tote ferner lieben oder hassen.

Einsmals, da Naïra sich bei ihm befand wie gewöhnlich, erblickte sie an seinem Sitz ein Kästchen von dunklem Holz, mit Perlen und Steinen geziert. Daran verweilten ihre Augen, bis Athmas es bemerkte und ihr winkte, das Kästchen zu öffnen. Sie lief und hob den Deckel auf, da lag Jezertes Hand darin auf einem Kissen. Sie sah dieselbe mit Verwunderung an und pries sie laut mit vielem Wesen vor dem König. Und er, indem er selber einen Blick hintat, sprach ohne Arg: „Schaut sie nicht traurig her, gleich einer Taube in der Fremde? Siehe, es war ein weißes Taubenpaar, nun hat der Wind die eine verstürmt von ihrer Hälfte weg. Ich will, daß sie der Grieche wieder mit dem Leib zusammenfüge."

Diese Rede empfand Naïra sehr übel. Sie fing aber an, mit falschen Worten ihren Herrn zu trösten und sagte arglistig dabei, Jezerte möge wohl vor Gram um ihren Knaben krank geworden und gestorben sein. Hiemit empörte sie des Königes Herz und schaffte sich selbst keinen Vorteil, vielmehr ward er mißtrauisch gegen sie.

Er ging und sprach bei sich: Sollte es sein, wie dies Weib mir sagt, so will ich doch nimmer das Bildnis vertilgen. Wann jetzt die Zeit der heiligen fünf Nächte kommt, will ich's versenken in das Meer, nicht allzu fern der Stadt. Es sollen sich ergötzen an seiner Schönheit holde Geister in der Tiefe, und der Mond mit täuschendem Schein wird es vom Grund heraufheben. Dann werden die Schiffer dies Trugbild sehn und werden sich des Anblicks freuen.

Nicht lang hernach, da der König vor solchen Gedanken nicht schlief, erhob er sich von seinem Lager und ging nach dem Grabmal, sah das Bild, daran das abgebrochene Glied vom Künstler mit einer goldenen Spange wieder wohlbefestigt war, daß niemand einen Mangel hätte finden können, der es nicht wußte. Er kniete nieder, abgewendet von Jezerte, mit dem Gesicht gegen die Wand, und flehte Gott um ein gewisses Zeichen, ob das Kind unschuldig war oder nicht; wo nicht, so wollt er Jezerte vergessen von Stund an. Er hatte aber kaum gebetet, so ward der ganze Raum von süßem Duft erfüllt, als von Veilchen; als hätte Jezertes Hand von jenem Gartenbeet allen Wohlgeruch an sich genommen und jetzo von sich gelassen mit eins. Da wußte Athmas gewiß, sie sei ohne Tadel, wie er und jedermann sie immerdar gehalten; sprang auf, benetzte ihre Hand mit Tränen und dankte seinem Gott. Zugleich gelobte er ein großes Opfer, und ein zweites mit reichen Gaben an das arme Volk, wenn ihm der Täter geoffenbart würde.

Und sieh, den andern Morgen erschien Naïra zur gewohnten Stunde nicht in des Königs Gemächern, und ließ ihm sagen, sie sei krank, er möge auch nicht kommen, sie zu besuchen. Sie lag im Bette, weinte sehr vor ihren Frauen und tobte, stieß Verwünschungen aus und sagte nicht, was mit ihr sei; auch schickte sie den Arzt mit Zorn von sich.

Da sie nach einer Weile stiller geworden, rief sie herzu ihre Vertrauteste und wies ihr dar ihre rechte Hand, die war ganz schwarz, wie schwarzes Leder, bis an das Gelenk. Und sprach mit Lachen zu der ganz entsetzten Frau: „Diesmal wenn du nicht weißt zu schmeicheln und ein Bedenken hast, zu sagen, sie ist viel weißer als das Elfenbein, und zärter als ein Lotosblatt, will ich dir nicht feind sein!" — Dann weinte sie von neuem, besann sich und sagte mit Hast: „Nimm allen meinen Schmuck, Kleider und Gold zusammen, und schaffe, daß wir heute in der Nacht entkommen aus dem Schloß! Ich will aus diesem Lande."

Das letzte Wort war ihr noch nicht vom Munde, da tat sich in der Wand dem Bette gegenüber eine Tür auf ohne Geräusch, die war bis diese Stunde für jedermann verborgen, und durch sie trat der König ein in das Gemach.

In ihrem Schrecken hielt Naïra beide Hände vors Gesicht, alsdann fuhr sie zurück und barg sich in die Kissen. Er aber rief: „Bei meinem Haupt, ich wollte, daß meine Augen dieses nicht gesehen hätten!" — So zornig er auch schien, man konnte doch wohl merken, daß es ihm leid tat um das Weib.

Er ging indes, wie er gekommen war, und sagte es den Fürsten, seinen Räten, an, alles, wie es gegangen. Diese verwunderten sich höchlich, und einer, Eldad, welcher ihm der nächste Vetter war, frug ihn: „Was will mein Herr, daß Naïra geschehe, und was dem Buben, den du losgelassen hattest?" — Der König sagte: „Verbannet sei die Lügnerin an einen wüsten Ort. Ihr Blut begehre ich nicht; sie hat den Tod an der Hand. Jedanja mögt ihr fangen und verwahren."

Es war aber im Meer, zwo Meilen von dem Strand, an dem die Stadt gelegen, eine Insel, von Menschen nicht bewohnt, nur Felsen und Bäume. Dahin beschloß Eldad sie bringen zu lassen; denn beide hatten sich immer gehaßt. Als ihr nun das verraten ward, obwohl es annoch geheim bleiben sollte, sprach sie sogleich zu ihren Frauen: „Nicht anderes hat er im Sinn, denn daß ich dort umkomme. Ihr werdet Naïra nicht sehen von dieser Insel wiederkehren."

Fortan hielt sie sich still und trachtete auf keine Weise dem zu entgehn, das ihrer wartete. Sie machte sich vielmehr bereit zur Reise auf den andern Morgen. Denn schon war bestellt, daß ein Fahrzeug drei Stunden vor Tag sie an der hintern Pforte des Palasts empfange.

Und als sie in der Frühe völlig fertig war und angetan mit einem langen Schleier, und schaute durchs Fenster herab in die Gärten, da der Mond hell hineinschien, sprach sie auf einmal zu den Frauen: „Hört, was ich jetzo dachte, indem ich also stand und mir mein ganz Elend vor Augen war. Ich sagte bei mir selbst: du möchtest dies ja wohl erdulden alles, die Schmach, den Bann und den Tod, wenn du nicht müßtest mit dir nehmen das böse Mal an deiner Hand; denn es grauete mir vor mir selbst. In meinem Herzen sprach es da: Wenn du die Hand eintauchtest in Jezertes Quell beim Tempel, mit Bitten, daß sie dir vergebe, da wärest du rein. — Wer ginge nun gleich zu dem Hauptmann der Wache, daß er den Fürsten bitte, mir so viel zu gestatten?

Und eine der Frauen lief alsbald. Der Hauptmann aber wollte nicht. Naïra sagte: „So gehe du selbst an den Quell, es wird dir niemand wehren, und tauche dieses Tuch hinein und bring es mir."

Doch keine traute sich, ihr diesen Liebesdienst zu tun. Naïra rief und sah auf ihre Hand: „O wenn Jezertes Gottheit wollte, ein kleiner Vogel machte sich auf und striche seinen Flügel durch das Wasser und käme ans Fenster, daß ich ihn berühre!"
— Dies aber mochte nicht geschehn; und kamen jetzt die Leute, Naïra abzuholen. Sie fuhr auf einem schlechten Boot, mit zween Schergen und acht Ruderknechten, schnell dahin; saß auf der mittlern Bank allein, gefesselt; zu ihren Füßen etwas Vorrat an Speisen und Getränk, nicht genug für fünf Tage. Und saß da still, in dichte Schleier eingewickelt, daß die Blicke der Männer sie nicht beleidigten, auch daß sie selbst nicht sehen mußte; und war, als schiffte sie schon jetzo unter den Schatten.

Bei jenem Eiland als sie angekommen waren, lösten die Begleiter ihre Bande und halfen ihr aussteigen; setzten drei Krüge und einen Korb mit Brot und Früchten auf den Stein und stießen wieder ab ungesäumt.

Die Männer behielten den Ort im Gesicht auf der Heimfahrt, solange sie vermochten, und sahen die Frau verhüllt dort sitzen, im Anfang ganz allein, so wie sie dieselbe verlassen, darnach aber gewahrten sie eine andere Frauengestalt, in weißen Gewändern, sitzend neben ihr.

Da hielten die Ruderer inne mit Rudern, und die Schergen berieten sich untereiander, ob man nicht umkehren solle. Der eine aber sagte: „Es gehet nicht natürlich zu, es ist ein Geist. Fahrt immer eilig zu, daß man's dem Fürsten anzeige." — So taten sie und meldeten's Eldad; der aber verlachte und schalt sie sehr.

Jedanja unterdessen, nachdem er zeitig innegeworden, daß möchte seine Unwahrheit an Tag gekommen sein, hatte sich außer den Mauern der Stadt, unter dem Dach einer Tenne, versteckt. Und seine Brüder verkündigten ihm, Naïra sei heut nach dem Felsen gebracht. Alsbald verschwor er sich mit ihnen und etlichen Freunden, sie zu befrein, und wenn es alle den Hals kosten sollte.

Um Mitternacht bestiegen sie ein kleines Segelschiff, sechs rüstige Gesellen, mit Waffen wohlversehen. Sie mußten aber einen großen Umweg nehmen, weil Wächter waren am Strand verteilt und weithin hohes Felsgestad, da kein Schiff an- und abgehen konnte.

Dennoch am Abend des zweiten Tags, nach Ankunft der Naïra auf der Insel, erreichten sie dieselbige und erkannten bald den rechten Landungsplatz; sahen allda die Krüge und den Korb und fanden alles unberührt. Es überkam Jedanja große Angst um das Weib, das er liebte. Und suchten lang nach ihr und fanden sie zuletzt auf einem schönen Hügel unter einem Palmbaum liegen, tot; der Schleier über ihr Gesicht mit Fleiß gelegt, die Hände bloß und alle beide weiß wie der Schnee.

Da kamen die Jünglinge bald überein, es sollten ihrer vier auf gradem Weg zur Stadt zurücksteuern, derweil zwei andere bei der Leiche blieben. Jedanja selber wollte sich freiwillig vor den König stellen, ihm alles redlich zu gestehn und zu berichten, denn er kannte ihn für gut und großmütig und wußte wohl, es sei mit seinem Willen nicht also verfahren gegen Naïra. Auch kam er glücklich vor Athmas zu stehen, obwohl Eldad es verhindern wollte.

Wie nun der König alle diese Dinge, teils von dem Jüngling, teils von andern, aus dem Grund erforscht, auch jetzt erfahren hatte, was die Männer auf dem Boot gesehen, daraus er wohl merkte, Jezerte sei mit Naïra gewesen, da war er auf das äußerste bestürzt und so entrüstet über seinen Vetter, daß er ihn weg für immer jagte von dem Hof.

Zugleich verordnete der König, Naïra auf der Insel mit Ehren zu bestatten, ließ die Wildnis lichten und Gärten anlegen. In deren Mitte auf dem Hügel, erbaute man das Grab, bei dem Palmbaum, wo sie verschieden war.

DAS STUTTGARTER HUTZELMÄNNLEIN

Märchen

> Ein Kobold gut bin ich bekannt
> In dieser Stadt und weit im Land;
> Meines Handwerks ein Schuster war
> Gewiß vor siebenhundert Jahr.
> Das Hutzelbrot ich hab erdacht,
> Auch viel seltsame Streich gemacht.

Wohl vor fünfhundert und mehr Jahren, zu denen Zeiten, als Graf Eberhard von Wirtemberg, ein tapferer Kriegsheld und ruhmvoller Herr, nach langen, schrecklichen Fehden mit des deutschen Reichs Häuptern, mit dem Habsburger Rudolph und dessen Nachfolgern, zumal auch mit den Städten, das Schwabenland nun wieder zu Ruh und Frieden kommen ließ, befand sich in Stuttgart ein Schustergesell, namens Seppe, bei einem Meister, der ihm nicht gefiel, deshalb er ihm aufsagte; und weil er nie gar weit vor seine Vaterstadt hinausgekommen, nicht Eltern, noch Geschwister mehr hatte, so war er jetzt willens zu wandern.

Die letzte Nacht, bevor er reiste, saß er allein in der Gesellenkammer auf (die andern waren noch beim Wein oder sonst zum Besuch), sein Ranzen lag geschnürt vor ihm, sein Wanderstab daneben, der hübsche Bursche aber hing den Kopf, er wußte nicht so recht warum, und auf dem Tisch die Ampel brannte einen großen großen Butzen. Indem er jetzt aufschaute und nach dem Klämmchen griff, dem Zochen zu helfen, sah er auf seiner leeren Truche ein fremdes Männlein sitzen, kurz und stumpig, es hätte ihm nicht bis zum Gürtel gereicht. Es hatte ein schmutziges Schurzfell um, Pantoffeln an den Füßen, pechschwarze Haare, dazu aber hellblaue, freundliche Augen.

„Gott grüß dich, Seppe! Kennst mich nit? Ich bin der Pechschwitzer, das Hutzelmännlein, der Tröster. Ich weiß, du bist ein braves Burgerskind, sorgst immerdar für anderer Leute Fußwerk und gehst doch selbst nicht auf dem besten Zeug. Da du nun morgen reisen willt, so hab ich dir statt einem Wanderpfennig etwas mitgebracht von meiner eignen Arbeit: sind Glücksschuh, zwei Paar, schau her. Die einen legst du an, gleich morgen; sie ziehen sich nach dem Fuß und reißen nicht dein Leben lang; die andern aber nimm und stell sie unterwegs an eine Straße, versteh mich, unbeschrien, wo niemand zusieht. Vielleicht daß dir dein Glück nach Jahr und Tag einmal auf Füßen begegnet. Auch hast du hier noch obendrein etwas zum Naschen, ein Laiblein Hutzelbrot. So viel du davon schneidst, so viel wachst immer wieder nach im Ranzen oder Kasten, wenn du auch nur ein Ränftlein fingersbreit übrigbehältst. Ganz sollt du's nie aufzehren, sonst ist es gar. Behüt dich Gott, und tu in allem wie ich sagte. Noch eins: kommst du etwa ins Oberland, Ulm zu und gen Blaubeuren, und findst von ungefähr ein Klötzlein Blei, nimm es zuhanden und bring's mir." — Der Seppe versprach's und dankte geziemend für alles; das Männlein aber war in einem Hui verschwunden.

Nun jauchzte der Geselle überlaut, beschmeckte bald das Brot, beschaute bald die zwei Paar Schuhe. Sie sahen ziemlich aus wie er sie selber machte, nur daß sie feine wunderliche Stiche hatten und hübsch mit einem zarten, roten Leder ausgefüttert waren. Er zog sie an, spazierte so ein dutzendmal die Kammer auf und ab, da ihm denn in der Kürze freilich nichts Besonderes von Glück passieren wollte. Darnach ging er zu Bett und schlief bis der Morgen rot wurde. Da deucht' es ihn, als wenn ihm jemand klopfte, zwei-, dreimal, recht vernehmlich, daß er jählings erwachte. Die andern hörten's auch, doch schliefen sie gleich wieder ein. Das haben meine vier Rappen getan! dachte er und horchte hin, allein es rührte und regte sich nichts mehr.

Als er nun fix und fertig angezogen stand und gar vergnügt auf seine Füße niedersah, sprach er: „Jetzt laufen wir dem Teufel ein Bein weg! jetzt tausche ich mit keinem Grafen!" — Wohl und gut; nur eine Kleinigkeit hat er versehen: er hat den einen Schuh von seinem Paar mit dem einen vom andern verwechselt. Ach wer ihm das gesagt hätte!

So schlich er denn leis die Stiege hinunter, die Meistersleute nicht zu wecken; denn Abschied hatte er gestern genommen, und statt der Suppe aß er gleich ein tüchtiges Stück Schnitzbrot in währendem Gehen. So etwas hatte er noch niemals über seinen Mund gebracht, wohl aber oft von seiner Großmutter gehört, daß sie einmal in ihrer Jugend bei einer Nachbarsfrau ein Stücklein vom echten bekommen, und daß es eine Ungüte von Brot drum sei.

Wie er jetzt vor dem oberen Tor draußen war, zween Bogenschüsse oder drei, kam er an eine Brücke: da mußte er ein wenig niedersitzen, die Türme seiner Vaterstadt, das Grafenschloß, die Häuser und Mauern noch einmal in der Morgensonne besehen; dann, eh er weiterging, fiel ihm noch ein: hier könnt ich das Paar Schuh auf den Brückenrand stellen. Er tat's und zog fürbaß. — Eine Stunde über die Weinsteig hinaus kommt er in einen grünen Wald. Von ungefähr hört er auf einer Eiche den blauen Montag schreien, welches ein kurzweiliger Vogel ist, der seinen Namen davon hat, daß er immer einen Tag in der Woche mit der Arbeit aussetzt; da singt er nichts als Schelmenlieder und schaut gemächlich zu, wie andere Vögel ihre Nester richten, brüten und ihre Jungen ätzen; die seinigen krepieren ihm auch ordinär, deswegen er ein Raritätsvogel ist. So einen muß ich haben! denkt der Seppe: ich biet ihn einem großen Herrn an unterwegs. Ein sonderer Vogel ist oft gern zwei Kälber wert, die Hepsisauer haben ihre Kirchweih um einen Guckigauch verkauft: wenn ich nur einen Taler löse, tut mir's wohl. Wie komm ich nur gleich da hinauf? — Seiner Lebtage hat er nie klettern können, diesmal aber ging's, als hätten ihrer sechs an ihm geschoben, und wie er droben ist, da sieht er sieben Junge flügg, mit blauen Köpfen im Nest! Er streckt schon eine Hand darnach — krach! bricht ein fauler Ast, und drunten liegt der Schuster — daß er nicht Hals und Bein brach, war ein Wunder. „Ich weiß nicht", sagte er, indem er aufstand und die Platte rieb, „was ich von dem Pechschwitzer denken soll; das ist kein mutiger Anfang!"

Zu seinem Trost zog er sein Schnitzbrot aus dem Ranzen und fand dasselbe wahrlich beinah schon wieder rund und ganz gewachsen. Er sprach dem Laiblein aber im Marschieren so lang zu, bis ihm ganz übel ward, und deuchte ihn, er habe sich für alle Zeit Urdrutz daran gegessen. Sei's drum! ein Sprüchlein sagt: es ist nur geschlecket, das nimmer klecket.

Sein Sinn war allermeist auf Augsburg oder Regensburg gerichtet, denn diese Städte hatte er vor manchen andern rühmen hören; zuvörderst wollte er aber nach Ulm.

Mit großen Freuden sah er bald von der Bempflinger Höhe die Alb, als eine wundersame blaue Mauer ausgestreckt. Nicht anders hatte er sich immer die schönen blauen Glasberge gedacht, dahinter, wie man ihm als Kind gesagt, der Königin von Saba Schneckengärten liegen. Doch war ihm wohl bekannt, daß oben weithin wieder Dörfer seien, als: Böhringen, Zainingen, Feldstetten, Suppingen, durch welche sämtlich nacheinander er passieren mußte.

Jetzt hing sich auf der Straße ein Schönfärbergesell an ihn, gar sehr ein naseweises Bürschchen, spitzig und witzig, mit Backen rosenrot, Glitzäugelein, ein schwarzes Kräuselhaar dazu, und schwatzte oder pfiff in einem weg. Der Seppe achtete nicht viel auf ihn, zumal ihm eben jetzt etwas im Kopf umging, das hätte er sich gern allein im stillen überlegt. Am Weg stand eine Kelter, mit einem umgelegten Trog davor, auf diesen setzt' er sich, der Meinung, sein Weggenoß soll weitergehen. Der aber warf sich seitwärts hinter ihm ins Gras und schien bald eingeschlafen, von der Hitze müd. Da war es still umher; ein einziges Heimlein sang am staubigen Rain so seine Weise ohn Aufhören fort.

Endlich da fing der Seppe vor sich selbst, doch laut genug, zu sprechen an: „Jetzt weiß ich was ich tu: ich werd ein Scherenschleifer! Wo ich halt geh und steh, juckt's mich, ein Rad zu treten, und sollt's ein Spinnrad sein!" (Dem war auch richtig so und konnte gar nicht anders sein, denn einer seiner Schuhe war für ein Mädchen gefeit und gesegnet.) *„Die* Art von Schleiferei" — so sprach der Seppe weiter — „muß einer doch bald können, und so ein Kerl führt seine Werkstatt lustig auf einem Schubkarrn durch die Welt, sieht alle Tage eine andre Stadt, da pflanzt er sich im Schatten an einem Markteck auf und dreht seinen Stein, daß die Funken wegfliegen. Die Leute mögen sprechen was sie wollen, das ist jetzt einmal mein Beruf und mein Genie, ich spür's in allen Gliedern; und wo mir recht ist hat mein Ehni seliger einmal gesagt: ‚Der Seppe ist unter dem Zeichen des Wetzsteins geboren.'"

Bei diesen Reden richtete sich das Färberlein halb in die Höh: der ist ein Letzkopf! dachte es: und ich bin meines Lebens neben ihm nicht eines Glaubens Länge sicher; — stand sachte auf, schlich sich hinweg, in einem guten Bogen über das Ackerfeld, und fußete sodann der graden Straße nach, als brennte ihm der Steiß, Metzingen zu. Der Schuster, welcher endlich auch aufbrach, sah ihn von weitem rennen, argwöhnte aber nichts und zog seines Vorsatzes herzlich vergnügt demselben Flecken

zu. Allein wie schaute er hoch auf, da alle Leute dort die Köpfe
nach ihm aus den Fenstern streckten und ihm die Kinder auf
der Gasse, an zwanzig, mit Geschrei nachsprangen und sangen:

„Scheerᵃschleifer, wetz, wetz, wetz,
Laß dei Rädle schnurrᵃ!
Stuᵃtgart ist ᵃ grauße Stadt,
Lauft ᵃ Gäⁿsbach durᵃ."

Der Seppe hatte einen Stiefelszorn, schwang öfter seinen
Knotenstock gegen den Schwarm, sie schrieen aber nur um desto
ärger, und also macht' er sich so hurtig er nur konnte aus dem
Wespennest hinaus. Noch vor der letzten Hütte draußen hörte
er ein Stimmlein verhallend im Wind:

„Scheerᵃschleifer, wetz, wetz, wetz!"

Er hätte für sein Leben gern den Färber, welcher ihm den
Possen spielte, da gehabt und ihm das Fell geruckt, wie er's verdiente, der aber blieb im Ort zurück, wo er in Arbeit stand.
Sonst war der Wicht in Büßingen daheim, wie er dem Seppe
sagte.

Derselbe ließ sich den erlittenen Schimpf nicht allzulang anfechten, noch seinen Vorsatz dadurch beugen. Er machte seinen
Trott so fort, und widerfuhr ihm diesen Tag nichts weiter von
Bedeutung, als daß er etlichmal rechts ging, wo er links gesollt
hätte, und hinwiederum links, wo es rechts gemeint war; das
freilich nach dem Zeugnis aller Reisbeschreiber schon gar die
Art nicht ist, um zeitig und mit wenig Kosten an einen Ort
zu kommen.

Einstweilen langte es doch eben noch bis Urach, wo er zur
Nachtherberge blieb. Am Morgen ging's hinauf die hohe Steig
auf das Gebirg, nicht ohne vieles Stöhnen, denn sein einer
Schuh — er merkte es schon gestern — hatte ihm ein Hühneraug
gedrückt, das machte ihm zu schaffen. Da wo die Steig am
End ist, holte er zum Glück ein gutes Bäuerlein aus Suppingen
auf einem Wagen mit etwas Schreinwerk ein, das hieß ihn
ungebeten bei ihm aufsitzen.

Als sie nun eine Weile so, die große Ebene hinfahrend, beieinandersaßen, fing der Bauer an: „Mit Vergunst, i muᵃß jetzt
doch fürwitzig frogᵃ: Gelt, Ihr sind gewiß ᵃ Drehᵃr?" — „Warum?" — „Ei", sprach das Bäuerlein und sah auf des Gesellen

Fuß: „do der Kamrad arbeit't allfort, ma moi[n]t er mü[a]ß äll mei vier Räder trett[a]!"

Der Seppe schämte sich ein wenig, im Herzen war er aber selig froh und dachte: Hat mir der Bauer da ein Licht aufstekken müssen! Auf einen Drehstuhl will's mit dir hinaus und anderst nirgendshin!

Von nun an war der Schuster wie ein umgewendter Handschuh, ganz ein andrer Mensch, gesprächig, lustig, langte den Schnitzlaib heraus, gab ihn dem Bäuerlein bis auf den Anschnitt, sagend: „Lieber Mann, des bin ich froh, daß Ihr mir angesehen, daß ich ein Dreher bin!" — „Ha", sprach der andere, „sell ist gu[a]t merk[a]." — Der Alte kaute einen Bissen und machte ordentlich die Augen zu dabei, so gut schmeckte es ihm; das übrige hob er als Heimbringens auf für Weib und Kinder. Darnach ward er redselig, erzählte dem Gesellen allerlei; vom Hanf- und Flachsbau auf der Alb; wie sie im Winter gut in ihren strohgedeckten Hütten säßen, ingleichen wie man solche Dächer mit besonderer Kunst verfertige. Auch wußte er ihm viel zu sagen von Blaubeuren, einem Städtlein und Kloster im Tal, zwischen mächtigen Felsen gelegen; da komme er hindurch und möge er sich ja den Blautopf auch beschauen, wie alle Fremde tun.

Du aber, wohlgeneigter Leser, lasse dich, derweil die beiden so zusammen diskurieren, auch etlicher Dinge besonders berichten, die, ob sie sich zwar lang vor Seppes Zeit begeben, nichtsdestominder zu dieser Geschichte gehören. Vernimm hienach die wahre und anmutige

Historie von der schönen Lau

Der Blautopf ist der große runde Kessel eines wundersamen Quells bei einer jähen Felsenwand gleich hinter dem Kloster. Gen Morgen sendet er ein Flüßchen aus, die Blau, welche der Donau zufällt. Dieser Teich ist einwärts wie ein tiefer Trichter, sein Wasser von Farbe ganz blau, sehr herrlich, mit Worten nicht wohl zu beschreiben; wenn man es aber schöpft, sieht es ganz hell in dem Gefäß.

Zuunterst auf dem Grund saß ehmals eine Wasserfrau mit langen fließenden Haaren. Ihr Leib war allenthalben wie eines schönen, natürlichen Weibs, dies eine ausgenommen, daß sie zwischen den Fingern und Zehen eine Schwimmhaut hatte, blühweiß und zärter als ein Blatt vom Mohn. Im Städtlein ist noch heutzutag ein alter Bau, vormals ein Frauenkloster, hernach zu einer großen Wirtschaft eingerichtet, und hieß darum der Nonnenhof. Dort hing vor sechzig Jahren noch ein Bildnis von dem Wasserweib, trotz Rauch und Alter noch wohl kenntlich in den Farben. Da hatte sie die Hände kreuzweis auf die Brust gelegt, ihr Angesicht sah weißlich, das Haupthaar schwarz, die Augen aber, welche sehr groß waren, blau. Beim Volk hieß sie die arge *Lau* im Topf, auch wohl die schöne Lau. Gegen die Menschen erzeigte sie sich bald böse, bald gut. Zuzeiten, wenn sie im Unmut den Gumpen übergehen ließ, kam Stadt und Kloster in Gefahr, dann brachten ihr die Bürger in einem feierlichen Aufzug oft Geschenke, sie zu begütigen, als: Gold- und Silbergeschirr, Becher, Schalen, kleine Messer und andre Dinge; dawider zwar, als einen heidnischen Gebrauch und Götzendienst, die Mönche redlich eiferten, bis derselbe auch endlich ganz abgestellt worden. So feind darum die Wasserfrau dem Kloster war, geschah es doch nicht selten, wenn Pater Emmeran die Orgel drüben schlug und kein Mensch in der Nähe war, daß sie am lichten Tag mit halbem Leib heraufkam und zuhorchte; dabei trug sie zuweilen einen Kranz von breiten Blättern auf dem Kopf und auch dergleichen um den Hals.

Ein frecher Hirtenjung belauschte sie einmal in dem Gebüsch und rief: „Hei, Laubfrosch! git's gu^{a}t Wetter?" Geschwinder als ein Blitz und giftiger als eine Otter fuhr sie heraus, ergriff den Knaben beim Schopf und riß ihn mit hinunter in eine ihrer nassen Kammern, wo sie den ohnmächtig gewordenen jämmerlich verschmachten und verfaulen lassen wollte. Bald aber kam er wieder zu sich, fand eine Tür und kam, über Stufen und Gänge, durch viele Gemächer in einen schönen Saal. Hier war es lieblich, glusam mitten im Winter. In einer Ecke brannte, indem die Lau und ihre Dienerschaft schon schlief, auf einem hohen Leuchter mit goldenen Vogelfüßen als Nachtlicht eine Ampel. Es stand viel köstlicher Hausrat herum an den Wänden, und diese waren samt dem Estrich, ganz mit Teppichen staffiert, Bildweberei in allen Farben. Der Knabe hurtig nahm das Licht herunter von dem Stock, sah sich in Eile um, was er noch sonst erwischen möchte, und griff aus einem Schrank etwas heraus, das stak in einem Beutel und war mächtig schwer, deswegen er vermeinte, es sei Gold; lief dann und kam vor ein erzenes Pförtlein, das mochte in der Dicke gut zwo Fäuste sein, schob die Riegel zurück und stieg eine steinerne Treppe hinauf in unterschiedlichen Absätzen, bald links, bald wieder rechts, gewiß vierhundert Stufen, bis sie zuletzt ausgingen und er auf ungeräumte Klüfte stieß; da mußte er das Licht dahinten lassen und kletterte so mit Gefahr seines Lebens noch eine Stunde lang im Finstern hin und her, dann aber brachte er den Kopf auf einmal aus der Erde. Es war tief Nacht, und dicker Wald um ihn. Als er nach vielem Irregehen endlich mit der ersten Morgenhelle auf gänge Pfade kam und von dem Felsen aus das Städtlein unten erblickte, verlangte ihn am Tag zu sehen, was in dem Beutel wäre; da war es weiter nichts als ein Stück Blei, ein schwerer Kegel, spannenlang, mit einem Öhr an seinem obern Ende, weiß vor Alter. Im Zorn warf er den Plunder weg, ins Tal hinab, und sagte nachher weiter niemand von dem Raub, weil er sich dessen schämte. Doch kam von ihm die erste Kunde von der Wohnung der Wasserfrau unter die Leute.

Nun ist zu wissen, daß die schöne Lau nicht hier am Ort zu Hause war; vielmehr war sie, als eine Fürstentochter, und zwar von Mutterseiten her halbmenschlichen Geblüts, mit einem alten Donaunix am Schwarzen Meer vermählt. Ihr Mann verbannte sie, darum, daß sie nur tote Kinder hatte. Das aber kam, weil sie stets traurig war, ohn einige besondere Ursach. Die Schwiegermutter hatte ihr geweissagt, sie möge eher nicht eines lebenden Kindes genesen, als bis sie fünfmal von Herzen gelacht haben würde. Beim fünften Male müßte etwas sein, das dürfe sie nicht wissen, noch auch der alte Nix. Es wollte aber damit niemals glücken, soviel auch ihre Leute deshalb Fleiß anwendeten; endlich da mochte sie der alte König ferner nicht an seinem Hofe leiden und sandte sie an diesen Ort, unweit der obern Donau, wo seine Schwester wohnte. Die Schwiegermutter hatte ihr zum Dienst und Zeitvertreib etliche Kammerzofen und Mägde mitgegeben, so muntere und kluge Mädchen als je auf Entenfüßen gingen (denn was von dem gemeinen Stamm der Wasserweiber ist, hat rechte Entenfüße); die zogen sie, pur für die Langeweile, sechsmal des Tages anders an – denn außerhalb dem Wasser ging sie in köstlichen Gewändern, doch barfuß –, erzählten ihr alte Geschichten und Mären, machten Musik, tanzten und scherzten vor ihr. An jenem Saal, darin der Hirtenbub gewesen, war der Fürstin ihr Gaden oder Schlafgemach, von welchem eine Treppe in den Blautopf ging. Da lag sie manchen lieben Tag und manche Sommernacht, der Kühlung wegen. Auch hatte sie allerlei lustige Tiere, wie Vögel, Küllhasen und Affen, vornehmlich aber einen possigen Zwerg, durch welchen vormals einem Ohm der Fürstin war von ebensolcher Traurigkeit geholfen worden. Sie spielte alle Abend Damenziehen, Schachzagel oder Schaf und Wolf mit ihm; sooft er einen ungeschickten Zug getan, schnitt er die rarestens Gesichter, keines dem andern gleich, nein immer eines ärger als das andere, daß auch der weise Salomo das Lachen nicht gehalten hätte, geschweige denn die Kammerjungfern oder du selber, liebe Leserin, wärst du dabeigewesen; nur bei der schönen Lau schlug eben gar nichts an, kaum daß sie ein paarmal den Mund verzog.

Es kamen alle Jahr um Wintersanfang Boten von daheim, die klopften an der Halle mit dem Hammer, da frugen dann die Jungfern:

„Wer pochet, daß einem das Herz erschrickt?"

Und jene sprachen:

„Der König schickt!
Gebt uns wahrhaftigen Bescheid,
Was Guts ihr habt geschafft die Zeit."

Und sie sagten:

„Wir haben die ferndigen Lieder gesungen,
Und haben die ferndigen Tänze gesprungen,
Gewonnen war es um ein Haar! —
Kommt, liebe Herren, übers Jahr."

So zogen sie wieder nach Haus. Die Frau war aber vor der Botschaft und darnach stets noch einmal so traurig.

Im Nonnenhof war eine dicke Wirtin, Frau Betha Seysolffin, ein frohes Biederweib, christlich, leutselig, gütig; zumal an armen reisenden Gesellen bewies sie sich als eine rechte Fremdenmutter. Die Wirtschaft führte zumeist ihr ältster Sohn, Stephan, welcher verehelicht war; ein anderer, Xaver, war Klosterkoch, zwo Töchter noch bei ihr. Sie hatte einen kleinen Küchengarten vor der Stadt, dem Topf zunächst. Als sie im Frühjahr einst am ersten warmen Tag dort war und ihre Beete richtete, den Kappis, den Salat zu säen, Bohnen und Zwiebel zu stecken, besah sie sich von ungefähr auch einmal recht mit Wohlgefallen wieder das schöne blaue Wasser überm Zaun und mit Verdruß daneben einen alten garstigen Schutthügel, der schändete den ganzen Platz; nahm also, wie sie fertig war mit ihrer Arbeit und das Gartentürlein hinter sich zugemacht hatte, die Hacke noch einmal, riß flink das gröbste Unkraut aus, erlas etliche Kürbiskern aus ihrem Samenkorb und steckte hin und wieder einen in den Haufen. (Der Abt im Kloster, der die Wirtin, als eine saubere Frau, gern sah — man hätte sie nicht über vierzig Jahr geschätzt, er selber aber war gleich ihr ein starkbeleibter Herr — stand just am Fenster oben und grüßte herüber, indem er mit dem Finger drohte, als halte sie zu seiner Widersacherin.) Die Wüstung grünte nun den ganzen Sommer, daß es eine Freude war, und hingen dann im Herbst die großen gelben Kürbis an dem Abhang nieder bis zu dem Teich.

Jetzt ging einsmals der Wirtin Tochter, Jutta, in den Keller, woselbst sich noch von alten Zeiten her ein offener Brunnen mit einem steinernen Kasten befand. Beim Schein des Lichts erblickte sie darinne mit Entsetzen die schöne Lau, schwebend bis an die Brust im Wasser; sprang voller Angst davon und sagt's der Mutter an; die fürchtete sich nicht und stieg allein hinunter, litt auch nicht, daß ihr der Sohn zum Schutz nachfolge, weil das Weib nackt war.

Der wunderliche Gast sprach diesen Gruß:

> „Die Wasserfrau ist kommen,
> Gekrochen und geschwommen,
> Durch Gänge steinig, wüst und kraus,
> Zur Wirtin in das Nonnenhaus.
> Sie hat sich meinethalb gebückt,
> Mein' Topf geschmückt
> Mit Früchten und mit Ranken,
> Das muß ich billig danken."

Sie hatte einen Kreisel aus wasserhellem Stein in ihrer Hand, den gab sie der Wirtin und sagte: „Nehmt dieses Spielzeug, liebe Frau, zu meinem Angedenken. Ihr werdet guten Nutzen davon haben. Denn jüngsthin habe ich gehört, wie Ihr in Eurem Garten der Nachbarin klagtet, Euch sei schon auf die Kirchweih angst, wo immer die Bürger und Bauern zu Unfrieden kämen und Mord und Totschlag zu befahren sei. Derhalben, liebe Frau, wenn wieder die trunkenen Gäste bei Tanz und Zeche Streit beginnen, nehmt den Topf zur Hand, und dreht ihn vor der Tür des Saals im Öhrn, da wird man hören durch das ganze Haus ein mächtiges und herrliches Getöne, daß alle gleich

die Fäuste werden sinken lassen und guter Dinge sein, denn
jählings ist ein jeder nüchtern und gescheit geworden. Ist es an
dem, so werfet Eure Schürze auf den Topf, da wickelt er sich
alsbald ein und lieget stille."

So redete das Wasserweib. Frau Betha nahm vergnügt das
Kleinod samt der goldenen Schnur und dem Halter von Ebenholz, rief ihrer Tochter Jutta her (sie stand nur hinter dem
Krautfaß an der Staffel), wies ihr die Gabe, dankte, und lud
die Frau, sooft die Zeit ihr lang wär, freundlich ein zu ferne-
rem Besuch, darauf das Weib hinabfuhr und verschwand.

Es dauerte nicht lang, so wurde offenbar, welch einen Schatz
die Wirtschaft an dem Topf gewann. Denn nicht allein, daß
er durch seine Kraft und hohe Tugend die übeln Händel allezeit
in einer Kürze dämpfte, er brachte auch dem Gasthaus bald
erstaunliche Einkehr zuwege. Wer in die Gegend kam, gemein
oder vornehm, ging ihm zulieb; insonderheit kam bald der
Graf von Helfenstein, von Wirtemberg und etliche große Prälaten; ja ein berühmter Herzog aus Lombardenland, so bei dem
Herzoge von Bayern gastweis war und dieses Wegs nach
Frankreich reiste, bot vieles Geld für dieses Stück, wenn es die
Wirtin lassen wollte. Gewiß auch war in keinem andern Land
seinesgleichen zu sehn und zu hören. Erst, wenn er anhub sich
zu drehen, ging es doucement her, dann klang es stärker und
stärker, so hoch wie tief, und immer herrlicher, als wie der
Schall von vielen Pfeifen, der quoll und stieg durch alle Stock-
werke bis unter das Dach und bis in den Keller, dergestalt, daß
alle Wände, Dielen, Säulen und Geländer schienen davon erfüllt zu sein, zu tönen und zu schwellen. Wenn nun das Tuch
auf ihn geworfen wurde und er ohnmächtig lag, so hörte gleichwohl die Musik sobald nicht auf, es zog vielmehr der ausge-
ladene Schwall mit starkem Klingen, Dröhnen, Summen noch
wohl bei einer Viertelstunde hin und her.

Bei uns im Schwabenland heißt so ein Topf aus Holz gemeinhin eine Habergeis; Frau Betha ihrer ward nach seinem
vornehmsten Geschäfte insgemein genannt der Bauren-Schwaiger. Er war gemacht aus einem großen Amethyst, des Name besagen will: wider den Trunk; weil er den schweren Dunst des
Weins geschwinde aus dem Kopf vertreibt, ja schon von Anbeginn dawidertut, daß einen guten Zecher das Selige berühre;
darum ihn auch weltlich und geistliche Herren sonst häufig
pflegten am Finger zu tragen.

Die Wasserfrau kam jeden Mond einmal, auch je und je unverhofft zwischen der Zeit, weshalb die Wirtin eine Schelle richten ließ, oben im Haus, mit einem Draht, der lief herunter an der Wand beim Brunnen, damit sie sich gleichbald anzeigen konnte. Also ward sie je mehr und mehr zutunlich zu den wackeren Frauen, der Mutter, samt den Töchtern und der Söhnerin.

Einsmals an einem Nachmittag im Sommer, da eben keine Gäste kamen, der Sohn mit den Knechten und Mägden hinaus in das Heu gefahren war, Frau Betha mit der Ältesten im Keller Wein abließ, die Lau im Brunnen aber Kurzweil halben dem Geschäft zusah, und nun die Frauen noch ein wenig mit ihr plauderten: da fing die Wirtin an: „Mögt Ihr Euch denn einmal in meinem Haus und Hof umsehn? Die Jutta könnte Euch etwas von Kleidern geben; ihr seid von *einer* Größe."

„Ja", sagte sie, „ich wollte lange gern die Wohnungen der Menschen sehn, was alles sie darin gewerben, spinnen, weben, ingleichen auch wie Eure Töchter Hochzeit machen und ihre kleinen Kinder in der Wiege schwenken."

Da lief die Tochter fröhlich mit Eile hinauf, ein rein Leintuch zu holen, bracht es, und half ihr aus dem Kasten steigen, das tat sie sonder Mühe und lachenden Mundes. Flugs schlug ihr die Dirne das Tuch um den Leib und führte sie bei ihrer Hand eine schmale Stiege hinauf in der hintersten Ecke des Kellers, da man durch eine Falltür oben gleich in der Töchter Kammer gelangt. Allda ließ sie sich trocken machen und saß auf einem Stuhl, indem ihr Jutta die Füße abrieb. Wie diese ihr nun an die Sohle kam, fuhr sie zurück und kicherte. „War's nicht gelacht?" frug sie selber sogleich. — „Was anders?" rief das Mädchen und jauchzte: „Gebenedeiet sei uns der Tag! ein erstes Mal wär es geglückt!" — Die Wirtin hörte in der Küche das Gelächter und die Freude, kam herein, begierig wie es zugegangen, doch als sie die Ursach vernommen — du armer Tropf, so dachte sie, das wird ja schwerlich gelten! — ließ sich indes nichts merken, und Jutte nahm etliche Stücke heraus aus dem Schrank, das Beste was sie hatte, die Hausfreundin zu kleiden. „Seht", sagte die Mutter: „sie will wohl aus Euch eine Susann Preisnestel machen." — „Nein", rief die Lau in ihrer Fröhlichkeit: „laß mich die Aschengruttel sein in deinem Märchen!" — nahm einen schlechten runden Faltenrock und eine Jacke; nicht Schuh noch Strümpfe litt sie an den Füßen, auch hingen ihre Haare ungezöpft bis auf die Knöchel nieder. So strich sie durch das Haus von unten bis zuoberst, durch Küche, Stuben und Gemächer. Sie verwunderte sich des gemeinsten Gerätes und seines Gebrauchs, besah den reingefegten Schenktisch, und darüber in langen Reihen die zinnenen Kannen und Gläser, alle gleich gestürzt, mit hängendem Deckel, dazu den kupfernen Schwenkkessel samt der Bürste, und mitten in der Stube an der Decke der Weber Zunftgeschmuck, mit Seidenband und Silberdraht geziert, in dem Kästlein von Glas. Von ungefähr erblickte sie ihr eigen Bild im Spiegel, davor blieb sie betroffen und erstockt eine ganze Weile stehn, und als darauf die Söhnerin sie mit in ihre Stube nahm und ihr ein neues Spiegelein, drei Groschen wert, verehrte, da meinte sie Wunders zu haben, denn unter allen ihren Schätzen fand sich dergleichen nicht.

Bevor sie Abschied nahm geschah's, daß sie hinter den Vorhang des Alkoven schaute, woselbst der jungen Frau und ihres Mannes Bett, sowie der Kinder Schlafstätte war. Saß da ein Enkelein mit rotgeschlafenen Backen, hemdig, und einen Apfel in der Hand, auf einem runden Stühlchen von guter Ulmer Hafnerarbeit, grünverglaset. Das wollte dem Gast außer Maßen gefallen; sie nannte es einen viel zierlichen Sitz, rümpft' aber die Nase mit eins, und da die drei Frauen sich wandten zu lachen, vermerkte sie etwas und fing auch hell zu lachen an, und hielt sich die ehrliche Wirtin den Bauch, indem sie sprach: „Diesmal fürwahr hat es gegolten, und Gott schenk Euch so einen frischen Buben als mein Hans da ist!"

Die Nacht darauf, daß sich dies zugetragen, legte sich die schöne Lau getrost und wohlgemut, wie schon in langen Jahren nicht, im Grund des Blautopfs nieder, schlief gleich ein, und bald erschien ihr ein närrischer Traum.

Ihr deuchte da, es war die Stunde nach Mittag, wo in der heißen Jahreszeit die Leute auf der Wiese sind und mähen, die Mönche aber sich in ihren kühlen Zellen eine Ruhe machen, daher es noch einmal so still im ganzen Kloster und rings um seine Mauern war. Es stund jedoch nicht lange an, so kam der Abt herausspaziert und sah, ob nicht etwa die Wirtin in ihrem Garten sei. Dieselbe aber saß als eine dicke Wasserfrau mit langen Haaren in dem Topf, allwo der Abt sie bald entdeckte, sie begrüßte und ihr einen Kuß gab, so mächtig, daß es vom Klostertürmlein widerschallte, und schallte es der Turm ans Refektorium, das sagt' es der Kirche und die sagt's dem

Pferdstall und der sagt's dem Fischhaus und das sagt's dem Waschhaus und im Waschhaus da riefen's die Zuber und Kübel sich zu. Der Abt erschrak bei solchem Lärm; ihm war, wie er sich nach der Wirtin bückte, sein Käpplein in Blautopf gefallen, sie gab es ihm geschwind, und er watschelte hurtig davon.

Da aber kam aus dem Kloster heraus unser Herrgott, zu sehn was es gebe. Er hatte einen langen weißen Bart und einen roten Rock. Und frug den Abt, der ihm just in die Hände lief:

„Herr Abt, wie ward Euer Käpplein so naß?"

Und er antwortete:

„Es ist mir ein Wildschwein am Wald verkommen,
Vor dem hab ich Reißaus genommen;
Ich rannte sehr und schwitzet baß,
Davon ward wohl mein Käpplein so naß."

Da hob unser Herrgott, unwirs ob der Lüge, seinen Finger auf, winkt' ihm und ging voran, dem Kloster zu. Der Abt sah hehlings noch einmal nach der Frau Wirtin um, und diese rief: „Ach liebe Zeit, ach liebe Zeit, jetzt kommt der gut alt Herr in die Prison!"

Dies war der schönen Lau ihr Traum. Sie wußte aber beim Erwachen und spürte noch an ihrem Herzen, daß sie im Schlaf sehr lachte, und ihr hüpfte noch wachend die Brust, daß der Blautopf oben Ringlein schlug.

Weil es den Tag zuvor sehr schwül gewesen, so blitzte es jetzt in der Nacht. Der Schein erhellte den Blautopf ganz, auch spürte sie am Boden, es donnere weitweg. So blieb sie mit zufriedenem Gemüte noch eine Weile ruhen, den Kopf in ihre Hand gestützt, und sah dem Wetterblicken zu. Nun stieg sie auf, zu wissen ob der Morgen etwa komme: allein es war noch nicht viel über Mitternacht. Der Mond stand glatt und schön über dem Rusenschloß, die Lüfte aber waren voll vom Würzgeruch der Mahden.

Sie meinte fast der Geduld nicht zu haben bis an die Stunde, wo sie im Nonnenhof ihr neues Glück verkünden durfte, ja wenig fehlte, daß sie sich jetzt nicht mitten in der Nacht aufmachte und vor Juttas Türe kam (wie sie nur einmal, Trostes wegen, in übergroßem Jammer nach der jüngsten Botschaft aus der Heimat, tat), doch sie besann sich anders und ging zu besserer Zeit.

Frau Betha hörte ihren Traum gutmütig an, obwohl er ihr ein wenig ehrenrührig schien. Bedenklich aber sagte sie darauf: „Baut nicht auf solches Lachen, das im Schlaf geschah; der Teufel ist ein Schelm. Wenn Ihr auf solches Trugwerk hin die Boten mit fröhlicher Zeitung entließet, und die Zukunft strafte Euch Lügen, es könnte schlimm daheim ergehen."

Auf diese ihre Rede hing die schöne Lau den Mund gar sehr und sagte: „Frau Ahne hat der Traum verdrossen!" — nahm kleinlauten Abschied und tauchte hinunter.

Es war nah bei Mittag, da rief der Pater Schaffner im Kloster dem Bruder Kellermeister eifrig zu: „Ich merk, es ist im Gumpen letz! die Arge will Euch Eure Faß wohl wieder einmal schwimmen lehren. Tut Eure Läden eilig zu, vermachet alles wohl!"

Nun aber war des Klosters Koch, der Wirtin Sohn, ein lustiger Vogel, welchen die Lau wohl leiden mochte. Der dachte ihren Jäst mit einem Schnak zu stillen, lief nach seiner Kammer, zog die Bettscher aus der Lagerstätte und steckte sie am Blautopf in den Rasen, wo das Wasser auszutreten pflegte, und stellte sich mit Worten und Gebärden als einen vielgetreuen Diener an, der mächtig Ängsten hätte, daß seine Herrschaft aus dem Bette fallen und etwa Schaden nehmen möchte. Da sie nun sah das Holz so recht mit Fleiß gesteckt und über das Bächlein gespreizt, kam ihr in ihrem Zorn das Lachen an, und lachte überlaut, daß man's im Klostergarten hörte.

Als sie hierauf am Abend zu den Frauen kam, da wußten sie es schon vom Koch und wünschten ihr mit tausend Freuden Glück. Die Wirtin sagte: „Der Xaver ist von Kindesbeinen an gewesen als wie der Zuberclaus, jetzt kommt uns seine Torheit zustatten."

Nun aber ging ein Monat nach dem andern herum, es wollte sich zum dritten- oder viertenmal nicht wieder schicken. Martini war vorbei, noch wenig Wochen und die Boten standen wieder vor der Tür. Da ward es den guten Wirtsleuten selbst bang, ob heuer noch etwas zustande käme, und alle hatten nur zu trösten an der Frau. Je größer deren Angst, je weniger zu hoffen war.

Damit sie ihres Kummers eher vergesse, lud ihr Frau Betha einen Lichtkarz ein, da nach dem Abendessen ein halb Dutzend muntre Dirnen und Weiber aus der Verwandtschaft in einer abgelegenen Stube mit ihren Kunkeln sich zusammensetzten.

Die Lau kam alle Abend in Juttas altem Rock und Kittel, und ließ sich weit vom warmen Ofen weg in einem Winkel auf den Boden nieder, und hörte dem Geplauder zu, von Anfang als ein stummer Gast, ward aber bald zutraulich und bekannt mit allen. Um ihretwillen machte sich Frau Betha eines Abends ein Geschäft daraus, ihr Weihnachtskripplein für die Enkel beizeiten herzurichten: die Muttergottes, mit dem Kind im Stall, bei ihr die drei Weisen aus Morgenland, ein jeder mit seinem Kamel, darauf er hergereist kam und seine Gaben brachte. Dies alles aufzuputzen, und zu leimen was etwa lotter war, saß die Frau Wirtin an dem Tisch beim Licht mit ihrer Brille, und die Wasserfrau mit höchlichem Ergötzen sah ihr zu, so wie sie auch gerne vernahm, was ihr von heiligen Geschichten dabei gesagt wurde, doch nicht daß sie dieselben dem rechten Verstand nach begriff oder zu Herzen nahm, wie gern auch die Wirtin es wollte.

Frau Betha wußte ferner viel lehrreicher Fabeln und Denkreime, auch spitzweise Fragen und Rätsel; die gab sie nacheinander im Vorsitz auszuraten, weil sonderlich die Wasserfrau von Hause aus dergleichen liebte und immer gar zufrieden schien, wenn sie es ein- und das andremal traf (das doch nicht allzu leicht geriet). Eines derselben gefiel ihr vor allen, und was damit gemeint ist nannte sie ohne Besinnen:

> „Ich bin eine dürre Königin,
> Trag auf dem Haupt eine zierliche Kron,
> Und die mir dienen mit treuem Sinn,
> Die haben großen Lohn.
>
> Meine Frauen müssen mich schön frisiern,
> Erzählen mir Märlein ohne Zahl,
> Sie lassen kein einzig Haar an mir,
> Doch siehst du mich nimmer kahl.
>
> Spazieren fahr ich frank und frei,
> Das geht so rasch, das geht so fein;
> Nur komm ich nicht vom Platz dabei —
> Sagt, Leute, was mag das sein?"

Darüber sagte sie, in etwas fröhlicher denn zuvor: „Wenn ich dereinstens wiederum in meiner Heimat bin, und kommt einmal ein schwäbisch Landeskind, zumal aus Eurer Stadt, auf einer Kriegsfahrt oder sonst durch der Walachen Land an unsere Gestade, so ruf er mich bei Namen, dort wo der Strom am breitesten hineingeht in das Meer — versteht, zehn Meilen einwärts in dieselbe See erstreckt sich meines Mannes Reich, so weit das süße Wasser sie mit seiner Farbe färbt — dann will ich kommen und dem Fremdling zu Rat und Hilfe sein. Damit er aber sicher sei, ob ich es bin und keine andere, die ihm schaden möchte, so stelle er dies Rätsel. Niemand aus unserem Geschlechte außer mir wird ihm darauf antworten; denn dortzuland sind solche Rocken und Rädlein, als ihr in Schwaben führet, nicht gesehn, noch kennen sie dort eure Sprache; darum mag dies die Losung sein."

Auf einen andern Abend ward erzählt vom Doktor Veylland und Herrn Konrad von Wirtenberg, dem alten Gaugrafen, in dessen Tagen es noch keine Stadt mit Namen Stuttgart gab. Im Wiesental, da wo dieselbe sich nachmals erhob, stund nur ein stattliches Schloß mit Wassergraben und Zugbrücke; von Bruno, dem Domherrn von Speyer, Konradens Oheim, erbaut, und nicht gar weit davon ein hohes steinernes Haus. In diesem wohnte dazumal mit einem alten Diener ganz allein ein sonderlicher Mann, der war in natürlicher Kunst und in Arzneikunst sehr gelehrt und war mit seinem Herrn, dem Grafen, weit in der Welt herumgereist, in heißen Ländern, von wo er manche Seltsamkeit, an Tieren, vielerlei Gewächsen und Meerwundern heraus nach Schwaben brachte. In seinem Ohrn sah man der fremden Sachen eine Menge an den Wänden herumhangen: die Haut vom Krokodil, sowie Schlangen und fliegende Fische. Fast alle Wochen kam der Graf einmal zu ihm; mit andern Leuten pflegte er wenig Gemeinschaft. Man wollte behaupten, er mache Gold; gewiß ist, daß er sich unsichtbar machen konnte, denn er verwahrte unter seinem Kram einen Krackenfischzahn. Einst nämlich, als er auf dem Roten Meer das Bleilot niederließ, die Tiefe zu erforschen, da zockt es unterm Wasser, daß das Tau fast riß. Es hatte sich ein Krackenfisch im Lot verbissen und zween seiner Zähne darinne gelassen. Sie sind wie eine Schustersahle spitz und glänzend schwarz. Der eine stak sehr fest, der andre ließ sich leicht ausziehen. Da nun ein solcher Zahn, etwa in Silber oder Gold gefaßt und bei sich getragen, besagte hohe Kraft besitzt und zu den größten Gütern, so man für Geld nicht haben kann, gehört, der Doktor aber dafür hielt, es zieme eine solche Gabe niemand besser als einem weisen und wohldenkenden Gebieter, damit er überall, in seinen eigenen und Feindes Landen, sein Ohr und Auge habe, so gab er einen dieser Zähne seinem Grafen, wie er ja ohnedem wohl schuldig war, mit Anzeigung von dessen Heimlichkeit, davon der Herr nichts wußte. Von diesem Tage an erzeigte sich der Graf dem Doktor gnädiger als allen seinen Edelleuten oder Räten, und hielt ihn recht als seinen lieben Freund, ließ ihm auch gern und sonder Neid das Lot zu eigen, darin der andere Zahn war, doch unter dem Gelöbnis, sich dessen ohne Not nicht zu bedienen, auch ihn vor seinem Ableben entweder ihm, dem Grafen, erblich zu verlassen oder auf alle Weise der Welt zu entrücken, wo nicht ihn gänzlich zu vertilgen. Der edle Graf starb aber um zwei Jahre eher als der Veylland, und hinterließ das Kleinod seinen Söhnen nicht; man glaubt, aus Gottesfurcht und weisem Vorbedacht hab er's mit in das Grab genommen oder sonst verborgen.

Wie nun der Doktor auch am Sterben lag, so rief er seinen treuen Diener Curt zu ihm ans Bett und sagte: „Lieber Curt! es gehet diese Nacht mit mir zum Ende, so will ich dir noch deine guten Dienste danken und etliche Dinge befehlen. Dort bei den Büchern, in dem Fach zuunterst in der Ecke, ist ein Beutel mit hundert Imperialen, den nimm sogleich zu dir; du wirst auf Lebenszeit genug daran haben. Zum zweiten, das alte geschriebene Buch in dem Kästlein daselbst verbrenne jetzt vor meinen Augen, hier in dem Kamin. Zum dritten findest du ein Bleilot dort, das nimm, verbirg's bei deinen Sachen, und wenn du aus dem Hause gehst in deine Heimat, gen Blaubeuren, laß es dein erstes sein, daß du es in den Blautopf wirfst." — Hiermit war er darauf bedacht, daß es, ohne Gottes besondere Fügung, in ewigen Zeiten nicht in irgendeines Menschen Hände komme. Denn damals hatte sich die Lau noch nie im Blautopf blicken lassen, und hielt man selben überdies für unergründlich.

Nachdem der gute Diener jenes alles, teils auf der Stelle ausgerichtet, teils versprochen, nahm er mit Tränen Abschied von dem Doktor, welcher vor Tage noch das Zeitliche gesegnete.

Als nachher die Gerichtspersonen kamen und allen kleinen Quark aussuchten und versiegelten, da hatte Curt das Bleilot zwar beiseit gebracht, den Beutel aber nicht versteckt, denn er war keiner von den Schlauesten, und mußte ihn dalassen, bekam auch nach der Hand nicht einen Deut davon zu sehen, kaum daß die schnöden Erben ihm den Jahreslohn auszahlten.

Solch Unglück ahnete ihm schon, als er, auch ohnedem betrübt genug mit seinem Bündelein in seiner Vaterstadt einzog. Jetzt dachte er an nichts, als seines Herrn Befehl vor allen Dingen zu vollziehen. Weil er seit dreiundzwanzig Jahren nimmer hier gewesen, so kannte er die Leute nicht, die ihm begegneten, und da er gleichwohl einem und dem andern Guten Abend sagte, gab's ihm niemand zurück. Die Leute schauten sich, wenn er vorüberkam, verwundert an den Häusern um, wer doch da gegrüßt haben möchte, denn keines erblickte den Mann. Dies kam, weil ihm das Lot in seinem Bündel auf der linken Seite hing; ein andermal, wenn er es rechts trug, war er von allen gesehen. Er aber sprach für sich: „Zu meiner Zeit sind di^a Blaubeur^{a}m^{a}r so grob ett gwä!"

Beim Blautopf fand er seinen Vetter, den Seilermeister, mit dem Jungen am Geschäft, indem er längs der Klostermauer, rückwärts gehend, Werg aus seiner Schürze spann, und weiterhin der Knabe trillte die Schnur mit dem Rad. — „Gott grü^{a}ß di, Vetter Seiler!" rief der Curt und klopft' ihm auf die Achsel. Der Meister guckt sich um, verblaßt, läßt seine Arbeit aus den Händen fallen und lauft was seine Beine mögen. Da lachte der andere, sprechend: „Der denkt, mei' Seel, i wandele geistweis! D' Leut hant gwiß mi für tot hi^a gsagt, anstatt mein' Herr^a — ei so schlag!"

Jetzt ging er zu dem Teich, knüpfte sein Bündel auf und zog das Lot heraus. Da fiel ihm ein, er möchte doch auch wissen, ob es wahr sei, daß der Gumpen keinen Grund noch Boden habe (er wär gern auch ein wenig so ein Spiriguckes wie sein Herr gewesen), und weil er vorhin in des Seilers Korb drei große starke Schnürbund liegen sehn, so holte er dieselben her und band das Lot an einen. Es lagen just auch frischgebohrte Teichel, eine schwere Menge, in dem Wasser bis gegen die Mitte des Topfs, darauf er sicher Posto fassen konnte, und also ließ er das Gewicht hinunter, indem er immer ein Stück Schnur an seinem ausgestreckten Arm abmaß, drei solcher Längen auf ein Klafter rechnete und laut abzählte: „— 1 Klafter, 2 Klafter, 3, 4, 5, 6, 7, 8, 9, 10"; — da ging der erste Schnurbund aus, und mußte er den zweiten an das Ende knüpfen, maß wiederum ab und zählte bis auf 20. Da war der andere Schnurbund gar — „Heid^{a}guguk, ist dees ^{a} Ti^{a}fe!" — und band den dritten an das Trumm, fuhr fort zu zählen: „21, 22, 23, 24 — Höll-Element, mei Arm will nimme! — 25, 26, 27, 28, 29, 30 — Jetzet guᵃt Nacht, s' Meß hot ᵃ End! Do heißt's halt, mir nex, dir nex, rappede kappede, so isch usgangᵃ!" — Er schlang die Schnur, bevor er aufzog, um das Holz, darauf er stand, ein wenig zu verschnaufen, und urteilte bei sich: Der Topf ist währle bodᵃlaus.

Indem der Spinnerinnen eine diesen Schwank erzählte, tat die Wirtin einen schlauen Blick zur Lau hinüber, welche lächelte; denn freilich wußte sie am besten, wie es gegangen war mit dieser Messerei; doch sagten beide nichts. Dem Leser aber soll es unverhalten sein.

Die schöne Lau lag jenen Nachmittag auf dem Sand in der Tiefe, und, ihr zu Füßen, eine Kammerjungfer, Aleila, welche ihr die liebste war, beschnitte ihr in guter Ruh die Zehen mit einer goldenen Schere, wie von Zeit zu Zeit geschah.

Da kam hernieder langsam aus der klaren Höh ein schwarzes Ding, als wie ein Kegel, des sich im Anfang beide sehr verwunderten, bis sie erkannten was es sei. Wie nun das Lot mit neunzig Schuh den Boden berührte, da ergriff die scherzlustige Zofe die Schnur und zog gemach mit beiden Händen, zog und zog, solang bis sie nicht mehr nachgab. Alsdann nahm sie geschwind die Schere und schnitt das Lot hinweg, erlangte einen dicken Zwiebel, der war erst gestern in den Topf gefallen und war fast eines Kinderkopfes groß, und band ihn bei dem grünen Schossen an die Schnur, damit der Mann erstaune, ein ander Lot zu finden, als das er ausgeworfen. Derweile aber hatte die schöne Lau den Krackenzahn im Blei mit Freuden und Verwunderung entdeckt. Sie wußte seine Kraft gar wohl, und ob zwar für sich selbst die Wasserweiber oder -männer nicht viel darnach fragen, so gönnen sie den Menschen doch so großen Vorteil nicht, zumalen sie das Meer und was sich darin findet von Anbeginn als ihren Pacht und Lehn ansprechen. Deswegen denn die schöne Lau mit dieser ungefähren Beute sich dereinst, wenn sie zu Hause käme, beim alten Nix, ihrem Gemahl, Lobs zu erholen hoffte. Doch wollte sie den Mann, der oben stund, nicht lassen ohn Entgelt, nahm also alles was sie eben auf dem Leibe hatte, nämlich die schöne Perlenschnur an ihrem Hals, schlang selbe um den großen Zwiebel, gerade als er sich nunmehr erhob; und daran war es nicht genug, sie hing zuteuerst auch die goldne Schere noch daran und sah mit hellem Aug, wie das Gewicht hinaufgezogen ward. Die Zofe aber, neugierig, wie sich das Menschenkind dabei gebärde, stieg hinter dem Lot in die Höhe, und weidete sich zwo Spannen unterhalb dem Spiegel an des Alten Schreck und Verwirrung. Zuletzt fuhr sie mit ihren beiden aufgehobenen Händen ein maler viere in der Luft herum, die weißen Finger als zu einem Fächer oder Wadel ausgespreizt. Es waren aber schon zuvor auf des Vetter Seilers Geschrei viel Leut aus der Stadt herausgekommen, die standen um den Blautopf her und sahn dem Abenteuer zu, bis wo die grausigen Hände erschienen; da stob mit eins die Menge voneinander und entrann.

Der alte Diener aber war von Stund an irrsch im Kopf, ganzer sieben Tage, und sah der Lau ihre Geschenke gar nicht an, sondern saß da, bei seinem Vetter, hinterm Ofen, und sprach des Tags wohl hundertmal ein altes Sprüchlein vor sich hin, von welchem kein Gelehrter in ganz Schwabenland Bescheid zu geben weiß, woher und wie oder wann erstmals es unter die Leute gekommen. Denn von ihm selber hatte es der Alte nicht; man gab es lang vor seiner Zeit, gleichwie noch heutiges Tags, den Kindern scherzweis auf, wer es ganz hurtig nacheinander ohne Tadel am öftesten hersagen könne; und lauten die Worte:

„'s leit [a] Klötzle Blei glei bei Blaubeur[a],
glei bei Blaubeur[a] leit [a] Klötzle Blei."

Die Wirtin nannt es einen rechten Leirenbendel, und sagte: „Wer hätte auch den mindesten Verstand da drin gesucht, geschweige eine Prophezeiung!"

Als endlich der Curt mit dem siebenten Morgen seine gute Besinnung wiederfand, und ihm der Vetter die kostbaren Sachen darwies, so sein rechtliches Eigentum wären, da schmunzelte er doch, tat sie in sicheren Verschluß, und ging mit des Seilers zu Rat, was damit anzufangen. Sie achteten alle fürs beste, er reise mit Perlen und Schere gen Stuttgart, wo eben Graf Ludwig sein Hoflager hatte, und biete sie demselben an zum Kauf. So tat er denn. Der hohe Herr war auch nicht karg und gleich bereit, so seltene Zier nach Schätzung eines Meisters für seine Frau zu nehmen; nur als er von dem Alten hörte, wie er dazugekommen, fuhr er auf und drehte sich voll Ärger auf dem Absatz um, daß ihm der Wunderzahn verloren sei. Ihm war vordem etwas von diesem kund geworden und hatte er dem Doktor, bald nach Herrn Konrads Hintritt, seines Vaters, sehr darum angelegen, doch umsonst.

Dies war nun die Geschichte, davon die Spinnerinnen damals plauderten. Doch ihnen war das Beste daran unbekannt. Eine Gevatterin, so auch mit ihrer Kunkel unter ihnen saß, hätte noch gar gern gehört, ob wohl die schöne Lau das Lot noch habe, auch was sie damit tue? und red'te so von weitem darauf hin; da gab Frau Betha ihr nach ihrer Weise einen kleinen Stich, und sprach zur Lau: „Ja, gelt, jetzt macht Ihr Euch bisweilen unsichtbar, geht herum in den Häusern und guckt den Weibern in die Töpfe, was sie zu Mittag kochen? Eine schöne Sach um so ein Lot für fürwitzige Leute!"

Inmittelst fing der Dirnen eine an, halblaut das närrische Gesetzlein herzusagen; die andern taten ein gleiches, und jede wollt es besser können, und keine brachte es zum dritten- oder viertenmal glatt aus dem Mund; dadurch gab es viel Lachen. Zum letzten mußte es die schöne Lau probieren, die Jutte ließ ihr keine Ruh. Sie wurde rot bis an die Schläfe, doch hub sie an, und klüglicherweise gar langsam:

„'s leit ᵃ Klötzle Blei glei bei Blaubeuren."

Die Wirtin rief ihr zu, so sei es keine Kunst, es müsse gehen wie geschmiert! Da nahm sie ihren Anlauf frisch hinweg, kam auch alsbald vom Pfad ins Stoppelfeld, fuhr buntüberecks und wußte nimmer gicks noch gacks. Jetzt, wie man denken kann, gab es Gelächter einer Stuben voll, das hättet ihr nur hören sollen, und mittendraus hervor der schönen Lau ihr Lachen, so hell wie ihre Zähne, die man alle sah!

Doch unversehens, mitten in dieser Fröhlichkeit und Lust, begab sich ein mächtiges Schrecken.

Der Sohn vom Haus, der Wirt — er kam gerade mit dem Wagen heim von Sonderbuch und fand die Knechte verschlafen im Stall —, sprang hastig die Stiege herauf, rief seine Mutter vor die Tür und sagte, daß es alle hören konnten: „Um Gotteswillen, schickt die Lau nach Haus! Hört Ihr denn nicht im Städtlein den Lärm? der Blautopf leert sich aus, die untere Gasse ist schon unter Wasser, und in dem Berg am Gumpen ist ein Getös und Rollen, als wenn die Sündflut käme!" — Indem er noch so sprach, tat innen die Lau einen Schrei: „Das ist der König, mein Gemahl, und ich bin nicht daheim!" — Hiermit fiel sie von ihrem Stuhl sinnlos zu Boden, daß die Stube zitterte. Der Sohn war wieder fort, die Spinnerinnen liefen jammernd heim mit ihren Rocken, die andern aber wußten nicht was anzufangen mit der armen Lau, welche wie tot dalag. Eins machte ihr die Kleider auf, ein anderes strich sie an, das dritte riß die Fenster auf, und schafften doch alle miteinander nichts.

Da streckte unverhofft der lustige Koch den Kopf zur Tür herein, sprechend: Ich hab mir's eingebildet, sie wär bei euch! Doch, wie ich sehe, geht's nicht allzu lustig her. Macht, daß die Ente in das Wasser kommt, so wird sie schwimmen!" — "Du hast gut reden!" sprach die Mutter mit Beben: *"Hat* man sie auch im Keller und im Brunnen, kann sie sich unten nicht den Hals abstürzen im Geklüft?" — "Was Keller!" rief der Sohn: "was Brunnen! das geht ja freilich nicht — laßt mich nur machen! Not kennt kein Gebot — ich trag sie in den Blautopf." — Und damit nahm er, als ein starker Kerl, die Wasserfrau auf seine Arme. "Komm, Jutta — nicht heulen — geh mir voran mit der Latern." — "In Gottes Namen", sagte die Wirtin: "doch nehmt den Weg hintenherum durch die Gärten: es wimmelt die Straße mit Leuten und Lichtern." — "Der Fisch hat sein Gewicht!" sprach er im Gehn, schritt aber festen Tritts die Stiege hinunter, dann über den Hof, und links und rechts, zwischen Hecken und Zäunen hindurch.

Am Gumpen fanden sie das Wasser schon merklich gefallen, gewahrten aber nicht, wie die drei Zofen, mit den Köpfen dicht unter dem Spiegel, ängstig hin und wider schwammen, nach ihrer Frau ausschauend. Das Mädchen stellte die Laterne hin, der Koch entledigte sich seiner Last, indem er sie behutsam mit dem Rücken an den Kürbishügel lehnte. Da raunte ihm sein eigener Schalk ins Ohr: wenn du sie küßtest, freute dich's dein Leben lang und könntest du doch sagen, du habest einmal eine Wasserfrau geküßt. Und ehe er es recht dachte, war's geschehen. Da löschte ein Schuck Wasser aus dem Topf das Licht urplötzlich aus, daß es stichdunkel war umher, und tat es dann nicht anders, als wenn ein ganz halb Dutzend nasser Hände auf ein paar kernige Backen fiel' und wo es sonst hintraf. Die Schwester rief: "Was gibt es denn?" — "Maulschellen, heißt man's hierherum!" sprach er: "ich hätte nicht gedacht, daß sie am Schwarzen Meer sottige Ding auch kenneten!" — Dies sagend stahl er sich eilends davon, doch weil es vom Widerhall drüben am Kloster auf Mauern und Dächern und Wänden mit Maulschellen brazzelte, stund er bestürzt, wußte nicht recht wohin, denn er glaubte den Feind vorn und hinten. (Solch einer Witzung brauchte es, damit er sich des Mundes nicht berühme, den er geküßt, unwissend zwar, daß er es *müssen* tun, der schönen Lau zum Heil.)

Inwährend diesem argen Lärm nun hörte man die Fürstin in ihrem Ohnmachtschlaf so innig lachen, wie sie damals im Traum getan, wo sie den Abt sah springen. Der Koch vernahm es noch von weitem, und ob er's schon auf sich zog, und mit Grund, erkannte er doch gern daraus, daß es nicht weiter Not mehr habe mit der Frau.

Bald kam mit guter Zeitung auch die Jutte heim, die Kleider, den Rock und das Leibchen im Arm, welche die schöne Lau zum letztenmal heut am Leibe gehabt. Von ihren Kammerjungfern, die sie am Topf in Beisein des Mädchens empfingen, erfuhr sie gleich zu ihrem großen Trost, der König sei noch nicht gekommen, doch mög es nicht mehr lang anstehn, die große Wasserstraße sei schon angefüllt. Dies nämlich war ein breiter hoher Felsenweg, tief unterhalb den menschlichen Wohnstätten, schön grad und eben mitten durch den Berg gezogen, zwo Meilen lang von da bis an die Donau, wo des alten Nixen Schwester ihren Fürstensitz hatte. Derselben waren viele Flüsse, Bäche, Quellen dieses Gaus dienstbar; die schwellten, wenn das Aufgebot an sie erging, besagte Straße in gar kurzer Zeit so hoch mit ihren Wassern, daß sie mit allem Seegetier, Meerrossen und Wagen füglich befahren werden mochte, welches bei festlicher Gelegenheit zuweilen als ein schönes Schaugepräng mit vielen Fackeln und Musik von Hörnern und Pauken geschah.

Die Zofen eilten jetzo sehr mit ihrer Herrin in das Putzgemach, um sie zu salben, zöpfen und köstlich anzuziehen; das sie auch gern zuließ und selbst mithalf, denn sie in ihrem Innern fühlte, es sei nun jegliches erfüllt, zusamt dem fünften, so der alte Nix und sie nicht wissen durfte.

Drei Stunden wohl nachdem der Wächter Mitternacht gerufen, es schlief im Nonnenhof schon alles, erscholl die Kellerglocke zweimal mächtig, zum Zeichen daß es Eile habe, und hurtig waren auch die Frauen und die Töchter auf dem Platz.

Die Lau begrüßte sie wie sonst vom Brunnen aus, nur war ihr Gesicht von der Freude verschönt, und ihre Augen glänzten, wie man es nie an ihr gesehen. Sie sprach: „Wißt, daß mein Ehgemahl um Mitternacht gekommen ist. Die Schwieger hat es ihm vorausverkündigt ohnelängst, daß sich in dieser Nacht mein gutes Glück vollenden soll, darauf er ohne Säumen auszog, mit Geleit der Fürsten, seinem Ohm und meinem Bruder Synd und vielen Herren. Am Morgen reisen wir. Der König ist mir hold und gnädig, als hieß' ich von heute an erst sein Gespons. Sie werden gleich vom Mahl aufstehn, sobald sie den Umtrunk gehalten. Ich schlich auf meine Kammer und hierher, noch meine Gastfreunde zu grüßen und zu herzen. Ich sage Dank, Frau Ahne, liebe Jutta, Euch Söhnerin, und Jüngste dir. Grüßet die nicht zugegen sind, die Männer und die Mägde. In jedem dritten Jahr wird Euch Botschaft von mir; auch mag es wohl geschehn, daß ich noch bälder komme selber, da bring ich mit auf diesen meinen Armen ein lebend Merkmal, daß die Lau bei Euch gelacht. Das wollen Euch die Meinen allezeit gedenken, wie ich selbst. Für jetzo, wisset, liebe Wirtin, ist mein Sinn: einen Segen zu stiften in dieses Haus für viele seiner Gäste. Oft habe ich vernommen, wie Ihr den armen wandernden Gesellen Guts getan mit freier Zehrung und Herberg. Damit Ihr solchen fortan mögt noch eine weitere Handreichung tun, so werdet Ihr zu diesem Ende finden beim Brunnen hier einen steinernen Krug voll guter Silbergroschen: davon teilt ihnen nach Gutdünken mit, und ich will das Gefäß, bevor der letzte Pfennig ausgegeben, wieder füllen. Zudem will ich noch stiften auf alle hundert Jahr fünf Glückstage (denn dies ist meine holde Zahl), mit unterschiedlichen Geschenken, also, daß wer von reisenden Gesellen der erste über Eure Schwelle tritt am Tag der mir das erste Lachen brachte, der soll empfangen, aus Eurer oder Eurer Kinder Hand, von fünferlei Stücken das Haupt. Ein jeder, so den Preis gewinnt, gelobe, nicht Ort noch Zeit dieser Bescherung zu verraten. Ihr findet aber solche Gaben jedesmal hier nächst dem Brunnen. Die Stiftung, wisset, mache ich für alle Zeit, solang ein Glied von Eurem Stammen auf der Wirtschaft ist."

Nach diesen Worten redete sie noch manches leise mit der Wirtin und sagte zuletzt: „Vergesset nicht das Lot! der kleine Schuster soll es nimmermehr bekommen." — Da nahm sie nochmals Abschied und küßte ein jedes. Die beiden Frauen und die Mädchen weinten sehr. Sie steckte Jutten einen Fingerreif mit grünem Schmelzwerk an und sprach dabei: „Ade, Jutta! Wir haben zusammen besondere Holdschaft gehabt, die müsse fernerhin bestehen!" — Nun tauchte sie hinunter, winkte und verschwand.

In einer Nische hinter dem Brunnen fand sich richtig der Krug samt den verheißnen Angebinden. Es war in der Mauer ein Loch mit eisernem Türlein versehen, von dem man nie gewußt, wohin es führe; das stand jetzt aufgeschlagen, und war daraus ersichtlich, daß die Sachen durch dienstbare Hand auf diesem Weg seien hergebracht worden, deshalb auch alles wohl trocken verblieb. Es lag dabei: ein Würfelbecher aus Drachenhaut, mit goldenen Buckeln beschlagen; ein Dolch mit kostbar eingelegtem Griff; ein elfenbeinen Weberschifflein; ein schönes Tuch von fremder Weberei, und mehr dergleichen. Aparte aber lag ein Kochlöffel aus Rosenholz mit langem Stiel, von oben herab fein gemalt und vergoldet, den war die Wirtin angewiesen dem lustigen Koch zum Andenken zu geben. Auch keins der andern war vergessen.

Frau Betha hielt bis an ihr Lebensende die Ordnung der guten Lau heilig, und ihre Nachkommen nicht minder. Daß jene sich nachmals mit ihrem Kind im Nonnenhof zum Besuch eingefunden, davon zwar steht nichts in dem alten Buch, das diese Geschichten berichtet, doch mag ich es wohl glauben.

Es waren seit der Fürstin Abschied nah bei hundert Jahr vergangen, als unser Seppe, der Schuster, im Dörflein Suppingen vom Wagen stieg, dem Bäuerlein noch vielmals dankte und sich von ihm den Weg Blaubeuren zu nachweisen ließ. Bis Mittag, sagte der Mann, könne er gar wohl dort sein.

Das hätte sich auch nicht gefehlt, bald aber fing sein Hühnerauge ihn wieder zu buksieren an. Er mußte alle fünfzig Schritt hinsitzen, und wenn er einmal saß, trat er das Rad so fleißig, als wenn er auf Bestellung zu arbeiten hätte. Endlich zum letztenmal riß er sich auf und hinkte vollends die Steig hinab.

Sie läuteten im Kloster drei, da er ins Städtlein kam.

Während er nun auf die Herberge zuging, lief eben Jörg Seysolff, der Wirt und Bräumeister, über den Hof, und sprach zu seinem Weib, die auf der Hausbank saß und ihren Salat zum Abendessen putzte: „Schau, Emerenz, da kommt auch schon der dritt!" — „Ei, weiß Gott", sagte sie: „und ist ein Unterländer — ach mein, knappt der daher! dem sei es gunnt."

Der Seppe sah hoch auf, als ihn die Leute so mit sonderlicher Freundlichkeit begrüßten. Sie gingen alle beide gleich mit ihm hinauf. Er ließ sich eine Halbe geben, ein Sauerkraut mit Schweinefleisch aufwärmen.

Der Wirt, wie er vernahm, daß er von Stuttgart käme, frug ihn nach dem und jenem: ob sie auch Hagelwetter drunten hätten? was jetzt die Gerste gelte? bis wann des Grafen Jüngste Hochzeit habe, von deren Schönheit man überall höre. Der Seppe diente ihm auf alles ordentlich, dagegen er sich übers Essen manches von hiesigen Geschichten, besonders von dem Wasserweib, erzählen ließ. Auch zeigte ihm der Wirt das alte Konterfei von ihr im Hausgang an der Stiege, sowie das herrliche Kunstwerk, den Bauren-Schwaiger, an welchem er sich nicht satt sehn und hören konnte. „Das laßt mir", sagte er, „doch einmal einen Dreher heißen, wo den gemacht hat!" — „Ja", meinte Jörg, „die Arbeit ist auch nicht an *einem* Tag gemacht." — „Will's glauben", sagte der Seppe und seufzte, denn er gedachte an seine Dreherei.

Nachdem er nun gegessen und getrunken, frug er nach seiner Schuldigkeit. Zween Batzen, war die Antwort. Die legt der Seppe auf den Tisch. „Bekämt Ihr sechzehn Kreuzer naus", sagte der Wirt, zählte sie hin und steckte die zween Batzen ein, wie wenn es sich so in der ganzen Welt von selbst verstünde. Es war jedoch ein alter Brauch von der Frau Betha Zeiten her, den Reisenden auf solche Weise ihren Zehrpfennig zu reichen. Der Schuster lächelte, als wollt er fragen, wie ist das gemeint? — „Laßt's gut sein, lieber Gesell", sprach Jörg Seysolff: „kommt mit zu meinem Ehni, der sagt Euch schon mehr."

Er führte ihn durch einen langen Gang an eine stille Tür, die tat er vor ihm auf. Da saß in einer säuberlichen Stube ein gar schöner Greis von achtzig Jahr in einem Sorgenstuhl beim Fenster. Die Sonne fiel eben ein wenig zwischen den Vorhänglein durch auf einen kleinen Tisch, so vor ihm stand, schneeweiß gedeckt, darauf nichts weiter denn ein blauer Topf mit Wasser und noch etwas in einem Tuche war. Der Alte aber war der kleine Hans, Frau Bethas Herzblatt, gewesen. Er redete den Schuster in Gegenwart des Wirtes also an:

„Hab Gott zum Gruß auf dieser Schwell!
Obwohl das Glück dein Reisgesell;
Ob solches mit dir in der Wiegen
Von Mutterleib aus kam zu liegen,
Ob du es in dem Gürtel hegest,
Ob du es in den Sohlen trägest."

Hierauf behändigte der Greis dem Seppe das Tüchlein und sprach: „Du magst es einmal, wenn du Meister bist und gründest deinen eignen Herd, deiner Liebsten verehren, am Heiratstag, dazu dir aller Segen werde."

Was aber war im Tuch? Eine silberne Haube — man konnte nichts Schöneres sehen. Der Seppe wäre deckenhoch gesprungen, wenn sich's geschickt hätte.

Nun sagte ihm der Alte, wem er das Angebind verdanke, dann ließ er ihn Verschwiegenheit geloben, zu dessen sichtlicher Bekräftigung er einen Finger in dem Topfe netzen und auf den Mund legen mußte. Auch gab er dem Gesellen noch eine christliche Vermahnung, empfing den Dank desselben und ganz am End empfahl er ihm, wenn er ein Klötzlein Blei von ungefähr wo finde hier herum, so möge er solches daher in den Nonnenhof bringen. — In seines Herzens Freude fast hätte er's versprochen, da fiel ihm zum Glück noch der Pechschwitzer ein, deswegen er nur sagte: „Ich will sehn."

Jetzt machte er sich auf die Bahn und lenkte seine Schritte zuvörderst hinter das Kloster, wo ihm der Quell gleich in die Augen strahlte. So viel man ihm davon gerühmt, doch hätte er sich solche Wunderpracht in seinem Sinn nicht eingebildet, und meinte er bei sich: es ist nicht anders denn als wenn zum wenigsten ein Stücker sechs Blaufärber samt einem vollen Kessel eben erst darin ersoffen wären!

Wie er sich recht daran ersättigt und im Andenken an das Wasserweib etliche Vaterunser aus gutem Herzen für ihr Heil gebetet hatte (denn er der Meinung war, sie sitze schon bei hundert Jahr samt andern armen Heidenseelen auf der hellen Wiese, da sie in Wahrheit jung und schön wie ehedem noch bei den Ihren lebte), vergaß er auch das Klötzlein nicht, nach welchem so viel Fragens war. Er hatte von dem Doktor Veylland und dem Lot schon als ein kleiner Bube den Urgroßvater hören erzählen. Der Bauer wußte nichts davon; den Wirt im Nonnenhof befrug er aber nicht, weil ihm erst jetzt einkam, es seie mit dem Blei wohl gar dasselbe Lot gemeint. Nun sah er hinter manchen Busch und Baum, und weiterhin an seiner Straße hier und dort in einen Graben, fand aber nichts dergleichen und ließ sich endlich deshalb keine grauen Haare wachsen.

Der Schmerzen seines Fußwerks ganz und gar vergessen, und nichts als Glücksgedanken und Habergeisen in dem Kopf, hinkt' er so immerfort das Blautal hinunter. Bisweilen, wenn es ihm sein Linker zu arg machte, hockt' er auf einen Stein, packte die silberne Haube heraus und legte sie vor sich aufs Knie, an seinen zukünftigen Schatz dabei denkend. Es war nur gut, daß ihm nicht wissend, was schon zween andere Gesellen, ein Feilenhauer und ein Nagelschmied, nur eine halbe Stunde eh er kam, aus dem Nonnenhof davongetragen, er hätte seine Haube nur noch mit halben Freuden angesehen. Die beiden Bursche waren auf der Steig hinter der Stadt an dem Schuster vorübergekommen und hatten ihn gegrüßt, doch weil er eben saß und in Gedanken mit dem Rad im besten Werken war, so sah er gar nicht auf und brummte nur so für sich hin: „Schön guten Morgen!" — obzwar die Sonne ihm von Abend auf den Buckel schien. „Ja morgen nach dem Bad!" sagte der eine, und lachten sich beide die Haut voll darüber.

Mit sinkender Nacht kam er wohl- oder übelbehalten nach Ulm.

Es war gerade Markt und hie und da Musik und Tanz. Er trat in eins der nächsten Wirtshäuser, wo ihrer sechs Gesellen beim Wein an einem Tisch beisammensaßen und einen Rundgesang anstimmten. Mann für Mann sang einzeln sein Gesetz, darauf mit Macht der Chor einfiel und sie alle die Gläser anstießen. Der Leser mag wohl so viel Verse vernehmen, als sie eben jetzt sangen; das Lied im ganzen ist viermal so lang.

Erster Gesell: Seid ihr beisammen all?
Ihr Freund', auf jeden Fall
Zeigt eure Professionen an,
Daß wir nach Sitten stoßen an,
Mit großem Freudenschall!

Chor: Zeigt eure Professionen an,
Daß wir nach Sitten stoßen an!

Zweiter: Eine Wiege vor die Freud,
Eine Bahre vor das Leid:
Meinem Hobel ist das alles gleich,
Der denkt, ich mach den Meister reich,
Spän gibt es allezeit.

Chor: Seinem Hobel ist etc.

Dritter: Meine Arbeit ist wohl fein,
Von Gold und Edelstein;

| | Allein das kriegt man bald gar satt,
| | Zumal man es nicht eigen hat:
| | Gebt mir so güldnen Wein!

Chor: Ich glaub's ihm schon, das wird man satt etc.

Vierter: Wen freut ein kecker Mut,
             Nicht daurt sein junges Blut,
             Ich schaff ihm Wehre mannigfalt,
             Zu Scherz und Ernst, widr Feindsgewalt;
             Mein Zeug ist allweg gut.

Chor: Und gilt es wider Feindsgewalt,
             Ein Spieß und Schwert uns auch gefallt.

Fünfter: Der Schneider sitzt am Glas;
             Vom Wirt nehm ich die Maß,
             Zu Hause schaff ich gar nicht viel,
             Meine Stich mach ich beim Kartenspiel,
             Da weiß ich doch für was.

Chor: Ei, Bruder Leipziger, beßr' Er sich,
             Denn, sieht Er, das ist liederlich.

Sechster: Meine Kunst, das glaubt gewiß,
             Schreibt sich vom Paradies.
             Von Mägdlein bin ich wertgeschätzt,
             Ich hab ja was ihr Herz ergetzt,
             Veiel und Röslein süß.

Chor: Von Mägdlein ist er etc.

Jetzt kam die Reihe an den Schuster, und da derselbe sein Gesetzlein so aus froher Kehle sang, ward es dem Seppe um den Brustfleck weh, daß er sein gutes Handwerk lassen sollte. Dabei vermerkte er, wie ihn sein rechter Schuh zweimal ganz weidlich vor Vergnügen zwickte, so zwar, wie wenn er sagen wollte: hörst du Narr?

Erster: Gebt meinem Stand die Ehr!
             Den Schuster braucht man sehr.
             Zwar führ ich nicht den besten Gout,
             Allein wer macht euch Hochzeitschuh,
             Wenn ich kein Schuster wär?

Chor: Zwar führt er nicht etc.

Dem Seppe quoll bereits das Wasser in den Augen; er sprach
bei sich mit ingrimmigen Schmerzen: Du bist kein Schuster und
bist auch kein Dreher, du bist der wirtenbergisch Niemez! —
Und schwur in seiner Seele, hinfort zu bleiben was er war.

Zweiter: Und wer kein Pietist,
Und auch kein Hundsfott ist,
Der mag sich wohl beim Wein erfreun —
Mein letzter Schluck soll ehrlich sein!
So meint's ein guter Christ.

Chor: Stoßt an, Kameraden, stimmet ein:
Mein letzter Schluck soll ehrlich sein!

Hier stand der Seppe auf, trat hin zu den Kompanen und
grüßte mit bescheidener Ansprache. Da machten sie ihm Platz
an ihrem Tisch, tranken ihm zu und hörten, was für ein Landsmann er sei, welches Gewerbs, wohin er wollte. „Warum bleibt
Ihr nicht hier?" sagte Vinzenz, der Schuster: „In Ulm ist es
schön und Arbeit findet Ihr dermal genug." — Er ließ sich
nicht schwer überreden, und schon den andern Tag stand er
bei einer jungen Witwe ein, von welcher ihm der Herbergvater
sagte.

Als er das erstemal in deren Haus einging, empfing er eine
Warnung: sein Rechter wollte nicht über die Schwelle; doch
achtete er weiter nicht darauf.

Die Witwe war eine schöne Person, und wie der Seppe schon
nicht leicht mehr eine ansah, daß ihm nicht einfiel was der
Pechschwitzer sagte: „Vielleicht begegnet dir dein Glück einmal auf Füßen": so prüfte er auch jetzt, obwohl mit schüchternen Blicken, die stattliche Frau. Sie sah sehr blaß, nicht gar
vergnügt, und sparte ihre Worte gegen jedermann. Ihr Tun in
allen Dingen war aber sanft und klug, so daß sie einen jungen
Mann wohl locken konnte.

Es mag zuvor schon manchem so mit ihr gegangen sein, beim
Seppe blieb es auch nicht aus, und desto minder, da ihm nach
den ersten Wochen deuchte, er gelte vor den andern etwas bei
der Meisterin. Geschah es, daß sie ihrer einen nötig hatte, zu
einer kleinen Hilfe außerhalb der Werkstatt, dann rief sie
immer zehnmal gegen eines ihn vom Stuhl hinweg, und wenn
er samstags für die Küche Holz kleinsägte, sie aber backte eben
Zwiebelkuchen, da trug sie ihm gewiß ein Stück, warm von

dem Ofen weg, zum voraus in den Schopf hinaus; das schmeckte
zu solchem Geschäft aus der Faust ganz außer Maßen.

Von dort an aber gebärdeten sich des Hutzelmanns lederne
Söhne sehr übel; insonderheit auf der Gesellenkammer war oft
die halbe Nacht in Seppes Kasten, wo sie standen, ein Gepolter
und Gerutsch, als hätten sie die ärgsten Händel miteinander,
und die Gesellen schimpften und fluchten nicht wenig deshalb.
„Es ist der Marder", sagten sie: „Er hat den alten Schlupf
zwischen den Dielen wiedergefunden; wird nicht viel fehlen hat
er Junge; wir brechen morgen auf und bescheren ins Kindbett."
— Der Seppe schwieg dazu; am andern Morgen aber holt' er in
der Stille einen schweren platten Stein aus einem Bühnenwinkel
vor, den stellte er bedachtsam mit dem Rand auf sie, quer
über den Reihen. „So", sprach er, „jetzt ihr Ketzer, ihr schwer-
nötige, jetzt bocket, gampet und durnieret wenn ihr könnt!" —
Da molestierten sie hinfort auch niemand mehr.

Nun, lieber Leser, ist es Zeit, daß du erfahrest, wie es derweil ergangen mit dem andern Paar, das der Gesell an jenem
Morgen auf der Brücke ließ, als er aus Stuttgart wanderte.

Nicht tausend Schritt war er hinweg, kam eine Bäuerin von
Häslach her und sah die Schuh. Die hat der Böse hingestellt, mir
zur Versuchung! dachte sie, bekreuzte sich und lief ihrer Wege.
Spazierte drauf — denn es war ein Feiertag — ein Seifensieder
aus der Stadt gemächlich, nach seinem Weinberg zu schauen.
Derselbe aber war ein Frommer. Wie er die herrenlose Ware
sieht, denkt er, wie geht das zu? die wären meiner Frau wie
angemessen! Ich will mich nicht vergreifen, das sei fern: nur
wenn ich wiederkomme und sie stehn noch da, mag mir's ein
Zeichen sein, daß sie der liebe Gott mir schenkt für meine
Christel. Damit das Pärlein aber nicht etwan von der Sonnen-
hitze leide, nahm es der kluge Mann und stellte es unter die
Brücke in Schatten, wo es nicht leicht ein Mensch entdecken
mochte.

Bald drauf kommt aus dem Tor ein sauberes Bürgermädchen,
Vrone Kiderlen, einer Witfrau Tochter; trug ein Grättlein am
Arm und wollte Himbeern lesen im Bupsinger Wald. (Der hatte
seinen Namen von einer Ortschaft auf dem Berg, von welcher
heutzutag die Spur nicht mehr vorhanden ist, doch heißt der
Wald daher noch jetzo der Bopser.) Indem sie nun über das
Brücklein geht, patscht etwas unten, und so ein paarmal nach-

einander. Was mag das sein? denkt sie und steigt hinunter an den Bach. „Heilige Mutter! nagelneue Schuhe!" ruft sie, und schaut sich um, ob sie nicht jemand sehe, der sie vexieren wollte oder ihr den schönen Fund tun ließ, weil eben heut ihr Wiegentag war. Sie nahm das Paar, zog es zur Probe einmal an und freute sich, wie gut es ihr paßte und wie gar leicht sich darin gehen ließ. Bald aber kam ihr ein Bedenken an, und schon hat sie den einen wieder abgestreift; der andere hingegen wollte ihr nicht mehr vom Fuß. Sie drückte, zog und preßte, daß ihr der Schweiß ausbrach, half nichts — und war sie doch so leicht hineingekommen!

Je mehr sie diesem Ding nachdachte, desto verwunderlicher kam's ihr vor. So eine verständige Dirne sie war, am Ende glaubte sie gewiß, die Schuhe seien ihr von ihrer Namensheiligen Veronika auf diesen Tag beschert, und dankte alsbald der Patronin aus ehrlichem Herzen. Dann zog sie ohne weiters auch den andern wieder an, schob ihre alten in den Deckelkorb und stieg getrost den Berg hinauf.

Im Wald traf sie ein altes Weib bereits im Himbeerlesen an. Diese gesellte sich zu ihr, obwohl sie einander nicht kannten. Während aber nun beide so hin und her suchten, geschah's, daß sich der Vrone an den linken Fuß eine kostbare Perlenschnur hing, die da im Moos verloren lag. Das Mädchen merkt' es nicht und trat beim nächsten Schritt von ungefähr sich mit dem andern Schuh die Schnur vom linken los; das sah das Weib von hinten, hob heimlich das Geschmeide auf und barg's in ihrem Rock.

Die Schnur war aber keine andere, denn jene von der schönen Lau, und war an die Tochter des jetzigen Grafen, die schöne Irmengard, von dessen Frau Ahne vererbt.

Als endlich die zwei nacheinander heimgingen, verkündigte just in den Straßen des Grafen Ausrufer, daß gestern im Bupsinger Forst, unfern dem Lusthaus, ein Nuster mit Perlen verlorengegangen, und wer es wiederschaffe, dem sollten fünfzehn Goldgulden Finderlohn werden. Da freute sich das Weib, zog eilig ihre besten Kleider daheim an, kam in das Schloß und ward sogleich vor die junge Gräfin gelassen. „Ach Frau, ach liebe Frau!" rief diese ihr schon in der Tür entgegen: „Ihr habt wohl mein Nuster gefunden? gebt her, ich will es Euch lohnen!"

Nun zog das Weib ein Schächtelein hervor und wie das Fräulein es aufmachte, lagen sechs oder sieben zierliche Mausschwänze drin, nach Art eines Halsbands künstlich geschlungen. Das Fräulein tat einen Schrei und fiel vor Entsetzen in Ohnmacht. Das Weib in Todesängsten lief davon, ward aber von der Wache auf den Gängen festgenommen und in Haft zu peinlichem Verhör gebracht. Darin bekannte sie nichts weiter als daß sie da und da den Perlenschmuck vom Boden aufgehoben und ihn, so schön wie er gewesen, daheim in die Schachtel getan, der guten und ehrlichen Meinung, das gnädige Fräulein damit zu erfreuen. Im Wald sei aber eine Dirn an sie geraten, die müß es mit dem Bösen haben, von dieser sei der Streich. — Weil nun der Graf nicht wollte, daß man bei so bewandten Sachen viel Aufhebens mache, da mit Gewalt hier nichts zu richten sei, ließ man das Weib mit Frieden. Zum Glück kam nichts von ihren Reden an die Vrone, sie wäre ihres guten Leumunds wegen drob verzweifelt.

Auch anderweits erlebte sie in ihren Wunderschuhen viel Unheil, obschon der Segen nicht ganz mangelte. Als zum Exempel ging sie Sonntag nachmittag gern über einen Wiesplatz hinter ihrem Haus, eine Gespielin zu besuchen; da stieß sie sich ein wie das andere Mal an so ein kleines verwünschtes Ding von einem Stotzen, wie sie pflegen auf Bleichen im Wasen zu stekken, fiel hin, so lang sie war, hub aber sicher einen Fund vom Boden auf: nicht allemal ein Stücklein altes Heidengold, einen silbernen Knopf oder Wirtel, dergleichen oft der Maulwurf aus der Erde stößt, doch war ihr ein ehrliches Gänsei, noch warm vom Legen, gewiß. Besonder ging es ihr beim Tanz: da sah man sie zuweilen so konträre, wiewohl kunstreiche, Sprünge tun, daß alles aus der Richte kam und sie sich schämen mußte. Als ein gutes und fröhliches Blut zwar zog sie sich's nicht mehr als billig zu Gemüt und lachte immer selbst am ersten über sich, nur hieß es hinterdrein: Schad um die hübsche Dirne, sie wird mit einemmal ein ganzer Dapp! Die eigne Mutter schüttelte den Kopf bedenklich, und eines Tages sagte sie, als ginge ihr ein Licht wie eine Fackel auf, zur Tochter: „Ich wette, die vertrackten Schuhe allein sind schuld! Der Alfanz hat mir gleich nur halb gefallen; wer weiß was für ein Rauner sie hingestellt hat." — Das Mädchen hatte selber schon an so etwas gedacht, jedoch verstand sie sich nicht leicht dazu, sie gänzlich abzuschaffen, sie waren eben gar zu gut und dauerhaft. Indes ging sie noch jenen Tag zum Meister Bläse, sich ein paar neue zu bestellen. Es war derselbige, bei welchem es der Seppe nicht aushalten mögen. Die Vrone sah auf dessen Stühlchen ungern einen andern sitzen; sie hatte ihn gekannt und gar wohl leiden können.

Wie nun der alte Bläse ihr das Maß am Fuß nahm, stachen ihm die fremden Schuhe alsbald in die Augen. Er nahm den einen so in seine feiste Hand, betrachtete ihn stillschweigend lang und sagte: „Da hat Sie was Apartes: darf man fragen, wo die gemacht sind?" — Das Mädchen, welches bis daher von ihrem Fund noch weiter niemand hatte sagen wollen, gab scherzweis zur Antwort: „Ich hab sie aus dem Bach gezogen!" — Die fünf Gesellen lachten, der Alte aber brummte vor sich hin: „Das könnt erst noch wahr sein."

Am Abend in der Feierstunde sprach er zu seinem Weib und seiner Tochter Sara: „Ich will euch etwas offenbaren. Die Kiderlen hat ein Paar Glücksschuh am Fuß; ich kenne das Wahrzeichen." — „Ei", meinte die Tochter aus Neid: „sie haben ihr noch keinen Haufen Geld und auch noch keinen Mann gebracht." — „Es kann noch kommen", versetzte der Alte. — „Wohl", sagte die Mutter: „wenn man sie ihr nur abführen könnt! ich wollte so etwas der Sare gönnen." — Da beschlossen sie dann miteinander, der Vater solle ein Paar Schuh wie diese machen und die Sare sie heimlich verwechseln.

Der Mann begab sich gleich den andern Morgen an die Arbeit. So häkelich sie war, dennoch, die feinen, wundersam gezackten Nähte, die rote Fütterung mit einem abgetragenen Stück Leder, alles zumal geriet so wohl, daß er selbst sein Vergnügen dran hatte. Die böse List ins Werk zu setzen, ersannen sie bald auch Mittel und Wege.

Dicht bei der Stadt, wo man herauskommt bei dem Tor, welches nachmals, von dortiger Schießstatt her, das Büchsentor hieß, sah man zu jener Zeit noch einen schönen ansehnlichen Weiher, ähnlich dem Feuersee, der eine gute Strecke weiter oben dermalen noch besteht. Am Ufer war ein Balken- und Brettergerüst mit Tischen und Bänken hinein in das Wasser gebaut, wo die Frauen und Dirnen der Stadt ihre Wäsche rein zu machen pflegten. Hier stunden sie manchmal zu vierzig oder fünfzig, seiften und rieben um die Wette, und hatten ein Gescherz und Geschnatter, daß es eine Lust war, alle mit bloßen Armen und Füßen. Nun paßten des Schusters wohl auf, bis die Vrone das nächste Mal wusch; denn Bläses Haus lag hart am See, und stieß das Wasser unten an die Mauer. Auf einen

Mittwochmorgen, da eben schönes warmes Wetter war, kam denn die junge Kiderlen mit einer Zaine: geschwind sprang auch die Sare mit der ihren, und traf es glücklich, neben sie an einen Tisch zu kommen. Da stellten beide ihre Schuh, wie es der Brauch war, unter die Bank. Die Vrone hatte seit acht Tagen heut das erstemal ihr Glückspaar wieder angelegt, mit Fleiß: denn weil sie richtig dieser ganzen Zeit das Melkfaß nimmer umgestoßen, das Spinnrad nimmer ausgetreten, noch sonst einen bösen Tritt getan, so wollte sie, des Dinges ganz gewiß zu sein, jetzo die Gegenprobe machen. Die falsche Diebin war mit den paar Laken, so sie mitgenommen, in einer Kürze fertig, schlug sie zusammen, bückte sich, stak in *einem* Umsehn in des Pechschwitzers Schuhen, schob ihres Vaters Wechselbälge dafür hin, und: „Bhüt Gott, Vronele! mach au bald ein End!" — mit diesen Worten lief sie fort, frohlockend ihrer wohlvollbrachten Hinterlist; und als die andre nach drei Stunden, um die Essenszeit, vergnügt auch heimging unter den letzten, nahm sie der Täuscherei nicht im geringsten wahr.

Der Pechschwitzer aber, der wußte den Handel haarklein, und dachte jetzt darauf, wie er dem Bläse gleich die nächste Nacht den Teufel im Glas zeigen wolle.

Derselbe hatte allezeit, besonders auf die Krämermärkte, dergleichen eben wieder einer vor der Türe war, einen großen Vorrat seiner Ware in einer obern Kammer, die nach dem See hinausging, liegen. Nach zwölfe in der Nacht vernahm die Schusterin ein seltsamliches Pflatschen auf dem Wasser, stieß und erweckte ihren Mann, damit er sehe was sei. — „Ei, was wird's sein! Die Fisch hant öfters solche Possen." — Er war nicht wohl bei Mute, hatte gestern beim Wein einen Bösen getan, und hub gleich wieder an zu schnarchen und zu raunsen. Sie ließ ihm aber keine Ruh, bis er herausfuhr und ein Fenster auftat. Erst rieb er sich die Augen, alsdann sprach er verwundert: „Der See ist schwarz und grutzelt voll mit Wasserratten! weit hinein, wohl fünfzehn Ellen von der Mauer. Junge und alte, Kerl wie die Ferkel sind darunter! man sicht's perfekt, es ist sternhell. Ei, ei, sieh, sieh! die garstige Kogen! wie sie die Schwänz für Wohlsein schwenken, schlurfen, rudern und schwimmen! Ursach ist aber, weil es diese Zeit so heiß gewesen, da badt das Schandvolk gern."

Dem Bläse kam es so besonder und kurzweilig vor, daß er sich einen Stuhl ans Fenster ruckte, die Arme auf den Simsen

legte und das Kinn darauf. So wollte er der Sache noch eine
Weile warten. Die Augen wurden ihm allgemach schwer und
fielen ihm gar zu, doch fuhr er fort zu seinem Weib zu sprechen, welches inmittelst wieder eingedoset war, unsinnige verkehrte Reden, wie einer führt im Traum und in der Trunkenheit. „Du Narr", sprach er, „was Armbrust, Bolz und Spieß,
in solchen Haufen! das würd viel batten! ... Mordsakerlot, ich
wollt, das Bulver wär erfunden allbereits! Mit drei, vier Traubenschuß, aus einer Quartan-Schlang oder Tarras, wollt ich
nicht schlecht aufräumen da unter der Bagasche!" —

Jetzt aber tat es wiederum Patsch auf Patsch. Der Schuster
streckte seinen Kopf hinaus und wußte nicht woran er sei, mit
allen seinen fünf Sinnen. Denn es flog nur so mit denen Tierern
aus dem Kammerladen über ihm, ja unversehens fuhr ihm deren
eines an den Schädel, und wie er's packt in seiner Faust, da sah
es wahrlich einem schweren Bauernstiefel von seiner eignen
Arbeit gleich aufs Haar! Voll Schrecken rief er seinem Weib,
schrie die Gesellen aus dem Schlaf, und bis sie kamen, pflanzet'
er sich selbst mit einem Prügel an die Tür der obern Boden-
stiege, damit ihm der Spitzbuben keiner entkomme. Allein es
ließ sich niemand sehn, noch hören, und als die Gesellen erschienen, die Bühne wohl umstellten und der beherzteste von ihnen
die Kammertür aufriß, und keine Menschenseele zu verspü-
ren war, fiel dem Bläse das Herz in die Hosen. Er sagte leis
zu seiner Frau: „Die Sach steht auf Saufedern, Weib — es
steckt, schätz ich, ein anderer dahinter, der ist mir zu gewaltig!"
Und nannt ihr den Pechschwitzer. Die Schusterin, die sonst ein
Maul als wie ein Scharsach führte, war da auf einmal zahm,
bebte an allen Gliedern, und so die Tochter auch. Der Bläse aber
sprach zu den Gesellen: „Macht keinen Lärm! geht vor in
Nachbar Lippens Hof, des Fischers, macht in der Stille ein paar
Nachen los, nehmt was ihr findet an Stangen und Netzen: wir
müssen alle Ware noch vor Tag zusammenbringen, sonst hab
ich Schand und Spott der ganzen Stadt."

Indem sie gingen rannte schon der Fischer über die Gasse
und auf sie zu. Der hatte eben auf den See gehen wollen, etlicher Karpfen wegen, auf die Freitagsfasten, sah das wunderliche Wesen und lief, es dem Schuster zu melden. Indem sie
nun zu sieben, samt dem Lipp, in zwei Schifflein verteilt, bald
hier- bald dorthin stachen, faheten und suchten, begann es
von neuem zu werfen, und war es damit merklich auf ihre

Köpfe abgezielt. Zwar kamen weder Schuh noch Stiefel mehr, dafür aber Leisten, deren auch eine Last droben lag; nicht alte garstige Klötze allein, vernutzet und vom Wurm zerstochen, auch schöne neue zum Verkauf, sämtlich von gutem hartem Holz, und kamen tapfer nacheinander durch die Luft daher. Da schrie denn einer bald in dem, bald in dem andern Schifflein: „Hopp! Schaut auf!" — und schlug doch links und rechts ein mancher Donnerkeil nicht unrecht ein.

Der Fischer sagte zu dem Bläse: „Auf solche Weis, Gevatter, möcht ich mein Handwerk nicht das ganz Jahr treiben. In allweg aber sei's bezeugt, Ihr wisset mit dem Netz wohl umzugehn. Von heut an möget Ihr als Obermeister einer ehrsamen Stuagarter Schuhmacherzunft ganz kecklich einen Hecht so kreuzweis übern Leist in Euer Zeichen lassen malen, dem Sprichwort zum Trutz."

Der Morgen kam schon hell herbei, als sie nach vielem Schweiß, Angst, Not und Schrecken den Weiher wieder glatt und sauber hatten. Der größte Nachen wurde voll des nassen Zeuges, auch war wieder ziemlich alles beisammen, nur da und dort fand man am Tag ein und das andre Stück noch im Röhricht versteckt.

Von dieser Geschichte erging das Gerücht natürlicherweise gar bald an die Einwohnerschaft. Die mehrsten achteten's für Satanswerk, und schwanete es dem Meister schon, daß sich ein manches scheuen werde, ihm seine Ware abzunehmen, wie sich's in Wahrheit auch nachher befand. Nach einem Scherzwort etlicher Fazvögel aber ward von dort an lange Zeit eine besondere Gattung grober Schuhe, so hier gemacht und weit und breit versendet wurden, nicht anderst mehr verschrieben, oder ausgeboten, als mit dem Namen: echte, genestelte Stuttgarter Wasserratten.

Jetzt war des Meisters erste Sorge, daß das gestohlene Gut nur wieder fort aus seinem Haus und an die Eigentümerin komme. Zwar seiner Frauen war am lichten Tag der Mut wieder gewachsen; ja, meinte sie, es sollte lieber alles, Kundschaft und Haus und Hof hinfahren, nur diese Schuh wenn sie behielten, da rindere ihnen (wie ein Sprichwort sagt) der Holzschlegel auf der Bühne. Der Bläse aber schüttelte das Haupt: „Meinst du, Er könne uns nicht auch am Leib was schaden? Behüt uns Gott vor Gabelstich, dreimal gibt neun Löcher!" — Er drohte seinem Weib mit Schlägen, wenn sie noch etwas sage, ging unmüßig im ganzen Haus herum, von einem Fenster zum andern, und wollte fast verzwatzeln, bis es dunkel ward, wo seine Tochter die vermaledeiten Schuhe unter den Schurz nahm und forttrug.

Sie schlich sich damit an der Kiderlen Scheuer von hinten und stellte sie in eine Fensterluke, wo sie die Vrone, als sie früh in Stall ging, ihre Kuh zu futtern, auch sicherlich gefunden hätte, wenn sie vom Pechschwitzer nicht über Nacht wären wegstipitzt worden.

Indessen trug die gute Dirne das falsche Gemächt sonder Schaden, und wenn ein Tag herum war, hieß es beim Bettgehn allemal: „Jetzt aber, Mutter, glaubt Sie doch, daß es nicht Not gehabt hat selletwegen?" — Die Mutter sprach: „Beschrei es nicht." — Auf solche Weise kam denn alles wiederum in sein Geleis, und galt die Vrone wie vordem für ein kluges, anstelliges Mädchen.

Geraume Zeit nachdem sich dieses zugetragen, saß der Bläse in seinem Weinberg draußen beim Herdweg auf der Bank am Gartenhaus, bekümmerten Gemüts, weil es die Zeit her stark hinter sich ging in seinem Geschäft. Indem er nun so in Gedanken den heurigen Herbst überschlug, was er ertragen könne, samt den Zwetschgen, davon die Bäume schwer voll hingen — horch! vispert etwas hinter ihm, und wer steht da? der Pechschwitzer, der Hutzelmann, der Tröster. Mein Schuster wurde käsebleich. „Erschrecket nicht, Zunftmeister! ich komme nicht in Bösem. Wir haben einen Stuß miteinander gehabt, das ist ja wieder gut, und wär es nicht, will ich's vergüten, soviel an mir ist. Jetzt aber hätte ich ein kleins Anliegen, Obermeister."
— „Und in was Stücken, liebes Herrlein, kann ich Euch dienstlich sein?" — „Mit Erlaubnis", sprach der Hutzelmann und nahm Platz auf der Bank und hieß den andern zu ihm sitzen: „Seht, jensmal in der Nacht, da ich auf Eurem obern Boden war und Ihr am Fenster unten, hörte ich Euch ein Wörtlein sprechen, das will mir nimmer aus dem Sinn. Ihr habt gesagt: ,Ich wollt nur daß das Bulver schon erfunden wär!' Was meintet Ihr damit?"

Der Bläse, sich besinnend, machte ein Gesicht, als wenn ein Mensch aufwacht bei Nacht in einem Kuhstall, darein er seines Wissens mit eigenen Füßen nicht gekommen ist, lachte und sprach: „Herrlein — das hätte der Bläse gesagt? nun, wenn ich es noch weiß, soll mich der Teufel holen!" — „Ei, schwöret

nicht, mein Freund", entgegnet ihm der andere, „warum wollt
Ihr es leugnen? Vertrauet mir's; nur so beim Beilichen, was das
Bulver ist. Ich bin einmal in derlei Heimlichkeit ein Stigelfizi-
scher, seht. Euer Schaden soll's nicht sein, und möget Ihr dafür
etwas von meinen Künsten lernen." — Da stellte sich der Bläse
an, als wenn er freilich etwas wüßte, und sprach: „Weil Ihr
es seid, Pechschwitzer, so möcht ich Euch wohl gern zu Willen
sein; vergönnt mir nur Bedenkfrist einen Tag, damit ich doch
mein Weib auch erst darum befrage." — Der andre fand das
nicht unbillig, bat ihn beim Abschied inständig nochmals, gelobte ihm Verschwiegenheit und wollte morgen wiederkommen.

„Jetzt, Sante Blasi, hilf!" — so rief der Alte aus, wie er allein
war: „jetzt muß das Bulver raus aus meinem dicken Schusters-
grind und wenn's die halb Welt kostet!" — Da saß er, hatte beide
Ellenbogen auf den Knieen und beide Fäuste an den Backen.
„Vor die Ratten", sprach er, „kann's nichts sein, warum? sott's
Bulver hat man lang. Selle Nacht aber ist es mir wampel gewesen, mag leicht sein hat mir's traumt vom güldnen Magen-
Triet, so allein der König in Persia hat. — — Es gibt ein Kräutlein, heißt Allermanns-Harnisch, und gibt ein anders, das heißt
Dierletey, und wieder eins, Mamortica: kein Wurzler hat's,
noch Krämer. Daraus hat meiner Mutter selig ihre G'schwey
eine Salben gemacht, die war vor alles gut. — — Ich will halt
einmal gehn und schauen, was zu machen ist, und will erst
Spezies kaufen; Probieren ist über Studieren."

Auf seinem Weg zur Stadt sann er scharf nach. Auf einmal
schnellt' er mit dem Finger in die Luft, und — „Wetter!" rief er
aus, „kann einer so ein Stier sein und noch lang sinnieren hin
und her, wo doch ein Ding glatt auf der Hand liegt! Was mag
ein Schuster bei dem andern sonst für einen Vorteil suchen zu
erfahren, wenn es nichts aus dem Handwerk ist? Da laß ich
mich schon finden."

Er lief zum Krämer stracks, zu holen was er brauchte. Daheim in einer hintern Stube setzt er sich an einen langen Tisch
mit einer Halbmaß Wein, macht allda unterschiedliches Gemeng
mit seinem besten Essig an zu einem schwarzen Quatsch, knetet
und knauzet's wohl unter dem Daum, probiert's auf alle Weise,
und war ihm lang nicht fein genug. Das dauerte bis an den
andern Abend.

Wie nun der Hutzelmann auf die gesetzte Stunde pünktlich
kam, und ihm der Bläse mit Geschmunzel seinen Teig hinhielt,

roch der daran und sagte: „Lieber Mann, da hätten wir halt eine neue Schuhwichs?" — „Aufzuwarten, ja." — „Mich will bedünken", sprach lächelnder Miene der Kleine: „Ihr habt selbst noch weit hin bis Ihr das Bulver findt, und habt jetzt nur viel Arbeit, Müh und Kösten unnötigerweis gehabt mit mir. Dafür, wie auch um andrer Einbuß willen, soll Euch indes Vergütung werden. Ich will Euch das Rezept zu meiner Fett-Glanz-Stiefelwichsen geben, die mögt Ihr schachtelweis mit gutem Vorteil verkaufen."

Das Männlein wußte wohl, was es hiermit verhieß, denn Meister Bläse ward ein reicher Mann mit solcher Handelschaft in wenig Jahren. Seine Erben bewahren annoch das Geheimnis, und allen feinen Leuten unsrer Tage (da zwar ein mehr belobtes Pulver zeither gefunden ist) wüßt ich fürwahr eine bessere Wichs nicht zu nennen; obwohl ich nicht verschweigen darf, was der Pechschwitzer dazumal eben dem Bläse gar ehrlich bekannte: „Ein Ledder wohl zu halten, nach Ledders Natur, ist das fürnehmst der Schmer allezeit, und hat er Glanzes genug an ihm selbsten." Welcher Ausspruch indes hier dahingestellt bleibe.

Laßt aber sehn, was seither der Gesell in Ulm für Glückssprünge mag gemacht haben.

Zween Monat — eher drunter als drüber — kann er daselbst gewesen sein, da war er mürb und gar bereits vor Liebe zu der Meisterin; und wenn er wohl bisweilen meinte, ein wenig mehr Gespräch und Fröhlichkeit stünd ihr gut an, so dachte er doch immer gern eines alten wahrhaften Worts: Stille Schaf seind mille- und wollereich, wird ihnen gewartet. Alle Samstagnacht, wenn er auf seine Kammer ging, sprach er bei sich: Jetzt morgen tragst du ihr die Heirat an, und wenn er eben drauf und dran war, ließ er's wieder, aus Blödigkeit und Sorge, sie möchte ihn zuletzt doch stolz ablaufen lassen.

Nun hatten sie einsmals ein Schweinlein gemetzelt, das zweite seitdem man den Lichtbraten hatte — es war schon im Hornung und schien ein vorzeitiger Frühling zu werden — da befand sich der Seppe am Morgen allein mit ihr in der Küche, das Fleischwerk in den Rauch zu hängen. Inmittelst als er sich die Leiter unter dem Schlot zurechtstellte, die Würste sich in Ringen um die Arme hing, erzählte er ihr von Regensburg und

Regensburger Würsten, was er vom Hörensagen wußte; und
wie er so mit seiner Tracht aufstieg in das Kamin, sie aber
unten stand beim Herd, sprach sie: „Nach Regensburg geht Ihr
doch noch; es liegt Euch allfort in Gedanken."

Der Seppe, weil sie ihm nicht ins Gesicht sehn konnte —
denn oberhalb stak er im Finstern — nahm sich ein Herz und
sagte: „Wenn es auf mich ankäm, ich wollte leben und sterben
bei Euch."

„Ihr sollt auch unvertrieben sein!" gab sie zur Antwort.

„Ja", sagte er und stockte: „es mag halt einer doch auch nicht
sein Leben lang ledig verbleiben."

Sie sagte nichts darauf. Da fing er wieder an: „Nach einem
rechten Weibe kann ein armer Teufel heutigs Tags weit suchen."

Darauf sie ihm entgegnete: „Man sucht erst einmal in der
Nähe."

Dem Seppe schossen bei dem Wort die Flammen in die
Backen, als wollten sie oben zum Schornstein ausschlagen!

Die Stangen hingen alle voll, er hätte können gehn; allein
der Angstschweiß brach ihm aus, er wußte nicht, wie er am
hellen Tagslicht vor die Frau hintreten, noch was er weiter
sagen solle. Drum nestelt' er und ruckt' und zappelte noch
eifrig eine Weile an den Würsten hin und wider. Auf einmal
aber sprach er: „Meisterin, ich habe je und je schon oftermals
gedacht, wir wären füreinander. Ich hätte eine Lieb zu Ihr und
groß Zutrauen."

„Davon läßt sich schon reden!" sagte sie. — Nun stieg er
flugs herab, und stand vor ihr mit einem schwarzen Rußfleck
um die Nase, darüber sie ein wenig lächelte, und einen Zipfel
ihrer weißen Schürze nahm und ihn abwischte. Das tat ihm
ganz im Herzen wohl, er faßte ihre Hand und hatte ihren
Mund geküßt eh sie sich des versah. Sie aber gab ihm ein
Gleiches zurück. — „So seid Ihr nicht mehr meine Meisterin,
Ihr seid jetzt meine Braut!" — Sie bejaht' es, und waren sie
beide vergnügt, schwatzten und kosten noch lang miteinander.

Bevor er wieder in die Werkstatt ging, sagte sie noch: „Wir
wollen niemand etwas merken lassen, bis Ihr das Meisterrecht
habt und wir bald fürsche machen können."

Selbigen Abend eilte es dem Seppe nicht wie sonst nach dem
Essen zum Bier. Er freute sich schon seit dem Morgen auf diese
gute Stunde. Sobald die andern aus dem Haus, begab er sich
auf seine Kammer, wusch und kämmte sich, legte ein sauberes

Hemd und sein Sonntagswams an, zu Ehren dem Verspruch, und als er dann neben der Frau so recht in Ruh und Frieden saß, die Läden und die Haustür zugeschlossen waren, ein frisches Licht im Leuchter angesteckt, so legt' er ihr zuvörderst die silberne Haube, seine Brautschenke, hin. Ja da empfing er freilich Lobs und Danks mit Haufen. Wo bringt's der Fantel her? mochte sie denken: da er es nicht gekauft, noch hoffentlich vom Markt gestohlen hat! — Sie hätte es gar gern gewußt, doch band er sich die Zunge fest und lachte nur so.

Sie holte Wein herauf vom Keller und er brachte den Schnitzlaib herunter. Der Leser bildet sich schon selber ein, sie werde heute schwerlich das erstemal davon gekostet haben: o nein, den Seppe kränkte nur, daß er nicht füglich alle Tage mit einem neuen Stück bei ihr ankommen konnte, indem die Meisterin schon ohnedas sich wunderte, was doch der Bursch für einen guten Döte habe an dem Stuttgarter Hofzuckerbecken (wie er ihr weisgemacht), dem's auf ein Laiblein alle acht Tag nicht ankomme. Denn ob es ihm schon nicht verboten war zu offenbaren, wie es damit bewandt, so scheute er sich doch. Jetzt fühlte sie ihm besser auf den Zahn, und sagte: „Gesteht's nur, Seppe, gelt, Brot und Haube sind aus *einem* Haus?" — „Das nicht", erwidert' er: „Das eine anbelangend, so will ich meine herzliebe Braut von Grund der Wahrheit berichten; denn mit dem Zuckerbeck, das war gespaßt. Habt Ihr in Ulm auch schon gehört vom Hutzelmann?" — „Kein Wort." — „Vom Pechschwitzer, vom Tröster?" — „Nichts." — „Gut denn." — Er nahm sein Glas, tat ihr Bescheid, fing an, der Frau treuherzig zu eröffnen alles, was ihm die Nacht vor seiner Reise widerfahren. Im Anfang schaute sie ihm so in das Gesicht dabei, als gält es eben Scherz, doch weil er gar zu ernsthaft dreinsah, dachte sie: er ist ein Wunderlecker und ein Träumer. Je mehr sie aber zweifelte, je mehr ereiferte er sich. „Da will ich meiner Liebsten zum Exempel vom Doktor Veylland eine Geschichte erzählen, die ist gewiß und wahr, ich hab sie von meinem Großvater. Ihr höret sie einmal zum Zeitvertreib, nachher mögt Ihr dran glauben oder nicht.

Der Veylland war ein guter Freund vom Graf Konrad von Wirtemberg, demselbigen, welcher den Grund zu meiner Vaterstadt gelegt, und trieb sein Wesen als ein stiller alter Herr in einem einzechten Gebäu, das stand daselbst im Tal unweit dem Platz, wo dermalen das Schloß zu sehen ist. Des Doktors vor-

nehmstes Vergnügen war ein großer Garten hinter seinem Haus,
drin pflanzte er das schönste Obst im ganzen Gau; nur daß ihm
alle Herbst die Bupsinger Bauern die Hälfte wegstahlen, trotz
einer hohen Mauer, so rings um das Haus und den Garten her
lief. Dies ärgerte den Herrn, daß er oft krank darüber ward.
Jetzt kommt einmal am lichten Tag, indem er eben bei verschlossener Tür in einem alten Buch studiert, der Hutzelmann zu
ihm, der Pechschwitzer, der Tröster (welchen zuvor der Doktor
noch nicht kannte) und bietet ihm ein Mittel wider diese Gauchen, mit dem Beding, daß er ihm alljährlich einen Scheffel gute
Wadelbiren liefere zu Hutzeln. Der Doktor ging das unschwer ein. Da brachte jener unter seinem Schurzfell einen
Stiefelknecht hervor von ordentlichem Buchenholz, noch neu
und als ein wundersamer Krebs geschnitzt, mit einem platten
Rücken und kurzen starken Scheren; am Bauch untenher war er
schwarz angestrichen, darauf mit weißer Farbe ein Drudenfuß
gemacht. ,Nehmt diesen meinen Knecht', sagte der Hutzelmann:
,und stellet ihn wohin Ihr wollt im Haus, doch daß er freien
Paß in Garten habe, etwa durch einen Kandel oder Katzenlauf.
Im übrigen laßt ihn nur machen und kümmert Euch gar nichts
um ihn. Es kann geschehen, daß Ihr mitten in der Nacht hört
einen Menschen schreien, winslen und girmsen, da springet zu,
greifet den Dieb und stäupet ihn; dann sprechet zu dem Knecht
die Wort:

> Zanges, Banges, laß ihn gahn,
> Wohl hast du dein Amt getan.

Doch ehe Ihr den Bauern oder Nachtschach laufen laßt, sollt
Ihr ihn heißen seine Stiefel oder Schuh abtun, dabei mein
Knecht ihm trefflich helfen wird, und diese Pfandstück möget
Ihr behalten, auch seiner Zeit nach Belieben verschenken. Dafern mein Krebs in seiner Pflicht saumselig würde oder sonst
sich unnütz machte, schenkt ihm nur etlich gute Tritt keck auf
die Aberschanz; ich hoff, es soll nicht nötig sein. Sonst ist er
ganz ein frommes Tier, und zäh, man kann Holz auf ihm
spalten; nur allein vor der Küchen sollt Ihr ihn hüten: er steigt
gern überall herum und fällt einmal in einen Kessel mit heiß
Wasser; das vertragt er nicht. Aber ich komme schon wieder
und sehe selbst nach, lieber Herr. Gehabt Euch wohl.' —

Der Doktor Veylland stellte jetzt den Stiefelknecht vor seine
Stubentür. Da blieb er stehen bis zum Abend unverregt, und

sah so dumm wie ein ander Stück Holz. Im Zwielichten aber, wie man just an nichts dachte, ging es auf einmal Holterpolter, Holterpolter die Stiege hinab und durchs Gußloch hinaus in den Garten. Da sahen Herr und Diener ihn vom Fenster aus durchs grüne Gras an der Mauer hin schleichen und kratteln, an allen vier Seiten herum und immer so fort, die ganze liebe lange Nacht.

Der alte Diener hatte seine Lagerstatt im untern Stock gegen den Garten; nun streckt' er sich in Kleidern auf sein Lotterbett. Eine Stunde verstrich nach der andern, der Alte hörte nichts, als hin und wieder wie durch das Geäst ein reifes Obst herunter rauscht' und plumpste. Doch gegen Morgen, eben da er sich aufs andre Ohr hinlegte und seine Zudeck besser an sich nahm, denn es war frisch, erscholl von fernen her ein Zetermordgeschrei, als wenn es einem Menschen an das Leben geht. Der Diener sprang hinaus und sah auf sechzig Schritt, wie des Hutzelmanns Knecht einen baumstarken Kerl am Fersen hatte und mit Gewalt gegen das Haus herzerrte, also daß beide Teile rückwärts gingen, Dieb und Büttel (wie ja der Krebse Art auch ohnedem so ist), und war ein Zerren, Würgen, Sperren, Drängen und Reißen, dazu viel Keuchens und Schnaufens, Wimmerns und Bittens, daß es erbärmlich war zu hören und sehen.

Der arme Schächer, so ein Bupsinger Weinschröter war, trachtet' im Anfang wohl mitsamt dem Schergen durchzugehn, der aber hatte gut zwo Ochsenstärken und strafte ihn mit Kneipen jedesmal so hart, daß er sich bald gutwillig gab. Auf solche Weise kamen sie bis an das Haus, da hielt der Krebs gerade vor der Tür und stand der Doktor schon daselbst in seinem Schlafrock, lachend; sprach:

,Zanges, Banges, laß ihn gahn,
Wohl hast du dein Amt getan!'

Dann ließ er den Bauern die Bundschuh austun, und mochte der laufen.

Die andere Nacht gleich wurden ihrer zween nacheinander eingebracht, die dritte wieder einer und alsofort bis auf die dreißig, lauter Bupsinger. Denn weil sich jeder schämte, sagt's keiner, die andern zu warnen. Der gute Knecht verfehlte nicht leicht seinen Mann; ein einzigmal kam er mit einem leeren Stiefel angerutscht und hielt denselben bis zum Morgen unverruckt mit großer Kraft in seinen Zangen, bis ihn von ungefähr der Herr vom Haus erblickte. Das Schuhwerk aber nagelte der Diener alles nach der Reih im leeren Pferdstall an der Wand herum. — Es gibt noch ein liebliches Stücklein davon: wie nämlich einst der Graf mit seiner Frauen und zwei Söhnlein auf Besuch bei dem Veylland gewesen. Herr Konrad bauete bei dessen Garten eine Stuterei — daher nachmals die Stadt Stutgarten hieß — beschied seinen Werkmeister her auf den Platz und zeigte selbst wie alles werden sollte. Es wollte aber gern der Doktor denen kleinen Junkherrn eine Kurzweil schaffen und bat den Hutzelmann derhalben, um daß er ein unschuldig Zinselwerk bereite; der versprach's. Als nun die Knaben nach der Mahlzeit in dem Garten spielten, da ward's lebendig in dem Stall, und kam bald aus der Tür hervor ein ganzer Zug von kleinen zierlichen Rößlein, lauter Rappen mit Sattel und Zeug, und das waren die Stiefel gewesen; sie gingen zwei und zwei und wurden von kleinen Roßbuben geführt, und das waren die Bundschuh. Die Junker hatten ihre Freude mit den ganzen Abend. Auf einmal tat es außen an dem Garten einen Pfiff, der ganze Troß saß wie der Blitz ein jeder in seinem Sattel, die Rößlein aber waren zumal Heupferde geworden, grasgrün, einen Schuh lang, mit Flügeln, die setzten all über die Mauer hinweg und kamen nicht mehr. Doch nach der Hand fand man so Stiefel als Schuh wie zuvor an die Stallwand genagelt.

Vor Jahren habe ich zu Stuttgart auf dem Markt ein Spiel gesehn in einem Dockenkasten, so auch von diesem handelte. Hätt ich nur alles noch so recht im Kopf! Da wird gesagt zum Vorbericht in wohlgesetzten Reimen, was ich Euch erst erzählt, und sonst noch was voraus zu wissen nötig ist, von Bernd Jobsten, dem Hofnarrn. Der ward denselben Spätling fortgejagt vom Grafen, weil er nicht wollte seiner bösen Zunge Zaum und Zügel anlegen, absonderlich gegen die fremden Herrschaften und Gäste. Nun klagte er sein Mißgeschick dem Doktor, als welcher ihm schon einmal Gnade beim Herrn derhalben ausgewirkt, jetzt aber sich dessen nicht mehr unterstand; doch steuert' er ihm etwas auf den Weg und hieß ihn auch die Schuh im Stall mitnehmen, wofern er etwa meinte, sich ein Geldlein mit zu machen. ‚Ja‘, sagte der Narr: ‚das kommt mir schon recht — vergelt es Gott!‘ — und holte sie gleich ab in einem großmächtigen Kräben, und trug sie auf dem Rücken weg, talabwärts, wußte auch schon, was anfangen damit.

DAS STUTTGARTER HUTZELMÄNNLEIN

Am Necker unterm Kahlenstein fand er des Grafen Schäfer auf der Weid und stellte seine Bürde ein wenig bei ihm ab, erzählte ihm, wie er den Dienst verscherzt und was er da trage. Hiermit hebt denn die Handlung an, und spricht sofort der Narr:

> Ich bin jetzt alt und gichtbrüchig,
> Und meine Sünden beißen mich;
> Drum will ich baun ein Klösterlein
> Und selber gehn zuerst hinein,
> In angenehmer Schauenlichkeit
> Verdrönsgen dieses Restlein Zeit. —

Spricht der Schäfer:
> Klöster bauen kost't halt viel Geld.

Der Narr:
> Just darauf ist mein Sinn gestellt.
> Hiezu bedarf es ein Heiltum,
> Daß alle Leut gleich laufen drum.
> Ein Armes bringt sein Scherflein her,
> Der Reich schenkt Äcker, Hof, Wald und mehr.

Der Schäfer: Solch Heiltum kriegen ist nichts Kleins.

Der Narr:
> Hat mancher keins, er schnitzet eins.
> Ich, Gott sei Dank, bin wohl versehn.
> — Diese Schuh, mußt du verstehn,
> Der vielberühmt Doktor Veylland
> Nächst an der Stadt Jerusalem fand,
> Unterm Schutt in einer eisen Truh,
> Ein gar alt Pergament dazu
> Mit Juden-G'schrift. Selbes bekennt:
> Als Mose nun hätt Israels Heer
> Geführet durch das Rote Meer,
> Und König Pharao, Reiter und Wagen,
> Ersäufet in der Tiefe lagen,
> Frohlockt das Volk auf diesen Strauß,
> Zog weinend Schuh und Stiefel aus,
> Am Stecken sie zu tragen heim,
> Ins Land, wo Milch und Honigseim,
> In ihren Häusern sie aufzuhenken
> Zu solches Wunders Angedenken.
> Aus sechshunderttausend ohngefahr

Erlas man diese dreißig Paar
Und brachte sie an sichern Ort,
Als einen künftigen Segenshort;
Daß wer das Leder küssen mag
Sei ledig seiner Lebetag
Von Allerweltsart Wassersnot;
Auch Wassersucht und sottem Tod.

Der Schäfer: Hast du das G'schrift auch bei der Hand?
Der Narr: Das, meint ich, gäb dir dein Verstand.
Es liegt im Kräben unterst drin;
Und hätt ich's nicht, gält's her wie hin.
Die War blieb trocken auf Meeresgrund,
Und ist brottrocken auf diese Stund!

Nun kenn ich einen guten Pfaffen,
Der soll mir helfen mein Ding beschaffen,
Soll es anrühmen dem Provinzial,
Der meldt's gen Rom dem General.
Da wird sehr bald Bescheid ergehn,
Man wöll der Sach nit widerstehn,
Sie solln nur forschen bei diesem Jobst,
Was er lieber wär, Prior oder Probst.

Als denn der Narr zum Pater in seine Zelle kommt und ihm den Antrag stellt, begehrt derselbe allererst das Pergament zu sehen. Ja, sagt der Schelm, vorm Jahr noch hätt er's ihm wohl weisen können, allein, ganz schrumpflig, mürb und brüchig, wie er es überkommen, sei es ihm nach und nach zuschanden gegangen. Dafür zieht er aus seinem Korb hervor ein alt schwer eisen Marschloß, vorgebend, es sei vor der Truchen gelegen. Der Mönch, wie leicht zu denken, hält ihm nichts drauf, verachtet ihm sein ganz Beginnen, verwarnet und bedrohet ihn gar. Der Narr, weil er vermeint, die Sach an ihr selbsten gefiel' ihm schon, sie möchte wahr sein oder nicht, er scheue minder den Betrug als den Genossen, erboset er sich sehr in anzüglichen Reden und spricht mit der Letzt:

Sag, Pfaff, tust du die Bibel lesn?
Der Pater: War die ganz Wuchn drüber gsessn.
Der Narr: Ich dacht nur, weil sie in Latein.
Der Pater: Wohl! daß nit jeds Vieh stört hinein.

Der Narr: Wohlan, so weißt du baß dann ich,
Was dort geweissagt ist auf dich
Und die Frau Mutter der Christenheit,
Wie ihr es nämlich treibt die Zeit.
Zum Exempel Proverbia
Im dreiß'gisten, was steht allda?
Die Eigel hat zwo Töchter schnöd:
Bring her, bring her, heißen alle beed.
Die ein hat einen Ablaßkram,
Die ander heischet sonder Scham.
— Ei, das hofft ich nur auch zu nutzen.
Pfaff, du tätst mit, hätt's nit sein Butzen!

So zieht er ab mit seinem Kräben, unter heftigem Schelten und Drohen des Mönchs. Noch aber läßt er sein Vorhaben nicht, ein Kloster zu erbauen, und sollen ihm die Bundschuh und die Stiefel inallweg dazu helfen. Sobald er wieder auf der Straßen ist, spricht er:

Jetzt, wüßt ich nur 's Pechfisels Haus!
Der macht' mir ein' Trupp Münchlein draus;
Die schicket' ich dann in die Welt,
Zu kollektiern ein Gottesgeld.
Vielleicht er macht sie mir gleich beritten
Auf Saumrößlein mit frommen Sitten:
Sie kämen doch viel 'ringer so rum,
Als wie per pedes apostolorum.

Nachdem er lang vergebens überall dem kleinen Schuster nachgefragt, so findet er denselben von ungefähr beim Bupsinger Brünnlein sitzen, an dem Berg, darin seine Wohnung und Werkstatt ist und wo er eben einen Becher Wassers schöpfte. Der Narr mit großer Scheinheiligkeit entdeckt ihm sein Anliegen, doch der Pechschwitzer antwortet ihm:

Ich dient Euch gern, mein guter Freund,
Aber was geistlich Sachen seind,
Laßt meine Kunst mir unverworrn;
Es brächt mir eitel Haß und Zorn.
Mein Rat ist darum: geht zur Stund,
Verkauft so gut ihr könnt den Schund.
Bei die Bupsinger droben, hör ich, wär
Großer Mangel eine Weil schon her.

So brauchet es kein lang Hausieren.
Doch müßt Ihr nicht Eur Geld verlieren,
Wolln sie mit dem Beutel nit schier heraus,
Droht, es käm ihnen der Werr ins Haus,
Der Presser; das werden sie schon verstehn.

Darauf der Narr:

Ich folg Euch, Meister, und dank Euch schön.

Jetzt kommt das Lustigste, das aber muß man sehen: wie nämlich Bernd Jobst in dem Dorf seinen Korb auf der Gasse ausschüttet, die Bauren aus den Häusern kommen und gleich ein groß Geriß anhebt, da jeder mit Geschrei sein Eigentum aussucht, und alle sich untereinander als Diebe verraten. Sie weigern sich der Zahlung gar hartselig, bis sich der Jobst anstellt zu gehen und sich etwas verlauten läßt vom Werr, daß er ihn schicken wolle. Auf dieses ist mit eins ein jeder willig und bereit, ja auch der gröbste Torangel zahlt, was ihn ein neues Paar vom Krämermarkt nicht kostete.

Allmittelst hat der Schäfer bei Gelegenheit dem Grafen erzählt, was Wunderlichs der Jobst vorhabe, der Doktor aber es bestätiget nach dem, was er vom Pechschwitzer vernommen, und ist das Ende von dem Lied, daß Herr Konrad dem Narren für diesmal Vergebung erteilt, weil ihm der Schwank gefallen."

So erzählte der Seppe. Die Meisterin hörte ihm nur so aus Höflichkeit zu und insgeheim mit Gähnen. „Ja, ja", sprach sie am Ende: „das sind mir einmal Sachen!" — und nahm das Ränftlein in die Hand, das er von seinem Brot übriggelassen. Nun, muß man wissen, hatte sie am Fenster einen schönen großen Vogel, der saß in seinem Ring frei da. Ihr erster Mann nahm ihn einmal an Zahlungs statt von einem bösen Kunden an; es war ein weißer Sittich mit einem schwarzen Schnabel und auch dergleichen Füßen. Er sollte, hieß es, alles sprechen, wenn er das rechte Futter bekäme, und ob er zwar die ganze Zeit nicht sprach, und sich der Schuster dessenthalb betrogen fand, so ward er doch der Frau Liebling.

Derselbe schaute jetzt der Meisterin, wie sie das Restlein Brot so hielt, mit einem krummen Kopf begierig auf die Finger. Da sagte sie zu ihrem Bräutigam: „Soll es der Heinz nicht haben?" — Der Seppe dachte freilich: Damit geht manches Hundert schöner Laiblein ungesehn zuschanden; doch gab er ihr zur Antwort: „Was mein ist, das ist Euer, und was Euch hin ist, soll auch mir hin sein." — So schnellte sie den Brocken ihrem Heinz hinauf, der schnappte ihn, zerbiß und schluckt' ihn nieder; kaum aber war's geschehn, so hub der Sittich an zu reden und brachte laut und deutlich diese Worte vor:

„Gut, gut, gut — ist des Hutzelmanns sein Brot.
Wer einen hat umbracht und zween, schlägt auch
den dritten tot."

Die Meisterin saß bleich als wie die Wand auf ihrem Stuhl, der Gesell aber, wähnend, sie sei darob verwundert viel mehr denn entsetzt, lachte und rief: „Der ist kein Narr! er meint, wenn man es einmal recht verschmeckte, fräß einer leicht auf einen Sitz drei Laib!" — Darauf die Frau zwar gleichermaßen groß Ergötzen an dem Tier bezeugte; doch mochte es ihr wind und weh inwendig sein, und als der Bräutigam, nachdem er lang genug von dem närrischen Vogel geredt und Scherz mit ihm getrieben, jetzo von andern, nötigen Dingen zu handeln begann: wie sie es künftighin im Haus einrichten wollten, wen von den Gesellen behalten, wem kündigen und so mehr, war sie mit den Gedanken unstet immer nebenaus; das wollten sie bei guter Zeit ausmachen, sagte sie, tat schläfrig, besah die Haube noch einmal und setzte sie auf vor dem Spiegel — „Puh! friert's mich in der Hauben!" rief sie zumal und schüttelte sich ordentlich: „das Silber kältet so." — Dann sagte sie: „Wenn schwarze Band dran wären, mein! es wär recht eine Armesünderhaube für eine fürstliche Person!" — und lachte über diese ihre Rede einen Schochen, daß den Gesellen ein Gräusel ankam. Gleich aber war sie wieder recht und gut, gespräch, liebkoste dem Gespons und machte ihn vergnügt wie er nur je gewesen. Darnach so gaben sie einander küssend Gute Nacht und ging er aller guten Dinge voll auf seine Kammer.

Den andern Morgen, es war Sonntag, sah er den schönen Sittich nicht mehr sitzen in dem Ring, und die Meisterin sagte mit unholder Miene: „Das Schnitzbrot hat ihm schlecht getan, ich fand ihn unterm Bank da tot und steif, und schafft ihn mir gleich aus den Augen."

Das deuchte dem Gesellen doch fast fremde, auch sah er einen Blutfleck am Boden. Am meisten aber wunderte und kränkte ihn, daß ihm die Frau so schnorzig war.

Am Nachmittag, weil seine Braut nicht heimkam von der Kirche aus, spazierte er mit seinen Kameraden um den Wall nach einer neuen Schenke gegen Söflingen. Einer von ihnen schlug ein paarmal bei ihm auf den Busch und stichelte auf seine Liebste; da denn ein anderer, ein loser Hesse, den Scherz aufnahm und sagte: der Fang wär recht für einen Schwaben, die haben gute Mägen, Schuhnägel zu verdauen.

Weil nun der Seppe nicht verstand wie das gemeint sei, blieb er mit seinem Nebenmann, einem ehrlichen Sindelfinger, ein wenig dahinten und frug ihn darum. „Das ist dir eine neue Mär?" sprach der gar trocken: „Deine Meisterin, sagt man, hab in Zeit von drei Jahr ihren zween Männern mit Gift vergeben. Vom letzten soll es sicher sein, vom ersten glaubt's darum ganz Ulm. Den zweiten hat man erst verwichenes Frühjahr begraben. Die Richter hätten ihr das Urteil gern zum Tod gesprochen, konnten aber nichts machen, denn auf dem Sterbbett sagte ihr Mann, er habe Schuhnägel gefressen. Dergleichen fanden sich nachher auch richtig in dem Leib, allein man glaubt, er habe sie in Schmerzen und Verzweiflungsmut, als er das Gift gemerkt, nur kurze Zeit vor seinem End geschluckt."

Dem Seppe verging das Gesicht. Er schritt und schwankte nur noch so wie auf Wollsäcken bis in die Schenke. Dort stahl er sich hinweg und ließ sein volles Glas dahinten.

Abwegs in einem einsamen Pfad saß er auf einer Gartenstaffel nieder, seine Lebensgeister erst wieder zu sammeln. Alsdann dankte er Gott mit gefalteten Händen, daß er ihn noch so gnädig errettet, überlegte und kam bald zu dem Beschluß, gleich in der nächsten Nacht das Haus der schlimmen Witwe, ja Ulm selbst insgeheim zu verlassen. Er blieb dort sitzen auf dem gleichen Fleck, bis die Sonne hinab und es dunkel war. Dann ging er in die Stadt, strich, wie ein armer Sünder und Meineider, lang in den Straßen hin und her, und suchte zuletzt, von Durst und Hunger angetrieben, eine abgelegene Trinkstube, wo viele Gäste zechten, ihn aber niemand kannte. Dort barg er sich in einem dunklen Sorgeneck bei einem Fenster nach den Gärten und der Donau zu.

Er konnte, wie man spricht, von keinem Berg sein Unglück übersehen. In allem Herzleid hin, nicht gar sechs Batzen im Vermögen — denn einen Rest Guthabens bei der Frau, wie hätte er ihn fordern mögen? — dazu sein gutes Hutzelbrot verheillost, das ihm jetzt auf der Reise für Hungersterben hätte dienen können, und endlich Spott und Schande vor und hinter ihm!

DAS STUTTGARTER HUTZELMÄNNLEIN 529

Er ging bei sich zu Rat, ob er in seine Heimat solle oder weiterziehen. Das eine kam ihm schier so sauer wie das andre an. Was werden deine Freunde sagen, wenn du schon wiederkommst, als wie der Brogel-Wenz vom welschen Krieg? (derselbe nämlich grüßte die Weinsteig schon wieder am siebenten Tag) – so dachte er; allein die Welt, so weit es in der Fremde heißt, kam ihm jetzt giftig, greulich vor, so öd und traurig wie das Ulmer Elend, das er dort unten in den Gärten liegen sah; aus einem Fenster dämmerte der kleine Schein vom Licht des Siechenwärters, dabei vielleicht ein armer Tropf, fern von dem lieben Vaterland, jetzt seinen Geist aufgab. Darum, es koste was es wolle, heim ging sein Weg, nur Stuttgart zu! Von keinem Menschen gedachte er Abschied zu nehmen, am wenigsten von Ihr, deren Gestalt und Mienen er mit Grauen immer vor sich sah. Deshalb er auch nicht eher aus dem Wirtshaus ging, als bis er sicher war, ihr nicht mehr zu begegnen, und seine Mitgesellen ebenfalls schon schliefen. Es war schon zwölfe und die Scharwach kam zum zweitenmal, den letzten Gästen abzubieten.

Wie er nun langsam durch die leeren Gassen nach seinem Viertel lenkte, vernahm er oben in dem Giebel eines kleinen Hauses den Gesang von zwo Dirnen, deren eine, eines Kürschners Tochter, Kunigund, er wohl kannte, ein braves und sehr schönes Mädchen, mit welchem er im Pflug manchen Schleifer herumgetanzt hatte. Wär er nicht gleich im Anfang so tief in die Witwe verschossen gewesen, die hätte ihm vor allen Ulmer Bürgerskindern wohlgefallen, und er ihr auch.

Die Dirnen plauderten, wie es ihm vorkam, finsterlings im Bett und sangen das Lied von dem traurigen Knaben, dem sein Schatz verstarb, das hatte zum Titel: Lieb in den Tod, und eine so herrliche Weise als sonst vielleicht kein anderes. Da sie es noch einmal von vorn anfingen, stand er still und horchte hinter einer Beuge Faßholz stille zu.

> „Uf[a]m Kirchhof, am Chor,
> Blüeht [a] Blo-Holder-Strauß,
> Do fleugt [a] weiß Täuble,
> Vor's tag[a] tuet, aus.
>
> Es streicht wohl [a] Gäss[a]le
> Nieder und zwu[a],

Es fliegt mer ins Fenster,
Es kommt uf mi zu[a].

Jetzt kenn i mein Schatz
Und sei linneweiß Gwand,
Und sei silberes Ringle
Von mir an der Hand.

Es nickt mer en Grueß,
Setzt se nieder am Bett,
Frei luegt mer's ins Gsicht,
Aber a[u]rüehrt me's net.

Drei Woch[a] vor Ostr[a],
Wann's Nachthüehle schreit,
Do mach[a] mer Hochzig,
Mei Schatz hot mer's g'sait.

Mer mach[a] kein Lebtag,
Mer halt[a] kein Tanz.
Wer goht mit zur Kirch[a]?
Wer flicht mer d[a] Kranz?"

In währendem Zuhören dachte der Seppe: Die wird sich auch wohl wundern wenn sie hört, ich sei bei Nacht und Nebel fort als wie ein Dieb! — und dachte ferner: Wenn diese Gundel deine Liebste hätte werden sollen, und wär dir heut gestorben, ob du jetzt übler dran wärest denn so, oder besser? — Er wußte in der Kürze sich selbst keinen Bescheid darauf, stöhnte nur tief aus der Brust und ging weiter.

Beim Haus der Witwe angekommen, drehte er den Schlüssel in der Tür so leis er konnte um, schlich auf den Zehen an ihrer Schlafkammer vorbei, kam in die seinige, von den Gesellen unberufen, und packte seine Sachen ein, nachdem er erst die guten Kleider aus- und andere angezogen, auch mit herzlicher Reue des Hutzelmanns Schuhe, die es so gut mit ihm gemeint, unter dem Stein hervorgenommen und sie nach langer Zeit das erstemal wieder an die Füße getan.

Und also schied er auf zeitlebens aus dem Haus, darin er sich vor wenig Stunden noch als wie in seinem Eigentum vergnüglich umgeschaut hatte. Er kam an das Liebfrauentor und schellte dem Wächter; der ließ ihn hinaus und war der einzige Mensch in ganz Ulm, welcher ihm Glück auf die Reise gewünscht.

Als er so in der Nacht, auf trockener Landstraße und bei gelinder Luft, nicht völlig eine halbe Stunde weit gewandert war, so regte sich sein Linker allbereits mit Jucken, Treten, Hopsen und sonst viel Ungebühr. „So", rief der Seppe grimmig: „moi^{n}st, di^a Gugelfu^{a}hr gang wieder a^n? I will d'r beizeit d'rfür tu^a!" — saß nieder, riß den linken ab und faßte auch den rechten — da fiel ihm ein, den könntst du anbehalten: mit *einem* Fuß im Glück ist besser denn mit keinem; zog also einen Stiefel an zum andern Schuh, probiert' es eine Strecke, und wahrlich es tat gut.

In seinem Innern aber, so arg es auch darin noch durcheinanderging, daß ihm das Heulen näher als das Pfeifen lag, so gab er sich doch selbst schon kühnlicheren Zuspruch mit Vernunft, nahm sein versehrtes Herz, drückt' es, gleich wie die Hausfrauen pflegen mit einem zertretenen Hühnlein zu tun, in sanften Händen wieder zurecht, und endlich ging sein Trost und letzter Schluß dahin, wie sein Vetter als sagte: „Es hat nur drei gute Weiber gegeben: die eine ist im Bad ersoffen, die ander ist aus der Welt geloffen, die dritte sucht man noch."

Unweit Gerhausen kam schon allgemach der Tag; bald sah er auch Blaubeuren liegen, und auf den Dächern rauchte hie und da schon ein Kamin.

Eine Ackerlänge vor dem Tor geschah ihm etwas unverhofft.

Dort zog der Weg sich unter den Felsen linker Hand an einer Steile hin. Der Seppe dachte eben, wenn er jetzt in das Städtlein käme, ein warmes Frühstück täte seinem Magen wohl, und rechnete, wie weit er damit komme, denn sein Beutel mochte nicht viel leiden. Bei dem Bräumeister konnte er aber mit Ehren nicht wieder einsprechen; er meinte, die Leute möchten sagen: dem hat das Handwerksburschen-Einmaleins im Nonnenhof gefallen und mag ihm ganz eine kommode Rechnung sein! Dies denkend schritt er hitziger fürbaß — mit eins aber kann er nicht weiter und ist er mit dem Schuh wie angenagelt an den Boden, zieht, reißt und schnellt, zockt noch einmal aus Leibeskräften, da fuhr er endlich aus dem Schuh — der aber flog zugleich den Rain hinunter, wohl eines Hauses Höhe, in einen Felsenspalt!

Gern oder ungern mußte ihm der Seppe nach. Als er nun mit Gefahr den Fleck erreicht, wo er ihn hatte fallen sehen, und in dem Steinriß mit der Hand herumsuchte, auch alsbald ihn erwischte, indem so stieß er an ein fremdes Ding, das zog er mit ans Licht: — „Hoho! *davon* kam dir die Witterung!?" rief er und hielt das Bleilot in der Hand, betrachtet' es mit Freuden, schlupft in den Schuh und ist wie der Wind wieder oben. Nachdem er den Fund in den Ranzen gesteckt, der jetzo freilich das Zwiefache wog, ging er nicht wenig getröstet hinein in die Stadt.

Die Leute machten erst die Läden auf und trieben das Vieh an die Tränke. Er kam an einem Bäckerhaus vorbei, da roch gerade so ein guter warmer Dunst heraus, daß es ihn recht bei der Nase hineinzog. Er ließ sich einen Schnaps und keinen kleinen Ranken Brot dazu geben; das hielt dann wieder Leib und Seele auf etliche Stunden zusammen.

Sofort auf seinem Weg probierte er das Lot auf alle Weise, wenn hin und wieder ein Metzger oder sonst ein Mensch bei ihm vorüberkam, und als er nur den Vorteil erst mit rechts und links weghatte, vertrieb er sich die Zeit, samt seinem Herzensbrast, auf das anmutigste und beste.

Auf der Höhe der Feldstätter Markung fuhr hinter ihm daher mit einem leeren Wagen und zween starken Ochsen ein Böhringer Bauer. Der Seppe wollte gern ein Stück weit von ihm mitgenommen sein und sprach ihn gar bescheiden und ziemlich darum an; der aber war ein grober Knollfink, tat als hört' er ihn nicht. Ei, denkt mein Schuster: hörest du mich nicht, so hab mich auch gesehn, und sollst mich dennoch führen! — verschwand wie ein Luftgeist im Rücken des Manns und setzte sich hinten aufs Brett. Da sprach der Bauer mit sich selbst und maulte: „Hätt i viel z'tau[n], wenn i di[a] Kerle äll uflad[a] wött — Hott ane, Scheck! — di[a] Scheur[a]burzler do! äll Hunds-Od[a]m lauft o[a]r d'rher. Mi[a]r kommt ko[a]r über d'Schwell und uf d[a] Wag[a], mi[a]r et!" — Das hörte der Gesell mit großem Ergötzen und hielt sich immer still, gleichwie der andre auch still ward. Nach einer Weile holt der Böhringer just aus, auf schwäbische Manier die Nas zu putzen, hielt aber jäh betroffen inn, denn hinter ihm sprach es, als wie aus einem hohlen Faß heraus, die Wort:

„*Zehn Ochsen und ein Bauer sind zwölf Stück Rindvieh.*"

Der Bauer, mit offenem Maul, schaut um, schaut über sich gen die Sperlachen, horcht, ruft Oha dem Gespann, steigt ab dem Wagen, guckt unterhalb zwischen die Räder, und da kein

Mensch zu sehen war, und auf der Ebene weit und breit kein
Baum oder Grube, noch sonst des Orts Gelegenheit darnach
gewesen wäre, daß sich ein Mensch verbergen mochte: stand ihm
das Haar gen Berg, saß eilends auf und trieb die Tiere streng
in *einem* Trott, was sie erlaufen mochten, bis vor seinen Ort,
denn er vermeinte nicht anders, als der Teufel habe ihm Spitz-
findiges aufgegeben, und wenn er den Verstand nicht dazu habe,
so gehe es ihm an das Leben.

Der Seppe stieg nicht bälder von dem Wagen als bis der
Bauer in seiner Hofrait hielt, dann wandelte er durchs Dorf,
unsichtbarlich, und hatte mit diesem Abenteuer, die schöne
Kurzweil ungerechnet, wohl eine halbe Meil Weges Profit.

Er kam ins Tal hinunter und auf Urach, er wußte nicht wie.

Vor dem Gasthaus, demselben, wo er im Herweg übernachtet
war, stiegen etliche reisende Herren von Adel samt ihren
Knechten gerade zu Roß; er hörte, sie ritten auf Stuttgart.
Herrn Eberhards Tochter hatte Hochzeit, als gestern, gehabt
mit Graf Rudolph von Hohenberg; auf ebendiese Zeit beging ihr
Herr Vater, der Graf, seine silberne Hochzeit. Es dauerten die
Lustbarkeiten noch drei Tage lang am Hof und in der Stadt,
Turnier und andre Spiele. Das hörte der Geselle gern; er dachte,
da hat man deiner nicht viel acht und mögen deine Freunde
glauben, du kamst des Lebtags wegen heim. Ihn lüstete nicht
sehr darnach, demungeachtet säumte er sich nicht auf seinem
Weg, und als er sich um die drei Groschen und etliche Heller,
so er aus allen Taschen elendiglich zusammenzwickte, noch einmal wacker satt gegessen und getrunken, so setzt' er seinen Stab
gestärkt und mutig weiter. Stets einem flinken Wässerlein, der
Erms, nachgehend, befand er sich gar bald vor Metzingen.

Er dachte trutzig und getrost vor jedermanns Augen den Ort
zu passieren, wo er vor einem halben Jahr den Schabernack
erlitten, und war auf Schimpf und Glimpf gefaßt, nur wollte
er zuvor den zweiten Stiefel noch außen vor dem Ort antun,
damit er doch nicht mit Gewalt den Spott der Gaffer auf sich
ziehe. Aber wie er sich dazu anschicken will, kommt ihm ein
anderes dazwischen, das ließ ihm keine Zeit.

Gleich vor dem Flecken, frei auf einem Gutstück, lag eines
Schönfärbers Haus; an dessen einer Seite hingen allerhand Stück
Zeug, in Rot, Blau, Gelb und Grün gefärbt, auf Stangen und
im Rahmen aufgezogen, davor ein grüner Grasplatz war. Dort
nun, doch näher bei der Straße, sah der Seppe, nur einen Stein-

wurf weit von ihm, das nasenweise Färberlein stehn, das Gesicht
nach dem Flecken gekehrt. Das Bürschlein hatte Gähnaffen feil,
weil seine Meistersleute nicht daheim, oder paßte es auf eine
hübsche Dirne, sah und hörte deshalb weiter nichts.

„Wohl bei der Heck, du Laff!" sagte der Seppe frohlockend
vor sich, indem er risch seitab der Straße sprang: „jetzt will ich
dir den Plirum geigen!" — warf seinen Ranzen linksherum, lief
eilig zu und stand unsichtbar auf dem Wasen, ein Dutzend
Schritte hinter dem Färber. Geschwind besann er sich, was er
zuerst beginne, trat an das Lattenwerk, zog wie der Blitz
einen trockenen Streif des roten Zeugs herab und breitete denselben glatt aufs Gras; alsdann stellte er sich in leibhaftiger
Gestalt, ohne Willkomm und Gruß, nicht in Gutem noch Bösem, ganz dichte vor den Färber hin. Der, seinen Feind erken-
nend, macht' ein Gesicht als wie der Esel, wenn er Teig gefressen
hat; und plötzlich wollte er auf und davon. Der Schuster aber
hatt ihn schon gefaßt — kein Schraubstock zwängt ein Werkholz
fester denn unser Geselle das Büblein hielt bei seinen zween
Armstecken. Er hieß ihn stille schweigen, so wolle er ihm aus
Barmherzigkeit an seinem Leib nichts tun; nahm ihn sodann
gelinde, legt' ihn aufs eine Tuchend überzwerch, drückt' ihm die
Ellenbogen grad am Leib und wergelt' ihn mit Händen geschickt im Tuch hinab, wie man ein Mangholz wälzet, daß er
schön glatt gewickelt war bis an das Kinn. Drauf band er ihm
ein grünes Band, das er auch von der Latte gezogen, kreuzweis
von unten bis hinauf und knüpft's ihm auf der Brust mit einer
schönen Schlaufe. Nach allem diesem aber nahm und trug er
ihn, nicht anders als ein Pfätschenkind dahingetragen wird, auf
seinen Armen weg (in deren einem er den Wanderstock am
Riemen hangen hatte). Weil er jedoch bei diesem ganzen Vornehmen das Lot links trug und weil der Krackenzahn mehr
nicht kann ungesehen machen als das zum Mann gehört, so war
es wunderbarlich, ja grausig, fremd und lustig gleichermaßen
anzusehn, wie auf der breiten Straße, mitteninne, ein gesunder
Knab, wie Milch und Blut, mit schwarzem Kräuselhaar, in
Wickelkindsgestalt frei in der Luft herschwebete und schrie.

Das Volk lief zu aus allen Gassen, ein jedes lacht' und
jammerte in einem Atem, die Weiblein schrien Mirakel und:
„Hilf Gott! es ist des Färbers Knab, der Vite! Springt ihm denn
keiner bei von euch Mannsnamen?" — Doch niemand traute sich
hinzu.

Da fing der Seppe an, sangweis mit heller Stimme:

> „Scher[a]schleifer, wetz, wetz, wetz,
> Laß dei Rädle schnurr[a]!
> Stu[a]gart ist [a] grauße Stadt,
> Lauft [a] Gä[n]sbach dur[a]."

Und als das Kind sich ungebärdig stellte, schwang er's und flaigert's hin und her und sang:

> „Färbersbü[a]ble, schrei net so,
> Mach mer keine Mändl[a]!
> D' Bü[a]singer mit zwanzig Johr
> Trait mer en de Wendl[a].
> Heisasa! Hopsasa!
> Wi[a] de kleine Kendl[a]."

Die Leute fanden ihrem Staunen, Schrecken, Dattern und Zagen nicht Worte noch Gebärden mehr. Eins schob und stieß und drängte nur das andere dem Abenteuer immer nach oder voraus. Bei dem Gemeindhaus aber schwenkte sich der Seppe seitwärts nach dem Kirchplatz unversehens, daß alles vor ihm schreiend auseinanderfuhr.

Dort, mitten auf dem Platz, sah man den Vite sänftlich an die Erde niederkommen. Da lag denn ein seltsamer Täufling, zornheulend, sonder Hilfe, derweil der Schuster flüchtig durch die Menge wischte. Weit draußen vor dem Ort noch hörte er das Lärmen und Brausen der Leute.

Bei Tolfingen am Necker spürte er anfangen in den Beinen, daß er verwichene Nacht in keinem Bett gewesen, jetzt fünfzehn Stunden Wegs in *einem* Strich gemacht, daneben ihn der letzte Possen auch manchen Tropfen Schweiß gekostet haben mag. Der Abend dämmerte schon stark und er hatte noch fünf gute Stunden heim. Bei frischen Kräften hätte er Stuttgart nicht füglich vor Mitternacht können erlaufen, so schachmatt aber, wie er war, und mit vier Pfennigen Zehrgeld im Sack, schien ihm nicht ratsam, es nur zu probieren. Wo aber bleiben über die Nacht und doch kein Scheurenburzler sein? — Halt, dachte er, dient nicht in der Stadt Nürtingen, nur anderthalb Stunden von da, der Kilian aus Münster als Mühlknapp? Das ist die beste Haut von der Welt, der läßt dich nicht auf der Gasse liegen und borgt dir leicht ein weniges auf den Weg — Jetzt ist lang Tag! — Er tat erst einen frischen Trunk in Tolfingen.

wo das Wasser nichts kostet, dann kaufte er sich ein Brot für
seinen letzten Kreuzer, verzehrt' es ungesäumt und lotterte,
indem es finster ward, gemächlich die Straße am Necker hinauf.
Mit der Letzte erschleppt' er sich fast nicht mehr, doch endlich
erschienen die Lichter der Stadt und hörte er das große Wuhr
ob der Brücke schon rauschen, hart neben welcher jenseits die
vielen Werke klapperten.

Der Müller aß eben zu Nacht mit seinen Leuten und Gesind,
darunter nur kein Kilian zu sehen war. Man sagte dem Schuster,
der sei vor einem Vierteljahr gewandert. Da stand der
arme Schlucker mit seinem gottigen Glücksschuh und seinem
Stiefel! wußte nicht was er jetzt machen sollte. Indes hieß ihn
die Müllerin ablegen und mitessen; und nach dem Tischgebet,
dieweil der Mann leicht merken mochte, es sei ein ordentlicher
Mensch und habe Kummer, bot er ihm an, über Nacht im Wartstüblein,
wo die Mahlknechte rasten, auf einer der Pritschen
zu liegen. Das ließ er sich nicht zweimal sagen und machte sich
alsbald hinunter, ein Jung wies ihm den Weg zwischen sechs
Gängen hindurch, die gellten ihm die Ohren im Vorbeigehn
nicht schlecht aus. Zwei Stieglein hinunter und eins hinauf, kam
er in ein gar wohnliches, vertäfertes Gemach, und streckte sich
auf so ein schmales Lager hin. Wie grausam müd er aber war,
ein Schlaf kam nicht in seine Augen; Fenster und Boden zitterten
in einem fort, es schellte bald da, bald dort, die Knechte
tappten aus und ein, und die ganze Nacht brannte das Licht.

Um eins, da ihn der Oberknecht noch wachen sah, sprach der
zu ihm: wenn er auf Nachtruh halte, hier sei er in die unrechte
Herberg geraten, das Schlafen in der Mühle woll gelernt sein
wie das Psalmenbeten in der Hölle; er soll aufstehn, sie wollten
sich selbdritt die Zeit vertreiben mit Trischacken: langte
die Karten vom Wandbrett herunter und stellte einen vollen
Bierkrug auf den Tisch. Der Seppe wollte nicht, bekannte auch,
daß er Gelds ohne sei; allein da hieß es: „Schuster! dein
Schnappsack hat ein leidlich Gewicht, und Stein' hast du keineswegs
darin, wenn aber, so sei uns ein ehrlicher Schuldner." So
gab er endlich nach und nahm sein Spiel vor sich. Wetter! wie
paßten gleich die Kerl da auf! Was er nur zog und hinwarf,
allemal die besten Stiche! Jetzt wurden seine Sinne hell und
wach zumal, er dachte, hei da springt ein Wandergeld heraus!
Das erste Spiel gewonnen, das zweite desgleichen. Beim dritten
und beim vierten zog er heimlich den Schuh aus unter dem

Tisch, daß es nicht merklich würde, und verspielt's damit hintereinander, doch brachte er es vier- und sechsfach wieder ein, und pünktlich machte einer jedesmal die Striche auf die Tafel, daß man's nachher zusammenrechnen könne. Es war ihm über einen Gulden gutgeschrieben, und als den andern endlich so die Lust verging, war es ihm eben recht und legte er sich noch ein Stündlein nieder. Da fiel der Schlaf auch bald auf ihn als wie ein Maltersack, doch ohne Letzung. Er war mit seinem Geist in Ulm und träumte nur von Greuel, Gift und peinlichem Gericht. Ein Mahljung, welcher durch das Stüblein lief, vernahm von ungefähr wie er im Schlaf die Worte redete: „Fürn Galgen hilft kein Goller und fürs Kopfweh kein Kranz!" — ging hin und hinterbracht's den Knechten; die kamen Juxes halber und standen um den Schlafenden, sein bitterlich Gesicht bescherzend. Auch nestelten sie ihm den Ranzen auf, aus Fürwitz, was er Schatzwerts darin habe, zogen das schwere Blei heraus und lachten ob des Knaben Einfalt solchermaßen, daß ihnen gleich das Schiedfell hätte platzen mögen. „Tropf!" sprach der eine, „hast du sonst nichts gestohlen, darum springt dir der Strick nicht nach!" — und packten's ihm wieder säuberlich ein.

Als nun der Seppe endlich am lichten Tag erwacht war, gürtete er sich gleich, nahm Hut und Stock und fand die beiden Spielgesellen in der Mühle am Geschäft. Er hätte gern sein Geld gehabt, wenn es auch nur die Hälfte oder ein Drittel sein sollte. Sie aber lachend, mit Faxen und Zeichen, bedeuteten ihm, sie verstünden nicht über dem Lärm was er wolle und hätten unmöglich der Zeit. Nun sah er wohl, er sei betrogen, kehrte den seellosen Schelmen den Rücken und ging hinauf, dem Müller seinen schuldigen Dank abzustatten. Dort in der Küche gab man ihm noch einen glatt geschmälzten Hirsenbrei; damit im Leibe wohl verwarmt, zog er zum Tor hinaus und über die Brücke, dann rechts Ober-Ensingen zu. Gern hätte er zuvor den Herbergvater in der Stadt um eine Wegspend angegangen, er traute aber nicht, weil er in Ulm sich keinen Abschied in sein Büchlein hatte schreiben lassen.

Auf dem Berg, wo der Wolfschluger Wald anfangt, sah man damals auf einem freien Platz ein Paar uralte Lindenbäume, ein offen Bethäuslein dabei, samt etlichen Ruhbänken. Allhie beschaute sich der Seppe noch einmal die ausgestreckte blaue Alb, den Breitenstein, den Teckberg mit der großen Burg der Herzoge, so einer Stadt beinah gleichkam, und Hohen-Neuffen, dessen Fenster er von weitem hell herblinken sah. Er hielt dafür, in allen deutschen Landen möge wohl Herrlicheres nicht viel zu finden sein, als dies Gebirg, zur Sommerszeit, und diese weite gesegnete Gegend. Uns hat an dem Gesellen wohl gefallen, daß er bei aller Übelfahrt und Kümmernis noch solcher Augenweide pflegen mochte.

Von ungefähr, als er sich wandte, fand er auf einem von den Ruhebänken ein Verslein mit Kreide geschrieben, das konnte er nicht sonder Müh entziffern, denn sichtlich stand es nicht seit jüngst, und Schnee und Regen waren darüber ergangen. Es hieß:

> Ich habe Kreuz und Leiden,
> Das schreib ich mit der Kreiden,
> Und wer kein Kreuz und Leiden hat
> Der wische meinen Reimen ab.

Der Seppe ruhte lang mit starren Blicken auf der Schrift, er dachte: Dem, welcher dies geschrieben, war der Mut so weit herunter als wie dir, kann sein noch weiter — tröst ihn Gott! — Nachdenksam kehrte er sich zur Kapelle, legte Ranzen, Hut und Stock, wie sich gebührte, haußen ab und ging, seine Andacht zu halten, hinein; nach deren Verrichtung er sich bei den Namen und Sprüchen verweilte, so von allerhand Volk, von frommen Pilgrimen und müßigen Betern, an den Wänden umher mit Rotstein oder mit dem Messer angeschrieben waren. In einem Eck ganz hinten stund zu lesen dieser Reim:

> Bitt, Wandrer, für mich,
> So bittst du für dich.
> Mit Schmerzen ich büße,
> In Tränen ich fließe.
> Das *Erbe* der *Armen*
> Das heißet *Erbarmen*.

Recht wie ein Blitzstrahl zückten die Worte in ihn, und war ihm eben, als flehet' es ihn aus den Zeilen an mit gerungenen Händen um seine Fürbitte, als eine letzte Guttat an der Frau, so ihrer vor allen den lebenden Menschen bedürfe. Seit jener Stunde, wo er sich im stillen von ihr schied, war ihm noch kein Bedenken oder Sorge angekommen um das verderbte und verlorene Weib; nun aber fiel das treue Schwabenherz gleich willig- lich auf seine Knie, vergab an seinem Teil und wünschte redlich,

DAS STUTTGARTER HUTZELMÄNNLEIN

Gott möge ihren bösen Sinn zur Buße kehren und ihr dereinstens gnädig sein; für sich insonderheit bat er, Gott wolle seiner schonen und ihn kein blutig Ende an ihr erleben lassen. Hierauf erhob er sich, die Augen mit dem Ärmel wischend, und setzte seine Reise fort.

Nach dreien Stunden, um Bernhausen auf den Fildern, hub sein Magen an mit ihm zu hadern und zu brummen. Er hätte sich mit seinem Lot in manches reichen Bauern Haus und Küche leichtlich wie Rolands Knappe helfen können, welcher vermittelst seines Däumerlings dem Sultan sein Leibessen samt der Schüssel frei vor dem Maul wegnahm. Ihm kam jedoch vor Traurigkeit dergleichen gar nicht in den Sinn: auch hatte er sein Leben lang weder gestohlen, noch gebettelt. Kein leiderer Weggenoß ist aber denn der Hunger. Er rauft, wenn er einmal recht anfangt, einem Wandersmann schockweis die Kraft aus dem Gebein, nimmt von dem Herzen Trost und Freudigkeit hinweg, schreit allen alten Jammer nach, recht wie bei Nacht ein Hund den andern aufweckt, daß ihrer sieben miteinander heulen. Das dauerte bei dem Gesellen bis endlich Degerloch da war und er nun um die Mittagszeit seine Vaterstadt im lichten Sonnenschein und Rauch vom Berg aus liegen sah. Da brannten ihm die salzigen Tropfen vor Freuden im Aug und waren seine Füße alsbald wie neugeboren.

Von weitem hörte er Trompetenschall und sah es vor dem Tor und in den Straßen blinken und wimmeln. Die Ritter kamen in Harnisch und Wehr zurück vom großen Stechen; Roß und Mann bis an den Helmbusch voller Staub. Es wogte bunt von Grafen, Edelherrn und Knappen, von Bürgersleuten und vielem Landvolk.

Der Seppe drückte sich, wie er zur Stadt hineinkam, scheu nur an den Häusern hin: denn ob er gleich unsichtbar ging, um seiner schlechten Kleidung willen, auch weil er übel, schwach und schwindlig war vor übergroßer Anstrengung, weshalb er nicht viel Grüßens oder Redens brauchen konnte, so war ihm doch bei jedem Schritt, wie wenn die Blicke aller Leute auf ihn zielten, und wurde rot und blaß, so oft als ein guter Bekannter oder ein Mädchen seiner alten Nachbarschaft bei ihm vorüberlachte. Er strebte einem engen Gäßlein zu im Bohnenviertel, wo eine alte Base von ihm wohnte. Am Eck schob er den Ranzen rechtsherum, und schon von ihrem Fenster aus begrüßte ihn das gute Fraulein, seine Dot. Er sprang mit letzten Kräften die

Stiege noch hinauf, aber unter der Tür knickt' er in den Knieen
zusammen und schwanden ihm zumal die Sinne. Die Frau rief
ihren Hausmann, holte Wein und was sonst helfen mochte. In
Bälde hatten sie den armen Lungerer so weit zurechtgebracht,
daß er auf seinen Füßen stehn, sich hinter den Tisch setzen, essen
und trinken konnte.

Dabei erzählte ihm das Mütterlein, was sich alle die Zeit
her begeben; vom großen Beilager im Schloß, wie auch, daß
morgen noch ein Haupttag sei. Weil nämlich eben Faßnacht
in der Nähe war und die erlauchte Braut nichts lieber sah als
einen schönen Mummenschanz, so wurde von dem Rat der Stadt
beschlossen, daß ein solcher mit ausnehmender Pracht auf dem
Markt gehalten werde. Der Graf dagegen wollte zu Mittag die
Bürgerschaft in den Straßen bewirten, welches der Jahreszeit
halben wohl geschehen mochte, indem der Winter so gelind und
kurz ausfiel, daß wahrlich im Stuttgarter Tal fast die Bäume
ausschlugen. „Auf diesen Tag nun, siehst du", sprach die Base,
„tut jung und alt sein Bestes, der Arme wie der Reiche; wer
keinen Heiden oder Mohren machen kann, der findet einen
bunten Lappen zum Zigeuner, und wem die Larve fehlt, der
färbt sich im Gesicht. Da hat vorhin die Kiderlen, die Vrone,
die du kennst, sich Feierwams und Hosen von ihrem Vetter,
meines Hausmanns Buben, abgeholt und er verbutzelt sich mit
seiner Ahne ihrem Hochzeitstaat. Seppe, wir müssen uns für dich
beizeiten auch nach was umtun. Für jetzo, schätz ich aber, hast
du das Bett am nötigsten." — „Ach, wohl, Frau Dot!" sprach er:
„und ich wollt nur, die Nacht hätt ihre achtundvierzig Stund!"
— „Nu", meinte sie, „vier hast du bis wir essen, da läßt sich
schon ein schön Stück Schlafs vorweg herunterspinnen"; — und
führte ihn hinauf in eine kleine Kammer, in welcher allezeit
ein gutes Gastbett aufgemacht war.

Kaum hatte er sich ausgezogen, und sein zerschelltes, brechliches und ganz vermürbtes Knochenrüstwerk behutsam ausgestreckt, da schlief er auch schon wie ein Dachs, und so in
einem fort, bis abends spät, wo ihm die Frau eine Suppe mit
Fleisch hinaufbrachte, und noch ein wenig mit ihm diskurierte.
Nun wünschte sie ihm Gute Nacht und ging mit ihrem Licht.

Sie war aber die Stiege noch nicht gar hinunter, so ruckt
etwas an seinem Stuhl, ein Lämplein macht die Kammer klar
und eine Stimme sagte: „Grüß dich Gott, Seppe! verschrick
nit, der Pechschwitzer ist es, der Hutzelmann, der Tröster. So,

DAS STUTTGARTER HUTZELMÄNNLEIN

so, auch wieder hiesig? Sorg nit ich plag dich lang — du brauchst
der Ruh — nur auf ein Wort: sag an, gelt, Bursch, hast's
Klötzle?"

„Jo freile, hani's, Meister."

„Laß sehn! wo steckt's? im Bündel? — hab es schon! bei meinem
Leisten! ja, da glotzt er raus, der Krackenzahn. Du erzigs
Narrenglückskind du! Und hast fein nur mit *einem* Hund
gejagt! Du Malefizglücksspitzbub du!" — Mit diesen und viel
andern närrischen Ausrufungen bewies das Männlein seine
Freude. Drauf sagte es mit Ernst: „Mein Sohn, du hast dies
teuere Stück, wie du zwar schuldig warst, deinem Patron getreulich
überliefert, da du es nicht allein im Nonnenhof können
vertrumpeln, um einen Pfifferling aus des Wasserweibs Hafen,
sondern konntest vor Kaiser und Könige gehen damit, die
hätten dir dies schlechte Blei gern sechsmal und mehr mit Gold
aufgewogen — nun, Seppe, denk an mich, das sollt du nicht
bereuen. Hab Gute Nacht." — Im Gehen frug er noch: „Wie
sicht's mit dem Laiblein?"

„Ja, Meister, um sell bin i komm^a, sell ist —"

„Gfressen?"

„Jo, aber ett vo mir!"

„Ei daß dich! hat das auch müssen verhansleardlet sein! Nu,
wenn's nur gfressen ist; gibt wieder einmal ein anders vielleicht.
B'hüt Gott! Morgen bei rechter Zeit siehst mich wieder."

Die Sonne ging am andern Morgen glatt und schön herauf am
Himmel und hatte die Nebel über der Stadt mit Macht in der
Früh schon vertrieben. Man hörte die Gassen aus und ein vielfach
Geläufe, Lachen und Gesprang; es war schon um die achte,
in einer halben Stunde ging der Aufzug an. Da hielt es die
Base nun hoch an der Zeit, daß sie ihr Patlein wecke, denn,
meinte sie, auf allen Fall muß er die Herrlichkeit mitmachen
und soll so gut wie jeder andere Bürgersohn an der Gesellentafel
speisen auf des Herrn Grafen Kosten. Mit Mühe hatte sie
noch gestern abend einen langen weißen Judenbart, samt Mantel
und Mütze für ihn bei einer Trödlerin mietweis erlangt. Sie
nahm den Plunder auf den Arm, den guten Burschen gleich auf
seiner Kammer damit zu erfreuen: da klopfte es und kam ein
junger Gesell herein, wenig geringer als ein Edelknabe angezogen,
mit einem krachneuen, rotbraunen Wammes von Sammet,

schwarzen Pluderhosen, Kniebändern von Seide und gelben Strümpfen. Er hielt sein Barett vors Gesicht gedeckt, und als er es wegnahm, stand da vor seiner lieben Dot der Schuster Seppe, mit Blicken, halb beschämt und halb von Freude strahlend. Die Frau schlug in die Hände, rief: „Jemine! was soll das heißen? Bub, sag, wo hast du das geborgt?" — „Ihr sollt's schon heut noch hören, Base: es ist eine weitläufe Sach, und ich muß gleich fort." — „Nun, sei's woher es wolle; aus einem vornehmen Schrank muß es sein. Nein, aber Seppe, wie gut dir's steht, alles, bis auf den feinen Hemdkragen hinaus! Ich sag dir, es wär Sünd und Schad, wenn du eine Larve umbändest. Mein Jud, soviel ist ausgemacht, darf seinen Spieß jetzt nur woanders hintragen. Da, schau einmal, was ich dir Schönes hatte!" — Und hiermit lief sie in die Küche, dem Knaben eine gute Eiergerste zum Morgenatz zu bringen.

Derweil er seine Schüssel leerte, zog sich die Base im Alkoven festtägig an. Sie wollte des Getreibes gern auch Zeuge sein, von einem obern Fenster aus bei einem Schneider auf dem Markt. Der Seppe aber eilte ihr voraus, Sankt Leonhards Kapelle und der Wette zu, stracks auf den Platz.

Von keiner Seele unterwegs ward er erkannt, noch auch gesehn. Warum? er wird doch nicht das Lot mitschleppen? Nein, aber seine linke Brusttasche barg eine zierliche Kapsel, darinne lag der ausgezogene Krackenzahn, gefaßt in Gold und überdies in ein goldenes Büchslein geschraubt, samt einer grünen Schnur daran. Der Hutzelmann ließ alles über Nacht von einem Meister in der Stadt, mit welchem er gut Freund war, fertigen und übergab dem Seppe das Kleinod mit der Weisung, dasselbe seinem Landesherrn, dem Grafen, zu Ehren seines Jubeltags nachträglich zu behändigen, sobald er merke, daß der Scherz zu Ende gehe und die Herrschaft am Aufstehen wäre.

Wie der Gesell nunmehr an Ort und Stelle kam, sah er den weiten Markt bereits an dreien Seiten dicht mit Volk besetzt und Kopf an Kopf in allen Fenstern. Er nahm seinen Stand beim Gasthof zum Adler, und zwar zuvörderst unsichtbar, außer den Schranken. Etliche Schritt weit von den Häusern nämlich liefen Planken hin, dahinter mußten sich die Schaulustigen halten, daß innerhalb der ganze Raum frei bleibe für die Faßnachtsspiele, so wie auch für die fremden Tänzer und Springer, welche ihr großes Seil ganz in der Mitte querüber vom Rathaus aufgespannt hatten, dergestalt, daß es an beiden Seiten gleich schräg herunterlief und hüben und drüben noch ein breiter Weg für den Maskenzug blieb.

Am Rathaus auf der großen Altane erhub sich ein Gezelt von safranfarbigem Sammet mit golddurchwirkten Quasten, den gräflichen Wappen und prächtigen Bannern geschmückt. Den Eingang schützten sechs Hellebardierer aus der Stadtbürgerschaft. Es hingen aus den Fenstern aller Häuser bunte Teppiche heraus, und an den Schranken standen, gleich weit voneinander, grüne Tännlein aufgerichtet. Von den sechs Straßen am Markt waren viere bewacht: darin sah man die Tische gedeckt für das Volk, Garküchen und Schankbuden, wo nachher Bier und Wein gezapft wurde und fünfzig Keller- und Hof-Bartzefanten die Speisen empfingen.

Gegen dem Rathaus über sodann, am andern Ende des Markts, war der Spielleute Stand. Dieselben machten jetzo einen großen Tusch: denn aus der Gasse hinter ihnen nahete der Hof; nämlich: Graf Eberhard, mit dem von Hohenberg, dem Vater, das jüngst vermählte Paar, wie auch des Grafen Sohn, Herr Ulrich, auf weißen, köstlich geschirrten Rossen; die Gemahlin des Grafen und andre hohe Frauen aber in Sänften getragen; zu deren beiden Seiten gingen Pagen und ritten Kavaliere hinterdrein.

Sobald die Herrschaften, vom Schultheiß gebührend empfangen und in das Rathaus geleitet, auf der Altane Platz genommen, einige vornehme Gäste jedoch an den Fenstern, begann sogleich der Mummenschanz.

In guter Ordnung kamen aus der Gasse an dem Rathauseck beim Brunnen mit dem steinernen Ritter, so einzelne wie ganze Rotten aufgezogen.

Zum Anfang wandelte daher: der Winter als ein alter Mann, den lichten Sommer führend bei der Hand als eine hübsche Frau. Sie hatte einen Rosenkranz auf ihrem ungeflochtenen gelben Haar, ein Knäblein trug den Schlepp ihres Gewands, samt einem großen Blumenstrauß, ein anderes trug ihm ein Kohlenbecken nach und einen dürren Dornbusch. Auf seinem Haupt und Pelz war Schnee vom Zuckerbecken; sie raubte ihm bisweilen einen Bissen mit zierlichem Finger davon, zur Letzung bei der Hitze, das er aus Geiz ihr gern gewehrt hätte.

Nun ritt der hörnene Siegfried ein mit einer großen Schar, auch der schreckliche Hagen und Volker.

Dann gingen zwanzig Schellennarren zumal an einer Leine,

die stellten sich sehr weise an, da jeder blindlings mit der Hand rückwärts den Hintermann bei seiner Nase zupfen wollte, der letzte griff gar mühlich immer in der Luft herum, wo niemand mehr kam. Auf einem höllischen Wagen, gezogen von vier schwarzen Rossen fuhr der Saufteufel, der Spielteufel und ihr Geschwisterkind, Frau Hoffart, mit zweien Korabellen, und hatten zum Fuhrmann den knöchernen Tod.

Jetzt segelte ein großes Schiff daher auf einem niederen Gestell; dies war mit wasserblauem Zeug bedeckt und sah man daran keine Räder, noch solche die es schoben. Auf dem Verdeck stund der Patron, ein Niederländer Kaufherr, beschaute sich die fremde Stadt so im Vorüberziehn.

Dahinter kam ein Kropfiger und Knegler, mit jämmerlichen dünnen Beinen, und führte seinen wundersamen Kropf auf einem Schubkarren vor sich her mit Seufzen und häufigen Zähren, daß er der Ware keinen Käufer finde, und rief dem Schiffsherrn nach: sein Fahrzeug hänge schief und mangele Ballasts, er wolle ihm den Kropf um ein Billiges lassen. Gar ehrlich beteuerte jener, desselben nicht benötiget zu sein; doch als ein mitleidiger Herr hielt er ein wenig an und gab dem armen Sotterer viel Trost und guten Rat: er möge seines Pfundes sich nicht äußern, vielmehr sein hüten und pflegen, es sollte ihm wohl wuchern, wenn er nach Schwaben führ auf Cannstatt, zum ungeschaffenen Tag; es möge leicht für ihn den Preis dort langen. Da dankte ihm der arm Gansgalli tausendmal und fuhr gleich einen andern Weg; der Kaufmann aber schiffte weiter.

Mit andern Marktweibern, ausländischer Mundart und Tracht, kam auch ein frisches Bauermägdlein, rief: „Besen, liebe Frauen! Besen feil!" — Sogleich erschien auf dem Verdeck des Schiffs ein leichtfertiger Jüngling in abgerissenen Kleidern, eine lange Feder auf dem Hut und eine Laute in der Hand. Sein Falkenauge suchte und fand die Verkäuferin flugs aus dem Haufen der andern heraus, und zum Patron hinspringend sagte er mit Eifer: in dieser Stadt sei er zu Haus, er habe gerade geschlafen und hätte schier die Zeit verpaßt; er wolle da am Hafendamm aussteigen, wofern der Patron es erlauben und ein wenig anlegen möchte. Der gute Herr rief dem Matrosen, es ward ein Brett vom Schiff ans Land gelegt, der Jüngling küßte dem Kaufmann die Hände mit Dank, daß er ihn mitgenommen, sprang hinüber und auf das Bauermägdlein zu. Nun führten sie ein Lied auf im Wechselgesang, dazu er seine Saiten schlug. Während desselben hielt der ganze Zug, und alles horchte still.

„Grüß dich Gott, herzlieber Schatz,
Dich und deine Besen! —
Grüß dich Gott, du schlimmer Wicht,
Wo bist du gewesen? —

Schatz, wo ich gewesen bin,
Darf ich dir wohl sagen:
War in fremde Lande hin,
Hab gar viel erfahren.

Sah am Ende von der Welt,
Wie die Bretter paßten,
Noch die alten Monden hell
All in einem Kasten:

Sahn wie schlechte Fischtuch aus,
Sonne kam gegangen,
Tupft ich nur ein wenig drauf,
Brannt mich wie mit Zangen.

Hätt ich noch ein Schritt getan,
Hätt ich nichts mehr funden.
Sage nun, mein Liebchen, an,
Wie du dich befunden. —

In der kalten Wintersnacht
Ließest du mich sitzen:
Ach mein schwarzbraun Äugelein
Mußten Wasser schwitzen!

Darum reis in Sommernacht
Nur zu allr Welt Ende;
Wer sich gar zu lustig macht,
Nimmt ein schlechtes Ende."

Mit diesem Abschiedsgruß ließ sie ihn stehen. Er spielte, der Dirne gelassen nachschauend, seine Weise noch vollends hinaus, stieß sich den Hut aufs linke Ohr und lief hinweg.

Es traten ferner ein fünf Wurstelmaukeler. Das waren von alters her bei der Stuttgarter Faßnacht fünf Metzgerknechte, mit Kreuzerwürsten über und über behangen, daß man sonst nichts von ihnen sah. Sie hatten jeder über das Gesicht eine große Rindsblase gezogen, mit ausgeschnittenen Augen, das Haupt bekränzt mit einem Blunzenring. Wenn es nachher zur Mahlzeit ging, dann durften die Kinder der Stadt, für die kein Platz war an den Tischen, kommen, und durfte sich jedes ein Würstlein abbinden, der Maukeler hielt still und bückte sich, wenn es nötig war; dazu wurden Wecken in Menge verteilt.

Noch gab es viel mutwillige und schöne Stampaneien, deren ich ungern geschweige.

Nachdem der ganze Mummenschanz an den drei Seiten des Markts langsam herumgekommen, und links vom Rathaus abgezogen war, dem Hirschen zu, bestiegen die Springer und Tänzer das Seil.

Der Seppe war die ganze Zeit an seinem Platz verharrt; auch hatte er sich lang nicht offenbar gemacht, doch endlich tat er dies, auf schlaue Art, indem er sich geheim zur Erde bückte und sichtbarlich aufstand, dadurch es etwa denen, so zunächst an ihm gestanden, schien, als schlupfet er unter den Planken hervor. Von wegen seiner edlen Kleidung wiesen ihn die Wärtel auch nicht weg, deren keiner ihn kannte; nur seine alten guten Freunde grüßten ihn von da und dort mit Winken der Verwunderung.

Der Seppe hatte bis daher alles und jedes, die ganze Mummerei, geruhig, obwohl mit unverwandtem Aug und Ohr, an ihm vorbeiziehen lassen. Wie aber jetzt die fremden Gaukler, lauter schöne Männer, Frauen und Kinder, in ihrer lüftigen Tracht ihre herrliche Kunst sehen ließen, und ihnen jegliche Verrichtung, als Tanzen, Schweben, Sich-Verwenden, Niederfallen, Knieen, so gar unschwer vonstatten ging, als wär es nur geblasen, kam ihn auf einmal große Unruh an, ja ein unsägliches Verlangen, es ihnen gleichzutun. Er merkte aber bald, daß solche Lust ihm von den Füßen kam, denn alle beede, jetzt zum erstenmal einträchtig, zogen und drängten ihn sanft mit Gewalt nach jenem Fleck hin, wo das Seil an einem starken Pflock am Boden festgemacht war, und schief hinauflief bis an die vordere Gabel. Der Seppe dachte, dieses ist nur wieder so ein Handel wie mit der Dreherei, und fiel ihm auch gleich ein, daß Meister Hutzelmann, auf dessen Geheiß er heute die

Glücksschuh alle zween anlegen müssen, das Lachen habe fast nicht bergen können. Er stieß die Zehen hart wider das Pflaster, strafte sich selbst mit innerlichem Schelten, ob solcher törichten, ja gottlosen Versuchung und hielt sich unablässig vor im Geist Schmach, Spott, Gelächter dieser großen Menge Menschen, dazu Schwindel, jähen Sturz und Tod, so lang bis ihm der Siedig auf der Haut ausging und er seine Augen hinwegwenden mußte.

Nun aber zum Beschluß der Gauklerkünste erschien in Bergmannshabit, mit einer halben Larve im Gesicht, ein neuer Springer, ein kleiner stumpiger Knorp; der nahte sich dem Haupt der Tänzer, bescheidentlich anfragend, ob ihm vergönnt sei, auch ein Pröblein abzulegen? Es ward ihm mit spöttischer Miene verwilligt, und alsbald beschritt er das Seil, ohne Stange. Er trug ein leinen Säcklein auf dem Rücken, das er an eines der gekreuzten Schraghölzer hing, dann prüfte er mit einem Fuß die Spannung, lief vor bis in die Mitte und hub jetzt an, so wunderwürdige und gewaltige Dinge, daß alles, was zuvor gesehen war, nur Stümperarbeit schien. Kopfunter hing er plötzlich, der kurze Zwagstock, an dem Seil herab und zangelte sich so daran vorwärts auf das behendeste, und wiederum zurück, schwang sich empor und stand bolzgrad; fiel auf sein Hinterteil, da schnellte ihn das Seil hinauf mit solcher Macht, daß er dem Rathausgiebel um ein kleines gleichgekommen wär, und dennoch kam er wieder jedesmal schön auf denselben Fleck zu stehen und zu sitzen. Zuletzt schlug er ein Rad von einem End des Seils zum andern, das ging — man sah nicht mehr was Arm oder Bein an ihm sei! So oft auch schon seit dreien Stunden der Beifallsruf erschollen war, solch ein Gejubel und Getöbe, wie über den trefflichen Bergmann, war noch nicht erhört. Die Gaukler schauten ganz verblüfft darein, fragten und rieten untereinander, wer dieser Satan wäre? indes die andern Leute alle meinten, dies sei nur so ein Scherz und das Männlein gehöre zu ihnen. Hanswurst insonderheit stand als ein armer ungesalzener Tropf mit seinem Gugel da, sein Possenwerk war alles Läuresblosel neben solchem Meister, ob dieser schon das Maul nicht dabei brauchte.

Nachdem der Bergmann so geendigt und sich mit unterschiedlichen Scharrfüßen allerseits verneigt, sprang er hinab aufs Pflaster. Auf seinen Wink kam der Hanswurst mit Schalksehrfurcht zu ihm gesprungen, fing einen Taler Trinkgeld auf in seinem spitzigen Hut, und nahm zugleich, höflich das Ohr herunter zu dem Männlein neigend, einen Auftrag hin, welchen er gleichbald vollzog, indem er rundherum mit lauter Stimme rief: „Wer will von euch noch, liebe Leut, den hänfenen Richtweg versuchen? Es ist ein jeder freundlich, und sonder Schimpf und Arges, eingeladen, wes Standes und Geschlechts er sei, das Säcklein dort am Schragen für sich herabzuholen! Es sind drei Hutzellaib darin. Er möge aber, rat ich ihm, in der Geschwindigkeit sein Testament noch machen — des Säckleins wegen mein ich nur — denn der Geschickteste bricht oftermals den Hals am ersten; es ist mir selbst einmal passiert, in Bamberg auf dem Domplatz — ja lacht nur!"

Jetzt aber, liebe Leser, möget ihr euch selbst einbilden, was für Gemurmel, Staunen und Schrecken unter der Menge entstund, als der Seppe vortrat bei den Schranken und sich zu dem Wagstück anschickte! Mehr denn zehn Stimmen mahnten eifrig ab, ernsthafte Männer, mancher Kamerad, zumal einige Frauen setzten sich dawider: allein der Jüngling, dem der Mut und die Begier wie Feuer aus den Augen witterte, sah fast ergrimmt und achtete gar nicht darauf. Hanswurst sprang lustig herzu mit der Kreide, rieb ihm die Sohlen tüchtig ein und wollt ihm die Bleistange reichen, doch wies der Gesell sie mit Kopfschütteln weg. Bereits aber wurden die Dienste des Narren am andern Ende des Seils auch nötig. Denn zum größten Verwundern der Zuschauer trat dort auch eins aus den Reihen hervor: man wußte nicht, sei es ein Knabe oder eine Dirne. Es trug ein rosenrotes weißgeschlitztes Wams von Seiden zu dergleichen lichtgrünen Beinkleidern, samt Federhut, und hatte eine feine Larve vor.

Die Spielleute, Bläser und Pauker, die Gaffens wegen ihres Amtes gar vergessend saßen, griffen an und machten einen Marsch, nicht zu gemach und nicht zu flink, nur eben recht. Da traten die beiden zugleich auf das Seil, das nicht zu steil anstieg, setzten die Füße, fest und zierlich, einen vor den andern, vorsichtig, doch nicht zaghaft, die freien Arme jetzt weit ausgereckt, jetzt schnelle wieder eingezogen, wie es eben dem Gleichgewicht diente.

Kein Laut, noch Odemzug ward unter den tausend und tausend Zuschauern gehört, ein jedes fürchtete wie für sein eigen Leben, es war als wenn jedermann wüßte, daß sich dies Paar jetzo das erstemal auf solche Bahn verwage.

Die junge Gräfin bedeckte vor Angst das Gesicht mit der Hand; den Grafen selber, ihren Vater, den eisenfesten Mann, litt es nicht mehr auf seinem Sitz, gar leise stand er auf. Auch die Musik ging stiller, wie auf Zehen, ihren Schritt, ja wer nur acht darauf gegeben hätte, der Rathausbrunnen mit seinen vier Rohren hörte allgemach zu rauschen und zu laufen auf, und der steinerne Ritter krümmte sich merklich. — — — Nur stet! nur still! drei Schritt noch und — Juchhe! scholl's himmelhoch: das erste Ziel war gewonnen! Sie faßten beiderseits zumal, jedes an seinem Ort, die Stangen an, verschnauften, gelehnt an die Gabel.

Der unbekannte Knabe wollte sich die Stirne wischen mit der Hand, uneingedenk der Larve: da entfiel ihm dieselbe zusamt dem Hut und — ach! ein Graus für alle Gefreundte, Vettern und Basen, Gespielen, Bekannte, so Buben als Mädchen — die Vrone ist's! Die Vrone Kiderlen, einer Witwe Tochter von hier! — so ging's von Mund zu Mund. „Ist es denn eine Menschenmöglichkeit?" rief eine Bürstenbindersfrau: „Das Vronele, meiner nächsten Nachbarin Kind? Nu, Gott sei Dank, bärig vor einer halben Stund ist ihre Mutter heim — es ward ihr übel schon über den vorigen Künsten — und jetzt das eigene Kind — der Schlag hätt sie gerührt, wenn sie das hätte sehen sollen!" — Schon erhoben sich wiederum Stimmen im Kreis, und noch lauter als vorhin beim Seppe, mit Drohen, Bitten und Flehn an die Dirne, nicht weiterzugehen. Sie aber, ganz verwirrt, flammrot vor Scham, nicht wissend selbst, wie ihr geschehn, wie sie's vermocht, stand da wie am Pranger, die Augen schwammen ihr und ihre Kniee zitterten. Ein Mann lief fort, eine Leiter zu holen.

Derweil war aber schon der flinke Bergmann an der andern Seite zum Seppe auf das Seil gekommen und hatte ihm etwas ins Ohr geraunt, worauf der ungesäumt den linken Schuh abzog und seiner Partnerin mutig die Worte zurief: „Komm, Vrone, es hat keine Not! trau auf mein Wort, faß dir ein Herz und tu mit deinem rechten Schuh wie du mich eben sahst mit meinem linken tun, und wirf ihn mir keck zu!"

Sie folgte dem Geheiß, mit Lächeln halb, und halb mit Weinen, warf — da flog der Schuh dem Burschen wie von selber an seinen ausgestreckten Fuß. Nun warf er ebenfalls, und ihr geschah dasselbe.

„Jetzt, Vrone, mir entgegen! Es ist nur bis ich dich einmal

beim kleinen Finger habe, und wenn du mit der Patschhand einschlägst, dann soll es mir und dir etwas Gutes bedeuten! Frisch dran, ihr Spielleut, macht uns auf, und einen lustigen!"

Das fehlte nicht. Die vier Füße begannen sich gleich nach dem Zeitmaß zu regen, nicht schrittweis wie zuvor und bedächtig, vielmehr im kunstgerechten Tanz, als hätten sie von klein auf mit dem Seil verkehrt, und schien ihr ganzes Tun nur wie ein liebliches Gewebe, das sie mit der Musik zustand zu bringen hätten. Von nun an waren alle Blicke sorglos und wohlgefällig auf das hübsche Paar gerichtet und gingen immer von einem zum andern. Der Mann auf dem Brunnen hatte längst wieder den Atem gefunden, und das Wasser sprang aus den acht Rohren noch einmal so begierig als sonst. Auf jedem Mädchenantlitz, unten auf dem Platz und oben in den Fenstern, war aber recht der Widerschein der Anmut zu erblicken, die man vor Augen hatte. Kein Kriegsmann war so trutzig, und kein Graubart von der Ratsherrnbank so ernsthaft und gestreng, daß ihm das Herz dabei nicht lachte, und die Handwerksgesellen der Stadt waren stolz, daß einer von den Ihren vor all den fremden Gästen so herrlichen Ruhm davontrage.

Der Seppe sah im Tanz nicht mehr auf seinen schmalen Pfad, noch minder nach den Leuten hin, er schaute allein auf das Mädchen, welches in unverstellter Sittsamkeit nur je und je seine Augen aufhob.

Als beide in der Mitte jetzt zusammenkamen, ergriff er sie bei ihren Händen, sie standen still und blickten sich einander freundlich ins Gesicht; auch sah man ihn ein Wörtlein heimlich mit ihr sprechen. Darnach auf einmal sprang er hinter sie und schritten beide, sich im Tanz den Rücken kehrend, auseinander. Bei der Kreuzstange machte er halt, schwang seine Mütze und rief gar herzhaft: „Es sollen die gnädigsten Herrschaften leben!"
— Da denn der ganze Markt zusammen Vivat rief, dreimal, und einem jeden Teil besonders. In während diesem Schreien und Tumult, unter dem Schall der Zinken, Pauken und Trompeten lief der Seppe zur Vrone hinüber, die bei der andern Gabel stand, umfing sie mit den Armen fest und küßte sie vor aller Welt! Das kam so unverhofft und sah so schön und ehrlich, daß manchem vor Freude die Tränen los wurden, ja die liebliche Gräfin erfaßte in jäher Bewegung den Arm ihres Manns und drückt' ihn an sich. Nun wandte sich die Vrone, und unter dem Jauchzen der Leute, dem Klatschen der Ritter und Da-

men, wie hurtig eilte sie mit glutroten Wangen das Seil hinab!
der Seppe gleich hinter ihr drein, das leinene Säcklein mitneh-
mend.

Kaum daß sie wiederum auf festem Boden waren, kam schon
ein Laufer auf sie zu und lud sie ein, auf die Altane zu kommen; das sie auch ohnedem zu tun vorhatten.

Sämtliche hohe Herrschaften empfingen sie im Angesicht des
Volks mit Glückswünschen und großen Lobsprüchen, dabei sie
sich mit höflicher Bescheidung annoch alles weiteren Fragens
enthielten, indem sie zwar nicht zweifelten, daß es mit dem
Gesehenen seine besondere Bewandtnis haben müsse, doch aber
solchem nachzuforschen nicht dem Ort und der Zeit gemäß
hielten. Der Seppe nahm bald der Gelegenheit wahr, ein wenig
rückwärts der Gesellschaft, den zwilchenen Sack aufzumachen,
nahm die Laiblein heraus und legte sie, höfischer Sitte unkundig, nur frei auf die Brüstung vor die Frau Gräfin Mutter, als
eine kleine Verehrung für sie, vergaß auch nicht dabei zu sagen,
daß man an diesem Brot sein ganzes Leben haben könne. Sie
bedankte sich freundlich der Gabe, obwohl sie, des Gesellen
Wort für einen Scherz hinnehmend, den besten Wert derselben
erst nach der Hand erfuhr. Dann zog er sein Geschenk für den
erlauchten Herrn heraus. Wie sehr erstaunte dieser nicht bei
Eröffnung der Kapsel! und aber wie viel mehr noch als er das
goldene Büchslein aufschraubte! Denn er erriet urplötzlich, was
für ein Zahn das sei, bemeisterte jedoch in Mienen und Gebärden Verwunderung und Freude. Er wollte den Gesellen gleichwohl seines Danks versichern, tat eben den Mund dazu auf,
als an der andern Seite drüben der schönen Irmengard ein Freu-
denruf entfuhr, daß alles auf sie blickte. Die Vrone nämlich
hatte ihr ein kleines Lädlein dargebracht, worin die verlorene
Perlenschnur lag. (Der kluge Leser denkt schon selbst, wer früh
am Morgen heimlich bei der Dirne war.) Nicht aber könnte ich
beschreiben das holde Frohlocken der Dame, mit welchem sie
den Schmuck ihrem Gemahl und den andern der Reihe nach
wies. Er war unverletzt, ohne Makel geblieben und jedermann
beteuerte, so edle große Perlen noch niemals gesehen zu haben.
Nunmehr verlangte man zu wissen, was Graf Eberhard bekam.
„Seht an", sprach er: „ein Reliquienstück, mir werter als manch
köstliche Medey an einer Kleinodschnur: des Königs Salomo
Zahnstocher, so er im täglichen Gebrauch gehabt. Mein guter
Freund, der hochwürdige Abt von Kloster Hirschau sendet ihn

mir zum Geschenk. Er soll, wenn man bisweilen das Zahnfleisch etwas damit ritzet, den Weisheitszahn noch vor dem Schwabenalter treiben. Da wir für unsere Person, so Gott will, solcher Fördernis nicht mehr bedürfen, so denken wir dies edle Werkzeug, auf ausdrückentlich Begehren, hie und da in unserer Freundschaft hinzuleihen, es auch gleich heut, da wir etliche Junker zu Gast haben werden, bei Tafel mit dem Nachtrunk herumgehen zu lassen." — So scherzte der betagte Held, und alles war erfreut ihn so vergnügt zu sehen.

Jetzt wurde den Bürgern das Zeichen zum Essen gegeben. Für jede Gasse, wo gespeist ward, hatte man etliche Männer bestellt, welche dafür besorgt sein mußten, daß die Geladenen in Ordnung ihre Sitze nahmen. So lang bis dies geschehen war, pflogen die Herrn und Damen heiteren Gesprächs mit dem Gesellen und der Vrone. Ein Diener reichte Spanierwein in Stotzengläsern, Hohlippen und Krapfen herum, davon die beiden auch ihr Teil genießen mußten. — „Ihr seid wohl Bräutigam und Braut?" frug die Frau Mutter. — „Ja, Ihro Gnaden", sprach der Seppe: „dafern des Mädchens Mutter nichts dawider hat, sind wir's seit einer halben Stunde." — „Was?" rief der Graf: „Ihr habt euch auf dem Seil versprochen? Nun, bei den Heiligen zusammen, der Streich gefällt mir noch am allerbesten! So etwas mag doch nur im Schwabenland passieren. Glückzu, ihr braven Kinder! Auf einem Becher lieset man den Spruch: ‚Lottospiel und Heiratstag Ohn groß Gefahr nie bleiben mag.‘ Ihr nun, nach solcher Probe, seid quitt mit der Gefahr euer Leben lang." — Dann sprach er zu seinem Gemahl und den andern: „Jetzt laßt uns in die Gassen gehn, unsern wackeren Stuttgarter Bürgern gesegnete Mahlzeit zu wünschen, drauf wollen wir gleichfalls zu Tisch. Das Brautpaar wird dabeisein, hört ihr? Kommt in das Schloß zu uns. Ihr habt Urlaub auf eine Stunde; das mag hinreichen, euch den mütterlichen Segen zu erbitten, wo nicht, so will ich selbst Fürsprecher sein."

Begehrte nun der Leser noch weiteres zu wissen, als da ist: wie sich das Brautpaar heimgefunden; ob sie von Freunden und Neugierigen nicht unterwegs erdrückt, zerrissen und gefressen worden? was Mutter Kiderlen und was die Base sagte? wie es denn bei der gräflichen Tafel herging, auch was nachher der Graf mit dem Seppe besonders verhandelt und so mehr — so würde ich bekennen, daß meine Spule abgelaufen sei, bis auf das wenige, das hier nachfolgt.

Am Markt, gegen dem Adler über, sieht man dermalen noch ein merkwürdiges altes Haus, vornher versehen mit drei Erkern, davon ein paar auf den Ecken gar heiter, wie Türmlein, stehn, mit Knöpfen und Windfahnen; hüben und drüben, unterhalb der Eckvorsprünge, zwei Heiligenbilder aus Stein gehauen, je mit einem kleinen Baldachin von durchbrochener Arbeit gedeckt: Maria mit dem Kind, samt dem jungen Johannes einerseits, und St. Christoph der Riese andererseits, wie er den Knaben Jesus auf seiner Schulter über das Wasser trägt, einen Baumstamm in der Faust zum Stab. Dies Haus — in seinen Grundfesten, samt dem Warengewölb, vermutlich noch dasselbige — gehörte von Voreltern her dem Grafen eigentümlich, und ward von ihm auf jenen Tag unserem Schuster in Erkenntlichkeit für seine kostbare Gabe und zum Beweis besonderer Gnade als freie Schenkung überlassen, nebst einem Teil des inbefindlichen Hausrats, welchem der Graf schalkhaftigerweise noch einen neuen Schleifstein mit Rad beifügte. Die Vrone bekam von den gnädigen Frauen einen künstlich geschnitzten Eichenschrank voll Linnenzeug zu ihrer Aussteuer.

Am Hochzeitstag gaben sich beide das Wort, ihre Glücksschuh zwar zum ewigen Gedächtnis dankbar aufzuheben, doch nie mehr an den Fuß zu bringen, indem sie alles hätten, vornehmlich aneinander selbst, was sie nur wünschen könnten, auch überdies hofften, mit christlichem Fleiß ihr Zeitliches zu mehren.

Der Seppe, jetzt Meister Joseph geheißen, blieb seinem Gewerbe getreu, noch über achtundzwanzig Jahr; dann lebte er als ein wohlhabender Mann und achtbarer Ratsherr, mit Kindern gesegnet, seine Tage in Ruh mit der Vrone.

Unter seinen Hausfreunden war einer, man hieß ihn den Datte, der kam an jedem dritten Samstagabend auf ein Glas Wein und einen guten Käs zu ihm, mit dem Beding, daß niemand sonst dabeisei, als die liebwerte Frau und die Kinder (diese hatte er gern und sie taten und spielten als klein mit ihm, wie wenn er ihresgleichen wäre). Da ward alsdann geschwatzt von Zunftgeschäften und von den alten Zeiten, ingleichem gern von einem und dem andern ein starker Schwank erzählt. Derselbe Hausfreund brachte den werten Eheleuten an ihrem goldenen Jubeltag ein silbernes Handleuchterlein, vergoldet, in Figur eines gebückten Männleins, so einen schweren Stiefel auf dem Haupte trägt und einen Laib unter dem Arm. Rings aber um den Fuß des Leuchters waren eingegraben diese Reime:

> Will jemand sehn mein frazzengsicht
> ich halt ihm selbs darzu das licht.
> mich kränket nur daß noch zur stund
> mich geküßt kein frauenmund.
> die mir allein gefallen hat
> ein cron und schaufalt dieser stadt
> hab ich vor funfzig jaren heunt
> müeßen lassen meinem freund.
> zum datte hant sie mich erkorn
> zu schlichten zwilauf hadder zorn.
> deß gieng ich müeßig all die jar
> mag es auch bleiben immerdar.

Und nun, mein Leser, liebe Leserin, leb wohl! Deucht dir etwa, du habest jetzt genug auf eine Weile an Märchen, wohl, ich verspreche, dergleichen so bald nicht wieder zu Markte zu bringen; gefiel dir aber dieser Scherz, will ich es gleichwohl also halten. Es gelte, wie geschrieben steht zum Schluß des andern Buchs der Makkabäer: allezeit Wein oder Wasser trinken ist nicht lustig; sondern zuweilen Wein, zuweilen Wasser trinken, das ist lustig; also ist es auch lustig, so man mancherlei lieset. Das sei das Ende.

Anhang

Worterklärungen u. a.

477 *Zochen,* Docht.
478 *unbeschrien,* ohne daß dich jemand darüber anredet.
478 *Hutzelbrot, Schnitzbrot,* ein Backwerk, hauptsächlich aus gedörrten Früchten, Birnen (Hutzeln), Feigen, Nußkern usw. bestehend, in Schwaben gewöhnlich zu Weihnachten beschert.
479 *eine Ungüte,* unvergleichlich gut; wie man sagt: eine *Unmenge,* ein *Unlärm* usf.
479 *Hepsisau,* ein Dörfchen unweit Kirchheim unter Teck. *Guckigauch,* Guckuck. Dieser Scherz ist auch in E. Meiers schöner Sammlung von Sagen, Sitten und Gebräuchen aus Schwaben, S. 448, angeführt.
479 *Urdrutz, Urdruß,* Widerwille gegen eine Speise, an welcher man sich übergessen hat.
480 *Letzkopf,* Querkopf. *letz,* verkehrt, schlimm.
481 ᵃ *graußc,* eine große.
481 *Stiefelszorn,* gewaltiger Zorn.
482 *Der Blautopf.* Die dunkle, vollkommen blaue Farbe der Quelle, ihre verborgene Tiefe und die wilde Natur der ganzen Umgebung verleihen ihr ein feierliches, geheimnisvolles Ansehn. Kein Wunder, wenn sie in alten Zeiten als heilig betrachtet wurde und wenn das Volk noch jetzt mit abenteuerlichen Vorstellungen davon sich trägt. — Der Durchmesser des Beckens ist in der einen Richtung von dem Wehr an 125', in der andern 130', der Umfang also 408'. Der Prälat Weißensee nahm im J. 1718 eine Untersuchung vor und fand die Tiefe zu 63½ Fuß; gegen welchen Erfund, besonders von seiten des Volks, das sich die Unergründlichkeit nicht nehmen lassen wollte, mancherlei Einwendungen gemacht wurden. Das Ergebnis einer spätern Untersuchung, im Sommer 1829, war aber auch nur 71' am Punkt der größten Tiefe. Dieselbe befindet sich ziemlich in der Mitte des Topfs; nach den Seiten nimmt sie überall ab, so daß sich daraus wirklich eine trichterförmige Gestalt des Beckens ergibt. Die Untersuchung widerlegte auch die Meinung, daß Bäume und Baumstämme auf dem Grund versenkt liegen, denn das Senkblei fand nirgends den mindesten Widerstand. Mit Verwunderung vernahmen einzelne die Messung und fragten, ob denn das Senkblei unten nicht geschmolzen sei? denn eine alte Sage sprach von glühender Hitze in den untersten Schichten. — Die schöne Bläue des übrigens kristallhellen Wassers verstärkt sich mit zunehmender Tiefe; nur an dem Rande, wo die Vegetation einwirkt, fällt sie ins Grüne.

Bis jetzt ist dieses Blau noch nicht genügend erklärt. Weder in der Umgebung, noch in der Farbe des Grunds kann die Ursache liegen, weil das Wasser sein bläuliches Ansehen bis zum Ausfluß in die Donau behält. Ebensowenig hat eine chemische Untersuchung durch Prof. Schübler einen Gehalt an Metallen oder andern Stoffen, wodurch die Erscheinung veranlaßt sein könnte, gezeigt; das Wasser stellte sich nur reiner als die meisten Trinkwasser dar. — Sein Spiegel ist gewöhnlich ganz ruhig, so daß man kein Hervorquellen bemerkt; dennoch ist der Abfluß so stark, daß er nicht nur mittels des an der Quelle angebrachten Brunnenhauses die ganze Stadt und das Kloster mit Wasser versieht, sondern auch ein ebenfalls daran stehendes Hammerwerk und unmittelbar darauf vier Mühlen treibt. Bei anhaltendem Regen- und Tauwetter trübt sich die Quelle, wird auffallend stärker und so unruhig, daß sie beträchtliche Wellen aufwirft und Überschwemmungen verursacht. Im J. 1641 soll die Gefahr so groß gewesen sein, daß ein Bettag gehalten, eine Prozession zum Blautopf veranstaltet und zu Versöhnung der erzürnten Gottheit (allerdings keiner Nymphe) zwei vergoldete Becher hineingeworfen wurden, worauf das Toben nachgelassen habe. Unstreitig steht der Blautopf durch unterirdische Klüfte in Verbindung mit der Albfläche und insbesondere mit den darauf befindlichen Erdtrichtern. — Einige hundert Schritte von dem Topf ist ein zweiter ähnlicher Quell, der Gieselbach, an welchem einst die alte Niklaus-Kapelle und ein Nonnenkloster stand. Nach Memmingers Beschr. d. Ob.A. Blaub.

483 *Lau,* von *La,* Wasser, welches in *lo, lau, b'lau* überging, daher nach Schmid der Name des Flüßchens Blau (und Blautopf) abzuleiten wäre.

483 *Gumpen* (der), gewöhnlich nur eine vertiefte Stelle auf dem Grunde des Wassers, hier das Ganze einer größern Wassersammlung mit bedeutender kesselartiger Vertiefung. Wer etwa, wie einige ohne Not wollen, das Wort *Topf* im Sinn von *Kreisel* nimmt und es damit erklärt, daß das Wasser, besonders bei starkem Regen- und Tauwetter, wo es sich in der Mitte pyramidalisch erhebt, eine kreisende Bewegung macht, der wird unsern Ausdruck doppelt gerechtfertigt finden, da *gumpen, gampen* entschieden soviel ist als: hüpfen, tanzen, mutwillig hinausschlagen.

483 *kleine Messer.* Es war eine alte Sitte, die noch nicht ganz abgekommen ist, sich zum Zeichen der Freundschaft mit Messern zu beschenken; vorzüglich herrschte sie in den Klöstern. Der Mystiker, Meister Heinrich von Nördlingen, Taulers und Susos Freund, schickte den Klosterfrauen zu Medingen öfters Messer zum Geschenke. Daher vielleicht die Redensart: Messerlein geben, d. h. nachgeben, Abbitte tun.

483 *glusam*, mäßig erwärmt (auch in moralischer Bedeutung: stillen Charakters).
484 *gänge Pfade*, begangene.
484 *Küllhasen*, Kaninchen.
485 *Schachzagel* (das), Schachspiel.
485 *fernd*, vor einem Jahr.
485 *Kappis*, Kohl.
486 *Öhrn*, Hausflur.
487 *Habergeis* — von *heben*, wegen der hüpfenden, hoppelnden Bewegung des Kreisels —; Bauren-Schwaiger, von *geschweigen*, stillen. Die alten Griechen und Römer hatten magische Kreisel, Rollen und Räder, meist aus Erz, deren sich Frauen und Mädchen zum Liebeszauber bedienten, indem sie dieselben unter seltsamen Bannsprüchen herumdrehten. So in der zweiten Idylle des Theokrit. Nach einem Epigramm der griech. Anthologie hatten vornehme Thessalerinnen dergleichen aus Edelstein und Gold, mit Fäden purpurner Wolle umwickelt, welcher besonders eine geheime Kraft inwohnen sollte. Natürlich hat man sich diese Kreisel weit kleiner, überhaupt von andrer Form als den unsern zu denken. In jenem Epigramm wird der Venus ein solches Weihgeschenk gebracht:

Nikos Kreisel, mit dem sie den Mann fern über das Meer zieht,
Oder dem stillen Gemach sittige Mädchen entlockt,
Lieget, ein hell Amethystengerät und mit Golde verzieret,
Kypris, ein lieber Besitz, deinem Altare geweiht,
Mitten von Wolle des purpurnen Lamms umwunden. Larissas
Zauberin bracht ihn dir, Göttin, ein gastlich Geschenk.
s. Jacobs Leben u. Kunst der Alten.

Während der Stoff, woraus das Instrument der Larisserin bestand, zum Zweck selbst nichts beitrug, wird er in unsrem Fall Hauptsache, und die von den Alten dem Amethyst zugeschriebene Wirkung, derentwegen man sonst den Stein in Schmuckform bei sich trug, ist hier an den tönenden Kreisel geknüpft.
487 *das Selige, selig*, berauscht, ist nicht gleichbedeutend mit glückselig, obwohl darauf hinspielend, sondern gleichen Stamms mit *Sal*, Rausch, niedersächs., *soûl*, betrunken, franz. — „als verfälschten die Bürger den Landwein auf eine so unleidentliche Weise, daß mehrere Leute das Selige berührt hätte." Gemeiners Regensb. Chron. zum Jahr 1474.
488 *Söhnerin*, Schwiegertochter.
488 *Susanne Preisnestel*, scherzhafte Bezeichnung aufgeputzter Mädchen. *Preis* heißt der Saum am Hemd; *prisen*, einfassen; mit einer Kette, gewöhnlich von Silber, einschnüren, um den bei der vormaligen oberschwäbischen Frauentracht üblichen Brustvorstecker

zu befestigen; der hiezu gebrauchte seidene oder wollene Bändel hieß Preisnestel.

488 *Aschengruttel* (Aschenbrödel), sonst im Schwäbischen auch Aschengrittel und Äschengrusel genannt.

490 *einen roten Rock.* Ein alter Reim, welchen die Wärterinnen hersagen, wenn sie die Kinder auf den Knieen reiten lassen, enthält schon diese Vorstellung:

> Hott^a, Hott^a, Rößle,
> Z'Stu^agart steht ^a Schlößle,
> Z'Stu^agart steht ^a Gart^ahaus,
> Guck^at drei schöne Jungfr^a raus:
> Die ein spinnt Seide,
> Die ander spinnt Weide,
> Die dritt die spinnt ^an rot^a Rock
> Für unsern li^ab^a Herr^agott.
>
> s. E. Meiers „Kinderreime", S. 5.

490 *baß,* sehr, gut, besser.

490 *unwirs, unwirsch,* ungehalten.

490 *Wetterblicken; der Blick, Durnblick, Wetterblick,* Blitz.

490 *Rusenschloß,* oder Hohen-Gerhausen, vormals eine gewaltige Bergfeste, jetzt äußerst malerische Ruine über dem Dorfe Gerhausen gelegen, in der Nähe vom *Ruck,* einer minder bedeutenden Burg.

490 *Mahd* (das), 1) die zu mähende Wiese, 2) das Gemähte.

491 *Jäst, Jast,* Gärung, aufbrausender Zorn.

491 *Zuberclaus,* ein Mensch, der seltsame Einfälle hat; vielleicht, sagt Schmid, eine scherzhafte Verstümmelung des Wortes *superklug,* zugleich anspielend auf den Claus Narr. Letzterer ist ohne Zweifel in dem Wort enthalten, im übrigen hat diese Erklärung etwas zu Modernes. Ein humoristischer Etymolog nimmt die erste Worthälfte bar, und will, ich weiß nicht wo, gefunden haben, daß sich Claus Narr eines solchen Geräts bei einem Ulmer Schifferstechen als Fahrzeugs, in Ermangelung eines ordentlichen Nachens, bedient habe.

491 *Lichtkarz, Karz;* entweder von *garten,* müßig sein, umherschwärmen, *z'Garten gehen,* Besuch machen, oder wahrscheinlicher von *Kerze:* Versammlung von Spinnerinnen, auch *Vorsitz* genannt.

492 *spitzweise,* spitzfindig, „mit spitzwysen Worten". Ulmer Urk.

493 *ein steinernes Haus.* Es ist das der Stiftskirche westlich gegenüberstehende, jetzt Architekt Mäntlersche Haus gemeint, das gegenwärtig noch „*zum Schlößlein*" heißt. Es soll den Herrn von Kaltenthal gehört haben; Memminger, in seiner Beschr. der Stadt, macht es aber sehr wahrscheinlich, daß das Gebäude von Anfang

DAS STUTTGARTER HUTZELMÄNNLEIN   559

Gräflich Wirtembergisches Besitztum und zwar einer der Sitze oder eine der Burgen gewesen sei, die nächst dem Stutengarten die Entstehung von Stuttgart veranlaßt haben mögen.

493 *in natürlicher Kunst. natürlich,* naturkundig. „von den sachen des siechtumbs nach gemainen löffen der natur schreiben die natürlichen maister." Steinhöwel (Ulmer Arzt). Natürliche Meister sind aber nicht bloß Ärzte, sondern auch Philosophen. In dem „Buch der sterbenden Menschheit" heißt es: „ein mächtiger wolgelerter man in philosophia das ist in natürlicher kunst."

494 *Imperial,* war ehmals eine Goldmünze; der Name ist nur noch in Rußland üblich.

495 *Spiriguckes,* ein *wunderwitziger,* neugieriger, auf Kuriositäten erpichter Mensch von sonderbarem Wesen.

496 *mir nex — — usganga,* sagt man am Schlusse der Erzählung einer Sache, die auf nichts hinausläuft.

496 *bodalaus,* bodenlos.

496 *zuteuerst,* sogar.

497 *irrsch,* nicht recht bei sich.

497 *'s leit a Klötzle,* es liegt etc. Diese Zeilen finden sich ebenso in E. Meiers Kinderreimen.

497 *Leirenbendel,* langweiliges Einerlei; zunächst der schwäb. Volksname für einen Vogel, Wendehals.

498 *Gesetzlein,* Sprüchlein, Strophe eines Lieds.

498 *buntübereckés,* verkehrt, durcheinander.

499 *sottige, söttige, sotte,* solche.

500 *Witzung,* Witzigung, Warnung.

501 *Holdschaft,* Liebschaft, zärtliche Freundschaft.

502 *buksieren,* necken, plagen.

502 *knappen,* hinken.

503 *Ehni, Ähne,* Großvater.

504 *Heiratstag,* Verlobungstag.

504 *helle Wiese,* Hölle, Fegfeuer. „der ward entzuckt vnd gefürt jn die helle wise." Legende.

505 *morgen nach dem Bad,* Sprichwort: du kommst zu spät.

507 *der wirtenbergisch Niemez, (Niemer,* Niemand), einer der so viel als nichts ist, kein Gewerbe versteht oder treibt.

508 *bocken,* mit den Köpfen aneinanderstoßen, klopfen. *durnieren,* lärmen, lautähnlich mit *durnen,* donnern.

508 *Grättlein,* kleiner Korb.

509 *Wiegentag,* Geburtstag; Marchthalers von Eßlingen Hauschronik.

509 *Irmengard,* eine der vier Töchter Eberhards, von seiner zweiten Gemahlin, Irmengard von Baden, „die prächtigste der Rosen", wie ihre Grabschrift sie nennt; starb 1329.

509 *Nuster,* Halsschnur, von Pater noster; daher auch *Patter.*

510 *Alfanz,* Gewinn, Vorteil.

510 *Rauner* (raunen), leise reden, murmeln), Beschwörer. „dye nit will hören die stymen der rauner." Alte Übers. d. Psalm 58.
511 *einen ansehnlichen Weiher.* In Wirklichkeit wurde dieser sogenannte mittlere See beim alten Sebastians-, nachmaligen Büchsentor, der seit 1700 ausgetrocknet ist, so wie die ganze obere Vorstadt, mit Ausnahme vielleicht von einzelnen Häusern, erst durch Graf Ulrich den Vielgeliebten angelegt.
512 *hatte einen Bösen getan,* war unmäßig.
512 *grutzelt voll,* sehr voll.
513 *Traubenschuß,* ein Schuß mit vielen Schroten aus kleinem Gewehr, hier angewendet auf grobes Geschütz, dergleichen die *Quartanschlange* war, welche zehnpfündige Kugeln schoß, und der *Tarras,* der übrigens auch als Büchse genannt wird.
513 *Die Sach steht auf Saufedern,* ist mißlich.
513 *Scharsach,* Schermesser. „als ain geschliffen Scharsach." Psalm 52.
514 *Fazvögel,* von *fazen,* spotten. Ital. *fazio,* Possenreißer; lat. *facetiae,* witzige Scherze.
514 *der Holzschlegel — auf der Bühne,* (auf dem obern Boden unter dem Dach), ohne Aufwand und Mühe gelinge ihnen alles.
515 *selletwegen,* jenes wegen.
515 *beschreien, berufen* (abergläubische Warnung vor allzu großer Sicherheit).
515 *Stuß,* Stoß, Verdruß.
516 *beim Beilichen,* ungefähr; die *Beiliche,* die Nähe.
516 *stigelfizisch,* naseweis.
516 *Grind,* pöbelhaft für Kopf.
516 *wampel, wimbel,* übel, magenschwach; ähnlich *to wamble* im Engl.
516 *Triet* (die), ein Magenpulver. Frnz. *trisenet.*
516 *Allermanns-Harnisch,* runde Siegwurz (Gladiolus communis), ehmals in medizinischem Gebrauch; wurde als Amulett gegen Verwundungen und verschiedene Krankheiten, sowie zu andern abergläubischen Zwecken getragen und wird zuweilen noch vom Volke gebraucht.
516 *Dierletey,* nicht näher bekanntes Ingrediens einer Salbe; in der Mörin des Herm. v. Sachsenheim erwähnt.
516 *Mamortica* (Mamordica balsamina), der echte Balsamapfel, wundheilendes Mittel.
516 *Wurzler,* Apotheker.
516 *G'schwey,* Schwägerin.
517 *Ledder* statt *Leder* sprechen alle gereisten Schuster in Schwaben.
517 *Mille, Mil,* Milch; ulmisch.
517 *Lichtbraten, Lichtgans,* ein Braten, welchen Handwerker, die im Winter auch des Nachts arbeiten, Schuster, Schneider, Weber u. dgl., ihren Gesellen beim Anfang des Winters zum besten geben

Bis zu Ende des 18. Jahrh. bestand in Ulm dieser Gebrauch in einem mit Musik, Trommeln und Pfeifen, und bisweilen mit öffentlichen Aufzügen verbundenen Schmause.

518 *fürsche,* vor sich, vorwärts.

519 *Döte,* männlicher —, *Dot, Dote,* weiblicher Taufpate.

519 *Wunderlecker,* ein Wundersüchtiger (ohne Vorgang).

519 *einzecht,* einzeln.

520 *Wadelbir,* eine Birnenart. „mit manchen bieren". Hugo v. Trimberg.

520 *Drudenfuß,* von *Drude, Trut,* Unholdin; eine magische Figur, aus zwei zu einem Fünfeck verbundenen Triangeln bestehend.

520 *Kandel,* Rinne, Abzugskanal.

520 *Nachtschach,* Räuber, Dieb; von *Schach,* Raub.

520 *Aberschanz,* das Hintere.

521 *Weinschröter,* Weingärtner.

522 *eine Stuterei.* Gabelkhover, in seiner handschriftlichen Chronik vom J. 1621, will den Platz noch wissen, wo das alte Stutenhaus gestanden. „Zwanzig Schritt ohngefehrlich", sagt er, „von der jetzigen Stiftskirche gegen Mitternacht, da Paulus Sautter, Provisor sitzt." Dieser Sautter saß aber, einer Hausurkunde zufolge, in dem jetzigen Weinschenk Thumschen Haus, und nach einer bekannten Überlieferung wäre dies Haus das älteste der Stadt.

522 *Zinselwerk,* Gaukelwerk. „Celestinus hat den introitum mit anderm zinselwerk hin dar gesetzt." Spreter, Bericht von der alt. christl. Meß. — „on vnser verdienst, vergebenlich, nit durch ablas oder eygen zinßelwerk." Spret., Christl. Instruction.

522 *Dockenkasten,* Puppentheater.

522 *Kräben,* Tragkorb.

523 *Schauenlichkeit,* Kontemplation, beschauliches Leben. „nit minder vorhalt mich vor disen gesellen, die allein der Schawenlicheit gleben (geleben) wend." Spreter, Christl. Instr.

523 *drönsgen,* Intensivform von *trehnsen,* langsam etwas verrichten; entspricht dem franz. *trainer,* ziehen, dem engl. *to train, to drone,* und *to drowse,* schlummern, schläfrig sein.

523 *Heiltum,* Reliquie. Der Pfarrer zu Leipheim, im J. 1500, bestrich die Leute für ein Opfer mit dem Heiltum St. Veits.

524 *Marschloß, Maderschl., Malschl.* (Schweizerisch: *Malle,* Tasche; franz. *malle),* Vorlegschloß.

525 *die Eigel,* der Blutigel; in den ältern Ausgaben der Lutherischen Bibel, Sprüche Sal. 30, 15.

525 *'ringer,* mit geringer Mühe.

526 *schier,* bald.

526 *Werr,* Erdkrebs, ein den Fruchtfeldern schädliches großes Insekt.

526 *hartselig,* hartnäckig. „durch wunderzeichen wil Gott das hartsälig volck ziehen vnd berüffen." Spreter, Instr.

526 *Torangel*, Schimpfname für grobe Bauern.

526 *Sittich, Sitter*, psittacus, Papagei.

527 *wind und weh*, sehr übel, sowohl im körperlichen als geistigen Sinne gebraucht; *wind*, wahrscheinlich von *schwinden*, woher auch *Schwindel* stammt, also *schwindlig*. „ir wart so swinde und we dar nach." Koloczaer Codex altdeutscher Ged., herausg. von Mailáth usw. S. 232.

527 *schnorzig*, verdrießlicher Laune, worin man jemand anschnurrt.

528 *Meineider*, Meineidiger. Marchth. Chron.

529 *Brogel-Wenz; sich broglen*, prahlen; alt *brogen*, sich regen, in die Höhe richten, ungestüm sein. Engl. *to brag*, ital. *brogliare*. Die Zusammensetzung mit einem Namen, als sprichwörtliche Anspielung, ist willkürlich.

529 *Elend*, ein Garten in Ulm hinter dem Hospital an der Donau, auf dessen Stelle ehemals vermutlich ein Pfleghaus für arme Pilger und Fremdlinge war. Dergleichen Anstalten hießen auch anderwärts *Elendhäuser, elende Herbergen*. — *Elend, ellend*, aus *el*, fremd, und *lend*, bedeutet überhaupt die Irre, Fremde.

529 *Pflug*, Name eines Gasthofs in Ulm.

529 *Uf*ᵃᵐ, auf dem.

529 *Blo-Holder-Strauß*, Busch von blauem Holunder, Syringe.

530 *vor's*, bevor es.

530 *Nachthüehle*, Nachthuhn, Käuzlein.

531 *di*ᵃ *Gugelfu*ᵃ*hr gang wieder* ᵤⁿ (gehe wieder an). Die Gugelnarren, d. h. die Narren mit den spitzigen Hanswursthüten, ließen sich zur Fastnachtszeit auf Karren herumführen und trieben Unfug; daher Gugelfuhr für große Lustbarkeit und jeden lustig lärmenden Unfug.

532 *Herzensbrast*, Beklemmung, Herzeleid; von Bresten, Gebrechen.

532 *Scheurenburzler*, Landstreicher, Zigeuner, der in Scheunen auf dem Lande das Nachtlager zu nehmen pflegt.

532 *äll Hundsod*ᵃᵐ, alle Augenblicke.

532 *gen die Sperlachen* (plur.), gegen das Himmelszelt; von *sperren* und *Laken* oder *Lachen*, Tuch, das über einen Wagen zur Bedeckung gespannt ist. „wann got jnn den sperlachen wonet vnd sy mit seinen gnaden erleuchtet." Buch der sterb. Menschh.

533 *Hofraite* (die), der ganze zu einem Haus gehörige Umfang von Hof, Bäulichkeiten usw.

534 *Gähnaffen* (Maulaffen) *feilhaben*, müßig dastehen.

534 *den Plirum geigen*, abprügeln.

534 *Wasen*, Rasen, Anger.

535 *trait mer*, trägt man.

535 *Dattern*, dottern, zittern. Engl. *to totter*.

535 *Jetzt ist lang Tag*, Sprichw. es hat keine Not mehr.

DAS STUTTGARTER HUTZELMÄNNLEIN 563

536 *Wuhr* (das), Wehr. „ich hab gebawen die wasser wure." Buch der sterb. Menschh.

536 *gottig, gotzig, gotteseinzig,* einzig.

536 *Trischacken,* eine Art Kartenspiel; ital. *i tre sciacchi.*

537 *Schiedfell,* Zwerchfell, weil es Herz und Lunge von den andern Eingeweiden scheidet; diaphragma.

537 *Faxen,* auffallende, lächerliche Gesten.

537 *seellos,* ruchlos. „die Trewloßen, Ehrloßen und Seelloßen bauren." Brief an Schwäb. Hall im J. 1525.

538 *Ich habe Kreuz — ab.* Diese Zeilen fand der Verf. selbst an einem ähnlichen Ort auf freiem Felde von einer ungeübten Hand mit Kreide angeschrieben.

540 *verbutzen,* vermummen. „am Fastnacht soll sich Niemand verbutzen, verkleiden, verwelchen" (von *Wale, Walch, Welscher,* Fremder). Ulm. Verordn. v. J. 1612. Die *Butz* heißt Scherz, Betrug, Lüge; *der Butz,* Narr, Possenreißer, Larve.

541 *verhansleardlen,* auf eine einfältige Weise verlieren, versäumen. *Hans Leand, Hans Leard,* Johann Leonhard, wird zur Bezeichnung eines einfältigen Menschen gebraucht.

542 *Morgenatz,* Frühstück. Marchth. Chr.

543 *Bartzefant* (der), Diener; franz. *poursuivant.*

544 *Korabelle,* Buhldirne, wahrscheinlich aus *mia cara bella* entstanden und auf *Barbara,* in der Volkssprache *Belle,* anspielend; kommt noch in Weitzmanns Gedichten vor.

544 *Knegler,* einer, der stark durch die Nase redet.

544 *Sotterer,* ein siecher Mensch; von *sottern,* kränkeln, mit Sucht verwandt.

544 *ungeschaffen,* ungestaltet. „da (in Cannstatt) ist alle Jar ain tag haißt der ungeschaffene tag, vonn mannen Jungen gesellen weiber vnd Jungfraw vnnd welcher der vngestaltest ist der gewindt ain Rockh vnnd ander ding darzu vnnd welche die vngeschafnest ist die gewindt ain Gurttl pewtel (Beutel) Handschuh vnnd ander Ding." Ladisl. Sunthaim, Historiograph des K. Maximil. I. S. Memmingers Cannstatt.

545 *Grüß dich Gott, herzlieber* usw. ein altes Volkslied, aus des Knaben Wunderhorn (II, 300) mit einiger Veränderung entlehnt.

546 *Wurstelmaukeler; maucheln, maukeln, mau^nklen, mockeln, vermockeln,* verstecken, heimlich zu Werke gehen, betrügen *(bemogeln);* daher *Butzenmaukeler,* die verkleidete Person, welche ehmals an Fastnachten, an Nikolai, oder zu Weihnachten, die Kinder zu erschrecken, aufgestellt wurde. Die Verbindung mit *Wurst* in unserem Text ist willkürlich, und diese Gestalt dem Pfingstlimmel nachgebildet. Es war dies ein Knabe, welcher zur Pfingstzeit, vom Scheitel bis auf die Füße ganz mit frischem Grün und Feld-

blumen umflochten, entweder zu Fuß oder auf einem Pferde sitzend und von zwei andern Burschen geführt, in der Stadt oder im Dorf herumzog. Den Kopf bedeckte eine ellenlange, spitze Kappe von Laubwerk und das Gesicht war zuweilen mit Baumrinde verlarvt. Der Verf. fand diese Sitte noch auf der Alb, in Ochsenwang. Zu Augsburg, wo man Schilf zu der Verkleidung nahm, hieß ein solcher Knabe der *Wasservogel*.

546 *Blunz* (der), dicke Blutwurst.

546 *Stampanei* (die), Ersonnenes, Erdichtetes, Märchen; von *Stampf*, weil Bilder mit dem Stampf abgedruckt wurden. Josua Mahler (im J. 1551) sagt, nachdem er die in der Hauptkirche zu Aachen vorgezeigten Reliquien aufgezählt hat: „es ist dieß Münster ein rechter Kramladen zu derley Stampaneyen."

547 *der Siedig*, der Angstschweiß.

547 *Läuresblosel, Leiresbläslein*, soviel als: ein dummes Ding; mag von *Leier* und *blasen* herkommen, zunächst also: ein schlechtes Geleier.

549 *bärig*, kaum.

551 *Zwilch* (der), grobe Leinwand.

551 *Medey*, ein Kleinod, vielleicht eine *Medaille*, zum Hutschmuck gehörig. „Ob dem stulp (des spanischen Huts) gieng ein Schnur vmbher Nicht anderst alß wenns ein Kron wer; Gar köstlich von schönen Medeyen, Orndlich gesetzet nach der Reyen, Treflich vil schöne Edel Stein Theurer art dran gestanden sein." Aus: Fürstl. Würt. Pomp und Solennität, durch M. Jo. Ottingerum beschrieben, Stuttg. 1607. „Medeyen oder Rosen an der Cleinodschnur". Ebendas.

552 *Stotzenglas*, kurzes Kelchglas mit einem Fuße.

552 *Hohlippen*, hohle Hippen, gerolltes Oblatengebackenes.

552 *Krapf*, mit Obst, Weinbeeren, Rosinen und dergl. gefülltes Backwerk. Im Altdeutschen bedeutet das Wort einen gekrümmten Haken.

554 *Schaufalt* (der *Falt* schwäb.), die Falte an Tüchern, die nach außen hin, um besonders gesehen zu werden, gelegt wird; daher das Vorzüglichste seiner Art, womit man prangt, z. B. eine Person in einer Familie. Ähnlich ist *Ausbund*: was im Zusammenbinden auswärts gerichtet wird, und ebenso das vormals gebräuchliche *Überbund*.

554 *Datte*, Vater (Kindersprache). In einigen Orten Wirtembergs war ehemals die Gewohnheit, daß Ehezwistigkeiten, ehe sie zu sehr überhandgenommen, durch einen stattlichen, untadelhaften Mann im Dorfe, den man den Datte nannte, der aber unbekannt blieb, gerügt und bestraft wurden. Er klopfte nämlich, von zwei selbstgewählten Gehülfen begleitet, an dem Hause uneiniger Eheleute an, antwortete auf die Frage, wer da? bloß: *der Datte*

kommt, und ging ohne weiteres wieder weg. Hörte der Zwist nicht auf, so erschien er zum zweiten Male und beobachtete dasselbe. Blieb auch dies ohne Erfolg, so kam er zum dritten Male vermummt, drang in das Haus und prügelte den schuldigen Teil tüchtig ab. Der Mißbrauch hob diesen vielleicht altgermanischen Gebrauch auf.

554 *Zwilauf,* Zwist. „Peter Vngelter vf der Stette haissen gen Straßburg verritten von Irer zwilöff wegen dorvnter zu reden." Aus e. Städterechnung.

MOZART AUF DER
REISE NACH PRAG

Novelle

Im Herbst des Jahres 1787 unternahm Mozart in Begleitung seiner Frau eine Reise nach Prag, um „Don Juan" daselbst zur Aufführung zu bringen.

Am dritten Reisetag, den vierzehnten September, gegen elf Uhr morgens, fuhr das wohlgelaunte Ehepaar noch nicht viel über dreißig Stunden Wegs von Wien entfernt, in nordwestlicher Richtung, jenseits vom Mannhardsberg und der deutschen Thaya, bei Schrems, wo man das schöne Mährische Gebirg bald vollends überstiegen hat.

„Das mit drei Postpferden bespannte Fuhrwerk", schreibt die Baronesse von T. an ihre Freundin, „eine stattliche, gelbrote Kutsche, war Eigentum einer gewissen alten Frau Generalin Volkstett, die sich auf ihren Umgang mit dem Mozartischen Hause und ihre ihm erwiesenen Gefälligkeiten von jeher scheint etwas zugut getan zu haben." — Die ungenaue Beschreibung des fraglichen Gefährts wird sich ein Kenner des Geschmacks der achtziger Jahre noch etwa durch einige Züge ergänzen. Der gelbrote Wagen ist hüben und drüben am Schlage mit Blumenbuketts, in ihren natürlichen Farben gemalt, die Ränder mit schmalen Goldleisten verziert, der Anstrich aber noch keineswegs von jenem spiegelglatten Lack der heutigen Wiener Werkstätten glänzend, der Kasten auch nicht völlig ausgebaucht, obwohl nach unten zu kokett mit einer kühnen Schweifung eingezogen; dazu kommt ein hohes Gedeck mit starrenden Ledervorhängen, die gegenwärtig zurückgestreift sind.

Von dem Kostüm der beiden Passagiere sei überdies so viel bemerkt. Mit Schonung für die neuen, im Koffer eingepackten Staatsgewänder war der Anzug des Gemahls bescheidentlich von Frau Constanzen ausgewählt; zu der gestickten Weste von etwas verschossenem Blau sein gewohnter brauner Überrock mit einer Reihe großer und dergestalt fassonierter Knöpfe, daß eine Lage rötliches Rauschgold durch ihr sternartiges Gewebe schimmerte, schwarzseidene Beinkleider, Strümpfe, und auf den Schuhen vergoldete Schnallen. Seit einer halben Stunde hat er wegen der für diesen Monat außerordentlichen Hitze sich des Rocks entledigt und sitzt vergnüglich plaudernd, barhaupt, in Hemdärmeln da. Madame Mozart trägt ein bequemes Reisehabit, hellgrün und weiß gestreift; halb aufgebunden fällt der Überfluß ihrer schönen, lichtbraunen Locken auf Schulter und Nacken herunter; sie waren zeit ihres Lebens noch niemals von Puder entstellt, während der starke, in einen Zopf gefaßte Haarwuchs ihres Gemahls für heute nur nachlässiger als gewöhnlich damit versehen ist.

Man war eine sanft ansteigende Höhe zwischen fruchtbaren Feldern, welche hie und da die ausgedehnte Waldung unterbrachen, gemachsam hinauf und jetzt am Waldsaum angekommen.

„Durch wieviel Wälder", sagte Mozart, „sind wir nicht heute, gestern und ehegestern schon passiert! — Ich dachte nichts dabei, geschweige daß mir eingefallen wäre, den Fuß hineinzusetzen. Wir steigen einmal aus da, Herzenskind, und holen von den blauen Glocken, die dort so hübsch im Schatten stehn. Deine Tiere, Schwager, mögen ein bißchen verschnaufen."

Indem sie sich beide erhoben, kam ein kleines Unheil an den Tag, welches dem Meister einen Zank zuzog. Durch seine Achtlosigkeit war ein Flakon mit kostbarem Riechwasser aufgegangen und hatte seinen Inhalt unvermerkt in die Kleider und Polster ergossen. „Ich hätt es denken können", klagte sie, „es duftete schon lang so stark! O weh, ein volles Fläschchen echte Rosée d'Aurore rein ausgeleert! Ich sparte sie wie Gold." — „Ei, Närrchen", gab er ihr zum Trost zurück, „begreife doch, auf solche Weise ganz allein war uns dein Götter-Riechschnaps etwas nütze. Erst saß man in einem Backofen und all dein Gefächel half nichts, bald aber schien der ganze Wagen gleichsam ausgekühlt; du schriebst es den paar Tropfen zu, die ich mir auf den Jabot goß; wir waren neu belebt und das Gespräch floß munter fort, statt daß wir sonst die Köpfe hätten hängen lassen wie die Hämmel auf des Fleischers Karren; und diese Wohltat wird uns auf dem ganzen Weg begleiten. Jetzt aber laß uns doch einmal zwei Wienerische Nos'n recht expreß in die grüne Wildnis stecken!"

Sie stiegen Arm in Arm über den Graben an der Straße und sofort tiefer in die Tannendunkelheit hinein, die, sehr bald bis zur Finsternis verdichtet, nur hin und wieder von einem Streifen Sonne auf sammetnem Moosboden grell durchbrochen ward. Die erquickliche Frische, im plötzlichen Wechsel gegen die außerhalb herrschende Glut, hätte dem sorglosen Mann ohne die Vorsicht der Begleiterin gefährlich werden können. Mit Mühe drang sie ihm das in Bereitschaft gehaltene Kleidungsstück auf.
— „Gott, welche Herrlichkeit!" rief er, an den hohen Stämmen hinaufblickend, aus: „man ist als wie in einer Kirche! Mir deucht, ich war niemals in einem Wald, und besinne mich jetzt erst, was es doch heißt, ein ganzes Volk von Bäumen beieinander! Keine Menschenhand hat sie gepflanzt, sind alle selbst gekommen, und stehen so, nur eben weil es lustig ist beisammen wohnen und wirtschaften. Siehst du, mit jungen Jahren fuhr ich doch in halb Europa hin und her, habe die Alpen gesehn und das Meer, das Größeste und Schönste, was erschaffen ist: jetzt steht von ungefähr der Gimpel in einem ordinären Tannenwald an der böhmischen Grenze, verwundert und verzückt, daß solches Wesen irgend existiert, nicht etwa nur so una finzione di poeti ist, wie ihre Nymphen, Faune und dergleichen mehr, auch kein Komödienwald, nein aus dem Erdboden herausgewachsen, von Feuchtigkeit und Wärmelicht der Sonne großgezogen! Hier ist zu Haus der Hirsch, mit seinem wundersamen zackigen Gestäude auf der Stirn, das possierliche Eichhorn, der Auerhahn, der Häher." Er bückte sich, brach einen Pilz, und pries die prächtige hochrote Farbe des Schirms, die zarten weißlichen Lamellen an dessen unterer Seite, auch steckte er verschiedene Tannenzapfen ein.

„Man könnte denken", sagte die Frau, „du habest noch nicht zwanzig Schritte hinein in den Prater gesehen, der solche Raritäten doch auch wohl aufzuweisen hat."

„Was Prater! Sapperlott, wie du nur das Wort hier nennen magst! Vor lauter Karossen, Staatsdegen, Roben und Fächern, Musik und allem Spektakel der Welt, wer sieht denn da noch sonst etwas? Und selbst die Bäume dort, so breit sie sich auch machen, ich weiß nicht — Bucheckern und Eicheln, am Boden verstreut, sehn halter aus als wie Geschwisterkind mit der Unzahl verbrauchter Korkstöpsel darunter. Zwei Stunden weit riecht das Gehölz nach Kellnern und nach Soßen."

„O unerhört!" rief sie, „so redet nun der Mann, dem gar

nichts über das Vergnügen geht, Backhähnl im Prater zu speisen!"

Als beide wieder in dem Wagen saßen, und sich die Straße jetzt nach einer kurzen Strecke ebenen Wegs allmählich abwärts senkte, wo eine lachende Gegend sich bis an die entfernteren Berge verlor, fing unser Meister, nachdem er eine Zeitlang still gewesen, wieder an: „Die Erde ist wahrhaftig schön, und keinem zu verdenken, wenn er so lang wie möglich darauf bleiben will. Gott sei's gedankt, ich fühle mich so frisch und wohl wie je, und wäre bald zu tausend Dingen aufgelegt, die denn auch alle nacheinander an die Reihe kommen sollen, wie nur mein neues Werk vollendet und aufgeführt sein wird. Wieviel ist draußen in der Welt, und wieviel daheim, Merkwürdiges und Schönes, das ich noch gar nicht kenne, an Wunderwerken der Natur, an Wissenschaften, Künsten und nützlichen Gewerben! Der schwarze Köhlerbube dort bei seinem Meiler weiß dir von manchen Sachen auf ein Haar soviel Bescheid wie ich, da doch ein Sinn und ein Verlangen in mir wäre, auch einen Blick in dies und jens zu tun, das eben nicht zu meinem nächsten Kram gehört."

„Mir kam", versetzte sie, „in diesen Tagen dein alter Sackkalender in die Hände von Anno fünfundachtzig; da hast du hinten angemerkt drei bis vier Notabene. Zum ersten steht: ‚Mitte Oktober gießet man die großen Löwen in kaiserlicher Erzgießerei'; fürs zweite, doppelt angestrichen: ‚Professor Gattner zu besuchen.' Wer ist der?"

„O recht, ich weiß — auf dem Observatorio der gute alte Herr, der mich von Zeit zu Zeit dahin einlädt. Ich wollte längst einmal den Mond und 's Mandl drin mit dir betrachten. Sie haben jetzt ein mächtig großes Fernrohr oben; da soll man auf der ungeheuern Scheibe, hell und deutlich bis zum Greifen, Gebirge, Täler, Klüfte sehen, und von der Seite, wo die Sonne nicht hinfällt, den Schatten, den die Berge werfen. Schon seit zwei Jahren schlag ich's an, den Gang zu tun, und komme nicht dazu, elender- und schändlicherweise!"

„Nun", sagte sie, „der Mond entläuft uns nicht. Wir holen manches nach."

Nach einer Pause fuhr er fort: „Und geht es nicht mit allem so? O pfui, ich darf nicht daran denken, was man verpaßt, verschiebt und hängenläßt! — von Pflichten gegen Gott und Menschen nicht zu reden — ich sage von purem Genuß, von den kleinen unschuldigen Freuden, die einem jeden täglich vor den Füßen liegen."

Madame Mozart konnte oder wollte von der Richtung, die sein leicht bewegliches Gefühl hier mehr und mehr nahm, auf keine Weise ablenken, und leider konnte sie ihm nur von ganzem Herzen recht geben, indem er mit steigendem Eifer fortfuhr: „Ward ich denn je nur meiner Kinder ein volles Stündchen froh? Wie halb ist das bei mir, und immer en passant! Die Buben einmal rittlings auf das Knie gesetzt, mich zwei Minuten mit ihnen durchs Zimmer gejagt, und damit basta, wieder abgeschüttelt! Es denkt mir nicht, daß wir uns auf dem Lande zusammen einen schönen Tag gemacht hätten, an Ostern oder Pfingsten, in einem Garten oder Wäldel, auf der Wiese, wir unter uns allein, bei Kinderscherz und Blumenspiel, um selber einmal wieder Kind zu werden. Allmittelst geht und rennt und saust das Leben hin — Herr Gott! bedenkt man's recht, es möcht einem der Angstschweiß ausbrechen!"

Mit der soeben ausgesprochenen Selbstanklage war unerwartet ein sehr ernsthaftes Gespräch in aller Traulichkeit und Güte zwischen beiden eröffnet. Wir teilen dasselbe nicht ausführlich mit, und werfen lieber einen allgemeinen Blick auf die Verhältnisse, die teils ausdrücklich und unmittelbar den Stoff, teils auch nur den bewußten Hintergrund der Unterredung ausmachten.

Hier drängt sich uns voraus die schmerzliche Betrachtung auf, daß dieser feurige, für jeden Reiz der Welt und für das Höchste, was dem ahnenden Gemüt erreichbar ist, unglaublich empfängliche Mensch, soviel er auch in seiner kurzen Spanne Zeit erlebt, genossen und aus sich hervorgebracht, ein stetiges und rein befriedigtes Gefühl seiner selbst doch lebenslang entbehrte.

Wer die Ursachen dieser Erscheinung nicht etwa tiefer suchen will, als sie vermutlich liegen, wird sie zunächst einfach in jenen, wie es scheint, unüberwindlich eingewohnten Schwächen finden, die wir so gern, und nicht ganz ohne Grund, mit alledem, was an Mozart der Gegenstand unsrer Bewunderung ist, in eine Art notwendiger Verbindung bringen.

Des Mannes Bedürfnisse waren sehr vielfach, seine Neigung zumal für gesellige Freuden außerordentlich groß. Von den vornehmsten Häusern der Stadt als unvergleichliches Talent gewürdigt und gesucht, verschmähte er Einladungen zu Festen,

Zirkeln und Partien selten oder nie. Dabei tat er der eigenen
Gastfreundschaft innerhalb seiner näheren Kreise gleichfalls
genug. Einen längst hergebrachten musikalischen Abend am
Sonntag bei ihm, ein ungezwungenes Mittagsmahl an seinem
wohlbestellten Tisch mit ein paar Freunden und Bekannten,
zwei-, dreimal in der Woche, das wollte er nicht missen. Bisweilen brachte er die Gäste, zum Schrecken der Frau, unan-
gekündigt von der Straße weg ins Haus, Leute von sehr un-
gleichem Wert, Liebhaber, Kunstgenossen, Sänger und Poeten.
Der müßige Schmarotzer, dessen ganzes Verdienst in einer immer aufgeweckten Laune, in Witz und Spaß, und zwar vom
gröbern Korn bestand, kam so gut wie der geistvolle Kenner
und der treffliche Spieler erwünscht. Den größten Teil seiner
Erholung indes pflegte Mozart außer dem eigenen Hause zu
suchen. Man konnte ihn nach Tisch einen Tag wie den andern
am Billard im Kaffeehaus, und so auch manchen Abend im
Gasthof finden. Er fuhr und ritt sehr gerne in Gesellschaft über
Land, besuchte als ein ausgemachter Tänzer Bälle und Redouten
und machte sich des Jahrs einige Male einen Hauptspaß an
Volksfesten, vor allen am Brigitten-Kirchtag im Freien, wo er
als Pierrot maskiert erschien.

Diese Vergnügungen, bald bunt und ausgelassen, bald einer
ruhigern Stimmung zusagend, waren bestimmt, dem lang gespannten Geist nach ungeheurem Kraftaufwand die nötige Rast
zu gewähren; auch verfehlten sie nicht, demselben nebenher auf
den geheimnisvollen Wegen, auf welchen das Genie sein Spiel
bewußtlos treibt, die feinen flüchtigen Eindrücke mitzuteilen,
wodurch es sich gelegentlich befruchtet. Doch leider kam in solchen Stunden, weil es dann immer galt, den glücklichen Moment bis auf die Neige auszuschöpfen, eine andere Rücksicht,
es sei nun der Klugheit oder der Pflicht, der Selbsterhaltung wie
der Häuslichkeit, nicht in Betracht. Genießend oder schaffend
kannte Mozart gleich wenig Maß und Ziel. Ein Teil der Nacht
war stets der Komposition gewidmet. Morgens früh, oft lange
noch im Bett, ward ausgearbeitet. Dann machte er, von zehn
Uhr an, zu Fuß oder im Wagen abgeholt, die Runde seiner
Lektionen, die in der Regel noch einige Nachmittagsstunden
wegnahmen. „Wir plagen uns wohl auch rechtschaffen", so
schreibt er selber einmal einem Gönner, „und es hält öfter
schwer, nicht die Geduld zu verlieren. Da halst man sich als
wohl akkreditierter Cembalist und Musiklehrmeister ein Dut-

zend Schüler auf, und immer wieder einen neuen, unangesehn was weiter an ihm ist, wenn er nur seinen Taler per marca bezahlt. Ein jeder ungrischer Schnurrbart vom Geniekorps ist willkommen, den der Satan plagt, für nichts und wieder nichts Generalbaß und Kontrapunkt zu studieren; das übermütigste Komteßchen, das mich wie Meister Coquerel, den Haarkräusler, mit einem roten Kopf empfängt, wenn ich einmal nicht auf den Glockenschlag bei ihr anklopfe usw." Und wenn er nun durch diese und andere Berufsarbeiten, Akademien, Proben und dergleichen abgemüdet, nach frischem Atem schmachtete, war den erschlafften Nerven häufig nur in neuer Aufregung eine scheinbare Stärkung vergönnt. Seine Gesundheit wurde heimlich angegriffen, ein je und je wiederkehrender Zustand von Schwermut wurde, wo nicht erzeugt, doch sicherlich genährt an eben diesem Punkt, und so die Ahnung eines frühzeitigen Todes, die ihn zuletzt auf Schritt und Tritt begleitete, unvermeidlich erfüllt. Gram aller Art und Farbe, das Gefühl der Reue nicht ausgenommen, war er als eine herbe Würze jeder Lust auf seinen Teil gewöhnt. Doch wissen wir, auch diese Schmerzen rannen abgeklärt und rein in jenem tiefen Quell zusammen, der aus hundert goldenen Röhren springend, im Wechsel seiner Melodien unerschöpflich, alle Qual und alle Seligkeit der Menschenbrust ausströmte.

Am offenbarsten zeigten sich die bösen Wirkungen der Lebensweise Mozarts in seiner häuslichen Verfassung. Der Vorwurf törichter, leichtsinniger Verschwendung lag sehr nahe; er mußte sich sogar an einen seiner schönsten Herzenszüge hängen. Kam einer, in dringender Not ihm eine Summe abzuborgen, sich seine Bürgschaft zu erbitten, so war meist schon darauf gerechnet, daß er sich nicht erst lang nach Pfand und Sicherheit erkundigte; dergleichen hätte ihm auch in der Tat so wenig als einem Kinde angestanden. Am liebsten schenkte er gleich hin, und immer mit lachender Großmut, besonders wenn er meinte gerade Überfluß zu haben.

Die Mittel, die ein solcher Aufwand neben dem ordentlichen Hausbedarf erheischte, standen allerdings in keinem Verhältnis mit den Einkünften. Was von Theatern und Konzerten, von Verlegern und Schülern einging, zusamt der kaiserlichen Pension, genügte um so weniger, da der Geschmack des Publikums noch weit davon entfernt war, sich entschieden für Mozarts Musik zu erklären. Diese lauterste Schönheit, Fülle und Tiefe befremdete gemeinhin gegenüber der bisher beliebten, leicht faßlichen Kost. Zwar hatten sich die Wiener an „Belmonte und Constanze" — dank den populären Elementen dieses Stücks — seinerzeit kaum ersättigen können, hingegen tat, einige Jahre später, „Figaro", und sicher nicht allein durch die Intrigen des Direktors, im Wettstreit mit der lieblichen, doch weit geringeren „Cosa rara", einen unerwarteten, kläglichen Fall; derselbe „Figaro", den gleich darauf die gebildetern oder unbefangenern Prager mit solchem Enthusiasmus aufnahmen, daß der Meister, in dankbarer Rührung darüber, seine nächste große Oper eigens für sie zu schreiben beschloß. — Trotz der Ungunst der Zeit und dem Einfluß der Feinde hätte Mozart mit etwas mehr Umsicht und Klugheit noch immer einen sehr ansehnlichen Gewinn von seiner Kunst gezogen: so aber kam er selbst bei jenen Unternehmungen zu kurz, wo auch der große Haufen ihm Beifall zujauchzen mußte. Genug, es wirkte eben alles, Schicksal und Naturell und eigene Schuld zusammen, den einzigen Mann nicht gedeihen zu lassen.

Welch einen schlimmen Stand nun aber eine Hausfrau, sofern sie ihre Aufgabe kannte, unter solchen Umständen gehabt haben müsse, begreifen wir leicht. Obgleich selbst jung und lebensfroh, als Tochter eines Musikers ein ganzes Künstlerblut, von Hause aus übrigens schon an Entbehrung gewöhnt, bewies Constanze allen guten Willen, dem Unheil an der Quelle zu steuern, manches Verkehrte abzuschneiden und den Verlust im Großen durch Sparsamkeit im Kleinen zu ersetzen. Nur eben in letzterer Hinsicht vielleicht ermangelte sie des rechten Geschicks und der frühern Erfahrung. Sie hatte die Kasse und führte das Hausbuch; jede Forderung, jede Schuldmahnung, und was es Verdrießliches gab, ging ausschließlich an sie. Da stieg ihr wohl mitunter das Wasser an die Kehle, zumal wenn oft zu dieser Bedrängnis, zu Mangel, peinlicher Verlegenheit und Furcht vor offenbarer Unehre, noch gar der Trübsinn ihres Mannes kam, worin er tagelang verharrte, untätig, keinem Trost zugänglich, indem er mit Seufzen und Klagen neben der Frau, oder stumm in einem Winkel vor sich hin, den *einen* traurigen Gedanken, zu sterben, wie eine endlose Schraube verfolgte. Ihr guter Mut verließ sie dennoch selten, ihr heller Blick fand meist, wenn auch nur auf einige Zeit, Rat und Hülfe. Im wesentlichen wurde wenig oder nichts gebessert. Gewann sie ihm mit Ernst und Scherz, mit Bitten und Schmeicheln für

heute so viel ab, daß er den Tee an ihrer Seite trank, sich seinen
Abendbraten daheim bei der Familie schmecken ließ, um nachher nicht mehr auszugehen, was war damit erreicht? Er konnte
wohl einmal, durch ein verweintes Auge seiner Frau plötzlich
betroffen und bewegt, eine schlimme Gewohnheit aufrichtig
verwünschen, das Beste versprechen, mehr als sie verlangte —
umsonst, er fand sich unversehens im alten Fahrgeleise wieder.
Man war versucht zu glauben, es habe anders nicht in seiner
Macht gestanden und eine völlig veränderte Ordnung nach
unsern Begriffen von dem, was allen Menschen ziemt und
frommt, *ihm* irgendwie gewaltsam aufgedrungen, müßte das
wunderbare Wesen geradezu selbst aufgehoben haben.

Einen günstigen Umschwung der Dinge hoffte Constanze
doch stets insoweit, als derselbe von außen her möglich war:
durch eine gründliche Verbesserung ihrer ökonomischen Lage,
wie solche bei dem wachsenden Ruf ihres Mannes nicht ausbleiben könne. Wenn erst, so meinte sie, der stete Druck weg-
fiel, der sich auch ihm, bald näher, bald entfernter, von dieser
Seite fühlbar machte, wenn er, anstatt die Hälfte seiner Kraft
und Zeit dem bloßen Gelderwerb zu opfern, ungeteilt seiner
wahren Bestimmung nachleben dürfe, wenn endlich der Genuß,
nach dem er nicht mehr jagen, den er mit ungleich besserem
Gewissen haben würde, ihm noch einmal sowohl an Leib und
Seele gedeihe, dann sollte bald sein ganzer Zustand leichter,
natürlicher, ruhiger werden. Sie dachte gar an einen gelegentlichen Wechsel ihres Wohnorts, da seine unbedingte Vorliebe
für Wien, wo nun einmal nach ihrer Überzeugung kein rechter
Segen für ihn sei, am Ende doch zu überwinden wäre.

Den nächsten entscheidenden Vorschub aber zu Verwirk-
lichung ihrer Gedanken und Wünsche versprach sich Madame
Mozart vom Erfolg der neuen Oper, um die es sich bei dieser
Reise handelte.

Die Komposition war weit über die Hälfte vorgeschritten.
Vertraute, urteilsfähige Freunde, die, als Zeugen der Entstehung des außerordentlichen Werks, einen hinreichenden Begriff
von seiner Art und Wirkungsweise haben mußten, sprachen
überall davon in einem Tone, daß viele selber von den Gegnern
darauf gefaßt sein konnten, es werde dieser „Don Juan, bevor
ein halbes Jahr verginge, die gesamte musikalische Welt, von
einem Ende Deutschlands bis zum andern, erschüttert, auf den
Kopf gestellt, im Sturm erobert haben. Vorsichtiger und be-

dingter waren die wohlwollenden Stimmen anderer, die von dem heutigen Standpunkt der Musik ausgehend einen allgemeinen und raschen Sukzeß kaum hofften. Der Meister selber teilte im stillen ihre nur zu wohlbegründeten Zweifel.

Constanze ihrerseits, wie die Frauen immer, wo ihr Gefühl einmal lebhaft bestimmt und noch dazu vom Eifer eines höchst gerechten Wunsches eingenommen ist, durch spätere Bedenklichkeiten von da- und dorther sich viel seltener als die Männer irremachen lassen, hielt fest an ihrem guten Glauben, und hatte eben jetzt im Wagen wiederum Veranlassung, denselben zu verfechten. Sie tat's, in ihrer fröhlichen und blühenden Manier, mit doppelter Geflissenheit, da Mozarts Stimmung im Verlauf des vorigen Gesprächs, das weiter zu nichts führen konnte und deshalb äußerst unbefriedigend abbrach, bereits merklich gesunken war. Sie setzte ihrem Gatten sofort mit gleicher Heiterkeit umständlich auseinander, wie sie nach ihrer Heimkehr die mit dem Prager Unternehmer als Kaufpreis für die Partitur akkordierten hundert Dukaten zu Deckung der dringendsten Posten und sonst zu verwenden gedenke, auch wie sie zufolge ihres Etats den kommenden Winter hindurch bis zum Frühjahr gut auszureichen hoffe.

„Dein Herr Bondini wird sein Schäfchen an der Oper scheren, glaub es nur; und ist er halb der Ehrenmann, den du ihn immer rühmst, so läßt er dir nachträglich noch ein artiges Prozentchen von den Summen ab, die ihm die Bühnen nacheinander für die Abschrift zahlen; wo nicht, nun ja, gottlob, so stehen uns noch andere Chancen in Aussicht, und zwar noch tausendmal solidere. Mir ahnet allerlei."

„Heraus damit!"

„Ich hörte unlängst ein Vögelchen pfeifen, der König von Preußen hab einen Kapellmeister nötig."

„Oho!"

„Generalmusikdirektor wollt ich sagen. Laß mich ein wenig phantasieren! Die Schwachheit habe ich von meiner Mutter."

„Nur zu! je toller je besser."

„Nein, alles ganz natürlich. — Vornweg also nimm an: übers Jahr um diese Zeit —"

„Wenn der Papst die Grete freit —"

„Still doch, Hanswurst! Ich sage, aufs Jahr um Sankt Ägidi muß schon längst kein kaiserlicher Kammerkomponist mit Namen Wolf Mozart in Wien mehr weit und breit zu finden sein."

„Beiß dich der Fuchs dafür!"

„Ich höre schon im Geist, wie unsere alten Freunde von uns plaudern, was sie sich alles zu erzählen wissen."

„Zum Exempel?"

„Da kommt z. B. eines Morgens früh nach neune schon unsere alte Schwärmerin, die Volkstett, in ihrem feurigsten Besuchssturmschritt quer übern Kohlmarkt hergesegelt. Sie war drei Monate fort, die große Reise zum Schwager in Sachsen, ihr tägliches Gespräch, solang wir sie kennen, kam endlich zustand; seit gestern nacht ist sie zurück, und jetzt, mit ihrem übervollen Herzen — es schwattelt ganz von Reiseglück und Freundschaftsungeduld und allerliebsten Neuigkeiten — stracks hin zur Oberstin damit! die Trepp hinauf und angeklopft und das Herein nicht abgewartet: stell dir den Jubel selber vor und das Embrassement beiderseits! — ‚Nun, liebste, beste Oberstin', hebt sie nach einigem Vorgängigen mit frischem Odem an: ‚ich bringe Ihnen ein Schock Grüße mit, ob Sie erraten von wem? Ich komme nicht so gradenwegs von Stendal her, es wurde ein kleiner Abstecher gemacht, linkshin, nach Brandenburg zu.' — ‚Wie? wär es möglich ... Sie kamen nach Berlin? sind bei Mozarts gewesen?' — ‚Zehn himmlische Tage!' — ‚O liebe, süße, einzige Generalin, erzählen Sie, beschreiben Sie! Wie geht es unsern guten Leutchen? Gefallen sie sich immer noch so gut wie anfangs dort? Es ist mir fabelhaft, undenkbar, heute noch, und jetzt nur desto mehr, da Sie von ihm herkommen — Mozart als Berliner! Wie benimmt er sich doch? wie sieht er denn aus?' — ‚O der! Sie sollten ihn nur sehen. Diesen Sommer hat ihn der König ins Karlsbad geschickt. Wann wäre seinem herzgeliebten Kaiser Joseph so etwas eingefallen, he? Sie waren beide kaum erst wieder da, als ich ankam. Er glänzt von Gesundheit und Leben, ist rund und beleibt und vif wie Quecksilber; das Glück sieht ihm und die Behaglichkeit recht aus den Augen.'"

Und nun begann die Sprecherin in ihrer angenommenen Rolle die neue Lage mit den hellsten Farben auszumalen. Von seiner Wohnung Unter den Linden, von seinem Garten und Landhaus an, bis zu den glänzenden Schauplätzen seiner öffentlichen Wirksamkeit und den engeren Zirkeln des Hofs, wo er die Königin auf dem Piano zu begleiten hatte, wurde alles durch ihre Schilderung gleichsam zur Wirklichkeit und Gegenwart. Ganze Gespräche, die schönsten Anekdoten schüttelte sie aus dem Ärmel. Sie schien fürwahr mit jener Residenz, mit Potsdam und mit Sanssouci bekannter als im Schlosse zu Schönbrunn und auf der kaiserlichen Burg. Nebenbei war sie schalkhaft genug, die Person unsres Helden mit einer Anzahl völlig neuer hausväterlicher Eigenschaften auszustatten, die sich auf dem soliden Boden der preußischen Existenz entwickelt hatten, und unter welchen die besagte Volkstett, als höchstes Phänomen und zum Beweis wie die Extreme sich manchmal berühren, den Ansatz eines ordentlichen Geizchens wahrgenommen hatte, das ihn unendlich liebenswürdig kleide. „,Ja, nehmen's nur, er hat seine dreitausend Taler fix, und das wofür? Daß er die Woche einmal ein Kammerkonzert, zweimal die große Oper dirigiert — Ach, Oberstin, ich habe ihn gesehen, unsern lieben, kleinen goldenen Mann, inmitten seiner trefflichen Kapelle, die er sich zugeschult, die ihn anbetet! saß mit der Mozartin in ihrer Loge, schräg gegen den höchsten Herrschaften über! Und was stand auf dem Zettel, bitte Sie — ich nahm ihn mit für Sie — ein kleines Reis'präsent von mir und Mozarts dreingewickelt — hier schauen Sie, hier lesen Sie, da steht's mit ellenlangen Buchstaben gedruckt!' — ,Hilf Himmel! was? ›Tarar‹!' — ,Ja, gelten's, Freundin, was man erleben kann! Vor zwei Jahren, wie Mozart den ›Don Juan‹ schrieb und der verwünschte giftige, schwarzgelbe Salieri auch schon im stillen Anstalt machte, den Triumph, den er mit seinem Stück davontrug in Paris, demnächst auf seinem eigenen Territorio zu begehen, und unserem guten, Schnepfen liebenden, allzeit in ›Cosa rara‹ vergnügten Publikum nun doch auch mal so eine Gattung Falken sehn zu lassen, und er und seine Helfershelfer bereits zusammen munkelten und raffinierten, daß sie den ›Don Juan‹ so schön gerupft wie jenesmal den ›Figaro‹, nicht tot und nicht lebendig, auf das Theater stellen wollten — wissen's, da tat ich ein Gelübd, wenn das infame Stück gegeben wird, ich geh nicht hin, um keine Welt! Und hielt auch Wort. Als alles lief und rannte — und, Oberstin, Sie mit — blieb ich an meinem Ofen sitzen, nahm meine Katze auf den Schoß und aß meine Kaldausche; und so die folgenden paar Male auch. Jetzt aber, stellen Sie sich vor, ›Tarar‹ auf der Berliner Opernbühne, das Werk seines Todfeinds, von Mozart dirigiert!' — ,Da müssen Sie schon drein!' rief er gleich in der ersten Viertelstunde, ,und wär's auch nur, daß Sie den Wienern sagen können, ob ich dem Knaben Absalon ein Härchen krümmen ließ. Ich wünschte, er wär selbst dabei, der Erzneidhammel sollte sehen, daß ich nicht nötig hab, einem andern sein Zeug zu verhunzen, damit ich immerfort der bleiben möge, der ich bin!"

„Brava! bravissima!" rief Mozart überlaut und nahm sein Weibchen bei den Ohren, verküßte, herzte, kitzelte sie, so daß sich dieses Spiel mit bunten Seifenblasen einer erträumten Zukunft, die leider niemals, auch nicht im bescheidensten Maße, erfüllt werden sollte, zuletzt in hellen Mutwillen, Lärm und Gelächter auflöste.

Sie waren unterdessen längst ins Tal herabgekommen und näherten sich einem Dorf, das ihnen bereits auf der Höhe bemerklich gewesen und hinter welchem sich unmittelbar ein kleines Schloß von modernem Ansehen, der Wohnsitz eines Grafen von Schinzberg, in der freundlichen Ebene zeigte. Es sollte in dem Ort gefüttert, gerastet und Mittag gehalten werden. Der Gasthof, wo sie hielten, lag vereinzelt am Ende des Dorfs bei der Straße, von welcher seitwärts eine Pappelallee von nicht sechshundert Schritten zum herrschaftlichen Garten führte.

Mozart, nachdem man ausgestiegen, überließ wie gewöhnlich der Frau die Bestellung des Essens. Inzwischen befahl er für sich ein Glas Wein in die untere Stube, während sie, nächst einem Trunke frischen Wassers, nur irgendeinen stillen Winkel, um ein Stündchen zu schlafen, verlangte. Man führte sie eine Treppe hinauf, der Gatte folgte, ganz munter vor sich hin singend und pfeifend. In einem rein geweißten und schnell gelüfteten Zimmer befand sich unter andern veralteten Möbeln von edlerer Herkunft — sie waren ohne Zweifel aus den gräflichen Gemächern seinerzeit hierhergewandert — ein sauberes, leichtes Bett mit gemaltem Himmel auf dünnen, grünlackierten Säulen, dessen seidene Vorhänge längst durch einen gewöhnlichern Stoff ersetzt waren. Constanze machte sich's bequem, er versprach sie rechtzeitig zu wecken, sie riegelte die Türe hinter ihm zu und er suchte nunmehr Unterhaltung für sich in der allgemeinen Schenkstube. Hier war jedoch außer dem Wirt keine Seele, und weil dessen Gespräch dem Gast sowenig wie sein Wein behagte, so bezeugte er Lust, bis der Tisch bereit wäre, noch einen Spaziergang nach dem Schloßgarten zu machen. Der Zutritt, hörte er, sei anständigen Fremden wohl gestattet und die Familie überdies heut ausgefahren.

Er ging, und hatte bald den kurzen Weg bis zu dem offenen Gattertor zurückgelegt, dann langsam einen hohen alten Lindengang durchmessen, an dessen Ende linker Hand er in geringer Entfernung das Schloß von seiner Fronte auf einmal vor sich hatte. Es war von italienischer Bauart, hell getüncht, mit weit vorliegender Doppeltreppe; das Schieferdach verzierten einige Statuen in üblicher Manier, Götter und Göttinnen, samt einer Balustrade.

Von der Mitte zweier großen, noch reichlich blühenden Blumenparterre ging unser Meister nach den buschigen Teilen der Anlagen zu, berührte ein paar schöne dunkle Piniengruppen, und lenkte seine Schritte auf vielfach gewundenen Pfaden, indem er sich allmählich den lichteren Partien wieder näherte, dem lebhaften Rauschen eines Springbrunnens nach, den er sofort erreichte.

Das ansehnlich weite, ovale Bassin war rings von einer sorgfältig gehaltenen Orangerie in Kübeln, abwechselnd mit Lorbeeren und Oleandern umstellt; ein weicher Sandweg, gegen den sich eine schmale Gitterlaube öffnete, lief rundumher. Die Laube bot das angenehmste Ruheplätzchen dar; ein kleiner Tisch stand vor der Bank und Mozart ließ sich vorn am Eingang nieder.

Das Ohr behaglich dem Geplätscher des Wassers hingegeben, das Aug auf einen Pomeranzenbaum von mittlerer Größe geheftet, der außerhalb der Reihe, einzeln, ganz dicht an seiner Seite auf dem Boden stand und voll der schönsten Früchte hing, ward unser Freund durch diese Anschauung des Südens alsbald auf eine liebliche Erinnerung aus seiner Knabenzeit geführt. Nachdenklich lächelnd reicht er hinüber nach der nächsten Frucht, als wie um ihre herrliche Ründe, ihre saftige Kühle in hohler Hand zu fühlen. Ganz im Zusammenhang mit jener Jugendszene aber, die wieder vor ihm aufgetaucht, stand eine längst verwischte musikalische Reminiszenz, auf deren unbestimmter Spur er sich ein Weilchen träumerisch erging. Jetzt glänzen seine Blicke, sie irren da und dort umher, er ist von einem Gedanken ergriffen, den er sogleich eifrig verfolgt. Zerstreut hat er zum zweitenmal die Pomeranze angefaßt, sie geht vom Zweige los und bleibt ihm in der Hand. Er sieht und sieht es nicht; ja so weit geht die künstlerische Geistabwesenheit, daß er, die duftige Frucht beständig unter der Nase hin und her wirbelnd und bald den Anfang, bald die Mitte einer Weise unhörbar zwischen den Lippen bewegend, zuletzt instinktmäßig ein emailliertes Etui aus der Seitentasche des Rocks hervorbringt, ein kleines Messer mit silbernem Heft daraus nimmt und die gelbe kugelige Masse von oben nach unten langsam durchschneidet. Es mochte ihn dabei entfernt ein dunkles Durstgefühl geleitet haben, jedoch begnügten sich die angeregten Sinne mit Einatmung des köstlichen Geruchs. Er starrt minutenlang die beiden innern Flächen an, fügt sie sachte wieder zusammen, ganz sachte, trennt und vereinigt sie wieder.

Da hört er Tritte in der Nähe, er erschrickt, und das Bewußtsein, wo er ist, was er getan, stellt sich urplötzlich bei ihm ein. Schon im Begriff, die Pomeranze zu verbergen, hält er doch gleich damit inne, sei es aus Stolz, sei's weil es zu spät dazu war. Ein großer breitschulteriger Mann in Livree, der Gärtner des Hauses, stand vor ihm. Derselbe hatte wohl die letzte verdächtige Bewegung noch gesehen und schwieg betroffen einige Sekunden. Mozart, gleichfalls sprachlos, auf seinem Sitz wie angenagelt, schaute ihm halb lachend, unter sichtbarem Erröten, doch gewissermaßen keck und groß mit seinen blauen Augen ins Gesicht; dann setzte er — für einen Dritten wäre es höchst komisch anzusehn gewesen — die scheinbar unverletzte Pomeranze mit einer Art von trotzig couragiertem Nachdruck in die Mitte des Tisches.

„Um Vergebung", fing jetzt der Gärtner, nachdem er den wenig versprechenden Anzug des Fremden gemustert, mit unterdrücktem Unwillen an: „ich weiß nicht, wen ich hier —"

„Kapellmeister Mozart aus Wien."

„Sind ohne Zweifel bekannt im Schloß?"

„Ich bin hier fremd und auf der Durchreise. Ist der Herr Graf anwesend?"

„Nein."

„Seine Gemahlin?"

„Sind beschäftigt und schwerlich zu sprechen."

Mozart stand auf und machte Miene zu gehen.

„Mit Erlaubnis, mein Herr, — wie kommen Sie dazu, an diesem Ort auf solche Weise zuzugreifen?"

„Was?" rief Mozart, „zugreifen? Zum Teufel, glaubt Er denn, ich wollte stehlen und das Ding da fressen?"

„Mein Herr, ich glaube was ich sehe. Diese Früchte sind gezählt, ich bin dafür verantwortlich. Der Baum ist vom Herrn Grafen zu einem Fest bestimmt, soeben soll er weggebracht werden. Ich lasse Sie nicht fort, ehbevor ich die Sache gemeldet und Sie mir selbst bezeugten, wie das da zugegangen ist."

„Sei's drum. Ich werde hier so lange warten. Verlaß Er sich darauf."

Der Gärtner sah sich zögernd um, und Mozart, in der Meinung, es sei vielleicht nur auf ein Trinkgeld abgesehn, griff in die Tasche, allein er hatte das geringste nicht bei sich.

Zwei Gartenknechte kamen nun wirklich herbei, luden den Baum auf eine Bahre und trugen ihn hinweg. Inzwischen hatte unser Meister seine Brieftasche gezogen, ein weißes Blatt herausgenommen, und während daß der Gärtner nicht von der Stelle wich, mit Bleistift angefangen zu schreiben:

„Gnädigste Frau! Hier sitze ich Unseliger in Ihrem Paradiese, wie weiland Adam, nachdem er den Apfel gekostet. Das Unglück ist geschehen, und ich kann nicht einmal die Schuld auf eine gute Eva schieben, die eben jetzt von Grazien und Amoretten eines Himmelbetts umgaukelt, im Gasthof sich des unschuldigsten Schlafes erfreut. Befehlen Sie und ich stehe persönlich Ihro Gnaden Rede über meinen mir selbst unfaßlichen Frevel. Mit aufrichtiger Beschämung

Hochdero
untertänigster Diener
W. A. Mozart,
auf dem Wege nach Prag."

Er übergab das Billett, ziemlich ungeschickt zusammengefaltet, dem peinlich wartenden Diener mit der nötigen Weisung.

Der Unhold hatte sich nicht so bald entfernt, als man an der hinteren Seite des Schlosses ein Gefährt in den Hof rollen hörte. Es war der Graf, der eine Nichte und ihren Bräutigam, einen jungen reichen Baron, vom benachbarten Gut herüberbrachte. Da die Mutter des letztern seit Jahren das Haus nicht mehr verließ, war die Verlobung heute bei ihr gehalten worden; nun sollte dieses Fest in einer fröhlichen Nachfeier mit einigen Verwandten auch hier begangen werden, wo Eugenie gleich einer eigenen Tochter seit ihrer Kindheit eine zweite Heimat fand. Die Gräfin war mit ihrem Sohne Max, dem Lieutenant, etwas früher nach Hause gefahren, um noch verschiedene Anordnungen zu treffen. Nun sah man in dem Schlosse alles, auf Gängen und Treppen, in voller Bewegung, und nur mit Mühe gelang es dem Gärtner, im Vorzimmer endlich den Zettel der

Frau Gräfin einzuhändigen, die ihn jedoch nicht auf der Stelle öffnete, sondern ohne genau auf die Worte des Überbringers zu achten, geschäftig weitereilte. Er wartete und wartete, sie kam nicht wieder. Eins um das andere von der Dienerschaft, Aufwärter, Zofe, Kammerdiener, rannte an ihm vorbei; er fragte nach dem Herrn — der kleidete sich um; er suchte nun und fand den Grafen Max auf seinem Zimmer, der aber unterhielt sich angelegentlich mit dem Baron und schnitt ihm, wie in Sorge, er wolle etwas melden oder fragen, wovon noch nichts verlauten sollte, das Wort vom Munde ab: „Ich komme schon — geht nur!" Es stand noch eine gute Weile an, bis endlich Vater und Sohn zugleich herauskamen und die fatale Nachricht empfingen.

„Das wär ja höllenmäßig!" rief der dicke, gutmütige, doch etwas jähe Mann; „das geht ja über alle Begriffe! Ein Wiener Musikus, sagt Ihr? Vermutlich irgend solch ein Lump, der um ein Viatikum läuft und mitnimmt was er findet?"

„Verzeihen Ew. Gnaden, darnach sieht er gerad nicht aus. Er deucht mir nicht richtig im Kopf; auch ist er sehr hochmütig. Moser nennt er sich. Er wartet unten auf Bescheid; ich hieß den Franz um den Weg bleiben und ein Aug auf ihn haben."

„Was hilft es hintendrein, zum Henker? Wenn ich den Narren auch einstecken lasse, der Schaden ist nicht mehr zu reparieren! Ich sagt Euch tausendmal, das vordere Tor soll allezeit geschlossen bleiben. Der Streich wär aber jedenfalls verhütet worden, hättet Ihr zur rechten Zeit Eure Zurüstungen gemacht."

Hier trat die Gräfin hastig und mit freudiger Aufregung, das offene Billett in der Hand, aus dem anstoßenden Kabinett. „Wißt ihr", rief sie, „wer unten ist? Um Gottes willen, lest den Brief — Mozart aus Wien, der Komponist! Man muß gleich gehen, ihn heraufzubitten — ich fürchte nur, er ist schon fort! was wird er von mir denken! Ihr, Velten, seid ihm doch höflich begegnet? Was ist denn eigentlich geschehen?"

„Geschehn?" versetzte der Gemahl, dem die Aussicht auf den Besuch eines berühmten Mannes unmöglich allen Ärger auf der Stelle niederschlagen konnte: „Der tolle Mensch hat von dem Baum, den ich Eugenien bestimmte, eine der neun Orangen abgerissen, hm! das Ungeheuer! Somit ist unserem Spaß geradezu die Spitze abgebrochen und Max mag sein Gedicht nur gleich kassieren."

„O nicht doch!" sagte die dringende Dame; „die Lücke läßt sich leicht ausfüllen, überlaßt es nur mir. Geht beide jetzt, erlöst, empfangt den guten Mann, so freundlich und so schmeichelhaft ihr immer könnt. Er soll, wenn wir ihn irgend halten können, heut nicht weiter. Trefft ihr ihn nicht im Garten mehr, sucht ihn im Wirtshaus auf, und bringet ihn mit seiner Frau. Ein größeres Geschenk, eine schönere Überraschung für Eugenien hätte der Zufall uns an diesem Tag nicht machen können."

„Gewiß!" erwiderte Max, „dies war auch mein erster Gedanke. Geschwinde, kommen Sie, Papa! Und" — sagte er, indem sie eilends nach der Treppe liefen — „der Verse wegen seien Sie ganz ruhig. Die neunte Muse soll nicht zu kurz kommen; im Gegenteil, ich werde aus dem Unglück noch besondern Vorteil ziehen." — „Das ist unmöglich!" — „Ganz gewiß." — „Nun, wenn das ist — allein ich nehme dich beim Wort — so wollen wir dem Querkopf alle erdenkliche Ehre erzeigen."

Solange dies im Schloß vorging, hatte sich unser Quasi-Gefangener, ziemlich unbesorgt über den Ausgang der Sache, geraume Zeit schreibend beschäftigt. Weil sich jedoch gar niemand sehen ließ, fing er an unruhig hin und her zu gehen; darüber kam dringliche Botschaft vom Wirtshaus, der Tisch sei schon lange bereit, er möchte ja gleich kommen, der Postillion pressiere. So suchte er denn seine Sachen zusammen und wollte ohne weiteres aufbrechen, als beide Herrn vor der Laube erschienen.

Der Graf begrüßte ihn, beinah wie einen früheren Bekannten, lebhaft mit seinem kräftig schallenden Organ, ließ ihn zu gar keiner Entschuldigung kommen, sondern erklärte sogleich seinen Wunsch, das Ehepaar zum wenigsten für diesen Mittag und Abend im Kreis seiner Familie zu haben. „Sie sind uns, mein liebster Maestro, so wenig fremd, daß ich wohl sagen kann, der Name Mozart wird schwerlich anderswo mit mehr Begeisterung und häufiger genannt als hier. Meine Nichte singt und spielt, sie bringt fast ihren ganzen Tag am Flügel zu, kennt Ihre Werke auswendig und hat das größte Verlangen, Sie einmal in mehrerer Nähe zu sehen, als es vorigen Winter in einem Ihrer Konzerte anging. Da wir nun demnächst auf einige Wochen nach Wien gehen werden, so war ihr eine Einladung beim Fürsten Gallizin, wo man Sie öfter findet, von den Verwandten versprochen. Jetzt aber reisen Sie nach Prag, wer-

den so bald nicht wiederkehren, und Gott weiß, ob Sie der
Rückweg zu uns führt. Machen Sie heute und morgen Rasttag!
Das Fuhrwerk schicken wir sogleich nach Hause und mir erlauben Sie die Sorge für Ihr Weiterkommen."

Der Komponist, welcher in solchen Fällen der Freundschaft
oder dem Vergnügen leicht zehnmal mehr, als hier gefordert
war, zum Opfer brachte, besann sich nicht lange; er sagte diesen
einen halben Tag mit Freuden zu, dagegen sollte morgen mit
dem frühesten die Reise fortgesetzt werden. Graf Max erbat
sich das Vergnügen, Madame Mozart abzuholen und alles Nötige im Wirtshaus abzumachen. Er ging, ein Wagen sollte ihm
gleich auf dem Fuß nachfolgen.

Von diesem jungen Mann bemerken wir beiläufig, daß er
mit einem, von Vater und Mutter angeerbten, heitern Sinn
Talent und Liebe für schöne Wissenschaften verband, und ohne
wahre Neigung zum Soldatenstand sich doch als Offizier durch
Kenntnisse und gute Sitten hervortat. Er kannte die französische Literatur, und erwarb sich, zu einer Zeit, wo deutsche
Verse in der höheren Gesellschaft wenig galten, Lob und Gunst
durch eine nicht gemeine Leichtigkeit der poetischen Form in der
Muttersprache nach guten Mustern, wie er sie in Hagedorn, in
Götz und andern fand. Für heute war ihm nun, wie wir bereits vernahmen, ein besonders erfreulicher Anlaß geworden,
seine Gabe zu nutzen.

Er traf Madame Mozart, mit der Wirtshaustochter plaudernd,
vor dem gedeckten Tisch, wo sie sich einen Teller Suppe vorausgenommen hatte. Sie war an außerordentliche Zwischenfälle, an
kecke Stegreifsprünge ihres Mannes zu sehr gewöhnt, als daß
sie über die Erscheinung und den Auftrag des jungen Offiziers
mehr als billig hätte betreten sein können. Mit unverstellter
Heiterkeit, besonnen und gewandt, besprach und ordnete sie
ungesäumt alles Erforderliche selbst. Es wurde umgepackt, bezahlt, der Postillion entlassen, sie machte sich, ohne zu große
Ängstlichkeit in Herstellung ihrer Toilette, fertig, und fuhr
mit dem Begleiter wohlgemut dem Schlosse zu, nicht ahnend,
auf welche sonderbare Weise ihr Gemahl sich dort eingeführt
hatte.

Der befand sich inzwischen bereits sehr behaglich daselbst und
auf das beste unterhalten. Nach kurzer Zeit sah er Eugenien mit
ihrem Verlobten; ein blühendes, höchst anmutiges, inniges Wesen. Sie war blond, ihre schlanke Gestalt in carmoisinrote, leuch-

tende Seide mit kostbaren Spitzen festlich gekleidet, um ihre Stirn ein weißes Band mit edlen Perlen. Der Baron, nur wenig älter als sie, von sanftem, offenem Charakter, schien ihrer wert in jeder Rücksicht.

Den ersten Aufwand des Gesprächs bestritt, fast nur zu freigebig, der gute launige Hausherr, vermöge seiner etwas lauten, mit Späßen und Histörchen sattsam gespickten Unterhaltungsweise. Es wurden Erfrischungen gereicht, die unser Reisender im mindesten nicht schonte.

Eines hatte den Flügel geöffnet, „Figaros Hochzeit" lag aufgeschlagen, und das Fräulein schickte sich an, von dem Baron akkompagniert, die Arie Susannas in jener Gartenszene zu singen, wo wir den Geist der süßen Leidenschaft stromweise, wie die gewürzte sommerliche Abendluft, einatmen. Die feine Röte auf Eugeniens Wangen wich zwei Atemzüge lang der äußersten Blässe; doch mit dem ersten Ton, der klangvoll über ihre Lippen kam, fiel ihr jede beklemmende Fessel vom Busen. Sie hielt sich lächelnd, sicher auf der hohen Woge, und das Gefühl dieses Moments, des einzigen in seiner Art vielleicht für alle Tage ihres Lebens, begeisterte sie billig.

Mozart war offenbar überrascht. Als sie geendigt hatte, trat er zu ihr und fing mit seinem ungezierten Herzensausdruck an: „Was soll man sagen, liebes Kind, hier wo es ist wie mit der lieben Sonne, die sich am besten selber lobt, indem es gleich jedermann wohl in ihr wird! Bei solchem Gesang ist der Seele zumut wie dem Kindchen im Bad: es lacht und wundert sich und weiß sich in der Welt nichts Besseres. Übrigens glauben Sie mir, unsereinem in Wien begegnet es nicht jeden Tag, daß er so lauter, ungeschminkt und warm, ja so komplett sich selber zu hören bekommt." — Damit erfaßte er ihre Hand und küßte sie herzlich. Des Mannes hohe Liebenswürdigkeit und Güte nicht minder, als das ehrenvolle Zeugnis, wodurch er ihr Talent auszeichnete, ergriff Eugenien mit jener unwiderstehlichen Rührung, die einem leichten Schwindel gleicht, und ihre Augen wollten sich plötzlich mit Tränen anfüllen.

Hier trat Madame Mozart zur Türe herein, und gleich darauf erschienen neue Gäste, die man erwartet hatte: eine dem Haus sehr eng verwandte freiherrliche Familie aus der Nähe, mit einer Tochter, Franziska, die seit den Kinderjahren mit der Braut durch die zärtlichste Freundschaft verbunden und hier wie daheim war.

Man hatte sich allerseits begrüßt, umarmt, beglückwünscht, die beiden Wiener Gäste vorgestellt, und Mozart setzte sich an den Flügel. Er spielte einen Teil eines Konzerts von seiner Komposition, welches Eugenie soeben einstudierte.

Die Wirkung eines solchen Vortrags in einem kleinen Kreis wie der gegenwärtige unterscheidet sich natürlicherweise von jedem ähnlichen an einem öffentlichen Orte durch die unendliche Befriedigung, die in der unmittelbaren Berührung mit der Person des Künstlers und seinem Genius innerhalb der häuslichen bekannten Wände liegt.

Es war eines jener glänzenden Stücke, worin die reine Schönheit sich einmal, wie aus Laune, freiwillig in den Dienst der Eleganz begibt, so aber, daß sie gleichsam nur verhüllt in diese mehr willkürlich spielenden Formen und hinter eine Menge blendender Lichter versteckt, doch in jeder Bewegung ihren eigensten Adel verrät und ein herrliches Pathos verschwenderisch ausgießt.

Die Gräfin machte für sich die Bemerkung, daß die meisten Zuhörer, vielleicht Eugenie selbst nicht ausgenommen, trotz der gespanntesten Aufmerksamkeit und aller feierlichen Stille während eines bezaubernden Spiels, doch zwischen Auge und Ohr gar sehr geteilt waren. In unwillkürlicher Beobachtung des Komponisten, seiner schlichten, beinahe steifen Körperhaltung, seines gutmütigen Gesichts, der rundlichen Bewegung dieser kleinen Hände, war es gewiß auch nicht leicht möglich, dem Zudrang tausendfacher Kreuz- und Quergedanken über den Wundermann zu widerstehen.

Zu Madame Mozart gewendet sagte der Graf, nachdem der Meister aufgestanden war: „Einem berühmten Künstler gegenüber, wenn es ein Kennerlob zu spitzen gilt, das halt nicht eines jeden Sache ist, wie haben es die Könige und Kaiser gut! Es nimmt sich eben alles einzig und außerordentlich in einem solchen Munde aus. Was dürfen sie sich nicht erlauben, und wie bequem ist es z. B., dicht hinterm Stuhl Ihres Herrn Gemahls, beim Schlußakkord einer brillanten Phantasie dem bescheidenen klassischen Mann auf die Schulter zu klopfen und zu sagen: ‚Sie sind ein Tausendsassa, lieber Mozart!' Kaum ist das Wort heraus, so geht's wie ein Lauffeuer durch den Saal: ‚Was hat er ihm gesagt?' — ‚Er sei ein Tausendsassa, hat er zu ihm gesagt!' Und alles, was da geigt und fistuliert und komponiert, ist außer sich von diesem einen Wort; kurzum, es ist der große

Stil, der familiäre Kaiserstil, der unnachahmliche, um welchen ich die Josephs und die Friedrichs von je beneidet habe, und das nie mehr als eben jetzt, wo ich ganz in Verzweiflung bin, von anderweitiger geistreicher Münze zufällig keinen Deut in allen meinen Taschen anzutreffen."

Die Art, wie der Schäker dergleichen vorbrachte, bestach immerhin und rief unausbleiblich ein Lachen hervor.

Nun aber auf die Einladung der Hausfrau verfügte die Gesellschaft sich nach dem geschmückten runden Speisesalon, aus welchem den Eintretenden ein festlicher Blumengeruch und eine kühlere, dem Appetit willkommene Luft entgegenwehte.

Man nahm die schicklich ausgeteilten Plätze ein, und zwar der distinguierte Gast den seinigen dem Brautpaar gegenüber. Von einer Seite hatte er eine kleine ältliche Dame, eine unverheiratete Tante Franziskas, von der andern die junge reizende Nichte selbst zur Nebensitzerin, die sich durch Geist und Munterkeit ihm bald besonders zu empfehlen wußte. Frau Constanze kam zwischen den Hauswirt und ihren freundlichen Geleitsmann, den Lieutenant; die übrigen reihten sich ein, und so saß man zu elfen nach Möglichkeit bunt an der Tafel, deren unteres Ende leer blieb. Auf ihr erhoben sich mitten zwei mächtig große Porzellanaufsätze mit gemalten Figuren, breite Schalen gehäuft voll natürlicher Früchte und Blumen über sich haltend. An den Wänden des Saals hingen reiche Festons. Was sonst da war, oder nach und nach folgte, schien einen ausgedehnten Schmaus zu verkünden. Teils auf der Tafel, zwischen Schüsseln und Platten, teils vom Serviertisch herüber im Hintergrund blinkte verschiedenes edle Getränk, vom schwärzesten Rot bis hinauf zu dem gelblichen Weiß, dessen lustiger Schaum herkömmlich erst die zweite Hälfte eines Festes krönt.

Bis gegen diesen Zeitpunkt hin bewegte sich die Unterhaltung, von mehreren Seiten gleich lebhaft genährt, in allen Richtungen. Weil aber der Graf gleich anfangs einigemal von weitem und jetzt nur immer näher und mutwilliger auf Mozarts Gartenabenteuer anspielte, so daß die einen heimlich lächelten, die andern sich umsonst den Kopf zerbrachen, was er denn meine, so ging unser Freund mit der Sprache heraus.

„Ich will in Gottes Namen beichten", fing er an, „auf was Art mir eigentlich die Ehre der Bekanntschaft mit diesem edlen Haus geworden ist. Ich spiele dabei nicht die würdigste Rolle, und um ein Haar, so säß ich jetzt, statt hier vergnügt zu tafeln, in einem abgelegenen Arrestantenwinkel des gräflichen Schlosses und könnte mir mit leerem Magen die Spinneweben an der Wand herum betrachten."

„Nun ja!" rief Madame Mozart, „da werd ich schöne Dinge hören."

Ausführlich nun beschrieb er erst, wie er im „Weißen Roß" seine Frau zurückgelassen, die Promenade in den Park, den Unstern in der Laube, den Handel mit der Gartenpolizei, kurz, ungefähr was wir schon wissen, gab er alles mit größter Treuherzigkeit und zum höchsten Ergötzen der Zuhörer preis. Das Lachen wollte fast kein Ende nehmen; selbst die gemäßigte Eugenie enthielt sich nicht, es schüttelte sie ordentlich.

„Nun", fuhr er fort, „das Sprichwort sagt: hat einer den Nutzen, dem Spott mag er trutzen. Ich hab meinen kleinen Profit von der Sache, Sie werden schon sehen. Vor allem aber hören Sie, wie's eigentlich geschah, daß sich ein alter Kindskopf so vergessen konnte. Eine Jugenderinnerung war mit im Spiele.

Im Frühling 1770 reiste ich als dreizehnjähriges Bürschchen mit meinem Vater nach Italien. Wir gingen von Rom nach Neapel. Ich hatte zweimal im Konservatorium und sonst zu verschiedenen Malen gespielt. Adel und Geistlichkeit erzeigten uns manches Angenehme, vornehmlich attachierte sich ein Abbate an uns, der sich als Kenner schmeichelte und übrigens am Hofe etwas galt. Den Tag vor unserer Abreise führte er uns in Begleitung einiger anderen Herrn in einen königlichen Garten, die Villa reale, bei der prachtvollen Straße geradhin am Meere gelegen, wo eine Bande sizilianischer commedianti sich produzierte — figli di Nettuno, wie sie sich neben andern schönen Titeln auch nannten. Mit vielen vornehmen Zuschauern, worunter selbst die junge liebenswürdige Königin Carolina samt zwei Prinzessinnen, saßen wir auf einer langen Reihe von Bänken im Schatten einer zeltartig bedeckten, niedern Galerie, an deren Mauer unten die Wellen plätscherten. Das Meer mit seiner vielfarbigen Streifung strahlte den blauen Sonnenhimmel herrlich wider. Gerade vor sich hat man den Vesuv, links schimmert sanft geschwungen eine reizende Küste herein.

Die erste Abteilung der Spiele war vorüber; sie wurde auf dem trockenen Bretterboden einer Art von Flöße ausgeführt, die auf dem Wasser stand, und hatte nichts Besonderes; der zweite aber und der schönste Teil bestand aus lauter Schiffer-,

Schwimm- und Taucherstücken und blieb mir stets mit allen Einzelnheiten frisch im Gedächtnis eingeprägt.

Von entgegengesetzten Seiten her näherten sich einander zwei zierliche, sehr leicht gebaute Barken, beide, wie es schien, auf einer Lustfahrt begriffen. Die eine, etwas größere, war mit einem Halbverdeck versehen, und nebst den Ruderbänken mit einem dünnen Mast und einem Segel ausgerüstet, auch prächtig bemalt, der Schnabel vergoldet. Fünf Jünglinge von idealischem Aussehen, kaum bekleidet, Arme, Brust und Beine dem Anschein nach nackt, waren teils an dem Ruder beschäftigt, teils ergötzten sie sich mit einer gleichen Anzahl artiger Mädchen, ihren Geliebten. Eine darunter, welche mitten auf dem Verdecke saß und Blumenkränze wand, zeichnete sich durch Wuchs und Schönheit, sowie durch ihren Putz vor allen übrigen aus. Diese dienten ihr willig, spannten gegen die Sonne ein Tuch über sie und reichten ihr die Blumen aus dem Korb. Eine Flötenspielerin saß zu ihren Füßen, die den Gesang der andern mit ihren hellen Tönen unterstützte. Auch jener vorzüglichen Schönen fehlte es nicht an einem eigenen Beschützer; doch verhielten sich beide ziemlich gleichgültig gegeneinander und der Liebhaber deuchte mir fast etwas roh.

Inzwischen war das andere, einfachere Fahrzeug näher gekommen. Hier sah man bloß männliche Jugend. Wie jene Jünglinge Hochrot trugen, so war die Farbe der letztern Seegrün. Sie stutzten beim Anblick der lieblichen Kinder, winkten Grüße herüber und gaben ihr Verlangen nach näherer Bekanntschaft zu erkennen. Die Munterste hierauf nahm eine Rose vom Busen und hielt sie schelmisch in die Höhe, gleichsam fragend, ob solche Gaben bei ihnen wohl angebracht wären, worauf von drüben allerseits mit unzweideutigen Gebärden geantwortet wurde. Die Roten sahen verächtlich und finster darein, konnten aber nichts machen, als mehrere der Mädchen einig wurden, den armen Teufeln wenigstens doch etwas für den Hunger und Durst zuzuwerfen. Es stand ein Korb voll Orangen am Boden; wahrscheinlich waren es nur gelbe Bälle, den Früchten ähnlich nachgemacht. Und jetzt begann ein entzückendes Schauspiel, unter Mitwirkung der Musik, die auf dem Uferdamm aufgestellt war.

Eine der Jungfrauen machte den Anfang und schickte fürs erste ein paar Pomeranzen aus leichter Hand hinüber, die, dort mit gleicher Leichtigkeit aufgefangen, alsbald zurückkehrten; so ging es hin und her, und weil nach und nach immer mehr Mädchen zuhalfen, so flog's mit Pomeranzen bald dem Dutzend nach in immer schnellerem Tempo hin und wider. Die Schöne in der Mitte nahm an dem Kampfe keinen Anteil, als daß sie höchst begierig von ihrem Schemel aus zusah. Wir konnten die Geschicklichkeit auf beiden Seiten nicht genug bewundern. Die Schiffe drehten sich auf etwa dreißig Schritte in langsamer Bewegung umeinander, kehrten sich bald die ganze Flanke zu, bald schief das halbe Vorderteil; es waren gegen vierundzwanzig Bälle unaufhörlich in der Luft, doch glaubte man in der Verwirrung ihrer viel mehr zu sehen. Manchmal entstand ein förmliches Kreuzfeuer, oft stiegen sie und fielen in einem hohen Bogen; kaum ging einmal einer und der andere fehl, es war, als stürzten sie von selbst durch eine Kraft der Anziehung in die geöffneten Finger.

So angenehm jedoch das Auge beschäftigt wurde, so lieblich gingen fürs Gehör die Melodien nebenher: sizilianische Weisen, Tänze, Saltarelli, Canzoni a ballo, ein ganzes Quodlibet, auf Girlandenart leicht aneinandergehängt. Die jüngere Prinzeß, ein holdes unbefangenes Geschöpf, etwa von meinem Alter, begleitete den Takt gar artig mit Kopfnicken; ihr Lächeln und die langen Wimpern ihrer Augen kann ich noch heute vor mir sehen.

Nun lassen Sie mich kürzlich den Verlauf der Posse noch erzählen, obschon er weiter nichts zu meiner Sache tut. Man kann sich nicht leicht etwas Hübscheres denken. Währenddem das Scharmützel allmählich ausging und nur noch einzelne Würfe gewechselt wurden, die Mädchen ihre goldenen Äpfel sammelten und in den Korb zurückbrachten, hatte drüben ein Knabe, wie spielenderweis, ein breites, grüngestricktes Netz ergriffen und kurze Zeit unter dem Wasser gehalten; er hob es auf, und zum Erstaunen aller fand sich ein großer, blau, grün und gold schimmernder Fisch in demselben. Die nächsten sprangen eifrig zu, um ihn herauszuholen, da glitt er ihnen aus den Händen, als wär es wirklich ein lebendiger, und fiel in die See. Das war nun eine abgeredte Kriegslist, die Roten zu betören und aus dem Schiff zu locken. Diese, gleichsam bezaubert von dem Wunder, sobald sie merkten, daß das Tier nicht untertauchen wollte, nur immer auf der Oberfläche spielte, besannen sich nicht einen Augenblick, stürzten sich alle ins Meer, die Grünen ebenfalls, und also sah man zwölf gewandte, wohlgestalte Schwimmer, den fliehenden Fisch zu erhaschen bemüht, indem er auf den Wellen gaukelte, minutenlang unter denselben verschwand, bald da, bald dort, dem einen zwischen den Beinen, dem andern zwischen Brust und Kinn herauf, wieder zum Vorschein kam. Auf einmal, wie die Roten eben am hitzigsten auf ihren Fang aus waren, ersah die andere Partie ihren Vorteil und erstieg schnell wie der Blitz das fremde, ganz den Mädchen überlassene Schiff unter großem Gekreische der letztern. Der nobelste der Burschen, wie ein Merkur gewachsen, flog mit freudestrahlendem Gesicht auf die Schönste zu, umfaßte, küßte sie, die, weit entfernt in das Geschrei der andern einzustimmen, ihre Arme gleichfalls feurig um den ihr wohlbekannten Jüngling schlang. Die betrogene Schar schwamm zwar eilends herbei, wurde aber mit Rudern und Waffen vom Bord abgetrieben. Ihre unnütze Wut, das Angstgeschrei der Mädchen, der gewaltsame Widerstand einiger von ihnen, ihr Bitten und Flehen, fast erstickt vom übrigen Alarm, des Wassers, der Musik, die plötzlich einen andern Charakter angenommen hatte — es war schön über alle Beschreibung und die Zuschauer brachen darüber in einen Sturm von Begeisterung aus.

In diesem Moment nun entwickelte sich das bisher locker eingebundene Segel: daraus ging ein rosiger Knabe hervor mit silbernen Schwingen, mit Bogen, Pfeil und Köcher, und in anmutvoller Stellung schwebte er frei auf der Stange. Schon sind die Ruder alle in voller Tätigkeit, das Segel blähte sich auf: allein gewaltiger als beides schien die Gegenwart des Gottes und seine heftig vorwärtseilende Gebärde das Fahrzeug fortzutreiben, dergestalt, daß die fast atemlos nachsetzenden Schwimmer, deren einer den goldenen Fisch hoch mit der Linken über seinem Haupte hielt, die Hoffnung bald aufgaben, und bei erschöpften Kräften notgedrungen ihre Zuflucht zu dem verlassenen Schiffe nahmen. Derweil haben die Grünen eine kleine bebuschte Halbinsel erreicht, wo sich unerwartet ein stattliches Boot mit bewaffneten Kameraden im Hinterhalt zeigte. Im Angesicht so drohender Umstände pflanzte das Häufchen eine weiße Flagge auf, zum Zeichen, daß man gütlich unterhandeln wolle. Durch ein gleiches Signal von jenseits ermuntert, fuhren sie auf jenen Haltort zu, und bald sah man daselbst die guten Mädchen alle, bis auf die eine, die mit Willen blieb, vergnügt mit ihren Liebhabern das eigene Schiff besteigen. — Hiemit war die Komödie beendigt."

„Mir deucht", so flüsterte Eugenie mit leuchtenden Augen dem Baron in einer Pause zu, worin sich jedermann beifällig über das eben Gehörte aussprach, „wir haben hier eine gemalte Symphonie von Anfang bis zu Ende gehabt, und ein vollkommenes Gleichnis überdies des Mozartischen Geistes selbst in seiner ganzen Heiterkeit! Hab ich nicht recht? ist nicht die ganze Anmut ‚Figaros' darin?"

Der Bräutigam war im Begriff, ihre Bemerkung dem Komponisten mitzuteilen, als dieser zu reden fortfuhr.

„Es sind nun siebzehn Jahre her, daß ich Italien sah. Wer, der es einmal sah, insonderheit Neapel, denkt nicht sein Leben lang daran, und wär er auch, wie ich, noch halb in Kinderschuhen gesteckt! So lebhaft aber wie heut in Ihrem Garten war mir der letzte schöne Abend am Golf kaum jemals wieder aufgegangen. Wenn ich die Augen schloß — ganz deutlich, klar und hell, den letzten Schleier von sich hauchend, lag die himmlische Gegend vor mir verbreitet! Meer und Gestade, Berg und Stadt, die bunte Menschenmenge an dem Ufer hin, und dann das wundersame Spiel der Bälle durcheinander! Ich glaubte wieder dieselbe Musik in den Ohren zu haben, ein ganzer Rosenkranz von fröhlichen Melodien zog innerlich an mir vorbei, Fremdes und Eigenes, Krethi und Plethi, eines immer das andre ablösend. Von ungefähr springt ein Tanzliedchen hervor, Sechsachtelstakt, mir völlig neu. — Halt, dacht ich, was gibt's hier? Das scheint ein ganz verteufelt niedliches Ding! Ich sehe näher zu — alle Wetter! das ist ja Masetto, das ist ja Zerlina!" — Er lachte gegen Madame Mozart hin, die ihn sogleich erriet.

„Die Sache", fuhr er fort, „ist einfach diese. In meinem ersten Akt blieb eine kleine leichte Nummer unerledigt, Duett und Chor einer ländlichen Hochzeit. Vor zwei Monaten nämlich, als ich dieses Stück der Ordnung nach vornehmen wollte, da fand sich auf den ersten Wurf das rechte nicht alsbald. Eine Weise, einfältig und kindlich und sprützend von Fröhlichkeit über und über, ein frischer Busenstrauß mit Flatterband dem Mädel angesteckt, so mußte es sein. Weil man nun im geringsten nichts erzwingen soll, und weil dergleichen Kleinigkeiten sich oft gelegentlich von selber machen, ging ich darüber weg und sah mich im Verfolg der größeren Arbeit kaum wieder danach um. Ganz flüchtig kam mir heut im Wagen, kurz eh wir ins Dorf hereinfuhren, der Text in den Sinn; da spann sich denn weiter nichts an, zum wenigsten nicht daß ich's wüßte. Genug, ein Stündchen später, in der Laube beim Brunnen, erwisch ich ein Motiv, wie ich es glücklicher und besser zu keiner andern Zeit, auf keinem andern Weg erfunden haben würde. Man macht bisweilen in der Kunst besondere Erfahrungen, ein ähnlicher Streich ist mir nie vorgekommen. Denn eine Melodie, dem Vers wie auf den Leib gegossen — doch, um nicht vorzugreifen, so weit sind wir noch nicht, der Vogel hatte nur den Kopf erst aus dem Ei, und auf der Stelle fing ich an, ihn vollends rein herauszuschälen. Dabei schwebte mir lebhaft der Tanz der Zerline vor Augen, und wunderlich spielte zugleich die lachende Landschaft am Golf von Neapel herein. Ich hörte die wechselnden Stimmen des Brautpaars, die Dirnen und Bursche im Chor." Hier trällerte Mozart ganz lustig den Anfang des Liedchens:

Giovinette, che fatte all' amore, che fatte all' amore,
Non lasciate, che passi l'età, che passi l'età, che passi l'età!
Se nel seno vi bulica il core, vi bulica il core,
Il remedio vedete lo quà! La la la! La la la!
Che piacer, che piacer che sarà!
    Ah la la! Ah la la usf.*

„Mittlerweile hatten meine Hände das große Unheil angerichtet. Die Nemesis lauerte schon an der Hecke und trat jetzt hervor in Gestalt des entsetzlichen Mannes im galonierten blauen Rock. Ein Ausbruch des Vesuvio, wenn er in Wirklichkeit damals an dem göttlichen Abend am Meer Zuschauer und Akteurs, die ganze Herrlichkeit Parthenopes mit einem schwarzen Aschenregen urplötzlich verschüttet und zugedeckt hätte, bei Gott, die Katastrophe wäre mir nicht unerwarteter und schrecklicher gewesen. Der Satan der! so heiß hat mir nicht leicht jemand gemacht. Ein Gesicht wie aus Erz — einigermaßen dem grausamen römischen Kaiser Tiberius ähnlich! Sieht so der Diener aus, dacht ich, nachdem er weggegangen, wie mag erst Seine Gnaden selbst dreinsehen! Jedoch, die Wahrheit zu gestehn, ich rechnete schon ziemlich auf den Schutz der Damen, und das nicht ohne Grund. Denn diese Stanzel da, mein Weibchen,

---

* Liebe Schwestern, zur Liebe geboren,
Nützt der Jugend schön blühende Zeit!
Hängt ihr's Köpfchen in Sehnsucht verloren,
Amor ist euch zu helfen bereit.
Tral la la!
Welch Vergnügen erwartet euch da! usw.

etwas neugierig von Natur, ließ sich im Wirtshaus von der
dicken Frau das Wissenswürdigste von denen sämtlichen Persönlichkeiten der gnädigen Herrschaft in meinem Beisein erzählen, ich stand dabei und hörte so —"

Hier konnte Madame Mozart nicht umhin, ihm in das Wort
zu fallen und auf das angelegentlichste zu versichern, daß im
Gegenteil *er* der Ausfrager gewesen; es kam zu heitern Kontestationen zwischen Mann und Frau, die viel zu lachen gaben.
— „Dem sei nun wie ihm wolle", sagte er, „kurzum, ich hörte
so entfernt etwas von einer lieben Pflegetochter, welche Braut,
sehr schön, dazu die Güte selber sei und singe wie ein Engel.
Per Dio! fiel mir jetzt ein: das hilft dir aus der Lauge! Du
setzt dich auf der Stelle hin, schreibst 's Liedchen auf, soweit
es geht, erklärst die Sottise der Wahrheit gemäß, und es gibt
einen trefflichen Spaß. Gedacht, getan. Ich hatte Zeit genug,
auch fand sich noch ein sauberes Bögchen grün liniert Papier.
— Und hier ist das Produkt! Ich lege es in diese schönen Hände,
ein Brautlied aus dem Stegreif, wenn Sie es dafür gelten lassen."

So reichte er sein reinlichst geschriebenes Notenblatt Eugenien
über den Tisch, des Onkels Hand kam aber der ihrigen zuvor,
er haschte es hinweg und rief: „Geduld noch einen Augenblick,
mein Kind!"

Auf seinen Wink tat sich die Flügeltüre des Salons weit auf,
und es erschienen einige Diener, die den verhängnisvollen Pomeranzenbaum anständig, ohne Geräusch in den Saal herein-
trugen und an der Tafel unten auf eine Bank niedersetzten;
gleichzeitig wurden rechts und links zwei schlanke Myrten-
bäumchen aufgestellt. Eine am Stamm des Orangenbaums be-
festigte Inschrift bezeichnete ihn als Eigentum der Braut; vorn
aber, auf dem Moosgrund, stand, mit einer Serviette bedeckt,
ein Porzellanteller, der, als man das Tuch hinwegnahm, eine
zerschnittene Orange zeigte, neben welche der Oheim mit
listigem Blick des Meisters Autographon steckte. Allgemeiner
unendlicher Jubel erhob sich darüber.

„Ich glaube gar", sagte die Gräfin, „Eugenie weiß noch nicht
einmal, was eigentlich da vor ihr steht? Sie kennt wahrhaftig
ihren alten Liebling in seinem neuen Flor und Früchteschmuck
nicht mehr!"

Bestürzt, ungläubig sah das Fräulein bald den Baum, bald
ihren Oheim an. „Es ist nicht möglich", sagte sie, „ich weiß ja
wohl, er war nicht mehr zu retten."

„Du meinst also", versetzte jener, „man habe dir nur irgend ungefähr so ein Ersatzstück ausgesucht? Das wär was Rechts! Nein, sieh nur her — ich muß es machen, wie's in der Komödie der Brauch ist, wo sich die totgeglaubten Söhne oder Brüder durch ihre Muttermäler und Narben legitimieren. Schau diesen Auswuchs da! und hier die Schrunde übers Kreuz, du mußt sie hundertmal bemerkt haben. Wie? ist er's oder ist er's nicht?" — Sie konnte nicht mehr zweifeln; ihr Staunen, ihre Rührung und Freude war unbeschreiblich.

Es knüpfte sich an diesen Baum für die Familie das mehr als hundertjährige Gedächtnis einer ausgezeichneten Frau, welche wohl verdient, daß wir ihrer mit wenigem hier gedenken.

Des Oheims Großvater, durch seine diplomatischen Verdienste im Wiener Kabinett rühmlich bekannt, von zwei Regenten nacheinander mit gleichem Vertrauen beehrt, war innerhalb seines eigenen Hauses nicht minder glücklich im Besitz einer vortrefflichen Gemahlin, Renate Leonore. Ihr wiederholter Aufenthalt in Frankreich brachte sie vielfach mit dem glänzenden Hofe Ludwigs XIV. und mit den bedeutendsten Männern und Frauen dieser merkwürdigen Epoche in Berührung. Bei ihrer unbefangenen Teilnahme an jenem steten Wechsel des geistreichsten Lebensgenusses verleugnete sie auf keinerlei Art, in Worten und Werken, die angestammte deutsche Ehrenfestigkeit und sittliche Strenge, die sich in den kräftigen Zügen des noch vorhandenen Bildnisses der Gräfin unverkennbar ausprägt. Vermöge ebendieser Denkungsweise übte sie in der gedachten Sozietät eine eigentümliche naive Opposition, und ihre hinterlassene Korrespondenz weist eine Menge Spuren davon auf, mit wieviel Freimut und herzhafter Schlagfertigkeit, es mochte nun von Glaubenssachen, von Literatur und Politik, oder von was immer die Rede sein, die originelle Frau ihre gesunden Grundsätze und Ansichten zu verteidigen, die Blößen der Gesellschaft anzugreifen wußte, ohne doch dieser im mindesten sich lästig zu machen. Ihr reges Interesse für sämtliche Personen, die man im Hause einer Ninon, dem eigentlichen Herd der feinsten Geistesbildung treffen konnte, war demnach so beschaffen und geregelt, daß es sich mit dem höheren Freundschaftsverhältnis zu einer der edelsten Damen jener Zeit, der Frau von Sévigné, vollkommen wohl vertrug. Neben manchen mutwilligen Scherzen Chapelles an sie, vom Dichter eigenhändig auf Blätter mit silberblumigem Rande gekritzelt, fanden sich die liebevollsten Briefe der Marquisin und ihrer Tochter an die ehrliche Freundin aus Österreich nach ihrem Tod in einem Ebenholzschränkchen der Großmutter vor.

Frau von Sévigné war es denn auch, aus deren Hand sie eines Tages, bei einem Feste zu Trianon, auf der Terrasse des Gartens den blühenden Orangenzweig empfing, den sie sofort auf das Geratewohl in einen Topf setzte und glücklich angewurzelt mit nach Deutschland nahm.

Wohl fünfundzwanzig Jahre wuchs das Bäumchen unter ihren Augen allgemach heran und wurde später von Kindern und Enkeln mit äußerster Sorgfalt gepflegt. Es konnte nächst seinem persönlichen Werte zugleich als lebendes Symbol der feingeistigen Reize eines beinahe vergötterten Zeitalters gelten, worin wir heutzutage freilich des wahrhaft Preisenswerten wenig finden können, und das schon eine unheilvolle Zukunft in sich trug, deren welterschütternder Eintritt dem Zeitpunkt unserer harmlosen Erzählung bereits nicht ferne mehr lag.

Die meiste Liebe widmete Eugenie dem Vermächtnis der würdigen Ahnfrau, weshalb der Oheim öfters merken ließ, es dürfte wohl einst eigens in ihre Hände übergehen. Desto schmerzlicher war es dem Fräulein denn auch, als der Baum im Frühling des vorigen Jahres, den sie nicht hier zubrachte, zu trauern begann, die Blätter gelb wurden und viele Zweige abstarben. In Betracht, daß irgendeine besondere Ursache seines Verkommens durchaus nicht zu entdecken war und keinerlei Mittel anschlug, gab ihn der Gärtner bald verloren, obwohl er seiner natürlichen Ordnung nach leicht zwei- und dreimal älter werden konnte. Der Graf hingegen, von einem benachbarten Kenner beraten, ließ ihn nach einer sonderbaren, selbst rätselhaften Vorschrift, wie sie das Landvolk häufig hat, in einem abgesonderten Raume ganz insgeheim behandeln, und seine Hoffnung, die geliebte Nichte eines Tags mit dem zu neuer Kraft und voller Fruchtbarkeit gelangten alten Freund zu überraschen, ward über alles Erwarten erfüllt. Mit Überwindung seiner Ungeduld und nicht ohne Sorge, ob denn wohl auch die Früchte, von denen etliche zuletzt den höchsten Grad der Reife hatten, so lang am Zweige halten würden, verschob er die Freude um mehrere Wochen auf das heutige Fest, und es bedarf nun weiter keines Worts darüber, mit welcher Empfindung der gute Herr ein solches Glück noch im letzten Moment durch einen Unbekannten sich verkümmert sehen mußte.

Der Lieutenant hatte schon vor Tische Gelegenheit und Zeit gefunden, seinen dichterischen Beitrag zu der feierlichen Übergabe ins reine zu bringen und seine vielleicht ohnehin etwas zu ernst gehaltenen Verse durch einen veränderten Schluß den Umständen möglichst anzupassen. Er zog nunmehr sein Blatt hervor, das er, vom Stuhle sich erhebend und an die Kusine gewendet, vorlas. Der Inhalt der Strophen war kurz gefaßt dieser:

Ein Nachkömmling des vielgepriesenen Baums der Hesperiden, der vor alters, auf einer westlichen Insel, im Garten der Juno, als eine Hochzeitgabe für sie von Mutter Erde, hervorgesproßt war, und welchen die drei melodischen Nymphen bewachten, hat eine ähnliche Bestimmung von jeher gewünscht und gehofft, da der Gebrauch, eine herrliche Braut mit seinesgleichen zu beschenken, von den Göttern vorlängst auch unter die Sterblichen kam.

Nach langem vergeblichen Warten scheint endlich die Jungfrau gefunden, auf die er seine Blicke richten darf. Sie erzeigt sich ihm günstig und verweilt oft bei ihm. Doch der musische Lorbeer, sein stolzer Nachbar am Bord der Quelle, hat seine Eifersucht erregt, indem er droht, der kunstbegabten Schönen Herz und Sinn für die Liebe der Männer zu rauben. Die Myrte tröstet ihn umsonst und lehrt ihn Geduld durch ihr eigenes Beispiel; zuletzt jedoch ist es die andauernde Abwesenheit der Liebsten, was seinen Gram vermehrt und ihm, nach kurzem Siechtum, tödlich wird.

Der Sommer bringt die Entfernte und bringt sie mit glücklich umgewandtem Herzen zurück. Das Dorf, das Schloß, der Garten, alles empfängt sie mit tausend Freuden. Rosen und Lilien, in erhöhtem Schimmer, sehen entzückt und beschämt zu ihr auf, Glück winken ihr Sträucher und Bäume: für *einen*, ach, den edelsten, kommt sie zu spät. Sie findet seine Krone verdorrt, ihre Finger betasten den leblosen Stamm und die klirrenden Spitzen seines Gezweigs. Er kennt und sieht seine Pflegerin nimmer. Wie weint sie, wie strömt ihre zärtliche Klage!

Apollo von weitem vernimmt die Stimme der Tochter. Er kommt, er tritt herzu und schaut mitfühlend ihren Jammer. Alsbald mit seinen allheilenden Händen berührt er den Baum, daß er in sich erbebt, der vertrocknete Saft in der Rinde gewaltsam anschwillt, schon junges Laub ausbricht, schon weiße Blumen da und dort in ambrosischer Fülle aufgehen. Ja — denn was vermöchten die Himmlischen nicht? — schön runde Früchte setzen an, dreimal drei, nach der Zahl der neun Schwestern; sie wachsen und wachsen, ihr kindliches Grün zusehends mit der Farbe des Goldes vertauschend. Phöbus — so schloß sich das Gedicht —

> Phöbus überzählt die Stücke,
> Weidet selbsten sich daran,
> Ja, es fängt im Augenblicke
> Ihm der Mund zu wässern an;
>
> Lächelnd nimmt der Gott der Töne
> Von der saftigsten Besitz:
> „Laß uns teilen holde Schöne,
> Und für Amorn — diesen Schnitz!"

Der Dichter erntete rauschenden Beifall, und gern verzieh man die barocke Wendung, durch welche der Eindruck des wirklich gefühlvollen Ganzen so völlig aufgehoben wurde.

Franziska, deren froher Mutterwitz schon zu verschiedenen Malen bald durch den Hauswirt, bald durch Mozart in Bewegung gesetzt worden war, lief jetzt geschwinde, wie von ungefähr an etwas erinnert, hinweg, und kam zurück mit einem braunen englischen Kupferstich größten Formats, welcher wenig beachtet in einem ganz entfernten Kabinett unter Glas und Rahmen hing.

„Es muß doch wahr sein, was ich immer hörte", rief sie aus, indem sie das Bild am Ende der Tafel aufstellte, „daß sich unter der Sonne nichts Neues begibt! Hier eine Szene aus dem goldenen Weltalter — und haben wir sie nicht erst heute erlebt? Ich hoffe doch, Apollo werde sich in dieser Situation erkennen."

„Vortrefflich!" triumphierte Max, „da hätten wir ihn ja, den schönen Gott, wie er sich just gedankenvoll über den heiligen Quell hinbeugt. Und damit nicht genug — dort, seht nur, einen alten Satyr hinten im Gebüsch, der ihn belauscht! Man möchte darauf schwören, Apoll besinnt sich eben auf ein lange vergessenes arkadisches Tänzchen, das ihn in seiner Kindheit der alte Chiron zu der Zither lehrte."

„So ist's! nicht anders!" applaudierte Franziska, die hinter Mozart stand. „Und", fuhr sie gegen diesen fort, „bemerken

Sie auch wohl den fruchtbeschwerten Ast, der sich zum Gott heruntersenkt?"

„Ganz recht; es ist der ihm geweihte Ölbaum."

„Keineswegs! die schönsten Apfelsinen sind's! Gleich wird er sich in der Zerstreuung eine herunterholen."

„Vielmehr", rief Mozart, „er wird gleich diesen Schelmenmund mit tausend Küssen schließen!" Damit erwischte er sie am Arm und schwur, sie nicht mehr loszulassen, bis sie ihm ihre Lippen reiche, was sie denn auch ohne vieles Sträuben tat.

„Erkläre uns doch, Max", sagte die Gräfin, „was unter dem Bilde hier steht."

„Es sind Verse aus einer berühmten Horazischen Ode. Der Dichter Ramler in Berlin hat uns das Stück vor kurzem unübertrefflich deutsch gegeben. Es ist vom höchsten Schwung. Wie prächtig eben diese *eine* Stelle:

— — — hier, der auf der Schulter
Keinen untätigen Bogen führet!

Der seines Delos grünenden Mutterhain
Und Pataras beschatteten Strand bewohnt,
    Der seines Hauptes goldne Locken
        In die kastalischen Fluten tauchet."

„Schön! wirklich schön!" sagte der Graf, „nur hie und da bedarf es der Erläuterung. So z. B., ‚der keinen untätigen Bogen führet', hieße natürlich schlechtweg: der allezeit einer der fleißigsten Geiger gewesen. Doch, was ich sagen wollte: bester Mozart, Sie säen Unkraut zwischen zwei zärtliche Herzen."

„Ich will nicht hoffen — wieso?"

„Eugenie beneidet ihre Freundin, und hat auch allen Grund."

„Aha, Sie haben mir schon meine schwache Seite abgemerkt. Aber was sagt der Bräutigam dazu?"

„Ein- oder zweimal will ich durch die Finger sehen."

„Sehr gut; wir werden der Gelegenheit wahrnehmen. Indes fürchten Sie nichts, Herr Baron; es hat keine Gefahr, solang mir nicht der Gott hier sein Gesicht und seine langen gelben Haare borgt. Ich wünschte wohl, er tät's! er sollte auf der Stelle Mozarts Zopf mitsamt seinem schönsten Bandl dafür haben."

„Apollo möge aber dann zusehen", lachte Franziska, „wie er es anfängt künftig, seinen neuen französischen Haarschmuck mit Anstand in die kastalische Flut zu tauchen."

Unter diesen und ähnlichen Scherzen stieg Lustigkeit und Mutwillen immer mehr. Die Männer spürten nach und nach den Wein, es wurden eine Menge Gesundheiten getrunken und Mozart kam in den Zug, nach seiner Gewohnheit in Versen zu sprechen, wobei ihm der Lieutenant das Gleichgewicht hielt und auch der Papa nicht zurückbleiben wollte; es glückte ihm ein paarmal zum Verwundern. Doch solche Dinge lassen sich für die Erzählung kaum festhalten, sie wollen eigentlich nicht wiederholt sein, weil eben das, was sie an ihrem Ort unwiderstehlich macht, die allgemein erhöhte Stimmung, der Glanz, die Jovialität des persönlichen Ausdrucks in Wort und Blick fehlt.

Unter andern wurde von dem alten Fräulein zu Ehren des Meisters ein Toast ausgebracht, der ihm noch eine ganze lange Reihe unsterblicher Werke verhieß. — „À la bonne heure, ich bin dabei!" rief Mozart und stieß sein Kelchglas kräftig an. Der Graf begann hierauf mit großer Macht und Sicherheit der Intonation, kraft eigener Eingebung, zu singen:

> Mögen ihn die Götter stärken
> Zu den angenehmen Werken —

Max (fortfahrend):
> Wovon der da Ponte weder,
> Noch der große Schikaneder —

Mozart:
> Noch bi Gott der Komponist
> 's mindest weiß zu dieser Frist!

Graf:
> Alle, alle soll sie jener
> Hauptspitzbub von Italiener
> Noch erleben, wünsch ich sehr,
> Unser Signor Bonbonnière!*

Max:
> Gut, ich geb ihm hundert Jahre —

---

* So nannte Mozart unter Freunden seinen Kollegen Salieri, der wo er ging und stand Zuckerwerk naschte, zugleich mit Anspielung auf das Zierliche seiner Person.

Mozart:

Wenn ihn nicht samt seiner Ware —

Alle drei con forza:

Noch der Teufel holt vorher,
Unsern Monsieur Bonbonnière.

Durch des Grafen ausnehmende Singlust schweifte das zufällig entstandene Terzett mit Wiederaufnahme der letzten vier Zeilen in einen sogenannten endlichen Kanon aus, und die Fräulein Tante besaß Humor oder Selbstvertrauen genug, ihren verfallenen Soprano mit allerhand Verzierungen zweckdienlich einzumischen. Mozart gab nachher das Versprechen, bei guter Muße diesen Spaß nach den Regeln der Kunst expreß für die Gesellschaft auszuführen, das er auch später von Wien aus erfüllte.

Eugenie hatte sich im stillen längst mit ihrem Kleinod aus der Laube des Tiberius vertraut gemacht; allgemein verlangte man jetzt das Duett vom Komponisten und ihr gesungen zu hören, und der Oheim war glücklich, im Chor seine Stimme abermals geltend zu machen. Also erhob man sich und eilte zum Klavier ins große Zimmer nebenan.

Ein so reines Entzücken nun auch das köstliche Stück bei allen erregte, so führte doch sein Inhalt selbst, mit einem raschen Übergang, auf den Gipfel geselliger Lust, wo die Musik an und für sich nicht weiter in Betracht mehr kommt, und zwar gab zuerst unser Freund das Signal, indem er vom Klavier aufsprang, auf Franziska zuging und sie, während Max bereitwilligst die Violine ergriff, zu einem Schleifer persuadierte. Der Hauswirt säumte nicht, Madame Mozart aufzufordern. Im Nu waren alle beweglichen Möbel, den Raum zu erweitern, durch geschäftige Diener entfernt. Es mußte nach und nach ein jedes an die Tour, und Fräulein Tante nahm es keineswegs übel, daß der galante Lieutenant sie zu einer Menuett abholte, worin sie sich völlig verjüngte. Schließlich, als Mozart mit der Braut den Kehraus tanzte, nahm er sein versichertes Recht auf ihren schönen Mund in bester Form dahin.

Der Abend war herbeigekommen, die Sonne nah am Untergehen, es wurde nun erst angenehm im Freien, daher die Gräfin den Damen vorschlug, sich im Garten noch ein wenig zu erholen. Der Graf dagegen lud die Herrn auf das Billardzimmer, da Mozart bekanntlich dies Spiel sehr liebte. So teilte man sich denn in zwei Partien, und wir unsererseits folgen den Frauen.

Nachdem sie den Hauptweg einigemal gemächlich auf und ab gegangen, erstiegen sie einen runden, von einem hohen Rebengeländer zur Hälfte umgebenen Hügel, von wo man in das offene Feld, auf das Dorf und die Landstraße sah. Die letzten Strahlen der herbstlichen Sonne funkelten rötlich durch das Weinlaub herein.

„Wäre hier nicht vertraulich zu sitzen", sagte die Gräfin, „wenn Madame Mozart uns etwas von sich und dem Gemahl erzählen wollte?"

Sie war ganz gerne bereit, und alle nahmen höchst behaglich auf den im Kreis herbeigerückten Stühlen Platz.

„Ich will etwas zum besten geben, das Sie auf alle Fälle hätten hören müssen, da sich ein kleiner Scherz darauf bezieht, den ich im Schilde führe. Ich habe mir in Kopf gesetzt, der Gräfin Braut zur fröhlichen Erinnerung an diesen Tag ein Angebind von sonderlicher Qualität zu verehren. Dasselbe ist so wenig Gegenstand des Luxus und der Mode, daß es lediglich nur durch seine Geschichte einigermaßen interessieren kann."

„Was mag das sein, Eugenie?" sagte Franziska, „zum wenigsten das Tintenfaß eines berühmten Mannes."

„Nicht allzuweit gefehlt! Sie sollen es noch diese Stunde sehen; im Reisekoffer liegt der Schatz. Ich fange an, und werde mit Ihrer Erlaubnis ein wenig weiter ausholen.

Vorletzten Winter wollte mir Mozarts Gesundheitszustand, durch vermehrte Reizbarkeit und häufige Verstimmung, ein fieberhaftes Wesen, nachgerade bange machen. In Gesellschaft noch zuweilen lustig, oft mehr als recht natürlich, war er zu Haus meist trüb in sich hinein, seufzte und klagte. Der Arzt empfahl ihm Diät, Pyrmonter und Bewegung außerhalb der Stadt. Der Patient gab nicht viel auf den guten Rat; die Kur war unbequem, zeitraubend, seinem Taglauf schnurstracks entgegen. Nun machte ihm der Doktor die Hölle etwas heiß, er mußte eine lange Vorlesung anhören von der Beschaffenheit des menschlichen Geblüts, von denen Kügelgens darin, vom Atemholen und vom Phlogiston — halt unerhörte Dinge; auch wie es eigentlich gemeint sei von der Natur mit Essen, Trinken und Verdauen, das eine Sache ist, worüber Mozart bis dahin ganz ebenso unschuldig dachte wie sein Junge von fünf Jahren. Die Lektion, in der Tat, machte merklichen Eindruck. Der

Doktor war noch keine halbe Stunde weg, so find ich meinen Mann nachdenklich, aber mit aufgeheitertem Gesicht, auf seinem Zimmer über der Betrachtung eines Stocks, den er in einem Schrank mit alten Sachen suchte und auch glücklich fand; ich hätte nicht gemeint, daß er sich dessen nur erinnerte. Er stammte noch von meinem Vater, ein schönes Rohr mit hohem Knopf von Lapislazuli. Nie sah man einen Stock in Mozarts Hand, ich mußte lachen.

,Du siehst', rief er, ,ich bin daran, mit meiner Kur mich völlig ins Geschirr zu werfen. Ich will das Wasser trinken, mir alle Tage Motion im Freien machen und mich dabei dieses Stabes bedienen. Da sind mir nun verschiedene Gedanken beigegangen. Es ist doch nicht umsonst, dacht ich, daß andere Leute, was da gesetzte Männer sind, den Stock nicht missen können. Der Kommerzienrat, unser Nachbar, geht niemals über die Straße, seinen Gevatter zu besuchen, der Stock muß mit. Professionisten und Beamte, Kanzleiherrn, Krämer und Chalanten, wenn sie am Sonntag mit Familie vor die Stadt spazieren, ein jeder führt sein wohlgedientes, rechtschaffenes Rohr mit sich. Vornehmlich hab ich oft bemerkt, wie auf dem Stephansplatz, ein Viertelstündchen vor der Predigt und dem Amt, ehrsame Bürger da und dort truppweis beisammenstehen im Gespräch: hier kann man so recht sehen, wie eine jede ihrer stillen Tugenden, ihr Fleiß und Ordnungsgeist, gelaßner Mut, Zufriedenheit, sich auf die wackern Stöcke gleichsam als eine gute Stütze lehnt und stemmt. Mit einem Wort, es muß ein Segen und besonderer Trost in der altväterischen und immerhin etwas geschmacklosen Gewohnheit liegen. Du magst es glauben oder nicht, ich kann es kaum erwarten, bis ich mit diesem guten Freund das erstemal im Gesundheitspaß über die Brücke nach dem Rennweg promeniere! Wir kennen uns bereits ein wenig und ich hoffe, daß unsere Verbindung für alle Zeit geschlossen ist.'

Die Verbindung war von kurzer Dauer: das drittemal, daß beide miteinander aus waren, kam der Begleiter nicht mehr mit zurück. Ein anderer wurde angeschafft, der etwas länger Treue hielt, und jedenfalls schrieb ich der Stockliebhaberei ein gut Teil von der Ausdauer zu, womit Mozart drei Wochen lang der Vorschrift seines Arztes ganz erträglich nachkam. Auch blieben die guten Folgen nicht aus; wir sahen ihn fast nie so frisch, so hell und von so gleichmäßiger Laune. Doch machte er sich leider in kurzem wieder allzu grün und täglich hatt ich deshalb meine

Not mit ihm. Damals geschah es nun, daß er, ermüdet von der Arbeit eines anstrengenden Tages, noch spät, ein paar neugieriger Reisenden wegen, zu einer musikalischen Soiree ging — auf eine Stunde bloß, versprach er mir heilig und teuer; doch das sind immer die Gelegenheiten, wo die Leute, wenn er nur erst am Flügel festsitzt und im Feuer ist, seine Gutherzigkeit am mehrsten mißbrauchen; denn da sitzt er alsdann wie das Männchen in einer Montgolfiere, sechs Meilen hoch über dem Erdboden schwebend, wo man die Glocken nicht mehr schlagen hört. Ich schickte den Bedienten zweimal mitten in der Nacht dahin, umsonst, er konnte nicht zu seinem Herrn gelangen. Um drei Uhr früh kam dieser denn endlich nach Haus. Ich nahm mir vor, den ganzen Tag ernstlich mit ihm zu schmollen."

Hier überging Madame Mozart einige Umstände mit Stillschweigen. Es war, muß man wissen, nicht unwahrscheinlich, daß zu gedachter Abendunterhaltung auch eine junge Sängerin, Signora Malerbi, kommen würde, an welcher Frau Constanze mit allem Recht Ärgernis nahm. Diese Römerin war durch Mozarts Verwendung bei der Oper angestellt worden, und ohne Zweifel hatten ihre koketten Künste nicht geringen Anteil an der Gunst des Meisters. Sogar wollten einige wissen, sie habe ihn mehrere Monate lang eingezogen und heiß genug auf ihrem Rost gehalten. Ob dies nun völlig wahr sei oder sehr übertrieben, gewiß ist, sie benahm sich nachher frech und undankbar, und erlaubte sich selbst Spöttereien über ihren Wohltäter. So war es ganz in ihrer Art, daß sie ihn einst, gegenüber einem ihrer glücklichern Verehrer, kurzweg un piccolo grifo raso (ein kleines rasiertes Schweinsrüsselchen) nannte. Der Einfall einer Circe würdig, war um so empfindlicher, weil er, wie man gestehen muß, immerhin ein Körnchen Wahrheit enthielt.*

Beim Nachhausegehen von jener Gesellschaft, bei welcher übrigens die Sängerin zufällig nicht erschienen war, beging ein Freund im Übermut des Weins die Indiskretion, dem Meister dies boshafte Wort zu verraten. Er wurde schlecht davon erbaut, denn eigentlich war es für ihn der erste unzweideutige Beweis von der gänzlichen Herzlosigkeit seines Schützlings. Vor lauter Entrüstung darüber empfand er nicht einmal sogleich

---

* Man hat hier ein älteres kleines Profilbild im Auge, das, gut gezeichnet und gestochen, sich auf dem Titelblatt eines Mozartschen Klavierwerks befindet, unstreitig das ähnlichste von allen, auch neuerdings im Kunsthandel erschienenen Porträts.

den frostigen Empfang am Bette seiner Frau. In einem Atem teilte er ihr die Beleidigung mit, und diese Ehrlichkeit läßt wohl auf einen mindern Grad von Schuldbewußtsein schließen. Fast machte er ihr Mitleid rege. Doch hielt sie geflissentlich an sich, es sollte ihm nicht so leicht hingehen. Als er von einem schweren Schlaf kurz nach Mittag erwachte, fand er das Weibchen samt den beiden Knaben nicht zu Hause, vielmehr säuberlich den Tisch für ihn allein gedeckt.

Von jeher gab es wenige Dinge, welche Mozart so unglücklich machten, als wenn nicht alles hübsch eben und heiter zwischen ihm und seiner guten Hälfte stand. Und hätte er nun erst gewußt, welche weitere Sorge sie schon seit mehreren Tagen mit sich herumtrug! — eine der schlimmsten in der Tat, mit deren Eröffnung sie ihn nach alter Gewohnheit so lange wie möglich verschonte. Ihre Barschaft war ehestens alle, und keine Aussicht auf baldige Einnahme da. Ohne Ahnung von dieser häuslichen Extremität war gleichwohl sein Herz auf eine Art beklommen, die mit jenem verlegenen, hülflosen Zustand eine gewisse Ähnlichkeit hatte. Er mochte nicht essen, er konnte nicht bleiben. Geschwind zog er sich vollends an, um nur aus der Stickluft des Hauses zu kommen. Auf einem offenen Zettel hinterließ er ein paar Zeilen italienisch: „Du hast mir's redlich eingetränkt, und geschieht mir schon recht. Sei aber wieder gut, ich bitte dich, und lache wieder, bis ich heimkomme. Mir ist zumut, als möcht ich ein Kartäuser und Trappiste werden, ein rechter Heulochs, sag ich dir!" — Sofort nahm er den Hut, nicht aber auch den Stock zugleich; der hatte seine Epoche passiert.

Haben wir Frau Constanze bis hieher in der Erzählung abgelöst, so können wir auch wohl noch eine kleine Strecke weiter fortfahren.

Von seiner Wohnung, bei der Schranne, rechts gegen das Zeughaus einbiegend, schlenderte der teure Mann — es war ein warmer, etwas umwölkter Sommernachmittag — nachdenklich lässig über den sogenannten Hof, und weiter an der Pfarre zu Unsrer Lieben Frau vorbei, dem Schottentor entgegen, wo er seitwärts zur Linken auf die Mölkerbastei stieg und dadurch der Ansprache mehrerer Bekannten, die eben zur Stadt hereinkamen, entging. Nur kurze Zeit genoß er hier, obwohl von einer stumm bei den Kanonen auf und nieder gehenden Schildwache nicht belästigt, der vortrefflichen Aussicht über die grüne

Ebene des Glacis und die Vorstädte hin nach dem Kahlenberg und südlich nach den steierischen Alpen. Die schöne Ruhe der äußern Natur widersprach seinem innern Zustand. Mit einem Seufzer setzte er seinen Gang über die Esplanade und sodann durch die Alser-Vorstadt ohne bestimmten Zielpunkt fort.

Am Ende der Währinger Gasse lag eine Schenke mit Kegelbahn, deren Eigentümer, ein Seilermeister, durch seine gute Ware, wie durch die Reinheit seines Getränks den Nachbarn und Landleuten, die ihr Weg vorüberführte, gar wohlbekannt war. Man hörte Kegelschieben und übrigens ging es bei einer Anzahl von höchstens einem Dutzend Gästen mäßig zu. Ein kaum bewußter Trieb, sich unter anspruchlosen, natürlichen Menschen in etwas zu vergessen, bewog den Musiker zur Einkehr. Er setzte sich an einen der sparsam von Bäumen beschatteten Tische zu einem Wiener Brunnenobermeister und zwei andern Spießbürgern, ließ sich ein Schöppchen kommen und nahm an ihrem sehr alltäglichen Diskurs eingehend teil, ging dazwischen umher, oder schaute dem Spiel auf der Kegelbahn zu.

Unweit von der letztern, an der Seite des Hauses, befand sich der offene Laden des Seilers, ein schmaler, mit Fabrikaten vollgepfropfter Raum, weil außer dem, was das Handwerk zunächst lieferte, auch allerlei hölzernes Küchen-, Keller- und landwirtschaftliches Gerät, ingleichem Tran und Wagensalbe, auch weniges von Sämereien, Dill und Kümmel, zum Verkauf umherstand oder -hing. Ein Mädchen, das als Kellnerin die Gäste zu bedienen und nebenbei den Laden zu besorgen hatte, war eben mit einem Bauern beschäftigt, welcher, sein Söhnlein an der Hand, herzugetreten war, um einiges zu kaufen, ein Fruchtmaß, eine Bürste, eine Geißel. Er suchte unter vielen Stücken eines heraus, prüfte es, legte es weg, ergriff ein zweites und drittes, und kehrte unschlüssig zum ersten zurück; es war kein Fertigwerden. Das Mädchen entfernte sich mehrmals der Aufwartung wegen, kam wieder und war unermüdlich, ihm seine Wahl zu erleichtern und annehmlich zu machen, ohne daß sie zu viel darum schwatzte.

Mozart sah und hörte, auf einem Bänkchen bei der Kegelbahn, diesem allen mit Vergnügen zu. Sosehr ihm auch das gute verständige Betragen des Mädchens, die Ruhe und der Ernst in ihren ansprechenden Zügen gefiel, noch mehr interessierte ihn für jetzt der Bauer, welcher ihm, nachdem er ganz befriedigt abgezogen, noch viel zu denken gab. Er hatte sich voll-

kommen in den Mann hineinversetzt, gefühlt, wie wichtig die
geringe Angelegenheit von ihm behandelt, wie ängstlich und
gewissenhaft die Preise, bei einem Unterschied von wenig Kreu-
zern, hin und her erwogen wurden. Und, dachte er, wenn nun
der Mann zu seinem Weibe heimkommt, ihr seinen Handel
rühmt, die Kinder alle passen, bis der Zwerchsack aufgeht, darin
auch was für sie sein mag; sie aber eilt, ihm einen Imbiß und
einen frischen Trunk selbstgekelterten Obstmost zu holen, darauf er seinen ganzen Appetit verspart hat!

Wer auch so glücklich wäre, so unabhängig von den Menschen! ganz nur auf die Natur gestellt und ihren Segen, wie
sauer auch dieser erworben sein will!

Ist aber mir mit meiner Kunst ein anderes Tagwerk anbefohlen, das ich am Ende doch mit keinem in der Welt vertauschen würde: warum muß ich dabei in Verhältnissen leben, die
das gerade Widerspiel von solch unschuldiger, einfacher Existenz ausmachen? Ein Gütchen wenn du hättest, ein kleines
Haus bei einem Dorf in schöner Gegend, du solltest wahrlich
neu aufleben! Den Morgen über fleißig bei deinen Partituren,
die ganze übrige Zeit bei der Familie; Bäume pflanzen, deinen
Acker besuchen, im Herbst mit den Buben die Äpfel und die
Birn heruntertun; bisweilen eine Reise in die Stadt zu einer
Aufführung und sonst, von Zeit zu Zeit ein Freund und mehrere bei dir — welch eine Seligkeit! Nun ja, wer weiß was noch
geschieht.

Er trat vor den Laden, sprach freundlich mit dem Mädchen
und fing an, ihren Kram genauer zu betrachten. Bei der unmittelbaren Verwandtschaft, welche die meisten dieser Dinge zu
jenem idyllischen Anfluge hatten, zog ihn die Sauberkeit, das
Helle, Glatte, selbst der Geruch der mancherlei Holzarbeiten
an. Es fiel ihm plötzlich ein, Verschiedenes für seine Frau, was
ihr nach seiner Meinung angenehm und nutzbar wäre, auszuwählen. Sein Augenmerk ging zuvörderst auf Gartenwerkzeug.
Constanze hatte nämlich vor Jahr und Tag auf seinen Antrieb
ein Stückchen Land vor dem Kärtner Tor gepachtet und etwas
Gemüse darauf gebaut; daher ihm jetzt fürs erste ein neuer
großer Rechen, ein kleinerer dito, samt Spaten, ganz zweckmäßig schien. Dann weiteres anlangend, so macht es seinen
ökonomischen Begriffen alle Ehre, daß er einem ihn sehr appe-
titlich anlachenden Butterfaß nach kurzer Überlegung, wiewohl
ungern, entsagte; dagegen ihm ein hohes, mit Deckel und schön

geschnitztem Henkel versehenes Geschirr zu unmaßgeblichem Gebrauch einleuchtete. Es war aus schmalen Stäben von zweierlei Holz, abwechselnd hell und dunkel, zusammengesetzt, unten weiter als oben und innen trefflich ausgepicht. Entschieden für die Küche empfahl sich eine schöne Auswahl Rührlöffel, Wellhölzer, Schneidbretter und Teller von allen Größen, sowie ein Salzbehälter einfachster Konstruktion zum Aufhängen.

Zuletzt besah er sich noch einen derben Stock, dessen Handhabe mit Leder und runden Messingnägeln gehörig beschlagen war. Da der sonderbare Kunde auch hier in einiger Versuchung schien, bemerkte die Verkäuferin mit Lächeln, das sei just kein Tragen für Herrn. „Du hast recht, mein Kind", versetzte er, „mir deucht, die Metzger auf der Reise haben solche; weg damit, ich will ihn nicht. Das übrige hingegen alles, was wir da ausgelesen haben, bringst du mir heute oder morgen ins Haus." Dabei nannte er ihr seinen Namen und die Straße. Er ging hierauf, um auszutrinken, an seinen Tisch, wo von den dreien nur noch einer, ein Klempnermeister, saß.

„Die Kellnerin hat heut mal einen guten Tag", bemerkte der Mann. „Ihr Vetter läßt ihr vom Erlös im Laden am Gulden einen Batzen."

Mozart freute sich nun seines Einkaufs doppelt; gleich aber sollte seine Teilnahme an der Person noch größer werden. Denn als sie wieder in die Nähe kam, rief ihr derselbe Bürger zu: „Wie steht's, Kreszenz? Was macht der Schlosser? Feilt er nicht bald sein eigen Eisen?"

„O was!" erwiderte sie im Weitereilen: „Selbiges Eisen, schätz ich, wächst noch im Berg, zuhinterst."

„Es ist ein guter Tropf", sagte der Klempner. „Sie hat lang ihrem Stiefvater hausgehalten und ihn in der Krankheit verpflegt, und da er tot war, kam's heraus, daß er ihr Eigenes aufgezehrt hatte; zeither dient sie da ihrem Verwandten, ist alles und alles im Geschäft, in der Wirtschaft und bei den Kindern. Sie hat mit einem braven Gesellen Bekanntschaft und würde ihn je eher je lieber heiraten; das aber hat so seine Haken."

„Was für? Er ist wohl auch ohne Vermögen?"

„Sie ersparten sich beide etwas, doch langt es nicht gar. Jetzt kommt mit nächstem drinnen ein halber Hausteil samt Werkstatt in Gant; dem Seiler wär's ein Leichtes, ihnen vorzuschießen, was noch zum Kaufschilling fehlt, allein er läßt die Dirne natürlich nicht gern fahren. Er hat gute Freunde im Rat und bei der Zunft, da findet der Geselle nun allenthalben Schwierigkeiten."

„Verflucht!" — fuhr Mozart auf, so daß der andere erschrak und sich umsah, ob man nicht horche. „Und da ist niemand, der ein Wort nach dem Recht dareinspräche? den Herrn eine Faust vorhielte? Die Schufte, die! Wart nur, man kriegt euch noch beim Wickel."

Der Klempner saß wie auf Kohlen. Er suchte das Gesagte auf eine ungeschickte Art zu mildern, beinahe nahm er es völlig zurück. Doch Mozart hörte ihn nicht an. „Schämt Euch, wie Ihr nun schwatzt. So macht's ihr Lumpen allemal, sobald es gilt mit etwas einzustehen!" — Und hiemit kehrte er dem Hasenfuß ohne Abschied den Rücken. Der Kellnerin, die alle Hände voll zu tun hatte mit neuen Gästen, raunte er nur im Vorbeigehen zu: „Komme morgen beizeiten, grüße mir deinen Liebsten; ich hoffe, daß eure Sache gut geht." Sie stutzte nur und hatte weder Zeit noch Fassung ihm zu danken.

Geschwinder als gewöhnlich, weil der Auftritt ihm das Blut etwas in Wallung brachte, ging er vorerst denselben Weg, den er gekommen, bis an das Glacis, auf welchem er dann langsamer, mit einem Umweg, im weiten Halbkreis um die Wälle wandelte. Ganz mit der Angelegenheit des armen Liebespaars beschäftigt, durchlief er in Gedanken eine Reihe seiner Bekannten und Gönner, die auf die eine oder andere Weise in diesem Fall etwas vermochten. Da indessen, bevor er sich irgend zu einem Schritt bestimmte, noch nähere Erklärungen von seiten des Mädchens erforderlich waren, beschloß er diese ruhig abzuwarten und war nunmehr, mit Herz und Sinn den Füßen vorauseilend, bei seiner Frau zu Hause.

Mit innerer Gewißheit zählte er auf einen freundlichen, ja fröhlichen Willkommen, Kuß und Umarmung schon auf der Schwelle, und Sehnsucht verdoppelte seine Schritte beim Eintritt in das Kärntner Tor. Nicht weit davon ruft ihn der Postträger an, der ihm ein kleines, doch gewichtiges Paket übergibt, worauf er eine ehrliche und akkurate Hand augenblicklich erkennt. Er tritt mit dem Boten, um ihn zu quittieren, in den nächsten Kaufladen; dann, wieder auf der Straße, kann er sich nicht bis in sein Haus gedulden; er reißt die Siegel auf, halb gehend, halb stehend verschlingt er den Brief.

„Ich saß", fuhr Madame Mozart hier in der Erzählung bei

den Damen fort, „am Nähtisch, hörte meinen Mann die Stiege heraufkommen und den Bedienten nach mir fragen. Sein Tritt und seine Stimme kam mir beherzter, aufgeräumter vor, als ich erwartete und als mir wahrhaftig angenehm war. Erst ging er' auf sein Zimmer, kam aber gleich herüber. ‚Guten Abend!' sagt' er; ich, ohne aufzusehen, erwiderte ihm kleinlaut. Nachdem er die Stube ein paarmal stillschweigend gemessen, nahm er unter erzwungenem Gähnen die Fliegenklatsche hinter der Tür, was ihm noch niemals eingefallen war, und murmelte vor sich: ‚Wo nur die Fliegen gleich wieder herkommen!' — fing an zu patschen da und dort, und zwar so stark wie möglich. Dies war ihm stets der unleidlichste Ton, den ich in seiner Gegenwart nie hören lassen durfte. Hm, dacht ich, daß doch was man selber tut, zumal die Männer, ganz etwas anderes ist! Übrigens hatte ich so viele Fliegen gar nicht wahrgenommen. Sein seltsames Betragen verdroß mich wirklich sehr. — ‚Sechse auf *einen* Schlag!' rief er: ‚willst du sehen?' — Keine Antwort. Da legt er mir etwas aufs Nähkissen hin, daß ich es sehen mußte, ohne ein Auge von meiner Arbeit zu verwenden. Es war nichts Schlechteres als ein Häufchen Gold, soviel man Dukaten zwischen zwei Finger nimmt. Er setzte seine Possen hinter meinem Rücken fort, tat hin und wieder einen Streich und sprach dabei für sich: ‚Das fatale, unnütze, schamlose Gezücht! Zu was Zweck es nur eigentlich auf der Welt ist — Patsch! — offenbar bloß daß man's totschlage — Pitsch — darauf verstehe ich mich einigermaßen, darf ich behaupten. — Die Naturgeschichte belehrt uns über die erstaunliche Vermehrung dieser Geschöpfe — Pitsch Patsch —: in meinem Hause wird immer sogleich damit aufgeräumt. Ah maledette! disperate! — Hier wieder ein Stück zwanzig. Magst du sie?' — Er kam und tat wie vorhin. Hatte ich bisher mit Mühe das Lachen unterdrückt, länger war es unmöglich, ich platzte heraus, er fiel mir um den Hals und beide kicherten und lachten wir um die Wette.

,Woher kommt dir denn aber das Geld?' frag ich, während daß er den Rest aus dem Röllelchen schüttelt. — ‚Vom Fürsten Esterhazy! durch den Haydn! Lies nur den Brief.' Ich las.

‚Eisenstadt usw. Teuerster Freund! Seine Durchlaucht, mein gnädigster Herr, hat mich zu meinem größesten Vergnügen damit betraut, Ihnen beifolgende sechzig Dukaten zu übermachen. Wir haben letzt Ihre Quartetten wieder ausgeführt und Seine Durchlaucht waren solchermaßen davon eingenommen und befriediget als bei dem erstenmal, vor einem Vierteljahre, kaum der Fall gewesen. Der Fürst bemerkte mir (ich muß es wörtlich schreiben): ›Als Mozart Ihnen diese Arbeit dedizierte, hat er geglaubt nur Sie zu ehren, doch kann's ihm nichts verschlagen, wenn ich zugleich ein Kompliment für mich darin erblicke. Sagen Sie ihm, ich denke von seinem Genie bald so groß wie Sie selbst, und mehr könn er in Ewigkeit nicht verlangen.‹ — ›Amen!‹ setz ich hinzu. Sind Sie zufrieden?

Postskript. Der lieben Frau ins Ohr: Sorgen Sie gütigst, daß die Danksagung nicht aufgeschoben werde. Am besten geschäh es persönlich. Wir müssen so guten Wind fein erhalten!'

,Du Engelsmann! o himmlische Seele!' rief Mozart ein übers andere Mal, und es ist schwer zu sagen, was ihn am meisten freute, der Brief, oder des Fürsten Beifall oder das Geld. Was mich betrifft, aufrichtig gestanden, mir kam das letztere gerade damals höchst gelegen. Wir feierten noch einen sehr vergnügten Abend.

Von der Affäre in der Vorstadt erfuhr ich jenen Tag noch nichts, die folgenden ebensowenig, die ganze nächste Woche verstrich, keine Kreszenz erschien, und mein Mann, in einem Strudel von Geschäften, vergaß die Sache bald. Wir hatten an einem Sonnabend Gesellschaft; Hauptmann Wesselt, Graf Hardegg und andere musizieren. In einer Pause werde ich hinausgerufen — da war nun die Bescherung! Ich geh hinein und frage: ,Hast du Bestellung in der Alservorstadt auf allerlei Holzware gemacht?' — ,Potz Hagel, ja! Ein Mädchen wird dasein? Laß sie nur hereinkommen!' So trat sie denn in größter Freundlichkeit, einen vollen Korb am Arm, mit Rechen und Spaten ins Zimmer, entschuldigte ihr langes Ausbleiben, sie habe den Namen der Gasse nicht mehr gewußt und sich erst heut zurechtgefragt. Mozart nahm ihr die Sachen nacheinander ab, die er sofort mit Selbstzufriedenheit mir überreichte. Ich ließ mir herzlich dankbar alles und jedes wohl gefallen, belobte und pries, nur nahm es mich Wunder, wozu er das Gartengeräte gekauft. — ,Natürlich', sagt' er, ,für dein Stückchen an der Wien.' — ,Mein Gott, das haben wir ja aber lange abgegeben! weil uns das Wasser immer soviel Schaden tat und überhaupt gar nichts dabei herauskam. Ich sagte dir's, du hattest nichts dawider.' — ,Was? Und also die Spargeln, die wir dies Frühjahr speisten —' ,Waren immer vom Markt.' — ,Seht', sagt' er, ,hätt ich das gewußt! Ich lobte sie dir so aus bloßer Artigkeit, weil du mich wirklich dauertest mit deiner Gärtnerei; es waren Dingerl wie die Federspulen.'

Die Herrn belustigte der Spaß überaus; ich mußte einigen sogleich das Überflüssige zum Andenken lassen. Als aber Mozart nun das Mädchen über ihr Heiratsanliegen ausforschte, sie ermunterte, hier nur ganz frei zu sprechen, da das, was man für sie und ihren Liebsten tun würde, in der Stille, glimpflich und ohne jemandes Anklagen solle ausgerichtet werden, so äußerte sie sich gleichwohl mit so viel Bescheidenheit, Vorsicht und Schonung, daß sie alle Anwesenden völlig gewann und man sie endlich mit den besten Versprechungen entließ.

‚Den Leuten muß geholfen werden!' sagte der Hauptmann. ‚Die Innungskniffe sind das wenigste dabei; hier weiß ich einen, der das bald in Ordnung bringen wird. Es handelt sich um einen Beitrag für das Haus, Einrichtungskosten und dergleichen. Wie, wenn wir ein Konzert für Freunde im Trattnerischen Saal mit Entree ad libitum ankündigten?' — Der Gedanke fand lebhaften Anklang. Einer der Herrn ergriff das Salzfaß und sagte: ‚Es müßte jemand zur Einleitung einen hübschen historischen Vortrag tun, Herrn Mozarts Einkauf schildern, seine menschenfreundliche Absicht erklären, und hier das Prachtgefäß stellt man auf einem Tisch als Opferbüchse auf, die beiden Rechen als Dekoration rechts und links dahinter gekreuzt.'

Dies nun geschah zwar nicht, hingegen das Konzert kam zustande; es warf ein Erkleckliches ab, verschiedene Beiträge folgten nach, daß das beglückte Paar noch Überschuß hatte, und auch die andern Hindernisse waren schnell beseitigt. Duscheks in Prag, unsre genausten Freunde dort, bei denen wir logieren, vernahmen die Geschichte, und *sie*, eine gar gemütliche herzige Frau, verlangte von dem Kram aus Kuriosität auch etwas zu haben; so legt ich denn das Passendste für sie zurück und nahm es bei dieser Gelegenheit mit. Da wir inzwischen unverhofft eine neue liebe Kunstverwandte finden sollten, die nah daran ist, sich den eigenen Herd einzurichten, und ein Stück gemeinen Hausrat, welches Mozart ausgewählt, gewißlich nicht verschmähen wird, will ich mein Mitbringen halbieren, und Sie haben die Wahl zwischen einem schön durchbrochenen Schokoladequirl und mehrgedachter Salzbüchse, an welcher sich der Künstler mit einer geschmackvollen Tulpe verunköstigt hat. Ich würde unbedingt zu diesem Stück raten; das edle Salz, soviel ich weiß.

ist ein Symbol der Häuslichkeit und Gastlichkeit, wozu wir alle guten Wünsche für Sie legen wollen."

So weit Madame Mozart. Wie dankbar und wie heiter alles von den Damen auf- und angenommen wurde, kann man denken. Der Jubel erneuerte sich, als gleich darauf bei den Männern oben die Gegenstände vorgelegt und das Muster patriarchalischer Simplizität nun förmlich übergeben ward, welchem der Oheim in dem Silberschranke seiner nunmehrigen Besitzerin und ihrer spätesten Nachkommen keinen geringern Platz versprach, als jenes berühmte Kunstwerk des florentinischen Meisters in der Ambraser Sammlung einnehme.

Es war schon fast acht Uhr; man nahm den Tee. Bald aber sah sich unser Musiker an sein schon am Mittag gegebenes Wort, die Gesellschaft näher mit dem „Höllenbrand" bekannt zu machen, der unter Schloß und Riegel, doch zum Glück nicht allzu tief im Reisekoffer lag, dringend erinnert. Er war ohne Zögern bereit. Die Auseinandersetzung der Fabel des Stücks hielt nicht lange auf, das Textbuch wurde aufgeschlagen und schon brannten die Lichter am Fortepiano.

Wir wünschten wohl, unsere Leser streifte hier zum wenigsten etwas von jener eigentümlichen Empfindung an, womit oft schon ein einzeln abgerissener, aus einem Fenster beim Vorübergehen an unser Ohr getragener Akkord, der nur von *dorther* kommen kann, uns wie elektrisch trifft und wie gebannt festhält; etwas von jener süßen Bangigkeit, wenn wir in dem Theater, solange das Orchester stimmt, dem Vorhang gegenübersitzen. Oder ist es nicht so? Wenn auf der Schwelle jedes erhabenen tragischen Kunstwerks, es heiße „Macbeth", „Ödipus" oder wie sonst, ein Schauer der ewigen Schönheit schwebt, wo träfe dies in höherem, auch nur in gleichem Maße zu, als eben hier? Der Mensch verlangt und scheut zugleich aus seinem gewöhnlichen Selbst vertrieben zu werden, er fühlt, das Unendliche wird ihn berühren, das seine Brust zusammenzieht, indem es sie ausdehnen und den Geist gewaltsam an sich reißen will. Die Ehrfurcht vor der vollendeten Kunst tritt hinzu; der Gedanke, ein göttliches Wunder genießen, es als ein Verwandtes in sich aufnehmen zu dürfen, zu können, führt eine Art von Rührung, ja von Stolz mit sich, vielleicht den glücklichsten und reinsten, dessen wir fähig sind.

Unsre Gesellschaft aber hatte damit, daß sie ein uns von Jugend auf völlig zu eigen gewordenes Werk jetzt erstmals

kennenlernen sollte, einen von unserem Verhältnis unendlich
verschiedenen Stand, und, wenn man das beneidenswerte Glück
der persönlichen Vermittlung durch den Urheber abrechnet, bei
weitem nicht den günstigen wie wir, da eine reine und vollkommene Auffassung eigentlich niemand möglich war, auch in
mehr als *einem* Betracht selbst dann nicht möglich gewesen
sein würde, wenn das Ganze unverkürzt hätte mitgeteilt werden können.

Von achtzehn fertig ausgearbeiteten Nummern* gab der Komponist vermutlich nicht die Hälfte; (wir finden in dem, unserer
Darstellung zugrunde liegenden Bericht nur das letzte Stück
dieser Reihe, das Sextett, ausdrücklich angeführt) — er gab sie
meistens, wie es scheint, in einem freien Auszug, bloß auf dem
Klavier, und sang stellenweise darein, wie es kam und sich
schickte. Von der Frau ist gleichfalls nur bemerkt, daß sie zwei
Arien vorgetragen habe. Wir möchten uns, da ihre Stimme so
stark als lieblich gewesen sein soll, die erste der Donna Anna
(„Du kennst den Verräter"), und eine von den beiden der
Zerline dabei denken.

Genaugenommen waren, dem Geist, der Einsicht, dem Geschmacke nach, Eugenie und ihr Verlobter die einzigen Zuhörer
wie der Meister sie sich wünschen mußte, und jene war es sicher
ungleich mehr als dieser. Sie saßen beide tief im Grunde des
Zimmers; das Fräulein regungslos, wie eine Bildsäule, und in
die Sache aufgelöst auf einen solchen Grad, daß sie auch in den
kurzen Zwischenräumen, wo sich die Teilnahme der übrigen
bescheiden äußerte oder die innere Bewegung sich unwillkürlich
mit einem Ausruf der Bewunderung Luft machte, die von dem
Bräutigam an sie gerichteten Worte immer nur ungenügend
zu erwidern vermochte.

Als Mozart mit dem überschwenglich schönen Sextett geschlossen hatte, und nach und nach ein Gespräch aufkam, schien
er vornehmlich einzelne Bemerkungen des Barons mit Interesse
und Wohlgefallen aufzunehmen. Es wurde vom Schlusse der
Oper die Rede, sowie von der, vorläufig auf den Anfang No-
vembers anberaumten Aufführung, und da jemand meinte,
gewisse Teile des Finale möchten noch eine Riesenaufgabe sein,

---

* Bei dieser Zählung ist zu wissen, daß Elviras Arie mit dem Rezitativ und Leporellos „Hab's verstanden" nicht ursprünglich in der
Oper enthalten gewesen.

so lächelte der Meister mit einiger Zurückhaltung; Constanze aber sagte zu der Gräfin hin, daß er es hören mußte: „Er hat noch was in petto, womit er geheim tut, auch vor mir."

„Du fällst", versetzte er, „aus deiner Rolle, Schatz, daß du das jetzt zur Sprache bringst; wenn ich nun Lust bekäme, von neuem anzufangen? und in der Tat, es juckt mich schon."

„Leporello!" rief der Graf, lustig aufspringend, und winkte einem Diener: „Wein! Sillery, drei Flaschen!"

„Nicht doch! damit ist es vorbei — mein Junker hat sein letztes im Glase."

„Wohl bekomm's ihm — und jedem das Seine!"

„Mein Gott, was hab ich da gemacht!" lamentierte Constanze, mit einem Blick auf die Uhr, „gleich ist es elfe, und morgen früh soll's fort — wie wird das gehen?"

„Es geht halt gar nicht, Beste! nur schlechterdings gar nicht."

„Manchmal", fing Mozart an, „kann sich doch ein Ding sonderbar fügen. Was wird denn meine Stanzl sagen, wenn sie erfährt, daß eben das Stück Arbeit, was sie nun hören soll, um ebendiese Stunde in der Nacht, und zwar gleichfalls vor einer angesetzten Reise, zur Welt geboren ist?"

„Wär's möglich? Wann? Gewiß vor drei Wochen, wie du nach Eisenstadt wolltest?"

„Getroffen! Und das begab sich so. Ich kam nach zehne, du schliefst schon fest, von Richters Essen heim, und wollte versprochenermaßen auch bälder zu Bett, um morgens beizeiten heraus und in den Wagen zu steigen. Inzwischen hatte Veit, wie gewöhnlich, die Lichter auf dem Schreibtisch angezündet, ich zog mechanisch den Schlafrock an, und fiel mir ein, geschwind mein letztes Pensum noch einmal anzusehen. Allein, o Mißgeschick! verwünschte, ganz unzeitige Geschäftigkeit der Weiber! du hattest aufgeräumt, die Noten eingepackt — die mußten nämlich mit: der Fürst verlangte eine Probe von dem Opus; — ich suchte, brummte, schalt, umsonst! Darüber fällt mein Blick auf ein versiegeltes Kuvert: vom Abbate, den greulichen Haken nach auf der Adresse — ja wahrlich! und schickt mir den umgearbeiteten Rest seines Texts, den ich vor Monatsfrist noch nicht zu sehen hoffte. Sogleich sitz ich begierig hin und lese und bin entzückt, wie gut der Kauz verstand, was ich wollte. Es war alles weit simpler, gedrängter und reicher zugleich. Sowohl die Kirchhofsszene, wie das Finale, bis zum Untergang des Helden, hat in jedem Betracht sehr gewonnen.

(Du sollst mir aber auch, dachte ich, vortrefflicher Poet, Himmel und Hölle nicht unbedankt zum zweitenmal beschworen haben!) Nun ist es sonst meine Gewohnheit nicht, in der Komposition etwas vorauszunehmen, und wenn es noch so lockend wäre; das bleibt eine Unart, die sich sehr übel bestrafen kann. Doch gibt es Ausnahmen, und kurz, der Auftritt bei der Reiterstatue des Gouverneurs, die Drohung, die vom Grabe des Erschlagenen her urplötzlich das Gelächter des Nachtschwärmers haarsträubend unterbricht, war mir bereits in die Krone gefahren. Ich griff einen Akkord und fühlte, ich hatte an der rechten Pforte angeklopft, dahinter schon die ganze Legion von Schrecken beieinanderliege, die im Finale loszulassen sind. So kam fürs erste ein Adagio heraus: d-moll, vier Takte nur, darauf ein zweiter Satz mit fünfen — es wird, bild ich mir ein, auf dem Theater etwas Ungewöhnliches geben, wo die stärksten Blasinstrumente die Stimmen begleiten. Einstweilen hören Sie's, so gut es sich hier machen läßt."

Er löschte ohne weiteres die Kerzen der beiden neben ihm stehenden Armleuchter aus, und jener furchtbare Choral: „Dein Lachen endet vor der Morgenröte!" erklang durch die Totenstille des Zimmers. Wie von entlegenen Sternenkreisen fallen die Töne aus silbernen Posaunen, eiskalt, Mark und Seele durchschneidend, herunter durch die blaue Nacht.

„Wer ist hier? Antwort!" hört man Don Juan fragen. Da hebt es wieder an, eintönig wie zuvor, und gebietet dem ruchlosen Jüngling die Toten in Ruhe zu lassen.

Nachdem diese dröhnenden Klänge bis auf die letzte Schwingung in der Luft verhallt waren, fuhr Mozart fort: „Jetzt gab es für mich begreiflicherweise kein Aufhören mehr. Wenn erst das Eis einmal an *einer* Uferstelle bricht, gleich kracht der ganze See und klingt bis an den entferntesten Winkel hinunter. Ich ergriff unwillkürlich denselben Faden weiter unten bei Don Juans Nachtmahl wieder, wo Donna Elvira sich eben entfernt hat und das Gespenst, der Einladung gemäß, erscheint. — Hören Sie an."

Es folgte nun der ganze lange, entsetzenvolle Dialog, durch welchen auch der Nüchternste bis an die Grenze menschlichen Vorstellens, ja über sie hinausgerissen wird, wo wir das Übersinnliche schauen und hören, und innerhalb der eigenen Brust von einem Äußersten zum andern willenlos uns hin und her geschleudert fühlen.

Menschlichen Sprachen schon entfremdet, bequemt sich das unsterbliche Organ des Abgeschiedenen, noch einmal zu reden. Bald nach der ersten fürchterlichen Begrüßung, als der Halbverklärte die ihm gebotene irdische Nahrung verschmäht, wie seltsam schauerlich wandelt seine Stimme auf den Sprossen einer luftgewebten Leiter unregelmäßig auf und nieder! Er fordert schleunigen Entschluß zur Buße: kurz ist dem Geist die Zeit gemessen; weit, weit, weit ist der Weg! Und wenn nun Don Juan, im ungeheuren Eigenwillen den ewigen Ordnungen trotzend, unter dem wachsenden Andrang der höllischen Mächte, ratlos ringt, sich sträubt und windet, und endlich untergeht, noch mit dem vollen Ausdruck der Erhabenheit in jeder Gebärde — wem zitterten nicht Herz und Nieren vor Lust und Angst zugleich? Es ist ein Gefühl, ähnlich dem, womit man das prächtige Schauspiel einer unbändigen Naturkraft, den Brand eines herrlichen Schiffes anstaunt. Wir nehmen wider Willen gleichsam Partei für diese blinde Größe und teilen knirschend ihren Schmerz im reißenden Verlauf ihrer Selbstvernichtung.

Der Komponist war am Ziele. Eine Zeitlang wagte niemand, das allgemeine Schweigen zuerst zu brechen.

„Geben Sie uns", fing endlich, mit noch beklemmtem Atem, die Gräfin an, „geben Sie uns, ich bitte Sie, einen Begriff, wie Ihnen war, da Sie in jener Nacht die Feder weglegten!"

Er blickte, wie aus einer stillen Träumerei ermuntert, helle zu ihr auf, besann sich schnell und sagte, halb zu der Dame, halb zu seiner Frau: „Nun ja, mir schwankte wohl zuletzt der Kopf. Ich hatte dies verzweifelte Dibattimento, bis zu dem Chor der Geister, in *einer* Hitze fort, beim offenen Fenster, zu Ende geschrieben, und stand nach einer kurzen Rast vom Stuhl auf, im Begriff, nach deinem Kabinett zu gehen, damit wir noch ein bißchen plaudern und sich mein Blut ausgleiche. Da machte ein überquerer Gedanke mich mitten im Zimmer stillstehen." (Hier sah er zwei Sekunden lang zu Boden, und sein Ton verriet beim Folgenden eine kaum merkbare Bewegung.) „Ich sagte zu mir selbst: wenn du noch diese Nacht wegstürbest, und müßtest deine Partitur an diesem Punkt verlassen: ob dir's auch Ruh im Grabe ließ'? — Mein Auge hing am Docht des Lichts in meiner Hand und auf den Bergen von abgetropftem Wachs. Ein Schmerz bei dieser Vorstellung durchzückte mich einen Moment; dann dacht ich weiter: wenn denn hernach über kurz oder lang ein anderer, vielleicht gar so ein Welscher, die Oper zu vollenden bekäme, und fände von der Introduktion bis Numero siebzehn, mit Ausnahme *einer* Piece, alles sauber beisammen, lauter gesunde, reife Früchte ins hohe Gras geschüttelt, daß er sie nur auflesen dürfte; ihm graute aber doch ein wenig hier vor der Mitte des Finale, und er fände alsdann unverhofft den tüchtigen Felsbrocken da insoweit schon beiseite gebracht: er möchte drum nicht übel in das Fäustchen lachen! Vielleicht wär er versucht, mich um die Ehre zu betrügen. Er sollte aber wohl die Finger dran verbrennen; da wär noch immerhin ein Häuflein guter Freunde, die meinen Stempel kennen und mir was mein ist redlich sichern würden. — Nun ging ich, dankte Gott mit einem vollen Blick hinauf, und dankte, liebes Weibchen, deinem Genius, der dir so lange seine beiden Hände sanft über die Stirne gehalten, daß du fortschliefst wie eine Ratze und mich kein einzigmal anrufen konntest. Wie ich dann aber endlich kam und du mich um die Uhr befrugst, log ich dich frischweg ein paar Stunden jünger als du warst, denn es ging stark auf viere; und nun wirst du begreifen, warum du mich um sechse nicht aus den Federn brachtest, der Kutscher wieder heimgeschickt und auf den andern Tag bestellt werden mußte."

„Natürlich", versetzte Constanze, „nur bilde sich der schlaue Mann nicht ein, man sei so dumm gewesen, nichts zu merken! Deswegen brauchtest du mir deinen schönen Vorsprung fürwahr nicht zu verheimlichen!"

„Auch war es nicht deshalb."

„Weiß schon — du wolltest deinen Schatz vorerst noch unbeschrieen haben."

„Mich freut nur", rief der gutmütige Wirt, „daß wir morgen nicht nötig haben, ein edles Wiener Kutscherherz zu kränken, wenn Herr Mozart partout nicht aufstehen kann. Die Ordre ‚Hans spann wieder aus' tut jederzeit sehr weh."

Diese indirekte Bitte um längeres Bleiben, mit der sich die übrigen Stimmen im herzlichsten Zuspruch verbanden, gab den Reisenden Anlaß zu Auseinandersetzung sehr triftiger Gründe dagegen; doch verglich man sich gerne dahin, daß nicht zu zeitig aufgebrochen und noch vergnügt zusammen gefrühstückt werden solle.

Man stand und drehte sich noch eine Zeitlang in Gruppen schwatzend umeinander. Mozart sah sich nach jemanden um, augenscheinlich nach der Braut; da sie jedoch gerade nicht zugegen war, so richtete er naiverweise die ihr bestimmte Frage unmittelbar an die ihm nahe stehende Franziska: „Was denken Sie denn nun im ganzen von unserm ‚Don Giovanni'? was können Sie ihm Gutes prophezeien?"

„Ich will", versetzte sie mit Lachen, „im Namen meiner Base so gut antworten als ich kann: Meine einfältige Meinung ist, daß wenn ‚Don Giovanni' nicht aller Welt den Kopf verrückt, so schlägt der liebe Gott seinen Musikkasten gar zu, auf unbestimmte Zeit heißt das, und gibt der Menschheit zu verstehen —"

— „Und gibt der Menschheit", fiel der Onkel verbessernd ein, „den Dudelsack in die Hand und verstocket die Herzen der Leute, daß sie anbeten Baalim."

„Behüt uns Gott!" lachte Mozart. „Je nun, im Lauf der nächsten sechzig, siebzig Jahre, nachdem ich lang fort bin, wird mancher falsche Prophet aufstehen."

Eugenie trat mit dem Baron und Max herbei, die Unterhaltung hob sich unversehens auf ein Neues, ward nochmals ernsthaft und bedeutend, so daß der Komponist, eh die Gesellschaft auseinanderging, sich noch gar mancher schönen, bezeichnenden Äußerung erfreute, die seiner Hoffnung schmeichelte.

Erst lange nach Mitternacht trennte man sich; keines empfand bis jetzt, wie sehr es der Ruhe bedurfte.

Den andern Tag (das Wetter gab dem gestrigen nichts nach) um zehn Uhr sah man einen hübschen Reisewagen, mit den Effekten beider Wiener Gäste bepackt, im Schloßhof stehen. Der Graf stand mit Mozart davor, kurz ehe die Pferde herausgeführt wurden, und fragte, wie er ihm gefalle.

„Sehr gut; er scheint äußerst bequem."

„Wohlan, so machen Sie mir das Vergnügen und behalten Sie ihn zu meinem Andenken."

„Wie? ist das Ernst?"

„Was wäre es sonst?"

„Heiliger Sixtus und Calixtus — Constanze! du!" rief er zum Fenster hinauf, wo sie mit den andern heraussah. „Der Wagen soll mein sein! du fährst künftig in deinem eigenen Wagen!"

Er umarmte den schmunzelnden Geber, betrachtete und umging sein neues Besitztum von allen Seiten, öffnete den Schlag, warf sich hinein und rief heraus: „Ich dünke mich so vornehm und so reich wie Ritter Gluck! Was werden sie in Wien für

Augen machen!" — „Ich hoffe", sagte die Gräfin, „Ihr Fuhrwerk wiederzusehn bei der Rückkehr von Prag, mit Kränzen um und um behangen!"

Nicht lang nach diesem letzten fröhlichen Auftritt setzte sich der vielbelobte Wagen mit dem scheidenden Paar wirklich in Bewegung und fuhr im raschen Trab nach der Landstraße zu. Der Graf ließ sie bis Wittingau fahren, wo Postpferde genommen werden sollten.

Wenn gute, vortreffliche Menschen durch ihre Gegenwart vorübergehend unser Haus belebten, durch ihren frischen Geistesodem auch unser Wesen in neuen raschen Aufschwung versetzten und uns den Segen der Gastfreundschaft in vollem Maße zu empfinden gaben, so läßt ihr Abschied immer eine unbehagliche Stockung, zum mindesten für den Rest des Tags, bei uns zurück, wofern wir wieder ganz nur auf uns selber angewiesen sind.

Bei unsern Schloßbewohnern traf wenigstens das letztere nicht zu. Franziskas Eltern nebst der alten Tante fuhren zwar alsbald auch weg; die Freundin selbst indes, der Bräutigam, Max ohnehin, verblieben noch. Eugenien, von welcher vorzugsweise hier die Rede ist, weil sie das unschätzbare Erlebnis tiefer als alle ergriff, ihr, sollte man denken, konnte nichts fehlen, nichts genommen oder getrübt sein; ihr reines Glück in dem wahrhaft geliebten Mann, das erst soeben seine förmliche Bestätigung erhielt, mußte alles andre verschlingen, vielmehr, das Edelste und Schönste, wovon ihr Herz bewegt sein konnte, mußte sich notwendig mit jener seligen Fülle in *eines* verschmelzen. So wäre es auch wohl gekommen, hätte sie gestern und heute der bloßen Gegenwart, jetzt nur dem reinen Nachgenuß derselben leben können. Allein am Abend schon, bei den Erzählungen der Frau, war sie von leiser Furcht für ihn, an dessen liebenswertem Bild sie sich ergötzte, geheim beschlichen worden; diese Ahnung wirkte nachher, die ganze Zeit als Mozart spielte, hinter allem unsäglichen Reiz, durch alle das geheimnisvolle Grauen der Musik hindurch, im Grund ihres Bewußtseins fort, und endlich überraschte, erschütterte sie das was er selbst in der nämlichen Richtung gelegentlich von sich erzählte. Es ward ihr so gewiß, so ganz gewiß, daß dieser Mann sich schnell und unaufhaltsam in seiner eigenen Glut verzehre, daß er nur eine flüchtige Erscheinung auf der Erde sein könne, weil sie den Überfluß, den er verströmen würde, in Wahrheit nicht ertrüge.

Dies, neben vielem andern, ging, nachdem sie sich gestern niedergelegt, in ihrem Busen auf und ab, während der Nachhall „Don Juans" verworren noch lange fort ihr inneres Gehör einnahm. Erst gegen Tag schlief sie ermüdet ein.

Die drei Damen hatten sich nunmehr mit ihren Arbeiten in den Garten gesetzt, die Männer leisteten ihnen Gesellschaft, und da das Gespräch natürlich zunächst nur Mozart betraf, so verschwieg auch Eugenie ihre Befürchtungen nicht. Keins wollte dieselben im mindesten teilen, wiewohl der Baron sie vollkommen begriff. Zur guten Stunde, in recht menschlich reiner, dankbarer Stimmung pflegt man sich jeder Unglücksidee, die einen gerade nicht unmittelbar angeht, aus allen Kräften zu erwehren. Die sprechendsten, lachendsten Gegenbeweise wurden, besonders vom Oheim, vorgebracht, und wie gerne hörte nicht Eugenie alles an! Es fehlte nicht viel, so glaubte sie wirklich zu schwarz gesehen zu haben.

Einige Augenblicke später, als sie durchs große Zimmer oben ging, das eben gereinigt und wieder in Ordnung gebracht worden war, und dessen vorgezogene, grün damastene Fenstergardinen nur ein sanftes Dämmerlicht zuließen, stand sie wehmütig vor dem Klaviere still. Durchaus war es ihr wie ein Traum, zu denken, wer noch vor wenigen Stunden davor gesessen habe. Lang blickte sie gedankenvoll die Tasten an, die *er* zuletzt berührt, dann drückte sie leise den Deckel zu und zog den Schlüssel ab, in eifersüchtiger Sorge, daß so bald keine andere Hand wieder öffne. Im Weggehn stellte sie beiläufig einige Liederhefte an ihren Ort zurück; es fiel ein älteres Blatt heraus, die Abschrift eines böhmischen Volksliedchens, das Franziska früher, auch wohl sie selbst, manchmal gesungen. Sie nahm es auf, nicht ohne darüber betreten zu sein. In einer Stimmung wie die ihrige wird der natürlichste Zufall leicht zum Orakel. Wie sie es aber auch verstehen wollte, der Inhalt war der Art, daß ihr, indem sie die einfachen Verse wieder durchlas, heiße Tränen entfielen.

> Ein Tännlein grünet wo,
> Wer weiß, im Walde;
> Ein Rosenstrauch, wer sagt,
> In welchem Garten?

Sie sind erlesen schon,
Denk es, o Seele,
Auf deinem Grab zu wurzeln
Und zu wachsen.

Zwei schwarze Rößlein weiden
Auf der Wiese,
Sie kehren heim zur Stadt
In muntern Sprüngen.
Sie werden schrittweis gehn
Mit deiner Leiche;
Vielleicht, vielleicht noch eh
An ihren Hufen
Das Eisen los wird,
Das ich blitzen sehe!

[BRUCHSTÜCKE EINES ROMANS]

Die letzten Ferien nach abgeschlossener Studienzeit haben unstreitig ebensoviel Wehmütiges als sie nur immer Hoffnungsvolles haben können. Es sind keine Ferien mehr. Ich sah mich wie den Fisch, der erst noch wohlbehaglich sein helles Reich durchschwamm, mit einemmal ans Trockene geworfen und leider fand sich ein neues Element um eilends wieder unterzutauchen, nicht gleich in der Nähe. Als junger Doktor im Begriff nach meiner Vaterstadt zurückzukehren, beschloß ich vorerst einen kleinen Abstecher nach dem Gute meines Oheims, des Professors Killford zu machen, der als Gelehrter in den besten Jahren seit einiger Zeit im Privatstande lebte. Ein vorläufiger Brief hatte mich bei ihm angesagt. Der eigene jovialische Mann war mir immer merkwürdig gewesen. Er hatte vordem an der Universität G** als ordentlicher Lehrer der klassischen Literatur gestanden, in welcher Eigenschaft er weniger durch ausgebreitete Kenntnisse, als eine geschmackvolle Behandlung seines Gegenstandes Glück gemacht und den Neid gewisser Matadore erregt zu haben scheint. Sein eigentliches Fach waren die Naturwissenschaften gewesen, wofür jedoch zum Unglück nirgend eine Stelle offenstand, allein der Eigensinn eines Ministers wollte den ehmaligen Hofmeister seines Hauses, durch einen Lehrstuhl, welcher es auch wäre, in aller Eile ausgezeichnet wissen. Die hämische Art seiner Kollegen, verschiedene gelehrte Neckereien, verleideten indes dem tätigen Manne die aufgedrungne Stellung ganz, und wie er nicht ohne Ehrgeiz und Leidenschaft war, so nahm er kurz vor seinem Abgang noch Gelegenheit, einen dieser Gelehrten, der ihn am bittersten gereizt, durch eine scharfsinnige und schlagende Kritik eines physikalischen Programms vor der ganzen Akademie zu bestrafen. Killford hatte sich dabei hinsichtlich seiner Wissenschaftlichkeit von einer bisher kaum gekannten Seite auf eine glänzende Weise gezeigt. Seine Verehrer triumphierten, aber leider hatte er unter der Hand Anstalt zu seiner Entlassung getroffen. In einem bescheidenen Vortrag nahm er eines Tages Abschied von seinem Wirkungskreis und hinterließ bei allen Gutgesinnten die schmerzliche Betrachtung, wieviel ein solcher Mann, hätte er seinen wahren Platz einnehmen dürfen, der Akademie gewesen sein würde. Ein bedeutendes Vermögen setzte ihn instand, mit größter Unabhängigkeit seinem Studium zu leben, und seine Frau, die ihn unsäglich liebte, ließ sich den Ankauf eines Landsitzes bei einem ansehnlichen Dorfe nicht ungerne gefallen.

Killfords Haus lag vereinzelt am Ende des Orts. Noch erst vor fünf Jahren von einem Edelmanne neu erbaut verhieß sein munteres Ansehn von außen schon eine helle, gesunde Wohnlichkeit. Der schmale, aufgemauerte Vorplatz zwischen Haus und Landstraße war durch ein Ziergärtchen ausgefüllt, dessen Rosensträucher und Schlingpflanzen in die Fenster des untern Stockes reichten; ein weißer dünner Zaun mit einer Mitteltür umhegte das Ganze.

Ich langte erst bei später Nachtzeit an, es schlug zwölfe vom Dorf, und alles lag zu Bette, nur kam mir der alte Bediente des Oheims entgegen, der auf den Fall beordert war mich zu empfangen. Ich ließ mir ohne Geräusch mein Schlafzimmer zeigen, wo sich Erfrischungen auf einem reinlich gedeckten Tischchen von der vorsorgenden Hand meiner Tante aufgestellt finden.

Nie aber werde ich vergessen, wie ich nach einem kurzen Schlummer gegen drei erwachte und im anstoßenden Zimmer durch die verschlossene Tür eine Mädchenstimme jemanden ansprechen und eine Unterhaltung fortführen hörte, die wenn sie gleich nur einem kranken Kinde galt, nicht minder alten Leuten das Herz erfrischen und die Augen munter halten konnte. Wer mag meine Nachbarin sein? frug ich mich hin und her. Vom Hause selbst war niemand dem diese Stimme angehören konnte, die Aussprache schon ließ keine Deutsche von Geburt vermuten, die Lieblichkeit des Tons ging über jede Vorstellung.

„Schmerzt denn der Arm wieder so?" war die Frage der Fremden. „Wär es nur Tag", erwiderte der Kleine, den ich sogleich für Ottmarn, Killfords zehnjährigen Knaben erkannte. „Es wird bald werden", versicherte die Unbekannte. „Der Mond scheint gar zu prächtig, ich zieh den Vorhang auf, so wird's dir leichter." Ottmar bat um eine Erzählung, sie sann eine Weile und sprach:

„In jenem kleinen Tale, es heißt der [Lücke] du weißt ja gegen die Ziegelhütte hin, befindet sich ein Stückchen Buchenwald und gleich dabei die wenigen Weingärten hiesiger Markung. Dies ist nun ein sehr wunderlicher Platz, von dem der krumme Gunnefield mir oft die besondersten Dinge erzählte. Dir ist vom Vater längst bekannt, daß von Gespenstern oder Geistern, wie einfältige Leute sich damit fürchten machen, niemals etwas zu halten ist. Verstorbene besuchen die Erde nicht mehr, was auch den Lebenden ganz recht sein kann. Allein von einer Sorte kleiner geistartiger Wesen hab ich seit langer Zeit bestimmte Kunde und preise den glücklich der auch nur einige Bekanntschaft mit diesem niedlichsten und spaßigsten Geschlecht der Erde machen durfte. Verwichenen Herbst in einer stillen Nacht begab ich mich mit Gunnefield, dem meine Neugier keine Ruhe ließ an den bewußten Ort." *[Text bricht hier ab]*

Soweit erzählte die Fremde. Ottmar schien eingeschlafen, kein Laut mehr ließ sich hören; mir selber flossen die Bilder des Märchens gar bald mit dem Spuk meiner eigenen Träume zusammen.

In meines Oheims Haus war man von jeher frühe und ich begrüßte die Familie in der Vorderstube, die sozusagen schwamm in lauter Morgensonne. So klein wie groß umringte den lang nicht gesehenen Vetter; besonders freuten mich die Kinder; sie fremdeten so lange, bis ein blonder unbändiger Rollkopf, der mich allein noch erkannte, zur Tür herein auf mich zusprang, da denn sogleich auch die andern meine Vetterschaft in allen Gliedern spürten und jedes einen Finger meiner Hand für sich zu kriegen eilte, auch alle mit Lebhaftigkeit mir erzählten, wie Ottmar neulich auf der Schaukel verunglückt wäre. Das Kleinste auf dem Arm, kam meine Tante, ein blühendes natürliches Weibchen soeben aus der Krankenstube. Die Frage wie mir's diese Nacht ergangen, führte sogleich auf meine merkwürdige Wandnachbarschaft. Man nannte mir die Tochter eines Baronets von Leithem, Mary. Der Vater hatte in früheren Jahren als Gesandter seines Hofs im Lande gewohnt und in der nur zwei Meilen von hier entfernten Residenzstadt aus einem angesehenen deutschen Hause nicht ohne Widerspruch von seiten der Seinigen eine Katholikin zur Frau gewählt, mit welcher er nach Niederlegung jenes Amtes in sein Vaterland reiste, wo er sie durch den Tod verlor. Deutschland war ihm indes unvergeßlich geblieben. Vor einem Jahre machte er mit seiner zweiten Gemahlin, mit deren Tochter erster Ehe und seiner eignen geliebten Mary einen Besuch und da er ganz in der Nähe das kleine Jagdschloß Bärenrieth bewohnte, das ihm von seinem ersten Aufenthalte her als Eigentum geblieben war, so machte sich diese Bekanntschaft mit meines Oheims Hause von selbst. „Wir hatten", fuhr die Tante fort, „Veranlassung ihm einige Gefälligkeiten zu erweisen, er zeigte sich sehr dankbar und, gegen die Art seiner meisten Landsleute stets heiter und gesellig; er kam öfter zu uns herüber. Killford hatte das Glück seiner besondern Gunst, sie brachte[n] manche Stunde im physikalischen Kabinette miteinander zu. Dazwischen war immer von einer weitern Reise nach der Schweiz und dem Tirol die Rede. Als es nun endlich dazu kam, trat ein unerwarteter Übelstand ein. Mary ward krank. Doch unter uns gesagt, sie suchte einen Vorwand dazubleiben. Niemand befand sich wohl in Lady Annas Nähe, besonders aber war sie Marys Antipathie, die immer auch am meisten von ihrer Unzartheit zu leiden hatte. Als sie daher den Vater aufs inständigste bat, sie indes hier zu lassen, wo es ihr in der Tat ganz wohl behagte, so ließ er ihr zuletzt nach vielen Tränen ihren eignen Willen, sie ward mit guter Art bei der Gesellschaft entschuldigt. Der Baronet hatte seine Gründe warum er sie nicht gerne in der Stadt bei den Verwandten ließ; so kam sie denn zu uns, wo sie vollkommne Freiheit hat, nach ihrem Sinne zu leben. Sie findet keinen Geschmack an den Vergnügungen der großen Welt, besonders mag sie gerne einsam sein, daher sie manchen Tag da draußen auf dem Schlößchen zubringt. Du wirst" — so schloß die Tante — „ein reizendes Mädchen kennenlernen." „Ein wunderliches, wolltest du hinzusetzen", bemerkte Killford lächelnd: „denn du besannst dich auf ein zweites Beiwort. Nun ja, geht mir's doch selber mit dem Mädchen, wie einem zuweilen mit Logogryphen geschieht: kaum glaubt man einen Teil des Wortes glücklich wegzuhaben, so stößt man auf neue Merkmale, welche nicht stimmen und man wird so vom Hundertsten aufs Tausendste geführt", *[Text bricht ab]*

„Überhaupt aber ist's doch gewöhnlich nur unser natürlicher Egoismus, der einen fremden Charakter nicht begreifen will. Ich kann mich nicht dreinfinden heißt dann nur soviel: ich könnte diese, jene Eigenheit, ich könnte solche Neigungen nun einmal schlechterdings in meine Natur nicht aufnehmen. Am

Ende wenn wir lange genug zugesehen haben, wie doch dem andern all das so natürlich ist, wagt man sich wohl einmal auch aus sich selbst hervor und ist gewonnen eh man's dachte. So liebt meine Frau diese Mary und liebt sie just um das am meisten, warum sie sie am wenigsten liebt. Siehst du Vetter, wenn deine Logik das verdauen kann, hier bieten Darum und Warum einander den Rücken und küssen sich über die Achsel. Schade, daß unsre Theologen ihren Vorteil nicht besser verstehen, sonst ließe sich aus solchen Phänomenen vielleicht der Abfall guter Geister ganz bequem ableiten. Ich muß doch bei Gelegenheit unserm englischen Magister ein wenig hierauf deuten."

Auf meine Frage, wer dies wäre, vernahm ich, es wohne im Haus noch ein junger Mann Master Thomas genannt. Er hatte sich früher im Hause des Baronets um die Erziehung und Bildung eines Neffen desselben ein bleibendes Verdienst erworben, war später für die Sache der Kirche und insbesondere der Mission gewonnen worden und hatte nun verschiedene Gegenden Deutschlands besucht. Zuletzt traf er mit Leithem hier zusammen und erhielt von dem Professor aus Freundschaft für jenen die Erlaubnis, auf einige Zeit sein Quartier im Hause zu nehmen, in der Absicht die Bearbeitung gewisser Schriften aus Auftrag seines Instituts mit aller Muße zu vollenden. Er war mit einer Kammerfrau der Lady Leithem verlobt, die sich mit dieser jetzt auf der Reise befand. Sie hatte das Lob eines vortrefflichen Frauenzimmers, welches im Munde meiner Tante ein seltenes Zeugnis war.

Unter mancherlei heitern Gesprächen wurde das Frühstück aufgetragen. Ein gut gewachsner Mann, Herr Thomas, trat herein, und ich bemerkte, daß mein Oheim in seiner Gegenwart sich einigen Zwang antat; doch mir mißfiel der britische Hausfreund keineswegs. Anständig, ruhig war sein ganzes Wesen; seine offene helle Physiognomie drückte ungeheuchelte Demut aus, und seine Blicke hatten, wenn sie auf jemand ruhten, etwas still Eindringendes, das keinen abschreckte.

Nun erschien auch Mary. Sie führte ihren Liebling Ottmar an der Hand, einen ernsthaft aussehenden Knaben, welcher den Arm noch in der Schlinge trug. Jedoch sie selbst! Fürwahr, mir kam im Leben nichts Ähnliches vor. Ein zierlich langer Hals erhöhte die leichte, nicht eben große Gestalt. Sehr reich geflochten laufen schwarze Zöpfe kranzartig an der klaren Stirn hin, die, von der Natur mit geistigem Finger aufs schönste gebildet, über einem Paar nachtblauer Augen steht; von da verschmälert sich das liebe Angesicht abwärts nach dem schwach vortretenden Kinn. Der dünne Mund *[Lücke]*. Übrigens schien mir, ich weiß nicht warum, ein blaßgelbes einfaches Kleid, worin ich sie nie wiedersah, ein breiter Gürtel von sonderbarer schwarzer Zeichnung so recht im Begriff dieses eignen Wesens zu sein. Wir tranken den Kaffee, und ich, zu einigen Mitteilungen über mein bisheriges Schicksal durch die Tante aufgefordert, war wie beschämt, vor diesen Fremden von Dingen reden zu sollen, die ihnen, wie ich mir einbildete, doch immer kleinlich gegen ihre Verhältnisse vorkommen oder doch gleichgültig sein mußten. Allein zum wenigsten Herr Thomas hörte, zwar ohne auch nur eine Miene zu verändern, mit sichtbarer Teilnahme zu; und als auf einige bekannte gelehrte Anstalten die Rede kam, bewiesen alle Äußerungen einen sehr unterrichteten und billig denkenden Mann, welcher von jener Seite die vorteilhaftesten Begriffe von unserm Vaterlande hatte.

Wir wurden durch einen fröhlichen Lärm vor der Tür unterbrochen. Auf einmal brachte Ottmar als große Neuigkeit vor, was er soeben entdeckt hatte: „Vater", rief er lebhaft, „die Nacht sind auf deiner Stube zwei Mäuse zumal gefangen worden, fast glaube ich aber auch, daß Mary hexen kann." Über die Treuherzigkeit, womit das Kind dies sprach, lachte alles und am innigsten Mary. „Nun, da du meine böse Kunst einmal erraten hast, laß hören, ob du den Zauberspruch noch weißt, womit man um die Falle herumgeht, daß so ein Fang nicht fehlen kann!" Sogleich begann der Kleine den Vers:

„Liebes Mäuschen,
Da steht ein Häuschen,
Du bist geladen
Auf ein Stück Braten,
Stell dich nur kecklich ein
Heut nacht bei Mondenschein,
Mach aber die Tür fein hinter dir zu.
Hörst du?
Dabei hüte dein Schwänzchen!
Nach Tische lachen wir
Und später machen wir
Ein niedliches Tänzchen: Witt, witt!
Meine alte Katze tanzt wahrscheinlich mit."

Man lachte wiederholt und spaßte. Der Oheim aber, zwischen Scherz und Ernst, bemerkte: „Wer unsere Lady nicht kennte, der möchte in der Tat aus dieser und so mancher frühern Probe besorgen, daß sie das junge Volk tiefer als rätlich ist in ihren magischen Kasten sehn lasse."

Ich setzte mein Gespräch mit dem Engländer noch eine Zeitlang fort. Wir kamen auf die Eigentümlichkeiten seines Vaterlandes. Er ließ sich's nicht verdrießen, mir alles was ich etwa sonst aus Reisebeschreibungen teils falsch, teils halb zu wissen schien, gewissenhaft zurechtzustellen, so daß ich vor seiner Gutmütigkeit wie vor seinen Kenntnissen die größte Achtung hatte. Nachdem er mit Mary, welche regelmäßige Lektionen abwechselnd von ihm und vom Oheim erhielt aus dem Zimmer gegangen, fing Killford an: „England war mir in frühster Jugend vor allen kultivierten Ländern durch die dunkle Idee merkwürdig geworden, die sich von dieser Kaufmannsinsel und ihrem mächtigen Verbande mit allen Teilen der Welt nach und nach in mir gebildet hatte. Mein väterliches Haus lag in der Nachbarschaft eines großen Warenlagers in Hamburg. Ich weiß mit welcher Ehrfurcht ich die neuangekommenen Güter ansah, vor allem aber mit welcher Wonne ich den frischen Schiffsgeruch der an den Ballen haftete einsog! Dieses Gefühl, eins der lebhaftesten, deren ich mir aus meiner Kindheit noch irgend bewußt bin, wiederholte sich in reifen Jahren bei jeder Gelegenheit mit dem gleichen Reiz und konzentrierte mir in sinnlicher Stärke die ganze Mannigfaltigkeit eines reichen großartig verzweigten kunstfleißigen Lebens! Nun aber muß ich seit einiger Zeit erfahren, daß eine so liebliche Erinnerung sich mit der allerwidrigsten Nebenidee versetzen und zersetzen will, ja mir sogar ein körperliches Mißbehagen bringt."

„Wenn dieses Wort", erwiderte die Tante nach einer Pause mit freundlichem Vorwurf, „auf den guten Mann gesagt ist, der eben aus der Tür ging so treibst du doch die Unbilligkeit etwas zu weit und diese heimliche Tücke lieber Alter, würde niemand hinter dir suchen. Du lässest auf der einen Seite der Rechtschaffenheit eines Menschen Gerechtigkeit widerfahren und kannst dich auf der andern an seiner Frömmigkeit erbittern, an der Art, wie er sich seinem Berufe hingibt." „Ei was", unterbrach sie der Oheim, „ich kann die Traktätchen nicht leiden!"

„Was schaden uns diese?" fuhr die Tante halb gegen ihn, halb gegen mich gewendet fort; „er ist nun drei Wochen bei uns, wann fiel er uns irgend beschwerlich? wem drang er sich auf? Droben auf seiner Stube ist er der stillste fleißigste Mensch, und hier unten bei uns zeigt er sich einfach, nüchtern, klug, verbindlich." „Schon recht! alles gut", versetzte der Onkel, „wenn ich nur nicht befürchten muß daß Citys heitere selbständig sich entwickelnde Natur zuletzt von jenem Einflusse leide, obgleich ich mit Vergnügen bemerke, sie dreht sich was gewisse Regionen anbelangt noch immer lieber auf meine Seite herüber. Übrigens laß ich ihn machen und was das fromme Gedüftel hin und her mit seinen Übersetzungen von herzkranken Seufzern betrifft die über den Kanal herüberkommen und mehr an Teer, Hering und Kabeljau als an das Evangelium erinnern, so werd ich mich, bleibt er noch lang genug hier, auch wohl daran gewöhnen. Unterdessen, wenn neue Kisten kommen und Bücher ausgepackt werden laßt mich zwanzig Schritte davon bleiben." Er küßte seine Frau gutmütig auf die Stirne, nahm ihr das Wickelkind vom Arm, trug's eine Weile singend auf und ab und ging zur bestimmten Stunde auf sein Zimmer.

„Das wär's nun wieder!" sagte die Tante. „Es ist der *eine* Punkt wo ich ihn unfreundlich finde. Es setzte neulich Streit über gelehrte Dinge zwischen den beiden, da brach es vollends auf. Dein Oheim ward um so viel heftiger, je ruhiger der andre blieb, und selbst daß sie sich nach der Hand versöhnten, machte die Sache nicht besser. Jetzt aber rate mir in einer Verlegenheit. Vorgestern kommt eine schwere Sendung vom Ausland, ich weiß, es ist ein Geschenk dabei für meinen Mann; Thomas ließ mir früher ein paarmal die Absicht einer Überraschung merken, nun aber steht das Kistchen uneröffnet droben, der gute Narr scheint in Not, wie er auf diesen bösen Handel an Killford kommen soll. Der Anlaß war ganz darnach um feurige Kohlen auf das Haupt seines Gegners zu sammeln, doch gute Seelen fürchten sich vor einem solchen Triumph, selbst wenn sie dessen sicherer wären als hier vielleicht der Fall ist. Nach seiner zarten behutsamen Weise nimmt Th[omas] vermutlich Anstand mich um Vermittlung anzugehn. Nun gäb ich zwar für mich Killforden gerne einen Wink, allein da bekäm er nur Zeit sich gegen die freundliche Meinung des *[Lücke]* Manns zu verhärten und ich hätte die Ehre, den ganzen Spaß wieder auszufädeln."

Was blieb meiner Tante hier anders zu raten, als daß sie Zeit und Umstände getrost abwarten möge.

Über Marys Benehmen. Wenige Züge.

Im Verlauf einiger Tage lernte ich den Engländer genauer kennen. Ich hörte durch ihn, es solle noch in diesem Jahr eine Gesellschaft von Missionären nach *[Lücke]* gehn, an die auch er samt seiner Braut sich anschließen werde. Da er nun seinen notdürftigen Vorrat medizinischer Kenntnisse, die freilich seinem Stande nicht ganz fehlen dürfen, soviel wie möglich an mir stärken wollte *[Text bricht ab]*

Aber auch unsere Gemüter [?]

Der Ernst dieses Mannes, verbunden mit einer Innigkeit, welche durch frühere Erfahrung mit Menschen sehr hart getäuscht, einen kleinen Ansatz von Mißtrauen so gerne zu überwinden strebt[e], die Konsequenz und Klarheit seines Wollens zogen mich an, und um so leichter, da seine religiösen Grundsätze meiner Erziehung von Hause aus nicht fremde waren. Es haftete so gar nichts Finsteres, Pedantisches an ihm; er konnte heiter sein und selbst ein Scherzwort in die Unterhaltung einmischen. Killford dem unser häufiger Umgang nicht gleichgültig sein konnte, zog mich gelegentlich damit auf, während die Tante eine kleine Satisfaktion darin für sich fand.

Leider sollte ich in einer der folgenden Nächte auf eine ganz andere Weise als in der ersten beunruhigt werden. Ein gewaltiger Lärm auf der Straße, ein hastiges Zusammenspringen im Hause, gleich darauf der schauerliche Ton schnell aufeinanderfolgender Glockenschläge vom Turm hatte mich schon aus dem Bette geschreckt als der Oheim mit Licht bei mir eintrat. „Alterier dich nicht zu sehr! Es brennt außer dem Orte, man kann vermuten in der Ziegelbrennerei: du sollst nachkommen, läßt dir der Engländer sagen, er ist schon fort; unglücklicherweise hält mein Katarrh mich zurück!" — Rasch angekleidet eil ich nach dem obersten Boden, die Richtung des Feuers zu merken. Nach Westen stand der Himmel abwechselnd in hellern und matteren Gluten, je nachdem der dicke vom Wind gezogene Rauch bald stärker bald schwächer empordrang. Der nahe Horizont unserer Ebene wird dort von einem spitzauslaufenden Walde begrenzt, dessen oberste Gipfel sich mit schauderhafter Deutlichkeit in die braunrote Luft einzeichneten.

Es brannte demnach im Tale und ich erinnerte mich sogleich eines ganz vereinzelten Gehöfts in dortiger Gegend. Im Begriff die Dachlücke zu verlassen, glaubte ich jetzt ein Frauenzimmer im leichten schwarzen Mantel aus der Haustüre über die Gärten wegschlüpfen zu sehen. Nur Mary kann es gewesen sein: Ich renne angstvoll nach und habe schon Haus und Garten im Rücken; auf zwanzig Schritte erscheint sie mir wieder, schnell wie ein Vogel über Äcker und Wiesen vor mir hinfliegend, zwischen Hügeln und Graben auf und nieder tauchend und in gerader Linie nach der Hellung zu. Ich stürzte mehr als einmal zu Boden und war nur froh solang ich die schwarze Gestalt noch im Auge behielt. Aber schon wird die Landschaft ganz licht um mich her. Das Jammergetümmel von unten zerreißt schon mein Ohr und just am Punkte angekommen, wo man die Tiefe überblickt, was für ein Schauspiel des Grausens! Ein Nebengebäude sank eben zusammen, indem nun [das] Wohnhaus von der Windseite her die gepeitschte Flamme empfängt. Jetzt hört man näher und näher das dumpfe Gerassel der Spritzen des Dorfs, die einen starken Umweg, den halben Berg umfahrend, nehmen mußten. Ich suchte verwirrt und geblendet den Pfad von der Höhe abwärts und erreichte zuvörderst mit einem Sprung die bewässerte Kluft, die zwischen Wald und Weinberg den Hügel hinabführt: da sah ich mit Verwunderung Mary allein auf einem der Mäuerchen sitzen. Sie scheint aus Angst und Erschöpfung nicht weiterzukönnen. Mit heftigem Schluchzen nach dem Brande hindeutend ruft sie mir entgegen: „Ja, gehn Sie nur und helfen Sie auch mit, Öl zutragen." Mir blieb keine Zeit, den seltsamen Worten nachzudenken: nur schnell berührte mich eine Erinnerung, daß ich mich auf dem Grund und Boden jenes nächtlichen Märchens befinde, dessen frohes Getümmel auf ewig vor solchen Schrecknissen entflohen schien. Nun bin ich am Platze; allein statt daß, wie zu erwarten war alle die hundert versammelten Hände zu dem gemeinschaftlichen Zweck der Hülfe rasch ineinandergriffen, traf ich vielmehr eine empörte Menge in einer Art von Krieg aufeinandergehetzt. Es dürfe nicht gelöscht, es solle nichts herausgetragen werden, es sei ein Frevel wider Gottes Finger — schrien die einen mit unbegreiflicher Wut, indem die andere bei weitem größere Partei die Unvernünftigen zur Seite stießen, fluchten, beschworen, so daß die tüchtige besonnene Mannschaft, der ich mich anschloß, zwar unverzüglich freien Raum für ihren Dienst gewann, doch immerfort durch leidenschaftliche Verwünschungen von da und dort bestürmt nicht wußte, was sie denken sollte. Ich sah, indes ich meine Eimer reichte, den Engländer aus Leibeskräften die Spritzenleute unterstützen und weder Stoß noch Guß noch fliegende Brände beachten. Das Feuer aber, wenn es hier auf kurze Zeit gedämpft war, brach nur mit desto größrer Heftigkeit am andern Ende aus. Auch war, das Gebäude zu retten, die Hoffnung von den Mutigsten schon aufgegeben, nur denen, die von beweglicher Habe so manches durch Fenster und Türen teils warfen, teils trugen, sollte das Wasser den Weg noch eine kurze Weile offenhalten. Jetzt aber hat der letzte Mann das Haus verlassen, die Zimmerleute stehn unschlüssig, ob sie zum Überfluß noch das Gebälke niederreißen, als man mit Staunen und Entsetzen am obern Giebelfenster einen fremden Jüngling wahrnimmt, der in das grellste Licht einer hinten hervordringenden Flamme, gleichsam wie in Goldgrund gefaßt, mit vorgestrecktem Leib den derben Ast eines nahe stehenden Ahorns zu packen sucht, auch wirklich, eh man noch die Leiter bringen konnte, denselben glücklich erreicht hat. Er schleudert sich und klettert mit keck gewandter Schnelle bis tief in die Krone des mächtigen Baums, an dessen glattem Stamm herab er unverletzt zur Erde kommt. Auf leichten Füßen geht der herrliche Knabe eine Strecke vorwärts, auf eine dichte Menschengruppe zu, ihm scheint das Glück, das noch eben ein Wunder für ihn getan, so nah verwandt zu sein, daß er vergessen durfte, ihm zu danken. Sein funkelndes Auge durchläuft den Kreis, der ihn als völlig Unbekannten mit großen Blicken mißt. Er faßt einen Alten ins Gesicht, den Vater der abgebrannten Familie, dem eine Frau mit dreien Kindern sich anhängt. „Schämt Ihr Euch nicht", ruft der Jüngling voll Unwillen und Schmerz, „nun die Hände zu ringen und ein Mitleid zu suchen, das Ihr nicht verdient? In wenig Augenblicken zwar liegt Euer ganzer Quark in Asche, als Bettler seid Ihr auf die nackte Erde gesetzt; doch hättet Ihr's ganz anders haben können wärt Ihr zu rechter Zeit nach Hülfe ausgegangen. Damit Ihr's aber wißt, mich dauert jedes Haar, das mir bei der traurigen Posse versengt ist und Euern Dank kann ich entbehren. Hab ich doch mit dem besten Willen fürwahr nicht Hellers Wert genützt. Unsinniger Aberglaube! verrückte Frömmigkeit! Wenn Ihr den Zorn des Himmels durch bedachte Gegenwehr zu reizen fürchtet, ja wenn selbst der notdürftigste Besitz mitsamt dem Hause geopfert werden sollte, so wundert mich, bei Gott, wie Ihr habt wagen mögen, diese Kinder aus der Wiege zu reißen, warum Ihr Euch selber dem Tod entzogen!" Die Weiber heulten laut auf bei den letzten Worten, sogar die Männer, soviel ihrer den Fremden bei dem übrigen Gelärm hatten vernehmen können, murrten über eine so harte Rede. Der junge Mensch war verschwunden, ohne daß ich erfuhr, wer er sei, oder was ihn in die Gegend geführt haben möchte. Sein kurzer, grüner Jagdrock den er von Anfang abgeworfen hatte, seine feine Gesichtsbildung ließen die beste Abkunft vermuten. Der Tag fing schwach an zu grauen, als unter durchdringendem Wehgeschrei der letzte Rest des Gebälkes stürzte. Nachdem ich indes vernommen, daß den Unglücklichen schon ein Obdach im Dorfe ausgemacht sei, blieb hier für mich nichts weiter zu tun; ich sah mich nach Herrn Thomas um, der sich jedoch bereits verloren hatte. Von einer einzigen Fackel begleitet nahm ich den alten, sonst nicht betretnen Weg zurück, in überflüssiger Besorgnis um das Fräulein. Unter hundert traurigen Betrachtungen über das ganze Ereignis, kam mir im Gehen auch jenes Rätselwort Marys wieder in Sinn, wovon mir freilich vorkam, es klinge stark nach der unglücklichen Idee der verkehrten Menge, welche dem Brande Vorschub getan. Das Wahre an der Sache aber sollte sich erst nach mehreren Tagen ergeben.

Bei meiner Heimkunft höre ich, Mary sei getrost auf die Nachricht zu Bette gegangen, daß niemand, zumal von den Kindern, mit welchen sie gute Freundschaft gemacht, keines Schaden genommen.

Wenige Minuten nach mir traf der Engländer ein; ich stand an Killfords Bette, den Hergang der Begebenheit erzählend, da jener voll Eifer herein und auf den Oheim zutrat: „Verzeihn Sie wenn ich störe — Wissen Sie wohl, wer in der Nähe ist?" — „Wer denn?" — „Viktor." — „Um Gottes willen", rief mein Oheim aus, „was denkt der Junge? Sie haben ihn gesprochen?" „Ich hütete mich wohl, ihm zu begegnen. Er war beim Feuer tätig, verwegen, ich kann wohl sagen, brav und liebenswürdig nach seiner heftigen Art. Sein Aufenthalt ist mir und jedermann noch ein Geheimnis." — Nun sprachen beide leise zusammen, worauf ich mich denn still entfernte, nur hört ich die Tante noch sagen: daß es doch Mary ja verborgen bleibe!

Den andern Tag, da ich um zehn mein Schlafzimmer öffne, erstaun ich nicht wenig, das Gefährt meines Oheims vor dem

Hause zu sehn und die Tante mit Mary zur Abfahrt bereit. Es war ein sonniger schöner Maimorgen. „Haltet wacker Haus — bis ich zu Abend wiederkomme, wir machen einen kleinen Ausflug", rief mir die Tante auf dem Vorsaal entgegen, indem sie etlichen Personen einen großen Pack alter und neuer Sachen nebst einem Vorrat Lebensmittel zur Verteilung unter die Verunglückten empfahl und Mary bei der Hand nahm, die schon an der Treppe stand und verstohlen freundlich bei allem dareinsah; obgleich wie mir deuchte nicht ohne einiges Befremden über die eilige Expedition.

Der Oheim bezeichnete mir, wie sie weg waren ein altes freiherrliches Ehepaar, das in der Nachbarschaft wohnend, dem Fräulein schon seit Jahr und Tag um einen längeren Besuch anliege; „und", setzte er hinzu, „da der Jammer von gestern dem Mädchen heftig zusetzt *[Lücke]* passend sein, daß man sie einige Tage aus diesen aufgeregten Umgebungen wegnehme.

Zwar vor dir braucht man den eigentlichen Grund nicht zu verstecken, Vetter. Es ist nichts ungezogener als den Gast, nachdem man irgendeine Heimlichkeit erst bei ihm blicken lassen, nachher mit allerlei Flausen und hustenden Gesprächsabläufern davon ausschließen zu wollen." Und sofort hatte Killford kaum den Mund zu einer ausführlichen Erklärung aufgetan, als ihm der Geistliche des Orts gemeldet wurde, den er auf seiner Stube zu empfangen sogleich mit einiger Verwunderung sich anschickt.

Im hintern, größern Garten treffe ich Herrn Thomas an. „Sie finden mich so wie ich Sie nachdenkend über die letzten Begebenheiten, die Ihnen zum Teil rätselhaft und wohl gar verdächtig sein mögen. Seit Ihrem Eintritt in dies Haus entging mir Ihr Interesse für Lady Mary und ihre Familie nicht. Sie machen hierin keine Ausnahme von den vielen Deutschen, welche mit Leithems Bekanntschaft gefunden: aber nicht ebenso unbillig und nicht so hämisch wie jene werden Sie diese Erscheinung von der Seite ansehen, nachdem Sie ihr einigermaßen nahegekommen. Ich nehme es daher getrost auf mich, Sie etwas tiefer in das Innere dieser Verhältnisse blicken zu lassen, wenn Sie mir jetzt zuhören mögen." — Ich gab dem wackern Manne meinen lebhaften Anteil und meinen Dank zum voraus zu erkennen und er begann indem wir beide niedersaßen: „Zuerst sei Ihnen unverhohlen: daß ich sowohl als Killfords uns seit lange stillschweigend gewöhnen mußten, den jungen

Wagehals, den Sie die Nacht gesehn und Lady Leithem entschieden als ein Paar zu betrachten, wenn wir es gleich weder vor Mary ja kaum unter uns selbst geständig sind. Auf welchen sonderbaren Wegen sie sich fanden, wie weit ihr beiderseitiges Geschick auseinanderliegt und doch wie unzertrennlich es erscheint, erfahren Sie nachher.

Zugleich ist es mir aber Bedürfnis, mich bei Ihnen über eine Angelegenheit [?] auszusprechen, worüber ich mich sonst hier wenig äußern darf; Sie wissen, wie verschieden Ihr Oheim und ich in Absicht auf die ersten Bedingungen aller [Erziehung] urteilen. Notwendig sind wir deshalb wegen Mary uneins. Er läßt ihr überall unbedingte Gerechtigkeit widerfahren, sieht daher in allem nur das unschuldige Gepräge einer liebenswürdigen Originalität, dem er auf keine Art zu nahe getreten wissen will, das er um keine Linie anders wünscht. Dagegen berg ich nicht: mir macht es manche traurige Stunde, daß ein reich begabtes Gemüt sich ganz und gar, ja recht gewaltsam gegen dasjenige verschließt, was *[Lücke]* Bekümmern muß es mich, daß jede höhere Forderung *[Lücke]* bei ihr durch die Herrschaft einer höchst seltsam gestimmten Phantasie verdrängt wird. Zwar findet sich dabei — zum Glück — auch nicht eine Spur der gewöhnlichen weiblichen Sentimentalität. Es ist, um es mit einem Wort zu sagen, ein [krankhaftes] Bestreben, die Imagination zum einzigen Organ alles [inneren Lebens] zu erheben. Sie sieht die Welt wie durch gefärbtes Glas, daher ihr leidenschaftlicher Hang *[Lücke]*, Erfindung von Märchen usw. Von Dichtern liebt sie wenig oder nichts, und das Schauspiel insbesondere hat sie nie stark angezogen, wie sie denn eben von dem, was mit Recht Kunst heißt, niemals einen Begriff haben wird. Sie werden, was ich hier sage, erst in der Folge besser verstehen; denn seit Sie bei uns sind, hat sich die Lady noch nicht in ihrem wahren Element gezeigt, es wird aber wohl noch Gelegenheit geben. Jetzt will ich von Marys früher Jugend erzählen, woraus man freilich sieht, wie viele Umstände von Anfang sich vereinigt haben, um jenen romantischen Überfluß und jene Abneigung gegen die [nackte] Wahrheit zu erzeugen.

Ich habe das Folgende teils aus gelegentlichen Äußerungen des Vaters, teils aber, was die zartesten Punkte betrifft, aus dem Munde meiner Braut, die eine Zeitlang das Vertrauen Marys in hohem Grade genoß. Der Baronet Alfred Leithem, schon mit dem fünfundzwanzigsten Jahre zum Witwer geworden, brachte sein Leben seitdem, entfernt von seinen schön gelegnen Gütern, meist in der Hauptstadt zu — — —" etc. *[Text bricht hier ab]*

„Er hatte zu Wien eine edle Familie des ältesten Adels kennengelernt, von der einige Glieder im Begriffe standen die katholische Religion gegen die evangelische zu vertauschen. Die junge Gräfin Helene, ein eben aufblühendes, geistreiches, heiteres Kind, der Gouvernantin noch kaum entwachsen und mit der größten Strenge erzogen, empfing den Vorbereitungsunterricht im neuen Glauben zu der Zeit da unser Baronet die kleinen Zirkel des Grafen besuchte. Er dessen Grundsätze dem Ernste der Familie entsprachen, wurde in kurzem als der erste Hausfreund gehalten und seine Absicht auf die Tochter mißfiel um desto weniger, da ihr zu munteres Temperament an dem gediegenen Charakter eines liebenswürdigen Mannes, der gar nicht ohne Anspruch auf Jugend und Anmut auftrat einen sehr wünschenswerten Halt gewinnen mußte. Auch gefiel sich das Fräulein gar bald in dem Gedanken so frühe schon einen Gemahl und zwar übers Meer herüber, zu haben. Genug, die Verlobung fand statt, die Heirat selber sollte erst nach Jahresfrist vollzogen werden. Sir Leithem ward indessen durch ein Geschäft nach seinem Vaterlande gerufen. Des Grafen erste Sorge blieb derweile, seinem Schwiegersohn, wenn er zurückkäme, eine gute Protestantin in die Arme führen zu können. Der Unterricht war gleich anfangs durch unverhoffte Schwierigkeiten von seiten des gekränkten Klerus unterbrochen worden und jetzt, da er aufs neue begann, fiel er einem angehenden Geistlichen anheim bei dessen Wahl ein allzu günstiges Vorurteil für sein Talent (ja eine Grille des Grafen) entschieden haben mochte. Er selber hatte einigen Vorträgen angewohnt und wußte die tiefen Kenntnisse, die lebenvolle Darstellung, die sichtbare Wärme des Lehrers gar nicht genug zu preisen. In wenigen Wochen erstaunte man wirklich über eine ganz unglaubliche Umwandlung in des Fräuleins Betragen; sie wurde stiller, nachdenksamer ja sie schien dem ungezwungenen Triebe eines innerlich bildenden höheren Lebens mit *[Lücke]* nachzugehen. Kein Mensch vermutete daß die Persönlichkeit des Lehrers und die geistige Speise die er darreichte den gleichen Anteil an dem Glück der aufmerksamen Schülerin hätte, ja daß Armin selbst (so nennen wir den jungen Mann) das Feuer seiner Reden insgeheim aus den dunkeln Augen des schönen Zöglings stahl. Er hütete sich wohl ihr seine Leidenschaft merken zu lassen, er gab dem süßen Gift nur heimliche Nahrung bei sich. Bald aber wächst ihm ein anderer Dorn am Herzen, dessen er sich am wenigsten versah. Bei Erklärung des wichtigen Dogmas von der *[Lücke]* begegnet er sich plötzlich im stillen selber mit der Frage: ob er denn wohl als eigene vollkommene Überzeugung beschwören würde, was er hier als unerläßliche Bedingung ewiger Seligkeit vorzustellen mit solcher Sicherheit sich unterfange?

In den Selbstbekenntnissen die ich gelesen, beschreibt er diesen Moment als einen der schrecklichsten seines Lebens. Er fühlte sich erblassen und eine Art von Schwindel macht ihn verstummen; er flieht wie ein Gerichteter. Des andern Tages und so fort versucht und prüft er sich aufs neue, er glaubt sich wiederum zurechtzufinden, sein Vortrag gewinnt wieder scheinbares Leben: allein es sind von jetzt an nur mark- und geistlose *[so ohne Lücke]*, worin er sich gemäß den alten symbolischen Sätzen, eine gewisse Tiefe mehr nur vorspiegelt: er glaubt seine Stimme nie mächtig genug erheben zu können, ihm ist als einem der gegen den Sturmwind spricht; täglich wird ihm die Sache ängstlicher. Er beschließt dieser Qual zu entsagen und leicht ist ein Vorwand gefunden den Unterricht abzubrechen. Nagende Zweifel über seinen Beruf, die längst in ihm verborgen gelegen, verzehren in der Einsamkeit sein Innerstes; allein die Glut für Helenen schlägt alles überragend selbst aus dieser Hölle hervor. Allein, wie wunderbar! es ist nicht bloß das schöne Mädchen, es ist die Katholikin die er liebt, so dunkel auch damals der Reiz dieser letzteren Beziehung noch immer in ihm liegen mochte. Wenn er sich in den Banden seiner anerzogenen Religion von jeher zu enge und zu weit empfunden hatte, so war ihm dies Gefühl nun drückender als je ohne daß er von einer andern Kirche etwas Zureichendes für sein Bedürfnis erwartet hätte; und abgesehen von seinem eigenen Heile erschien es ihm in dieser verzweifelten Unentschiedenheit wie frevelhafte Anmaßung einem andern geliebten Geschöpfe den Glauben, worin es *[Lücke]* zu nehmen, da er nichts Besseres, da er nicht das einzig Gute und Rechte dagegen zu bieten vermöge: denn, meint' er, gut und besser das heiße ja nichts, wo nur die volle Wahrheit einen Wert haben könne; er mußte sich fragen ob nicht mit jenem Glauben zugleich die heiligsten Keime, die *[Lücke]*, für immer aus des Mädchens Herzen gerissen werden, zumal wenn er bedachte, daß die Erinnerung an eine über alles geliebte Mutter welche als eifrigste Katholikin vor Jahren gestorben, bei der Tochter viel tiefer gründe, als eine oberflächliche Ansicht ihres Wesens irgend vermuten lasse. Und so stand denn Helene vor ihm als eine mitleidswerte Heilige, die es lächelnd geschehen ließ daß ihr ein Dieb die Krone von dem Haupte nahm, deren Wert sie nur ahnte. Sie auf dem neuen Wege weiterzuführen, sie auf den alten rückwärts zu geleiten, beides schien gleich unmöglich, gleich gewagt. Ach! rief er bei sich aus, die schöne Brücke, die sonst zu ihrem duftigen Himmel führte, der farbenhelle Bogen, an dem die Schar der Engel wechselnd vor ihren Augen auf und nieder stieg, hab ich mit einem kalten Hauch zerstört, mein eigen Werk sinkt mir zur Strafe unter den Händen zusammen. Wie kann, wie darf ich je wieder vor dem himmlischen Kinde erscheinen. Mehrere Tage vermied er das Haus, endlich trieb ihn die Sehnsucht oder vielmehr ein seltsames Gefühl von Angst dahin. Er findet bald Gelegenheit, das Fräulein unter vier Augen zu sprechen. Sie macht ihm die liebenswürdigsten Vorwürfe über sein Ausbleiben und weiß eine gewisse Bewegung kaum zu unterdrücken. Sie berührt, obwohl nur flüchtig im Gespräch ihr Verhältnis als Braut; es war die erste Äußerung der Art in Armins Gegenwart, und besonders ist es der unbefangene Ton was ihn dabei frappiert. ‚Wir haben gestern Briefe vom Baronet erhalten, und auch für Sie stehn Grüße dabei wenn Sie selbst lesen mögen.' Wie war ihm als er das Papier aus ihrer Hand empfing — er zitterte — er sah es an und legt' es wieder hin."

Eben war Herr Thomas mit diesem *[Lücke]* Eingang zu seiner Erzählung fertig geworden als man uns zu Mittag rief. Killford zeigte sich über Tische heitrer als gewöhnlich. „Ich habe", rief er aus, „schon oft die Erfahrung gemacht, wenn die Männer ohne die Hausfrau sich zum Essen setzen, so scheint die Sonne ganz anders, ich möchte sagen lustiger auf das Tischtuch und wenn sie die ganze Woche durch nicht geschienen hätte. Es sei dies ohne *[Lücke]* für die Frauen gesagt; aber wahr ist wenigstens soviel: die Abwesenheit der Ehehälfte — sie muß nur nicht zu lange dauern — ist immer eine Art Sammelzeit für den Mann: Er hat wenn er sich nur übrigens brav stille hält, die schönsten Visionen, verabschiedete Pläne und jugendliche Gewohnheiten treten hervor, die sublimsten Gedanken melden sich in ganzen Scharen etc."

Er sagte dies mit einem halben Blick auf Herrn Thomas, deckte aber die Anspielung sogleich mit einem andern Scherze zu. Bei alldem war zu bemerken, daß seine Munterkeit nicht die unbefangenste sei. Er fiel minutenlang in Zerstreuung, knüpfte mehrmals ein Gespräch mit dem Engländer an, verließ es aber immer wieder in sichtbarer Verlegenheit.

Nach dem Essen nahm mich der Oheim auf sein Zimmer. Er riegelte die Tür. „Du sollst ein Prachtstück der Mechanik, ein opus erster Größe sehn", sprach er und zeigte auf den Tisch, wo man unter einem weißen Tuch das glänzende Fußgestell einer Maschine hervorblicken sah. Am Boden unten stand das leere Kistchen, worin die Sendung angekommen war. Er zog das Tuch hinweg und ich hatte fürwahr alle Ursache ein Meisterstück von englischer Luftpumpe zu bewundern. „Seh einer dies Paar Glocken an", rief der Oheim aus, „diese Gradmesser von der neuesten Erfindung, die Bequemlichkeit, Präzision und geschmackvolle Derbheit und bekomme nicht Respekt vor Menschenwitz und Fleiß." Indem wir nun wechselseitig die Vorzüge des Apparats uns auseinandersetzten, konnte ich nicht umhin halblaut für mich zu sagen: das alles röche doch nicht eben unangenehm nach Teer und Traktätchen.

„Meinst du?" lächelte Killford. „Wahrscheinlich kommt der Spaß vom gnädigen Herrn, dem Baronet und meine Frau hat mir das Kistchen vor ihrem Weggehen hereingestellt. Übrigens — kurios — es wäre doch — ich habe selber schon — so? meinst du? Inzwischen wollen wir niemand davon sagen, hörst du?" —

Nun verfiel er in eine närrische ausgelassene skurrile Laune, die ich wohl früher zuweilen an ihm gesehen und welche jederzeit eine gemischte, doch überwiegend glückliche Stimmung anzeigte. Er zog die Mausfalle hinter dem Ofen hervor; zwei zarte Mäuschen saßen darin die er mit schmunzelnder Miene ansprach:

„Versteh ich recht den *[Lücke]* Schicksalswink, du niedliches, geschwänztes Ungeziefer? Wärst du nur darum in dies Loch gegangen und hätten Kinderhände dein Leben im Gefängnis nur deshalb so lange gefristet weil du prädestiniert warst, vor den Augen dieses wißbegierigen jungen Doktors und unreifen

Praktikers durch eins der schönsten Experimente den Moment
deines Hinscheidens zum wichtigsten und lehrreichsten deines
Lebens zu machen? Du würdest demnach aus der gemeinsten
Maschine heraus in dieses künstliche Gehäuse treten, wo auch die
simpelste tierische Nahrung die man in teurer Zeit noch ganz
umsonst genießt, die atmosphärische Luft, sich dir entzieht. In
meiner Gewalt seid ihr einmal und wenn es wahr ist was etliche
gemütvolle Philosophen, worunter auch ich bin, von Immortalität der Tiere, von Seelenwanderung und dergleichen statuieren, so steht es ganz bei mir wie lang das seelische Prinzip
noch in dem Vakuum dieser Glocke herumfahren soll, verzweiflungsvoll hinaus will wo kein Loch ist und kein Ritzchen, bis
ich die Schraube drehe und den Deckel lupfe, damit sich die
mäusische Psyche woanders in der Welt ein Unterkommen
suche. Was meint ihr artigen Schnäuzchen? Soll's angehn? wollen
wir krepieren? Nicht doch! so grausam weih ich das Geschenk
nicht ein. Ihr habt Pardon, sollt leben!" *[Text bricht ab]*

„Teils brachten es die äußeren Verhältnisse des Baronets mit
sich daß er bald nach dem (frühzeitigen) Tode seiner ersten
Gemahlin sich von der Stadt nach seinem stillgelegenen Landsitz
zurückzog, teils war es namentlich der Gram über gedachten
Verlust was diesen Entschluß sehr begünstigte. Er lebte lange
Zeit fast ausschließlich der Ökonomie und der Jagd. So fiel die
frühe Kindheit der einzigen Tochter bis zu dem zwölften Jahr
in einer selten unterbrochnen Einsamkeit der Aufsicht ihrer
Großmutter väterlicherseits, und dem Unterricht einer geschickten dabei aber nicht sehr energischen Gouvernantin anheim.
Unter der Dienerschaft befand sich ein alter Schotte, *James
Gonnefield,* der von Sir Leithem nicht ohne Vorliebe für die
Sonderbarkeit seines Charakters, aber vorzüglich auch um seiner
bewährten Treue willen als Hausvogt auf das Gut gesetzt worden war; sein Kopf stak voll von Geschichten und Märchen;
und wie nun auf dem Lande die Berührung zwischen Kindern
und Dienstboten nicht immer zu vermeiden ist so fand der Alte
an dem Fräulein bald seine eifrigste Patronin; konnte doch
selbst die Großmutter einiges Wohlgefallen an seinen Erzählungen nicht verleugnen. Der Reiz derselben war so neu und
mächtig, daß es kein Wunder ist wenn sie der Phantasie des
Mädchens eine eigentümliche und bleibende Gestalt verliehen.
Trotz diesem gab die durch so manche Überlieferungen von

seiten anderer stets frisch erhaltene Erinnerung an die Frömmigkeit einer früh verstorbenen Mu[tter] dem engen Horizont des Mädchens eine sehr milde und wohltätige Tinktur, aus welcher sich bereits die deutlichen Anfänge eines innigen religiosen Wachstums ankündigen zu wollen schienen. Leider aber fiel in ebendiese Zeit ein Besuch den der Baronet von einer nahen Verwandten seiner verstorbenen Frau aus Deutschland erhielt. Sie war, wie jene, streng, man darf wohl sagen, schwärmerisch der katholischen Kirche ergeben, bei aller Jugend und Liebenswürdigkeit jeder Heirat abgeneigt, übrigens geistreich und bis auf einen gewissen Punkt, der leider bald genug zur Sprache kam dem Baronet höchst wert. Fräulein Josephine trat nämlich, teils in Auftrag der Familie teils aus eigner lebhaftester Überzeugung mit der schon vor der Verbindung förmlich abgetanen, nachher aber zu verschiedenen Malen wieder erneuerten Frage wegen der Konfession des Kindes hervor, und der Vater, über diese unerwartete, unbillige Anmutung, so bescheiden sie auch anfangs [?] gestellt war, höchlich verwundert, sah sich im Verfolg der Unterhandlung mit allen seinen Einwürfen (worunter die zunehmenden Jahre der Tochter einer der gerechtesten war) dennoch verschiedentlich ins Gedränge gebracht. Denn nicht nur wiederholt man ihm ausführlich die Geschichte eines ganz ähnlichen Falles, der sich neulich in Österreich begeben, sondern er ward auch auf eine so zarte als schmerzliche Weise an die stillen Wünsche der seligen Lady erinnert, die in Betracht der unbegrenzten Liebe ihres Gatten mit der Hoffnung aus der Welt gegangen war, daß er vielleicht nach ihrem Tod erfüllen werde, was sie lebend ihm nicht hatte abgewinnen können. Es kam nunmehr zu lebhaften Auftritten und die Dame beging die Unvorsichtigkeit, ihren Schmerz, ihre Sorge dem halb verstehenden Kinde nicht ganz zu verbergen. Dies mußte bei einem so ahnungsvollen guten Herzen notwendig Folgen haben. Das Mädchen empfand, es handle sich hier um etwas Heiliges, Entscheidendes und um den Segen ihrer Mutter, vielleicht um deren ewige Ruhe. Mit diesen Gefühlen kam die Zärtlichkeit für den Vater in einen eben[so] sonderbaren als gefährlichen Widerstreit. Sie ward insgeheim irre an ihm, sie begriff nicht, wie man zugleich so hart und so gütig sein könne; wie es dem Vater möglich gewesen war, die Mutter über alles zu lieben und doch dabei die größte Abneigung zu haben gegen das, was ihr der Weg zum Himmel gewesen. Sie hing in aller Stille tausend Betrachtungen nach, ohne daß solche jemand geflissentlich nährte; aber es fehlte nicht an Veranlassungen, wo diese Beängstigungen sich unvermutet mit einer Heftigkeit Luft machte[n], welche dem Baronet anfangs gar nicht, und selbst der Dame nicht sogleich erklärlich war; wie sehr dieselbe auch den Schaden gutzumachen eilte, es gelang nicht vollständig. Der Vater seinerseits nahm die Sache im Herzen weit leichter als seine strafenden Winke gegen Fräulein Josephine verrieten. Nicht lange darauf reiste sie ab, ziemlich versöhnt mit ihrem unerbittlichen Vetter. Allein bei Mary wirkten die schiefen Eindrücke noch im verborgenen fort, bis das Mädchen die ländliche Stille wieder mit der Stadt vertauschen durfte, wo freilich eine neue Welt sie umfing, ohne doch wirklich ihre volle Gewalt auf eine so innerliche reichbegabte Natur in die Länge ausüben zu können. Die junge Lady als aufsprossende vielverheißende Schönheit weit über ihr Alter behandelt war des geräuschvollen Taglaufs, der unaufhörlichen Gesellschaften und einer schalen Vornehmheit bald überdrüssig."

„Wer aber sollte glauben, daß seit dem erwähnten Religionszwist mit *[Lücke]* sich ein stilles Mißtrauen, wenn nicht gar eine Abneigung gegen diese Materien bei dem Kinde einschleichen und festsetzen konnte, und doch war es nicht anders. Es fiel auch wohl zuweilen in öffentlichen Zirkeln ein keckes Wort das jenen feinen Ohren nicht entschlüpfte; dazu kamen später einige, in des Vater[s] Bibliothek zufällig aufgegriffene Schriften der Art wie sie zu Anfange des 18. Jahrhunderts aus falschem naturalistischen Bestreben in Unzahl ausgeheckt wurden, welche mit einem Schein von Wissenschaftlichkeit bei einer faßlichen und meist gefälligen Darstellung den erwachenden Verstand anzuziehen sehr geeignet waren. Wenn nun der Vater auch eine solche Lektüre nicht gerade unterstützte so verbot er sie doch auch nicht strenge; er war vielleicht im Innern halb erfreut über diese Zeichen einer früh reifen reflektierenden Natur. Inzwischen merkte man bei Mary einen ganz ungewohnten Zustand. Sie zeigte sich ungesellig und heftig, viel verlangend und durch nichts befriedigt, nicht anders als ein Kind, das nicht weiß, was es will. War sie dagegen in andern Augenblicken wieder besonders anschließend und vertrauend, zumal gegen die Leute, so ging auch dies über ihr gewöhnliches Maß, und im ganzen blieb doch immer jene widerspenstige Laune die vorherrschende.

Da sich kein bestimmter Grund dabei denken ließ, so ward jedermann ungeduldig, und sie hatte manchen Verdruß, denn freilich ahnte man nicht, daß ihr Benehmen nur der ungeschickte Ausdruck einer gewaltsamen Gärung aller ihrer sittlichen und natürlichen Kräfte sei. Sie verbarg ein Gefühl, das sie auf keine Art mit sich vereinigen, das sie weder anerkennen noch abweisen konnte. Ich erfuhr in der Folge das kleine Geheimnis aus dem Munde einer mir nahe verbundenen Freundin, die das Vertrauen des Fräuleins eine Zeitlang in hohem Grade besaß."

[Alexis]

„Im tiefsten Schlafe lag halbnackt ein bettelhafter Knabe in der angenehmsten Stellung auf dem bemoosten Steine vor uns ausgestreckt. Ein hoher tragbarer Käfigt mit fremden Vögeln und einer kleinen Schlange von ausgezeichneter Schönheit stand daneben und verriet das Gewerbe des jungen Menschen dessen übriger Zustand uns noch Rätsel war, denn es sah eben aus, als wäre er von Gaunern bis auf die Haut geplündert in diesen Winkel geflüchtet; kaum, daß ihm ein paar kurze rohe [?] Beinkleider übriggeblieben. Brust, Arme, Füße waren unbedeckt. Das sonnverbrannte höchst edelgeformte Gesicht zeugte von frischer Gesundheit und seine dunkle Farbe stach auffallend gegen das zarte Weiß der Glieder ab. Er mochte 13 Jahre haben. Nachdem wir eine Zeitlang unsern Betrachtungen über die seltsame Szene nachgegangen, besonders auch nicht ohne Mitleid auf die Tiere geblickt hatten, die mit Verwunderung aus ihren Gittern äugelten, [*Lücke:* beginnt?] der Junge sich zu regen, er richtet den Kopf und starrt uns beide mit verworrnen schlaftrunknen Augen an, er muß sich erst besinnen wo er sei, wie er hierhergeraten, ihm fällt der Käfigt ins Gesicht und ein weinerlicher Zug von Schmerz und Unmut regt sich dabei um seine Lippen. Wir sprechen ihn an, doch gibt er kein rechtes Gehör und murmelt einige Worte, woraus man nicht viel mehr entnehmen konnte, als daß es ein Irländer war. ‚Sei artig, mein Bursche‘, sagt der Baronet, ‚wir wollen dir helfen, entdeck uns deine Lage, du wirst es nicht bereuen.‘ Sowenig dies freundlich[e] Wort ihn zu ermuntern schien, so brachten wir zuletzt doch ungefähr soviel heraus: Der Knabe war vor zwei Tagen mit seinen kleinen Sehenswürdigkeiten im nächsten Dorfe an-

gelangt, wo er unentgeltliche Herberge bei einem Wirt gehabt,
dessen wilde Jungen sogleich ein Wohlgefallen an dem fremden Gast gefunden haben mochten. Sie gaben ihm, da er nun
heute wohlversorgt seine Wanderung weiter fortsetzen wollte,
zu vieren das Geleite vor den Ort hinaus, bis an den Waldbach,
der sich in ansehnlicher Breite durch die schönsten Wiesen zwischen Obstbäumen hinschlängelte, wo sie denn alle miteinander
weil der Morgen schon sehr heiß gewesen die Lust anwandelt
zu baden und so den Abschied auf eine vergnügliche Weise zu
feiern, was denn auch geschah. Nun war ein besonders boshafter
Bube dabei, der heimlich mit den andern Abrede nahm, dem
Fremden zu guter Letzt einen seiner Papageien abzuführen.
Unser Irländer belauscht jedoch den Frevler just über der Tat
und springt, soeben im Ankleiden begriffen mit Heftigkeit auf
ihn los, es kommt zum allgemeinen Handgemenge, darüber der
herrliche Vogel erdrückt wird. Jener, ganz außer sich vor Wut,
trifft den Anstifter dergestalt mit der Faust ins Gesicht, daß er
blutend zu Boden stürzt und liegen bleibt, worauf die andern,
um Hilfe rufend, nach dem Dorfe rennen. Vergebens sucht der
Fremde seine Kleider, die Gesellen hatten sie listigerweise vertragen. Um sich vor Schmach zu retten und in der Verzweiflung
nahm jetzt der arme Tropf seinen Kasten auf den bloßen
Rücken, durchwatete das Wasser und lief vom jenseitigen Ufer
aus dem nächsten Walde zu, den steilen Berg durchs Dickicht
herauf, wo er denn unvermutet hier auf das Portal der Höhle
trifft. Er sank ermattet nieder und schlief, noch zornige Tränen
im Auge, bald ein, so wie wir ihn dann fanden. Seine größte
Sorge war nun der Bursche, den er in der Ohnmacht zurückgelassen, dann seine Kleider, sein Geld. Wir suchten ihn soviel
möglich zu beruhigen und wirklich rührend war's, wie die gelassenen Worte des Baronets, welcher die Gefahr des Verwundeten leichtnahm, den ersten getrosten Lichtstrahl auf des Knaben Stirne hervorlockten. Er sprach nun gern, seine Rede verriet
viel Geist und Munterkeit. Indes war es doch Zeit daß wir
uns nach unserer Gesellschaft umsahn; der Knabe sollte sich
inzwischen hier gedulden, man wollte einen Bedienten anweisen,
ihm einstweilen die nötigste Kleidung zu schaffen.

Wir gingen und fanden nach stundenlangem Umherstreifen
die andern endlich an dem vorher bestimmten Vereinigungsort
sehr guten Muts beisammen. Der Baronet triumphierte daß
wir allein so glücklich gewesen sein sollten, die Höhle zu finden.

Da es schon ziemlich spät und alle ohnehin gar sehr ermüdet waren, fiel es natürlich niemandem mehr ein den Gang nachzuholen. Das kleine Abenteuer verschwieg der Baronet noch vorderhand und auf dem Heimweg äußerte er mir, er wünschte mit dem jungen Menschen eine Probe zu machen, und wenn er sich gut anließe, etwas für sein Fortkommen zu tun, es sei bereits Anstalt getroffen daß er nach der Stadt gebracht werde.

In der Tat wurde auch das ganze Haus nicht wenig überrascht, als schon am dritten Tag der angenehme Fremdling der sich Alexis nannte von Kopf bis zu Fuße verwandelt in einer zierlich dunkeln Jacke sich produzierte. Er sah viel größer aus als damals, betrug sich mit ungezwungenem Anstand freundlich und sittig, deshalb ihn auch die Frauen gleich in besondre Gunst zu nehmen schienen. Nur Mary zeigte eine unwiderstehliche Scheu vor seiner Gegenwart, doch ohne sich, als man sie darüber fragte, befriedigend zu erklären. Man legte es daher ihrer gewöhnlichen Laune zur Last. Der Kammerdiener, welchem die Sorge der Ausstattung durch den Schneider überlassen war, berichtete nebenbei es habe der sonderbare Mensch anfangs mit einer Art von Verlegenheit, sogar von heimlich gekränktem Stolze sich diese Wohltaten gleichsam aufnötigen lassen, und ein paarmal herzlich gelacht über die ihm erzeigte Ehre; man könne überhaupt nicht recht aus ihm kommen.

Sir Leithem machte sich's nach seiner Art zu einem unterhaltenden Geschäfte, die Fähigkeiten seines Günstlings zu prüfen, und in Absicht auf dessen persönliche Verhältnisse der Wahrheit möglichst auf die Spur zu kommen, wobei der Knabe soviel er selber wußte naiv und ehrlich Bescheid gab. Soweit seine Erinnerung reichte betrachtete er Genf als seine Heimat. Er war daselbst anfänglich unter der Aufsicht einer Matrone von bürgerlichem Stande, später in eine große Pension gegeben worden, wo er infolge eines mutwilligen Streichs beschimpft und überdies so hart gehalten wurde, daß er in der Erbitterung und in der Not seines Herzens kein ander Mittel sah, als zu entlaufen. Er nahm einen Teil seiner Habseligkeiten zusammen, legte die schlechteste Kleidung an und suchte das Weite. Ein Savoyarde seines Alters überließ ihm jenen Käfig mit lebendigen Raritäten für einen Spottpreis, vermutlich weil er sie gestohlen und eilig wieder hatte los sein wollen. Alexis war glückselig in seinem neuen Besitz, den ihm auch niemand weiter auf seiner Wanderung streitig machte. Von jeher unverwöhnt, rüstig, gewandt, keck, wie er war, fand er eine Lebensweise um die er früher manchen beneidete, eher bequem und lustig als drückend. Was aber seinen Mut im Innersten befeuerte war die gleich anfangs gefaßte Hoffnung seinen Vater ausfindig zu machen, von dem man ihm gesagt, daß es ein Engländer wäre, daß er sich seiner aus der Ferne annehme, angesehen und reich genug sei, um ihn dereinst zu Ehren zu erheben. Alexis selbst trug seines Vaters Namen nicht, doch hatte er sich diesen wohl gemerkt als er *[Text bricht ab]*. Es war ein Name der uns zwar sogleich auf ein edles Geschlecht hinwies, der aber mehr als einer Familie in England angehörte. So konnte man freilich nur raten und vermuten. Indes bemerkten wir bald, daß Leithem im stillen bereits einen sicheren Faden verfolge. Er ging sehr behutsam zu Werk, und niemand durfte von der Sache reden. Es liefen Briefe nach verschiedenen Seiten aus, deren Erfolg man abwarten mußte. Vorläufig konnte für den Jungen nicht besser gesorgt werden, als indem er einer öffentlichen Lehranstalt von anerkanntem Rufe überantwortet wurde, wo er mit Zöglingen jeder Altersstufe zusammenwohnend" *[Text bricht ab]*

„Er gefiel sich gut in seiner Lage und ward bei Leithems immer seltener gesehn.

Um aber von City zu reden so befand sich diese ihrerseits in einem gem[ischten] Zustand den freilich niemand ahnen konnte. Nachdem ich erzählt, auf welche Art und wo der Baronet mit mir den jungen Menschen aufgefunden, so werden Sie sich wundern, wenn ich Ihnen sage daß auch Mary damals von einem eigenen Unstern geleitet jenem Versteck nahe genug gekommen war. Sie hatte sich im eifrigen Suchen nach der Höhle, indem sie ihrem eignen Glücke mehr als fremdem vertraute, absichtlich oder zufällig von den andern entfernt, auch wirklich in kurzem den Platz ausgespürt, den wir soeben erst verlassen haben konnten, vergeblich sucht sie nach dem wahren Eingange, weil ihn das dichteste Gebüsch umgibt; seitwärts dagegen und höher hinauf zwischen Moos und Gestein bemerkt man verschiedene Klüfte und engere Risse durch deren einen man beim Niederbücken auf einmal mit froher Überraschung ins Innere des Felsens wie in eine helle Stube hinabschaut. Und nun — City traut ihren Sinnen kaum, ein lebendes Wesen hier unten zu sehn; sie ist wie angefesselt, wie geblendet. Der Fremdling liegt bequem rückwärts auf den Boden gestreckt, den

Kopf hat er im Schatten ruhn und beide Arme darum geschlagen, auf einem Kniee das aufgerichtet ist, saß ihm ein Papagei dessen Gefieder herrlich im Sonnenschein spielt. Der Knabe der bis jetzt die hellen Augen wohlgemut und ruhig an der Wölbung umherkreuzen ließ, fährt, da er das Antlitz des Mädchens erblickt, betroffen auf, wie vom Wetterschein erschreckt, doch haben beider Blicke sich nicht so bald begegnet, als schon das Mädchen wieder verschwand. Sie eilt und läuft, als flammte der Wald ihr im Rücken, nach ihrer Gesellschaft zurück wo sie noch lange vor uns beiden ankommt. Nachdenklich und einsilbig, wie man es meist an ihr gewohnt war, verriet ihr Betragen an selbigem Abende just nichts Besonderes. Wo sie gewesen und was sie gesehn blieb tief in ihrer Brust verschlossen. Mit allem Reiz eines verbotnen Glückes, unheimlich und unwiderstehlich, liegt das Geheimnis in ihr, worüber sie Zeit hat die folgenden Tage zu brüten, sieht sie sich wo sie geht und steht, wie von dem Glanz eines Wunders begleitet, sie ist sich selbst, die ganze Außenwelt ist ihr verändert. In jenem abenteuerlichen Bilde floß vor ihrer Phantasie alles zusammen was ihr je Seltsames, Liebliches aus Märchen und Geschichten ihrer frühesten Kindheit vorgeschwebt hatte. Unaufhörlich bewegt sich die reizende Bildung des Knaben vor ihr, doch kommt der Wunsch, es sollte die Gestalt ihr leibhaftig an irgendeinem Ort zum zweitenmal begegnen, auch noch von ferne nicht in ihre Seele, so ganz unmöglich schien die Wiederholung eines Moments, der selbst nur einem Traume glich. Als daher mit dem dritten Tage Alexis wirklich vor ihr stand, als er die Augen vor ihr niederschlug, sie glaubte in die Erde zu sinken vor Schrecken Verwirrung und Scham."

Aus des Oheims Munde

Die anfänglichen Mutmaßungen des Baronets bestätigten sich. Unser junger Aventurier ist der natürliche Sohn eines Lord Kinmoore, welcher der liebenswürdigste Mann in Großbritannien sein muß, um so liebenswürdiger, da er ein unermeßliches Vermögen besitzt. Ein unruhiger Reisegeist führt ihn zu Wasser und zu Lande durch die Welt. (Er soll stets einen Hofstaat von Affen und Mohren mit sich schleppen.) In der Schweiz geriet er an eine schlaue Französin, die ihm [ein] treues Ebenbild seiner eigenen Zugvogelsnatur in unserem Helden übermachte. Nachdem sie ihren Beschützer lange genug hintergangen und mißbraucht, wandte sie sich nach Frankreich, indes der Sohn unter Bedingungen welche dem Herz des Vaters zur Ehre gereichen, fremder Pflege anvertraut blieb. Die letzten Jahre brachte er in Griechenland zu, wo er sich für die Sache der unterdrückten Nation sehr tätig interessiert haben soll. Der Weitentfernte konnte nun an eine unglückliche Epoche seines früheren Lebens auf keine angenehmere Weise erinnert werden, als da ein alter Bekannter — denn in der Tat stand einst der Baronet in gutem Verhältnis zu ihm — ganz unerwartet Nachricht von den wundersamen Sprüngen eines hoffnungsvollen Sprößlings erteilt. Diese Mitteilung, in einem mystisch heitern Tone abgefaßt, wurde wie sich erwarten ließ, nicht nur sehr freundlich, sondern mit wahrem Entzücken aufgenommen. Der Baronet gab mir die Antwort zu lesen. Da ruft der Vater in einem pudelnärrischen pathetischen Stil alle Götter und Göttinnen, die edle Lucina nicht ausgenommen, zu Zeugen seines Glückes an und beklagte nur, sein Fleisch und Blut nicht auf der Stelle von Angesicht zu Angesicht sehen zu können. Nach seiner ausdrücklichen Bestimmung sollte der Jüngling zuvörderst auf die Militär-Akademie nach * gebracht werden, was dieser sogleich mit dem größten Feuer ergriff. In den Briefen, die er von dort aus schrieb, vergaß er nie sich Marys zu erinnern *[Text bricht ab]*

„Unterdessen hatte sich die Mutmaßung des Baronets bestätigt. — —

Alexis ist der natürliche Sohn des Lord Kinmoore und einer Französin, die er in der Schweiz hatte kennen lernen. Nachdem sie ihren Beschützer lange genug hintergangen und auf die eigennützigste [Weise] mißbraucht, wandte sie sich nach Frankreich, indes der Sohn unter Bedingungen welche dem Herzen des Vaters zur Ehre gereichten einer fremden Pflege anvertraut wurde. Ein unruhiger Reisegeist führte inzwischen den Lord zu Wasser und zu Lande durch die Welt; die letzten Jahre brachte er in Griechenland zu, wo er sich für die Sache der unterdrückten Nation sehr tätig interessiert haben soll. Der Weitentfernte konnte nun mitten unter seinen Zerstreuungen an eine unglückliche Epoche seines früheren Lebens auf keine angenehmere Weise erinnert werden als da ein alter Bekannter (denn in der Tat stand einst der Baronet in gutem Verhältnis zu ihm) ganz unerwartet Nachricht von dem wundersamen

Geschick eines hoffnungsvoll heranwachsenden Sohnes erteilte.
Der letztere selbst hatte für seinen unbekannten Vater einige
ehrerbietige Worte beilegen dürfen. Die Antwort welche nicht
zu lange ausblieb lautete ebenso verbindlich gegen den Baronet
als vielversprechend für den Zögling, im Falle er den guten
Erwartungen ferner entspräche, die man von ihm hege. Zugleich war eine Anweisung gegeben, ihn, wenn er Neigung dazu
hätte auf die Militärakademie zu befördern. Dies Anerbieten
wurde von Alexis mit größtem Feuer ergriffen und *[Lücke]*
ausgeführt."

Reise des Baronets nach Deutschland, wo Mary bei Killford
bleibt; — Die Eltern weiter in die Schweiz.

Drei Jahre war Alexis in dem Institut als ihm ein Schreiben
aus Morea die bevorstehende Rückkehr seines Vaters meldet.
Dieser verspricht bis gegen Mitte Sommers zu Livorno einzutreffen. Dort soll ihn Alexis finden und zum erstenmal begrüßen. In der Zwischenzeit sich die Schweiz ein wenig besehn
etc. *[Text bricht ab]*

Krankheit Marys. *Vorwand* Abneigung gegen ihre Stiefschwester, ein mokantes widriges Geschöpf.

„Ich sah in einen mächtig großen Saal, welcher von oben
durch einen kleinen Kronleuchter sattsam erhellt, statt der Tapeten schöne dunkelrote Draperien, mehrere lange niedere Sofas
von weißem Stoff übrigens beinah keine Meubles hatte und
doch das Auge nichts vermissen ließ was zu der Harmonie des
Ganzen diente. Eine halboffene Flügeltür führte auf den Balkon
hinaus. In der Mitte des Saals aber lag die phantastische Schöne,
den Ellenbogen durch ein Polster unterstützt und lesend, auf
einem bunten Teppiche. Obwohl sie mir den Rücken bot, so
hatt [ich] doch meist ihr Profil vor Augen, wie es gegen den
seitwärts auf dem Kanapee sitzenden James gekehrt war. Derselbe trug wie man mir vorausgesagt hatte eine alte verschossene
Bergschottentracht, die ihm in Wahrheit sehr natürlich ließ. Nun
reicht ihm die Gebieterin das Buch stillschweigend hinüber, er
fängt bei der bezeichneten Stelle in englischer Sprache, vorzulesen an und zwar mit einer eigenen Feierlichkeit, die allerdings
dem Gegenstand — es war nicht weniger noch mehr als eine
Reisebeschreibung — unangemessen scheinen könnte, jedoch für
mich un er gegenwärtigen Umständen und in dem Munde des

BRUCHSTÜCKE EINES ROMANS   651

von den Schilderungen seiner Heimat recht ernstlich begeisterten
Schotten etwas Naives, Rührendes bekam. Meine geringe
Sprachkenntnis hinderte mich nicht den fremden Naturbildern
einigermaßen nachzukommen und soviel mir in Worten verlorenging durch die erregte Einbildung ergänzen zu lassen. Es waren
treffliche Beschreibungen von Staffa, Fingalos Höhle, von Pa-
panestra und dergleichen. Während der Vorlesung, die mir am
Ende doch etwas zu lange dauern wollte, kam auf den Zehen
die alte Frau Gunnefield, eine hohe nordische Figur, mit dem
Spinnrocken herein und setzte sich auf den einzigen Stuhl in
der Ecke, nachdem sie einen Korb mit frischgebrochnen Blumen
neben City gestellt, welche sogleich einige herausgriff und einen
Kranz zu flechten begann.

Ein auffallend starker und prächtiger Akkord, welchen auf
einmal die Äolsharfen zum Saal hereinsandten, unterbrach den
Anagnosten. City sah freundlich bedeutend mit einer Gebärde
empor als wollte sie den traurig verschwebenden Ton an ihrer
weißen Hand hinstreifen fühlen. ‚Das verdient wohl ein Lied‘, sagt
sie leise zum Alten hinüber und ihren Sinn erratend begann er
eine alte Romanze, deren schaurige Melodie nicht bezeichnender
hätte sein können; dazu die angenehme Tiefe seiner Stimme
worein City alsbald den süß gedämpften Schmelz der ihrigen
mischte, während sie den angefangenen Kranz auf ihren Knieen
ruhen ließ.

Es war ein Herzog Millesint etc.

Eine stille Pause trat ein, man hörte nur das rollende Spindel
der Alten und draußen rührte sich kein Lüftchen mehr. Ich
meinerseits in meinem dunkeln Versteck, war an ein Fenster
getreten und sah den See geheimnisvoll zwischen den Pappeln
durchblicken.

Indessen hat sich die Alte hinter das Fräulein zu deren Häupten gestellt, ein Putzkästchen steht offen daneben und bequem
auf ihren Knieen liegend schickt sich die Dienerin an, dem
schönen Kinde den Kopfputz zu ändern, die schwarzen Haare
fallen aufgelöst in breiten Teilen tief herab und schlichten sich
unter dem Kamm. ‚Nehmt's nicht übel‘, sagte die Gunnefield,
‚dies Euer Lager deucht mir doch etwas gar zu unbequem für
mich. Aber so seid Ihr einmal. Kaum sagt Euch gestern mein
Mann, daß Herr Viktor diesen alten Teppich in besondre Affektion [*ergänze etwa:* genommen] und, ich weiß nicht was für

ein Wohlgefallen an der fremden Landschaft gefunden, an den wilden Tieren, Panthern, Affen, Schlangen, Papageien und was noch alles darauf eingewirkt ist und daß er uns bei der Gelegenheit die Geschichte erzählt, wie ihn Sir Leithem in Gesellschaft solcher Bestien erstmals in einer Höhle getroffen, da war meine Lady außer sich vor Freuden und wollte gleich mitten unter diesen Ungeheuern, zwischen Palmen und Kokosbäumen ruhn. Nun, wenn's Euch in der Stellung schmeckt — ich habe nichts dawider; gehört's doch zu dem übrigen. Nur Euern Witz muß ich bewundern. Über die Liebe ist doch nichts Erfindrischers am Menschen.' Hier nahm die Alte ein zartes Fläschchen aus der Schatulle herauf und sagte schalkhaft: ‚Das hat auch seine Bedeutung.' ‚Wieso?' fragte City. ‚Nun meinet Ihr ich soll nicht merken aus welchen Händen Ihr den kostbaren Wohlgeruch habt? Warum ich nur in auserlesnen Stunden dieses Öl in Eure Haare träufeln darf. Der balsamische Zauber umfängt Eure Sinne mit der vollen Gegenwart des hübschen Knaben, dem Ihr das Gläschen verdanket. Jedoch, nehmt Euch in acht, so etwas schleicht ins Blut hinüber und macht die Seele krank.' ‚Schweig doch!' rief City halb lachend halb böse aus, ‚das ist ganz anders. Zwar so weit hast du recht, man könnte diesen Wohlgeruch wohl einen schwermütigen nennen. Ja wahrhaftig! Da fällt mir ein was eine gute arme sentimentale Miß einst zu mir sagte. Schwermütig seufzte sie: ›Wo ist denn etwas Schönes in der Welt, das nicht nach dieser Seite neigt?‹ Nun ja so ganz unrecht hat [sie] auch nicht.' — ‚Ich kann Euch nur halbwegs verstehn', versetzte die Gunnefield, ‚aber in meiner Jugend hab ich ein hübsches Fischermädchen gekannt, der kam es manchmal an, im Mondschein ihren runden Arm zu küssen, ganz in Gedanken, als tät's der Liebhaber ihr.' City lachte herzlich: ‚Das war eine Närrin und du bist die größte so etwas auch nur nachzusagen. Aber sieh, dein Mann ist eingeschlafen über dein unzeitig Geschwätz.' ‚Nicht doch', rief Gunnefield sich ermunternd, ‚ich hatte nur so meine Gedanken vor mich hin über den tollsten Streich, der mir solang ich lebe vorkam. Wenn Ihr erlaubt erzähl ich's Euch anstatt eines Märchen obgleich es reine Wahrheit ist wenn ich meinen leiblichen Augen habe trauen dürfen; derweil wird die vierhändige Flechtarbeit mit Kranz und Zöpfen fertig. Hört nur!'"

GESCHICHTE VON DER SILBERNEN KUGEL

ODER

DER KUPFERSCHMIED VON ROTHENBURG

[A.]

Zu Anfang der für das westliche Deutschland so verderblich gewordenen neunziger Jahre, kurz eh das Deutsche Reich die Waffen gegen die neue französische Republik ergriff, hatte der ausgediente Steuereinnehmer Knisel seinen Ruhesitz in der damaligen Freien Reichsstadt Rothenburg genommen. Er folgte hierin wie in allen möglichen Fällen des häuslichen Lebens dem unbedingten Willen seiner Frau, welche daselbst geboren und erzogen war, und ihren Lieblingswunsch um so begieriger betrieb, da sich zu Wiedererwerbung des stattlichen Hauses ihrer Voreltern soeben günstige Gelegenheit darbot.

Die Frau, mit achtundvierzig Jahren erst an den genannten, als Junggesell ergrauten Mann verheiratet, erschien noch jetzt als eine saubere wohlgenährte Person, von strengem Blick und ausdrucksvoll gegossenen Zügen. Außer einer im stillen immer geschäftigen Sorge für Erhaltung und Vermehrung ihres beträchtlichen Vermögens war ihr kaum eine andere menschliche Neigung gegeben, und mit der entschiedenen Anhänglichkeit an die Vaterstadt hatte sie vor der geringsten ihrer Mitbürgerinnen wenigstens nichts voraus.

Unter Herrn Knisel denke man sich eine langgestreckte schmale Figur, ein feines, etwas klein geratenes Gesicht, die niedrige Stirn von reinlich gewickelten Buckeln umgeben, dünne Arme und beinweiße Finger, den ganzen Menschen in jedem Betracht seiner ehlichen Hälfte unähnlich. Als der einzige gemeinschaftliche Zug ist ein ausnehmender Ordnungsgeist zu bezeichnen, und ohne die ihm eigene Fügsamkeit, dahinter sich bisweilen wohl etwas Schalkähnliches versteckte, ohne die Anspruchlosigkeit mit welcher er geräuschlos, oft verstohlen, seinen besondern Liebhabereien nachhing, hätten die Leutchen sich zum steten Ärger leben müssen. Wenn er an langen Sommernachmittagen, sein leichtes Hauswams auf dem Leibe, im großen kühl gehaltenen Wohnzimmer — es war weißgetüncht, zum Teil mit Eichenholz getäfelt — die eben frisch vom Garten oder Feld gebrachten Kräuter, die teils der Speisekammer, teils der Hausapotheke angehörten; Schafgarbe, Melisse, Kamille auf reinlich mit Papier belegten Hurden zum Trocknen ausbreitete; noch mehr, wenn er an seinem Pulte stehend das Kapitalbuch vor sich hatte, die Zinstermine nachsah und seine Einträge machte, so konnte Frau Susanne ihn gerne um sich haben. Er schrieb die gefälligste Hand, fest, rundlich und bequem; in jenem Hausbuch sah man Blatt für Blatt, den hübsch in Fraktur gehaltenen Namen des Schuldners voran, jedes Wort, alle Ziffern und Zeichen mit rabenschwarzer selbstverfertigter Dinte so gleich und rein zwischen den roten Linien stehen als gälte es ein Muster dieser Art für ewige Zeiten in diesem Pergamentbande aufzustellen.

Freilich bestand in Ansehung der sämtlichen Geschäfte seiner Feder im Verwaltungsfache der große Unterschied zwischen unserm Paare, daß es ihr wesentlich um die Sache, ihm lediglich bloß um die Form zu tun war. Von seinem frühren öffentlichen Amte her war ihm ein kanzellistisches Bedürfnis, eine spielende Schreiblust geblieben, die er indes doch keineswegs allein im Wege seiner administrativen Pflichten, vielmehr mit ungleich größerem Vergnügen an Gegenständen übte, durch deren Pflege er in eine ehrenwerte, wenn auch etwas weitläuftige Beziehung zur Wissenschaft trat. Herr Knisel war Naturaliensammler, daneben Altertümler und entwickelte seit seinem Aufenthalt zu Rothenburg eine nicht zu verachtende kompilatorische Tätigkeit für die Geschichte und Topographie der alten Reichsstadt. In erstgedachter Eigenschaft muß ihm ein liebevoller Sinn und ein geübtes Auge für kleine stille Einzelheiten der Natur, Lebendiges und Totes, Stein, Pflanze oder Käfer zugestanden werden, das immerhin schon weit mehr ist als man bei einem ganz verknöcherten Pedanten, wie sich der gute Mann dem ersten Anschein nach darstellen mochte, gesucht haben würde. Sein systematisch in zwei hohen Schränken aufgestelltes, schön katalogisiertes Kabinett von Petrefakten, ein größtenteils längst vor der Heirat erworbener Besitz, enthielt nach dem Zeugnis von Kennern, manches beneidenswerte Stück, häufig mit einem Signo exclamationis (!) zum Zeichen des

selbstgemachten Funds versehn; und seine Vorliebe gerade für
diesen Zweig der Naturbetrachtung war um so eigentümlicher,
je seltener im allgemeinen derselbe damals noch von Dilettanten gepflegt wurde. Einen eifrigen Steinsammler fand er indessen im Stadtapotheker, Herrn — einem entfernten Vetter
seiner Frau, der als wohlhabender Mann sich die Vermehrung
seiner Fächer manchen Gulden [kosten] ließ. Bei der geringen
Achtung welche Frau S[usanne] für diese Studien ihres Mannes
hatte bedurfte es schon einer so namhaften Autorität aus ihrer
eigenen Verwandtschaft, um ihre Meinung von dem Werte solcher Raritäten einigermaßen zu verbessern. Demungeachtet
blieben jene beiden Schränke nebst andern Seltsamkeiten in
einer abgelegenen unheizbaren Kammer des obern Stocks verwiesen, so daß der gute Knisel sich seiner besten Schätze stets
nur durch einen Teil des Jahres recht nach Lust erfreuen konnte.
An weitere Erwerbungen war außer dem was Gunst und Zufall brachte seit lang nicht mehr zu denken, es wäre denn daß
sich bisweilen in der Stille mit Erdarbeitern und Werkleuten
ein kleiner Handel machen ließ.

[B.]

Aus angeborner Menschenfreundlichkeit bewies er sich, wofern die Gegenwart der Frau ihm nicht die Hände band, freigebig gegen Arme aller Art, gegen wandernde Handwerksgesellen zumal und reisende Halbkünstler, an deren Unterhaltung er sich stundenlang vergnügte. Ängstlich und karg fand
man ihn nur mit Gegenständen seiner besondern Passion. Um
seinen reichen Vorrat an holländischem und anderm Schreib-
papier, an Federkielen, Siegellack, Bindfaden und dergleichen
niemals anzugreifen, behalf er sich im Notfall kümmerlich und
zahlte gern das Doppelte für schlechtere Ware, wie sie im
Augenblick zu haben war, eine Eigenschaft, welche mitunter zu
seltsamen Auftritten zwischen dem Ehepaar führte.

Herr K[nisel] besaß wenn auch weit entfernt von einem
höheren Gesichtspunkt und mehr nur auf das Seltsame als das
Bedeutende gerichtet — einen nicht ganz verächtlichen Sinn
für antiquarische Denkwürdigkeiten.

Humanistisches und literarisches Bedürfnis

Seine Lektüre blieb allerdings nach Maßgabe der kleinen mehr durch Zufall als durch eigene Wahl zusammengekommenen Bibliothek auf einen ziemlich engen Kreis beschränkt. Von Lieblingen im Fach der schönen Wissenschaften sah man bei ihm in erster Reihe nächst Brockes' „Irdischem Vergnügen in G[ott]" die verdeutschte „Clarisse", den „Grandison", verschiedene Teile von Wieland und Thümmel, besonders aber den „Spitzbart", eine tragikomische Geschichte, und „Leben und Meinungen des Freiherrn von Münchhausen", dabei las er als fermer Lateiner „Oweni Epigrammata".

... sein tiefer Respekt vor den wissenschaftlichen Arbeiten berühmter Männer in diesem Gebiet, wozu er in bescheidenem Ehrgeiz fürs Leben gern ein Scherflein beizutragen wünschte nur daß er immerfort verlegen war sie an den rechten Mann zu bringen.

Fremde Besucher Rothenburgs, die von dem Tale her den Anblick dieser Stadt — es ist die Abendseite — zum ersten Male haben, sind durch das Imposante ihrer hohen prächtigen Lage, vermöge deren sie in alten Reisewerken häufig mit Jerusalem verglichen wird, nicht minder durch die Menge von Türmen und Türmchen überrascht, welche rund oder eckig, stumpf oder spitz allenthalben aufsteigen.

[C.]

Die Stadt zieht sich in langer Ausdehnung auf einem Felsenhügel (von Keuperkalk) über dem Tauberfluß hin, so daß sie ihren Mauergürtel mehr oder weniger dicht an den Talrand vorrückt, der auf der Strecke seines steilsten Abfalls schon in der Fehdezeit nur geringer Befestigung bedurfte. Auf einem breiten Vorsprung dieses Felsens erblickt man die mit rohen Quadersteinen gewaltig unterbauten Überreste der sogenannten alten Burg, von welcher die Stadt ihren Anfang genommen. Die ganze Bergwand zeigt sich, insoweit nicht einige Felsblößen und wildbewachsene Schluchten die Anpflanzung verwehren, mit Wein und Obstbau heiter und mannigfaltig bekleidet. An der entgegengesetzten Talseite schwingt sich der Berg mit einmal weit und steil heraus. Nach einer längst verschwundenen Feste wird dieser Punkt, von welchem aus Oktavio Piccolomini

GESCHICHTE VON DER SILBERNEN KUGEL

im Jahre 1634 die Stadt mit Granaten und glühenden Kugeln
beschoß, die Engelsburg genannt. In einer schönen Schlangen-
linie fließt die Tauber untenher; während des Sommers meist
friedlich, klein und geräuschlos, zeitweise stark und ungestüm
genug. Zerstreute Gebäude, ein gut eingerichtetes Wildbad, verschiedene Mühlen und ländliche Hütten umgeben den Fluß.
Dicht bei der Kreuzung zweier Steigen, die unmittelbar zur
Stadt hinaufführen, fällt jedermann sogleich die schöne Brücke
auf, ein altes großartiges Bauwerk, das mit seiner gedoppelten
Reihe übereinanderstehender Bogen, an die römischen Aquä-
dukte erinnert. Hiezu in malerische Nachbarschaft tritt links
am Fluß, von hohen Pappeln überragt, die Herrenmühle und
rechts, durch die Reinheit seiner deutschen Bauart ausgezeichnet,
das Kirchlein Unsrer lieben Frauen zu Cobolzell (so hieß zu
Ehren des heiligen Cobol, eines Waldbruders der grauesten
Vorzeit, das kleine Dorf, das einst an diesem Fleck gestanden
haben soll). Von hier aus lief, mit frommer Anspielung auf
jene von Pilgern bezeugte Ortsähnlichkeit ein breiter Stations-
weg aufwärts gegen die alte Burg. Wallfahrende Scharen aus
der Nähe und Ferne versammelten sich in der Stadt und zogen
feierlich zuerst die Cobolzeller Steige herab, nach dem Kirchlein im Tal, bewegten sich alsdann zwischen den Leidensbildern
des Erlösers von einer Station zur andren hinauf, um nächst an
dem Burgtor eine große steinerne Kreuzigungsgruppe zu berühren und so fort endlich zum Altar des heiligen Bluts in der
Hauptkirche von St. Jakob zu gelangen. Dies Herkommen blieb
bis gegen 1544, wo die Gemeine, längst lebhaft vom Zug der
Reformation ergriffen, die erste evangelische Predigt in St. Jakob zu hören bekam. Diese Kirche, das köstlichste Denkmal des
einstigen Glanzes der Stadt, gehört als eine Schöpfung des 14.
und 15. Jahrhunderts derselben edlen Bauart an, die das Erhabene der großen Massen durch Zierlichkeit und Mannigfaltigkeit der Teile zu mildern und zu erheitern weiß. Wenn man
bedauern kann, daß die zwei hohen, in durchbrochene Spitzen
auslaufenden Türme das Ebenmaß des Ganzen in seiner ursprünglichen Anlage merklich verletzen, so sondern sich dagegen die anderweitigen geschmacklosen Zutaten, die ein ab-
gelebtes und eitles Geschlecht dem ehrwürdigen Bau von außen
und innen aufdrang, vor unserm Blick unschwer von selber ab,
bis man sie eines Tages in Wirklichkeit verschwinden lassen
wird. Die Stadt hat überhaupt vieles Sehenswerte an Gebäu-

den, an öffentlichen Plätzen und Anstalten: der Marktplatz mit seiner Umgebung, die beiden Rathäuser samt dem Archiv und den unterirdischen Staatsgefängnissen.

[D.]

... unweit davon das Fronwaghaus mit der merkwürdigen Nürnberger Uhr, wo die Ratsgeschlechter ihre Trinkstube hatten; das Wohnhaus ferner des alten Geschlechts der Jaxtheimer, in welchem gewöhnlich die Kaiser herbergten; das große Brunnenwerk, vermittelst dessen das Wasser vom Talgrund jenseits der Tauber unter dem Flußbett hinweg bis auf die Höhe des Klingenturms gehoben wird; sodann die Klöster, Kirchen und Kapellen, das Hospital, die reiche, mit Waffen mannigfacher Art versehene Rüstkammer, dies alles und was sonst für die Eigentümlichkeit eines reichsstädtischen Lebens, für seinen abenteuerlichen Reiz in Krieg und Frieden bezeichnend sein mag — gibt dem Altertumsforscher vielfachen nicht leicht zu erschöpfenden Stoff. Wir haben nur noch flüchtig das Außenbild der Stadt von denjenigen Seiten zu ergänzen auf welchen sich, ihrer natürlichen Lage gemäß, die eigentlichen Befestigungswerke befinden.

Von der nördlich gelegenen Klingenbastei erstreckten sich dieselben bis zu der südlichen Spitze der Stadt und deckten so die lange Linie nach Morgen gegen die Ebene hin. Das stärkste Bollwerk, die Spitalbastei, deren oberer Gang für schwere Kartaunen und anderes Geschütz mäßiger Größe eingerichtet war, lag eben an jenem südlichen Ende; sie konnte für sich als abgesonderte Forteresse verteidigt werden. An der Ringmauer steht eine ganze Reihe von Türmen, darunter sich der Faulturm — er ist rund wie aus einem Stücke gedreht — durch seine Schönheit und Höhe auszeichnet. Bei den Wällen am Klingentor, am Galgen- und Rödertor erstürmte Tilly im September 1631 die Stadt; beim Gottesacker wo die Straße nach Ansbach und Nürnberg führt, hatte Gustav Adolf im folgenden Jahr sein Lager geschlagen. Und dies sind nicht die einzigen Erinnerungen kriegerischer Art von welchen jene Zinnen und Türme reden könnten.

[SCHEMA I]

[Unvollkommene Skizze]

Zwei Jugendfreunde, Georg Arends und Franz Wintermantel, beide aus Rothenburg, assoziieren sich als Fabrikanten in Nürnberg. Das Etablissement reussiert nicht; der jüngere, Wintermantel, erkrankt und stirbt zu eben der Zeit als ein Bankrott unvermeidlich scheint. Bei der Massenuntersuchung ergibt sich aber, daß nicht nur die Gläubiger befriedigt werden können, sondern daß beiden Familien noch etwas Vermögen bleibt. Frau Wintermantel zieht, den letzten Wünschen ihres Gatten gemäß, nach seiner Vaterstadt Rothenburg. Heinrich Arends, als kinderloser Witwer, geht unter den vorteilhaftesten Bedingungen in Geschäften eines großen Hauses nach dem Kap. Seine Schwester Susanne (die als Witwe eines Geistlichen den alten Steuereinnehmer Knisel in Ulm geheiratet) hat eine Kiste mit schwerem altfränkischen Silbergeschirr (einen Teil der Mitgift seiner Frau) in Verwahrung, welche er bei dem drohenden Gant zu ihr gerettet hatte. Vor seiner Abreise bittet er die Schwester dieses Silberservice vorderhand in ihrem Verschluß zu behalten, nach Umständen aber es zu Gelde zu machen und das Kapital für die, jetzt erst dreijährige Tochter seines verstorbenen Freundes Wintermantel, seinem Patchen Augusta, anzulegen, gegen dessen Hinterbliebene er besondere Verpflichtungen zu haben glaubt, insofern er das gemeinschaftliche Mißgeschick zum größten Teil *seiner* verfehlten Spekulation zuschrieb. Mad. Wintermantel, mit welcher er gewissermaßen auf gespanntem Fuße steht, erfährt von *dieser* Verabredung nichts, um so weniger, weil man sie nicht für die beste Haushälterin hält. Sie widerlegt jedoch eine solche Meinung durch die Tat, indem sie sich in Rothenburg anständig durch fleißige Handarbeit (Blumen- und Putzmacherei) ernährt, ihre Tochter gut erzieht usw.

Nach Jahr und Tag erfährt man daß Arends in dem fremden Lande gestorben. Frau Susanne zögert mit Vollziehung seines Auftrags, sie kann sich von dem anvertrauten Schatze nicht trennen, und weiß sich damit zu beruhigen daß Mutter und Tochter nicht Not leiden. Übrigens trifft sie doch im stillen einige Vorkehrung daß das Silber Augusten einstens zufallen soll; und als auch sie späterhin ihren Wohnsitz in Rothenburg hat, erzeigt sie derselben je und je eine Wohltat.

[SCHEMA II]

Ein Kaufmann Arends stirbt als Witwer in seinem 50. Jahr ohne Kinder zu hinterlassen zur Zeit als ihm ein Bankerott drohte. Er übergibt seiner Schwester eine Kiste mit altem Silbergerät, das sie seinem Patchen Augusten (der zehnjährigen Waise seines besten Freundes) retten soll. Nach seinem Tode zeigte sich aber nicht allein daß sämtliche Gläubiger befriedigt werden konnten, sondern sogar noch einiges Vermögen übrigblieb. Die Schwester kann sich nicht entschließen sich von dem anvertrauten Schatz zu trennen, beschwichtigt aber ihr Gewissen durch den Vorsatz, das Mädchen in ihrem Testament auf entsprechende Weise zu bedenken; inzwischen läßt sie derselben unter anderer Form die Zinsen dieses Kapitals regelmäßig zukommen.

Mittlerweile hat sie den alten Steuereinnehmer (Knisel? Arthaus) geheuratet. Sie lassen sich nach dessen Pensionierung in Rothenburg an der Tauber nieder. Bekanntschaft des Steuereinnehmers mit dem jungen Zinngießer Christel, seinem Nachbar an der Stadtmauer.

Im Frühjahr 1800 verreist die Frau zu ihrer kranken Schwester. Den 12. Juli erscheint eine Anzahl französischer Chasseurs in der Stadt. Ihr Betragen macht dem Steuereinnehmer für die Zukunft bange. In der Frau Abwesenheit läßt sich der Steuereinnehmer von Christel bewegen das im Jahre 1796 in eine Wand der Hausflur eingemauerte Silbergerät zu größerer Sicherheit einzuschmelzen, in Kugelform zu gießen und als Kirchturmknopf aufzustecken. (Andere wertvolle Gegenstände bleiben in ihrem bisherigen Verstecke.)

Christel schmelzt und gießt das vom Steuereinnehmer ihm vorgewogene Silber unter dessen Augen. Es bleiben vier silberne Löffel und ein Kännchen übrig als die Form sich füllt. Das Gewicht der fertigen Kugel stimmt genau mit der Rechnung. Haussuchung bei Christel durch die Polizei. (Er hat noch Zeit, die Kugel wegzubringen.) Ohne recht zu wissen in welcher Absicht, flüchtet er die Kugel, im Drange des Augenblickes läßt er sie — am lichten Tag, im hellen Morgensonnenschein — durch sein Kammerfenster über die Mauer den Berg hinabspringen — sie stürzt in etlichen großen Sätzen lustig in die unten vorbeifließende Tauber. Kein Mensch hat's wahrgenommen.

Christel entkommt. Vergebliche Nachforschungen.

1802 stirbt die Frau Friederike unvermutet schnell.

Ihr Mann fast kindisch überlebt sie nicht lange.

1805 Auffindung der Kugel durch einen Fischer im Mondschein. Gerichtliche Verhandlung über den rechtmäßigen Erben der Kugel. Charlotte hatte schon früher von ihren Ansprüchen, soviel sie selbst davon wußte, gegen eine Freundin geäußert. Allein es meldet sich der Schwestersohn von Frau Friederike. Er hat kein eigentliches Dokument, wohl aber ein genaues unter den Papieren der Erblasserin vorgefundenes Verzeichnis sämtlicher Stücke Silber mit Angaben des einzelnen Gewichts. Die Summe dieser Angaben stimmt nahezu, doch nicht ganz mit der Schwere der Kugel. Der Neffe bringt ein silbernes Etui und drei Löffel mit G. v. A. bezeichnet. Diese Bezeichnung findet sich auf jenem Papier gleichfalls für ein ganzes Dutzend Löffel.

An dem Etui springt in der Hand des Untersuchungsrichters oder eines Aktuars zufällig ein geheimes Ressort worin sich ein Zeddel findet mit den Worten: „Dieses Etewü war bei den 32 ? Stück Silbersachen, so mein sel. Bruder vor die Auguste D. bestimmte; ich habe solches mit seiner Bewilligung vor mich eingetauscht und ein silbern Leuchterlin davor hingetan.

T. Rosina Friederike Arthaus, geb. J."

Hierauf entscheidet das Gericht zugunsten Augustens.

GEDICHTE

AN EINEM WINTERMORGEN, VOR SONNENAUFGANG

O flaumenleichte Zeit der dunkeln Frühe!
Welch neue Welt bewegest du in mir?
Was ist's, daß ich auf einmal nun in dir
Von sanfter Wollust meines Daseins glühe?

Einem Kristall gleicht meine Seele nun,
Den noch kein falscher Strahl des Lichts getroffen;
Zu fluten scheint mein Geist, er scheint zu ruhn,
Dem Eindruck naher Wunderkräfte offen,
Die aus dem klaren Gürtel blauer Luft
Zuletzt ein Zauberwort vor meine Sinne ruft.

Bei hellen Augen glaub ich doch zu schwanken;
Ich schließe sie, daß nicht der Traum entweiche.
Seh ich hinab in lichte Feenreiche?
Wer hat den bunten Schwarm von Bildern und Gedanken
Zur Pforte meines Herzens hergeladen,
Die glänzend sich in diesem Busen baden,
Goldfarbgen Fischlein gleich im Gartenteiche?

Ich höre bald der Hirtenflöten Klänge,
Wie um die Krippe jener Wundernacht,
Bald weinbekränzter Jugend Lustgesänge;
Wer hat das friedenselige Gedränge
In meine traurigen Wände hergebracht?

Und welch Gefühl entzückter Stärke,
Indem mein Sinn sich frisch zur Ferne lenkt!
Vom ersten Mark des heutgen Tags getränkt,
Fühl ich mir Mut zu jedem frommen Werke.
Die Seele fliegt, so weit der Himmel reicht,
Der Genius jauchzt in mir! Doch sage,
Warum wird jetzt der Blick von Wehmut feucht?
Ist's ein verloren Glück, was mich erweicht?
Ist es ein werdendes, was ich im Herzen trage?

— Hinweg, mein Geist! hier gilt kein Stillestehn:
Es ist ein Augenblick, und alles wird verwehn!

Dort, sieh, am Horizont lüpft sich der Vorhang schon!
Es träumt der Tag, nun sei die Nacht entflohn;
Die Purpurlippe, die geschlossen lag,
Haucht, halbgeöffnet, süße Atemzüge:
Auf einmal blitzt das Aug, und, wie ein Gott, der Tag
Beginnt im Sprung die königlichen Flüge!

ERINNERUNG
An C. N.

Jenes war zum letzten Male,
Daß ich mit dir ging, o Clärchen!
Ja, das war das letztemal,
Daß wir uns wie Kinder freuten.

Als wir eines Tages eilig
Durch die breiten, sonnenhellen,
Regnerischen Straßen, unter
Einem Schirm geborgen, liefen;
Beide heimlich eingeschlossen
Wie in einem Feenstübchen,
Endlich einmal Arm in Arme!

Wenig wagten wir zu reden,
Denn das Herz schlug zu gewaltig,
Beide merkten wir es schweigend,
Und ein jedes schob im stillen
Des Gesichtes glühnde Röte
Auf den Widerschein des Schirmes.

Ach, ein Engel warst du da!
Wie du auf den Boden immer
Blicktest, und die blonden Locken
Um den hellen Nacken fielen.

„Jetzt ist wohl ein Regenbogen
Hinter uns am Himmel", sagt ich,

„Und die Wachtel dort im Fenster,
Deucht mir, schlägt noch eins so froh!"

Und im Weitergehen dacht ich
Unsrer ersten Jugendspiele,
Dachte an dein heimatliches
Dorf und seine tausend Freuden.
— „Weißt du auch noch", frug ich dich,
„Nachbar Büttnermeisters Höfchen,
Wo die großen Kufen lagen,
Drin wir sonntags nach Mittag uns
Immer häuslich niederließen,
Plauderten, Geschichten lasen,
Während drüben in der Kirche
Kinderlehre war — (ich höre
Heute noch den Ton der Orgel
Durch die Stille ringsumher):
Sage, lesen wir nicht einmal
Wieder wie zu jenen Zeiten
— Just nicht in der Kufe, mein ich —
Den beliebten ‚Robinson'?"

Und du lächeltest und bogest
Mit mir um die letzte Ecke.
Und ich bat dich um ein Röschen,
Das du an der Brust getragen,
Und mit scheuen Augen schnelle
Reichtest du mir's hin im Gehen:
Zitternd hob ich's an die Lippen,
Küßt es brünstig zwei- und dreimal;
Niemand konnte dessen spotten,
Keine Seele hat's gesehen,
Und du selber sahst es nicht.

An dem fremden Haus, wohin
Ich dich zu begleiten hatte,
Standen wir nun, weißt, ich drückte
Dir die Hand und —

Dieses war zum letzten Male,
Daß ich mit dir ging, o Clärchen!

Ja, das war das letztemal,
Daß wir uns wie Kinder freuten.

NÄCHTLICHE FAHRT

Jüngst im Traum ward ich getragen
Über fremdes Heideland;
Vor den halbverschlossnen Wagen
Schien ein Trauerzug gespannt.

Dann durch mondbeglänzte Wälder
Ging die sonderbare Fahrt,
Bis der Anblick offner Felder
Endlich mir bekannter ward.

Wie im lustigen Gewimmel
Tanzt nun Busch und Baum vorbei!
Und ein Dorf nun — guter Himmel!
O mir ahnet, was es sei.

Sah ich doch vorzeiten gerne
Diese Häuser oft und viel,
Die am Wagen die Laterne
Streift im stummen Schattenspiel.

Ja, dort unterm Giebeldache
Schlummerst du, vergeßlich Herz!
Und daß dein Getreuer wache,
Sagt dir kein geheimer Schmerz.

— Ferne waren schon die Hütten;
Sieh, da flattert's durch den Wind!
Eine Gabe zu erbitten
Schien ein armes, holdes Kind.

Wie vom bösen Geist getrieben
Werf ich rasch der Bettlerin
Ein Geschenk von meiner Lieben,
Jene goldne Kette, hin.

Plötzlich scheint ein Rad gebunden,
Und der Wagen steht gebannt,
Und das schöne Mädchen unten
Hält mich schelmisch bei der Hand.

„Denkt man so damit zu schalten?
So entdeck ich den Betrug?
Doch den Wagen festzuhalten,
War die Kette stark genug.

Willst du, daß ich dir verzeihe,
Sei erst selber wieder gut!
Oder wo ist deine Treue,
Böser Junge, falsches Blut?"

Und sie streichelt mir die Wange,
Küßt mir das erfrorne Kinn,
Steht und lächelt, weinet lange
Als die schönste Büßerin.

Doch mir bleibt der Mund verschlossen,
Und kaum weiß ich, was geschehn;
Ganz in ihren Arm gegossen
Schien ich selig zu vergehn.

Und nun fliegt mit uns, ihr Pferde,
In die graue Welt hinein!
Unter uns vergeh die Erde,
Und kein Morgen soll mehr sein!

DER JUNGE DICHTER

Wenn der Schönheit sonst, der Anmut
Immer flüchtige Erscheinung,
Wie ein heller Glanz der Sonne,
Mir zu staunendem Entzücken
Wieder vor die Sinne trat;
Wenn Natur mir oft und alles
Erdenlebens liebe Fülle
Fast zu schwer am Busen wurde,

Daß nur kaum ein trunknes Jauchzen
Noch der Ausdruck lautern Dankes
Für solch süßes Dasein war:
O wie drang es da mich armen,
Mich unmündgen Sohn Apollens,
Dieses alles, schön gestaltet
Unter goldnen Leierklängen,
Fest, auf ewig festzuhalten!

Doch, wenn mir das tief Empfundne
Nicht alsbald so rein und völlig,
Wie es in der Seele lebte,
In des Dichters zweite Seele,
Den Gesang, hinüberspielte,
Wenn ich nur mit stumpfem Finger
Ungelenk die Saiten rührte —
Ach, wie oft wollt ich verzweifeln,
Daß ich stets ein Schüler bleibe!

Aber, Liebchen, sieh, bei dir
Bin ich plötzlich wie verwandelt:
Im erwärmten Winterstübchen,
Bei dem Schimmer dieser Lampe,
Wo ich deinen Worten lausche,
Hold bescheidnen Liebesworten!
Wie du dann geruhig deine
Braunen Lockenhaare schlichtest,
Also legt sich mir geglättet
All dies wirre Bilderwesen,
All des Herzens eitle Sorge,
Viel-zerteiltes Tun und Denken.
Froh begeistert, leicht gefiedert,
Flieg ich aus der Dichtung engen
Rosenbanden, daß ich nur
Noch in ihrem reinen Dufte,
Als im Elemente, lebe.

O du Liebliche, du lächelst,
Schüttelst, küssend mich, das Köpfchen,
Und begreifst nicht, was ich meine.
Möcht ich selber es nicht wissen,

Wissen nur, daß du mich liebest,
Daß ich in dem Flug der Zeit
Deine kleinen Hände halte!

DER KNABE UND DAS IMMLEIN

Im Weinberg auf der Höhe
Ein Häuslein steht so windebang;
Hat weder Tür noch Fenster,
Die Weile wird ihm lang.

Und ist der Tag so schwüle,
Sind all verstummt die Vögelein,
Summt an der Sonnenblume
Ein Immlein ganz allein.

Mein Lieb hat einen Garten,
Da steht ein hübsches Immenhaus:
Kommst du daher geflogen?
Schickt sie dich nach mir aus?

„O nein, du feiner Knabe,
Es hieß mich niemand Boten gehn;
Dies Kind weiß nichts von Lieben,
Hat dich noch kaum gesehn.

Was wüßten auch die Mädchen,
Wenn sie kaum aus der Schule sind!
Dein herzallerliebstes Schätzchen
Ist noch ein Mutterkind.

Ich bring ihm Wachs und Honig;
Ade! — ich hab ein ganzes Pfund;
Wie wird das Schätzchen lachen,
Ihm wässert schon der Mund."

Ach, wolltest du ihr sagen,
Ich wüßte, was viel süßer ist:
Nichts Lieblichers auf Erden
Als wenn man herzt und küßt!

RAT EINER ALTEN

Bin jung gewesen,
Kann auch mitreden,
Und alt geworden,
Drum gilt mein Wort.

Schöne reife Beeren
Am Bäumchen hangen:
Nachbar, da hilft kein
Zaun um den Garten;
Lustige Vögel
Wissen den Weg.

Aber, mein Dirnchen,
Du laß dir raten:
Halte dein Schätzchen
Wohl in der Liebe,
Wohl im Respekt!

Mit den zwei Fädlein
In eins gedrehet,
Ziehst du am kleinen
Finger ihn nach.

Aufrichtig Herze,
Doch schweigen können,
Früh mit der Sonne
Mutig zur Arbeit,
Gesunde Glieder,
Saubere Linnen,
Das machet Mädchen
Und Weibchen wert.

Bin jung gewesen,
Kann auch mitreden,
Und alt geworden,
Drum gilt mein Wort.

BEGEGNUNG

Was doch heut nacht ein Sturm gewesen,
Bis erst der Morgen sich geregt!
Wie hat der ungebetne Besen
Kamin und Gassen ausgefegt!

Da kommt ein Mädchen schon die Straßen,
Das halb verschüchtert um sich sieht;
Wie Rosen, die der Wind zerblasen,
So unstet ihr Gesichtchen glüht.

Ein schöner Bursch tritt ihr entgegen,
Er will ihr voll Entzücken nahn:
Wie sehn sich freudig und verlegen
Die ungewohnten Schelme an!

Er scheint zu fragen, ob das Liebchen
Die Zöpfe schon zurechtgemacht,
Die heute nacht im offnen Stübchen
Ein Sturm in Unordnung gebracht.

Der Bursche träumt noch von den Küssen,
Die ihm das süße Kind getauscht,
Er steht, von Anmut hingerissen,
Derweil sie um die Ecke rauscht.

DER JÄGER

Drei Tage Regen fort und fort,
Kein Sonnenschein zur Stunde;
Drei Tage lang kein gutes Wort
Aus meiner Liebsten Munde!

Sie trutzt mit mir und ich mit ihr,
So hat sie's haben wollen;
Mir aber nagt's am Herzen hier,
Das Schmollen und das Grollen.

Willkommen denn, des Jägers Lust,
Gewittersturm und Regen!
Fest zugeknöpft die heiße Brust,
Und jauchzend euch entgegen!

Nun sitzt sie wohl daheim und lacht
Und scherzt mit den Geschwistern;
Ich höre in des Waldes Nacht
Die alten Blätter flüstern.

Nun sitzt sie wohl und weinet laut
Im Kämmerlein, in Sorgen;
Mir ist es wie dem Wilde traut,
In Finsternis geborgen.

Kein Hirsch und Rehlein überall!
Ein Schuß zum Zeitvertreibe!
Gesunder Knall und Widerhall
Erfrischt das Mark im Leibe. —

Doch wie der Donner nun verhallt
In Tälern, durch die Runde,
Ein plötzlich Weh mich überwallt,
Mir sinkt das Herz zu Grunde.

Sie trutzt mit mir und ich mit ihr,
So hat sie's haben wollen,
Mir aber frißt's am Herzen hier,
Das Schmollen und das Grollen.

Und auf! und nach der Liebsten Haus!
Und sie gefaßt ums Mieder!
„Drück mir die nassen Locken aus,
Und küß und hab mich wieder!"

JÄGERLIED

Zierlich ist des Vogels Tritt im Schnee,
Wenn er wandelt auf des Berges Höh:
Zierlicher schreibt Liebchens liebe Hand,
Schreibt ein Brieflein mir in ferne Land'.

In die Lüfte hoch ein Reiher steigt,
Dahin weder Pfeil noch Kugel fleugt:
Tausendmal so hoch und so geschwind
Die Gedanken treuer Liebe sind.

EIN STÜNDLEIN WOHL VOR TAG

Derweil ich schlafend lag,
Ein Stündlein wohl vor Tag,
Sang vor dem Fenster auf dem Baum
Ein Schwälblein mir, ich hört es kaum,
Ein Stündlein wohl vor Tag:

„Hör an, was ich dir sag,
Dein Schätzlein ich verklag:
Derweil ich dieses singen tu,
Herzt er ein Lieb in guter Ruh,
Ein Stündlein wohl vor Tag."

O weh! nicht weiter sag!
O still! nichts hören mag!
Flieg ab, flieg ab von meinem Baum!
— Ach, Lieb und Treu ist wie ein Traum
Ein Stündlein wohl vor Tag.

STORCHENBOTSCHAFT

Des Schäfers sein Haus und das steht auf zwei Rad,
Steht hoch auf der Heiden, so frühe, wie spat;
Und wenn nur ein mancher so'n Nachtquartier hätt!
Ein Schäfer tauscht nicht mit dem König sein Bett.

Und käm ihm zu Nacht auch was Seltsames vor,
Er betet sein Sprüchel und legt sich aufs Ohr;
Ein Geistlein, ein Hexlein, so lustige Wicht',
Sie klopfen ihm wohl, doch er antwortet nicht.

Einmal doch, da ward es ihm wirklich zu bunt:
Es knopert am Laden, es winselt der Hund;

Nun ziehet mein Schäfer den Riegel — ei schau!
Da stehen zwei Störche, der Mann und die Frau

Das Pärchen, es machet ein schön Kompliment,
Es möchte gern reden, ach, wenn es nur könnt!
Was will mir das Ziefer? — ist so was erhört?
Doch ist mir wohl fröhliche Botschaft beschert.

Ihr seid wohl dahinten zu Hause am Rhein?
Ihr habt wohl mein Mädel gebissen ins Bein?
Nun weinet das Kind und die Mutter noch mehr,
Sie wünschet den Herzallerliebsten sich her?

Und wünschet daneben die Taufe bestellt:
Ein Lämmlein, ein Würstlein, ein Beutelein Geld?
So sagt nur, ich käm in zwei Tag oder drei,
Und grüßt mir mein Bübel und rührt ihm den Brei!

Doch halt! warum stellt ihr zu zweien euch ein?
Es werden doch, hoff ich, nicht Zwillinge sein? —
Da klappern die Störche im lustigsten Ton,
Sie nicken und knicksen und fliegen davon.

DIE SCHLIMME GRET UND DER KÖNIGSSOHN

„Gott grüß dich, junge Müllerin!
Heut wehen die Lüfte wohl schön?"
„Laßt sie wehen von Morgen und Abend,
Meine leere Mühle zu drehn!"

„Die stangenlangen Flügel
Sie haspeln dir eitel Wind?"
„Der Herr ist tot, die Frau ist tot,
Da feiert das Gesind."

„So tröste sich Leid mit Leide!
Wir wären wohl gesellt:
Ich irr, ein armer Königssohn,
Landflüchtig durch die Welt.

Und drunten an dem Berge
Die Hütte dort ist mein;
Da liegt auch meine Krone,
Geschmuck und Edelstein.

Willt meine Liebste heißen,
So sage, wie und wann,
An Tagen und in Nächten,
Ich zu dir kommen kann?" —

„Ich bind eine güldne Pfeife
Wohl an den Flügel hin,
Daß sie sich helle hören läßt,
Wann ich daheime bin.

Doch wollt Ihr bei mir wohnen,
Sollt mir willkommen sein:
Mein Haus ist groß und weit mein Hof,
Da wohn ich ganz allein." —

Der Königssohn mit Freuden
Ihr folget in ihr Haus;
Sie tischt ihm auf, kein Edelhof
Vermöchte so stattlichen Schmaus:

Schwarzwild und Rebhuhn, Fisch und Met;
Er fragt nicht lang woher.
Sie zeigt so stolze Sitten,
Des wundert er sich sehr.

Die erste Nacht, da er kost mit ihr,
In das Ohr ihm sagte sie: „Wißt,
Eine Jungfrau muß ich bleiben,
So lieb Euer Leben Euch ist!" —

Einsmals da kam der Königssohn
Zu Mittag von der Jagd,
Unfrohgemut, doch barg er sich,
Sprach lachend zu seiner Magd:

„Die Leute sagten mir neue Mär
Von dir, und böse dazu;

Sankt Jörgens Drach war minder schlimm,
Wenn man sie hört, denn du."

„Sie sagen, daß ich ein falsches Ding,
Daß ich eine Hexe sei?"
„Nun ja, mein Schatz, so sprechen sie!
Eine Hexe, meiner Treu!

Ich dachte: wohl, ihr Narren,
Ihr lüget nicht daran;
Mit den schwarzen Augen, aufs erstemal,
Hat sie mir's angetan.

Und länger ruh ich keinen Tag,
Bis daß ich König bin,
Und morgen zieh ich auf die Fahrt:
Aufs Jahr bist du Königin!" —

Sie blitzt ihn an wie Wetterstrahl,
Sie blickt ihn an so schlau:
„Du lügst in deinen Hals hinein!
Du willt keine Hexe zur Frau.

Du willt dich von mir scheiden;
Das mag ja wohl geschehn:
Sollt aber von der schlimmen Gret
Noch erst ein Probstück sehn." —

„Ach, Liebchen, ach, wie hebet sich,
Wie wallet dein schwarzes Haar!
Und rühret sich kein Lüftchen doch;
O sage, was es war?

Schon wieder, ach, und wieder!
Du lachest und mir graut:
Es singen deine Zöpfe . . . Weh!
Du bist die Windesbraut!"

„Nicht seine Braut, doch ihm vertraut;
Meine Sippschaft ist gar groß.
Komm, küsse mich! ich halte dich
Und lasse dich nimmer los!

O pfui, das ist ein schief Gesicht!
Du wirst ja kreideweiß!
Frisch, munter, Prinz! ich gebe dir
Mein bestes Stücklein preis." —

Rührlöffel in der Küch sie holt,
Rührlöffel ihrer zwei,
War jeder eine Elle lang,
Waren beide nagelneu.

„Was guckst du so erschrocken?
Denkst wohl, es gäbe Streich'?
Nicht doch, Herzliebster, warte nur,
Dein Wunder siehst du gleich."

Auf den obern Boden führt sie ihn:
„Schau, was ein weiter Platz!
Wie ausgeblasen, hübsch und rein!
Hie tanzen wir, mein Schatz.

Schau, was ein Nebel zieht am Berg!
Gib acht, ich tu ihn ein!"
Sie beugt sich aus dem Laden weit,
Die Geister zu bedräun;

Sie wirbelt übereinander
Ihre Löffel so wunderlich,
Sie wickelt den Nebel und wickelt,
Und wirft ihn hinter sich.

Sie langt hervor ein Saitenspiel,
Sah wie ein Hackbrett aus,
Sie rühret es nur leise,
Es zittert das ganze Haus.

„Teil dich, teil dich, du Wolkendunst!
Ihr Geister, geht herfür!
Lange Männer, lange Weiber, seid
Hurtig zu Dienste mir!"

Da fangt es an zu kreisen,
Da wallet es hervor,

Lange Arme, lange Schleppen,
Und wieget sich im Chor.

„Faßt mir den dummen Jungen da!
Geschwinde wickelt ihn ein!
Er hat mein Herz gekränket,
Das soll er mir bereun."

Den Jüngling von dem Boden hebt's,
Es dreht ihn um und um,
Es trägt ihn als ein Wickelkind
Dreimal im Saal herum.

Margret ein Wörtlein murmelt,
Klatscht in die Hand dazu:
Da fegt es wie ein Wirbelwind
Durchs Fenster fort im Nu.

Und fähret über die Berge,
Den Jüngling mitteninn,
Und fort bis wo der Pfeffer wächst —
O Knabe, wie ist dir zu Sinn?

Und als er sich besonnen,
Lag er im grünen Gras,
Hoch oben auf dem Seegestad;
Die Liebste bei ihm saß.

Ein Teppich war gebreitet,
Köstlich gewirket, bunt,
Darauf ein lustig Essen
In blankem Silber stund.

Und als er sich die Augen reibt
Und schaut sich um und an,
Ist sie wie eine Prinzessin schön,
Wie ein Prinz er angetan.

Sie lacht ihn an wie Maienschein,
Da sie ihm den Becher beut,
Sie legt den Arm um seinen Hals;
Vergessen war all sein Leid.

Da ging es an ein Küssen,
Er kriegt nicht satt an ihr;
Fürwahr ihr güldner Gürtel wär
Zu Schaden kommen schier.

— „Ach Liebchen, ach, wie wallet hoch
Dein schwarzes Ringelhaar!
Warum mich so erschrecken jetzt?
Nun ist meine Freude gar."

„Rück her, rück her, sei nicht so bang!
Nun sollt du erst noch sehn,
Wie lieblich meine Arme tun;
Komm, es ist gleich geschehn!" —

Sie drückt ihn an die Brüste,
Der Atem wird ihm schwer;
Sie heult ein grausiges Totenlied,
Und wirft ihn in das Meer.

LIEBESVORZEICHEN

Ich stand am Morgen jüngst im Garten
Vor dem Granatbaum sinnend still;
Mir war, als müßt ich gleich erwarten,
Ob er die Knospe sprengen will.

Sie aber schien es nicht zu wissen,
Wie mächtig ihr die Fülle schwoll,
Und daß sie in den Feuerküssen
Des goldnen Tages brennen soll.

Und dort am Rasen lag Jorinde;
Wie schnell bin ich zum Gruß bereit,
Indes sie sich nur erst geschwinde
Den Schlummer aus den Augen streut!

Dann leuchtet dieser Augen Schwärze
Mich an in lieb- und guter Ruh,
Sie hört dem Mutwill meiner Scherze
Mit kindischem Verwundern zu.

Dazwischen dacht ich wohl im stillen:
Was hast du vor? sie ist ein Kind!
Die Lippen, die von Reife quillen,
Wie blöde noch und fromm gesinnt!

Fürwahr, sie schien es nicht zu wissen,
Wie mächtig ihr die Fülle schwoll,
Und daß sie in den Feuerküssen
Des kecksten Knaben brennen soll.

Still überlegt ich auf und nieder,
Und ging so meiner Wege fort;
Doch fand der nächste Morgen wieder
Mich zeitig bei dem Bäumchen dort.

Mein! wer hat ihm in wenig Stunden
Ein solches Wunder angetan?
Die Flammenkrone aufgebunden?
Und was sagt mir dies Zeichen an?

Ich eile rasch den Gang hinunter,
Dort geht sie schon im Morgenstrahl;
Und bald, o Wunder über Wunder!
Wir küßten uns zum erstenmal.

Nun trieb der Baum wohl Blüt auf Blüte
Frisch in die blaue Luft hinaus,
Und noch, seitdem er lang verglühte,
Ging uns das Küssen nimmer aus.

SUSCHENS VOGEL

Ich hatt ein Vöglein, ach wie fein!
Kein schöners mag wohl nimmer sein:

Hätt auf der Brust ein Herzlein rot,
Und sung und sung sich schier zu Tod.

Herzvogel mein, du Vogel schön,
Nun sollt du mit zu Markte gehn! —

Und als ich in das Städtlein kam,
Er saß auf meiner Achsel zahm;

Und als ich ging am Haus vorbei
Des Knaben, dem ich brach die Treu,

Der Knab just aus dem Fenster sah,
Mit seinem Finger schnalzt er da:

Wie horchet gleich mein Vogel auf!
Zum Knaben fliegt er husch! hinauf;

Der koset ihn so lieb und hold,
Ich wußt nicht, was ich machen sollt,

Und stund, im Herzen so erschreckt,
Mit Händen mein Gesichte deckt',

Und schlich davon und weinet sehr,
Ich hört ihn rufen hinterher:

„Du falsche Maid, behüt dich Gott,
Ich hab doch wieder mein Herzlein rot!"

IN DER FRÜHE

Kein Schlaf noch kühlt das Auge mir,
Dort gehet schon der Tag herfür
An meinem Kammerfenster.
Es wühlet mein verstörter Sinn
Noch zwischen Zweifeln her und hin
Und schaffet Nachtgespenster.
— Ängste, quäle
Dich nicht länger, meine Seele!
Freu dich! schon sind da und dorten
Morgenglocken wach geworden.

ER IST'S

Frühling läßt sein blaues Band
Wieder flattern durch die Lüfte;
Süße, wohlbekannte Düfte
Streifen ahnungsvoll das Land.
Veilchen träumen schon,
Wollen balde kommen.
— Horch, von fern ein leiser Harfenton!
Frühling, ja du bist's!
Dich hab ich vernommen!

IM FRÜHLING

Hier lieg ich auf dem Frühlingshügel:
Die Wolke wird mein Flügel,
Ein Vogel fliegt mir voraus.
Ach, sag mir, all-einzige Liebe,
Wo du bleibst, daß ich bei dir bliebe!
Doch du und die Lüfte, ihr habt kein Haus.

Der Sonnenblume gleich steht mein Gemüte offen,
Sehnend,
Sich dehnend
In Lieben und Hoffen.
Frühling, was bist du gewillt?
Wann werd ich gestillt?

Die Wolke seh ich wandeln und den Fluß,
Es dringt der Sonne goldner Kuß
Mir tief bis ins Geblüt hinein;
Die Augen, wunderbar berauschet,
Tun, als schliefen sie ein,
Nur noch das Ohr dem Ton der Biene lauschet.

Ich denke dies und denke das,
Ich sehne mich, und weiß nicht recht, nach was:
Halb ist es Lust, halb ist es Klage;
Mein Herz, o sage,
Was webst du für Erinnerung

In golden grüner Zweige Dämmerung?
— Alte unnennbare Tage!

ERSTES LIEBESLIED EINES MÄDCHENS

Was im Netze? Schau einmal!
Aber ich bin bange;
Greif ich einen süßen Aal?
Greif ich eine Schlange?

Lieb ist blinde
Fischerin;
Sagt dem Kinde,
Wo greift's hin?

Schon schnellt mir's in Händen!
Ach Jammer! o Lust!
Mit Schmiegen und Wenden
Mir schlüpft's an die Brust.

Es beißt sich, o Wunder!
Mir keck durch die Haut,
Schießt 's Herze hinunter!
O Liebe, mir graut!

Was tun, was beginnen?
Das schaurige Ding,
Es schnalzet da drinnen,
Es legt sich im Ring.

Gift muß ich haben!
Hier schleicht es herum,
Tut wonniglich graben
Und bringt mich noch um!

FUSSREISE

Am frischgeschnittnen Wanderstab
Wenn ich in der Frühe

So durch Wälder ziehe,
Hügel auf und ab:
Dann, wie's Vöglein im Laube
Singet und sich rührt,
Oder wie die goldne Traube
Wonnegeister spürt
In der ersten Morgensonne:
So fühlt auch mein alter, lieber
Adam Herbst- und Frühlingsfieber,
Gottbeherzte,
Nie verscherzte
Erstlings-Paradieseswonne.

Also bist du nicht so schlimm, o alter
Adam, wie die strengen Lehrer sagen;
Liebst und lobst du immer doch,
Singst und preisest immer noch,
Wie an ewig neuen Schöpfungstagen,
Deinen lieben Schöpfer und Erhalter.
Möcht es dieser geben,
Und mein ganzes Leben
Wär im leichten Wanderschweiße
Eine solche Morgenreise!

BESUCH IN URACH

Nur fast so wie im Traum ist mir's geschehen,
Daß ich in dies geliebte Tal verirrt.
Kein Wunder ist, was meine Augen sehen,
Doch schwankt der Boden, Luft und Staude schwirrt,
Aus tausend grünen Spiegeln scheint zu gehen
Vergangne Zeit, die lächelnd mich verwirrt;
Die Wahrheit selber wird hier zum Gedichte,
Mein eigen Bild ein fremd und hold Gesichte!

Da seid ihr alle wieder aufgerichtet,
Besonnte Felsen, alte Wolkenstühle!
Auf Wäldern schwer, wo kaum der Mittag lichtet
Und Schatten mischt mit balsamreicher Schwüle.
Kennt ihr mich noch, der sonst hieher geflüchtet,
Im Moose, bei süß-schläferndem Gefühle,

Der Mücke Sumsen hier ein Ohr geliehen,
Ach, kennt ihr mich, und wollt nicht vor mir fliehen?

Hier wird ein Strauch, ein jeder Halm zur Schlinge,
Die mich in liebliche Betrachtung fängt;
Kein Mäuerchen, kein Holz ist so geringe,
Daß nicht mein Blick voll Wehmut an ihm hängt:
Ein jedes spricht mir halbvergeßne Dinge;
Ich fühle, wie von Schmerz und Lust gedrängt
Die Träne stockt, indes ich ohne Weile,
Unschlüssig, satt und durstig, weitereile.

Hinweg! und leite mich, du Schar von Quellen,
Die ihr durchspielt der Matten grünes Gold!
Zeigt mir die urbemoosten Wasserzellen,
Aus denen euer ewigs Leben rollt,
Im kühnsten Walde die verwachsnen Schwellen,
Wo eurer Mutter Kraft im Berge grollt,
Bis sie im breiten Schwung an Felsenwänden
Herabstürzt, euch im Tale zu versenden.

O hier ist's, wo Natur den Schleier reißt!
Sie bricht einmal ihr übermenschlich Schweigen;
Laut mit sich selber redend will ihr Geist,
Sich selbst vernehmend, sich ihm selber zeigen.
— Doch ach, sie bleibt, mehr als der Mensch, verwaist,
Darf nicht aus ihrem eignen Rätsel steigen!
Dir biet ich denn, begier'ge Wassersäule,
Die nackte Brust, ach, ob sie dir sich teile!

Vergebens! und dein kühles Element
Tropft an mir ab, im Grase zu versinken.
Was ist's, das deine Seele von mir trennt?
Sie flieht, und möcht ich auch in dir ertrinken!
Dich kränkt's nicht, wie mein Herz um dich entbrennt,
Küssest im Sturz nur diese schroffen Zinken;
Du bleibest, was du warst seit Tag und Jahren,
Ohn ein'gen Schmerz der Zeiten zu erfahren.

Hinweg aus diesem üppgen Schattengrund
Voll großer Pracht, die drückend mich erschüttert!

Bald grüßt beruhigt mein verstummter Mund
Den schlichten Winkel, wo sonst halb verwittert
Die kleine Bank und wo das Hüttchen stund;
Erinnrung reicht mit Lächeln die verbittert
Bis zur Betäubung süßen Zauberschalen;
So trink ich gierig die entzückten Qualen.

Hier schlang sich tausendmal ein junger Arm
Um meinen Hals mit inn'gem Wohlgefallen.
O säh ich mich, als Knaben sonder Harm,
Wie einst, mit Necken durch die Haine wallen!
Ihr Hügel, von der *alten* Sonne warm,
Erscheint mir denn auf keinem von euch allen
Mein Ebenbild, in jugendlicher Frische
Hervorgesprungen aus dem Waldgebüsche?

O komm, enthülle dich! dann sollst du mir
Mit Freundlichkeit ins dunkle Auge schauen!
Noch immer, guter Knabe, gleich ich dir,
Uns beiden wird nicht voreinander grauen!
So komm und laß mich unaufhaltsam hier
Mich deinem reinen Busen anvertrauen! —
Umsonst, daß ich die Arme nach dir strecke,
Den Boden, wo du gingst, mit Küssen decke!

Hier will ich denn laut schluchzend liegen bleiben,
Fühllos, und alles habe seinen Lauf! —
Mein Finger, matt, ins Gras beginnt zu schreiben:
Hin ist die Lust! hab alles seinen Lauf!
Da, plötzlich, hör ich's durch die Lüfte treiben,
Und ein entfernter Donner schreckt mich auf;
Elastisch angespannt mein ganzes Wesen
Ist von Gewitterluft wie neu genesen.

Sieh! wie die Wolken finstre Ballen schließen
Um den ehrwürdgen Trotz der Burgruine!
Von weitem schon hört man den alten Riesen,
Stumm harrt das Tal mit ungewisser Miene,
Der Kuckuck nur ruft sein einförmig Grüßen
Versteckt aus unerforschter Wildnis Grüne —
Jetzt kracht die Wölbung, und verhallet lange,
Das wundervolle Schauspiel ist im Gange!

Ja nun, indes mit hoher Feuerhelle
Der Blitz die Stirn und Wange mir verklärt,
Ruf ich den lauten Segen in die grelle
Musik des Donners, die mein Wort bewährt:
O Tal! du meines Lebens andre Schwelle!
Du meiner tiefsten Kräfte stiller Herd!
Du meiner Liebe Wundernest! ich scheide,
Leb wohl! – und sei dein Engel mein Geleite!

AN EINE ÄOLSHARFE

> Tu semper urges flebilibus modis
> Mysten ademptum: nec tibi Vespero
> Surgente decedunt amores,
> Nec rapidum fugiente Solem.
>
> Hor.

Angelehnt an die Efeuwand
Dieser alten Terrasse,
Du, einer luftgebornen Muse
Geheimnisvolles Saitenspiel,
Fang an,
Fange wieder an
Deine melodische Klage!

Ihr kommet, Winde, fern herüber,
Ach, von des Knaben,
Der mir so lieb war,
Frisch grünendem Hügel.
Und Frühlingsblüten unterweges streifend,
Übersättigt mit Wohlgerüchen,
Wie süß bedrängt ihr dies Herz!
Und säuselt her in die Saiten,
Angezogen von wohllautender Wehmut,
Wachsend im Zug meiner Sehnsucht,
Und hinsterbend wieder.

Aber auf einmal,
Wie der Wind heftiger herstößt,
Ein holder Schrei der Harfe
Wiederholt, mir zu süßem Erschrecken,
Meiner Seele plötzliche Regung;

Und hier — die volle Rose streut, geschüttelt,
All ihre Blätter vor meine Füße!

HOCHZEITLIED
Mit einem blauen Kornblumenkranze

Nicht weit vom Dorf zwei Linden stehen,
Einsam, der Felder stille Hut,
Wo in der Sommernächte Wehen
Ein Hirte gern, ein Dichter, ruht.

Hell schwamm auf Duft und Nebelhülle
Des Mondes leiser Zaubertag,
Kaum unterbrach die süße Stille
Von fern bescheidner Wachtelschlag.

Und wie ich ruhig so inmitten
All dieser Schönheit lag und sann,
Da kam mit leicht gehobnen Schritten
Ein göttlich Frauenbild heran.

Gewiß, es war der Musen eine,
Erschrocken merkt ich's, lustbewegt;
Sie setzt sich zu mir an dem Raine,
Die Hand auf meinen Arm gelegt.

Und schüttelt lächelnd aus dem Kleide
Blaue Zyanen, Stern an Stern:
„Dich stört's nicht, wenn an deiner Seite
Ich heut ein Kränzlein bände gern.

Nicht wahr, mit Schwärmen und mit Plaudern
Verbrächte gern mein Freund die Nacht?
Doch flecht ich still, und ohne Zaudern
Sei du mir auf ein Lied bedacht!

Sieh, wo das Dörflein mit der Spitze
Des gelben Turms herüberschaut,
Dort schlummert auf dem Elternsitze
Noch wenig Nächte eine Braut.

Sie schläft; der Wange Rosen beben,
Wir beide ahnen wohl, wovon;
Um die halb offne Lippe schweben
Die Träume glühnder Küsse schon.

Ach nein! mit lauten Herzensschlägen
Hört sie vielleicht der Glocken Klang,
Hört am Altar den Vatersegen
Und eines Engels Brautgesang;

Sieht unter Weinen sich umschlungen
Von Mutter-Lieb, von Schwester-Treu,
Das Herz, von Lust und Schmerz gedrungen,
Macht sich mit tausend Tränen frei.

Und alle diese sel'gen Träume,
Der nächste Morgen macht sie wahr;
Es stehen schon des Hauses Räume
Geschmückt für froher Gäste Schar.

Hier aber, wo mit den Gespielen
Das Mädchen oft sich Veilchen las,
Vielleicht alleine mit Gefühlen
Der sehnsuchtsvollen Ahnung saß,

Hier, unterm Blick prophet'scher Sterne,
Weih ich mit dir dies Fest voraus:
Tief schaut die Muse in die Ferne
Des bräutlichen Geschicks hinaus.

Wie golden winkt die neue Schwelle
Des Lebens jedem jungen Paar!
Doch weiß man, daß nicht stets so helle
Der Mittag wie der Morgen war.

Bei manchem lauten Hochzeitfeste
Schlich mit weissagendem Gemüt
Ich aus dem Kreis entzückter Gäste,
Und sang ein heimlich Trauerlied.

Heut aber seh ich schöne Tage
Blühn in gedrängter Sternensaat,

Entschieden liegt schon auf der Waage,
Was dieses Paar vom Schicksal bat.

Hast, Liebchen, du der Jugend Blüte,
Anmut und Liebenswürdigkeit,
All deines Herzens lautre Güte
Kühn deinem Einzigen geweiht;

Läßt du der Heimat Friedensauen,
So manch ein lang gewohntes Glück,
Um dir den eignen Herd zu bauen,
Halb wehmutsvoll, halb froh zurück:

Getrost! so darf ich laut es zeugen,
Ein würdig Herz hast du gewählt;
Selbst böser Neid bekennt mit Schweigen,
Daß nichts zu deinem Glücke fehlt.

Denn Heiterkeit und holde Sitte,
Wie Sommerluft, durchwehn dein Haus,
Und, goldbeschuht, mit leisem Tritte
Gehn Segensengel ein und aus."

Die Muse schwieg, und ohne Säumen
Flocht sie nun mit geschäftger Hand,
Indes zu anspruchlosen Reimen
Ich ihre Worte still verband.

Auf einmal hielt sie mir entgegen
Den fertigen Zyanenkranz,
Und sprach: „Bring's ihr mit meinem Segen!"
Und schwand dahin im Nebelglanz.

Ich aber blieb noch lange lauschen,
Von Liebestrunkenheit bewegt,
Das Ährenfeld begann zu rauschen,
Von Morgenschauern angeregt.

Und lichter ward's und immer lichter,
In mir und außer mir; da ging
Die Sonne auf, von der der Dichter
Den ersten Strahl für euch empfing.

MEIN FLUSS

O Fluß, mein Fluß im Morgenstrahl!
Empfange nun, empfange
Den sehnsuchtsvollen Leib einmal,
Und küsse Brust und Wange!
— Er fühlt mir schon herauf die Brust,
Er kühlt mit Liebesschauerlust
Und jauchzendem Gesange.

Es schlüpft der goldne Sonnenschein
In Tropfen an mir nieder,
Die Woge wieget aus und ein
Die hingegebnen Glieder;
Die Arme hab ich ausgespannt,
Sie kommt auf mich herzugerannt,
Sie faßt und läßt mich wieder.

Du murmelst so, mein Fluß, warum?
Du trägst seit alten Tagen
Ein seltsam Märchen mit dir um,
Und mühst dich, es zu sagen;
Du eilst so sehr und läufst so sehr,
Als müßtest du im Land umher,
Man weiß nicht wen, drum fragen.

Der Himmel, blau und kinderrein,
Worin die Wellen singen,
Der Himmel ist die Seele dein:
O laß mich ihn durchdringen!
Ich tauche mich mit Geist und Sinn
Durch die vertiefte Bläue hin,
Und kann sie nicht erschwingen!

Was ist so tief, so tief wie sie?
Die Liebe nur alleine.
Sie wird nicht satt und sättigt nie
Mit ihrem Wechselscheine.
— Schwill an, mein Fluß, und hebe dich!
Mit Grausen übergieße mich!
Mein Leben um das deine!

Du weisest schmeichelnd mich zurück
Zu deiner Blumenschwelle.
So trage denn allein dein Glück,
Und wieg auf deiner Welle
Der Sonne Pracht, des Mondes Ruh:
Nach tausend Irren kehrest du
Zur ewgen Mutterquelle!

JOSEPHINE

Das Hochamt war. Der Morgensonne Blick
Glomm wunderbar im süßen Weihrauchscheine;
Der Priester schwieg; nun brauste die Musik
Vom Chor herab zur Tiefe der Gemeine.
So stürzt ein sonnetrunkner Aar
Vom Himmel sich mit herrlichem Gefieder,
So läßt Jehovens Mantel unsichtbar
Sich stürmend aus den Wolken nieder.

Dazwischen hört ich eine Stimme wehen,
Die sanft den Sturm der Chöre unterbrach;
Sie schmiegte sich mit schwesterlichem Flehen
Dem süß verwandten Ton der Flöte nach.

Wer ist's, der diese Himmelsklänge schickt?
Das Mädchen dort, das so bescheiden blickt.
Ich eile sachte auf die Galerie;
Zwar klopft mein Herz, doch tret ich hinter sie.

Hier konnt ich denn in unschuldsvoller Lust
Mit leiser Hand ihr festlich Kleid berühren,
Ich konnte still, ihr selber unbewußt,
Die nahe Regung ihres Wesens spüren.

Doch, welch ein Blick und welche Miene,
Als ich das Wort nun endlich nahm,
Und nun der Name Josephine
Mir herzlich auf die Lippen kam!
Welch zages Spiel die braunen Augen hatten!
Wie barg sich unterm tiefgesenkten Schatten
Der Wimper gern die ros'ge Scham!

Und wie der Mund, der eben im Gesang
Die Gottheit noch auf seiner Schwelle hegte,
Sich von der Töne heilgem Überschwang
Zu mir mit schlichter Rede herbewegte!

O dieser Ton — ich fühlt es nur zu bald,
Schlich sich ins Herz und macht es tief erkranken;
Ich stehe wie ein Träumer in Gedanken,
Indes die Orgel nun verhallt,
Die Sängerin vorüberwallt,
Die Kirche aufbricht und die Kerzen wanken.

AUF DER REISE

Zwischen süßem Schmerz,
Zwischen dumpfem Wohlbehagen
Sitz ich nächtlich in dem Reisewagen,
Lasse mich so weit von dir, mein Herz,
Weit und immer weiter tragen.

Schweigend sitz ich und allein,
Ich wiege mich in bunten Träumen,
Das muntre Posthorn klingt darein,
Es tanzt der liebe Mondenschein
Nach diesem Ton auf Quellen und auf Bäumen
Sogar zu mir durchs enge Fensterlein.

Ich wünsche mir nun dies und das.
O könnt ich jetzo durch ein Zauberglas
Ins Goldgewebe deines Traumes blicken!
Vielleicht dann säh ich wieder mit Entzücken
Dich in der Laube wohlbekannt,
Ich sähe Genovevens Hand
Auf deiner Schulter traulich liegen,
Am Ende säh ich selber mich,
Halb keck und halb bescheidentlich,
An deine holde Wange schmiegen.

Doch nein! wie dürft ich auch nur hoffen,
Daß jetzt mein Schatten bei dir sei!

Ach, stünden deine Träume für mich offen,
Du winktest wohl auch wachend mich herbei!

FRAGE UND ANTWORT

Fragst du mich, woher die bange
Liebe mir zum Herzen kam,
Und warum ich ihr nicht lange
Schon den bittern Stachel nahm?

Sprich, warum mit Geisterschnelle
Wohl der Wind die Flügel rührt,
Und woher die süße Quelle
Die verborgnen Wasser führt?

Banne du auf seiner Fährte
Mir den Wind in vollem Lauf!
Halte mit der Zaubergerte
Du die süßen Quellen auf!

LEBEWOHL

„Lebe wohl" — Du fühlest nicht,
Was es heißt, dies Wort der Schmerzen;
Mit getrostem Angesicht
Sagtest du's und leichtem Herzen.

Lebe wohl! — Ach tausendmal
Hab ich mir es vorgesprochen,
Und in nimmersatter Qual
Mir das Herz damit gebrochen!

HEIMWEH

Anders wird die Welt mit jedem Schritt,
Den ich weiter von der Liebsten mache;
Mein Herz, das will nicht weiter mit.
Hier scheint die Sonne kalt ins Land,

Hier deucht mir alles unbekannt,
Sogar die Blumen am Bache!
Hat jede Sache
So fremd eine Miene, so falsch ein Gesicht.
Das Bächlein murmelt wohl und spricht:
Armer Knabe, komm bei mir vorüber,
Siehst auch hier Vergißmeinnicht!
— Ja, die sind schön an jedem Ort,
Aber nicht wie dort.
Fort, nur fort!
Die Augen gehn mir über!

GESANG ZU ZWEIEN IN DER NACHT

Sie:

Wie süß der Nachtwind nun die Wiese streift,
Und klingend jetzt den jungen Hain durchläuft!
Da noch der freche Tag verstummt,
Hört man der Erdenkräfte flüsterndes Gedränge,
Das aufwärts in die zärtlichen Gesänge
Der reingestimmten Lüfte summt.

Er:

Vernehm ich doch die wunderbarsten Stimmen,
Vom lauen Wind wollüstig hingeschleift,
Indes, mit ungewissem Licht gestreift,
Der Himmel selber scheinet hinzuschwimmen.

Sie:

Wie ein Gewebe zuckt die Luft manchmal,
Durchsichtiger und heller aufzuwehen;
Dazwischen hört man weiche Töne gehen
Von sel'gen Feen, die im blauen Saal
Zum Sphärenklang,
Und fleißig mit Gesang,
Silberne Spindeln hin und wider drehen.

Er:

O holde Nacht, du gehst mit leisem Tritt
Auf schwarzem Samt, der nur am Tage grünet,

Und luftig schwirrender Musik bedienet
Sich nun dein Fuß zum leichten Schritt,
Womit du Stund um Stunde missest,
Dich lieblich in dir selbst vergissest —
Du schwärmst, es schwärmt der Schöpfung Seele mit!

DIE TRAURIGE KRÖNUNG

Es war ein König Milesint,
Von dem will ich euch sagen:
Der meuchelte sein Bruderskind,
Wollte selbst die Krone tragen.
Die Krönung ward mit Prangen
Auf Liffey-Schloß begangen.
O Irland! Irland! warest du so blind?

Der König sitzt um Mitternacht
Im leeren Marmorsaale,
Sieht irr in all die neue Pracht,
Wie trunken von dem Mahle;
Er spricht zu seinem Sohne:
„Noch einmal bring die Krone!
Doch schau, wer hat die Pforten aufgemacht?"

Da kommt ein seltsam Totenspiel,
Ein Zug mit leisen Tritten,
Vermummte Gäste groß und viel,
Eine Krone schwankt inmitten;
Es drängt sich durch die Pforte
Mit Flüstern ohne Worte;
Dem Könige, dem wird so geisterschwül.

Und aus der schwarzen Menge blickt
Ein Kind mit frischer Wunde;
Es lächelt sterbensweh und nickt,
Es macht im Saal die Runde,
Es trippelt zu dem Throne,
Es reichet eine Krone
Dem Könige, des Herze tief erschrickt.

Darauf der Zug von dannen strich,
Von Morgenluft berauschet,
Die Kerzen flackern wunderlich,
Der Mond am Fenster lauschet;
Der Sohn mit Angst und Schweigen
Zum Vater tät sich neigen —
Er neiget über eine Leiche sich.

JUNG VOLKER
Gesang der Räuber

Jung Volker, das ist unser Räuberhauptmann,
Mit Fiedel und mit Flinte,
Damit er geigen und schießen kann,
Nach dem just Wetter und Winde.
    Fiedel und die Flint,
    Fiedel und die Flint!
   Volker spielt auf.

Ich sah ihn hoch im Sonnenschein
Auf einem Hügel sitzen:
Da spielt er die Geig und schluckt roten Wein,
Seine blauen Augen ihm blitzen.
    Fiedel und die Flint,
    Fiedel und die Flint!
   Volker spielt auf.

Auf einmal, er schleudert die Geig in die Luft,
Auf einmal, er wirft sich zu Pferde:
Der Feind kommt! Da stößt er ins Pfeifchen und ruft:
„Brecht ein, wie der Wolf in die Herde!"
    Fiedel und die Flint,
    Fiedel und die Flint!
   Volker spielt auf.

JUNG VOLKERS LIED

Und die mich trug im Mutterleib,
Und die mich schwang im Kissen,
Die war ein schön frech braunes Weib,
Wollte nichts vom Mannsvolk wissen.

Sie scherzte nur und lachte laut,
Und ließ die Freier stehen:
Möcht lieber sein des Windes Braut,
Denn in die Ehe gehen!

Da kam der Wind, da nahm der Wind
Als Buhle sie gefangen:
Von dem hat sie ein lustig Kind
In ihren Schoß empfangen.

NIMMERSATTE LIEBE

So ist die Lieb! So ist die Lieb!
Mit Küssen nicht zu stillen:
Wer ist der Tor und will ein Sieb
Mit eitel Wasser füllen?
Und schöpfst du an die tausend Jahr,
Und küssest ewig, ewig gar,
Du tust ihr nie zu Willen.

Die Lieb, die Lieb hat alle Stund
Neu wunderlich Gelüsten;
Wir bissen uns die Lippen wund,
Da wir uns heute küßten.
Das Mädchen hielt in guter Ruh,
Wie's Lämmlein unterm Messer;
Ihr Auge bat: nur immer zu,
Je weher, desto besser!

So ist die Lieb, und war auch so,
Wie lang es Liebe gibt,
Und anders war Herr Salomo,
Der Weise, nicht verliebt.

DER GÄRTNER

Auf ihrem Leibrößlein,
So weiß wie der Schnee,
Die schönste Prinzessin
Reit't durch die Allee.

Der Weg, den das Rößlein
Hintanzet so hold,
Der Sand, den ich streute,
Er blinket wie Gold.

Du rosenfarbs Hütlein,
Wohl auf und wohl ab,
O wirf eine Feder
Verstohlen herab!

Und willst du dagegen
Eine Blüte von mir,
Nimm tausend für *eine*,
Nimm alle dafür!

SCHÖN-ROHTRAUT

Wie heißt König Ringangs Töchterlein?
   Rohtraut, Schön-Rohtraut.
Was tut sie denn den ganzen Tag,
Da sie wohl nicht spinnen und nähen mag?
   Tut fischen und jagen.
O daß ich doch ihr Jäger wär!
Fischen und jagen freute mich sehr.
   — Schweig stille, mein Herze!

Und über eine kleine Weil,
   Rohtraut, Schön-Rohtraut,
So dient der Knab auf Ringangs Schloß
In Jägertracht und hat ein Roß,
   Mit Rohtraut zu jagen.
O daß ich doch ein Königssohn wär!
Rohtraut, Schön-Rohtraut lieb ich so sehr.
   — Schweig stille, mein Herze!

Einsmals sie ruhten am Eichenbaum,
  Da lacht Schön-Rohtraut:
Was siehst mich an so wunniglich?
Wenn du das Herz hast, küsse mich!
  Ach! erschrak der Knabe!
Doch denket er: mir ist's vergunnt,
Und küsset Schön-Rohtraut auf den Mund.
  — Schweig stille, mein Herze!

Darauf sie ritten schweigend heim,
  Rohtraut, Schön-Rohtraut;
Es jauchzt der Knab in seinem Sinn:
Und würdst du heute Kaiserin,
  Mich sollt's nicht kränken:
Ihr tausend Blätter im Walde wißt,
Ich hab Schön-Rohtrauts Mund geküßt!
  — Schweig stille, mein Herze!

LIED VOM WINDE

Sausewind, Brausewind!
Dort und hier!
Deine Heimat sage mir!

„Kindlein, wir fahren
Seit vielen vielen Jahren
Durch die weit weite Welt,
Und möchten's erfragen,
Die Antwort erjagen,
Bei den Bergen, den Meeren,
Bei des Himmels klingenden Heeren,
Die wissen es nie.
Bist du klüger als sie,
Magst du es sagen.
— Fort, wohlauf!
Halt uns nicht auf!
Kommen andre nach, unsre Brüder,
Da frag wieder."

Halt an! Gemach,
Eine kleine Frist!

Sagt, wo der Liebe Heimat ist,
Ihr Anfang, ihr Ende?

„Wer's nennen könnte!
Schelmisches Kind,
Lieb ist wie Wind,
Rasch und lebendig,
Ruhet nie,
Ewig ist sie,
Aber nicht immer beständig.
— Fort! Wohlauf! auf!
Halt uns nicht auf!
Fort über Stoppel und Wälder und Wiesen!
Wenn ich dein Schätzchen seh,
Will ich es grüßen.
Kindlein ade!"

DAS VERLASSENE MÄGDLEIN

Früh, wann die Hähne krähn,
Eh die Sternlein verschwinden,
Muß ich am Herde stehn,
Muß Feuer zünden.

Schön ist der Flammen Schein,
Es springen die Funken;
Ich schaue so drein,
In Leid versunken.

Plötzlich, da kommt es mir,
Treuloser Knabe,
Daß ich die Nacht von dir
Geträumet habe.

Träne auf Träne dann
Stürzet hernieder;
So kommt der Tag heran —
O ging' er wieder!

AGNES

Rosenzeit! wie schnell vorbei,
      Schnell vorbei
Bist du doch gegangen!
Wär mein Lieb nur blieben treu,
      Blieben treu,
Sollte mir nicht bangen.

Um die Ernte wohlgemut,
      Wohlgemut
Schnitterinnen singen.
Aber, ach! mir kranken Blut,
      Mir kranken Blut
Will nichts mehr gelingen.

Schleiche so durchs Wiesental,
      So durchs Tal,
Als im Traum verloren,
Nach dem Berg, da tausendmal,
      Tausendmal
Er mir Treu geschworen.

Oben auf des Hügels Rand,
      Abgewandt,
Wein ich bei der Linde;
An dem Hut mein Rosenband,
      Von seiner Hand,
Spielet in dem Winde.

ELFENLIED

Bei Nacht im Dorf der Wächter rief:
      Elfe!
Ein ganz kleines Elfchen im Walde schlief —
      Wohl um die Elfe! —
Und meint, es rief ihm aus dem Tal
Bei seinem Namen die Nachtigall,
Oder Silpelit hätt ihm gerufen.
Reibt sich der Elf die Augen aus,
Begibt sich vor sein Schneckenhaus,

Und ist als wie ein trunken Mann,
Sein Schläflein war nicht voll getan,
Und humpelt also tippe tapp
Durchs Haselholz ins Tal hinab,
Schlupft an der Mauer hin so dicht,
Da sitzt der Glühwurm, Licht an Licht.
„Was sind das helle Fensterlein?
Da drin wird eine Hochzeit sein:
Die Kleinen sitzen beim Mahle,
Und treiben's in dem Saale.
Da guck ich wohl ein wenig 'nein!"
— Pfui, stößt den Kopf an harten Stein!
Elfe, gelt, du hast genug?
      Gukuk! Gukuk!

DIE SCHWESTERN

Wir Schwestern zwei, wir schönen,
So gleich von Angesicht,
So gleicht kein Ei dem andern,
Kein Stern dem andern nicht.

Wir Schwestern zwei, wir schönen,
Wir haben lichtbraune Haar,
Und flichtst du sie in *einen* Zopf,
Man kennt sie nicht fürwahr.

Wir Schwestern zwei, wir schönen,
Wir tragen gleich Gewand,
Spazieren auf dem Wiesenplan
Und singen Hand in Hand.

Wir Schwestern zwei, wir schönen,
Wir spinnen in die Wett,
Wir sitzen an *einer* Kunkel,
Und schlafen in *einem* Bett.

O Schwestern zwei, ihr schönen,
Wie hat sich das Blättchen gewendet!
Ihr liebet einerlei Liebchen —
Und jetzt hat das Liedel ein End.

DIE SOLDATENBRAUT

Ach, wenn's nur der König auch wüßt,
Wie wacker mein Schätzelein ist!
Für den König, da ließ' er sein Blut,
Für mich aber ebensogut.

Mein Schatz hat kein Band und kein' Stern,
Kein Kreuz wie die vornehmen Herrn,
Mein Schatz wird auch kein General;
Hätt er nur seinen Abschied einmal!

Es scheinen drei Sterne so hell
Dort über Marien-Kapell;
Da knüpft uns ein rosenrot Band,
Und ein Hauskreuz ist auch bei der Hand.

JEDEM DAS SEINE

Aninka tanzte
Vor uns im Grase
Die raschen Weisen.
   Wie schön war sie!

Mit den gesenkten,
Bescheidnen Augen
Das stille Mädchen —
   Mich macht' es toll!

Da sprang ein Knöpfchen
Ihr von der Jacke,
Ein goldnes Knöpfchen,
   Ich fing es auf —

Und dachte Wunder
Was mir's bedeute,
Doch hämisch lächelt'
   Jegór dazu,

Als wollt er sagen:
Mein ist das Jäckchen,

Und was es decket,
Mein ist das Mädchen,
Und dein — der Knopf!

RITTERLICHE WERBUNG
Englisch

Wo gehst du hin, du schönes Kind?
Zu melken, Herr! — sprach Gotelind.

Wer ist dein Vater, du schönes Kind?
Der Müller im Tal — sprach Gotelind.

Wie, wenn ich dich freite, schönes Kind?
Zu viel der Ehre! — sprach Gotelind.

Was hast du zur Mitgift, schönes Kind?
Herr, mein Gesicht! — sprach Gotelind.

So kann ich dich nicht wohl frein, mein Kind.
Wer hat's Euch geheißen? — sprach Gotelind.

DER FEUERREITER

Sehet ihr am Fensterlein
Dort die rote Mütze wieder?
Nicht geheuer muß es sein,
Denn er geht schon auf und nieder.
Und auf einmal welch Gewühle
Bei der Brücke, nach dem Feld!
Horch! das Feuerglöcklein gellt:
    Hinterm Berg,
    Hinterm Berg
Brennt es in der Mühle!

Schaut! da sprengt er wütend schier
Durch das Tor, der Feuerreiter,
Auf dem rippendürren Tier,
Als auf einer Feuerleiter!

Querfeldein! Durch Qualm und Schwüle
Rennt er schon, und ist am Ort!
Drüben schallt es fort und fort:
　Hinterm Berg,
　Hinterm Berg
Brennt es in der Mühle!

Der so oft den roten Hahn
Meilenweit von fern gerochen,
Mit des heilgen Kreuzes Span
Freventlich die Glut besprochen —
Weh! dir grinst vom Dachgestühle
Dort der Feind im Höllenschein.
Gnade Gott der Seele dein!
　Hinterm Berg,
　Hinterm Berg
Rast er in der Mühle!

Keine Stunde hielt es an,
Bis die Mühle borst in Trümmer;
Doch den kecken Reitersmann
Sah man von der Stunde nimmer.
Volk und Wagen im Gewühle
Kehren heim von all dem Graus;
Auch das Glöcklein klinget aus:
　Hinterm Berg,
　Hinterm Berg
Brennt's! —

Nach der Zeit ein Müller fand
Ein Gerippe samt der Mützen
Aufrecht an der Kellerwand
Auf der beinern Mähre sitzen:
Feuerreiter, wie so kühle
Reitest du in deinem Grab!
Husch! da fällt's in Asche ab.
　Ruhe wohl,
　Ruhe wohl
Drunten in der Mühle!

DIE TOCHTER DER HEIDE

Wasch dich, mein Schwesterchen, wasch dich!
Zu Robins Hochzeit gehn wir heut:
Er hat die stolze Ruth gefreit.
  Wir kommen ungebeten;
Wir schmausen nicht, wir tanzen nicht
Und nicht mit lachendem Gesicht
  Komm ich vor ihn zu treten.

Strähl dich, mein Schwesterchen, strähl dich!
Wir wollen ihm singen ein Rätsel-Lied,
Wir wollen ihm klingen ein böses Lied;
  Die Ohren sollen ihm gellen.
Ich will ihr schenken einen Kranz
Von Nesseln und von Dornen ganz:
  Damit fährt sie zur Hölle!

Schick dich, mein Schwesterchen, schmück dich!
Derweil sie alle sind am Schmaus,
Soll rot in Flammen stehn das Haus,
  Die Gäste schreien und rennen.
Zwei sollen sitzen unverwandt,
Zwei hat ein Sprüchlein festgebannt;
  Zu Kohle müssen sie brennen.

Lustig, mein Schwesterchen, lustig!
Das war ein alter Ammensang.
Den falschen Rob vergaß ich lang.
  Er soll mich sehen lachen!
Hab ich doch einen andern Schatz,
Der mit mir tanzet auf dem Platz —
  Sie werden Augen machen!

DES SCHLOSSKÜPERS GEISTER ZU TÜBINGEN
Ballade, beim Weine zu singen

Ins alten Schloßwirts Garten
Da klingt schon viele Jahr kein Glas;
Kein Kegel fällt, keine Karten,
Wächst aber schön lang Gras.

Ich mutterseelalleine
Setzt mich an einen langen Tisch;
Der Schloßwirt regt die Beine,
Vom Roten bringt er frisch.

Und läßt sich zu mir nieder;
Von alten Zeiten redt man viel,
Man seufzet hin und wieder;
Der Schöpplein wird kein Ziel.

Da nun der Tag gegangen,
Der Schloßwirt sagt kein Wörtlein mehr;
Neun Lichter tät er langen,
Neun Stühle setzt er her.

Als wie zum größten Feste
Auftischt er, daß die Tafel kracht:
Was kämen noch für Gäste?
Ist doch schier Mitternacht!

Der Narr, was kann er wollen?
Er macht sich an die Kugelbahn,
Läßt eine Kugel rollen,
Ein Höllenlärm geht an.

Es fahren gar behende
Acht Kegel hinterm Brett herauf,
Schrein: „Hagel und kein Ende!
Wer Teufel weckt uns auf?"

Und waren acht Studiosen,
Wohl aus der Zopf- und Puderzeit:
Rote Röcklein, kurze Hosen,
Und ganz charmante Leut.

Die sehen mit Ergetzen
Den edelen Karfunkelwein;
Gleich täten sie sich letzen
Und zechen und juchhein.

Den Wirt erbaut das wenig;
Er sprach: „Ihr Herren, wollt verzeihn:

Wo ist der Schoppenkönig?
Wann seid ihr denn zu neun?"

„Ach Küper, lieber Küper,
Wie machest uns das Herze schwer!
Wohl funfzig Jahr und drüber
Begraben lieget er.

Gott hab den Herren selig
Mit seiner roten Habichtsnas!
Regierete so fröhlich,
Kam tags auf sieben Maß.

Einst tät er uns bescheiden,
Sprach: ‚Männiglich kennt mein Gebot,
Den Gerstensaft zu meiden;
Man büßet's mit dem Tod.

Mit ein paar lausigen Dichtern
Traf man beim sauren Bier euch an,
Versteht sich, nudelnüchtern,
Wohl auf der Kugelbahn.

Kommt also her, ihr Lümmel!'
— Er zog sein' Zauberstab herfür —
Wir stürzten wie vom Himmel —
Acht Kegel waren wir!

Jetzt ging es an ein Hudeln,
Ein' hölzern' König man uns gab,
Doch schoß man nichts wie Pudel,
Da schafften sie uns ab.

Nun dauert es nicht lange,
So zieht das Burschenvolk einmal
Aufs Schloß, mit wildem Sange,
Zum König in den Saal:

‚Wir wolln dich Lands verweisen,
So du nicht schwörest ab den Wein;
Bierkönig sollt du heißen!'
— Er aber saget: ‚Nein;

Da habt ihr meine Krone!
An mir ist Hopfen und Malz verlorn.' —
So stieg er von dem Throne
In seinem edlen Zorn.

Für Kummer und für Grämen
Der Herre wurde krank und alt,
Zerfiele wie ein Schemen
Und holt der Tod ihn bald.

Mit Purpur ward gezieret
Sein Leichnam als ein König groß;
Ein tief Gewölb man führet
Zu Tübingen im Schloß.

Vier schwarze Edelknaben
Sein' Becher trugen vor der Bahr;
Der ist mit ihm begraben,
War doch von Golde gar.

Damals ward prophezeiet,
Wenn nur erst hundert Jahr herum,
Da würde der Thron erneuet
Vom alten Königtum.

So müssen wir halt warten,
Bis daß die Zeit erfüllet was;
Und in des Schloßwirts Garten
Derweil wächst langes Gras.

Ach Küper, lieber Küper,
Jetzt geige du uns wieder heim!
Die Nacht ist schier vorüber:
Acht Kegel müssen wir sein."

Der Schloßwirt nimmt die Geigen
Und streicht ein Deo Gloria,
Sie tanzen einen Reigen —
Und keiner ist mehr da.

DIE GEISTER AM MUMMELSEE

Vom Berge was kommt dort um Mitternacht spät
Mit Fackeln so prächtig herunter?
Ob das wohl zum Tanze, zum Feste noch geht?
Mir klingen die Lieder so munter.
 O nein!
So sage, was mag es wohl sein?

Das, was du da siehest, ist Totengeleit,
Und was du da hörest, sind Klagen.
Dem König, dem Zauberer, gilt es zu Leid,
Sie bringen ihn wieder getragen.
 O weh!
So sind es die Geister vom See!

Sie schweben herunter ins Mummelseetal —
Sie haben den See schon betreten —
Sie rühren und netzen den Fuß nicht einmal —
Sie schwirren in leisen Gebeten —
 O schau,
Am Sarge die glänzende Frau!

Jetzt öffnet der See das grünspiegelnde Tor;
Gib acht, nun tauchen sie nieder!
Es schwankt eine lebende Treppe hervor,
Und — drunten schon summen die Lieder.
 Hörst du?
Sie singen ihn unten zur Ruh.

Die Wasser, wie lieblich sie brennen und glühn!
Sie spielen in grünendem Feuer;
Es geisten die Nebel am Ufer dahin,
Zum Meere verzieht sich der Weiher —
 Nur still!
Ob dort sich nichts rühren will?

Es zuckt in der Mitten — o Himmel! ach hilf!
Nun kommen sie wieder, sie kommen!
Es orgelt im Rohr und es klirret im Schilf;
Nur hurtig, die Flucht nur genommen!
 Davon!
Sie wittern, sie haschen mich schon!

DER SCHATTEN

Von Dienern wimmelt's früh vor Tag,
Von Lichtern, in des Grafen Schloß.
Die Reiter warten sein am Tor,
Es wiehert morgendlich sein Roß.

Doch er bei seiner Frauen steht
Alleine noch im hohen Saal:
Mit Augen gramvoll prüft er sie,
Er spricht sie an zum letztenmal.

„Wirst du, derweil ich ferne bin
Bei des Erlösers Grab, o Weib,
In Züchten leben und getreu
Mir sparen deinen jungen Leib?

Wirst du verschließen Tür und Tor
Dem Manne, der uns lang entzweit,
Wirst meines Hauses Ehre sein,
Wie du nicht warest jederzeit?"

Sie nickt; da spricht er: „Schwöre denn!"
Und zögernd hebt sie auf die Hand.
Da sieht er bei der Lampe Schein
Des Weibes Schatten an der Wand.

Ein Schauer ihn befällt — er sinnt,
Er seufzt und wendet sich zumal.
Er winkt ihr einen Scheidegruß,
Und lässet sie allein im Saal.

Elf Tage war er auf der Fahrt,
Ritt krank ins welsche Land hinein:
Frau Hilde gab den Tod ihm mit
In einem giftigen Becher Wein.

Es liegt eine Herberg an der Straß,
Im wilden Tal, heißt Mutintal,
Da fiel er hin in Todesnot,
Und seine Seele Gott befahl.

Dieselbe Nacht Frau Hilde lauscht,
Frau Hilde luget vom Altan:
Nach ihrem Buhlen schaut sie aus,
Das Pförtlein war ihm aufgetan.

Es tut einen Schlag am vordern Tor,
Und aber einen Schlag, daß es dröhnt und hallt;
Im Burghof mitten steht der Graf —
Vom Turm der Wächter kennt ihn bald.

Und Vogt und Zofen auf dem Gang
Den toten Herrn mit Grausen sehn,
Sehn ihn die Stiegen stracks herauf
Nach seiner Frauen Kammer gehn.

Man hört sie schreien und stürzen hin,
Und eine jähe Stille war.
Das Gesinde, das flieht, auf die Zinnen es flieht:
Da scheinen am Himmel die Sterne so klar.

Und als vergangen war die Nacht,
Und stand am Wald das Morgenrot,
Sie fanden das Weib in dem Gemach
Am Bettfuß unten liegen tot.

Und als sie treten in den Saal,
O Wunder! steht an weißer Wand
Frau Hildes Schatten, hebet steif
Drei Finger an der rechten Hand.

Und da man ihren Leib begrub,
Der Schatten blieb am selben Ort,
Und blieb, bis daß die Burg zerfiel;
Wohl stünd er sonst noch heute dort.

MÄRCHEN VOM SICHERN MANN

Soll ich vom sicheren Mann ein Märchen erzählen, so höret!
— Etliche sagen, ihn habe die steinerne Kröte geboren.
Also heißet ein mächtiger Fels in den Bergen des Schwarzwalds,

Stumpf und breit, voll Warzen, der häßlichen Kröte vergleich-
bar.
Darin lag er und schlief bis nach den Tagen der Sündflut.
Nämlich es war sein Vater ein Waldmensch, tückisch und grau-
sam,
Allen Göttern ein Greul und allen Nymphen gefürchtet.
Ihm nicht durchaus gleich ist der Sohn, doch immer ein Un-
hold;
Riesenhaft an Gestalt, von breitem Rücken und Schultern.
Ehmals ging er fast nackt, unehrbarlich; aber seit Menschen-
Denken im rauh grauhärenen Rock, mit schrecklichen Stiefeln.
Grauliche Borsten bedecken sein Haupt und es starret der Bart
ihm.
(Heimlich besucht ihn, heißt es, der Igelslocher Balbierer
In der Höhle, woselbst er ihm dient wie der sorgsame Gärtner,
Wenn er die Hecken stutzt mit der unermeßlichen Schere.)
Lauter Nichts ist sein Tun und voll von törichten Grillen:
Wenn er herniedersteigt vom Gebirg bei nächtlicher Weile,
Laut im Gespräch mit sich selbst, und oft ingrimmigen Herzens
Weg- und Meilenzeiger mit *einem* gemessenen Tritt knickt
(Denn die hasset er bis auf den Tod, unbilligerweise);
Oder auch wenn er zur Winterzeit ins beschneiete Blachfeld
Oft sich der Länge nach streckt und, aufgestanden, an seinem
Konterfei sich ergötzt, mit bergerschütterndem Lachen.

Aber nun lag er einmal mittags in seiner Behausung,
Seinen geliebtesten Fraß zu verdaun, saftstrotzende Rüben,
Zu dem geräucherten Speck, den die Bauern ihm bringen ver-
tragsweis;
Plötzlich erfüllete wonniger Glanz die Wände der Höhle:
Lolegrin stand vor ihm: der liebliche Götterjüngling,
Welcher ein Lustigmacher bestellt ist seligen Göttern,
(Sonst nur auf Orplid* gesehn, denn andere Lande vermied er)
Weylas schalkischer Sohn, mit dem Narrenkranz um die Schläfe,
Zierlich aus blauen Glocken und Küchenschelle geflochten.
Er nun redte den Ruhenden an mit trüglichem Ernste:
„Suckelborst, sicherer Mann, sei gegrüßt! und höre vertraulich
Was die Himmlischen dir durch meine Sendung entbieten.

---

* *Orplid,* eine fabelhafte Insel, deren Beschützerin die Göttin *Weyla*
ist. Man vergleiche hiezu: Maler Nolten, 1. T.

— Sämtlich ehren sie deinen Verstand und gute Gemütsart,
So wie deine Geburt: es war dein Vater ein Halbgott,
Und desgleichen auch hielten sie dich stets; aber in einem
Bist du ihnen nicht recht; das sollt du jetzo vernehmen.
Bleibe nur, Lieber, getrost so liegen — ich setze bescheiden
Mich auf den Absatzrand hier deines würdigen Stiefels,
Der wie ein Felsblock ragt, und unschwer bin ich zu tragen.

Siehe, Serachadan zeugete dich mit der Riesenkröte,
Seine unsterbliche Kraft in ihrem Leibe verschließend,
Da sie noch lebend war; doch gleich nach ihrer Empfängnis
Ward sie verwandelt in Stein und hauchte dein Vater den Geist
aus.
Aber du schliefest in Mutterleib neun Monde und drüber,
Denn im zehnten kamen die großen Wasser auf Erden;
Vierzig Tage lang strömte der Regen und vierzig Nächte
Auf die sündige Welt, so Tiere wie Menschen ersäufend;
Eine einzige See war über die Lande ergossen,
Über Gebirg und Tal, und deckte die wolkigen Gipfel.
Doch du lagest zufrieden in deinem Felsen verborgen,
So wie die Auster ruht in festverschlossenen Schalen,
Oder des Meeres Preis, die unbezahlbare Perle.
Götter segneten deinen Schlaf mit hohen Gesichten,
Zeigten der Schöpfung Heimliches dir, wie alles geworden:
Erst, wie der Erdball, ganz mit wirkenden Kräften geschwän-
gert,
Einst dem dunkelen Nichts entschwebte, zusamt den Gestirnen;
Wie mit Gras und Kraut sich zuerst der Boden begrünte,
Wie aus der Erde Milch, so sie hegt im inneren Herzen,
Wurde des Fleisches Gebild, das zarte, darinnen der Geist
wohnt,
Tier- und Menschengeschlecht, denn erdgeboren sind beide.
Zudem sang dir dein Traum der Völker späteste Zukunft,
So wie der Throne Wechselgeschick und der Könige Taten,
Ja, du sahst den verborgenen Rat der ewigen Götter.
Solches vergönnten sie dir, auf daß du, ein herrlicher Lehrer
Oder ein Seher, die Wahrheit wiederum andern verkündest;
Nicht den Menschen sowohl, die da leben und wandeln auf
Erden —
Ihnen ja dient nur wenig zu wissen —, ich meine die Geister
Unten im Schattengefild, die alten Weisen und Helden,

Welche da traurig sitzen und forschen das hohe Verhängnis,
Schweigsam immerdar, des erquicklichen Wortes entbehrend.
Aber vergebens harren sie dein, dieweil du ja gänzlich
Deines erhabnen Berufs nicht denkst. Laß, Alter, mich offen
Dir gestehen, so wie du es bisher getrieben, erscheinst du
Weder ein Halbgott, noch ein Begeisteter, sondern ein Schwein-
pelz.
Greulichem Fraß nachtrachtest du nur und sinnest auf Unheil;
Steigest des Nachts in den Fluß, bis über die Kniee gestiefelt,
Trennest die Bänder los an den Flößen und schleuderst die
Balken
Weit hinein in das Land, den ehrlichen Flößern zum Torten.
Taglang trollest du müßig umher im wilden Gebirge,
Ahmest das Grunzen des Keulers nach und lockest sein Weib-
chen,
Greifest, wenn sie nun rennt durch den Busch, die Sau bei den
Ohren,
Zwickst die wütende, grausam an ihrem Geschreie dich weidend.
Siehe, dies wissen wir wohl, denn jegliches sehen die Götter.
Aber du reize sie länger nicht mehr! es möchte dich reuen.
Schmeidige doch ein weniges deine borstige Seele!
Suche zusammen dein Wissen und lichte die rußigen Kammern
Deines Gehirns und besinne dich wohl auf alles und jedes,
Was dir geoffenbart; dann nimm den Griffel und zeichn es
Fein mit Fleiß in ein Buch, damit es daure und bleibe;
Leg den Toten es aus in der Unterwelt! Sicherlich weißt du
Wohl die Pfade dahin und den Eingang, welcher dich nicht
schreckt,
Denn du bist ja der sichere Mann mit den wackeren Stiefeln.
Lieber, und also scheid ich. Ade! wir sehen uns wieder."

Sprach es, der schelmische Gott, und ließ den Alten alleine.
Der nun war wie verstürzt und stand ihm fast der Verstand
still.
Halblaut hebt er zu brummen erst an und endlich zu fluchen,
Schandbare Worte zumal, gottloseste, nicht zu beschreiben.
Aber nachdem die Galle verraucht war und die Empörung,
Hielt er inne und schwieg; denn jetzo gemahnte der Geist ihn,
Nicht zu trotzen den Himmlischen, deren doch immer die Macht
ist,
Sondern zu folgen vielmehr. Und alsbald wühlt sein Gedanke

Rückwärts durch der Jahrtausende Wust, bis tief wo er selber
Noch ein Ungeborener träumte die Wehen der Schöpfung,
(Denn so sagte der Gott und Götter werden nicht lügen)
Aber da deucht es ihm Nacht, dickfinstere; wo er umhertappt,
Nirgend ist noch ein Halt und noch kein Nagel geschlagen,
Anzuhängen die Wucht der wundersamen Gedanken,
Welche der Gott ihm erregt in seiner erhabenen Seele;
Und so kam er zu nichts und schwitzete wie ein Magister.
Endlich ward ihm geschenkt, daß er flugs dahin sich bedachte:
Erst ein Buch sich zu schaffen, ein unbeschriebenes, großes,
Seinen Fäusten gerecht und wert des künftigen Inhalts.
Wie er solches erreicht, o Muse, dies hilf mir verkünden!

Längst war die Sonne hinab, und Nacht beherrschte den Erd-
kreis
Seit vier Stunden, da hebt der sichere Mann sich vom Lager,
Setzet den runden Hut auf das Haupt und fasset den Wander-
Stab und verlässet die Höhle. Gemächlich steigt er bergauf-
wärts,
Redt mit sich selber dabei und brummt nach seiner Gewohnheit.

Aber nun hub sich der Mond auch schon in leuchtender Schöne
Rein am Forchenwalde herauf und erhellte die Gegend,
Samt der Höhe von Igelsloch, wo nun Suckelborst anlangt.
Kaum erst hatte der Wächter die zwölfte Stunde gerufen,
Alles ist ruhig im Dorf und nirgend ein Licht mehr zu sehen,
Nicht in den Kunkelstuben gesellig spinnender Mägdlein,
Nicht am einsamen Stuhle des Webers oder im Wirtshaus,
Mann und Weib im Bette, die Last des Tages verschlafend.

Suckelborst tritt nun sacht vor die nächstgelegene Scheuer,
Misset die zween Torflügel, die Höhe sowohl wie die Breite,
Still mit zufriedenem Blick (auch waren sie nicht von den
kleinsten,
Aber er selbst war größer denn sie, dieweil er ein Riese).
Schloß und Riegel betrachtet er wohl, kneipt dann mit dem
Finger
Ab den Kloben und öffnet das Tor und hebet die Flügel
Leicht aus den Angeln und lehnt an die Wand sie übereinander.
Alsbald schaut er sich um nach des Nachbars Scheuer und
schreitet

Zu demselben Geschäft und raubet die mächtigen Tore,
Stellt zu den vorigen sie an die Wand und also fort macht er
Weiter im Gäßchen hinauf, bis er dem fünften und sechsten
Bauern auf gleiche Weise die Tenne gelüftet. Am Ende
Überzählt er die Stücke: es waren gerade ein Dutzend
Blätter, und fehlte nur noch, daß er mit sauberen Stricken
Hinten die Öhre der Angeln verband, da war es ein Schreib-
buch,
Gar ein stattliches; doch dies blieb ein Geschäft für daheime.
Also nimmt er es unter den Arm, das Werk, und trollt sich.

Unterdes war aufschauernd vom Schlaf der schnarchenden
Bauern
Einer erwacht und hörte des schwer Entwandelnden Fußtritt.
Hastig entrauscht er dem Lager und stößt am niedrigen Fenster
Rasch den Schieber zurück und horcht und sieht mit Entsetzen
Rings im mondlichen Dorf der Scheuern finstere Rachen
Offenstehn; da fährt er voll Angst in die lederne Hose
(Beide Füße verkehrt, den linken macht er zum rechten),
Rüttelt sein Weib und redet zu ihr die eifrigen Worte:
„Käthe! steh auf! der sichere Mann — ich hab ihn vernommen —
Hat wie der Feind im Flecken hantiert und die Scheuern ge-
plündert!
Schau im Hause mir nach und im Stall! ich laufe zum Schulzen."
Also stürmt er hinaus. Doch tut er selber im Hof erst
Noch einen Blick in die Ställe, ob auch sein Vieh noch vor-
handen;
Aber da fehlte kein Schweif, und es muht ihm entgegen die
Schecke,
Meint, es wär Fütternszeit; er aber enteilt in die Gasse,
Klopft unterwegs dem Büttel am Laden und ruft ihm das Wort
zu:
„Michel, heraus! mach Lärm! Der sichere Mann hat den Flecken
Heimgesucht und die Scheuern erbrochen und übel gewirt-
schaft't!"
Solches noch redend hinweg schon lief er und weckte den Schult-
heiß,
Weckte den Bürgermeister und andere seiner Gefreundte.
Alsbald wurden die Straßen lebendig, es staunten die Männer,
Stießen Verwünschungen aus, im Chor lamentierten die Weiber,
Jeder durchmusterte seinen Besitz, und wenig getröstet,

Als kein größerer Schaden herauskam, fielen mit Unrecht
Über den Wächter die Grimmigsten her und schrieen: „Du
Schlafratz!
Du keinnütziger Tropf!" und ballten die bäurischen Fäuste,
Ihn zu bleuen, und nahmen auch nur mit Mühe Vernunft an.
Endlich zerstreuten sie sich zur Ruhe; doch stellte der Schultheiß
Wachen noch aus für den Fall, daß der Unhold noch einmal
käme.

Suckelborst hatte derweil schon wieder die Höhle gewonnen,
Welche von vorn gar weit und hoch in den Felsen sich wölbte.
Duftende Kiefern umschatteten, riesige, dunkel den Eingang.
Hier denn leget er nieder die ungeheueren Tore,
Und sich selber dazu, des goldenen Schlafes genießend.

Aber sobald die Sonne nur zwischen den Bäumen hereinschien,
Gleich an die Arbeit machet er sich, die Tore zu heften.
Saubere Stricke schon lagen bereit, gestohlene freilich;
Und er ordnet die Blätter mit sinnigen Blicken und fügt
Vorn und hinten zur Decke die schönsten (sie waren des Schulzen,
Künstlich über das Kreuz mit roten Leisten beschlagen).
Aber auf einmal jetzt, in des stattlichen Werkes Betrachtung,
Wächst ihm der Geist, und er nimmt die mächtige Kohle vom
Boden,
Legt vor das offene Buch sich nieder und schreibet aus Kräften,
Striche, so grad wie krumm, in unnachsagbaren Sprachen,
Kratzt und schreibt und brummelt dabei mit zufriedenem
Nachdruck.
Anderthalb Tag' arbeitet er so, kaum gönnet er Zeit sich,
Speise zu nehmen und Trank, bis die letzte Seite gefüllt ist,
Endlich am Schluß denn folget das Punctum, groß wie ein
Kindskopf.
Tief aufschnaufend erhebet er sich, sein Buch zuschmetternd.

Jetzo, nachdem er das Herz sich gestärkt mit reichlicher Mahlzeit,
Nimmt er den Hut und den Stock und reiset. Auf einsamen
Pfaden
Stets gen Mitternacht läuft er, denn dies ist der Weg zu den
Toten.
Schon mit dem siebenten Morgen erreicht er die finstere Pforte
Purpurn streifte soeben die Morgenröte den Himmel,

Welche den lebenden Menschen das Licht des Tages verkündet,
Als er hinabwärts stieg, furchtlos, die felsigen Hallen.
Aber er hatte der Stunden noch zweimal zwölfe zu wandeln
Durch der Erde gewundenes Ohr, wo ihn Lolegrin heimlich
Führete, bis er die Schatten ersah, die, luftig und schwebend,
Dämmernde Räume bewohnen, die Bösen sowohl wie die Guten.

Vorn bei dem Eingang sammelte sich unliebsames Kehricht
Niederen Volks: trugsinnende Krämer und Kuppler und Metzen,
Lausige Dichter dabei und unzählbares Gesindel.
Diese, zu schwatzen gewohnt, zu Possen geneigt und zu Händeln,
Mühten vergebens sich ab, zu erheben die lispelnde Stimme —
Denn hellklingendes Wort ist nicht den Toten verliehen —
Und so winkten sie nur mit heftig bewegter Gebärde,
Stießen und zerrten einander als wie im Gewühle des Jahrmarkts.
Weiter dagegen hinein sah man ruhmwürdige Geister,
Könige, Helden und Sänger, geschmückt mit ewigem Lorbeer;
Ruhig ergingen sie sich und saßen, die einen zusammen,
Andre für sich, und es trennte die weit zerstreueten Gruppen
Hügel und Fels und Gebüsch und die finstere Wand der
                                                Zypressen.

Kaum nun war der sichere Mann in der Pforte erschienen,
Aufrecht die hohe Gestalt, mit dem Weltbuch unter dem Arme,
Sieh, da betraf die Schatten am Eingang tödliches Schrecken.
Auseinander stoben sie all, wie Kinder vom Spielplatz,
Wenn es im Dorfe nun heißt: der Hummel* ist los! und da
                                                kommt er!
Doch der sichere Mann, vorschreitend, winkete gnädig
Ringsumher, da kamen sie näher und standen und gafften.

Suckelborst lehnet nunmehr sein mächtiges Manuskriptum
Gegen den niedrigen Hügel, den rundlichen, welchem genüber
Er selbst Platz zu nehmen gedenkt auf moosigem Felsstück.
Doch erst leget er Hut und Stock zur Seite bedächtig,
Streicht mit der breiten Hand sich den beißenden Schweiß von
                                                der Stirne,
Räuspert sich, daß die Hallen ein prasselndes Echo versenden,
Sitzet nieder sodann und beginnt den erhabenen Vortrag.
Erst, wie der Erdball, ganz mit wirkenden Kräften geschwängert,

* Schwäbisch, für *Bulle*.

Einst dem dunkelen Nichts entschwebte zusamt den Gestirnen,
Wie mit Gras und Kraut sich zuerst der Boden begrünte,
Wie aus der Erde Milch, so sie hegt im inneren Herzen,
Wurde des Fleisches Gebild, das zarte, darinnen der Geist wohnt,
Tier- und Menschengeschlecht, denn erdgeboren sind beide.
Solches, nach bestem Verstand und so weit ihn der Dämon
    erleuchtet,
Lehrte der Alte getrost, und still aufhorchten die Schatten.
Aber es hatte der Teufel, das schwarze, gehörnete Scheusal,
Sich aus fremdem Gebiet des unterirdischen Reiches
Unberufen hier eingedrängt, neugierig und boshaft, [Kurzweil.
Wie er wohl manchmal pflegt, wenn er Kundschaft suchet und
Und er stellte sich hinter den Sprechenden, ihn zu verhöhnen,
Schnitt Gesichter und reckte die Zung und machete Purzel-
Bäum, als ein Aff, und reizte die Seelen beständig zu lachen.
Wohl bemerkt' es der sichere Mann, doch tat er nicht also,
Sondern er redete fort, in würdiger Ruhe beharrend.
Indes trieb es der andere nur um desto verwegner,
Schob am Ende den Schwanz, den gewichtigen, langen, dem Alten
Sacht in die Hintertasche des Rocks, als wenn es ihn fröre:
Plötzlich da greifet der sichere Mann nach hinten, gewaltig
Mit der Rechten erfaßt er den Schweif und reißet ihn schnellend
Bei der Wurzel heraus, daß es kracht — ein gräßlicher Anblick.
Laut auf brüllet der Böse, die Tatzen gedeckt auf die Wunde,
Dreht im rasenden Schmerz wie ein Kreisel sich, schreiend und
    winselnd,
Und schwarz quoll ihm das Blut wie rauchendes Pech aus der
    Wunde;
Dann, wie ein Pfeil zur Seite gewandt, mit Schanden entrinnt er
Durch die geschwind eröffnete Gasse der staunenden Seelen,
Denn nach der eigenen Hölle verlangt ihn, wo er zu Haus war;
Und man hörte noch weit aus der Ferne des Flüchtigen Wehlaut.

Aber es standen die Scharen umher von Grausen gefesselt,
Ehrfurchtsvoll zum sicheren Mann die Augen erhoben.
Dieser hielt noch und wog den wuchtigen Schweif in den Händen,
Den bisweilen ein zuckender Schmerz noch leise bewegte.
Sinnend schaut' er ihn an und sprach die prophetischen Worte:

„Wie oft tut der sichere Mann dem Teufel ein Leides?
Erstlich heute, wie eben geschehn, ihr saht es mit Augen;

Dann ein zweites, ein drittes Mal in der Zeiten Vollendung:
Dreimal rauft der sichere Mann dem Teufel den Schweif aus.
Neu zwar sprosset hervor ihm derselbige, aber nicht ganz mehr;
Kürzer gerät er, je um ein Dritteil, bis daß er welket.
Gleichermaßen vergeht dem Bösen der Mut und die Stärke,
Kindisch wird er und alt, ein Bettler, von allen verachtet.
Dann wird ein Festtag sein in der Unterwelt und auf der Erde;
Aber der sichere Mann wird ein lieber Genosse den Göttern."

Sprach es, und jetzo legt' er den Schweif in das Buch als ein
Zeichen,
Sorgsam, daß oben noch just der haarige Büschel heraussah,
Denn er gedachte für jetzt nicht weiter zu lehren, und basta
Schmettert er zu den Deckel des ungeheueren Werkes,
Faßt es unter den Arm, nimmt Hut und Stock und empfiehlt sich.

Unermeßliches Beifallklatschen des sämtlichen Pöbels
Folgte dem Trefflichen nach, bis er ganz in der Pforte ver-
schwunden,
Und es rauschte noch lang und tosete freudiger Aufruhr.

Aber Lolegrin hatte, der Gott, das ganze Spektakel
Heimlich mit angesehn und gehört, in Gestalt der Zikade
Auf dem hangenden Zweig der schwarzen Weide sich wiegend.
Jetzo verließ er den Ort und schwang sich empor zu den Göttern,
Ihnen treulich zu melden die Taten des sicheren Mannes
Und das himmlische Mahl mit süßem Gelächter zu würzen.

GESANG WEYLAS

Du bist Orplid, mein Land!
Das ferne leuchtet;
Vom Meere dampfet dein besonnter Strand
Den Nebel, so der Götter Wange feuchtet.

Uralte Wasser steigen
Verjüngt um deine Hüften, Kind!
Vor deiner Gottheit beugen
Sich Könige, die deine Wärter sind.

CHOR JÜDISCHER MÄDCHEN
Aus einer unvollendeten Oper

Wir fürchten uns nicht in des Königs Saale;
Er lud uns zum Mahle,
So sind wir nun da.
Eia la la! Eia la la!
Ist doch auch des Königs sein Töchterlein da!

Duftende Quellen
Springen im Saal,
Und wie Gazellen
Wir hüpfen ums Mahl.

Keine soll stocken im Tanz!
Schüttelt nur Locken und Kranz!
Lustig! im Taumel mutwilliger Tänze
Fliegen die Kränze,
Fliegt es mit Rosen und Bändern im Saal.
Eia la la! Eia la la! usw.

IDEALE WAHRHEIT

Gestern entschlief ich im Wald, da sah ich im Traume das kleine
Mädchen, mit dem ich als Kind immer am liebsten verkehrt.
Und sie zeigte mir hoch im Gipfel der Eiche den Kuckuck,
Wie ihn die Kindheit denkt, prächtig gefiedert und groß.
„Drum! dies ist der wahrhaftige Kuckuck!" — rief ich — „Wer sagte
Mir doch neulich, er sei klein nur, unscheinbar und grau?"

GEFUNDEN

Zeus, um die Mitte zu finden vom Erdkreis, den er beherrschte,
Wußte den sinnigsten Rat: kindliche Dichtung erzählt's:
Adler, ein Paar, von Morgen den einen, den andern von Abend,
Ließ er fliegen, zugleich, gegeneinander gekehrt.
Wo sie alsdann, gleichmäßiger Kraft mit den Fittigen strebend,
Trafen zusammen, da fand, was er verlangte, der Gott.
So, wo die Weisheit sich und die Schönheit werden begegnen,
Stellet den Dreifuß keck, bauet den Tempel nur auf!

DIE SCHÖNE BUCHE

Ganz verborgen im Wald kenn ich ein Plätzchen, da stehet
  Eine Buche, man sieht schöner im Bilde sie nicht.
Rein und glatt, in gediegenem Wuchs erhebt sie sich einzeln,
  Keiner der Nachbarn rührt ihr an den seidenen Schmuck.
Rings, so weit sein Gezweig der stattliche Baum ausbreitet,
  Grünet der Rasen, das Aug still zu erquicken, umher;
Gleich nach allen Seiten umzirkt er den Stamm in der Mitte;
  Kunstlos schuf die Natur selber dies liebliche Rund.
Zartes Gebüsch umkränzet es erst; hochstämmige Bäume,
  Folgend in dichtem Gedräng, wehren dem himmlischen Blau.
Neben der dunkleren Fülle des Eichbaums wieget die Birke
  Ihr jungfräuliches Haupt schüchtern im goldenen Licht.
Nur wo, verdeckt vom Felsen, der Fußsteig jäh sich hinabschlingt,
  Lässet die Hellung mich ahnen das offene Feld.
— Als ich unlängst einsam, von neuen Gestalten des Sommers
  Ab dem Pfade gelockt, dort im Gebüsch mich verlor,
Führt' ein freundlicher Geist, des Hains auflauschende Gottheit,
  Hier mich zum erstenmal, plötzlich, den Staunenden, ein.
Welch Entzücken! Es war um die hohe Stunde des Mittags,
  Lautlos alles, es schwieg selber der Vogel im Laub.
Und ich zauderte noch, auf den zierlichen Teppich zu treten;
  Festlich empfing er den Fuß, leise beschritt ich ihn nur.
Jetzo, gelehnt an den Stamm (er trägt sein breites Gewölbe
  Nicht zu hoch), ließ ich rundum die Augen ergehn,
Wo den beschatteten Kreis die feurig strahlende Sonne,
  Fast gleich messend umher, säumte mit blendendem Rand.
Aber ich stand und rührte mich nicht; dämonischer Stille,
  Unergründlicher Ruh lauschte mein innerer Sinn.
Eingeschlossen mit dir in diesem sonnigen Zauber-
  Gürtel, o Einsamkeit, fühlt ich und dachte nur dich!

JOHANN KEPLER

Gestern, als ich vom nächtlichen Lager den Stern mir in Osten
  Lang betrachtete, den dort mit dem rötlichen Licht,
Und des Mannes gedachte, der seine Bahnen zu messen,
  Von dem Gotte gereizt, himmlischer Pflicht sich ergab,
Durch beharrlichen Fleiß der Armut grimmigen Stachel

Zu versöhnen, umsonst, und zu verachten bemüht:
Mir entbrannte mein Herz von Wehmut bitter; ach! dacht ich,
Wußten die Himmlischen dir, Meister, kein besseres Los?
Wie ein Dichter den Helden sich wählt, wie Homer von Achilles'
Göttlichem Adel gerührt, schön im Gesang ihn erhob,
Also wandtest du ganz nach jenem Gestirne die Kräfte,
Sein gewaltiger Gang war dir ein ewiges Lied.
Doch so bewegt sich kein Gott von seinem goldenen Sitze,
Holdem Gesange geneigt, den zu erretten, herab,
Dem die höhere Macht die dunkeln Tage bestimmt hat,
Und euch Sterne berührt nimmer ein Menschengeschick;
Ihr geht über dem Haupte des Weisen oder des Toren
Euren seligen Weg ewig gelassen dahin!

AUF DAS GRAB VON SCHILLERS MUTTER
Cleversulzbach, im Mai

Nach der Seite des Dorfs, wo jener alternde Zaun dort
Ländliche Gräber umschließt, wall ich in Einsamkeit oft.
Sieh den gesunkenen Hügel; es kennen die ältesten Greise
Kaum ihn noch, und es ahnt niemand ein Heiligtum hier.
Jegliche Zierde gebricht und jedes deutende Zeichen;
Dürftig breitet ein Baum schützende Arme umher.
Wilde Rose! dich find ich allein statt anderer Blumen;
Ja, beschäme sie nur, brich als ein Wunder hervor!
Tausendblättrig eröffne dein Herz! entzünde dich herrlich
Am begeisternden Duft, den aus der Tiefe du ziehst!
Eines Unsterblichen Mutter liegt hier bestattet; es richten
Deutschlands Männer und Fraun eben den Marmor ihm auf.

AN EINE LIEBLINGSBUCHE MEINES GARTENS
in deren Stamm ich Höltys Namen schnitt

Holdeste Dryas, halte mir still! es schmerzet nur wenig:
Mit wollüstigem Reiz schließt sich die Wunde geschwind.
Eines Dichters Namen zu tragen bist du gewürdigt,
Keinen Lieberen hat Wiese noch Wald mir genannt.
Sei du künftig von allen deinen Geschwistern die erste,
Welche der kommende Lenz wecket und reichlich belaubt!

Und ein liebendes Mädchen, von deinem Dunkel umduftet,
 Sehe den Namen, der, halb nur verborgen, ihr winkt.
Leise drückt sie, gedankenvoll, die Lippen auf diese
 Lettern, es dringet ihr Kuß dir an das innerste Mark.
Wehe der Hand, die dich zu schädigen waget! Ihr glücke
 Nimmer, in Feld und Haus, nimmer ein friedliches Werk!

THEOKRIT

Sei, o Theokritos, mir, du Anmutsvollster, gepriesen!
 Lieblich bist du zuerst, aber auch herrlich fürwahr.
Wenn du die Chariten schickst in die Goldpaläste der Reichen,
 Unbeschenkt kehren sie dir, nackenden Fußes, zurück.
Müßig sitzen sie wieder im ärmlichen Hause des Dichters,
 Auf die frierenden Knie traurig die Stirne gesenkt.
Oder die Jungfrau führe mir vor, die, rasend in Liebe,
 Da ihr der Jüngling entfloh, Hekates Künste versucht.
Oder besinge den jungen Herakles, welchem zur Wiege
 Dienet der eherne Schild, wo er die Schlangen erwürgt:
Klangvoll fährst du dahin! dich kränzte Kalliope selber,
 Aber bescheiden, ein Hirt, kehrst du zur Flöte zurück.

TIBULLUS

Wie der wechselnde Wind nach allen Seiten die hohen
 Saaten im weichen Schwung niedergebogen durchwühlt:
Liebekranker Tibull! so unstet fluten, so reizend,
 Deine Gesänge dahin, während der Gott dich bestürmt.

EINER GEISTREICHEN FRAU

Wem in das rein empfindende Herz holdselige Musen
 Anmut hauchten und ihm liehn das bezaubernde Wort —
Alles glauben wir ihm; doch diesen schmeichelnden Lippen
 Glaubt ich alles, bevor ich nur ein Wörtchen vernahm.

AN HERMANN

Unter Tränen rissest du dich von meinem Halse!
In die Finsternis lang sah ich verworren dir nach.
Wie? auf ewig? sagtest du so? Dann lässet auf ewig
Meine Jugend von mir, lässet mein Genius mich!
Und warum? bei allem, was heilig, weißt du es selber,
Wenn es der Übermut schwärmender Jugend nicht ist?
O verwegenes Spiel! Komm! nimm dein Wort noch zurücke!
— Aber du hörtest nicht, ließest mich staunend allein.
Monde vergingen und Jahre; die heimliche Sehnsucht im Herzen,
Standen wir fremd, es fand keiner ein mutiges Wort,
Um den kindischen Bann, den luftgewebten, zu brechen,
Und der gemeine Tag löschte bald jeglichen Wunsch.
Aber heutige Nacht erschien mir wieder im Traume
Deine Knabengestalt — Wehe! wo rett ich mich hin
Vor dem lieblichen Bild? Ich sah dich unter den hohen
Maulbeerbäumen im Hof, wo wir zusammen gespielt.
Und du wandtest dich ab, wie beschämt, ich strich dir die Locken
Aus der Stirne: „O du", rief ich, „was kannst du dafür!"
Weinend erwacht ich zuletzt, trüb schien der Mond auf mein
Aufgerichtet im Bett saß ich und dachte dir nach.   [Lager,
O wie tobte mein Herz! Du fülltest wieder den Busen
Mir, wie kein Bruder vermag, wie die Geliebte nicht kann!

MUSE UND DICHTER

„Krank nun vollends und matt! Und du, o Himmlische, willst
                                                        mir
Auch schon verstummen — o was deutet dies Schweigen mir an?
Gib die Leier!" — „Nicht doch, dir ist die Ruhe geboten.
Schlafe! träume nur! still ruf ich dir Hülfe herab.
Deinem Haupte noch blühet ein Kranz; und sei es zum Leben,
Sei's zum Tode, getrost! meine Hand windet ihn dir."
„Keinen Lorbeer will ich, die kalte Stirne zu schmücken:
Laß mich leben, und gib fröhliche Blumen zum Strauß!"

AUF DEM KRANKENBETTE

Gleichwie ein Vogel am Fenster vorbei mit sonnebeglänztem
  Flügel den blitzenden Schein wirft in ein schattig Gemach,
Also, mitten im Gram um verlorene Jahre des Siechbetts,
  Überraschet und weckt leuchtende Hoffnung mich oft.

BEI TAGESANBRUCH

„Sage doch, wird es denn heute nicht Tag? es dämmert so lange,
  Und schon zu Hunderten, horch! singen die Lerchen im Feld."

Immer ja saugt ihr lichtbegieriges Auge die ersten
  Strahlen hinweg, und so wächset nur langsam der Tag.

AN MEINEN ARZT, HERRN DR. ELSÄSSER

Siehe! da stünd ich wieder auf meinen Füßen, und blicke
  Froh erstaunt in die Welt, die mir im Rücken schon lag!
Aber ich spreche von Dank dir nicht: du liesest ihn besser
  Mir im Auge, du fühlst hier ihn im Drucke der Hand.
Ich glückseliger Tor, der ich meine, du solltest verwundert
  Über dich selber mit uns sein, ja gerührt, so wie ich!
Doch daran erkennen wir dich — Den schwindelnden Nachen
  Herrlich meisternd fährt ruhig der Schiffer ans Land,
Wirft in den Kahn das Ruder, das, ach! so viele gerettet,
  Laut umjauchzen sie ihn, aber er achtet es kaum,
Kettet das Schiff an den Pflock, und am Abend sitzt er beim Kruge
  Wie ein anderer Mann, füllet sein Pfeifchen und ruht.

MASCHINKA

Dieser schwellende Mund, den Reiz der Heimat noch atmend,
  Kennt die Sprache nicht mehr, die ihn so lieblich geformt:
Nach der Grammatik greifet die müßige Schöne verdrießlich,
  Stammelt russischen Laut, weil es der Vater befiehlt.
Euer Stammeln ist süß, doch pflegt ihr, trutzige Lippen,
  Heimlich ein ander Geschäft, das euch vor allem verschönt!

VERSUCHUNG

Wenn sie in silberner Schale mit Wein uns würzet die Erdbeern,
  Dicht mit Zucker noch erst streuet die Kinder des Walds:
O wie schmacht ich hinauf zu den duftigern Lippen, wie dürstet
  Nach des gebogenen Arms schimmernder Weiße mein Mund!

LOSE WARE

„Tinte! Tinte, wer braucht! Schön schwarze Tinte verkauf ich!"
  Rief ein Büblein gar hell Straßen hinauf und hinab.
Lachend traf sein feuriger Blick mich oben im Fenster,
  Eh ich mich's irgend versah, huscht er ins Zimmer herein.
„Knabe, dich rief niemand!" — „Herr, meine Ware versucht nur!"
  Und sein Fäßchen behend schwang er vom Rücken herum.
Da verschob sich das halb zerrissene Jäckchen ein wenig
  An der Schulter und hell schimmert ein Flügel hervor.
„Ei, laß sehen, mein Sohn, du führst auch Federn im Handel?
  Amor, verkleideter Schelm! soll ich dich rupfen sogleich?"
Und er lächelt, entlarvt, und legt auf die Lippen den Finger:
  „Stille! sie sind nicht verzollt — stört die Geschäfte mir nicht!
Gebt das Gefäß, ich füll es umsonst, und bleiben wir Freunde!"
  Dies gesagt und getan, schlüpft er zur Türe hinaus. —
Angeführt hat er mich doch: denn will ich was Nützliches
                                                      schreiben,
  Gleich wird ein Liebesbrief, gleich ein Erotikon draus.

IM PARK

Sieh, der Kastanie kindliches Laub hängt noch wie der feuchte
  Flügel des Papillons, wenn er die Hülle verließ;
Aber in laulicher Nacht der kürzeste Regen entfaltet
  Leise die Fächer und deckt schnelle den luftigen Gang.
— Du magst eilen, o himmlischer Frühling, oder verweilen,
  Immer dem trunkenen Sinn fliehst du, ein Wunder, vorbei.

LEICHTE BEUTE

Hat der Dichter im Geist ein köstliches Liedchen empfangen,
  Ruht und rastet er nicht, bis es vollendet ihn grüßt.
Neulich so sah ich, o Schönste, dich erstmals flüchtig am Fenster,
  Und ich brannte: nun liegst heute du schon mir im Arm!

NACHTS AM SCHREIBEPULT

Primel und Stern und Syringe, von einsamer Kerze beleuchtet,
  Hier im Glase, wie fremd blickt ihr, wie feenhaft, her!
Sonne schien, als die Liebste euch trug, da wart ihr so freudig:
  Mitternacht summt nun um euch, ach! und kein Liebchen ist
                                                        hier.

MIT EINEM ANAKREONSKOPF UND EINEM FLÄSCHCHEN ROSENÖL

Als der Winter die Rosen geraubt, die Anakreons Scheitel
  Kränzten am fröhlichen Mahl, wo er die Saiten gerührt,
Träufelt' ihr köstliches Öl in das Haar ihm Aphrogeneia,
  Und ein rosiger Hauch haftet an jeglichem Lied.
Doch nur wo ein *Liebender* singt die Töne des Greisen,
  Füllet Hallen und Saal wieder der herrliche Duft.

GÖTTERWINK

Nachts auf einsamer Bank saß ich im tauenden Garten,
  Nah dem erleuchteten Saal, der mir die Liebste verbarg.
Rund umblüheten ihn die Akazien, duftaushauchend,
  Weiß wie der fallende Schnee deckten die Blüten den Weg.
Mädchengelächter erscholl und Tanz und Musik in dem Innern,
  Doch aus dem fröhlichen Chor hört ich nur andre heraus.
Trat sie einmal ans Fenster, ich hätte den dunkelsten Umriß
  Ihrer lieben Gestalt gleich unter allen erkannt.
Warum zeigt sie sich nicht, und weiß, es ist der Geliebte
  Niemals ferne von ihr, wo sie auch immer verweilt?
Ihr umgebt sie nun dort, o feine Gesellen! Ihr findet,

Schön ist die Blume, noch rein atmend die Würze des Hains.
Dünkt euch dies Kind wohl eben gereift für das erste Verständnis
Zärtlicher Winke? Ihr seid schnelle, doch kommt ihr zu spät.
Stirne, Augen und Mund, von Unschuld strahlend, umdämmert
Schon des gekosteten Glücks seliger Nebel geheim.
Blickt sie nicht wie abwesend in euren Lärmen? Ihr Lächeln
Zeigt nur gezwungen die Zahnperlen, die köstlichen, euch.
Wüßtet ihr was die Schleife verschweigt im doppelten Kranze
Ihrer Flechten! Ich selbst steckte sie küssend ihr an,
Während mein Arm den Nacken umschlang, den eueren Blicken
Glücklich der seidene Flor, lüsterne Knaben, verhüllt.
— Also sprach ich und schwellte mir so Verlangen und Sehnsucht;
Kleinliche Sorge bereits mischte sich leise darein.
Aber ein Zeichen erschien, ein göttliches: nicht die Geliebte
Schickt' es, doch Amor selbst, welchen mein Kummer gerührt.
Denn an dem Altan, hinter dem nächtlichen Fenster, bewegt sich
Plötzlich, wie Fackelschein, eilig vorüber ein Licht,
Stark herstrahlend zu mir, und hebt aus dem dunkeln Gebüsche,
Dicht mir zur Seite, die hoch glühende Rose hervor.
Heil! o Blume, du willst mir verkünden, o götterberührte,
Welche Wonne, noch heut, mein, des Verwegenen, harrt
Im verschloßnen Gemach. Wie schlägt mein Busen! — Erschütternd
Ist der Dämonien Ruf, auch der den Sieg dir verspricht.

DAS BILDNIS DER GELIEBTEN

Maler, du zweifelst mit Recht, indem du den seltenen Umriß
Meiner Geliebten bedenkst, wie du beginnest dein Werk.
Ob von vorn das Gesichtchen, ob du's von der Seite mir zeigest?
Viel hat beides für sich und mich beklemmet die Wahl.
„Nun, dreiviertel?" Ich möchte das reine Profil nicht entbehren,
Wo sie, so eigen, so neu, kaum nur sich wiedererkennt.
Sinnen wir lang? Schon weiß ich, vernimm, die natürlichste
Auskunft:
Male die doppelte mir kühn auf dasselbige Tuch.
Denn was wagst du dabei? Man wird zwei Schwestern erblicken,
Ähnlich einander, doch hat jede das Ihre voraus.
Und mich stell in die Mitte! Den Arm auf die Achsel der einen
Leg ich, aber den Blick feßle die andere mir,
Die mit hängenden Flechten im häuslichen Kleide dabeisteht,

Nieder zum Boden die lang schattende Wimper gesenkt,
Indes jene, geschmückt, und die fleißig geordneten Zöpfe
Unter dem griechischen Netz, offenen Auges mir lacht.
— Eifersucht quälte dich öfter umsonst: wie gefällt dir, Helene,
Dein zweideutiger Freund zwischen dies Pärchen gestellt?

DATURA SUAVEOLENS

Ich sah eben ein jugendlich Paar, o Blume Dianas,
Vor dir stehen; es war Wange an Wange gelegt.
Beide sie schlürften zugleich den unnennbaren Duft aus dem
weiten,
Schneeigen Becher und leis hört ich ein doppeltes Ach!
„Küsse mich!" sagte sie jetzt, und mitten im Strome des Nektars
Atmend wechselten sie Küsse, begeisterten Blicks.
— Zürn, o Himmlische, nicht! Du hast fürwahr zu den Gaben
Irdischer Liebe den Hauch göttlicher Schöne gemischt.

WEIHGESCHENK

Von kunstfertigen Händen geschält, drei Äpfelchen, zierlich,
Hängend an *einem* Zweig, den noch ein Blättchen umgrünt;
Weiß wie das Wachs ihr Fleisch, von lieblicher Röte durch-
schimmert;
Dicht aneinandergeschmiegt, bärgen die nackten sich gern.
Schämet euch nicht, ihr Schwestern! euch hat ein Mädchen
entkleidet,
Und den Chariten fromm bringet ein Sänger euch dar.

AN EINE SÄNGERIN

Soll auf der Jungfrau Mund die begeisterte Rede verpönt sein,
Ist euch des tiefern Gefühls volles Bekenntnis versagt:
O wie preis ich die Sängerin drum, die, unter der Muse
Schutz, mir den lieblichen Grund ihres Gemütes enthüllt!
Niemand ärgert sich mehr, ja entzückt steht selbst der Philister,
Fühlt, in des Schönen Gestalt, ewige Mächte sich nah.

INSCHRIFT AUF EINE UHR MIT DEN DREI HOREN

> Βάρδισται μακάρων Ὧραι ψίλαι —
> Theokr.

Am langsamsten von allen Göttern wandeln wir,
Mit Blätterkronen schön geschmückte, schweigsame.
Doch wer uns ehrt und wem wir selber günstig sind,
Weil er die Anmut liebet und das heilge Maß,
Vor dessen Augen schweben wir im leichten Tanz
Und machen mannigfaltig ihm den langen Tag.

AUF EINE LAMPE

Noch unverrückt, o schöne Lampe, schmückest du,
An leichten Ketten zierlich aufgehangen hier,
Die Decke des nun fast vergeßnen Lustgemachs.
Auf deiner weißen Marmorschale, deren Rand
Der Efeukranz von goldengrünem Erz umflicht,
Schlingt fröhlich eine Kinderschar den Ringelreihn.
Wie reizend alles! lachend, und ein sanfter Geist
Des Ernstes doch ergossen um die ganze Form —
Ein Kunstgebild der echten Art. Wer achtet sein?
Was aber schön ist, selig scheint es in ihm selbst.

ERINNA AN SAPPHO

(Erinna, eine hochgepriesene junge Dichterin des griechischen Altertums, um 600 v. Chr., Freundin und Schülerin Sapphos zu Mitylene auf Lesbos. Sie starb als Mädchen mit neunzehn Jahren. Ihr berühmtestes Werk war ein episches Gedicht, „Die Spindel", von dem man jedoch nichts Näheres weiß. Überhaupt haben sich von ihren Poesien nur einige Bruchstücke von wenigen Zeilen und drei Epigramme erhalten. Es wurden ihr zwei Statuen errichtet, und die Anthologie hat mehrere Epigramme zu ihrem Ruhme von verschiedenen Verfassern.)

„Vielfach sind zum Hades die Pfade", heißt ein
Altes Liedchen — „und einen gehst du selber,
Zweifle nicht!" Wer, süßeste Sappho, zweifelt?
Sagt es nicht jeglicher Tag?

Doch den Lebenden haftet nur leicht im Busen
Solch ein Wort, und dem Meer anwohnend ein Fischer von
 Kind auf
Hört im stumpferen Ohr der Wogen Geräusch nicht mehr.
— Wundersam aber erschrak mir heute das Herz. Vernimm!

Sonniger Morgenglanz im Garten,
Ergossen um der Bäume Wipfel,
Lockte die Langschläferin (denn so schaltest du jüngst Erinna!)
Früh vom schwüligen Lager hinweg.
Stille war mein Gemüt; in den Adern aber
Unstet klopfte das Blut bei der Wangen Blässe.

Als ich am Putztisch jetzo die Flechten löste,
Dann mit nardeduftendem Kamm vor der Stirn den Haar-
Schleier teilte — seltsam betraf mich im Spiegel Blick in Blick.
Augen, sagt ich, ihr Augen, was wollt ihr?
Du, mein Geist, heute noch sicher behaust da drinne,
Lebendigen Sinnen traulich vermählt,
Wie mit fremdendem Ernst, lächelnd halb, ein Dämon,
Nickst du mich an, Tod weissagend!
— Ha, da mit eins durchzuckt' es mich
Wie Wetterschein! wie wenn schwarzgefiedert ein tödlicher Pfeil
Streifte die Schläfe hart vorbei,
Daß ich, die Hände gedeckt aufs Antlitz, lange
Staunend blieb, in die nachtschaurige Kluft schwindelnd hinab.

Und das eigene Todesgeschick erwog ich;
Trockenen Augs noch erst,
Bis da ich dein, o Sappho, dachte,
Und der Freundinnen all,
Und anmutiger Musenkunst,
Gleich da quollen die Tränen mir.

Und dort blinkte vom Tisch das schöne Kopfnetz, dein
 Geschenk,
Köstliches Byssosgeweb, von goldnen Bienlein schwärmend.
Dieses, wenn wir demnächst das blumige Fest
Feiern der herrlichen Tochter Demeters,
Möcht ich *ihr* weihn, für meinen Teil und deinen;
Daß sie hold uns bleibe (denn viel vermag sie),

Daß du zu früh dir nicht die braune Locke mögest
Für Erinna vom lieben Haupte trennen.

DIE HERBSTFEIER

Auf! im traubenschwersten Tale
Stellt ein Fest des Bacchus an!
Becher her und Opferschale!
Und des Gottes Bild voran!
Flöte mit Gesang verkünde
Gleich des Tages letzten Rest,
Mit dem Abendstern entzünde
Sich auch unser Freudenfest!

Braune Männer, schöne Frauen
Soll man hier versammelt sehn;
Greise auch, die ehrengrauen,
Dürfen nicht von ferne stehn;
Knaben, so die Krüge füllen,
Und, daß er vollkommen sei,
Treten zögernd auch die stillen
Mädchen unserm Kranze bei.

Noch ist vor der nahen Feier
Süß beklommen manche Brust,
Aber weiter bald und freier
Übergibt sie sich der Lust.
Taut euch nicht wie Frühlingsregen
Lieblicher Gedankenschwarm?
Erdenleben, laß dich hegen,
Uns ist wohl in deinem Arm!

Wahrlich und schon mit Entzücken
Ist der Gott im vollen Lauf,
Schließt vor den erwärmten Blicken
Seine goldnen Himmel auf.
Amor auch hat nichts dawider,
Wenn sich Wang an Wange neigt,
Und der Mund, im Takt der Lieder,
Sich dem Mund entgegenbeugt.

Mädchen! schlingt die wildsten Tänze!
Reißt nur euren Kranz entzwei!
Ohne Furcht, denn solche Kränze
Flicht man immer wieder neu;
Doch den andern, den ich meine,
Nehmt, ihr Zärtlichen, in acht!
Und zumal im Mondenscheine,
Und zumal in solcher Nacht.

Laßt mir doch den Alten machen,
Der sich dort zum Korbe bückt
Und den Krug mit hellem Lachen
Kindisch an die Wange drückt!
Wie sein kleiner Sohn geschäftig
Sorge um den Zecher trägt
Und ihm mit der Fackel kräftig
Den gekrümmten Rücken schlägt!

Aber schaut nach dem Gebüsche,
Wo gedrungner Efeu webt,
Wie sich dort das träumerische
Marmorbild des Gottes hebt!
Lasset uns ihm näher treten,
Schließt mit Fackeln einen Kreis!
Flehet zu ihm in Gebeten,
Doch geheimnisvoll und leis.

Wie er lächelnd abwärts blicket!
Er besinnet sich nur kaum.
Herrlicher! dein Auge nicket,
Doch dies alles ist kein Traum;
Luna sucht mit frommer Leuchte
Dich, o schöner Jüngling, hier,
Schöpfet zärtlich ihre feuchte
Klarheit auf die Stirne dir.

Wie der Menschen, so der Götter
Liebster Liebling heißest du:
Selber Zeus rief seinem Retter
Herzliches Willkommen zu;
Dumpf ist des Olympus Dröhnen,

Aber wie melodisch Gold
Muß sein starres Erz ertönen,
Wenn dein Thyrsus auf ihm rollt.

Und eh Mars im Kriegerschwarme
Sich zur Ebne niederläßt,
Schließet er in seine Arme
Dich, wie die Geliebte, fest,
Fühlet nun an Göttermarke
Sich gedoppelt einen Gott,
Und es brüllt der Himmlisch-Arge
Todeslust und Siegerspott.

Wie dir alle dienen müssen,
Schmiegt auch Eros' hohe Macht
Leise tot sich dir zu Füßen,
Oder schauert auf und wacht.
Und Apollo mit der Leier
Rufet Welt und Sternenbahn
Gern aus dem verklärten Feuer
Deines holden Wahnes an.

Vater! soll, zur Wut erhoben,
Jetzo mit zerschlagner Brust
Die Mänade um dich toben?
Fluchst du unsrer keuschen Lust?
Gib, o Fürst, gib uns ein Zeichen,
Daß wir deine Kinder sei'n!
Wundertäter ohnegleichen,
Laß ein Wunder uns erfreun!

Tritt in unsre bunte Mitte,
Oder winke mit der Hand,
Wandle drei gemeßne Schritte
Längs der hohen Rebenwand!
— Ach, er läßt sich nicht bewegen ...
Aber, horcht, es bebt das Tal!
Ja, das ist von Donnerschlägen:
Horch, und schon zum drittenmal!

Selber Zeus hat nun geschworen,
Daß sein Sohn uns günstig sei.

So ist kein Gebet verloren,
So ist der Olymp getreu.
— Doch nach solcher Götterfülle
Ungestümem Überschwang
Werden alle Herzen stille,
Alle Gäste zauberbang.

Stimmet an die letzten Lieder!
Und so, Paar an Paar gereiht,
Steiget nun zum Fluß hernieder,
Wo ein festlich Schiff bereit.
Auf dem vordern Rand erhebe
Sich der Gott und führ uns an,
Und der Kiel, mit Flüstern, schwebe
Durch die mondbeglänzte Bahn!

LIED EINES VERLIEBTEN

In aller Früh, ach, lang vor Tag,
Weckt mich mein Herz, an dich zu denken,
Da doch gesunde Jugend schlafen mag.

Hell ist mein Aug um Mitternacht,
Heller als frühe Morgenglocken:
Wann hättst du je am Tage mein gedacht?

Wär ich ein Fischer, stünd ich auf,
Trüge mein Netz hinab zum Flusse,
Trüg herzlich froh die Fische zum Verkauf.

In der Mühle, bei Licht, der Müllerknecht
Tummelt sich, alle Gänge klappern;
So rüstig Treiben wär mir eben recht!

Weh, aber ich! o armer Tropf!
Muß auf dem Lager mich müßig grämen,
Ein ungebärdig Mutterkind im Kopf.

AKME UND SEPTIMIUS
Nach Catull

Akme, seine Geliebte, auf dem Schoße
Haltend, sagte Septimius: „Meine Akme!
Übermäßig hab ich dich lieb und will auch
Jahr für Jahr dich beständig also lieben,
So arg wie nur ein Mensch jemals imstand ist;
Sieh, sonst mag mir's geschehn, daß ich, ganz einsam,
Sei's in Libyen, sei's im heißen Inder-
Land, dem tödlichen Blick des Leun begegne!"
Wie er dieses gesagt, niest Amor, herzlich
Es bekräftigend (sonst war er ihm abhold).
Akme, rückwärts ihr Köpfchen leicht gebogen,
Und die trunkenen Augen ihres süßen
Knaben küssend mit jenem Purpurmunde
Sprach: „Mein Leben! o goldenes Septimchen!
Künftig dienen wir *diesem* Herrn alleine,
Ich, wie du — so gewiß als mir noch weit ein
Heißer Feuer im zarten Marke glühet!"
Wie sie dieses gesagt, niest Amor, herzlich
Es bekräftigend (sonst war er ihr abhold).
Auf so günstige Zeichen nunmehr bauend
Tauschen beide von Herzen Lieb um Liebe.
Nur in Akme allein noch lebt Septimius,
Die ihm teurer als Syrien und Britannien,
Nur Septimius widmet Akme treulich
All ihr Süßes und alle Liebeswonnen.
Kein glückseliger Paar hat man gesehen,
Keine Liebe, so schön vom Gott besiegelt!

SCHERZ

Einen Morgengruß ihr früh zu bringen,
Und mein Morgenbrot bei ihr zu holen,
Geh ich sachte an des Mädchens Türe,
Öffne rasch, da steht mein schlankes Bäumchen
Vor dem Spiegel schon und wascht sich emsig.
O wie lieblich träuft die weiße Stirne,
Träuft die Rosenwange Silbernässe!

Hangen aufgelöst die süßen Haare!
Locker spielen Tücher und Gewänder.
Aber wie sie zagt und scheucht und abwehrt!
Gleich, sogleich soll ich den Rückzug nehmen!
„Närrchen", rief ich, „sei mir so kein Närrchen:
Das ist Brautrecht, ist Verlobtensitte.
Laß mich nur, ich will ja blind und lahm sein,
Will den Kopf und alle beiden Augen
In die Fülle deiner Locken stecken,
Will die Hände mit den Flechten binden —"
„Nein, du gehst!" „Im Winkel laß mich stehen,
Dir bescheidentlich den Rücken kehren!"
„Ei, so mag's, damit ich Ruhe habe!"
Und ich stand gehorsam in der Ecke,
Lächerlich, wie ein gestrafter Junge,
Der die Lektion nicht wohl bestanden,
Muckste nicht und kühlte mir die Lippen
An der weißen Wand mit leisem Kusse,
Eine volle, eine lange Stunde;
Ja, so wahr ich lebe. Doch, wer etwa
Einen kleinen Zweifel möchte haben
(Was ich ihm just nicht verargen dürfte),
Nun, der frage nur das Mädchen selber:
Die wird ihn — noch zierlicher belügen.

ABREISE

Fertig schon zur Abfahrt steht der Wagen,
Und das Posthorn bläst zum letzten Male.
Sagt, wo bleibt der vierte Mann so lange?
Ruft ihn, soll er nicht dahinten bleiben!
— Indes fällt ein rascher Sommerregen;
Eh man hundert zählt, ist er vorüber;
Fast zu kurz, den heißen Staub zu löschen;
Doch auch diese Letzung ist willkommen.
Kühlung füllt und Wohlgeruch den weiten
Platz und an den Häusern ringsum öffnet
Sich ein Blumenfenster um das andre.
Endlich kommt der junge Mann. Geschwinde!
Eingestiegen! — Und fort rollt der Wagen.

Aber sehet, auf dem nassen Pflaster
Vor dem Posthaus, wo er stillgehalten,
Läßt er einen trocknen Fleck zurücke,
Lang und breit, sogar die Räder sieht man
Angezeigt und wo die Pferde standen.
Aber dort in jenem hübschen Hause,
Drin der Jüngling sich so lang verweilte,
Steht ein Mädchen hinterm Fensterladen,
Blicket auf die weiß gelaßne Stelle,
Hält ihr Tüchlein vors Gesicht und weinet.
Mag es ihr so ernst sein? Ohne Zweifel;
Doch der Jammer wird nicht lange währen:
Mädchenaugen, wißt ihr, trocknen hurtig,
Und eh auf dem Markt die Steine wieder
Alle hell geworden von der Sonne,
Könnet ihr den Wildfang lachen hören.

SEPTEMBERMORGEN

Im Nebel ruhet noch die Welt,
Noch träumen Wald und Wiesen:
Bald siehst du, wenn der Schleier fällt,
Den blauen Himmel unverstellt,
Herbstkräftig die gedämpfte Welt
In warmem Golde fließen.

VERBORGENHEIT

Laß, o Welt, o laß mich sein!
Locket nicht mit Liebesgaben,
Laßt dies Herz alleine haben
Seine Wonne, seine Pein!

Was ich traure weiß ich nicht,
Es ist unbekanntes Wehe;
Immerdar durch Tränen sehe
Ich der Sonne liebes Licht.

Oft bin ich mir kaum bewußt,
Und die helle Freude zücket

Durch die Schwere, so mich drücket
Wonniglich in meiner Brust.

Laß, o Welt, o laß mich sein!
Locket nicht mit Liebesgaben,
Laßt dies Herz alleine haben
Seine Wonne, seine Pein!

FRÜH IM WAGEN

Es graut vom Morgenreif
In Dämmerung das Feld,
Da schon ein blasser Streif
Den fernen Ost erhellt;

Man sieht im Lichte bald
Den Morgenstern vergehn,
Und doch am Fichtenwald
Den vollen Mond noch stehn:

So ist mein scheuer Blick,
Den schon die Ferne drängt,
Noch in das Schmerzensglück
Der Abschiedsnacht versenkt.

Dein blaues Auge steht
Ein dunkler See vor mir,
Dein Kuß, dein Hauch umweht,
Dein Flüstern mich noch hier.

An deinem Hals begräbt
Sich weinend mein Gesicht,
Und Purpurschwärze webt
Mir vor dem Auge dicht.

Die Sonne kommt; — sie scheucht
Den Traum hinweg im Nu,
Und von den Bergen streicht
Ein Schauer auf mich zu.

KARWOCHE

O Woche, Zeugin heiliger Beschwerde!
Du stimmst so ernst zu dieser Frühlingswonne,
Du breitest im verjüngten Strahl der Sonne
Des Kreuzes Schatten auf die lichte Erde,

Und senkest schweigend deine Flöre nieder;
Der Frühling darf indessen immer keimen,
Das Veilchen duftet unter Blütenbäumen
Und alle Vöglein singen Jubellieder.

O schweigt, ihr Vöglein auf den grünen Auen!
Es hallen rings die dumpfen Glockenklänge,
Die Engel singen leise Grabgesänge;
O still, ihr Vöglein hoch im Himmelblauen!

Ihr Veilchen, kränzt heut keine Lockenhaare!
Euch pflückt mein frommes Kind zum dunkeln Strauße,
Ihr wandert mit zum Muttergotteshause,
Da sollt ihr welken auf des Herrn Altare.

Ach dort, von Trauermelodieen trunken,
Und süß betäubt von schweren Weihrauchdüften,
Sucht sie den Bräutigam in Todesgrüften,
Und Lieb' und Frühling, alles ist versunken!

DENK ES, O SEELE!

Ein Tännlein grünet wo,
Wer weiß, im Walde,
Ein Rosenstrauch, wer sagt,
In welchem Garten?
Sie sind erlesen schon,
Denk es, o Seele,
Auf deinem Grab zu wurzeln
Und zu wachsen.

Zwei schwarze Rößlein weiden
Auf der Wiese,

Sie kehren heim zur Stadt
In muntern Sprüngen.
Sie werden schrittweis gehn
Mit deiner Leiche;
Vielleicht, vielleicht noch eh
An ihren Hufen
Das Eisen los wird,
Das ich blitzen sehe!

PEREGRINA
(Aus: Maler Nolten)

I

Der Spiegel dieser treuen, braunen Augen
Ist wie von innerm Gold ein Widerschein;
Tief aus dem Busen scheint er's anzusaugen,
Dort mag solch Gold in heilgem Gram gedeihn.
In diese Nacht des Blickes mich zu tauchen,
Unwissend Kind, du selber lädst mich ein —
Willst, ich soll kecklich mich und dich entzünden,
Reichst lächelnd mir den Tod im Kelch der Sünden!

II

Aufgeschmückt ist der Freudensaal.
Lichterhell, bunt, in laulicher Sommernacht
Stehet das offene Gartengezelte.
Säulengleich steigen, gepaart,
Grün-umranket, eherne Schlangen,
Zwölf, mit verschlungenen Hälsen,
Tragend und stützend das
Leicht gegitterte Dach.

Aber die Braut noch wartet verborgen
In dem Kämmerlein ihres Hauses.
Endlich bewegt sich der Zug der Hochzeit,
Fackeln tragend,
Feierlich stumm.
Und in der Mitte,

Mich an der rechten Hand,
Schwarz gekleidet, geht einfach die Braut;
Schöngefaltet ein Scharlachtuch
Liegt um den zierlichen Kopf geschlagen.
Lächelnd geht sie dahin; das Mahl schon duftet.

Später im Lärmen des Fests
Stahlen wir seitwärts uns beide
Weg, nach den Schatten des Gartens wandelnd,
Wo im Gebüsche die Rosen brannten,
Wo der Mondstrahl um Lilien zuckte,
Wo die Weymouthsfichte mit schwarzem Haar
Den Spiegel des Teiches halb verhängt.

Auf seidnem Rasen dort, ach, Herz am Herzen,
Wie verschlangen, erstickten meine Küsse den scheueren Kuß!
Indes der Springquell, unteilnehmend
An überschwenglicher Liebe Geflüster,
Sich ewig des eigenen Plätscherns freute;
Uns aber neckten von fern und lockten
Freundliche Stimmen,
Flöten und Saiten umsonst.

Ermüdet lag, zu bald für mein Verlangen,
Das leichte, liebe Haupt auf meinem Schoß.
Spielender Weise mein Aug auf ihres drückend
Fühlt ich ein Weilchen die langen Wimpern,
Bis der Schlaf sie stellte,
Wie Schmetterlingsgefieder auf und nieder gehn.

Eh das Frührot schien,
Eh das Lämpchen erlosch im Brautgemache,
Weckt ich die Schläferin,
Führte das seltsame Kind in mein Haus ein.

III

Ein Irrsal kam in die Mondscheingärten
Einer einst heiligen Liebe.
Schaudernd entdeckt ich verjährten Betrug.
Und mit weinendem Blick, doch grausam,

Hieß ich das schlanke,
Zauberhafte Mädchen
Ferne gehen von mir.
Ach, ihre hohe Stirn,
War gesenkt, denn sie liebte mich;
Aber sie zog mit Schweigen
Fort in die graue
Welt hinaus.

Krank seitdem,
Wund ist und wehe mein Herz.
Nimmer wird es genesen!

Als ginge, luftgesponnen, ein Zauberfaden
Von ihr zu mir, ein ängstig Band,
So zieht es, zieht mich schmachtend ihr nach!
— Wie? wenn ich eines Tags auf meiner Schwelle
Sie sitzen fände, wie einst, im Morgen-Zwielicht,
Das Wanderbündel neben ihr,
Und ihr Auge, treuherzig zu mir aufschauend,
Sagte, da bin ich wieder
Hergekommen aus weiter Welt!

IV

Warum, Geliebte, denk ich dein
Auf einmal nun mit tausend Tränen,
Und kann gar nicht zufrieden sein,
Und will die Brust in alle Weite dehnen?

Ach, gestern in den hellen Kindersaal,
Beim Flimmer zierlich aufgesteckter Kerzen,
Wo ich mein selbst vergaß in Lärm und Scherzen,
Tratst du, o Bildnis mitleid-schöner Qual;
Es war dein Geist, er setzte sich ans Mahl,
Fremd saßen wir mit stumm verhaltnen Schmerzen;
Zuletzt brach ich in lautes Schluchzen aus,
Und Hand in Hand verließen wir das Haus.

V

Die Liebe, sagt man, steht am Pfahl gebunden,
Geht endlich arm, zerrüttet, unbeschuht;
Dies edle Haupt hat nicht mehr, wo es ruht,
Mit Tränen netzet sie der Füße Wunden.

Ach, Peregrinen hab ich so gefunden!
Schön war ihr Wahnsinn, ihrer Wange Glut,
Noch scherzend in der Frühlingsstürme Wut,
Und wilde Kränze in das Haar gewunden.

War's möglich, solche Schönheit zu verlassen?
— So kehrt nur reizender das alte Glück!
O komm, in diese Arme dich zu fassen!

Doch weh! o weh! was soll mir dieser Blick?
Sie küßt mich zwischen Lieben noch und Hassen,
Sie kehrt sich ab, und kehrt mir nie zurück.

UM MITTERNACHT

Gelassen stieg die Nacht ans Land,
Lehnt träumend an der Berge Wand,
Ihr Auge sieht die goldne Waage nun
Der Zeit in gleichen Schalen stille ruhn;
   Und kecker rauschen die Quellen hervor,
   Sie singen der Mutter, der Nacht, ins Ohr
     Vom Tage,
   Vom heute gewesenen Tage.

Das uralt alte Schlummerlied,
Sie achtet's nicht, sie ist es müd;
Ihr klingt des Himmels Bläue süßer noch,
Der flüchtgen Stunden gleichgeschwungnes Joch.
   Doch immer behalten die Quellen das Wort,
   Es singen die Wasser im Schlafe noch fort
     Vom Tage,
   Vom heute gewesenen Tage.

TROST

Ja, mein Glück, das lang gewohnte,
Endlich hat es mich verlassen!
— Ja, die liebsten Freunde seh ich
Achselzuckend von mir weichen,
Und die gnadenreichen Götter,
Die am besten Hülfe wüßten,
Kehren höhnisch mir den Rücken.
Was beginnen? werd ich etwa,
Meinen Lebenstag verwünschend,
Rasch nach Gift und Messer greifen?
Das sei ferne! vielmehr muß man
Stille sich im Herzen fassen.

Und ich sprach zu meinem Herzen:
Laß uns fest zusammenhalten!
Denn wir kennen uns einander,
Wie ihr Nest die Schwalbe kennet,
Wie die Zither kennt den Sänger,
Wie sich Schwert und Schild erkennen,
Schild und Schwert einander lieben.
Solch ein Paar, wer scheidet es?

Als ich dieses Wort gesprochen,
Hüpfte mir das Herz im Busen,
Das noch erst geweinet hatte.

AUF EINER WANDERUNG

In ein freundliches Städtchen tret ich ein,
In den Straßen liegt roter Abendschein.
Aus einem offnen Fenster eben,
Über den reichsten Blumenflor
Hinweg, hört man Goldglockentöne schweben,
Und *eine* Stimme scheint ein Nachtigallenchor,
Daß die Blüten beben,
Daß die Lüfte leben,
Daß in höherem Rot die Rosen leuchten vor.

Lang hielt ich staunend, lustbeklommen.
Wie ich hinaus vors Tor gekommen,
Ich weiß es wahrlich selber nicht.
Ach hier, wie liegt die Welt so licht!
Der Himmel wogt in purpurnem Gewühle,
Rückwärts die Stadt in goldnem Rauch;
Wie rauscht der Erlenbach, wie rauscht im Grund die Mühle!
Ich bin wie trunken, irrgeführt —
O Muse, du hast mein Herz berührt
Mit einem Liebeshauch!

DER GENESENE AN DIE HOFFNUNG

Tödlich graute mir der Morgen:
Doch schon lag mein Haupt, wie süß!
Hoffnung, dir im Schoß verborgen,
Bis der Sieg gewonnen hieß.
Opfer bracht ich allen Göttern,
Doch vergessen warest du;
Seitwärts von den ewgen Rettern
Sahest du dem Feste zu.

O vergib, du Vielgetreue!
Tritt aus deinem Dämmerlicht,
Daß ich dir ins ewig neue,
Mondenhelle Angesicht
Einmal schaue, recht von Herzen,
Wie ein Kind und sonder Harm;
Ach, nur *einmal* ohne Schmerzen
Schließe mich in deinen Arm!

WALD-IDYLLE
An J. M.

Unter die Eiche gestreckt, im jung belaubten Gehölze
  Lag ich, ein Büchlein vor mir, das mir das lieblichste bleibt.
Alle die Märchen erzählt's, von der Gänsemagd und vom Machandel-
  Baum und des Fischers Frau; wahrlich man wird sie nicht satt.

Grünlicher Maienschein warf mir die geringelten Lichter
  Auf das beschattete Buch, neckische Bilder zum Text.
Schläge der Holzaxt hört ich von fern, ich hörte den Kuckuck,
  Und das Gelispel des Bachs wenige Schritte vor mir.
Märchenhaft fühlt ich mich selbst, mit aufgeschlossenen Sinnen
  Sah ich, wie helle! den Wald, rief mir der Kuckuck wie
              fremd!
Plötzlich da rauscht es im Laub — wird doch Sneewittchen nicht
              kommen,
  Oder, bezaubert, ein Reh? Nicht doch, kein Wunder geschieht.
Siehe, mein Nachbarskind aus dem Dorf, mein artiges Schätz-
  Müßig lief es in Wald, weil es den Vater dort weiß.   [chen!
Ehrbar setzet es sich an meine Seite, vertraulich
  Plaudern wir dieses und das, und ich erzähle sofort
Gar ausführlich die Leiden des unvergleichlichen Mädchens,
  Welchem der Tod dreimal, ach, durch die Mutter gedroht.
Denn die eitle, die Königin, haßte sie, weil sie so schön war,
  Grimmig, da mußte sie fliehn, wohnte bei Zwergen sich ein.
Aber die Königin findet sie bald; sie klopfet am Hause,
  Bietet, als Krämerin, schlau, lockende Ware zu Kauf.
Arglos öffnet das Kind, den Rat der Zwerge vergessend,
  Und das Liebchen empfängt, weh! den vergifteten Kamm.
Welch ein Jammer, da nun die Kleinen nach Hause gekehrt
  Welcher Künste bedarf's, bis die Erstarrte erwacht!   [sind!
Doch zum zweitenmal kommt, zum dritten Male, verkleidet,
  Kommt die Verderberin, leicht hat sie das Mädchen
              bechwatzt,
Schnürt in das zierliche Leibchen sie ein, den Atem erstickend
  In dem Busen; zuletzt bringt sie die tödliche Frucht.
Nun ist alle Hülfe umsonst; wie weinen die Zwerge!
  Ein kristallener Sarg schließet die Ärmste nun ein,
Frei gestellt auf dem Berg, ein Anblick allen Gestirnen;
  Unverwelklich ruht innen die süße Gestalt.
— So weit war ich gekommen, da drang aus dem nächsten
              Gebüsche
Hinter mir Nachtigallschlag herrlich auf einmal hervor,
  Troff wie Honig durch das Gezweig und sprühte wie Feuer
Zackige Töne; mir traf freudig ein Schauer das Herz,
  Wie wenn der Göttinnen eine, vorüberfliehend, dem Dichter
Durch ambrosischen Duft ihre Begegnung verrät.
Leider verstummte die Sängerin bald, ich horchte noch lange,

Doch vergeblich, und so bracht ich mein Märchen zum
> Schluß. —
Jetzo deutet das Kind und ruft: „Margrete! da kommt sie
Schon! In dem Korb, siehst du, bringt sie dem Vater die
> Milch!"
Und durch die Lücke sogleich erkenn ich die ältere Schwester;
Von der Wiese herauf beugt nach dem Walde sie ein,
Rüstig, die bräunliche Dirne; ihr brennt auf der Wange der
Gern erschreckten wir sie, aber sie grüßet bereits. [Mittag;
„Haltet's mit, wenn Ihr mögt! es ist heiß, da mißt man die
> Suppe
Und den Braten zur Not, fett ist und kühle mein Mahl."
Und ich sträubte mich nicht, wir folgten dem Schalle der Holz-
> axt;
Statt des Kindes wie gern hätt ich die Schwester geführt!

Freund! du ehrest die Muse, die jene Märchen vor alters
Wohl zu Tausenden sang; aber nun schweiget sie längst,
Die am Winterkamin, bei der Schnitzbank, oder am Webstuhl
Dichtendem Volkswitz oft köstliche Nahrung gereicht.
Ihr Feld ist das Unmögliche; keck, leichtfertig verknüpft sie
Jedes Entfernteste, reicht lustig dem Blöden den Preis.
Sind drei Wünsche erlaubt, ihr Held wird das Albernste wählen;
Ihr zu Ehren sei dir nun das Geständnis getan,
Wie an der Seite der Dirne, der vielgesprächigen, leise
Im bewegten Gemüt brünstig der Wunsch mich beschlich:
Wär ich ein Jäger, ein Hirt, wär ich ein Bauer geboren,
Trüg ich Knüttel und Beil, wärst, Margarete, mein Weib!
Nie da beklagt ich die Hitze des Tags, ich wollte mich herzlich
Auch der rauheren Kost, wenn *du* sie brächtest, erfreun.
O wie herrlich begegnete jeglichen Morgen die Sonne
Mir, und das Abendrot über dem reifenden Feld!
Balsam würde mein Blut im frischen Kusse des Weibes,
Kraftvoll blühte mein Haus, doppelt, in Kindern empor.
Aber im Winter, zu Nacht, wenn es schneit und stöbert am Ofen,
Rief' ich, o Muse, dich auch, märchenerfindende, an!

IM WEINBERG

Droben im Weinberg, unter dem blühenden Kirschbaum saß ich
Heut, einsam in Gedanken vertieft; es ruhte das Neue
Testament halboffen mir zwischen den Fingern im Schoße,
Klein und zierlich gebunden: (es kam vom treuesten Herzen —
Ach! du ruhest nun auch, mir unvergessen, im Grabe!)
Lang so saß ich und blickte nicht auf; mit einem da läßt sich
Mir ein Schmetterling nieder aufs Buch, er hebet und senket
Dunkele Flügel mit schillerndem Blau, er dreht sich und wandelt
Hin und her auf dem Rande. Was suchst du, reizender Sylphe?
Lockte die purpurne Decke dich an, der glänzende Goldschnitt?
Sahst du, getäuscht, im Büchlein die herrlichste Wunderblume?
Oder zogen geheim dich himmlische Kräfte hernieder
Des lebendigen Worts? Ich muß so glauben, denn immer
Weilest du noch, wie gebannt, und scheinst wie trunken, ich
  staune!
Aber von nun an bist du auf alle Tage gesegnet!
Unverletzlich dein Leib, und es altern dir nimmer die
  Schwingen;
Ja, wohin du künftig die zarten Füße wirst setzen,
Tauet Segen von dir. Jetzt eile hinunter zum Garten,
Welchen das beste der Mädchen besucht am frühesten Morgen,
Eile zur Lilie du — alsbald wird die Knospe sich öffnen
Unter dir; dann küsse sie tief in den Busen: von Stund an
Göttlich befruchtet, atmet sie Geist und himmlisches Leben.
Wenn die Gute nun kommt, vor den hohen Stengel getreten,
Steht sie befangen, entzückt von paradiesischer Nähe,
Ahnungsvoll in den Kelch die liebliche Seele versenkend.

AM RHEINFALL

Halte dein Herz, o Wanderer, fest in gewaltigen Händen!
  Mir entstürzte vor Lust zitternd das meinige fast.
Rastlos donnernde Massen auf donnernde Massen geworfen,
  Ohr und Auge wohin retten sie sich im Tumult?
Wahrlich, den eigenen Wutschrei hörete nicht der Gigant hier,
  Läg er, vom Himmel gestürzt, unten am Felsen gekrümmt!
Rosse der Götter, im Schwung, eins über dem Rücken des andern,
  Stürmen herunter und streun silberne Mähnen umher;

Herrliche Leiber, unzählbare, folgen sich, nimmer dieselben,
Ewig dieselbigen — wer wartet das Ende wohl aus?
Angst umzieht dir den Busen mit eins und, *wie* du es denkest,
Über das Haupt stürzt dir krachend das Himmelsgewölb!

EINER REISENDEN

Bald an die Ufer des Sees, der uns von ferne die Herzen
Lockt in jeglichem Jahr, Glückliche! kehrst du zurück.
Tag und Nacht ist er dein, mit Sonn und Mond, mit der Alpen
Glut und dem trauten Verkehr schwebender Schiffe dazu.
Denk ich an ihn, gleich wird mir die Seele so weit wie sein
lichter
Spiegel; und bist *du* dort — ach wie ertrag ich es hier?

VICIA FABA MINOR

Fort mit diesem Geruch, dem zauberhaften: Er mahnt mich
An die Haare, die mir einst alle Sinne bestrickt.
Weg mit dieser Blüte, der schwarz und weißen! Sie sagt mir,
Daß die Verführerin, ach! schwer mit dem Tode gebüßt.

ZWIESPALT
Nach Catull

Hassen und lieben zugleich muß ich. — Wie das? — Wenn ich's
wüßte!
Aber ich fühl's, und das Herz möchte zerreißen in mir.

DER HÄSSLICHE

Häßlich genug, wie er ist, noch Fratzen zu schneiden, und
welche!
Dicht vor dem Spiegel! Es springt — Himmel! mit nächstem
das Glas.

AUF DEM GRABE EINES KÜNSTLERS

Tausende, die hier liegen, sie wußten von keinem Homerus;
Selig sind sie gleichwohl, aber nicht eben wie du.

AN MEINE MUTTER

Siehe, von allen den Liedern nicht *eines* gilt dir, o Mutter!
  Dich zu preisen, o glaub's, bin ich zu arm und zu reich.
Ein noch ungesungenes Lied ruhst du mir im Busen,
  Keinem vernehmbar sonst, mich nur zu trösten bestimmt,
Wenn sich das Herz unmutig der Welt abwendet und einsam
  Seines himmlischen Teils bleibenden Frieden bedenkt.

AN DIESELBE

Ach wie liebreich warst du der Welt und dienetest allen!
  Und wie klein doch, wie plump hat sie dich endlich verkannt!
Da entsagtest du ihr; doch lächelnd wehren die Deinen
  Heute wie gestern der Hand, die sich in Liebe vergißt.

AN H. KURTZ

Sei mir, Dichter, willkommen! denn dir hat wahrlich die Muse
Heiter Lippen und Stirn und beide die glänzenden Augen
Mit unsprödem Kusse berührt, so küsse mich wieder!

BROCKES

Führe mich, Alter, nur immer in deinen geschnörkelten
                                                Frühlings-
Garten! noch duftet und taut frisch und gewürzig sein Flor.

JOSEPH HAYDN

Manchmal ist sein Humor altfränkisch, ein zierliches Zöpflein,
Das, wie der Zauberer spielt, schalkhaft im Rücken ihm tanzt.

EPISTEL

Wie sich dein neuer Poet in unserem Kreise gefalle?
Nicht zum besten. Er meint, man verstünd ihn eben auch hier
nicht.
Jetzo hat er ein griechisches Epos, hör ich, die Argo-
nauten, heroische Form, auf dem Amboß. Segn' es der Gott ihm,
Aber zu lesen begehr ich es nicht. Glaub mir, das ist auch so
Eins von den sauren Genies, dergleichen wir mehrere kennen.
Wortkarg streicht er den Schnurrbart sich, wie verstimmt und
befangen,
Wenn man des Trefflichsten irgend gedenkt von den Alten und
Neuen;
Oder er mäkelt daran mit kleinlichem Tadel, von fern erst,
Bis er, hitziger werdend im Streit, Maßloses daherschwatzt
Und wie ein stätischer Esel hinausschlägt, wo es auch hintrifft.
Das sind schlimme Symptome. — Vernimm ein homerisches
Gleichnis
(Pflegten wir doch vormals in parodischer Laune zuweilen
Stundenlang nach der Weise des göttlichen Alten zu reden):
Gleichwie die gelbliche Birne zur Herbstzeit, wenn sie gereifet
Fiel vom Ast und im Fall von der dornigen Hecke verwundet
Liegt am Boden, alsbald mit schwärmenden Wespen bedeckt ist,
Welche sie rings aushöhlen, die gierigen Kiefer bewegend:
Also strotzet sein Herz von wilden Gedanken der Ehrsucht
Und des verzehrenden Neids. Ihn blendete völlig ein Dämon.

AN KARL MAYER

Dem gefangenen, betrübten Manne
Hinter seinen dichten Eisenstäben,
Wenn ihm jemand deine holden Lieder
Aufs Gesimse seines Fensters legte,
Wo die liebe Sonne sich ein Stündlein
Täglich einstellt, handbreit nur ein Streifchen:
O wie schimmerten ihm Wald und Auen
Sommerlich, die stillen Wiesengründe!
O wie hastig irrten seine Schritte
Durch die tausend Lieblichkeiten alle,
Ohne Wahl, was er zuerst begrüße:

Ob das Dörflein in der Sonntagfrühe,
Wo die frische Dirne sich im Gärtchen
Einen Busenstrauß zur Kirche holet;
Ob die Trümmer, wo das Laub der Birke
Herbstlich rieselt aufs Gestein hernieder,
Drüberhin der Weih im Fluge schreiend;
Und den See dort einsam in der Wildnis,
Übergrünt von lichten Wasserlinsen.

Wär ich, wär ich selber der Gefangne!
Sperrten sie mich ein auf sieben Monde!
Herzlich wollt ich dann des Schließers lachen,
Wenn er dreifach meine Tür verschlösse,
Mich allein mit meinem Büchlein lassend.

Aber wenn doch endlich insgeheime
Eine tiefe Sehnsucht mich beschliche,
Daß ich trauerte um Wald und Wiesen?
Ha! wie sehn ich mich, mich so zu sehnen!
Reizend wär's, den Jäger zu beneiden,
Der in Freiheit atmet Waldesatem,
Und den Hirten, wenn er nach Mittage
Ruhig am besonnten Hügel lehnet!

Sieh, so seltsam sind des Herzens Wünsche,
Das sich müßig fühlt im Überflusse.

DIE ANTI-SYMPATHETIKER
An Justin Kerner

Von lauter Geiste die Natur durchdrungen,
Wie würde sie nicht durch den Geist bezwungen?
Wenn sich getrennte Kräfte wiederkennen,
Auf ein Erinnrungswort entbrennen,
Die Krankheit weicht, das Blut sich plötzlich stillt:
Sie leugnen's, ob es gleich, du weißt, kein Wunder gilt.
Laß die Schwachmatiker nur immer räsonieren,
Und rechn' es ihnen allzu hoch nicht an!
Denn, wenn sie Gott und die Natur bornieren —
Es streckt sich keiner länger als er kann.

AN FRIEDR. VISCHER, PROFESSOR DER ÄSTHETIK etc.
Mit meinen Gedichten

Oft hat mich der Freund verteidigt,
Oft sogar gelobt; doch nun?
Der Professor ist beeidigt,
Und da hilft kein Traulich-Tun.

Also geht, ihr braven Lieder,
Daß man euch die Köpfe wascht!
Seht auch, daß ihr hin und wieder
Einen guten Blick erhascht.

Er ist Vater: um so minder
Denk ich ihn euch abgeneigt;
Sind doch seine eignen Kinder
Auf der Schulbank nicht gezeugt!

APOSTROPHE
Als der Verfasser unter ein paar alten Eichen verschiedene Gedichte las, worin Rückerts geniale Formen auf eine geistlose Weise nachgeahmt und überboten waren

Ihr mehr als tausendjährigen,
Eichbäum, ihr rauh-moos-härigen!
Ihr, fröhlichen, spitzöhrigen
Waldteufeln angehörigen!
Ihr lang von wutbeflissenen
Nordstürmen wild zerrissenen!
Nun angeweht von weichlichen
Mailüftchen, unvergleichlichen;
Und euer Fuß, der tüchtige,
Den grimmig der bergschlüchtige,
Von Felsen überpurzelte
Waldstrom so gern entwurzelte,
Beglänzt von Bächleins Schimmer nun,
Dessen Gesprächlein nimmer ruhn:
Von Grund des Herzens preis ich euch,
Und überglücklich heiß ich euch,
Daß ihr so hoch euch beide streckt
Und in so dicken Häuten steckt,

Daß, was ich euch in künstlichen,
So äußerst sprachverdienstlichen
Reimweisen eben vorgesungen,
Euch gar nicht an das Ohr gedrungen.

AN EINEN KRITISCHEN FREUND
der unzufrieden war, da der Verfasser neue Märchen schreiben wollte

Die Märchen sind halt Nürnberger War,
Wenn der Mond nachts in die Butiken scheint:
Drum nicht so strenge, lieber Freund,
Weihnachten ist nur einmal im Jahr.

EINEM KUNSTLIEBENDEN KAUFMANN

Hermes, der handelbeschützende Gott, der klug mit dem Beutel
 Schaltet, nachdem er dem Sohn Letos die Leier geschenkt,
Wahrlich er sieht dir nicht scheel um die täglichen Opfer, womit
 Fern von seinem Altar, singende Musen berufst.   [du,
Ohne das Schöne, was soll der Gewinn? Dem feineren Sinn nur
 Duftet die Blüte des Glücks. Heil dir, du kennst sie, o Freund!

P. K.

Täglich verletzt euch sein Witz, doch könnt ihr den Alten nicht
                                                          missen;
 Flucht ihr ihm heute, gewiß schmeichelt ihr morgen ihn her.
Trocken erst sitzt er im fröhlichen Kreis; bald wagt es ein
                                                          Schlaukopf,
 Reizt ihn leise von fern, scheinbar bemerkt er es nicht.
Jetzo faßt er den Mann sich ins Aug mit Schweigen und wieget
 Sachte, sachte das Haupt, und — nun, ihr kennt ja das Spiel
Wohl mit dem Vogel von Holz? Erst zielet der eiserne Schnabel,
 Trifft ins Schwarze — herauf rauschet mit Lachen Hanswurst.

MEINES VETTERS BRAUTFAHRT

Freut er sich denn auch ein wenig, die künftige Braut zu
　　　　　　　　　　　　　　　　　begrüßen?
Aber wo bleibt er so lang? Sagt ihm, die Kutsche sei da! —
Droben im Bett noch liegt er, verdrießlich, und lieset in Schellers
Lexikon! Als ich ihn schalt, rief er halb grimmig: „Nun ja,
Gebt mir andere Strümpf! die haben Löcher — ach freilich
Eine Frau muß ins Haus, die mich von Fuß auf kuriert!"

DER KANONIER
(Mit einer Zeichnung)

Feindlich begegneten sich auf der Erde die Scharen des Himmels
Und der Höllen; es kommt eben zur förmlichen Schlacht.
Vorn auf dem Hügelchen steht so ein Bocksfuß bei der Kanone;
Sein stets rauchender Schwanz dient ihm als Lunte dabei.
(Etwas phantastisch geformt ist das Feldstück, Flügel des
　　　　　　　　　　　　　　　　　　　　Drachen,
Statt der Räder, stehn hüben und drüben empor:
Denn man braucht dies Geschütz oft über den Wolken mit
　　　　　　　　　　　　　　　　　　　　Vorteil
Bei Blockaden, da fliegt's mittelst der höllischen Kunst.)
Aber der Kerl ist feige; denn während langsam der Schweif sich
Nach dem Zündloch bewegt, hält er die Ohren sich zu,
Über die Achsel nur schielend; doch jetzo drückt er die Augen
Fest zu, krümmt sich, und — Tupf! folgt der entsetzliche
　　　　　　　　　　　　　　　　　　　　Knall.

ZU ERÖFFNUNG EINES ALBUMS
Auf einen Geburtstag

Ein Album! Schneeweiß Pergamentpapier,
Und Schnitt und Decke schön verziert mit Golde!
Nicht wahr, wenn sich's nur nicht so langsam füllen sollte,
Mit Sprüchen, Bildern, hundertfacher Zier?
Zur Hälfte wenigstens säh man es gar zu gern
Schon ausstaffiert, geistreich, von Damenhänden,

Und, hätten sie was Kluges drein zu spenden,
Zur Not wohl auch von dem und jenem Herrn?

Geduld, mein Kind! Es blicken diese Blätter
Dich heut wie deine künftgen Jahre an;
Die Muse weiht den ausgeworfnen Plan —
Wie er sich fülle, wissen nur die Götter!
Auch wird dies Buch von einem vollen Leben
Zuletzt doch nur ein schöner Auszug eben,
Und wieviel Holdes auf den Seiten steht,
Von Lieb und Freundschaft, sonnenhellen Tagen:
Was unsichtbar dazwischen geht,
Ist köstlicher als was die Blätter sagen.

AUF EINEN KLAVIERSPIELER

Hört ihn und seht sein dürftig Instrument!
Die alte, klepperdürre Mähre,
An der ihr jede Rippe zählen könnt,
Verwandelt sich im Griffe dieses Knaben
Zu einem Pferd von wilder, edler Art,
Das in Arabiens Glut geboren ward!
Es will nicht Zeug, noch Zügel haben,
Es bäumt den Leib, zeigt wiehernd seine Zähne,
Dann schüttelt sich die weiße Mähne,
Wie Schaum des Meers zum Himmel spritzt,
Bis ihm, besiegt von dem gelaßnen Reiter,
Im Aug die bittre Träne blitzt —
O horch! nun tanzt es sanft auf goldner Töne Leiter!

ANTIKE POESIE

Ich sah den Helikon in Wolkendunst,
Nur kaum berührt vom ersten Sonnenstrahle:
Schau! jetzo stehen hoch mit einem Male
Die Gipfel dort in Morgenrötebrunst.

Hier unten spricht von keuscher Musen Gunst
Der heilge Quell im dunkelgrünen Tale;

Wer aber schöpft mit reiner Opferschale,
Wie einst, den echten Tau der alten Kunst?

Wie? soll ich endlich keinen Meister sehn?
Will keiner mehr den alten Lorbeer pflücken?
— Da sah ich Iphigeniens Dichter stehn:

Er ist's, an dessen Blick sich diese Höhn
So zauberhaft, so sonnewarm erquicken.
Er geht, und frostig rauhe Lüfte wehn.

EBERHARD WÄCHTER

In seine hohen Wände eingeschlossen,
Mit traurig schönen Geistern im Verkehr,
Gestärkt am reinen Atem des Homer,
Von Goldgewölken Attikas umflossen:

Also vor seinen Tüchern unverdrossen,
Fern von dem Markt der Künste, sitzet er;
Kein Neid verletzt, kein Ruhm berauscht ihn mehr.
Ihm blüht ein Kranz bei herrlichern Genossen.

O kommt und schaut ein selig Künstlerleben!
Besuchet ihn am abendlichen Herd,
Wenn diese Stirne, sich der Wunderschwingen

Des Genius erwehrend, sich nur eben
Erheitert zu dem Alltagskreise kehrt,
Den Weib und Kinder scherzend um ihn schlingen.

SELTSAMER TRAUM
Als Nachbild eines glücklichen Theaterabends bei und nach Aufführung von Mozarts Figaro

Marien und Paulinen, Rudolph und Friedrich
gewidmet von dem Lustigsten aus der Gesellschaft

Stuttgart, 1828

Ich sahe nächtlich hinter Traumgardinen
Viel Frühlingsgärten blühn und immer ändern;

Es tanzten, klein, auf zierlichen Geländern
An hundert Figaros mit Cherubinen.

Wie alle Dinge hundertfach erschienen,
So sah ich zwischen Masken, Blumen, Bändern,
Und zwischen all den seidenen Gewändern
Einfach die Einzigen, *Marien, Paulinen*.

Und aus dem samtnen Frühlingsboden stiegen,
Gehoben von melodischen Gewalten,
Die Leidenschaften auf als ernste Schatten;

Da sah ich, still, mit tief gefurchten Zügen,
Einfach *zwei* edle bärtige Gestalten,
Und *ich* sang, als Hanswurst, auf Blumenmatten.

ZUM NEUEN JAHR

Kirchengesang

(Melodie aus *Axur:* „Wie dort auf den Auen")

Wie heimlicher Weise
Ein Engelein leise
Mit rosigen Füßen
Die Erde betritt,
So nahte der Morgen.
Jauchzt ihm, ihr Frommen,
Ein heilig Willkommen,
Ein heilig Willkommen!
Herz, jauchze du mit!

In Ihm sei's begonnen,
Der Monde und Sonnen
An blauen Gezelten
Des Himmels bewegt.
Du, Vater, du rate!
Lenke du und wende!
Herr, dir in die Hände
Sei Anfang und Ende,
Sei alles gelegt!

DER KÖNIG BEI DER KRÖNUNG

Dir angetrauet am Altare,
O Vaterland, wie bin ich dein!
Laß für das Rechte mich und Wahre
Nun Priester oder Opfer sein!

Geuß auf mein Haupt, Herr! deine Schale,
Ein köstlich Öl des Friedens, aus,
Daß ich wie eine Sonne strahle
Dem Vaterland und meinem Haus!

KANTATE BEI ENTHÜLLUNG DER STATUE SCHILLERS
Stuttgart, am 8. Mai 1839

Dem heitern Himmel ewger Kunst entstiegen,
Dein Heimatland begrüßest du,
Und aller Augen, alle Herzen fliegen,
O Herrlicher, dir zu!

Frauen:

Des Lenzes frischen Segen,
O Meister, bringen wir,
Betränte Kränze legen
Wir fromm zu Füßen dir.

Männer:

Der in die deutsche Leier
Mit Engelstimmen sang,
Ein überirdisch Feuer
In alle Seelen schwang;

Der aus der Muse Blicken
Selige Wahrheit las,
In ewgen Weltgeschicken
Das eigne Weh vergaß;

Frauen:

Ach, der an Herz und Sitte
Ein Sohn der Heimat war,

Stellt sich in unsrer Mitte
Ein hoher Fremdling dar.

*

Doch stille! Horch! — Zu feierlichem Lauschen
Verstummt mit eins der Festgesang: — —
Wir hörten deines Adlerfittigs Rauschen
Und deines Bogens starken Klang!

AUF EIN ALTES BILD

In grüner Landschaft Sommerflor,
Bei kühlem Wasser, Schilf und Rohr,
Schau, wie das Knäblein Sündelos
Frei spielet auf der Jungfrau Schoß!
Und dort im Walde wonnesam,
Ach, grünet schon des Kreuzes Stamm!

SCHLAFENDES JESUSKIND
gemalt von Franc. Albani

Sohn der Jungfrau, Himmelskind! am Boden
Auf dem Holz der Schmerzen eingeschlafen,
Das der fromme Meister sinnvoll spielend
Deinen leichten Träumen unterlegte;
Blume du, noch in der Knospe dämmernd
Eingehüllt die Herrlichkeit des Vaters!
O wer sehen könnte, welche Bilder
Hinter dieser Stirne, diesen schwarzen
Wimpern, sich in sanftem Wechsel malen!

AUF EINE CHRISTBLUME

I

Tochter des Walds, du Lilienverwandte,
So lang von mir gesuchte, unbekannte,
Im fremden Kirchhof, öd und winterlich,
Zum erstenmal, o schöne, find ich dich!

Von welcher Hand gepflegt du hier erblühtest,
Ich weiß es nicht, noch wessen Grab du hütest;
Ist es ein Jüngling, so geschah ihm Heil,
Ist's eine Jungfrau, lieblich fiel ihr Teil.

Im nächtgen Hain, von Schneelicht überbreitet,
Wo fromm das Reh an dir vorüberweidet,
Bei der Kapelle, am kristallnen Teich,
Dort sucht ich deiner Heimat Zauberreich.

Schön bist du, Kind des Mondes, nicht der Sonne;
Dir wäre tödlich andrer Blumen Wonne,
Dich nährt, den keuschen Leib voll Reif und Duft,
Himmlischer Kälte balsamsüße Luft.

In deines Busens goldner Fülle gründet
Ein Wohlgeruch, der sich nur kaum verkündet;
So duftete, berührt von Engelshand,
Der benedeiten Mutter Brautgewand.

Dich würden, mahnend an das heilge Leiden,
Fünf Purpurtropfen schön und einzig kleiden:
Doch kindlich zierst du, um die Weihnachtszeit,
Lichtgrün mit einem Hauch dein weißes Kleid.

Der Elfe, der in mitternächtger Stunde
Zum Tanze geht im lichterhellen Grunde,
Vor deiner mystischen Glorie steht er scheu
Neugierig still von fern und huscht vorbei.

II

Im Winterboden schläft, ein Blumenkeim,
Der Schmetterling, der einst um Busch und Hügel
In Frühlingsnächten wiegt den samtnen Flügel;
Nie soll er kosten deinen Honigseim.

Wer aber weiß, ob nicht sein zarter Geist,
Wenn jede Zier des Sommers hingesunken,
Dereinst, von deinem leisen Dufte trunken,
Mir unsichtbar, dich Blühende umkreist?

SEHNSUCHT

In dieser Winterfrühe
Wie ist mir doch zumut!
O Morgenrot, ich glühe
Von deinem Jugendblut.

Es glüht der alte Felsen,
Und Wald und Burg zumal,
Berauschte Nebel wälzen
Sich jäh hinab das Tal.

Mit tatenfroher Eile
Erhebt sich Geist und Sinn,
Und flügelt goldne Pfeile
Durch alle Ferne hin.

Auf Zinnen möcht ich springen,
In alter Fürsten Schloß,
Möcht hohe Lieder singen,
Mich schwingen auf das Roß!

Und stolzen Siegeswagen
Stürzt ich mich brausend nach,
Die Harfe wird zerschlagen,
Die nur von Liebe sprach.

— Wie? schwärmst du so vermessen,
Herz, hast du nicht bedacht,
Hast du mit eins vergessen,
Was dich so trunken macht?

Ach, wohl! was aus mir singet,
Ist nur der Liebe Glück!
Die wirren Töne schlinget
Sie sanft in sich zurück.

Was hilft, was hilft mein Sehnen?
Geliebte, wärst du hier!
In tausend Freudetränen
Verging' die Erde mir.

AM WALDE

Am Waldsaum kann ich lange Nachmittage,
Dem Kuckuck horchend, in dem Grase liegen;
Er scheint das Tal gemächlich einzuwiegen
Im friedevollen Gleichklang seiner Klage.

Da ist mir wohl, und meine schlimmste Plage,
Den Fratzen der Gesellschaft mich zu fügen,
Hier wird sie mich doch endlich nicht bekriegen,
Wo ich auf eigne Weise mich behage.

Und wenn die feinen Leute nur erst dächten,
Wie schön Poeten ihre Zeit verschwenden,
Sie würden mich zuletzt noch gar beneiden.

Denn des Sonetts gedrängte Kränze flechten
Sich wie von selber unter meinen Händen,
Indes die Augen in der Ferne weiden.

LIEBESGLÜCK

Wenn Dichter oft in warmen Phantasieen,
Von Liebesglück und schmerzlichem Vergnügen,
Sich oder uns, nach ihrer Art, belügen,
So sei dies Spielwerk ihnen gern verziehen.

Mir aber hat ein gütger Gott verliehen,
Den Himmel, den sie träumen, zu durchfliegen,
Ich sah die Anmut mir im Arm sich schmiegen,
Der Unschuld Blick von raschem Feuer glühen.

Auch ich trug einst der Liebe Müh und Lasten,
Verschmähte nicht den herben Kelch zu trinken,
Damit ich seine Lust nun ganz empfinde.

Und dennoch gleich ich jenen Erzphantasten:
Mir will mein Glück so unermeßlich dünken,
Daß ich mir oft im wachen Traum verschwinde.

ZU VIEL

Der Himmel glänzt vom reinsten Frühlingslichte,
Ihm schwillt der Hügel sehnsuchtsvoll entgegen,
Die starre Welt zerfließt in Liebessegen,
Und schmiegt sich rund zum zärtlichsten Gedichte.

Am Dorfeshang, dort bei der luftgen Fichte,
Ist meiner Liebsten kleines Haus gelegen —
O Herz, was hilft dein Wiegen und dein Wägen,
Daß all der Wonnestreit in dir sich schlichte!

Du, Liebe, hilf den süßen Zauber lösen,
Womit Natur in meinem Innern wühlet!
Und du, o Frühling, hilf die Liebe beugen!

Lisch aus, o Tag! Laß mich in Nacht genesen!
Indes ihr sanften Sterne göttlich kühlet,
Will ich zum Abgrund der Betrachtung steigen.

NUR ZU!

Schön prangt im Silbertau die junge Rose,
Den ihr der Morgen in den Busen rollte,
Sie blüht, als ob sie nie verblühen wollte,
Sie ahnet nichts vom letzten Blumenlose.

Der Adler strebt hinan ins Grenzenlose,
Sein Auge trinkt sich voll von sprühndem Golde;
Er ist der Tor nicht, daß er fragen sollte,
Ob er das Haupt nicht an die Wölbung stoße.

Mag denn der Jugend Blume uns verbleichen,
Noch glänzet sie und reizt unwiderstehlich;
Wer will zu früh so süßem Trug entsagen?

Und Liebe, darf sie nicht dem Adler gleichen?
Doch fürchtet sie; auch fürchten ist ihr selig,
Denn all ihr Glück, was ist's? — ein endlos Wagen!

AN DIE GELIEBTE

Wenn ich, von deinem Anschaun tief gestillt,
Mich stumm an deinem heilgen Wert vergnüge,
Dann hör ich recht die leisen Atemzüge
Des Engels, welcher sich in dir verhüllt.

Und ein erstaunt, ein fragend Lächeln quillt
Auf meinem Mund, ob mich kein Traum betrüge,
Daß nun in dir, zu ewiger Genüge,
Mein kühnster Wunsch, mein einzger, sich erfüllt?

Von Tiefe dann zu Tiefen stürzt mein Sinn,
Ich höre aus der Gottheit nächtger Ferne
Die Quellen des Geschicks melodisch rauschen.

Betäubt kehr ich den Blick nach oben hin,
Zum Himmel auf — da lächeln alle Sterne;
Ich kniee, ihrem Lichtgesang zu lauschen.

NEUE LIEBE

Kann auch ein Mensch des andern auf der Erde
Ganz, wie er möchte, sein?
— In langer Nacht bedacht ich mir's, und mußte sagen, nein!

So kann ich niemands heißen auf der Erde,
Und niemand wäre mein?
— Aus Finsternissen hell in mir aufzückt ein Freudenschein:

Sollt ich mit Gott nicht können sein,
So wie ich möchte, mein und dein?
Was hielte mich, daß ich's nicht heute werde?

Ein süßes Schrecken geht durch mein Gebein!
Mich wundert, daß es mir ein Wunder wollte sein,
Gott selbst zu eigen haben auf der Erde!

AN DEN SCHLAF

Somne levis! quanquam certissima mortis imago,
 Consortem cupio te tamen esse tori.
Alma quies, optata, veni! nam sic sine vita
 Vivere, quam suave est, sic sine morte mori!
Meibom

Schlaf! süßer Schlaf! obwohl dem Tod wie du nichts gleicht,
Auf diesem Lager doch willkommen heiß ich dich!
Denn ohne Leben so, wie lieblich lebt es sich!
So weit vom Sterben, ach, wie stirbt es sich so leicht!

SEUFZER

Jesu benigne!
A cujus igne
Opto flagrare
Et Te amare:
Cur non flagravi?
Cur non amavi
Te, Jesu Christe?
— O frigus triste!
(Altes Lied)

Dein Liebesfeuer,
Ach Herr! wie teuer
Wollt ich es hegen,
Wollt ich es pflegen!
Hab's nicht geheget
Und nicht gepfleget,
Bin tot im Herzen —
O Höllenschmerzen!

WO FIND ICH TROST?

Eine Liebe kenn ich, die ist treu,
War getreu, solang ich sie gefunden,
Hat mit tiefem Seufzen immer neu,
Stets versöhnlich, sich mit mir verbunden.

Welcher einst mit himmlischem Gedulden
Bitter bittern Todestropfen trank,
Hing am Kreuz und büßte mein Verschulden,
Bis es in ein Meer von Gnade sank.

Und was ist's nun, daß ich traurig bin,
Daß ich angstvoll mich am Boden winde?
Frage: „Hüter, ist die Nacht bald hin?"
Und: „was rettet mich von Tod und Sünde?"

Arges Herze! ja gesteh es nur,
Du hast wieder böse Lust empfangen;
Frommer Liebe, frommer Treue Spur,
Ach, das ist auf lange nun vergangen.

Ja, das ist's auch, daß ich traurig bin,
Daß ich angstvoll mich am Boden winde!
Hüter, Hüter, ist die Nacht bald hin?
Und was rettet mich von Tod und Sünde?

GEBET

Herr! schicke was du willt,
Ein Liebes oder Leides;
Ich bin vergnügt, daß beides
Aus Deinen Händen quillt.

Wollest mit Freuden
Und wollest mit Leiden
Mich nicht überschütten!
Doch in der Mitten
Liegt holdes Bescheiden.

TAG UND NACHT

Schlank und schön ein Mohrenknabe
Bringt in himmelblauer Schürze
Manche wundersame Gabe,
Kühlen Duft und süße Würze.

Wenn die Abendlüfte wehen,
Naht er sachte, kaum gesehen,
Hat ein Harfenspiel zur Hand.

Auch der Saiten sanftes Tönen
Kann man nächtlich lauschend hören;
Doch scheint alles seiner Schönen,
Ungetreuen, zu gehören;
 Und er wandelt, bis am Haine,
 Bis am See und Wiesenraine
 Er die Spur der Liebsten fand.

Wohl ein Lächeln mag sich leise
Dann ins ernste Antlitz neigen,
Weiße Zähne, glänzend weiße,
Sich wie Sternenlichter zeigen.
 Doch ihn faßt ein reizend Bangen,
 Kommt von ferne Sie gegangen,
 Und er sucht sein dunkles Haus.

Liebchen tritt von Bergeshöhen
In das Tal: da wird es Freude!
Wald und Flur wie neu erstehen
Vor dem Kind im Rosenkleide;
 Alles drängt sich nach der Süßen,
 Alt und jung will sie begrüßen,
 Nur der Knabe bleibet aus.

Und doch ist ein tiefes Ahnen
Von dem Fremdling ihr geblieben;
Wie ein Traum will sie's gemahnen
An ein früh gehegtes Lieben.
 Glänzen dann auf allen Wegen
 Schmuck und Perlen ihr entgegen,
 Denkt sie wohl, wer es gebracht.

Schnell den Schleier vorgezogen,
Steht das Töchterchen in Tränen,
Und der Mutter Friedensbogen
Neigt sich tauend ihrem Sehnen;
 Erd und Himmel haben Frieden,
 Aber ach, *sie* sind geschieden,
 Sind getrennt wie *Tag* und *Nacht*.

DIE ELEMENTE

> Ἡ γὰρ ἀποκαραδοκία τῆς κτίσεως
> τὴν ἀποκάλυψιν τῶν υἱῶν τοῦ θεοῦ
> ἀπεκδέχεται.
> Paulus a. d. Röm. 8, 19

Am schwarzen Berg da steht der Riese,
Steht hoch der Mond darüber her;
Die weißen Nebel auf der Wiese
Sind Wassergeister aus dem Meer:
Ihrem Gebieter nachgezogen
Vergiften sie die reine Nacht,
Aus deren hoch geschwungnem Bogen
Das volle Heer der Sterne lacht.

Still schaut der Herr auf seine Geister,
Die Faust am Herzen fest geballt;
Er heißt der Elemente Meister,
Heißt Herr der tödlichen Gewalt;
Ein Gott hat sie ihm übergeben,
Ach, ihm die schmerzenreichste Lust!
Und namenlose Seufzer heben
Die ehrne, göttergleiche Brust.

Die Keule schwingt er jetzt, die alte,
Vom Schlage dröhnt der Erde Rund,
Dann springt durch die gewaltge Spalte
Der Riesenkörper in den Grund.
Die fest verschloßnen Feuer tauchen
Hoch aus uraltem Schlund herauf,
Da fangen Wälder an zu rauchen,
Und prasseln wild im Sturme auf.

Er aber darf nicht still sich fühlen,
Beschaulich im verborgnen Schacht,
Wo Gold und Edelsteine kühlen,
Und hellen Augs der Elfe wacht:
Brünstig verfolgt er, rastlos wütend,
Der Gottheit grauenvolle Spur,
Des Busens Angst nicht überbietend
Mit allen Schrecken der Natur.

Soll er den Flug von hundert Wettern
Laut donnernd durcheinanderziehn,
Des Menschen Hütte niederschmettern,
Aufs Meerschiff sein Verderben sprühn,
Da will das edle Herz zerreißen,
Da sieht er schrecklich sich allein;
Und doch kann er nicht würdig heißen,
Mit Göttern ganz ein Gott zu sein.

Noch aber blieb ihm *eine* Freude,
Nachdem er Land und Meer bewegt,
Wenn er bei Nacht auf öder Heide
Die Sehnsucht seiner Seele pflegt.
Da hängen ungeheure Ketten
Aus finstrem Wolkenraum herab,
Dran er, als müßten sie ihn retten,
Sich schwingt zum Himmel auf und ab.

Dort weilen rosige Gestalten
In heitern Höhen, himmlisch klar,
Und fest am goldnen Ringe halten
Sie schwesterlich das Kettenpaar;
Sie liegen ängstlich auf den Knieen
Und sehen sanft zum wilden Spiel,
Und wie sie im Gebete glühen,
Löst, wie ein Traum, sich sein Gefühl.

Denn ihr Gesang tönt mild und leise,
Er rührt beruhigend sein Ohr:
O folge harmlos deiner Weise,
Dazu Allvater dich erkor!
Dem Wort von Anfang mußt du trauen,
In ihm laß deinen Willen ruhn!
Das Tiefste wirst du endlich schauen,
Begreifen lernen all dein Tun.

Und wirst nicht länger menschlich hadern,
Wirst schaun der Dinge heilge Zahl,
Wie in der Erde warmen Adern,
Wie in dem Frühlingssonnenstrahl,
Wie in des Sturmes dunkeln Falten

Des Vaters göttlich Wesen schwebt,
Den Faden freundlicher Gewalten,
Das Band geheimer Eintracht webt.

Einst wird es kommen, daß auf Erden
Sich höhere Geschlechter freun,
Und heitre Angesichter werden
Des Ewigschönen Spiegel sein,
Wo aller Engelsweisheit Fülle
Der Menschengeist in sich gewahrt,
In neuer Sprachen Kinderhülle
Sich alles Wesen offenbart.

Und auch die Elemente mögen,
Die gottversöhnten, jede Kraft
In Frieden auf und nieder regen,
Die nimmermehr Entsetzen schafft;
Dann, wie aus Nacht und Duft gewoben,
Vergeht dein Leben unter dir,
Mit lichtem Blick steigst du nach oben,
Denn in der Klarheit wandeln wir.

SCHIFFER- UND NIXEN-MÄRCHEN

I

Vom Sieben-Nixen-Chor

Manche Nacht im Mondenscheine
Sitzt ein Mann von ernster Schöne,
Sitzt der Magier Drakone,
Auf dem Gartenhausbalkone,
Mit Prinzessin Liligi;
Lehrt sie allda seine Lehre
Von der Erde, von dem Himmel,
Von dem Traum der Elemente,
Vom Geschick im Sternenkreise.

„Laß es aber nun genug sein!
Mitternacht ist lang vorüber —"
Spricht Prinzessin Liligi —

„Und nach solchen Wunderdingen,
Mächtigen und ungewohnten,
Lüstet mich nach Kindermärchen,
Lieber Mann, ich weiß nicht wie!"

„Hörst du gern das Lied vom Winde,
Das nicht End noch Anfang hat,
Oder gern vom Königskinde,
Gerne von der Muschelstadt?"

„Singe du so heut wie gestern
Von des Meeres Lustrevier,
Von dem Haus der sieben Schwestern
Und vom Königssohne mir."

„Zwischen grünen Wasserwänden
Sitzt der Sieben-Nixen-Chor;
Wasserrosen in den Händen,
Lauschen sie zum Licht empor.

Und wenn oftmals auf der Höhe
Schiffe fahren, schattengleich,
Steigt ein siebenfaches Wehe
Aus dem stillen Wasserreich.

Dann, zum Spiel kristallner Glocken,
Drehn die Schwestern sich im Tanz,
Schütteln ihre grünen Locken
Und verlieren Gurt und Kranz.

Und das Meer beginnt zu schwanken,
Well auf Welle steigt und springt,
Alle Elemente zanken
Um das Schiff, bis es versinkt."

Also sang in Zaubertönen
Süß der Magier Drakone
Zu der lieblichen Prinzessin;
Und zuweilen, im Gesange,
Neiget er der Lippen Milde
Zu dem feuchten Rosenmunde.

Zu den hyazintheblauen,
Schon in Schlaf gesenkten Augen
Der betörten Jungfrau hin.
Diese meint im leichten Schlummer,
Immer höre sie die Lehre
Von der Erde, von dem Himmel,
Vom Geschick im Sternenkreise,
Doch zuletzt erwachet sie:

„Laß es aber nun genug sein!
Mitternacht ist lang vorüber,
Und nach solchen Wunderdingen,
Mächtigen und ungewohnten,
Lüstet mich nach Kindermärchen,
Lieber Mann, ich weiß nicht wie!"

„Wohl! — Schon auf des Meeres Grunde
Sitzt das Schiff mit Mann und Maus,
Und die Sieben in die Runde
Rufen: ‚Schönster, tritt heraus!'

Rufen freundlich mit Verneigen:
‚Komm! es soll dich nicht gereun;
Wolln dir unsre Kammer zeigen,
Wollen deine Mägde sein.'

— Sieh, da tritt vom goldnen Borde
Der betörte Königssohn,
Und zu der korallnen Pforte
Rennen sie mit ihm davon.

Doch man sah nach wenig Stunden,
Wie der Nixenbräutigam,
Tot, mit sieben roten Wunden,
Hoch am Strand des Meeres schwamm."

Also sang in Zaubertönen
Süß der Magier Drakone;
Und zuweilen, im Gesange,
Neiget er der Lippen Milde

Zu dem feuchten Rosenmunde,
Zu den hyazintheblauen,
Schon in Schlaf gesenkten Augen
Der betörten Jungfrau hin.

Sie erwacht zum andern Male,
Sie verlanget immer wieder:
„Lieber Mann, ein Kindermärchen
Singe mir zu guter Letzt!"

Und er singt das letzte Märchen,
Und er küßt die letzten Küsse;
Lied und Kuß hat ausgeklungen,
Aber sie erwacht nicht mehr.
Denn schon war die dritte Woche,
Seit der Magier Drakone
Bei dem edeln Königskinde
Seinen falschen Dienst genommen;
Wohlberechnet, wohlbereitet
Kam der letzte Tag heran.

Jetzo fasset er die Leiche,
Schwingt sich hoch im Zaubermantel
Durch die Lüfte zu dem Meere,
Rauschet nieder in die Wogen,
Klopft an dem Korallentor,
Führet so die junge Fürstin,
Daß auch sie zur Nixe werde,
Als willkommene Genossin
In den Sieben-Nixen-Chor.

II

Nixe Binsefuß

Des Wassermanns sein Töchterlein
Tanzt auf dem Eis im Vollmondschein,
Sie singt und lachet sonder Scheu
Wohl an des Fischers Haus vorbei.

„Ich bin die Jungfer Binsefuß,
Und meine Fisch wohl hüten muß,

Meine Fisch die sind im Kasten.
Sie haben kalte Fasten;
Von Böhmerglas mein Kasten ist,
Da zähl ich sie zu jeder Frist.

Gelt, Fischermatz? gelt, alter Tropf,
Dir will der Winter nicht in Kopf?
Komm mir mit deinen Netzen!
Die will ich schön zerfetzen!
Dein Mägdlein zwar ist fromm und gut,
Ihr Schatz ein braves Jägerblut.

Drum häng ich ihr, zum Hochzeitstrauß,
Ein schilfen Kränzlein vor das Haus,
Und einen Hecht, von Silber schwer,
Er stammt von König Artus her,
Ein Zwergen-Goldschmieds-Meisterstück,
Wer's hat, dem bringt es eitel Glück:
Er läßt sich schuppen Jahr für Jahr,
Da sind's fünfhundert Gröschlein bar.

Ade, mein Kind! Ade für heut!
Der Morgenhahn im Dorfe schreit."

III

Zwei Liebchen

Ein Schifflein auf der Donau schwamm,
Drin saßen Braut und Bräutigam,
   Er hüben und sie drüben.

Sie sprach: „Herzliebster, sage mir,
Zum Angebind was geb ich dir?"

Sie streift zurück ihr Ärmelein,
Sie greift ins Wasser frisch hinein.

Der Knabe, der tät gleich also,
Und scherzt mit ihr und lacht so froh.

„Ach, schöne Frau Done, geb sie mir
Für meinen Schatz eine hübsche Zier!"

Sie zog heraus ein schönes Schwert,
Der Knab hätt lang so eins begehrt.

Der Knab, was hält er in der Hand?
Milchweiß ein köstlich Perlenband.

Er legt's ihr um ihr schwarzes Haar,
Sie sah wie eine Fürstin gar.

„Ach, schöne Frau Done, geb' sie mir
Für meinen Schatz eine hübsche Zier!"

Sie langt hinein zum andernmal,
Faßt einen Helm von lichtem Stahl.

Der Knab vor Freud entsetzt sich schier,
Fischt ihr einen goldnen Kamm dafür.

Zum dritten sie ins Wasser griff:
Ach weh! da fällt sie aus dem Schiff.

Er springt ihr nach, er faßt sie keck,
Frau Done reißt sie beide weg:

Frau Done hat ihr Schmuck gereut,
Das büßt der Jüngling und die Maid.

Das Schifflein leer hinunterwallt;
Die Sonne sinkt hinter die Berge bald.

Und als der Mond am Himmel stand,
Die Liebchen schwimmen tot ans Land,
       Er hüben und sie drüben.

IV
Der Zauberleuchtturm

Des Zauberers sein Mägdlein saß
In ihrem Saale rund von Glas;
Sie spann beim hellen Kerzenschein,
Und sang so glockenhell darein.
Der Saal, als eine Kugel klar,
In Lüften aufgehangen war
An einem Turm auf Felsenhöh,
Bei Nacht hoch ob der wilden See,
Und hing in Sturm und Wettergraus
An einem langen Arm hinaus.
Wenn nun ein Schiff in Nächten schwer
Sah weder Rat noch Rettung mehr,
Der Lotse zog die Achsel schief,
Der Hauptmann alle Teufel rief,
Auch der Matrose wollt verzagen:
„O weh mir armen Schwartenmagen!"
Auf einmal scheint ein Licht von fern
Als wie ein heller Morgenstern;
Die Mannschaft jauchzet überlaut:
„Heida! jetzt gilt es trockne Haut!"
Aus allen Kräften steuert man
Jetzt nach dem teuren Licht hinan,
Das wächst und wächst und leuchtet fast
Wie einer Zaubersonne Glast,
Darin ein Mägdlein sitzt und spinnt,
Sich beuget ihr Gesang im Wind;
Die Männer stehen wie verzückt,
Ein jeder nach dem Wunder blickt
Und horcht und staunet unverwandt,
Dem Steuermann entsinkt die Hand,
Hat keiner acht mehr auf das Schiff;
Das kracht mit eins am Felsenriff,
Die Luft zerreißt ein Jammerschrei:
„Herr Gott im Himmel, steh uns bei!"
Da löscht die Zauberin ihr Licht;
Noch einmal aus der Tiefe bricht
Verhallend Weh aus *einem* Mund;
Da zuckt das Schiff und sinkt zu Grund.

DAS LUSTIGE WIRTSHAUS
Akademischer Scherz

Die Burschen:
Man lebet doch wie im Schlaraffenland hier,
Da schmauset man frühe wie spat;
Schon dreht sich der Boden vor Wonne mit mir,
Kaum daß ich die Schwelle betrat!

Der Becher, ihr Herrn, wird nur gratis gefüllt:
Der Wirt ist kein knausiger Tropf,
Er führt den Hanswurst nicht vergeblich im Schild,
Man wirft euch das Geld an den Kopf.

Der Alte soll, wißt ihr, ein Zauberer sein,
Er lächelt auch immer so schlau;
— Und seht nur, was treten für Kerl da herein?
Die Eule, der Storch und der Pfau!

Wie sittig, kratzfüßig und blöd sie sich drehn!
Pedanten vom köstlichsten Schlag!
Sie nehmen sich Stühle — das muß ich gestehn,
So was sieht man nicht alle Tag!

Mein Alter am Fäßchen, er zapfet den Wein
Und hält sich vor Lachen den Bauch;
Rebekke schenkt ihnen vom feurigsten ein
Und zierlich kredenzt sie ihn auch.

Nun sitzen sie steif wie Professorsleut da,
Und lassen das Glas unberührt,
Wir Herren vom Humpen sind ihnen zu nah:
Man hat sich leicht kompromittiert.

Nur ruhig, und kehrt euch noch gar nicht an sie!
Die führen ihr Mütlein im Sack;
Es ist nur erlogene Pedanterie,
Sie sind das versoffenste Pack.

Inzwischen, mein schönes, schwarzaugiges Kind,
Komm, sing uns was Lustiges vor!

Das Mädchen:

Das kann ja geschehen; die Herren dann sind
So gütig und machen den Chor.
   (Dieselbe fährt fort mit der Zither:)
— Mein Vater, der hatte drei Krebse zum Schild,
Da sprachen die Leute nicht ein:
Nun führt er den scheckigen Narren im Bild,
Er selber trinkt aber den Wein.

Chor:

Heida! sa sa!
Er selber trinkt aber den Wein.

Mädchen:

Auch seht ihr ja wohl, wie so herrlich das lauft,
Man denkt, es wär Kirmes im Haus;
Und wenn man uns Betten und Stühle verkauft,
Wir lachen die Leute noch aus.

Chor:

Heida! sa sa!
Ihr lachet die Leute noch aus.

Mädchen:

Mein Vater, heißt's, hab ein klein Männlein im Sold,
Ein Männlein, so fein und so klug,
Und wenn er nur möchte und wenn er nur wollt,
Wir hätten Dukaten genug.

Chor:

Heida! sa sa!
Ihr hättet Dukaten genug.

Mädchen:

Das laß ich nun gerne dahingestellt sein;
Was kümmert mich Silber und Gold!
Und zög ich auf Bettel landaus und landein,
Mein Schätzchen, das bliebe mir hold.

Chor:

Heida! sa sa!
Dein Schätzchen, das bliebe dir hold.

Mädchen:

Denn ich und des Schäfers sein lustiger Franz,
Wir ziehn wie die Vögel so frei,
Ich spiele die Zither, das Hackbrett zum Tanz,
Mein Liebster, der spielt die Schalmei.

Chor:
         Heida! sa sa!
Dein Liebster, der spielt die Schalmei.

Mädchen:

Und wenn meine Mutter Frau Kaiserin wär,
Hätt ich Kleider und seidene Schuh,
Ich gäb doch den herzigen Jungen nicht her,
Gäb ihm Kron und Zepter dazu.

Chor:
         Heida! sa sa!
Gäbst ihm Kron und Zepter dazu.

Einer:

Doch seht mir nur dort das Professorsvolk an!
Das jauchzet und tanzet und hopft!
Der Storch und der Pfau und die Eule voran —
Mein Seel, sie sind alle bezopft!

Chor:
         Heida! sa sa!
Mein Seel, sie sind alle bezopft!

DER ALTE TURMHAHN
Idylle

Zu Cleversulzbach im Unterland
Hundertunddreizehn Jahr ich stand,
Auf dem Kirchenturn ein guter Hahn,
Als ein Zierat und Wetterfahn.
In Sturm und Wind und Regennacht
Hab ich allzeit das Dorf bewacht.
Manch falber Blitz hat mich gestreift,
Der Frost mein' roten Kamm bereift,

Auch manchen lieben Sommertag,
Da man gern Schatten haben mag,
Hat mir die Sonne unverwandt
Auf meinen goldigen Leib gebrannt.
So ward ich schwarz für Alter ganz,
Und weg ist aller Glitz und Glanz.
Da haben sie mich denn zuletzt
Veracht't und schmählich abgesetzt.
Meinthalb! So ist der Welt ihr Lauf,
Jetzt tun sie einen andern 'nauf.
Stolzier, prachtier und dreh dich nur!
Dir macht der Wind noch andre Cour.

Ade, o Tal, du Berg und Tal!
Rebhügel, Wälder allzumal!
Herzlieber Turn und Kirchendach,
Kirchhof und Steglein übern Bach!
Du Brunnen, dahin spat und früh
Öchslein springen, Schaf' und Küh,
Hans hinterdrein kommt mit dem Stecken,
Und Bastes Evlein auf dem Schecken!
— Ihr Störch und Schwalben, grobe Spatzen,
Euch soll ich nimmer hören schwatzen!
Lieb deucht mir jedes Drecklein itzt,
Damit ihr ehrlich mich beschmitzt.
Ade, Hochwürden, Ihr Herr Pfarr,
Schulmeister auch, du armer Narr!
Aus ist, was mich gefreut so lang,
Geläut und Orgel, Sang und Klang.

Von meiner Höh so sang ich dort,
Und hätt noch lang gesungen fort,
Da kam so ein krummer Teufelshöcker,
Ich schätz, es war der Schieferdecker,
Packt mich, kriegt nach manch hartem Stoß
Mich richtig von der Stange los.
Mein alt preßhafter Leib schier brach,
Da er mit mir fuhr ab dem Dach
Und bei den Glocken schnurrt hinein;
Die glotzten sehr verwundert drein,
Regt' ihnen doch weiter nicht den Mut,
Dachten eben, wir hangen gut.

Jetzt tät man mich mit altem Eisen
Dem Meister Hufschmied überweisen;
Der zahlt zween Batzen und meint wunder,
Wieviel es wär für solchen Plunder.
Und also ich selben Mittag
Betrübt vor seiner Hütte lag.
Ein Bäumlein — es war Maienzeit —
Schneeweiße Blüten auf mich streut,
Hühner gackeln um mich her,
Unachtend, was das für ein Vetter wär.
Da geht mein Pfarrherr nun vorbei,
Grüßt den Meister und lächelt: „Ei,
Wär's so weit mit uns, armer Hahn?
Andrees, was fangt Ihr mit ihm an?
Ihr könnt ihn weder sieden noch braten,
Mir aber müßt es schlimm geraten,
Einen alten Kirchendiener gut
Nicht zu nehmen in Schutz und Hut.
Kommt! tragt ihn mir gleich vor ins Haus,
Trinket ein kühl Glas Wein mit aus."

Der rußig Lümmel, schnell bedacht,
Nimmt mich vom Boden auf und lacht.
Es fehlt' nicht viel, so tat ich frei
Gen Himmel einen Freudenschrei.
Im Pfarrhaus, ob dem fremden Gast
War groß und klein erschrocken fast;
Bald aber in jedem Angesicht
Ging auf ein rechtes Freudenlicht.
Frau, Magd und Knecht, Mägdlein und Buben,
Den großen Göckel in der Stuben
Mit siebenfacher Stimmen Schall
Begrüßen, begucken, betasten all.
Der Gottesmann drauf mildiglich
Mit eignen Händen trägt er mich
Nach seinem Zimmer, Stiegen auf,
Nachpolteret der ganze Hauf.

Hier wohnt der Frieden auf der Schwell!
In den geweißten Wänden hell
Sogleich empfing mich sondre Luft,
Bücher- und Gelahrtenduft,

Gerani- und Resedaschmack,
Auch ein Rüchlein Rauchtabak.
(Dies war mir all noch unbekannt.)
Ein alter Ofen aber stand
In der Ecke linker Hand.
Recht als ein Turn tät er sich strecken
Mit seinem Gipfel bis zur Decken,
Mit Säulwerk, Blumwerk, kraus und spitz —
O anmutsvoller Ruhesitz!
Zuöberst auf dem kleinen Kranz
Der Schmied mich auf ein Stänglein pflanzt'.

Betrachtet mir das Werk genau!
Mir deucht's ein ganzer Münsterbau;
Mit Schildereien wohl geziert,
Mit Reimen christlich ausstaffiert.
Davon vernahm ich manches Wort,
Dieweil der Ofen ein guter Hort
Für Kind und Kegel und alte Leut,
Zu plaudern, wann es wind't und schneit.

Hier seht ihr seitwärts auf der Platten
Eines Bischofs Krieg mit Mäus und Ratten,
Mitten im Rheinstrom sein Kastell.
Das Ziefer kommt geschwommen schnell,
Die Knecht nichts richten mit Waffen und Wehr,
Der Schwänze werden immer mehr.
Viel Tausend gleich in dicken Haufen
Frech an der Mauer auf sie laufen,
Fallen dem Pfaffen in sein Gemach;
Sterben muß er mit Weh und Ach,
Von den Tieren aufgefressen,
Denn er mit Meineid sich vermessen.
— Sodann König Belsazers seinen Schmaus,
Weiber und Spielleut, Saus und Braus;
Zu großem Schrecken an der Wand
Rätsel schreibt eines Geistes Hand.
— Zuletzt da vorne stellt sich für
Sara lauschend an der Tür,
Als der Herr mit Abraham
Vor seiner Hütte zu reden kam,

Und ihme einen Sohn versprach.
Sara sich Lachens nicht entbrach,
Weil beide schon sehr hoch betaget.
Der Herr vernimmt es wohl und fraget:
„Wie, lachet Sara? glaubt sie nicht,
Was der Herr will, leicht geschicht?"
Das Weib hinwieder Flausen machet,
Spricht: „Ich habe nicht gelachet."
Das war nun wohl gelogen fast,
Der Herr es doch passieren läßt,
Weil sie nicht leugt aus arger List,
Auch eine Patriarchin ist.

Seit daß ich hier bin dünket mir
Die Winterszeit die schönste schier.
Wie sanft ist aller Tage Fluß
Bis zum geliebten Wochenschluß!
— Freitag zu Nacht, noch um die neune,
Bei seiner Lampen Trost alleine,
Mein Herr fangt an sein Predigtlein
Studieren; anderst mag's nicht sein;
Eine Weil am Ofen brütend steht,
Unruhig hin und dannen geht:
Sein Text ihm schon die Adern reget;
Drauf er sein Werk zu Faden schläget.
Inmittelst einmal auch etwan
Hat er ein Fenster aufgetan —
Ah, Sternenlüfteschwall wie rein
Mit Haufen dringet zu mir ein!
Den Verrenberg ich schimmern seh,
Den Schäferbühel dick mit Schnee!

Zu schreiben endlich er sich setzet,
Ein Blättlein nimmt, die Feder netzet,
Zeichnet sein Alpha und sein O
Über dem Exordio.
Und ich von meinem Postament
Kein Aug ab meinem Herrlein wend;
Seh, wie er, mit Blicken steif ins Licht,
Sinnt, prüfet jedes Worts Gewicht,
Einmal sacht eine Prise greifet,
Vom Docht den roten Butzen streifet;

Auch dann und wann zieht er vor sich
Ein Sprüchlein an vernehmentlich,
So ich mit vorgerecktem Kopf
Begierlich bringe gleich zu Kropf.
Gemachsam kämen wir also
Bis Anfang Applicatio.

Indes der Wächter elfe schreit.
Mein Herr denkt: es ist Schlafenszeit;
Ruckt seinen Stuhl und nimmt das Licht;
Gut Nacht, Herr Pfarr! — Er hört es nicht.

Im Finstern wär ich denn allein.
Das ist mir eben keine Pein.
Ich hör in der Registratur
Erst eine Weil die Totenuhr,
Lache den Marder heimlich aus,
Der scharrt sich müd am Hühnerhaus;
Windweben um das Dächlein stieben;
Ich höre wie im Wald da drüben —
Man heißet es im Vogeltrost —
Der grimmig Winter sich erbost,
Ein Eichlein spalt't jähling mit Knallen,
Eine Buche, daß die Täler schallen.
— Du meine Güt, da lobt man sich
So frommen Ofen dankbarlich!
Er wärmelt halt die Nacht so hin,
Es ist ein wahrer Segen drin.
— Jetzt, denk ich, sind wohl hie und dort
Spitzbuben aus auf Raub und Mord;
Denk, was eine schöne Sach es ist,
Brave Schloß und Riegel zu jeder Frist!
Was ich wollt machen herentgegen,
Wenn ich eine Leiter hört anlegen;
Und sonst was so Gedanken sind;
Ein warmes Schweißlein mir entrinnt.
Um zwei, Gottlob, und um die drei
Glänzet empor ein Hahnenschrei,
Um fünfe, mit der Morgenglocken,
Mein Herz sich hebet unerschrocken,
Ja voller Freuden auf es springt,
Als der Wächter endlich singt:

„Wohlauf, im Namen Jesu Christ!
Der helle Tag erschienen ist!"

Ein Stündlein drauf, wenn mir die Sporen
Bereits ein wenig steif gefroren,
Rasselt die Lis im Ofen, brummt,
Bis 's Feuer angeht, saust und summt.
Dann von der Küch rauf, gar nicht übel,
Die Supp ich wittre, Schmalz und Zwiebel.
Endlich, gewaschen und geklärt,
Mein Herr sich frisch zur Arbeit kehrt.

Am Samstag muß ein Pfarrer fein
Daheim in seiner Klause sein,
Nicht visiteln, herumkutschieren,
Seine Faß einbrennen, sonst hantieren.
Meiner hat selten solch Gelust.
Einmal — Ihr sagt's nicht weiter just —
Zimmert' er den ganzen Nachmittag
Dem Fritz an einem Meisenschlag,
Dort an dem Tisch, und schwatzt' und schmaucht',
Mich alten Tropf kurzweilt' es auch.

Jetzt ist der liebe Sonntag da.
Es läut't zur Kirchen fern und nah.
Man orgelt schon; mir wird dabei,
Als säß ich in der Sakristei.
Es ist kein Mensch im ganzen Haus;
Ein Mücklein hör ich, eine Maus.
Die Sonne sich ins Fenster schleicht,
Zwischen die Kaktusstöck hinstreicht
Zum kleinen Pult von Nußbaumholz,
Eines alten Schreinermeisters Stolz;
Beschaut sich was da liegt umher,
Konkordanz und Kinderlehr,
Oblatenschachtel, Amtssigill,
Im Dintenfaß sich spiegeln will,
Zuteuerst Sand und Grus besicht,
Sich an dem Federmesser sticht
Und gleitet übern Armstuhl frank
Hinüber an den Bücherschrank.

Da stehn in Pergament und Leder
Vornan die frommen Schwabenväter:
Andreä, Bengel, Rieger zween,
Samt *Ötinger* sind da zu sehn.
Wie sie die goldnen Namen liest,
Noch goldener ihr Mund sie küßt,
Wie sie rührt an *Hillers* Harfenspiel —
Horch! klingt es nicht? so fehlt nicht viel.

Inmittelst läuft ein Spinnlein zart
An mir hinauf nach seiner Art,
Und hängt sein Netz, ohn erst zu fragen,
Mir zwischen Schnabel auf und Kragen.
Ich rühr mich nicht aus meiner Ruh,
Schau ihm eine ganze Weile zu.
Darüber ist es wohl geglückt,
Daß ich ein wenig eingenickt. —
Nun sagt, ob es in Dorf und Stadt
Ein alter Kirchhahn besser hat?

Ein Wunsch im stillen dann und wann
Kommt einen freilich wohl noch an.
Im Sommer stünd ich gern da draus
Bisweilen auf dem Taubenhaus,
Wo dicht dabei der Garten blüht,
Man auch ein Stück vom Flecken sieht.
Dann in der schönen Winterzeit,
Als zum Exempel eben heut:
Ich sag es grad — da haben wir
Gar einen wackern Schlitten hier,
Grün, gelb und schwarz; — er ward verwichen
Erst wieder sauber angestrichen:
Vorn auf dem Bogen brüstet sich
Ein fremder Vogel hoffärtig —
Wenn man mich etwas putzen wollt,
Nicht daß es drum viel kosten sollt,
Ich stünd so gut dort als wie der,
Und machet niemand nicht Unehr!
— Narr! denk ich wieder, du hast dein Teil!
Willt du noch jetzo werden geil?
Mich wundert, ob dir nicht gefiel',
Daß man, der Welt zum Spott und Ziel,

Deinen warmen Ofen gar zuletzt
Mitsamt dir auf die Läufe setzt',
Daß auf dem Gsims da um dich säß
Mann, Weib und Kind, der ganze Käs!
Du alter Scherb, schämst du dich nicht,
Auf Eitelkeit zu sein erpicht?
Geh in dich, nimm dein Ende wahr!
Wirst nicht noch einmal hundert Jahr.

AN WILHELM HARTLAUB

Durchs Fenster schien der helle Mond herein;
Du saßest am Klavier im Dämmerschein,
Versankst im Traumgewühl der Melodien,
Ich folgte dir an schwarzen Gründen hin,
Wo der Gesang versteckter Quellen klang,
Gleich Kinderstimmen, die der Wind verschlang.

Doch plötzlich war dein Spiel wie umgewandt,
Nur blauer Himmel schien noch ausgespannt,
Ein jeder Ton ein lang gehaltnes Schweigen.
Da fing das Firmament sich an zu neigen,
Und jäh daran herab der Sterne selig Heer
Glitt rieselnd in ein goldig Nebelmeer,
Bis Tropf um Tropfen hell darin zerging,
Die alte Nacht den öden Raum umfing.

Und als du neu ein fröhlich Leben wecktest,
Die Finsternis mit jungem Lichte schrecktest,
War ich schon weit hinweg mit Sinn und Ohr,
Zuletzt warst du es selbst, in den ich mich verlor;
Mein Herz durchzückt' mit eins ein Freudenstrahl:
Dein ganzer Wert erschien mir auf einmal.
So wunderbar empfand ich es, so neu,
Daß noch bestehe Freundeslieb und Treu!
Daß uns so sichrer Gegenwart Genuß
Zusammenhält in Lebensüberfluß!

Ich sah dein hingesenktes Angesicht
Im Schatten halb und halb im klaren Licht;

Du ahntest nicht, wie mir der Busen schwoll,
Wie mir das Auge brennend überquoll.
Du endigtest; ich schwieg — Ach warum ist doch eben
Dem höchsten Glück kein Laut des Danks gegeben?

Da tritt dein Töchterchen mit Licht herein,
Ein ländlich Mahl versammelt groß und klein,
Vom nahen Kirchturm schallt das Nachtgeläut,
Verklingend so des Tages Lieblichkeit.

LÄNDLICHE KURZWEIL
An Constanze Hartlaub

Um die Herbstzeit, wenn man abends
Feld und Garten gerne wieder
Tauschet mit dem wärmern Zimmer,
Bald auch schon den lang verschmähten
Ofen sieht mit andern Augen,
Jetzo noch zweideutigen:
Haben wir hier auf dem Lande
Noch die allerschönsten Stunden
Müßig halb und halb geschäftig
Plaudernder Geselligkeit.

Jüngst so waren wir am runden
Tisch versammelt um die Lampe.
Eine Freundin, aus der Ferne
Neulich bei uns angekommen,
Saß, ein holder Gast, im Kreise.
Abgetragen war das Essen,
Nur das Tischtuch mußte bleiben.
Reinliche Gefäße vor sich
Eiferten die guten Frauen,
Wer des vielkörnigen Mohnes
Größern Haufen vor sich bringe;
— Weißen hatten wir und blauen —
Emsig klopften, unbeschadet
Des Gespräches, ihre Messer,
Während ich, zunächst dem Lichte,
In den Haller Jahresheften

Blätterte und hin und wieder
Einen Brocken gab zum besten.

Doch nach einer kleinen Stille,
Plötzlich wie vom Zaun gebrochen,
Sagte meine Schwester Clärchen,
Schadenfrohen Blicks nach mir:
„Geld auf Zinsen auszulehnen
Ist wohl keine üble Sache,
Wenn man es nur christlich treibt;
Denn vom Hundert zieht man immer,
Wo nicht fünfe, doch fünfthalbe,
Das ist einem wie geschenkt;
Aber wer in müßger Weile
An dem Mohnfeld einst vorüber
Schlenderte, der grünen Häupter
Eines an der Seite spaltend,
Kleine Münze drin verbarg,
Hoffend, daß es groß und größer,
Eine Wunderfrucht, erwachse,
Und so viel es Körner trüge
So viel nagelneue Kreuzer
Künftig in der dürren Hülse
(Eine feine Kinderklapper,
Eine seltne Vogelscheuche!)
Klingend in dem Winde schüttle,
Der ist übel angeführt.
Nicht nur, daß die Interessen
Fehlen, auch die schönen Samen
Sind vergiftet, schwarz gemodert,
Und der unfruchtbare Mammon
Lauter Grünspan, ganz unkenntlich,
Garstig, wie dies Beispiel zeigt!"
Und hiermit warf sie den Kreuzer
Auf den Tisch, da lachte alles.

„Lassen Sie sich das erklären!"
Sagt ich, zu dem Gast gewendet:
„Wer in Schwaben einen neuen
Rock anhat zum ersten Male,
Muß von Freunden und Bekannten

In das neue Taschenfutter
Einen blanken Kreuzer haben;
Und so ward mir, ländlich sittlich,
Auch der meine vorgen Sommer
Für den hübschen Schlafrock, eben
Den man gegenwärtig sieht.
Jenen Morgen nun erging ich
Guten Mutes mich im Garten,
Tat auch wirklich wie sie sagt,
Doch was ich dabei mir dachte,
Muß ich wohl am besten wissen.
Ein Orakel sollt es sein,
Das der Herbst erproben würde:
Bringt die Kolbe blauen Samen,
Ist der liebe Gast nicht kommen;
Bringt sie weißen, wird er dasein
Eben wenn man sie eröffnet;
Und um sie genau zu zeichnen
Legt ich jene Münze ein.
Aber bald war dieses alles
Bis den Augenblick vergessen.
Und nun seht" —
    „Nichts!" rief die Schwester:
„Nein, ich lasse mir's nicht nehmen,
Spekulieren wolltest du!
Und der Fall beweist nur wieder,
Was oft, dich in Schutz zu nehmen,
Andere mit mir bezeugten:
Daß mein teuerster Herr Bruder
Bei dem allerbesten Willen
Zum Kapitalisten eben
Einmal nicht geboren ist."

BEI DER MARIEN-BERGKIRCHE
Am Geburtstag des Freundes

O liebste Kirche sondergleichen,
Auf deinem Berge ganz allein,
Im Wald, wo Linden zwischen Eichen
Ums Chor den Maienschatten streun!

Aus deinem grünen Rasen steigen
Die alten Pfeiler prächtig auf,
An Drachen, Greifen, Laubgezweigen
Reich bis zum letzten Blumenknauf.

Und Nachtigall und Kuckuck freuen
Sich dein- und ihrer Einsamkeit,
Sie kommen jährlich und erneuen
Dir deine erste Frühlingszeit.

Der Wohllaut deiner Orgeltöne
Schläft, ach, manch lieben langen Tag,
Bis einmal sich dein Tal der Schöne
Deines Geläutes freuen mag.

Dort, wo aus gelbem Stein gewunden
Die Treppe hängt, *ein* Blumenkranz,
Vertieft sich heut in Abendstunden
Mein Sinn in ihre Zierde ganz.

Sieh! ihre leicht geschlungnen Glieder
Verklären sich in rotes Gold!
Und horch, die Spindel auf und nieder
Gehn Melodieen wunderhold!

Musik der hundertfachen Flöte,
Die mit dem letzten Strahl verschwebt,
Und schweigt — bis sie die Morgenröte
Des gleichen Tages neu belebt.

MEINER SCHWESTER
Nach dem Tode der Mutter, mit einem Blatt von der Birke zwischen
dem Pfarrhaus und dem Kirchhof zu Cleversulzbach

Sommer 1841

„Blättchen, das im losen Spiel
Winde durch die Lüfte tragen,
Blättchen, kannst du mir nicht sagen,
Wo ist deiner Wandrung Ziel?"

Ach ich weiß ein frommes Kind,
Dem möcht ich mich gern verbinden,
Und kann doch den Weg nicht finden,
So verstürmte mich der Wind.

Als ich aus der Knospe mich
Vor den Veilchen, früh, gerungen,
Kam das Liebchen oft gesungen
Durch den Garten morgendlich.

Aber da sich, glatt und schön,
Tät mein grünes Herzlein dehnen,
Sah ich sie in bittern Tränen
Unter unsern Zweigen stehn.

Und dort drüben überm Hag,
Steht das Röslein, steht die Weide,
Dahin wallte sie in Leide
Mir vorüber jeden Tag.

Freut' auch mich nichts weiter mehr,
Nicht die süße Maiensonne,
Bienenton und Schaukelwonne,
Keine kühle Mondnacht mehr.

Also welkt ich vor der Zeit,
Bin, bevor der Herbst gekommen,
Aus der Mutter Hut genommen
Und von der Geliebten weit.

Dürft ich zu ihr, ach wieviel
Sagt ich ihr von Lust und Schmerzen!
Und an dem getreusten Herzen
Fänd ich meiner Wandrung Ziel.

ZUM ZEHNTEN DEZEMBER

„Sie ist mündig!" Sagt mir, Leute,
Wie versteh ich dieses Wort?
Ach ein Kind war sie bis heute,
Bleibt sie das nicht immerfort?

Hingen denn vor einem Jahre
Um dies Morgenangesicht
Kindlicher die blonden Haare
Und in goldenerem Licht?

Zögen heut zu diesem Herzen,
Fromm geartet, hold und rein,
Andre Freuden, andre Schmerzen,
Ganz ein neues Wesen ein?

Und zu glänzen allerorten,
Würde sie der großen Welt,
An Gebärde, Sitt und Worten
Ihren Schwestern gleichgestellt?

Nein! ein Engel dieser Erden
Ohne Wandel bleibet sie.
Eine Fürstin kann sie werden,
Eine Dame wird sie nie!

AN O. H. SCHÖNHUTH,

Herausgeber des Nibelungenliedes und verschiedener Volksbücher
Bei der Geburt seines ersten Töchterchens

Das Neugeborne spricht:

Herr Vater, gebt Euch nur zufrieden!
Ich kann ja wahrlich nichts dafür;
Ein Mädchen hat Euch Gott beschieden,
Jedoch ein hübsches, sagt man mir.

Viermal war Euch der Himmel willig
Und hat den kühnern Wunsch erfüllt,
So gönnt er jetzt einmal, wie billig,
Der Welt ein Mutterebenbild.

Ihr rühmt Euch Eurer *Haimonskinder*;
Doch seht Ihr, einen sanften Stern
Zu Milderung der Kraft, nicht minder
Auch eine *Melusine* gern.

Ihr mögt aus mir ein Mägdlein bilden
Nach Eurem Sinn, von deutscher Art:
Nennt mich *Chriemhilden* und *Chlotilden,*
Gertrudis oder *Irmengard.*

Zur Harfe künftig sei gesungen
Manch Lied aus Eurem *Rosenflor,*
Ich lese selbst die *Nibelungen*
Euch im Originale vor.

Ich spinn Euch selbstgezogne Seide,
Will allen Fleiß den Bienen weihn;
Ich hoffe Eure Augenweide
Noch spät und Euer Stolz zu sein.

Mein Prahlen scheint Euch zu erbauen,
Ihr lächelt, und ich fasse Mut,
Noch etwas mehr Euch zu vertrauen;
Gewiß Ihr haltet mir's zugut.

Ich komme frisch vom Paradiese,
Wo man von künftgen Dingen sprach;
Man meint, wenn ich willkommen hieße,
So kämen noch drei Mädchen nach!

Ihr starrt mich an — um Gottes willen,
Hört mich, Papa, zähmt den Verdruß!
Es macht, die Neunzahl schön zu füllen,
Ein hörnen *Siegfried* den Beschluß.

AN PAULINE

Die Neune, die zu ewgen Tänzen
Sich schwesterlich die Stirne kränzen,
Sie sollen, heißt's, im Dämmerscheine
Der dichterischen Wunderhaine
Gar manches Mal dir gern begegnen
Und dich mit ihren Gaben segnen;
Nur daß du, was sie dir vertrauten,
Mit keiner Silbe läßt verlauten.

— Ob etwa *sie*, wie sie wohl pflegen,
Dir dieses Schweigen auferlegen?
Ich weiß, ein solcher Schatz, verschlossen,
Wird doppelt wonnig erst genossen,
Unendlich scheint er sich zu füllen,
Indem wir ihn der Welt verhüllen.
Drum, was die Freunde sagen möchten,
Es ziemt sich kaum mit dir zu rechten;
Wünscht mancher doch ein gleiches Glück
Unmutig oft sich selbst zurück!

AN MARIE MÖRIKE, GEB. SEYFFER

Deines Tages reiche Fülle
Ganz empfindest du sie erst,
Wenn du in der nächtgen Stille
Einsam dich zur Muse kehrst,

Die zu vollen Himmelstönen
Deine Lippen hat geweiht,
Jede Freude zu verschönen
Und zu klagen jedes Leid.

Doch wie du den Freund entzücket,
Perlend in der Töne Licht,
Himmlischer fürwahr beglücket
Dich die Muse selber nicht.

AN CLÄRCHEN

Die Freundin immer neu zu schmücken,
Ich seh es wohl, ist deine Lust;
Darfst du ins Haar den Kranz *ihr* drücken,
Des eignen bist du kaum bewußt.

Und deinen Augen zu gefallen
Erlaubt sie gern das müßge Spiel.
Ach täglich mehr gefällt sie allen,
Die allen schon zu sehr gefiel!

Du machst sie, *wie* dir's auch gelungen,
Kaum lieblicher als je sie war,
Doch jede dieser Neuerungen
Bringt neue Sorge und Gefahr.

Heut ringeltest du Kinderlocken
Wie schön um Hals und Nacken ihr!
Ein Mädchen sieht das unerschrocken,
Allein bedenk, bedenke, *wir*!

Zwar muß vom Reiz ein Dichter leben,
Er heischt zurück was du versteckt,
Ihm bleibt der Pfeil ins Herz gegeben
Des Schönen, das ihn ewig neckt;

Nur höre auf, der Welt zu zeigen
Den Schatz, den sie uns schon mißgönnt!
Wer gern ein Kleinod hat zu eigen,
Es ist genug, daß *er* es kennt.

AUF DEN TOD EINES VOGELS

O Vogel, ist es aus mit dir?
Krank übergab ich dich Barmherzgen-Schwester-Händen,
Ob sie vielleicht noch dein Verhängnis wenden;
So war denn keine Hilfe hier?
Zwei Augen, schwarz als wie die deinen,
Sah ich mit deinem Blick sich einen,
Und gleich erlosch sein schönes Licht.
Hast du von ihnen Leids erfahren?
Wohlan, wenn *sie* dir tödlich waren,
So war dein Tod so bitter nicht!

MARGARETA

Ach, muß der Gram mit dunkelm Kranz
Noch erst unschuldge Schläfe schmücken?
So hoher Sinn in ungetrübtem Glanz,
Er würde minder uns entzücken?

Ich weiß es nicht, nur dies weiß ich allein:
So gleichst du *dir,* und also sind wir dein.

Könnt ich, o Seele, wie du bist,
Dich in den reinsten Spiegel fassen,
Was all dir einzig eigen ist,
Als Fremdes dir begegnen lassen!
Ja, fiele nur aus diesem Aug ein Blick,
Wie er uns traf, ins eigne Herz zurück:

Von selgen Schauern angeweht,
Scheu nahtest du dem namenlosen Bilde,
Wie einem Rätsel, das um Lösung fleht,
Daß eins im andern sich auf ewig stillte;
Doch ach, kaum hast du halb dich selbst erkannt,
Verkennst du dich, und hast dich abgewandt!

AUS DER FERNE

Weht, o wehet, liebe Morgenwinde!
Tragt ein Wort der Liebe hin und wieder!

Er:
Vor der Stadt, wo du hinausgeritten,
Auf dem Maultier, du mit den Begleitern, —
Stund um Stunde sitz ich dort in Trauer,
Wie ein scheuer Geist am hellen Tage.

Sie:
Weder Freude hab ich, die mich freute,
Weder Kummer, der mir naheginge,
Als nur jene, daß du mein gedenkest,
Als nur diesen, daß ich dich nicht habe.

Er:
Ist ein Stein, darauf dein Fuß getreten,
Fliegt ein Vogel, der vielleicht dich kennte,
Jedem Höckenweibe möcht ich's sagen,
Laut am offnen Markte könnt ich weinen.

Weht, o wehet, liebe Morgenwinde!
Tragt ein Wort der Liebe hin und wieder!

Er:
Sollt ich Trost bei den Genossen suchen?
Noch kein Fröhlicher hat wahr getröstet.

Sie:
Kann ich meinesgleichen mich vertrauen?
Halb mit Neid beklagten sie mich Arme.

Er:
In der Halle, wo sie abends trinken,
Sang ein hübsches Mädchen zu der Harfe;
Ich kam nicht zur Halle, saß alleine,
Wie ein kranker Sperber auf der Stange.

Sie:
Auf den Altan zogen mich die Mädchen:
„Komm, die schönen Jünglinge zu sehen,
Die vorüberziehn im Waffenschmucke."
Ungern folgt ich, mit verdroßnen Augen.

Weht, o wehet, liebe Morgenwinde!
Tragt ein Wort der Liebe hin und wieder!

Er:
Die Korallenschnur von deinem Halse,
Die du noch zum Abschied mir gegeben,
Tausendmal am langen Tage drück ich,
Tausendmal bei Nacht sie an den Busen.

Sie:
Dieses Balsamfläschchen an der Kette,
Weg muß ich's von meinem Herzen nehmen,
Mich befängt ein Liebeszauberschwindel,
Wohlgeruch der Liebe will mich töten.

Er:
Eine Nacht, ach, hielt ich dich im Arme,
Unter Küssen dich auf meinem Schoße;

Ein Jasminzweig blühte dir im Haare,
Kühle Lüfte kamen durch das Fenster.

Sie:
Heut im Bette, früh, es dämmert' eben,
Lag ich in Gedanken an den Liebsten:
Unwillkürlich küßt ich, wie du küssest,
Meinen Arm, und mußte bitter weinen.

Still, o stille nun, ihr Morgenwinde!
Wehet morgen in der Frühe wieder!

ACH NUR EINMAL NOCH IM LEBEN!

Im Fenster jenes alt verblichnen Gartensaals
Die Harfe, die, vom leisen Windhauch angeregt,
Lang ausgezogne Töne traurig wechseln läßt
In ungepflegter Spätherbst-Blumen-Einsamkeit,
Ist schön zu hören einen langen Nachmittag.
Nicht völlig unwert ihrer holden Nachbarschaft
Stöhnt auf dem grauen Zwingerturm die Fahne dort,
Wenn stürmischer oft die Wolken ziehen überhin.

In meinem Garten aber (hieß' er nur noch mein!)
Ging so ein Hinterpförtchen frei ins Feld hinaus,
Abseits vom Dorf. Wie manches liebe Mal stieß ich
Den Riegel auf an der geschwärzten Gattertür
Und bog das überhängende Gesträuch zurück,
Indem sie sich auf rostgen Angeln schwer gedreht! —
Die Tür nun, musikalisch mannigfach begabt,
Für ihre Jahre noch ein ganz annehmlicher
Sopran (wenn sie nicht eben wetterlaunisch war),
Verriet mir eines Tages — plötzlich, wie es schien,
Erweckt aus einer lieblichen Erinnerung —
Ein schöneres Empfinden, höhere Fähigkeit.

Ich öffne sie gewohnter Weise, da beginnt
Sie zärtlich eine Arie, die mein Ohr sogleich
Bekannt ansprach. Wie? rief ich staunend: träum ich denn?
War das nicht „Ach nur einmal noch im Leben" ganz?
Aus Titus, wenn mir recht ist? — Alsbald ließ ich sie
Die Stelle wiederholen; und ich irrte nicht!
Denn langsamer, bestimmter, seelenvoller nun
Da capo sang die Alte: „Ach nur einmal noch!"
Die fünf, sechs ersten Noten nämlich, weiter kaum,
Hingegen war auch dieser Anfang tadellos.
— Und was, frug ich nach einer kurzen Stille sie,
Was denn noch einmal? Sprich, woher, Elegische,
Hast du das Lied? Ging etwa denn zu deiner Zeit
(Die neunziger Jahre meint ich) hier ein schönes Kind,
Des Pfarrers Enkeltochter, sittsam aus und ein,
Und hörtest du sie durch das offne Fenster oft
Am grünlackierten, goldbeblümten Pantalon
Hellstimmig singen? Des gestrengen Mütterchens
Gedenkst du auch, der Hausfrau, die so reinlich stets
Den Garten hielt, gleich wie sie selber war, wann sie
Nach schwülem Tag am Abend ihren Kohl begoß,
Derweil der Pfarrherr ein paar Freunden aus der Stadt,
Die eben weggegangen, das Geleite gab;
Er hatte sie bewirtet in der Laube dort,
Ein lieber Mann, redseliger Weitschweifigkeit.
Vorbei ist nun das alles und kehrt nimmer so!
Wir Jüngern heutzutage treiben's ungefähr
Zwar gleichermaßen, wackre Leute ebenfalls;
Doch besser dünkt ja allen was vergangen ist.
Es kommt die Zeit, da werden wir auch ferne weg-
Gezogen sein, den Garten lassend und das Haus.
Dann wünschest du nächst jenen Alten uns zurück,
Und schmückt vielleicht ein treues Herz vom Dorf einmal,
Mein denkend und der Meinen, im Vorübergehn
Dein morsches Holz mit hellem Ackerblumenkranz.

GÖTTLICHE REMINISZENZ

> Πάντα δι' αὐτοῦ ἐγένετο.
> Ev. Joh. 1, 3

Vorlängst sah ich ein wundersames Bild gemalt,
Im Kloster der Kartäuser, das ich oft besucht.
Heut, da ich im Gebirge droben einsam ging,
Umstarrt von wild zerstreuter Felsentrümmersaat,
Trat es mit frischen Farben vor die Seele mir.

An jäher Steinkluft, deren dünn begraster Saum,
Von zweien Palmen überschattet, magre Kost
Den Ziegen beut, den steilauf weidenden am Hang,
Sieht man den Knaben Jesus sitzend auf Gestein;
Ein weißes Vlies als Polster ist ihm unterlegt.
Nicht allzu kindlich deuchte mir das schöne Kind;
Der heiße Sommer, sicherlich sein fünfter schon,
Hat seine Glieder, welche bis zum Knie herab
Das gelbe Röckchen decket mit dem Purpursaum,
Hat die gesunden, zarten Wangen sanft gebräunt;
Aus schwarzen Augen leuchtet stille Feuerkraft,
Den Mund jedoch umfremdet unnennbarer Reiz.
Ein alter Hirte, freundlich zu dem Kind gebeugt,
Gab ihm soeben ein versteinert Meergewächs,
Seltsam gestaltet, in die Hand zum Zeitvertreib.
Der Knabe hat das Wunderding beschaut, und jetzt,
Gleichsam betroffen, spannet sich der weite Blick,
Entgegen dir, doch wirklich ohne Gegenstand,
Durchdringend ewge Zeitenfernen, grenzenlos:
Als wittre durch die überwölkte Stirn ein Blitz
Der Gottheit, ein Erinnern, das im gleichen Nu
Erloschen sein wird; und das welterschaffende,
Das Wort von Anfang, als ein spielend Erdenkind
Mit Lächeln zeigt's unwissend dir sein eigen Werk.

ERBAULICHE BETRACHTUNG

Als wie im Forst ein Jäger, der, am heißen Tag
Im Eichenschatten ruhend, mit zufriednem Blick
Auf seine Hunde niederschaut, das treue Paar,

Das, Hals um Hals geschlungen, brüderlich den Schlaf,
Und schlafend noch des Jagens Lust und Mühe teilt:
So schau ich hier an des Gehölzes Schattenrand
Bei kurzer Rast auf meiner eignen Füße Paar
Hinab, nicht ohne Rührung; in gewissem Sinn
Zum erstenmal, so alt ich bin, betracht ich sie,
Und bin fürwahr von ihrem Dasein überrascht,
Wie sie, in Schuhn bis übern Knöchel eingeschnürt,
Bestäubt da vor mir liegen im verlechzten Gras.

Wie manches Lustrum, ehrliche Gesellen, schleppt
Ihr mich auf dieser buckeligen Welt umher,
Gehorsam eurem Herren jeden Augenblick,
Tag oder Nacht, wohin er nur mit euch begehrt.
Sein Wandel mochte töricht oder weislich sein,
Den besten Herrn, wenn man euch hörte, trugt ihr stets.
Ihr seid bereit, den Unglimpf, der ihm widerfuhr,
— Und wäre sein Beleidiger ein Reichsbaron —
Alsbald zu strafen mit ergrimmtem Hundetritt
(Doch hiefür hat er selber zu viel Lebensart).
Wo war ein Berg zu steil für euch, zu jäh ein Fels?
Und glücklich immer habt ihr mich nach Haus gebracht;
Gleichwohl noch nie mit einem Wörtchen dankt ich euch,
Vom Schönsten was mein Herz genoß erfuhrt ihr nichts!

Wenn, von der blausten Frühlingsmitternacht entzückt,
Oft aus der Gartenlaube weg vom Zechgelag
Mein hochgestimmter Freund mich noch hinausgelockt,
Die offne Straße hinzuschwärmen raschen Gangs,
Wir Jünglinge, des Jugendglückes Übermaß
Als baren Schmerz empfindend, ins Unendliche
Die Geister hetzten, und die Rede wie Feuer troff,
Bis wir zuletzt an Kühnheit mit dem sichern Mann*
Wetteiferten, da dieser Urwelts-Göttersohn
In Flößerstiefeln vom Gebirg zum Himmel sich
Verstieg und mit der breiten Hand der Sterne Heer
Zusammenstrich in einen Habersack und den
Mit großem Schnaufen bis zum Rand der Schöpfung trug,
Den Plunder auszuschütteln vor das Weltentor —
Ach, gute Bursche, damals wart ihr auch dabei,

* Vergl. S. 715.

Und wo nicht sonst, davon ich jetzo schweigen will!
Bleibt mir getreu, und altert schneller nicht als ich!
Wir haben, hoff ich, noch ein schön Stück Wegs vor uns;
Zwar weiß ich's nicht, den Göttern sei es heimgestellt.
Doch wie es falle, laßt euch nichts mit mir gereun.
Auf meinem Grabstein soll man ein Paar Schuhe sehn,
Den Stab darüber und den Reisehut gelegt,
Das beste Sinnbild eines ruhenden Wandersmanns.
Wer dann mich segnet, der vergißt auch eurer nicht.
Genug für jetzt! denn dort seh ich's gewitterschwer
Von Mittag kommen, und mich deucht, es donnert schon.
Eh uns der Regen übereilt, ihr Knaben, auf!
Die Steig hinab! zum Städtchen langt sich's eben noch.

AN LONGUS

Von Widerwarten eine Sorte kennen wir
Genau und haben ärgerlich sie oft belacht,
Ja einen eignen Namen ihr erschufest du,
Und heute noch beneid ich dir den kühnen Fund.

Zur Kurzweil gestern in der alten Handelsstadt,
Die mich herbergend einen Tag langweilete,
Ging ich vor Tisch, der Schiffe Ankunft mit zu sehn,
Nach dem Kanal, wo im Getümmel und Geschrei
Von tausendhändig aufgeregter Packmannschaft,
Faßwälzender, um Kist und Ballen fluchender,
Der tätige Faktor sich zeigt und, Gaffens halb,
Der Straßenjunge, beide Händ im Latze, steht.
Doch auf dem reinen Quaderdamme ab und zu
Spaziert' ein Pärchen; dieses faßt' ich mir ins Aug.
Im grünen, goldbeknöpften Frack ein junger Herr
Mit einer hübschen Dame, modisch aufgepfauscht.
Schnurrbartsbewußtsein trug und hob den ganzen Mann
Und glattgespannter Hosen Sicherheitsgefühl,
Kurz, von dem Hütchen bis hinab zum kleinen Sporn
Belebet' ihn vollendete Persönlichkeit.
Sie aber lachte pünktlich jedem dürftgen Scherz.
Der treue Pudel, an des Herren Knie gelockt,
Wird, ihr zum Spaße, schmerzlich in das Ohr gekneipt,

Bis er im hohen Fistelton gehorsam heult,
Zu Nachahmung ich weiß nicht welcher Sängerin.

Nun, dieser Liebenswerte, dächt ich, ist doch schon
Beinahe was mein Longus einen *Sehrmann* nennt;
Und auch die Dame war in hohem Grade *sehr*.
Doch nicht die affektierte Fratze, nicht allein
Den Gecken zeichnet dieses einzge Wort, vielmehr,
Was sich mit Selbstgefälligkeit Bedeutung gibt,
Amtliches Air, vornehm ablehnende Manier,
Dies und noch manches andere begreifet es.

Der Prinzipal vom Comptoir und der Kanzellei
Empfängt den Assistenten oder Kommis — denkt,
Er kam nach elfe gestern nacht zu Hause erst —
Den andern Tag mit einem langen Sehrgesicht.
Die Kammerzofe, die kokette Kellnerin,
Nachdem sie erst den Schäker kühn gemacht, tut bös,
Da er nun vom geraubten Kusse weitergeht:
„Ich muß recht, recht sehr bitten!" sagt sie wiederholt
Mit seriösem Nachdruck zum Verlegenen.

Die Tugend selber zeiget sich in Sehrheit gern.
O hättest du den jungen Geistlichen gesehn,
Dem ich nur neulich an der Kirchtür hospitiert!
Wie Milch und Blut ein Männchen, durchaus musterhaft;
Er wußt es auch; im wohlgezognen Backenbart,
Im blonden, war kein Härchen, wett ich, ungezählt.
Die Predigt roch mir seltsamlich nach Leier und Schwert,
Er kam nicht weg vom schönen Tod fürs Vaterland;
Ein paarmal gar riskiert' er liberal zu sein,
Höchst liberal — nun, halsgefährlich macht' er's nicht,
Doch wurden ihm die Ohren sichtlich warm dabei.
Zuletzt, herabgestiegen von der Kanzel, rauscht
Er strahlend, Kopf und Schultern wiegend, rasch vorbei
Dem duftgen Reihen tief bewegter Jungfräulein.
Und richtig macht er ihnen ein Sehrkompliment.

Besonders ist die Großmut ungemein sehrhaft.
Denn der Student, von edlem Burschentum erglüht,
Der hochgesinnte Leutnant, schreibet seinem Feind
(Ach *eine* Träne Juliens vermochte das!)

Nach schon erklärtem Ehrenkampfe, schnell versöhnt,
Lakonisch schön ein Sehrbillett — es rührt ihn selbst.
So ein Herr X, so ein Herr Z, als Rezensent,
Ist großer Sehrmann, Sehr-Sehrmann, just wenn er dir
Den Lorbeer reicht, beinahe mehr noch als wenn er
Sein höhnisch Sic! und Sapienti sat! hintrumpft.

Hiernächst versteht sich allerdings, daß viele auch
Nur teilweis und gelegentlich Sehrleute sind.
So haben wir an manchem herzlich lieben Freund
Ein unzweideutig Äderchen der Art bemerkt,
Und freilich immer eine Faust im Sack gemacht.
Doch wenn es nun vollendet erst erscheint, es sei
Mann oder Weib, der Menschheit Afterbild — o wer,
Dem sich im Busen ein gesundes Herz bewegt,
Erträgt es wohl? wem krümmte sich im Innern nicht
Das Eingeweide? Gift und Operment ist mir's!
Denn wären sie nur lächerlich! sie sind zumeist
Verrucht, abscheulich, wenn du sie beim Licht besiehst.
Kein Mensch beleidigt wie der Sehrmann und verletzt
Empfindlicher; wär's auch nur durch die Art wie er
Dich im Gespräch am Rockknopf faßt. Du schnöde Brut!
Wo einer auftritt, jedes Edle ist sogleich
Gelähmt, vernichtet neben ihnen, nichts behält
Den eignen, unbedingten Wert. Geht dir einmal
Der Mund in seiner Gegenwart begeistert auf,
Um was es sei — der Mann besitzt ein bleiernes,
Grausames Schweigen; völlig bringt dich's auf den Hund.
— Was hieße gottlos, wenn es dies Geschlecht nicht ist?
Und nicht im Schlaf auch fiel es ihnen ein, daß sie
Mit Haut und Haar des Teufels sind. Ich scherze nicht.
Durch Buße kommt ein Ärger wohl zum Himmelreich:
Doch kann der Sehrmann Buße tun? O nimmermehr!
Drum fürcht ich, wenn sein abgeschiedner Geist dereinst
Sich, frech genug, des Paradieses Pforte naht,
Der rosigen, wo, Wache haltend, hellgelockt
Ein Engel lehnet, hingesenkt ein träumend Ohr
Den ewgen Melodien, die im Innern sind:
Aufschaut der Wächter, misset ruhig die Gestalt
Von Kopf zu Fuß, die fragende, und schüttelt jetzt
Mit sanftem Ernst, mitleidig fast, das schöne Haupt,

Links deutend, ungern, mit der Hand, abwärts den Pfad.
Befremdet, ja beleidigt stellt mein Mann sich an,
Und zaudert noch; doch da er sieht, hier sei es Ernst,
Schwenkt er in höchster Sehrheit trotziglich, getrost
Sich ab und schwänzelt ungesäumt der Hölle zu.

AN DEN VATER MEINES PATCHENS

Der Knabe, der zehn Jahre später dir ein Freund
Und lange Zeit ein täglicher Genosse war,
Daheim noch lebt' er in des lieben Vaters Haus,
Mit blühenden Geschwistern selbst ein blühender:
Sieh, diesen Säbel zur Husarenuniform
Trug er durch Hof und Garten und Alleen der Stadt.
Das schöne Kleid (du sahst wohl noch ein Stück davon,
Scharlachen, fein, mit Silberschnörkelwerk besetzt),
Ist längst dahin samt alle seinem Zubehör,
Bis auf dies Eisen, dem getreu die Scheide blieb.
Wem laß ich nun die Waffe? Billig spart ich sie
Dem eignen Sohn; er bleibt nur gar zu lange aus!
Am Ende, fürcht ich ernstlich, kommt er nimmermehr;
Sah ich doch selbst die Mutter bis zur Stunde nicht!
Kurzum denn, Alter, deinem Erstgeborenen,
Dem deine Bruderliebe meinen Namen lieh,
Häng ich den Säbel, bis er ihn gebrauchen kann,
Am Nagel übers Bettchen, ihm zu Häupten, auf,
Unblutig Spielzeug, das von schöner Jugend weiß
Und deinem Knaben keine bösen Träume schafft.

WALDPLAGE

Im Walde deucht mir alles miteinander schön,
Und nichts Mißliebiges darin, so vielerlei
Er hegen mag; es krieche zwischen Gras und Moos
Am Boden, oder jage reißend durchs Gebüsch,
Es singe oder kreische von den Gipfeln hoch,
Und hacke mit dem Schnabel in der Fichte Stamm,
Daß lieblich sie ertönet durch den ganzen Saal.
Ja machte je sich irgend etwas unbequem,

Verdrießt es nicht, zu suchen einen andern Sitz,
Der schöner bald, der allerschönste, dich bedünkt.
Ein einzig Übel aber hat der Wald für mich,
Ein grausames und unausweichliches beinah.
Sogleich beschreib ich dieses Scheusal, daß ihr's kennt;
Noch kennt ihr's kaum, und merkt es nicht, bis unversehns
Die Hand euch und, noch schrecklicher, die Wange schmerzt.
Geflügelt kommt es, säuselnd, fast unhörbarlich;
Auf Füßen, zweimal dreien, ist es hoch gestellt
(Deswegen ich in Versen es zu schmähen auch
Den klassischen Senarium mit Fug erwählt);
Und wie es anfliegt, augenblicklich lässet es
Den langen Rüssel senkrecht in die zarte Haut;
Erschrocken schlagt ihr schnell darnach, jedoch umsonst,
Denn, graziöser Wendung, schon entschwebet es.
Und alsobald, entzündet von dem raschen Gift,
Schwillt euch die Hand zum ungestalten Kissen auf,
Und juckt und spannt und brennet zum Verzweifeln euch
Viel Stunden, ja zuweilen noch den dritten Tag.
So unter meiner Lieblingsfichte saß ich jüngst —
Zur Lehne wie gedrechselt für den Rücken, steigt
Zwiestämmig, nah dem Boden, sie als Gabel auf —
Den Dichter lesend, den ich jahrelang vergaß:
An Fanny singt er, Cidli und den Zürcher See,
Die frühen Gräber und des Rheines goldnen Wein
(O sein Gestade brütet jenes Greuels auch
Ein größeres Geschlechte noch und schlimmres aus,
Ich kenn es wohl, doch höflicher dem Gaste war's). —
Nun aber hatte geigend schon ein kleiner Trupp
Mich ausgewittert, den geruhig Sitzenden;
Mir um die Schläfe tanzet er in Lüsternheit.
Ein Stich! der erste! er empört die Galle schon.
Zerstreuten Sinnes immer schiel ich übers Blatt.
Ein zweiter macht, ein dritter, mich zum Rasenden.
Das holde Zwillings-Nymphen-Paar des Fichtenbaums
Vernahm da Worte, die es nicht bei mir gesucht;
Zuletzt geboten sie mir flüsternd Mäßigung:
Wo nicht, so sollt ich meiden ihren Ruhbezirk.
Beschämt gehorcht ich, sinnend still auf Grausamtat.
Ich hielt geöffnet auf der flachen Hand das Buch,
Das schwebende Geziefer, wie sich eines naht,

Mit raschem Klapp zu töten. Ha! da kommt schon eins!
„Du fliehst! o bleibe, eile nicht, Gedankenfreund!"
(Dem hohen Mond rief jener Dichter zu dies Wort.)
Patsch! Hab ich dich, Kanaille, oder hab ich nicht?
Und hastig — denn schon hatte meine Mordbegier
Zum stillen Wahnsinn sich verirrt, zum kleinlichen —
Begierig blättr' ich: ja, da liegst du plattgedrückt,
Bevor du stachst, nun aber stichst du nimmermehr,
Du zierlich Langgebeinetes, Jungfräuliches!
— Also, nicht achtend eines schönen Buchs Verderb,
Trieb ich erheitert lange noch die schnöde Jagd,
Unglücklich oft, doch öfter glücklichen Erfolgs.

So mag es kommen, daß ein künftger Leser wohl
Einmal in Klopstocks Oden, nicht ohn einiges
Verwundern, auch etwelcher Schnaken sich erfreut.

DEM HERRN PRIOR DER KARTAUSE J.

Sie haben goldne Verse mir, phaläkische,
Das zierlichste Latein, geschickt. Ich möchte wohl
Sie gleicherweis erwidern; doch mit gutem Grund
Enthalt ich mich des Wagestücks, Vortrefflicher!
Kein Wunder, wenn ein grundgelehrter Freund Sie nur
Den zweiten Pater elegantiarum nennt.
Etwas bedenklich scheint es zwar, ich muß gestehn,
Daß ein Herr Prior, Prior des Kartäuserstifts,
Mit unserm Veroneser wettzueifern sich
Inallewege als berufnen Meister zeigt.
Wenn Ihr Herr Bischof das erführe! — doch es soll,
Was über allen Türen Ihres Klosters steht,
An Pfosten, Gängen, selbst am heimlichen Gemach,
Silentium! — das strenge Wort, mir heilig sein.

In wenig Tagen komm ich selbst; schon lange lockt
Die neue Märzensonne mich. Dann find ich wohl
Im Garten frühe meinen stattlich muntern Greis,
Beschäftigt, wilder Rosenstämmchen jungem Blut
Durch fürstlichen Gezüchtes eingepflanzten Keim
Holdsel'ge Kinder zu vertraun; von weitem schon

Ruft er sein Salve, und behend entgegen mir
Den breiten Sandweg, weichen Trittes, schreitet er,
Im langen Ordenskleide, wollig, weiß wie Schnee.

Inzwischen hier ein Hundert Schnecken, wenn's beliebt!
Ich fügte gern ein Stückchen Rotwild noch hinzu,
Das mir der Förster heut geschenkt, doch fällt mir ein,
Daß man nicht Pater elegantiarum nur,
Vielmehr auch Pater esuritionum* ist.

BESUCH IN DER KARTAUSE
Epistel an Paul Heyse

Als Junggesell, du weißt ja, lag ich lang einmal
In jenem luftigen Dörflein an der Kindelsteig
Gesundheitshalber müßig auf der Bärenhaut.
Der dicke Förster, stets auf mein Pläsier bedacht,
Wies mir die Gegend kreuz und quer und führte mich
Bei den Kartäusern gleich die ersten Tage ein.
Nun hätt ich dir von Seiner Dignität zunächst,
Dem Prior, manches zu erzählen: wie wir uns
In Scherz und Ernst, trotz meines schwäbischen Ketzertums,
Gar bald verstanden; von dem kleinen Gartenhaus,
Wo ein bescheidnes Bücherbrett die Lieblinge
Des würdigen Herrn, die edlen alten Schwarten trug,
Aus denen uns bei einem Glase Wein, wie oft!
Pränestes Haine, Tiburs Wasser zugerauscht.
Hievon jedoch ein andermal. Er schläft nun auch
In seiner Ecke dort im Chor. Die Mönche sind,
Ein kleiner Rest der Brüderschaft, in die Welt zerstreut;
Im Kreuzgang lärmt der Küfer, aus der Kirche dampft
Das Malz, den Garten aber deckt ein Hopfenwald,
Kaum daß das Häuschen in der Mitte frei noch blieb,
Von dessen Dach, verwittert und entfärbt, der Storch
Auf *einem* Beine traurig in die Ranken schaut.

So, als ich jüngst, nach vierzehn Jahren, wiederkam,
Fand ich die ganze Herrlichkeit dahin. Sei's drum!

* Catullischer Ausdruck.

Ein jedes Ding währt seine Zeit. Der alte Herr
Sah alles lang so kommen, und ganz andres noch,
Darüber er sich eben nicht zu Tod gegrämt.

Bei dünnem Weißbier und versalznem Pökelfleisch
Saß ich im Gasthaus, der gewesnen Prälatur,
Im gleichen Sälchen, wo ich jenes erste Mal
Mit andern Fremden mich am ausgesuchten Tisch
Des Priors freute klösterlicher Gastfreiheit.
Ein großer Aal ward aufgetragen, Laberdan,
Und Artischoken aus dem Treibhaus „fleischiger",
So schwur, die Lippen häufig wischend, ein Kaplan,
„Sieht sie Fürst Taxis selber auf der Tafel nicht!"
Des höchsten Preises würdig aber deuchte mir
Ein gelber, weihrauchblumiger Vierunddreißiger,
Den sich das Kloster auf der sonnigsten Halde zog.
Nach dem Kaffee schloß unser wohlgelaunter Wirt
Sein Raritätenkästchen auf, Bildschnitzerein
Enthaltend, alte Münzen, Gemmen und so fort,
Geweihtes und Profanes ohne Unterschied;
Ein heiliger Sebastian in Elfenbein,
Desgleichen Sankt Laurentius mit seinem Rost,
Verschmähten nicht als Nachbarin Andromeda,
Nackt an den Fels geschmiedet, trefflich schön in Buchs.
Nächst alledem zog eine altertümliche
Stutzuhr, die oben auf dem Schranke ging, mich an;
Das Zifferblatt von grauem Zinn, vor welchem sich
Das Pendelchen nur in allzu peinlicher Eile schwang,
Und bei den Ziffern, groß genug, in schwarzer Schrift
Las man das Wort: Una ex illis ultima:
„Derselben eine ist die letzt" — verdeutschte flugs
Der Pater Schaffner, der bei Tisch mich unterhielt
Und gern von seinem Schulsack einen Zipfel wies;
Ein Mann wie Stahl und Eisen; die Gelehrsamkeit
Schien ihn nicht schwer zu drücken und der Küraß stand
Ihm ohne Zweifel besser als die Kutte an.

Dem dacht ich nun so nach für mich, da streift mein Aug
Von ungefähr die Wand entlang und stutzt mit eins:
Denn dort, was seh ich? wäre das die alte Uhr?
Wahrhaftig ja, sie war es! — und vergnügt wie sonst, [ab.
Laufst nicht, so gilt's nicht, schwang ihr Scheibchen sich auf und

Betrachtend stand ich eine Weile still vor ihr
Und seufzte wohl dazwischen leichthin einmal auf.
Darüber plötzlich wandte sich ein stummer Gast,
Der einzige, der außer mir im Zimmer war,
Ein älterer Herr, mit freundlichem Gesicht zu mir:
»Wir sollten uns fast kennen, mein ich — hätten wir
Nicht schon vorlängst in diesen Wänden uns gesehn?«
Und alsbald auch erkannt ich ihn: der Doktor war's
Vom Nachbarstädtchen und weiland der Klosterarzt,
Ein Erzschelm damals, wie ich mich wohl entsann,
Vor dessen derben Neckerein die Mönche sich
Mehr als vor seinem schlimmsten Tranke fürchteten.
Nun hatt ich hundert Fragen an den Mann, und kam
Beiher auch auf das Ührchen: »Ei, ja wohl, das ist«,
Erwidert' er, »vom seligen Herrn ein Erbstück noch,
Im Testament dem Pater Schaffner zugeteilt,
Der es zuletzt dem Brauer, seinem Wirt, vermacht.«
— »So starb der Pater hier am Ort?« — »Es litt ihn nicht
Auswärts; ein Jahr, da stellte sich unser Enaksohn,
Unkenntlich fast in Rock und Stiefeln, wieder ein:
,Hier bleib ich', rief er, ,bis man mich mit Prügeln jagt!'
Für Geld und gute Worte gab man ihm denn auch
Ein Zimmer auf der Sommerseite, Hausmannskost
Und einen Streifen Gartenland. An Beschäftigung
Fehlt' es ihm nicht; er brannte seinen Kartäusergeist
Wie ehedem, die vielbeliebte Panazee,
Die sonst dem Kloster manches Tausend eingebracht.
Am Abend, wo es unten schwarz mit Bauern sitzt,
Behagt' er sich beim Deckelglas, die Dose und
Das blaue Sacktuch neben sich, im Dunst und Schwul
Der Zechgesellschaft, plauderte, las die Zeitung vor,
Sprach Politik und Landwirtschaft — mit *einem* Wort,
Es war ihm wohl, wie in den schönsten Tagen kaum.
Man sagt, er sei bisweilen mit verwegenen
Heiratsgedanken umgegangen — es war damals
So ein lachendes Pumpelchen hier, für den Stalldienst, wie mir
Doch das sind Possen. Eines Morgens rief man mich [deucht —
In Eile zum Herrn Pater: er sei schwer erkrankt.
Ein Schläglein hatte höflich bei ihm angeklopft
Und ihn in größern Schrecken als Gefahr gesetzt.
Auch fand ich ihn am fünften oder sechsten Tag

Schon wieder auf den Strümpfen und getrosten Muts.
Doch fiel mir auf, die kleine Stutzuhr, welche sonst
Dem Bette gegenüberstand und allezeit
Sehr viel bei ihm gegolten, nirgend mehr zu sehn.
Verlegen, als ich darnach frage, fackelt' er:
Sie sei kaputtgegangen, leider, so und so.
Der Fuchs! dacht ich, in seinem Kasten hat er sie
Zuunterst, völlig wohlbehalten, eingesperrt,
Wenn er ihr nicht den Garaus etwa selbst gemacht.
Das unliebsame Sprüchelchen! Mein Pater fand,
Die alte Hexe fange nachgerade an
Zu sticheln, und das war verdrießlich." — „Exzellent!
Doch setzten Sie den armen Narren hoffentlich
Nicht noch auf Kohlen durch ein grausames Verhör?"
— „Je nun, ein wenig stak er allerdings am Spieß,
Was er mir auch im Leben, glaub ich, nicht vergab."
— „So hielt er sich noch eine Zeit?" — „Gesund und rot
Wie eine Rose sah man Seine Reverenz
Vier Jahre noch und drüber, da denn endlich doch
Das leidige Stündlein ganz unangemeldet kam.
Wenn Sie im Tal die Straße gehn dem Flecken zu,
Liegt rechts ein kleiner Kirchhof, wo der Edle ruht.
Ein weißer Stein, mit seinem Klosternamen nur,
Spricht Sie bescheiden um ein Vaterunser an.
Das Ührchen aber — um zum Schlusse kurz zu sein —
War rein verschwunden. Wie das kam, begriff kein Mensch.
Doch frug ihm weiter niemand nach, und längst war es
Vergessen, als von ungefähr die Wirtin einst
In einer abgelegnen Kammer hinterm Schlot
Eine alte Schachtel, wohlverschnürt und zehenfach
Versiegelt, fand, aus der man den gefährlichen
Zeitweisel an das Tageslicht zog mit Eklat.
Die Zuschrift aber lautete: ‚Meinem werten Freund
Bräumeister Ignaz Raußenberger auf Kartaus'."

Also erzählte mir der Schalk mit innigem
Vergnügen, und wer hätte nicht mit ihm gelacht?

HERRN BIBLIOTHEKAR ADELB. v. KELLER
bei verspäteter Zurücksendung einer Ausgabe des Catullus

Das Buch:

Da bin ich endlich! — Blicke nicht so streng, o Herr!
Wie? oder wäre was verlautet wirklich wahr,
Du wärst uns ernstlich böse? Nun, so höre mich:
Zwar nahezu zwei Jährchen blieb ich aus; jedoch
Nicht schmutziger, bei meiner Ehre, komm ich heim,
Als ich, dem Zeugnis aller Grazien gemäß
(Die mir gleichwohl bei jeder Zeile lächelten),
Von jeher war. Auch hattest du mich eben nicht
So groß vonnöten, wenn ich's redlich sagen darf,
Denn über eine ganze Welt von Büchern ja
Bist du Gebieter, der mit jeglichem vertraut
In seiner eignen Sprache zu verkehren weiß.
Dort in der Reihe steh ich dutzendfach bereit;
Bald nackt, bald mit preiswürdgen Kommentarien,
Worin sich meine Schlankheit wie im Reifrock bläht;
Nur bin ich nirgend wie mich einst die Muse schuf.
— Du warst die Zeit in meinem Vaterlande, heißt's;
Hätt ich denn etwa mit gedurft? Ich zweifle fast.
Du hast, Beneidenswerter, kaum einmal an mich
Im schönen Rom und am Benacus-See gedacht,
Wo jedes Wellchen, blinkend in des Morgens Hauch,
Noch von den Scherzen meines Vaters fröhlich lebt.
Darum vergib dem Manne, der so lang mich hielt,
Und, hoch dich achtend, ungern dich beleidigt weiß.
Indem er herzlich danken möchte und der Schein
Des Undanks ihm das beste Wort verkümmern will,
Hat er, o glaub's, den Fehler schon genug gebüßt.

HERRN HOFRAT DR. KRAUSS
Bad Mergentheim, Sommer 1847

Der jüngsten in dem weitgepriesnen Schwesternchor
Heilkräftger Nymphen unsres lieben Vaterlands,
Die wundertätig im bescheidnen Tempel wohnt,
Sich selber still weissagend einen herrlichern;
In deren schon verlorne Gunst du leise mich

An deiner priesterlichen Hand zurückgeführt:
Heut in der frühsten Morgenstunde goß ich ihr
Die Opfermilch, die reine, an der Schwelle aus,
Und schenkte dankbar ein kristallen Weihgefäß.
Sie aber, rauschend in der Tiefe, sprach dies Wort:
„Bring meinem Diener, deinem Freunde, den Pokal,
Mit jenes Gottes Feuergabe voll gefüllt,
Der meinen Berg mit seinen heiligen Ranken schmückt,
Obwohl er meine Lippen zu berühren scheut."

AN EBERHARD LEMPP
Nach angenommener Einladung zu einer Abendgesellschaft

Kennst du der Furien schlimmste, Freund? Ich hoffe, nein!
Kein Dichter, nicht der alten, noch der neuen Zeit,
Kein Mythograph hat sie zu nennen je gewagt;
Ich selber, bange vor der leise hörenden,
Tu es nur heimlich: Agrypnia heißet sie.
Ach, als ich jung war, deuchte sie mir schön zu sein,
Piërische Jungfrau, oder ihnen nah verwandt;
Vielleicht auch ist sie's, aber weh dem, der sie ruft!
Denn der Gesundheit Farbe saugt ihr heißer Blick
Dem Jüngling von den Wangen, und verzehrt den Mann.
An meinem Bette sitzt sie manche Mitternacht,
Gleich einer Buhlerin, der man überdrüssig ist.
Den Rücken ihr zukehrend blinz ich seufzend nur,
Sooft die Glocke wieder schlägt, nach dem Gespenst,
Ob es noch sitzt — es sitzt bis der Morgen graut!

Seit Wochen hatt ich Ruh vor ihr, bis gestern nacht;
Da trat sie schadenfroher Miene vor mich hin,
Unheilverkündend, und wohl weiß ich, was sie meint:
Es ist das Wort, das ich dir auf der Straße jüngst
Am lichten Tag gegeben, nicht entging es ihr —
Gib eilig, Bester, mir's zurück, wenn du mich liebst!

L. RICHTERS KINDER-SYMPHONIE
als Hochzeitsgeschenk

für Marie Hocheisen, geb. v. Breitschwert

(Ein nicht genug bekanntes Kunstblatt des vortefflichen Meisters; Lithographie mit leichter Färbung, Querfolio. — Eine Anzahl Kinder, mehr ländlich als städtisch, in Werktagskleidung, hat sich dicht bei der Stadt am halbverfallenen Zwinger versammelt, wo sie, ganz unter sich, Musik machen. Mit Ausnahme eines ältern Knaben, der eine wirkliche Geige spielt, hat jedes nur ein Kinderspielzeug, oder ein zufällig gefundenes Surrogat für das betreffende Instrument, einen Trichter, eine Gießkanne und dergleichen in Händen. Der Violinist und ein zweiter Knabe, sowie das älteste Mädchen, welches mit letzterem zusammen singt, haben den edelsten musikalischen Ausdruck auf dem Gesicht. Unmittelbar hinter der Versammlung ist Wäsche zum Trocknen aufgehängt und bildet eine Art von künstlerischer Draperie. — Die nicht genannte Stadt ist Biberach, woselbst der Vater des Bräutigams als erster Geistlicher lebt.)

Hier, Liebwerteste, seht ihr einen kleinen
Dilettantenverein, ungleich an Kräften,
Und teilweise versehn mit Tonwerkzeugen,
Die dem Hörenden bange machen könnten.

Ein symphonisches Stück mit Singpartieen
Gilt's, und zwar noch der ersten Proben eine.
Vom andächtigen Klarinett herunter
Bis zum Rätschchen und Vater Haydns Kuckuck
Tut ein jedes nach seinem Kunstvermögen.
Baßposaune, Trompete lasten sichtlich
Auf der schmelzenden Bratsche; offenbar auch
Kommt die Sängerin schon nicht mehr zum Worte;
Doch nichts bringt den Direktor aus der Fassung.

Sagt, und wären euch denn die guten Kinder
Völlig fremd? es entdeckte wirklich niemand
Ein bekanntes Gesichtchen hier? — Nun also
Wißt: Landsleute sind's unsres vielgeehrten
Bräutigams! — wie ich näher gleich erkläre.

Denn ich selber, mit einem Dresdner Freunde,
Der verwichenen Herbst sich gern, als Maler,

Unser Schwaben einmal beschauen wollte,
War zufälliger Zeuge dieser Szene,
Als wir beide, von Friedrichshafen kommend,
Vor dem Städtchen im Rißtal, das ihr kennet,
In Erwartung des Vier-Uhr-Zuges müßig
Hin und her um die alten Mauern strichen.
Leider waren des Herrn Dekans Hochwürden
Damals eben verreist, er hätte sonst wohl
Uns im kühligen Haus bei sich ein Fäßlein
Angestochen des edlen Kraftgebräudes,
Das sein heimatlich Ulm ihm zollt alljährlich.

Nun, beim äußersten Häuschen an der hintern
Grabenmauer ist gar ein stiller Winkel.
Eine Witwe, des Kantors selig, wohnt dort
Mit drei Kindern. Der eine Sohn ererbte
Seines Vaters geliebte Geige, aber
Alle dreie von seinen Gaben etwas.

Unvollständig noch, als wir kamen, lärmte,
Sang und pfiff das Orchester durcheinander:
Für die Fehlenden spielte die gesamte
Junge Nachbarschaft mit, und nicht nach Noten.
Doch verstummend auf unsern Wink mit einmal
Wich das wirre Getös dem hellen Goldklang
Einer himmlischen Mädchenstimme, wie wenn
Nachts aus krausem Gewölk des Mondes Klarheit
Tritt, ein Weilchen die reine Bahn behauptend.
Aber nimmer beschreib ich dieser Kehle
Herzgewinnenden Ton, noch jenes Lächeln,
Das verschämt um die frischen Lippen schwebte,
Noch den wonnigen Ernst, mit dem der Geiger
Ihr zunächst sie begleitete, der Bruder;
Neigend beide das Haupt nach *einer* Seite,
Wie zwei Wipfel, geneigt von *einem* Hauche,
Seelenvoll dem beseelten Zuge folgend.
— Und was sang sie? Die Worte ließen unschwer
Einen bräutlichen Festgesang erkennen.
Doch mir fiel nicht von weitem ein zu fragen,
Ob dergleichen denn wirklich wo im Werk sei?
Und wir hatten auch nicht lang Zeit: denn während

Wir in herzlicher Rührung horchend standen —
Ludwig Richter und ich und ein vergnügter
Ulmer Spatz, mit noch andern wackern Tierchen —
Scholl die höllische Pfeife her vom Bahnhof.
Rasch nur küßt ich das süße Kind (Freund Richter,
Immer praktischer, zog den Beutel, das ich
Traun im Taumel beinah vergessen hätte) —
Und so rannten wir fort, und Stuttgart zu ging's.

Kaum nach Hause gelangt vernahm ich staunend,
O Marie, was sich mit dir begeben.
Holde, liebliche Botschaft, deren Wohllaut
Mir weissagend das Ohr voraus berührte!
„Heil!" so klingt es aus Kindermund noch helle
Mir im Sinn, und in ihrem Namen ruf ich
Heil, o Freundliche, dir und deinem Liebsten!
— Zwar sie hofften, so hör ich, hier im Saale
Heut, sonntäglich geputzt, mit Bändern und mit
Blumensträußen, geführt vom Herrn Provisor,
Ihre Sache vor euch zu produzieren.
Doch das sollte nicht sein, man fand den Einfall
Doch am Ende zu kühn, die Fahrt kostspielig.

Laßt euch denn, als Ersatz aus Richters Mappe,
Diese stille Musik hier auch gefallen —
Eine Probe nur freilich, aber war nicht
Stets den Liebenden selber ihres Glückes
Vorbereitung so süß wie die Erfüllung?

ERZENGEL MICHAELS FEDER

I

Weil schon vor vielen hundert Jahren,
Da unsre Väter noch Heiden waren,
Unser geliebtes Schwabenland
So lustig wie ein Garten stand,
So sah der Teufel auch einmal
Vom Michelsberg ins Maiental
Und auf das weit bebaute Feld.
Er sprach: „Das ist ja wohlbestellt;

Hier blüht, wie einst im Paradies,
Der Apfelbaum und schmeckt so süß.
Wir wollen dieses Gartens pflegen,
Und soll sich erst kein Pfaff drein legen!"
— Solch Frevelwort des Satans hört
Der Herr im Himmel ungestört,
War aber gar nicht sehr ergetzt,
Daß sich der Bock zum Gärtner setzt.
Er sandte Bonifazium
Damals im deutschen Reich herum,
Daß er, des heiligen Geistes voll,
Den himmlischen Weinstock pflanzen soll;
So rückt' er nun auch zum Michelsberg.
Das kam dem Satan überzwerch,
Tät ihm sogleich den Weg verrennen,
Ließ den Boden wie Schwefel brennen,
Hüllet' mit Dampf und Wetterschein
Das ganze Revier höchst grausam ein,
Ging selber auf den Heiligen los,
Der stand aller irdischen Waffen bloß,
Die Hände sein zum Himmel kehrt',
Rief: „Starker Gott! leih mir ein Schwert!"
Da zückt herab wie ein Donnerstreich
Erzengel Michael sogleich.
Sein Flügel und sein Fußtritt dämpft
Das Feuer schnell, er ficht und kämpft,
Und würgt den Schwarzen blau und grün,
Der hätte schier nach Gott geschrien;
Schmeißt ihn der Engel auch alsbald
Kopfunter in den Höllenspalt;
Schließt sich der Boden eilig zu,
Da war's auf Erden wieder Ruh,
Die Lüfte flossen leicht und rein,
Der Engel sah wie Sonnenschein.
Unser Heiliger bedankt sich sehr,
Möcht aber noch ein Wörtlein mehr
Mit dem Patronen gern verkehren;
Des wollte jener sich erwehren,
Sprach: „Jetzo hab ich keine Zeit."
Da ging Herr Bonifaz so weit,
Daß er ihn faßt' an seiner Schwingen,

Der Engel ließ sich doch nicht zwingen,
War wie ein Morgenrauch entschlüpft.
Der Mann Gottes stund sehr verblüfft.
Ihm war, wie er mit dem Erzengel rang,
Eine Feder, gülden, schön und lang,
Aus dem Fittig in der Hand geblieben.
Flugs tät er sie in Mantel schieben,
Ging eine Strecke fort und sann:
Was fang ich mit der Feder an?

Nun aber auf des Berges Rand
Ein kleiner Heidentempel stand,
Noch in der letzten Römerzeit
Luna, der Mondsgöttin, geweiht,
Von Trephon, dem Feldhauptmann.
Da nahm Bonifaz ein Ärgernis dran,
Ließ also das Bethaus gleich fegen und lichten,
Zur christlichen Kapell herrichten,
Und weihte sie auch auf der Stell
Dem teuren Erzengel Michael.
Sein Bild, übern Altar gestellt,
Mit der rechten Hand die Feder hält,
Die dann bei mancher Pilgerfahrt,
Noch bis heute, hoch verehret ward.

Zu guter Letzt ich melden will:
Da bei dem Berg liegt auch Tripstrill,
Wo, wie ihr ohne Zweifel wißt,
Die berühmte Pelzmühl ist.

II

Es war ein Kaufherr zu Heilbronn,
Fürwahr ein halber Salomon;
Mit seinen Talern hätt man mögen
Den Markt wohl zwiefach pflästern und legen;
Zwar seines Glaubens nur ein Jüd,
Jedoch ein echt und fromm Gemüt,
Machte manchen Christenbettler satt.
Er hatte drei Häuser in der Stadt,
Indes er selbst das ganze Jahr,

Oft über Meer, verreiset war.
Weil aber in guter Christen Mitte,
Sein Volk damals viel Tort erlitte,
Ließ Herr Aaron seiner Frauen
Auf dem Land ein Schlößlein bauen,
Ringsum mit Wiesen, See und Wald,
Zur Sommerzeit ein Aufenthalt.
Zu alldem sah sein jung Gemahl
Nur wie das Klagweib im Hochzeitssaal,
Ging weder fischen, weder jagen,
Ließ sich auch nicht vom Maultier tragen
Durch Berg und Wald, das Dorf entlang,
Wollte kein Saitenspiel, noch Gesang:
Denn ihr einzig Kind, ein Mägdlein zart,
Wie ein Fürstenblut so schön von Art,
War leider taub und stumm geboren,
Auch Kunst und Hoffnung ganz verloren.

Als nun das Mägdlein endlich groß,
Einer Lilie gleich aufschoß,
Ging es und ritte manches Mal
Ohne Diener durchs Wiesental.
Dann sprachen die Leute insgemein:
„Seht da, des Sultans Töchterlein!"
War weiß von Haut und schwarz von Haar,
Mit Ringeln deckt's den Nacken gar.
Ihr Auge, hell und lauter ganz,
Sah munter drein beim Schäfertanz;
Ihr roter Mund zwar red'te nicht,
Konnt aber lachen inniglich.

Einsmals schön Rahel saß allein
Beim Birkenwald am grünen Rain,
Dacht einem Traumgesichte nach,
Darin ihr Gott der Herr versprach,
Treu und wahrhaft, durch Engelsmund:
Sie sollte werden ganz gesund,
Wenn sie ihm täte dies und das —
Sie wußte leider nicht mehr was.
Hätt sie's gewußt, sie könnt's nicht sagen,
Müßt es ewig bei sich selber tragen.

Das fiel ihr nun aufs Herz so schwer,
Daß sie seufzet laut und weinet sehr.
Nun kam den Pfad ein Büblein her,
Dem war die Rahel wohlgesinnt,
Es war des Juden Pächters Kind,
Kam von der Synagoge warm,
Hatt Buch und Täflein unterm Arm.
Sie macht ihm Platz an ihrer Rechten,
Lehrt ihm ein lustig Kränzlein flechten,
Am Bach da hatt's der Blumen viel.
Der Tag war aber gar zu schwül:
Der Knabe nickt, dann schläft er ein,
Schön-Rahel sitzt für sich allein.

Sie kriegt des Knaben Buch zur Hand,
Davon sie leider nichts verstand,
Sie nimmt das Täflein auf den Schoß,
Da wurden ihr die Tränen los.
Mit Händen deckt sie ihr Gesicht,
Sie bet't im stillen und weiß es nicht.
Und wie sie wieder aufgeblickt,
Ein frisches Aug ins Blaue schickt —
Vom Michelsberg was blinkt so hell,
Als wie das Kreuz auf der Kapell?
Streicht es nicht durch die Luft daher?
Kommt es nicht nah und immer mehr?
Ein Vogel, ei! ein Schwälblein hold!
Im Schnabel hat's ein klares Gold.
Der Jungfrau legt's, o Wunder, sieh!
Eine güldne Feder auf ihr Knie,
Fliegt auf den nächsten Erlenbaum:
Der Jungfrau ist es als ein Traum.
Wie wird es ihr im Geist so licht!
Sie weiß ihr ganzes Traumgesicht!
Ihr klinget, was der Engel sprach,
Hell, wie Gesang, im Herzen nach.
Im Taumelsinn, in seliger Hast,
Hat sie den güldnen Kiel gefaßt:
Er lebt und schreibt, kaum hält sie ihn,
So rasch geht's übers Täflein hin,
Mit goldiger Hebräerschrift

(Wohl feiner denn mit Schieferstift!):
„Schön-Rahel! Friede sei mit dir!
Der ewig Vater grüßt dich hier,
Will lösen deiner Zunge Band,
Auftun dein Ohr mit seiner Hand,
So du mit Vater und Mutter dein
Dem Heiland willt zu eigen sein."

Die Feder ruht; das Schwälblein keck
Fliegt ab dem Baum und nimmt sie weg,
Und auf und fort in einem Nu,
Dem Michelsberg da wieder zu.

Indessen war der Knab erwacht,
Nahm auch das Wunder wohl in acht.
Die Jungfrau winket ihm aufzustehn,
Alle beide still nach Hause gehn.
Wie sie noch wenig Schritt vom Hofe,
Entgegen rennet schon die Zofe,
Bedeutend, daß der Vater kommen.
Von tausend Freuden übernommen
Jetzt eilet das glückselig Kind
Ins Haus noch zehnmal so geschwind.
Herr Aaron stund just in der Tür,
Faßt sie in Arm, sie zittert schier,
Sie dringet ihm das Täflein auf,
Dann eilet sie in *einem* Lauf,
Holt ihre Mutter in den Saal,
Herzet und küßt sie tausendmal,
Winket des Pächters Kind herbei,
Das sagt, was all geschehen, frei.
Der Alte liest und staunt und schweigt,
Seiner Frauen dar das Wunder reicht,
Und murmelt für sich unbewußt;
Schlägt dann laut an seine Brust,
Und ruft: „Dein Knecht, Herr, ist nicht wert,
Daß ihm so Großes widerfährt!
Ich seufzet' oft in Nächten tief
Nach deines Sohnes Heil und rief,
Doch Zweifels Angst und Spott der Welt
Hat mir so teures Licht verstellt;

Ich war verstocket, taub und blind:
Muß mich noch retten mein armes Kind!
Dafür sei Preis und Ehre dein!
Laß mich jetzt auch der erste sein,
So brünstig dir, Herr Jesu Christ,
Weh! die durchgrabnen Füße küßt!
Und wie, zu deinem Stern gewandt,
Drei Könige aus Morgenland
Dir brachten Myrrhen, Weihrauch, Gold:
Vergönne, daß dein Knecht dir zollt,
Was alles du seit so viel Jahren
Durch ihn der Kirche wollen sparen!
— O du, an deines Sohnes Seite,
Vertritt uns, Mutter, benedeite!"
So sprach Herr Aaron jenen Tag;
Hört an, was weiter werden mag.
Zu Pfingsten, früh vor Tage schon,
Zieht, groß und lang, eine Prozession
Mit hellen Kerzen ohne Zahl
Langsam dahin durchs grüne Tal,
Söhne und Töchter Israel,
Zum Berg des Engels Michael.

Zuvorderst tät Herr Aaron gehn
Mit seiner Frauen und Rahel schön;
Kam hierauf seine Dienerschaft,
Lobpreisend Gottes Wunderkraft,
Aber zuletzt, in langen Reihn,
An die zweihundert seiner Gemein:
Die kamen nicht, zu sehn und zu gaffen,
Sondern geschlagen von Gottes Waffen,
Wollten sich alle taufen lassen.
Das Kirchlein nicht ein Drittel faßt
Der Meng, so an den Pforten paßt.

Jetzo die Orgel hell erklingt,
Man freudig Hallelujah singt.
Dann, voller Demut, holder Sitte,
Schön-Rahel vor den Taufstein schritte.
Ihr Haupt gebeuget und ihr Knie,
Empfänget Bad und Segen sie.
Und als der Priester feierlich

Sprach: „Gotteskind, ich taufe dich,
So jetzo *Dorothea* heißt,
Auf Vater, Sohn und Heiligen Geist —
Glaubst du an des Dreieinigen Namen?"
Schön *Dorothe'* sprach: „Ja und Amen."

AN GRETCHEN

Jüngst, als unsere Mädchen, zur Fastnacht beide verkleidet,
 Im Halbdunkel sich scheu erst an der Türe gezeigt,
Dann sich die Blonde als Schäferin dir, mir aber die kleine
 Mohrin mit Lachen zumal warf in den offenen Arm,
Und du, Liebste, von fern mein Gefühl nicht ahnend, ins Ohr
 (Der ich verblüfft dasaß) flüstertest „lobe sie doch" —: [mir
O wie gedacht ich der Zeit, da *diese* nicht waren, und *wir* uns
 Beide noch fremd, ja du selber noch hießest ein Kind.
Einst und jetzt im Wechsel — ein fliegender Blitz der Gedanken
 Machte mich stumm, und hoch wallte vor Freuden mein Herz.

HERMIPPUS
An Karl Wolff, Rektor des Katharinenstifts

Stuttgart 1860

Seltsames wird von Hermippus, dem römischen Weisen, dem
 Pfleger
Weiblicher Jugend, erzählt, Glaubliches doch, wie mir deucht.
Hundertundfünfzehn Jahre, so liest man, vom stärkenden An-
Kindlicher Lippen genährt, lebte der treffliche Greis. [hauch
Dort in geschlossener Halle, die er zur Schule den Mädchen
 Selber gegründet, auch wohl öfter im Gärtchen am Haus
Sah man ihn Tag für Tag, vom Morgen zum Abende tätig,
 Bei dem bescheidenen Brot seiner Minerva vergnügt.
Rundum zu Füßen ihm saß, in pergamentenen Rollen
 Lesend ein Teil, ein Teil still mit dem Griffel bemüht.
Aber der kleineren eins hielt er in holder Umarmung
 Allzeit selbst auf dem Schloß (immer das ärmste zuerst).
Goldene Sprüche der Alten und liebliche Rhythmen der Dichter,
 Die es gelernt, hört' er, leis ihm der Reihe nach ab.
Und vom Munde des Mädchens den Hauch, wie Frühlingsatem
 Herzerfrischend, empfing er in die welkende Brust.

Also fristet' Asklepios ihm die gesegneten Tage.
 Aber der Parze zuletzt weicht auch der Himmlischen Rat.
— Als er nun tot im Portikus saß in dem steinernen Sessel,
 Noch vom Mantel, den er gestern getragen, umhüllt,
Kamen aus jedem Quartiere der Stadt unmündige Kinder,
 Jungfraun, Mütter, in Eil, edle Matronen, herbei,
Ihren Hermippus noch einmal zu sehn, den Geweihten der
 Götter,
Kamen und standen von fern, sonder Entsetzen, um ihn,
 Ehrend so heiligen Schlaf mit Schweigen. Und einige kränzten
 Mit Hyazinthen sein Haupt, Veilchen auch deckten den
 Schoß.
Lieblicher war nicht Homerus geschmückt von den Fingern der
 Milderes Have war keinem hinuntergefolgt. [Musen,

Aber wozu *dir* dies, mein Lykos? — Bester, versteh mich;
 Lang ist die Kunst, und lang messe dein Leben der Gott!
Zwar noch ist es nicht eben an dem gar, daß du der Künste
 Unseres Römers bedarfst, aber sie kommt dir, die Zeit,
Laß mich's hoffen! — gewiß. Dann, wenn die Locke dir schnee-
 Hängt und der Bart, wer ist besser geborgen als du? [weiß
Doch ich seh es im Geist, du wirst an Würden und Ehren
 Reich, vor den Neunzigen schon heiterer Ruhe dich freun.
Still im eigenen Haus hast du, im eigenen Gärtlein
 Sitzend, ein blühendes, lernlustiges Häufchen zur Hand.
Zwar längst nimmer den Enkel, doch Söhne und Töchter des
 Auf den Knien, trinkst du Fülle des Lebens in dich. [Enkels

Anmerkung: Thomas Reinesius, ein Gelehrter des 17. Jahrhunderts, gibt in seiner Sammlung römischer Altertümer von einem interessanten Monumente Nachricht, dessen Echtheit er übrigens nicht verbürgen will. Dasselbe hat folgende Inschrift:

<pre>
        ÆSCULAPIO · ET · SANITATI
         L · CLODIUS · HERMIPPUS
    QUI · VIXIT · ANNOS · CXV · DIES · V
           PUELLARUM · ANHELITU
        QUOD · ETIAM · POST · MORTEM
                    EIUS
       NON · PARUM · MIRANTUR · PHYSICI
       IAM · POSTERI · SIC · VITAM · DUCITE.
</pre>

Vgl. hiezu: „Der wiederauflebende Hermippus oder curiose physicalisch-medicinische Abhandlung etc., von J. H. Cohausen, 1752."

BILDER AUS BEBENHAUSEN*

1

Kunst und Natur

Heute dein einsames Tal durchstreifend, o trautestes Kloster,
Fand ich im Walde zunächst jenen verödeten Grund,
Dem du die mächtigen Quader verdankst und was dir zum
  Schmucke
Deines gegliederten Turms alles der Meister verliehn.
Ganz ein Gebild des fühlenden Geistes verleugnest du dennoch
Nimmer den Mutterschoß drüben am felsigen Hang.
Spielend ahmst du den schlanken Kristall und die rankende
  Pflanze
Nach und so manches Getier, das in den Klüften sich birgt.

2

Brunnen-Kapelle am Kreuzgang

Hier einst sah man die Scheiben gemalt, und Fenster an Fenster
Strahlte der dämmernde Raum, welcher ein Brünnlein um-
  schloß,
Daß auf der tauenden Fläche die farbigen Lichter sich wiegten,
Zauberisch, wenn du wie heut, herbstliche Sonne, geglänzt.
Jetzo schattest du nur gleichgültig das steinerne Schmuckwerk
Ab am Boden, und längst füllt sich die Schale nicht mehr.
Aber du zeigst mir tröstlich im Garten ein blühendes Leben,
Das dein wonniger Strahl locket aus Moder und Schutt.

3

Ebendaselbst

Eulenspiegel am Kreuzgang, was? der verrufne Geselle
Als Gurtträger? Und wem hält er sein Spiegelchen vor?

---

* Zisterzienser-Abtei mit einem Weiler, eine Stunde von Tübingen,
gegenwärtig Sitz eines Forstamts. Das ehmalige Gasthaus des Klosters, wo der Verfasser einige Wochen zubrachte, ist das Geburtshaus
des Naturforschers C. F. v. Kielmeyer, Eigentum und Sommeraufenthalt der Familie desselben.

Einem entrüsteten Mönch, der ganz umsonst sich ereifert;
Immer nur lachet der Schalk, weist ihm die Eule und lacht.

4

Kapitelsaal

Wieder und wieder bestaun ich die Pracht der romanischen
Herrliche Bogen, auf kurzstämmige Säulen gestellt. [Halle,
Rauh von Korn ist der Stein, doch nahm er willig die Zierde
Auch zu der Großheit auf, welche die Massen beseelt.
Nur ein düsteres Halblicht sendet der Tag durch die schmalen
Fenster herein und streift dort ein vergessenes Grab.
Rudolph dem Stifter, und ihr, Mechthildis, der frommen, ver-
                                                                                   gönnte
Dankbar das Kloster, im Port seiner Geweihten zu ruhn.

5

Sommer-Refektorium

Sommerlich hell empfängt dich ein Saal; man glaubt sich in
                                                                                    einem
Dom; doch ein heiterer Geist spricht im Erhabnen dich an.
Ha, wie entzückt aufsteiget das Aug im Flug mit den schlanken
Pfeilern! Der Palme vergleicht fast sich ihr luftiger Bau.
Denn vielstrahlig umher aus dem Büschel verlaufen die Rippen
Oben und knüpfen, geschweift, jenes unendliche Netz,
Dessen Felder phantastisch mit grünenden Ranken der Maler
Leicht ausfüllte; da lebt was nur im Walde sich nährt:
Frei in der Luft ein springender Eber, der Hirsch und das Eich-
                                                                              horn;
Habicht und Kauz und Fasan schaukeln sich auf dem Ge-
                                                                                 zweig.
— Wenn von der Jagd herkommend als Gast hier speiste der
                                                                           Pfalzgraf,
Sah er beim Becher mit Lust über sich sein Paradies.

6

Gang zwischen den Schlafzellen

Hundertfach wechseln die Formen des zierlich gemodelten
                                                             Estrichs
  Auf dem Flur des Dorments, rötlich in Würfeln gebrannt:
Rebengewinde mit grüner Glasur und bläulichen Trauben,
  Täubchen dabei, paarweis, rings in die Ecken verteilt;
Auch dein gotisches Blatt, Chelidonium, dessen lebendig
  Wucherndes Muster noch heut draußen die Pfeiler begrünt;
Auch, in heraldischer Zeichnung, erscheint vielfältig die Lilie,
  Blume der Jungfrau, weiß schimmernd auf rötlichem Grund.
Alles mit Sinn und Geschmack, zur Bewunderung! aber auch
                                                             alles
Fast in Trümmern, und nur seufzend verließ ich den Ort.

7

Stimme aus dem Glockenturm

Ich von den Schwestern allein bin gut katholisch geblieben;
  Dies bezeugt euch mein Ton, hoff ich, mein goldener, noch.
Zwar ich klinge so mit, weil ich muß, sooft man uns läutet,
  Aber ich denke mein Teil, wißt es, im stillen dabei.

8

Am Kirnberg

Hinter dem Bandhaus* lang hin dehnt sich die Wiese nach
                                                               Mittag,
  Längs dem hügligen Saum dieser bewaldeten Höhn,
Bis querüber ein mächtiger Damm sich wirft wie mit grünem
  Sammet gedeckt: ehdem faßte das Becken den See,
Welcher die Schwelle noch netzte des Pförtleins dort in der
  Wo am eisernen Ring spielte der wartende Kahn. [Mauer,
Sah ich doch jüngst in der Kirche das Heiligenbild mit dem
                                                               Kloster

---

* Küferei und Speicher.

Hinten im Grund: tiefblau spiegelt der Weiher es ab.
Und auf dem Schifflein fahren in Ruh zwei Zisterzienser,
Weiß die Gewänder und schwarz, Angel und Reuse zur
Hand.
Als wie ein Schattenspiel, so hell von Farben, so kindlich
Lachte die Landschaft mich gleich und die Gruppe mich an.

9

Aus dem Leben

Mädchen am Waschtrog, du blondhaariges, zeige die Arme
Nicht und die Schultern so bloß unter dem Fenster des Abts!
Der zwar sieht dich zum Glück nicht mehr, doch dem artigen
Forstmann
Dort bei den Akten bereits störst du sein stilles Konzept.

10

Nachmittags

Drei Uhr schlägt es im Kloster. Wie klar durch die schwülige
Stille
Gleitet herüber zum Waldrande mit Beben der Schall,
Wo er lieblich zerfließt, in der Biene Gesumm sich mischend,
Das mich Ruhenden hier unter den Tannen umgibt.

11

Verzicht

Bleistift nahmen wir mit und Zeichenpapier und das Reißbrett;
Aber wie schön ist der Tag! und wir verdürben ihn so?
Beinah dächt ich, wir ließen es gar, wir schaun und genießen!
Wenig verliert ihr, und nichts wahrlich verlieret die Kunst.
Hätt ich auch endlich mein Blatt vom Gasthaus an und der
Kirche
Bis zur Mühle herab fertiggekritzelt — was ist's? [
Hinter den licht durchbrochenen Turm, wer malt mir dies süße,
Schimmernde Blau, und wer rundum das warme Gebirg?
— Nein! Wo ich künftig auch sei, fürwahr mit geschlossenen
Augen
Seh ich dies Ganze vor mir, wie es kein Bildchen uns gibt.

„LANG, LANG IST'S HER."*
An Auguste Stark, geb. Mährlen, zu ihrer Hochzeit

Es gibt ein altes Liebeslied, vom Norden kommt's,
Wie ferne Glockenlaute, oder wie am Strand
Eintönig sanfter Wellenschlag sich wiederholt,
Dem man so gern, vergangner Zeiten denkend lauscht;
Denn endlos, süßer Wehmut unersättigt, kehrt
Das immer gleiche Wort zurück: Lang, lang ist's her.
— Du kennst es wohl, und nie vielleicht so lieblich mehr
Als jenen Tag aus deinem Munde hören wir's.

Wie kommt es doch, daß mitten hier im lauten Schwarm
Entzückter Gäste, die dein Fest versammelt hat,
Mir insgeheim die schlichte Weise immerdar
Im Ohre flüsternd liegen muß: Lang, lang ist's her —?
— Nachdenklich auch und wie der Gegenwart entrückt
Auf Augenblicke seh ich deinen Vater dort,
Den Freund, mit dem ich jung gewesen und bei dem
Das Herz mir immer jung aufgeht, so alt es sei.
Was wir erstrebt, genossen beide und verschmerzt,
In tausend Bildern drängt sich's vor die Seele mir:
Des Scherzes Fülle, dicht am Ernst, und Lieb und Haß,
Bei vielem Irrtum vieles doch, das nicht getäuscht.
— Ihm selber aber, wie muß ihm zu Sinne sein,
Die Tochter heut an eines edeln Mannes Hand
Zu sehn, dein liebes Haupt, o Kind, bekränzt von Ihr,
Die lächelnd uns in deiner bräutlichen Gestalt
Der eignen Jugend Blüte wieder schauen läßt!

Nun wendet sich dein Lebensweg; du gehst von uns,
Fernhin, wo dir ein trauter Herd bereitet ist,
Und manches Auge sieht dir schwer von Tränen nach.
— Noch steht die Sonne dieses Tags am Himmel und
Noch heißt es Heute; wenn dies Heute Gestern heißt,
Wie anders liegt die Welt bereits vor deinem Blick!
— Und Jahr um Jahr vergeht gemach mit Eile so.
Ihr Inhalt ist zur Hälfte kaum des Menschen Wahl,
Die andre ruht in ewiger Mächte Liebesrat.

* Irisches Volkslied: „Long, long ago."

Wenn du an des Geliebten Seite künftighin
Des heutigen Fests Gedächtnis ohne uns begehst,
Wenn ihr in diesen gästereichen, heitern Saal
Euch einmal wieder ganz versetzt im Geist, und all
Die freundlichen Gesichter hier sich neu vor euch
Beleben zwischen Blumenschmuck und Gläserklang:
Dann laß zur stillen Abendstunde kerzenhell
Dein Zimmer sein und hell erleuchtet dein Klavier.
Sing ihm das alte Liedchen, das sich nie verlernt:
Lang, lang ist's her. — Was dir sein Kuß, sein Händedruck
Drauf sagen wird mit Schweigen — braucht's der Worte noch?
Daß unveraltet Liebe doch und Treue bleibt,
Was auch der Zeiten Wandel sonst hinnehmen mag.

CHARIS UND PENIA

A:

Seht doch den Schläfer dort ins Gras gestreckt!
Es ist des Gauklers Sohn, der schöne Knabe,
Den gestern wir so lieblich tanzen sahn.
Für jetzt das seidne Jäckchen abgeworfen,
Den Schatten suchend vor der Mittagssonne,
Warf er sich in des Wirtes Garten, faul,
Hier unter den Syringenbusch.

B:

Frei, losgebunden ruht ein jedes Glied;
Nur bei den Knöcheln schmiegen sich die Füße,
Das rote Paar der Stiefeln, umeinander,
Dem Blütenknopfe des Granatbaums gleich,
Der eben aufzubrechen willens ist;
Es scheinen seine Füße wie zum Tanz
In jedem Augenblicke sich zu öffnen.

C:

Es ist, als atmen sie im Schlafe selbst
Den holden Geist des Tanzes! Ja gewiß,
Er träumt Musik zu hören.

A:

Aber seht,
Wie rührend spricht aus diesen fremden Zügen
Jetzt offne, reine Menschlichkeit sich aus!
Bajazzos rohe Stimme ist entfernt,
Die Peitsche, die zum Scherze, doch empfindlich
Den Kleinen traf, der sich zum Lachen zwang.

B:

Ich weck ihn auf! und stürzt er auch im Traum
Von seinem Seil, er fällt ins weiche Gras.

Knabe *im Schlaf*:

No! No! per Dio santo! Mein ist die Wurst,
Du Immeldonnerwetter!

Die Freunde:

           Ach so! Das war's!
Nun, das ist lustig!

C:

           Er erwacht und hebt
Den Kopf; verstört, beschämt schaut er uns an.

B:

Komm, guter Junge, dort an unsern Tisch!
So recht — nur munter!
Magst du denn Wurst?

Knabe:

           Wurst? Si, cari Signori!
Gern das ik freß.

A:

           O Charis! o Penia!
Wie seid ihr einzig, wenn ihr euch umarmt!

ZWEI DICHTERISCHEN SCHWESTERN
von ihrem Oheim

Mit einer Randzeichnung, auf welcher an der Stelle der Endsilben ein
Band herunterlief, durch dessen abwechselnde Farben das Reimschema
angedeutet war

Heut lehr ich euch die Regel der Son — —.
Versucht gleich eins! Gewiß, es wird ge — —,
Vier Reime hübsch mit vieren zu versch — —,
Dann noch drei Paare, daß man vierzehn h — —.

Laßt demnach an der vielgeteilten K — —
Als Glied in Glied so einen Schlußring sp — —:
Das muß alsdann wie pures Gold erk — —;
Gewisse Herrn zwar hängen Klett an K — —.

Ein solcher findet meine schönen N — —
Bei diesem Muster. „Ah, Fräulein, Sie st — —!"
„O nein, Herr Graf, hier gilt es Silben z — —."

„Wirklich! Doch wenn die Lauren selber d — —,
Was soll Petrarca?" Der mag Strümpfe str — —.
Eins wie das andre ist für schöne S — —.

AN FRAU PAULINE v. PHULL-RIEPPUR
AUF OBER-MÖNSHEIM

Nacht für Nacht, mit dem Zwölf-Uhr-Schlag, auf gespenstigem
Rosse,
War der geharnischte Mann sonst vor dem Schlosse zu sehn;
Grollend dem fremden Geschlecht, das hier statt seiner gebietet,
Sucht' er die Brücke umsonst, welche zur Pforte geführt.
— Wunder! seitdem *du* waltest im Haus, erblickt man ihn
nimmer.
Hätte dein liebliches Bild endlich den Alten versöhnt?

AN X UND Y

Geistreich seid ihr, glänzend, wahrlich, daß ich euch bewundern
müßte,
Wenn sich nur bei euch nicht jede Zeile selber geistreich wüßte!

AN J. G. FISCHER
Mit Übersendung einer alabasternen Blumenvase, als er zum Ehren-
mitglied und Meister des freien deutschen Hochstifts in Frankfurt a.M.
ernannt wurde

Künftig, sooft man dem „Meister" den wohlerworbenen Lorbeer
Neu um die Schläfe, den zwiefältig gewundenen legt,
Oder im Lenz auch, wenn er die frühesten Rosen zum Opfer
Seinen Chariten weiht, denk er des Freundes dabei.

AUF DIE NÜRTINGER SCHULE
Herrn Rektor Köstlin

Einen Genius hast du der Welt in Schelling erzogen;
Dessen berühmest du dich, wackere Schule, mit Recht.
Hätte dir Schwaben nur mehr von solcherlei Samen zu senden,
Nicht am Gärtner fürwahr, daß er dir blühte, gebricht's.

AN FRÄULEIN LUISE v. BREITSCHWERT
Auf ein Bilderbuch mit Illustrationen zu dem *Stuttgarter Hutzelmännlein*, von ihr in Schwarz ausgeschnitten

O eine kleine Welt voll Leben! Kenn ich sie?
Den schwachen Umriß jener Träume, wie?
So konntest du ihn fassen, halten, schärfen?
— Sie müssen leibhaft sein! nun zweifl' ich selber nicht,
Da sie, bestrahlt von deinem Licht,
Entschiedne, holde Schatten werfen.

Freund Kerner legte sich, im Reiseschattensinn,
Ein Album an, da quetscht er Dintendolken drin,
Und zeichnet jeden Klecks nach seiner Phantasei
Mit wen'gem aus und freut sich wie ein Kind dabei:
Wird der nicht Augen machen, wenn er sieht,
Wie anders dir der Spaß geriet!

Doch ach, was biet ich nun der Künstlerin dagegen,
Wenn nicht etwa die *Lau* sich wird ins Mittel legen?

Der gute *Curt* möcht ich mit seinem Schatze sein:
Die Hälfte wenigstens, die goldne, wäre dein!*

AN FRAU LUISE WALTHER, GEB. v. BREITSCHWERT
zu ihrem Hochzeitstage

Wie manchen Morgen, frisch und wohlgemut,
Im lichten Sommerkleid, Feldblumen auf dem Hut,
Trat sie bei uns, die edle Freundin, ein,
Und wie sie kam, da war es Sonnenschein!

Als ob sie weiter gar nicht wollte oder wüßte,
Nur daß sie jedermann zur Freude dasein müßte,
So lebte sie in klarer Gegenwart,
Neidlos bei andrer Glück, die Lachende, die Feine;
Doch heimlich sah ich's oft in ahnungsvollem Scheine
Hoch über dieses Scheitels Reine
Wie einen sel'gen Stern, der seiner Stunde harrt.

Nun ist's geschehn! und mit verklärtem Blicke
Von ihres Lebens Gipfel lächelt sie;
Es war geschehn, kaum weiß sie selber wie,
Denn jäh erfüllen sich die himmlischen Geschicke.

DER FRAU GENERALIN v. VARNBÜLER
Vorsteherin des Katharinenstifts
Nach ihrer Rückkehr von der Kaltwasser-Heilanstalt zu Herrenalb,
bei Überreichung der Photographien sämtlicher Pensionärinnen gesprochen von einer derselben

Stuttgart 1853

Das edle, das geliebte Angesicht
Nun wiedersehend, ach, wie fang ich's an,
In Worte würdig unseren Willkomm
Zu fassen, bei des Herzens Ungestüm?

Dieselbige, wie wir dich immer kannten,
Kamst du zurück, dein gütig Auge sagt's,

---

* Curt, ein alter ehrlicher Diener in dem Märchen, der von der Wasserfrau einen Perlenschmuck und eine goldene Schere bekam.

Der Liebe aber ist's, der Ehrfurcht eigen,
Daß sie, nach kurzem Fernesein, befangen,
Verwirrt vor ihrem Gegenstande steht,
Gleich als vor einem ungewohnten Gast,
Wenn uns sein stiller Blick mit Lächeln prüft.

Dieselbe, ja du bist es, teure Mutter!
Nur trägt dein Antlitz, o wie hell, die Spur
Der Heiligen, die dich berührt! Umsonst
Nicht fleht man ihr; sie wirft dem Wagenden
Aus eisiger Nacht die tauende Rose zu.

Wir waren oft bei dir, du glaubst es kaum,
Leibhaftig eben nicht; doch wenn du pflegtest,
Im Tannenschatten auf das Moos gebettet,
Balsamische Luft zu atmen, zweimal täglich,
Elise dir zur Seite mit viel andern,
Da kamen wir, zu leichten Traumgestalten
Verkleinert, schlüpften durch die hohen Äste
Mit jenen runden Lichtern leis herab,
Die deines Kleides Saum und Hand und Schultern
Zudringlich küßten. Kanntest du sie nicht?
— Wenn nun die ganze Schar in einen Rahmen
Gefangen, eins am andern, dicht gedrängt,
Sich wieder zeigte — ob du sie wohl kennst?

AN FRÄULEIN ELISE v. GRÄVENITZ
Aus Anlaß einer Maskerade, bei der sie in Gestalt einer Distel erschien, zugleich mit ihr die Maske des verwandelten Zettel, Webers, im *Sommernachtstraum*

Der jungen Rose fiel es ein,
Auf einem Blumen-Maskenballe
In jener Feengartenhalle
Bescheiden eine Distel zu sein.

Getäuscht von der Metamorphose,
Macht sich ein Herrchen gleich herbei,
Im grünen Frack und gelber Hose,
Ein ganzer Esel, meiner Treu!
Seht nur die wunderbaren Gesten,

Wie ihm das Herz im Leibe lacht!
Die Schöne denkt, den hab ich nun zum besten!
Und hätte sich beinah zu grün gemacht.
— Auf einmal stutzt er, schnüffelt in die Luft:
Er wittert wahrlich Rosenduft.
Gebt acht, nun schleicht er traurig sich beiseite,
Für seinesgleichen ist das schlechte Weide.
— Doch nein, er weilt entzückt, seht her!
Der hat Verstand, trotz seiner langen Ohren!
Und hat er morgen keinen mehr,
Begreif ich's, wie er ihn verloren.

AN EDUARD WEIGELIN
bisher Professor am Katharinenstift
Bei seinem Austritt aus der Anstalt

Freund! dein heiterer Blick und deine gelassene Miene [dir
Heißt uns die Klage des Abschieds sparen; doch tief in der Brust
Selber bewegt sich das männliche Herz. Wer möcht es ihm
                                                                                  wehren?
Denn du verlässest das Haus, das dir wie dein eigenes lieb war,
Dem du die Blüte der Jahre geweiht im redlichen Tagwerk.
Aber glücklich genug, der still sich dessen bewußt ist!
Siehe, die Zeit kommt auch, da *wir* weggehn nacheinander,
Ungern jeder fürwahr, doch keiner mit besserem Ruhme,
Noch von treueren Wünschen der dankbaren Liebe begleitet.

AN LOTTCHEN KREHL
Zum Geburtstag im Anfang Mai's

Ich hätte wohl, dein Haar zu zieren,
Ein Kränzchen, auch ein klein Gedicht;
Wie aber? ich will gratulieren,
Und weiß den Tag des Festes nicht!

Wenn ich es gleichwohl nun probierte,
Ich meint es drum nicht minder treu:
Ist's nicht der erste, dritte, vierte,
So feir ich dir den ganzen Mai.

Doch ach, was ist vom Mai zu singen?
Hier ist's noch winterlich bestellt;
Komm, Lottchen, uns den Mai zu bringen,
Dann blühen Garten, Haus und Feld!

WANDERLIED
(Melodie aus Aubers „Stummen von Portici")

Entflohn sind wir der Stadt Gedränge:
Wie anders leuchtet hier der Tag!
Wie klingt in unsre Lustgesänge
Lerchensang
        hier und Wachtelschlag!
Nun wandern wir und lassen gerne
Herrn Griesgram zu Haus;
Ein frischer Blick dringt in die Ferne
Nur immer hinaus!
Wir wandern bis der späte Abend taut,
Wir rasten bis der Morgen wieder graut.

Man lagert sich am Schattenquelle,
Wo erst das muntre Reh geruht;
Aus hohler Hand trinkt sich der helle
Kühle Trank
        wohl noch eins so gut,
Nun wandern wir usw.

ZITRONENFALTER IM APRIL

Grausame Frühlingssonne,
Du weckst mich vor der Zeit,
Dem nur in Maienwonne
Die zarte Kost gedeiht!
Ist nicht ein liebes Mädchen hier,
Das auf der Rosenlippe mir
Ein Tröpfchen Honig beut,
So muß ich jämmerlich vergehn
Und wird der Mai mich nimmer sehn
In meinem gelben Kleid.

AUF EINEM KIRCHTURM

Ein Glockentonmeer wallet
Zu Füßen uns und hallet
Weit über Stadt und Land.
So laut die Wellen schlagen,
Wir fühlen mit Behagen
Uns hoch zu Schiff getragen
Und blicken schwindelnd von dem Rand.

ZUM NEUJAHR
Mit einem Taschenkalender

An tausend Wünsche, federleicht,
Wird sich kein Gott noch Engel kehren,
Ja, wenn es so viel Flüche wären,
Dem Teufel wären sie zu seicht.
Doch wenn ein Freund in Lieb und Treu
Dem andern den Kalender segnet,
So steht ein guter Geist dabei.
Du denkst an mich, was Liebes dir begegnet,
Ob dir's auch ohne das beschieden sei.

AN MEINEN VETTER
Juni 1837

Lieber Vetter! Er ist eine
Von den freundlichen Naturen,
Die ich *Sommerwesten* nenne.
Denn sie haben wirklich etwas
Sonniges in ihrem Wesen.
Es sind weltliche Beamte,
Rechnungsräte, Revisoren,
Oder Kameralverwalter,
Auch wohl manchmal Herrn vom Handel,
Aber meist vom ältern Schlage,
Keinesweges Petitmaitres,
Haben manchmal hübsche Bäuche,
Und ihr Vaterland ist Schwaben.

Neulich auf der Reise traf ich
Auch mit einer Sommerweste
In der Post zu Besigheim
Eben zu Mittag zusammen.
Und wir speisten eine Suppe,
Darin rote Krebse schwammen,
Rindfleisch mit französ'schem Senfe,
Dazu liebliche Radieschen,
Dann Gemüse, und so weiter:
Schwatzten von der neusten Zeitung,
Und daß es an manchen Orten
Gestern stark gewittert habe.
Drüber zieht der wackre Herr ein
Silbern Büchslein aus der Tasche,
Sich die Zähne auszustochern;
Endlich stopft er sich zum schwarzen
Kaffee seine Meerschaumpfeife,
Dampft und diskurriert und schaut in-
mittelst einmal nach den Pferden.

Und ich sah ihm so von hinten
Nach und dachte: Ach, daß diese
Lieben, hellen Sommerwesten,
Die bequemen, angenehmen,
Endlich doch auch sterben müssen!

AN DENSELBEN
als er sich leidenschaftlich mit Verfertigung von Sonnenuhren
beschäftigte

Mai 1840

Hör Er nur einmal, Herr Vetter,
Was mir diese Nacht geträumet!
Sonntag war es, nach Mittage,
Und ich sah vom Fenster Seines
Alten gelben Gartenhäuschens,
Wie die Bürgersleute ruhig
Vor der Stadt spazierengingen.
Und ich wandte mich und sah Ihn,

Der im Anfang nicht zugegen,
Ernsthaft vor dem Spiegel stehen,
In der Stellung eines Mannes,
Der sich zu balbieren trachtet.
Doch indem ich näher trete
Muß ich voll Erstaunen sehen,
Wie Er sich mit schwarzer Farbe
Auf Sein rundes Vollmondantlitz
Einen saubern Halbkreis malte;
Von der linken Schläfe abwärts,
Zwischen Mund und Kinn hindurch, und
So hinauf die rechte Backe.
Jetzo mit geübtem Pinsel
Zeichnet' Er entlang dem Zirkel
Schöngeformte römsche Ziffern,
Kunstgerecht, von eins bis zwölfe.
Und ich dachte: ach, mein lieber
Vetter ist ein Narr geworden! —
Denn Er sah mich an mit Augen,
Die mich nicht zu kennen schienen.
Überdem stellt' Er sich förmlich
An das Fenster in die Sonne,
Und der Schatten Seiner Nase
Sollte nun die Stunde weisen.
Ach, die Leute auf der Straße
Wollten fast sich Kröpfe lachen!

Was nun dieser Traum bedeute?
Ich will Ihn just nicht erschrecken:
Aber laß Er Sein verdammtes
Sonnenuhrenmachen bleiben!

DER PETREFAKTENSAMMLER
An zwei Freundinnen

Einmal noch an eurer Seite,
Meinen Hammer im Geleite,
Jene Frickenhauser Pfade,
Links und rechts und krumm und grade,
An dem Bächlein hin zu scherzen,
Dies verlangte mich von Herzen.

Aber dann mit tausend Freuden
Gleich den Hügel auf zu weiden,
Drin die goldnen Ammoniten,
Lias-Terebratuliten,
Pentakrinen auch, die zarten,
Alle sich zusammenscharten, —
Den uns gar nicht ungelegen
Just ein warmer Sommerregen
Ausgefurcht und abgewaschen,
Denn so füllt man sich die Taschen.
Auf dem Boden Hand und Knie,
Kriecht man fort, o süße Müh!
Und dazwischen mit Entzücken
Nach der Alb hinaufzublicken,
Deren burggekrönte Wände
Unser sonnig Talgelände,
Rebengrün und Wald und Wiesen
Streng mit dunkeln Schatten schließen!
Welche liebliche Magie,
Uns im Rücken, übten sie!
Eben noch in Sonne glimmend
Und in leichtem Dufte schwimmend,
Sieht man schwarz empor sie steigen,
Wie die blaue Nacht am Tag!
Blau, wie nur ein Traum es zeigen,
Doch kein Maler tuschen mag.
Seht, sie scheinen nah zu rücken,
Immer näher, immer dichter,
Und die gelben Regenlichter
All in unser Tal zu drücken!
Wahrlich, Schönres sah ich nie.

Wenn man nur an solcher Stätte
Zeit genug zum Schauen hätte!
Wißt ihr was? genießt ihr beiden
Gründlich diese Herrlichkeiten,
Auch für mich genießet sie!
Denn mich fickt' es allerdinge,
Wenn das rein verlorneginge.
Doch, den Zweck nicht zu verlieren,
Will ich jetzt auf allen vieren

Nach besagten Terebrateln
Noch ein Stückchen weiterkratteln;
Das ist auch wohl Poesie.

AUF EIN KIND
das mir eine ausgerissene Haarlocke vorwies

Mein Kind, in welchem Krieg hast du
Die gelben Haare lassen müssen?
Ein Rosenzweig hat sie im Sprunge dir entrissen!
Du weißt es kaum und lachst dazu.
Gott gebe, daß in künftger Zeit
Nie kein Verlust, noch ander Leid
Dich bitterer im jungen Herzen
Als dieser leichte Raub mag schmerzen!

AN PHILOMELE

Tonleiterähnlich steiget dein Klaggesang
Vollschwellend auf, wie wenn man Bouteillen füllt:
 Es steigt und steigt im Hals der Flasche —
  Sieh, und das liebliche Naß schäumt über.

O Sängerin, dir möcht ich ein Liedchen weihn,
Voll Lieb und Sehnsucht! aber ich stocke schon;
 Ach, mein unselig Gleichnis regt mir
  Plötzlich den Durst und mein Gaumen lechzet.

Verzeih! im Jägerschlößchen ist frisches Bier
Und Kegelabend heut: ich versprach es halb
 Dem Oberamtsgerichtsverweser,
  Auch dem Notar und dem Oberförster.

AN EINEN LIEBENDEN

Du klagst mir, Freund, daß immer die Mutter noch
Des schönen Kindes gleich unerbittlich sei.
 Geduld! noch leben wir im Jänner,
  Aber nicht stets wird der Eiswind schnauben.

Im Winkel, wo sich einsam des Daches Trauf
In morscher Rinne sickernd vereiniget,
 Hängt mannsdick, zuckerkandelartig
  Schimmernd ein sechsfach verwachsnes Monstrum.

Bald wehen laue Lüfte den Frühling her,
Dein Gartenbeet vergoldet der Krokus schon;
 Eidechslein sonnen ihr smaragdnes
  Kleidchen am bröckelnden Felsen wieder.

Grün wird das Wiesental, und der lichte Wald
Vertieft in Schatten schon sich geheimnisvoll,
 Die wilde Taube gurrt, der Jäger
  Schmückt sich den Hut mit dem jungen Zweige.

Blieb dann von jenem eisigen Ungetüm
Auch wohl die Spur noch? — Warte den Sommer ab.
 Im schlimmsten Fall, o Bester, denke,
  Daß noch des Wildes im Forste mehr lebt!

AUF EINEN REDNER

Zwar acht Zolle nur mißt der virginische Frosch, doch es ward
 Eine Stimme zuteil, schrecklich, wie Ochsengebrüll. [ihm

SCHUL-SCHMÄCKLEIN

Ei ja! es ist ein vortrefflicher Mann,
Wir lassen ihn billig ungerupft;
Aber seinen Versen merkt man an,
Daß der Verfasser Lateinisch kann
Und schnupft.

AN —

Laß doch dein Dichten! hast ja Geld;
Tropf! brauch's, die Poesie lebendig zu betreiben!
Was gilt's, dich freut das Schönste in der Welt
Nur halb, vor lauter Angst, du müssest es beschreiben!

AUF DEN ARRIUS
Nach Catull

Ordnunk sagte mein trefflicher Arrius, wenn sich's um Ordnung
   Handelte; *Hefeu,* wo Efeu ein anderer sagt.
Und er glaubte dir schön ganz über die Maßen zu reden,
   Wenn er sein *Hefeu* so recht grundaus der Lunge geholt.
Sicherlich hatten Mama, Oheim, Großmutter und -vater
   (Diese von Mutterseit) eben die Sprache beliebt.
Wie er nach Syrien ging, da wünschten wir unseren Ohren
   Glück, und natürlich, wie sonst, hörte man jegliches Wort.
Ja wir glaubten uns los und ledig der Plage für immer,
   Als man, o Schreckenspost! plötzlich die Kunde vernahm:
Seit Herr Arrius über das Meer ging, gibt es in aller
   Welt kein Jonisches mehr, aber ein *Hionisches*.

LAMMWIRTS KLAGELIED

Da droben auf dem Markte
Spazier ich auf und ab,
Den ganzen lieben langen Tag,
Und schaue die Straße hinab.

Es steht ein Regenbogen
Wohl über jenem Haus,
Mein Schild ist eingezogen,
Ein andrer hangt heraus.

Heraus hangt über der Türe
Ein Hahn mit rotem Kamm;
Als ich die Wirtschaft führte,
Da war es ein goldenes Lamm.

Mein Schäflein wohl zu scheren,
Ich sparte keine Müh,
Ich bin heruntergekommen,
Und weiß doch selber nicht wie.

Nun läuft es mit Köchen und Kellnern
Im ganzen Hause so voll,

Ich weiß nicht, wem ich von allen
Zuerst den Hals brechen soll.

Da kommen drei Chaisen gefahren!
Der Hausknecht springt in die Höh.
Vorüber, ihr Rößlein, vorüber,
Dem Lammwirt ist gar so weh!

AUFTRAG

In poetischer Epistel
Ruft ein desperater Wicht:
Lieber Vetter! Vetter Christel!
Warum schreibt Er aber nicht?

Weiß Er doch, es lassen Herzen,
Die die Liebe angeweht,
Ganz und gar nicht mit sich scherzen,
Und nun vollends ein Poet!

Denn ich bin von dem Gelichter,
Dem der Kopf beständig voll;
Bin ich auch nur halb ein Dichter,
Bin ich doch zur Hälfte toll.

Amor hat Ihn mir verpflichtet,
Seinen Lohn weiß Er voraus,
Und der Mund, der Ihm berichtet,
Geht dabei auch leer nicht aus.

Paß Er denn zur guten Stunde,
Wenn Sein Schatz durchs Lädchen schaut,
Lock ihr jedes Wort vom Munde,
Das mein Schätzchen ihr vertraut.

Schreib Er mir dann von dem Mädchen
Ein halb Dutzend Bogen voll,
Und daneben ein Traktätchen,
Wie ich mich verhalten soll.

DER TAMBOUR

Wenn meine Mutter hexen könnt,
Da müßt sie mit dem Regiment,
Nach Frankreich, überall mit hin,
Und wär die Marketenderin.
Im Lager, wohl um Mitternacht,
Wenn niemand auf ist als die Wacht,
Und alles schnarchet, Roß und Mann,
Vor meiner Trommel säß ich dann:
Die Trommel müßt eine Schüssel sein,
Ein warmes Sauerkraut darein,
Die Schlegel Messer und Gabel,
Eine lange Wurst mein Sabel,
Mein Tschako wär ein Humpen gut,
Den füll ich mit Burgunderblut.
Und weil es mir an Lichte fehlt,
Da scheint der Mond in mein Gezelt;
Scheint er auch auf französ'ch herein,
Mir fällt doch meine Liebste ein:
Ach weh! Jetzt hat der Spaß ein End!
— Wenn nur meine Mutter hexen könnt!

VOGELLIED
Mit einem leeren Vogelnest, welches dem Distelfinken meiner
Schwester zum Scherz in den Käfig gelegt wurde

Es ist zwar sonsten nicht der Brauch,
  Daß man 's Nestchen baut,
Bevor man erst ein Weiblein auch
  Sich angetraut:
    Zirri Zirrli!
  Erst ein Schätzchen,
  Dann ein Plätzchen,
    Zirri!
Am Birnbaum oder am Haselstrauch.

Allein ich dacht, du baust einmal
  Auf gut Glück.
Schaden kann es auf keinen Fall;

Zirrwick Zirrliwick!
Gefällt's Ihr nicht, meine Jungfer Braut,
Es ist gleich wieder umgebaut.

MAUSFALLEN-SPRÜCHLEIN
Das Kind geht dreimal um die Falle und spricht:

Kleine Gäste, kleines Haus.
Liebe Mäusin, oder Maus,
Stell dich nur kecklich ein
Heut nacht bei Mondenschein!
Mach aber die Tür fein hinter dir zu,
Hörst du?
Dabei hüte dein Schwänzchen!
Nach Tische singen wir
Nach Tische springen wir
Und machen ein Tänzchen:
Witt witt!
Meine alte Katze tanzt wahrscheinlich mit.

UNSER FRITZ

Unser Fritz richt't seinen Schlag,
Wollt ein Meislein fangen,
Doch weil ihm denselben Tag
Keines drein gegangen,
Wird dem Fritz zu lang die Zeit,
Denkt, ich hab umsonst gestreut,
Will ja keine kommen.

Nach acht Tagen fällt ihm ein,
Im Garten zu spazieren:
Es ist schöner Sonnenschein,
Man kann nicht erfrieren;
Und am alten Apfelbaum
Kommt's ihm plötzlich wie im Traum:
Ob der Schlag gefallen?

„Ja! es sitzt ein Vogel drin!
Aber, weh! o wehe!

Das ist trauriger Gewinn:
Tot, soviel ich sehe!
— Aber was kann ich dafür?
Sicher hat das dumme Tier
Sich zu Tod gefressen!"

So tröst't sich dein Mörder wohl,
Der dich hungern lassen,
Aber ich vor Leid und Groll
Weiß mich nicht zu fassen!
Hast alle Körnlein aufgepickt,
Hast dann vergebens umgeblickt,
Wo noch ein Bröslein wäre!

Ihr andern Vöglein allesamt,
Wohl unterm blauen Himmel,
Ihr habt mit Wehgesang verdammt
Den Vogelstellerlümmel.
Ach, eines starb so balde, bald!
Eben da in Feld und Wald
Der Frühling wollte kommen.

HÄUSLICHE SZENE

Schlafzimmer. Präzeptor *Ziborius* und seine *junge Frau*. Das Licht ist gelöscht.

„Schläfst du schon, Rike?" — „Noch nicht." — „Sag, hast du denn heut die Kukumern
Eingemacht?" — „Ja." — „Und wieviel nahmst du mir Essig dazu?" —
„Nicht zwei völlige Maß." — „Wie? fast zwei Maß? Und von welchem
Krug? von dem kleinern doch nicht, links vor dem Fenster am Hof?"
„Freilich." — „Verwünscht! So darf ich die Probe nun noch einmal machen,
Eben indem ich gehofft schon das Ergebnis zu sehn!
Konntest du mich nicht fragen?" — „Du warst in der Schule."
— „Nicht warten?" —
„Lieber, zu lange bereits lagen die Gurken mir da."

„Unlängst sagt ich dir: nimm von Numero 7 zum Hausbrauch—"
„Ach wer behielte denn stets alle die Zahlen im Kopf!" —
„Sieben behält sich doch wohl! nichts leichter behalten als
                                                        sieben!
Groß, mit arabischer Schrift, hält es der Zettel dir vor." —
„Aber du wechselst den Ort nach der Sonne von Fenster zu
                                                        Fenster
Täglich, die Küche pressiert oft und ich suche mich blind.
Bester! dein Essiggebräu, fast will es mich endlich verdrießen.
Ruhig, obgleich mit Not, trug ich so manches bis jetzt.
Daß du im Waschhaus dich einrichtetest, wo es an Raum fehlt,
Destillierest und brennst, schien mir das Äußerste schon.
Nicht gern sah ich vom Stockbrett erst durch Kolben und Krüge
Meine Reseden verdrängt, Rosen und Sommerlevkoin,
Aber nun stehen ums Haus her rings vor jeglichem Fenster,
Halb gekleidet in Stroh, gläserne Bäuche gereiht;
Mir auf dem Herd stehn viere zum Hindernis, selber im Rauch-
                                                        fang
Hängt so ein Untier jetzt, wieder ein neuer Versuch!
Lächerlich machen wir uns — nimm mir's nicht übel!" — „Was
                                                        sagst du?
Lächerlich?" — „Hättest du nur heut die Dekanin gehört.
Und in jeglichem Wort ihn selber vernahm ich den Spötter;
Boshaft ist er, dazu Schwager zum Pädagogarch." —
„Nun?" — „Einer Festung verglich sie das Haus des Präzeptors,
                                                        ein Bollwerk
Hieß mein Erker, es sei alles bespickt mit Geschütz!" —
„Schnödes Gerede, der lautere Neid! Ich hoffe mein Stecken-
Pferd zu behaupten, so gut als ihr Gemahl, der Dekan.
Freut's ihn, Kanarienvögel und Einwerfkäfige dutzend-
Weise zu haben, mich freut's, tüchtigen Essig zu ziehn." —
Pause. Er scheint nachdenklich. Sie spricht für sich:
„Wahrlich, er dauert mich schon; ihn ängstet ein wenig die
                                                        Drohung
Mit dem Studienrat, dem er schon lange nicht traut." —
Er fährt fort:
„Als Präzeptor tat ich von je meine Pflicht; ein geschätzter
Gradus neuerlich gibt einiges Zeugnis davon.
Was ich auf materiellem Gebiet, in müßigen Stunden,
Manchem Gewerbe, dem Staat, denke zu leisten dereinst,
Ob ich meiner Familie nicht ansehnlichen Vorteil

Sichere noch mit der Zeit, dessen geschweig ich vorerst:
Aber — *den* will ich sehn, der einem geschundenen Schulmann
  Ein Vergnügen wie das, Essig zu machen, verbeut!
Der von Allotrien spricht, von Lächerlichkeiten — er sei nun
  Oberinspektor, er sei Rektor und Pädagogarch!
Greife nur einer mich an, ich will ihm dienen! Gewappnet
  Findet ihr mich! Dreifach liegt mir das Erz um die Brust!
— Rike, du lachst! ... du verbirgst es umsonst! ich fühle die
       Stöße ...
Nun, was wandelt dich an? Närrst du mich, törichtes
       Weib?" —
„Lieber, närrischer, goldener Mann! wer bliebe hier ernsthaft?
  Nein, dies Feuer hätt ich nimmer im Essig gesucht!" —
„Gnug mit den Possen! Ich sage dir, mir ist die Sache nicht
       spaßhaft." —
„Ruhig! Unseren Streit, Alter, vergleichen wir schon.
Gar nicht fällt es mir ein, dir die einzige Freude zu rauben;
  Zu viel hänget daran, und ich verstehe dich ganz.
Siehst du von deinem Katheder im Schulhaus so durch das
       Fenster
  Über das Höfchen den Schatz deiner Gefäße dir an,
Alle vom Mittagsstrahl der herrlichen Sonne beschienen,
  Die dir den gärenden Wein heimlich zu zeitigen glüht,
Nun, es erquicket dir Herz und Aug in sparsamen Pausen,
  Wie das bunteste Brett meiner Levkoin es nicht tat;
Und ein Pfeifchen Tabak in diesem gemütlichen Anblick
  Nimmt dir des Amtes Verdruß reiner als alles hinweg;
Ja seitdem du schon selbst mit eigenem Essig die rote
  Dinte dir kochst, die sonst manchen Dreibätzner verschlang,
Ist dir, mein ich, der Wust der Exerzitienhefte
  Minder verhaßt; dich labt still der bekannte Geruch.
Dies, wie mißgönnt ich es dir? Nur gehst du ein bißchen ins
       Weite.
Alles — so heißt dein Spruch — habe sein Maß und sein
       Ziel." —
„Laß mich! Wenn mein Produkt dich einst zur vermöglichen
       Frau macht —"
„Bester, das sagtest du just auch bei der Seidenkultur." —
„Kann ich dafür, daß das Futter mißriet, daß die Tiere
       krepierten?" —
„Seine Gefahr hat auch sicher das neue Geschäft." —

„Namen und Ehre des Manns, die bringst du wohl gar nicht in
Anschlag?" --
„Ehre genug blieb uns, ehe wir Essig gebraut." —
„Korrespondierendes Mitglied heiß ich dreier Vereine." —
„Nähme nur *einer* im Jahr etliche Krüge dir ab!" —
„Dir fehlt jeder Begriff von rationellem Bestreben." —
„Seit du ihn hast, fehlt dir abends ein guter Salat."
„Undank! mein Fabrikat durch sämtliche Sorten ist trefflich." —
Numero 7 und 9 kenn ich, und — lobe sie nicht." —
„Heut, wie ich merke, gefällst du dir sehr, mir in Versen zu
trumpfen." —
„Waren es Verse denn nicht, was du gesprochen bisher?" —
„Eine Schwäche des Mannes vom Fach, darfst du sie mißbrau-
„Unwillkürlich, wie du, red ich elegisches Maß." — [chen?" —
„Mühsam übt ich dir's ein, harmlose Gespräche zu würzen." —
„Freilich im bitteren Ernst nimmt es sich wunderlich aus." —
„Also verbitt ich es jetzt; sprich wie dir der Schnabel gewach-
sen." —
„Gut; laß sehen, wie sich Prose mit Distichen mischt." —
„Unsinn! Brechen wir ab. Mit Weibern sich streiten ist frucht-
los." --
„Fruchtlos nenn ich, im Schlot Essig bereiten, mein Schatz." —
„Daß noch zum Schlusse mir dein Pentameter tritt auf die
Ferse!" —
„Dein Hexameter zieht unwiderstehlich ihn nach." —
„Ei, dir scheint er bequem, nur das Wort noch, das letzte zu
haben:
Hab's! Ich schwöre, von mir hast du das letzte gehört." —
„Meinetwegen; so mag ein Hexameter einmal allein stehn." —

*Pause. Der Mann wird unruhig, es peinigt ihn offenbar, das
Distichon nicht geschlossen zu hören oder es nicht selber schließen
zu dürfen. Nach einiger Zeit kommt ihm die Frau mit Lachen
zu Hülfe und sagt:*

„Alter! ich tat dir zuviel; wirklich, dein Essig passiert;
„Wenn er dir künftig noch besser gerät, wohlan, so ist einzig
Dein das Verdienst, denn du hast, wahrlich kein zänkisches
Weib!" —
Er, gleichfalls herzlich lachend und sie küssend:
„Rike! morgenden Tags räum ich dir die vorderen Fenster
Sämtlich! und im Kamin prangen die Schinken allein!"

DER LIEBHABER AN DIE HEISSE QUELLE ZU B.

Du heilest den und tröstest jenen,
O Quell, so hör auch meinen Schmerz!
Ich klage dir mit bittern Tränen
Ein hartes, kaltes Mädchenherz.

Es zu erweichen, zu durchglühen,
Dir ist es eine leichte Pflicht;
Man kann ja Hühner in dir brühen,
Warum ein junges Gänschen nicht?

BEI EINER TRAUUNG

Vor lauter hochadligen Zeugen
Copuliert man ihrer zwei;
Die Orgel hängt voll Geigen,
Der Himmel nicht, mein Treu!
Seht doch, *sie* weint ja greulich,
Er macht ein Gesicht abscheulich!
Denn leider freilich, freilich
Keine Lieb ist nicht dabei.

ZWEI BRÜDERN INS ALBUM

I

Kastor und Pollux heißen ein Paar Ammoniten (der Vater
Kann sie dir zeigen im Schrank); füglich vergleich ich sie euch,
Emil und Theodor. Denn brüderlich sieht man die schönen
Immer gesellt. Freut euch! heute noch habt ihr euch so.

2

Fällt dir vielleicht in späten Tagen
Wieder ein, dies Stammbuch aufzuschlagen,
Und schaust dann auch dies Blättlein an,
Mit einem lieben Freund etwan,
Da sagst du von mir wohl dies und jenes,

Nicht allzu Schlimmes, noch allzu Schönes:
Er war im ganzen ein guter Mann,
Und uns besonders zugetan.
Ich hoffe denn auch insofern,
Er sitzt in einem guten Stern.
Meine Mutter schickt' ihm einmal durch mich
Einen Gänsebraten säuberlich
Mit einem feinen Salat ins Haus,
Das schmeckte ihm ganz überaus.
Er meinte, das Gänsestopfen hienieden
Sei drum nicht absolut zu verbieten,
Es sei halt für ein Prälatenessen —
Kurz, rühmte den Imbiß ungemessen.
Deswegen ich gern glauben mag,
Es habe sein Herz bis diesen Tag
Weder den Braten, noch mich vergessen.

DIE VISITE

Philister kommen angezogen:
Man sucht im Garten mich und Haus;
Doch war der Vogel ausgeflogen,
Zu dem geliebten Wald hinaus.
Sie kommen, mich auch da zu stören:
Es ruft, und ruft im Widerhall —
Gleich laß ich mich als Kuckuck hören,
Bin nirgends und bin überall.

So führt ich sie, nur wie im Traume,
Als Puck im ganzen Wald herum;
Ich pfiff und sang von jedem Baume,
Sie sahn sich fast die Hälse krumm.
Nun schalten sie: Verfluchte Possen!
Der Sonderling! der Grobian!
Da komm ich grunzend angeschossen,
Ein Eber, mit gefletschtem Zahn.

Mit Schrein, als wenn der Boden brennte,
Zerstob ein Teil im wilden Lauf,
Die andern kletterten behende

Den nächsten besten Baum hinauf;
Sie krochen weislich bis zum Gipfel,
Und sahen nicht einmal zurück,
Doch ich als Eichhorn saß im Wipfel,
Ich grüße sie und wünsche Glück.

„Ei, welch ein allerliebstes Späßchen!
Gott grüß Sie, schöne Fraun und Herrn!
Sie kommen, hoff ich, auf ein Täßchen
Eichelkaffee? Von Herzen gern!"
— Allein sie fanden's nicht gemütlich
In dieser ungewohnten Höh.
So schieden wir für heute gütlich;
Doch wehe meiner Renommee!

AUF EIN EI GESCHRIEBEN

Ostern ist zwar schon vorbei,
Also dies kein Osterei;
Doch wer sagt, es sei kein Segen,
Wenn im Mai die Hasen legen?
Aus der Pfanne, aus dem Schmalz
Schmeckt ein Eilein jedenfalls,
Und kurzum, mich tät's gaudieren,
Dir dies Ei zu präsentieren,
Und zugleich tät es mich kitzeln,
Dir ein Rätsel drauf zu kritzeln.

Die Sophisten und die Pfaffen
Stritten sich mit viel Geschrei:
Was hat Gott zuerst erschaffen,
Wohl die Henne? wohl das Ei?

Wäre das so schwer zu lösen?
Erstlich ward ein Ei erdacht:
Doch weil noch kein Huhn gewesen,
Schatz, so hat's der Has gebracht.

GUTE LEHRE

In unsers Pfarrers Garten,
Es fällt ein warmes Regelein,
Wie duften da die Blumen,
Die Apfelblüt so fein!

Im Häuselein da drüben
Ein Bauer vespert wohlgemut,
Hat's Fensterlein halb offen,
Das Lüftlein tät ihm gut.

Ei, spricht er bei sich selbsten,
Ein Sonntagssträußchen hätt ich gern,
Auf morgen in die Predigt,
Tulipanen oder Stern.

Ein Vöglein hat's vernommen,
Das denkt; dir soll geholfen sein:
Tät gleich ein Blümlein holen,
Und bringt's im Schnäbelein.

Ei, lachte da mein Peter!
Hat flugs sein Fenster zugemacht,
Hat's Vöglein gefangen
Und in den Käfig bracht.

Ach, muß das Vöglein trauern!
Und war auch von der Stunde krank.
Sind wüste Kerl die Bauern,
Die geben Stank für Dank!

SELBSTGESTÄNDNIS

Ich bin meiner Mutter einzig Kind,
Und weil die andern ausblieben sind,
Was weiß ich wieviel, die sechs oder sieben,
Ist eben alles an mir hängen blieben;
Ich hab müssen die Liebe, die Treue, die Güte
Für ein ganz halb Dutzend allein aufessen,

Ich will's mein Lebtag nicht vergessen.
Es hätte mir aber noch wohl mögen frommen,
Hätt ich nur auch Schläg für sechse bekommen.

RESTAURATION
nach Durchlesung eines Manuskripts mit Gedichten

Das süße Zeug ohne Saft und Kraft!
Es hat mir all mein Gedärm erschlafft.
Es roch, ich will des Henkers sein,
Wie lauter welke Rosen und Kamilleblümlein.
Mir ward ganz übel, mauserig, dumm,
Ich sah mich schnell nach was Tüchtigem um,
Lief in den Garten hinterm Haus,
Zog einen herzhaften Rettich aus,
Fraß ihn auch auf bis auf den Schwanz,
Da war ich wieder frisch und genesen ganz.

ZUR WARNUNG

Einmal nach einer lustigen Nacht
War ich am Morgen seltsam aufgewacht:
Durst, Wasserscheu, ungleich Geblüt;
Dabei gerührt und weichlich im Gemüt,
Beinah poetisch, ja, ich bat die Muse um ein Lied.
Sie, mit verstelltem Pathos, spottet' mein,
Gab mir den schnöden Bafel ein:
> *„Es schlagt eine Nachtigall*
> *Am Wasserfall;*
> *Und ein Vogel ebenfalls,*
> *Der schreibt sich Wendehals,*
> *Johann Jakob Wendehals;*
> *Der tut tanzen*
> *Bei den Pflanzen*
> *Obbemeldten Wasserfalls —"*

So ging es fort; mir wurde immer bänger.
Jetzt sprang ich auf: zum Wein! Der war denn auch mein Retter.
— Merkt's euch, ihr tränenreichen Sänger,
Im Katzenjammer ruft man keine Götter!

ALLES MIT MASS

Mancherlei sind es der Gaben, die gütige Götter den Menschen
Zum Genusse verliehn, sowie für die tägliche Notdurft.
Aber vor jeglichem Ding begehr ich gebratenen Schweinsfuß.
Meine Frau Wirtin, die merkt's, nun hab ich alle Tag Schweinsfüß.
Öfters im Geist ahnt mir: jetzt ist kein einziger Schweinsfuß
Mehr in der Stadt zu erspähn: was hab ich am Abende?
                                                                   Schweinsfüß!
Spräche der König nun gleich zum Hofkoch: Schaffe mir
                                                                   Schweinsfüß!
Gnade der Himmel dem Mann, denn nirgend mehr wandelt ein
                                                                   Schweinsfuß.
Und ich sagte zur Wirtin zuletzt: „Nun laßt mir die
                                                                  Schweinsfüß!
Denn er schmeckt mir nicht mehr wie sonst, der bräunliche
                                                                  Schweinsfuß."
Aber sie denkt, aus Zartgefühl nur verbät ich die Schweinsfüß,
Lächelnd bringet sie mir auch heute gebratenen Schweinsfuß —
Ei so hole der Teufel auf ewig die höllischen Schweinsfüß!

[SCHERZ]

Nächtlich erschien mir im Traum mein alter hebräischer Lehrer,
  Nicht in Menschengestalt, sondern — o schreckliches Bild!
Als ein Kamez geformt (wenn es nicht ein Komez Chatuf war:
  Sah ich doch wahrlich so recht niemals den Unterschied ein;
Doch dies stell ich dahin). Ein grammatikalisches Scheusal
  Trat er zur Türe herein, mich zu ermorden gewillt.
„Halt!" — so rief ich: „erbarme dich mein! in *Dettingers*[*]
                                                                  Namen!" —
Siehe, da ließ er mich los, und ich erwachte zugleich.
Aber noch lang fort kämpfte die Brust mit fliegendem Atem,
  Und von der Stirne mir troff examinalisches Naß.

[*] Primus der Klasse.

BEI GELEGENHEIT EINES KINDERSPIELZEUGS
vorstellend:
Hanswurst an der Sandmühle

Hanswurst:
Schauen's gefälligst, meine Lieben,
Ein hübsch Geschäft wird hier betrieben.
Geht wohl einem Müller im ganzen Land
Sein Metier so lustig aus der Hand?
Zwar das bekenn ich frank und frei,
Besonderer Segen ist nicht dabei:
Sand gießt man ein, Sand kommt heraus,
Man dächte fast, hier wär ein Narr zu Haus.
Sobald ich übrigens insoweit fertig bin,
Hab ich etwas wirklich Gemeinnütziges im Sinn.

Ein Bürger:
Was denn, Hans?

Hanswurst:
Ein neues Augenpulver.

Zweiter Bürger:
Aus Streusand, Kerl? o weh!

Hanswurst:
Ein herrliches Volksmittel.

Erster Bürger:
Ich versteh,
Spitzbub! Schlagt ihm den Schädel ein!

Hanswurst:
Ihr Herrn, da muß ein Irrtum sein.

Beide Bürger:
Hundsfott! dich hat die Regierung im Sold!

Hanswurst:
Ich will des Teufels sein, ich weiß nicht, was ihr wollt.
Hülfe! zu Hülfe!

Andere:

Was gibt's?

Erster und Zweiter:

Da! Sand will man uns in die Augen streun!
Der Polignac steckt dahinter!

Andere:

Seid gescheit,
Der Narr hielt euch zum besten, gute Leut!
Ihr kennt ihn ja, es ist der Alte.

Hanswurst:

Gleich beißen und kratzen! Gott verdamm's!
Hab doch alle Farben an Hosen und Wams,
Zum Zeichen, daß ich's mit keiner halte!
Wenn ich meinen Purzelbaum machen kann,
Was ficht die Politik mich an?

Ein Bürger:

Ich glaub's ihm gern; der Sand ist nur so nebenher.

Hanswurst:

Mein Seel! treibt ihr mein Rad, ich mahl euch lotterleer!

Erster Bürger:

Der Tagdieb!

Hanswurst:

Was, du Schuft?
Gott der Herr schlägt am lustigen Sommertage
Seinen bunten Reifen in die Luft,
Was guckst du scheel, wenn ich den meinen schlage?
Der eine nutzt so wenig wie der ander,
Aber Kinder und Narren sehen's gern.
Ich bin nicht Bonapart und bin nicht Alexander,
Und hab doch meinen Sparrn so gut wie diese Herrn.
— Was führt ihr überhaupt so einen hohen Ton
Und schämt euch schier, nur noch zu lachen?
Ich sah, beim Blitz, die ganze Nation
Schon viel possierlichere Sprünge machen!

Aus jetzt — wem sein Kopf lieb ist!

GRABSCHRIFT DES PIETRO ARETINO
Nach dem Italienischen

Böses nur sagte der Schelm von jedermann, außer von Gott [nicht.
Aber wieso? Er sprach: „Selbigen kenne ich nicht."

AUF DIE PROSA EINES BEAMTEN

A:

Welch ein Gedankendrang in den Perioden! ein wahrer
Stilus infarctus, von dem Quintilian nichts gewußt!

B:

Ganz wurstartig, auf Ehre! Die Schrift ist ein einzig farcimen,
Und der Zipfel, er guckt hinten und vorne heraus.

PASTORALERFAHRUNG

Meine guten Bauern freuen mich sehr;
Eine „scharfe Predigt" ist ihr Begehr.
Und wenn man mir es nicht verdenkt,
Sag ich, wie das zusammenhängt.
Sonnabend, wohl nach elfe spat,
Im Garten stehlen sie mir den Salat;
In der Morgenkirch mit guter Ruh
Erwarten sie den Essig dazu;
Der Predigt Schluß fein linde sei:
Sie wollen gern auch Öl dabei.

HÜLFE IN DER NOT

Ein rechter Freund erscheint uns in der Not
Zu rechter Zeit und sicher wie der Tod.
Doch offen, Bester, sag ich dir,
Du hast eine ganz verwünschte Manier!
Du trocknest mir den Jammerschweiß,
Und machst mir doch die Hölle heiß,
Du bringst das ganze Jüngste Gericht
Mit dir — bei Gott, so mein ich's nicht!

HERR DR. B. UND DER DICHTER

„Recht hübsche Poesie; nein, ohne Schmeichelei!
Aber *eins* vermiß ich an Ihren Sachen."
„Nämlich?" — „Eine Tendenz." — „Tendenz! Ei, meiner
    Treu!" —
„Die kriegen Sie sich *ja*, mein Bester!" — „Bleib's dabei!
Will mir gleich einen Knopf an mein Sacktuch machen!"

AUSKUNFT

Närrische Tadler und Lober auf beiden Seiten! Doch darum
Hat mir mein Schöpfer den Kopf zwischen die Ohren gesetzt.

ABSCHIED

Unangeklopft ein Herr tritt abends bei mir ein:
„Ich habe die Ehr, Ihr Rezensent zu sein."
Sofort nimmt er das Licht in die Hand,
Besieht lang meinen Schatten an der Wand,
Rückt nah und fern: „Nun, lieber junger Mann,
Sehn Sie doch gefälligst mal Ihre Nas so von der Seite an!
Sie geben zu, daß das ein Auswuchs is."
— Das? Alle Wetter — gewiß!
Ei Hasen! ich dachte nicht,
All mein Lebtage nicht,
Daß ich so eine Weltsnase führt im Gesicht!!

Der Mann sprach noch Verschiednes hin und her,
Ich weiß, auf meine Ehre, nicht mehr;
Meinte vielleicht, ich sollt ihm beichten.
Zuletzt stand er auf; ich tat ihm leuchten.
Wie wir nun an der Treppe sind,
Da geb ich ihm, ganz froh gesinnt,
Einen kleinen Tritt,
Nur so von hinten aufs Gesäße, mit —
Alle Hagel! ward das ein Gerumpel,
Ein Gepurzel, ein Gehumpel!
Dergleichen hab ich nie gesehn,
All mein Lebtage nicht gesehn
Einen Menschen so rasch die Trepp hinabgehn!

IDYLLE VOM BODENSEE
ODER
FISCHER MARTIN

In sieben Gesängen

Erster und zweiter Gesang:
Martin und die Glockendiebe

Dritter bis sechster Gesang:
Martin und Tone

Siebenter Gesang:
Martin und die Glockendiebe

Erster Gesang

Dicht am Gestade des Sees, im Kleefeld, steht ein verlaßnes
Kirchlein, unter den Höhn, die, mit Obst und Reben bewachsen,
Halb das benachbarte Kloster und völlig das Dörfchen ver-
stecken,
Jenes gewerbsame, das weitfahrende Schiffe beherbergt.
Uralt ist die Kapelle; durch ihre gebrochenen Fenster
Streichet der Wind und die Distel gedeihet auf der Schwelle des
Pförtleins;
Kaum noch hält sich das Dach mit gekrümmtem First, ein will-
kommner
Schutz vor plötzlichem Regen dem Landmann oder dem
Wandrer.
Aber noch freut sich das Türmchen in schlanker Höhe den weiten
See zu beschauen den ganzen Tag und segelnde Schiffe,
Und jenseits, am Ufer gestreckt, so Städte wie Dörfer,
Fern, doch deutlich dem Aug, im Glanz durchsichtiger Lüfte.
Aber im Grund wie schimmern die Berge! wie hebet der Säntis
Silberklar in himmlischer Ruh die gewaltigen Schultern!

Hoch noch weilte die Sonn in Westen und wärmte des Kirch-
leins
Mauern; es schattete zierlich im Fenster die steinerne Rose
Innen sich ab an der Wand, an welche gelehnt auf den kühlen
Platten die Mähder vom Dorfe den Trunk einnahmen, der
Schneider
Wendel und seines Weibes Verwandter, ein lediger Bursche,
Steffen genannt; die zwei. Zu ihnen gesellte sich grüßend
Martin, der Fischer, ein Siebziger schon, noch munter und rüstig;
Nicht wie seines Gewerbes die anderen, denen der Geist sich
Stumpft im gemächlichen Tun des gleich hinschleichenden Tages,
Denen die Zunge sogar in stummer Fische Gemeinschaft
Auch erstarrt, ein freundliches Wort nur mürrisch erwidernd.
Er nun stand in der Türe. Den Mostkrug reichte der Schneider
Ihm zum Bescheid und fragte, nachdem er getrunken, den Alten:
„Fischer, wie lang ist's her, seit daß die Kapelle den Meßner
Nimmer gesehn und daß sie kein Vaterunser gehört hat?

Doch wohl ein sechzig Jahre, so schätz ich, oder darüber?"
   Aber der andere sagte darauf: „Mitnichten! Es denkt mir,
Als ich ein Bursche mit achtzehn war, da pflegten die jungen
Ehfraun noch hierher am dritten Tag nach der Hochzeit
Beten zu gehn, nach altem Gebrauch, wann eben der Morgen
Grauete über dem See. Mit einer Gefreundin alleine
Ging sie, die Neuvermählte, verhüllten Hauptes, und brachte
Eine wächserne Kerz und ließ den Küster die Glocke
Für sich läuten da droben, als welches besonderen Segen
Bringen sollte den Fraun, da mit ihr sich ein Wunder begeben.
Hievon habt Ihr gehört, doch wissen es wenige gründlich."
   Dies die Worte des Alten; darauf der Schneider ihm zurief:
„Setzet Euch her, und trinkt! wir haben noch Weile zu plaudern.
Kommt, und erzählt aus dem Grund, so wie Ihr sie wißt, die
                                                       Geschichte!"
   Jener nun ließ auf den Estrich zu ihnen sich nieder, die Pfeife
Holt' er, die täglich gebrauchte, hervor, mit dürftigem Rohre,
Zog dann listigen Blicks dem Schneidergesellen den Knaster
Aus dem Wamse, das neben dem Krug und Brode gelegen
(Ein Dragoner zu Pferd auf dem Päcklein rühmte die Sorte
Als der Gesundheit dienlich und von preiswürdiger Güte):
Jetzo brannte das Kraut und der Fischer begann die Erzählung.

   „Anna hatte, die Gräfin, von ihren Gütern das beste,
Weinberg, Felder und Wald, dem Kloster geschenkt auf dem
                                                       Todbett;
Denn sie verstarb als Wittib und ohne Kinder auf ihrem
Schlößchen, davon auf dem Bühl noch stehen die wenigen
                                                       Mauern.
Aber es war ihr Bruder der Abt bei den Benediktinern
Im Stammkloster, er hieß Ernfried. Alljährlich im Sommer,
Wenn der Fischer aufs neue das Netz auswirft und den Barsch
                                                       fängt
Und den Felchen zumal, den Leibtrost geistlicher Herren,
Kam er einmal an den See, um der Mönche Wirtschaft zu
                                                       mustern,
Wie sein Amt ihm befahl, und die leibliche Schwester zu sehen.
Dieser gedachte nunmehr, zu ihrer Seele Gedächtnis,
Eine Kapelle zu baun, unfern dem Kloster. (Man sah dort
Aus den Fenstern hierher auf den Platz.) Und sie hoben das
                                                       Werk an,

ERSTER GESANG

Steckten das Viereck aus und den schmälern Chor nach der
Morgen-
Seit und gruben den Grund. Nicht lang, so stockte der Spaten
Kreischend an hartem Metall, und es kam ein eherner Dreifuß
Bald an das Licht — so heißet das fremde Gerät in der
Chronik —,
Hoch und schwer, mit mancherlei Zierat, Schlangen und Laub-
Messer sodann und Beil' und Opfergefäße von Kupfer, [werk;
Heidnische: denn es hauseten hier vorzeiten die Römer;
Auch ein gegossenes Bild ward vor aus der Erde gezogen,
Armslang nur, mit Schild und mit Schwert, ein gerüsteter
Kriegsgott.
Als nun die Mönche verwundert den Fund auf dem Platze
beschauten —
‚Sieh!' sprach einer, ‚das ist von ungefähr nicht, und der Anfang
Kündiget Segen dem Haus und Kloster! Bevor wir den ersten
Stein zum Grunde gelegt, ist, mein ich, die Glocke dem Kirchlein
Gnädig geschenkt, und es mußte das Erz ihm reichen der Heide.
Sagt, wo rühmte sich sonst noch eine Kapelle desgleichen?
Wo wird eine wie sie mit gläubigen Gaben geehrt sein,
Wenn sie nun steht an dem Ufer und bald ihr Ruf sich ver-
breitet?'
— Alsbald fielen die andern ihm bei; doch einer bestritt ihn.
Pater Eusebius war er genannt, vor allen den Vätern
Fromm und gelehrt, kunstreich und in alten Geschichten bewan-
dert,
Welcher mit lieblichen Farben und Gold ausmalte die Bücher.
Dieser vernahm ungern, daß jene die seltsamen Stücke
Einzuschmelzen beschlossen, wofern es gefiele dem Prior.
Der nun gab den Bescheid, ein Teil, was künstliches Werk sei,
Soll nach dem Kloster gebracht, im Saal bei den Büchern ver-
wahrt sein,
Aber den Kessel, die Schüsseln und mächtigen Schalen, die
schmucklos
Wären und glatt, die möge man ohne Bedenken dem Gießer
Lassen zum Guß und was an Gewicht noch fehle darauf tun.
Also schien es gerecht und waren es alle zufrieden.

Jetzo wuchsen gemach von Tag zu Tage die Mauern
Längs dem Gerüst in die Höh, und zunächst in der Hütte der
Steinmetz

Eilte die Bogen und Fenster zu haun aus dem gelblichen Sandstein.
Kommenden Frühling, so war es bestimmt, den Tag vor des Herren
Auffahrt, wollten sie weihen das Haus. — Und es nahte die Zeit nun.
Blank in der Werkstatt hing beim Meister im Städtlein die Glocke,
Sauber von Ansehn, glatt und kraus, auch stattlich an Umfang.
Aber nicht jenem zur Lust und keiner christlichen Seele, [sie
Sondern zum Schrecken vielmehr und großen Entsetzen gedieh
Jeglichem. Denn als der Gießer sie anschlug, sanft mit dem Hammer
Prüfend am äußeren Rand, und stärker und wie er nur wollte,
Seht! da verweigert' sie stracks den Ton und war es nur eben
Als man klopfe zum Spott an die lederne Haube des Kriegsmanns
Oder an klotziges Blei. Da stand nun der Meister und kratzte
Hinter dem Ohr, ratlos und schwieg, Unsauberes merkend,
Vor den Gesellen. Er hätte vielleicht sie gerne verheimlicht,
Wie man ein Scheuel verbirgt vor den Augen der Menschen, ein Mondkalb
Oder zauberisch Ding, unrichtiges, welches verflucht ist.
Aber es drängten die Leute sich zu in Scharen, und einer
Sprach, aus dem Hause getreten, nachher zu dem andern im Heimweg:
‚Sagt! wann ist solches erhört in der Welt? Wohl glaub ich dem Alten,
Daß er den Guß fehllos nach der Regel gemacht und die Speise
Pünktlich gemischt nach der Kunst; ich wett Euch, sein ist die Schuld nicht.
Wisset, sie hat den Satan im Leib, von wegen des Erzes,
Drin sein blutiges Opfer empfing vor alters der Abgott.'
So denn befand es sich auch, und die Mönche bezeugten es selber.
Einige rieten, sogleich in den See die Glocke zu stürzen,
Jählings hinab in die Tiefe, bevor ausbräche das Unheil,
Doch unweislich erfand man den Rat: leicht konnte der Geist ja
Zornig im Grund aufwühlen die Wasser und über die Ufer
Treiben in Sud und Dampf den gewaltigen See, zum Verderben
Stadt und Land. Nun kam von dem Prior gesendet ein Pater,

Nicht von den Seinen, versteht, ein Franziskaner vom Thurgau,
Der sich auf die Beschwörung verstand und die Geister in
    Zwang nahm.
Diesen, sobald nur die Sonne hinab war, führte der Meister,
Wo das Unheimliche hing, in die Kammer dort neben der
    Werkstatt,
Drin er allein ihn ließ (ihn stach nicht mächtig der Fürwitz —
Wendel, was dünkt Euch, bliebt Ihr dabei? Euch könnt ich es
    zutrau,
Denn das Sprichwort lügt wohl an Euch: es hätten die Schneider
Mut vor dem Feind ein Quentlein und wo es sicher ein
    Pfündlein).
Bald auch spürte der Pater, er hab es mit einem der Schlimmen.
Denn hart griff er ihn an, neun Stunden, eh daß er sich einmal
Rührte der Fuchs voll List, als wär er nicht in dem Neste.
Aber es tat nicht gut und der Tanz fing an mit dem Morgen,
Heftig. Da haben den Geist in der vierten Gasse die Nachbarn
Lachen gehört aus dem Erz und schrein mit erzener Stimme,
Gleichwie im Wald den brünstigen Hirsch, und hätte die Glocke
Krümmen sich mögen, bekannte der Mönch, und winden, da
    nun er
Aus der gequälten sich riß als ein Windbraus und in die öde
Luft mit Seufzen entwich. Und also war es gewonnen.
Gott dann lobte der Mönch und rief in Eile den Meister,
Dieser zugleich die Gesellen, auch andere kamen von selber,
Viele, zu sehn wie es ward und wie er nun weihe die Glocke,
Die noch empört nachdröhnte mit weinenden Tönen den
    Aufruhr.
Dreimal sprengt' er das Wasser und gab ihr den Segen, der
    Priester.
Aber zum Schluß, nachdem sie gestillt war, sprach er gelinde,
Nah hin neigend zum Rande den Mund, die bedeutsamen
    Worte:
‚Lieblich sei, wie dein Name, nun auch deine Stimme, Maria!' —
Wie wenn zur Frühlingszeit im Gärtlein hinter dem Hause,
An der rebenumzogenen Wand, der sonnigen, etwan
Seine Bienen der Bauer behorcht im Korbe, zu wissen, [Menge
Ob sich bereite der Schwarm, und schon in der summenden
Hell mit feinem Getön, stoßweise die Königin dutet,
Werbend um Anhang unter dem Volk, und lauter und lauter
Unablässig sie ruft, so sang von selber die Glocke,

Vom holdseligen Klange berührt des liebsten der Namen,
So auch horchten die Männer und horchten mit Lächeln die
Frauen.

Als am gesetzten Tage sofort allhier bei dem Kirchlein,
Auf dem geebneten Feld und dort vom Gestade hinaufwärts
An dem Hügel, schon viel Andächtige standen versammelt,
Und, das neue Gebäude zu schenken der heiligen Jungfrau,
Wegen Anna, der Gräfin, nunmehr im Namen des Abtes,
Von den Vätern umgeben, im schönen Ornate der Prior
Selber erschien und den Raum einnahm vor der größeren Pforte,
Sah man auch schon von der anderen Seite den ländlichen
Aufzug
Kommen des Weges daher vom Dorf, wo zuvor schon die
Unsern,
Alt' und Junge, den Gießer bewillkommt und die Gesellen
Samt dem gesäuberten Werk. Nun bogen sie hinter dem Wein-
Eben hervor und der Küster voran (zu eigenen Diensten [berg
War er dem Kirchlein bestellt); ihm folgete billig der Meister;
Aber mit stetigem Schritt dann zwei Maultiere des Klosters,
Dicht aneinandergeschirrt und geschmückt mit hängenden
Kränzen,
Trugen ein Polster, darüber bequem das scharlachgedeckte
Blatt mit der zierlichen Glocke. Sie stand aufrecht in der Mitte,
Schön mit Rosen bekränzt, und zum Schutz ihr hüben und
drüben
Saß ein Knabe vom Dorf und ein Mädchen, erlesene Kinder,
Vierzehnjährig, und saßen gelehnt an die glänzende Glocke
Auf dem Teppich, der tief an beiden Seiten herabhing.
Jener auch hatte, der Knabe, den rings mit farbigen Bändern
Prangenden Klöppel vor sich, den schweren, aus Eisen geschmie-
Sie das genestelte Seil als ein Bündlein neben sich liegen. [det,
Paar und Paar dann folgten in Feierkleidern die Jungfrau
Unseres Dorfes, zu Ehren der gottesfürchtigen Gräfin.

Aber der Kommenden freuete sich und des herrlichen Anblicks
Alle das Volk; da gingen sogleich entgegen der Brüder
Drei, durch die weichende Menge herein die Glocke geleitend
Bis in den offenen Kreis, wo hart am vorderen Eingang,
Unter das Türmchen geführt, haltmachten die Tiere. Sie waren
Bald entledigt der Last, als hoch aus dem obersten Fenster

ERSTER GESANG

Niedergelassen das doppelte Seil mit dem Haken den Henkel
Faßte, den starken, und frei die glänzende Glocke nun schwebte,
Jedem, die rosenbekränzte, zur Schau. Und es machte der
　　　　　　　　　　　　　　　　　　　　　　　　　　Meister
Fest inwendig den Schwengel mit Riemwerk; dann zu dem
　　　　　　　　　　　　　　　　　　　　　　　　　　　　Prior
Sprach er den Spruch, wie der Brauch ist, laut, daß ihn alle
　　　　　　　　　　　　　　　　　　　　　　　　　　vernahmen:
‚Diese, des Gießers Tochter, die Glocke, begehret und wünschet
Dienst am gesegneten Haus; Euch übergeb ich sie fehllos.'
— Hierauf nahm er die Kränze herab und gab sie dem Mädchen
Nächst zur Hand, auch die flatternden Bänder, und stieß er
　　　　　　　　　　　　　　　　　　　　　　　　　　die Glocke
An mit dem Eisen von innen, zur Probe; da schwang sich ein
Ton aus ihr, weitkreisend umher, inkräftig und lauter, [heller
Daß unverwundert ihn keiner vernahm, laut priesen ihn alle.
Doch jetzt winkten die Väter und alsbald ward sie von oben
Auf am Seile gewunden und währt' es nicht lange, so hing sie
Läutend mit Macht im Stuhl; es ergötzte sich selber der weite
See, so viel er auch andre gewohnt war täglich zu hören,
Schöne, das Ufer hinauf und hinab, so große wie kleine.
Nach dem verrichtet' der Prior sein Amt und weihte die
　　　　　　　　　　　　　　　　　　　　　　　　　　Schwelle,
Wände, den kleinen Altar und las er die Messe der Toten.
　Also war es bewandt mit dem Ursprung dieser Kapelle
Nach Wahrheit. Nun mehrete sich der Gläubigen Zulauf
Jährlich, der Frauen zumal, die jüngst in die Ehe getreten.
Denn die Verheißung bestand, daß die hier knieten und hörten
Singen die Glocke das Lob der hochgepriesenen Jungfrau,
Denen würde geschenkt, daß sie kein Stummes noch Taubes
Sollten gebären dem Mann. Da kamen sie häufig mit Gaben
Weither. Aber die Zeiten sind anders geworden hernachmals.
Seht nur rings um den See die veröedeten Stifter! Was ehdem
Heilig erschien und für selig erkannt war unter den Menschen
Allen, es galt kaum noch; und den Betgang taten die Unsern
Selbst auf die Letzte mit Not und Scham, weil die ledigen
　　　　　　　　　　　　　　　　　　　　　　　　　　Bursche
Ihnen am Weg aufpaßten vor Tag und neckten die Weiblein —
Dieser Sünde, so viel wir auch sonst Unziemliches übten,
Zeihe mich keiner! — Auch war das allein nicht Ursach; die
Hieß es, wäre gestohlen und eine andere hinge　　　[Glocke,

Droben im Stuhl, von keinerlei Kraft und nüchternen Klanges.
Ehdem hörten sie drüben in Rheinegg läuten und Arbon
Oft, wenn helle das Wetter und nicht entgegen der Wind war,
Aber hernach nicht mehr. So verkam der Gebrauch, dem der
 Pfarrer
Kaum nachfrug, doch wünschten ihn viele zurück von den
 Alten.
Aber das Kirchlein zerfiel von Jahr zu Jahr; was die Zeit nicht
Tat mit Regen und Wind, zerstört' und raubte der Mutwill."

Zweiter Gesang

Also erzählte der Fischer und endigte seine Geschichte.
Ruhig am Boden die Pfeif ausklopfend, empfing er des Schnei-
Dank, der höchlich ihn pries, vorab sein gutes Gedächtnis. [ders
„Aber", so fuhr der Wendel nun fort, „wo kam denn die Glocke
Selber am Ende noch hin, die zuletzt für die rechte gedient hat?
Wurde sie etwa verkauft im Aufstreich, oder, ich will nicht
Hoffen, geraubt, wie die erste, von gottvergessenen Händen?"
Ernstlicher Miene versetzte darauf der Befragte mit Schalk-
 heit:
„Besser verborgen ist manches dem Menschen, denn daß er es
 wisse,
— Sagt ein vortrefflicher Lehrer, Ambrosius, wenn es mir recht
 ist.
Denn wovon einer nicht weiß, und läg es ihm auch vor der
 Nase,
Dessen begehret er schon selbst nicht, daß er solches entwendend
Sein Gewissen beschwere, mit Gott so vermied er den Fallstrick.
Doch euch darf ich vertraun was ich nur in voriger Woche
Erst zufällig entdeckt; auch sagt ihr es beide nicht weiter.
Hört denn: weder verkauft im Aufstreich wurde die Glocke,
Noch kam sonst sie abhanden, durch Gaudieb', oder zur Kriegs-
 zeit,
Wo ja, zerstückt und zum groben Geschütze gegossen, schon
 manche
Lernte den schrecklichen Dienst: vielmehr zur Stunde noch
 hängt sie
Droben in ihrem Gebälk. Kein Mensch denkt dran und ich selber
Wunderte mich; doch zweifelt ihr etwa, so geht nur ein dreißig

ZWEITER GESANG

Schritte zunächst da hinauf im Neubruch, neben des Schusters
Weinberg, bis zu dem Nußbaum links, da könnt ihr sie sehen,
Durch den zerrissenen Laden! Sie tritt mit der unteren
Schweifung
Halb ins Licht; dem schärferen Aug entgeht sie nicht leichtlich.
Niemand weiß es bis jetzt, durch mich zum wenigsten niemand,
Außer dem Schultheiß, dem ich sogleich pflichtschuldige Mel-
dung
Tat. Er salviere sie nur, eh es ruchtbar wird in der Gegend!
Wohl bald fänden sich da Liebhaber; ich stünde nicht gut für.
Denn an Gewicht drei Zentner, ich setze das mindeste, hat sie:
Kommt auf das Pfund ein Gulden, so macht sich die Rechnung
von selber.
„Mein!" rief Wendel erstaunt: „was sagt Ihr! wäre die
Noch im Stuhl? Sankt Velten und alle Heiligen! hätte [Glocke
Das auch einem geträumt? Ja, Fischer Märte, da habt Ihr
Weislich gehandelt und schön, daß Ihr's gleich anzeigt dem
Schulzen!
So was nur gleich vors Amt und vor die Behörde, so ist man
Quitt und außer Verantwortung, es falle was will vor.
Ei so sag doch ein Mensch den Streich! Die Glocke seit fünfzig
Jahren vergessen im Turm! Natürlicherweise, die Stiegen
Fehlen solang es mir denkt, wer sollte sich dahin versteigen!"

Also ereiferte sich mit fliegenden Worten der Schneider.
Aber der Alte erhub sich gelassen und sagte: „Die Sonne
Macht sich hinunter, und ich will heim, sonst hab ich vom Weibe
Zank ins Essen. Ihr mäht wohl noch euer Restchen? Der Abend
Ist schön kühl und morgen am Sonntag ruhet die Sense."
Grüßend verließ er die zwei, die nimmer gedachten der
Arbeit.
Doch nur etliche Schritte zum Schein fort lief er und schlich
dann
Sacht an die Mauer zurück und horcht', ob etwa nicht Wendel
Irgend sich ließe verlauten mit bösem Gelüsten, nachdem er
Ihn durch betörende Reden versucht von wegen der Glocke.
Denn sie war nimmer vorhanden in Wahrheit. Aber dem
Schneider
Keimte geschwind im Busen der sündige Samen und sproßte
Stracks auch die Blume, die glänzende, schon des beschlossenen
Frevels;

Ja schon waren ihm weit die Gedanken entführt, nach dem Ziele
Schwärmend die Kreuz und Quer, unschlüssig nur wie er es angriff.
  Kurz noch schwieg er und sprach zum Vetter die prüfenden Worte:
"Will man warten, bis unsere Herrn vom Rate die Glocke
Holen — ja, helf ihr Gott! was gilt's, sie hat Füße bekommen?
Daß auch kein Nagel von ihr im Holz bleibt, das will ich schwören!
Mir ein wackerer Mann ist der Schultheiß, aber pressieren
Tut ihm nichts und wenn ihm das Stroh im eigenen Bett brennt.
So der Heiligenpfleger, der Bürgermeister, sie lassen
Fünfe nur auch grad sein: ich könnte Geschichten erzählen.
Sicherlich ist die Sache bereits verträtscht und im halben
Flecken herum, nun kriege nur morgenden Tags so ein Jude
Wind, so ein Kesselflicker vom Allgäu oder Zigeuner —
Wutsch! hat der Henker sie fort. Dann werden sie kommen die Herren,
Werden beaugenscheinigen langs und breits, und mein Schultheiß
Hält die Dose sich über dem Bauch und streichelt den Deckel:
,Hier ist', sagt er, ,das Loch, da kam er herein der Halunke!'
So und so. Das nennt man den Tatbestand, mußt du verstehen,
Gar eine schöne Sache: das Ei zwar holte der Marder,
Aber man weiß doch ehender wie man's ohne geworden.
Mord! das soll nun ein Bürger, ein denkender, alles voraussehn,
Und ihm sollt es nicht wurmen ins Herz, wenn der Kirche Besitztum
Und der Gemeinde verliederlicht wird, von Ketzergesindel
Heimlich verschachert in Eil, wohl unter der Hälfte des Wertes,
Aber das Geld in der Zeche vertan, in Würfel und Karten,
Welches mit ringerer Sünde daheim den hungernden Kindlein
Käme zugut, da ein Segen die Untat würde vergüten?
Nein! mich kränkt es, mich fickt's und — Bursch, das müssen wir hindern!
Ein Weg leuchtet mir ein. Er ist nicht ganz in der Ordnung,
Sag ich frei, doch ist es einmal ein leidiger Notfall.
Nehm ich des Wesens mich an, ich tu es mit Zittern und Zagen!
Doch kein Mensch erfahre davon. Wir bringen selbander
Morgen den Schatz beiseit, veräußern ihn wie er den Wert hat,

ZWEITER GESANG

Keinen Heller zuviel und keinen Heller zuwenig. [Weilchen
Aber der Kirche verbleibt der Gewinst. Man wartet ein
Zeit und Gelegenheit kommt, wir stiften ein schönes Gewand-
Oder Gerät — ich habe das noch so genau nicht erwogen, [stück
Wie oder was — nur daß wir die Kirche bedenken vor allem!
Fällt dann für uns was ab, wir nehmen's mit gutem Gewissen.
Eine Kappe mit Bräm und güldener Zottel, du hättst sie
Lang für den Winter am Sonntag gern; eine maserne Pfeife,
Silberbeschlagen, ein Ulmer Kopf auch stünde dir gut an.
Das sind meine Gedanken, ich handle mit dir wie ein Vater."
So weit ließ sich der Schneider heraus und steckte den
> Burschen
An, der vor Schmunzeln das Maul schon nicht mehr brachte
> zusammen,
Wegen der Kappe mit Bräm und wegen der stattlichen Pfeife.
Minder nicht freute sich jener geheim des wackeren Helfers
Bei dem bedenklichen Fall; denn stark von Gliedern und hand-
War der Gesell, er selber jedoch war schwächer am Leibe. [fest
„Ja", so fuhr er nun fort, „mir könnte gelegener selbst nicht
Kommen ein kleiner Profit, es ist ein gnädiges Wunder.
Auf Kiliani hab ich den Rest zu bezahlen dem Maurer,
Der mir das Häuschen geflickt aus dem Grund, bevor es zu-
> sammen
Über dem Kopf mir brach; dann wäre dem Michel das
> Fleckchen
Wiese noch feil bei der meinen, — wenn's Tuch wär, nicht mit
> der Schere
Schnitt man's gätlicher zu; sei's um zehn Taler, so hab' ich's!
Hinten, der Länge nach, fließet der Bach: da wird mir das
> Krebsrecht
Obendarein: nichts lieber von Kind auf tu ich wie krebsen!
Dann schwatzt täglich mein Weib mir vor um ein sauberes
> Halstuch,
Nur leicht seiden, geflammt; zwar auf so ein Ding wie ein
> Kunstherd
Red'te sie auch schon hin; das wär ihr einziges Leben.
Kunstherd! — ei ja freilich! warum nicht gar eine Baßgeig!
Steffen, wir sagen ihr nichts. Siehst du, gleich fallen die
> Weiber
Ins Marktfieber, wenn unverhofft so ein Geldchen ins Haus
> schaut.

Werd ich ja selbst schon sorgen und tun was billig und recht
heißt.
Ist für die Kirch was übrig, inallweg soll's ihr gegönnt sein,
Ob sie es schon nicht braucht; ich ziehe mein Wort nicht zu-
rücke."
Solchergestalt verdrehte der listige Mann sich die Rede
Frei im eigenen Mund, ihn kümmerte wenig die Stiftung;
Selbst dem Gesellen zu schmälern den Anteil hofft' er im stillen.
Aber der Fischer von außen vernahm mit innigem Lachen
Jegliches Wort. Er war auf den Gurt an der Mauer gestiegen,
Dicht am Fenster das Ohr, und biß sich die Lippen, der Alte.
Und sie besprachen sofort, wie sie wollten die andere Nacht
schon,
Die auf den Sonntag käme, heraus mit Leitern und Stricken,
Auch mit Feilen und Zangen und was sonst wäre vonnöten,
Statt der Laterne das Blendlicht führend, zu mehrerer Vorsicht.
„Haben die Glocke wir los", sprach Wendel, „aus Klammer
und Banden,
Wälzen wir leicht auf Hölzern sie vor bis zum größeren Schal-
loch,
Vorn nach dem Feld, wo hoch wir das Kleeheu schochen zu
Haufen,
Daß sie gelind auffalle. Denn ob man am Seil sie hinunter
Bringe, bezweifl' ich dir stark: hiezu schon braucht es der
Winde,
Aber vor Tag noch führen wir sie, verborgen im Kleeheu,
Auf dem Wägelchen heim und bergen sie wohl in der Scheuer.
Drüben am See da wohnt mir ein guter Bekannter, in Steinach,
Ein Rotgießer von Profession; er handelt mit allem
Was nur klingt, es sei alt oder neu; der mag sie verkaufen
Unter der Hand für mich, so hab ich den mindesten Schaden.
— Komm, wir steigen einmal auf die Höh, ob man heute noch
etwas
Sieht; zwar glaub ich es nicht, zu dunkel schon will es mich
dünken.
Morgen spazieren wir wieder heraus, wenn die Kirche vorüber,
Vormittags, und visieren vom Weinberg, wie es bestellt ist.
— Hätt ich den Märte nicht selber gehört, beim Wetter, ich
glaubte
Jeden zum besten gehalten von ihm! doch sprach er's im Ernste,
Sah man wohl, und der Schalksnarr ist ihm endlich vergangen,

Den er wohl ehe gespielt, da er jung war, wie sie erzählen.
Jetzund brechen wir auf, und das Gras mag wachsen derweile.
Bis Montag, ich sage dir, wirst du vieles erleben!" [beide.
  Sprach's, weissagend, der Schneider, und schleunig erhoben sich
Aber hinweg schon hatte sich leise der Horcher mit langen,
Weit ausgreifenden Beinen gemacht, bis wo das Gebüsch ihn
Deckte. Gemächlich so fort nun schlendert' er neben den Erlen
Hin, auf dem Fußpfad längs dem Berg, und es blühten dem
                                                      Greise
Von scherzliebender Jugend die rötelnden Wangen noch einmal.

  Ländliche Muse! nun hemme den Schritt und eile so rasch
                                                      nicht
Fort an das Ziel! Du liebest ja stets nach der Seite zu schweifen,
Und ruhst wo dir's gefällt. So wende dein offenes Antlitz
Hinter dich, fern in die Zeit, wo dein Liebling, jung noch mit
                                                      andern,
Kühnerer Taten sich freute. Vergönn uns einen der Schwänke,
Deren er jetzo gedenkt auf dem Heimweg dort nach dem Dorfe.
Niemals-Alternde, du hast alles gesehen mit Augen!
Selbst auch hast du ihn manches gelehrt, mithelfend am Werke,
Und die roheren Kräfte mit deinem Geiste gemildert.
Sing! und reich, die wir lang nicht übten, die Flöte dem Dichter!

Dritter Gesang

Tone, des Schiffmanns Sohn, da er dienete noch bei dem Vater,
Hatte die Gertrud lieb, einer Witfrau einzige Tochter.
War sie so fromm und so brav, wie sie tüchtig und schön von
                                                      Gestalt war,
Durften die Bursche vom Dorf ihm alle das Mädchen beneiden:
Doch hart war ihr Gemüt, nicht offen den Freuden der Jugend;
Ja vom Vater — er starb auf der Wirtschaft in Argen, ein rechter
Küß-den-Pfennig — vererbt' ihr ein Äderchen. Noch in der
                                                      Schulzeit
Schwitzte der Kreuzer ihr naß im Fäustlein, eh sie ihn hingab
Für die Brezel an Ostern; so rühmte die Mutter ihr öfters
Nach vor den Freiern. Doch mußte sie fein sich halten in
                                                      Kleidern,
Städtisch beinah, die Mutter verlangt's, und die Geizige selber

War dem eigenen Leib nicht feind, sie sah, daß er schön sei.
  Jetzo war es ein Jahr, seitdem der Gesell sie besuchte,
Und schon hatten sie manchen Verdruß und manche Versöhnung.
Aber nun fuhren sie fröhlich einmal mit andern zu Markte
Nach Lindau, der vergnüglichen Stadt, die schön auf der Insel
Liegt im See, durch die Brücke nur breit mit dem Lande verbunden.
Doch sie kamen zu Schiff: mit drei Kameraden der Tone
Und fünf Mädchen, im ganzen zu neunt; darunter der junge
Märte, zu welchem der Schiffer sich hielt wie ein jüngerer Bruder
Sich zu dem älteren hält. Und die stattlichen Bursche traktierten
Drüben im Wirtshaus über Mittag ein jeder sein Schätzchen,
Kauften Geschenke für sie, nicht schlechte: der einen zum roten
Mieder den Zeug, auch ein Band; der andern die starrende Haube,
Schwarz, mit Flittern gestickt, ein Spiegelchen oder ein Pater-
Noster von dunkelfarbigem Glas, mit zinnerner Fassung.
Lang vor den Buden verweileten sie, nach ländlichem Brauch erst
Hart um den äußersten Preis den geduldigen Krämer bedrängend,
Bis er die Ware zuletzt nach Wunsch abließ — wie er sagte,
Einzig der schönen Jungfer zulieb, die den Handel mit ansah.
Und so tauschten die Buben auch selbst wohl schmucke Geschenke.
Dann zur fröhlichen Heimfahrt wandten sich alle befriedigt.
Andere noch, die zu Fuß am Morgen herübergekommen,
Nahmen sie auf in das Schiff, bunt sitzend umher auf den Bänken
Oder gelehnt am Bord. So plauderte jedes und scherzte,
Während der Wind von Bregenz her, in stetigem Zuge
Sanft andringend, mit Macht auftrieb das gewaltige Segel.
Martin, der Klarinett wie ein Meister zu spielen gelernt war,
Machte Musik, frischauf, daß zur Rechten die blühenden Ufer
Drüben, im letzten Gefunkel des Tags, die verschobenen Buchten,
Reben- und Obstbaumhügel, die Schlösser, die Höfe, die Flecken,
Schneller sich drängten herbei, entgegen dem lieblichen Schalle.
Fels und Turm, gleichwie sie mit Lust ihr eigenes Abbild
Sahn in flüssigen Farben gemalt auf der glänzenden Fläche,
So nun vergnügt' es sie jetzt, die begierig empfangenen Töne
Wiederzugeben alsbald in melodischer Folge mit Necken.
Da ward vieles gelacht und gekost, da schlang sich ein mancher
Arm um einen geschmeidigen Leib und rauscht' es von Küssen.
  Aber die Gertrud saß am vorderen Ende des Schiffes
Auf Schilfblättern am Boden, wo dieser gelind sich emporhob,
Gegen die Sonne den Rücken gekehrt, damit sie nicht blende.

Und für die Kurzweil nahm sie der langen grünenden Blätter
Einige, schön zur Schleife sie biegend, und schmückte das neue
Ruder, das künstlich geschnitzte, das zwischen den Knieen sie
festhielt:
Heut erst war es dem Tone geschenkt vom Fischer, ein
Marktstück,
Nicht zu gemeinem Gebrauch, nur am Festtag wollt er es führen.
Oben am Handgriff war ein Meerfräulein, das die Arme
Stemmt' in die schuppigen Hüften; es flossen die Haare natürlich
Ihr, wie naß, auf die Brust, die sich vorstreckt', und auf die
Schultern;
Gelblicher Ahorn war's, auf eichener Stange befestigt.
Dessen erfreuete jetzo das Paar sich. Aber am meisten
Freut' er des Mädchens sich selbst, das ihm holder als je sich
erzeigte.
Innig tat ihm ihr Anblick wohl, wie sie saß und die Sonne,
Schon zur Hälfte versenkt dort hinter die Türme von Konstanz,
Ihr den Nacken erhellt' und die rosige Wange noch streifte.
Und schon wallt', ein lebendiges Meer, rotglühend in ganzer
Länge, hinunter der See, mit unendlichen Wellen erzitternd,
Bis wo die feurige Flut er gestadlos breit ausgießet
In das Gewoge des tief entzündeten Abendhimmels.
    Leider verdarb es der Tone mit seinem Part auf die Letzte.
Denn im Frohsinn ermuntert' er noch die Gesellschaft, zu
singen,
Etliche Dirnen zumal, die auch gleich mit geläufigen Kehlen
Herzhaft begannen ein Lied, zu welchem er selber den Kehrreim
Sang mit des Schäfers Tochter, der lieblichen Margarete,
Da denn zwischenhinein Klarinettspiel immer den neuen
Vers einleitete, schicklich und fein, nach Märtes Erfindung.
Trude jedoch sang nicht; sie ermangelte völlig der Gabe,
Ja wenn sie auch nur sprach, anmutete keinen die Stimme.
Also grollte sie ihm, weil zuerst er das Zeichen gegeben
Und im Gesange sich gar dem bescheidenen Mädchen gesellte,
Das für die schönere galt bei der Mehrzahl (wahrlich mit Recht
Und, von vielen gewünscht, derzeit noch keinem gehörte. [auch)
Als man das Dorf nun endlich erreicht und zur Stunde der
Dämmrung
Stieß an das Land vor dem offenen Platz, wo umher aus den
Häusern
Blinkten schon einzelne Lichter, da sprang Gertrud als die erste

Vorn, von einer Gespielin empfangen, hinaus auf den Kies-
grund;
Nicht erwartete sie den Geleitsmann, welcher noch hinten
Stand, wo dem Schiffe die Wendung er gab, rechtsher, mit dem
Steuer:
Sondern sie lief, die Begleiterin heimlich nur zupfend am Ärmel,
Weg, indem sie ihm kurz Gut Nacht zurief von dem Ufer.
Selber ihr Marktstück ließ sie zurück; bei den übrigen Gaben
Hing es im bunten Gemische zur Schau am Mast auf der
Herfahrt;
Käthchen nahm es indes, die Verlobte des Fischers, zu Handen.
So stand Tone beschämt, obgleich mit erzwungenem Lachen,
Unter den Paaren. Es führte nach Haus ein jeder die Seine,
Übrig allein blieb er, der allen am fröhlichen Tage
Hatte zum Führer gedient. Ihn bedauerte jedes im stillen,
Als er zum Scheine noch dort sich am Tauwerk machte zu
schaffen.
Dann saß lang er allein auf der Bank im verlassenen Schiffe,
Heftig entrüstet im Innern und wie er sich räche bedenkend,
Weil sie die Schmach ihm tat um so kleines Vergehn (er erriet es).

Still war alles umher, und, im Sternenscheine verbreitet,
Rührte der See sich kaum; nur daß am Bauche des Schiffes
In vielfältigen Tönen die glucksende Welle sich übte.
Jenseits aber die Berge, die ewig schimmern im Schneelicht,
Schon empfingen sie höheren Glanz und leise des Mondes
Aufgang zeigten sie an, eh die lieblichen Ufer ihn schauten;
Hoch vor andern im Nachtblau glänzte die Stirne des Alpsteins,
Einer himmlischen Wolke vergleichbar. Aber der Jüngling
Sah und hörete nichts, in trauriges Brüten versunken.
Erst als oben am Himmel der Mond in völligem Scheine
Stand, aufrafft' er sich auch, und heim durch die schweigenden
Gassen
Lief er, entschlossen, den Trotz mit doppeltem Trotze zu strafen,
Wie er sich oft vornahm, doch nie es zu halten vermochte:
Wenn sie quälerisch war, stets kam er am ersten von selber.

Diesmal setzt' er es durch. Er suchte die Schwelle des Mädchens
In fünf Tagen nicht heim. So fuhr er am sechsten auf Bregenz
Ohne Adieu, mit den Knechten — ihm konnte sein Vater das
Steuer
Sicher vertraun mit der Fracht; sie hatten Getreide geladen
In das Tirol; — und so kam er zurück auch ohne Willkommen.

DRITTER GESANG

Aber die bittere Reu und die nagenden Schmerzen verhehlend
Ging er Gesellschaft suchen denselbigen Abend im Zwielicht
Noch auf die Straßen; er dachte: vielleicht daß ich finde das Mädchen
Unter der Haustür stehn und sie gibt mir hustend ein Zeichen,
Daß ich komme; so hofft' er; da stieß an dem offenen Platze
Gegen den See, wo die Schiff anlanden, unferne dem Kornhaus,
Märte zu ihm; der zog ihn hinein in die steinerne Halle,
Die, auf Bogen erbaut, von vorn das alte Gebäu schmückt.
  „Hast du gehört, mit der Gertrud —? was sie für Sprünge gemacht hat?"
Redete jener ihn an mit blitzenden Augen, den Tone,
Welcher verblaßt'; ihm ahnete gleichwohl nimmer das Ärgste.
Aber behutsamer sprach nach kurzem Bedenken der andre:
  „Tone! wenn ich nun spräche: du hast einem Narren von Weibe
Trauben geschenkt, da läuft sie dir hin, sich Schlehen zu pflücken:
Zögst du dir das zu Gemüt wie ein Unglück über die Maßen?
Wahrlich auch mir vorhin, da die Käthe mir alles berichtet,
Hat sich das Blut empört um der Falschheit willen der Dirne,
Die dich verkauft und verrät dem leidigen Mammon zuliebe;
Aber um dich und was du verlorst, da säng ich ein Klaglied
Ohne Lachen dir schwerlich zu End; mein's geht nach der Weise:
Hallelujah! oder: Herein ihr Schnurranten, ihr Pfeifer!
— Wiß: sie hat kurzweg sich an den Müller, den jungen, von Bärnau
Lassen verkuppeln, den Erzdümmling mit flächsenen Haaren,
Dem ja von je, du klagtest es immer, die Alte flattiert hat.
Ihr kam euer Verdruß wie bestellt und sie schürte das Feuer
Weidlich. Nun wurde dem Peter die Zunge gelöst und er stellte
Keck am vergangenen Sonntag schon durch die Base den Antrag.
,Nimm ihn!' sagte die Mutter, und: ,friß ihn!' sagte die Base:
,Bei dem säßest du warm, der machte dich wahrlich zur Herrnfrau!
Steht ihm die Mühle nicht drüben im Tal wie ein Schloß, mit dem neuen
Müllerblauen Altan? rings eigene Gärten und Güter?
Und auf den Händen, er schwur's ja, wollt er dich tragen aus Liebe,
Und zum Brautgruß denkt er dir schon auf ein kostbares Taftkleid,

Coclicorot, deine Leibfarb, Trude, was sagst du nur dazu?
Der gutherzige Mensch! dem's auch gar nicht an Verstand fehlt:
Still nur ist er, zu blöd, und fährt nicht wohl mit der Sprache,
Doch schön geht das Geschäft und der Mühlstein dreht sich von
                                                           selber.
Laß mir den Fischerkittel, den trutzigen! Macht sich noch rar der!
Hat noch kein eigen Gewerb und fronet dem Alten im Hand-
                                                            werk!
Bleib von dem Hungerleider! Was bist du ihm schuldig? Kein
                                                      Treupfand
Gabt ihr einander. So ging ja wohl eh ein Handel zurück schon.
Spruchweis sagte mein Mann: voll Röselein hänget der
                                                    Kirschbaum;
Neune gehören dem Wind, das zehente glücket zur Frucht
                                                          nur.' —
Aber die Trude darauf? Fürwahr, da braucht' es wohl großer
Arbeit, bis sie sich gab! Mit der Axt ja spalt't man die Butter!
Kurz, schon haben sie richtig gemacht insgeheim und den
                                                      Handschlag
Holte der Peter sich heut mit zwei Goldfuchsen am Wäglein.
Tone, nun hängst du den Kopf! und jetzt mit langsamen
                                                      Schritten
Wirst du von dannen und heim auf deine Kammer dich stehlen.
Aber — dort nimm die Kreide vom Sims und, hörst du, zu
                                                      Häupten
Über dem Bett, wo das Ruder dir hängt, noch im grünenden
                                                    Schilfkranz,
An der getäfelten Wand, da zeichne dir pünktlich den Tag auf,
Diesen heutigen! Künftig mit Dank noch gedenkst du der Stunde,
Da der Märte gesagt: dir ist er ein zweiter Geburtstag!
Denn, bei Gott, du bist wie der Mann, der drinnen gemalt ist
In der Kirche, der Kanzel zunächst, den der scheußliche
                                                    Meerfisch
Zwischen den Zähnen hervor aus triefendem Rachen ans Land
Jetzo liegt er für tot, doch er wird mit Freuden des Tages [spie.
Licht neu sehen und sehn frohlockender Freunde Gesichter."

Solches zum Trost ihm sagt' er und anderes. Aber der Arme
Glich vielmehr dem verwundeten Lachs, wenn plötzlich die Angel
Steckt im begierigen Schlund, und die Schnur abriß an der Rute,
Daß er vor Schmerz aufspringt aus der Flut und weiset der
                                                        Sonne

Noch den glänzenden Leib und im offenen Munde den
                                                  Blutstrom,
Mitleid heischend und Hilfe von ihr, die den wimmelnden
                                                  Scharen
Ihre Wohnung erhellt und wärmt, und im lieblichen Schimmer
Ihnen die Speise, die tödliche, zeigt, so wie die gesunde.
Stumm so kämpfte der Bursch in sich; um den steinernen Pfeiler
Warf er den nervigen Arm und ihm stürzt' aus den Augen die
                                                  Träne.
Doch schon rückte von fern hörbar aus der oberen Straße
Müßiger Burschen ein Trupp mit Gesang an und mit Gepfeife,
Wie sie pflegen zu tun in sommernächtlicher Kühle,
Arm in Arm nach dem Platze gewandt, wo sie gern in der Halle
Ausruhn auf der geräumigen Bank und schmauchen und
                                                  schwatzen.
Schnell da schickte sich Tone zum Abschied, denn der Genossen
Anblick wollt er entgehn, der jetzt unerträglich ihm deuchte.
Links in das Gäßchen begleitet' ihn Märte und sagte zuletzt noch:
„Mach dir auch keine Gedanken der Leut halb, was sie nun
                                                  werden
Sagen, und meine nicht gar dich vor uns und den Mädchen zu
                                                  schämen.
Dich hat alles in Ehren und hängt dir an, und ein jedes
Preist dich selig dazu; ich wollte, du hörtest die Käthe!
Aber der Gertrud will ich und ihrem Kauz einen Maien
Stecken — er soll sie nicht freun! Nur soviel sag ich: wenn diesmal
Nicht ein Fastnachtspossen gespielt wird, daß man in achtzig
Jahren sich noch die Haut voll lacht ob dem Bärnauer Ehpaar,
Will ich mein Lebtag nimmer der Eulenspiegel euch heißen."
Dies die Rede des Fischers. Hierauf denn schieden sie beide.
Nur noch folgte dem Tone von fern sein Freund bis zur Ecke,
Ob er auch sicher ins Haus, nicht etwa hinab dem Gestad zu
Liefe, ein Leid sich zu tun; denn es geht jähschlüssige Liebe
Gern auf das Äußerste gleich, und besorgt ist herzliche Freund-
                                                  schaft.
Aber so weh es ihm war, nicht solches gedachte der Jüngling.

Vierter Gesang

Nicht zwölf Wochen fürwahr, nachdem sich dies alles begeben,
Sah man, im Sonntagsrock, mit dem Blumenstrauß in dem Knopfloch,
Eifrig den Hochzeitbitter im Dorf umher und der Gegend
Laden die Gäste zu Ehren der Gertrud und dem Gesponsen.
Und schon hatte geheim sich die männliche Jugend verschworen,
Alle, was hiesige sei'n, nicht teil am Tage zu nehmen;
Weder zur Kirche zu gehn, noch im Hirschen zu Tanz und Gelage;
Auch, wenn am Morgen der Zug mit Musik von der Kirche geholt wird,
Nicht wie sonst mit Pistolen und Stutzern im Winkel zu passen
Und mit verdoppeltem Knall die errötende Braut zu begrüßen.
Selber die Mädchen, so viel rechtschaffener Dirnen im Dorfe
Waren zu selbiger Zeit, die auf Ehre noch hielt und auf Treue,
Standen ihr ab insgesamt, durch die kühnere Käthe begeistert,
Märtes Verlobte; sie gab den übrigen immer das Beispiel.

Käthchen, o treffliches Kind, mit beredsamen Lippen, und Augen
Hell und wahr wie der Tag! noch seh ich dich dort auf der Wiese
Hand in Hand mit den andern im Reihn lustwandeln am
Euerer achte begegnetet ihr Gertrud an der Mutter [Sonntag.
Sommergarten – es hatte noch kaum die Geschichte verlautet –
Alsbald fingt ihr sie ein im geschlossenen Ring, die Bestürzte.
Scherzweis noch, und als glaubtet ihr's nicht, sprach ein und die
„Du! was ist es mit dir? Es geht ja die Rede, du hättest [andre:
Neues Werg an der Kunkel, man rüste dir eilend die Mitgift:
Aber wir glauben es nicht, wir hörten es denn von dir selber.
Darum gib nur Bescheid auf der Stelle, nicht eher entkommst du."
– Und sie verleugnet' es kaum. Da schauten die Mädchen einander
An, halb lächelnd und schadenfroh: doch nicht so die Käthe,
Sondern das Wort nahm diese, und dicht vor die Stirn ihr tretend
Las sie der Falschen den Text: das ging risch rasch wie ein Wetter-
Regen, der schräg ins Gesicht dem reisenden Manne daherfährt,
Spitzige Schloßen dazu, feindselige, nicht zu ertragen, [ihn
Daß er verdummt dasteht und sich duckt und blinzelt; es macht'

Aber der Wind barhäuptig und rollet den Hut auf dem Acker
Weit, und gebrochenen Laut von den Lippen nur raufet der
Sturmwind.
Endlich, der Weinenden, wie sie hinwegstrebt', rief sie das
Wort nach:
„Geh nur hin! und miß dir in schefflige Säcke die Batzen!
Möchten wir dich nur bald aus dem Ort gehn sehn und der
Markung!
Gar nichts wollen wir künftig von dir! ja mich ärgert der Bach
Welcher das Rad dir treibt an deiner geizigen Mühle, [schon,
Daß er uns fällt in den See! Doch will's Gott steckt er ihn nicht
an:
Weit gnug ist er und breit – ich mein, so ein Tropfen verliert
sich,
Und der Tone verschmerzet noch wohl ein Mädchen wie du bist!"
So, mit zornigen Tränen im Blick, ausschaltst du sie tapfer,
Weil sie den Freund des Geliebten, den treuesten Jungen,
betrübte.
– Damals glaubtest du nicht, bald selber den Liebsten zu
Bitterer weit als jene vermocht, in eiligem Siechtum [kränken,
Scheidend vom lieblichen Leben hinweg, aufs Jahr, wenn der
See blüht,
Eh du den eigenen Tag der Vermählung erblicktest, o Jungfrau!
Deiner gedenket die Muse mit Leid so oft als der Frühling
Über den See neu wieder die schwimmenden Teppiche lässet
Gleiten aus goldenem Staub und dem Fischer die Garne
vergoldet.
Jetzo verweile mit Lust mein Blick im Kreise der Jugend
Und bei dem lustigen Rat, den Märte, der Schelm, sich
ersonnen,
Daß er räche den Freund, ein großes Gelächter bereitend,
Wider den Willen desselbigen zwar, doch es ließ ihn nicht ruhen;
Und frei war ihm das Feld. Denn früh am Tage der Hochzeit
Ging der Beleidigte weg nach der Stadt, in Geschäften des Vaters,
Zu der versammelten Schiffherrnzunft, und gedachte noch weiter
Um ein Stündchen zu wandern am See hinunter, nach Manzell,
Wo ein Vetter ihm saß, ein Seiler, sein herzlicher Pate;
Denn er wollte daheim nicht den Tag, den verhaßten, mit ansehn.
Als nun die Stunde der Trauung herankam und schon zum
andern
Mal das Geläute erscholl, da fuhren auf rasselnden Wagen

Von zwei Seiten zum Dorfe herein die Verwandten des Brautpaars,
Männer und Fraun, auch vom Ort nicht wenige richteten hurtig
Sich zur Kirche; jedoch der blühenden Dirnen kein halbes
Dutzend sah man im Zug, und diese gehorchten den Eltern.
 Indes spähte vom Fenster daheim auf die sonnigen Straßen
In Hemdärmeln der Märte hinaus durch das grünende Weinlaub,
Welches, gedrängt an die Scheiben umher, der getäfelten Stube
Kühligen Schatten verlieh; denn heiß kam frühe der Tag schon.
Still war alles im Haus, und Vater und Mutter zur Kirche.
Hinten im Lehnstuhl schlummert' der Ehni, es lag in der Wiege
Neben das Kleinste, sein Enkel, und schlief; schwach regte der Wedel
Noch in der Hand sich des Alten, sein Haupt umsummte die Fliege,
Und ihm war das Gestrick von den Knieen gesunken des Netzes,
Das er zur Hälfte bereits mit hölzernen Nadeln vollendet.
Dies ja war sein Geschäft, des Erblindeten, seit er die Garne
Nimmer geschleppt auf das Boot und den freundlichen See nicht gesehen.
 Märte nun aber, indem er am Fenster den Hans und den Frieder,
Zwei Kameraden, ersah, ging eilig und trat in die Haustür,
Winkte die beiden herein und sie folgten ihm über die enge
Höckrige Stiege hinauf nach dem oberen Boden des Hauses,
Wo viel altes Gerümpel umherstand und am Gebälke
Hing unbrauchbares Fischergerät voll Spinnengewebe.
Vorn in der Hellung jedoch des geöffneten Ladens am Schornstein
Sah man gelehnt — fürwahr dem Beschauer ein Schrecken im Anfang —
Grinsende Puppen, ein seltenes Paar, in menschlicher Größe,
Welche der Schalk aus Werg und aus Heu kunstreich und mit alten
Haderlumpen zusammengestoppt; auch Pfähle umwand er
Dick mit Stroh: so begabt' er mit Armen und Beinen die Leiber.
Doch die Gesichter zu malen auf Leinwand mußte des Nachbar
Schreiners Gesell Bleiweiß und Mennige leihen und Kienruß;
Flachs hing aber dem Manne vom Haupt, an der Stirne mit gradem
Schnitte gekürzt, wie der Müller sich trug; und Haare vom Roßschweif

VIERTER GESANG

Deckten die Scheitel der Braut, zum ärmlichen Zopfe geflochten.
Also waren sie strack und steif, nur die Kniee gebogen,
Nebeneinandergesetzt auf die eisenbeschlagene Truhe,
Welche den nächtlichen Fleiß so manches vergangenen Winters,
Köstliche Ballen gesponnenen Tuchs, verwahrte der Hausfrau.
   Hell aufjauchzten die Bursch' und lachten unbändig, sobald sie,
Wer die wären, erkannt. Da sagtest du, sinniger Fischer:
„Jetzo sind sie noch nackend, ihr seht es, gleichwie im Garten
Eden die Menschen gewesen im Anfang, unsere Eltern:
Doch ihr sollet im Feiergewand sie schauen, ein jedes
In der Farbe, so ihm vor andern geliebt und vertraut ist.
Diese begehrt ausbündigen Staat, ein gleißendes Taftkleid,
Coclicorot, und es ist ihr gewährt, so viel es mich kostet;
Leibchen und Rock (ich habe den Zeug erst heute bekommen)
Ganz aus Ackerschnallen gemacht, wie sie eben im Kornfeld
Blühn und die reifende Saat im Wechsel erheitern mit blauen
Nelken. Zu Wams und Hosen erwählte sich diese der Peter.
Blume an Blume gesetzt, mit Zwirn und Baste verbunden —
Kein Kramladen, noch Warengewölb, ihr möget in Konstanz,
In Sankt Gallen und fort bis Paris nachfragen, verkauft euch
Feinere Stück wie die, und das rote zumal für die Trude!
Trudelchen hieß sie bis heut, nun soll sie die Trudelmadam sein!
Wären sie selbst nur hübscher von Antlitz, besser gebaut auch!
Dafür kann ich halt nicht, so wurden sie einmal erschaffen.
— Wißt, auf die Nacht ergötzen sie sich mit uns auf dem Tanz-
                                                                            platz!
Diesen erratet ihr nicht wo er ist; denn weder im Hirschen,
Weder im Adler bestellten wir Hochzeit; nicht in der Stube,
Nicht im Saal, auf der Straße nicht ist's, noch Wiese, noch
                                                                            Wald ist's,
Auch nicht der See: nein alles zumal — nun ratet das Rätsel!"
   Sprach es der Fischer, und jene zerbrachen umsonst sich die
Also eröffnet' er ihnen, sie wollten hinaus in die grüne [Köpfe.
Herberg ziehn insgeheim miteinander, die sämtlichen Buben.
Dies ist dort im Gehölz ein vermooseter trockener Weidplatz,
Fast viereckig, mit Eichen besetzt und luftigen Birken,
Einem geräumigen Saale nicht ungleich; aber vor alters
War es ein Sumpf. Unferne dem Dorf, an der Ecke des Waldes,
Führet ein Holzweg hin; nur selten befährt ihn ein Fuhrwerk.
Drossel und Mönch singt dort ungestört und die Amsel da-
                                                                            zwischen

Orgelt von früh bis zum Abend ihr Lied, die zufriedene Weise.
Du auch, wenn dir's gefiele um unsere Ufer zu wohnen,
Fändest das was dich erfreut, o Nachtigall; doch du ver-
schmähst uns.
Weiter nun sprach zu den zween, die begierig ihn hörten, der
Fischer:
„Sagt, wo ihr Ort und Gelegenheit mögt pläsierlicher finden,
Sei es im Dorf, in der Stadt, und sei's in den Gärten der Städter?
Aber den Platz fein auszustaffieren, daß jedes ihn lobe,
Soll uns die Trude (wir fragen sie nicht) von dem Ihrigen borgen.
Höret! Zu Mitten der Nacht, wenn drunten im ‚Hirschen' der
Lebtag
Und das Gewühl erst recht angeht, doch ruhig die Straßen
Wurden im übrigen Dorf, da schleichen wir uns an des Jörgen
Tenne — sie liegt uns eben gerecht am Ende des Fleckens —;
Drin herberget für heut, ich weiß, ein geladener Wagen,
Über und über bepackt mit unendlicher Habe der jungen
Müllerin, unserer schönen, die stets froh war des Besitztums.
Zwar es gedachte derselbe nur erst bei lieblicher Tagszeit
Morgen gemach mit Rossen die sichere Straße zu fahren,
Bärnau zu; doch anders ihm schmierte die Räder das Schicksal.
Du sollst, Ächzender, nachts irrtümliche Wege durchs Brachfeld
Schwanken, dem Holz dort zu die unwillige Deichsel gewendet!
Alldort laden wir ab in Ruh, und ein sämtlicher Hausrat
Wird an den grünenden Wänden umher beim Scheine der
Fackeln
Sorgsam verteilt und ganz die erfreuliche Wohnung gegründet.
Ohne Verwunderung nicht, wie mir ahnet, ja sicher mit großen
Freuden begrüßt sich das Paar in der sonst unwohnbaren Wildnis
Als wie daheim, sieht aufgeschlagen sein mächtiges Ehbett
Selbst, das gesegnete, dort und schmauset am eigenen Tische."
So sprach, trockener Miene, mein Freund; da schnalzt' mit
dem Finger,
Hoch aufspringend, der Hans und rief voll Jubels der Frieder:
„Spitzbub du! o durchtriebene Haut, vom Galgen gestohlen!
Schöneres hast du nimmer erdacht, es ist wahrlich dein Haupt-
streich!
Mag sie doch bersten, sie hat es verdient, vor Scham und
Erbosung,
Sie und ihr Schöps und die Mutter zugleich mit der kuppelnden
Base!

VIERTER GESANG

Aber wie fangen wir's an, unbeschrien zu vollbringen das
    Wagstück?
Nicht leicht ist es, bei Gott! Auch die Nacht hat Augen und
    Ohren."
„Dies", entgegnete Märte, „bereden wir alles am Kornhaus
Mit den übrigen zeitig genug um Ave Maria.
Jetzund, wie wir in *einem* es halten, vernehmet und gebt mir
Beifall. Euerer Hilfe bedarf's, ich rief euch umsonst nicht.
Eine Zechkompanie, wie im Ort noch keine erlebt ist,
Stellen wir an — verstehet mich wohl, dem Tone zu Ehren,
Weil er dem Meerkrokodil durch göttliche Fügung entronnen.
Wär er selber dabei, was gäb ich! Aber die Ohren
Sollen ihm klingen die Nacht vom Vivatrufen und Heisa!
Unserer zwanzig wir legen zusammen; ein preußischer Taler
Auf den Mann sei das mindeste: zwei zahl ich, und da sind sie!
Gleich nun geht ihr herum bei den andern — die mehresten
    wissen
Schon was es gilt —; dann kaufet ihr ein was teuer und gut ist.
Wein fürs erste, vom besten ein Fäßchen; ich rechne ein Imi
Zwei; Weißbrot und Käse verhältnismäßig; der Müller,
Unser Bräutigam, ist als ein wackerer Esser berufen —
Hieran denket mir ja; dann am Kaffee sollt ihr nicht sparen:
Trudelchens Herzbalsam ist der Kaffee, wenn ihr's noch nicht
    wißt.
Braten sodann und Salat; ich hieß den Metzger ein Säulein
Rüsten. Das Fleisch tragt nur und die Würst in den ‚Adler':
    die Sephe
Macht es im Kessel uns gar, sie will mir's gerne zulieb tun.
Fisch' bring ich; Blaufelchen und Stichling'; auch mit den roten
Tupfen die Grundforelle: von achtzehn Pfund ein Gewaltstier
Hab ich — wüßte mein Alter darum, die stünde zu Mittag
Heut vor den Hochzeitsgästen im ‚Hirsch', so gewiß wir den Essig
Auch wohl finden dazu! Dann Lichter zu schaffen vergeßt nicht!
Lichter genug, daß helle der Saal und die köstliche Tafel
Glänze! Auch fichtene Fackeln insonderheit etliche Dutzend
Haltet bereit; wir haben sie nötig. Dies alles bestellt denn
Ohne Verzug. Und schickt mir des Lorenz Jungen, den Klumpfuß,
Der so saubere Flechtarbeit in Weiden und Rohr macht.
Sagt ihm, es gebe Verdienst. Er muß mir helfen das Brautpaar
Kleiden. Schon liegen die Blumen bereit; zwei Körbe gehäuft
    voll

Schleppten die Kinder mir heim; ich halte sie frisch mir im
Waschhaus;
Und nun läßt mich im Stiche die Käth, auf die ich gerechnet!
Ja sie macht alle mir scheu, daß keine der Närrinnen hergeht!"
Sprach es, der Fischer, und schalt auf die Dirnen, unbilliger-
weise.
Denn ihm hatte sein Mädchen sogleich, wohlmeinend mit Eifer
Ihre Gesinnung erklärt und gesagt: „Uns stünd es nicht fein an,
Mutwill zu üben an ihr und Unglimpf ihr zu erweisen,
Die doch eine der Unseren hieß und groß mit uns wurde.
Schau, wie glaubte sie wohl und nähm es nur irgend zu
Herzen,
Daß es ein Ernst uns sei und daß sie sich habe versündigt?
Drum nichts Liebes von uns und auch nichts Böses erfährt sie.
Ihr seid Buben und tut was ihr wollt, doch sollst du gewarnt
sein:
Treibst du es wieder zu arg und mußt wie neulich vor Amt stehn
(Denn dich nimmt man zuerst), ich gönne die Buße dir wahrlich!"
Dies, aufrichtigen Sinns und voll Klugheit, sagt' ihm die
Käthe.
Aber der Hans und der Frieder sofort mit lachendem Munde
Liefen alsbald, zu vollziehn was der sinnige Fischer sie anwies.

Fünfter Gesang

Schwebe nunmehr, o mein Lied, feldwärts auf beweglichen
Schwingen!
Erst am hellen Gestade hinab, dann über das Fruchtfeld
Schräge den Wasen hinauf, der gemach ansteiget zum Waldsaum.
Dort, in der Frühe des Hochzeittags, da noch auf den Gräsern
Blinkte der Tau und stärkenden Duft noch hauchte die Erde,
Stand bei den Eichen die holdeste Schäferin, hütend alleine,
Wie sie wohl manchmal tat an der Stelle des älteren Bruders.
Denn längst war sie geübt in den sämtlichen Künsten des
Handwerks:
Wußte geschickt den unfolgsamen Stör mit der Schippe zu
treffen,
Stieß in das Pfeifchen und schickte mit flüchtigen Worten den
Schafhund
Hinter den irrenden Haufen herum und sie stoben zusammen.

FÜNFTER GESANG

Auch wenn der Bruder den Pferch aufschlug für die Nacht auf dem Felde,
Trieb sie die Pflöck in den Grund mit kräftig geschwungenem Schlägel.
Doch jetzt haftete ruhigen Blicks ihr Aug auf der Berge
Morgendlich strahlenden Reihn, die mit schneeigen Häuptern zum hohen
Himmel sich drängen; und jetzo die fruchtbaren Ufergelände
Flog sie entlang, und den herrlich besonnten Spiegel durchlief sie,
Welcher, vom Dunste befreit, schon wärmender Strahlen sich freute.
Hier arbeiteten Fischer im Kahn, dort schwand in die Ferne
Winzig ein Segel, indes schnell wachsend ein anderes nahte,
Und noch andre begegneten sich und kreuzten die Wege.
Rauch stieg auf von den Dächern des Dorfs, und irres Getöse
Kam undeutlich herauf von Menschen und Tieren; die Peitsche
Knallt' und es krähte der Hahn. Doch weit in den blauenden Himmel,
Über dem See und über dem wilden Geflügel des Ufers,
Kreiste der Reiher empor, dem Säntisgipfel sich gleichend;
Aber im Walde, zunächst bei der Schäferin, sangen die Vögel.

Jetzt, indem nach dem Dorfe sie sah, kam hinter den Gärten
Tone, der Schiffer, hervor und trat in die offene Straße.
Da sprach jene verwundert für sich: „Ja, wahrlich, er ist es!
Sagten die Mädchen doch jüngst, er würde verreisen auf heute.
Trotzig geht er einher und getrost, doch, *wie* ihm zumut sei,
Dauert er mich auf ein neu's und muß ich denken, er ziehet
Weit in die Welt und kommt nicht mehr. Das aber ist Torheit,
Weiß ich wohl. Wie schön dem wandernden Buben der breite
Strohhut läßt mit dem hängenden Band — er hat ihn das erste
Mal heut auf — und mit silbernen Knöpfen die Jacke von Sammet!
Trude, was hast du gemacht, so wackeren Jungen verlassen!"

Also sprach Margrete, die Schäferin, mit sich alleine,
Während er nah und näher herankam unten im Fahrweg.
Aber o welches von euch, ihr wehenden Lüfte des Morgens,
Führt' ihm das Wort zu Gehör? Denn mit einmal schaut' er herüber,
Stand und schaute nach ihr: da schien er sich erst zu bedenken,

Sprang dann über den Graben und stieg in der Furche des Kornfelds
Grade den Hügel herauf. Von Schrecken gelähmt, das Mädchen
Duckte sich nieder am Stamm der gewaltigen Eiche, sich bergend,
Saß und zog ihr kurzes Gewand auf die Knöchel der Füße
Hastig hinab, denn barfuß war in den Schuhen die Hirtin.
Gleich dann stand er vor ihr und bot ihr die Zeit, und sie gab's ihm
Mit schamlächelndem Munde zurück, unsicher die braunen
Augen erhebend; sie glänzten ihr hell im Schatten des Baumes.
Und er sagte sogleich: „Nach Buchhorn muß ich dem Vater;
Gibst du mir nichts in der Stadt zu bestellen? Es sei was es wolle." —
„Dasmal nicht", erwiderte sie: „dankswert ist der Antrag." —
Hierauf wechselten sie gleichgültige Reden; doch abseits
Waren die stillen Gedanken gekehrt und auf anderen Pfaden
Hin und wieder betrafen sie sich und flohen sich alsbald
Scheu. Nun schwiegen sie gar, und er, an die Eiche sich schmiegend,
Blickte von oben auf ihre Gestalt. Da quoll ihm der Busen
Bang und wallete ganz vor sehnender Liebe das Herz ihm,
Welche zuvor ihm schon mit Verheißung leise genaht war,
Wenn dem Einsamen oft das liebliche Bild Margaretens
Sich vor die Seele gestellt mit Trost und Schwestergebärde.
Ach wie drang es ihn jetzt in überfließender Rührung
Auf einmal sein ganzes Gemüt vor ihr zu entdecken!
Aber ihm fehlte der Mut, und er fand nicht wie er beginne.
Endlich mit Not, nur daß er nicht blöd und seltsam erscheine,
Frug er, sich zwingend zum Scherz, mit erheiterter Miene das Mädchen:
„Margret, singen wir nicht bald wieder zusammen den Kehrreim,
Wie dort, wo ich im Schiff euch fuhr und das Kälbchen ins Aug traf?
Traun, hier säng es sich schön, und niemand nähm es in übel." —
Doch das errötende Kind am Boden mit spielendem Finger
Rupfte das Moos und sagte die ungeheuchelten Worte:
„Nicht gern, Tone, das glaub, und heut am wenigsten denk ich
Gern an den leidigen Tag. Ich bin nicht schuld, es ist wohl wahr:
Aber, hat es mit euch auf ein End gehn sollen — ich sagt es

FÜNFTER GESANG

Gleich und sage noch jetzt — ich hätt doch können davon sein."
„Rede mir nicht so!" versetzte der Jüngling rasch mit bewegter
Stimme: „dein Wort kränkt mich; denn so Gott will warest du damals
Mir zum glücklichen Zeichen dabei, und wahrlich umsonst nicht
Muß ich zuerst dir wieder am heutigen Morgen begegnen,
Der zu Schmerzen mir nur, zu Verdruß und Verschämung gemacht schien.
Diesen, ich lüge dir nicht, ich sah seit Wochen ihn kommen,
Eben als sei es ein Tag wie ein anderer; siehe, so ist mir
Völlig gewendet der Sinn! Noch kaum zwei Monate bin ich
Los von der Gertrud und — schon so viel Jahre mir deucht es.
Ja ich denke zurück und kann mich in dem Vergangnen
Selbst nicht wieder und kann nicht wieder das Mädchen erkennen,
Das mich betört, um das verzweifelte Liebe zuletzt noch
Dreizehn Tag und Nächte mit Fäusten mich schlug und würgte
(Wahrhaft sei es dir alles bekannt)! Doch mitten im Jammer
War ich entlassen der Pein; mich stieß ein plötzlicher Mut an,
Hoffnung kam in mein Herz, ich weiß nicht wieso, noch von wannen,
Denn nichts war mir bewußt, darnach ich irgend begehrte.
Nein, vielmehr, nur wie oft noch im Angesichte des Winters
Hell aus nacktem Gezweig ein Frühlingsvogel die Stimme
Hebt und zumal im Busen die staunende Freude dir wecket,
Also war ich erfreut und gewiß glückbringender Zukunft.
Meinem Geschäft nach ging ich getrost, und gesellte mich bald auch
Zur Kameradschaft wieder, wie vordem. Einmal, am Sonntag,
Hieß mich der Fischer mit ihm die Käthe besuchen in ihrer
Stube; da plauderten wir, und er, wie er immer zu tun pflegt,
Nahm vom Schranke herunter das Buch mit alten Geschichten,
Las ein Stück und das andere laut und plauderte wieder
Zwischenhinein. Indem so sah ich im Fenster ein braunes
Näglein stehen im Glas, und ich lobt es, weil es so schön roch.
Sagte die Käthe: ‚Dir sei es geschenkt! ich hab es von einer,
Die verdrießet es nicht, weil *du's* bist, Tone; die Schäfrin
Gab mir's gestern, sie hat sie von allen Farben im Garten.' —
Sagt's, und redete noch, da kamst du just mit der Walburg
Langsam die Gasse herab im Gespräch und am Hause vorüber.

Alle wir sahen dir nach mit wohlgefälligen Blicken.
Sieh, und im Hinschaun kam mir ein Wort des herzlichen Lobes
Und dein Name mir über den Mund — so rührte dein Bild mich
In der Seele! so schön warst du! ja recht wie der Friede
Selber erschienest du mir! — Ich war wohl etwan ein wenig
Stille geworden; da blickten die Zwei sich mit heimlichem
                                                           Lachen
An, doch taten sie nicht so fort, noch sagten sie etwas,
Und bald ging ich hinweg. Von Stund an aber, o Schäfrin,
Kamst du mir nicht aus dem Sinn, und war mein erstes Ge-
                                                         denken
Früh im Erwachen an dich, und mein letztes an dich, wenn ich
                                                      einschlief,
Müd von sauerer Tagsarbeit. Schau, jegliche Nacht fast
Leert ich im Traum vor dir mit tausend Tränen mein Herz
                                                           aus!
Aber am Tag, wie sollt ich zu dir mich finden? Ich sah dich
Kaum in der Kirche einmal und kaum auf der Straße von
                                                         weitem.
Und mein Unglück machte mich blöd, ich wollte dich meiden
Eher als dir nachgehn. Doch heut, da ich dort von der
                                                          Straße
Dich auf dem Hügel allein bei deinen Schafen erblickte,
Dacht ich: du willst nur hinauf, sie sehen und grüßen, und mehr
                                                           nicht!
Denn so sprach ich bei mir in zweifelnder Seele noch gestern:
‚Hüte dich wohl, ihr so bald und mit *einem* Mal zu verraten
Was dich im Innern bewegt! Nur seltsam gewiß und unglaublich
Müßte so plötzlicher Wandel das ehrbare Mädchen bedünken,
Ja sie scheute vielleicht und bliebe dir stutzig für immer.'
Unfreiwillig jedoch, und trotz dem beschworenen Vorsatz,
Margret, sagt ich dir alles heraus, ich konnte nicht anders.
Aber so denke von mir darum nicht schlimmer als vordem!
Kennst du mich doch, und weißt, wie alles gekommen von
                                                         Anfang.
Sprich mir ein freundliches Wort! nur soviel, daß du nicht
                                                         unhold
Von mir denkst! ich lasse dich dann und gehe zufrieden."
   Sprach es, der Schiffer, und hielt sich nicht mehr: an die Seite
                                                      der Hirtin
Sank er danieder ins Moos; sie aber bedeckte mit ihren

Händen das schöne Gesicht voll Glut und die strömenden
                                                    Augen.
Himmlische Freude durchdrang, unfaßbar, welche dem Schmerz
                                                    gleicht,
Ihr wie betäubendes Glockengeläut den erschütterten Busen.
Staunend blickte der Jüngling auf sie und rührete schüchtern
Ihr an die Achsel: „Was ist dir?" frug er, in steigender Ahnung,
Nahm ihr die Hände hinweg vom Gesicht, und es lachten die
                                                    klaren
Augen ihn an, mit Tränen gefüllt unsäglicher Liebe.
Aber der Jüngling umschlang mit brünstigen Armen das
                                                    Mädchen
Fest, und sie küßten einander, und hingen ein Weilchen sich also
Schweigend am Hals und fühlten die stärkeren Schläge des
                                                    Herzens,
Sahen aufs neue sich an und herzten einander und lachten
Hell vor unschuldiger Lust, und schienen sich selber ein Wunder.
Tausendfältig sofort mit Worten bekräftigten beide
Sich, was wieder und wieder zu hören die Liebenden freuet.
  Ruhig indessen am Abhang weideten nieder die Schafe,
Vom aufmerksamen Wächter bewacht; auch schaute die Hirtin,
Oft vorbeugend ihr Haupt, nach der Schar, ob keins sich ver-
                                                    laufe.
  Hoch stand aber die Sonne, schon sechs Uhr schlug es im
                                                    Dorfe,
Und es gemahnte die Zeit jetzt, ach, den Schiffer zum Abschied.
Zehnmal sagt' er bereits Lebwohl, und immer von neuem
Hielt er die Hand, die bescheidene, fest und hub er von vorn
                                                    an.
Endlich erhoben sie sich, und, gelehnt an das Mädchen, der
                                                    Jüngling
Sah in die Gegend hinaus. Ach, wieviel anders erglänzten
Jetzo die Berge vor ihm! und der See und der herrliche
                                                    Morgen!
Ihn durchzuckte sein Glück, ein inneres Jauchzen versetzte
Jäh in der Brust ihm den Odem, er seufzete tief und küßte
Margareten die Stirne noch einmal, ging dann und kehrte
Nach drei Schritten sich um, und sagte die bittenden Worte:
„Gib ein Zeichen mit mit auf den Weg, ein Blatt von der
                                                    Eiche,
Oder was immer es sei von dir, zum tröstlichen Zeugnis

Dieser Stunde, damit ich im stillen daran mich bestärke!"
Sprach's und löste zugleich die silberne Schnalle von seinem
Hemde, die breit, herzförmig, er vorn am Halse getragen;
Reichte sie ihr, und das willige Mädchen, geschwinde besonnen,
Sah am Boden zunächst, am knorrigen Fuße des Eichbaums
Liegen die Tasche, darin ihr Morgenbrot und ihr Betkranz
War, aus Bein, in Messing gefaßt, ein teueres Erbstück [Lippen
Noch von der Ahne: den nahm sie heraus und drückte die
Innig darauf, gab dann in die Hand dem Liebsten das
Kleinod,
Der es begierig empfing und sogleich am Herzen verwahrte,
Wie sie die silberne Schließe verwahrt am wärmenden Busen.
Jetzo mit lang aushaltendem Kuß erst trennte das Paar sich.

So denn hatte sein besseres Glück dem redlichen Jungen
Alle die Schmerzen zumal der vergangenen Tage vergütet.
Eh noch am Traualtar dem gekuppelten Mann sich die Falsche
Unwiderruflich verband, o Jüngling, umfingst du mit Freuden
Jene, die längst, in der Wiege, dir schon zudachte dein Schicksal.

Sechster Gesang

Aber der Fischer zu Hause betrieb die begonnene Arbeit
Nach Mittag ungestört und nahm sich der Weile zu allem.
Still nach dem hinteren Höfchen hinab die Schauergestalten
Trug er ins Waschhaus jetzt, wo die Mittagshitze nicht hin-
drang.
Allda schloß er sich ein mit dem gar anstelligen Jungen,
Ruht' und rastete nicht, bis er, erst mit sinkendem Abend,
Reinlich und schön in die blumige Tracht nun beide gehüllt sah.
Ungern weg vom vollendeten Werk dann folgt' er der
Mutter
Stärkerem Ruf an den Tisch zu den andern, so viele das Haus
nährt,
Die, um die Schüssel voll saurer Milch her sitzend, in Ruhe
Speiseten, ohne den Vater (er zehrt' um sein Geld mit den
Gästen):
Alle die stark herwachsenden Knaben und Töchter und jener
Blinde, der teilnahmlos, halbtaub, von dem Tagesereignis
Nichts vernahm im Gespräch; nur als mit erhobener Stimme

SECHSTER GESANG

Ihm in das Ohr gutherzig die Hausfrau sprach von der Hochzeit,
Und von den leckeren Bissen zuerst ihm legt' auf den Teller,
Welche der Mann herschickte vom Gasthof, Kuchen und Rehfleisch,
Nickt' er zum halbverstandenen Wort, doch frug er nicht weiter.
  Märte, nachdem er den Löffel gewischt, nahm leise die Kappe
Hinter dem Ofen vom Nagel herab und ging aus dem Hause,
Nach dem Versammlungsort. Ihn führte sein Weg an der Liebsten
Wohnung vorbei. Sie stand in der Scheuer und winkte; da lief er
Hurtig zu ihr, die strahlenden Blicks mit den Worten ihn ansprach:
  „Denke, der Tone macht Ernst mit der Schäferin! Heut in der Frühe
Sah ihn die Cordel, die alte — sie ging Holz suchen im Eichschlag —
Sah sie ihn bei ihr stehn, denn sie hütete dort, und zum Abschied
Hätten sich beide geküßt! Was willst du weiter? Er machte
Sicher den Antrag ihr, und fürwahr sie bedachte sich nicht lang!"
  Sprach es, die Käth, und der feurige Bursch, sein Mädchen ergriff er
Unter den Armen und, Schmatz auf Schmatz, noch bevor sie geendet,
Schloß er die freundlichen Lippen ihr zu; dann Lirum tralarum
Schwang er, wie närrisch geworden, im Tanz sie umher auf der Tenne.
  „Bei Gott!" rief er zuletzt — „nun hab ich Respekt vor dem Jungen!
Siehst du: daß er am richtigen Fleck noch käme zu landen,
Das war gut prophezein, nachdem sich der Wind einmal drehte;
Aber so frischweg und wie zum Trutz dem garstigen Werwolf
Sich just heut resolvieren — ich hielt ihn selber nicht Manns gnug.
Wetter! ich wollt, sie erführ's noch am Hochzeittisch, und zum Kehraus
Säng ihr einer, verkleidet als Hackbrettschläger, die Märe.
Ach, und warum ist der Tone nicht hier! Ich hoffe, er kommt noch.

Denn, im Vertrauen gesagt, heut schmausen wir droben im
                                                   Walde,
Ihm zu Ehren; es geht hoch her, und wäret ihr Mädchen
Etwas nütz im geringsten, wir nähmen euch alle zum Tanz mit;
Aber man braucht euch nicht. Und also sag ich für heute,
Schatz, gut Nacht! und nimm es nicht übel, ich habe Geschäfte."
  Hiermit lief er hinweg, und die dämmernde Gasse hinunter
Eilt' er und kam zur Halle, woselbst er die andern schon antraf.
Lachend empfingen sie ihn, schon kundig des Planes, und
                                                   standen
Dicht um ihn her; da begann ungesäumt lebhaft die Beratung,
Doch vorsichtig die Stimmen gedämpft, auch wann durchein-
                                                   ander
Alle sich mischten und hin und wieder die Meinung geteilt war.
Vorweg hatte, schon gestern, der Fischer mit Mühe des
                                                   Jörgen
Niklas beredt, er wolle zur Zeit aufschließen die Tenne,
Und so gelobt er auch jetzt, da ihn alle bestürmten, aufs neue,
Ungern freilich: er konnte des Vaters Entrüstung voraussehn.
Doch er gedachte vor Tag, noch ehe der Alte vom Gasthaus
Wäre zurück, im nüchternen Bett sich finden zu lassen.
Weiter: sie wollten mit Stroh dem Wagen die Räder umwickeln,
Daß sie ohne Geräusch ihn förderten über das Pflaster,
Bis vor das Dorf ihn zwingend allein aus menschlichen Kräften;
Doch dort sollten die Pferde bereitstehn, viere zum mindsten:
Frieders Gespann und Dieterichs Scheck und Damians Einaug.
Vorher mußten die Speisen indes nach dem Walde geschafft sein,
So wie das Fäßchen mit Wein auf dem Schubkarrn; ferner
                                                   besonders,
Sorglich getragen von zwein auf der Achsel, das blumige Braut-
                                                   paar.
Etlichen gab man noch auf, für den Notfall eine der langen
Tafeln, auch ein und die andere Bank aus dem Garten der
                                                   Wirtschaft
Hinten am „Adler" zu holen, wo leicht von der Wiese man
                                                   beikam.
Glas und Besteck war aber zu bringen ein jeder verbunden.
  Dies nun alles genau so wie sie es hatten beschlossen
Führten sie herzhaft aus; ja sie kamen zum fröhlichen Ziele
Unentdeckt, so nah noch zuletzt die Gefahr sie bedrohte.

SECHSTER GESANG

Zwölf Uhr war's in der Nacht, nur spärlich der Himmel
erleuchtet,
Und schon hatten sie glücklich heraus den belasteten Wagen;
Hinter ihm schlossen die Flügel der Tür sich leise zusammen,
Und dumpf rollt' er dahin, selb fünfzehn keuchten die Bursche
Vorn und hinten, die Stärksten jedoch an den Speichen der
Räder
Schiebend. Und jetzo bereits vor den Ort und nahe dem
Schafhaus
War er gebracht, es kam schon der Hans mit den Pferden
entgegen:
Plötzlich da rief es von hinten und stolpert' heran auf der
Straße —
Sime-Barthel, ein Ratsherr, war's, er kam von der Hochzeit
Hinter dem Flecken herum, es war ihm der nähere Heim-
weg —:
„Höll-Schwernot! was wird da geschafft? Ihr Mannen, wer
seid ihr?" —
Alle erschraken ins Herz, doch es sagte der Märte mit Fassung:
„Der ist voll bis zum Hals — man hört es am Gang und der
Sprache —
Mit dem werden wir fertig! — nur flink, spannt ein! — ich be-
schwätz ihn."
— Hiermit lief er entgegen dem Trunkenen, welcher auf
Füßen daher sich in unfreiwilligen Kreisen bewegte, [schwanken
Dem auch die Sinne zumeist und das Urteil gänzlich entflohn
war.
Gern sah solches der Freund und sprach mit erlogener Stimme:
„Kommt Ihr vom Rathaus heim, Herr Gevatter? Ihr bringet
ein kluges
Protokoll mit nach Haus, da unter dem Hut, wie ich merke!
Hier ist ein Fuhrmann, seht, aus dem Galler Kanton, will
gegerbte
Rindshäut führen auf Ulm, wo sie jetzt — wir hörten es eben —
über den Münster ein groß Futteral her machen, mit vielen
Kosten, ein Wunder der Welt: er sagt, man könne nicht Sattler
gnug auftreiben im Land zu der Arbeit. Nun, und der Fuhr-
mann
Hatte gefüttert im Dorf; kaum ist er heraus und am Bildstock,
Bringt ihn der Teufel dem Graben zu nah — da lag ihm der
Plunder!

Schrie er nicht Zeter und Weh, als führet er Glas auf dem
                                                      Wagen!
Wir dann sprangen ihm bei und halfen ihm wiederum laden.
Seht, just fährt er hinweg! wir geben ihm noch das Geleite."
— „Auch gut!" — stammelte jener zur Antwort — „irren ist
                                                      menschlich.
Bringt ihn bis zur Chaussee, dann meinthalb fahr er nach
                                                      Belgrad!"
Sprach's, und redete noch, als Märte schon lange hinweg war.
Vorwärts ging schon der Wagen und bog jetzt ein in den Feld-
                                                      weg,
Wo er gelind anstieg, und es schwitzten im Ziehen die Pferde,
Rechts und links von den eifrigen Burschen zur Eile getrieben,
Während der Fischer in Atem den Jux erzählte vom Ratsherrn.
Hinten am Dorf noch hörten sie laut des Betrunkenen Stimme
Singen; ihn führte der Rausch abwegs in der Gärten Um-
                                                      friedung,
Nimmer den Eingang ihm in die vordere Gasse gestattend.

Als sie den nächtlichen Wald nun erreicht, und der türmende
                                                      Wagen,
Sanft auf grasigem Weg noch wenige Schritte hineinwärts
Fahrend mit breitem Geleis und oft am Gezweig anstreifend,
Auf dem geräumigen Platz ankam, der zum Feste bestimmt
                                                      war,
Machten sie halt und verschnauften ein weniges. Aber der
                                                      Fischer
Sagte sodann: „Jetzt spannen wir aus! Du, Frieder, und ihr
Reitet die Pferde vor allem zurück! sie taten das Ihre. [zwei,
Braucht Vorsicht mir im Dorf! Doch betrifft euch einer, so lügt
                                                      ihr,
Was ihr vermögt; je nachdem es ein Mann ist schleppet ihn lieber
Mit, eh man etwa befährt, daß er wider uns zeuge am Morgen.
Auch spioniert nach dem Schiffer gelegentlich, ob er nicht
                                                      heimkam.
Hört — ja brächtet ihr den mit herauf, ihr solltet gelobt sein!"
Sprach's, und die rüstigen Bursche, nachdem das Gespann sie
                                                      gelöset,
Schwangen sich auf und ritten hinweg, ihr Bestes versprechend.
Rasch dann gingen die andern ans Werk. Vorn, links in der
                                                      Ecke,

SECHSTER GESANG

Wo im Gebüsche der Mundvorrat mit dem Weine versteckt lag,
Machten ein lustiges Feuer sie an, und flammende Brände
Leuchteten hell um den Wagen herum, von dem sie die Decke
Zogen. Es stiegen der Jünglinge drei auf denselben. Die Stricke
Machten sie los und warfen zuoberst die Betten herunter,
Reichten die sauberen Stühle herab und die leichteren Tische
(Alles mit strohernen Bäuschen geschützt, von wegen der
    Reibung);
Rocken und Spinnrad auch, und im länglichen Kasten die
    Standuhr;
Hoben die Wiege heraus und das hohe Gestelle des Ehbetts,
Welches vom Urgroßvater noch da war: oben am Deckel
Sah man den Traum Jakobs mit der himmlischen Leiter in
    hellen
Farben gemalt, die geflügelten Engel hinauf und hinunter.
Nächst dem Küchenbehälter erschien ein altes Klavierchen,
Gar dünnleibig und schwach von Ton; ihm bangete jetzo
Schon vor dem roheren Griff der spielunkundigen Jugend;
Dann die Kommode von Nußbaum und zwei kleinere Schränke.
Endlich erhoben sie noch den verschlossenen Kasten mit Weiß-
    zeug,
Den acht stämmige Arme zugleich von unten empfingen.
Stück für Stück ward alles, so wie es vom Wagen herabkam,
Gleich an die schickliche Stelle gesetzt, und die grünenden
    Wände
Schmückten sich wohnbarlich aus. Ein paar hell strahlende
    Spiegel
Hingen an zwei dickstämmigen Birken vom Nagel herunter,
Gegeneinandergekehrt, an den längeren Seiten des Saales.
Quer hingegen, zurück nach dem Grund, sah man die gestreckte
Tafel bereits mit der sauberen Leinwanddecke des Wagens
Reinlich gedeckt und hüben und drüben geordnet die Bänke.
Gleich ward auch das vortreffliche Brautpaar, welches im
    Schatten
Schon seit Stunden gekoset, hervor aus den Büschen gezogen,
Und, an die Tafel gesetzt auf den Ehrenplatz in der Mitte,
Grinseten sie bei dem einzigen Licht, das ihnen einstweilen,
Bis die Stunde des Schmauses erschien, auf den Leuchter gesteckt
    war.
Scherz und Witz, nicht immer des feinsten, belebte der Burschen
Emsiges Tun. In die riesige Bettstatt wurden die vollen

Pfauschigen Betten gebracht, und der rötlich gewürfelte Vor-
Welcher dabeilag, fiel in Falten herab von dem Himmel. [hang,
Doch in der Wiege — befremdlicher Anblick! schreckenerregend
Jeder gesitteten Jungfrau, wenn sie es sollte gewahren —
Lag ein gebackenes Kind, mit Augen und Mund und Nase,
Gelb, schön glänzender Kruste, vom Sohne des Bäckers gestiftet.
 Einige hatten das Feuer geschürt, um die Speisen zu wärmen:
Denn es gebrach nicht Tiegel noch Topf, noch fehlte der Dreifuß.
Solches Gerätes enthielt der übelverwahrte Behälter
Mehr als genug, in Heu sorgfältig gepackt von der Mutter.
Alles entwickelten sie mit Bewunderung neben der Flamme;
Stellten die Teller zurück und was zur Tafel sie brauchten,
Hingen der Reih nach auf am Gesträuch messingene Pfannen,
Sonniger Pracht, und mit doppeltem Handgriff zinnerne
                 Schüsseln,
Welche mit Blitzen zurück den gewaltigen Lichtglanz warfen.
Jegliches ordneten sie mit Sinn und Geschick, wie die Magd tut,
Wenn sie die Küche am Samstag schmückt auf den lieblichen
                 Sonntag,
Hin und her mit Gesang sich bewegt und die lange bekannten
Stücke nun blank und rein den gewohnten Plätzen zurückgibt.
 Indes kam auch der Frieder vergnügt von dem Dorf mit den
                 andern
Wieder. Sie hatten, von keiner lebendigen Seele betreten,
Glücklich die Pferde versorgt, und vom Hirschen herüber die
                 hellen
Pfeifen im Lärmen der Tänzer gehört und den heftigen
                 Brummbaß.
Aber vom Tone erspähten sie nichts; umsonst auf den Nußbaum
Hinten im Hof stieg einer und klopft' ihm, wie sie auch sonst
                 wohl
Taten, ans Fenster: sein Bett war leer. — „Auf! zündet die
                 Lichter
An auf dem Tisch!" — rief Märte — „das Essen herbei und die
                 Kannen
Hurtig gefüllt! es dürsten die Gäste, es hungert das Brautpaar!"
 Also nahmen sie Platz, wie es kam. Ein paar von den Jüng-
Warteten auf, ein dritter jedoch am Fäßchen (es ruhte [sten
Auf zwei Stühlen, gesichert) zunächst an der festlichen Tafel
Zapfte den funkelnden Wein. Wie gut, nach der handigen
                 Arbeit,

Schmeckte der Trunk im kühlen, im herrlich erleuchteten Raum! wie
Schmeckte zum Braten der frische Salat! Sie kaueten wahrlich
Auf zwei Backen zumal, die gesundheitstrahlenden Zecher,
Plauderten, strichen sich selber heraus und priesen ihr hohes
Glück bei so großer Gefahr und erwogen mit Lachen die Folgen.
Lustig ertönte der Gukukruf aus der Uhr, die der Fischer
Aufgezogen, jedoch auf die Stunde zu richten vergessen:
Neunmal rief sie, den herzerfreuenden Sänger des Frühlings
Schlecht nachahmend im Walde, bei Nacht und wider die Jahrszeit.
Nur erst zwei Uhr war es vorbei und ferne der Tag noch.

Nicht lang saßen die Schmausenden so, als in dem Gehölze
Plötzlich Musik zu erschallen begann, die näher und näher
Rückte: da sprangen die meisten erschreckt empor von den Sitzen,
Schauten verwundert sich an, bis Märtes gelassene Miene,
Was es bedeute, verriet. Er hatte den Geiger von Argen
Auf die Stunde beschieden hierher mit seinen Gesellen.
Und schon traten sie ein, vier Mann hoch in den erhellten
Saal marschierend im Takt, und ein Bürschlein trug die Laterne.
Aber auf einmal hielten sie inne, verblüfft absetzend, [Pärchen
Da sie den seltsam verwandelten Schauplatz sahn und das
In hoffärtiger Pracht am Tische. Sie lachten und schwuren:
„Solches erlebten wir nicht, fürwahr, so weit wir herum schon
Kamen, wir durstigen Spieler, im Land und außer den Grenzen!"
Dann, nachdem sie mit Essen sich erst und mit Trinken geletzet,
Spielten sie auf zur Tafel, die mannigfaltigen Weisen,
Wohl eine Stunde. Man stieß auf der Neuvermähleten Wohlsein
An, mit ledigen Gläsern, verkehrt sie haltend am Fuße,
Füllte sie neu und ließ den beleidigten Freund hoch leben;
Neckte mit kitzlichen Fragen die Braut und erteilte dem blöden
Bräutigam allerlei Rat; doch zur Antwort borgte der Fischer
Beiden die täuschende Stimme zum großen Ergötzen der andern;
Darin tat es ihm keiner zu gleich, dem bei der Geburt schon
Jegliche Kunst und Gabe der scherzenden Muse geschenkt war.

Aber sie hatten des Sitzens genug und begehrten zu tanzen.
Paar und Paar erst drehten sie sich im melodischen Ländler, [war
Der halb traurig ein Herz, halb fröhlich zu stimmen gemacht

Und das Verlangen die Liebste zu sehn in jedem erregte,
Weil er zuletzt bei diesem Getön sie gewiegt in den Armen,
Welche daheim nun lag in dumpfiger Kammer; die Stirne
Netzt unschuldiger Schlaftau ihr und die brennenden Glieder
Drängen die lästige Decke zurück im stöhnenden Schlummer,
Während der Hahn auf der Stange den Tag schon wittert und
ankräht.
Doch zu des Festes Beschluß nun schritten sie, fichtene Fackeln
Schwingend in düsterer Glut, durcheinander sich schlingend im
Tanze;
Nur daß etliche, rasch vom Geiste des Weines bewältigt,
Schwankten, so mächtig ihr Juhschrei noch durchhallte die
Waldung.
Schon verblaßte die Nacht, und im Laub ein schüchternes
Vöglein
Regte sich hier und dort: da ermahnte der Fischer zum Auf-
bruch.
Weggeworfen die Fackeln verglommen im feuchtigen Grase,
Und man eilte nur noch, dem Magen zur Sühne, den heißen
Kaffee hinunterzuschlürfen; dann raffte zusammen ein jeder
Was ihm gehörte. Die Musiker leerten die Reste des Weines
Noch in den Kannen; das ledige Faß ward tief ins Gebüsche
Seitab getragen und sorgsam versteckt, um es später zu holen,
Aber das übrige blieb wie es lag und stand. Eh die Sonne
Noch, aufgehend, die Wipfel beschien des beschatteten Haines,
War schon verlassen der Platz, nur das Ehpaar saß noch
alleine
Schweigsam hinter dem Tisch; kein Laut als der singenden Vögel
Wurde gehört, und die Wanduhr hielt den gemessenen Takt ein.
  Aber indem sich der wacker bezechte, der lachende Haufen
Nun auf dem Umweg durch das Gehölz fortmachte, damit sie
Heimlich gelangten ins Dorf, ein jeder in seine Behausung,
Blieb mit Bedacht Freund Märte zurück in der Nähe des Platzes,
Daß nicht am einsamen Ort unbeschützt der Müllerin Hausrat
Sei zufälligen Dieben ein Fund, ihm aber vor allen
Schwere Verantwortung des geringsten Verlustes erwachse.
Dort an der Spitze des Waldes, gedeckt von den äußersten
Büschen,
Saß er, sein Pfeiflein stopfend, allein auf dem liegenden Eich-
stamm,
Spähte mit Blicken des Falken umher im offenen Felde,

SECHSTER GESANG 913

Rund um das Dorf, wo der Hochzeittumult schon lange ver-
stummt war
Und der geschäftige Tag erst wenige Schläfer erweckte.
Hier denn war er entschlossen die Ortspolizei zu erwarten,
Und nicht eher zu fliehn, als bis sich Richter und Schultheiß,
Auch Waldmeister und Büttel, besonders der Müllerin Sipp-
schaft,
Ja, wie er hoffte, sie selber mit ihm, voll stürmischer Eile
Naheten, lang nachziehend den Schweif neugierigen Volkes.
Er dann wollte geschickt auf verborgenen Wegen dem See zu
Eilen, und von dort aus, mit triefendem Netz auf der Schulter,
Kommen gemächlichen Schritts in das Dorf, als wüßt er von
gar nichts.

Niklas (welcher, von Märte gewarnt, nach desselbigen
Beispiel,
Mäßiger war bei dem Trunk und sich bei guter Besinnung
Weislich erhielt) war kaum auf die eigene Kammer geschlichen,
Als er mit großem Geschrei, daß der Brautschatzwagen hinweg
sei,
Allen verkündet' im Haus. Sogleich wie ein laufendes Feuer
Kam es im Dorfe herum, und zuerst vor die Müllerin selber.
Grausamer ward wohl nimmer ein Weibchen geweckt auf die
Brautnacht,
Als im stillen Gemach die nur erst entschlummerte Schöne!
Und ein Rennen und Laufen begann und ein Fragen und
Rufen
Allenthalben, als läutete Sturm, als brennt' es im Orte.
— Wundersames berichtete Sime-Barthel, der Ratsherr,
Was ihm einer gesagt von dem Frachtfuhrmann auf der Straße,
Unglaubwürdiges, eher dem Scherz gleich, weder dem Ernste,
Wie es ihm selber nun deucht'; auch sagte der Mann, der die
Wache
Tat in der Nacht, er hätte vom Wald her öfters wie Geigen
Oder wie Pfeifen gehört, und andere, so ihm begegnet,
Hätten es mit ihm gehört, doch geschworen, es halle die Musik
Wider vom Tanz im „Hirschen", obwohl er es lange bezweifelt.
Hiernach denn, sowie andern untrüglichen Zeichen zufolge,
Zog man hinaus, und entdeckte gar bald den unglaublichen
Frevel.
Da war des Staunens umher und der aufgehobenen Hände,

Lachens und Jammerns kein End! In stets sich vermehrenden
Scharen
Strömten des Dorfes Bewohner herbei; mit unmäßigem Schelten
Heulte die Mutter voran, ihr folgte die ganze Verwandtschaft.
Trude jedoch, von Scham und von Schmerz auf dem Wege
bezwungen,
Als sie vernahm, was alles im Wald leichtfertige Hände
Stellten zur Schau, blieb weinend zurück: „O das hat der
Böswicht",
Rief sie, „der Märte getan!" — und lief und verbarg sich im
Hause.
Peter inzwischen, er wußte nicht wie, stand schon auf dem
Platze,
Schaute mit dummlicher Miene sich um und erblickte sein
Abbild
Neben der Liebsten, das doppelte Kunstwerk, farbigen Glanzes,
Eh es, den Augen der Lacher entrückt, nun schmählich dahin-
sank.
Während entschlossene Männer nun, hülfreich, aus dem ver-
engten
Raum wegtrieben die Menge, das Fuhrwerk eilig zurechte
Stellten und gleich anfingen die Fahrnis wieder zu laden,
Sah man der Müllerin Mann untätig, in blöder Verwirrung
Stehen, bald hier, bald dort, und erneuerten Spott sich erwecken.
Denn, nicht wissend so recht was er tat, auch weil ihn des
Stete Begier antrieb, und das kuchengebackene Kindlein [Essens
Vor ihm lag auf dem Tisch, unberührt noch, brach er dasselbe
An und kostete, weniges erst, dann aber zu immer
Völligern Bissen geführt, verzehrt' er es nahe zur Häfte.
Deshalb sagt man noch heut: er ißt wie der Müller von Bärnau,
Welcher sein eigenes Kind, das unmündige, so ihm geschenkt
war,
Gleich am Tag nach der Hochzeit fraß, ein grausames Früh-
stück.
Als nun die Ladung endlich zurück auf den Wagen gebracht
war,
Führten befreundete Rosse hinweg ihn stracks nach der Mühle,
Wo die Besitzerin schon sein harrete unter dem Hoftor.

Also rächte der Fischer die Kränkung seines Geliebten;
Ungestraft: denn der Schultheiß riet zur Güte dem Ehpaar,

Daß nicht vielleicht gar Schlimmeres noch der vermessene
                                                     Haufen
Ihnen an Gut und Ehre, zur Wiedervergeltung erweise.
Aber noch selbigen Tag kam froh, in des Vetters Begleitung,
Tone von Manzell heim. Er hatte dem ehrlichen Paten
Seine Geschichte vertraut und wie er die Schäferin liebe.
Jener nun brachte des Sohns Absicht (so verlangt' es der
                                                     Jüngling)
Erst an Vater und Mutter, darnach an die Eltern des Mädchens,
Und den Morgen darauf lud Tone — wie staunten die Leute! —
Seinen trautesten Freund zum fröhlichen Fest der Verlobung.

Siebenter Gesang

O glückselige Zeit, da der Jüngling blüht und die Jungfrau!
Unaufhaltsam gehst du dahin, nie wiederzukehren!
Gleichwie ein weitaussehendes Lied anhebt und freundlich
Jedem das Herz einnimmt (dies hoffet ein Sänger bescheiden),
Daß man der fliehenden Stunde nicht wahrnimmt und sich das
                                                     Ende
Gerne verhüllt, doch kommt es zuletzt und die Töne ver-
Also verrinnt die gemessene Frist anmutiger Jugend. [stummen:
Zwar auch der Mann, der dem Haus vorsteht und neben dem
                                                     Weibe
Blühende Kinder ernährt, noch über die Mitte des Lebens
Grünet er neidenswert: dann aber empfängt ihn das Alter
Schon mit unwillkommenem Gruß, und dringet ihm Freund-
Auf, die jeden beschämt und welcher doch alle sich fügen, [schaft
Ehe das Bitterste naht; denn lieb ist das Leben auch so noch.

Solche Gedanken, o munterer Greis, betrübten die Seele
Dir nicht am Abende dort auf dem Heimweg von der Kapelle,
Wo du den Schneider betrogst und früherer Jahre gedachtest.
— Aber ich singe die Strafe nunmehr, die du jenem bereitet.
Sonntag war es gewesen, und schweigende finstere Nacht
                                                     war's,
Als mit seinem Gesellen der Schneider den Gang nach dem
                                                     Kirchlein
Antrat, bestens mit allem versehn, was die Absicht erheischte.
Ihn durchjästete ganz, wie ein giftiges Fieber, die Habgier,

Seit er die Glocke gesehn, die vermeintliche, drüben vom Hügel.
Denn am hellen Mittag dort standen sie, spähten und blinzten,
Öfter den Standpunkt wechselnd, hinauf; und die Hand vor
die Sonne
Über dem Auge gedeckt, rief, schluckend in freudigem
Schrecken,
Wendel zumal: „Da ist sie, bei Gott! Mit der unteren Schwei-
fung
Sticht sie finster ins Licht, wie der Alte gesagt! und ein Welts-
ding,
Ein allmächtiges, wie mich bedünkt — die macht uns zu
schaffen!"
— Gleichfalls sah der Geselle sie dann und bekräftigt' es lebhaft.
Trug hingegen war alles und Gaukelwerk des durchtriebnen
Greisen. Er war mit dem frühesten Tage bereits in dem Türm-
Oben gewesen, indem er den Chor von außen erklettert [chen
— Siebenzigjährig ein Jüngling noch —, in die Lücke des Kirch-
dachs
Stieg und über das Deckengewölb weglaufend zur Schnecken-
Treppe gelangte, von welcher hinabwärts hohl das Gemäuer
Hallte, der Stiegen beraubt. Dort aber ins Glockengehäuse
Hatte der Alte den Speck, um die diebischen Ratzen zu fangen,
Heimlich gebracht, und war, wie er kam, bald wieder gegangen.
Jetzt, in der Nacht, schon lange bevor ankamen die Diebe,
Wartet' er ihrer am Felsengestad, dicht unter dem Kirchlein.
  Weit noch waren die Schneider entfernt, die beschwerliche
Leiter
Zwischen sich tragend; der Meister voran und hinten der Bube.
Während sie nun so gingen und keiner ein Wort mit dem andern
Redete, häufig die Ohren gespitzt, anhielten und horchten,
Kamen dem Wendel Gedanken der Furcht. Ihm fiel nachein-
ander
Ein was er früh in der Schule gehört von Wundergeschichten.
Bald wie ein Heiligenschänder gestraft ward, bald wie ein
Räuber
Sein ruchloses Beginnen gebüßt, noch eh es vollbracht war;
Jener zumal, von welchem erzählt wird, daß er die Mutter
Gottes bestohlen im Dom, ihr strahlendes Bild am Altare,
Und wie die Himmlische seiner geschont anfänglich und stille
Hielt, da er frech aus der Hand ihr die goldene Kugel gebro-
chen,

SIEBENTER GESANG

Ja noch geduldig es litt, die Erbarmende, daß er den Mantel
Ihr von der Schulter geraubt, aus gediegenem Silber getrieben;
Aber indem er die Hand ausstreckte zuletzt, ihr die Krone
Selber zu nehmen vom Haupt — urplötzlich die mächtigen
Arme
Warf sie um ihn und hielt so gefangen ihn bis an den Morgen,
Wo die erstaunende Menge den schon Entseelten befreite.
Noch auf den heutigen Tag steht sie mit gebogenen Armen,
Zum Wahrzeichen, die Heilige, dort und zur ewigen Warnung.
Aber — so tröstete Wendel sich bald — hab ich doch im Leben
Nichts dergleichen geglaubt! Und dächt ich, es wäre die Wahr-
heit,
Scheut ich die lumpige Glocke doch nicht. Ja wenn es die echte
Wär, und man führte sie über den See, ich wollte noch eher
Denken, es hätte Gefahr; daß sie etwa, schwerer und immer
Schwerer von selbst sich machend, das Schifflein brächte zum
Aber so ist es ein Wechselbalg, ein elendiger. Diebe [Sinken.
Haben hieher sie gebracht, drum holen auch Diebe sie wieder.
Dies und anderes sprach er bei sich. Und sie standen am
Kirchlein,
Traten hinein und rasteten nicht erst, sondern der Bube
Schlug gleich Feuer und steckte das Blendlicht an (das der
Eigenhändig gemacht), es wurde die Leiter gerichtet [Schneider
Und sie stiegen hinauf, nacheinander, mit Feilen und Zangen,
Bis an die steinernen Stufen und weiter so fort; der Geselle
Diesmal voran. Doch unhörbaren Tritts, in geringer Entfernung
Folgte der Fischer und blieb in der obersten Wendung der
Treppe
Unter dem Schlupfloch stehn, so, daß er nur halb mit dem
Ragt' aus dem Boden hervor, den jene soeben betraten. [Kopfe
Doch kaum hatte der Schneider beim streifenden Scheine des
Lichtes
Flüchtig erblickt was im Stuhl dort Zweifelhaftes herabhing,
Als ihm der Mut einsank, und jetzo, näher getreten,
Starreten beide mit offenem Mund. Denn, ach, statt der Glocke
Schwebt ein Ungeheuer von Hut, dreieckig, am Stricklein!
Nicht ein solcher fürwahr, wie er Sonntags während der Predigt
Hinter dem Sitze des Schultheiß hängt, andächtiger Stille;
Noch wie der Schäfer ihn hat am festlichen Tage des
Wettlaufs
Auf dem Gröninger Markte, geziert mit farbigen Nesteln;

Nein, wie im Acker der Landmann ihn aus der werdenden
Furche
Unter der Pflugschar ziehet hervor und ihn wirft in den Graben:
Gelb vom Regen gewaschen der Filz und gedörrt an der Sonne,
Löcherig, ohne Gestalt, ein Auswurf seines Geschlechtes.

Sprachlos waren die zwei, unfähig ein Glied zu bewegen.
Schnöden Verrats Ahnung und die Angst unauslöschbarer
Schande
Trieb dem unseligen Schneider den Schweiß aus. Selber das tiefe
Schweigen des Orts — nur der Nachtwind blies durch die locke-
ren Laden —
Ward ihm ängstlich und schien noch größere Schrecken zu
bergen.
Und so kam es auch jetzt; denn die nächtliche Stille zerrissen
Gellende, schreiende Töne der Dorfklarinette mit einmal,
Fröhlich genug, doch verzweiflungbringend dem Ohre der
Frevler,
Und es entstürzte dem Nest jählings, vor Entsetzen, der Eule
Noch schwach flatternde Brut, daß der Flaum an den Balken
umherflog.
Gar wohl kannten die Weise des schelmischen Liedes die beiden,
Welches begann: „Was gleichet uns Schneidern an Witzen und
Listen."
Ebenso schnelle errieten sie auch den unsichtbaren Spielmann,
Welcher zu spielen so lang fortfuhr in beschleunigtem Zeitmaß,
Bis ihm das Lachen den Blast abstieß, ihm die Pfeife vom Mund
sank
Und er sich jetzo nach Lust ausschüttete, Tränen vergießend.
Vor aus dem Dunkel nun trat er und stand von der Leuchte
beschienen.
Wendel gelangte zum Wort und ruhigen Tones begann er:
„Alter! Ihr habt zwei Schneider im Garn — was hülfe das
Leugnen!
Lacht nur, ich lache vielleicht noch mit: doch, seid Ihr's zu-
frieden,
Bleibe der Spaß unter uns! Wie meint Ihr, könnet Ihr
schweigen?
Drei Maß Wein, Bärnauer Gewächs, sind Euer noch heute."
„Sei's drum" — sagte der Fischer: „es gilt! Hier nehmet die
Hand drauf."

Anmerkungen

Der Schauplatz der Idylle ist an der württembergischen Landesgrenze gegen Bayern, südöstlich von Friedrichshafen zu denken.

873 *Der First*, schwäbisch, sonst: die Firste; im Altdeutschen bei den Minnesängern: der Virst.
873 *Der hohe Säntis* bildet, nebst dem Altmann und dem Gyrenspitz, die Krone der Appenzeller-Berge.
874 *Im Stammkloster*, Mutterkloster; etwa die Abtei Weingarten.
877 *Windbraus*, heftiger Wind. Joh. Matthesius.
882 *Das Allgäu*, Allgau, der Landstrich an der Iller von Memmingen und Kempten bis zum Bodensee herüber.
882 *ehender*, eher. — Etwas *ohne werden*, einer Sache los oder verlustig werden.
882 *ring*, gering, leicht.
883 *gätlich*, bequem.
884 *schochen* bedeutet eigentlich schon an und für sich: Haufen aus etwas machen.
888 *der Alpstein*, die ganze Säntiskette.
889 *Schnurranten*, herumziehende Spielleute.
891 Jemanden *einen Maien stecken* (als figürliche Redensart immer ironisch), einem etwas antun, das ihm nicht zur Ehre gereicht. Ein Mai heißt ein grüner Baumzweig oder Büschel von Zweigen, besonders von frisch ausgeschlagenen Birken, sofern sie bei festlichen Gewohnheiten zu Ausschmückung der Häuser u. dgl. gebraucht werden. s. Adelung, Wörterb.
893 *der See blüht* — stehender Volksausdruck für ein natürliches Vorkommen, welches der Bodensee vermutlich mit andern Landseen gemein hat. Im Frühling sind nämlich oft ganze Strecken seines Wassers mit einem gelben Staub bedeckt, der sich bald schleimig zusammenhängt und nach tagelangem Umherschwimmen verschwindet. Diese Erscheinung kann nicht vom Blühen der Wasserpflanzen herrühren, da der See deren nur wenige hat; es ist vielmehr nichts anderes, als der männliche Samenstaub der an den Ufern wachsenden Sträucher und Waldbäume. s. Schwab, Der Bodensee.
896 Unter den gewöhnlichen Singvögeln, die sich alle am See finden, soll nur die *Nachtigall* fehlen. s. Memminger, Beschreibung des Oberamts Tettnang.
900 *Buchhorn* hieß die vormalige kleine Reichsstadt, welche von König Friedrich, dem Gründer des dortigen Hafens, den Namen Friedrichshafen erhielt.

900 *Das Kälbchen ins Aug schlagen,* bei jemand anstoßen, besonders durch Reden.
913 *weder,* beim Komparativ — als.
916 f. Die hier angeführte *Wundergeschichte* wird irgendwo von einer deutschen Kirche, und zwar, wenn der Verf. sich nicht irrt, in den Rheinprovinzen, erzählt.
917 *Gröningen,* Markgröningen, ein altes Städtchen unweit Ludwigsburg. Am Bartholomäus-Feiertage wird daselbst ein Fest unter dem Namen Schäfermarkt, das Überbleibsel eines ehemaligen Wollmarkts, begangen. Die meisten Schäfer des Unterlands versammeln sich hier, teils um ihre Geschäftsangelegenheiten in Ordnung zu bringen, teils um sich mit Tanz und Spiel zu vergnügen. Schaulustige Gäste kommen in Menge aus Städten und Dörfern herbei. Nach einem feierlichen Aufzug mit Musik, wobei eine gemalte Fahne aus weißem Taffet vorgetragen wird, halten einige junge Schäfer und Schäferinnen einen Wettlauf mit bloßen Füßen auf dem Ackerfelde. Die Preise bestehen in einem bunt geschmückten Lamm, Halstüchern, Bändern und bemalten Blechkronen. Ein allgemeines Abzeichen für diesen Tag sind die Nestel, schmale farbige Streifen Schafleder, die in einen Metallstift auslaufen. Sie werden auch unter die Zuschauer verteilt, am Arm und im Knopfloch getragen.
918 *Blast,* Hauch, Wind. „— wie ein Sackpfeiffenzipffel, dem der Plast entgangen." Grimmelshausen, Simplicissimus.

WISPELIADEN

SOMMERSPROSSEN
VON
LIEBMUND MARIA WISPEL

Bel-Ésprit

Lettre de cachet &c. &c.

[Vignette: bekränzte Lyra]

Creglingen

zu haben bey dem Verf.

1837.

Mit einem Stahlstich.

Sr. Wohlgebohren

Herrn Prof.

Ludwig v. (Luigi de) Bauer

zum XV^ten Weinmondes

MDCCCXXXVII

gebaichnet

vom

Verfasser

BEVORWORTENDES

„Facturusne operae pretium sim — — — nec satis scio, nec, si sciam, dicere ausim" — so beginnt der große Tite-Live seine meisterhafte Geschichte des Römischen Stuhls, und ähnliche Gefühle der Bescheidenheit beseelten mich bei Auszwarkung dieser Poemen. Allein die Stimme zerschiedener Kenner und Mäzenaten, welche meiner poetischen Arterie einen, wohl nicht ganz fehlgreifenden, Beifall zugeflüstert, (ich nenne hier statt aller andern bloß Se. Hochwürden, Herrn Dom-Dechant Hartlaub in W. ermutigte mich endlich zu dieser literarbezüglichen Entreprise. Unschwer würde es gewesen sein, die Banzahl der hier präsentierten Piecen auf das Dreifache zu steigern, doch ebenjener Kenner und Patron bemerkte, daß Gedichte, zumal Lyriken von gegenwärtigem Genre, wenn sie en masse antreten, nachgerade äkelhaft zu werden pflegen.

Lange Vorreden sind die Sache eines, auch nur halbwegs, bedeutenden Schriftstellers nicht; es wäre daher lächerlich, abstrakt, ein Wort weiter hinzuzufügen. Alles übrige ist in der Nachschrift angeschiftet.

                                                                      W.

INVENTAR

	Page
Die Nemesis oder der Sträfling	1
An die Schönen des Katharinenstifts	3
Sarkasme an meinen Bruder	4
An eine Weinende	dito
La Jalousie	5
IX^{te} Ode des Horace	7
Wider den Pietism	8
Meine Ansicht	9
An Goethe	10
Serenade	11
Ältere Gedichte	12

1

DER STRÄFLING

Elegische Balladière

Im Kerker zu Stouttgart gedichtet
d. 5. Ap. 1837.

In des Zwingers Mißgerüchen
 Fröstelnd sitz ich da;
Weil man mich der königlichen
 Zwiebel dräuen sah.

Denn ich wähnt, es wär nicht übel,
 Wenn wir unserem Aquavit*
Statt gemeiner Zähren-Zwiebel
 Zärtern Schmälzling teilten mit.**

Und ich schlich zum Herrschergarten,
 Wo der Silberstölzling† schwimmt,
Wo die Afrikanen†† schnarrten
 Und die Tulpe flimmt.

2

„Ihre Knolle auszuzwarken,
 Hilf, o Küpris†††, mir!
Niemand wird mir dies verargen,
 Niemand lauschet hier!"

* Euphemism, pour Wasser-Soupe.
** Auch mein Kochwerk anzubessern***,
  Pröblings wollt ich's tun
 Diesen Wissenszweig zu größern,
  Kann mein Geist nicht ruhn.
*** Der Verf. beabsichtigte die Herausgabe eines Kochbuchs nach baichenen Ideen, welches sein Bruder drucken wollte.
 † Der Schwan.
 †† Eine Art ausländischer Enten; sehr schön, aber von häßlichem Geschrei.
 ††† Göttin der Botanique.

Und schon bohrt ich auf die Neige,
  Und schon gab sie nach,
Als aus nahem Lustgezweige
  Still ein Bosmann brach.

Und ich trat mit meinem Zweke
  Floskelnhaft hervor,
Doch der goldbordierte Reke*
  Wismet' mir kein Ohr. —

— Wie notwendig Junge brechen
  Aus dem Hühnerei,
So folgt jeglichem Verbrechen
  Stets die Polizei.

In des Zwingers Mißgerüchen
  Fröstelnd sitz ich da,
Weil man mich der königlichen
  Zwiebel dräuen sah.

3 AN DIE SCHÖNEN DES KATHARINENSTIFTS IN STUTTGART

Ich hatte mich um das leere Fachwerk der Historie beworben und mich erboten, statt des Katheders ein eigenes Geschichts-Theater zu arrangieren und dabei die Stelle des Direktors und dramatischen Geschichtschreibers zu übernehmen. Der Antrag ging jedoch nicht durch und die wichtigsten Fächer werden durch Fuscher und suspendierte Pfarrer besetzt.

Gerne auf lebendger Bühne —
(Doch wer schafft mir die Lizenz?) —
Zeigt' ich Clios Welten-Sühne
Und AllVaters Providenz;

Nicht in dumpfem Hörsaal stillet
Man die Wiß-Gier allermeist:
Nicht in Sutterkrüge** füllet
Man der Weltgeschichte Geist!

* Altteutsch pour: Portier.
** Bloß Bild für die Beschränktheit der Form und des Lokals.

4   SARKASME
An meinen Bruder, den Uchrucker

Du mich mit Perlschrift drucken? Nein!
Ich bin die Perle und du bist das Schwein.

AN EINE WEINENDE
Elegie, mit schließlich heitrer Wendung

Dolorose! mir verkünde
Deinen Seelenschmerz!
Möglich, daß ich Mittel finde
Für dein reizbar Herz —!

Nimm indes als Liebesflagge
Dieses Tüchlein an,
Bis des Ehbetts reine Lakke
Hold uns wird empfahn;

Dann in unserm Liebesgarten
Wollen wir ein Kind erwarten,
Das der Storch, wenn's ihm gelingt
Einst aus Edens Teiche bringt.

(Oder, falls letzteres zu kühn, beliebe man:)

Nimm, o Liebliche, einstweilen
Diese zartentworfnen Zeilen
Und, als Mittel, diesen Kuß
Wider deinen Zährenfluß.

5   LA JALOUSIE*

Ich ging an Louis von Baierns Schloß vorbei,
Da wispert' man ihm zu, daß ich es sei:
Von Baiern eilt ans Fenster, mich zu sehn,
Doch nur verstohlen wollt er nach mir spähn;
Ich merkt es wohl und lächelt vor mich hin:
„Ein Dichter sieht sehr oft aus Jalousien
Ja manchmal gar aus prächtigen Basiliken
Mit Basilisken-Augen nach sich blicken!"

* Bei den Galliern die Götzen des Neides.

6   HORATIUS AD THALIARCHUM
       (Chansons, Livre 1, od. 9.)

   Vides, ut alta stet nive candidum
   Soracte, nec jam sustineant onus
       silvae laborantes, geluque
           flumina constiterint acuto;

   Dissolve frigus, ligna super foco
   large reponens; atque benignius
       deprome quadrimum Sabina,
           o Thaliarche, merum diota.

7 DES V^{TUS} HORAZIUS FLAKKUS AUS WENUSIA
   ERSTEN BUCHES DER ODEN DIE NEUNTE

   Schau, wie, an Altersweisheit ein Sokrates,
   Höchlings der Berg steht und wie die Sylphe sich,
       Ihn untergrabend, umsonst abmühet,
           Und die Gewässer wie Spießglas zwitzern!

   Wärme dich, Guter! stapple den Holzstoß auf,
   Reichlich, nicht etwa über dem Sparherd bloß!
       Und vielleicht ist Sabinchen* so gütig
           Uns, Daliarch, ein Quart Rein-Wein zu wismen.**

8   SARKASME WIDER DEN PIETISM

     Wer wissen will, wie baigen, wie pikant
     Der Christianism öfters Hand in Hand
     Mit feinem Sündenreize webt
     Dem biet ich folgendes Rezept:
     Mir. wismet' es ein Pietist
     Der doch zugleich Lyäens nicht vergißt.

       Man nimmt ein altes Evangilen-Buch
       Um es in lauem Branntwein einzuwaichnen

* Wahrscheinlicherweise Horazens Gattin.
** Die übrigen Verse blieben weg, weil ich sie nicht für antique halte.

Bringt's unter die Kompreß, um es dann durch ein Tuch
Bis auf den letzten Tropfen auszulaichnen:
So hast du einen Extrait d'Evangile,
Der mit Bedacht goutiert sein will
Du hast — ein Tröpfchen unter deinen Wein —
Ein wonne-schmerzlich Reu- und Buß-Tränklein!

9   MEINE *B*ANSICHT

Wer aus reinem Wahrheitseifer
Zweifel an der Bibel wagt,
Sie mit Spottes Gift und Geifer
Zu beschmitzen sich versagt:
Bleibt, wie Dr. Paulus lehrt,
Immerhin höchst achtungswert.

Strauß hab *ich* noch nicht gelesen,
Weil der Preis zu diffizil;
Doch, er sei zu plumb gewesen,
Selbst in Hinsicht auf den Stil.
Steudel, Bahn- und Eschenmaier
Lieben keine Straußeneier.

Aber, schröcklich ist's zu hören,
Strauß will durch sein Teufelswerk
Die Unsterblichkeit zerstören,
Auch sogar in *Würtemberg!**
Dieses zeigt doch mehr und minder
Einen ganz verstockten Sünder!

10   Strauß und Osiander
Müssen beide sterb',
Einer wie der ander,
Trotz der Christoterp'.

* Hier ist eine Wariante bemerklich. Anfangs stand:
   Strauß will als ein Bandeist
   Die Unsterblichkeit zerstören
   Die uns doch so wichtig ist —
Allein ich zog jene Lesart vor, weil die Sache dadurch an Schröcklichkeit gewinnt.

Glaubt nur, daß die Hölle drüben
Euch mit gleichem Recht verschluckt,
Denn der eine hat's geschrieben,
Und der andere hat's gedruckt!

SARKASME
An v. Goethe

Du hast mich keiner AntiWort gewürdigt,
Wohl weil mein Geist sich kühn dir ebenbürtigt?
Deswegen, Sprödling! willt du mir mißgönnen
    Dich Freund zu nennen?

Ha! eitler Stolz! Man sah dich von der scharfen
Kritik Bustkuchens schon vorlängst entlarven;
Da zeigte sich's, daß alle deine Verse
    Nur güldne Ärse!

11   SERENADE

zu Tübingen, als ich noch Privatdozent, in dem strengen Winter
1829/30 einer Dienenden dargebracht

Musique von Bornschein
(Con tenerezza)

Eingehüllt in ihre Daunenfeder
Ruht, entkleidet, schon das süße Kind,
Als mit eins vor dem fenêtre
Liebmunds Instrument beginnt;

Und es rührt sie, daß der Arme
Noch in seinem Liebesharme
Ihr auf dem Fünffingerdarme
Eine Serenade bringt.

(Pizzicato)   Mond-Licht wallt;
          Es ist kalt.
Siehst du Liebmunds wandelnde Gestalt??

12 ZWO ÄLTERE GEDICHTE

1

Der Kehlkopf

Der Kehlkopf, der im hohlen Bom
Als Weidenschnuppe uns ergötzt,
Dem kam man endlich auf das Trom,
Und hat ihn säuberlich zerbäzt,
Man kam von hinten angestiegen,
Drauf ward er vorne ausgezwiegen.

2

Die Streichkröte

Die Kröte, die einst mutig strich,
Hat nun der blasse Tod ergriffen,
Daß ihr das Eingeweichse blich,
Die Volz dazu war nicht geschliffen:
Man rieb sie etwas mit dem Fuß,
Dieweil sie *sterben* muß!

Τέλος

AVERTISSEMENT

Von dem Anteil, welchen die vorgerückten Geschöpfe meiner Muse bei dem Publikum finden, wird es abhängen, ob eine Nachgeburt folgen soll oder nicht. Dieselbe würde u. a. nachstehende Stücke enthalten:

1. An den Krammetsvogel. (Würde, in flakkischer Weise, etwa anfangen: „Du, Philomelens glücklichster Sangrival" etc.)

2. An die katholische Religion (Petrinism) Im von Hardenbergschen Stil.

3. Bei Konfirmation meines Neveus (unehelichen Zwitters meines Bruders) mel: die Kröte, die etc.

4. Meine Ähnlichkeit mit v. Matthisson. Kritisches Poem.

5. Umarbeitung des v. Schillerschen: „Laurette am Flügel". (Ich beginne: „Wenn dein Finger durch den Stahldarm geistert")

7. An Nane Z. als sie einen angeschriebenen Gänserich von mir wünschte. („Die Feder, die den Sträfling schrieb")

8. Bei Betrachtung des Glanz-Gaifers der Gartenschnecke (cochl. hort. Liñ.) didaktisches Gedicht.

9. Sonett. Unter heftigen Schmerzen, als ich in einem Gehölze bei Zwerenberg lag und zu sterben meinte. (Der Verf. ist mit einem — medizinisch übrigens vielleicht interessanten — Nabelbruch behaftet.)

10. Das Beuteltier. (Dem H. Grafen v. Skrzynecki zugebaichnet.)

[WISPEL AUF REISEN]

Im Wirtshaus zu D., einem kleinen Dorfe hörte ich etwas von den 2 Schlingeln. Derjenige, der sich Professor nennt, hatte in einer Trödelbude zu Reutlingen für seine letzten 30 Kreuzer ein Blatt von der Bohnenbergerischen Landes-Charte gekauft. Das Blatt umfaßte zufälligerweise den Distrikt von der Gegend bei Aalen, wohin sie auch gerade zu reisen hatten um den Druckapparat eines ruinierten Buchdruckers in der Auktion zu besehen. Der Professor glaubte, daß auf denselbigen sehr waldigen Wegen eine Charte höchst nötig sei: „Kaufen wir den Flächendeuter!" — sagte er zu seinem Bruder — „es ist auf alle Fälle!" Man kaufte das Stück und bei dem Dorfe E. von wo an es brauchbar wurde, breitete der Professor die ganze Papierrolle auf dem kleinen Schubkärchelchen [so] aus, das er seit einiger Zeit mit dem wenigen Gepäck, das die beiden hatten, vor sich herzuführen pflegte. So rückte man schnelle vorwärts, der Professor den Blick immer unverwandt auf die Charte gerichtet, überzeugt daß sie so unmöglich fehlen könnten. Spät abends kehrte man in einer schlechten Dorfkneipe über Nacht ein und der Professor benannte schon in der Ferne das Ort aus der Charte, ohne sich durch weiteres Fragen zu berichten. Sie ließen sich vom Wirt 4 Täubchen geben, den Salat hatten sie selbst mitgebracht. Morgens vor Tagesanbruch aber entfernten sie sich wie gewöhnlich, ohne Abschied, aus der Herberge; der Professor war recht munter unterweges und blinzelte unter allerhand Reden die aufgehende Sonne an. So ging's nach der Anweisung des Bohnenbergers den ganzen Tag vorwärts; außer ein paar Banmeisen brachte der Professor bis abends nichts über den Mund, der Uchrucker hatte aber 1½ Täubchen bei sich von gestern. Abends gegen 5 Uhr war es, als Hr. der Herr, der mir diese Notizen nachher erzählt hat, auf der Wegscheide bei O. mit den Gebrüdern zusammentraf. Er lief ½ Stunde hinter ihnen her und hörte folgendes Gespräch:

Prof.: „Nein, gib acht Bruder, was du für ein Geschäftsleben, ein Negotiieren haben wirst, wenn nur beinmal erst die Ruckerei angekauft ist. Ich werde dir nach Kräften in die Hände arbeiten. Ich schreibe die Bücher und du wirst sie rucken. Es muß himmlisch sein! Ich habe noch nie etwas Gerucktes von mir gesehen. Ich habe schon 3—4 Vorreden im Kopfe, die Prolegomenen sind die Hauptsache, vielleicht geb ich sie auch einzeln heraus. Ich weiß noch nicht recht über was ich zunächst schreiben werde."

Buchdr.: „Hm, mnä" (ganz gedankenlos).

Prof.: „Ein Werk aber wird Aufsehen, Revolte veranlassen, das ist mein: Sturz Linées [*so*]. Du kennst diesen Naturalisten, diesen Schwärmer. Sein System ist sinnlos. Es gibt nichts Kapriziöseres als seine Einteilung der Pflanzen- und Bestialwelt. Man kann ihn einen trocknen Verstandesschwärmer nennen, einen Sophisten. Ich habe 302 Sophimata [*so*] bei seim System aufgezählt."

Buchdr.: „Mnja."

Prof.: „Meine Gegenbehauptungen werden stark, sie werden kühn sein, aber um so gewisser werden sie siegen. Man wird sie am Ende natürlich finden, man wird Linéen einen Pedantiker nennen: Was konnte ihn z. B. verleiten, die Rubrik der Säugetiere so einzuschränken? Ist etwa die Bremse, der Blutegel, die Honigträgerin, nicht so gut ein Säugetier als der Elephas· helfenbeiniensis etc.? Wie? übersah Herr Linée denn gänzlich die Saugrüssel dieser Geschöpfe? Er muß wahrhaftig noch keine Biene in der Nähe betrachtet haben. Wie weise ist vom Schöpfer alles eingerichtet! und das sollte Herrn L. entgangen sein? Ferner wie engherzig ist bei ihm die Rubrik Insekten! Was will er denn? Ich werde den Satz aufstellen, daß alles Geflügel was unter der Größe der Schnepfe ist zu den Insekten zu rechnen sei. Mit 8 Worten ist dies bewiesen. Ferner: Warum rechnet Herr L. die Fische nicht zu den Mollusken? gibt es ein kätschiger Fleisch als das der Schwimmtiere? Der Walfisch ist der größte Mollusk. Überhaupt aber was will eine Einteilung der Werke Allvaters besagen vonseiten eines endlichen Verstandeswesens? Wie kann er sagen dies ist groß und jenes klein, dies ist ein Ungeheuer, jenes ein Infusionstier? In den Sehnerven Allvaters rinnt das Volumen eines Nilpferds zu einer Banmeise zusammen. So ist der Mammut eigentlich nur die größte Infusion."

Buchdr.: „Mnä."

Prof.: „Weil aber doch einmal klassifiziert sein muß so will *ich* klassifizieren. Ich werde namentlich die bisherige Ordnung der Planten, Blumen oder Floskeln umstoßen. Ebenso das Gesteinreich. Ich werde zeigen, daß es auch unter den Steinen Männgen und Weibgen gibt. Auch sie begatten sich." etc.

Hier wurde der Buchdrucker aufmerksam und es entspann sich ein Gespräch, das ich nicht erzählen mag. „Ich blieb absichtlich zurück" — sagte jener Herr. —

In der nächsten Stadt fand ich sie in einem ordentlichen Gasthof wieder. Sie mußten einen starken Umweg gemacht haben, denn sie langten *mit* mir im Wirtshaus an, ob ich sie gleich einen großen Vorsprung auf der Chaussee hatte nehmen lassen. Beim Eintreten in die Tür sagte der Professor mit seiner lispelnden Stimme zum andern: „So hätt ich dich denn mit Beihülfe meiner Charte glücklich nach Aalen gebracht." Er wiederholte dies öfters und endlich nahm auf seine Frage: „Nicht wahr, dies ist doch Aalen?" — der Wirt das Wort: „Bitt um Verzeihung, Sie sind hier im Bayrischen zu S."

Der Professor ward über und über rot, wollte sich korrigieren und erwiderte, er frage nicht nach dem Namen einer Stadt, sondern: ob es keinen Aal zu speisen gäbe. „O ja!" war die Antwort. — Das hatte der Professor nicht erwartet, er kam in noch größere Verlegenheit, wollte die Bestellung ablenken und sagte, er meine nämlich einen Zitteraal, dergleichen er in Triest gegessen, sie seien aber freilich auch dort schwer zu fangen wegen ihrer Elektrizität. — „Das haben wir hierzulande gar nicht." — „So? so bringen Sie mir zwei Weichsöttlinge!" (weich gesottene Eier) Der Buchdrucker lachte in die Hand beiseite, und die Eier wurden bald gebracht. Nach einiger Zeit rief der Buchdrucker den andern in den Ohrn und schloß sich mit ihm auf dem Privet ein. Ich bemerkte daß er seinen Stock mitgenommen hatte und alsbald hörten wir einen entsetzlichen Lärmen entstehen. Ganz deutlich vernahm ich die Worte des Buchdruckers: „Du Taugenichts! Du windiges Mutterschwein! Was führst du mich so an der Nase herum? Du Hund! Mit deinem Flächendeuter! Ich will jetzt dir den meinigen auf den Rücken zeichnen!" usw. Es klopfte und winselte erbärmlich und dazwischen lachte der Buchdrucker wieder auf jene widerliche und maliziöse Art. Nach einer Viertelstunde kamen sie wieder heraus; der Professor machte ein so vergnügtes Gesicht als wäre nichts geschehen. Ich bemerkte auch und erfuhr später daß eigentlich dem Buchdrucker nichts daran lag, wo sie hinliefen; mit dem Ankauf der Druckerei war es ihm gar nicht ernst, ob er sich gleich gegen den armen Professor das Ansehen gab.

DRAMATISCHES

DIE REGENBRÜDER

Oper in zwei Akten

Personen

Viktor	
Felix	*genannt die Brüder Regen*
Wendelin	
Silvia	
Temire	*Schwestern*
Justine	

Steffen, *Müller*
Ännchen, *Verwandte des Müllers*

Christel	
Matthes	*Bauern*
Veit	

Peterling, *Schulmeister*

Knechte *und* Mägde *des Müllers*. Chor der Landleute.
Feenkinder. Himmlischer Chor

Der Schauplatz ist in der Mühle und deren Umgebung.

ERSTER AKT

ERSTER AUFTRITT

Mühle; Hausflur. Die Hinterwand hat statt der Fenster eine Art offner hölzerner Galerie, wodurch man ins Freie sieht. Die Gegend ist ganz in Regen gehüllt. In den Pausen des Chors hört man stark regnen.

STEFFEN, *der Müller;* NACHBARN, KNECHTE, MÄGDE *sitzen am Tisch und trinken.* JUSTINE *und* ÄNNCHEN *warten auf.*

CHOR: Heut gilt es, wackre Leute!
   Trinkt zu und stoßet an!
   Müller und Bauersmann,
   Die haben Festtag heute.
STEFFEN: In dreiunddreißig Tagen
   Kein Tröpflein Regen mehr;
   Nun rauscht's in Strömen her —
   Nachbar, das will was sagen.
CHOR: Trinkt zu und stoßet an!
   Nun gießt es was es kann.
   Laß regnen,
   Regnen,
   Regnen,
   Für Müller und Bauersmann!
STEFFEN: Mein Mühlbach trocken,
   Das Werk im Stocken,
   Blieb alles verhocken,
   Das ist kein Spaß.
CHRISTEL *und* VEIT: Und Äcker und Auen!
   Es waren mit Grauen
   Die Halmen zu schauen,
   Auf glühendem Boden, so spröde wie Glas.
CHOR: Trinkt zu und stoßet an!
   Nun gießt es was es kann.
   Laß regnen,

Regnen,
Regnen
Für Müller und Bauersmann!

CHRISTEL: Ja, Kinder und Kindskinder werden davon erzählen.

JUSTINE *zum Müller*: Vater, Ihr müßt nicht vergessen, daß Ihr's in den Kalender schreibt.

STEFFEN: Hast recht, Justine, oder in die Hauspostill, und jeder fromme Hausvater muß es tun mit tausend Dank. — Trinkt noch eins!

VEIT: Seit Menschengedenken weiß man wenigstens hierzulande nichts von so einer langen entsetzlichen Dürre und Trockenheit.

KNECHTE *und* MÄGDE *nacheinander*: Das Erdreich wie ein Scherben. — Brunnen und Quellen wie verlechzt. — Mensch und Vieh hing alles die Köpfe. Und nun seit zwei Stunden macht's vom Himmel herunter, nichts desto schöner. — Man ist ordentlich wie neugeboren.

JUSTINE: Es hellt sich auf.

VEIT: Ein Sonnenblick, der geht vorüber.

CHRISTEL: Schaut, Gras und Baum da draußen stehn wie im Paradies so frisch, und die Wachtel schlägt aus dem Weizen, daß es eine Lust ist.

STEFFEN: Bald seh ich meine Räder wieder laufen, nächstens hört ihr meine drei Gänge wieder zusammenklappern.

KNECHTE: Wollen hinaus! kommt, wollen sehen, wie's steht im Feld. *Im Gehn:*
Laß regnen,
Regnen,
Regnen
Für Müller und Bauersmann!

Ab mit den Mägden und Ännchen.

ZWEITER AUFTRITT

Der SCHULMEISTER PETERLING *kommt*. STEFFEN, MATTHES, VEIT, CHRISTEL, JUSTINE. *Letztere unbekümmert um die andern, macht sich sonst zu schaffen, und setzt sich dann auf einen Hocker im Hintergrund, mit dem Gesichte gegen die lichter werdende Aussicht ins Freie gekehrt.*

SCHULMEISTER: Guten Morgen, Gevatter.

STEFFEN *und* ANDERE: Guten Morgen, Herr Schulmeister. Nicht wahr, das ist ein Jubel?
SCHULMEISTER: Ich laß es gelten.
CHRISTEL: Ich hab da meine sonderlichen Gedanken.
STEFFEN: Was gilt's, ich weiß?
CHRISTEL: Ich meine halt, die Regenbrüder müßten durchs Land passiert sein.
MATTHES: Just das denk ich auch.
SCHULMEISTER: Ei, daß euch doch! – Schamt euch!
CHRISTEL: Man redt nur auch davon.
VEIT *zu Steffen*: Was ist's denn mit der Sache, Herr Vetter? ich bin hier fremd.
SCHULMEISTER: Das einfältige, abgeschmackte Märchen! da hätten wir's wieder! Kaum hab ich es den Jungen ausgetrieben, gleich, wie das Wetter umschlägt, fangen die Alten von vorn damit an. Man möchte aus der Haut fahren! Das miserable, hirnverrückte Zeug –
STEFFEN: Sprecht nicht so frech in meinem Hause, Herr! Ich kenne Leute dahinten im Gebirg, die haben die drei Brüder mehr denn einmal mit Augen gesehn.
SCHULMEISTER: Seind Vanitäten, sag ich! Regen ist Regen, sag ich! die ganze Geschichte, physisch und barometrisch, ein Unsinn!
STEFFEN: Herr, haltet's Maul, wenn ich Euch gut zum Rate bin; Ihr wißt, ich kam Euch schon mal drüber in die Haare.
SCHULMEISTER: Und wenn unsre Gevatterschaft drüber zum Henker fährt, ich bleibe dabei!
STEFFEN, MATTHES, CHRISTEL *dringen hitzig auf Peterling ein, während Veit mit Erstaunen zusieht*:
Schmeißt ihn hinaus, den Ketzer!
Den unverschämten Schwätzer!
SCHULMEISTER: Ihr Blinden, o ihr Tauben!
Ihr liegt im Aberglauben!
O du heilige Vernunft,
Wie lang währt deine Wiederkunft!
DIE ANDERN: Hört doch den eiteln Tropfen!
Nur her! man muß ihn klopfen!
Der stolze Schulmeister
Glaubt an keine Geister,
Er glaubt an keine Teufel,

Er glaubt an keinen Gott,
Es ist ihm alles Trug und Spott!
  Sie stoßen ihn zur Stube hinaus.
STEFFEN *zurückkommend*: Möcht ja einer die Schwerenot kriegen über so einem Tintenkleckser!
VEIT: Aber sagt nur, um Gottes willen —
MATTHES: Er hat sein Sach.
CHRISTEL: Verderbt uns die Schuljugend in Grundsboden hinein.
MATTHES: Ich hab ihn brav gepufft.
VEIT: Bitt Euch, sprecht doch, was war das für ein Handel? wer sind denn diese Regenbrüder?
MATTHES: Davon habt Ihr in Eurem Gau noch nichts gehört?
CHRISTEL: Kommt, setzen uns! man muß ihm's explizieren. — Also, merkt auf. Es sind die Söhne Thebars, welcher ein König und Zauberer gewesen, übrigens fromm und wohltätig. Der hatte Streit bekommen mit seinem Freund und Bundsgenossen, dem mächtigen und wackeren Alrachnod; und wie dieser mit Feuer und Winden, so wütete Thebar mit ungeheuren Regengüssen und Wolkenbrüchen gegen seinen Feind. Darüber gingen fast zwei Landschaften zuschanden. Die Götter wollten den Unfug nicht leiden und nahmen die beiden hinweg von der Erde. Sie versöhnten sich aber noch vor ihrem Ende miteinander und wohnen jetzt in Eintracht bei den seligen Geistern. Ihre beiderseitigen Kinder, heißt es nun, büßen auf Erden noch an der Väter Schuld. Thebars Söhne ziehen durch die Welt, bald einzeln, bald zusammen, und befeuchten das Erdreich, wo es not tut. Wo sie nur immer stehn und gehn, versammeln sich schwere Wolken am Himmel, die laufen ihnen überall voraus. Zuweilen sieht man die Brüder so von der Ferne in grauen Regenmänteln durchs Ackerfeld wandeln und immer sieht man sie gern, denn sie kommen niemals zur Unzeit. Sodann, was von Alrachnods Töchtern gesagt wird, weiß jedes Kind.
MATTHES: Ich muß nun gehn. Ades! Steffen, viel Dank für alles.
STEFFEN: Nicht Ursach. Kommt bald wieder. *Matthes ab.*
VEIT *zu Christel*: Ja, weiter von Alrachnods Töchtern.
CHRISTEL: Die eine haust da droben im Wald, man heißt's im Vogelsang; sie scheucht des Nachts das Wild von unsern Äckern, treibt dem Jäger auf Schußweite den Hirsch in die Hände, hilft heimlich den Köhlern beim Brennen, dem Schmied

in der Werkstatt, und wo sie ihren Segen spricht im Dorf, da kommt kein Unglück aus mit Feuer. Die zweite sitzt im Schmerlensee, nur eine Stunde von hier; vorzeiten soll er Feuer und Schwefel gespieen haben, jetzt hat er ein eiskaltes Wasser, und das arme Kind muß drin frieren jahraus jahrein. Sie fängt zur Kurzweil in ihren langen Haaren die Fische, als wie in einem Netz, zusammen und schüttet sie früh morgens dem Fischer in den Kahn. Die dritte Tochter aber, nun, man soll's ja nicht sagen.

VEIT: Redet doch aus!

STEFFEN: Laßt's gut sein.

CHRISTEL: Die hilft in der Mühle; damit ist alles gesagt.

STEFFEN *zu Veit*: Laßt Euch nichts weismachen!

CHRISTEL: Ja ja, es macht sich weiß – an deinen Säcken. Nein, Alter, wir sind ja unter uns, gesteh's. Man sagt sich allerhand ins Ohr von deinem Mädchen.

VEIT: Zum Beispiel?

STEFFEN: Possen das.

CHRISTEL: Sie spaziert zuweilen mutterseelenallein auf unsern Bergen herum, setzt sich auf den höchsten Felsen, singt ein fröhlich Lied, und wenn sie in der Abendsonne ihre prächtigen Zöpfe losbindet, darf man drauf zählen, es wird gut Wetter. Dann streift sie oft weit in der Gegend umher, und wo ihr Kleid hinweht, da trocknet's Euch in *einem* Umsehn im Feld und auf den Straßen. Sie bindet ihr rotes Tüchlein dem Windmüller an die Flügel, daß sie sich alsbald drehen müssen wie ein Hexenhaspel.

STEFFEN: Wind! lauter Wind! siehst du, das täte sie ja schon *mir* nicht zuleid. Der Windmüller verpfuscht mir die Kundschaft ohnehin.

CHRISTEL: Soviel ist sicher: wenn mein Weib eine Wäsch hat, und sie bittet deine Tochter dazu, so haben die Windeln auf den Zäunen getrocknet, wie man eine Hand umkehrt.

VEIT *und* STEFFEN: Ha! ha! ha! ha!

VEIT: Mädchen, hör einmal! – Sie hört nicht, sie ist ganz in Gedanken.

CHRISTEL: Sie ist in die Aussicht verzückt.

STEFFEN: Laßt sie in Ruh.

Die Gegend vor der Galerie wird in diesem Augenblick ganz von der Sonne erleuchtet. Von einem entstehenden Regenbogen ist ein ziemlicher Abschnitt sichtbar; er scheint über die Galerie hinweg in die Stube hereinzubeugen und gegen die Stelle gekehrt, wo Justine sitzt. Plötzlich erschrickt sie mit Lachen und blickt verwundert in ihren Schoß.

JUSTINE *immer noch auf dem Stühlchen*: Vater! o helft mir!
  Ha ha ha ha!
  Helft mir auf die Füße!
  Ha ha ha ha!
  Nehmt hier den Plunder,
  Und machet mich los!
  Ich breche darunter,
  Die Last ist zu groß!
STEFFEN: Was ist das? o Wunder!
  Kommt doch nur schnelle!
  Sie hat hier das helle
  Gold in dem Schoß.
CHRISTEL: Ja wahrlich, Gold!
VEIT: Welch eine Pracht!
JUSTINE: Der Regenbogen, gebet acht,
  Hat mir den seltnen Schatz gebracht!
STEFFEN *mit den* ANDERN *geteilt*:
  Seht doch die Farben licht und klar!
  Die roten, gelben, grünen, blauen,
  Die ihr um Hals und Schulter tauen!
  Sie netzen ihr das braune Haar.
STEFFEN: Die Münzlein aber, Herr, nicht wahr?
VEIT: Form und Gepräge zwar —
CHRISTEL: Ist alt und sonderbar.
JUSTINE: Und Röslein ihrer drei!
STEFFEN, CHRISTEL, VEIT: Was sollen die dabei?
JUSTINE: Drei Röselein,
  Drei Röselein!
  Die sollen mir viel lieber sein.
STEFFEN, *geteilt mit* CHRISTEL *und* VEIT: Doch das ist bares,
  Wahres,
  Klares,
  Gediegenes Gold!
JUSTINE: Vater, nehmt's nur, wenn Ihr wollt!
  — Drei Röselein,
  Drei Röselein,
  Die sollen mir viel lieber sein.
STEFFEN: Da wär ich ja auf e i n m a l reich!

CHRISTEL *und* VEIT: Da wärt Ihr ja auf e i n m a l reich!
JUSTINE: Christel, dies Händchen voll für Euch.
  Veit, wart' nur, Ihr bekommet gleich.
DIE DREI BESCHENKTEN: Danken schön! danken schön!
  Das ist ein allerliebster Streich.
JUSTINE *steckt die schönste der Rosen an die Brust, die zwei übrigen ins Haar*: Drei Röselein,
  Drei Röselein!

DRITTER AUFTRITT

Ein MÄDCHEN *tritt ein, außer Atem.* DIE VORIGEN.

MÄDCHEN: Um Gottes willen, wißt ihr schon —?
DIE ANDERN *sämtlich nach- und miteinander*:
  Was meinst du? was wissen? wovon?
  Gibt's Händel, gibt's Totschlag und Mord?
  Sprich, droht Überschwemmung dem Ort?
  Ist Feuer im Dache?
  Zur Sache, zur Sache!
JUSTINE: Verzeiht, daß ich lache!
Ein MÜHLKNECHT *tritt herein, ebenso wie vorhin das Mädchen, und jene Strophen wiederholen sich auf gleiche Weise.*
DAS MÄDCHEN *und* DER KNECHT *geteilt*:
  Mir fuhr der Schreck durch die Glieder,
  Ich sah — wir sahn — die Regenbrüder!
DIE ANDERN: Die Regenbrüder?
  Was?
JUSTINE: Ach das war prächtig! ein herrlicher Spaß!
ÄNNCHEN *tritt ein*: Da droben auf dem Hügel,
  Da standen sie, ja ja!
  Gewiß, in e i n e r Reih,
  Gewißlich, alle drei,
  Wie die heilgen drei Könige standen sie da,
  Als wie in einer Gloria.
  Steffen, Veit, Christel, Justine zugleich.
STEFFEN: Ich glaube fast sie reden wahr.
CHRISTEL: Das ist doch wirklich sonderbar.
VEIT: Nach dem, was wir vorhin gesehn,
  Kann solch ein Wunder leicht geschehn.
JUSTINE: Wo sind sie denn? ich muß gestehn,
  Die nassen Pelze möcht ich sehn!

STEFFEN *zu Justinen:* Nimm dich in acht, dich könnt es reuen,
  So etwas leidet keinen Spott.
  Wie? wenn sie kämen, dich zu freien?
JUSTINE: Was fällt Euch ein? Bewahr mich Gott!
STEFFEN: Ich weiß nicht, vorhin, die Geschenke,
  Die Rosen —
JUSTINE: Nun?
STEFFEN: Je nun, ich denke
  Die fielen doch nicht aus der Luft.
JUSTINE *mit ihm zugleich:* Die fielen eben aus der Luft!
CHRISTEL, VEIT, DAS MÄDCHEN *und* DER KNECHT:
  Sie kommen! sie kommen!
  Aufs Haus zu, gerade!
CHRISTEL *und* VEIT: O Schrecken!
  O Gnade!
STEFFEN *zu den übrigen:* Stellt euch in Parade!
  Zu Ännchen:
  Geschwinde, räum auf!

Vierter Auftritt

Die Vorigen. Felix, Viktor, Wendelin.

Die drei Brüder kommen in langen grauen Regenmänteln, ohne Ärmel; die Mantelkragen reichen nicht ganz auf die Mitte des Leibes. Sie tragen Hüte mit sehr breiter runder Krempe und entblößen anfangs das Haupt nicht. Die Gesichter sind bis an den Mund mit einem Tuche verhängt, welches Augen hat. Justine zwingt sich, ihr Lachen zu unterdrücken.

STEFFEN, CHRISTEL, VEIT, JUSTINE: Seid uns feierlich willkommen,
  Edle Herrn, seid hoch verehret!
  Großes habt ihr heut bescheret,
  Nehmt aus unsrem Mund den frommen
  Dank des ganzen Dorfes an!
DIE DREI BRÜDER: Haben's herzlich gern getan.
STEFFEN *beiseite zu Justine:* Bitte dich, sei doch manierlich!
JUSTINE: Dieses Kleeblatt! wie possierlich!
STEFFEN: Sprich mit ihnen, fang was an!
JUSTINE *gefaßt, tritt zu den Brüdern, verbindlich mit etwas Schalkheit:* Gleich vom Wetter
  Diskurieren,

Sagt der Städter,
Sei gemein;
Aber diesmal mag's passieren,
Denn es scheint am Platz zu sein.
VIKTOR: Mache dies dich nicht verlegen!
WENDELIN: Reden wir nur immer zu.
FELIX: Sind wir die Gebrüder Regen,
Kind, so bist die Sonne du.
JUSTINE: Beide sind sich schlecht gewogen,
Haben stets verschiednen Sinn.
FELIX: Doch der siebenfarbne Bogen
Deutet auch auf Frieden hin.
VIKTOR: Kurz, wir gehn auf Freiersfüßen —
JUSTINE: Sehe weder Hand noch Fuß!
WENDELIN: Einen wirst du wählen müssen —
ALLE DREI: Jeder hofft auf einen Kuß.
VIKTOR, FELIX, WENDELIN *unter sich*:
Dieses Röslein! Gutes Zeichen!
Einer wird schon ihr Gemahl!

Zugleich:
VEIT *zu Justinen*: Seid gescheit, laßt Euch erweichen
Wählet einen aus der Zahl!
STEFFEN: Rätlich ist's noch auszuweichen,
Denn man wählet nur einmal.
JUSTINE *und* VEIT: Da sich alle dreie gleichen,
Hab ich / Hat sie | eine schlimme Wahl.

WENDELIN: Ist es etwa unsre Tracht,
Was dich scheu und stutzig macht?
VIKTOR: Nun, dem wird zu helfen sein.
Sie legen Mäntel und Hüte ab und stehen in zierlicher altdeutscher Kleidung, noch besser in byzantinischer, da. Bei Viktor ist die Hauptfarbe Purpurrot, bei Wendelin Meergrün. Felix bleibt verhüllt.
STEFFEN, CHRISTEL, VEIT, JUSTINE:
Ach, wie schön! wie reich! wie fein!
STEFFEN: Einer will sich nicht entdecken.
CHRISTEL: Sorgt vielleicht, sie zu erschrecken.
VEIT: Dieses muß Verdacht erwecken,
Hier ist's nicht ganz rein, nein, nein!
JUSTINE *zu Felix*: Herr, Ihr allein wollt uns mißgönnen
Den Anblick Eurer Herrlichkeit?

FELIX: Verzeiht die Grille, schöne Maid!
　Ihr mögt es Stolz, mögt's Demut nennen,
　Ich denke, Kleid ist doch nur Kleid.
JUSTINE *teilweise* STEFFEN *für sich*:
　Mir scheint, er spricht nicht unverständig,
　Und Augen hat er gar lebendig,
　Ein hübsches Kinn und Lippenpaar;
　Jedoch ein Trotzkopf, das ist klar.
FELIX: Nun mögt Ihr's überlegen!
VIKTOR: Drei Tage habt Ihr Zeit.
JUSTINE: Drei Tage?
VIKTOR: Ich sage
　Drei Tage!
ALLE DREI BRÜDER: Drei Tage habt Ihr Zeit.
　Nun mögt Ihr's überlegen:
　Und wir Gebrüder Regen,
　Wir bleiben nie zu weit.
STEFFEN, CHRISTEL, VEIT: Viel Dank für allen Segen,
　Ihr Herrn, den ihr gestreut!
DIE BRÜDER: Es hat uns sehr gefreut,
　Empfehlen uns für heut.

Während dieser Abschiedsworte bietet Justine ihre Hand dem
Viktor und Wendelin, welche sie küssen. Felixen versäumt sie,
　　　mehr aus Befangenheit als mit Vorsatz.

JUSTINE *allein, während Steffen, Christel, Veit die Brüder be-*
gleiten. Sie ist nachdenklich:
　Ich hab ihm keine Hand gegeben,
　Und weiß doch wahrlich nicht warum?
　Er sah mich traurig an und stumm,
　Er ging — ich stand so kalt daneben;
　Er sah sich nochmals nach mir um!

　Wenn er nun ungleich von mir dächte,
　Wenn mich's um seine Neigung brächte —
　Ich zittre schon, bei meinem Leben!
　Und wüßte doch auch nicht warum — —?

　Ich hab ihm keine Hand gegeben:
　Justine, siehst du, das war dumm!

Fünfter Auftritt

Gegend an einem See und Wald; letzterer zieht sich am Berge hinauf.

VIKTOR, WENDELIN, FELIX *kommen (gekleidet wie bei ihrem ersten Erscheinen). Felix hält sich gedankenvoll immer etwas beiseit, nimmt wenig oder gar nicht Notiz von den andern.*

WENDELIN *zu Viktor:* Nun, was hoffst du?
VIKTOR: Was du fürchtest.
WENDELIN: Wird sich zeigen.
VIKTOR: Wollen sehn!
 Auf Felix zeigend: Der da hat sich schlecht empfohlen.
WENDELIN: Und sie zeigt' es unverhohlen.
VIKTOR: Mag euch all der Kuckuck holen!
 Ich nur hoffe zu bestehn.
FELIX: Weil ich Flitterputz verachte,
 Weil ich ihrer Neugier lachte,
 Weil ich nicht den Fanten machte,
 Hat sie dieses Herz verkannt!
 — Und nicht einmal eine Hand!
WENDELIN: Ich schien ihr just nicht zuwider.
VIKTOR: Wird sich zeigen, wollen sehn.
WENDELIN: Sie besah mich auf und nieder.
VIKTOR: Und ließ dich am Ende stehn.
WENDELIN *den Mantel auseinanderschlagend, läßt seine Füße mit Grazie spielen*: Nein, wenn ich mich so betrachte —
VIKTOR: Sachte, sachte!
WENDELIN: Bin ich doch ein hübsches Kerlchen.
VIKTOR: Nicht zu fett —
WENDELIN: Und nicht zu schwächlich.
VIKTOR: Wieselrasch —
WENDELIN: Nicht zu bedächtig.
 Und mein Bein —
VIKTOR: Dies ganz hauptsächlich!
WENDELIN: Fand schon meine Muhme schön.
VIKTOR *und* WENDELIN: Wird sich zeigen, wollen sehn.
FELIX: Weil ich Flitterputz etc. *wie oben.*
VIKTOR: Die Rose an Justinens Brust —
WENDELIN: War die meine!
VIKTOR: War die meine!

BEIDE *mit- und durcheinander:*
  Nein, die meine! nein, die meine!
VIKTOR: Ei, das hast du schlecht gewußt!
FELIX *immer für sich:* Nein, nicht einmal eine Hand!
  Tor, der ich gewesen!
  Stolz und Unverstand
  Hielten mich gebannt.
    Er reißt seinen Mantel herunter, tritt ihn mit Füßen.
  Du verflucht Gewand!
  Ich will dich zerreißen!
WENDELIN: Was soll das heißen?
VIKTOR: Er speit Feuer und Flammen.
WENDELIN *und* VIKTOR *zu Felix, dem sie den Mantel aufheben und umhängen:* Nimm dich zusammen!
  Sei kein Sparrfantel!
  Nimm deinen Mantel!
  Halt dich vernünftig,
  Und häng ihn künftig,
  Kommst du zum Liebchen
  Wieder ins Stübchen,
  Hübsch an die Wand,
  Und sei galant!
FELIX *sich langsam entfernend:* Nein, nicht einmal eine Hand!
VIKTOR: Ja, der hat sich schlecht empfohlen etc. *wie oben.*
Plötzlich werden Viktor und Wendelin durch zwei weibliche Stimmen aufmerksam gemacht, wovon die eine aus dem See, die andere oben aus dem Walde hervorzukommen scheint. Die Brüder drücken ihre Verwunderung pantomimisch aus. Felix hat sich schon früher ganz entfernt. Während der folgenden Szene wird es Abend und dunkel.

Sechster Auftritt

SILVIA *aus dem Wald:* Temire!
  Was machst du?
TEMIRE *aus dem See:* Ich friere.
SILVIA: Wie immer!
TEMIRE: Ihr Götter!
SILVIA: Will nimmer
  Von Hoffnung
  Ein Schimmer,

TEMIRE *und* SILVIA: Kein Retter
Erscheinen?
TEMIRE: Ihr Götter,
Kein Licht?
SILVIA: Geduld nur,
Temire!
Verliere
Den Glauben
Die Hoffnung
Du nicht!
VIKTOR: Auf! Zur Rettung! Hier ist ein Unglück! Ein edles Fräulein wahrscheinlich am Ertrinken, ihre Zofe, im Wald umirrend, ruft nach Hülfe für ihre arme Herrschaft. Ich will mit ritterlichem Mute sogleich —
WENDELIN: Sei doch klug! Sei kein Narr! Mir wär's ja auch nicht um das bißchen Naßwerden, unsereiner war ja schon mehr dabei. Aber das hier ist ein ganz anderer Kasus als du denkst. Das sind Nixen oder Nymphen, die sich vielleicht nur nicht so ganz in ihrem Elemente befinden —
VIKTOR: Auf! Auf! so muß ich sie beide in ihr Element bringen! die Zofe in ihr Element und das Fräulein in ihr Element!
WENDELIN: Wir wollen bald sehen. Stimmen! wo seid ihr?
TEMIRE: Hier im See.
SILVIA: Hier im Walde.
VIKTOR: Und wer denn eigentlich?
BEIDE STIMMEN: Mädchen.
WENDELIN: Wie hoch im Alter, wenn man fragen darf?
TEMIRE: Ich siebzehn.
VIKTOR: Und die andere da droben? Mag die den Mund nicht auftun?
TEMIRE: Nehmt's ihr nicht übel; sie macht nicht viel Worte. Zwei Jahre hat sie mehr als ich.
WENDELIN: Kann man euch irgendeinen Dienst leisten?
SILVIA: Nicht jeder kann's, nicht jeder will's.
TEMIRE: Unser Bräutigam tut's.
VIKTOR: Wer sind denn eure Liebsten?
TEMIRE: Wir kennen sie noch nicht.
WENDELIN: Da sieht's getreu aus!
VIKTOR: Wir vermögen also nichts für euch? Können euch nicht lösen?
TEMIRE: Vielleicht, wenn ihr Liebe zu uns faßtet.

WENDELIN: Ja, da faßt sich was! Du närrische Brut! Haben noch nicht fingerslang von euch gesehen.
TEMIRE: Ach, das ist eben der Knoten. Versteht: **w i r d ü r f e n unser Gesicht keinem jungen Manne zeigen, er hätt uns denn zuvor ewige Liebe und Treue geschworen.**
SILVIA: Das ist des Schicksals Wille.
VIKTOR: Eine harte Nuß, mein Seel!
TEMIRE: Wir sind aber schöne.
WENDELIN: So? da ist's wahrhaftig ein Glück, daß deine Schönheit immer frisch Wasser hat, damit sie sich hält, bis der rechte Freier kommt, was wohl beiläufig so ein Jahrhundert und ungrad anstehen dürfte.
VIKTOR: Sagt an, wer kann eure Qualitäten bezeugen?
SILVIA: Braucht ihr Zeugen, so geht eures Wegs.
VIKTOR: Nein, im Ernst, nennt uns irgendeine glaubwürdige Person.
SILVIA: Der Fuchs im Walde.
TEMIRE: Der Fisch im See.
VIKTOR: Sie wollen uns äffen, glaub ich.
WENDELIN: Sie sind giftig, weil wir nicht gleich anbeißen. Hört, Kinder, ich weiß vorderhand so ein halb Dutzend Fürsten- und Königstöchter in der Welt herum; bei der Schönsten – sie dient gegenwärtig nur in der Mühle drüben – will ich mein Glück probieren; gibt's einen Korb und bleibt mir am Ende nichts übrig, als daß ich mich ersäufe, so stell ich mich hier ein, verlaßt euch drauf, und dann, meine schöne Nixe, machen wir gleich Hochzeit da unten, und die Frösche und Unken mögen Spielleute sein.
VIKTOR: Was mich betrifft, im schlimmsten Fall häng ich mich droben im Wald. Die Jungfer dort ist dann vielleicht so gut und schneidet mir noch zu rechter Zeit den Strick ab, das gibt ein recht haltbares Ehband.
WENDELIN: Adieu, meine Schönen!
Gehen lachend ab.

Siebenter Auftritt

Anderer Platz im Walde, von hohen Bäumen eingeschlossen, nur links im Hintergrunde sieht man auf eine Wiese, die hinten ebenfalls von Büschen begrenzt ist. Rechter Hand, nicht zu sehr im Grunde, steht ein wildbewachsener Fels mit senkrechter Platte hervor. Es ist Nacht und Mondschein.

STEFFEN *und* JUSTINE *treten auf. Gespräch oder Rezitativ.*

JUSTINE: Wohin führt Ihr mich, Vater?
STEFFEN: Nicht weiter, Kind; wir sind zur Stelle nun.
JUSTINE: Wie wunderbar zieht dieser Raum mich an! Noch nie hat ihn mein Fuß betreten, doch deucht mir alles so bekannt. Die Felswand hier, diese hundertjährigen Eichen, der Ausblick auf die grüne Wiese dort! Ein ahnungsvoller Ort! Wem kann ich ihn vergleichen?
STEFFEN: Seit lange kenn ich diesen Fleck des Waldes als einen Schauplatz wundersamer Dinge, und dich geht er besonders an, mein Kind.

Man sieht links auf der Wiese einen Tanz kleiner FEEN. *Es sind ihrer sechs bis sieben.*

JUSTINE: Ei, sieh aber, sieh doch!
Welch seltsam Gesichte!
STEFFEN: Dort tanzen im Lichte
Des Mondes die Feien
Den festlichen Reihen
Auf grünendem Plan!
JUSTINE: Welch artiges Völkchen!
Die lieblichen Kinder!
Schon schweben sie näher,
Und näher heran.
Man muß sich verstecken,
Sie nicht zu erschrecken.
Husch, husch!
Hinter den Busch!

Beide verstecken sich.

Die Feenkinder, die indessen tanzend auf die Mitte des Theaters gekommen sind, suchen Justinen, gewahren sie auch bald, und winken ihr freundlich, aus dem Gebüsch hervorzukommen.

JUSTINE: Schon bin ich entdeckt!
Jetzt werd ich geneckt!

Sie ist hervorgetreten. Die Kinder stehen im Halbkreis um sie.
JUSTINE: Was gibt es, ihr Närrchen?
 Was suchet ihr hier?
 Sie schweigen
 Und beugen
 Sich alle vor mir.
 — Kennt ihr denn Justinen?
 Und wollet mir dienen,
 Ihr niedlichen Fein?
 — Wie eigen.
 Sie zeigen
 Dort nach dem Felsen! Was soll mir der Stein?
Eins der Kinder geht nach der Felswand, klettert hinauf, scheint etwas aus einer Ritze hervorzuholen, und in dem Augenblick durchzuckt ein sanfter Purpurschein die Fläche des Steins. Die Kinder bleiben gelassen dabei, Justine fährt nur leicht zusammen.
JUSTINE: Himmel, was war das?
 Was bringst du, mein Liebchen?
  Sie empfängt das Gebrachte.
 Sieh doch, einen Ring!
 Ach, das ist ein köstliches Ding,
 Ein blitzend Juwel mit blutrotem Schein;
 Und der wäre mein?
  Die Kinder nicken zu.
JUSTINE: Da dank ich euch fein.
 Den geb ich einem hübschen Knaben:
 Denn schaut,
 Ich bin so eine halbe Braut;
 Den soll mein Allerliebster haben,
 Wenn man uns traut.
Die Kinder, diesem Vorsatz Beifall gebend, klopfen vergnügt in die Hände, sie machen ein paarmal den Reigen um das Mädchen; währenddessen kommt Steffen wieder hervor und die Kinder entschwinden im Tanz.

Achter Auftritt

Steffen. Justine. *Rezitativ.*

JUSTINE: Schau, Alter, welch ein köstlich Angebinde.
STEFFEN: Laß sehn. Beim Himmel, deines Vaters Ring!
JUSTINE: Ist's möglich?
STEFFEN: Ja, wisse!
  Du wandelst hier bei deines Vaters Grabe.
JUSTINE: Versteh ich dich?
  Hier wäre —
STEFFEN: Vernimm denn ein Geheimnis,
  Das ich so manche Jahre
  In treuer Brust bewahre:
  Du bist mein Kind nicht, bist —
JUSTINE: Ich bin Alrachnods Tochter!
STEFFEN: Du weißt —?
  Woher kam dir die Kunde?
JUSTINE: Aus keines Menschen Munde,
  Mir sagt' es lang der eigne Geist.
  — Doch h i e r , sagst du . . .?
STEFFEN: Ja, dieser mächtige Stein
  Bedeckt sein heiliges Gebein.
  Er selber lebt in ewigem Ruhme.
JUSTINE: Mich laß in diesem Heiligtume
  Ihm liebevolle Tränen weihn.
STEFFEN: Du magst in diesem usw.
STEFFEN *Gespräch*: Zweifach ehrwürdig sei dir dieser Platz.
  Denn hier war's auch, wo einst — vor fünfzehn Jahren —
  Dienstbare Geister deines großen Vaters
  Dich meinen Händen überlieferten.
  Ich war hinüber ins Gebirg gegangen,
  Geschäftehalber, kehrte spät am Abend
  Zurück und ging den Fußsteig durch den Wald
  Nach Mitternacht; der Mond schien hell wie heut;
  Wie's kam, daß ich verirrte, weiß ich nicht,
  Genug, mir ward ganz wunderlich auf einmal,
  Ich rannte jeden Schritt auf einen Baum,
  Endlich gelangt ich an die Wiese dort,
  Und wie ich aufschau, stehn zwei schmucke Knaben
  Vor mir, die trugen sorgsam einen Korb
  Mit einem grünen Flor bedeckt, der glänzte

Als wie getaucht ins klare Mondenlicht.
Sie grüßten, und ich faßte mir ein Herz,
Es gab ein Wort das andre. „Traun", sprach einer
Zuletzt: „Du bist der Mann just, den wir suchen,
Nimm dieses Kindlein auf! es ist Alrachnods;
Behalt es, pflege sein und zieh es groß,
Als wie dein eigenes. Dir bringt es Segen
Und Reichtum in dein Haus. Einst kommt der Tag,
Da wird man werben um des Mägdleins Hand.
Von dreien Brüdern einer ist bestimmt —"
JUSTINE *ihn unterbrechend*:
Wie? also wär es wohl des Schicksals Fügung,
Daß Thebars Söhne? — —
STEFFEN: Daran ist kein Zweifel.
„Und", setzten jene Knäblein noch hinzu,
„Sie wähle gut, daß sie den Rechten treffe,
Nur einer kann der Rechte sein.
Aber zugleich wird sie den traurigen Bann
Der beiden ältern Schwestern lösen helfen.
Von ihrer Klugheit hängt es ab, daß Silvia
Und daß Temire, die Unglücklichen,
Nach jahrelangem unerhörtem Seufzen
Endlich den Retter finden und Gemahl,
Der, mitleidsvoll, des Waldes Finsternis,
Des Wassers kaltem, unfruchtbarem Bette sie
Entreißen wird." So sprachen die zwei Knaben.
Drauf hießen sie mich schwören, feierlich,
Bei ihres Meisters Grab, dir treu zu dienen.
Ich schwur, sie gingen, und so trug ich denn
Das Töchterchen im Korb mit mir nach Hause.
JUSTINE: Die Jungfrau dankt dir in des Kindes Namen. —
Ach lieber, väterlicher Freund, wie ist mir?
Mein Leben, das nur Spiel und Lachen war,
Wird ernsthaft nun mit eins.
In diesem tiefverborgnen Winkel, wo
Das früheste Gedächtnis meines Daseins,
Der Asche meines Vaters zugesellt,
Im Dämmerlichte schwebt und sich verliert,
Schein ich mir heute staunend erst erwacht
Zu dem Bewußtsein meiner selbst, und doch
Empfind ich jetzt zugleich, im Angesichte

Der neuen Bahn, die mir geöffnet ist,
Daß ich ein unerfahren Kind noch bin.
STEFFEN: Nun gilt es, fühlst du wohl, gesetzten Geist;
Man fordert einen wichtigen Entschluß
Von dir.
JUSTINE: So schnell, so dringend! Bester Alter,
Ach, wie erraten wir des Schicksals Willen?
Sprich, wie erkenn ich, was hier frommen mag?
STEFFEN: Dies zu bedenken haben wir zu Hause
Zeit und Gelegenheit. Zwei volle Tage
Sind ja noch unser. Komm, schon wird es spät.
JUSTINE *für sich*: Seit wenigen Stunden
Wie anders ist alles
Nun mit mir geworden!
Und, Herz, warum wirst du
Mit einmal so schwer?
Kaum kann ich mich fassen!
Ist das noch Justine?
Ich bin es, und wieder,
Ich bin es nicht mehr.
STEFFEN: Kaum kann sie sich fassen,
Ich will es wohl glauben,
Es hat sie erschüttert,
Sie kennt sich nicht mehr.
Justine, nach einer nachdenklichen Pause, rafft sich plötzlich zusammen, ergreift entschieden Steffens Hand, beide treten in feierlicher Stellung in die Mitte der Bühne.
BEIDE: Herrlicher! Mächtiger!
JUSTINE: Erhabner Vater!
Dir dienen des Himmels geflügelte Flammen,
Du rufst die Geschwader des Windes zusammen
Zu Segen und Lust, zu Verderben und Graus.
STEFFEN: Dir beben die Berge und hüpfen die Hügel,
Es rollet der Fels und es springen die Riegel
Der Hölle, sie strömet ein Gluten heraus.
JUSTINE: Du fährest im Sausen des Sturmes zum Meere,
Es heult der Matros in die heulenden Chöre —
Du hemmest den Atem, gibst glückliche Fahrt.
STEFFEN: Du jagest die Wolken gleich flüchtigen Rossen,
Und wie auch die Flut sich des Feindes ergossen,
Du rauftest ihm grimmig den tropfenden Bart.

JUSTINE: Und was du gefehlet in stolzem Erkühnen,
Gern will es die Tochter, die liebende, sühnen,
Noch fühlt sie sich freudigen Mut in der Brust.
HIMMLISCHER CHOR *unsichtbar*:
Alrachnod ging ein in die himmlischen Hallen;
Von Sterne zu Stern darf der Herrliche wallen
Zu göttlichen Taten, unsterblicher Lust.
Doch seine Seligkeit zu mehren,
Sei glücklich, Kind, du schaffst ein vielfach Glück,
Wir können dich der Liebe Wahl nicht lehren,
Doch Götter leiten dein Geschick.
HIMMLISCHER CHOR. JUSTINE. STEFFEN:

Zugleich:

Wir können dich der Liebe Wahl nicht lehren,
Doch Götter leiten dein Geschick.

O möchtet ihr der Liebe Wahl | mich / sie | lehren!

O Götter, leitet | mein / ihr | Geschick!

ZWEITER AKT

ERSTER AUFTRITT

Tag. Freie Gegend mit einigem Gebüsch links und rechts, sowie im Mittelgrunde.
JUSTINE *und* ÄNNCHEN *sitzen auf einem Rasen, winden Blumenkränze und erheben sich jetzt.*

JUSTINE: Ännchen, ach, die Zeit verstreicht,
Und wir sind nicht weiter.
ÄNNCHEN: Alles könnte richtig sein,
Wärst du nur gescheiter.
JUSTINE: Wie ich gleich den ganzen Tag
Sinn und überlege —
ÄNNCHEN: Ei, warum läufst du den Herrn
Immer aus dem Wege?
Heute küßt dich der Große dich,
Schreist du wie besessen —
JUSTINE: Nun, er fuhr auch los auf mich,

Als wollt er mich fressen.
— Ännchen, ach die Zeit verstreicht!
ÄNNCHEN: Drum entschließ dich munter!
Ist die Katz den Baum hinauf,
Wer holt sie herunter?
JUSTINE: Ännchen, soll ich dir gestehen,
Halb schon hat mein Herz gesprochen.
ÄNNCHEN: Ist es möglich? So, du Schelm?
Hab ich doch so was gerochen!
Nun, laß hören, beichte mir.
— Gewiß der Grüne?
JUSTINE: Warum just der?
ÄNNCHEN: So ist's der Rote?
JUSTINE: Heut rätst du schwer.
ÄNNCHEN: Wie? gar der Weiße?
JUSTINE: Plag mich nicht mehr! —
ÄNNCHEN: Ist es möglich? So, du Schelm?
Hab ich doch so was gerochen!
JUSTINE: Halb schon hat mein Herz gesprochen,
Ännchen, ja ich will's gestehn.

Pause, da Anne nachdenklich wird.

JUSTINE *mit einer Art von erzwungener Lustigkeit*:
Nun, wohlan! die Zeit verstreicht,
Ich entschließ mich munter;
Ist die Katz den Baum hinauf,
Wer holt sie herunter?
ÄNNCHEN: Aber, Mädchen!
JUSTINE: Was denn wieder?
ÄNNCHEN: Wenn du nun den Falschen wähltest?
Und des Schicksals Wink verfehltest?
Dieses überlege wohl!
JUSTINE *in halbkomischer Verzweiflung*:
So bist du stets! voll Widerspruch!
So wär's das alte nun!
JUSTINE *und* ÄNNCHEN:

O Himmel, hilf | mir / ihr | aus der Not!
Was soll, was kann | ich / sie | tun?

Zweiter Auftritt

Steffen *tritt hastig auf.* Die Vorigen.

STEFFEN: Da seid ihr! Wißt ihr's schon?
JUSTINE *und* ÄNNCHEN: Was denn? Ist doch kein Unglück geschehen? Redet!
STEFFEN: Habt ihr denn nichts gesehn? Hörtet ihr nicht den tollen Lärmen im Dorf?
JUSTINE: Wir achteten nicht drauf. Was ist's denn wieder?
STEFFEN: Der Peterling, der Schulmeister, es ist ja unerhört! Ich hab's ihm aber gleich gesagt —
JUSTINE: Nun, was hat er verbrochen?
ÄNNCHEN: Was hat er angestellt?
STEFFEN: Der Maulaffe, der Prahlhans, der alles besser wissen will! Aber diesmal ist's ihm übel bekommen, der wird dran denken. Laßt euch sagen: wie ich da vorhin über die Gasse geh, und ihm einen guten Abend biete, stellt er mich, und will mir den Text lesen, daß ich meine Tochter an Glücksritter wegwerfen wolle, an Landstreicher, die den dummen Leuten einen blauen Dunst vormachen und dergleichen. Da ich ihm kein Gehör gebe und weglaufe, fängt er ein Spektakel an, daß jung und alt zusammenläuft, und will da den Gelahrten machen und hält eine Predigt über den Aberglauben und schwätzt von Aufklärung, daß es weder Zauberer noch Hexen gebe, und daß es in der Welt mit Sonnenschein und Regen allezeit seine natürliche Bewandtnis habe, und was weiß ich, für neumodisches, gottloses Zeug. Darüber kommt sein Weib herbeigeschnauft und seine Tochter, die Käthe, die schnattern auch mit drein und krakeelen und schimpfen auf dich wie die Rohrspatzen, denn sie möchten schwarz und gelb werden vor Neid und Galle. Ich hörte dem Unwesen eine ganze Weil zu unter meiner Haustür und wollte bersten vor Ingrimm. Aber es dauerte nicht lang. Wart, Schulfuchs, dacht ich, die Landstreicher werden dir's eintränken. Gedacht, geschehn. Gebt acht, was wird. Er war eben im besten Zug, da hebt's auf einmal an zu tröpfeln, erst nur ganz sachte, sachte, dann aber kam's plötzlich mit Macht, stromweise, als würde mit Kübeln geschüttet.
JUSTINE: Was sagt Ihr da? Ännchen, haben wir da oben auch nur einen Tropfen gespürt?

STEFFEN: Wetter, drum war's auch nur der einzige Fleck, wo die Rotte beisammenstand; du kannst die Lache noch sehen. Hört weiter. Das Volk stäubt auseinander, wie besessen, als hätte der Donner mitten drein geschlagen, im Hui war der Platz wie gefegt. Aber mein Schulmeister, wo ist der hingekommen mit seinem Siebenjaucharthut? mit seinem hänfenen Regenschirm? Wo hat sich die Frau Schulmeisterin so hurtig hinverkrochen und die rothaarige Mamsell Käthe? Fliegst nicht, so gilt's nicht! Droben hängen sie in den Lüften und segeln mit dem Regen landeinwärts; drei Nebelballen unter den Füßen machen das Fuhrwerk, und jetzt gut Nacht, Herr Peterling! In Eurer Schule ist Vakanz auf Jahr und Tag.

JUSTINE: Entsetzliches Wunder!

ÄNNCHEN: Mir beben die Knie.

STEFFEN: War das ein Zetermordgeschrei, als es nun Ernst wurde und die drei anfingen zu steigen, erst nur über die niedrigen Häuser hinweg, und immer zickzack, dann auf einmal schief übers Rathaus hin und immer weiter. Der dürre Kerl, der Schulmeister, flog am geschwindesten, in zwei Vaterunserlängen hatte der den Gockelhahn aufm Kirchturm zwanzig Klafter tief unter sich; er sah, mein Seel, aus, wie ein Storch, und die Weibsleute auf und nieder wie zwei nasse Schneegäns.

ÄNNCHEN: Ach du meine Güte!

JUSTINE: Sind sie denn noch immer oben?

STEFFEN: Versteht sich; das will ich hoffen.

ÄNNCHEN: Ob man sie nicht sehen kann von da aus?

STEFFEN: Pah! die mögen schon eine gute Strecke weit geschifft sein. Die kommen hin, wo der Pfeffer wächst. Das halbe Dorf ist nach ihnen aus. Ganz umsonst, alles umsonst!

DRITTER AUFTRITT

Des SCHULMEISTERS *Stimme, außerhalb der Szene*: Zu Hülfe!

STEFFEN: Gebt Achtung!

JUSTINE *und* ÄNNCHEN: Was war das?

STIMME: Zu Hülfe!
Zu Hülfe, alle guten Geister!
Dem allerärmsten Dorfschulmeister!

O schreckliches Mirakulum!
Ich halt's nicht aus, ich komme um!
*Der Schulmeister erscheint in der Luft auf einem Nebelstreif
stehend, den Hut auf dem Kopf und den Regenschirm über
sich ausgespannt.*
JUSTINE *und* ÄNNCHEN: Seht, seht! Es ist doch zum Erbarmen!
STEFFEN: Ha ha ha ha, ha ha ha ha!
SCHULMEISTER: O lieber Nachbar, helft mir Armen,
Lauft heim und holt ein Schnepfengarn!
STEFFEN. JUSTINE. ÄNNCHEN:
Was schwatzt er da von Schnepfengarn?
Ich glaube fast, er ward zum Narrn.
SCHULMEISTER: Holt Haken! holt Stangen!
Jetzt wär ich zu fangen;
Ihr könnt mich erlangen.
STEFFEN: Ich darf nicht, fürwahr,
Euch tut das kein Haar.

Zugleich.
| SCHULMEISTER: Holt Haken und Stangen etc. *wie oben*.
JUSTINE: Holt Haken und Stangen!
Jetzt wär er zu fangen!
ÄNNCHEN: Man könnt ihn erlangen,
Der Vogel fürwahr,
Der Vogel ist rar.
STEFFEN: Was Haken, was Stangen!
Man darf ihn nicht fangen;
Mir mag er wohl hangen,
Ich darf nicht, fürwahr,
Mir brächt es Gefahr.

SCHULMEISTER: Macht, daß ich mich setze!
Holt Seile, holt Netze!
STEFFEN: Nicht um alle Schätze
Der Erde, fürwahr.

Zugleich.
| SCHULMEISTER: Seht meine Gefahr!
JUSTINE *und* ÄNNCHEN: Seht seine Gefahr!
STEFFEN: Das schadt ihm kein Haar!

SCHULMEISTER *indem er etwas tiefer herabsinkt*:
Ich scheine dem Boden
Schon näher zu rücken.

DIE REGENBRÜDER

Zugleich.
>SCHULMEISTER: Kommt, faßt mich am Fuße!
>   Nun könnt es wohl glücken.
>JUSTINE *und* ÄNNCHEN: Komm, faß ihn am Fuße,
>   Nun könnt es wohl glücken.
>STEFFEN: Gutherzige Kinder,
>   Ei laßt doch den Sünder!

Ännchen hat sich niedergebückt, Justine besteigt ihren Rücken und ergreift ihn am Fuße.

Zugleich.
>SCHULMEISTER *und* ÄNNCHEN: Zieh, zieh, brauch Gewalt!
>STEFFEN: Da hilft nicht Gewalt!

SCHULMEISTER: Was Teufel! o halt!
Justine hält den leeren Stiefel in der Hand.
JUSTINE *und* STEFFEN: O wehe!
ÄNNCHEN: Was ist das?
STEFFEN: Der Stiefel!
SCHULMEISTER: O Himmel!
   Kommt nochmals! faßt an!
Er hält den Fuß ohne Stiefel hin, Justine zieht wieder.

Zugleich.
>SCHULMEISTER: Ich scheine dem Boden
>   Schon näher zu rücken.
>ÄNNCHEN: Gezogen! Gezogen!
>   Nun muß es ja glücken!
>JUSTINE: Ihr scheinet dem usw.
>STEFFEN: Gutherzige Kinder,
>   Ei ließt ihr den Sünder!

SCHULMEISTER *steht frei auf der Erde. Der Nebelstreif verschwindet*: D a   w ä r   i c h !
JUSTINE *und* ÄNNCHEN: Da wärt Ihr!
SCHULMEISTER: Da wär ich! O Dank!
   Zehntausendmal Dank!
STEFFEN: Ich lache mich krank!

Peterling macht sich mit dem Ende des Quartetts schnelle davon, in der einen Hand den Stiefel, in der andern Hut und Regendach. Die Anwesenden verwundern sich drüber und lachen.
STEFFEN: Was fällt dem ein? Ist der Mensch verrückt worden?
JUSTINE: Da rennt er den Hügel hinunter und sieht nimmer um sich.
ÄNNCHEN: Drum hat er's Laufen wieder verschmeckt.

STEFFEN: Was gilt's? der hat mit seinen Luchsaugen irgendwo einen Fetzen von seiner edlen Ehehälfte fliegen sehn.
JUSTINE: Wirklich, ich sehe so etwas Schwarzes da unten im Ackerfeld sich regen. Nicht?
ÄNNCHEN: Wahrhaftig, ja, es ist die Jungfer Tochter! Die arme Käthe ist's! Der Wind hat sie zwischen die Hanfstengel niedergelassen.
STEFFEN: Aber dort hinten am Steg schleicht ja auch so eine zerzauste Vogelscheuche herbei. Richtig! hab ich's nicht gesagt: die Frau Gemahlin.
ÄNNCHEN: Er läuft ihr entgegen. Er hebt die Hände empor, wie ein Prophet, und segnet sie.
JUSTINE: Sie umarmen sich ein übers andremal und küssen sich und weinen.
STEFFEN: Das pure Regenwasser.
ÄNNCHEN: Ei, nicht wahr, Herr Schulmeister, mit Regen, Sturm und Sonnenschein hat's immer seine ganz natürliche Bewandtnis?
STEFFEN: Jetzt aber zu etwas Ernsthaftem. Anne, du schier dich heim; 's ist Zeit, das Vieh zu füttern.
Ännchen ab.

Vierter Auftritt

Steffen, Justine.

STEFFEN: Ich muß dir nur sagen, die Herrn Gebrüder sind sehr unzufrieden über dein Betragen.
JUSTINE: Ach, ich mag auch gar nicht mehr nach Haus. Das ganze Dorf ist voll von der Geschichte, und alles fragt und quält und begafft mich.
STEFFEN: Besonders der Mosje Felix macht ein fatales Gesicht, daß du gar keinen Zug tust.
JUSTINE: Wie fang ich's denn an? Vater, morgen ist schon der letzte Tag; das Wasser geht mir an die Kehle. Ach, und meine armen Schwestern!
STEFFEN: Bevor du an die Schwestern denkst, denk an dich selbst. Der Sache muß jetzt ein Stiel gedreht werden, da hilft nichts. Resolvier dich kurz und gut, wähl dir deinen Liebsten.
JUSTINE: Nun, ich ...

STEFFEN: Halt, schweig! Sapperment, nicht so schnabelschnell! Es hat schon noch Zeit. Nur nichts übereilt, um Gottes willen! Du weißt, es hieß ausdrücklich in jenem Schicksalsspruch: „Sie wähle gut, daß sie den Rechten treffe!" Das hat seine Bedeutung.
JUSTINE: Ich denke mir's.
STEFFEN: Drum also!
JUSTINE: Wenn ich auch sagen wollte, der Weiße, der Felix, gefällt mir am besten, und den nehm ich, so könnt's am Ende doch der Unrechte sein, und könnte das größte Unglück draus entstehen.
STEFFEN: Drum also. – Hm, aber – daß man – man möchte ein Narr werden vor lauter Ratschlagen. Hm – wenn ich – der Weiße, sagst du? ein wackrer Herr! ein angenehmer Mann! Ei, der andre auch, der Grüne, ein sehr feines Männchen. Sodann der Rote ohnehin, er scheint ein tüchtiger Kriegsmann zu sein. Überhaupt, diese Herrn Gebrüder Regenwetter – wie dumm – ich wollt sagen Regenwürmer – äh – Regenbrüder – ach ich bin ganz konfus.
JUSTINE: Lieber Alter, so kommen wir nicht zum Ziel. Was meint Ihr, wenn man den Göttern ein wenig in die Karten guckte? Mir ist so ein Gedanke durch den Kopf gefahren.
STEFFEN: Und?
JUSTINE: Wie ich mir den ganzen Handel federleicht machen könnte.
STEFFEN: Und?
JUSTINE: Ihr werdet gleich hören. Ich brauche die Schwestern dazu. Erst sagt mir aber nur, wie hängt denn das zusammen: wenn den Schwestern verboten ist, sich vor jungen Männern sehn zu lassen, was wohl seine Ursachen haben mag, wie kommt es denn, daß sie sich auch vor mir so feindselig verstecken? Das ist nicht schön von ihnen. Seht, von Kindheit an wohn ich in dieser Gegend, bin schon viel hundertmal durch den Wald gegangen und dort am Wasser vorbei, meint Ihr aber, es wär den Jüngferlein je eingefallen, auch nur einen Laut, ein Zeichen, von sich zu geben, und grüßen doch zuweilen andre Mädchen, wenn sie abends im Mondschein mit der Sichel heimziehn von der Wiese; bin ich dabei, so rührt sich nichts.
STEFFEN: Das nimmt mich nicht wunder. Du bist den guten Dingern auf gewisse Art 'n Dorn im Aug; denn, ohne Ruhm zu

sagen, du hattest als des Müllers Pflegekind noch immer
weit das beste Teil unter deinen Geschwistern. Du bist die
Jüngste und der Augapfel deines großen Vaters. Er hat im
Tode noch gebeten für dich, sonst säßest du auch, Gott weiß,
in welchem kalten Erdloch oder Teich.
JUSTINE: Die armen Tropfen! Aber wenn ich mich halbwegs
auf die Winke des Schicksals verstehe, muß ihnen die Erlösungsstunde nächstens schlagen.
STEFFEN: Wie meinst du das, Mädel?
JUSTINE: Vor allen Dingen ist nötig, daß die Herrn Regenbrüder meine Schwestern zu sehen kriegen.
STEFFEN: Bist du bei Trost?
JUSTINE: Ich sag Euch, es muß sein.
STEFFEN: Schatz, da richten wir nichts aus; sie gehn eben nicht
her; denn was das Mannsvolk anbelangt, nämlich das unter
sechzig Jahren ist, da müssen die zwei Jungfern eine verdammt strenge Instruktion haben, sie sind wie die Nonnen.
Der Teufel selbst, glaub ich, brächte sie nicht dazu, einem
Junggesellen unters Gesicht zu treten.
JUSTINE: Sie sollen auch nicht, sie sollen ruhig in ihren Löchern
sitzen bleiben.
STEFFEN: Und doch gesehen werden?
JUSTINE: Doch! Und sollen schwatzen und lachen mit den Herrn
nach Herzenslust.
STEFFEN: Das ginge nicht mit rechten Dingen zu.
JUSTINE: Hört an. Ich hab Euch ja den Ring gezeigt, den mir
die Feenkinder gestern gaben.
STEFFEN: Wie gesagt, es ist der Ring deines Vaters. Als Knabe
hab ich viel Wunderbarliches davon erzählen hören; allein
was soll —
JUSTINE: Ihr meintet ja, er habe auch die Eigenschaft, den, der
ihn trägt, in jede beliebige Gestalt zu verwandeln.
STEFFEN: Aha! du willst den Herren was vorspiegeln, und —
pfütt — ich wittre den Fuchs.
JUSTINE: Kurzum, ich will mich in meine beiden Schwestern
verwandeln; vielleicht bleibt der eine und der andre hängen,
dann merken wir schon eher, wo es hinauswill, und was das
liebe Schicksal mit uns allen im Schilde führt.
STEFFEN: Ein Kapitaleinfall! Die Dirne beluchst, mein Seel,
Götter und Menschen.
JUSTINE: Es ist nichts Arges dahinter, und am Ende, wenn's

fehlt, kann ich noch tun was ich will. Vielleicht bekomm ich alle drei in Sack, das wäre lustig! Kommt, laßt uns gleich die Probe machen. Was ist die Regel dabei?
STEFFEN: Du steckst den Ring an den Mittelfinger, läufst dreimal im Kreis herum und denkst den Namen der Person, deren Gestalt und Stimme du annehmen willst.
JUSTINE: Gut. Also Schwester Temire zuerst. Ich will die Runde hier um den Haselbusch machen.

Musik. Justine tanzt zweimal um den in der Mitte der Bühne stehenden Busch herum; alsdann guckt sie dahinter hervor, jedoch völlig unverändert, außer, daß sie mit Temirens langem grünem Schleier versehen ist.

JUSTINE: Bin ich's?
STEFFEN: O weit gefehlt!
JUSTINE *tritt hervor*: Bin ich's noch nicht?
STEFFEN: Es ist dein eigenes
Schelmengesicht.
— D r e i mal im Kreis herum!
JUSTINE: D r e i mal, ja so, wie dumm!
Dreimal im Kreis herum.
STEFFEN: Nochmals von vorn!

Es geschieht; hierauf streckt sie, oder vielmehr die Sängerin, welche Temirens Rolle spielt, den Kopf hinter dem Busch hervor.

JUSTINE [d. h. Temire]: Bin ich's?
STEFFEN: O wunderbar!
JUSTINE [Temire] *hervorgetreten*: Bin ich es ganz und gar?
STEFFEN: Völlig die Fischerin,
Fehlt auch kein Haar!
JUSTINE [Temire]: Seh ich nicht lustig drein?
STEFFEN: Jetzt soll's die Jägerin sein!
JUSTINE [Temire]: Gut, nun soll's Silvia sein!
STEFFEN: Sechsmal herum!

Sie macht den Kreis sechsmal. Beim zweitenmal verliert sie den Schleier, ohne daß man sieht, wo er geblieben ist; beim dritten erscheint sie im Vorbeigehn als Justine, beim vierten hat sie, als solche, einen Federhut auf dem Kopfe, beim fünften einen Jagdspieß in der Hand, und zuletzt tritt sie als vollkommene Silvia im Jagdkleid hervor.

JUSTINE [Silvia]: Bin ich's?
STEFFEN: O ganz und gar!

JUSTINE]Silvia[*besieht ihre herabhängenden Haarflechten*:
Wahrlich, kohlschwarzes Haar!
STEFFEN: Völlig die Jägerin —
JUSTINE [Silvia]: Still, wer kommt dort?
Viktor und Wendelin!
STEFFEN: Da muß ich fort.
JUSTINE [Silvia]: Schnelle, nur fort!
Steffen ab.

Fünfter Auftritt

JUSTINE [Silvia], VIKTOR, WENDELIN. *Beide drücken durch Gebärden sogleich ihr Entzücken über das Mädchen aus. Auch* FELIX *erscheint, bleibt aber nur wenige Minuten mit den Zeichen der größten Gleichgültigkeit und Zerstreuung.*

JUSTINE [Silvia]: Die Jägerin durchstreift das Holz
Von früh bis in die Nacht;
Sie weiß ein Wild gar schön und stolz,
Das lohnte wohl der Jagd.
VIKTOR *für sich*: Wie schlank sie ist! wie kühn und stolz,
Wie ganz für mich gemacht!
WENDELIN *für sich*: Lock ich das Schätzchen hier ins Holz,
Dann, Mühle, gute Nacht!
JUSTINE [Silvia] *mit Hornbegleitung*: Trara! Trara!

Zugleich. | JUSTINE [Silvia]: Das lohnte wohl der Jagd!
| VIKTOR: Wie ganz für mich gemacht!
| WENDELIN: Nun, Mühle, gute Nacht!

Viktor hat sich ihr zärtlich genähert; Wendelin von der andern Seite nimmt ihre Hand.

VIKTOR: Hinweg diese Hand!
WENDELIN: Was kannst du verbieten?
Die Hand ist soviel wie die deinige wert!
JUSTINE [Silvia]:
Was soll mir das all? so habt doch nur Frieden!

Zugleich. | JUSTINE [Silvia]:
| Noch weiß ich ja wahrlich nicht, was ihr begehrt.
| WENDELIN: Noch hat sie sich wirklich für keinen erklärt.
| VIKTOR: Täuscht mich nicht mein Auge, so bin ich erhört.

DIE REGENBRÜDER

WENDELIN: O schießest du auf mich den Blick,
Er trifft und nimmt mich hin!
VIKTOR: Du suchst wohl nur den edlen Hirsch
Und läßt den Hasen ziehn!
JUSTINE [Silvia]: Ei, wo der Has im Pfeffer liegt,
Das eben fragt sich ja,
Und hab ich nur erst das gewiß,
So ist der Hirsch schon da.
Trara! Trara!

Zugleich.
JUSTINE [Silvia]: Ich bin ihm ziemlich nah.
VIKTOR: Ich denk, er ist schon da!
WENDELIN: Sie meinet mich, ja, ja.

Es faßt sie jeder an.

Zugleich.
VIKTOR *und* WENDELIN: O Schönste!
JUSTINE [Silvia]: O Himmel!

JUSTINE [Silvia]: Ich kann doch nicht beiden gehören!
Ich rufe die Schwester, die schlichte den Streit!
VIKTOR: Ich will nur von dir, von der Schwester nichts hören.
WENDELIN: O laß dich beschwören!
JUSTINE [Silvia]: O wär ich befreit!

Zugleich.
VIKTOR *zu Wendelin:*
Das Schwert soll entscheiden. Hier sieh mich bereit!
WENDELIN *zu Justinen:*
Was braucht es der Possen! Du gib den Bescheid!
JUSTINE [Silvia]:
Ich rufe die Schwester; sie schlichte den Streit.

*Sie entflieht, die Brüder ihr nach; dabei hört man die folgenden
Ausrufungen auf und hinter der Bühne.*

VIKTOR *und* WENDELIN: Halte! halte!
JUSTINE [Silvia]: Laßt! o laßt mich!
VIKTOR: Süßes Mädchen!
WENDELIN: Ach, wo bist du?
VIKTOR *der auf der Szene mit Wendelin zusammenstößt:* Geh
zum Teufel!
WENDELIN: Serviteur.

*Justine [Silvia] ersieht sich in dem Augenblick, da sie allein auf
dem Schauplatz ist, den Vorteil, die Runde um den Busch zu
machen, und geht, nachdem sie einmal im Vorübertanzen wie*

oben in ihrer natürlichen Gestalt erschienen, als Temire hervor; in diesem Augenblick trifft Wendelin auf sie. Auch Felix zeigt sich wieder, aber ganz kurz und teilnahmslos, wie oben.
JUSTINE [Temire] *gegen Wendelin*: Ha! wer ist das?
WENDELIN: Welche Göttin?
Er fällt vor ihr auf die Kniee.
VIKTOR *im Vorübereilen*: Ihre Schwester!
WENDELIN *indem Justine [Temire] wegläuft*: O verweile!
VIKTOR *hinter der Szene*: O Geliebte!
WENDELIN *ebenso hinter der Szene, doch auf der entgegengesetzten Seite, wo Justine sich entfernt hat*:
Gib Gehör!
Justine kommt, als Temire, abermals allein zum Vorschein, sie macht die Runde, und erscheint in ihrer natürlichen Gestalt im Augenblick, als beide Brüder von verschiedenen Seiten herbeikommen. Sie beide stehen in großer Verlegenheit.
WENDELIN: Verzeiht!
VIKTOR: Verwünscht!
JUSTINE: Wie so verlegen!
WENDELIN: Wo flieh ich hin?
VIKTOR: Wo kommt Ihr her?
JUSTINE: Es scheint, ich kam euch ungelegen?
VIKTOR: O keineswegs.
WENDELIN: Ich bitte sehr.
JUSTINE: Genug, genug; spart Euch die Lügen!
VIKTOR: Wir wollten bloß —
WENDELIN: Spazierengehn.
VIKTOR: Hier ist's gar hübsch —
JUSTINE: Nun, viel Vergnügen!
WENDELIN: Euch ebenfalls.
VIKTOR: Wir danken schön.
Beide Brüder ab.

Sechster Auftritt

JUSTINE *allein*: Ha, ha, ha, ha! So weit wäre der Hokuspokus gelungen. Sie sind angebrannt bis über die Ohren. Gut, gut, ich bin nicht eifersüchtig. Dafür, daß mir die Schwestern auf ein Viertelstündchen ihre Schönheiten borgen mußten, hab ich ihnen zwei Liebhaber geangelt, von denen sie sich noch diese Stunde nichts träumen lassen. Der Himmel gibt's den Seinigen im Schlaf. Ich hoffe, die beiden Pärchen werden sich nun doch über kurz oder lang in der Wirklichkeit einander begegnen, denn nun haben die zwei Liebesritter schon keine Rast noch Ruhe mehr, bis jeder seine verlorne Dame wieder aufgefunden hat. Dann mögen sie den Handel vollends unter sich ausmachen. Mit der Hauptsache wären wir fertig, das heißt, ich müßte mich sehr irren, oder ich weiß nun, was ich zu tun habe. Denn daß diese verliebten Zeisige mich so schnell vergessen und verschmerzen können, sobald ihnen ein anderes hübsches Gesichtchen über den Weg läuft, das, denk ich, ist Beweises genug, daß Justine für keinen von ihnen gewachsen sei. Wie ganz anders hat sich doch Felix erzeigt! O Felix! so ist es wahr, so hat mein Herz mich nicht getäuscht? Und doch — wenn diese Hoffnung noch immer zu voreilig wäre, wenn gar jenes kecke Spiel den Göttern mißfallen hätte, wenn meine Schwestern — Nicht doch! *Die Hand auf der Brust.* Hier, hier ist eine Stimme, der darf ich trauen.

> Wo bleibt mein Freund? Muß er mir fehlen
> Im hoffnungsreichsten Augenblick!
> Muß ihn noch Angst und Zweifel quälen,
> Und ahnt er nichts von seinem Glück?
>
> Bald, bald erscheint ja wohl die Stunde,
> Dann tret ich vor den Liebsten hin,
> Die sel'ge Botschaft auf dem Munde,
> Daß ich nun sein auf ewig bin.

Sie legt sich auf den Rasen und entschläft.

SIEBENTER AUFZUG

JUSTINE. FELIX *kommt und betrachtet die Schlafende.*

FELIX: Wie fromm und gut,
  Von Sommerluft umfächelt,
Des Mädchens Lippe lächelt,
  Indes die Hand,
  Die liebe Hand
Am unschuldsvollen Busen ruht.

Dir duftet süß
Des Schlafes heilge Rose;
Doch ach, der Hoffnungslose,
Einmal verkannt,
Er bleibt verbannt
Aus deines Traumes Paradies.

Justine erwacht. Beide sehn sich schweigend an, er will sich zurückziehn.

JUSTINE: O bleib! Wie magst du fliehen!
Hab ich dir weh getan?
Sag mir, es sei verziehen,
Und hier nimm Frieden an.
FELIX: Welch eines Engels Grüßen?
Ihr Götter, hört ich recht?
Hier lieg ich dir zu Füßen,
Dein Diener und dein Knecht.
JUSTINE: Steh auf — Darf ich dir sagen,
Was ungern sich verschweigt?
FELIX: Darf ich zu denken wagen,
Was dieser Blick mir zeigt?
JUSTINE: Mein Freund!
FELIX: Geliebtes Leben!
Sprich! ende meine Pein!
JUSTINE: Wohlan: wie sollt ich beben —
Dich lieb ich! dich allein!
Umarmen sich.
FELIX: Justine die Meine! o kann ich es glauben?
JUSTINE: Dich halt ich im Arme, wer will dich mir rauben?
Und doch ...
FELIX: Was beklemmt dir aufs neue die Brust?
JUSTINE: Nein, weg, Angst und Sorgen!
Hier bin ich geborgen!
BEIDE: Uns winket ein neuer, ein lieblicher Morgen!
Hilf Himmel! wie trag ich die Angst und die Lust!
O Himmel, wie trag ich nur alle die Lust!
Beide ab.

Achter Auftritt

Gegend am See und Wald, wie im fünften Auftritt des ersten Akts.
Temire *und* Silvia *unsichtbar.*

SILVIA *aus dem Walde*: Temire
Was machst du?
TEMIRE *aus dem See*: Ich friere usw.
Sie wiederholen ihr Duett aus dem ersten Akt.
TEMIRE: Ach, Silvia, mit der Hoffnung geht's auf die Neige. Ich fange an zu glauben, was die beiden Springinsfelde sagten: wir können grau werden, bis unsre Ritter kommen.
SILVIA: Mich dünkt, am liebsten ließest du dich doch vom Jüngern aus dem Wasser ziehn, vom Grünen. Er hat die Farbe deines Sees. Ist das nicht artig?
TEMIRE: Ach geh.
SILVIA: Es ist ein ganz hübscher Fisch.
TEMIRE: Und der andre? Dir leuchtet wohl sein mutig Wesen ein?
SILVIA: Es läßt ihm erträglich. Was geht's mich an.
TEMIRE: Ja, wie mögen wir nur noch von ihnen sprechen, da sie uns so höhnisch im Stich gelassen haben.
SILVIA: Höre, es heißt aber doch auch nicht wenig von einem jungen Mann verlangt, wenn er ein Mädchen lieben soll, das er noch gar nicht sah.
TEMIRE: Wir sagten ihnen, wir wären weder Kröten noch Ungeheuer. Es ist auch gar kein Glaube mehr unter den Männern.
SILVIA: Du hast recht. Denn wären wir häßlich, wir könnten's ihnen ja nicht zumuten.
TEMIRE: Wenn sie's doch nur so gewiß wüßten wie wir! — das nächste Mal aber hätt ich auch gute Lust, aus dem Wasser zu springen.
SILVIA: Um Gottes willen nicht! Da wären wir beide auf immer zugrunde gerichtet.
TEMIRE: Unsere naseweise Schwester in der Mühle drunten hat eigentlich die größte Schuld an unserm Jammer. Wenn sie nur nicht so nahe bei uns wohnte; aber da will keiner einen Wurf aufs Ungewisse tun.
SILVIA: Sprich nicht so hart von ihr; sie meint's gewiß nicht schlimm mit uns.

TEMIRE: Du hast gut reden, du bist im Trocknen, ich friere fast
zu Eis — huhu!
SILVIA: Es kann auf einmal anders kommen. Ich habe heut
sechsblättrigen Klee im Wald gefunden.
TEMIRE: Zum wievieltenmal? Den findest du fast alle Tage,
aber der hat noch nie was Guts gebracht.
SILVIA: Ach!
TEMIRE: Ihr Götter!
SILVIA: Will nimmer
Von Hoffnung
Ein Schimmer —
BEIDE: Kein Retter
Erscheinen?
TEMIRE: Ihr Götter,
Kein Licht?
SILVIA: Geduld nur,
Temire,
Verliere
Den Glauben,
Die Hoffnung nur nicht.

Neunter Auftritt

VIKTOR *und* WENDELIN, *welche während des Gesangs von verschiedenen Seiten, fast zu gleicher Zeit, suchend gekommen sind, sehen erstaunt umher.*

VIKTOR: Was hör ich?
WENDELIN: Täuscht mich Ohr und Sinn?
BEIDE: Die Stimme meiner | Jägerin!
                        | Fischerin!
Sie bergen sich in Busch und Rohr!
O süße Schwestern, kommt hervor!
SILVIA *und* TEMIRE: Laßt euren unverschämten Scherz.
VIKTOR *gegen den Wald.* WENDELIN *gegen den See:*
Komm, Liebchen, an mein glühend Herz!
BEIDE SCHWESTERN: Wer ist es, den ihr sucht?
BEIDE BRÜDER: Umsonst ist eure Flucht!
Viktor dringt ins Dickicht, Wendelin in den Schilf, alle viere wiederholen die vorhergehenden Strophen, die Schwestern lachen dazwischen, endlich kommen die Brüder zurück.

Zugleich. WENDELIN: Ich habe nichts gefunden.
VIKTOR: Meine Hände sind voll Wunden!
DIE SCHWESTERN: Das sind mir feine Kunden!
DIE BRÜDER: O hört uns flehn!
O laßt euch sehn!
DIE SCHWESTERN: Wen sucht ihr?
DIE BRÜDER *nach zwei Seiten*: Dich!
DIE SCHWESTERN: Mich?
DIE BRÜDER: Ja dich!
VIKTOR: Dich mit dem rabenschwarzen Haar,
Mit deinem braunen Augenpaar,
Dich, der ich ganz ergeben bin,
Dich such ich, holde Jägerin!
TEMIRE: Ha, Silvia, Verräterin!
Du hast dich ihm gezeigt? Wir sind verloren!
SILVIA: Ich nicht! bei allen Göttern sei's geschworen!
WENDELIN: Dich mit dem feuchten blonden Haar,
Mit deinem blauen Augenpaar,
Dich, der ich ganz ergeben bin,
Dich such ich, holde Fischerin!
SILVIA: Temire hättest d u — —?
TEMIRE: Nein, nein!
BEIDE MÄDCHEN: Was mag das für ein Wunder sein?
SILVIA: Wo habt ihr uns gesehn?
VIKTOR: Ihr Lieben!
Auf der Wiese da drüben!
Mit dem Federbarett, mit dem Speer in der Hand —
Von Hörnern begleitet.
WENDELIN: Mit dem grünen Schleier, dem Perlenband!
Flötenbegleitung.
TEMIRE: Silvia!
SILVIA: Schwester!
TEMIRE: Weißt du Rat?
SILVIA: Gib acht, die Stunde der Rettung naht.
BEIDE SCHWESTERN: Was wollt ihr?
BEIDE BRÜDER: Ewige Lieb und Treu.
DIE SCHWESTERN *jubelnd*: Lieb und Treue? — so schwört!
DIE BRÜDER: Es sei!
Wir schwören!
DIE SCHWESTERN: Sie schwören!

DIE BRÜDER: Ruft die Götter zu Zeugen herbei!
  Wir schwören euch ewige Lieb und Treu.
      Sie wiederholen es knieend.
TEMIRE: Silvia, wagen wir's nun?
SILVIA: Temire, dürfen wir's tun?
DIE BRÜDER: Geliebte Fraun,
  O laßt euch schaun!
DIE SCHWESTERN: Ja, der Bannfluch ist zerrissen!
SILVIA: Aus des Waldes Finsternissen —
TEMIRE: Aus der Wellen kaltem Schoß —
SILVIA: Aus dem unwirtbaren Moos —
BEIDE: Eilen wir, betten uns weich und warm,
  Eilen der Liebe, der Liebe, der Lieb in den Arm!
*Silvia und Temire kommen aus dem Wald und See hervor,
    beide Paare umarmen sich.*
ZU VIEREN: Komm, süßes Leben! du bist mein!
  Mit diesem Kuß auf immer dein!
  Fest halt ich dich umwunden.
  Nun fang ich erst zu leben an.
  Ach, wie ein Traum und böser Wahn
  Ist alle Not verschwunden.
TEMIRE: Doch woher ist uns dies Heil erschienen?
  Wem danken wir dies Glück?
SILVIA *nach der Seite gewendet, ausrufend*: Justinen!

Zehnter Auftritt

FELIX *und* JUSTINE *treten auf.*

JUSTINE: Heil euch, ihr Schwestern!
  Es ist gelungen!
  Des Schicksals Tücke
  Hab ich bezwungen.
  Genießet euer Glück!
FELIX: O einziger Augenblick!
SILVIA *und* TEMIRE: O fröhliche Kunde!
VIKTOR *und* WENDELIN: O selige Stunde!
    Alle umarmen sich.
SILVIA *und* TEMIRE: Doch sage, wie es mit der Rettung ging!
JUSTINE: Durch des Vaters Zauberring

Hab ich mich in euch verwandelt,
Und euch diesen Herrn gezeigt.
*Zu Viktor und Wendelin, die ihr Erstaunen zu erkennen geben
wollten, etwas leiser:* Wollt ihr euch verraten? Schweigt!
VIKTOR *und* WENDELIN *beiseite zu Justinen:*
So hast du an uns gehandelt?
JUSTINE *ebenso*: Still! die Strafe war gering!
Wenn ich euch hier schonen soll:
Keinen Vorwurf! keinen Groll!
FELIX: So ist der alte Götterspruch erfüllt,
Und Thebar und Alrachnod sind
In ihrer Kinder Liebe nun vereint.
VIKTOR *und* WENDELIN: Was hör ich? Wie? Alrachnods Töchter?
SILVIA *und* TEMIRE: Und Thebars Söhne?
JUSTINE: Ja, die Regenbrüder!
FELIX: Drei glückliche Paare!
So wollten es die Himmlischen,
Und legten in Justinens Hand
All unser Los. — O küsset diese Hand!
DIE ANDERN: Nimm unsern Dank, o holde Retterin!
JUSTINE: Seid glücklich!
— Hier ist mein seligster Gewinn,
Mein schönster Lohn an dieser treuen Brust!
ALLE: Nun ist jedes Leid geendet,
Holde Sterne leuchten wieder,
Und die Götter sind versöhnt!
Wendet, sel'ge Väter, wendet
Auf die Schwestern, auf die Brüder
Segenvoll die Blicke nieder!
Eure Eintracht ist gekrönt.
JUSTINE: Die Dorfbewohner nahn!
DIE ANDERN: Sie ziehn geschart heran.
JUSTINE: Sie suchen uns. Willkommen!

Letzter Auftritt

CHOR DER LANDLEUTE; *an ihrer Spitze* STEFFEN, ÄNNCHEN,
VEIT, CHRISTEL, MATTHES *und der* SCHULMEISTER.

CHOR: Ja, wir eilen euch entgegen:
Eurem Bunde Heil und Segen!
— O wie selig alle sind!

JUSTINE: O mein Vater!
STEFFEN *zwischen Ehrfurcht und Liebe*: Himmlisch Kind
  Getilgt ist nun die alte Schuld.
  Der Himmel schenkt euch seine Huld
  Du hast der Götter Sinn verstanden,
  Frei seid ihr von den Unglücksbanden.
JUSTINE: O Vater, Dank für deine Pflege!
STEFFEN: Du fandest selbst die rechten Wege.
JUSTINE: Mein Ännchen! Freunde!
ÄNNCHEN: Welches Glück!
VEIT, CHRISTEL, MATTHES, SCHULMEISTER:
  Ja, wir wünschen, wünschen Glück.
SCHULMEISTER *mit Kratzfüßen*: Cum salva venia —
  Auch Peterling ist da!
  Fratres reverendissimi,
  Jetzt glaub ich felsenfest an Sie!
STEFFEN, VEIT, CHRISTEL: So glaubt Ihr endlich doch?
SCHULMEISTER: Vivat! Es leben die Gespenster, die Hexen,
  Die Zauberer, die Kobolde, die Feen, die Elfen,
  Sie leben alle hoch!
  Und die Herren Regenbrüder, sie leben dreimal hoch!
WENDELIN: Spannt mal auf, Schulmeister,
  Euern Schirm!
SCHULMEISTER *zitternd, für sich*: Recht gern!
  Alle guten Geister
  Loben Gott den Herrn!
In der Dienstfertigkeit und Angst stülpt er den Regenschirm so heftig auf, daß derselbe überschnappt und oben eine Schüssel bildet. Alle lachen. Wendelin schüttelt seinen Mantel gegen ihn. Man hört Münzen klingend in den Schirm fallen.
WENDELIN: Nehmt hier ein kleines Schmerzengeld
  Für den gehabten Schreck.
VIKTOR: Jetzt aber, wenn es Euch gefällt,
  Macht Euch geschwind hinweg.
SCHULMEISTER: Ago immenses gratias!
  Das war ein exzellenter Spaß!
  Und wenn ich wieder fliegen soll,
  Mein Seel,
  So steh ich zu Befehl. *Ab*.
DIE BRÜDER UND SCHWESTERN *zu den Landleuten:*
  Euch, Freunde, bleiben wir gewogen,

Wie wir es immerdar gewesen:
Wir wollen euch verleihn
Regen,
Segen
Und Gedeihn!
CHOR DER LANDLEUTE: Bleibt uns gewogen, hohe Wesen!
Ja, wollet uns verleihn
Regen,
Segen
Und Gedeihn!
FELIX *zu den Seinen*: Wir aber, o Geliebte, wir
Behalten unsre Heimat hier,
Sind in geschwisterlichem Frieden
Auf ewig, ewig ungeschieden.
ZU SECHSEN: Ja in geschwisterlichem usw.
Justine gibt Felixen ihren Zauberring. Er beschreibt damit einen Bogen durch die Luft, in dessen Richtung ein Meteor erscheint und gegen den Hintergrund schwebt; dieser öffnet sich und man erblickt ein blendend erleuchtetes Feenschloß, aus welchem eine sanfte Flötenmusik ertönt. Das Portal tut sich auf und die FEENKINDER *gehen hervor, welche die drei Paare tanzend bekränzen.*
ALLE: Schöne, wunderbare Stunde!
Heil und Segen diesem Bunde!
DIE BRÜDER UND SCHWESTERN *wie oben:*
Nun ist jedes Leid geendet usw.
Es geschieht ein leichter Donnerschlag. Die Brüder werfen ihre Mäntel, die ihnen bisher, vorn halb geöffnet, über die Schultern hingen, ab; die Mäntel lösen sich in Nebel auf, der langsam in die Höhe steigt und eine Wolke bildet, welche bald von einem rosenroten Schein erhellt wird, alsdann sich teilt und einen Regen von Rosen herabsendet.
ALLE: O herrlicher Regen,
Den Götter uns streun,
Mit himmlischem Segen
Dies Bündnis zu weihn!
Die drei Paare, von den Feenkindern geleitet, gehen in das Schloß. Die Landleute verharren, nach ihnen gewendet, in einer feierlichen Stellung, bis der Vorhang fällt.

[SPILLNER]

Erster Auftritt
Karzer.

SPILLNER, *Student, spricht mit sich selber*:
Ich möchte doch in aller Welt mich nur darauf besinnen können, was mir diese Nacht geträumt hat. Es spuken noch allerlei verworrene Eindrücke davon in meinem Kopf, aber wenn ich eben meine, ich sei dem Faden auf der Spur, so ist er wieder entwischt, bald ahn ich ganz in der Ferne, bald schwebt er mir so nah, daß ich ihn mit der Hand zu ergreifen meine, ich halte den Atem an, ihn nicht zu verscheuchen: noch einen Ruck in meinem Gedächtnis, so hätt ich den ganzen Traum! Wunderlich genug muß er gewesen sein, denn niemals bin ich mit so seltsamen Empfindungen zu Bett gegangen. Ich war bis nach Mitternacht bei der Lampe aufgeblieben, mit einmal bekomm ich das Klingen im Ohr, und als drücke irgendein Zauber auf mein Gehirn, bin ich von dem Augenblick an in den wunderlichsten Gedankenkreis versetzt; ich bin wie gebannt, ruhig dem tollen Mühlwerk zuzusehen, das unter Klingeln und Summen in meinem Kopf zu gehen anfängt; ich fühlte meinen Zustand klar, aber ich konnte den kleinen Wahnsinn nicht lösen, der sich leise, betäubend, mehr und mehr um mein Haupt legte. Ich besann mich, ob ich wache oder schlafe, einige Augenblicke glaubte ich hellsehend geworden zu sein, es war als wenn meine Gedanken in die dünnsten Spitzen ausliefen. Es kam Geisterfurcht dazu und mein Zustand war in der Tat schrecklich zu nennen. Um diese Zeit fangt plötzlich in der Nachbarschaft eine Wachtel an zu schlagen, es war im Fenster meines Freundes J. Nichts hat mir in meinem Leben so im Innersten wohlgetan, mein Herz hüpfte mir im Leibe und hinweggestoben waren alle unheimlichen Gedanken vor dem einfachen Naturlaut dieses Vogels; ich trat ans Gitter und ließ diese Nachtluft auf mich

zu. Alles still in den Gassen. Ich empfand eine nie gefühlte
Frömmigkeit, Inbrunst, gesund helläugigt Leben; ich drückte
mein Gesicht in das Gitter ob nicht der Morgenstern hinter
einem Dach hervorkomme, aber es war nichts zu sehen. Die
Wachtel schlug in langen Absätzen immer fort, dazwischen
war mir, als vernähme ich ganz andere Klänge, das Zittern
der Luft, das so eigen ist, wenn die Nacht die ersten Berüh-
rungen des Morgens spürt. Meine Einbildung versetzte mich
ins Freie und es formten sich unwillkürlich einige Verse auf
meinen Lippen, die mir selbst so wohl gefallen, daß ich sie
gleich wiederhole:

> Wie süß der Nachtwind nun die Wiese streift
> Und klingend jetzt den jungen Hain durchläuft!
> Da noch der freche Tag verstummt,
> Hör ich der Erdenkräfte flüsterndes Gedränge,
> Das aufwärts in die oberen Gesänge
> Der reingestimmten Lüfte summt.

> Wie ein Gewebe zuckt die Luft und scheint
> Durchsichtger stets und leichter aufzuwehen
> Dazwischen hört man weiche Töne gehen
> Von wunderlichen Geistern, die, vereint,
> Flimmernde Spindeln hin und wieder drehen.

Hier akzentuierte die Wachtel wieder ihr helles Quak wa
wak, ich sah sie in Gedanken aus einem hellgrünen Ackerfeld
heraus mit ihrer Stimme die Wölbung des Himmels treffen
und dem Morgen entgegenschlagen, der den Instinkt dieses
Tiers so besonders begeistert. So mochte es eine gute halbe
Stunde gedauert haben, als sich bei aufgelegtem Geist doch
eine rechte Magenschwäche in mir meldete, ein Schwindel, der
nicht unangenehm war; dennoch sah ich mich endlich nach der
Bettstatt um, obschon im Grund mein Appetit zum Schlaf
verdorben war; auch konnt ich vor Frost lange nicht ent-
schlummern, doch schlüpfte ich noch eben glücklich über die
wunderbar schwanke Schwelle, hinter der unser Geist zu
schwärmen beginnt.

Er setzt sich aufs Bett nieder und gähnt.
Man kann im Karzer doch am End nichts Bessers tun, wie
schlafen — Ah u ah! ich hab mir zwar vorgenommen die sechs

Tage, da ich nicht ausgehen darf, erstens auf ein Laxier zu
verwenden, zweitens aber auf die Ausarbeitung irgendeiner
Broschüre, die mir allenfalls ein Verleger bezahlte, allein —
man wird nirgends so, wie soll ich sagen, eigentlich müd vom
unwillkürlichen und zerstreuten Denken wie in dieser Gattung von Einsamkeit. Ich glaube, daß mein Kopf in fünf
Wochen nicht so angespannt war wie in den fünf Tagen, seit
ich inn-sitze. Man hat da gar nicht den gewöhnlichen Gedankengang, man ist ein anderer Mensch. Wenn einer so
zwischen vier leeren geweißten Wänden eingeschlossen ist und
nichts hört als seinen eigenen Fußtritt im Auf- und Abgehen,
kann's einem so kurios werden, daß er sich gar vor ihm
selber fürchtet. Da geh ich also gestern nacht bis nach zwölf
Uhr bei zwei Stund hitzig die Stub auf und ab, die Pfeif
im Mund und denke vom Hundertsten aufs Tausendste, daß
mir endlich der Kopf wirbelt und schwimmt; steh ich so auf
einmal still und stiere an der Decke hinauf, wo sich der langgezogene Schatten von meinem Wasserkrug abmalte, ich guck
ihn eine gute Weile an, dann erschreck ich von der Stille umher und daß ich im Karzer sei, dreifach verriegelt. Nicht der
Wunsch, in diesem Augenblick herauszukönnen, sondern der
lebhafte Gedanke an die Unmöglichkeit setzte mich außer
Fassung und engte mir den Atem ein. Ich stelle mich mit
verschränkten Armen drei Schritte vor das enorme Türschloß
hin, und weidete mich mit einer Art von erbitterter Wollust
an seiner unerbittlichen, höchst gelassenen und dummdreisten
Physiognomie, dann, meiner nimmermehr mächtig, versetzt
ich ihm einen starken Tritt dessen Echo mir aber einen wahren Schauder durch die Haut nachsandte. Meine Phantasie
war einmal in Aufruhr, mir kam alles wie Trug und Blend-
und Fabelwerk vor, ja ich zweifelte einen Augenblick an
meiner eigenen Existenz, ich befühlte meinen Kopf, und pfiff
etwa drei Noten, halb in Angst halb mit sonderbarem innerlichen Jauchzen, mir war nicht anders, als stünd ich auf
bezaubertem Boden; ein bekanntes Stimmlein aber reflektierte aus einer Ecke meines Innersten heraus ganz nüchtern,
ganz schlau dazwischen, es sei gar nichts Besonderes an dem
allen, alles sei ja ganz in der Regel, ich sei halt hinten und
vornen der theologiae candidatus Ferdinand Joseph Spillner
aus Offingen, mein Vater der Spezereihändler Wilhelm Jonathan Spillner daselbst, meine Mutter eine geborene Bach-

steinin — Alles ganz richtig, ganz alltäglich, ganz nett; ich solle mir nur nichts gegen die Möbels merken lassen (denn ich weiß nicht, deren ihre Mienen fingen an mich zu ängsten) ich solle was singen z. B. „Was gleicht wohl auf Erden etc.", solle denken, wenn es jetzt etwa nachmittags um 2 Uhr wäre, wie gleichgültig mir das alte Stühlchen dort, der Ofen hier wäre, alles sei also bloß durch meine Einbildung verzerrt und angesteckt. Auf einmal sticht mich der Mut und quält mich der Einfall, ob ich's wohl wage die Zunge gegen alle vier Wände herauszuhängen. Es kam mir wie eine Herausforderung der ganzen Geisterwelt vor, aber ich weiß nicht was mich unablässig dazu antrieb, ich tat's, weiß der Henker, ellenlang aber schnell und nur gleichsam verstohlen. Ha ha ha! Das war eine Gugucksnacht. Aber bei Tage geht's nicht viel besser; ich bin in einer steten Exaltation, in einem besoffenen Zustand auf diesem Terrain; ich komme zu keinem Resultat bei den vorzüglichsten dichterischen Kompositionen die sich zu Dutzenden in mir anknüpfen, da redet's und schwatzt und jubiliert und zwitschert's aus zwanzig Ecken in meinem Kopf durcheinander daß ich am End eben zu tanzen und zu springen anfange. Ich bin gewissermaßen zu voll und glücklich in dieser Art von Einsamkeit. Dann werf ich mich nach so einer stundenlangen Jagd ermattet aufs Gestelle und lasse die Augen an der weißen Decke oben herumkreuzen oder schlaf ich ein. Und doch, alle Wetter! es muß jetzt was geschriftstellert werden, ich war noch nie so aufgelegt zu den exquisitesten Einfällen. — Still aber, was ist für ein Rennen in der Gasse? Es wird wieder was geben. Nun — was geht's mich an. Soll ich meine Predigten über Theophrasts „Charaktere" fortsetzen? Ich habe keine Lust. Holla! Horch! Was ist doch los da unten? Sieh da, ein Gesprang und ein Geschrei, Haufen an Haufen, Studenten und Bürger, ein Gelächter und Gejammer durcheinander. Was ist das? *Ruft durchs Fenster.* Du! Keppler! Keppler! Bst! Hörst nicht? Daß dich! Jermer! Lohmann! Was gibt's denn? *Stimme von unten: Tübingen wird ver*— Was — ver— ? *Andere Studentenstimme: Aufs Schloß! Mir nach! Wir feuern die Kanonen ab!* He! He! brennt's denn in der Stadt, im Stift? Ums Himmels willen, und ich bin hier eingeschlossen! Wenn sie mich vergessen, wenn man mich morgen unterm Schutt hervorzieht — es wird schon Abend! *Er rennt an den*

*Wänden umher und zieht in der Angst zwei Paar Stiefeln
aufeinander an.* Ich springe durchs Fenster! Wenn ich nur
wenigstens eine Spritze hätte. *Er singt.* Die irre Natur fängt
zu singen an — sagt Jean Paul irgendwo im „Titan", aber
es paßt förmlich auf meinen Zustand. Mein Gott, was red
ich da? *Er brüllt entsetzlich in die Gasse hinaus:* Mordjo!
Feuer Feuer! *Der Pedell ruft herauf: Halten Sie sich ruhig
mein Herr! Welch ein Unfug, welche Bosheit! Wie heißen
Sie? Nur schnell!* Eine geborene Bachstein — nicht doch —
Spillner heiß ich, Spillner aus Offingen. *Pedell: Gut. Ich
notiere Sie. Sie sind verloren. Wissen Sie nicht daß das ganze
Stift auf Befehl des Bürgerausschusses vernagelt ist?* Vernagelt, o ja das weiß ich, aber auf Befehl des? Nun, empfehle
mich! — Aber wach ich, träum ich? Die Leute reden alle wie
im Wahnsinn. Doch es ist alles nur in meiner Phantasie; wie
gesagt, dies Zimmer ist verhext, ich kann nichts machen.
*Er legt sich den gestreckten Weg in die Mitte des Bodens und
singt ganz resigniert:*

> Wehe, wenn sie losgelassen
> Wachsend ohne Widerstand,
> Durch die volksbelebten Gassen
> Wälzt den ungeheuren Brand. —

Ach der gute Schiller, wo mag er jetzt sein? *Man läutet die
Sturmglocke, er springt auf, reißt an dem Gitter ungefähr
wie Herr Maurer als Ritter Balduin in den h. Kreuzfahrern,
aber er zerreißt es wirklich und tut einen Sprung hinunter.*

ZWEITER AUFTRITT

SPILLNER *auf dem Pflaster unmittelbar unterm Karzerfenster.*

SPILLNER: Wo bin ich? Das war ein Stoß! Halt aber! Juchheißa
jetzt hab ich meinen Traum von heute nacht. Jetzt geht mir
alles auf. Heda, guter Freund, halt Er ein wenig: wird nicht
die Universität verlegt? Nicht wahr, die Universität wird
verlegt? Ist der Lärm nicht deshalb?
EIN BÜRGER: Ja doch, in Teufels Namen! Muß ja einer auf den
Kopf gefallen sein, der das noch fragt.
SPILLNER: Nicht auf den Kopf, aber hinten hab ich mich etwas

aufgelegen, sieht Er, hier. Also deswegen ist der Auflauf. Herrlich o herrlich.
BÜRGER: Was? Er spottet auch über unser Unglück?
Schlägt ihn.
SPILLNER: Ach nein! es ist mir nur, weil mir einfällt daß ich meinen Traum so gut brauchen kann, es ist mir nur der Gelegenheit wegen, etwas darüber zu schreiben.
BÜRGER: Dafür oder dawider?
SPILLNER: Dawider! dawider! versteht sich.
BÜRGER *gibt ihm seine Hand*: Gott wird's Ihnen auch lohnen. Ich habe sieben Waisen — nun, zwar ich lebe noch, also Kinder, wollt ich sagen, aber wir sind ruiniert wenn die Universität fortkommt. Es ist alles ruiniert.
SPILLNER: Alles! Universa corruunt cum universitate.
BÜRGER: Aber, wenn ich Ihnen raten darf, machen Sie, daß Sie auf der Stelle wieder ins Stift hineinkommen, Herr Magister! Wenn Sie einer von uns attrappiert, so werden Sie gehenkt. Wir haben alle Tür und Fenster im Stift vernageln lassen, daß keiner herauskam. Wir haben bei 9000 Stück Nägel aufgewandt und alle Schreiner und Schlosser haben bei drei Stunden en suite zugenagelt von außen. 9000 Stück Nägel sag ich, das wollen wir auch nicht umsonst verunköstet haben. Verstehn Sie mich, das ist nicht herrschaftlich, und Sie zahlen keinen Kreuzer, aber bleiben müssen Sie, wir müssen von Ihnen zehren und leben, wir haben euch Herren so lieb, so lieb.
SPILLNER: Schon recht. Allein — was wollt ich doch sagen — ja, wie gelang ich denn für heute wieder hinein. Es ist fast Nacht.
BÜRGER: Will Ihnen sagen, mein Tochtermann der Schneider Nefz steht gerad noch auf seiner Leiter mit der Laterne dort am Fenster von der Rothenburger Stube, er hämmert noch was zu; der läßt Sie hineinsteigen, wenn Sie ihm meinen Namen sagen, ich bin der Hutmacher Hütle.
SPILLNER: Hier ist noch ein offenes Fenster, gerad über uns, hier geht es in die custodiam doctam, d. h. in den Magistersaal, hier laßt mich hinein.
BÜRGER: Gut. Ich will meinen Tochtermann schicken. Gut Nacht, Herr Magister. Ach und verzeihen Sie, wenn ich Ihnen vorig ungebührlichermaßen am Kopf krapste. Sie wissen was tut man nicht für Weib und Kind. (Verdammt, ich hätt ihm

meinen Namen nicht sagen sollen, er kann mich wegen der
Ohrfeige in Verschiß bringen.) Ich bitte Sie um aller Barmherzigkeit willen, stecken Sie mir auch eins hinters Ohr.
SPILLNER: Bitt recht sehr. *Gibt ihm einen höllischen Schlag.*
Bring Er's aber nicht auf die Hutrechnung, ich denke, damit
kann Er sich auf lebenslang von mir bezahlt halten. *Bürger
ab.*
SPILLNER: Kanaillen das! — Am vernünftigsten ist's, ich beziehe
heut nacht noch mein altes Nest und schmiede das Eisen weil
es warm ist. Ich brauche den Traum fast Wort für Wort nur
abzuschreiben; die Ohrfeige hat mir ihn vollends ins Gedächtnis gebracht. Jetzt hol ich nur noch eine Bouteille roten
Wein bei dem Traiteur daneben. *Er geht und kommt wieder.
Indessen ist auch der Schneider mit der Laterne da, legt die
Leiter an und Spillner steigt in das Karzerfenster; da sie
aber ein Stock weiter hinaufreicht, so benutzen bei dreißig
andere Stipendiaten oben die Gelegenheit und gleiten rittlings
unter großem Freudengeschrei daran herunter. Es entsteht
darüber ein großer Tumult; der Schneider reißt aus.*

Dritter Auftritt

SPILLNER *im Karzer; hat ein Licht angeschlagen und sitzt am
Schreibtisch.*

Ich kann mit dem Werk doch nicht so geradezu in medias res
eingehen. Man darf heutzutage nicht mehr sagen wie es einem
auf der Zunge liegt, man muß in diesem wissenschaftlichen
Zeitalter vor allen Dingen einige Sachen, die sich von selbst
verstehen, dadurch neu und interessant machen, daß man sie
von einer ganz entlegenen Seite her einfädelt und überhaupt
etwas verdüstert und verdunkelt, diffizil macht usw. Denn
man kann ein Huhn braten, sieden, frikassieren, sulzen, verschiedentlich versoßen, spicken, bebändern, daß es ein Wunder
ist und fast gar kein Huhn mehr. Allerwenigstens sollten
einige Definitionen, Distinktionen vorausgeschickt werden.
Und so muß ich's auch machen. Aber wie denn? Was denn?
Halt, ich schlag einmal im Schellerschen Lexikon auf — Universität, Akademie. Der letztere Ausdruck der freilich nicht
ganz das besagt, was der erste, hat doch was Vornehmeres,
Brillanteres. „Acădēmiă, ae f. 1) ein angenehmer schattigter

Ort bei Athen — hier stand das berühmteste Gymnasium.
2) Dieses Gymnasium selbst, hier lebte und disputierte Plato
etc. — — Änderungen erlitt — daher Academia vetus, Academia nova." Halt! Das ist just auf meine Mühle! Die bisherige wäre also die weiland Tübinger Acad.: die vetus;
die Stuttgarter wäre die nova! Vortrefflich! Diese Distinktion
hat zwar ursprünglich einen andern Sinn, überhaupt weiß
ich nicht, wie das hieher gehört, tut aber lediglich nichts,
man kann die Leute erstaunlich prellen. Definition ist Definition. Weiter heißt es: Quaestiones Academicae. So könnt
ich mein Schriftchen titulieren. Und da ist noch ein guter
Einfall, ich setze alle äußern und inneren Umstände, wodurch ich hiemit zum Schriftsteller geworden, als Vorrede
voran, die zwar etwas lang ist, weswegen aber eben das
Werkchen selber desto kürzer sein darf, denn es kommt in
der Welt bei Sachen derart nicht darauf an, daß wirklich
etwas gesagt wird, sondern das Räuspern und Schwadronieren ist alles. Ich fange an.

[DIE UMWORBENE MUSA]

Erster Auftritt

EIN FRUCHTHÄNDLER: Scharmant! es ist kein übler Fang!
Und gehen muß es über kurz und lang
Und will sie nicht — sie muß, die Heirat krönt mein Glück
Wer noch nicht alles hat, der ist noch stets zurück.
Das Sprüchwort sagt: genau acht Simri will ein Scheffel
Ich hab ihn nicht und fehlt's auch nur am letzten Löffel.
Sie ist ein reiches Weib von seltenem Vermögen,
Schön — nun daran ist weniger gelegen.
Nur fass' ich's nicht, wieso ein Engel
Gefallen findt an jenem Bengel,
Bei dem sie schon seit Jahren weilt,
Mit dem sie Liebs und Gutes teilt.
Sie ist von Adel, er ein armer Teufel,
Doch weiß man, es ist außer Zweifel,
Daß sie dem Großpapa die Hand darauf gegeben
Mit keinem andern je zu leben.
Übrigens ist ein seltsam Dunkel
Auf dem Verhältnis und viel Gemunkel.
Auch weiß kein Mensch von wem die Kind',
Die ihr so sehr am Herzen sind,
Die vier, fünf Lümmel! was läßt sie sich kosten,
Die dummen Bälge zu erziehn!
Setzt ihnen eigne Schulen hin!
Das wird changiert, wenn i c h einmal am Posten! —
Da wohnen sie fünf Stunden wohl dadrauß,
So gut als auf dem Land, ein altertümlich Haus,
Ein sonderbares Schloß, das ist der ganze Spaß,
An dem sie sonderlich so einen Affen fraß.
Der Alte besorgt die Ökonomie
Gibt das Haus her, besorgt die Küh,
Schafft Notdurft für die jungen Raben,
Braut Bier, damit die Kinder nur was haben —

Die schlampfen! es sind wahre Säufer,
Und kriegen Backen wie die Pfeifer;
Der zarten Frau ist's leid genug,
Doch wehrt sie kaum, und e r füllt nur den Krug;
Ihr halb Geld liegt in seinen Handen
Natürlich fällt da vieles ab
Für ihn und seine eignen Anverwandten.
Der Spitzbub! und die Frau, die Kind', die Informanten
Hält e r mit Tisch und Haus doch ziemlich knapp.
 Ihr Vormund, der Minister tut gescheute,
Wenn er der Kugelfuhr ein Ende macht,
Zwar sieht er es von einer andern Seite
Doch mir ist's recht in jeglichem Betracht.
Und weil er sich einmal dazu verband
Für die Erziehung auch zu sukkurieren
Darf sie um desto weniger sich zieren
Wenn er nach eignem Sinne und Verstand
Die Sache will mit mehr Ersparnis führen,
Deswegen soll sie in die Stadt,
Wo er die Kinder auch mehr unter Aufsicht hat,
Und weil sie ohne Dach und Fach nicht leben kann
Gibt er ihr eben mich zum Mann.
Das andre ist mir alles gleich,
Auf alle Fälle werd ich dabei reich.
Ich muß nur sehen wie ich's treib,
Daß ich den Hof ihr zierlich mache,
Sie ist ein feingebildet Weib,
Und das ist grad auch meine Sache.
Gottlob die Residenz hat guten Ton,
Was hätte man auch sonst davon!
Man hat Manier, man ist nur selten Flegel
Man wird beliebt, das ist ganz nach der Regel.
Ja, ja, so kommt das Glück doch immer an uns Kerle
So findet stets ein Schwein auch eine — ja so!
Geht pfeifend ab.

Zweiter Auftritt

Musa *in einem einfachen Zimmer.* Bedienter *tritt herein.*

MUSA: Was tun die Jungen?
BEDIENTER: Gnädge Frau, sie kehren
Soeben vom Spazierengehn zurück.
MUSA: Geh, rufe sie auf einen Augenblick,
Ich will die Lektion abhören.
Bedienter ab.
Die Burschen, ach, warum nur lieb ich sie!
Sie haben Trank durch mich und Speise
So mag's wohl, daß [ich] ihnen Mutter heiße,
Die Göttin aber ahnen sie doch nie.
Von keinem andern dürfte mich's verdrießen
Ich bin des auf der Erden schon gewöhnt;
Kein Herz will unbedingt an mich sich schließen,
Und nur verkleidet bin ich nicht verpönt
Doch kränkt es mich von niemand, wie von diesen.
DIE KINDER *kommen, auf Steckenpferden reitend:*
Grüß dich, Mutter!
MUSA: Seid ihr da!
EINER: Ei, denk nur, mir hat der Papa —
MUSA: Wie sagst du, Rudolf? Hab ich nicht
Dies ungeschickte Wort verwiesen?
Geh, schäme dich ins Angesicht
Ihn anders, als den „Herrn vom Haus" zu grüßen!
Nun sag, was hat er?
ALLE: Uns einen schönen,
Schönen, schönen Pudel gekauft!
Wir haben ihn auch schon getauft
Und taten ihn schon ins Wasser gewöhnen.
MUSA: So. Und was ist das für ein Stecken?
ERSTER: Ei Mutter, das ist ja ein Pfeifenrohr.
ALLE: Wir haben alle!
MUSA: Ihr macht mir Schrecken.
DIE KINDER *durcheinander:* Sieh, Mutter, welch ein Wassersack!
Und dieser Beutel mit Tabak!
Den Kopf!
MUSA: Wie eine Tonne, größer nicht.
Das ist ja lächerlich an dir du kleiner Wicht!

ZWEITER: Du glaubst nicht, wie das schmeckt beim Biere,
Da sitzen wir so still wir alle viere,
Nur kaum, daß wir manchmal ein bißchen schreien,
Weil man sonst eben gar nichts kann;
Zuweilen auch fangt einer an
Von seiner Quaste seiner neuen,
Daß sie die schönsten Couleuren hab,
Und da setzt's freilich öfters Händel ab;
Der Beleidiger muß vor das Ehrengericht,
Wo man ihm das Duell zuspricht.
So haben wir noch Sächlein allerhand
Wir turnen, oder spielen auch mit — Sand.
Im ganzen aber — nein, ich darf's nicht sagen.
MUSA: Ei, mit der Mutter darfst du schon was wagen.
ZWEITER *ihr ins Ohr*:
— Geschieht's von wegen Deutschlands Freiheit.
MUSA: Wie meint ihr das?
ZWEITER: Wir meinen's — eben — gut!
MUSA: Wie macht ihr's aber?
ZWEITER *besinnt sich*: Ach — wir machen's — machen's eben —
Wie machen wir's denn, Fritz?
ERSTER: Das Näh're wird sich geben;
D e n n was geht übers Vaterland
Was über Völkerrecht und Treue!
Nein — ich — mir ist's — wie ich mich freue!
Kommt! Männer, Brüder! eure Hand!
DRITTER: Wir gehen einmal in den Krieg,
Und — Säbel — Pulver — Freiheit — Sieg!
VIERTER *leise*: Hol ich der Mutter nicht die netten Briefe
Die wir als aneinander schreiben?
ERSTER: Nein, Bester, laß es lieber bleiben
Bedenk den Eid, es geht sonst schief.
MUSA: Nun, Liebchen, Spiel und Ernst hat seine Zeit
Sagt an, was lehrte man euch heut?

Zwischengespräch unter den Zuschauern.

KNOZ, *Professor, zu seinem Nebensitzer*: Unfaßlich! Herr Kollega, es regt sich noch nichts unter den Studenten.
PROFESSOR FATEL: Ha! Ha! Ha! Hamlets Vater hätte lang sein

„Licht! Licht!" gerufen. Die Herrn da unten sollten sich auch welches ausbitten. Was meinen Euer Magnifizenz?

DOKTOR KALZNER: Lassen Sie mich! Ich bin außer mir vor Wut. Der Direktor ist ein Schurke, er überschreitet meine Absicht. Verlangte ich eine Satire gegen die Studentenschaft? Ich hätte Lust, das Weiterspielen zu verbieten.

KNOZ: Sein Sie ruhig, eine lose Rede schläft in tauben Ohren.

KALZNER: Keinen Unglimpf, mein Herr! Ich respektiere die Studenten, und es macht ihnen nicht wenig Ehre, daß keinem einfällt, diese abgeschmackte, unwahre Karikatur auf sich zu deuten.

FATEL: Sie haben recht; sie werden vernünftig sein. Nur begreif ich nicht, wie sie den eigentlichen Speck an der Sache nicht riechen; um das übrige ist mir nicht bange; aber dort strecken doch einige die Köpfe zusammen.

Einige Studenten haben einen Trupp gebildet, einer tritt hervor und erhebt die Stimme: Ich frage, ob die Posse uns zum Schimpf sein soll, ich frage im Namen aller übrigen.

ANDERE *lachen*: Gott behüt! in unserm Namen nicht. Inkommodieren Sie sich nicht, Herr Schauspieldirektor! um unsertwillen nicht! Ziehe die Sache auf sich wer will. Wir gaudieren uns am Ganzen, denn die Allegorie oder wie man's nennen will, wegen unserer Versetzung, ist doch wohl der Hauptcoup dabei.

KALZNER: Bravo! ihr Herren, bravo!

DIE ERSTEREN *untereinander*: Was brummen die da von einer Kategorie? — Sie sagen sie seien nicht in e i n e r Kategorie mit uns. — Was wollen die Kamele denn? — Ich wette, es steckt noch was anders dahinter. — Nur still, wir prügeln die Hunde eben nachher. — Ich fordre sie; wär mir's nicht, wegen dem hübschen Weib, das die Gräfin spielt, ich finge Skandal an auf der Stelle.

DIE ANDERN: Weiter im Schauspiel.

MUSA: Nun, Julius, laß zuerst mich hören.

BEDIENTER *kommt*: Der Herr aus —

MUSA: Muß doch immer stören! Was kann der Mensch nur wollen? Laß ihn ein.

BEDIENTER *öffnet*: Spazieren Sie nur hier herein.

Dritter Auftritt

FRUCHTHÄNDLER *und ein* BEL ÉSPRIT.

FRUCHTHÄNDLER: Scharmante gnädge Frau!
MUSA: Ergebene Dienerin.
FRUCHTHÄNDLER: Kommt man auch recht? Verzeihen Sie, ich bin
So frei und bring auch meinen Neffen
Er ist so etwas Geist, nebst Dichter und Poete
Nur stoßen Sie sich nicht, er tut im Anfang blöde.
MUSA: Sie dichten? Es ist schön, daß wir uns treffen.
BEL ÉSPRIT: Hä hä ich bin — ja ja — ich bin ein wenig Vers.
FRUCHTHÄNDLER *stößt ihn an. Leise:*
Jetzt schlag das Wortspiel nur gleich los. — *Laut:* Wie wär's,
Gäb Er uns gleich ein Pröbchen von der Sache?
BEL ÉSPRIT: „Der Muse bin ich hold, doch, ohne Schmeichelein
Mein Oheim führt mich erst in die Verwandtschaft ein."
MUSA *zum Fruchthändler:* Wie? Sie, mein Herr, sind also auch
vom Fache?
FRUCHTHÄNDLER: O nein; er gab nur witzig zu verstehn —
Doch Sie, Sie wissen schon —
MUSA: Ich kann nichts darin sehn.
FRUCHTHÄNDLER *die Kinder erblickend:*
Was seh ich aber? Ei der Tausend! Wie?
Da trifft man ja die ganze Kompanie.
Patschhändchen, Dicker! So! Hä, he.
Und wenn man fragen darf, was wird aus dem Musje?
ERSTER KNABE: Ich bin Theologe.
ZWEITER: Und ich bin Jurist.
DRITTER: Ich Kameralist.
VIERTER: Und ich bin Mediziner.
MUSA: Brav. Macht den Herren euren Diener.
FRUCHTHÄNDLER: Wir kennen uns ein wenig schon. Nicht wahr?
KNABE: Ja, Mutter, in der Stadt vor einem Vierteljahr
Hat uns der Herr von selbst vier Wecken angeboten.
ANDERER: Und lehrte uns so angenehme Zoten.
FRUCHTHÄNDLER *schnell zum Fenster hinausschauend:*
Das Wetter hat sich doch bald aufgehellt.
MUSA *für sich:* O Gott, ich wollt, ich wäre aus der Welt. —
BEL ÉSPRIT: Sie waren gestern doch wohl auch in dem Theater?
MUSA: Ich war noch niemals dort.

FRUCHTHÄNDLER: Noch nie?!
BEL ÉSPRIT: Gerechter Vater!
Geht in den Hintergrund um das Lachen zu verbergen.
FRUCHTHÄNDLER: Ich bitte Sie! Den „Joko" — die Ballette?
MUSA: Ich weiß nicht, daß ich eins gesehen hätte.
FRUCHTHÄNDLER: Das ist doch schad. Sie müssen, müssen hin
Ich war schon ein Stück fünfmal drin.
MUSA: Mein Gott! Was hat der Mensch dort in der Ecke?
FRUCHTHÄNDLER:
Was ist dir, Franz? Du machst daß ich erschrecke.
BEL ÉSPRIT *hat vor unmäßigem Lachen das Gesicht in die Ecke gedrückt, die Kinder stehen dicht um ihn her und sehen ihm mit Verwundrung zu. Er ruft mit erstickter Stimme*: Ich kann nicht mehr — Verzeihung — Gnade —
Eilt schnell hinaus.
FRUCHTHÄNDLER:
Das ist gewiß sein Krampf in seiner linken Wade.
Es muß Sie gar nicht alterieren.
MUSA *für sich*: Wohin will alle dieses führen?
Mir wird ganz angst und ich bin so allein.
FRUCHTHÄNDLER:
Aufrichtig, gnädige Frau, es wird Sie nicht gereun
Wenn Sie sich in die Stadt verlegen.
Es ist mir nicht um mich, es ist nur Ihretwegen
Und dem Herrn Vormund zu gefallen.
MUSA: Was soll das? Ich versteh nichts von dem allen.
FRUCHTHÄNDLER: Nein, lassen Sie die Maske fallen!
Wir sind jetzt unter uns. Schatz, setzen Sie sich her.
Nu, machen Sie, das Stehen wird mir schwer.
Wir schwatzen nun einmal ganz offenherzig drüber.
Sie starren — mich so an, als redt' ich dies im Fieber —
Der Herr vom Hause war schon eine Zeitlang unbemerkt im Zimmer, er tritt hinter den Stuhl des Fruchthändlers und gibt ihm jetzt einen heftigen Backenstreich.
FRUCHTHÄNDLER: Was für ein Flegel?
MUSA: Wehe mir!
HERR VOM HAUSE *zur Frau*: Damit Sie nur wissen, gnädige Frau, was im Werk ist — Sehen Sie der Kerl, den ich hier gegenwärtig an den Ohren zu schütteln fortfahre, den Kerl sollen Sie heiraten — sollen mich brotlos machen — sollen mich und mein Haus verlassen — in die Stadt ziehen mit Sack und

Pack, mit Kindern und Informanten — sollen mich quittieren,
mich brotlo- brotlo-
FRUCHTHÄNDLER: Mein Herr! Sie schütteln mich an den Ohren,
aber ich mäßige mich, mäßige mich, hier, hier — aus Respekt
vor der Madame, nachher aber herentgegen schlag ich Sie zu
Tod.
HERR VOM HAUSE: Ich bin ein ehrlicher Kerl — habe der Frau
gedient mein Leben lang.
FRUCHTHÄNDLER: Ich kann Ihnen ja auch dienen gnädige Frau
— es ist ja nicht von einer eigentlichen Verehlichung die Rede,
gar nicht, sondern Ihr Herr Vormund glaubt nur, daß eine
Verbindung, eine Allianz mit mir, in meinem Hause, für
seine und dero Kasse wie für dero Kinder Erziehung von
größter Ersprießlichkeit sei.
HERR VOM HAUSE: Die Kinder sollen verzettelt werden, ja —
FRUCHTHÄNDLER: Mit schönen Taschengeldern unter meine liebreichen Verwandten verteilt; es werden neue Schulen einge-
richtet, die man sich was kosten läßt.
HERR VOM HAUSE: So? Die Meinung war ja, man wolle sich's
weniger kosten lassen?
FRUCHTHÄNDLER: Dann der Einfluß der Sitten, der gebildeten
Gesellschaft, des Theaters, Unterdrückung des schädlichen
Gemeingeistes, die unmittelbare Nähe des Militärs, weil die
Kinder doch manchmal unartig sind, und noch tausend an-
dere Vorteile. Mir ist's im Grunde eins, aber der Herr Vor-
mund wollen's und setzt's wahrscheinlich durch.
HERR VOM HAUSE: Und ich brotlos werden — gnädige Frau!
Ringt die Hände.
FRUCHTHÄNDLER: Man wird Ihnen einige wenige Entschädi-
gung gewähren.
HERR VOM HAUSE: O läge nur sein Weltbau zwischen meinen
Zähnen, daß ich ihn zerkratzte in ein Scheusal, bis er aussähe
wie mein Schmerz! — Entschädigung? Du Hund! *Sie kommen
sich in die Haare und drücken sich zur Tür hinaus.*
MUSA *allein*: O Vater! alles waltender! leb ich
Nicht hier wie unter Mördern unter Räubern?
Fürwahr, ich ließe nimmer ab von dir
Mit lautem Flehen deine Knie umfassend
Bis du die Tochter nähmst in deinen Saal
Den heitern, wo ich sonst bei dir gewohnt,
Doch hält auf Erden mich ein manches Band

Und sie verschmachteten wenn ich nicht bliebe.
Welch neues Unheil aber droht mir jetzt
Und wohin zerrt man mein gewohntes Zelt?
Ich soll den Ort verlassen, der vor allen
Mir teuer ist, das liebe Tal, den Fluß
Das Schloß mit seinen wundervollen Zinnen
Hier, wo mir jeder Stein vertraulich ist
Wo ich geruhig, sicher und bequem
Fern von dem Tosen jener auf-
gesteiften und engbrüstgen Welt gelebt,
In der mein Geist nie zu sich selber käme.
Ach, und warum denn? Ist der Alte doch
Kein schlimmer Mann, obwohl er oft mich ärgert
Der Fremde aber ist mir tief verhaßt
Ich ahne schon wie alles kommen müßte
Ein Übel um das andre zeigt sich mir
Voraus im Geist für mich und meine Kinder.

ANHANG

NACHWORT

Der Dichter

Eduard Mörike wurde von einem bekannten marxistischen Literarhistoriker unseres Jahrhunderts einmal ein im Vergleich zu Heine niedlicher Zwerg genannt. Mörike „ein niedlicher Zwerg" — die Ungerechtigkeit dieses Urteils ist kaum zu überbieten. Aus der Perspektive des proletarischen Klassenkampfes und des endgültigen Sieges der Revolution allein war in der Tat kein Verhältnis zu Mörike zu gewinnen. Er erscheint so als der antiquierte Repräsentant einer bereits überlebten schwäbischen Idylle, als der Dichter einer biedermeierlichen, selbstgenügsamen Enge, der den großen geschichtlichen und sozialen Erschütterungen seines Zeitalters aus dem Wege ging. Von den widerspruchsvollen Zügen des 19. Jahrhunderts, in dem die revolutionären Tendenzen mit den konservativ restaurativen im Streite lagen, ist er so gut wie gar nicht berührt worden, und in dem spannungsreichen, uneinheitlichen, ja bizarren Panorama dieses Jahrhunderts steht er merkwürdig vereinzelt mit der Anmut des Leisen da, trotz seines wachsenden Ruhms als Dichter im Grunde keiner Schule und Richtung mehr zuzuordnen. Ist er ein später Nachfahre der klassisch-romantischen Zeit? Gehört er zum Kreis des schwäbischen Biedermeier? Der Epigone einer früheren Epoche? Aber sind Epigonen solche Meisterschaft, solche Abenteuer der Phantasie, solche Gnade der poetischen Magie, solche künstlerischen Eingebungen vergönnt?

Mörike war nicht nur der Zeitgenosse Goethes, sondern auch Baudelaires, der ihm verwandter ist, als man zunächst glauben sollte, und manches in Mörikes Dichtung deutet nicht auf die Vergangenheit zurück, sondern bereits voraus auf die Neuromantik und den Impressionismus der Jahrhundertwende. Mörike gehörte zur europäischen Generation des „Weltschmerzes", zur Generation der Lenau, Heine, Büchner, Byron, Musset und Leopardi, die ihre eigene, todessüchtige Zwiespältigkeit noch zu genießen und daraus Literatur zu machen verstand. Aber solche Gefahren, die auch Mörike keineswegs fremd waren, wußte er durch das Heilende und Erwärmende seiner Dichtung zu bannen. So wurde die „Idylle" seine Zuflucht. Aber zugleich gelangte er, vor allem auf den Höhepunkten seiner Lyrik, weit über sie hinaus; jenseits der schützenden Idylle steigen die Wort gewordenen mythischen Urbilder auf, mit denen Mörike alle biedermeierliche Enge weit hinter sich gelassen hat. Hier erst fand die so oft verstörte Seele in der Hingabe an das eigene Leben der Dinge das „Maß", ohne welches sie dem Übermächtigen der Natur hätte erliegen müssen. Selbstzerstörung und Selbstbewahrung halten sich geradezu die Waage. Nur in der Freiheit des Humors, nur im Schönen der Poesie vermochte Mörike die schmerzlichen Dissonanzen seines Wesens zu verwinden. Aller einengenden und bedrückenden Wirklichkeit von Zeit und Geschichte setzte er jenen seligen Trotz entgegen, mit dem er das Reich des Schönen, die aura divina der Kunst, dem Anschein nach völlig mühelos, neu zu gründen und über die Zeiten hinweg zu bewahren vermochte. So lebte er, ein spielendes und verzärteltes Kind, ohne Müssen und Sollen, ohne „sittliche Größe", im Warten auf den „heiteren Blitz der Eingebung", in der Bereitschaft zur „Stimmung", bei der man nach den Worten seines Mozart „nur im geringsten nichts erzwingen soll", ein Dichter — und weiter nichts.

Das Leben

Die Spanne von Mörikes Leben — im Ganzen einundsiebzig Jahre — war keineswegs kurz, aber das hinterlassene Werk blieb damit verglichen schmal. Äußerlich gesehen verlief dieses Leben gänzlich undramatisch und blieb räumlich an den Umkreis der schwäbischen Landschaft bis hin zum Bodensee gebunden. Am 8. September 1804 wurde Eduard Friedrich Mörike als siebentes von dreizehn Kindern in der ehemaligen württembergischen Residenzstadt Ludwigsburg geboren, am 4. Juni 1875 starb er in Stuttgart. In einer kleinen Kurzbiographie aus dem Jahr 1834 erzählt er von seiner Kindheit, vom Tode seines Vaters, des vielbeschäftigten Oberamtsarztes und herzoglichen Leibmedicus Karl Friedrich Mörike, im Jahre 1817 nach drei schweren vorausgegangenen Krankheitsjahren; er erinnert sich zugleich liebevoll an die stille Einwirkung seiner Mutter, einer

Pfarrerstochter, die „ohne studierte Grundsätze und ohne alles Geräusch eine unwiderstehliche sanfte Gewalt über die jungen Herzen" ausgeübt habe, und er vergißt auch seinen älteren Bruder Karl nicht, der in seinen Gesprächen „den gewöhnlichen Erscheinungen einen höheren und oft geheimnisvollen Reiz zu geben" wußte: „er war es auch, der meine kindischen Gefühle zuerst mit mehr Nachhaltigkeit auf übersinnliche und göttliche Dinge zu lenken verstand." Jedoch hat gerade dieser Bruder wegen seiner angeblichen demagogischen Umtriebe, die ihn ein Jahr auf den berüchtigten Hohenasperg brachten, seiner Familie viel Sorgen und Kummer bereitet. Das Familiäre, das Gemüthafte, der Blick auf die inneren Vorgänge überwiegen durchaus in Mörikes Charakteristik.

Im Jahre 1818 kam Mörike ins theologische Seminar nach Urach, wo er auf die Tübinger Stiftsjahre (1822—25) als künftiger protestantischer Geistlicher vorbereitet wurde. Aber dieser Beruf als „Prediger" ließ sich nur unter inneren Konflikten mit den sehr viel weiter reichenden „geistigen Bestrebungen" seiner Natur vereinigen. Bereits in Urach findet er den „Urfreund", den liebenswerten, treuen Wilhelm Hartlaub, und die Korrespondenz mit ihm reicht über alle Kreuzwege seines Lebens. Gewiß ist für Mörike das Versponnene und Weltabgewandte bezeichnend, ja seine Hypochondrie kann bis an die Grenze der Selbstzerstörung gehen, aber ebenso gehört zu seinem Wesen die Bejahung der Freundschaft; Freundschaften sind es, was „das Leben so süß und sicher macht". „Der beste Trost, der uns bleibt, sind unsre Freunde", schreibt Mörike mit fast 70 Jahren. In der Freundschaft entfaltet Mörike seine unwiderstehliche Gabe der Improvisation, die ihn so manche humoristische Rolle aus dem Stegreif spielen und dichten läßt. Dann war er geradezu komödiantisch hingegeben an die wechselnden Masken, ob sie nun Barbier Wispel, Buchdrucker, Professor Sichéré, Pourquoi oder Monsieur Ognolet hießen. So sehr er sein Innerstes vor allen Menschen zu verschließen suchte, so sehr er jeden stärkeren Ansturm zumal schmerzlicher Empfindungen kaum zu ertragen vermochte, so sehr öffnete und verbarg er sich zugleich in der geistvollen Plauderei und in den unerschöpflichen Launen, Spielen und Einfällen seines phantasievollen Humors.

Zu den Uracher Freunden, dem rechtschaffenen Hartlaub und dem genial ekstatischen, zu frühem Sterben bestimmten

Waiblinger, trat in Tübingen in erster Linie der mitfabulierende
Gefährte in Orplid, Ludwig Bauer, während Friedrich Theodor
Vischer und David Friedrich Strauß erst später zu Freunden
im engeren Sinne wurden. Ihnen sind noch manche andere gefolgt: erst Kerner, Uhland, Schwab und Hermann Kurz, in
Mörikes Spätzeit Heyse, Storm, Geibel und Moritz von
Schwind. Es waren Dichter- und Künstlerfreundschaften, zu
denen ein ausgebreiteter Briefwechsel gehörte und die bei allen
gemeinsamen Interessen ihren intim persönlichen, jeweils unverwechselbaren Charakter behielten. Stets fand Mörike in seinen
Briefen den einmaligen, nur für *diesen* Freund bestimmten Ton.
Mörike war trotz gelegentlicher Verstimmungen und Reizbarkeiten in der Freundschaft weit mehr Glück beschieden als in
der Liebe.

Die bitterste Enttäuschung seiner Uracher Zeit bereitete ihm
die Base Klärchen Neuffer, die sich frühzeitig von ihm zurückzog — um eines anderen willen. In den Osterferien des Jahres
1823 lernte er in Ludwigsburg das Schankmädchen Maria Meyer
kennen. Als rätselhafte Fremde war sie ohnmächtig auf der
Straße von Stuttgart nach Ludwigsburg aufgefunden worden.
Erst später erfuhr man, daß die aus Schaffhausen stammende
„Somnambule" an epileptischen Anfällen litt und im Gefolge der
pietistischen Schwärmerin Juliane von Krüdener weite Teile
Europas bereist hatte. Ihre faszinierende Schönheit, ihre geheimnisvolle Vergangenheit, ihre erstaunliche Belesenheit, ja
noch ihr zweifelhafter Ruf — alles das wirkte auf die leicht
erregbare Phantasie des jungen Theologen ein. Aber die Begegnung mit der so andersartigen Landstreicherin, die später
in Heidelberg unter ähnlichen Umständen aufgefunden und
verhaftet wurde, dann aber erneut Helfer und Gönner fand,
schließlich im Frühsommer 1824 und noch einmal im Jahre 1826
in der schwäbischen Universitätsstadt Tübingen auftauchte und
vergeblich auf brieflichem Wege den Kontakt mit Mörike zu
erneuern versuchte, verlief tragisch. Was immer auch zwischen
den beiden vorgefallen sein mag, sicher ist, daß Maria für den
Dichter Mörike zum Sinnbild ebenso des Schönen wie des
Schrecklichen, des Elementaren wie des Schicksalhaften wurde,
zum „unwissenden Kind", das ihm „lächelnd" „den Tod im
Kelch der Sünden" reicht, wie es im ersten Peregrina-Gedicht
heißt. Mörike erfuhr die Begegnung mit Maria Meyer als einen
rätselhaften Einbruch in sein geordnetes Leben, der sein ganzes

Dasein verstörte und es zu vernichten drohte und dem er völlig wehrlos gegenüberstand. Nur im Dichterischen, in der „Peregrina" seiner Lyrik und in der Elisabeth des „Maler Nolten", hat er das Biographische, über das zu sprechen er sich auch später weigerte, bewahrt und zugleich umgestaltet. Im Sommer 1824 — Mörike hatte sich auf der Flucht vor Maria zu seiner Familie zurückgezogen — traf ihn noch ein weiterer Schicksalsschlag, der plötzliche Tod seines Bruders August, kurz nach einer gemeinsam besuchten Aufführung von Mozarts „Don Juan" im Stuttgarter Hoftheater. Seitdem behielt diese Oper für Mörike das Stigma des Schönen und Furchtbaren zugleich. Noch 19 Jahre später schreibt er am 20. März 1843 an Hartlaub, er fürchte sich vor dieser Oper, „weil sie zuviel subjektive Elemente für mich hat und einen Überschwall von altem Dufte, Schmerz und Schönheit... über mich herwälzt, dermaßen, daß ich ohne Halt an einem sichtbaren gegenwärtigen Freund und Konsorten mich nicht damit einlassen mag." Bis in die Mozart-Novelle des Mörikeschen Alters wirkt diese geheimnisvolle, ja dämonische Verschwisterung von Musik und Tod weiter nach. Stets blieb für Mörike das Mysterium des Schönen dem des Todes benachbart.

Dem Tübinger Stift folgten die Vikariatsjahre von 1826 bis 1834. Vergeblich suchte der Dichter mit Hilfe seiner Freunde aus der „Vikariatsknechtschaft" auszubrechen. „Alles, nur kein Geistlicher", schrieb er Mitte Februar 1828 an seinen Freund Mährlen. Aber der langen Vikariatszeit in verschiedenen schwäbischen Nestern — zunächst Oberboihingen am Neckar, Möhringen auf den Fildern, Köngen bei Oberboihingen — vermochte er — trotz einer kurzen, im Grunde verzweifelten Flucht als „novellistischer" Mitarbeiter für die „Damenzeitung" des Stuttgarter Verlegers Franckh — dennoch nicht zu entgehen, und so folgten bald danach Pflummern bei Riedlingen und Plattenhardt auf den Fildern. Dort lernte er die 22jährige Tochter Luise des Pfarrers Rau kennen, mit der er sich im August 1829 verlobte. Aber lange noch ließ die feste Anstellung als Pfarrer auf sich warten. Bereits im Dezember 1829 wechselte Mörike nach Owen bei Reutlingen hinüber, im August 1831 wiederum nach Eltingen bei Leonberg, im Januar 1832 nach Ochsenwang, schließlich nach Öthlingen, zur vorletzten Station auf diesem mühsamen Wege, bis dem 29jährigen endlich am 19. Mai 1834 die eigene Pfarre im abgelegenen Cleversulzbach vergönnt war.

Die Verlobung mit Luise Rau jedoch war dieser langen Wartezeit nicht gewachsen, und so wurde sie Ende 1833 — sicher nicht ohne Schmerzen — von der Braut selber gelöst. Und dennoch verdanken wir dieser langen Brautzeit die vielleicht schönsten Liebesbriefe, die in deutscher Sprache von einem Dichter geschrieben worden sind.

So wie zu den Tübinger Stiftsjahren das gemeinsam mit Ludwig Bauer ersonnene Traumland Orplid, die Insel der Göttin Weyla, gehörte, so zu den Wanderjahren der nachfolgenden Zeit zahlreiche zentrale Stücke des lyrischen Werks wie die Peregrina-Gedichte I—V, die erste Fassung der Romanze „Der Feuerreiter", die volksliedhaften Lieder „Das verlassene Mägdlein" und „Agnes". Ebenso bedeutsam war die Entstehung des Romans „Maler Nolten", bereits seit 1827 geplant, aber erst im Sommer 1830 in Owen durchgeführt. Im Jahr 1832 erschien er dann als Buch.

Das nachfolgende Jahrzehnt von 1834 bis 1843 war wohl Mörikes glücklichste Zeit. In Cleversulzbach lebte er an der Seite seiner Mutter und der Schwester Klärchen ganz eingesponnen in seine Liebhabereien, die vom Zeichnen über Münz- und Steinsammlungen bis zur Gärtnerei, Lektüre, Musik, Freundschaftsbriefen und zu eigenen Versen reichten. Lange Zeit hat man in dem erst später zu Ende geführten langen Knittelversgedicht „Der alte Turmhahn" ein Denkmal seiner damaligen „Idylle" sehen wollen. Aber diese Idylle war stets — wenn nicht von außen — so doch von innen bedroht, und mehr ein utopisches Wunsch-, nicht aber ein Spiegelbild seiner damaligen Wirklichkeit. Darüber können auch die freundschaftlichen Begegnungen mit Wilhelm Hartlaub, der nicht weit von Mergentheim die väterliche Pfarre übernommen hatte, oder die Kinderspiele und Märchenerzählungen mit Hartlaubs kleinem Töchterchen Agnes, das oft wochenlang Gast in Cleversulzbach war, nicht hinwegtäuschen. Bereits die neu geschlossene Freundschaft mit Hermann Kurz, der zahlreiche Briefe vorausgegangen waren — erst 1838 erfolgte die persönliche Begegnung — mußte durch mancherlei Krisen, bis zum Abbruch und zu verspäteter Aussöhnung im Alter, hindurchgehen. Vor allem aber brachte das Jahr 1841 erneut eine schwere Erschütterung durch den Tod der geliebten Mutter — sie starb an Brustfellentzündung. (Ebenso wie Schillers Mutter wurde sie in Cleversulzbach begraben.) Hinzu kamen die mehr und mehr als drückend empfundenen Amtspflichten — oft überließ Mörike benachbarten Pfarrern, dem Vikar, manchmal auch dem Freunde Hartlaub die Sonntagspredigt — und periodisch wiederkehrende Anfälle von Krankheit, die Mörike ans Bett fesselten oder zu Badereisen nötigten. Aber auch die beglückende Herbstreise 1840 nach Blaubeuren zum Blautopf der schönen Märchenfee Lau und dann über Ulm nach dem Bodensee fällt in das Jahrzehnt von Cleversulzbach, und das erst 1846 erschienene schalkhafte Vers-Epos „Idylle vom Bodensee" ist noch ein Dank an diese von Mörike so geliebte Landschaft.

Bereits im Juli 1843 bat Mörike den König um seine Amtsenthebung, die ihm dann auch „wegen dauernder Krankheitsumstände unter Vorbehalt seiner Wiederanstellung für den Fall seiner Genesung" bewilligt wurde. Dazu kam es freilich nicht. So schied der Dichter bereits mit 39 Jahren für immer aus dem Pfarramt aus. Nach einem vorübergehenden Aufenthalt bei den Hartlaubs in Wermuthausen siedelte Mörike gemeinsam mit der Schwester Klärchen zunächst nach Schwäbisch-Hall und dann bald, des milderen Klimas wegen, nach Mergentheim über. Dort lernte er die damals 26jährige katholische Offizierstochter Margarethe von Speeth kennen. Nach wiederum sehr langer, siebenjähriger Verlobungszeit heiratete er sie im Jahre 1851. Aber diese Ehe verlief wenig glücklich; Streitigkeiten zwischen der Schwester und der Frau, konfessionelle Gegensätze und die Verschiedenheit der Temperamente erschwerten das Zusammenleben immer mehr, so daß es 1873 zu einer Trennung, jedoch ohne Scheidung, kam. Mitte Juni 1851 war Mörike nach Stuttgart übergesiedelt und übernahm dort mit sehr geringen Verpflichtungen als „Pfleger weiblicher Jugend" den wöchentlichen Literaturunterricht am Katharinen-Stift. Nur so konnte er eine bescheidene wirtschaftliche Basis für seine Ehe finden.

In Stuttgart entstanden die bedeutendsten späteren Prosatexte: 1853 die Märchen „Das Stuttgarter Hutzelmännlein" und „Die Hand der Jezerte", 1855 eine der schönsten, wenn nicht die schönste deutsche Novellenerzählung, „Mozart auf der Reise nach Prag". Zunächst führte das Stuttgarter Leben nach so langer Abgeschlossenheit sehr viel mehr ins anregend Weltläufige. Viele Besuche kamen aus ganz Deutschland zu dem berühmt gewordenen Dichter, und Mörikes Korrespondenz breitete sich immer mehr aus. Außer den „Fräuleinslektionen" hielt Mörike gelegentlich auch Vorlesungen im „Museum", einer literarischen Gesellschaft. Neue Verbindungen wurden mit Theodor Storm, Paul Heyse, Berthold Auerbach, Emanuel Geibel und Wilhelm Hertz geknüpft, und auch an öffentlichen Ehrungen fehlte es nicht. Mörike erhielt vom bayerischen König den Maximiliansorden für Kunst und Wissenschaft, die philosophische Fakultät der Universität Tübingen ernannte ihn 1852 zum Ehrendoktor, und vier Jahre später erhielt er den Titel eines Professors. Für ihn selber aber war es gewiß wichtiger, daß ihm in seiner Ehe 1855 und 1857 die beiden Töchter, Fanny und Marie, geboren wurden. An seiner „Blondine" und an der „Mohrin" hat er bis zu seinem Tode in zärtlicher Liebe gehangen.

Dennoch war Mörikes Alter, die Lebensjahre von 1861 bis 1875, wiederum verdüstert. Die wenigen Unterrichtsstunden wurden ihm zur quälenden Belastung, so daß der kränkelnde Dichter 1866 auch dieses letzte Amt aufgab. In dem Briefwechsel mit den alten Freunden traten oft lange Verzögerungen ein. Immer mehr zog sich Mörike in die „Verborgenheit" zurück. Vom Jahr 1854 an bis an sein Lebensende, also über zwanzig Jahre lang, feilte und formte er an seinem Jugendwerk „Maler Nolten". Aber diese zweite Fassung blieb unvollendet. Neben der 1864 veröffentlichten Übertragung Anakreons und der Anakreontiker — Mörike beherrschte auch in seiner eigenen Lyrik bis zur Raffinesse alle antiken Versmaße — entstanden damals nur sehr wenige, dafür um so kostbarere Gedichte wie „Besuch in der Kartause" (1861), „Erinna an Sappho" (1863) und „Bilder aus Bebenhausen" (1863). Noch einmal spiegelt sich in Mörikes Alter das nicht nur Idyllische, sondern auch Ruhelose seines Lebens. Im Juni 1867 war er von Stuttgart nach Lorch im Remstal übergesiedelt, und der Maler Moritz von Schwind, den bis zu seinem Tod (1871) eine herzliche Freundschaft mit Mörike verband, gehörte dort zu den wenigen Besuchern. Aber bereits 1869 kehrte der Dichter aus Ersparnisgründen in die beibehaltene Stadtwohnung in Stuttgart zurück. Indessen, im Februar 1870 übersiedelte er nochmals, diesmal nach Nürtingen, fand aber auch dort nicht die Geborgenheit, die er suchte, und war seit August 1871 wieder in Stuttgart. Hier aber wurden die unerfreulichen häuslichen Verhältnisse für ihn so qualvoll, daß am Ende die Trennung der Gatten sich nicht mehr vermeiden ließ.

Seit dem Frühjahr 1875 war Mörike an das Krankenbett

gefesselt. Dorthin kehrte im Mai 1875 auch seine Frau zurück, um ihn zu pflegen. Beide, Gretchen und die Schwester, suchten seine letzten Leiden zu lindern. Am 4. Juni berichtet Klärchen an Wilhelm Hartlaub über Mörikes Tod, der ebenso paradox war wie sein ganzes Leben: „Diesen Morgen um 8 Uhr verschied sanft, fast unmerklich, aber nach qualvollen Schmerzen, die die ganze Nacht anhielten, unser geliebter Eduard." Zwei Tage später hat ihm der Freund Friedrich Theodor Vischer bei der Beisetzung die später berühmt gewordene Grabrede gehalten.

Der lächelnde Ariel

Das im Deutschen gern überschwenglich gebrauchte Wort „Dichter" ist in einer Zeit suspekt geworden, die sich vom Geniekult abgekehrt hat und statt dessen den literarischen Autor als Schriftsteller betrachtet, der in bestimmten sozialen und politischen Verhältnissen steht und sich mehr oder weniger an sie engagiert. Die Vorstellung vom Dichter gerät in den Verdacht des Aristokratischen und damit des Undemokratischen. So schrieb bereits der jungdeutsche Schriftsteller Theodor Mundt, ein Zeitgenosse Mörikes, 1833 in seinem Buch „Kritische Wälder": „Jedoch das Eine möchten wir festhalten, daß wir den Irrtum, der besonders in Deutschland so gefährlich gewesen, nunmehr als einen vergangenen erkennen, nämlich den Irrtum des produktiven Individuums, an sich und sein Schaffen, wie an seine Persönlichkeit eine ganze Welt geknüpft zu sehen und sich durch sein einzelnes Talent zu einer geistigen Universalherrschaft über die Zeit berufen zu achten. Daher das titanenmäßige, revolutionäre Ringen der Geister in der vergangenen Literaturperiode; daher so viele Verzweiflung unglücklicher Genies und der häufige Wahnsinn in Deutschland; daher die poetische Himmelsstürmerei und der geistige Hochmut gegen Ende des vorigen Jahrhunderts. Diese Literaturperiode liegt hinter uns. Sie glich einer gewaltsam bewegten Aristokratie, an deren Stelle in der heutigen Tagesliteratur, wo weniger einzelne Kräfte riesenhaft hervorstreben und ein gleichmäßig verteiltes, heiteres Schaffen zu einem allgemeinen, glücklichen und harmonischen Bildungszustand der Menschheit hinarbeitet, eine mehr republikanische Literaturverfassung getreten ist." Und im durchaus verwandten Geist hatte Heinrich Heine 1831 das „Ende der Kunstperiode" prophezeit, „die bei der Wiege

Goethes anfing und bei seinem Sarge aufhören wird." Es ist unmöglich, Mörikes Gestalt und Leistung zu erfassen, wenn man den Begriff des Dichters dabei opfert. Dennoch ist er von den Gedanken einer dichterischen „Sendung", wie er von Klopstock über Schiller, Platen bis zu Novalis, Hölderlin und Stefan George reicht, weit entfernt gewesen. Alles Pathetische oder gar Priesterliche war ihm fremd. Wie bezeichnend dafür ist jene Anekdote, die uns erzählt, wie Mörike und Geibel in Stuttgart spazierengehen und die leuchtenden Abendwolken so ganz verschieden aufnehmen. „Welch ein Schauspiel", ruft Geibel aus, und Mörike antwortet schwäbisch: „Mir nennet das Schäfle". Heiter und unbeschwert konnte Mörike über sich selbst spotten:

> „Mein Wappen ist nicht adelig,
> Mein Leben nicht untadelig,
> Und was da wert sei mein Gedicht
> Fürwahr, das weiß ich selber nicht."

Für ein genialisch produktives Individuum hat er sich gewiß nicht gehalten. Aber dennoch war ihm die in Gruppen denkende „republikanische Literaturverfassung" völlig fremd, und die in vielem gewiß richtige These Heines vom „Ende der Kunstperiode" ist gerade durch Mörike, wenigstens partiell, widerlegt worden. Mörikes Stärke, aber auch seine Gefährdung liegt in der Ausschließlichkeit, mit der er die Welt von der Seele und nur von der Seele aus erlebt hat, und eben dies macht das eigentliche Wesen seines Dichtertums aus. Vielleicht wäre er an dem Augenblickshaften in seinem Wesen, an dem Bewußtsein der wie ein Pfeil entfliehenden Zeit, an der Überfülle der ihn im Zwielicht von Traum und Wirklichkeit bedrängenden Erscheinungen, an der pflichtlosen Hingabe an alles Willkürliche und Phantastische zugrunde gegangen — denn das Halten und Binden war nicht seine Sache —, wenn er nicht durch das Schöne noch ein schwebendes Gleichgewicht selbst über dem Abgrund der unheimlichen Tiefe des Lebens zu erreichen vermocht hätte.

> „Ob dem dunkelen Quell, der geheimnisvoll in den Abgrund
> Schauert und rauscht, wie hold lächelt die Rose mich an!"

Dennoch muß man sich davor hüten, Mörike allzu sehr zu dämonisieren. Isolde Kurz verdanken wir die schöne Schilderung des alten Mörike, in der vermutet wird, „daß dieser große

Kopf eines schwäbischen Landpfarrers mit den etwas schlaffen Zügen und den stehenden grämlichen Falten nur eine scherzhafte oder schützende Maske sei, unter der jeden Augenblick ein feiner jugendlicher Griechenkopf oder ein lächelnder Ariel zum Vorschein kommen könnte". Blitzschnell vermag Mörike aus seinem eigenen Wesen herauszutreten und fast unbewußt eine fremde Maske anzunehmen. Selbst in Blumen, Tiere und Elemente kann sich diese proteisch mutwillige und liebenswürdige Spiellust noch verwandeln. In solcher mitspielenden, kindlichen Anteilnahme an allem Lebendigen wird Mörike zu dem großen Humoristen. Noch in jedes verwunschene Nest weiß er sich einzuleben. Der Bretterverschlag im „Maler Nolten", das Hüttchen „Sorgenfrei", das stille Glück im Winkel, der „sanfte aschgraue Grund", aus dessen Geborgenheit das Kind wie durchs „Vorhängel" in die nasse stürmende Welt hervorguckt — das sind die Spielarten der Mörikeschen „Idylle", die selbst das Kleine und Kleinste liebevoll durchempfindet. „Mörike" — so sagt sein Freund David Friedrich Strauß über ihn — „nimmt nur eine Hand voll Erde, drückt sie ein wenig, und alsbald fliegt ein Vögelchen davon."

Die Traumkraft dieser Seele ist unbegrenzt. Kaum ein anderer Dichter seiner Zeit verfügt über soviel Zwischen-, Neben- und Untertöne wie Mörike, ein Meister der Nuancen, noch vor dem Zeitalter der Moderne. Über das Nest der Idylle hinaus besitzt Mörike den Sibyllen-Blick für die Mächte des Elementaren. Auch der Humorist Mörike kennt das Vielschichtige und Vieldeutige der menschlichen Seele, das Lächeln unter Tränen. Trotz aller Freude an Schnurren und Schwänken, an koboldhaften Späßen, trotz Ulk und Albernheit und Eulenspiegeleien, trotz des Erwärmenden und Gemüthaften bis in die biedermeierliche Gratulanten- und Stammbuchpoesie, steht hinter allen Masken der lächelnde Ariel, der sich wie Lolegrin im „Märchen vom sichern Mann" mit dem Irdischen gleichsam von oben her einläßt, es als unvollkommen, komisch und vergänglich durchschaut, aber gerade darum gelten läßt. Diese höchste seraphische Form des Humors ist nur aus dem Geist der Liebe möglich.

Zu Mörikes Dichtung gehört nicht nur die mythische Landschaft und der verwunschene Zaubergarten, sondern neben der Nachtigall auch die Küchenschabe, neben der Flöte auch die Tabakspfeife. Selbst die ihn im Walde bei der Lektüre von Klopstocks Oden stechenden Mücken konnte Mörike noch besingen. Wer hätte je dieses fatale Naturwesen mit solcher Anmut des Humors und solcher Meisterschaft der Form anreden können wie Mörike: „Du zierlich Langgebeinetes, Jungfräuliches!"

Aber so wie Mörikes Leben zugleich Idylle und Ruhelosigkeit war, sowohl höchstes Glück wie bitterste Vereinsamung kannte, so ist auch der Dichter lächelnder Humorist und zugleich von der Dämonie des Lebens bis an die Grenze des Wahnsinns bedroht. Wohl vermochte er im „Märchen vom sichern Mann" in seinen schwäbischen Hexametern noch mit Tod und Teufel zu scherzen. Aber an der Grenze von Licht und Dunkelheit versenkt sich der zum Magier gewordene Dichter in den Abgrund der Betrachtung und empfängt die Mythe nicht mehr als ein bloßes Spiel der Phantasie, sondern in der entrückten Versunkenheit. Dann ist es, als ob die Dinge sich selbst aussprächen. Dann gelingen in der Anmut des Gewaltlosen jene vollkommenen Dichtungen, für die es keine Erklärung mehr gibt. Aber sie wären nicht möglich gewesen ohne Mörikes Wissen, daß „hinter jedem sichtbaren Dinge, es sei das, was es wolle — ein Holz, ein Stein, oder der Hahn und Knopf auf dem Turme —, ein Unsichtbares steckt, das sein eigenes, in sich verborgnes Leben andächtig abgeschlossen hegt." Dieses Unsichtbare in allem Sichtbaren hat Mörike wahrzunehmen vermocht.

Orplid

Mörikes Lyrik, die Mitte seiner Dichtung, hat an manche Erbschaft angeknüpft: an die Goethesche Aneignung der Natur durch die Erlebniskräfte des menschlichen Herzens, an die traumhafte Phantasie der Romantik mit ihrem Blick für die „Nachtseiten" des menschlichen Lebens, an die Naivität der sog. schwäbischen Schule und an die künstlerische Grazie des griechischen Altertums. Aber der Mörike-Ton mit seiner Einheit von Klang und Bild, von „plötzlicher Regung" der Seele und „süßem Erschrecken" bleibt trotzdem unverwechselbar. Er wächst stets aus der „Stimmung" heraus und bringt doch mehr als bloße Stimmungslyrik hervor. Eingebungen wie die Gedichte „Gesang zu zweien in der Nacht", „Um Mitternacht" und „Auf eine Christblume" wollen uns wie eine Unterredung der Natur mit sich selbst erscheinen, als eine Musik der Himmels- und Erdenkräfte, die mit dem Schönen selbst identisch ist. Daneben steht wiederum anderes: das naive Volkslied, die dramatisierende Ballade, das verhüllende Rollengedicht und jene ganz gegenständlich gewordene Lyrik, vor allem aus Mörikes späterer Zeit, wie die Gedichte „An eine Buche" und „Auf eine Lampe". Offensichtlich hat Mörike gerade unter dem Einfluß antiker Formen die verschwebende, romantische Stimmungslyrik immer mehr zugunsten des präziseren „Dinggedichtes" aufgegeben. Auf gedankliche Ausdeutung hat er fast überall verzichtet. An den antiken Autoren: Tibull, Catull und Horaz, aber auch an Homer und Theokrit hat sich sein lyrischer Stil weitergebildet. Stets hält er dabei den Maßstab des Schönen und der Anmut fest, selbst dort, wo ihn alle Gefahren eines bereits modernen, zwiespältigen Lebensbewußtseins bedrängten. So viel Artistik in seinen Strophen enthalten ist, als bloßen „Formkünstler" kann man ihn nirgends bezeichnen. Für die zarte Geistigkeit oder geistige Sinnlichkeit seiner Gestaltung sind Form und Gehalt untrennbar vereinigt. Denn die Form ist — so sagt er selbst einmal — „in ihrer tiefsten Bedeutung unzertrennlich vom Gehalt, ja in ihrem Ursprung fast eins mit demselben und durchaus geistiger, höchst zarter Natur".

Aber ob nun Natur- und Mythendichter, Liebeslyriker, Idylliker und Humorist, ob ausgelassen, phantastisch oder feierlich und geheimnisvoll, ob schwermütig und von Vergänglichkeit und Tod bedroht, das Traumland seiner Jugend, Orplid, diese Insel jenseits der Welt und doch in der Welt, dieses geheimnisvolle Bild für die sich selbst aufhebende Zeit, bleibt auch später das geheime Leitmotiv eines Lyrikers, der die verlorenen Paradiese neu zu entdecken wußte. Orplid war eine eigene Erfindung Mörikes und seines Freundes Bauer, ein Fabelland der Einbildungskraft, das dennoch seine Geschichte, seine Einrichtungen, seine Gesetze, ja sogar seine eigene Mythologie hatte. Die Freunde entwarfen und zeichneten besondere Karten von Orplid. Jedoch dieses ebenso utopische wie wirkliche Orplid, in das Mörike alle Launen, alle Verwandlungen, alle Eingebungen seines eigenen Wesens hineinlegen konnte, blieb eine Landschaft, die durch Zeichen zu uns redet, eine Landschaft der Mörikeschen Dichterseele.

Als der Freund Vischer den Genius Mörikes feierte, meinte er, hier habe ein Liebling, ein Vertrauter des Weltgeistes gedichtet, dessen Wurzeln „in den dunklen Urschoß der Dinge,

in unbegriffene Tiefen reichen". „Du bist Orplid mein Land,
das ferne leuchtet" — darin kündigt sich bereits der Mythos
des Elementaren an, der magische Zug, der für Mörike durch
alles Leben hindurchgeht. Das bedeutet Verfallensein an dunkle,
übergewaltige Mächte — besonders Mörikes Balladen mit ihrer
häufigen Verknüpfung von Totenmagie und Wassermythos handeln davon —, aber auch herrliches, verborgenes Glück und eine
Verjüngung des Lebens durch die Liebe. Denn auch die Liebe
erfuhr Mörike mit dem Schauder des Elementaren. Den „Gesang Weylas", in dem die Inselgöttin ihr „Kind" Orplid anredet, darf man noch wie ein Liebesgedicht lesen; auch die
liebenden Stimmen, die im Gesang zu zweien vom Zauber der
Nacht trunken sind und ihr Geheimnis künden, gehören nach
Orplid.

Wie sehr dieser geschlossene lyrische Zauberkreis, in den
nichts von außen mehr eindringen kann, dennoch durch die
Erfahrung der fliehenden Zeit und durch die Vergänglichkeit
des poetischen Augenblicks bedroht ist, das freilich hat Mörike
ebenso gewußt, und so gehört zum Porträt dieses Dichters nicht
nur sein Erinnern daran, „wie lieblich alles war", nicht nur die
Liebe zur Anmut und zum heiligen Maß, sondern auch die
schmerzliche Erkenntnis des „Vorbei auf immer" und die Gewißheit, daß alles verwehen wird und jedes Leben bereits verborgen seinen Tod in sich trägt. In dem Gedicht, das am
Ende der Mozart-Novelle steht, „Denk es, o Seele", ist das
ebenso gestaltet wie in den traurig-schönen Versen aus Mörikes
Alter, „Erinna an Sappho". Die „süßen Zauberschalen" der
Mörikeschen Lyrik bleiben in einer schwebenden Bewegtheit:
„Halb ist es Lust, halb ist es Klage". So wie in Mörikes Leben,
so findet sich auch in seiner Dichtung beides, und beides läßt
sich im Grunde nicht trennen: die Süße der Erinnerung und
die Qual der Erinnerung, die großen traumhaften Augenblicke
des höchsten Glückes und die gnomenhafte Einsamkeit des
nächtlichen Dunkels der „Verborgenheit". Aus solchen unlösbaren Aporien entstanden Mörikes schönste Liebesverse, sein
Zyklus „Peregrina": die Liebe als magischer Zauber, als unio
mystica auf Erden, als „purpurische Nacht der süßesten Gedanken, der lieblichsten zärtlichsten Wehmut", die Liebe aber
ebenso als verlorenes Paradies, das sich auf Erden nicht dauernd
bewahren läßt, es sei denn im Schattenhaften einer bereits
qualvoll gewordenen Erinnerung. Zärtlich und mitleidig zu-

gleich, sehnsüchtig nach einem ebenso magischen wie sinnlichen Glück ist Mörike ganz eingesponnen in den mysteriösen, zerbrechlichen Zauber, den er Liebe nennt. So erlebt Mörike die irdische Liebe als das Ewige, das immer dauert, aber auch als das Unbeständige und Treulose, das vorübergeht.

> „Lieb ist wie Wind,
> Rasch und lebendig,
> Ruhet nie,
> Ewig ist sie,
> Aber nicht immer beständig."

Maler Nolten

„Maler Nolten", einer der düstersten Romane der deutschen Literatur, begleitet Mörike sein ganzes Leben hindurch. Ludwig Bauer, Mörikes Freund, schrieb am 10. November 1832 über die damals erschienene erste Fassung des Romans: „Unheilkündend ist der ganze Horizont, der Noltens Leben umfängt, selbst die Farbe der Gegenden, der Flug der Vögel ist wie vor Ausbruch eines Gewitters. Es ist nicht möglich etwas zu hoffen, und allmählich geht das düstere Vorgefühl in ein Grauen über, wie es nur die Mitternacht oder Shakespeare in mir wecken konnte."

Es ist üblich geworden, Mörikes Roman in die Tradition des deutschen Bildungs- und Entwicklungsromans zu stellen, die von Goethes „Wilhelm Meister" bis zu Kellers „Grünem Heinrich", ja noch bis zu Hesses „Glasperlenspiel" reicht. Oder man hat auf die Zusammenhänge hingewiesen, die Mörikes Dichtung mit dem Roman der Romantik, mit Tieck, Novalis, Friedrich Schlegel, Brentano, Hoffmann und Eichendorff verknüpfen. Beides ist jedoch für „Maler Nolten" nur am Rande charakteristisch. Gewiß: die Schulung an der klassischen Goetheschen Prosa ist hier, wie aber auch bei anderen Dichtern dieser Zeit, z. B. bei Immermann, unverkennbar. Das Romantische wiederum scheint bereits vom Thema des Künstlerromans her gegeben, aber mehr noch durch das metaphysische Grauen der Schicksalsverstrickung, den extremen Subjektivismus, die Unterstreichung des Nächtlichen und Dämonischen. Jedoch tritt die spezifische Problematik des Künstlers, die bei Tieck, Brentano und vor allem Hoffmann eine so große Rolle spielt, in Mörikes Roman auffallend zurück — der Titel des zunächst als Novelle geplanten Werkes ist hier irreführend. Was aber den romantischen Subjektivismus angeht, so wird er bei Mörike auch schon zum Gegenstand einer realistischen Psychologie, durch die er ihn überwinden, jedoch keineswegs verherrlichen will. Wohl aber verrät die Vorliebe für lyrische oder auch andere idyllische Einlagen, überhaupt die nicht architektonisch-plastische, sondern lyrisch-musikalische Struktur des Werkes eine nicht nur für Mörike charakteristische Eigenart, sondern zugleich die Anknüpfung an die Goethe folgende Tradition des romantischen Romans. Geistesgeschichtlich gesehen, steht „Maler Nolten" genau an der Schwelle des Übergangs von der romantischen zur realistischen Prosa. Der Weg Mörikes von der ersten zur zweiten Fassung des „Maler Nolten" läßt das lyrisch Romantische mit seiner Betonung des Atmosphärischen und Visionären stärker zugunsten der prägnanten Verdichtung, der distanzierenden Ironie und der anschaulichen Klarheit zurücktreten. Jedoch blieb der Roman auch jetzt ebenso düster wie zuvor, nur in Stil und Komposition suchte der Künstler Mörike ihn neu zu gestalten, eine Umarbeitung, die über den ersten Teil kaum hinausgelangte. Dennoch bleibt der Vergleich der beiden Fassungen für Mörikes Entwicklung sehr aufschlußreich.

Was aber den Roman „Maler Nolten" zu einem Werk völlig eigener Art macht, ist die zentrale Funktion, die der *Wahnsinn* im Ganzen dieser künstlerischen Konzeption erhält. Wohl taucht das Motiv des Wahnsinns auch sonst in der romantischen Produktion auf, am stärksten bei Hoffmann in dem Roman „Die Elixiere des Teufels" und in der Novelle „Ritter Gluck". Bei Mörike jedoch bestimmt es Aufbau und Verlauf des ganzen Romans. Der paradoxe Mittelpunkt ist eine Irre, Elisabeth, die an verschiedenen Punkten im Lande herumstreicht, auftaucht und wieder verschwindet. Durch eine komplizierte, erst später vom Erzähler aufgedeckte Vorgeschichte ist ihr Schicksal mit dem des Malers verflochten. Sie wird zur „schlimmen Zauberblume", zu Grund und Boden des Noltenschen Schicksals, später ebenso verhängnisvoll für die Braut Agnes. Alle Versuche des Malers, in eine geordnete menschliche Gemeinschaft zu gelangen, scheitern an der dämonisch verwirrenden Macht, die sich in der Wahnsinnigen verkörpert und am Ende das letzte Wort behält. Mörike faßt das Schicksal romantisch als einen unheilvollen, magischen Bezug auf, der diese beiden menschlichen Figuren einander zuordnet und damit in ein tödliches Verhängnis hineinstößt; ja, der Dichter läßt diese okkult-mysteriöse Bindung sogar noch über den Tod hinaus gespensterhaft weiter fortbestehen. Aber das ist nur die eine Motivationskette, die andere sieht im Wahnsinn nicht nur ein Schauder erregendes Mysterium, sondern die reale Vernichtung des Menschen durch das Sinnlose. Im Wahnsinn ist die wehrlose Seele an unverstehbare Mächte preisgegeben, die von außen fremd einzudringen scheinen und den Menschen dann doch von innen her zerstören.

Auf der einen Seite steht die von Anfang an irre Elisabeth, die Verkörperung der mythischen Schicksalsmacht des Wahnsinns, eine entrückte, dabei durchaus phantastische Figur, die zu einem Zwischenreich gehört, das in doppelter Motivierung sowohl okkult-dämonisch wie medizinisch-pathologisch von Mörike ausgedeutet wird. Auf der anderen Seite steht Agnes, die Verlobte Noltens, die zunächst keineswegs geisteskrank ist, sondern ein sanftes, stilles Bürgermädchen, das nur die Anlage zur Depression, zur „Nervenkrankheit", wie es höchst vage im Text heißt, mitbringt. Am Ende des Romans jedoch wird auch sie unheilbar gemütskrank und geht im verwirrten Selbstmord zugrunde. Mörike motiviert hier sehr genau, indem er der Vorgeschichte und dem Verlauf einer seelischen Erkrankung mit dem Interesse des Psychologen nachgeht, der in die Nachtseiten der menschlichen Natur verstehend eindringen will. Zugleich aber läßt er auch hier die fatale Schicksalsverkettung mitspielen, die besonders einen Menschen wie Agnes belasten muß, dessen labile seelische Anlage die Zerstörung geradezu herausfordert.

Die Verkehrung von Wahrheit in Trug und von Trug in Wahrheit geschieht aber schon *vor* der Gemütskrankheit der Agnes durch den dritten, gleichfalls stark abwegigen Charakter in Mörikes Roman, durch den Freund Noltens, Larkens, der der von Nolten vorübergehend im Stich gelassenen Agnes Liebesbriefe schreibt, die nur scheinbar von Nolten, in Wahrheit aber von ihm verfaßt sind. Gewiß, dies geschieht in bester Absicht, um dem Freund die Braut weiter zu erhalten, aber gerade die spätere, von Nolten leichtsinnig vorgenommene Aufdeckung dieses Truges, dieser „Maskenkorrespondenz mit dem Liebchen", läßt Agnes erst hoffnungslos in die Verwechslung von Schein und Wirklichkeit und damit auch in die Verwechslung von Personen und Zeiten hineingeraten.

Nahezu alle Hauptpersonen dieses Romans stehen in der

Nähe des Wahnsinns, er ist wie ein Sog, gegen den es kein Mittel gibt, weder die schöpferische Selbstgestaltung noch die ordnende Vernunft, noch die menschliche Gemeinschaft, noch das irdische Glück. Alle Versuche zur *Sinn*gestaltung münden im Paradox des *Wahnsinns*. Auch der Maler selbst, der auf unaufgeklärte Weise stirbt, verfällt am Ende einer Verzweiflung, die fast schon in der Nachbarschaft des Wahnsinns steht.

Warum gewinnt der Wahnsinn hier eine solche zentrale Bedeutung? Er wird zum stellvertretenden modernen Symbol für einen als absolut tragisch erlebten Weltzusammenhang. Der junge Mörike stand sicher weit mehr an der Grenze einer neurotischen Selbstzerstörung, als meist angenommen wird.

Jenseits aller gesellschaftlichen, sittlichen und religiösen Ordnungen lauert das Unheimliche, das Fremde, das alles Durchkreuzende. Nur der spätere Weg in die Geborgenheit der Idylle, in die überdauernde Gegenwart der Dinge und in die Freiheit des Humors hat dem Dichter des „Maler Nolten" die Selbstbewahrung noch möglich gemacht.

Wenn schon in einem romantischen Roman wie „Maler Nolten" die Verklärung des Wahnsinns in das Gemälde einer Zerstörung umschlägt, die gerade den Lieblingen des Schicksals zuteil werden kann, so mußte die *negative* Darstellung des Wahnsinns in der nachfolgenden Literatur des Realismus und der Moderne sich noch erheblich verstärken. Eine der Voraussetzungen für dieses wachsende Interesse an einem Phänomen, das an der Grenze der Verstehbarkeit liegt, blieb der große Spielraum, den die Psychologie im Schrifttum des 19. und 20. Jahrhunderts erhielt. Die Seele ist etwas wirkliches, mögen ihre Vorstellungen auch noch so imaginär sein. Aber diese Seele wird immer vielschichtiger, immer vieldeutiger, immer undurchsichtiger, determiniert nicht nur durch das Zwanghafte ihrer Bildvorstellungen, sondern auch durch den Druck der sozialen Außenwelt. Dieser zweite Bezug tritt bei Mörike noch zurück; jedoch hat er bereits im Symbol des Wahnsinns die ganze Fragwürdigkeit moderner Isolierung und Schein-Freiheit erfaßt. Darin ist er, ungeachtet aller romantischen Verklärung des Wahnsinns, schon ein Vorläufer der Moderne.

Noch in der Nähe des „Maler Nolten" steht Mörikes Kriminalerzählung „Lucie Gelmeroth", 1834 zuerst unter dem Titel „Miß Jenny Harrower" erschienen. Im Mittelpunkt steht nicht eine spannende, dramatisch pointierte Begebenheit, sondern die behutsame Analyse eines ebenso schönen und zauberhaften wie unheimlichen Charakters. Das Selbstquälerische der Heldin grenzt an Hysterie, das Romantische geht in das Medizinische über; aber nicht nur der Icherzähler, auch Mörike selbst wird von dem Einzelfall dieser merkwürdigen Gefühlsverwirrung und dem ins Mystische stilisierten Selbstbetrug der Heldin geheimnisvoll angezogen. Zwar spielt in diese Erzählung nichts Okkultes hinein, aber die Faszination durch das Unbegreifliche in der menschlichen Seele gehört ebenso zu Mörike wie sein ahnendes Erspüren des Übersinnlichen und Wunderbaren, das durch alles Sinnliche gleichsam hindurchscheint. Wenn er zum „Idylliker" wurde, so gerade darum, weil er so preisgegeben lebte, so bedrängt von den elementaren, zwielichthaften Mächten bis an die Grenze des Okkulten.

Auch sein religiöser Glaube, an dem zu zweifeln wir keinen Grund haben, war den gleichen Anfechtungen ausgesetzt; aber wenn sich ihm alles in Poesie verwandelte, so gilt das auch von seinem Christentum. Gedichte wie „Karwoche", „Schlafendes Jesuskind", „Göttliche Reminiszenz" und „Wo find ich Trost" lassen sich kaum in eine Tradition der evangelisch kirchlichen Lyrik einordnen; sie behalten durchaus ihren nur für Mörike charakteristischen Ton.

Märchen und Novelle

Mörike war in erster Linie Lyriker und Erzähler. Sein dramatisches Werk ist schmal und hat mehr Gelegenheitscharakter. Es gehört nur zur Epoche der Mörikeschen Jugend. „Spillner" und „Die umworbene Musa" — beide Titel stammen nicht von Mörike — sind nicht viel mehr als ein fragmentarischer Studentenscherz, „Die Regenbrüder" (1839), das Libretto zur gleichnamigen Oper, hat Mörike im Stil der modischen Zauberoper gedichtet. Weitaus höheren Rang zeigt das in den „Maler Nolten" eingelegte „phantasmagorische" Zwischenspiel „Der letzte König von Orplid". Jedoch ist hier nur die äußere Form dramatisch, die Dichtung selbst ist in ihrer Substanz durchaus lyrisch und ist in Mörikes Traumland Orplid beheimatet. Das Schicksal des tausendjährigen Königs Ulmon, der nicht sterben darf und sich die dunkle Blume des Todes ersehnt, hat in erster Linie etwas Märchenhaftes. Das Märchen aber ist eine der für Mörike wichtigsten Formen. Die junge Feenfürstin Thereile, an die Ulmon in selig-unseliger Liebe magisch noch gegen seinen Willen gebunden bleibt, das Kind Silpelitt, das aus einer halben Elfe in einen glückhaft vergessenden Menschen verwandelt wird, der von Lolegrin, dem lieblichen Götterjüngling, geneckte sichre Mann Suckelborst, der sagenhafte Unhold, der sich die Blätter seines Riesenbuches aus den Torflügeln der Bauernscheunen zusammenstiehlt, um, aufgewiegelt vom Luftgeist Lolegrin, seine kosmischen Urerinnerungen darauf zu schreiben und weiterzureisen zu den Toten in der Unterwelt, denen er die erhabene Botschaft künden soll und sich dabei auch durch den Teufel nicht stören läßt — sie alle sind Märchengestalten aus Orplid, und Orplid kann für Mörike auch noch in Schwaben liegen. Märchenhaftes findet sich ebenso in Mörikes Lyrik wie in seiner Prosa. Außer Brentano und Eichendorff hat es in Deutschland keinen so genialen Märchenerzähler wie Mörike gegeben. Selbst Hoffmann und Hauff müssen hinter ihm zurückstehen. Zwar fand der Freund Vischer, daß Mörike lieber ein Drama oder etwas umfassend Episches mit weltbeherrschenden Ideen aus der sittlichen Welt schreiben sollte, statt in dem „Gebiete der Elfen, der sichern Männer, der Geister, der Salamander" seinen „großen Genius zu verpuffen" (Brief vom 24. August 1838), aber Mörike antwortet mit sicherem Instinkt, trocken und anmutig zugleich:

„Die Märchen sind halt Nürnberger War',
Wenn der Mond nachts in die Butiken scheint,
Drum nicht so strenge lieber Freund,
Weihnachten ist nur einmal im Jahr."

Mörikes Märchen wollten nicht Mysterien künden wie die des Novalis, sie handeln nicht von dem in die Formen der stummen Natur gefesselten Geist wie die Tiecks. Viel absichtsloser, als „Nürnberger War'" sind sie erzählt, aber dabei oft handfest, dinglich, menschlich und auch reich an Schnurren und Schabernack. Mörikes Märchen entstehen aus einer unbegrenzten Spielfreude, selbst das Harte und Schauerliche wird hier ins Kuriose und Koboldhafte gemildert. Das im „Maler Nolten" so durchaus vorherrschende Tragische tritt in Mörikes Märchen meist zurück. Dafür überwiegt das Holde, Anmutige und Gutgelaunte.

Mörikes frühestes Prosamärchen „Der Schatz" (1835) ist mehr literarischer Natur und zeigt noch deutlich den Einfluß Tiecks und Hoffmanns. Jedoch bereits das zweite Prosamärchen „Der

Bauer und sein Sohn" (1838) trifft den naiven Ton der Kinder- und Hausmärchen. Erst im Alter gelingen Mörike seine schönsten Prosamärchen: 1852 „Das Stuttgarter Hutzelmännlein", 1853 „Die Hand der Jezerte". Das erste ist ein ausgesprochenes Glücks- und Abenteurermärchen, das vom Schicksal zweier Menschenkinder handelt, zweier Schützlinge des Stuttgarter Schusterkobolds, des Pechschwitzers, des Hutzelmännchens, des Trösters. Zwei Paar Glücksschuhe werden verwechselt, und das schafft dem Schustergesellen Seppe und der Vrone Kidderlen mancherlei leichten und schweren Verdruß, bis am Ende der Kobold sie zu dem glücklichen Paar vereinigt, das sich vor aller Augen, unter dem Jubel des Volkes, vom magischen Zwang ihrer Zauberschuhe getrieben, bei gefährlich anmutigem Seiltanz verlobt.

Sprichwörtliches, archaisierende schwäbische Redeformen, Holzschnittartiges und Realistisches, Schwankhaftes, drollig Derbes und innig Zartes, Groteskes und Zierliches — das alles vereinigt sich hier in der lustigen „Vermischung des Feenhaften und Purzligen" (Moritz von Schwind) zu einer Märchendichtung, wie sie nur der Humorist Mörike, der „lächelnde Ariel", gestalten konnte.

Ganz anderen Charakter hat „Die Hand der Jezerte" mit ihrem feierlichen Ernst und ihrer fast gläsernen Zartheit. Hier geht das Märchen in die Legende über. Die durchaus gehobene Sprache erinnert an das Alte Testament, an die Psalmen und an das Hohe Lied. Die Geschichte von der toten Jezerte, der Tochter des Gärtners, die der König so sehr geliebt hat, daß er sie nicht mehr vergessen kann, braucht hier nicht nacherzählt zu werden. Das kleine, nur wenig Raum umfassende Märchen gehört in den Bereich der Totenmagie und des Totenkultus. Von der Toten geht eine magisch verwandelnde Kraft aus, die auch noch einen befleckten und irregegangenen Menschen, das Mädchen Naïra, zu heilen und zu sich herüberzunehmen vermag. Mit verhaltener Symbolik, mit gedämpfter Stilisierung, ohne Ironie und ohne psychologische Zergliederung, wird hier von einem magischen Vorgang erzählt, der an der äußersten Grenze der Versinnlichung steht und daher nur noch die leiseste und zarteste Hülle erträgt.

Den Höhepunkt seiner Prosa aber erreicht Mörike in der Novelle seines Alters „Mozart auf der Reise nach Prag" (1855). Mozart — er wurde für Mörike seine genialste Rolle, der Spiegel seiner schönsten Möglichkeiten und verborgensten Gefahren und in alledem noch ein erhöhtes Wunschbild seiner selbst. Nur ein Tag aus Mozarts Leben wird berichtet, aber mit Rück- und Vorblicken in Vergangenes und Zukünftiges. Das alles wird durchaus novellistisch um jene kleine „Begebenheit" gruppiert, die von dem fremden Musiker erzählt, der sich in einem Schloßgarten verirrt hat und unerlaubterweise eine Pomeranze von einem Baum pflückt. Aber so wie dieser Musiker nicht irgendein beliebiger Vagabund ist, so ist auch dieser Pomeranzenbaum ein besonderer, der eine eigene Geschichte hat und für das Fest einer Verlobung bestimmt ist. Wie nun durch Mozart diese Feier zum Fest der Feste emporgetragen wird und wie zugleich die hier zum ersten Male partienweise vorgetragene Musik des „Don Juan" über allen gesellschaftlichen Glanz in den Bereich des Dämonischen und Tragischen hinausführt — das hat gewiß kein „niedlicher Zwerg" fabuliert, sondern einer der größten deutschen Dichter gestaltet. Daran wird auch kein Vergleich mit dem so ganz andersartigen Heine etwas ändern.

Das Rätsel der untrennbaren Vereinigung des Schönen mit dem Schrecklichen, des Heiteren mit dem Tragischen, spüren wir vielleicht hier am stärksten, in Mörikes gelöstester und zugleich glanzvollster Schöpfung, einer Dichtung, die ihrem Range nach zur Weltliteratur gehört. Die versinkende Welt des ancien régime, die letzte große Stunde des österreichischen Rokokos, aber auch der einmalige Augenblick der künstlerischen Eingebung, die tragische Musik und der noch verborgene, frühe, aber auf Mozart schon zukommende Tod — das alles wird hier in die Gattung Novelle aufgenommen, von Mörike erzählt mit einer Darstellungskunst, die spielend und feierlich, naiv und geheimnisvoll, heiter und dämonisch, griechisch und christlich zugleich ist. Die beiden Pole des Mörikeschen Wesens: Geborgenheit in der Liebe und Ausgeliefertsein an Welt und Schicksal, übermütiges Spiel mit den Erscheinungen aus der Fülle des Humors und Überwältigung durch das Elementare, das der Seele zustößt und sie verwandelt — beide sind hier im sprachlichen Kunstwerk des Mörikeschen Alters zu einem Dritten vereinigt: zur Vollendung des Schönen. „Was aber schön ist, selig scheint es in ihm selbst."

Mörike und die Nachwelt

Mörikes Ruhm drang bei Lebzeiten kaum über seine schwäbische Heimat hinaus. Zwar gab es schon früh eine Mörike-Gemeinde, aber sie war lange Zeit klein. Das Feld seiner Dichtung schien zu begrenzt, und der liebenswürdige Pfarrherr von Cleversulzbach blieb für viele der verkauzte schwäbische Heimatdichter, der verspätete gemütvolle Idylliker und der plaudernde, schlichte Märchenerzähler. Wo die Weihe des Pathos fehlt und sich Tiefsinn nicht ausdrücklich als Tiefsinn deklariert, neigen die Deutschen dazu, geringschätzig zu urteilen. Kategorien wie „Weltanschauung" und „Weltbild" blieben für Mörike unergiebig; und eine Dichtung, über deren „Ideen" sich nicht philosophieren läßt, wird hierzulande oft als zweitklassig abgewertet. Erst seit der Jahrhundertwende haben die Vertonungen Hugo Wolfs viel zu Mörikes wachsender Popularität beigetragen. Die Grazie seines Humors blieb trotzdem unverstanden. Noch im Wilhelminischen Deutschland war der Ruf eines Geibel weit größer als der Mörikes. Wie bitter lautet der Zweizeiler Detlev von Liliencrons über Mörike:

„Weil du ein wirklicher Dichter warst, so hast du den Vorzug,
Daß dich der Deutsche nicht kennt — grüße dein Volk aus der
Gruft!"

Eine leise, verhaltene Stimme wie die Mörikes wurde in Zeiten, die sich heroisch gebärdeten, erst recht nicht gehört. Erst in der Nachkriegszeit lernte man die dunklen, ja düsteren Seiten in seinem Wesen und in seinem Werk besser begreifen, entfernte sich aber auch damit wieder von den vielen Spielarten seines Humors. Inzwischen hat man jedoch erkannt, daß es Mörikes Masken zu durchschauen gilt, nicht nur die idyllische, auch die tragische Maske. Das Komplizierte und Vielschichtige dieses Dichters entzieht sich jedem voreiligen Zugriff. Der *Künstler* Mörike, der strenge Meister der Formen, ist bis heute kaum entdeckt worden. Auch von ihm gilt der Goethesche Satz: „Die Form ist ein Geheimnis den meisten."

Mit der allzu bequemen Formel von der gemütvollen Innerlichkeit kann man Mörikes Dichtertum in seiner Komplexität nicht gerecht werden, ja, man verfälscht es damit geradezu. Denn der große Humor ist immer weit mehr gewesen als „Gemüt" und „Innerlichkeit", wenn es auch in Deutschland nur eine spärliche Tradition für ihn gab. Auch mit geistesgeschichtlichen, relativierenden Einordnungen in Romantik und Biedermeier ist Mörike kaum zu fassen. Je länger die Zeitspanne ist, die uns von ihm trennt, um so rätselhaft undurchdringlicher wird seine Gestalt und sein Werk. Zwar wächst die Zahl derer, die ihn lieben, immer mehr. Der Zugang zu ihm scheint zunächst leicht zu sein. Manche seiner Verse stehen mit Recht in vielen Kinder- und Lesebüchern. Aber diese Art von Mörike-Tradition ist genau gesehen nicht viel mehr als eine liebenswürdige Täuschung. Gerade weil Mörike so wenig über sich selbst und andere reflektiert, sich so gar nicht auf standpunktsgebundene Ideologien festlegen läßt, so unmittelbar als Dichter gegenwärtig ist, entzieht er sich nicht nur seiner, sondern sogar noch unserer Zeit. Vielleicht werden wir ihn erst dann ganz vernehmen und verstehen können, wenn wir inmitten einer verwalteten Welt erfahren müssen, erfahren dürfen, daß sich ohne Seele auch in ihr nicht leben läßt. Ein solches Reich der Seele jedoch in seinen Widersprüchen und in seinen Versöhnungen, im Tragischen wie im Komischen, im Naiven wie im Komplizierten — das wird auch in Zukunft in Mörikes Dichtung weiterleben.

Benno von Wiese

ZEITTAFEL

1804 8. 9.: Eduard Friedrich Mörike wird in Ludwigsburg (Württemberg) als Sohn des Stadt- und Amtsarztes Karl Friedrich Mörike und seiner Frau Charlotte Dorothea geb. Beyer geboren.
Väterlicherseits stammt die Familie aus der Mark Brandenburg. Ein Vorfahre war von dort Ende des 17. Jahrhunderts nach Württemberg gekommen. Die Mutter ist die Tochter eines schwäbischen Pfarrers in Grafenberg. Besonderes Verhältnis Eduards zu folgenden Geschwistern: Karl (*1797), Luise (*1798), August (*1807) und später zu Klara (*1816).

1811 Eintritt in die Ludwigsburger Lateinschule, die M (Mörike) zusammen mit den Freunden Rudolf Lohbauer, Friedrich Kauffmann, Hermann Hardegg, Friedrich Theodor Vischer und David Friedrich Strauß besucht. — Freundschaft mit der Base Klärchen Neuffer, seiner „Kinderbraut".

1817 22. 9.: Tod des Vaters. — Die Mutter übersiedelt mit den Kindern nach Stuttgart. M's Oheim, der Obertribunalrat Friedrich Eberhard von Georgii, ein literarisch vielseitig interessierter Mann, sorgt für seine Erziehung. Ein Jahr lang besucht M das Gymnasium illustre in Stuttgart.

1818 Oktober: Eintritt in das „Niedere theologische Seminar" in Urach. Hier Beginn der Freundschaft mit Johannes Mährlen und dem „Urfreund" Wilhelm Hartlaub. — Umfangreiche Lektüre: Ariost, Calderon, Goldsmith, Goethe, Jean Paul, Hölderlin, Klopstock, Kerner, Schiller, Shakespeare.

1821 Erster (brieflicher) Kontakt mit dem Dichter Wilhelm Waiblinger.

1822 28. 11.: Zusammen mit Hartlaub und Waiblinger Beginn des Theologiestudiums an dem berühmten Tübinger Stift. — Lockerung der Verbindung zu Klärchen Neuffer.

1823 Ostern: Erste Begegnung mit dem Schenkmädchen Maria Meyer („Peregrina" der *Gedichte,* „Elisabeth" im *Maler Nolten*).
15. 4.: Freundschaftsbund mit dem Schriftsteller Ludwig Bauer und mit Waiblinger. — Begegnung mit dem umnachteten Hölderlin. Mit den Freunden Lektüre des Ossian. Eigentlicher Beginn seines Dichtertums.

1824 Frühjahr: Angeregt durch das mysteriöse Schicksal Maria Meyers faßt M den Plan eines Trauerspiels. Im Herbst vernichtet er die Skizzen. Juli: Gesundheitlicher Zusammenbruch und Rückkehr nach Stuttgart. 25. 8.: Plötzlicher Tod des Bruders August. Plan eines einaktigen Librettos für den Komponisten Louis Hetsch.
Ende Oktober: Rückkehr ins Tübinger Stift.

1825 Lockerung der Beziehungen zu Lohbauer und Waiblinger. Innige Freundschaft mit Ludwig Bauer. Gemeinsame Lektüre von Homer, Ossian, Fouqué, Jean Paul, E.T.A. Hoffmann, Kerner, Uhland, Tieck. Freundschaft mit den Komponisten Louis Hetsch und Friedrich Kauffmann.
Herbst: David Friedrich Strauß und Friedrich Theodor Vischer treten in das Tübinger Stift ein.

1826 Oktober: Theologisches Abschlußexamen.
Dezember: Vikar, zunächst in Oberboihingen, dann in Möhringen. — Dramatische Pläne: „König Enzio" (nicht erhalten), *Die umworbene Musa, Spillner*, Libretto einer Oper „Ahasver" (nicht erhalten).
Aus der gemeinsam geschaffenen Fiktion des Sagenlandes Orplid schreiben M und Bauer Dramen: M: *Der letzte König von Orplid*, Bauer: *Der heimliche Maluff* und *Orplids letzte Tage*.

1827 31. 3.: Tod der Schwester Luise.
18. 5.: Vikar in Köngen. Starke Bedrückung durch die „Vikariatsknechtschaft". Mitte September: Reise nach Tübingen. Im Winter mehrmonatiger Urlaub in Nürtingen. Plan eines einaktigen Singspiels (um ein blindes Mädchen) für Hetsch.

1828 Ab 20. 2. Aufenthalt in Scheer an der Donau bei dem Bruder Karl, Amtmann in Scheer. Liebe zu Josephine, der Tochter des Lehrers in Scheer.
Anfang Juni: Übersiedlung zum Vetter Heinrich M nach Buchau am Federsee. — Lektüre: Goethe-Schiller-Briefwechsel.
Juli: Als Begleiter seines Onkels Johann Gottlieb M Reise nach Bayern und München.
Herbst: Rückkehr nach Stuttgart. Vergeblicher Versuch, als freier Schriftsteller zu leben. Einen Vertrag mit der Franckhschen Buchhandlung (vom 12. 10.), „eine bestimmte Anzahl von erzählenden und anderen ästhetischen Aufsätzen" zu schreiben, löst M wieder (Dez.), da er nicht termingebunden arbeiten kann.
November: Beginn des *Maler Nolten*. Plan, ein „Journal für Kunst und ästhetische Unterhaltung" zu gründen.

1829 Mitte Januar: Reise von Nürtingen nach Scheer zu Bruder Karl.

Mitte Februar: Pfarrverweser in Pflummern.
19. 5.: Pfarrverweser in Plattenhardt auf den Fildern. Liebe zu der dreiundzwanzigjährigen Tochter des ehemaligen Plattenhardter Pfarrers, Luise Rau.
14. 8.: Verlobung mit Luise Rau.
Dezember: Versetzung nach Owen.

1830 Spätherbst: Beendigung des *Maler Nolten*.

1831 M's Bruder Karl wird wegen revolutionärer Umtriebe (im September) zu einem Jahr Festungshaft auf dem Hohen Asperg verurteilt.
Mai: Dreimonatiger Urlaub in Stuttgart in Johannes Mährlens Gartenhaus. Häufiger Theaterbesuch. Freundschaftlicher Umgang mit Hetsch, Lohbauer, Strauß, dem Historienmaler Eberhard Wächter, dem Psychiater Albert Zeller und dem Schriftsteller Wilhelm Zimmermann.
Aufenthalt in Hohenheim, wo sein Bruder Louis studiert.
Reise nach Ulm und Oberschwaben.
Ende Juli: Pfarrverweser in Eltingen.

1832 21. 1.: Übernahme des Vikariats in Ochsenwang.
Lektüre: Grabbe, E.T.A. Hoffmann, Kotzebue, Lichtenberg, Logau, Jean Paul, Rousseau, Hans Sachs, Schelling, Spinoza und Tieck.
August: Erscheinen des *Maler Nolten* bei Schweizerbart.
Plan eines religiösen Romans *(Bruchstücke eines Romans)*.

1833 September/Oktober: Lösung der Verlobung mit Luise Rau.
Ende Oktober: Diakonatsverweser in Weilheim.

1834 Beginn des Opernlibrettos *Die Regenbrüder* für Ignaz Lachner.
März: Pfarrverweser in Owen.
April: Pfarrverweser in Öthlingen.
Mai: Ernennung zum Pfarrer von Cleversulzbach, wohin seine Mutter und seine Schwester Klara ihm folgen. — Lektüre: Bibel, Grimms Märchen, Bettina von Arnims Buch über die Günderode, Börne. — Eifriger Sammler von Münzen, Altertümern und Autographen.
Herbst: Aufzeichnungen über den Hausgeist Rabausch (= Eberhard Ludwig Rabausch, M's Amtsvorgänger in Cleversulzbach).
Veröffentlichung von *Miß Jenny Harrower* in der *Urania*.

1835 Frühjahr: Beendigung der Novelle *Der Schatz*.
Freundschaftliche Beziehungen zu Justinus Kerner in Weinsberg.

1836 Veröffentlichung von *Der Schatz* im *Jahrbuch schwäbischer Dichter und Novellisten* bei Balz.

1837 Freundschaft mit Hermann Kurz.
   5. 8. bis Mitte September: Kuraufenhalt mit seiner Schwester Klara in Mergentheim. In Kerners Weinsberger Haus Begegnung mit Uhland, Emma von Niendorf und dem Liederkomponisten Karl Mayer.
   Vorbereitung der ersten Gedichtausgabe. — Entstehung der humoristischen Gedichtsammlung *Sommersprossen von Liebmund Maria Wispel*.

1838 Frühjahr: Beendigung des Märchens *Der Bauer und sein Sohn*. Beginn der Arbeit an einer griechisch-römischen Anthologie.
   Sommer: Urlaub mit der Mutter in Lauffen.
   August: 1. Ausgabe der Gedichte bei Cotta.
   Oktober: Besuch bei Hartlaub in Wermutshausen.
   November bis Ende Dezember: Aufenthalt in Stuttgart; Begegnungen mit Grüneisen, Kerner, Lachner, Lindpaintner, Prinzessin Marie von Württemberg und anderen.

1839 April: Erscheinen von *Iris. Eine Sammlung erzählender und dramatischer Dichtungen* bei Schweizerbart. (Enthält: *Der Schatz, Die Regenbrüder, Der letzte König von Orplid, Lucie Gelmeroth, Der Bauer und sein Sohn*)
   22. 4.: Aufführung der *Regenbrüder*. M nimmt daran nicht teil. Im Auftrag der Schweizerbartschen Buchhandlung kauft M Abschriften von Schillerschen Familienbriefen, die er mit einem kurzen Geleitwort im 2. Band der Boas'schen *Nachträge zu Schillers Werken* herausgibt.

1840 Sommer: Mit Hartlaub Besuch bei Hetsch in Heidelberg.
   September: Reise mit seinem Bruder Louis in die Schweiz (Thurgau).
   Dezember: Veröffentlichung der *Classischen Blumenlese* bei Schweizerbart.

1841 26. 4.: Tod der Mutter.
   Sommer: M schreibt im Auftrag von Regisseur Moritz für das Regierungsjubiläum König Wilhelms von Württemberg (27. 9. 1841) ein Singspiel *Das Fest im Gebirge*. Die Aufführung unterbleibt. Das Werk ist bis heute nicht veröffentlicht.

1842 Oktober: Besuch bei Vetter Karl M in Neuenstadt; dort Begegnung mit Kauffmann und Strauß.

1843 Reise nach Nürtingen. Besuch bei Hölderlins Schwester, Durchsicht von Hölderlin-Manuskripten.
   August/September: Pensionierung auf eigenen Wunsch.
   19. 9.: M und seine Schwester Klara ziehen für ein halbes Jahr zu Hartlaubs nach Wermutshausen, wo M sein Haushaltsbuch beginnt.

1844 18. 4.: Umzug mit Klara nach Schwäbisch Hall. Petrefakten-
sammlung.
Herbst: Kur in Nürtingen.
1. 11.: Umzug nach Bad Mergentheim.
Eine von M besorgte Auswahl der Gedichte Waiblingers erscheint
bei Heubel in Hamburg.

1845 April: M zieht in das Mergentheimer Haus des Oberstleut-
nants von Speeth. Dessen Tochter Margarethe wird die Freundin
der Geschwister Mörike.

1846 Oktober: Veröffentlichung der *Idylle vom Bodensee* bei Schweizerbart.

1847 Auf Uhlands Empfehlung und Jakob Grimms Vorschlag erhält M für die *Idylle* den Tiedge-Preis.
Herbst: Besuch bei Hartlaub in Wermutshausen.
November: 2. Auflage der Gedichte bei Cotta (vordatiert auf
1848).

1848 August: Kur in Bad Teinach. Fahrt nach Möttlingen zu Pfarrer
Johann Christoph Blumhardt, der durch Handauflegen M's
Schmerzen lindert. — Aus politischen Gründen Zerwürfnis mit
Hermann Kurz.

1850 Oktober bis Jahresende: Mit Klara Besuch bei Bruder Louis,
Verwalter auf dem Pürkelgut bei Regensburg.

1851 April: Fahrt nach Stuttgart. Vergebliche Bemühung, die Stelle
eines Bibliothekars zu bekommen.
Reise mit Klara an den Bodensee; Plan, in Konstanz ein Mäd-
chenpensionat zu gründen.
22. 4 bis 12. 6.: Aufenthalt in Egelshofen im Thurgau. Studium
von Vischers *Ästhetik*. — Rückkehr nach Stuttgart.
15. 10.: Beginn des literarischen Unterrichts („Frauenzimmer-
lektionen") am Stuttgarter Katharinenstift.
25. 11.: Heirat mit der Katholikin Margarethe von Speeth (in
Mergentheim). Wohnung in Stuttgart.

1852 Sommer: Besuch bei Hartlaubs in Wimsheim.
5. 8.: Ernennung zum Dr. phil. h. c. durch die Universität
Tübingen. Entstehung des *Stuttgarter Hutzelmännleins*.

1853 Plan zu einer poetischen Behandlung des Makkabäer-Stoffes.
Mai: Veröffentlichung des *Stuttgarter Hutzelmännleins* bei
Schweizerbart.
Herbst: Kurzfristige Übernahme der Redaktion des Beiblattes
zur Metzlerschen Frauenzeitung *Der Salon*. — Veröffentlichung
von *Die Hand der Jezerte* im *Kunst- und Unterhaltungsblatt*.

1854 Freundschaft mit Paul Heyse.

1855 Beginn der Freundschaft mit Emanuel Geibel.
26. 4.: Geburt der Tochter Fanny.
Juli/August: Erstdruck von *Mozart auf der Reise nach Prag* in Cottas *Morgenblatt für gebildete Stände*.
15./16. 8.: Besuch Theodor Storms bei M.
Dezember: Veröffentlichung zusammen mit Friedrich Notter: *Theokritos, Bion und Moschos* (Übersetzungen), bei Hoffmann in Stuttgart. Die Mozart-Novelle erscheint, vordatiert auf 1856, bei Cotta als Buch. M's stärkster Erfolg beim Publikum.

1856 Sommer: Angebot König Maximilians von Bayern, nach München überzusiedeln; M lehnt ab.
Herbst: 3. Auflage der Gedichte. — Veröffentlichung von *Vier Erzählungen (Der Schatz, Lucie Gelmeroth, Der Bauer und sein Sohn, Die Hand der Jezerte)* bei Schweizerbart.

1857 28. 1.: Geburt der Tochter Marie.
Frühjahr: Besuch Friedrich Hebbels bei M.
Juli: Reise an den Bodensee.

1859 Frühjahr: Beschäftigung mit der Umarbeitung des *Maler Nolten*, die bis zu seinem Tode dauert, ohne abgeschlossen zu werden.

1861 Sommer: Besuch bei Hartlaubs in Wimsheim.

1862 Juli: Reise mit Mährlen in den Schwarzwald.
28. 11.: Berufung durch den König von Bayern in das Kollegium des Maximiliansordens für Kunst und Wissenschaft.

1863 Herbst: Aufenthalt mit Schwester Klara und Tochter Marie in Bebenhausen.

1864 M erhält das Ritterkreuz des württembergischen Friedrichsordens. — 3. Auflage von Karl Mayers Gedichten, an deren Redaktion M beteiligt ist.
Juli: Veröffentlichung von *Anakreon und die Anakreontischen Lieder* bei Krais und Hoffmann in Stuttgart.
Freundschaft mit Moritz von Schwind.

1865 31. 1.: Besuch Iwan Turgenjews bei M.
November: M lehnt es ab, am Stuttgarter Polytechnikum Vorlesungen zu halten.

1866 Rege Freundschaft mit Vischer.
Sommer: Kuraufenthalt in Wemding (Bayern).
20. 11.: Beendigung der Lehrtätigkeit am Katharinenstift.

1867 Januar: Schwind schickt M die Zeichnungen zu *Das Pfarrhaus zu Cleversulzbach, Erzengel Michaels Feder, Das Märchen vom sichern Mann*.
Ende Mai: 4. Auflage der Gedichte bei Göschen.
Juni: Umzug mit Ehefrau Margarethe nach Lorch.

1868 Ende 1867 / Anfang 1868: Rückkehr nach Stuttgart. — Ende Januar: Mit Klara nach Lorch.
Sommer: Schwind schickt M seine Illustrationen zur *Historie von der schönen Lau* und zu den *Vier Erzählungen*.

1869 November: Rückkehr von Lorch nach Stuttgart.

1870 Februar: Umzug nach Nürtingen.

1871 Wiederaufnahme der Beziehungen zu Hermann Kurz, der ihm die Aufnahme der Mozart-Novelle in den *Novellenschatz* mitteilt.
August: Umzug nach Stuttgart. Häusliche Zerwürfnisse mehren sich.

1872 November: 5. Auflage (Titelauflage) der Gedichte bei Göschen (vordatiert auf 1873).
Prachtausgabe der *Historie von der schönen Lau* mit Schwinds Zeichnungen (ebenfalls bei Göschen und vordatiert auf 1873).

1873 Frühjahr: Wachsende familiäre Spannungen, da Tochter Fanny sich gegen M's Willen verlobt.
Juli: Aufenthalt in Stöckenburg bei Hartlaubs.
August/September: Aufenthalt in Lorch.
12. 9.: M zieht mit Klara und Marie nach Fellbach bei Cannstatt; Margarethe und Fanny bleiben in Stuttgart.
November: Rückkehr nach Stuttgart.

1874 Juni/Juli: Aufenthalt in Bebenhausen bei der Familie Walther. Freundschaft mit Walthers und Wilhelm Hemsen. Begegnung mit Emil Kuh und Isolde Kurz.
Herbst: Letzter Besuch bei Hartlaub in Stöckenburg.

1875 Frühjahr: Beginn der schweren Krankheit.
Ende Mai: Versöhnung mit Margarethe.
4. 6.: Tod M's.
6. 6.: Beerdigung auf dem Stuttgarter Pragfriedhof. Grabrede von Friedrich Theodor Vischer.

ANMERKUNGEN

Die folgenden Anmerkungen sollen — auf der Grundlage des bisher veröffentlichten Materials — das Wesentliche zur Entstehungsgeschichte, zu den Originaldrucken sowie zum sachlich-sprachlichen Verständnis von Mörikes Werken darbieten. Dabei werden möglichst zahlreiche Briefzeugnisse des Dichters und seiner Freunde zitiert, damit das für Mörike bezeichnende Wechselverhältnis von Werken und Briefen deutlich werde. Die Mörikeforschung wird in weitem Umfang herangezogen. Die dreibändige Ausgabe *Mörikes Werke*, herausgegeben von Harry Maync (2. Auflage 1914; zitiert: Mc I, II, III), ist, auch wo dies nicht einzeln vermerkt wird, meist Grundlage der sachlichen und sprachlichen Erläuterungen. Für die Gedichte sind die vorliegenden Anmerkungen neben den Ausgaben von Rudolf Krauß und Harry Maync vor allem den neu erarbeiteten Entstehungs- und Drucknachweisen von Hans-Henrik Krummacher in den Beiträgen des *Jahrbuchs der Deutschen Schillergesellschaft*, Bd. 5 und 6, (zit.: Km V, VI) dankbar verpflichtet. Krummacher hat seine Forschungen in dem von ihm erstellten „Inhaltsverzeichnis der Gedichte" in der 3. Auflage von Herbert G. Göpferts Mörike-Ausgabe, München, Hanser 1964, S. 1466—1493, fortgesetzt und erweitert. Die Angaben zur Entstehung und Datierung der Gedichte, die Krummacher dort unter dem Vorbehalt späterer Änderungen durch die im Entstehen begriffene, in den Gedichtbänden von ihm betreute historisch-kritische Mörike-Ausgabe geboten hat, werden in unserer Ausgabe mit herangezogen und, soweit möglich, überprüft.

Hinweise auf den heutigen Aufenthaltsort handschriftlicher Überlieferung werden nur bei den von Mörike selbst nicht veröffentlichten Werken gegeben. Das umfangreiche Handschriftenmaterial zu Mörikes Werken und Briefen befindet sich größtenteils im Goethe- und Schiller-Archiv Weimar, im Schiller-Nationalmuseum Marbach sowie in der Württembergischen Landesbibliothek Stuttgart. Die in den Anmerkungen verwendeten Abkürzungen der Mörike-Ausgaben sowie der übrigen Literatur sind in der Bibliographie am Schluß des Bandes (S. 1097 ff.) aufgelöst.

Allgemeine Abkürzungen: E = Entstehung
D = Erstdruck
E. M = Eduard Mörike
RB = Rechenschaftsbericht(e) des Schwäbischen Schillervereins Marbach

Slg. = zu Lebzeiten Mörikes gedruckte, von ihm selbst betreute Gedichtsammlung
T   = Textgrundlage für unsere Ausgabe.

Abkürzungen der Druckorte der von M selbst veröffentlichten Werke:
(Siglen meist nach Mc III, 454 f., dessen lückenhafte Angaben ergänzt worden sind. Bei Zeitschriften geben wir den gesamten Erscheinungszeitraum an, nicht nur die Jahrgänge, die Werke M's enthalten.)

AZ = Allgemeine Zeitung (Wochenausgabe). Augsburg und München: Verlag der Allgemeinen Zeitung.
BF = Blumen aus der Fremde. Poesien von Gongora, Manrique, Camoëns, Milton usw. Neu übertragen von P. Heyse, K. Krafft, E. Mörike, F. Notter, L. Seeger. Stuttgart: E. Schweizerbart'sche Verlagshandlung. 1862.
Cl Bl = Classische Blumenlese. Eine Auswahl von Hymnen, Oden, Liedern, Elegien, Idyllen, Gnomen und Epigrammen der Griechen und Römer; nach den besten Verdeutschungen, teilweise neu bearbeitet, mit Erklärungen für alle gebildeten Leser. Herausgegeben von Eduard Mörike. Erstes [und einziges] Bändchen. Stuttgart: E. Schweizerbart'sche Verlagshandlung. 1840.
DaZ = Damen-Zeitung. Ein Morgenblatt für das schöne Geschlecht. Herausgegeben von C. Spindler. Jg. 1, 2. 1829—30. Stuttgart: (Jg. 2: München) Franckh.
DDS = Deutsches Dichterbuch aus Schwaben. Herausgegeben von Ludwig Seeger. Stuttgart: Druck und Verlag von Emil Ebner. 1864.
DKA = Düsseldorfer Künstler-Album. Herausgegeben von Wolfgang Müller von Königswinter. Jg. 1—16. 1851—1866. Düsseldorf: Breidenbach u. Co.
DMA[1] = Deutscher Musenalmanach für das Jahr 1833 [bis 1836]. Herausgegeben von Adelbert von Chamisso und Gustav Schwab. Jg. 4—7. Leipzig: Weidmannsche Buchhandlung.
DMA[2] = Deutscher Musenalmanach. Herausgegeben von Theodor Echtermeyer und Arnold Ruge. Berlin: Simion. 1841.
DMA[3] = Deutscher Musenalmanach. Herausgegeben von Christian Schad. Jg. 1—9. 1851—1859. Würzburg: Stahel.
F   = Freya. Illustrierte Blätter für Deutschlands Frauen und Jungfrauen. Jg. 1—7, 1861—67. Stuttgart: Krais und Hoffmann. (1865 ff.: Illustrierte Blätter für die gebildete Welt.)

FZ = Frauen-Zeitung für Hauswesen, weibliche Arbeiten und Moden. Stuttgart: Verlag der Frauen-Zeitung.

Iris = Iris. Eine Sammlung erzählender und dramatischer Dichtungen von Eduard Mörike. Mit zwei Darstellungen nach Zeichnungen von Fellner und Nisle. Stuttgart: E. Schweizerbart's Verlagshandlung. 1839.

JsDN = Jahrbuch schwäbischer Dichter und Novellisten. Herausgegeben von Eduard Mörike und Wilhelm Zimmermann. Stuttgart: P. Balz'sche Buchhandlung. 1836.

KuU = Kunst- und Unterhaltungsblatt für Stadt und Land. Herausgegeben von C. Kneller, redigiert von G. Wöhrn. Jg. 1. 1852. Stuttgart: Verlag von C. Knellers Kunstanstalt.
Kunst- und Unterhaltungsblatt für Stadt und Land. Herausgegeben von Sigmund Sax. Jg. 2. 1853. Stuttgart: Verlag der literarisch-artistischen Anstalt.

Mbl = Morgenblatt für gebildete Stände. Jg. 1—59. 1807—65. Stuttgart und Tübingen: J. G. Cotta'scher Verlag. (Jg. 32 ff.: Morgenblatt für gebildete Leser.)

MN = Maler Nolten. Novelle in zwei Theilen von Eduard Mörike. Stuttgart: E. Schweizerbart's Verlagshandlung. 1832. 2 Bde.

NJ = Norddeutsches Jahrbuch für Poesie und Prosa. Herausgegeben von Heinrich Pröhle. Jg. 1. 1847. Merseburg: Louis Garcke.

Sa = Salon. Unterhaltungsblatt zur Frauen-Zeitung. (Siehe FZ.)

VE = Vier Erzählungen von Eduard Mörike. Stuttgart: E. Schweizerbart'sche Verlagshandlung. 1856.

Wb = Weihnachtsbaum für arme Kinder. Gaben deutscher Dichter, eingesammelt von Friedrich Hofmann. Hildburghausen: Bibliographisches Institut.

WL = Der Württembergische Landbote. Ein Tageblatt. Jg. Mai bis Dez. 1832, 1833—1838. Stuttgart: Hallberger.

Abkürzungen der in den Anmerkungen zitierten Briefwechsel:

Br. I, II = E. M's Briefe. Hrsg. von Karl Fischer und Rudolf Krauß. 2 Bde. Berlin 1903/04.

Br. Seebaß[2] = E. M. Briefe. Hrsg. von Friedrich Seebaß. Tübingen 1939.

Br. Seebaß[3] = E. M. Unveröffentlichte Briefe. Hrsg. von Friedrich Seebaß. 2., umgearb. Auflage. Stuttgart 1945.

Brautbr. = E. M. Briefe an seine Braut Luise Rau. Hrsg. von Friedhelm Kemp. München 1965.

Br. Eggert-Windegg = E. M's Brautbriefe. Hrsg. von Walther Eggert-Windegg. München 1908.

Br. Hartlaub = Freundeslieb' und Treu. 250 Briefe E. M's an Wilhelm Hartlaub. Hrsg. von Gotthilf Renz. Leipzig 1938.
Br.w. Kurz = Briefwechsel zwischen Hermann Kurz und E. M. Hrsg. von Heinz Kindermann. Stuttgart 1919.
Br.w. Schwind = Briefwechsel zwischen E. M. und Moritz von Schwind. Hrsg. von Hanns Wolfgang Rath. 2., verm. Auflage. Stuttgart 1920.
Br.w. Vischer = Briefwechsel zwischen E. M. und Friedrich Theodor Vischer. Hrsg. von Robert Vischer. München 1926.

MALER NOLTEN
(Erste Fassung)

Die erste Fassung des im Erstdruck als Novelle bezeichneten Romans ist während Mörikes Vikariatszeit im Sommer 1828 entworfen und im wesentlichen im Sommer 1830 fertiggeschrieben worden.* Eine frühe Erwähnung des offenbar lang gehegten Planes findet sich im Brief an Ludwig Bauer vom 9. 12. 1827: „Mit großer Liebe denke ich immer an den Roman, wovon ich Dir einmal sagte, und ich ahne die Zeit schon, da ich mit Ruhe drangehen kann. Für jetzt darf ich mir die Versuchung nicht kommen lassen..." (Br. Seebaß[2] 103). M hofft, während des genehmigten Urlaubs vom Vikariat und in der danach ersehnten freiberuflichen Situation Zeit zur Ausarbeitung eines größeren Werkes zu finden. (Auch an einen „Theaterstoff" für ein Drama ist zeitweise gedacht.) Jedenfalls beabsichtigt der Dichter, sich von der Lyrik abzukehren und dem objektiven Genre epischer oder dramatischer Gestalt zuzuwenden und dadurch im Verlag Cotta — etwa beim *Morgenblatt* — oder bei Franckh eine Stellung zu gewinnen. (Vgl. Briefe an Bauer, 9. 12. 1828; an Mährlen, 20. 12. 1828; 7.5. 1829; Br. Seebaß[2] 131 bis 140.) Um die ersten Entwürfe des Romans, in dem nach Storz „Traum und Kunst, Kunst und Leben, vergangene, aber weiterwirkende Zeit, Liebesverhängnis und persönliches Schicksal in den einen Zug der Todesverfallenheit eingebunden" sind *(Zeitschrift für deutsche Philologie* 85, S. 166), handelt es sich wohl in dem Brief an Mährlen vom 7./8. Okt. 1828: „... ich versprach ihm [Franckh] eine Erzählung für seine bald erscheinende Damenzeitung, ich teilte ihm die Skizze mit, und er war nach seiner Art sehr enthusiasmiert — kurz, ich glaubte das Püppchen zugeknetet und zugerichtet zu haben, daß es nur auf mich ankäme, einen förmlichen Kontrakt abzuschließen." (Br. I, 89) Die Arbeit bleibt jedoch zunächst liegen. Erst die Bekanntschaft mit Luise Rau gibt M neuen Auftrieb, so daß

---

* Zu den ersten Nolten-Entwürfen vgl. M's Notizen in den handschriftlichen Gedichtsammlungen, dem „Grünen Heft" und dem „Buchauer Liederheft". (Nach G. Storz: Maler Nolten, Zeitschrift für deutsche Philologie 85, 1966, S. 161)

er im Sommer 1830 die Arbeit am *Nolten* wieder aufnimmt und noch im Verlauf des Sommers zu Ende führt. Vgl. Br. an Hartlaub, 23. 7. 1830: „Ich habe diesen Sommer eine Novelle geschrieben, welche zu Zeiten meines Cotta-Franckhischen Verhältnisses angefangen worden war: ein Stück aus dem Leben eines (imaginierten) Malers. Vielleicht liesest Du's bald gedruckt." (Br. Hartlaub 47). Zuerst will M das Werk in einem dafür zu gründenden Taschenbuch drucken lassen. (Über den Plan zu diesem Taschenbuch, für das auch Kerner, Uhland, Schwab und Tieck gewonnen werden sollten, vgl. Br. M's an Bauer, 17. 9. 1830: „... Der Orplid-Guckkasten aus Schicksal und Vorsehung wird Dir in veränderter Gestalt seine Aufwartung in dem Büchlein machen, ich habe die letzten Szenen hinzugefügt usw. ... Das Taschenbuch soll den Titel haben ‚Taschenbuch ohne Jahresschild' ... Ohne Zweifel wird Reimer in Berlin es verlegen ..." Br. Seebaß[2] 242 f.) An Mährlen schreibt M am 20. [?] Sept. 1830: „Meine Novelle hat nun in einer ziemlich gedrängten Abschrift von Provisor-Hand 25 Bogen und wohl 12 kommen noch dazu. Was mir bei einer klaren Übersicht jetzt als ein Fehler erscheint, ist, ich hätte von Anfang mich mehr auf Reflexion darin einlassen sollen, so hätte sich wohl die Handlung mehr gehoben. Unterhaltung wird's immer machen, und eigentliche Erzählung, Schlag auf Schlag ist doch eigentlich im Charakter der Novelle. Ich war, ehe Dein Brief kam, schon entschlossen, die Sache dem Reimer in Berlin zuzuschicken..." (Br. Seebaß[3] 55 f.) Zu Mährlens Vorschlag, den *Nolten* als selbständiges Buch zu drucken, vgl. Br. M's an Mährlen, 27. 9. 1830: „... was mich abhält, ist der geringe Begriff, den ich von der Würde meiner Erzählung habe. Ich möchte das Ding nur so gelegentlich in die Welt schlüpfen lassen ohne alle Prätensionen als erstes Debüt. In der leichtfertigen Almanachsgestalt wird es weniger geeignet sein, ein Vorurteil, einen Maßstab für etwa künftige Versuche, für mein Talent überhaupt abzugeben. ... Diese Novelle, in ihrer Gattung betrachtet, gehört wohl nicht unter die übeln Arbeiten, aber alles ist nur an seinem Platze gut..." (Br. Seebaß[2] 243 f.) Schließlich kommt es doch zum Druck als selbständiges Buch bei Schweizerbart. (Über den Druckbeginn im Spätsommer 1831 vgl. Brief an Hartlaub, 14. 9. 1831, Br. Hartlaub 49. — Ebenda auch über eine Skizze des Malers Wächter, die dem Buch aber nicht beigefügt wurde.) An den Bruder Karl sendet M am 6. 12. 1831 „eine weitere Folge von Aushängebogen". In diesem Brief erörtert er auch die Möglichkeiten, das Werk dem Geheimen Rat Kerner (Bruder Justinus Kerners) zu widmen, erbittet Karls Kritik und gibt Rechenschaft über den 2. Teil nach dem Zwischenspiel. (Br. Seebaß[2] 303—306) Am 10. 12. 1831 schreibt der Dichter an Luise Rau über die „Novelle": „Seit ich sie nach und nach gedruckt lese (über die Hälfte ist nun schon fertig), hab ich immer mehr Vertrauen auf das Ganze, und auch meine Freunde prophezeien Gutes." (Brautbr. 187. Vgl. Br. an Vischer, 4. 2. 1832, Br.w. Vischer 48. Über die eingelegten Lieder und ihre Komposition vgl. Brief an Karl M, 22. 2. 1832, Br. Seebaß[2] 317—321. Zur positiven Reaktion der Freunde vgl. Briefe an Luise Rau, 8. 2. 1831; 25. 3. 1832; Br. Seebaß[2] 264, 328; Brief an Charlotte M, 25. 2. 1832; Br. Seebaß[2] 325; vor allem Brief an Mährlen, 2. 9. 1832; Br. Seebaß[2] 378 f.) An Vischer schreibt M über das vorläufige Honorar am 8. 9. 1832: „Ich habe es an E. Schweizerbart in Stuttgart gegeben um den Spottpreis von 150 Gulden ..." (Br.w. Vischer 44; vgl. Br. an Vischer, 14. 5. 1832, Br.w. Vischer 68.)

Der Schwester Klara kann M am 19. 5. 1832 von „der Korrektur der vier letzten Druckbogen" berichten. (Br. Seebaß[3] 64) Schließlich plant M doch, den Roman zweigeteilt zu drucken. (Vgl. Brief an Mährlen, 21. 5. 1832: „Es ist mir selbst lieb, wenn das Buch in zwei Teile zerfällt ... Ich will Schweizerbart ... drüber schreiben. — Indessen darfst Du mir doch glauben, daß ich im Verlauf der Erzählung auch nicht um eine Linie hätte gedrängter sein können, ohne dem Ganzen zu schaden ..." — Br. Seebaß[2] 347. — An gleicher Stelle fragt M Mährlen um Rat hinsichtlich seines Entschlusses, seiner „Pastoralstellung" wegen den „Maler" ohne seinen Namen herauszugeben. — Br. Seebaß[2] 349. — Zu den verschiedenen Vorschlägen für ein Pseudonym siehe Br. an Mährlen, 5. 6. 1832, Br. Seebaß[2] 360 f.) Die Zweiteilung des Werkes erfordert noch einige Textänderungen. (Vgl. Brief an Vischer, 23. 5. 1832, Br.w. Vischer 76, wo der Dichter auch das tragische Ende von Nolten und Agnes begründet. — Br.w. Vischer 82 f.)

M bittet seine Freunde Vischer und Mährlen um Rezensionen des Werkes. Vgl. Br. an Vischer: 14. 5. 1832; 23. 5. 1832; 4. 8. 1832; Br.w. Vischer 68 f., 76, 90. — Br. an Mährlen, 5. 6. 1832; Br. Seebaß[2] 361. Vgl. auch Brief an Mährlen, 2. 9. 1832: „Den Freundschaftsdienst, welchen Du dem Maler Nolten im Hochwächter leisten willst, werd ich Dir hoch anrechnen ... Übrigens möchte ich Dich in Deiner Beurteilung insbesondere auf Elisabeth und ihr Schicksalsgewebe (vorwärts und rückwärts weisend) aufmerksam machen, was mir stets ein Hauptmoment beim Ganzen war. Ebenso hoffe ich, daß Du der Gräfin, wiewohl sie nur Neben-Medium ist, Gerechtigkeit widerfahren lassest." (Br. Seebaß[2] 378)

Zum Problem des Roman-Titels, zur Thematik von Kunst und Künstlerexistenz sowie zu einzelnen Motiven vgl. die Auseinandersetzung zwischen M und Vischer, vor allem im Jahre 1830 (Br.w. Vischer 2 ff.).

Die Umarbeitung des Werkes, die sich über Jahrzehnte hinzog und von M nicht mehr abgeschlossen werden konnte, wurde von Julius Klaiber zu Ende geführt. Sie erschien im Herbst 1877 posthum bei Göschen mit einem Vorwort von Julius Klaiber. (Vgl. Herbert Meyer: Stufen der Umgestaltung des *Maler Nolten, Zeitschrift für deutsche Philologie* 85, S. 209—223.)

Drucke der ersten Fassung:

Erstdruck: *Maler Nolten. Novelle in zwei Theilen von Eduard Mörike.* Stuttgart. E Schweizerbart's Verlagshandlung. 1832. 2 Bde. Erster Teil: S. 1—324. Zweiter Teil: S. 323 [so] —640.

Dazu: *Musikbeilage zu Maler Nolten von Eduard Mörike.* Stuttgart. E. Schweizerbart's Verlags-Handlung. o. J.

Die Musikbeilage enthält:

1) *Romanze vom wahnsinnigen Feuerreiter,* komp. von L. Hetsch;
2) *Lied der Feenkinder: Vom Berge, was kommt...,* komp. von Karl Mörike;
3) *Elfenlied: Bei Nacht im Dorf...,* komp. von L. Hetsch;
4) *Lied: Früh, wenn die Hähne krähn,* komp. von L. Hetsch;
5) *Jesu benigne!,* komp. von Karl Mörike;
6) *Rosenzeit! wie schnell vorbei,* komp. von L. Hetsch.

(Vgl. Br. Hartlaub 49; über Nr. 5: Br. an Karl M, 22. 2. 1832, Br. Seebaß² 317—321; vgl. Br.w. Vischer 53; über Nr. 2: Brief an Mährlen, 5. 6. 1832, Br. Seebaß² 360 f.; über Nr. 2 und 5: Brief an G. Schwab, 17. 2. 1833, Br. Seebaß² 389.)

Das „phantasmagorische Zwischenspiel" *Der letzte König von Orplid* (so MN, 1832, S. 148—209) erschien gesondert in: *Iris,* 1839, S. 173—234; *Der letzte König von Orplid, Schattenspiel.* Die Abweichungen vom Erstdruck sind meist geringfügig. Im Zweitdruck findet sich eine Abhandlung zu Szene 4, die Ulmon und Weyla darstellt (gez.: F. Nisle del ... A. Gnauth sc.).

11 *Kalkant:* Blasebalgtreter.
15 *Statius:* Publius Papinius Statius (1. Jh. n. Chr.), römischer Dichter, schrieb das Epos *Thebais.*
17 *Polyxena:* in der griechischen Mythologie Tochter von Priamus und Hekabe, mit Achilles verlobt. Sie wurde nach der Eroberung Trojas zur Sühne auf Achills Grab geopfert.
18 *Wispel:* Vgl. *Der letzte König von Orplid,* S. 110—115 und M's *Wispliaden,* S. 921—936.
22 *Spaniol:* feiner spanischer Schnupftabak.
23 *einen krummen Docht im Lichte brennen:* nicht ganz bei Verstand sein.
28 *König Richard und der Herzog von Friedland:* Shakespeares *Richard III.* und Schillers *Wallenstein.*
31 *„Sehet ihr am Fensterlein...":* Siehe S. 707. Urbild des Feuerreiters war der umnachtete Hölderlin in Tübingen.

40 *die rote Blüte einer Granate:* Vgl. dazu *Liebesvorzeichen,* S. 681;
auch Br. Hartlaub 24.
43 *ceteris paribus:* wenn die übrigen Umstände die gleichen wären.
46 *eine Zigeunerin:* Elisabeth — Peregrina. Zu der verhängnisvollen
Funktion dieser Gestalt vgl. Brief M's an Mährlen, 2. 9. 1832.
Das Urbild war die wandernde religiöse Schwärmerin Maria
Meyer (1802—1865), die M 1823 in Ludwigsburg zuerst begegnet war.
56 *Briefe an Nolten* ...: Vgl. zu den ersten Entwürfen Brief Vischers
an M, 3. 11. 1830: „Noltens plötzliche Überzeugung von Agnesens
Untreue sollte stärker motiviert sein als durch den anonymen Brief.
Denn auf diesen hin den Glauben an ein solches Mädchen aufzugeben erscheint als zu schwach." (Br.w. Vischer 3) Antwort M's
vom 30. 11. 1830: „Was dagegen das Motiv zu Noltens Mißtrauen
gegen Agnes betrifft, so mußt Du wissen, daß im folgenden
dieser Punkt, wahrscheinlich zu völliger Befriedigung, behandelt
ist. Der Maler hat seine Ursache, warum er gegen Larkens mit
der wahren Beschaffenheit der Sache nicht herausrückt. Aus
Deinem Skrupel aber sah ich wohl soviel: ich muß das Spätere
früher einschalten." (Br.w. Vischer 12)
63 *den goldenen Buchstaben C.:* Der Anfangsbuchstabe der Pflanze
weist zugleich auf den des Namens Constanze hin.
66 *ein Vestris:* Die Vestri waren eine berühmte italienische Tänzerfamilie.
67 *Prinz Arthur:* Gestalt aus Shakespeares *König Johann.*
68 *In dieser Winterfrühe:* Siehe *Sehnsucht,* S. 768.
74 *Forchen:* Föhren, Kiefern.
78 *Roussillon:* südfranzösischer Rotwein.
79 *scarpello:* Meißel.
88 *eine eigene Sphäre von Poesie:* Gemeint ist die von M und Ludwig Bauer nach dem Vorbild von Forsters Otaheiti (Tahiti)
gemeinsam erfundene Orplid-Fabelwelt. (Vgl. Ludwig Bauers
Dramen: *Der heimliche Maluff* und *Orplids letzte Tage.* In seinem Vorwort zu *Maluff* erzählt Bauer ganz ähnlich wie hier
M in der Gestalt Larkens' „die fabelhafte Geschichte, Topographie und Mythologie dieser Phantasiewelt." (Mc II, 489)
90 *Sancho:* Nach Sancho Pansa, dem Diener von Cervantes' *Don
Quijote,* allgemein: Diener.
92 *Ein phantasmagorisches Zwischenspiel:* Wahrscheinlich knüpft M
hier an die Bezeichnung an, die Goethe dem Helena-Akt aus
Faust, der Tragödie zweiter Teil (1827) gegeben hatte: *Klassisch-romantische Phantasmagorie. Zwischenspiel zu Faust.* (Vgl. Mc
II, 491.)
102 *Wie süß der Nachtwind:* Siehe *Gesang zu zweien in der Nacht,*
S. 697.

105 Die Gestalt Silpelitt erscheint auch in M's Brief an Hartlaub vom 20. 3. 1825. (Br. Hartlaub 27 f.)
110 *Achte Szene:* Das Gespräch zwischen dem Buchdrucker und Wispel ist sehr ähnlich jenem in *Wispel auf Reisen*, siehe S. 934—936.
111 *Hafen:* oberdeutsch für: Topf. — *Kapillen:* Haare.
112 *transilieren:* überspringen, übergehen.
115 *juguliere:* erdrossle. — *Vom Berge, was kommt ...:* Siehe *Die Geister am Mummelsee*, S. 713.
125 *Bei Nacht im Dorf der Wächter rief:* Siehe *Elfenlied*, S. 704.
135 *Eine offene Brieftasche ...:* Zum folgenden vgl. Vischers Brief an M, 3. 11. 1830: „Constanze darf nicht stehlen. Das Ding mit der Brieftasche, meine ich, sollte schlechterdings anders gehen. Ich weiß wohl, der Dichter darf die menschliche Schwäche, das Verbrechen ohne die Hülle konventioneller Bande in seiner Nacktheit erscheinen lassen, aber das ist und bleibt ein unnobler Streich, noch unnobler, weil gerade vorher eine Kammerkatze dasselbe getan hat. Du wirst ja leicht ein Mittel finden, Constanze mehr zufällig und unwillkürlich hinter jene Briefe kommen zu lassen ..." (Br.w. Vischer 3 f.) Auf Vischers Vorschlag zur Änderung antwortet M am 30. 11. 1830: „Die Handlung der Gräfin, die Du nicht dulden willst, find ich in der Regel des generis feminini, und darum mag sie immer bleiben. Ich würde mir ohne Risiko wahrhaftig die Beste des Geschlechts nicht an Constanzes Stelle denken können." (Br.w. Vischer 12)
138 *Saloppe:* eine Art von Umhang.
149 *„Schuldig? — er ist's!"* Vgl. Brief Vischers an M, 3. 11. 1830: „Unmittelbar, ehe Constanze die Worte spricht: ‚Schuldig? — er ist's!' sollte sie, meine ich, in einem stärkeren Kampfe dargestellt sein, so daß diese Rache mehr als ein Produkt eines bewußtlosen, fürchterlichen Augenblicks innerer Verwirrung erschiene. Die edle, große Seele darf man nicht so fallenlassen. Sie darf bös werden, aber nicht schlecht." (Br.w. Vischer 4)
151 *Kriminalfälle, geheime Umtriebe betreffend:* Vgl. dazu Brief M's an seinen Bruder Karl, 6. 12. 1831: „Es [das Werk] enthält nämlich einige Partien, in denen man, freilich gesuchterweise, eine Parallele zu Deiner Gefangensetzung finden könnte ... Grade zu der Zeit, als Du etwa im November vorigen Jahres die ersten demagogischen Mystifikationen im stillen angelegt haben magst und ich noch keine Ahnung von solchem Spuk hatte, war ich daran, ein Motiv zur Gefangensetzung des in der Novelle vorkommenden Schauspielers Larkens zu erfinden. Ich ließ ihn, wiewohl nur aus humoristischem Interesse, an einer demagogischen Jünglingsverbindung teilnehmen, die er unter der Maske des feurigsten Liberalismus lustig zum besten hat. Man findet nachher, als die Regierung aufmerksam wird, seine Briefe,

ANMERKUNGEN 1041

und er kann sich von dem Verdacht eines gefährlichen Menschen nicht reinigen usw. ..." (Br. Seebaß² 304 f.) — M drückt hier seine Befürchtung aus, daß die politische Mißdeutung des Zwischenspiels durch die Gesellschaft im MN sich in Wirklichkeit bei einigen „Schwachen" wiederholen könnte.

161 *Früh, wenn die Hähne krähn:* Siehe *Das verlassene Mägdlein,* S. 703.
169 *„sein mockiges Gesicht":* mockig, obdt.: klumpig; hier: grämlich.
182 *ging nahe zusammen:* war rasch geschehen.
183 *Tubus:* Röhre, Fernrohr.
192 *Bühne:* obdt.: Dachboden.
196 *Philomelen:* Philomele, Nachtigall. — *Hogarth:* William Hogarth (1697—1764), engl. Maler und Kupferstecher. — *Kujon:* Schurke, Feigling.
200 *Frühling läßt sein blaues Band:* Siehe *Er ist's,* S. 684.
202 *Bühne:* siehe oben S. 192.
203 *Spiritus familiaris:* Hausgeist.
204 *Esse:* Sein, Wesen.
214 f. *ad inclinandam rem:* zur Einrenkung der Sache.
216 *ein Sanspareil, ein Angelus!:* ein Mädchen ohnegleichen, ein Engel!
217 *chiliastische:* Adjektiv zu Chiliasmus: Glaube an ein endzeitliches tausendjähriges Reich nach Christi Wiederkunft.
225 *Cupido dirus:* grausamer Liebesgott. — *Anteros:* in der griechischen Mythologie Bruder des Eros; personifizierte Gegenliebe.
237 *Hier lieg ich auf dem Frühlingshügel:* Siehe *Im Frühling,* S. 684.
247 *Pessime:* sehr schlecht. — *entstellte:* Er sprach offenbar: Die Glocke hat geschlaggen, statt: geschlagen.
255 *Lichtenbergs:* Georg Christoph Lichtenberg (1742—1799), Göttinger Naturforscher und berühmter satirischer Schriftsteller.
259 *„Drei Tage Regen ...:* Siehe *Der Jäger,* S. 673.
260 *Rosenzeit! wie schnell vorbei:* Siehe *Agnes,* S. 704.
262 *Geigenspiel:* Berg in der Nähe Nürtingens, den M kannte. — *Ad pectus manum:* Hand aufs Herz.
263 *visage de contrebande:* verdächtiges Aussehen.
268 Zu *Jung Volker* vgl. Brief Vischers an M, 1. 6. 1832: „... ist es denn wirklich möglich, daß Du die Geschichte vom Jung Volker ganz erfunden hast, ohne allen historischen Fingerdeut?" (Br.w. Vischer 84) — *ferndigen:* vorjährigen (Ableitung von: fern).
272 *Und die mich trug ...:* Siehe *Jung Volkers Lied,* S. 700.
273 *Jung Volker das ist ...:* Siehe *Jung Volker,* S. 699.
290 *ein frisches Trumm in meinem Kopf zu finden:* den Faden zu finden.
295 *Totenuhr:* im Holz pickende Insekten.
296 *Joko: Danina oder Jocko, der brasilianische Affe.* Ballett Paolo

Taglionis, komponiert vom Stuttgarter Hofkapellmeister Lindpaintner.

297 *je vous rends mille graces!:* ich sage Ihnen tausend Dank. — *O amitié, oh fille d'Avril:* O Freundschaft, Aprilkind! — *loin des yeux, loin du cœur!":* Aus den Augen, aus dem Sinn!

298 „*Quelle émotion, Monsieur!":* Welche Erregung, mein Herr! — „*tout beau! Ecoutez moi!":* Nun gut, hören Sie mich an! — Zum Tode von Larkens vgl. Brief Vischers an M, 1. 6. 1832, wo Vischer seine persönliche Betroffenheit bekundet. (Br.w. Vischer 84)

301 *Operment:* entstellter Ausdruck für: Auripigmentum, Rauschgelb.

310 ,*Die verkehrte Welt':* Diese Märchenkomödie Ludwig Tiecks ist in Bd. 2 der Sammlung *Phantasus* (1812/17) erschienen. Sie war nach Tiecks Vorrede auch zur Aufführung bestimmt, die jedoch nicht zustandekam.

311 *Gros de Naples-Band:* Seidenart. — *Rataplan, der kleine Tambour:* damals viel gespielte Oper von Ferdinand Pillwitz.

313 ,*Pro ostento non ducendum ...':* Man braucht es nicht für ein Wunder zu halten, wenn einem Opfertier das Herz gefehlt hat. (Sueton, *Divus Julius,* Kap. 77)

317 *Wir sehen einen frischen Tag:* Zu dem folgenden vgl. M's Brief an Vischer, 23. 5. 1832: „Es eröffnet sich da, wo die gegenwärtigen Druckbogen abbrechen, eine neue, heitere und von allen bisherigen durchaus verschiedene Szenerie. Der Leser, sowie Nolten mit den Seinigen, erholt sich von allerlei Trübseligkeiten und einem engen Dasein, auf kurze Zeit, auf dem Landsitz eines reichen und hochgebildeten Vornehmen. Margot, die Tochter des Präsidenten, wird eine erfreuliche Figur, zumal Agnesen gegenüber, darstellen." (Br.w. Vischer 82)

323 *Pantalon:* veraltetes Klavier, von Pantaleon Hebenstreit 1718 erfunden.

325 *die „Rosemonde" des Ruccelai:* Giovanni Ruccelai (1475—1525), italienischer Dichter, dessen bekannteste Tragödie *Rosmunda* ist.

332 *Die Hochzeit:* Siehe S. 746.

333 *Warnung:* Siehe S. 746.

334 *Scheiden von Ihr:* Siehe S. 747.

335 *Und wieder:* Siehe S. 749.

337 *das rührendste Geheimnis:* Zu der folgenden Enthüllung des Geheimnisses vgl. Brief M's an Vischer, 23. 5. 1832: „Was ich Dir so lange wie möglich verheimlichen wollte: daß der Maler, ingleichen die Braut, tragisch endigen: wird Dir, auch bereits aus gegenwärtigen Blättern, als Notwendigkeit erscheinen. — Indessen ist — teils eine Unvorsichtigkeit des Malers, teils die unerwartete Erscheinung der Elisabeth Veranlassung, daß Agnes

ANMERKUNGEN   1043

in ihren Wahnsinn rückfällig wird. Sie geht in diesem Zustande unter." (Br.w. Vischer 82)

343 Zur Erscheinung Elisabeths vgl. das vorige Briefzitat.

347 *das prächtige Denonsche Werk: Voyage dans la Basse et la Haute Égypte*, Paris 1802, von Dominique Denon.

356 *Wollest mit Freuden ...:* Siehe *Gebet,* S. 773.

359 *"An L.":* Die Sonette galten Luise Rau, der Braut M's. — *Der Himmel glänzt ...:* Siehe *Zu viel,* S. 770.

360 *Wenn ich, von deinem Anschaun ...:* Siehe *An die Geliebte,* S. 771. — *Schön prangt im Silbertau ...:* Siehe *Nur zu!,* S. 770.

361 *Am Waldsaum kann ich ...:* Siehe *Am Walde,* S. 769. — *In der Karwoche.* — Siehe S. 745.

366 *Sausewind! Brausewind!* Siehe *Lied vom Winde,* S. 702.

370 *Jesu benigne!:* Siehe *Seufzer,* S. 772. Zu den verschiedenen Fassungen von M's Übersetzung vgl. Brief an den Bruder Karl, 22. 2. 1832 (Br. Seebaß[2] 317—320). Am 26. 2. 1832 bittet M den Freund Vischer um eine Übersetzung des lat. Gedichts (Br.w. Vischer 58 f.). Vischer schickt seine nicht in den *Nolten* aufgenommene Übersetzung am 27. 3. 1832 an M (Br.w. Vischer 64). M's Dank vom 14. 5. 1832 (Br.w. Vischer 69).

371 *Eine Liebe kenn ich ...:* Siehe *Wo find ich Trost?,* S. 772.

372 ff. Zum Untergang von Agnes vgl. Anm. zu S. 337.

376 *der die Herzen der Menschen lenkt wie Wasserbäche:* Vgl. Sprüche 21, 1. — *Geisterchöre der gebundenen Kreatur ...:* Vgl. Röm. 8, 19; siehe *Die Elemente,* S. 775.

377 f. Zur Begründung von Noltens Tod vgl. Brief M's an Vischer, 23. 5. 1832: „Noltens Tod ist Folge teils eines gewissen wunderbaren oder wunderähnlichen Umstands, den ich jetzt nicht nennen will, teils aber vorzüglich weil, der Natur der Sache nach, sein Stern sich längst geneigt hatte. Angedeutet wird, *daß sein Verhängnis ihn auch jenseits des Grabes an die Geliebte seiner frühen Jugend, die rätselhafte Elisabeth, welche ihm nur wenige Tage im Tode vorangegangen, gekettet haben will.*" (Br.w. Vischer 83) Vgl. auch Vischers Kritik an dem Ende des Romans, Brief an M, 29. 12. 1833: „Nun will mir ... das Ende keinen recht harmonischen Eindruck machen. Denn es ist zwar eine Heilung der erkrankten Gemüter und eine Versöhnung vorhanden, aber sie wird so sehr in ein Jenseits gerückt, daß die Gestalten fast ohne Vorgefühl dieser Harmonie untergehen. Daher macht der Ausgang einen mehr dumpfen als wehmütigen Schmerz ..." (Br.w. Vischer 116 f.)

Erzählungen

M's Vorwort zu: *Iris* (vgl. S. 1034):

„Die gegenwärtige Sammlung, bei einer mäßigen Anzahl von Stücken gleichwohl eine bunte Unterhaltung durch ihren Titel verheißend, besteht aus fünf, teils früher schon gedruckten, teils bisher unbekannten Piecen. Was fürs erste den *Schatz* anbelangt, so hofft der Verfasser, daß dessen Wiederabdruck aus dem *Jahrbuch schwäbischer Dichter* (Stuttgart bei Balz 1836) nicht ungern werde gesehen werden. Nur fand er sich zu keiner Änderung bewogen, wenn es einigen Freunden dieses Märchens vorkommen wollte, als dürfte die Entwicklung am Ende bestimmter und ausführlicher sein. Bei genauerer Prüfung wird man ohne Zweifel in dieser Behandlung einen wohlbedachten Kunstgriff erblicken, indem dasjenige, was der Hofrat noch vorzubringen hatte, dem Leser nicht undeutlich unter anderer Form hingeschoben wird, weil jede weiter ausmalende Erzählung und alle Explikation im Munde Arbogasts die Wirkung lähmen müßte. — Als überflüssig in anderem Sinne ist die Romanze am Schluß weggeblieben.

Die *Oper,* nach einem Märchen des Verfassers bearbeitet, wird auch wohl dem bloßen Leser vielleicht eine müßige Stunde erheitern. Die Ausführung der letzten Szenen dankt der Verfasser, den Krankheit abhielt, während der Komponist auf die Vollendung drang, der glücklichen Hand seines Freundes H. Kurtz.

Der letzte König von Orplid ist dem Roman *Maler Nolten* (Stuttgart, Schweizerbart, 1832) entnommen.

Die *Novelle,* erstmals im Taschenbuch *Urania* (1834) mitgeteilt, erscheint hier mit verändertem Titel, deutschen Verhältnissen angeeignet.

Der Bauer und sein Sohn war ursprünglich für das Volk geschrieben und wollte dessenungeachtet hier nicht ausgeschlossen werden.

Stuttgart im Dezember 1838. M."

Lucie Gelmeroth

Die im Erstdruck *Miß Jenny Harrower* betitelte Erzählung — Geschichte eines psychischen Konfliktes mit kriminalistischem Handlungsschema — entstand im Zusammenhang mit Plänen zu einem Roman (vgl. *Bruchstücke eines Romans*). Der erste Entwurf wird in einem Brief M's an Mährlen vom 5. 6. 1832 erwähnt: „Vorderhand hat sich, sonder Wollen und Suchen, eine neue poetische Erzählung in mir angezettelt, die als ein kleiner Zwischenläufer, wenn ich die Lust dazu behalten sollte, und wenn sie sich für einige Bogen, etwa des *Morgenblatts,* enge genug zusammenziehen ließe, vielleicht die Ausführung verdiente." (Br. Seebaß[2] 359) An Gustav

Schwab schreibt M über die Arbeit an der Novelle am 10. 2. 1833
(Br. Seebaß[3] 67) sowie am 4. 5. 1833: „Ich habe neulich dem Herrn
Brockhaus eine kleine Erzählung geschickt, aber nicht das, was ich
eigentlich sollte und wollte. Mit der Novelle ist es mir wunderbar
ergangen. Es sind *fünfzehn* enggeschriebne Bogen fertig, und dennoch ist das Ende noch sehr ferne. Gegen meine Erwartung nämlich
hat sich die religiöse Idee, welche der Komposition zugrunde liegt,
bei Entwicklung gewisser rein innerlicher Motive, die ich unmöglich vernachlässigen durfte, stets weiter aufgetan und immer fruchtbarer erwiesen. Ich überzeugte mich, daß meine Fabel nur durch die
gehörige Ausführung des philosophischen Gehalts ihre wahre und
volle Bedeutung erhalte, und daß dies mehr erfordere als einerseits
die Grenze eines Taschenbuchs und andererseits die vorgeschriebne
Zeit gestattete. Wider meinen Willen und leider sehr zur Unzeit
macht somit diese Arbeit Anspruch auf ein selbständiges Werk, und
das Vorhandene entweder als Bruchstück oder mit skizzenhaftem
Schlusse geben, hieße geradezu die ganze Wirkung zerstören. Mit
einem Wort: ich mußte zu meinem eigenen Leidwesen für dieses
Mal darauf verzichten, etwas Größeres in den Almanach zu geben,
wenn ich nicht meinen höhern Vorteil, ich meine den der Kunst,
mutwillig außer Augen setzen wollte ... Um nun aber vor Herrn
B[rockhaus] doch nicht ganz leer zu erscheinen, überließ ich ihm
ein kleines Fragment, was sich recht wohl für die *Urania* als ein
Ganzes qualifiziert, da es in der Novelle selbst nur als eine skizzierte
Zwischen-Erzählung erscheint. Es liegt in Abschrift hier bei." (Br. Seebaß[3] 68 f.)

Am 8. 5. 1833 teilt M seinem Freund Mährlen mit, „daß die für
die *Urania* unternommene Novelle in Betracht der Hauptidee und
einer Menge versteckter Motive die Bearbeitung zu einem größeren
selbständigen Roman notwendig fordert und auch wohl verdient!
Vielleicht arbeit ich das Ganze, das schon sehr vorgerückt ist, den
Sommer noch aus. Es ist, wie ich Dir schon gesagt, ein religiöses
Thema ..." (Br. Seebaß[3] 70)

Am 9. 6. 1833 schickt M seiner Braut Luise Rau als Probe seiner
Arbeit „einige Bogen aus der Mitte des Ganzen. Es ist eine kleine
Zwischenerzählung, die eigentlich mit der Hauptgeschichte wenig
zu tun hat und bloß einen Übergang bildet". (Brautbr. 253) Ein
Druckexemplar der *Urania* mit der Erzählung sendet M am 12. 11.
1833 an seine Schwester Klara. (Br. Seebaß[3] 71) M. v. Schwind bietet
M an, für eine geplante illustrierte Ausgabe Zeichnungen zur *Lucie
Gelmeroth* zu machen. (Vgl. Briefe Schwinds vom 27. 4. 1867; 22. 5.
1868, Br.w. Schwind 70, 111; Antwort M's vom 26. 5. 1868, Br.w.
Schwind 112, 114.)

ANHANG

Drucke:
Erste Fassung: *Miß Jenny Harrower. Eine Skizze von Eduard Mörike.* In: *Urania. Taschenbuch auf das Jahr 1834.* Mit sieben Stahlstichen. Leipzig, F. A. Brockhaus. 1834, S. 311—339.
Zweite Fassung, „deutschen Verhältnissen angeeignet" (siehe Vorwort zu: Iris): *Lucie Gelmeroth. Novelle.* In: *Iris,* 1839, S. 235—264. (Vgl. Br. Hartlaub 83.)
Dritte Fassung (etwas verkürzt): *Lucie Gelmeroth. Novelle.* In: VE, 1856, S. 115—146. (Vgl. Br. Hartlaub 356 f.) Dieser Ausgabe folgt unser Text.

392 *In meinem väterlichen Hause ...:* In der folgenden Episode verwendet M eigene Jugenderinnerungen an das Ludwigsburger Schloß, in dessen Park sich das natürliche Theater befindet. (Vgl. Br. Seebaß[3] 71.)

DER SCHATZ

Das Werk, in dem nach M das „Wunderbare nur scheinbar ist und bloßes Spiel" (Br. Seebaß[2] 486), entstand 1834/35. Am 30. 10. 1834 versucht M vergeblich, Gustav Schwab zur Mitarbeit am *Jahrbuch schwäbischer Dichter und Novellisten* zu gewinnen, und kündigt sein Märchen als „kleinen Beitrag" für diese Sammlung an. (Br. Seebaß[3] 80) An Mährlen teilt M am 4. 3. 1835 mit: „Ich habe ein Märchen geschrieben, welches, wenn nicht im Almanach, sonstwo seinen Platz finden wird." (Br. Seebaß[2] 408) Am 27. 4. 1867 bietet M. v. Schwind M an, Zeichnungen zum *Schatz* zu entwerfen. (Br.w. Schwind 70) Das Projekt einer illustrierten Ausgabe scheitert zunächst an buchhändlerischen Schwierigkeiten. (Vgl. Br. M's an Schwind, 23. 4. 1869, Br.w. Schwind 149; vgl. Auszug von M's Brief an Louis Ruff, 22. 5. 1869; Br. Seebaß[3] 496.)

Drucke:
Erste Ausgabe: *Der Schatz. Mährchen.* In: JsDN, 1836, S. 119—223.
Zweite Ausgabe: *Der Schatz. Mährchen.* In: *Iris, 1839,* S. 1—92. (Leicht verändert, siehe Vorwort zu Iris, oben S. 25). (Vgl. Br. Hartlaub 83.)
Dritte Ausgabe: *Der Schatz. Novelle.* In: VE, 1856, S. 1—114. (Änderungen in den Namen sowie am Anfang und am Ende) (Vgl. Br. Hartlaub 356 f.). Dieser Ausgabe folgt unser Druck.

406 *Bläue:* Blahe, grobes Leinentuch zur Überdeckung eines Wagens.
410 *wusliger:* wuslig (Adjektiv zu: wuseln), beweglich, lebhaft.
413 *das Trumm verlorenging:* obdt. Trumm: Endstück eines Gegenstands; das Trumm verlieren: den Faden verlieren.

419 *Presser:* Steuereintreiber. — *Gauchenvolk:* Narrenvolk.
431 *ein Männlein ...:* Das Motiv des dattelkernlangen Feldmessers war auch für die *Bruchstücke eines Romans* vorgesehen. (Vgl. Mc III, 534 f.)
434 *Koken:* in der Tübinger Studentensprache: Weingärtnervolk; dann gebraucht für: Rüpel. — *Langwied:* das lange Holz zwischen Vorder- und Hintergestell eines Wagens.
435 *„Der Waidekönig gibt heute ein Fest...:* Vgl. dazu die Schilderung im Brief an Hartlaub, 10. 6. 1838, Br. Seebaß[2] 459 f.
452 *des Hausschneiders:* schwäbisch für: den Hausschneidersleuten.

Der Bauer und sein Sohn

Das Werk entstand zu Beginn des Jahres 1838. Es bedient sich in Sprache und Motivik volkstümlicher, romantisch-märchenhafter Elemente; in der Tendenz ist es aufklärerisch. Anfang 1838 bittet der Mathematikprofessor Theodor Plieninger M „um einen unterhaltenden Beitrag für den württembergischen Volkskalender", worauf M „ein moralisches Märchen von etwa 1½ Bogen" schreibt (Brief M's an Mährlen, 9. 2. 1838, Br. Seebaß[3] 89). An Hartlaub schickt M das Manuskript des Werkes (erster Titel „Arm-Frieder") im Brief vom 13. 2. 1838. (Br. Hartlaub 69) Die vorgesehene Drucklegung des „ursprünglich für das Volk" geschriebenen Märchens (siehe Vorwort zu *Iris,* S. 1044) gelingt nicht, da der „Oberstudienrat" (gegen den Vorschlag der Kalender-Redaktion) „jenen moralischen Beitrag ... refüsiert ... weil die Erzählung den Aberglauben gewissermaßen begünstige". (Brief M's an Kurz, 12. 4. 1838, Br. Seebaß[2] 454 f. und Brief von Kurz an M, 19. 4. 1838: „Die Anmut Ihres Märchens beruht doch vorzüglich darin, daß es so schön mit einem gegebenen beschränktesten Pensum spielt." (Br.w. Kurz 133) 1868 zeichnete Schwind zehn Abbildungen zu dem Werk. (Vgl. Br. Schwinds an M vom 31. 1. 1868 und vom 22. 5. 1868, Br.w. Schwind 91; 111.)

Drucke:
Erstdruck: *Der Bauer und sein Sohn. Mährchen.* In: *Iris,* 1839, S. 265 bis 276. (Vgl. Br. Hartlaub 83)
Zweitdruck: *Der Bauer und sein Sohn. Märchen.* In: VE, 1856, S. 147 bis 160. (Fast unverändert) Diesem Druck folgt unsere Ausgabe.

465 *handig:* scharf, heftig.
468 *Dublonen:* Doppelstücke, italienische und spanische Goldmünzen.

Die Hand der Jezerte

Die märchenhafte Erzählung trägt Züge alttestamentlich-orientalischer Bilder- und Formenwelt. Der erste fragmentarische Entwurf stammt von 1841. M sendet ihn unter dem Titel „Arete" als Beilage im Brief vom 6. 7. 1841 an Klara M und Hartlaubs (Br. II, 11, Anm. 1). — Diese Fassung ist abgedruckt bei Mc III, 522—524.

Drucke der neu ausgearbeiteten Fassung:
Erstdruck: *Die Hand der Jezerte. Märchen.* In: KuU, 2. Jg., 1853, S. 39—42.
M schlägt dem Verleger Cotta am 11. 5. 1855 brieflich vor, *Die Hand der Jezerte* und den *Turmhahn* zusammen mit der Mozart-Novelle abzudrucken. (Br. Seebaß² 733) Cotta lehnt jedoch ab. (Vgl. Brief M's an Hartlaub vom Jahre 1855: „Der Turmhahn, die Jezerte seien ‚in ihrer Art' recht schön, doch soll ich sie ‚um Gottes willen' nicht mit dem Mozart verkoppeln ..." Br. Hartlaub 354.)
Zweite, endgültige Ausgabe: *Die Hand der Jezerte. Märchen.* In: VE, 1856, S. 161—177. (Vgl. Br. Hartlaub 356 f.) Dieser Ausgabe folgt unser Text.

Die Namen der Erzählung sind wohl denen des biblischen Buches Nehemias nachgebildet (nach Mc III, 502), mit dem M sich besonders 1849 intensiv beschäftigte, da es ihn „poetisch als ein heroischer Stoff anstach." (Br. an Hartlaub, 20. 2. 1849, Br. Hartlaub 311)

470 *Jedanja:* Wohl Anklang an den Namen Jedadja in Nehemias, Kap. 3, V. 10.
473 Zum Motiv der sich schwarz färbenden Hand: Psalm 18,21.25; Hiob 22,30; vgl. Goethes *Märchen* (ed. E. Trunz, Hamburger Ausgabe, Bd. 6, S. 220, Z. 1 f.).

Das Stuttgarter Hutzelmännlein

Das Märchen hat eine lange Entstehungsgeschichte, die bis in die dreißiger Jahre zurückreicht. (Siehe unten Vorwort zur 1. Auflage.) 1838 äußert sich Hermann Kurz brieflich gegenüber M über die ihm mündlich mitgeteilte Idee: „... der Gedanke mit den Glücksschuhen hat mir gestern ... noch viel zu schaffen gemacht. Die Idee ist so glänzend, daß ich noch mehr daraus machen würde, als ein kleines Märchen. Ich würde alles, was in der Welt von Projektmacherei und unverschuldetem Mißlingen ist, hereinziehen und den Helden zu einem umgekehrten Simplicissimus machen, der alles ganz gescheit angreift und, durch sonderbare Zwischenfälle aus der Bahn getrieben, immer unglücklich, ja lächerlich endet. Der Schluß müßte natürlich heiter sein, nur würde ich die Fäden nicht gerade in ein Seil zusammenknüpfen. Ihn würde ich über eine breite Strecke von Leben wegführen, während Genovevens [später: Vrones] Ereignisse im engen Kreise einen kleinen Spiegel der seinigen bildeten ... (Um auch dem Zusammentreffen mit Genoveven einen nachdrücklichen Akzent zu geben, solltest Du ihn durch eine Liebschaft gehen lassen, aus der auf die tollste Weise von der Welt nichts wird.) Abends. Nun geht mir noch ein neues Licht auf. Wenn die Glücksschuhe eine Erbschaft wären? Ein frommes Paar hat sie vom Pechschwitzer bekommen, ohne zu wissen, was sie bedeuten; das fromme Pärchen aber hat sich in Hader getrennt, beim Scheiden die Schuhe verwechselt und nach verschiedenen Seiten geheiratet ..." (Br.w. Kurz 172 f.) Das eingelegte Handwerksgesellenlied entstand 1837. M's Reise durch Blaubeuren 1840 gab die Umrisse der Lokalisierung. (Vgl. Br. an Charlotte und Klara M, Wilhelm und Konstanze Hartlaub, 25. 9. 1840; Br. Hartlaub 122.) Aus Stuttgart schreibt M an Mährlen am 1. 7. 1851 von einem „alten, wieder vorgesuchten Plan zu einer heiteren Erzählung in Prosa", was wohl auf das *Hutzelmännlein* zu beziehen ist. (Br. II, 215) (Über den Fortgang der Arbeit vgl. die Briefe an Klara M und Hartlaubs, Sommer/Herbst/Winter 1852, Br. Seebaß[3] 255, 261—264.) Den Abschluß meldet ein Brief an Hartlaub vom November 1852, worin M auch die Vorlesung des Werkes an mehreren Abenden der Gesellschaft des Museums in Stuttgart ankündigt. (Br. Hartlaub 341; darin auch über die Pläne zur Ausstattung des Büchleins) An den Verleger Schweizerbart sendet M das Manuskript am 17. 12. 1852 (Br. Seebaß[3] 264). Hartlaub erhält am 2. 4. 1853 zwei Korrekturbogen (Br. II, 233), ein Druckexemplar am 21. 5. 1853: „Hiermit ... also endlich der zögerliche Hutzelmann in seinem besten Sonntagsstaat." (Br. Hartlaub 343) An Storm sendet M das Werk am 26. 5. 1853. Das Märchen hat — vor allem in Württemberg — glänzenden Absatz. (Vgl. Br. an Schwester Klara, Anf. Juni 1853, Br. Seebaß[3] 268.) Eine grundsätzliche ästhetische Würdigung des *Hutzelmännleins* gibt Vischer im Brief an M vom 5. 6. 1853 (Br.w. Vischer 199—201). (Negativ-kritische Stimmen zu M's Märchen siehe Br. Seebaß[3] 455 und 595.)

Schwind erhält das *Hutzelmännlein* von M am 30. 3. 1867 (vgl. Br. Hartlaub 403). Daraufhin schlägt er M Zeichnungen dazu vor (Br. vom 27. 4. 1867, Br.w. Schwind 70; über den Fortgang der Arbeit, Br. Schwinds vom 30. 3. 1868, Br.w. Schwind 105 ff.). Am 22. 5. 1868 meldet der Maler die Fertigstellung der „8 Kompositionen zu ,Fee Lau'" und sendet zwei Pauszeichnungen an M (Br.w. Schwind 110 f.; vgl. Br. M's an Wolff, 29. 6. 1868, Br. Seebaß[3] 419) als Probe zu einer illustrierten Ausgabe des Werkes. (Vgl. Br. M's an Schwind, 26. 5. 1868, Br.w. Schwind 112 f.) Es kommt zwar nicht bei Cotta, aber bei Göschen zur Teilausgabe *Die Historie von der schönen Lau*, Ende 1872 (siehe unten; dazu Br. M's an den Kupfer-

stecher Julius Naue, 18. 8. 1872, Br.w. Schwind 201). Am 13. 11.
1872 sendet M dem König Karl und der Königin Olga von Württemberg je ein Widmungsexemplar dieser Ausgabe. (Br. Seebaß[3]
461 f.)

Quellen:
Über die Anregung zu einzelnen Motiven gibt M in seinen Anmerkungen zum *Hutzelmännlein* (siehe oben S. 555—565) Auskunft. Daß das Märchen als Ganzes auf M's dichterischer Phantasie beruht, geht aus einem Brief an Storm vom April 1854 hervor: „Sie setzen voraus, es habe hier die schwierige Aufgabe gegolten, vorhandene Sagen künstlich zu verweben. Dem ist jedoch nicht so. Mit Ausnahme dessen, was in den Noten ausdrücklich angeführt wird, ist alles frei erfunden, zum wenigsten hielt ich's bis jetzt dafür. Das Volk weiß insbesondere nichts von einer Wasserfrau, denn die in den Teich geworfenen Sühnopfer waren vielmehr ordentlich Gott dargebracht. Das Kinderverschen vom ‚Klötzlein' kursiert ganz für sich, ohne irgendeinen Sinn oder sagenhafte Beziehung, in der Leute Mund. Übrigens hören Sie folgenden närrischen casum. Mir sagte Uhland neulich: in einer alten geschriebenen Chronik habe er etwas gefunden, was ihn notwendig auf die Vermutung habe führen müssen, ich hätte in Beziehung auf das unsichtbarmachende Mittel [den Krakenfischzahn] eine verschollene Blaubeurer Sage gekannt und für meinen Zweck modifiziert. Zwei Grafen von Helfenstein, Brüder, standen einstmals (so sagt der Chronist) am Rande der Quelle; der eine sah einen seltsamen Stein vor sich liegen, hob ihn vom Boden auf und verschwand vor den Augen des andern urplötzlich. Sie reden aber miteinander, und der zweite Bruder nimmt den Stein sofort auch in die Hand; dieselbe Wirkung; sie kommen beide überein, das Zauberding in den Blautopf zu werfen. — Ich war nicht wenig über das Zusammentreffen dieses Scherzes mit dieser Erzählung erstaunt, da auch in den hintersten Kammern meines Gehirns nicht die leiseste Spur empfangener Überlieferung zu finden ist. Vernünftigerweise kann ich es mir freilich zuletzt nicht anders als auf solchem Weg erklären, oder wie?" (Br. Seebaß[2] 726 f.) (Vgl. Uhlands Aufsatz über die Blautopf-Sage in: Uhlands *Schriften zur Geschichte der Dichtung und Sage*, Bd. 8, Stuttgart 1873, S. 599. Brief M's an Hartlaub, 13. 10. 1863, Br. Hartlaub 379.) — Einen altertümelnden Brief mit der Fiktion des Hutzelmanns als Absender richtet M am 9. 12. 1868 an seine Schwester Klara (Br. Seebaß[2] 843—846).

Drucke:
Erstdruck: *Das Stuttgarter Hutzelmännlein, Märchen von Eduard Mörike*. [Vignette.] E. Schweizerbart'sche Verlagshandlung in Stuttgart 1853.

ANMERKUNGEN 1051

Zweitausgabe unter dem gleichen Titel: Zweite Auflage. E. Schweizerbart'sche Verlagshandlung in Stuttgart. 1855. [Teilweise abweichend.] Illustrierte Teilausgabe: *Die Historie von der Schönen Lau. Von Eduard Mörike. Mit sieben Umrissen von Moriz von Schwind; in Kupfer radiert von Julius Naue.* Stuttgart. G. J. Göschen'sche Verlagshandlung. 1873. (Siehe S. 1049 f. Br.w. Schwind sowie Br.Seebaß[3] 597. Über die textlichen Veränderungen: Brief M's an den Verleger F. Weibert, 4. 4. 1872, Br. Seebaß[3] 460 f.)
Unser Druck folgt der Zweitausgabe des *Hutzelmännleins.*
Erste und zweite Auflage enthielten folgendes

„*Vorwort:*

Die gegenwärtige Erzählung war schon längst, als Seitenstück zu einer ähnlichen*, entworfen und blieb unausgeführt, bis dem Verfasser neuerdings die Skizze wieder in die Hände fiel und ihn zur guten Stunde an eine fast vergessene kleine Schuld erinnerte.

Indem dies Märchen ganz den schwäbischen Charakter tragen, und dieser seinen Ausdruck so viel möglich auch in der Sprache finden sollte, kam dem Verfasser der Umstand zugute, daß ihm von einem frühern, mehrjährigen Verkehr mit unserm Volke viele Eigentümlichkeiten derselben, einzelne Wörter und Redensarten vollkommen gegenwärtig geblieben waren. Manches floß ihm auf anderm Wege zu, vornehmlich aus einer genauern Bekannschaft mit Joh. Chr. v. Schmid's schwäbischem Wörterbuch, einer in Schwaben viel zuwenig verbreiteten, unschätzbaren Arbeit. Die Worterklärungen und was dazu gehört, im Anhang der Erzählung, sind, mit wenigen Ausnahmen, dem eben genannten Werke entnommen. Stuttgart, im Dezember 1852. Mörike."

477 *Graf Eberhard:* Eberhard I. von Württemberg (1265—1325). — *dem Habsburger Rudolph:* Rudolf I. von Habsburg (1273—1291) beendete das Interregnum, die kaiserlose Zeit der Fürstenfehden.
478 *er hat den einen Schuh ... verwechselt:* Das Motiv der verwechselten Schuhe findet sich in einem Brief M's an Margarethe von Speeth vom 17. 3. 1847: „Klärchen hat offenbar einen von Ihren Calwer Schuhen verwechselt — sehen Sie doch nach, ob Sie an einem Fuß nicht zu kurz gekommen sind. Ich malte es der Klara aus, wie ganz natürlich es sei, daß nun die beiderseitigen Füße keine Ruhe haben, daß der eine nach Bamberg, der andere nach Mergentheim strebt ... " (Br. II, 144)
490 *hehlings:* heimlich.
493 *Krackenfischzahn:* Zum Motiv des unsichtbar machenden Krakenfischzahns vgl. M's Brief an Hartlaub, 13. 10. 1863, über

* *Der Schatz,* in meiner *Iris* wieder abgedruckt aus dem Jahrb. schwäb. Dichter und Novellisten.

Uhlands Bemerkung: „Sogleich erinnerte ich mich, daß er [Uhland] bei Gelegenheit seines mündlichen Danks für Übersendung des Hutzelmännchens die Quelle zu wissen wünschte, woraus der Zug von dem unsichtbar machenden Fischzahn genommen sei; er selber sei auf etwas ganz Ähnliches in einer deutschen Volkssage gestoßen. Ich sagte ihm mit einigem Erstaunen, daß ich diesen Umstand sowie das ganze Abenteuer bis diesen Augenblick für meine Erfindung gehalten habe, welche Versicherung er stillschweigend hinnahm; wahrscheinlich hielt er es für Selbsttäuschung, und am Ende muß ich dies selber glauben, obwohl ich mir schlechterdings nicht denken kann, wo ich dergleichen etwas vom Blautopf gehört oder gelesen haben könnte. Genug, die Anmerkung [Uhlands] lautete ... folgendermaßen: ‚Dieser Wunderstein lag indessen versenkt in unergründlicher Tiefe, bis ein schwäbischer Dichter neulich ihn, im Sonnenlichte spielend, am Rande des Blautopfs wiedergefunden‘." (Br. Hartlaub 379)

Über ein Fischzahnpetrefakt, das er im Haller Muschelkalk gefunden hat, schreibt M im April 1847 an seine Braut Gretchen (Br. Eggert-Windegg 180) und an Hartlaub, 13. April 1847 (Br. Hartlaub 282).

495 *Teichel:* (Wasser-)Röhre, Rinne.
508 *Schopf:* gedeckter Raum mit Schutzdach; Anbau.
510 *Stotzen:* obdt.: das durch Abstoßen Gekürzte; Strunk. — *Wasen:* Rasen. — *Wirtel:* die runde, durchlöcherte Kugel an der Spindel; Spindelstein, Schnurrolle.
512 *Zaine:* Korb (Ableitung von Zain: Schößling, Zweig). — *Kogen:* Plural von Kog: schlecht aussehendes, altes oder krepiertes Tier; Aas.
515 *verzwatzeln:* obdt.: sich abrackern, verzweifeln.
517 *Hornung:* altdeutsche Bezeichnung für Februar.
518 *Tracht:* das Getragene; Ladung, Last.
520 *Gauchen:* Narren. — *Stiefelknecht:* Das Motiv vom Obstdiebe fangenden Stiefelzieher hatte M schon für die *Geschichte von der silbernen Kugel* ins Auge gefaßt. (Vgl. Mc, *Euphorion* 10, S. 191, und Mc III, 507. — *girmsen:* schwäbisch: seufzen, ächzen, jammern.
522 *Spätling:* alemannisch: späte Jahreszeit.
526 *Presser:* Steuereinnehmer.
527 *Schochen:* eigentliche Bedeutung: aufgeschichteter Heuhaufen.
529 *Scharwach:* Wachtdienst.
531 *drei gute Weiber ...:* Vgl. Moscheroschs *Philander von Sittewald*, Weiber-Lob (Kürschners Deutsche Nationalliteratur, Bd. 32, S. 214).

539 *Dot:* Patin.
544 *Gansgalli:* dummer Kerl (Ableitung vom Personennamen Gallus).
547 *Knorp:* was verkrüppelt, knorpelig ist; hier: kleiner, verwachsener Mensch. — *Zwagstock:* kleiner, dicker Mensch. — *Gugel:* ausgelassener Scherz, Posse, Übermut.
554 *allezeit Wein . . .:* Makkabäer, Buch 2, Kap. 15, Vers 40.

Mozart auf der Reise nach Prag

Gestalt und Werk Mozarts erscheinen M früh als Inbegriff der Musik, deren Faszination auf den Dichter bereits ein Brief an Waiblinger vom Febr. 1822 bezeugt (Br. Seebaß[2] 14). Wie sich die Elementargewalt der Natur für die dichterische Phantasie M's mit Mozarts Musik verbindet, schildert M am 5. 6. 1832 an Mährlen: „In unglaublicher Schnelle stand uns das Wetter überm Kopf. Breite, gewaltige Blitze, wie ich sie nie bei Tag gesehen, fielen wie Rosenschauer in unsre weiße Stube, und Schlag auf Schlag. Der alte Mozart muß in diesen Augenblicken mit dem Kapellmeister-Stäbchen unsichtbar in meinem Rücken gestanden und mir die Schulter berührt haben, denn wie der Teufel fuhr die Ouvertüre zum ‚Titus' in meiner Seele los, so unaufhaltsam, so prächtig, so durchdringend mit jenem oft wiederholten ehernen Schrei der römischen Tuba, daß sich mir beide Fäuste vor Entzücken ballten." (Br. Seebaß[2] 358)

Der Plan zu einer Mozart-Novelle reicht weit zurück. In einem Brief an M vom 8. 6. 1847 schreibt Hartlaub: „Ich glaube auch gar nicht, daß man eine wahrhaft genußreiche Biographie von Mozart machen kann. Ja, ein Fragment Dichtung aus seinem Leben, wie Du einmal im Sinn hattest, würde tausendmal befriedigender sein." (Mc, Biogr. 327) Über die Anregung, die der Dichter auf der Fahrt zu Hartlaubs nach Wimsheim im Sommer 1852 empfangen hat, berichtet ein Brief M's an seine Frau im Sommer 1852: „Im Angesicht von Rutesheim geriet ich auf der Spur meiner Novelle stark in Mozartsche Phantasien hinein, wovon ich Klärchen einiges mitteilte, das Ihr künftig an den ‚silbernen Posaunen' erkennen und mit jenem Platz zusammendenken sollt." (Br. II, 230) Bereits am 24. 12. 1852 stellt M dem Schriftleiter des *Morgenblatts*, Hermann Hauff, die Novelle für das *Morgenblatt* in Aussicht (Br. Seebaß[3] 264 f.). In dem Brief vom 21. 5. 1853, in dem M Hartlaub „den zögerlichen Hutzelmann" übersendet, kündigt er an: „Dazwischen will ich den Mozart ausmachen, wozu nur gegenwärtig die rechte Ruhe auch nicht in mir ist." (Br. Hartlaub 344. — Vgl. Brief an Klara M vom Anf. Juni 1853, Br. Seebaß[3] 268.) Am 27. 6. 1853 berichtet M der Schwester vom guten Fortgang der Arbeit: „Vorgestern wollte der Zufall, daß, als ich eben die Partie von dem italienischen Kunststück mit den Orangen vor mir hatte, aus der Kaserne drüben das erste Finale des ‚Don Juan' gemacht wurde und zu gleicher Zeit Gretchen dem Louis Auftrag wegen einer Pomeranze für die vorhabende Visite gab." (Br. II, 237) Am 21. 6. 1855 bietet M die Novelle, da „sie inzwischen an Umfang nicht unbeträchtlich gewonnen hat", neben der Verwendung für das *Morgenblatt* auch zum Einzelabdruck an (Br. Seebaß[3] 282; Vertrag mit Cotta vom 28. 6. 1855, nach Br. Seebaß[3] 557). Eine in der Novelle fingierte Komposition Mozarts veranlaßt M zu dem Plan einer Musikbeilage für die Buchausgabe. (Vgl. Briefe an Hartlaub, 1854 und Mai 1855, Br. Hartlaub 346 f., 350.) Wegen der Schwierigkeit, eine geeignete Komposition zu erhalten, wird der Plan jedoch fallengelassen (Brief M's an Cotta, 26. 10. 1855, Br. Seebaß [3] 284. Vgl. auch den an Cotta vorausgehenden Brief M's vom 6. 5. 1855, Br. Seebaß[2] 731). Am 6. Mai 1855 schickt M das „bis auf wenige Blätter vollständige Manuskript" der Novelle an Cotta: „Meine Aufgabe bei dieser Erzählung war, ein kleines Charaktergemälde Mozarts (das erste seiner Art, soviel ich weiß) aufzustellen, wobei, mit Zugrundelegung frei erfundener Situationen, vorzüglich die heitere Seite zu lebendiger, konzentrierter Anschauung gebracht werden sollte. Vielleicht daß ich später in einem Pendant auch die andern, hier nur angedeuteten Elemente seines Wesens und seine letzten Lebenstage darzustellen versuche..." (Br. Seebaß[2] 730 ff.). Da M den Plan zu einer zweiten Erzählung zurückstellte, schlug er Cotta (vergeblich) vor, den *Mozart* zusammen mit *Die Hand der Jezerte* und *Der alte Turmhahn* zu drucken (Br. vom 11. 5. 1855, Br. Seebaß[2] 733 f.).

Über seine bewußt späte Lektüre von Nissens Mozart-Biographie schreibt der Dichter an Hartlaub am 19. 6. 1855: „Zu meinem Vergnügen lese ich gegenwärtig Mozarts Biographie von Nissen... das Beste sind die Anekdoten und Briefe darin. Halb aus Indolenz, halb aus instinktmäßiger Sorge, mir mein innerliches Konzept dadurch zu verrücken, hatte ich mir bis jetzt das Werk nicht kommen lassen und habe wahrscheinlich wohl daran getan." (Br. Hartlaub 352) Am 19. 6. 1855 gibt der Mozartkenner Bernhard Gugler die ihm zur Durchsicht übersandte Handschrift der Novelle zurück (vgl. RB 16, S. 55). An Hartlaub schreibt M im Sommer 1855 über Cottas Wunsch, „daß die Novelle zuerst in seinem *Morgenblatt* erscheine... Im Oktober werde er sodann die Broschüre drucken lassen (aufs Jubiläum Januar 56)". (Br. Hartlaub 354) (Vgl. Br. an Wilhelm Hemsen, 6. 9. 1855: „Im November wird sie besonders erscheinen"; Br. Seebaß[3] 283.)

Am 15. 12. 1855 sendet M ein Exemplar mit Widmungsschreiben an König Maximilian II. von Bayern. (Br. II, 260)

Quellen:

Die Handlung der Novelle beruht — auf der Basis lebenslanger kongenialer Vertrautheit mit Mozarts Wesen und Werk — trotz Übernahme von Einzelzügen, die M in der Mozartliteratur fand (vgl. M's Berufung auf den „unserer Darstellung zugrunde liegenden Bericht", S. 614), im ganzen auf freier Erfindung des Dichters. (Vgl. Brief an Karl Mayer, 21. 5. 1855, über die Novelle: „Sie ist im ganzen heiter, der Stoff dazu erfunden, doch der Mensch, wie ich hoffe, wahr, und nichts von dem darin, was unsere Geistreichen überall zuerst suchen, ob's ihnen gleich selbst nur halb schmeckt." Br. Seebaß[3] 281.)

Gelegentliche „gelehrte" Einzelheiten aus Mozarts Werk (etwa die ursprüngliche Zählung der Stücke des „Don Juan", siehe S. 614) fügen sich nahtlos ins Ganze, so daß Mayncs Vorwurf „unpoetisch direkter Charakteristik" (Mc, Biogr. 331) nicht trifft.

Vermutlich hat M sich zu einzelnen Zügen seiner Mozart-Novelle von folgenden Werken anregen lassen (Aufstellung nach A. Eichler: Die Quellenverarbeitung in M's „Mozart": In: *Zeitschrift für die österreichischen Mittelschulen* 2, 1925, S. 264—282):

Leben des K. K. Kapellmeisters Wolfgang Gottlieb Mozart, nach Originalquellen beschrieben von Franz Niemetschek. 2. Auflage. Prag 1808.

Alexander Oulibicheff: Nouvelle Biographie de Mozart suivie d'un aperçu sur l'histoire générale de la musique et de l'analyse des principales oeuvres de Mozart. Moskau 1843. Deutsch bearbeitet von A. Schraishuon. 3 Bde. Stuttgart 1847.

Unsicher ist die Benützung von: Georg Nikolaus von Nissen: Biographie W. A. Mozarts. Nach Originalbriefen, Sammlungen alles über ihn Geschriebenen, etc. Leipzig 1828. [Vgl. oben S. 1054]

Schlichtegrolls Nekrolog auf das Jahr 1791.

Wahrscheinlich ist auch die Benützung der Korrespondenz von Diderot und des Barons von Grimm mit verschiedenen deutschen Fürsten, der Denkwürdigkeiten des Grafen Ségur sowie einer Auswahl der Briefe von Madame de Sévigné.

Die zentrale Rolle, die Mozarts „Don Giovanni" in der Novelle spielt, ist in der Mozart-Rezeption der Zeit wie in M's persönlicher Erfahrung begründet. 1809 war E. T. A. Hoffmanns *Don Juan*-Novelle erschienen. Kierkegaard gab in *Entweder-Oder* (1843) eine philosophische Analyse des Don-Juan-Typus. M hat von Jugend an Mozarts Opern und besonders „Don Giovanni" oftmals gehört. Über eine ihm denkwürdige Aufführung berichtet er im März 1825 an Mährlen: „Mit wahrem Schrecken las ich aber ‚Stuttgart. Don Juan — 15. August 1824', ein veraltetes Blatt — der überbliebene Wegzeiger nach einer verbrannten Stätte. — Du weißt, daß August [M's Bruder] einige Tage nach diesem seinem höchsten Fest, das ihm unser aller Gegenwart damals zum *glücklichsten* Tag seines Lebens gemacht hatte — gestorben ist..." (Br. Seebaß[2] 39). Die in der Mozart-Novelle gestaltete Spannung zwischen höchstem Lebensglanz und drohendem Todesschatten scheint hier in nuce vorgebildet. Die besondere Wirkung des Don-Juan-Finales auf M schildert ein Brief an Hartlaub vom 20. 3. 1843: „Kauffmann hatte sich in währendem Gespräch mit uns mechanisch vor das offene Klavier gesetzt und war von ungefähr ins erste Finale des ‚Don Juan‘ geraten. Die Strauß sang stellenweise ungebunden aus der Erinnerung mit. Solche zufälligen Konzertstreifereien, wobei der Spieler unversehens wärmer, der Vortrag bald ganz ernsthaft und die Aufmerksamkeit der Gesellschaft ungeteilt wird, sind ganz vorzüglich reizend. Ist gar der Gegenstand von so besonders ergreifender Art, daß man sich vor einer *angekündigten* vollständigen Aufführung fürchtet, wie mir's bei dieser Oper immer geht, weil sie zuviel subjektive Elemente für mich hat und einen Überschwall von altem Dufte, Schmerz und Schönheit (August, meine Schwester Luise, Rudolf Lohbauer usw.) über mich herwälzt, dermaßen, daß ich ohne Halt an einem sichtbaren, gegenwärtigen Freund und Konsorten mich nicht damit einlassen mag, so muß man einem solchen Anlaß, der einen gelegentlich mit fortreißt und zu rechter Zeit auch wieder losläßt, doppelt danken..." (Br. Hartlaub 197 f.). (Zu M's Don-Juan-Begeisterung, die sich mit kritischem Urteil über die Qualität der Aufführungen verband, vgl. Briefe an Margarethe von Speeth, 7. 11. 1850, Br. Seebaß[2] 678, und an Hartlaub, 19. 6. 1855, Br. Hartlaub 353.)

Drucke:

Erstdruck in: *Morgenblatt für gebildete Stände,* Juli und August 1855, Nr. 30—33.

Nur diesem Druck hat M eine Stelle aus Oulibicheffs Mozart-Biographie vorangestellt: „Wenn Mozart, statt stets für seine Freunde offne Tafel und Börse zu haben, sich eine wohlverschlossene Sparbüchse gehalten hätte, wenn er mit seinen Vertrauten im Tone eines Predigers auf der Kanzel gesprochen, wenn er nur Wasser getrunken und keiner Frau außer der seinigen den Hof gemacht hätte, so würde er sich besser befunden haben und die Seinigen ebenfalls. Wer zweifelt daran? Allein von diesem Philister hätte man wohl keinen ‚Don Juan‘ erwarten dürfen, ein so vortrefflicher Familienvater er auch gewesen wäre."

Erste Ausgabe in Buchform: *Mozart auf der Reise nach Prag. Novelle von Eduard Mörike.* Stuttgart und Augsburg: J. G. Cotta'scher Verlag. 1856. [Erschienen im Herbst 1855.]

Zweite Ausgabe: ebenda im gleichen Jahr (1856): Zweiter unveränderter Abdruck. [Nur geringe Abweichungen in Orthographie und Interpunktion.] Dieser Ausgabe folgt unser Text.

Die Buchausgaben tragen die Widmung: „Seinen Freunden, den beiden Componisten Louis Hetsch, Musikdirector in Mannheim, und Friedrich Ernst Kauffmann, Professor in Stuttgart, zugeeignet vom Verfasser."

Eine weitere Veröffentlichung zu M's Lebzeiten erfolgte in: *Deutscher Novellenschatz. Herausgegeben von Paul Heyse und Hermann Kurz.* Vierter Band. München. Rudolph Oldenbourg. o. J., S. 263—362.

566 *Im Herbst des Jahres 1787 ...:* Mozart fährt, mit der wohl im Juni 1787 in Wien begonnenen Oper, am 1. Oktober von Wien ab und kommt am 4. Oktober in Prag an, wo er bis knapp vor der Aufführung an der Partitur arbeitet. Am 29. Oktober 1787 wird „Don Giovanni ossia il Dissoluto punito" im Prager Ständetheater unter „dem lautesten Beifall" uraufgeführt. — *Am dritten Reisetag, den vierzehnten September:* Das Datum beruht wohl auf den (erst von der neueren Forschung korrigierten) Angaben der älteren Mozartliteratur (vgl. Nissen). — *Mannhardsberg*: Höhenzug zwischen Donau und Thaya. — *Schrems:* Markt in Niederösterreich.

568 *una finzione di poeti:* eine dichterische Erfindung.

570 *Es denkt mir:* öfter bei M und anderen schwäbischen Autoren.

572 *per marca:* für die Lektion.

573 *„Belmonte und Constanze":* „Die Entführung aus dem Serail". Die Uraufführung dieser Oper Mozarts fand am 16. Juli 1782 in Wien statt. — *„Figaro":* „Le nozze di Figaro" („Figaros Hochzeit") wurde am 1. Mai 1786 in Wien uraufgeführt. — *„Cosa rara":* „Una cosa rara" (= Eine seltene Sache; gemeint ist die Mädchentreue), Oper des spanischen Komponisten Vincente Martin y Soler (1754—1810), in Deutschland meist unter dem Titel „Lilla oder Schönheit und Tugend" gespielt. Das Werk verdrängte in Wien lange „Figaros Hochzeit". Von Martins Oper erhielt sich nur die eine Melodie, die Mozart zur Tafelmusik im letzten Finale des „Don Giovanni" verwendete. (Nach Leffson) — *derselbe „Figaro":* Mozart hatte die von den Pragern begeistert aufgenommene „Hochzeit des Figaro" in Prag schon am 22. Januar 1787 dirigiert. — *seine nächste große Oper:* den „Don Juan".

575 *Bondini:* Von Pasquale Bondini, dem Direktor einer italienischen Operngesellschaft in Prag, war im Dez. 1786 „Figaro" mit großem Erfolg in Prag aufgeführt worden. Er forderte daraufhin Mozart auf, für ein Honorar von 100 Dukaten eine neue Oper für seine Bühne zu schreiben. Dies war der äußere

Anstoß zur Entstehung des „Don Juan". — *der König von Preußen:* König Friedrich Wilhelm II. von Preußen bot Mozart, der im Jahre 1788 nach Berlin gereist war, eine Kapellmeisterstelle mit einem Jahresgehalt von 3000 Talern an, die Mozart, obwohl in Wien weit schlechter besoldet, mit den Worten abgeschlagen haben soll: „Kann ich meinen guten Kaiser verlassen?" — M zieht dieses Ereignis vor die Aufführung des „Don Giovanni". — *Sankt Ägidi:* Das Fest des hl. Ägidius ist am 1. September.

577 *>Tarar‹:* „Tarare", Oper des italienischen Komponisten Antonio Salieri (1750—1825). Das Werk, dessen Text von Mozarts Librettisten Lorenzo da Ponte stammt, wurde in Wien unter dem Titel „Axur, rè d' Ormus" gegeben und stellte den „Don Juan" lange in den Schatten. — *Kaldausche:* Liegt vielleicht Verwechslung mit Kaldaunen (= Kuttelfleck) vor?

582 *Viatikum:* Wegzehrung, Reise-, Zehrpfennig.

584 *Hagedorn... Götz:* Friedrich von Hagedorn (1708—54) und Johann Nikolaus Götz (1721—81), deutsche Dichter der galanten, anakreontischen Rokokopoesie.

585 *die Arie Susannas in jener Gartenszene:* „Endlich naht sich die Stunde, Wo ich dich, o Geliebter, Bald ganz besitzen werde." („Figaros Hochzeit", IV. Aufzug, 11. Auftritt)

588 *Im Frühling 1770:* Damals hatte Mozart bereits das vierzehnte Lebensjahr vollendet. — *commedianti:* Schauspieler. — *figli di Nettuno:* Söhne Neptuns.

590 *Saltarelli:* italienische Springtänze. — *Canzoni a ballo:* Tanzlieder.

592 *Masetto... Zerlina:* das Bauernpaar aus dem „Don Juan". — *In meinem ersten Akt:* Gemeint ist der 8. Auftritt.

593 *Parthenopes — Parthenope:* alter Name für Neapel nach einer Sirene, deren Grabmal sich dort befand.

594 *Kontestationen:* Substantiv zu: kontestieren: bestreiten. — *Per Dio!:* Bei Gott!

595 *Ninon:* Ninon de Lenclos (1616—1706), besaß einen berühmten literarischen Salon in Paris, den u. a. Molière, Scarron, La Rochefoucauld besuchten. — *Frau von Sévigné:* Marie de Rabutin-Chantal, Marquise de Sévigné (1626—96), Verfasserin einer berühmten Briefsammlung, die das kulturelle Leben am französischen Hof und in den Salons schildert. — *Chapelles:* Chapelle, eigentlich: Claude Emmanuel L'Huillier (1628—86), französischer Dichter der Klassik, schuf mit Bachaumont die Gattung des poetischen Reiseberichts.

598 *Phöbus:* Beiname des Apollo. — *Chiron:* in der griechischen Mythologie Kentaur, der des Heilens kundig ist.

ANMERKUNGEN 1059

599 *Ramler:* Karl Wilhelm Ramler (1725—98), Odendichter und Übersetzer römischer Dichtung, vor allem des Horaz: *Oden aus dem Horaz* (1761). — *diese eine Stelle:* Horaz: *Oden,* III. Buch, 4. Ode. Übersetzung nach M's *Classischer Blumenlese* (1840); bei Ramler etwas anders in der nach seinem Tode (1800) herausgegebenen Sammlung Horazischer Oden, in der das Stück erstmals erscheint. — *Delos:* Insel im Ägäischen Meer; Hauptort des Apollokultes. — *Pataras:* Patara, Stadt in Kleinasien, in der Apollo besondere Verehrung genoß.

600 *da Ponte:* Lorenzo da Ponte (1749—1838), italienischer Theaterdichter an der Wiener Hofoper: schrieb unter anderem die Textbücher zu „Le nozze di Figaro" (1786), „Don Giovanni" (1787), „Così fan tutte" (1790). — *der große Schikaneder:* Johann Emanuel Schikaneder (1751—1812), Wiener Theaterleiter; Verfasser des Librettos der „Zauberflöte" (1791).

602 *Phlogiston:* hypothetischer Bestandteil der brennbaren Körper. M ersetzt mit diesem Wort auf Anraten Guglers und Notters den als zweideutig beanstandeten Ausdruck „Sauerstoff". (Vgl. RB 16, S. 55.) — *sein Junge von fünf Jahren:* Mozarts zweitältester Sohn Karl Thomas war 1784 geboren, konnte also erst drei Jahre alt sein. Der älteste Sohn war bald nach der Geburt gestorben.

603 *Chalanten:* Kunden.

608 *Gant:* Zwangsversteigerung.

610 *Ah maledette! disperate!:* Ha, Verfluchte, Nichtswürdige! — *‚Vom Fürsten Esterhazy! durch den Haydn! ...:* Joseph Haydn (1732—1809), neben Mozart und Beethoven der führende Musiker der Wiener Klassik, war von 1761—90 und von 1795 bis zu seinem Tode Kapellmeister des Fürsten Esterházy in Eisenstadt.

612 *Entree ad libitum:* Eintrittspreis nach Belieben.

613 *jenes berühmte Kunstwerk des florentinischen Meisters:* das Salzfaß des Florentiner Goldgießers Benvenuto Cellini (1500—71). M hatte das *Leben des Benvenuto Cellini* (übersetzt und herausgegeben von Goethe, 1803) gelesen. (Vgl. Brief an Hartlaub, 31. 12. 1846; Br. Hartlaub 274 f.)

615 *vom Abbate:* Lorenzo da Ponte. Mozarts Librettist hatte vor seiner Tätigkeit als Theaterdichter in seiner Heimatstadt Ceneda eine geistliche Ausbildung erfahren.

616 *„Dein Lachen endet vor der Morgenröte!":* Seccorezitativ des Komturs, „Don Giovanni", II. Aufzug, 11. Auftritt. — *aus silbernen Posaunen:* Vgl. dazu den Brief M's an seine Frau vom Sommer 1852, zitiert oben S. 1053. (Br. II, 230)

617 *Dibattimento:* Kampf, Auseinandersetzung.

619 *mancher falsche Prophet:* M's Zeitgenossen Richard Wagner und Franz Liszt, für deren Musik M sich nicht erwärmen konnte. (Mc III, 273, Anm. 1) — *so vornehm und so reich wie Ritter Gluck:* Vgl. E. T. A. Hoffmanns Erzählung *Ritter Gluck* (Hoffmanns Werke, hrsg. von Georg Ellinger. Berlin-Leipzig, o. J., I. Teil, S. 32, Z. 27 ff.)
620 *Wittingau:* Ort im südöstlichen Böhmen.
621 *Ein Tännlein grünet wo:* Siehe *Denk es, o Seele!,* S. 745.

BRUCHSTÜCKE EINES ROMANS

Der fragmentarische, bald nach dem *Maler Nolten* begonnene psychologische Roman hat sich thematisch aus der Arbeit an *Miß Jenny Harrower,* der Erstfassung von *Lucie Gelmeroth,* entwickelt. Der Beginn der Entstehung fällt in M's Ochsenwanger Vikariatszeit 1833. (Vgl. die Briefzeugnisse zu *Lucie Gelmeroth,* S. 1044 f.) Daß Hermann Kurz in dem Brief an M vom 23. 6. 1837 das Romanbruchstück meint, ist wahrscheinlich: „Bauer hat mir viel von einer neuen Novelle gesprochen, ‚Die geheilte Phantastin'; können Sie sich entschließen, mir davon Näheres zu vergönnen?" (Br.w. Kurz 43; vgl. Brief Bauers an Hartlaub vom 5. 4. 1834, RB 17, S. 123.) Vermutlich hat M bis zum Abschluß des Märchens *Der Schatz* an dem Roman gearbeitet, „insofern sich der (überklebte) Schluß der Nebenhandlung vom dattelkernlangen Feldmesser in jener abgeschlossenen Arbeit deckt und insofern die in den Roman eingelegte Ballade ‚Es war ein König Milesint' in die erste gedruckte Fassung des Märchens (1836) überging." (Mc, Biogr. 171)

Die aus dem Nachlaß Klara M's stammenden handschriftlichen Bruchstücke des Werkes befinden sich im Schiller-Nationalmuseum zu Marbach. Sie sind in den Mörike-Ausgaben von K. Fischer, Bd. IV, S. 252 ff. und H. Maync, Bd. III, S. 527—531 beschrieben worden. Ein von O. Güntter im RB 16, S. 83 ff. abgedrucktes Schreibbuch M's enthält Entwürfe, die sich teilweise auf die Bruchstücke beziehen. (Abgedruckt auch bei Mc III, 531 f.)

Drucke:
Das Fragment ist zu Lebzeiten M's nicht veröffentlicht worden.
Erster Druck in: *E. Mörike, Werke. Herausgegeben vom Kunstwart durch Karl Fischer.* München. Callwey, Bd. IV, S. 201—232. [Text sehr fehlerhaft.]
Dann in: *Mörikes Werke. Herausgegeben von Harry Maync.* Leipzig, Wien: Bibliographisches Institut, Bd. III, S. 279—311. [Verbesserter Text.]
Unser Text folgt der Ausgabe von Maync in den meisten Lesungen, wurde jedoch mit den handschriftlichen Bruchstücken neu kollationiert.

Dadurch konnten einige Lesefehler Mayncs verbessert und vor allem die originale Interpunktion wiederhergestellt werden.

Die Namen Mary und City einerseits, Viktor und Alexis andererseits bezeichnen jeweils die gleiche Person, da die Namen im Fragment noch nicht feststehen.

626 *Logogryphen:* Wort-, Buchstabenrätsel.
628 *„Liebes Mäuschen ...":* Vgl. *Mausfallen-Sprüchlein,* S. 855.
642 *Fräulein Josephine:* Sie trägt den Namen der ebenfalls katholischen Schulmeisterstochter aus Scheer, die M im Frühjahr 1828 entflammte.
649 *Lucina:* Beiname der römischen Licht- und Geburtsgöttinnen Diana und Juno.
651 *Staffa, Fingalos Höhle ...:* Staffa: Insel der schottischen Hebriden, an deren Nordwestseite sich die Basaltgrotte des irischen Sagenhelden Fingal (3. Jh. n. Chr.) befinden soll. — In seinen *Fragments of Ancient Poetry* (1760—63) hatte James Macpherson (1736—96) Stücke aus dem irisch-schottischen Sagenkreis um den Helden Fingal (Finn) und seinen Sohn Ossian (Oisin) frei bearbeitet. Das Werk, das erstmals 1768/69 durch Michael Denis ins Deutsche übersetzt wurde, hatte eine starke Wirkung auf die Sturm-und-Drang-Dichter, vor allem auch auf Herder und Goethe. — *Anagnosten:* Vorleser. — *Es war ein Herzog Millesint:* Siehe *Die traurige Krönung,* S. 698.

GESCHICHTE VON DER SILBERNEN KUGEL
ODER DER KUPFERSCHMIED VON ROTHENBURG

Die Entstehung des Erzählfragmentes fällt in M's amtslose Mergentheimer Zeit. Seine damals wiederaufgenommene Sammelleidenschaft für Mineralien, die sich innerhalb des Fragments in der Charakteristik Knisels spiegelt, bezeugen z. B. die Briefe M's an Bauer vom 19. 4. 1845 (wo M sogar seine Mitarbeit beim Stuttgarter Altertümer- und Naturalien-Kabinett erwägt; Br. Seebaß[2] 593), an Hartlaubs vom 23. 10. 1844 (Br. Seebaß[2] 588 f.) sowie an Hartlaub vom 31. 8. 1849 („In der Steinkammer auf der Pritsche"; Br. Hartlaub 314). Der Dichter, der von Schwäbisch Hall und Mergentheim aus Rothenburg besuchen konnte, beschäftigte sich damals intensiv mit kulturhistorischem Material. (Vgl. Brief M's an Schmidlin, 23. 5. 1844: „Ich lebe viel im Altertum, durchstöbere manche Chronik — ohne alle literarische Absicht, da ich vorderhand dergleichen noch ganz lassen muß ..."; Br. II, 89.) — Nach dem Abschluß der *Idylle vom Bodensee* schreibt M am 10./11. Nov. 1846 an Hartlaub: „Am liebsten würde ich jetzt abermals ein kleines Epos machen, dem aber nur ein Stoff von höherer Bedeutung, z. B. aus dem nordischen Sagenkreis, zugrunde zu legen wäre." (Br. Hartlaub 268) Statt dessen beginnt M eine kulturhistorische Prosaerzählung, die er in der alten Reichsstadt Rothenburg lokalisiert. Nur wenige zusammenhängende Textabschnitte der höchstens bis 1851 (danach Arbeit am *Hutzelmännlein*) fortgesetzten Arbeit sind ausgeführt. Das übrige sind Entwürfe sowie Notizen über umfassende Vorstudien.

Das Hauptmotiv eines Silberschatzes, der den nahenden Franzosen vorenthalten werden soll, tritt im ausgeführten Teil der Erzählung zugunsten der Charakterisierung Knisels sowie der geographisch-kulturgeschichtlichen Beschreibungen Rothenburgs noch zurück.

Quellen:

Maync hat einige von M zur *Geschichte von der silbernen Kugel* benützte Werke nachgewiesen (Mc III, 512 f.):

1) Rittgräff (= Franz Graeffer): *Historische Antiquitäten, oder auserlesene, wenig bekannte, zum Teil noch ungedruckte Denkwürdigkeiten aus der Menschen-, Völker-, Sitten-, Kunst- und Literar-Geschichte der Vorwelt und des Mittelalters*. Zweiter Teil. Wien 1815. — Darin die Geschichte: *Wie ich, Jost Artus, gezogen bin mit anderen ins heilige Land, und was ich sah und erfuhr auf dieser Pilgerfahrt*. (S. 114—133) M schrieb diesen Bericht ab, da er ihn für seine Erzählung verwerten wollte.

2) Jacobus Fridericus Georgius, Onoldo-Francus: *Uffenheimische Neben-Stunden*. Schwabach 1740 ff. — Darin: *Neundtes Stuck. Enthaltend Caspari Sagittarii Historiam Hallensem summatim congestam. Mit Anmerkungen und Zusätzen des Herausgebers. Darinnen auch vieles von dem Stifft Comburg und denen alten Grafen von Rotenburg, Wie auch sonst zur Erläuterung derer Fränckischen und Schwäbischen Geschichte dienliches vorkommt*. Schwabach ... 1746. — Über seine Beschäftigung mit *Sagittarius* schreibt M in den Briefen an Hartlaub vom 4. 5. und 10. 5. 1844; Br. Hartlaub 212 f.)

Ein Teil der Erzählung sollte nach M's Notizen dem Leser indirekt durch eine selbstverfaßte Chronik Knisels vermittelt werden. Dazu M: „Ein Teil der Sagen wird erst später von den Liebenden auf dem obern Boden des Rathauses in dem altertümlich reizenden Gemach gelesen." — „Zuletzt ein Teil von Arthus [= Knisels] Geschichte; welche Lektüre durch das Herannahen der Baukommission unterbrochen wird." (Gedruckt bei Mc. *Euphorion* 10, S. 188.) Ferner orientiert sich der Dichter über Schriften des 18. Jahrhunderts, die in der Erzählung erwähnt werden könnten. Er notiert z. B. sechzehn naturwissenschaftliche Werke von Blumenbach, Leibniz, Langius, Linné u. a., vor allem über Mineralogie und Petrefakten. Hartlaub war ihm bei der Zusammenstellung dieser Bibliographie behilflich. Eine historische Zeittafel von 1793 bis 1799 läßt unter anderem auf M's eingehende Beschäftigung mit der Französischen Revolution schließen. Die übrigen Notizen behandeln Charakteristika einzelner Personen. Die von M geplanten Kunstreiterepisoden sind in das *Hutzelmännlein* eingegangen. (Nach Mc, *Euphorion* 10, S. 188 f.)

Die handschriftliche Überlieferung der zu M's Lebzeiten nicht veröffentlichten Erzählfragmente befindet sich in den Nationalen Gedenkstätten (Goethe- und Schiller-Archiv) in Weimar.

Drucke:
Erster Druck: *Zwei fragmentarische Prosadichtungen Eduard Mörikes. Aus dem Nachlaß herausgegeben von Harry Maync in Leipzig.* 1. *Geschichte von der silbernen Kugel oder der Kupferschmied von Rothenburg.* In: *Euphorion* 10 (1903) S. 180—193. [Dort Beschreibung der handschriftlichen Überlieferung sowie Abdruck eines Teils der Paralipomena.] Dann in: Mc III, 313—322. [Verbesserter Neudruck nur der ausgeführten zusammenhängenden Textstücke.]

Unser Druck folgt im wesentlichen dieser Ausgabe. Doch wurde der Text mit der handschriftlichen Überlieferung neu kollationiert, so daß einige Lesefehler Mayncs beseitigt und die originale Zeichensetzung wiederhergestellt werden konnten.

Die Buchstaben A, B usw. über den einzelnen Abschnitten sind die von Maync verwendeten Bezeichnungen der Handschriftenteile.

654 *Er schrieb die gefälligste Hand* ...: Knisels gefällige Handschrift, seine Sammelleidenschaft für Petrefakten und Altertümer charakterisieren M's eigene Züge.

656 *nächst Brockes' „Irdischem Vergnügen in G[ott]":* Vgl. S 756. — die verdeutschte „Clarisse": Clarissa Harlowe or the history of a young lady (1747/48), einer der berühmten empfindsamen Romane des Engländers Samuel Richardson (1689—1761); verdeutscht erstmals von Johann David Michaelis, Göttingen 1748/49, dann von Johann Mattheson, Göttingen 1748—51. — „Grandison": Sir Charles Grandison (1753/54), Roman Richardsons. — *Thümmel:* Moritz August von Thümmel (1738—1817), Verfasser eines in der Aufklärung viel gelesenen Romans: *Reise in die mittäglichen Provinzen von Frankreich im Jahre 1785—1786* (1791/1805). — „Spitzbart": Spitzbart. Eine komi-tragische Geschichte für unser pädagogisches Jahrhundert (1779), Roman von Johann Gottlieb Schummel. — „Leben und Meinungen des Freiherrn von Münchhausen": Vielleicht liegt in diesem Titel eine Kontamination vor aus A. G. F. Rebmanns Leben und Taten des jüngeren Herrn von Münchhausen (1795) mit Leben und Meinungen des Herrn Magisters Sebaldus Nothanker (1773—76) von Friedrich Nicolai. Gottfried August Bürgers bekannte Münch-

hausen-Geschichten nach dem Vorbild des Engländers Rudolf Erich Raspe haben den Titel: *Wunderbare Reisen zu Wasser und zu Lande des Freiherrn von Münchhausen* (1786). — „*Oweni Epigrammata*": Die neulateinischen Epigramme des Engländers John Owen (1560—1622).

657 *Altar des heiligen Bluts in der Hauptkirche von St. Jakob:* 1500 bis 1509 geschnitzt von Tilman Riemenschneider.

659 *Gant:* Zwangsversteigerung, Auktion.

660 *Arthaus:* auch Arthus. Den Namen hat M aus Rittgräffs *Historischen Antiquitäten*, 2.Teil, S. 114 f. übernommen. (Siehe S. 1062.)

GEDICHTE

Die von M als endgültige Auswahl veröffentlichten Gedichte, aus seinem ganzen lyrischen Schaffen zusammengetragen, stellen eine einzige, im wesentlichen wohl — trotz Hermann Kurz' Vorschlägen* — von ihm selbst angeordnete, mehrfach veränderte Sammlung dar, deren Gliederung nicht von strenger thematischer oder formaler Konsequenz, sondern von „Mannigfaltigkeit", wenngleich nach gewissen Schwerpunkten, bestimmt ist.

Daß das Zufällige, Gelegentliche, bei M typischer Kristallisationspunkt der poetischen Produktion wird, spiegelt sich in der Entstehungs- und Textgeschichte der meisten in M's Sammlung aufgenommenen Gedichte. Vielfach anlaßgebundene, improvisierte Stücke sind in oft verschiedenen handschriftlichen Fassungen, häufig als Briefbeilagen an die Freunde, überliefert; sie erscheinen als Erstdrucke in Zeitschriften und Almanachen (bzw. in der Erstausgabe des *Maler Nolten*, 1832) und werden — teilweise überarbeitet — mit einer Reihe neu entstandener, noch ungedruckter Gedichte für die erste Sammelausgabe ausgewählt. (Vgl. Brief M's an D. F. Strauß, 12. 2. 1838, Br. Seebaß[2] 441 f.) Bei der Suche nach einem geeigneten Verleger helfen dem Dichter die Freunde Mährlen und Hardegg.

---

* Vgl. Brief Kurz' an M, 13. 6. 1837 (Br.w.Kurz 27) sowie Briefe M's an Kurz vom 19. 6. 1837 und vom 13. 12. 1837 (Br.w. Kurz 32;89); Kurz' Antwort vom 22. 12. 1837 (Br.w.Kurz 98); Brief M's an Mährlen vom Mai 1837; H. W. Rath: *Neue Mitteilungen über M's Oper und seine erste Gedichtausgabe*. In: *Zeitschrift für Bücherfreunde* N. F. 10, 1918, S. 27. (Nachweise: Km V, 326—329) Zum Problem der Anordnung der „Gedichte" vgl. Max Reuschle: *Die Gestalt der Gedichtsammlung* M's. Diss. (Masch.) Tübingen 1922.
Zu den handschriftlichen Zwischenstufen der gedruckten Sammlungen vgl. Km V, 309 ff.

Die Anmerkungen zu den einzelnen Gedichten bringen: das Datum der Entstehung (E), den Ort und Zeitpunkt des Erstdrucks (D), das erste Erscheinen in M's Gedichtsammlung (Slg.), teilweise identisch mit D), die Textgrundlage für unsere Ausgabe (T), gegebenenfalls Hinweise zur Entstehungs- und Textgeschichte sowie sachliche und sprachliche Erläuterungen. Das Erscheinen im *Maler Nolten* von 1832 wird ebenfalls vermerkt.
Von dem endgültigen Titel in G4 abweichende Titel des Erstdrucks bzw. der anderen angeführten Drucke werden in runde Klammern gesetzt.

(Vgl. Brief M's an Kurz, 6. 6. 1837, sowie Kurz an M, 13. 6. 1837, Br.w. Kurz 26 f.)

Ein erster Vertrag mit dem Buchhändler Hallberger wird wieder aufgelöst, als auf Mährlens und Hardeggs Initiative hin der Verlag Cotta sich zur Übernahme bereit erklärt. (Vgl. Brief M's an Mährlen, Ende Mai 1837, gedruckt bei H. W. Rath, *Zeitschrift für Bücherfreunde* N. F. 10, 1918, S. 27. — Zu Hardegg: Mc, Biogr. 268. — Einen undatierten Brief Hardeggs an Cotta druckt Mc, Biogr. 420 ab. — Vgl. Brief M's an Kurz, 8. 8. 1837, Br. Seebaß[2] 423.) Im August 1838 erscheint die Sammlung bei Cotta (= G 1; 143 Gedichte; Auflage: 1000 Exemplare). Eines der ersten Exemplare sendet M am 18. 8. 1838 an Gustav Schwab. (Br. I, 281 f.) Vor allen weiteren Ausgaben erfolgt eine erneute Überprüfung und teilweise Überarbeitung des Bestandes. Manches wird ausgeschieden, Neues hinzugefügt. Die Bearbeitung richtet sich meist mehr auf den Wortlaut als auf die Änderung der Konzeption. Das Anläßlich-Private wird stärker ins poetisch Verbindliche verwandelt.

Über seine Pläne, die Sammlung für eine neue Auflage zu revidieren, berichtet M am 3. 12. 1841 an Hartlaub (Br. Hartlaub 156 f.). (Vgl. Brief an Cotta, 16. 5. 1847, Br. Seebaß[3] 200 f., Cottas Antwort vom 23. 5. 1847, Br. Seebaß[3] 540 f. und Brief an Karl Mayer vom 23./26. August 1847, Br. Seebaß[3] 203.) Die 2. Auflage, die im November 1847 erscheint (= G 2; mit der Jahreszahl 1848; 187 Gedichte; Auflage: 1000 Exemplare), ist um 55 Stücke bereichert. 11 Gedichte der 1. Auflage sind ausgeschieden. (Vgl. Brief an Cotta, 16. 5. 1847, Br. Seebaß[3] 200 f., Brief an Adolf Stahr, 14. 11. 1847, Br. II, 161.)

Im Herbst 1856 kommt die 3. Auflage der Gedichte heraus (= G 3; 200 Gedichte; Auflage: 1000 Exemplare). (Vgl. Brief an Hartlaub, Mai 1855, Br. Hartlaub 350 f.) Sie enthält 13 neue Stücke. (Siehe auch Briefe an Cotta, 2. 3. 1856; 5. 3. 1856; 24. 3. 1856; 14. 5. 1856, Br. Seebaß[3] 290 f., 293 f., 294. — Brief an Hartlaub vom 31. 5. 1856, Br. Hartlaub 355)

Ende Mai 1867 erscheint die 4. und endgültige Ausgabe der Sammlung bei Göschen (= G 4; 226 Gedichte; Auflage: 1000 Exemplare). 5 Stücke aus der 3. Auflage fehlen; 31 treten neu hinzu. Mit Hartlaubs und Wolffs Hilfe setzt der Dichter nach dem Rat Wilhelm Hollands das Entstehungsjahr zu den Gedichttiteln des Registers. (Vgl. Brief M's an Holland, 31. 5. 1867, Br. Seebaß[3] 410.) — Über die Vorarbeiten zur 4. Auflage vgl. Briefe M's an Schwind vom 2. 2. 1867 und 22. 3. 1867, Br.w. Schwind 53; 56 f.; Briefe an Hartlaub vom 2. 1. 1867 und 22. 3. 1867, Br. II, 308 f., Br. Hartlaub 401. M läßt im Juni 1867 ein Exemplar der 4. Auflage an König Karl von Württemberg übermitteln. (Vgl. Br. Seebaß[3] 585; 461.)

Das Jahr 1873 bringt eine sogenannte 5. Auflage der Gedichte bei Göschen, die aber nur Titelauflage von G 4 ist. (Vgl. Brief an Ferdinand Weibert, 5. 3. 1873, Br. Seebaß[3] 464.)

Drucke:

G 1 = *Gedichte von Eduard Mörike*. Stuttgart und Tübingen: Verlag der J. G. Cotta'schen Buchhandlung. 1838. Auf S. III: „Seinem Freunde Wilhelm Hartlaub zum Zeichen unveränderlicher Liebe gewidmet."
G 2 = Zweite, vermehrte Auflage. Stuttgart und Tübingen: J. G. Cotta'scher Verlag. 1848.
G 3 = Dritte vermehrte Auflage. Stuttgart und Augsburg: J. G. Cotta'scher Verlag. 1856.
G 4 = Vierte vermehrte Auflage. Mit einer Photographie des Verfassers. Stuttgart: G. J. Göschen'sche Verlagshandlung. 1867. Dieser Ausgabe folgt unser Text.
G 5 = Fünfte Auflage. Stuttgart: G. J. Göschen'sche Verlagshandlung. 1873. [= Titelauflage von G 4.]

665 *An einem Wintermorgen, vor Sonnenaufgang:* E: 1825; D: DMA[1] I, 1834, S. 339 f.; Slg.: G1, S. 1 f.; T: G4, S. 1 f. — An den Anfang der Sammlung stellt es M auf Vorschlag von Kurz (Brief von Kurz, 23. 6. 1837 und M's Antwort vom 13. 12. 1837, Br.w. Kurz 42; 89). Die erste Fassung und alle Lesarten gedruckt und erläutert von A. Beck, *Euphorion* 46, S. 370—391. (Nachweis: Km V, 288 und Anm. 41)
666 *Erinnerung:* E: 1822; D: G1, 1838, S. 3—5; umgearbeitet 1865; T: G4, S. 3—5. — *C. N.:* Clara Neuffer (1804—1837), M's Base und „Kinderbraut". — V. 29 *Dorf:* Benningen bei Ludwigsburg.
668 *Nächtliche Fahrt:* E: 1823; D: (*Ein Traum*) Mbl, 2. 5. 1828, Nr. 106; Slg.: G1, S. 6—8; T: G4, S. 6—8. — V. 18 *vergeßlich Herz:* Clara Neuffer; V. 24 *holdes Kind:* Maria Meyer (1802—1865), M's Geliebte, Peregrina.
669 *Der junge Dichter:* E: Sept. 1823; D: G1, 1838, S. 9—11; T: G4, S. 9—11. — Ältere Fassungen gedruckt bei R. Krauß, *Euphorion* 2 (1895) Ergänzungsheft, S. 110 ff.
671 *Der Knabe und das Immlein:* E: 1837; D: G1, 1838, S. 12 f.; T: G4, S. 12 f.
672 *Rat einer Alten:* E: 23. 3. 1832; D: G1, 1838, S. 14 f.; T: G4, S. 14 f.
673 *Begegnung:* E: Bis Frühjahr 1828; D: Mbl, 28. 2. 1829, Nr. 51; Slg.: G1, S. 16; T: G4, S. 16 f. — Zur Datierung: Km V, 313 f.; VI, 257.
673 *Der Jäger:* E: 1828; D: MN, 1832, S. 431 f.; Slg.: G1, S. 17 f.; T: G4, S. 18 f.
674 *Jägerlied:* E: Bis 29. 12. 1837; D: Mbl, 13. 2. 1838, Nr. 38; Slg.:

G1, S. 19; T: G4, S. 20. — Im Brief vom 29. 12. 1837 an Hartlaub mitgeteilt; Br. Hartlaub 67. — Eine dritte Strophe ist gedruckt bei Mc I, 412. Sie ist aber nicht 1838, sondern 1854 für Gustav Pressel gedichtet. (Vgl. Brief an Pressel, 2. 11. 1854, Br. Seebaß[3] 279. — Nachweis: Km VI, 257)

675 *Ein Stündlein wohl vor Tag:* E: Bis 19. 6. 1837; D: G1, 1838, S. 22; T: G4, S. 21. — Zur Entstehung vgl. Brief an Kurz, 19. 6. 1837, Br.w. Kurz 32; Kurz an M, 23. 6. 1837, Br.w. Kurz 42. — (Nachweis: Km VI, 257)

675 *Storchenbotschaft:* E: Bis 19. 6. 1837; D: G1, 1838, S. 24 f.; T: G4, S. 22 f. — Vgl. Brief Kurz' an M, 23. 6. 1837, Br.w. Kurz 43. (Nachweis: Km VI, 257)

676 *Die schlimme Gret und der Königssohn:* E: 1828; D: (*Der Königssohn und die Windmüllerstochter. Romanze*) Mbl, 10. 2. 1829, Nr. 35; Slg.: G1, S. 26—33; T: G4, S. 24—32. — Vier Fassungen. Endgültige Fassung erst in G2, S. 23—29. — Zur Umarbeitung vgl. Brief an Hartlaub, 3. 12. 1841, Br. Seebaß[2] 532 f.; zur Textgeschichte: Km VI, 281—285.

681 *Liebesvorzeichen:* E: 1828; D: (*Die Granatblüthe*) Mbl, 14. 10. 1828, Nr. 247; Slg.: G1, S. 40 f.; T: G4, S. 33—35. — V. 2 *Granatbaum:* Seine scharlachroten Blüten galten bei den Griechen als Sinnbild der Liebe.

682 *Suschens Vogel:* E: 4. oder 5. 8. 1837; D: G1, 1838, S. 43 f.; T: G4, S. 36 f. — Im Brief vom 8. 8. 1837 an Kurz gesandt; Kurz' Antwort, 16. 8. 1837, Br.w. Kurz 73 f.; 77.

683 *In der Frühe:* E: 1828; D: Mbl, 3. 7. 1828, Nr. 159; Slg.: G1, S. 45; T: G4, S. 38. — Zur Textgeschichte: Km VI, 285—287.

684 *Er ist's:* E: 9. 3. 1829; D: (Ohne Titel) MN, 1832, S. 330; Slg.: G1, S. 37; T: G4, S. 39.

684 *Im Frühling:* E: 13. 5. 1828; D: Mbl, 17. 7. 1828, Nr. 171; (Ohne Titel) MN, 1832, S. 394; Slg.: G1, S. 46; T: G4, S. 40 f.

685 *Erstes Liebeslied eines Mädchens:* E: Bis 19. 6. 1828; D: JsDN, 1836, S. 230; Slg.: G1, S. 38 f.; T: G4, S. 42 f. — Zur Entstehung: Km VI, 257 f.

685 *Fußreise:* E: Bis 20. 9. 1828: *(Wohlgemuthe Morgenreise)* Mbl, 6. 11. 1828, Nr. 267; Slg.: G1, S. 47; T: G4, S. 44 f.

686 *Besuch in Urach:* E: Bis 25. 5. 1827; D: Mbl, 5. 8. 1828, Nr. 187; Slg.: G1, S. 48—51; T: G4, S. 46—50. — Vgl. Brief an Hartlaub, 25. 5. 1827, Br. Hartlaub 44.

689 *An eine Äolsharfe:* E: Bis 14. 6. 1837; D: G1, 1838, S. 52 f.; T: G4, S. 51 f. — Vgl. Brief Kurz' an M, 28./30. Sept. 1838, Br.w. Kurz 167. — *Tu semper urges . . .:* Horaz, Oden, Buch 2, Nr. 9, Vers 9 ff.: „Du trauerst endlos durch Melodien des Grams / Um Mystes Abschied, weder wenn Hesperus / Aufsteigt, räumt dein Geist die Sehnsucht, / Noch wenn der Sonne Gewalt er

fliehet." (Übers. von J. H. Voß). — V. 9 des Knaben: M's 1824 verstorbener Lieblingsbruder August.

690 *Hochzeitlied:* E: August 1831; D: G1, 1838, S. 54—58; T: G4, S. 53—57. — Verfaßt für eine Freundin Luise Raus.

693 *Mein Fluß:* E: 1828; D: Mbl, 24. 9. 1828, Nr. 230; Slg.: G1, S. 62 f.; T: G4, S. 58—60.

694 *Josephine:* E: Bis 19. 6. 1828; D: Mbl, 10. 7. 1828, Nr. 165; Slg.: G1, S. 64 f.; T: G4, S. 61 f. — Zur Entstehung: Km VI, 258. — *Josephine:* die Tochter des Schulmeisters in Scheer.

695 *Auf der Reise:* E: 1828; D: Mbl, 25. 8. 1828, Nr. 204; Slg.: G1, S. 66; T: G4, S. 63 f.

696 *Frage und Antwort:* E: 1828; D: Mbl, 5. 7. 1828, Nr. 161; Slg.: G1, S. 67; T: G4, S. 65. — Dieses Gedicht gilt ebenfalls Josephine.

696 *Lebewohl:* E: unbekannt; D: (*An* ***) DMA², 1841, S. 278 f., hier seine zusätzliche dritte Strophe. Endgültige Fassung in G2, S. 59; T: G4, S. 66. — Bezogen auf die Trennung von Luise Rau (1833; so Mc I, 415) oder von Clara Neuffer (gest. 1837; so Km VI, 287; dort auch Textgeschichte).

696 *Heimweh:* E: Bis 19. 6. 1828; D: G1, 1838, S. 68; T: G4, S. 67. — Zur Datierung: Km V, Anm. 62 und VI, 258; nicht an Luise Rau gerichtet.

697 *Gesang zu zweien in der Nacht:* E: 1825; D: (Ohne Titel) MN, 1832, S. 166 f.; Slg.: (*Nachts*) G1, S. 69; T: G4, S. 68 f. — Früheste handschriftliche Fassung im *Spillner* (siehe S. 983). Dann von L. Bauer in einem Brief an Hartlaub, 9. 10. 1829, mitgeteilt. (RB 17, S. 121) — Zur Textgeschichte: Km V, Anm. 71.

698 *Die traurige Krönung:* E: 1828; D: (Ohne Titel) JsDN, 1836, S. 221 f., am Ende von *Der Schatz* gedruckt; Slg.: G1, S. 70 f.; T: G4, S. 70 f. — Vgl. *Bruchstücke eines Romans*, S. 651. — Die gegenüber der Erstfassung umgearbeitete Romanze im Brief an Vischer, 5. 10. 1833, mitgeteilt; Br. Seebaß² 398.

699 *Jung Volker:* E: Um 1826; D: (Ohne Titel) MN, 1832, S. 454 f.; Slg.: G1, S. 59; T: G4, S. 72 f. — Zu einer früheren handschriftlichen Fassung vgl. K. Fischer: *E. M's künstler. Schaffen*, S. 73 (Km V, 312).

700 *Jung Volkers Lied:* E: Bis Frühjahr 1828, vielleicht schon um 1826; D: (Ohne Titel) MN, 1832, S. 453; Slg.: G1, S. 60; T: G4, S. 74. —Zu einer früheren handschriftlichen Fassung: Km V, 312; VI, 258.

700 *Nimmersatte Liebe:* E: 1828; D: G1, 1838, S. 42; T: G4, S. 75. — Bezogen auf Josephine, die Schulmeisterstochter von Scheer.

701 *Der Gärtner:* E: 1837; D: G1, 1838, S. 73; T: G4, S. 76.

701 *Schön-Rohtraut:* E: 31. 3. 1838; D: G1, 1838, S. 20 f.; T: G4, S. 77 f. — Zur Entstehung (Anregung durch einen M bis dahin

unbekannten „altdeutschen Frauennamen") vgl. Brief M's an Schwind, 18. 7. 1868 (Br.w. Schwind 126). Entstehung etwas abweichend überliefert nach der Erinnerung Klara M's; vgl. K. Fischer: *E. M's Leben und Werke*, S. 140; 237. — Am 2. 4. 1838 schickt M die Romanze bereits in der endgültigen Fassung an Hartlaub (Br. Hartlaub 74 f.). Kurz bestätigt den Empfang des Gedichtes am 20. 5. 1838 (Br.w. Kurz 136).

702 *Lied vom Winde:* E: 1828; D: (Ohne Titel) MN, 1832, S. 612 f.; Slg.: G1, S. 74 f.; T: G4, S. 79 f.

703 *Das verlassene Mägdlein:* E: Mai 1829; D: (Ohne Titel) MN, 1832, S. 226; Slg.: G1, S. 23; T: G4, S. 81.

704 *Agnes:* E: Bis 6. 12. 1831; D: (Ohne Titel) MN, 1832, S. 433 f.; Slg.: G1, S. 76; T: G4, S. 82 f. — Erwähnt im Brief an Karl M, 6. 12. 1831, Br. Seebaß[2] 306; vgl. Brief an Karl M, 22. 2. 1832, Br. Seebaß[2] 321.

704 *Elfenlied: E:* Bis Frühjahr 1828; D: (Ohne Titel) MN, 1832, S. 204; Slg.: G1, S. 77; T: G4, S. 84 f. — Zur Entstehung: Km V, 313 f.; VI, 258. — V. 7 *Silpelit:* Kind einer Fee und eines Sterblichen in *Der letzte König von Orplid.*

705 *Die Schwestern:* E: Kurz vor dem 7. 11. 1837; D: GI, 1838, S. 79; T: G4, S. 86f. — Zu M's Fiktion über die Entstehung vgl. Brief an Hartlaub, 7. 11. 1837, Br. Hartlaub 64 f.

706 *Die Soldatenbraut:* E: 1837; D: G1, 1838, S. 192; T: G4, S. 88.

706 *Jedem das Seine:* E: Bis 16. 12. 1861; D: BF, 1862, S. 220 f.; hier Untertitel *Quid pro quo;* Slg. (= T): G4, S. 89 f. — Zu zwei weiteren Drucken: Mc I, 461; Km V, 282. Zur Entstehung vgl. Brief an Hartlaub, 16. 12. 1861, Br. Hartlaub 363. (Nachweis: Km VI, 258) Vgl. Brief zu dem folgenden: *Ritterliche Werbung.*

707 *Ritterliche Werbung:* E: 1860; D: BF, 1862, S. 219; Slg. (=T): G4, S. 91. — Nachdichtung eines englischen Kinderliedes (Mc I, 418 f.) — Vgl. Brief an P. Heyse, 21. 12. 1861, Br. Seebaß[3] 336; Brief an Krais, 2. 1. 1862, Br. Seebaß[3] 337 f.

707 *Der Feuerreiter:* E: Sommer 1824; D: (Ohne Titel) MN, 1832, S. 45 f.; Slg.: (*Romanze vom wahnsinnigen Feuerreiter*) G1, S. 85 f.; T: G4, S. 92—94. — Zur Entstehung und zur Umarbeitung für G2 vgl. Brief an Hartlaub, 3. 12. 1841, Br. Hartlaub 156 f. — Zur Entstehungs- und Textgeschichte: Mc I, 419; Km V, Anm. 33 und S. 313; R. Pohl, *Zeitschrift f. dt. Philologie* 85, S. 223—240. — Die Umarbeitung schickt M am 26. 12. 1841 an Hartlaub, Br. Hartlaub 160.

709 *Die Tochter der Heide:* E: Kurz vor dem 3. 9. 1861; D: F, II, 1862, S. 6; Slg. (= T): G4, S. 95 f. — Über die Entstehung „aus Anlaß eines englischen Kupferstichs" vgl. Brief an Hartlaub,

3. 9. 1861, Br. Hartlaub 361. (Nachweise: Mc I, 420; Km V, Anm. 31)

709 *Des Schloßküpers Geister zu Tübingen:* E: 1827; D: G1, 1838, S. 80—84; T: G4, S. 97—102. — V. 49 *bescheiden:* hier im alten Sinn: kundtun, Bescheid geben.

713 *Die Geister am Mummelsee:* E: 1828 (?); D: (*Der Mummelsee. Gesang zu Zweien*) DaZ, 1829, Nr. 3; (Ohne Titel) MN, 1832, S. 190 f.; Slg.: G1, S. 34 f.; hier Untertitel (*Wechselgesang*); T: G4, S. 103 f. — Zum Erstdruck: Km V, 283 und Anm. 71. — *Mummelsee:* sagenumwobener See im badischen Schwarzwald. — V. 26 *spielen:* im alten Sinn: glänzen, funkeln.

714 *Der Schatten:* E: Bis 22. 12. 1855; D: Sa, 1856, Nr. 13; Slg.: G3, S. 87—89; T: G4, S. 105—108. — Zur Entstehung vgl. M's Brief an Hartlaub, 22. 12. 1855: „Eigentlich ist sie nur eine Variante der Irmelsgeschichte im *Schatz*, bei deren Erfindung mir auch der Gedanke beiging." (K. Fischer I, 259; vgl. K. Fischer: *E. M's Leben und Werke*, S. 207.)

715 *Märchen vom sichern Mann:* E: 1837/38, bis 5. 2. 1838; D: G1, 1838, S. 175—189, hier mit Untertitel *An Louis B.* (Bauer); T: G4, S. 109—124. — Erste Erwähnung im Brief an Vischer vom 13. 12. 1837 (Br.w. Vischer 139). Zur Entstehung vgl. Brief an D. F. Strauß, 5. 2. 1838, *Lit. Echo* 24 (1921/22) Sp. 593; Brief an D. F. Strauß, 12. 2. 1838, Br. Seebaß[2] 441 ff.; Brief an Hartlaub, 13. 2. 1838, Br. Hartlaub 69. (Nachweise: Km VI, 258) — Vgl. auch Brief an Kurz, 13. 12. 1837, Br.w. Kurz 87 f. — V. 224 *Hummel:* schwäb.: Bulle.

724 *Gesang Weylas:* E: Wohl vor 1832; D: G1, 1838, S. 190; T: G4, S. 125. — *Weyla:* im *Maler Nolten* Göttin von Orplid.

725 *Chor jüdischer Mädchen:* E: 1827; D: G1, 1838, S. 72; T: G4, S. 126. — Aus dem von M begonnenen, später verlorenen Operntext *Ahasver*. (Vgl. Brief von Kurz an M, Sept. 1838, Br.w. Kurz 167.)

725 *Ideale Wahrheit:* E: 1837; D: G1, 1838, S. 123; T: G4, S. 127.

725 *Gefunden:* E: Bis 18. 12. 1845; D: Mbl, 17. 2. 1846, Nr. 41; Slg.: G2, S. 105; T: G4, S. 128. (Zur Entstehung vgl. Km VI, 258 f.)

726 *Die schöne Buche:* E: Bis 29. 8. 1842; D: NJ, 1847, S. 149 f.; Slg.: G2, S. 106 f.; T: G4, S. 129 f. — (Im Brief vom 29. 8. 1842 an Hartlaub gesandt; Br. II, 42; am 27. 11. 1842 an Karl Mayer; Br. Seebaß[2] 554.)

726 *Johann Kepler:* E: 1837; D: G1, 1838, S. 112; T: G4, S. 131. — V. 1 *den Stern:* Mars, an dem Kepler zuerst die elliptische Gestalt der Planetenbahnen erkannte. (Über einen Zweitdruck vgl. Km V, Anm. 30.)

ANMERKUNGEN 1071

727 *Auf das Grab von Schillers Mutter:* E: Mai 1835; D: WL, 1835, Nr. 229, S. 916; Slg.: G1, S. 113; T: G4, S. 132. — M ließ 1834 das Grab von Schillers Mutter (gest. 1802) in Cleversulzbach wiederherstellen. Seine eigene Mutter wurde 1841 daneben bestattet. (Vgl. Brief an Kurz, 30. 6. 1837, Br.w. Kurz 53 f.)

727 *An eine Lieblingsbuche meines Gartens:* E: Wohl kurz nach dem 10. 6. 1836; D: G1, 1838, S. 115; T: G4, S. 133. — (Notiz vom 10. 6. in M's Kalender für 1836: „Ich schneide HÖLTY's Namen in den Stamm der obern Laube." — Nachweis Km VI, 259) — *Ludwig Hölty* (1748—1776), lyrischer Dichter, Mitbegründer des Göttinger Hainbundes. — V. 1 *Dryas:* Waldnymphe.

728 *Theokrit:* E: 1837; D: G1, 1838, S. 114; T: G4, S. 134. — *Theokritos:* griechischer Idyllendichter (3. Jahrh. v. Chr.). — V. 3 *Chariten:* griechische Göttinnen der Anmut. — V. 8 *Hekate:* griechische Göttin der Gespenster und Geister. — V. 11 *Kalliope:* Muse der erzählenden Dichtkunst.

728 *Tibullus:* E: 1837; D: G1, 1838, S. 116; T: G4, S. 135. — Albus *Tibullus:* römischer Elegiker (um 54—19 v. Chr.).

728 *Einer geistreichen Frau:* E: 1843; D: Mbl, 17. 2. 1846, Nr. 41; Slg.: G2, S. 108; T: G4, S. 135.

729 *An Hermann:* E: 1837; D: G1, 1838, S. 117 f.; T: G4, S. 136 f. — *Hermann:* Hermann Hardegg (1806—1853), Jugendfreund M's. — V. 16 *Hof:* von M's Vaterhaus in Ludwigsburg.

729 *Muse und Dichter:* E: 1837; D: G1, 1838, S. 119; T: G4, S. 138.

730 *Auf dem Krankenbette:* E: 1837; D: G2, 1847, S. 115; T: G4, S. 139.

730 *Bei Tagesanbruch:* E: 1837; D: *(Gespräch vor Tage)* G1, 1838, S. 120; T: G4, S. 139.

730 *An meinen Arzt, Herrn Dr. Elsäßer:* E: 1838; D: G1, 1838, S. 121; T: G4, S. 140.

730 *Maschinka:* E: 1838; D: G1, 1838, S. 123; T: G4, S. 141.

731 *Versuchung:* E: Bis 19. 4. 1844; D: Mbl, 17. 2. 1846, Nr. 41; Slg.: G2, S. 117; T: G4, S. 141. (Zur Entstehung: Km VI, 259)

731 *Lose Ware:* E: Bis 13. 6. 1837; D: G1, 1838, S. 103; T: G4, S. 142.

731 *Im Park.* — E: Wohl Frühjahr 1847; D: G2, 1847, S. 119; T: G4, S. 143. (Zur Entstehung: Km VI, 259)

732 *Leichte Beute:* E: unbekannt; D: *(Schnelle Beute)* G1, 1838, S. 124; T: G4, S. 143.

732 *Nachts am Schreibepult:* E: unbekannt; D: G1, 1838, S. 124; T: G4, S. 144. — V. 1 *Syringe:* Flieder.

732 *Mit einem Anakreonskopf und einem Fläschchen Rosenöl:* E: April 1845; D: Mbl, 17. 2. 1846, Nr. 41; Slg.: G2, S. 120; T: G4, S. 144. — V. 1 *Anakreon:* griechischer Dichter (um 555 v.

Chr.) vor allem von Trink- und Liebesliedern. — V. 3 *Aphrogeneia:* die Schaumgeborene, Aphrodite.

732 *Götterwink:* E: 8.—21. Juni 1845; D: Mbl, 27. 11. 1846, Nr. 284; Slg.: G2, S. 121 f. T: G4, S. 145 f. — (Zur Entstehung: Km VI, 259)

733 *Das Bildnis der Geliebten:* E: Wohl vor dem 18. 12. 1845, jedenfalls bis 24. 1. 1846; D: Mbl, 17. 2. 1846, Nr. 41; Slg.: G2, S. 123; T: G4, S. 147 f. (Zur Entstehung: Km VI, 259; zur Textgeschichte: Km VI, 304)

734 *Datura suaveolens:* E: Etwa Nov. 1846; D: G2, 1847, S. 124; T: G4, S. 149. — (Im Brief vom 10./11. Nov. 1846 an Hartlaub gesandt, Br. Seebaß² 617.) (Vgl. Km V, 322; zur Textgeschichte: Km VI, 305.) — *Datura suaveolens:* Stechapfelart mit weißen, herrlich duftenden Blüten.

734 *Weihgeschenk:* E: Anfang Juli 1846; D: G2, 1847, S. 124; T: G4, S. 150. — (Im Brief vom 5. 7. 1846 an Margarethe von Speeth gesandt; Br. Seebaß² 611; am 8. 7. 1846 an Hartlaubs mitgeteilt; Br. II, 130)

734 *An eine Sängerin:* E: Wohl 1852; D: Sa, 1855, Nr. 1; Slg.: G3, S. 131; T: G4, S. 151. — Das Gedicht wurde mehrfach verwendet. 1854 in das Album von Emma Schnorr geb. von Knoll eingetragen; in früherer Fassung an Emilie Mayer. (Vgl. Km VI, 259 f.)

735 *Inschrift auf eine Uhr mit den drei Horen:* E: Wohl kurz nach dem 17. 8. 1846; D: NJ, 1847, S. 161; Slg.: G2, S. 125; T: G 4, S. 152. — (Zur Entstehung: Km VI, 260) — Motto: „Langsam gehn die Horen vor anderen seligen Göttern." (Theokrit, *Idyllen,* XV, V. 104). — *Horen:* Töchter von Zeus und Themis; zuerst Göttinnen der Ordnung, später der schönen Jahreszeiten.

735 *Auf eine Lampe:* E: 1846; D: Mbl, 30. 11. 1846, Nr. 286; Slg.: G2, S. 125; T: G4, S. 153. — Zu einer früheren Fassung: Km V, 322.

735 *Erinna an Sappho:* E: Vor dem 27. 6. 1863; D: DDS, 1864, S. 278—280; Slg (= T): G4, S. 154—156. — Mit der Bitte um eine Zeichnung zu dem Gedicht sandte M es am 9. 11. 1863 an Schwind (Br.w. Schwind 14—17); Schwind lehnte am 17. 12. 1863 wegen der großen Schwierigkeit ab (Br.w. Schwind 17—19). Vgl. Brief vom Ende 1863 an Hartlaub (Br. Hartlaub 384 f.), Brief M's an Schwind, 17. 1. 1864 (Br.w. Schwind 21). — V. 37 *Tochter Demeters:* Persephone, Göttin der Unterwelt.

737 *Die Herbstfeier:* E: Bis 19. 6. 1828; D: WL, 1835, Nr. 227, S. 906; *(Das Bacchusfest)* JsDN, 1836, S. 225—229; 1837 umgearbeitet; Slg.: G1, S. 104—108; T: G4, S. 157—162. — (Zur Entstehung: Km VI, 260; zur Umarbeitung Brief an Kurz vom 19. 6. 1837, Br.w. Kurz 32 f.; Antwort Kurz' vom 22. 6. 1837 und

23.6.1837, Br.w.Kurz 37 f.,43; Brief M's an Kurz vom 30.6.1837, Br.w. Kurz 52). Älteste Fassung gedruckt bei F. Seebaß: *E. M. Ausgewählte Gedichte*, S. 231—234. — V. 72 *Thyrsus:* Stab des Bacchus, mit Pinienzapfen, Weinlaub und Efeu geschmückt.

740 *Lied eines Verliebten:* E: 1837; D: Mbl, 2. 5. 1838, Nr. 105; Slg.: G1, S. 109; T: G4, S. 163.

741 *Akme und Septimius:* E: Vor dem 16. 3. 1838; D: G1, 1838, S. 101 f.; T: G4, S. 164 f. — Eine abweichende Fassung in M's *Classischer Blumenlese*, 1840, S. 185. (Dazu und zur Textgeschichte: Km V, Anm. 35) — Nachdichtung von Catulls 45. Lied. Vgl. Brief an Kurz, 16. 3. 1838, Br.w. Kurz 116.

741 *Scherz:* E: 1829; D: DMA¹, 1834, S. 337 f.; Slg. (= T): G4, S. 166 f. — Zuerst für G1 vorgesehen; siehe Brief von Kurz an M, 23. 6. 1837, Br.w. Kurz 42. Auf Empfehlung Hartlaubs in G4 aufgenommen; vgl. Brief M's an Hartlaub, 28. 2. 1867 (ungedruckt). Nachweis: Km V, Anm. 21. Zur Textgeschichte: Km VI, 305.

742 *Abreise:* E: Kurz vor dem 1. 7. 1846; D: Mbl, 27. 11. 1846, Nr. 284; Slg.: G2, S. 134 f.; T: G4, S. 168 f. — M sandte das Gedicht am 1. 7. 1846 an Hartlaub; Br. II, 128. — (Zur Entstehungs- und Textgeschichte: Km V, 322; Km VI, 305 f.)

743 *Septembermorgen:* E: 18. 10. 1827; D: Mbl, 12. 9. 1828, Nr. 220; Slg.: G1, S. 36. (Vgl. Km V, 311.) T: G4, S. 170.

743 *Verborgenheit:* E: 1832; D: G1, 1838, S. 143; T: G4, S. 171.

744 *Früh im Wagen:* E: Strophe 1—2: 15. 2. 1843; Gedicht vollendet 1846; D: Mbl, 27. 11. 1846, Nr. 284; Slg.: G2, S. 139 f.; T: G4, S. 172 f. — Strophe 1 und 2 nach M's Kalender im Wagen auf der Reise nach Wermutshausen entstanden; das Ganze überarbeitet und vollendet 1846; Nachweis: Mc I, 427; Km V, 322.

745 *Karwoche:* E: Vor dem 23. 7. 1830; D: *(In der Char-Woche)* MN, 1832, S. 604 f.; Slg.: G1, S. 155; T: G4, S. 174 f. — Im Brief vom 23. 7. 1830 an Hartlaub mitgeteilt; Br. I, 152.

745 *Denk es, o Seele!:* E: Spätestens Sept. 1851; D: *(Grabgedanken)* FZ I, 1852, Nr. 14; dann (ohne Titel) in *Mozart auf der Reise nach Prag*, 1855, S. 113 f. (Vgl. Km V, Anm. 30.) Slg.: G3, S. 205; T: G4, S. 176. — Zur Entstehung: Km VI, 260.

746 *Peregrina: I. Der Spiegel dieser treuen ...:* E: Bis Frühjahr 1828, vor dem 28. 5.; D: *(Warnung)* MN, 1832, S. 558 f.; Slg.: G1, S. 231; T: G4, S. 177.

746 *II. Aufgeschmückt ist...:* E: Bis Frühjahr 1828, vor dem 2. 5., vielleicht schon Sommer 1824; D: *(Die Hochzeit;* Anm.: *Im Munde des Bräutigams gedacht)* MN, 1832, S. 557 f.; Slg.: G1, S. 231 f.; T: G4, S. 178 f.

747 *III. Ein Irrsal kam...:* E: 6. 7. 1824; D: *(Scheiden von Ihr)* MN, 1832, S. 559 f.; Slg.: G1, S. 232—234; T: G4, S. 180 f.

748 *IV. Warum, Geliebte ...:* E: Bis Frühjahr 1828; vor dem 2. 5.; D: G1, 1838, S. 234; T: G4, S. 182.

749 *V. Die Liebe, sagt man ...:* E: Bis 19. 6. 1828; D: *(Verzweifelte Liebe)* Mbl, 23. 2. 1829, Nr. 46; *(Und wieder)* MN, 1832, S. 560 (etwas abgeändert); Slg.: G1, S. 234 f.; T: G4, S. 183. — Eine frühe handschriftliche Fassung von I—IV mit dem Titel: *Agnes, die Nonne* druckt Mc I, 466—468 ab. — (Zur Textgeschichte vgl. A. Beck, *Euphorion* 47, S. 194 ff.; Km V, 309, 312 f.) — Urbild der Peregrina: M's Geliebte Maria Meyer (1802—1865).

749 *Um Mitternacht:* E: Vor dem 3. 10. 1827; D: Mbl, 23. 5. 1828, Nr. 124; Slg.: G1, S. 236 (als Schluß der Slg.); T: G4, S. 184. — Vgl. Brief M's an Kurz, 13. 12. 1837, Br.w. Kurz 89. (Zur Textgeschichte: Km V, 283)

750 *Trost:* E: 1837; D: Mbl, 2. 5. 1838, Nr. 105; Slg.: G1, S. 137; T: G4, S. 185 f.

750 *Auf einer Wanderung:* E: Vor dem 30. 8. 1845; D: Mbl, 7. 3. 1846, Nr. 57; Slg.: G2, S. 138; T: G4, S. 187. — (Nachweis Km V, 321; Km VI, 260)

751 *Der Genesene an die Hoffnung:* E: 1838; D: G1, 1838, S. 122; T: G4, S. 188.

751 *Wald-Idylle:* E: Frühjahr 1829; D: *(Idylle)* G1, 1838, S. 97—100; T: G4, S. 189—192. — Vgl. Brief M's an Mährlen, etwa Mai 1837, Rath: Neue Mitteilungen, S. 27. (Nachweis Km VI, 260) — *An J. M.:* Johannes Mährlen (1803—1871), Freund M's.

754 *Im Weinberg:* E: 1838; D: *(An Clara)* G1, 1838, S. 110 f.; T: G4, S. 193 f. — Klara M (1816—1903), jüngste Schwester des Dichters. — V. 4 *vom treuesten Herzen:* wohl M's 1827 verstorbene Schwester Luise.

754 *Am Rheinfall:* E: 30. 7. 1846; D: *(Am Rheinfall bei Schaffhausen)* NJ, 1847, S. 162; Slg.: G2, S. 158; T: G4, S. 195. — Vgl. Brief M's an Hartlaub, Aug. 1846, Br. Hartlaub 261 (Km V, 283).

755 *Einer Reisenden:* E: unbekannt; D: *(Vor einer gemalten Ansicht des Bodensees. An eine Reisende)* F I, 1861, S. 13; Slg. (= T): G4, S. 196. — (Vgl. Km V, 283.)

755 *Vicia faba minor:* E: 1837; D: G1, 1838, S. 125; T: G4, S. 196. — *Vicia faba minor:* Kleine Feldbohne, deren Blüte von altersher den Toten geweiht ist.

755 *Zwiespalt:* E: 1840; D: Cl Bl, 1840, S. 182; Slg. (= T): G4, S. 197. — M's Catull-Übersetzung Nr. 9.

755 *Der Häßliche:* E: Vor dem 27. 11. 1846; D: *(Freund X.)* Sa, 1858, Nr. 5; Slg. (= T): G4, S. 197. — (Vgl. Km V, 283; Km VI, 260.)

756 *Auf dem Grabe eines Künstlers:* E: unbekannt; D: G1, 1838, S. 125; T: G4, S. 197.

ANMERKUNGEN 1075

756 *An meine Mutter:* E: 1837; D: G1, 1838, S. 126; T: G4, S. 198. — *Mutter:* Charlotte M, geb. Beyer (1771—1841).

756 *An dieselbe:* E: 1837; D: G1, 1838, S. 126; T: G4, S. 198.

756 *An H. Kurtz:* E: 26. 5. 1837; D: *(An H. K.)* G1, 1838, S. 127; T: G4, S. 199. — In vierzeiliger Fassung am 26. 5. 1837 an Kurz gesandt; Br.w. Kurz 20; vgl. Kurz an M, 8. 9. 1838, Br.w. Kurz 165). — Hermann Kurz: (1813—1873), schwäb. Schriftsteller, M's Freund, schrieb sich bis 1848 mit tz (Mc I, 429).

756 *Brockes:* E: unbekannt; D: G1, 1838, S. 127; T: G4, S. 199. — Barthold Hinrich Brockes: (1680—1747), Dichter der Aufklärung. Hauptwerk: *Irdisches Vergnügen in Gott* (1721—48).

756 *Joseph Haydn:* E: unbekannt; D: G1, 1838, S. 127; T: G4, S. 199.

757 *Epistel:* E: 1846; D: *(Aus einer Epistel)* DKA Jg. 15, 1865, S. 16; Slg. (= T): G4, S. 200 f. (Vgl. Br. II, 3; Km V, 280.)

757 *An Karl Mayer:* E: Vor dem 15. 1. 1841; D: Mbl, 26. 1. 1842, Nr. 22; Slg.: G2, S. 166 f.; T: G4, S. 202 f. — Im Brief vom 15. 1. 1841 an K. Mayer gesandt. (Br. II, 6) — *Karl Mayer:* (1787—1870), von M sehr geschätzter schwäbischer Dichter.

758 *Die Anti-Sympathetiker:* E: 1837; D: G1, 1838, S. 131; T: G4, S. 204. — *Justin Kerner:* (1786—1862), schwäbischer Dichter der Romantik, wegen seiner okkultistischen Studien von M sehr geschätzt.

759 *An Friedr. Vischer, Professor der Ästhetik etc.:* E: 1838; D: G1, 1838, S. 130; T: G4, S. 205. *Friedrich Theodor Vischer:* (1807—1887), schwäb. Schriftsteller, Professor in Stuttgart. — Auf das Gedicht spielt Vischer im Brief an M vom 9. 9. 1838 an (Br.w. Vischer 155).

759 *Apostrophe:* E: 1837; D: G1, 1838, S. 133; T: G4, S. 206 f. — *Friedrich Rückert:* (1788—1866), Professor für orientalische Sprachen; als Dichter strenger Formkünstler.

760 *An einen kritischen Freund:* E: 24. 8. 1838; D: *(An Professor Vischer)* DMA², 1841, S. 280; Slg.: G2, S. 171; T: G4, S. 208. — Im Brief vom 24. 8. 1838 an Vischer gesandt, Br.w. Vischer 153; dazu den Brief Vischers vom 1. 4. 1838, Br.w. Vischer 146 ff. (Nachweis Km VI, 260)

760 *Einem kunstliebenden Kaufmann:* E: Bis 1861; D: F I, 1861, S. 13; Slg. (= T): G4, S. 208. — (Vgl. Km VI, 261.) — V. 2 *Sohn Letos:* Apollo.

760 *P. K.:* E: Vor dem 19. 6. 1837; D: G1, 1838, S. 129; T: G4, S. 209. — Im Brief vom 19. 6. 1837 an Kurz mitgeteilt; Br.w. Kurz 32 f.

761 *Meines Vetters Brautfahrt:* E: unbekannt; D: G1, 1838, S. 224; T: G4, S. 210. — V. 3 *Schellers:* Immanuel Johann Gerhard Scheller (1735—1803), Verfasser mehrerer lateinischer Lexika.

761 *Der Kanonier:* E: unbekannt; D: G1, 1838, S. 205; T: G4, S. 211.
761 *Zu Eröffnung eines Albums:* E: Mai 1846; D: Mbl, 3. 12. 1846, Nr. 289; Slg.: G2, S. 172; T: G4, S. 212. — Im Brief von Anfang August 1846 an Hartlaub gesandt; Br. II, 131. (Zur Datierung: Km VI, 261)
762 *Auf einen Klavierspieler:* E: 1825; D: G1, 1838, S. 128; T: G4, S. 213.
762 *Antike Poesie:* E: 1828; D: Mbl, 17. 1. 1829, Nr. 15; Slg.: G1, S. 134; T: G4, S. 214. — V. 1 *Helikon:* griechisches Gebirge in Böotien, Sitz der Musen.
763 *Eberhard Wächter:* E: 1828; D: Mbl, 3. 9. 1828, Nr. 212; Slg.: G1, S. 135; T: G4, S. 215. — (Zur Entstehung vgl. Brief an Luise Rau, 17. 7. 1831, Brautbr. 162.) — *Eberhard von Wächter:* (1762—1852), schwäbischer Historienmaler.
763 *Seltsamer Traum:* E: Kurz nach dem 20. 8. 1828; D: G1, 1838, S. 136; T: G4, S. 216. — Der Theaterabend war am 20. 8. 1828. Gemeint sind Marie, Pauline, Rudolf Lohbauer und Friedrich Kauffmann.
764 *Zum neuen Jahr:* E: 1832, wohl zum 1. 1. 1833; D: G1, 1838, S. 138; T: G4, S. 217. — *Axur,* König von Ormos, Oper von Antonio Salieri (1750—1825).
765 *Der König bei der Krönung:* E: unbekannt; D: G1, 1838, S. 139; T: G4, S. 218.
765 *Kantate bei Enthüllung der Statue Schillers:* E: 23./24. 11. 1838; D: *(Cantate zum Schillersfeste 1839)* Mbl, 10. 5. 1839, Nr. 112; Slg.: G2, S. 179 f.; T: G4, S. 219 f. — M's von Lindpaintner komponierte Festkantate wird bei der Enthüllung des Stuttgarter Schillerdenkmals von Thorwaldsen am 8. 5. 1839 aufgeführt. (Zur mißlungenen Komposition vgl. Brief Kurz' an M, 9. 1. 1839, Br.w. Kurz 182 f.)
766 *Auf ein altes Bild:* E: 1837; D: G1, 1838, S. 147; T: G4, S. 221.
766 *Schlafendes Jesuskind:* E: 14. 3. 1862; D: *(Der Erlöser)* F II, 1862, S. 168; Slg. (= T): G4, S. 221. — Im Brief vom 23. 3. 1862 an Hartlaub gesandt; Br. II, 274. — *Franc. Albani:* (1578—1660), Bologneser Maler des Frühbarocks.
766 *Auf eine Christblume: I: Tochter des Walds ...:* E: Kurz vor dem 26. 11. 1841; D: *(Die Christblume)* Mbl, 26. 1. 1842, Nr. 22; Slg.: G2, S. 182 f.; T: G4, S. 222 f. — Als Beilage zum Brief an Hartlaub vom 26. 11. 1841, Br. Hartlaub 155. — Vom Fund der ihm bis dahin unbekannten Blume auf dem Friedhof in Neuenstadt berichtet M an Hartlaub am 29. 10. 1841, Br. Hartlaub 153 ff. (Mc I, 431 f.; Km VI, 261)
767 *II: Im Winterboden schläft ...:* E: Zwischen 26. 11. und 3. 12. 1841; D: *(Auf eine Christblume)* Mbl, 26. 1. 1842, Nr. 22; Slg.:

G2, S. 183; T: G4, S. 224. — (Am Anfang des Briefes an Hartlaub vom 3./4. 12. 1841, Br. Hartlaub 156 ff.) — Im Erstdruck stehen I und II ohne Numerierung und Gesamtüberschrift noch als selbständige Stücke. Die Zusammenlegung unter dem gemeinsamen Titel *Auf eine Christblume* erfolgt erst für G2. (Vgl. Km VI, 261; zur Textgeschichte: Km VI, 288—290.)

768 *Sehnsucht:* E: Um 1830; D: (Ohne Titel) MN, 1832, S. 109 f.; Slg.: *(Zurechtweisung)* G1, S. 148 f.; T: G4, S. 225 f.

769 *Am Walde:* E: 3. 5. 1830; D: (Ohne Titel) MN, 1832, S. 604; Slg.: G1, S. 150; T: G4, S. 227. — Im Brief vom 4./7. 5. 1830 an Luise Rau (Brautbr. 85), am 23./30. 7. 1830 an Hartlaub gesandt (Br. I, 152).

769 *Liebesglück:* E: Vor dem 23. 7. 1830; D: G1, 1838, S. 152; T: G4, S. 228. — Im Brief vom 23./30. 7. 1830 an Hartlaub gesandt (Br. I, 152).

770 *Zu viel:* E: 30. 4. 1830; D: (Ohne Titel) MN, 1832, S. 602; Slg.: G1, S. 151; T: G4, S. 229. — Im Brief vom 4./7. 5. 1830 an Luise Rau (Brautbr. 84), am 23./30. 7. 1830 an Hartlaub gesandt (Br. I, 152).

770 *Nur zu!:* E: 3. 5. 1830; D: (Ohne Titel) MN, 1832, S. 603 f.; Slg.: G1, S. 154; T: G4, S. 230. — Im Brief vom 4./7. 5. 1830 an Luise Rau gesandt (Brautbr. 86).

771 *An die Geliebte:* E: 7. 5. 1830; D: (Ohne Titel) MN, 1832, S. 603; Slg.: G1, S. 153; T: G4, S. 231. — Im Brief vom 4./7. 5. 1830 an Luise Rau gesandt (Brautbr. 86 f.).

771 *Neue Liebe:* E: 1846; D: KuU I, 1852, S. 185; Slg.: G3, S. 206; T: G4, S. 232.

772 *An den Schlaf:* E: Kurz vor dem 10. 3. 1838; Anfänge bis spätestens Weihnachten 1826; D: G1, 1838, S. 145; T: G4, S. 233. — Im Brief vom 10. 3. 1838 an Hartlaub gesandt, Br. Hartlaub 73. (Vgl. Km VI, 261; zur Entstehung: Mc I, 432 f.) (Zur Textgeschichte: Km VI, 291 f.) — Die lateinischen Verse werden Heinrich Meibom (1638—1700), Professor der Medizin, Poesie und Geschichte, zugeschrieben. M fand sie in Lichtenbergs *Ausführlicher Erklärung der Hogarthischen Kupferstiche*, Bd. 1. Göttingen 1794, S. 115 f.

772 *Seufzer:* E: Bis 22. 2. 1832; D: (Ohne Titel) MN, 1832, S. 618 f.; Slg.: G1, S. 144; hier hat der lateinische Text den Titel *Suspirium*, der deutsche den Titel *Seufzer;* T: G4, S. 234. — An Karl M berichtet M am 22. 2. 1832 von dem Fund des „lateinischen Kirchenverses" in einem alten Gebetbuch (Br. I, 199 ff.). — Das Original stammt von dem Hymnendichter Venantius Fortunatus (ca. 535—600).

772 *Wo find ich Trost?:* E: Um 1827; D: Mbl, 17. 4. 1829, Nr. 92; (Ohne Titel) MN, 1832, S. 619 f.; Slg.: G1, S. 146; T: G4,

S. 235 f. — V. 11: Vgl. Isaias, Kap. 21, V. 11; V. 13 f.: Vgl. Jakobusbrief Kap. 1, V. 15.

773 *Gebet:* E: V. 1—4: Vor dem 31. 1. 1846; V. 5—9: 1832; D: V. 1—4: G2, 1847, S. 187; V. 5—9: (Ohne Titel) MN, 1832, S. 597; das Ganze: G2, S. 187; T: G4, S. 237. — In G2 und G3 sind die beiden Stücke noch als zwei verschiedene (1 und 2) unter dem gemeinsamen Titel *Gebet* aufgeführt. — (Zur Textgeschichte: Km VI, 261 f.)

773 *Tag und Nacht:* E: 1823; D: Mbl, 23. 1. 1829, Nr. 20; Slg.: G1, S. 156; in Mbl und G1 folgt auf den Titel: *(Orientalisch)*; T: G4, S. 238 bis 240.

775 *Die Elemente:* E: 1824; D: G1, 1838, S. 158—161; T: G4, S. 241—244. — Erste handschriftliche Fassung mit abweichender 1. Strophe gedruckt bei R. Krauß, *Euphorion* 2 (1895), Ergänzungsheft, S. 108 f. — Anders in G1. Für G2, S. 199—202, nochmals umgearbeitet. Dazu Brief an Hartlaub, 3. 12. 1841, Br. Seebaß² 532. — (Zur Textgeschichte: Km VI, 292—295) — *Röm. 8, 19:* „Denn das ängstliche Harren der Kreatur wartet auf die Offenbarung der Kinder Gottes."

777 *Schiffer- und Nixen-Märchen:* E: 1828—37; D: G1, 1838, S. 162—170; T: G4, S. 245—256. — V. 127 *König Artus:* keltische Sagengestalt, ursprüngl. britischer Heerführer (um 500 n. Chr.); in der höfischen Epik des Mittelalters glanzvoller Herrscher über die ritterliche Tafelrunde.

784 *Das lustige Wirtshaus:* E: Bis etwa Mai 1837, vielleicht viel früher; D: G1, 1838, S. 171—174; T: G4, S. 257—261. — Vgl. Brief an Mährlen, etwa Mai 1837, in: H. W. Rath: Neue Mitteilungen, *Zeitschrift für Bücherfreunde* N. F. 10 (1918) S. 27 (Nachweis: Km VI, 262).

786 *Der alte Turmhahn:* E: Eine handschriftliche Vorform des Anfangs in 22 Versen mit dem Titel *Aus Gelegenheit der Kirchthurm-Renovation im Juni 1840* entsteht im Juni 1840 (Abdruck in: Br. Hartlaub 107). — 1845 um wenige Verse erweitert. Erst 1852 entsteht die eigentliche Idylle; D: KuU I, 1852, S. 117 bis 121; hier Untertitel: *Stillleben;* Slg.: G3, S. 233—244; T: G4, S. 262—274. — Zur Entstehung vgl. Brief an Storm, 21. 4. 1854, Br. II, 247 f.; (Km VI, 296 f.) — Zum Plan M's, Schwind für eine illustrierte Ausgabe zu gewinnen, siehe Brief an Schwind, 2. 2. 1867, Br.w. Schwind 52 f. — V. 43 *preßhaft:* bresthaft; V. 109: Sage vom Erzbischof Hatto von Mainz und dem Mäuseturm von Bingen; V. 136 *fast:* sehr; V. 161 *Exordio:* Einleitung; V. 173 *Applicatio:* Anwendung; V. 239 *Konkordanz:* alphabetisches Stellenregister zur Bibel; V. 248 Johann Valentin *Andreä* (1586—1654), Johann Albrecht *Bengel* (1687 bis 1752), Georg Conrad *Rieger* (1687—1743), V. 249 Friedrich

Christoph Ötinger (1702—1782), V. 252 Philipp Friedrich *Hiller* 1699—1769): schwäbische Theologen und geistliche Schriftsteller, Wegbereiter des Pietismus. V. 283 *geil:* übermütig.

794 *An Wilhelm Hartlaub:* E: Vor April 1842; D: *Jahrbuch für Kunst und Poesie,* Jg. 1843, ersch. 1842, S. 293 f.; Slg.: G2, S. 221 f.; T: G4, S. 275 f. — (Vgl. Km V, 280.) — Im Brief an Hartlaub gesandt, Miseric. Dom. 1842, Br. II, 35. — *Wilhelm Hartlaub:* (1804—1885), Pfarrer und Schriftsteller, M's „Urfreund".

795 *Ländliche Kurzweil:* E: Vor 1842; D: *Jahrbuch für Kunst und Poesie,* Jg. 1843, ersch. 1842, S. 295—298; Slg.: G2, S. 217—220; T: G4, S. 277—281. — (Vgl. Km V, 280.) — Im Brief an Hartlaub gesandt, Miseric. Dom. 1842, Br. II, 35. — *Constanze Hartlaub:* (1811—1888), Gattin Wilhelm H's. V. 26 *Haller Jahresheften:* statt: *Hallische Jahrbücher.*

797 *Bei der Marien-Bergkirche:* E: Zum 29. 5. 1845; D: *(Bei der Marien-Bergkirche von L. Einem Freunde zum Geburtstag, der dort begangen wurde)* Mbl, 28. 2. 1846, Nr. 51; Slg.: G2, S. 223 f.; T: G4, S. 282 f. — (Zu einem Zweitdruck vgl. Km V, 283.) Gemeint ist die Kirche von Lautenbach zwischen Mergentheim und Wermutshausen. — *des Freundes:* Hartlaub.

798 *Meiner Schwester:* E: Sommer 1841; D: *(Nach der Mutter Tode)* Sa, 1854, Nr. 1; Slg. (= T): G4, S. 284 f. — Zur Entstehung vgl. Brief an Hartlaub vom 29. 10. 1841; K. Fischer I, 266. — Die 1. Strophe ist der Anfang eines viel gesungenen Liedes. — (Zu den Drucken: Km V, Anm. 31; zu einem Zweitdruck: Km V, 281.)

799 *Zum zehnten Dezember:* E: Vor dem 24. 11. 1841; D: *(Auf einen Geburtstag)* Mbl, 26. 1. 1842, Nr. 22; Slg.: G2, S. 227; T: G4, S. 286 f. — Zum 25. Geburtstag von M's Schwester Klara (1816—1903). — Im Brief vom 24. 11. 1841 an Hartlaub gesandt; Br. II, 23 f. — V. 1 „*Sie ist mündig!"*: Die Volljährigkeit erreichte man damals in Württemberg mit 25 Jahren.

800 *An O. H. Schönhuth:* E: Vor dem 21. 1. 1847; D: *(Epistel an den Herausgeber, bei der Geburt seines ersten Töchterleins) Monat-Rosen,* hrsg. von O. H. Schönhuth, Jg. 5, März 1847, S. 47 f.; Slg.: G2, S. 230 f.; T: G4, S. 288 f. — (Zum Erstdruck: Km V, 280) Im Brief vom 21. 1. 1847 an Hartlaub gesandt (Br. II, 139). — *Schönhuth:* (1806—1864), Pfarrer und Schriftsteller, Herausgeber mehrerer Volksbücher.

801 *An Pauline:* E: 1841; D: *(An Pauline Mörike)* G2, 1847, S. 229; T: G4, S. 290. — *Pauline:* eine entfernte Verwandte des Dichters.

802 *An Marie Mörike, geb. Seyffer:* E: Vor dem 24. 11. 1841; D: G2, 1847, S. 228; T: G4, S. 291. — (Im Brief vom 24. 11. 1841

an Hartlaub gesandt; Br. II, 23. — *Marie M.:* (1819—1909) die sangbegabte Frau von M's Vetter Karl Abraham M, dem Apotheker in Neuenstadt.

802 *An Clärchen:* E: 16. 11. 1845; *(An Elise)* G2, 1847, S. 225 f.; T: G4, S. 292 f. — (Zur Datierung: Km VI, 262; zur Textgeschichte: Km VI, 306 f.) Dieses und die folgenden Gedichte einschließlich *Aus der Ferne* sind auf Gretchen (Margarethe von Speeth), seit 1851 M's Gattin, bezogen. (Vgl. dazu und zu den folgenden Gedichten: Brief an Storm vom April 1854, Br. Seebaß[2] 729.)

803 *Auf den Tod eines Vogels:* E: 30. 8. 1845; D: Mbl, 2. 12. 1846, Nr. 288; Slg.: G2, S. 232; T: G4, S. 294. — (Mc I, 436; vgl. Br. Seebaß[2] 729.)

803 *Margareta:* E: August 1845; D: *(An Elise)* Mbl, 7. 3. 1846, Nr. 57; Slg.: G2, S. 136; T: G4, S. 295. — (Vgl. Br. Seebaß[2] 729.)

804 *Aus der Ferne:* E: Vor dem 7. 12. 1846; D: G2, 1847, S. 141 bis 143; T: G4, S. 296—298. — Mit einem ungedruckten Brief an Hartlaub gesandt (Nachweis: Km V, 322). — Eine ältere Fassung in: RB 16, S. 96 f. (Vgl. Br. Seebaß[2] 729.)

806 *Ach nur einmal noch im Leben!:* E: Vor dem 4. 8. 1845; D: Mbl, 31. 1. 1846, Nr. 27; Slg.: G2, S. 240—242; T: G4, S. 299—301. (Vgl. Brief vom Febr. 1867 an Schwind, Br. II, 314.) Titel: Arie aus Mozarts Oper „Titus". V. 1: im Hause Kerners in Weinsberg; V. 9: in Cleversulzbach; V. 37 *Pantalon:* altes Klavier.

808 *Göttliche Reminiszenz:* E: Vor dem 22. 8. 1845; D: Mbl, 31. 1. 1846, Nr. 27; Slg.: G2, S. 234; T: G4, S. 302 f. — Im ungedruckten Brief vom 22./30. 8. 1845 an Hartlaub gesandt. (Nach Km V, 321) — *Ev. Joh. 1, 3:* „Alle Dinge sind durch dasselbe (das Wort) gemacht."

808 *Erbauliche Betrachtung:* E: Zwischen dem 22. 5. und 29. 6. 1846; D: NJ, 1847, S. 158—160; Slg.: G2, S. 236—238; T: G4, S. 304 bis 306. — Entstanden nach dem Tode Ludwig Bauers (22. 5. 1846); in veränderter Fassung am 29. 6. 1846 an Hartlaub gesandt (vgl. Br. Hartlaub 256; Nachweis: Km V, 322).

810 *An Longus:* E: Vor dem 24. 11. 1841; D: *(Epistel. An Longus)* NJ, 1847, S. 154—157; Slg.: G2, S. 247—250; T: G4, S. 307 bis 311. — Erwähnt im Brief an Hartlaub, 24. 11. 1841; Br. II, 23. — Einige Verse mitgeteilt an Hartlaub am 3./4. 12. 1841; Br. Hartlaub 158. — V. 27 *Sehrmann:* im Rügener Plattdeutsch: ausgezeichneter Mann; V. 49 *Leier und Schwert:* Titel einer Gedichtsammlung Theodor Körners (1814); V. 67 *Sic!:* So; *Sapienti sat!:* Für den Verständigen genug! V. 77 *Operment:* aus lat. auripigmentum: Rauschgelb.

813 *An den Vater meines Patchens:* E: 8. 10. 1845; D: G2, 1847, S. 239; T: G4, S. 312. — In erster Fassung am 8. 10. 1845 für

Hartlaub gedichtet; in Br. Hartlaub 244 außer Titel nach der gedruckten Fassung (Nachweis: Km V, 321).
813 *Waldplage:* E: Kurz vor dem 8. 9. 1841; D: Mbl, 8. 2. 1842, Nr. 33; Slg.: G2, S. 251—253; T: G4, S. 313—315. — Erwähnt im Brief an Hartlaub vom 8. 9. 1841; Br. II, 15. — V. 19 *Senarium:* jambischer Trimeter (lat. Versmaß); V. 31 *Den Dichter:* Friedrich Gottlieb Klopstock (1724—1803); V. 32 *Fanny:* Marie Sophie Schmidt (1731—99), Klopstocks geliebte Base; *Cidli:* Meta Moller (1728—1754), Klopstocks Gattin; *Zürcher See:* eine der berühmtesten Oden Klopstocks (1750); V. 33 *Die frühen Gräber:* Ode Klopstocks von 1764/71; V. 51 *Du fliehst! ...:* ungenaues Zitat aus *Die frühen Gräber,* V. 3.
815 *Dem Herrn Prior der Kartause J.:* E: Vor dem 30. 8. 1845; D: G 2, 1847, S. 245 f.; T: G4, S. 316 f. — (Zur Datierung: Km VI, 262) — *Kartause J.:* Ittingen im Thurgau, von M 1838 besucht. — V. 1 *Verse ... phaläkische:* nach dem griechischen Dichter Phaläkos benannte Hendekasyllabi; V. 6 *Pater elegantiarum:* Vater galanter Gedichte; gemeint ist Catull. Von M als Gegenstück zu Catulls *pater esuritionum* (V. 28, Anfang von Catull XXI) = Vater des Hungerns, gebildet; V. 9 *Veroneser:* Catull stammte aus der Umgebung von Verona.
816 *Besuch in der Kartause:* E: Vor dem 16. 12. 1861; D: F II, 1862, S. 353 f.; Slg. (= T): G4, S. 318—324. — Im Brief vom 16. 12. 1861 an Hartlaub gesandt (Br. II, 269); am 21. 12. 1861 an Paul Heyse (Br. Seebaß³ 336; 571). — Gemeint ist die Kartause zwischen St. Gallen und Konstanz, die M auf seiner Reise 1840 kennenlernte. — *Paul Heyse:* (1830—1914). M ist mit dem klassizistischen Dichter seit 1854 befreundet. — V. 14 *Pränestes:* Palästinas; *Tiburs:* Tivolis; V. 33 *Laberdan:* eingesalzener Schellfisch; V. 46 *Andromeda:* sagenhafte Königstochter, von Perseus aus der Gewalt eines Drachens befreit; V. 83 *Enaksohn:* riesenhafter Mensch; Bezeichnung nach dem vorisrael. Volk der Enakiter; V. 90 *Panazee:* Tochter Äskulaps, Heilkunst, Heilmittel.
820 *Herrn Bibliothekar Adelb. v. Keller:* E: 1840; D: *(Herrn Bibliothekar Prof. Adalb. Keller)* G2, 1847, S. 243 f.; T: G4, S. 325 f. — Vgl. Brief an A. v. Keller, 3. 5. 1838, Br. Seebaß³ 90. — Zur Textgeschichte: Km VI, 297 f. — A. v. *Keller* (1812—1883), Bibliothekar und Professor der Universität Tübingen. — V. 20 *Benacus-See:* Gardasee.
820 *Herrn Hofrat Dr. Krauß:* E: Sommer 1847; D: G2, 1847, S. 233; T: G4, S. 327. — Beilage zum ungedruckten Brief an Hartlaub, 31. 9. 1847. (Nachweis: Km V, Anm. 87). Vgl. Brief an Hartlaub, Okt. 1847, Br. Hartlaub 293 f. — Friedrich *Krauß:* M's Arzt in Mergentheim.

821 *An Eberhard Lempp:* E: 31. 3. 1855; D: *(Herrn Eberhard Lempp. Auf eine übereilt angenommene Einladung zum Abendessen. April 1855)* DMA³ VI, 1856, S. 103 f.; Slg.: G3, S. 281; T: G4, S. 328 f. — Zur Datierung: Km VI, 262. — Im Brief vom 7. 5. 1855 an Johann Georg Fischer gesandt, Br. Seebaß³ 280. — E. *Lempp:* Obersteuerrat in Tübingen, entfernter Verwandter M's. V. 5 *Agrypnia:* Schlaflosigkeit; V. 7 *Piërische Jungfrau:* Muse.

822 *L. Richters Kinder-Symphonie:* E: Vor dem 22. 12. 1861; D: DDS, 1864, S. 280—284; Slg. (= T): G4, S. 330—334. — Am 22. 12. 1861 an Vischer gesandt, Br.w. Vischer 208; 339 f. (Nachweis: Km VI, 262) An Hartlaub gesandt mit Erläuterungen, Anfang März 1862, Br. II, 271 f., vgl. Br. an Hartlaub, 9. 3. 1862, Br. Hartlaub 368. — *L. Richter:* (1803—1884), romantischer Maler und Illustrator. M hat R. nie gesehen. — *Marie Hocheisen:* Gattin des Eisenbahninspektors Theodor H.

824 *Erzengel Michaels Feder:* E: 1837; D: G1, 1838, S. 87—96; T: G4, S. 335—346. — In G1 nach dem Titel: *Frau Marie Niethhammer, geb. Kerner, gewidmet.* — Vorschlag Schwinds zu einer Zeichnung: Br. an M, 17. 12. 1863, Br.w. Schwind 18; vom 17. 1. 1867, Br.w. Schwind 49; Dank M's für die erhaltene Zeichnung: 2. 2. 1867, Br. II, 309; Br. an Schwind, Febr. 1867, Br.w. Schwind 60 ff. Von dem Kampf des Erzengels mit dem Teufel nach den Sagen vom Michelsberg erzählt Kerner im *Bilderbuch aus meiner Knabenzeit (J. Kerners sämtl. poet. Werke,* hrsg. von Josef Gaismaier, Bd. 4, S. 148 ff.).

831 *An Gretchen:* E: 1864; D (= T): G4, 1867, S. 347. — Als Druckprobe von G4 schickt M das Gedicht am 22. 3. 1867 an Hartlaub (Br. Hartlaub 401). — V. 1 *unsere Mädchen:* M's Töchter Marie (1857—1876) und Fanny (1855—1913).

831 *Hermippus:* E: Bis 20. 2. 1860; D: *Schiller-Album der allgemeinen deutschen National-Lotterie zum Besten der Schiller- und Tiedge-Stiftung,* Dresden 1861, S. 167; F I, 1861, S. 272; Slg. (= T): G4, S, 348—350. — Am 20. 2. 1860 an Karl Mayer gesandt; Br. Seebaß³ 324, 566 f. (Nachweis: Km VI, 262) Den Stoff entnahm M den *Anekdoten von Gelehrten und Kuriositäten der Literatur,* 3. Bändchen, Stuttgart 1839, S. 5. — V. 28 *Have:* Ave, Lebe wohl; V. 29 *Lykos:* griech. : Wolf. — M's Anmerkung: „Dem Äskulap und der Göttin der Gesundheit L. Clodius Hermippus, welcher 115 Jahre und 5 Tage gelebt hat, infolge seiner steten Berührung mit der weiblichen Jugend, was auch nach seinem Tode die Ärzte nicht wenig bewundern. Wohlan, ihr Nachfahren, so führt euer Leben!"

833 *Bilder aus Bebenhausen:* E: Stück 1—3, 6, 9—11: Wohl vor dem 19. 9. 1863; Stück 4—5: um den 25. 9. 1863; Stück 7: Ende 1863,

vielleicht bis 15. 10.; Stück 8: zwischen 15. und 17. 10. 1863; D: Stück 1—6, 8—11: F V, 1865, S. 336 f.; Stück 7: G4, 1867, S. 355. Das Ganze (T): G4, S. 351—358. — Ein Teil der Gedichte (7 Stücke) wird am 25. 9. 1863 an Hartlaub gesandt; Br. II, 284 f. Vgl. auch Brief an K. Wolff, 30. 9. 1863, Br. Seebaß[3] 375 f.; Brief an Hartlaub, 1. 11. 1863, Br. II, 288; Brief an Wolff, 20. 10. 1863, Br. Seebaß[3] 378. — Stück 7 wurde Wolff in einem ungedruckten Brief vom Nov./Dez. 1863 mitgeteilt; Hartlaub im Brief von Ende Dez. 1863, Br. II, 291. (Nachweise und Entstehungsgeschichte: Km VI, 262—264) — V. 27 *Rudolph*: Pfalzgraf von Tübingen, gründete mit seiner Gemahlin Mechthild 1183 das Kloster; V. 45 *Chelidonium:* Schöllkraut.

837 „Lang, lang ist's her!" E: Zum 25. 9. 1866; D: AZ, 6. 2. 1867, Nr. 6, hier mit dem Untertitel: *An Auguste: zu ihrer Hochzeit;* Slg. (= T): G4, S. 359—361. — Im Brief vom 26. 9. 1866 an K. Wolff gesandt; Br. Seebaß[3] 403. — Zu V. 7/8 vgl. Brief an Margarethe M, 9. 7. 1862, Br. Seebaß[3] 349 (Nachweis: Km VI, 264). — *Auguste Stark:* Tochter von M's Freund Mährlen.

838 *Charis und Penia:* E: 1827; D: G1, 1838, S. 206 f.; T: G4, S. 362—364. — *Ch. und P.:* Anmut und Armut.

840 *Zwei dichterische Schwestern:* E: 6. 12. 1845; D: KuU I, 1852, als unpaginierte Beigabe in Heft 9; S. 169 mit Ergänzung der im Originaldruck fehlenden Endsilben. (Nachweis: Km V, Anm. 23) Slg.: G3, S. 297; T: G4, S. 365. — V. 13 Francesco *Petrarca:* (1304—1374), besingt in den Sonetten seines *Canzoniere* die Geliebte Laura.

840 *An Frau Pauline v. Phull-Rieppur auf Ober-Mönsheim:* E: Juli 1861; D: Wb XXIII, 1864, S. 55; Slg. (= T): G4, S. 366. — Die Adressatin war eine Tochter von M's Vetter, dem Apotheker Dr. Karl Abraham M.

840 *An X und Y:* E: Kurz vor dem 27. 6. 1863; D: DDS, 1864, S. 284; Slg. (= T): G4, S. 366. — Am 27. 6. 1863 an Hartlaub mitgeteilt; Br. II, 282.

841 *An J. G. Fischer:* E: 1864; D (= T): G4, 1867, S. 367. — Johann Georg *Fischer:* (1816—1897), schwäbischer Dichter.

841 *Auf die Nürtinger Schule:* E: 1860; D: (*Härtinger*) Wb XXIII, 1864, S. 55; Slg. (=T): G4, S. 367. — V. 1 Friedrich Wilhelm von *Schelling:* (1775—1854), Philosoph des deutschen Idealismus.

841 *An Fräulein Luise v. Breitschwert:* E: 7. 6. 1853; D: Sa, Jg. 3, 1855, Nr. 6, S. 48, hier mit Untertitel: „Auf eine Reihe Illustrationen zu dem Märchen: ‚Das Stuttgarter Hutzelmännlein', von ihr in Schwarz ausgeschnitten"; dann umgearbeitet in G3, S. 298; T: G4, S. 368. — Zur Datierung: Km VI, 264; Textgeschichte mit Wortlaut des Erstdrucks: Km VI, 298—300. — *Luise v. Breitschwert:* verh. Walther (1833—1917), Stieftochter

K. Wolffs, Scherenschnittkünstlerin. V. 14 *Lau:* Siehe *Historie von der schönen Lau* im *Stuttgarter Hutzelmännlein,* S. 482.

842 *An Frau Luise Walther, geb. v. Breitschwert:* E: Zum 13. 9. 1858; D: *(Einer Freundin zur Hochzeit)* F I, 1861, S. 13; Slg. (= T): G4, S. 369. — (Vgl. Km V, Anm. 28; Km VI, 264; 277 f.)

842 *Der Frau Generalin v. Varnbüler:* E: August 1853; D: Sa, 1855, Nr. 4; Slg. (= T): G4, S. 370 f. — Zur Datierung: Km VI, 264.

843 *An Fräulein Elise v. Grävenitz:* E: 1854; D: *(An Fräulein E. v. G. aus Anlaß einer Fastnacht)* Sa, 1855, Nr. 7; Slg. (= T): G4, S. 372 f. — (Vgl. Km V, Anm. 28.) — *Elise v. Grävenitz:* eine Schülerin M's am Katharinenstift in Stuttgart.

844 *An Eduard Weigelin:* E: 1865; D (= T): G4, 1867, S. 374. — (Vgl. Km V, Anm. 23.)

844 *An Lottchen Krehl:* E: Mai 1839; D: G2, 1847, S. 216; T: G4, S. 375. — *Lottchen Krehl:* Freundin der Geschwister Mörike.

845 *Wanderlied:* E: 1833; D: G2, 1847, S. 282; T: G4, S. 376. — (Vgl. Km VI, 264.)

845 *Zitronenfalter im April:* E: 9. 4. 1846; D: KuU I, 1852, S. 73; Slg. (= T): G4, S. 377.

846 *Auf einem Kirchturm:* E: 11. 11. 1845; D: G2, 1847, S. 283; T: G4, S. 377. — In der älteren handschriftlichen Fassung am 14. 11. 1845 an Hartlaub gesandt; Br. II, 119. (Nachweis: Km V, 322)

846 *Zum Neujahr:* E: Zum 1. 1. 1845; D: G3, 1856, S. 299; T: G4, S. 378. — W. Hartlaub in einen Kalender für 1845 geschrieben. (Nachweis: Km V, 321) — Eine andere Fassung in: RB 17, S. 142.

846 *An meinen Vetter:* E: Juni 1837; D: G1, 1838, S. 208 f., hier ohne Datum unter dem Titel; T: G4, S. 379 f. — V. 3 *Sommerwesten:* Vgl. Brief an Hartlaub, 17. 9. 1845, Br. II, 113 f.; V. 11 *Petitmaitres:* Stutzer.

847 *An denselben:* E: Mai 1840; D: DMA², 1841, S. 281 f.; Slg.: G2, S. 268 f.; T: G4, S. 381 f. — Vgl. Brief an Hartlaub, 23. 4. 1847, Br. II, 154.

848 *Der Petrefaktensammler:* E: Vor dem 12. 3. 1845; D: NJ, 1847, S. 151 f.; Slg.: G2, S. 270 f.; T: G4, S. 383—385. — Zur Entstehung: Km V, 321; 330. — *An zwei Freundinnen:* Klara M und Lotte Krehl; V. 3 *Frickenhausen:* Dorf bei Nürtingen; V. 9 *Ammoniten:* in der Trias-, Jura- und Kreidezeit versteinerte Kopffüßler; V. 10 *Lias-Terebratuliten:* in der Liasformation versteinerte Armfüßler; V. 11 *Pentakrinen:* in der Triaszeit versteinerte Gliederlilien; V. 43 *fickt:* schwäbisch: kränkt; V. 48 *kratteln:* kraxeln.

850 *Auf ein Kind:* E: 1859; D (= T): G4, 1867, S. 385. — Ursprünglich auf M's älteste Tochter Fanny bezogen. (Nachweis: Km VI, 264)

ANMERKUNGEN 1085

850 *An Philomele:* E: 22. 5. 1841; D: NJ, 1847, S. 153; Slg.: G2, S. 272; T: G4, S. 386. — In dem am 21. 5. 1841 begonnenen Brief an Hartlaub gesandt; dort auch Entstehungsgeschichte. (Br. Hartlaub 143 f.) Zur Entstehung: Mc I, 440 f. — *Philomele:* griech. Sagengestalt, die in eine Nachtigall verwandelt wurde.

850 *An einen Liebenden:* E: Str. 1—3, 5: 3. 2. 1842; Str. 4: vor 1839; alles umgestaltet: 7. 2. 1867; D: AZ, 21. 3. 1867, Nr. 12; Slg. (= T): G4, S. 387 f. — Die frühe Fassung von Str. 4 wird am 2. 5. 1839 Hartlaub mitgeteilt, Br. Hartlaub 91 (unkorrekt). (Nachweis: Km VI, 264) Sie ist u. a. abgedruckt in: RB 16, S. 72 f.; dazu eine Zeichnung in RB 17, S. 143 f. — Str. 4 ist wohl erst bei der Umarbeitung 1867 mit dem Gedicht vereint worden. (Vgl. Br. II, 303, falsch datiert.)

851 *Auf einen Redner:* E: Bis 19. 4. 1844; D: G3, 1856, S. 300; T: G4, S. 389. — Zur Datierung: Km VI, 264.

851 *Schul-Schmäcklein:* E: unbekannt; D: G1, 1838, S. 216; T: G4, S. 389.

851 *An —:* E: unbekannt; D: G1, 1838, S. 228; T: G4, S. 389. — Gemeint ist ein von M in einem Brief vom 8. 1. 1841 verspotteter dichtender Oberamtsrichter. (Br. II, 3)

852 *Auf den Arrius:* E: 1840; D: Cl Bl, 1840, S. 191; Slg.: G2, S. 273; T: G4, S. 390. — Nachdichtung von Catulls Nr. 19 in Cl Bl.

852 *Lammwirts Klagelied:* E: 1837; D: G1, 1838, S. 203 f.; T: G4, S. 391 f. — Parodie von Goethes *Schäfers Klagelied.*

853 *Auftrag:* E: 1828; D: G1, 1838, S. 193 f., hier mit Untertitel: *An S.;* T: G4, S. 393 f.

854 *Der Tambour:* E: 1837; D: G1, 1838, S. 191; T: G4, S. 395.

854 *Vogellied:* E: 30. 7. 1843; D: Wb V, 1846, S. 275; Slg.: G2, S. 277; T: G4, S. 396.

855 *Mausfallen-Sprüchlein:* E: 1832; D: G1, 1838, S. 78; T: G4, S. 397. — Andere Fassung in den *Bruchstücken eines Romans* (siehe S. 628).

855 *Unser Fritz:* E: 3. 3. 1827; D: G1, 1838, S. 195 f.; hier unterhalb des Titels: *(d. 3. März 1827.);* T: G4, S. 398 f. — *Fritz:* M's Zögling, Sohn des Möhringer Pfarrers Gmelin.

856 *Häusliche Szene:* E: unbekannt; D: Sa, 1852, Nr. 3; Slg.: G3, S. 320—325; T: G4, S. 400—406. — Das Urbild des Präzeptors war wohl der Ludwigsburger Chemiker Staudenmeyer. (Vgl. Kerner, Werke IV, 235 ff.) — V. 1 *Kukumern:* Gurken.

860 *Der Liebhaber an die heiße Quelle zu B:* E: 1828; D: *(Der Liebhaber an die heiße Quelle in B.)* G1, 1838, S. 202; T: G4, S. 407.

860 *Bei einer Trauung:* E: unbekannt; D: G1, 1838, S. 223; T: G4, S. 407.

860 *Zwei Brüdern ins Album:* E: *I:* 12. 12. 1851; das Ganze vor dem 20. 1. 1863; D (= T): G4, 1867, S. 408 f. — Die früheren Fassungen gedruckt in RB 16, S. 52 f. — Zur Entstehungsgeschichte: Mc I, 442; Km VI, S. 264 f. — Die zwei Brüder: Emil und Theodor Kolb, Söhne des Präzeptors Kolb in Stuttgart. — V. 1 *Ammoniten:* siehe oben S. 848.

861 *Die Visite:* E: 1838; D: G1, 1838, S. 198 f.; T: G4, S. 410 f. — V. 10 *Puck:* Gestalt aus Shakespeares *Sommernachtstraum.*

862 *Auf ein Ei geschrieben:* E: Spätestens zum 1. 5. 1844; D: G2, 1847, S. 281; T: G4, S. 412. — Zur Datierung: Km VI, 265; Km V, Anm. 89.

863 *Gute Lehre:* E: Mai 1837; D: G1, 1838, S. 210 f.; T: G4, S. 413 f.

863 *Selbstgeständnis:* E: 1837; D: G1, 1838, S. 222; T: G4, S. 415.

864 *Restauration:* E: Bis 19. 6. 1837; D: G1, 1838, S. 212; T: G4, S. 416. — Erwähnt im Brief von Kurz an M, 23. 6. 1837, Br.w. Kurz 43. (Nachweis: Km VI, 265)

864 *Zur Warnung:* E: 1836; D: G1, 1838, S. 213; T: G4, S. 417. — (Vgl. Br. I, 248 f.)

865 *Alles mit Maß:* E: 1836; D: G1, 1838, S. 214; T: G4, S. 418. — (Vgl. Br.w. Kurz 43.)

865 *Scherz:* E: 1838; D: G3, 1856, S. 337; T: G4, S. 419. — Titel *Scherz* in G3 und G4 nur in den Registern; über dem Text statt dessen das Klischee. Im Brief vom 22. 1. 1845 an D. F. Strauß gesandt. (Br. II, 105) Vgl. Brief vom 29. 1. 1845 an Hartlaub. (Br. Hartlaub 227 f.) über einen Traum M's anläßlich der Zeichnung des „gespensterhaften Kamez". — V. 3 *Kamez ... Komez- Chatuf:* hebräische Schriftzeichen.

866 *Bei Gelegenheit eines Kinderspielzeugs:* E: Bis 19. 6. 1837; D: G1, 1838, S. 218—220; T: G4, S. 420—422. — Zur Datierung siehe oben *Restauration.* — V. 22 Auguste Jules Armand Marie de *Polignac:* (1780—1847), französischer Ministerpräsident unter Karl X. Seine reaktionären Ordonnanzen vom 25. 7. 1830 lösten die Julirevolution aus.

868 *Grabschrift des Pietro Aretino:* E: Wohl 1845, bis 31. 1. 1846; D: G2, 1847, S. 299; T: G4, S. 423. — Zur Datierung: Km VI, 265. — *Pietro Aretino:* (1492—1556), italienischer Schriftsteller, Satiriker.

868 *Auf die Prosa eines Beamten:* E: unbekannt; D: G1, 1838, S. 217; T: G4, S. 423. — V. 2 *Stilus infarctus:* vollgepfropfter, überladener Stil; *Quintilian:* (ca. 30—96 n. Chr.), berühmter römischer Rhetor, Verfasser der *Institutio Oratoria.* — V. 3 *farcimen:* Wurst.

868 *Pastoralerfahrung:* E: 1837; D: G1, 1838, S. 226; T: G4, S. 424.

868 *Hülfe in der Not:* E: unbekannt; D: G1, 1838, S. 221; T: G4, S. 425.

ANMERKUNGEN 1087

869 *Herr Dr. B. und der Dichter:* E: Nach dem 26. 10. 1838, vor dem 19. 4. 1844; D: Mbl, 11. 3. 1846, Nr. 60; Slg.: G2, S. 302; T: G4, S. 426. — Zur Datierung: Km V, Anm. 36; Km VI, 265.
869 *Auskunft:* E: 1838; D: G1, 1838, S. 228; T: G4, S. 426.
869 *Abschied:* E: Bis 6. 6. 1837; D: G1, 1838, S. 229; T: G4, S. 427 f. — Im Brief vom 6. 6. 1837 an Kurz mitgeteilt. (Br.w. Kurz 26 f.)

IDYLLE VOM BODENSEE ODER FISCHER MARTIN

Das „Diebs-Heldengedicht" (so Br. Hartlaub 247), „eine freie Erfindung der heitern und komischen Art", „ihrem Geist nach ungefähr in der Mitte zwischen den griechischen Mustern und Hebels erzählender Darstellungsweise" (Br. Seebaß[3] 186), entstand 1845/46. Die Beschäftigung mit dem Hauptmotiv des Glockendiebstahls reicht weit in M's Tübinger Studentenzeit zurück (vgl. die Erinnerung im Brief an Kauffmann, Okt. 1828, Br. Seebaß[2] 123). Damit verbindet sich die lebendige Anschauung vom Bodensee, die M durch mehrmalige Ausflüge (auch in Begleitung seines Bruders Louis auf der Reise aus dem Thurgau, Sept. 1840) gewonnen hat. (Vgl. Mc, Biogr. 287—290.) Erstmals erwähnt wird die Arbeit — „etwas in Hexametern" — im Brief an Karl Mayer, 2. 3. 1845 (Br. Seebaß[3] 182). Im Juli 1845 berichtet M an Hartlaub: „In der Glocken-Idylle habe ich gestern die Erzählung des alten Fischers von dem Teufelsspuk und dem ländlichen Aufzug zur Kapelle samt deren Einweihung vollendet. Im ganzen stehen 230 Hexameter jetzt auf dem Papier; was weiter kommt, wird ungefähr ebensoviel betragen." (Br. Hartlaub 236; vgl. auch Br. an Hartlaub, 29. 9. 1845, Br. Hartlaub 244) Von dem in den Rahmen eingelegten Jugendstreich des Fischers Martin schreibt M am 24. 10. 1845 an Hartlaub: „Durch die ausführliche Behandlung der episodischen Liebesgeschichte, welche ausdrücklich der ländlichen Muse selbst in den Mund gelegt wird, erhält sie mehr gemütliche Fülle, leidenschaftliche Bewegung und Zartheit, auch größere Ausdehnung. Es werden immer 700 Verse werden, die sich von selbst in drei Gesänge — zwei größere und einen kleinen ‚Schlußgesang' — teilen." (Br. Hartlaub 245) Seinem Gönner Gustav Schwab meldet der Dichter am 25. 5. 1846 die „nach öftern, monatelangen Unterbrechungen" gelungene Vollendung des Werkes, das auf einem „noch in bessern Zeiten ausgeheckten Plan" beruhe. (Br. Seebaß[2] 602) M beabsichtigte zunächst, die Idylle — in sechs Gesänge geteilt — bei Cotta verlegen zu lassen. (Vgl. Briefe an Cotta, mit Vorlage größerer Teile des Manuskripts, 2. 11. 1845; 15. 1. 1846; Br. Seebaß[3] 186 f.; Br. an Hartlaub, 4. 2. 1846; 11. 5. 1846; Br. Hartlaub 251, 253.) Obwohl Cotta auf die von M gestellten Bedingungen (50 Gulden Honorarvorschuß) einging, schloß M mit dem Verleger Schweizerbart einen Vertrag zum Druck der Idylle. (Pro Auflage je 1500 Exemplare; von der zweiten an je 550 Gulden Honorar) Vgl. Br. an Margarethe von Speeth, 5. 7. 1846, Br. Seebaß[2] 610. — Anfang Oktober 1846 erhält Adolf Stahr ein Druckexemplar (Br. Seebaß[3] 188). Er rezensiert die Idylle sehr positiv in der *Bremer Zeitung* vom 16. 12. 1846. (Vgl. Brief M's an Stahr, 14. 11. 1847, Br. Seebaß[2] 640 f.; Br. an Hartlaub, 28. 12. 1846, Br. Hartlaub 274.)

Am 24. 10. 1846 sendet der Dichter ein Exemplar der Idylle an Hartlaub (Br. Hartlaub 266). Die allgemeine Auslieferung verzögert sich noch, da die Genehmigung zur Dedikation an den Kronprinzen Karl von Württemberg erst Anfang November eintrifft. (Vgl. Br. an Hartlaub, 10./11. Nov. 1846; Br. II, 133.) Als Dank erhält M vom Kronprinzen einen wertvollen Brillantring. (Vgl. Br. an Hartlaub, 31. 12. 1846, Br. Hartlaub 275 f.; Br. an den Kronprinzen, 2. 1. 1847, Br. Seebaß[3] 190.)

Die große Wirkung der Idylle bekundet unter anderem eine Zuschrift von elf Dresdener Künstlern, Malern und Bildhauern an M (vgl. Brief M's vom März 1847, Br. Seebaß[2] 618 f.; Br. an Marie Mörike, 5. 3. 1847, Br. Seebaß[3] 196; 540). 1847 schlägt Jakob Grimm auf Uhlands Empfehlung vor, M für die Idylle den Tiedge-Preis zuzuerkennen. (Vgl. RB 16, S. 35 ff.)

Drucke:

Erstdruck: *Idylle vom Bodensee oder Fischer Martin und die Glockendiebe. In sieben Gesängen. Von Eduard Mörike.* Stuttgart. E. Schweizerbart'sche Verlagshandlung und Druckerei. 1846. — Dieser Druck hat keine Bildbeilage. Er trägt die Widmung: „Seiner Königlichen Hoheit Karl Friedrich Alexander, Kronprinzen von Württemberg, weiht diese Gabe vaterländischer Musen im September 1846 ehrfurchtsvollst der Verfasser."

Die zweite Auflage erschien 1856 in der G. J. Göschen'schen Verlagshandlung. Im Titel fehlen die Worte: „und die Glockendiebe". — Sie trägt ein zum 5. Gesang gehörendes Titelkupfer; es zeigt die Liebenden Tone und Margarete unter dem Baum, von Schafen und Hund umgeben, mit Blick auf See, Berge und Kirchlein; gezeichnet: *F. Rothbart del.* — *E. Dertinger sc.* — Die Widmung an den Kronprinzen ist verkürzt. Erst in der 2. Auflage hat M die erläuternden Anmerkungen hinzugefügt.

Die beiden Auflagen weichen im Text geringfügig, in der Interpunktion erheblicher voneinander ab. Unsere Ausgabe folgt der 2. Auflage.

876 *Scheuel:* Scheusal.
880 *Aufstreich:* Versteigerung, Auktion.

882 *Heiligenpfleger:* Verwalter des Kirchengutes. — *fickt's:* juckt's.
883 *Kiliani:* Fest des hl. Kilian, 8. Juli.
890 *der Mann:* der Prophet Jonas.
897 *Imi:* altes Flüssigkeitsmaß in Württemberg (18,37 Liter).
898 *Wasen:* Rasen. — *Stör:* Schafbock.
915 *durchjästete:* durchschäumte.

WISPELIADEN

SOMMERSPROSSEN VON LIEBMUND MARIA WISPEL

Die Wispeliaden *Sommersprossen* sind eine (von M nicht veröffentlichte) humoristisch-komische Rollendichtung, die der Dichter im Jahre 1837 dem selbstgefällig-aufschneiderischen Barbier Wispel aus dem Zwischenspiel des *Maler Nolten* in den Mund legt. (Siehe S. 110 ff.) M verfaßte die Gedichte unter reger Anteilnahme seines Freundes Ludwig Bauer in dem „Wispel-Stil", einer durch preziöse Ausdrücke, falsch gebrauchte Fremdwörter und bewußte Mißbildungen verballhornten Sprache, die in groteskem Kontrast zu dem meist nichtigen Inhalt tritt.

Als früheste schriftlich erhaltene Wispeliade gilt ein Brief M's, der den nach Orplid verschlagenen Wispel als Verfasser fingiert. (Gedruckt bei Mc II, 497 f.) Die Phantasiegestalt taucht im Briefwechsel M's mit seinen Freunden häufig auf. (Vgl. Br. Hartlaub 233, 256 f.; Br. II, 339; Br.w. Kurz 130, 189 und öfter.) Ein Pendant zu Wispel, Professor Sichéré, affektierter Bel-Esprit, tritt z. B. im Brief an Hartlaub vom 14. 9. 1837 als Verfasser anti-Goethescher Gedichte auf. (Br. Hartlaub 57 f.) Die Handschrift der *Sommersprossen* ist im Schiller-Nationalmuseum zu Marbach. Sie ist sehr kunstvoll kalligraphisch in verschiedenen Buchstabenstilen geschrieben. Vor das Titelblatt, das eine Buchausgabe fingiert („Creglingen zu haben bey dem Verf. 1837. Mit einem Stahlstich"), ist eingeklebt:

1) die Widmung an Ludwig Bauer (siehe S. 923).
2) eine nicht vollständig ausgeführte farbige Tuschzeichnung auf Karton zum Gedicht „Der Sträfling". Die Zeichnung stellt dar, wie Wispel in Frack und Nanking-Hosen bei seinem Zwiebeldiebstahl im Beet des königlichen Gartens von dem Portier (hünenhafte Gestalt mit betreßter Uniform und Dreispitz auf dem Kopf) ertappt wird. Unter dem Bild befindet sich die folgende subscriptio (erstmals gedruckt bei Mc II, 504): „Portier: Des ischt a saubere Arbet! Kreuzschwerenot! Des gfallt mer! Prof.: Es is' Ihnen vielleicht selbst interessant, die hier obschwebenden scientifischen Motive kennenzulernen. Sie lassen sich digitaliter aufzählen und ungefähr folgender Ma-
Port.: 'raus aus der Rabatt! Was brauch i dia Faxa do! Raus! sag i!
Do naus geht der Weg auf d'Polizei!
Zu der Ballade: ‚Der Straeffling'"

Drucke:
Erstdruck in: *Eduard Mörike. Werke. Herausgegeben vom Kunstwart durch Karl Fischer*, Bd. 2, S. 209—223. [Sehr fehlerhafter Text.] Nach der Handschrift verbesserter Druck in: *Mörikes Werke. Herausgegeben von Harry Maync*, Bd. 2, S. 435—448. — [Dort auch Beschreibung der Handschrift: S. 504 f.]

Unsere Druckvorlage ist der Text Maync s, der jedoch mit der Handschrift neu kollationiert und danach berichtigt wurde.

923 *zum XV^{ten} Weinmondes:* Der 15. Oktober ist Ludwig Bauers Geburtstag. — *gebaichnet:* (zu)geeignet.

924 *„Facturusne operae pretium sim — — — ...":* Anfang der Praefatio von Titus Livius' *Ab urbe condita:* „Facturusne operae pretium sim si a primordio urbis res populi Romani perscripserim nec satis scio nec, si sciam, dicere ausim ..." (Titi Livi *Ab urbe condita*, Bd. 1, Oxford 1964) — *W.:* Wermutshausen. Wilhelm Hartlaub war dort Pfarrer.

926 *Der Sträfling:* Das Gedicht ist nach einer (von der vorliegenden abweichenden) Handschrift abgedruckt bei R. Krauß: *E. M. als Gelegenheitsdichter*. 2. Ausgabe. Stuttgart und Leipzig 1904. S. 162—164. (Nicht ganz fehlerfrei.)

927 *Wismet':* widmete. — *Clios:* Klio ist in der hellenischen Mythologie die Muse der heroischen Dichtung, der Rhetorik und vor allem der Geschichte.

928 *Uchrucker:* Buchdrucker.

929 *Horatius ad Thaliarchum:* M's Übersetzung dieses Gedichtes findet sich auch in der *Classischen Blumenlese*. — *Sylphe:* Waldnymphe. — *Lyäens:* Lyäe, Anrufung der Göttin Artemis in Syrakus.

930 *Meine B Ansicht:* Vgl. dazu D. F. Strauß' Brief an M, 8. 2. 1838 (gedruckt in: *Deutsche Rundschau* 115, 1903, S. 105). — *Strauß:* M's Freund David Friedrich Strauß (1808—1874), dessen Werk *Das Leben Jesu, kritisch bearbeitet* bei Osiander in Tübingen 1835 erschien. — *Steudel, Bahn- und Eschenmaier:* Die Tübinger Theologieprofessoren Johann Christoph Steudel (1779—1837) und Jonathan Friedrich Bahnmaier (1774—1841) sowie der Philosophieprofessor Adam Karl August Eschenmayer (1768—1852) waren Straußens Hauptgegner. — *Christoterp':* Carl Friedrich Osiander war auch der Verleger von *Christoterpe. Taschenbuch für christliche Leser*.

931 *Sarkasme. An v. Goethe:* Im Brief vom 14. 9. 1837 an Hartlaub wird das Gedicht in etwas anderer Fassung mitgeteilt. (Vgl. Br. Hartlaub 58.) — *Bustkuchens:* Johann Friedrich Wilhelm Pustkuchen (1793—1834) schmähte Goethe durch seine 1823—1828 anonym herausgegebenen parodistischen Fortsetzungen zu *Wil-*

helm Meisters Wanderjahren. — *Serenade:* Die Serenade hatte M etwas verändert für die Zweitfassung des *Maler Nolten* bestimmt (*Der letzte König von Orplid*, 4. Szene).
932 *Trom:* Trumm, Endstück eines Gegenstandes. — *Volz:* Zur Erklärung dieses Wortes vgl. Liede: *Dichtung als Spiel*, Bd. I, S. 47 f. (siehe Bibliographie). — Τέλος: griechisch: Ziel, Ende.
933 *Avertissement:* Hinweis: — *v. Matthisson:* Friedrich von Matthisson (1761–1831), lyrischer Dichter. — *„Laurette am Flügel":* Gemeint ist Friedrich Schillers Jugendgedicht *Laura am Klavier* (aus Schillers Gedichtsammlung *Anthologie auf das Jahr 1782*). — *Sonett:* Parodie auf Theodor Körners Gedicht *Abschied vom Leben. Als ich schwer verwundet und hilflos in einem Gehölz lag und zu sterben meinte* (aus Körners Gedichtsammlung *Leier und Schwert* von 1814). — *v. Skrzynecki:* polnischer General; verschuldete die Niederlage bei Ostrolenka (1831).

Wispel auf Reisen

Diese Wispel-Geschichte dürfte einige Jahre vor den *Sommersprossen* (also vor 1837) entstanden sein. Der hier auftretende Buchdrucker sollte unter dem Namen „Gumprecht" in die umgearbeitete Fassung des *Maler Nolten* eingehen. (Vgl. auch *Der letzte König von Orplid*, 8. Szene, S. 110—115.) Der Titel Wispeliade stammt vom ersten Herausgeber Karl Fischer, da das Werk von M weder betitelt noch veröffentlicht wurde.
Die Handschrift befindet sich in der Württembergischen Landesbibliothek Stuttgart.

Drucke:
Erstdruck in: *Eduard Mörike. Werke. Herausgegeben vom Kunstwart durch Karl Fischer*, Bd. 2, S. 224—227. [Sehr fehlerhafter Text.]
Nach der Handschrift berichtigter Druck in: *Mörikes Werke. Herausgegeben von Harry Maync*, Bd. 2, S. 449—452. [Dort auch Beschreibung der Handschrift: S. 505.]
Unser Text folgt dem Druck Mayncs, der jedoch nach der Handschrift neu durchgesehen wurde.

934 *Bohnenbergerischen Landes-Charte:* Johann Gottlieb Friedrich von Bohnenberger (1765—1831) war Tübinger Professor der Mathematik und Astronomie.
935 *Linées:* Carl von Linné (1707—1778), schwedischer Naturforscher.
936 *Öhrn:* Hausflur.

Dramatisches

Die Regenbrüder

Das Werk ist das einzige zu Lebzeiten veröffentlichte Opernlibretto M's. Der Dichter schreibt die beiden ersten Teile 1834/35 — in Motivik und Stil gemäß den damals üblichen Zauberopern — nach einem eigenen, uns unbekannten Märchen für die Komposition des Musikdirektors am Stuttgarter Hoftheater, Ignaz Lachner. (Vgl. Brief M's an Mährlen, 4. 3. 1835: „Jedenfalls will ich doch noch die für Lachner angefangene Oper ausmachen, weil mich dies Stückwerken selbst ärgert und ängstet. Es fehlt zu den beiden fertigen Akten, die Lachner in der Abschrift hat, nur noch der dritte, letzte, welcher in kurzem fertig sein wird ... Ich bin voll guten Willens, das Ding zu beschließen, und zwar für *ihn*..." Br. Seebaß[2] 408.) Da Lachner zur Fertigstellung drängt, der Dichter sich aber aus gesundheitlichen Gründen dazu nicht imstande sieht, bittet M zunächst Bauer, das Werk zu vollenden. Dieser gibt den Auftrag im Dezember 1836 an Kurz weiter. (Vgl. Brief von Kurz an M, 20. 5. 1837. — Kurz übernimmt die Arbeit unter der Bedingung, daß M später „die Verpflichtung gegen sein [= M's] Geisteskind anerkennen und die fremdartigen Zusätze durch eigene verdrängen" werde. — Br.w. Kurz 18 f.) M anerkennt Kurz' Leistung am 26. 5. 1837: „Was Sie für die ‚Regenbrüder' taten, läßt nichts zu wünschen übrig, und gewiß erkenne ich's für keine Kleinigkeit, einer fremden Arbeit, und dazu von so untergeordnetem Wert, auf solche Art auf die Beine zu helfen." (Br.w. Kurz 21) An gleicher Stelle bittet M Kurz um weitere textliche Veränderungen nach dem Wunsche des Komponisten. (Vgl. dazu Kurz' Antwort vom 28. 5. 1837: „Ich will ja in Gottes Namen die ganze Oper verballhornen, wenn's nicht anders sein soll!" — Zugleich schlägt Kurz vergeblich vor, statt Lachner Mendelssohn zum Komponisten des Textes zu wählen. — Br.w. Kurz 22 f.) Am 6. 6. 1837 schreibt M an Kurz: „Für die Oper ist schon kein Mittel mehr: denn sie ist von der Intendanz fest angekauft ... Sie werden vielleicht Herrn Lachners Forderungen hie und da zu moderieren wissen." (Br.w. Kurz 25 f.) (Vgl. Kurz' Antwort, 13. 6. 1837, sowie Br. Kurz, 23. 6. 1837, Br.w. Kurz 30, 45; Br. M's vom 8. 8. 1837, Br.w. Kurz 73; Br. Kurz' vom 1. 3. ⟨datiert: April⟩ 1838, Br.w. Kurz 109 f.; M's Antwort, 16. 3. 1838, Br.w. Kurz 114 f.) Am 10. 6. 1838 meldet M Hartlaub: „Lachner soll jetzt mit dem letzten Finale der Regenbrüder nächstens fertig sein." (Br. Seebaß[2] 458) In einem am 19. 11. 1838 begonnenen Brief an die Mutter, die Schwester Klara und Hartlaubs berichtet M am 28. 11. 1838 von einer ausführlichen Besprechung mit Lachner über das Szenische der Oper. (Br. Seebaß[3] 100 f., vgl. ebd. 103.) Zu dem vorgesehenen Erstdruck des Textes in der *Iris* schreibt M am 31. 12. 1838 an Kurz: „Wollen Sie mir erlauben, daß ich in einem kurzen Vorworte Ihrer freundlichen Mitwirkung dankbar erwähne? . . . (In Ihrem Text hab ich nur wenige Veränderungen angebracht, die weiter nichts bedeuten.)" Br.w. Kurz 181; vgl. Vorwort zu Iris, S. 1044) Kurz stimmt am 9. 1. 1839 zu. (Br.w. Kurz 182) M kündigt Hartlaub am 15. 4. 1839 an: „Am 24. oder 28. werden endlich *Die Regenbrüder* aufgeführt. Man fürchte, unter uns gesagt, sehr für den Erfolg der Musik . . ." (Br. Seebaß[2] 479). Der Erstaufführung im Stuttgarter Hoftheater am 22. April 1839 kann der Dichter nicht beiwohnen. (Vgl. Brief an Kurz, 22. 5. 1839, wo M einige kleinere Änderungen rechtfertigt, die er an dem in der *Iris* im gleichen Frühjahr gedruckten Text vornimmt. — Br.w. Kurz 184) Die Erstaufführung wird im *Schwäbischen Merkur*, 25. 5. 1839, besprochen. (Vgl. Br. Seebaß[3] 518.)

Erstdruck:
Die Regenbrüder. Oper in zwei Acten. In Musik gesezt von J. Lachner, königl. würtembergischem Musikdirektor, und erstmals aufgeführt zu Stuttgart im April 1839. In: *Iris*, 1839, S. 93—172. — Unser Text folgt dieser Ausgabe.
(Vgl. Br. Hartlaub 83.) Vor dem Titelblatt der *Regenbrüder* befindet sich eine Abbildung, gezeichnet: „Fellner del. — A. Gnauth sc.", mit der Unterschrift: „Die Regenbrüder Act I. Auftr. IV."

952 *Sparrfantel:* kleiner Fant, der einen Sparren hat.
963 *Siebenjaucharthut:* übermäßig großer Hut (wörtlich: sieben Morgen überspannend).
980 *Cum salva venia:* Mit Verlaub. — *Fratres reverendissimi:* hochehrwürdige Brüder. — *Ago immenses gratias:* Ich sage größten Dank.

SPILLNER

Das in M's Tübinger Studentenzeit zwischen Herbst 1822 und 1826 entstandene, wohl als Vorspiel zu *Die umworbene Musa* (siehe S. 1095) gedachte dramatische Stück ist im handschriftlichen Nachlaß M's unbetitelt und undatiert. Es ist von M nicht veröffentlicht worden. Vermutlich spielt M's Brief an Luise Rau vom 20. 6. 1830 auf das Werk an. „Er [Bauer] schickt mir ein komisch ernsthaftes Produkt von etwa acht Bogen, das ich vor fünf Jahren eigens für ihn geschrieben hatte, und worin unser phantastisches Orplider Leben, seine nächtlichen Eruptionen aus dem Stift usw. verherrlicht werden sollten." (Brautbr. 99; vgl. Mc, *Euphorion* 9, 1902, S. 700.) Den Titel *Spillner* wählte Maync nach der Hauptperson des Textes. Anlaß ist, wie für *Die umworbene Musa*, die in den zwanziger Jahren erwogene und heftig umkämpfte Verlegung der württembergischen Landesuniversität von Tübingen nach Stuttgart. Die verschiedenen Reaktionen von Studenten und Bürgern gaben Anlaß zu M's humoristisch-karikierender Darstellung.

Vgl. den Brief M's an Mährlen, Ende Mai 1837: „Was die dramatische Zugabe [zu der geplanten ersten Ausgabe der Gedichte] betrifft, so hatte ich anfangs im Sinn ein Fragment, das die im Jahr 1826—27 so lebhaft besprochene Universitäts-Verlegungs-Frage lustig behandelt und einige ziemlich wohlgeratene Studentenszenen etc. hat — mitzuteilen: Allein ich habe mich überzeugt, daß es aus verschiedenen Gründen *nicht* angeht (worunter das Nicht-Zeitgemäße der geringste ist)."

(Gedruckt bei H. W. Rath, *Zeitschrift für Bücherfreunde* N. F. 10, 1918, S. 27)

Das Manuskript des Textes befindet sich im Goethe- und Schiller-Archiv Weimar.

Drucke:
Erstdruck: *Zwei fragmentarische Prosadichtungen Eduard Mörikes. Aus dem Nachlaß herausgegeben von Harry Maync in Berlin. 1. Spillner.* In: *Euphorion* 9 (1902) S. 699—707.
Dann in: *Mörikes Werke. Herausgegeben von Harry Maync,* Bd. 3, S. 385—392. — Unser Text folgt dieser Ausgabe, wurde jedoch neu mit der Handschrift kollationiert.

983 *Wie süß der Nachtwind* ... Siehe S. 697.
985 *„Was gleicht wohl auf Erden":* „Was gleicht wohl auf Erden dem Jägervergnügen", Jägerchor aus Carl Maria von Webers „Freischütz" (III. Aufzug, 6. Auftritt).
986 *Die irre Natur* ...: „Taumelnd vom Schlangenhauch der Angst fing die irre Natur zu singen an, aber lauter Anfänge." Aus Jean Pauls *Titan,* 85. Zykel. (Sämtl. Werke, Hist.-krit. Ausg., hrsg. von Eduard Berend, I. Abt., Bd. 9, S. 114, Z. 23 f.)
986 *Wehe, wenn sie losgelassen:* Zitat aus Friedrich Schillers *Das Lied von der Glocke,* V. 163—166.
986 *Maurer:* August Wilhelm Maurer war seit 1819 Schauspieler am Stuttgarter Hoftheater.
986 *Ritter Balduin in den h. Kreuzfahrern: Die Kreuzfahrer* (1803), Schauspiel von August von Kotzebue. Angespielt wird auf den Schluß des IV. Aufzugs: „Balduin (das Gitter gewaltig schüttelnd): Teufel! (Mit erstickter Stimme) Ha! Vergebens! (Er sinkt am Gitter nieder.)"
987 *Universa corruunt cum universitate:* Alles stürzt zusammen mit der Universität.
987 *custodiam doctam:* im Stiftlerjargon scherhafte Bezeichnung für Studentenkarzer.

988 *Schellerschen Lexikon:* Johann Gerhard Schellers *Lateinisch-deutsches Handlexikon,* durchgesehen von Lünemann. 1807. Bd. 1, S. 15. — Daraus ist der Artikel „Academia" wörtlich zitiert.
989 *Quaestiones Academicae:* Akademische Fragen. — Beliebter Titel für gelehrte Erörterungen. Hier wohl humoristisch gemeint.

Die umworbene Musa

Das von M nicht betitelte und nicht veröffentlichte allegorische Stück stammt aus dessen Studentenzeit und ist wohl um 1826 entstanden. Wie *Spillner* ist es veranlaßt durch die damals geplante Verlegung der Universität von Tübingen nach Stuttgart. Der humoristisch-satirische Stil sowie der Knittelvers erinnern an Goethes Farcen, das ironische „Zwischengespräch unter den Zuschauern" läßt an die Illusionsdurchbrechung in Tiecks Komödien denken.

Werner von Nordheim hat durch äußere Kriterien (Zusammengehörigkeit der Manuskripte) und innere Gründe (Hauptthema, allegorische Einkleidung) zu beweisen versucht, daß *Spillner* und *Die umworbene Musa* ein einziges Dramenfragment bilden, dessen beide Teile sich wie Vorspiel und eigentliches Spiel zueinander verhalten. *(Euphorion* 48, 1954, S. 90—94) Das ganze Stück dürfte demnach mit der „Verlegungsposse" identisch sein, von der K. Fischer: *E. M's Leben und Werke,* S. 69 f. spricht.

Allegorische Figuren:
Musa: Alma Mater Tubingensis; *Herr vom Hause:* Tübinger Spießbürger; *Fruchthändler:* Stuttgarter Geschäftsmann; *Kinder der Musa:* Fakultäten; *Vormund:* Kultusminister.

Das Manuskript des Textes befindet sich im Schiller-Nationalmuseum Marbach.

Drucke:
Erstdruck in: *Eduard Mörike. Werke. Herausgegeben vom Kunstwart durch Karl Fischer,* Bd. 3, S. 23—37. [Ziemlich fehlerhafter Text.]
Verbesserter Druck in: *Mörikes Werke. Herausgegeben von Harry Maync,* Bd. 3, S. 393—404.
Unser Text folgt dieser Ausgabe, wurde jedoch nach der Handschrift revidiert; so wurde das Textstück Seite 994, Zeile 34—38, das Maync (III, 536) in den Lesarten bringt, in den Text aufgenommen.

991 *schlampfen:* mundartlich für schlampen: Flüssiges geräuschvoll schlürfen. — *Informanten:* Lehrer. — *Kugelfuhr:* schwäbisch für Gugelfuhr: Wirrwarr, Durcheinander.

993 *Sand:* Gemeint ist der Tübinger Student Karl Ludwig Sand, der als radikaler Burschenschaftler 1819 den Schriftsteller August von Kotzebue ermordete und deswegen 1820 in Mannheim enthauptet wurde. — *Knoz:* Anagramm für Carl Philipp Conz (1762—1827), Tübinger Professor für Altphilologie. — *Fatel:* Anagramm für Gottlieb Lucas Friedrich Tafel (1787—1860), Tübinger Professor der Altphilologie, Herausgeber des *Hochwächter.*

993 f. *Hamlets Vater:* In Shakespeares *Hamlet* ruft der König, Hamlets Stiefvater, um eine Aufführung zu beenden: „Leuchtet mir! fort! fort!" Darauf befiehlt Polonius: „Licht! Licht! Licht!" (III. Aufzug, 2. Auftritt).

994 *Kamele:* Spitzname für nicht korporierte Studenten.

995 *Kameralist:* Nationalökonom.

996 *„Joko":* „Danina oder Jocko, der brasilianische Affe", Ballett Paolo Taglionis, komponiert vom Stuttgarter Hofkapellmeister Peter Joseph von Lindpaintner.

Helga Unger

BIBLIOGRAPHIE

(Die Original- bzw. Erstausgaben der Werke von M (Mörike) sind oben bei den Anmerkungen jeweils unter *Drucke* aufgeführt. — Die Anordnung der Bibliographie folgt teilweise der bei Herbert Meyer: *Eduard Mörike*. Stuttgart 1961. Doch wurden Meyers bibliographische Hinweise großenteils nachgeprüft, gegebenenfalls präzisiert und ergänzt.)

I. Bibliographien, Forschungsberichte, Handschriftenverzeichnisse

Bibliographie der württembergischen Geschichte. Hrsg. von Wilhelm Heyd und anderen. Bd. 1—8. Stuttgart 1895—1956. [Lit. bis 1945.]

Württembergische Geschichtsliteratur der Jahre 1946—1950. Bearbeitet von Ewald Lissberger. Hrsg. vom Württembergischen Geschichts- und Altertumsverein. Stuttgart 1952.

Württembergische Geschichtsliteratur der Jahre 1951 ff. Stuttgart 1955 ff. [Seit 1953 als Beihefte der Zeitschrift für Württembergische Landesgeschichte.]

Seebaß, Friedrich: Bibliographie der sämtlichen Mörike-Briefe. Rechenschaftsbericht des Schwäbischen Schillervereins 43 (1938/39) S. 11—65.

Eppelsheimer, Hanns W. (ab Bd. 2 bearb. von Clemens Köttelwesch): Bibliographie der deutschen Literaturwissenschaft. Bd. 1 bis 6: 1945—1953, 1954—1956, 1957—1958, 1959—1960, 1961—1962, 1963—1964. Frankfurt a. M. (1957, 1958, 1960, 1961, 1963, 1965). S. 300—301, 234—235, 150, 192, 214—215, 235—236.

Sengle, Friedrich: Mörike-Probleme. Auseinandersetzung mit der neuesten M-Literatur (1945—50). In: Germanisch-Romanische Monatsschrift N. F. 2 (1951/52) S. 36—47.

(Hofmann, Hans Eberhard und Jürgen Bieringer-Eyssen): E. M. Leben, Werk, Deutung. Ein Bücherverzeichnis. Stuttgart 1954.

Prawer, S[iegbert] S[alomon]: M und seine Leser. Versuch einer Wirkungsgeschichte. Mit einer Mörikebibliographie und einem Verzeichnis der wichtigsten Vertonungen. Stuttgart 1960.

Meyer, Herbert: E. M. Stuttgart 1961. 2. Auflage 1965. (Sammlung Metzler. Realienbücher für Germanisten).

Müller, Manfred: Die neueren Dichterhandschriften der Württembergischen Landesbibliothek. In: Jahrbuch der Deutschen Schillergesellschaft 8 (1964) S. 382—401. — Zu M: S. 393.

Scheffler, Walter: Sammlung Dr. Fritz Kauffmann. Eduard Mörike und sein Kreis. In: Jahrbuch der Deutschen Schillergesellschaft 10 (1966) S. 506—570. Zu M und seinem Kreis: S. 506—545.

Scheffler, Walter: Die Handschriften des Schiller-Nationalmuseums. Teil 9. Eduard Mörike. In: Jahrbuch der Deutschen Schillergesellschaft 10 (1966) S. 571—600.

II. Werkausgaben

(Aufgenommen sind nur solche Ausgaben nach M's Tod, die aufgrund des Textes oder der Erläuterungen die M-Forschung bereichern.)

E. M's sämtliche Werke in sechs Bänden. Hrsg. von Rudolf Krauß. Leipzig: Max Hesse 1905. 2. Auflage 1910. — Neudruck 1922.

E. M. Werke. Hrsg. vom Kunstwart durch Karl Fischer. München: Callwey. Bd. 1, 1906. Bd. 2—6, 1908. [Zit.: K. Fischer I—VI]

M's Werke in vier Teilen. Hrsg. von August Leffson. Berlin-Leipzig-Wien-Stuttgart: Bongs Goldene Klassikerbibliothek 1908. 2. Auflage 1925.

M's Werke. Hrsg. von Harry Maync. Kritisch durchgesehene und erläuterte Ausgabe. 3 Bde. Leipzig-Wien: Bibliographisches Institut 1909 (Meyers Klassiker-Ausgaben). — Neue kritisch durchgesehene und erläuterte Ausgabe 1914; [danach zit.: Mc I, II, III]. — Neudruck 1924.

E. M. Sämtliche Werke in zwei in sich abgeschlossenen Bänden. Hrsg. von Gerhart Baumann. Stuttgart: Cotta 1954.

E. M. Sämtliche Werke, Briefe. Ausgabe in 3 Bänden. Hrsg. von Gerhart Baumann in Verbindung mit Siegfried Grosse. Stuttgart: Cotta 1959—1961.

E. M. Sämtliche Werke. Hrsg. von Herbert G. Göpfert. Nachwort von Georg Britting. 1 Bd. München: Hanser 1954. 2. Auflage 1958. — 3., rev. u. erw. Auflage 1964.

E. M. Ausgewählte Gedichte. Hrsg. von Friedrich Seebaß. Wien-Leipzig: Th. Kirschner 1948.

III. Briefwechsel zwischen M und seinen Verwandten und Freunden

E. M's Briefe. Hrsg. von Karl Fischer und Rudolf Krauß. 2 Bde. Berlin 1903/04.

E. M. Briefe. Hrsg. von Friedrich Seebaß. Tübingen 1939.

E. M. Unveröffentlichte Briefe. Hrsg. von Friedrich Seebaß. Stuttgart 1941. 2., umgearb. Auflage 1945.

E. M. Briefe. Hrsg. von Werner Zemp. Zürich 1949.

Rath, Hanns Wolfgang: Familienbriefe aus dem Nachlaß M's und Nachrichten über das Leben des älteren Bruders des Dichters nebst unveröffentlichten Briefen. In: Zeitschrift für Bücherfreunde N. F. 11 (1919/20) S. 115—128.

Güntter, Otto: Aus Briefen Ludwig Bauers an Wilhelm Hartlaub. Rechenschaftsbericht des Schwäbischen Schillervereins 17 (1912/13) S. 113—134.

Schwering, Julius: Ein Kampf für M. Mit Benutzung ungedruckter Briefe Emanuel Geibels. In: Süddeutsche Monatshefte Jg. 7 (1910) Bd. 2, S. 555—568.

Freundeslieb' und Treu. 250 Briefe E. M's an Wilhelm Hartlaub. Hrsg. von Gotthilf Renz. Leipzig 1938.

Briefwechsel zwischen Hermann Kurz und E. M. Hrsg. von Jakob Baechtold. Stuttgart 1885.

Briefwechsel zwischen Hermann Kurz und E. M. Hrsg. von Heinz Kindermann. Stuttgart 1919.

Eines Dichters Liebe. E. M's Brautbriefe. Hrsg. von Walther Eggert-Windegg. München 1908.

Luise. Briefe der Liebe, an seine Braut Luise Rau geschrieben von E. M. Hrsg. von Hanns Wolfgang Rath. Ludwigsburg 1921.

E. M. Briefe an seine Braut Luise Rau. Hrsg. von Friedhelm Kemp. München 1965.

Briefwechsel zwischen Moritz von Schwind und E. M. Mitgeteilt von Jakob Baechtold. Leipzig 1890.

Briefwechsel zwischen E. M. und Moriz von Schwind. Hrsg. von Hanns Wolfgang Rath. Stuttgart 1918. 2., verm. Auflage 1920.

Gedichte und Briefe M's an seine Braut Margarethe von Speeth. Hrsg. von Marie Bauer. München 1903.

Briefwechsel zwischen Theodor Storm und E. M. Mitgeteilt von Jakob Baechtold. In: Deutsche Rundschau 58 (1889) S. 41—68.

Briefwechsel zwischen Theodor Storm und E. M. Hrsg. von Hanns Wolfgang Rath. Stuttgart 1919.

Maync, Harry: David Friedrich Strauß und E. M. (Mit 12 ungedruckten Briefen). In: Deutsche Rundschau 115 (1903) S. 94—117; 477.

Walter, Karl: Ungedruckte Briefe M's an David Friedrich Strauß. In: Das literarische Echo 24 (1922) S. 591—598.

Briefwechsel zwischen E. M und Friedrich Theodor Vischer. Hrsg. von Robert Vischer. München 1926.

Briefwechsel zwischen David Friedrich Strauß und Friedrich Theodor Vischer. Hrsg. von Adolf Rapp. 2 Bde. Stuttgart 1952/53 (Veröffentlichungen der Deutschen Schillergesellschaft 18/19).

Jugendbriefe M's an Wilhelm Waiblinger. Mitgeteilt von Hermann Fischer, in: Fischer: Beiträge zur Literaturgeschichte Schwabens. Bd. 1. Tübingen 1891. S. 148—179.

Güntter, Otto: Ungedruckte Briefe von E. M und W. Waiblinger.
In: Süddeutsche Monatshefte Jg. 1 (1904) S. 854—859.

IV. Ausgaben von M's handschriftlichen Gedichtsammlungen

Gedichte von E. M. Revidierte und mit Neuem vermehrte Sammlung. Manuskript des Verfassers. 1844. Mit Nachwort von Fritz Behrend. Faksimiledrucke literarischer Seltenheiten, hrsg. von Julius Petersen. Bd. I. Leipzig 1925. [Faksimile der Handschrift B 8062, die früher in Berlin war, heute verschollen ist.]

Güntter, Otto: Ein Liederheft von E. M. Rechenschaftsbericht des Schwäbischen Schillervereins 29/30 (1926) S. 63—73. [= Handschrift des Schiller-Nationalmuseums Marbach: SNM 27487.]

Faksimile der Gedichte E. M's in seiner Handschrift „Grünes Heft" ... Stuttgart 1954. [= Handschrift der Württembergischen Landesbibliothek Stuttgart: LBS poet. et philol. Q 144.]

V. Gelegenheitsgedichte

Krauß, Rudolf: E. M als Gelegenheitsdichter. Stuttgart-Leipzig-Berlin-Wien 1895. 2. Ausgabe 1904.

Rath, Hanns Wolfgang: Von innerm Gold ein Widerschein. Ernste und heitere Musterkärtlein von, an und über E. M. Frankfurt a.M. 1913.

E. M, Liebmund Maria Wispel und seine Gesellen. Des Dichters Wispeliaden, hrsg. von Walther Eggert-Windegg. Stuttgart 1919.

VI. Zeichnungen

Rath, Hanns Wolfgang: E. M als Kinderfreund. Randzeichnungen zu einem unveröffentlichten Bilderbüchlein des Dichters. Ludwigsburg 1926.

M als Zeichner. Hrsg. von Otto Güntter. Stuttgart-Berlin 1930. (Veröffentlichungen des Schwäbischen Schillervereins 13).

E. M. Zeichnungen. Hrsg. von Herbert Meyer. München 1952.

VII. M's Haushaltungsbuch

E. M's Haushaltungsbuch aus den Jahren 1843 bis 1847. Hrsg. von Walther Eggert-Windegg. Stuttgart 1907.

E. M's Haushaltungsbuch. Hrsg. vom Bezirks-Heimatmuseum Mergentheim. Bad Mergentheim 1931. Neudruck 1951.

VIII. Gesamtdarstellungen zu M's Leben und Werk

Notter, Friedrich: E. M. Ein Beitrag zu seiner Charakteristik als Mensch und Dichter. Stuttgart 1875.
Klaiber, Julius: E. M. Zwei Vorträge über ihn. Stuttgart 1876.
Fischer, Hermann: E. M. Ein Lebensbild des Dichters. In: Fischer: Lebensbilder schwäbischer Dichter. Stuttgart 1881.
Baechtold, Jakob: E. M. In: Deutsche Rundschau 41 (1884) S. 269 bis 284.
Baechtold, Jakob: E. M. In: Allgemeine Deutsche Biographie Bd. 22, Leipzig 1885. S. 243—258.
Mayer, Ambros: E. M. Eine literarästhetische Untersuchung. Programm Bozen 1885.
Fischer, Karl: E. M's Leben und Werke. Berlin 1901.
Fischer, Karl: E. M's künstlerisches Schaffen und dichterische Schöpfungen. Berlin 1903. [Zit.: K. Fischer: E. M's künstlerisches Schaffen.]
Maync, Harry: E. M. Sein Leben und Dichten. Stuttgart-Berlin 1902. 2., stark überarb. u. verm. Auflage 1913; [danach zit.: Mc, Biogr. —] 5. Auflage 1944.
Eggert-Windegg, Walther: E. M. Stuttgart 1904. 2. neu bearb. Auflage 1919.
Sallwürk, Edmund von: E. M. Leipzig 1906. 2. Auflage 1925.
Kuh, Emil: E. M. In: Kuh: Kritische und literarhistorische Aufsätze. Wien 1910. S. 416—454.
Rosenthal, Max: E. M. Eine Untersuchung seines künstlerischen Schaffens. Leipzig 1910.
Hieber, Hermann: E. M's Gedankenwelt. Stuttgart 1923.
Bock, Emil: E. M. Das Übersinnliche in Ahnung und Erinnerung. In: Bock: Boten des Geistes. Stuttgart 1929, 3. Auflage 1957. S. 208—239.
Ott, Barthélémy: E. M. Lyon 1935.
Goes, Albrecht: M. Stuttgart 1938. (Die Dichter der Deutschen 9)
Zemp, Werner: M's Elemente und Anfänge. Frauenfeld-Leipzig 1939.
Zemp, Werner: Gespräch über Mörike. In: M. Gedichte und Erzählungen. Hrsg. mit Nachwort von Werner Zemp. Zürich 1945. S. 509—568.
Ibel, Rudolf: M. In: Ibel: Weltschau deutscher Dichter. Bd. 2: Novalis, Eichendorff, Mörike, Droste-Hülshoff. Hamburg 1948. S. 183—266.
Niebelschütz, Wolf von: M. Bremen 1948.
Ermatinger, Emil: M — das Geheimnis des Gemüts. In: Ermatinger: Deutsche Dichter 1700—1900. Bd. 2. Bonn 1949. S. 286—294.
Meyer, Herbert. E. M. Tübingen-Stuttgart 1950.
Wiese, Benno von: E. M. Tübingen-Stuttgart 1950.

Farrell, Ralph B.: The Art of E. M. In: Proceedings of the Australian Goethe Society (1952/53) S. 22—26.
Tecchi, Bonaventura: E. M. Prosatore e poeta. In: Nuova Antologia 462 (1954) S. 379—396.
Müller, Brigitte: E. M. Grundriß seines Dichtertums. Winterthur 1955.
Goes, Albrecht: E. M. In: Die großen Deutschen. Bd. 3. Berlin 1956. S. 284—292.
Lange, Victor: E. M. In: On Romanticism and the Art of Translation. In: Festschrift E. H. Zeydel. Princeton 1956. S. 83—104.
Mare, Margaret: E. M. The Man and the Poet. London 1957.
Reuter, Hans Heinrich: E. M. in seinem Leben und Denken. Berlin 1957.
Höllerer, Walter: E. M. In: Höllerer: Zwischen Klassik und Moderne. Stuttgart 1958. S. 321—356.
Meyer, Herbert: E. M. Stuttgart 1961. (Sammlung Metzler. Realienbücher für Germanisten)
Tecchi, Bonaventura: M. Roma 1962.

IX. Bildbiographien

Merbach, Paul Alfred: E. M. Bielefeld 1925.
E. M. Bilder aus seinem Leben. Hrsg. von Fritz Kauffmann und Philipp Harden-Rauch. Stuttgart 1953.
Koschlig, Manfred: M in seiner Welt. Stuttgart 1954. (Veröffentlichungen der Deutschen Schiller-Gesellschaft 20)
Koschlig, Manfred: Unbekannte Bildnisse M's und seiner Freunde. In: Jahrbuch der Deutschen Schillergesellschaft 10 (1966) S. 130 bis 159.

X. Zu M's Verwandten- und Freundeskreis
(Siehe auch unter III)

Wunder, Gerd: M's Herkunft. Eine soziologische Analyse. In: Württemberg. Franken 28/29 (1953/54) S. 287—294.
Rath-Höring, Else und andere: Die Ahnen des Dichters E. M. Ulm 1955.
Camerer, Wilhelm: E. M und Klara Neuffer. Marbach a. N. 1908. Dazu Nachträge in den Rechenschaftsberichten des Schwäbischen Schillervereins 13 (1908/09) S. 101—114; 14 (1909/10) S. 86—105.
Fischer, Hermann: Mörike, Ludwig Bauer, Waiblinger. In: Fischer: Beiträge zur Literaturgeschichte Schwabens. Bd. 1. Tübingen 1891. S. 148—179.
Müller, Ernst: E. M und sein Kreis. In: Müller: Stiftsköpfe. Heilbronn 1938. S. 327—365.

Wilhelm Waiblinger. Die Tagebücher 1821—1826. Hrsg. von Herbert Meyer und Erwin Breitmeyer. Stuttgart 1956. (Veröffentlichungen der Deutschen Schillergesellschaft 22)

Ludwig Bauer: Schriften. Nach seinem Tode in einer Auswahl hrsg. von seinen Freunden mit Briefen an M. Stuttgart 1847.

Meyer, Herbert: M's Weggefährte nach Orplid. In: Die Pforte 1 (1948) S. 521—543.

Lang, Wilhelm: Rudolf Lohbauer. In: Württemberg. Vierteljahrshefte für Landesgeschichte N. F. 5 (1896) S. 149—188.

Corrodi, Paul: Das Urbild von M's Peregrina. In: Jahrbuch der Literarischen Vereinigung. Winterthur (1925) S. 47—102.

Eggert, Eduard: E. M's Frau. In: Hochland Jg. 1 (1903/04) Bd. 1, S. 65—74; 210—222; Bd. 2, S. 350—355.

Güntter, Otto: M's Werbung um die Hand von Gretchen von Speeth. Rechenschaftsbericht des Schwäbischen Schillervereins 17 (1912/13) S. 135—138.

Rath, Hanns Wolfgang: Gretchen. Eines Dichters Schicksal. Ludwigsburg 1922.

Seebaß, Friedrich: M und Blumhardt. In: Eckart (1939) S. 432—441.

Günthert, Julius Ernst von: M und Notter. Berlin und Stuttgart 1885.

Güntter, Otto: E. M und Bernhard Gugler. Rechenschaftsbericht des Schwäbischen Schillervereins 16 (1911/12) S. 54—76.

Storm, Theodor: Meine Erinnerungen an E. M. In: Westermanns Monatshefte 41 (1877) Januarheft.

Rothe, Eva: Aus Karl Goedekes Nachlaß. Mit unbekannten Autographen von M und Storm. In: Beiträge zur deutschen und nordischen Literatur (1958) S. 340—347.

Güntter, Otto: E. M und Paul Heyse. Rechenschaftsbericht des Schwäbischen Schillervereins 18 (1913/14) S. 107—114.

Schliep, Bruno: Schwind und M. Versuch einer Kritik ihrer Freundschaft auf kunstgeschichtlicher Grundlage. Diss. Greifswald 1926.

XI. Zu M's Lebensepochen

Proelß, Johannes: M in Möhringen auf den Fildern. In: Schwäbischer Merkur, 12. u. 19. Sept. 1908, Nr. 427, S. 9 f.; Nr. 439, S. 13 f.

Proelß, Johannes: M's Jugenddichtung und die Filderlandschaft. In: Schwabenspiegel 1 (1907/08) Nr. 48, S. 377—380; Nr. 49, S. 390 bis 392.

Gaese, Heinrich: E. M's Jugendland. In: Ludwigsburger Geschichtsblätter 16 (1964) S. 135—156.

Weitbrecht, Marie: E. M. Bilder aus seinem Cleversulzbacher Pfarrhaus. Stuttgart 1924.

Schick, Friedrich: Zu Cleversulzbach im Unterland. Cleversulzbach 1925.

Renz, Gotthilf: M als Pfarrer und der schwäbische Pfarrer vor 100 Jahren. Berlin 1929.

Eggert-Windegg, Walther: E. M in Schwäbisch Hall und Mergentheim. In: Euphorion 14 (1907) S. 595—611; 764—778.

Fischer, Max: M in Mergentheim. Bad Mergentheim 1929.

Larese, Dino: M am Bodensee. In: Die Ernte. Schweizerisches Jahrbuch 31 (1950) S. 100—114; und in: Thurgauer Jahrbuch 29 (1954) S. 36—41.

Nestler, Hermann: E. M's Regensburger Tage. In: Verh. d. Hist. Vereins v. Oberpfalz und Regensburg. Bd. 75 (1925) S. 127—134.

Ungerer, Eugen: M's Aufenthalt in Wermutshausen und Schwäbisch Hall. In: Württemberg. Franken N. F. 24/25 (1949/50) S. 237—258.

Grosse, Hugo: E. M als Lehrer. Langensalza 1907. (Mannes Pädagogisches Magazin Nr. 288)

Walther, Luise: Aus M's Kreis und Stuttgarter Zeit. 150 Charakterköpfe in bisher meist unveröffentlichten Schattenbildern. Hrsg. von Hanns Wolfgang Rath und Friedrich Walther. Ludwigsburg 1923.

Güntter, Otto: M's Lorcher Blumentöpfe. In: Württemberg 1 (1929) S. 561 ff.

Kelletat, Alfred: M in Bebenhausen. In: Tübinger Blätter 41 (1954) S. 35—38.

Maier, Gottfried: M's Testament. In: Allgemeine Zeitung 1905. Beilage Nr. 228.

Verzeichnis der Nachrufe auf M. In: Bibliographie der württembergischen Geschichte Bd. 2 (1896) S. 516.

XII. Zu M's Literarhistorischer Stellung
(Siehe auch unter VIII)

Reinhold, C. (= Köstlin): Die Schwäbische Dichterschule und E. M. In: Hallische Jahrbücher für deutsche Wissenschaft und Kunst, Jg. 2 (1839) Nr. 6—8; 18—19.

Ilgenstein, Heinrich: M und Goethe. Berlin 1902.

Berger, Georg: E. M und sein Verhältnis zur schwäbischen Romantik. 45. Jahresbericht des kgl. Progymnasiums zu Kempen in Posen. Kempen in Posen 1910.

Thiess, Frank: Die Stellung der Schwaben zu Goethe. Stuttgart 1915. S. 178 ff.

Vetter, Hans: E. M und die Romantik. Diss. Bern 1920.

Witkop, Philipp: M. In: Witkop: Die deutschen Lyriker von Luther bis Nietzsche. 2. veränd. Auflage. Bd. 2. Leipzig-Berlin 1921. S. 85—106.

Heinsius, Walter: M und die Romantik. In: Deutsche Vierteljahrsschrift für Literaturwissenschaft und Geistesgeschichte 3 (1925) S. 194—230.

Gundolf, Friedrich: E. M. In: Gundolf: Romantiker. Neue Folge. Berlin 1931. S. 219—283.

Schütze, Gertrud: M's Lyrik und die Überwindung der Romantik. Diss. Münster 1940.

Neumann, Gerda: Romantik und Realismus bei E. M. Diss. (Masch.) Göttingen 1951.

Weydt, Günter: Literarisches Biedermeier. In: Deutsche Vierteljahrsschrift für Literaturwissenschaft und Geistesgeschichte 9 (1931) S. 628—651. — Zu M: S. 650.

Bietak, Wilhelm: Zwischen Romantik, Jungem Deutschland und Realismus. In: Deutsche Vierteljahrsschrift für Literaturwissenschaft und Geistesgeschichte 13 (1935) S. 163—206. — Zu M: S. 192—194.

Kluckhohn, Paul: Biedermeier als literarische Epochenbezeichnung. In: Deutsche Vierteljahrsschrift für Literaturwissenschaft und Geistesgeschichte 13 (1935) S. 1—43. — Zu M: S. 16; 22—23.

Pongs, Hermann: Ein Beitrag zum Dämonischen im Biedermeier. In: Dichtung und Volkstum 36 (1935) S. 241—261. — Zu M: S. 251—258.

Sandomirsky, Vera: E. M. Sein Verhältnis zum Biedermeier. Diss. Erlangen 1935.

Weydt, Günter: Biedermeier und Junges Deutschland. In: Deutsche Vierteljahrsschrift für Literaturwissenschaft und Geistesgeschichte 25 (1951) S. 506—521. — Zu M: S. 513—515.

Greiner, Martin: Der Weg ins Idyll (M und die Droste). In: Greiner: Zwischen Biedermeier und Bourgeoisie. Göttingen 1953. S. 145 bis 178.

Sengle, Friedrich: Voraussetzungen und Erscheinungsformen der deutschen Restaurationsliteratur. In: Deutsche Vierteljahrsschrift für Literaturwissenschaft und Geistesgeschichte 30 (1956) S. 268—294. — Zu M: S. 274; 282—283.

Flemming, Willi: Die Problematik der Bezeichnung „Biedermeier". In: Germanisch-Romanische Monatsschrift N. F. 8 (1958) S. 379 bis 388. — Zu M: S. 387.

Hermand, Jost: Die literarische Formenwelt des Biedermeiers. Gießen 1958. — Zu M: S. 30—40; 56 f.; 63 f.; 85 f.; 114—119.

XIII. Zu einzelnen Problemkreisen

Stemplinger, Eduard: M's Verhältnis zur Antike. In: Neue Jahrbücher für das klassische Altertum 19 (1907) S. 659—668; auch in: Stemplinger: Die Ewigkeit der Antike. Leipzig 1924. S. 85—96.
Flad, Eugen: E. M und die Antike. Diss. Münster 1916.
Schuster, Mauriz: M und Catullus. In: Zeitschrift für die österreichischen Gymnasien 67 (1916) S. 385—416.
Turazza, Anselmo: E. M e l'Antichità Classica. Milano-Roma-Napoli 1923.
Schuster, Mauriz: M's Verhältnis zu Horaz und Tibull. In: Bayer. Blätter für das Gymnasialschulwesen 65 (1929) S. 220—240.
Rupprecht, Gerda: M's Leistung als Übersetzer aus den klassischen Sprachen. Diss. München 1958.
Renz, Gotthilf: M als Pfarrer. In: Monatsschrift für Pastoraltheologie 24 (1928) S. 34—42.
Wilkens, Johannes: M's Glauben und Dichten. Eine Untersuchung über das Religiöse in des Dichters Leben und Schaffen und seine seelische Begründung. Diss. (Masch.) Münster 1923.
Rüttenauer, Isabella: Vom verborgenen Glauben in E. M's Gedichten. Würzburg 1940.
Hafferberg, Ilse: Das Christliche in M's Leben und Werk. Diss. (Masch.) München 1952.
Rüsch, Ernst Gerhard: Christliche Motive in der Dichtung E. M's. In: Theologische Zeitschrift 11 (1955) S. 206—223.
Kappenberg, Hans: Der bildliche Ausdruck in der Prosa E. M's. Diss. Greifswald 1914.
Zulauf, Walter: M's Bildersprache. Rechenschaftsbericht des Schwäbischen Schillervereins 29 (1925/26) S. 39—62.
Nordheim, Werner von: Die Einsamkeitserfahrung E. M's und ihre Aussprache im dichterischen Werk. Diss. (Masch.) Hamburg 1954.
Trümpler, Ernst: M und die vier Elemente. St. Gallen 1954.
Woodtli-Löffler, Susi: „Windebang". Die Bedeutung des Windes bei E. M. In: Trivium 3 (1945) S. 198—217.
Grzimbke, Margarete: Die Bedeutung der Freundschaft in M's Leben und Dichtung. Diss. (Masch.) Breslau 1943.
Kauffmann, Fritz: E. M und seine Freunde. Stuttgart 1965. [Ausstellungskatalog.]
Bringewald, Marie: Der Humor bei M. Diss. (Masch.) Köln 1924.
Fahnenbruck, Heinz Theodor: E. M's Humor with Particular Reference to his „Gelegenheitsdichtung" and his Narrative Poetry. In: Univ. of Pittsburgh Abstracts of doct. diss. 47 (1951) S. 17-24.
Jungbluth, Günter: M og Hanswurst. In: Festskrift til L. L. Hammerich. København 1952. S. 152 ff.
Jennings, Lee B[yron]: M' Grotesquery: A Post-Romantic Pheno-

menon. In: Journal of English and Germanic Philology 59 (1960) S. 600—616.

Rüsch, Ernst Gerhard: Alleinzige Liebe. Die Liebe in der Dichtung E. M's. St. Gallen 1957.

Rath, Hanns Wolfgang: M's musikalische Sendung. Mit ungedrucktem Material aus dem Nachlaß des Dichters und W. Hartlaubs. In: Zeitschrift für Bücherfreunde N. F. 10 (1918/19) S. 208—213.

Kneisel, Jessie Hoskam: M and Music. New York 1949.

Kunz, Wiltrud: Musik in E. M's Leben und Schaffen. Diss. (Masch.) München 1951.

Pirkel-Leuwer, Ruth: Die M-Lyrik in ihren Vertonungen. Diss. Bonn 1953.

Worbs, Hans Christoph: M und die Musik. In: Musica 9 (1955) S. 62—64.

Heinen, Clemens: Der sprachliche und musikalische Rhythmus im Kunstlied. Vergleichende Untersuchung einer Auswahl von M-Vertonungen. Diss. Köln 1958.

Märtens, Ilse: Die Mythologie bei M. Marburg 1921.

Linke, Johannes: M's Naturgefühl. In: Der Schwabenspiegel. Beil. z. Württemberg. Zeitung. Bd. 29 (1935) S. 170 f.; S. 182 f.

Prawer, S[iegbert] S[alomon]: M's Second Thoughts. In: Modern Philology 57 (1959/60) S. 24—36.

Krauß, Rudolf: E. M und die Politik. In: Euphorion I (1894) S. 129—136.

Emmersleben, August: Das Schicksal in M's Leben und Dichten. Kulmbach 1931.

Fischer, Karl: E. M als Künstler. In: Die Grenzboten 62 (1903) S. 719—723.

Colleville, Maurice: La conception de la poésie et du poète chez M. In: Langues Modernes 43 (1949) S. 265—281.

Dieckmann, Liselotte: M's Presentation of the Creative Process. In: Journal of English and Germanic Philology 53 (1954) S. 291-305.

Slessarev, Helga: Der Abgrund der Betrachtung über den schöpferischen Vorgang bei M. In: The German Quarterly 34 (1961) S. 41—49.

Gumbel, Hermann: Das Schwäbische in der schwäbischen Dichtung. In: Deutsche Vierteljahrsschrift für Literaturwissenschaft und Geistesgeschichte 9 (1931) S. 504—533. — Zu M: S. 523—525.

Held, Günter: Das schwäbische Element in der Dichtung E. M's. Diss. (Masch.) Tübingen 1951.

Tscherpel, Rudolf M[aria]: Die rhythmisch-melodische Ausdrucksdynamik in der Sprache E. M's. Diss. Tübingen 1964.

Krauß, Rudolf: M in seinem Verhältnis zur Schaubühne. In: Bühne und Welt 6 (1903/04) S. 61—71.

Taraba, Wolfgang Friedrich: Vergangenheit und Gegenwart bei E. M. Diss. (Masch.) Münster 1953.

Slessarev, Helga: Die Zeit als Element der poetischen Intuition bei E. M. Diss. Cincinnati 1955.

XIV. M ALS ERZÄHLER
(Siehe auch unter XIII)

Stern, Adolf: M's Prosa. In: Der Kunstwart 17 (1904) S. 508—512.

Dramalieff, Kyrill: Stil und Technik in E. M's Erzählungen. Diss. (Masch.) München 1920.

Lenhardt, Gertrud: M's Märchen und Novellen. In: Zeitschrift für deutsche Bildung 10 (1934) S. 354—360.

Rosenthal, Trude: Le rôle du monde extérieur dans les deux principaux récits en prose de M. Paris 1935. [Über Mozart-Novelle und Nolten.]

Brömmel, Johannes: Rhythmus als Stilelement in M's Prosa. Dresden 1941.

Soll, Gisela: Die Entwicklung der Erzählkunst M's in den Jahren 1833 bis 1853. Diss. Berlin 1942.

Deininger, Mathilde: Untersuchungen zum Prosastil von Wilhelm Hauff, Eduard Mörike, Annette von Droste-Hülshoff, Franz Grillparzer und Adalbert Stifter: ein Beitrag zur Biedermeierforschung. Diss. Tübingen 1945.

Jennings, Lee B[yron]: The Grotesque Element in the Post-Romantic German Prose. Diss. Illinois 1955.

Gansberg, Marie Luise: Der Prosa-Wortschatz des deutschen Realismus unter besonderer Berücksichtigung des vorausgehenden Sprachwandels 1835—1855. Bonn 1964. 2. Aufl. 1966. — Zu M [Fassungsvergleich von *Lucie Gelmeroth* und *Maler Nolten*]: S. 276—281.

XV. ZU „MALER NOLTEN"
(Siehe auch unter XIV)

Rez. Wolfgang Menzel, in: Morgenblatt für gebildete Stände, Literaturblatt, 24. 8. 1832, Nr. 86.

Rez. [Johannes Mährlen], in: Der Hochwächter, 20./21. Dez. 1832, Nr. 301 f.

Rez. [Gustav Schwab], in: Blätter für literarische Unterhaltung, 20. u. 21. 1. 1833, Nr. 20 f.

Rez. in: Gubitz' Gesellschafter, 23. 3. 1833.

Rez. [Friedrich Notter], in: Der Unparteiische, Ein encyclop. Zeitblatt für Deutschland, Jg. 1, 2.—4. April 1833, Nr. 2—4.

Rez. Friedrich Theodor Vischer, in: Hallische Jahrbücher für deutsche Wissenschaft und Kunst, Jg. 2 (1839) Nr. 144—147, auch in: Vischer: Kritische Gänge. Bd. 1. Stuttgart 1844. S. 28 ff.

Szentirmay, Gizella: E. M, Maler Nolten. Budapest 1913. [Magyarisch.]

Adrian, Karl: Wege der Gestaltung in M's „Maler Nolten" und „Mozart auf der Reise nach Prag". Diss. Münster 1914.

Seuffert, Bernhard: M's „Maler Nolten" und „Mozart". Graz-Wien-Leipzig 1924.

Bachert, Ruth: M's „Maler Nolten". Leipzig 1928.

Reinhardt, Heinrich: M und sein Roman „Maler Nolten". Zürich-Leipzig 1930.

Völk, Rudolf: Die Kunstform des „Maler Nolten" von E. M. Berlin 1930.

Drawert, Ernst Arno: M's „Maler Nolten" in seiner ersten und zweiten Fassung. Diss. Jena 1935.

Hirschenegger, Oda: Ein Vergleich zwischen G. Kellers „Grüner Heinrich" und E. M's „Maler Nolten". Diss. (Masch.) Wien 1949.

Meyer, Herbert: M's Legende vom Alexisbrunnen. In: Deutsche Vierteljahrsschrift für Literaturwissenschaft und Geistesgeschichte 26 (1952) S. 225—236.

Lösch, Franz: Das Menschenbild in Goethes „Wilhelm Meister" und M's „Maler Nolten". Diss. (Masch.) Frankfurt a. M. 1955.

Hewett-Thayer, Harvey W[aterman]: M's occultism and the revision of „Maler Nolten". In: Publications of the Modern Language Association 71 (1956) S. 386—413.

Prawer, S[iegbert] S[alomon]: Mignon's Revenge. A Study of M's „Maler Nolten". In: Publications of the English Goethe Society N. S. 25 (1956) S. 63—85.

Taraba, Wolfgang Friedrich: Die Rolle der Zeit und des Schicksals in E. M's „Maler Nolten". In: Euphorion 50 (1956) S. 405—427.

Hewett-Thayer, Harvey W[aterman]: Traditional Technique in M's „Maler Nolten". In: The Germanic Review 32 (1957) S. 259-266.

Weischedel, Wilhelm: M's „Maler Nolten". In: Der Deutschunterricht 11 (1959) S. 50—62.

Meyer, Herbert: Stufen der Umgestaltung des „Maler Nolten". In: Zeitschrift für deutsche Philologie 85 (1966) S. 209—223.

Storz, Gerhard: „Maler Nolten". In: Zeitschrift für deutsche Philologie 85 (1966) S. 161—209.

Orplid:

Hirsch, K.: Zur Geschichte der M'schen Orpliddichtungen. In: Beilage d. Staatsanzeigers für Württemberg 1922, Nr. 12.

Rath, Hanns Wolfgang: Orplid, das Geheimnis einer Welt und eine Weissagung. Ludwigsburg 1925.

Wooley, E. O.: „Du bist Orplid, mein Land". In: Monatsschrift für deutschen Unterricht, deutsche Sprache und Literatur 40 (1948) S. 137—148.

Zemp, Werner: Orplid. In: Festschrift für Paul Corrodi. Zürich 1945. S. 154—160.

XVI. Einzelinterpretationen der Erzählungen
(Siehe auch unter XIV)

Die Hand der Jezerte:

Trümpler, Ernst: „Die Hand der Jezerte". Versuch einer Deutung. In: Monatsschrift für deutschen Unterricht, deutsche Sprache und Literatur 47 (1955) S. 105—111.

Das Stuttgarter Hutzelmännlein:

Rez. Wolfgang Menzel, in: Morgenblatt für gebildete Stände, Literaturblatt, 2. 7. 1853, Nr. 53.

Rez. Friedrich Notter, in: Beilage zur Allgemeinen Zeitung, 26. 7. 1853, Nr. 207.

Rez. Robert Prutz, in: Deutsches Museum, Zeitschrift für Literatur, Kunst und öffentliches Leben 3, 2 (1853) S. 110 f.

Rez. Rudolf von Gottschall, in: Blätter für literarische Unterhaltung, 9. 3. 1854, Nr. 11, S. 196 f.

Storz, Gerhard: Gestalt und Rang von M's „Stuttgarter Hutzelmännlein". In: Der Deutschunterricht 3 (1951) Heft 2, S. 18—29; wieder abgedruckt: Storz: M's „Stuttgarter Hutzelmännlein", in: Storz: Figuren und Prospekte. Stuttgart 1963. S. 133—146.

Landmann, Herwig: M's Märchen „Das Stuttgarter Hutzelmännlein" im Verhältnis zum Volksmärchen. Diss. Berlin F. U. 1961.

Mozart auf der Reise nach Prag:

Rez. Wilhelm Hemsen, in: Beilage zur Allgemeinen Zeitung, 3. 12. 1855, Nr. 337.

Rez. in: Süddeutsche Blätter für Kunst, Literatur und Wissenschaft, 1857, Nr. 20.

Adrian, Karl: Wege der Gestaltung in M's „Maler Nolten" und „Mozart auf der Reise nach Prag". Diss. Münster 1914.

Seuffert, Bernhard: M's „Nolten" und „Mozart". Graz-Wien-Leipzig 1924.

Eichler, Albert: Die Quellenverarbeitung in M's „Mozart". In: Zeitschrift für die österreichischen Mittelschulen 2 (1925) S. 264—282.

Pachaly, Paul: Erläuterungen zu E. M's „Mozart auf der Reise nach Prag". Leipzig 1931.

Hofacker, Erich: M's Mozartnovelle in ihrem künstlerischen Aufbau. In: The German Quarterly 6 (1933) S. 106—113.

Hering, Hans: M's Mozartdichtung. In: Zeitschrift für deutsche Bildung 10 (1934) S. 360—366.

Pongs, Hermann: Ein Beitrag zum Dämonischen im Biedermeier. In: Euphorion 36 (1935) S. 251—258; auch in: Pongs: Das Bild in der Dichtung. Bd. 2. Marburg 1939. S. 265—274.

Ittenbach, Max: „Mozart auf der Reise nach Prag". In: Germanisch-Romanische Monatsschrift 25 (1937) S. 338—354.

Müller, Joachim: M's Mozartdichtung. In: Zeitschrift für Deutschkunde 52 (1938) S. 10—16.

Mautner, Franz H.: M's „Mozart auf der Reise nach Prag". In: Publications of the Modern Language Association 60 (1945) S. 199—220; fast unverändert: Mautner, Franz H.: M's „Mozart auf der Reise nach Prag". Krefeld 1957.

Heise, Ursula: Die Behandlung von M's „Mozart auf der Reise nach Prag" in der Schule. In: Der Deutschunterricht 5 (1953) S. 39—51.

Polheim, Karl Konrad: Der künstlerische Aufbau von M's Mozartnovelle. In: Euphorion 48 (1954) S. 41—70.

Immerwahr, Raymond: Apocalyptic Trumpets. The Inception of „Mozart auf der Reise nach Prag". In: Publications of the Modern Language Association 70 (1955) S. 390—407.

Müller-Blattau, Joseph: Das Mozartbild M's und seines Freundeskreises. In: Neue Zeitschrift für Musik 117 (1956) S. 325—329.

Wiese, Benno von: E. M, „Mozart auf der Reise nach Prag". In: Wiese: Die deutsche Novelle von Goethe bis Kafka. Düsseldorf 1959. S. 213—237.

Farrell, Ralph B.: „Mozart auf der Reise nach Prag". London 1960.

Liede, Alfred: Das dämonische Spiel. In: Liede: Dichtung als Spiel. Bd. I. Berlin 1963. S. 67—72.

XVII. M ALS LYRIKER
(Siehe auch unter VIII, XII, XIII)

Rezensionen zu M's Gedichtsammlungen von 1838, 1848, 1856, 1867:

Zu G1 (1838):

Rez. in: Europa. Chronik der gebildeten Welt. Jg. 1838, Bd. 4, S. 421—424.

Rez. in: Ost und West. Blätter für Kunst, Literatur und geselliges Leben. Jg. 2 (1838) Nr. 83.

Rez. Wolfgang Menzel, in: Morgenblatt für gebildete Stände, Literaturblatt, 3. 5. 1839, Nr. 45.

Rez. C. Reinhold (= R. Köstlin), in: Hallische Jahrbücher für deutsche Wissenschaft und Kunst. Jg. 2 (1839) Nr. 18—19.

Rez. Gustav Schwab, in: Heidelberger Jahrbücher für Literatur. Jg. 1839, Nr. 17.

Rez. Friedrich Theodor Vischer, in: Jahrbücher für wissenschaftliche

Kritik. Jg. 1839, Nr. 14 ff.; auch in: Vischer: Kritische Gänge. N. F. Bd. 2. Stuttgart 1861. S. 243 ff.

Rez. Henri Blaze, in: Revue des Deux Mondes 3 (1845) S. 118—128.

Zu G2 (1848):

Rez. [David Friedrich Strauß], in: Beilage zur Allgemeinen Zeitung, 4. 12. 1847, Nr. 338.

Zu G3 (1856):

Rez. Wolfgang Menzel, in: Morgenblatt für gebildete Stände, Literaturblatt, 7. 1. 1857, Nr. 2.

Rez. in: Beilage zur Allgemeinen Zeitung, 29. 11. 1866, Nr. 333.

Zu G4 (1867):

Rez. in: Schwäbischer Merkur, 12. 7. 1867, Nr. 164.

Weitbrecht, Richard: Aus M's Dichterwerkstatt. In: Beilage zur Allgemeinen Zeitung, 1. u. 2. Febr. 1888, Nr. 32 u. 33.

Krauß, Rudolf: Studien zu E. M's Gedichten. In: Euphorion 2 (1895) Ergänzungsheft S. 99—121.

Krauß, Rudolf: E. M als schwäbischer Dialektdichter. In: Beilage des Staatsanzeigers für Württemberg, 8. 10. 1896, Nr. 17/18, S. 285—287.

Avenarius, Ferdinand: Unsere Lyrik und M. In: Der Kunstwart 13 (1900) S. 157—166.

Avenarius, Ferdinand: M's Lyrik. In: Der Kunstwart 17 (1904) S. 502—508.

Biese, Alfred: Die Naturlyrik Uhlands und M's. In: Pädagogik und Poesie 1 (1908) S. 201—229.

Heilmann, Daniel Friedrich: M's Lyrik und das Volkslied. Berlin 1913.

Kapff, R.: M und das schwäbische Volkslied. In: Bes. Beilage des Staatsanzeigers für Württemberg (1919) S. 213 ff.

Fischli, Albert: Über Klangmittel im Vers-Innern, aufgezeigt an der Lyrik E. M's. Bern 1920.

Reuschle, Max: Die Gestalt der Gedichtsammlung E. M's. Diss. (Masch.) Tübingen 1922.

Doll, Pierre und Pierre Doyen: Les thèmes lyriques de M. In: Mélanges offerts à Charles Andler. Strasbourg 1924. S. 115—122.

Oppert, Kurt: Das Dinggedicht. Eine Kunstform bei M, Meyer und Rilke. In: Deutsche Vierteljahrsschrift für Literaturwissenschaft und Geistesgeschichte 4 (1926) S. 747—783.

Jacob, Kurt: Aufbau und innere Gestaltung der Balladen und anderer Gedichte M's. Diss. Frankfurt a. M. 1934.

Jacob, Kurt: M's Balladen. In: Zeitschrift für Deutschkunde 50 (1936) S. 98—105.

Müller, Joachim: Der Lyriker E. M. In: Neue Jahrbücher für deutsche Wissenschaft 13 (1937) S. 249—262.

Burger, Marcella: Die Gegenständlichkeit von M's lyrischem Verhalten. Die Entwicklung von M's Lyrik zum Dinggedicht. Diss. (Masch.) Heidelberg 1948.

Kohlschmidt, Werner: Wehmut, Erinnerung, Sehnsucht in M's Gedicht. In: Wirkendes Wort 1 (1950/51) S. 229—238; auch in: Kohlschmidt: Form und Innerlichkeit. München 1955. S. 233—247.

Schnabel, Helmut: Die Eigenart der Lyrik M's. Diss. (Masch.) Göttingen 1951.

Heiseler, Bernt von: M's Vers. In: Heiseler: Ahnung und Aussage. Neue Ausgabe 1952. S. 104—111.

Scholmeyer, Fritz: Untersuchungen einiger Gedichte E. M's auf Grund ihrer verschiedenen Fassungen. Diss. (Masch.) Münster 1954.

Farrell, Ralph B.: M's classical verse. In: Publications of the English Goethe Society N. S. 25 (1956) S. 41—62.

Killy, Walther: In des Schönen Gestalt, ewige Mächte: E. M. In: Killy: Wandlungen des lyrischen Bildes. Göttingen ¹1956; ⁴1964. S. 73—93.

Nordheim, Werner von: Die Dingdichtung E. M's. Erläutert am Beispiel des Gedichtes „Auf eine Lampe". In: Euphorion 50 (1956) S. 71—85.

Williams, William D.: Day and night symbolism in some poems of M. In: The Era of Goethe. Essays presented to James Bryd. Oxford 1959. S. 163—178.

Kleinmann, Ingrid: Rhythmische Strukturen der Lyrik M's. Diss. (Masch.) Tübingen 1960.

Strauß, Anne Ruth: M's Gelegenheitslyrik. Zum Verhältnis von Kern und Peripherie in seinem dichterischen Werk. Diss. (Masch.) Marburg 1960.

Krummacher, Hans-Henrik: Zu M's Gedichten. Ausgaben und Überlieferung. In: Jahrbuch der Deutschen Schillergesellschaft 5 (1961) S. 267—344. (Zit.: Km V)

Krummacher, Hans-Henrik: Mitteilungen zur Chronologie und Textgeschichte von M's Gedichten. In: Jahrbuch der Deutschen Schillergesellschaft 6 (1962) S. 253—310. (Zit.: Km VI)

Farrell, Ralph B.: Aufbauprinzipien in M's Gedichten. In: Stoffe, Formen, Strukturen. Hans Heinrich Borcherdt zum 75. Geburtstag. München 1962. S. 380—397.

Friesen, James: Form and meaning in M's poetry. Winnipeg. Diss. Univ. of Manitoba 1962.

Wiese, Benno von: Der Lyriker E. M. In: Wiese: Zwischen Utopie und Wirklichkeit. Düsseldorf 1963. S. 177—192.

Doerksen, Victor Gerard: M's Elegien und Epigramme. Eine Interpretation. Diss. Zürich 1964.

Hötzer, Ulrich: „Gratia negligentia." „Ungestiefelte Hexameter"? Bemerkungen zu Goethes und M's Hexameter. In: Der Deutschunterricht 16 (1964) S. 86—108.
Werner, Hans-Georg: Zu frühen Gedichten E. M's. In: Weimarer Beiträge 10 (1964) S. 571—598.

XVIII. Einzelinterpretationen von Gedichten
(Siehe auch unter VIII, XII, XIII, XVII)

Am Rheinfall: Steigerthal, H. J., in: Wirkendes Wort 7 (1956/57) S. 173—177.

An die Geliebte: Weber, Werner, in: Weber: Zeit ohne Zeit. Aufsätze zur Literatur. Zürich 1959. S. 172—176.

An eine Äolsharfe: Beck, Adolf, in: Euphorion 46 (1952) S. 393; Thiele, H., in: Wirkendes Wort 8 (1957/58) S. 109—112; Kraft, Werner, in: Kraft: Augenblicke der Dichtung. München 1964. S. 121—124.

An einem Wintermorgen, vor Sonnenaufgang: Müller, Joachim, in: Deutsche Vierteljahrsschrift für Literaturwissenschaft und Geistesgeschichte 25 (1951) S. 82—93; Beck, Adolf, in: Euphorion 46 (1952) S. 370—391.

An Longus: Rath, Hanns Wolfgang, in: Deutsche Rundschau 179 (1919) S. 402—415; 180 (1919) S. 139—147; ders.: M's Epistel „An Longus" und ihre komisch-tragische Vorgeschichte. Ludwigsburg 1924; Hartlaub, Gustav F., in: Euphorion 46 (1952) S. 80-84.

Auf eine Christblume: Storz, Gerhard, in: Die deutsche Lyrik, hrsg. von Benno von Wiese. Bd. 2. Düsseldorf 1956. S. 79—90; Middleton, J. C., in: Publications of the English Goethe Society 28 (1959) S. 109—136; Böschenstein, Bernhard, in: Euphorion 56 (1962) S. 345—364.

Auf eine Lampe: Heidegger, Martin und Emil Staiger, in: Trivium 9 (1951) S. 1—16; auch in: Staiger: Die Kunst der Interpretation. Zürich ²1957. S. 34—49; Spitzer, Leo, in: Trivium 9 (1951) S. 133 bis 146; Politzer, Heinz, in: Modern Language Notes 66 (1951) S. 432—437; Staiger, Emil, in: Neophilologus 35 (1951) S. 6—14; auch in: Staiger: Die Kunst der Interpretation. Zürich ²1957. S. 17 bis 29; Appelbaum-Graham, Ilse, in: Modern Language Notes 68 (1953) S. 328—333; Schneider, Wilhelm, in: Schneider: Liebe zum deutschen Gedicht. Freiburg ²1954. S. 98—104; Nordheim, Werner von, in: Euphorion 50 (1956) S. 71—85; Guardini, Romano, in: Guardini: Gegenwart und Geheimnis. Würzburg 1957. S. 25—33; Burckhardt, Sigurd, in: Wirkendes Wort 8 (1958) S. 277—280; auch in: Wirkendes Wort, Sommelband 4 (1962) S. 386—389; Enzinger, Moriz: M's Gedicht „Auf eine Lampe". Graz-Wien-Köln 1965; Weithase, Irmgard, in: Deutsche Vierteljahrsschrift für Literaturwissenschaft und Geistesgeschichte 41 (1967) S. 61—81.

Auf einer Wanderung: Adorno, Theodor W., in: Akzente 1 (1957) S. 8—26.
Besuch in der Kartause: Hirsch, K., in Staatsanzeiger für Württemberg (1920) Bes. Beilage Nr. 9; ders., in: Staatsanzeiger für Württemberg (1921) Bes. Beilage Nr. 1.
Bilder aus Bebenhausen: Thomas, L. H. C., in: Modern Language Review 55 (1960) S. 89—91.
Das verlassene Mägdlein: Heuß, Alfred, in: Zeitschrift für Musik 93 (1926) S. 140—144, 274—280; Rüther, Eugen, in: Zeitschrift für Deutschkunde 42 (1928) S. 669—674; Staiger, Emil, in: Trivium 5 (1947) S. 44—53; auch in: Staiger: Die Kunst der Interpretation. Zürich ²1957. S. 205—214; Schneider, Wilhelm, in: Schneider: Liebe zum deutschen Gedicht. Freiburg ²1954. S. 266—270; Naumann, Walter, in: Journal of English and Germanic Philology 61 (1962) S. 616—625; auch in: Naumann: Traum und Tradition in der deutschen Lyrik. Stuttgart-Berlin-Köln-Mainz 1966. S. 54—63.
Denk es, o Seele!: Kempski, Jürgen von, in: Merkur 1 (1947) S. 475 bis 477; Feise, Ernst, in: Modern Language Notes 68 (1953) S. 344 bis 357; Taraba, Wolfgang Friedrich, in: Die deutsche Lyrik, hrsg. von Benno von Wiese. Bd. 2. Düsseldorf 1956. S. 91—97.
Der alte Turmhahn: Pültz, Wilhelm: Der Turmhahn von Cleversulzbach. Augsburg-Traunsheim 1957.
Der Feuerreiter: Proelß, Johannes, in: Burschenschaftliche Blätter 24 (1909/10) I, Nr. 9—12; II, Nr. 1—5; Zemp, Werner, in: Zemp: M. Elemente und Anfänge. Frauenfeld-Leipzig 1939. S. 82—114; Mundhenk, Alfred, in: Wirkendes Wort 5 (1954/55) S. 143—149, auch in: Wirkendes Wort, Sammelband 4 (1962) S. 267—272; Pohl, Rainer, in: Zeitschrift für deutsche Philologie 85 (1966) S. 223—240.
Der junge Dichter: Wesle, Carl, in: Festschrift für Albert Leitzmann. Jena 1937. S. 104—124.
Die Geister am Mummelsee: Girlinger, Lydia, in: Wege zum Gedicht, hrsg. von Rupert Hirschenauer und Albrecht Weber. Bd. 2. München-Zürich 1963. S. 289—298.
Die schlimme Gret und der Königssohn: Woodtli-Löffler, Susi, in: Trivium 3 (1945) S. 198—217.
Die schöne Buche: Guardini, Romano, in: Guardini: Gegenwart und Geheimnis. Würzburg 1957. S. 15—24; ders., in: Die deutsche Lyrik, hrsg. von Benno von Wiese. Bd. 2. Düsseldorf 1956. S. 71-78.
Die traurige Krönung: Stählin, Friedrich, in: Zeitschrift für Deutschkunde 50 (1936) S. 719—723; Rahn, Fritz, in: Der Deutschunterricht 1 (1948) S. 55—65; Schmidt, Kurt Oskar, in: Muttersprache (1951) S. 321—325; May, Joachim, in: Wege zum Gedicht, hrsg. von Rupert Hirschenauer und Albrecht Weber. Bd. 2. München-Zürich 1963. S. 278—288.

Elfenlied: Stahlmann, Hans, in: Wirkendes Wort, Sammelband 4 (1962) S. 257—259.

Erinna an Sappho: Taraba, Wolfgang Friedrich, in: Die deutsche Lyrik, hrsg. von Benno von Wiese. Bd. 2. Düsseldorf 1956. S. 98 bis 102; Guardini, Romano, in: Guardini: Gegenwart und Geheimnis. Würzburg 1957. S. 34—49; Müller, Joachim, in: Zeitschrift für deutsche Philologie 77 (1958) S. 396—407.

Früh im Wagen: Schaeffer, Albrecht, in: Schaeffer: Dichter und Dichtung. Leipzig 1923. S. 48—82; Goes, Albrecht, in: Goes: Freude am Gedicht. Frankfurt a. M. 1952. S. 7—11.

Gesang Weylas: (Siehe oben unter Literatur zu *Maler Nolten,* Orplid).

Gesang zu zweien in der Nacht: Schneider, Wilhelm, in: Gedicht und Gedanke, hrsg. von Heinz Otto Burger. Halle a. d. S. 1942. S. 244—253; Grenzmann, Wilhelm, in: Wege zum Gedicht, hrsg. von Rupert Hirschenauer und Albrecht Weber. München-Zürich 1956. S. 233—236.

Göttliche Reminiszenz: Guardini, Romano, in: Guardini: Gegenwart und Geheimnis. Würzburg 1957. S. 50—64.

Im Park: Lösel, Franz, in: Wirkendes Wort 12 (1962) S. 155—161.

Im Weinberg: Unger, Helga, in: Zeitschrift für deutsche Philologie 85 (1966) S. 240—250.

In der Frühe: Tschirch, Fritz, in: Der Deutschunterricht 1 (1948) S. 65—73.

Märchen vom sichern Mann: Schneider, Wilhelm, in: Schneider: Liebe zum deutschen Gedicht. Freiburg ²1954. S. 334—346; Guardini, Romano, in: Guardini: Gegenwart und Geheimnis. Würzburg 1957. S. 65—97; Stern, Martin, in: Euphorion 60 (1966) S. 193—208.

Mein Fluß: Prawer, S[iegbert] S[alomon], in: Prawer: German Lyric Poetry. London 1952. S. 167—174; Loeb, Ernst, in: Monatshefte für deutschen Unterricht, deutsche Sprache und Literatur 52 (1960) S. 273—282.

Peregrina: Oppel, Horst: Peregrina. Vom Wesen des Dichterischen. Mainz 1947; Schwarz, Georg: Der Ring der Peregrina. München 1947; Emmel, Hildegard: M's Peregrina-Dichtung und ihre Beziehung zum Nolten-Roman. Weimar 1952; Beck, Adolf, in: Euphorion 47 (1953) S. 194—217; Kunisch, Hermann, in: Wege zum Gedicht, hrsg. von Rupert Hirschenauer und Albrecht Weber. München-Zürich 1956. S. 237—256.

Schön-Rohtraut: Heiseler, Bernt von, in: Muttersprache (1951) S. 14—16.

Trost: Bauer, Gerhard, in: Wirkendes Wort 13 (1963) S. 17—25.

Um Mitternacht: Jahnke, Richard, in: Zeitschrift für den deutschen Unterricht 24 (1910) S. 260—263; Weißer, Erich, in: Wirkendes Wort 2 (1951/52) S. 289—294.

XIX. Zur Idylle vom Bodensee

Rez. Adolf Stahr, in: Bremer Zeitung, 16. 12. 1846, Nr. 350.
Rez. in: Der Gesellschafter. Unterhaltungsblatt zur Karlsruher Zeitung, 28. 1. 1847, Nr. 15.
Krauß, Rudolf: Studien zu E. M's Gedichten. In: Euphorion 2 (1895) Ergänzungsheft S. 116—119.
Donath, O.: Der Vers in M's „Idylle vom Bodensee". Programm Göding 1909.
Steig, Reinhold: M's Verehrung im Grimmschen Kreise. Rechenschaftsbericht des Schwäbischen Schillervereins 16 (1911/12) S. 35—45.
Kurz, Wilhelm: M's schwankhafte Verserzählung von 1846. In: Kurz: Formen der Versepik in der Biedermeierzeit. Diss. (Masch.) Tübingen 1955. S. 320—325.
Schlauch, Rudolf: Vom Taubertal zum Bodensee. Begebenheiten um M's „Idylle vom Bodensee". In: Bodensee-Hefte 10 (1959) S. 5—8.

XX. Zu den Wispeliaden

Liede, Alfred: Das dämonische Spiel. M's Wispeliaden. In: Liede: Dichtung als Spiel. Bd. 1. Berlin 1963. S. 27—67.

XXI. Zu den dramatischen Werken

Die Regenbrüder:

Rath, Hanns Wolfgang: Neue Mitteilungen über M's Oper und seine erste Gedichtausgabe. In: Zeitschrift für Bücherfreunde N. F. 10 (1918) S. 25—28.

Spillner und *Die umworbene Musa:*

Goeßler, Peter: Allerlei Pläne zur Verlegung der Universität Tübingen, insbesondere der vom Jahre 1826 im Lichte E. M's. In: Tübinger Blätter 34 (1943—45) S. 29—47.
Nordheim, Werner von: M's dramatische Jugendwerke „Spillner" und „Die umworbene Musa" — eine Einheit. In: Euphorion 48 (1954) S. 90—94.

Helga Unger

ZUM TEXT DER AUSGABE

Die Gliederung der Werke Mörikes erfolgte in diesem Band nach den drei Gattungsgruppen: Prosa, Lyrik, Dramatisches; innerhalb der Gruppen selbst ordneten wir chronologisch, d. h. nach der Entstehung bezw. dem Erscheinen der einzelnen Werke. Die zu Mörikes Lebzeiten nicht erschienenen Dichtungen sind jeweils am Schluß der Gruppen angehängt.

Unser Text folgt originalgetreu den Ausgaben letzter Hand unter genauer Bewahrung von Lautstand, Formenstand und Interpunktion der Vorlagen. Nur im Bereich des Orthographischen und Typographischen wurden Modernisierungen durchgeführt, z. B. Streichung funktionsloser Kommata vor Klammern oder Gedankenstrichen bzw. deren Umstellung, Einfügung vergessener Kommata vor und nach Anführung bei direkter Rede, Umstellung von Gedankenstrichen und Anführungszeichen (—" statt "—) bei abgebrochener Rede. Die Apostrophe wurden gestrichen, sofern sie nicht zur Bezeichnung des Tempus, des Modus oder des Plurals eines Wortes notwendig waren; sie wurden belassen in Fällen, in denen das betreffende Wort durch Streichung des Apostrophs lautlich oder optisch entstellt oder mißverständlich geworden wäre (z. B. *die höh'ren Töne* und nicht *die höhren Töne*), außerdem bei *ist's, wär's* usw., wo wir Duden folgten. Im einzelnen haben wir in entsprechenden Fällen, d. h. wenn der Sinn es erforderte, folgende Änderungen nach Duden durchgeführt:

Getrennt- und Zusammenschreibung: *eben diese* (wurde geändert in): *ebendiese* ; *dahinab* : *da hinab* ; *und sofort* : *und so fort* ; *sogar* : *so gar* ; *so viel* (*wie*) : *soviel wie* ; *vielmehr* : *viel mehr* ; *neben her* : *nebenher* ; *wieder sehen* : *wiedersehen* ; *sobald* : *so bald* ; *dein Lebenlang* : *dein Leben lang* ; *Dreiviertel* : *drei Viertel*.

Groß- und Kleinschreibung: *Alles* : *alles* ; *zu todt* : *zu Tod* ; *Ein* wurde, wo die Hervorhebung sich nicht von selbst versteht, durch *ein* in Kursivdruck ersetzt. Beispiel: *mit einemmal* (*einemmal* kursiv) für *mit einem Mal.*

Ferner: *tödtlich* : *tödlich* ; *todtbleich* : *todbleich* ; *Hackbret* : *Hackbrett* ; *stack* : *stak* ; *erschrack* : *erschrak* ; *Lacken* : *Laken* ; *Spuckerei* : *Spukerei* ; *Kukuk* : *Kuckuck* (aber *Gukuk*) ; *Wallfisch* : *Walfisch* ; *Klubb* : *Klub* ; *Char-* : *Kar-* ; *mannichfaltig* : *mannigfaltig* ; *agatnen* : *achatnen* ; *Hoffahrt* : *Hoffart* ; *Geberde* : *Gebärde* ; *vornähmlich* : *vornehmlich* ; *Schmidt* : *Schmied* ; *Krystall* : *Kristall* ; u. dgl.

Fremdwörter: *Costume* : *Kostüm* ; *Bouket* : *Bukett* ; *Bosquet* :

Boskett ; *Paquet* : *Paket* ; *Discours* : *Diskurs* ; *Compagnie* : *Kompanie* ; usw. Sperrungen sind durch Kursivdruck wiedergegeben, außer bei den dramatischen Stücken: dort wurde zur Unterscheidung von den in Kursiv gesetzten Regieanweisungen die Hervorhebung durch Sperrung als solche belassen. Die direkte Rede wurde in Anführungszeichen gesetzt.

Bei der Wiedergabe der Nachlaßschriften, von denen es keine Originaldrucke gibt, wurde auf die Handschriften zurückgegriffen. Die entsprechenden Texte der kritisch durchgesehenen Ausgabe der Werke Mörikes von Maync (1909, 2. Aufl. 1914) wurden mit den Handschriften kollationiert, wobei einige Lesefehler Mayncs berichtigt, vor allem aber die originale Interpunktion Mörikes wiederhergestellt werden konnten. Die wichtigsten Abweichungen unseres Textes von dem der Maync-Ausgabe sind in den Lesarten vermerkt. — Da es sich hier um Handschriften handelt, die zum Teil vorläufigen und fragmentarischen Charakter haben, mußten in der Beistrichsetzung eine Reihe von Konjekturen vorgenommen werden, um die Lesbarkeit des Textes nicht allzusehr zu erschweren, vor allem dort, wo es sich um Flüchtigkeitsversehen Mörikes handeln könnte und das Verständnis des Lesers in eine falsche Richtung gelenkt würde. Solche Konjekturen sind jedoch durchgehend angegeben. Von Mörike versehentlich unterlassene Streichungen von Wörtern, die er aber durch darüber oder darunter geschriebene Wörter eindeutig ersetzt hat, wurden als Tilgungen verstanden und in den Lesarten nicht berücksichtigt.

Für die freundliche Überlassung von Fotokopien der Mörike-Handschriften danken wir dem Schiller-Nationalmuseum in Marbach, der Württembergischen Landesbibliothek Stuttgart sowie dem Goethe- und Schiller-Archiv Weimar.

Die unserem Text zugrunde liegenden Ausgaben sind in den Anmerkungen genannt.

Das nachfolgende Verzeichnis der Textänderungen (Lesarten) führt alle Stellen auf, an denen der Text der Vorlage an Hand von Erstdrucken oder infolge einer Konjektur geändert wurde, mit Ausnahme der eindeutigen Setzerfehler, die stillschweigend verbessert wurden.

Nach Seiten- und Zeilenzahl — Leerzeilen und Kolumnentitel sind bei der Zählung nicht berücksichtigt — folgt in Kursivdruck die Lesart unserer Ausgabe, nach dem Doppelpunkt, ebenfalls kursiv, die Lesart der Textvorlage, wobei die Hinweise „nach D" usw. bedeuten, daß wir bei unserer Textänderung dem Erstdruck usw. gefolgt sind. Wo die Originalausgaben übereinstimmen, dennoch aber eine Korrektur notwendig schien, findet sich der Hinweis „D, T" (Erstdruck, Textvorlage). Bei den handschriftlich überlieferten Werken (*Bruchstücke eines Romans* usw.) gilt als Textvorlage in den Lesarten die Handschrift (Hs.).

Jost Perfahl

Lesarten

19/34 ihm : ihnen
30/ 5 Holbergschen : Hollberg'schen
30/36 man : man;
69/26 nicht : mich
74/30 auszuhalten, : auszuhalten
81/28 ist : is
90/16 spuken : spucken.
99/ 5 fließt —) : fließt —
102/ 2 in : im
112/34 fantatisierend : sic! (Wispelismus)
116/ 2 Gebeten. : Gebeten;
125/36 sputet : spudet
129/13 sollte", : sollte;"
130/13 sein, : seyn
155/21 daß er, : daß, er
165/36 Noltenschen : Nolten'sche
178/ 1 schleifen, : schleifen
193/ 6 zusammen", : zusammen;"
203/25 Verhältnisses." : Verhältnisses"
213/ 7 weismachen : weiß machen
214/23 ihre : Ihre
224/ 3 Meißel : Meisel
229/ 4 Anteil, : Antheil
242/ 7 dumm", : dumm;"
244/20f. Psalmist -, : Psalmist -
245/24 Agnes", : Agnes;"
246/40 Ihr : ihr
255/17 sein", : sein;"
264/19 den : der
266/24 ausgeredet : ausgeredt
268/ 1 kann ich : ich kann
268/ 2f. malerischen : malerischer
270/35 Marmetin, : Marmetin.
283/26 Garten, : Garten,
287/36 wüßtest du : wüßtest

288/10 es", : es;"
292/ 6f. Zweifel", : Zweifel;"
314/27 fortzusetzen, : fortzusetzen
333/25 troffen : trofen
358/22 hatte, : hatte
358/28 ansehe, : ansehe
369/31 suche, : suche
382/23 Götter : Götter,
383/ 3 Orte, : Orte
401/ 1 daß durch : daß; nach D
412/11 einem : Einem T, D
455/12 hatte. : hatte ; nach D
455/40 durchschlangen. : durchschlangen, ; nach D
458/22 verstehn", : verstehn:"
469/15 Born, : Born
493/12 eure : Eure T, D
525/35 mir : mit ; nach D
555 ff. Die Seitenangaben des Originals wurden unserer Ausgabe entsprechend abgeändert.
624/18 Bette, : Bette
624/38 auf, : auf
624/40 sprach: : sprach.
625/10 auch : so in Hs, fehlt bei Maync
625/20 Vorderstube : so Hs; Maync hat Vorstube
626/ 3 ihm : ihm,
626/13 Rede. : Rede;
626/23 ließ; : ließ
626/26 sein, : sein
626/29 Killford : Küllford; im folgenden vereinheitlicht in Killford
626/30 ja, : ja
627/ 6 kann, : kann
627/20 Erlaubnis, : Erlaubnis
627/27 Gesprächen : Gesprächen —

629/14 *an:* : *an.*
630/ 4 *einfach,* : *einfach*
630/14 *noch* : so Hs, fehlt bei Maync
630/24 *blieb,* : *blieb*
631/17 *Finsteres,* : *finsteres*
631/28 *Orte,* : *Orte*
631/29f. *nachkommen,* : *nach-kommen*
631/30 *sagen,* : *sagen*
631/30 *fort;* : *fort.*
632/ 7 *Rücken;* : *Rücken*
632/ 7 *wieder,* : *wieder*
632/15 *überblickt,* : *überblickt*
632/19 *Umweg,* : *Umweg*
633/16 *Goldgrund* : *Goldgrund,*
633/23 *zu,* : *zu*
636/ 7—636/40 Dieses Textstück folgt der Ausgabe Fischers, dem die entsprechende, heute verschollene Manuskriptstelle noch vorgelegen hat
637/34 *Betragen;* : *Betragen.*
637/35 *stiller,* : *stiller*
637/39 *hätte,* : *hätte*
638/ 3 *lassen,* : *lassen*
638/15 *neue,* : *neue*
638/18 *worin* : *die ihm worin*
638/21 *spricht;* : *spricht.*
638/24 *gelegen,* : *gelegen*
638/33 *hätte;* : *hätte.*
638/39 *er,* : *er*
639/10 *aus,* : *aus*
639/17 *trieb* : *triebt*
639/21 *kaum* : in Hs irrtümlich gestrichen
639/22 *Braut;* : *Braut*
639/34 *anders,* : *anders*
639/34 *lustiger* : *lustiger | und kecker |*
639/36 *gesagt;* : *gesagt.*
639/40 *Visionen,* : *Visionen*
640/ 1 *hervor,* : *hervor*
640/ 7 *ein* : *ein | verbindliches |*

640/24 *du?* : *du*
640/39 *warst,* : *warst*
641/ 5 *Zeit* : *Zeit,*
641/ 9 *Tiere,* : *Tiere*
641/15 *meint* : *meint,*
642/14 *abgetanen,* : *abgetanen*
642/16 *Vater,* : *Vater*
642/30 *Schmerz,* : *Schmerz*
642/33 *Heiliges,* : *Heiliges*
643/22 *konnte,* : *konnte.*
643/34 — 644/10 Diese Textstelle folgt der Ausgabe Fischers. Vgl. auch S. 636/ 7 ff.
644/20 *Arme,* : *Arme*
644/25 *nicht ohne Mitleid* : *nicht ohne nicht ohne Mitleid*
— —
644/27 *beginnt* : Maync hat *begann*
644/34 *war* : Maync hat *sei*
645/20 *Kleider,* : *Kleider*
645/33 *gern,* : *gern*
646/15 *sich,* : *sich*
647/ 1 *gewandt,* : *gewandt*
647/ 6 *annehme,* : *annehme*
647/19 In Hs steht unter diesem Abschnitt am Rande links *besonderes Talent für alles was irgend auf die mathematischen Fächer Beziehung hatte*
647/30 *entfernt,* : *entfernt*
647/33 *seitwärts* : *Seitwärts*
647/35 *man* : Manyc hat *sie*
647/39 *sehn;* : *sehn*
648/14 *unheimlich* : *unheimlich,*
648/17 *begleitet,* : *begleitet.*
648/19 *Seltsames,* : *Seltsames*
648/27 *stand,* : *stand*
648/27 *niederschlug,* : *niederschlug*
648/30 *Aus des Oheims Munde* : Der folgende Abschnitt

bis 649/23 steht bei Maync in den Lesarten
649/30 *Frankreich,* : *Frankreich*
649/40 *ihm)* : *ihm* —
650/28 *unterstützt* : *unterstützt,*
650/34 *hinüber,* : *hinüber*
651/ 6 *Höhle,* : *Höhle*
652/ 2 *Schlangen,* : *Schlangen*
652/21 *recht,* : *recht*
652/24 *sie:* : *sie*
652/39 Das in der Hs folgende Textstück ist dort gestrichen; Maync bringt es in den Lesarten
655/10 *Verwandtschafl,* : *Verwandtschaft*
655/12 *Schränke* : *Schränken*
655/27 *holländischem* : *holländischen* ?
655/27 *anderm* : *andern*
655/28 *Siegellack,* : *Siegellack*
656/ 9 *Geschichte,* : *Geschichte*
656/17 In Hs steht der Absatz: *Fremde Besucher . . . aufsteigen* (656/23) vor dem Abschnitt: *Humanistisches und literarisches Bedürfnis.* Wir folgen hier in der Anordnung Maync aus Gründen des Sinnzusammenhangs
656/22 *eckig,* : *eckig*
656/28f. *in der Fehdezeit* : so Hs; Maync liest statt dessen *jederzeit*
657/ 2 *beschoß,* : *beschoß*
657/ 4 *friedlich,* : *friedlich*
657/ 4 *zeitweise* : Maync hat *nach Regengüssen*
657/23 *zur* : *zu*
657/41f. *Gebäuden,* : *Gebäuden*
658/10 *der Tauber* : fehlt bei Maync
658/12 *Hospital,* : *Hospital*
658/19f. *befinden* : *befanden* ?

658/30 *Klingentor, am* : *Klingentor am* ; Maync hat *Klingentor mit*
659/22 *Wintermantel,* : *Wintermantel*
659/24 *er* : in Hs unterstrichen, darüber steht *man*
659/35 *Auftrags,* : *Auftrags*
660/ 2 *Arends* : so in Hs über durchstrichenem *Wintermantel* stehend; Maync hat *Wintermann*
660/ 5 *Augusten* : in Hs unterstrichen, darüber steht *Charlotten*
660/19 *1800* : so in Hs, darüber und unterstrichen *1799*
660/22f. *läßt sich ... bewegen* : in Hs darüber stehend der Vermerk *geschieht nicht wirklich. kommt bloß als Vorschlag im Gespräch vor*
660/26 *Andere wertvolle* : in Hs darüber stehend der Vermerk *die Kugel wird im Garten verborgen*
660/29 *Augen.* : In Hs folgt durchgestrichen (oder unterstrichen?) der Einschub *Statt einer durchzusteckenden Eisenstange sollen 3 verzinnte Kreuzbänder die Kugeln festhalten.*
660/31 *Rechnung.* : In Hs folgt durchstrichen *Ende August kehrt Frau Friederike von der Reise zurück. Die schreckliche Entdeckung.* Maync bringt die Stelle im Text
660/39 *Christel entkommt.* : in

Hs darübergeschrieben: *Entdeckt es der Clefe*
661/ 6 *Friederike* : in Hs darüber stehend *Susanne*
661/10 *nahezu,* : *nahezu*
661/19 *silbern Leuchterlin* : so Hs; Maync hat *silbernes Leuchterlein*
781/26 *sprach.* : *sprach*; nach G1
814/24 *Zürcher* : *Züricher*; nach G3
815/ 1 *eins!* : *eins*; nach G3
869/35 *Menschen* : so G4; G5 (1873, Titelauflage von G4) hat *Mensch*
885/ 7 *so fort* : *sofort*
887/ 9 *natürlich* : *natürlich,* D, T
924/ 2 *operae* : so Hs; Maync hat *opera*
927/24 *besetzt.* : *besetzt.)*
934/34 *Geschäftsleben,* : *Geschäftsleben*
936/16 *Verzeihung,* : *Verzeihung*
941/17 *an!* : *an*
965/11 *halt!* : *halt*
973/23 *seinem* : *meinem*
977/36 *Treu.* : *Treu*
978/ 2 *Treu.* : *Treu*
980/21 *hoch!* : *hoch*
983/10 *Lippen,* : *Lippen;*
983/30 *war;* : *war*
984/15 *Hundertsten* : *Hundersten*
984/30 *Blend-* : *Blend*
984/32 *Existenz,* : *Existenz*
984/36 *nüchtern,* : *nüchtern*
985/ 1 *alltäglich,* : *alltäglich*
985/14 *ha ha!* : *Ha Ha*
985/25 *doch,* : *doch*
985/39 *willen,* : *willen*
986/28 *unterm* : *unter*
986/29 *SPILLNER* : fehlt in Hs
987/12 *Kinder,* : *Kinder*
987/16 *hineinkommen,* : *hineinkommen*
987/24 *Sie,* : *Sie*
988/15 *Karzerfenster;* : *Karzerfenster.,*
988/31 *spicken,* : *spicken*
989/ 4 *auf* : Maync liest *auch*
989/17 *wird,* : *wird*
991/ 8 *Kind',* : *Kind'*
991/20 *hat,* : *hat*
992/10 *Speise* : *Speiße*
992/22 *du,* : *du*
992/23 *verwiesen* : *verwießen*
992/25 *Haus"* : *Haus*
994/14 *strecken* : so Hs, Maync hat *stecken*
994/29 *still,* : *still*
994/34—38 Diese Stelle hat Maync in die Lesarten verwiesen
995/24 *Patschhändchen,* : *Patschhändchen*
996/10 *dir,* : *dir*

ALPHABETISCHES VERZEICHNIS
DER GEDICHTÜBERSCHRIFTEN UND -ANFÄNGE

Abreise 742	Anders wird die Welt mit
Abschied 869	jedem Schritt 696
Ach, muß der Gram mit	An die Geliebte 771
dunkelm Kranz 803	An dieselbe (An meine
Ach nur einmal noch im	Mutter) 756
Leben 806	An Eberhard Lempp . . . 821
Ach, wenn's nur der König	An Eduard Weigelin . . . 844
auch wüßt 706	An eine Äolsharfe 689
Ach wie liebreich 756	An eine Lieblingsbuche . . 727
Agnes 704	An einem Wintermorgen,
Akme, seine Geliebte . . . 741	vor Sonnenaufgang . . . 665
Akme und Septimius . . . 741	An einen kritischen Freund 760
Alles mit Maß 865	An einen Liebenden 850
Als der Winter die Rosen	An eine Sängerin 734
geraubt 732	An Fräulein Elise v. Gräve-
Als Junggesell, du weißt ja,	nitz 843
lag ich 816	An Fräulein Luise v. Breit-
Als wie im Forst ein Jäger,	schwert 841
der, am heißen Tag . . . 808	An Frau Luise Walther, geb.
Am frischgeschnittnen Wan-	v. Breitschwert 842
derstab 685	An Frau Pauline v. Phull-
Am Kirnberg 835	Rieppur auf Ober-Möns-
Am langsamsten von allen	heim 840
Göttern wandeln wir . . 735	An Friedr. Vischer, Professor
Am Rheinfall 754	der Ästhetik etc. 759
Am schwarzen Berg da steht	Angelehnt an die Efeuwand 689
der Riese 775	An Gretchen 831
Am Walde 769	An Hermann 729
Am Waldsaum kann ich	An H. Kurtz 756
lange Nachmittage . . . 769	Aninka tanzte 706
An — 851	An J. G. Fischer 841
An Clärchen 802	An Karl Mayer 757
An den Schlaf 772	An Longus 810
An denselben (An meinen	An Lottchen Krehl 844
Vetter) 847	An Marie Mörike, geb.
An den Vater meines	Seyffer 802
Patchens 813	An meine Mutter 756

ALPHABETISCHES VERZEICHNIS DER GEDICHTE 1125

An meinen Arzt, Herrn
   Dr. Elsäßer 730
An meinen Vetter 846
An O. H. Schönhuth . . . 800
An Pauline 801
An Philomele 850
An tausend Wünsche, feder-
   leicht 846
Antike Poesie 762
An Wilhelm Hartlaub . . . 794
An X und Y 840
Apostrophe 759
Auf das Grab von Schillers
   Mutter 727
Auf dem Grabe eines
   Künstlers 756
Auf dem Krankenbette . . 730
Auf den Arrius 852
Auf den Tod eines Vogels . 803
Auf der Reise 695
Auf die Nürtinger Schule . 841
Auf die Prosa eines Beamten 868
Auf ein altes Bild 766
Auf eine Christblume . . . 766
Auf ein Ei geschrieben . . . 862
Auf eine Lampe 735
Auf einem Kirchturm . . . 846
Auf einen Klavierspieler . . 762
Auf einen Redner 851
Auf einer Wanderung . . . 750
Auf ein Kind 850
Aufgeschmückt ist der
   Freudensaal 746
Auf ihrem Leibrößlein . . . 701
Auf! im traubenschwersten
   Tale 737
Auftrag 853
Aus dem Leben 836
Aus der Ferne 804
Auskunft 869
Bald an die Ufer des Sees . 755
Begegnung 673
Bei der Marien-Bergkirche . 797
Bei einer Trauung 860

Bei Gelegenheit eines Kin-
   derspielzeugs 866
Bei Nacht im Dorf der
   Wächter rief 704
Bei Tagesanbruch 730
Besuch in der Kartause . . 816
Besuch in Urach 686
Bilder aus Bebenhausen . . 833
Bin jung gewesen 672
„Blättchen, das im losen
   Spiel 798
Bleistift nahmen wir mit . . 836
Böses nur sagte der Schelm . 868
Brockes 756
Brunnen-Kapelle am Kreuz-
   gang 833
Charis und Penia 838
Chor jüdischer Mädchen . . 725
Da bin ich endlich! − Blicke
   nicht so streng 820
Da droben auf dem Markte 852
Das Bildnis der Geliebten . 733
Das edle, das geliebte Ange-
   sicht 842
Das Hochamt war 694
Das lustige Wirtshaus . . . 784
Das süße Zeug ohne Saft und
   Kraft! 864
Das verlassene Mägdlein . . 703
Datura suaveolens 734
Deines Tages reiche Fülle . 802
Dein Liebesfeuer 772
Dem gefangenen, betrübten
   Manne 757
Dem heitern Himmel ewger
   Kunst entstiegen 765
Dem Herrn Prior der Kar-
   tause J. 815
Denk es, o Seele! 745
Der alte Turmhahn 786
Der Feuerreiter 707
Der Frau Generalin v. Varn-
   büler 842
Der Gärtner 701

Der Genesene an die Hoffnung 751
Der Häßliche 755
Der Himmel glänzt vom reinsten Frühlingslichte . 770
Der Jäger 673
Der junge Dichter 669
Der jungen Rose fiel es ein 843
Der jüngsten in dem weitgepriesnen Schwesternchor . 820
Der Kanonier 761
Der Knabe, der zehn Jahre später dir ein Freund . . 813
Der Knabe und das Immlein 671
Der König bei der Krönung 765
Der Liebhaber an die heiße Quelle zu B. 860
Der Petrefaktensammler . . 848
Der Schatten 714
Der Spiegel dieser treuen, braunen Augen 746
Der Tambour 854
Derweil ich schlafend lag . 675
Der Zauberleuchtturm . . . 783
Des Schäfers sein Haus . . 675
Des Schloßküpers Geister zu Tübingen 709
Des Wassermanns sein Töchterlein 780
Des Zauberers sein Mägdlein saß 783
Die Anti-Sympathetiker . . 758
Die Elemente 775
Die Freundin immer neu zu schmücken 802
Die Geister am Mummelsee 713
Die Herbstfeier 737
Die Liebe, sagt man, steht am Pfahl gebunden . . . 749
Die Märchen sind halt Nürnberger War' 760
Die Neune, die zu ewgen Tänzen 801
Die schlimme Gret und der Königssohn 676

Die schöne Buche 726
Die Schwestern 705
Dieser schwellende Mund . 730
Die Soldatenbraut 706
Die Tochter der Heide . . 709
Die traurige Krönung . . . 698
Die Visite 861
Dir angetrauet am Altare . 765
Drei Tage Regen fort und fort 673
Drei Uhr schlägt es im Kloster 836
Droben im Weinberg, unter dem blühenden Kirschbaum 754
Du bist Orplid, mein Land! 724
Du heilest den und tröstest jenen 860
Du klagst mir, Freund . . . 850
Durchs Fenster schien der helle Mond herein . . . 794
Ebendaselbst (Brunnen-Kapelle am Kreuzgang) . . 833
Eberhard Wächter 763
Ei ja! es ist ein vortrefflicher Mann 851
Ein Album! Schneeweiß Pergamentpapier 761
Eine Liebe kenn ich, die ist treu 772
Einem kunstliebenden Kaufmann 760
Einen Genius hast du der Welt 841
Einen Morgengruß ihr früh zu bringen 741
Einer geistreichen Frau . . 728
Einer Reisenden 755
Ein Glockentonmeer wallet 846
Ein Irrsal kam in die Mondscheingärten . . . 747
Einmal nach einer lustigen Nacht 864
Einmal noch an eurer Seite 848

ALPHABETISCHES VERZEICHNIS DER GEDICHTE

Ein rechter Freund erscheint
  uns in der Not 868
Ein Schifflein auf der Donau
  schwamm 781
Ein Stündlein wohl vor Tag 675
Ein Tännlein grünet wo . . 745
Elfenlied 704
Entflohn sind wir der Stadt
  Gedränge 845
Epistel 757
Erbauliche Betrachtung . . 808
Erinna an Sappho 735
Erinnerung 666
Er ist's 684
Erstes Liebeslied eines Mädchens 685
Erzengel Michaels Feder . 824
Es gibt ein altes Liebeslied . 837
Es graut vom Morgenreif . 744
Es ist zwar sonsten nicht der
  Brauch 854
Es war ein Kaufherr zu
  Heilbronn 826
Es war ein König Milesint . 698
Eulenspiegel am Kreuzgang,
  was? 833
Fällt dir vielleicht in späten
  Tagen 860
Feindlich begegneten sich
  auf der Erde 761
Fertig schon zur Abfahrt
  steht der Wagen . . . 742
Fort mit diesem Geruch . . 755
Frage und Antwort 696
Fragst du mich, woher die
  bange 696
Freund! dein heiterer Blick 844
Freut er sich denn auch ein
  wenig 761
Früh im Wagen 744
Frühling läßt sein blaues
  Band 684
Früh, wann die Hähne
  krähn 703

Führe mich, Alter, nur
  immer 756
Fußreise 685
Gang zwischen den Schlafzellen 835
Ganz verborgen im Wald
  kenn ich ein Plätzchen . . 726
Gebet 773
Gefunden 725
Geistreich seid ihr, glänzend, wahrlich 840
Gelassen stieg die Nacht ans
  Land 749
Gesang Weylas 724
Gesang zu zweien in der
  Nacht 697
Gestern, als ich vom nächtlichen Lager 726
Gestern entschlief ich im
  Wald 725
Gleichwie ein Vogel am
  Fenster 730
Götterwink 732
„Gott grüß dich, junge Müllerin! 676
Göttliche Reminiszenz . . . 808
Grabschrift des Pietro
  Aretino 868
Grausame Frühlingssonne . 845
Gute Lehre 863
Halte dein Herz, o Wanderer 754
Hassen und lieben zugleich
  muß ich 755
Häßlich genug, wie er ist,
  noch Fratzen zu schneiden 755
Hat der Dichter im Geist . 732
Häusliche Szene 856
Heimweh 696
Hermes, der handelbeschützende Gott 760
Hermippus 831
Herr Dr. B. und der Dichter 869
Herrn Bibliothekar Adelb.
  v. Keller 820

Herrn Hofrat Dr. Krauß	820
Herr! schicke was du willt	773
Herr Vater, gebt Euch nur zufrieden!	800
Heute dein einsames Tal durchstreifend	833
Heut lehr ich euch die Regel der Son — —	840
Hier einst sah man die Scheiben gemalt	833
Hier, Liebwerteste, seht ihr einen kleinen	822
Hier lieg ich auf dem Frühlingshügel	684
Hinter dem Bandhaus lang hin	835
Hochzeitlied	690
Holdeste Dryas, halte mir still!	727
Hör Er nur einmal, Herr Vetter	847
Hört ihn und seht sein dürftig Instrument!	762
Hülfe in der Not	868
Hundertfach wechseln die Formen	835
Ich bin meiner Mutter einzig Kind	863
Ich hatt ein Vöglein, ach wie fein!	682
Ich hätte wohl, dein Haar zu zieren	844
Ich sah den Helikon in Wolkendunst	762
Ich sah eben ein jugendlich Paar	734
Ich sahe nächtlich hinter Traumgardinen	763
Ich stand am Morgen jüngst im Garten	681
Ich von den Schwestern allein	835
Ideale Wahrheit	725
Ihr mehr als tausendjährigen	759
Im Fenster jenes alt verblichnen Gartensaals	806
Im Frühling	684
Im Nebel ruhet noch die Welt	743
Im Park	731
Im Walde deucht mir alles miteinander schön	813
Im Weinberg	754
Im Weinberg auf der Höhe	671
Im Winterboden schläft, ein Blumenkeim	767
In aller Früh, ach, lang vor Tag	740
In der Frühe	683
In dieser Winterfrühe	768
In ein freundliches Städtchen tret ich ein	750
In grüner Landschaft Sommerflor	766
In poetischer Epistel	853
Ins alten Schloßwirts Garten	709
Inschrift auf eine Uhr mit den drei Horen	735
In seine hohen Wände eingeschlossen	763
In unsers Pfarrers Garten	863
Jägerlied	674
Ja, mein Glück, das lang gewohnte	750
Jedem das Seine	706
Jenes war zum letzten Male	666
Jesu benigne!	772
Johann Kepler	726
Joseph Haydn	756
Josephine	694
Jüngst, als unsere Mädchen zur Fastnacht	831
Jüngst im Traum ward ich getragen	668
Jung Volker	699
Jung Volker, das ist unser Räuberhauptmann	699
Jung Volkers Lied	700

ALPHABETISCHES VERZEICHNIS DER GEDICHTE 1129

Kann auch ein Mensch des
  andern auf der Erde . . 771
Kantate bei Enthüllung der
  Statue Schillers 765
Kapitelsaal 834
Karwoche 745
Kastor und Pollux heißen
  ein Paar Ammoniten . . 860
Kein Schlaf noch kühlt das
  Auge mir 683
Kennst du der Furien
  schlimmste, Freund? . . . 821
Kleine Gäste, kleines Haus 855
„Krank nun vollends und
  matt!" 729
Künftig, sooft man dem
  „Meister" 841
Kunst und Natur 833
Lammwirts Klagelied . . . 852
Ländliche Kurzweil 795
„Lang, lang ist's her" . . . 837
Laß doch dein Dichten! . . 851
Laß, o Welt, o laß mich
  sein! 743
Lebewohl 696
„Lebe wohl!" — Du fühlest
  nicht 696
Leichte Beute 732
Lieber Vetter! Er ist eine . 846
Liebesglück 769
Liebesvorzeichen 681
Lied eines Verliebten . . . 740
Lied vom Winde 702
Lose Ware 731
L. Richters Kinder-Sym-
  phonie 822
Mädchen am Waschtrog, du
  blondhaariges 836
Maler, du zweifelst mit
  Recht 733
Manche Nacht im Monden-
  scheine 777
Mancherlei sind es der
  Gaben 865

Manchmal ist sein Humor
  altfränkisch 756
Man lebet doch wie im
  Schlaraffenland hier . . . 784
Märchen vom sichern Mann 715
Margareta 803
Maschinka 730
Mausfallen-Sprüchlein . . . 855
Meine guten Bauern freuen
  mich sehr 868
Meiner Schwester 798
Meines Vetters Brautfahrt 761
Mein Fluß 693
Mein Kind, in welchem
  Krieg hast du 850
Mit einem Anakreonskopf
  und einem Fläschchen Ro-
  senöl 732
Muse und Dichter 729
Nach der Seite des Dorfs . . 727
Nachmittags 836
Nacht für Nacht, mit dem
  Zwölf-Uhr-Schlag . . . 840
Nächtliche Fahrt 668
Nächtlich erschien mir im
  Traum 865
Nachts am Schreibepult . . 732
Nachts auf einsamer Bank 732
Närrische Tadler und Lober
  auf beiden Seiten! . . 869
Neue Liebe 771
Nicht weit vom Dorf zwei
  Linden stehen 690
Nimmersatte Liebe 700
Nixe Binsefuß 780
Noch unverrückt, o schöne
  Lampe 735
Nur fast so wie im Traum
  ist mir's geschehen . . . 686
Nur zu! 770
O eine kleine Welt voll
  Leben! 841
O flaumenleichte Zeit der
  dunkeln Frühe! 665

O Fluß, mein Fluß im Morgenstrahl! 693
Oft hat mich der Freund verteidigt 759
O liebste Kirche sondergleichen 797
Ordnunk sagte mein trefflicher Arrius 852
Ostern ist zwar schon vorbei 862
O Vogel, ist es aus mit dir? 803
O Woche, Zeugin heiliger Beschwerde! 745
Pastoralerfahrung 868
Peregrina 746
Philister kommen angezogen 861
P. K. 760
Primel und Stern und Syringe 732
Rat einer Alten 672
„Recht hübsche Poesie . . . 869
Restauration 864
Ritterliche Werbung 707
Rosenzeit! wie schnell vorbei 704
„Sage doch, wird es denn heute nicht Tag?" 730
Sausewind, Brausewind! . . 702
Schauen's gefälligst, meine Lieben 866
Scherz 741
(Scherz) 865
Schiffer- und Nixen-Märchen 777
Schlafendes Jesuskind . . . 766
„Schläfst du schon, Rike?" . 856
Schlaf! süßer Schlaf! 772
Schlank und schön ein Mohrenknabe 773
Schön prangt im Silbertau die junge Rose 770
Schön-Rohtraut 701
Schul-Schmäcklein 851
Sehet ihr am Fensterlein . . 707
Sehnsucht 768
Seht doch den Schläfer . . 838

Sei mir, Dichter, willkommen! 756
Sei, o Theokritos, mir . . . 728
Selbstgeständnis 863
Seltsamer Traum 763
Seltsames wird von Hermippus, dem römischen Weisen 831
Septembermorgen 743
Seufzer 772
Sie haben goldne Verse mir, phaläkische 815
Sieh, der Kastanie kindliches Laub 731
Siehe! da stünd ich wieder auf meinen Füßen . . . 730
Siehe, von allen den Liedern 756
„Sie ist mündig!" Sagt mir, Leute 799
Sohn der Jungfrau, Himmelskind! 766
So ist die Lieb! 700
Soll auf der Jungfrau Mund 734
Soll ich vom sicheren Mann ein Märchen 715
Sommerlich hell empfängt dich ein Saal 834
Sommer-Refektorium . . . 834
Somne levis! quanquam certissima mortis imago . . 772
Stimme aus dem Glockenturm 835
Storchenbotschaft 675
Suschens Vogel 682
Täglich verletzt euch sein Witz 760
Tag und Nacht 773
Tausende, die hier liegen . 756
Theokrit 728
Tibullus 728
„Tinte! Tinte, wer braucht!" 731
Tochter des Walds, du Lilienverwandte 766
Tödlich graute mir der Morgen 751

ALPHABETISCHES VERZEICHNIS DER GEDICHTE 1131

Tonleiterähnlich steiget dein
   Klaggesang 850
Trost 750
Um die Herbstzeit, wenn
   man abends 795
Um Mitternacht 749
Unangeklopft ein Herr tritt
   abends bei mir ein . . . 869
Und die mich trug im
   Mutterleib 700
Unser Fritz 855
Unser Fritz richt't seinen
   Schlag 855
Unter die Eiche gestreckt . 751
Unter Tränen rissest du dich
   von meinem Halse! . . 729
Verborgenheit 743
Versuchung 731
Verzicht 836
Vicia faba minor 755
„Vielfach sind zum Hades
   die Pfade" 735
Vogellied 854
Vom Berge was kommt dort
   um Mitternacht spät . . . 713
Vom Sieben-Nixen-Chor . . 777
Von Dienern wimmelt's früh
   vor Tag 714
Von kunstfertigen Händen
   geschält 734
Von lauter Geiste die Natur
   durchdrungen 758
Von Widerwarten eine Sorte
   kennen wir 810
Vorlängst sah ich ein wundersames Bild gemalt . . 808
Vor lauter hochadligen
   Zeugen 860
Wald-Idylle 751
Waldplage 813
Wanderlied 845
Warum, Geliebte, denk ich
   dein 748
Wasch dich, mein Schwesterchen 709

Was doch heut nacht ein
   Sturm gewesen 673
Was im Netze? Schau
   einmal! 685
Weht, o wehet, liebe
   Morgenwinde! 804
Weihgeschenk 734
Weil schon vor vielen hundert Jahren 824
Welch ein Gedankendrang
   in den Perioden! 868
Wem in das rein empfindende Herz 728
Wenn der Schönheit sonst . 669
Wenn Dichter oft in warmen Phantasieen 765
Wenn ich, von deinem Anschaun tief gestillt . . . 771
Wenn meine Mutter hexen
   könnt 854
Wenn sie in silberner Schale 731
Wieder und wieder bestaun
   ich die Pracht 834
Wie der wechselnde Wind
   nach allen Seiten 728
Wie heimlicher Weise . . . 764
Wie heißt König Ringangs
   Töchterlein? 701
Wie manchen Morgen, frisch
   und wohlgemut 842
Wie sich dein neuer Poet in
   unserem Kreise gefalle? . 757
Wie süß der Nachtwind nun
   die Wiese streift 697
Wir fürchten uns nicht in des
   Königs Saale 725
Wir Schwestern zwei, wir
   schönen 705
Wo find ich Trost? . . . 772
Wo gehst du hin, du schönes
   Kind? 707
Zeus, um die Mitte zu finden vom Erdkreis 725
Zierlich ist des Vogels Tritt 674
Zitronenfalter im April . . 845

Zu Cleversulzbach im Unterland 786	Zwar acht Zolle nur mißt der virginische Frosch . . 851
Zu Eröffnung eines Albums 761	Zwei Brüdern ins Album . . 860
Zum neuen Jahr 764	Zwei dichterischen Schwestern 840
Zum Neujahr 846	
Zum zehnten Dezember . . 799	Zwei Liebchen 781
Zur Warnung 864	Zwiespalt 755
Zu viel 770	Zwischen süßem Schmerz . . 695

INHALT

Maler Nolten (Erstfassung 1832) 5
   Erster Teil 7
   Zweiter Teil 196

Erzählungen 385
   Lucie Gelmeroth 387
   Der Schatz 403
   Der Bauer und sein Sohn 462
   Die Hand der Jezerte 469
   Das Stuttgarter Hutzelmännlein 477
   Mozart auf der Reise nach Prag 566
   Bruchstücke eines Romans 623
   Geschichte von der silbernen Kugel 653

Gedichte 663

Idylle vom Bodensee 871

Wispeliaden 921
   Sommersprossen 923
   Wispel auf Reisen 934

Dramatisches 937
   Die Regenbrüder 939
   Spillner 982
   Die umworbene Musa 990

Anhang 999
   Nachwort 1001
   Zeittafel 1025
   Anmerkungen 1032
   Bibliographie 1097
   Zum Text der Ausgabe 1118
   Alphabetisches Verzeichnis der Gedichtüberschriften und
   -anfänge 1124

Alle Rechte, einschließlich derjenigen des auszugsweisen Abdrucks und der photomechanischen Wiedergabe, vorbehalten. Verlegt 1967 im Winkler Verlag München. Gesamtherstellung: Graphischer Großbetrieb Friedrich Pustet, Regensburg. Gedruckt auf Persia-Bibeldruckpapier der Papierfabrik Schoeller & Hoesch, Gernsbach/Baden. Printed in Germany 1976.

WINKLER DÜNNDRUCK
AUSGABE

EDUARD MÖRIKE

SÄMTLICHE WERKE

II

Maler Nolten (Neufassung)
Nachlese der Gedichte
Vermischte Schriften
Übersetzungen

WINKLER VERLAG MÜNCHEN

Eduard Mörike: Sämtliche Werke in zwei Bänden. Nach den Originaldrucken und Handschriften. Der Neufassung des *Maler Nolten* liegt der Text der historisch-kritischen Gesamtausgabe der Werke Mörikes, Bd. 4, hg. von Herbert Meyer, Ernst Klett Verlag, Stuttgart 1968, zugrunde. Verantwortlich für die Textredaktion: Helga Unger und Jost Perfahl. Mit Anmerkungen von Helga Unger. Bd. II.

ISBN Leinen 3 538 05152 6   Leder 3 538 05652 8

MALER NOLTEN

(Neufassung)

An einem heitern Sonntagabend um die Mitte des Mai lustwandelte, ritt oder fuhr die elegante Welt der Residenz gewohntermaßen in den schattigen Alleen und offenen Gängen des Hofgartens. Der Maler Tillsen hatte mit ein paar ältern Offizieren, wovon der eine schlecht zu Fuße war, auf der Ruhbank eines Rondells Platz genommen, indes sich seine Frau und Tochter im Anschluß an einige Damen die Promenade hinunter verloren.

Die Männer saßen kaum, als ein vornehmer Reiter in der Richtung nach der Stadt einen Seitenweg hergaloppierte. Es war der Herzog Adolf, Halbbruder des Königs, ein stattlicher Mann, wohl gegen den Vierzigen. Er stieg, sobald er die Herrn in der Nähe erkannte, vom Pferd, das er dem Reitknecht wegzuführen gab, grüßte vertraulich und sagte zu Tillsen: „Wir treffen uns gerade recht, mein Lieber! Ich hatte vor, Sie diesen Abend zu besuchen. Sie bilden sich schon ein, in welcher Angelegenheit! O Schalk, wie wissen Sie zu überraschen! Heute vor Tisch war ich bei Zarlins und habe dort Novissima gesehen: das große Ölbild und die wundervolle Skizze. Ich sage Ihnen von dem Eindruck nichts als daß ich ganz wie trunken war; — von der Nymphe zumal und dem herrlichen Knaben! Sie hätten aber mit ansehn sollen, wie sich mein ganzes kritisches Vermögen bei diesem in seiner Art ganz einzigen Problem gebärdete. Ich frage nach dem Meister, der Graf läßt mich raten, ich rufe ‚Tillsen' überlaut, im selben Atem widerrufe ich, und rate gleich darauf entschieden zum zweiten Male Tillsen."

„Gewiß viel Ehre", versetzte der Maler mit Lächeln; „ich zweifle nur ob sich das Urteil Eurer Hoheit unbedingt dabei beruhigt haben wird."

„Doch, doch! vollkommen, auf mein Wort. Zarlin hat mir am Ende freilich Ihr merkwürdiges Abenteuer anvertraut — es ist schon kein Geheimnis mehr, ich darf also frei davon reden — er legte mir zugleich die Originalentwürfe des unbekannten Künstlers vor. Ein großes Talent, man muß es gestehen: allein, mein Freund, was haben Sie aus diesen rohen Erfindungen gemacht! Mir deucht, Sie haben alledem, was in der Intuition des Zeichners lag und meist nur dürftig angedeutet war, erst eigentlich zur Existenz verholfen. Jedoch davon ein andermal. Nun wär ich höchst begierig, die mysteriöse Geschichte ausführlicher aus Ihrem eigenen Munde zu vernehmen. Die Vortragsweise des guten Grafen, besonders wenn er schwärmt, ist ein wenig pêle-mêle und nicht sehr genau. Erzählen Sie! die Herrn hier unterhält es ohne Zweifel auch, und — ah! da drüben geht ja eben unser alter Hofrat — darf ich ihm winken? Die Neuigkeit wird ihn in alle Lüfte entzücken!"

Der Hofrat Jaßfeld, als Kunstfreund und Sammler bekannt, ein feiner Greis von aufrechter Haltung, mit silberweißem Haar, stieß alsbald zu der Gruppe.

„Die Rede ist", erzählte der Meister sofort mit unbefangener Freimütigkeit, „von etlichen Konzepten eines namenlosen Zeichners, die ich ihrer hohen Vortrefflichkeit wegen zum Teil im Großen auszuführen unternahm. Ich tat damit fürwahr im Grunde nicht viel mehr als der Franzose, der eines Tages ein zerlumptes Savoyardenmädchen im ärmsten Viertel von Paris aufgriff und es nach kurzer Zeit als eine Art von Wunder auf das Theater führte."

Diese allzu bescheidene Schätzung des eigenen Anteils an dem Verdienst der fraglichen Produktionen war keineswegs nur Ziererei des angenehmen Mannes. In der Tat besaß Tillsen, dem Zeugnis aller seiner Freunde nach, ein weit geringeres Maß von Ehrgeiz als man an einem Künstler gerne sehen mag. Er hatte sich im Fache des Historischen einen geachteten Namen erworben und war durch seinen Fleiß ein reicher Mann geworden. Von der Natur nicht mit den Eigenschaften ausgestattet, die das Starke und Große auf jenem Gebiete ausmachen, nahm er Gemüt und Geist durch eine stille Tiefe ein, durch einen sanften Reiz und innigen Seelenausdruck, insonderheit der weiblichen Figuren, und indem er seine Schwäche von seiten der Erfindung sehr wohl kannte, weitläuftigere Kompositionen, so wie das Kühne, Aufgeregte gern vermied, um mit der größten Hingebung im Einfachen und Milden zu verharren, konnte ihm, bei einer musterhaften, delikaten Technik, der wohlverdiente Beifall niemals fehlen.

„Es ist nun", fuhr er fort, „bereits fast anderthalb Jahre, daß eines Abends ein etwas ärmlich gekleideter Mensch von kränklichem Aussehen, eine spindeldürre Schneiderfigur mit dem Air eines Stutzers und ziemlich ungeniert in mein Atelier trat. Er präsentierte sich mit einem französisch klingenden Namen. Ich möge verzeihen, er hätte schon lange den Wunsch mich persönlich kennenzulernen; er sei Dilettant und — setzte er achselzukkend hinzu — so Gott will, vielleicht auch etwas mehr. Sein preziöses Vornehmtun machte mit dem armseligen Äußern, einem olivgrünen Fräckchen und schlechten Nankingbeinkleidern den kläglichsten Kontrast. Sein ganzes Benehmen war mir fatal und verdächtig. Ein Steifbettler, dacht ich, wo nicht gar ein Schelm. Hingegen wie groß war meine Verwunderung nicht, da er mir ein halbes Dutzend Zeichnungen, Royalformat, vorwies, die er als leichte Proben von seiner Hand bezeichnete. Es waren Umrisse, zum Teil sehr sauber, mit Bleistift und Feder, voll Geist und Leben, wenn auch verschiedene Mängel der Zeichnung sogleich ins Auge fielen. Ein paar Blätter darunter, noch nicht aus dem Rohsten heraus, die Linien im ersten Feuer des Gedankens, im Suchen nach Korrektion noch kraus und wirr durcheinander. Manches sehr keck und markig hingestellt, doch Stoff und Behandlung im ganzen von anmutigem Charakter. Ich verbarg meine Freude absichtlich, um meinen Mann erst auszuforschen, ob alles das auch nicht etwa fremdes Gut wäre. Er bemerkte mein Mißtrauen und lächelte beleidigt, während er die Papiere kurzweg wieder zusammenrollte. Darüber fiel sein Blick auf eine meiner jüngsten Arbeiten, die an der Wand lehnte; er sah sie an, und wenn noch eben erst sein allgemeines Gerede über die Freuden und Leiden des Künstlers so phrasenhaft und abgeschmackt als möglich klang, so wurde ich jetzt durch einige bedeutungsvolle Worte von ihm überrascht, welche mir unvergeßlich sind. Denn sie erklärten auf die treffendste Weise das Geheimnis eines Fehlers in der Anordnung, den ich bisher nur dunkel selbst gefühlt, auf den noch niemand hingedeutet hatte, soviel auch schon das Bild von andern, selbst öffentlich, besprochen worden war.

Er wollte mein Erstaunen nicht bemerken und griff soeben nach dem Hute: ich hielt ihn auf und bat ihn angelegentlich um weitere Entwicklung seines Urteils. Es geht jedoch über alle Beschreibung, in welchem sonderbaren Gemische des fadesten Galimathias mit einzelnen Streiflichtern von Verstand und Scharfsinn sich der Mensch unter ewigem Blinzeln und Hüsteln in einer süßlichen Sprache nun gegen mich vernehmen ließ. Dieses alles zusammengenommen und das unpassende Kichern, womit er sich und mich nur gleichsam zu verhöhnen schien, ließ keinen Zweifel übrig, daß ich das seltenste Beispiel von Verrücktheit vor mir habe. Drei-, viermal brach ich ab, umsonst, er schien sich in seinem geckenhaft affektierten Betragen nur immer mehr zu gefallen. Bald zupfte er sich mit zierlichem Finger den Hemdstrich zurecht, bald ließ er sein Bambusröhrchen leichtfertig auf dem schmalen Rücken tänzeln, während er zugleich sichtlich bemüht war, durch Einziehung der Arme mir die schmähliche Kürze des Fracks zu verbergen. Dessenungeachtet erregte er meine wahre Teilnahme. Denn mußte man sich hier nicht einen Menschen denken, der mit seinen außerordentlichen Gaben durch Mißgeschick und eigene Schuld, durch Eitelkeit vielleicht und liederliches Wesen dermaßen in Zerfall geriet, daß endlich nichts als dieser jämmerliche Schatten übrigblieb? Auch waren jene Zeichnungen, wie er selbst sagte, aus einer längst vergangenen, besseren Zeit seines Lebens.

Als ich zuletzt von weitem die Absicht blicken ließ, ihm zwei der vorgelegten Blätter abzukaufen, war er nicht abgeneigt. Ich bot ihm zehn Dukaten, die er ohne Umstände einsteckte, worauf er sich auch bald mit dem Versprechen, mich ehestens wiederzusehen, empfahl. Ich glaubte um so mehr er würde wiederkommen, da unter den beiden erhandelten Stücken ein drittes, kleineres aus Versehen zurückgeblieben war, ein allerliebstes, ländliches Genrebild von portraitartigem Charakter, das für den Zeichner persönlichen Wert haben konnte. Allein der wunderliche Mensch blieb aus. Seinen Namen hatte ich rein vergessen und alle Nachfragen waren umsonst. Es stiegen nachgerade ernstliche Bedenken in mir auf; ich sah wahrhaftig schon gerichtliche Reklamationen und allen möglichen Verdruß voraus, und eilte daher, mich sicherzustellen. Vielleicht erinnern sich die Herrn vom vorigen Sommer eines anonymen Aufrufs in öffentlichen Blättern an den rechtmäßigen Eigentümer gewisser Skizzen. Der Aufruf wurde mehrmals wiederholt, doch niemand kam und ich war beruhigt. Kein Mensch als meine Frau erfuhr zunächst von meiner Akquisition. Ich fühlte nunmehr eine unwiderstehliche Lust, die beiden Entwürfe in Öl auszuführen. Ich malte heimlich. Beide Bilder sollten als Werke eines Unbekannten zur Stiftungsfeier unseres artistischen Vereins aufgestellt werden und unverkäuflich sein. Das eine steht seit dem vorigen Herbst auf der Leinwand, das andre ist beinah vollendet. Ich freute mich nicht wenig auf den Spaß, meine geehrten Herrn Kollegen und sonstige Kenner etwas konfus über diese Erscheinung zu machen, und hatte mir mit meiner Frau umständlich ausgedacht, wie ich bei unserem großen Essen den ganzen Hergang, bestens dokumentiert und erklärt, auf eine ergötzliche Art zum Nachtisch preisgeben würde. Da fügte es vor einigen Tagen der Zufall, daß Graf Zarlin mich über der Arbeit betraf. Er kam nach seiner Art gleich in Ekstase, ich konnte nicht umhin, ihm alles zu eröffnen und bat nur reinen Mund zu halten, wie er mir denn auch hoch und teuer schwur, jedoch mit der Bedingung, daß er das fertige Gemälde kurze Zeit bei sich beherbergen dürfe. Er müsse seiner Schwester, die, wie wir wissen, gegenwärtig an den Röteln liegt, in ihrer Einsamkeit notwendig diese Freude machen; ob ich so unbarmherzig sei, es zu versagen? Mir wurde wiederholentlich Verschwiegenheit gelobt, sogar die Gräfin sollte nichts erfahren. Genug, ich gebe nach, und die Nymphe wird samt den Entwürfen in aller Stille abgeholt; allein was geschieht? Nicht zweimal vierundzwanzig Stunden gingen hin, so wird mir schon von allen Seiten zu meinem neusten Werke gratuliert, worin ich mich — bemerken Sie das schöne Kompliment — geradezu selbst übertroffen haben sollte."

Man lachte, und der Maler lachte mit, indem man sich einiger gutmütigen Neckereien gegen ihn nicht enthielt. Der Herzog aber sagte: „Nun endlich auf die Bilder selbst zu kommen: wir haben die Herrn sehr begierig gemacht; Jaßfeld zieht schon zum zweitenmal die Uhr, wie jemand, dem es eilt — was gilt's, er ist schon auf dem Sprung zum Grafen?" Der Hofrat gestand es lächelnd zu, doch der Herzog versetzte: „Sie werden sich bis morgen wohl gedulden müssen, denn Zarlin ist nicht hier. Erlauben Sie mir also das Vergnügen, Ihnen vorläufig einen Begriff zu geben."

Man nahm aufs neue Platz und der Herzog begann: „Zuerst das Ölgemälde. Auf offener See in einem Kahn ein derber Satyr mit dem schönsten Knaben von der Welt, den er soeben einer verliebten Nymphe gewaltsam überliefert. Dieselbe bildet neben einigen Meerfelsen linker Hand die vorderste Figur. Sie drückt sich, etwas vorgeneigt und bis an die Hüften im Wasser, fest an den Rand des Nachens an, indem sie mit erhobenen Armen den reizenden Gegenstand ihrer Wünsche zu empfangen sucht. Ihr Gesicht ist fast nur Profil, der schief verkürzte Rücken und eine Brust sichtbar; unvergleichlich das nasse, hellblonde Haar. Bei der Senkung einer Welle zeigt sich drei Finger breit der Ansatz des geschuppten Fischkörpers, auf Tritonenart; in der Nähe schlägt der tierische Schwanz aus dem grünlichen Wasser: allein man vergißt das Ungeheuer über der Schönheit des menschlichen

Teils. Der schlanke Knabe beugt sich angstvoll zurück und streckt doch unwillkürlich einen Arm entgegen; fast entflieht ihm das leichte, nur kaum noch über die Schulter geschlungene Tuch, das der Wind als schmalen Streifen in die Höhe flattern läßt. Ihr freundlicher Mund ist halb geöffnet und stimmt gar rührend zum Verlangen des vollen, liebreizenden Blicks. Hier, bester Tillsen, war es unmöglich, Ihren Pinsel, Ihren unnachahmlichen Hauch zu verkennen! — Eine Gestalt von großer Bedeutung ist der Satyr. Die muskulose Figur steht auf das Ruder gelehnt, etwas seitwärts im Schiffe und überragt, obgleich nicht ganz aufrecht, die andern. Aus seinen starken Zügen spricht eine stumme Leidenschaft. Denn obgleich er der Nymphe durch die Entführung des herrlichen Lieblings einen Dienst leisten wollte, so straft ihn jetzt die heftigste Liebe zu ihr mit unerwarteter Eifersucht. Er möchte sich eher mit Wut von der Szene abkehren, doch zwingt er sich zu ruhiger Betrachtung des Unerträglichen, er sucht einen bittern Genuß darin. — Das Ganze rundet sich vortrefflich ab, und mit Klugheit wußte der Maler das eine leere Ende des Nachens hinter hohe Seegewächse zu verstecken; sonst ist vollkommene Meeraussicht und man befindet sich mit den Personen einsam und unheimlich genug auf dem hilflosen, öden Bereiche. — Soviel von diesem köstlichen Werke. Es liegt vermöge seines Gegenstands und seiner edlen Einfachheit dem Geiste unseres Meisters unstreitig näher als das zweite, weshalb es ihn auch wohl zunächst beschäftigt haben mag.

Und nun zur Federzeichnung. Eine sehr reiche Komposition von durchaus seltsamer Richtung der Einbildungskraft. Wir haben nichts Geringeres als eine nächtliche Versammlung musikliebender Gespenster vor uns.

Man sieht einen grasigen, hügligen Waldplatz, ringsum von Bäumen eingeschlossen, bis auf die eine Seite rechts, wo man tiefer hinab eine stille, im Nebel glänzende Ebene wahrnimmt. Im Vordergrund erhebt sich zur Linken eine nasse Felswand, unter welcher ein lebhafter Quell hervorkommt und in deren Vertiefung eine gotisch verzierte Orgel von mäßiger Größe auffällt. Wir haben uns dieselbe ohne Zweifel bloß als Phantom zu denken: ihre Umrisse sind mit Absicht verschwommen, zweideutig gehalten, so daß man zugleich an die grotesken Formen von Tropfsteinbildungen erinnert wird. Auf einem dichtbemoosten Blocke vor der Orgel sitzt, im Spiel begriffen, gleich die Hauptfigur, eine edle Jungfrau, völlig isoliert, während die übrigen teils ruhig mit ihren Instrumenten beschäftigt, teils im Ringel tanzend oder sonst in Gruppen umher zerstreut sind. Die wundersamen Wesen sind zumeist in schleppende, zur Not aufgeschürzte Gewänder von grauer oder brauner Farbe, auch wohl in reines Weiß gehüllt; blasse, mitunter sehr angenehme Totengesichter; selten etwas Grasses, noch seltener das häßliche geschälte Totenbein. Sie haben sich, um nach ihrer Weise sich gütlich zu tun, offenbar aus dem unfernen Kirchhof hierher gemacht; denn unten in einiger Nähe gewahrt man etwas von der Mauer desselben bei einer Kapelle. Sie wird durch den Contour eines Flötenspielers abgeschnitten, der sich ganz vorne in bequemer Haltung und trefflich drapiertem Unterkleid an einem Steinkreuz hingelagert hat.

Nun aber wenden wir uns wieder auf die entgegengesetzte Seite zu jener anziehenden Organistin. Sie sitzt mit vorgesenktem Haupte und scheint viel mehr auf den begleitenden Gesang der Quelle, die zu ihren Füßen strömt, als auf das eigene Spiel zu horchen, wofern sie überhaupt auf etwas hört. Denn in der Tat, das schwarze seelenvolle Auge hängt nur träumerisch über der Tiefe des innern Geisterlebens, ruht weder auf den Tasten, noch auf der schönen runden Hand; ein zweifelhaftes Lächeln schwimmt kaum sichtbar um den Mund; es ist, als sinne dieser Geist in lieblicher Erinnerung dem Glück verschwundener Erdentage oder dem Wunder seines neuen Daseins nach, wenn ihm nicht gar vielleicht der kühne Gedanke einer zukünftigen Scheidung auch von diesem zweiten leiblichen Leben aufdämmert. — An der Orgel lehnt ein schlummertrunkener Jüngling mit geschlossenen Augen und leidenden Zügen; er hält eine brennende Fackel in der Hand, ein großer golden-brauner Nachtfalter sitzt ihm in den Seitenlocken. Zwischen der Wand und dem Kasten befindet sich als Balkentreter ein Gerippe, halb versteckt. Im Mittelgrunde aber zeichnet sich eine Gruppe von Tanzenden aus: zwei junge liebende Paare in anmutvoller, kunstreicher Bewegung, mit hochgehaltener Handreichung, wobei mitunter nackte Körperteile edel und schön zum Vorschein kommen. Jedoch entspricht der Tanz den ernsten, ja traurigen Mienen derjenigen durchaus, die ihn aufführen. Ihnen zu beiden Seiten und dann weiter nach hinten entfaltet sich ein vergnügteres Leben; es fehlt selbst nicht an possenhaften und neckischen Spielen. Ein Knabengerippe, zum Beispiel, im leichten Scharlachmäntelchen sitzt da: es wollte sich von einem andern den Schuh ausziehen lassen, aber das Bein bis zum Knie ging mit, und beide wollen sich zu Tod darüber lachen. Vorn bei dem Flötenspieler ist ein Gebüsche, aus welchem eine magere Großmutterhand dem Enkelchen ein Nest mit Eiern bietet, während ihm ein hingekauerter Greis beim Schein eines Lämpchens den Vogel vorhält. Die ganze Beleuchtung, der eigentümliche Wechsel von Mond- und Fackellicht, wie dies im Ölgemälde erst, besonders in der Wirkung aufs Grün, sich zauberisch darstellen wird, ist überall bereits effektvoll angedeutet und — doch genug!" so schloß der Herzog, „was braucht es weiter! Sie werden ja ehestens selber sehen."

Man dankte dem gefälligen Berichterstatter für seine anschauliche Schilderung, die, wie das ganze ungewöhnliche Ereignis, die Zuhörer lebhaft erregte. Man war nicht weniger von Tillsens loyalem Benehmen, von seiner liebenswürdigen Uneigennützigkeit erbaut, als man neugierig und voll Eifer war, dem hier obwaltenden, halbkomischen Geheimnis beizukommen. Die Herrn erschöpften ihren Witz und Scharfsinn in allen möglichen Vermutungen, und kamen ziemlich darin überein, daß das beschriebene unglückliche Subjekt wohl schwerlich überhaupt in einer näheren Verwandtschaft zur Kunstwelt stehen möge, daß hier ein merkwürdiges Mittelding von Schelmerei und Wahnwitz anzunehmen sei. „Lassen wir's gut sein!" sagte der Herzog am Ende — „und glauben Sie mir, wofern der wirkliche Künstler nur irgend in der Welt noch lebt, wir werden ihn bald haben. Die ausgestellten Werke sollen lauter sprechen, denke ich, als alle Zeitungsannoncen — wo nicht, so hab ich ein paar wackere Spürhunde, und es müßte nicht richtig zugehen, wenn ich mit Ihrer Hülfe nicht über kurz oder lang unser obskures Genie aus irgendeiner Spelunke, Dachstube oder dem Narrenhaus selbst hervorziehen sollte."

Wenige Wochen nur nach dieser Unterhaltung geschah es, daß ein junger wohlgebildeter Mann in Tillsens Hause vorsprach. Er wurde von der Frau in ein Vorzimmer geführt, wo er ihren Gemahl erwarten sollte. Nach einiger Zeit trat dieser herein. Er fand den Fremden nachdenkend, den Kopf in beide Hände gestützt, auf einem Stuhl am Fenster sitzen, den Rücken einem großen Staffeleibild zugewendet, welches bis auf den prächtigen Rahmen verhüllt auf dem Boden dastand.

Tillsen, einigermaßen erstaunt, trat stillschweigend näher,

worauf der andere erschrocken auffuhr, indem er hinter einer angenehmen Freundlichkeit die Rührung verbarg, worin er sichtlich überrascht worden war.

Nachdem ihn der Maler sofort in den nächsten kleinen Salon hatte eintreten lassen, fing der Fremde mit offener Miene an: „Ich komme in der sonderbarsten Angelegenheit vor Sie, verehrter Mann! Meine Person ist Ihnen unbekannt, einen Teil meiner selbst jedoch haben Sie dergestalt kennengelernt und mit so viel Liebe behandelt, daß ich mich nun mit unabweislichem Vertrauen Ihnen nähern darf. Ich heiße Theobald Nolten und lebe in hiesiger Stadt ziemlich einsiedlerisch dem Studium der Malerei. Eine törichte Grille hielt mich zurück, die würdigen Männer, die mir vom höchsten Nutzen sein konnten, persönlich aufzusuchen. Nun aber fand ich diesen Morgen in dem großen Ausstellungssaale unter andern Gemälden, welche soeben dahin gebracht werden, ein Bild, das mir als eine innig vertraute Erscheinung auf den ersten Blick entgegentrat. Die Nymphe meine ich, den Knabenraub. Es war, als stünde wie durch Zauberwerk ein alter Traum lebendig verkörpert vor meinen schwindelnden Augen. Ich wußte, diese Komposition gehörte mir, und doch, über das Ganze war ein Reiz, ein Licht, eine Fülle von Schönheit ausgegossen, daß das, was ich als mein eigen erkannte, sich in dem nämlichen Moment mir wieder völlig zu entfremden schien, daß ich —"

„Ist's möglich —" unterbrach ihn Tillsen, „Sie sind der wunderbare Künstler, der mich mit Recht anklagen kann —"

„Nicht doch!" entgegnete Nolten mit steigender Wärme, „o nein, der Ihnen unsäglich viel zu danken hat! Ich darf mich Ihren Schüler nennen, wie in der Welt gewiß kein andrer. Sie weckten mich aus einem Zustand dunkler Ohnmacht, Sie hoben mich vom Boden auf, indem ich im Begriffe war, an allen meinen Kräften zu verzweifeln! Ein Elender muß mich bestehlen, damit Sie Gelegenheit hätten, in Ihrem klaren Spiegel mir meine bessere, Gott gebe es, meine künftige Gestalt zu zeigen. Hier faß ich denn und küsse die edle liebevolle Hand, von der gehalten und geführt ich noch vielleicht erreiche, was ich in weiter Ferne vor mir liegen sehe!"

Die Rührung und das Feuer, womit der junge Maler sprach, hätte den Meister beinahe verlegen gemacht. In einem solchen Falle standen ihm die Worte wenig zu Gebot. Demungeachtet drückte sein Benehmen die lebhafteste Freude über die ganz unerwartete Lösung des großen Rätsels aus. Er umarmte den Künstler mit einem so herzlichen, vielverheißenden Glückwunsch, daß diesen wirklich das Gefühl ergriff, als stehe er auf der Schwelle einer ganz neuen Lebensbahn.

Man setzte sich, und im Verlaufe des Gesprächs, nachdem Tillsen den Hergang jenes betrüglichen Handels mit Heiterkeit in Kürze erzählt, gab Nolten ihm seinerseits folgenden Aufschluß.

„Ich traf auf der Reise hierher bei dem greulichsten Wetter einen ausgehungerten Hasenfuß auf der Landstraße an, dem ich, weil es in Strömen goß, einen Platz in meinem Mietwagen einräumte. Er war Barbier von Profession, trug sich mir aber als Bedienter an. Aus Mitleid sagt ich zu, bemerkte jedoch bald, daß man mit ihm in keiner Hinsicht sonderlich beraten sei, und da ich nicht etwa wie einer meiner Freunde ein humoristisches Gefallen an ihm fand, so wäre ich seiner nach den ersten Wochen schon herzlich gerne wieder losgeworden. Seine Albernheit, Verschmitztheit, Kriecherei, bei einer badermäßigen Einbildung war ohnegleichen. Man hätte denken können, er habe eine Art von enthusiastischem Hieb, doch alles stellte sich als bare Affektation und Unnatur heraus. Sie werden es kaum glauben, doch bin ich völlig überzeugt, mit seinem schamlosen Besuche bei Ihnen war es von vornherein durchaus auf keine Prellerei, gar nicht auf den Verkauf meiner Konzepte abgesehn."

„Wie? also bloß das läppische Vergnügen, ein halbes Stündchen lang den Mann damit zu machen?"

„Gewiß nichts anderes. Als er von ungefähr Geld klingen hörte, mag er sich allerdings nicht viel besonnen haben, nun auch den zweiten Schritt zu tun."

„Bei Gott", rief Tillsen, „das ist sehr lustig! Und daß der Tropf mit zwei gescheiten Worten, die er von seinem Herrn zufällig aufgeschnappt, mich so düpieren konnte! — Sie haben ihn denn endlich weggejagt?"

„Er hat sich über Nacht einmal von selbst davongemacht. Erst lange nachher entdeckt ich die Lücke in meinem Portefeuille."

„Kein kleiner Schrecken, denk ich mir!" versetzte Tillsen. „Nun aber sollen Sie auch Ihren Schatz sogleich und, wie ich hoffe, vollständig wiedersehn." Er holte eine Mappe und nahm die drei großen Blätter heraus. Was Nolten hier zuerst erblickte war jenes schlichte idyllische Bildchen, das, wie ihm Tillsen zugleich entschuldigend versicherte, nur zufällig in seinen Händen blieb. Nolten hatte gerade dies eine Blatt bei seinen Sachen nicht vermißt, er war überrascht, es hier anzutreffen, und ging sehr schnell darüber weg; hätte Tillsen aber die Augen nicht ganz nur auf der gefälligen Zeichnung gehabt, ihm wäre die unbehagliche Wolke auf der Stirne des Jünglings nicht entgangen.

In leichter Färbung war ein kleiner Hausgarten vorgestellt, eine Försterswohnung dahinter, einstockig, alt, mit dem herkömmlichen Hirschgeweih auf seinem Giebel. Im Garten, ganz zuvorderst an der Seite der Eingang einer Buchenlaube. Das anmutigste Mädchen, im bequemen Hauskleide, blond, von zierlichen, dennoch kräftigen Formen, zuverlässig die Tochter des Försters, ist im Begriff ein Abendbrot in die Laube zu tragen. Die einfache Zurüstung gilt einem Gaste, welcher bereits in Gesellschaft des Vaters zur Gartentür hereingetreten ist: ein gepuderter Herr wohl in den Sechzigen, dessen Kleidung und Anstand den Edelmann zeigt. Die beiden Männer kommen von der Jagd, sie haben die Gewehre an einen Jägerburschen abgegeben und wollen sich bei einer Flasche Wein im Schatten hier erfrischen; denn man erkennt am Ton der Landschaft, es war ein heißer Tag im Herbste: Kapuziner, Malven, Sonnenblumen erheitern noch den Garten mit ihrem hellen Flor. Einige Nachbarhäuser vom Dorf, samt der Kirche und hinter ihr auf einem sanften, terrassenförmig ansteigenden Hügel ein herrschaftliches Schlößchen von altertümlich wohnlichem Ansehn machen die nächste Umgebung aus.

Tillsen hatte das Blatt bescheiden beiseite gelegt, ohne weiter nach seiner Bedeutung zu fragen, während der junge Mann, sich einer augenblicklichen Befangenheit entschlagend, Anlaß nahm, von seiner Jugend, seinem Bildungsgange das Allgemeinste einfach zu erzählen.

„Mein Vater war Landgeistlicher in einem Grenzdorfe des Herzogtums H. Er hatte genügende Mittel, um mir als dem einzigen Sohne neben mehreren Töchtern, jede Art von Erziehung geben zu können. Er bestimmte mich zum Gelehrtenstande, ich sollte in seine Fußtapfen treten, und nichts konnte ihn von diesem Gedanken abbringen, so zeitig sich auch meine eigene Neigung verriet, in der wohl etwas Anererbtes lag, denn ein früh verschollener Vatersbruder war Maler gewesen; doch fand man das Beispiel abschreckend, da eben dieser Oheim ein trauriges Ende im fernen Auslande gehabt haben sollte. So wurde ich in eine vielbesuchte städtische Pension gebracht. Hier bis in das fünfzehnte Jahr dem gewöhnlichen Lehrgang in den alten Sprachen mit wenig Lust und Eifer folgend, und mehr und mehr von dem dumpfen Gefühl eines verfehlten Berufes gedrückt, schloß ich mich scheu und ungesellig in eine Phantasiewelt ein, die sich schon in den Tagen der Kindheit unter den Eindrücken einer merkwürdigen Gebirgsgegend und eines märchenreichen Dorfs zu bilden angefangen hatte. Der plötzliche Tod meines Vaters konnte vorerst in meiner Bestimmung nichts ändern. Entscheidend war dagegen ein Ferienbesuch bei einem Paten, der als Förster einer adeligen Herrschaft nur einige Stunden von meiner früheren Heimat entfernt, auf einem stillen Dorfe saß. Der Grundherr, Baron Neuburg, ein Mann von vielseitiger Bildung, in frühern Jahren Militär, von Sitten schlicht und anspruchslos, stand mit dem Försterhause in freundlichem Verkehr. Er war mir immer geneigt gewesen, mein Zustand ging ihm nahe, und seiner Vermittlung gelang es denn auch, mir die ersehnte Laufbahn zu eröffnen. Ich hatte bis dahin, obwohl mein zeichnerischer Trieb zu keiner Zeit müßig geblieben war, einer methodischen Anleitung gänzlich entbehrt. So handelte es sich fürs erste noch um eine gründliche Vorschule, die man glücklicherweise nicht weit zu suchen brauchte. Vor den Toren der kleinen benachbarten Landstadt war in den weitläuftigen Räumen eines alten Klosters von auswärtigen Unternehmern eine Fabrik für edle Bronzewaren errichtet; sie suchte ihren Ruhm in einem Reichtum neuer geschmackvoller Formen und lieferte vom kleinsten Ornament bis zur runden Arbeit, an Reliefs, Statuetten und Gruppen, nach fremden und eigenen Modellen, was irgend zum Zimmer- und Gartenschmuck diente, in ungewöhnlicher Vollkommenheit. Ein Vetter des Direktors, der bei dem Geschäft beteiligt war, hatte, urplötzlich in höheren Absichten, sehr schöne Studien in verschiedenen Fächern der Kunst gemacht. Auf den Wunsch meines Gönners verstand er sich gerne dazu, mich zu bestimmten Stunden unter seiner Aufsicht im Kloster zeichnen zu lassen. Ich nutzte die Gelegenheit nach Kräften und wußte mir kein größeres Vergnügen, als mit den Söhnen unseres freiherrlichen Verwalters, die von dem Dorfe aus die Stadtschule besuchten, Tag für Tag bei jeder Witterung den kurzen Weg das Wiesental hinaufzuwandern. Es galt indes dabei, wie man mir nicht verhehlte, noch erst die Probe meines Talents und meiner Ausdauer; der gute Freiherr wollte sichergehen. Ich durfte mein Latein und Griechisch nicht ganz aufgeben; er selbst las wöchentlich einigemal auf dem Schlosse den Virgil und Tacitus mit mir. Das dauerte ein ganzes Jahr, und wirklich war damit mein Übergang zur Akademie noch immerhin günstig genug eingeleitet."

Sofort schilderte Nolten mit wenigen Zügen was er für seine weitere Ausbildung auf einem der größeren Kunstplätze Deutschlands erreicht, und endlich seinen Aufenthalt in Rom und in Florenz, an welches alles sich zuletzt die ausführliche Beichte einseitiger und fruchtloser Bestrebungen knüpfte.

Schon auf der Akademie hatte er denjenigen Teil der Kunstübung, welcher den Maler erst zum Maler macht, fast ganz vernachlässigt. Er wurde dort der Liebling seines Lehrers, eines feurigen genialen Skizzisten, neben dem er nichts Höheres kannte noch wollte, und welcher ihn ausschließlich auf dem Gebiet der schönen Linie festhielt. Idee, Erfindung, Zeichnung, die lebensvolle beseelte Skizze galt ihm daher statt alles übrigen; kaum daß er noch vor seinem Austritt aus der Schule zu einem schwachen Anfang in der Ölmalerei vermocht wurde. In Italien aber, in Rom, wo eine überreiche Welt des Schönen auf den empfänglichen Jüngling eindrang, ergriff ihn jener unwiderstehliche Trieb zur Produktion, der sich schon mit dem einfachsten Umriß genugtut, immer nur auf Neues und Neues ausgeht und dem Künstler die nötige Ruhe, Geduld und Anhaltsamkeit, um sich erst eine heikle Technik schrittweise zu erwerben, nicht erlaubt. Als er gleichwohl zuletzt mit Ernst daran dachte, stieß er auf kaum geahnte Schwierigkeiten. Seine Farbe blieb trocken und kalt; es fehlte seinen Bildern an Harmonie und Stimmung. Unzufrieden mit allen seinen Arbeiten verbarg er sie mit Ängstlichkeit; die Welt sollte nichts von ihm sehen, bevor er in dieser Beziehung zum wenigsten eine achtbare mittlere Höhe erreicht haben würde.

Nach seiner Rückkehr in das Vaterland nahm er in einer der angenehmsten deutschen Residenzen, der nämlichen, in der wir ihn soeben kennenlernten, seinen Aufenthalt. „Hier ging ich", fuhr er fort, „mit verdoppeltem Eifer ans Werk. Häufige Wanderungen, bald allein, bald zu zweien und dreien in der Gegend umher, wo man überall interessante Landschaften entdeckte und nach Gelegenheit lustig in Dörfern und Hütten herbergte, erhielten die Gesundheit frisch, die Lust zur Arbeit rege. Die Hoffnung eines lohnenden Erfolgs erlahmte unter hundertfältigen Versuchen in der Farbengebung nicht. Allein Monat um Monat verstrich, es ging schon tief in das zweite Jahr, als ich mir sagen mußte, daß ich mit meiner Hauptabsicht dem Ziele nicht viel näher gerückt sei. Meine Tätigkeit stockte jetzt plötzlich. Voll Mißmut warf ich meine sämtlichen Studien weg, ich klagte meine Fähigkeiten an und sah mir keinen Rat. Schon ging ich mit dem niederschlagenden Gedanken um, ob ich nicht besser täte, der Malerei für immer abzusagen und mich mit dem bescheidenern Verdienste zu begnügen, das ich als Zeichner geltend machen konnte. Denn noch begriff ich nicht oder wollte vielmehr nicht begreifen, inwiefern ich gefehlt und daß es noch immer nicht zu spät sei, den ordentlichen Weg der Schule einzuschlagen. — Wenn mir nun aber heute, in diesem Augenblick, verehrter Mann, mir selber zur Verwunderung, der Mut entstehen will, von vorne anzufangen, wenn ich zu hoffen wage, daß mir der liebste Lehrer, der einzige, mit welchem es gelingen kann, auch schon gefunden sei — was sagen Sie dazu?"

„Soviel: ein edles Schiff, dem der Steuermann fehlte, hat sich auf einer Sandbank festgefahren; allein wir werden es flottmachen und zwar, bild ich mir ein, in kurzer Frist. Meines Erachtens bedarf es hiezu besonderer künstlicher Hebel gar nicht. Ihr seltsamer Unstern erinnert mich an die ganz ähnliche Not eines vortrefflichen Freundes, der eine Krise dieser Art so glücklich überwand, daß nachmals seine größte Stärke eben im Kolorit gefunden wurde. Bei Ihnen insbesondere wird sich zeigen, daß ein entschiedener Irrweg nicht allemal als purer Verlust zu rechnen ist. Wir sprechen ehestens weiter davon. Jetzt lassen Sie mich wieder auf Ihre Skizzen kommen! Ich betrachte diese Blätter als ein mir anvertrautes Kapital, das nicht tot bei mir liegenblieb, und billig denk ich nun auf Ihre Interessen. So hören Sie, was sich derhalben ganz von selber machen will. Die Königin sah unsre Nymphe auf der Ausstellung und hat wie mir der Herzog zu verstehen gab, besondre Lust zu diesem Stück. Was wäre da zu tun? Von einer baren Verwertung, scheint mir, kann zwischen uns die Rede einmal nicht wohl sein; Sie würden das so gut wie ich verschmähn. Ich schlage vor, daß wir das Bild der Königin verehren. Von Ihrer Seite wäre es nur eben eine Huldigung wie jede andere, womit ein Künstler sich empfehlen mag; was mich betrifft, so bin ich meiner edlen, mehrjährigen Beschützerin so außerordentlich verpflichtet, sie hat meine Dienste jederzeit so großmütig gelohnt, daß mir diese

Gelegenheit, mich dankbar zu erweisen, nur höchst erwünscht sein kann. Sie sehn, wie schön mein Vorteil mit dem Ihrigen hienach zusammenträfe. Unsre gemeinschaftliche Widmung anzukündigen, sie zu erklären und, sofern es nötig wäre, zu rechtfertigen, soll meine Sorge sein."

Nolten, aufs äußerste gerührt von so viel unverdienter Güte, wollte reden, doch Tillsen ließ ihn kaum zum Worte kommen und fing, mit einem raschen Übergang, ihm von der Königin zu sprechen an, indem er sich sehr lobreich über ihren ausgebildeten Kunstsinn, ihre fast sprichwörtlich gewordene Leutseligkeit und Liberalität verbreitete. Auf einmal brach er ab und sagte nach einigem Stillschweigen, nicht ohne ein geheimnisvolles Lächeln: „Ich habe noch was auf dem Herzen, Teuerster, womit ich unterdessen hinterm Berge hielt. Von Ihrem ausgestreuten Samen ist mehr in meinem Erdreich aufgegangen, als Sie bis jetzt entdeckten."

Hier stand er auf und führte ihn zu dem verhängten großen Bilde im Vorzimmer: „Ich wollte es noch heute zu den andern in der Galerie aufstellen lassen: nun aber wollen wir zuvörderst sehn, ob Sie auch hinter diesem Tuche Ihre alten Bekannten gerne wiedererkennen." Errötend hielt der junge Mann die Hand des Malers an, um zu bekennen, daß er nach seinem Eintritt in das Zimmer nicht der Versuchung widerstanden habe, den Vorhang um einige Spannen zu lüften, daß er ihn aber wie erschreckt von der Begegnung eines Doppelgängers wieder habe fallen lassen, ohne den zweiten Blick darauf zu wagen.

Wir sagen nichts von der Empfindung, mit welcher Nolten vor dem aufgedeckten Bilde stand. Es war, wie unser Leser sich wohl denkt, jenes früher geschilderte nächtliche Geisterkonzert, das nur vor kurzem erst vollendet worden war. — Tillsen hatte sich sogleich entfernt, um den Beschauer völlig ungestört bei dem Werke zu lassen.

Wenn Nolten dem braven, teilnehmenden Meister sein Mißgeschick als Künstler mit größter Offenherzigkeit bekannte, so hatte er ihm damit doch nur die eine Hälfte alles dessen, was ihn in jüngster Zeit bedrängte, anvertraut, denn mitten in dieser Ratlosigkeit traf ihn von einer andern Seite her ein unerwarteter größerer Jammer.

Das reine Glück, das der unverdorbene Jüngling seit Jahren in der Liebe zu einem guten, höchst einfachen Mädchen gefunden — wir haben ihr anziehendes Bild in jener kleinen Haus- und Gartenzeichnung bereits flüchtig vor Augen gehabt —, ward ihm durch eine sonderbare Verkettung von Umständen mit *einem* Schlag aufs grausamste vernichtet. Der Schein verletzter Treue lag auf der Braut, und zwar, wie wir an seinem Orte hören werden, dermaßen durch unwiderlegliche Tatsachen sprechend, daß der Verlobte sich nicht entschließen konnte das weit entfernt wohnende Mädchen auch nur noch eines Worts zu würdigen. Der eigenen weichmütigen Natur gleichsam zum Trotze verhärtete er sich alsbald in unversöhnlichem Schmerz, und hatte, wie er meinte, noch von Glück sagen, wenn ihm gelänge, mit der Bitterkeit seines gekränkten Bewußtseins jeden Rest von Neigung und Sehnsucht in sich zu vergiften und zu ertöten.

Er war in diesem Zeitpunkt leider ganz allein. Sein vertrautester Freund, der Schauspieler Larkens, ein geistreicher Mensch, dessen Bekanntschaft er dem glücklichen Ungefähr verdankte, daß beide in dem gleichen Hause als Junggesellen wohnten, war kürzlich zum Gebrauch eines Seebads verreist, woran sich überdies ein auswärtiges Gastspiel knüpfte. Mit Hin- und Wiederschreiben aber war in diesem Falle gar nicht anzufangen, und, wie die Dinge einmal vor ihm lagen, sah Nolten überhaupt hier weder Trost noch Hilfe mehr.

Welch ein Wechsel nun aber mit einemmal, als er am sonnenhellsten Morgen, in seinen Gram versunken, auf einem Gange vor die Stadt von einem seiner Bekannten sich wider Willen nach dem Gemäldesaal mit fortgezogen sah und eine Stunde später an der Brust des wackern Mannes lag, der ihn der Kunst, der ihn sich selbst zurückzugeben vom Himmel ausersehen schien! Wer hätte nicht an Noltens Stelle in diesem sonderbaren Zufall die Fügung eines höheren, wohlmeinenden Geschicks erkannt und einen Wink darin erblickt, sich alles kleinen Kummers um ein verlornes Gut mit männlichem Vorsatze zu entschlagen? Wenn auch, was er an diesem Tag erlebte, an sich kein Wunder war, so hatte es auf ihn die Wirkung eines Wunders. Der starke Ruf der Ehre schien sein ganzes Denken und Empfinden zu verschlingen. Blindlings, nur wie im Traume, war er zu einem rühmlichen, ja glänzenden Namen gelangt, den er sich gleichwohl in der Tat jetzt erst verdienen sollte.

Von wieviel Seiten wurde er hierin nun aber auch erleichtert, angetrieben, fortgerissen! — Das vielbelobte Bild der Nymphe hatte wirklich seinen Platz in dem Salon der Königin eingenommen und die beste Aufnahme gefunden. Ein kostbarer Ring, durch Tillsen unserm Maler überbracht, war der Einladung zu einer Audienz vorangegangen, über welche sich die hohe Frau gelegentlich gar sehr zugunsten des bescheidenen Künstlers geäußert haben sollte. War dies in Absicht auf die Zukunft vielbedeutend, so trug es wie man denken kann, nicht wenig schon für jetzt zum Vorteil seiner ganzen gesellschaftlichen Stellung bei.

Vor allem hatte Tillsen ihn im Hause des Grafen Zarlin eingeführt, wo er den Herzog Adolf und unter andern ausgezeichneten Personen, Männern und Frauen, auch jenen alten Herrn, den Hofrat Jaßfeld, kennenlernte, den wir beim Eingang unserer Geschichte in den Alleen des Schloßgartens trafen.

Der Graf lebte unverheiratet; seine Schwester Constanze, die junge Witwe eines vor kaum drei Jahren verstorbenen Generals, vertrat die Stelle der Hausfrau bei ihm. Kurz nach dem Tode ihres Vaters wurde sie, vornehmlich auf Betrieb des Hofs und gegen die bessere Einsicht der Mutter mit jenem Kavalier vermählt, den sie nicht liebte. Herr von Armond war einer der tüchtigsten Offiziere, gebildet, einnehmend und witzig, jedoch als Libertin bekannt, und die gute Meinung der Königin, ihn durch eine so edle Partie für immer zu heilen, wurde selbst von den wenigsten seiner Freunde geteilt. Man wollte behaupten und sprach damals offen in höheren Kreisen davon, die junge Gräfin habe ihm als Gattin im vollen Sinne des Worts nie angehört. Gewiß ist, daß er ihre Abneigung während des kurzen halben Jahrs, das sie zusammen lebten, mit einer ausgedacht schnöden Behandlung vergalt. Sie nahm ihre Zuflucht zur Mutter, die indessen das Glück, ihre Tochter wieder zu besitzen, nicht lange mehr genoß; doch sollte sie den frühzeitigen Tod des Schwiegersohns noch erleben, der sie bis nahe an sein Ende hin, bald drohend, bald bittend mit dem Ansinnen einer Wiedervereinigung quälte.

Constanze war in ihrer Lage glücklich; der Bruder trug sie auf den Händen und fühlte dabei nicht, daß wer das Haus besuchte, auch eigentlich nur ihretwegen kam. Die Anmut ihrer Person, ihr aufgeweckter Geist, die unbefangene Heiterkeit ihres Umgangs zog alle Männer an, und auch Nolten empfand diese Wirkung sehr bald.

Naturen wie die seine, zart und heftig, hingebend und liebebedürftig, sind unmittelbar nach der ersten erlittenen Täuschung nicht selten geneigt, die noch halbwunde Brust nur um so durstiger und rücksichtsloser aufs neue preiszugeben. Für ihn war die Versuchung doppelt stark. Er hatte die großen Vorzüge, die einer reizenden Frau durch Stand und Geburt, feine Sitte und Bildung vor andern zukommen, niemals in der Nähe kennengelernt und immer mißtrauisch betrachtet: hier, wo er sie zu seiner hohen Überraschung mit allen rein menschlichen Zügen, mit ungeschminkter Herzlichkeit und dem natürlichsten Tone verbunden antraf, erfuhr er zum erstenmal was sie bedeuten.

Ihm war nicht unbekannt geblieben, daß der Herzog sich Constanzen schon zur Zeit, als der Gemahl noch lebte, mit leidenschaftlicher Verehrung genähert, doch weder damals noch auch später irgend Erwiderung gefunden und eben deshalb in Jahr und Tag das Haus kaum mehr betreten habe. Erst neuerdings besuchte er es wieder so wie sonst, und Nolten sah keineswegs sorglos dazu; die bloße Gegenwart des Mannes war ihm drückend. Kaum wollte er sich diese Schwachheit gestehen, mit welcher er sich selbst beinahe lächerlich erschien. Indes verreiste sein erlauchter Gönner (denn dafür galt der Herzog in der Tat), um erst den einen und den andern Badeort, sodann im Auftrage des Königs verschiedene deutsche Höfe zu besuchen.

Zarlin besaß vor den äußersten Gärten der Stadt unterhalb seiner Weinberge und in geringer Entfernung vom Flusse ein freundlich gelegenes Landhaus, wo die Geschwister gewöhnlich einen Teil der Sommermonate, auch wohl, wie eben dieses Jahr den ganzen Sommer bis in den Herbst verlebten. Es fehlte nie an heiterer, geistreich belebter Unterhaltung. Constanze trieb Musik, sie zeichnete und malte mit entschiedenem Talent für landschaftliche Darstellung; der Graf, voll guten Willens, auch seinerseits sich für die schönen Künste zu begeistern, tat ihr hierin allen möglichen Vorschub, gab den Winter über musikalische Soireen, verwandte jährlich eine hübsche Summe auf Kupferstiche oder Gemälde und überhäufte nun in ebendiesem Sinne den neuen Hausfreund mit Gefälligkeiten jeder Art.

Die meiste Zeit des Tages brachte Nolten in anhaltendem Fleiß vor seiner Staffelei und zwar anfangs in Tillsens eigenem Atelier zu, der ihm mit größter Hingebung den ganzen Schatz seiner Erfahrung aufschloß und ihn durch praktische Beratung unglaublich rasch zu fördern wußte, indessen er gleichzeitig gewisse Arbeiten für ein schon längst im Werk begriffenes Privatunternehmen des Königs ausführte.

Im Wildpark nämlich, auf dem östlichen Rande eines herrlich bewaldeten Höhenzugs, nur eine Stunde von der Residenz, erhob sich an der Stelle eines kleinen veralteten Jagdschlößchens ein stattliches Lustschloß, mit dessen innerer Einrichtung man jetzt beschäftigt war. Handwerker, Künstler aller Gattungen, Bildhauer, Stukkatore und Vergolder hatten vollauf zu tun, um diese Räume auf den künftigen Sommer bewohnbar zu machen. Für die Ausmalung eines großen Saals in Fresko wurden zwei fremde Meister erwartet, während zum Schmuck für einzelne Gemächer eine Anzahl älterer Bilder, zum Teil von Tillsens Hand, bestimmt waren, wozu derselbe nachträglich noch dieses und jenes zu liefern hatte.

Bereits war es zur stehenden Gewohnheit Noltens geworden, das eine und das andere Mal im Lauf der Woche seinen Abendspaziergang nach Zarlins Besitzung zu richten, wo er zum Tee bei den Geschwistern blieb und jetzt nur selten größere Gesellschaft traf. An einem glänzend schönen Augustmorgen aber, nachdem er in der Frühe die letzte Hand an seine jüngste Studie gelegt (es war eine nackte Kindergruppe nach der Natur), stand er von seiner Arbeit auf und kleidete sich rasch entschlossen zu einem Ausgang an. Längst hatte er gewünscht, die Gräfin einmal außer der gewohnten Tageszeit zu sehn, und wir begleiten ihn füglich bei diesem Besuch, da er wohl vor andern geeignet sein mag, uns näher mit der schönen Frau bekannt zu machen.

Zu Fuße von der Stadt herkommend verfolgt man einen Wiesenpfad, der sich erst eine Zeitlang am Fluß hinzieht und endlich seitwärts allgemach den Hügel hinansteigt, wo denn das hübsche, kleine, massiv erbaute Haus auf einem ebenen Absatz der steil angehenden Weinberge steht und die offene weite Gegend mit mehreren Ortschaften überschaut.

Zunächst betrit man eine schattige Anlage von Akazien, sodann unmittelbar vor dem Gebäude den freien, reinlichst mit Sand bestreuten Vorplatz, den eine niedrige Rosenhecke im Halbkreis gegen die Wiese abschließt, welche sich sanft zu den Erlen und Weiden des Flusses hinabsenkt. Die Nachbargrenze bildet hochaufgeschossenes wildes Gebüsche das eine bewässerte Kluft verbirgt.

Während der Maler sich hier in der Runde umsah, vernahm

er unten am Wasser die wechselnden Stimmen des Grafen und der Schwester. Er setzte sich sie zu erwarten, auf eine der Bänke unter dem weiß und rot gestreiften Linnendach, das zwischen den zwei Pfeilern des Balkons herunterging. Auf dem Tisch lagen einige Bücher, ein Schreibzeug, eine Damenuhr: man sah, die Gräfin hatte noch soeben hier verweilt. Ein schöner grauer Papagei, in vergoldetem Käfig aufgehangen, schien das Eigentum seiner Gebieterin mit eifersüchtiger Aufmerksamkeit zu bewachen.

Bald aber trat sie unten bei der Schlucht aus dem Gebüsche; sie sprach und lachte noch mit rückwärts gewandtem Gesicht nach der Tiefe gegen den Bruder, der seinerseits ihre neckischen Worte gleichfalls lachend und scheltend zurückgab. Sie kam den geschlängelten Fußpfad herauf, Nolten ging ihr entgegen und ward aufs heiterste begrüßt. Sie trug einen lichtgelben Morgenanzug, ein hochrotes Sammetband über der Stirne umgab das volle schwarze Haar.

Man nahm sofort unter dem Zelte Platz; es wurden Erfrischungen gebracht und Constanze erklärte den lustigen Zank, den er von weitem halb mit angehört. „Mein Bruder läßt das Bad verändern, ein neuer Heizapparat, ein plattes Kupferdach mit Galerie und was nicht sonst noch alles ist bestellt, das wohl recht gut und zweckmäßig sein mag, wenn es nur nicht auf Kosten des reizenden Winkels geschähe, wo der Bach aus der Schlucht unter Ulmen und Erlengebüsch in den Fluß herabfällt. Ich habe dagegen bescheidenen Einspruch getan, er fühlt, ich habe recht und kann sich gleichwohl nicht entschließen. Nun wartet er seit einer Stunde vergeblich auf seinen Werkmeister und endlich mitten im Verdruß darüber wird die Angelrute geholt, die blaue Brille aufgesetzt, die Kappe mit dem Riesenschild, und trutzig steigt er in den Kahn. Ich sah dem allen eine Zeitlang ruhig zu und platzte zuletzt unwillkürlich mit Lachen heraus. Denn was ist komischer als in dem übelsten Humor nach einem Zeitvertreib zu greifen, der, wie ich mir vorstelle, die behaglichste Stimmung voraussetzt. Überhaupt weiß ich nichts, was zu dem unruhigen Temperament meines Bruders weniger stimmte als diese traurige Liebhaberei des Fischens. Er hat sie neuerdings von unserem guten dicken Vetter, dem Kammerherrn, angenommen, dem sie gewiß vortrefflich steht. Der Mensch ist aber wohl manchmal im Falle, vorübergehend eine ihm durchaus nicht natürliche Gewohnheit anzunehmen, um sich damit in eine andere Person hinein zu täuschen, in der er sich zufriedener als in der eigenen zu fühlen glaubt."

Nolten fand die Bemerkung sehr wahr und hatte eben angefangen, dieselbe weiter zu entwickeln, als der Graf heraufkam.

„Was bringen Sie uns Neues?" war nächst dem Gruß gewöhnlich das erste Wort an seine Gäste, wenn er etwa einmal einen Tag oder zwei nicht nach der Stadt gefahren war. (Man sagte ihm nach, und er hörte es nicht ganz ungerne, es gehe nichts am Hofe vor, weder Großes noch Kleines, das ihm mehr als drei Stunden Geheimnis bleibe.)

Was nun der Maler zu erzählen hatte, ging allerdings kaum über seine eigenen kleinen Erlebnisse hinaus. Unter anderem beschrieb er einen angenehmen Ausflug nach dem königlichen Park, den er kürzlich in Gesellschaft eines jungen Bildhauers machte um sich die rasch fortschreitenden Arbeiten im Schlosse anzusehn, über die er nunmehr ausführlichen Bericht erstattete; wobei er nicht vergaß zum Ergötzen seiner beiden Zuhörer die höchst charakteristische Erscheinung eines heftigen Italieners zu schildern, unter dessen Geleite ein erster Transport ausgezeichneter plastischer Werke vom Ausland angekommen war.

Mittlerweile wurde der Graf abgerufen und Nolten saß allein der schönen Schwester gegenüber.

„Der neue königliche Lustort", fing er an, „hat Ihren Beifall wenig, wenn ich ein halbes Wort von Ihnen neulich recht verstand."

„Es war so böse nicht gemeint", versetzte sie: „Das Schloß ist schön und prächtig; doch stände es anderswo ebensogut, und das alte Waldschlößchen, das ihm hat weichen müssen, eine der glücklichsten Erinnerungen aus meiner Kindheit, konnte man gar wohl verschonen. Es schrieb sich noch vom Urgroßvater unseres jetzigen Königs her und mochte vielleicht hundert Jahre stehn. Die Bauart war — ich weiß sie in der Tat nicht eigentlich zu nennen. Ein mäßig großer Salon in der Mitte, an den Ecken vier kleine turmartige Vorsprünge, je ein Gemach enthaltend, mit schwarzen eigentümlich ausgeschweiften Schieferdächern, die Mauern weiß getüncht. Wenn wir zu unsern Freunden nach Lindel oder Hofbühl fuhren — der nächste Weg ging mitten durch den Park, unweit vorbei am Schlößchen — Sie glauben nicht, wie lieblich es noch vor fünf Jahren aus seiner grünen Einsamkeit herüberblickte, weiß wie der Mond am Tage, ja rührend wie ein abgeschiedener Geist. Bei großen Festinjagden, an welchen auch häufig die Frauen vom Hofe teilnahmen, mag es damals sehr bunt dort zugegangen sein. Ein Nebengebäude enthielt die Zimmer zur Nachtherberge für die höchsten Herrschaften und ihr Gefolge; der vorige König, kein Jagdliebhaber, verlegte die Fasanerie dahin; das Schlößchen selbst betrat er kaum, wenn er den Ort besuchte, und so wurde auch nicht das geringste darauf mehr verwendet. Ein niederer Forstbeamter, dem mein Vater die Stelle des Fasanenmeisters verschaffte, nahm eine ältere Dienerin aus unserem Hause zur Frau, an der wir Kinder alle mit unbegrenzter Liebe hingen. Sie war die treuste Seele von der Welt, stets aufgeräumt und frisch, voll witziger Einfälle und Sprichwörter, das unersetzliche Faktotum meiner Mutter, gleich geschickt das übrige Gesinde in Ordnung zu erhalten, den Küchenzettel Tag für Tag zu machen, eine große Tafel in kürzester Zeit von A bis Z zu bestellen und bei Gelegenheit uns Kindern die herrlichsten Geschichten zu erzählen, die kurzweiligsten Spiele anzugeben — worüber sich begreiflich die Gouvernanten oft beklagten; mein Vater aber, ohnehin ein Feind alles pedantischen Wesens, sah nichts Unschickliches darin, und räumte uns geradezu gewisse Abendstunden am Schluß der Woche zur Unterhaltung mit ihr ein. Sie blieb denn auch als Frau Fasanenmeisterin fortwährend unsre goldene Susanne. War eine Landpartie, etwa an einem unsrer vier Geburtstage, beschlossen und ließ man uns die Wahl, wohin es gehen sollte, so konnte darüber nie ein Zweifel sein. Besonders hatten wir die jährliche Osterbescherung bei ihr. Gewöhnlich fuhr die Mutter mit, die indessen am Morgen nur kurze Zeit blieb, um weiteren Besuch in der Nachbarschaft zu machen und uns erst abends wieder abzuholen. Nun denken Sie, was da so einen lieben langen Frühlingstag hindurch sich alles treiben ließ; keine Französin um den Weg, die uns Mädchen jede freie Bewegung mit stechenden Blicken verwies, kein steifer Hofmeister auf Schritt und Tritt hinter zwei mutigen Jungen her! Ringsum ganz nahe der Eichenwald, ein paar zahme Rehe, die einem das Futter aus der Hand fraßen, nicht weit ein großer Teich mit Schwänen, auf dem man uns in der Gondel fuhr — kurz, so viel angenehm zerstreuende Dinge, daß wir die eigentliche Osterfreude, die kleinen, aus der Stadt mitgebrachten Geschenke, nebst Frau Susannens selbstgefärbten Eiern, die wir nach Tisch im Walde in abgesonderten Nestern von Moos aufsuchen mußten, fast vergaßen. — Ich werde plauderhaft, wie allemal, wenn ich auf dies Kapitel komme, doch schenken Sie mir wohl noch einen Augenblick Gehör! — Natürlich wurde immer auch das Schlößchen, zu welchem der Fasanenmeister als Kastellan den Schlüssel hatte, von oben bis unten durchstöbert. Es hatte noch zum Teil seine ursprüngliche Einrichtung, gewirkte, blumige Tapeten, blauseidne Kanapees und Marmortische mit vergoldetem Schnitzwerk; vom Plafond sah eine rosenstreuende Flora herab. In einem unverschlossenen Wandschrank der leeren Gemächer fand ich zuunterst neben Überresten von flitterhaftem Frauenputz drei oder vier defekte Bücher historischen Inhalts in sehr altväterischem Deutsch, mit welchen ich mich zur Zeit der ersten Lesewut, gern eine Stunde lang in eine Ecke setzte. Ein Gefühl der Vergangenheit, das von meiner Umgebung und ihrem verblichenen Luxus ausging, umflüsterte mich im Lesen halbbewußt wie das Summen einer einsamen Fliege an den erblindeten Fensterscheiben. — Unvergeßlich aber vor allem bleibt mir eine zufällige Begegnung mit unsrer alten Majestät. Wir waren im Walde nach Beeren gegangen, kamen wieder zurück und traten soeben unter den Bäumen hervor, als wir den König neben einer Dame auf einer Ruhebank vor dem Springbrunnen erblickten. Die andern hinter mir versteckten sich, mich aber hatte man bereits gesehen und herbeigewinkt. Der gute Herr war damals noch bei seinen hohen Jahren ungebeugt; er trug einen dunkelgrünen Mantel von eigenem Schnitt, mit einer Art von Schärpe, sein grauer Bart fiel bis zur Brust herab, ein Greis, so würdevoll und schön, wie man sich wohl die Könige des Altertums vorstellt. Er erkundigte sich nach meinen Eltern, zumal nach meiner Mutter, welche viel bei ihm galt, stellte ein kleines Examen mit mir an, worein sich die Schöne nach ihrer Art — denn es war niemand anders als seine unvermeidliche Freundin, Prinzeß Victorie — mit ihren Possen mischte. Am Ende gab er mir ein leichtes Rätsel in französischen Versen auf, und als ich es glücklich erraten hatte, verlangte er, ich soll mir etwas wünschen; ich konnte mich jedoch auf nichts besinnen und die Späße der Prinzessin verwirrten mich vollends. Inzwischen war der Wagen vorgefahren, der König stand auf und sagte beim Abschied: ‚Du sollst demnächst etwas erhalten, das dir gefallen wird.' Den andern Tag brachte man mir ein zartes Windspiel in das Haus, hellgrau von außerordentlicher Schönheit, auf dem Halsband ein silbernes Schild mit meinem Namenszug. Das niedliche Tier war viele Jahre mein steter Begleiter; sein Tod schmerzt mich noch jetzt und als man später das Schlößchen im Park abbrach, erfreute mich mein Bruder eines Tags, indem er eine von den alten Urnen, die das Portal verzierten, zum Andenken an jene Zeiten rettete und in den Garten setzen ließ, wo unser Hündchen in der Erde liegt."

Mit unbeschreiblichem Vergnügen hörte Nolten diese anspruchlosen, liebevollen Schilderungen an, bei denen sich in jeder Miene der Erzählerin die ganze Innigkeit ihres Gemüts abspiegelte. Keines von beiden aber konnte ahnen, wie bedeutend eben jener Schauplatz kindlicher Erinnerungen noch in der Folge für sie werden sollte.

Unterdessen fand sich auch der Bruder bei ihnen wieder ein, und das Gespräch nahm sogleich eine minder erquickliche Wendung, indem er zunächst gegen Constanzens Zärtlichkeit für alles was nur ‚du siècle passé' sei, als da wären alte Fürstenschlösser, uralte Eichenschränke, chinesische Vasen und dergleichen, seinen sehr unschädlichen Witz spielen ließ, schließlich jedoch mit vieler Selbstzufriedenheit das Resultat seiner baurätlichen Verhandlung mit dem Werkmeister vortrug, wobei billig den konservativen Wünschen des Schwesterchens alle Rechnung getragen worden sei.

Beim Abschied reichte Constanze dem Maler, wie er meinte, mit ganz besonders freundlichem Ausdruck die Hand.

In den eigentlichen Herzenszustand unseres Helden aber wird sich der Leser leicht versetzen können.

Von Anfang an gegen sich selber zu ehrlich, um die Gefahr nicht einsehen zu wollen, die seinen kaum erst wieder gewonnenen Frieden bedrohte, verbot er sich jeden phantastischen Wunsch, jeden verstohlenen Gedanken an ein Glück, das ihm unmöglich werden könne, dem alle äußeren Verhältnisse widersprächen. Allein wie schwer fand er es nur zu bald, einem solchen Vorsatze treu zu bleiben! Wie oft war er im Falle, sich mit Not, in Wiederholung aller Gründe des nüchternen Verstandes, aufs neue darin zu befestigen, wenn er, wie eben jetzt, von ihr herkommend, entzückt, berauscht von so viel Liebenswürdigkeit auf dem gewohnten Wiesenpfade heimwärts ging! — Gern hielt er sich alsdann, und so auch heute wieder am Ende eines langen Selbstgesprächs ein schönes Wort zu seinem Troste vor, das ihn unlängst der Zufall in einem fast verschollenen Dichter finden ließ:

> Zwar es verliert, wer Kraft hat zu entsagen,
> Doch leicht ist der Verlust vor dem Gewinne.

In eben diesen Tagen kehrte Larkens, der Schauspieler, von seinem Urlaub zurück.

Das Wiedersehn der Freunde sollte leider kein rein erfreuliches sein. Es hatte sich, wie wir schon wissen, in der Zwischenzeit bei Nolten mehr verändert als er den Mut gehabt, dem andern in die Ferne mitzuteilen, und unvermeidlich kam die traurige Entfremdung von der Braut alsbald zur Sprache.

Bei der reinen und schönen Idee, die sich Larkens von ihr, ohne sie je gesehen zu haben, seit lang gebildet hatte, begriff er schlechterdings die seltsame Verirrung nicht, deren man sie anklagte. Unmöglich konnte er das Mädchen schuldig glauben. Dies Unglück, wenn es irgend denkbar wäre, schien ihm so groß, daß alle die erstaunlichen Vorteile, die der Maler auf einer anderen Seite gewann, in seinen Augen fast zunichte gemacht wurden. Vorerst jedoch nahm er sich wohl in acht, der hartnäckig behaupteten Überzeugung Noltens entschiedener entgegenzutreten. War doch bereits nach der ersten, noch sehr gemäßigten Diskussion eine fühlbare Spannung zwischen ihnen entstanden, die er, um sich nicht vornweg allen Einfluß auf ihn zu benehmen, nicht noch vermehren durfte. Sie kamen wirklich deshalb eine Zeitlang seltener als sonst zusammen; auch machte schon der eine Umstand keinen geringen Unterschied in ihrem Verkehr, daß der Maler seine frühere Wohnung, worin sie Zimmernachbarn waren, auf Tillsens Wunsch mit einem vorteilhafteren Quartier in dessen nächster Nähe vertauscht hatte. Inzwischen konnte er nicht umhin, den Freund bei seinen neuen Gönnern einzuführen, die ihn bis dahin nur von der Bühne her kannten und schätzten. Wir werden ehestens an seinem Orte die Persönlichkeit des Mannes genauer in das Auge fassen und verweilen für jetzt nicht länger dabei.

Der Sommer ging nun auf die Neige. Ein schöner und fruchtreicher Herbst gab hergebrachterweise noch Gelegenheit zu manchem geselligen Fest in Gärten und Weinbergen, wobei sich Zarlins Gastlichkeit von je besonders auszuzeichnen pflegte. Die grauen Regentage kamen, und alles was indes in Bädern, auf dem Lande, oder sonst umher zerstreut gewesen, der Hof, der Herzog, die gesamte vornehme Welt und nicht am letzten auch unser gräfliches Geschwisterpaar zog nach der Stadt zurück.

In Noltens künstlerischem Tun und Treiben aber begann um den Anfang des Winters ein neuer hoffnungsvoller Abschnitt. Schon saß er eifrig über dem Entwurf zu einem größeren Ölgemälde, das er im Lauf der nächsten Monate als erste reife Frucht seines technischen Fleißes zu vollenden gedachte. Es war eine lebhaft bewegte Szene aus dem „König Rother". Er lernte das merkwürdige Gedicht vor kurzem durch den Hofrat Jaßfeld kennen, der eines Abends einige der herrlichsten Partien in schlicht prosaischer Bearbeitung bei Zarlins vorgelesen hatte.

Von diesem mehrerwähnten alten Herrn muß hier sogleich des näheren die Rede sein.

Er hatte sich vor etwa zehn Jahren vom Auslande kommend als Privatmann ohne Familie in der Stadt niedergelassen, wo er neben der längst verlassenen Sankt-Jakobs-Kirche eine still gelegene vormals geistliche Wohnung erkaufte. Die Abgeschlossenheit des Hauses und die darin herrschende Stille, Ordnung und Reinlichkeit erinnerte noch jetzt an die gewesene Kaplanei. Von Jaßfelds frühern Verhältnissen wußte man nur, daß er zuletzt in dienstlichen Beziehungen zu einem der ersten fürstlichen Höfe in Wien gestanden. Er besaß sehr wertvolle Kunstsachen, vornehmlich eine reiche Sammlung von Kupferstichen und alten Holzschnitten, auch, neben einer kleinen Auswahl echter Gemmen, eine viel umfassende Kollektion der schönsten Pasten; dagegen von Gemälden nur weniges bei ihm zu sehen war. Als ausgemachter Kenner wurde er von Künstlern sowohl wie Liebhabern nicht selten um sein Urteil heimgesucht, so rücksichtslos und schneidend auch mitunter die Form desselben sein konnte. Bei manchen auffallenden Sonderbarkeiten erschien er im Umgang mit den wenigen Häusern auf die er sich beschränkte, stets liebenswürdig, munter, ja spaßhaft, nach Umständen jedoch in solcher Art gemessen, daß jede zudringliche Frage nach seinen Personalien, seinen verschiedenen Aufenthaltsorten, soweit er selbst davon nicht reden wollte, vornweg durch diese Haltung abgeschnitten war.

Eine wundersame Zuneigung verriet er von der ersten Stunde der Bekanntschaft an zu Nolten; und so zwar, daß man zweifeln konnte, ob dies sympathische Gefühl mehr dem Künstler oder dem Menschen gelte. Wenn er aber von dem erstern und seinen wesentlichsten Eigenschaften wirklich um nichts geringer als Tillsen dachte, so war er mit dem Übergang zum neuen malerischen Studium durchaus nicht einverstanden.

Hier werde, hielt er dem Meister mit Unmut, fast hitzig, entgegen, ein eigenartiges, vorzügliches Talent nur abermals verführt, über seine natürlichen Grenzen zu gehen. Es werde nun und nimmermehr erreicht was man erstrebe. Die früheren Versuche, die er genau geprüft, bewiesen ihm dies ein für allemal. Der junge Mann werde am Ende unglücklicher als jemals sein. Er sollte, seinem Genius getreu, bei seiner ursprünglichen einfachern Darstellungsweise verharren, von der er wahrlich Ruhms genug zu hoffen habe.

Tillsen ließ sich dadurch im mindesten nicht irremachen; er bat sich ernstlich aus, daß Nolten nichts von diesem Widerspruch erfahre. Die Gräfin aber, mit welcher der Hofrat seit Jahren auf einem heitern Vertrauensfuß stand und der er denn auch jetzt seine Befürchtung nicht verschwieg, hatte, ganz auf Tillsens Seite stehend, nur ihren Scherz mit ihm als über eine seiner größten Ketzereien. „In Gottes Namen", rief er ärgerlich zuletzt, „so stecke man den guten Menschen bis über die Ohren ins Öl — ich habe keinen Teil an dieser Sünde!"

Hierauf nun wurde lange Zeit, da Nolten grundsätzlich von seinen Arbeiten vorerst nichts zeigte, kein Wort mehr über die Sache gesprochen. Der Alte blieb bei seiner Meinung, und selbst als gegen das Ende des Jahrs der stetig wachsende Erfolg der fraglichen Bemühungen am Tage lag, schien er sich nur mit einem stillen Vorbehalt einigermaßen zu beruhigen.

Um die Mitte Dezembers besuchte die Gräfin ihre nahe Verwandte und intimste Jugendfreundin, die mit ihrem Vater auf einem zwei Meilen von der Residenz entfernten Schloßgute lebte. Es galt nur einen Aufenthalt von wenigen Tagen; allein Fernanda erkrankte während ihrer Anwesenheit, der Anfall war bedenklich, und so konnte es Constanze, obschon Weihnachten vor der Türe stand, und mancherlei zu Hause auf sie wartete, nicht über sich gewinnen, sie der Pflege einer ungeschickten Zofe und einer noch ganz unerfahrnen jungen Nichte zu überlassen.

Indessen war der Herzog von seiner Mission zurückgekommen, und eben noch zur rechten Zeit, um den gewöhnlichen Festlichkeiten am Hofe und in der Stadt beizuwohnen, an denen auch der Graf, sosehr er dabei die Schwester vermißte, darum doch nicht weniger Anteil nahm.

Am sogenannten Silvesterabend wurde die Feier des wechselnden Jahres nach altherkömmlichem Gebrauch durch einen glänzenden maskierten Ball im Redoutenhause begangen.

Man hatte schon mehrere Stunden getanzt; es mochte elf Uhr sein. Wir suchen unsere Gesellschaft in einem von den beiden der Konversation gewidmeten Zimmern, zwischen denen ein breiter hell erleuchteter und wohl erwärmter Korridor gerade auf den Saal zuführte.

Unter den ältern und jüngern Herrn, die unaufhörlich hier aus und ein schwärmten, an kleinen Tischen durcheinander sitzend, Erfrischungen einnahmen, plauderten und lachten, bemerken wir nächst unserem Maler auch seinen theatralischen Freund. Er ist ein hagerer Mann von ungezwungenen, gefälligen Manieren. Sein lauernder Blick, mehr freundlich als tückisch, seine gelbe Hautfarbe und ein, wie es schien, vorzeitig verwittertes Aussehen konnte den ansprechenden Zügen im ganzen wenig Abbruch tun. Lebhaft umherschauend und meistens in unruhiger Bewegung verließ er seinen Stuhl ein übers andre Mal; er war mit aller Welt bekannt, von jedermann begrüßt, und sichtbar gefielen sich manche darin, gelegentlich ein Wort mit ihm zu wechseln. Einige junge Offiziere, an deren Gespräch er teilnahm, unterhielten sich lange damit, die bedeutendsten Masken aufzuzählen und einer kritischen Revue zu unterwerfen. Eine Kleopatra von der hübschen Frau eines bekannten Bankiers vorgestellt, übertraf an Pracht und Geschmack nach einstimmigem Urteil alles was man seit Jahren bei ähnlichen Festen gesehn. Nicht ebensoviel Lob erwarb sich ihr berühmter Günstling der Triumvir, trotz der ängstlichen Treue in Nachahmung des römischen Kostüms. Der edle Ritter von la Mancha mit seinen langen Beinen machte dagegen durch malerische Auffassung dieser Karikatur dem Herzog Adolf alle Ehre. Von den andern, mehr anmutigen Erfindungen gefiel vorzüglich ein Donauweibchen und ein junger Hanswurst in Trauer mit schwarz und weiß gewürfelter Jacke. Durch tieferen Gehalt jedoch bei dem geringsten äußeren Aufwand interessierte die Erscheinung eines unbekannten idealischen Nachtwächters. Es war eine Figur von hohem, frauenhaftem Wuchse in langem braunem Gewand. Der Klapphut fiel tief in die Stirne herab und ein paar kohlschwarze Augen sahen sehr ernst aus dem wächsernen, bräunlich gefärbten Gesichte hervor. Den Wächterspieß im Arm, das umgehängte Horn an einer schwer goldenen Kette erklärte den Charakter zur Genüge. Er teilte Zettel hin und wieder aus, auf Pergament mit altertümlichen Lettern beschrieben: Sinnsprüche, Rätsel, kurze poetische Betrachtungen — Auszüge, wie es schien, aus seinem geheimen Nachtbuch, in welchen er sich als ein übermenschliches Wesen und als den Schutzpatron der ehrenwerten Zunft bekannte, deren Abzeichen er an sich trug. Zwei oder drei dieser sinnreichen Widmungen gingen auch unter den gegenwärtigen Gästen von Hand zu Hand. Indem man nun hin und her riet und stritt, wer diese Maske sei, ließ Nolten von seiner Vermutung nichts merken, daß die ganze Erfindung von Larkens herkomme. Sie sah ihm allerdings ähnlich genug und selber die Leichtfertigkeit, mit der er den mystischen Inhalt einiger Blätter bespöttelte, schien diese Meinung zu bestätigen.

„Das artigste Stückchen indes, meine Herrn", sagte der Schauspieler jetzt, das Gespräch unterbrechend, mit listigem Blinzeln gegen seine Umgebung, „ist Ihnen wohl allen entgangen. Ein Riesenmensch in altdeutscher Studententracht, mit langen Sporen und kolossaler Tabakspfeife, hat sich lästig im Saale gemacht; er wird endlich in eine Ecke geschoben, ein kleiner Schornsteinfeger kommt herbei, knebelt ihm Hände und Füße, legt sein schwarzes Leiterchen am breiten Rücken des Ungetüms an, klettert flink mit Scharreisen und Besen an ihm hinauf, hebt ihm vorsichtig den Scheitel wie einen Deckel ab und fängt nach allerlei Grimassen an, den Kopf recht wacker auszufegen, indem er einen ganzen Plunder symbolischer Objekte herauszieht: einen täuschend nachgemachten Wurm von erstaunlicher Länge, ein seltsam gezeichnetes Kärtchen von Deutschland, eine Menge zerbrochener Kronen und eine größere ganze dabei, kleine Dolche, Biergläser und farbige Bänder. Dagegen wurden andere Sächelchen hineingelegt, worunter man ein griechisch ABC-Buch zu erkennen glaubte; alsdann bekam der Mann ein wenig Streiche und gleich darauf kroch höchst vergnügt ein rundes bescheidenes Pfäfflein aus der prahlerischen Hülle hervor."

Die Gesellschaft lachte herzlich über die echt Larkensische Lüge. Augenscheinlich war sie gegen das übermütige Betragen dreier Musensöhne gerichtet, woran man sich schon eine Weile zu ärgern gehabt. Offenbar auch tat der Stich seine erwünschte Wirkung, da die drei nach kurzer Zeit das Zimmer unter unverständlichem Murren verließen.

„Nun aber eine Frage!" so rief gegen Larkens gewendet, ein junger Bildhauer von rasch zufahrendem Wesen mit Namen Raimund: „was sagen Sie dazu, wie man den Feuerreiter produzierte? war das nicht lächerlich?"

„Abscheulich war's!" versetzte der Schauspieler. „Erst wußte lang kein Mensch, was es nur heißen wolle, erst hielt ich ihn für einen ehrlichen Schwager Postillon in gelbem Kollett und Reitstiefeln, der sich von ungefähr hieher verirrte, um ein Glas Wein in der Wirtschaft zu suchen, und doch hatte der Flegel so einen obligaten historischen Schritt, wie nur irgendein Held in Walhalla umhersteigen mag."

Ein auswärtiger Gast verlangte etwas mehr von diesem Gegenstande zu vernehmen. „Es ist eine hübsche Volkssage aus der hiesigen Altstadt", erwiderte Larkens. „Wenn Sie etwa über den Kornmarkt gehn, wird Ihnen ein altes, weitläuftiges Wirtshaus auffallen, wo gewöhnlich die Frachtfuhrleute herbergen. Es lehnt sich an einen runden Turm, der zu dem Haus gehört und wohnbar ist. Darin saß in den Zeiten des Dreißigjährigen Kriegs ein sonderbarer Kauz zur Miete; man nannte ihn den tollen Kapitän. Er soll in einem kaiserlichen Regiment Hauptmann gewesen sein und seine Heimatrechte durch irgendein Verbrechen verwirkt haben. Sein Schicksal machte ihn menschenscheu, mit niemand trat er in nähern Verkehr, ließ sich das ganze Jahr auch niemals auf der Straße blicken, außer wenn in der Stadt oder in der Umgegend Feuer ausbrach. Er witterte das jedesmal. Man sah ihn dann an seinem kleinen Fenster in einer roten Mütze totenblaß unruhig hin und wieder gehn. Gleich mit dem ersten Feuerlärm, nicht selten auch wohl schon zuvor und eh man nur recht wußte wo es brenne, kam er auf einem magern Klepper unten aus dem Stall hervorgesprengt und jagte spornstreichs unfehlbar der Unglücksstätte zu. Nun geschah's —"

„Mit Erlaubnis", unterbrach den Sprechenden hier der Bildhauer, welcher inzwischen weggelaufen war und eine Zither aus dem Saale brachte: „wollten wir nicht lieber gleich die schaurige Romanze zusammen vortragen, die ich von Ihnen habe? Ich wünschte wohl das Stück einmal wieder von Ihnen zu hören und es wird gewiß alle, die hier sind erbauen."

Mit Begierde ergriff die Gesellschaft den Vorschlag, zumal man den schönen Bariton des Schauspielers auf dem Theater selten und nur aushilfsweise, etwa im Vaudeville zu hören bekam. Ohne Umstände trat er, sein schwarzseidenes Dominomäntelchen über die Schulter geworfen, an das Ende des Zimmers, wo freier Raum genug gelassen war, und Raimund stellte sich, ihn zu begleiten, etwas abseits von ihm. Das Instrument stimmte, dem seltsamen Inhalt des Lieds entsprechend, mehr grell und ängstlich monoton als eigentlich melodisch zum Gesang, welchem ein mäßiges Spiel in Gebärden und Mienen erst seinen vollkommenen Ausdruck verlieh.

„Sehet ihr am Fensterlein
Dort die rote Mütze wieder?
Nicht geheuer muß es sein,
Denn er geht schon auf und nieder.
Und auf einmal welch Gewühle
Bei der Brücke, nach dem Feld!
Horch! das Feuerglöcklein gellt:
    Hinterm Berg,
    Hinterm Berg
Brennt es in der Mühle!

Schaut! da sprengt er wütend schier
Durch das Tor, der Feuerreiter,
Auf dem rippendürren Tier
Als auf einer Feuerleiter!
Querfeldein! Durch Qualm und Schwüle
Rennt er schon, und ist am Ort!
Drüben schallt es fort und fort:
    Hinterm Berg,
    Hinterm Berg
Brennt es in der Mühle!

Der so oft den roten Hahn
Meilenweit von fern gerochen,
Mit des heil'gen Kreuzes Span
Freventlich die Glut besprochen —
Weh! Dir grinst vom Dachgestühle
Dort der Feind im Höllenschein!
Gnade Gott der Seele dein.
    Hinterm Berg,
    Hinterm Berg
Rast er in der Mühle!

Keine Stunde hielt es an,
Bis die Mühle borst in Trümmer;
Doch den kecken Reitersmann
Sah man von der Stunde nimmer.
Volk und Wagen im Gewühle

Kehren heim von all dem Graus;
Auch das Glöcklein klinget aus:
   Hinterm Berg,
   Hinterm Berg
Brennt's! —

Nach der Zeit ein Müller fand
Ein Gerippe samt der Mützen
Aufrecht an der Kellerwand
Auf der beinern Mähre sitzen:
Feuerreiter, wie so kühle
Reitest du in deinem Grab!
Husch! da fällt's in Asche ab.
   Ruhe wohl,
   Ruhe wohl
Drunten in der Mühle!"

Ein rauschendes Bravo belohnte die Künstler am Schluß und man durfte wohl wünschen, sie hätten das Stück vor dem gesamten Publikum im Saal preisgeben können, um jenes ungeschickte Bild für immer auszulöschen und die poetische Figur des unglücklichen Reiters wieder zu Ehren zu bringen.

Bei diesen Unterhaltungen war Nolten zuletzt nur noch mit halbem Ohr gegenwärtig; er saß allein in einer Fensternische, den eigenen Empfindungen nachhängend. Vergeblich hatte er gehofft, die Gräfin noch im alten Jahr zu sehn. Sie hatte ihm jedoch erlaubt, vielmehr ihn ausdrücklich gebeten, ihr ein und das andere Mal zu schreiben, da sie von ihrem Bruder, als einem lässigen Korrespondenten, in solchem Fall gewöhnlich nur zum kleinsten Teil erfahre, was alles im eigenen Hause, in der Gesellschaft oder sonst vorgehen möge. Nolten speiste die Zeit her einige Male bei Zarlin, wo immer eine reiche Quelle von Tagesneuigkeiten floß; auch fand er den Herzog zweimal daselbst, und dieser Name durfte freilich, so gern er ihn vermieden hätte, neben andern nicht fehlen. Nun kam heute abend ein munteres Blättchen Constanzens, worin sie ihm mehrere Aufträge gab und zugleich ihre baldige Heimkehr verhieß.

Sogleich nahm er sich vor, ihr die erste, festlichste Stunde des Jahres allein am Schreibtische zu widmen. Er sehnte sich jetzt aus dem Lärm und Getümmel der Menschen hinaus und war soeben aufgestanden, als einer von den Offizieren halblaut zu ihm sagte: „Sehn Sie doch einmal dort nach der Glastüre hin! Es steht jemand dahinter, der eine ganze Weile schon kein Aug von Ihnen läßt; — wer weiß, ob Ihnen nicht ein hübsches Abenteuer blüht." Nolten wandte sich nach der bezeichneten Stelle. Es war die verschlossene Tür zu einem Kabinett, das unbenützt und unbeleuchtet blieb. Dicht hinter den spiegelnden Scheiben bemerkte er, völlig im Licht, die schlanke Gestalt des Nachtwächters. Der fremde, starr und durchdringend auf ihn gerichtete Blick verschlang gleichsam den seinigen. Nicht wissend, was er davon halten sollte, und sonderbar unangenehm dadurch beengt, kehrte Nolten sich ab. Ohne auf das neugierige Lächeln der Nachbarn zu achten, griff er nach seinem Hut und schaute sich nach Larkens um, welcher indes verschwunden war. Er ging, denselben im Saale zu suchen, doch weil er ihn dort schon von fern mit dem Herzog, dem Grafen und einigen Damen in lachendem Gespräch begriffen sah, so trug er im Vorübergehn nur Raimund ein flüchtiges Wort an ihn auf, um eilends wieder den Ausgang zu gewinnen. Allein unter der Tür traf er abermals und zwar unmittelbar auf jene unheimliche Maske. Sie trat ihm mit Bescheidenheit, fast schüchtern, in den Weg, zog ein versiegeltes Blatt aus dem Busen und schob es ihm zu, wobei sie ihn mit einem sanften Druck beim Handgelenk anfaßte. Verlegen, widerwillig dankte er kaum mit Kopfnicken, nahm seinen Mantel in Empfang und eilte weg.

Obgleich er nun nichts weiter in diesem Gaukelspiel zu finden glaubte, als die neckische Zudringlichkeit einer Person, die ihre Rolle ungebührlich überschritt, so ließ der Auftritt doch ein störendes Gefühl in ihm zurück, von welchem er sich vor der Rückkehr in seine vier Pfähle noch erst durch einen kurzen Gang befreien wollte.

Es ging stark gegen Mitternacht, der Himmel war hell und es hatte gefroren. Der Hauptstraße folgend gelangte er bald auf den weiten Kirchplatz, welchen einzelne Gruppen von Menschen, in der Absicht das Neujahr zu begrüßen, vergnüglich belebten. Ein geplatteter Fußsteig führte ihn seitwärts allmählich zur Höhe der sogenannten Burg zwischen Gärten und kleinen Häusern hinauf, von wo man auf der letzten Terrasse die größere Hälfte der Stadt übersah. Es war die ehmalige Residenz der alten Herzoge, ein ganzer Kreis von massiven Gebäuden, mit Überresten früherer Befestigung, nun einem Teil der Garnison sowie verschiedenen Kollegien eingeräumt.

Der Maler stand an eine Planke des Schloßgrabens gelehnt und ruhte im Anblick der unter ihm liegenden Stadt mit ihren hellen, schneebedeckten Dächern und tief schwarzen Schatten. Zerstreute Lichter blitzten hin und wieder aus dem Winterduft, Equipagen rollten ab und zu, und außer ein paar voreiligen Freudenschüssen in der Vorstadt verletzte kein Laut das Gefühl der allgemeinen feierlichen Stille.

Jetzt aber schlug das letzte Viertel auf dem Turm von Sankt Alban, der seine leichte, zierlich durchbrochene Pyramide in das klarste Nachtblau streckte. Hoch und höher emporgehalten, dünner und dünner schwebte der Faden der Zeit. Bereits sah man die Zinkenisten mit ihren Instrumenten und Windlichtern auf die obere Galerie heraustreten. Schon ließen sich von der entfernten Paulskirche herüber einige klagende Töne vernehmen; sie wurden diesseits erst nur zaghaft, dann mehr und mehr in mutigen, frohen Akkorden erwidert: jene schienen das scheidende, diese das kommende Jahr zu bedeuten, und beide begegneten sich in einer Art von Wechselgesang, der am lebhaftesten wurde, als endlich die Glocken auf den verschiedenen Punkten der Stadt die Stunde ausschlugen. Diesseits ging die Musik alsbald in rasche, kühne Melodien über, während daß es von drüben immer schwächer und schwächer herklang, bis mit dem fernsten Glöckchen, das wie silbern durch die reine Luft erzitterte, die traurigen Klarinetten den letzten sterbenden Hauch versandten. Es folgte eine kleine Stille, und das vorhandene Jahr trat nun auf beiden Seiten in vollem Triumphe hervor.

Auf der Scheide der Zeit, die ihm hier so rührend versinnlicht wurde, wie hätte wohl der Maler auf diese inhaltsschwerste Periode seines Lebens auch nur den flüchtigsten Rückblick, ohne eine wehmütige Regung tun können! Allein zu lange schon darin geübt, sich jene schmerzlichen Erinnerungen fernzuhalten, überschaute er vielmehr mit einem hohen, frommen, ihm längst beinahe fremd gewordenen Dankgefühl die hoffnungsvolle Gegenwart.

Wir führen hier nicht weiter aus was alles in diesen kurzen Augenblicken sich vor seinem bewegten Geist zusammendrängen mochte, und folgen ihm den Berg hinab durch die ruhiger werdenden Straßen der Stadt.

Bald saß er denn auf seinem warmen Zimmer umgekleidet bei der Lampe, mit still gesammelten Gedanken, Constanzens jüngste Zeilen auf dem Tisch vor sich. Indem er die Feder ansetzte zu schreiben, fiel ihm der Zettel vom Redoutenhause, den er eben verdrießlich beiseite gelegt, aufs neue unwillkommen in die Augen, und wider Willen, nur um seiner los zu sein, erbrach er rasch das Siegel.

Die Aufschrift des folgenden Textes war: „*Aus dem Buche des Wächters, vom vorletzten Jahre. Silvesternacht.*"

„Im Dorf ist tiefe Ruh. Vernehmlich rauscht nur ein Brünnlein dort durch die Stille der Nacht; hin und wieder stöhnt ein müdes Tier in den Ställen. Ich wandle die Gasse hinauf, an der Kirche vorbei. Da steht einzeln ein freundliches Haus; ich kenn es seit lange. Ich trete seitwärts in den Garten vor das Fenster nächst dem Apfelbaum. — Vergönne mir du Haus des Friedens einen Blick in deine Gemächer! Mein Auge ist geheiligt wie das eines Priesters. Es belauschet die Nächte der Fürsten und die Schlummerstätten der Armen im Volk, und meine Gebete erzählen dem Himmel was ich gesehn. — Sieh da, die Kammer des Mädchens, dessen Verlobter ferne lebt. Wie ruhig atmet die Schlafende dort! Ihr liebliches Haupt ist hinab nach der Seite des Lagers gesenkt; der Mond scheint zum kleinen Fenster hinein, er berührt nur kaum das unschuldige Kinn. Eine blühende Hyazinthe neigt ihre blauen Glocken gegen das Kissen und mischt ihren Duft in die Frühlingsträume der Braut, indes der Winter diese Scheiben mit Eise beblümt. Wo mögen jetzt ihre Gedanken sein? Auf dieser Decke seh ich seltsame Figuren eingewoben, hundert segelnde Schiffe. Vielleicht ruhte ihr sinnender Blick darauf, noch kurz eh sie das Lämpchen löschte; nun träumt sie den Geliebten weit in die See hinaus verschlagen und ihre Stimme kann ihn nicht erreichen. Wenn er dir nimmer wiederkehrte! dir untreu wäre, gutes Kind! — — Aber du lächelst auf einmal so selig, wähnst ihn im Arme zu halten, fühlst seinen Kuß. — Was sollte er auch suchen, das er nicht bei dir fände? Schönheit und Jugendreiz? Ich weiß nicht was die Sterblichen so nennen: hier aber muß der Himmel selbst mit Wohlgefallen auf seine Schöpfung niedersehn. Verstand und Geist? O schlüge sich dies Auge auf! aus seiner lichten Tiefe leuchtet mit Kindesblick die Ahnung jedes höchsten Gedanken. Wie, oder Frömmigkeit? Ihr bescheidenen Wände bezeuget, wie oft ihr sie habt knien sehn, wenn alles rundum schlief. — — Du bist ernst geworden, mein Töchterchen! Wunderlich wechselt dein Traum! Gott helfe dir aus aller Not und schenk euch ein fröhlich Neujahr."

Mit flammendem Gesicht, voll Entrüstung und Schmerz, hatte Nolten das Blatt hingeworfen, noch eh er es bis auf die Hälfte durchlesen: Es war von Larkens, wie er augenblicklich sah, wie selbst die angenommene Handschrift kaum verleugnen wollte.

„Was soll, was soll mir das?" rief er, mit Heftigkeit im Zimmer auf und nieder gehend, aus: „nachdem alles vorüber und abgetan ist, wozu noch der vage, phantastische Ausfall auf mein Gewissen? Kann er noch daran zweifeln, daß *ich* der Aufgeopferte, ich der Betrogene bin? Kann er noch hoffen, mich zu widerlegen? Soll ich gezwungen sein, die ganze Bitterkeit des ausgelebten Jammers und meiner Schmach noch einmal vor ihm durchzukaun?"

Die Verwirrung, der Unmut des Malers war um so größer, je gewaltsamer die Ableitung der stillen glücklichen Gefühle war, die ihn soeben noch beseelten.

Mit Schrecken fiel ihm unter anderem ein, der Schauspieler habe vielleicht in allzu geschäftigem Eifer für ihn irgend Schritte nach außen getan, Nachrichten eingezogen, die seiner Ansicht scheinbar günstig wären und doch nur dazu dienen könnten, die traurige Vergangenheit von neuem peinlich aufzurühren, die unvermeidliche Trennung nur um so schneidender zu machen. Er fühlte sich durch den Zwang verletzt der ihm angetan werden sollte, verletzt auch durch die Form der gegenwärtigen Insinuation, die etwas Ungehöriges und wenn man will Gesuchtes hatte, das doch Larkens' Sache sonst nicht war.

Er nahm das Blatt vom Tisch, las es von Anfang bis zu Ende und versank darüber in tausend schmerzliche Betrachtungen und Sorgen.

Jetzt hörte er rasche männliche Schritte vor seiner Tür und gleich darauf die Stimme des Schauspielers: *„Ich* bin's nur!" sagte er und trat herein: „Verzeih, wenn ich dich störe. Ich führte den Hauptmann [...] nach Haus — er ist, wie Monsieur Jean der Oberkellner sich euphemistisch auszudrücken pflegt, sternhell. Mein Rückweg ging bei dir vorbei, ich sah noch Licht in deinem Fenster und fand die Haustür offen: vielleicht, dacht ich, wir schwatzen noch ein wenig, denn wer mag heut zu Bette gehn?"

„Du kommst mir sehr gelegen", sagte Nolten so trocken als möglich.

„Mich wacker auszuschelten, ohne Zweifel."
„Dazu ich wohl einige Ursache hätte."
Sie nahmen beide Platz einander gegenüber und Larkens fuhr fort: „Aufrichtig zu gestehn, mein sentimentaler Nachtwächter war eben nicht das feinste Mittel, um dich zu erinnern, daß du mir noch ein offenes Wort in deiner Sache schuldig seist. Vor allem sollst du aber hören, wie ich dazu gekommen bin. Zunächst ist eine schöne Kollegin von der Oper schuld. Nach einer Probe neulich im Theater nimmt mich die Salome beiseit, spricht angelegentlich von der Neujahrsredoute, sie wünsche eine Maske von ruhigem, bedeutendem Charakter und ich versprach etwas Derartiges für sie zu erdenken. Von meinen Vorschlägen gefiel ihr der Nachtwächter höchlich und con amore schrieb ich denn ein Quodlibet, ein Kartenspiel poetisch-sibyllinischer Weisheit aus meinem alten Papierwust zusammen, wobei es wahrhaftig im Anfang für dich auf nichts Besonderes abgesehen war. Erst mitten in der Arbeit stach mich von ungefähr der Kitzel an. — Nun, laß dich meine ungeschickte Phantasie nicht verdrießen. Ist dir das Thema lästig, ei, mich zwackt und peinigt eben auch etwas. Ich bringe den Gedanken, daß hier ein ungeheurer Irrtum sei, nicht aus dem Kopf, eh mir das Gegenteil bewiesen ist, daß ich's mit Händen greifen kann. Deine wunderliche Zurückhaltung über die wichtigsten Punkte hätte mich bald zur Verzweiflung gebracht. Denk dich an meine Stelle. Ich bin zwei Monat auf Urlaub aus, sehe ganze sechs Wochen keine Zeile von dir, bis du von deinen Glückssprüngen meldest und das so kurz wie möglich, mit einer dunkeln Andeutung am Schluß, aus der ich nichts zu machen wußte. ‚Glückzu', rief ich, ‚sein Weizen blüht, und eh das Jahr um ist, erleb ich eine Hochzeit.' Voll Erwartung komm ich denn endlich zurück und finde dich beim ersten Gruß kleinlaut, gedrückt, beengt, als stäke dir ein Knebel zwischen Herz und Kehle. ‚Wie steht's in Neuburg?' frag ich, ‚was sagen sie zum künftigen zweiten Hofmaler? wann holen wir das Schätzchen ab?' Da wirst du blaß und kehrst dich weg und sagst: ‚Nimm an, das Mädchen sei gestorben, begraben und beklagt.' — Ich stand wie vor die Stirn geschlagen. Nach und nach bringst du mir denn eine ärgerliche Geschichte vor, sehr abgebrochen, sehr summarisch, davon ich ungefähr soviel verstand, daß deine Braut sich über Hals und Kopf in einen Gelbschnabel vergaffte, daß du dich aller Pflichten quitt und ledig haltest, und zwar ohne

das Mädchen auch nur mit einer Silbe zur Rechenschaft gezogen zu haben. Da stand ich! Schau, hätte mir einer damals bei meiner Ankunft als erste Neuigkeit ganz atemlos auf der Straße verkündigt: ‚Der Nolten sitzt im Kriminalarrest, er hat beim Herzog einen Brillant eingesteckt!' — das wäre zum Lachen, nicht wahr? Und du mit deiner monströsen Anklage wolltest, ich soll das schlechthin Unglaubliche so ein für allemal als bare, leidige Tatsache hinnehmen, als wär's ein Unfall, eben wie hundert andre auch, worüber man sich allenfalls ein paarmal auf dem Absatz herumwirft und schließlich so mit einem Kavaliersfluch auf das ganze Geschlecht hingeht, um nach wie vor sein Tarock im Caféhaus zu machen. Die drei oder vier Beweisstücke, auf die du meines Wissens ihre Verurteilung gründest, sie werden mir beharrlich vorenthalten. Kurios! sonst kam kein Brief von dort, kein liebes Wischchen mit Blumengruß und Löcklein Haar, daran ich mich nicht auch ergetzen durfte, und jetzt, da es sich um das ganze Verhältnis, um Leben oder Sterben für sie handelt, machst du mir halb ein Geheimnis daraus. Herr Bruder, ein so lang gewohntes, hübsches Vorrecht als mir bis dahin eingeräumt war, gibt man nicht ohne weiteres auf. Ich ließ dir Ruh bis jetzt; es stand zu hoffen und ich zählte darauf, daß irgendeine Teufelei, ein Mißverständnis oder ich weiß nicht was an den Tag springen werde, um alles höchst natürlich aufzuklären: vielleicht ein bloßer Mädchenscherz, beim Pfänderspiel im Gärtchen in Sonntagslangerweile ausgeheckt, einen albernen Burschen zu necken, den man verliebte Zettel finden ließ, wozu Agneschen den Witz herleihen mußte — kurz hundert Möglichkeiten dacht ich mir. Was kann nicht Bosheit, Neid, Verleumdung aus dem unschuldigsten Anlaß machen! An dich war nun aber mit so etwas gar nicht zu kommen. Bei jeder Anspielung wichst du von fern schon aus, als käm dir ein glühendes Eisen zu nah. Was scheut denn eigentlich mein Freund? Darf ich's ihm sagen? Er sorgt, mir möchten über dem Detail der Sachen unzeitige Zweifel aufsteigen, ich rücke ihm mit einem Haufen falscher, längst widerlegter Argumente über den Hals, stellte im Notfall gar auf eigene Hand Recherchen an, nicht wahr?"

„Du irrst", versetzte Nolten ruhig, „und tust mir Unrecht, Larkens. Ich habe dir, zum wenigsten mit Willen, nichts verschwiegen."

„Die Briefe aber, die ich doch gern selber sähe? der Brief

des Architekten, die Blätter des Mädchens an ihn, die Erklärung des Vaters?"

„Ich hoffe", sagte Nolten, „du begreifst, daß man Andenken dieser Art sich je eher je besser bis auf die letzte Spur aus dem Gesichte schafft."

„Also wirklich?" rief Larkens aufspringend — „ich hielt's für einen Vorwand — Nun wahrlich, das ist schade, bei Gott, das ist sehr schade!"

Es entstand eine Pause. Larkens nahm sich zusammen und fing dann in gefaßtem Tone wieder an:

„Du hast wohl aus Neuburg seit dem vorigen Sommer nichts weiter gehört?"

„Kein Wort. Der Baron ist bei seiner Schwester in Kurland."

„Inzwischen kann sich aber viel begeben haben. Das sollte man doch wissen. Sieh, wenn ich mir so deine jetzige Lage betrachte, wie günstig sie in jeder Rücksicht ist, seitdem du dich in deiner Kunst zurechtgefunden hast, wie du in vollem Zug mit allen guten Winden fährst — ich denke tausendmal, dem Nolten ist doch nicht wohl dabei, es ist ein Haken da, der ihm zu schaffen macht, etwas das ihn innerlich scheucht und unbehaglich macht; und dies, was mag es sein? gesteh es nur, ein ungelöster Rest Vergangenheit, dem du genugtun mußt."

„Daß ich nicht wüßte!"

„Wirklich nicht? Dann um so schlimmer, könnt ich sagen. Es sei dem aber wie es will, mein Rat bleibt immerhin, du solltest dir Klarheit verschaffen. Frisch — sagte mein Vetter in ähnlichen Fällen — brich nur die Dielen auf, wenn es um dich wo stinkt, die tote Katze wird sich finden. Der Teufel ist ein Schalk. Ja, ich an deiner Stelle würde glauben, der Boden unter meinen Füßen wäre hohl, um stündlich einzusinken. Nicht fingerbreit Spielraum wollt ich dem Zufall über mich lassen. Herr seines Schicksals bleiben, soviel am eigenen Verstand und Willen liegt, ist eine schöne Sache. — Hör einen Vorschlag, Nolten: schick mich hin! mit oder ohne Vollmacht — in fünf Tagen — ich reise Tag und Nacht — hast du Bescheid —"

„Freund! Freund!" unterbrach ihn der Maler, „halt ein! mir schwindelt! Wie? jetzt noch untersuchen, inquirieren? Wem seine Hütte verbrannt ist, sein Garten verwüstet, was hilft's ihm zu wissen, wie alles geschah, wo der erste höllische Funke hinfiel? Warum mir aufs neue den Blick mit Gewalt nach der traurigen Stelle hinkehren, da es nichts mehr zu retten, nichts gutzumachen gibt. Sie hat mir entsagt, stillschweigend, wie ich ihr — was braucht es weiter?"

„Entsagt? — vielleicht hat sie auch nicht und hofft und hofft noch heute. Entschließ dich, laß mich hin! Was wagst du dabei? Hat der Fuchs deinem Hühnchen auch nur eine Feder geknickt, so will ich den Prozeß für sie verloren haben; du aber hättest immer *eins* gewonnen: einen reinen Abschluß, freies Feld vor dir — das ist nichts Kleines."

„O Larkens, sprich nicht so! Du denkst vielmehr auf Ausgleichung um jeden Preis. Nein, nein — und wenn ihre Liebe im Bußgewand, unter Engelsschutz mir entgegenweinte, ich müßte meine Arme sinken lassen, sie fände ihre alte Wohnung nicht mehr."

Bei der heftigen Bewegung, in welche Nolten mehr und mehr geriet, fand es der andere ratsam das Gespräch gelinde abklingen zu lassen, und endlich schieden sie, gleich unbefriedigt beide, voneinander.

Zu Hause auf seinem Zimmer angekommen saß Larkens noch eine ganze Weile gedankenvoll bei der Lampe am Kamin, stand auf und zog aus einem Schubfach seines Schreibtischs ein grünes Etui mit dem Miniaturbild der Braut hervor, das er sich einst von Nolten hatte schenken lassen. Er sah es lange an und rief zuletzt: „Es hilft und hilft dir nichts — du mußt mir beichten, Kleine, was an dem Märchen ist! Wir rücken eher nicht vom Fleck, wir treiben eine Schraube ohne Ende. — — Warum du dich nur sträuben magst? Wär's Grille, bloßer Eigensinn? Dergleichen las ich nie auf dieser klaren Stirne. Kind, Kind! fürwahr es fehlt nicht viel, daß du mich selbst noch stutzig machst."

Wir lassen diese Apostrophe, die auf einen heimlich mit der Braut gepflogenen Verkehr des Schauspielers deutet, hier besser unerklärt, um sofort dem teilnehmenden Leser den ganzen Zusammenhang der Dinge zu eröffnen. Zu diesem Ende gehen wir mit unserer Erzählung um acht oder neun Monate zurück.

Das Verhältnis der beiden Verlobten stand in der wünschenswertesten Blüte, als Agnes, deren kräftige Gesundheit bis dahin nie die geringste Störung erlitten, durch eine Nervenkrankheit dem Tode nahe gebracht wurde. Der kritische Zeitpunkt ging indes glücklich vorüber und die Genesung hatte den günstigsten Verlauf.

Im Frühling um die Osterzeit erlaubte ihr der Arzt zum ersten Male wieder die freie Luft zu kosten. Es war an diesem Tage ein Verwandter, Otto Lienhard, im Hause gegenwärtig, ein junger Mann, der seine Station als Zivilingenieur bei der Landesvermessung in dem benachbarten Städtchen hatte. Bei einem gefälligen Äußern und musterhaften Sitten besaß er manches angenehme gesellige Talent, das ihn allenthalben empfahl. Man speiste munter zu Mittag und Agnes durfte den Vetter nach Tisch beim wärmsten Sonnenschein eine Strecke gegen die Stadt hin begleiten.

Wie neugeboren unterm offenen Himmel genoß sie das erhebende Vergnügen der wiedergeschenkten Gesundheit, das sich mit nichts vergleichen läßt. Sie sprach nur wenig, eine stille, gegen Gott gewendete Freude verschloß ihr den Mund und schien ihren Fuß im leichten Gang vom Boden aufzuheben; ihr war als wenn ihr Inneres nur Licht und Sonne wäre. Sie kehrte früher um und nahm Abschied von Otto, damit sie sich ganz ungeteilt dem Überflusse des Entzückens und des Danks hingeben könne.

Ihr Weg, ein näherer Fußpfad, führte sie am Saume eines Birkenwäldchens hin, bei dessen letzten Büschen sie, da wo man wieder in die ordentliche Straße bog, eine Zigeunerin allein im Schatten sitzen fand, eine Person von höchst ansprechenden Zügen und trotz ihres gesetzten Alters noch immer von jungfräulichem Aussehen. Man grüßte sich; Agnes ging weiter, und hatte kaum zehn Schritte getan, als sie bereute, die Fremde nicht angeredet zu haben. Sie wandte um, und, auf dem Rain bescheiden neben ihr Platz nehmend, knüpfte sie ein Gespräch mit ihr an, das aber bei der Trockenheit und Kürze ihrer Antworten — sie sprach ein stark gebrochenes Deutsch — geringen Fortgang hatte.

Die Zigeunerin kam vom Städtchen her. Sie führte einiges von Waren, sehr feine Stroharbeit, auf Teppichart gemusterte Tischblätter, zu einem leichten Pack gerollt, bei sich, und Agnes wünschte sie zu sehen. Gleichgültig schnürte die Verkäuferin die Rolle auf, gleichgültig hörte sie das aufrichtige Lob der überraschend hübschen Probe einer halbwilden, wenig bekannten Industrie. Agnes, die nicht mit Geld versehen war, erbot sich freundlich, ihr, wenn sie zunächst durch Neuburg käme, verschiedene Häuser zum Absatz ihrer Ware nachzuweisen; allein die Antwort war, ihr Weg sei nicht dahin; sie bezeichnete einen

Ort in der Nähe, wo ihre Leute rasten würden und sie erwarteten.

Die Unterhaltung ging bald völlig aus; dennoch verweilte Agnes noch; das Ausruhn tat ihr wohl, und außerdem war sie von dieser Person so eigentümlich angezogen, daß sie sich ganz in ihr vergaß. Ein heimatloses Menschenkind, gewohnt, auf kümmerliche Weise, widerwillig, sein Leben zu gewinnen und seine Wohlgestalt in bettelhaftem Aufzug durch die schnöde Welt zu tragen, gegen die es als einzige Waffe nur seinen angeborenen Stolz vorkehren kann; der stille, schwermütige Ausdruck dieser Augen, aus deren Schwärze kaum zuweilen, wenn sie einmal den Kopf erhob, etwas wie ein entferntes Wetterleuchten brach, was gab ein solcher Anblick dem gutherzigen Mädchen nicht alles auf und ab an ihr zu denken und zu raten!

Nun aber wandte sich die braune Dirne mit einemmal an ihre Nebensitzerin, indem sie ganz gelassen sagte: „Der junge Mann, den du hier ausgefolgt, ist zwar dein Liebster nicht, doch, denk an mich, er wird es werden."

Agnes, obgleich unangenehm durch dieses Wort berührt und selbst etwas bestürzt, zwang sich zu einem Lächeln. „Bewahre Gott", versetzte sie, „bin ich doch schon verlobt!"

„Das bist du wohl; der andere aber bleibt dir nicht."

„Er bleibt mir nicht?" — — (Hier wechselte Agnes bereits die Farbe.) „Wie sollte ich ihn denn verlieren?"

„Es ist nicht deine Schuld."

„O wessen denn?"

„Verstehe recht: sein Stern ist wider den deinen. Die Geister necken sich und machen mit den Herzen Krieg."

Das gute Mädchen blickte starr, nachdenklich vor sich in den Schoß. „Ja", flüsterte sie und ihre Augen füllten sich mit Tränen: „so ist es, ja so ist's! — O hat es mir doch lang geahnt!"

Die ungebetene Prophetin mochte eine so heftige Wirkung ihrer verhängnisvollen Reden nicht erwartet haben. Offenbar ließ sie der Schmerz des Mädchens nicht ganz ungerührt. „Sei wacker", sagte sie mit Eifer in ihrem wunderlichen Halbjargon, „sei wacker, Kind, du bist nicht klug! Dir ist dein Glück behalten. Läßt dich die Lieb mit der einen Hand los, schon hat sie dich auch bei der andern. Sieh zu, was werden will, tu keinen Widerstand. Denk an die Else-Fryne, die dir dies alles sagt, weil dir's zu wissen frommt. — Zum letzten dies: bevor ein Jahr um ist, sollst du davon niemand ein Titelchen verraten; es möchte sonst gefehlt sein; merke das."

Hier stand sie auf, zu gehn. Agnes gab ihr die Hand und reichte ihr zum Abschied ein schönes seidnes Tuch, das sie sich warm vom Hals losknüpfte und das die Dirne nicht ungern zu nehmen schien. „Ade, Ade! Sei gutes Muts und halte mir ja den hübschen Knaben wohl."

Mit diesen Worten lief sie weg, quer über die Fahrstraße, um einen Feldweg nach dem Tal zu einzuschlagen, bei welchem sie noch einmal rückwärts grüßte.

Nun war Agnes allein, und in welcher Verfassung! Sie glaubte einer fremden, entsetzlichen Macht anzugehören, sie hatte etwas erfahren, das sie nicht wissen sollte, sie hatte eine Frucht gekostet, die unreif von dem Baume des Schicksals abgerissen, nur Unheil und Verzweiflung bringen müsse. Ihr Busen stritt mit hundertfältigen Schreckbildern und ihre Phantasie war im Begriff den Rand zu übersteigen. Sie hätte sterben mögen oder sollte Gott das fürchterliche Gedächtnis jener Aussprüche von ihr nehmen, die sich wie Feuer immer tiefer in ihre Seele gruben.

Erschöpft kam sie nach Hause und legte sich sogleich mit einem leichten Frost. Dessenungeachtet ließ sie sich, ihr Unwohlsein verschweigend, die älteren und jüngsten Briefe Noltens auf das Bette bringen. Allein was konnte sie für Trost aus ihnen schöpfen? Das liebevollste Wort, die zärtlichsten Versicherungen, schon gleichsam angeweht vom vergiftenden Hauche der Zukunft, betrachtete sie wie man getrocknete Blumen betrachtet, die man vorlängst als Zeugen glückseliger Stunden eingelegt: ihr Wohlgeruch ist weg und bald wird jede Farbenspur daran verblichen sein.

Der Fieberanfall hatte keine Folgen und eigentlich hielt man das Mädchen für gesund. Was insgeheim in ihr arbeitete, erschien nach außen nur wie eine Anwandlung von Traurigkeit, die man auch sonst von Zeit zu Zeit an ihr bemerkte und worin der Vater nicht viel mehr als eine Art Verstimmung sehen wollte, wie sie der Brautstand hin und wieder natürlich mit sich bringen möge. Sie suchte viel allein zu sein, war immer in Gedanken und brach auch wohl einmal in laute Klagen um den entfernten Geliebten aus, den sie mit Sehnsucht herbeiwünschte.

Auffallend war ihr ganz verändertes Benehmen gegen Otto,

bei seinem nächsten Besuch im Forsthause. Kaum überwand sie sich, ihn nur zu sehen. Er hatte ihr vergangenen Winter Unterricht im Gesang und auf der Laute gegeben; sie hatte selbst den Wunsch gehabt und dabei allen möglichen Eifer bewiesen. Die Krankheit machte eine Unterbrechung; jetzt aber, da man füglich davon sprechen konnte, die Stunden wieder zu beginnen, wich sie verlegen aus, indem sie ihre Gesundheit vorschützte, und Vetter Otto ging deshalb empfindlich weg.

„Der gute Mensch dauert mich", sagte der Vater, „wir müssen ihn ja bald wieder versöhnen. Er wird vielleicht nicht lange mehr in unsrer Nähe sein, und da mein ich, du solltest noch so viel wie möglich von seiner Musik profitieren."

„O Vater", versetzte sie rasch mit bebender Stimme, „wenn Ihr mir das doch ganz erlassen wolltet."

„Was fällt dir ein? Wie kann man einer Sache, daran man seine größte Lust gehabt, im Handumkehren überdrüssig sein? — Du wolltest deinen Liebsten, wenn er kommt, mit dieser neuen Kurzweil überraschen."

„Wohl — wohl —" antwortete sie, in ein heftiges Weinen ausbrechend: „ich fing es ihm zuliebe an, damit er künftig wenigstens doch *ein* Vergnügen derart von mir habe — was will es aber heißen! Ich bin ein gar zu bäurisches, einfältiges Geschöpf! mir fehlt zuviel, zuviel, ach wahrlich alles fast — ich kann den Theobald nie glücklich machen!"

Der Förster staunte, schüttelte den Kopf: „Woher doch, um des Himmels willen, kommt dir das so auf einmal an?"

„Nicht jetzt erst, Vater, wie Ihr meint, und nicht von ungefähr! Seit lange geht es mit mir um, nur daß ich mir es immer selbst verbarg. Vorigen Herbst, wie er das letztemal da war, saht Ihr denn nicht, daß er oft Langeweile bei mir hatte, daß ihn etwas beengte, stocken machte? Schaut, wenn er bei mir saß, mir seine Hand hinlieh und ich verstummte, nichts in der Welt begehrte, als nur ihn anzusehen, ihn reden zu hören, dann lächelte er wohl, ach und wie gut, wie ehrlich! Und doch, wie oft dann mitten in der hellen Freude stahl ich mich aus dem Zimmer weg, zu weinen, und verhehlte ihm, was eben an mich kam! — ach, denn ich fürchtete, er gebe mir im stillen recht, ich wollte ihm nicht selber darauf helfen, wie ungleich wir uns seien, wie gar nichts er im Grunde an mir habe."

So fuhr sie eine Zeitlang fort und endigte zuletzt mit bittern Tränen. Ein andermal dann kam es auch wohl vor, daß sie sich mitten in einer solchen Aufregung zusammennahm, gleichsam gegen den Strom ihres Gefühls zu schwimmen strebte, und mit dem Ton des liebenswürdigsten Stolzes fing sie sich selbst zu messen, sich zu vergleichen an. Die blasse Wange färbte sich ein wenig, ihr Auge leuchtete, es war der rührendste Streit zwischen leidender Demut und edlem Selbstgefühl.

Überhaupt verleugnete sich ihr natürlicher Sinn, ihr klarer Verstand anfänglich keineswegs so ganz, daß er sich ohne weiteres hätte gefangengeben sollen. Sie machte mehr als einmal in einsamen Stunden des Tages und der Nacht den redlichen Versuch, jene drohende Einflüsterung des Weibes mit Gründen der Vernunft und Religion zu widerlegen. Sie dachte an die Möglichkeit von Täuschungen aller Art, sie schalt sich abergläubisch, töricht, schwach, und fiel doch immer gar bald wieder in Zweifel und Kleinmut zurück.

Fast unerträglich wurde dieser Zustand durch die Qual des ihr auferlegten, unbedingten Schweigens, besonders durch die Vorstellung, daß Nolten noch im vollen Irrtum seiner Liebe dahinlebe — in einem Irrtum, welchen sie nicht länger mit ihm teilen durfte noch wollte, der ihr entsetzlich und beneidenswert zugleich vorkam.

Zuweilen gehn Veränderungen in unsrer Seele vor, von welchen wir uns keine Rechenschaft zu geben vermögen. Wir machen den Übergang vom Wachen zum Schlaf ohne Bewußtsein und sind nachher ihn zu bezeichnen nicht imstande. So ward in Agnes nach und nach die Überzeugung von der Unvereinbarkeit ihres Schicksals mit Noltens befestigt, ohne daß sie so eigentlich wußte, wann und wodurch diese Idee eine unwiderstehliche Gewalt bei ihr erlangte. Sie hüllte sich mit ihrem Schmerz in ein erzwungenes Pflichtgefühl, in ein erkünsteltes Mitleid mit dem geliebten Manne ein, für den sie nicht geschaffen sei.

Allein wenn diese Einbildung das gute Kind allmählich einer frommen und in sich selbst trostvollen Resignation entgegendrängte, so wurde ein solches Entsagen auf der andern Seite durch eine Betrachtung verkümmert, die sich ganz folgerecht aufdrang. Das angenommene Mißverhältnis konnte doch nur in dem Falle zum Unglück ausschlagen, wenn Nolten sich selbst ungetreu, wenn er dem ersten reinen Zuge seines Herzens untreu wurde; und so war sie versucht, ihm bereits als wirkliche Schuld beizumessen, wovon er bis jetzt keine Ahnung hatte, was aber unvermeidlich kommen müsse. Gewiß, es traten Augenblicke ein, wo ihre Empfindung gegen ihn nicht fern von Bitterkeit und Widerwillen war. Dergleichen feindselige Regungen widerstrebten allerdings dermaßen ihrer innersten Natur, sie kam sich jedesmal dabei als ein so hassenswürdiges, entstelltes Wesen vor, daß sie unmittelbar darauf alles und jedes mit Fleiß bei sich hervorkehrte, was irgend zu seiner Rechtfertigung diente, ja sie flehte zu Gott, er möge ihr nur helfen, was Leidenschaftliches an ihrer Liebe sei, aus ihrem Herzen auszuscheiden.

Bemerkenswert ist, daß das treffliche Mädchen, von einem richtigen Instinkt geleitet, sich öfter alle Gewalt antat, ganz unabhängig von jener prophetischen Stimme zu denken und zu handeln, so wie sie sich auch leicht beredete, die Verzichtleistung auf den Verlobten sei, in Betracht der ersten Gründe, doch immer aus ihr selbst hervorgegangen. Vielleicht, sie unterschied hierin nicht scharf genug und blieb in ihrem Tun und Lassen doch fortwährend unter jenem dunkeln Einfluß.

Unglaublich erscheint nach alledem ein wiederholtes plötzliches Umschlagen in der Richtung ihrer Gedanken von einem Äußersten zum andern. Denn während sie jede Hoffnung auf Nolten verbannte und mehr und mehr die Fähigkeit bei sich entdeckte, ihn seinem bessern Schicksal freizugeben, geschah es doch ein und das andere Mal, daß alle jene falschen Bilder gleich unmächtigen Gespenstern vor der aufgehenden Sonne zerstoben, daß ihre Liebe auf einmal wieder in dem heitersten Lichte vor ihr stand und ihr eine Vereinigung mit ihm, allen Orakeln der Welt zum Trotz, notwendiger, natürlicher, harmloser deuchte, als je. Mit Entzücken ergriff sie dann eilig die Feder, dem Bräutigam ein liebevolles Wort zu sagen und sich im Schreiben selbst des glücklichen Bewußtseins zu versichern, daß sie und Nolten unzertrennlich seien.

In solchen Stimmungen behandelte sie auch den Vetter mit weit weniger Zurückhaltung. Er durfte ihr wie früher wieder aus einem guten Dichter, neben ihrer Arbeit vorlesen, was er stets mit besonderer Vorliebe tat, auch nahm man die Musik mit verdoppeltem Fleiß von neuem wieder vor.

Aber leider war ein so mutiger Aufschwung nicht lange vorhaltend. Die schwermütigen Skrupel kehrten nur um desto angstvoller zurück, und ein solcher, alle Spannkraft der Seele ermattender Wechsel konnte nicht verfehlen, eine Epoche vorzubereiten, worin die geistige Natur des Mädchens unterlag.

Die musikalischen Lektionen wurden ausgesetzt und fingen wieder an, weil es der Vater verlangte, der eine ganz wohltätige Zerstreuung für Agnes darin fand. Diese zeigte nunmehr eine sonderbare, stille Gleichgültigkeit, tat ohne Widerrede, was man wollte, oder ging ihr lebloses, brütendes Wesen sprungweise in eine zweideutige Munterkeit über. Der Alte sah es nicht ungern, wenn Otto mit ihr scherzte, nur stutzte er mitunter über die Ausgelassenheit, ja Keckheit seines Mädchens, wenn es am Schluß der Lektion an ein Spaßen, Lachen und Necken der jungen Leute ging, wenn die Schülerin dem Lehrmeister mutwillig blitzschnell in die Locken fuhr, oder gar einen lebhaften Kuß auf seine Stirne drückte, so daß der Jüngling selbst verlegen ward und sich beinahe linkisch der reizenden Cousine gegenüber ausnahm. Dies mochte noch zur Not als Scherz hingehn; nicht wenig aber mußte es den guten Mann erschrecken, als er von ungefähr einmal beim Weggehen Ottos, der ihr auf der Schwelle wie sonst die Hand zum Abschied gab, die lichten Tränen in ihren Augen stehen sah. „Was hast du doch, mein Kind?" frug er, indem sie dem Vetter im Fenster nachschaute. „Nichts", sagte sie mit einigem Erröten und drehte sich zur Seite: „sein Anblick rührt mich eben und — — er gefällt mir nun einmal!" Dann ging sie sorglos, wie es schien, und singend wie ein Kind, die Stube auf und ab.

Was der Leser wohl längst schon kommen sah, war endlich eingetreten. Der Verstand des armen betörten Geschöpfs hatte das Gleichgewicht verloren.

Sie glaubte sich wirklich in Otto verliebt. Sie hatte diesen Wahn, bei welchem sicherlich das Herz vollkommen unbeteiligt blieb, seit Wochen auf alle erdenkliche Weise bei sich genährt, und da der Ausdruck dieser seelenlosen Liebe dem jungen Menschen gegenüber immerhin lebendig und sprechend genug gewesen sein mußte, so blieb die Wirkung seinerseits nicht aus; es war zwischen beiden sehr bald zu einer Art Vertraulichkeit gediehen, die das erlaubte Maß verwandtschaftlicher Rechte mit Händedruck und Kuß bedenklich überschritt.

Der Förster, durch jene zufällige Wahrnehmung ernstlich gewarnt, beschloß ungesäumt, den Besuchen des Neffen ein Ende zu machen. So schonend wie möglich erklärte er ihm seine Willensmeinung unter vier Augen. Die Antwort aber war: er sei von der Neigung Agnesens versichert und nichts halte ihn ab, sie offen zu erwidern, wenn er die väterliche Zustimmung erhalte, die er in diesen Tagen ohnehin habe erbitten wollen. Er könne nicht glauben, daß es die Absicht sei, eine Verbindung zu erzwingen, die man, alle Vorzüge Noltens in Ehren gehalten, nun doch einmal als einen argen Mißgriff ansehn müsse.

Über eine so kühne Sprache wie billig entrüstet, wies der Förster den vorschnellen Freier mit kurzen Worten derb genug zurecht. Es gab einen heftigen Auftritt, der damit endigte, daß Otto, eher trotzig als beschämt und ganz und gar nicht ohne Hoffnung, das Haus verließ.

Der Alte konnte nicht umhin, Agnes, noch mit bewegtem Atem, den Stand der Dinge zu verkünditgen, wobei er ihren Anteil an der Sache auf das gelindeste behandelnd, nur von der lächerlichen Anmaßung eines eingebildeten Laffen sprach. Sie hörte dies mit einem sonderbaren, geheimnisvollen Lächeln an, welches dem Alten keineswegs gefiel. Indes zufrieden, daß sein rasch durchgreifendes Verfahren nicht etwa, wie er fürchtete, zu einem leidenschaftlichen Ausbruch bei ihr führte, vermied er jede weitere Erörterung für jetzt.

Von nun an hatte Agnes in ihrer ganzen Haltung die dezidierte Ruhe, die stille Zuversichtlichkeit einer Person, welche vollkommen mit sich einig ist. Von *einer* Seite, was ihr Inneres betraf, unnahbar, spröde und verschlossen, war sie im täglichen Verkehr anredsam, freundlich, klar. Sorgfältig wie vordem auf alles bedacht, was das Haus, was die Küche, der Keller, der Garten verlangte, blieb sie nicht eine Viertelstunde müßig.

Unterdessen hatte zum größten Verdrusse des Alten so manches, was von dem allzu freien Umgang seiner Tochter mit dem Neffen da und dort auf ihren Spaziergängen oder im Gärtchen bemerkt und erlauscht worden war, unter den Leuten bereits viel Redens gemacht. Von einem Übelwollenden im Städtchen verlautete die hämische Vermutung, der Förster wolle sich, da die gehoffte Versorgung durch den Maler noch sehr im weiten liege, ein Schwiegersöhnchen von hübschem Vermögen für alle Fälle reservieren. Sogar im Hause des Pastors ließ man Befremden und Mißtrauen merken, indem sich die Töchter zumal, vieljährige Gespielinnen Agnesens neuerdings in einer sprödlichen Zurückhaltung gefielen.

Der einzige, an den sich der bedrängte Mann mit Vertrauen um Rat und Beistand hätte wenden mögen, war sein gnädiger Herr, der uns schon bekannte Beschützer unseres Freundes. Der

Baron war aber, wie wir wissen, weit verreist und wurde für dies Jahr nicht mehr zurückerwartet.

Nun galt es Überlegung, was anzufangen sei. Wenn insgeheim der Bräutigam zu einem nur wie aus dem Stegreif unternommenen Besuch in Neuburg zu bestimmen wäre — vielleicht daß seine Gegenwart, seine bloße Erscheinung Wunder täte; vielleicht aber auch, daß dieses gewaltsame Mittel eine ganz vernichtende Wirkung für beide Teile hätte.

Für den Augenblick konnte nichts ratsamer sein als eine mäßige Distraktion am fremden Orte, unter andern Menschen. Als der Förster daher zur guten Stunde, beim Nachmittagskaffee und seiner Pfeife im Höfchen vor dem Haus, den Vorschlag zu einer größeren Vergnügungsreise tat, um einen alten Bekannten, der außer Landes in herrschaftlichen Diensten stand und den er viele Jahre nicht gesehen, heimzusuchen, zeigte sich Agnes nicht abgeneigt.

In kurzem befanden sich Vater und Tochter unterwegs in einem wohlversehenen Gefährt. Es war zu Anfang Julis und das schönste Wetter. Nach wenigen Stationen sah man schon völlig neue Gegenden. Das Mädchen war zufrieden, ohne gerade sehr lebhaft von der Außenwelt angeregt zu sein.

In der kleinen katholischen Stadt, wo der gedachte Freund, ein jovialer, behaglicher Sechziger, als fürstlicher Rentamtmann, selbst wie ein kleiner Fürst, mitten in lauter Gärten saß, fand Agnes sich alsbald in ein ganz ungewohntes Element altreichsstädtisch derben Wohllebens versetzt, und der lebenslustige Mann machte sich's förmlich zur Pflicht, seine Gäste auf die mannigfaltigste Art zu vergnügen, sie im eigentlichen Sinne des Worts keine Stunde ruhen zu lassen. Sie mußten die Besitzungen der Herrschaft, den Park, die Waldungen, Baumschulen, Werkstätten, Gestüte und Fischplätze mustern, die Ordnung des Verwalters und seine eigenen Anordnungen bewundern; man durfte mit keinem seiner Hausfreunde unbekannt bleiben, eine ländliche Partie verdrängte die andere; genug, der Förster sah seine Wünsche in Absicht auf die Tochter beinahe über Maß erfüllt und sie selbst gab sich eigentlich mehr aus Gutmütigkeit zu alledem her, als daß sie ungeteilten Sinnes dabei gewesen wäre.

Einen äußerst wohltuenden Eindruck gab ihr eines Abends der erstmalige Anblick eines Theaters, wozu eine wandernde Truppe das Publikum lud. Das Stück war von der heitern, gemütlichen

Gattung und wurde sehr wacker gespielt. Agnes lachte zum erstenmal wieder recht herzlich und ging ganz aufgeräumt zu Bette. In der Nacht aber kam sie ins Zimmer des Vaters geschlichen, den sie noch wachend fand. Sie wollte auf die Frage, was ihr sei, erst lange mit der Sprache nicht heraus. „Ich habe", sagte sie endlich mit großer Bewegung, „von Theobald geträumt. Er sah elend, kümmerlich aus und wie verwildert, daß mir im Schlaf das Herz darüber brechen wollte. Er machte mir so bittere Vorwürfe und drohte — ach laßt es mich nicht wiederholen! Zuletzt erwachte ich, erstickt von seinen Küssen. — Nun, Vater, seht", fuhr sie in einem Regen von heißen Tränen fort, „Euch darf ich's wohl bekennen, daß er mich unbeschreiblich dauert; und wenn er jetzt etwa durch schadenfrohe Leute von mir hört, wenn er mich treulos glauben muß, treulos und schlecht, wie irgendeine Dirne — o mein Gott! wohin bin ich geraten, wie hab ich mich verstrickt!"

Der Alte vernahm diesen Ausbruch von Schmerz, worin sich zum mindesten noch eine zärtliche Regung für Nolten verriet, mit heimlicher Zufriedenheit.

„Wenn Theobald", versetzte er, „erst deine ganze Liebe wieder hätte — schau, alles wäre wieder gut. Noch ist im Grunde nichts verloren noch verdorben. Du warst eine Zeitlang nicht mehr du selber. Sei denn mein verständiges Mädchen wieder! Schreib deinem Liebsten gleich morgen, erzähl ihm frischweg unsre schöne Reise, so recht umständlich, wie er's gerne hat. Im übrigen sag ihm, er soll mit nächstem selber kommen, wir hätten ihn sehr nötig; er soll auch seinen Freund mitbringen, wie er ja lange vorgehabt."

Nach einer kurzen Stille rief Agnes in plötzlicher, entzückter Aufwallung, und doch dabei an allen Gliedern bebend: „Ja! ja, er komme nur, er komme und löse mich aus diesen Banden! Vater, das hat Euch Gott in dieser Stunde eingegeben! Ich will ihm alles sagen, ihm und Euch! Keine Macht der Welt, sie meine es gut oder böse, soll es mir wehren. Laßt nur erst den Theobald bei uns sein, laßt mich ihn nur erst wieder mit diesen Augen sehn, mich seine Stimme hören!"

Mit Heftigkeit umarmte sie den Vater, der, insoweit er sie verstand, ihre Entschließung segnete und sie mit den tröstlichsten Worten entließ. Sie ging, kam aber sogleich wieder mit der Bitte, den Rest der Nacht auf seinem Zimmer zubringen zu dürfen, ohne Zweifel fürchtete sie sich, eben jetzt mit ihren Gedanken allein zu bleiben. Sie legte sich in einem Armstuhl nieder und schlief auch bald ermüdet ein.

Wie groß war nun des Alten Freude, als er sie am andern Morgen in aller Frühe sauber angekleidet, mit heiterem Blick und stillgefaßter Miene über einem Schreiben an Nolten traf! Er fand Gelegenheit, den Brief, der sie den ganzen Tag und noch den folgenden unausgesetzt beschäftigte, nachher hinter ihrem Rücken zu lesen. Es waren viele eng geschriebene Seiten, deren eine Hälfte ganz auf die Beschreibung alles Gesehenen und Gehörten ging, auf Schilderung von Örtlichkeiten und Personen, hin und wieder mit komischen Zügen bescheiden gewürzt, wie dies ihrer natürlichen Anlage zu feinerer Beobachtung von jeher eigen war. Ein zweiter, lediglich dem innersten Herzensbedürfnis gewidmeter Teil nahm den kleinern Raum ein, indem sie mit Umgehung des Bedenklichen durchaus im Allgemeinen blieb. Aber welch köstliche, hinreißende und dennoch wohlbedachte Worte waren das! Mit welchem Verlangen rief sie den Geliebten herbei, um ihm — dies war die einzige ausdrückliche Beziehung auf ihr ängstliches Geheimnis — von Angesicht zu Angesicht zu sagen, zu bekennen was mittelst der Feder unmöglich sei.

Die Rückreise nach Neuburg ward endlich, nach drei Wochen, angetreten. Ein besonders günstiger Zufall wollte, daß man den größten Teil derselben in guter belebter Gesellschaft machte, wodurch sich die glückliche Stimmung des Mädchens fast ununterbrochen erhielt.

Man begrüßte nach einer so ungewohnt langen Entfernung die Heimat mit doppelter Liebe. Agnes wurde von jedermann viel blühender, ansprechender, natürlicher gefunden. Mit großem Eifer warf sie sich alsbald in eine Menge häuslicher, bisher hintangesetzter Geschäfte, worin es ihr ordentlich wohl zu sein schien. Von Vetter Otto war die Rede gar nicht mehr; er wurde zudem durch seinen Beruf ganz außerhalb der Gegend festgehalten, und der Förster durfte einen Überfall, auf den er sich bereits gefaßt gemacht, kaum mehr befürchten.

Derweile hatte man vergebens auf Briefe von Nolten gewartet und solche gewiß bei der Heimkehr zu finden gehofft. Ihr Ausbleiben hätte unter andern Umständen bis jetzt noch keineswegs befremdet, da beide Teile öfters den Inhalt ganzer Monate nach Art kleiner Tagebuchblätter auf eine volle Sendung zusammenkommen ließen: nun aber war der äußerste Termin verstrichen, und immer noch kein Laut von dort! Agnes hatte ihre besonderen Gedanken; sie schwieg und schien auf etwas ganz Entscheidendes zu spannen.

In der Tat auch war bei Nolten längst durch fremde Einmischung das Unheilvollste vorgegangen.

Von zwei verschiedenen Seiten, und dies zwar von den achtbarsten Personen Neuburgs und der Nachbarschaft, waren schriftliche Winke an ihn gelangt, die auf ein höchst zweideutiges Benehmen des Vaters und der Tochter hinwiesen. Unmittelbar darauf erhielt er die vollkommenste Bestätigung dieser ersten Anzeigen durch das ausführliche Schreiben Otto Lienhards — ein Name, den er früher von Agnes selbst gehört zu haben sich sogleich erinnerte.

Der Eingang dieser Eröffnung nahm auf eine ebenso bescheidene als kluge Art das Vertrauen des Malers in Anspruch. Sodann, von einer Vergleichung beider Verlobten ausgehend, hob der Vetter das innere Mißverhältnis hervor, worin sich eine vielgeteilte, vielfordernde Künstlernatur zu einem einfach erzogenen Mädchen notwendig befinde. Sie habe sich, nach ihrem eigenen Geständnis, lange Zeit beinahe gewaltsam darüber getäuscht und diesem unseligen Irrtum endlich aus freier Bewegung entsagt. So gut wie möglich ferner rechtfertigte der Unbekannte die Neigung Agnesens zu ihm und erklärte zugleich ohne Anmaßung, in welchem Sinne er hoffen dürfe, ihr ihren ersten Freund zu ersetzen. Wenn nun diese Gründe hinreichen sollten, den Maler zu friedlicher Abtretung seiner Ansprüche zu vermögen, so hänge alles nur noch von dem Vater ab. Derselbe wäre vielleicht einem solchen Wechsel aus andern Rücksichten nicht entgegen, da ihm die ungewisse Lage Noltens, soviel man höre, oft Sorgen gemacht; er scheue sich wohl nur vor Nolten und tue sehr unrecht, indem er seiner Tochter den offenbarsten Zwang auflege, sie gleichsam nötige gegen den Bräutigam unwahr zu sein. Ihr Herz sei entschieden; Nolten möge nun sprechen und handeln. Sollte der Förster, was doch nicht wahrscheinlich sei, die Rechte des Vaters behaupten, oder Nolten selbst die des Verlobten, so könne nur ein vollendetes Unglück daraus entspringen, während im andern Fall dieser den Trost für sich behalte, welchen der Mann im Bewußtsein eines großherzig gebrachten Opfers von je gefunden habe.

Es lagen mehrere, zu seiner Zeit durch eine dienstwillige Weibsperson vom Dorfe nach der Stadt an Otto gebrachte Blättchen von der Hand der Unglücklichen bei: in Ton und Ausdruck sehr ungleich, das eine seelenvoll gehoben bis zur Schwärmerei, ein zweites und drittes schalkhaft, neckisch, fast kokett.

Wir schildern nicht, wie unserem Freunde bei dieser Eröffnung zumute war; nicht die Tage und Wochen einer rastlosen Qual. Haß, Liebe, Eifersucht zerrissen seine Brust. Er faßte und verwarf Entschluß auf Entschluß, und hatte er die wirbelnden Gedanken bis ins Unmögliche und Ungeheure matt gehetzt, so sah er, mutlos mit dem Leben, wie mit der Kunst entzweit, nur noch in eine grenzenlose Leere.

Man kennt indes die sonderbare Führung, die sich sein Schicksal vorbehielt, um ihn der völligen Verkümmerung zu entreißen, ihn aus der dunkeln Enge, worin er sich eigensinnig so lange verbarg, auf einmal an das volle Tageslicht der großen Welt zu ziehn.

Fast gleichzeitig mit seinem Eintritt in die neuen Verhältnisse traf ihn Agnesens jüngste Botschaft. Leider verfehlte sie ganz und gar den Eindruck ungeschminkter Wahrheit, Unschuld und Herzensgüte. Absichtlich und gesucht und übertrieben erschien ihm was ihn sonst entzückte; zumal auch indignierte ihn die Einladung am Schlusse, die kühne Zuversicht, mit welcher man dort, wie es schien, auf seine Versöhnlichkeit zählte; genug, er hielt sie keiner Erwiderung wert.

Bald aber fand er sich in seinem jähen Urteil durch ein Schreiben des Vaters auf die peinlichste Weise beirrt. Der Alte beschwor den Schwiegersohn, gewissen Gerüchten, die vermutlich auch zu ihm gedrungen wären, keine Folge zu geben, bevor die Dinge, über welchen derzeit noch ein undurchdringliches Dunkel liege, völlig aufgeklärt wären. Soweit er nach seiner geringen Einsicht der Sache habe nachkommen können, sei das ganze Unheil lediglich von einer seltsamen, krankhaften Überspannung und von dem jammervollen Wahne seiner Tochter herzuleiten, als könne sie Nolten niemals genügen, ein Wahn, mit dem sie noch zu dieser Stunde kämpfe. Der Gegenstand des großen Ärgernisses aber sei ein für allemal entfernt und das einzige Gefühl, das dieser Mensch in ihrer reinen Seele zurückgelassen habe, sei Scham und Widerwille. Er, Nolten, möge kommen und mit eignen Augen sehn. Er möge wohl bedenken, was es heiße, ein Geschöpf, dessen ganzes Lebensglück auf ihm beruhe, ohne weitere Prüfung zu verstoßen.

Der Maler war aufs äußerste betroffen.

Wenn er sich freilich des Mädchens ursprüngliche schöne Natur von neuem Zug für Zug vorhielt, so manchen einzigen Moment sich wieder gegenwärtig machte, wo er an ihrer Seite, Hand in Hand mit ihr in tausendfältigen Gesprächen, in Scherz und Ernst, mit heimlicher Bewunderung das reine Aderspiel ihres verborgensten Lebens belauschte, so drang sich ihm das Widersinnige jedes Gedankens an eine Untreue im gewöhnlichen Sinne des Worts in seiner ganzen Grellheit auf. Der Fall stritt dergestalt gegen alle Erfahrung, daß eben das Unnatürliche desselben zugleich seine Entschuldigung sein mußte. Er sagte sich dergleichen selbst, so wenig er auch dabei denken konnte. „Aber o" — rief er im nächsten Augenblick verzweiflungsvoll — „wie alles auch zusammenhängen mag, wie tief der Grund auch liegen mag, die unüberwindliche Tatsache bleibt! um den ersten heiligen Begriff von Reinheit, Demut, Kindersinn bin ich für immerdar bestohlen! Werd ich nun mein zerbrochenes Kleinod in kümmerlichen Trümmern halb knirschend, halb weinend am Boden aufsammeln und mir einbilden, was ich zusammenstückle sei wieder was es vordem war? Es ist vorbei! Vergessen — ist das einzige, was ich versuchen kann."

Trotz der Entschiedenheit, mit der er sich von jeder Verpflichtung gegen das Mädchen freisprach, konnte Nolten das Herbste, das Letzte — die Trennung förmlich zu erklären nicht über sich gewinnen. Er verharrte bei seinem bisherigen Schweigen, das in Neuburg freilich kaum mehr einen Zweifel über seine Gesinnung zuließ.

Agnes an ihrem Teile, gelassen vor sich hin ihren häuslichen Pflichten nachlebend, vollkommen wunsch- und willenlos, erwartete nichts mehr. Mit welchem Erstaunen, mit welcher Bestürzung empfing sie daher eines Abends ein großes Paket durch die Post, welches von außen die wohlbekannten Schriftzüge des Bräutigams zeigte. Der Inhalt war ein kostbares Geschenk an edeln Kleiderstoffen, von wenigen Zeilen begleitet, die durchaus unbefangen, durchaus im Ton des nie gestörten, traulichsten Verkehrs ausführlichen Bericht aufs nächste verhießen. Zugleich war die Vermutung ausgesprochen, daß Briefe zwischen ihnen unterschlagen worden, und Agnes wurde angewiesen, die ihrigen fortan unter einer ihr fremden Adresse abgehen zu lassen.

Welch eine Entdeckung! Auf seiten Noltens also noch alles im Guten, im Gleichen? Kaum war es zu verstehn. Und doch, was hier vor Augen lag, es konnte nicht unzweideutiger sein. Der

Alte lebte wie neu auf. Bei Agnes sprach sich die erwünschte Wirkung nicht sogleich rein und unverworren aus; sie schien sich aus der regungslosen Stille, in die sich ihr Gemüt allmählich eingesenkt, nur mühsam aufzurichten.

Wir aber müssen den Leser hier in das Geheimnis eines kecken freundschaftlichen Betrugs einweihen. Die Sendung kam von Larkens, dem Schauspieler. Sie erfolgte unmittelbar nach seiner Rückkehr von der mehrerwähnten Reise und war ein Wurf aufs Ungewisse, der einer kurzen Erklärung bedarf.

Von vornherein betrachtete Larkens den schlimmen Stand der Sachen nur wie die künstliche Verwicklung eines Intrigenstücks, dem ein glücklicher Ausgang nicht fehlen könne, und war auf der Stelle entschlossen, die Rolle des Vermittlers in diesem Spiel zu übernehmen. Allein wie war das anzugehn? wo konnte er füglich eingreifen? Klar sah er augenblicklich nur, daß auf Nolten selbst mit ruhiger Vernunft für jetzt nicht einzuwirken sei. Auf eigene Faust aber und ohne sein Vorwissen, auch wohl im offenen Widerspruch mit ihm, den tief versteckten Schaden aufzuspüren, die Braut, den Vater und wen sonst noch alles persönlich zu hören — dieser äußerste Schritt schien ihm zum wenigsten vorerst noch nicht geboten. Die Absicht konnte jetzt vielmehr nur sein, Agnesen, deren Lage er sich unerträglich vorstellte, auf alle Weise zu beruhigen. Sein lebhafter Geist, seine erfinderische Phantasie ließ ihn nicht lange ratlos. Wie? dachte er, wenn du auf unbestimmte Zeit für Nolten in die Lücke trätest, den abgebrochenen Faden der zärtlichen Korrespondenz geschickt aufnähmest, damit indes dem armen Tropfen zum wenigsten doch seine gewohnte Herzensnahrung würde, die drum nicht schlimmer schmecken sollte, weil sie ein anderer zugerichtet hat. — Mit diesem einen Gedanken verband sich aufs schnellste der zweite, daß er den Schlüssel zu dem Rätsel, an dessen Lösung alles lag, auf diesem Wege ohne Zweifel in kurzem durch das Mädchen selbst erhalten werde.

Das Abenteuerliche und Gewagte, das Heimliche eines solchen Plans war ganz und gar im Sinne des Mannes; ja der Einfall beruhte geradezu auf einer alten Neigung zu jeder Art Mystifikation. Er hatte in früheren Jahren die gefährliche Kunst der Nachahmung fremder Handschriften mehrfältig zu weit weniger löblichen Zwecken, zu mutwilligen Neckereien, boshaften Pasquinaden und dergleichen geübt, nun sollte ihm diese Fertigkeit das erstemal zu einem verdienstlichen Werke dienen. Im besten Humor, nicht ohne einiges Schalksgefühl, ging er unverzüglich daran. Der Anfang geriet ihm auch glücklich genug; für seine völlige Verwandlung aber in ein anderes Ich fand er den gehörigen Spielraum erst in einer folgenden Epistel, wo es galt, eine Fülle wahrhafter, obschon künstlich erregter Empfindung zu entfalten, abwechselnd mit Berichten und Erzählungen, zu welchen er den Stoff nicht weit zu suchen brauchte. Mit einem Teil derselben war ihm bereits ein Zeitungsblatt zuvorgekommen, das ein Bekannter des Försterhauses eiligst vom Nachbarstädtchen nach Neuburg schickte. Es war ein Auszug aus dem größern Artikel eines geachteten und vielgelesenen Kunstblatts über die beiden vom Hofmaler Tillsen ausgeführten Bilder, welche die allgemeine Aufmerksamkeit auf Nolten als Erfinder hingelenkt hatten. Der kritische Berichterstatter, nachdem er das Talent des jüngern Künstlers fast über das gerechte Maß und wirklich auf Kosten des ältern gepriesen, ermangelte nicht, der hohen Gunst Erwähnung zu tun, in die er ungesucht sich bei der Königin gesetzt.

Man denke sich, welche Bewegung diese Neuigkeiten in den Gemütern von Vater und Tochter erregten, welche Hoffnungen und Aussichten auf die nächste Zukunft sich daran knüpften: für den Förster ein unerschöpflicher Gegenstand der behaglichsten Unterhaltung; und wenn bei Agnes selbst, aus ihren Reden, ihrem Schweigen, etwas Bedingtes, Bängliches mitunter noch jetzt hervorblickte, so trat auch dieses offenbar unter dem reichlichen Zufluß jener geist- und seelenstärkenden Kost, die ihr der alte Bote, wann er mit Briefen aus der Stadt heimkam, immer schon von der Straße zum Fenster hereinreichte, nach und nach völlig zurück. Mit strahlenden Augen sagte sie einst nach Empfang einer solchen Sendung unter anderem: „In langer Zeit hat Theobald mir nicht so fleißig, so zufrieden und munter geschrieben. Beinahe könnt ich glauben, er liebe mich mehr, seitdem er zu Glück und Ehre kommt. Er hat sich verjüngt bis auf die Hand hinaus. Seht, Vater, wie hübsch, so schrieb er immer nur die ersten Jahre her!"

So weit nun hatte Larkens vollkommen seinen Zweck erreicht. Doch den gehofften Aufschluß über jenen schwierigen Punkt erhielt er keineswegs. Er brachte denselben wiederholt, erst nur in heiterer Form als eine Frage der Neugierde vor; die Antwort war ausweichend, nicht eben ängstlich, vielmehr getrost auf das Mündliche verweisend. Als er dringender wurde, bat sie ebenso dringend, ihrer zu schonen und keinem Argwohn bei sich nachzugeben. Nicht glücklicher war er mit einer leisen Anfrage bei dem Vater; denn dieser scheute, sich auf ein Erzählen einzulassen, weil er vielleicht verderben konnte, was jetzt aufs beste stand.

Der seltsame Briefwechsel zog sich unter solchen Umständen bereits in die Länge — allerdings sehr gegen die Rechnung des Schauspielers, der gleichwohl weit entfernt, in seiner einmal übernommenen Pflicht zu ermüden, im Gegenteil ein immer neues unschuldiges Vergnügen darin fand.

Wohin aber sollte am Ende dies führen? Er mußte je länger je mehr darauf gefaßt sein, daß ihn irgendein Zufall verrate, er konnte früher oder später sich genötigt sehn, sein ganzes Wagestück unabgeschlossen wie es lag, dem Freunde zu entdecken. Einstweilen enthielt er sich jeder ausdrücklichen Mahnung an Agnes bei ihm, indem er seine Waffen für einen entscheidenden Angriff im rechten Moment zu sparen gedachte. Den letzten Versuch auf dem Wege verständiger Überredung hatte er in jener Neujahrsnacht gemacht. Es war ihm mit seinem Erbieten zu einer schleunigen Reise nach Neuburg so völlig Ernst, daß er, nachdem der Maler seinen Vorschlag mit so viel Heftigkeit zurückgewiesen, sich damals vorbehielt, im Notfall diese Reise ohne Vollmacht auf eigene Hand auszuführen.

Nach der Heimkehr der Gräfin von dem Gut ihrer Freundin, bald nach Neujahr, war die Wochengesellschaft bei Zarlins wieder in ihren geordneten Gang gekommen.

Ursprünglich auf zehn bis zwölf Personen aus den höchsten Ständen berechnet, gab dieser sogenannte Mittwochsabendkranz in seiner jetzigen Zusammensetzung, den Herzog an der Spitze, ein damals in der Residenz noch ungewohntes Beispiel von Liberalität, das, wie man sich allgemein sagte, weit weniger auf Rechnung des Grafen als seiner Schwester kam.

Durchaus nach ihrem Sinne war denn auch die Unterhaltung ungezwungen, munter und vielseitig genug. Das Beste mußte jederzeit die Kunst dazu herleihen.

Madame Tillsen, als vorzügliche Klavierspielerin, nächst ihr Constanze selbst, sowie ein junger Vetter, Lieutenant Zarlin, als sehr geübter Sänger, mit zwei Schwestern, trugen, von Larkens hin und wieder unterstützt, die Kosten des musikalischen Vergnügens, während der letztere stets bereit war, ewas Dramatisches, bald allein, bald mit verteilten Rollen zu lesen, wobei ein Herr von Niethelm, Major und Gouverneur des Kronprinzen, mit unserem Schauspieler gewissermaßen wetteifern durfte.

Bei alle diesem kam die Konversation doch keineswegs zu kurz, und Nolten, obwohl von Hause aus nicht eben vielgesprächig und für einen solchen Zirkel beinahe zu ernsthaft, trug immer auch das Seine dazu bei. Er mischte sich bisweilen, wenn der Gegenstand nur irgend danach war, wenn es ein Urteil abzugeben, einen strittigen Satz zu erweisen galt, sogar sehr lebhaft und beredt, nie um das rechte Wort verlegen, ein.

Eines Abends überraschte er die Gesellschaft mit einer großen, ziemlich ausgeführten Aquarellzeichnung, dem Entwurf seines „Königs Rother".

Das Bild stellte jenen Auftritt dar, wo Rother am Hofe des stolzen Melias seinen mißhandelten Getreuen, die er als Freiwerber um dessen Tochter nach Heunenland gesandt, das verabredete Zeichen gibt, daß er nicht fern von ihnen sei. Es waren sieben Söhne des alten Berchtold von Meran, dazu fünf reiche Grafen. Die erst vor kurzem hungerig und schwach aus dem Kerker entlassenen, kaum durch ein lindes Bad erfrischten Helden sitzen, in Gegenwart der schönen Ute, an einer Tafel, sich mit Wein und Brot erquickend. Plötzlich vernimmt man Saitenspiel, jene kraftvolle, herrliche, von Rother selbst erfundene Weise. Sie stutzen, fahren auf — der eine läßt den Becher, der andere das Messer fallen — über drei Stühle springt der schnelle Berchtwein, doch überholt ihn Hache und reißt, im Vorgrund seitwärts, den Vorhang auf: da steht der König mit der Harfe — ein jeder will ihn küssen, ein jeder will der erste sein, sie lachen und weinen untereinander, und: „Siehst du, schöne Ute jetzt", ruft er der froh erstaunten Fürstin zu, „daß mein Name Rother ist!"

Unstreitig bot die alte, an malerischem Stoff so reiche Dichtung mit dieser Szene dem Künstler eine der reizendsten Gelegenheiten, die sämtlichen ihm eigenen Vorzüge an den Tag zu legen, und so bekam er denn auch jetzt über die Schönheit, den Schwung der Komposition, die Kraft und Mannigfaltigkeit der Bewegungen, wie über den charakteristischen Ausdruck auf den Gesichtern das Schmeichelhafteste zu hören. Besonders hob Constanze bei der Königstochter die eigentümliche Mischung eines heroischen Zugs mit weiblicher Anmut hervor.

Etwas sprödlich neben den übrigen Stimmen verhielt sich indessen der Herzog. Er äußerte Bedenken gegen das Aussehn der Gefangenen und meinte, daß der Maler in Milderung des grassen Bildes, das uns der Dichter kurz vorher von ihnen gab, zu weit gegangen sei. Nolten rechtfertigte sein Verfahren und Tillsen stand ihm wacker bei; worauf sich die Erörterung sehr bald ins Weite auf ein rein theoretisches Feld verlief. Ein Teil der Gesellschaft hörte zu, die meisten plauderten abseits von andern Dingen, während Larkens eine ganze Zeitlang seine Freude daran hatte, aus einiger Entfernung dem alten Hofrat zuzusehn, wie er sich in aller Stille vor die aufgestellte, von ein paar hellen Kerzen erleuchtete Zeichnung setzte, mit liebevollen Blikken die Führung jeder Linie verfolgend, sein achatenes Döschen zwischen den Fingern wirbelte und eine feurige Prise nach der andern daraus griff, wie er endlich aufstand, sich hinter den Stuhl der Gräfin schlich und ihr etwas zuflüsterte, das man ihm fast aus dem Gesicht ablesen konnte: „Nun", sagte er, und zeigte nach dem Bild, „werden wir wohl so lecker sein, auf dies schmackhafte, gesunde Brot noch Butter und Honig à la Tillsen gestrichen zu verlangen?" „O wenn man's haben kann", versetzte sie — „und dazu ist ja alle Hoffnung vorhanden — so nehmen wir's schon mit."

Man hatte sich wieder im Kreise gesetzt und der Herzog wie gewöhnlich den Ehrenplatz, der Gräfin zur Rechten, eingenommen. Von ungefähr kam das Gespräch auf Sachen der Mode, auf Frauenputz und Schmuck, und Seine Hoheit erzählte mit einigem Humor, man halte bei der Königin soeben großen Rat, ob die jüngste Prinzessin Ohrringe tragen soll oder nicht. Die Frage werde sehr umsichtig, vom sanitären, vom ästhetischen und, da die allerchristlichste Staatsdame, Fräulein Alice, im Konseil die zweitbedeutendste Stimme führe, vermutlich auch von dem moralischen Gesichtspunkt aus erwogen; die Sache sei noch in der Schwebe, sie werde aber schließlich ohne Zweifel dahin entschieden werden, daß man dem Götzen dieser Welt in Gottes Namen zwei Tröpfchen Blut zum Opfer bringen müsse.

Diesen Scherz, insofern er allerdings eine der kleinen Bosheiten enthielt, welche der Herzog sich bei jeder Gelegenheit gegen die Königin und ihre Umgebung erlaubte, nahm man natürlich schweigend und etwa nur mit einem höchst diskreten Lächeln auf. Über den Gegenstand im allgemeinen aber entspann sich alsbald ein lebhafter Diskurs, bei welchem gegen die grund-

sätzlichen Verächter eines solchen Schmucks, die nichts weiter
als eine barbarische Sitte darin erkennen wollen, sogleich die
Tatsache geltend gemacht wurde, daß doch die Griechen, die
geschmackvollste Nation aller Zeiten, dieselbe keineswegs verschmähten. Man berief sich deshalb auf antike bildliche Darstellungen, sowie auf die ältesten Dichter, und Nolten erinnerte
nicht unpassend an einen Homerischen Hymnus auf die Aphrodite, worin geschildert wird wie die eben dem Meer entstiegene
Göttin am Strande von den Horen empfangen und geschmückt
wurde.

– – – Und die Horen mit Golddiademen
Nahmen mit Freuden sie auf, und taten ihr göttliche Kleider
An, und setzten ihr ferner den schön aus Golde gemachten
Kranz aufs heilige Haupt, und hingen ihr dann in die Ohren
Blumengeschmeid aus Erz und gepriesenem Golde verfertigt.

Ohne dies anmutige Beispiel weiter zu beachten sprach der
Herzog sofort von der plastisch schönen Bedeutung des in Rede
stehenden Körperteils, der gemeinhin viel zu wenig gewürdigt
sei. Eine plumpe oder platte oder irgendwie sonst verkümmerte
Form desselben entstelle ihm das hübscheste Gesicht. Hier sei
der Schmuck denn immer übel angebracht, er zeige mehr den
Schaden als daß er ihn gutmache. „Man sehe dagegen", fuhr er
fort, „ein Ohr wie das meiner schönen Nachbarin, und sage, ob
dieses allerliebste, blasse, zierlich gewundene Müschelchen die
kleine Leier, die ihm anhängt, füglich entbehren könnte. — Mit
Erlaubnis aber" — hier streifte er Constanzen eine über den
Rand vorliegende Locke mit leichtem Finger hinter das Ohr zurück. Im selben Augenblick sah Larkens verstohlen nach dem
Maler hinüber, den Eindruck zu bemerken, den diese halb lieb-
kosende Galanterie auf ihn mache, an welcher übrigens niemand
Anstoß zu nehmen schien, nur daß Constanze, sichtlich verlegen,
unmittelbar hernach von ihrem Stuhl aufstand und Madame
Tillsen an den Flügel bat.

Mit Mühe nur konnte Nolten über die kurze halbe Stunde,
solange die Gesellschaft noch zusammenblieb, eine tiefe Verstimmung verbergen. Dem Schauspieler entging sie nicht. Er glaubte
in diesen Tagen eine Entdeckung gemacht zu haben, die ihn nicht
wenig erschreckte.

Wir wissen, wie sehr der Maler gleich am Anfange seiner Bekanntschaft mit dem Zarlinschen Hause durch das offenkundige Attachement des Herzogs an die Gräfin beunruhigt war. Nie überwand er diese Sorge ganz; sie ruhte nur während der längeren Abwesenheit des gefürchteten Hausfreundes. Jetzt nahm derselbe seine alte Stellung wieder ein, und nicht leicht kam es vor, daß er an einem Mittwoch fehlte. Wie manches hatte Nolten hier mit anzusehen und zu hören, was ihm das Blut bewegte, die Brust zusammenzog! Sooft der Herzog sich mit einer gewissen Vertraulichkeit an ihre Seite setzte, oder außer der Reihe, zwischen das Plaudern der übrigen Gruppen hinein, sich besonders mit ihr unterhielt, ihr vielleicht durch einen neckischen Scherz ein gefälliges Lachen entlockte, das ihr wohl nicht einmal von Herzen ging — er glaubte vor Schmerz und Ärger zu vergehen. — —

Seltsame, nie zu berechnende Wege, die die Liebe zuweilen einschlägt, um ihre unbedingte Macht über die Gemüter auszuüben! um jeden, der ihr widerstrebt, der vor ihr flieht, gleichgültig ob zu seinem Wohl oder Verderben, mit ehernen Banden zu fesseln! — So war es denn auch in der Tat an dem, daß unser ehrlicher Held, nachdem er den löblichsten Anfang gemacht, seine wachsende Neigung in die Schranken einer schönen Freundschaft zu gewöhnen, nunmehr von Eifersucht ergriffen und gestachelt, sich ohne Widerstand der entschiedensten Leidenschaft überließ.

Je unerquicklicher, verhaßter ihm die Luft des gräflichen Salons geworden war, dem er sich schicklicherweise doch unter keiner Form hätte entziehen können, desto begieriger suchte er sich durch einen anderwärtigen Verkehr mit der Gräfin zu entschädigen, wozu ihm diese selbst beinahe gleichzeitig mit der Wiedereröffnung jener Soireen Gelegenheit gegeben hatte.

Es lag eine Art von wissenschaftlichem Interesse dabei zum Grunde. Die Gräfin hatte längst einmal den Wunsch geäußert, sich eine Übersicht der mittleren und neuern Kunstgeschichte zu verschaffen: jetzt wurde ernstlicher davon die Rede. Nolten suchte die passenden Hilfsmittel aus, und unbedenklich ging sie auf sein Anerbieten ein, ihr dabei als Vorleser zu dienen, indem er gelegentlich manches aus eigener Anschauung mitzuteilen und übrigens noch selbst gar viel bei diesem Unterricht zu lernen hoffe. So wurden denn drei Abende für jede Woche ausgemacht und diese auch sehr regelmäßig eingehalten. Es waren die reinsten, die glücklichsten Stunden des Malers, und — dürfen wir wohl sagen — die glücklichsten auch der liebenswürdigen Frau. Man saß auf Constanzens Malzimmer, dem stillsten in dem ganzen Hause, von Büchern und Bildwerken aller Art umgeben, bei der Lampe, allein und ungestört, kaum daß der Graf ein- oder zweimal der Neuheit wegen mit anwohnte.

Wie wenig die Sache dem Herzog gefiel, läßt sich denken. In anscheinend harmloser Weise bespöttelte er Constanzen gegenüber „das Privatissimum Herrn Noltens", während er seine Empfindlichkeit gegen denselben unmöglich ganz verleugnen konnte.

Und Larkens? — fragen unsre Leser. In der Tat war der kluge, umsichtige Freund mehrere Tage sehr angefochten und im Zweifel, was er zu tun habe. Zwar fürchtete er noch keineswegs das Schlimmste. Er sah vorerst nur eine bare Torheit hier, die verliebte Marotte eines unbeschäftigten Herzens, die ohne alle Aussicht sei, die aber dessenungeachtet ihm bei seinen heimlichen Anstalten sehr störend in die Quere kommen könne.

Auf Anregung des Grafen war, bei anhaltendem Frost und reichlichem Schneefall, von einer größeren Gesellschaft, worunter nur die wenigsten aus unserem bekannten Zirkel, eine Schlittenfahrt nach dem königlichen Wildpark verabredet worden, um den dortigen Schloßbau, an dessen Außenwerk nicht viel mehr fehlte, in Augenschein zu nehmen.

Nolten, obschon er neuerlich erst wieder dort gewesen, nahm gleichwohl mit Vergnügen die Einladung an. Larkens mußte ablehnen, er hatte am Abend zu spielen, und der Herzog war auf einen großen Pferdemarkt in der Nachbarschaft gefahren; die meisten reizte eigentlich nur die Aussicht auf ein fröhliches Picknick am ungewohnten Orte.

Über die Dauer des Bauwesens war für die vielen Arbeiter ein mäßiges Wirtshaus in einem der alten, zum Abbruch bestimmten Seitengebäude eröffnet, wo auch anständige Personen aus der Stadt eine Unterkunft fanden. Unsere Gäste wollten gegen Mittag eintreffen, man hatte deshalb das Nötige vorausbestellt, und was an Speisen und Getränken nicht zu haben war, wollte man selber mitbringen.

Als Nolten, welcher vorzog den Ausflug zu Pferde zu machen, an dem zur Abfahrt bestimmten Platz vor der Stadt sich einfand, wo er schon eine bunte Reihe von eleganten Schlitten versammelt glaubte, war weit und breit noch niemand zu sehn:

man hatte ihm die Stunde unrichtig angesagt. Er wollte indes nicht zurück, sondern ritt, zwei Bleistiftzeilen zur Entschuldigung an Zarlins beim Torwart hinterlassend, den übrigen voraus.

Die Straße stieg anfänglich in einem weiten Bogen sanft bergan, um sodann oben auf der dicht mit Schnee bedeckten Ebene, nur hin und wieder an einem einsamen Gehöfte oder Weiler vorbei, in gleicher Richtung fortzugehn. Geradeaus im Angesicht des Reiters, verkündigte ein dunkler Streif am Horizont den eingehegten Nadelwald.

Die heitere Klarheit und Ruhe der Winterlandschaft, blauer Himmel und lachender Sonnenschein kam seiner zärtlich aufgeregten, erwartungsvollen Stimmung unendlich wohltuend entgegen. Vertieft in hundertfältig wechselnde Phantasien fand er sich unversehns vor dem offenen Gatter des Parks.

Zwischen mächtigen Tannen und Fichten zog sich der Fahrweg von hier an noch immer eine gute Strecke hin, bis wo er einen zweiten kreuzte, in welchen eingetreten man das neue Schloß von seiner Hinterseite auf ein paar hundert Schritte vor sich hatte.

Es war auf dem rundum beträchtlich erweiterten Platze des frühern Waldschlößchens in einem freien, edeln, der Renaissance verwandten Stil erbaut. Die glücklichen Verhältnisse des Ganzen, die reiche Ornamentierung, Portale und Balkone von zierlichen Karyatiden gestützt, bedeutsam heitere Figuren aus weißem Marmor in einzelne Nischen verteilt, erfreuten das Auge von allen Seiten.

Laut durch den Wald hin hallende Stimmen geschäftiger Werkleute ließen sich vorne, bei der dem Tale zugekehrten Front, vernehmen, wo unter dem Kommandoruf des leidenschaftlichen Italieners, der die großen Skulpturen aufzustellen hatte, ein gewaltiger Kran zum letzten Male in Bewegung war, um einen tanzenden Faun auf seinen Standpunkt, seitwärts vom mittleren Altan, in die vertiefte Mauer zu heben.

Nolten grüßte den Fremden, mit dem er sich früher schon einige Male unterhalten hatte, und war kaum vor dem Gasthaus abgestiegen, als auch bereits die ganze fröhliche Gesellschaft von Herrn und Damen in einem halben Dutzend Schlitten angefahren kam. Man neckte den Maler nicht wenig über seinen gemächlichen Ritt, zu dem er sich wohl mit gutem Bedacht eine volle Stunde Vorsprung genommen habe. Constanze

schien besonders munter und sah gar gut in ihrer winterlichen
Hülle aus. Eine Kapuze von dunkelrotem Sammet mit weißer
Pelzverbrämung umfaßte die zarte, von einer strengen Luft nur
leichtgefärbte Wange, das rundliche Kinn, und gab ihrem Gesicht etwas beinahe Kindliches. Ein aschgraues Kleid mit hoch-
roten Schleifen sah unter dem Mantel hervor, indem der Freund
sie aus dem Schlitten hob. Alles eilte sogleich nach der warmen
Stube, wo man vom Fenster aus noch kurze Zeit sich an dem
lebhaften Schauspiel der ganz in der Nähe mit Aufwindung
jenes Bildwerks beschäftigten Männer und zumal an der komischen Heftigkeit des dirigierenden Meisters ergötzte, dessen gebrochenes Deutsch von einer unerschöpflichen Flut italienischer
Schimpfwörter und Verwünschungen gegen die Leute begleitet war.

Bei Tische kam Nolten zufällig weit von der Gräfin neben
eine halb gelehrte und überlebendige Dame zu sitzen, die ihn
mit ihrer Unterhaltung so in Anspruch nahm, daß er nur wenig
auf das unstet hin und wider springende Gespräch der übrigen
Gesellschaft hören konnte.

Man hatte zeitig abgespeist; Kaffee und feine Weine kamen
an die Reihe, wozu man nach dem Vorschlag einiger Herrn den
fremden Künstler lud, von dessen feurigem, originellen Wesen
man sich viel Spaß versprach. Er kam und betrug sich im Anfang durchaus als ein Mann von guter Lebensart, sprach mit Bescheidenheit von seinem Anteil an jenen schönen Werken, erzählte mit vieler Laune von gewissen Eigentümlichkeiten des
römischen Kunstlebens, und zwar, was die komischen Dinge nur
um so lustiger machte, in einem bunten Kauderwelsch-Fran-
zösisch, so daß nicht leicht jemand dem Lachen widerstand, bis
der närrische Gast durch den Beifall ermutigt und sich im Genuß des Burgunders vergessend, auf das weitläuftige Gebiet der
Liebesabenteuer kam. Gleich bei der ersten Probe dieser Art gab
es verlegene Gesichter und die Damen erinnerten sich, daß es
Zeit sein möchte, das Schloß zu sehen. Sie brachen in der Stille
auf, während die Herrn meist behaglich sitzen blieben.

Nolten verfehlte nicht die Gräfin zu begleiten. Vor allem
ging man zu den Wandgemälden im großen Saale des hohen
Parterres. Sie waren noch erst zur Hälfte vollendet und die Maler soeben abwesend.

Diese Fresken bestanden in vier sehr ausgedehnten Kompositionen, je zwei Gemälde an beiden Langseiten des Saals, die
durch einen vordern und hintern Eingang auseinander gehalten

wurden. Die Aufgabe war eine Darstellung bedeutender Persönlichkeiten des alten Fürstenhauses im fünfzehnten und sechzehnten Jahrhundert, desgleichen einzelner in der Landesgeschichte rühmlich genannter Männer aus den verschiedenen Ständen, mit Porträtähnlichkeit in lebendige Handlung versetzt: der festliche Einzug eines siegreich heimkehrenden Herzogs in seine getreue Hauptstadt; eine große fürstliche Jagd; nicht weniger ein mit allem Pomp vollzogener politisch-kirchlicher Akt im Dom, und endlich ein bekanntes Kriegsereignis von viel entscheidendem Erfolg — lauter dankbare Vorwürfe, deren glänzende Ausführung durch ein gewandtes, wenn auch nur flaches Talent dem Zweck vollständig genügte.

Die Damen sahen sich neugierig bald nach andern Dingen um. Sie durchliefen eine Anzahl von prächtigen Zimmern und erstiegen zuletzt noch die obern Gelasse, von welchen man, indem der nahe Wald, dem Schlosse gegenüber, durch eine breite Schlucht geteilt, sich öffnete, die Aussicht in ein stilles Wiesental mit einigen gar schön gelegenen Mühlen genoß.

Die übrige Gesellschaft hatte sich, des Sitzens überdrüssig, inzwischen auch im Schlosse eingefunden. Man ging je zu zweien oder dreien in dem gelind erwärmten Saale gemütlich auf und nieder, und wenn Nolten sich als unfreiwilliger Teilnehmer eines politischen Diskurses zwischen dem Grafen und einem alten General nicht sonderlich erbaute, so wurde er zeitig genug durch Constanze befreit, die ihn zu einer kurzen Motion in frischer Luft aufforderte.

Der Park bot allenthalben offne Wege und festgefrornen Boden dar; so schlugen sie den nächsten besten Fußweg ein, der einerseits am Saume des grünen Nadelwalds, andererseits am schroffen, felsigen, mit Laubwaldung bedeckten Bergabhang hin führte. Hier goß die Sonne noch ihr volles Licht über die nackt aus der Tiefe aufragenden Gipfel herein. Man hörte den Specht an einem entfernten Fichtenstamm hämmern, ganz in der Nähe stieß im Flug ein Häher mit wildem Schrei eine Lage Schnee von dem Geäste; sonst herrschte überall ein tiefes Schweigen.

Constanze war auf jeden kleinen Reiz der winterlichen Szene aufmerksam; bald aber sagte sie: „Jetzt hab ich Ihnen einen Einfall mitzuteilen, der mir von ungefähr heut auf der Herfahrt kam. Zu Anfang der kommenden Woche haben wir meines Bruders Geburtstag und große Gesellschaft im Hause; ich rechne dabei vornehmlich auch auf Sie und Herrn Larkens. Da wär es nun gar recht, wenn man zur Abendunterhaltung, statt daß ein Teil der Leute nach dem Diner wie gewöhnlich sich an den Spieltisch setzt, ein anderer vor Langerweile stirbt, etwas Vernünftiges, Ergötzliches zum besten geben könnte. Ich hörte ja einmal von einer ganz neuen theatralischen Kurzweil, womit Sie beide uns zu überraschen vorhätten. Wie, ließe sich die Sache nicht eben bei dieser Gelegenheit schicklich ausführen?"

„Ich denke wohl", versetzte Nolten, „obgleich der Spaß für einen engern Kreis berechnet war. Der Vorschlag kam von Larkens, Sie selber aber gaben Veranlassung dazu, indem Sie eines Abends von der hübschen Wirkung der Zauberlaterne sprachen und sich darüber wunderten, daß man bei uns in Deutschland von einer so schönen Erfindung nicht einen besseren Gebrauch als in der Kinderstube und selbst für diese nur den allerdürftigsten zu machen wisse. Die Bilder müßten, meinten Sie, Zusammenhang haben, eine Geschichte, ein Märchen begleiten, das jemand daneben erzählte, ja eigentlich sei die Zauberlaterne so recht der Märchenpoesie zum Dienst geschaffen. Larkens ergriff die Idee auf der Stelle mit Lebhaftigkeit, verschrieb sich ungesäumt den besten Apparat der aufzutreiben war, und zeigte mir ein kleines vor Jahren schon von ihm verfaßtes Drama romantischen Inhalts, zu dem ich eine Reihe Bilder ungefähr in der bekannten Manier zu malen übernahm. Er kürzte und erweiterte sein Stück für unsern Zweck und freute sich besonders zwei komische Figuren aus der modernen Wirklichkeit im starken Gegensatze zu dem Ernst der Hauptpartien einführen zu können. Zwar sahen wir bald ein, daß das Gedicht nach Stoff und Form für diese Art von Illustration nicht das günstigste sei, doch war die Arbeit einmal angefangen, auch hätten wir den dichterischen Text um seiner selber willen ungerne aufgegeben, und ich bezweifle nicht, daß dieser erste Versuch, wenn wir ihn bei jener Gelegenheit bringen, immerhin unterhaltend genug sein wird."

Constanze, ganz beglückt durch dieses artige Projekt, ließ sich vom Inhalt des kleinen Schauspiels einiges Nähere sagen und beide besprachen die nötigen äußern Anstalten, das passende Lokal, sowie die Auswahl einiger zur Mitwirkung geeigneten Personen, welche sehr leicht unter den Gästen selbst gefunden werden konnten.

Während dieser Gespräche hatten sie, mit einer Wendung einwärts in den Forst eine größere Strecke zurückgelegt. Sie kehrten endlich um und waren auf demselben Weg, auf dem sie hergekommen, unweit vom Schloß bei einer Stelle angelangt wo man auf roh behauenen Stufen zu einer schon in früherer Zeit geschaffenen, zwar sehr einfachen, aber reizenden Anlage niederstieg. Sie zog sich auf einem schmalen Bergabsatze unterhalb des Gasthofs nach dem alten Orangeriehause hin. Constanze wünschte diese neuerdings erst wieder zugänglich gemachte Partie im Vorbeigehen zu sehn. Sie stiegen hinab und erreichten in kurzem den interessantesten Punkt derselben: ein säuberlich geplattetes Rondell, das auf dem vorstehenden Fels gegründet, von einer schützenden Balustrade umgeben, den waldigen, kesselartigen Abgrund unter sich hatte und darüber hinaus den Einblick in jenes Wiesental gewährte. Im Rücken hatte man die stattlichste, mit Efeu bekleidete Felsenwand, davor einen steinernen Tisch mit Bänken. Von hier sodann lud ein kurzer gewundener Pfad zur sogenannten Schönen Grotte ein. Es war dies, genauer zu sprechen, eine halb natürlich, halb künstlich gebildete Höhle, die mit einer sanften Steigung in beträchtlicher Länge sich unter einem wild bebuschten Hügel hindurchkrümmte. Sie führte unmittelbar in das Glashaus der ehmaligen Orangerie und war im barocken Geschmack des vorigen Jahrhunderts darauf angelegt, hohen Fremdenbesuch zu überraschen, wenn man, zumal in dieser Jahreszeit, aus der toten Natur, in eine schauerliche Nacht eingetreten, nach fünfzig, sechzig Schritten plötzlich einen ganzen Frühling grünender Gewächse hell und warm aus einer mächtigen Glastüre sich entgegenleuchten sah. Jetzt diente der vormals mit Stukkatur und Muschelwerk verzierte, durch kleine Springbrunnen belebte Raum nur noch als Magazin der Handwerksleute.

Der Maler forderte zu einem Gange durch die Höhle auf, und die Gräfin, für welche der Ort von jeher etwas Unheimliches hatte, nahm seinen Arm nicht ohne Zaudern an. Ein eisernes Geländer woran man fortlief, leitete sicher an den Wänden hin; und so waren sie mit vorsichtigen Tritten ein Stück weit gekommen, als Constanze, den Ausgang vergeblich erwartend, wieder umlenken wollte. Er überredete sie zwar, in steter Furcht jedoch einen Mißtritt zu tun oder gegen einen Vorsprung des Felsen zu stoßen, hielt sich die zarte Frau stets fester an dem Führer, und während beide schweigend und sachte weitergingen, wie seltsam war es dem Begleiter, so viel Schönheit und

Liebreiz, den Inbegriff seiner geheimsten Wünsche, lebenswarm, vertraulich an seiner Seite zu wissen und zu fühlen!

Jetzt aber, in dem Augenblick wo vorne ein dämmernd einfallendes Licht den nahen Ausgang verheißt, glaubt er von eben dorther eine Stimme zu hören, die ihn auf einmal starr wie eingewurzelt stehenbleiben macht. Constanze fühlt, wie er erschrickt, wie sich sein Atem mit Ungestüm hebt. „Was ist das, Nolten? Gott, was haben Sie?" Er schweigt. „Wird Ihnen nicht wohl? ich beschwöre Sie, reden Sie doch!" „Keine Furcht, edle Frau! besorgen Sie nichts — aber ich gehe nicht weiter!" — und dabei hielt er sie gewaltsam fest. — „Nolten!" entgegnete die Gräfin mit Heftigkeit, „was soll doch dieser Auftritt? Soll ich mich etwa krank hier frieren? Ich rufe laut, wenn Sie beharren!"

„Ja, rufen Sie! rufen Sie ihn herbei — meinen schlimmsten, meinen tödlichsten Feind, — nichts in der Welt kann ihm erwünschter kommen!"

Nun erst begriff Constanze; sie stand sprachlos, ohne Bewegung.

Man hörte oben noch immer fortreden; es waren unwillig verweisende Worte, vermutlich an einen Arbeiter gerichtet, der sich kleinlaut zu rechtfertigen schien.

„Nicht", so fuhr Nolten in äußerster Aufregung fort, „nicht daß ich mich vor ihm verkriechen müßte, dem Übermütigen, dem Falschen — sein Anblick nur ist mir unerträglich: jetzt, eben jetzt, als hätte ihn die Hölle herbestellt, mir die Seligkeit dieser Stunde zu vergiften! Ich haß ihn, hasse ihn, weil er um deine Liebe schleicht, Constanze! Ist's nicht so? darfst du's leugnen? und dürft er hoffen? Er? — unmöglich! — Glaub mir, ein Gott hat uns hieher geführt, mein Innerstes erst bitter aufgeregt und alles, alles — Eifersucht und Haß, Angst und Entzücken, die unbegrenzte Wonne deiner Nähe zusammengedrängt, hier, in diesen verborgenen Winkel, um mir das Bekenntnis dessen zu entreißen, was dir längst kein Geheimnis ist." — Sie zitterte, verstummte; unwillkürlich sank ihr Haupt an seine Brust und ihre Tränen flossen, indes sein Kuß auf ihrem Halse brannte. Den Mund in ihre dichte Lockenfülle drückend hätte er ersticken mögen im süß betäubenden Duft dieser Haare: da rauscht auf einmal der Schritt eines Mannes unferne von ihnen, und eh der Maler sich besinnt, streift schon das Kleid des rasch Vorübergehenden an ihnen hin. Niemand als Herzog Adolf kann es gewesen sein. Constanze, regungslos in Noltens Armen scheint von allem nichts bemerkt zu haben. Nun aber fährt sie schaudernd wie aus einem Traum empor, sie reißt sich los und flieht dem Ausgang zu, mit solcher Schnelligkeit, daß Nolten, der in der Bestürzung einen Augenblick gezögert hat, ihr kaum nachkommt. Ein Meer von Licht und Glanz, der letzte grelle Sonnenschein des kurzen Wintertags empfängt die Eilenden an der Schwelle. Soeben will Nolten die Gräfin erreichen — aber die große Glastüre fällt klirrend hinter ihr zu und ist nicht wieder zu öffnen.

Trunken an allen Sinnen, ratlos, verwirrt steht er allein. Noch einmal versucht er das verwünschte Schloß, umsonst! er ist gezwungen zurückzugehn. Er tat dies erst mit schnellen, dann immer langsameren Schritten. Am Ende des Gangs hielt er still und frug sich, ob es Wirklichkeit, nicht bloß ein Blendwerk seiner Phantasie gewesen sei, was er eben erlebt. Das überschwengliche Bewußtsein, die Geliebte an sein Herz gedrückt, ein Tausendteilchen seiner Glut ihr mitgeteilt zu haben, verdrängte vorerst jeden andern Gedanken. Er fürchtete nichts, bereute nichts. Er warf einen Blick in die Höhle: wie kalt, wie gleichgültig starrte ihn alles jetzt an! wie gar nichts schienen diese rohen Steinmassen von jener holden Gegenwart zu wissen, die noch vor wenigen Minuten rings um ihn her die Nacht in Purpur glühen ließ! Er preßte die Hand auf beide Augen, um sich den einzigen Moment für ewig einzuprägen, und verließ, noch kaum recht wissend, wohin er sich wende, den Ort.

Dem erlauchten Nebenbuhler zu begegnen fühlte er sich nun bereits einen ganz andern Mut; doch dies war ihm glücklicherweise erspart. Denn indem er eben das Rondell überschritt, erreichte die klingende Stimme des Herzogs zum zweitenmal, und zwar vom Gasthaus herüber, sein Ohr. Unter Scherz und Lachen nahm er von den andern Abschied, und so rollte sein Wagen davon. Daß Constanze noch auf ihn gestoßen, war immerhin denkbar; geschah es aber nicht, wo konnte sie indes geblieben sein? — der Maler dachte nach, und plötzlich erschien ihm eine Möglichkeit.

Im kleinen Blumengarten hinter der Orangerie bewohnte die arme Witwe eines vormaligen Parkwächters ein einzeln stehendes Häuschen. Sie war Constanzen am Morgen bei der Ankunft begegnet und diese hatte ihr einen Besuch versprochen. Sie kannte das brave Weib noch aus der Zeit der Frau Fasanenmeisterin und unterstützte sie durch regelmäßige Gaben. Wie nahe lag ihr also der Gedanke, an diesem Zufluchtsort fürs erste auszuruhn und sich zu sammeln. Um jeden Preis aber mußte der Maler, sei es da oder dort, vor der Heimfahrt noch irgendein flüchtiges Zeichen, ein verzeihendes Wort von ihr haben. Unverzüglich kehrte er um, bog am Eingang der Grotte vorüber, kam an das offene Pförtchen einer Taxushecke und fand alsbald das kleine Haus. Seine Ahnung hatte ihn nicht getäuscht: die Gräfin war wirklich dagewesen, war aber soeben nach dem Gasthaus gegangen. Zugleich erfuhr er von der Alten, daß es dort einen schrecklichen Auftritt gegeben: der Italiener habe mit zwei jungen Offizieren Karte gespielt, darüber Streit bekommen und einen derselben, einen Lieutenant, den Vetter der gnädigen Frau, sowie den Wirt, der ihnen beigesprungen, schwer verwundet. Der Herzog sei dazugekommen, nachdem das Unglück schon geschehn; man habe den wütenden Menschen mit Mühe gebändigt und eingesperrt. Dies alles habe die Gräfin nur erst von ihr gehört und sich äußerst darüber entsetzt.

Sofort eilte auch Nolten dem Wirtshause zu.

Dort hatte man sich das lange Ausbleiben der beiden auf natürliche Weise damit erklärt, daß sie bei ihrer Rückkehr ohne Zweifel von dem wüsten Lärm und dessen Ursache vernommen hätten, und weil es für Constanze nichts Ärgeres als solche Szenen gab, weitergegangen wären.

Indessen hatte es, wie man sich alsbald überzeugte, mit dem Verwundeten keine Gefahr. Der Lieutenant, ein kecker, lustiger Knabe, lag wohlverbunden und versorgt auf einem Bette neben der Wirtsstube und spaßte unter Schmerzen noch aufs beste. Er wollte von einem Chirurgen, den der Herzog auf alle Fälle zu schicken versprach, nichts hören, er wollte durchaus nach der Stadt mit zurück und nur die ernstliche Frage, ob dies so spät am Abende zu wagen sei (fast war es Nacht und man hatte schon Licht) hielt die Gesellschaft noch auf. Eine tiefe Hiebwunde am Arm mit starkem Blutverlust ließ ein nachkommendes Fieber befürchten. Sie war ihm mit einem Hirschfänger versetzt, den der Italiener, schäumend vor Zorn, von der Wand herabriß, als ihm die beiden Offiziere, vermutlich mit Recht, Betrug im Spiel vorwarfen. Nun berieten die Herrn sich untereinander, sie gingen beim Lieutenant ab und zu, während die Damen zur Erwärmung auf den Rückweg ihre Tasse Tee tranken.

Constanze hatte sich, Frost vorschützend, in eine dunkle

Ecke beim Ofen gesetzt, die andern folgten ihr und hatten eine Menge, zumal vom Herzog zu erzählen. Er kam flüchtig hier durch und wollte nur gelegentlich bei den Arbeitern nachsehn. Die Damen konnten nicht genug sagen, wie liebenswürdig, wie tätig und durchgreifend er bei dem greulichen Vorfall gewesen, besonders wie sehr er bedauert, die Gräfin nicht erwarten zu können.

Dem Maler brannte die ganze Zeit der Boden vor Ungeduld unter den Füßen, indem er sich den Zugang zu Constanzen von jeder Seite abgeschnitten sah. Nur kurz erst vor dem allgemeinen Aufbruch der Gesellschaft fand er Gelegenheit sich ihr zu nähern. Sie war, vielleicht nicht von ungefähr, an ein Fenster getreten; der Mond erhellte ihr schönes Gesicht und Nolten fiel es auf, wie bleich und angegriffen sie aussah. — „Ich nähme gerne Gute Nacht", sprach er sie an, „wie kann ich aber scheiden, ohne noch einen tröstlichen Laut aus Ihrem Munde gehört zu haben?" — „Beruhigen Sie sich" — antwortete sie hastig — „Gönnen Sie mir Zeit — wir haben vieles zu bedenken — Bald sehe ich Sie wieder." Nolten drückte ihr feurig die Hand und entfernte sich eilends, sein Pferd zu besteigen, das ihn schon vor dem Haus erwartete.

Nicht lange darauf rief der Graf aus der Kammertür tretend, mit erhobener Stimme ins Zimmer hinein: „Unser Held bleibt hier! sein Kompagnon mit ihm. Man lasse einspannen."

Bis aber nun alles in Ordnung war und bis der Schlittenzug sich in Bewegung setzte, hatte Nolten den Park längst hinter sich.

Ein herrlicher, über das glänzende Schneefeld verbreiteter Mondschein umgab den Reiter; doch war dieser Anblick für ihn eine Zeitlang wie gar nicht vorhanden. — „Sie liebt dich! liebt dich!" scholl es ihm durch Kopf und Herz im lauten tausendstimmigen Tumult der Freude, des Erstaunens. Er drang mit weit offenem Aug in die nächtliche Bläue des Himmels und forderte alle Gestirne heraus, seine Seligkeit zu teilen.

Nach einer beinahe schlaflos in glücklicher Unruhe zugebrachten Nacht ließ Nolten es sein erstes sein, die Einladung Constanzens an Larkens zu bestellen, den er im Schlafrock beim Frühstück mit der Zigarre traf.

Der Vorschlag wegen Aufführung des Schattenspiels wurde alsbald beraten. „Es ist", sagte Larkens, „recht gut, daß wir die närrische Pastete, wozu mir fast die Lust vergangen war, so

ohne weiteres loswerden. Ich kann heute vor zwölf Uhr, wo
der Graf seine Ausgänge macht, bei der Schwester vorsprechen
und dort an Ort und Stelle dem Tischler und dem Tapezier die
Einrichtung angeben. Die Gräfin mag die nötige Anzahl weiblicher Stimmen anwerben. Diese kleinen Rollen sind bis morgen
ausgeschrieben; die männlichen Personen sprech ich selbst, und
übermorgen hält man Leseprobe. Die paar Gesänge müssen besonders wohl eingeübt sein. Inzwischen machst du deine Gläser,
soviel daran noch fehlt, geschwinde fertig; wir haben ja volle
vier Tage noch Zeit."

Als Larkens etwas mehreres von der gestrigen Lustfahrt zu
hören verlangte, fiel es dem Maler schwer aufs Herz, ihm ein
Ereignis verschweigen zu sollen, auf dessen Kenntnis er den
ersten Anspruch hatte. Aber Larkens war so arglos nicht als er
sich gab. Er glaubte eine ungewöhnliche Befangenheit, Unruhe
und Zerstreutheit an Nolten wahrzunehmen; auch fiel ihm auf,
daß er so kurz wie möglich blieb.

Verdrießlich, fast unwillig und gekränkt sah er dem Freunde
vom Fenster aus nach. „Ich muß auf einen Kapitalstreich sinnen!" rief er aus: „das Zaudern wird gefährlich — man muß
dem Teufel ein Bein brechen!"

Gegen Mittag ließ er sich bei der Gräfin anmelden. Sie kam
ihm sogleich mit lebhaften Worten des Dankes entgegen, war
heiter, klar und natürlich wie immer und stand ihm auf alle
Weise geschäftiglich in seinen Anordnungen bei.

Man wählte ein nach hinten gegen den Garten gelegenes
großes Zimmer, nebst einem anstoßenden kleinern, wo in den
offenen Raum der ausgehobenen Flügeltür, welche beide verband, ein Rahmen mit weißem Tuche eingelassen werden sollte,
um auf der hellen, glatt gespannten Fläche die farbigen Bilder
aufzufangen. Davor kam ein niedriger Kasten von Pappe zu
stehn, worin jemand bei der Maschine an einem Tischchen sitzen
konnte. Im zweiten Zimmer wo die rezitierenden Personen dicht
hinter einer spanischen Wand bei möglichst gedämpfter Beleuchtung ihre Rollen, natürlich nicht aus dem Gedächtnisse, vortrugen, war außer einem Klavier und einigen Stühlen nichts
weiter nötig.

„Ein Punkt", bemerkte Larkens, „macht einige Schwierigkeit.
Denn da es sich hier nur um stehende Gemälde, nicht um bewegliche Figuren handelt und die Personen doch mitunter in einem
und demselben Auftritt ihre Stellung zu verändern, eine be-

stimmte Handlung vorzunehmen haben, so galt es, über diese Inkonvenienz nach Möglichkeit hinwegzukommen. Einige Male nämlich war es unumgänglich, die gleiche Szene mit zwei auch drei verschiedenen Ansichten auszustatten. Bei der Vorstellung muß der Wechsel, indem das erste Bild verschwindet, während das folgende bereits dahinter eingeschoben ist, so rasch und geräuschlos vor sich gehn, daß eine eigentliche Unterbrechung nicht entsteht. Hiezu bedarf es denn begreiflich einer geschickten Hand und muß das Stichwort immer genau getroffen werden. — Eine andere Frage aber bleibt, ob wir bei einem größeren, gemischten Auditorium mit unserem Stück überhaupt die gewünschte Ehre einlegen. Es ist, muß ich bekennen, tolles Zeug und eine Sorte Poesie, die nicht jedermanns Geschmack sein kann."

„Sie haben allerdings", versetzte die Gräfin, „einige nüchterne Geister unter Ihren Zuhörern; doch ist mir nicht bange: man darf sich nur zum voraus keinen Zweifel merken lassen. Bei der Mehrzahl wird das Verständnis nicht fehlen, die andern kommen klüglich, wie das so in der Regel geht, mit ihrem Beifall nach."

Im Verlauf des Gesprächs nannte Larkens mehrere Male absichtlich Noltens Namen, ohne den Mienen der feinen Frau das geringste dabei ablauschen zu können; nur als er am Ende beiläufig der gestrigen Partie erwähnte, worüber ihm der Maler noch ausführlicher berichten werde, schien wirklich etwas von Verwirrung über ihre anmutigen Züge zu gehn.

Auf seinem Weg nach Hause kam ein Vorsatz, mit dem er sich seit kurzem trug, sehr schnell und entschieden zur Reife bei ihm.

Er beschloß, die Gräfin in sein Geheimnis zu ziehen; ihr das zerrüttete einseitig schwebende Verhältnis Noltens und was er selbst zu dessen Herstellung gewagt, unter der Form einer vertraulichen Bitte um ihre Ansicht, ihren Rat umständlich vorzulegen. — Ist sie, so reflektierte er, in Nolten verliebt, oder nahe daran, es zu werden, und kann ich ihr vom Mädchen auch nur halbwegs einen Begriff, wie ich ihn habe, geben, so ist sie von Stund an geheilt, ja sie kann nicht umhin, von ganzem Herzen, ohne Rückhalt auf meine Seite zu treten, vorausgesetzt, sie sei das ungemeine Weib, für das sie gilt.

Den schicklichen Zeitpunkt für diesen starken Coup, der jedenfalls zu etwas führen mußte, glaubte der Freund nun kaum mehr abwarten zu können. Er wollte den Geburtstag noch vorübergehen lassen, dann aber unverzüglich Gelegenheit zu einer Unterredung mit Constanze suchen.

Nolten hielt sich vorerst in der Stille zu Haus. Unruhig aber, wie er war, und zu jeder ernstlichen Beschäftigung unfähig, entfloh er dem Druck seiner einsamen Wände gar bald, trieb sich in mancherlei Gesellschaft um und kehrte unter andern auch bei dem Hofrat Jaßfeld ein.

Er fand den alten Herrn wie gewöhnlich in seinem Bibliothek- und Arbeitszimmer. „Freund", rief er dem Eintretenden mit seiner hellen, etwas kreischenden Stimme entgegen: „denken Sie nur, mein Hans singt jetzt!" und wies dabei auf einen Staren, der, weit von dem offenen Käfig entfernt, den hölzernen Meridian eines alt-vergilbten Erdglobus, hoch oben auf einem der Bücherschränke zum Sitz genommen hatte. „Sie werden ihn bald hören; Ihr Kommen hat ihn nur zerstreut. Wir setzen uns und schwatzen, da findet er das Trumm schon wieder. Die ganzen vierzehn Tage her, daß ich ihn habe, denken Sie, gab er nicht einen Laut von sich, so schwer fiel es dem Burschen, den Umgang seines frühern Herrn, des krummen Schneidermeisters, und seine dumpfige, gedrückte Stube zu vergessen. Nun saß ich so in aller Ruhe gestern am Schreibtisch über meinen Katalogen; auf einmal fängt's im Käfig an! die zartesten, süßesten Töne, wie silbergesponnene Fäden, hundertfältig zu Filigran gekräuselt und verschlungen, und gleich darauf, ganz unvermittelt, ein seltsames Georgel, tief aus der Kehle hervor, deren schillernde Federchen alle — ich schielte nur verstohlen seitwärts hin — sich so rührend dabei auf und nieder bewegten. Nach einer kleinen Weile aber jetzt ließ er frischweg verschiedene Melodien, teilweise freilich nur die ersten Takte, rasch nacheinander folgen. ‚Schönste Flankina, mein herzlicher Schatz' — ‚Freund, ich bin zufrieden' — ‚Guter Mond, du gehst so stille'" (der Hofrat sang die erste Strophe dieses Lieds in einem greisenhaften Falsett mit komischem Ausdruck) „‚durch die Abendwolken hin, bist so traurig und ich fühle, daß ich gleichfalls traurig bin.' Von diesem Schlag, müssen Sie wissen, sind seine sämtlichen Lieder; er hat ihrer fünf bis sechs mehr oder weniger vollständig inne. Sie erinnern durchaus an die herrliche Zeit, wo unsere Chapeaux noch Quästchen an den Rohrstiefeln trugen, zwei Uhrketten über den Latz herunterhängen hatten, die Damen mit Titusköpfen und kurzer Taille gingen. Am ergötzlichsten ist mir der Kerl jedoch, wenn er empfindsame Sachen anstimmt, denn nichts kann närrischer sein, als dieser Gegensatz zu der ganzen Natur eines Staren. Sehen Sie diesen Schnabel an, wie frivol philosophisch er in die Welt hinaussticht! Scheint er nicht allem hohnzusprechen, was irgend ideal, poetisch heißt? — Ei, daß der Schuft nun aber sich schlechterdings nicht weiter hören lassen will! — *Spitzbub!*" rief ihm der Hofrat zu, und augenblicklich intonierte der Vogel viva voce, mit einem frechen Zwischenruf das Scheltwort offenbar erwidernd: "Es reiten drei — Spitzbub! — zum Tore hinaus" — worauf er mit einem gewaltigen Kreisflug durch das ganze Zimmer sofort in sein Haus zurückkehrte. Der Alte freute sich unmäßig über diesen Spaß und sagte zum Maler, welcher gutmütigen Anteil an allem nahm, was er hier sah und hörte: "Verzeihen Sie einem alten Narren sein Vergnügen. Ich habe so einen heitern Gesellen in meiner Einsamkeit lange genug entbehrt und hoffe künftig noch manche halbe Stunde gemütlich mit ihm zu verplaudern."

Nach einigen Mitteilungen aus den letzten drei Tagen, womit der Maler seinerseits den Hofrat unterhielt, fing dieser wieder an: "Jetzo, mein Bester, noch etwas, das Ihnen sicher Freude machen wird. Hier, sehen Sie, schickt mir mein Buchhändler heute nebst andern Novitäten einen deutschen Auszug aus Grimms und Diderots Korrespondenz, d. h. aus jenen höchst interessanten Bulletins, die diese beiden Männer in den Jahren 1753—90 an den Herzog von Gotha richteten. Sie sind meist literarischen Inhalts und eine kostbare Fundgrube zur Kenntnis des damaligen Pariser Lebens. Ich blätterte ein wenig in dem Buch und stieß gleich überall auf die anziehendsten Persönlichkeiten zumal auch aus der Künstlerwelt. So wird von einem Besuch des Schauspielers Garrick Anno 65 erzählt und der Eindruck geschildert, den einige Proben seiner Kunst in einem Privatzirkel machten. Dies gab dem Maler Carmontelle Gelegenheit zu einem sehr geistreichen Scherz, bei dem ich auf der Stelle an Sie dachte. Erst aber hören Sie, was Grimm zur Charakteristik des berühmten Gasts gar schön bemerkt:

,Die große Kunst David Garricks besteht in der Leichtigkeit, aus sich selbst herauszutreten und ganz in die zu spielende Rolle überzugehen. Von diesem Moment an hört er auf, Garrick zu sein, und er ist einzig das was er vorstellt. Man möchte darauf schwören, daß er Züge und Gestalt verändert habe und daß er nie wieder zu seiner vorigen Form zurückkehren könne.

Sein Gesicht kann man leicht entstellen, das ist begreiflich; allein Garrick kennt weder Grimasse noch Überladung; alle Veränderungen in seinen Zügen entspringen aus der Aufregung seines innersten Gemüts; nie übertreibt er die Wahrheit. Und dann ist er noch in jenes andere unbegreifliche Geheimnis eingeweiht, sich zu verschönern ohne andere Mittel als die der Leidenschaft. Wir haben ihn die Dolchszene im ›Macbeth‹, in einem Wohnzimmer und in seinem gewöhnlichen Anzuge, ohne alle Beihülfe der theatralischen Täuschung, geben sehen; und in den Maßen wie er jenem in der Luft schwebenden und sich fortbewegenden Dolche mit den Augen folgte, erreichte er einen so hohen Grad von Schöne, daß er der Gesellschaft einen Schrei allgemeiner Bewunderung entlockte. — Wer sollte es glauben, daß dieser nämliche Mann einen Augenblick später mit gleicher Vollendung einen Kuchenbäckerjungen nachmachte, der kleine Pasteten auf dem Kopfe tragend und mit aufgesperrtem Maule alles angaffend, auf einmal seinen Kuchenkorb in die Gassenrinne fallen sieht, anfänglich ganz verblüfft dasteht und endlich in Tränen ausbricht? — — Er behauptet, man könne kein guter tragischer Schauspieler sein, wenn man nicht zugleich ein trefflicher komischer Schauspieler sei. Ist dies gegründet, so hat er ein furchtbares Verdammungsurteil gegen viele gepriesene Bühnenkünstler ausgesprochen.' — (Jetzt geben Sie acht!) ‚Carmontelle hat Garrick in tragischer Stellung gezeichnet und diesem Garrick, seitwärts gegenüber, zwischen zwei Türflügeln einen komischen Garrick gestellt, der den tragischen belauscht und sich über ihn lustig macht.'

Nun, ist das nicht charmant? ist das nicht ganz vortrefflich?"

Auch Nolten war von diesem sinnreichen Einfall frappiert und sagte, man könnte wohl versucht sein, ihn noch jetzt, nach fünfzig Jahren, wieder aufzuwärmen.

„Ach ja! das mein' ich eben auch! Sie hätten wirklich Lust dazu?"

„Gewiß. Und wenn es mir halbwegs gelingen sollte — ich denke dabei an eine schlichte, nur etwa leicht in Wasserfarben ausgemalte Zeichnung — so wüßt ich auch wohl schon, für wen das Bildchen wäre."

„Oh", rief der Alte sich vergnügt die Hände reibend, „wer die Adresse nicht erriete — Larkens! Darauf war's auch nur von mir abgezielt. Ich habe ihn unlängst zum erstenmal in den ‚Drillingen' gesehn — das Herz lacht mir noch heut davon —

und im Nachhausegehen dacht ich, solltest du nicht dem Manne für diesen köstlichen Abend mit irgend etwas Extraordinärem danken? besann mich hin und her, nichts war mir gut genug, und der Augenblick wurde für diesmal verpaßt. Da muß ich nun heute den Glücksfund tun! Er konnte nicht geschickter kommen: in vierzehn Tagen werden wir ‚Richard den Dritten' sehn; das gibt einen trefflichen Anlaß. Und also, mein Bester, Sie machen das Bild − Notabene auf meine Bestellung; denn ich wünsche nun einmal der Geber zu sein."

„Gut; aber woher nur gleich ein tüchtiges getreues Portrait nehmen? Denn bei dem ganzen Spaß ist natürlich gerade auf diesen Punkt ein Hauptwert zu legen."

Der Hofrat machte ein schlaues Gesicht, ging schweigend an ein Kästchen, worin er die Sammlung seiner kleinen plastischen Sachen verwahrte, nahm eine silberne Medaille heraus und hielt sie wohlgefällig dem Maler unter die Augen: sie zeigte Garrick im Profil, musterhaft gearbeitet, der Ausdruck jovial und behaglich, daher vielleicht nicht ganz wie man den Künstler denken mochte, doch darum ohne Zweifel nur um so individueller und wahrer. Mit wenig Linien trug Nolten auf der Stelle den Kopf um etwas vergrößert in sein Taschenbuch ein, zur völligen Zufriedenheit des Alten. Dieser würde auch wohl in seiner gesprächigen Laune den angenehmen Gegenstand noch nicht so bald verlassen haben, hätte Nolten von wachsender innerer Unruh gepreßt und getrieben nicht endlich, fast allzu kurz, Abschied genommen.

Zarlins Geburtstag war endlich erschienen.
Eine geschmückte Tafel erwartete die zahlreich im Vorsaal um den Grafen versammelten Gäste: mit wenigen Ausnahmen lauter Adel, darunter ein paar Exzellenzen, Hofdamen, Offiziere. Der Herzog hatte sich mit einem Vorwand entschuldigt, ohne Zweifel weil ihm ein Teil der eingeladenen Personen nicht anstand. Der alte Jaßfeld, überhaupt kein Freund von so großer Gesellschaft, hatte wie gewöhnlich sein Kompliment schon tags zuvor gemacht.

Die Gratulation war vorüber, Constanze noch nicht sichtbar, man stand und schwatzte umeinander, während einige jüngere Fräulein die kurze Zeit benützten, um mit Larkens in dem abgesonderten, zur Abendunterhaltung bestimmten Raume noch dies und jenes zu probieren, wobei es sehr laut und lustig zuging und wozu sich auch jener wackere Lieutenant einfand, der bei den Händeln mit dem Italiener so schlimm gefahren war. Er hatte sich die Stelle des Maschinisten bei der Aufführung von Larkens ausgebeten und sich zu diesem Zweck gehörig mit dem Stück bekannt gemacht.

Unterdessen säumte die Gräfin nicht länger, die Gesellschaft zu empfangen. Im weißen Atlaskleide, ein zierliches Gewinde von blauen Sternblumen im Haar, trat sie mit einem kaum erwachsenen, sehr hübschen Mädchen an der Hand herein und stellte diesen neuen Gast als eine Nichte ihrer Freundin Fernande vor. Indem sie so die Runde machte, die einzelnen willkommen hieß und nun die Reihe auch an Nolten kam, bedurfte es beiderseits einiger Fassung, um sich einander ungezwungen in herkömmlicher Weise zu begrüßen.

Sofort eröffnete in dem festlich dekorierten Salon sich eine glänzende Mahlzeit, deren Verfolg indessen für uns wenig Bemerkenswertes hat.

Unser Maler zwischen Tillsen und seiner muntern Frau, der Gräfin schräge gegenübersitzend, war ihr eben noch nahe genug, um nach Gelegenheit ein Wort mit ihr über die Tafel zu wechseln. Er sah auf ihrer Stirne, so heiter sie sich im Gespräch nach allen Seiten kehrte, vorübergehend öfter einen stillen nachdenklichen Zug, den er auch sonst wohl an ihr kannte und der ihm ihren Anblick heute nur reizender, kindlicher, rührender machte.

Vortrefflich war am Ende einer andern Reihe die Blüte der weiblichen Jugend unterhalten, in deren Mitte Larkens und der Lieutenant saß, da letzterer als eifriger Theaterfreund den Schauspieler bald veranlaßte ganz interessante Spezialitäten aus diesem Gebiete preiszugeben.

Das Essen neigte sich zum Schluß; zwei Stunden und darüber waren schnell verrauscht. Als die letzten Toaste ausgebracht waren und jetzt der Kaffee in einem zweiten kleinern Saal herumgereicht wurde, rief Constanze zum Bruder hinüber: es hätte sich soeben eine kleine wandernde Truppe Schauspieler gemeldet; sie bäten um Erlaubnis zu Ehren des Tags ein Intermezzo aufzuführen. Worauf der Graf, wirklich getäuscht, beinahe mit den Worten des Polonius im „Hamlet" fragte, was es für Leute wären?

„Gnädiger Herr!" antwortete Larkens, indem er sich an seinem Platze erhob, mit dem gezierten Anstand eines Theaterdirektors: „ohne Ruhm zu melden, die besten Schauspieler von der Welt. Es sei für Tragödie, Komödie, Historie, Pastorale, für unteilbare Handlung oder fortgehendes Gedicht. Seneca kann für sie nicht zu traurig, noch Plautus zu lustig sein. Für das Aufgeschriebene und für den Stegreif haben sie ihresgleichen nicht. Diesmal jedoch wär es ein Schattenspiel, womit wir aufzuwarten hätten."

„Ein Schattenspiel! charmant!" riefen die Damen aus einem Mund und klatschten vergnügt in die Hände: „Des Ombres Chinoises, nicht wahr?"

„O nein, wir sind auf bunte Schatten eingerichtet, und Nolten hat nach Herzenslust einmal in ganzen Farben auf gut nürnbergisch hier gemalt."

Die Gesellschaft bezeigte sich äußerst begierig und Larkens kündigte sein Drama an. „Damit man aber", sagte er, „den Poeten nicht gleich nach der ersten Szene über alle Häuser wegwerfe, sei ihm ein kurzer Prologus gestattet.

Ich hatte in meinen akademischen Jahren einen trefflichen Freund, mit welchem ich, abseits von unsern ordentlichen Studien und freilich auch mitunter sehr auf ihre Kosten, gemeinschaftlich gewisse Lieblingsfächer pflegte. Wir trieben Musik, wir lasen die alten und neueren Dichter zusammen; vornehmlich war es Shakespeare, der uns auf Weg und Steg begleitete. In selbsttätiger Weise ging man auf Poesie als solche gar nicht aus. Wir ersannen wohl Märchen genug und Geschichten, insonderheit war nach und nach ein halbes Dutzend hochkomischer Figuren aufgekommen und ordentlich zu Fleisch und Blut geworden, so daß sie gleichsam einen Teil unseres täglichen Umgangs ausmachten. Dies alles aber diente nur dem gegenwärtigen Genuß, an einen künftigen Gebrauch, an kunstmäßige Form, an eine Autorschaft dachte keiner von beiden. In diesem Sinne nun erfanden wir für unsere Dichtung einen außerhalb der bekannten Welt gelegenen Boden, eine abgeschlossene Insel, auf welcher ein kräftiges Heldenvolk, in verschiedene Stämme und Grenzen geteilt, verschieden im Charakter, jedoch von wesentlich gleichartiger Religion, gewohnt haben sollte. Die Insel hieß *Orplid,* und ihre Lage dachte man sich im Stillen Ozean östlich Neuseeland. Orplid hieß vorzugsweise die Stadt des bedeutendsten Königreichs. Dieselbe war auf Felsengrund in einem großen, herrlichen Landsee gelagert. Sie soll von göttlicher Gründung gewesen sein und die Göttin Weyla, von welcher der Hauptfluß seinen Namen hatte, war ihre vorzügliche Beschützerin. Stückweise und nach den wichtigsten Zeiträumen erzählten wir uns die Geschichte dieser Völker. An merkwürdigen Kriegen und Abenteuern fehlte es nicht. Unsere Götterlehre ähnelte in einzelnen Gestalten der Homerischen, schloß auch romantische Ingredienzien, wie die untergeordnete Welt der Elfen, Feen, Kobolde nicht aus, bewahrte aber immerhin eine gewisse Eigentümlichkeit.

Orplid, vormals der Augapfel der Himmlischen, zog sich im Lauf der späteren Jahrhunderte den schweren Zorn derselben zu, als unter der Herrschaft des letzten, vergötterten Königs die alte Sitteneinfalt überall einer verderblichen Verfeinerung der Denkart wich. Ein schreckliches Verhängnis raffte die lebende Menschheit dahin, selbst ihre Wohnungen sanken in Staub, nur das Lieblingskind Weylas, Burg und Stadt Orplid, durfte, obgleich ausgestorben und öde, als ein traurig schönes Denkmal vergangener Hoheit stehen bleiben. Die Götter wandten sich auf ewig von diesem Schauplatz ab, kaum daß jene erhabene Herrscherin ihm noch zuweilen einen Blick vergönnte, und dieses auch nur eines einzigen Sterblichen halber, der einem höheren Ratschluß zufolge die allgemeine Zerstörung weit überleben mußte. Es war dies eben jener letzte und mächtigste Fürst, welcher gegen den Willen der Götter die sämtlichen Völker mit Waffengewalt unter sein Szepter gebracht.

In den neuesten Zeiten nun aber geschah's, daß eine Anzahl Europäer, meistens Deutsche aus der arbeitenden Klasse, auf einer Seefahrt nach Van-Diemens-Land begriffen, mit ihrem Schiff bei unsrer Insel scheiterte und notgedrungen sich darauf ansiedelte. Unter ihnen befand sich der Schiffseigentümer, ein braver Holländer, sodann mit Frau und Kind ein vornehmer spanischer Flüchtling, Don Anselmo genannt, und ferner, gleichfalls mit Familie, ein englischer Gelehrter, Mr. Harry, dessen beste Habe, in einer kleinen Bibliothek und kostbaren Instrumenten bestehend, nebst einem guten Teil der übrigen Ladung, samt allerlei Werkzeug und Waffen gerettet worden war. Nach freier Übereinkunft beschwor die Gesellschaft eine Art von aristokratischer Verfassung, an deren Spitze die drei Männer traten. Die Leute richteten sich teils in den Ruinen der unteren Stadt nächst dem Wasser, teils auf dem Lande ein. Bald stand die Kolonie im besten Flor und schon blüht eine zweite Generation zur Zeit da unser Schauspiel sich eröffnet.

Ein Enkelsohn des britischen Gelehrten, vom Vater und Großvater unterrichtet, um ganz der Wissenschaft zu leben, ist längst ein Mann geworden. Er gibt sich neben anderem viel mit der Erforschung und Beschreibung der merkwürdigen Altertümer ab, während Anselmo, der Enkel des alten Spaniers, als kühner Jäger ein abenteuerliches, einsames Leben führt; ein sonderbar geheimnisvoller Mensch und ganz dazu gemacht, mit jener untergegangenen Wunderwelt, soviel davon noch in das helle Tageslicht der Gegenwart herüberdämmerte und spukte, in wirksame Berührung zu treten. So hatte mein Freund von diesem Anselmo und seinem Liebesglück mit einem feenhaften Wesen, Agaura genannt, ein Märchen von der höchsten Zartheit, das damit endigte, daß sich die Schöne schon nach dem ersten Jahre von ihm trennt, in bitterer Reue über die unnatürliche Verbindung in eine Wüste flieht, nachdem sie die Frucht dieser Liebe, ein reizendes Geschöpf von Mädchen, zuvor ihrer rechtmäßigen Tochter Thereile zur Pflege übergeben hatte.

Späterhin einmal fiel es mir ein, denselben Faden wieder aufzunehmen und an das tragische Geschick des letzten Königs anzuknüpfen, des Alten, der nicht sterben kann. So entstand nun ein kleines dramatisches Unding, das ursprünglich für meinen Freund, nach seinem Abgang von der Universität geschrieben wurde und nun zur Not als Text für unser Schattenspiel zu brauchen schien. Durch Ab- und Zutun war ihm leicht noch etwas mehr auf die Beine geholfen; besonders machte es mir Spaß, anstelle einer allzu gleichgültigen Mittelsperson ein Paar Originale aus dem Leben zu bringen, wovon das eine in der Laufbahn Noltens epochemachend war; der Maler verfehlte hier nicht einen Zug, und die gnädigen Herrschaften müssen uns schon verzeihen, wenn wir sie nebenbei einen Blick in die unsaubere Wirtschaft zweier ausbündigen Taugenichtse tun lassen.

Soviel zum nötigen Vorbericht; und nun erlauben Sie mir noch kurze Zeit, mein Lämpchen anzuzünden."

Mit einer Verbeugung entfernte sich Larkens eilfertig, vom Lieutenant gefolgt; das Mädchenpersonal war schon voraus.

Die Gäste standen jetzt nach und nach auf, nicht alle gleich sehr von der eben gehörten Einleitung erbaut. Man hatte etwas anderes erwartet, die Sache deuchte manchem doch gar zu fremd und wunderlich; nur als es hieß, der diebische Bediente Noltens, von dem die meisten wußten, erscheine in dem Stück, versprach man sich wenigstens etwas zum Lachen.

Während Nolten eine Minute allein und in sich gekehrt vor einer mit grünem Gebüsch umgebenen Nische stand, trat unversehens Constanze zu ihm und sprach ihn leicht errötend und doch mit der ungezwungensten Freundlichkeit an. „Ich hatte gewünscht", sagte sie, „daß heute auch Fernanda unter uns wäre und einige Tage bei mir zubrächte. Ich bedarf ihrer Weisheit von Zeit zu Zeit, wie Sie wissen, und nie war sie mir nötiger als eben jetzt. Statt daß sie selber kam, schickte sie nun ihren Wagen mit der Nichte, mich auf das Gut zu holen. Sie schreibt, halb Scherz halb Ernst, in lauter Rätseln; die Auflösung, wenn mein eigener Scharfsinn dazu nicht hinreiche, würde nur mündlich gegeben; im Notfall dürfte ich Herrn Nolten darüber konsultieren, doch wär es auf meine Gefahr: da hüte ich mich denn wohl und zähme meine Neugier. Wer weiß was die Böse im Schilde führt."

Auf die liebenswürdigste Weise gab Constanze hiermit dem Maler zu verstehen, was er von Anfang an zwar vorausgesetzt, daß sie Fernanden ins Vertrauen gezogen. Die neckisch zweideutige Art, wie sich darauf die Freundin vorerst vernehmen ließ, war um so unverdächtiger je ruhiger Constanze selbst dabei erschien. Dessenungeachtet empfand er bei diesem Reisevorhaben etwas, das ihn wie eine leise Trübung überkam. Er war im Begriff zu reden, als man die Glocke des Schauspielers hörte. Die Gesellschaft begab sich hinüber.

Das bezeichnete Zimmer war durchaus verdunkelt; nur oben an der Decke ein heller runder Schein von der Laterne. Die Zuschauer nahmen in mehreren Reihen im Halbkreise Platz, und nachdem alles stille geworden begann die Symphonie, auf dem Klaviere von einem der Fräulein gespielt, von Larkens mit dem Violoncello begleitet. Unter den letzten Takten erschien, auf jenem weißen Grund in bedeutender Größe die Ansicht einer fremdartigen Stadt und Burg im Mondschein, vom See bespült; vorne drei sitzende Personen, und so nahm der Dialog seinen Anfang.

Wir bedenken uns nicht, den Leser an dem Spiele teilnehmen zu lassen, da es für unsre beiden Freunde von den wichtigsten Folgen werden sollte. Wir geben es vollständig nach der Handschrift des Verfassers, ohne Rücksicht auf einzelne kecke Ausdrücke, welche Larkens beim Vortrag zu mildern für gut fand.

DER LETZTE KÖNIG VON ORPLID

Schattenspiel

Erste Szene

Ansicht der Stadt Orplid mit der Burg; rechts noch ein Teil vom See. Es ist Nacht. Drei Einwohner sitzen auf einer Hausbank im Gespräch: Sundrard, *der Fischer, mit seinem* Knaben, *und* Löwener, *der Schmied.*

Sundrard: Laßt uns noch eine Weile hier in der Kühle sitzen und plaudern. Gleich werden wir den Mond dort hinter der Burg heraufkommen sehen.

Knabe: Vater, haben denn vor alters in dieser Stadt auch Menschen gewohnt wie wir sind?

Sundrard: Ja freilich, Kind. Hör an. Als unsere Väter, vom Meersturm verschlagen, vor sechzig Jahren ungefähr, auf einem halb zerbrochnen Schiff an einem Vorgebirg der Insel landeten, wo man's das Einhorn heißt, und nunmehr tiefer in dem Land sich rings umschauten, da war nur Wildnis überall und öde Stätte. Das Volk, das einst hier hauste, ist schon, wer weiß wie lange, ausgestorben; durch ein besonders göttliches Gericht, meint man; denn weder Hungersnot, noch allzu schwere Krankheit entsteht auf dieser Insel. Mein Großvater hat mir öfters erzählt: sie waren nur ein kleiner Haufen Leute, kaum hundert an der Zahl; Männer, Weiber und Kinder; er selbst ein Junge von fünfzehn Jahren. Er wußte nicht genug zu sagen, wie alle sich verwundert hätten ob solcher Schönheit von Gebirgen, Tälern, Flüssen, insonderheit über dem Wachstum von allerlei fremdem Getreid und großen Baumfrüchten; dazu viel edles Wild, Vögel und Fische. Sechs Tage seien sie herumgezogen, kreuz und quer, bis sich von fern auf einem blanken klaren See was Dunkles gezeigt, recht wie ein steinernes Wundergewächs, ja gar wie eine wundersam gezackte Blumenkrone anzusehn. Als aber etliche von ihnen auf der schmalen Landzunge vordrangen, die dort wie eine Brück hinüberführt über den See, da war es eine ganze Stadt mit gewaltigen Mauern, Zinnen und Türmen. Des erschraken sie anfangs und meinten man käme übel an; sie lagen auch die ganze Nacht, wo es an einem fort regnete, unter den Felsen vor den Mauern ruhig. Nun aber es nach und nach tagte, kam sie beinahe noch ein ärger Grauen an. Es krähten keine Hähne, kein Wagen ließ sich hören, kein Bäcker schlug den Laden auf, es stieg kein Rauch auf von den Dächern. Mein Vater sagte gleichnisweis, der Himmel habe ob der Stadt gelegen, wie eine graue Augbraun über einem toten und erstarrten Auge. Endlich traten sie sacht in die Wölbung der offenen Tore und sahn sich in den breiten Straßen um. Man vernahm keinen Laut als den eigenen Fußtritt und den Regen, der noch von den Dächern abtropfte, indes die Sonne nun schon warm und helle in den Gassen lag; nichts rührte sich auch in dem Innern der Häuser.

LÖWENER: Ratten und Mäuse ausgenommen. — Seltsam! Gedenkt man so an dieses ausgestorbene Geschlecht und welche Zeitenlänge darüber hingegangen — es ist mir allemal dabei, als wenn man's Klingen kriegt im einen Ohr!

KNABE: Warum aber wohnen wir neuen Leute fast alle nur so an den Enden der Stadt herum und nicht in den großen und schönen Gebäuden dort oben.

SUNDRARD: Es ist einmal so hergebracht vom Anfang an; auch wäre dort nicht so vertraut zusammennisten.

LÖWENER: Wo wir jetzt hausen da waren vor alters vermutlich die Buden der Krämer und Handwerker, die Hütten der Schiffer und Fischer.

SUNDRARD: Weißt du noch, Nachbar, wie wir als Buben oft abends im Zwielicht durch die unheimlichen Plätze und Gassen hin streiften, wo es von allen Seiten hallt, als wenn man an hohle Fässer klopft. Wir wagten uns manchmal bis auf den Markt, wo die drei mächtigen Spitzsäulen stehn. Es hieß, der schwarze Stein schluckt' untertags den Strahl der Sonne an und lasse Funken fahren bei Nacht, wenn man mit dem Finger dran rühre.

LÖWENER: Wohl. Neulich sagte mir der Engelländer, das kleine Männchen auf der Burg, von den drei Säulen, sie wären eine Art von Sonnenzeiger bei den Alten gewesen; es stünden noch die Stundenzahlen darauf eingehauen und allerlei besondere Schrift, dergleichen sich auch sonst, und auf der Burg zumal, noch vieles finde. Da hat er denn schon dies und das herausstudiert.

SUNDRARD: Er ist darin gerade wie sein Vater der alte Harry war.

LÖWENER: Jetzt hat er sich ein paar Handlanger ausgesucht, vor denen man ihn warnen muß.

SUNDRARD: Wer wären die?
LÖWENER: Wer anders als die beiden nichtsnutzigen Schlingel aus Deutschland, die der große Sturm vorigen Herbst an unsre Küste warf, damit die Kolonie doch auch nachträglich mit ein paar Lumpen gesegnet sei.
SUNDRARD: Was? den Barbier und den Branntweinzapf?
LÖWENER: Sie lungern ganze Tage auf dem Markt und auf der Burg herum, stöbern alte Sachen aus dem Schutt, kupferne Krüge, verrostete Schwerter und Lanzen, auch hin und wieder wohl ein Stückchen Silber und Gold; das bringen sie dem Harryson, der sie dafür kostfrei beim Gastwirt hält.
SUNDRARD: Er mag sich hüten vor den Kameraden.
LÖWENER: Was sagt man denn auch neuerdings von dem Gespenst, das an der Nordküste umgehn soll?
SUNDRARD: Mitnichten ein Gespenst! der heidnische uralte König ist's, der dieser Insel einst Gesetze gab. Der Tod ging ihn vorbei, und er ist Fleisch und Bein wie wir.
LÖWENER: Glaub das nicht, Fischer, glaub das nicht. Das Märlein kommt von dem Spanier her, dem Anselmo. Ein Träumer! Weil er jahraus, jahrein als Jäger in den Wäldern lebt und wenig unter Menschen kommt, mag er den Kopf voll solcher Grillen und Einbildungen haben.
SUNDRARD: Es sind noch andere, die den König sahen.
KNABE: Gelt, Vater, er trägt einen lichtgrauen Mantel, den hat ihm die Waldfrau gesponnen, und trägt ein eisern spitzig Krönlein in den Haaren.
SUNDRARD: Ganz recht; und seine Locken sind noch braun, sie welken nicht.
KNABE: Wie aber birgt er sich vor Kälte, Wind und Wetter?
SUNDRARD: Ein gar alt Schiff, das in der See versteinte, liegt trocken, halb im Sand begraben, am Gestad, wo sich das Meer vorlängst zurückgezogen hat. Masten und Kiel sind abgebrochen, doch das Verdeck und der innere Wohnraum erhalten, stark und fest, wie das Gehäus der Riesenmuschel, und ist dem König seine Burg, Palast und Saal.
LÖWENER: Laßt's gut sein! Es wird spät; das Licht dort in der Ecke vom Schloß ist auch schon aus. Dort wohnt Herr Harryson, der bleibt am längsten auf. Gut Nacht.
SUNDRARD: Dir gleichfalls, Löwener. Komm, Knabe; gehen zur Mutter.

Zweite Szene

Nördlicher Strand. Im Hintergrund der Rumpf des beschriebenen Schiffs.

ANSELMO: Hier pflegt er sonst zu sein; dies ist der Strand,
Den er einförmig mit den Schritten mißt,
Und stundenlang dort sitzend auf dem Fels
Gibt er den irren Blick der Woge hin,
Die unablässig auf zur Klippe schäumt.
  O wunderbar! Mich jammert sein Geschick:
Ein Sterblicher, der Speise kaum bedürftig,
Des Schlafes und der Ruhe kaum; sein Geist
Nur in sich selber zehrend fort und fort,
Jahrhunderte schon — o eine Zeit, so lang,
So langsam als man sagt daß Steine wachsen!
— Und sind es Hunderte nur erst, warum
Nicht können es so viele Tausend werden?
Warum unzählige nicht? — Ich hörte schon,
Ein Ball, geschleudert in des Himmels Raum,
Wohin der Erde Odem nicht mehr reicht,
Und höher stets, der Bahn des Mondes zu,
Er könne rückwärts nimmer fallen, nein,
Er müsse kreisen ewig, wie ein Stern.
  — Ewig — ohn Ende —. Unerschwinglich Wort
Dem menschlichen Verstand, nicht auszudenken!
Hinweg davon — es engt die Brust, es schnürt
Den Atem ein!
  Wär er kein menschlich Wesen? Dann, was sonst?
Wär er ein Halbgott? Fast könnt ich es glauben:
Von solcher Hoheit ist sein Haupt umstrahlt,
Von solcher Anmut Miene und Gebärde.
— Sah je Agaura in dies Angesicht,
Nie hätte sich ihr schwärmend Aug auf dich,
Armer Anselmo, brünstig heften können!
(Ach Angedenken, mir so süß wie bitter,
Getaucht in Reue, die nicht will bereun!)
Nun aber ist Agaurens üppige Tochter
Für ihn entbrannt, die liebliche Thereile.
Durch bösen Zaubersegen zwingt sie ihn,
Tag oder Nacht, ihr auf dem Fuß zu folgen,

Wie sehr sein edler Geist sich auch empöre;
Denn greulich ist verhaßter Liebe Joch.
  Ich hör ihn! Dort — er kommt den Hügel vor
Und spricht mit sich.
ULMON: O Meer! Du der Sonne
  Grüner Palast mit goldenen Zinnen,
  Wo hinab zu deiner kühlen Treppe?
ANSELMO: Ob ich ihn anzurufen wage?
ULMON: Wer
  Warf meinen Schlüssel in die See?
ANSELMO: Vergönne, Herr —
ULMON: Wer bist du? Geh zur Hölle!
ANSELMO: Herr, kenne mich: Anselmo ist's, dein Knecht.
ULMON: Ja doch — du bist's. Mein Kopf ist alt und stumpf.
  Elend! Elend! Hier, merkst du wohl? die Zeit
  Hat mein Gehirn mit zäher Haut bezogen.
ANSELMO: Dir zu berichten, komm ich her, o König,
  Der Sache wegen, so du mir befohlen.
ULMON: Was ist's, das ich dir hieß?
ANSELMO: Der König sprach zu seinem Knecht unlängst:
  Willt du mir dienstbar sein, so gehe hin
  Zur Stadt Orplid und in der Burg Gewölbe.
  Dort liegt in einem unerforschten Winkel
  Ein längst verloren Buch von seltner Schrift.
  Das ist geschrieben auf die breiten Blätter
  Der Thranuspflanze, so man göttlich nennt.
  Das suche du mit allem Fleiß und bring's.
  — Auf dieses dein Geheiß denn insgeheim
  Macht ich mich auf, mit Werkzeug wohlversehn,
  Und kam zur Stätte, die ich ehedem
  Bei müßiger Weile schlendernd oft betreten,
  Doch niemals ganz im Innern ausgespäht.
  Denn endlos durcheinander wirren sich
  Die mannigfalt'gen Räume des Palasts.
  Herabgestürzt liegt hier im Saal die Decke,
  Dort unter meinen Füßen wich und klaffte
  Das Estrich von Gemache zu Gemach.
  Die schöne Treppe windet sich umsonst
  Mit Marmorstufen auf, im leeren Raum
  Die Schwelle suchend und die reiche Pforte.
  Von oben schon aus breiten Lücken starrt

Die Finsternis des ehernen Dachs herab,
Des ungeheure Wucht den Bau bedeckt.
Nun war ich wohl fünf Tage nacheinander
Daselbst, mit Grabscheit, Hack und Hebel emsig
Bemüht, die wüsten Keller umzuwühlen,
— Fruchtlos bis jetzt, doch ohne Hoffnung nicht,
Wenn du vermöchtest, mich mit Worten besser
Zu weisen auf die Spur.
ULMON: Weh! weh! umsonst.
Man sucht umsonst was Weyla hat verscharrt,
Die kluge Jungfrau.
ANSELMO: Nicht also, mein Fürst.
Vertraue mir, sag mir von jenem Buch.
ULMON: Nicht sah ich's je und kein gemeiner Mensch.
Von Priesterhand verzeichnet steht darin,
Was Götter einst Geweihten offenbart,
Zukünft'ger Dinge Wachstum und Verknüpfung;
Auch wie der Knoten meines armen Daseins
Dereinst entwirrt soll werden, deutet es.
Im Tempel Nid-Ru-Haddin hütete
Die weiße Schlange solches Heiligtum,
Bis da die große Zeit gekommen war
Und alle Menschen starben. Sieh, da nahm
Die Göttin jenes Buch und trug es weg
Und barg es dort in meiner Väter Gruft.
— — Geduld — ich sinne, sinne was — Wie heißt
Der alte Götterspruch? Ein Priester sang
Ihn an der Wiege mir, und an dem Tag
Der Krönung wieder.
Still! meine heil'ge Seele kräuselt sich
Dem Meere gleich, wenn es der Morgen regt.

    Ein Mensch lebt seiner Jahre Zahl,
    Ulmon allein wird sehen
    Den Sommer kommen und gehen
    Zehnhundertmal.

    Einst eine schwarze Weide blüht,
    Ein Kindlein muß sie fällen;
    Dann rauschen die Todeswellen,
    Drin Ulmons Herz verglüht.

Auf Weylas Mondenstrahl
Sich Ulmon soll erheben,
Sein Götterleib soll schweben
Zum blauen Saal.

Vernahmst du das, o Mann, vernahmest du?
Mich dünkt, die wenigen Worte füllen rings
Die irdische Luft mit Weylas Veilchenhauch.
— Laß mich vollenden, eh der Geist in mir
Die lichte Scheibe jählings wieder kehrt
In Finsternis.
Ulmon, als er das dritte Menschenalter
Auf Erden lebte, schlug die große Schlacht,
Die ihm dies Eiland machte untertan
In allen seinen Grenzen. Und Aan,
Der schlimme Gott betörte seinen Sinn,
Daß er den Himmlischen sich vor der Zeit
Gleich hielt. Und gleich also hielt ihn sein Volk.
Da zürnten sie und hielten Rat und schickten
Die giftige Seuche her von Mitternacht,
Austilgend so das menschliche Geschlecht
Auf ganz Orplid. Dem König aber ließen sie
Das wüste Land zur Herrschaft und den öden Rest
Der Jahre, so das Schicksal ihm gesetzt.
Und bald ward Ulmon müde sie zu zählen.
Drum ist er jetzo wie ein blinder Mann
Und siehet nicht, ob Berg auf Berge türmend,
Ob noch ein winziger Hügel nur, die Zeit
Vor seinen Füßen liegt. Weh! weh! o weh!
Pause.
Weißt du, mein Sohn, was, wie die Weisen sagen,
Am meisten ist verhaßt den Himmlischen?
ANSELMO: Belehre mich, o Herr.
ULMON: Verhüt es Weyla,
Daß meine Zunge nenne, was zu denken
Schon Fluch kann bringen. — Hast du wohl ein Schwert?
ANSELMO: Wohl hab ich eins.
ULMON: So schone deines Lebens,
Und laß uns allezeit die Götter fürchten.

Dritte Szene

Nacht. Offener grüner Platz an einem sanften Waldabhang.
THEREILE, *eine junge Feeenfürstin; kleine* FEEEN *um sie her. Der*
KÖNIG *seitwärts im Vordergrund.*

THEREILE: Seid ihr alle da?
MORRY: Zähl nur, Schwester, ja!
THEREILE: Ein, zwei, drei, vier, fünf, sechs, sieben.
  Silpelit ist ausgeblieben.
  Nun, wo blieb sie wieder hangen?
  Geht und sucht ihr faulen Rangen!
  Die Kinder ab, bis auf zwei, welche heimlich zurückbleiben.
MORRY *leise*: Weithe!
WEITHE: Was?
MORRY: Siehst du nicht dort
  Ihren Buhlen bei der Schwester?
  Darum schickte sie uns fort.
  Bleibe doch und laß uns lauschen
  Ob sie etwa Küsse tauschen.
  Guck, wie spröd sie tut zum Scheine,
  Trutzig ihre Zöpfe flicht!
  Sie nur immer ist die Feine,
  Unsereins besieht man nicht.
WEITHE: Aber wir sind auch noch kleine.
MORRY: Nun, so sag ist dieses Paar
  Nicht so schlimm wie eines war.
  Darf sich süße Feeenbrut
  Einem Erdensohne gatten?
  Beide zwar sind Fleisch und Blut,
  Doch die Braut wirft keinen Schatten.
WEITHE: Ja, das ist wohl unanständig.
MORRY: Aber stets war sie unbändig.
WEITHE: Morry, gehn wir lieber fort,
  Mir wird angst an diesem Ort.
MORRY: Warte, wie dies Spiel noch endet.
  Beide stehen abgewendet;
  Wahrlich wie im tiefsten Schlummer
  Steht der König unbeweglich.
WEITHE: Ach wie traurig scheint der Mann!
  Liebe Schwester, ist es möglich,

Daß man so betrübt sein kann?
MORRY: Seine Stirne, voller Kummer,
  Seine Arme sind gesenkt! —
  Was doch nur Thereile denkt?
WEITHE: Bitte, Morry, laß uns gehn.
  Wollen nach dem Walde sehn,
  Ob die holden Nachtigallen
  Bald in unsre Netze fallen.
                              Beide ab.
THEREILE *zum König*:
Wie süß der Nachtwind nun die Wiese streift
Und klingend jetzt den jungen Hain durchläuft!
Da noch der freche Tag verstummt,
Hört man der Erdenkräfte flüsterndes Gedränge,
Das aufwärts in die zärtlichen Gesänge
Der reingestimmten Lüfte summt.
  Vernimmst du nicht die wundersamen Stimmen
Vom lauen Wind wollüstig hingeschleift,
Indes, mit ungewissem Licht gestreift,
Der Himmel selber scheinet hinzuschwimmen —?
  Wie ein Gewebe zuckt die Luft manchmal,
Durchsichtiger und heller aufzuwehen;
Dazwischen hört man lichte Töne gehen
Von sel'gen Feeen, die im blauen Saal
Silberne Spindeln hin und wieder drehen.
ULMON *nach einer langen Stille für sich*:
Almissa — —! Wie? wer flüstert mir den Namen,
Den lang vergeßnen, zu? Hieß nicht mein Weib
Almissa? Was gemahnt mich jetzt an ihn?
Die heil'ge Nacht, gebückt auf ihre Harfe,
Stieß träumend mit dem Finger in die Saiten,
Da gab es diesen Ton.
Halt an, o mein Gedächtnis, halt ein wenig!
— Das schöne Bild begleitet Hand in Hand
Die sonnigen Stufen des Palasts herunter
Den König durch die Stadt und zu den Schiffen —
Hier laß mich weilen eine kurze Frist!
                              Musik.
THEREILE: Die Kinder kommen — welch Geschrei! Was habt
  ihr denn? was ist geschehn? Sprich, Malwy — Talpa, oder du.
  Der Atem steht euch still. Wo habt ihr Silpelit?

SILPELIT: Hie bin ich.
MALWY: Höre nur! Erst konnten wir sie gar nicht finden; wir rannten wohl neun Elfenmeilen, bis zum Brullasumpf und nach dem hohlen Stein, wo sie sich immer gern versteckt. Auf einmal steht Windigal stille und sagt: „Hört ihr nicht Silpelits Stimme? sie redet mit jemand und lacht." Als wir näher zu liefen — Thereile, ach, da ist ein großer, grausam starker Mann gewesen, dem saß Silpelit vorn auf dem Stiefel und ließ sich so schwenken und schaukeln von ihm.
MORRY: Es ist der Riesenmann, du weißt ja, Schwester, der Sichere Mann.
THEREILE: Was? Über das verwegne, ungeratene Ding! Sagt ich euch nicht, daß dieses Ungeheuer die Kinder gerne stiehlt, um sie zu braten und zu fressen.
MORRY: Bewahre, nein! er tändelt nur, er knetet sie nur so unter der Sohle am Boden und grunzt so artig dabei und schmunzelt so freundlich.
THEREILE: Hast du das Ungetüm schon sonst besucht? ich will nicht hoffen.
SILPELIT: Er tut mir nichts zuleide.
Man hört in der Ferne durch den Wald eine gewaltige Stimme:
„Olla Olla! Olla la! haüh — haüh — haüh!"
Ein Teil der Kinder hängt sich schreiend an Thereile.
THEREILE: Seid ruhig! gebt euch doch zufrieden! Er kommt gar nicht daher, er steigt das Tal hin abwärts — Horcht! das ist der Widerhall, der durch die Krümmen des Bergs herumläuft.
MORRY: Man hört ihn schon ganz hinten; er muß schon um die Ecke sein.
THEREILE: So ist's. Auf! lustig! Laßt sehn, den Tanz von gestern abend, ob wir ihn noch hübsch können. Dort, holt die Blumen und ihr zwei spielt auf.
Die Kinder schleppen ein langes Blumengewinde herbei und stellen sich damit in einem weiten Kreis um Thereile. Morry und Windigal seitwärts mit einer Art von Saitenspiel. Künstlicher Tanz. Thereile nähert sich, indem sie die Blumenkette bald überfliegt, bald unter ihr hindurchschlüpft, im Vorübereilen auf neckische Weise dem König.
MORRY *und* WINDIGAL *heimlich*:
Hast du gesehn? — Ach wohl! — Sie rührt ihm Kinn und Wange.
Oh, wie sie Kreise zieht, sich hebet und sich senkt,

Die goldengrüne, lüsterne Schlange!
An ihren roten Lippen hängt
Ein Lächeln, wie drei Tropfen süßes Gift.
Nur schade, daß kein Blick des Königs auf sie trifft!
THEREILE: Genug. Nun geht. Doch bleibt mir ja beisammen alle,
Und sammelt hundert wilde Rosen ein.
In jeder soll mit grünem Dämmerschein
Ein Glühwurm, wie ein Licht, gebettet sein;
Damit schmückt ihr, noch eh der Morgen wach,
Mein unterirdisch Schlafgemach
Im kühlen Bergkristalle.
Die Kinder ab.
ULMON: Ha! bin ich n o c h hier? Stehst du immer da?
So tief versank ich in die stummen Täler,
Die mir Erinnrung grub in mein Gehirn,
Daß mir nun ist, ich säh zum erstenmal
Dich, die verhaßte Zeugin meiner Qual!
Was soll mir deine fluchenswerte Gunst?
Was hüllst du mich in schwülen Zauberdunst,
Indes du dich in eitlem Gram verzehrst
Um solcherlei als du dir selbst verwehrst.
Bleibt nicht mein Leib trotz deinen Künsten allen
Dem Blute doch, das ihn gezeugt, verfallen?
THEREILE: Ei ja — man dächte fast du hättest recht!
Was ungleich ist, das paart sich schlecht.
Wo hätte je in aller Welt
Die Otter sich zum Aal gesellt?
Wann wäre Hochzeit zwischen Hund und Katze?
Und gleichen sie sich nicht bis auf die Tatze?
— Schnickschnack ist das, du Schalk! Doch wenn dir etwa graut
Vor diesen Lippen, dieser Haut:
Kann der von Bitter sagen oder Süß,
Den ich den Rand noch nicht des Bechers kosten ließ?
— Laß mich! So wenig lohnt es sich, mit dir zu rechten,
Als einem Bären Zöpfe flechten.
Sie wendet sich ab. Ulmon entfernt sich.
THEREILE *nach einer Pause, auffahrend*:
Gesprochen ist's, gespien mir ins Gesicht:
Er hasset nur, er liebt Thereile nicht.
Dies nur zu denken zitterte mein Herz,
Und hinterlegte sich's in kümmerlichem Scherz.

Nun steh mir, Rache, bei! — — Doch dies ist so:
Von nun an wird Thereile nimmer froh.
Und bleibt mir nicht die Macht, ihn festzuhalten?
Ist er gefesselt nicht durch ein geheimes Wort?
Ich bann ihn jeden Augenblick,
Wann ich nur will, zu mir zurück.
So fliehe nur, ja stiehl dich immer fort,
Ich martre dich in tausend Spukgestalten!

Vierte Szene
Eine kleine schlechte Stube.

GUMPRECHT, *gewesener Buchdrucker, allein, schlafend auf einem Stuhl*: Den Fund hab ich getan, nicht du. So ist die Sach. — Das Loch durch die Mauer zum hintersten Keller, wer hat das gemacht? Das eisen Kistel aufgebrochen, wer? Barramalaschka! Punktum! *Er schaut auf, kommt zu sich, gähnend:* Hab da geschlafen wieder! — Der Spaninger wird jetzt bald kommen. Muß ihn der Henker just herführen, wenn ich nicht recht —
WISPEL *kommt hastig herein*: Ah gut, daß du da bist, Bruder. Geschwind! wir müssen aufräumen, man muß sich etwas ajustieren — wir erhalten Besuch, Frauenzimmerbesuch; der Spanier selbst kömmt nicht, dagegen des Wirtschafters Töchter von der Stadtmeierei. Sie bringen eine Last diverser Sachen, vier Körbe voll, auf die zwei Eselchen geladen, mit denen sie gewöhnlich die Milch in die Stadt schaffen. Ihr Vater, im Auftrag Don Anselmos besorgte sämtliche Anschaffungen. Ich sprach die Mädchen selbst, die allerliebsten, ländlichen, bukolischen Geschöpfe.
GUMPRECHT: Hm!
WISPEL: Die ältere, du kennst ja das muntere, kuglige Ding, war eben im Stall, ihre Ziegen zu melken, während mein Liebling, die schlanke Melanippe — denn so nenn ich sie fortan — auf dem Bänkchen vor der Türe saß, im Schatten der Palme mit Binsengeflechte zu Matten beschäftigt; ich, mitteninne zwischen beiden, erzählte von dem Kontinent, von Deutschland, von uns; es wurde geschäkert, gelacht — ein ganzes Idyll war's, das ich erlebte.
GUMPRECHT: Halt 's Maul. Mir eins. Was sie bringen, die Weibsbilder, will ich wissen.

WISPEL *indem er aufräumt*: Eh nun, fürs erste Vivres, eine Masse; sodann —

GUMPRECHT: Was ist Vivres?

WISPEL: Nun, Alimente, Bruder, Lebensmittel; gedörrtes Fleisch an fünfzehn Pfund, zwei große Schildkröten, Kokos und Ananas; dazu drei Stück Gazellenfelle, ein Bällchen Leinewand zu Hemden und Chemisetten, blühweiß von der Bleiche hinweg.

GUMPRECHT: Fünf Maß Gebranntes hab ich mir ausbedungen.

WISPEL: Ja wohl, ja recht: es war ein ganz artiges Fäßchen dabei; es fehlt sich nicht, es fehlt sich nicht. — Ein hübsch Geschäftchen ohne Frage, das wir da machten mit dem Buch. Indes, mir ging noch ein Gedanke bei: wir werden uns das Recht der Publikation des alten Kodex vorbehalten; Faksimile in Holzschnitt, denk ich wohl.

GUMPRECHT: Rindvieh.

WISPEL: Warum? Ich dächte für den Fall, daß wir Europa, wie zu hoffen, wiedersehn. Und selbst auch ohne das liegt die Idee so fern nicht als du denkst; nur hängt sie mit einigen andern Ideeen zusammen, die ich dir erst kommunizieren muß. Es handelt sich dabei um nichts Geringes, sollst du sehn. Inzwischen laß uns Toilette machen. Die Leutchen können im Moment dasein. Wo ist mein Zahnbürstchen, wo find ich den Kamm? — ein frisches Hemd auch täte not — verwünscht — mein zweites liegt wohl eben in der Wäsche; je nun! *Er nimmt ein Gefäß aus dem Kasten und stellt es auf den Tisch.*

GUMPRECHT: Was ist es mit dem Hafen da?

WISPEL: Ein Schmalztöpfchen, Bruder; mit etwas Parfüm von meiner Komposition. Ohne irgendeine Pomade zu leben, es ist mir einmal nicht gegeben.

GUMPRECHT: Das ischt ja aber eine wahre Schweinerei!

WISPEL: Nicht doch — ich bitte dich. Es ist nur, um nicht ohne alle Eleganz — mon dieu.

GUMPRECHT *für sich*: Wetter! was sich diese Spitzmaus einreibt! wie dieses dürre weiße Ferkel sich auf einmal herausstriegelt!

WISPEL: Wirst du dich denn nicht auch ein ganz klein wenig mustern? Sieh deinen Aufzug an. Wenn sie uns überraschten! Überhaupt, ich dächte, wir empfingen sie am schicklichsten unten beim Gastwirt, da man ihnen doch wohl etwas zur Erfrischung wird vorsetzen müssen. Charles, wenn du wüßtest, inwiefern ich wünsche, daß wir uns eben jetzt so vorteilhaft wie tunlich präsentierten. Ich hege Hoffnungen, ich sehe Chancen.

GUMPRECHT: Mnjä?

WISPEL: Die guten Kinder interessieren sich für uns in einem Grade, wie ich mir niemals träumen ließ.

GUMPRECHT: Hm. — — —

WISPEL: Die ältere, Sara — ein häßlicher Name — sie müßte Phyllis, Amaryllis heißen — fing dreimal von dir an, frug, ob du nie verheiratet gewesen? was eigentlich dein Metier sei, warum du es nicht hier betreibest und dergleichen. Natürlich haben sie nie ein gedrucktes Buch gesehn; als ich daher begann, ihnen einen Begriff vom Mechanism deiner Kunst zu geben — im Hof zunächst stand eine kleine Kelterpresse, die mir ganz à propos zu meinem Vortrag kam — sie hätten sich beinahe totgelacht, so wundersam kam ihnen alles vor. Doch augenscheinlich interessierte sie der Gegenstand, und als ich äußerte, du wärest wohl nicht abgeneigt, hier eine Druckerei zu etablieren, begriffen sie die Avantagen leicht, die eine städtische Presse zunächst für das Schulwesen hätte. *Der Buchdrucker fängt an, seinen Rock auszubürsten, er wäscht sich usw.* Damit kam ich auf meine Wenigkeit. Du weißt, wie Kunz, der alte Leineweber, die Kinderschule der Kolonie nach eigener barbaresker Methode besorgt. In diesem Institut erwirbt sich die liebe insularische Jugend unter Anwendung der dürftigsten Lehrmittel, insonderheit des unzweckmäßigsten Papiersurrogats, mit etwas Lesen, Schreiben, Rechnen ihren gesamten Wissensschatz fürs ganze Leben. Das ist denn doch ein Jammer. Nun trage ich mich seit einiger Zeit mit dem Plane zu einer würdigen Organisation der Schulen auf breitester Grundlage, nebst einigen dahin einschlägigen Erfindungen — Ideen, die ich dieser Tage dem Bürgermeister und Herrn Harryson ausführlich unterbreiten werde. Ein Gymnase, ein Collège, wahrhaftig, scheint bei dem wuchernden Anwachs unsrer Population nachgerade gefordert. Ich würde mit Vergnügen drei bis vier Fächer übernehmen.

GUMPRECHT: Guet.

WISPEL *indem er fortfährt sich zu putzen*: In erster Linie gäbe ich ein Übersichtliches der Universalhistorie. Dazwischen immer einzelne Momente en détail, belebte Farbengebung, plastisch. Hiezu Géographie und nebenbei die Anfangsgründe der Natur, auch etwas Sphärenharmonie mit Rücksicht auf den Stand der Wissenschaft vor und nach Copernic. Dies alles in ganz ungezwungener Weise, mehr ambulatorisch als in streng kathedralischer Form.

GUMPRECHT: Guet.

WISPEL: Fand mein Prospectus Beifall, bin ich erst als Professor employirt, dann, sollt ich meinen, hätte Sigmunds Name Klang genug, ihm eine Gattin aus anständiger Familie zu erwerben. Meine Wahl ist getroffen. Und, Bruder, du *Lebhaft auf ihn zugehend, mit Innigkeit:* du wirst mein Schwagerchen, so wahr ich lebe, wofern du dich entschließen kannst in der angedeuteten Richtung deine Kräfte dem Staate zu widmen — dies die eine Bedingung; die andere, wenn ich es sagen soll — du müßtest dich in deiner Conduite, als genießender Mensch, ein ganz klein bißchen —

GUMPRECHT: Mnja.

WISPEL: Sara ist in der Tat ein angenehmes Mädchen. Sie hat etwas mehr Fülle als ihre Schwester. Zarte Damen ziehen dich weniger an. So wird sich keine Jalousie bei uns einschleichen. *Er zieht ein Taschenspiegelchen hervor, beschaut sich darin, zupft seine Krawatte zurecht und singt dabei. Inzwischen taucht der Buchdrucker die Finger in den Topf und streicht sich's auf.* Erinnerst du dich wohl der Serenade, die ich noch in Hannover dichtete? Ich sang sie heute den Mädchen vor, nach eigner Melodie, so ganz improvisé — es war wie Eingebung.

Er singt.
Engelgleich in ihrem Daunenbette,
Halb entschlummert, liegt das süße Kind,
Während, ach, an frost'ger Stätte
Vor dem eisernen Stakette
Liebmunds Instrument beginnt.
Lächelnd hört sie, wie der Arme,
Voll von seinem Liebesharme,
Ihr auf dem Fünffingerdarme
Eine Serenade bringt.
Es ist kalt —
Dies wird pizzicato mit der Gitarre begleitet.
Mondlicht wallt.
Siehst du Liebmunds wandelnde Gestalt?
Die Poesie mag nicht ganz übel sein. Man machte mir damals das Kompliment, sie könnte füglich von — Aber was treibst

du — Ciel! Deine Haare triefen ja ganz, dein Haupt ist wie eine Blechhaube!

GUMPRECHT *wütend*: Alle Milliarden Hagel Donnerwetter! warum sagst du das nicht gleich?

WISPEL: Himmel! wie konnt ich doch, da ich es eben erst gewahre!

GUMPRECHT: Schwernot — die Brüh läuft mir den Hals hinunter — ein Tuch, ein Handtuch her!

WISPEL *ihn abtrocknend*: So, so, so ... Nun ist ja geholfen. Du solltest dir übrigens jetzt eben auch so eine Reihe kleiner Löckchen zwirbeln um die Stirn hier, schau.

GUMPRECHT: Den Teufel zwirbl ich mir!

WISPEL: Horch! klopft es nicht? Verwünscht!

Geht an die Tür; der Gastwirt tritt ein.

WIRT: Die Sachen von der Meierei sind da, ihr Herrn. Wo soll ich sie hinschaffen?

WISPEL: Wir kommen sogleich — wir kommen sogleich. Führt nur die Damen indes gefälligst in das Schenkzimmer.

WIRT: Die Dirnen gingen wieder weg, wie abgeladen war.

Boshaftes Grunzen von seiten des Buchdruckers.

WISPEL: J'en suis surpris. Ihr hießet sie nicht warten — heraufspazieren, was?

WIRT: Sie hätten nicht der Zeit, sagte die eine; und die Sara sagte —

WISPEL: Nun?

WIRT: Sie wollten zum Barbier nicht eher, als bis ihnen Bärte gewachsen wären.

GUMPRECHT: Gut abgedeckt — Barramalaschka, Punktum. — Kommt, lieber Herr.

Er geht mit dem Wirt und schließt die Türe hinter sich ab.

WISPEL: Ah traître! Ingrat! Mais courage, Sigmond — tes espérances ne sont pas toutes perdues.

Fünfte Szene

Mittag, Meerstrand im Norden.

ANSELMO: Ein Wunder wird geschehen durch dies Buch
Noch heute, wenn nicht jedes Zeichen trügt.
Denn kaum daß er die Blätter hielt in Händen,
Warf er sein Haupt empor, mit starrem Blick

Zum Himmel staunend lautlos, und alsbald
Vergessend meiner Gegenwart enteilt
Er raschen Schrittes nach dem Palmenhügel,
Wo er zu beten pflegt und ... Horch,
Es donnert! Horch — die Insel zittert rings!
Sie hüpfet wie ein neugebornes Kind
In den Windeln des Meers!
Neugierige Delphine fahren rauschend
Am Strand herauf, zu Scharen kommen sie!
Ha, welch ein lieblich Sommerungewitter
Flammt rosenhell in kühlungsvoller Luft
Und färbt die grüne Landschaft morgendlich.
O Himmel, was ist dies? Mich wunderte nicht,
Wenn nun am lichten Tag aus ihren Gräbern
Gespenster stiegen, wenn um alle Ufer
In grauen Wolken sich die Vorzeit lagerte.
    Heftiger Donnerschlag. Anselmo ab.

Sechste Szene

Tagesanbruch. Wald. Ulmon *tritt mit* Silpelit *ein.*

SILPELIT: Hier ist der Baum, o König, den du meinst,
  Den meine Schwester manche Nacht besucht.
ULMON: Von gelber Farbe ist der glatte Stamm,
  Sehr schlank erhebt er sich und rundumher
  Die schwarzen Zweige senken sich zur Erde
  Wie schwere Seide anzufühlen. Wohl,
  Wir sind am Ort. Jetzt aber säume nicht,
  Hier nebenan die Schlucht hinabzusteigen.
  Dort wirst du eine Grotte finden —
SILPELIT: O
  Ich weiß sie schon. Noch gestern hat der Riese,
  Der starke Mann, den Felsen weggewälzt;
  Nun ist der Eingang frei. Ich sah ihm zu
  Bei seiner Arbeit. Herr, die Berge bebten,
  Da er den Block umwarf; er aber lachte,
  Nahm mich beim Arm und schwang mich auf den Gipfel,
  Da hab ich ihm sein Leibstück singen müssen;
  Dann trollt' er sich und brummt', ich soll dich grüßen;
  Wenn du ihn brauchst, sollst du es immer sagen.

ULMON: Hör an, o Kind. In jener Felsenkammer
  Am Boden unter Waffen mannigfalt
  Wirst du ein Bündel finden scharfer Pfeile,
  Derselben einen nimm und geh hinab
  Zum heil'gen Quell, der dort vom Steine rinnt,
  Und dreimal tauche seine goldne Spitze
  Stillschweigend in die klare Flut; dann eile,
  Mir das Geschoß zu bringen.
            Silpelit geht.
                    Also lehret
  In Rätselsprüchen, schwer zu deutenden,
  Das Buch der Zukunft mich. Dies Mägdlein ist
  Die Frucht verpönter Liebe, von Agaura,
  Thereiles Mutter, und dem Mann erzeugt,
  Den mir die Himmlischen ersehn zum Retter.
  Gramvoll beweinend ihre Schuld verbarg
  Sie in der Wüste sich, das schöne Kind
  Der Tochter lassend, welche, so gewarnt,
  Doch ihrer Schwachheit Erbin mußte sein.
  — Nunmehr soll jenes liebliche Geschöpf
  Hier eine Handlung feierlicher Art
  Mit mir begehen, aus dem Zauberbann
  Der Schwester mich zu lösen. Dies getan,
  Bring ich das Kind dem Vater, der in ihm
  Die eigne Tochter freudig soll erkennen.
     Thereile, o Unselige!
  Ich nehme bittern Abschied, denn es fährt
  Die feige Schneide, die uns trennen soll,
  Bald rücklings in dein arglos Herz. Da steht
  Der träumerische Baum, in dessen Saft
  Du unser beider Blut hast eingeimpft.
  Jetzt kreiset es und steigt und jästet noch
  Im Innern auf und ab; kein menschlich Ohr,
  Wie sehr die Nacht auch stille sei, vernimmt
  Den leisen Takt in diesem Webestuhl
  Der Liebe, die mit holden Träumen oft
  Dein angelehnet Haupt betöret hat;
  Bald aber rinnet von dem goldnen Pfeil
  Der Liebe Purpur aus des Baumes Adern
  Und alsbald aus der Ferne spürt dein Herz
  Die Qual der schrecklichen Veränderung.

Doch nach vertobtem Wahnsinn fällt wie Tau
Ein langer Schlummer auf dein Augenlid,
Und nur ein Truggebild wird Ulmon dir
Hinfort noch sein, das dir ein Traum gezeigt.

Silpelit kommt; er nimmt ihr den Pfeil ab, den er heimlich bespricht, dann übergibt er ihr denselben, bedeutet sie durch Zeichen, worauf sie rasch auf den Baum zugeht und das Geschoß in dessen Rinde stößt. Man hört von weitem einen melodischen Aufschrei, welchen die hinter der Gardine gleichzeitig anfangende Musik in klagenden Tönen aufnimmt. Der König und das Kind entfernen sich langsam.

Siebente Szene

Nacht. Mondschein. Waldiges Tal. Mummelsee. Im Hintergrund den Berg herab ein großer Leichenzug von schwebenden Nebelgestalten. Vorne auf einem Hügel der König, *starr nach dem Zuge blickend. Auf der andern Seite unten, den König nicht bemerkend, zwei* Feeenkinder.

die kinder *Wechselrede*:
    Vom Berge was kommt dort um Mitternacht spät
    Mit Fackeln so prächtig herunter?
    Ob das wohl zum Tanze, zum Feste noch geht?
    Mir klingen die Lieder so munter.
                O nein!
    So sage, was mag es wohl sein?

    Was all du da siehest ist Totengeleit,
    Und was du da hörest sind Klagen.
    Gewiß einem Könige gilt es zu Leid,
    Doch Geister nur sind's, die ihn tragen.
               Ach wohl,
    Sie singen so traurig und hohl.

    Sie schweben hernieder ins Mummelseetal —
    Sie haben den See schon betreten —
    Sie rühren und netzen den Fuß nicht einmal —
    Sie schwirren in leisen Gebeten:
              O schau,
    Am Sarge die glänzende Frau!

Jetzt öffnet der See das grünspiegelnde Tor;
Gib acht, nun tauchen sie nieder!
Es schwankt eine lebende Treppe hervor,
Und — drunten schon summen die Lieder.
    Hörst du?
Sie singen ihn unten zur Ruh.

Die Wasser, wie lieblich sie brennen und glühn!
Sie spielen in grünendem Feuer.
Es geisten die Nebel am Ufer dahin,
Zum Meere verzieht sich der Weiher.
    Nur still:
Ob dort sich nichts rühren will?

Es zuckt in der Mitten — o Himmel, ach hilf!
Ich glaube, sie nahen, sie kommen!
Es orgelt im Rohr und es klirret im Schilf —
Nur hurtig, die Flucht nur genommen!
    Davon!
Sie wittern, sie haschen mich schon!
 Die Kinder entfliehen. Die Erscheinung verschwindet.
ULMON: Ihr, meine sehenden Augen, saht ihr dies?
Mir deucht, ich lag in dem kristallnen Sarg;
Mein Weib, die göttliche Gestalt, mit Lächeln
Bog sie sich über mich; gar wohl erkannt ich
Sie wieder und ihr süßes Angesicht. —
Ha! welch ein wohlgesinnter Gott ließ mich
Im Schattenbilde sehn mein nahend Ende?
Vor Freude stürmt mein Geist
Und schwärmt schon taumelnd um das Seegestade,
Wo endlich mir die dunkle Blume duftet.
O Götter, eilet jetzt mit mir! Laßt bald
Mich euren Kuß empfangen! sei es nun
Im Wetterstrahl, der schlängelnd mich verzehre,
Sei es im Windhauch, der die stillen Gräser
Vorüberwandelnd neigt und weht die Seele
Ulmons dahin.

Achte Szene

Tag. Tiefes Tal. Die Kinder.

MORRY *im Kommen*: Hurtig! nur schnelle!
  Entspringt und versteckt euch,
  Da, hier ins Gebüsche!
  Los bricht schon das Wetter.
TALPA: Was hast du? was schnackst du?
MORRY: Gift speit die Schwester!
  Sie raset, sie heulet
  Mit fliegenden Haaren
  Dort hinter den Felsen
  Durchs Wäldchen daher.
WEITHE: Was ist ihr geschehen?
  Ach laßt uns ihr helfen!
  Hat Dorn sie gestochen?
  Eidechslein gebissen?
MORRY: Dummköpfige Ratte,
  Schweig still und versteck dich!
  Das ist ihre Stimme —
  Die Kniee mir zittern.
    Alle ducken sich zur Seite ins Gesträuch.
THEREILE *tritt auf*: Sieh her, sieh her, o Himmel!
  Seht an, seht an, ihr Bäume,
  Thereile, die Fürstin,
  Die Jammergestalt!

  Die Freud hin auf immer!
  Verraten die Liebe!
  Und weh! nicht erreichen,
  Und weh! nicht bestrafen
  Kann ich den Verräter!
  Entflohen ist er.

  O armer Zorn,
  Noch ärmere Liebe!
  Zornwut und Liebe
  Verzweifelnd aneinandergehetzt,
  Beiden das Auge voll Tränen!

Ha möcht ich sein Blut sehn,
Ihn sterben sehen,
Gemartert sterben
Von diesen Händen,
Die sonst ihn gekoset —
Wie zuckt mir die Faust!

Vergebliche Rachlust!
So reiß ich zerfleischend
Hier, hier mit den Nägeln
Die eigenen Wangen,
Die seidenen Haare —
Was hilft mir die Schönheit,
Was soll sie mir noch?

Und bleibt nichts zu hoffen?
Ach leider, ach nimmer,
Der Riß ist geschehen,
Er traf aus der Ferne
Mir jählings das Leben,
Mein Zauber ist aus.

WEITHE *hervorstürzend*:
Ich halt mich nicht — O liebe, süße Schwester!
THEREILE: Du hier? und ihr? Wo habt ihr Silpelit?
WINDIGAL: Sei gütig, Schwester — wir verschulden's nicht.
Sie fehlt uns schon seit gestern.
THEREILE: Wirklich? so?
Die Kinder mißhandelnd.
Ich will euch lehren, eure Augen brauchen.
Ja winselt nur, ich brech euch Arm und Bein.

Neunte Szene

Nacht. Wald. Ein Teil der KINDER.

TALPA: Da wären wir. Dort steht die schwarze Weide.
Was nun? sagt an, was will sie daß wir machen?
MALWY: Mich kümmert's nicht; ich rühre keine Hand.
TALPA: Hast du die Püffe schon versaust von gestern?
MALWY: Pfui, Bückel und Beulen übern ganzen Leib!
Ich lege mich ins weiche Moos. Kommt nur,

Wir ruhen noch ein Stündchen aus und schwatzen;
Bis erst die andern kommen. — Sehet doch,
Welch eine feine Nacht!
WEITHE: Vollmond fast gar.
MALWY: Wir singen eins; paßt auf.
Sie macht den Anfang, worauf die andern mit geteilten Stimmen einfallen.
Bei Nacht im Dorf der Wächter rief:
    Elfe!
Ein ganz kleines Elfchen im Walde schlief —
    Wohl um die elfe! —
Und meint, es rief ihm aus dem Tal
Bei seinem Namen die Nachtigall,
Oder Silpelit hätt ihm gerufen.
Reibt sich der Elf die Augen aus,
Begibt sich vor sein Schneckenhaus,
Und ist als wie ein trunken Mann,
Sein Schläflein war nicht voll getan,
Und humpelt also tippe tapp
Durchs Haselholz ins Tal hinab,
Schlüpft an der Mauer hin so dicht,
Da sitzt der Glühwurm Licht an Licht.
„Was sind das helle Fensterlein?
Da drin wird eine Hochzeit sein:
Die Kleinen sitzen beim Mahle
Und treiben's in dem Saale.
Da guck ich wohl ein wenig 'nein!"
— Pfui, stößt den Kopf an harten Stein!
Elfe, gelt, du hast genug?
    Guckuck! Guckuck!
MORRY *mit den übrigen kommend:*
Ei brav. So tut sich's? Nun, das ist ein Fleiß;
Wollt ihr nicht lieber schnarchen gar? Thereile
Wird euch fein wecken. Das vertrackte Volk,
Noch bluten Maul und Nasen ihm und doch
Um nichts gebessert.
TALPA: O wie sie sich spreizt!
Sie äfft der Schwester nach, als wenn sie nicht
So gut wie wir voll blauer Mäler wäre.
MORRY: Den Baum sollt ihr umgraben, rings ein Loch,
Bis tief zur Wurzel, dann wird er gefällt.

Dies alles muß geschehen sein, bevor
Die erste Lerche noch den Tag verkündet.
Rasch, sputet euch, faßt Hacken an und Schaufel!
— Doch still! Wer kommt?

TALPA: Sie ist es selbst. Wie traurig!
Mich dünkt, sie weint.

Die Kinder ziehen sich alle zurück.

THEREILE *allein*: Zum letzten Mal betritt mein scheuer Fuß
Den Ort der Liebe, den ich hassen muß.
Verblutet hast du unglücksel'ger Baum,
Vom bittern Pfeil, zerronnen ist dein Traum!
Wie grausam es sich auch mit uns geschickt,
Seist du zu guter Letzte doch geschmückt.
Ach, mit dem Schönsten was Thereile hat
Bekränzet sie der Liebe Leichenstatt:
Ihr süßen Haargeflechte, glänzend, weich,
Mit dieser Schärfe langsam lös ich euch.
Umwickelt sanft am Stamm die Wunde hier,
Nehmt hin auch dieser Rosen arme Zier!
Und du verwünschtes mördrisches Geschoß,
Um das die Träne schon zu häufig floß,
Mein Liebling hat dich noch zuletzt berührt,
So nimm den Kuß, ach der dir nicht gebührt!

Sie sinkt am Baume nieder.

ZEHNTE SZENE

Nacht. Mummelsee.

Im Vordergrunde steht der KÖNIG *auf einem Felsen über dem See, die Augen sehnsüchtig nach der Bergwand gerichtet, von welcher ein großer Leichenzug, dem früher beschriebenen ähnlich, unter Chorgesang herunterschwebt.*

GESANG: Ein Mensch lebt seiner Jahre Zahl,
Ulmon allein wird sehen
Den Sommer kommen und gehen
Zehnhundertmal.

Einst eine schwarze Weide blüht,
Ein Kindlein muß sie fällen,

Dann rauschen die Todeswellen,
Drin Ulmons Herz verglüht.

Auf Weylas Mondenstrahl
Sich Ulmon soll erheben,
Sein Götterleib soll schweben
Zum blauen Saal.

Inzwischen ist der Zug, in welchem man, zunächst bei dem offenen Sarge, die Königin erblickt, am jenseitigen Ufer angelangt. Der See wallt auf, es erscheinen zwei riesige Arme darin, welche dem König einen großen schwarzen Spiegel entgegenhalten. Bei diesem Anblick stürzt er tot vom Fels und wird vom See verschlungen. Sofort teilt sich derselbe von hinten bis in die Mitte auseinander und läßt den Zug ein. Eh dieser ganz hinunter ist fällt der Vorhang.

Das Spiel war beendigt. Das Pianoforte schloß nach einer triumphierenden Passage mit einigen wehmütigen Akkorden, um den übriggebliebenen Eindruck vom Grame Thereiles gelinde verklingen zu lassen.

Das Auditorium erhob sich unter sehr geteilten Empfindungen. Zwar wurde während der Vorstellung sowohl als jetzt zum Beschlusse applaudiert, doch immer nur von wenigen, und dies auch augenscheinlich nur nach dem herzhaften Vorgange einzelner Herrn. Mit bedenklichem Lächeln einerseits, mit entschiedenen Zeichen des Mißfallens, ja der Entrüstung andrerseits, strömte und rauschte sofort die Gesellschaft nach den vorderen Zimmern zurück, die sechs Gehilfinnen des Schauspielers aus einer andern Tür gleich hinterdrein, alle äußerst vergnügt über das rühmliche Zeugnis, womit derselbe sie entließ. —

„Nun", rief er dem Maler entgegen, der eben mit dem Lieutenant zu ihm herüberkam: „wie hat sich da vorne die Sache gemacht? wie sind wir zusammen bestanden? — Du bist ja außer dir — was hast du denn?"

„Ja, höre nur!" antwortete Nolten erregt und mit merklich beklommenem Atem, „wir waren auf allerlei schiefe Urteile gefaßt; dies aber hätte ich nimmer für möglich gehalten!"

„Nun denn! heraus damit!"

„Am Anfang, im Verlauf der ersten Szenen, fiel mir noch nichts Besonderes auf. Sie saßen ziemlich still und aufmerksam.

Beim dritten oder vierten Auftritt aber, wo der König mit der Thereile vorkommt, bemerkte ich unter den Damen, vorn um die Hofmarschallin her, ein heimliches Geflüster, das sich alsbald nach allen Seiten hin verbreitete. Man steckte verwundert die Köpfe zusammen, man richtete verdächtige Blicke nach mir, ein Teil, zumal von der männlichen Zuhörerschaft, schien diesem seltsamen Rumor zu widersprechen. Der zuckte die Achsel, ein anderer lachte. Der jüngere Niethelm stand nicht weit von mir im Hintergrund, ich frug ihn während der Musik, was es denn gebe? Man will Anzüglichkeiten in Ihrem Schauspiel finden, sagte er: Ihr König dort sei völlig unser alter Herr und dann sein Visavis —"

„Aha!" rief Larkens, „ich seh es schon kommen, meine arme Thereile muß wohl die leibhafte Prinzessin Victorie sein!"

„So scheint es."

„Unbegreiflich! welch ein Unsinn! — Zum Teufel, oder wie? wär wirklich was daran? Hat dir etwa bei deinem König irgendein Bild des alten Nikolaus vorgeschwebt?"

„Ich wüßte nicht. Es ist ein idealer Kopf wie tausend andere."

„Und vollends die Prinzeß! — Was meinen Sie, Herr Lieutenant?"

„Ei", sagte dieser lachend: „Figur und Haltung treffen schon ungefähr zu, und wenn man will, so gleichen ihr am Ende alle Weiber, die nicht gerade wie die Maltersäcke aussehn."

„War denn die Störung, das Gemunkel nicht bloß vorübergehend?"

„Keineswegs. Sie kamen durch das ganze Stück nicht mehr zur Ruh."

„Zum Henker", rief Larkens, „da werden wir heute noch schöne Gesichter erleben! Und morgen heißt es in der ganzen Stadt, wir hätten hier den hochseligen Herrn und seine Freundin in der Komödie parodiert."

„Aber, mein Gott", sagte der Lieutenant, „wie will man doch diese Geschichte mit unserem Schauspiel zusammenreimen?"

„Wie, Freundchen? o das kann ich Ihnen sagen. Für den Scharfsinn gewisser Leute ist die Parallele mit Händen zu greifen. Was? handelt es sich nicht in meinem Märchen, wie in der Wirklichkeit um eine zauberhafte Schöne? Item, verfolgte nicht die eine wie die andre einen schwer geprüften, lebenssatten Fürsten auf Schritt und Tritt mit ihrer Liebe? Item, sind beide nicht recht sehr unglücklich darüber geworden? Ecco! da hätten wir's. Und — Wetter! halt noch eins — die Könige! haben sie nicht alle zwei in einer traurigen Retraite und Sterbenslangerweile, allerdings mit einem kleinen Unterschied des Alters und der Todesart, das Zeitliche gesegnet? Sehen Sie! — Was sonst im Stück vorgeht und schlechterdings nicht passen will, ist lediglich symbolisch, änigmatisch und pure Ironie, auch allenfalls nur Schnörkelwerk, nur blauer Dunst, die wahre Meinung zu verschleiern und den geduldigen Zuschauer zum besten zu halten."

Der Lieutenant fragte, wie sich denn die Gräfin, „seine kluge Base" bei dem närrischen Trouble verhalten habe; doch leider hatte Nolten sie von seinem Platze aus kaum einmal flüchtig im Gesicht zu sehn bekommen und nichts daraus entnehmen können.

„Die Gräfin läßt uns nicht im Stich!" rief Larkens zuversichtlich. „Überhaupt, welcher vernünftige Mensch wird uns im Ernst die Albernheit zutrauen, vor einem Zirkel auserlesener, dem Hofe nah verbundener Personen, und zwar in diesem Hause, mit Verletzung aller Gastfreundschaft, Anspielungen auf eine heikle Familiengeschichte vorzubringen? eine Dame, die zur Stunde noch in höchsten Kreisen glänzt und großen Einfluß hat, in einem Schauspiel preiszugeben, uns selber so zum offenbaren Schaden — nichts Dümmeres auf der Welt!"

Gemächlich räumte er sofort sein Schattenspiel in das Kästchen zusammen, und mittlerweile mußte Nolten ihm noch über verschiedene Einzelheiten der Aufführung berichten, wobei es ihn billig verdroß zu hören, daß wegen der allgemeinen Unruhe und Zerstreuung auch für den unbefangenen und wohlgesinnten Zuhörer sehr viel vom Inhalt des Gesprochenen habe verlorengehen müssen. Ein kleiner Trost war ihm, daß wenigstens die komischen Szenen, auf deren Vortrag er sich wirklich etwas zugute tat, bei einem Teil der Männer ihre Wirkung nicht verfehlten, wenn auch die ganze weibliche Noblesse sich förmlich darüber entsetzt haben soll.

Jetzt aber war es höchste Zeit der Gesellschaft nachzufolgen.

Dieselbe hatte sich inzwischen durch eine Reihe von hellerleuchteten, behaglichen Gemächern zerstreut. In dem hintersten setzte sich eine Partie mit dem Hausherrn soeben zum lang ersehnten Whist- und L'ombrespiel; im Salon, wo ein prächtiger Flügel stand, war mannigfaltiges Gespräch, zumeist von Damen, während einige derselben schon zu musizieren anfingen und nebenher Erfrischungen gereicht wurden. In einem dritten, mit kleinen Tischen versehenen Zimmer war insbesondere für die Männer an Speisen und Getränken aufs reichlichste gesorgt.

Als unsere Künstler hier eintraten, empfing sie eine muntere Gruppe meist jüngerer Herrn mit unzweideutigen Lobsprüchen. Von jener Störung wollten sie so eigentlich nichts wissen. Es sei von dergleichen wohl vorhin die Rede gewesen, doch habe sich die Sache ohne weiteres als ein Mißverständnis ergeben.

Constanze kam auf einen Augenblick herein, ging sogleich auf die beiden zu, dankte ihnen mit aller Herzlichkeit und äußerte den angelegentlichen Wunsch, zur guten Stunde das Gedicht nochmals von Larkens gelesen zu hören.

Indes fiel ihnen nachgerade auf, daß ihnen der und jener Gast geflissentlich auswich und ihre Gegenwart vollkommen ignorierte. Auch erfuhren sie bald durch den wackeren Tillsen, mit dem sie sich vertraulich zu einer Flasche Syrakuser in eine Ecke setzten, daß die vermeintlichen Persönlichkeiten ihres Stücks nicht wenig Anstoß gegeben. Bei der Aufführung habe da und dort eines das andere angesteckt, und nachher sei es hier zu einer ziemlich gereizten peinlichen Erörterung gekommen, worauf der Graf sichtbar bedenklich und verstimmt mit seinen Spielern weggegangen. Dagegen habe sich die Schwester vortrefflich benommen, auf die bündigste Art die höchst verkehrte Auffassung bestritten, gewissermaßen lächerlich gemacht und die Gesellschaft freundlich ersucht, ihr zuliebe nicht mehr davon zu sprechen. Man habe sich darauf beruhigt, doch seien schwerlich alle überzeugt.

„Und wären sie's", versetzte Larkens, „der Klatsch ist's was sie suchen! Sie leben ja im Grunde von nichts als Wichtigtuerei. Es tut so wohl, sich gegenseitig im Vollgefühl der eigenen Loyalität zu wärmen und zu streicheln. Und dann — ein gut Teil Bosheit ist dabei: es ärgert sie schon längst, uns im Hause hier wohlgelitten zu sehn, zwei bürgerliche arme Schlucker! nun heute gar an einem Tisch mit ihnen — ah ja, das war zuviel."

Auf einen Wink von Tillsen brach der Sprechende hier plötzlich ab. Der Vetter Lieutenant trat herzu und andere mit ihm, die Unterhaltung wurde allgemein; doch Larkens hielt nicht lange dabei aus. „Da drinne", sagte er zum Lieutenant hin und meinte den Salon, „geht es ein wenig flau her, wie ich merke; unsere Fräulein sehen schläfrig drein, so artig sich die beiden Kavaliere rechts und links um sie bemühn. Den guten Kindern ist unser Fiasko zu Herzen gegangen. Wie, wenn wir uns mit ihnen beim Flügel noch ein bißchen lustig machten? Wir singen einiges zusammen, kommen Sie! — so ein paar gute Späße, je toller, je besser, damit gewisse Leute ja nicht denken, wir wären ganz geschlagen und kaputt."

Der junge Mann, ein sehr geübter Sänger, ging gerne auf den Vorschlag ein, und nicht so bald war ihre Absicht ausgesprochen, als die Aufmerksamkeit des ganzen Kreises auch schon auf sie allein gerichtet war. Constanze nickte freundlich zu, und die Mädchen, die von Larkens' Liebenswürdigkeit längst wie bezaubert waren, verbargen ihren Jubel nicht.

Das komische Duett aus Cimarosas „Heimlicher Ehe" [...] machte den Anfang des kleinen Konzerts. Der Schauspieler sang den derben Vater Bartolo in seiner Entrüstung über die Unbeständigkeit seines zukünftigen Schwiegersohns mit einer Kraft und Leidenschaftlichkeit hinter welcher das Feuer des Gegenparts nicht zurückblieb, und so wirkte der Vortrag, zum mindesten auf die Günstiggesinnten wie ein erfrischender Gewitterregen, der prasselnd auf die Bäume einer verlechzten Landschaft niederfällt.

In einer Pause zwischen den nun folgenden heitern Gesängen, bei welchen leider die Fräulein, durch sehr verständliche Blicke einer Mutter oder Tante abgemahnt, sich nicht beteiligen durften, gelang es dem Maler, an die Seite Constanzens zu kommen. Sogleich nahm diese von selbst das Wort, so daß die Nebensitzenden es hören konnten: „Sie haben ja die schönen Angebinde meines Bruders, besonders meine Stickerei, noch nicht einmal gesehn" — damit stand sie auf und ging ihm durch mehrere Zimmer voran bis in ein niedliches, der Bibliothek gewidmetes Eckkabinett, von dessen Decke herab eine einsam brennende Lampe ihr Licht auf den mit allerlei glänzenden Gaben von nah und fern belegten Tisch fallen ließ.

Die schöne Frau begann, nachdem der Maler noch kaum einen unsichern Blick auf diese Dinge hatte werfen können: „Ich reise morgen früh; wir werden uns einige Tage nicht sehen, und ich hätte noch gerne adieu gesagt."

„O diese Reise!"

„Nun?" — frug sie und sah ihm dabei treuherzig lauschend unter die Augen — „diese Reise?"

„Was gäbe ich darum, daß sie so sehr nicht nötig wäre!"

„Wie?"

„Gewiß, ich kenne und verehre die Einsicht, die Erfahrung, das schöne Herz Fernandas, und doch, in diesem Fall, in diesem einzigen, wenn sich Constanze rein nach ihrem eigenen Gefühl hätte entscheiden können —"

„Mein Freund", versetzte sie mit einem feinen Lächeln und faßte seine Hand, „Constanze war niemals versucht, sich irgend Rats in einer Frage zu erholen, in der kein Drittes raten kann. Constanze ist um gar viel weiter als Sie denken. Bald wird sie Krieg von allen Seiten haben. Fernandas wunderlicher Brief ist ein erster Vorbote. Ich war darauf gefaßt und bin es noch auf mehr. Doch bedarf ich des Beistands der Freundin. Was mir deshalb ein guter Geist eingab, soll Ihnen nicht lange verborgen bleiben. — O Nolten, wäre alles wie es sollte, wie es könnte, nicht diese unnatürlichen Verhältnisse, von denen wir abhängen, es brauchte keiner künstlichen Vermittlungen. Die Welt und ihr Urteil kümmert mich wenig; nur eine Rücksicht gibt es, zu welcher mein Herz mich verpflichtet: ich liebe meinen Bruder, und muß wünschen, daß unser altgewohnter geschwisterlicher Friede durch meinen Entschluß keine Störung erleide. Dies zu erreichen aber ist mir ein Weg gefunden, von dem ich alles hoffen darf." — —

Mit staunendem Entzücken hörte Nolten sie an. Lautlos ergreift er ihre beiden Hände und drückt sie hoch an die Brust. Im sanften Dämmerlicht der Lampe, das silbern über den Atlas ihres Gewands herabfließt, wie schön steht sie vor ihm! Ein Lächeln mit dem vollen Blick der Liebe zu ihm auf, und dieser Mund zum ersten Mal dem Kusse eines Mannes willig entgegenkommend! Wie anders als unlängst im Wahnsinn seiner Eifersucht hält er sie in den Armen — des völligen Bewußtseins noch kaum mächtig und gewiß, sie wirklich und fürs Leben zu besitzen!

Nun aber drängte die Zeit, sich zu trennen. Sie küßten sich zum Abschied wiederholt. Die Hand schon an der Türe, fragte sie noch: „Weiß Larkens —?"

„Nein!" sagte er und fühlte sich von der arglosen Mahnung schmerzlich ergriffen.

„Er weiß nicht?" fragte sie einigermaßen verwundert: „Und sollte auch nichts ahnen?"

„Vielleicht doch wohl", versetzte er. So gingen sie.

Den Saal erfüllte eben, indem sie wieder erschienen, der letzte Teil einer hochpathetischen Sonate Beethovens, von Madame

Tillsen auf Bitten des Schauspielers vortrefflich vorgetragen, zum herzlichen Verdruß der Hofmarschallin, die in der musikalischen Veranstaltung des letztern vom Anfang an nur eine neue Frechheit erblickte, wozu ihm niemand hätte die Hand bieten sollen.

„Sieh nur die alte langnasige Hexe dort!" — sagte Larkens am Schlusse leis zu Nolten hin — „Sie affektierte während des Gesangs und eben jetzt das ganze göttlich schöne Stück hindurch mit Schwatzen, Gähnen und auf alle Art eine verruchte, schnöde Teilnahmlosigkeit. Ich habe aber sie und ihre Sippschaft grün und gelb geärgert; das ist uns immer eine kleine Satisfaktion zu guter Letzt! Nun, dächt ich, machten wir uns in der Stille aus dem Staub; eine Begegnung mit dem Grafen möchte für beide Teile nicht das Angenehmste sein."

Nolten war auf der Stelle bereit und sie entkamen sofort unbemerkt.

„Es ist doch wahr", fing Larkens auf der Straße an, „man wagt und tut das Dümmste oft allem besseren Wissen und Wollen nur gleichsam zum Trotz. Ich kenne die Menschen doch ziemlich und weiß was man dem einen bieten darf, dem andern nicht; dennoch, als wie ein Mädchen, das seine erste Puppe einmal wieder nach vierzehn Jahren sieht und sie in seiner Freude jedem Philister zeigt, war ich Kindskopf genug, uns beide hier mit der Komödie dem Unverstand einer Hautevolee auf gut Glück auszusetzen!"

Nolten vernahm kein Wort von dem eben Gesagten. Ihm brannte sein Geheimnis auf dem Herzen, und die Versuchung, sich jetzt freiweg dem Freunde zu eröffnen, war um so mächtiger, da er im überschwenglichen Gefühl seines errungenen Glücks sich jedem Vorwurf, jedem Widerstand gewachsen meinte. Doch warnte ihn im Innersten etwas, dem er zuletzt gehorchte.

Sein längeres Alleinsein mit Constanze war dem andern aufgefallen, und er erwartete von ihm etwa zu hören, daß beide das törichte Mißverständnis und seine möglichen Folgen besprochen haben möchten. Weil aber Nolten schwieg und übrigens sein einsilbiges Wesen den Ausdruck von Verstörtheit hatte, so drangen sich ihm freilich ganz andere Vermutungen auf. Indessen fuhr er fort, in der angefangenen Weise zu reden, berührte mit Absicht einige Male die Gräfin, und, um nicht völlig stumm zu sein, erwähnte Nolten beiläufig die morgende Reise.

„Schon morgen —?" fragte Larkens überrascht.
„Jawohl", antwortete Nolten, „du meintest —?"
„O ich meinte nur, man sollte ihr doch noch zuvor gedankt haben — — Auf alle Fälle wird es nötig sein, sich bei dem Bruder ehestens ausführlich zu rechtfertigen. Das können wir morgen bereden."

Nachdenklich gingen beide noch die wenigen Schritte zusammen, bis wo sich ihre Wege schieden.

Zur vollen Aufklärung der widrigen Sensation, welche die gutgemeinten Künste der beiden Freunde erregten, möge dem Leser Folgendes dienen.

Der nur vor wenigen Jahren erst mit dem Tod abgegangene König, der Vater des regierenden, war anerkanntermaßen ein Fürst von außerordentlichen Fähigkeiten; energisch, kühn, mitunter rücksichtslos in seiner Handlungsweise, nicht ohne großherzige Züge und jederzeit auf das Wohl seiner Untertanen bedacht.

Nach dem Hingang seiner zweiten Gemahlin war er, bereits im höheren Alter mit einer jungen, schönen, sehr lebenslustigen Verwandten aus einem kleinen Fürstenhause in ein zärtliches Verhältnis getreten, worin ihn die Familie um so nachsichtiger gewähren ließ, als niemand irgendwie davon zu leiden hatte.

Reichlich mit allem ausgestattet, was dazu beitragen konnte, das gesellige Treiben am Hofe in stetem anmutigem Fluß zu erhalten, musikalisch gebildet, unerschöpflich in Erfindungen für kleine artige Feste, mit Maskenzügen und mimischen Tänzen, begünstigt überdies von einem seltenen Talent, Gehörtes und Gelesenes, wie Selbsterlebtes mit geistreicher Freiheit lebendig wiederzuerzählen, war die Prinzessin im engern Familienzirkel ein ganz unentbehrliches Glied geworden.

Dem Könige selbst blieb sie mit schwärmerischer Verehrung und einer rührenden Treue bis in die letzte traurige Zeit seines Lebens anhänglich. Eine Reihe der kränkendsten Erfahrungen, die er als Landesherr infolge mehrerer von ihm mit starrem Eigenwillen gewaltsam durchgesetzten Neuerungen machen mußte, verbitterten ihm den Rest seiner Tage. Durch eine unheildrohende Bewegung in allen Teilen des Landes zur schleunigen Zurücknahme dieser verhaßten Beschlüsse gezwungen und schlechthin außerstande eine solche Demütigung zu ertragen, dankte er plötzlich ab — ein allerdings kaum zu vermeidender Schritt, den er doch unmittelbar nachdem er geschehn, auf das schwerste bereut haben soll. Er ließ sich fortan nicht mehr öffentlich sehen, indem er eines seiner entfernteren Schlösser bezog, entsagte fast allem Umgang und warf sich mit Gewalt in eine menschenfeindliche Verachtung der ganzen Gegenwart, einzig nur noch mit Vorarbeiten zu einer künftigen Geschichte seiner Regierung beschäftigt, die er dem Urteil einer gerechteren Nachwelt empfohlen wissen wollte.

Wenn die Spötter im Publikum meinten, es hätten sich die grauen Locken der Majestät gelegentlich noch immer gerne von den frischen Rosen der Prinzessin schmeicheln lassen, so irrten sie gar sehr. Die Freundin mußte bald das fast Unglaubliche erleben, daß ihm ihre Gesellschaft lästig ward, daß ihr der Zutritt zu dem Manne, den sie noch jetzt anbetete, allmählich erschwert und endlich grausam genug ganz abgeschnitten wurde. Gelang es ihr ein und das andere Mal, den König mit List zu überraschen, so kam es zu den heftigsten Auftritten, die nicht verschwiegen blieben und in der Stadt vielfach zu lustigen pikanten Anekdoten ausgeschmückt, herumgetragen wurden.

Mit tief verwundetem Herzen und zum großen Bedauern des Hofes verließ sie den Ort ihres einstigen Glücks. Nicht lange darauf starb Nikolaus, von vielen aufrichtig betrauert, von niemand eigentlich vermißt.

Als die Prinzessin nach kaum einem Jahre, den dringenden Einladungen der Königin nachgebend, zum Besuche wieder erschien und eben keine auffallenden Spuren des erlittenen Kummers, weder in ihrem Aussehen, noch in ihrem Benehmen zeigte, so gab sie damit freilich aufs neue zu manchen hämischen Bemerkungen Anlaß. Wie hätte aber wohl ein so grundheiteres, taghelles Naturell sich auf die Länge verleugnen sollen? Wenn sie an rauschenden Vergnügungen nicht mehr wie sonst unmittelbar tätigen Anteil nahm, so schloß sie sich doch nirgends aus, in allem übrigen war sie dieselbige geblieben. Was Wunder daher, wenn die hohen Verwandten sie nicht mehr aus ihrem Kreise entließen und ihr den Aufenthalt so angenehm als möglich zu machen suchten.

Es leuchtet ein, daß diese sämtlichen Tatsachen mit dem phantastischen Gedicht auch nicht das mindeste gemein gehabt, und daß ohne die doppelte Ähnlichkeit, die man in den Gemälden fand und die man eigentlich erst suchen mußte, kein Mensch etwas weiter dabei hätte denken oder böswillig unterlegen können.

Am zweiten Tage nach der gräflichen Geburtstagsfeier ging Nolten, wie inzwischen verabredet war, den Schauspieler zu einem Dankbesuch bei Zarlin abzuholen, den sie zugleich durch eine gründliche Erklärung ihres Mißgeschicks begütigen wollten.

„Es spukt! es spukt!" rief Larkens ihm mit lachendem Gesicht bei seinem Eintritt zu. „Da lies was mir ein herzoglicher Jäger — du mußt ihm noch begegnet sein — in der Minute bringt."

Es war ein Billet, worin der Herzog sich aufs artigste die Mitteilung des kleinen Dramas nebst dem malerischen Zubehör auf einige Stunden ausbat. Er freue sich auf diesen zweifachen Genuß, zum voraus überzeugt, daß eine unbefangene Interpretation dem Stücke seinen rein poetischen Charakter werde salvieren können. — Das Kästchen hatte Zarlin schon den Tag zuvor in aller Frühe über Hals und Kopf dem Schauspieler zurückgeschickt, und Larkens hatte es soeben dem Jäger eingehändigt.

Nolten war sehr betreten. Bei der Gefahr, die ihnen hier nur allzu deutlich angekündigt ward, erschreckte ihn zugleich, so wenig er sich's merken ließ, die unerwartete Einmischung dieses Vermittlers. Larkens dagegen, ohne alles Mißtrauen, sagte: „Das kommt uns sehr gelegen. Gib acht wie schön die Fratzen sich blamieren! Der Herzog ist gescheit genug, den Unsinn einzusehn und ihre Bosheit obendrein. Jetzt werden wir diese gnädigen Zeilen sogleich bei Seiner Erlaucht aufs beste verwerten, und der Angstbarometer wird alsbald um etliche Grade auf gut Wetter steigen."

Allein in Zarlins Wohnung ward ihnen der befremdliche Bescheid, der Herr Graf sei nicht zu sprechen. Der Diener wollte sie nicht einmal melden, er mußte bestimmten Befehl deshalb haben.

Sie zweifelten nun freilich nicht darüber, was diese Abweisung bedeute, doch konnte sich keiner von beiden vorstellen, wie mißlich es bereits um ihre Angelegenheit aussah und wie gefährlich sie im Lauf der nächsten Tage sich verwickeln sollte.

Schon wußte Zarlin, daß bei Hofe über Tafel von dem gegebenen Ärgernis die Rede war, daß sich der König darüber unwillig geäußert und seinen Bruder beauftragt habe, sich näher vom Geschehenen zu unterrichten sowie daß auf das strengste befohlen worden war die Prinzessin mit dem Gerücht von dieser Unbill zu verschonen.

Kaum konnte sich der Graf nunmehr gedulden, bis er den Herzog selber hörte. Er fuhr zweimal nach dem Palais ohne ihn anzutreffen, endlich sprach Seine Hoheit unerwartet bei ihm zu Hause ein.

Mit einer kleinlich grausamen Manier, die man an seinesgleichen kennt, hielt er den guten Mann durch die Beschreibung eines höchst unerheblichen Jagdabenteuers von gestern erst eine ganze Weile hin, bevor er ihn auf sein Anliegen kommen ließ. „Ja", fing er hierauf an, „mein lieber Graf, da hätten wir denn einmal wieder die Erfahrung, wie sehr man sich mit allerlei Hausfreunden vorzusehen hat. Mir ist recht leid, daß die Sottise eben bei Ihnen hat vorkommen müssen, noch mehr, daß ich nicht unbedingt der Meinung unserer lieben Gräfin sein kann, die, wie ich höre, nicht im geringsten etwas Anstößiges darin erkennen will. Von einer böslich satirischen Absicht kann überall zwar keine Rede sein; doch waren sich die Herrn persönlicher Beziehungen bei ihrer barocken Erfindung bewußt, und diese muß man wohl auf das gelindeste gesprochen, sehr kühn, sehr ungeziemend finden. Indes das Schlimmere, befürchte ich, kommt nach. Man hat aus diesem Anlaß an einen früheren Vorgang erinnert. Die Frage von wegen des Anteils, welchen der Schauspieler Larkens vor drei Jahren an jenem demagogischen Unfug genommen haben soll, sei eigentlich, so wird versichert, noch heute unerledigt. Man habe sie vorzeitig fallenlassen, nur weil er das Gericht irrezuführen und zu ermüden gewußt. Genug, man gab dem König zu bedenken, ob ein immediater Diener des Hofs, solange ein solcher Verdacht auf ihm ruhe, in seiner Stellung füglich belassen werden könne. Was aber unsern Protegé, Herrn Nolten anbelangt, so wird die Untersuchung gleichfalls zeigen, inwieweit er als Genosse des andern anzusehen ist. Ich schätze diese Männer, wie Sie wissen, und werde gern das Meinige zu ihren Gunsten tun."

Dies waren die gemessenen Erklärungen des Herzogs. Aus seinem Benehmen im ganzen entnahm der Graf zum wenigsten so viel zu seinem großen Troste, daß eine mißliebige Rückwirkung der schwebenden Dinge höchstenseits auf ihn und sein Haus nicht angezeigt sei.

Mit der politischen Anrüchigkeit des einen unsrer Freunde war es eigentümlich bewandt.

Der zu verschiedenen Zeiten immer von neuem wieder aufgeregte Geist des deutschen Liberalismus, das tief empfundene, zumal auf den Akademien genährte Verlangen nach nationaler Einheit und die im geheimen da und dort zu den extremsten Schritten drängende Geschäftigkeit der Demokratie sind bekannt genug. Die Hauptstadt, von der es sich hier für uns handelt, war der Mittelpunkt einer republikanischen Partei, zu welcher einige Bekannte des Schauspielers zählten, meist junge unerfahrene, von einem schwindelhaften Ehrgeiz angesteckte Männer. Überzeugt von der Unmacht und Fruchtlosigkeit ihrer Bestrebungen, wobei er doch vielleicht den Ernst und die Mittel der Verbündeten unterschätzt haben mochte, sah Larkens dieses Treiben, so wenig er im Herzen den höchsten Interessen des Vaterlands fremd war, durchaus von der komischen Seite. Er lehnte jede Einladung zu den Versammlungen ab, verfaßte aber für den Vortrag in denselben gemeinschaftlich mit einem andern Schalk eine Anzahl schwärmerischer Reden, die in kunstvoll ironischer Einkleidung seine wahre Ansicht verbargen und zwischen den absurdesten Vorschlägen mitunter durch vernünftige, ja glänzende Gedanken überraschten, so daß ihn die Gesellschaft zwar für ein seltsam überspanntes, jedoch talentvolles und immerhin brauchbares Mitglied erkannte. Endlich fingen doch einzelne an, ihm zu mißtrauen; er bemerkte dies, spielte den Gekränkten und erhielt gegen das feierliche Versprechen strengster Verschwiegenheit seine sämtlichen Aufsätze zurück. Als es nachher zur Untersuchung und Aufhebung der Verbrüderten kam und durch einen unglücklichen Zufall entfernterweise auch er genannt wurde, gelang es ihm, dank der Diskretion der Genossenschaft, dennoch, sich wie ein Aal aus der Klemme zu winden, während andere, zum Teil bereits in öffentlichen Ämtern stehende Männer mit dem Verlust von Freiheit und Vermögen bitter büßten. So erfreute er sich lange einer vollkommenen Sicherheit; sein Mutwille sollte indessen nicht ungestraft bleiben. Es fehlte nicht an müßigen Zungen am Hofe, die bei Gelegenheit auf eine bedeutende Lücke in dem geschlossenen Prozeß aufmerksam machten, und alsbald wurde dieser Umstand — durch welche übelwollende Vermittlung blieb vorerst völlig im dunkeln — als schickliches Motiv zu dem gewaltsamsten Verfahren gegen beide Freunde zugleich benutzt.

Eines Morgens, während Larkens eben Anstalt machte, sich zur Theaterprobe anzuziehn, erschien ein Kommissär der Polizei mit seinem Aktuar, bedauerte den Auftrag den er habe und übergab ihm ein amtliches Blatt, worin Beschlaglegung auf seine Papiere angeordnet, er selbst vor die ihm wohlbekannte Gerichtsstelle geladen, ihm auch auf unbestimmte Zeit Urlaub von der Bühne erteilt war.

„Das wird ja verzweifelt ernsthaft!" sagte Larkens, mit der gelassensten Miene das Schreiben zurückgebend. „Wohlan, meine Herrn, dieses mein Arbeitszimmer enthält alles was ich von Schriftlichem besitze. Das kürzeste wird sein, ich schließe Ihnen Schreibtisch, Kommoden, Schränke und Schatullen auf, und Sie nehmen was Ihnen wichtig scheint."

Sodann, nachdem er sämtliche Behälter nachgewiesen und geöffnet, erbat er sich Erlaubnis in seiner Toilette fortzufahren, und fing nun an, vor einem großen in der Ecke stehenden Ankleidespiegel sich mit gewohnter Sorgfalt zu barbieren. Dabei verfolgte er mit Falkenaugen, indem er auf Sekunden das Messer anhielt, jede Bewegung, die hinter seinem Rücken vorging, in dem Spiegel, gab über das eine und andere Stück, wie er es in den Händen des Beamten sah, mit wenigen Worten zuvorkommend Auskunft und mischte hin und wieder auch wohl einen leichten Scherz mit ein.

Zuvörderst waren es verschiedene bestäubte Hefte gleichgültigen Inhalts, die aus dem letzten Fache des Bücherschranks hervorgezogen wurden: ästhetische Betrachtungen, philosophische Grillen, Gedichte, Übersetzungen; dabei einige Bündel Briefe, welche sämtlich schon vermöge ihrer Jahrzahl außerhalb der Untersuchung blieben. Dagegen wurde ein umschnürter Faszikel von Schriften (mit dem Motto: Am Fenster meines Hauses guckete ich durchs Gegitter und sahe unter die Albern. Sprüche Salomonis 7,6) nach einer flüchtigen Durchsicht als Beitrag zu den Akten behalten. Es waren lustige Satiren, und darunter auch jene verfänglichen Vaterlandsreden. (Der Schauspieler hatte sie über die Zeit der ersten Gefahr einer Freundin zur Verwahrung gegeben, nachher jedoch wieder zu sich genommen.) War ihm diese Entdeckung schon sehr fatal, so sah er einer andern jetzt mit wahrer Angst entgegen, indem der Kommissär den Schreibtisch aufschlug und bald auch eine rotseidene Mappe mit den Briefen Agnesens hervorholte. „Nur Frauenzimmerliches, wie Sie sehn", bemerkte Larkens, seine Haare ordnend, „und überdies nicht mein, vielmehr das Eigentum eines Dritten: unschuldige Herzensergießungen, idyllische Berichte eines Mädchens an ihren Freund — der lautere Schlüsselblumen- und Walderdbeerenduft, den Sie wohl nicht so grausam sind mit dem Geruch der Protokolle zu vermengen." Der andere lächelte, zuckte die Achsel und meinte, er habe jede Art Korrespondenz aus den vier letzten Jahren vorzulegen; übrigens dürfe man auf den humanen Takt der Behörde vertrauen. In Gottes Namen, dachte Larkens, die Frucht ist reif, sie will vom Zweig; wohin sie fällt, muß ich erwarten!

Während die Herrn ihr Geschäft fortsetzten und die bis jetzt gewonnene Ausbeute nur noch mit unbedeutendem Ballast vermehrten, war Larkens, seinen Anzug zu vollenden, in das anstoßende Zimmer getreten. Als er zurückkam wurden die beiden soeben auch fertig. Er überblickte das Häufchen Papiere, das ein vor der Türe wartender Diener in Empfang nehmen sollte, und sah mit heimlicher Zufriedenheit, daß wenigstens ein Tagebuch, das die Geschichte seines freundschaftlichen Betrugs, teilweise in Chiffern geschrieben, enthielt, den Augen der Polizei entgangen war.

Nun schickte er sich unverzüglich zu dem verhaßten Gange an, auf dem der Kommissär ihn zu begleiten hatte. In Voraussicht einer länger oder kürzer dauernden Haft vergaß er nicht, seinem Bedienten die nötigen Aufträge in einem eilig geschriebenen Zettel zu hinterlassen.

Auf dem Wege nach der sogenannten Burg, dem Sitze des zuständigen Gerichts, wurde wenig gesprochen, und so sehr ihn zu wissen verlangte, ob nicht, wie kaum zu zweifeln war, auch Nolten vorgeladen sei, enthielt er sich dennoch einer vertraulichen Frage deshalb bei seinem einsilbigen Begleiter.

An Ort und Stelle dem Direktor angemeldet, fand er in ihm den nämlichen Inquirenten mit dem er jenesmal zu tun gehabt, einen hagern, sauersehenden Pedanten, durch welchen ihm sofort die Wiederaufnahme der frühern Untersuchung angekündigt wurde.

Wenige Stunden nachher stand der Maler demselben Manne gegenüber. Er war als Partisan der gleichen politischen Verbindung angegeben in welcher Larkens seiner Zeit gestanden haben sollte. Man stelle sich seine Bestürzung vor! Es war der widersinnigste Verdacht, der je auf ihn geworfen werden konnte. Wie sollte er sich den Zusammenhang erklären?

Die Freunde hatten sich die letzten Tage nicht gesehn, sie konnten einander kein Wort des Abschieds, der Verständigung für diesen Fall mehr sagen und wußten kaum wie ihnen geschah, als sie sich jetzt in zwei entlegene Zimmer des Schlosses, je an den Enden eines langen Korridors, zu trauriger Einsamkeit verwiesen sahen.

Wenn der Mensch, von einem jähen Streiche des ungerechtesten Geschicks betäubt, nun stille steht und sich allein betrachtet, abgeschlossen von allen äußeren mitwirkenden Ursachen, wenn das verworrene Getöse um ihn her immer leiser und matter im Ohre summt, so geschieht es wohl, daß plötzlich ein zuversichtliches, fröhliches Licht in unserem Innersten aufsteigt, und wie im Traume sagen wir uns halb lachend, es ist ja nicht möglich, daß alles dies in Wirklichkeit mit dir vorging! Wir stehen und erwarten daß jeden Augenblick der Nebel zerreiße, der uns umwickelt. Aber hier, diese Mauern, diese sorgsam verriegelte Tür wiesen dem armen Maler mit frecher Miene ihr festes, unbezwingliches Dasein. Erschüttert und mit lautem Seufzen ließ er sich auf den nächsten Stuhl nieder, ohne einmal ans Fenster zu treten, das ihm eine weite Aussicht ins Freie und einen Teil der Vorstadt freundlich und tröstlich hätte zeigen können.

Das Zimmer befand sich im obersten Stockwerk eines der vier oder fünf unregelmäßigen Flügel des hochgelegenen, von alters her noch hie und da befestigten Gebäudes. Von der Seite herauf, aus der Tiefe, wo Garnison lag, ertönte zuweilen ein munterer militärischer Klang, Trommel und Musik, nicht allzu geräuschvoll. Auch die nächste Umgebung sah nicht unfreundlich aus: die Wände rein geweißt, die Eisenstäbe vor den Fenstern weit genug, um nichts zu verdunkeln, der Raum zum Auf- und Abgehen hinreichend, und die Heizung gehörig. Ohnehin auch war, wie man den beiden Gefangenen gleich angekündigt hatte, für gute Kost aus einem Speisehaus der Offiziere vorgesorgt.

Von alledem nichts beachtend denkt Nolten einzig an Constanze. Ihn hatte die Idee, daß dieser grelle Zwischenfall sein Verhältnis bedrohe, gleich bei der ersten Ankündigung mit Schrecken erfüllt, und jetzt, je länger er darüber sann, je heißer wurde ihm dabei.

Natürlich hing seine angebliche Schuld mit dem verschrieenen Schauspiel zusammen. Verleumdung und Intrigue hatten sich des Gegenstands bemächtigt und hundertfach durchkreuzten sich bei Nolten die Vermutungen darüber. Klar war ihm nur daß alles für ihn auf dem Spiele stand. Wenn er dem Hofe mißfällig wurde, auf dessen Gunst vermutlich Constanzens Plan zum großen Teil beruhte, wie konnte sie entfernt noch daran denken die starren Vorurteile, den Stolz ihrer Familie zu versöhnen, die Ängstlichkeit des Bruders zu besiegen, für welchen jene Rücksicht die allein maßgebende war! — „Oh", rief er aus, „und ich muß hier untätig, in Ungewißheit auf der Folter, wer weiß wie lange liegen! Kein Weg, ihr eine Mitteilung zu machen! Keine Aussicht auf ein liebevolles Wort von ihrer Hand für mich an diesen Ort der Schmach!"

Von einer traurigen Vorstellung in die andere gejagt, und von der letzten immer auf die erste zurückkommend, liefen seine Gedanken unausgesetzt wie an einem unübersteiglichen, von keiner Seite zugänglichen Wall verzweifelnd hin und her.

Die Stimmung seines Leidensbruders war indes der seinigen völlig entgegengesetzt.

Der Schauspieler hatte Noltens Verhaftung ungesäumt durch den Wärter erfahren. Auf was die Anschuldigung lauten mochte, erriet er ungefähr aus seinem eigenen Vorgang.

Nur zu! nur zu, und immer besser! — sprach er für sich, mit großen Schritten zum erstenmal die Länge seines Zimmers messend — Ich glaube eure Faxen zu verstehn. Entweder hat sich der Herzog durch das Zetergeschrei der Schranzen über die Komödie wirklich irreführen lassen, oder er hatte sonst seinen Grund, mit in das Hörnchen zu blasen. Sehr möglich, daß eine persönliche Pique aus Jalousie gegen den Maler bei ihm mit unterläuft. Weil uns jedoch der Komödie wegen der Prozeß schicklicherweise nicht wohl zu machen ist, sucht man den Anlaß anderswo, um uns wie ein Paar böse Buben zum wenigsten mit einem angemessenen Arrest zu strafen: aus *einem* Demagogen improvisiert man ihrer zwei und stellt pro forma eine Untersuchung an, die damit enden wird, daß beide weder schwarz noch weiß aus dieser Wäsche kommen. Vortrefflich! Etwas, denke ich, ist jedenfalls mit dem Skandal für uns gewonnen, ein Großes, Unschätzbares — Guter Nolten, dein gräflicher Roman hat ausgespielt! Ich müßte meine Leute sehr schlecht kennen, oder die erste Stunde, daß wir wieder auf freiem Fuße sind, wird uns die Hausfreundschaft vom Bruder gekündigt, so übel auch die Schwester dazu sehen mag. Seiner Gnaden Geburtstag sei mir gesegnet, zusamt dem dummen Streich, den wir dabei gemacht!

Neben dem Vorteil, welchen der eifrige Freund hienach mit

so vieler Genugtuung aus der verdrießlichsten Lage hernahm, drangen sich ihm allerdings gleichzeitig Erwägungen auf, bei denen die gesamte Existenz des einen wie des andern gar sehr in Frage kam. Es konnte sich für ihn, freiwillig oder gezwungen, um Entlassung vom Theater handeln. Für Nolten aber, dachte er, sei unter allen Umständen am gleichen Orte mit der Gräfin fortan kein Aufenthalt mehr. Und sollte das ein Unglück sein? Was hat er hier viel zu verlieren? was hätt ich zu verlieren, das wir nicht anderwärts ebensogut, vielleicht besser und reichlicher finden? So räsonierte er weiter, und sein leicht beweglicher, rasch vordringender Geist gefiel sich eine ganze Weile in Ausmalung der heitersten Zukunft. Eine stärkende Reise mit Nolten zu Fuß, deren nächstes Ziel ja nicht notwendig sogleich Neuburg selbst sein müsse, sollte die neue Epoche einleiten. Früher von ihm gepflogene und wieder abgebrochene Unterhandlungen mit einer bedeutenden süddeutschen Bühne wollte er ungesäumt von frischem anknüpfen, um so mehr, da der fragliche Platz auch für den Maler nicht weniger vorteilhaft schien. Inzwischen mußte sich die Wiedervereinigung Noltens mit der Braut auf die leichteste Weise von selbst ergeben, und vor Ende des kommenden Sommers konnten die sämtlichen Verhältnisse geordnet und befestigt sein.

Eins wollte ihn bei alledem aufs neue herzlich kränken: des guten Mädchens Briefe in fremden Händen zu wissen. Es war nur die Idee der Profanierung, und nicht als wenn ein wesentlicher Nachteil daher zu fürchten wäre: denn, dachte er, an Nolten kann davon nicht wohl etwas gelangen, eh ich ihm alles selbst aufdecke, und sonst —? wenn mir ein übel- oder wohlgesinnter Dämon etwa bei der Gräfin zuvorkommen wollte, was kann es schaden?

In diesen Betrachtungen wurde er endlich durch den eintretenden Wärter gestört. Sein Diener Florian, ein alter treuer Bursche stand vor der Tür mit einem Bündel allerlei, zum Teil nach eigenem Ermessen vorsorglich ausgewählter Sachen. Er hatte auch den Kasten mit der Violine aufgepackt, weil sie, wie er dem Schloßinspektor sagte, durch dessen Hände alles ging, seinem Herrn so nötig wie das Frühstück sei. Der Artikel passierte jedoch als ordnungswidrig die Schwelle des Arrestanten nicht.

Die beiderseitigen Bekannten und nähern Freunde der Verhafteten, bestürzt und brennend vor Begierde, zu hören was die Sache auf sich habe, gingen, der eine da-, der andere dorthin auf Erkundigung aus; aber niemand wußte sicheren Bescheid.

Der Hofrat Jaßfeld lief in der größten Eile zu Tillsen. Er war nach dem was dieser ihm berichtete, ganz außer sich, schalt in den heftigsten Ausdrücken auf die albernen Ankläger, auf den Hof, den Herzog, die Justiz, während Tillsen, welcher wenigstens für Nolten nichts Ernstliches besorgte, alles mögliche tat den Alten zu beruhigen.

Die Gräfin, durch den Bruder nur kurz und ungenügend von dem Geschehenen benachrichtigt, kam in Fernandens Begleitung unverzüglich zurück.

Es war an einem Abend spät, als sie im geschlossenen Wagen die letzte Anhöhe herab auf die lichterhelle Stadt zu fuhren. Constanzens lebhaftes Gespräch verstummte auf einmal in bänglicher Erwartung der Dinge, die man sofort vernehmen sollte. Bei einem Blick nach außen überraschte sie die gänzlich veränderte Landschaft, die ihr noch bei ihrer Abreise von Haus im vollen Winterschmuck erschienen war und die ein lauer Tauwind in *einer* Nacht bloßgelegt hatte. Sie empfand diesen Wechsel wehmütig als Gleichnis des plötzlichen Umschlags in ihrer eigenen Verfassung. Indem es dann über die Brücke hinging, unter welcher der angeschwollene Fluß in breiten Wellen einherbrauste, und nun das alte Schloß im Rücken der Stadt hervorkam, suchten unwillkürlich ihre Augen dort in der halberleuchteten Reihe von Fenstern das einsame Licht des Geliebten.

Zu Hause traf man den Grafen glücklicherweise daheim und ohne Gesellschaft. Er nahm den Tee mit den beiden und erzählte den Vorfall ausführlich, wobei die Schwester beinahe zuviel von ihren Empfindungen blicken ließ. So warm sie indes auch zum Vorteil der Beklagten sprach und sosehr die Freundin zumal gegen die unnütze Härte des eingeleiteten Verfahrens eiferte — auf alles hatte der Bruder wenig mehr als ein bedenkliches Achselzucken zur Antwort; nur hob er die vom Herzog angedeutete Absicht seiner Vermittlung wiederholt hervor. Er war verdrießlich wie man ihn in langer Zeit nicht sah und die Frauen fühlten sich ordentlich erleichtert, als er ihnen endlich Gute Nacht gab. Die Schwester geleitete ihren Gast nach dem ermüdenden Tage auch zeitiger auf sein Zimmer und fand sich bald allein auf dem ihrigen. Doch waren Schlaf und Ruhe noch weit von ihr entfernt.

Sie saß, während das Licht neben dem Bette brannte, unbeweglich in einen Stuhl zurückgelehnt, ihren unlängst gefaßten und mit Fernanda inzwischen vielseitig durchgesprochenen Vorsatz bedenkend, indem sie ihn gegen die neuesten Ereignisse hielt.

Ihr Plan war auf die Gnade der Königin gebaut. Als wesentlich beteiligte Vermittlerin der ersten unheilvollen Ehe hatte sie für Constanzen eine gewisse Verpflichtung, und hatte solche auch bei jedem Anlaß durch Beweise verdoppelter Aufmerksamkeit gegen sie und die Familie stillschweigend anerkannt. Da man nun sehr wohl wußte, wieviel sie jederzeit über ihren Gemahl, selbst in den wichtigsten Dingen vermochte, so schien es gar nicht allzu schwer den König durch ihr Fürwort zu einer Auszeichnung des Malers zu bestimmen, welche den einzigen Mangel, der einer Heirat im Wege stand, vergessen machen konnte.

Ein Umstand kam ganz ungesucht diesen Gedanken zu Hilfe. Die Königin besuchte nächsten Frühling zum zweitenmal Italien. Der Maler Tillsen, welcher die kunstliebende Dame vor Jahren dahin begleitete, empfahl ihr Nolten an seiner Statt; sie zeigte sich nicht abgeneigt, doch wurde noch nichts beschlossen. Constanze hatte die Notiz aus Tillsens Munde selbst, und nur um seinem Schützling eine mögliche Täuschung zu ersparen, war ihr vorerst noch Schweigen darüber auferlegt. Wenn das Projekt nun aber glückte, worauf sie sicher hoffte – wie leicht war Titel und Rang damit geschaffen, zwei Dinge, deren Wert und Unwert sie noch nie so nah zusammen fühlte. Einen entschiedenen Gegner ihrer Absicht sah sie begreiflich im Herzog voraus; allein die Königin, von je in offener oder geheimer Opposition gegen den Schwager stehend, hatte in diesem Fall so wenig als in jedem früheren von seiner Einsprache zu fürchten.

Eine ältere Schwester Fernandas, Antonie, war Hofdame der Königin und von derselben ihres trefflichen, höchst zuverlässigen Charakters wegen sehr bevorzugt. Sie sollte daher, durch Fernanda in das Vertrauen gezogen, den ersten Faden zur Verhandlung mit aller ihr zu Gebote stehenden Feinheit anlegen. Die nähere Rechtfertigung ihrer Wahl behielt Constanze sich selber vor. Zwar glaubte die Freundin, solange sie diese Neigung noch nicht für unüberwindlich hielt, aus verschiedenen

Gründen abraten zu müssen, als sie jedoch nicht ohne Schrecken hörte, wie weit man schon gekommen sei, versprach sie unbedenklich ihren Beistand zu dem gewagten Werk, und alles ward sofort bis in das einzelste beraten. Nun erschien die unselige Botschaft des Grafen. Constanze übersah mit *einem* Blicke die Gefahr. Sie war aufs äußerste bekümmert. Denn nicht nur daß vorerst auf alles Tun und Denken verzichtet werden mußte — der ganze Plan konnte vereitelt sein. Zudem verdroß und schmerzte sie die Teilnahmlosigkeit ihres Bruders bis zu Tränen. Nie hätte sie ihn so klein, so enge und unmännlich geglaubt.

Unmutig stand sie auf, unruhig trat sie an das offene Fenster. Es war die mildeste und klarste Nacht, ein herrlich vollgestirnter Himmel.

Es hatte elf geschlagen. Mechanisch fing sie an, sich auszukleiden und bei dem Bette sitzend die schönen Haare loszuwickeln. Sie legte das Ohrgehänge ab, die Perlenschnur, die ihr so einfach reizend stand. Gedankenvoll hielt sie die letztere am kleinen Finger spielend gegen das Licht. Durch eine freundliche Beziehung auf Nolten war ihr dies Stück vor andern lieb geworden. Eines Tages saß sie am Stickrahmen; er hatte ihr eine Zeitlang vorgelesen und der Gegenstand veranlaßte sie, ihr Schmuckkästchen herbeizuholen, um ihm eine antike Kamee zu zeigen oder vielmehr zu schenken. Bei dieser Gelegenheit sah er die Perlen, betrachtete sie aufmerksam und sagte: „Sie sind wie eine Reihe verkörperter Gedanken, aus einer ahnungsvollen Seele vom tiefsten Grund heraufgequollen. Ein eigentümlicher gedämpfter Schmelz gibt ihnen immer einen Schein von Trauer."

„Wenigstens waren diese hier", antwortete Constanze, ohne von ihrer Arbeit aufzuschauen, „von keiner fröhlichen Vorbedeutung. Sie sind ein Geschenk meiner guten Mutter, das ich auf *einen* Tag und dann nicht wieder trug." (Natürlich meinte sie den Hochzeittag.) — „Und", sagte er nach einer kurzen Stille, mehr wie für sich als ihr zum Gehör: „wo lebt der Mensch, der sich getrauen dürfte, euch arme Kinder von dem bösen Zauber zu erlösen?" Damit ließ er das Kollier sanft in die hohle Hand sinken und drückte verstohlen seine Lippen darauf. So flüchtig dieser immerhin etwas verwegene Akt auch war, ein Blick von ihr erhaschte ihn noch eben; sie errötete sichtlich und sprach von etwas anderem. Einen rührenden, fast mädchenhaften Zug von Liebe aber finden wir darin, daß sie, eingedenk jener bedeutungsvollen Worte Noltens, diesen Schmuck als einen doppelt geweihten Talisman, am Morgen ihrer Reise zu Fernanda zum erstenmal wieder angelegt hatte.

Still vor sich niedersehend, die Hände in den Schoß gelegt, vergaß Constanze sich nunmehr in hundertfältigen Erinnerungen. Vom Tage an, an welchem Tillsen den unbekannten jungen Mann im Hause einführte, von den ersten unmerklichen Pulsen einer erwachenden Leidenschaft an bis zu dem stürmischen Auftritt im Park, wo die noch halb getrennten Elemente ihrer Liebe durch Noltens unwiderstehliche Glut aufgereizt, in volle süße Gärung überschlugen und alle Sinne umhüllten — diesen ganzen Verlauf bis zum letzten beherzten Entschluß durchlebte sie wieder im Geist, und plötzlich überkam sie jetzt ein neuer wundersamer Mut. Was quälst du dich doch um eine so elende Sache und ihren Erfolg? Es werde daraus was da wolle, dir bleibt nichts mehr zu wählen, noch ängstlich abzuwägen — du bist Noltens Verlobte! Du bist's der Tat und Wahrheit nach, nicht weniger gewiß, als wenn dich tausend Schwüre an ihn bänden!

So hatte sie gleichsam die Formel gefunden, durch die sie sich vor jeder Anfechtung geschützt und gerechtfertigt glaubte; ja das Gefühl, nicht mehr sich selber zu gehören, der Vorsatz, gegen eine Welt voll Eitelkeit und Anmaßung mit dem Geliebten festzustehn, durchdrang ihr Herz mit einer nie gefühlten Kraft und Wärme, mit einer namenlosen Freudigkeit. Die schöne Frau sank unwillkürlich am Bett auf ihre Knie nieder und während sie die Hände faltete, war sie sich kaum bewußt, was alles in ihrem Innern durcheinanderflutete; und doch, ihr Mund bewegte sich leise zu Worten des brünstigsten Dankes, der kindlichsten Bitten.

Wenn wahr sein sollte was zarte Gemüter aus eigner Erfahrung behaupten wollen, daß unsere Gedanken und Gefühle in einzelnen erhöhten Augenblicken auf andere in die Ferne eine geheime Wirkung haben, so wäre vielleicht in jener Nacht ein Ähnliches zwischen zwei Liebenden vorgegangen. Denn als Nolten nach einem erquickenden Schlaf am Morgen erwachte und die Sonne zum erstenmal heiter in seine Fenster schien, war er der trostlose Mensch der ersten Tage nicht mehr. Er fühlte sich auffallend umgestimmt, noch eh er angefangen hatte, seine Lage wirklich von einer besseren Seite zu betrachten. Jetzt hielt er sich Constanzens Wesen vor, ihre Klarheit, ihren freien hohen Sinn, vor allem den ganzen Ausdruck ihrer Liebe, die er nun erst wieder den Mut besaß, nach dem vollen Maß der seinigen zu messen. Er schalt sich über seinen Kleinmut, entsagte einer brütenden Untätigkeit, dachte auf seine Verteidigung und fand sich sogar aufgelegt, eine kleine Arbeit wieder vorzunehmen, die er noch kürzlich für Constanzen angefangen hatte. Es war die farbige Aquarellzeichnung einer Kindergruppe: Constanze selbst in ihrem elften Jahre mit den Geschwistern, nach zwei vorhandenen Pastellportraits, nunmehr von ihm als lieblichste Staffage des ehemaligen Platzes vor dem alten Parkschlößchen verwendet. Unlängst nämlich war Nolten so glücklich gewesen, die Beschreibung einer großen herzoglichen Jagd in Folio mit Kupfern aufzutreiben, worin sich unter anderem auch das Gebäude im Glanze einer festlichen Illumination, mit all dem kleinen schnörkelhaften Detail seiner Architektur präsentierte, das jetzt auch in der neuen Nachbildung gewissenhaft wiedergegeben werden sollte. So ließ er sich denn sein Portefeuille und was er sonst zu diesem Zweck bedurfte aus seiner Wohnung bringen, dawider niemand etwas einzuwenden hatte.

Auf solche Weise angenehm beschäftigt und zerstreut sah er mit mäßiger Spannung einem ersten Verhöre entgegen, zu dem er denn auch endlich vorgeladen wurde, und das in sehr wenigen, einfach und leicht beantworteten Fragen über das Allgemeinste seiner persönlichen Verhältnisse bestand. Es sollte wohl nur ein vorläufiges sein und man rückte in Zeit einer Woche nicht weiter. Ganz ebenso stand es mit Larkens, dem indes die Geduld schon gewaltig zu reißen anfing.

Fernande hielt noch immer getreulich bei der Freundin aus. Zusammen arbeitend oder lesend blieben sie meist für sich; außerdem tat Constanze das Mögliche, um weder der Gesellschaft, sofern sie unvermeidlich war, noch auch dem Bruder irgendwie verändert zu erscheinen.

Dem Grafen lag nichts ferner als eine geheime Neigung der Schwester zu argwöhnen. Es ging ihm wie den meisten Personen ihres Umgangs, die sie teils von Natur, teils auch infolge ihres Mißgeschicks als verheiratete Frau, nach dieser Seite hin für unzugänglich hielten. Man hatte einmal den Begriff, daß sie neben den edlern Genüssen eines geselligen Lebens und einer innigen Freundschaft kein weiteres Bedürfnis kenne; sie selber tat sich bei Gelegenheit unter Bekannten im Scherz und Ernst etwas auf ihre Unabhängigkeit zugute; wie der Bruder für einen entschlossenen Hagestolz galt, so wurde sie als geschworene Witwe betrachtet, und nicht viel anders war auch er gewohnt sie anzusehn.

Der Herzog sah inzwischen einige Male im Hause nach. Die Art, wie er gleich anfangs in Gegenwart der Frauen sich über seine Stellung zur Sache der Verhafteten erklärte, ließ kaum an seinem guten Willen zweifeln. Er erwarte nur den rechten Augenblick, um wirksam einzugreifen, er sehe übrigens voraus daß der Prozeß von selbst im Sand verlaufen werde.

An einem Sonntagmorgen lag Constanze mit Kopfweh auf dem Bett und die Freundin leistete ihr Gesellschaft. Der Graf im Begriffe auszufahren, den Hut schon in der Hand, erschien mit einem prächtigen Bouquet und einem kleinen Paket in der Tür, was beides soeben ein herzoglicher Diener überbrachte. Er las die begleitenden Zeilen und sagte: „Das kommt ja eben recht: eine Lektür in Manuskript, zum Dejeuner, wie Seine Hoheit schreibt: ‚Nicht etwa wieder ein französischer Roman, womit ich, wie es scheint, bei Ihren Damen kein Glück mache: nur eine schlichte, allerliebste Briefsammlung von einer guten Deutschen, und zwar im Original, das mir auf kurze Zeit anvertraut worden.'"

Fernande legte den Blumenstrauß der Patientin hin, und hielt die uns bekannte rotseidene Mappe in der Hand!

Sie ging damit, nachdem der Graf adieu gesagt, ans Fenster vor, und fing darin zu blättern an. Es waren zum größten Teil nicht sowohl Briefe, als vielmehr regelmäßige Tagebuchblätter; sämtliche Data vom vorigen und vom laufenden Jahre; der Wohnort: Neuburg; hin und wieder ein eigentlicher Brief als Beiblatt mit der Unterschrift Agnes. Der Angeredete, dessen Name vorerst nirgend ins Auge fiel, stand offenbar im zärtlichsten Verhältnis mit der Schreiberin. Ein paar zufällig aus der Mitte heraus gelesene Stellen reizten wirklich die Neugierde einigermaßen, und wie man in solchem Fall unwillkürlich auf bestimmte Personen zu raten versucht ist, so gerieten beide Frauen auch hier alsbald auf eine wahrscheinliche Spur. Man hatte vor kurzem in einer Gesellschaft bei Zarlins von einem jungen allgemein beliebten Offizier gesprochen, wobei jemand als Neuigkeit geheimnisvoll ankündigte, die ganze schöne Welt der Residenz werde demnächst durch eine sehr paradoxe Heirat des genannten Kavaliers mit einer Unbekannten höchlich überrascht und in Bewegung gesetzt werden. Dies war genug, um nunmehr angesichts der vorliegenden Mitteilungen sogleich an jene Beziehung zu denken. Übrigens konnte der mehrfach in- und außerhalb des Landes vorkommende Ortsname Neuburg zu nichts weiterem führen.

Fernande setzte sich und las Constanzen vor, ohne eben genau auf die Folge der Blätter zu achten, die nicht durchgängig mehr in ihrer ursprünglichen Ordnung lagen.

„10. Oktober.

Ein Tag wie um die Mitte Julis; die volle Sommerhitze noch! Ich habe alle Laden in der Stube zu, bis auf den halben vor dem Fenster, daran mein Tischchen steht. Der Vater ist mit einem Buch in Händen auf seinem Kanapee eingeschlafen, und auf dem Sims zunächst bei mir eine kleine weiße langhaarige Katze hat auch die Augen zugedrückt. Dies Tierchen solltest Du nur sehen. Es hat sich, niemand weiß woher, vielleicht aus einem andern Dorf durch die Felder verirrt und kam uns elend ausgehungert vor die Tür. Gleich nach der ersten warmen Suppe fing es an, seinen verwahrlosten Pelz einmal wieder zu putzen, der wurde wie der frischgefallene Schnee. Von Tag zu Tag gedieh es mehr und ist nun so vertraut im Haus, als wäre es immer dagewesen, spielt, scherzt mit mir und fordert mich zu Possen auf. Wenn ich sie so im Schoß zuweilen auf den Rücken lege und die vier Füße in der Hand zusammen halte, wie ein Bündlein Radieser, weiß und rot die zarten Bällchen unten, das kann sie nicht leiden, da beißt sie gelind und macht es immer gleich mit Lecken wieder gut. Merkwürdig daß die Tiere Spaß verstehn, wenn man bedenkt was das doch heißen will! Es ist kein Zug, mein ich, der sie uns menschlicher zeigte.

Gestern war ich im Städtchen, einiges einzukaufen, und kehrte abends im Vorbeigehen im Kloster ein, das jetzt verkauft ist und soeben für eine große Wollspinnerei neu eingerichtet wird. Die Hausverwaltersleute, die darin wohnen bleiben, sagen mir, der Käufer sei ein einsichtiger Herr und sehr darauf bedacht, daß alles schöne Altertum erhalten werde, ja manches, was beschädigt ist, vorab im Kreuzgang, werde wieder hergestellt. Ich stieg zu dem steinernen Türmchen hinauf und ruhte eine Zeitlang, Dein gedenkend, auf dem Gebälk, sah mich ein wenig in der Gegend um, sah in den Graben unter mir und — was entdeck ich dort? Zwei Schritte vor dem großen Pfeiler liegt im Grase einer von den vier drachenköpfigen Wasserspeiern, die Du so sehr bewundertest. Der Sturm warf ihn vom Dach herab. Ich sah ihn nachher unten in der Nähe von allen Seiten an und schämte mich aufs neue meiner Albernheit von damals — Weißt Du noch? ‚Die häßlichen Köpfe!' — und wie du mir den vorlauten Ausdruck verwiesest? ‚Was nicht gerade lieblich ist, daß ihr es streicheln mögt, muß darum noch nicht häßlich sein, und diese Drachenköpfe sind sogar sehr schön!' — Ich fand dies wirklich auch im nächsten Augenblick selbst, wollte es aber nicht sagen, aus Furcht, Du möchtest an eine so schnelle Bekehrung nicht einmal glauben.

30. Okt.

Besuch der Pfarrtöchter; Kaffee im Garten. Sie hatten von Deinen Geschenken gehört (meine Sare konnte den Mund nicht halten), da trieb sie der Fürwitz, sie kamen selbdritte, und ich mußte am Ende hervor mit der Pracht. So aber hatte man sich's doch nicht vorgestellt! Der grüne Sammet zumal für den Spenzer, die goldenen Knöpfe und Kettchen dazu, mit der Zeichnung des Musters war über Erwarten. Lore, die Ältere, gab mir auch merklich zu verstehn, daß sich für mich so etwas eigentlich nicht passe, und daß ich gar recht daran tue, die Kleidung wenigstens für *hier* nicht machen zu lassen. — Oh, dachte ich, habt gute Ruh, ihr sollt mich nicht drin sehen.

Mir war, nachdem sie weggegangen, auf diese Visite so öde und traurig zumut, daß ich nichts Rechtes mehr für heute anzufangen wußte. Der Vater saß bei seiner frischen Zeitung und draußen fing es linde an zu regnen. Das gab mir nun schon durch den bloßen Anblick so eine erste Auffrischung. Dann aber fiel mir ein, noch einen Sprung ins Haus zu unserem alten ehrlichen Waldschützenehepaar zu tun; nahm flugs ein Tuch über den Kopf und lief die paar Gäßchen. Die Frau spann an der Kunkel; er war mit der Reparatur ihres hundertjährigen Haspels beschäftigt, der auf dem Tisch vor ihm stand und dessen Zeigerwerk wurmstichig war (die Holzwörm, sagte er, hätten hineingebaut — der Ausdruck machte mich herzlich zu lachen). Ich sah ihm mit Vergnügen zu, wie geschickt er ein neues Zahnrad ausschnitt und einsetzte. Dabei erzählte sie mir die höchst einfache Geschichte dieses ehrwürdigen Erbstücks und knüpfte eine Menge fröhlicher und trauriger Familienereignisse daran, von der Großmutter bis zu den Enkeltöchtern herab, die sämtlich ihre fleißigen Hände an diesem braunen Möbel hatten und die nun alle auf dem Kirchhof lagen. Es hörte sich auch das Geringste was sie sagte, so wahr, so neu und lieblich an, daß es Dich sicherlich auch erbaut hätte. Als sie nun abbrach, um im Stall zu füttern, griff ich nach einem alten dicken Buch, das an der Seite lag. Sein Titel heißt: ‚Sechs Bücher vom wahren Christentum.' Bei jedem Abschnitt kommt ein Bild, die sah ich nach der Reihe durch. Da ist, von einem altfränkischen Rahmen eingefaßt, bald eine Landschaft, bald ein Zimmer oder Garten vorgestellt, der Ort indes stets nur als Nebensache, hingegen in der Mitte, gehörig groß und deutlich, irgendein Gegenstand aus der Natur oder dem täglichen Leben, und oben eine sinnreiche Aufschrift. Zum Beispiel liegt da eine schön gedrehte Kugel auf einer Ebene; darüber steht: *‚Das Mindste rührt die Erd.'* Ein andermal hängt ein Magnet an einem Band, welcher jedoch das Eisen nicht mehr hält; darüber die Worte: *‚Uns trennt allein der Rost'* (das heißt: nichts außer der Sünde scheidet den Menschen von Gott). Eine Sonnenuhr ohne den Weiser: *‚Das Beste fehlt.'* Und solcher Sinnbilder noch viele. Zuhinterst aber jetzt im Buch entdeckte ich etwa ein halbes Dutzend weiße Blätter von einer kleinen, säuberlichen Hand, vermutlich eines Geistlichen, mit ganz vergilbter Tinte vollgeschrieben; lateinisch, griechisch, deutsch, auch mehreres in Versen. Darunter war mir nun ein Stück besonders merkwürdig, weil es fast wunderbar zusammentraf mit etwas das ich selber unlängst dachte; aus welchem Anlaß sag ich lieber nicht, doch hast Du eine Spur davon in meinem letzten Brief gefunden.

> Kann auch ein Mensch des andern auf der Erde
> Ganz, wie er möchte, sein?
> — In langer Nacht bedacht ich mir's, und mußte sagen, nein!
>
> So kann ich niemands heißen auf der Erde,
> Und niemand wäre mein?
> — Aus Finsternissen hell in mir aufzückt ein Freudenschein:
>
> Sollt ich mit Gott nicht können sein,
> So wie ich möchte, mein und dein?
> Was hielte mich, daß ich's nicht heute werde?
>
> Ein süßes Sckrecken geht durch mein Gebein!
> Mich wundert, daß es mir ein Wunder wollte sein,
> Gott selbst zu eigen haben auf der Erde.

Denke nur, was der Vater für einen übermütigen Einfall hatte. Wir sollten Dir zu Ehren, bis Du kommst, zwei Zimmer, die untere Wohnstube und oben das Gaststübchen tapezieren, Lambris und Fensterfassungen schön silberfarb anstreichen lassen. Ich hatte es ihm aber bald wieder damit ausgeredet, daß Du ganz unglücklich darüber wärst, die langgewohnten weißen Wände mitsamt dem schwärzlichen Getäfer nicht mehr zu finden, wie auch, daß seine lieben Riedingers, Hirsche und Hunde, in ihren schlechten Rähmlein sich auf der Tapete, und wär's ein ganzer Wald in Farben, gar nimmer so recht daheim glauben würden.

Der Vater meinte heut, Du kämst einmal unversehns noch vor dem Winter. Ich glaub es nicht, und bin es wohl zufrieden, wenn wir Dich erst im Frühling zu erwarten haben. — Vom Vater soll ich Dir ausdrücklich sagen, in jedem Falle rechne er darauf, daß Du zum wenigsten sechs volle Wochen bleibst, es sei vor oder nach der Hochzeit (siehst Du wohl, daß ich mich doch so sehr vor diesem Wort nicht hüte, wie Du mir fast im Ernst vorwirfst).

Sage mir nur, warum ich gar nichts mehr von Schwester Adelheid erfahre, weder durch Dich, noch durch sie selbst?

Heut hab ich die gedruckte Schilderung der zwei Gemälde für mich abgeschrieben, und mich im Schreiben wie bei dem erstmaligen Lesen noch nicht daran ersättigt. Wolltest Du uns nicht wenigstens die Zeichnung davon schicken? Und wer hat denn die Orgelspielerin? Der Herzog, denk ich wohl —"

Hier, wie von einem jähen Blitz geblendet, hielt die Freundin inne und beide schauten sich einander staunend an. „Was soll das sein, um Gottes willen!" rief Fernande: „an *wen* ist das gerichtet — —?"

Sie liest das eben Gelesene wieder, um sich zu überzeugen, ob sie auch recht gesehn; sie überläuft mit irrem Blicke hastig die nächstfolgenden Seiten und stößt in kurzem zweimal nacheinander auf den gesuchten Namen, den sie mit halber Stimme ausspricht — Theobald!

Constanzen stockt das Blut am Herzen; in atemloser Spannung sieht sie von ihrem Lager nach Fernanden hinüber, die, rasch besonnen, nach dem jüngsten Datum bei den letzten Blättern sucht. Dasselbe findet sich denn auch und zwar keine zwei vollen Monate alt. Es steht zum Anfang eines längeren Briefs, dessen erste sechs oder acht Zeilen sie vorliest. Sie sind das lebendigste, sprechendste Zeugnis einer Liebe, die ihres

Gegenstands vollkommen sicher ist, unschuldig, heiter, glücklich, was man sagen kann.

„Gib!" ruft Constanze, leidenschaftlich die Hand nach der Mappe ausstreckend: sie muß mit eigenen Augen das ganz Unfaßliche sehn. Sie läßt sich jene ausdrucksvolle Stelle zeigen, starrt den geliebten Namen an und ringt vergeblich mit dem ungeheuern Widerspruch der hier vorliegt.

„Ich kann und kann es nicht verstehen", rief sie aus: „allein mir ahnt, hier ist etwas verborgen, das nimmermehr gut enden wird." Damit warf sie sich heftig in das Kissen zurück und deckte ihr Gesicht mit überschlagenen Armen, unter welchen sie bittere Tränen vergoß.

„Liebe, gute Constanze!" nahm die Freundin das Wort: „noch ist es nicht an dem, daß wir verzweifeln müssen. Wir sind vor ein seltsames Rätsel gestellt, das wir heute und morgen schwerlich lösen. Doch lösbar wird und muß es sein. So fasse dich, gedulde dich! wir werden alles Denkbare aufsuchen, was deinen Freund rechtfertigen kann, wir werden ihn ehestens selber hören. Für jetzt laß uns nur tun was der Augenblick fordert, was die Klugheit verlangt. Der Herzog kann diese Papiere nur als Aktenstücke vom Gericht erhalten oder irgendwie dort entführt haben. Er grollt dem Maler deinethalb, dir selbst mißtraut er insgeheim, nun schickt er dir seinen Fund ins Haus, dich auszulauern, dich zu schrauben, zu strafen — ja böse Tücke, Schadenfreude ist's! Wie plump, wie niedrig dieser Streich, einer Frau gegenüber, die man zu lieben vorgibt! — Gesetzt, daß die Entdeckung wirklich am Ende nur zu deinem Wohl ausschlüge, daß sie entscheidend für deine ganze Zukunft sei — dem Herzog wären wir, bei Gott, der Absicht nach, die er dabei gehabt, auch den geringsten Dank nicht schuldig. Wir werden ihm seinen Triumph so viel möglich verkümmern; du darfst dir keine Blöße geben. Das erste, mein ich, ist deshalb: man gibt ihm die Sachen unverzüglich zurück und ich schreibe dazu, kurz angebunden: da sich zum Glück zeitig genug gezeigt, daß diese Blätter nur durch Mißbrauch an uns kommen konnten, wir aber an einem unwürdigen Raub keinen Teil haben wollten, so säumen wir nicht — und so weiter. Du bist doch damit einverstanden?"

Constanze nickte, ohne aufzublicken. Fernande schrieb im Flug und ging mit dem versiegelten Paket, Befehl deshalb zu geben.

Als sie zurückkam, war Constanze aufgestanden. Sie ging unter großer Aufregung im Zimmer hin und her, und beide schwiegen eine Weile.

„Oh!" fing Constanze wieder an, „ich glaube sie vor mir zu sehn, ich höre sie reden! — ein liebenswertes, himmlisches Geschöpf! — Und diese klare süße Herzenssprache, was setzt sie nicht voraus von seiner Seite! Wie mag er sie erwidert haben — wie konnte er sie nur entfernt in ähnlicher Weise erwidern, ohne zum doppelten Verräter zu werden? Denkt er das Mädchen zu verlassen? Sie zu verlassen um mich? Entsetzlich für die eine, wie für die andere! Und doch, so muß es sein! wie kann es anders sein?"

In der Tat schien ein Treubruch des Malers infolge einer unglückseligen Verirrung zu Constanzen die einzig mögliche Erklärung, die aber wieder nur ein anderes, gleich Unbegreifliches enthielt. Noltens Charakter war in dieser äußersten Haltlosigkeit und Schwäche gar nicht mehr zu erkennen.

„Fürwahr", sagte Fernande, „wir stehn mit unseren Gedanken wie in einem völlig finstern, engen Raum, wo man die eigne Hand nicht vor den Augen sieht und ringsher an den Wänden umsonst nach einem Ausgang tastet: dennoch ist mir, als müßte ich von ungefähr auf einen Drücker stoßen, wo es aufgeht, und es läge der lichte Tag vor uns."

Diese Hoffnung mußte freilich sehr bald schwinden. Ein künstlicher Versuch der Freundin, zu beweisen, daß Nolten zu der Zeit als er Constanzen im Park seine Liebe erklärte, möglicherweise frei gewesen sei, wurde auf halbem Wege wieder aufgegeben. Den wirklichen Zusammenhang der Dinge aber zu erraten, reichte der kühnste weibliche Scharfsinn nicht hin, und so konnte man sich zuletzt der Überzeugung, daß der Geliebte schuldig sei, unmöglich mehr erwehren.

Kaum war dies ausgesprochen, als Constanze in die heftigsten Selbstanklagen ausbrach. Sie sei dem Maler allzu rasch, nur eben wie ein junges verliebtes Mädchen entgegengekommen, sie habe als Frau ihre Würde verletzt, es bleibe ein Makel in ihrem Bewußtsein zurück, den sie im Leben nie verwinden werde. Dieses beschämende Gefühl schien wirklich jeden andern Schmerz bei ihr fürs erste zu verdrängen. Dazwischen kam sie immer von neuem wieder auf die Braut zurück. „Arme, arme Agnes! unschuldiges betrogenes Kind, bald dürfte mir dein Schicksal näher gehn als meine eigene Enttäuschung, so schrecklich sie auch ist!" — Und später, bei etwas mehr Ruhe, sagte sie: „Ich bitte Gott, daß er um dieses Engels willen gutmachen möge, was durch mich verdorben ward."

Jetzt kam der Graf nach Hause. Er war der besten Laune und hatte von seiner Rundfahrt so viel Neues und Angenehmes aus verschiedenen Häusern zu berichten, daß er beinahe vergaß, sich nur nach dem Befinden der Schwester zu erkundigen. Sie klagte über vermehrte Kopfschmerzen und entschuldigte sich vom Mittagstisch, wo denn der Bruder, mit Fernanden allein, in seinen endlosen Erzählungen fortfuhr, bis ihm einfiel, nach der Lektüre von heute früh zu fragen.

„Oh", war die Antwort, „Seine Hoheit hatte uns wahrhaftig eine besondere Kurzweil zugedacht, nur leider auf Kosten anderer Leute! Es waren Briefe eines Frauenzimmers an Herrn Nolten, vertrauliche Briefe, die der Herzog — es ist zu erraten, woher — in die Hände bekam und an die wir so wenig wie er ein Recht hatten. Wir gaben ihm dieses verständlich genug, mit gebührendem Ernst zu erkennen und schickten ihm sein unerbetenes Frühstück so geschwinde wie möglich zurück."

Zarlin erschrak: „Das hättet ihr gewagt? — die unerhörte Beleidigung!"

„Ei", sagte sie leichtfertig, „der Herzog darf uns wahrlich noch sehr danken, wenn wir zu seinem Diebstahl schweigen. Ihm möchte die Verantwortung so leicht nicht werden, wenn sich Herr Nolten höhern Orts beklagte."

„Es gab doch aber, sollt ich meinen", versetzte Zarlin, „irgendeine gefällige, läßliche Wendung, so etwas abzulehnen, wofern es abgelehnt sein mußte! Ich will nichts weiter von der Sache wissen, ich mische mich nicht ein. Seht selber zu wie ihr euer Betragen entschuldigt." Damit ging er sehr aufgebracht hinweg und man sah ihn den übrigen Tag nicht mehr.

So schlimm nun auch nach dem Geschehenen die beiden Frauen von dem Herzog dachten — sein ganzes heimliches Manöver zu durchschauen waren sie in ihrer Unschuld weit entfernt. Nicht einen Augenblick kam ihnen der Gedanke, daß die gerichtliche Verfolgung der zwei Freunde wohl gar durchaus von ihm ins Werk gesetzt sein könnte.

So war es aber in der Tat.

Der Herzog hatte Noltens lebhaften Verkehr mit der Gräfin seit geraumer Zeit mit eifersüchtiger Sorge unausgesetzt beobachtet. Ein jeder einzelne Besuch und dessen Dauer ward ihm durch angewiesene Aufpasser hinterbracht. Wenn er, was seltener geschah, da beide ihre Stunden wählten, mit Nolten dort zusammentraf, bemerkte er an diesem und wohl auch an Constanzen selbst etwas Gezwungenes, Gedrücktes, das er sich unschwer deutete. Wahrnehmungen zuletzt, wie jener abgesonderte Spaziergang im Park, wie jenes abermalige Abseits an dem Geburtstagabend wovon er hörte, machten das Maß bei ihm voll. Der Eindringling mußte sofort entfernt werden, und die Gelegenheit dazu erschien unmittelbar. Der wieder angeregte alte Handel des Schauspielers kam höchst erwünscht, sofern es möglich war, den Maler nachträglich hineinzuziehn. Sei auch, so rechnete der Mann der niedrigen Intrigue, diesfalls auf Nolten zuverlässig nichts zu bringen, die kriminelle Behandlung lasse immerhin einen Schatten zurück, dem unter der Hand nachher leicht ein Relief gegeben werden könne, um dem verhaßten Nebenbuhler ein für allemal gewisse Kreise zu verschließen.

Die Art und Weise nun wie er den König zu gelegner Zeit in Abwesenheit der Königin — sie befand sich soeben außer Landes zum Besuch der Fürstin von L., ihrer Tante — seiner Absicht gemäß zu lenken verstand, wie er sodann in halb offizieller Eigenschaft dem Gerichte gegenüber auf dessen Urteil einzuwirken wußte, wie er sich nebenbei des schriftlichen Materials der Untersuchung ohne Schwierigkeit bemächtigte — dies alles bedarf einer näheren Ausführung nicht.

Das Wichtigste war ihm zunächst der Inhalt jener roten Mappe: ein unerwartetes, erstaunliches Geschenk des günstigsten Zufalls, das ihm nicht wenig zu bedenken gab.

Stand es um Nolten so, und sollte gar die Gräfin von dem Verhältnis mit dem Mädchen unterrichtet sein, so änderte dies auf einmal die ganze Situation, so war es eine harmlose Freundschaft gegen die er umsonst seine künstliche Mine anlegte. Allein es konnte sich auch wohl anders verhalten, er hatte zu viel Grund, vorerst das Schlimmere zu glauben; und so beschloß er ohne weiteres der Gräfin die Mitteilung zu machen. Erfahre sie damit nichts Neues, dann um so besser, dachte er — verschwieg ihr hingegen der Maler, so wisse sie von Stunde an, mit wem sie es bisher zu tun gehabt, und einige Beschämung möge Madame ganz heilsam sein!

Der Herzog war seiner Rechnung so sicher und gewiß, daß er bereits an Freigebung der Angeklagten dachte. Er konnte sich damit den Schein der Großmut vor der Gräfin geben, und nach

Befinden hinterher gleichwohl das Nötige vorkehren, den armen Maler unschädlich zu machen.

Unterdessen empfing er die Antwort der Damen und darauf war er freilich nicht gefaßt, empfindlicher konnte ihm nichts widerfahren!

Einen Augenblick war er entschlossen, kurzweg mit guter Art und kecker Stirn persönlich um Pardon zu bitten und so die eigentliche Stimmung zu erlauschen; allein voraussichtlich bekam er Constanzen gar nicht zu sehn, und die Gegenwart Fernandas, die ihm in jedem Sinn die Spitze bieten konnte und die er der Königin wegen zu fürchten Ursach hatte, schien allzu unbequem. Er überlegte und verbarg sich schließlich die große Übereilung nicht, durch welche er sich so unvermutet um alle seine Vorteile betrogen sah.

Drei lange Wochen waren nahezu verstrichen und noch immer sah kein Mensch, was es mit den Gefangenen werden sollte.

Man hätte sie wenigstens gerne einmal auf ein Stündchen gesehn und gesprochen; auch hatte der Hofrat wirklich vor einiger Zeit in Gemeinschaft mit Tillsen deshalb bei dem Gerichtsvorstand durch einen Dritten angefragt; doch sonderbar genug fand ihre Bitte Schwierigkeit. Nun wandte Tillsen sich mit ein paar verbindlichen Zeilen unmittelbar an den Kommandanten, der denn auch die Erlaubnis ohne weiteres mit Übersendung zweier Karten gab. Der alte Herr zwar mußte leider vorerst, der ungünstigen Witterung wegen — es war ein kalter stürmischer Morgen — auf den Besuch verzichten, wollte aber den andern nicht abhalten und so begab sich dieser allein auf den Weg.

Auf der Burg angekommen, wies ihn eine Wache zum Schließer, von welchem geführt er über Treppen und Gänge des weitläuftigen Baues zunächst vor die Türe des Schauspielers kam, daher er gegen seine Erwartung zuerst bei diesem eingelassen wurde.

Niemand war in dem kleinen Gemach, worin er sich umschaute; der Schließer wies dagegen auf die halboffene Tür des Nebenzimmers, aus welchem ein lauter schnarrender Lärm wie aus der Werkstatt eines Holzarbeiters kam. Der Maler, hinter dem alsbald pflichtmäßig wieder abgeschlossen und geriegelt wurde, stand allein und sah jetzt mit Verwunderung den Schauspieler, der ihm den Rücken bot, an einer Drechselbank, den Meißel auf das eingespannte Holz gerichtet, während das große

Rad zu seiner Linken im vollen Schwunge lief. Er war ohne Rock und Weste, hatte beide Hemdärmel zurückgestülpt, eine blaue Schürze umgebunden, man hätte ihn durchaus für einen Mann vom Metier gehalten.

Der Maler wußte nicht, wie er sich hörbar mache, ohne ihn zu erschrecken, und wirklich, als er näher trat, fuhr Larkens im Umsehn heftig zurück, grüßte aber zugleich mit Gelächter und rief: „Da sehen Sie, wie ein nervöser armer Teufel durch eine lange Einsamkeit vollends herunterkommt!" Er schüttelte sich die Späne vom Leib, warf seine Schürze weg und war im Nu, eh sein Besuch es hindern konnte, in ein sauberes Hauskleid geschlüpft.

Als er vernahm, daß Tillsen nicht von Nolten komme, sagte er: „Ich höre, er befinde sich die letzten Tage her nicht wohl, man habe ihm zweimal zur Ader gelassen: der Doktor, ein geschickter junger Mann hier in der Garnison, macht weiter nichts daraus und schreibt die Störung lediglich dem Mangel an Bewegung zu. Natürlich! spür ich doch selbst auch den Nachteil davon. Die Drechselbank, ein Zeitvertreib, den ich einem glücklichen Ungefähr danke, reicht lange nicht zu."

Rasch nacheinander wurden jetzt die nächstgelegenen Fragen abgetan. Dann aber war natürlich der Herzog nicht der letzte, auf den die Rede kam. Tillsen beschrieb die bisherige Haltung desselben, indem er wörtlich wiederholte wie er sich da und dort, zumal bei Zarlins, gelegentlich auch gegen ihn über den mutmaßlichen Ausgang des Prozesses durchaus beruhigend geäußert und wie er für den Notfall an letzter Instanz sich selbst ein Votum vorbehalten habe. „Für den Notfall!" spottete Larkens: „als könne es ernstlich Not damit haben. Ich glaube, Seine Hoheit hat ziemlich unbeschränkte Vollmacht zu binden und zu lösen, ja, es ward von Anfang an auf Tag und Stunde festgesetzt, wie lang wir sitzen sollen. Hievon nachher ein Weiteres. Was Zarlins anbelangt, so nimmt man wohl dort, nach dem was Sie vom Herzog sagen, allen möglichen Anteil an unserer leidigen Geschichte?"

„Die gute Gräfin wenigstens, wie Sie wohl denken können, den wahrsten, eifrigsten; den sie auch keineswegs verhehlt. Ich hätte sicher Grüße von ihr mitgebracht, allein wir haben uns in diesen Tagen nicht gesehn; sie ist, so sagt mir meine Frau, die sie besuchen wollte, und nur den Grafen bei sehr übler Laune fand, vorgestern plötzlich mit ihrer Freundin nach deren

Gut gereist. Es scheint eine große Verstimmung zwischen den Geschwistern vorausgegangen zu sein."

„Ei, seltsam!" sagte Larkens und dachte zwei Sekunden nach; dann rief er: „Nun kommen Sie, wir setzen uns und nehmen einen Morgentrunk zusammen. Hier steht ein Korb mit allerhand Gutem, von irgendeiner gefühlvollen Seele erst heute aus der Stadt gesendet. Schad, daß der dritte Mann es nicht mithalten soll!" Unter diesen Worten deckte er den Tisch mit einer frischen Serviette und stellte eine Flasche Portwein auf, dazu Backwerk auf einem feinen Teller, auch fehlte es nicht an einem geschliffenen Glase für den Gast.

Mittlerweile betrachtete dieser, nicht ohne gutmütiges Lächeln, eine Reihe ganz ordentlich gedrehter Kegel, die auf dem Boden an der Wand hin standen. „Für die Montagsgesellschaft im Schweizerhaus ein neues Kegelspiel —" bemerkte Larkens: „wie finden Sie meine Arbeit? sind es nicht stattliche Bursche? stehen sie nicht wie die Grenadiere da? der König mit dem Krönlein, wie? Ich fürchte kaum, daß man in der Figur etwas Anzügliches, ein neues crimen laesae majestatis sehen werde." Der Maler lachte und Larkens fuhr fort: „Gewiß, ich bilde mir auf die sechs Stücke etwas ein —

Doch nimmer gebieret ein Mann das Vollkommene sonder
Wie lachend auch das schöne Gebild   [Schweiß,
Leugne des Meisters Mühsal."

Hiermit nahm er aus einem Haufen mehr oder weniger mißlungener Proben seiner selbsterlernten Kunst das eine und das andere Stück vom Boden: „Was meinen Sie zu diesem Monstrum eines Kegels? Die Taille sehen Sie gefälligst an — vollkommene Wespenform! dann diesen Zwerg mit Doppelkropf! den Spitzkopf hier! — Futter für Pulver, Futter für Pulver! sagte Sir John, wenn es Menschen wären."

Sie setzten sich und Larkens füllte die Gläser. Als Tillsen seine Freude darüber äußerte, ihn noch bei so gutem Humor hier zu finden — „Oh", sagte er, „was den Humor betrifft, den konnte man durch alle Schattierungen vom angenehmsten Grau bis zu dem sattesten Schwarz bei mir antreffen. Erst ging es ganz erträglich. Du mußt doch, dacht ich, wundershalber auch erfahren, wie es tut, auf unbestimmte Zeit in vier Mauern zu sitzen, nicht über die Schwelle zu können und wenn es daheim bei dir brennte! An Unterhaltung war kein Mangel. Ich lag mit dem

Tubus stundenlang am Fenster, wo man zur Linken noch ein Stück vom Fluß und die belebte Brücke übersieht. Ich habe dort die Sonne ein paarmal aufgehn sehn, wie schon seit vielen Jahren nicht. Gleich anfangs machte mir Oberst Lippe, der Kommandant, seinen Besuch, erbot sich gegen mich wie gegen Nolten zu jeder Art Erleichterung und gab ohne weiteres Ordre, daß ich meine Geige erhielt. Bis meine Bücher kamen war für angemessene Lektüre von Polizei wegen durch eine Bibel vorgesorgt, die als gesetzmäßiges Inventarstück auf jedem Arrestzimmer liegt. Ich schlug sie für die Langeweile auf, war aber bald davon gefesselt und las während der ersten Tage ein gut Teil der Geschichten des Alten Testaments. Wer mich aus dieser löblichen Beschäftigung jählings herausriß war der Satan selber offenbar, denn auf dem ersten Blatt des Buches Hiob lief mir ein junges, munteres schwarzbraunes Pärchen von der Sippschaft jenes verruchten Ungeziefers entgegen, zu welchem bekanntlich Mephisto sich als Schöpfer und Patron bekennt. Eine genaue Musterung des Zimmers und der Meubles ergab sodann zu meinem größten Schrecken, daß ich an keinem Fleck vor diesen Bestien sicher sei. Ich rief das Mitgefühl des Kommandanten mit etlichen Knittelversen an und in der nächsten Stunde war ich umquartiert, wobei ich unter anderm profitierte, daß hier kein Fenstergitter auf mich drückt. Die Drechselbank gehört dem Hauptmann Stafforst. Es fiel mir lange gar nicht ein sie zu benützen; ich las, ich schrieb, ich machte meine Glossen über die Abhandlung eines abstrusen Philosophen, der das physische Übel in der Welt von Gottes Natur aus erklärt, rechtfertigt und auf alle Weise preist, vermutlich weil er keine Wanzen kannte. Müßige Zeit und Weile in großer Einsamkeit, wer sehnte sich nicht je und je aus dem Getreibe seines Tags heraus in solchen Zustand? Ja eine leidliche Gefangenschaft in der armseligen Zelle, mit schmaler Aussicht auf das kahlste Dachgewinkel und eine alte Wetterfahne, kann einem ganz beneidenswert vorkommen. Wo käme unsereiner auch eher einmal zu sich selbst? Doch war ich eben jetzt nach diesem Segen nicht besonders aus und auf die Länge tut er mir, ehrlich gesagt, nicht gut. Der Untersuchungsrichter nahm sich erstaunlich Zeit zu seiner vorläufigen Information. Ich saß wohl eine Woche ohne nur einmal vernommen zu werden. Ist das auch erhört? Augenscheinlich war es darauf angelegt, uns möglichst lang hier oben zu behalten. Ich wollte wütend werden, beschwerte mich ein übers andre

Mal — kein Zug, kaum eine Antwort, nichts! ich möge mich gedulden. In der Verzweiflung endlich — es war ein wüster, wilder Regentag — geriet ich an die Drechselbank, fand bald Geschmack daran und darf wohl sagen, sie half mir treulich über die schlimmsten Stunden weg. Der gute Nolten unterhielt sich immerhin vernünftiger mit seinem eigenen Handwerk. Wir können leider nicht korrespondieren; dagegen teilte mir gelegentlich der Oberst dies und jenes mit. Vor allem — und was sagen Sie dazu? daß mein unschuldiger Konsorte, derselbige Mensch, der das ganze Jahr in keine Zeitung hineinsieht, der, wie die Schwaben sprechen, ordentlich in stille Gichter fällt, wenn neben ihm am Wirtstisch von Politik die Rede ist, daß, sag ich, dieser Nolten in gleicher Kategorie mit mir als staatsgefährliches Subjekt hier sitzt! — — Indes erstand ich nach und nach drei sogenannte Verhöre. Sie können sich nichts Miserableres vorstellen; die lächerlichste Spiegelfechterei. Einige arme Teufel, brave Kerls, die ihr unzeitiger Patriotismus mit mehrern andern um das liebe Brot gebracht hat, wurden als Zeugen gegen mich aufgeboten. Sie sagten ehrlich aus, ich hätte sie damals zum besten gehabt. Gewisse rhetorische Possen, die man bei mir vorfand, bewiesen dies auch in der Tat so klar, daß nur der krasse Unverstand oder die böswilligste Rabulisterei etwas Verfängliches darin entdecken kann. Und dann — was Noltens Gemeinschaft mit mir und meinen Genossen betrifft, so sind wir uns erwiesenermaßen beide zu jener Zeit persönlich noch ganz fremd gewesen. Doch unser Inquirent — Sie kennen ja den Mann, die dürre, hölzerne sechsellige Kanzlei-Sandbüchse — leugnet das liebe Sonnenlicht am hellen Tag, je nachdem er einen Wink von oben her bekommt. Schikane und nichts als Schikane!" Hier setzte Larkens lebhaft, nach seiner Überzeugung, auseinander, daß es sich lediglich um eine kleinlich ausgedachte, nur halb versteckte Rache des Hofs gegen sie handle. Er beschrieb die einzelnen Kunstgriffe des Untersuchungsrichters, indem er ihn zugleich aufs treffendste in Sprache und Manier nachmachte. „Sie sehn", schloß er, „das große vierschrötige Tier ist nicht gerade ganz so dumm, als niederträchtig und servil. Nur wird er den Spaß unmöglich viel länger hinausziehn können. Auch sagte noch gestern mein Oberst, der Handel werde ausgehen wie das berühmte Hornberger Schießen, von dessen Hergang zwar, soviel ich weiß, Chronist und Historiker nichts Positives melden."

Nach dieser mäßigen, ja muntern Darstellung der Situation, wogegen Tillsen eben nicht viel einzuwenden hatte, ließ Larkens sich verschiedenes aus der Stadt, von Freunden und Bekannten, auch von den mancherlei Urteilen des Publikums erzählen; da er denn gerne hörte, daß alle Welt, mit selbstverständlichen Ausnahmen, Partie für die Beklagten nehme und man vielfach mit Ungeduld sein Wiedererscheinen auf dem Theater erwarte. Vom alten Hofrat sagte Tillsen: „Der gute Mann ist unaufhörlich mit Ihrer beiden Angelegenheit beschäftigt; er wird ehestens kommen und etwa als Vorläufer einen exquisiten Imbiß heraufschicken. Wir wußten bisher alle nicht und erfuhren nur zufällig, daß so etwas gestattet sei. Dies zur Entschuldigung indes von meiner Frau. Den Hofrat traf ich gestern in seiner Küche an. Er hatte soeben ein Fäßchen Anguilotten, dabei ein zweites mit marinierten Heringen direkt aus Bremen erhalten und war nun gerade daran, seinem Diener ein von ihm selbst verbessertes weitläufiges Rezept zu einem italienischen Salat zu erklären, wobei er ihm — es sah possierlich aus — eigenhändig vormachte, wie die vielerlei Ingredienzien gehörig kleingeschnitten werden —"

Jetzt aber kam der Schließer mit dem bestimmten Glockenschlag und beide Männer drückten sich, des übereilten Abschieds ungeachtet, mit herzlicher Befriedigung die Hände.

Doch leider sollte Tillsen seinen Zweck nur halb erreichen. Denn auf dem Gang vor Noltens Tür begegnete er dem Wärter, der ihm ankündigte, der Doktor habe allen und jeden Besuch beim Kranken untersagt. Tillsen erschrak aufs äußerste. Was ihm der Mann sonst zu berichten wußte war allzu unbestimmt; der Arzt jedoch, den er gern selbst gesprochen hätte, war abwesend. So ging er ungewiß und in den traurigsten Gedanken seines Weges.

Der leidlich gute Mut, bei welchem wir Nolten zuletzt antrafen, konnte unmöglich lange bestehn.

Die Art, wie er mit einer Untersuchung, die weder Grund noch Boden hatte, hingehalten ward, erregte erst nur seine Ungeduld, dann aber seinen begreiflichen Argwohn, daß wohl gar der Herzog seine Hand mit in dem Spiele haben könnte — jetzt war es ihm fast zur Gewißheit geworden, und alle jene Sorgen, die ihn am Anfang außer Fassung brachten, erhoben sich aufs neue.

Die Zeichnung für Constanze, das Schlößchen im Wald mit der Kindergruppe, farbig ausgeführt, war noch mit ganzer Lust und Liebe von ihm vollendet worden. Eine zweite Arbeit, der dem Hofrat versprochene Garrick, schon gleichsam aus Verzweiflung angefangen, wollte nicht mehr gelingen; zehnmal warf er sie weg, zehnmal nahm er sie wieder vor, um sie am Ende zu vernichten und nach irgendeinem Buch zu greifen, über dessen erste hundert Seiten er nicht hinauskam.

Nun fing er körperlich zu leiden an. Ein unscheinbares Übel, nachdem es plötzlich einen entzündlichen Charakter angenommen, zwang ihn aufs Krankenbette; häufig lag er ohne Besinnung, die Phantasien der Fieberhitze setzten ihr grelles Spiel auch meist im Wachen fort und warfen den Gequälten in unbarmherzigem Wechsel hin und her. Bald lag er mit dem Herzog außer Atem in einem abenteuerlichen Kampf, bald nahte sich Constanze seinem Lager, und wenn sein inniger Klageton ihr Mitleid, ihre Liebe ansprach, wenn die edle Gestalt sich eben jetzt über den Leidenden herabzuneigen schien, floh sie mit Entsetzen und Abscheu wieder hinweg.

Wie eigen aber sollte ihm zuletzt, als er schon in der Besserung begriffen war, das schmerzliche Phantom Agnesens bei hellem Bewußtsein von außen her durch einen sonderbaren Zufall vor die Seele gebracht werden! Er erwachte aus einem unruhigen Halbschlaf vor Tage an einem weiblichen Gesang, der aus der Küche des Wärters unter seinem Fenster hervorzukommen schien. Er hatte diese Stimme schon einige Male gehört, doch noch nie in solcher Nähe, noch nie so klar und so ganz aus der Seele heraus. Was aber das wundersamste dabei war, die Stimme hatte jetzt, zum wenigsten in seiner Einbildung, mit jener wohlbekannten die größte Ähnlichkeit! Unendlich rührend klang die Melodie durch das Schweigen der dunkeln Frühe; er kannte das Lied, so daß er Zeile für Zeile verstand.

> „Früh, wenn die Hähne krähn,
> Eh die Sternlein verschwinden,
> Muß ich am Herde stehn,
> Muß Feuer zünden.
>
> Schön ist der Flammen Schein,
> Es springen die Funken,
> Ich schaue so drein,
> In Leid versunken.

Plötzlich da kommt es mir,
Treuloser Knabe,
Daß ich die Nacht von dir
Geträumet habe.

Träne auf Träne dann
Stürzet hernieder,
So kommt der Tag heran —
O ging er wieder!"

Die Sängerin schwieg. Nichts unterbrach die Ruhe des langsam andämmernden Morgens. Zum ersten Male wieder seit undenklicher Zeit fühlte der Maler die Wohltat unaufhaltsamer Tränen.

Einige Stunden später erkundigte er sich beim Wärter angelegentlich, wer doch in aller Frühe so hübsch gesungen habe.

„Wahrscheinlich meine Tochter Jette", antwortete der Mann.

„Es war", sagte Nolten, „ein trauriges Lied."

„Ich glaub es wohl. Es liegt ihr eben etwas auf dem Herzen. Das Mädchen hat seit einem Jahr mit einem jungen Mann Bekanntschaft, einem Bildhauer; er will sie heiraten; ich habe nichts dawider; er gilt etwas in seiner Kunst, ist fleißig, ehrenhaft, nur allzu hitzig und zu stolz, und sie hat auch so ihren Kopf; da gab es öfter schon Verdruß, daß sie sich manchen Tag nicht sahen. Ich frug dem nie viel nach, sie machten allemal bald wieder Frieden. Jetzt trutzt er abermals mit ihr und ernstlicher als je. Es geht schon in den zweiten Monat, daß er sich nicht mehr blicken läßt, nun ängstet sich das arme Ding und meint er habe sie gar aufgegeben. Sie hat mir gestanden, worum es sich handelt, was er von ihr verlangt und sie ihm rund abschlug. Es ist, mein ich, just nichts, das ihm selbst Schande machte, davor sich aber doch ein rechtes Mädchen scheut."

Nolten fragte nicht weiter, und erst in der Folge erfuhr er bei Gelegenheit, daß der Liebhaber kein anderer als jener wilde Raimund sei, dessen wir uns von der Silvesternacht erinnern.

In eben diesen Tagen saß Tillsen wie gewöhnlich um zwei auf dem Caféhause, die Zeitungen zu lesen. Zufällig hörte er einen der Gäste gegen den nächsten Tisch hinüber fragen: „Seit wann ist denn der Larkens wieder frei?" — Da niemand darum wußte und alle es bezweifelten, versicherte derselbe, er habe ihn vor kaum drei Stunden auf der Straße gesehn, von einigen seiner Bekannten sehr lustig begrüßt und beglückwünscht. „Das trifft sich sonderbar", sagte ein anderer: „auf heute ist das erste Gastspiel des Dresdners angekündigt, von dem man so viel Rühmens macht und der ihn ja ersetzen soll!" — „Oho!" brummte ein älterer Offizier beim Würfelspiel dazwischen: „so weit sind wir noch nicht!"

Dies war die Einleitung eines Gesprächs, welchem Tillsen sich zeitig entzog. Still trank er seine Tasse aus, griff nach dem Hut und ging, sich selbst zu überzeugen, mit eiligen Schritten der Wohnung des Schauspielers zu.

In der Tat war dieser seit mehreren Stunden zu Hause; vorerst jedoch gar nicht in der Verfassung, Besuche jeder Art gefällig zu empfangen. Wichtige Briefe waren aus Neuburg eingelaufen, mit denen er sich unverzüglich eingeschlossen hatte. Nun aber hörte er Tillsens Stimme außen, und während der Bediente mit dem ehrlichsten Gesicht befohlenermaßen seinen Herrn verleugnet, reißt dieser ohne weiteres die Türe auf: „Pardon!" ruft er: „die Lüge komme auf mein Haupt — Herein, Verehrtester! Gott grüße Sie. — Nicht wahr", so fuhr er fort, nachdem sie sich allein im Zimmer gegenüber hatten — „ich komme wie aus der Pistole geschossen?"

„Und bringen hoffentlich nur Gutes mit?"

„Gewiß, gewiß! — Zum ersten sind wir quitt mit der Justiz. Durch einen kahlen Kabinettsbefehl ist der Prozeß in Gnaden — dank's der Teufel — aufgehoben. Fürs zweite: Nolten ist außer Gefahr. Zwar bekam ich ihn leider noch nicht zu sehn. Der Arzt gestand mir nur erst jetzt, die Sache sei so unbedenklich nicht gewesen, als er mich immer glauben ließ; die Krankheit habe sich indes beizeiten noch eines Bessern besonnen, das Fieber lasse nach, der Kopf sei wieder helle, kurz alles auf dem besten Weg. Die königliche Ordre werde nur günstig auf den Kranken wirken. Mich — nebenbei gesagt — hat diese Großmut herzlich erbost. Sonst mag man wohl eine rauchende Bombe im Wasser ersticken, hier wurde gelöscht was nicht brannte. Jedoch, der Zweck der Untersuchung ist erreicht: wir haben unsre Strafe für die Komödie, oder Gott weiß, für was noch sonst, gehörig — abgesessen! Daher also der allergnädigste Erlaß. Ein alter, jämmerlicher, auf beiden Ohren tauber Substitut hat mir das Schriftstück vorgenäselt; die feige Bestie von Direktor ließ sich zum Abschied nicht mehr sehn — vielleicht zu meinem Glück, so war ich nicht versucht, mir schließlich noch das Maul zu verbrennen."

„Inzwischen", erwiderte Tillsen, „hab ich eine Vermutung.

Die Königin war zur Zeit der Verhaftung nicht hier; vorgestern kehrte sie zurück und heute sind Sie beide frei: ob das so ganz zufällig ist? Wenn sie es sich ein Wort beim König hätte kosten lassen, wie?"

„Bei Gott, Sie haben recht — es säh ihr nicht unähnlich!" sagte Larkens und schwieg betroffen einige Augenblicke. Er mochte schnell die Folgerungen überschlagen, die sich aus dieser unverhofften Gunsterweisung, wofern sie sich bestätigte, für Noltens ganze Lage und gegen seine eigenen Berechnungen derhalb ergeben konnten. Dann, kurz abspringend, sagte er: „Nun, und heut abend — Donna Diana — Herr Lenoir aus Dresden als Perin."

„So hör ich", antwortete Tillsen. „Die Intendanz — ich wollte Ihnen neulich nicht unnützerweise davon sprechen — berief ihn seinerzeit zur Aushilfe. Man bekam den vornehmen Gast nur mit Not und sehr verspätet; jetzt, da man ihn nicht mehr brauchte, wird er wohl etliche Male auftreten. Daß aber der Mann den Anfang gleich mit einer Ihrer Lieblingsrollen macht, wird eben nicht sein Vorteil sein."

„Wer weiß —" versetzte Larkens — „überhaupt — wir können in sechs Wochen viel erleben. Hier" — fuhr er fort, und seine Augen funkelten in einer Art von heimlich triumphierender Freude — „hier sehen Sie ein Päckchen Briefe, die mir wahrhaftig mehr zu denken geben als alle Lenoirs in der Welt." Er tat ein paar rasche Schritte durchs Zimmer und sagte: „Ich hätte Lust, mein Freund, Ihnen zu ganz gelegener Zeit etwas aus Noltens Leben zu erzählen. Es würde zugleich die Antwort sein auf eine längst einmal von Ihnen angeregte Frage. Wir standen einst zu dreien vor dem großen Bilde mit der Orgelspielerin, Sie sprachen von der Eigenheit des schönen Kopfs und wollten darauf wetten, daß er irgendwo und irgendwie aus der Natur genommen sei."

„Ganz recht; und ich erinnere mich noch wohl was Nolten mir ausweichend damals zur Antwort gab."

„Er sprach Ihnen von einem ältern Ölgemälde, das seiner Zeichnung zugrunde gelegen. Dies ist die Wahrheit, aber nur die halbe."

„Sie machen mich äußerst begierig. In dieser Orgelspielerin also —?"

„Hat er die Züge zweier Personen verschmolzen, wovon die eine lebt und ihm so wenig fremd ist, daß sie vielmehr auf unerhörte Weise in sein Geschick, in seinen engsten Lebenskreis eingriff — gewaltsamer, verhängnisvoller, als ich bis heute wußte, ja als er noch zur Stunde selber weiß und ahnt. Ich habe kein Bedenken, Ihnen das ganze wundersame Schicksal mitzuteilen. Niemand hat gerechteren Anspruch darauf, wie mich dünkt und, aufrichtig gestanden, mich selbst verlangt nach einer Mitteilung; so etwas trägt man wahrlich nicht gut allein mit sich herum."

Indem nun Tillsen aufs lebhafteste sein Interesse zu erkennen gab, trat Larkens an den nächsten Schrank, zog ein geschriebenes Heft hervor und sagte: „Das einfachste ist, Sie nehmen vorerst dies kleine Manuskript mit sich und lesen die Geschichte eines Abenteuers aus Noltens Jugendzeit, wie er sie mir zu Anfang unserer Bekanntschaft selbst erzählte. Ich schrieb sie für mich auf, ohne das mindeste daran zu ändern oder aufzuputzen, und es darf Sie deshalb die novellistische Form ja nicht irren. Einige dieser Blätter sind aus den Papieren eines verstorbenen Familienglieds abschriftlich als Anhang beigefügt, und hier ist der Ausgangspunkt einer Verwicklung, die man dämonisch nennen möchte, wenn je etwas Vernünftiges bei diesem Wort zu denken wäre. Genug, zwei gute Menschen waren nah daran, das Opfer einer tollen Einbildung zu werden — doch dieses alles sollen Sie demnächst ausführlich hören."

Der Maler steckte das Heft zu sich und hatte kaum noch Zeit zu danken, indem sich ein sehr lärmender Besuch die Treppe herauf ankündigte; er nahm eiligen Abschied und stieß vor der Tür auf mehrere Herrn und Damen vom Theater, die sofort mit vielem Geschrei bei ihrem Kollegen einfielen.

Die an Larkens gekommene Sendung aus Neuburg bestand ihrem wichtigsten Teile nach aus einem großen Schreiben des Barons an Nolten.

Dieser hatte im Laufe des vorigen Sommers seinem alten Wohltäter nach Kurland umständlich über sich berichtet und neben dem Erfreulichsten was er erlebte, auch den „unnatürlichen Abfall" der Braut — dies war sein eigner Ausdruck — nicht verschwiegen. Wie sehr der gute Herr den schreiend ärgerlichen Bruch eines so wohlgegründeten Verhältnisses beklagte, so fand er doch, zumal aus so großer Entfernung, nichts weiter dagegen zu sagen, zu raten und zu tun.

Seine Heimkehr verzögerte sich bis gegen das Frühjahr. In

Neuburg aber kam es alsbald zu einer gründlichen Auseinandersetzung unter vier Augen mit dem ehrlichen Förster. Dabei war ein neuerer Vorgang von größter Bedeutung.

Agnes, im wiedererlangten vollen Gefühl ihrer Liebe jenes unselige Geheimnis entschlossen von sich werfend, hatte den Förster eines Tages mit einem rückhaltlosen Bekenntnis überrascht. Sie hatte so den letzten schwachen Faden, mit welchem sie bis dahin noch gewissermaßen angebunden war, glücklich zerrissen und die natürliche, treuherzige Beredsamkeit des Vaters, zu dessen Füßen sie, das schamgebeugte Haupt auf seinen Knieen, den langen unfaßlichen Irrtum beweinte, tat natürlicherweise ihr Bestes, sie auch von diesem Stachel zu befreien.

Nun aber stelle sich der Leser den eigentümlichen Verlauf der Unterredung beider Männer vor. Sie konnten sich einander erst lange nicht verstehn, sie konnten endlich Nolten nicht verstehn. War der eine, wie billig, über die rasche Versöhnung mit der hart verklagten Braut erstaunt, so war der andere es nicht weniger über die Anklage selbst, da seines Wissens der Schwiegersohn nie den leisesten Vorwurf gegen Agnes hatte verlauten lassen. Daß der Baron zu seiner Zeit von einer so wünschenswerten Sinnesänderung keine Kenntnis durch Nolten erhielt, schien eher erklärlich: er hörte von früher verlorengegangenen Briefen und so lag es immerhin nahe genug, ein gleiches auch in diesem Falle anzunehmen. Wir sehen aber, wie unsicher und gefährlich es von vorneherein um die Vermittlung des Schauspielers stand. Gleich anfangs hatte eine ähnliche Verwirrung von seiten einer Schwester des Malers gedroht. Sie war im ersten Schmerz über das Unglück des Bruders entschlossen, Agnes zur Rechenschaft zu ziehn, nicht ohne die Hoffnung, ihrer Schuld eine mildere Ansicht abzugewinnen; es unterblieb auch nur, weil Nolten sich ausdrücklich dergleichen im voraus verbat.

Die Erzählungen des Försters machten auf den Baron einen sonderbar ängstlichen Eindruck. Das Mädchen selbst fand er im ganzen unverändert, vielleicht um ein weniges stiller als sonst. Der Schatten einer leicht zu deutenden Beschämung ihm gegenüber dämpfte in rührender Weise einigermaßen den Ausdruck ihrer hohen Freude bei diesem Wiedersehn. Sie mußte aus „Theobalds" Briefen vorlesen, durch welche man ein gar anschauliches, lebhaftes Bild von seinen glücklichen Verhältnissen erhielt. Ungerne versagen wir uns, einige Proben aus diesen Mitteilungen vorzulegen. Es herrschte darin bei einem anmutigen

Wechsel der verschiedenartigsten Materien, der Formen, wie der Stimmungen, ein inniges, wahrhaftes, durchaus nicht überschwengliches Gefühl, von dessen Äußerungen jetzt begreiflich eben das Zarteste und Schönste nicht über die Lippen des Mädchens kam. Mitunter klang ein Ton scherzhafter Laune an, wie man ihn früher kaum an Nolten kannte.

Nun hatte der Förster bisher als selbstverständlich angenommen, daß sein Schwiegersohn mit den Bekenntnissen der Tochter füglich bis auf ein mündliches verschont bleiben könne. Der Baron war anderer Meinung. Nicht allein widerstand ein so willkürliches, ja zweckloses Hinterhalten seiner geraden Handlungsweise überhaupt, vielmehr lag seiner Absicht eine herzliche Sorge um Agnes zugrunde, von deren gegenwärtigem Gemütszustand er freilich den richtigsten Begriff nicht hatte. Er wünschte sie in der kürzesten Frist aus ihrem einförmigen Kreise befreit; im völligen Besitze des Geliebten sollte sie vor jeder neuen Anfechtung gesichert sein; es sei unverzeihlich, daß Nolten jetzt, nachdem er am bestimmten Wohnort festen Fuß gefaßt, noch immer zögern möchte, das Mädchen heimzuführen. Wenn er, wie in den Briefen angedeutet war, sich ökonomisch erst noch besser zu fundieren dächte, so schien dies beinah lächerlich, da es von beiden Seiten keineswegs an hinreichenden Mitteln zur Errichtung einer anständigen Häuslichkeit fehlte: genug, der alte Herr fand sich verpflichtet, ungesäumt eine dringende Mahnung an Nolten ergehen zu lassen, die denn eben durch Vorhaltung jener gefahrvollen Epoche den mächtigsten Nachdruck erhalten sollte.

Durch diese gewichtige Botschaft hatte Larkens auf einmal eine ganz andere, völlig gesicherte Stellung in seinem Beruf als Vermittler gewonnen. Sein unerschütterliches Vertrauen auf Agnes, sein kühnes, eigenmächtiges Eingreifen vermittelst eines frommen Betrugs war auf das schlagendste gerechtfertigt; allein um so peinlicher sah er sich, bei dem Zustand des Malers, für jetzt mit jedem weiteren Vorgehen gegen ihn entschieden zur Geduld verwiesen.

Vor allem hatte er nunmehr den Baron von Noltens Erkranken in Kenntnis zu setzen. Er tat dies selbstverständlich ohne Beziehung auf das neulich erhaltene Schreiben an den Maler, und nach seiner Meinung sollte Agnes von diesem Zwischenfall nur erst im weiteren Verlauf der Wiedergenesung erfahren.

Meister Tillsen nahm in später Abendstunde, als es im ganzen Hause still geworden war, das bewußte Manuskript vor sich, bereitete seine Frau, welche ruhig bei der Lampe mit dem Strickzeug saß, auf etwas Außerordentliches vor und fing, nachdem sie ihre Arbeit weggelegt, zu lesen an.

EIN TAG AUS NOLTENS JUGENDLEBEN

Im Pfarrhaus zu Wolfsbühl war über die Ferienzeit, die der fünfzehnjährige Theobald bei den Seinigen zubringen durfte, ein fröhlicheres Leben als gewöhnlich. Der Vater und die Schwestern — es waren ihrer drei, die Mutter lebte längst nicht mehr — hingen mit außerordentlicher Liebe an dem gutherzigen, blühenden Menschen. Ein besonders inniges Verhältnis fand zwischen Adelheid und dem nur wenig jüngern Bruder statt. Sie hatten ihre eignen Gegenstände der Unterhaltung und hundert kleine Heimlichkeiten, ja für gewisse Fälle ihre selbstgeschaffene Sprache. Wenn die älteste Tochter, Ernestine, das ihr an Mutterstatt verliehene Hausregiment mitunter wohl zu selbstgerecht und gewalttätig führte, so bestand ihr unbestreitbares Verdienst in der ausgedacht klugen Behandlung der eigensinnigen und hitzigen Gemütsart des Vaters, indem bald der Gemeinde, bald der kirchlichen Behörde oder der geistlichen Nachbarschaft gegenüber ein falscher, übereilter Schritt durch ihren Rat verhindert oder persönlich durch sie wieder gut zu machen war.

An einem trüblichen Oktobermorgen vor dem Frühstück spazierten Theobald und seine Vertraute zusammen im Garten hinter dem Hause und besprachen was am füglichsten mit diesem Tage anzufangen sei. Man wurde lang nicht schlüssig; auf einmal rief sie: „Weißt du was? wir gehen auf den Rehstock! Zu dieser Jahreszeit haben wir ihn kaum einmal gesehn. Wie schön muß sich in der herbstlichen Waldung das alte Gemäuer ausnehmen! Komm! Der Papa ist heute guter Laune, wir werden's wohl von ihm erhalten, daß Georg das Pferd für mich sattelt und du bist rüstig auf den Füßen. Wir gehn gleich nach dem Frühstück und bleiben bis zum Abend."

Dem Bruder war der Vorschlag recht. Man wollte sofort alles mögliche von Gefälligkeit tun, um sich voraus der Zustimmung von Schwester Ernestine zu versichern. Adelheid flocht ihr den Zopf diesmal mit besonderem Fleiß, verlangte nicht einmal den Gegendienst und der Kuß den sie dafür erhielt, war ungefähr dasselbe für die beiden, was sonst für andere bei einem ähnlichen Vorhaben der erste Sonnenblick in der Natur gewesen wäre. Unterdessen hatte der Pfarrer nach sorglicher Erkundigung des Barometerstands die Erlaubnis gegeben. In kurzem stand der Braune mit dem bequemen Frauensattel ausgerüstet im Hof, der Vater sah das Pärchen vom Fenster aus abziehn und brummte, mit einem geschmeichelten Blick auf die schlanke Reiterfigur seines Mädchens, bloß vor sich hin: „Narrheiten!" Ernestine kreischte etwas weniges zur Empfehlung der zerbrechlichen, mit Mundvorrat gefüllten Gefäße hinterdrein, welche der Knecht in einer Ledertasche nebst den Schirmen nachtrug, und die wackern Wolfsbühler grüßten durchs ganze Dorf aufs freundlichste.

So rückte man auf ebener Landstraße fast in gerader Richtung einem mächtigen, noch tief in Nebelgrau gehüllten Gebirgszug gemächlich entgegen.

„Der Morgenwind streicht frisch daher", sagte Adelheid nach einer Weile, sich fester in ihr Mäntelchen einwickelnd, „der Himmel behält wohl schon für diesen ganzen Tag sein mockiges Gesicht; das ist mir eben recht, das paßt so recht für unsere Partie: gib acht, wir haben heute einmal das Vergnügen, so ein paar stille Wolken zu belauschen, wenn sie just ihren Reigen um die Burg und durch die hohlen Fenster hindurch machen." „In Rißthal drüben", meinte Theobald, „war es doch noch ein anderes zusammen auszuziehn: talaus, talein nur dichter Wald vom Flecken an bis vor den Rehstock hin: hier nur das platte Feld und lauter Fruchtbaum. Wir haben gut anderthalb Stunden bis es ein wenig krauser wird."

Das Andenken an Rißthal, ein geringes Dorf, wo der Vater viele Jahre lang Pfarrer gewesen, war eine unerschöpfliche Quelle der Unterhaltung für die Geschwister, mit der sie sich auch jetzt die Zeit wieder verkürzten.

Auf halbem Weg gesellte sich ein munterer, gesprächiger Landbote mit seinem Gepäck auf dem Rücken zu ihnen. Er wußte allerlei Kurzweiliges aus dem Revier, besonders eine lange Schatzgräbergeschichte, die sich vor Jahren zugetragen und deren Schauplatz eben die Ruine des Rehstocks gewesen war. Es knüpften sich ähnliche Sagen von da und dort daran, wozu ein jedes seinen Beitrag gab. Auf diese Weise waren sie denn unvermerkt dem erwünschten Ziele nah gekommen. Sie hatten die Ebene hinter sich und eine breite von Hochwald umgebene Talmündung erreicht, wo sich im Hintergrunde jetzt auf einem gewaltigen Bergvorsprung die hohen umfangreichen Trümmer zeigten.

Der Bote nahm Abschied, um seitwärts einen steilen Waldpfad nach seinem Dorfe einzuschlagen. Die kleine Gesellschaft war wieder allein und sah sich bald am rundlichen Fuße des ringsum mit Laubholz bewachsenen Bergs, den sie ersteigen mußten: Bei einer Ruhbank wurde nun vorerst hier unten gerastet und die fast vergessene Proviantasche mit weniger Gleichgültigkeit geöffnet, als man sie früh am Morgen hatte füllen sehn. Linkshin, auf einige hundert Schritte, über die Wiesen hinweg, wo ein paar Kühe grasten, sahen sie die roten Dächer eines stattlichen Meierhofs, dessen Besitzer sie kannten, einen gutmütigen alten, der Landwirtschaft ergebenen Rittmeister. Sie wollten ihm auf dem Rückweg einen kurzen Besuch abstatten und einstweilen sollte der Knecht das Pferd dort unterbringen. Die jungen Leute stiegen jetzt langsam die Krümmung des Fußsteigs hinan.

Oben angekommen, und nunmehr vor dem gewöhnlichen Eingang der Burg, einem gewölbten Torweg stehend, fanden sie diesen, welcher schon lange den Einsturz drohte, teilweise in sich zusammengebrochen, daher einer der mancherlei andern Zugänge gesucht werden mußte; weil aber ein jedes am besten die Ortsgelegenheit wissen wollte, so trennten sie sich scherzend nach verschiedenen Seiten.

Zunächst trat Adelheid durch eine ihr bekannte Mauerlücke in einen grasigen von Steinen übersäten Graben, worin sie eine Strecke weit fortlief und dann zu einem fast noch ganz erhaltenen besonders schönen runden Turm gelangte. An seinem untern Gurt war eine merkwürdige alte Inschrift eingehauen, mit deren Entzifferung sie sich verweilte, als sich auf einmal die verlornen Töne eines, wie es schien, weiblichen Gesangs vernehmen ließen. Sie kamen von oben, aus dem inneren Hofraum. Das Mädchen erschrak, ohne zu wissen warum. Sie horchte mit geschärftem Ohr, sie glaubte schon sich getäuscht zu haben; allein alsbald erhob die Stimme sich von neuem, den schwermütigen Klängen einer Äolsharfe nicht unähnlich. In einem gemischten Gefühl von feierlicher Rührung und einer unbestimmten Furcht, als wären hier Geisterlaute erwacht, wagte die Überraschte sich etwas weiter vor und stand wieder still bei jedem neuen Anschwellen des immer reizendern Gesangs. Nach und nach jedoch nahmen diese unregelmäßig auf und nieder steigenden Melodien einen düstern, leidenschaftlichen Charakter an. Die Töne wirbelten und schlugen wie ein wild aufflatterndes schwarzes Tuch in die Luft, bis sie mit einemmal verstummten; es folgte nichts mehr. Nur das Rascheln des Windes im dürren Laube, der leise Fall eines da und dort losbröckelnden Gesteins, oder der Flug eines Vogels unterbrach die totenhafte Stille des Orts. Das Mädchen stand nachdenklich, unentschlossen, in steter bänglicher Erwartung, daß die unsichtbare Sängerin an irgendeiner Ecke hervorkommen möchte. Da rauschten plötzlich starke, hastige, doch wohlbekannte Tritte. Der Bruder kam atemlos über einen Schutthügel herunter, war froh die Schwester gefunden zu haben und sagte: „Denke nur, mir ist etwas Sonderbares begegnet!"

„Mir auch! hast du das wunderliche Singen gehört?"

„Jawohl! und bei dem Eingang in die Kasematte unter dem großen Ulmbaum sitzt eine Frauengestalt in brauner Kleidung, einen roten Bund um den Kopf. Sie hatte mir den Rücken zugekehrt, ich konnte nichts weiter erkennen und lief gleich dich zu suchen."

Die Geschwister kamen sofort überein, sich der Person zu nähern, sie freundlich anzusprechen. „Es ist gewiß", meinte Adelheid, „eine Unglückliche, Vertriebene, Verirrte, welche zu trösten vielleicht gerade wir bestimmt sind." „Und laß es ein Gespenst sein", versetzte Theobald, „wir gehen darauf zu!"

Sie stiegen ungesäumt, nicht ohne Herzklopfen, zum Burghof hinauf und fanden auf dem bezeichneten Fleck eine Jungfrau sitzen, deren Aussehen, Tracht und ganzes Wesen auf den ersten Blick die Zigeunerin verriet. Sie hatte bis zum Gruße Adelheids die Annäherung der beiden nicht bemerkt; jetzt wandte sie sich überrascht herum, stand auf, und während sich über ihr schönes, höchst ausdrucksvolles Gesicht ein Schimmer hoher Freudigkeit verbreitete, rief sie mit erhobenen Armen: „Heil euch! Heil euch! Ihr seid's: der Bruder, die Schwester! Schwarzauge, Blauauge — Willkommen! Habe lang auf euch gewartet."

Verwundert über eine so unbegreifliche Ansprache, schaut Adelheid den Bruder an, sieht aber in demselben Augenblick, wie dieser zittert, sich verblaßt, wie ihm die Knie wanken und er die Hand nach ihr ausstreckt. „Der Knab ist unwohl — laß ihn niedersitzen!" rief die Fremde und war gleich selbst beschäftigt, ihn in eine erträgliche Lage zu bringen. „Geduld, Geduld", sprach sie zur Schwester, die in zagender Unruh über dem ohnmächtig Gewordenen hing: „ich helfe schon, der Unfall hat ja wohl nichts zu bedeuten." Damit zog sie ein Fläschchen mit stark riechender Essenz aus der Tasche und hielt es ihm vor. Als aber nach wiederholten Versuchen kein Lebenszeichen erfolgte und Adelheid untröstlich in lautes Jammern ausbrach, verwies die Unbekannte ihr dieses Benehmen durch einen unwiderstehlich gebietenden Wink, so daß das Mädchen unbeweglich und gleichsam gelähmt, nur von der Seite zusah, wie die seltsame Tochter des Waldes eine Hand auf die Stirn des Ohnmächtigen legte und ihr Haupt mit leisem Flüstern gegen sein Gesicht heruntersenkte. Dieser stumme Akt währte minutenlang, ohne daß eins von den dreien sich rührte. Sieh, da erhob sich weit und groß der Blick des Knaben und haftete fest, doch wie bewußtlos, an den zwei dunkelklaren Sternen, welche in dichter Nähe auf ihm ruhten. Und als er sich wieder geschlossen, um bald sich aufs neue zu öffnen, und nun er ganz erwachte, da begegnete ihm ein blaues Auge statt des schwarzen, er sah die Freudentränen der Schwester.

Die Fremde stand etwas abseits, so daß er sie nicht gleich bemerken konnte, allein er richtete sich auf und lächelte befriedigt, indem er sie fand. Sie trat herzu, betrachtete ihn eine Zeitlang nachdenklich und fragte sodann:

„Warum war doch der Knabe so erschrocken? Kennst du die arme Lisa?"

Als Theobald, befangen und der Rede noch nicht mächtig, schwieg, sprach sie mit einer Art geheimnisvoller Zuversicht: „Du kennst mich und ich kenne dich! Im Geist auf Meilenweite sah ich euch hier unter diesen Mauern stehn, lang eh ihr hergedacht. Der Schau-Geist hat mir euch gezeigt, euch, euer Haus, den Vater, die Geschwister. Um Mitternacht, da alles schlief im Weiberzelt, stieg ich vom Lager auf, schnürt 's Bündel und lief, lief nach dem Tal zu und immer so fort, Dörfer und Mühlen vorbei, aufs Waldgebirg zu, wo die Felsen im Mondlicht hell herschienen und drüber das alte Gemäuer. Wohl kannt ich meinen Weg. Wie waren mir die Füße leicht! den Berg herauf wie schlug mein Herz! Dort auf der Zinne stand ich schon, da kaum der Morgen rot ward hinterm Wald — da seid ihr nun. Gesegnet sei der Tag!"

Unter wortlos entzücktem, andächtigem Staunen hatte Theobald in halb aufgerichteter Stellung noch immer an der Erde liegend, die sonderbare Rede angehört. Ganz anders die Schwester. Sie war verlegen, bange, beinahe überzeugt, daß man hier nur an eine Wahnsinnige geraten sei. Allein woher der unerhörte Eindruck, den ihre Erscheinung auf Theobald machte? — sie konnte sich entfernt nichts dabei denken! Mit Widerwillen bemerkte sie, wie die Fremde bereits kein Auge mehr von ihrem Bruder wandte und, nur gleichsam gezwungen und zerstreut allmählich auf die persönlichen Fragen einging, welche Adelheid an sie richtete.

Aus ihren kurzen, immerhin glaubwürdigen Antworten ging so viel offenbar hervor, daß sie jener wandernden Horde ursprünglich nicht angehörte, daß sie in jungen Jahren mit Gewalt ihrer Heimat entrissen worden, die allem Anschein nach in diesen Gegenden zu suchen war.

Auf die bescheiden angeregte Frage: wohin sie jetzt gedenke? was weiter ihre Absicht sei? versetzte sie ganz unbefangen: „Ich gehe mit euch! ich bleibe bei euch!"

Kaum konnte Adelheid hier ihren Schrecken verbergen. Um Gottes willen, was wird das werden! dachte sie und trat beiseite, um mit sich zu Rat zu gehn. O unglückseliger Gedanke! Diese Fremde nach Hause zu bringen, und wär es auch nur über Nacht — wie nähme man dies Abenteuer auf — der Vater, Ernestine — was für ein Aufruhr, welche Not! — Und wären wir nur erst daheim! Den weiten Weg aber mit Theobald, nach solchem Anfall, wie kann ich es wagen? Wenn er mir krank würde, hinfällig auf offener Straße! — Sie ging verzweifelnd hin und her und flehte Gott um Rat und Hilfe an. Ein Geräusch im Gebüsche außerhalb der Burg, als wenn jemand käme, zog sie gegen die Mauer, hinauszusehn. Georg vielleicht ist es, dachte sie: er wollte ja auch heraufkommen! — Und wirklich er war's. Wie ein tröstlicher Engel vom Himmel erschien ihr der Bursche, und über seinem Anblick fiel ihr plötzlich eine mögliche Auskunft für ihre nächste Sorge ein. Sie lief ihm bis vor den Wall entgegen: „Mein Bruder ist unwohl", erklärte sie ihm mit wenigen Worten, „du mußt stehenden Fußes zum Hof zurück und um die Droschke des Rittmeisters bitten; wir wollen sobald es nur sein kann, nach Hause." — Zu ihrer Bestürzung hörte sie aber: seit gestern sei der Herr mit dem Gefährt zu Markte in der Stadt und komme vor Abend schwerlich zurück.

Was war zu tun? Sie rieten hin und her; zuletzt wurde beschlossen, Georg soll gehn und sehn was möglich sei und ihnen später Meldung tun, wofern sie nicht etwa inzwischen schon selbst hinunterkämen. Es schwebte ihr von ferne dabei vor, daß eine Einkehr beim Rittmeister — die Frau war ein gescheites und resolutes Weib — vielleicht der ganzen Situation eine andere Wendung geben könnte.

Indes, während ihrer Abwesenheit, hatte zwischen dem Bruder und der Fremden ein wundersamer Auftritt stattgefunden.

Sie saßen wie zuvor anscheinend ruhig auf dem Platz bei der Ulme, als Elsbeth das Gespräch begann:

„Bekenne mir dein Herz und sprich, wie dir geschah, da du mich erstmals hier erblicktest."

„Seht", sagte er nach einigem Besinnen mit bewegter Stimme: „mir war, als wenn ich jählings wie in einen Abgrund in mich selbst versänke, als schwindelte ich von Tiefe zu Tiefe, durch alle die Nächte hindurch, wo ich Euch vordem sah in Träumen hundertfältig — es trug mich im Wirbel hinunter durch alle die Zeiträume meines Lebens, ich sah mich als Knaben und sah mich als Kind neben Eurer Gestalt; ja, denn ich kam bis an die Dunkelheit wo meine Wiege stand und Eure Hand den Schleier hielt, der mich bedeckte. Nicht schlafend war ich und nicht wachend, ich wußte aber, daß Ihr um mich wärt in Wirklichkeit und daß es Euer Atem sei, der in mich überging."

Sie schwieg, mit regen Blicken wohlgefällig an seinen Mienen forschend, und endlich frug sie: „Liebst du mich?"

Dem Knaben erstarb das Ja auf den Lippen und Tränen stürzten ihm in großen Tropfen über das Gesicht. Da faßte Elsbeth seine Hände und hielt sie beide flach zwischen die ihrigen geschlossen, indem ein fremder, nie gefühlter Schauer ihm durch alle Nerven lief.

„Wohlan denn: Treu um Treu, Seel um Seele! — willst du so?"

Er nickte zu; und nun mit einem feierlichen Ernst bog sie sich seinem Mund zum Kuß entgegen, den er im Taumel empfing und ebenso erwiderte.

Er saß betäubt, den Kopf auf ihre schöne Hand herabgebückt; — jedoch nicht lange. Denn jetzt fiel ein Schuß ganz hinten im Tal, und kurz darauf, nur näher her, ein zweiter. Elsbeth sprang auf. „Meine Leute sind's!" rief sie, „Hangard und Faggatin — sie gaben sich das Zeichen — Habt keine Angst, sie sollen mich nicht fangen. Ade! ich geh voraus — beim Dorf erwart ich euch." Damit raffte sie schnell ihr Bündel zusammen und eilte wie vom Winde getragen über den Hof, an Adelheid vorüber, die eben zurückkehrend, die letzten Worte noch vernommen hatte.

Sie fand den Bruder aufgestanden und in der größten Aufregung. Er fiel ihr schluchzend um den Hals, sie nötigte ihn auf den Rasen zurück und warf sich an seiner Seite nieder; er barg das Gesicht an ihrer Schulter und konnte kein Wort hervorbringen. Sie fühlte, daß sie jetzt mit Fragen nicht in ihn dringen dürfe, dennoch enthielt sie sich zuletzt nicht ganz:

„Nur eines sage mir, nur dies: kennst du das Mädchen? hast du es irgendwo vordem gesehn?"

„Niemals im Leben, nie! — das Bild! das Bild! — verstehst du nicht?"

Hier nun fing Adelheid mit Schrecken von weitem zu begreifen an.

Im väterlichen Hause, auf einer selten betretenen Kammer des obern Bodens befand sich ein merkwürdiges Gemälde, das Bildnis einer jungen Frau von fremdartigem Wesen und außerordentlicher Schönheit. Niemand im Hause sprach davon. Es war geflissentlich hinter Kisten und Kasten und altem Geräte versteckt, wo es der Knabe zufällig vor einigen Jahren entdeckte. Begierig frug er den Vater darüber, der aber nichts davon hören wollte und ärgerlich zu Ernestinen sagte: „Schaff mir das Unglücksbild hinweg, wirf's in den Ofen, so ist es für immer versorgt!" — Indes geschah dies nicht, wie sich der Sohn bald überzeugen konnte. Er fand den Schlüssel zu der Kammer und benützte fortan jede Gelegenheit, das Bild insgeheim zu beschauen. Die Schwester, die sonst alles willig mit ihm teilte, verweigerte beharrlich es zu sehn; sie nahm den zweideutigen Ausdruck, womit der Vater es bezeichnete in unheimlichem Sinn, wie er doch schwerlich gemeint sein mochte, da vielmehr nur die Erinnerung an eine traurige Familiengeschichte hier obwaltete.

Wie nennen wir nun aber das Gefühl, welches den jungen Menschen unwiderstehlich nach dem verbotenen Anblick zog? Man kennt die unschuldige Neigung, von der nicht selten schon das frühe Knabenalter im Verkehr mit einer schönen, von eigenartigem Reiz und Adel umkleideten Frau ergriffen und gegefesselt werden kann. Bei Theobald lief etwas Ähnliches mit unter; nur kam in seinem Fall ein längst vorhandener mysteriöser Hang hinzu. Bald war es schon das bloße Bild nicht mehr, es war die Unbekannte, Namenlose selbst, die ihn bedeutungsvoll daraus ansprach, es hatte sich allmählich ein persönliches Verhältnis religiöser Art, wie mit dem geliebten Idol eines Schutzgeists aus diesem verstohlenen Umgang entsponnen. Nicht leicht und nie auf lange, auch außerhalb der Heimat, verlor sich bei ihm das Andenken an sie; geschah es zeitenweise doch, so brachten sonderbare Träume, in stets gleichförmiger Gestalt sich wiederholend, es ihm um so sehnsüchtiger, lebendiger zurück.

Und heute nun, am lichten Tage, in diesen alten Mauern das Wunderbild verkörpert vor Augen zu sehen — der Eindruck mußte wohl ein ungeheurer sein! Es war als erleuchtete plötzlich ein zauberhaftes Licht die hintersten Gründe seiner inneren Welt, als bräche der unterirdische Strom seines Daseins mit einemmal offen, laut rauschend zu seinen Füßen hervor.

Die Schwester hatte sich aus einzelnen seiner Äußerungen den erschütternden Vorgang einigermaßen erklärt. Was am Ende geschehen war sagte er nicht; wie sollte sie daher seinen Zustand jetzt irgend verstehn! Sie nahm sich in Geduld zusammen und gönnte ihm Zeit sich zu fassen, indes er stumm und abgekehrt von ihr am Boden lag.

Auch wir überlassen ihn nunmehr sich selbst und wenden uns nach dem Orte zurück, von welchem unsere Erzählung ausgegangen.

Im Pfarrhaus waren die Vormittagsstunden so still und einförmig als je verstrichen. Nicht anders ließ sich der Nachmittag an. Nach Tische hatte der Pfarrer eine kurze Sitzung auf dem Rathause, alsdann verfügte er sich auf sein Zimmer, um die Reinschrift einer sehr umfänglichen Eingabe an seine Behörde behaglich zu vollenden. Es handelte sich um ein durch die Fahrlässigkeit seiner Amtsvorgänger in Abgang gekommenes Recht der Pfarrei auf die Nutzung eines kleinen Stückchens Land, das die Gemeinde in Anspruch nahm. So unbedeutend auch die Sache war, so groß war des Mannes Triumph, als er unlängst in der Registratur gewisse Anhaltspunkte zu einer siegreichen Beweisführung auffand. Die kluge Ernestine hätte des allgemeinen Friedens wegen wohl gewünscht, daß er den Gegenstand beruhen ließe, doch konnte sie diesmal mit ihrer Meinung nicht aufkommen. Es lag etwas Streitsüchtiges in seinem Naturell, wie er denn selber öfters zu verstehen gab, er wäre mehr zum Advokaten als für die Kanzel geschaffen gewesen; und sicherlich trug die Zufriedenheit mit seiner gegenwärtigen Arbeit nicht wenig zu der guten Stimmung bei, welche das ganze Haus in diesen Tagen zu genießen hatte.

Nachdem er sein zwei Foliobogen starkes, historisch möglichst weit ausholendes Elaborat der Tochter vorgelesen — sie stand mit glühendem Gesicht am Bügelbrett und sah mit Schmerz ihr heißes Eisen kalt darüber werden — ging er, noch etwas frische Luft im Garten zu schöpfen, ließ sich sein Vogelrohr, eine alte, neuerdings wieder hervorgesuchte Liebhaberei, nachbringen und schoß, wiewohl die abgeleerte Traubenwand längst keinen Dieb mehr lockte, hin und wieder nach einem hungrigen Spatzen, während Nantchen, seine Jüngste, mit ein paar Nachbarskindern in einem dichten Wald von dürrem Mais Versteckens spielte.

Drei Stunden später finden wir die Stimmung im Hause gewaltig verändert.

Bei dem einzigen Licht auf dem gedeckten Tisch in der Wohnstube sitzt Jungfer Ernestine mit dem Strickzeug, das Schwesterchen mit einer Schulaufgabe beschäftigt, die Magd vor einem Korb mit Sämereien — alles in größter Stille, aus Furcht vor einem Zornausbruch des Vaters, der in Pantoffeln rasch und immer rascher die Stube auf und nieder klappt. Man hat sich in Vermutungen über das unbegreiflich lange Ausbleiben der beiden Geschwister erschöpft; ein handfester Bursche ist ihnen mit der Laterne entgegengeschickt, das Nachtessen wartet.

Der Pfarrer riß ein übers andere Mal ein Fenster auf, ob noch kein Hufschlag in den Gassen hörbar sei, warf sich von Zeit zu Zeit aufs Kanapee im Dunkel seines Kabinetts und stieß nur ab und zu halblaut ein böses Wort heraus. In einem solchen Augenblick des Stillesitzens vergaß er sich zuletzt auf eine ganz komische Weise, indem er unwillkürlich das neben ihm lehnende Vogelrohr faßte, mechanisch eine seiner frisch gekneteten Lehmkugeln in die Öffnung schob und ebenso gedankenlos, doch eigentlich in vollem Zorn, mehrere Male hintereinander über die Köpfe der drei Personen hinweg nach dem steinernen Essigkrug schoß, der oben auf dem Ofen stand. Nanette hielt anfangs noch glücklich das Lachen zurück, als aber einer dieser Schüsse fehlgehend auf das Türchen am Käfig des Kanarienvogels schlug und das erschreckte Tier wie närrisch umherflatterte, entfuhr ihr ein mäßiges Kichern, worauf augenblicklich eine brennende Kugel auf ihren bloßen Arm nachfolgte, so daß das gute Kind in bittere Tränen ausbrach.

Es war neun Uhr; noch eine Viertelstunde und endlich läutete es am Haus. Es war der ausgesandte Bursche mit der Meldung, daß die Vermißten ihm auf dem Fuße nachkämen. Ziemlich konfus erzählte der Mensch was er teils unterwegs von Georg erfahren, teils bei der Ankunft vor dem Flecken selbst gesehn. „Wie? was?" rief der Pfarrer auffahrend: „Des Rittmeisters Chaise? — mein Sohn unpaß? — und eine Zigeunerin bei meinen Kindern? Was will das Diebsgezücht? die Satansbrut! Sie komme nur — Mein Rohr her, gleich — nicht das — mein spanisches — Ich will ihr Karten schlagen, ich stell ihr die Nativität! — Wie sagtest du? die Pferde wären scheu vor ihr geworden?" — —

Die Türe ging auf. Adelheid und der Bruder standen im Zimmer; jene mit stockender Stimme an ihrer Angst schluckend, dieser vor Scham und bitterem Unwillen glühend über des Vaters schmachvolles Betragen. Vergebens stellte er sich ihm beschwörend in den Weg, als er mit dem Licht in den Hausflur trat, wo Elsbeth an der Treppe stand und den zornigen Mann nur verwundert anschaute.

Jetzt aber folgte eine der gespannten Erwartung aller Umstehenden völlig entgegengesetzte Szene. Dem Pfarrer, wie er die Züge der Fremden in das Auge faßt, versagt auf der Zunge die rauhe Anrede, und mit dem Ausdruck des höchsten Erstaunens tritt er einige Schritte zurück. Noch einen Blick auf der Schwelle nach ihr, und in lächerlicher Verwirrung läuft er nun kreuz und quer durch alle Stuben.

„Wie kommt sie zu euch? was wißt ihr von dem Weibsbild? was hat sie hier zu suchen?" frug er in *einem* Atem und zog die zwei Geschwister auf sein Studierzimmer mit sich. Das Mädchen nahm das Wort und sagte soviel als eben nötig war. Noch hatte sie nicht ausgeredet, so rief der Pfarrer: „Weh! es kommt schon, wie ich fürchtete! — und um das Unglück voll zu machen, ist die Person verrückt nach allem was ich eben höre. Wohin mit ihr? wohin um Gottes willen! Sprich, Ernestine, wie wird man ihrer wieder los?"

„Mich deucht, Papa, Sie müssen sie vor allem selber sprechen."

„Das muß ich wohl — das muß ich allerdings, so sauer mir's ankommt! Und mag es lieber gleich geschehn — damit wir wenigstens Gewißheit haben."

Um sich zu sammeln schickte er die Kinder weg, und bald

darauf wurde Elsbeth gerufen, die unterdessen in der vordern Stube — von Nantchen hinter der angelehnten Tür des Kabinetts mit kindischer Neugierde beobachtet — allein gesessen hatte.

Bei ihrer Vernehmung betrug sich der Pfarrer gemäßigt, dabei jedoch so kalt und teilnahmlos wie möglich. Was er aus ihren trockenen Antworten entnahm war nicht viel mehr als was er bereits von Adelheid wußte, allein sie ließen ihm auch nicht den kleinsten Zweifel weiter übrig, daß er hier die unglückliche Frucht eines Verhältnisses vor sich habe, das einst unsägliches Ärgernis in seiner Familie gab.

Sie war die Tochter seines leiblichen Bruders. Durch ein unzufriedenes Mitglied der Bande, in deren Gewalt sie geraten war und deren Wanderzüge sich von der obern Weichsel bis an den Rhein und tief in die Alpen erstreckten, schien sie vorlängst gewisse Fingerzeige über ihre Herkunft, oder doch über ihren Geburtsort erhalten zu haben. Eine dunkle, immer von Zeit zu Zeit mit neuer Heftigkeit erwachte Sehnsucht dahin trieb sie zu wiederholten Fluchtversuchen. Der jüngste Streifzug durch die Nachbarschaft bot abermals und zwar besonders günstige Gelegenheit dazu. Ihr selbst war von der Heimat beinahe keinerlei Erinnerung geblieben, sie kannte nicht einmal den Namen ihres Vaters. Daß ihr Verstand gelitten hatte, ist sicher anzunehmen, wenn sich auch nicht so leicht behaupten läßt, in welchem Grade dies der Fall gewesen. Das Geheimnisvolle aber und, wenn man will das Wunderbare ihres Zusammentreffens mit den Geschwistern auf der Ruine gab dem Pfarrer, so gern er auch nur eitel Zufall und Betrug darin gesehen hätte, insgeheim doch einigermaßen zu denken.

Indessen hatte Ernestine schon zum zweitenmal an das verspätete Essen gemahnt. Eins um das andere kam herbei, mit Ausnahme des Sohns, welchen Adelheid unter dem Vorwand großer Ermüdung von der Marter befreite, an dieser Mahlzeit teilzunehmen.

Elsbeth, schon durch die Art ihres Empfangs, dann durch das frostige Verhör sichtlich gekränkt, und nun über Theobalds Ausbleiben stutzig, zog eine krause Stirn; sie nahm nur zögernd, widerwillig zwischen Adelheid und Ernestine Platz, welche letztere sich durchaus klug und ruhig, auch gar nicht ohne menschliches Gefühl für die Unglückliche zeigte.

Nach altpatriarchalischem Herkommen speisten im Wolfsbühler Pfarrhause die Dienstboten mit am Familientisch, eine

Regel, von der nur die Anwesenheit auswärtigen Besuchs eine schickliche Ausnahme machte, und heute schien dies nötiger als je; auf einen ausdrücklichen Wink des Pfarrers jedoch wurden Knecht und Magd dazugezogen. Die Absicht ist leicht zu erraten: er konnte in der Tat die allgemeine Spannung, die drückende Verlegenheit nicht füglicher ableiten und bedecken, als indem er sogleich anfing, mit Georg die laufenden wirtschaftlichen Geschäfte für die nächste Woche umständlich zu besprechen. Während sonst kein Wort am Tisch geredet wurde, war Elsbeth natürlich unausgesetzt von neugierigen Blicken belästigt, die man nur, wenn zuweilen ein Strahl aus ihren schwarzen Augen auf sie traf, pfeilschnell auf den Teller zurückkehren sah.

Nach aufgehobenem Essen gab der Pfarrer seiner Ältesten ein Zeichen, worauf sie sich mit ihm zu einer Beratung unter vier Augen entfernte; die andern, außer Adelheid, verschwanden gleichfalls nach und nach. Kaum fand sich Elsbeth jetzt mit dem Mädchen im Zimmer allein, so fuhr sie mit einer erschreckenden Heftigkeit auf sie zu: „Ich bin unwert in diesem Haus!" rief sie: „dein Vater will mich fort, dein Vater denkt darauf, mich meinen Leuten auszuliefern — o pfui, was braucht's Verrat? ich geh wohl ohne das! Falsch seid ihr alle, falsch, und du am ersten! Den Knaben, der mich liebt, habt ihr vor mir versteckt! Was tu ich ihm zuleid? bin ich ein Scheuel? eine Metze? bin ich ein räudig Tier? Nur zu! behaltet ihn, er ist doch mein! das wisse nur, und Zeit und Stunde kommt, da ich ihn wiederfinde."

Nach diesen, mit dem wildesten Gesichtsausdruck, wie ein Hagelschauer ergossenen Worten lief sie hinweg, und war, ihr Wanderbündel unter dem Arm, zur Türe hinaus, eh Adelheid, welche an allen Gliedern bebte, nur einen Laut vorbringen noch auch sich von der Stelle rühren konnte. Doch jetzt verlor sie keinen Augenblick, den Ihrigen den unerwarteten Vorgang zu verkündigen. „Um Jesu willen!" rief die Schwester: „das darf nicht sein — wo soll sie bleiben in der Nacht? Ich gehe ihr nach und rufe sie zurück: es ist Gewissenssache — nicht wahr, Papa, so darf man sie nicht lassen?" Der Pfarrer stimmte seufzend mit Händeringen zu, und beide Töchter eilten die Treppe hinab. Georg folgte mit der Laterne.

Sie fanden die Haustüre offenstehn und traten in die Straße, wo aber weit und breit niemand zu sehen war. Es war kaum anzunehmen, daß die Flüchtige unmittelbar das Weite gesucht habe; sie konnte in der Nähe leicht einen Schlupfwinkel gefunden haben; man suchte deshalb da und dort und rief, und brachte so die ganze Nachbarschaft in Aufregung; umsonst. Es blieb zuletzt als einzige, wiewohl nicht viel versprechende Maßregel nur noch übrig, an beiden Enden des Dorfs, wo sie vielleicht mit Tagesanbruch durchkommen würde, ein paar vertraute Leute anzustellen, durch die man wenigstens Gewißheit über die Richtung ihres Wegs bekäme, um möglicherweise sofort ihre Spur zu verfolgen. Dies alles ließ der Pfarrer mehr willenlos als wider Willen nach Anordnung Ernestinens geschehen.

Die Nacht war vorgerückt, das Haus wurde geschlossen; doch kamen die Gemüter so bald noch nicht zur Ruhe. Wieviel gab es erst jetzt noch zu besprechen, zu fragen, zu erklären!

Der Alte hatte zu der übereilten Flucht der armen Törin nur insofern wirklich Grund gegeben, als seine ungeschickte, scheue, gewissermaßen abstoßende Haltung ihren Argwohn erweckte, wozu noch die irrige Auslegung von Theobalds Entfernung kam. Was konnte aber Ernestine nun mit ihrem menschenfreundlichen Eifer vernünftigerweise zur Absicht haben? Sie hatte zu viel praktischen Verstand, als daß sie in einem so schwierigen Fall, nur der nächsten Empfindung nachgebend, einen Schritt getan hätte, ohne zugleich alle Folgen in Rechnung zu nehmen. Mit einer kurzen Beherbergung war der Person ja im geringsten nichts geholfen, und hatte man ihr erst einmal das Gastrecht eingeräumt, wie war es jemals wieder aufzuheben? Ein solches Wesen aber nur geradezu als Hausgenossin einzunehmen, wer hätte dazu raten mögen — ganz abgesehn von der verfänglichen Beziehung auf den Sohn, welche indes so eigentlich gar nicht zur Sprache kam, da, was durch Adelheid davon verlautet hatte, als Grille einer Närrin weiter nicht beachtet worden war — genug, wenn die Familie, ohne sich eine unerträgliche Last aufzubürden, doch wirklich ihre Pflicht tun wollte, so mußte sie der armen Waise anderwärts bei guten Menschen ein sicheres, anständiges Asyl verschaffen und jede Art von Pflege an sie wenden.

Dies war die Meinung Ernestinens, die sie mit aller Wärme und überzeugenden Beredsamkeit dem Vater nahelegte. „In Gottes Namen", sagte er, indem er sich ermattet in seinen Armstuhl fallen ließ: „ich habe nichts dawider — es ist mein Bruderskind. Man muß abwarten, ob sie wiederkommt." Der Miene nach jedoch womit er dieses sagte, schien er ihre Rückkehr kaum mehr zu befürchten.

Wir sehen uns endlich nach Theobald um und finden ihn, noch angekleidet wie er vom Rehstock kam, in einer Kammer des oberen Stocks bei einem trüben Licht auf seinem Bette. Nachdem ihn Adelheid mit Mühe über Elsbeths Behandlung von seiten des Vaters einigermaßen beruhigt hatte, war er, solange die andern bei Tische saßen, geistig wie körperlich erschöpft, in tiefen Schlaf verfallen. Von dem stürmischen Abschied, welcher das Haus in so große Bewegung versetzte, war nichts zu ihm gedrungen.

Von einer halben Stunde zur andern schlich Adelheid herauf, nach ihm zu sehen; die Sorge trieb sie auf und ab. Sie hatte dem Bruder noch während sie beide allein zusammen auf der Ruine waren, nach und nach entlockt, was er mit Elsbeth dort zuletzt erlebte. Sie hörte es, nächst einem dunkeln Angstgefühl, mit unbeschreiblichem Verdruß, mit innerlicher Empörung über die Unbekannte, doch war sie besonnen genug, sein überreiztes Gemüt zu schonen und so verschwieg sie auch indessen klüglich, um ihn nicht preiszugeben, ihre Sorge vor den Ihrigen.

Es ging auf Mitternacht. Der Pfarrer aber war noch viel zu sehr erregt, um ohne Gesellschaft bleiben zu können. Er sprach von seinem unglücklichen Bruder, dem Maler, dessen Namen er seit langer Zeit, gleichsam grundsätzlich, nicht mehr über den Mund gebracht, von dessen Schicksal und Persönlichkeit deshalb auch Ernestine nur unvollkommene Kenntnis, zum Teil eine ganz falsche Vorstellung hatte.

„Dein Oheim Friedrich", fing er an, „war ein Genie und eo ipso leider ein überspannter Kopf, der schon in seiner Jugend nichts wollte und nichts vornahm was in der Ordnung gewesen wäre. Wir harmonierten nie zusammen und selten daß ein wohlgemeinter Rat von mir als dem Ältern Eingang bei ihm fand. Ich hatte ihm sein väterliches Erbteil zu verwalten, besorgte seine Wechsel und dergleichen, solang er im Ausland studierte; das ließ er sich freilich gefallen. Nach seiner Rückkunft aus Italien hielt er sich anfangs in der Hauptstadt auf; später, von einer reichen alten Tante unterstützt, die ihn von jeher in besondere Affektion genommen, erwarb er das kleine, vier Stunden von Rißthal gelegene Gütchen Rodisbronn, um in der Stille einzig seiner Kunst zu leben. Zu dieser Zeit hab ich ihn oft gesehen. Ein großer schöner Mann, kurzweilig, munter, wenn es an ihn kam, doch immerdar von einem Geist der Unruh umgetrieben. Bisweilen lag er wochenlang untätig in der Stadt, tat sich in Allerweltsgesellschaft, bei hoch und nieder, um, dann wieder saß er Monate daheim, war übertrieben fleißig, und verlangte außer seinen Pächtersleuten keine Menschenseele zum Umgang. So gingen drei, vier Jahre hin; da wollte es sein Unstern, daß ihn ein mährischer Edelmann, mit dem er in Rom Bekanntschaft gemacht, auf seine Güter für einen Sommer zu sich lud; dieser Aufenthalt war sein Verderben. — Du mutest mir nicht zu, dir jetzt ein langes und breites zu erzählen, wie dort dein Oheim einst auf einer Wanderung in das Gebirge mit einem Trupp Zigeunervolk zusammentraf, aus purer Lust am Abenteuer bonne compagnie mit ihnen machte, sich sterblich in eine der schmutzigen, schwarzgelben Dirnen verliebte, dieselbe mit ihrem Willen entführte und sie als sein erklärtes Weib in das Vaterland brachte! — Ja, dies der Mann, der sich auf seine Junggesellenfreiheit immer so große Stücke zugut getan! Zwar verleugnete er die barbarische Herkunft der Person: sie sollte eine Russin oder Polin aus gutem Hause sein, man merkte aber bald den Unrat, trotzdem daß sie in Sammet und Seide von ihm gekleidet kam."

Begierig frug hier Ernestine: „Sie haben sie wohl selbst gesehn, Papa? Gleicht sie sich in dem Bilde, das wir haben?"

Ein kurzes ärgerliches „Meinethalben!" sagte der Fragerin genug.

„Aber", so meinte diese weiter, „er war doch ordentlich mit ihr getraut?"

„Was, ordentlich! Mit einer Ungetauften! Nun ja, er hat's behauptet, und dortzuland mag freilich alles möglich sein. Es sei dem wie es wolle, in unserer Familie bekreuzte sich wie billig jedermann vor dieser wildfremden Verwandtschaft. Ich, Gott verzeih mir's, habe mich für immerdar mit ihm darob verfeindet."

„Wie ging es aber nachher in der Ehe?"

„Ja, wie ging's! Es konnte dabei kein Segen sein. Sie hätten sich, hieß es, abgöttisch geliebt, und doch war sie gleich in der ersten Zeit schon krank vor Heimweh nach ihren Wäldern, ihren Freunden. Natürlicherweise, so ein Gesindel kann das Vagieren nicht lassen; mein armer Bruder muß mit ihr deshalb unsäglich ausgestanden haben. Es währte kein Jahr, so schlug der Tod sich ins Mittel, die Frau starb in dem ersten Kindbett. Dein Oheim, anstatt auf den Knien dem Himmel zu danken, tat über den Verlust wie ein Verzweifelter; sein einziger Trost war noch das Kind, welches am Leben blieb. Er ließ es bis in das siebente Jahr bei sich auf dem Gute erziehen. Da suchte Gott den hart Geschlagenen mit einem neuen Unglück heim. Denn eines Tages war das Mädchen vom Hause weg, spurlos verschwunden. Begreiflich lag nichts näher als die Mutmaßung, daß die Sippschaft der Mutter den Aufenthalt meines Bruders ausgekundschaftet und weil sie selbst nicht mehr zu stehlen war, sich durch den Raub des Kindes an dem Vater gerächt habe. Was tat er nicht, was ließ er sich nicht alles kosten, die Tochter ausfindig zu machen! umsonst, er mußte sie zuletzt verloren geben, nie hat man auch nur das geringste von ihr in Erfahrung gebracht. — Und heute nun, es ist unfaßlich, unerhört — mir wirbelt der Verstand, wenn ich es denke, heut muß ich es erleben, daß der Bastard, das Ebenbild des Weibes, durch meine eignen Kinder mir über die Schwelle gebracht wird! — —"

Der Pfarrer schwieg vor innerer Bewegung, stand auf, ging in Gedanken hin und her, saß wieder und fuhr fort: „Nach dem Verlust der Tochter trieb es den Oheim fort von Haus und Hof. In Östreich wurde er durch seinen Freund, den Edelmann, einem ungarischen Fürsten bekannt, der ihn auf Reisen mit sich nahm und nachher viele Jahre zu wichtigen Affären brauchte, die nichts mit seiner Kunst zu schaffen hatten. Er soll sich gut dabei gestanden haben und ein reicher Mann geworden sein. Dieses Verhältnis dauerte bis an des Fürsten Tod. Von nun an aber kamen keine Briefe mehr an seinen gewöhnlichen Korrespondenten im Vaterland von ihm. Mit Not erfuhr man erst nach Monaten, daß er willens gewesen, nach England zu gehen und daß das Schiff, auf dem er sich befunden, unweit von der englischen Küste verunglückt, er selbst mit andern Passagieren dabei umgekommen sei. — So endete der Bruder eures Vaters. Ich sage, Friede sei mit ihm, obwohl er mir lebenslang wenig zuliebe getan und einen spätern Versuch meinerseits, uns zu versöhnen, unerwidert ließ. — Wo sein Vermögen blieb, ob es mit ihm zugrund gegangen oder durch fremde Hand veruntreut worden, hat nicht ermittelt werden können. Sein Gütchen hatte er nach seinem Wegzug in die Fremde samt allem beweglichen Eigentum zu Gelde machen lassen, nur eine versiegelte Kiste sollte bis zu seiner Wiederkehr bei einem seiner Freunde in Verwahrung bleiben. In der Folge kam der Schatz an mich: ein Haufen alter Bücher, Papiere, Zeichnungen und das verwünschte Konterfei des Weibes."

Nach einer kurzen Pause fing der Pfarrer wieder an: „Wie hundertmal erinnert mich der Theobald an meinen unglücklichen Friedrich! Das Gegenteil von mir! Wie war er angefochten heut um diese törichte Person! Wie aufgeregt und gleichsam exaltiert kam er nach Haus. Ja, solcher Dinge braucht es noch, daß seine Phantasie toll wird. In nichts läßt sich der Junge wie andere seines Alters an. Da, stundenlang auf dem Turm im Glockenstuhl sitzen, Spinnen zahm machen und ätzen, einfältige Geheimnisse, Zettel und Münzen unter die Erde vergraben — was sind das für Bizarrerien! — Du aber, Adelheid, hilfst ihm wohl noch dazu, statt ihn zu lenken und zu leiten. — Und daß ich einen Maler aus ihm mache, das bilde er sich nur nicht ein. Da ist das ewige Zeichnen und Pinseln! wo man hinsieht ärgert man sich über so ein Fratzengesicht, das er gekritzelt hat und wär's auch nur auf dem Zinnteller. Wenn er sich sonntags nachmittags einmal zur Erholung eine Stunde hinsetzte und machte einen ordentlichen Baum, ein Haus oder dergleichen nach einem braven Original, so hätt ich nichts dagegen, aber da sind es nur immer seine eigenen Grillen, hexenhafte Karikaturen und was weiß ich. Gerade solche Possen hat mein Friedrich in diesen Jahren auch gehabt. Nein, nein, bei meiner armen Seele, mein Sohn soll mir kein Künstler werden! solang ich lebe und gebiete soll er's nicht. — — Gehn wir zu Bette jetzt. Das war ein herber Tag! Und was wird morgen werden? Man muß gefaßt auf alles sein. Doch hoffe ich zum lieben Gott —" Er sprach den Satz nicht aus, der gleichwohl seines Herzens Wunsch und Meinung deutlich genug verriet.

Und in der Tat betrog ihn seine Hoffnung nicht. Denn kaum war man am Morgen im Pfarrhaus wach geworden, als von zwei Seiten die Meldung einlief, daß von der Fremden überall nichts auf der Straße weder zu sehn noch zu erfragen gewesen sei; besonders wollten einige Landleute und ein Schäfer, die in der Richtung vom Gebirg her kamen, keinem Menschen begegnet sein. —

Schwester Adelheid kam an Theobalds Bett. Sein Schmerz beim ersten Wort von Elsbeths Verschwinden war grenzenlos; das kluge Mädchen hatte die größte Not mit ihm. Zum Glück waren die andern alle selbst noch dergestalt von dem erschütternden Ereignis eingenommen, daß weiter niemand auf die zwei Geschwister achtete.

Nach dem Frühstück winkte Adelheid dem Bruder. Sie gingen durch das Gärtchen und setzten sich in der hintersten Ecke des anstoßenden Grasgartens unter den Holunderbusch auf einen umgelegten Kellertrog, wo sie von jeher gerne ihr abgesondertes Wesen miteinander hatten.

Die Schwester fühlte, während er nur Trost von ihr erwartete, vielmehr die grausame Notwendigkeit, ihm das Wahnbild seiner Heiligen mit Gewalt aus dem Herzen zu reißen. Sie beschrieb ihm vor allem den letzten entsetzlichen Auftritt von gestern, und schon dies eine machte den sichtlichsten Eindruck auf ihn, so daß es in der Tat nicht sehr viel weiter kostete, den guten Jungen ganz allmählich zu ernüchtern.

Das Ende der Ferien war vor der Tür. Beim Abschied nahm ihm Adelheid das feierliche Versprechen ab, nicht mehr an die Unglückliche zu denken, von welcher man indessen fast mit Sicherheit annehmen durfte, daß sie sich bereits wieder unter dem Schutz ihrer Bande befand.

Hier brach die Erzählung des Schauspielers ab.

Die folgenden Blätter, ursprünglich von der Hand des Oheims geschrieben und von Larkens kopiert, waren dem Manuskript nur äußerlich angeheftet. Sie enthalten die Geschichte der Entführung Loskinens, der nachmaligen Mutter Elsbeths, und bilden somit eine wesentliche Ergänzung dessen, was der Pfarrer in jener Nacht davon sagte. Man fand sie erst nach dem Tode des letztern in der erwähnten Kiste unter andern Papieren vergraben.

AUS DEM DIARIUM
DES ONKELS FRIEDRICH

(Großenteils mit Bleistift in ein Skizzenbuch geschrieben; die Züge vielfach halb verlöscht.)

In der Gegend von H. d. 20. Juli.

Die Gutsherrschaft ist auf vierzehn Tage, eines Trauerfalls wegen, zu ihren Verwandten nach Brünn verreist. So saß ich denn mit dem Hofmeister und seinen zwei Knaben allein im Herrenhaus, machte mein Gastgeschenk für die Baronin — unter

Seufzen und Fluchen über die ungeschickte Wahl des Gegenstands, zu der ich mich verleiten lassen — vollends fertig, und war nur froh es vom Halse zu haben. Nun aber fiel die Langeweile, Verdrossenheit des Geistes und körperliche Schwere mit Haufen über mich; es zog mich bei den Haaren in alle Weite fort. Wohin, das galt mir gleich, nur daß der blaue Saum des Horizonts, ein gutes Stück der mittleren Karpaten, das man von meinem Zimmer gegen Morgen sieht, mich doch am meisten lockte.

Ich nahm ein Pferd und einen unserer Hannaken mit, der es von einer ihm bekannten Station nach einem vierstündigen Ritt wieder zurückzunehmen hatte. Dies war das Städtchen R. wo Mittag gehalten wurde. Dann ging ich leichten Fußes, das Ränzchen auf dem Rücken, über die March stracks aufs Gebirge zu, übernachtete in H. und der folgende heiße Mittag fand mich schon hoch in der herrlichsten Waldnacht gelagert, wo ich mir mein gebratenes kaltes Rebhuhn mit etwas Brot und Wein vortrefflich schmecken ließ, nach Herzenslust den wilden Atem der Natur einsog, die Schauer ihrer tiefsten Einsamkeit empfand, mich hundertfältigen Zerstreuungen hingab. Aufmerksam gemacht durch manche fremdartige Pflanze, stieg ich botanisierend, bald auf- bald abwärts, hin und wieder an mächtigen Felsen und stürzenden Wassern vorbei. Am Abhang einer ganz besonders schönen Talschlucht saß ich nieder, den interessantesten Teil dieser Partie zu zeichnen; zuletzt überwältigte mich der Schlaf und als ich erwachte brach eben die Abenddämmerung ein. Erschrocken sprang ich auf, bedachte mich und lenkte meine Schritte nach der Tiefe, um den Hohlweg wiederzufinden, der, wie man mir gesagt, zu einer guten Waldherberge führte. Ich mühte mich wohl eine Viertelstunde in dieser schwachen Hoffnung ab; bald hielt mich ein undurchdringliches Dickicht, bald ein gefährlicher Absturz auf, und jetzt war es völlige Nacht geworden. Die Ungeduld, der Ärger über meine Unvorsichtigkeit war auf das Äußerste bei mir gestiegen, als ich, mit einer rasch beherzten Schwenkung mir ein Halt! zurief: du bist ein Tropf, dacht ich — was ist denn hier so Arges? Ist dir doch sonst schon Ähnliches und Schlimmeres begegnet, davon sich hinterdrein noch oft mit Lust erzählen ließ. Sind nur keine Wölfe da herum, was Gott verhüten wolle, so soll dich's nicht verdrießen einmal mit den Eulen im Wald ein paar Stunden zu wachen. Und hiermit legte ich mich denn beruhigt am Stamm der nächsten Eiche nieder, sprach etwas von der Lieblichkeit der Sommernacht, vom baldigen Aufgang des Monds, und konnte doch nicht hindern, daß meine Gedanken einigemal in dem verfehlten Wirtshaus einkehrten, wo ich ein ordentliches Abendbrot und ein leidliches Bett gefunden hätte.

Jetzt aber ward ich mit Erstaunen, in ziemlicher Entfernung, zwischen den Bäumen hindurch den Glanz eines Feuers gewahr; zugleich glaubte ich Stimmen von Menschen, unsicher gemischt mit dem Rauschen des Windes, zu hören.

Unter mehr oder weniger angenehmen Vermutungen ging ich sofort an eine behutsame Untersuchung, und sah nunmehr, auf etwa fünfzehn Schritte, die bunteste Gesellschaft von Männern, Weibern und Kindern auf einem freien Platze, zum Teil von einer Art unordentlichem Zelt bedeckt, um ein Kochfeuer sitzen. Sie führten ein lebhaftes, doch, wie es schien, zufriedenes Gespräch.

Mir hüpfte das Herz vor Freuden, hier einen Trupp von Zigeunern zu treffen; denn ein altes Vorurteil für dieses eigentümliche Volk wurde selbst durch das Bewußtsein meiner gänzlichen Schutzlosigkeit nicht eingeschreckt. Mein kleiner Tubus trug in keinem Falle etwas dazu bei, denn bei einer physiognomischen Musterung der verschiedenen, vom roten Schein der Flamme beleuchteten Köpfe hätte mein Urteil unentschieden bleiben müssen.

Ich kam heran, ich grüßte unbefangen und erfuhr ganz die gehoffte Aufnahme, nachdem ich mich durch das erste barsche Wort des Hauptmanns nicht hatte irremachen lassen. Meine Keckheit schien ihm zu gefallen. Er lud mich ein, auf einem Teppich Platz zu nehmen und bot mir Wildpret an, das ich sehr schmackhaft zubereitet fand. Ich gab mir mehr und mehr ein treuherziges, redseliges Ansehen und weidete mich nebenher an den merkwürdigen Gesichtern und köstlichen Gruppen umher.

Jetzt ließ sich ein ferner Donner vernehmen und man machte sich auf ein Gewitter gefaßt, das auch wirklich unvermutet schnell herbeikam. Man flüchtete sich teils in die bedeckten Wagen, teils unter sie zwischen die Räder; auch gab das Zelt einigen Schutz.

Bei dieser allgemeinen Bewegung, indes der Regen unter heftigen Donnerschlägen stromweise niedergoß und eines der seitwärts stehenden Pferde scheu wurde, war mir mein Hut entfallen. Ich suchte in der dichten Finsternis am Boden und hatte ihn soeben glücklich aufgehoben, als ich beim jähen Licht eines starken Blitzes hart an meiner Seite ein weibliches Gesicht erblickte, das freilich derselbe Moment, der mir es gezeigt, auch wieder in die Nacht verschlang. Aber noch stand ich geblendet wie in einem Feuermeer und vor meinem innern Sinne blieb das Gesicht mit bestimmter Zeichnung wie eine feste Maske hingebannt, in alle der grün flammenden Umgebung des nassen, glänzenden Gezweigs. In meinem Leben ist mir nichts Frappanteres vorgekommen als die Erscheinung dieses Nu! Ich staunte nach der Stelle hin, ich hörte noch den Gegenstand an mir vorüberrauschen, und eine längere Zeit, als meine Ungeduld wollte verging, bis ich ins klare darüber kommen sollte.

Ein Mädchen, das anfangs im Zelte verborgen gewesen sein mochte und das man beim Namen Loskine rief, zeigte sich endlich auch unter den andern, als man bei nachlassendem Regen wieder Feuer anmachte und sich unter wechselnden Scherz- und Scheltworten auf den störenden Überfall wieder in Ordnung brachte. Das Mädchen ist die Nichte des Hauptmanns. — Loskine — wie soll ich sie beschreiben? Sind doch seit jener Nacht drei volle Tage hingegangen, in denen ich dieses Gebilde der eigensten Schönheit stündlich vor mir hatte, ohne daß es dem Maler in mir eingefallen wäre, sich ihrer durch das armselige Medium von Linien und Strichen zu bemächtigen!

Ich bin seither der müßige Gefährte dieser Bande. Ja, das bin ich! und ich erröte keineswegs über meinen Entschluß, den mir auch kein Professor Ordinarius der schönen Künste beachselzucken soll! Oder schändet es in der Tat einen vernünftigen Mann, den sein Beruf selbst auf Entdeckung originaler Formen hinweiset, eine Zeitlang unter ganz freien Leuten zu leben, wenn er bei ihnen unerschöpflichen Stoff, die überraschendsten Züge, den Menschen in seiner gesundesten physischen Entwicklung findet und die umgebende Natur wie mit neuen Augen, mit doppelter Empfänglichkeit anschaut? Ich lerne stündlich zu, und sie sind die Gefälligkeit selbst gegen mich. Einiger Eigennutz ist natürlich dabei, meine Freigebigkeit behagt ihnen. Unstreitig aber ist die Bande sehr viel besser, weit mehr auf ehrlichen Erwerb bedacht als hundert ihresgleichen. Der Hauptmann und sein Sohn verstehn sich auf Sachen der Tierheilkunst, treiben gelegentlich Pferdehandel, und verdienen manchen Taler mit Musik in Dörfern und Städten. Gewisse Nationalmelodien hab ich vollkommener nie auf der Geige gehört als von ihnen. Die andern schnitzen allerlei kleines Haus- und Küchengerät aus einem schönen gelben Holz und die Weiber haben besonders im Flechten von feinen Roßhaar- und Stroharbeiten ausnehmendes Geschick.

Einen Tag später, bei einem Gehöft unterhalb der Vorberge.
Ich muß lächeln, wenn ich mein gestriges Räsonnement von Malerstudium und Kunstgewinn wieder lese! Es mag seine Richtigkeit damit haben; wie käme aber diese hochtrabende Selbstrechtfertigung hieher, wenn nicht noch etwas anderes dahinter stäke, um das ich mir gern einen Lappen hängen wollte? — Doch ich gestehe ja, Loskine würde schon für sich allein die Mühe verlohnen, sich eine Woche mit dem Zug herumzutreiben. Ich sehe dies Geschöpf nie ohne die Bewunderung immer neuer geistiger, wie körperlicher Reize. Schon die ganz ungewöhnliche Mischung des Charakters müßte jeden einnehmen. Äußerungen eines feinen Verstandes und einer kindischen Unschuld, trockener Ernst und plötzliche Anwandlung ausgelassener Laune wechseln in einem durchaus ungesuchten und höchst anmutigen Kontraste miteinander ab und machen das bezauberndste Farbenspiel. Das Unbegreifliche in dieser Komposition, in diesen Übergängen ist auch bloß scheinbar; für mich hat alles schon den notwendigen Rhythmus eines schönen Ganzen angenommen. — Erstaunlich ist die Behendigkeit ihrer Bewegungen, herrlich das überlegene Lächeln, wenn es ihr mitunter gefällt, die Gefahr herauszufordern und zu necken. Mit Zittern seh ich zu, wie sie einen jähen Abhang hinunterrennt, von Baum zu Baum fortstürzend, sich nur einen kurzen Anhalt gibt; wenn sie ein andermal sich auf den Rücken eines am Boden ruhenden Pferdes wirft und es durch Schläge zum plötzlichen Aufstehen zwingt. Unter den übrigen macht sie eine ziemlich isolierte Figur; man läßt sie auch gehen, man kennt ihre Art und Weise zu gut und alle hängen mit einer offenbaren Vorliebe an ihr. Besonders macht der Sohn des Anführers, ein gescheiter, männlich schöner Kerl, sich mehr mit ihr zu tun, als ich recht leiden mag, wobei mich einesteils wohl ihre Kälte freut, daneben aber doch sein heimlicher Verdruß oft herzlich rührt. Mich mag sie gerne um sich dulden, doch scheu ich nachgerade diesen Marwin und benütze meist nur die Gelegenheit, wann er eben auf Rekognoszierung oder sonst in Geschäften

ausgeschickt ist, was nicht selten vorkommt. In dem Städtchen, das man soeben passierte, hab ich Geschenke eingekauft: für die Männer und Weiber Rauchtabak, den Mädchen allerlei Clinquant, ihr extra etwas von Gold, das sie wie ich mit Freuden sah, gleich heimlich zu sich steckte.

In einigen Tagen sind wir zur Marktzeit in G., und damit wäre ich dem Ort, von dem ich ausgereist, schon wieder um drei Meilen näher. Gut, daß ich nicht befürchten muß, in diesen Gegenden auf irgendein bekanntes Gesicht zu stoßen, wofern ich überhaupt in meinem jetzigen Kostüm noch kenntlich wäre. Ich habe mir durch einige geborgte Kleidungsstücke ein freieres Wesen gegeben, um mich meinen Gesellen etwas zu konformieren. Eine violett und rote Zipfelmütze, ein breiter Gürtel um den Leib tut schon außerordentlich viel.

d. 27. Jul.

Einen ernsthaften Auftritt hat es gegeben.

Wir ruhten nach einem ermüdenden Strich um Mittag in einem Tannengehölz. Marwin war abwesend und sonst überließ sich fast alles dem Schlaf. Loskine suchte ihre Lieblingsspeise, das angenehme, durstlöschende Blatt des Sauerklees, der dort in großer Menge wächst. Ich begleitete sie und wir setzten uns an einer schattigen Stelle auf den von abgefallenen Nadeln übersäeten Moosboden.

Sie war gesprächiger als sonst, und so nahm ich Gelegenheit mir mancherlei aus ihrem Leben und dem der Ihrigen erzählen zu lassen. Unter anderem frug ich, ob denn auch Wahrsagerinnen unter ihnen wären? „Wohl", sagte sie und lachte: „Sie können alle nichts! Nur Altmutter Afra hat es gekonnt." — „Die prophezeite dir wohl auch einmal?" — „Nicht doch! sie wollte es keinem von uns tun." — „Warum denn nicht?" — „Es wäre zu unserem Schaden meinte sie." — „Auch sonst tat sie dergleichen nicht?" — „O doch! Altmutter Afra hat den großen Krieg vorausgesagt und andre große Dinge mehr von draußen in der Welt. Mein Vater hat es oft bezeugt und es ist heilig wahr."

Das ließ ich nun auf sich beruhn und hütete mich wohl, der Enkelin den mindesten Unglauben zu verraten. Etwas Ehrwürdiges muß aber wirklich an dieser Großmutter gewesen sein. Sie imponierte, wie es schien, den andern nicht allein durch ihr prophetisches Ansehn, sondern zugleich durch eine Art wahrhafter Frömmigkeit mit katholischem Anstrich, wodurch sie eine gewisse sittliche Macht auf die Gemüter ausübte. Loskine erzählte mir rührende Züge allgemeiner Menschenliebe von ihr, und wie man sie auf allen Wanderungen weit und breit gekannt und respektiert. Sie starb mit achtzig Jahren auf einem solchen Zuge im Tirol, wie sie dies lang vorausverkündigt haben soll und wurde nach ihrer Verordnung auf einem kleinen hochgelegenen Kirchhof über dem Pustertal mit dem Aufgang der Sonne unter dem Gebet eines Priesters bestattet.

Während das Mädchen mich auf diese Weise unterhielt arbeitete sie mit einem Schnitzmesser an einem niedlichen Besteck aus Ahornholz. Ich hatte über der Aufmerksamkeit auf jede Bewegung ihrer Lippen, auf ihr reizend gebrochenes, mühsames Deutsch, am Ende kein Ohr mehr für das was sie sagte, und zuletzt, von stille glühenden Wünschen innerlich bestürmt und aufgeregt, sprang ich vom Boden auf und ging, mich zu zerstreuen, weg, kam wieder zurück, warf mich aufs neue bei ihr nieder und zwar so, daß ich etwas tiefer sitzend ihr Gesicht im Rücken und ihren nackten Fuß — denn so geht sie gar häufig — dicht vor meinen Augen hatte. Bei diesem Anblick meiner nicht mehr mächtig ergreife ich den Fuß und drücke meinen Mund fest auf die feine braune Haut. Loskine gab mir lachend einen derben Stoß, wir standen beide auf, und, kühn gemacht durch einen Ausdruck von Verwirrung, den ich an ihr wahrnahm und schnell zu deuten wußte, schlang ich die Arme um die treffliche Gestalt, wir küßten uns und ihre Augen sprühten ihr schwarzes Feuer in die meinen. Plötzlich schrickt sie zusammen, stößt mich weg und der nächste Gegenstand, auf den mein Blick, fast zugleich mit dem ihrigen fällt, ist — Marwin, welcher stumm an einen Baum gelehnt ein Zeuge dieses Vorgangs war. Loskine stand wie eine Bildsäule. Ich, ohne den Menschen bemerken zu wollen, versuchte ihn zu täuschen, indem ich mich gegen das Mädchen mit Lachen über ihre Sprödigkeit beklagte und daß sie mir das Gesicht abscheulich zerkratzt hätte. Sie selbst leistete mir bei dieser Komödie nicht die geringste Unterstützung; sie starrte verworren vor sich hin und entfernte sich schweigend. Nun erst begrüßte ich meinen Rival, und wollte in meiner Rolle fortfahren, allein er sah mich drei Sekunden lang verächtlich an, kehrte sich um und ließ mich stehn.

Es sind seitdem sechzehn Stunden verflossen, ohne daß sich bis jetzt infolge des Geschehenen irgend etwas verändert hätte, außer daß mir Loskine allenthalben ausweicht. Mir aber siedet noch das Blut in allen meinen Adern von der Berührung ihrer Lippen!

In einem Dorfwirtshaus.

Ich bin getrennt von meiner Kameradschaft, aber — um welchen Preis getrennt!

An demselben Morgen, da ich zum letztenmal schrieb, erklärte mir der Hauptmann, zwar mit Mäßigung, aber gleichwohl mit finsterem Unmut, ich müsse ihn verlassen oder mich ganz so verhalten, als ob Loskine nicht vorhanden wäre. Sein Sohn wünsche sie als Weib zu besitzen, er selber habe sie ihm versprochen, sie werde sich auch jetzt nicht länger weigern. Ich möge überhaupt auf meiner Hut sein, Marwin wolle mir sehr übel, nur die Furcht vor ihm, dem Vater, habe ihn im Zaum gehalten, daß er sich nicht an mir vergriffen. Ich erwiderte, wenn mein argloses Wohlgefallen an dem Mädchen Verdruß errege, so werde ich künftig vorsichtiger sein, wenn aber sein Sohn überhaupt durch meine Gegenwart beunruhigt sei, so wollt ich noch heut gehen. Der Hauptmann, eingedenk der gar nicht unbeträchtlichen Vorteile, die meine Gesellschaft ihm bisher gebracht, lenkte ein, und so blieb es vorerst bei dieser Verwarnung. Aber kurz darauf kam ich zu einer herzzerschneidenden Szene, woran ich sogleich selbst teilnehmen sollte.

Loskine, mit dem Strickzeug im Schoß, saß auf der Erde, das Gesicht mit den Händen bedeckend, indes ihr Liebhaber unter gräßlichen Verwünschungen und im heftigsten Schmerz ihr ein offenes Geständnis über jenen Vorgang abzupressen suchte. Wie er mein gewahr wurde, sprang er gleich einem Wütenden auf mich los, faßte mich an der Brust und forderte von mir, was sie ihm vorenthalte. Er zog das Messer und drohte mir noch immer als wir schon von vier andern umringt waren, die sich seiner bemächtigen wollten. Der Vater entwaffnete ihn auf der Stelle. Aber erst Loskine, welche sich jetzt mit einem mir unvergeßlichen Ausdruck von würdevoller Ruhe aufhob, machte dem Lärmen ein Ende; sie faßte ohne ein Wort zu sprechen, Marwin bei der Hand, und er, von der Bedeutung ihrer Gebärde so mächtig ergriffen wie ich, folgte ihr zahm wie ein Lamm, indem sie ihn tief in das Gebüsche mit sich führte.

Nach einer Weile kehrte sie allein zurück, ging mit entschiedenem Schritt gerade auf mich zu, den sie gleichfalls aus der Mitte der übrigen mit einem Wink beiseite zog.

„Ich habe ihm versprochen" — fing Loskine, als wir, weit genug entfernt, im Dickicht stille standen, mit großem Ernst, ihre Bewegung unterdrückend, an — „ich habe ihm versprochen, dir zu sagen, daß ich dich hasse wie meinen ärgsten Feind und bis in den Tod. Ich sage dir also dieses. Du aber weißt es anders. Ich sage dir für mich, daß ich dich viel mehr liebe als meinen liebsten Freund, und das solange ein Atem in mir ist. Doch du mußt fort von uns; auch das hab ich ihm zugesagt. Mach kurzen Abschied! — Küsse mich!"

„Muß ich fort", versetzte ich, durch die Feierlichkeit des Augenblicks fast über allen Affekt hinausgehoben, „muß ich fort, und ist es wahr, daß du mich mehr als alles liebst, wohlan, so laß uns zusammen gehn."

Sie sah mich staunend an, dann senkte sie und schüttelte das schöne Haupt.

„Loskine!" rief ich, „wolle nur, und was dir jetzt unmöglich deucht, soll möglich gemacht werden. Noch eins zuvor aber beantworte mir: Kannst du Marwins Verlangen nicht gutwillig erfüllen? Kannst du sein Weib nicht werden?"

Sie schwieg. Ich wiederholte meine Frage dringender, worauf sie ein heftiges „Nein!" ausstieß. Mir fiel ein Berg vom Herzen, und zugleich war mein Entschluß gefaßt. Augenblicklich spann sich ein Plan in meinem Kopfe an, dessen Unsicherheit ich freilich alsbald fühlte. Er lief darauf hinaus, daß ich nach meiner unverzüglichen Trennung von ihren Leuten allein bis G*** vorausreisen wolle, wo sie, wie ich ja wußte, demnächst eintreffen würden. Dort solle sie sich gegen Abend von ihrer Gesellschaft verlieren, den angesehensten Gasthof erfragen, wo ich mich unfehlbar bereits befinden und alle Anstalten zur Flucht getroffen haben würde. Loskine hatte meinen Vorschlag kaum vernommen, so entriß sie sich mir, durch einen befehlenden Zuruf, vom Hauptmann, wie es schien, erschreckt.

In einem Gewirre von ängstlich sich durchkreuzenden Gedanken blieb ich mir selber überlassen. Hat das Mädchen mich verstanden? Werd ich Gelegenheit finden, sie noch einmal zu sprechen? Wird sie sich zu dem Schritt entschließen können? ja ist er überhaupt nur ausführbar? — Aus diesen Zweifeln rettete ich mich zuletzt durch den sublimen Einfall, alles dem Willen des Schicksals anheimzustellen, nicht das geringste weiter zu Sicherung meines Anschlags zu tun, sondern sein Glücken oder

Mißlingen als entscheidende Probe der Güte oder Verwerflichkeit meines ganzen Vorhabens anzusehn.

Ich erklärte dem Hauptmann sofort die Notwendigkeit meiner Entfernung, mit der er einverstanden war. Er erbot sich zu einem Ehrengeleit, ich schlug es jedoch aus, und bat, die andern nur zu grüßen, da ich um Marwins willen einen allgemeinen Abschied gern vermeiden wolle; in Wahrheit aber schämte ich mich, vor den Menschen zu treten, den ich um seine schönste Hoffnung zu betrügen gedachte; nur sagt ich mir zum Trost, daß er wirklich um nichts beraubt werde was ihm jemals beschieden sein könnte.

Zu Pferd, wie ich vor Wochen ausgezogen war, brach ich mit einem gleichfalls berittenen Begleiter zwei Tage vor dem bewußten Markttag auf und kam auf einem Umweg — die Richtung meiner Reise hatte ich dem Hauptmann falsch bezeichnet — in G*** beizeiten an, nahm mein Absteigequartier, das nicht leicht zu verfehlen war, der Bestellung gemäß und säumte nicht, verschiedene Requisite für meinen, die äußerste Vorsicht erheischenden Zweck zu besorgen. Das Unentbehrlichste zur Umkleidung des Mädchens, ein anständiger Mantel, Hut und Schleier mußte bereitgehalten sein; auch brauchten wir einen geschlossenen Wagen. Dies alles hatte keine Schwierigkeit. An barem Gelde zwar besaß ich nicht zehn Groschen mehr, ein lang geschontes Wertpapier, im Notfach meiner Brieftasche geborgen, war aber mehr als hinreichend, meine Heimreise zu decken.

Die nächste Nacht verbrachte ich in quälender Unruhe, und morgens beim Aufstehen frug ich mich, wie wirst du diesen ganzen, verzweifelt langen Tag und wie noch einen zweiten bis zu dem Augenblick aushalten, wo sie vielleicht erscheint? — vielleicht! Mein Glaube stieg und sank in unaufhörlichem Wechsel von einer Viertelstunde zur andern.

Für den Fall daß mein Wagestück glücklich abliefe beschloß ich, dem Baron in einem kurzen Schreiben, das unterwegs erst irgendwo auf die Post kommen sollte, vorläufig eine Andeutung meines verliebten Abenteuers unter dem Siegel der strengsten Verschwiegenheit zu geben.

Ich machte zu meiner Zerstreuung nach Tisch einen Gang vor die Stadt und fand bei der Rückkehr unerwartet die paar bescheidenen Garderobestücke für das Mädchen bereits auf meinem Zimmer vor. Wie sonderbar ergriff mich dieser Anblick! wie quoll mir das Herz vor Sehnsucht über! Ich nahm den Mantel auf, ich drückte ihn mit Inbrunst an die Brust, als hätte er dem schönen Leib, den er umschließen sollte, schon wirklich angehört! — — —

Auf dem Platz vor meiner Herberge wurden die Buden für den morgenden Markt aufgeschlagen: ein lautes, lärmendes, auch hie und da mit Zank und Spaß gemischtes Treiben, dem ich eine Weile gleichgültig zuschaute. Unter meinen Fenstern schaukelten sich einige Knaben auf den umherliegenden Brettern, ein anderer Junge trat hinzu und zeigte ihnen eine neue hölzerne Armbrust. Ich sah das ohne irgend etwas dabei zu denken, bis mir mit einemmal eine Erinnerung aufblitzte, als hätte ich vor kurzem ein ähnliches Spielzeug unter den Händen Loskinens gesehn. Um Gottes willen, wären sie schon hier? — hab ich mich in der Zeit geirrt? — und wäre sie, sie selbst etwa schon ganz in meiner Nähe? — Ich stürzte, außer mir vor Angst und Freude, vom Fenster hinweg: wie leicht erkennte mich hier einer von der Straße aus!

Mein peinvoller Zustand währte nicht lange. O Gott wie war mir, als es außen auf dem Gang geschlichen kam und jetzt die herrliche Gestalt zur Türe hereinschlüpfte, Loskine sich in meine Arme warf, und mit ersticktem Atem rief: „Da bin ich nun, da hast du mich Unselige! beginne mit mir, was du willst!"

Den Wonnerausch der ersten Augenblicke unterbrach nur allzu bald die Furcht vor der Gefahr, worin wir schwebten. Ich schob das Mädchen in ein Kabinett, ließ etwas Essen bringen und schickte nach dem Kutscher. Glücklicherweise war das Haus im Erdgeschoß von Gästen überfüllt, man nahm von uns wenig Notiz — — mit einem Wort, ich hob meine zitternde Beute unangefochten, ohne alles Aufsehn, in den bereitstehenden Wagen.

Wir reisten die ganze Nacht hindurch und sind jetzt weit genug, um nichts mehr zu befürchten. Aber welch eine Not, welche süße Not hatte ich nicht, den Jammer des guten Geschöpfs allmählich zu beschwichtigen. Sie schien erst jetzt den ungeheuren Schritt zu überdenken, sie machte sich die bittersten Vorwürfe, und dann wieder lachte sie mitten durch Tränen, indem sie mich mit tausend Küssen in wilder Leidenschaft umschlang.

So kamen wir gegen Tagesanbruch im Grenzorte B*** ermüdet an. Ich schreibe dies in dem elendesten Wirtshaus, derweil Loskine nicht weit von mir auf einem schlechten Lager schläft. — Getrost, liebes Herz, in wenig Tagen zeig ich dir eine

Heimat. Du sollst die Fürstin meines Hauses sein, wir wollen zusammen ein Himmelreich gründen, und die Meinung der Welt soll mich nicht hindern, der glücklichste aller Menschen zu sein.

Meister Tillsen und seine Frau hatten die vorstehenden Blätter mit der größten Teilnahme gelesen. Gleich am folgenden Morgen ging er aus, dem Schauspieler zu danken und die mündliche Fortsetzung von Noltens Geschichte, wie ihm versprochen war, zu hören.

Larkens, der ihn so bald noch nicht erwartet hatte, empfing ihn mit besonderer Herzlichkeit. „Ich war", fing er an, „heut früh schon auf dem Schloß und habe den Doktor gesprochen. Der Patient hat vortrefflich geschlafen und alles geht nach Wunsch. Er läßt uns beide und den Hofrat grüßen. Noch ein paar Tage, hieß es, so darf man ihn besuchen. Und jetzt — ich bin noch nüchtern, wie ich um sechs Uhr aus den Federn stieg — verlangt mich nach dem Frühstück. Sie trinken eine Tasse mit. Und du", rief er dem Diener zu, der mit der Schokolade kam, „wirst dafür sorgen, daß uns niemand störe."

Sofort als beide Platz genommen, versuchte Tillsen angesichts der mitgebrachten Handschrift, von dem gemischten Eindruck Rechenschaft zu geben, den ihm diese Lektüre gemacht. Er sagte unter anderem: „Gesetzt, ich hätte das interessante Fragment gedruckt in einem unserer bessern Journale gelesen, ich würde es zum großen Teil und zwar eben in seinen bedeutsamsten Zügen geradezu als Dichtung angesehen haben. Das Wunderbare hätte ich auf sich beruhen lassen, ohne deshalb vom Ganzen weniger angezogen zu werden. Der poetische Glaube wäre bei mir dem wirklichen sicher so nahe gekommen als ein Novellendichter es bei der Behandlung eines ähnlichen Stoffs von seinen Lesern nur immer wünschen kann. Nachdem Sie mir jedoch versichert haben, daß es sich hier durchweg um bare Wahrheit handle, weiß ich mich in der Tat so ohne weiteres nicht darein zu finden, da mir gewisse Erscheinungen des mystischen Gebiets beinahe fremd geblieben und immer zweifelhaft gewesen sind. Was man insonderheit von einem Fernsehen nach Zeit und Raum, vom Vorgesicht oder, wie man es nennt, dem Zweiten Gesicht erzählt, übersteigt doch alle unsere Begriffe."

„Ei, lieber Freund", versetzte Larkens, „wieviel begreifen wir denn eigentlich von alle dem was wir tagtäglich vor Augen haben, ja was wir selber sind? Wie weit kennen wir denn die menschliche Natur, um ihre Grenzen zu bestimmen? Wenn mir eine Menge sehr beglaubigter, vollkommen übereinstimmender Fälle vorliegen, unter denen der unsrige wahrlich nicht der geringste ist, wie soll sich mein Verstand diesen Dingen gegenüber verhalten? Ich nehme sie schlechthin wie sie sich geben, ohne mir die ungeheuren Schwierigkeiten zu verbergen, auf welche man in Ansehung der höchsten Fragen bei einigem Nachdenken zuletzt notwendig stößt. — Wir reden künftig wohl einmal ein mehreres davon. Für heute wollte ich Ihnen nur die nächsten tatsächlichen Folgen des Abenteuers auf der Ruine und was sich späterhin daraus entspann, vertrauen. Womit beginne ich nun aber gleich am füglichsten? — — Wohlan! Sie sollen, eh Sie weiter hören, erst etwas sehn, was meinen Worten trefflich zu Hilfe kommen wird."

Er holte jenes Etui mit dem Miniaturportrait Agnesens und legte es vor Tillsen hin. „Ah", rief derselbe freudig von diesem Anblick überrascht: „find ich das schöne Kind bei Ihnen wieder!" — Der andere stutzte einen Augenblick: er dachte nicht sogleich an die uns bekannte idyllische Zeichnung der Szene im Garten des Försters, von der ihm Tillsen jetzt zum ersten Male sprach. Ihn entzückte das gegenwärtige Bildchen, welches ein leiser Zug von Trauer (es war kurz nach dem Tode der Mutter zur Zeit der Verlobung in Neuburg von Nolten gemalt) nur um so anziehender machte.

„Es ist Noltens Braut", sagte Larkens.

„Ich denke mir es wohl. Wie aber kommt es doch, daß er uns nie ein Wort von ihr gesagt?"

„Das werden Sie bald hören." Und nun fing Larkens an, ausführlich zu erzählen. Er schilderte die Kindheit, das häusliche Leben, die Sinnesart des Mädchens, den Vater, den Baron, das glückliche Verhältnis der Verlobten, den plötzlich drohenden Zerfall und seine verborgenen Gegenanstalten. Dann kam er auf das jüngste Schreiben aus Neuburg, dessen erstaunlicher Inhalt die bisherige Dunkelheit der Lage mit einemmal zerstreute und dem Vermittler so vollkommen gewonnen Spiel zu geben schien.

Tillsen, welcher dem lebhaften Vortrag mit der gespanntesten Aufmerksamkeit gefolgt war, sagte nach einem halbverlegenen Stillschweigen: „Ich werde wohl Zeit brauchen, um über alles das was diese Mitteilung in mir aufregt, obwohl hier jeder Zweifel schweigen müßte, ganz einig mit mir selbst zu werden, das Ganze als ein Wirkliches, Erlebtes ordentlich in meinem Bewußtsein unterzubringen."

Indes war Larkens noch nicht zu Ende. Er gab dem Maler noch eine Reihe charakteristischer Briefe von Agnes zu hören, die freilich mehr als jede Schilderung zu ihrem Vorteil sprachen. Wenn jene düstern unheimlichen Elemente in ihrer Geschichte den nüchternen Mann fürs erste wohl einigermaßen peinlich berühren konnten, so war er durch die Klarheit, die Ruhe, ja die Heiterkeit, die überall in diesen Briefen herrschte, bald völlig für die Schreiberin eingenommen. Er fühlte welch ein Schatz dem armen Nolten durch die Treue, den Scharfsinn, die Entschlossenheit eines Freundes gerettet sein sollte, den er erst eben jetzt bei diesem außerordentlichen Anlaß von seiner menschlichsten und zartesten Seite kennenlernte.

Im weiteren Verfolg der Unterredung las Tillsen einige Stellen in dem Brief aus Neuburg wiederholt für sich und sagte dann: „Das erste, was in der Erzählung des Barons auffallen muß, ist das Benehmen der Fremden bei der Begegnung vor dem Birkenwäldchen. Es scheint, sie ließ das Mädchen anfangs ganz gleichgültig an sich vorübergehn."

„Gewiß nichts weniger als gleichgültig!" versetzte Larkens. „Sie wußte zuverlässig, daß dieselbe nach den ersten Schritten wieder umkehren werde."

„Wär's möglich?" rief der Maler: „bei Gott, das wäre viel. Und die Begegnung war nicht etwa bloßer Zufall?"

„Keineswegs. Zufällige Veranlassung war nur, daß Elsbeths Bande seit Jahren einmal wieder ihren Weg durch diese Gaue nahm. Dagegen kam es nicht von ungefähr, daß sich die Dirne von ihrer Gesellschaft verlief und eben diese Straße ging. Sie folgte einer innerlichen Leitung und ihr Zusammentreffen mit Agnes war ein ganz ähnliches wie dort auf der Ruine mit den zwei Geschwistern. — Denken Sie sich die Halbirrsinnige. Sie scheidet von dem Knaben mit dem unseligen Gedanken, daß er ihr auf ewig angehöre, vom Schicksal ihr bestimmt, durch seinen Schwur unauflöslich an sie gebunden sei. Die Zuversicht, ihn wiederzufinden, begleitet sie auf allen ihren unfreiwilligen Wanderzügen, von Land zu Land, in die mährischen Wälder und wieder zurück. Von Zeit zu Zeit, in einzelnen, gewiß nicht allzu häufigen Momenten stellt sich jene geheimnisvolle Gabe ein. Irgendein Fleck der Welt, wenn noch so weit entlegen, ein Dorf, ein Haus, ein Garten, eine Straße, mit allem was sich drin bewegt, liegt plötzlich helle wie im Spiegel vor dem geistigen Auge. Da ist der Knabe wieder! Das Zimmer, der Tisch, um welchen die Familie in der Minute mit ihm sitzt! Ein andermal, vielleicht nach Monaten, erblickt sie ihn an einem ihr völlig fremden Ort, unter lauter fremden Gesichtern, und so zu verschiedenen Zeiten in immer wechselnder Umgebung. Nun aber, zwischen allen den Gestalten, mit welchen der Knabe, der Jüngling verkehrte — wie hätte ihr die eine, die ihm am nächsten stand, verborgen bleiben können? Nein, sie kannte diese eine nur zu gut, und mochte ihretwegen nicht wenig angefochten sein. Ich gehe aber weiter und behaupte: ihr war auch jener Dritte, den sie der Braut weissagte und den sie auf der Straße mit ihr gesehen haben muß, lange zuvor bekannt. Welchen besondern Rapport sie indes zwischen den beiden entdeckt haben mag, um sie mit solcher Entschiedenheit als künftiges Paar zu bezeichnen, das mag der Himmel wissen. Hier stehen wir bei einem Punkt, über den wir uns doch schließlich wohl am ehesten noch verständigen werden. Ich meine eben diese verwünschte Prophezeiung, die für den Augenblick jeden frappieren kann. ‚Der junge Mann, den du da ausgefolgt, ist zwar dein Liebster nicht, doch denk an mich, er wird es werden.‘ Gewissermaßen ging dies Wort, wie wir ja wissen, in Erfüllung; doch eben nur infolge der Vorhersagung selbst. Auf was aber hätte sich diese gegründet? Etwa darauf, daß Elsbeth vermöge des Zweiten Gesichts Agnes und ihren Vetter in irgendeiner zärtlichen Situation mit Kuß und Umarmung vorausschaute? Das liefe augenscheinlich auf einen wunderlichen Zirkel hinaus, oder Ursach und Wirkung fielen dabei in eins zusammen. Nein, die Sache wird vielmehr ganz einfach sein. Man muß neben der Seherin die offenbare Törin nicht vergessen. Ich — um es kurz zu sagen — halte alles was sie sprach für Eingebung ihrer verrückten Leidenschaft, wobei sie zwar zunächst sich selber täuschte, zugleich jedoch dem Mädchen gegenüber mit jener Art von List verfuhr, wie sie sich oft genug beim Wahnsinn findet."

„Sehr gut!" bemerkte Tillsen mit einem beifälligen Lächeln zu dieser letztern, rein verständigen Erklärung.

„Und doch", fuhr Larkens fort, „bleibt immer etwas Rätselhaftes übrig. Wenn die Wahrsagerin dem Mädchen ihren Bräutigam mit den Worten auszureden sucht: ‚Sein Stern ist wider den deinen. Die Geister necken sich und machen mit den Herzen Krieg‘, so ist darin dem Sinne nach, der sich damit verbinden läßt, zwar keine objektive Wahrheit, allein es war damit doch nahezu die Anschauung Agnesens wirklich ausgedrückt. Wie kam nun das Weib zu diesem Gedanken? — Wofern man nicht annehmen will, sie habe dem Mädchen selbst im tiefsten Grund der Seele gelesen, so ist nur *eine* Auskunft möglich, und die wäre, daß das verhängnisvolle Wort nichts weiter als eine in der Orakelsprache des gemeinen Zigeunervolks herkömmliche Redensart sei, deren sich Elsbeth gegen ihre Gewohnheit auch wohl einmal bedienen mochte, und die denn unglücklicherweise hier zufällig eingeschlagen hätte."

Mit dieser Hypothese, die dem skeptischen Freund vollkommen einzuleuchten schien, verließ man endlich den schwer zu erschöpfenden Gegenstand.

Nach einigen Zwischenreden frug der Maler: „Und Nolten hat seit der Zusammenkunft auf der Ruine die Unglücksdirne nicht wiedergesehen?"

„Nie mehr. Auch konnte er dies begreiflicherweise nicht wünschen. Demungeachtet aber hat das Erlebnis jenes Tages jahrelang bei ihm und eben nicht ungünstig auf die Vertiefung seines Wesens, auch in künstlerischer Richtung fortgewirkt."

„Erlauben Sie mir", sagte Tillsen, „eine gelegentliche Frage. Das Bild von der Orgelspielerin ist mir nach alle dem, was ich von Ihnen hören durfte, natürlich doppelt interessant und wert geworden. Es hat, als freie, traumartige Phantasie betrachtet, seine selbständige Geltung vermöge der zugrunde liegenden Idee, die sicherlich von jedermann mehr oder weniger bestimmt verstanden und empfunden wird. Ist aber ein Persönliches erst einmal ausgesprochen, so kann man nicht umhin, im einzelnen besondere Beziehungen zu suchen. Da möchte ich nun fragen: warum ist Elsbeth als ein abgeschiedener Geist gedacht? und dann, wie kommt sie nur zu dem ihr doch wohl lebenslang ganz fremd gebliebenen Attribut der Orgel?"

„Darüber kann ich Aufschluß geben", versetzte Larkens. „Sie haben, ohne es zu wissen, den Charakter dieser sonderbaren Komposition mit dem Prädikat des Traumhaften ganz eigentlich bezeichnet. Die Skizze, die im letzten Jahr von Noltens Aufenthalt in Rom entstand, ist, wie er mir versicherte, in sämtlichen Hauptteilen das treue Abbild eines wirklichen Traums, und in der Tat ist weiter nichts darin enthalten als was wir selber allenfalls hineinzulegen genötigt sind."

Tillsen freute sich ausnehmend der unerwarteten Notiz, die

Nolten ihm zu seiner Zeit nur vorenthalten haben mochte, weil er wohl überhaupt nicht gerne weiter von der Sache sprach.

Nach einer gut zweistündigen Erörterung vergangener Zustände kam jetzt natürlich noch die Gegenwart zur Sprache. Larkens hatte die Äußerung hingeworfen: Noltens Verhältnisse, wie seine eigenen, seien nun leider dermaßen gespannt und verschoben, daß er nicht sehe, wie sie wieder ins gleiche kommen könnten. Schon ehrenhalber werde er nach der erlittenen Unbill, für die es keine Genugtuung gebe, nicht wohl auf seinem Platze bleiben können; er fühle sich deshalb schon wie der Vogel auf dem Zweig. Verwundert schaute Tillsen auf, als traute er seinen Ohren kaum. Er brachte sofort mit dem wärmsten treuherzigsten Eifer alles mögliche zu Widerlegung einer so skrupulösen Ansicht vor.

Wenn es sich auch inzwischen nicht bestätigte, daß man die plötzliche Aufhebung des frivolen Prozesses geradezu der Königin verdanke, so durfte man nichtsdestoweniger auf die Gunst der einsichtigen edlen Dame zählen. Auf mehr als eine Weise konnten die Gekränkten durch ihre Vermittlung entschädigt werden, und Tillsen war gewiß der Mann, dies schicklich einzuleiten. Von einer festen Anstellung des Dresdener Schauspielers verlautete nichts mehr. Sein Gastspiel setzte er indessen, und allerdings mit vielem Beifall fort, während Larkens, seiner Bitte gemäß, da er notwendig einer Erholung bedurfte, von seiten des Theaters zur Mitwirkung vorerst nicht in Anspruch genommen wurde. Im stillen war er ganz entschieden auf seinen förmlichen Rücktritt bedacht. Da nun aber seine Absicht, Nolten um jeden Preis aus der verwickelten Lage, die er noch nicht einmal kannte, zu reißen, und deshalb je eher je lieber die Stadt mit ihm zu verlassen, kein Gegenstand für eine offene Besprechung war — denn wie hätte er das Verhältnis zur Gräfin und etwa gar seinen Verdacht daß diese Liebe nicht einseitig sei, ohne die höchste Indiskretion einem Dritten füglich entdecken können? — so konnte er jetzt Tillsen gegenüber, um doch von weitem vorbereitend auf seinen Abschied hinzudeuten, nur halbe und scheinbare Gründe vorwenden, die er denn auch beharrlich bis zum Ende der langen Unterredung geltend machte.

Nunmehr erging an Noltens Freunde die Einladung, ihn zu besuchen, und natürlich war Larkens der erste, der kam.

Er fand den Patienten allein, im Lehnstuhl sitzend. Trotz

seinem Vorsatz, jede stürmische Begrüßung zu vermeiden, umarmte, küßte, herzte er den Maler mit aller Leidenschaft, und riß damit auch diesen zu einer größeren Gemütsbewegung hin, als ihm geraten war. Indes hatten sich beide schnell wieder gefaßt, und Larkens fand alsbald den Übergang zu etwas Heiterem, indem er allerlei aus seiner eigenen Leidenszeit erzählte und insbesondere seine Meinung über das illusorische gerichtliche Verfahren auf die ergötzlichste Weise preisgab.

Auf einmal sah er sich in dem Gemache um und rief: „Daß ich dich aber noch in diesem Käfig finden muß! Wo denkt der Narr von Doktor hin? Dich erst als krank und nun als Rekonvaleszenten im Gefängnis liegen zu lassen! Da muß einer ja wohl trübsinnig werden, ja, wie mir scheint bist du es schon halbwegs. Das darf nicht sein! und wenn du nur noch zweimal vierundzwanzig Stunden da oben auszuhalten hättest, so sollst du mir anders logieren!" Ungeachtet der ernstlichen Einrede Noltens lief er spornstreichs hinweg, zu sehen was zu machen sei.

„Oh", seufzte Nolten ihm aus tiefster Seele nach, „o wenn du wüßtest, guter Mensch, wie mir ums Herz ist! wieviel besser ich im traurigsten Winkel der Welt gebettet läge, wo weder Freund noch Feind mehr nach mir früge!"

In der Tat war seine Lage verzweiflungsvoll.

Von dem Augenblick an, da ihm seine Lossprechung verkündigt wurde, erwartete er mit Ungeduld jeden Tag und jede Stunde ein liebevolles Zeichen von Constanzens Hand; er hoffte zumal einen tröstlichen Wink von ihr über die Stimmung im Hause, die Meinung am Hof zu erhalten. Vergebens! Teilnehmende Nachfragen nach seinem Befinden liefen täglich beim Arzt oder Wärter von den verschiedensten Seiten ein — der Name Zarlin wurde nie genannt. Wie sollte er sich das erklären? Hätte etwa der Graf ihr die Hände gebunden? So gab es ja, dachte er, Mittel und Wege genug, mir heimliche Botschaft zu tun. Steckt irgendeine unberechenbare Tücke des Herzogs dahinter? Nichts schien ihm gewisser. Und wenn nun Constanze — so dachte er weiter — in ihrer Herzensnot sich dem Bruder entdeckt, wenn er, wenn die Familie sich gegen uns verschworen, die Königin ihren Beistand versagt hätte? — Aber selbst das Äußerste angenommen, so konnte sie mich nicht in solcher Pein der Ungewißheit lassen. Sie mußte schreiben, *mußte!* — ja sicherlich sie tat's — vielleicht gar wiederholt, und ihre Briefe wurden vom Bruder unterschlagen.

Mehrere Tage hatte er sich mit diesen und ähnlichen Gedanken abgequält, als ihm einfiel, selbst einen Schritt zu tun. Er nahm seine fertige Zeichnung des alten Schlößchens aus der Mappe, schrieb einige unverfängliche Zeilen dazu, und schickte die Rolle versiegelt mit einem Billet an Madame Tillsen, worin er kurz von sich berichtete und bat, die einzige geringe Frucht seines betrübten Fleißes persönlich der Gräfin zu übergeben.

So glücklich er dies ausgedacht zu haben glaubte, so grausam sollte er sich in seiner Erwartung getäuscht sehen.

Um Mittag hatte er die Sache abgeschickt und noch vor Abend war die Rolle uneröffnet wieder in seinen Händen. Ein gräflicher Diener hatte sie gebracht: „Geht an den Herrn Absender zurück" war von Seiner Erlaucht mit derber Feder auf der Adresse bemerkt.

Wenn sich Nolten durch diesen feindseligen Schlag nicht augenblicklich ganz vernichtet fühlte, so war es zunächst die gerechte Empörung über ein so unerhört schnödes Verfahren was seinem Schmerz zu Hilfe kam, indem es seinen ganzen Stolz aufrief. Hinter der Zorngrimasse des Grafen sah er die weinenden Augen Constanzens; denn auch nicht der schwächste Schatten eines Zweifels an der Geliebten selbst berührte seine Seele. Allein was hatte er von nun an noch zu hoffen? Was blieb ihm überhaupt nach dieser tödlichen Beleidigung zu unternehmen übrig? — —

Mit der fröhlichsten Miene kehrte Larkens zurück. „Es ist geholfen", rief er, „und das wie! Daß du dich wundern sollst [...]

MALER NOLTEN

*Fortsetzung der Neufassung
in Klaibers Bearbeitung*

[Von diesen Sorgen gepeinigt hört er jetzt mit einem Male auf dem Gange draußen die eilfertigen Tritte des wiederkehrenden Schauspielers. Unfähig seinen Schmerz in sich zu verschließen und nach einem herzlichen Wort der Teilnahme dürstend, gelobt er sich rasch entschlossen, nun endlich zu tun, was er so oft gewollt, wozu er nie den Mut gefunden,] dem Freunde seine ganze Lage zu entdecken.

Mit der fröhlichsten Miene [kam] Larkens [herein.] „Es ist geholfen!" rief er, „und das wie! — Daß du dich wundern sollst. [Ich habe dir] ein Lokal entdeckt, darüber in der Welt keines geht, einen kleinen getäfelten Saal mit einem Erker [und einer] Aussicht [darin — du wirst Augen machen, Freund!" Und nun] beschrieb er [mit Laune] den altertümlichen Reiz der eichenen, vielfach mit Schnitzwerk, mit Wappenschildern und Sinnsprüchen verzierten Wände, die hölzerne Decke, in gleiche Quadrate geteilt, [mit dem warmen dunkeln Farbenton,] den riesenhaften Ofen, den man [noch mit ganzen, langen Scheitern] heize — [kurz ein Raum wie gemacht um darin gesund zu werden.]

„Ich danke dir", erwiderte der Maler und drückte ihm die Hand. „Du bist der alte noch." Darauf fuhr er in steigender Bewegung fort: [„Aber] jetzt, Larkens, ein Bekenntnis! Es läßt mir keine Ruhe mehr. Ich habe dir ein schweres Unrecht abzubitten."

„Oho! was werde ich hören?"

„Treuloserweise hab ich dir indes verschwiegen —"

„Nun? —"

„Um eine Lebensfrage handelt sich's, die ich vor dir verbarg, dem Freunde, den ich dafür kenne, daß er mein Schicksal, Glück und Unglück, wie sein eigenes auf der Seele trägt. Kannst du mir vergeben?"

„Eh nun, vollende deine Beichte!"

„So wisse denn: ich liebe die Gräfin!"
„Fast konnte man's glauben."
„Fand Gegenliebe —"
„Ganz begreiflich."
„Wir waren einig und sie hoffte den Bruder zu gewinnen."
„Unmöglich! Seid ihr toll? — Und weiter?"
„Alles ist verloren!"
„Aber wie?"
Mit wenigen fliegenden Worten sagte Nolten heraus, was wir wissen. „Armer Junge!" rief Larkens ein über das andere Mal. „So hast du dich verrannt! So hinter meinem Rücken, böser [Mensch!] Und ich war blind genug, das Feuer nicht zu merken, bis mir der Rauch in die Augen beißt!"
[War nun auch das letztere nicht völlig der Wahrheit gemäß, so enthielt doch, was er soeben vernommen, noch immer des Überraschenden genug für Larkens. Nicht nur, daß seine Vermutung bestätigt war in einem Grade, wie er es kaum für möglich gehalten — viel wichtiger war ihm in diesem Augenblick das Schweigen der Gräfin dem Gefangenen, dem Kranken gegenüber. Blitzartig sah er den Zusammenhang erhellt: kein Zweifel, sie hatte von Agnes gehört; wußte er doch von Tillsen, daß die Prozeßakten samt und sonders, also wohl auch jene rotseidene Mappe, durch des Herzogs Hand gegangen waren. Aber Nolten selbst die Aufklärung des Rätsels zu geben, durfte er, auch wenn er es gewollt hätte, in seinem gegenwärtigen Zustand nicht wagen.

Mit unsäglicher Wärme schloß er beim Abschied den Freund in die Arme. Wie innig bemitleidete er ihn, dem auch *er* noch ein so bedeutungsvolles Geständnis schuldig war! Aber ein hohes Gefühl, daß nun vom Schicksal selbst der Boden für die wahre Lösung bereitet sei, ließ ihn freudig für Nolten eine glückliche Zukunft hoffen und gab seinem Mitgefühl eine wunderbar erhebende Kraft. Sie verfehlte auch ihre Wirkung auf den Maler nicht, der sich schon durch das offene Bekenntnis einigermaßen das Herz erleichtert fühlte.

Nach Hause zurückgekehrt, überblickte Larkens in Ruhe den veränderten Stand der Dinge. Fest stand ihm das eine, daß nun gehandelt werden müsse, sobald es Noltens Kräfte gestatten. „Die arme Gräfin!" rief er aus, „was muß sie von ihrem Liebhaber denken? Es wäre grausam, sie noch lange in diesem qualvollen Irrtum zu lassen." Im übrigen konnte ihm, nachdem es einmal ohne sein Wissen so weit gekommen war, nichts erwünschter sein, als das Verstummen Constanzens und die derbe Unart ihres Bruders. Das heilt ihn zum mindesten, sagte er sich, von dem unseligen Wahn dieser hochgräflichen Verbindung, der mir leicht hätte gar übel in die Quere kommen können: er muß sich inzwischen ohne seine Constanze behelfen lernen und wird hernach die bittere Pille leichter verdauen. Am Gelingen seines Planes zweifelte er auch jetzt keinen Augenblick; hatte er doch den Brief des Barons, der mit Engelszungen für Agnes sprechen mußte. Und sollte je sich Nolten gegen seine heilige Mannespflicht verhärten, sollte wirklich die neue Liebe so tief in ihm haften, daß er das Bild des süßen Mädchens in seiner himmlischen Reinheit nicht wiederzuerkennen vermöchte, so glaubte Larkens mit Sicherheit eben auf die Gräfin selbst und ihren hohen Sinn vertrauen zu dürfen. „So wie ich sie kenne", meinte er, „wenn sie auch nur *einen* Brief von Agnes gelesen hat, muß sie ihre beredteste Fürsprecherin werden." —]

[In der Tat hatte die edle Frau nach der jähen Erschütterung, in welche sie anfänglich jene Entdeckung gestürzt, bereits in vollem Maße das schöne Gleichgewicht ihres Wesens zurückgewonnen. Die friedliche Stille auf dem Lande und Fernandas zarte Empfindung wirkten in diesem Sinne mit, und eines Morgens sagte sie, die Freundin] umarmend, mit unverstellter Ruhe und fast heiter: „Ich habe diese Nacht in allem Frieden mit mir abgeschlossen. Die Täuschung [ist es] allein, [die] mich noch schmerzt, nicht der Verlust. Ich habe mir jeden weichherzigen Rückblick, allen müßigen Jammer verboten. Du wirst deshalb gewiß nicht allzuviel durch mich zu leiden haben." —

[Sobald es tunlich war,] ging der Umzug Noltens [in den von dem Freunde für ihn entdeckten Rittersaal] vor sich [und der Kranke] mußte gestehen, [daß er sich] wahrhaft erleichtert und erhoben fühle [von der] ebenso heitern als eindrucksvollen Umgebung. [Indes schritt die Kräftigung unter dem lastenden Druck der innern Ungewißheit doch nur sehr allmählich vorwärts, und die schmerzliche Rückerinnerung war es noch immer was alle seine Gedanken beschäftigte.

Die Freunde kamen nun, einer um den andern, sich des Langentbehrten zu erfreuen,] Tillsen, der alte Hofrat [zumal, munter wie immer und fast drollig in der geschäftigen Sorge, womit er seinen jungen Freund erst um und um betrachtete, ehe er recht an seine Genesung glaubte. Der Maler hörte ihm mit trübem Lächeln zu, als ihm der Alte die Neuigkeiten aus der Stadt berichtete, daß Herzog Adolf nächster Tage nach Oberitalien abzureisen denke, daß Zarlin sich auf eine seiner entfernten Besitzungen begeben habe und nicht so bald zurückerwartet werde, daß die Gräfin seit längerer Zeit auf dem Gute ihrer Freundin weile.

„Also noch immer bei Fernanda!" rief Nolten mit schmerzlichem Ton, als er sich wieder allein sah, „und nicht von dem Bruder gehütet! Wie leicht wäre es ihr, mir einen freundlichen Gruß, ein teilnehmendes Wort in meine Einsamkeit zu senden!" Indes so bitterweh ihm das tat, so überwog doch alles der Gedanke an Constanze selbst: wieviel mußte sie leiden! wie schwer mußte ihr der Kampf geworden sein, ehe sie den Geliebten, dem sie an jenem Abend so schön ihr Herz, ihre Zukunft zu eigen gegeben, dem Bruder, dem geschwisterlichen Frieden zum Opfer brachte! Zweifeln aber durfte er daran nun nicht mehr; der selige Traum war zerstoben, es war alles vorüber! — —

Wie erstaunte daher Larkens, der nicht ohne Sorge allen Wandlungen des Freundes folgte, als er ihn einige Tage darauf an einem schönen Frühlingsmorgen] im kräftigen Strahl der [Sonne am] halboffenen Fenster sitzen [fand und sofort an seinem freudigen Blicke erkannte, daß eine Änderung mit ihm vorgegangen sei.] Laut drückte [er] seine Freude [darüber] aus, während Nolten ihm lächelnd mit der Hand Stillschweigen zuwinkte, denn der lieblichste Gesang tönte soeben aus dem Zwinger herauf, wo die Tochter des Wärters mit den ersten Gartenarbeiten beschäftigt war. Sie selbst konnte wegen eines Vorsprungs am Gebäude nicht gesehen werden, desto vernehmlicher war ihr Liedchen:

> Frühling läßt sein blaues Band
> Wieder flattern durch die Lüfte,
> Süße wohlbekannte Düfte
> Streifen ahnungsvoll das Land;
> Veilchen träumen schon,
> Wollen balde kommen;
> Horch, von fern ein leiser Harfenton! — —
> Frühling, ja du bist's!
> Dich hab ich vernommen!

Die Strophen bezeichneten ganz jene zärtlich aufgeregte Stimmung, womit die neue Jahreszeit den Menschen, und den Genesenden weit inniger als den Gesunden, heimzusuchen pflegt. Eine seltene Heiterkeit belebte das Gespräch der beiden Männer, während ihre Blicke fern auf der keimenden Landschaft ruhten. Nie war Nolten beredter als heute, der andere nie so menschlich und liebenswürdig gewesen.

Auf einmal stand der Maler auf, sah dem Freunde lang, wie mit abwesenden Gedanken, ins Gesicht, und sagte dann, indem er ihm seine Hände auf die Schultern legte, im ruhigsten Tone: „Soll ich dir gestehen, Alter, [daß mir heute zum ersten Male wieder herzlich wohl ist,] ja daß mir vorkommt, erst [jetzt] fange ich eigentlich zu leben an? Begreife mich aber. Nicht diese erquickende Sonne ist es allein, nicht dieser junge Hauch der Welt da draußen, die sich mir wieder auftut, und nicht deine belebende Gegenwart. Es hat sich mir in diesen Tagen die Gestalt meiner Vergangenheit, mein inneres und äußeres Geschick, von selber wie im Spiegel aufgedrungen und es war das erstemal, daß mir Absicht und Endzweck meines Lebens so unzweideutig vor Augen lag. Ich mußte gewisse Zeiträume wie blindlings durchlaufen, mit den folgenden geht es vielleicht nicht anders; aber auf den kurzen Moment, wo die Richtung meiner Bahn sich verändert, ist mir die Binde abgenommen, ich darf mich frei umschauen, als wie zu eigner Wahl, und indem eine Gottheit mich führt, bin ich mir doch nur meines Willens bewußt. [Noch vor kurzem,] wie weit schien ich [von dem wahren Ziele] entfernt! [wie strebte ich noch] mit Heftigkeit an mich zu [reißen,] was mir notwendige Bedingung meines Glücks [schien! Und wie bitter habe ich es büßen müssen! Ich habe nun der Welt, ich habe der Liebe entsagt; sie wird ein unvergänglicher Besitz meines Innern bleiben, aber sie darf mir mehr nicht angehören als mir die Wolke angehört, deren Anblick mir eine alte Sehnsucht immer neu erzeugt.]

Große Verluste sind es doch eigentlich erst, welche dem Menschen die höhere Aufgabe seines Daseins unwiderstehlich nahebringen, durch sie lernt er dasjenige kennen und schätzen, was wesentlich zu seinem Frieden dient. Ich habe viel verloren, ich fühle mich [jetzt] unsäglich arm, [doch] eben in dieser Armut fühle ich mir einen unendlichen Reichtum. Nichts bleibt mir übrig, als die Kunst, aber ganz erfahre ich nun auch ihren heiligen Wert. Nachdem so lange ein fremdes Feuer mein

Inneres [durchglüht] und mich von Grund aus gereinigt hat, ist es tief still in mir geworden, und langsam spannen alle meine Kräfte sich an, in feierlicher Erwartung der Dinge, die nun kommen sollen. Siehst du, ich könnte dir die hellen Freudetränen weinen, wenn ich daran denke, wie ich mit nächstem zum ersten Male wieder den Pinsel nehmen werde. Ganz neue, nie gesehene Gestalten entwickeln sich in mir, ein seliges Gewühle, und stacheln das Verlangen nach tüchtiger Arbeit. Befreit von der Herzensnot jeder ängstlichen Leidenschaft, besitzt mich nur ein einziger gewaltiger Affekt. Fast glaub ich wieder der Knabe zu sein, der auf des Vaters oberem Boden vor jenem wunderbaren Bilde wie vor dem Genius der Kunst gekniet, so jung und fromm und ungeteilt ist jetzt meine Inbrunst für diesen göttlichen Beruf. Es bleibt mir nichts zu wünschen übrig, da ich das Allgenügende der Kunst und jene hohe Einsamkeit empfunden, worein ihr Jünger sich für immerdar versenken muß. Auf diese Resignation hat jede meiner Prüfungen hingedeutet, dies war der Fingerzeig meines ganzen bisherigen Lebens; es wird mich von nun an nichts mehr irremachen."

Der Maler schwieg, seine blassen Wangen waren von einer leichten Röte überzogen, er war aufs tiefste bewegt und bemerkte erst jetzt die Befremdung des Freundes [und] sein zweifelhaftes Lächeln, [das in Wahrheit nur der] Verlegenheit [entsprang,] was er auf die unerwartete Erklärung zu erwidern habe.

„Mir kommt es vor", fing Larkens an, „mein Nolten habe sich zu keiner andern Zeit weniger auf sich selber verstanden, als gerade jetzt, da er plötzlich wie durch Inspiration zum einzig wahren Begriff seiner selbst gelangt zu sein glaubt. Weiß ich es doch aus eigener Erfahrung, wie gerne sich der Mensch, der alte Taschenspieler, eine falsche Idee, das Schoßkind [seiner Laune,] durch ein willkürliches System sanktioniert, und wie leicht es ihm wird, einen schiefen oder halbwahren Gedanken durch das Wort komplett zu machen. Denn du gibst mir doch zu —"

„Hör auf! ich bitte dich", rief Nolten lebhaft, „hör auf mit diesem Ton! Du machst, daß ich bereue, dir das heiligste Gefühl entdeckt zu haben, das mir kein anderer Mensch unter der Sonne von den Lippen gelockt hätte, [das ich nur dem Freunde vertrauen konnte,] von dem ich eine liebevolle Teilnahme an meiner Sinnesart erwarten durfte, selbst wenn sie der seinigen zuwiderliefe!"

„Doch wirst du mir nicht zumuten", antwortete Larkens, „ich soll dich stillschweigend einer Einbildung überlassen, die mir gefährlich scheint. Dein Irrtum ist verzeihlich; das Unglück macht den Menschen einsam und hypochondrisch, er zieht alsdann gerne den Zaun so knapp wie möglich um sein Häuschen. Ich selber könnte wohl einmal in diesen Fall geraten, nur wäre [bei mir der] Kasus [so ziemlich das Gegenteil] von dem deinen. Der Herr führt seine Heiligen wunderlich. Unstreitig hat dein Leben viel Bedeutung, allein du 'nimmst seine Lehren in einem zu engen Sinn: Du legst ihm eine Art dämonischen Charakter bei, oder ich weiß nicht was? — wirst insgeheim wohl gar gegängelt von einem imaginären Spiritus familiaris, der in deines Vaters Rumpelkammer spukt. Ich will mich in diese Mysterien nicht mischen; was Vernünftiges daran ist, leuchtet mir ein, so gut wie dir. Nur sage mir, du hast vorhin von Einsamkeit, von Unabhängigkeit gesprochen: je nachdem du das Wort nimmst, bin ich ganz einverstanden. In allem Ernst, ich glaube, daß deine künstlerische Natur ein sehr bewegtes gesellschaftliches Leben nicht verträgt. Von jeher brauchtest du eine gewisse stete Temperatur, deren Wechsel soviel möglich nur von dir abhängen mußte, brauchtest zeitweise eine heimlich melancholische Beschränkung, als graue Folie jener unerklärbar tiefen Herzensfreudigkeit, die aus dem innigen Gefühl unserer selbst hervorquillt. Du siehst, [ich denke nicht daran,] den stillen Boden aufzulockern, worin dein Wesen seit frühester Zeit seine Wurzeln geschlagen.

Laß mich dir eins anführen. Du erinnerst dich des Gesprächs, das wir bei einem Spazierritt nach L. zusammen hatten. Es war ein köstlicher Abend im Juli, die untergehende Sonne warf ihren roten Schein auf unsere Gesichter, wir schwatzten ein langes und breites über die Kunst. [Es handelte sich] unter anderem, weißt du, um das Verhältnis des christlichen Künstlergemüts zum Geist der Antike, vielmehr der ganzen poetischen Empfindungsweise des Altertums, um die Möglichkeit einer beinahe gleich liebevollen Ausbildung beider Richtungen in einem und demselben [Geiste.] Wie gerne erkannte ich es an, daß deiner Kunst von seiten der Romantik, die dir [nun] einmal im Blute sitzt, kein Schaden erwachse. Du hast, so dachte ich, ein für allemal die Blume der Alten rein vom schön schlanken Stengel abgepflückt, sie blüht dir unverwelklich am Busen und mischt ihren stärkenden Geruch in deine Phantasie; du magst nun schaffen was du willst, nichts Ungesundes, nichts Verzwicktes wird von dir ausgehn. Siehst du, das war mir längst so klar geworden! und sehe ich nun den glücklichen Zusammenklang aller deiner Kräfte, und wie willig deine Natur sich finden ließ, jeden herben Gegensatz in dir zu schmelzen — sag mir, soll mich's nicht kränken, toller Junge, soll mir's nicht die Galle schütteln, wenn du, vom seltsamsten Wahn getrieben, mit Gewalt Einseitigkeit erzwingen willst, wo keine ist, keine sein darf! Ich rede nicht von deiner Stellung zur [großen] Welt, darüber kann ja, wie gesagt, kein Streit mehr sein, aber daß du der freundlichsten Seite des Lebens absterben und einem Glück entsagen willst, das dir doch so natürlich wäre als irgendeinem braven Kerl, das ist's, was mich empört. Wo dich eigentlich der Schuh drückt, ist mir wohl bekannt. Deine Liebeskalamitäten haben dich auf diesen Punkt gewaltig revoltiert, nun ziehst du dich schmerzhaft ins Schneckenhaus zurück und sagst dir unterwegs zum Troste: Du bringest deiner Kunst ein Opfer. Du fürchtest den Schmerz der Leidenschaft sowie das Überschwengliche in ihren Freuden. Zum Teufel aber! Ist der Künstler nicht ganz eigentlich dazu gemacht, beides in seinem höchsten Maß auf sich zu laden? Wie? Du, ein Maler, willst eine Welt hinstellen mit ihrer tausendfachen Pein und Wonne, und steckst dir vorsichtig die Grenzen aus, wie weit du dich mitfreun und mitleiden wollest? Ich sage dir, das heißt die See befahren und sein Schiff nicht wollen vom Wasser netzen lassen!"

„Wie du dich übertreibst!" rief Nolten, „wie du mir unrecht tust! eben als ob ich mir eine Diätetik des Enthusiasmus erfunden hätte, als ob ich den Künstler und den Menschen in zwei Stücke schnitte! Der letztere, glaube mir, er mag es halten, wie er will, wird immerhin entbehren müssen, [die Menschen und das Schicksal sorgen dafür,] und ohne das — wer triebe da die Kunst? Ist sie denn etwas anderes, als ein Versuch, das zu ersetzen, was uns die Wirklichkeit versagt? Muß demnach Sehnsucht nun einmal das Element des Künstlers sein, warum bin ich zu tadeln, wenn ich darauf denke, mir dieses Gefühl so ungetrübt und jung als möglich zu bewahren, indem ich freiwillig verzichte, bevor ich verliere?"

„Eine mönchische Philosophie, nimm mir's nicht übel!" [erwiderte Larkens, „und für dich das Verkehrteste, was sich denken läßt. Darf ich frei von der Leber weg sprechen, Theobald? Darf ich dir sagen, was dir not tut?] Ein gutes natürliches

Geschöpf, das dir einen Himmel voll Zärtlichkeit, voll aufopfernder Treue entgegenbringt, dir den gesunden Mut erhält, den frischen Blick in die Welt, dich freundlich losspannt von der [schweifenden] Begier einer geschäftigen Einbildung und dich zur rechten Zeit hinauslockt in die helle Alltagssonne, die doch dem Weisen wie dem Toren gleich unentbehrlich ist — [das ist es, was dir not tut!"]

[„Schweig mir davon, ich bitte dich!" rief Nolten voll Entrüstung, daß der Freund nach allem, was vorhergegangen, abermals in die alten Geleise einzubiegen wage.]

Er ging mit lebhaften Schritten durch den Saal und ließ sich dann erschöpft auf einen entfernten Stuhl nieder.

[Larkens] bemerkte, wie heftig Nolten angegriffen war, er suchte das Gespräch zu wenden, allein es wollte nichts mehr weiterrücken, man war verstimmt, man mußte zuletzt höchst unbefriedigt scheiden.

Seit seiner Haftentlassung hatte Larkens, [wie wir bereits gehört haben, den] Entschluß gefaßt, [sein bisheriges Verhältnis zum Theater zu lösen und] die Stadt auf unbestimmte Zeit [zu] verlassen. [Ließ sich dieser Wunsch immerhin auf natürliche Weise aus dem Bedürfnis nach Erholung und Zerstreuung erklären, so beruhte er doch bei ihm auf einem viel tieferen und schmerzlicheren Grunde. Leider war der Mann, den wir bisher fast nur von der Seite eines fröhlichen Lebensgefühls und teilnehmender Freundschaft kennengelernt haben, um diese Zeit in seinen stilleren Stunden vielfach die Beute eines feindseligen Mißmuts, der aus trüben Erinnerungen von früheren Tagen seine gefährliche Nahrung zog. Wir werden, um dies zu erklären, etwas weiter ausholen müssen.]

Von vermögenden Eltern [stammend], ohne sorgfältige Erziehung von Hause aus, [hatte Larkens] sehr jung die Akademie [bezogen,] wo er, keinen festen Plan im Auge, neben einem lustigen kameradschaftlichen Treiben fast ausschließlich ästhetische Studien trieb. Er wurde [darauf, ohne sich's lange zu überlegen,] Schauspieler [und sein bedeutendes Talent, von einer] guten Gestalt [und einem ausnehmend] glücklichen Organ [unterstützt, verschafften ihm] bei zunehmendem Rufe [eine angesehene Stellung an einer der ersten Bühnen im] nördlichen Deutschland. Bald aber zeigte [sich's, daß die lebhafte] Neigung [zur Poesie seinem Berufe] hinderlich war: er lebte im Reich seiner eigenen Dichtung und empfand es übel, wenn ihn mitten [im Produzieren] das Handwerk störte. Dieser Konflikt brachte die ersten Stockungen in seinem Leben hervor: [er überließ sich, dem Verdruß zu entgehen, einer regellosen Lust am Vergnügen, und] der Umgang mit einer Schauspielerin, [welche sinnliche Reize mit einem kecken Witz verband, zog] ihn bald in einen Wirbel der verderblichsten Genüsse [nieder.] Sein Beruf wurde ihm zur Last und, mehr als einmal [in Gefahr] verabschiedet zu werden, erhielt er sich nur dadurch, daß er von Zeit zu Zeit durch eine Vorstellung, worin er sein ganzes Talent aufbot, die Gunst des Publikums gewaltsam wieder an sich zog. Mit Bedauern blickte man ihm nach, als er freiwillig den Ort verließ, welcher Zeuge seiner [Verirrung] gewesen. Er entsagte dem unwürdigen Leben, raffte sich zu neuer Tätigkeit auf und ward ein erfreulicher Gewinn für die Stadt, in der wir ihn später als Noltens Freund kennengelernt haben. Doch leider [sollte] jene wilde Zeit [ihm] einen bleibenden Schaden [hinterlassen.] Des heitern, geistreichen Mannes bemächtigte sich eine quälende Hypochondrie, er glaubte seinen Körper zerrüttet, er glaubte selbst die ursprüngliche Stärke seines Geistes für immer eingebüßt zu haben, obgleich er den zweifachen Irrtum durch tägliche Proben des Gegenteils widerlegte. Er konnte, wenn ihm Nolten in diesem Sinn widersprach, in allem Ernste sagen: „Das bißchen, das noch aus mir glänzt und flimmt, ist nur ein [magisches] Vexierlicht, durch optischen Betrug in euren Augen vergrößert und gefärbt, weil sich's im trüben Hexendunste meiner Katzenmelancholien bricht." Unter solchen Ausdrücken stritt er wohl ganze Stunden mit Nolten, und erst nachdem er sich gleichsam völlig zerfetzt und vernichtet hatte, gewann er seinen [natürlichen Frohsinn] wieder. Außer [unserem Maler] kannte ihn jedoch keine Seele von dieser schwermütigen Seite und sein Betragen gab selbst dem Menschenkenner keine Blöße.

Inzwischen machte sich der gute Einfluß von Noltens Umgang geltend; denn wenngleich [dieser] zu Anfang selbst an einer gewissen [Befangenheit] litt, so war doch sein sittlicher Grund unerschüttert und [der Drang] nach voller geistiger Gesundheit betätigte sich zeitig in der mehr und mehr zum Allgemeinen aufsteigenden Richtung seiner Kunst. Mit Lust schöpfte Larkens aus diesem Quell ein reines Wasser auf sein dürres Land, [und] leidenschaftlich hielt er sich an den neuerworbenen Freund, [nicht] ohne unwillkürlich in die gemäßigte Rolle eines Mentors hineinzugeraten.

Indem er so am raschen Strom eines in jugendlicher Fülle strebenden Geistes teilnahm, erwuchs ihm ein neues Zutrauen zu sich selber, die Schuppen seines veralteten Wesens fielen ab, eine frische Bildung erschien darunter. Was Wunder, daß nun ein Gefühl von Dankbarkeit ihn unserem [Maler] auf ewig verband, daß er sich's zur Pflicht machte, mit aller Kraft für das Wohl des Geliebten zu arbeiten? Und wer wollte es ihm verargen, daß er bei der zarten Pflege, die er einem gebrochenen Liebesverhältnis widmete, zugleich seinem Herzen die Genugtuung bereitete, die in dem Zeugnis lag, daß er als ein vielversuchter Abenteurer sich dennoch mit unschuldiger Innigkeit an der eingebildeten Liebe eines so reinen Wesens erfreuen konnte, das er nie mit Augen gesehen hatte?

So weit war alles [auf gutem Wege. Aber in der einsamen Haft,] herausgerissen aus aller Tätigkeit [und noch überdies von dem Vorwurf] gefoltert, einem teuren Freunde Veranlassung zu bedenklicher [Erschütterung seiner Zukunft] geworden zu sein, [hatte er Zeiten gehabt, in denen] die alten Wunden wieder [aufbrachen und seine Einbildungskraft mit grausamer Geschäftigkeit darin] wühlte. [Ja er konnte in solchen Stunden wohl mit einer Art von] Wollust [sich in dem Gedanken verlieren,] daß dem Manne, durch Schuld und Jammer überreif, die Macht gegeben sei, das Leben eigenwillig abzuschütteln, [und nur, indem er sich die Gewißheit vorhielt,] im äußersten Fall auf diese letzte Freistatt rechnen [zu können,] und den entsetzlichen Gedanken [allmählich ruhig] beherrschen lernte, gewann er auf der andern Seite [die] Freiheit und [den] Mut [wieder,] die nächste Zukunft duldend abzuwarten.

[Jedenfalls aber wollte er, das war ihm schon damals klar geworden, einen andern Ort und neue Verhälnisse aufsuchen. Er dachte zunächst, an eine auswärtige Bühne zu gehen und verfehlte nicht die erforderlichen Schritte zu diesem Behufe zu tun. Aber zu seiner Überraschung mußte er nun eben in diesen Tagen] von seiten zweier Direktionen, [an die er sich gewendet, eine] ablehnende Antwort [erhalten. In beiden Fällen war sie durch natürliche Ursachen gerechtfertigt, die für Larkens entfernt nichts Kränkendes haben konnten. Aber einmal von der selbstquälerischen Stimmung beherrscht, fühlte er nun alsbald] Lust und Mut [für seinen Beruf] geschwunden [und vermochte sich nicht zu einem weitern Versuche aufzuraffen. Nur] durch völlige Entäußerung von seiner bisherigen Lebensweise, [nur durch entschlossene Versetzung in einen einfachen und naturgemäßen] Zustand, [meinte er, dürfe er hoffen,] sich körperlich und geistig [von neuem] aufzubauen.

[Jetzt schien ihm die Genesung Noltens weit genug vorgeschritten, um die Ausführung zu gestatten. Von Anfang an war es seine Absicht gewesen, daß der Plan, den er mit dem Freunde hatte,] erst nach seiner Abreise in Wirkung [trete,] ja es war der günstige Erfolg, [den er sich versprach, in gewissem Sinn] auf seine Entfernung berechnet. [Der Gedanke an die peinliche Täuschung, die er bei der Gräfin voraussetzen mußte und die nur von Nolten selbst entfernt werden konnte, trieb zu beschleunigter Eile. So nahm er sich denn vor, sofort in aller Stille die Vorbereitungen für seine Abreise zu treffen, und erst dieser Entschluß gab seinem Gemüte die nötige Ruhe wieder zurück, um die Angelegenheit seines Freundes, die dem edeln Mann unendlich wichtiger als die eigene Zukunft war, ihrer schließlichen Lösung zuzuführen.

Das erste was er tat, war, daß er] an Agnes schrieb, und wirklich, er sagte sich ungern, daß es zum letzten Male sei. „Was für ein Tor man doch ist!" rief er aus, indem er nachdenklich die Feder weglegte. „Mitunter hat es mich ergötzt, von der innersten Seele dieses lieblichen Wesens gleichsam Besitz zu nehmen, und um so größer war mein Glück, je mehr ich's unerkannt und wie ein Dieb genießen konnte. Ich bilde mir ein, das Mädchen wolle mir wohl, [indes] ich ihr in der Tat soviel wie nichts bedeute; ich schütte unter angenommener Firma die letzten, mühsam angefachten Kohlen meines abgelebten Herzens vor ihr aus und schmeichle mir was Rechtes bei dem Gedanken, daß dieses Blatt sie wiederum für *mich* erwärme. Geck, der du bist! kannst du nicht morgen verschollen, gestorben, eingescharrt sein, und wächst der Schönen darum auch nur ein Härchen anders? Bei alledem hat mir die Täuschung wohlgetan; in hundert schwülen Augenblicken half sie mir den Glauben an mich selbst aufrechterhalten. Vermutlich täuschen wir uns tausendfältig auf ähnliche Weise gerade in unsern herrlichsten Gefühlen. Und doch, es scheint in allen etwas zu liegen, das ihnen einen ewigen Wert verleiht. Gesetzt, ich werde diesem wackern Kinde an keinem Orte der Welt von Angesicht zu Angesicht begegnen, gesetzt, ihr bliebe meine tätige Teilnahme für immerdar verborgen, soll das der Höhe meines glücklichen Gefühls das mindeste benehmen können? Wird denn die Freude reiner Zuneigung, wird das Bewußtsein einer braven Tat nicht dann erst ein wahrhaft Unendliches und Unverlierbares, wenn du damit ganz auf dich selbst zurückgewiesen bist?"

Er nahm in Gedanken den herzlichsten Abschied von ihr, und weil nach seiner Berechnung ihr nächster Brief wieder unmittelbar an Nolten kommen sollte, so gab er ihr deshalb die nötige Weisung, jedoch so, daß sie dabei nichts weiter denken konnte.

[Nach wenigen Tagen kehrte Nolten, völlig vom Arzte freigegeben, in die Stadt zurück. Inzwischen hatte Larkens, den Freund zu feiern, sich] einen Abend ausersehen, an dem man die Erlösung von so mancherlei Unlust und Fährlichkeit recht fröhlich feiern wollte. [Daß das freilich für ihn selbst zugleich das letzte Zusammensein mit den Freunden bedeute, durfte Nolten nicht wissen; Larkens hatte ihm bloß von einer Erholungsreise gesprochen, die er in den nächsten Tagen anzutreten gedenke, und nur in entfernter Weise angedeutet, daß dieselbe unter Umständen zu Anknüpfung neuer Verbindungen führen könnte.]

Er besorgte ein ausgewähltes Abendessen und machte sich's [zum besondern] Vergnügen, die kleine, für ein Dutzend Gäste berechnete Tafel mit den frühesten Blumen und Treibhauspflanzen [zu schmücken.] In der Mitte des Tisches prangte, für Nolten bestimmt, eine große Alabastervase von zierlicher Arbeit, eine Gabe des Malers Tillsen, der sich heute überhaupt als einen der Herzlichsten und Redseligsten erwies. Der wunderliche Hofrat hatte nach seiner Weise die Einladung nicht angenommen und sich entschuldigt, doch zum Beweis, daß er an andrer Wohlsein Anteil nehme, einen Korb mit frischen Austern eingeschickt. Die übrige Gesellschaft bestand meist aus Künstlern.

Unser Maler, von [den] ehrenden Beweisen der Freundschaft, [die ihm] gleich anfangs [entgegengebracht wurden,] überrascht und bewegt, hatte gegen eine wehmütige Empfindung anzukämpfen, die er, eingedenk der heitern Forderung des Augenblicks, für jetzt abweisen mußte. Die Unterhaltung im ganzen war mehr munter und scherzhaft, als ernst und bedeutend; [insbesondere] nahmen die Späße eines [lustigen Bildhauers, namens Raimund, den wir von der Silvesternacht her kennen,] dergestalt überhand, daß jeder eine Weile lang vergaß, selbst etwas Weiteres zur allgemeinen Ergötzlichkeit beizutragen, als daß er aus voller Brust mitlachte. Larkens, der Laune [des andern] zuerst nur von weitem die Hand bietend, wiegte sich lächelnd auf seinem Stuhle, während er zuweilen ein Wort als neuen Zündstoff zuwarf; bald aber kam auch er in den Zug, und indem er nach seiner Gewohnheit einen paradoxen Satz aufstellte, der jedermann zum Angriff reizte, wußte er durch den lustigen Scharfsinn, womit er ihn verfocht, die lebendigste Bewegung unter den sämtlichen Gästen zu bewirken, und immer das Beste, was in der Natur des einzelnen lag, war es Gemüt, Erfahrung oder Witz, hervorzulocken. Zuletzt als man dem Frohsinn ein äußerstes Genüge geleistet, wurde Larkens zusehends stiller und trüber; er nahm, da man ihn damit aufzog, keinen Anstand, zu erklären, daß er der glücklichen Bedeutung dieses Abends im stillen noch eine andere für sich gegeben habe, und daß er sich die Bitte vorbehalten, es möge nun auch die Gesellschaft in eben dem besondern Sinne die letzten Gläser mit ihm leeren; er werde auf einige Zeit aus der Gegend scheiden, um lang nicht gesehene Verwandte aufzusuchen. — Der Vorsatz, so [begreiflich] er unter den bekannten Umständen war, erregte gleichwohl großes, beinahe stürmisches Bedauern, und um so mehr, als [man besorgte,] den geschätzten Künstler, den sich die ganze Stadt seit kurzem erst aufs neue wiedergeschenkt glaubte, bei dieser Gelegenheit wohl gar für [immer] zu verlieren, aber Nolten verbürgte sich für die treuen Gesinnungen des Flüchtlings. So wurden denn die Kelche nochmals angefüllt, und unter mancherlei glückwünschenden Toasten beschloß man endlich spät in der Nacht das muntere Fest. —

Verriet das Benehmen des Schauspielers in diesen letzten Tagen überhaupt eine gewisse Unruhe und Beklommenheit [und hätte ein schärferer Beobachter an seinem] auffallend veränderten Aussehen [leicht erkannt,] daß etwas Ungewöhnliches in ihm arbeitete, so war er bei dem Abschied von Nolten [in der Tat] nicht imstande, eine heftige Bewegung zu verbergen, welche, zusammengehalten mit einigen seiner Äußerungen, auf irgendein geheimes Vorhaben hinzudeuten schien und [Nolten] wirklich auf Augenblicke ein unheimliches Gefühl gab, das [indes] Larkens nach seiner Art, wobei man oft nicht sagen konnte ob es Ernst oder Spaß sei, schnell wieder zu zerstreuen wußte. —

Übrigens fühlte Nolten die große Lücke, welche durch des [Freundes] Entfernung notwendig nach innen und außen bei ihm entstehen mußte, nur allzubald und die vielfachen Nachfragen der Leute zeigten ihm genugsam, daß er nicht als der einzige bei dieser Veränderung entbehre. [Um so mehr] ward jetzt das Verlangen des Malers geschärft, [die gewohnte Tätigkeit wieder aufzunehmen.] Der Entwurf eines neuen Werkes, wozu die erste Idee während der Gefangenschaft bei ihm entstanden war, lag auf dem Papier, und nun ging es an die Ausführung mit einer Lust, mit einem Selbstvertrauen, dergleichen er nur in den glücklichsten Jahren seines ersten Strebens gehabt zu haben sich erinnerte. Dennoch mußte er nach und nach bemerken, daß ihm zu einer völligen Freiheit der Seele noch vieles [mangelte;] er [wurde] verdrießlich, er stellte die Arbeit zurück, er wußte nicht, was ihn hindere.

[In seinem Unmut] fiel ihm ein, dem Hofrat, [zu dem er sich seit Larkens' Abreise doppelt hingezogen fühlte,] einen Besuch [zu machen.]

Bei der Wohnung [desselben] angelangt, fand er einen ärmlich gekleideten Knaben auf der Treppe sitzen und Zuckerwerk aus seiner Mütze naschen. Er schien [sich] hier ganz [wie] zu Hause zu [fühlen.] Eine angenehme Gesichtsbildung, die schwärzesten Augen, sehr mutwillig, lachten dem Maler entgegen, dem besonders die zierlich gelockten Haare auffielen. „Kannst du mir sagen, artiger Junge, ob der Herr Hofrat daheim ist?" Der [Knabe] antwortete nicht, sondern winkte, indem er die Treppe hinaufging, dem Maler, ihm zu folgen. Oben angelangt, führte er ihn seitwärts über ein Treppchen, in einen dunkeln Gang, deutete schalkhaft auf ein kleines, in der Wand befindliches Fenster und verschwand. Der Vorhang dieses Fensterchens, von innen nur nachlässig zugezogen, erlaubt dem Maler, die wunderbarste stumme Szene zu belauschen. In gespannter Beleuchtung, fast nur im Dämmerlichte, sitzt weiß gekleidet [eine weibliche Gestalt,] bis an den Gürtel entblößt. Ihre Haltung ist sinnend, das Haupt etwas zur Seite geneigt, eine Hand oder vielmehr nur den Zeigefinger hat sie unter dem Kinne, dieses kaum damit berührend. Ihr Sessel steht auf einem dunkelroten Teppich, auf welchen herab die reichen Falten des Gewandes sich prächtig ergießen. Ein Bein, das über das andre geschlagen ist, läßt den Fuß nur bis über die Knöchel sehen, wo ihn die andre Hand bequem zu halten scheint. Aber welch ein herrlicher Kopf! mußte Nolten unwillkürlich für sich ausrufen; die römische Kraft im Schwunge des Hinterhaupts, der starke Nacken kontrastierte so eigen gegen die weichen Züge des lieblichen Gesichts, das einen bänglichen Ausdruck hatte und [wie] verschämt in die Notwendigkeit des Augenblicks [sich zu ergeben] schien. Offenbar war das [Mädchen] nicht gewohnt, als Modell zu dienen. Und in des Hofrats Hause? Wie kommt das nur? Leider war es unmöglich, eine zweite Person, die sich gewiß im Zimmer befand, zu entdecken; auch hörte man keinen Laut: die Schöne verharrte wie ein Marmor in derselben Stellung, nur die leisen Bebungen der Brust verrieten, daß sie atme, auch schien es einmal, als ob sie einen müden Blick gegen das Fenster hinüber wagte, von wo das Licht hereinfiel. Wie überraschte es nun unsern ungebetenen Zuschauer, als auf ein Geräusch, das in der Ecke entstand, die Jungfrau sich erhob und ein schlanker, schwarzbärtiger Mann anständig auf sie zutrat, ihr mit einem Kusse auf die Lippen dankte, so herzlich und unbefangen, als wenn es eine Schwester wäre. Es war der Bildhauer Raimund, den Nolten [erst kürzlich wieder] bei dem Larkens'schen Abschiedsschmause gesehn. Eiligst und so leise wie möglich zog sich jetzt Nolten zurück. Allein eben, indem er das Fenster verläßt, streckt der Hofrat den Kopf aus der Tür eines andern Zimmers, in das er ihn sofort stillschweigend eintreten läßt. Der Maler war befangen und seine Wangen glühten.

„Ich merke, merke was!" sagte der Alte schmunzelnd und klopfte dem Freund auf die Achsel; „nur lassen Sie ja sich sonst nichts anmerken! es ist ein wilder Eber, wie Sie wissen, der Raimund, und nicht mit ihm zu spaßen." Nolten gestand offenherzig den sonderbaren Zufall. „Unter uns", sagte der Hofrat, „Sie sollen hören, wie das ist. Der junge Mann, furios in seiner Kunst so wie im Leben, verlangte von seiner Braut, die er nach ihrem eigentlichen Wert vor kurzem noch sehr wenig kennen mochte, daß sie ihm sitze, stehe, wie er es als Künstler brauche. Das Mädchen, bürgerlicher Leute Kind, konnte sich nicht überwinden, es kam zum Verdruß, der bald so ernstlich wurde, daß Raimund das störrige Ding gar nicht mehr ansah. So dauerte es [eine gute Zeit] und das Mädchen, [ein sonst] sanftes, verständiges Geschöpf, das ihn von Herzen liebt, fängt an im stillen zu verzweifeln. Über dem bekommt sie einen vorteilhaften Antrag, sich fürs Theater zu bilden, da sie sehr gut singen soll. Sie schlägt es standhaft aus, und diese wackere Resignation bringt den Trotzkopf von Bräutigam auf andre Gedanken, so daß er sie vor etlichen Tagen zum erstenmal wieder besuchte. Auf beiden Seiten soll die Freude des Wiedersehens ohne Grenzen gewesen sein, und gleich in der ersten Viertelstunde, so erzählt er mir, habe sie ihm die Gewährung seiner artistischen Grille freiwillig zugesagt. Da nun Raimund um ein günstiges Lokal verlegen war, so fand er bei mir der ich ihm auch sonst zuweilen nützlich zu sein suche, gerne den erforderlichen Raum. Heut ist die zweite Sitzung. Er ist das ehrlichste Blut von der Welt und sicherlich ein eminentes, aber noch wildes Talent. Das Närrische ist [nur,] daß er selten vorausweiß, was er eigentlich machen will. Er behauptet, wenn man eine Weile ins Blaue hinein versuche und geradezu den Zufall walten lasse, so gerate man auf die besten Ideen."

„Er hat recht!" sagte Theobald.

„Er hat nicht unrecht", versetzte der Alte, „doch muß das seine Grenze haben. Dann unternimmt er auch zu vielerlei. So fängt er neulich einen Amor in Ton zu formen an, wozu er das Muster auf der Gasse aufgriff, wirklich ein delikates Füllen, schmutzig, jedoch zum Küssen die Gestalt. Seitdem nun aber die Geliebte sich eingestellt hat, durfte der Liebesgott springen; jetzt liegt ihm die aufdringliche Kröte, die sich gar gut bei dem Handel gestanden, tagtäglich auf dem Hals, und daß der Junge nicht schon im Hemdchen unters Haus kommt, ist alles; neulich ward er gar boshaft und paßte der Braut mit einem Prügel auf."

„Ein Anteros!" meinte Nolten.

„Es ärgert manches an Raimund, Kleinigkeiten vielleicht, die doch immer einen Mangel an Bildung und eine gewisse Fahrlässigkeit verraten. Nur *ein* Beispiel. Man traut mir billig zu, daß ich kein Pedant bin mit archäologischer Vielwisserei, insofern sie dem Künstler nichts hilft. Stellt mir einer eine lobenswerte Ariadne hin, so frag ich den Henker danach, ob er wisse, daß die Gemahlin des Bacchus auch Libera heißt. Macht es aber einen Mann nicht lächerlich, wenn er von Göttern und Halbgöttern nur eben wie ein Dragoner spricht? Werden es ihm diejenigen vergeben, die auf den ersten Blick unmöglich wissen können, daß dieser Mensch so gut als einer die Mythen versteht und plastischen Sinn genug in Aug und Fingern sitzen hat? Nun stellen Sie sich vor, neulich abends im Spanischen Hofe, es waren lauter gründliche Leute da, kommt [man] auf ein paar Kunstwerke [zu sprechen,] mein Raimund fällt in seinen begeisterten Schuß und sagt wirklich vortreffliche Dinge, aber er spricht statt von Panen und Satyrn, mir nichts dir nichts, und im vollen Ernste immer von Waldteufeln! Ist so was auch erhört? Ich saß wie auf Nadeln, schämte mich in sein Herz hinein, trat ihm fast die Zehen weg und wollte ihm helfen; nichts da! ein Waldteufel um den andern! und merkte das Lächeln nicht einmal, das hie und da auf die Gesichter schlich. Nachher verwies ich ihm die Unschicklichkeit, und was ist seine Antwort? Er lacht; ‚nun, alter Papa‘, rief er, ‚es muß mir doch erlaubt sein, mitunter so zu sprechen, wie die Niederländer malen durften!‘" Der Hofrat lachte selber aufs herzlichste, man sah ihm an, wie lieb er den hatte, den er soeben schalt. „Ein stupender Eigensinn! Mich dauert nur die Braut."

„Wer ist sie denn eigentlich?" fragte Nolten.

„Des Schloßwärters Tochter."

„Was? hör ich recht?" rief Nolten voll Verwunderung aus. „O gute Henriette! Wie manchmal hat dein wehmütiger Gesang unter meinen Gittern mich getröstet!"

„Ja ja", versetzte der Hofrat, „das war noch zur Zeit der liebekranken Nachtigall!"

Der Maler fiel auf einige Augenblicke in stille Gedanken; [mit der Erinnerung an den eigenen Klang jener] Stimme [stieg das Bild] Agnesens [wieder herauf, er vermochte nicht länger zu bleiben, und ohne Raimund abzuwarten, eilte er, Geschäfte vorschützend, ins Freie zu kommen.

Am andern Morgen, indem er sich zum Spazierritt ankleidete, wurde ihm ein Brief von Tillsen gebracht, den ein größeres versiegeltes Paket begleitete. Tillsen schrieb nur kurz, daß er von Larkens beauftragt sei, ihm heute, am vierten Tag nach seiner Abreise, das Beigelegte zu übermachen. Aufs äußerste betroffen von dieser sonderbaren Sendung, öffnete Nolten so rasch wie möglich die Umhüllung; sie enthielt einige, von Larkens' Hand] überschriebene Pakete.

Hastig riß er den Brief auf, welcher obenan lag. Gleich bei den ersten Linien geriet [er] in die größte Bestürzung, das Blatt zitterte in seiner Hand, er mußte innehalten, er las aufs neue, bald von vorne, bald aus der Mitte, bald von hinten herein, als müßte er die ganze bittere Ladung auf *einmal* in sich schlingen. Inzwischen fiel sein Blick auf die Pakete, deren eines die

Überschriften hatte: „Briefe von Agnes. Von deren Vater. Meine Briefkonzepte an Agnes." Ein anderes zeigte den Titel: „Fragmente meines Tagebuchs." Ohne recht zu wissen was er tat, griff er nochmals nach dem einzelnen Schreiben, er durchlief es ohne Besinnung, indem er sich von einem Zimmer, von einem Fenster zum andern rastlos bewegte; er wollte sich fassen, wollte begreifen, nachdem er schon alles begriffen, alles erraten hatte. Er warf sich aufs Sofa nieder, die Ellbogen auf die Knie gestützt, das Gesicht in beide Hände gedrückt, sprang wieder auf und stürzte wie ein Unsinniger umher.

Sein Bedienter hatte soeben das Pferd vorgeführt und meldete es ihm. Er befahl, es wegzuführen, er befahl noch zu warten, er widersprach sich zehnmal in *einem* Atem. Der Bursche ging, ohne seinen Herrn verstanden zu haben. Nach einer halben Stunde, während welcher Nolten weder die übrigen Papiere anzusehen, noch sich einigermaßen zu beruhigen vermocht hatte, wiederholte der Diener seine Anfrage. Rasch nahm der Maler Hut und Gerte, steckte die nötigsten Papiere zu sich und entkam wie [ein Trunkener] der Stadt. —

Wir wenden uns auf kurze Zeit von ihm und seinem verworrenen Zustande weg und sehen inzwischen nach jenem wichtigen Schreiben [von] Larkens:

„Indem Du diese Zeilen liesest, ist der, der sie geschrieben, schon manche Meile weit von Dir entfernt, und wenn er Dir [nun] die Absicht gesteht, daß er sich fortgestohlen, um so bald nicht wiederzukehren, daß er seinen bisherigen Verhältnissen auf immer, und auch Dir, dem einzigen Freunde, wo nicht für immer, doch gewiß für Jahre sich entziehen will, so soll folgendes wenige diesen Schritt, so gut es kann, rechtfertigen.

Gewiß klingt es Dir selber bald nicht mehr wie ein hohles und frevelhaft übertriebenes Wort, was Du wohl sonst manchmal von mir hast hören müssen: mein Leben nach seinem besten Teil hat nachgerade ausgespielt, ich habe angefangen mich selbst zu überleben. Das ist mir nun so klar geworden in [dieser] letzten Zeit, wo ja unsereiner wahrhaftig schöne Gelegenheit hatte, die Resultate von dreißig Jahren wie Fäden mit den Fingern auszuziehn. Ich singe Dir die alte Litanei nicht wieder vor; genug, mir ist in meiner alten Haut [nicht mehr] wohl. Ich will mir weismachen, daß ich sie abstreife, indem ich von mir tue, was bisher unzertrennlich von meinem Wesen schien, vor allem den Theatermenschen, dann noch das ein' und andere, was Du Dir selber denken magst. So mancher grillenhafte Heilige ging in die Wüste und bildete sich ein, dort seine Tagediebrei Gott wohlgefälliger zu treiben. Ich habe noch immer etwas Besseres wie das im Sinn. Vielleicht ist es freilich am Ende nur eine neue Mummerei, worin ich mich selbst hintergehe; und fruchtet's nicht, nun so geruht [wohl] der Himmel, der armen Seele den letzten Dienst zu erweisen, davor mir auch nicht bang sein soll.

Den Abschied, Lieber, erlasse mir! Du weißt es wie ich Dich am Herzen hege, und so ist auch mir Deine Liebe wohl bewußt. Das ist, bei Gott, kein geringer Trost auf meinen Weg. Auch kann es ja wohl werden, daß wir uns noch an einem Fleck der Erde die Hände wieder schütteln. Aber wir tun auf alle Fälle gut, diese Möglichkeit ganz außer Rechnung zu lassen. Auch forsche nicht nach mir, es würde gewiß vergeblich sein.

Und nun die Hauptsache.

Mit den Paketen übergeb ich Dir ein wichtiges, und ich darf sagen, ein heiliges Vermächtnis. Es betrifft Deine Sache mit Agnes, die mich diese letzten zehn Monate fast Tag für Tag beschäftigt hat. Höre mich ruhig und vernünftig an.

In der gewissen Überzeugung, daß die Zeit kommen müsse, wo Dein heißestes Gebet sein werde, mit diesem Mädchen verbunden zu sein, ergriff ich ein gewagtes Mittel, Dir den Weg zu diesem Heiligtum offenzuhalten. Vergib den Betrug! nur meine Hand war falsch, mein Herz auf keine Weise: ich glaubte das Deine treulich abzuschreiben; straf mich nicht Lügen! Laßt mich den Propheten Eurer Liebe gewesen sein! ihr Märtyrer war ich ohnehin; denn indem ich Deiner Liebe Rosenkränze flocht, meinst Du, es habe sich nicht manchmal ein Dorn in mein eigen Fleisch gedrückt? Doch das gehört ja nicht hieher; genug, wenn meine Episteln ihren Dienst getan. Fahr Du nun mit der Wahrheit fort, wo ich die Täuschung ließ. O Theobald — wenn ich je etwas über Dich vermochte, wenn je der Name Larkens den Klang der lautern Freundschaft für Dich hatte, wenn Dir ein einzigmal das Urteil eines Menschen besser scheinen konnte als Dein eignes, so folge mir jetzt! Hätte ich Worte von durchdringendem Feuer, hätt ich die goldne Rede eines Gottes, jetzt würd ich sie gebrauchen, Dein Innerstes zu rühren, Freund, Liebling meiner Seele! — So aber kann ich's nicht; mein Kiel ist stumpf, mein Ausdruck matt, Du weißt ja, es ist alle Schönheit von mir gewichen; die dürre nackte Wahrheit blieb mir allein, sie und

— die Reue. Vor dieser möcht ich Dich bewahren. Ich bin Dein guter Genius, und indem ich von Dir scheide, sei Dir ein andrer, besserer, empfohlen. Ich meine Agnes. Setze das Mädchen in seine alten Rechte wieder ein. Du findest auf der Welt nichts Himmlischers, als diese aus [unverschuldeter] Zerrüttung [klar und lauter] wiedergerettete Kindesseele ist. Glaub mir das, Nolten, so gewiß, als schwür ich's auf dem Totenbette. Du hast Dich in Deinem Argwohn garstig geirrt. Lies diese Briefe, des Barons namentlich, und es wird Dir wie Schuppen von den Augen fallen. Eile zu ihr, tritt sorglos unter ihre Augen, sie wird nichts Fremdes an Dir wittern, sie weiß und ahnet nichts von einer Zeit, da Theobald ihr minder angehört als sonst; [es] ist [alles] rein und taghell zwischen Euch.

Es steht bei Dir, ob der gute Tropf das Intermezzo erfahren soll oder nicht; bevor ein paar Jahre darüber hingingen, würd ich nicht dazu raten. Dann aber wird Euch sein, als hättet Ihr einmal im Sommernachtstraum mitgespielt, und Puck, der täuschende Elfe, lacht noch ins Fäustchen über dem wohlgelungenen Zauberspaß. Dann gedenket auch meiner mit Liebe, so wie man ruhig eines Abgeschiedenen denkt, nach welchem man sich wohl zuweilen sehnen mag, dessen Schicksal wir [aber] nicht beklagen. —

Zum Überfluß noch eins: Laß Dich um Gottes willen ein falsches Wort der verwünschten Sibylle — ich meine ihre Hinweisung auf einen zweiten Gesponsen der Agnes — nicht irren. Man weiß ja tausendfältig, wie bei dieser Sorte von Prophetinnen Irrtum und Wahrheit, Betrug und Selbsttäuschung wechseln und ineinander spielen, ganz abgesehen vom Zufall, der sich dabei einmischen kann. An Dir ist es auf alle Fälle, mit der Tat das Orakel zuschanden zu machen." — —

Wer war unglücklicher als der Maler? und wer hätte glücklicher sein können, wäre er sogleich fähig gewesen, seinem Geiste nur so viel Schwung zu geben, als nötig, um einigermaßen sich über die Umstände, deren Forderungen ihm furchtbar über das Haupt hinauswuchsen, zu erheben und eine klare Übersicht seiner Lage zu erhalten. Doch dazu hatte er noch weit. In einer ihm selbst verwundersamen, traumähnlichen Gleichgültigkeit ritt er bald langsam, bald hitzig einen einsamen Feldweg, und statt daß er, wie er einigemal versuchte, wenigstens die Punkte, worauf es ankam, hätte nach der Reihe durchdenken können, sah er sich, wie eigen! immer nur von einer monotonen, lächerlichen Melodie verfolgt, womit ihm irgendein Kobold zur höchsten Unzeit neckisch in den Ohren lag. Mochte er sich Gewalt antun soviel und wie er wollte, die ärmliche Leier kehrte immer wieder, und schnurrte unbarmherzig, vom Takt des Reitens unterstützt, in ihm fort. Weder im Zusammenhang zu denken, noch lebhaft zu empfinden war ihm möglich, ein unerträglicher Zustand.

„Um Gottes willen, was [soll] das [sein?]" rief er zähneknirschend, indem er seinem Pferde die Sporen heftig in die Seiten drückte, daß es schmerzhaft auffuhr und unaufhaltsam dahinsprengte. „Bin ich's denn noch? kann ich diesen Krampf nicht abschütteln, der mich so schnürt? wie, darf diese Entdeckung mich ganz vernichten? was ist mir denn verloren, seit ich das alles weiß? genau besehen — nichts! wohl gar gewonnen? — ei ja doch, ein Mädchen, von dem mir jemand schreibt, sie sei ein wahres Gotteslamm, ein Sanspareil! ein Angelus!" Er jauchzte hell auf und lachte über seine eignen Töne, die ganz ein andres Ich aus ihm herauszustoßen schien.

Indem er noch so schwindelt und schwärmt, stellt sich statt jener musikalischen Spukerei eine andere bei ihm ein, die wenigstens keine Plage war. Mit unbegreiflicher Schnelligkeit führte ihm seine aufgeregte Einbildungskraft eine ganze Schar von malerischen Situationen zu, die er sich in fragmentarisch dramatischer Form, von dichterischen Worten lebhaft begleitet, vorstellen und in großen Konturen hastig ausmalen mußte. Das wunderlichste dabei war, daß diese Bilder nicht die mindeste Beziehung auf seine eigne Lage hatten, es waren vielmehr, wenn man so will, reine Vorarbeiten für den Maler als solchen. Er glaubte niemals geistreichere Konzeptionen gehabt zu haben, und später noch erinnerte er sich [oft] an diese sonderbar inspirierte Stunde. Wir selbst preisen es als einen himmlischen Vorzug, welchen die Muse vor allen andern Menschen dem Künstler dadurch gewährt, daß sie ihn bei ungeheuren Übergängen des Geschickes mit einem holden energischen Wahnsinn umgibt und ihm die Wirklichkeit so lange mit einer [Zauberhülle] bedeckt, bis die ersten gefährlichen Stöße vorüber.

Auf diese Weise hat sich unser Freund beträchtlich von der Stadt entfernt, und eh er ihr von einer andern Seite wieder näher kommt, sieht er unfern in einer grün umbuschten Kluft die sogenannte Heermühle liegen, einen ihm wohlbekannten, durch manchen Spaziergang wert gewordenen Ort. Es schien ihm dies [die] einzige [Stelle] der Welt, [die] seiner gegenwärtigen Verfassung tauge. Und er hatte recht; denn wer machte nicht schon die Erfahrung, daß man einen verwickelten Gemütszustand weit leichter in irgendeiner fremden ungestörten Umgebung, als innerhalb der eignen Wände bei sich verarbeitet?

Nolten gab sein Pferd in den Stall, wo man ihn schon kannte, und trat in die reinliche, braun getäfelte Stube, wo er niemanden traf, nur in der Kammer [nebenan] saß auf dem Schemel ein zehnjähriges Mädchen, das ein kleineres Brüderchen im Schoße hatte. Eine ältere Tochter, schlank und rotwangig mit kohlschwarzen Augen, trat herein unter dem gewöhnlichen treuherzigen Gruß, bedauerte, daß die Eltern abwesend seien, lief gleich nach den Kellerschlüsseln und freute sich, als Nolten ihr erlaubte, weil man im Hause schon gegessen hatte, ihm wenigstens ein Stückchen Kuchen bringen zu dürfen.

Er nahm seine alte Bank und das Fenster ein, von wo man unmittelbar auf die Wassersperre hinunter und weiter hinaus auf das erquickendste Wiesengrün und runde Hügel sah. Um wieviel lieblicher, eigener kam ihm an dieser beschränkten Stelle Frühling und Sonnenschein vor, als da ihn dieser noch im Freien und Weiten umgab! Lange blickte er so auf den Spiegel des Wassers, er fühlte sich sonderbar beklommen, bange vor der Zukunft, und zugleich sicher in dieser [eng umhegten] Gegenwart. Auf einmal zog er die Papiere aus der Tasche; das nächste, was ihm in die Hände kam, wollte er ohne Wahl zuerst öffnen: es waren Briefe seiner Braut, vermeintlich an Theobald geschrieben. Er sieht hinein und augenblicklich hat ihn eine Stelle ergriffen, bei der seine Brust von einer ihm längst fremd gewordnen Empfindung anzuschwellen beginnt; er will zu lesen fortfahren, als er [das Mädchen] mit Gläsern kommen hört; unwillkürlich verbirgt er schnell den Schatz, ihm ist wie einem Diebe zumut, der eine Beute von dem höchsten, ihm selbst noch nicht ganz bekannten Wert, bei jedem Geräusch erschrocken zu verstecken eilt. Das Mädchen kam und fing lebhaft und heiter zu schwatzen an, in dessen Erwiderung Nolten sein möglichstes tat. Sie mochte merken, daß sie überflüssig sei, genug, sie entfernte sich geschäftig und ließ den Gast allein. Er ist zufälligerweise vor einen kleinen schlechten Kupferstich getreten, der unter dem Spiegel hängt und eine knieende Figur vorstellt; unten stehen ein paar fromme Verse, die er in frühester Jugend manchmal im Munde seiner verstorbenen Mutter gehört zu haben sich sogleich erinnert. Wie es nun zu geschehen pflegt, daß oft der geringste Gegenstand, daß die leichteste Erschütterung dazu gehört, um eine ganze [Last] von Gefühlen, die im Grunde des Gemüts gefesselt lagen, plötzlich gewaltsam zu entbinden, so war Noltens Innerstes auf einmal aufgebrochen und schmolz und strömte jetzt in einer unbeschreiblich süßen Flut von Schmerz dahin. Er saß, die Arme auf den Tisch gelegt, den Kopf darauf herabgelassen. Es war, als wühlten Messer in seiner Brust mit tausendfachem Wohl und Weh. Er weinte heftiger und wußte nicht, wem diese Tränen galten. Die Vergangenheit steht vor ihm, Agnes schwebt heran, ein Schauer ihres Wesens berührt ihn, er fühlt, daß das Unmögliche möglich, daß Altes neu werden könne.

Dies sind die Augenblicke, wo der Mensch willig darauf verzichtet, sich selber zu begreifen, sich nach den bekannten Gesetzen seines bisherigen Seins und Empfindens zu messen; er überläßt sich getrost dem göttlichen Elemente, das uns trägt, und ist gewiß, er werde wohlbehalten an ein bestimmtes Ziel gelangen.

[Indem er jetzt von neuem die Briefe vor sich] nimmt, findet er [auf einem besondern Zettel, den er bisher übersehen,] eine Nachschrift zu Larkens' Brief von [neuerem] Datum: „Ich habe Grund zu glauben, daß die Gräfin meine Korrespondenz [mit Neuburg in die Hand bekommen; die Mappe war mit unter den Gerichtspapieren.] Ich war entschlossen, ihr selbst die Entdeckung zu machen, das Schicksal [in der Person Herzog Adolfs] ist mir zuvorgekommen. — [Und nun, mein Lieber, was wirst Du tun?] — Der Rückweg zu Constanze — vielleicht, er steht [Dir] noch offen. [Du siehst,] ich zeige ihn Dir, nachdem Du ihn schon für immer verschlossen geglaubt. Du solltest freie Wahl haben, das war ich Dir schuldig. [Kannst Du Dich bedenken,] Theobald? Denk an [das schlichte Kind im] Garten hinter des Vaters Haus! Neulich hat sie die Laube zurechtgeputzt, das Bänkchen, wo der Liebste bei ihr sitzen soll. Jeden Tag, jede Stunde erwartet sie ihn — wirst Du kommen? wirst Du nicht? Wag es sie zu betrügen, den hellen süßen Sommertag dieser schuldlosen Seele in dumpfe Nacht [zu verkehren!] Tu's und erlebe, daß ich vielleicht in wenig Monden, ein einsamer Wallfahrer, auf des Mädchens Grabhügel [den nichtigen Traum] unserer Freundschaft, die zerschlagene Hoffnung beweine, daß mein elendes Leben, eh ich's ende, doch wenigstens noch so viel nütze sein möchte, zwei gute Menschen glücklich zu machen!" —

[Lange starrt Nolten auf das Blatt nieder, ohne seine Gedanken sammeln zu können, auf einmal ist ihm, als brennte der Boden unter seinen Füßen,] er rafft sich auf, [nimmt] Abschied und [reitet wie betäubt] nach Hause. Wie er den Rest des Tages hingebracht, was alles in ihm sich hin- und widerbewegte, was er fürchtete, hoffte, wie er sich im ganzen empfunden, dies zu bezeichnen, wäre ihm vielleicht so unmöglich gewesen als uns, zumal er die ganze Zeit von sich selbst wie abgeschnitten war durch einen unausweichlichen Besuch, den er zwar endlich an einen öffentlichen Ort, wo man viele Gesellschaft traf, glücklich abzuleiten wußte, ohne sich jedoch ganz entziehen zu dürfen.

[In der Nacht nach Hause gekehrt, konnte er nicht anders, er mußte abermals zu den Briefen greifen.] Noch hatte er die schriftliche Darstellung der Tatsachen, welche so sehr zur Rechtfertigung des [Mädchens] dienten, gar nicht angesehn; ein stiller Glaube, der das Wunderbarste voraussetzte und keinen Zweifel mehr zuließ, war diese letzten Stunden in ihm erzeugt worden, er wußte selbst nicht wie. Doch als er [nun] den merkwürdigen Bericht des Barons las, als ihm Larkens' Tagebuch so manchen erklärenden Wink hiezu gab, wie sehr mußte er staunen! wie graute ihm, jener schrecklichen Elsbeth [wieder] zu begegnen! mit welcher Rührung, welchem Schmerz durchlief er die Krankheitsgeschichte des ärmsten der Mädchen, dem die Liebe zu ihm den bittern Leidenskelch mischte! Und ihre Briefe nun selbst, in denen das schöne Gemüt sich wie verjüngt darstellte! — Der ganz unfaßliche Gedanke, dies einzige Geschöpf, wann und sobald es ihm beliebe, als Eigentum an seinen Busen schließen zu können, [durchbebte mit scheuem Staunen] alle seine Nerven. Auf einmal überschattete ein unbekanntes Etwas die [aufschauernde] Seligkeit seines Gefühls. Diese zärtlichen Worte Agnesens, wem anders galten sie, als ihm? und doch wollte ihm auf Augenblicke dünken, er sei es nicht: ein Luftbild habe sich zwischen ihn und die Schreiberin gedrängt, habe den Geist dieser Worte voraus sich zugeeignet, ihm nur die toten Buchstaben lassend. Ja, wie es nicht selten im Traume begegnet, daß uns eine Person bekannt und nicht bekannt, zugleich entfernt und nahe scheint, so sah er die Gestalt des lieben Mädchens gleichsam immer einige Schritte vor sich, aber leider nur vom Rücken; der Anblick ihrer Augen, die ihm das treuste Zeugnis geben sollten, war ihm versagt; von allen Seiten sucht er sie zu umgehn, umsonst, sie weicht ihm aus: ihres eigentlichen Selbsts kann er nicht habhaft werden.

Zu diesen Gefühlen von ängstlicher Halbheit, wovon ihn, wie er wohl voraussah, nur die unmittelbare Nähe Agnesens lossprechen konnte, gesellten sich noch Sorgen andrer Art. Das unbegreifliche Verhängnis, daß die rätselhafte Zigeunerin aufs neue die Bahn seines Lebens, und auf so absichtlich gefahrdrohende Weise durchkreuzen mußte, gab ihm mancherlei zu sinnen und weckte die Besorgnis, es möchte die Verrückte über kurz oder lang ihm [abermals] in den Weg treten. Ein weiterer Gegenstand seiner Unruhe war Larkens; er wußte die [edelmütige] Absicht des Freundes [nicht ohne lebhafte Beschämung] dankbar zu schätzen [und unterdrückte willig ein geheimes Unbehagen über den frommen Betrug;] er erkannte auch darin eine kluge Vorsicht desselben, [daß] er durch seine eigene Entfernung alles weitere Unterhandeln über die Pflicht, über Neigung oder Abneigung Noltens in dieser zweifelhaften Sache völlig zwischen sich und ihm abschneiden und den Maler, indem er ihn ganz auf sich selber stellte, zwingen wollte das Notwendige frisch zu ergreifen. Aber was sollte man überhaupt von der eiligen Flucht des Schauspielers denken? welchem Schicksal ging der unfaßliche Mann entgegen? Mangel war nicht für [ihn] zu fürchten. Wenn aber aus allem hervorging, daß eine tiefe Erschöpfung, ein [eingewurzelter Mißmut] ihn in die Weite trieb, wenn sogar einige Stellen seines Briefs auf eine freiwillig gewaltsame Erfüllung seines Schicksals gedeutet werden konnten — so frage man, wie Nolten dabei zumute gewesen!

[Vor allem aber, wie wir leicht uns denken mögen, war es der Gedanke an Constanze, der ihn mit einer unbeschreiblichen Pein durchschütterte. Was mußte sie von ihm denken, wenn sie aus jenen Briefen ein so durchaus falsches und doch jeden Zweifel ausschließendes Bild von seiner Beziehung zu Agnes gewonnen hatte! Mußte sie sich nicht unerhört verraten glauben? einen Elenden, einen Verruchten in ihm erblicken? Und sie selbst, aus dem schönen Vorgefühl der Vereinigung mit dem Geliebten so grausam herausgeschleudert, wie namenlos unglücklich mußte sie sein? Verzweiflungsvoll sprang er auf, stürmte mit großen Schritten durch das Zimmer, die weinenden Augen der herrlichen Frau traten ihm überall entgegen, der ganze unendliche Wert ihres Wesens, ihrer Liebe, der ganze Schmerz seiner mühsam erkämpften Entsagung stand wieder vor ihm, er wußte sich nicht zu raten, zu helfen, laut jammernd warf er sich auf sein Bette und preßte den Kopf in die Kissen, bis endlich der Schlaf mitleidig sein zermartertes Bewußtsein mit mildem Vergessen umhüllte.

Als er spät am Morgen erwachte, fühlte er sich alsbald wunderbar gekräftigt. Dem wilden Sturm von gestern war eine tiefinnerliche Stille gefolgt; er fand jetzt in sich den Mut, das verschlungene Gewebe seines Schicksals mit männlicher Fassung zu schlichten. Entschieden war ihm das eine, daß er Agnes aufsuchen müsse, aufsuchen wolle. Er hatte dem armen Kinde schweres Unrecht getan, er gelobte sich nun mit heiligem Vorsatz, es nach Kräften zu sühnen. Das war ihm jetzt so klar, daß er kaum begreifen konnte, wie er gestern noch zu zweifeln vermocht hatte. Dieser Entschluß gab ihm denn auch die Kraft, sicher und unverworren zu tun, was vor allem andern geschehen mußte. Er schrieb an Constanze: mit schlichter Geradheit, die doch den verhaltenen Schmerz einer tiefen Wehmut nicht verleugnet, wendet er sich an ihren hohen Sinn, an ihre reine und edle Empfindung, und indem er mit Berufung auf die beigelegten schriftlichen Beweise ihr Vertrauen für die nachfolgenden Mitteilungen erbittet, erzählt er sein Verhältnis zu Agnes von seiner ersten Entstehung bis zu dem ungeheuren Irrsal, wozu die unheimliche Erscheinung aus seiner Knabenzeit den Anlaß gegeben, er schildert seinen Gemütszustand nach der vermeintlichen Entdeckung von der Untreue der Verlobten, er berichtet sodann das Eingreifen des Freundes in die Verwicklung, wovon er selbst bis gestern noch keine Ahnung gehabt, er verhehlt nicht die Besorgnis, daß durch irgendeinen Zwischenfall eine falsche und einseitige Kunde von der Sache ihr zugekommen sein möchte, und indem er sich ganz dem Urteil ihres unverfälschten Gefühls vertraut, bittet er mit herzlichen Worten um irgendein Zeichen ihrer Verzeihung, ihrer wiederkehrenden Achtung, damit er im Weh des Scheidens doch die Reinheit einer heiligen Erinnerung ungetrübt dahinnehmen könne. — Er wählt aus Larkens' Papieren die bezeichnendsten Stücke aus und schließt sie dem Briefe bei.

Wir sagen nichts von dem Eindruck dieser Zeilen auf die edle Frau, deren Schicksal unser Herz mit dem innigsten Mitgefühl begleitet. Er läßt sich am reinsten aus dem nachfolgenden Briefe Fernandas entnehmen, den unser Freund nach zwei Tagen einer qualvollen Ungewißheit zitternd eröffnet.]

„Empfangen Sie durch meine Hand den schwesterlichen Gruß unserer teuren Gräfin und tausend Dank für Ihre Mitteilung! — Was wir dabei empfunden, das sagen keine Worte aus; was aber Ihnen vor allem zu wissen not tut, das sei vor Gott hiemit [bekannt.] Nicht einen Augenblick hat sich der hohe, der himmlische Sinn [von] Constanze verleugnet. Sie verliert den Geliebten, aber ihr Glaube an ihn ist gerettet. Eine Agnes wird ihn besitzen, doch diese Agnes kennen wir — Dank Ihrem edlen Larkens — als hätte sie schon Jahre unter uns gelebt. Mit unglaublicher Liebe hat Constanze dieses Wesen in [ihr] Herz geschlossen. [Sie bittet Sie, ein freundliches Andenken von ihr zu dem Hochzeitsschmuck der lieben Braut zu legen und ihr zu sagen, wie sehr sie in der Ferne gekannt, wie schwesterlich geliebt sie sei. Leben Sie wohl!" —

In dem schönen Futteral, das den Brief begleitete, lag jene Perlenschnur der Gräfin! — —]

Wir lassen nun über dem bisherigen Schauplatze von Noltens Leben den Vorhang fallen, und wenn er jetzt sich aufs neue hebt, so treffen wir den Maler bereits seit [mehreren] Tagen auf der Reise begriffen. Wohin er seinen Weg nehme, fragen wir nicht erst. [Aber] wir denken uns wohl, daß eben nicht die leidenschaftliche Wonne des Liebhabers, wie man sie sonst bei solchen Fahrten zu schildern gewohnt ist, auch nicht die bloße kühle Pflicht es sei, was ihn nach Neuburg führt; es ist vielmehr eine stille Notwendigkeit, die ihn ein Glück nur leise hoffen heißt, welches leider jetzt noch ein sehr ungewisses für ihn ist. Denn eigentlich weiß er selbst nicht, wie alles werden und sich fügen soll. Beharrlich schweigt sein Herz, ohne irgend etwas zu begehren, und nur augenblicklich, wenn er sich das Ziel seiner Reise vergegenwärtigt, kann ein süßes Erschrecken ihn befallen.

Er hat mit seinem muntern Pferde [im Laufe] der vierten Tagreise das Ende des Gebirgs erreicht, das die Landesgrenze bezeichnet und von dessen Höhe aus man eine weite Fläche vor sich verbreitet sieht. Es war ein warmer Nachmittag. Gemächlich ritt er die lange Steige hinunter und machte am Fuß derselben halt. Er führte sein Pferd seitwärts von der Straße, band es an eine der letzten Buchen des Waldes, wo zwischen kleinem Felsgestein ein frisches Wasser vorquoll; er selbst setzte sich auf eine erhöhte, mit jungem Moos bewachsene Stelle und schaute auf die reich bebaute Ebene, welche in größerer und kleinerer Entfernung verschiedene Ortschaften und die glänzende Krümmung eines ansehnlichen Flusses zeigte. Ein Schäfer zog pfeifend unten über die Flur, überall wirbelten Lerchen, und Schlüsselblumen dufteten in nächster Nähe.

Den Maler übernahm eine mächtige Sehnsucht, worein sich, wie ihm deuchte, weder Neuburg, noch irgendeine bekannte Persönlichkeit mischte, ein süßer Drang nach einem namenlosen Gute, das ihn allenthalben aus den rührenden Gestalten der Natur so zärtlich anzulocken und doch wieder in eine unendliche Ferne zu [entschwinden] schien. So hing er seinen Träumen nach und wir wollen ihnen, da sie sich von selbst in Melodieen auflösen würden, mit einem liebevollen Klang zu Hülfe kommen.

> Hier lieg ich auf dem Frühlingshügel:
> Die Wolke wird mein Flügel,
> Ein Vogel fliegt mir voraus.
> Ach sag mir, alleinzige Liebe,
> Wo du bleibst, daß ich bei dir bliebe!
> Doch du und die Lüfte, ihr habt kein Haus.
>
> Der Sonnenblume gleich steht mein Gemüte offen,
> Sehnend,
> Sich dehnend
> In Lieben und Hoffen.
> Frühling, was bist du gewillt?
> Wann werd ich gestillt?
>
> Die Wolke seh ich wandeln und den Fluß,
> Es dringt der Sonne goldner Kuß
> Mir tief bis ins Geblüt hinein;
> Die Augen, wunderbar berauschet,
> Tun als schliefen sie ein,
> Nur noch das Ohr dem Ton der Biene lauschet.
>
> Ich denke dies und denke das,
> Ich sehne mich, und weiß nicht recht, nach was:
> Halb ist es Lust, halb ist es Klage;
> Mein Herz, o sage,

Was webst du für Erinnerung
In golden grüner Zweige Dämmerung?
— Alte unnennbare Tage!

Aber nicht allzulange konnte sich das Gefühl unseres Freundes in so allgemeinem Zuge halten. Er nahm eine alte Locke Agnesens vor sich, neben ihm im Grase lag [die Perlenschnur] der Gräfin, der Brief des Schauspielers ruhte auf seiner Brust. Zärtlich drückte er alle diese Gegenstände an seinen Mund, als hätten sie sämtlich gleiches Recht an ihn.

Ein leichter Regen begann zu fallen und Nolten erhob sich. Wir lassen ihn seine Straße ungestört fortziehn und sehen ihn nicht eher wieder, bis er mit Sonnenuntergang im letzten Dorfe angelangt ist, wo man ihn versichert, daß er von hier nur noch drei kleine Stündchen nach Neuburg habe. Auf dieser letzten Station wollte er übernachten, sich zu stärken, zu sammeln. Er tat dies nach seiner Art mit der Feder in der Hand und legte sich sodann beruhigt nieder. Der Morgen graute kaum und der Mond schien noch kräftig wie um Mitternacht, als er den Ort verließ. So wie der Tag nun unaufhaltsam vordrang, zog sich die Brust des Wanderers enger und enger zusammen; aber der erste Blitz der Sonne zuckte jetzt im roten Osten auf und entschlossen warf er allen Kleinmut von sich. Mit einer unvermuteten Wendung des Wegs öffnete sich ein stilles Tal, das gar kein Ende nehmen wollte, aus ihm entwickelte sich ein zweites und drittes, so daß der Maler zweifelte, ob er das rechte wähle; doch ritt er zu, und die Berge traten endlich ein wenig auseinander. „Herz, halte fest!" rief er laut aus, da er auf einmal den Rauch von Häusern zu entdecken glaubte. Er irrte nicht, schon konnte man des Försters heitere einstockige Wohnung mit ihren grünen Läden, an die Seite des Berges hinaufgerückt, unweit der Kirche, liegen sehn. „Herz, halte fest!" klang es zum zweitenmal in seinem Innern nach, da ihn die Gassen endlich aufnahmen. Er gab sein Pferd im Gasthof ab, er eilte zum Forsthaus.

„Herein!" rief eine männliche Stimme auf das Klopfen an der Tür. Der Alte saß, die Füße in Kissen gewickelt, im Lehnstuhl und konnte vor freudigem Schrecken nicht aufstehn, selbst wenn [die Gicht] es erlaubt hätte. Wir schweigen vom hellen Tränenjubel dieses ersten Empfangs und fragen mit Nolten sogleich nach der Tochter.

„Sie wird wohl", ist die Antwort, „ein Stückchen Tuch drüben auf den Kirchhof zur Bleiche getragen haben; die Sonne ist gar herrlich draußen; gehn Sie ihr nach und machen [Sie] ihr die Überraschung gleich allein! Ich kann zwar kaum erwarten, euch beieinander zu sehn! Ach mein Sohn, mein lieber trefflicher Herr Sohn! sind Sie denn auch noch ganz der alte? Wie so gar stattlich und vornehm Sie mir aussehen! Agnes wird Augen machen. Gehen Sie, gehen Sie! Das Kind hat keine Ahnung. Diesen Morgen beim Frühstück sprachen wir zusammen davon, daß heute wohl ein Brief kommen würde, und nun —!" Nolten umarmte den guten Mann wiederholt und so entließ ihn der Alte. Im Vorbeigehn fiel sein Blick zufällig in die Kammer der Geliebten, er sah ein schlichtes Kleid von ihr, das er sogleich wiedererkannte, über den Sessel hängen; der Anblick durchzuckte ihn mit stechender Wehmut, und schaudernd mußte sein Geist über die ganze Kluft der Zeiten hinwegsetzen.

Der Weg zum Kirchhof hinter dem Pfarrhaus zwischen den Haselhecken hin, wie bekannt und fremd war ihm alles! Das kleine Pförtchen in der Mauer stand offen; er trat in den stille grünenden Raum, der mit seinen ländlichen Gräbern und Kreuzen die bescheidene Kirche umgab. Begierig und schüchtern sucht er rings die geliebte Gestalt; hinter jedem Baum und Busch glaubt er sie zu erspähen; umsonst; seine Ungeduld wächst mit jedem Atemzug; ermüdet setzt er sich auf eine hölzerne Bank unter den breiten Nußbaum und überschaut den friedsamen Platz. Die Turmuhr läßt ihren festen Perpendikeltakt vernehmen, einsame Bienen summen um die jungen Kräuter, die Turteltaube gurret hie und da, und, wie es immer keinen unerfreulichen Eindruck macht, wenn sich an die traurigen Bilder des Todes und der Zerstörung die heitere Vorstellung eines tätig regsamen Lebens anknüpft, so war es auch hier wohltuend für den Beschauer, mitten auf dem Felde der Verwesung einzelne Spuren des alltäglichen lebendigen Daseins anzutreffen. Dort hatte der benachbarte Tischler ein paar frisch aufgefärbte Bretter an einen verwitterten Grabstein zum Trocknen angelehnt, weiter oben blähten sich einige Streifen Leinwand in der lustigen Frühlingsluft auf dem Grasboden, und [mit] ganz eigener Rührung [dachte] Nolten, welche Hände dieses Garn gesponnen und sorglich hieher getragen.

Jetzt hatte er kein Bleibens mehr an diesem Ort, und doch

konnte er auch den Mut nicht finden, Agnes [geradehin] aufzusuchen; unschlüssig trat er in den Eingang der Kirche, wo ihn eine angenehme Kühle und, trotz der [geringen] Ausstattung, ein feierlicher Geist empfing. Haftete doch an diesen braunen abgenützten Stühlen, an diesen Pfeilern und Bildern eine unendliche Reihe frommer Jugendeindrücke, hatte doch diese kleine Orgel mit ihren einfachen Tönen einst den ganzen Umfang seines Gemüts erfüllt und es ahnungsvoll zum Höchsten [emporgetragen,] war doch dort, der Kanzel gegenüber, noch derselbe Stuhl, wo Agnes als ein Kind gesessen, ja den schmalen Goldstreifen Sonne, der soeben die Rücklehne beschien, erinnerte er sich wohl an manchem Sonntagmorgen gerade so gesehen zu haben; in jedem Winkel schien ein holdes Gespenst der Vergangenheit neugierig dem Halbfremden aufzulauschen und ihm zuzuflüstern: siehe, hier ist sich am Ende alles gleich geblieben, wie ist es indessen mit dir gegangen?

Nun stieg er zur Emporkirche auf; er sah ein altes Bleistiftzeichen wieder, das er einst in einem bedeutenden Zeitpunkt, abergläubisch, gleichsam als Frage an die Zukunft, hingekritzelt hatte — aber wie schnell bestürzt wendet seine Aufmerksamkeit sich ab, als ihm durch die bestäubten Glasscheiben außen eine weibliche Figur auffällt, über die er keinen Augenblick im Zweifel bleiben kann. Agnes ist es wirklich. Sein Busen zieht sich atemlos zusammen, er vermag sich nicht von der Stelle zu bewegen, und um so weniger, je treffender, je rührender die Stellung ist, worin eben jetzt ihm das Mädchen erscheint. Er öffnet behutsam den Fensterflügel um etwas und steht wie eingewurzelt.

Die den Kirchhof umschließende Mauer bildet [auf dieser Seite] etwa in der Hälfte ihrer Höhe ein breites fortlaufendes Gesimse, worauf sich ein Kreuz von alter Steinhauerarbeit freistehend erhebt; an dessen Fuße auf dem Gesimse sitzt, noch immer in beträchtlicher Höhe über dem Boden, das liebliche Geschöpf mit dem Strickzeug und im Hauskleide so, daß dem Freunde das Profil des Gesichts vollkommen gegönnt ist; an einem Arm des Kreuzes über dem Kopfe der Sitzenden hängt ein frischer Kranz von Immergrün, sie selber bückt sich soeben aufmerksam, die Nadel leise an die Lippen haltend, gegen eine Staude vorwärts, worauf ein [Schmetterling] die glänzenden Flügel wählig auf- und zuzieht; jetzt, indem er auffliegt, gleitet ihr Blick flüchtig am Fenster Noltens hin, daß diesem vor entzücktem Schrecken beinahe ein Ausruf entfahren wäre; aber das Köpfchen hing schon wieder ruhig über dem geschäftigen Spiele der Finger. Schichtweise kam einigemal der süßeste Blumengeruch gegen den Lauscher herübergeweht, um den geistigen Nerv seiner Erinnerung nur immer reizender, betäubender zu spannen; denn diese eigentümliche Würze, meint er, habe das Veilchen von jeher an keinem Orte der Welt ausgehaucht, als hier, wo sich sein Duft mit den frühen Gefühlen einer reinen Liebe vermischte.

Er dachte jetzt ernstlich darauf, wie er am schicklichsten aus seinem Versteck hervortreten und sich dem ahnungslosen Mädchen zeigen wolle; aber, durfte er bisher im schönen Vorgenuß die Gestalt und alle das Regen und Bewegen der Geliebten unbemerkt beobachten, so wollte ein artiger Zufall ihn auch den langentbehrten Ton ihrer Stimme noch hören lassen. Der Storch, der seit uralter Zeit sein Nest auf dem Kirchdach hatte, spazierte mit sehr vieler Gravität erst unten im Gras, dann auf der Mauerzinne umher, als gälte es eine Morgenvisite bei Agnes. „Hast schon gefrühstückt, Alter? komm, geh her!" rief sie und schnalzte mit dem Finger; der langbeinige Bursche aber nahm wenig Notiz von dem herzlichen Gruße und marschierte gelassen hinten vorüber. Jetzt streckte plötzlich der alte Förster den Kopf schalkhaft durchs Pförtchen: „Muß doch auch ein bißchen nach dem verliebten Paare schauen, das seine Freude so ganz apart haben will – Nun mein Herzchen, dein Besuch? was läuft er denn wieder weg?" Agnes, die Worte auf den Storch beziehend, deutet mit Lachen seitwärts nach dem fortstolzierenden Vogel: allein bevor der Förster sich näher mit ihr erklärt und ehe das Mädchen die Mauerstufen ganz herunter ist, erscheint Nolten unter der Kirchtür: Agnes, ihn erblickend, fällt mit einem leichten Schrei dem zunächst stehenden Vater um den Hals, wo sie ihr glühendes Gesicht verbirgt, während unser Freund, der sich diese erschüttert abgewandte Bewegung blitzschnell durch sein böses Gewissen erklären läßt, mit einiger Verlegenheit sich heranschmiegt, bis ein verstohlener, halbaufgerichteter Blick des Mädchens über des Alten Schulter hinweg ihm sagt, daß Freude, nicht Abscheu oder Schmerz es sei, was hier am Vaterherzen schluchze. Aber als das herrliche Kind sich nun plötzlich gegen ihn herumwandte, ihm mit aller Gewalt leidenschaftlicher Liebe sich um den Leib warf und nur die Worte vorbrachte: „Mein! Mein!" da hätte auch er laut ausbrechen mögen, wenn die Übermacht solcher Augenblicke nicht die Lust selbst der glücklichsten Tränen erstarren machte.

Indem man nach dem Hause ging, bedauerte man sehr, daß Nolten den guten Baron vor einigen Tagen nicht würde begrüßen können, da er seit einer Woche verreist sei.

„Ich bin noch ganz freudewirr und dumm", sagte Agnes, wie sie in die Stube traten, „laß mich erst zu mir selber kommen!" Und so standen sie einander in glücklicher Verwunderung gegenüber, sahen sich an, lächelten, und zogen aufs neue sich lebhaft in die Arme.

„Und was es schön geworden ist, mein Kind, Papa!" rief Nolten, als er sie recht eigens um ihre Gestalt betrachtete; „was es zugenommen hat! Vergib, und laß mich nur immer staunen!"

Wirklich war ihre ganze Figur entschiedener, kerniger, ja wie [er] meinte, selbst größer geworden. Aber auch alle die Reize, die der Bräutigam ihr von jeher so hoch angerechnet hatte, erkannte er wieder. Jenes tiefe Dunkelblau der Augen, jene eigene Form der Augbrauen, die sich von allen ihm bekannten dadurch unterschieden, daß sie gegen die Schläfe hin in einem kleinen Winkel absprangen, der in der Tat etwas Bezauberndes hatte. Dann stellten sich noch immer, besonders beim Lachen, die vollkommensten Zahnreihen dar, wodurch das Gesicht ungemein viel kräftige Anmut gewann.

„Das Wundersamste aber, und worauf ich mir selber etwas einbilden möchte, das will der Herr, scheint's, absichtlich gar nicht entdecken!" sagte Agnes, indem eine köstliche Röte sich über ihre Wangen zog. Wohl wußte er, was sie meine. Ihre Haare, die er bei seiner letzten Anwesenheit noch beinah blond gesehen hatte, waren durchaus in ein schönes glänzendes Kastanienbraun übergegangen. Nolten war es beim ersten Blicke aufgefallen, aber sogleich hatte [ihn] auch die Ahnung [betroffen, daß] Krankheit und dunkler Kummer teil an diesem holden Wunder hätten. Agnes selber schien nicht im entfernten dergleichen zu denken, vielmehr fuhr sie ganz heiter fort: „Und meinst du wohl, es habe sonderlich viel Zeit dazu gebraucht? Nicht doch, fast zusehends, in weniger als zwanzig Wochen war ich so umgefärbt. Die Pastorstöchter und ich, wir haben heute noch unsern Scherz darüber."

Am Abend sollte Nolten erzählen. Allein dabei konnte wenig Ordentliches herauskommen; denn wenn er sich gleich aus

Larkens' Konzepten überzeugt hatte, wie treulich ihm der Freund in bezug auf manche verfängliche Punkte zur Beruhigung der guten Leutchen vorgearbeitet, so fand er sich nun doch durch die Erinnerung an jene gefährliche Epoche dem unvergleichlichen Mädchen gegenüber [innerlich] beengt und verlegen; er verfuhr deshalb in seinen Erzählungen nur sehr fragmentarisch und willkürlich, und [im übrigen,] wie es bei Liebenden, die sich nach langer wechselvoller Zeit zum ersten Male wieder Aug in Auge besitzen, natürlich zu geschehen pflegt, verschlang die reine Lust der Gegenwart mit Ernst und Scherz und Lachen, es verschlang ein stummes Entzücken, wenn eins das andre ansah, jedes [sonstige] Interesse und alle folgerechte Betrachtung. Wenn nun das junge Paar nichts, gar nichts in der Welt vermißte, ja wenn zuweilen ein herzlicher Seufzer bekannte, man habe des Glückes auf einmal zuviel, man werde, da die ersten Stunden so reich und überschwenglich seien, die Wonne der folgenden Zeit gar nicht erschwingen können, so war der Alte an seinem Teil damit nicht ganz so zufrieden. Er saß nach aufgehobenem Abendessen (Tischtuch und Gläser mußten noch bleiben) geruhig zu einer Pfeife Tabak im Sorgensessel, er erwartete mancherlei Neues von der Reise, vom Ausland und namentlich von Bekanntschaften des Schwiegersohnes dies und jenes Angenehme oder Ruhmvolle umständlich zu vernehmen. Agnes, den Fehler wohl bemerkend, stieß deshalb den Bräutigam ein paarmal heimlich an, der denn nach Kräften schwatzend, gar bald den Vater in den besten Humor zu versetzen und einige Male zum herzlichsten Gelächter anzuregen wußte.

Als man nach elf Uhr sich endlich erhob, versicherten alle drei, es werde keines vor freudiger Bewegung schlafen können. „Kann ich's doch ohne das nicht!" seufzte der Förster, „hab ich in jungen Jahren doch bei Tag und Nacht in Nässe und Kälte hantierend mich um den wohlverdienten Schlaf meines Alters bestohlen; nun hab ich's an den Füßen. Doch mag's sein! Es denkt und lernt sich manches so von Mitternacht bis an den lieben hellen Tag. Und wenn man sich dann so im guten Bette sagen kann, daß Haus und Eigentum von allen Seiten wohl gesichert und geriegelt, kein heimlich Feuer nirgend ist, und so weit all das Ding wohl steht, und dann der Mond in meine Scheiben fällt, [da] stell ich mir wohl tausenderlei vor, ich sehe das Wild, wie es draußen im Dämmerschein auf dem Waldwasen wandelt und halt auch Fried und Freud von seinem

Schöpfer hat; ich denke der alten Zeit, der vorigen Jahre — sagt der Psalmist — ich denke des Nachts an mein Saitenspiel (das ist dem Weidmann seine Büchse), und rede mit meinem Herzen, mein Geist muß forschen. Ja ja, Herr Sohn, lächeln Sie nur, ich kann auch sentimentalisch sein, wie ihr das nennt, ihr junges Volk. Nun, schlafen Sie wohl!" Er lüpfte freundlich seine Mütze und Agnes durfte dem Bräutigam leuchten.

Es glänzte wieder die herrlichste Sonne in die Fenster des Hauses, um seine Bewohner zeitig zu versammeln.

Agnes war am frühesten rege. Und [wiederum,] wie trat sie den Augen des Liebsten entgegen! Gleich diesem neuen Tag war sie für Nolten durchaus eine Neue; gewiß, wir sagen nicht zu viel, sie war der goldne Morgen selber. Soeben hatte sie den [Blumenstöcken] Wasser gegeben, es hing ihr ein heller Tropfen an der Stirn; mit welcher Wollust küßte er ihn weg, küßte er die glatt und rein an beiden Seiten heruntergescheitelten Haare! Er machte eine Bemerkung, die ihm das Mädchen nach einigem Widerspruch doch endlich gelten lassen mußte. Bräute, deren Väter vom Forstwesen sind, haben vor andern in der Einbildung des Liebenden immer einen Reiz voraus, entweder durch den Gegensatz von zarter Weiblichkeit mit einem mutigen, nicht selten Gefahr bringenden Leben, oder weil selbst an den Töchtern noch der frische, freie Hauch des Waldes zu haften scheint.

Sie ging, das Frühstück zu besorgen, und Nolten unterhielt sich mit dem Förster. Das Gespräch kam auf Agnesens Krankheit und, weil kein Teil dabei verweilen mochte, sehr bald auf einen Gegenstand, wovon der Alte mit Begeisterung sprach, die Hochzeit. Man dürfe nun damit nicht lange mehr zögern, meinte der Vater, meinte auch Nolten, selbst Agnes hatte sich mit dem Gedanken mehr vertraut gemacht. Eine Hauptfrage war noch unentschieden: wo der Herr Sohn sich niederlassen werde? Nun eben sprachen die Männer davon, brachen aber [unwillkürlich ab, als Agnes hereintrat.]

„Ei", rief der Vater, „bis wir trinken, hole doch die Mandoline! das ist dir, glaub ich, noch gar nicht eingefallen." Wie Feuer so rot wurde das schöne Kind bei diesem Wort. Sie trat ängstlich hinter Noltens Stuhl und ihr Finger spielte hastig in seinem Haar. Niemand wagte weiter etwas zu sagen, [es] entstand eine drückende Pause. „Ein andermal!" sagte sie kleinlaut und eilte in die Küche.

„Der Vetter, ihr Lehrmeister, irrt sie, merk ich wohl, Ihnen gegenüber. Doch hätt ich, aufrichtig zu sagen, das nicht mehr erwartet."

„Wir wollen sie ja nicht drängen", versetzte Nolten, „lassen Sie uns [doch nur] vorsichtig sein. Ich denke mich recht gut in ihr Gefühl. Des Mädchens Anblick aber hat mich erstaunt, erschreckt beinah! Merkten Sie nicht, wie sie beim Weggehn die Farbe zum zweitenmal wechselte und schneebleich wurde?"

„Sonderbar!" sagte der Vater, mehr unmutig als besorgt, „in jener schwermütigen Periode konnte man dasselbe manchmal an ihr sehn und inzwischen nie wieder, bis diesen Augenblick." Beide Männer wollten nachdenklich werden, aber Agnes brachte die Tassen.

Beim Frühstück hielt man Rat, was heute begonnen werden sollte. „Eh ich an irgend etwas weiter denken kann, eh wir den Papa zum Wort kommen lassen mit Besuchen, die zu machen, mit Rücksichten, die zu nehmen sind, erlauben Sie uns das Vergnügen, daß Agnes mir zuvörderst das Haus vom Giebel bis zum Keller, von der Scheune bis zum Garten, und alles nach der Reihe wieder zeigt, was mich [einst so] glücklich machte. Was waren das doch schöne Zeiten! Sie hatten ihre vier Jungen im Hause, lieber Vater, die beiden Z., diese wilden Brüder, mich und Amandus, der ja nun Pfarrer drüben ist in Halmedorf. Wie freu ich mich, ihn wiederzusehn! Wir müssen hinüber gleich in den nächsten Tagen, hörst du Schatz? hört Ihr Papa? da muß dann jedes sein Häufchen Erinnerung herzubringen, und es wird ein groß Stück Vergangenheit zusammen geben." „Leider", sagte Agnes, „kann aus dieser Zeit von mir noch nicht die Rede sein; ich hatte nur erst sieben Jahre, wie du zu uns kamst." „Was? nicht die Rede von dir? meinst du, der Tag, der verhängnisvolle, schwarze Unglückssonntagnachmittag werde nicht aufgeführt in unsern Annalen, wo du Fritzens Exerzitienheft zur Hand kriegtest, es auf den Schemel hinter den Ofen nahmst und unmittelbar hinter das rote Pessime des Rektors hin mit ungelenker Feder, in bester Meinung, eine ganze Front langer hakiger P's und V's maltest? Welch ein Jammer, da wir das Skandal gewahr wurden! Er nahm dich, Gott verzeih mir's, bei den Ohren, und die andern auch über dich her, wie ein ergrimmter Bienentrupp, wenn ein Feind einbrechen will! O ich muß den Boden wiedersehn, wo wir das Heu durchwühlten, das Garbenseil, an welchem wir uns schaukelten, den Teich im Hofe, wo man Fische großzog!" „Kirch und Kirchhof", lachte der Vater, „diese Herrlichkeiten haben Sie schon in Augenschein genommen; zu den Glocken hinauf wird auch wohl noch der Steg zu finden sein." „Ei, und", warf Agnes dazwischen, „deinen alten Günstling, deinen ‚Geschlaggien' hast du auch schon gehört!" Nolten begriff nicht gleich, was sie damit wollte, plötzlich fiel ihm mit hellem Lachen bei, sie meine einen alten Nachtwächter, über den sie sich lustig zu machen pflegten, weil er die letzten Silben seines Stundenrufs auf eine eigne, besonders schön sein sollende Manier entstellte.

Soeben brachte der Bote von der Stadt die neuesten Zeitungen, die der Vater schon eine Weile zu erwarten schien, denn er sparte seinen Kaffee und die zweite Pfeife lag nur zum Anzünden parat. Höflich, nach seiner Art, gab er dem Sohn die Hälfte der Blätter hin, der sie indessen neben sich ruhen ließ.

„Nein", sagte er, wieder heimlich zu Agnes gewendet, während der Alte schon in Politik vertieft saß, „ich habe Käsperchen die Nacht nicht gehört." „Ich aber!" sagte sie, „um drei Uhr, es war noch dunkel, rief er den Tag an; und", setzte sie leise hinzu, „an *dich* hab ich gedacht! ich war eben erwacht, mich überfiel's auf einmal, du wärst hier, wärst mit mir unter *einem* Dache! ich mußte die Hände falten, ein Krampf der Freude drückte sie mir ineinander; so dankbar, froh und leicht hab ich mein Tage nicht gebetet." — „Gebt einmal acht, Kinder!" hub der Vater an, „das ist ein Einfall vom russischen Kaiser! süperb!" Und nun ward ein langer Artikel vorgelesen, wobei der Alte die Wölkchen heftiger vom Mund abstieß.

Nolten vernahm kaum den Anfang des Edikts, er ist noch hingerissen von den letzten Worten [der Geliebten,] woraus ihm alles Gold ihrer Seele entgegenschimmert; durchdringend ruht sein Blick auf ihr und zugleich ergreift ihn [erschütternd] das Andenken an Larkens. „Oh", hätte er ausrufen mögen, „warum muß er jetzt mir fehlen? Er, dem ich diese Seligkeit verdanke, warum verschmäht er, selbst Zeuge zu sein, wie herrlich die Saat aufgegangen ist, die seine Hand im stillen ausgestreut! Und ich soll hier genießen, indes ein [trübes] Geschick, ach nur das eigene [ruhelose] Herz, ihn in die Ferne irren heißt, verlechzend in sich selber, ohne eine hülfreiche, teilnehmende Seele, die seine heimlichen Schmerzen bespräche, in die Tiefe seines Elends bescheidnen Trost hinunterleiten könnte! Ihn *so* zu denken! und keine Spur, keine Ahnung, welcher Winkel der

Erde mir ihn verbirgt! Wenn ich ihn nimmer fände? Großer Gott! wenn er bereits, wenn er in diesem Augenblick vielleicht dasjenige verzweifelt ausgeführt hätte, womit er sich und mich so oft bedrohte — —!"

Eine Sorge, die als schwacher Punkt zuweilen vor uns aufgestiegen und immer glücklich wieder verscheucht worden, pflegt uns tückischerweise gerade in einem solchen Moment oft am hartnäckigsten zu verfolgen, wo alles übrige sich zur freundlichsten Stimmung um uns vereinigen will. Im heftigen Zugwind einer aufgescheuchten Einbildungskraft drängt sich schnell Wolke auf Wolke, bis es vollkommen Nacht um uns wird. So ballte mitten in der lieblichsten Umgebung das riesenhafte Gespenst eines abwesenden Geschickes seine drohende Faust vor Noltens Stirn, und plötzlich war eine sonderbare Gewißheit in ihm aufgegangen, daß Larkens für ihn verloren sei, daß er auf eine schreckliche Art geendigt habe. Die süße Nähe Agnesens beklemmte ihn wunderbar, eine unerklärliche Angst befiel ihn; er ertrug's nicht mehr, stand auf von seinem Sitze, und ging im Zimmer [auf und nieder.]

Glücklicherweise war die Aufmerksamkeit Agnesens während dieser heftigen Bewegung Noltens völlig auf den Vater gespannt, [der die häuslichen Geschäfte des Tages mit ihr durchzusprechen begonnen.]

Die Türe ging auf und unerwartet trat der gute alte Baron ein. Alsbald war unser Freund sich selbst zurückgegeben, und nicht die Erscheinung einer Gottheit hätte ihm wohler tun können. Mit ausgestreckten Armen eilt er auf ihn zu und liegt [wie] ein Kind am Halse des ehrwürdigen Mannes. Auch bei den übrigen war Freude und Verwunderung groß; sie hatten den gnädigen Herrn noch [über] Berg und Tal gedacht, und er erzählte nun, wie ein Ungefähr ihn früher heimgeführt, wie man ihm gestern abend spät bei seiner Ankunft gesagt, daß der Maler angekommen, und wie er denn kaum habe erwarten können, denselben zu begrüßen.

Es macht bei solchen Veranlassungen eine besonders angenehme Empfindung, zu bemerken, wie Freunde, zumal ältere Personen, welche man geraume Zeit nicht gesehn, gewisse äußerliche Eigentümlichkeiten unverändert beibehielten. So hatte der Baron bei diesem Besuche seinen gewohnten Morgenspaziergang, den er seit vielen Jahren immer zur selben Stunde machte, im Auge, so stellte er sein Rohr noch jetzt wie sonst in die Ecke zwischen den Ofen und den Gewehrschrank, noch immer hatte er die unmodisch steifen Halsbinden, die an seine frühere militärische [Stellung] erinnerten, nicht abgeschafft. Aber zum [schmerzlichen] Mitleid wird unsre frohe Rührung umgestimmt, wenn man wahrnehmen muß, daß dergleichen alles nur noch der Schein des frühern Zustandes ist, daß Alter und Gebrechlichkeit diesen überbliebenen Zeichen einer bessern Zeit widersprechen. Und so betrübte auch Nolten sich im stillen, da er den guten Mann genauer betrachtete. Er ging um vieles gebückter, sein faltiges Gesicht war bedeutend blässer und schmaler geworden, nur die wohlwollende Freundlichkeit seines Mundes und das geistreiche Feuer seiner Augen ließ diese Betrachtungen vergessen.

Während nun zwischen den vier Personen das Gespräch heiter und gefällig hin und her spielte, konnte es bei aller äußern Unbefangenheit nicht fehlen, daß Nolten und der Baron durch gewisse zufällige Merkmale des Ideengangs unwillkürlich einander verrieten, was jeder von beiden besonders denken und empfinden mochte, und der Maler glaubte den Baron vollkommen zu verstehen, als dieser mit ganz eignem Wohlgefallen und einer Art von Feierlichkeit seine Hand auf den reinen Scheitel Agnesens legte, indem er einen Blick auf den Bräutigam hinüberlaufen ließ. „Wieviel", so schien er [zu sagen,] „ist über dieses edle Haupt ergangen! wie war es möglich, diesen Engel so schwer zu verkennen!" Der feine Greis [lenkte übrigens sofort von dieser Richtung ab,] indem er in heitern Umrissen von Noltens Glück, wie es von unten herauf mit ihm verfahren, eine Darstellung machte und man so auf die Jugendzeit Theobalds zu sprechen kam. Agnes hatte sich inzwischen in Geschäften entfernt.

Der Förster spielte lächelnd auf [gewisse] seltsame Liebhabereien seines [einstigen] Pflegsohns an, [und Nolten] begann, [zum Baron gewendet:] „Man sagt mir nach und selbst mein wertester Herr Papa gibt [es mir] zu verstehen, ich sei länger als billig ein Knabe geblieben. Gewiß, meine Streiche als Bursche von fünfzehn Jahren sind um kein Haar besser gewesen, als eines Elfjährigen, ja mein Tun und Treiben sah vielleicht bornierter aus, wenigstens hatte es die praktische Bedeutung der meisten Knabenspiele nicht. Bei meiner Art [von] Unterhaltung wurde der Körper wenig geübt; Klettern, Springen, Voltigieren, Reiten und Schwimmen reizte mich kaum; meine Neigung ging auf die stilleren Beschäftigungen, mitunter auf gewisse Kuriositäten und Sonderbarkeiten. Ich gab mich an irgendeinem beschränkten Winkel, wo ich gewiß sein konnte, von niemanden gefunden zu werden, an der Kirchhofmauer, oder auf dem obersten Boden des Hauses zwischen aufgeschütteten Saatfrüchten, oder im Freien unter einem herbstlichen Baume, gerne einer Beschaulichkeit hin, die man fromm nennen könnte, wenn eine innige Richtung der Seele auf die Natur und die nächste Außenwelt in ihren kleinsten Erscheinungen diese Benennung verdiente; denn daß ausdrücklich religiöse Gefühle mitwirkten, wüßte ich nicht. Mit welchem Behagen konnte ich, wenn die andern sich im Hofe tummelten, ganz oben an einer Dachluke sitzen, mein Vesperbrot verzehren, eine neue Zeichnung vornehmen! [Es] ist dort ein Verschlag von Brettern, schmal und niedrig, wo mir die Sonne immer einen besondern Glanz, überhaupt ein ganz anderes Wesen zu haben schien, auch konnte ich völlig Nacht machen und – [es] war dies die höchste Lust – während außen heller Tag, eine Kerze anzünden, die ich mir heimlich zu verschaffen und wohl zu verstecken wußte." – „Herr Gott, du namenlose Güte!" rief der Förster aus, „hätt ich und meine selige Frau um diese feuergefährliche Kurzweil gewußt!" – „So verging eine Stunde", fuhr Nolten fort, „bis mich doch auch die Gesellschaft reizte, da ich denn ein Räuberfangspiel, das mich unter allen am meisten anzog, so lebhaft wie nur irgendeiner, mitmachte. Jüngere Kinder, darunter auch Agnes, hörten des Abends gern meine Märchen von dienstbaren Geistern, die mir mit Hülfe und Schrecken jederzeit zu Gebote standen. Sie durften dabei an einer hölzernen Treppenwand auf jenem obern Boden zwei Astlöcher sehen, wo [die] zarten Gesellen eingesperrt waren; das eine, das ich [mit einem dunklen Läppchen von innen verhängt] hatte, verwahrte die bösen, ein anderes, worin der runde Knoten nur locker eingeschlossen stak, die freundlichen Geister; wenn nun [am Abend] die Sonne dahinter schien, so war der Pfropf vom schönsten Purpur brennend rot erleuchtet; diesen Eingang, solange die Rundung noch so glühend durchsichtig erschien, konnten die luftigen Wesen gar leicht aus und ein durchschweben; unmittelbar dahinter dachte man sich in sehr verjüngtem Maßstab eine ziemlich weit verbreitete See mit lieblichen, duftigen Inseln. Nun war das eine Freude, die Kinder, die andächtig um mich herstanden, ein Köpfchen um das andere hinaufzulüpfen, um all die Pracht so nahe wie möglich zu sehn, und jedes glaubte in der schönen Glut die wunderbarsten Dinge zu entdecken; natürlich, hab ich es doch beinahe selbst geglaubt."

Der Baron hatte mit einem ununterbrochenen lieben Lächeln zugehört und sagte jetzt: „Ähnliche Dinge habe ich von andern teils gehört, teils gelesen, und alles, was Sie sagten, trifft mit der Vorstellung überein, die ich von Ihrer Individualität seit früh gehabt. Überhaupt preise ich den jungen Menschen glücklich, der, ohne träg oder dumm zu sein, hinter seinen Jahren, wie man so spricht, zurückgeblieben ist; er trägt sehr häufig einen ungemeinen Keim in sich, der nur durch die Umstände glücklich entwickelt werden muß. Hier ist jede Absurdität Anfang und Äußerung einer edeln Kraft, und diese Zeit des Brütens, wobei man nichts herauskommen sieht, nenne ich die rechte Sammelzeit des eigentlichen innern Menschen. Ich denke mir gar wohl das stille gedämpfte Licht, worin dem Knaben dann die Welt noch schwebt, wo er geneigt ist, den allergewöhnlichsten Gegenständen ein fremdes, oft unheimliches Gepräge aufzudrücken und irgendein Geheimnis damit zu verbinden, wo ihm hinter jedem gleichgültigen Ding, es sei dies, was es wolle — ein Holz, ein Stein, der Hahn und Knopf auf dem Turme —, ein Unsichtbares, hinter jeder toten Sache ein geistiges Etwas steckt, das sein besonderes, in sich verborgenes Leben hegt, wo alles Ausdruck, alles Physiognomie annimmt."

„Mir fällt hier", sagte der Vater, der das eben Besprochene nicht vollkommen gefaßt haben mochte, „meine Agnes ein. [Sie] war vielleicht acht Jahre alt, zur Zeit, da Ihr Herr Bruder, der Herr Oberforstmeister, von seinen Reisen zurückkam und die Gnade hatte manchmal in meinem Hause davon zu erzählen. Dieser Herr, nachdenklich und ernsthaft, aber freundlich und gut gegen Kinder, machte auf das Mädchen einen besondern Eindruck, der ihr lange geblieben ist. Nun kommt sie einmal — die Gesellschaft war gerade weggegangen — von ihrem Sitz hinter dem Ofen, wo sie eine Zeitlang ganz still gesessen und gestrickt hatte, hervor, stellt sich vor mich hin, sieht mir scharf ins Gesicht und lacht mich schalkhaft an, indem sie sagt: ‚Ich weiß [ganz gut,] Papa, daß es die Länder und Städte gar nicht gibt, von denen [du immerfort redest] mit dem Herrn; ich merke wohl, man tut nur so, wenn ich gerade um den Weg bin, ich soll wunder glauben, was alles draußen in der Welt vorgehe, und was doch nicht ist. Zwar daß die Welt viel weiter geht [als] unseres Herzogs Land, das weiß ich wohl, aber Paris, das ist

gewiß kein Wort, und London, so gibt es keine Stadt; ihr habt es nur erdacht und tut so bekannt damit, daß ich mir alles vorstellen soll.' — So ungefähr schwatzte das einfältige Ding; halb ärgerte mich's, halb mußt ich lachen. Ich gab mir Mühe, sie zu überzeugen, wies ihr auch die Karten und so weiter, dabei sah sie mich fortwährend mißtrauisch an, und der kleinste Zug von Lachen brachte sie fast zur Verzweiflung. Nun, die Kaprice verlor sich bald, und als ich sie vor etlichen Jahren wieder dran erinnerte, lachte sie sich herzlich selber drüber aus, erklärte deutlicher, wie's ihr gewesen, und sagte — ich weiß nicht was alles." —
„Kurz", nahm Nolten das Wort, „es läuft darauf hinaus, daß sie sich als Gegenstand einer [Art] geheimer Erziehungsanstalt betrachtete, welche die Absicht hätte, durch diese methodische Täuschung allerlei lebhafte Ideen in des Kindes Kopfe in Umlauf zu setzen und seinen Gesichtskreis zu erweitern, wovon sie [selber] den Nutzen nicht eigentlich begriff, [aber] doch wohl zu ahnen glaubte."

Sofort kam das Gespräch mit einer kurzen Wendung von jenem unschuldigen Mystizismus des Knabenalters auf die [wunderbare] Verschwisterung desselben mit dem Aberglauben, welchen der Maler als Grenznachbar alles Tiefpoetischen erklärte. Er nannte dabei Napoleon und Lichtenberg.

„Napoleon!" rief der Baron verwundert aus, „als wäre nicht auch sein Aberglaube nur angenommene Maske gewesen!"

„Oh, machen Sie mir ihn nicht vollends zum seichten Verbrecher!" entgegnete Nolten. „Er war nüchtern überall, nur nicht in dem tiefsten Schachte seines Busens. Nehmen Sie ihm nicht vollends die einzige Religion, die er hatte, die Anbetung seiner selbst oder des Schicksals, das mit göttlicher Hand ihm die Notwendigkeit seiner Taten vorzuhalten schien!"

„Wir lassen das gut sein", versetzte der Baron. „Das Schicksal verwendet die Kräfte, welche verschränkt in einem Menschen liegen können, gar mannigfaltig, und aus einer Mischung von Poesie mit politischem Verstand, mit philosophischem Talent, mit mathematischem Genie usf., in einem und demselben Geiste springen die merkwürdigsten, die größten Resultate hervor, vor denen die Gelehrten verblüfft mit Kopfschütteln stehn, und die das lahme Rad der Welt auf lange hinein wieder in einen wohltätigen Schwung versetzen. Da scheint sich die Natur vor unsern eingeschränkten Augen auf einmal selbst zu widersprechen oder wenigstens zu übertreffen, sie tut aber keines von beiden.

Zwei heterogen scheinende Kräfte können sich wunderbar stärken und das Trefflichste hervorbringen. Doch [genug.] Ich wollte von Ihren [vorigen] Geständnissen aus nur auf den Punkt kommen, wo der Philister und der Künstler sich scheiden. Wenn dem letztern als Kind die Welt zur schönen Fabel ward, so wird sie's ihm in seinen glücklichsten Stunden auch noch als Mann sein, darum bleibt sie ihm von allen Seiten so neu, so lieblich befremdend. Am meisten als Enthusiast hat Novalis, der einem übrigens dabei nicht ganz wohl macht, dieses ausgesprochen, soweit es den Dichter angeht —"

„Ganz recht!" fiel Nolten ein; „aber wenn dem wahren Dichter bei dieser besondern Anschauungsweise der Außenwelt jene holde Befremdung durchaus eigen sein muß, so wird dagegen die Vorstellungsart des bildenden Künstlers notwendig ganz entfernt davon sein. Auch der Geist, in welchem die Griechen alles personifizierten, scheint mir völlig verschieden von dem zu sein, was wir soeben besprechen. Ihre Phantasie ist viel zu frei hiefür, zu schön und, möcht ich sagen, zu wenig hypochondrisch. Ein Totes, Abgestorbenes, Fragmentarisches konnte in seiner Naturwesenheit nichts Inniges mehr für sie haben. Ich müßte mich sehr irren, oder man stößt hier wiederum auf den Unterschied von Antikem und Romantischem."

[Dies führte auf] Noltens neueste Arbeiten, und da hierauf das Gespräch abermals eine allgemeine Wendung nehmen wollte, sagte der Baron, indem er auf die Uhr sah: „Damit wir nun aber nicht unversehens in den unfruchtbarsten aller Dispute hineingeraten, was erquicklicher sei, jonische Luft oder der süßeste Himmel, wo er den Umriß einer Madonnawange berührt, so entlassen Sie mich, damit ich meinen gewohnten Marsch antrete. Auf den Abend hoffe ich Sie bei mir zu sehn, und Sie sagen mir dann mehr von Ihrem König Rother."

Da Nolten wußte, daß der alte Herr morgens gerne allein auf seinen Gütern herumging, so drang er seine Begleitung nicht auf. Er bat Agnes zu einem Gang ins Gärtchen; sie befahl der Magd einige Geschäfte, ging in ihre Kammer, ein Halstuch zu holen, und Nolten folgte ihr dahin.

„Hier sieh auch einen Mädchenkram!" sagt sie, indem sie die Schublade herauszieht, wo eine Menge Kästchen, Schächtelchen, allerlei bescheidner Schmuck bunt und nett beieinanderlag. Sie nahm ein ledernes Schatullchen auf, drückte es an die Brust, legte die Wange darauf und sah [ihn] zärtlich an: „Deine Briefe sind's, mein bestes Gut! Einmal hast du mich diesen Trost lange entbehren lassen, und dann, als du gefangen warst, wieder; aber gewiß, ich habe mich nicht zu beklagen." Unserm Freund ging ein Stich durchs Herz und er erwiderte nichts. „Dein neustes Geschenk" (es war eine kleine Uhr), „siehst du", fuhr sie fort, indem sie eine zweite Schublade zog, „soll hier seinen Platz nehmen, es gehört ihm eine vornehme Nachbarschaft. Aber, Seele! was hast du gedacht? Das ist der Putz für eine Prinzessin, nicht für unsereine!" Sie zeigte einen geschmackvollen Spenzer von dunkelgrünem Sammet, reich mit runden goldnen Knöpfen und zarten Kettchen besetzt, [ein Geschenk von] Larkens, [das wir bereits aus ihren Briefen kennen; sie hatte das] Kleidungsstück [inzwischen nach dem beigelegten Muster fertigmachen lassen.]

Nolten stand [wie] vernichtet von der Großmut [des] Freundes. Er spielte in Gedanken mit einem Strauß italienischer Blumen, ohne zu merken, wie jämmerlich seine Finger ihn zerknitterten; Agnes zog ihm das Bouquet sachte aus der Hand: er lächelte, die Tränen standen ihm näher. [Die Perlenschnur] der Gräfin fiel ihm ein; er wagte immer noch nicht, damit hervorzurücken. Wie alles, alles ihn verletzte, quälte, entzückte! ja selbst der reizende Duft, der den Putzschränken der Mädchen so eigen zu sein pflegt, schien ihm auf einmal den Atem zu erschweren; es war Zeit, daß er sich losmachte und auf sein Zimmer ging, wo er sich elend niederwarf und allen [verhaltenen] Schmerzen Tür und Tor willig eröffnete.

In kurzem klopft Agnes außen: er kann nicht aufschließen, er darf sich in diesem Zustand nicht vor ihr sehen lassen. „Ich kleide mich an, mein Schatz!" ruft er und so geht sie wieder den Gang zurück.

Nach einer Weile, da er sich gefaßt hatte, kam der Vater. „Auf ein Wort!" sagte er, als sie allein waren, „das wunderliche Ding, das Mädchen, jetzt geht es ihr im Kopf herum, sie hätte Ihnen vorhin spielen sollen; sie fürchtet sich davor und wird sich fürchten, bis es einmal überwunden ist; nun fiel's ihr ein, sie wolle sich geschwinde entschließen."

„Nur jetzt nicht!" rief Nolten, „ich bitte Sie um Gottes willen, Papa, nur diesen Morgen nicht!"

„Warum denn?" versetzte der Alte, in der Meinung, Nolten wolle nur das Mädchen geschont wissen, „wir müssen den Augenblick ergreifen, sonst machen wir sie stutzig; sie ist ganz guten Muts: ich riet ihr, zugleich in dem neuen Anzug zu erscheinen und Sie zu überraschen, das schien ihr die Aufgabe zu erleichtern, denn sie kann sich einbilden, das wäre nun die Hauptsache. Lassen Sie's zu diesmal! Sie wird gleich fertig sein und Sie kommen dann hinüber." So mußte er nachgeben, der Alte ging und rief ihn in kurzem.

Da stand sie nun wirklich, glänzend schön, einer jungen Fürstin zu vergleichen. Innig verwundert und erfreut ward Nolten durch den Anblick. Es war ihm so fremd sie so geschmückt zu sehen, und doch schien ein solcher Anzug einzig ihrer würdig zu sein. Ein weißes Kleid stand gar gut zu dem prächtigen Spenzer und einige Blumen zierten das Haar. Wie lebhaft empfing er die Verschämte in seinen Arm! wie selig blickte sie ihm in die Augen!

„Nun aber lache mich nicht aus!" sprach sie, während sie sich nach der Mandoline umsah und man sich setzte. „Ich will dir erzählen, wie es eigentlich zuging, daß ich es lernte. Ich habe dich einmal, weißt du noch? an dem Abend, wo wir die Johanniskäfer in das gläserne Körbchen sammelten, von ungefähr gefragt, ob dir's denn nicht leid wäre, daß ich so gar nichts von den hübschen Künsten verstehe, die dir so wert und wichtig sind, nicht auch ein bißchen von Musik oder eine Blume hübsch zu malen oder dergleichen, was wohl andre Mädchen können. Du sagtest, das vermissest du an deiner Braut gar nicht. Ich glaubt es auch, wie ich dir denn alles glaube, und dankte dir im Herzen für deine Liebe. Weiter sagtest du dann, die paar Jägerliedchen, die ich zuweilen sänge, die wären dir lieber als alles. Zwei Tage darauf kamen wir nach Tisch ins Pfarrhaus zu Besuch. Die älteste Tochter spielte den Flügel, und so schön, daß wir uns nicht satt hörten, du besonders. Aber eins hat mich damals verdrossen, an der jüngern, an Augusten. Du mußt dich erinnern. Lisette war kaum aufgestanden vom Klavier, so fordert die Schwester mich auf, meine Stimme auch hören zu lassen; ich ahnte nichts Unfeines von dem Mädchen und fing das nächste beste an. Aber auf einmal werde ich befangen und rot, denn Auguste hält sich ein Notenpapier vor den Mund, ihr Lachen zu verbergen; der Ton zitterte mir in der Kehle, und wie ich mich doch wenigstens zum letzten Verse noch ermannen will, guckt Auguste spottend durch die Rolle wie durch ein Fernrohr auf mich, daß ich vollends [verwirrt] ward und mit kleiner Stimmte kaum noch zum Ende schwankte. Indes ihr andern weiter spieltet und sangt, hatt ich am Fenster genug zu tun und zu wischen mit Weinen. Später, du warst schon fort, fing mich der Vorfall an zu wurmen; ich hätte gern auch etwas gegolten, ich grämte mich ernstlich um deinetwillen. Über dem kam meine Krankheit; ich glaube noch bis auf die Stunde, ich wäre schneller genesen, hätt ich mir mit Musik manchmal die Zeit vertreiben können; indessen ging's gottlob auch so vorüber. Um diese Zeit besuchte uns der Vetter zuweilen aus der Stadt und" — sie stockte und streifte verlegen über das Instrument hin — „nun, also dieser lehrte mich's."

„Eins von den lustigen zuerst!" fiel der Vater, schnell zu Hülfe kommend, ein. Rasch und herzhaft fing sie nun an, mit einer Stimme, die kräftig und zart, sich doch stets lieber in die Tiefe als in die Höhe bewegte. Ihr Gesang wurde nach und nach immer einschmeichelnder, immer kecker. „Der Herr darf mich wohl ansehn!" sagte sie einmal dazwischen zu Nolten hinüber, der ihren Anblick bisher vermieden hatte. Er zeigte, als das Lied geendigt war, auf ein anderes in ihrem Notenhefte, „Der Jäger" überschrieben, dessen Text ihm gefiel, und obwohl es ihr nicht ebenso ging, stimmte sie doch sogleich damit an.

> Drei Tage Regen fort und fort,
> Kein Sonnenschein zur Stunde;
> Drei Tage lang kein gutes Wort
> Aus meiner Liebsten Munde!

> Sie trutzt mit mir und ich mit ihr,
> So hat sie's haben wollen;
> Mir aber nagt's am Herzen hier,
> Das Schmollen und das Grollen.

> Willkommen denn, des Jägers Lust,
> Gewittersturm und Regen!
> Fest zugeknöpft die heiße Brust,
> Und jauchzend euch entgegen!

> Nun sitzt sie wohl daheim und lacht
> Und scherzt mit den Geschwistern;
> Ich höre in des Waldes Nacht
> Die alten Blätter flüstern.

Nun sitzt sie wohl und weinet laut
Im Kämmerlein, in Sorgen;
Mir ist es wie dem Wilde traut,
In Finsternis geborgen.

Kein Hirsch und Rehlein überall!
Ein Schuß zum Zeitvertreibe!
Gesunder Knall und Widerhall
Erfrischt das Mark im Leibe. —

Doch wie der Donner nun verhallt
In Tälern, durch die Runde,
Ein plötzlich Weh mich überwallt,
Mir sinkt das Herz zu Grunde.

Sie trutzt mit mir und ich mit ihr,
So hat sie's haben wollen,
Mir aber frißt's das Herze schier
Das Schmollen und das Grollen.

Und auf! und nach der Liebsten Haus!
Und sie gefaßt ums Mieder!
„Drück mir die nassen Locken aus,
Und küß und hab mich wieder!"

Beide Männer klatschten lauten Beifall. Sie wollte aufstehn. „Aller guten Dinge — weißt du?" rief der Alte, „Noch eines!" Also blätterte sie abermals im Heft, unschlüssig, keines war ihr recht; über dem Suchen und Wählen war der Vater aus der Stube gegangen; sie klappte das Buch zu und sprach mit Nolten, während sie hin und wieder einen Akkord griff. Auf einmal fiel sie in ein Vorspiel ein, bedeutender als alle frühern; es drückte die tiefste rührendste Klage aus. [Ihr] Blick ruhte ernst, wie unter abwesenden Gedanken, auf Nolten, bis sie sanft anhob zu singen.

Wir teilen das kleine Lied noch mit und denken, der Leser werde sich aus den einfachen Versen vielleicht einen entfernten Begriff von der Musik machen können, besonders aus dem zweiten Refrain, bei welchem die Melodie jedesmal eine unbeschreibliche Wendung nahm, die alles herauszusagen schien, was irgend von Schmerz und Wehmut sich in dem Busen eines unglücklichen Geschöpfs verbergen kann.

> Rosenzeit! wie schnell vorbei,
> > Schnell vorbei
> Bist du doch gegangen!
> Wär mein Lieb nur blieben treu,
> > Blieben treu,
> Sollte mir nicht bangen.
>
> Um die Ernte wohlgemut,
> > Wohlgemut
> Schnitterinnen singen.
> Aber, ach! mir krankem Blut,
> > Mir krankem Blut
> Will nichts mehr gelingen.
>
> Schleiche so durchs Wiesental,
> > So durchs Tal,
> Als im Traum verloren,
> Nach dem Berg, da tausendmal,
> > Tausendmal
> Er mir Treu geschworen.
>
> Oben auf des Hügels Rand,
> > Abgewandt,
> Wein ich bei der Linde —;
> An dem Hut mein Rosenband,
> > Von seiner Hand,
> Spielet in dem Winde.

Agnesen hatte der Ton zuletzt vor Bewegung fast versagt; jetzt warf sie das Instrument weg und stürzte heftig an die Brust des Geliebten. „Treu! Treu!" stammelte sie unter unendlichen Tränen, indem ihr ganzer Leib zuckte und zitterte, „du bist mir's, ich bin dir's geblieben!" — „Ich bleibe dir's!" mehr konnte Nolten, mehr durfte er nicht sagen.

An einem der folgenden schönen Tage wollte man den schon mehrmals zur Sprache gekommenen Ausflug nach Halmedorf zu den jungen Pfarrleutchen machen, denen man sich bereits hatte ansagen lassen. Die beiden alten Herren, der Förster und der Baron, versprachen im Wagen des letztern zu fahren; denn immerhin war es drei Stunden dahin. Die Jugend, nämlich unser Paar, ein Sohn und zwei Töchter des Pastors, welche man trotz einiger Einwendungen Noltens zuletzt auf Agnesens beharrliche Vorstellungen hinzubitten müssen, diese wollten zu Fuße gehn; die eine Partie sollte morgens bei guter Tageszeit sich auf den Weg machen, die Fahrenden erst nach Tische. Leider aber war der Baron indessen bedeutend unpaß geworden, er mußte, was in langer Zeit nicht erhört worden, das Bett hüten, die Reise hatte ihm zugesetzt, wie er nun selber eingestand. Also beschloß auch der Förster zurückzubleiben, dem verehrten Freunde zur Gesellschaft.

So wanderte denn der kleine Zug und gelangte bald aus dem Tälchen auf die fruchtbare höher gelegene Ebene, die sich abermals um ein weniges senkte, wo ihnen dann der reinliche, etwas steil heraufgebaute Ort entgegensah. Lange zuvor hatte man den Hügel vor sich, der, unter dem Namen Geigenspiel bekannt, an seinem Fuße unbedeutend anzusehn, oben mit einer außerordentlichen Aussicht überrascht.

„Schön! schön! das heiß ich doch die Stunde eingehalten!" rief der Pfarrer, der sie hatte kommen sehen und bis an die nächsten Äcker entgegengegangen war. „Seht da, mein Dachs will den Gruß vor mir wegschnappen! Der Narre kennt dich noch von vier Jahren her: aber sein Herr fürwahr hätte dich bald nicht wiedererkannt. Komm an mein Herz, alter Kamerad! Ad pectus manum, sagte der Rektor, wenn wir gelogen hatten: Manum ad pectus, ich liebe dich und weiß was ich sage. O ich möchte alle Glocken zusammenläuten lassen, durchs ganze Ort möcht ich posaunen und duten, wäre ich just nicht der Seelenhirt, der sich im Respekt erhalten muß, sondern ein anderer."

In diesem Tone fuhr Amandus fort, eins nach dem andern zu salutieren, und noch als man bereits vor dem Pfarrhause stand, war er nicht fertig. Jetzt sprang, so leicht und zierlich wie ein achtzehnjähriges Mädchen unter der Haube, die Pastorin entgegen, aber auch sie konnte über dem Mutwillen ihres Manns nicht zum Worte kommen. Mit Jubel betritt man endlich die Stube, die hell und neu, recht eigentlich ein Bild ihrer Bewohner darstellte.

Kaum über die Schwelle getreten, konnte man bemerken, wie der Pfarrer in eiliger Verlegenheit einen Uniformrock, der an der Wand hing, zu entfernen suchte; er blieb jedoch, da er seine Absicht verraten sah, mitten auf dem Weg stehn: „Daß dich!" rief er, gegen Nolten gewendet — „nun Freundchen, ist mir's herzlich leid, da du eine Heimlichkeit doch einmal gewittert hast, so will ich lieber gar mit der sonderbaren Geschichte herausrücken." Er zupfte heimlich seine Frau und fuhr mit verstelltem Ernst und vieler Gutmütigkeit fort. „Seit gestern haben wir einen fremden Offizier, einen Oberst, im Hause, der eigentlich [zu dir nach Neuburg wollte und dich nun] hier erwartet; er ist nur eben ausgeritten, wird aber nicht bis Abend ausbleiben. Er langte gestern spät hier an, und weil wir kein anständiges Wirtshaus im Dorf haben, lud er sich auf das höflichste bei mir zu Gaste, das mir denn um so größre Ehre war, als ich einen Freund von dir in ihm vermutete. Allein ich merkte bald, daß es mit der Freundschaft nicht so recht sein müsse; er nannte deinen Namen kaum, und verstummte nachdenklich, beinahe finster, wenn ich von dir anfing. Ich weiß nicht — er könnte — wenn er dir nur nichts anhaben will" —

„Wie heißt er denn?"

„Ja, gehorsamer Diener, das hat er mir nicht gesagt."

„Woher denn? in welchen Diensten?" fragte Nolten nicht ganz unbefangen, denn augenblicklich, er wußte nicht warum, fiel ihm ein [Bekannter des Herzogs Adolf] ein, [und] die Heimat des Gastes, wie der Pfarrer sie zufällig angab, widersprach [der] besorglichen Vermutung nicht. „Gern", fuhr Amandus fort, „hätt ich dir [die Geschichte] noch verschwiegen, und die Delikatesse des Fremden, daß er unser erstes Beisammensein über Tisch nicht stören wollte, war in der Tat zu loben. Nun freilich wär's besser, du [wärest] dieser verteufelten Ungewißheit [jetzt] gleich überhoben. Höre, wenn es am Ende nur keine Ehrensache ist! Du weißt, die Herren Offiziers — du hast doch keine Händel gehabt?"

„Ich wüßte doch nicht", sagte Nolten und ging einigemal still die Stube auf und ab.

Indessen war die Pfarrerin sachte mit der Uniform in [das Nebenzimmer] gegangen. Auf einmal tat sich die Türe weit auf, ein hoher schöner Mann trat heraus und lag in Noltens Armen. Es war sein Schwager Horst, der Gatte Adelheids, die wir ja schon als Mädchen kennengelernt. „Der Tausend!" rief der Pfarrer, „so ganz feindselig, wie ich dachte, so auf Leben und Tod ist die Rencontre nun doch nicht, es wäre denn, sie brächen sich vor Liebe die Hälse. Nun, hab ich es nicht schön gemacht? Sorge voraus, Freud gleich hinterdrein, wird erst ein wahrer Jubel sein. — Also" (brummte er für sich in den Bart)

„das wäre Numero eins." Seine Schalkheit wurde jetzt wacker gescholten. Triumphierend erzählte der Pfarrer, wie er, nachdem die Nachricht von Noltens Ankunft in Neuburg bei ihm eingelaufen, sogleich den herrlichen Einfall gehabt, den Schwager, den er in Geschäften für sein Regiment nur auf fünf Stunden in der Nähe gewußt, durch eine Stafette herbeizukriegen.

Aufs fröhlichste speiste man gleich zu Mittag. Es war eine ansehnliche Tafel. Unser Maler, zwischen Agnes und den Schwager gesetzt, wollte die Hände der beiden gar nicht aus den seinigen lassen; er fühlte seit langer Zeit einmal wieder alles Drückende und Schwere rein von sich abgetan und [überließ sich mit stiller Rührung der lieblichen Gegenwart.]

An dem Pfarrer wurde nach und nach eine prickelnde Unmüßigkeit sichtbar; er entfernte sich öfters, gab vor der Tür geheime Befehle und sah mit Vergnügen die letzte Schüssel auftragen. Eh man zum Nachtisch kam, stand er auf und sagte: „Es beginne nun die Symphonie zum zweiten Aktus mit etwelchem Gläsergeklingel, wenn's beliebt. Sofort erhebe sich eine werte Gesellschaft, greife nach Hüten und Sonnenschirmen und verfüge sich allgemach aus meinem Hause, woselbst für jetzt nichts mehr abgereicht wird. Zuvor aber richten Sie gefälligst noch die Blicke hier nach dem Fenster und bemerken dort drüben den sonnigen Gipfel." Man erblickte auf einem vor dem Walde gelegenen Hügel, den wir schon als das Geigenspiel bezeichnet haben, ein großes linnenes Schirmdach mit bunter Flagge aufgerichtet, das einen runden weiß gedeckten Tisch zu beschatten schien. Die dichten Laubgewinde, die an fünf Seiten des Schirms herunterliefen, gaben dem Ganzen das Ansehn eines leichten Pavillons. Amandus hatte diese bewegliche Einrichtung schon seit einiger Zeit für die jährlichen Kinderfeste, sowie zur Bequemlichkeit der Fremden machen lassen, weil die daneben stehende Linde dem Platze mehr Zierde als Kühlung verlieh. — Die Gesellschaft, [hocherfreut,] machte sich unverzüglich auf den Weg, denn jedes sehnte sich, sein glückliches Gefühl in freiester Weite noch leichter auszulassen. Die Jüngern waren schon vorausgesprungen.

Unterwegs wurden Nolten und die Braut nicht satt, sich von Adelheid erzählen zu lassen. Wir [kennen] die fast mehr als brüderliche Neigung, welche den Maler an die Schwester band, deren stille Tiefe sich, wie wir gerne glauben mögen, inzwischen zu einem höchst liebenswerten und bedeutenden Charakter entwickelt und befestigt hatte; zum wenigsten fand Agnes nach ihrer demütig liebevollen Weise sogleich im stillen ein Musterbild der echten Frau in dieser Schwägerin für sich aus, obgleich sich beide nur erst einmal gesehen hatten. Jetzt gedachte man der Entfernten mit desto innigerer Rührung, da man gleich anfangs gehört, sie sei vor kurzem zum ersten Male Mutter, und eine [sehr] beglückte, geworden. — Noch sagen wir bei dieser Gelegenheit, daß [die] ältere Schwester, Ernestine, auch längst verheiratet war, jedoch, soviel man wissen wollte, nicht sehr zufrieden, da sie auch in der Tat nicht geschaffen schien, einen Mann für immer zu fesseln. Die jüngste, Nantchen, stand eben in der schönsten Jugendblüte und lebte bei einer Tante.

Man kam an einem Tannengehölz vorüber, das Reiherwäldchen genannt, dessen Echo berühmt war. Der Pfarrer rief, mit den gehörigen Pausen hinein:

> Frau Adelheid,
> Zu dieser Zeit
> In ihrem Bettlein reine,
> Muß ferne sein,
> Muß ferne sein,
> Doch ist sie nicht alleine.
> Herr Storch hat ihr Besuch gemacht,
> Darob ihr süßes Herze lacht,
> Ob auch das Kindlein greine.
> — Frau Echo, sprich,
> Noch weiß ich nicht:
> Was herzet denn das Liebchen,
> Ein Mädchen oder Bübchen?
>   „Büb—chen!"

In kurzem befand man sich auf dem Berg, tief atemholend und erstaunt über die unbegrenzte Aussicht. „Bei Frauenzimmern", fing [der Pfarrer] an, „wenn sie den letzten herben Schritt überwunden haben und sich [nun] umsehn, unterscheide ich jedesmal zweierlei Gattungen Seufzer. Der eine ganz gemein materieller Natur, kein Lüftchen ist imstand, ihn von der Rosenlippe aufzunehmen und über die glänzende Gegend selig hinwegzutragen, sondern sogleich fällt er plump, schwer zu Boden, prosaisch wie das Schnupftuch, womit man sich die Stirn abtrocknet. Billig sollten die Schönen sich seiner ganz enthalten, denn eigentlich muß er den Wirt beleidigen, der alle diese Herrlichkeit mit Enthusiasmus wie sein Eigentum vorzeigt und nicht begreifen kann, wie man in solchem Augenblick nur noch das mindeste Gefühl von Mühe haben kann, womit man sich so einen Anblick erkaufte. Ich habe Damen gesehn, die sich ordentlich Mühe gaben, diesen Seufzer recht reizend schwindsüchtig und ätherisch hervorzubringen, und ein mitleidflehendes Gesicht zu machen, als würde gleich die Ohnmacht kommen. Kurz also, wenn [diese] erste Sorte nichts weiter sagen will als: Gottlob, dies wäre überstanden! so ist dagegen die zweite —"

Er hatte noch nicht ausgeredet, [da] kam Agnes, bis jetzt von niemanden vermißt, mit einem Kinde des Pfarrers, das nicht mehr hatte fortquackeln können und das sie sich auf den Rücken geladen, den steilen Rand von der Seite heraufgeklommen; sie setzte atemlos das Kind auf die Erde und ein „Gottlob!" entfuhr ihr halblaut. Bei diesem Wort sah man sich um, ein allgemeines Gelächter war unwiderstehlich; aber auch rührender konnte nichts sein, als die erschrocken fragende Miene des lieben Mädchens. Herzlich umarmte und küßte sie Amandus, indem er rief: „Diesmal, wahrhaftig, ist Marthas Mühe schöner als selbst das eine, das hier oben not ist."

Welch ein Genuß nun aber, sich mit durstigem Auge in dieses Glanzmeer der Landschaft zu stürzen, das Violett der fernsten Berge einzuschlürfen, dann wieder über die nächsten Ortschaften, Wälder und Felder, Landstraßen und Wasser, im unerschöpflichen Wechsel von Linien und Farben, hinzugleiten!

Hier schaute, nicht allzuweit entfernt, [der] lang gedehnte [Rand des hohen Gebirgszugs] ernsthaft und groß herüber; [er] verschloß beinah die ganze Ostseite, Berg hinter Berg verschiebend und ineinanderwickelnd, so doch, daß man zuweilen ein ganz entlegnes Tal, wie die Sonne es stellenweise beschien, mit oder ohne Fernrohr erspähen und freudig einander zeigen konnte. Besonders lang verweilte Agnes auf den Falten der vorderen Gebirgsseite, worein der schwüle Dunst des Mittags sich so reizend lagerte, die [wunderbare] Beleuchtung mit vorrückendem Abend immer verändernd, bald dunkel, bald stahlblau, bald licht, bald schwärzlich anzusehn. Es schienen Nebelgeister in jenen feuchtwarmen Gründen irgendein goldenes Geheimnis zu hüten. Eine bedeutende Ruine krönte die lange Kette des Gebirgs und selbst durch einen schwächern Tubus glaubte man ihre Mauern mit Händen greifen zu können.

Indes war von muntern Händen ein Feuer zwischen Steinen

angemacht worden, der Kaffee fing an zu sieden, die Tassen klirrten, und der Pfarrer gebot ein allgemeines Niedersitzen; niemand aber wollte sich noch des schönen Zeltes bedienen; man saß in willkürlichen Gruppen auf dem Boden umher, ein jedes ließ sich schmecken was ihm beliebte, nur rückte man etwas näher zusammen, als Amandus folgendermaßen das Wort nahm:

„Es darf, meine Lieben, der schöne Platz, worauf wir gegenwärtig ruhen, nicht leicht besucht werden, ohne daß man das Andenken des Helden erneuert, dem er seinen Namen verdankt. Vielleicht kann ich dadurch Freund Nolten veranlassen, meinen seltsamen Geiger zum Gegenstand einer malerischen Komposition zu nehmen, ein lang von mir gehegter Wunsch, den er mir einmal feierlich zugesagt und noch bis heute nicht erfüllt hat. Sie, lieber Oberst, werden gewiß [meine Bitte] kräftig unterstützen, da Sie sich selbst für die poetische Figur des Spielmanns so lebhaft interessieren und noch heute sich emsig um die Vervollständigung seiner Geschichte bemüht haben. Ei, eben recht, daß mir das beifällt; Sie sollen [nun] auch zuerst die Ehre haben und die Ergebnisse Ihrer staubigen Forschungen uns in einem lebendigen und heiteren Gemälde vorlegen, ich will [dann] nachhelfen, wo Sie eine Lücke lassen sollten." Der Oberst ließ sich nicht lang bitten und die Gesellschaft merkte [gerne] auf.

„In dieser Gegend soll vor alters oft ein Räuber, [Warbelin,] sein Wesen getrieben haben, den jedermann unter dem Namen Jung Volker kannte. Räuber sag ich? Behüte Gott, daß ich ihm diesen abscheulichen Namen gebe, dem Liebling des Glücks, dem lustigsten aller Abenteurer und Schelme. Wahr ist's, er stand an der Spitze von etwa siebenzehn bis zwanzig Kerls, die der Schrecken aller reichen Knicker waren. Aber, beim Himmel, die pedantische Göttin der Gerechtigkeit selbst mußte, dünkt mich, mit nachsichtigem Lächeln zusehn, wie das verrufenste Gewerbe unter dieses Volkers Händen einen Schein von Liebenswürdigkeit gewann. Der Prasser, der übermütige Edelmann, ehrlose Vasallen waren nicht sicher vor meinem Helden und seiner verwegenen Bande, aber dem Bauern füllte er Küchen und Ställe. Voll körperlicher Anmut, tapfer, besonnen, leutselig und doch rätselhaft in allen Stücken, galt er bei seinen Gesellen fast für ein überirdisches Wesen, und sein durchdringender Blick [zwang] ihr Benehmen zur Bescheidenheit. Wär ich damals [Herr] im Lande gewesen, [vielleicht,] ich hätte ein Auge zugedrückt gegen seine Hantierung. Es war, als führte er seine Leute nur zu fröhlichen Kampfspielen an. Hier, dieser herrliche Hügel war sein Lieblingsplatz, wo er ausruhte, wenn er einen guten Fang getan; und wie er denn immer eine besondere Passion für gewisse Gegenden hatte, so gängelte er seine Truppe alle Jahr, wenn's Frühling ward, in dies Revier, damit er den ferndigen Kuckuck wieder höre an demselben Ort. Ein Spielmann war er wie keiner, nicht etwa auf der Zither oder dergleichen, nein, eine alte schlechte Geige war sein Instrument. Da saß er nun, indes die andern sich im Wald, in der Schenke des Dorfs zerstreuten, allein auf dieser Höhe unterm lieben Firmament, musizierte den vier Winden vor und drehte sich wie eine Wetterfahne auf dem Absatz herum, die Welt und ihren Segen musternd. Der Hügel heißt daher noch heutzutag des Geigers Bühl. Und dann, wenn er zu Pferde saß, mit den hundertfarbigen Bändern auf dem Hute und an der Brust, immer geputzt wie eine Schäfersbraut, wie reizend mag er ausgesehn haben! Etwas eitel denk ich mir ihn gern, aber auf die Mädchen wenigstens ging sein Absehn nicht; diese Leidenschaft blieb ihm fremd sein ganzes Leben; er sah die schönen Kinder nur so wie märchenhafte Wesen an, im Vorübergehn, wie man ausländische Vögel sieht im Käfig. Keine Art von Sorge kam ihm bei; es war, als spielt' er mit den Stunden seines Tages wie er wohl zuweilen gern mit bunten Bällen spielte, die er, mit flachen Händen schlagend, nach der Musik harmonisch in der Luft auf- und niedersteigen ließ. Sein Innerstes bespiegelte die Welt wie die Sonne einen Becher goldnen Weines. Er pflegte mitten in der Gefahr zu scherzen und hatte doch sein Auge allerorten; ja, wäre er bei einer Löwenhatz gewesen, wo es drunter und drüber geht, ich glaube, er hätte mit der einen Faust das reißende Tier bekämpft und mit der Linken den Habicht geschossen, der ihm just überm Haupt wegflog. Hundert Geschichtchen hat man von seiner Freigebigkeit. So begegnet er einmal einem armen Bäuerlein, das, ihn erblickend, plötzlich Reißaus nimmt. Den Hauptmann jammert des Mannes, ihn verdrießt die schlimme Meinung, die man von ihm zu haben scheint, er holt den Fliehenden alsbald mit seinem schnellen Rosse ein, bringt ihn mit freundlichen Worten zum Stehen und wundert sich, daß der Alte in der strengsten Kälte mit unbedecktem Kahlkopf ging. Dann sprach er: ‚Vor dem Kaiser nimmt Volker den Hut nicht ab, dir aber kann er ihn schenken!' Damit reichte er ihm den reichbebänderten Filz vom Pferde herunter, nur eine hohe Reiherfeder machte er zuvor los und steckte sie in den Goller; man sagt, sie habe eine zauberische Eigenschaft besessen, den der sie trug in allerlei Fährlichkeit zu schützen. Jetzt käme ich auf Volkers Frömmigkeit und Bekehrung, da dies aber eine Art von Legende ist, so wird sie sich am besten im Munde Seiner Hochehrwürden geziemen."

„Ich zweifle nur", erwiderte Amandus, „ob ich meine Aufgabe so artig lösen werde, wie mein beredter Vorgänger sich aus der seinigen zog. Aber ich rufe den Schatten des Helden an und sage treulich was ich weiß, und auch nicht weiß. Also: in den Gehölzen, die da vor uns liegen, kam man einsmals einem seltenen Wild auf die Spur, einem Hirsch mit milchweißem Felle. Kein Weidmann konnte sein habhaft werden. Des Hauptmanns Ehrgeiz ward erregt, eine unwiderstehliche Lust, sich dieses edlen Tiers zu bemächtigen, trieb ihn an, ganze Nächte mit der Büchse durch den Forst zu streifen. Endlich an einem Morgen vor Sonnenaufgang erscheint ihm der Gegenstand seiner Wünsche. Nur auf ein funfzig Schritte steht das prächtige Geschöpf vor seinen Augen. Ihm klopft das Herz; noch hält Mitleid und Bewunderung seine Hand, aber die Hitze des Jägers überwiegt, er drückt los und trifft. Kaum hat er das Opfer von nahem betrachtet, so ist er untröstlich, dies muntere Leben, das schönste Bild der Freiheit zerstört zu haben. Nun stand an der Ecke des Waldes eine Kapelle, dort überließ er sich den wehmütigsten Gedanken. Zum erstenmal fühlte er eine große Unzufriedenheit über sein ungebundenes Leben überhaupt, und indes die Morgenröte hinter den Bergen anbrach und nun die Sonne in aller stillen Pracht aufging, schien es, als flüstere die Mutter Gottes vernehmliche Worte an sein Herz. Ein Entschluß entstand in ihm, und nach wenig Tagen las man auf einer Tafel, die in der Kapelle aufgehängt war, mit zierlicher Schrift folgendes Bekenntnis, ich hab es [mir abgeschrieben:]

Dieß täflein weihe
unserer lieben frauen
ich
[Warbelin.] genennt Jung Volker
zum daurenden gedächtnuß eines gelübds. und wer da solches
lieset mög nur erfahren und inne werden was wunderbarer

maßen Gott der Herr ein menschlich gemüethe mit gar geringem dinge rühren mag. denn als ich hier ohn allen fug und recht im wald die weiße hirschkuh gejaget auch selbige wohl troffen mit meiner gueten Büchs da hat der Herr es also gefüget daß mir ein sonderlich verbarmen kam mit so fein sanftem thierlin, ein rechte angst für einer großen sünden. da dacht ich: itzund trauret ringsumbher der ganz wald mich an und ist als wie ein ring daraus ein dieb die perl hat brochen. ein seiden bette so noch warm vom süeßen leib der erst gestolenen braut. zu meinen füeßen sank das lieblich wunderwerk. verhauchend sank es ein als wie ein flocken schnee am boden hinschmilzt und lag als wie ein mägdlin so vom liechten mond gefallen.

Aber zu deme allen hab ich noch müeßen mit großem schrekken merken ein seltsamlichs zeichen auf des arm thierlins seim rucken. nemlich ein schön akkurat kreuzlin von schwarz haar. also daß ich wohl erkennen mocht ich hab mich freventlich vergriffen am eigenthumb der muetter Gottes selbs. nunmehr mein herze so erweichet nahm Gott der stunden wahr und dacht er muß das eisen schmieden weil es glühend und zeigete mir im geist mein frech unchristlich treiben und lose hantierung dieser ganzer sechs Jahr und redete zu mir die muetter Jesu in gar holdseliger weiß und das ich nit nachsagen kann noch will. verständige wort als wie ein muetterlin in schmerzen mahnet ihr verloren kind. da hab ich beuget meine knie allhier auf diesen stäfflin und hab betet und gelobet daß ich ein frumm rechtschaffen leben wöllt anfangen. und wunderte mich schier ob einem gnadenreichen schein und klarheit so ringsumbher ausgossen war. stand ich nach einer gueten weil auf mich zu bergen im tiefen wald mit himmlischem betrachten den ganzen tag bis daß es nacht worden und kamen die stern. sammlete dann meine knecht auf dem hügel und hielte ihne alles für was mit dem volker geschehen sagt auch daß ich müeß von ihne lassen. da huben sie mit wehklagen an und mit geschrey und ihrer etlich weineten. ich aber hab ihne den eyd abnommen sie wöllten auseinander gehn und ein sittsam leben fürder führen. wo ich denn selbs mein bleibens haben werd deß soll sich niemand kümmern noch grämen oder gelüsten lassen daß er mich fahe. ich steh in eins andern handen als derer menschen. dieß täflein aber gebe von dem volker ein zeugnuß und sage dank uf immerdar der himmlischen huldreichen jungfrauen Marien als deren segen frisch mög bleiben an mir und allen gläubigen kindern. so gestift am 3. des Brachmonds im jahr nach unsers Herren geburt 1591.

Leider", fuhr der Pfarrer gegen die Gesellschaft fort, welche mit sichtbarem Anteil zuhörte, „leider ist das Original dieser Votivtafel verlorengegangen; eine alte Kopie auf Pergament liegt auf dem Halmedorfer Rathause. Auch die Kapelle ist längst verschwunden; die ältesten Leute erzählen, ihre Urgroßväter hätten sie noch gesehn. Wo aber Volker damals sich hingewendet, blieb unbekannt. Einige vermuten einen Pilgerzug nach dem Gelobten Land, wo er dann in ein Kloster gegangen sein soll."

„Eine andere Sage", nahm der Oberst wieder das Wort, „läßt ihn auf seinem Wege nach Jerusalem von seiner Mutter, einer Zauberin, entführt werden und ich gedenke hier nur noch einiger alten Verse, welche wahrscheinlich den Schluß eines größern Lieds ausmachten. Sie weisen auf die fabelhafte Geburt Volkers hin und machen ihn, wie mich deucht, gar [bezeichnend] für den freien kräftigen Mann, zu einem Sohn des Windes. Er selber soll das Lied zuweilen gesungen haben:

>   Und die mich trug im Mutterleib,
>   Und die mich schwang im Kissen,
>   Die war ein schön frech braunes Weib,
>   Wollte nichts vom Mannsvolk wissen.
>
>   Sie scherzte nur und lachte laut,
>   Und ließ die Freier stehen:
>   Möcht lieber sein des Windes Braut,
>   Denn in die Ehe gehen!
>
>   Da kam der Wind, da nahm der Wind
>   Als Buhle sie gefangen:
>   Von dem hat sie ein lustig Kind
>   In ihren Schoß empfangen."

„Wird mir doch in diesem Augenblick", sagte die Pfarrerin, indem sie ein heimliches Auge an der Linde hinauflaufen ließ, „von all dem Zauberwesen so kurios zumute, daß ich mich eben nicht zu sehr entsetzen würde, wenn jetzt noch die Fabel vom singenden Baume wahr würde, ja wenn Herr Volker leibhaftig als lustiges Gespenst in unsre Mitte träte."

„Noch ein anderes Lied", sagte der Oberst, „ist mir im Gedächtnis geblieben, das man sich im Munde von Volkers Bande denken muß."

Hier wurde plötzlich der Erzähler von den Tönen eines Saiteninstruments unterbrochen, welche ganz nahe aus dem Gipfel der dichtbelaubten Linde hervorzukommen schienen. Alles erschrak und richtete die Augen nach dem Baume. Niemand bewegte sich vom Platze, während die Musik in den Zweigen von neuem begann und der unsichtbare Spielmann mit kräftiger Stimme Folgendes sang:

> Jung Volker, das ist unser Räuberhauptmann,
> Mit Fiedel und mit Flinte,
> Damit er geigen und schießen kann,
> Nachdem just Wetter und Winde.
> > Fiedel und die Flint,
> > Fiedel und die Flint!
> > > Volker spielt auf.
>
> Ich sah ihn hoch im Sonnenschein
> Auf seinem Hügel sitzen:
> Da spielt er die Geig und schluckt roten Wein,
> Seine blauen Augen ihm blitzen.
> > Fiedel und die Flint,
> > Fiedel und die Flint!
> > > Volker spielt auf.
>
> Auf einmal, er schleudert die Geig in die Luft,
> Auf einmal, er wirft sich zu Pferde:
> Der Feind kommt! Da stößt er ins Pfeifchen und ruft:
> Brecht ein, wie der Wolf in die Herde!
> > Fiedel und die Flint,
> > Fiedel und die Flint!
> > > Volker spielt auf.

Die Saiten klangen aus. Es war ein allgemeines Schweigen. Die Gesellschaft sah sich lächelnd an, und [harrte der Lösung des angenehmen Rätsels.] Es rauschte jetzt und knackte in den Zweigen, zwischen denen jemand behutsam herunterzusteigen schien. Ein Fuß stand bereits auf dem letzten Aste; ein kecker Sprung noch, und, wen man am wenigsten erwartete, den auch die wenigsten kannten — Raimund, der Bildhauer, stand mit der Zither, sich tief verneigend, vor der verblüfft erfreuten Versammlung.

Amandus und der Oberst klatschten, Bravo rufend, in die Hände. Raimund sprang auf den Maler zu, der wie aus den Wolken gefallen dastand; die übrigen hörten inzwischen von der Pfarrerin, wer der Herr wäre. Agnes hatte den Schauspieler Larkens vermutet, ja Nolten selbst, als die Musik anfing, bebte das Herz bei dem gleichen Gedanken, und es dauerte eine ganze Zeit, bis er sich wieder fassen konnte.

Man nahm nun ordentlich am runden Tisch unter dem Schirme Platz; die Gläser füllten sich mit dem besten Weine, und der Bildhauer begann: „Zuvörderst ist es meine Pflicht, mit wenig Worten den Schein des Greulichen und Ungeheuren von meiner Hieherkunft zu entfernen, besonders um der Damen willen, denen der Schreck noch nicht ganz aus den Gliedern gewichen sein muß, weil bis jetzt keine sich getraute, mich auch ein wenig freundlich anzuschauen. Nun also: zwei Tage, bevor Sie, lieber Nolten, die Rückkehr in Ihr Vaterland antraten, die ich mir so nahe gar nicht vermutend sein konnte, war ich genötigt, in nicht sehr erfreulichen Angelegenheiten eines Bruders nach K. zu reisen, was kaum sechs Stunden von hier liegt. Ich wußte damals noch nichts von Ihren Verbindungen in dieser Gegend, und weder ein Neuburg noch ein Halmedorf existierte für mich in der Welt, sonst hätte ich wohl um Aufträge bei Ihnen angefragt und wäre vielleicht nicht so schmählich um Ihren Abschied gekommen. Doch wider Hoffen und Vermuten sollte ich um vieles glücklicher werden. Ich war bereits acht Tage in K., so kommt ein Brief, [als dringend bezeichnet,] an mich dorthin — von wem, das raten Sie wohl nicht — mit dem [gemessenen] Auftrage, im Rückweg einen kleinen Abstecher zu Ihnen zu machen und ein beigelegtes Schreiben persönlich in Ihre Hände zu überliefern."

Er gab Nolten den Brief und wandte sich gegen die andern. „Dem schönen Zufall muß ich noch besonders lobpreisende Gerechtigkeit widerfahren lassen, der mich auf [meinem] Wege mit dem Herrn Oberst zusammenführte; wir gesellten uns als fremde Passagiere zueinander und wären beinahe ebenso wieder geschieden, als kaum noch zu rechter Zeit sich entdeckte, daß wir die gleiche Absicht hatten. Wer weiß mir eine artigere Fügung? [Natürlich ritt] ich [nun] nach Halmedorf [mit.] Dort hieß man mich denn freundlich bleiben, und [der] Herr Pastor war ganz glückselig, eine doppelte Überraschung veranstalten zu können. Der Plan zu diesen Späßen ward heute früh entworfen, und gerne ließ ich mir's gefallen, mein Mittagsmahl hier unter freiem Himmel zu verzehren, von Volkers rotem Wein zu trinken und meine Rolle einzuüben."

Indes hatte Nolten die wichtige Botschaft durchflogen. Ihr Inhalt ergriff ihn so mächtig, daß er nur Agnes still das Blatt hinbieten und Raimund mit einem leuchtenden Blicke des Dankes über den Tisch die Hand reichen konnte.

„Nun", sagte jener, „ich darf der erste sein, der Ihnen Glück wünscht."

„So sind wir nicht die letzten!" rief der Oberst mit dem Pfarrer, indem man die Gläser erhob. Agnes [entfiel] eine Träne aus den schönen Augen und auch sie hob ihr Glas. Es wurde sofort erklärt, daß Nolten und Raimund einen sehr vorteilhaften Ruf in die Dienste eines hochgebildeten Fürsten des nördlichen Deutschlands erhalten haben, zunächst um bei einer gewissen Privatunternehmung desselben verwendet zu werden, doch sollte die Anstellung auf Lebenszeit sein. Die Sache ging durch Tillsen und den alten Hofrat, [dessen] Empfehlung, wie es schien, [auch der Antrag] zu danken [war.] Etwas Geheimnisvolles war [aber] immer dabei, und Nolten hatte Ursache zu glauben, daß noch ganz andere Hebel gewirkt haben müßten. Jenes Schreiben selbst war von dem Hofrat. Er gab sich [darin] alle Mühe, dem Freunde [die Sache] so einleuchtend als möglich zu schildern, er hatte zum Überfluß Raimunds mündliche Beredsamkeit noch in Reserve gestellt, wenn Nolten je Bedenken tragen sollte, die Stelle anzunehmen, ein Zweifel, dessen nur der Hofrat fähig sein konnte, weil er immer von seiner eigenen Seltsamkeit ausging. Mit Raimunds Sendung aber verhielt sich's wirklich so, wie er vorhin erklärte; er hatte beim Antritt seiner Reise noch keine Ahnung von den Dingen, die im Werke waren.

Die beiden Künstler schlossen jetzt in der Aussicht auf ihr gemeinschaftliches Ziel sogleich Brüderschaft, und wer hätte nicht teil an ihrem Glücke nehmen sollen? Alle sprachen durcheinander aufs lebhafteste von der Sache hin und her.

[Indem hiebei der Pfarrer auch der Hochzeit erwähnte, die nun bald werde vor sich gehen müssen] — der Termin [für den Antritt der Stelle war] in zwei Monaten —, [konnte freilich die leichte und kecke Art, mit der Raimund auch von seiner eigenen

Trauung sprach, nicht verfehlen, Verwunderung zu erregen:] die Frauen bedauerten im stillen schon das arme Mädchen, das an einen so närrischen und wilden Menschen habe geraten müssen, und [ihr] Mitleiden verbarg sich endlich gar nicht mehr, als Nolten sich eifriger nach Henrietten erkundigte und Raimund darauf mit aller ihm eigenen treuherzigen [Plumpheit die seltsamsten und tollsten Dinge aufzählte, zu denen er allmählich seine Braut heranzuziehen hoffe.]

Agnes [insbesondere] fing an, dem Bildhauer von Herzen gram zu werden, sie glaubte eine ihrer Schwestern von einem Barbaren mißhandelt [und] vor Unwillen glühte ihr die Wange, so daß Nolten, der diese Ausbrüche an ihr fürchtete, sie sanft bei der Hand nahm und beiseite führte.

Raimund [selbst] hatte nicht [einmal] bemerkt, wie ernst es mit den Vorwürfen besonders der [weiblichen Herzen] gemeint sei. Sein unruhiger von [diesem] auf [jenes] springender Sinn war schon ganz anderswo mit den Gedanken. Er blickte durch den Tubus in die Ferne und schüttelte zuweilen mit dem Kopf; auf einmal stampfte er heftig auf den Boden. „Ums Himmels willen, was ist Ihnen?" fragte der Oberst. „Nichts", lachte Raimund, aus seinem Traum erwachend, „es ist nur so [verwünscht,] daß ich die Jette jetzt nicht dahaben soll, sie nicht am Schopfe fassen und recht derb abküssen kann! Sehn Sie, lieber Oberst, eigentlich ist's nur die Unmöglichkeit, was mich foltert, die rohe physische Unmöglichkeit, daß der einfältige Raum, der zwischen zwei Menschen liegt, nicht urplötzlich verschwindet, wenn einer recht gründlich den Willen hat, daß dies Gesetz nicht fällt, wenn mein Geist mit allem Verlangen sich dagegenstemmt! Ist so was nicht, um sich die Haare auszuraufen und mit beiden Füßen wider sich selber zu rennen? Wie dort der Berg, der Mollkopf, glotzt und prahlt, recht dreist die Fäuste in die Wampen preßt, daß er so breit sei!" Hier schlug [er] ein schallendes Gelächter auf, machte einen Satz in die Höhe und sprang wie toll den Abhang hinunter.

„Nun ja, Gott steh uns bei! so etwas ist noch nicht erhört!" hieß es mit *einem* Munde. Aber Nolten nahm sich des Bildhauers mit Wärme an; er schilderte ihn als einen unverbesserlichen Naturmenschen, als einen Mann, der seine Kräfte fühle, und übrigens von aller Tücke, wie von Affektation gleich weit entfernt sei, und wirklich gelang es ihm durch einige auffallende Anekdoten von der Herzensgüte seines Sansfaçon die Gesellschaft so weit auszusöhnen, daß man nur noch lächelnd die Köpfe schüttelte.

Alle gesellige Lust flammte noch einmal [hell] auf; man sprach nun erst recht [mit herzlicher Wärme] von Noltens und Agnesens Zukunft; der Bildhauer hatte sich auch wieder eingefunden, unvermerkt verflossen ein paar Stunden und einige Stimmen erinnerten endlich nur leise an den Heimweg.

Die Sonne neigte sich zum Untergang. Das herrlichste Abendrot entbrannte am Himmel und das Gespräch verstummte nach und nach in der Betrachtung dieses Schauspiels. Agnes lehnt mit dem Haupt an der Brust des Geliebten, und wie die Blicke beider beruhigt in der Glut des Horizonts versinken, ist ihm, als feire die Natur die endliche Verklärung seines Schicksals. Er drückt Agnes fester an sein Herz; er sieht sich mit ihr auf eine Höhe des Lebens gehoben, über welche hinaus ihm kein Glück weiter möglich scheint. Wie nun in solche Momente sich gern ein leichter Aberglaube spielend mischt, so geschah es auch hier, als der helle Doppelstrahl, der von dem Mittelpunkt des roten Luftgewebes ausging, sich nach und nach in vier zerteilte. Was lag, wenn man hier deuten wollte, der Hoffnung unseres Freundes näher, als einen Teil des wonnevoll gespaltnen Lichts auf zwei geliebte, weit entfernte Gestalten fallen zu lassen, deren wehmütige Erinnerung sich diesen Abend einigemal bei ihm gemeldet hatte! Allein wie sonderbar, wie schmerzlich mußte er es eben jetzt empfinden, daß er dem treusten Kinde, das hier in seinen Arm geschmiegt mit leisen Küssen seine Hand bedeckte, und dann ein Auge aller Himmel voll gegen ihn aufrichtete, nunmehr nicht seinen ganzen Busen öffnen durfte [und] den Kreis seines Glückes, seiner Wünsche im stillen für sich abschließen und segnen mußte!

Die übrigen waren aufgestanden, man wollte gehen. Nolten trennte sich schwer von [dem] glücklichen Orte, noch einmal überblickte er die Runde der Landschaft und schied dann mit völlig befriedigter Seele.

Alsbald bewegte sich der muntere Zug den Hügel hinab. Am Wäldchen wurde nicht versäumt, das Echo wieder anzurufen; Raimund brachte allerlei wilde Tierstimmen hervor und stellte mit Hussa-Ruf und Hundegekläff das Toben einer Jagd vollkommen dar; die Frauenzimmer sangen manches Lied, und gemächlich [wurde] das Pfarrhaus erreicht, wo die von Neuburg sich sogleich zum Abschied wenden wollten, trotz den Vorstellungen des Pfarrers, der einen Plan, die sämtlichen Gäste diese Nacht in Halmedorf unterzubringen, komisch genug vorlegte. Raimund schloß sich der Partie des Malers an, um morgen von Neuburg aus weiterzureisen. Wenigstens müsse man den Mond noch abwarten, meinte Amandus, und er wollte seine Kalesche, ein uraltes aber höchst bequemes Familienerbstück, inzwischen parat halten lassen. So verweilte man sich aufs neue; den Männern schien erst jetzt der Wein recht zu schmecken, und Nolten selbst überschritt sein gewöhnliches [Maß.]

Währenddem hatte der Himmel sich umzogen, es wurde völlig Nacht, und Agnes, von seltsamer Unruhe befallen, ließ mit Bitten und Treiben nicht nach, bis man endlich zum letzten Wort gekommen war und die beschwerte Kutsche vom Haus wegrollte. Raimund ritt vor den Pferden her und kaum hatten sie das Dorf im Rücken, so fing er herzhaft an zu singen. Er nahm in seinem fröhlichen Übermut dem Bauernburschen, der nebenher leuchtete, die beiden Fackeln ab und schwang sie rechts und links in weiten Kreisen, indem er sich lang an den wunderlichen Schatten ergötzte, die er durch verschiedene Bewegung der Brände in eine riesenhafte Länge, bald vor- bald rückwärts, schleudern konnte. Sooft es anging, kam er an den Schlag und brachte die Gesellschaft durch allerlei phantastische Vergleichungen über seine Reiterfigur zum innigen Lachen. Er war wirklich höchst liebenswürdig in dieser Laune, selbst Agnes ließ ihm Gerechtigkeit widerfahren. Der Maler wetteiferte mit ihm, teils schauerliche, teils liebliche Märchen aus dem Stegreife zu erzählen, wobei sich Nolten ganz unerschöpflich zeigte. Als sie im Wald an einer öden Strecke Ried vorüberkamen, hieß es, hier sei vor vielen hundert Jahren das Herz eines Zauberers nach dessen Tode in die Erde gegraben worden, das dann, zum schwarzen Moos verwachsen, als ein unendliches Gespinst rings unterm Boden fortgewuchert habe. Daraus wäre von dem Riesen Flömer eine unermeßliche Strickleiter gemacht worden, die er gegen die Sichel des Mondes geworfen; das eine Ende sei mit der Schleife am silbernen Horne hängen blieben und nun sei der Riese triumphierend zum Himmel hinaufgeklettert. Agnes erinnerte im Gegensatz zu solchen Ungeheuern an eine kleine anmutige Elfengeschichte, die Nolten als Knabe ihr vorgemacht hatte, und so gab jedes einen Beitrag her; auch die drei andern jungen Leute blieben nicht zurück, vielmehr schien die trauliche Dunkelheit sie nun erst aufzuwecken. Der Bildhauer fand den

Gedanken Noltens, daß, um die romantische Fahrt vollkommen zu machen, Raimund notwendig Henrietten auf seinem Rappen hinter sich haben sollte, ganz zum Entzücken, und sogleich fing er an, die sämtlichen Balladen, welche von nächtlichen Entführungen, Gespensterbräuten usw. handeln, mit Pathos zu rezitieren. Nun war es aber für unsre beiden Liebenden der süßeste Genuß, zwischen all diesen Spielen einer unstet umherflackernden Einbildung auf Augenblicke heimlich im stilleren Herzen einzukehren und die Gedanken auf das Bild der nächsten reizenden Zukunft zu richten, sich einander mit einem halben Wort ins Ohr, mit einem Händedruck zu sagen, wie man sich fühle, was eines am andern besitze, wieviel man sich erst künftig noch zu werden hoffe.

Schon eine Zeitlang hatte Raimund von ferne ein Fuhrwerk zu hören geglaubt; es kam jetzt näher und eine Laterne lief mit. Es war der Wagen des Barons. Der Herr Förster schicke ihn entgegen, sagte der Knecht mit einem Tone, der eine schlimme Nachricht fürchten ließ. Der gnädige Herr, hieß es, sei schnell dahingefallen, von einem Nervenschlag spreche der Arzt, vor zwei Stunden habe man ihm auf das Ende gewartet, sie möchten eilen, um ihn noch am Leben zu sehn. Welche Bestürzung! welche Verwandlung der frohen Gemüter! Schnell wurden die Wagen gewechselt, der eine fuhr zurück, der andre eilte Neuburg zu.

Der Baron erkannte bereits den Maler nicht mehr, er lag wie schlummernd mit hastigem Atem. Nolten kam nicht von seinem Bette, er und ein alter Kammerdiener waren zugegen, als der verehrte Greis gegen Morgen verschied.

So hatte Nolten einen andern Vater, es hatte der Förster den würdigsten Freund verloren; ja dieser durch und durch erschütterte Mann, [wiewohl] ihm [eben jetzt] ein [tröstliches] Glück in seinen Kindern aufgegangen war, gewann doch seinem ersten Schmerzgefühl kaum so viel ab als billig schien, um, wie es sonst in seiner frommen Art gewesen wäre, dankbar und laut eine Wohltat zu preisen, die ihm der Himmel mit der einen Hand als reichlichen Ersatz nicht minder unerwartet schenkte, als er ihm unerwartet mit der andern ein teures Gut entrissen hatte.

Für Nolten war [der] Verlust noch von besonderer Bedeutung. Wenn uns unvermutet eine Person wegstirbt, deren ununterbrochene Neigung uns gleichsam eine stille Bürgschaft für ein dauerndes Wohlergehn geworden war, so ist es immer, als stockte plötzlich unser eignes Leben, als wäre im Gangwerk unseres Schicksals ein Rad gebrochen, das, ob es gleich auf seinem Platze beinah entbehrlich scheinen konnte, nun durch den Stillstand des Ganzen erst seine wahre Bedeutung verriete. Wenn aber gar der Fall eintritt, daß sich ein solches Auge schließt, indem uns eben die wichtigste Lebensepoche sich öffnet, und ehe den Freund die frohe Nachricht noch erreichen konnte, so will der Mut uns gänzlich fehlen, eine Bahn zu beschreiten, welche des besten Segens zu ermangeln, uns fremd und traurig anzublicken scheint.

Wer dieser trüben Stimmung Noltens am wenigsten aufhelfen konnte, war Agnes selbst, deren Benehmen den sonderbarsten Anblick darbot. Sie war seit gestern wie verstummt, sie ließ die andern reden, klagen oder trösten, ließ um sich her geschehen was da wollte, eben als ginge sie's am wenigsten an, als werde sie nicht von dieser allgemeinen Trauer, sondern von etwas ganz anderem bewegt. Sie griff die gewöhnlichen häuslichen Geschäfte mit aller äußern Ruhe an wie sonst, aber nur der Körper, nicht der Geist, schien gegenwärtig zu sein. Auf mitleidiges Zudringen des Bräutigams und Vaters bekannte sie zuletzt, daß eine unerklärliche Angst seit gestern [in] ihr sei, ein unbekannter Drang, der ihr Brust und Kehle zuschnüre. „Ich seh euch alle weinen", rief sie aus, „und mir ist es nicht möglich. Ach Theobald, ach Vater, was für ein Zustand ist doch das! Mir ist, als würde jede andere Empfindung von dieser einzigen, von dieser Feuerpein der Angst verzehrt. O wenn es wahr wäre, daß ich meine Tränen auf größeres Unglück aufsparen soll, das erst im Anzug ist!"

Sie hatte dieses noch nicht ausgesagt, als sie in das fürchterlichste Weinen ausbrach, worauf sie sich auch bald erleichtert fühlte. Sie ging allein ins Gärtchen, und als Nolten nach einer Weile sie dort aufsuchte, kam sie ihm mit einer weichen Heiterkeit auf dem Gesicht, nur ungewöhnlich blaß, entgegen. Der Maler war im stillen über ihre Schönheit verwundert, die er vollkommener nie gesehen hatte. Sie fing gleich an, jene traurigen Ahnungen zu widerrufen, und nannte es sündhafte Schwäche, dergleichen bösen Zweifeln nachzugeben, die man durch aufrichtiges Gebet jederzeit am sichersten loswerde, und es sei auch gewiß das letztemal, daß Nolten sie so kindisch gesehen. Mit der natürlichen Beredsamkeit eines frommen Gemüts empfahl sie ihm Vertrauen auf Gottes Macht und Liebe, von welcher sie nach solcher Anfechtung nur um so freudigeres Zeugnis in ihrem Innersten empfangen habe.

So wahr ihr auch dies alles aus dem Herzen floß, so wich sie Noltens Fragen, was denn eigentlich der Grund jenes Verzagens gewesen sei, [doch] mit sichtlicher Unruhe aus. Sie glaubte ihn mit dem Bekenntnisse verschonen zu müssen, daß, als sie gestern den Brief des Hofrats gelesen, ihre Freude hierüber auf der Stelle mit einer dunkeln Furcht vor diesem Glück, vielleicht gerade weil es ihr zu groß gedeucht, seltsam gemischt gewesen war.

Den folgenden Tag war die Beisetzung des Barons. Alle, auch Agnes, die ihm die Totenkrone flocht, hatten ihn noch im Sarge gesehen und einen durchaus reinen und erhebenden Eindruck von seinem [teuern] Bilde zurückbehalten. — Raimund war mit einem dankbaren Schreiben Noltens an den Hofrat zeitig [wieder abgereist.] Zur festgesetzten Zeit wollten beide Künstler sich an dem neuen Orte ihrer Bestimmung fröhlicher wieder begrüßen, als sie jetzt sich trennten.

Zunächst nun folgte in dem Forsthaus eine stille, doch wohltätige Trauerwoche. In traulichen, öfters bis tief in die Nacht fortgesetzten Gesprächen vergegenwärtigte man sich die eigentümliche Sinnesart des Verstorbenen auf alle Weise. Erinnerungen aus frühester und neuester Zeit traten hervor. Entwürfe eines Denkmals, das Grab des Toten einfach und edel zu zieren, wurden verschiedentlich versucht, Umrisse der freundlichen Gesichtsbildung wurden gezeichnet, nach Ansicht eines jeden sorgfältig verändert und wieder gezeichnet. Jetzt langten Noltens Effekten an. Er fand unter seinen Papieren eine Sammlung [meist] älterer Briefe des Barons, [zumal aus der] Zeit, da [der Maler] sich in Rom aufgehalten, man bekam die Gegenblätter vollständig aus dem Nachlasse des Barons zusammen, und [gewann damit] eine ebenso lehrreiche als erbauliche Unterhaltung.

Von einem solchen, dem [edeln] Abgeschiedenen mit frommer Neigung gewidmeten Andenken war dann der Übergang zum lebendigen Genusse der Gegenwart in jedem Augenblicke leicht gefunden. Größere und kleinere Spaziergänge, Besuche aus der Nachbarschaft, die man erwiderte, hundert kleine Beschäftigungen in Haus und Feld und Garten wechselten ab, die Tage schnell und harmlos abzuspinnen.

Dabei versäumte Nolten nicht, wenn von der großen Veränderung die Rede war, die [nun] bevorstand, gelegentlich einen Plan erst nur entfernterweise und wie im Scherze blicken zu lassen, womit er aber eines Abends, als alle drei beim traulichen Lichte versammelt saßen, ernsthaft hervortrat und den Vater wie Agnes nicht wenig überraschte. Er sei entschlossen, sagte er, seinen künftigen Wohnort auf einem kleinen Umweg über einige [größere] Städte Deutschlands zu erreichen, und nicht nur die Geliebte werde ihn begleiten, sondern, wie er halb hoffe, auch der Vater, den er auf jeden Fall als bleibenden Genossen seines künftigen Hauses schon längst im stillen angesehn und nunmehr, von Agnes unterstützt, um seine Einwilligung herzlich und kindlich bitte.

Gerührt versprach der Alte, der Sache nachzudenken; „was aber", setzte er hinzu, „diese nächste Reise betrifft, so taugt ein alter gebrechlicher Kamerade wie ich zu dergleichen Seitensprüngen nicht mehr. Und überdies" (er hatte die Landkarte auf dem Tisch ausgebreitet) „so ganz unbeträchtlich finde ich den Umweg des Herrn Sohns eben nicht. Sehn Sie, dies Dreieck, man mag es nehmen wie man will, macht immer einen ziemlich spitzen Winkel hier bei P., wo Sie dann gegen Norden lenken wollten. Nein, liebe Kinder, vorderhand bleib ich hier. Euch so lange hinzusperren, bis ich Haus und Hof beschickt und abgegeben hätte, wäre unsinnig, und doch muß man sich zu so etwas Zeit nehmen können; daß ich aber für jetzt nur abbräche, um wiederzukommen und dann die Sachen in Ordnung zu bringen, wäre womöglich noch ungeschickter. Kommt ihr nur erst an Ort und Stelle an, wir wollen sehen, was sich dann weiter schickt und ob es Gottes Wille ist, daß ich euch folge."

Agnes konnte dem Vater nicht unrecht geben; am liebsten freilich hätte sie Nolten jenen Nebenplan ausreden mögen, der ihr und, wie sie wohl bemerkte, noch mehr dem Vater, der bedeutenden Kosten wegen, bedenklich vorkam. Sie hielt auch diese Einwendung nicht ganz zurück, doch da man sah, wie vielen Wert der Maler auf die Sache legte, so dachte man sie ihm nicht zu verkümmern. Man fing also zu rechnen an, und Theobald erklärte, daß er, so günstig wie nunmehr die Dinge für ihn lägen, ohne Gefahr eine Schuld aufnehmen könne, ja er gestand, er habe dies Geschäft schon abgetan und bereits die Wechsel in Händen. Dies gab ihm einen kleinen Zank, doch mußte man es ihm wohl gelten lassen.

Nun aber kam ganz unvermeidlich die Hochzeit zur Sprache. Es war ein Punkt, der diese letzten Tage her Agnes im stillen vieles mochte zu schaffen gemacht haben; sie faßte sich daher ein Herz und fing von selbst davon zu reden an, jedoch nur um zu bitten, daß man damit nicht eilen, daß man diesen und den nächsten Monat noch abwarten möge. — „Was soll das heißen?" rief der Vater und traute seinen Ohren kaum. — „Wir reisen ja die nächste Woche schon, mein Kind!" rief Nolten. Das hindere nichts, behauptete Agnes; sie müßten sich ja nicht notwendig im Lande trauen lassen, was ihr, an sich betrachtet, freilich ungleich lieber wäre, es könne aber auch in B. geschehn (dies war der Ort, wo sie sich niederlassen sollten), und noch besser in H. (hier lebte ein naher Verwandter des Försters und die Reisenden mußten das Städtchen passieren); dort würden sie in einer festzusetzenden Woche mit dem Vater zusammentreffen, und so alle miteinander aufziehn.

Der Alte hielt seinen Verdruß noch an sich, um erst die Gründe der Tochter zu hören, allein da diese durchaus innerlich, dem guten Mädchen selbst nicht ganz klar und überhaupt nicht geeignet waren, eine gemeinverständige Prüfung auszuhalten, so geriet der Vater in Hitze und es kam zu einem Auftritt, den wir dem Leser gern ersparen. Genug, der Förster, nachdem er seine Meinung über solchen Eigensinn mit Bitterkeit von sich geschüttelt hatte, verließ ganz außer sich das Zimmer. Die Arme [stürzte] voller Schmerz [auf die Knie und verbarg ihr Gesicht in der Ecke des Kanapees;] Nolten, dem sie nur rückwärts ihre Hand hinlieh, saß lange schweigend neben ihr. Sie wurde ruhiger, sie rührte sich nicht mehr, ein leiser Schlaf umdämmerte ihre Sinne.

Unserem Freunde drangen sich in dieser stummen sonderbaren Lage verschiedene Betrachtungen auf, die er seit jenem Morgen, an dem er die Geliebte von neuem an sein Herz empfing, nimmermehr für möglich gehalten hätte; doch jetzt, wer möchte ihm verargen, wenn ihn der Zweifel überschlich, ob denn das [rätselvolle] Wesen, das hier trostlos vor seinen Augen lag, dazu bestimmt sein könne, durch ihn glücklich zu werden, oder ihm ein dauerndes Glück zu gründen, ob er es nicht für ein höchst gewagtes Bündnis halten müsse, wodurch er sich für das ganze Leben an dies wunderbare Geschöpf gefesselt sähe? Aber zu fragen brauchte er sich das eine wenigstens nicht: ob er sie wirklich liebe, ob seine Neigung nicht etwa nur eine künstlich übertragene sei? vielmehr durchdrang ihn das Gefühl derselben nie so vollglühend als jetzt.

Er dachte weiter nach und mußte finden, daß eben jene dunkle Klippe, woran Agnesens sonst so gleichgewiegtes Leben zum erstenmal sich brach, dieselbe sei, nach der auch sein Magnet von früh an unablässig strebte, ja daß (man erlaube uns immerhin das Gleichnis) die schlimme Zauberblume, worin sich des Mädchens Geist zuerst mit unheilvollen Ahnungen berauschte, nur auf dem Grund und Boden seines eignen Schicksals aufgeschossen war. Notwendig daher und auf ewig ist er mit ihr verbunden, Böses oder Gutes kann für sie beide nur in *einer* Schale gewogen sein.

Seine Gedanken verschwammen nach und nach in einer grundlosen Tiefe, doch ohne Ängstlichkeit; mit überschwenglichem Vertrauen küßt er den Saum am Kleide der Gottheit, deren geweihtes Kind er sich empfindet. Er hätte eine Ewigkeit so sitzen können, nur diese Schlafende neben sich, nur diese ruhige Kerze vor Augen.

Er neigt sich über Agnes her und rührt mit leisen Lippen ihre Wange; sie schrickt zusammen und starrt ihm lange ins Gesicht, bis sie sich endlich findet. Stillschweigend treten beide an das offene Fenster, eine balsamische Luft haucht ihnen entgegen; der volle Mond war eben aufgegangen und setzte die Gegend, das Gärtchen, ins Licht. Sie deutet hinab, ob er noch Lust hätte einen Gang zu machen. Man zauderte nicht. Der Vater war zu Bett gegangen, das ganze Dorf in Ruhe. Sie wandelten den mittlern Weg vom Haus zur Laube, zwischen aufblühenden Rosengehegen, Hand in Hand auf und nieder. Keines konnte recht die ersten Worte finden. Er fing endlich damit an, den Vater zu entschuldigen, und rückte so dem Gegenstand des Streites näher, um zu erfahren, woher ihr diese Scheu, dies Widerstreben gegen ein Vorhaben kam, von [welchem] sie noch vor wenig Wochen mit aller Unbefangenheit, ja ganz im Sinn des echten Mädchens gesprochen hatte, dem auch die äußeren Erfordernisse eines solchen Tags, die Musterung und Wahl des Putzes, ein reizender Gegenstand der Sorgfalt und der Mühe sind. Mit welcher Rührung hatte sie neulich (wir versäumten bis jetzt, es zu erwähnen), mit welcher Bewunderung das schöne Angebinde der unbekannten Freundinnen aus Noltens Händen empfangen und gegen das schwarze Festkleid gehalten!

„Sieh", sagte der Bräutigam jetzt, und streichelte ihr freundlich Kinn und Wangen, indem sein Ton zwischen Wehmut und einer ermutigenden Munterkeit wechselte, „dort schaut das Kirchlein herüber und tut wie traurig, daß es die Freude deines Tages nicht sehen soll! kannst du ihm seinen Willen denn nicht tun? — Gewiß, Agnes, ich will dich nicht bestürmen: hier meine Hand darauf, daß du mit keinem Wort, mit keiner unfreundlichen Miene, auch vom Vater nicht, es künftig entgelten sollst, wenn du, was wir verlangen, nun einmal nicht über dich vermöchtest; nur überleg es noch einmal! Ich will alles beiseite setzen, was der Vater hauptsächlich für seine Absicht anführt, ich will davon nichts sagen, daß es jedermann auffallen müßte, Stoff zu Vermutungen gäbe, und dergleichen. Aber ob du der Heimat, in deren Schoß du deine frohe Jugend lebtest, von der du nun für immer Abschied nimmst, ob du ihr dies Fest nicht schuldig bist? Der Ort, das Haus, das Tal, wo man erzogen wurde, dünkt uns von einem eigenen Engel behütet, der hier zurückbleibt, indem wir uns in die weite Welt zerstreuen: es ist dies wenigstens das liebste Bild für ein natürliches Gefühl in uns; bedenke nun, ob dieser fromme Wächter deiner Kindheit dir's verzeihen könnte, wenn du ihm nicht vergönnen wolltest, dir noch den Kranz aufs Haupt zu setzen, dich auf der Schwelle deines elterlichen Hauses mit seinem schönsten Segen zu entlassen. Es hoffen alle deine Gespielen, jung und alt hofft dich vor dem Altar zu sehen, das ganze Dorf hat die Augen auf dich gerichtet. Und darf ich noch mehr sagen? Zweier Personen muß ich gedenken, die diesen Tag nicht mehr mit uns begehen sollten, deine Mutter und unser kürzlich vollendeter Freund: ihr Gruß wird uns an jenem Morgen schmerzlich fehlen, aber doch eine Spur ihres Wesens wird uns an der Stätte begegnen, wo sie einst mit uns waren, von ihrer Ruhestätte wird —"

„Um Jesu willen, Theobald, nicht weiter!" ruft Agnes, ihrer nicht mehr mächtig, und wirft sich schluchzend ihm [zu Füßen] — „du bringst mich um — Es kann nicht sein — Erlasset mir's!" Bestürzt hebt er sie auf, liebkost, beschwichtigt, tröstet sie: man sei ja weit entfernt, sagt er, ihrem Herzen Gewalt anzutun, er habe sich nun überzeugt, wie unmöglich es ihr sei, er werde es dem Vater vorstellen, es werde alles gut gehn.

Sie kamen vor die Laube, sie mußte sich setzen; ein schmaler Streif des Mondes fiel durch das Gezweige auf ihr Gesicht und Theobald sah ihre Tränen in hellen Tropfen fallen. Er solle die Reise allein machen, verlangte sie, er solle wieder zurückkommen, indessen sei die Zeit vorüber, vor welcher sie sich fürchte, dann wolle sie gern alles tun, was man wünsche und wo man es wünsche. Auf die Frage, ob es also nicht die Reise selbst sei, was sie beängstige, erwiderte sie: nein, sie könne nur das Gefühl nicht überwinden, als ob ihr überhaupt in der nächsten Zeit etwas Besonderes bevorstünde — es warne sie unaufhörlich etwas vor dieser schnellen Hochzeit. „Was aber dies Besondere sei, das wüßtest [du] mir nicht zu sagen, liebes Herz?" Sie schwieg ein Weilchen und gab dann zurück: „Wenn der Zeitpunkt vorüber ist, sollst du es erfahren."

Nolten vermied nun, weiter davon zu reden. Er war weniger wegen irgendeines bevorstehenden äußern Übels, als um das Gemüt des Mädchens besorgt; er nahm sich vor, sie auf alle Art zu schonen und zu hüten. Was ihm aber eine solche Vorsicht noch besonders nahelegte, war eine Äußerung Agnesens selbst. Nachdem nämlich das Gespräch bereits wieder einen ruhigen und durch Theobalds leise, verständige Behandlung selbst einen heitern Ton angenommen hatte, gingen beide, da es schon gegen Mitternacht war, in das Haus zurück. Sie zündete Licht für ihn an, und man hatte sich schon gute Nacht gesagt, als sie seine Hand noch festhielt, ihr Gesicht an seinem Halse verbarg und kaum hörbar sagte: „Nicht wahr, das Weib wird nicht mehr kommen?" „Welches?" fragte er betroffen. „Du weißt es", erwiderte sie, als getraute sie sich nicht, das Wort in den Mund zu nehmen. Es war das erstemal, daß sie ihm gegenüber die Zigeunerin berührte. Er beruhigte sie mit wenigen aber entschiedenen Worten.

Den andern Morgen, noch ehe Agnes aufgestanden war, erzählte er die gestrige Szene dem Vater, den er schon über Erwarten milde gestimmt fand. Der Alte gestand ihm, daß er bald, nachdem er die beiden verlassen, etwas Ähnliches, wo nicht noch Schlimmeres, zu befürchten angefangen habe und seine Heftigkeit bereue. Es bleibe nichts übrig, als man gebe nach; daß sie aber am Ende nicht auch die Reise verweigere, müsse man ja vorbauen. — „Laß uns Frieden schließen!" sagte er beim Frühstück zu der Tochter und bot ihr die Wange zum Kuß; „ich habe mir den Handel überschlafen, und es soll dir noch so hingehn; man muß eben auf einen Vorwand denken, wegen der Leute. Aber so viel merk ich schon", setzte er scherzhaft gegen den Schwiegersohn bei, „der Pantoffel steht Ihnen gut an, von der Bösen da, wahrlich!" Die Böse schämte sich ein wenig, und der Zwist war vergessen. Zu der Reise ließ sie sich willig finden und mit den Vorbereitungen ward noch heute der Anfang gemacht. Zur erheiternden Begleitung wollte man Nannetten, Noltens jüngste Schwester, [berufen,] die er ohnedies vorderhand zu sich zu nehmen entschlossen war.

Wenn das Glück eines Paares, welchem vergönnt ist auf unabhängige und bequeme Weise ein größeres Stück Welt miteinander zu sehen, schon an sich für den seligsten Gipfel des mit zarten Sorgen und Freuden so vielfach durchflochtenen Brautstandes mit Recht gehalten wird, so gewinnt diese glückliche Zweiheit gar sehr an herzinnigem Reiz durch das Hinzutreten einer engbefreundeten jüngern Person, deren lebendige, mehr nach außen gerichtete Aufmerksamkeit den beiden die vorüberfliegende Welt in erhöhter Wirklichkeit zuführt und jene wortlose Beschaulichkeit, worein Liebende in solcher Lage sich sonst so gerne einwiegen lassen, immer wieder wohltätig [unterbricht.] Eine solche Ableitung nun war unserm Paare um so nötiger, als gewisse schwere Stoffe auf dem Grunde der Gemüter, sowenig man es einander eingestand, sich anfangs nicht sogleich zerteilen wollten. Diesen Vorteil aber gewährte Nannettens Gegenwart vollkommen. Sowohl im [Wagen,] wo sie sich mit Konrad, dem Kutscher, einem treuherzigen Burschen aus Neuburg, gleich auf den besten Fuß zu setzen wußte, als in den Gasthöfen, wo sie die Eigenheiten der Fremden [trefflich] zu beobachten und die Merkwürdigkeiten einer Stadt immer zuerst auszukundschaften pflegte, überall zeigte sie eine rasche und praktische Beweglichkeit, und wo man hinkam, [erweckte] sie durch [ihre] ansprechende [Erscheinung,] durch ihren naiven und schnellen Verstand [das entschiedenste Interesse.]

Das Wetter, das in den ersten Tagen meist Regen brachte, hatte sich gefaßt und versprach beständig zu bleiben. So langte man eines abends [gar] wohlgemut in einer ehemaligen Reichsstadt an, wo übernachtet werden [sollte.] Unsere Gesellschaft war in dem besten Gasthofe untergebracht, und [indes sie] sich auf ihre Weise gütlich tut, möge der Leser es nicht verschmähen, auf kurze Zeit an einer entfernten Trinkgesellschaft aus der niedern Volksklasse teilzunehmen. Konrad hofft seine [Unterhaltung] dort besser als an jedem andern Orte zu finden; man hat ihn auf ein großes Brauereigebäude, den Kapuzinerkeller, neugierig gemacht und er wird uns den Weg dahin zeigen.

Es lag der genannte Keller in einem ziemlich düstern und schmutzigen Winkel der Altstadt, [seitab von den belebteren Gassen.] Konrad saß in dem vordern allgemeinen Trinkzimmer, hart an der offnen Tür einer Nebenstube, die seine ganze Aufmerksamkeit [erregte.] Dort hatte nämlich ein Zirkel von fünf bis sechs regelmäßigen Gästen seinen Tisch, dessen schmale Seite von einem breitschultrigen Manne mit pockennarbigem Gesicht besetzt war. Aus seinen kleinen schwarzen Augen blitzte die helle Spottlust, eine zu allerlei Sprüngen und Possen stets aufgelegte Einbildungskraft. Mit trockener Miene trug er seine Scherze vor, und machte dabei so recht den Kern der Gesellschaft aus. Sie nannten ihn den Büchsenmacher, auch wohl den Stelzfuß, denn er hatte ein hölzernes Bein. An der Ecke zu äußerst, fast abseits, [war ein anderer] von etwa sechsunddreißig Jahren. Es bedurfte nur wenig Beobachtungsgabe, um in dieser scharfen, feinen, wie es schien, von Kummer oder Leidenschaft zerstörten Physionomie etwas Bedeutenderes und durchaus Edleres zu entdecken, als man sonst an solch einem Orte erwarten würde. Er sprach wenig, sah meist zerstreut vor sich nieder, und doch [überbot] er [gelegentlich] an Einfällen selbst den Stelzfuß, [aber] ohne sich das geringste zu vergeben. Alle behandelten ihn mit einer gewissen Distinktion, obgleich er nur Joseph, der Tischler, hieß. Ihm gegenüber hatte ein jüngerer Geselle, namens Perse, ein Goldarbeiter, sein Glas stehen. [Er schien allein mit Joseph näher bekannt zu sein.] Von den übrigen ist nichts weiter zu sagen, als daß es meistens aufgeweckte, nicht eben verwilderte Leute und ehrbare Handwerker waren.

„Mir fehlt heut etwas", sagte der Büchsenmacher, „ich weiß nicht was. Ich hab das Licht nun schon viermal hintereinander geputzt, in der Meinung, derweil ein frisches Trumm in meinem Kopf zu finden, denn euer einerlei Geschwätz da von Meistern, Kunden, Herrschaften ist mir endlich zum Ekel; ich weiß von diesem Wesen lang nichts mehr und will vorderhand auch nichts davon hören. Die Lichtputz noch einmal! und jetzt was Neues, ihr Herrn! Mir schnurrt eine Grille im Oberhaus. Es wäre nicht übel, der Mensch hätte für seinen Kopf, wenn der Docht zu lang wird, auch so eine Gattung Instrument oder Vorrichtung am Ohr. Zwar hat man mir schon in der Schule versichert, daß seit Erfindung der Ohrfeigen in diesem Punkte nichts mehr zu wünschen übrig sei. Das mag vielleicht für junge Köpfe richtig sein; ich bin ein Sechsundvierziger und" —

„Spaß beiseit!" rief Perse ihn unterbrechend, „ich kann mir überhaupt nicht vorstellen, Lörmer, wie dir's nur eine Stunde wohl sein mag bei dem unnützen Leben, das du in den zwei Monaten führst, seit du Hamburg verlassen hast. Mich dauert's in der Seele, wenn sie davon erzählen, wie du ein geschickter Arbeiter gewesen, wie du Grütz und Gaben hättest, dich den ersten Meistern in deinem Fache gleichzustellen und dein Glück zu machen auf zeitlebens — und nun sich hier auf die faule Haut legen, höchstens um Taglohn für Hungersterben da und dort ein Stück Arbeit annehmen in einer fremden Werkstatt und dich schlecht bezahlen lassen für gute Ware, wie sie dem [Besten kaum] aus der Hand geht! Heißt das nicht gesündigt an dir selber? ist das nicht himmelschreiend?"

Der Angeredete schaute verwundert auf über diese unerwartete Lektion und lauerte einigermaßen beschämt nach Joseph hinüber, als wollte er dessen Gedanken belauschen.

„Was?" nahm Perse wieder das Wort, „will dem Kerl niemand die Wahrheit sagen? hat keiner die Courage, ihm den Leviten zu lesen, wie's recht ist? Redet doch auch ihr andern!"

„Redet nicht, ihr andern!" entgegnete ernsthaft der Büchsenmacher; „das ist, hol mich der Teufel, kein Text für diesen Abend und für die Schenke, wo man Fried haben will. Ich sag euch, wenn ich will, hat dies verfluchte Leben ein Ende über Nacht. Der Lörmer wird sich vom Kopf bis zum Fuß das alte Fell abziehen mit *einemmal,* wie man einen Handschuh abreißt. Ihr sollt sehen. Laßt mich indes mit eurer Predigt in Ruh, sie richtet in zwei Jahren nicht aus, was der ungefähre Windstoß eines frischen Augenblicks bei mir aufjagt. — Muß aber ja von Lumperei die Rede sein, so will ich euch" — und hiemit nahm der Sprecher plötzlich seine wohlbehagliche, muntere Haltung wieder an — „will ich euch ein Rätsel vorlegen in betreff eines Lumpen, der sich auf unbegreifliche Weise innerhalb vierundzwanzig Stunden zum flotten Mann poussiert hat, und zwar ist es einer aus unserer Gesellschaft." — „Wie? was?" riefen einige. — „Ohne Zweifel!" erwiderte der Büchsenmacher, „er befindet sich zwar dermalen und schon mehrere Tage nicht unter uns, aber er rechnet sich zur Kompanie, er versprach heute [wieder] zu kommen, und es wäre unbarmherzig, wenn ihr ihn nicht wenigstens als Anhängsel, als ein Schwänzlein von mir wolltet mitzählen lassen." — „Ah!" rief man lachend, „die Figur! die Figur! er meint die Figur!"

„Allerdings", fuhr der andere fort, „ich meine das spindeldünne bleichsüchtige Wesen, das mir von Hamburg an ungebetenerweise und ohne vorausgegangene genauere Bekanntschaft hieher folgte, um, wie er sagte, an meiner Seite den Tod seines unvergeßlichen Freundes und Bruders, des [gewesenen] Buchdruckers Gumprecht, zu verschmerzen. Nun wißt ihr, ich bewohne seit einiger Zeit mit diesem zärtlichen Barbier, Sigismund Wispel, *eine* Stube, er ißt mit mir und ich teile aus christlicher Milde alles mit ihm, bis auf das Bett, das ich mir aus billigen Gründen allein vorbehielt. Man hat aber keinen Begriff, was ich für ein Leiden mit dieser Gesellschaft habe. Schon sein bloßer Anblick kann einen alterieren. Eine Menge kurioser Angewohnheiten, eine unermüdliche Sorgfalt, seine Milbenhaut zu reiben und zu hätscheln, seine rötlichen Haare mit allerlei gemeinem Fette zu beträufeln, seine Nägel bis aufs Blut zu schneiden und zu schaben — ich bekomme Krämpfe beim bloßen Gedanken! und wenn er nun die Lippen so süß zuspitzt und mit den Augen blinzt, weil er, wie er zu sagen pflegt, an der Wimper kränkelt, oder wenn er sich mit den tausend Liebkosungen und Gesten an mich macht — der Magen dreht sich in mir um und ich hab ihn wegen dieser Freundschaftsbezeugungen mehr als einmal wie einen Flederwisch an die Wand fliegen lassen. Gestern morgen [nun] stand er ungewöhnlich früh von seiner Pritsche auf; ich lag noch halb schlafend mit geschlossenen Augen, mußte aber im Geist jede Gebärde verfolgen, die der Widerwart während des Ankleidens machte, jede Miene, ich sage passender, jeden Gesichtsschnörkel, der sich während des Waschens zwanzigund dreißigfältig bei ihm formierte. ‚Guten Morgen, Bruder!' fängt er an, ‚wie schlief sich's?' aber ich rühre mich nicht. Allein [nun denkt euch] mein Erstaunen, [wie] ich [halb hinüberblickend] den Hundsfott im neuen schwarzen Frack, mit neumodischer Halsbinde und [rundem] Hut in der Ecke stehen sah. Die mir wohlbekannte verblichene Nankinghose und die abgenutzten Schuhe zeugten zwar noch von gestern und ehegestern, aber die übrige Pracht, woher kam sie an solchen Schuft? Gestohlen wenigstens waren die Kleider nicht, denn bald fand ich die quittierten Rechnungen von Tuchhändler und Schneider mit Stecknadeln wie Schmetterlinge an das bekannte armselige Hütchen gesteckt, das verwundert von dem hohen Bettstollen auf seinen veränderten Herrn niederblickte. Vergebens waren alle meine Fragen über diese glücklich begonnene Besserung der Umstände meines Tropfen; ich erhielt nur ein geheimnisvolles Lächeln und noch heute ist mir das Rätsel nicht gelöst. Der Schurke muß auch bare Münze haben; er sprach mir von Schadloshaltung, von einem Kostgeld und dergleichen. Übrigens speist er, wie ich höre, jetzt regelmäßig im Goldenen Schwan. Nun sagt, ist einer unter euch, der mir beweist, es gehe so was mit natürlichen oder doch ehrlichen Dingen zu? Muß man den Menschen nicht in ein freundschaftliches Verhör nehmen, ehe die Obrigkeit Verdacht schöpft und unsern Bruder einsteckt?"

Man sprach, man riet und lachte herüber und hinüber. Endlich nahm der Stelzfuß das Wort wieder, indem er sagte: „Weil wir ohnedem jetzt an dem Kapitel von den Mirakeln sind, so sollt ihr noch eine Geschichte hören. Sie hat sich erst heute zugetragen, steht aber hoffentlich in keinem Zusammenhang mit der vorigen. Diesen Morgen kommt ein Jude zu mir, hat einen Sack unterm Arm und fragt, ob nichts zu schachern wäre, er habe da einen guten Rock zu verhandeln. Der Kerl muß die schwache Seite an dem meinigen entdeckt haben; das verdroß mich und ich war dem Spitzbuben ohnedies spinnefeind. Während ich also im stillen überlege, auf was Art ich den Sünder am zweckmäßigsten die Treppe hinunterwerfe, fällt mir zufällig meine Taschenuhr ins Aug. Ich weiß nicht, was es war, daß ich dabei auf andere Gedanken kam. Ich dachte, ein Jud ist doch gleichsam auch eine Kreatur Gottes und dergleichen; kurz, ich nahm die Uhr vom Nagel an meinem Bett, besah sie noch einmal und fragte: was sie gelten soll. Der [Halunke] schlug sie für ein wahres Spottgeld an und ich gab ihm einen Backenstreich, den schlug er aber gar nicht an, und endlich wurden wir doch handelseinig."

Alles lachte, nur dem Joseph schien die Erzählung im stillen weh zu tun.

„Wartet doch", fuhr der Stelzfuß fort, „das Beste kommt noch. Ich ging mit meinen zwei Talern, die ich ungesehn, wie Sündengeld in die Tasche steckte, [nach] dem besten Weinhaus und nahm dort ein mäßiges Frühstück zu mir. Da mir aber, wie gesagt, ein Jude meinen Zeitweiser gestohlen, so wußt ich schlechterdings nicht, woran ich eigentlich mit dem Tag sei; kurz, es wurde Abend, eh mir der Kellner die letzte Flasche brachte. Ich gehe endlich heim, ich komme auf meiner Kammer an und spaziere in der Dämmerung auf und ab; zuweilen blinzl ich nach dem leeren Nagel hinüber und pfeife dazu, wie einer, der kein gut Gewissen hat. Auf einmal ist mir, es lasse sich etwas hören wie das Picken eines solchen Dings, dergleichen ich heute eins verloren; ganz erschrocken spitz ich die Ohren. Das tut wohl der Holzwurm in meinem Stelzfuß, denk ich, und stoße den Stelzen gegen die Wand, wie immer geschieht, wenn mir's die Bestie drin zu arg macht. Aber pinke pink, pinke pink, immerfort und zwar nur etliche Schritt von mir weg. Indessen kommt mir ein Päckel unter die Hand, ich reiß es auf und, daß ich's kurz mache, da lag meine alte Genferin drin! Weiß nicht, wie mir dabei zumut wurde; ich war ein veritabler Narr vor Freuden, sprach Französisch und Kalmukisch untereinander mit meiner Genferin, mir war, als hätten wir uns zehn Jahre nicht gesehn. Jetzt fiel mir ein Zettel in die Finger, der — nun, das gehört nicht zur Sache. Schaut, hier ist das gute Tier!" und hiemit legte er die Uhr auf den Tisch.

„Aber der Zettel?" fragte einer, „was stand darauf? wer schickte das Paket?" — Der Büchsenmacher griff stillschweigend nach dem vollen Glas, drückte nach einem guten Schluck martialisch die Lippen zusammen und sagte kopfschüttelnd: „Weiß nicht, will's auch nicht wissen." — „Aber dein ist sie wieder, die Uhr?" — „Und bleibt mein", war die Antwort, „bis ins Grab, das schwör ich euch."

Während dieser Erzählung hatte Perse etlichemal einen pfiffigen Blick gegen den Tischler hinüberlaufen lassen, und er und alle merkten wohl, daß Joseph der unbekannte Wohltäter gewesen war.

Jetzt hob der Büchsenmacher sachte seinen hölzernen Fuß in die Höhe und legte ihn mitten auf den Tisch. Dabei sagte er mit angenommenem Ernst: „Seht, meine Herren, da drinne haust ein Wurm; es ist meine Totenuhr: hat der Bursche das Holz durchgefressen und das Bein knackt einmal, eben wenn ich zum Exempel über den Stadtgraben zu einem Schoppen Roten spaziere, so schlägt mein letztes Stündlein. Das ist nun nicht anders zu machen, Freunde. Ich denke [oft] genug an meinen Stelzen, d. h. an den Tod, wie einem guten Christen ziemt. Er ist mein memento mori, wie der Lateiner zu sagen pflegt. So werden einst die Würmer auch an euren fleischernen Stötzchen sich erlustigen. Prosit Mahlzeit, und euch ein selig Ende! Aber wir gedenken bis dahin noch manchen Gang nach dem Kapuzinerkeller zu tun und beim Heimweg über manchen Stein wegzustolpern,

bis das Stelzlein bricht, juhe!
bricht, juhe!
bis das Stelzlein bricht!"

So sang der Büchsenmacher mit einer Anwandlung von Roheit, die ihm sonst nicht eigen war, und von einer desperaten Lustigkeit begeistert, womit er sich selbst, noch mehr aber dem Joseph weh tat.

Auf einmal schlug Lörmer den Fuß dreimal so heftig auf das Tischblatt, daß alle Gläser zusammenfuhren, und zugleich entstand ein helles Gelächter, denn in diesem Augenblick öffnete sich [draußen] die Tür, und eine Figur trat ein, in welcher der genannte Barbier nicht zu verkennen war.

Er schwebte einigemal vornehm hüstelnd in der vordern Stube auf und ab, strich sich den Titus vor dem Spiegel und schielte im Vorübergehen nach unserer Gesellschaft.

„O Span der Menschheit!" brummte Joseph leise in den Bart, denn Lörmer hatte den andern gleich anfangs ein Zeichen gegeben, man müsse tun, als bemerkte man Sigismund gar nicht. Dieser ließ sich indessen mit vieler Grazie an Konrads Tisch nieder, wo er die Freunde auf vier Schritte im Auge hatte. Er nippte zimpferlich aus einem Kelche Schnaps, warf wichtige Blicke umher, klimperte mit dem Messer auf dem Teller und suchte sich auf alle Art bemerklich zu machen.

[Inzwischen war auch der Wirt an den Tisch getreten und unterhielt sich mit Konrad über seine Herrschaft, woher sie komme, wo sie abgestiegen sei, wie lange sie noch zu bleiben denke. Mit vornehmer Gleichgültigkeit hört Wispel zu, bis der] Name Nolten [genannt wird, da] springt [er plötzlich,] wie besessen auf, nimmt Hut und Stock, und fliegt, über Stühle und Bänke wegsetzend, davon, indem der Kutscher [verwundert, was der Mensch mit seinem Herrn zu tun haben wolle,] ihm auf dem Fuße nachfolgt.

[Atemlos im Gasthof angelangt,] kommt Konrad eben noch zu der erstaunlichen Szene, wie Wispel sich dem Maler zu erkennen gegeben hat. Dieser saß mit den beiden Mädchen auf seinem Zimmer beim Nachtessen und jedes ergötzte sich nun an der lächerlichen Erscheinung. „Aber", fängt der Barbier nach einer Weile mit geheimnisvoller Preziosität zu lispeln an, „wenn mich nicht alles trügt, mein Wertester, kamen Sie hieher, ohne zu wissen, welche seltene Connaissancen Sie in hiesiger Stadt zu erneuern Gelegenheit finden würden."

„Wirklich?" antwortete der Maler; „es fiel mir nicht im Traume ein, daß mir dein edles Angesicht hier wieder begegnen sollte, aber Berg und Tal kommen zusammen."

„O ich spreche nicht sowohl von meiner Wenigkeit, als vielmehr von einer gewissen Person, die, früher sehr an Sie attachiert, gegenwärtig in unsern Mauern habitiert, nur freilich unter so prekären Umständen, daß es sich fragen dürfte, ob ein Mann, wie Sie, einer solchen Liaison sich gern erinnern wird. Auch muß ich gestehn, das Individuum, wovon ich eben rede, macht es mir gewissermaßen zur Pflicht, sein Inkognito unter allen Umständen —"

„Ei so [bleib mir doch vom Leib mit deinem] heillosen [Geschwätz!"]

„Aha, da haben wir's ja! Sie merken, aus welcher Hecke der Vogel pfeift, und mögen nichts davon hören. O amitié, o fille d'avril — so heißt ein altes Lied. Waren Sie beide doch einst wie Castor und Pollux! Aber — Loin des yieux, loin du cœur!"

Jetzt wird Nolten plötzlich aufmerksam, eine schnelle Ahnung schauert in ihm auf, er schüttelt den Barbier wie außer sich an der Brust, und nach hundert unausstehlichen Umschweifen flüstert der Mensch [ihm] endlich einen Namen ins Ohr, worauf [Nolten] sich entfärbt und mit Heftigkeit ausruft: „Ist das möglich? Lügst du mir nicht, Elender? Wo — wo ist er? Kann ich ihn sehen, kann ich ihn sprechen? jetzt? um Gottes willen, jetzt im Augenblick?"

„Quelle émotion, Monsieur!" krächzt Wispel, „tout beau! Écoutez-moi!" Jetzt nimmt er eine seriöse Stellung an, räuspert sich ganz zart und sagt: „Wir haben in hiesiger Stadt ein Gebäude, den sogenannten Kapuzinerkeller, le caveau des Capucins, ein Gebäude, das seines klösterlichen Ursprungs wegen in der Tat historisches Moment hat —"

„Schweig mir, du Teufel, und führ mich zu ihm!" schreit Nolten, indem er den Burschen mit sich fortreißt. Agnes, am ganzen Leibe zitternd, begreift nichts von allem und fleht mit Nannetten vergebens um eine Erklärung; Nolten wirft ihr wie von Sinnen einige unverständliche Worte zu und stürmt mit Wispel die Treppe hinunter.

Sie kamen vor das bezeichnete [Haus] und traten in die große Wirtsstube vorn, die sich unterdessen ganz gefüllt hatte. Der Dampf, das Gewühl und Geschwirre der Gäste war so unmäßig, daß niemand die Eintretenden bemerkte. Jetzt klopfte Wispel

[dem] Maler still auf die Schulter und deutete zwischen einigen Köpfen hindurch auf den Mann, den wir vorhin als Joseph, den Tischler, bezeichneten. Nolten, wie er hinschaut, wie er das Gesicht des Fremden erkennt, glaubt in die Erde zu sinken, seine Brust krampft sich zusammen im entsetzlichsten Drang der Freude und des Schmerzes [zugleich,] er wagt nicht zum zweitenmal hinzusehn, und doch, er wagt's und — ja! es ist sein Larkens! er ist's, aber Gott! [wie entstellt, wie verwandelt!] — Wie mit umstrickten Füßen bleibt Nolten an eine Säule gelehnt stehen, die Hände vors Auge gedeckt, und glühende Tränen entstürzen ihm. So verharrt er eine Weile [wie abwesend.] Ihm ist, als wenn er, von einer Riesenhand im Flug einer Sekunde durch den Raum der tosenden Hölle getragen, die Gestalt des teuersten Freunds erblickt hätte mitten im Kreis der Verworfenen sitzend. Noch schwankt das fürchterliche [Traumbild] vor seiner Seele, [es] sinkt und sinkt, und will doch nicht versinken — da klopft ihn wieder jemand auf den Arm und Wispel flüstert ihm hastig die Worte zu: „Sacre-bleu, mein Herr, er muß Sie gesehen haben, soeben steht er blaß wie die Wand von seinem Sitz auf, und wie ich meine, er will auf Sie zugehen, reißt er die Seitentür auf und — weg ist er, als hätt ihn der Leibhaftige gejagt. Kommen Sie [rasch] ihm nach — er kann nicht weit sein, ich weiß seine Gänge, fassen Sie sich!"

Nolten, taub, [unempfindlich,] starrt nach dem leeren Stuhl hin, indessen Wispel immer schwatzt und lacht und treibt. Jetzt eilt der Maler in ein Kabinett, läßt sich Papier und Schreibzeug bringen [und] wirft drei Linien auf ein Blatt, das Wispel um jeden Preis dem Schauspieler zustellen soll. Wie ein Pfeil schießt der Barbier davon. Nolten kehrt in sein Quartier zurück, wo er die [Seinigen] aus der schrecklichsten Ungewißheit erlöst und ihnen, freilich verwirrt und abgebrochen genug, die Hauptsache erklärt.

Es dauert eine Stunde, bis der Abgesandte endlich kommt, und was das schlimmste war, ganz unverrichteter Dinge. Er habe, sagt er, den Flüchtling allerorten gesucht, wo nur irgendeine Möglichkeit gedenkbar gewesen; in seiner Wohnung wisse man nichts von ihm, doch wäre zu vermuten, daß er sich eingeriegelt hätte, denn ein Nachbar wolle ihn haben in das Haus gehen sehn.

Da es schon sehr spät war, mußte man für heute jeden weitern Versuch [unterlassen.] Man verabredete das Nötige [auf] den folgenden Tag und die [für] morgen früh [bestimmte] Abreise ward verschoben. Unsere Reisenden begaben sich zur Ruhe; alle verbrachten eine schlaflose Nacht.

Des andern Morgens, die Sonne war eben herrlich aufgegangen, erhob sich [Nolten] in aller Stille und suchte sein erhitztes Blut im Freien abzukühlen. Erst durchstrich er einige Straßen der noch wenig belebten Stadt, wo er die fremden Häuser, die Plätze, das Pflaster, jeden unbedeutenden Gegenstand mit stiller Aufmerksamkeit betrachten mußte, weil sich alles mit dem Bilde des Freundes in eine wehmütige Verbindung zu setzen schien. Sooft er um eine Ecke bog, sollte ihm, wie er meinte, der Zufall Larkens in die Hände führen. Aber da war keine bekannte Seele weit und breit. Die Schwalben zwitscherten und schwirrten fröhlich durch den Morgenduft und Nolten konnte nicht umhin, diese glücklichen Geschöpfe zu beneiden. Wie hätte er so gerne die Erscheinung von gestern als einen schwülen, wüsten Traum auf einmal wegstäuben mögen! In einer der hohen Straßenlaternen brannte das nächtliche Lämpchen, seine gemessene Zeit überlebend, mit sonderbarem Zwitterlichte noch in den hellen Tag hinein: so spukte in Noltens Erinnerung ein düsterer Rest [von] jener Nachtszene, die ihm mit jedem Augenblick unglaublicher vorkam.

Ungeduld und Furcht trieben ihn endlich zu seinem Gasthof zurück. Wie rührend kam ihm Agnes schon auf der Schwelle mit schüchternem Gruß und Kuß entgegen! wie leise forschte sie an ihm, nach seiner Hoffnung, seiner Sorge, die zu zerstreuen sie nicht wagen durfte! So verging eine bange, leere Stunde, es vergingen zwei und drei, ohne daß ein Mensch erschien, der auch nur eine Nachricht überbracht hätte. Sooft jemand die Treppe [heraufkam,] schlug Nolten das Herz bis an die Kehle; unbegreiflich war es, daß selbst Wispel sich nicht sehen ließ; die Unruhe, worin die drei Reisenden einsilbig, untätig, verdrießlich umeinander standen, saßen und gingen, wäre nicht zu beschreiben.

Nannette hatte soeben ein Zeitungsblatt ergriffen und sich erboten etwas vorzulesen, als man plötzlich durch einen [Lärm] auf dem Gange zusammengeschreckt von den Stühlen auffuhr, zu sehen was es gibt. Der Barbier, außer Atem, mit kreischender Stimme stürzt in das Zimmer; vergeblich sucht er nach Worten, um etwas Entsetzliches anzukündigen.

„Wissen Sie's denn noch nicht?" stottert er [endlich,] „heiliger barmherziger Gott! es ist zu gräßlich — der Joseph da — der Larkens, werden Sie's glauben — er hat sich einen Tod angetan — heute nacht — wer hätte das auch denken können — Gift! Gift hat er genommen — Gehn Sie, mein Herr, gehn Sie nur, sehn Sie mit eignen Augen, wenn Sie noch zweifeln! Die Polizei und die Doktoren und was weiß ich? sind schon dort, es ist ein Rennen, ein Zusammenlaufen vor dem Haus, ein Geschrei, daß mir ganz übel ward. Bald hätt ich Sie vergessen über dem Schreck, da lief ich denn, soviel die Füße vermochten, und —"

Nolten war stumm auf den Sessel niedergesunken. Agnes schloß sich tröstend an ihn, während Nannette die eingetretene Totenstille mit der Frage unterbrach, ob denn keine Rettung möglich sei.

„Ach nein, Mademoiselle!" ist die stockende Antwort, „die Ärzte sagen, zum wenigsten sei er seit vier Stunden verschieden. Ich kann's nicht alles wiederholen, was sie schwatzten. — O liebster, bester Herr, vergeben Sie, was ich gestern in der Torheit sprach! Sie waren sein Freund, Ihnen geht sein Schicksal so sehr zu Herzen, [o] entreißen Sie ihn den Händen der Doktoren, eh [sie] seinen armen Leib verletzen! Ich bin ein elender, hündischer Schuft, hab Ihren Freund oft schändlich mißbraucht, aber Gott möge mich ewig verdammen, wenn ich nicht hundertfach den Tod ausstehen könnte für diesen Mann, der seinesgleichen auf der Welt nimmer hat. Und nun soll man ihn traktieren dürfen wie einen gemeinen Sünder! Hätten Sie gehört, was für unchristliche Reden der Medikus führte, der [dicke,] ich hätt ihn zerreißen mögen, als er mit dem Finger auf das Gläschen wies, worin das Operment gewesen, und mit lachender Miene zu einem andern sagte: ‚Der Narr wollte recht sichergehen, daß ihn ja der Teufel nicht auf halbem Weg wieder zurückschicke; ich wette, die Phiole da war voll, aber solche Lümmel rechnen alles nach der Maßkanne!' Und dabei nahm der hochweise [Herr] eine Prise aus seiner goldenen Tabatiere, so kaltblütig, so vornehm, daß ich — ja glauben Sie, das hat Wispeln weh getan, weher als alles — Wispel hat auch Gefühl, daß Sie's nur wissen, ich habe auch noch ein Herz!"

Hier weinte der Barbier wirklich wie ein Kind. Aber da er nun mit geläufiger Zunge fortfahren wollte, das Aussehen des Toten zu beschreiben, wehrte der Maler heftig mit der Hand, schlang [verzweiflungsvoll] die Arme um den Leib Agnesens und schluchzte laut. „O Allmächtiger!" rief er vom Stuhle aufstehend, und mit gerungenen Händen durchs Zimmer stürmend, „also dazu mußt ich hieher kommen! Mein armer, armer, teurer Freund! Ich, ja ich habe seinen fürchterlichen Entschluß befördert, mein Erscheinen war ihm das Zeichen zum tödlichen Aufbruch! Aber welch unglückseliger Wahn gab ihm ein, daß er vor mir fliehen müsse? und so auf ewig, so ohne ein liebevolles Wort des Abschieds, der Versöhnung! Sah ich denn darnach aus, als ob ich käme, ihn zur Verzweiflung zu bringen? Und wenn auf meiner Stirn die Jammerfrage stand, warum [es mit meinem] Larkens doch [dahin gekommen] sei, gerechter Gott! war's nicht natürlich? konnt ich mit lachendem Gesicht, mit offenen Armen, als wäre nichts geschehen, ihn begrüßen? konnt ich gefaßt sein auf ein solches Wiedersehen? Und doch, war ich es denn nicht längst gewohnt, das Unerhörte für bekannt anzunehmen, wenn er es tat? das Unerlaubte zu entschuldigen, wenn es von ihm ausging? Es hat mich überrascht, auf Augenblicke stieg ein [böser] Zweifel in mir auf, [aber] in der nächsten Minute strafte ich mich selber Lügen: gewiß, mein Larkens ist sich selbst treu und gleich geblieben, sein großes Herz, der tiefverborgne edle Demant seines Wesens [ward nicht] vom Schlamme [berührt,] worein der Arme sich verlor!"

Schon zu Anfang dieser heftigen Selbstanklage hatte sich sachte die Tür geöffnet; kleinmütig und mit stummem Gruße, einen gesiegelten Brief in der Hand, war der Büchsenmacher eingetreten, ohne daß der Maler ihn wahrgenommen hätte. Starr vor sich hinschauend stand der Stelzfuß an der Seite des Ofens, bei den letzten Worten Noltens [aber] bewegte er zuweilen finster die buschigen Augbrauen und schickte zornglühende Funken nach dem Manne hinüber, der mitten im Jammer beinahe ehrenrührig von dem Verstorbenen und dessen gewohnter Umgebung zu sprechen schien.

Kaum hatte Nolten geendigt, so trat der Büchsenmacher gelassen hervor mit den Worten: „Lieber Herr! Ihre Worte in Ehren, Sie müssen ein genauer Freund von ihm gewesen sein, also sei ihnen zugut gehalten, [was Sie gesagt.] Werden späterhin wohl selbsten innewerden, daß Sie dato nicht so ganz recht berichtet sind, was für eine Bewandtnis es mit dem Joseph und seiner Genossenschaft habe. Ich sollte meinen, er hatte sich seiner

Leute nicht zu schämen. Nun, das mag ruhen vorderhand; zuvörderst ist es meine Schuldigkeit, daß ich Ihnen gegenwärtiges Schreiben übermache, denn es wird wohl für Sie gehören; man fand es, wie es ist, auf dem Tisch in seiner Stube liegen."

Hastig, mit zitternder Hand nahm Nolten den dargebotenen Brief und eilte damit in ein anderes Zimmer. Als er nach einer ziemlichen Weile wieder zurückkam, konnte man auf seinem Gesicht eine gewisse feierliche Ruhe bemerken, er sprach gelassener, gefaßter. Den gekränkten Handwerker wußte [er] bald wieder zu beruhigen. Übrigens entließ er für jetzt die beiden Kameraden, um mit Agnes und der Schwester allein zu sein und ihnen das Wesentlichste vom Zusammenhang der Sache zu eröffnen. Oft unterbrach ihn der Schmerz, er stockte, und seine Blicke [schweiften mit wirrem Ausdruck] am Boden.

Von dem Inhalt jenes hinterlassenen Schreibens wissen wir nur das Allgemeinste, da Nolten selbst ein Geheimnis daraus machte. Es war eine kurze, nüchterne, ja für das Gefühl der Hinterbliebenen gewissermaßen versöhnende Rechtfertigung der schauderhaften Tat, welche [schon] seit längerer Zeit [erwogen und] im stillen vorbereitet gewesen sein mußte, deren Ausführung [indes] allerdings durch Noltens Erscheinen beschleunigt worden war, wiewohl in einem Sinn, der für [diesen] keinerlei Vorwurf enthielt. [Es] wäre [durchaus] irrig [zu meinen,] daß nur das Beschämende der Überraschung den Schauspieler blindlings zu einem übereilten Entschluß hingerissen habe, denn wirklich hat sich nachher zur Genüge gezeigt, wie wenig ihm seine neuerliche Lebensweise, so seltsam sie gewählt sein mochte, zur Unehre gereichen konnte. Begreiflich aber wird man es finden, wenn bei der Begegnung des geliebtesten Freundes der Gedanke an eine zerrissene Vergangenheit mit überwältigender Schwere auf das Gemüt des Unglücklichen hereinstürzte, wenn er [daran verzweifelte, zu] demjenigen [zurückzukehren,] mit dem er in keinem Betracht mehr gleichen Schritt zu halten hoffen durfte, und aus dessen reiner Glücksnähe ihn der Fluch seines eigenen Schicksals für immer zu verbannen schien. —

Einige Jahre nachher hörten wir von Bekannten des Malers die Behauptung geltend machen, es habe den Schauspieler eine geheime Leidenschaft für die Braut seines Freundes zu dem verzweifelten Entschlusse gebracht. Wir wären weit entfernt, diese Sage, wozu eine Äußerung Noltens selbst Veranlassung gegeben haben soll, schlechthin zu verwerfen, wenn wirklich zu erweisen wäre, daß Larkens, wie allerdings [angegeben] wird, kurz nachdem er seine Laufbahn geändert, Agnes bei einer öffentlichen Gelegenheit [in] Neuburg, unerkannt von ihr, gesehen habe. Getraut man sich also nicht, hierin eine sichere Entscheidung zu geben, so müssen wir das harte Urteil derjenigen, welche dem Unglücklichen selbst im Tode noch eine eitle Bizarrerie Schuld geben möchten, desto entschiedener abweisen. —

„O wenn du wüßtest", rief Nolten Agnes zu, „was dieser Mann mir war, hätte ich dir nur erst entdeckt, was auch du ihm schuldig bist, du würdest mich fürwahr nicht schelten, wenn mein Schmerz ohne Grenzen ist!" Agnes wagte gegenwärtig nicht zu fragen, was mit diesen Worten gemeint sei, und sie konnte ihm nicht widersprechen, als er das unruhigste Verlangen bezeigte, den Verstorbenen selbst zu sehen. Zugleich ward ihm die Sorge für den Nachlaß, für die Bestattung seines Freundes zur wichtigsten Pflicht. Larkens selbst hatte ihm diesfalls schriftlich mehreres angedeutet und empfohlen, und Nolten mußte auf einen sehr wohlgeordneten Zustand seiner Vermögensangelegenheiten schließen. Vor allen Dingen nahm er Rücksprache mit der obrigkeitlichen Behörde, und einiger Papiere glaubte er sich ohne weiteres versichern zu müssen.

Es war schon spät am Tage, [als] er in einer Art von Betäubung den Weg nach der Stätte antrat, wo der traurigste Anblick seiner wartete.

Ein Knabe führte ihn durch eine Menge enger Gäßchen vor das Haus eines Tischlers, bei welchem sich Larkens seit einigen Monaten förmlich in die Arbeit gegeben hatte. Der Meister, ein würdig aussehender, stiller Mann, empfing ihn mit vielem Anteil, beantwortete gutmütig die eine und andere Frage und wies ihn sodann einige steinerne Stufen zum untern Geschoß hinab, indem er auf eine Tür hinzeigte. Hier stand unser Freund eine Zeitlang mit klopfendem Herzen allein, ohne zu öffnen. Er nahm sich zusammen und trat in eine sauber aufgeräumte, wiewohl [ärmliche] Kammer. Niemand war zugegen. In einer Ecke befand sich ein niedriges Bett, worauf die Leiche mit einem Tuch völlig überdeckt lag. Nolten, in ziemlicher Entfernung, getraute sich kaum von der Seite [hinzublicken,] Gedanken und Gefühle verstockten ihm zu Eis, und seine einzige Empfindung in diesem Augenblicke war, daß er sich selber haßte über die unbegreiflichste innere Kälte, die in solchen Fällen peinlicher zu sein pflegt als das lebhafteste Gefühl unseres Elends. Er ertrug diesen Zustand nicht länger, er eilte auf das Bett zu, riß die Hülle weg und sank laut weinend über den Leichnam hin.

Endlich, da es schon dunkel geworden, trat Perse, der Goldarbeiter, mit Licht herein. Nur ungern sah sich Nolten durch ein fremdes Gesicht gestört, aber das bescheidene Benehmen des Menschen [tat] ihm [wohl] und hielt ihn um so fester, da derselbe mit der edelsten Art zu erkennen gab, daß auch er einiges Recht habe, mit den Freunden des Toten zu trauern, [da] ihm derselbe, besonders in der letzten Zeit, viel Vertrauen geschenkt. „Ich sah", fuhr er fort, „daß an diesem wundersamen Manne ein [tief gewurzelter] Kummer nagen müsse, dessen Grund er jedoch sorgfältig verbarg; nur konnte man aus manchem eine übertriebene Furcht für seine Gesundheit erkennen, so wie er mir auch gestand, daß er eine so anstrengende Handarbeit, wie das Tischlerwesen, außer einer gewissen Liebhaberei, die er [dafür] haben mochte, hauptsächlich nur zur Stärkung seines Körpers unternommen. Auch begriff ich wohl, wie wenig ihn Mangel und Not zu dergleichen bestimmt hatte, denn er war ja gewiß ein Mann von den schönsten Gaben und Kenntnissen; desto größer war mein Mitleiden, als ich sah, wie sauer ihm ein so ungewohntes Leben ankam, wie unwohl es ihm in unserer Gesellschaft war und daß er körperlich zusehends abnahm. Das konnte auch kaum anders sein, denn nach dem Zeugnis des Meisters tat er immer weit über seine Kräfte, und man mußte ihn oft mit Gewalt abhalten."

Jetzt öffnete sich die Türe und ein hagerer Mann [von] edlem Anstande trat herein, vor welchem sich der Goldarbeiter ehrerbietig zurückzog und dessen stille Verbeugung Nolten ebenso schweigend erwiderte. Er hielt den Fremden für eine offizielle Person, bis Perse ihm beiseit den Präsidenten von K. nannte, den keine amtliche Verrichtung hieher geführt haben könne. So stand man eine Zeitlang ohne weitere Erklärung umeinander und jeder schien die Leiche nur in seinem eignen Sinn zu betrachten.

„Ihr Schmerz sagt mir", nahm der Präsident das Wort, nachdem Perse sich entfernt hatte, „wie nahe Ihnen dieser Tote im Leben müsse gestanden haben. Ich kann mich eines näheren Verhältnisses zu ihm nicht rühmen, doch ist meine Teilnahme an diesem ungeheuren Fall so wahr und innig, daß ich nicht fürchten darf, es möchte Ihnen meine Gegenwart —" „O seien Sie mir willkommen!" rief der Maler, durch eine so unverhoffte Annäherung in tiefster Seele erquickt, „ich bin hier fremd, ich suche Mitgefühl — und ach, wie rührt, wie überrascht es mich, solch eine Stimme und aus solchem Munde hier in diesem Winkel zu vernehmen, den der Unglückliche nicht dunkel genug wählen konnte, um sich und seinen ganzen Wert und alle Lieb und Treue, die er andern schuldig war, auf immer zu vergraben!"

Des Präsidenten Auge hing einige Sekunden schweigend an Noltens Gesicht und kehrte dann nachdenklich zu dem Toten zurück.

„Ist es möglich?" sprach er endlich, „sehe ich hier die Reste eines Mannes, der eine Welt voll Scherz und Lust in sich bewegte und zauberhelle Frühlingsgärten der Phantasie sinnvoll vor uns entfaltete! Ach, wenn ein Geist, den doch der Genius der Kunst mit treuem Flügel über all die kleine Not des Lebens wegzuheben schien, so frühe schon ein ekles Auge auf dieses Treiben werfen kann, was bleibt alsdann so manchem andern zum Troste übrig, der, ungleich ärmer ausgestattet, sich in der Niederung des Erdenlebens hinschleppt? Und wenn das vortreffliche Talent selbst, womit Ihr Freund die Welt entzückte, so harmlos nicht war als es schien, wenn die heitere Geistesflamme sich vielleicht vom besten Öl des innerlichen Menschen schmerzhaft nährte, wer sagt uns dann, warum jenes namenlose Weh, das alle Mannheit, alle Lust und Kraft der Seele bald bänglich schmelzend untergräbt, bald zornig aus den Grenzen treibt, warum doch jene Heimatlosigkeit des Geistes inmitten eines reichen und menschlich schönen Daseins so oft das Erbteil herrlicher Naturen sein muß? Das Rätsel eines solchen Unglücks aber völlig zu machen, muß noch der Körper helfen, um, wenn die wahre Krankheit fehlt, mit nur desto gräßlicherem Schein die arme Seele abzuängstigen und vollends irre an sich selbst zu machen!"

Auf diese Weise wechselten nun die beiden Männer, beinahe mehr den Toten als einander selbst anredend und oft von einer längern Pause unterbrochen, ihre Klagen und Betrachtungen. Erst ganz zuletzt, bevor sie auseinandergingen, veranlaßte der Fremde, indem er seinen Namen nannte, den Maler ein Gleiches zu tun, sowie den Gasthof zu bezeichnen, wo [er] ihn morgen aufsuchen wollte. „Denn es ist billig", sagte er, „daß wir nach einer solchen Begegnung uns näher kennenlernen. Sie sollen alsdann hören, welcher Zufall mir erst vor wenigen Wochen die wunderbare Existenz Ihres Freundes verriet, den bis auf diesen Tag, soviel ich weiß, noch keine Seele hier erkannte. Meine Sorge bleibt es indessen, daß ihm die letzte Ehre, die wir den Toten geben können, ohne zu großes Aufsehn bei der Menge, von einer Gesellschaft würdiger Kunstverwandten morgen abend erwiesen werden könne. Ich habe die Sache vorläufig eingeleitet. Aber nun noch eine Bitte um Ihrer selbst willen: verweilen Sie nicht allzulange an diesem traurigen Orte mehr! Es ist das schönste Vorrecht und der edelste Stolz des Mannes, daß er das Unabänderliche mit festem Sinn zu tragen weiß. Schlafen Sie wohl. Lieben Sie mich! Wir sehn uns wieder." Der Maler konnte nicht sprechen, und drückte stammelnd beide Hände des Präsidenten.

Als er sich wieder allein sah, flossen seine Tränen reichlicher, jedoch auch sanfter und zum erstenmal wohltuend. Er fühlte sich mit dieser Last von Schmerz nicht mehr so einsam, so entsetzlich fremd in diesen Wänden, dieser Stadt, ja Larkens' Anblick selber deuchte ihm so jämmerlich nicht mehr; eben als wenn der Schatten des Entschlafenen mit ihm die ehrenvolle Anerkennung fühlen müßte, die er noch jetzt erfuhr.

Nun aber drängte es Nolten mächtig, am Busen der Geliebten auszuruhen. Er steckte ein Nachtlicht an, das für die Leichenwache bereit lag, er sagte unwillkürlich seinem Freunde halblaut eine gute Nacht, und [verließ die Stätte des Todes.]

Am Morgen kam ein Billet des Präsidenten und lud den Maler mit [Braut und Schwester] zu einem einfachen Mittagsmahl. Nolten war diese Ableitung besonders um der Mädchen willen sehr erwünscht, mit deren verlassenem Zustande, weil er jeden Augenblick veranlaßt ward, bald aus dem Hause zu gehen, bald sich mit Schreibereien zu befassen, man in der Tat Bedauern haben mußte. Agnes und ihr Benehmen war indes zu loben. Bei allen Zeichen des aufrichtigsten Anteils bewies sie durchaus eine schöne, vernünftige Ruhe, sie schien sogar natürlicher und sicherer in sich selbst, als es auf der ganzen Reise der Fall gewesen sein mochte; nicht nur dem Maler, auch Nannetten fiel das auf. Es hatte [dies] seinen guten Grund, nur daß das Mädchen zu bescheiden war, ihn zu entdecken, [weil sie nicht] an ihre alten „Wunderlichkeiten", wie Nolten zuweilen sagte, in dem Augenblicke mahnen [mochte,] wo es sich um eine ernste und schaudervolle Wirklichkeit handelte. [Aber innerlich] war es ihr ein hoher Ernst mit dem, was sie für jetzt zurückzuhalten ratsam fand. Denn in der ganzen schrecklichen Begebenheit erblickte sie nichts anderes als die gewisse Erfüllung [jenes] ungewissen Vorgefühls, und so vermochte sie ein offenbares und geschehenes Übel mit leichterem Herzen zu beweinen, als ein gedrohtes zu erwarten.

Nolten erkundigte sich bei dem Wirt nach den Verhältnissen des Präsidenten, und erfuhr, daß derselbe, obgleich seit Jahr und Tag mit seiner Frau gespannt, eines der angesehensten Häuser hier bilde, daß er aber als ein leidenschaftlicher Mann vor kurzem sich mit der Regierung entzweit habe und bis auf weiteres von seinem Amte abgetreten sei. Er wohne selten in der Stadt und neuerdings fast einzig auf seinen Gütern in der Nähe.

Perse, der Goldarbeiter, kam einiger Bestellungen wegen, welche die Leiche betrafen. Beiläufig erzählte er, daß der Barbier, als mehrerer Diebstähle verdächtig, seit heute früh im Turme sitze. Er habe gestern in der öffentlichen Wirtsstube sich aus Alteration und Reue wegen ähnlicher an Larkens verübter Schändlichkeiten selbst verschwatzt. Die größte Niederträchtigkeit an dem Schauspieler habe der Taugenichts dadurch begangen, daß er sich von jenem das Stillschweigen über seinen wahren Charakter mit schwerem Gelde habe bezahlen lassen, indem er ihm täglich gedroht, alles auszuplaudern. Nolten fragte bei dieser Gelegenheit nach dem Büchsenmacher und konnte aus Perses umständlichem Berichte so viel entnehmen, daß Larkens dem Menschen, weil es ein gescheiter Kopf, einiges Interesse geschenkt, das übrigens so gut als weggeworfen gewesen, da die deutliche Absicht des Schauspielers, ihn zu korrigieren, bloß dem Übermut des Burschen geschmeichelt habe, [und] Larkens [auch viel] zu delikat [verfahren sei.] Übrigens habe sich [der Tote] nicht nur dem Kreis seiner Genossen, sondern besonders auch vielen Armen als unbekannter Wohltäter unvergeßlich gemacht.

[Die] Mittagszeit war da, die Mädchen angekleidet und Nolten bereit, mit ihnen zu gehen. Eine Tochter des Präsidenten empfing sie auf das artigste, und nach einiger Zeit erschien der Vater; außerdem kam niemand von der Familie zum Vorschein. Die Frau, mit drei andern Kindern, einem ältern Sohne und zwei Töchtern, wurde erst [auf den] Abend vom Lande erwartet, und zwar, wie man überall wußte, nur um ihren Aufenthalt wieder auf einige Monate mit dem Gemahl zu wechseln.

Während der Präsident sich, bis man zu Tische ging, [lebhaft] mit dem Maler unterhielt, gesellte sich Margot zu den beiden [Mädchen.] Sie war immer der Liebling des Vaters gewesen und bildete, weil es ihrer innersten Natur widersprach ausschließende Partei zu nehmen, eine Art von leichtem Mittelglied zwischen den zwei getrennten Teilen.

Es war serviert, man setzte sich. Für jetzt betraf die Unterhaltung nur Dinge von allgemeinerem Interesse. Ein zartes Einverständnis der Gemüter schloß von selbst den Gegenstand geweihter Trauer für diese Stunde aus. Dagegen war der Augenblick, wo endlich das Gefühl sein Recht erhielt, einem jeden desto inniger willkommen. Wir sind genötigt, hier so manches bemerkenswerte Wort der wechselseitigen Aufklärung über die Eigentümlichkeit und allmähliche Verkümmerung von Larkens' Wesen zu übergehn, und erzählen dafür mit den eignen Worten des Präsidenten, auf welche Art er zur Bekanntschaft des Schauspielers gelangte.

„Vor einem Vierteljahr kam Prinz Walderich, ein enthusiastischer Verehrer Ludwig Tiecks, auf [den Gedanken,] den bisher in Deutschland noch unerhörten Versuch [der Aufführung eines] Tieckschen Lustspiels [zu wagen.] Nach einer sehr gründlichen Vorbereitung unserer [Schauspieler] ward [in der Tat] ‚Die verkehrte Welt' angekündigt. Die wenigen, welche diese bizarre Dichtung kannten, wollten freilich voraussehn, daß die Absicht im ganzen verunglücken müsse, versprachen sich [aber um so mehr Genuß von der Überraschung] des großen Publikums, [und] da [sie] das Mögliche taten, um eine allgemeine Erwartung zu erregen und den Philistern im voraus die Köpfe zu verrücken, so [meinten] diese, vom Titel verführt, ein recht handgreifliches Spektakelstück [zu bekommen] und [gingen] glücklich in die Falle. Die Aufführung, ich darf es sagen, war meisterhaft. Aber [die Wirkung!] — noch heute, wenn ich [daran] denke, weiß ich mich nicht zu fassen. Diese Gesichter, unten und auf den Galerien, hätten Sie sehen müssen! [Es war auch hier ‚Die verkehrte Welt'.] Tieck selbst [hätte] sich die Physionomie des Haufens, als mitspielender Person neben den unter die Zuschauer verteilten Rollen, köstlicher nicht denken können. Diese unwillkürliche Selbstpersiflage, dies fünf- und zehnfach reflektierte Spiegelbild der Ironie beschreibt kein Mensch.

In meiner Loge befand sich der Legationsrat U., einer der wärmsten Verehrer Tiecks; wir sprachen und lachten nach Herzenslust während eines langen Zwischenakts; denn eine ganze Weile war der Direktor in Verzweiflung, ob er weiterspielen lasse oder aufhöre. Während dieses tollen Tumultes nun, während dieses Summens, Zischens, Bravorufens und Pochens hörten wir neben uns, nur durch ein Drahtgitter getrennt, eine Stimme ungemein lebhaft auf jemanden losschwatzen: ›O sehn Sie doch nur um Gottes willen da aufs Parterre hinunter! und dort! und hier! der Spott hüpft wie aus einem Sieb ein Heer von Flöhen an allen Ecken und Enden hin und her — jeder reibt sich die Augen, klar zu sehen, jeder will dem Nachbar den Floh aus dem Ohre ziehen und von der andern Seite springen ihm sechse hinein — immer ärger! — ein Teufel hat alle Köpfe verdreht — es ist wie ein Traum auf dem Blocksberg — es wandelt alles im Schlaf. — Der alte Geck dort aus der Kanzlei, o vortrefflich! bietet einer muntern Blondine seine Bonbonniere mit großmächtigen Reichssiegel-Oblaten an und versichert, sie wären sehr gut gegen Vapeurs und Beängstigungen. Hier — sehn Sie doch, gerade unter dem Kronleuchter — steht ein Ladendiener vor einem Fräulein und lispelt: ›Gros de Naples-Band? Sogleich. Wieviel Ellen befehlen Sie?‹ Er greift an sein Ohr, zieht es in eine erstaunliche Länge, mißt ein Stück und schneidet's ab. Aber bemerken Sie nicht den [langhaarigen Kunstjünger] am dritten Pfeiler vom Orchester an? wie er sich langsam über die Stirne fährt und auf einmal den Poeten [neben ihm] embrassiert: ›O Freund, ich habe schön geträumt diese Nacht! Ich habe ein winzig kleines Spieldöschen gehabt, das ich hier, schaun Sie, hier in meinen hohlen Zahn legte, ich durfte nur ein wenig darauf beißen und es begann ein Potpourri der schönsten Opernarien, Zauberflöte, Schweizerfamilie, Rataplan der kleine Tambour — kurz alles was Sie wollen, durcheinander, wohl eine Viertelstunde — göttlich war's!‹ — Nein! — Aber da drüben, ich bitte Sie — ‹ ›Erlauben Sie‹, unterbrach hier eine tiefe Baßstimme die Rede des Schalks mitten im Fluß, ›erlauben Sie, mein lustiger unbekannter Herr, daß ich endlich frage: wollen Sie *mich* foppen, oder wollen Sie andere ehrliche Leute mit diesem Unsinn foppen?‹ ›Ach ganz und gar nicht‹, war die Antwort, ›keins von beiden, ich bitte tausendmal um Vergebung — Aber was ist denn unserm Herrn Nachbar da zugestoßen? der weint ja erschrecklich — Mit Erlaubnis, haben Sie den Wadenkrampf?' — In diesem Augenblick ging unser Gitter auf, ein langes weinerliches Gesicht sah herein mit den erbärmlichen Worten: ‚Ach, liebe Herren, ist es denn nicht möglich, daß ich durch Ihre Loge hinaus aus diesem Narrenhaus ins Freie kommen könnte? Oder wenn das nicht ist — so sein Sie so gütig — nur eine kleine Bitte — wie heißt das Perfektum von obstupesco, ich bin betäubt, verwirrt, bin ein Mondkalb geworden? das Perfektum Indicativi — O lachen Sie nicht — ich bin der unglückseligste Mann, bin seit einiger Zeit am hiesigen Lyzeo Präzeptor der lateinischen Sprache, habe mir's sauer werden lassen — man war mit mir zufrieden — allein seit einer halben Stunde, bei dem verkehrten verfluchten Zeug da — ich weiß nicht — mein Gedächtnis — die gemeinsten Wörter — ich mache von Minute zu Minute eine Probe mit mir, examino memoriam meam — es ist, wie wenn mein Schulsack ein Löchlein, rimulam, bekommen hätte, nur ein ganz geringes, doch wird es immer größer, ich kann schon mit der Faust — entsetzlich! es rinnt mir schockweise alles bei den Stiefeln hinaus, praeceps fertur omnis eruditio, quasi ein Nachlaß der Natur — o himmelschreiend, in einer halben Stunde bin ich rein ausgebeutet, bin meinem schlechtesten Trivialschüler gleich — Lassen Sie mich hinaus, hinaus! ich sprenge die Verzäunung —'

[Wir] kamen ganz außer uns. Der Mensch aber, empört durch unser Lachen, schlug uns das Gitter vor der Nase zu und [zeigte sich] nicht [mehr.] Wir glaubten, es sei eine komische Figur aus dem Lustspiele, und der Legationsrat schwur scherzend, Tieck selbst müsse es gewesen sein. Indessen [fing] der letzte Aufzug an und ging gleich den ersten lustig vorüber. Der Vorhang fiel. Das alterierte Publikum drängte sich murrend und [schreiend] nach den Türen. [Auch wir standen auf; da] streckte sich [plötzlich] wieder jenes Präzeptorgesicht herein, aber ohne die vorige Grimasse und daher kaum mehr zu erkennen. ‚Habe die Ehre, meine Herren, Ihnen recht gute Nacht zu wünschen. [Hoffe, daß wir allerseits unsern] Opiumrausch [wohl verschlafen.] Ihr Diener.' [Indem] er das sagte, glaubte ich mich dunkel zu erinnern, daß mir dieses Gesicht nicht zum erstenmal begegne, ich wollte ihn schnell anreden, aber er war wie weggeblasen in dem Gewühl. Ich und mein guter [Legationsrat,] nachdem wir von unserm Erstaunen einigermaßen zurückgekommen waren, beschlossen, diesen Mann, wenn er sich anders hier aufhalte, was zu bezweifeln war, auszukundschaften, es koste was es wolle.

Umsonst sahn wir uns auf den Treppen, an den Ausgängen überall um, fragten die Personen, denen er zunächst gesessen, niemand wußte von ihm.

Nach acht Tagen dacht ich nicht mehr an den Vorfall. [Da] befinde ich mich eines Morgens mit mehreren Bekannten auf dem Kaffeehause. Im Auf- und Abgehen klopfe ich meine Zigarre am offenen Fenster aus und werfe [dabei] einen Blick auf die Straße; ein Handwerker mit Brettern unter dem Arm geht hart am Hause vorüber, meine Asche kann ihn getroffen haben, kurz, er schaut rasch auf und bietet mir das ganze Gesicht entgegen, mit einem Ausdruck, mit einer Beugung des Körpers, wie ich das in meinem Leben nur von *einem* Menschen und nur *einmal* gesehen hatte, und — genug, in diesem Momente wußt ich auch, wer er sei — der Komiker, den ich vor fünf Jahren im ‚Geizigen‘ des Molière bewunderte, Larkens. Unverzüglich schickt ich ihm nach, ohne mir gegen irgend jemand das geringste merken zu lassen. Er kam, in der Meinung, man verlange seine Dienste als Handwerker, ich ging ihm entgegen und ließ ihn in ein leeres Zimmer treten. Es gab nun, wie man denken kann, eine sehr sonderbare Unterredung, von welcher ich nur sage, daß ich mich ungewisser stellte als ich war, nur entfernt von großer Ähnlichkeit mit einem früheren Bekannten sprach, um ihm für den Fall, daß er sein Geheimnis lieber bewahren wollte, den Vorteil der Verleugnung ohne weiteres zu lassen. Hier aber erkannte man nun erst den wahren Meister. Eine solche köstliche Zunftmiene, so eine rechtfertige Zäheit — kein Flamänder malt diesen Ausdruck mit solcher Wahrheit. Man glaubte einen Burschen zu sehen, auf dessen Stirne sich bereits die Behaglichkeit zeichne, womit er am ruhigen Abend beim Bierkrug und schlechten Tabak den Auftritt seinen Kameraden auftischen wollte, nachdem er ihre Neugierde durch etwas unnötig längeres Feuerschlagen gehörig zu schärfen für dienlich erachtet. Wie hätte ich nun nach all diesem es noch übers Herz bringen können, dem unvergleichlichen Mann sein Spiel zu verderben oder länger in ihn zu dringen? Ich entließ ihn also, konnte aber freilich nicht ganz ohne lachenden Mund mein: ‚Adieu, guter Freund, und nehm Er's nicht übel!‘ hervorbringen. Er sah mir's um die Lippen zucken, kehrte sich unter der Tür noch einmal um und sagte im liebenswürdigsten Ton: ‚Ich sehe wohl, der Schulmeister von neulich hat mir einen Streich gespielt, ich bitte, Euer Exzellenz mögen diese meine gegenwärtige Figur noch zur

‚Verkehrten Welt' schlagen. Dürfte ich aber vollends hoffen, daß dieser Auftritt unter uns bliebe, so würde ich Ihnen sehr verpflichtet sein, und Sie haben hiemit mein Ehrenwort, daß mein Geheimnis ohne das mindeste Arge ist; aber für jetzt liegt mir alles daran, das zu scheinen, was ich lieber gar sein möchte.'
[Nun] nahm ich länger keinen Anstand, ihn bei seinem Namen herzlich willkommen zu heißen. Da er natürlich geniert war in seinem gegenwärtigen Aufzuge einen Diskurs fortzusetzen und doch mein Interesse ihm nicht entging, so hieß er mich Zeit und Ort bestimmen, wo wir uns gelegener sprechen könnten und so verabschiedete er sich mit einem unwillkürlichen Anstande, der ihm selbst in diesen Kleidern trefflich ließ.

Um mir nun die ganze sonderbare Erscheinung einigermaßen zu erklären, lag freilich der Gedanke am nächsten, es habe dem Künstler gefallen, die niedrige Natur eine Zeitlang an der Quelle selbst zu studieren, wiewohl derselbe Zweck gewiß auf andre Art bequemer zu erreichen war. Als wir kurz nachher auf meinem Gute [zusammentrafen,] schien er mich auch wirklich auf meinem Glauben lassen zu wollen; doch dachte er zu redlich, um nicht die wahre Absicht, deren er sich vielleicht schämen mochte, wenigstens als ein Nebenmotiv bemerklich zu machen, und da [auch sonst] in seinem Gespräche eine hypochondrische Saite mehrmals [vernehmlich] anklang, so erriet ich leicht, daß dies wohl der einzige Beweggrund sein müsse. Ich vermied natürlich von nun an die Materie gerne, aber auffallend war es mir, daß Larkens, wenn ich das Gespräch auf Kunst und dergleichen hinlenkte, nur einen zerstreuten und beinahe erzwungenen Anteil zeigte. Er zog praktische oder ökonomische Gegenstände, auch die unbedeutendsten, jedesmal vor. Mit wahrer Freude untersuchte er meine Baumschule und jede Art von Feldwerkzeug, zugleich suchte er sich beim Gärtner über alle diese Dinge gelegentlich zu unterrichten und gab mitunter die sinnreichsten Vorteile an, die ihm weder Handbuch noch Erfahrung, sondern nur sein glücklicher Blick gezeigt haben kann. Übrigens waren unserer Zusammenkünfte leider nicht mehr als drei; vor sechs Tagen speiste er das letztemal bei mir."

Der Präsident war fertig. Eine tiefe Wehmut war auf alle Gesichter ausgegossen und keines wollte reden. Hatte man während dieser Erzählung, wenigstens in der Mitte derselben, nur das rege Bild eines Mannes vor sich gehabt, welcher, obgleich nicht im reinsten und glücklichsten Sinne, doch durch die feurige

Art, wie er die höchsten Erscheinungen des Lebens und der Kunst in sich aufnehmen konnte, mit Leib und Seele dieser Welt anzugehören schien, und konnte man also auf Augenblicke völlig vergessen, es sei hier von einem Verstorbenen die Rede, so überfiel nun der Gedanke, daß man in wenig Stunden werde seinen Sarg in die Erde senken sehen, alle Gemüter mit einer unerträglichen Pein, mit einer ganz eigenen Angst, und unsern Freund durchdrang ein nie gefühlter brennender Schmerz der ungeduldigsten Sehnsucht. Sekundenlang konnte er sich einbilden, sogleich werde die Türe sich auftun, es werde jemand hereinkommen, mit freundlichem Gesicht erklären, es sei alles ein Irrtum, Larkens komme frisch und gesund unverzüglich hieher. Aber ach! kein Wunder gibt es und keine Allmacht, um Geschehenes ungeschehen zu machen.

Der Präsident trat stille auf Nolten zu, legte die Hand auf seine Schulter und [sagte:] „Mein Lieber, es ist nun Zeit, daß ich eine Bitte, eine rechte Herzensbitte an Sie bringe, mit der ich seit gestern abend umgehe und welche Sie mir ja nicht abschlagen müssen. Bleiben Sie einige Tage bei uns! Es ist uns beiden unerläßliches Bedürfnis, des teuren Freundes Gedächtnis eine Zeitlang miteinander zu tragen und zu feiern. Wir werden, indem wir uns beruhigen, auch seinen Geist mit sich selber zu versöhnen glauben. Wir müssen, wenn ich so sprechen darf, dem Boden, welchem er seine unglücklichen [Reste] aufdrang, die fromme Weihe erteilen, damit diese Erde den Fremdling mütterlich einschließen könne. Haben Sie uns erst verlassen, so ist hier keine Seele [mehr] außer mir, die Ihren Larkens kennt und schätzt so wie er es verdient, und doch sollen zum wenigsten stets ihrer zwei beisammen sein, um das Andenken eines Abgeschiedenen zu heiligen. Ja, geben Sie meiner Bitte nach, überlegen Sie nicht – Ihre Hand! Morgen reisen wir alle aufs Gut und wollen, traurig und froh, eines dem andern sein was wir können."

Nolten ließ den in Tränen schimmernden Blick freundlich auf Agnes hinübergleiten, die denn, zum Zeichen was sie denke, mit Innigkeit die Hand Margots ergriff, welch letztere, diese Meinung liebreich zu erwidern, sich alsbald gegen beide Mädchen hinbeugte und sie küßte.

„Wer könnte hier noch länger widerstehn!" rief Nolten aus. „Ich nehme Ihre Güte, teurer Mann, im Namen unseres Toten an. Unsere Reise, meine guten Kinder", setzte er gegen die Seinigen hinzu, „insofern sie dem Vergnügen gelten sollte, war ich seit gestern ohnehin entschlossen abzukürzen, ich wollte ungesäumt [mit euch] dem Orte meiner Pflicht entgegengehn. Unvermutet hat sich uns nun eine dritte Aussicht eröffnet, die selbst mit ihrer schmerzlichen Bedeutung die lieblichste Zuflucht verspricht."

Ein Bedienter kam und meldete einige Herren, welche der Präsident auf diese Stunde zu sich gebeten hatte. Es war der Regisseur des Theaters [mit] drei anderen Künstlern. Der [erstere] war vor Jahren einmal mit Larkens in persönliche Berührung gekommen. Er wollte, auf Anregung des Präsidenten, ein Wort am Grabe reden; Nolten hatte ihm hiezu die nötigen Notizen schon am Morgen zusammengeschrieben. Man beredete noch einiges wegen der Feierlichkeit.

Indessen hatte sich der Tag schon ziemlich geneigt, und seine ahnungsvolle Dämmerung wälzte mit den ersten Trauerschlägen von dem Turme her langsam und feierlich das letzte größte Schmerzgewicht auf die Brust unsrer Freunde. Die Leiche mußte vor dem Hause des Präsidenten vorüberkommen, wo denn die ordentliche Begleitung mit einbrechender Nacht sich aufstellen und ein Fackelzug von Künstlern und Schauspielern die Leiche abholen sollte, währenddessen die übrigen Fußgänger und die Wagen hier zu warten angewiesen waren.

Nolten suchte noch einen Augenblick loszukommen, um in aller Stille einen letzten Gang nach des Tischlers Hause zu tun. Dort traf er bereits eine Menge Neugieriger in der engen Gasse versammelt, doch wagte niemand ihm zu folgen, als der alte Meister ihm den Schlüssel zu der bekannten, weit nach hinten zu gelegenen Kammer reichte. Ein weißer, mit frischen Blumen behängter Sarg stand auf dem Gange. Köstliches Rauchwerk kam ihm aus dem Zimmer entgegen, als er eintrat. Aber aufs schönste ward er überrascht und gerührt durch einen Schmuck, den eine unbekannte Hand dem Toten hatte angedeihen lassen. Nicht nur war der Körper mit einem langen, feinen Sterbekleid und schwarzer Schärpe umgeben, sondern ein großer, blendend weißer Schleier, mit Silber schwer gestickt, bedeckte das Antlitz und ließ einen grünen Lorbeerkranz, der um die hohe Stirne lag, und selbst die Züge des Gesichts gar milde durchschimmern.

Der Maler blieb nicht länger vor dem Bette stehn, als eben hinreichte, um jenes stumme, langgedehnte Lebewohl — sei es auf Wiedersehn, ach! oder auch auf ewig Nimmersehn — durch das Tiefinnerste der Seele ziehn zu lassen und jeden stillen Winkel seiner Brust mit diesem Liebesecho schmerzlich anzufüllen.

Er hörte Tritte auf dem Gang, schnell riß er sich los, damit diesen Ruheanblick, den er auf alle Zeiten mit sich nehmen wollte, kein anderer mit ihm teile.

Wir sehen einen frischen Tag über der Stadt aufgehn, und sagen von dem gestrigen Abende nicht mehr, als daß die [Bestattung] schön und würdig vollzogen wurde.

Der Morgen, es war ein Sonntag, ging mit Besuchen hin, die Nolten in der Stadt zu machen und zu erwidern hatte. Die außerordentliche Begebenheit erwarb ihm eine große Zahl teils neugieriger, teils aufrichtiger Freunde, es kam nun eine Einladung nach der andern, darunter sehr ehrenvolle, die er nicht ablehnen durfte. Es wurde deshalb beschlossen, daß man nicht heute abend, wie anfangs verabredet gewesen, sondern morgen auf das Landgut fahre. Die Familie des Präsidenten war in aller Frühe schon eingetroffen, und Nolten sah die Präsidentin auf kurze Zeit, neben dem Gemahl, doch war es eben darum bei aller möglichen Artigkeit von ihrer Seite eine ziemlich frostige Bekanntschaft.

Als Theobald wegen des dem armen Freunde gewidmeten Ehrenschmucks ein dankbares Wort an das Fräulein richtete — denn er vermutete sonst niemanden darunter —, vernahm er, daß zwar der Schleier von ihr, das übrige jedoch von einer edlen Dame gekommen, welche den Schauspieler vor mehreren Jahren in seinen vorzüglichsten Rollen gesehen habe. Margot nannte ihren Namen mit Achtung und erzählte, daß sie dieselbe Frau noch vor ganz kurzer Zeit mit Entzücken von jenen Vorstellungen habe erzählen hören.

Montag mittag endlich verließen die Freunde erleichterten Mutes die Stadt. Die Neuburger Chaise mit einem Teil des Gepäcks sollte hier zurückbleiben. Unsre Gesellschaft teilte sich in zwei [Wagen] des Präsidenten, so daß die Herrn in dem einen, die drei [Mädchen] in dem andern für sich allein waren.

Nach einer Stunde schon sah man das Schloß vor sich auf der flachen Anhöhe liegen, am Fuße derselben ein kleines Landstädtchen, dessen Marken durch manches Bethaus am Wege, durch manches hölzerne Kreuz die katholische Einwohnerschaft im voraus verkündigten. Das Schloß selbst war ein altertümliches Gebäude, massiv von Stein, in zwei gleich langen Flügeln gebaut, welche nach [dieser] Seite her in einen stumpfen Winkel zusammenliefen, so, daß der eine, mehr seitwärts gelegene, sich, je näher man dem Hauptportale kam, hinter den andern zurücklegen mußte. Das ernste und würdige Ansehn des Ganzen verlor nur wenig durch die moderne gelbbraune Verblendung. Überall bemerkte man vorspringende Erker und schmale Altane, ziemlich unregelmäßig, aber bequem und auf die Aussicht ins Weite berechnet. Man fuhr in den Schloßhof ein, der hinten durch eine im Halbkreis gezogene Kastanienallee gar schön geschlossen war, indem dieselbe rechts und links auf beide Flügelenden zuging. Die Allee war durch geradlinige Wege dreimal durchschnitten, um in die zunächst [dahinter] liegenden Anlagen zu gelangen; der mittlere Ausgang führte nach der Schnur auf ein [geräumiges] Gartenhaus hin.

Von der Herrschaft wurden im ganzen Schlosse bloß die beiden Etagen des einen Flügels bewohnt, die obere vom Präsidenten, unten befanden sich die Zimmer der Frau, wo nun auch die beiden Mädchen mit dem Fräulein einquartiert werden sollten. Dies alles war, wenige [Räume] ausgenommen, nach neuerem Geschmacke. An Bedienung, weiblicher sowohl als männlicher, fehlte es nicht.

Nachdem die neuen Gäste einigermaßen eingerichtet waren, trank man den Kaffee in einem der vielen Bosketts im Garten und wandelte sodann, in zwei Partien abermals getrennt, die ganze Anlage durch. Ihr Umfang war, obgleich beträchtlich, doch kleiner als es von innen der Anschein gab, weil Bäume und Gebüsch die Mauer überall verbargen.

Agnes und Nannette, ihre gefällige Freundin in der Mitte, fühlten sich in einer völlig neuen Welt; jedoch ihr Fremdes wurde ihnen durch Margots höchst umgängliches und ungeniertes Wesen mit jeder Viertelstunde mehr zu eigen. Wir finden nun Zeit von der Tochter zu reden, und sie verdient, daß man sie näher kennenlerne. Das munterste Herz, verbunden mit einem scharfen Verstande, der unter dem unmittelbaren Einflusse des Vaters verschiedene, sonst nur dem männlichen Geschlecht zukommende Fächer [des Wissens,] man darf kecklich sagen, mit angeborner Leidenschaft und ohne den geringsten Zug von gelehrter Koketterie ergriffen hatte, schienen hinreichende Eigenschaften, um mit einem Äußern zu versöhnen, das wenigstens für ein gewöhnliches Auge nicht viel Einnehmendes, oder um es recht zu sagen, bei viel Einnehmendem manches

Störende hatte. Die Figur war außerordentlich schön, obgleich nur mäßig hoch, der Kopf an sich von dem edelsten Umriß, und das ovale Gesicht hätte, ohne den aufgequollenen Mund und die Stumpfnase, nicht zärter geformt sein können; dazu kam eine braune, wenngleich sehr frische Haut und ein Paar große dunkle Augen.

Es gab, freilich nur unter den Männern, immer einige, denen eine so eigene Zusammensetzung gefiel; sie behaupteten, es werden die widersprechenden Teile dieses Gesichts durch den vollen Ausdruck von Seele in ein unzertrennliches Ganze auf die reizendste Art verschmolzen. [Dagegen waren] die Späße [anderer] unerschöpflich, [zur großen Freude] gewisser allgemein verehrter Schönheiten der Stadt, [die es] verdrießlich [empfanden,] daß [alle, welche eine geistreiche Unterhaltung liebten,] sich um die Tochter [des Präsidenten drängten.] Margot [selbst] erschien bei den öffentlichen Vergnügungen, wozu freilich mehr die Mutter als das eigene Bedürfnis sie trieb, immer mit gleich unbefangener Heiterkeit, sogar gehörte sie bei Spiel und Tanz zu den eigentlich Lustigen; indem sie aber Wohlgesinnte und Zweideutige ganz auf einerlei Weise behandelte, zeigte sie, ohne es zu wollen, daß sie den einen wie den andern missen könne. [Freilich wurde ihr] auch diese unschuldigste Indifferenz entweder als Herzlosigkeit oder Stolz [ausgelegt.] Agnes und [auch] die leichter gesinnte junge Schwägerin huldigten dem guten Wesen von ganzem Herzen, [selbst] ohne noch seine glänzendste Seite zu kennen.

Die Mädchen, im Gespräch auf einer Bank [sitzend,] sahen einen jungen Menschen von etwa sechzehn Jahren, wie ein Dienstbote aber rein gekleidet und einige Bäumchen in Scherben tragend, den breiten Weg herunterlaufen. Wie er an ihnen vorüberkam, nickte er nur schnell und trocken mit dem Kopfe vor sich hin, ohne sie anzusehn. Die zarte Bildung seines Gesichts, die ganze Haltung des Knaben machte Nannetten aufmerksam, und Margot sagte: „Es ist der blinde Sohn des Gärtners. Sie haben ihn mitleidig angesehn und es geht anfänglich jedermann so, man glaubt ihn leidend, doch ist er es nicht, er hält sich für den glücklichsten Menschen. Wir lieben ihn alle. Er hilft seinem Vater und verrichtet eine Menge Gartengeschäfte mit einer Leichtigkeit, daß es eine Freude ist ihm zuzusehn, wenn ihm einmal die Sachen hingerüstet und bedeutet sind. Nichts kommt ihm falsch in die Hand, kein Blättchen knickt ihm unter den Fingern, eben als wenn die Gegenstände Augen hätten statt seiner und kämen ihm von selbst entgegen. Dies gibt nun einen so rührenden Begriff von der Neigung, dem stillen Einverständnis zwischen der äußern Natur und der Natur [des guten] Menschen. Da er nicht von Geburt, sondern etwa seit seinem fünften Jahre blind ist, so kann er sich Farben und Gestalten vorstellen, aber wunderlich klingt es, wenn man ihn die Farben gewisser Blumen mit großer Bestimmtheit, aber oft grundfalsch so oder so angeben hört; er läßt sich seine Idee nicht nehmen, da er sie ein für allemal aus einem unerklärlichen Instinkt, hauptsächlich aus dem verschiedenen Geruch, dann [aber] auch aus dem eigentümlichen Klang eines Namens vorgefaßt hat. Das erstere kann man ihm noch gelten lassen, der Zufall tut viel, und wirklich hat er es einigemal bei sehr unbekannten Blumen auffallend getroffen."

„Wäre aber", sagte Agnes, „doch etwas Wahres daran, so sollte man auch wohl die Gabe haben können, aus der Stimme eines Menschen auf sein Wesen zu schließen, wenn auch nicht auf den Namen; denn gesetzt, man schöpfte diesen für die Blumen wirklich aus einem bestimmten Gefühl, oder, wie soll ich sagen? aus einer natürlichen Ähnlichkeit, so kämen wir auf jeden Fall zu kurz neben diesen Frühlingskindern, die man doch gewiß erst, nachdem sie vollkommen ausgewachsen waren, getauft hat, um ihnen nicht Unrecht zu tun mit einem unpassenden Namen, während wir den unsrigen erhalten, ehe wir noch den geringsten Ausdruck zeigen."

Margot war über diese artige Bemerkung erfreut, und Nannette erinnerte an die sogenannte Blumensprache, für die man [ja] ordentlich kleine Handbücher gemacht habe. „Was mir an dieser Lehre besonders gefällt, das ist, daß wir Mädchen bei all ihrer Willkürlichkeit doch gleich durch die Bedeutung, die dem armen nichtswissenden Ding im Buche beigelegt ist, unser Gefühl bestimmen und umstimmen lassen können, weil wir dem Menschen, der sich untersteht, so was ein für allemal zu stempeln, doch einen Sinn dabei zutrauen müssen."

„Oder", versetzte Margot, „weil wir ängstlich sind, durch unser Um- und Wiedertaufen eine böse Verwirrung in das hübsche Reich zu bringen, so daß uns die armen Blumen am Ende gar nichts Gewisses mehr sagen möchten."

„Wie närrisch ich früher über Namen der Menschen gedacht habe und zuweilen noch denken muß, kann ich bei dieser Gelegenheit nicht verschweigen", sagte Agnes. „Sollten denn, meint ich, die Namen, welche wir als Kinder bekommen, zumal die weniger verbrauchten, nicht einen kleinen Einfluß darauf haben, wie der Mensch sich später sein innerliches Leben formt, wie er andern gegenüber sich fühlt? ich meine, daß sein Wesen einen besondern Hauch von seinem Namen annähme?"

„Dergleichen angenehmen Selbsttäuschungen", erwiderte das Fräulein, „entgeht wohl niemand, der tiefern Sinn für Charakter überhaupt hat, und da sie so gefahrlos als lieblich sind, so wollen wir sie uns einander ja nicht ausreden."

Nannette war beiseite getreten und kam mit einem kleinen Strauß zurück. Während sie ihn in der Stille zurechtfügte, schien ihr ein komischer Gedanke durch den Kopf zu gehn, der sie laut lachen machte. „Was hat nun der Schelm?" fragte Margot, „es geht auf eins von uns beiden — nur heraus damit!" — „Es geht auf Sie!" lachte das Mädchen, „ist aber nichts zum Übelnehmen. Ich suchte da nach einer Blume, die sich für Ihren Sinn und Namen passen könnte, nun heißt doch wohl Margot nicht weniger noch mehr als Margarete, natürlich fiel mir also ein, wie leichtfertig es lassen müßte, wie dumm und ungeschickt, wenn Ihnen jemand hier dies Gretchen im Busch verehren wollte." Alle lachten herzlich über diese Zusammenstellung, die freilich nicht abgeschmackter hätte sein können.

„Im Ernst aber", sagte Nannette und sprach damit wirklich ihres Herzens Meinung aus, „für Sie, bestes Fräulein, könnte ich wohl einen Sommer lang mit dem Katalog in der Hand durch alle Kaisergärten suchen, eh mir endlich das begegnete, was Ihrer Person, oder weil dies einerlei ist, Ihres Namens vollkommen würdig wäre." — „So?" lachte Margot, „also bleib ich eben bis auf weiteres Gretel im Busch! Zum Beweis aber" (hier stand sie auf und trat vor ein Rondell mit blühenden Stöcken), „daß ich glücklicher bin im Finden als Sie, Böse und Schöne, steck ich Ihnen gleich diese niedliche Rose ins Haar, Agnes hingegen diese bläuliche Blüte mit dem würzigen Vanilleduft."

Man ging nun scherzend weiter und das Fräulein fing wieder an: „Vom guten Henni sind wir ganz abgekommen, so heißt der Blinde, eigentlich Heinrich. Er hat noch andere Fähigkeiten, welche weniger zweideutig sind, als die eben erwähnten; besonders viel mechanisches Geschick und seltne musikalische Anlagen. In einer leeren Kammer des linken Schloßflügels, welche vor nicht sehr langer Zeit noch zur Hauskapelle der frühern

Besitzer eingerichtet war, steht eine Orgel, die lang kein Mensch ansah. Sie befand sich im schlechtesten Zustande, bis sie Henni vor anderthalb Jahren entdeckte. Er hatte nun nicht Rast noch Ruhe, das verwahrloste staubige Werk, Klaviatur, Pedal und Blasbälge, samt den fehlenden und zerbrochenen Stäbchen, Klappen und Drähten, deren Zahl beiläufig hundertundeines sein mag, wieder ordentlich herzurichten. Oft hörte man ihn bei Nacht operieren, klopfen und sägen, und es war sonderbar, ihn dann so ohne alles Licht in der einsamen Kammer bei seiner Arbeit zu denken. Was ihm aber kein Mensch geglaubt hätte, nach weniger als vier Wochen war er wirklich mit allem zustande gekommen. Sie müssen ihn einmal, und ohne daß er es weiß, auf der Orgel phantasieren hören; er behandelt sie auf eine eigene Art und nicht leicht würde ein anderes Instrument das [besondere] Wesen dieses Menschen so rein und vollständig ausdrücken können. Ich hätte billig unter seinen Vorzügen zuerst von seiner Frömmigkeit gesprochen, doch wird Ihnen diese nach dem bisher Gesagten um so wahrer und zarter erscheinen, und ich brauche jetzt desto weniger Worte davon zu machen. — Klavierspielen hatte er schon früher ohne Anleitung auf einem schlechten Pantalon gelernt; mein Vater versprach ihm auf seinen Geburtstag ein ordentliches Instrument zu schenken. Solange wir in der Stadt wohnen, lasse ich auch wohl den Schlüssel in dem meinigen stecken und dachte mir gerne, er werde sich bisweilen bei Gelegenheit, wenn er die Zimmer lüftet, nach Herzenslust darauf ergehen. Da hat er sich denn neulich, indem er mir voll Feuer den Ton des Flügels lobte, mit seinem Geheimnis verschnappt, er wurde blutrot und ich hätte fürwahr viel gegeben, um einen Augenblick selbst zu erblinden und kein Zeuge dieser Beschämung zu sein. Es blieb nichts übrig, als ihn aufzufordern, sogleich eine Sonate mit mir zu probieren, die er mir und meinem Bruder abgehört hatte. Nichts geht ihm über das Vergnügen, vierhändig zu spielen. Das Stück, wovon ich rede, ist eines von den schwerern, allein es ging durchweg fast ohne Anstoß."

Der Präsident stand eben mit dem Maler auf der rechten Seite des Schlosses, als die Mädchen gegen den Hof herkamen; sie sprachen dort über eine gewisse Kuriosität des Baus, der wir gelegentlich auch einen Blick schenken müssen. Jener Flügel endigte sich mit einer breitstufigen Steintreppe, welche vor den Fenstern des oberen Stocks ein Belvedere ansetzte und, hüben und drüben mit einem Geländer versehen, auf steinernen Bogen herablief. Mit der letzten Stufe an der Erde trat man in ein [zierliches] Rosengärtchen, welches im Viereck von einer niedern, künstlich ausgehauenen Balustrade umgeben, einerseits auf den Abhang des Schloßbergs hinuntersah, andererseits durch ein eisernes [Gitter] in die Allee einführte. Alles das fand sich in den gleichen Verhältnissen auch auf der entgegengesetzten Flanke des Gebäudes, jedoch meist nur von Holz und auf den Schein; Altan und Treppe waren verwittert und ohne Gefahr nicht mehr zu betreten.

Die Gesellschaft begab sich ins Innere des Hauses, und bis zum Abendessen trieb ein jedes was ihm beliebte. Der Präsident ließ seinen Gästen Zeit, sich's bequem zu machen. Gleich anfangs hatte er den Grundsatz erklärt, es müsse neben den Stunden der gemeinsamen Unterhaltung durchaus auch eine Menge Augenblicke geben, die, sozusagen, den zweiten und indirekten, gewiß nicht minder lieblichen Teil der Geselligkeit ausmachen, wo es erfreulich genug sei, sich miteinander unter *einem* Dache zu wissen, sich zufällig zu begegnen und ebenso nach Laune festzuhalten. Unsern beiden [Mädchen,] welche dem Hausherrn gegenüber doch immer etwas von Schüchternheit bei sich verspürten, kam eine solche Freiheit zu ganz besonderm Troste, dem Maler war sie ohnehin Bedürfnis, und sogleich gab der Präsident das Beispiel, indem er sich noch auf ein Stündchen in [sein] Arbeitskabinet zurückzog.

Die Tischzeit versammelte alle aufs neue, und als man sich zuletzt gute Nacht sagte, trat jedem der Gedanke erstaunend vor die Seele, durch was für eine ungeheure Fügung sich die fremdesten Menschen dergestalt hatten zusammenfinden können, daß es schon heute schien, als hätte man sich immerdar gekannt, als wäre man zusammengekommen, um niemals wieder Abschied zu nehmen.

Was außerhalb des Schloßbezirks nur immer Anlockendes zu Pferd und Wagen zu erreichen war, und was das Eigentum des Präsidenten, zumal [in] einer reichhaltigen Bibliothek, zur Unterhaltung darbot, ward [nun in den] nächsten Tagen abwechselnd genossen und versucht. Der Präsident liebte die Jagd, und obgleich Nolten weder die mindeste Übung, noch auch bis jetzt nur einigen Geschmack daran hatte, so war ihm in seiner gegenwärtigen Verfassung diese Art von Bewegung, wobei sich Leib und Seele in kräftiger Spannung erhalten, [erwünscht] und bei einigem Glück mit den ersten Versuchen sogar ergötzlich geworden. Er kehrte am Abend auffallend erheitert und lebhaft nach Hause. Auch hatten die Mädchen bereits ihren Scherz mit ihm, indem Margot behauptete, es könnte wohl nicht leicht ein Maler die schönste Galerie der seltensten Kunstwerke mit größerem Interesse [durchgehen,] als er die Gewehrkammer ihres Vaters, worin er wirklich stundenlang verweilte. Gewiß aber war [sie] auch [des musternden Blickes wert.] Gewehre aller Art, vom ersten Anfang dieser Erfindung bis zu den neuesten Formen, konnte man hier [wohlgeordnet] in hohen Glaskästen sehen. Die Freunde bemerkten mit Lächeln, wie Nolten jedesmal eine andere Flinte für sich aussuchte, denn mit jeder hoffte er glücklicher zu sein, und endlich griff er gar nach einem alten türkischen Geschoß, welches zwar prächtig und gut, doch für den Zweck nicht passend und deshalb von dem schlechtesten Erfolg begleitet war.

Besonders angenehm erschienen immer nach dem Abendessen die ruhigen gemeinschaftlichen Lesestunden. Der Maler hatte anfangs unmaßgeblich eine Lektüre vorgeschlagen, welche man in doppelter Hinsicht willkommen hieß. Unter den schriftlichen Sachen, die er vorläufig aus Larkens' Nachlasse an sich gezogen, befand sich zufälligerweise ein dünner, italienischer Quartband, die „Rosemonde" des Rucellai enthaltend, wovon ihm der Schauspieler, teils wegen der Seltenheit der alten Venezianer Ausgabe, teils weil eine angenehme Erinnerung für ihn dabei war, vormals gesprochen und gelegentlich erzählt hatte, daß er als fünfzehnjähriger Knabe das Buch nebst einigen andern Werken aus der Sammlung eines Großonkels verschleppt habe, natürlich ohne es zu verstehen, nur weil die schön vergoldete Pergamentdecke ihn gereizt. Einige Zeit hernach habe von ungefähr ein Kenner es bei ihm erblickt und für einen Schatz erklärt; hiedurch sei er auf den Inhalt neugierig worden, um so mehr, da seine Neigung zu Schauspielen und Tragödien schon damals bis zur Wut gegangen. Nun habe er der Rosemonde — der unbekannten Geliebten — zu Gefallen mit wahrhaft ritterlichem Eifer sich stracks dem Italienischen ergeben, und nachdem er die Süßigkeit der Sprache erst verschmeckt, für gar nichts anderes mehr Aug und Ohr gehabt, in kurzem auch, ein zweiter Almachilde (so hieß Rosemondens Liebhaber und Retter), der armen Königstochter sich völlig bemächtigt.

War aber dieses Stück, als ein nicht ganz verächtliches Zeugnis [aus] der Kindheit des tragischen Theaters der Italiener schon an und für sich merkwürdig genug, so setzte sich nun unser Zirkel, des Mannes eingedenk, von dem das Buch kam, mit einer Art von Andacht zu dem Trauerspiel, wiewohl es während des Lesens und Verdeutschens an muntern Bemerkungen nicht fehlte, entweder weil die Übersetzung zuweilen stokken wollte, oder weil man nicht umhinkonnte, die Charakteristik in der Dichtung grob und übertrieben zu finden. Außer Agnes und Nannetten war allen die Sprache bekannt; man übersetzte wechselsweise, am liebsten aber sah man immer das Buch in Margots Hände zurückkehren, welche mit eigener Gewandtheit die Verse in Prosa umlegte und meistens ein paar Szenen im voraus zu Papier gebracht hatte, dergestalt, daß man [in der Tat] etwas ganz Neues zu hören glaubte. Dem unbefriedigenden Schluß der Handlung half das Fräulein, einem glücklichen Fingerzeig ihres Vaters folgend, durch Einschaltung einer kurzen Szene auf, worin die endliche Vereinigung des liebenden Paares, welche der Dichter nur anzudeuten kaum für der Mühe wert gehalten, zum Troste jedes zart besorgten Lesers gehörig motiviert war. Man bedauerte, mit der Lektüre so schnell fertig geworden zu sein, und weil jedermanns Ohr nun schon von diesen Klängen eingenommen war, so brachte der Präsident einen italienischen Novellisten hervor, während der Maler gereimte Gedichte vorgezogen hätte, aus einem Grunde zwar, den er nicht allzu lebhaft äußern durfte: er war hingerissen [von der Art,] wie Margot Verse las, er meinte einen solchen Wohllaut nur von Eingeborenen gehört zu haben, und wenn es manchen Personen als ein liebenswürdiger Fehler angerechnet wird, daß sie den Konsonanten R nur gurgelnd aussprechen können, wie es eben bei dem Fräulein auch der Fall war, so schien diese Eigentümlichkeit der Anmut jenes fremden Idioms noch eine Würze weiter zu verleihen. Agnes entging es nicht, mit welcher Aufmerksamkeit Theobald am Munde der Leserin hing, allein auch sie vermochte dem Zauber nicht zu widerstehen.

Überhaupt lernten die Mädchen nach und nach immer neue Talente an Margot kennen; das meiste brachte nur der Zufall an den Tag, und weit entfernt, es auf eine falsche Bescheidenheit anzulegen, oder im Gefühl ihrer Meisterschaft den Unkundigen gegenüber die Unterhaltung über gewisse Gegenstände vornehm abzulehnen, teilte sie vielmehr die Hauptbegriffe sogleich auf die einfachste Weise mit und machte durch die Leichtigkeit, womit sie alles behandelte, [die] andern wirklich glauben, daß das so schwere Sachen gar nicht wären, als es im Anfang schien; sogar legte sie einmal das liebenswürdige Geständnis ab: „Wir Frauen, wenn uns der Vorwitz mit den Wissenschaften plagt, krebsen mitunter bloß, wo wir zu fischen meinen, und freilich ist es dann ein Trost, daß es den Herrn Philosophen zuweilen auch nicht besser geht. — Sehn Sie aber", rief sie aus und schob die spanische Wand zurück, die in der Ecke ihres Zimmers einen großmächtigen Globus verbarg, „sehn Sie, das bleibt denn doch eine Lieblingsbeschäftigung, wo man auf sicherem Grund und Boden wandelt. Der Vater hat mich darauf geführt, er ließ die hohle hölzerne Kugel mit Gips und feiner Farbe weiß überziehen, ich zeichne die neuesten Karten darauf ab und mache ohne Schiff und Wagen mit Freuden nach und nach die Reise [über die] ganze [Erde.] Die eine Hälfte wird bald fertig sein, und hier die Neue Welt steigt auch schon ein wenig aus dem leeren Ozean." Agnes bewunderte die Schönheit und Genauigkeit der Zeichnung, die zierliche Schrift bei den Namen, die breit lavierte Schattierung des Meers an den Küsten herunter; Nannette aber rief: „Will man den Frauen einmal nichts anderes lassen, als das beliebte Nähen, Stricken oder Sticken und was dahin gehört, so sollte man mir gegen eine Arbeit wie diese, wenn ich es je bis dahin brächte, die Nase wahrhaftig nicht rümpfen, denn die Strickerin wollt ich doch sehen, die künstlichere Maschen vorweisen könnte, als Sie, mein Fräulein, hier bei diesen Linien und Graden gemacht haben!"

Sofort erklärte Margot dies und jenes, und wenngleich Nannette immer diejenige war, welche die Sachen am begierigsten auffaßte, am schnellsten begriff, und am besten zu schmeicheln verstand, so blieb doch Margots Aufmerksamkeit, obwohl nicht unmittelbar, denn sie fürchtete durch eine direkte und vorzugsweise Belehrung Agnes zu verletzen, dennoch am ersten auf diese gerichtet. Überhaupt hatte ihre Neigung zu dem stillen Mädchen etwas Wunderbares, man darf wohl sagen, Leidenschaftliches. Man sah sie, zumal auf dem Spaziergange, nicht leicht neben Agnes, ohne daß sie einen Arm um sie geschlagen, oder die Finger in die ihrigen hätte gefaltet gehabt. Zuweilen machte diese Innigkeit, dies unbegreiflich zuvorkommende

Wesen das anspruchslose Kind recht sehr verlegen, wie sie sich zu benehmen, wie sie es zu erwidern habe.

Inzwischen hatte man die Nachbarschaft des Gutes ziemlich kennengelernt, die Stadt ohnehin schon mehrmals besucht. Unter anderm rief Nolten die Publikation von Larkens' Testament dahin. Es fand sich ein [ansehnliches] Vermögen. Ohne alle Rücksicht auf entferntere Familienglieder (nähere lebten überall nicht mehr) hatte der Verstorbene vorerst einige öffentliche [Stiftungen] zumal für seinen Geburtsort [gemacht;] sodann betrafen einzelne Legate nur eine kleine Zahl von Freunden, darunter eine Dame, deren Namen und Charakter außer dem Maler niemand erfuhr. Der letztere selbst und seine Braut waren keineswegs vergessen. Bemerkenswert ist die ausdrückliche Verfügung des Schauspielers, daß niemand sich beigehen lassen solle, sein Grab — gleichgültig übrigens wo es sei — auf irgendeine Weise ehrend auszuzeichnen.

Am Abend desselben Tags, da diese Dinge in der Stadt bereinigt werden mußten, gab ein Konzert, von welchem alle Freunde der Musik lange vorher mit großer Erwartung gesprochen, einen höchst seltenen Genuß. Es war der Händelsche „Messias". Der Maler, [der sich sonst schwer entschließen konnte, länger zu bleiben,] weil er sich eine reine Totentrauer durch unvermeidliche Zerstreuungen fast jedesmal vereitelt und zersplittert sah, fand heute in dem frommen Geist eines der herrlichsten Tonstücke den übervollen Widerklang derjenigen Empfindungen, mit denen er vom Grabe des Geliebten kommend unmittelbar in den Musiksaal eintrat. Er hatte sich etwas verspätet und mußte sich entfernt von seiner Gesellschaft in einer der hintersten Ecken mit einem [bescheidenen] Platze begnügen, den er jedoch mit aller Wahl nicht besser hätte treffen können. Denn ihn verlangte herzlich, die süße Wehmut dieser Stunde bis auf den letzten Tropfen rein für sich auszuschöpfen, er sehnte sich, dem Sturme gottgeweihter Schmerzen den ganzen Busen ohne Schonung preiszugeben.

Spät in der Nacht fuhr er mit den drei [Mädchen] (der Präsident war diesmal nicht dabei) im schönsten Mondenschein nach Hause. Es hatte jenes Meisterwerk dermaßen auf alle gewirkt, daß es in der ersten Viertelstunde im [Wagen] beinahe aussah, als hätte man ein Gelübde getan, auf alles und jedes Gespräch darüber zu verzichten; und als das Wort endlich gefunden war, galt es fast ausschließlich dem teuren Larkens. Das Fräulein offenbarte sich bei [dieser] Gelegenheit zum erstenmal entschiedener von seiten des Gefühls, was wenigstens dem Maler gewissermaßen etwas Neues war, da es ihm manchmal deuchte, als stünde diese Eigenschaft bei ihr unter einer etwas zu strengen Vormundschaft des mächtigern Verstandes. Das Wahre ist aber [nur, daß] Margot, bei aller Lebendigkeit, sich von jeher den kecken Ausdruck tieferer Empfindung verbot, vielmehr er verbot sich von selbst bei ihr, [weil] sie ihr Leben lang nie einen Umgang gehabt, wie ihn das Herz bedurfte. Es wäre nicht leicht zu bezeichnen, was es eigentlich war, das einem so trefflichen Wesen von Kindheit an die Gemüter der Menschen, oder doch ihres Geschlechts, entfremden konnte. In der Tat aber, so wenig kannte sie das Glück der Freundschaft, daß sie ihre eigene Armut auch nur dunkel empfand, und daß ihr von dem Augenblick ein durchaus neues Leben, ja ein ganz anderes Verständnis ihrer selbst aufgegangen zu sein schien, da sie in Agnes vielleicht [das] erste weibliche [Geschöpf] erblickte, [das] sie von Grund des Herzens lieben konnte und von [dem] sie wiedergeliebt zu werden wünschte. Nolten las heute recht in ihrer Seele, obgleich auch jetzt noch ihre Worte etwas Gehaltenes und Ängstliches behielten, so daß sie, was niemals erhört gewesen, mitten in der Rede ein paarmal stockte oder gar abbrach.

Zu Hause angekommen, glaubten alle aus der lichten Wolke eines frommen und lieblichen Traumes unvermutet wieder auf die platte Erde zu treten, doch fühlte jedes im sanft und freudig bewegten Innern, daß dieser Abend nicht ohne bedeutende Spuren, sowohl in dem Verhältnis zueinander als im Leben des einzelnen werde bleiben können.

Der Präsident nahm dieser Tage eine Reise vor, in Geschäften, wie er sagte; doch eigentlich war seine Absicht, dem bevorstehenden Geburtsfeste seiner Frau auszuweichen. Der Maler mit den Mädchen war anstandshalber gleichfalls geladen und [hatte auch bereits] angenommen, als die Botschaft einlief, die Feier unterbleibe wegen [Unwohlseins] der Frau. Vermutlich lag nur eine Empfindlichkeit gegen den Gatten zugrunde. Margot fuhr [denn] am Morgen allein nach der Stadt, verhieß jedoch, am Abend wieder hierzusein. So blieben unsre [Freunde] einen vollen Tag sich selbst überlassen, was zur Abwechslung vergnüglich genug schien. Sie konnten sich so lange als die Herren dieser Besitzung denken; Nannettens rosenfarbener Humor erfreute sich einmal wieder des freiesten Spielraums, selbst Agnes [versicherte,] so behagliche Stunden in langer Zeit nicht mehr [verlebt] zu haben, Nolten bemühte sich zum wenigsten, einen unzeitig auf ihm lastenden Ernst zu verleugnen. Nach Tische schickten sich die Mädchen an, Briefe nach Haus zu schreiben. Der Maler aber nahm eine Partie hinterlassener Schriften seines Freundes in den Garten.

Es war ein schwüler Nachmittag. Nolten trat in ein sogenanntes Labyrinth. So heißen bekanntlich in der altfranzösischen Gartenkunst gewisse planmäßig, aber scheinbar willkürlich ineinandergeschlungene Laubgänge, mit einem einzigen Eingang, welcher sich schwer wiederfinden läßt, wenn man erst eine Strecke weit ins Innere gedrungen ist, weil die grünen, meist spiralförmig umeinander laufenden und durch unzählige Zugänge unter sich verbundenen Gemächer fast alle einander gleichen. Der Maler schritt in diesen angenehmen Schatten, seinen Gedanken nachhängend, von Zelle zu Zelle, und nachdem er lange vergeblich auf das Zentrum zu treffen gehofft hat, verfolgt er endlich eine bestimmte Richtung und gelangt auch bald in ein größeres rundes Gemach, auf welches die verschiedenen Wege von allen Seiten zuführen; es ist oben bis auf eine schmale Öffnung überwölbt, und diese sanfte Dämmerung, [zusammen mit der] Einsamkeit des Plätzchens, stimmte vollkommen zu den Gefühlen unseres Freundes.

Er setzte sich auf eine Bank und schlug die Mappe auf. Verschiedene Aufsätze fanden sich da, meistens persönlichen Inhalts, Poesien, kleine Diarien, abgerissene Gedanken. Sehr viel schien sich auf Nolten selbst zu beziehen, anderes war durchaus unverständlich, auf frühere Lebensepochen hindeutend. Besonders anziehend aber war ein dünnes Heft mit kleinen Gedichten, fast lauter Sonette „an L.", sehr sauber geschrieben. Nolten erriet, wem sie galten; denn der Verstorbene hatte ihm selbst von einer frühen Liebe zu der Tochter eines Geistlichen gesprochen. Wahrscheinlich fiel das Verhältnis in den Anfang von Larkens' Universitätsjahren; wie heilig ihm aber noch in der spätesten Zeit ihr Andenken gewesen, erkannte Theobald teils aus der Art, wie Larkens sich darüber äußerte, teils auch aus andern Zeichen, die er erst jetzt verstand. So lag z. B. in den zierlich geschriebenen Blättern ein hochrotes Band mit schmaler Goldverbrämung, das der Schauspieler von Zeit zu Zeit unter der

Weste zu tragen pflegte. Der Maler legte die Gedichte zurück, um sie später mit Agnes zu genießen.

Jetzt aber ward er durch die Aufschrift einiger andern Bogen aufs äußerste [betroffen] und eigentlich erschreckt: „Peregrinens Vermählung mit *." Eine Note am Rande sagte deutlich, wer gemeint war; er blätterte und entdeckte im ganzen eine unschuldige Phantasie über seine frühere Berührung mit Elsbeth. Es ging daraus hervor, daß Larkens durch die fremdartige Gestalt des Zigeunermädchens, aber auch wirklich beinahe bloß durch die Gestalt zu einer Dichtung angeregt wurde, die nur die geringste Verwandtschaft mit ihrem wirklichen Wesen und eine sehr entfernte Beziehung auf Noltens [Erlebnis] mit ihr hatte.

Indem hier einige Stücke ausgehoben werden mögen, ist zum Verständnis des [zweiten] Gedichts einer Zeichnung zu erwähnen, welche von Nolten [in frühester] Zeit entworfen, Elsbeths Gestalt in asiatischem Kostüm, mit Szenerie im ähnlichen Geschmack, darstellte; später sah Larkens das Blatt und bat sich's aus, doch lag es nicht hier bei.

PEREGRINA

I

Der Spiegel dieser treuen, braunen Augen
Ist wie von innerm Gold ein Widerschein;
Tief aus dem Busen scheint er's anzusaugen,
Dort mag solch Gold in heil'gem Gram gedeihn.
In diese Nacht des Blickes mich zu tauchen,
Unwissend Kind, du selber lädst mich ein —
Willst, ich soll kecklich mich und dich entzünden,
Reichst lächelnd mir den Tod im Kelch der Sünden!

II

Aufgeschmückt ist der Freudensaal.
Lichterhell, bunt, in laulicher Sommernacht
Stehet das offene Gartengezelte.
Säulengleich steigen, gepaart,
Grünumranket, eherne Schlangen,
Zwölf, mit verschlungenen Hälsen,

Tragend und stützend das
Leicht gegitterte Dach.

Aber die Braut noch wartet verborgen
In dem Kämmerlein ihres Hauses.
Endlich bewegt sich der Zug der Hochzeit,
Fackeln tragend,
Feierlich stumm.
Und in der Mitte,
Mich an der rechten Hand,
Schwarz gekleidet, geht einfach die Braut;
Schöngefaltet ein Scharlachtuch
Liegt um den zierlichen Kopf geschlagen.
Lächelnd geht sie dahin; das Mahl schon duftet.

Später im Lärmen des Fests
Stahlen wir seitwärts uns beide
Weg, nach den Schatten des Gartens wandelnd,
Wo im Gebüsche die Rosen brannten,
Wo der Mondstrahl um Lilien zuckte,
Wo die Weymouthsfichte mit schwarzem Haar
Den Spiegel des Teiches halb verhängt.

Auf seidnem Rasen dort, ach, Herz am Herzen,
Wie verschlangen, erstickten meine Küsse den scheueren Kuß!
Indes der Springquell, unteilnehmend
An überschwenglicher Liebe Geflüster,
Sich ewig des eigenen Plätscherns freute;
Uns aber neckten von fern und lockten
Freundliche Stimmen,
Flöten und Saiten umsonst.

Ermüdet lag, zu bald für mein Verlangen,
Das leichte, liebe Haupt auf meinem Schoß.
Spielenderweise mein Aug auf ihres drückend
Fühlt ich ein Weilchen die langen Wimpern,
Bis der Schlaf sie stellte,
Wie Schmetterlingsgefieder auf und nieder gehn.

Eh das Frührot schien,
Eh das Lämpchen erlosch im Brautgemache,

Weckt ich die Schläferin,
Führte das seltsame Kind in mein Haus ein.

III

Ein Irrsal kam in die Mondscheingärten
Einer einst heiligen Liebe.
Schaudernd entdeckt ich verjährten Betrug.
Und mit weinendem Blick, doch grausam,
Hieß ich das schlanke,
Zauberhafte Mädchen
Ferne gehen von mir.
Ach, ihre hohe Stirn
War gesenkt, denn sie liebte mich;
Aber sie zog mit Schweigen
Fort in die graue
Welt hinaus.

Krank seitdem,
Wund ist und wehe mein Herz.
Nimmer wird es genesen!

Als ginge, luftgesponnen, ein Zauberfaden
Von ihr zu mir, ein ängstig Band,
So zieht es, zieht mich schmachtend ihr nach!
— Wie? wenn ich eines Tags auf meiner Schwelle
Sie sitzen fände, wie einst, im Morgenzwielicht,
Das Wanderbündel neben ihr,
Und ihr Auge, treuherzig zu mir aufschauend,
Sagte, da bin ich wieder
Hergekommen aus weiter Welt!

IV

Warum, Geliebte, denk ich dein
Auf *einmal* nun mit tausend Tränen,
Und kann gar nicht zufrieden sein,
Und will die Brust in alle Weite dehnen?

Ach, gestern in den hellen Kindersaal,
Beim Flimmer zierlich aufgesteckter Kerzen,

Wo ich mein selbst vergaß in Lärm und Scherzen,
Tratst du, o Bildnis mitleid-schöner Qual;
Es war dein Geist, er setzte sich ans Mahl,
Fremd saßen wir mit stumm verhaltnen Schmerzen;
Zuletzt brach ich in lautes Schluchzen aus,
Und Hand in Hand verließen wir das Haus.

V

Die Liebe, sagt man, steht am Pfahl gebunden,
Geht endlich arm, zerrüttet, unbeschuht;
Dies edle Haupt hat nicht mehr, wo es ruht,
Mit Tränen netzet sie der Füße Wunden.

Ach, Peregrinen hab ich so gefunden!
Schön war ihr Wahnsinn, ihrer Wange Glut,
Noch scherzend in der Frühlingsstürme Wut,
Und wilde Kränze in das Haar gewunden.

War's möglich, solche Schönheit zu verlassen?
— So kehrt nur reizender das alte Glück!
O komm, in diese Arme dich zu fassen!

Doch weh! o weh! was soll mir dieser Blick?
Sie küßt mich zwischen Lieben noch und Hassen,
Sie kehrt sich ab, und kehrt mir nie zurück.

Wie sonderbar ist Nolten von dieser Schilderung ergriffen! [Sie erfüllt ihn mit Unruhe und Beklemmung, und doch lockt ihn wider Willen ihr wehmutvoller Reiz immer von neuem in die] Wundergärten der Einbildung. Mechanisch steht er endlich auf und läßt sich von der träumerischen Wirrung der grünen Schattengänge eine Zeitlang hin und wieder ziehn. So lieblich war die schmerzhafte Betäubung seiner Seele, daß, als er nun ganz unvermutet sich am Ausgange des Labyrinths dem hellen nüchternen Tageslichte zurückgegeben sah, dies ihm das unbehaglichste Erwachen war. Mit verdüstertem Kopfe schleicht er nun da und dort umher, und als endlich Agnes mit untergehender Sonne, vergnügt vom Schreibtische kommend, nach dem Geliebten suchte, fand sie ihn einsam auf dem [Sofa im] großen

Gartenhause. Sie sehnte sich nach frischer Abendluft, nach dem erholenden Gespräch. Kaum waren einige Gänge gemacht, so hörten sie in der Entfernung donnern; das Gewitter zog herwärts.

Der Gärtner, welcher dieser Tage her immer nach Regen geseufzt, lief jetzt — und Henni hinterdrein — mit schnellen Schritten nach Frühbeet und Gewächshaus, beide bezeugten laut ihren Jubel über den kommenden Segen, dem ein paar Windstöße kräftig vorangingen. Die Liebenden waren unter das hölzerne Dach des Belvedere getreten; Nannette trug einige Stühle hinaus. Sie bemerkten ein zweifaches Wetter, davon die Hauptmacht vorne nach der Stadt zu lag, ein schwächeres spielte im Rücken des Schlosses. Die ganze Gegend hat sich schnell umnachtet. Da und dort zucken Blitze, der Donner kracht und wälzt seinen Groll mit Majestät fernab und weckt ihn dort aufs neue mit verstärktem Knall. Auf der Ebene unten scheint es schon [kräftig] zu regnen. Hier oben herrscht noch eine dumpfe Stille, kaum hört man einzelne Tropfen auf dem nächsten Kastanienbaum aufschlagen, der seine breiten Blätter bis an das Geländer des Altans erhebt. Jetzt aber rauscht auch hier der Segen mächtig los. — Ein solcher Aufruhr der Natur pflegte den Maler sonst wohl zu einer mutigen Fröhlichkeit emporzuspannen; auch jetzt hing er mit Wollust an dem kühnen Anblicke des feurig aufgeregten Firmaments, doch blieb er stille und in sich gekehrt. Agnes verstand seinen Kummer und leise nannte sie einigemal den Namen Larkens, doch konnte sie dem Schweigenden nicht mehr als ein Seufzen entlocken.

Der Himmel hatte sich erschöpft, der Regen hörte auf, hie und da traten die Sterne hervor. Die angenehme Luft, das Tropfen der erquickten Bäume, ein sanftes Wetterleuchten am dunkeln Horizont machte die Szene nun erst recht einladend. Die junge Schwägerin, nach ihrer unsteten Art, war indes weggelaufen, um mit des Fräuleins Zofe zu kurzweilen, einer muntern Französin, in der sie einen unerschöpflichen Schatz von Geschichten und Späßen, eine wahre Adelschronik, entdeckt hatte. Agnes bemühte sich, in Noltens Gedanken einzugehn, sein Schweigen tröstlich aufzulösen. Sie erinnerte sich jener Worte, welche der Maler im ersten Schmerz auf die entsetzliche Todesnachricht im Gasthof etwas vorschnell gegen sie hatte fallenlassen, wonach sie sich dem Toten auf eine besondere Weise persönlich verpflichtet glauben mußte. Ihre Fragen deshalb hatte

Nolten nachher nur ausweichend und so allgemein wie möglich beantwortet, auch diesmal ging er schnell darüber hin und sie beharrte nicht darauf.

Nun aber sprach sie überhaupt so ruhig, so verständig von dem Gegenstand, aus ihren einfachen Worten leuchtete ein so reines und sicheres Urteil über die innerste Gestalt jenes verunglückten Geistes hervor, daß Theobald ihr mit Verwunderung zuhörte. Zugleich tat sie ihm aber weh, in aller Unschuld. Denn freilich mußte sich in einem weiblichen Gemüt, auch in dem liebevollsten, die Denk- und Handlungsweise eines Mannes wie Larkens, nach ihrem letzten sittlichen Grunde, um gar viel anders spiegeln als in den Augen seines nächsten Freundes, und Nolten konnte im Räsonnement des Mädchens, wie zart und herzlich es auch war, doch leicht etwas entdecken, wodurch er dem Verstorbenen zu nah getreten sah, ohne daß er Agnes auf ihrem Standpunkt zu widerlegen hoffen, ja dieses auch nur wagen durfte.

„Du kennst, du kennst ihn nicht!" rief er aus, „es ist unmöglich! O daß er dir nur *einmal* so erschienen wäre, wie er mir in zwei Jahren jeden Tag erschien, du würdest einen andern Maßstab für ihn finden, vielmehr du würdest jedes hergebrachte Maß unwillig auf die Seite werfen. Ja, liebstes Herz —" er stockte, sich besinnend, dann rief er ungeduldig: „Warum es dir verhalten? was ängstigt mich? O Gott, bin ich es ihm nicht schuldig? Du sollst, Agnes, ich will's, du mußt ihn lieben lernen! dies ist der Augenblick, um dir das rührendste Geheimnis aufzudecken. Du bist gefaßt, gib deine Hand, und höre, was dich jetzt, versteh mich Liebste, jetzt, da wir uns so selig ungeteilt besitzen, nicht mehr erschrecken kann. Wie? hat denn das Gewitter, das mit entsetzlichen Schlägen noch eben jetzt erschütternd ob deinem Haupte stand, uns etwas anderes zurückgelassen, als den erhebenden Nachhall seiner Größe, der noch durch deine erweiterte Seele [zieht?] und überall die Spuren göttlicher Fruchtbarkeit? die süße, rein [gekühlte] Luft? Wär es nur Tag, nun würde rings die Gegend vom tausendfachen Glanz der Sonne widerleuchten. Doch, sei es immer Nacht! Mit tiefer Wehmut weihe sie ein jedes meiner Worte, wenn ich dir nun von [vergangenen] Zeiten rede, wenn ich längst [verrauschte] Stürme vom sichern Hafen der Gegenwart aus anbetend segne, hier an deiner Seite, du Einzige, du Teure, ach, schon zum zweitenmal und nun auf ewig mein Gewordene! Ja, in den seligsten Triumph so schwer geprüfter Liebe mische sich die sanfte Trauer um den Freund, der uns — du wirst es hören — zu diesem schönen Ziel geleitet hat.

Agnes, nimm diesen Kuß und gib ihn mir zurück! Er sei statt eines Schwurs, daß unser Bund ewig und unantastbar, erhaben über jeden Argwohn, in deinem wie in meinem Herzen stehe, daß du, was ich auch sagen möge, nicht etwa rückwärts sorgend dir den rein und hell gekehrten Boden unsrer Liebe verstören und verkümmern wollest.

Ein anderer an meinem Platz würde mit Schweigen und Verhehlen am sichersten zu gehen glauben, mir ist's nicht möglich, ich muß das verachten, o und — nicht wahr? meine Agnes wird mich verstehen! — Was ich von eigner Schuld zu beichten habe, kann in den Augen des gerechten Himmels selbst, ich weiß das sicher, den Namen kaum der Schuld verdienen; und doch, so leicht wird die Vernunft von dem schreckhaften Gewissen angesteckt, daß noch in tausend Augenblicken und eben dann, wenn ich den Himmel deiner Liebe in vollen Zügen in mich trinke, am grausamsten mich das Gedächtnis meines Irrtums [fast] wie eines Verbrechens befällt. Ja, wenn ich anders mich selbst recht verstehe, so ist's am Ende nur diese sonderbare Herzensnot, was mich unwiderstehlich zu dem Bekenntnis treibt. Ich kann nicht ruhn, bis ich durch deinen Mund mich freudig und auf immer losgesprochen weiß."

Der Maler wurde nicht gewahr, wie dieser Eingang schon die Arme innig beben machte. In wenigen, schnell hervorgestoßenen Sätzen war endlich ein Teil der unseligen Beichte heraus. Das Wort erstirbt ihm plötzlich auf der Zunge. „Vollende nur!" sagt sie mit sanftem Schmeichelton, mit künstlicher Gelassenheit, indem sie zitternd seine Hände bald küßt, bald streichelt. Er schwankt und hängt besinnungslos an einem Absturz angstvoll kreisender Gedanken, er kann nicht rückwärts, nicht voran, unwiderstehlich drängt und zerrt es ihn, er hält sich länger nicht, er zuckt und — läßt sich fallen. Nun wird ein jedes Wort zum Dolchstich für Agnesens Herz. Otto — die unterschobenen Briefe — die [Liebe] zur Gräfin — alles ist herausgesagt, nur die Zigeunerin ist er so klug völlig zu übergehn.

Er war zu Ende. Sanft drückte er ihre Hand an seinen Mund; sie aber, stumm und kalt und [wie] versteinert, gab nicht das kleinste Zeichen von sich.

„Mein Kind! o liebes Kind!" ruft er, „hab ich zuviel gesagt?

hab ich? Um Gottes willen, rede nur ein Wort! Was ist dir?"

Sie scheint nicht zu hören, wie verschlossen sind all ihre Sinne. Nur an ihrer Hand kann er fühlen, wie sonderbar ein wiederholtes Grausen durch ihren Körper [zuckt.] Dabei murmelt sie nachdenklich ein unverständliches Wort. Nicht lang, so springt sie heftig auf — „O unglückselig! unglückselig!" ruft sie, die Hände über dem Haupte zusammenschlagend, und stürzt, den Maler weit wegstoßend, in das Haus. Vor seinem Geiste wird es Nacht — er folgt ihr langsam nach, sich selbst und diese Stunde verwünschend.

Margot kam erst den andern Vormittag von der Stadt zurück. Sie war [sogleich] verwundert, eine auffallende Verstimmung unter ihren Gästen [wahrzunehmen.] Bescheiden forschte sie bei Nannetten, doch diese selbst war in der bängsten Ungewißheit. Agnes hielt sich auf ihrem Zimmer, blieb taub auf alle Fragen, alle Bitten, [sie] wollte keinen Menschen sehn. Das Fräulein eilt hinüber und findet sie angekleidet auf dem Bett, den Bleistift in der Hand, sinnend und schreibend. Sie ist sehr wortarm, nach allen Teilen wie verwandelt, ihr Aussehn dergestalt verstört, daß Margot im Herzen erschrickt und sich [zeitig] wieder entfernt, nicht wissend, was sie denken soll. — Nannette bestürmt den Bruder mit Fragen, er aber zeigt nur eine still in sich [verschlossene] Verzweiflung. Zu deutlich sieht er die ganze Gefahr seiner Lage; er fühlt, wie in dem Augenblick das Herz des Mädchens aus tausend alten Wunden blutet, die seine Unbesonnenheit aufriß: und nun soll er dastehn, untätig, gefesselt, sie rettungslos dem fürchterlichen Wahne überlassend! er soll die Tür nicht augenblicklich sprengen, die ihn von ihr absperrt! Einmal übers andre schleicht er an ihre Schwelle; es wird ihm nicht aufgetan. Zuletzt erhält er ein Billet von ihr durch seine Schwester; der Inhalt gibt ihm zweideutigen Trost; sie bittet vorderhand nur Ruhe und Geduld von ihm. Sie sei, hinterbrachte Nannette, mit einem größeren Briefe beschäftigt, gestehe aber nicht, an wen er gehe.

Dem Maler bleibt nichts übrig, als ebenfalls die Feder zu ergreifen. Er bietet alles auf, was ruhige Vernunft und was die treuste Liebe mit herzgewinnenden Tönen in solchem äußersten Falle nur irgend zu sagen vermag. Dabei spricht er als Mann zum krank verwöhnten Kinde, er rührt mit sanftem Vorwurf an ihr Gewissen und schickt jedwedem leisen Tadel die kräftigsten Schwüre, die rührendsten Klagen verkannter Zärtlichkeit nach.

Am Abend kam der Präsident. Zum Glück traf er schon etwas hellere Gesichter, als er vor wenig Stunden noch gefunden haben würde. Die Mädchen hatten dem Maler berichtet: Agnes sei ruhig, anredsam und freundlich und habe nur gebeten, daß man sie heute noch sich selbst überlasse; [sie habe das Gefühl,] vielmehr sie wisse sicher und gewiß, daß diese Nacht sich alles bei ihr lösen werde.

Der Präsident, der manches zu erzählen wußte, bemerkte etwas von Zerstreuung in den Mienen seiner Zuhörer und vermißte Agnes. „Schon gut", gab er Nolten mit Lächeln zur Antwort, als dieser ihm leichthin von einem kleinen Verdrusse sprach, den er sich zugezogen, „recht so! das ist das unentbehrlichste Ferment der Brautzeit, das macht den süßen Most etwas rezent. Der Wein des Ehestands wird Ihnen dadurch um nichts schlimmer geraten."

Das Abendessen war vorbei. Man merkte nicht, wie spät es bereits geworden. Die beiden Herrn saßen im [Gespräch] auf dem Sofa. Nannette und Margot lasen zusammen in einem kleinen Kabinet, das nur durch eine Tür von dem Zimmer geschieden war, wo Agnes schlief.

Die Unterhaltung der Männer geriet indes auf einen Gegenstand [eigener Art.] Der Präsident hatte gelegentlich von einem üblen Streich gesprochen, den ihm der Aberglaube des Volks und die List eines Pächters hätte spielen können. Es handelte sich um ein sehr wohlerhaltenes Wohnhaus auf einem Bauernhofe, den er als [Grundherr] noch gestern eingesehn. Das Haus war wegen Spuks verrufen, so daß niemand mehr darin wohnen wollte. Der kluge Pächter sah seinen Vorteil bei dieser Torheit, er hatte dem Gebäude längst eine andere Bestimmung zugedacht, die der Präsident nicht zugeben konnte, und nährte deshalb unter der Hand die Angst der Bewohner. Mit vieler Laune erzählte nun jener, auf welche Art er [allen] die Köpfe zurechtgesetzt und wie er die ganze Sache niedergeschlagen. Dies gab sofort [Gelegenheit,] den Glauben an Erscheinungen, inwieweit Vernunft und Erfahrung dafür und dagegen wären, mit Lebhaftigkeit zu besprechen. Der Maler fand es durchaus nicht wider die Natur, vielmehr vollkommen in der Ordnung, daß manche Verstorbene sich auf verschiedentliche sinnliche Weise den Lebenden zu erkennen geben sollten. Der Präsident mochte dieser Meinung im Herzen weit weniger abhold sein, als er gestehen wollte; [doch lenkte er das Gespräch auf ein verwandtes Gebiet ab, indem er, halb scherzend, von einem lebhaften Traume ernsten Charakters erzählte, den er in der letzten Nacht gehabt, und dem er, wenn er wollte, leicht versucht sein könnte, eine prophetische Bedeutung zu leihen. Dies veranlaßte Nolten zu der Bemerkung, daß er unter Larkens' Papieren zu seinem Erstaunen eine Reihe von merkwürdigen Träumen aufgezeichnet gefunden habe, während der Schauspieler im Gespräch niemals dieser Gabe Erwähnung getan. Einer derselben war Nolten besonders bedeutend erschienen; er hatte das Blatt beiseite gelegt und eilte jetzt es herbeizuholen. Der Präsident hörte ihm aufmerksam zu, indem er das Folgende las:]

„In einem abgeschiedenen tiefen Waldtal stieg ich eilenden Schritts einen sonnigen Bergpfad hinan, auf welchem ich mich immer wieder nach der grünen paradiesischen Wildnis im Grunde umsah, die nur von dem Geräusch der Wasser, dem Gesang vieler herrlichen Vögel und dem stillen Flug einzelner Schmetterlinge belebt wurde. Es war das seligste Gefühl in mir. Als ich aber endlich die Höhe gewann, lag da zu meinem Schrekken nur eine öde weitgedehnte Ebene vor mir; die ganze Gegend nichts als Moor, hier und da mit traurigem Ginster bewachsen. Ich lief eine Strecke weit fort, hatte aber wie Blei an den Füßen und hielt zuletzt vor einem kleinen verlassenen Kirchlein, auf dessen Stufen ich mich kraftlos niedersetzte.

Es sollte meinem Zeitgefühl nach noch hoch am Tage sein; das Tageslicht schien aber wie bei einer Sonnenfinsternis ängstlich gedämpft, graugelb, und endlich verging es zusehends, ruckweise, dermaßen, daß eine tiefe Dämmerung entstand. Fast war es Nacht. Jetzt fing in der Ferne Sturmgeläut an in einer großen Stadt mit allen Glocken; ich konnte das Gebrause vieler Menschen, Geschrei und Wagenrasseln deutlich unterscheiden. Mit einer unbeschreiblichen Empfindung bemerkte ich nun erst, was für eine Gestalt der Himmel unterdessen angenommen hatte. Er sah in der Höhe gegen Mitternacht wie rotbraunes Kupferblech aus, das sich vor übergroßer Hitze krümmt und eben zu reißen anfängt: die Lappen hingen sogleich nieder und dahinter erglänzte ein übernatürliches, glühweißes, meinem Auge unerträgliches Licht. Einige Male rief ich laut den Namen Gottes aus. In diesem Augenblick stand dicht an meiner Seite die Orgelspielerin. Ich kannte sie merkwürdigerweise nicht etwa von dem Bilde her, das Bild kam mir von fern nicht in den Sinn: ich wußte nur, daß mir dies unheimliche Wesen schon [irgendwie] im Leben vorgekommen sei. Sosehr mir aber auch jetzt vor ihr graute — der erste, bei weitem größere Schrecken über das, was am Himmel vorging, verschlang jede andere Furcht. ‚Was soll das bedeuten dort oben?' frug ich voll Angst und Ungeduld. Erst gab sie keine Antwort. Ich frug zum zweitenmal. ‚Das Ende kommt', versetzte sie gelassen und fügte mit seltsamem Lächeln hinzu: ‚Uns macht das nichts; sind wir doch über das Grab hinaus.' — ‚Bin ich denn auch gestorben?' sagte ich entsetzt und tastete wie prüfend am eignen Leib herunter, der sich nicht fühlen ließ.

Mich überfiel ein namenloser Schauer. [Aber im selben Augenblick] nahm ich auf einem kleinen Hügel nicht allzuweit von uns entfernt vier dunkle Reiter wahr, Kriegsleuten ähnlich aus der ältesten Zeit mit Harnisch und Wehr, ihre Leiber nicht viel über menschliche Größe hinaus, auf starken Rossen: diese Figuren hoben sich auf dem schrecklichen rotbraunen Firmament wie schwarze Schatten ab. Es war als hätten sie einander an diesen Ort bestellt und hätten eilig etwas abzureden. Als dies geschehen war, kehrten sie sich mit den Pferden nach den vier Gegenden des Himmels und jeder hob eine Posaune an den Mund, darein er stieß: es war ein einziger, entsetzenvoller, doch prächtiger Akkord, den sie im Auseinandersprengen — ein jeder jagte grade vor sich hin — mehrmals gleichtönig wiederholten. Der eine, welcher abendwärts stürmte, kam hart an mir vorbei: sein Blasen drang mir durch Mark und Gebein, daß ich zu Boden stürzte, zugleich aber auch von kaltem Schweiß bedeckt erwachte."

[Nolten hatte eben geendet und noch saßen sich die Männer, innerlich mit dem Gehörten beschäftigt, stumm gegenüber,] als Margot und Nannette mit großer Bewegung ins Zimmer gelaufen kamen und hastig ein Fenster öffneten, das gegen die Gartenallee hinaussah. „Um Gottes willen, hören Sie doch", rief das Fräulin den beiden Männern zu, „was für ein seltsamer Gesang das ist!" Während der Präsident, erstaunt, sich mit den Mädchen stritt, ob die Stimme im Garten oder außerhalb desselben sei, war Nolten in der Mitte des Zimmers sprachlos stehengeblieben: er kannte diese Töne, die Ruine vom Rehstock stand plötzlich vor seinem Geist, ihm war, als schlüge das

Totenlied einer Furie weissagend an sein Ohr, er zog seine
Schwester vom Fenster hinweg und forderte sie [in] hastig verworrenen
Worten auf, mit ihm nach Agnes zu sehn. Sie fanden
Schlafzimmer und Bett des Mädchens leer. Unter dem Wehruf
eines Verzweifelten eilte Nolten hinunter, den Anlagen zu.

Bediente mit Laternen waren bereits dort. Der Präsident vom
Fenster aus gab ungefähr die Richtung an, von wo die Stimme
hergekommen, denn schon war kein Laut mehr zu hören. Das
ganze Schloß war in Bewegung und in dem weitläufigen Garten
sah man bald so viele Lichter hin und her schweben, als nur
Personen aufzutreiben waren. Der Präsident selbst half jetzt
eifrig mit suchen. Es war eine laue Nacht, der Himmel überzogen,
kein Lüftchen bewegte die Zweige. Alle größern und
kleinern Wege, Schlangenpfade, Gänge, Lauben, Pavillons und
Treibhäuser [wurden] in kurzem vergeblich durchlaufen, einige
stiegen über die Mauer, andre eilten ohne Schonung der Gewächse
und Beete, das Gebüsch und die tiefern Schatten zu
beleuchten. — Nicht lange, so winkt der Jäger des Präsidenten
diesen mit einem traurigen Blicke hinweg, der Maler und die
Frauenzimmer folgen. Wenige Schritte vom Haus, hart unter
den Fenstern Agnesens, sehn sie das schöne Kind unter einigen
Weymouthsfichten, regungslos ausgestreckt, im weißen Nachtkleide
liegen, die Füße bloß, die Haare auf dem Boden und über
die nackten Schultern zerstreut. Nolten sank neben dem Körper
in die Kniee, fühlte nach Atem, den er nicht fand, er brach in
lauten Jammer aus, indem er die Hände der Armen an seine
heißen Lippen drückte. Die übrigen standen erschrocken umher,
nach und nach sammelten die Lichter sich leise um den unglücklichen
Platz, ein banges Stillschweigen herrschte, während andere
eine Trage herbeizuholen eilten, und Margot die Füße der
Erstarrten in ihr Halstuch hüllte.

„Lassen Sie uns", sagte jetzt der Präsident zu Nolten, welcher
noch immer ohne Besinnung an der Erde kauerte, „lassen Sie
uns vernünftig und gefaßt schnelle Hülfe anwenden, Ihre Braut
wird in kurzem die Augen wieder öffnen!" Also hob man vorsichtig
die Scheinleiche auf das Polster und alle setzten sich in
Bewegung, als auf einmal eine fremde Weiberstimme, welche
ganz in der Nähe aus dichtem Gezweige hervordrang, einen
plötzlichen Stillstand veranlaßte. Unwillkürlich ballte sich Noltens
Faust, da er die majestätische Gestalt der Zigeunerin mit
keckem Schritt in die Mitte treten sah; aber die Gegenwart einer

unnahbaren Macht schien alle seine Kraft in Bande zu schlagen.

Indes man Agnes, von den Mädchen [sorgsam] begleitet, hinwegtrug, sagte Elsbeth mit ruhigem Ernst: „Wecket das Töchterchen ja nicht mehr auf! Entlaßt in Frieden ihren Geist, damit er nicht unwillig, gleich dem verscheuchten Vogel, in der unteren Nacht ankomme, verwundert, daß es so bald geschah. Denn sonst kehrt ächzend ihre Seele zurück, mich zu quälen und meinen Freund; es eifert, ich fürchte, die Liebe selber im Tode noch fort. Ich bin die Erwählte! mein ist dieser Mann! Aber er blickt mich nicht an, der Blöde. Laßt uns allein, damit er mich freundlich begrüße!"

Sie tritt auf Nolten zu, der ihre Hand, wie sie ihn sanft anfassen will, mit Heftigkeit [wegstößt.] „Aus meinen Augen, Verderberin! verhaßtes, freches Gespenst, das mir den Fluch nachschleppt, wohin ich immer trete! Auf ewig verwünscht, in die Hölle beschworen sei der Tag, da du mir zum ersten Male begegnet! Wie muß ich es büßen, daß mich als arglosen Knaben das heiligste Gefühl zu dir hinzog, in welche schändliche Wut hat deine schwesterliche Neigung sich verkehrt! — O ihr, deren Blicke halb mit Erbarmen, halb mit entehrendem Argwohn auf mich, auf dieses Weib gerichtet sind — das Elend dieser Heimatlosen lest ihr auf ihrer Stirn — aus dieser Quelle floß mir schon ein übervolles Meer von Kummer und Verwirrung. Keine Verbrecherin darf ich sie nennen — sie verdiente mein Mitleid, ach, nicht meinen Haß! Doch wer kann billig sein, wer bleibt noch Mensch, wenn der barmherzige Himmel sich in Grausamkeiten erschöpft? Was? wär's ein Wunder, wenn hier auf der Stelle mich selbst ein tobender Wahnsinn ergriffe, mich fühllos machte gegen das Äußerste, [das] Letzte, das — o ich seh es unaufhaltsam näher kommen! Was klag ich hier? was stehn wir alle hier? und droben der Engel ringt zwischen Leben und Tod — Sie stirbt! Sie stirbt! Soll ich sie sehn? kann ich sie noch retten? O folgt mir! — Dort kommt Margot eben von ihr! Ja — ja — auf ihrer Miene kann ich es lesen — Es ist geschehen — mit Agnes, mit Agnes ist es vorbei! So laßt mich fliehen, fliehen ans Ende der Welt."

Kraftvoll hält ihn Elsbeth fest, er stößt im ungeheuren Schmerz ein entsetzliches Wort gegen sie aus, sie aber umfaßt mit Geschrei seine Kniee und er kann sich nicht rühren. Der Präsident wendet das Auge von der herzzerreißenden Szene.

„Weh! Wehe!" ruft Elsbeth, „wenn mein Geliebter mir flucht, so zittert der Stern, unter dem er geboren! Erkennst du mich denn nicht? Liebster, erkenne mich! Was hat mich hergetrieben? was hat mich die weiten Wege gelehrt? Schau an, diese blutenden Sohlen! Die Liebe, du böser, undankbarer Junge, war allwärts hinter mir her. Im gelben Sonnenbrand, durch Nacht und Ungewitter, durch Dorn und Sumpf keucht sehnende Liebe, ist unermüdlich, ist unertödlich, das arme Leben! und freut sich so süßer, so wilder Plage und läuft und erkundet die Spuren des Flüchtlings von Ort zu Ort, bis sie ihn gefunden — Sie hat ihn gefunden — da steht er und will sie nicht kennen! Weh mir! wie hab ich freudigern Empfang gehofft, da ich dir so lange verloren gewesen, und, Liebster, du mir! — Ihr Leute, was soll's? Warum hilft mir niemand zu meinem Recht? Sei Zeuge du Himmel, du frommes Gewölbe, daß dieser Jüngling mir zugehört! Er hat mir's geschworen vorlängst auf der Höhe, da er mich fand. Die herbstlichen Winde ums alte Gemäuer vernahmen den Schwur; alljährlich noch reden die Winde von dem glückseligen Tag. Ich war wieder dort und sie sagten: schön war er als Knabe, wär er so fromm auch geblieben! Aber die Kinder allein sind wahrhaftig. — Agnes, was geht sie dich an? Ihr konntest du dein Wort nicht halten; du selbst hast's ihr bekannt, das hat sie krank gemacht, sie klagte mir's den Abend. Warst du ihr ungetreu, ei sieh, dann bist du mir's doppelt gewesen!"

Diese letzten Worte fielen dem Maler wie Donner aufs Herz. Er wütete gegen sich selbst, und jammervoll war es zu sehen, wie [der kräftige] Mann, taub gegen alle Vernunft, womit der Präsident ihm zusprach, sich im eigentlichen Sinne des Worts die Haare raufte und Worte ausstieß, die nur der Verzweiflung zu vergeben sind. Endlich stürzt er dem Schlosse zu, der Präsident, voll Teilnahme, eilt nach. Auf seinen Wink wollen einige Leute sich der Verrückten bemächtigen, aber mit einer Schnelligkeit, als hätte sie es aus der Luft gehascht, schwingt sie ein blankes Messer drohend in der Faust, daß niemand sich zu nähern wagt. Dann stand sie eine ganze Weile ruhig, und nach einer unbeschreiblich schmerzvollen Gebärde des Abschieds, indem sie ihre beiden Arme nach der Seite auswarf, wo Nolten sich entfernt hatte, wandte sie sich und verschwand zögernden Schritts in der Finsternis.

Die Nacht ging ruhig vorüber. Agnes hatte sich gestern, noch eh der Arzt erschienen war, unter den Bemühungen so vieler zärtlichen Hände sehr bald erholt. Das Fräulein und die Schwägerin wichen die ganze Nacht nicht von ihrem Bette: von Stunde zu Stunde war Nolten an die Tür getreten, zu hören, wie es drinne stand. Gesprochen hatte das Mädchen seit gestern fast nichts, nur in einem wenig unterbrochenen Schlummer hörte man sie einigemal leise wimmern. Am Morgen aber nahm sie das Frühstück mit einer erfreulichen Heiterkeit aus Margots Hand, verlangte, daß diese und Nannette sich niederlegten, für sich selber wünschte sie nichts, als allein bleiben zu dürfen. Da man ihr dies nicht weigern durfte, so ward eine Person in das Nebenzimmer gesetzt, von welcher sie auf der Stelle gehört und allenfalls beobachtet werden konnte.

Noltens Unruhe und Verzagtheit, solange man in Agnesens Zustand noch nicht klarsehen konnte, ist nicht auszusprechen. Es trieb ihn im Schlosse, es trieb ihn im Freien umher, nicht anders als einen Menschen, der jeden Augenblick sein Todesurteil kommen sieht. Dabei sagt er sich wohl, daß vor allem der Präsident eine befriedigende Erklärung des Vorfalls erwarten könne, daß er diese sich selbst und seiner eigenen Ehre schuldig sei. Jedoch mit der edelsten Schonung verweist ihn jener auf einen ruhigeren Zeitpunkt und gönnt ihm gerne die Wohltat, sich in der Einsamkeit erst selbst zurechtzufinden.

Ach, aber leider überall erstarren ihm Sinn und Gedanke; wo und wie er auch immer das fürchterliche Angstbild in sich zu drehen und zu wenden versucht, er sieht nicht Grund noch Boden dieser Verwirrungen ab; auf sich selbst wälzt er die ganze Schuld, auf jenen Abend, da er die arme Seele so tödlich erschüttert und für die wahnsinnigen Angriffe des Weibes erst empfänglich gemacht.

Unglücklicherweise kam nachmittags Besuch von der Stadt, einige Herren vom Kollegium des Präsidenten mit Frauen und Kindern. Der Maler ließ sich verleugnen; seine Schwester half Margot treulich die Hausehre retten.

Gegen Abend fand sich eine günstige Stunde, dem Präsidenten die gedachte Aufklärung zu geben. An ihrem Vater bemerkte Margot, als er [mit dem] Maler, nach einer langen Unterredung im Garten, endlich ins Zimmer trat, eine auffallende Bewegung; er mochte nicht reden, man setzte sich schweigend zu Tische und doch wollte man sich nachher nicht sogleich trennen; es war, als bedürften sie alle einander, obgleich keins dem andern etwas zu sagen oder abzufragen Miene machte. Die Mädchen griffen in der Not zu einer gleichgültigen Arbeit. Der Präsident sah ein großes Paket Kupferstiche, noch uneröffnet, an der Seite liegen; es war das prächtige Denonsche Werk zu der französischen Expedition nach Ägypten (er hatte es Nolten zuliebe von der Stadt bringen lassen), es wurde ausgepackt, doch niemand hielt sich lange dabei auf.

Noch lasten auf jedem die Schrecken des gestrigen Abends; bald muß man mitleidig die flüchtige Gestalt Elsbeths auf finstern Pfaden verfolgen, bald stehen die Gedanken wieder vor dem einsamen Bette Agnesens still, welche durch eine wunderbare Scheidewand auf immer von der Gesellschaft abgeschnitten scheint.

Der Präsident kann sich sowenig als der Maler verbergen, daß das Mädchen auf dem geraden Wege sei, sich durch eine falsche Idee von Grund aus zu zerstören. Das Unerträgliche, das Fürchterliche dabei ist für die Freunde das Gefühl, daß hier weder Vernunft noch Gewalt etwas tun können, um eine Aussöhnung mit Nolten zu bewirken: denn dies [kann allein noch helfen, und] jeder Augenblick früher ist, wie bei tödlicher Vergiftung, mit Gold nicht aufzuwägen. Aber Agnes verriet den unbezwinglichsten Widerwillen gegen ihren Verlobten; man wußte nicht, war Furcht oder Abscheu größer bei ihr. Wieviel Elsbeth mitgewirkt, stand nicht zu berechnen, vermutlich sehr viel; genug, ein zweimaliger, erst bittender, dann stürmischer Versuch, den Nolten heute gemacht, sich Zutritt bei der Braut zu verschaffen, hätte sie eher zu [Krämpfen] getrieben, als daß sie [dem sehnlichen] Verlangen würde nachgegeben haben. So mußte man der Zeit und dem leidigen Zufall die Entwicklung fast ganz überlassen.

Die sonderbar verlegene Spannung der vier im Zimmer sitzenden Personen isolierte nun ein jedes auf seltsame Weise. Es war, als müßte jeder Laut, wie in luftleerem Raume, kraftlos und unhörbar an den Lippen verschwinden, ja, als verhinderte ein undurchdringlicher Nebel, daß eins das andre recht gewahr werden könne.

Nannette war die Unbefangenste. Sie stellte der Reihe nach ihre Betrachtungen an. Es kam ihr so närrisch vor, daß niemand den Mund öffnen wolle, um der Sache rasch und beherzt auf den Grund zu gehn, daß man nicht Anstalt treffe, so oder so Agnes beizukommen; sie fühlte sich wenigstens Manns genug, den bösen Geist, welchen Namen er auch haben, in was für einem Winkel er auch stecken möge, kurz und gut auszutreiben, wenn sie nur erst wüßte, wovon es sich handelte, wenn nur der Bruder sie eines Winkes würdigen wollte. Ihre ganze Aufmerksamkeit war auf den Präsidenten gerichtet, als dieser anfing, in Beziehung auf Agnes der Gesellschaft einige Verhaltensregeln ans Herz zu legen. Sie liefen hauptsächlich darauf hinaus: man müsse, so schwer es [dem] Gefühl auch [werde,] in allen Stükken tun, als wäre nichts Besonderes vorgefallen, [und] bei dem Mädchen [selbst] durch kein Wort, keine Miene den Grund ihres Kummers, ihrer Absonderung anerkennen; man sollte Noltens bei jeder schicklichen Gelegenheit und in Verbindung mit den alltäglichsten Dingen bei ihr erwähnen usw. Der gute Mann bedachte nicht, daß die [beiden] zu wenig von dem wahren [Zusammenhang] wußten, um den Sinn dieser Vorschriften ganz einzusehn.

Nannetten war es [aber an sich schon tröstlich,] den Präsidenten unter so bedenklichen Umständen zu beobachten. Es gibt Männer, deren ganze Erscheinung uns sogleich den angenehmen Eindruck vollkommener Sicherheit erweckt. Das Übergewicht einer kräftigen, mehr verneinenden als bejahenden Natur, die Rechtlichkeit eines resoluten Charakters, sogar die eigentümliche Atmosphäre, welche Rang und Vermögen um sie verbreiten, dies alles scheint nicht nur sie selbst zu Herren jedes bösen Zufalls zu machen, sondern ihre Gegenwart wirkt auch auf andere, die sich nur einigermaßen ihres Wohlwollens bewußt sind, mit der Magie eines kräftigen Talismans: herzlich gern möchten wir solch einen Glücksmann ein wenig in unsere Sorge und Gefahr verflochten sehn, denn [es tut dem Herzen so wohl,] eine Person, die uns in jedem Betracht überlegen und unzugänglich scheint, nun durch gemeinsame Not sich menschlich nahe zu fühlen. Dies [eben] empfand Nannette [lebhaft,] als der Präsident mit etwas ermuntertem Gesicht von seinem Stuhle aufstand und im Vorbeigehn mit einer wehmütigen Freundlichkeit das Mädchen unterm Kinn anfaßte; sie war von diesem kleinen Lichtblick so sonderbar gerührt, daß sie eine Sekunde lang meinte, nun sei die ganze Not am Ende und alles wieder gut.

Man ging jetzt auseinander. Eine [Dienerin] mußte die Nacht wachen; übrigens kam die [zu Anfang] getroffene Einrichtung, daß Nannette mit Agnes in *einem* Zimmer schlief, nun freilich sehr zustatten.

Die tiefe Pause, welche wie durch einen erschreckenden Zauberschlag im Leben unserer Gesellschaft eingetreten war, bezeichnete auch die nächstfolgenden Tage. Nannette und Margot waren indes von [den näheren Umständen] des Übels unter richtet worden. Alles hatte einen andern Gang im Schlosse angenommen. Es war, als läge ein Todkrankes im Hause; unwillkürlich vermied man jede Art von Geräusch, auch an Orten, von wo nicht leicht etwas in Agnesens Abgeschiedenheit hätte dringen können; und wahrlich, wer den Maler sah, das leidende Entsagen, den stumpfen Schmerz in seiner gesunkenen Haltung, der glaubte nicht zart genug auftreten zu können, um durch jede Bewegung, durch jede kleine Zuvorkommenheit das Unglück zu [achten,] das uns in solchem Falle eine Art von Ehrfurcht abnötigt. Der Präsident jedoch tadelte mit Ernst diese Ängstlichkeit, welche sich selbst auf die Dienerschaft erstreckte; dergleichen, behauptete er, sei auf die Kranke vom übelsten Einfluß, indem sie sich dadurch in ihrem eingebildeten Elend nur immer mehr müsse bestärkt fühlen.

Inzwischen erreichte man doch mehrere Vorteile über sie. Die Mädchen durften ungehindert bei ihr aus und ein gehn; nur gegen [Margot,] trotz der [schwesterlichen] Liebe, womit diese stets ihr nahe zu sein wünschte, verriet sie ein deutliches Mißtrauen. Sie verließ ihr Zimmer manchmal und ging an die frische Luft, wenn sie versichert sein konnte, Nolten nicht zu begegnen. Ihn aber hie und da von der Ferne zu beobachten, war ihr offenbar nicht zuwider, ja man wollte bemerken, daß sie sich die Gelegenheit hiezu geflissentlich ersehe. Stundenlang las der Präsident ihr vor; sie bezeugte sich immer sehr ernst, doch gefällig und dankbar. Ein Hinterhalt in ihren Gedanken, ein schlaues Ausweichen, je nachdem ein Gegenstand zur Sprache kam, war unverkennbar; sie führte irgend etwas im Schilde und schien nur den günstigen Zeitpunkt abzuwarten.

Diese geheime Absicht offenbarte sich denn auch gar bald. Der alte Gärtner machte eines Tages dem Präsidenten in aller Stille die Entdeckung: Agnes habe ihn auf das flehentlichste beschworen, daß er ihr Gelegenheit verschaffe, aus dem Schlosse zu entkommen und nach ihrer Heimat zu reisen. Dabei habe sie ihm alles mögliche versprochen, auch sehr geschickt die Mittel angegeben, wie seine Beihülfe völlig könnte verschwiegen bleiben. Ein solches Verlangen war nun, die Heimlichkeit abgerechnet, so unverzeihlich nicht, der Maler hatte neulich selbst den Gedanken für sie gehabt, man ging jetzt ernstlich darüber zu Rate [und] verdoppelte indes die Wachsamkeit.

So wenig es bei [alledem irgend] jemand im Schlosse einfiel, den armen Freund [das Lästige seines] Gastrechts empfinden zu lassen, so war ihm [selbst diese] Großmut doch nichtsdestoweniger drückend. Dann rückte der Termin herbei, wo er jene Stelle in B. antreten sollte. Er dachte mit Schaudern der Zukunft, mit doppelt und dreifach blutendem Herzen des alten Vaters in Neuburg, der nichts von dem drohenden Umsturz der lieblichsten Hoffnungen ahnte. —

An einem Morgen kommt Nolten wie gewöhnlich zum Frühstück [in] den Saal. Nannette und Margot fliehen bei seinem Eintritt erschrocken auseinander, sie grüßen ihn mit abgewandtem Gesicht, ihr Weinen verbergend.

„Was ist geschehen?" fragt er voll Ahnung, „was ist Agnes zugestoßen?"

Er will hinaus, sich überzeugen, im selben Augenblick tritt der Präsident eilfertig herein. „Ich bin auf alles gefaßt!" ruft Nolten ihm zu: „ums Himmels willen, schnell! was hat es gegeben?"

„Gelassen! ruhig! Mein teurer Freund, noch ist nicht alles verloren. Was wir längst fürchten mußten, das frühere Übel, wovon Sie mir sagten, scheint leider eingetreten — Aber fassen Sie sich, o sein Sie ein Mann! Wie es damals vorübergegangen, so wird es auch diesmal."

„Nein, nimmer, nimmermehr! Sie ist das Opfer meiner Tollheit! — Also das noch! Zu schrecklich! zu gräßlich! — Was? und das soll ich mit ansehn? mit diesen Augen das sehn und soll leben? — Nun, sei's! Sei's drum; es geht mit uns beiden zur Neige. Ich bin es gewärtig, bin's völlig zufrieden, daß morgen jemand kommt und mir sagt: Deine Braut hat Ruhe, Agnes ist gestorben."

Er schwieg eine Weile, fuhr auf und riß im unbändigsten Ausbruch von Zorn und von Tränen, nicht wissend was er wollte oder tat, die Schwester wild an sich her: „Wie stehst du da? was gaffst du da?"

„Herr, nicht so! das ist grausam", rief Margot entrüstet und nahm die Zitternde in Schutz, die er wie rasend von sich weggeschleudert hatte.

„Oh", fuhr er fort, die Faust vor die Stirne schlagend, „warum wütet niemand gegen mich? warum steh ich so ruhig, so matt und erbärmlich in kalter Vernichtung? Ha, würfe mir irgendein grimmiger Feind meinen Schmerz ins Gesicht! vor die Füße! und schälte mich den gottverlaßnen Toren, der ich bin, den dummen Mörder, der ich bin! streute mir Salz und Glut in die Wunde — das sollte mir wohltun, das sollte mich stärken" —

„Wir überlassen Sie sich selbst, mein Freund", versetzte ganz ruhig der Präsident, „und wollen Ihnen dadurch zeigen, daß wir nicht glauben, einen Mann, denn dafür hielt ich Sie bis jetzt, vor sich selbst hüten zu müssen."

So stand nun der Maler allein in dem Saale. Es war der schrecklichste Moment seines Lebens.

Wenn uns ganz unerwartet im ausgelassensten Jammer ein beschämender Vorwurf aus verehrtem Munde trifft, so ist dies immerhin die grausamste Abkühlung, die wir erfahren können. Es wird auf einmal totenstill in dir, du siehst dann deinen eigenen Schmerz, dem Raubvogel gleich, den in der kühnsten Höhe ein Blitz berührt hat, langsam aus der Luft herunterfallen und halbtot zu deinen Füßen zucken.

Der Maler hatte sich auf einen Sitz geworfen. Er sah mit kalter Selbstbetrachtung geruhig auf den Grund seines Innern herab, wie man oft lange dem Rinnen einer Sanduhr zusehn kann, wo Korn an Korn sich unablässig legt und schiebt und fällt. Er bröckelte spielend seine Gedanken, der Reihe nach, auseinander und lächelte zu diesem Spiel. Dazwischen quoll es ihm, ein übers andre Mal, ganz wohl und leicht ums Herz, als entfalte soeben ein Engel der Freuden nur sachte, ganz sachte die goldnen Schwingen über ihm, um dann leibhaftig vor ihn hinzutreten!

Erschrocken schaut er auf, ihm deucht, es komme jemand, wie auf Socken, durch die drei offen ineinandergehenden Zimmer herbei. Er staunt — Agnes ist's, die sich nähert. Sie geht barfuß; sonst aber nicht nachlässig angetan; nur eine Flechte ihres Haars hängt vorn herab, davon sie das äußerste Ende gedankenvoll lauschend ans Kinn hält. Ein ganzer Himmel voll Erbarmung scheint mit stummer Klagegebärde ihren schleichenden Gang zu begleiten, die Falten selber ihres Kleids mitleidend die liebe Gestalt zu umfließen.

Nolten ist aufgestanden: doch ihr entgegenzugehen darf er nicht wagen; all seine Seele hält den Atem an. Das Mädchen ist bis unter die Türe des Saales vorgeschritten, hier bleibt sie stehen und lehnt sich in bequem gefälliger Stellung mit dem Kopfe an die Pfoste. So schaut sie aufmerksam zu ihm hinüber. Der rührende Umriß ihrer Figur, sowie die Blässe des Gesichts wird noch reizender, süßer durch die Dämmerung des grünen Zimmers bei den gegen die schwüle Morgensonne verschlossenen Fensterladen. So ihn betrachtend, spricht sie erst für sich: „Er gleicht ihm sehr, er hat ihn gut gefaßt, ein Ei gleicht dem andern nicht so, aber eines von beiden ist hohl." Dann sagt sie laut und höhnisch: „Guten Morgen, Heideläufer! Guten Morgen, Höllenbrand! Nun, stell Er sich nicht so einfältig! Schon gut, schon gut! ich bin unbeschreiblich gerührt. Er bekommt ein Trinkgeld fürs Hokuspokus. — Bleib Er nur — bitte gehorsamst, ich seh's recht gut, nur immer zwölf Schritt vom Leibe! Was macht denn Seine liebe braune Otter? — haha, nicht wahr? Mein kleiner Finger sagt mir zuweilen auch etwas. Nun, ich muß weiter. Kurze Aufwartungen, das ist so Mode in der vornehmen Welt. Und bemüh Er sich nur nie wegen meiner, wir nehmen das nicht so genau."

Sie neigte sich und ging.

Wenn man — sprach Theobald erschüttert bei sich selbst — wenn man etwa so träumt, wie dieses wirklich ist, so schüttelt sich der Träumende vor Schmerz und ruft sich selber zu: hurtig erwecke dich, es wird dich töten! Plötzlich entschlossen greift er wie mit Geisterarmen durch die dicke Mauer, hinter der sein Körper gefangen steht, und öffnet wunderbar sich selber von außen die Riegel. Mir schießt in der wachsenden Todesnot kein Götterflügel aus den Schultern hervor und entreißt mich dem Dunstkreis, der mich erstickt, denn dies ist wirklich, dies ist da, kein Gott wird's ändern!

Soviel man nach und nach aus Agnesens verworrenen Gesprächen zusammenreimen konnte, so schien die sonderbarste Personenverwechslung zwischen Nolten und Larkens in ihr vorgegangen zu sein; vielmehr es waren diese beiden in ihrer Idee auf gewisse Weise zu *einer* Person geworden. Den Maler schien sie zwar als den Geliebten zu betrachten, aber keineswegs in der Gestalt, wie sie ihn hier vor Augen sah. Die Briefe des Schauspielers trug sie wie ein Heiligtum jederzeit bei sich, ihn selbst erwartete sie mit der stillen Sehnsucht einer Braut, und doch war es eigentlich nur wieder Nolten, den sie erwartete. Man wird, wie dies gemeint sei, in kurzem deutlicher einsehn.

Inzwischen hielt sie sich am liebsten an den blinden Henni; sie nannte ihn ihren frommen Knecht, gab ihm allerlei Aufträge, sang mit ihm zum Klavier oder zur Orgel, beredete ihn, sie da und dorthin zu begleiten, wobei sie ihn gewöhnlich mit der Hand am Arm zu leiten pflegte. Man glaubte nur eben ein Paar Geschwister zu sehen, so vollkommen verstanden sich beide. Der Präsident und Nolten versäumten deshalb nicht, dem jungen Menschen gewisse Regeln einzuschärfen, damit eine natürliche und schlichte Unterhaltung ihren Ideen wo möglich eine wünschenswerte Richtung gebe. Der gute, verständige Junge [machte sich das] auch zu einer heiligen Aufgabe. Er verfuhr auf die zarteste Weise und wußte die Absicht gar klug zu verstecken. Die religiösen Gespräche hatte sie selbst eingeführt, da er sich denn recht eigentlich zu Hause fand und aus dem stillen Schatze seines Herzens mit Freuden alles mitteilte, was eben das Thema gab. Am glücklichsten war er, wenn sie in irgendeinen Gegenstand so weit hineingeführt werden konnte, daß sie von selbst darin fortfuhr; und wirklich verfolgte sie dann die Materie nicht nur eine längere Zeit mit ziemlicher Stetigkeit, sondern er mußte sich häufig auch über den Reichtum ihrer Gedanken, über die tiefe Wahrheit ihrer innern religiösen Erfahrung verwundern, die freilich [zumeist] durch Erinnerung aus dem gesunden Zustand hergenommen sein mochte und [auch] mehr historisch von ihr vorgebracht wurde, als daß sie jetzt noch rein und innig darin gelebt hätte. Nichtsdestoweniger war die Fähigkeit unschätzbar, sich diese Gefühle lebendig zu vergegenwärtigen, so wie der Vorteil, [dieselben] befestigen und Neues daran knüpfen zu können, dem treuen Henni höchst willkommen war. Gegen einige grelle, aus Mißverständnis der Bibelsprache entstandene Vorstellungen, die zwar von Hause aus Glaubensartikel bei ihr gewesen sein mochten, in reiferen Jahren aber glücklich verdrängt, jetzt wieder auf eine närrische Art erweitert, zum Vorschein kamen, hatte Henni vorzüglich zu kämpfen. Besonders kam er mit ihrer falschen Anwendung des Dämonenglaubens ins Gedränge, weil er diese Lehre, als in der Schrift gegründet, unmöglich verwerfen konnte.

Allein im höchsten Grad betrübend war es ihm, wenn sie, mitten aus der schönsten Ordnung heraus, entweder in eine auffallende Begriffsverwirrung fiel, oder auch wohl plötzlich auf ganz andre Dinge absprang.

So saßen sie neulich an ihrem Lieblingsplatz unter den Akazienbäumen vor dem Gewächshaus. Sie las aus dem Neuen Testamente vor. Auf einmal hält sie inne und fragt: „Weißt du auch, warum Theobald, mein Liebster, ein Schauspieler geworden ist? Ich will dir's anvertrauen, aber sag es niemand, besonders nicht Margot, der Schmeichelkatze, sie plaudert's dem Falschen, dem Heideläufer. Vor *dem* muß mein Schatz sich eben verbergen. Drum nimmt er verschiedene Trachten an, ich sage dir, alle Tage eine andere Gestalt, damit ihn der Läufer nicht nachmachen kann und nicht weiß, welche von allen die rechte ist. Vor ein paar Jahren kam Nolten in den Vetter Otto verkleidet zu mir; ich kannte ihn nicht und hab ihn arg betrübt. Das kann ich mir in Ewigkeit nicht vergeben. Aber wer soll auch die Komödianten ganz auslernen! Die können eben alles. Sie sind dir imstande und stellen sich tot, völlig tot. Unter uns, mein Schatz tat es auch, um dem Lügner für immer das Handwerk niederzulegen. Ich war bei der Leiche damals in der Stadt. Ich sage dir — verstehst du, dir allein Henni! — der leere Sarg liegt in der Grube, nur ein paar lumpige Kleiderfetzen drin!"

Sie verfiel einige Sekunden in Nachdenken und klatschte dann fröhlich in die Hände: „O Henni, süßer Junge! in sechs Wochen kommt mein Bräutigam und nimmt mich mit und wir haben gleich Hochzeit."

Sie stand auf und fing an, auf dem freien Platz vor [dem blinden Jungen] aufs niedlichste zu tanzen, indem sie ihr Kleid hüben und drüben mit spitzen Fingern faßte und sich mit Gesang begleitete.

„Könntest du nur sehn", rief sie ihm zu, „wie hübsch ich's mache! fürwahr solche Füßchen sieht man nicht leicht. Vögel von allen Arten und Farben kommen auf die äußersten Baumzweige vor und schaun mir naseweis zu." Sie lachte boshaft und sagte: „Ich rede das eigentlich nur, weil du mir immer Eitelkeit vorwirfst, ich kann dein Predigen nicht leiden. Warte doch, du mußt noch ein bißchen Eigenlob hören. Aber ich will einen andern für mich sprechen lassen."

Sie zog einen Brief des Schauspielers aus dem Gürtel und las: „Oft kann ich mir aber mit aller Anstrengung Dein Bild nicht vorstellen; ich meine, die Züge Deines Gesichts, wenn sie mir einzeln auch deutlich genug vorschweben, kann ich nicht so recht zusammenbringen. Dann wieder in andern Augenblicken bist Du mir so nahe, so greifbar gegenwärtig mit jeder Bewegung! sogar Deine Stimme, das Lachen besonders, dringt mir dann so hell und natürlich ans Ohr. Dein Lachen! Warum eben das? Nun ja! behaupten doch auch die Poeten, es gebe nichts Lieblicheres von Melodie, als so ein herzliches Mädchengekicher. Ein Gleichnis, liebes Kind. In meiner Jugend, weißt du, hatt ich immer sehr viel von zarten Elfen zu erzählen. Dieselben pflegen sich bei Nacht mit allerlei lieblichen Dingen, und unter anderm auch mit einem kleinen Kegelspiel die Zeit zu verkürzen. Dies Spielzeug ist vom pursten Golde, und drum, wenn alle neune fallen, so heißen sie's ein goldenes Gelächter, weil der Klang dabei gar hell und lustig ist. Geradeso dünkt mich, lacht nun mein Schätzchen.'

Henni, was meinst du dazu? Zum Glück hab ich so schnell gelesen, daß du nicht einmal Zeit bekamst, dich drüber zu ärgern. Höre, als Kind da hatt ich einen Schulmeister, der fand dir eine besondere Methode, einem das Schnell-Lesen abzugewöhnen, er gab einem das Buch verkehrt in die Hand, daß es von der Rechten zur Linken ging. — Recht, daß mir der Schulmeister beifällt — ich bitte dich, mache doch deinen guten Vater aufmerksam, daß er nicht mehr ginesisches Gartenhaus sagen soll, sondern chinesisches; er würde mich dauern, wenn man ihn spöttisch darum ansähe, es hat mich schon recht beschäftigt; heut hab ich gar davon geträumt, da gab er mir die Erklärung: ‚Ich pflege mit dem Wort zu wechseln und zwar nicht ohne Grund: zur Winterszeit, wo alles starr und hartgefroren ist, sprech ich ginesisch, im Frühjahr wird mein G schon weicher, im Sommer aber bin ich ganz und gar Chinese.' Fürwahr, das ist er auch: er trägt [noch] ein Zöpfchen. Im Ernst, ich hätte gute Lust, einmal mit der Schere hinter ihm herzukommen; es ist doch gar zu leichtfertig und altväterisch."

Eine Magd lief über den Weg. Agnes kehrte ihr zornig den Rücken und sagte, nachdem sie weg war: „Mir wird ganz übel, seh ich die Käthe. Gestern hört ich sie dort über die Mauer einem Bauernburschen zurufen: ‚Weißt du schon, daß die fremde Mamsell bei uns zur Närrin worden ist?' Das erzdumme [Ding!] Wer ist verrückt? Niemand ist verrückt. Die Vorsehung ist gnädig. Deswegen heißt es auch in meinem heutigen Morgengebet:

> Wollest mit Freuden,
> Und wollest mit Leiden
> Mich nicht überschütten!
> Doch in der Mitten
> Liegt holdes Bescheiden.

Ja, nichts geht über die Zufriedenheit. Gottlob, diese hab ich; fehlt nur noch eins, fehlt leider nur noch eins!"

So ging es denn oft lange fort. Und wenn nun Henni, vom Maler täglich einigemal aufgefordert, nichts Tröstlicheres zu berichten hatte, so brach dem armen Manne fast das Herz.

Die Ärzte, die man befragt, gaben bloß Regeln an, die sich von selber verstanden und überdies bei dem Eigensinn der Kranken schwer anzuwenden waren. Zum Beispiel ließ sie sich um keinen Preis bewegen, an der allgemeinen Tafel zu speisen; und nur etwa wenn man beim Nachtisch noch im Saale beisammensaß, erschien sie zuweilen unvermutet in der offenen Tür des Nebenzimmers, mit ruhigen Augen rings auf der Gesellschaft verweilend, ganz wieder in der angenehmen Stellung, worin wir sie oben dem Maler gegenüber gesehn. Versuchte aber Nolten sich ihr zu nähern, so wich sie geräuschlos zurück und kam so leicht nicht wieder.

Indes war aufs neue davon die Rede geworden, daß man vielleicht am besten täte, sie geradezu nach Hause zurückzubringen. Der Antrag ward ihr durch Nannetten mit aller Zartheit gestellt, allein statt daß sie ihn, wie man erwartete, mit beiden Händen ergriffen hätte, bedachte sie sich ernstlich und schüttelte den Kopf. Es war, als wenn sie ihren Zustand fühlte und ihrem Vater zu begegnen fürchtete.

Es sprach jemand die Meinung aus, daß Nolten sich entweder ganz entfernen, oder seine Entfernung wenigstens der Braut sollte glauben gemacht werden, da seine Gegenwart sie offenbar beunruhige und ihrem Wahne täglich Nahrung gebe, dagegen, wenn er ginge, wohl gar ein Verlangen nach ihm bei ihr rege werden dürfte; wo nicht, so könnte man zuletzt Veranlassung nehmen, ihn als den erwarteten wahren Geliebten ihr förmlich vorzuführen, oder sie, wie ein Kind, den frohen Fund gleichsam selbst tun lassen; gelänge diese List und wisse man sie kühn und klüglich durchzuführen, so sei Hoffnung zur Kur vorhanden. — Diese Ansicht schien so ganz nicht zu verwerfen. Doch Nolten behauptete zuletzt, er müsse bleiben, sie müsse ihn von Zeit zu Zeit vor Augen haben, ein ruhiges, bescheidenes Benehmen, der Anblick seines stillen Kummers werde günstig auf sie wirken, er halte nichts auf künstliche Anschläge und Täuschungen, er denke, wenn irgend noch etwas zu hoffen sei, auf seine Weise eine weit gründlichere und dauerhaftere Heilung zu erzielen.

Wir würden das Gefühl des Lesers zu verletzen glauben, wenn wir ihn mit den Leiden des Mädchens ausführlicher als nötig unterhalten wollten, so viele Anmut auch ihr Gespräch selbst in dieser traurigen Zerstörung noch immer offenbaren mochte. Deshalb beschränkt sich unsere Schilderung einzig auf das, was zum Verständnis der Sache selbst gehört.

„Fräulein, du kannst ja Lateinisch", sagte sie einmal zu Margot, „was heißt der Funke auf lateinisch?"

„Scintilla", war die gutmütige Antwort.

„So, so; das ist ein musterhaftes Wort, es gibt ordentlich Funken; aber du wirst es nur geschwind erdacht haben? Desto besser: ich will künftig, wenn ich dir etwas über die Augen des Bewußten zu sagen habe, in seiner Gegenwart bloß scintilla sagen, dann merk aufs grüne Flämmchen — Bst! hörst du nichts? er regt sich hinterm Ofenschirm — nämlich, er kann sich unsichtbar machen — ei, das weißt du besser wie ich. Und, Fräulein, wenn du wieder mit ihm buhlst, mir kann es ja eins sein, aber gewarnt hab ich dich."

„Was soll mir das? — Liebe Agnes!"

„O ihr habt einander flugs im Arm, wenn niemand um den Weg ist! Ich bitte dich, sag mir, wie küßt sich's denn mit ihm? ist er recht häßlich süß? merkt man ihm an, daß er den Teufel im Leib hat? — Fräulein, weil dir doch nichts dran liegt, ob er hie und da noch andre Galanterien neben dir hat, so will ich dir gleich einige nennen; du kannst ihn damit necken. Erstlich ist da: eine schöne Komtesse — vornehm, ah vornehm! Sieh, so ist ihr Anstand —" (hier machte sie eine graziöse Figur durchs Zimmer). „Zieh ihn nur damit auf! Aber angeführt seid ihr doch alle miteinander. Du willst mir nicht glauben, daß er mit der Zigeunerin verlobt ist? Wenn ich Lust hätte, könnt ich den Ort wohl nennen, wo der Verspruch gehalten wurde und wer den Segen dazu sprach, aber fromme Christen beschreien so was nicht. Überhaupt ich werde jetzt zur Schlittenfahrt müssen. Du leihst mir deinen Zobel doch wieder?"

Margot verstand, was sie im Sinne hatte und gab ihr das Kleidungsstück. Nach einiger Zeit kam sie sehr artig geputzt, wie der Frühling und Winter in *einer* Person, aus ihrem Zimmer hervor, ging in den Garten und zum Karussell, wo sie sich dann gewöhnlich in einen mit hölzernen Pferden bespannten Schlitten setzte. Der Boden durfte nicht gedreht werden, sie behauptete, es komme alles von selbst in Gang, wenn sie die im Kreise springenden Rosse eine Zeitlang ansehe und es mache ihr einen angenehmen Schwindel.

Nannette setzte sich mit ihrer Arbeit in den Schatten der nächsten Laube. Bald gesellte sich Agnes zu ihr, forderte sie auf, nicht traurig zu sein und verhieß: ihr Bruder werde nun bald kommen und sie beide entführen.

„Nicht wahr, wir wollen fest zusammenhalten? Du bist im Grund so übel dran wie ich mit diesen Lügengesichtern. Ja, ja, auch dir gehn die Augen nach und nach auf, ich merkte es neulich, wie dir grauste, als dich der Bösewicht Schwester hieß. Zwinge dich nur nicht bei ihm, er kann uns doch nicht schaden. — Jetzt aber sollst du etwas Liebes sehen, das wird dich freuen: Lies diese Blätter, du kennst die Hand nicht, aber den Schreiber. Sie sind mein höchster Schatz, mehr, mehr als Gold und Perlen und Rubinen! Ich mußte sie dem Höllenbrand abführen, er hatte sie mir unterschlagen. Nimm sie drum fein in acht und lies ganz in der Stille, recht in herzinniger Stille."

Sie ging und ließ Nannetten das Liederheft zurück, dessen wir schon bei Gelegenheit der hinterlassenen Papiere des Schauspielers erwähnt haben. Da diese Gedichte „An L." überschrieben waren und Agnes unter ihren Namen [auch] Luise hatte, so eignete sie sich dieselben völlig zu, als wären sie von Theobald an sie gerichtet worden. Überdies hatte sie eine Silhouette in jenen Blättern gefunden, von der sie sich beredete, es sei ihr Bild. Man traf sie etliche Male darüber an, daß sie zwei Spiegel gegeneinander hielt, um ihr Profil mit dem andern zu vergleichen.

Vielleicht ist es dem Leser angenehm, von jenen Gedichten etwas zu sehen und sich dabei des Mannes zu erinnern, der, wie einst im Leben, so jetzt noch im Tode, das Herz des unglücklichen Kindes so innig beschäftigen mußte.

AN L.

Der Himmel glänzt vom reinsten Frühlingslichte,
Ihm schwillt der Hügel sehnsuchtsvoll entgegen,
Die starre Welt zerfließt in Liebessegen,
Und schmiegt sich rund zum zärtlichsten Gedichte.

Am Dorfeshang, dort bei der luft'gen Fichte,
Ist meiner Liebsten kleines Haus gelegen —
O Herz, was hilft dein Wiegen und dein Wägen,
Daß all der Wonnestreit in dir sich schlichte!

Du, Liebe, hilf den süßen Zauber lösen,
Womit Natur in meinem Innern wühlet!
Und du, o Frühling, hilf die Liebe beugen!

Lisch aus, o Tag! Laß mich in Nacht genesen!
Indes ihr sanften Sterne göttlich kühlet,
Will ich zum Abgrund der Betrachtung steigen.

*

Wenn ich, von deinem Anschaun tief gestillt,
Mich stumm an deinem heil'gen Wert vergnüge,
Dann hör ich recht die leisen Atemzüge
Des Engels, welcher sich in dir verhüllt.

Und ein erstaunt, ein fragend Lächeln quillt
Auf meinem Mund, ob mich kein Traum betrüge,
Daß nun in dir, zu ewiger Genüge,
Mein kühnster Wunsch, mein einz'ger, sich erfüllt?

Von Tiefe dann zu Tiefen stürzt mein Sinn,
Ich höre aus der Gottheit nächt'ger Ferne
Die Quellen des Geschicks melodisch rauschen.

Betäubt kehr ich den Blick nach oben hin,
Zum Himmel auf — da lächeln alle Sterne;
Ich kniee, ihrem Lichtgesang zu lauschen.

*

Schön prangt im Silbertau die junge Rose,
Den ihr der Morgen in den Busen rollte,
Sie blüht, als ob sie nie verblühen wollte,
Sie ahnet nichts vom letzten Blumenlose.

Der Adler strebt hinan ins Grenzenlose,
Sein Auge trinkt sich voll von sprühndem Golde;
Er ist der Tor nicht, daß er fragen sollte,
Ob er das Haupt nicht an die Wölbung stoße.

Mag denn der Jugend Blume uns verbleichen,
Noch glänzet sie und reizt unwiderstehlich;
Wer will zu früh so süßem Trug entsagen?

Und Liebe, darf sie nicht dem Adler gleichen?
Doch fürchtet sie; auch fürchten ist ihr selig,
Denn all ihr Glück, was ist's? — ein endlos Wagen!

*

Am Waldsaum kann ich lange Nachmittage,
Dem Kuckuck horchend, in dem Grase liegen;
Er scheint das Tal gemächlich einzuwiegen
Im friedevollen Gleichklang seiner Klage.

Da ist mir wohl, und meine schlimmste Plage,
Den Fratzen der Gesellschaft mich zu fügen,
Hier wird sie mich doch endlich nicht bekriegen,
Wo ich auf eigne Weise mich behage.

Und wenn die feinen Leute nur erst dächten,
Wie schön Poeten ihre Zeit verschwenden,
Sie würden mich zuletzt noch gar beneiden.

Denn des Sonetts gedrängte Kränze flechten
Sich wie von selber unter meinen Händen,
Indes die Augen in der Ferne weiden.

IN DER KARWOCHE

O Woche, Zeugin heiliger Beschwerde!
Du stimmst so ernst zu dieser Frühlingswonne,
Du breitest im verjüngten Strahl der Sonne
Des Kreuzes Schatten auf die lichte Erde,

Und senkest schweigend deine Flöre nieder;
Der Frühling darf indessen immer keimen,
Das Veilchen duftet unter Blütenbäumen,
Und alle Vöglein singen Jubellieder.

O schweigt, ihr Vöglein auf den grünen Auen!
Es hallen rings die dumpfen Glockenklänge,
Die Engel singen leise Grabgesänge,
O still, ihr Vöglein hoch im Himmelblauen!

Ihr Veilchen, kränzt heut keine Lockenhaare!
Euch pflückt mein frommes Kind zum dunkeln Strauße,
Ihr wandert mit zum stillen Gotteshause,
Da sollt ihr welken auf des Herrn Altare.

Ach dort, von Trauermelodieen trunken,
Und süß betäubt von schweren Weihrauchdüften,
Sucht sie den Bräutigam in Todesgrüften,
Und Lieb und Frühling, alles ist versunken! —

Agnes war inzwischen mit Henni spazierengegangen. Sie führte ihn ins freie Feld hinaus, ohne recht zu sagen, wohin es ginge, ein nicht seltener Fall, wo jedesmal eine dritte zuverlässige Person unbemerkt in einiger Entfernung nachzufolgen pflegte. Agnes brachte seit einiger Zeit die schöne Sammetjacke, das Geschenk ihres vermeintlichen Liebhabers, kaum mehr vom Leibe; so trug sie dieselbe auch jetzt, und sah trotz einiger Nachlässigkeit im Anzug sehr reizend darin aus. Unter ordentlichen Gesprächen gelangten beide zu dem nächsten Wäldchen und in der Mitte desselben auf einen breiten Rasenplatz, worauf eine große Eiche einzeln stand, die einen offenen Brunnen sehr malerisch beschattete. Agnes hatte von diesem Brunnen, als von einer bekannten Merkwürdigkeit, gelegentlich erzählen hören. Er war wirklich ein sehenswertes Überbleibsel aus dem höchsten Altertum und äußerlich noch wohlerhalten. Die runde Mauer ragte etwa eine halbe Mannshöhe über den Erdboden vor, die Tiefe, obgleich zum Teil verschüttet, war noch immer beträchtlich, man konnte mit mäßiger Schnelligkeit auf sechzehn zählen, eh der hineingeworfene Stein unten auf dem Wasser aufschlug. Sein Name Alexisbrunn bezog sich auf eine Legende. Agnes verlangte die Sage ausführlich von Henni zu hören, und er erzählte wie folgt.

„Vor vielen hundert Jahren, eh noch das Christentum in deutschen Landen verbreitet gewesen, lebte ein Graf, der besaß eine Tochter, Belsore, die hatte er eines Herzogs Sohn, mit Namen Alexis, zur Ehe versprochen. Diese liebten einander treulich und rein; über ein Jahr sollte Alexis sie heimführen dürfen. Mittlerweile aber mußte er einen Zug tun mit seinem Vater, weit weg, nach Konstantinopel. Dort hörte er zum erstenmal in seinem Leben das Evangelium von Christo predigen, was ihn und seinen Vater bewog, diesen Glauben besser kennenzulernen. Sie blieben einen Monat in der gedachten Stadt und kamen mit Freuden zuletzt überein, daß sie sich wollten taufen lassen. Bevor sie wieder heimreisten, ließ der Vater von einem griechischen Goldschmied zwei Fingerringe machen, worauf das Kreuzeszeichen in kostbaren Edelstein gegraben war; der eine gehörte Belsoren, der andre Alexis. Als sie nach Hause kamen und der Graf vernahm, was mit ihnen geschehen, und daß seine Tochter sollte zur Christin werden, verwandelte sich seine Freude in Zorn und giftigen Haß, er schwur, daß er sein Kind lieber würde mit eigner Hand umbringen, eh ein solcher sie heiraten dürfe, und könnte sie dadurch zu einer Königin werden. Belsore verging vor Jammer, zumal sie nach dem, was ihr Alexis vom neuen Glauben ans Herz gelegt, ihre Seligkeit auch nur auf diesem Weg zu finden meinte. Sie wechselten heimlich die Ringe und gelobten sich Treue bis in den Tod, was auch immer über sie ergehen würde. Der Graf bot Alexis Bedenkzeit an, ob er etwa seinen Irrtum abschwören möchte, da er ihn denn aufs neue als lieben Schwiegersohn umarmen wolle. Der Jüngling aber verwarf den frevelhaften Antrag, nahm Abschied von Belsoren, und griff zum Wanderstab, um in geringer Tracht bald da bald dort als ein Bote des Evangeliums umherzureisen. Da er nun überall verständig und kräftig zu reden gewußt, auch lieblich von Gestalt gewesen, so blieb seine Arbeit nicht ohne vielfältigen Segen. Aber oft, wenn er so allein seine Straße [fortzog,] bei Schäfern auf dem Felde, bei Köhlern im Walde übernachten blieb und neben so viel Ungemach auch wohl den Spott und die Verachtung der Welt erfahren mußte, war er vor innerer Anfechtung nicht sicher und zweifelte zuweilen, ob er auch selbst die Wahrheit habe, ob Christus der Sohn Gottes sei, und würdig, daß man um seinetwillen alles verlasse. Dazu gesellte sich die Sehnsucht nach Belsoren, mit der er jetzt wohl längst in Glück und Freuden leben könnte. Indes war er auf seinen Wanderungen auch in diese Gegend gekommen. Hier, wo nunmehr der Brunnen ist, soll damals nur eine tiefe Felskluft [und] dabei ein Quell gewesen sein, daran Alexis seinen Durst gelöscht. [Da] flehte er brünstig zu Gott um ein Zeichen, ob er den rechten Glauben habe; doch dachte er sich dieser Gnade erst durch ein Geduldjahr würdiger zu machen, währenddessen er zu Haus beim Herzog, seinem Vater, geruhig leben und seine Seele auf göttliche Dinge richten wolle. Werde er in dieser Zeit seiner Sache nicht gewisser und komme er auf den nächsten Frühling wiederum hieher, so solle der Rosenstock entscheiden, an dessen völlig abgestorbenes Holz er jetzt den Ring der Belsore feststeckte; blühe bis dahin der Stock und trage er noch den goldenen Reif, so solle ihm das bedeuten, daß er das Heil seiner Seele bisher auf dem rechten Wege gesucht und daß auch seine Liebe zu der Braut dem Himmel wohlgefällig sei. So trat er nun den Rückweg an. Der Herzog war inzwischen dem Erlöser treu geblieben, und von Belsoren erhielt Alexis durch heimliche Botschaft die gleiche Versicherung. Sosehr ihn dies erfreute, so blieb ihm doch sein eigener Zweifelmut; zugleich betrübte er sich, weil es im Brief der Braut beinah den Anschein hatte, als ob sie bei all [ihrer] treuen Zärtlichkeit für ihn doch ihrer heißen Liebe zum Heiland die seinige in etwas nachgesetzt. Er konnte kaum erwarten, bis das Jahr bald um war. Da macht er sich also zu Fuße, wie er's gelobt, auf den Weg. Er findet den Wald wieder aus, er kennt schon von weitem die Stelle, er fällt, bevor er näher tritt, noch einmal auf die Kniee und eilt [nun] mit angstvollem Herzen hinzu. O Wunder! drei Rosen, die schönsten, hängen am Strauch. Aber ach, es fehlt der Ring. Sein Glaube also galt, aber Belsore war ihm verloren. Voll Verzweiflung riß er den Strauch aus der Erde und warf ihn in die tiefe Felskluft. Gleich nachher gereute ihn die Untat; als ein Büßender kehrte er zurück ins Vaterland, dessen Einwohner durch die Bemühungen des Herzogs bereits zum großen Teil waren bekehrt worden. Alexis versank in eine finstre Schwermut; doch Gott verließ ihn nicht, Gott gab ihm den Frieden in seinem wahrhaftigen Worte. Nur über [einen] Punkt, über seine Liebe zu der frommen Jungfrau, war er noch nicht beruhigt. Eine heimliche Hoffnung lebte in ihm, daß er an jenem wunderbaren Orte noch völlig müsse getröstet werden. Zum drittenmal machte er die weite Wallfahrt, und glücklich kommt er ans Ziel. Aber leider trifft er hier alles nur eben wie er's verlassen. Mit Wehmut erkennt er die nackte Stelle, wo er den Stock entwurzelt hat. Kein Wunder will erscheinen, kein Gebet hilft ihm zu einer fröhlichen Gewißheit. In solcher Not und Hoffnungslosigkeit überfiel ihn die Nacht, als er noch immer auf dem Felsen hingestreckt lag, welcher sich über die Kluft herbückte. In Gedanken sah er so hinunter in die Finsternis und überlegte, wie er mit anbrechendem Morgen in Gottes Namen wieder wandern und seiner Liebsten ein Abschiedsschreiben schicken wolle. Auf einmal bemerkt er, daß es tief unten auf dem ruhigen Spiegel des Wassers als wie ein Gold- und Rosenschimmer zuckt und flimmt. Anfänglich traut er seinen Augen nicht, allein von Zeit zu Zeit kommt der liebliche Schein wieder. Ein frohes Ahnen geht ihm auf. Wie der Tag kommt, klimmt er die Felsen hinab, und siehe da! der weggeworfene Rosenstock hatte zwischen dem Gestein, kaum eine Spanne überm Wasser, Wurzel geschlagen und blühte gar herrlich. Behutsam macht Alexis ihn los, bringt ihn ans Tageslicht herauf, und findet an derselben Stelle, wo er vor zwei Jahren den Reif angesteckt, ringsum eine frische Rinde darüber gequollen, die ihn so dicht einschloß, daß kaum durch eine winzige Ritze das helle Gold herausglänzte. Noch voriges Jahr müßte Alexis den Ring, wäre er nicht so übereilt und sein Vertrauen zu Gott größer gewesen, weit leichter entdeckt haben. Wie dankbar warf er nun sich im Gebet zur Erde! Mit welchen Tränen küßte er den Stock, der außer vielen aufgegangenen Rosen noch eine Menge Knospen zeigte. Gerne hätte er ihn mitgenommen, allein er glaubte ihn dem heiligen Orte, wo er zuvor gestanden, wieder einverleiben zu müssen. Unter lautem Preise der göttlichen Allmacht kehrte er, wie ein verwandelter Mensch, ins väterliche Haus zurück. Dort empfängt ihn zugleich eine Freuden- und Trauerbotschaft: der alte Graf war gestorben, auf dem Totenbett hatte er sich, durch die Belehrung seiner Tochter gewonnen, zum Christentum bekannt und seine Härte aufrichtig bereut. Alexis und Belsore wurden zum glücklichsten Paare verbunden. Ihr erstes hierauf war, daß sie zusammen eine Wallfahrt an den Wunderquell machten und denselben in einen schöngemauerten Brunnen fassen ließen. Viele Jahrhunderte lang soll es ein Gebrauch gewesen sein, daß weit aus der Umgegend die Brautleute vor der Hochzeit hieherreisten, um einen gesegneten Trunk von diesem klaren Wasser zu tun, welches der Rosentrunk geheißen; gewöhnlich reichte ihn ein Pater Einsiedler, der hier in dem Walde gewohnt. Das ist nun freilich [abgekommen,] doch sagen die Leute, die Schäfer und Feldhüter, daß noch jetzt in der Karfreitag- und Christnacht das rosenfarbene Leuchten auf dem Grunde des Brunnens zu sehen sei."

Agnes betrachtete einen vorstehenden Mauerstein, worauf

noch ziemlich deutlich drei ausgehauene Rosen und ein Kreuz zu bemerken waren. Henni leitete aus der Geschichte mehrere Lehren für seine arme Schutzbefohlene ab; sie merkte aber sehr wenig darauf und zog ihn bald von dem Platze weg, um nahebei einen kleinen Berggipfel zu besteigen, welcher sich kahl und kegelförmig über das Wäldchen erhob.

„Der Wind weht dort! Ich muß das Windlied singen", rief sie, rasch voraneilend.

Sie standen oben und sie sang in einer freien Weise die folgenden Verse, indem sie bei Frag und Antwort jedesmal sehr artig mit der Stimme wechselte und dabei lebhaft in die Luft agierte.

> Sausewind, Brausewind!
> Dort und hier!
> Deine Heimat sage mir!
>
> „Kindlein, wir fahren
> Seit viel vielen Jahren
> Durch die weit weite Welt,
> Und möchten's erfragen,
> Die Antwort erjagen,
> Bei den Bergen, den Meeren,
> Bei des Himmels klingenden Heeren,
> Die wissen es nie.
> Bist du klüger als sie,
> Magst du es sagen.
> — Fort, wohlauf!
> Halt uns nicht auf!
> Kommen andre nach, unsre Brüder,
> Da frag wieder."
>
> Halt an! Gemach,
> Eine kleine Frist!
> Sagt, wo der Liebe Heimat ist,
> Ihr Anfang, ihr Ende?
>
> „Wer's nennen könnte!
> Schelmisches Kind,
> Lieb' ist wie Wind.
> Rasch und lebendig,
> Ruhet nie,

Ewig ist sie,
Aber nicht immer beständig.
— Fort! Wohlauf! auf!
Halt uns nicht auf!
Fort über Stoppel und Wälder und Wiesen!
Wenn ich dein Schätzchen seh,
Will ich es grüßen.
Kindlein, ade!"

Gegen Abend hatte sich Agnes ermüdet zu Bette gelegt; der Präsident war eine Zeitlang bei ihr gewesen; auf einmal kam er freudig aus ihrem Schlafzimmer und sagte eilfertig zu Nolten hin: „Sie verlangt nach Ihnen, gehn Sie geschwinde!" Er gehorchte unverzüglich, die andern blieben zurück und er zog die Türe hinter sich zu.

Agnes lag ruhig auf der Seite, den Kopf auf einen Arm gestützt. Bescheiden setzte er sich mit einem freundlichen Gruß auf den Stuhl an ihrem Bette; durchaus gelassen, doch einigermaßen zweifelhaft sah sie ihn lange an; es schien als dämmerte eine angenehme Erinnerung bei ihr auf, welche sie an seinen Gesichtszügen zu prüfen suchte. Aber heißer, schmelzender wird ihr Blick, ihr Atem steigt, es hebt sich ihre Brust, und jetzt — indem sie mit der Linken sich beide Augen zuhält — streckt sie den rechten Arm entschlossen gegen ihn, faßt leidenschaftlich seine Hand und drückt sie fest an ihren Busen; der Maler liegt, eh er selbst sich's versieht, an ihrem Halse und saugt von ihren Lippen eine Glut, die von der Angst des Moments eine schaudernde Würze erhält; der Wahnsinn funkelt frohlockend aus ihren Augen, Verzweiflung preßt dem Freunde das himmlische Gut, eh sich's ihm ganz entfremde, noch einmal — ja er fühlt's, zum letztenmal, in die zitternden Arme.

Aber Agnes fängt schon an unruhig zu werden, sich seinen Küssen leise zu entziehen, sie hebt ängstlich den Kopf in die Höhe: „Was flüstert denn bei dir? was spricht aus dir? ich höre zweierlei Stimmen — — Hülfe! Zu Hülfe! Du tückischer Satan —! Wie bin ich, wie bin ich betrogen! — O nun ist alles, alles mit mir aus. — Der Lügner wird hingehn, mich beschimpfen bei meinem Geliebten, als wär ich kein ehrliches Mädchen, als hätt ich mit Wissen und Willen dies Scheusal geküßt — O Theobald! wärest du hier, daß ich dir alles sagte! Du weißt nicht, wie's die Schlangen machten! und daß man mir den

Kopf verrückte, mir, deinem unerfahrnen, armen, verlassenen Kind!"

Sie kniete aufrecht im Bette, weinte bitterlich und ihre losgegangenen Haare bedeckten ihr die glühende Wange. Nolten ertrug den Anblick nicht, er eilte weinend hinaus.

„Ja lache nur in deine Faust und geh und mach dich lustig mit den andern -- es wird nicht allzu lange mehr so dauern, denn es ist gottvergessen und die Engel im Himmel erbarmt's, wie ihr ein [armes] Mädchen quält!"

Die Schwägerin kam und setzte sich zu ihr, sie beteten; so ward sie ruhiger.

„Nicht wahr?" sprach sie nachher, „ein selig Ende, das ist es doch, was sich zuletzt ein jedes wünscht; einen leichten Tod, recht sanft, nur so wie eines Knaben Knie sich beugt; wie komm ich zu dem Ausdruck? ich denke an den Henni; mit diesem müßte sich gut sterben lassen."

In diesem Ton sprach sie eine Weile fort, vergaß sich nach und nach, ward munterer, endlich gar scherzhaft, und zwar so, daß Nannetten dieser Sprung mißfiel. Agnes bemerkte es, schien wirklich durch sich selbst überrascht und beschämt, und sie entschuldigte alsbald ihr Benehmen auf eine Art, welche genugsam zeigte, wie klar sie sich auf Augenblicke war:

„Siehst du", sagte sie mit dem holdesten Lächeln der Wehmut, „ich bin nur eben wie das Schiff, das leck an einer Klippe hängt und dem nicht mehr zu helfen ist; was kann das arme Schiff dafür, wenn mittlerweile noch die roten Wimpel oben ihr Schelmenspiel im Wind forttreiben, als wäre nichts geschehn? Laß gehen wie es gehen kann. Wenn erst Gras [über] mir wächst, hat's damit auch ein Ende."

Der Maler verließ den folgenden Tag in aller Frühe das Schloß; der Präsident selbst hatte dazu geraten und ihm eines seiner Pferde geliehen. Es [galt] vorderhand nur einen Versuch [von] einigen Tagen, wie das Mädchen sich anließe, wenn Nolten ihr aus den Augen wäre. Er selbst schien bei seiner Abreise noch unentschlossen, wohin er sich wende. Auf alle Fälle ward ein dritter Ort bestimmt, um zur Not Botschaft für ihn hinterlegen zu können. Von B. war nicht die Rede; noch kürzlich hatte er dorthin um Frist geschrieben, im Herzen übrigens gleichgültig, ob sie ihm gewährt würde oder die ganze Sache sich zerschlüge.

Die größere Ruhe, die man bei Agnes, seit der Gegenstand ihrer Furcht verschwunden ist, alsbald wahrnehmen kann, wird nach und nach zur stillen Schwermut, ihre Geschwätzigkeit nimmt ab, sie ist sich ihres Übels zuzeiten bewußt und der kleinste Zufall, der sie daran erinnert, ein Wort, ein Blick von seiten ihrer Umgebung kann sie empfindlich kränken. [Bemerkenswert] ist in dieser Hinsicht folgender Zug. Der Präsident, oder Margot vielmehr, besaß ein Windspiel, dem man, seiner ausgezeichneten Schönheit wegen, den Namen Merveille gegeben. Der Hund erzeigte sich Agnes früher nicht abgeneigt, seit einiger Zeit aber floh er sie offenbar, verkroch sich ordentlich vor ihr. Ohne Zweifel hatte diese Scheu [irgendwelchen] natürlichen Grund, Agnes mochte ihn unwissentlich geärgert haben — genug, sie selbst schien zu glauben, das Tier fühle das Unheimliche ihrer Nähe. Sie schmeichelte dem Hund auf alle Weise, ja gar mit Tränen, und ließ zuletzt, da nichts verfangen wollte, betrübt und ärgerlich von ihm ab, ohne ihn weiter ansehn zu wollen.

Seit kurzem bemerkte man, daß sie ihren Trauring nicht mehr trug. Als man sie um die Ursache fragte, gab sie zur Antwort: „Meine Mutter hat ihn genommen."

„Deine Mutter ist [ja] tot, willst du sie denn gesehen haben?"

„Nein, [aber] ich weiß, sie hat den Ring mit fort; ich kenne den Platz, wo er liegt, und ich muß ihn selbst dort holen. O wäre das schon überstanden! Es ist ein ängstlicher Ort, aber einer frommen Braut kann er nichts anhaben; ein schöner Engel wird da stehn, wird fragen, was ich suche und mir's einhändigen. Auch sagt er mir sogleich, wo mein Geliebter ist und wann er kommt."

Ein andermal ließ sie gegen Henni die Worte fallen: „Mir kam gestern so der Gedanke, weil der Nolten doch gar zu lange ausbleibt, gib acht, er hat mich aufgegeben! Und, recht beim Licht besehn, es ist ihm nicht [so] sehr zu verdenken! was tät er mit der Törin? er hätte seine liebe Not im Hause. Und überdies, o Henni — welk, welk, welk, es geht zum Welken! Siehst du, wie es nun gut ist, daß noch die Hochzeit nicht war; ich dachte wohl immer so was. Nun mag es enden wann es will, mir ist doch mein Mädchenkranz sicher, ich nehm ihn ins Grab — Unter uns gesagt, Junge, ich habe mir immer gewünscht, so und nicht anders in [den] Himmel zu kommen. Aber den Ring muß ich erst haben, ich muß ihn vorweisen können."

Noch eines freundlichen und frommen Auftritts soll hier

gedacht werden, zumal er das letzte ist, was wir von des Mädchens traurigem Leben zu erzählen haben.

Nannette kam einsmals in aller Eile herbeigesprungen und ersuchte das Fräulein und deren Vater, ihr in ein Zimmer des untern Stocks hinab zu folgen, um an der angelehnten Türe der alten Kammer, in der die Orgel stand, einen Augenblick Zeuge der musikalischen Unterhaltung Hennis und Agnesens zu sein. So gingen sie zu dreien leise an den bezeichneten Ort und belauschten da einen überaus rührenden Gesang, in welchen die Orgel ihre Flötentöne schmolz. Bald herrschte des Knaben und bald des Mädchens Stimme vor. Es schien alt-katholisch Musik zu sein. Ganz wundersam ergreifend waren besonders die kraftvollen Strophen eines lateinischen Bußliedes aus E-Dur. Hier steht nur der Anfang:

> Jesu benigne!
> A cujus igne
> Opto flagrare,
> Et te amare:
> Cur non flagravi?
> Cur non amavi
> Te, Jesu Christe?
> — O frigus triste!*

Es folgten noch zwei dergleichen Verse, worauf Henni sich in ein langes Nachspiel vertiefte, dann aber in ein anderes Lied überging, welches ähnliche Empfindungen ausdrückte. Agnes sang dies allein und der Knabe spielte.

> Eine Liebe kenn ich, die ist treu,
> War getreu, solang ich sie gefunden,
> Hat mit tiefem Seufzen immer neu,
> Stets versöhnlich, sich mit mir verbunden.

> Welcher einst mit himmlischem Gedulden,

---

* Zu deutsch: Dein Liebesfeuer,
   Ach Herr! wie teuer
   Wollt ich es hegen,
   Wollt ich es pflegen!
   Hab's nicht geheget,
   Und nicht gepfleget,
   Bin tot im Herzen —
   O Höllenschmerzen!

Bitter bittern Todestropfen trank,
Hing am Kreuz und büßte mein Verschulden,
Bis es in ein Meer von Gnade sank.

Und was ist's nun, daß ich traurig bin?
Daß ich angstvoll mich am Boden winde?
Frage: Hüter, ist die Nacht bald hin?
Und: Was rettet mich von Tod und Sünde?

Arges Herze! ja gesteh es nur,
Du hast wieder böse Lust empfangen;
Frommer Liebe, frommer Treue Spur,
Ach, das ist auf lange nun vergangen.

Ja, das ist's auch, daß ich traurig bin,
Daß ich angstvoll mich am Boden winde!
Hüter, Hüter, ist die Nacht bald hin?
Und was rettet mich von Tod und Sünde?

Bei den letzten Worten fiel Margot Nannetten mit heißen Tränen um den Hals. Der Präsident ging leise ab und zu. Noch immer klang die Orgel für sich allein fort, als könnte sie im Wohllaut unendlicher Schmerzen zu keinem Schlusse mehr kommen.

Endlich blieb alles still. Die Türe ging auf, ein artiges Mädchen, Hennis kleine Schwester, welche die Bälge gezogen, kam auf den Zehen geschlichen heraus, entfernte sich bescheiden, und ließ die Türe hinter sich offen. Nun aber hatte man ein wahres Friedensbild vor Augen. Der blinde Knabe nämlich saß, gedankenvoll in sich gebückt, vor der offnen Tastatur, Agnes, leicht eingeschlafen, auf dem Boden neben ihm, den Kopf an sein Knie gelehnt, ein Notenblatt auf ihrem Schoße. Die Abendsonne brach durch die bestäubten Fensterscheiben und übergoß die ruhende Gruppe mit goldenem Licht. Das große Kruzifix an der Wand sah mitleidsvoll auf sie herab.

Nachdem die Freunde eine Zeitlang in stiller Betrachtung gestanden, traten sie schweigend zurück und lehnten die Türe sacht an.

Am folgenden Morgen ward Agnes vermißt. Nannette hatte beim Aufstehn ihr Bette leer gefunden und voller Schrecken sogleich Lärm gemacht. Niemand begriff im ersten Augenblick, wie sie nur irgend aus dem Schlafzimmer [habe] entkommen können, da man dasselbe aus verschiedenen Gründen seit einiger Zeit von dem untern Stock in den obern verlegt hatte, die Türen nachts sorgfältig geschlossen, auch wirklich am Morgen noch verschlossen gefunden wurden. Aber vor einem Seitenfenster, das neben dem Belvedere hinausführte, entdeckte man zwischen den Bäumen eine hohe Leiter, welche der Gartenknecht, nach seinem eigenen Geständnis, gestern abends angelegt, weil Agnes durchaus ein altes Vogelnest verlangt habe, das oben aus einer der Lücken im steinernen Fries hervorgesehen. Nachher war die Leiter vergessen worden, was ohne Zweifel die Absicht des Mädchens gewesen.

Der Vormittag verging unter den angestrengtesten Nachforschungen, unter endlosem Hin- und Herraten, Fragen, Botenaussenden und -empfangen. Innerhalb des Schloßbezirks war bereits alles um und um gekehrt. Es wurde Abend und noch erschien von keiner Seite die mindeste Nachricht, der mindeste Trost. Eine falsche Spur, auf die man durch die irrige Aussage eines Feldhüters geriet, machte überdies den größten Aufenthalt.

Die Sonne war seit zwei Stunden untergegangen und noch blieb alles Laufen und Schicken fruchtlos; die Freunde kamen außer sich. Nach Mitternacht kehrten die letzten Fackeln zurück, nur der alte Gärtner und selbst der blinde Henni waren noch immer außen, so daß man endlich um diese besorgt zu werden anfing.

Niemand im Schlosse dachte daran, sich schlafen zu legen. Der Präsident stellte die Mutmaßung auf, daß Agnes irgendeinen Weg nach ihrer Heimat eingeschlagen und, je nachdem sie zeitig genug sich von hier weggemacht hätte, bereits einen bedeutenden Vorsprung gewonnen haben dürfte, ehe die Späher ausgegangen; für ihr Leben zu fürchten sei kein Grund vorhanden, es stünde vielmehr zu erwarten, daß sie unterwegs als verdächtig aufgegriffen und öffentlich Anstalt würde getroffen werden, sie in ihren Geburtsort zu bringen. Nannette konnte sich in diesem Fall die Ankunft der Unglücklichen im väterlichen Hause nicht schrecklich genug denken; und doch, wenn man sie nur erst wohlbehalten bei dem Vater wußte, so ließ sich ja von hier an wieder neue Hoffnung schöpfen. Allein mit welchem Herzen mußte man der Rückkehr des Malers entgegensehen, wenn sich bis dahin nichts entschieden haben sollte! — Margot hielt die

Vermutung nicht zurück, daß die Zigeunerin auch diesmal die verderbliche Hand mit im Spiele habe.

Dies alles sprach und wog man hin und her, bis keine Möglichkeit mehr übrig zu sein schien; das Schlimmste aber getraute man sich kaum zu denken, geschweige auszusprechen. Zuletzt entstand eine düstere Stille. In den verschiedenen Zimmern brannte hie und da eine vergessene Kerze mit mattem Scheine; die Zimmer stellten selbst ein Bild der Angst und Zerstörung dar, denn alle Dinge lagen und standen, wie man sie gestern morgen im ersten Schrecken liegenlassen, unordentlich umher. Die Schloßuhr ließ von Zeit zu Zeit ihren weinerlichen Klang vernehmen, von den Anlagen her schlug eine Nachtigall in vollen, herrlichen Tönen.

Auf ein Zeichen des Präsidenten erhob man sich endlich, zu Bette zu gehen. Ein Teil der Dienerschaft blieb wach.

Gegen drei Uhr des Morgens, da eben der Tag zu grauen begann, gaben im Hofe die Hunde Laut, verstummten jedoch sogleich wieder. Margot öffnet indes ihr Fenster und sieht in der blassen Dämmerung eine Anzahl Männer, darunter den Gärtner und seinen Sohn, mit halb erloschenen Laternen am Schloßtor stehn, welches nur angelehnt war und sich leise auftat. Eine plötzliche Ahnung durchschneidet dem Fräulein das Herz und laut aufschreiend wirft sie das Fenster zu, denn ihr schien, als wären zwei jener Leute bemüht, einen entsetzlichen Fund ins Haus zu tragen. Gleich darauf hört sie die Glocke vom Schlafzimmer ihres Vaters. Alles stürzt, nur halb angekleidet, von allen Ecken und Enden herbei.

Die Verlorene war wirklich aufgefunden worden, doch leider tot und ohne Rettung. Vor einer Stunde wurde der Körper nach langen mühsamen Versuchen aus jenem Brunnen im Walde gezogen. Der Gärtner, von seinem Sohne auf diesen Platz aufmerksam gemacht, hatte sich noch spät in der Nacht dorthin begeben, und ein aufgefundener Handschuh bestätigte sogleich die Vermutung. Alsbald war der Alte ins nächste Städtchen geeilt, um Mannschaft mit Werkzeugen, Strickleiter und Haken sowie einen Wundarzt herbeizuholen.

Der Leichnam war, außer den völlig durchnäßten und zerrissenen Kleidern, nur wenig verletzt; das schneeweiße Gesicht, um welches die nassen Haare verworren hingen, sah sich noch jetzt vollkommen gleich; der halbgeöffnete Mund schien schmerzlich zu lächeln; die Augen fest geschlossen. Offenbar war sie, mit dem Kopfe vorwärts stürzend, ertrunken; nur eine leichte Wunde entdeckte man rechts über den Schläfen. Bemerkenswert ist noch, daß sie in Larkens' grüner Jacke, woran man sie gestern eine Kleinigkeit, jedoch sehr emsig und wichtig, hatte verändern sehn, den Tod gefunden.

Der Wundarzt machte zum Überfluß noch den einen und andern vergeblichen Versuch. Vom grenzenlosen Jammer der sämtlichen Umstehenden sagen wir nichts.

Nach Nolten hatte man ausgesendet, doch traf ihn weder Bote noch Brief. Den zweiten Tag nach dem Tode der Braut erschien er unvermutet von einer andern Seite her. Sein ganzes Eintreten, das sonderbar Gehaltene, matt Resignierte in seiner Miene, seinem Gruß war von der Art, daß er, was vorgefallen, entweder schon zu wissen oder zu vermuten, aber nicht näher hören zu wollen schien. Sonach war auch andererseits der Empfang einsilbig, beklommen. Nannette, die bei der ersten Begrüßung nicht gleich zugegen gewesen, stürzte, wie sie den Bruder sah, mit lautem Geschrei auf ihn zu.

Sein Anblick war nicht nur im höchsten Grade mitleidswert, sondern wirklich zum Erschrecken. Er sah verwildert, sonnverbrannt und um viele Jahre älter aus. Sein lebloser, gläserner Blick verriet nicht sowohl einen gewaltigen Schmerz, als vielmehr eine schläfrige Übersättigung von langen Leiden. Das Unglück, das die andern noch als ein gegenwärtiges in seiner ganzen Stärke fühlten, schien, wenn man ihn ansah, ein längst vergangenes zu sein. Er sprach nur gezwungen und zeigte eine blöde, seltsame Verlegenheit in allem, was er tat. Er hatte sich, wie man nur nach und nach von ihm erfuhr, während der letzten sechs Tage verschiedenen Streifereien in unbekannten Gegenden überlassen, zwecklos und einsam, nur seinem Grame lebend; kaum daß er's über sich vermochte, einmal nach Neuburg zu schreiben.

Indem nun von Agnes noch immer nicht bestimmt die Rede wurde und man durchaus nicht wußte, wie man deshalb bei Nolten sich zu benehmen habe, so wurde jedermann nicht wenig überrascht, als er mit gelassenem Ton die Frage stellte: auf wann die Beerdigung festgesetzt sei, und wohin man diesfalls gedenke? — Mit gleicher Ruhe fand er hierauf von selbst den Weg zum Zimmer, wo die Tote lag. Er verweilte allein und lange daselbst. Erst diese Anschauung gab ihm das ganze, deutliche Gefühl seines Verlustes, er weinte heftig, als er zu den andern [in] den Saal zurückkam.

„Unglücklicher, geliebter Freund", nahm jetzt der Präsident das Wort und umarmte den Maler, „es ist mir vorlängst der Spruch irgendwo vorgekommen: wir sollen selbst da noch hoffen, wo nichts mehr zu hoffen steht. Gewiß ist das ein herrliches Wort, wer's nur verstehen will; mir hat es einst in großer Not den wunderbarsten Trost in der Seele erweckt, einen leuchtenden Goldblick des Glaubens; und nur auf den Entschluß kommt es an, sich dieses Glaubens freudig zu bemächtigen. Oh, daß Sie dies vermöchten! Ein Mensch, den das Schicksal so ängstlich mit eisernen Händen umklammert, der muß am Ende doch sein Liebling sein und diese grausame Gunst wird sich ihm eines Tags als die ewige Güte und Wahrheit enthüllen. Ich habe oft gefunden, daß die Geächteten des Himmels seine ersten Heiligen waren. Eine Feuertaufe ist über Sie ergangen und ein höheres, ein gottbewußteres Leben wird sich von Stund an in Ihnen entfalten."

„Ich kann", erwiderte Nolten nach einer kleinen Stille, „ich kann zur Not verstehen, was Sie meinen, und doch — das Unglück macht so träge, daß Ihre liebevollen Worte nur halb mein stumpfes Ohr noch treffen — O daß ein Schlaf sich auf mich legte, wie Berge so schwer und so dumpf! Daß ich nichts wüßte von Gestern und Heute und Morgen! Daß eine Gottheit diesen mattgehetzten Geist, weich bettend, in das alte Nichts hinfallen ließe! ein unermeßlich Glück — —!" Er überließ sich einen Augenblick diesem Gedanken, dann fuhr er fort: „Ja, läge zum wenigsten nur diese erste Stufe hinter mir! Und doch, wer kann wissen, ob sich dort nicht der Knoten nochmals verschlingt? — — O Leben! o Tod! Rätsel aus Rätseln! Wo wir den Sinn am sichersten zu treffen meinten, da liegt er so selten, und wo man ihn nicht suchte, da gibt er sich auf einmal halb und von ferne zu erkennen, und verschwindet, eh man ihn festhalten kann!"

Agnesens Begräbnis ist auf den morgenden Sonntag beschlossen.

Die Nacht zuvor schläft Nolten ruhig wie seit langer Zeit nicht mehr. Der ehrliche Gärtner mutet sich zu, noch einmal bei der geliebten Leiche zu wachen, der Sohn leistet ihm Gesellschaft, und da der Alte endlich einnickt, ist Henni die einzig wache Person in dem Schlosse.

Der gute Junge war recht wie verwaist, seit ihm die Freundin und Gebieterin fehlte. Er war ihr so nahe, so eigen geworden, er hatte insgeheim die schüchterne Hoffnung genährt — eine Hoffnung, deren er sich jetzt innig schämte — Gott könnte ihm vielleicht die Freude aufbehalten haben, die arme Seele mit der Kraft des evangelischen Wortes zu der Erkenntnis ihrer selbst, zum Lichte der Wahrheit zurückzuführen; sein ganzes Sinnen und Trachten, alle seine Gebete gingen zuletzt nur dahin, und wieviel schrecklicher als er je fürchten konnte, ward nun sein frommes Vertrauen getäuscht! — Er hält und drückt eine kalte Hand, die er nicht sieht, in seinen Händen, und lispelt heiße Segensworte darüber; er denkt der erziehenden Weisheit desjenigen nach, an welchen er von ganzer Seele glaubt, vor dessen durchdringendem Blick das Buch aller Zeiten aufgeschlagen liegt, der die Herzen der Menschen lenkt wie Wasserbäche, in welchem wir leben, weben und sind. Er schrickt augenblicklich zusammen vor seligem Schrecken, indem er bedenkt, daß das, was vor ihm liegt ein wertloses Scheinbild sei, daß der entflohene Geist, viel lieblicher gestaltet, vielleicht in dieser Stunde am hellen Strome des Paradieses knie und, das irre Auge mit lauterer Klarheit auswaschend, unter befremdetem Lächeln sich glücklich wieder erkenne und finde.

Henni stand sachte auf, von einer unbekannten süßen Unruhe bewegt; unbeschreibliche Sehnsucht ergriff ihn, doch diese Sehnsucht selbst war nur das überglückliche Gefühl, die unfaßliche Ahnung einer himmlischen Zukunft, welche auch seiner warte. Er trat ans Fenster und öffnete es. Die Nacht war sehr unfreundlich; ein heftiger Sturm wiegte und schwang die hohen Gipfel der Bäume, und auf dem Dache klirrten die Fahnen zusammen.

Des Knaben wunderbar erregte Seele überließ sich diesem Tumulte mit heimlichem Jauchzen, er ließ den Sturm seine Locken durchwühlen und lauschte mit Wollust dem hundertstimmigen Winde. Es deuchten ihm seufzende Geisterchöre der gebundenen Kreatur zu sein, die auch mit Ungeduld einer herrlichen Offenbarung entgegenharre. Sein ganzes Denken und Empfinden war nur ein trunkenes Loblied auf Tod und Verwesung und ewiges Verjüngen. Mit Gewalt mußte er den Flug seiner Gedanken rückwärts lenken, der Demut eingedenk, die Gott nicht vorzugreifen wagt. Aber, wie er nun wieder zu Agnesens Hülle trat, war ihm wie einem, der zu lange in das

Feuerbild der Sonne geschaut, er sank in doppelt schmerzliche Blindheit zurück. Still setzte er sich nieder und schickte sich an, einen Kranz von Rosen und Myrten zu Ende zu flechten.

Nach Mitternacht erweckt indes den Maler ein sonderbarer Klang, den er anfänglich bloß im Traum gehört zu haben glaubt, bald aber kann er sich völlig überzeugen, daß es Musik ist, welche von dem linken Schloßflügel herüberzutönen scheint. Es war als spielte man sehr feierlich die Orgel, dann wieder klang es wie ein ganz anderes Instrument, immer nur abgebrochen, mit längeren und kürzeren Pausen; bald widerwärtig hart und grell, bald sanft und rührend. Betroffen springt er aus dem Bette, unschlüssig was er tun, wo er zuerst sich hinwenden soll. Er horcht und horcht, und -- abermals dieselben unbegreiflichen Töne! Leise auf den Socken, den Schlafrock umgeworfen, geht er vor seine Tür, und schleicht, mit den Händen an der Wand forttastend, den finstern Gang hin, bis in die Nähe des Zimmers, wo sich der Gärtner und Henni befinden. Er ruft um Licht, der Gärtner eilt heraus, verwundert den Maler zu dieser Stunde hier zu sehn. Da nun weder Vater noch Sohn irgend etwas anderes gehört haben wollten, als das wechselnde Pfeifen des Windes, welcher auf dieser Seite heftiger gegen das Haus herstieß, so entfernte sich Nolten, scheinbar beruhigt, mit Licht, gab übrigens nicht zu, daß man ihn wieder zurückbegleite.

Keine volle Minute verging, so vernahm der Alte und Henni vollkommen deutlich die oben beschriebenen Töne und gleich darauf einen starken Fall samt einem lauten Aufschrei.

Kaum sind sie vor die alte Kapelle gelangt, kaum sieht der Gärtner drei Schritte vor sich den Maler der Länge nach unter der offenstehenden Tür ohne Lebenszeichen liegen, so ruft schon Henni, sich angstvoll an den Vater klammernd und ihn nicht weiter lassend: „Halt, Vater, halt! um Gottes willen seht Ihr nicht — dort in der Kammer" —

„Was?" ruft der Alte ungeduldig, da ihn der Knabe aufhält, „so laß mich doch! Hier, vor uns liegt, was mich erschreckt — der Maler, leblos am Boden!"

„Dort aber — dort steht er ja auch und — o seht Ihr, noch jemand —"

„Bist du von Sinnen? Du bist blind! was ist mit dir?"

„So wahr Gott lebt, ich sehe!" versetzt der Knabe mit leiser, von Angst erstickter Stimme und deutet fortwährend nach der Tiefe der Kammer, auf die Orgel, wo für den Gärtner nichts zu sehen ist; dieser will nur immer dem Maler beispringen, über welchen Henni weit wegschaut.

„Vater! jetzt — jetzt — sie schleichen auf uns zu — Schrecklich! o flieht —"

Hier versagt ihm die Sprache, er hängt ohnmächtig dem Alten im Arm, der jetzt ein verzweifeltes Notgeschrei erhebt.

[Bald] ruft es und rennt es von allenthalben herbei, der Hausherr selbst erscheint mit den ersten und schon ist der Wundarzt zur Hand, der diese letzten Tage das Schloß nicht verließ; er läuft von Nolten zu Henni, von Henni zu Nolten. Beide trägt man hinauf, ein jedes will helfen, mit raten, mit ansehn, man hindert, tritt und stößt einander, der Präsident entfernt daher alles bis auf wenige Personen.

Ein Reitender sprengt nach der Stadt, den zweiten Arzt zu holen, indes der gegenwärtige, ein ruhiger, tüchtiger Mann, fortfährt, das Nötige mit Einreibung und warmen Tüchern nach der Ordnung zu tun; schauerlicher Duft der stärksten Mittel [erfüllte] das Zimmer.

Mit Henni hatte es keine Gefahr, obgleich ihm die volle Besinnung noch ausblieb. An Nolten aber mußte nach stundenlanger Anstrengung [schließlich] so Kunst wie Hoffnung erliegen. Bescheiden äußerte der Wundarzt seinen Zweifel und als endlich der [Physikus] ankam, erklärte dieser auf den dritten Blick, daß keine Spur von Leben hier mehr zu suchen sei.

Hatte Agnesens Krankheit und Tod überall in der Gegend das größte Aufsehen und die lebhafteste Teilnahme erregt, so machte dieser neue Trauerfall einen wahrhaft panischen Eindruck auf die Gemüter der Menschen, zumal bis jetzt noch kein hinreichender Erklärungsgrund am Tage lag. Da indes doch irgendein heftiger Schrecken die tödliche Ursache gewesen sein mußte, so lag allerdings bei der von Kummer und Verzweiflung erschöpften Natur des Malers die Annahme sehr nahe, daß hier die Einbildung, wie man mehr Beispiele hat, ihr Äußerstes getan. Dieser Meinung waren die Ärzte, sowie der Präsident. Doch fehlte es, je nachdem man auf gewisse Umstände einen Wert legen wollte, auch nicht an andern Vermutungen, die, anfänglich nur leise angedeutet, von den Vernünftigen belächelt oder streng verwiesen, in kurzem gleichwohl mehr Beachtung und endlich stillschweigenden Glauben fanden.

Der Schwester ließ sich das Unglück nicht lange verbergen;

es warf sie nieder als wär es ihr eigner Tod. Margot hielt treulich bei ihr aus, doch freilich blieb hier wenig oder nichts zu trösten.

Henni befand sich, zum wenigsten äußerlich, wieder wohl. Er schien über einem ungeheuern Eindruck zu brüten, dessen er nicht Herr werden konnte. Ein regungsloses Vor-sich-hin-Staunen verschlang den eigentlichen Schmerz bei ihm. Er wußte sich nicht zu helfen vor Ungeduld, sobald man ihn über sein gestriges Benehmen befragte; er floh die Gesellschaft, aber sogleich scheuchte ihn eine [innere] Angst in die Nähe der Seinen zurück.

Der Präsident in [der] Hoffnung, irgendeinen neuen Aufschluß über die traurige Begebenheit [gewinnen,] befahl dem Knaben im Beisein des Gärtners, zu reden. Auch dann noch immer zaudernd und mit einer Art von trotzigem Unwillen, der an dem sanften Menschen auffiel, gab Henni, erst mit dürren Worten, dann aber in immer steigender Bewegung, ein seltsames Bekenntnis, das den Präsidenten in sichtbare Verlegenheit setzte, wie er es aufzunehmen habe.

„Als ich" [sagte er,] „gestern nacht mit meinem Vater auf den Lärm, den wir im untern Hausflur hörten, nach der Kapelle lief – die Tür stand offen, und die Laterne außen auf dem Gang warf einen hellen Schein in die Kammer — sah ich tief hinten bei der Orgel eine Frau, wie einen Schatten, stehn, ihr gegenüber in kleiner Entfernung stand ein zweiter Schatten, ein Mann in dunkelm Kleide, und dieses war Herr Nolten."

„Sonderbarer Mensch!" versetzte der Präsident, „wie magst du denn behaupten, dies gesehn zu haben?"

„Ich kann nichts sagen, als: vor meinen Augen war es licht geworden, ich konnte sehn, und das ist so gewiß, als ich jetzt nicht mehr sehe."

„Jenes Frauenbild —" fragte der Präsident mit List, „verglichst du es jemanden?"

„Damals noch nicht. Erst heute dacht ich an die verrückte Fremde, ich ließ mir sie daher beschreiben und war sogleich gewiß, daß sie es gewesen."

„Herrn Nolten aber, wie konntest du diesen sogleich erkennen?"

„Mein Vater zeigte auf den Boden und nannte dabei den Herrn Maler, da merkt ich erst, daß dieser, welcher vor uns lag, und jener, welcher drüben stand, sich durchaus glichen und einer und derselbe waren."

„Warum brauchst du den Ausdruck Schatten?"

„So deuchte mir's eben; doch ließen sich Gesicht und Miene und Farben der Kleidung wohl unterscheiden. Als beide sich umfaßten, sich die Arme gaben und so der Tür zu wollten, da bogen sie wie eine Rauchsäule leicht um den hölzernen Pfeiler, der in der Mitte der Kammer steht."

„Arm in Arm sagst du?"

„Ja, dicht aneinandergeschlossen; sie machte den Anfang, er tat's ihr nur wie gezwungen nach und traurig. Hierauf — aber o allmächtiger Gott! wie soll ich, wie kann ich aussprechen, was keine Zunge vermag, was doch niemand glaubt und niemand glauben kann, am wenigsten mir, mir armen Jungen!" Er schöpfte tief Atem und fuhr sodann fort: „Sie schlüpften unhörbar über die Schwelle, er glitt über sein Ebenbild hin, gleichgültig, als kennt er es nicht mehr. Da wirft er auf einmal sein Auge auf mich, o ein Auge voll Elend! und doch so ein scharfer, durchbohrender Blick! und zögert im Gehn, schaut immer auf mich und bewegt die Lippen, wie kraftlos zur Rede — da hielt ich's [nicht mehr] aus und weiß auch von hier an nichts weiter zu sagen."

Der Präsident verschonte den jungen Menschen mit jeder weitern Frage, beruhigte ihn und empfahl endlich Vater und Sohn, die Sache bei sich zu behalten, indem er zu verstehn gab, daß er [sich] nichts weiter als eine ungeheure Selbsttäuschung darunter denke. Der alte Gärtner aber schien sehr ernst und maß selbst seinem Herrn im Innern eine andre Meinung bei, als ihm nun eben zu äußern beliebe.

Nachdem die beiden Leichen auf dem Gottesacker des nächsten Städtchens zur Erde bestattet worden, traf der edelmütige Mann, durch den es vornehmlich gelang, diese letzte Pflicht [in der würdigsten Art] und unter einem ansehnlichen Geleite vollzogen zu sehen, ungesäumt Anstalt, der Freundschaft und der Menschenliebe ein neues Opfer zu bringen. Weder konnte er zugeben, daß die arme überbliebene Schwester des Malers sich [der] traurigen Heimreise allein unterziehe, noch sollte der Förster den Verlust seiner Kinder auf andere Weise, als aus dem Munde des Gastfreunds vernehmen, dessen Haus der unschuldige Schauplatz so schwerer Verhängnisse geworden.

Bald saß daher der Präsident mit Nannetten und Margot im Wagen. Im stillen [dachte er,] das Mädchen, wenn es ihr und den Ihrigen gefiele, wieder zurückzunehmen und für ihr künftiges Glück zu sorgen. Der Gedanke war eigentlich von Margot ausgegangen und kaum enthielt sie sich, Nannetten schon unterwegs die Einwilligung abzudringen.

Der Schmerz des Alten in Neuburg übersteigt allen Ausdruck, [wenn auch] die [bedeutende] Persönlichkeit des edeln Gastes ihre Wirkung nicht verfehlen konnte. Es war [nur] natürlich, daß Nannette den Alten nicht verlassen [mochte.] Der Präsident [mit Margot] schied [am andern Tage] mit großer Rührung [von beiden. Im Schlosse angekommen, fand er einen] Brief [vor] mit der Überschrift an Nolten und der ausdrücklichen Bitte um schleunigste Beförderung. [Der Präsident nahm keinen Anstand ihn zu erbrechen: er war von dem alten Hofrat, von dem ihm Nolten oft gesprochen hatte, und] lautete folgendermaßen:

„Soeben erfahre [ich] durch Freundeshand den grausamen Verlust, der Sie mit dem Tode einer geliebten Braut betroffen. Auch die näheren Umstände und was alles dazu mitgewirkt, weiß ich. Ihr Unglück, welches mit dem meinigen so nah zusammenfällt, ja recht vom Unglücksstamme meines Daseins ausging, erschüttert mich und zwingt mich zu reden.

Wie oft, als Sie noch bei uns waren, hat mir das Herz gebrannt, Ihnen um den Hals zu fallen! Wie preßte, peinigte mich mein Geheimnis! Aber — wie soll man es heißen — Furcht, Grille, Scham, Feigheit, — ich konnte nicht, verschob die Entdeckung von Tag zu Tag; [mir bangte] davor, in Ihnen, in dem Sohne [meines] Bruders, mein zweites Ich, meine ganze Vergangenheit wiederzufinden, dies Labyrinth, wenn auch nur im Gespräch, in der Erinnerung, aufs neue zu durchlaufen!

Seit Ihrem Abgang war ich für solchen Eigensinn, Gott sei mein Zeuge, recht gestraft mit einer wunderbaren Sehnsucht nach Ihnen, Wertester! Nun aber vollends dürstet mich nach Ihrem Anblick innig, wir haben einander sehr, sehr viel zu sagen. Meine Gedanken stehn übrigens so: zu einer so gemessenen Tätigkeit, als Sie in B. erwarten würde, dürfte Ihnen der Mut jetzt wohl fehlen; um so leichter werden Sie es daher verschmerzen, daß dort, wie mir geschrieben wird, einige Leute auf Ihr Zögern bereits geschäftig sind, Sie auszustechen. Wir wollen, dächt ich, selbigen zuvorkommen und erst dabei nichts einbüßen. Hören Sie meinen Vorschlag: wir beide ziehn zusammen! sei es nun hier, oder besser an einem andern Plätzchen, wo sich's fein stille hausen läßt, gerade wie es zwei Leuten ziemt, wovon zum wenigsten der eine der Welt nichts mehr nachfragt, der andere, soviel mir bekannt, von jeher starken Trieb empfunden [hat,] mit der Kunst in eine Einsiedelei zu flüchten. Was mich betrifft, ich habe noch wenige Jahre zu leben. Wie glücklich aber, könnt ich das, was etwa noch grün an mir sein mag, auf Sie, mein teurer Neffe, übertragen! Ja schleppen wir unsere Trümmer aus dem Schiffbruch mutig zusammen! Ich will tun, als wär ich auch noch ein Junger. Mit Stolz und Wehmut sei's gesagt, wir sind zwei Stücke *eines* Baums, den der Blitz in der Mitte gespalten, und vielleicht ist ein schöner Lorbeer zuschanden gegangen. Sie müssen ihn noch retten und ich helfe mit.

Sehn Sie, wir gehören ja recht füreinander, als Zwillingsbruder des Geschicks! Mit ehernen Banden haben freundlichfeindselige Götter dies Paar zusammengeschmiedet — ein seltenes Schauspiel für die Welt, wenn man's ihr gönnen möchte; doch das sei ferne; das Grab soll unsern Gram dereinst nicht besser decken, als wir dies Geheimnis bewahren wollen, nicht wahr? — Aber so kommen Sie! kommen Sie gleich!

Schließlich noch eine kleine Bitte: daß Sie mir vor den Menschen immerhin den Namen [Jaßfeld] lassen, unter dem Sie meine arme Person haben kennengelernt.

Für Sie aber heiß ich, der ich bin,
Ihr treuer Oheim
Friedrich Nolten, Hofrat."

Der Präsident wollte in die Erde sinken vor Staunen. Er hatte durch Nolten von diesem Verwandten als dem verstorbenen Vater Elsbeths gehört und nun — er glaubte zu träumen.

[Sein erstes war jetzt, daß er dem Hofrat Nachricht von dem Schicksal Noltens gab; sie war aber diesem bereits auf anderm Wege zugekommen. Er war außer sich vor Schmerz über] den Tod des Neffen und daß nicht wenigstens noch sein Bekenntnis ihn hatte erreichen sollen. Mit größerer Ruhe [las] er [in dem Brief des Präsidenten] die Nachricht von dem vielleicht nur wenige Tage vor Noltens Ende eingetretenen Tod seiner wahnsinnigen Tochter. Man hatte sie etliche Stunden vom Gute [des Präsidenten] entseelt [an der] Straße gefunden, wo sie ohne Zweifel vor Entkräftung liegengeblieben. — Ihr Vater war von ihrer jammervollen Existenz [im allgemeinen] seit vielen Jahren unterrichtet. Er hatte früher unter der Hand [verschiedene] Versuche gemacht, sie in geordneten Familien [an ein häusliches Leben zu gewöhnen;] aber sie fing, ihrer gewohnten Freiheit beraubt, wie ehmals ihre Mutter, augenscheinlich zu welken an, sie ergriff zu wiederholten Malen mit großer List die Flucht und da ihr melancholisches Wesen, mit der Muttermilch eingesogen, durchaus unheilbar schien, [so mußte man am Ende sich dazu verstehen, sie ihrem unglückseligen Hang zu überlassen.]

[Der alte Förster fand in Nannetten eine immer muntere Pflegerin voll rührender Aufmerksamkeit.] Später entschlossen sich beide, auf unwiderstehliches Bitten des Hofrats, mit diesem an einem dritten Orte, in einer kleinen Landstadt unfern Neuburg, zusammenzuwohnen.

NACHLESE DER GEDICHTE

NACHLESE I

Von Mörike in den Lyriksammlungen G1 bis G3 veröffentlichte Gedichte.

AN EINEN LIEBESDICHTER

Von Liebe singt so mancher Mann,
Damit er auch von Liebe singe,
Und hebt ein mächtig Klagen an,
Der Ruhm ist groß, die Pein geringe.

Nun bist du nicht im selben Fall,
Und lässest auch Gesang erschallen,
Obwohl noch keine Nachtigall,
Doch mehr als jene Nachtigallen.

Was wäre denn der Unterschied,
O Bester, zwischen dir und jenen?
— Sie singen froh ein traurig Lied,
Und du ein fröhlichs unter Tränen.

NANNYS TRAUM
Der Mutter zum Geburtstage
Mit einer roten Rose

Ich ging auf grünen Wiesengründen,
Ich wollte gar zu gern für dich
Ein herzig Blümelein wo finden,
Und lief und suchte emsiglich.

Ach, nirgend sah ich eines stehen,
Da fing ich laut zu weinen an:
„Den Frühling hab ich kaum gesehen,
Und kommt der Winter schon heran!"

So lief ich fort und fort mit Trauern,
Erst bei dem letzten Abendschein
Hielt ich vor heil'gen Kirchenmauern,
Das Tor stand auf, ich trat hinein

Und kam in einen stillen Garten
Und vor ein frisch bereites Grab,
Dran sah ich einen Engel warten,
Gelehnt auf einen Hirtenstab.

Der schaut mich traurig an und bange
Und nickt und winket mich herbei;
Mir war, als kennt ich ihn schon lange
An seinen Augen fromm und treu.

Er winkt, und aus des Grabes Schoße
Steigt blühend, wie der Schnee so rein,
Hervor die weiße Totenrose
Und neiget sich im Mondenschein.

Begierig schnell will ich sie pflücken,
Doch mir versagt die kleine Hand,
Indes mit freudehellen Blicken
Ein zweiter Engel vor mir stand.

Er zog mich sachte weg zur Pforte
Und sprach: „Du gutes, krankes Kind,
O laß die Rosen hier am Orte,
Die bleich wie deine Wangen sind!

Aufs neue sollst du fröhlich springen,
Ihr Wänglein blühet frisch und rot!
Dies Pfand magst du der Mutter bringen,
Das dir dein guter Engel bot."

AN —

Ei, wer hätt es je gemeint,
Fräulein Ludovike!

Hat man denn, so lieb man scheint,
Auch geheime Tücke?

Mädchen! wer ergründet euch?
Rätsel ohne Ende!
Arg und falsch und engelgleich,
Wer das reimen könnte!

Oh, nicht süßen Honig nur
Führen eure Lippen;
Und so seid ihr von Natur
Liebliche X — — — .

AUF DEM SPAZIERGANG

Sie:

Vierfach Kleeblatt! Seltner Fund!
Glückspfand, holde Feeengabe!
Vielgesegnet sei der Grund,
Wo ich dich gepflücket habe!

Er:

Von dem Felde, aus dem Klee
Wollt ich mir kein Pfand erwarten,
Gäbst *du* mir, o schöne Fee,
Eins aus deinem Rosengarten!

EINER VEREHRTEN FRAU
zum Geburtstage, mit einem Blumenstock

Man sagt, an solchen Tagen sei es Pflicht,
Sich selber einen Spiegel vorzuhalten;
Ich bring ihn dir; verschmäh dies Blümchen nicht,
Es soll dir deinen eignen Wert entfalten.

Sieh der bescheidenen Reseda Blüte,
Ein Bild der Menschenfreundlichkeit,
Die ohne Prunk, voll innerer Herzensgüte,
Den Wohlgeruch der tät'gen Liebe streut.

AN FLORENTINE

Wildes Mädchen! schau mir doch
Einmal recht ins Auge!
Ob so gar nichts dir darin
Nur ein wenig tauge?

Zwar dein liebes Bild hast du
Öfters drin gesehen,
Freutest auch des Spiegels dich,
Läßt ihn wieder stehen.

Doch so mußt du mehr und mehr
Dir darin gefallen,
Und am Ende bleibt er dir
Lieb und wert vor allen.

KALTER STREICH

A.

Ich will mich selber just nicht rühmen;
Doch darf ich sagen: Es ist so im Geist
Von „Stunden der Andacht".

B.

Ja? Und wie heißt —

A.

Der Titel? *„Amor und Hymen;*
Eine christliche Gabe für beide Geschlechter,
Besonders für gebildete Töchter."

B.

Pfui Teufel!

A.

Was? Mein Werk? Sind Sie bei Verstand?
Soeben meldete sich der achthundertste Pränumerant!

B.

Ich glaub's; die lieben Eltern gegenwärtig
Sind selber ungemein davon charmiert,
Wenn bei der süßen Jugend allzeit fertig
Amor dem Hymen pränumeriert.

FALSCHE MANIER

Ach, ich merke, Freund, du möchtest
Gern pikant dein süß Gedicht;
Aber in der Pfeffermühle
Mahlt man keinen Zucker nicht.

AN EINEN PREDIGER

Lieber! ganz im Vertrauen gesagt: Es buhlt mit dem Ehrgeiz
Deine Andacht: Du trägst Hörnlein, und Satanas lacht.

PASTOR AN SEINE ZUHÖRER

Gefall ich euch nicht, ei so bleibt doch zu Haus,
Oder geht zu einem andern!
Der zieht euch die Zähn mit dem Stiefelknecht aus;
Wir sind noch von den Galantern.

NEUTHEOLOGISCHE KANZELBEREDSAMKEIT

A.

Der biblische Text ist gar nicht schlecht,
Nur sing ich nach eigenen Noten.

B. *beiseite:*

Ja, untersucht nur seine Kanzel recht:
Sie hat einen doppelten Boden!

LÜCKENBÜSSER

„Hochehrwürdiger Herr", so hätt ich gerne geschrieben,
  Aber die Ehre schien mir fast und die Würde zu hoch;
Euch verdroß indes mein P. P.; doch setz ich es wieder
  Über den Brief; denkt Euch pater peccavi dabei.

TOUT COMME CHEZ NOUS

Erste Henne

Nur *einen* Dotter hat doch sonst ein Ei,
Das meine hier hat ihrer zwei!

Andere Henne

Ach, Frau Gevatter, ich bitte Sie!
Das gibt wahrhaftig ein Genie.

Dritte Henne

Jawohl, Natur treibt gern so loses Spiel,
Hat manchmal einen Sparren zuviel.

Der Hahn *halblaut:*

Ich glaub, der Wind bläst woanders her:
Die legt schon Jahr und Tag nicht mehr.
    Kikeriki!

AUF EINE HOHE VERMÄHLUNG
Zum Empfang in der Kirche

Hebt euch, sanftbeschwingte Lieder,
Und empfangt ein edel Paar!
Ew'ge Liebe, blick hernieder;
Denn dir schmückt sich der Altar;

Wo der Fürst, der Hochbeglückte,
Staunend deiner Wege denkt,
Tief in Wehmut die entzückte
Braut die reine Stirne senkt.

Leis auf goldner Waage wäget,
Engel, gütig *ihr* Geschick
Und zu ew'gen Kränzen leget
Jedes holde Erdenglück!

MASCHINKAS LIED

Herz! und weißt du selber denn zu sagen,
Was dich drückt und quält?
Oder kann man so um nichts verzagen?
Herz, ich habe schwer an dir zu tragen,
                 Schwer!
Daß ich mit dir im Grabe wär!

Die Geschwister kommen, mich zu fragen,
Was mir immer fehlt?
O ich darf nicht wagen,
Die verweinten Augen aufzuschlagen,
Wenn ich denke, was du mir verhehlt!
Herz, ich habe schwer an dir zu tragen,
                 Schwer!
Daß ich im Grabe wär!

NACHLESE II

Von Mörike einzeln veröffentlichte Gedichte, die er in keine seiner Lyriksammlungen aufgenommen hat.

VENEDIG
Nach Sanazars* Epigramm

Aus Adrias Gewässern sah Neptun
Die hochgebietende Venetia steigen:
„Ha, Jupiter", rief er, „wirst du mir nun
Noch stolz dein Kapitol und Mavors Mauern zeigen?
Ist dir dein Tiber werter, als dies Meer,
So schau auf beide Städte her,
Und sprich: ‚Dies Rom läßt mich ein menschlich Wunder sehen –
Aus Götterhänden mußte jene gehen!'"

Viderat Hadriatis Venetam Neptunus in undis
   Stare urbem et toto ponere jura mari:
Nunc mihi Tarpejas, quamtumvis, Jupiter, arces
   Objice, et illa tui moenia Martis, ait.
Si pelago Tiberim praefers, urbem adspice utramque;
   Illam homines dicas, hanc posuisse Deos.

UNSCHULD
(1820)

„Treibet, Winde,
Eilet, eilet!
Nach der Heimat, nach der lieben,
Will ich ziehen.
Lichte Wolken, tragt mich hin!
Aber an der letzten Insel drüben,
Ach da ruhet aus und weilet!

---

* Jac. Sanazaro aus Neapel gest. 1530. Der venezianische Senat dankte dem Dichter für diese sechs Zeilen mit 600 Dukaten.

Und es wehn die luft'gen Flügel
  Mit der Göttin durch die Höhn,
  Über Berge, über Seen,
Über klare Meeresspiegel.

Seht die Himmlische, die Milde,
Mit dem Lilienkranz geschmückt,
Wie sie von dem Wolkenbilde
Sehnend in die Weite blickt!
Schon betritt sie das Gestade:
Aber weh! was ist geschehn?
Warum muß sie traurig stehn?
Warum wendet sie die Pfade?
Von dem Eiland wieder muß sie scheiden,
Ewig muß die Reine meiden
Das Geschlecht, das schaudernd sie gesehn. —

Einem Kinde, das im Abendscheine
  Ruhig spielt am Meeresstrand,
Drückt sie ihrer Blume eine
  Schmerzlich blickend in die Hand:
Ach! es sieht der holde Knabe
  Freundlich auf die Geberin,
Doch er kennet erst die Gabe,
  Wenn sie aufgehört zu blühn.

„Ja, mein Reich, es sollte schnell vergehen,
Länger will ich diesen Gram nicht nähren,
Heim will ich zum Himmel wieder kehren;
Die mich lieben, sollen dort mich sehen."

ENTSCHULDIGUNG
An Gustav Schwab

(Er hatte die Güte, mir die frisch gedruckten Bogen der ersten Ausgabe seiner *Gedichte* (1828) auf einige Stunden mit nach Hause zu geben; die Zurücksendung verzögerte sich bis zum folgenden Morgen.)

  „O bleibet noch, o wartet noch!
  Das laß ich euch nicht gelten." —
  „Es ist nun schier halb fünfe doch,
  Der Vater wird uns schelten!"

Ich habe sie auf meinen Schoß
All' nach der Reih genommen,
Geherzt aufs neue klein und groß,
Die muntern, wie die frommen.

„Wir haben Langeweil bei dir",
— Fing eines an zu greinen —
„Hast du nicht unsersgleichen hier?
Wo sind denn *deine* Kleinen?"

„Ach, Kinderchen, die schlafen noch
Hieneben in der Kammer." —
Sie guckten durch das Schlüsselloch,
Sie schlugen an die Klammer.

Und drinnen rührte sich's zumal
Mit wunderbarem Stöhnen;
Leise begann Gemach und Saal
Nun von Musik zu tönen.

Man unterschied im Zaubersang
Die Deinen und die Meinen,
Sie schienen, wie die Türe sprang,
Sich lieblich zu vereinen.

Die Meinen hatten aber gar
Noch scheue, fremde Mienen,
Sie standen, deiner Knabenschar
Bescheidentlich zu dienen.

Der Saal sich dehnt, sich dehnet sacht,
Die Wände grünen in Ranken;
Im Hauch der warmen Sommernacht
Zarte Gesträuche schwanken.

Ich, wartend, was da kommen mag,
Verwundert aus der Maßen,
Auf meinem alten Sofa lag
Mitten auf einem Rasen.

Mein Lämpchen auf dem Tisch erlischt;
Dort funkeln andre Flammen!

Die Kinder schleppen rings um mich
Ihr Spielzeug all zusammen.

Der eine Purzelbäume schlägt,
Die andern ordnen Tänze,
Einen Arm voll Waffen jener trägt,
Die Mädchen flechten Kränze.

Nackt, in zween Häuflein stürmen her
Die Trotzigen, die Dreisten,
Sie treffen sich mit Schwert und Speer
Und mit geballten Fäusten.

Ein Teil mit Fackeln aber, sieh!
Hoch auf der Pappeln Gipfel!
Gegeneinander schwenken sie
Mutwillig die alten Wipfel.

Dann in der Wolken Lichtrevier
Mit *einem* Sprung sie setzen,
Auf Panthern, Luft- und See-Getier
Sich reitend zu ergötzen.

Von unten Beifallruf, Gesang,
Ein Lärm, nicht zu beschreiben;
Sie schienen Mond- und Sternenschwang
Froh vor sich her zu treiben.

Sie reiten, sie schleudern ihr feurig Gerät
Auf schwarze Wolken-Riesen,
Auf die Burg, die schwimmt, auf ein Schiff, das geht
Mit goldenen Greifenfüßen.

Schon aus den Zinnen, schon um den Bord
Blau züngelt es hin und wieder;
Im Schloß der König träumet Mord,
Er murret, er hebt die Glieder;

Er tritt heraus und sieht mit Schreck
Die Burg, die Schiffe brennen;
Er ruft die Wächter, die flohn hinweg —
Auch die Kinder, sie laufen und rennen.

Zum Wald! an den Stämmen herab im Nu,
Als käm er, sie zu fressen,
Und schnaufen aus in guter Ruh,
Und alles ist vergessen. —

„O bleibet noch, o wartet noch!
Wir schmausen erst, ihr Knaben!"
„Ist Mitternacht jetzt aber doch!
Wir werden Schläge haben."

„So geht! zieht vor des Dichters Haus,
Ihr neu befreund'ten Geister,
Und singt dort eure Märchen aus,
Ein Ständchen unsrem Meister!"

Sie brachen auf und schwirrten fort
Mit Gnomen-Lustgeschmetter;
Doch, Wunder! heut am alten Ort
Fand ich noch — deine Blätter.

LEBEN UND TOD

Sucht das Leben wohl den Tod?
Oder sucht der Tod das Leben?
Können Morgenröte und das Abendrot
Sich auf halbem Weg die Hände geben?

Die stille Nacht tritt mitten ein,
Die sich der Liebenden erbarme.
Sie winkt; es flüstert: Amen! — Mein und Dein!
Da fallen sie sich zitternd in die Arme.

[AN LUISE]

Wahr ist's, mein Kind, wo ich bei dir nicht bin
Geleitet Sehnsucht alle meine Wege,
Zu Berg und Wald, durch einsame Gehege
Treibt mich ein irrer, ungeduld'ger Sinn.

In deinem Arm! o seliger Gewinn!
Doch wird auch hier die alte Wehmut rege,
Ich schwindle trunken auf dem Himmelsstege,
Die Gegenwart flieht taumelnd vor mir hin.

So denk ich oft: dies schnell bewegte Herz,
Vom Überglück der Liebe stets beklommen,
Wird wohl auf Erden nie zur Ruhe kommen;

Im ew'gen Lichte löst sich jeder Schmerz,
Und all die schwülen Leidenschaften fließen
Wie ros'ge Wolken, träumend, uns zu Füßen.

AN EINEN FREUND
Mit Übersendung eines alten Buchs

Jüngst ich in eines Kaufherrn Kram
Ein Pfund Tabak zu holen kam.
Die Ladendirne, jung und frisch,
Bescheidentlich stund hinterm Tisch,
Und wog mir in bedächtiger Ruh
Mein braun, süß duftend Kräutlein zu.
Derweilen schaut ich gähnend stumm
Mich rings so im Gewölbel um;
Da lag am Boden, nächst zur Hand,
Wurmstichig, alt, ein Foliant,
Dergleichen gern zum Packen und Wickeln
Die Krämer blätterweis zerstückeln.
Mit Andacht grüßt ich alsogleich
Hans Sachsens holde Musenstreich.
O schad um so viel edle Reim!
So güldner Weisheit Honigseim
In Staub verschütt't! Wer mag es sehn,
Dem es nicht sollt zu Herzen gehn!

— „Schöns Mägdlein", rief ich, „ach und ei!
Verkauft mir die Schnurrpfeiferei!"
Sie lächelt spöttisch vor sich hin,
Ob ich auch wohl bei Sinnen bin?

„Das ist ja Schund, Herr, mit Vergunst,
Doch, steht's Euch an, habt Ihr's umsunst."

Ich sagt ihr Dankes Überfluß;
Hätt gern gedankt mit einem Kuß;
Schleppt meinen Schatz heim unterm Arm,
Und gleich drauflos, weil ich noch warm.

Da war denn viel und allerlei,
Im got'schen Schnitt, Mythologei,
Komedi, Tragedi dazu,
Wacker versohlt nach 'm Baurenschuh.
Mit Wundern las ich, was er red't
Von einem Dänenprinz Amlet.

Nun ich mich sattsam durchgewühlt,
Sinnend das Werk in Händen hielt,
Gedacht ich dein zumal und meint,
Der Fund wär just für solchen Freund.
Ein fromm Gemüt oft liebt und ehrt
Was vor der Welt nicht Hellers wert.

EINE VERS-TÄNDELEI

Im Göttinger Musenalmanach brachte Lichtenberg einst einen halb scherzhaften Aufsatz, zu welchem die Behauptung Drydens Veranlassung gab, daß folgende Verse aus Ovids: „Sappho an Phaon" nicht in gleich vielen Zeilen englisch gegeben werden könnten:

Si, nisi quae formâ poterit te digna videri,
    Nulla futura tua est, nulla futura tua est.

Es hatten sich zur Widerlegung dieses Ausspruchs bald zwei englische Übersetzungen eingefunden, die aber nicht genügen; sie heißen so:

1

If but to one, that's equally divine,
None you'll incline to, you'll to none incline.

2

If, save whose charms with equal lustre shine,
None ever thine can be, none ever can be thine.

Wäre es also nicht der Mühe wert, fragt der Göttinger Professor, ob wir es im Deutschen nicht besser könnten?

Er sprach eines Abends mit „unserem sel. Bürger" über dieses Drydensche Problem; es schien demselben zu gefallen und schon am folgenden Morgen schickte er nicht weniger als fünf Übersetzungen, wovon aber zwei durch vorsätzlichen Mutwillen mehr Parodieen waren; überhaupt befriedigte die Arbeit nicht ganz. Das Blatt ging leider verloren. Indem nun Lichtenberg den Gegenstand zu einer Aufgabe für die deutschen Dichter und Dichterinnen seiner Zeit macht, wünscht er, daß die Herausgeber der Musenalmanache den besseren Versuchen, wenn solche einliefen, ein Plätzchen in ihren Annalen einräumen möchten. Zur Belohnung freilich habe er weiter nichts zu versprechen, als den Beifall der Kenner und das Vergnügen, das mit Auflösung jeder schwierigen Aufgabe verbunden sei. Vom Erfolg dieser Aufforderung ist dem Einsender nichts bekannt. Er selber schrieb vor 25 Jahren einen gelegentlich von ihm gemachten Versuch in sein Exemplar von Lichtenbergs Schriften, den er als Kuriosität hiermit vorlegt. Bei einer neu eröffneten Konkurrenz würde er auf den Preis um so weniger Anspruch machen, als er, wie einst jener Künstler bei Alexander dem Gr., von Rechts wegen höchstens ein Säckchen Linsen davontragen dürfte.

Wisse nur, daß, wenn, ohne durch Schönheit dich zu verdienen,
  Keine die Deinige wird — keine die Deinige wird.

DER SCHÄFER UND SEIN MÄDCHEN

Sie:

Mir i'st mei⁻ Herz so schwèr,
Dês treibt mi' zuə dər hèr.

Er:

Mædlə⁻, gang waidlə' heim!
D· Nacht i'st so kalt;
Meinə Lamm schlôfə⁻ scho⁻
Und i' au' bald.

Sie:

I' gang et furt heut nacht,
Bis d· mər ho'st Friədə g·macht.

Er:

Mædlə˜, mei˜ scharpfər Hund
Brummt und wurd wild:
Er leid·t kei˜n Wolf und au'
Kei˜ falsch Weibsbild.

Sie:

Mond und 'Stern rüəf i' à˜,
Wer mi' sèll zeihə˜ kà˜.

Er:

Mond und Liəb hent bei euch
Einərlei Rang:
Heut i'st ər voll und klar, —
Abər wiə lang?

Sie:

Schwör· i' beim liəbə Gott, —
Mach'st mər den au' zu 'Spott?

Er:

Der schaut in euər Herz,
Abər i' et.
Mædlə˜, jetz gang und flenn·
Liəbər im Bett.

Sie:

Witt du's et ander'st han,
Schatz, und so scheid· i' dann.

Er:

And·l, pressiər· et so!
Mædlə˜, tû 'stæt!
And·l, ·s könnt sei˜, dass i'
Dir Uə˜recht tæt.

Sie:

I' kà˜ nicks sage˜ mê.
Als dass i' gaňz dei˜ bei˜.

Er:

Schauˑ, i' glaub dərˑ's und vərzeihˑ mər du mein 'Sparrə,
Schätzləˉ, mi' plogt ebə dˑ Eifərsucht əˉ weng;
Diə macht jebot jo au' ˑs wäcker'st Bluət zum Narrəˉ.
Dˑ Liəb i'st hàlt əˉ heikˑls Deng.

Beide:

Kommˑ an dəs treulich Herz
Und vərgiss allə Schmerz!
Uf 'Sturm und Re'gəzeit
Fallt Sonnəscheiˉ,
Dˑ Liəb hàt hàlt Leid wiə Freud,
Und so muəss seiˉ!

DAS MÄDCHEN AN DEN MAI

Es ist doch im April fürwahr
Der Frühling weder halb noch gar;
Komm, Rosenbringer, süßer Mai,
Komm du herbei,
So weiß ich, was der Frühling sei!

— Wie aber? soll die erste Gartenpracht,
Narzissen, Primeln, Hyazinthen,
Die kaum die hellen Augen aufgemacht,
Schon welken und verschwinden?
Und mit euch besonders, holde Veilchen,
Wär es dann fürs ganze Jahr vorbei?
Lieber, lieber Mai,
Ach, so warte noch ein kleines Weilchen!

CHRISTBESCHERUNG

Am 23. Dezember war ein schon herangewachsener Nußbaum für meine Schwester Klärchen in den Garten gepflanzt worden, welcher am Weihnachtabend festlich beleuchtet und geschmückt wurde.

Gesegnet sei er allezeit
Von der Wurzel bis zum Gipfel.
Uhland.

Der Nußbaum spricht:

Heut sieht man Büblein, Mägdlein warten
Auf einen schönen Christkindgarten.
Da stellt man in die Mitt hinein
Ein Tannenreis im Lichterschein,
Und hängt viel Naschwerk, Marzipan,
Auch sogar güldne Nüß daran.
Doch sind die Nüsse dürr und alt,
Die grünen Zweige welken bald,
Das Bäumlein kann halt nicht verhehlen,
Daß Leben ihm und Wurzel fehlen.
Ein kluges Kind hat das bald weg,
Und ist nur gessen erst der Schleck,
Dann ist ein solcher Baum veracht't,
Sein Glanz und Lust war über Nacht. —
Schaut her, da bin ich, meiner Sechs,
Doch ganz ein anderes Gewächs!
Mich lud der Freund in seinen Garten,
Dem blonden Kinde aufzuwarten;
Ich ginge gern hinein zum Liebchen
Und grüßte sie im warmen Stübchen,
Allein das schickt sich doch nicht ganz,
Ich bin ein gar zu langer Hans;
Drum bat ich sie zu mir heraus.
Zwar steh ich kahl und ohne Strauß,
Doch wart, es kommt die Sommerszeit,
Da ist's, wo unsereins sich freut!
Da wickl ich los mein würzig Blatt,
Es sieht kein Menschenaug sich satt;
Die Vögel singen in meinen Zweigen,
Und alles, Schätzchen, ist dein eigen!
Und hast du mir es heut verziehn,
Daß ich nun bloß von Früchten bin,
So bring ich dir gewiß und wahr
Ein Schürzlein Nüsse Jahr für Jahr.

EMMA KERNER
Zum Eingang ihres Stammbuchs, das die Form eines Kreuzes hatte
Weinsberg 1837

Vor Geist und Hexe nicht allein: —
Vor falscher Freunde Heuchelschein,

Vor süßer Herren Schmeichelei'n
Mach ich das Kreuz und hüte mich fein,
Denn ich bin ein kluges Jungfräulein.

AN CLARA
Cleversulzbach 1837. Als sie ein wenig kurz angebunden gegen mich war

Da dein Bruder
Das Ruder
Des Hauswesens führt,
Und kein Narr ist,
Sondern Pfarr' ist,
Der ganz Sulzbach regiert,
Der zwar, genötigt,
Auf Predigt
Und manches verzicht't,
Auch im Kranze*
Keine Lanze
Für Steudel mehr bricht;
Da man ihn ferner
Trotz Justin Kerner
Als Dichter begrüßt,
Und, obgleich Dichter,
Er doch die Lichter
Für die Haushaltung gießt;
Da er dir endlich
Unendlich
Viel Gutes erweist,
Wie er noch gestern
Seine Schwestern
Mit Zimtstern gespeist:
So sollt ich schließen
Aus allem diesen —
Doch ist's gescheiter
Ich sag nicht weiter
Und mach ohne Zirkel
Einen schönen

---

* Eine theologische Gesellschaft, worin man über Steudels „Dogmatik" sprach.

ALBUMGEDICHT

Ein artig Lob, du wirst es nicht verwehren,
Obwohl gewohnt, es jeden Tag zu hören;
Gern möcht ich denn das platte „Du bist schön"
In lauter feinen Wendungen gestehn;
Doch wenn es mir an Worten nun gebricht,
Verschmäh ich auch ein listig Mittel nicht:
Ich weiß mit wundersamer Schrift zu necken
Und meine Meinung zierlich zu verstecken.
Damit ich aber gleich die Ungeduld versöhne
Führ ich mit meinem Blatt vors Spiegelglas die Schöne,
Und was kein Schmeichler ungestraft gewagt —
Ihr eigen Bild hat es ihr nun gesagt.

KINDERLIED
Für Agnes

Dort an der Kirchhofmauer,
Da sitz ich auf der Lauer,
Da sitz ich gar zu gern;
Es regt sich im Holunder,
Es regnet mir herunter
Rosin und Mandelkern.

Waldmeisterlein, das kleine,
Das lustige, das feine,
Das hat es mir gebracht.
Es hat ein Schloß im Berge,
Das hüten sieben Zwerge,
Darin ist große Pracht.

Und es hat mir versprochen,
In aber hundert Wochen,
Wenn Agnes wacker sei,
Da käm es in dem Schlitten,
Zu Gaste mich zu bitten —
Da seid fein auch dabei!

AN MADAME K.
mit Übersendung meiner Iris

Ein farbenheller Regenbogen,
Hinüber bis zu dir gezogen,
Senkt sich zu deines Berges Füßen,
Dich mit den Deinen zu begrüßen.

Man sieht auf seinem duft'gen Rande
Gestalten aus dem Märchenlande,
Mit Singen auf und nieder gaukeln,
Und sich in Rosenketten schaukeln.

Zwar die Erscheinung wird verschwinden;
Wer will so leichte Träume binden!
Nur möge nicht der Freund desgleichen
Aus deinem Angedenken weichen!

GUTENBERGS ERFINDUNG

„Ein großer Fund, gewiß! – Und doch,
Wenn man die Sache so bedenkt, sie lag
Verdammt nah, mein ich."
      O sehr wahr! Item:
Als sich der liebe Gott damals besann,
Wie er die Welt erschaffen möcht,
War nichts natürlicher, deucht mir,
Als grünes Gras und Bäume allerhand
Hervor aus der Erde wachsen zu lassen,
Auch oberhalb das blaue Firmament
Hübsch auszustaffieren mit goldnen Gestirnen,
Damit sie leuchten auf ewige Jahr'
Schafsköpfen und gescheiten Leuten.

ERWIDERUNG AN
FERNANDE GRÄFIN VON PAPPENHEIM
In das Kernerische Haus nach Weinsberg gesendet

Cleversulzbach, im Mai

Draußen in der grünen Wildnis
Zwischen Brombeerblüten lag ich
Lange mit geschloßnen Augen,
Und die müß'gen Sinne spannen
Sachte mir schon um die Stirne
Jene trüglichen Gespinste,
Die zu Schlaf und Traum uns locken,
Die sich für Gedanken geben,
Recht vernünftige Gedanken;
Die wie Gold und Purpur schimmern,
Wie Smaragde und Rubine,
Dann zuletzt in nichts zerfließen.

Hör ich nicht in meiner Nähe
Lieblich eine Quelle klingen?
War doch sonst hier, daß ich wüßte,
Nie ein Quell um jene Felsen.
Zauberhafte, süße Töne
Kreisen jetzt um diese Wipfel,
Scheinen jetzt in weiter Ferne.
Rührt vielleicht der Geist im Berge
Sein kristallnes Glockenspiel?

Sprach zu mir der Wind: „Mitnichten,
Lieber! Nachtigallen sind es,
Fremde, die du nie gehöret.
Nur drei Tage und drei Nächte
Singen sie im Tale drüben,
Wo der wundersame Dichter
Wohnet, jener vielgeliebte.
Horch! sie grüßen dich, sie rufen
Deinen Namen." — Und ich horchte;
Mächtig klopfte mir das Herz.

Schnell nahm ich den Wind zum Boten,
Alles Liebe, alles Gute

An die Freundinnen zu bringen;
Tausend Dinge sagt ich ihm.
Unter anderm sollt er melden,
Daß ich eine Laube hätte,
Herrlich, hoch und weit genug,
Viele Gäste aufzunehmen;
Wo Jasmin und Geißblatt dufte,
Wo, wann nun zu Nacht die Laube
Ihre mystischen Geflechte
Kerzenhell, die seidnen Blätter,
Über unserm lauten Tische
Wider Willen muß verbreiten,
Fliehen, husch! die Spukgestalten,
Die vom Kirchhof dort herüber,
Zaun und Hecke leicht durchschlüpfend,
Bald wie dicke Schattenwulste,
Bald in langen Schneegewanden
Auf des Nachbar Kunzen Wiese
Unter schwarzen Bäumen lauschen:
Husch und husch auf Kling und Klang!

Dies, im Fall der nächste Frühling
Jene holden Sängerinnen
Wiederum nach Schwaben brächte.
— Hat er's doch fein ausgerichtet?
Hat man ihn doch wohl verstanden?

[DER ABGEBRANNTE]

Ist's möglich? sieht ein Mann so heiter aus,
Dem was der Väter Fleiß erst gründete,
Was vieler Jahre stille Tätigkeit,
Kraft und Geduld und Scharfsinn ihm gewann,
In *einer* Stunde fraß der Flamme Gier? —
Ihn hebt die Flut des herrlichen Gefühls,
Davon die brüderliche Menschheit rings
Im schönen Aufruhr schwärmt und Ehre mehr
Als Mitleid zollt verhängnisheil'gem Unglück.
Es dringt dieselbe Macht, die so ihn schlug,
Die ew'ge, grenzenloser Liebe voll,

Aus so viel tausend Herzen auf ihn ein,
Und wie zum erstenmal in ihre Tiefe
Hinunter staunend wirft er lachend weg
Den Rest der Schmerzen. Ihm hat sich ein Schatz
Im unerforschten Busen aufgetan,
Und nichts besitzend ward er überreich,
Denn nun erst einen Menschen fühlt er sich!
— Indem er heute noch, sein neues Glück
Zu baun, den ersten Stein entschlossen legt
Und schon im Geist den späten Gipfel grüßt,
Magst du, o feige Welt, erkennen, was
Der Mensch vermag, wenn ihn ein Gott beseelt.

WIDMUNG

Die kleine Welt, mit deren Glanzgestalten
Der Dichter kämpft, bis ihren Überdrang
Er lieblich schlichtend in dem Liede zwang,
Sie will ihr buntes Bild vor dir entfalten.

Getrau ich mir ein Auge festzuhalten,
Das, der Geschichte Sternenhöhn entlang,
Der Völker Heil bedenkend, hin sich schwang,
Von wo die vollen Sonnenkräfte walten?

Zwar mag die Muse mit der Weisheit streiten,
Wer Mutter und wer Tochter sei von beiden:
Doch hat dies Paar mein leichtes Lied gesegnet?

Verstatte denn, daß nach des Tags Beschwerden
Ein flücht'ger Hauch aus jenen Wundergärten
Melodisch, kaum vernommen, dir begegnet!

RÄTSEL

Ich bin eine dürre Königin,
Trag auf dem Haupt eine zierliche Kron,
Und die mir dienen mit treuem Sinn,
Die haben großen Lohn.

Meine Frauen müssen mich schön frisiern,
Erzählen mir Märlein ohne Zahl,
Sie lassen kein einzig Haar an mir,
Doch siehst du mich nimmer kahl.

Spazieren fahr ich frank und frei,
Das geht so rasch, das geht so fein;
Nur komm ich nicht vom Platz dabei —
Sagt, Leute, was mag das sein?

FRANKFURTER BRENTEN

Mandeln erstlich, rat ich dir,
Nimm drei Pfunde, besser vier
(Im Verhältnis nach Belieben);
Diese werden nun gestoßen
Und mit ordinärem Rosen-
Wasser feinstens abgerieben.
Je aufs Pfund Mandeln akkurat
Drei Vierling Zucker ohne Gnad.
Denselben in den Mörsel bring,
Hierauf ihn durch ein Haarsieb schwing!
Von deinen irdenen Gefäßen
Sollst du mir dann ein Ding erlesen —
Was man sonst eine Kachel nennt;
Doch sei sie neu zu diesem End!
Drein füllen wir den ganzen Plunder
Und legen frische Kohlen unter.
Jetzt rühr und rühr ohn Unterlaß,
Bis sich verdicken will die Mass,
Und rührst du eine Stunde voll:
Am eingetauchten Finger soll
Das Kleinste nicht mehr hängen bleiben;
So lange müssen wir es treiben.
Nun aber bringe das Gebrodel
In eine Schüssel (der Poet,
Weil ihm der Reim vor allem geht,
Will schlechterdings hier einen Model,
Indes der Koch auf ersterer besteht!)
Darinne drück's zusammen gut;

Und hat es über Nacht geruht,
Sollst du's durchkneten Stück für Stück,
Auswellen messerrrückendick
(Je weniger Mehl du streuest ein,
Um desto besser wird es sein).
Alsdann in Formen sei's geprägt,
Wie man bei Weingebacknem pflegt;
Zuletzt — das wird der Sache frommen,
Den Bäcker scharf in Pflicht genommen,
Daß sie schön gelb vom Ofen kommen!

SCHERZ
bei Gelegenheit daß ich im Pfarrhause zu W. in einer Kammer zu schlafen hatte, wo Zwiebeln aufbewahrt wurden. Vergl. Uhlands Gedicht „Der Mohn": „Zur Warnung hört ich sagen, daß wer im Mohne schlief — — Halt er für Schemen nur."

Ganz richtig hört ich sagen,
Daß, wer in Zwiebeln schlief,
Hinunter ward getragen
In Träume schwer und tief;
Dem Wachen selbst geblieben
Sei irren Wahnes Spur,
Die Nahen und die Lieben
Halt er für Zwiebeln nur.

Und gegen dieses Übel,
Das sehr unangenehm,
Hilft selber nur die Zwiebel,
Nach Hahnemanns System.
Dies laßt uns gleich versuchen —
Gott gebe, daß es glückt —
Und schafft mir Zwiebelkuchen,
Sonst werd ich noch verrückt!

JOSEPHINE
(Mit Stahlstich)

Dünkt euch die Schöne nicht eben gereift für das erste Verständnis
Zärtlicher Winke? Gewiß, Freunde, doch kommt ihr zu spät.

Diese Stirne, dies Auge, von Unschuld strahlend, umdämmert
Schon des gekosteten Glücks seliger Nebel geheim.

CORONA CHRISTI*

Der Mutter eigen von dem Sohne,
Lehnst du den Glanz der Farben ab:
Du schmückst dich mit der Dornenkrone,
Die des Erlösers Haupt umgab.
Du weihest dich verborgnem Leide,
Verkannter Liebe, heil'gem Schmerz,
Und bist die schönste Augenweide
Für ein getreues, frommes Herz.

KEINE RETTUNG

Kunst! o in deine Arme wie gern entflöh ich dem Eros!
   Doch du Himmlische hegst selbst den Verräter im Schoß!

VOM KIRCHHOF

Gräschen, wenn auch noch so schlicht,
Eine Hand verschmäht dich nicht.
Bring ihr eine leise Kunde
Von dem mütterlichen Grunde,
Dem bescheiden du entsprossen,
Wo der Tau auf dich geflossen,
Den, die Mitternacht zu weihen,
Jenes Gartens Wächter streuen.

AN M.

Ich sehe dich mit rein-bewußtem Willen
  — Ach leider oft den Nächsten selbst entgegen —,
Noch sanft durchglüht vom letzten Vatersegen,
  Streng deines Tages Pflichtenkreis erfüllen.

* Eine bekannte Klee-Art, welche Maria unter dem Kreuze blühend gefunden haben soll.

Du magst so gerne unbelauscht im stillen,
Was himmlisch blüht und unverwelklich, pflegen,
Und, kindlich, um das höchste Wort verlegen,
Den Reichtum deiner tiefern Brust verhüllen.

Wer so dich kennet, ja, der glaubt aufs neue,
Daß Wahrheit, Tugend, Lieb und fromme Treue
Noch immer nicht von dieser Erde schieden.

Oft seh ich, wenn du trüb die Stirne senkest,
Den Stern, den du dir gar verloren denkest,
Dicht überm Haupt dir stehn — den sel'gen Frieden.

NACH EINER SCHLÄFRIGEN VORLESUNG VON
„ROMEO UND JULIA"

       Guten Morgen, Romeo;
       Wie geschlafen?
                        Ach so so.
       Und du, süße Julia?
       Ebenfalls so so la la.

AUF EINER WANDERUNG

   „Ich habe Kreuz und Leiden,
   Das schreib ich mit der Kreiden;
   Und wer kein Kreuz und Leiden hat,
   Der wische meinen Reimen ab."

Wer hat dies bittre Wort, zu herb für einen Scherz,
Mit ungeübter Hand der Ruhbank angeschrieben?
Ein müß'ger Hirt vielleicht, der hier vorbeigetrieben;
Ein fremder Wandersmann; gewiß kein fröhlich Herz.

Die Schrift ist nicht von gestern erst und heut,
Schon mancher ging durch diese Einsamkeit,
Der sich die Zeilen buchstabierend las
Und überrascht sein Teil mit *einem* Blick durchmaß;

Er trug gedankenvoll nach einer kurzen Rast
Des Weges weiter seine eigne Last,

Und ließ dem Kommenden zu seinem Mißgeschick
Den gleichen Stachel ohne Trost zurück.

IN DAS STAMMBUCH VON THEODOR BUTTERSACK
(Nach seines Vaters Tod)

Wenn unsereiner sieht ein junges Leben,
So frisch wie deines und so hoffnungsreich,
Beschleicht uns wohl in Wehmut stiller Neid:
Man möchte so ein dreißig Jahre gern
Zurück sich kaufen, ach, um welchen Preis!
Und anders machen, was man schief gemacht.
Weil aber jung und weise sein zugleich
Unmöglich ist, so tust du wohl, mein Sohn,
Gläubig zu folgen jedem leisen Wink,
Womit dich fromme Mutterliebe führt
Im Geiste des, auf dessen stillem Hügel
Ein Kranz der Ehren unvergänglich ruht.

LIEB IN DEN TOD
Schwäbische Mundart

Uffem Kirchhof, am Chor,
Blüeht e Blo-Holder-Strauß,
Do fliegt e weiß Täuble
Vor's tage tuet, 'raus.

Es streicht wohl e Gässele
Nieder und zwue,
Es fliegt mer ins Fenster,
Es kommt uf mi zue.

Jetz siehni mein Schatz
Und sei linneweiß G'wand,
Und sei silberes Ringle
Von mir an der Hand.

Es nickt mer en Grueß,
Setzt se nieder am Bett,

Frei luegt mer's ins G'sicht,
Aber a rüehrt me's net.

Drei Woche noch Ostern,
Wenn 's Nachthüele schreit,
Do mache mer Hochzig,
Mei Schatz hot mer's g'seit.

Fei still ist mei Hochzig,
Mer halte kein Tanz.
Wer goht mit zur Kirchen?
Wer flicht mer de Kranz?

UNTERSCHIED

Rosengeruch ist klassischer Art und stärkend, dem Wein gleich;
Heliotrop und Jasmin edel, doch immer modern.

CORINNA

Wir sahn dich im geschwisterlichen Reigen
Voll Anmut, Blume unter Blumen, schweben.
Im Lächeln blühete die Seele dir,
Ganz *eines* mit der sichtbaren Gestalt
— Sie wußt es nicht —, heraus aufs Angesicht.
Unschuldige Freude, dem Beschauer fast
So innig fühlbar wie der Tänzerin!

O wessen ganzes Sein und Leben doch
Sich so bewegte durch des Jahres Kreis,
In holdem Gleichmaß jeglichen Moment,
Sich selber so zu seliger Genüge,
Und alle Welt zu letzen, zu erbaun!

ZUM GEBURTSTAG
SEINES FREUNDES MÄHRLEN
Mit einem Kupferstich, den Uracher Wasserfall vorstellend

Von ehrlicher Philisterhand
Gekritzelt, schon vor hundert Jahren,
Ein Wasserfall, mein Freund, uns beiden wohlbekannt.

Wie manchmal standen wir davor,
An ihm berauschend Aug und Ohr,
Da wir noch andre Bursche waren.
Laß ihn in Sprüngen keck sein Jugendziel erreichen,
Gemächlich dann im Tal nach einer Mühle schleichen: —
Dort oben, wo in Morgenwonne
Sich hebet die Septembersonne
Und wo der Hirsch erfrischt und wärmt sein braunes Fell,
Quillt unerschöpft der alte Jugendquell.

KIRCHENGESANG ZU EINER TRAUUNG
Musik von Kauffmann

Laßt, wie Opferrauch
Süß im Morgenhauch,
Laßt die Gesänge steigen!
  Daß unsrem wonniglichen Flehn
  Die droben an der Pforte stehn,
Die Wächter, hold ihr Ohr herunterneigen.

Höchste Liebe, du
Sprich selbst dein Ja dazu!
Sprich in ihr Herz dein Amen.
  Nimm sie in deine fromme Hut,
  Gib Friede, Freude, guten Mut;
In deine Hände, Herr Herr, zeichne diese Namen!
  — Genug! Zur Stunde fällt ihr Los,
  Es fällt, und liegt in Gottes Schoß.

ZUM GEBURTSTAG
Mit einer goldverzierten Feder

Weil, wenn ich Freunden sonst an solchem Tage schrieb,
Das beste Wort durchaus mir in der Feder blieb,
So wag ich heut (wird mir's zu Danke glücken?)
Nur eben gleich die Feder selbst zu schicken.

IN DAS ALBUM EINER DAME

Ich hab einen kleinen Kobold im Haus,
Gar fleißig, zierlich, manierlich,
Von einer Reinlichkeit,
Fast bis zur Peinlichkeit!
Aber *eins* ist nicht genug an ihm zu preisen:
Er macht mir Tintenflecken aus.

Papier, Sacktücher, Hemden — was es sei,
Und wär es noch so arg bekleckst,
Er kriegt es rein, das gehet wie gehext;
Und zwar tut er es ungeheißen,
Es ist Instinkt, Liebhaberei.

Nun sah er dies Album von ungefähr
Und fand da gleich an beiden Purpurdeckeln
Manches zu mäkeln,
Macht also eifrig sich darüber her.
Und diesmal, glaub ich, war der Kerl galant,
Er schien zu ahnen, was es gelte.
Drum wünscht ich selbst, daß man ihn just nicht schelte.

— Zwar weiß ich wohl, ein Klecks von lieber Hand
Kann uns so teuer sein als manche Silhouette;
Wie denn Freund Kerner um die Wette
Expreß dergleichen macht und — unerhört! —
Barone, Gräfinnen und Prinzen mit beehrt.*
Allein ich denke immerhin:
Die Dolken hier und dort auf dieses Tempels Pforte,
Sie waren, wenn ich halbwegs Kenner bin,
Schwerlich von der geweihten Sorte.

---

* Eine kurzweilige Erfindung Just. Kerners, von ihm Klecksographie benannt. Man bricht ein Blatt Papier einfach der Länge nach, läßt auf die eine Seite bei der Falte ein paar Tropfen Tinte fallen und zerdrückt sie mit der umgelegten andern Seite, dadurch eine Figur entsteht, aus der mit einiger Nachhilfe mittelst der Feder leicht irgendein frappantes Bild zu machen ist: phantastische Tier- und Menschenformen, seltsame Blumen, Schmetterlinge u. dergl.

DIE RÜCKKEHR
Steyerische Szene
[Zu einem Bilde]

Warm, im Sonnendunste, schwimmt der Abend
Noch im Tal und zögert lang, zu scheiden.
Und vor seiner Hütte sitzt der Schäfer
Ruhig auf der Bank, ein Pfeifchen schmauchend,
Während drin am Herde sich die Hausfrau
Sputet, daß das Essen fertig werde.
In der Pfanne zischt das Schmalz, es siedet
In dem Topf die fette Schöpsenkeule.
Festlich ist der Tisch gedeckt, die Wände
Schmücken langgewundne Tannenreiser,
Rote Vogelbeeren, Blumen, Bänder;
Denn heut kommen vom Gebirg die Hirten
Alle heim, nach sommerlanger Weide.
Zug um Zug, die wohlgepflegten Rinder,
Allgemach die Steige niederschwankend,
Grüßen mit Gebrüll die Heimat wieder.

Aber Ules Bub, des Schäfers Ältster,
Xaver, und die Annelies und Kathel,
Seine Töchter, mit der wackern Herde,
Warum wollen sie noch nicht erscheinen?
Waren sie doch sonst nicht von den letzten!
— Einmal übers andre tritt die Mutter
Ängstlich aus der Küche zu dem Manne,
Der zu ihrer Sorge brummt und selber
Doch in Unruh diesen fragt und jenen.

Ungeduldig und des Wartens müde,
War das Büblein — jener beiden Enkel
Und ein Waise — neben in der Kammer
Auf dem Boden liegend eingeschlafen,
Nur im Hemdchen, schön wie eine Rose.
Jählings aber nun erweckt von hellen
Lust'gen Klängen der Schalmei, so ferne
Sie noch scheinen, springt er auf, der Knabe,
Huscht zur Tür hinaus, den guten Alten
Aus den Händen, die ihm lachend nachsehn,
Wie er läuft, wie ihm die Locken fliegen.

Dort am Weiher, wo der Wald sich öffnet,
Tritt auch schon der muntre Trupp zutage,
Ganz von Abendpurpurglut begossen,
Die von allen Felsenzinnen leuchtet.
Auf dem Maultier, hoch im Sattel schwebend,
Führet Annelies den Zug, die schöne.
Und, da sie das Kind erblickt von weitem,
Ihren Liebling, dem sie wie die zweite
Mutter ist — mit Händeklatschen innig
Grüßt sie ihm entgegen, und der Bruder
Hält mit Blasen inne, schwingt den Jungen
Auf den Schoß dem holden Mädchen. Aber
Gruß und Kuß und wonniges Frohlocken
Wird alsbald vom überlauten Jubel-
Ton der gellenden Schalmei verschlungen;
Denn es gilt dem ganzen Dorf zu sagen,
Daß der Xaver kommt und seine Herde.

TRINKSPRUCH
bei der Hochzeit des Herrn Dr. Zech, Prof. der Astronomie und Mathematik

Indes dein Geist am Firmament sich sonnte
Und sich verlor in der Kometen Lauf,
Ging unversehns am alten Horizonte
Ein schönres Licht, dir zum Entzücken, auf.
Doch bald machst du den Himmel selber reden
Von deinem Glücke durch ein zweites Heureka:
Paul Zech entdeckt den neusten der Planeten
Und nennt ihn stolz: Emilia.

Stuttgart.

DER HIRTENKNABE

Vesperzeit,
Betgeläut
Aus den Dörfern weit und breit.
Hirtenbüblein auf der Heide
Bei der Weide
Seine Hände alsobald

Überm Käpplein falt't,
Schlägt die Augen unter sich,
Betet inniglich.
Sieh da! Engel Hand in Hand
Ihrer viere, fahrend über Land;
Wie sie ihn erblicken,
Winken sich und nicken,
Machen halt im Nu,
Treten still herzu,
Stimmen an zum Glockenklang
Ihren Lobgesang.

DIE HEILIGE NACHT

Gesegnet sei die heilige Nacht,
Die uns das Licht der Welt gebracht! —

Wohl unterm lieben Himmelszelt
Die Hirten lagen auf dem Feld.

Ein Engel Gottes, licht und klar,
Mit seinem Gruß tritt auf sie dar.

Vor Angst sie decken ihr Angesicht,
Da spricht der Engel: „Fürcht't euch nicht!

Ich verkünd euch große Freud:
Der Heiland ist euch geboren heut."

Da gehn die Hirten hin in Eil,
Zu schaun mit Augen das ewig Heil;

Zu singen dem süßen Gast Willkomm,
Zu bringen ihm ein Lämmlein fromm. —

Bald kommen auch gezogen fern
Die heil'gen drei König mit ihrem Stern.

Sie knien vor dem Kindlein hold,
Schenken ihm Myrrhen, Weihrauch, Gold.

Vom Himmel hoch der Engel Heer
Frohlocket: „Gott in der Höh sei Ehr!"

AN MORITZ VON SCHWIND

Ich sah mir deine Bilder einmal wieder an
Von jener treuen Schwester, die im hohlen Baum,
Den schönen Leib mit ihrem Goldhaar deckend, saß
Und spann, und sieben lange Jahre schwieg und spann,
Die Brüder zu erlösen, die der Mutter Fluch
Als Raben, sieben Raben, hungrig trieb vom Haus.
Ein Kindermärchen, darin du die Blume doch
Erkanntest alles menschlich Schönen auf der Welt.

Von Blatt zu Blatt, nicht rascher als ein weiser Mann
Wonnige Becher, einen nach dem andern, schlürft,
Sog ich die Fülle deines Geistes ein und kam,
Aus sonnenheller Tage Glanz und Lieblichkeit
In Kerkernacht hinabgeführt von dir, zuletzt
Beim Holzstoß an, wo die Verschwiegne voller Schmach,
Die Fürstin, ach, gebunden steht am Feuerpfahl:
Da jagt's einher, da stürmt es durch den Eichenwald:
Milchweiße Rosse, lang die Hälse vorgestreckt,
Und, gleich wie sie, die Reiter selber atemlos —
Sie sind's! Die schönen Knaben all und Jünglinge!
Ah, welch ein Schauspiel! — Doch was red ich *dir* davon?
„Hier", sagte lachend neulich ein entzückter Freund,
Ein Musiker, „zieht Meister Schwind zum Schlusse noch
Alle Register auf einmal, daß einem das Herz
Im Leibe schüttert, jauchzt und bangt vor solcher Pracht!"
— Wenn dort, ein rosig Zwillingspaar auf ihrem Schoß
Die Retterin auftaucht, und der Ärmsten Jammerblick
Sich himmlisch lichtet, während hier der König sich
Auf das Scheitergerüste stürzend, hingeschmiegt das Haupt,
Die nackten Füße seines Weibes hold umfängt,
Wer fühlt den Krampf der Freuden und der Schmerzen nicht
In aller Busen staunend mit? Und doch zugleich
Wer lächelt nicht, wenn seitwärts dort im Hintergrund,
Vom Jubelruf des Volks erstickt, ein Stimmchen hell
Sich hören läßt, des Jüngsten von den Sieben, der
Als letzter kommt geritten, mit dem einen Arm
Noch fest im Rabenflügel, auf die Schwester zu!
— Genug, und schon zuviel der Worte, Teuerster.

Ich knüpfte seufzend endlich meine Mappe zu,
Saß da und hing den Kopf. Warum? Gesteh ich dir
Die große Torheit? Jene alte Grille war's,
Die lebenslang mir mit der Klage liegt im Ohr,
Daß ich nicht Maler werden durfte. Maler, ja!
Und freilich keinen gar viel schlechteren als dich
Dacht ich dabei: Du lachst mit Recht. Doch wisse nun:
Aus solchem Traumwahn freundlich mich zu schütteln, traf,
O Wunder, deine zweite Sendung unversehns
Am gleichen Morgen bei mir ein! — Du lässest mich,
O Freund, was mir für mein bescheiden Teil an Kunst
Gegeben ward, in deinem reinen Spiegel sehn:
Und wie! — Davon schweig ich für heut. Nur dieses noch:
Den alten Sparren bin ich los für alle Zeit,
So dünkt es mich — es wäre denn, daß mir sofort
Der böse Geist einflüsterte, dies Neuste hier
Sei *meine* Arbeit lediglich: die Knospe brach
Mit einemmal zur vollen Rose auf — man ist
Der großen Künstler einer worden über Nacht.

Anmerkung. Jene zweite Sendung bestand in drei Sepiazeichnungen zu des Verf. Gedichten: „Ach nur einmal noch im Leben"; — „Märchen vom Sichern Mann"; — „Erzengel Michaels Feder".

AUF DIE REISE
Mit meinen Gedichten

Was mein reisender Freund demnächst im gepriesenen Süden
 Mit lusttrunkenem Blick Schönes und Herrliches schaut —
Wär es zur Hälfte auch nur, o Büchlein, zwischen die schlichten
 Blätter zu sammeln in dir, besser wohl stünd es um uns.
Aber so kommst du zurück wie du gehst, und glücklich genug noch,
 Wenn du die Reise nicht gar müßig im Koffer verschläfst.

NACHLESE III

Gedichte aus dem Nachlaß

Aus der Zeit vor Cleversulzbach
(1815—34)

EIN WORT DER LIEBE
den besten Eltern
von Eduard Mörike
an seinem eilften Geburtstage

1

Dieses Morgens sanfte Stille
  Stimme mich zu dem Gebet,
Das aus meines Herzens Fülle
  Für Sie! beste Eltern, fleht.
Heute habet Ihr das Leben,
Nächst der Gottheit, mir gegeben;
Nehmen Sie nun das Bestreben,
  Sie dafür zu preisen, an!

2

Noch lacht, wie die Frühlingssonne,
  Mir der Kindheit Rosenschein;
Fühle schon eilf Jahr die Wonne:
  Ihres Daseins mich zu freun.
Freuden habt Ihr mir bereitet,
Mich an Eurer Hand geleitet,
Oh, daß Ihr Euch auch so freutet,
  An dem Tag, der mich Euch gab.

3

Ach! der Leidenden so viele,
  Die der Krankheit Last gedrückt,
Hat mit warmem Mitgefühle,
  Ihre Hülfe schnell erquickt.
Vater! der Sie durch Ihr Leben
Mir des Fleißes Beispiel geben,

Möcht ich immer mich bestreben,
Menschenfreund! wie Sie zu sein!

4

Mutter! Ihrer zarten Liebe,
　Ihres Beispiels hoher Kraft
Dank ich alle edlen Triebe,
　Jede gute Eigenschaft.
Sie, die Ernst mit Milde paaren,
Nicht die größte Mühe sparen,
Meine Sitten zu bewahren,
　Seien durch mich selbst belohnt.

5

Beste Eltern! Sie verwenden
　Soviel Kosten, soviel Müh,
Führen mich an Ihren Händen,
　Sorgen immer, rasten nie!
Wenn Sie mich mit Liebe führen,
Sollte dieses mich nicht rühren? —
Nein! Nichts sollen Sie verlieren
　Keine Kosten, keine Müh!

6

Dann auch noch, wenn meines Lebens
　Pfad in Dunkel hüllt sich ein,
Und ich wünsch zurück vergebens
　Dieser Tage Sonnenschein,
Sei Ihr Beispiel, Ihre Lehre
Meine Stärke, oh, dann kehre
Sich mein Blick auf jene Ehre:
　Solcher Eltern Sohn zu sein.

7

Darum kehre oft zurücke
　Schöner, froher Augenblick!
Wo ich in der Eltern Glücke
　Find mein eignes, höchstes Glück.
Vaterfreuden, Mutterfreuden
Seien bis in späte Zeiten
Ihrer überstandnen Leiden
　Süßester Ersatz und Lohn.

8
Ich will durch mein ganzes Leben
  Mit Gehorsam Sie erfreun;
Täglich will ich mich bestreben:
  Ihrer Liebe wert zu sein!
Gar nichts soll den Mut mir dämpfen
Auf Minervas Feld zu kämpfen,
Trägheit soll mich nie beschimpfen,
  Einen Zögling von Apoll.

9
Eltern! Schnell heilt nicht die Wunde,
  Die — wie eines Blitzes Kraft
Aus dem schwarzen Horizonte —
  Uns ein Schlag des Schicksals schafft.
Stark ist unser aller Sehnen,
Abzutrocknen sind noch Tränen,
Um Sie, Teure, auszusöhnen
  Mit des Schicksals dunkelm Gang.

10
Gott im Himmel! Sieh hernieder!
  Und erhöre mein Gebet,
Weil auch meiner kleinen Brüder
  Schuldlos Stammeln zu dir fleht.
Tragt der Unschuld heißes Flehen,
Engel! zu der Sterne Höhen —
Und die besten Eltern sehen
  Ihre Wünsche schnell erfüllt.

11
Ach! die Menschen sind so müde!
  Käme doch der Freiheit Glück,
Brächte doch der goldne Friede
  Uns auch unser Glück zurück!
Süße Hoffnung! Laß dich nähren:
Lange kann es nicht mehr währen,
Uns blüht aus so bittern Zähren
  Eine heitre Zukunft auf.

DIE LIEBE ZUM VATERLANDE
Auf den 31. Dezember 1819
Seminar Urach

Ein ernstes Jahr ist uns dahingeschwunden,
Wir feiern heute seinen letzten Tag
Mit frommem Sinne innig hier verbunden,
Eh er ertönt der dumpfe Glockenschlag:
Oh! sie ist nah die letzte seiner Stunden
Die kaum noch tief in später Zukunft lag;
Und in uns tönen sanfte Harmonien
Die unsre Seele nach dem Ernsten ziehen.

In diesem Jahr ward uns ein Glück beschieden
Durch *einer Liebe* segensvolle Macht,
Durch sie ward unserm Volke neuer Frieden
Und manches alte Recht zurückgebracht:
Denn in dem Lande nur ist Ruh hienieden,
Wo dieser Liebe scharfes Auge wacht;
Wir alle hängen durch die milden Bande
So warm, so innig an dem *Vaterlande*.

Und jener Strahlen, die in uns erglühn,
Der reinsten Liebe gottgesandte Strahlen,
Wohl hat der Vater, der sie uns verliehn,
Sie hoch entflammt in Teutschlands Söhnen allen,
Doch findet keiner Worte, stark und kühn,
Die heil'ge Glut *der* Liebe treu zu malen:
Drum, was die schwachen Lippen niemals nennen,
Das wird der Deutsche aus sich selbst erkennen. —

Der *Knabe* schon, der sich auf Rosenpfaden
Des jungen Lenzes sorgenlos ergeht,
Der nicht verkehrter Menschheit schwarze Taten
Die Welt noch nicht und ihren Trug versteht —
Er fraget nicht nach fernen fremden Staaten,
Wo andre Luft als in der Heimat weht: —
Auf seinen Matten unter duft'gen Bäumen
Will er die Tage friedlich-still verträumen.

Und ist er in die Welt nun ausgegangen,
Und naht sich eine sturmerfüllte Zeit

Dann muß er seine Weihe erst empfangen,
Die ihn zum freien deutschen *Manne* weiht,
Da faßt ihn brennend jenes Glutverlangen,
Womit er alles seinem Volke leiht:
Und was ist's anders, sprecht, als diese Liebe,
Wenn sie sich naht mit niebesiegtem Triebe? —

Und kommt nun — wie am heitern Himmelsbogen,
Nach einem langen schönen Tageslicht
Ein drohnder Sturm, der grausig angezogen,
Sich krachend aus der grauen Wolke bricht —
Der Feinde Schar blutdürstend hergeflogen,
Die Flur nicht schonend und die Unschuld nicht,
Dem frohen Volk den Frieden zu entwinden,
Die Kriegesfackel tückisch anzuzünden:

Da braust es auf in jenes Mannes Herzen,
Es glüht der Blick — sein Himmel ist entflohn,
Die Brust bewegen namenlose Schmerzen,
Und nach dem Schwerte greift er wütend schon —
Da sieht er seine Kleinen schuldlos scherzen,
Die ihm die Wütriche zu würgen drohn,
Das Mordgewehr entsinkt den Vaterhänden,
Er kann sich nicht von seinen Lieben wenden.

So starrt er sprachlos auf die Erde nieder,
Und lauter pocht es in der öden Brust —
Sieh! da erwacht sein Genius ihm wieder,
Und neu erwacht die alte Kampfeslust,
Schon tönen ihm die frohen Siegeslieder,
Und seines großen Ziels ist er bewußt!
Von teurer Stimme mächtig fortgezogen
Muß er für Freiheit in des Kampfes Wogen.

Noch einmal spricht er seinen Vatersegen
Für seine Gattin, seine Lieben aus,
Dann kann nicht Flehn, nicht Weinen ihn bewegen,
Und er verläßt das väterliche Haus,
So stürzt er nun in der Geschütze Regen,
Hochherzig in die blut'ge Nacht hinaus,

Hier will er aus der Knechtschaft eh'rnen Ketten,
Das Vaterland, die Seinen sich erretten.

Da finden sie sich jene teutsche Mannen
Zum Freiheitskriege stürmen sie herbei
Und groß und klein folgt den gerechten Fahnen.
Der mächt'ge Schlachtruf schallt: „Tot oder frei."
Die Liebe muß den Weg zum Siege bahnen,
Denn Liebe dultet keine Sklaverei.
Und alle Herzen die so edel schlagen
Wird es im Morgenrote herrlich tagen. —

Und siegreich jubelnd zieht der teutsche Streiter
Nun wieder in sein heimatliches Gau
Der Himmel lacht ihm noch einmal so heiter
Aus seinem sanften anmutsvollen Blau,
Das Land ist frei: was braucht der Teutsche weiter
Die Seinen sind's, und frei ist seine Au
Die Teuren fliegen fröhlich ihm entgegen
Die Liebe siegt: — die Feinde sind erlegen. —

Wer denkt nicht hier auch Wilhelms kühner Siege
In denen er sich ew'ge Kränze wand,
Focht er nicht auch in jenem Freiheitskriege
Focht er nicht auch fürs teutsche Vaterland?
Nun, da er weiß daß sie darniederliege
Des stolzen Feindes kriegerische Hand,
Nun will er uns auch innern Frieden bringen:
Den schönsten Lorbeer muß er sich erringen.

Rief uns doch jüngst des besten Herrschers Milde
Den lichten Stern in dunkler Nacht hervor,
Und prächtig über Württembergs Gefilde
Stieg er am teutschen Horizont empor.
Die Liebe selbst spricht ja aus Wilhelms Bilde,
Des Volkes Flehn verschloß er nie sein Ohr.
Die alten Rechte gab er treu uns wieder,
Wie sie die Väter hatten: deutsch und bieder.

Und sieh! es kehren wieder frohe Tage
Es kehrt das alte schöne Friedensglück,

Und statt der Träne, statt der bangen Klage
Sieht trunkne Freude nur aus jedem Blick;
Und späten Enkeln melde noch die Sage:
„Dies alles brachte Wilhelm euch zurück —"
Wir aber schwören nie vom Recht zu lassen,
Und sollten wir im Kampf dafür erblassen.

Oh! es ist schön fürs Vaterland zu streben,
Und herrlich ist's, wenn diese Treue siegt:
Wie sich die teutschen Busen mächtig heben,
Wenn für sein Wohl die Siegesfahne fliegt:
Oh! Brüder, lasset Gut und Blut und Leben,
Wenn nur der Dämon tief im Staube liegt —
Der Dank wird uns in friedlicheren Zonen,
Dort oben, wo die Himmlischen belohnen! —

AUF ERLENMAYERS TOD, 2. JUNI 1820
Bei einer Trauerfeier der Uracher Promotion

So ist es wahr! er ist dahingegangen,
Der keine Ruh in diesem Leben fand,
Den alle mit so warmer Lieb umfangen,
Er ist dahin — ins schöne Vaterland!
Drum rinnt die Träne heiß von Freundeswangen,
— So schnell zerriß das schöne Bruderband.
Der ew'gen Macht geheimnisvolles Walten
Vermag ein Menschenherz nicht zu entfalten.

Er sollte nicht in diesem Kreis genesen,
Ein andres Los ward diesem Freund ersehn.
Es muß vom Staub das Göttliche sich lösen,
Frei schweift der Blick in lichten Himmelshöhn,
Wo wir ihn schaun als andre selige Wesen,
Wenn einst auch wir zum Vater heimwärts gehn.
Dort kennt man nicht der Trennung bittre Leiden,
Nichts soll uns mehr von unsrem Freunde scheiden.

So schau herab von deinen sel'gen Höhen
Auf deiner Brüder tiefgefühlten Schmerz.
Umschwebe sie mit leisem Geisterwehen
Und flöße Trost ins bange Bruderherz.

Zieh unsern Geist, da wir dein Fest begehen,
Zu dir, und leit ihn himmelwärts,
Daß er dich sieht, wie du in milder Klarheit
Dort oben wohnst im ew'gen Reich der Wahrheit.

Ganz glaubten wir dich nicht von uns geschieden
Und wähnten friedlich dich im Vaterhaus.
Doch du gingst ein zu süßrem Himmelsfrieden.
Des Todes Engel löscht die Fackel aus.
Du hast gesiegt — uns bleibt der Schmerz hienieden,
Dich zieht es aus dem Erdental hinaus,
Wo jene Täler dir entgegenlachen,
Kurz war der Traum — doch ewig dein Erwachen.

Du hast fürwahr der Leiden viel getragen,
Solang wir dich zu unsrem Bund gezählt;
Doch ohne Murren littst du, ohne Klagen —
Durch ernstes Hoffen ward dein Mut gestählt.
Und als es kam, uns Lebewohl zu sagen:
Da hat die Liebe Gottes dich beseelt.
Du harrest still, bis deine Engel kommen,
Dich hinzutragen in das Reich der Frommen.

Du blicktest auf zum Himmel, still ergeben,
Und mächtig klärte sich der trübe Blick.
Da sahest du den Seraph niederschweben,
Es bebt die Brust — von hohem Himmelsglück —
Und wunderbar begann es dich zu heben
Hinauf, hinauf — ins Heimatland zurück.
Du lebst im Glanz, von Morgenrot umflossen,
Im schönen Land, wo schönre Blumen sprossen.

Drum, traute Brüder, höret auf zu weinen;
Doch soll die Stunde stets uns heilig sein.
Zu neuer Freundschaft wird sie uns vereinen
Und neuer Liebe Gluten in uns streun.
Oft wird sein edles Bild uns noch erscheinen
In mildem Glanz, beruhigend und rein,
Oft wird es sich in unsre Träume weben,
Und stets wird es in unsrer Mitte leben!

DEM SENIOR DER ERSTEN URACHER PROMOTION
1820

Wir nahn uns Euch zu dieser Frist
Am allerschönsten Tage,
  Der, ob es gleich wüst Wetter ist
Doch diesen Namen trage
  Der uns ein würdig Seniorat
  Massivster Form gegeben hat
Euch, unsers Herzens Wonne!

Und wenn's an Kräften gleich gebricht
Wie wir Euch ehren sollen
  Verschmähet doch dies Opfer nicht
O hochgeschätzter *Bollen**!
  So leiht uns Euer langes Ohr
  Großmächtig edler Senior
Hört unsre Liebeswünsche.

Euer wertes Lebensschifflein soll
Das höchste Glück ersteuern
  Fortuna blas die Segel voll
Mit Backen wie die Euern.
  Doch Ihr seid selbst Fortunens Sohn,
  Euer corpus referiert auch schon
Das Abbild ihrer Kugel.

Die Göttin wird das Konsisto-
Rium nach Gunsten wenden
  Und wohl das beste Dienstle so
Es gibt an Euch verspenden
  Daß bald Ihr auf der Kanzel steht
  Und auf zu Euern Bauern fleht
„Numquam committere stuprum!"**

Trotz diesem wohlgenährten Leib
Wird Euch alsdann daneben
  Ein angenehmes Eheweib
Zum Himmelreich erheben.

---

* Beiname Dietzschs. — ** Ein Hebdomadarvers von Dietzsch.

In diesem Paradiesgärtlein
Wird unserm Pärchen auch gedeihn
Manch allerliebster „*Rettig*"*.

Ihr mögt die Wünsch in Huld empfahn,
Sie sind ja gut und würzig;
  Gewiß der Himmel hört sie an.
Bedenkt wir flehn selbvierzig.
  Und wenn man dies zusammenpackt
    Samt dem was unser Herz noch sagt
Gibt's einen ganzen *Knezel***.

FISCHERMÄDCHEN SINGT:

Ach Bruder, bist gezogen
Fort in die blut'ge Schlacht
Und tot in unsre Hütte
Wardst du zurückgebracht.

Oft wenn ich bis zum Abend
Am See gesessen bin
So leit ich meinen Nachen
Zu der Kapelle hin.

Dort knie ich in der Stille
Vor dem Mariabild
Dann geh ich zu dem Grabe
Darein man dich gehüllt.

Du hörst die Schwester nahen
Mit liebevollem Tritt
Und gibst mir frische Blumen
Für unsere Mutter mit.

Und wenn ich heimwärts schiffe,
Da ist mir wohl und leicht,
Als hätt die Heil'ge selber
Mir ihre Hand gereicht.

---
* Hießen Dietzschs eigentümliche Witze.
** Einer von seinen vielen Spitznamen.

Doch wie des Sees Welle
Sich nie beruhigt stillt
Und immer wiederkehrend
Zu uns herüberquillt,

So werden meine Schmerzen
Von neuem stets erregt,
Bis mich der Kahn auf immer
An deine Seite trägt.

IN DER HÜTTE AM BERG

„Was ich lieb und was ich bitte
Gönnen mir die Menschen nicht,
Darum, kleine, moos'ge Hütte,
Meid ich so des Tages Licht.

Bin herauf zu dir gekommen,
Wo ich oft der Welt vergaß
Gerne sinnend bei dem frommen
Roten Kerzenschimmer saß.

Weil ich drunten mich verliere
In dem Treiben bang und hohl,
Schließe dich, du kleine Türe
Und mir werde wieder wohl!" —

So der Einsamkeit gegeben,
Hing ich alten Träumen nach,
Doch der Flamme ruhig Weben
Trost in meine Trauer sprach.

— Leise, wie durch Geisterhände
Öffnet sich die Türe bald,
Und es tritt in meine Wände
Eine liebliche Gestalt.

Was ich lieb und was ich flehte,
Freundlich, schüchtern vor mir stand,

Ohne Sinn und ohne Rede
Hielt ich die geliebte Hand;

Fühle Locken bald und Wange
Sanft ans Antlitz mir gelegt,
Während sich im sel'gen Drange
Träne mir um Träne regt.

— Freundlich Bild im himmelblauen
Kleide mit dem Silbersaum!
Werde nimmer so dich schauen,
Und mich täuschte nur ein Traum.

MÄRCHEN

Ich will euch Kunde tun und sagen
   Von einem fernen Wunderland
Ich weiß nicht, wer mich hingetragen
   Doch ahn ich — eine Geisterhand.
Es herrscht ein wundersames Walten
   Ein heiliges Geheimnis dort,
Ich stand betäubt vor den Gestalten,
   Vor manchem grauenvollen Ort.
Es ward mir geboten, für immer zu schweigen
Nur *eine* Erscheinung vermag ich zu zeigen.

Nachdem ich lang umhergegangen,
   Geht auf — ein Tor mit einemmal
'ne große Glock war aufgehangen
   Im leeren, runden Marmorsaal.
Nur ferne Stimmen hört man singen
   Indem es um mich schweigt und ruht
Da kamen schnell, mit regem Klingen
   Wohl unter den metallnen Hut —
— Wie plötzlich vom Zauber gelockt und gezogen —
Unzählig viel kleinere Glöckchen geflogen.

— Das war ein Durcheinanderschwärmen
   In diesem weiten, hohlen Raum
Wie Kinder schienen sie zu lärmen —

Doch ach! das Klingen ruhte kaum,
  Da will die Glocke sich bewegen
    Sie schwingt sich immer mehr und mehr
  Und unter unbarmherz'gen Schlägen
    Wirft sie die Kleinen hin und her.
Sie klirren, und seufzen, sie können nicht fliehen,
Nicht bersten noch schmelzen, trotz Schlägen und Glühen.

  Wohl eine Stunde mocht es dauern,
    Solang der Schläger kräftig schlug,
  Dann kamen jene, wie mit Trauern
    Heraus — und fort in mattem Zug.
  Mir aber fing es an zu bangen
    Mir schien es wohl! ein *ernstes* Spiel,
  Und wie die Glöckchen weinend klangen
    Erregten sie mein Mitgefühl.
Bald hatten sie alle, verschwebend nach oben
Sich durch eine Öffnung den Blicken enthoben.

  Dann, aus der Glocke letztem Beben
    Vernahm ich dieses, wunderbar:
  „Wer drüben in dem ird'schen Leben
    Zum Scheine fromm und heilig war,
  Die dort gebetet ob der Menge,
    Sie sein auch hier ein tönend Erz;
  Wie sie dem Ruf der Glockenklänge
    Zur Kirche folgten ohne Herz,
So mögen sie hier noch zur Glocke sich finden
Und, *tönend*, die täglichen Schmerzen empfinden."

IM FREIEN

An euch noch glaubt ich
Mich trösten zu können,
Meine Sehnsucht — an euch!
Ihr Lüfte, webend über den Wiesen!
Und ich eilte zu euch
Unter die Weiden;
Aber nun wehet ihr,
Und, ich sehe, das stillet mich nicht!

Da ich ohne euch war,
Unter dem Druck der Stadt,
Mahnt's mich mit einmal an euch,
Wunder-Hoffnung durchzückt' mich,
Tränen der Wonne schossen vors Auge mir
Bei deinem lang vergessenen Namen,
Ruhige, gute Natur!
Und wie ein Knabe, heftig schluchzend,
Zur verzeihenden Mutter hinläuft,
Also lief ich entgegen euch,
Und nun seid ihr mir Lüfte nur!
Jetzt verlässet mich alles!

Oder bin ich dir gestorben,
Du unsterblicher Geist der Natur?
Konnte die weichliche Pein
Jener unseligen Liebe
Dich mir auf ewig entfremden?
Und so verzweifl ich jetzt
Weil ich mein Herzblut gab
Für einen Schatten?

Wühlt durch die Locken mir,
Ihr Winde!
Verbirg dein Antlitz, freundlicher Himmel,
Mit dieser Wolken beruhigendem Grau!
Laß dichter deine großen Tropfen fallen
Auf diese Gräser, diese Bäum, diesen schwellenden Fluß!
Ach! Dumpfer, schöner Donner,
Wie erquickest du mich!
Laß dichter deine großen Tropfen fallen!
Rolle donnernder durch die Wölbung!
Daß es mich aufregt
Aus dem unerquicklichen
Matten Tod!
Nur daß ich fühl: ich lebe!
Und seh einen Wandel, ein Geschäft der Natur!
Die tot mir lag,
Mir Einsamen.

Wie die beneidenswerten
Käfer und Würmchen der Erde,
Die im Gewitter
In ihre heimlichen Wohnungen ducken,
Will ich dann auch in
Meines Herzens Wohnung
Zu kehren meinen,
Mit gleicher ahnungsvoller Freude,
Als fänd ich einen Tropfen Nahrung
Einen Lebensgedanken;
Dein mahnend Schauspiel schaut ich dann
Gott, aus ruhigem Winkel,
Und Kräfte, brütend, saugt ich
Zu eignem Tun!
Heile mich, Mutter Natur, ach, an deinem
Lautschlagenden Busen!
Oder gefällt es dir, ja, so sende
Send aus den Höhen auf meine Stirn
Reine Blitze,
Mein Leben zu scheiden!

[ROTKÄPPCHEN UND WOLF]

„Wir sind Geister, kleine Elfen,
Und wir müssen jetzo helfen,
Daß ein armes Menschenkind
Guten Schlaf im Walde findt.
Ein böser Wolf hat's totgemacht
Und ist dafür auch umgebracht.
Aber wir tragen
Und wir begraben
Allhier in schöner Nacht,
Allhier im Mondenscheine
Ach seine weißen Beine
Und seine lieben Hände
Und sein rot Mützchen auch;
Alles andre hat der Wolf im Bauch.
Horch, wie ist der Wald so still!
Die Vögel schweigen alle,
Und auch die Nachtigalle

Heut gar nicht singen will;
Rotkäppchen ist tot,
Ist tot, ist tot,
Und alles hat ein Ende,
In der Bahre liegen blutigrot
Seine weißen Füße und Hände.

Bald aber — liebe Schwestern, freuet euch! —
Wird dieses Kind uns allen gleich.
Es windet sich aus feuchtem Moos
Mit frischen Elfengliedern los,
Dann wiegt es sich im schwanken Mondenstrahl
Auf Blumen und auf Halmen
Und tanzt durch Wald und Wiesental."

„Ich bin der Wolf, den man hat totgeschossen
Und bin als Geist in diesen Wald verstoßen;
Im Grabe hab ich keine Ruh,
Bis ich Rotkäppchen finden tu,
Bis es für meine Missetat
Mir die Verzeihung geben hat.
Auch die Großmutter muß ich sehen
Und sie um ihren Segen flehen.
Zwar ungern tu ich dieses nur,
Es ist mir wider die Natur:
Doch bin ich matt und so beklommen,
Überhaupt so tief heruntergekommen,
Daß mir's all eins ist, was ich tu,
Läßt man mich endlich nur in Ruh.
Dann will ich mich um nichts mehr bekümmern,
Mich weder bessern noch verschlimmern.
Ganz abgesondert im Geisterreich
Leb ich, nur brütend, immer gleich,
Werde keinen Gruß erwidern
Von meinen Schwestern oder Brüdern.
Ja, einst da dacht ich anders wohl,
Daß ich mein Glück im Tod erst finden soll,
Denn dich, Geliebte, hofft ich dort zu suchen;
Allein jetzt muß ich dich und mich verfluchen.
Gefoltert so von Scham,

Gemartert so von Gram,
Will ich von deinem Anblick ferne weichen —
Doch still! dort seh ich etwas schleichen,
Es schlupft durch mondscheingrün Gebüsch
Und blickt mich an mit Augen frisch:
Es ist Rotkäppchens Geist.

Ich sehe schon, daß du mich kennst;
Fürchte dich nicht! ich bin nur ein Gespenst.
Sieh her! ich bin mein eigner Schatten
Und muß vor tiefem Schmerz ermatten.
Du aber bist wie eine Blume nun,
Die wandelt durch den Wald, wie sel'ge Geister tun.
Ach gib in deiner Seligkeit
Ein Zeichen nur, daß mir dein Geist verzeiht!
— Du winkst mir zu? . . ."

[VARIATION ZU „AN DEN SCHLAF"]

Wenn sich die Sonne nun begräbt ins Meer,
Nicht strebt mein Arm, sie ängstlich aufzuhalten,
Sie schickt den Mond, den bleichen Träumer, her
Die Bürgschaft ihres Lebens zu verwalten: —

Magst du dich noch so sehr zum Tod gestalten,
O weicher Schlaf, dies schreckt mich nicht so sehr,
Nein, lasse nimmer doch mein Bette leer
Komm an! mein Leben linde einzufalten!

Geliebte Ruh! süß atmend Leichenbild!
Man lebt in dir, man stirbt in dir vergebens!
Wie lieb, zu leben jenseits fast des Lebens,
Diesseits dem Tod zu sterben, ach! wie mild.

Doch wie? mein Sinn bleibt wach, mein Auge hell;
So fliehst du mich? Was hat mich dir verleidet?
Nur still! — Ich ahne deine Absicht schnell,
Wie sinnreich du mein Flehen hast gedeutet:

Zwei Leben hab ich, dies ist mir bewährt,
Geschwister, die gar feste sich umfangen.
Du hast mit bill'gem Sinn so mein Gebet erklärt
Und gleich das edlere in deinen Arm empfangen.

Schlaf wohl, Luise! denn ich bin's nicht wert,
Bin nur der Mond. Die Sonn ist untergangen.

NACHKLANG
An L.

Wenn ich dich, du schöne Schwester sehe,
   Und betrachte deinen Ernst so gerne,
   In den Augen diese klaren Sterne,
Ist's, als wollte weichen all mein Wehe.

Denn da kann ich mir so plötzlich denken,
   Dürft ich wohl in ihre reine Seele
   Das Geheimnis, das ich stets verhehle,
Dieses unverdienten Kummers senken?

Daß er wie ein Leichnam sei im Grabe
   Drin sie ihn zurechte würde legen,
   Und sie spräche über ihn den Segen,
Ach, auf daß ich fortan Ruhe habe.

Denn solang ich mag die Hoffnung hegen,
   Jenes Bild, das längst für mich verschieden
   Könnte mir noch holden Gruß entbieten
Will mich nichts zur Freude mehr bewegen.

AN L. S.
Nach dem Tode ihrer Freundin

Aufs neue kehrte der geliebte Tag,
Den wir von je als Fest begrüßet haben,
Ein jedes bringt, was dich erfreuen mag,
Ein herzlich Wort, ein Blümchen, bunte Gaben;

Es suchen alle Freundinnen dein Haus —
Doch ach! *Sie* bleibt, die Freundlichste, bleibt aus.

Ja, sie bleibt aus und wiederkehret nie,
Wie sehr das heiße Herz nach ihr verlange;
Nur kaum in seltenen Träumen schaust du sie,
Dann fühlt dein Kuß die schwesterliche Wange,
Dann lauschest du die stille Nacht entlang
Der wohlbekannten Stimme treuem Klang.

„Die Seligen, die in dem ewigen Licht
Nun keine Stunden mehr und Jahre messen,
Sie haben doch die alten Feste nicht,
Den Glockenschlag der Freundschaft nicht vergessen,
So feir ich heute deinen Tag mit dir,
Und für die Liebe ist kein Dort noch Hier."

LIED EINES MÄDCHENS

    Bist du goldner Frühling
  Wieder auf dem Wege
  Wirst du wieder rege
    Warme Lebensluft?

    Daß du, holder Knabe,
  Vor der Türe stehest
  Linde mich umwehest
    Spür ich lange schon.

    Willst du erst mich necken
  Dann mit schnellen Schwingen
  Mir entgegenspringen
    Wie der Braut in Arm?

    Deine grüne Jacke
  Sah ich lange blitzen
  Und aus allen Ritzen
    Flimmert sie hervor.

Nur den alten Winter
Laß sich nimmer regen!
Laß dich nimmer legen
In das Leichentuch!

Sonst folg ich dem Sieger
Fort in alle Weite
Und im Flockenkleide
Kehr ich nur zurück.

Daß du beim Erwachen
Kalt und starr mich findest
Und beinah erblindest
Vor dem Flockenmann!

Magst mit Rosen schmeicheln,
Und mit Blumenschmelze —
Ei am weißen Pelze
Steht die Blüte wohl!

Glaubst mich zu erwärmen
Mir das Kleid zu rauben? —
Wollt's ja gern erlauben —
Ach, so komme nur!

AN Z.

Du stehest groß und kalt und doch so milde,
Tust einem jeden immerfort das Gute
Und keiner weiß, wie's in der Tiefe blute.
Du gleichst der Pyramide Rätselbilde:
Dein stummes Antlitz und dein ganzes Wesen —
Ach langes Sehnen, bittre Leiden haben
Ihm diese dunkeln Chiffern eingegraben;
Und *eine* nur kann es verstehn und lesen.

NACHTGESICHTE

A.

Hörst du die Winde nicht rasen? Sie freuen mich, wenn sie
                                              bei Nacht oft
Mich erwecken; ich bilde mir ein, daß nun in den Lüften
Losgelaßne Gespenster sich würgen, und laut mit Geheule
Sich verfolgend begegnen, ein gräßlich verschlungener Knoten,
Der dann pfeifend zerstäubt. Es schüttern die lockeren Scheiben
Sich am Kammerfensterchen und sein grünlicher Vorhang
Hellt sich auf Augenblicke beim aufgerissenen Mondlicht.
Und ich halte die Augen mir wach, indes die Gedanken
Ferne schweifen; ich schwebe zum Meer, ich schaffe mir selber
Furcht und Gefahren; mein Haus verwandelt sich eilig zum
                                                    Schiffe
Sich zur Kajüte die Kammer, ich fühle das Schwanken des
                                                      Fahrzeugs
Und des Matrosen Pfeife vernehm ich, die dumpfe Bewegung
Auf dem Verdecke, man eilet vor meine Tür —

B.

                                                    O halt inne!
Plötzlich erweckest du mir ein Gesichte, das heutige Nacht mich
    Und nun aufs neue mit Lust, wie mit Entsetzen erfüllt.
Denn seit längerer Zeit zum erstenmal zeigte sich wieder
    Mir *Napoleon*! Ihn hab ich, wie lebend, erblickt!
Siehe, nach Griechenland war ich geschifft. In einsamer Gegend
    Herbstlicher Heiden, und fern, ferne vom Menschengeräusch,
Lief ich mit staunender Lust, und zweifelnd fragt ich mich öfters,
    Lispelnd: ist es gewiß, daß du in Griechenland bist?
— Aber nicht *eine* Ruine! Kein halber Tempel! Man rät nur
    Aus der Berge Gestalt dieses gefeierte Land!
Frostig wehet die Luft; warum auch mußt ich am Abend
    Erst anlanden! O komm, Sonne, noch einmal herauf!
Aber gen Westen — was schimmert? Ein leuchtender Streif
                                  nun mit einmal
    Legt sich, noch scheidend, dort, auf die entferntere Bucht!
Eine Reihe von Säulen erkenn ich: schlanke Geschwister
    Klären sie ruhig nunmehr, heller und heller, sich auf;
Golden bräunt sich ihr Rasen am letztverglühenden Strahle,
    Und violettes Gebirg dunkelt im hintersten Grund!

Ja, dies ist wirklich! Du bist es, mein Hellas! o drückt euch,
    ihr Hände,
Fest auf die Augen, denn dies dürfen die meinen nicht sehn!
  Dieses Herrliche! nein, ich ertrüg es nicht! nicht so alleine!
Ohne Genossen, weh! dem ich es zeigte, bin ich
  Feige dies Wunder zu schauen, das wie im Rausch mich betäubet,
Und ohne Zeugen, ich weiß, glaubt man zu Hause mir nicht.
  — Aber umsonst! In die Ferne, die Nähe hinschweifen die
    Blicke
Und ich eratme mich tief in der hellenischen Luft;
  Vorwärts eilend und laut auflachend, im Fluge berühr ich
Griechischen Boden, ich selbst fühle Sandalen am Fuß.
  Dunkel ward es indes. Bald steht ein kolossisch Gebäude
Vor mir, welches sich als Amphitheater entdeckt.
  Grauliche Steine lagen zerstreut und im inneren Raume
Sproßte dorrendes Gras zwischen den Platten hervor.
  Tiefere Stille nun herrscht; es schaut ein wolkiger Himmel
In das offene Rund, und ich bewege mich nicht.
  Jetzo erhebt sich gelinde der Nachtwind, es streifet ein scharfer
Regen dazwischen, der schräge die Wange mir trifft;
  Und in demselben Momente gewahr ich tief im Theater
Stehend eine Gestalt, ganz mit sich selber allein,
  In den Mantel gehüllt, das Haupt um etwas gesenket,
Aber ich kenne den Hut, kenne das blasse Gesicht!
  Wie ich bebte, daß nur sein Auge nicht auf mich falle!
Ja, ich betete fast, machte mich selber zu Stein;
  Angefesselt — atemlos — an *einem* Pfeiler
Stund ich und zählte mir fast jeglichen Puls in der Brust.
  Endlich bewegt er sich — sieht dich! — noch nicht! — er
    schreitet nach hinten.
Weh mir, wo ist es? Hinweg! — Ja so verschwindet ein Geist!
  Und nun ergriff mich unnennbares Schrecken, ich stürzte zu
    Boden,
Schrie um Hilfe, sogleich werd ich von Regen erstickt;
  Wimmernd streng ich mich an; sieh da! es beugt sich die
    Schwester
Über mich her und es stehn alle Geschwister um mich:
  „Ach, was hast du doch? Raffe dich auf!" — „Ja, lasset uns
    eilen!" —
Und im Sturme sogleich flogen wir sausend hinweg;
  Vorwärts liegend bestreifen wir kaum mit der Zehe den Boden

Über Gebirge davon über Gewässer dahin,
Angstvoll und öfters kreuzend, ein wunderbares Geschwader;
Grau liegt die Ferne, es liegt unten ein gelbliches Meer;
„Dorthin nicht! ich beschwöre! laßt rechts die Inseln! Ägypten
Liegt dorthin, es erneut eine gespenstische Schlacht
Sich um die Pyramiden, denn nimmer ruht auch der Tote!
Kriegerisch Schattenspiel zeigt ihm entschwundenen Ruhm;
Klanglos rührt sich die Trommel, man ziehet totes Geschütz auf,
Und ein verhallend Geschrei schwingt sich mitunter empor.
Haltet, o höret mich an! Ich könnte den Mächtigen jetzo
Nicht ertragen, vor Angst, Mitleid und Jammer zugleich.
Haltet! auch dorthin nicht! Denn jetzt Italiens Küste
Wandelt der fürstliche Geist Julius Cäsars entlang!
Wendet nach Norden um! wir lassen die Kette der Alpen
Links vorbei — — was ist dies?" — Plötzlich erhub sich um uns
Ein entsetzliches Lachen und ich erwachte vor Schrecken. —

DIE ERZÜRNTEN DICHTER

A. „Sind doch ganz verdammte Schurken,
   Da die Dramaturgen!
   Gelt, daß doch der Wilhelm Schlegel,
   Dieser Tieck nicht schweigen will,
   Diese alte Bauernregel!"
B. Weißt du was? Die Kerls, wir knüpfen sie auf!
A. Ganz gewiß, dann wären sie still!
   Aber — wir haben — eben keine — rechten — Nägel!
B. Wieso nicht — Flegel?

ZWEI KAMERADEN

„Wo na, Franz, so spät no?
Tua g'mach, i gang mit." —
„I gang zu meim Mädle,
Wann's jo wissa wit." —

„Wie hoißt denn dei Mädle?
Wo wohnt denn dei Schatz?" —
„No bährig do hinta,
I woiß der da Platz:

Bei'r Kirch stoht a Gasthof,
Der hot a schwarz Tor,
Hat hübsche grüne Läda
Und Kreuzle dervor

Und Bluma die Menge,
Z'mol Rosmari:
Je länger, je liaber
Im Gasthof i bi." —

„Wie schreibt se dia Herberg,
Ihr Zeicha, ihr Schild?" —
„Se führet an güldena
Engel im Bild." —

„Des isch mer amol doch
A wunderlich Haus" —
„Sei Läda sind g'schlossa
Und niama schaut raus.

Hot jedes sei Stüble,
Sein sondera Ort,
Und keins mit dem andera
Redt nu a Wort." —

„Wie kleidt se dei Schätzle?" —
„'s linnaweiß G'wand
Und a silberes Ringle
Von mir an der Hand." —

„Und b'suecht de dei Schätzle?" —
„Sooft es nur ka;
's kommt alle Nacht zu mer,
Doch rüehrt's me net a." —

„Des isch mer a Liabe,
Des isch mer a Treu!
Wann wär' derno d' Hochzig?
Es graust eim darbei." —

„I nem da Kalender
Wohl hundertmol für,
Mach all Tag en Strich
Mit der Kreid an mei Tür.

Und d' Nacht vor der Hochzig
Do küßt me mein Schatz,
Se zeigt mer ihr Bettle
Und machet mer Platz.

Gar still isch mei Hochzig,
Mer halta kei Tanz,
Aber *du* gehst zer Kirch mit
Du flichscht mer da Kranz."

EINER COUSINE,
DIE DURCH EINEN STURZ VOM SCHLITTEN
DEN GERUCH VERLOREN HATTE
Mit Vergißmeinnicht

Man sagt, und freilich muß ich's glauben,
Die Blumen, welche duften, liebst du nicht;
Das Veilchen selber darf sich kaum erlauben,
Von fern zu blicken in dein Angesicht.

Was taten dir die armen Kinder?
Ach wohl, ich hab es gleich gedacht:
Ihr alter Feind, der schlimme Winter,
Hat sie um deine Gunst gebracht.

Doch denkt das Veilchen:
Ich wart ein Weilchen;
Es wird sich geben,
Man wird erleben
Vor Sommers Ende,
Daß liebe Hände
Dem spröden Kinde
Zum Angebinde
Die Rosen bringen;
Dann wird's gelingen,
Dann kriegt das Bäschen
Ein ander Näschen,

Denn Rosen deuten
Besondre Freuden
Und tun mitunter
Die größten Wunder.
Ich bin bescheiden
Und wart ein Weilchen —
So denkt das Veilchen.

Indessen bis mit seiner vollen Rose
Der Herr aus X bei dir einspricht,
Nimm dieses duft- und anspruchlose,
Doch herzliche Vergißmeinnicht!

DER HYPOCHONDRIST
Im Bade zu C. 1828

Nur die gesundsten Prasser
Die finden hier sich ein;
Sie suchten warmes Wasser,
Und trinken kühlen Wein.

Die Lahmen und die Tauben
Sie setzen sich zu Tisch,
Sie stärken ihren Glauben —
Und sind gesund und frisch.

Im rosenfarbnen Hütchen
Die Dame dort, wie schön!
Sie stach nur auch das Mütchen,
Sich hier im Flor zu sehn.

Da geht ein Lockenköpfchen
Dem ganz und gar nichts fehlt!
Allein vom Fuß zum Zöpfchen
Ist sie wie neu geschält.

Bloß im Vorübereilen
Seh ich die bunte Welt,
Doch sag ich mir zuweilen,
Daß sie mir nicht mißfällt,

Wenn sie so Paar an Paaren
An mir vorüberstreicht,
Der Duft von süßen Haaren
Mich reizend überschleicht.

Wie gern möcht ich sie grüßen —
Allein ich wage nie
Nach Lust mit zu genießen —
Darum veracht ich sie.

ÄRZTLICHER RAT

Was hilft das Schimpfen und das Fluchen
Sie ziehen sich zuviel zurück!
Sie sollten brav Gesellschaft suchen,
Und Tanz und lärmende Musik.

Hypochondrist:
Ach! wollt ich nicht schon manche liebe Stunde
So bei Gesang und Geige mich ergötzen?
Jedoch da hör ich tief im Hintergrunde
An einem fort den Tod die Sense wetzen!

DER BELEIDIGTE*

Da ist ein langer Herr gewesen,
Er schien ein Offizier zu sein,
Ich roch so was wie Eisenfressen,
Ich roch so was wie vielen Wein.

Ein seltsamer Begriff von Ehre
Ließ gleich den tollsten Streit entstehn,
Das Wort, mit dessen Rätselschwere
Sich manche Bärte schrecklich blähn.

Zwar immer sind es wicht'ge Dinge;
Zum Beispiel: was fliegt dort vorbei?
Man streitet, nun beweist die Klinge,
Ob Sperling oder Spatz es sei.

* „bezieht sich auf einen unangenehmen Vorfall, wo ich beinahe Prügel bekommen hätte".

Auch ist, soviel ich kürzlich höre,
Bei ihnen ernstlich ausgemacht,
Zu sagen: Guten Tach auf Ehre,
Und auch: Auf Ehre gute Nacht.

DER LIEBENDEN, GELIEBTEN, VIELGEPRÜFTEN BRAUT FRIEDERIKE ZUM GEBURTSTAG

Fern von euch und eurer Freude,
Einsam und verlassen ganz,
Flecht ich in Gedanken heute
Dir den stillen Myrtenkranz,

Drück ihn in die braunen Locken,
Sehe noch einmal so schön
Dich, von Ahnung süß erschrocken
Bräutlich und errötend stehn.

All dein Hoffen und dein Träumen
Bald erfüllt sich's lebenswarm;
Eh die ersten Veilchen keimen,
Liegt der Freund in deinem Arm.

Wie aus Zaubernächten hebet
Wonneschauernd sich dein Blick,
Faßt das Wunder nicht und bebet
Staunend in sich selbst zurück.

Mißt die ganze Tiefe wieder
Alle der Vergangenheit
Schwindelt auf und schwindelt nieder
An dem goldnen Strom der Zeit,

Der durch Nacht und Kerkerwände
Sich so lebensmutig ringt,
Bis er Anfang nun und Ende
Glücklich ineinanderschlingt.

Selig, wenn nun um die Wette
Sich Erinnerung ergeht —

Nur daß ihr die alte Stätte
Eurer Liebe nicht mehr seht!

Zwar der holde Frühling rücket
Auch in dieses Tal herab,
Aber ach! dort drüben schmücket
Er ein wohlbekanntes Grab.

Doch er schmücket auch die Laube,
Wo die Treue sich geküßt.
Drum an Lieb und Leben glaube
Wem noch hold das Leben ist.

[AN LUISE RAU]
Der Liebsten zum heiligen
Christ 1829

Hat jemand ein liebes feines Mädchen,
Denkt er wohl zu jeder Zeit und Stunde,
Wie er ihr durch eine hübsche Gabe
Seine Liebe, sein Gedächtnis zeige.

Hat jemand nun Schätze dieser Erde,
Ist man König, Graf und sonst ein Reicher,
Müssen Gold und Perlen und Juwelen
Einzig schön die Vielgeliebte schmücken;
Ist man aber nur ein schlichter Knabe,
So begnügt man sich, dem süßen Kinde
Ein bescheiden Kleidchen auszuwählen,
Das den schlanken Leib gefällig zeige.

Auch ein Kistchen wird sie nicht verschmähen,
Dem natürliche Magie verliehen,
Jeden Schatz, den man ihm anvertrauet,
Freundlich und geschwinde zu verdoppeln.
Dann ein Buch worein das neue Jahr nur
Lauter frohe Tage dir diktiere,
Aber, daß dabei — dies, Herzchen, bitt ich —
Treue Liebe dir die Feder führe!

AN LUISE

Ich sehe dich mit rein bewußtem Willen
Gelassen dich in deinem Kreis bewegen,
Noch sanft durchglüht vom letzten Vatersegen,
Mit Heiterkeit des Tages Pflicht erfüllen.

Du magst so gerne unbelauscht im stillen
Die zarten Blüten deines Geistes pflegen
Und kindlich, um das höchste Wort verlegen,
Den Reichtum deiner tiefern Brust verhüllen.

Wer so dich kennet, ja, der glaubt aufs neue,
Daß Unschuld, Wahrheit, Demut, fromme Treue
Noch immer nicht von dieser Erde schieden.

Doch wenn es wahr ist, daß ein göttlich Walten
Den schönsten Kranz der Tugend vorbehalten —
Wer wäre würdig, dir ihn darzubieten?

AUF DER TECK

Hier ist Freude hier ist Lust
Wie ich nie empfunden!
Hier muß eine Menschenbrust
Ganz und gar gesunden!
    Laß denn, o Herz, der Qual
    Froh dich entbinden
    Wirf sie ins tiefste Tal
    Gib sie den Winden!

Mag da drunten jedermann
Seine Grillen haben:
Wer sich hier nicht freuen kann
Lasse sich begraben.
    Laß denn, o Herz, der Qual
    Froh dich entbinden!
    Wirf sie ins tiefste Tal!
    Gib sie den Winden!

AN LUISE

Ist's möglich, ferne von der Süßen
So fort zu leben, so verbannt!
Nur über Berg und Tal zu grüßen,
Und nicht ein Blick, nicht eine Hand!

Da ist es wahrlich oft ein Jammer,
So manchen lieben, langen Tag,
Bis mir bei Nacht auf meiner Kammer
Einmal ihr Geist erscheinen mag.

Sie setzt sich lächelnd zu mir nieder,
Es brennt ein ruhig Licht dabei,
Sie sagt mir alte, gute Worte wieder,
Und sagt mir, daß sie meine sei!

HEIMWEH
(Im April)

Zu den altgewohnten Orten
Kam ich als im Traume her —
Und wie ist mir nun geworden?
Meine Seele, wie so schwer?

Kann euch diesmal froh nicht grüßen
Blumen hier, am fernen Strand,
Denn ich seh in euch ihr süßen,
Nur die liebe, warme Hand,

Die dort drüben in der Weite
Eure Schwestern hat gepflückt
Und vielleicht mir nun auch heute
Euch zum Gruß entgegenschickt.

Aber — Veilchen, Hyazinthen!
Bleibet fern mit eurem Duft!
Ach, ihr weckt — und könnt nicht binden
Neue Lust und Heimatluft.

Wie die Sonne blickt — — und wieder —
Kalt und trüb die Wiese steht —
Wallt's die Seele auf und nieder,
Die nach vollem Strahle geht.

Wenn doch erst der Frühling käme,
Recht in allem Glanz und Licht!
Daß ich ganz in ihm verschwämme
An dem warmen Angesicht!

Möcht er morgen doch erscheinen!
Tränen hat ja jedermann: —
Doch mir ist — ich kann nicht weinen,
Weht's mich noch so frostig an.

Tratst mit Ruhe wohl entgegen
Dort vom Hügel mir, Natur,
Deinem heimlich tiefen Regen
Lauscht ich auf der jungen Flur —

Aber nun — am Fenster wieder,
Blaue Berge seh ich dort!
Und auf brünstigem Gefieder
Drein zu fließen, zieht mich's fort.

Könnt, ihr Winde, mich verstehen?
Laßt die Seele mit euch ziehn!
Oh, ihr solltet sie verwehen
Über die Berge, die Berge hin!

NACHTS

Horch! auf der Erde feuchtem Grund gelegen,
Arbeitet schwer die Nacht der Dämmerung entgegen,
Indessen dort, in blauer Luft gezogen,
Die Fäden leicht, unhörbar fließen
Und hin und wieder mit gestähltem Bogen
Die lust'gen Sterne goldne Pfeile schießen.

Im Erdenschoß, im Hain und auf der Flur,
Wie wühlt es jetzo rings in der Natur

Von nimmersatter Kräfte Gärung!
Und welche Ruhe doch und welch ein Wohlbedacht!
Mir aber in geheimer Brust erwacht
Ein peinlich Widerspiel von Fülle und Entbehrung
Vor diesem Bild, so schweigend und so groß.
Mein Herz, wie gerne machtest du dich los!
Du schwankendes, dem jeder Halt gebricht,
Willst, kaum entflohn, zurück zu deinesgleichen.
Trägst du der Schönheit Götterstille nicht,
So beuge dich! denn hier ist kein Entweichen.

*

Das ist nur Märzenschnee
Der tut mir gar nicht weh
Frühling ist nimmer weit
Großmutter sagt' es heut.

*

O Geist der Liebe, führe du
Mir jetzt die Heißgeliebte zu,
Mit ihr bei dieser Sterne Schein
Der Schöpfung Gottes mich zu freun.

Lichtenstein im Mondenschein!

AM SILVESTERABEND
Melodie: „O sanctissima"

Jesu, teures Licht,
Du verlaß uns nicht!
Führ uns die seligen Weiden!
Zeig uns die hellen,
Lieblichen Quellen,
Die da zum Leben geleiten!

O du gütiger,
Du langmütiger
Hirte, du Wonne der Seelen!

Sei mit uns allen!
Laß, wenn wir fallen,
Laß uns dein Trostwort nicht fehlen!

Der erwürget hing
Und zum Vater ging,
Läßt auch im Tod nicht die Seinen.
Stürzt Berg und Hügel ein,
Unter die Flügel dein
Nimmst du, o Jesu, die Deinen.

ZUM SIEBENUNDZWANZIGSTEN OKTOBER

Nichts, o Geliebte,
Will ich dir wünschen;
Wünschen — was ist's?
Aber was mir als Wahrheit
Ein wahrhaftiger Geist entdeckte
Will ich heut nicht verschweigen.

Wie wer in klaren Nächten sich
In die vertieften
Blauen Gezelte
Der Gestirne verliert,
Da und dort bald
Immer neue
Dämmernde Lichter
Keimen sieht:

Also in deine
Kommenden Tage
Schauend gewahr ich
Eines verdienten
Lieblichen Glückes
Spätere Sterne;
Und es wandelt indes
Wie durch ein Blütenfeld, dein Engel
Zwischen ihnen — die Demut, schweigsam,
Und behütet sie dir.

Aber *ein* Licht an deinem Himmel,
Das du lange schon kennst, Luise!
Laß mich bleiben, ein helles, treues!
Daß du, wenn alles nun hingerauschet,
Sagest: „Der hielt mir fest zum Tode!"

Gedichte aus der Cleversulzbacher Zeit
(1834—1843)

DIE SECHS ODER SIEBEN WEISEN IM UNTERLAND
1834

„Meine werten Herrn Kollegen,
Sind wir allesamt zugegen?"
 „Bis auf *den*
 Wißt schon wen
Den Herrn Bruder ‚Regen'."

„Ja mit dem ist's doch ein Handel
Er besitzt doch einen Mantel
 Für den Hals
 Allenfalls
Gäb's ja Zuckerkandel."

„Ganz gewiß der Pfarrer Vetter
Käm im Sturm und Hagelwetter
 Wär der Kranz
 Rund und ganz
Wär es doch viel netter."

„Wenig kost't es unsern Beutel
Unsre Fraun sind nicht so eitel;
 Kein Gefräß,
 Etwas Käs,
Wein, Kaffee und Steudel."

„Hört ihr 's Clevners Spottgebelfer?
— Unser Wein ist zwar kein Elfer
 Er ist fromm
 Gott willkomm
Fang Er an Herr Helfer."

„Nun, an welchem Paragraphen
Sind wir neulich eingeschlafen? — —
— Horch! was scholl?
Donnert's wohl?"
„Fritz sitzt auf dem Hafen."

(Verlegenheitspause und Staunen. Hierauf großes vielstimmiges Gelächter, welches rhythmisch als Chorus mit Hahaha, Hähähä usw. durch alle Vokale hindurch gesungen werden kann.)

„Doch im Ernst — was wollt ich sagen?
Seit dem Wetter vor acht Tagen,
　　's ist ein Kreuz!
　　Hat bereits
Alles aufgeschlagen."

„Ich für mich war nicht erschrocken,
Denn ich hab noch einzubrocken;
　　Ich verkauf
　　(Und versauf*)
Noch sechs Malter Roggen.

Da ich eben deshalb morgen
Nach Heilbronn will und nach Horken**,
　　Gibt es heut
　　Noch beizeit
Manches zu besorgen."

„Und wo wolln wir 's nächstmal boxen?"
„Sulzbach?" „Wärn wir rechte Ochsen."
　　„Unser Stern
　　Liebe Herrn
Steht also gen Gochsen."

---

* [Randbemerkung:] ist mehr als stille Glosse der Gesellschaft denn als Bekenntnis des Herrn Kollegen von G. zu betrachten.

** [Randbemerkung:] Diesen kleinen Abstecher ($^3/_4$ Stunden v. Heilbronn) muß der Pfarrer mehr des Reimes wegen machen. Vielleicht aber hat er einen Vetter daselbst.

ZUR ZEICHNUNG EINER BURG

D' Jungfer Klara Mörike
Baut ihr Schlößlein in die Höh,
Singt dann wie die Nachtigall
Nieder in das Frühlingstal.

[CLÄRCHEN]
Mit einer getrockneten Rapunzel

Die getrocknete Rapunzel
War einst frisch und ohne Runzel.
Drum bescheiden, mein Gemüte,
So auch welkt einst *deine* Blüte.

BENJAMIN
Melodie aus „Joseph und seine Brüder"

Es rinnet im Tal eine Quelle,
Dort find ich in Tränen mein trauriges Glück;
Ich wasche die Augen mir helle
Und trete zum Vater mit lachendem Blick.
So bin ich sein Trost noch alleine,
Sing ihm und scherze wohl bis in die Nacht;
Kommt der Morgen, der Tag erwacht:
Da steh ich von neuem und weine.

AN — —
M. d. 2. Sept. 1837

Armseligster Repräsentant
Der stockkatholischen Priesterwürde!
Sieh da, es kommt ein Wolf gerannt
In deiner toten Schäflein Hürde!

Auf! schwing dein Fähnlein! schwere Not!
Wirf deinen Bannstrahl! sei kein Hase! —
Weh! des Vollstreckers rote Nase
Sie schnaubt mich an — schon bin ich tot!

Doch halt! so schlimm ist's nicht; behend
Versöhn ich dich, o hitzig Pfäffchen,
Ich mache dir und deinen Äffchen
Hiermit zum zweitenmal — mein Kompliment.

IMPROMPTU AN JOLI

als er, nach einer Edeltat der Bescheidenheit, von mir, von Clärchen
u. Mutter wechselweise auf den Arm genommen und, bis zu seinem
Überdruß, geliebkost wurde

Die ganz Welt ist in dich verliebt
Und läßt dir keine Ruh,
Und wenn's im Himmel Hundle gibt
So sind sie grad wie du!

EIN JUNGER PFARRER UND EIN ALTER BAUER

Pfarrer:
Wie mögt Ihr nur so bang um Eure Nahrung sorgen!
Da seht die Vögel unterm Himmel an!
Fragt einer auch: „Was eß ich heut und morgen?"
Keiner verhungert, seht, dafür ist Gott der Mann!
Wenn nun der Herr des Sperlings Schrei erhört
Seid Ihr nicht mehr denn alle wert?

Bauer:
Ganz gut Herr Pfarr; doch, wenn's Euch nicht erbost:
Beim Licht besehn ist das ein Vogeltrost.

*

Constance & Claire
Die liebe sick sehr.
Guillaume et Edouard frères
Nok villes tausendmal mehr!

WIDMUNG
zur ersten Ausgabe der Gedichte für Oberamtsrichter Seiler

Ist's der Dichter,
Ist's der Richter,

Ist's der leicht bestochne Freund,
Dem ich diese Lieder schenke? —
Wenn ich es genau bedenke,
Sind sie alle drei gemeint.

[SAGT, WAS WÄRE DIE BLÜTE...]

Sagt, was wäre die Blüte die Frucht und die Krone von allem?
  Heiterkeit; denn *sie* bleibt Leben der Götter zuletzt.
Aber auch Götter weiden sich gern an erhabenen Schmerzen,
  Und sie suchen sich stets wieder ein Ilium aus.

                    ∗

Des Herrlichen, womit die volle Welt
Uns überdrängt, sich mächtig zu erwehren,
Und Lust und Weh, worin er sich gefällt,
In tausend Herzen bleibend zu verklären,
Erglüht der Sänger schä . . . . . . in . Gedicht
Mei . . . . ne Dank, zu . . . fühlt ers . . .

AN EMMA VON NIENDORF

Blauen See und wilde Täler
Zeichnest du mit rascher Hand,
Alter Schöpfung Rätselmäler,
Schneegebirg und Felsenwand.

Was dir Herrliches begegnet
Wird erst dein durch schöne Kunst,
So befreit und neu gesegnet
Trägst du kühn die seltne Gunst.

Fahre fort, dein Glück zu schildern
Alle neune winken zu;
Aber zwischen all den Bildern,
Sieh, das lieblichste bleibst du!

VERSLEIN FÜR AGNES

Das Klärchen hab ich gar zu gern,
Sie ist mein Licht und ist mein Stern;
In allen Stücken glanzt sie mir
Als Ideal und Fürbild für.

AUF ZWEI SÄNGERINNEN
I. Ach nur einmal noch im Leben etc.
II.

Zwei Wandrer hab ich einmal gesehn
Vor einem Städtchen miteinander stehn,
Beschauend sich das Riesenwunder
Von einem blühenden Lindenbaum,
Und den Wald von Säulen darunter,
Sie trugen die herrlichen Äste kaum.

Der eine mit dem Portefeuille schien ein Maler,
Ein Dilettant, auf jeden Fall ein Prahler;
Der andre blickt, ein froher Musikus,
Bescheiden tief aus dunkeln Augen,
Bereit, den gegenwärtigen Genuß
Einer ganzen Welt allstündlich einzusaugen.

Nun sprach der erste: „Passiert allerwegen!
Aber *eine* so ich in Sachsen sah —
Glaub mir, Herr Bruder diese da
Ist doch nur ein hübscher Urenkel gegen
Meinen Helden von Urgroßpapa!"

So gingen sie zur Stadt hinein.
In der Straße lag roter Abendschein.
Noch sind sie nicht drei, vier Häuser weit,
Stehen sie wieder still, alle beid.
Aus einem offnen Fenster eben,
Über den reichsten Blumenflor
Hinweg, hört man Goldglockentöne schweben,
Und *eine* Stimme ist ein Nachtigallenchor,
Daß die Blüten beben,

Daß die Lüfte leben,
Daß in höherem Rot die Rosen leuchten vor.

Der Musiker horcht staunend, lustbeklommen;
Still ward's, da hätt er also sich vernommen:

„Wie viele Wunder hat dies Städtchen denn?
Vor einem Jahre war es, oder wenn,
Daß ich hier einmal durchgekommen,
Da klang dort aus dem Landhaus vor dem Tor
Auf einmal auch der lieblichste Gesang;
Ich stand und lauschte, ich weiß nicht wie lang!"

„Nun, welche denn von beiden Sängerinnen
Ist's, die zuletzt den Kranz erringt?"

„Das frage mich ein andermal;
Was ist denn herrlicher, der Berg oder das Tal?
Nur so viel: die mir heute singt,
Wird heute auch den Preis gewinnen."

ZU EINER FEDERZEICHNUNG
Ein Modeherr reicht einer Dame auf einem Teller eine Orange

Mein Fräulein, frisch vom Keller hier
Die saftigste Orange!
Nachher, dächt ich, versuchen wir
Den Walzer aus Dame blanche.

ZU EINER FEDERZEICHNUNG
Bauernbursche und Bauernmädchen

Mädle, gang in Keller na,
Hol a Pomeranza!
Wann da wieder uffer kommst,
Will i mit der tanza.

DEM LIEBEN ALTVATER
GEORG BALTHASAR HERMANN
zu seinem 74. Geburtstag

Cleversulzbach am 21. Februar 1842 im Namen der Enkel gewidmet
von seinem aufrichtigen Freunde
E. Mörike
Pfarrer

Psalm 18,4
Es sagen nun die den Herrn fürchten: Seine Güte währet ewiglich.
Psalm 119,96
Ich habe alles Dinges ein Ende gesehen, aber dein Gebot währet.
Psalm 121,3.4
Er wird deinen Fuß nicht gleiten lassen, und der dich behütet, schläfet nicht. Siehe, der Hüter Israels schläft noch schlummert nicht.

Friederike:

Vor den besten Vater kommen
Wir, die frohe Enkelschar,
Bringen dankbar unsre frommen
Glück- und Segenswünsche dar;
Nicht mit hellen Blumenkränzen,
Nicht mit Gaben reich beschwert:
Freudentränen, die ihm glänzen,
Sind ihm Gold und Perlen wert.

Caroline:

Gott, den Herren, laßt uns loben,
Der sein Haus mit Ehren ziert
Unter manchen Glaubensproben
Herrlich ihn bis heut geführt,
Der zu Trost und Fried und Freude
Ihm die Vielgetreue lieh;
Ungeschieden diese beide,
Herr, zum Himmel führe sie!

Wilhelmine:

Treu erfanden ihn die Seinen,
Ohne Falsch in Tat und Wort;
„Tue recht und scheue keinen"
Ist sein Wahlspruch immerfort.
Diesen uns ins Herz zu schreiben

Nicht umsonst geloben wir,
Und im Segen müsse bleiben
Sein Gedächtnis für und für.

Daniel:
Lange noch mit frischen Kräften
Geh er bei uns ein und aus,
Munter zu des Tags Geschäften,
So im Felde wie im Haus;
Zum geliebten Weinberg strebe
Jeden Frühling er aufs neu,
Bis er selbst als edle Rebe
Von dem Herrn verpflanzet sei!

ZU EINEM BILDCHEN
(Landschaft in Voralberg)

Unter anmutsvollen Hügeln,
Die im Teiche sich bespiegeln,
Wählt ich mir und dir, mein Schatz,
Unsern künft'gen Ruheplatz.
Gleich am Häuschen, rein und helle,
Graut die alternde Kapelle,
Darin magst du dich erbauen,
Darin lassen wir uns trauen.

[AUF EINEN CLEVERSULZBACHER PFARRVIKAR]

Der Herr Vikare
Redt immer das Gute und Wahre
Es ist ein Staat,
Wie der Herr Flad
Prediget
Und gleichsam die Leute nötiget
Zu dem Wahren und Guten
Er bekehrt Heiden und Juden;
Nein auf Ehre,
Wenn nur *ich* so wäre.

HERRN PROFESSOR ALBERT LANDERER
zum 14. Januar 1843

Dreiunddreißig Jahre, eine heil'ge Zahl!
Möge sie dem vielverehrten Mann,
Der sich den schönsten Ruhm gewann,
Dereinst im Kranze hoher Ehren
Zum andern Male glücklich wiederkehren!
Ja, kehrt sie gar zum drittenmal —
Und wer verschmäht das längste Leben,
Wenn ew'ger Jugend Geister es umschweben? —
So ist es nicht die volle Zahl:
Es wird ein Jährchen zugegeben.

*

Der Vikar itzunder
Und sein Starenplunder
Ist nun, Gott sei Dank
Freilich mit Gestank
Weil er sich noch sehr blamieret,
Aber *wirklich* abmarschieret,
Und auch keine Laus
Mehr von ihm im Haus.

DEM VIKAR ZUM GEBURTSTAG
1841

Der Star spricht:
Wird es heut auch wohl gelingen
Zu festieren meinen Herrn?
Apfelkuchen müßt ihr bringen,
Beide essen wir ihn gern.
Ihm den Bissen zu versüßen
Dafür ist mir dann nicht bang,
Heut aufs schönste soll ihn grüßen
Mein Zufriedenheitsgesang.

AN FRAU VON X.

Als sie aus allen ihren bisherigen Verhältnissen zu scheiden und sich neu zu vermählen im Begriffe war, durch Clärchen M in der Verkleidung eines Lichtenauer Bauernmädchens mit einem Feldblumenkranz überbracht. Cleversulzbach, Juni 1843.

> Es erscheint ein schmuckes Mädchen,
> Bärbchen heißt sie oder Käthchen,
> Hat ein Kränzlein rot und blau.
> Ach das Herz will ihr zerspringen,
> Einen Abschiedsgruß zu bringen
> Vom verlaßnen Eschenau.
> Wie es weint, das blonde Täubchen
> Unter seinem schwarzen Häubchen!
> — Nein, sie lacht! ich seh's genau!
> Alles war ein Traum, ein Märchen,
> Das ist ja des Pfarrers Klärchen!
> Und du *bleibst* die gnäd'ge Frau.

AN FRAU PFARRER CAROLINE SCHMIDLIN
mit einem Koferneisen aus Pergament

> Die Kofer spricht:
> Mich mögen alle Pfarrer gern
> Und auch die Pfarrfrau insofern.
> (Ein edler Geistlicher aus der Schweiz —
> Er ist leider tot schon längst bereits —
> War dergestalt in mich scharmiert,
> Daß er mich nicht nur im Wappen führt',
> Nein, selbst seinen Namen durch mich ziert'.)
> Drum soll dies alterprobte Eisen
> Zur allerbesten Pfarrfrau reisen.
>
> Braucht's g'sund bis zu den spätsten Tagen!
> Dies Speislein wird immerfort behagen.
> Für diesmal zwar bin ich von Pergament,
> Aber ein andermal ganz exzellent
> Und für die allersprödsten Magen;
> Ja, wenn ihr auch nur „noch einen einzigen Zahn"
> Miteinander habt, du und dein Mann:
> Ihr werdet ihn nicht an mir ausbeißen
> Und die unschätzbare Erfindung preisen.

Aus der Zeit nach Cleversulzbach
(1843–75)

AUF EINE VERSTEINERUNG GESCHRIEBEN

Meiner Freundin stets aufs neue
Zu versichern Lieb und Treue,
Muß ihr endlich mißbehagen,
Oder wird's nicht angeschlagen,
Da doch wes das Herze voll
Stets der Mund auch überquoll.
Will sie's denn von mir nicht wissen,
Werden Steine reden müssen.

FÜR HERRN OPPEL (DEN GEOLOGEN)
welcher mich um eine poetische Etikette zu einem Exemplar von Chirotherium Kaupii aus den Heßberger Sandsteinbrüchen bei Hildburghausen ersuchte. Es sind die handförmigen Fußstapfen eines noch unbestimmten Tiers

Ob Riesenfrosch, ob Beuteltier,
War leider noch nicht zu ergründen;
Die klare Fährte hätten wir,
Doch nur ein Oppel wird die Bestie selber finden.

MARIE [VON] HÜGEL
mit einer holzgeschnitzten Figur als Nadelbüchschen

Vergib die Anmaßung dem jungen Herrn!
Er wollte eben gar zu gern
Zum Sechsten dir sich präsentieren.
Er tat sein Bestes, sich zu schnüren,
Zu wichsen und zu parfümieren,
Und war mir selber rührend insofern.
„Ist's ein Student?" fragst du. Ich weiß es nicht.
                              „Ein Schneider?"

Auf jeden Fall gefällt er sich nicht schlecht;
Und wär er auch der ärgste Bärenhäuter,
Zum Nadelhüter ist er eben recht.

IM LEEREN PFARRHAUS
An Pfarrer Wolf in Rinderfeld den 8. April 1844

Ein Gesellschäftlein trat an,
Gar nicht ohne Schrecken,
Denn ach, weder Frau noch Mann,
War da zu entdecken.

Von gewohnter Gastfreundschaft
Tat man vieles schwatzen
Bei betrübtem Rebensaft
Und bei Judenmatzen.

Sah sich deine Kätzin an,
Hörte deinen Gimpel,
Und dazwischen spielte man
Auf dem Klavizimbel.

Und so ließ man sich zumeist
Die Partie nicht dauern,
War des Wolfen Friedensgeist
Doch in diesen Mauern.

AN SCHÖNECKERN

Zwar schön ist Grün, doch grünet die Wiese auch
Und Hain und Flur, die jeder alltäglich sieht.
— Drum laß das hohe Rot uns wählen,
Das mir die fürstliche Hand vergolde!

ZU KLEINEN BUKETTS
von Mörike auf die Sohlen neuer Schuhe Constanzens gezeichnet

Blumen, die so freundlich grüßen,
Tritt man zwar sonst nicht mit Füßen:
Dennoch könnte sie's beglücken,
Deine Pfade dir zu schmücken.

*

Allhier auf dieser Schiefertafel,
Die freilich jetzt ein alter Bafel,
Schrieb vormals eine Kinderhand
Buchstaben, Zahlen, allerhand.
Zwar keine Spur ist übrig blieben,
War doch ins Wasser nicht geschrieben. —

*

Frühe säe deinen Samen,
Denn du weißt nicht, ob er spät
Noch so gut wie jetzt gerät;
Und ob beides auch geriete,
Schadt das was: O nein, behüte!
Schön steht bei der Frucht die Blüte.
Was du zeitiglich beginnst,
Bringt dir doppelten Gewinst.

AN S.

Es sei ein Bübchen oder Mädchen,
Es heiße Fritzchen oder Käthchen,
Es wird uns beides gleich erfreun.
Es habe schwarze, blonde Haare,
Nur soll es, daß uns Gott bewahre,
Nicht — generis neutrius sein!

[AUF EIN FROMMES NEUVERMÄHLTES PAAR]

Wo sind die neuen Eheleute
Jetzt, da die Nacht sie überfällt?
In welchem Gasthof hat wohl heute
Amor für sie Quartier bestellt?

Der Schelm! Mit einer Küstersmiene
Zeigt er sich dort; wie feierlich!
Er weiß zu gut, wen er bediene,
Doch stille lächelt er für sich:

„Wenn sie, statt meine holden Weisen,
Heut Lieder singt von Lavater,
So mag das Kindlein Kaspar heißen,
Und ich meinthalben Zerrenner!"

UNTER EIN BILDCHEN MIT GNOMEN, WELCHE SCHMIEDEN
Für Clärchen

Host Gold-Erz g'nug, den Helm zu zieren?
   „Hob eine Tracht,
   Daß kracht!
Kein Esel trägt's auf allen vieren.
   Würd die Haubn so schwer,
   Der König kriegt 's Kopfweh.–"
Halt 's Maul! Schmeiß her!

[KATHOLISCHER GOTTESDIENST]

Siehst du den schettergoldnen Mariendienst
Mit Baldachinen, Fahnen und Sing und Sang
   Den Markt hin prangen? Wie sie räuchern
      Und auf dem Turm die Glocken plagen!

Der lange Priester dort! er begegnete
Spazierend gestern in den Alleen mir,
   Einsam schritt er vorüber, jenem
      Schwarzen ägyptischen Storch vergleichbar.

Mitleidig grüßt' er, hämischen Blickes mich
Als wenn er sagte: „Trauriger Ketzer du!
   Der gläubig statt der süßen Pflaume
      Frißt die unliebliche Frucht des Schlehdorns."

AUF DEM WEG VON MERG. NACH WERM.
29. Mai 45

Gepriesnes Häuschen, welches am langen Arm
Sein Doppeldreieck hält mit gebuckeltem
   Schaumweißem Glas, o welche Wonne
      Lachst du entgegen dem heißen Wandrer!
Wer schämt sich dein? – Doch säh ich – – – einst
Dort mutterseel-alleinig ihr Beutelchen
   Heraustun – Mitleid bräche mir das
      Herz, und ich heulte dir wie ein Schloßhund!

IM GARTEN ZU W.
Juni 1845

Auf Zephirs Flügeln wollt ich entgegen ihr
Zur Laube eilen; doch ich vollbracht es nicht,
Denn in dem Augenblicke fiel mich —
Himmel! mein grausamer Wadenkrampf an.

[DISTICHEN]

1

Jetzt kein Wort von der Kirche! Den Keller gilt es zu retten!
Jupiter Pluvius lud heute bei Bacchus sich ein.

2

Droht der sichere Mann in Flößerstiefeln dem Grandfaß?
Bäbeleinchen! geschwind! meine Sudeten heraus.

3

Nun, wie geht der Verkauf, Herr Pfarrer? Ihr Vierunddreißiger
Noch auf dem Lager? Er steht jetzt doch so ziemlich im Preis.
„Hätt ich nur meinen 45er (jenen vom Frühjahr)
Einmal hinaus; es eilt mir mit den [so] andern noch nicht."

4

Wer nicht liebt Haber, Wein und baren Geldes Klang
Der bleibt ein Narr sein Leben lang.

5

Weniges Wasser nur schluckte das Faß, doch geb ich wohl etwa
Um einen Freundespreis diese 4 Eimer dir ab.

d. 8t. JUNII 45

Wer auf mailicher Au, an der Geliebten Arm
Nach der Dose nun greift und von der Liebe spricht,
Den Doppelmops zur Nase führend,
Der ist der Chariten Spott und Amors.

EINER KRANKEN FREUNDIN
MIT SCHLAFÄPFELN

Der Sommer hört schon auf zu blühn,
Des Herbstes Früchte sind noch grün;
Was läge zwischen beiden,
Dein Auge dran zu weiden? —
Schlaf ist wohl eine milde Kost,
Schlafäpfelchen ein schlechter Trost.
Doch leg sie immer unters Kissen!
Es frommt schon öfter, nur zu wissen,
Daß jemand ist
Zu dieser Frist,
Der gern uns von dem Seinen gönnte,
Das er zwar selber brauchen könnte.

MERGENTHEIM
12. Okt. nachts. 13. Okt. morgens

Ein ganzes Weilchen tät umsonst ich lauschen;
Ich dacht, sie treiben Scherz und Spott;
Da sah ich's glänzen, hört ich's rauschen,
Hernieder stieg ein junger Frühlingsgott
Und hielt bei meiner Lampe Schein
Zum Fenster Brief und Blumen mir herein!

Der steinerne Ritter hat's gesehn,
Er hörte das Geflüster
Dort oben der Geschwister
Und wollte schier vor Neid vergehn.

Die ganze Nacht auf seinem Bronnen
Hat er sich hin und her besonnen
Und sprach und murmelte mit sich,
Es dünkt ihm gar zu wunderlich!

O Alter! wenn du die drei nur kenntest,
Ob du mir nicht von Herzen gönntest,
Die mich beglückt, die Gute Nacht?
Fürwahr du bliebest ohne Sorgen
Und hättest ihnen meinen Guten Morgen
Vor Tag wohl selbst ans Fenster schon gebracht!

[ZU VERSPÄTETEN BLÜMCHEN]

Diese dachten ungesehen
Ganz im Schatten zu vergehen:
Ihnen die in Demut blühten,
War noch schönes Los beschieden,
Schöner als den Frühgeschenkten
Die sich dir zum Herzen drängten.
Denn wenn 's Kind den Christbaum leerte,
Was nur Süßes ihn beschwerte,
Süßer wird die Nuß ihm schmecken,
Die wir noch zuletzt entdecken.

*

O liebes Täflein! so zu enden!
Geh, fleh um einen Mitleidsblick
Für dich und bring von zweien Enden
Ein Wort des Trosts auch mir zurück!

Marienthal den 20. 12. 1845.

CRUX FIDELIS

Aus der Passionshymne des Fortunatus, Bischofs zu Poitiers († 600):
Pange lingua gloriosi etc.

Crux fidelis, inter omnes
Arbor una nobilis,
Nulla talem silva profert
Fronde, flore, germine,
Dulce lignum, dulci clavo
Dulce pondus sustinens!

Flecte ramos, arbor alta,
Tensa laxa viscera,
Et rigor lentescat ille,
Quem dedit nativitas,
Ut superbi membra regis
Miti tendas stipite!

Heiligs Kreuz! vor allen Bäumen
Selig, herrlich, edler Kraft!

Wo ist einer, so da hätte
Rosenblüt, als wie du hast?
Süßer Stamm, o ihr zween Äste,
Daran Gottes Lamm erblaßt!

Breit dich aus in tausend Zweigen!
Holden Schatten geuß um dich!
Laß ein Wunder dich erweichen!
Voll Erbarmung mildiglich
An die ausgespannten Glieder
Dieses Königs schmiege dich!

AN FRÄULEIN E. BAUER
bei ihrer Abreise nach England

Ein Städtlein blüht im Taubergrund,
Das lob und preis ich alle Stund:
Da lebt es sich so feine.
Es ist der Welt nicht sehr bekannt,
Wer kennt's im stolzen Engeland?
Es ist ja viel zu kleine.
Nun aber wohnt dort eine,
Der es im Herzen weint und lacht,
Tag oder Nacht,
Wenn sie ans liebe Städtlein dacht.

[DICHTERS ENDE]
Stegreifverslein auf dem Spaziergang als wir von materiellen Gewerbszweigen sprachen

Als Dichtel hab ich ausgestritten
Und Praktisches betreib ich nur,
Arsenikfreie Schwefelschnitten
Und eine neue Zahntinktur!

[ZU WEISS' MÖRIKE-ZEICHNUNG]
Sollte unter sein von Weiß gezeichnetes Bild kommen. Dem Zeichnen tat die eben aufgekommene Daguerrotypie großen Abbruch. Nov. 1851

Und sähst du lieber dich vom Lichte selbst gemalt,
Als daß ein Künstlerauge dich auf die Tafel strahlt?

[EINLEITUNGEN ZU FREMDEN GEDICHTEN]

I
Mein eigenes Fäßchen läuft heut nicht;
Was soll ich mich nun zieren?
Ich will zu einem Herrn Nachbar gehn:
Du kannst dabei nur profitieren.

II
Hab ich aus dem eignen Garten
Nichts von Früchten aufzuwarten:
Hinter meines Nachbars Hecken
Gibt es, die noch besser schmecken.

*Widmungsgedichte, Stammbucheinträge, Albumblätter für
Schülerinnen des Katharinenstifts u. ä.*

[AN REKTOR WOLFF]
Mit einem Porträt Friedrichs des Großen
(Kupferstich von Chodowiecki, in neuer goldner Rahme)

Das Musterbild gekrönter Köpfe
Inmitten seiner tapfern Zöpfe,
Du zeigtest mir's noch neulich im Gedicht*;
Nun, Edelster, verschmähst du nicht,
Daß es dir, an bescheidner Wand,
Den Herzensdank des Freunds manchmal erneue,
Dem du die fast beschämend lange Reihe
Von Königen und Herzogen gesandt.
Wie sehr ich mich der seltnen Gäste freue –
Sie glänzen mir doch erst durch deine liebe Hand!

[AN FRAU v. SPEETH]
Zum 1./23. September 1852

Die uns der Erste hat gegeben,
Am Dreiundzwanzigsten nur eben
Soll sie uns hoch, ja dreimal hoch uns leben,
Und, abgetan das Herzeleid,
Noch viele Jahre so wie heut!

Frohlocke, Stuttgart, diesem Tag der Wonnen!
Und wisse, daß sie eh nicht wieder geht
Als bis zu Ostern auf dem Bronnen
Sich der beliebte Ritter dreht.

---

* Wolff hatte mir eines Abends bei einer Tasse Tee einige Lieder zu Verherrlichung Friederichs und seiner Generale von einem neueren Dichter (Fontane?) auswendig vorgesagt.

[AN JULIE AICHELE]

Hier ist ein prächtiges Kästchen für Gold und Juwelen eröffnet,
  Aber ein Kleinod hat jeder sogleich nicht bereit;
Dennoch bleibe auch mir ein freundlich Gedächtnis erhalten
  Und dem Saale, der uns lange so günstig vereint!

ROBERTS TOAST
am 6. Sept[ember] 1852

Was ich bis dato bei Tag und Nacht
Dir, liebe Mutter vorgesungen
Hat dir nicht eben stets wie Harfensang geklungen,
Jetzt — wie wär ich zumal, eh es ein Mensch gedacht,
Heut als perfekter Dichter aufgewacht?
Aufrichtig! noch sing ich zur Stund
Beinah als hätt ich Brei im Mund;
Und schriftlich selbst, so lang ich mich besonnen,
Hab ich nicht viel Gescheites ausgesponnen.
Drum nimm den guten Willen für die Tat!
Und wart nur, Mutter, künftighin,
Wenn ich Student und Doktor bin,
Aktuar oder Advokat
— Im letztern Fall, du hast doch nichts dawider?
Werd ich wohl etwas Demokrat,
Nur nicht wie der Onkel grad,
Onkel Karl, so ein ganz letzter,
Immerhin aber ein echter Fetzer —
Da sing ich meiner Mutter süß
Die er um ihre Schönheit pries,
Trotz ihm die allerliebsten Lieder.

Apropos, Mutter, ist's denn gewiß,
Daß man dich, deiner Augen wegen,
Und weil man dich gesucht auf Wegen und auf Stegen,
Immer das schöne Hirschchen hieß?
Nun ja, in dreißig Jahr', des bin ich heute froh,
Nennen wir dich wohl auch noch so!

[AN CONSTANZE HARDEGG]

Freundlich, o Jungfrau, seh ich den Pfad dir ins Leben geebnet;
  Wieviel Holdes umgibt, rings wieviel Liebe dich nicht!
Und ein mütterlich Auge, das früh sich geschlossen, es zog dir,
  Als ein seliges Licht, frühe zum Himmel den Blick.

SOPHIE ERNST

Ist es erlaubt, mit Namen zu spielen, so wünsch ich dem Ernst ja
  Heiterkeit immer gesellt. Lächelt Sophia nicht auch?

IN C. KÜNZELS ALBUM

Die Welt wär ein Sumpf, stinkfaul und matt,
Ohne die Enthusiasten:
Die lassen den Geist nicht rasten.
Die besten Narrn, die Gott selbst liebhat,
Mit ihrem Treiben und Hasten!
Ihr eigen Ich vergessen sie,
Himmel und Erde fressen sie
Und fressen sich nie satt.

FRÄULEIN WAGNER
(mit Anspielung auf eine französische Komödie,
worin sie als Lehrjunge auftrat)

Wenn du, gelehrt, wie du bist, nun nach Haus kehrst, freundlicher Knabe,
  Freue dich, denn dein harrt schon ein gemästeter Hahn!

MARIE ADAMI AUS BREMEN

Bald in der Heimat, ach! wirst du mit Tränen den Hügel
  Grüßen der Lieblichen, die lange dies Haus noch beweint.
Aber nach Jahren, sooft sie dir nachts im Traume begegnet,
  Drückst du die Lebende hier fröhlich, wie immer, ans Herz.

MARIE LÜTSCHER

Allzeit kränket es mich, wenn es heißt: dies scheidet und jenes
  Scheidet vom Haus, und doch kannt ich mit Namen euch kaum:

Aber so fühl ich mich schon in diese holde Gemeinschaft
Eingeschlossen, und fern denket, ihr Guten, auch mein!

JOHANNA JÄGER

Nicht etwa nur die kurze Jugendstrecke,
Solange sich dies Büchlein füllen mag,
Es schmücke dir dein Leben Tag um Tag
Ein goldnes Wort auf seiner Purpurdecke!

LUISE PETER
(mit einer Stelle aus Lamartine samt Schwabs Übersetzung derselben)

Viel Glück auf deinen Weg! und sei
Zuletzt um eines noch gebeten:
Vergiß nicht unser liebes Deutsch
Und nicht die schwäbischen Poeten!

IN DAS ALBUM EINER SCHÜLERIN
Stuttgart. Katharinenstift

Mit hundert Fenstern steht ein stattlich Haus,
Da blüht ein Jugendflor, der wallet ein und aus,
Darin auch du, ein lieber Gast,
Gern eine Zeit gesessen hast.
Eins räumet seinen Platz dem andern,
Ein ewig Kommen ist's und Wandern;
Das Haus allein bleibt fest am Ort. —
Doch, was du trägst als eigen fort
An Lehre, Sitte, mannigfachem Segen,
Der ersten Freundschaft Glück und was dich freuen mögen,
Es bleibt, es fruchtet allerwegen
Und wuchert dir, ein unerschöpfter Hort.

[MUSTERKÄRTCHEN]
In das Album einer Katharinenstiftsschülerin. Auf die Gegenseite
eines Blattes, auf das eine Menge Freundinnen spielenderweise ihre
Namen in den verschiedensten Richtungen durcheinander geschrieben hatten

Auf dieses Kreuz und Quer von Namen schauest du
Wohl künftig manchmal noch mit Freundlichkeit zurück;

Kaleidoskopisch ordnet sich's im Nu
Zum schönen Kranz vor deinem geist'gen Blick;
Und ist für mich kein Platz darin ersehn,
So laß mich doch daneben stehn.

[IN DAS ALBUM DER ANNA NIETHAMMER,
KERNERS ENKELIN]

Dich, o Freundliche, hat in liebenden Armen die Muse
 Selber gepflegt und dir edel die Seele geformt.
Was du Leides erfuhrst so früh im Leben — wir wissen's!
 Aber getrost! Die sind himmlische Genien nah.

[RÜCKBLICK]
[Zu einer Konfirmation]

Bei jeder Wendung deiner Lebensbahn,
Auch wenn sie glückverheißend sich erweitert,
Und du verlierst, um Größres zu gewinnen,
— Betroffen stehst du plötzlich still, den Blick
Gedankenvoll auf das Vergangne heftend;
An deine Schulter lehnt die Wehmut sich
Und wiederholt in deine Seele dir,
Wie lieblich alles war! und daß es nun
Vorbei damit auf immer sei — auf immer!

Ja, liebes Kind, und dir sei unverhohlen,
Was vor dir liegt von künft'gem Jugendglück,
Die Spanne mißt es einer Mädchenhand.
Doch also ist des Lebens Ordnung uns
Gesetzt. Den schreckt sie nimmermehr,
Wer einmal recht in seinem Geist gefaßt,
Was unser Dasein soll. Du freue dich
Gehabter Freude; andre Freude folgt,
Den Ernst begleitend; aber dieser sei
Der Kern und sei die Mitte deines Glücks.

HERRN OBERSTEUERRAT LEMPP
ZUM 10. JANUAR 1854
Mit einem Deckelkruge

Es gilt der erste Trunk ein Hoch dem jungen Paar!
Jedweden frommen Wunsch, der Himmel mach ihn wahr!
Wie würde lieblicher wohl dieser Krug geweiht?
Und fortan bleib er dir zum steten Dienst bereit:
Wenn du mit Freunden bald bei trautem Kerzenschein,
Bald mit Marien auch, der Freundlichen, allein,
Dein Abendpfeifchen schmauchst und scherzest, diskurrierst
Von Leben oder Kunst, und „psychologisierst" —
In vino veritas, im Hopfentrank nicht minder!
Der größte Weise sagt's, sowie der Bürstenbinder.

Nimm ihn denn gütig auf! — und kannst du sie erraten,
So denke je und je der Geberin in Gnaden.
Hält er nur halb so lang als unser Freund noch trinkt,
Fürwahr so wird er alt! Doch Glas und Erde springt.
Ins Ferne schaut mein Geist, und sieht, nach dreißig Jahren,
Zu einem Jubeltag sich Hochzeitgäste scharen:
Mit prächtigen Festons prangt der Museumssaal,
Vor deinem Sitze strahlt ein hoher Goldpokal.
Dann sei das heut'ge Fest des Neffen unvergessen,
Dann möge er sein Glück nur mit dem deinen messen!

AN TANTE NEUFFER
Mit einer Silhouette

Dieweil ich noch leibhaftig nicht
Darf kommen vor dein Angesicht,
Wie sehr ich mich auch manchen Tag
Zu dir hinübersehnen mag: —
So laß derweil (bald komm ich hinterdrein)
Doch meinen Schatten bei dir sein!

[IN DAS STAMMBUCH VON THEODOR BUTTERSACK]

Blitze schmettern oft die Bäume —
Eine Silbe unsere Träume.

Daß Herr Theodor sich nicht
Ob dem Rätselwort hierneben
Gar zu sehr den Kopf zerbricht,
Will ich ihm den Schlüssel geben,
Und für seine Seelenruh
Einen guten Wunsch dazu:

Wenn den schönsten deiner Träume
Du dem Fräulein Z. gestehst,
Und ihn wahr zu machen flehst,
Möge ihre Antwort fein
Nicht des Rätsels Lösung sein!
Denn des schönsten Glückes Keim
Oft zerstört ein einzig — Nein.

FRÄULEIN CAROLINE BECKER

Die edle Freundin, allen lieb und wert,
Im strengen Taglauf wie bei muntern Scherzen,
Wir werden sie nicht leicht verschmerzen:
Allein wer weiß, ob sie nicht wiederkehrt?
— In mancherlei Gestalten unterdessen
Bleibt sie bei Jung und Alten unvergessen.
Auch unvergessen Er, Herr Langohr, süßer Fant!
Denn war die Distel dort zum Fressen,
Nicht minder war es der Amant.

MARIE HERMANN

Das schöne Buch — ei, seht einmal!
Mit Schloß und Schlüssel, blank von Stahl!
Was hast du unter diesen Decken
So gar Geheimes zu verstecken? —
„So ist es nicht damit gemeint." —
Symbolisch also, wie es scheint? —
„Fürs erste zeigt dies Schlößchen an:
Nicht jedem sei hier aufgetan!" —
Zum Glück komm ich geladen her;
Ich weiß es zu schätzen und danke sehr. —

„Und zweitens gibt es zu bedenken:
Was eure Feder mir will schenken,
Muß, Gold und Perlen gleich von Art,
Auch wert sein, daß man's wohl verwahrt." —
Nun, liebes Kind, von dessentwegen
Bin ich am wenigsten verlegen;
Denn solchen Goldes, weißt du wohl,
Hab ich stets alle Taschen voll.

KLARA BLEZINGER

Zwischen so viel bunten Bildern,
Die dir dies und jenes schildern,
Unter all den Wohlbekannten,
Die sich hier zusammenfanden,
Deine Pfade still zu segnen,
Mußt du wohl auch mir begegnen.

RICKELE BUTTERSACK
6. Januar 1855

Wenn sich zum angenehmsten Fest
Derzeit kein Sträußlein pflücken läßt,
Und wenn mir selbst kein Lied gelingt,
Erlaube daß ich einen andern bitte,
Der, Beste, dir in Winters Mitte
Ein Sommerabendmärchen singt.
— Er singt nicht übel, darf ich sagen;
Sogar, der Mutter zu behagen,
Bringt der Poet — gebt acht, wie fein —
Etwas vom goldnen Kamm hinein.

Zwar können an die Wiege unsres frommen
Und vielgeliebten Kinds
Drei Könige nicht kommen,
Doch allenfalls ein Prinz.

ZUM 27. FEBR. 1855
Mit einem Myrtenstäudchen für Emilie Buttersack

Dir, o Liebste, zieht man heut
Lauter frohe Lose,
Alles Schöne liegt bereit
In der Zukunft Schoße.

Doch das Lieblichste laß mich
Dir prophetisch reichen,
Dieses Sträußchen blüht für dich,
Nimm's zum guten Zeichen.

Ward es erst ein Kränzchen nur —
Einzig muß dir's lassen!
Und zu jeder Art Frisur
Wird's am Ende passen.

[HERRN OBERSTEUERRAT LEMPP]

Heil, ruf ich, sei verliehen
Zwei trefflichen Marien!
Die eine wahrlich ganz
Verdienet ihren Kranz,
Die andre, sollt ich meinen,
Verdiente zwei für einen.

[FANNY] AN FRÄULEIN VON BREITSCHWERT MIT EINEM ILLUSTRIERTEN TURMHAHN
zunächst als Erinnerung eines Korbs mit feinem Obst aus Wolffens Garten

Schon längst sinn ich für dich auf eine schöne Gabe,
Und sinne mich beinah zu Tod,
Allein du weißt ja wohl, das Beste was ich habe*
Hab ich von dir, geliebte Dot.

Jetzt freut es mich, aus meines Vaters Garten
Mit einer Kleinigkeit dir aufzuwarten:

---

* Exceptis excipiendis [mit Ausnahme des Auszunehmenden] natürlich.

Ich bat mir diese Blätter von ihm aus.
„Von Herzen gern", rief er, „geh, bring's ihr selbst ins Haus."

Nur *eines* will mich dabei kränken,
Sag selber, ob das billig ist,
Daß er dafür nun ganz ohne Bedenken
Mir deine Rosenäpfel f . . . !

AN FRAU GRUNERT
zu einem bevorstehenden Familienereignis mit einem Exemplar der
„Vier Erzählungen"

Alles Ding hat seine Zeit:
Märchen und Geschichten,
Die ein armer Dichter beut,
Taugen jetzt mitnichten.

Fast schäm ich der Ware mich
In dem Haus, wo eben
Nun das schönste Märchen sich
Wirklich will begeben.

EINEM MUSIKER (GUSTAV PRESSEL)
mit einem Exemplar der Novelle „Mozart auf der Reise nach Prag"

Den alten Meister würdig zu geleiten
Am Tag, den uns ein Gott heraufbeschwor,
Umgebe ihn von allen Seiten
Ein auserlesner Jünger Chor
Heut für mein leichtes Schiffchen, das ihn führt,
Sind zwei beinah schon mehr, als sich gebührt:
Sonst wär ich edler Namen wegen
Aus Schwaben wahrlich nicht verlegen.

IN CHARLES MATHEYS ALBUM

Nun lernt mein Charles, wenn Land und Meer uns trennen,
Mit nächstem manches große Haus
Von weltberühmter Firma kennen,
Und, will's Fortuna ihm nach unsern Wünschen gönnen,
Lacht er am Ende gar die Rothschild selbst noch aus;
Gleichwohl wird er, so hoff ich unterdessen,

In jenes Marktes Saus und Braus
Cronberger nicht und Bonz vergessen.

MIT EINEM RIECHFLAKON
Von der Fanny für ihre Dote Luise Breitschwert bei der Hochzeit
von ihrer Schwester Charlotte

Heut regnet's tausendfach mit Wünschen in dein Haus
Von manchem Vetter, mancher lieben Base;
Ich widme dir mit diesem Glase
Einen bescheidnen Hochzeitsstrauß —
Nicht dir! nein, jener schwer von dir gekränkten Nase*,
Die ich im stillen längst verehrt,
Eh sich Herrn Walthers Herz derselben zugekehrt:
Der sie beim ersten Blick so ganz begriffen hatte,
Der Mann ist deiner wert. Dies sagt dir deine
B.

[ZUR HOCHZEIT VON LUISE BREITSCHWERT]

1

Daß in der Regel euch der hellste Himmel lache,
Das ist uns nun schon ausgemachte Sache,
Und käme je ein kleines Ungemach,
Ein Donnerwetterchen am schönen Tage nach,
So etwas geht wohl mit im Kaufe:
Dich deckt Herrn Walthers Schirm, Herrn Walthers Regendach,
Und du gehst sicher nicht, wie damals, in der Traufe.

2

„Jedem das Seine!" heißt die goldene Devise
Deines Geliebtesten, Luise. —
In diesem Sinn, wie lang gab er zu Leid und Freud
Dem halben Land scharf treffenden Bescheid!
Eins fehlte noch, eh er sein volles Lob erreichte,
Viel oder wenig: nun, es war ihm zuzutraun.

---

* Sie karikierte diesen Teil ihres Gesichts, der allerdings etwas Auffallendes hat, bei jeder Gelegenheit im Schattenriß aufs unbarmherzigste.

Daß er sich endlich selbst Gerechtigkeit erzeigte
Und holte sich frischweg die trefflichste der Fraun.

3

Freilich, schön ist er gewesen,
Der geschloßne Schwesternkranz;
Einer fing ihn an zu lösen
Bald — gebt acht! — teilt er sich ganz.

Gut ist gut, doch besser — besser;
Viel Verlust und mehr Gewinn!
Darum Heil dem Herrn Assesser
Und der Frau Assessorin!

*

Wo ist die Fürstin, vor der als Mutter Elise sich beugte,
    Wenn sie der herrliche Kreis liebender Kinder umschließt?
Deine Krone verschönte noch jüngst ein seltener fremder
    Edelstein. Heil Ihm, der ihn so glücklich erwarb!

AN FRAU LUISE WALTHER
mit einem Paar kleiner Kinderschuhe, bei der Geburt ihres ersten
Mädchens

1. Auf die Sohle des linken:
       Ein Gruß vom Pechschwitzer
       Seinen Segen dazu!

2. des rechten:
       Gesund in die Windeln,
       Und bald in die Schuh!

*

Wer seinen Ball mit Leichtsinn schmeißt,
Der wird ihn freilich allermeist,
Im hohen Gras verlieren;
Doch wer ihn fleißiglich bewahrt
Nach guter Pfarrerstöchter Art,
Der kann ihn lange führen.

[SCHÖNES GEMÜT]

Wieviel Herrliches auch die Natur, wie Großes die edle
    Kunst auch schaffe, was geht über das schöne Gemüt,
Welches die Tiefen des Lebens erkannt, viel Leides erfahren,
    Und den heiteren Blick doch in die Welt noch behielt! —
Ob dem dunkelen Quell, der geheimnisvoll in dem Abgrund
    Schauert und rauscht, wie hold lächelt die Rose mich an!

QUITTUNG [ÜBER VERSTEINERUNGEN,
Fräulein Marie Bauer ausgestellt]

Unterzeichneter bezeugt hiermit pflichtlich
Aus Herrn *Behringers* Kabinett ganz richtig
Drei Stück Petrefakta: den Tausendfuß,
Den Palaeoniscus dubius,
Wie auch ein sehr rar seltsam Objekt,
Des Art und Natur noch nicht entdeckt
(Etwan Kropf und Bürzel von Noä Raben),
Durch Fräulein Bauer mit Ach und Krach
Vom Herrn Kurator erhalten zu haben;
Wofür von gedachtem schönen Kind
Drei Küsse bezahlt worden sind,
Die ich, mit Zinsen, verbindlich
Mündlich
Ohn alle Gefährde
Wiedererstatten werde.

*

    Wämmesle, Wämmesle, Wämmesle kaufet
    Vom berühmten Veitingär!
    Er gibt 's Stück um 30 Kreuzer,
    Au um 24 her.

    Morgens früh um halber sechse
    Schallt die Glock durchs ganze Haus,
    Denn es müssen alle Wochen
    150 Wämmesle 'naus.

    48 Mädchen schnurren
    An dem Webstuhl früh und spat;

Gäle, rote, violette
Ist das nicht ein wahrer Staat.

Dutzendweis in meinem Höfchen
Sind sie ärmlings aufgestellt:
Seid umschlungen, Millionen!
Diesen Kuß der ganzen Welt!

— —

Wämmesle, Wämmesle, Wämmesle kaufet,
Wämmesle sind so gar gesund.

Hätte Schiller eins besessen,
Der doch stets so kränklich war,
Würde er noch heute leben
Als ein Greis von 100 Jahr.

*

Ruhig noch thronet er oben der allopathische Löwe,
  Schlummernd, und hebt nur den Kopf, kommt ihm der andre zu nah.
Jeglicher Krankheit trotz ich, allein vor dem Hasse der alten
  Praktiker zieh ich den Schwanz, Freunde, noch stets etwas ein.

ZUM FÜNFTEN FEBRUAR 1863
Mit L. Richters „Vater Unser"

Jenes Gebet, das, Erd und Himmel umfassend, der Meister
  Uns für jeglichen Tag selbst auf die Lippen gelegt,
Nimm es, von Künstlers Hand in alle Gestalten des Lebens
  Übergetragen, zum Gruß heute, o glückliches Paar!
Schlicht, treuherzig ist alles; vertraut selbst lächelt ein Dörflein
  Fast wie jenes mich an, das euch als Heimat empfängt.
Freud und Leid, Entzücken und Angst auf wenigen Blättern
  Wechselnd! Ach öfter zugleich streitet sich beides in uns!
Aber zu tragen was unerträglich dem einzelnen deuchte,
  Füget ihr Hand in Hand, mutig fürs Leben gesellt.
— Zieht mit Gott! Noch wintert's im Tal und auf eurem Gefilde,
  Doch bald blühet das Hag, grünet das Wieschen ums Haus.

Und nun sag ich nicht mehr; was dort euch erwartet, ihr habt es
  Lieblicher selbst euch gesagt. Also nur dies noch zuletzt:
Wenn euch einmal sonntags zwei Rosen pflückende Mädchen
  Sollten begegnen und sie reichen Marien den Strauß,
Richters leibhaftige Töchter, von dreizehn Jahren und sechzehn*,
  Grüßt sie gütig! Ein Freund schickt sie; ihr kennet ihn wohl.

„BILDER AUS BEBENHAUSEN" (GEDICHTE S. 331)
Scherzhafte Zugabe

Wer da hustet und keucht, bei wem kein anderes Mittel
  Weiter verfängt, auch kein homöopathisches mehr,
Walle nach Bebons** Tal, und esse westfälischen Schinken,
  Den ihm die gastlichste Hand segne — er ißt sich gesund!

KINDERSZENE
(wonach Scherer eine Zeichnung machen läßt). Ein kleines Mädchen
hat seines Vaters Rock angezogen, dessen Hut auf dem Kopf und
den Stock in der Hand, um einen Doktor vorzustellen. Ein älteres
Mädchen sitzt am Bett einer Docke, welcher soeben der Puls gefühlt
wurde

„Wie finden Sie das liebe Kind?" —
„Sie hat eben immer noch stark Fieber;
Das ist der böse Nordostwind.
Doch scheint die größte Gefahr vorüber.
Wie war der Appetit indessen?" —
„Seit gestern hat sie nichts gegessen.
Mein Bruder bracht ihr heute früh
Dies Törtchen mit, das möchte sie,
Ich wollte es aber doch nicht wagen,
Ohne Herrn Hofrat erst zu fragen." —
„Es ist nur immer bei dem Zeug
Zu viel Gewürz und Butterteig.
Mit Erlaubnis — ich will es doch versuchen.
Hm — eine Art von Mandelkuchen." —
„Herr Hofrat! Sie vergessen sich,
Sie essen ja ganz fürchterlich!

---

* Drittes Bild, Kirchgang.
** Ein Einsiedler, Bebon mit Namen, soll vor Erbauung des Klosters da gewohnt haben.

Alle Achtung vor Ihrem großen Hut,
Aber Sie haben besondre Manieren."
„Pardon! das Törtchen war gar zu gut.

(Nachdem er sich geräuspert und der Patientin nochmals den Puls gefühlt:)

Lassen Sie nun eben das Mixtürchen repetieren;
Wir sehen ein paar Tage zu.
Ihr Diener!" — „Gute Nacht!" — „Recht angenehme Ruh!"

DEM WEINSBERGER FRAUENVEREIN

Die ihr treulich das Gedächtnis
Deutscher Frauentreue hegt,
Fromm und dankbar das Vermächtnis
Eines edlen Sängers pflegt,
Haltet fest am guten Werke!
Denn noch steht ihr nicht allein. —
Gruß und Segen eurem Berge,
Dem dies Scherflein soll gedeihn!

AN FREYA

Auf daß sie wachse,
Auf daß sie blühe,
Die uns erschienen
In Lenzes Frühe,
Daß sie an Sitte
Und holden Mienen
Ja allerwegen
Der Mutter gleiche,
Gib deinen Segen,
O Segensreiche,
Ihr in die Wiege,
Ein Vollgenüge!
Du selber sing ihr,
Du selber kling ihr,
Süßeste Freya,
Eiapopeia!

FRAU DR. MENZEL MIT ORANGEN

Nimm, wenn man Frühlingsblumen dir bringt mit herzlichen
    Wünschen,
  Auch den bescheidenen Gruß eines Genesenden auf!
Er auch harret getrost der milderen Sonne: sie reifet
  Langsam, aber sie reift endlich, die goldene Frucht.

[JOHANNES MÄHRLEN
mit einem alten Holzschnitt der Stadt Ulm]

Wer diese Stadt nicht ehrt um ihren besten Sohn,
Der heiße nicht mein Freund, ich biet ihm Trutz und Hohn;
Ja sei er wer er sei, ich weis ihm die Manier
Der Leineweber heut vor seiner Stubentür.

[STAMMBUCHVERS]

Hier ist ein Schatzkästlein für Gold und Juwelen eröffnet;
Aber ein Kleinod hat jeder sogleich nicht zur Hand.
Sei's! Wir kennen uns doch. Wie ein „Samstagsmann" zu dem
    andern
Kommt, mit dem schlichtesten Gruß, stell ich auch heute mich ein,
Und dies ohne ein Datum zwar: dieweil es für alle
Tage dir gilt, im Geist, Bester, sooft du mich rufst.

[AN HOFMUSIKUS KELLER]
MIT STRADIVARIS BILD

*Der Künstler ist in seiner Werkstatt vorgestellt, eine Geige vor sich
hinhaltend, über deren Bau er tief nachdenkt*

Den Zauberton, den einst mit schöpfrischem Verstand
Herr Stradivarius in dürres Holz gebannt,
Wer lockt ihn uns heraus? wer macht ihn sich geneigt,
Daß er gleich einem Geist aus seiner Tiefe steigt,
Mit tausend Strahlen bald in alle Lüfte schießet,
Bald sich wie schmelzend Gold im breiten Strom ergießet,
Zu grausend-süßer Lust uns rührt, und schreckt und neckt,
Ja dort im lichten Blau der Engel Chöre weckt?

— Gebt acht, wie sich der Schalk so blöd und albern stellt,
Beschwört ein Meister ihn, der ihm nicht ganz gefällt.
Nun aber — Keller kommt! und auf den ersten Strich,
Der seinen Mann ihm zeigt, alsbald ergibt er sich!
— Und sollt er je einmal selbst ihm nicht gleich parieren,
Verdroß ihn dies und das, verstimmt ihn das und dies,
Kann ihn kein Joseph und kein Amadeus rühren,
So ruft Paulinen nur, und er erscheint gewiß!

AUS ANLASS DER EINLADUNG
zur Einweihung der Stuttgarter Liederhalle

Ach, ich käme ja mit Freuden,
Ja, zu kommen wär mir Pflicht,
Aber solche Sprünge leiden
Meine sanften Drachen nicht!

AUF EINE CHINESISCHE VASE
(Für Frau Marie Mörike)

Gönnt, o ihr Gastlichen, mir ein bescheidenes Plätzchen in jenem
Stillen Gemach, wo der Freund holdem Gesange gelauscht!

DAS TÜRMERSKIND AN SEINE PATIN
25. März 1866

Mein Vater sah hinaus um Mitternacht
Vom Turme rings und kündigte die Wacht;
Doch schon erweckt vom ersten Glockenschlag,
Wußt ich zugleich: heut ist dein Namenstag.
Dem dacht ich nach im stillen freudiglich
Ein Weilchen lang und betete für dich.
Laut stieß der Wind ans enge Fensterlein,
Die Wolke flog mit ungewissem Schein:
Auf einmal regte sich kein Lüftchen mehr,
Es ward so still und feierlich umher.
Ich hörte der Geschwister Atemzug
Und wie im Uhrwerk sacht der Pendel schlug.
Was wird? die Kammer füllt ein himmlisch Licht,

Ein Engel stand an meiner Seite dicht
Mit hellen Schwingen, goldnem Lockenhaar
Und sah mich an mit Augen wunderbar;
Er rührte mir die Wang und Stirne lind,
Sprach: „Sei getrost! ich bin dein Engel, Kind,
Ich brachte dein Gebet vor Jesu Thron,
Und all erhört sind deine Wünsche schon.
Geh hin zur Guten, die dich kennt und liebt,
Die im verborgnen schwere Pflichten übt,
Sag, daß man ihrer Frömmigkeit und Treu
Auch eingedenk im Himmel heute sei!
Und was sie Liebs und Gutes dir getan,
Das schreiben wir im Buch des Lebens an."

[BASILISKEN-BLICK]
[Mit einer Zeichnung] nach einem Gemälde in der Bebenhäuser Kirche
zur Zeit des Kissinger Attentat gezeichnet

Der böse Basilisk aus hellem Spiegel säuget
Zu eignem Untergang selbst seiner Augen Gift.
Wer Bosheit anzutun dem Nächsten ist geneiget,
Ist billig daß ihn selbst sein Mörder-Anschlag trifft.

DER ALTE CLEVERSULZBACHER TURMHAHN
Herrn Ludwig Richter zum Geburtstag

Dem edlen Meister, der mich kennt,
Mach ich mein dankbar Kompliment.
— Daß Gott ihn uns noch lang bewahre!
Von Herzen gern die Hälfte meiner Jahre
Wär ihm, zu seinen hin, von mir gegönnt.

*

Kommt dir ein Freier nächstes Jahr,
Der jenem Carl nicht ganz und gar,
Wie dir ihn mancher Traum gezeigt,
Nach Leib und Seele sich vergleicht,
So sei ihm dieser Korb gereicht!

Stuttg. 22. Dez. 1866.

AN CARL KÜNZEL IN HEILBRONN

Mit einer Sammlung Faksimiles, Handschriften lebender Dichter
(vor etwa zwei Jahren in Hamburg erschienen, wovon mir der Verleger ein Exemplar überschickte)

Ein ganzes Heft Autographa!
Poeten, von verschiedner Sorte;
Darunter mancher denkt, die schöne Ehrenpforte
Sei eigentlich bloß seinetwegen da.
Nur einer greift an seinen grauen Scheitel
Und seufzt: „Es ist doch alles eitel
Mit der gepriesenen Poeterei!"
— Indes, so viel sei ihm zum Ruhme gutgeschrieben,
Daß ihn ein Dutzend wackre Freunde lieben,
Und daß Carl Künzel nicht der letzte ist dabei.

※

Es sei nun wenig oder sei es mehr,
Was in dies Büchlein stiftet die und der,
Es ist doch immer wie ein Freundesblick,
Der kehrt dir je und je einmal zurück,
Ein herzlich „Gott zum Gruß!" — wenn es dich freut,
Für alle Tage gelt es dir wie heut!

J. G. FISCHER

(als ein kleiner Stich auf sein Verhalten bei meinen Äußerungen über seine neueren Sachen, in Form eines Zitats vorn in mein Buch geschrieben)

— — — Es kümmert der Haufen uns wenig;
Doch vom kundigen Mann und freundlichen Liedesgenossen
Ist willkommen der Tadel, und mehr noch ist es der Beifall.

(AN SCHWIND)
Fragment

Zuvörderst zeigt sich eine hohe Pilgerin
Am Gartenpförtchen, mütterlichen Blicks den Strauß
Hinnehmend aus der Kinder Hand und einen Trunk

Mein ungeschlachter Riese in der Höhle dann,
Vom jungen Gott bei seinem dumpfen Werk belauscht.

(Dein ganzes Mark und alle Schalksanmut und Lust
Ist hier beisammen, wie nur irgendsonst einmal!)

― ―

Schön-Rahel nun, die Engelsfeder in der Hand,
Ein atmend Bild, in Paradiesesluft getaucht.

― ―

AN JUL[IUS] KLAIBER
Mai 1867

Mit einer Flasche Champagner als Danksagung für seinen Vortrag über meine Gedichte, unter Beziehung auf das Präsent jenes Oberländers für das bewußte Lied („Der Gärtner")

Was du Gutes dem *Gärtner* erzeigt und der übrigen Sippschaft,
  Solches zu lohnen — was sind Rosen und Nelken für dich?
Hätt ich nur Flaschen genug vom „Allarabestan" im Keller!
  Aber nun heißet es: nimm *eine* für tausend von mir!

AN OTTO SCHERZER IN TÜBINGEN
mit meinen „Gedichten"

Nur wenn der treffliche Meister uns legt auf die Lippen des
                                                Mädchens,
Leben wir Lieder erst auf, uns selber zum Wunder und andern.

[INSCHRIFTEN AUF SELBSTGEFERTIGTE BLUMENTÖPFE]
Auf einen Lorcher Blumentopf graviert für Wolffs Frau

Ich bin ein schlecht Gefäß aus Erden;
Was hätt ich können Bessers werden?
Ich bin kein seltsamer Kristall
Wie jener Becher von Edenhall.
Drum, sollt ich heut in Scherben gehn,
Dein Glück wird immerfort bestehn.

Für Frau Marie Lempp

Nimm hier mit Gunst
Die arme Kunst,
Womit wir dich begaben!
Mein Griffel hat bei manchem Strich

Die treusten Wünsche still für dich,
Darunter einen auch für uns mit eingegraben.

Inschrift auf eine Vase für Marie Schwind

Wie mag ich armer Topf aus Erden
Am Hochzeittisch empfangen werden!?
Doch, Freunde, lacht soviel ihr wollt;
Ihr werdet Wunder noch erfahren:
Denn wißt, von heut in fünfzig Jahren
Verwandl ich mich in pures Gold.

*

So alt ich bin, so bin ich doch
Der Kunst noch nicht gar abgestorben;
Was ich als Dichter nicht erworben,
Verdien ich mir als Hafner noch.

*

Für Clara Mörike

So heiß, wie dieser Topf im Ofen hat geglostet,
Ist meine Lieb zu dir, die nun und nimmer rostet.

Inschrift auf ein ähnliches Geschirr für Pauline Hibschenberger

Schüsselchen, wie lang du lebst,
Macht mir heut schon Sorgen.
Hältst du nicht mein Leben lang,
Halte doch bis morgen!

Inschrift auf zwei gleiche Trinkschalen für Marie und Fanny

Wenn die Amseln wieder singen
Und zum Neste fliegt der Storch,
Trinkt man den Kaffee zu sechsen
Dort im Klosterwald zu Lorch.

[AUF EINEN LORCHER TOPF
für Herrn Postdirektor v. Scholl]

Des Dampfes Pfeife schauervoll

Schallt jetzt durch Berg und Tal wie toll
Wo sonst mein lustig Hörnlein
            Sch[oll].

[ZUR VERLOBUNG DES PHOTOGRAPHEN
HERMANN KAYSER MIT HELENE MORGENSTERN]

Amor führte das schönste Gestirn dir herauf an dem Himmel.
Heil! Zur Photographie leuchtet nun Phosphorus selbst.

AN OTTO ROTHACKER UND CLARA SCHMID

Daß wahrsagende Träume von je mich öfter besuchen,
  Wisset ihr wohl; und jetzt höret den neuesten Fall!
Wenn es von *Eis* mir träumt, da wird in meiner Verwandtschaft
  Irgendwo immer ein Band zärtlicher Liebe geknüpft:
(Seltsam spielt ja der Traum manchmal mit den äußersten Gegen-
  sätzen, er spricht und malt aller Symbolik zum Trotz —)
Und so sah ich unlängst anmutig ein Mädchen Gefrornes
  Essen; mit Lächeln pries sie die ambrosische Kost.
Gar wohl kannt ich die Gute, sogleich auch kannt ich den jungen
  Mann, der gedankenvoll unter den Schmausenden saß.
— Dies einfach, wie es war, erzählt ich den Meinen am Frühstück,
  Und prophezeite ein Paar. Ei, da wie schauten sie auf!
Schöner hätte der Himmel, so hieß es, und glücklicher keine
  Liebe gesehn! — Also harrte man gläubig des Tags,
Der uns die Botschaft brächte. Sie kam! Mit freudigem Staunen
  Ward sie empfangen, und still segnet ich euer Geschick.

AN FRÄULEIN LINA LADE
Mit einem Töpfchen Lorcher Honig. 10. Okt. 68. Zur Genesung

So viel emsige Bienlein rings in unserem Tale
  Jüngst noch in Feld und Wald schwärmend sich mühten für dich,
So viel liebende Wünsche von nah und ferne umflüstern,
  Edle, dein Lager. O nimm freundlich die unsern auch auf!

IN CAMILLA PAULUS' GEBURTSTAGSALBUM

    Ich hatt ein Röslein wunderzart
    Auf diesen Tag für dich gespart;

Allein es welkte vor der Zeit,
Ihm selbst wie mir zu großem Leid;
Es welkt' und starb! — Vielleicht jedoch,
Sein bitters Los ihm zu versüßen,
Vergönnst du seinem Schatten noch
An deinem Feste dich zu grüßen.

EIN VERWAISTER EFEU
(Beim Abzug von Lorch, d. 12. Nov. 69, der Frau Oberförster Paulus übergeben)

Nimm, o nimm mich freundlich in Schutz, Dionysos' geweihten
Liebling! Aufs Jahr im Herbst lohnt es dir reichlich der Gott.

ZU EINER GESTICKTEN ZEITUNGSMAPPE,
als Geschenk von Julie Beck für H. Otto am Tag ihrer Hochzeit mit
Dr. Bockshammer
Nürtingen 29. Apr. 1870

Ein Blumenstrauß auf einer Zeitungsmappe?
Was haben Blumen, die unschuldigen,
Mit Politik und mit dem lauten Markt
Der Welt gemein? Nichts, lieber Onkel, freilich,
Ja in der Tat nicht mehr als eine Braut
An ihrem Hochzeittag! — Doch dacht ich so:
Wenn du am Abende gewohntermaßen
Den Zeitungen noch eine Stunde pflichtlich
Geopfert hast, und wohl nicht immer sehr
Erbaut von ihrem Inhalt, doch gelassen,
Die Blätter steckst in den Behälter hier,
Um jetzt aufatmend von des Tages Last
Im holden Kreis der Deinen auszuruhn,
Dann wirfst du manchmal einen flücht'gen Blick
Auf meiner Nadel schlichte Malerei,
In die sich, glaub es, mancher Segenswunsch
Aus dankbarem Herzen still für dich verwob,
Und denkst auch in der Ferne freundlich mein.

IN GEDANKEN AN UNSERE DEUTSCHEN KRIEGER

Bei euren Taten, euren Siegen
Wortlos, beschämt hat mein Gesang geschwiegen,

Und manche, die mich darum schalten,
Hätten auch besser den Mund gehalten.

[IN AUTOGRAPHENALBEN]

Mein Wappen ist nicht adelig,
Mein Leben nicht untadelig —
Und was da wert sei mein Gedicht,
Fürwahr, das weiß ich selber nicht.

EPISTEL AN LUDWIG MEZGER
Ephorus des Seminars Schönthal

Den besten Dank für deinen dichterischen Gruß,
Der mich von Herzen freute! Zwar die Bringerin
Bekam ich noch bis heute leider nicht zu sehn,
Doch werd ich sie schon finden. Ihre Zeit — weiß ich —
Ist kostbar: eifersüchtig reißen Wissenschaft
Und Künste sich um eine solche Schülerin,
Geschichte, Sprachen, vaterländische Literatur
Und was nicht sonst noch alles, wovon unsere
Großmütter selig nichts gewußt. Sie liest Corneille
Und Montesquieu. Vielleicht erleben wir es bald,
Daß sie die Briefe Ciceros — wie sich versteht,
Nach ihres Vaters musterhaftem deutschem Text —
In klassisches Französisch übersetzt. Glück zu! —
Du fragst, wie sich dein Goldgelocktes übrigens
Befinde in der Residenz, ob sie noch gerne
Bis in das Frühjahr bleibe. Nun — demnächst wirst du
Ein Pröbchen ihres Pinsels sehn, das alles sagt.
Dein freundschaftlicher Vorschlag machte sichtlichen
Eindruck auf meine Große; ja, wenn du erlaubst,
Bring ich sie selber einmal bei Gelegenheit
Der längst besprochenen Wallfahrt in das Kochertal
Nach meinem heimischen Dörflein. — Lebe wohl für jetzt
Mit deinen Lieben! Grüße auch den alten Götz!
(Ob diesem nicht bei Weißenburg und Wörth im Geist
Die Eisenfaust vor Lust erzittert haben mag?)

[AN ELSE KERNER IN WEINSBERG]

                        Weinsberg, am 22. Jun[i] 1872

„Alle Leute sagen, ich wäre schön!
Am Ende muß ich es selbst gestehn.
Und soll es denn wahr sein, so wollt ich halt,
Man blieb' wie man ist und würde nie alt."
Ach ja, schöne Else, die gute Natur
Dürfte wohl billig einmal nur,
Und zwar eben bei dir, eine Ausnahme machen.
Denn *dich* als ein alt Mütterlein
Zu denken — nein,
Es wäre zum Lachen!
— Nun, sei's wie es will, eins ist mir klar:
Würde ich selber hundert Jahr,
Mir bleibt Dornröschen ewig jung
In jenes Tags Erinnerung.

HERRN OBERTRIBUNALRAT v. WALTHER
Mit einer Dose, auf deren Deckel sich ein geschnitzter Rosenzweig befindet

Eine Rose
Auf der Dose —
Welch ein Abgeschmack!
Soll *sie* wohl den *Schnupftabak*,
Oder *er* die *Rose* höhnen?
— Schiller selig — welcher zwar
Selbst ein starker Schnupfer war —
Unser Schiller sagte: „Krieg
Führt der Witz auf ewig mit dem Schönen" —
Hannes, Hannes! Wem gibst du den Sieg?

AN FRAU PAULINE WEILLER, GEB. EICHBERG

Schönheit gab dir zum Geist die Natur, und zeitig
Hielt der Musen holdeste dich im Schoße,
Ihren Wohllaut dir in die Seele gießend,
So dein Selbst zu vollenden und die Herzen
Aller in deinen Zauberkreis zu bannen.

AN LISBETH DURAND

Wenn dein munterer Witz an französisches Blut, und dein feurig
    Aug an italisches mahnt (wie uns die Tante belehrt),
Beides bezaubert uns gleich; nur laß mir den Glauben, dein
                                                      Herz sei
Deutsch von Grund aus und mir bleib es für immer geneigt.

AN LUISE WALTHER ZUM 10. JAN. 1874
Mit einem Bund Schreibfedern

„Hole der Henker die Federn von Stahl!"
Rief der alte Schwind einmal:
„Und wären s' von Silber und Gold — gleichviel,
Ich bleibe bei dem Gänsekiel."

So denken wir eben auch, liebe Luise.
Nun probier einmal diese.
Sie sind nicht zu hart und nicht zu weich,
Sie sind dir gleich,
Das heißt, nach deinem Charakter, geschnitten.

(Fehlt je noch etwas, helf ich zur Not,
Aber kein andrer, will ich bitten!)
Die eine tunk ich gleich selbst in Rot,
Auf *den* Tag in meinen Kalender zu schreiben:
Gesegnet soll er mir sein und bleiben!

AN LUISE WALTHER
zum 10. Jan. 1875
Mit Willes Kupferstich: La ménagère hollandoise

Wenn es mit guten Wünschen heute tausendfach
Im Hause auf dich regnet — *einen* weiß ich doch,
An den kein Mensch noch dachte, den auch mancher wohl,
Als platt hausbackne Prose, eben nicht so ganz
An seinem Platze finden mag für solch ein Fest;
Doch bin ich sicher, daß du ihn zu schätzen weißt.

Lichtmeß ist vor der Türe — nun verstehst du mich —
Der große, der verhängnisvolle Wandertag,
Der selber dir, Sorglose, Glückvertrauende,

Wenn du dich deiner holden Kunst am Maltisch freust,
Zuweilen bänglich mahnend über die Schulter blickt.

Sieh hier ein Mägdlein, wie ich dir in allem Ernst,
Sogar auf deine musterhafte Nolde hin,
Eins wünschen darf. Dieses Gesichtchen spricht Verstand
Und gar ein sittsam Wesen aus. (Der liebe Blick,
Den sie vom Küchenfenster auf die Straße tut,
Scheint höchst unschuldig!) „Ordnung" aber und „Reinlichkeit"
Ist ohne Zweifel ihr „Prinzip". Was willst du mehr?

*Gelegenheitsgedichte und Hausverse
für die Familien Mörike und Hartlaub*

Gedichte an die Schwester Clara
Zu Geburtstagen: 10. Dezember

ZUM ZEHNTEN DEZEMBER
1837

Ach, muß unsre süße Kläre
Diesmal unterm Krankenhäubchen
Diesen liebsten Tag begrüßen!

Doch auch so sei er willkommen,
Eines neugebornen Lebens,
Das die Himmlischen verheißen,
Winterlicher, schönbereifter,
Wangenroter Freudenbote!

Unter seinem grauen Mantel,
Sagt, was hält er wohl verborgen?
Einen schönen, einen vollen,
Den Hygeas Rosenfinger
Selbst mit holdem Tau besprengte,
Frischer Jugendfülle Zeichen,
Knospenreichen Blütenkranz

AGNES [HARTLAUB]
zum 10. Dez. 1839

Heut ist fürwahr ein sondrer Tag,
Er deucht mir ganz von Golde!
 Ein fremder Vogel singt im Hag
Gesänge wunderholde;
  Und jedes Auge ist entzückt,
  Und was ich sehe, ist geschmückt,

Und was ich denk in meinem Sinn
Das reimt sich! — Sagt, woran ich bin!

Heut ist gewiß ein frommes Kind,
Ein seltnes Kind geboren;
Ich merk, woher er bläst der Wind,
Und kühnlich sei's geschworen:
Daß heut wo nicht der erste Mai,
So doch der zehnt Dezember sei!
Sie haben nebeneinander feil,
Sie bringen beide gleiches Heil!

JOLI GRATULIERT ZUM 10. DEZ. 1840

Soll ich lang nach Wünschen suchen?
Kurz und gut sei meine Wahl:
„Alle Jahre solch ein Kuchen,
Und zwar wohl noch sechzigmal!
Nämlich mit gesundem Leibe;
Daß kein Elsaß und kein Krauß
Dir das mindste mehr verschreibe,
Denn mit diesen ist es aus."
Dies ist mein carmen; spar dein Lob,
Mache nicht, daß ich erröte!
Ik bin dwar ein Ilodop,
Aber ik bin kein Oëte.

1843

Mit einer großen Zeichnung, einen Harlekin vorstellend, welcher, mit einem Wickelkind auf den Armen, lacht und tanzt

Ein Mägdelein zur Welt war kommen,
Die Lieb hat's an ihr Herz genommen,
Sittsamkeit wickelt's in gülden Band,
Klugheit wiegt's mit linder Hand,
Und segneten es nach der Reih
Und gingen wieder alle drei.
Drauf guckt der Narr zur Tür herein,
Ob itzt das Feld mag reine sein,
Beschaut das Kind, nimmt's auf den Arm
Und spricht für sich: „Daß Gott erbarm!

Sieht mich der Tropf erbärmlich an!
Was han die Weibsbild dir getan?
Han sie mit Weisheit dich beschenket?
Ihr schnöde Langweil dir eintränket?
Komm, Schatz! wir machen Affensprüng:
Da wirst du wieder guter Ding'.
Ich will dich sapientias lehren,
Die tragst du sonder groß Beschweren:
,Quibus, Quabus,
  Die Enten gehn barfuß,
  Die Gäns haben gar keine Schuh,
  Was sagen denn die lieben Enten dazu?'
Und als ich nun kam an das Kanaljeische Meer,
Da fand ich drei Männer und noch viel mehr,
Der eine hatte niemals was,
Der andre nicht das
Und der dritte gar nichts.
Die kauften sich eine Semmel
Und einen Zentner holländischen Käse
Und fuhren damit an das Kanaljeische Meer.
Und als sie kamen in das Kanaljeische Meer,
Da kamen sie in ein Land, und das war leer,
Und sie kamen in eine Kirche von Papier,
Darin war eine Kanzel von Korduan
Und ein Pfaffe von Rotstein,
Der schrie: ,Heute haben wir Sünde getan,
Verleiht uns Gott das Leben, so wollen wir morgen wieder dran.'
Und die drei Schwestern Lazari,
Katharina, Sibylla, Schweigstilla,
Weinten bitterlich,
Und der Hahn krähete. Amen!" —
So sang der Narr mit viel Geschrei,
Als wie ein Pfaff die Litanei.
Das Kindlein hatte groß Ergötzen
An seinen Possen und hohen Sätzen.
Am Ende hatt er's Überdruß,
Warf 's Kind in die Kissen und lief in *einem* Schuß.

Als unser Tochter nun kam zu Jahren,
Tät sich der Segen bald offenbaren,
Damit die Feien es gefeit

Zu Klugheit, Lieb und Sittsamkeit. —
Nach Wahrheit hab ich das bericht't,
Doch hehl ich auch das ander nicht:
Sooft sie einen Narren sieht,
So weiß sie nicht, wie ihr geschieht,
Es heimelt sie im Herzen an,
Sie lacht, als sei's ihr angetan.

1844

Zur Widmung verschiedener kleinen Gelegenheitsgedichte von mir, welche ein Freund als Manuskript gesammelt, um sie in einem schönen Bande meiner Schwester zum Geburtstage zu schenken

Statt echten Prachtjuwels
Bringt dir ein treuer Freund
Bescheidnen Kinderschmuck
In einem kostbarn Schrein.
Doch wirf nur einen Blick
Der vollen Lieb hinein,
O süßes Aug! und alles
Ist Perl und Edelstein.

1844

AN CLÄRCHEN

Die kleine Dot gratuliert zum 10. Dezember und verehrt eine Tabakspfeife von Zucker

Steck deinen Schnuller in den Mund
Und mach nur rechte Wolken!
Mein Arzt sagt selbst, das sei gesund,
Und 'm Arzt, dem muß man folgen.

1844

Was doch das Rauchen die Lektür versüßt,
Wenn man so in „Wilhelm Meister" liest!
Diesen Kanaster hier bezieh
Ich von Neudörfer und Kompanie.
Es ist ein einziger Tabak,
Sehr leicht und lieblich von Geschmack,
Der gar nicht auf der Zunge beißt,
Deswegen er Jungfernkanaster heißt.

Zwar ist er nicht ohne Rippen und Stiel,
Doch schmeckt das wie Mandeln nach meinem Gefühl.
Die Dampfmaschinen, nach meiner Empfindung,
Sind eine herrliche Erfindung,
Und in diesem Stück lob ich mir schon
Die Frauenemanzipation.

MIT EINER SCHÜRZE

Liebes Klärchen, in der Kürze
Schick ich dir mit Gruß und Kuß
Eine neue Sonntagschürze,
Die dir trefflich stehen muß.

Zwar es will der bunten Fahnen,
Farb um Farbe, Zug um Zug,
An ein Schälchen mich gemahnen,
Das die alte Viper trug.

Doch ist an den Viperringen,
Wie auch Hartlaub wieder spricht,
Wenigstens in solchen Dingen,
Der Geschmack das Schlimmste nicht.

Mehr zu schreiben war mein Wille,
Aber ich hab mir die Hand
Mit dem Absud der Kamille
Gar zu jämmerlich verbrannt.

[AN CLÄRCHEN]

Mit Bockshorn und Jungfernangesichtsblume bei den
nachstehenden Worten

Wie dich auch die Menschen plagen,
Laß dich nicht ins Bockshorn jagen
Lächle toujours! weine nicht,
Holdes Jungfernangesicht.

FANNY

Zum 10. Dez. 1855

Heut an diesem Freudentag
Will ich mich dir ganz verschreiben;

Wegen deiner Wart und Pflag
Will ich sogar ledig bleiben,
Daß ich sie dir lohnen mag,
Wann du dich zur Ruh tust setzen.
Denn ich bin ein treues Mätzen.
Huzel* hin, Huzel her,
Meine Tante gilt mir mehr.

DER „WEISSLING"
UND DER KLEINE „SAUBERSCHWANZ"
Zum 10. Dez. 1866

Heut in der Frühe weckten
Wir zweie uns und leckten
Die Pelze um und um:
Mit schönen Reverenzen
Dich freundlich zu umschwänzen;
Das ganze Haus weiß ja warum.

Du halfest uns vom Tode
Zu einem sichern Brode,
Du gabst uns Dach und Fach.
Wieviel hast du berichtigt,
Wie treulich stets beschwichtigt
Der strengen Hausfrau Weh und Ach!

Du lehrtest selbst die Jugend
Die erste Christentugend,
Daß man ein Tierlein pflegt,
Und wie man — o du Gute!—
Es beinah ohne Rute
Möglichst zur Reinlichkeit bewegt.

Was uns an Lieblichkeiten
Der Schöpfer lieh bescheiden,
Wer würdigt es wie du?
Wer fühlt sich so gemütlich,

---

* Man hatte ihr nämlich einen Sohn vom Kommissionär Huzel zum Mann bestimmt, da er künftig das Geschäft bekommt welches sehr einträglich ist.

Gedankenvoll und friedlich
Hinein in unsere Seelenruh?

Jetzt wünschen wir dir eben
Gesundheit langes Leben,
Ein Stübchen obendrein;
Da wollen wir zu dreien
Uns sanfter Tage freuen,
Da wird es wie im Himmel sein.

Andere Gedichte an Clara Mörike

CLÄRCHEN
mit Gänseblümchen

Woher? woher? bei Mutter Floren!
Ihr frischen Gänseblümelein?
Der alte Sommer hat euch nicht verloren,
Der kalte Winter hat euch nicht geboren,
Ihr müßt ein Gruß vom fernen Frühling sein!

[DIALOG]
Clevers. Juni 1839

Eduard:
Daß du mit dem Bügeleisen
Dich der Wäsche magst befleißen,
Muß ich loben einerseits.
Aber daß du nach dem Essen
Ganz der Motion vergessen,
Ist mir doch ein wahres Kreuz!

Clärchen:
Schatz, ich muß dich sauber kleiden
Zu den neuen Reisefreuden,
Dich und mich und die Mama.
Nächstens geht's nach Wermutshausen
Schon hör ich die Räder sausen;
Schon hör ich: „Der Volp ist da!"

GESPRÄCH AM BÜGELTISCH ZWISCHEN CLÄRCHEN UND RICKELE
von Eduard unmittelbar hinter dem ihm zugewendeten Rücken der letzteren belauscht
Cleversulzb. 1841

C. Es ist im Grund ein guter Mensch.
R. O ja! es geht schon an.
C. Doch Eigenheiten hat er viel.
R. Wie wär er sonst ein Mann?
C. Zum Beispiel, wenn ich Spatzen bring —
R. Berührt er sie dir nicht.
C. Und wenn ich keine Spatzen bring —
R. So macht er ein Gesicht.

ZU CLÄRCHENS ARMSPANGE

Kaum ist der Ring am Arm, ich wette,
Kommt auch ein Sehrmann mit der Kette,
Der denkt, du wartest nur auf ihn.
Allein er soll sich nicht bemühn,
Er mag nur gleich die Segel streichen!
Du sagst ihm — und, ich hoffe, gern:
„Ich bin verkauft, dies ist das Zeichen,
Und niemand dienet zweien Herrn."

ZU CLARAS NAMENSTAGE
12. August 1845

Nach der ich früh und spät die Augen gläubig richte,
Als einem lieben Stern und holden Trostgesichte,
Mit dem mein Leben steigt und fällt:
Nur klarer noch, in frischbetauter Reine,
Erscheinst du mir, dieselbige, die Meine,
Seit sich ein Schwesterlicht zu dir gesellt.
Kein Wunder ist's, wenn sich in solchem Doppelscheine
Mein Herz verjüngt und klärt, mein Tag sich neu erhellt!

[MIT EINEM TELLER WILDER KASTANIEN]

Mir ein liebes Schaugerichte
Sind die unschmackhaften Früchte,
Zeigen mir die Prachtgehänge

Heimatlicher Schattengänge,
Da wir in den Knabenzeiten
Sie auf lange Schnüre reihten,
Um den ganzen Leib sie hingen
Und als wilde Menschen gingen,
Oder sie auch wohl im scharfen
Krieg uns an die Köpfe warfen. —
Trüg ich, ach! nur eine Weile
Noch am Schädel solche Beule,
Aber mit der ganzen Wonne
Jener Ludwigsburger Sonne!

DER LIEBE KNOPF
Zum Namenstag

In Sonne-, Mond- und Wetterschein,
Es mochte regnen oder schnein,
Sah dieser Freund in guter Ruh
Dem Wechsel aller Dinge zu.
Doch, guter Tröster, alter Knopf,
Das will dir sicher nicht in Kopf,
Daß wir vom Fenster aus zu dreien
Uns nicht mehr sollen dein erfreuen!
— Getrost! was krumm, ward oft noch grad,
Oft über Nacht kam guter Rat.

*

Liebste Clara, halbes Leben!
So muß ich dir's schriftlich geben,
Wie mein Herz es wünschen tut?
Sieh, hier ist mein Herzensblut,
Krank und matt wie schlechte rote Tinte,
Damit schreib ich: komm geschwinde,
Komm und gib mir neuen Mut!

Gedichte an Gretchen
Zu Geburtstagen: 10. Juni

ZUM ZEHNTEN JUNII 1845
(Nach meiner Heimkehr)

Früh, schon vor der Morgenröte
Fühlt ich, Liebste, deinen Tag,
Küßte dich, o Margarete,
Wie man Engel küssen mag;
Dann vor unsres Städtchens Toren
Riefen's hundert Stimmen mir:
„*Dir*, auch *dir* ist *sie* geboren,
Wie vor Tausenden du *ihr!*"

AM 10. JUNI 1849

Nicht lange will ich meine Wünsche wählen,
Bescheiden wünsch ich zweierlei:
Noch fünfzig solcher Tage sollst du zählen
Und allemal sei ich dabei!

10. JUN. 1852

Mehr nicht hat der Kirschen-Peter
Unserm kleinen Kind geschenkt,
Weil er geizig ist entweder,
Oder an den Pilipp* denkt.

DEN 10. JUNI 1852
Morgens 3 Uhr

„Wohlauf im Namen Jesu Christ!
Der helle Tag erschienen ist!" —
So hört ich um die Dämmerzeit
Den Wächter unten singen heut.

---

* Pillen, die Gretchen damals nehmen mußte.

Dies holde Wort, wie freudiglich
Im tiefsten Herzen traf es mich!
Gesegnet sei mit Ja und Amen
Der Tag in jedem heil'gen Namen
Der meines Lebens Licht und Leben
Dich, Margarete, mir gegeben.

MEINEM GRETCHEN
zum 10. Juni 1853

Drunten in des Kaufherrn Warenhalle
Sehnte sich ein Kleidchen schon seit lange
(Ohne daß es drum, versteh mich, eben
Was man sagt ein Ladenhüter wäre),
Sehnte sich aus des Gewölbes Schatten
An das Tageslicht, in Luft und Sonne,
Einem guten Mädchen oder Fraulein,
Das so um die vierunddreißig stünde,
Angeschmiegt vom Hals bis auf die Knöchel,
Sich mit ihr im Zimmer, durch den Garten,
Und auf Markt und Straßen zu bewegen.
Ei da kamen wir zur guten Stunde,
Sahn der schönen Waren eine Menge,
Mit noch schönern Worten angepriesen,
Ausgebreitet vor uns auf den Tischen.
Doch dies Kleidchen sprach zuletzt bescheiden.
„Wählet mich! dem heißen Sommer bin ich
Und dem kühlen Herbst gerecht, an Farbe
Mild, und linde fallen meine Falten.
Nehmt mich mit! Ihr kaufet nicht zu teuer." —
Nun, in kurzem war der Handel richtig,
Und hier ist es, dir zum Dienst gewidmet.

Sieh, es fremdet noch, beschämt, ein bißchen,
Ungewiß ob es gefallen werde.
Doch es darf durch manche stille Tugend
Hoffen mit der Zeit sich wert zu machen;
Fühlt es doch in dem und jenem Stücke
Sich voraus der lieben Herrin ähnlich.
Wenig wird es dich ins Schauspiel locken,

Zu Konzert und Prunkvisiten wenig,
Eher könnte Dorf und Wald es reizen.
(Wundershalb nur möcht es dieser Tage
Gleich einmal die Eisenbahn versuchen!)

Aber ach, was will ein armes Kleidchen
Heut bedeuten in des Mannes Händen,
Der dich gar zu gern, o Allerbeste,
Um und um in seine Liebe hüllte,
Daß du nur in diesem Äther wandelnd
Dich wie heute fühltest alle Tage!

1859
MIT EINEM MESSERCHEN
UND EINEM KUPFERNEN FINGERRING

Von Müllers Laden her kam ich im Sonnenbrand
Die Rotestraße hergerannt,
Erwog in meinem Sinn mein armes Angebinde,
Und ob sich nicht dazu noch etwas Hübsches finde:
Ein Blumenstrauß, ein Band, ein Tüchlein oder — schau!
Im selben Augenblick — ich lüge nicht, o Frau —
Seh ich vor mir was auf dem Pflaster blinken,
Ein goldnes Kleinod, will mich dünken.
Schnell raff ich es vom Boden auf,
Betracht es, wie ein Dieb, verstohlen nur im Lauf,
Schon bang, ich werd es pflichtgeflissen
Zur Polizei gleich tragen müssen;
Ward aber nur zu bald gewahr,
Insofern hab es nicht Gefahr.

Ein wunderlicher Fund auf jeden Fall just heute!
Wenn er *dir* gilt, sag an, was solch ein Pfand bedeute! —
Sei's, was es will, ich bin nicht eifersüchtig drob,
Auf dieses Zeichen geb ich nichts verloren:
Dein erster Mann lebt noch, gottlob!
Für einen zweiten — bist du nicht geboren.

1863
DURCH FANNY UND MARIE

Abermals nur arm an Gaben,
Stellt man sich zu vieren ein;
Doch das Beste, was wir haben,
Mutter, ist ja lange dein.

Besseres als Lieb und Treue,
Als ein Wort im Kindersinn
Wird an solchem Tag der Weihe
Wahrlich keiner Königin.

Und Geduld! Die Zeit bringt Rosen.
Weißt du, was dein Traum gewollt? —
Suppenfett für die Franzosen,
Aber dir das pure Gold.

AM 10. JUNI 1864

Ein Jährchen älter für und für!
Doch zähl ich nicht die Jahre.
Du *lebst*! die Kinder leben mir,
Und unsre gute Klare!

Vielleicht, wenn du an sechzig bist,
Daß ich noch rechnen lerne.
Indes hängt mir so weit er ist
Der Himmel voller Sterne.

ZUM 10. JUNI 1867

Zu fünfzigen fehlt nur noch eins!
In Gottes Namen immer weiter!
Nur mutig, nur gesund und heiter:
Dein Glück, *dein* Leben ist auch meins!

Das Weib im Evangelio,
Nach manchem Ach und manchem Oh,
Ward ihres Groschens wieder froh. —

Sieh, lieber Schatz! so etwas macht sich
Zuweilen, eh man sich's versah:
Dir fehlten heut auf einmal achtzig,
Gleich waren fünfzig wieder da.
Laß nun getrost die andern dreißig
Verhext, verklopft, gestohlen sein!
Dein Mann, von heut an doppelt fleißig,
Bringt sie dir zehnfach wieder ein.

1868
[MIT DER ABBILDUNG
EINES SOGENANNTEN EWIGEN KALENDERS]

Deinen ewigen Kalender
Hab ich heute mir beschaut
Und mich sehr daran erbaut.
Kunstreich ausgedachter Weise
Zeiget er der Monden Kreise,
Sonnenauf- und -untergänge,
Dazu Nacht- und Tageslänge.
Und bei jener goldnen Zehn
Blieb ich lang, mit hundert Fragen
An die Zukunft stille stehn;
Doch am Ende konnt ich mir
Selber nur dies *eine* sagen:
Wie ein Pfeil entfleucht die Zeit,
Immer wechselt Lust und Leid,
Liebe währt in Ewigkeit.

1868
[Die Tiere gratulieren]

Am Pfingstfest kam Gretchen mit der Fanny und der Pauline Hibschenberger auf drei Tage hieher. Wir hatten sie erst auf ihren Geburtstag erwartet, welcher nunmehr vorausgefeiert wurde. Ich gab ihr einen teilweis von mir bemalten irdnen Briefbeschwerer in Gestalt eines *Hasen.* Dabei war eine Deputation von *lebenden* Vierfüßern: unsere weiße Katze, der schwarzhaarige Haushund, die graue Katze vom Haus mit zwei ganz blonden Jungen in ihrem Korb, endlich das bekannte braune Hündlein unseres Nachbars, des Apothekers.

> Verehrteste! Du wirst verzeihn,
> Wenn sich mit andern Gratulanten,
> Die sich des schönen Festes freun,
> Zuteuerst auch die Abgesandten
> Der fast verächtlich so genannten
> Tierwelt um dich zusammenfanden.
> Hinter dem Weißling und dem Mohr
> Und einem grauen Kunigundle
> Mit ihrem süßen Jugendflor
> Drängt feurig das Rhabarberhundle
> Schwanzwedelnd sich zum Gruß hervor.
>
> Dann ist ein alter Hase hier,
> Der kommt, dich freundlich einzuladen,
> Im weiten Lorcher Waldrevier,
> In unsern reinen Tannenlüften,
> Auf Kirnecks Höhn, an Brucker Klüften,
> Den allzulang getragnen Schaden
> Der Residenzluft wegzubaden.
> Und hiermit – gratulieren wir!

Andere Gedichte an Gretchen

Μαργαρίτης, Margarita, Marguerite, Margot, Margarete
Mel.: „Ach, wenn's nur der König"

> Margareta, so bin ich getauft;
> Hätt ich etwa den Namen gekauft?

Und wer ihn noch anders begehrt,
Ist seiner und meiner nicht wert.

Mein Name der dünket mich schön,
Nur einer mag über ihn gehn,
Der hat wohl noch holderen Ton,
Doch hab ich schon etwas davon.

Nicht fränkisch noch welsch will ich sein;
Und schien ich der Clara so klein,
So nehm ich ihr „Gretchen" schon hin,
Genug daß ihr Perlchen ich bin.

*

Was bringst du geflügelter Bote mit Eilen,
Das liebliche Leben der Schwester zu heilen?
„Ein wenig Geduld und ein wenig Vertraun.
Sie soll sich entschließen, sie soll sich bequemen,
Die köstlichen Tropfen zur Stunde zu nehmen,
So werdet ihr Wunder der Himmlischen schaun."

MIT BLUMEN AUS DEM KLOSTERGARTEN DER DOMINIKANER

Ein Angedenken
Dem Tag zu schenken,
Da sich aufs neue
Zur schönen Freie
In unsrer Mitte
Die holden Schritte
Der krank Gewesnen,
Nun fast Genesnen,
Der tief Betrübten,
Zwiefach Geliebten —
Und neuem Segen
Und Heil entgegen
Die Augen lenken!

20. OKT[OBER] 45

Mit den schönsten Morgengrüßen
Legt ein Freund Euch dies zu Füßen
Pill und Tropfen zu versüßen.

*

Bestes Gretchen! im Vertrauen,
Mich erwartet ein Präsent!
En passant nur es zu schauen
Hat der Zufall mir gegönnt:

Ein Fauteuil vom neusten Schnitte,
Rokoko, ein Musterbild,
Etwas Weißes in der Mitte,
Eine Art von Wappenschild.*

Wunsch um Wunsch gleich zu erfüllen
Sinn ich schon dem guten Kind;
Gretchen, ach um Gottes willen
Raten Sie mir doch geschwind!

[SCHIEFERTAFEL-KORRESPONDENZ]
D. 18. Okt. morgens

Beide seien eigenhändig
Mit dem Griffel mir geständig,
Ob sie leiblich und inwendig
Seien tot oder lebendig?
                          (E.)

Ich bin wiederum wohlauf,
Doch die Freundin, wett ich drauf,
Ist noch nicht ganz hergestellt,
Weil sie nichts von aller Welt,
Auch von mir nichts wissen will
Und noch schweiget mäuschenstill.
                          (C.)
Guten Morgen.
                          (G.)

---

* Es war ein großes Loch in dem alten Sessel.

*

> Mit Blumensaft — was schreib ich dir —
> Ach schon am Ende des Maien?
> Bist du bei mir
> So maiet's für und für
> Es mag blühen oder schneien.

Mergentheim 1846.   Clärle.

Mit dem Saft einer blauen Schwertlilie geschrieben, bei der Lektüre von Bettinas Briefen.

[AN GRETCHEN]
als sie Clärchen Schwester zu nennen anfing

> Wofern dein Schwesterchen das Paradies
> Sich nur durch Lieb und Treu für dich erwürbe,
> Glaub mir's — und wenn sie *heute* stürbe,
> Des Himmels Himmel wär ihr dann gewiß!
> Doch, wenn sie ohne dich ihn (*mit* mir) haben sollte,
> — Ich zweifle ob sie gehen wollte!

*

> Zwar weder Kranz, noch Ehrenpforte
> Hast du gewünscht, noch laute Worte,
> Doch sag ich dies dir durch den Spalt:
> Sei treu wie ich und unverdrossen!
> Und hat Gott unser Glück beschlossen,
> So komm er und enthüll es bald!

*

> Von all den auserwählten Namen,
> Die jährlich im Kalender stehn,
> Läßt uns doch nur der *eine* schön,
> Den in der Taufe wir bekamen.
> Er stehet fest wie Ja und Amen. —
> Doch, könnt und sollt es je geschehn,

Daß ich nicht bei dem meinen bliebe
Und mich mit Willen anders schriebe —
Wär's dieser Nachbarschaft zuliebe.

DER „KANN-ARIEN-VOGEL"
D. 20. Julii 1847

Durch weite Meer- und Länderstrecken
Komm ich vom Lande Israel:
Der Berkes will mir nicht mehr schmecken,
Ach das bekenn ich ohne Hehl;
Von Ort zu Ort, von Haus zu Haus
Nach einer Herrin flog ich aus.

St. Margaret wies mir dies Städtchen
Und sprach von einer Fräulein Speeth:
„Dies ist ein feines frommes Mädchen,
Bei dem dir's wie im Himmel geht."
Ich flog und flog. — Ihr Leutchen, sprecht,
Wohnt hier das Fräulein? bin ich recht?

Ach ja, dies sind die braunen Augen!
Dies ist der liebevolle Mund!
Es sind die Wände die mir taugen!
Hier sing ich fröhlich und gesund. —
Nimm, Liebchen, mich an deine Brust,
Und mein Gesang ist Lieb und Lust!

Gedichte an Gretchen und Clärchen

AN GR[ETCHEN] UND CL[ÄRCHEN]
aus dem unteren Garten gesendet
22. Aug. 45

Beiden liebsten Patienten
Einen Blumengruß zu senden,
Könnt ich mir es wohl versagen?
Dennoch tu ich es mit Klagen:

Fühlten sie auf Augenblicke
Etwas nur von meinem Glücke,
Etwas nur von dieser Stille
Herbstlich warmer Gartenfülle,
Wo mir holde Geister deuten
Liebliche Vergangenheiten
Und dem eingewiegten Herzen
Schmeicheln mit willkommnen Schmerzen!

[AN GRETCHEN UND CLÄRCHEN
ZU ZWEI BLAUEN GLÖCKCHEN]
(Auch an zwei)

Ich fand sie dicht am Wege
Im sonnigen Gehege
Und konnte leicht verstehen
Auf wen sie's abgesehen;
Die zarten blauen Glocken,
Sie waren sehr erschrocken,
Als ich, betrübt, alleine
Vorüberkam am Raine.
Wie müßten sie erst trauern,
Wenn sie in euern Mauern
Euch nicht *zusammen* fänden
Und unbegrüßt daständen!
Bedenkt, es sind die letzten,
Die euch noch gern ergetzten,
Die sich bevor sie scheiden
An euren Freundlichkeiten
Noch einmal möchten weiden!

AN GRETCHEN UND CLÄRCHEN
(Martinstag 1845)

Müssen Sinne und Gedanken
Denn sogleich, wie ich erwache,
Nach dem grünen Zelte lenken,
Wo die ganze Nacht zwei Wächter-
Engel stehn mit klaren Augen,
Silberstäbe in den Händen,

Bis zum letzten Hahnenschreie,
Wo ich gute Nacht mir holte
Gestern und zufrieden ging?

Kann ich nicht ein wenig denken
Auf die nächste Tagesarbeit,
Sei es dieses, sei es jenes,
Was ein Mann besonnen treibet –
Denn kein Tag ist ja gering?
Fehlt mir denn der rechte Segen,
Eh ich guten Morgen sagte,
Guten Morgen dort empfing?

Ja, so ist's! In diesen Zirkel
Bin ich nun schon eingewiesen.
Möcht ich es nur immer bleiben,
Tage, Wochen, Mond' und Jahre
Immer so mich fortbewegen
In demselben gar zu lieben,
Goldnen Stunden-Zauberring!

*

Denk an *sie* beim andern Stich,
Doch beim zehnten denk an mich!

*

„Herzlich gönnen wir dir beide
Jene köstliche Pomade,
Doch fürwahr wir freun uns heute
Einzig auf die Schokolade."
                                G.

Ach, wie gerne, liebe Schwestern
Wär ich ebenfalls dabei
Tränkt ihr sie in Löffelstelzen
Und nicht in der Rent-Amtei.

Gedichte an und für Mörikes Kinder

AN FANNY MÖRIKE

FANNY DER BESTEN GROSSMUTTER
zum 7. Mai 1855

Kaum daß ich selber gucke in die Welt,
Bin ich von meiner Mutter schon bestellt,
Dir zum Geburtstag auch zu gratulieren.
Ich merke wohl man will mich nur vexieren,
Weil man mich noch für dämlich hält.
Nun, in sechs Jahren werd ich's besser machen.
Einstweilen dank ich dir für deine guten Sachen.
Und daß du süße Schlotzer machst zur Pflicht,
Vergeß ich dir mein Lebtag nicht.

[AUF EINEM FAMILIENSPAZIERGANG]

Nur nicht wie die Unken,
Die da wassertrunken
Klagen aus dem Teich!
Sondern wie die Vögel,
Die doch in der Regel
Fröhlich singen von dem Zweig.

SELBSTGESPRÄCH AM 12. APRIL 1863

Franziska heiß ich,
Noch nicht viel weiß ich,
Doch werd ich fleißig
Von heut an sein.

Denn ich betrachte,
Daß ich das achte
Jahr schon vollbrachte —
Das heizt mir ein!

DER SPIEGEL AN SEINEN BESITZER:
Im Unwillen über eines der Kinder (die Fanny war verdrießlich, ihre Übungen am Klavier zu machen) hatte ich meinen kleinen Spiegel

durch einen heftigen Stoß beschädigt. Der Treff ging gerade auf den untern Teil beim Rahmen und zwar genau auf die Mitte, so daß von diesem Punkt aus sieben Sprünge radienförmig nach allen Seiten liefen. Um das Glas zusammenzuhalten, klebte ich unten, hart am Rand, ein halbiertes Scheibchen Papier darauf, von dessen Peripherie nun die schönen Strahlen ausgehen.

Hier sieht man eine Sonn mit wunderbaren Strahlen,
Doch steht es dir nicht an, mit diesem Werk zu prahlen.
Mein ganz unschuldig Glas, das du im Zorn zerschellt,
Weist dir nun dein Gesicht zum Lasterbild entstellt.
Darum bedenk, o Mensch, sooft du dich rasierst,
Wie du mit Sanftmut dich im Lauf des Tages zierst.

VÄTERLICHE ERMAHNUNG AN FANNY
nebst einem Groschen

Sparsamkeit ist eine Tugend,
Während Geiz ein Laster ist.
Ach, daß unsre heut'ge Jugend
Dieses gar zu leicht vergißt!
Liebe Franz, ich bitt dich drum,
Eh du einen Kreuzer ausgibst
Dreh ihn zweimal — einen Groschen
Sechsmal in der Hand herum!
Solches rät dir dein Berater,
Freund und stets getreuer Vater.

[AN FANNY MIT EINER ZAHNBÜRSTE]

Mögest du mit achtzig Jahren,
Liebe Pfanny, wie anitzt
Noch das große Glück erfahren
Wenn man gute Zähn besitzt!
Denn du wirst doch ohne Frage
Als ein braves fleißiges Kind
Von passabel schönen Gaben
Immer was zu beißen haben,
Wenn es auch nicht alle Tage
Just gebrannte Mandeln sind.

An Marie Mörike

DER LIEBEN MARIE
BEI IHRER HEIMKEHR VON ADELSHEIM
d. 22. Aug. 1865

Drei Makrönlein, frisch vom Becken,
Die gewiß nicht übel schmecken,
Kommen auch am Tag der Freuden,
Bitten um Pardon bescheiden
Für dies arme Briefpapier,
Das erröten muß vor dir,
Weil es leider unbeschrieben
Bei dem Vater liegen blieben!

*

Wie die großen Schwanenbraten
Eurer edlen Herrn Prälaten
Schmecken, weißt du sicher schon.
Laß dir nur auch die gesunden
Lorcher Maienkäfer munden,
Welche heuer aus Vergnügen
Schon am 12. *dieses* fliegen! —
Gib dem Täntelein auch davon!

Gedichte an Wilhelm Hartlaub

[IMPROVISATIONEN]
[an Wilhelm Hartlaub im Uracher Seminar verfaßt]

I

Mögest immer Lichter putzen
's [ist] ein interessant Geschäft;
Schafft für deinen Beutel Nutzen
Und verschont dein griechisch Heft
Freue dich! der Kirchturm schäumet,
Hebe dich! — ein Vogel pfeift.
Und wie dieser Vers sich reimet

Wird die Zeit hinweggestreift
Ach, die Zeit die niemand bindet,
Weil sie ewig weiter treibt,
Wie der Rauch im Luft verschwindet,
Immer unbeständig bleibt.

2

Wir lesen lieber heut nicht die „Akkorde",
Denn hoher Ernst kann jetzt nicht zu mir dringen.
Ich hörte lieber etwas Leichters klingen,
Und jen' enthalten lauter tiefe Worte.
Drum wollen wir den milden Hebel wählen,
Ich hab ihn heute unversehns gefunden;
Soll er uns nicht etwas in der gesunden
Und lieben Bauernsprache vorerzählen?

[W. HARTLAUB INS STAMMBUCH]

Wie sollten wir der frühen Zeit vergessen,
   Die, unbewußt, uns mehr und mehr verbunden,
   Uns manchen stillen, lieben Kranz gewunden,
Und wo wir anspruchlos uns ganz besessen?

Wohl hat die Zeit, doch nicht ihr Geist geendet,
   Und mochte viel auch anders sich gestalten —
   Die Neigung konnt uns nimmermehr veralten —
Drum bleibe stets mir freundlich zugewendet.

Urach, am 24. Mai 1822.

*

Ist von wichtigen Geschichten
Eben nicht viel zu berichten,
Tunkt man doch die Feder ein;
Sollt es auch von Lust und Scherzen
Unter drei zufriednen Herzen
Nur ein Musterkärtchen sein.

[AN HARTLAUB
mit einem Beutel]

Daß sich Ihme nicht der Spaß
Bei dem heutigen Schneegeschiebe
Durch des neulichen Verlusts
Allzu herb Gedächtnis trübe,
Wichs ich diesen Beutel Ihm;
Nehm Er ihn mit gutem Willen,
Zwar für itzo ist er leer,
Doch man denkt ihn noch zu füllen.

[ZU EINER WICHTIGEN POSTSENDUNG]

Weil was einen Freund gedrückt
Billig auch den andern zwickt,
Und was jenen hat ergetzet
Diesen auch in Freude setzet,
Schlag ich flugs in dies Papier
Was vor zwei Minuten mir
Der bestäubte Rumpelkasten
Den wir jüngst, auf der Chaussee
Wachbach zu, ins Auge faßten,
Mitgebracht. O Kyrie!

[ZU EINER ZEICHNUNG
aus Anlaß einer sehnsüchtig erwarteten Postsendung]

Wie einer Trübsal bläst,
Daß ihm's das Herz abstößt,
Und hinten schon
Der Postillion
Das Liedlein spielt im Freudenton,
So ihn im Hui erlöst.

WERM. 5. FEBR. 1845
Auf die graue Stube etc.

Zur Warnung hört ich sagen
Daß, wer in Zwiebeln schlief,
Hinunter ward getragen,

In Träume schwer und tief;
Dem Wachen selbst geblieben
Sei irren Wahnes Spur,
Die Nahen und die Lieben
Halt er für Zwiebeln nur,
Und Veilchenduft und Rosen
Ja selbst der Grandiflor,
Sie kämen seiner Nosen
Wie Zwiebelkuchen vor.

POETISCHE EPISTEL AN W.

Eine hübsche Ostrea
Die Er selbst mit Freuden sah,
(Andere hab ich von Aalen
Und sogar mit Doppelschalen)

Geb ich *Ihm* demnächst zu eigen,
Meinen Dank ihm zu bezeugen,
Daß Er bei dem Herrn Pastor
Gern Sein Wörtlein brachte vor.

Dieser scheint in wenig Schnörkel
Seltsame Gedankenwergel,
Allerlei Weitschichtiges
Und durchaus ein Tüchtiges
Eingeheimnisset zu haben
Denn er ist ein Mann von Gaben.

Dieser hat sein Schäflein ganz,
Wenn auch etwan nur am Schwanz
Aus betrübten Zweifelswogen
Auf das Trockene gezogen,
Und zwar durch Philosophie,
„So weit", meint er, „bringst du's nie."

Wegen jener Judenmatzen,
Daran wir uns nicht verschmatzen,
Wegen jener Wallfahrtswecken,

Die schon etwas besser schmecken,
Seid nur gänzlich ohne Sorgen
Denn wir bleiben doch geborgen,
Lassen uns vom wahren Glauben
Auch gewiß kein Jota rauben.

AN HARTLAUB
als Dank für geröstete Mandeln

Heil der Pfanne,
Wo solche schwitzen und gleißen!
Wohl dem Manne,
Der da Zähne hat zu beißen!

Gedichte an Constanze Hartlaub

AN CONSTANZE

Dies ist endlos Naturpapier,
Es läßt sich blättern für und für,
Ist aber doch nicht gar endelos,
Und meine Liebe viel zu groß,
Daß ich sie beschriebe zu dieser Zeit
Das währte wohl eine Ewigkeit.

    CleverSulzbach, d. 23. Juni 1839
                      Clara.
Eduard scrips. Clara inv.

ZUM SCHÖNTHALER GURKENREZEPT
An Constanze

Jedem feinen Rindfleischesser,
Jeder feinen Esserin
Widmet dies der Herr Professor
Und die Frau Professorin.
[Epilog dazu:]
Merke noch: die Senfkukumern

Werden auch in Ewigkeit
Weder schimmeln noch verlummern
Wenn man sie so zubereit't.

AN CONSTANZE H.
mit etwas Salatsamen

Bis diese Samen grün aufgehn,
Was kann nicht alles da geschehn!
Gleich wie das Blättchen, fein gefügt,
Unsichtbar schon im Keime liegt,
Steht auch schon wo im Rat geschrieben,
Was Seine Majestät belieben.
Nicht fern mehr denk ich den Entscheid,
Ich hoffe mit Bescheidenheit;
Schafft er den Braten mildiglich,
So nehm ich den Salat auf mich.

UNSERER LIEBSTEN CONSTANZE
zum 3. Mai 1845
Mit einem Sommerhut

Die frischen Blüten auf den leichten Hut
Streue der Tag, den unsre Liebe feiert,
Indem er sonnenhell auf unsern Tälern ruht!

Doch *wie* er blickt, und was er tut,
Verschleiert oder unverschleiert,
Wie du, bleibt er uns lieblich schön und gut.

DER LIEBEN CONSTANZE
Kiliansmarkt. Mergenth. d. 8. Julii 1845.
(Ich kaufte dem Klärchen, Constanze und Gretchen, jeder so eine Stecknadel mit einem Verschen für die beiden letzten. Nach einem alten Aberglauben soll eine geschenkte Nadel die Freundschaft „abstechen", das alsbaldige Anlachen derselben aber beim Empfang ein Gegenmittel sein.)

Ohne einiges Bedenken
Wollt ich dir die Nadel schenken;
Ohne Furcht, daß mir zum Schaden

Möchte dieser Spaß geraten,
Als das Schwesterchen dem Schwachen
Dennoch wollte bange machen.
Nun, hier ist das böse Ding!
Allen Zweifel zu verscheuchen
Lach sie an zum guten Zeichen
Eh ich ihren Stich empfing!

DER LIEBEN CONSTANZE

Eins von diesen guten Brötchen
Habe ich, damit du's weißt,
Mit Verlaub von unsrem Gretchen
Auf dein Wohlsein aufgespeist. —
Wohl bekomm der ander Teil
Zur Gesundheit und zum Heil!

Gedichte an und für Hartlaubs Kinder

IM GARTEN
vor der Morgenkirche der Bagnes Verse gemacht, z. B.

Dein Vater muß studieren
Die Predigt memorieren
Die Predigt, meiner Treu.
Ob er sie seinen Bavvern,
Tscherkessen oder Kaffern
Hält, dieses ist ganz einerlei.

[MIT REISEGESCHENKEN FÜR HARTLAUBS]

Ada [Hartlaub]:
Ich bin das kleine Sandweiblein,
Bring guten Sand vom Alten-Rhein;
Damit kann man so Brief, als Predigt,
Und was man etwa sonst benötigt,
Allzeit aufs allerfeinste sandeln.
Zwar unscheinbar und grau, wird er sofort

Auch wohl sich nie in Gold verwandeln,
Doch deckt er künftig manches goldne Wort.

Agnes Hartlaub:
So schreibe denn und sandle fleißig!
Ich aber bring ein frisch Glas Wein,
Er ist gewachsen nah bei Stein,
Und zwar im Jahre vierunddreißig.
Der Rhein, er müßte doch sich schämen,
Wenn wir mit nichts wie Sande kämen.

AN AGNES BONPLAND
zum 14. November 1843

Wie wir unter muntern Schritten
Zwischen Stein und Kluft und Dorn
Manchen schönen Enkriniten
Fanden, manches Ammonshorn:
Trete dir auf deinen Wegen
Immer neues Glück entgegen!
Doch wirst du, was dein Geschick
Liebliches dir zugemessen,
Auch im allerhöchsten Glück
Deines Bonpland nicht vergessen.

[AN AGNES HARTLAUB]

Nächstens wird auf grünen Wiesen
An der Bäche Frühlingslicht
Neu das Pfaffenröhrlein sprießen,
Da man Freundschaftsketten flicht.

Unsere bleibt unzerrissen,
Wenn wir uns der Treu beflissen,
Drum geb ich dir aufs Gewissen:
Liebes Wölfchen, beiß mich nicht!

MEINEM PATLEIN MARIE H.
Frühling 1844

„Noch liegt des Lebens längre Bahn
Vor deinem Blick"; du spannest

Nur kaum erst einen *Fürhans*[1]) an,
Den du zwar schön begannest.
Und wenn ich halb Prophete bin,
Bringst du's nicht bloß zur *Drehberin*[2]),
Nein, unter froher Enkel Schar
Zur vollsten *Abberin*[3]) sogar.

Die Pfarrtöchter waren sehr fleißige Spinnerinnen. [1]) heißt man in Wermutshausen und Umgebung insgemein eine Spindel, auf der noch wenig Garn ist. [2]) wenn sie halb voll. [3]) ganz voll — ab.

AN MEINE BASE GNES
d. 9. Febr. 1845

Was mag wohl dein Traum bedeuten,
Und was weissagt dir dein Herz?
Freude oder Leid! — uns beiden
Gleiches bringt der erste März.

Sollt ich jenen Tag versterben,
Ach wie fleußt dein Tränenborn!
Gneschen, du sollst mich beerben
Bis aufs letzte Ammonshorn.

Doch mir ahnet auch ein wenig,
Daß uns etwas Gutes naht.
Macht vielleicht der Preußenkönig
Mich zum Oberhofbartrat?

Dann sollst du Frau Rätin heißen
Oder Frau Direktorin
Und wir wohnen wechselsweise
In Potsdam und in Berlin!

RÜHRGEDICHT
an meine Base [Agnes]

Soll ich, was ich zwar noch nicht glaube,
Das erste Veilchen nimmer sehn,

Geliebtes Gneschen, so erlaube
Den letzten Wunsch dir zu gestehn.

Was lebend hoch entzückt mich hätte
Es wird mich noch im Tode freun:
Gib mir an einer Freundschaftskette
Die M[uschel] mit ins Grab hinein!

RÄTSEL
Für Clara H.

In Silber kleidet sich's, in Gold,
In Perl und Demant, wenn ihr wollt;
Es geht, doch geht es nicht auf Füßen,
Und wenn es steht, wird dich's verdrießen.
Es spricht nicht leicht, doch deutet's fein,
Es hat zwei goldne Fingerlein
Und wenn es auf Verlangen dir
Laut, was es weiß, allzeit bekennt,
So ist es schon ein vornehm Tier,
Es ist gleichsam ein Repetent.
Kurz, wer's erfand, der hat ein Tüchtiges
In dieses Ding hinein —
Geheimnisset und ließ ein Wichtiges
Der Menschheit angedeihn.

DER LIEBEN CLARA
zum 23. September 1852

Ein Wein im Faß, der Fäden spinnt,
Wär wohl ein schlechtes Angebind;
Doch, ist das Glück wie *ich* gesonnen,
So wird, im Glanz der heut'gen Sonnen,
Dein Lebensfaden, schön begonnen,
Ein hundert Jährlein fortgesponnen.

FÜR MARIE v. ED. MÖRIKE
in den 1850er Jahren
[Mit einer Zither]

Sieh, da bin ich, liebstes Mädchen!
Ja ich bin's, und heiße dein!
Vater Martin* selber meinte,
Daß wir für einander sei'n.

Ach wie glücklich ist's geraten,
Daß du doch an mich noch kamst;
Innig müßt ich dich bedauern,
Wenn du *die* von Bondorf nahmst.

Erstlich gingen deine Finger
In gewisser Art kaputt,
Und dann war's, ich darf es sagen,
Doch „ein altes Institutt".

Rühre mich, und ich will klingen!
Froh und traurig, immer süß,
Winters in dem warmen Stübchen,
Sommers in dem Hagenschies.

AN AGNES U[ND] CLARA
Morgens früh

Wenn ihr eure Zöpfe flechtet
Und ob ihrer Schönheit rechtet,
Soll's euch vor der Seele stehen:
Alle Schöne wird vergehen;
Tugend ist kein eitler Zopf,
Weisheit kein Pomadentopf.

---

* Instrumentenmacher Martin Bauer in Stuttgart.

Bisher undatierte Gedichte

MIT EIN PAAR ARMEN BLÜMCHEN

Der neue Frühling wollte gern sich dir
Vorläufig nur durch irgendwas empfehlen,
Und hieß mich denn indessen mit Manier
Im Park für dich dies schlichte Sträußchen stehlen.

Ich rief ihm zu: „Freund, Er hat höchste Frist,
Mit Blumen sich zu sputen und zu regen,
Denn eh Er nur erst recht im Blühen ist,
Tritt *Sie* Ihm schon mit schöner Frucht entgegen!"

AN Pe. M.

Diese Bilder, diese Töne,
Die so gern dein eigen wären,
Möchten in der reinen Schöne
Deines Geistes sich verklären.

Laß darin zur guten Stunde
Dir mein flüchtig Bild begegnen
Und ein Wort aus deinem Munde
Mich auf alle Tage segnen.

MEINEM GELIEBTEN GRETCHEN

Diesen frischen Kümmelweck
Ich mit Blumen dir besteck
Diese sollen sprechen fein
Wie es wünscht das Clärchen dein! —
Sie hat deiner oft gedacht,
Daß du mit der Lockenpracht
Künftig nicht geplagt sollst sein
Wenn dir's ist so große Pein!

Aber unserm E — —
Fällt der Wechsel freilich hart.
d. 5ten Dez. 47.

*

Hatte lang auf dich gewartet
Unbehaglich und bekümmert
Doch es war drauf abgekartet
Und die Sache ward verschlimmert.

*

Ich mach mir eben nicht viel aus dem Bier;
— Hab ich mein Schöppchen — dies genüget mir.

*

Mit tausendfachem Blumensegen
Soll's Ihrem Dienst gewidmet sein.
Was Ihre lieben Hände pflegen,
Wird wachsen, blühen und gedeihn.

CARISSIMA ANCILLARUM
d. h. die liebste der Mägde
(Mit einer Zeichnung derselben)

Nicht durch holde Gestalt, wie sie denkt, und besonderen Liebreiz,
Auch durch gefällige Sitte nicht wohl, und Schönheit der Seele,
Oder Verstand und Fleiß, und wie die Tugenden alle
Heißen der blühenden Mägdlein hier, der großen und kleinen:
Sondern vielmehr weil das lange Getier nun nächstens von selber
Zu entwandern gedenkt aus unserem friedlichen Hause.

*

Schöner Stern:
Den Geschwistern fern,
Still im Meer beschaust du dich gern.
So allein,
Hold und rein,
Schöner Stern, so wie du möcht ich sein!

ZU EINER ZEICHNUNG
(Ein junger Mann macht einem Mädchen einen Antrag)

Sehen Sie, mein süßer Engel!
Ich bin geistreich, schön und jung,
Kein gemeiner Ladenschwengel,
Sondern voll von Dichterschwung.

MIT DEM BILDE EINES NÄRRISCHEN LIBERTINS, DER SICH ERHENKTE

Seht an, ob meinem Scheitel
Was ich hab aufgehängt!
— Gleichwie aus obigem Beutel
Die Seele sich geschwenkt:
So ging auch frei abhanden
— Sofern es Freiheit heißt —
Aus dieses Körpers Banden
Ein philosoph'scher Geist.

Die Taler, o ihr Brüder,
Die Gröschlein sind verstreut,
Und kommen *so* nicht wieder
Zusammen in Ewigkeit.
So geht's auch meiner Seelen
Vermutlich, lieber Christ!
Ich will dir's nicht verhehlen:
Hier hängt ein Pan[theist].

MOTTO
zum Katalog der Kolbschen Autographen-Sammlung

Sei, was er schrieb auf das Blatt auch nur ein Wörtchen, es haftet
Doch vom Leben des Manns immer ein Teilchen daran.

AUF EINEN FÜRSTLICHEN GEBURTSTAG

I

Siebenter Tag des lieblichsten Monds, in dir ist der Segen
Unseres Jahres bereit, jegliche Fülle des Glücks.

2
Was wir fühlen, wie sprechen wir's aus? Doch, himmlische [Mächte,
Unser leises Gebet hört ihr und habt es erhört!

*

O Vöglein, wie hast
Du gezwitschert vom Ast!
Nun tret ich herzu,
Und du schweigest im Nu.

Fragzeichen nun ganz
Von dem Schnabel zum Schwanz,
Besiehst du mich hold
Ob ich Beifall gezollt?

EINER FREUNDIN

Was mag ich wohl vor allen Dingen
Zum Lobe dieses Tages singen,
Dem man die schönsten Kränze wand?
Daß er die Freundin, die wir lieben,
Nicht etwa überm Meere drüben,
Nein, warm in unsrer Mitte fand.

Zwar sie gefiel sich fast zu lange
Dort, und noch heut ist manchem bange,
Sie möchte plötzlich einmal gehn;
Doch las ich recht in ihren Blicken,
So sagen sie uns mit Entzücken:
Daheim, daheim nur ist es schön!

MEINER MUTTER
MIT EINEM GEBURTSTAGSSTRAUSS

Wenn die Blumen könnten reden
Diese armen diese blöden —
Ach wie manchen stillen Wunsch,
Den wir auf dem Herzen tragen,
Hätten sie nicht anzusagen!
Doch auch einen stillen Segen
Gläubig nimm ihn heut entgegen.

*

Wenn Sie sich nicht zu uns setzen
Und uns unser Herz ergetzen,
Schmeckt uns selbst der Kaffee nicht
Darum ist das Bei-uns-Bleiben
Und uns unsre Zeit vertreiben
Für Sie selbst die höchste Pflicht.

VERMISCHTE SCHRIFTEN

THEOLOGISCHE AUFSÄTZE

Eduard Mörike
Vikar in Köngen

[I]

Ist dem Christen erlaubt, zu schwören?

Der Eid im weitesten Sinne ist eine feierliche Versicherung von der Wahrheit irgendeiner Sache, wobei man sich auf gewisse anerkannt-ehrwürdige Gegenstände beruft, um den andern *dadurch* zum Glauben an jene Aussage zu bewegen, daß man das eigene innere Bewußtsein ausdrücklich gleichsam auf die schärfste Probe stellt. Der Eid hat somit eine religiöse Bedeutung und insoferne haben wir es hier mit ihm zu tun. Es beruft sich jemand zur Bekräftigung seiner Aussage auf Gott, als die höchste menschliche Rücksicht (Hebr. 6,16) und sagt gleichsam damit: selbst im gegenwärtigen Augenblicke, wo er sich die Größe Allwissenheit, Heiligkeit und Gerechtigkeit Gottes aufs lebendigste vorstelle, unterstehe er sich, diese oder jene Aussage für wahr zu erklären, dies oder jenes zu versprechen (Bekräftigungs- und Versprechungseid). Wir haben uns auf die verschiedenen Ansichten über den Sinn des Eides nicht einzulassen, da sie zum Resultate *unserer* Frage nichts beitragen — einer Frage, die schon unter den Kirchenvätern vielfachen Streit erregte. Justin, Irenäus, Chrysostomus u. a. verwerfen den Eid geradezu, andere wie Clemens Alexandr. Gregor Naz. Origines, Augustin sagen im allgemeinen nur: daß dem idealen Sinne des Christentums gemäß allerdings von ihm nicht die Rede sein könne; insofern scheinen ihn auch die Christen ursprünglich gemißbilligt zu haben, wiewohl seine Unvermeidlichkeit für die menschliche Gesellschaft in Betracht der einmal bestehenden Stufe von Moralität von jeher hat gefühlt werden müssen; ein Bedürfnis, das endlich die Kirche anerkannt hat, während einzelne Parteien teils aus biblischen teils allgemeinen Gründen sich immer noch dagegen erklären. — Bei der oben angegebenen Auffassungsweise ist nicht einzusehen, wie durch den Eid einmal eine Pflicht gegen Gott (wie die der Ehrfurcht) — oder die Pflicht der Selbstliebe (es sei denn daß der Eid zum Meineid würde) verletzt werde. Es wird durch ihn nur dasjenige stärker hervorgehoben, was der Christ sich als Beweggründe zur Wahrhaftigkeit ohnehin vorstellen darf. Es galt der Eid im A.T. wenigstens als eine gottesdienstliche Handlung, was aber die Pflicht der Selbst- und Nächstenliebe betrifft, so kann, wo der Eid gesetzlich ist, uns und andern oft die größte Wohltat dadurch erwiesen werden. Dabei sind aber auch bei jener Auffassung bedeutende Schwierigkeiten nicht zu übersehen. Der Eid setzt nämlich fürs erste schon einen unchristlichen Zustand voraus, wo die Menschen sich auch in den wichtigsten Angelegenheiten nicht mehr trauen; fürs zweite sind die Folgen des Eidschwurs selbst bedenklich, denn gar zu leicht wird die Achtung vor der einfachen unbeschworenen Wahrheit geschmälert, die Heilighaltung derselben für den minder Gewissenhaften sehr prekär. Dadurch wird nun der Eid selbst immer notwendiger und alltäglicher, die Achtung vor ihm selbst immer geringer und die Gefahr des Meineids (zumal je größer die äußeren Vorteile sind) größer. Schon hieraus folgt wenigstens der Grundsatz, alles anzuwenden, damit der Eid völlig entbehrlich werde und unterbleibe. Aber sogar ein wirkliches Verbot des Eides enthalten die speziellen Erklärungen des N. T. Matth. 5,33 pp. Jacob. 5,12. Matth. 23,16–32. Man hat zwar in diesen Stellen schon nur ein Verbot des Eids bei endlichen Dingen, oder des außergerichtlichen, oder des betrüglichen Schwurs und der Versprechungseide finden wollen. Allein betrachtet man diese Stelle (Matth. 5) unbefangen, so spricht schon der Ausdruck des Verbots Jesu und ebenso der *Grund* und der der jüdischen Lehre gegenüber behauptete Gegensatz dafür, daß Jesus den Eid allgemein und ausschließlich untersage. — Der Ausdruck: — denn was ist allgemeiner als, μη ὀμοσαί ὁλως (Matth. 5)? und unter dem περισσον τουτων (nämlich ναι, ναι, ὀν ὀν ist ja der Eid bei Gott schon mitverstanden; ebenso Jacob. 5,12. μη τε ἀλλον τ. ὁρκ. —

Der Grund des Verbots aber ist nach dem Sinne Jesu kein anderer als der, daß die Eide bei endlichen Dingen auch Eide bei Gott seien; (nach Matth. 5,34. 35. 36.) wenn er nun also die Schwüre bei endlichen Gegenständen verbietet, so hat er damit auch die bei Gott untersagt. Der Gegensatz endlich gegen die jüdische Lehre liegt in Matth. 5,33.34. „Im A. T. war nur der Meineid gegen Jehova verboten, ich aber verbiete sogar überhaupt den Eid bei Jehova und zu den Eiden bei Jeh. zähle ich auch den Schwur bei endlichen Dingen." Ist aber dies der Sinn und Zusammenhang, dann ist nicht einzusehen wie man das Verbot nur auf den Versprechungseid auf leichtsinnige (dies versteht sich wohl von selbst) und außergerichtliche beschränken konnte.

So viel scheint nun gewiß, daß das N. T. das Verbot des Eides auf alle Arten desselben ausgedehnt wissen will. Aber wie stimmt dies mit dem Beispiel Jesu und der Apostel überein, da wir nach Matth. 26,63. und R. 1,9 usw. eidliche Versicherungen, gerichtliche und außergerichtliche, ablegen sehen. Matth. 26. wird — dies bedeutet $\dot{\varepsilon}\xi o\varrho\varkappa\iota\zeta\omega$ und $\dot{o}\varrho\varkappa\iota\zeta\omega$ — Jesus ein Eid abgefordert, worauf Jesus antwortet: „$\sigma\upsilon\,\dot{\varepsilon}\iota\pi\alpha\varsigma$" — gemäß der jüdischen Sitte, wonach der Eidabnehmer dem Schwörenden die Eidesformel vorlas und dieser mit einem $\dot{\alpha}\mu\eta\nu\,\dot{\alpha}\mu\eta\nu$ sie beschwor. Sagt man aber, $\dot{\varepsilon}\xi o\varrho\varkappa\iota\zeta\omega$ heiße nur obtestari, so kommt es auf *eines* hinaus, nämlich — einen auffordern zur Vorhaltung wichtiger — heiliger, religiöser Beweggründe. — Paulus sagt 2 Kor. 1,23 $\dot{\varepsilon}\gamma\omega\,\dot{\varepsilon}\pi\iota\varkappa\alpha\lambda.$ (tropisch zu verstehen) $\mu\alpha\varrho\tau\upsilon\varrho\alpha\,\tau o\nu\,\vartheta\varepsilon o\nu\,\varepsilon\pi.\,\tau.\,\dot{\varepsilon}\mu.\,\varphi\upsilon\chi.$, und $\mu\alpha\varrho\tau.\,\mu o\upsilon\,\delta\varepsilon o\varsigma$ finden wir Röm. 1,9. Kor. 11. Phil. 1,8. 1 Tess. 2,5.10.

Dieser scheinbare Widerstreit der Praxis Jesu und seiner Apostel mit ihrer Lehre wird — und darin liegt auch die Lösung unserer Frage — nur durch die schon berührte Distinktion gelöst. Das N. T. hat stets einen doppelten Zustand des Christentums vor Augen, einen empirischen und einen idealen; einen Zustand, wie er nun einmal ist *(cf. das Gleichnis vom Unkraut)* und einen Zustand wie er sein und noch werden soll; wie z. B. 1. Kor. 6,7. ein Zustand postuliert wird, wo gar keine Streitigkeiten mehr vorkommen sollen. Es gibt daher auch zweierlei Gebote; Gebote für den gedachten höchsten Zustand der Kirche, Postulate, deren Realisierung durch den empirischen Zustand bedingt und modifiziert ist, *die aber diesen selbst auch wieder modifizieren sollen.* Zu diesen Postulaten gehört zum Beispiel das: Keinen Krieg, keinen Rechtshandel mehr zu führen — keinen Eid zu schwören. Zur Verwirklichung dieser und ähnl. Forderungen, die teils in ausdrücklichen Erklärungen des N. T. teils im Geiste des Christentums gelegen sind, soll der empirische Zustand des Christen sich nun hinaufbilden. Dies auf den Eid angewandt ergibt sich der Satz: Der Christ im id. Zust. dürfte nicht schwören. Jene Postulate auf den *gegenwärtigen* Zust. angewandt, so ergibt sich eine zweite Klasse: Gebote für den empirischen Zustand, wonach also das Verbot des Eides die Wendung erhält: Der Christ in dem empir. Zustande der menschlichen Gesellschaft, die den Eid notwendig macht, soll so viel als immer möglich dazu beitragen, daß bei ihm und andern der Eid so selten als möglich und die Gesellschaft, so bald wie möglich zu einem Zustand herangebildet werde, wo er ganz entbehrlich ist. Sonach also ist der Eid erlaubt, angenommen, daß ihm anderwärtig nichts Unchristliches beigemischt sei; dies ist begreiflich vorausgesetzt (und wenn übrigens hieher noch andere, den empir. Zustd. des Christen betreffende Gebote des Christentums einschlagen, welche näher zu bestimmen haben, welche Pflichten der Christ in Absicht auf den Eid beobachten müsse, so gehört deren weitere Entwicklung nicht in das Bereich unserer Aufgabe). — Da nun, schließlich, der Eid ein an sich unsündliches Mittel und oft ein sehr wohltätiges ist, um einem größeren Übel vorzubeugen und das Wohl des eigenen Selbst und des Nächsten zu befördern, beide letztere Zwecke aber von der christlichen Selbst- und Nächstenliebe geboten sind, so ergibt sich sogar, daß der Eidschwur für den Christen in manchen Fällen vielmehr Pflicht werden kann.

II

Quid ex Nov. Testamenti effatis statuendum sit de nexu peccatum inter et malum physicum intercedente?

Non cogitari potest peccatum, nisi et malum simul; et ita quidem, ut antecesserit illud ubique, secutum esset hoc, nec vero vice versa. Omnino enim ea est simplex conscientiæ nostræ conjectura, eaque quasi divina. In malo ponitur quodammodo pöna, scilicet peccati antea admissi.

Duplex malum est — quod sentimus cum Schleiermachero — mox sociale, morale, mox naturale (physicum); nam illud ex ipsa hominis libertate proficiscitur, aliud aliunde. Non nisi inter illud proximus et inter peccatum nexus est, quia morali tantum proximus fons peccatum. Et quidem id volumus nominari morale, quod, ut diximus, ex libertatis nostræ actu, quod ex animi perturbationibus, vel ab aliis vel a se ipso cuivis proficiscitur, naturale autem, quod tum ex omni natura, tum ex corporis nostri organismo. Jam vero, cum vagari videantur inter se notiones ita distinctæ, ita ut ex. gr. mors et morbus simul etiam (morales) sociales possint esse, nihilominus tamen dummodo respexeris totum, ad sensum magis quam verbum, recte discretum esse, negare nemo poterit. Si eatenus tantum pro bono habetur atque vero hominis (liberi) studium, quatenus omnis temporis momento, Dei memor, omnem animi motum subjecerit menti piæ, æquus erit vires inter diversas modus, neque materia hominem, neque alter alterum (quippe eâdem pietate commotus quivis) damno afficiet. Mundus enim, perfectus est, quoad hominis animus purus et obfirmatus per se. Mundus enim, simulac in eum magis quam in Deum inclinat hominis studium, interruptâ harmonia, statim immutat faciem, et quod bonum fuerat et æquum et gratum in eo, illecebras induit malas. Perturbationes proveniunt, libidines, odia; alterum statim gignit alterum. Porro variarum vitæ necessitatum inopia oritur, et ex societate male composita. Sociale igitur, aut morale, in talibus constitutum puto malum esse. Qualis autem sit inter morale malum atque naturale conditio ex his demum potest elucescere, immo, absolutum nequaquam sed relativum modo esse omnino malum quodvis apparebit. Naturale ex peccato *proxime non* deducendum; mortem enim et dolorem similiaque vitæ incommoda non minus obfert experientia extra peccatum. Homo, si talis est, qualem supra descripsimus, quidquid in mundo acciderit corpori infestum pro malo non æstimabit; scilicet vigente semper Dei conscientia et ratione, effectus talis pro malo non valere debet. Qui tale sentit tanquam malum, pium se non esse, i. e. Deum neglexisse ostendit, et magis tribuisse mundo, qui animum perturbavit. Itaque, qui inde ad peccatum tractus est, solatio conscientiæ bonæ animoque erecto destitutus, naturale malum sentit tanquam malum sive pönam. (Homo ceterum, quem supra notavimus, pius, pestilentiæ contagione insons affectus, socialis mali nomen quidem habebit, naturalis autem rem atque sensum.)

His deinde, si ad Pauli Apost. de morte dicta transimus, contrarium nil invenire credimus. Θανατος, mors, peccati certi est quasi filius et pöna. Eamque in libb: Mos. præparatam sententiam legimus, a qua, cum nationalis esset illa venerabilis et quodammodo divina primævi historia alienus Paulus non erat. In eo, quod mortui non essent primi homines, ni peccassent, symbolice continetur nostrum: neque pro malo neque pöna accepissent sine peccato, mortem. Simul omnino et tanquam extremum cujusvis naturalis mali nominatur mors. Jamque non opus erit, inter varia, quæ de Pauli „ϑανατω" (Rom. V,12) proferebantur,

an corporis interitus esset, an mentis miseria, disputare.
Vers: 14 corporis videtur interitum exprimere, sed χαρις και
δωρεα του θεου (v. 15.) ad corpus solum referri valde
dubitandum. Simile in v. 17. obstandum. Et v. 21. simul cum
justificatione procedit ζωη αιωνιος. Cum autem aliâs in verba
θανατος & ιιια metaphora et apud ipsum Paulum (2 Cor. 2,
16. & c.) occurrat, quid abest, quin et hic duplicem sensum
interesse profiteamur?

Communis erat apud Judæos opinio et pertinax, eximiam miseriam pro pöna esse habendam culpæ eximiæ atque certæ, nec raro igitur, qui fidem excitet in sanando Jesus solutum prædicare peccatum coactus est. Toto quidem libro Hiobi subest illa persuasio, acerbe repugnata. Aspera ceterum exstant exempla in scriptis Rabb. Minus inepta (cum naturalis interdum causa interfuisse possit) ea doctrina videtur apud Judæos frequens, prosequi parentum peccata liberos corpore infirmo natos; scilicet admoneri simul parentes ad corporis sui curam et ritum volebant magistri. Sed non nisi ob proprium peccatum infantem posse nasci infirmum, ibidem credebatur. Nec id sane ad dogma quoddam Judäorum possumus referre, cujus Josephus facit mentionem „omnem animam esse quidem immortalem, migrare autem in aliud corpus". Ast animam *bonorum tantum;* malorum autem äeterna pöna cruciari. Quod si ad nostrum traxeris locum το άμαρτ. τον τυφλου et „άγαθων μονον ψυχαι" contraria prorsus esset collatio.

Plurimi (apud Joh. 9,2) cäcum esse natum, ut miraculi occasionem habeat Christus arbitrantur ex verbb: ίνα φανερ. Crudelis autem in eo appareret præformatio rerum, et sanctæ, quam Christus prædicat ubique, Dei voluntati plane obvia. Facilem potius cum aliis invenimus verborum distinctionem, Christi dignam et præterea concinnam: „άλλα ινα φανερωθη — — έν αύτω, έμε, δει —" 'Αλλα transitum significat = άλλα νυν = ceterum mei est, ut talia in eo perficiam, quæ Dei digna sunt. Nescio tandem, quid aliud hoc ex loco proferendum sit pro nostro proposito, nisi impugnari a Jesu frequens apud Judæos sententia, qua in omni calamitate eximia pöna ponebatur peccati prius admissi. Item in loco Luc. 13,1. Quum de asperitate loquerentur, qua se gesserit judex Romanus erga populares, eorumque miseriam singulis facinoribus adscriberent, iterum tangit pristinum hunc errorem Christus et nequaquam ea similiaque tanquam pönæ certorum peccatorum a Deo immissa fuisse hominibus docet. Toti potius nationi tales instare vexationes, ni morum emendatione nationali dignitati studeret. — Nonnullorum vero mala ex ipsorum vita prodiisse certiores nos facit. cfr. Matth. 9,2 (= Marc. 2,3. Luc. 5,23.) Sunt etiam qui ne in eo quidem loco morbi originem e certo peccato putant esse ducendum, sed illius erroris angorem, obvium ipsius corporis saluti, ut solveret, accomodasse se quodammodo Jesum hominis persuasioni. Desperaverat enim ægrotus de corporis sui viribus, eoque ipso sanationem impedierat. Quum autem remissa audiret peccata, possibilis erat sanatio (nihilominus nobis miraculi signum.) Consentimus itaque in eo, omitti quidem potuisset *per se* illud „ἀφέωνταί σοι ἁμαρτ." scilicet non nisi ad excitandam fidem necessarium, sed non placent, qui accomodationem solam esse contendunt, peccatum prorsus recusant. Quod enim si non interfuisset, errorem adjurasset, qui refutatus erat ab ipso alioquin. In Joh. V, 13. hominis videmus, et ut apparet ex v. 14. sua ipsius culpa, ægroti exemplum, quod neque addit quidquam locis nostris neque demit. Quippe qui fraudatorem existimat Doct. Paulus totam ignorat narrationis simplicem rationem; omnino nullum sufficit argumentum. Et per certa peccata in morbum incidisse, fit perspicuum ex illo: ἵνα μὴ χεῖρόν τί σοι γίνηται, = ne deterius tibi accidat, quam ægrotare per annos duodequadraginta. Nec igitur quod „ἀφιέναι" desit habet aliquid in eo momenti. — Föminam consolatur Christus flagitiosam Luc. 7,36. Jam prius quem sibi per voluptatem conscivisset morbo illam sanasse Jesum e tota narrationis specie jure conjectatur. Restat enim, quem perspicimus inter gaudium et gratiam metus quidam, propter peccata Christo non ignota et ut requiescant nunc (iterum?) remittenda.

Declarant igitur ea N. T. loca denique hæc: Agnoscit Jesus communem vitæ experientiam, existere mala quædam e peccatis, repugnat opinionem, nullum existere nisi e peccato. Cum autem in locis quibusdam ubi peccatum certum intelleximus addita sit peccati remissio, non tamen jure potest judicari, defuisse semper peccatum, ubi intermissa fuerint verba remissionis, ut in loco Joh. V, 13. nam metuebat Christus errorem augere multitudinis fortasse male distinguentis. Ceterum ubi discipulis tribuit remittendorum peccatorum vim, an et externa mala intellexerit, (tum ad ipsorum animos confirmandos, tum ut fidem inveniant apud alios) in dubio est, quanquam ex 1 Cor. 5,5 & Act. 5,5. argumentum videatur posse adferri. —

Übersetzung
[Von Hans Peter Köpf]

Was ist aus den Aussagen des Neuen Testaments über den zwischen Sünde und physischem Übel bestehenden Zusammenhang zu erheben?

Sünde kann nicht gedacht werden, ohne gleichzeitig Übel, und zwar so, daß jene überall vorausgeht, dieses folgt, und nicht umgekehrt. Im allgemeinen ist das auch die einfache Deutung unseres Gewissens, die gleichsam göttlich ist. Im Übel wird gewissermaßen eine Strafe angenommen, nämlich für zuvor begangene Sünde.

Übel gibt es in zweierlei Art — was wir mit Schleiermacher meinen — bald gesellig, moralisch, bald natürlich (physisch); jenes rührt nämlich aus der Freiheit des Menschen selbst, das andere anderswo her. Nur bei jenem besteht ein unmittelbarer Zusammenhang mit der Sünde, weil Sünde nur für das moralische [Übel] unmittelbare Quelle ist. Und zwar wollen wir das moralisches nennen, was, wie gesagt, aus unserm freien Handeln, was aus den Leidenschaften des Gemüts jedem sowohl durch andere wie durch ihn selbst entsteht, natürliches aber, was teils aus der ganzen Natur, teils aus der Veranlagung unseres Leibes hervorgeht. Wenn sich allerdings die so unterschiedenen Begriffe zu überschneiden scheinen, so daß z. B. Tod und Krankheit [als natürliche Übel] zugleich auch (moralisch) gesellig sein können, wofern man davon absehend das Ganze ins Auge faßt, den Sinn mehr als den Wortlaut, so kann niemand bestreiten, daß richtig unterschieden sei. Wenn soweit das Streben des (freien) Menschen für gut und wahr gehalten wird, wieweit er zu jeder Zeit, im Bewußtsein Gottes, jede Erregung des Gemüts dem frommen Sinn unterwirft, so wird ein Gleichmaß sein unter den verschiedenen Kräften, und wird weder die Materie dem Menschen, noch einer dem andern (da jeder durch dieselbe Frömmigkeit bewegt ist) Schaden zufügen. Die Welt ist freilich vollkommen, solang des Menschen Bewußtsein rein und durch sich selbst gefestigt ist. Allerdings verändert die Welt, sobald das Streben des Menschen auf sie mehr als auf Gott gerichtet ist, indem die Harmonie gestört ist, sofort ihr Bild, und was an ihr gut war und vollkommen und förderlich, wird Reizmittel zum Bösen. Leidenschaften entstehen, Lüste, Haßgefühle; eins bringt gleich das andre hervor. Weiter zeigt sich ein Mangel an verschiedenen Lebensbedürfnissen, auch infolge der schlecht geordneten Gesellschaft. Gesellig also, oder moralisch, meine ich, ist darin das Übel begründet. Wie aber das Verhältnis zwischen moralischem Übel und natürlichem beschaffen sei, kann daraus erst erhellen, es wird sogar deutlich, daß überhaupt Übel keineswegs absolut, sondern immer nur relativ ist. Das natürliche [Übel] kann aus der Sünde nicht unmittelbar abgeleitet werden; denn Tod und Schmerz und ähnliche Beschwerden des Lebens weist die Erfahrung ebenso als von der Sünde unabhängig aus. Der Mensch, wenn er so ist, wie wir ihn oben beschrieben haben, wird nicht für Übel halten, was dem Leib in der Welt Widriges zustößt; solange nämlich das Bewußtsein von Gott und die Beziehung auf ihn lebt, kann solche Wirkung nicht als Übel gelten. Wer das als Übel empfindet, zeigt, daß er nicht fromm ist, d. h. daß er sich um Gott nicht gekümmert und der Welt, die sein Bewußtsein gestört hat, mehr Wert beigelegt hat. Deshalb empfindet, wer von da her in die Sünde gezogen wurde, da er vom Trost des guten Gewissens und vom aufwärts gerichteten Bewußtsein verlassen ist, natürliches Übel als Übel und gleichsam als Strafe. (Übrigens wird der fromme Mensch, den wir oben kennengelernt haben, wenn er unschuldig durch die Einwirkung einer Seuche geplagt wird, das zwar geselliges Übel nennen, natürliches aber darunter verstehen.)

Wenn wir von da aus zu den Aussagen des Apostels Paulus über den Tod übergehen, glauben wir nichts Gegenteiliges zu finden. Der Tod ist gleichsam der sicheren Sünde Sohn [!] und ihre Strafe. Dieselbe Ansicht lesen wir in den Büchern Mose vorbereitet, der Paulus, da ja jene ehrwürdige und gleichsam göttliche früheste Geschichte national war, nicht fernstand. Darin, daß die ersten Menschen nicht des Todes gewesen wären, wenn sie nicht gesündigt hätten, ist das Unsere symbolisch enthalten: ohne Sünde hätten sie den Tod weder als Übel noch als Strafe begriffen. Zugleich wird der Tod im allgemeinen auch gleichsam das Äußerste jedes natürlichen Übels genannt. Es wird nicht mehr notwendig sein, über das Verschiedene, was zum „Tod" bei Paulus vorgebracht wurde — Röm. 5,12 —, ob es Vernichtung des Leibes oder Leiden des Gemütes sei, abzuhandeln. Vers 14 scheint die Vernichtung des Leibes auszudrücken, aber daß „Gnade und Gabe Gottes" (V. 15) allein auf den Leib bezogen seien, ist doch sehr zweifelhaft. Ähnliches muß man auch in V. 17 einwenden. Und in V. 21 tritt „ewiges Leben" zugleich mit Rechtfertigung auf. Da aber auch anderswo das Wort „Tod", auch bei Paulus selbst (2. Kor. 2,16 usw.), bildlich verwendet wird, was hindert uns, auch hier einen doppelten Sinn anzunehmen?

Bei den Juden war die Meinung gewöhnlich und beharrlich, ein außerordentliches Unglück sei für die Strafe für eine außerordentliche und erwiesene Schuld zu halten, und nicht selten muß deshalb Jesus, wenn er Glauben an die Heilung erwecken will, vorher sagen, daß die Sünde vergeben sei. Auch schon dem ganzen Buch Hiob liegt diese Überzeugung zugrunde, die dort mit Schärfe bekämpft wird. Schreckliche Beispiele gibt es überdies in den Schriften der Rabbinen. Weniger unpassend (weil manchmal eine natürliche Ursache dabei sein konnte) scheint diese verbreitete Lehre, daß die Sünden der Eltern Kinder, die mit gebrechlichem Leib geboren sind, verfolgen; die Vorsteher wollten natürlich damit die Eltern zur Pflege ihres Körpers und [Einhaltung des dafür vorgeschriebenen] Ritus ermahnen. Aber auch nur wegen der eigenen Sünde konnten nach dortigem Glauben Kinder gebrechlich zur Welt kommen. Aber das können wir nicht auf eine bestimmte Lehre der Juden zurückführen, was Josephus erwähnt: „Jede Seele sei gewissermaßen unsterblich, denn sie wandere in einen andern Leib." Wenigstens was die Seelen der Guten betrifft; die der Bösen werden durch ewige Pein gequält. Wenn man das zu unserer Stelle zöge: „die Sünde des Blinden", und dazu: „nur die Seelen der Guten", ergäbe das einen überaus widerspruchsvollen Vergleich.

Die meisten sind (bei Joh. 9,2) auf Grund der Worte „daß offenbar würden die Werke Gottes an ihm" der Ansicht, der Blinde sei geboren, damit Christus Gelegenheit zu einem Wunder habe. Aber grausam erschiene darin die Vorbestimmung der Dinge und dem heiligen Willen Gottes, den Christus überall predigt, stracks zuwider. Eine leichte Verschiebung des Wortsinns nehmen wir mit anderen lieber an, die dann Christi würdig und ziemlich einleuchtend ist: „Aber damit die Werke Gottes offenbar werden, muß ich an ihm wirken die Werke des, der mich sendet ..." Weiterführendes $\grave{\alpha}\lambda\lambda\alpha$ bedeutet = aber wie die Dinge jetzt liegen = „Übrigens muß ich an ihm das vollbringen, was Gottes würdig ist." Ich weiß schließlich nicht, was anderes aus dieser Stelle für unser Thema zu erheben wäre, außer dem, daß Jesus die bei den Juden verbreitete Meinung bekämpft, wonach in jedem Unglück eine besondere Strafe für zuvor begangene Sünde angenommen wird. Desgleichen bei Luk. 13,1. Als von der Grausamkeit die Rede war, womit der römische Richter gegen Angehörige des Volkes aufgetreten war, und man ihr Unglück einzelnen Vergehen zuschrieb, berührt Christus wieder diesen vorigen Irrtum und lehrt, daß keineswegs dieses und ähnliches als Strafe für bestimmte Sünden von Gott über Menschen verhängt werde. Vielmehr werden dem ganzen Volke solche Leiden bevorstehen, falls es sich nicht durch sittliche Besserung um nationale Würde bemühe. — Daß wirklich bei einigen die Übel aus deren eigenem Lebenswandel hervorgegangen seien, bestätigt er uns. Vgl. Matth. 9,2 (= Mark. 2,3. Luk. 5,23). Auch da gibt es [Kommentatoren], die nicht einmal in diesem Fall glauben, daß der Ursprung der Krankheit aus gewisser Sünde herzuleiten sei, sondern um die in jenem Irrtum begründete Angst, die der eigenen Gesundung im Weg steht, zu lösen, habe sich Jesus der Überzeugung des Menschen gewissermaßen angepaßt. Natürlich war der Kranke an den Kräften seines Leibes verzweifelt und hatte damit die eigene Heilung verhindert. Als er aber hörte, daß seine Sünden vergeben seien, war die Heilung möglich (uns dennoch ein Wunderzeichen). Wir stimmen deshalb dem zu, daß er zwar für sich dieses „deine Sünden sind dir vergeben" hätte unterlassen können, das freilich nur nötig war, um Zutrauen zu erwecken, doch sind wir mit denen nicht einig, die behaupten, es sei ausschließlich Anpassung, die Sünde aber gar nicht gelten lassen. Weil er ja, wenn sie nicht vorhanden gewesen wäre, den Irrtum bestärkt hätte, der sonst von ihm bekämpft worden war. In Joh. 5,13 sehen wir das Beispiel eines Menschen, der, wie aus V. 14 deutlich wird, durch seine eigene Schuld krank ist, was zu unsern Stellen weder Weiteres beiträgt, noch daran mindert. Indem ihn allerdings Dr. Paulus für einen Betrüger hält, verkennt er den ganzen, einfachen Sinn der Erzählung; überhaupt bringt er keinen einleuchtenden Grund. Und daß er wegen bestimmter Sünden krank geworden ist, geht daraus ganz klar hervor: „Daß dir nicht etwas Ärgeres widerfahre", als achtunddreißig Jahre lang krank zu sein. Deshalb hat auch, daß das „Vergeben" fehlt, hier nichts zu sagen. — Das liederliche Weib tröstet Christus Luk. 7,36. Daß Jesus sie schon früher von einer Krankheit, die sie sich durch Wollust zugezogen hat, geheilt habe, wird aus der ganzen Art der Erzählung mit Recht geschlossen. Es bleibt freilich, zwischen Freude und Dankbarkeit deutlich erkennbar, eine gewisse Sorge wegen der Sünden, die Christo nicht unbekannt sind, und damit sie Ruhe geben, müssen sie jetzt (noch einmal?) vergeben werden.

Somit lassen schließlich diese Stellen des Neuen Testaments folgendes erkennen: Jesus läßt die allgemeine Lebenserfahrung gelten, daß manche Übel von Sünden verursacht sind, bekämpft aber die Meinung, es gebe keines, das nicht aus der Sünde komme. Wenn aber an einigen Stellen, wo wir das sichere Vorliegen einer Sünde erkannt haben, die Vergebung der Sünde hinzugesetzt ist, so ist doch der Schluß unzulässig, daß immer dann, wenn Worte der Vergebung nicht gesprochen wurden, auch keine Sünde beteiligt gewesen sei, wie im Fall von Joh. 5,13, denn Christus wollte das Volk, dem der Unterschied wohl kaum auffiel, nicht in seinem Irrtum bestärken. Ob er übrigens, wo er den Jüngern die Macht gibt, Sünden zu vergeben, auch äußerliche Übel mit darunter verstanden hat (teils zu ihrer eigenen Erbauung, teils damit sie bei anderen Glauben fänden), ist umstritten, obwohl offenbar aus 1. Kor. 5,5 und Act. 5,5 ein Beweis dafür beigebracht werden kann.

GESPRÄCH ZWISCHEN MIR (NÄMLICH DEM KANDIDATEN E. MÖRIKE) UND HERRN PROFESSOR SCHWAB

(Die Szene ist auf des Kandidaten Zimmer.)

HERR PROFESSOR *nachdem er Mantel und Hut abgelegt:*
— — Und wie geht es Ihnen?

KANDIDAT: Ich danke sehr. So ziemlich gut — bis auf einen gewissen Punkt. Aber erlauben Sie, daß ich vor allem ein Licht bringe und die Laden schließe.

PROF.: Ei, lassen Sie es! Es ist noch viel zu hell.

KANDID.: Nun ja! wiewohl es der Feierlichkeit des Gegenstands, den ich Ihnen vorzutragen habe, kuriositätshalber vortrefflich anstehen müßte, wenn wir bei hellem Tag Lichter brennten und alle Türen verriegelten.

PROF.: Wieso?

KANDID.: Daß ich es Ihnen auf einen Streich sage: Der ganze Franckische Handel reut mich, so viel ich Haar auf dem Kopf habe.

PROF.: Ja — was — ist da zu machen? — Wie kommt es denn.

KANDID.: Ich muß Ihnen gestehen, daß mich gleich von vorn herein bei den Einleitungen und als ich hörte, worin mein Geschäft bestehen würde, ein kleiner Frost anwandelte, den ich aber nicht bemerken wollte, weil sich einmal doch eine Auskunft anbot und mir keine bessere Wahl blieb. Ich dachte mit geheimem Widerwillen an das Zeitungsmanufakturwesen, an Buchhändlerabhängigkeit, an das Notleiden meiner eigenen Poesie: aber die 600 f. schwebten mir wie mit goldenen Ziffern vor und der Kirchenrock immer noch wie ein Gespenst. Ich überredete mich, das Zeitungsgeschäft als Nebensache betreiben und meine anderweitigen Arbeiten im Dramatischen, die „Hohenstaufen", immer fortsetzen zu können. Zur Not (bildete ich mir ein) müßte eine Erzählung, wie sie heutzutage nach dem Geschmack des Publikums sein soll — auch noch immer etwas angenehmer für mich zu machen sein, als eine Predigt oder eine Korrektur, also in Gottes

Namen die 50 f. monatlich eingesteckt und mich in den Karren gespannt. Der Poet sollte nun zweierlei Röcke haben, nämlich *einen* mit Flittergoldverbrämung und leichtfertig mit weiten Nadelstichen zusammengenäht, aber desto modischer im Schnitt und dann ein solideres Gewand, worin ich mich einer ehrwürdigern Dichterzunft zuzugesellen dachte. Auf diese Art glaubte ich meinen Herrn Verleger auch keineswegs zu betrügen, denn jene schnell gefertigte Ware sollte doch immerhin noch zu seiner Zufriedenheit ausfallen und gefiel sie ihm in die Länge nicht, so wollte ich die Verbindlichkeit aufheben. Nun fand sich aber bald, daß ich mich verrechnet hatte. Hören Sie, wie mir's mit dem Erzählungs- und Novellenschreiben erging. In kurzer Zeit waren mehrere Erfindungen im Kopfe skizziert, und zwar fiel die Anlage immer so aus, daß ich mich nicht vor mir selber schämte. Auch war das erste Empfangen des Gegenstands in der Phantasie und die Komposition jedesmal sogar nicht ohne Vergnügen für mich. Allein so wie es zur Ausführung ging, nahm dasjenige, was ich etwa von Wärme bei mir hatte, bereits ab und gegen die Mitte erstarrte ich völlig; ich fühlte, daß ein Gegenstand, der vorweg nur mittelmäßiges Interesse für mich hatte und kein Moment wahrer Begeisterung in sich trug mich schlechterdings nicht länger beschäftigen könne. War nun einmal die Lust für die Sache weg und der Magen dafür vergällt, so verkleinerte sich alles unter meiner Hand, es ekelte mich an. Aber wie? werden Sie denken, wenn ich mir vorgesetzt hätte, etwas wirklich Gutes in dieser Gattung zu machen, da doch die Gattung an sich das Gute und sogar das Großartige nicht ausschließt? Hierauf antworte ich Ihnen, daß, wenn ich in diesem Sinne mich daran machen wollte, dies erstens sich mit dem erforderlichen Gang und der Ausgiebigkeit meiner Lieferungen nicht vertragen würde und zweitens würde ich dadurch an Kraft Stimmung und geistigem Vorrat für denjenigen Teil meiner Produktionen allzuviel verlieren, welcher mir bei weitem mehr am Herzen liegt, als der Ruhm des besten Novellisten, ich meine das *Trauerspiel*. Das letztere ist es auch allein, wozu mich meine ungeteilte Neigung treibt und worin ich mit unerschütterlichem Glauben etwas nicht Gewöhnliches zu leisten hoffe. Nur *diese* Form in Verbindung mit einem mächtigen Stoff vermag, außer etwa der lyrischen, mich in die nötige Wärme zu setzen und in ihr zu erhalten. Saß ich so am Pult und spitzte ein ärmliches Geschichtchen zu und es blies mich ein *einziger* Gedanke an jene „Hohenstaufen" an, so stand alles übrige wie abgestandenes Wasser vor mir. Indessen das Gefühl dieses ganzen Übelstands hätte ich vielleicht noch lange bei mir zurückgedrängt, ohne den Gedanken an eine Auflösung zu wagen, da wollte ein Zufall, daß ich durch jene übertriebene Reise nach N. unwohl wurde und drei Wochen dort liegen bleiben mußte. Während dieser Zeit stellte sich mir die mögliche Unzufriedenheit des Fr. und meines Redakteurs wegen meines Geschäftsretardats, woran ich gleichwohl nicht die mindeste Schuld trug schon verdrießlich dar und nun knüpfte sich hieran das ganze Gewicht meines übrigen Verdrusses. Ich dachte bereits mit mehr Keckheit, doch noch immer schüchtern genug, an eine Veränderung und nun seit zwei Tagen ist aber kein Halt mehr bei mir.

HERR PROF.: Ich bekenne Ihnen, daß, als ich hörte, Sie hätten vorzüglich Erzählungen zu machen, mich das an Ihnen wundernahm. Ich kann mir sehr gut vorstellen, inwiefern Sie sich in diesem Genre nicht wohl befinden können. Haben Sie dem Fr. einiges mitgeteilt von der Art.

KANDID.: Mehreres. Er erteilte mir große Lobsprüche, bat mich aufs äußerste, das Unvollendete doch ja nicht liegen zu lassen. — ... Was fertig war, ließ ich ihm.

PROF.: Hören Sie! Daß es mir leicht wird, mich in Ihre Lage zu versetzen, glauben Sie mir. Besonders kenne ich aus meinen geringen Verbindungen mit Buchhändlern die unerträgliche Plackerei mit ihnen und ihren Forderungen — womit sie einem jede Stunde aufm Hals liegen. Es ist in einer solchen Situation, wo einem die Poesie als der tägliche Leisten vorgeschoben wird, in der Tat auch fast nicht möglich, frei aus der Seele zu schöpfen. Schon das Gefühl: du mußt zu der und der Zeit einhalten hindert und drückt die freie Regung. Man glaubt sich belauscht, man meint, der Buchhändler stehe immer hinterm Stuhl und passe darauf. Ich spüre das ganz wohl. Aber was nun? Nur zweierlei weiß ich. Entweder Sie schieben den Karren noch eine Weile fort oder Sie gehen aufs Vikariat. Das letztere würd ich so wahr ich lebe, mit Jubel und Entzücken tun. O die Einsamkeit so einer Vikarstube und die stille Wiese und das Feld hinterm Dörflein. Das ist der Ort zu dichten und zu schaffen. Glauben Sie, das waren meine glücklichsten Zeiten. Auf dem Vikariat hab ich Romanzen machen gelernt und sonst in meinem Leben nie wär ich dazu gekommen. Wenn einem der Morast schuhtief vorm Haus liegt und man hinter seine vier Wände gebannt ist, da hat man Zeit, was anzuspinnen. Dann geht das innere Leben an, da kann man die geheimen Schätze, das rechte Gold der Poesie aus der tiefsten Seele mit Muße hervorholen.

KAND.: Das ist eine schöne Schilderung aber —

PROF.: Zwingen Sie einmal ernstlich Ihre Skrupel und ergreifen Sie das Pfarrwesen mit bestem Willen. Das wäre doch der Teufel, wenn Sie sich nicht zwingen könnten. Dann sind Sie ein freier Mann für die Poesie und hängen von keinem Buchhändler ab. Schreiben Sie dort Ihren „König Enzius" aus, dabei werden Sie als Schriftsteller weiter kommen als auf Ihrer gegenwärtigen Bahn. Und wahrhaftig was den Pfarrer selber betrifft — er hat ein schönes und begeisterndes Amt. etc. etc.

KANDID.: Sie reden wie aus meiner Seele und doch sträubt sich etwas in mir.

PROF.: Nieder damit! Entschließen Sie sich (hiemit schlug er mich freundlich auf die Schulter). Suchen Sie vom Konsistorium einen Platz zu erhalten, wo man Sie noch in einiger Nähe hat und wo Sie selber noch einige Anregung vom hiesigen Leben haben.

KANDID.: Ich bitte Sie, sagen Sie nur erst, wie mach ich dem Frankh diese unerwartete Entdeckung.

PROF.: Damit sind wir bald fertig. Nur muß es nicht aussehen, als ob Sie ihm abspenstig gemacht worden wären. Sie sagen kurz und gut: Es sei Ihnen unmöglich, nach der Elle Erzählungen zu machen, aber Sie werden ihm immer von Zeit zu Zeit ungebundene Beiträge liefern. Und das tun Sie auch. Was denken Sie?

Von hier an spricht der Kandidat was ihm ein unsichtbarer Agathodämon soufflieret.

KANDID.: Ich denke, Sie haben recht.

PROF.: Und wollen Vikar werden?

KANDID.: Ich will.

PROF.: Von Herzen?

KAND.: Das wird sich geben.

ERINNERUNGEN AN ERLEBTES
Poetische Umgestaltung desselben etc. Poetische Vorsätze
1832

Am 23. Mrz. — ich kam von der Begleitung der geliebten Luise, von Grötzingen zurück und lief, poetisch aufgeregt, die Ochsenwanger Steige keuchend hinauf — unwillkürl. mußt ich ein paar Verse ausbilden, deren Inhalt mir auf keine Weise nahe lag. „Rat einer Alten" (an die verliebte Jugend). Ich weiß nur noch den Anfang:

> Bin jung gewesen,
> Kann auch mit reden,
> Und alt geworden
> Drum gilt mein Wort.
> (Ihr hübschen Mädchen
> Ihr saubern Knaben etc.)
> Schön rote Kirschen
> Am Bäumchen hangen.

Liebhaberei für die durch die Sonne regenbogenhaft gefärbten alten Fensterscheiben. Im Vorbeigehn an e. Bauernhaus (zu Scheer) fiel mir eine so wunderbar schöne auf, daß ich sie, gegen e. neue, vom Eigentümer für mich erhielt. Ein Gewitter war eben vorbeigegangen. Statt des Regenb. am Himmel — den auf Glas (gleichfalls v. der guten Sonne) gemalten. Ein schönes Kind, blondlockigt, rotwangig, im zerrissenen Hemdchen schaut eben aus dem Fenster auf d. erfrischte staubgenetzte Straße — Brücke — Lindenbäume — Wachtelschlag — der heilige Nepomuk (?) Schutzpatron der Brücke — (bei Nacht, an gewiss. Festtagen, brennt ein Lichtch. in s. Glaskasten). (Hiezu könnte der Traum benutzt werden, den ich einmal Luisen schrieb.)

Kleine kathol. poet. Züge aus dem Scheerer Leben. Altes Schloß — Vergoldetes Blei an den Fenstern — Kapelle — brennendes Rauchkerzchen. — Wachslicht mit *echtem Gold* überzogen; sein Schmelzen; Schmetterlinge an Nadeln um die brennende Kerze gesteckt. — Licht-Uhren (durch e. im Wachs angebrachte Zahlenskala). Syringa in der kathol. Kirche (auf der Orgel) als Zeichen — — ob die litterae erot. u. preces akzeptiert word.

Abbruch der Kirche in Pflummern. Anblick dsr. Trümmer bei Nacht im Mondschein — nur noch die beiden Seiten, wo die Orgel u. wo die Kanzel sich befinden, stehn; die steinerne Treppe, welche zur letztern führt, ist (nur zum Teil, einige Schuh überm Boden) abgebrochen — die zinnernen Pfeifen der Orgel schimmern im Mondlicht. Ambulatio nocturna cum puella — Capillae — Kirchhof — conscientia commovetur memor: avi, ibid. sepult. — Ambulatio cum illa (et ejusd. parentibus) in silva. Sanguis e dulci manu, (parum vulneratâ) stillans, ore haustus. etc.

Ein „Buch der Träume" Erzählung wirklich geträumter sowie erdichteter T. (ohne anderen als rein poet. Zweck) zu schreiben, könnte mir wohl die Lust ankommen. Die humoristischen müßten durchaus vorherrschen. So käme ich doch freil. unversehens in d. satir. Absicht hinein, was, je nachdem der Plan gefaßt würde, auch neben dem rein Phantastischen wohl mitliefe.

Märchen zu schreiben wäre aber wohl belohnender.

Rätselhaftes Mädchen; stumm, ernst, verschlossen und mit Anwandlung zu kleiner freudiger Tücke gegen d. Gespielen; z. B. sie steckt einem plötzlich ein spanisch Rohr in die Gosse am Nacken hinab.

Ihre Eigenheit, daß ihr Kartoffeln u. Pfannkuchen besser schmecken, wenn sie dieselben vom Essen weg vor dem Fenster auf dem Stockbrett verkühlen ließ.

Hiebei der besondere Reiz eines Sommer-Abendessens im Pfarrhaus, nach einem schwülen Tag; es gewittert und der Wind stößt plötzl. die Fenster auf.

Mit Rührung findet man, nachdem das Mädchen entweder schon verreist — verloren — oder gestorben ist, später noch eine ihrer Kartoffeln zwischen den Blumenstöcken.

Dasselbe wunderliche Mädchen hat viel Sinn für das Altertüml. Sie besucht die Ruine Reißenstein u. wünscht die schönen Umrisse dieses Gemäuers (das so kühn auf dem Fels steht u.

fast wie ein an der Faust emporgestreckter Zeigefinger aussieht), recht sauber, klein und nett durch die camera obscura gezeichnet.

Beim Herabsteigen von den Trümmern hebt sie eine gewisse Steinplatte, die ihr auffällt, von einem Quader ab u. — o schönes Wunder! entdeckt in einem viereckig ausgehauenen Loch, ein zierlich gearbeitetes nur spannenlanges Modell dieser Burg, wie sie einst muß ausgesehen haben u. welches wohl vor Aufführung des Baues hier niedergelegt wurde. Dies Modell ist e. wahres Kunstwerk aus Elfenbein (oder einer ganz unbekannten Masse); es läßt sich nach allen Teilen auseinanderlegen, so daß die ganze innere Einrichtung mit Zimmern, Kellern usw. sich vollkommen darstellt.

Es ließe sich diese Entdeckung vielleicht etwas fabelhaft, mit Beihülfe von Elfen u. dergl. behandeln, da die Entdeckerin selbst eine etwas fremdartige Natur ist und in geheimem Rapport mit jenen außerordentlichen Wesen gedacht werden kann.

Sie hörte für ihr Leben gern dem fallenden Regen vom Fenster aus zu, und bedauert, seitdem sie auf der Alb wohne, wo lauter Strohdächer und so viele Dunglagen vor den Häusern seien — diesen Genuß gar nicht mehr zu haben; man wisse dort gar nicht recht, daß es regne.

Zur ersten Novelle.
Ausländischer Knabe (Italiener? Savoyarde? Franzose?), welcher e. zahme Schlange u. bunte Vögel in e. Kasten bei sich trägt u. f. Geld sehen läßt. E. Bauer, nahm ihn f. einige Tage mitleidig zu sich; er geht endl. weiter, des Bauern junge Söhne begleiten ihn; sie haben Lust zu baden — Gegend b. Neidlingen — sie verstecken ihm die Kleider — s. Wut — er ist genötigt halbnackt in der benachbarten Höhle — (Heimenstein) unterzukriechen — s. Tiere hat er bei sich. Süße Schwüle des Mittags — moosiger Felsvorsprung, er entschläft mit Augen, die noch v. Zorntränen naß sind; (er war in größter Unruhe, einen der Knaben blutig geschlagen zu haben).

Dies alles wird so eingeleitet in der Erzählg., daß diese mit e. Landpartie einer vornehmen Gesellschaft beginnt; dieselbe macht einen Abstecher nach der Heimensteiner Höhle; man findet sie lange nicht, die einzelnen zerstreuen sich im Gebirge da- u. dorthin, sie aufzusuchen. E. junger Mann ist endlich so glückl. sie zu entdecken, er findet den Knaben, der ihm jenen

Vorgang auf e. eigene leidenschaftliche Weise erzählt. — Der Herr, der sich f. d. Knaben interessiert, heißt ihn hier verziehen, bis er wiederkomme. — Allenfalls reicht er ihm s. Reisehemde zur Bedeckung. — Inzwischen schaut oben durch e. Spalt der Höhle der schöne Kopf eines Mädchens; mit verwunderten Augen starren beide sich an; er rückwärts lehnend. — — — Wunderbarer unauslöschlicher Eindruck auf das schöne Kind; Unruhe; sie ist fromm erzogen u. hat nicht Ruhe den Anblick, den sie sich zum Vorwurf macht, einer ältern geistreichen, frommen Freundin zu gestehen. — Das Mädchen ist dasselbe, dessen bei pg. 3 gedacht ist.

Zur 2. Novelle.
Die Sängerin, nach dem Bad an der stillen Wiese vom Grafen A. betroffen, welcher mit dem jungen Architekten reist. Er trifft in ihr e. frühere Bekannte; sie ist d. Tochter eines Musikers, war aber nie zum Theater zu bewegen; eigener poetischer Charakter derselben; höchst unbefangen; keine Etikette, der höchste Begriff v. schöner Natur ist bei ihr zu finden. — Sie macht ihre Haare zurecht auf der samtnen [?] Wiese. Kamm. — Sie muß dem Grafen e. Lied singen, dessen Melodie [Schluß der Handschrift]

ZU MEINER INVESTITUR ALS PFARRER IN CLEVERSULZBACH, IM JULI 1834 GESCHRIEBEN

Ich bin am 8. September 1804 zu Ludwigsburg geboren, ein Sohn des im Jahre 1817 als Landvogtei- und Oberamtsarzt verstorbenen Dr. Karl Friedrich Mörike. Von dessen Seite war mein Großvater Gottlieb Mörike, Hofmedikus in der gedachten Stadt. Es schreibt sich die Familie, seitdem sie in Württemberg bürgerlich ist, von Neuenstadt am Kocher her, wohin die ältesten bekannten Vorfahren aus Havelberg in Preußen eingewandert sind. Mein Großvater von mütterlicher Seite war Christian Friedrich Beyer, Pfarrer zu Beuren, Oberamts Nürtingen.

Ich befand mich als Knabe in einem lebhaften Kreis von mehreren Geschwistern, die an Alter teils vor, teils hinter mir standen. Die Verhältnisse meiner Eltern waren für die erste Entwicklung der Kinder günstig genug; allein es konnte der Vater bei einem äußerst geschäftvollen Amte, das ihn den Tag über meist außer dem Hause festhielt, bei der rastlosen Tätigkeit womit er selbst daheim nur seiner Wissenschaft lebte, an unserer Erziehung nur den allgemeinsten Anteil nehmen. Wenn er auf uns wirkte, so geschah es zufällig durch einzelne Winke oder gewissermaßen stillschweigend durch den so liebevollen als ernsten Eindruck seiner ganzen Persönlichkeit; ausdrücklich belehrend war seine Unterhaltung selten und gegen die Jüngern, zu denen ich gehörte, fast niemals. Dagegen konnte uns im Sittlichen die Mutter auch statt alles andern gelten. Durch ihre Zärtlichkeit, ihr reines Beispiel und durch ein Wort zur rechten Zeit gesprochen, übte sie ohne studierte Grundsätze und ohne alles Geräusch eine unwiderstehliche sanfte Gewalt über die jungen Herzen aus.

In tieferer gemütlicher Beziehung aber hatte die Eigentümlichkeit eines älteren Bruders den größten Einfluß bald auf mich gewonnen. Was nur ein jugendlicher Sinn irgend Bedeutungsvolles hinter der Oberfläche der äußern Welt, der Natur und menschlicher Verhältnisse zu ahnen vermag, das alles wurde durch die Gespräche dieses Bruders auf einsamen Spaziergängen, wenn ich ihn manchmal auch nur halb verstand, in meinem

Innern angeregt, er wußte den gewöhnlichsten Erscheinungen einen höheren und oft geheimnisvollen Reiz zu geben; er war es auch, der meine kindischen Gefühle zuerst mit mehr Nachhaltigkeit auf übersinnliche und göttliche Dinge zu lenken verstand.

Indes besuchte ich die lateinische Schule, man ließ mich einen Anfang in den andern alten Sprachen machen, um seinerzeit, wenn über meine Bestimmung entschieden werden sollte, vollkommne Wahl zu haben. Mein Vater wünschte nicht, daß einer seiner Söhne seinen Beruf ergreife und man war, besonders auf den Wunsch eines verehrten Oheims, schon ziemlich übereingekommen mich dem geistlichen Stande zu widmen.

Im Jahre 1815 erkrankte mein Vater auf bedenkliche Art. Infolge übermäßiger Anstrengung bei Gelegenheit einer in der Stadt und Umgegend ausgebrochenen Seuche, wobei er selbst zu Nacht sich wenig Ruhe gönnte, ward er sichtbar geschwächt, und es bereitete dieser Zustand einen Schlaganfall vor, der erstmals bei der besonderen Veranlassung eintrat, daß den sonst so kraftvollen Mann der Anblick seiner sterbenden Mutter aufs äußerste ergriff. Mit diesem Tage begann das Glück unseres Hauses in mehr als *einem* Betrachte zu sinken. Noch fürchteten wir nicht das Schlimmste; auf den Gebrauch des Wildbads zeigte mein Vater einige Besserung, er ließ sich nicht abhalten, seine gewöhnlichen Geschäfte wieder zu versehen. Wiederholte Bäder in folgenden Jahren taten die erste Wirkung nicht mehr, er wurde hinfällig und mußte sein Amt übergeben. So war also der unermüdet fleißige Mann, welcher, wie seine unvollendet hinterlassenen Schriften bezeugen, der wissenschaftlichen Welt ebensoviel zu werden gedachte als er in seinem engern Wirkungskreise der Stadt und dem Lande durch persönliche Hilfleistung gewesen war, nun auf einmal aus seiner gesegneten Tätigkeit für immerdar herausgerissen und in die äußerste Ohnmacht versetzt. Außer der ganzen linken Seite seines Körpers waren auch die Sprachwerkzeuge beinahe völlig gelähmt, das Gedächtnis auffallend geschwächt, selbst die Denkkraft hatte gelitten. Wenn nun das Vertrauen so mancher, denen er sonst seine Dienste gewidmet und im eigentlichen Sinne des Worts geschenkt hatte, sich auch jetzt nicht wollte abweisen lassen und ihn mit rührender Zudringlichkeit bis in sein Krankenzimmer verfolgte, wenn er die Feder in der zitternden Hand, den rechten Ausdruck suchte und nicht fand und er zuletzt mit unterdrückter Wehmut die Leute wieder entließ oder, höchst reizbar, wie er war, in einen Zustand ungemessener Heftigkeit geriet, so daß ihm niemand, meine Mutter kaum sich nähern durfte, wenn oft der jammervoll Dasitzende mich unter Tränen zwischen seinen Knieen hielt und mir ein schwer zu erratendes Wort mit Liebkosungen gleichsam abschmeicheln wollte, um den andern zu sagen, was er verlange — so waren das Augenblicke des herzzerreißenden Elends, die unauslöschlich in meiner Erinnerung stehen. Hier mußte der Knabe den Ernst des Lebens, dem er entgegenwuchs und die Hinfälligkeit alles Menschlichen mit erschütternder Wahrheit empfinden. In diesen bangen Zeiten war es aber auch wo sich die unerschöpfliche Liebe meiner Mutter, ihre Umsicht, ihre Geistesstärke, ihre fromme Treue auf eine Weise geoffenbart hat, die nach Verdienst zu rühmen, wenn hier der Ort dazu wäre, mir ihre eigne Gegenwart verböte.

Die Leiden meines Vaters dauerten volle drei Jahre. In einer Nacht, wir Kinder schliefen schon, rief man uns unvermutet an sein Bette, er lag bewußtlos da und man erwartete sein Ende; wir knieten um ihn auf dem Boden, die Mutter betete und noch hör ich den Ton womit das Lied von ihr gelesen wurde: „Gott der Tage, Gott der Nächte, meine Seele harret dein." Hierauf entfernte man die Kinder, da sich die Auflösung noch länger zu verzögern schien. Am andern Morgen, bei unserm Erwachen sagte man uns das ganz unfaßliche Wort, daß wir jetzt keinen Vater mehr hätten. Dies war der 22. September des Jahres 1817. Beim Leichenbegängnis trat der Oheim dessen ich oben gedachte, der würdige, nunmehr auch heimgegangene Präsident Georgii, dessen Namen kein Vaterlandsfreund ohne Hochachtung nennt, mit der Erklärung hervor er wünsche mich zu sich nach Stuttgart zu nehmen und meine Bildung zu fördern, ein Anerbieten das meine Mutter mit Dank, ich selbst mit Begierde ergriff.

Noch kann ich nicht umhin bei diesem Zeitpunkt eines andern innig geliebten Oheims zu gedenken, des Herrn Pfarrers M. Neuffer zu Bernhausen, früher zu Benningen bei Ludwigsburg. Von jeher hatte zwischen ihm und den Meinen ein steter traulicher Verkehr bestanden, in seinem gastfreundlichen Hause war die reinste Anmut eines gesellig heitern Familienlebens zu finden, und so wie er mit seiner lieben Gattin einst in Tagen unsres ungetrübten Glückes als Freund uns unzertrennlich nahe blieb, erwies er sich auch jetzt, da sich so viel und immer mehr veränderte, als sorgsamster Berater einer Witwe und der von ihm in Pflegschaft übernommenen Waisen.

Ich war nunmehr in Stuttgart und besuchte vom Hause jenes Verwandten aus, wo ich gleich einem Sohn gehalten wurde, das Gymnasium. Mit wenig Worten kann ich meinen Wohltäter als einen Mann bezeichnen, welcher durch manchen Zug seines entschiedenen Charakters an die frommkräftigen Gestalten aus dem Altertum, wie sie durch Schilderungen uns überliefert sind erinnern mußte. Mit einer gründlichen Gelehrsamkeit verband er die strengsten rechtlichen Grundsätze, die feurigste Liebe zum Vaterland, und wenn in dieser Richtung sein Eifer oft an Härte streifte, so war sein Wesen doch im ganzen durch eine große Herzensgüte, vorzüglich aber durch den Geist eines lebendigen Christentums und einer wahrhaft demütigen Gottesfurcht gemildert.

Von meinen Stuttgarter Lehrern erwähne ich mit besonderer Achtung und Anhänglichkeit den damaligen Herrn Professor Roth, jetzigen Rektor in Nürnberg. Seine Behandlung war derart, daß ich zum erstenmal in meinem Leben ohne Zwang etwas zu lernen anfing. — Nun kam der Tag der Konfirmation heran, nachdem ich als Vorbereitung dazu den herzgewinnenden Unterricht des Herrn Prälaten von Flatt, damaligen Stiftspredigers, zu genießen das Glück gehabt hatte. Sein Segensspruch erinnerte mich mit rührenden Worten an meinen vollendeten Vater und ich fand mich in meinem Innern zu dem stillen Gelübde bewogen, von nun an ernsthafter, frommer, fleißiger zu werden.

Sofort nach bestandener letzter Schulprüfung, dem sogenannten dritten Landexamen ward mein Beruf zum Prediger entschieden ausgesprochen; im Oktober 1818 wurde ich mit mehr als 30 Zöglingen in die neu errichtete Klosterschule zu Urach aufgenommen. Mein Einstand war insofern nicht erfreulich, als mich gleich in der ersten Woche das Scharlachfieber auf die Krankenstube sprach, worin ich über einen Monat zuzubringen hatte. Übrigens fand ich mich bald in das Geleise meiner neuen Studien, die mir nach und nach einen deutlichern Blick auf den letzten Zweck all dieses Lernens und Übens gewährten. Die prachtvolle Gebirgsgegend, das schöne Tal worin wir wohnten, das engere Zusammensein mit einer Menge junger, nach Art und Begabung höchst verschiedener Menschen, die Eigentümlichkeit der Lehrer, die Bekanntschaft mit Büchern, die nicht unmittelbar auf meinen Beruf hinwiesen — dies alles gab dem nun zum Jüngling erwachsenden Knaben in einer abgeschlossenen und einförmigen Lage die mannigfaltigste Anregung. Die Begriffe gewannen nun schnell einen größeren Umfang, Gesinnungen und Neigungen bestimmten sich; mit Überraschung sah ich eine reiche Welt des Geistes vor mir aufgetan, deren Widersprüche bereits auf mich zu wirken begannen, so daß ich das was ich mein eigen nennen konnte, was vom Empfangenen mit meinem innersten Bedürfnisse zusammentraf, nur immer heimlicher und fester an mich zog. In höherem Grad wuchs freilich die Bewegung als ich im Jahre 1822 auf die Universität in Tübingen gelangte. Wenn ich mich dort in einem kleinen Kreis von gleichgestimmten Freunden zurückgezogen hielt so wurde ich dadurch vielleicht von *einer* Seite vor manchen Abwegen bewahrt, von der andern aber waren mir solche doch nicht abgeschnitten; denn meine geistigen Bestrebungen, obwohl ich damit auch nur das Beste was in meiner Natur gelegen schien, auf eigne Hand und Rechnung zu entwickeln unwiderstehlich angetrieben war, drohten mich von meiner Bestimmung eher ab- als ihr entgegenzuführen. Daß ich aber diesem Studium dennoch niemals entfremdet, vielmehr ihm in der Folge wieder völlig zugewendet wurde, verdanke ich, nächst der Beschränkung meiner äußern Verhältnisse, nächst den wiederholten Mahnungen jenes Stuttgarter Oheims, vorzüglich dem Umgang und der leisen Leitung eines vertrauten Freundes, an welchem späterhin die Kirche einen von Jesu Evangelium innigst durchdrungenen Diener durch seinen frühen Tod verlor.

Von Männern, deren öffentlicher Unterricht in Tübingen mir zugute kam, nenne ich die verehrlichen Herren Professoren Eschenmaier, Tafel, Steudel, Schmied, Haug und zugleich mit Empfindungen persönlicher Dankbarkeit den seligen Herrn Prälaten von Bengel.

Zunächst sei aber jetzt noch zweier traurigen Familienereignisse erwähnt, wovon das eine in die Mitte meines Tübinger Aufenthalts, das andere in meine erste Vikariatszeit fällt. Ein jüngerer Bruder, herrlich blühend an Leib und Seele, mit ungemeinen Gaben ausgestattet, eine ältere Schwester, von der das gleiche gilt, nur mit dem Unterschiede, der sie zugleich vor so vielen ihres Geschlechts und Alters auszeichnet — daß bei ihr die geistigen Kräfte bei aller Heiterkeit des Gemüts durch einen großen, ja, ich darf es sagen, himmlischen Ernst verdeckt und gereift, im schönsten Gleichgewichte standen — beide Geschwister wurden uns in einem Zeitraume von drei Jahren nach des Allmächtigen Willen entrissen. Den Bruder tötete die Überfülle der Gesundheit, ohne irgendeinen Vorboten der Gefahr, die Schwester welkte sichtbar längere Zeit dahin. Von ihr darf ich bekennen, daß sie mir in vorzüglichem Sinn angehörte; von wie mancher Torheit, mancher Übereilung hielt sie mich zurück! wie sehr war ihre ruhige Klarheit, ihre liebliche Hoheit geeignet, auch über die jüngern Geschwister eine wohltätige Herrschaft auszuüben und sich in jeder häuslichen Pflicht an die Seite der Mutter zu stellen. Ich sage nichts vom Gram der letzteren und nichts von meinem Schmerz bei diesem doppelten Verlust, wodurch mein ganzes Dasein umgewälzt und für die Zukunft jede Lebensfreude voraus von mir genommen schien.

Im Herbste 1826 wurde mir das Vikariat zu Oberboihingen bei Nürtingen gegeben, das ich jedoch sehr bald mit dem zu Möhringen auf den Fildern vertauschte. Von da kam ich als Pfarrgehilfe nach Köngen, Nürtinger Dekanats. Das herzliche Wohlwollen des dortigen Herrn Pfarrers Renz, eines vielseitig gebildeten, feindenkenden Greises, wird mir für immer in dankbarstem Gedächtnis eingeschrieben bleiben. Doch dauerte mein Aufenthalt auch hier nicht lange. Meine ganze innere Verfassung in jener Übergangsperiode, der bisher mühsam unterdrückte Zweifel, ob ich denn auch wirklich zum Geistlichen tauge, dabei ein angegriffener Gesundheitszustand, drängte notwendig zu dem Entschluß, auf einige Zeit dem kirchlichen Dienst zu entsagen. Ein Jahr etwa brachte ich teils bei Verwandten in Oberschwaben, teils in Stuttgart zu, wo ich für mich arbeitete und einigen Anteil an öffentlichen Blättern nahm. Auch fand sich günstige Veranlassung, eine kleine Reise nach Bayern zu machen.

1829 kehrte ich mit neugestärktem Mute zu dem mir immer lieb und teuer gebliebenen Beruf zurück. Ich kam als Pfarramtsverweser nach Pflummern bei Riedlingen an der Donau, hierauf in eben dieser Eigenschaft nach Plattenhardt auf den Fildern, von dort nach Owen bei Kirchheim an der Teck als Gehilfe des seligen Herrn Stadtpfarrers Brotbeck, dessen Haus eine meiner freundlichsten Erinnerungen bleibt. Im Jahre 1831 ward mir die Amtsverweserei zu Eltingen, Dekanats Leonberg übertragen, sodann auf meine Bitte das unveränderliche Pfarrvikariat zu Ochsenwang bei Kirchheim, welches, obwohl auf einem hohen Vorsprung der Alb gelegen, doch einen wünschenswerten und bis zu meiner anderwärtigen firmlichen Anstellung bleibenden Aufenthalt bot, der sich auch wirklich um so günstiger anließ, da ihn meine Mutter, welche zuletzt ihren Wohnplatz in Nürtingen genommen, mit mir teilen konnte. Ich habe bei dieser Gemeinde, die sich im ganzen durch ein treuherziges und vergleichungsweise mit andern unverdorbenes Wesen vorteilhaft auszeichnete, meine Pflicht als Seelsorger mit besonderer Liebe geübt und während fast zwei Jahren manchen Beweis der Zuneigung und des Vertrauens erfahren. Allein es zeigte sich das dortige Klima je länger je mehr als unvereinbar mit meiner Gesundheit, so daß ich mich im Herbst 1833 von einem mir so wert gewordenen Orte loszureißen genötigt war. Nun wurden mir ganz in der Nachbarschaft und schnelle nacheinander die Diakonatsverweserei in Weilheim, hierauf die gleiche Stellung in dem mir schon bekannten Owen, endlich die Pfarrverweserei zu Öthlingen erteilt, an welchem letztern Orte mich die erste Nachricht von der erledigten Pfarrei Cleversulzbach traf. Nachdem meine augenblickliche Neigung für dieses mir sogar dem Namen [nach] bisher ganz fremd gebliebene Dorf durch freundschaftliche Schilderung der hiesigen Verhältnisse entschieden war, so wagte ich ein untertäniges Gesuch, ohne sonderliche Hoffnung auf einen bessern Erfolg als früher ähnliche Versuche hatten. Wie sehr war ich daher überrascht und gerührt durch meine wirkliche Ernennung! wie neu und erhebend war mir der Gedanke, daß ich nunmehr gewürdigt sein sollte, von einer Gemeinde vollkommnen Besitz zu nehmen! — — — —

[DER SPUK IM PFARRHAUSE ZU CLEVERSULZBACH]

„Sie haben, verehrter Freund, sowohl in der ‚Seherin von Prevorst' (2. Bandes. Siebente Tatsache), als auch neuerdings in einem Hefte Ihres ‚Magikon' von dem Spuke des hiesigen Pfarrhauses gesprochen, und unter anderem die Art und Weise, wie ich, bald nach meiner Hieherkunft im Sommer 1834, die Entdeckung dieses Umstandes machte, nach meiner mündlichen Erzählung berichtet. Ich will nun, Ihrem Verlangen gemäß, zunächst aus meinem Tagebuche, soweit es überhaupt fortgeführt ist, dasjenige, was ich in dieser Beziehung etwa Bemerkenswertes aufgezeichnet finde, zu beliebigem Gebrauche hiermit für Sie ausziehen."

Vom 19.—30. August 1834. Ich fange an zu glauben, daß jene „Siebente Tatsache" Grund haben möge. Zweierlei vorzüglich ist's, was mir auffällt. Ein Fallen und Rollen, wie von einer kleinen Kugel unter meiner Bettstatt hervor, das ich bei hellem Wachen und völliger Gemütsruhe mehrmals vernahm, und wovon ich bei Tage trotz allem Nachsuchen keine natürliche Ursache finden konnte. Sodann, daß ich einmal mitten in einem harmlosen, unbedeutenden Traum plötzlich mit einem sonderbaren Schrecken erweckt wurde, wobei mein Blick zugleich auf einen hellen, länglichten Schein unweit der Kammertüre fiel, welcher nach einigen Sekunden verschwand. Weder der Mond, noch ein anderes Licht kann mich getäuscht haben.

Auch muß ich bemerken, daß ich bereits, eh Kerners Buch in meinem Hause war, während eines ganz gleichgültigen Traums durch die grauenhafte Empfindung geweckt wurde, als legte sich ein fremder, harter Körper in meine Hüfte auf die bloße Haut. Ich machte damals nichts weiter daraus und war geneigt, es etwa einem Krampfe zuzuschreiben, woran ich freilich sonst nicht litt.

Indes hat mir ein hiesiger Bürger, der ehrliche Balthaser Hermann, etwas ganz Ähnliches erzählt, das ihm vor Jahren im Haus widerfuhr. Herr Pfarrer Hochstetter ließ nämlich, sooft er mit seiner Familie auf mehrere Tage verreiste, diesen Mann, der ebenso unerschrocken als rechtschaffen ist, des Nachts im Hause liegen, damit es etwa gegen Einbruch usw. geschützt sein möge, und zwar quartierte er den Mann in jenes Zimmer auf der Gartenseite, worin nachher mein Bruder so vielfach beunruhigt wurde. Einst nun, da Hermann ganz allein im wohlverschlossenen Hause lag (die Magd schlief bei Bekannten im Dorfe) und sich nur eben zu Bett gelegt hatte, fühlte er, vollkommen wach wie er noch war, mit *einem* Male eine gewaltsame Berührung an der linken Seite auf der bloßen Haut, als wäre ihm ein fremder Gegenstand, „so rauh wie Baumrinde", rasch unter das Hemde gefahren, wie um ihn um den Leib zu packen. Die Empfindung war schmerzhaft, er fuhr auf und spürte nichts mehr. Die Sache wiederholte sich nach wenigen Minuten, er stand auf und ging, ich weiß nicht mehr in welcher Absicht, auf kurze Zeit nach Haus, kam wieder und blieb ungestört für diese Nacht.

Inzwischen haben auch die Meinigen mehr oder weniger Auffallendes gehört. Ich kann vorderhand nichts tun, als mir den Kopf frei halten; auch hat es damit keine Not, bei Tage müssen wir uns Gewalt antun, um uns nicht lustig darüber zu machen, bei Nacht gibt sich der Ernst von selbst.

Vom 2.–6. September. Die Geisterindizien dauern fort, und zwar jetzt in verstärktem Grade. Am 2. dieses Monats nach dem Abendessen zwischen 9 und 10 Uhr, als eben die Mutter durch den Hausöhrn ging, vernahm sie ein dumpfes, starkes Klopfen an der hintern Haustür, die auf ebenem Boden in den Garten hinausführt. Ihr erster Gedanke war, es verlange noch jemand herein; nur war das Klopfen von einem durchdringenden Seufzer gefolgt, der sogleich eine schauderhafte Idee erweckte. Man riegelte unverzüglich auf und sah im Garten nach, ohne irgendeine menschliche Spur zu entdecken. Auch Karl (mein älterer Bruder) dessen Zimmer zunächst an jener Tür ist, sowie Clärchen (meine Schwester) und die Magd hatten das Klopfen gehört. Meine Mutter, von jeher etwas ungläubig in derlei Dingen und bisher immer bemüht, sie uns auszureden, bekennt sich zum ersten Male offen zu der Überzeugung, daß es nicht geheuer um uns her zugehe.

Am 4. September, vor 10 Uhr abends, da wir schon alle uns niedergelegt hatten, kam Karl in meine Schlafstube hereingestürzt und sagte: er sei durch einen fürchterlichen Knall, ähnlich dem eines Pistolenschusses, der innerhalb seines Zimmers geschehen, erweckt worden. Wir untersuchten augenblicklich alles, doch ohne den mindesten Erfolg. K. behauptet, ohne alle besorgliche Gedanken sich zu Bette begeben zu haben und will auf keine Weise meine natürlichen Erklärungsgründe gelten lassen, die ich von der eigentümlichen Reizbarkeit des Organismus beim Übergang vom Wachen zum Schlafe hernahm, sowie daher, daß wir übrigen, Wachenden nichts hörten, ungeachtet K.s Stube nur wenige Schritte von uns liegt.

Anderer kleiner Störungen, die mir gleichwohl ebenso unerklärbar sind, gedenke ich hier nur mit wenigem. So hörte ich in den verflossenen Nächten oft eine ganz unnachahmliche Berührung meiner Fensterscheiben bei geschlossenen Laden, ein sanftes, doch mächtiges Andrängen an die Laden von außen, mit einem gewissen Sausen in der Luft verbunden, während die übrige, äußere Luft vollkommen regungslos war; ferner schon mehrmals dumpfe Schütterungen auf dem obern Boden, als ginge dort jemand, oder als würde ein schwerer Kasten gerückt.

Am 6. September. Abends gegen 9 Uhr begegnete Karl Folgendes. Er war, um zu Bette zu gehen, kaum in sein Schlafzimmer getreten, hatte sein Licht auf den Tisch gesetzt und stand ruhig, da sah er einen runden Schatten von der Größe eines Tellers die weiße Wand entlang auf dem Boden, gleichsam kugelnd, ungefähr vier bis fünf Schritte lang hinschweben und in der Ecke verschwinden. Der Schatten konnte, wie ich mir umständlich dartun ließ, schlechterdings nicht durch die Bewegung eines Lichts und dergleichen entstanden sein. Auch von außen konnte kein fremder Lichtschein kommen, und selbst diese Möglichkeit vorausgesetzt, so hätte dadurch jene Wirkung nicht hervorgebracht werden können.

In der Nacht, vom Sonntag auf den Montag, 14.–15. September, herrschte eine ungewöhnliche Stille im Hause. Dagegen fingen am Montag abend die Unruhen schon um 9 Uhr an. Als ich mich mit Karl ohne Licht in den Hausgang stellte um zu lauschen, vernahmen wir bald da, bald dort seltsame Laute und Bewegungen, namentlich einmal ganz dicht neben uns an der Wand ein sehr bestimmtes Klopfen, recht als geschähe es, unsere Neugierde zu necken. Um 4 Uhr des Morgens aber, da es noch ganz dunkel war und ich hell wachend im Bette lag, geschahen (wie mir vorkam auf dem obern Boden) zwei bis drei dumpfe Stöße. Während ich weiter aufhorchte und im stillen wünschte, daß auch mein Bruder dies gehört haben möchte, kam dieser bereits herbeigelaufen, und erzählte mir das gleiche.

Dienstag, *den 16. September,* abends 10 Uhr, ich war kaum eingeschlafen, weckte mich Clärchen mit der Nachricht, daß, während sie noch eben am Bette der Mutter gesessen und ihr vorgelesen, sie beide durch einen dumpfen, starken Schlag auf dem oberen Boden schreckhaft unterbrochen worden seien.

In derselben Nacht erfuhr Karl Folgendes, was ich mit seinen eigenen Worten hersetze. Er schrieb das Ereignis auf meine Bitte mit größter Genauigkeit auf.

„Mein Schlafzimmer hat zwei Fenster und jedes Fenster zwei Laden von dickem Holze, ohne andere Öffnungen, als welche altershalber durch Ritzen usw. in denselben entstanden aber unbedeutend sind. Von diesen Laden waren in der Nacht von gestern auf heute drei verschlossen; nur einer, derjenige, welcher meinem Bette am nächsten ist, war offen. Durch dieses halbe Fenster und dessen halbdurchsichtigen Vorhang schien der Vollmond hell in das Zimmer und bildete an der Wand rechts neben meinem Bette, wie natürlich, ein erleuchtetes, länglichtes Viereck. Es war etwa um halb 4 Uhr morgens, als ich aufwachte. Nun bemerkte ich außer jenem Viereck auf einer andern Seite und mir ungefähr gegenüber, ganz oben, wo die Wand und die Decke zusammenstoßen, einen hellen runden Schein, im Durchmesser von ungefähr $1/4$ Fuß. Es schien ein Licht zu sein wie Mondlicht; ich hielt es auch anfangs dafür, wiewohl es mir etwas sonderbar deuchte, so hoch oben und so isoliert einen Schein zu sehen. Ich schaute nun zu dem offenen Laden hinaus und überzeugte mich, daß dieser Schimmer weder vom Monde, noch von einem Kerzenlicht in der Nachbarschaft herrühre. Dann legte ich mich wieder und dachte über diese außerordentliche Erscheinung nach. Aber während ich starr meinen Blick darauf heftete, verschwand sie ziemlich schnell vor meinen Augen. Dies fiel mir noch mehr auf und ich machte mir noch immer Gedanken darüber, als die Stille, die tiefe Stille, die sonst herrschte, unterbrochen wurde und ich ein leises Geräusch hörte, als wenn sich jemand auf *Socken* von der östlichen Seite des Ganges her der Türe meines Schlafzimmers näherte, und gleich darauf entstand außen an der Türe ein starkes Gepolter, als stieße ein schwerer Körper heftig gegen dieselbe, sie wurde zugleich mit Gewalt einwärts gedrückt. Es war kein einfacher Schall, denn es schien, als wenn verschiedene Teile dieses Körpers schnell aufeinander an die Türe anprallten. Ich erschrak tief in die Seele hinein und wußte anfangs nicht, ob ich Lärm machen, läuten oder fliehen sollte. Letzteres wollte ich sogleich nicht, weil ich im ersten Schrecken fürchtete, auf die unbekannte Ursache jenes Gepolters zu stoßen, ich entschloß mich nun, ein Licht zu machen. Bevor ich aber dieses tat, geschah noch Folgendes. Bald nachdem das Getöse schwieg und wieder die vorige Stille herrschte, erschien der nämliche runde Schein an der nämlichen Stelle wieder, blieb einige Zeit und verschwand dann vor meinen Augen.

Während dieser Zeit blieb der Laden, der Vorhang und der natürliche Mondschein rechts an der Wand unverändert.

Mit dem angezündeten Licht ging ich sofort in den Hausgang, als ich aber in diesem nichts Besonderes entdeckte und noch überdies den Hund in den vorderen Zimmern eingesperrt und ruhig fand, überzeugte ich mich, daß hier ein Spukgeist sein Wesen trieb.

Heute nun, über Tag, überzeugte man sich auch durch wiederholte, fast zwei Stunden lang fortgesetzte Versuche mit sämtlichen spiegelnden und glänzenden Gegenständen des Zimmers und mit Berücksichtigung aller möglichen Standpunkte des Mondes, daß der sonderbare Schein an der höchsten Höhe des Zimmers auch nicht durch Spiegelung hervorgebracht werden konnte, sowie auch aus der Stellung der Nachbarhäuser und andern Umständen leicht ersichtlich war, daß von dort kein Strahl eines Kerzenlichts an die gedachte Stelle gelangen konnte."

So weit die Angabe meines Bruders. Noch ist aber von dieser unruhigen Nacht das Auffallendste zu bemerken übrig. Meine Mutter erzählte, sie habe zwischen 10 und 11 Uhr ganz ruhig, wachend im Bette gelegen, als sie an ihrem Kissen auf einmal eine besondere Bewegung verspürt. Das Kissen sei wie von einer untergeschobenen Hand ganz sachte gelüpft worden. Sie selbst habe mit dem Rücken etwas mehr seitwärts gelegen, sonst hätte sie es wohl mit aufgehoben. Dabei sei es ihr selbst verwunderlich, daß sie weder vor, noch während, noch auch nach diesem Begebnis die mindeste Furcht empfunden.

Vom 9.—15. Oktober (in welcher Zeit ich den Besuch meines Freundes M. hatte). Seit kurzem regt sich das unheimliche Wesen aufs neue, und zwar stark genug. Eine auffallende Erscheinung wurde auch dem Freunde zuteil. Nicht lange nach Mitternacht, d. h. immerhin mehrere Stunden bevor an ein Grauen des Tages oder an eine Morgenröte zu denken war, sah er in dem Fenster, das seinem Bette gegenübersteht, eine *purpurrote Helle* sich verbreiten, welche allmählig wieder verschwand, kurz nachher aufs neue entstand und so lange anhielt, daß M. sich vollkommen versichern konnte, es liege hier keine Augentäuschung zugrunde.

Die Geltung dieses Phänomens bestätigte sich in einer der folgenden Nächte durch meine Mutter, die denselben Schein in ihrem Schlafzimmer an der ihrem Bette gegenüber stehenden Wand erblickte. Sogar Clärchen, von der Mutter darauf aufmerksam gemacht, sah ihn noch im Verschwinden.

16. Oktober. Heute nacht abermals Unruhen im Haus. Ein starkes Klopfen auf dem obern Boden. Dann war es auch einmal, als würden Ziegelplatten vom Dach in den Hof auf Bretter geworfen. Es ging jedoch kein Wind die ganze Nacht und morgens konnten wir keine Spur von jenem Wurfe finden.

25. Oktober. In einer der letzten Nächte sah Karl gerade über dem Fuße seines Bettes eine feurige Erscheinung, eben als beschriebe eine unsichtbare Hand mit weißglühender Kohle oder mit glühender Fingerspitze einen Zickzack mit langen Horizontalstrichen in der Luft. Der Schein sei ziemlich matt gewesen. Hierauf habe sich ein eigentümliches Schnarren vernehmen lassen.

In der Nacht *vom 7. auf den 8. November,* sah meine Mutter einen länglichten, etwa drei Spannen breiten, hellweißen Schein in der Ecke ihres Schlafzimmers, ziemlich hoch überm Boden und bis an die Zimmerdecke reichend, zu einer Zeit, wo der Mond längst nicht mehr am Himmel stand.

13. November. In der Nacht, etwa zwischen 1 und 2 Uhr erwachte meine Schwester, wie sie sagt, ganz wohlgemut, und setzte sich, um eine Traube zu essen, aufrecht im Bette. Vor ihr, auf der Bettdecke, saß ihr kleines, weißes Kätzchen und schnurrte behaglich. Es war durchs Mondlicht hell genug im Zimmer, um alles genau zu erkennen. Clärchen war noch mit ihrer Traube beschäftigt, als sie, mit völligem Gleichmut, ein vierfüßiges Tier von der Gestalt eines Hundes durch die offne Tür des Nebenzimmers herein und hart an ihrem Bette vorüberkommen sah, wobei sie jeden Fußtritt hörte. Sie denkt nicht anders als: es ist Joli, und sieht ihm nach, ob er wohl wieder, seiner Gewohnheit nach, sich unter das gegenüberstehende Bett meiner Mutter legen werde. Sie sah dies aber schon nicht mehr, weil er unter dem zunächst stehenden Sessel ihr aus dem Gesicht kommen mußte. Den andern Morgen ist davon die Rede, ob denn auch der Hund, den mein Bruder abends zuvor beim Heimgehen von dem $1^{1}/_{2}$

Stunden von hier entfernten Eberstadt, ganz in der Nähe dieses Dorfs verloren hatte, nun wohl nach Haus gekommen sei? Clärchen, welche nichts von seinem Abhandenkommen gewußt, stutzt nun auf einmal, fragt und erfährt, daß man im Begriffe sei den Hund im Pfarrhaus zu Eberstadt abholen zu lassen, wo Karl gestern gewesen und man das Tier vermutlich über Nacht behalten haben werde. So war es auch wirklich; ein Bote brachte es am Strick geführt.

Soviel aus dem Diarium, das hie und da von mir ergänzt wurde. Im folgenden Jahr bricht es ab, weil ich schwer und auf lange erkrankte.

Schlimmer als im Jahr 1834 ist auch das Spukwesen nachher und bis auf die jetzige Zeit niemals geworden; vielmehr hat es sich inzwischen seltener, obwohl nicht weniger charakteristisch geäußert. Merkwürdig ist, daß es sich meist gegen den Herbst und im Winter vermehrt, im Frühling und die Sommermonate hindurch auch wohl schon ganz ausblieb. Der Zeitpunkt morgens früh 4 Uhr ist, nach meinen Beobachtungen, vorzugsweise spukhaft. Sehr häufig endigen auch die nächtlichen Störungen um diese Zeit mit merklichem Nachdruck.

Eine Erfahrung aus neuerer Zeit, welche mein gegenwärtiger Amtsgehülfe, Herr Sattler, in dem mehrerwähnten Zimmer auf der Gartenseite machte, soll hier mit seinen eignen Worten stehn.

„Ich war am 29. November 1840, abends um 8½ Uhr zu Bette gegangen und hatte sogleich das Licht gelöscht. Ich saß nun etwa ½ Stunde noch aufrecht im Bette, indem ich meine Gedanken mit einem, mir höchst wichtigen Gegenstande beschäftigte, der meine ganze Aufmerksamkeit so sehr in Anspruch nahm, daß er keiner Nebenempfindung Raum gab. Weder den Tag über, noch besonders solange ich im Bette war, hatte ich auch nur im entferntesten an Geisterspuk gedacht. Plötzlich, wie mit einem Zauberschlage, ergriff mich ein Gefühl der Unheimlichkeit, und wie von unsichtbarer Macht war ich innerlich gezwungen, mich umzudrehen, weil ich etwas an der Wand zu Haupte meines Bettes sehen müsse. Ich sah zurück und erblickte an der Wand (welche massiv von Stein und gegipst ist), in gleicher Höhe mit meinem Kopfe, zwei Flämmchen, ungefähr in der Gestalt einer mittleren Hand, ebenso groß, nur nicht ganz so breit, und oben spitz zulaufend. Sie schienen an ihrem unteren Ende aus der Wand herauszubrennen, flackerten an der Wand hin und her, im Umkreis von etwa 2 Schuh. Es waren aber nicht sowohl brennende Flämmchen als vielmehr erleuchtete Dunstwölkchen von rötlich blassem Schimmer. Sowie ich sie erblickte, verschwand alles Gefühl der Bangigkeit, und mit wahrem Wohlbehagen und Freude betrachtete ich die Lichter eine Zeitlang. ‚Ob sie doch wohl brennen?' dachte ich, und streckte meine Hand nach ihnen aus. Allein das eine Flämmchen, das ich berührte, verschwand mir unter der Hand und brannte plötzlich daneben; drei-, viermal wiederholte ich den nämlichen Versuch, immer vergeblich. Das berührte Flämmchen erlosch jedesmal nicht allmählich und loderte ebenso wieder nicht allmählich sich vergrößernd am andern Orte auf, sondern in seiner vollen Gestalt verschwand es und in seiner vollen Gestalt erschien es wieder daneben. Die zwei Flämmchen spielten hie und da ineinander über, so daß sie eine größere Flamme bildeten, gingen aber dann immer bald wieder auseinander. So betrachtete ich die Flämmchen vier bis fünf Minuten lang, ohne eine Abnahme des Lichts an ihnen zu bemerken, wohl aber kleine Biegungen und Veränderungen in der Gestalt.

Ich stand auf, kleidete mich an, ging zur Stube hinaus (wo ich in der Türe noch die Lichter erblickte) und bat den Herrn Pfarrer, der im vorderen Zimmer allein noch auf war, zu mir herüberzukommen und die Erscheinung mit anzusehen. Allein wie wir kamen, war sie verschwunden, und obgleich wir wohl noch eine halbe Stunde lang mit gespannter Aufmerksamkeit achtgaben, zeigte sich doch nichts mehr. Ich schlug nun ein Licht, allein mit diesem konnte ich sowenig als morgens darauf am hellen Tage auch nur die geringste Spur an der, auch ganz trockenen, Wand wahrnehmen. Die vom Herrn Pfarrer aufgeworfene Frage, ob in den vorhergehenden Tagen oder Wochen nicht etwa ein phosphorisches Schwefelholz an jener Wand möchte gestrichen worden sein, mußte ich mit Bestimmtheit verneinen. Zu allem Überflusse machten wir indes ausführliche Versuche mit Zündhölzchen, davon das Resultat jedoch ein von meiner Beobachtung sehr verschiedenes war."

Als ziemlich gewöhnliche Wahrnehmungen im Hause, die teilweise eben gegenwärtig wieder an der Reihe sind, muß ich in der Kürze noch anführen: Ein sehr deutliches Atmen und Schnaufen in irgendeinem Winkel des Zimmers, zuweilen dicht am Bette der Personen. Ein Tappen und Schlurfen durchs Haus, verschiedene Metalltöne: als ob man eine nicht sehr straff gespannte Stahlsaite durch ein spitzes Instrument zum Klingen oder Klirren brächte; als ob ein Stückchen Eisen, etwa ein Feuerstahl, etwas unsanft auf den Ofen gelegt würde. Ferner Töne, als führte jemand zwei bis drei heftige Streiche mit einer dünnen Gerte auf den Tisch; auch ein gewisses Schnellen in der Luft, dann Töne, wie wenn ein dünnes Reis zerbrochen, oder besser, ein seidner Faden entzweigerissen würde. (So unterhielt ich mich eines Abends bei Licht und bei der tiefsten Stille mit einem meiner Hausgenossen allein in jenem Gartenzimmer, als dieser Ton in einer Pause des Gesprächs zwischen unsern beiden Köpfen mit solcher Deutlichkeit sich hören ließ, daß wir zugleich uns lächelnd ansahen.)

Zum erstenmal, wie man hier sagt, wurde der Spuk im Pfarrhaus unter dem Herrn Pfarrer Leyrer (1811—1818) ruchtbar. Am lebhaftesten war er unter Herrn Pfarrer Hochstetter (1818—1825), der mir die auffallendsten Dinge erzählt hat; auch nachher, noch zur Zeit des Herrn Pfarrer Rheinwald, war er um vieles stärker als bei mir.

Ich schließe mit der Versicherung, daß ich bei allen diesen Notizen ein jedes meiner Worte auf das gewissenhafteste abwog, um nirgend zuviel noch zuwenig zu sagen, und alle Zweideutigkeit zu vermeiden, besonders auch, daß ich, was die Angaben anderer betrifft, an der Wahrheitsliebe und Urteilsfähigkeit der angeführten Hausgenossen nicht im geringsten zu zweifeln Ursache habe.

Cleversulzbach, im Januar 1841.

Eduard Mörike, Pfarrer.

NACHTRÄGE ZU SCHILLERS SÄMTLICHEN WERKEN

II. Familienbriefe

Über einige in diesen Briefen vorkommende persönliche Verhältnisse haben wir nur weniges nicht allgemein Bekannte voranzuschicken.

Nach dem Tode ihres Gatten, Johann Caspar Schillers, herzoglich württembergischen Hauptmanns auf dem Schlosse Solitude, wohnte die Mutter unsers Dichters kurze Zeit in dem benachbarten Städtchen Leonberg, und zog hierauf zu ihrer, an den Pfarrer Franckh verheirateten Tochter Louise nach Cleversulzbach, einem Dorfe bei Heilbronn, wo sie, laut der hiesigen öffentlichen Bücher, am 29. April 1802, im neunundsechzigsten Lebensjahre starb. Sie ruht auf dem hiesigen Begräbnisplatz; ein Baum und ein schmuckloses steinernes Kreuz bezeichnet die Stätte. Ältere Bewohner des Dorfes erinnern sich ihrer noch als einer lebhaften, muntern, leutseligen Frau.

Die älteste Tochter, Christophine, Witwe des Sachsen-Meiningenschen Hofrats Reinwald, eine ehrwürdige Matrone von achtzig Jahren und darüber, gesund und immer regen Geistes, lebt zu Meiningen.

Die jüngste, Nanette, durch innere Vorzüge, sowie durch jungfräuliche Schönheit ausgezeichnet, starb schon im achtzehnten Jahre.

Louisens letzter Aufenthalt war zu Möckmühl, woselbst ihr Gatte, als erster Geistlicher des Orts, ihr im Tode voranging. Die gegenwärtigen Briefe befanden sich in ihrem Nachlaß. Von ihr immer als Heiligtum bewahrt, in welches kaum den nächsten Angehörigen ein Blick erlaubt wurde, vererbten sich dieselben an ihren Schwiegersohn, Hrn. Kaufmann Kühner in Möckmühl, der sie in amtlich beglaubigter Abschrift nunmehr erstmals der Verlagshandlung käuflich überließ und zum Druck mitteilte. Der Zufall wollte es, daß wir, nachdem die Herausgabe nur gestern erst beschlossen worden, heute, als an dem Tag, der, wie man finden wird, dem Dichter doppelt bedeutsam wurde, die Blätter mit diesen Zeilen von hier aus begleiten sollten. Gewiß wird die kleine Sammlung das Ihrige dazu beitragen, daß der Mann, dessen erhabene Gestalt, durch Künstlerhand erschaffen, eben jetzt der Welt für alle Zeiten vor Augen gestellt wird, zugleich als echter Mensch, treuherzig, fromm, in schlichter Liebenswürdigkeit uns nahe rückte.

Cleversulzbach, den 29. April 1839.

M.

GEDICHTE VON WILHELM WAIBLINGER

Vorwort

In Waiblingers kleinern Gedichten zeigt sich unstreitig diejenige Seite seiner Poesie, die er am reinsten ausgebildet hat. Gleichwohl ist nichts gewisser, als daß der Verfasser sie bei einer spätern Sammlung einer strengen Auswahl unterworfen und vielfach verbessert haben würde. Ein frühzeitiger Tod hat ihm dies aber nicht erlaubt*. Daher als es sich neuerdings um eine von seinen übrigen Schriften abgesonderte Ausgabe des lyrischen und epigrammatischen Teils handelte, lag der Gedanke nicht zu fern, es möchte einer seiner Freunde, welcher mit seiner Art und Weise hinlänglich vertraut wäre, diese Mühe übernehmen, und der Herausgeber hat sich einer solchen Pflicht nicht entziehen zu dürfen geglaubt. Eine Erklärung, wie er hiebei zu Werk gegangen und insbesondere, welche Grenzen er sich dabei gesetzt, wird wohl, da sämtliche Gedichte, schon früher gedruckt und gesammelt, zur Vergleichung mit ihrer gegenwärtigen Gestalt vorliegen, ihm erlassen sein; es mag genügen, einige Stücke, an denen er geändert hat, in dem Inhaltsverzeichnis bemerklich gemacht zu haben. Sie sind mit * bezeichnet. Erwähnt kann hier noch werden, daß man, eine gewisse Monotonie und Wiederholung, zumal in Gemälden landschaftlicher Natur, zu vermeiden, auch einzelne an sich noch ganz annehmliche Stücke, weggelassen hat, und ebenso mehreres andere, nicht Ungefällige, was sich jedoch als Nachahmung allzu deutlich zu erkennen gab.

In sittlichem Betracht anstößig könnten einige Stellen des satirischen Teils nur durch Mißverstand gefunden werden, und es verlohnt sich nicht, ein Wort darüber zu verlieren.

Die Anmerkungen des Verf. am Schlusse des Bändchens sind nur mit wenigem vervollständigt worden.

M.

* Wilh. Friedr. W., geb. zu Heilbronn in Württemberg am 21. Nov. 1804, starb zu Rom nach kaum zurückgelegtem 26. Lebensjahre, am 17. Jan. 1830.

WILHELM WAIBLINGER

*Geboren zu Heilbronn in Württemberg den 21.November 1804.
Gestorben zu Rom den 17. Januar 1830*

Es liegen die „Gesammelten Werke" Waiblingers samt dessen Leben, von H. v. Canitz beschrieben, neun Bände, Hamburg bei G. Heubel 1842, und, ganz unabhängig von dieser Ausgabe, die „Gedichte", herausgegeben von Eduard Mörike, aus demselben Verlag, Hamburg 1844, vor uns. Den letzteren gilt gegenwärtige Betrachtung vorzugsweise, indem wir uns zum Schluß ein Wort auch über jene, schon früher anderwärts besprochene Gesamtausgabe vorbehalten, aus deren 5. und 7. Bande hauptsächlich die besondere Sammlung der Gedichte durch Mörikes Redaktion hervorgegangen ist. Wir unternehmen diese Anzeige dem Wunsche des Herausgebers zufolge, und müssen hier zuvörderst die Bemerkung vorausschicken daß, nachdem er seine uns brieflich mitgeteilte Ansicht über Waiblinger und die von ihm erreichte Kunsthöhe, nebst mancherlei Belegen, uns zu beliebigem Gebrauch freigestellt, wir für das beste hielten diese Äußerungen meist wörtlich für unsere Darstellung zu benutzen, und daß somit das Publikum in allem was in dieser Hinsicht Wesentliches vorgebracht wird, das Urteil des Herausgebers erhält, das Referent indessen mit vollkommener Überzeugung gern vertritt. So wie diese Gedichte in der Gesamtausgabe erstmals im Jahre 1839 von ungeschickter Hand mit allem Schutt und Grus zusammengepackt wurden, und selbst wie sie nach mancher lobenswerten Ausscheidung noch jetzt dort stehen, sind sie als bloße Vorratsmasse der Auswahl und Bearbeitung in hohem Grade bedürftig zu betrachten; allein nunmehr diese vollzogen ist, sind sie nicht nur für die Kritik unentbehrlich, sondern ihre Vergleichung ist auch für jeden gebildeten Leser von Interesse, vornehmlich aber für angehende Dichter belehrend.

Mörike hat sich, wie man im voraus glauben wird, auch wenn wir es nicht mit Bestimmtheit aus erster Quelle versichern könnten, nicht weniger um dieser Poesien selber willen, die er für würdig hielt der deutschen Literatur erhalten zu bleiben, als aus wahrhafter Pietät zu Ehren eines mitunter ungerecht und lieblos beurteilten Freundes, einem so schwierigen Geschäfte unterzogen.

Man kann von Waiblingers großem Talent, seinen Vorzügen und Fehlern unmöglich reden, ohne dasjenige was ihm im tieferen Zusammenhange des Menschen mit dem Dichter mangelte, wo nicht ausführlich zu besprechen, doch immer zu berühren. Seit seinen akademischen Jahren, mit deren Ende (1826) er das Vaterland verließ, war er und seine fernere geistige Entwicklung, soweit sie nicht aus seinen Schriften hervorgeht, seinem alten Tübinger Freundeskreise, zu welchem im entfernteren Sinne auch Referent gehörte, fast ganz aus den Augen gerückt. Uns allen ohne Ausnahme gab in jener Zeit sein Streben zu großer Sorge und Mißtrauen Anlaß. Sollen wir den Grund so kurz wie möglich mit einem allgemeinen Ausdruck bezeichnen, so war es in Beziehung auf die ganze Art wie er Gott und die Welt, den Menschen, die Geschichte, die allernächsten Verhältnisse zu betrachten pflegte, ein gewisser Mangel an treuem, schlichtem und zugleich selbständigem Wahrheitssinn, womit z. B. im Poetischen die Neigung zu äußerlicher Auffassung, insonderheit des überall zuerst von ihm gesuchten Grandiosen, und mehreres zusammenhängt. Faßte ja damals Waiblinger sein eigenes Wesen in einem falschen Spiegel auf, unter unklaren Begriffen von Größe, Schicksal, Schuld die keiner Reue bedarf, von Unglück welchem nur der Trotz gebühre: daher allein auch die beinahe gewaltsame Selbsttäuschung rührt, worin er sich über den eigentlichen Grund der Entfremdung seiner Freunde noch häufig in den Gedichten erhält. Bei seinem Abschiede von Deutschland, beim Antritt einer neuen Epoche kam alles darauf an daß er die alte rein abschließe, die herben Schmerzmaterien der Vergangenheit entweder ganz ausstoße oder sie aus der Ferne mit mehrerer Freiheit über sich selbst auf künstlerischem Wege überwinde; daß er dasjenige was an seiner philosophischen Weltanschauung noch Rohes, Loses, Unberechtigtes und vorschnell Angemaßtes war, kultiviere, berichtige, daß sie, indem sich alles Selbstgefällige freiwillig niederschlug, sich mit der lebendigsten Wahrheit erfülle, den ungeahnten Keim eines unendlichen Wachstums in sich tragend. Von hier aus aber dann, bei einem so reichen Talent, welch eine Aussicht auf die poetische Ernte!

Allein unter seinen Umständen war Italien und (wie er wollte, später) Griechenland ein gefährlicher Boden. Diese Herrlichkeit kam noch zu früh für ihn. Seine Irrtümer flossen mit diesen Wundern vielfältig zusammen. Er nahm sich einseitigen Trost in Fülle aus ihnen und ward durch sie nicht sowohl über sich selbst hinausgehoben, als daß er sich vielmehr in dem Seinigen bestätigt fand, den Zweifeln seiner vermeintlichen „Feinde" in der bescheidenen Heimat gegenüber nun mächtiger als je. Dies war wenigstens längere Zeit der Fall. So konnte er sich anfänglich nur langsam vorwärtsbringen. Wie weit er dessenungeachtet und trotz so mancher anderen Hindernisse innerlich mit Lösung jener Aufgabe gekommen, bevor ein frühzeitiger Tod sie abgeschnitten, getrauen wir uns hier mit Sicherheit nicht zu bestimmen. Auf alle Fälle finden wir in seinen Gedichten überraschende und rührende Spuren einer getreueren, einfacheren Selbstanschauung, wenn sie sich auch meist nur in allgemeineren und darum weniger beweisenden Ausdrücken verrät. In den Liedern aus Capri (1829) liest man das Bekenntnis: — — „Ich muß die Zeit verfluchen, Da ich gelernt des Lebens Geist und Würde In Freiheit ohne Schrank' und Maß zu suchen." Und „Den Glücklichen ist alle Ruh beschieden, Ich aber jage nur nach eitlem Ruhme, So sah denn auch noch keiner mich zufrieden." — Und dann liegt es in der Natur der Poesie, daß das Subjekt des Dichters in ihr um vieles mehr gereinigt, rund und ganz erscheint, daß es hierin sogar sich wirklich voraneilt und selber übertrifft. Was aber gleichwohl innerhalb unserer Auswahl sich infolge gedachter subjektiver Mißverhältnisse und jugendlicher Unreife als ästhetische Störung da und dort bemerklich machte, trat teils nicht grell hervor, teils war es ohne irgendein Unrecht, sowie ohne Nachteil zu mildern oder ganz zu entfernen.

Waiblinger bewegt sich in diesen Gedichten, dem Schauplatz gemäß auf dem ihre Mehrzahl entstand, mit dessen Geiste der Verfasser schon auf den Schulen seiner Heimat leidenschaftlich sympathisierte, zumeist in der klassischen Richtung, und zwar in der Art wie sich solche unter andern vorzüglich durch Hölderlin mit dem Gemüt der deutschen Dichtung vereinigt. Die tiefe elegische Schönheit des letzteren, seine krankhafte, man darf es wohl sagen, schon sehr frühzeitig beinahe zur fixen Idee gewordene Sehnsucht nach dem Griechentum hatte den mächtigsten Einfluß auf Waiblingers Lyrik; Platen, welchem er in Rom persönlich befreundet war, wirkte mit ein; an Goethe erinnern die elegisch-epigrammatischen Stücke von Neapel (leichte, jedoch lebhafte, mit Zwischenblicken auf sich selbst durchsetzte Schilderungen, die mit dem markigen Gehalt der Goetheschen Früchte aus Venedig und Rom nicht verglichen werden wollen). Es finden sich zwar außer den im antiken Gewand auftretenden Stücken auch viele gereimte; sie sind jedoch mit wenigen Ausnahmen alle durch ihre stofflichen Ingredienzien mehr oder weniger von jenem Element durchdrungen und tingiert, und wenn auch manche andere, uns näher verwandte Töne nicht fehlen, so würden wir einen spezifisch deutschen Charakter doch überall vergeblich suchen. Man hätte aber gröblich unrecht, wollte man hieraus nur ungünstige Schlüsse ziehen und etwa die Erscheinung gern aus einem vornehmen Kitzel erklären. Etwas hellenistische Hoffart ist, ehrlich gestanden, bereits bei unserem erwähnten herrlichen Landsmann Hölderlin sichtbar, noch mehr Derartiges vielleicht bei Waiblinger, dessenungeachtet aber liegt bei dem einen wie bei dem andern ein echter Enthusiasmus und die natürliche Verwandtschaft zugrunde. Übrigens gibt was wir von Waiblinger besitzen, keinen vollkommenen Maßstab für den faktischen Umfang seiner Lyrik. Referent muß hier einer früheren ziemlich starken Sammlung die in den letzten Tübinger Jahren entstand und, während Waiblinger schon auf der Reise war, auf die elendeste Weise verschleudert worden ist, erwähnen. Sie war nach Stoff und Form sehr verschiedenartig ausgestattet, und wir erinnern uns mehrerer Stücke die unserer Sammlung zu vorzüglichem Schmucke gereicht haben würden, d. h. auch dort war bereits Romantisches, Ballade etc. völlig ausgeschlossen, hingegen das naive Lied weit mehr als gegenwärtig, da es gänzlich fehlt, repräsentiert.

Wenn unser Dichter nun das Altertum und seine großen Denkmäler, mitten im unvergänglichen Reiz jener Gegenden, immer aufs neue staunend und entzückt, meistens in schwermütiger Stimmung feiert, sich über seine persönlichen Verluste schmerzhaft, oft bitter, aber nicht ohne männlichen Halt vielfach ergießt; dann wiederum, wenn er von der bunten Gegenwart italienischen Volkslebens angezogen, dies tägliche Treiben, Feste und Spiele, Straßen, Markt und Seeplätze in kleinen Bildern vorführt; wenn seine Betrachtung endlich bei einzelnen Kunstwerken alter und neuer Zeit, zuletzt in Scherz und Spott bei einigen Schwächen der heutigen römischen Kunstwelt und manchem Besucher verweilt — was sind die allgemeinen Merkmale, wodurch sich der Verfasser zu seinem Ruhme charakterisiert? Mit Freuden sprechen wir es aus: Geist, hohe Leidenschaft, Wahrheit bei allem Glanz der Darstellung, ungemeines Talent für malerische Totalität in rasch entworfenen Schilderungen, und alles das den Adel und die Anmut der antiken Form, wie jeder andern, leicht und natürlich an sich nehmend; jener Wohllaut welcher, zunächst als unmittelbare Äußerung der schönbewegten Seele, die einzelnen Verletzungen der strengeren prosodischen Gesetze in alten Versarten freilich noch nicht ausschließt. In den Sinngedichten (der letzten Abteilung unseres Bändchens) offenbart sich zum wenigsten ein allgemeines gesundes Kunsturteil, viele Lebhaftigkeit und eine echte satirische Ader. Was Individualität und Eigentümlichkeit dieser Poesien im ganzen betrifft, so wird ein kenntliches Gepräge ihnen sehr schwerlich abzusprechen sein, obschon der Einfluß der klassischen Form sie in dieser Beziehung überhaupt nicht begünstigen konnte. Die Phantasie nach welcher, als einer besonderen Gabe, da wo einmal Schönheit vorhanden ist, eigentlich keine Frage mehr sein sollte, erscheint gemäßigt, angemessen, niemals seltsam noch erzwungen.

Wir teilen hier zuvörderst als Probe in Rücksicht auf Ton, auf Wahrheit und Stärke der Empfindung ein alcäisches Lied, ohne erst lange zu wählen, vollständig mit.

ABSCHIED VON OLEVANO

Leb wohl, du unvergeßliches Felsendorf,
Leb wohl! Mit heiter scherzendem Lied nicht mehr
    Will ich dich preisen, wie's den Kindern,
        Göttern und Glücklichen ist gegeben.

Der leichte Scherz, der flüchtig im Sommertag,
Dem Schmetterling vergleichbar, die Blumen neckt,
    Ist nicht mein Erbteil, anders lenkt' es
        Jener zerstörende Geist, den schauernd

Im Lebenskampf mein glühendes Herz erprüft.
Gefährlich ist's zu spielen; die Nemesis
    Ist eine ernste Macht, die Charis
        Fliehet vor ihr in das Reich der Kindheit.

Was dein Beginnen, armes getäuschtes Herz?
Ziemt es dem Krieger mitten im Graun der Schlacht,
  Dem Schiffer in des Meers Orkanen,
    Bilder der Heimat, der Ruh zu nähren?

Den aus des Paradieses verlorner Lust
Der unversöhnte zürnende Gott gejagt,
  Ziemt's dem die süße Frucht zu wünschen,
    Deren Genuß ihm den Tod bereitet?

Still, Herz, dein wartet Rom! noch empfängt dich heut
Sein uralt Tor, und größerer Herrlichkeit
  Schwermüt'ge Reste wirst du schauen,
    Schäm dich des wen'gen, das du beweinest!

Und dennoch einmal, einmal noch kehrt mein Blick
Sich rückwärts, wo der wallende Nebeldunst
  Und wilde Morgenwolken rötlich
    Mir mein Olevano schon umziehen.

Ist's nicht, als wär's der dampfenden Erd entrückt:
Versteh ich euch, ihr Himmlischen? wie, hinfort
  Wär's nimmer möglich, wär's vorüber,
    Wäre verschwunden für mich auf ewig?*

Und was auch hofft ich glücklich zu sein, und es
Zu bleiben für und für, o verwegener Wahn!
  Mir reifen keine Früchte; Blüten,
    Aber hesperische, sind mein alles.

Ach freilich süß war's, menschlicher Irrtum nur,
Was ich geträumt. Noch tief in der Schattenwelt
  Hofft ja der Tote, seine Qualen
    Gern mit der Freuden Erinnrung nährend.

Nach finstern Tagen bricht aus dem Nachtgewölk
Oft noch ein hold wehmütiges Abendlicht,

---

* Ursprünglich: „Versteh ich dich, o Geist der Natur? Hinfort"
etc. vom Herausgeber billig geändert, da der Naturgeist als bewußter
Schicksalsdämon nicht wohl zu denken, wenigstens hier nicht an der
Stelle ist.

Und mancher schon am Rand des Grabes
  Lächelt und spricht noch vom Glück der Jugend.

O wer nur einmal irrte! Zu schön, zu tief,
Zu wahr ist doch die Täuschung, zu herb, zu leer
  Die Wahrheit, und in Wolk und Nebel
    Bildet den Bogen die sanfte Iris.

Darum ist's dir nicht Schande, mein Dichterherz,
Wenn du dem teuren Felsen, dem gastlichen,
  Und dem noch Teurern, was dir droben
    Atmet, noch einmal voll Liebe zuweinst!

Das sei der Opfer letztes und zärtlichstes,
Hinfort laß ab von Hoffnung, du kennst dein Los;
  Dein Glück, dein kurzes Zauberleben
    Flieht mit dem fliehenden Bild der Berge.

Und Wiedersehn? Sie hofft es, versprach es ja.
Doch ach! sie kennt den glücklichen Träumer nur,
  Kennt den Erwachten nicht; — so lebe
    Wohl, o Geliebte, die Götter geben's!

In Ermanglung des Raumes für mehrere zusammenhängende Mitteilungen fügen wir uns nur ungern dem Gebrauche mit Aushebung weniger abgerissenen Beispiele von neuen, treffenden und starken Bildern oder leuchtenden Gedanken. („An die Berge von Latium.") „Und du, Aricia, Tochter Sikelias, Die du dein wollustschmachtendes Angesicht Mit deiner Haine Zaubernacht der Glühenden Sonne verschämt bedecktest!" etc. („Der Tod.") „Wenn Freunde sich am Halse liegen, Voll Jugend, Seele, Kraft und Mut, Und sich im Lebenskampfe wiegen, Wie Föhren in der Stürme Wut" etc. („An die Berge von Latium.") „Rom, das, einer Milchstraß ähnlich, die farbige Campagna hin sich lagert voll Majestät" etc. (Oden an seinen Freund Eser.) — „Wo einsame Straßen — hier Kuppeln in der Abendröte dort des zertrümmerten Kolosseums In Sonnenflammen atmende Riesenwand Prachtvoll mir zeigen." — „Schon in der Blüte ehrt man die Frucht. Am Grab Achills einst stand der junge Eroberer Und weint'; in einer Träne glänzten Alle Triumphe der künftigen

Hoheit" etc. — „Ach sänft'ge nun, o Rom, dein tyrannisch Herz
Und beuge dich der Zeit. Der gefallene Herrschgier'ge Engel
rang vergebens Einst mit dem Himmel um seine Krone" etc. —
„Der Städte Raffael ist Neapel, Freund" etc. — „Lieder aus
Capri" (wovon Nummer 3 von unserem Louis Hetsch mit jener
unbeschreiblich schönen Melodie beschenkt wurde). Der Dichter
saß im engen Capriboote, nachts von Neapel nach seiner einsamen Insel zurückfahrend, einer schönen Frau gegenüber, die einer
Fischerfamilie angehörte; sie sahen die Lichter des Strandes, das
Ende der Fahrt, schon hörten sie den Ruf des Vaters, der alte
Fischer schließt sie in die Arme: — „Nun gute Nacht! Und meine
Felsenstufen Wandr ich empor mit ungetrübtem Sinne: Zwar
es verliert, wer Kraft hat zu entsagen, Doch leicht ist der Verlust vor dem Gewinne."

Es mögen nun auch einige epigrammatische Proben folgen.

MADONNA DEL GRAN DUCA*

Wie voll Unschuld du bist, du süß jungfräuliches Antlitz,
   So befangen, so sanft, kaum noch der Kindheit entblüht! [du
Schüchtern noch tust du, obwohl schon Mutter geworden, so bist
   Dir's nicht bewußt und weißt selbst noch nicht, wie dir geschah.

MADONNA DI FOLIGNO

In den Himmel erhoben, zur Königin herrlich verkläret,
   Blieb dir das Herz wie es war, aber es wuchs dir der Geist.
Denn man betet dich an, du umgibst dich mit strahlender Hoheit,
   Und der Vater hat dir längst dein Geheimnis enthüllt.

MICHELANGELO BUONAROTTI

I

Nicht wie zu Sanzio geheim in der Stunde der Weihe die Gottheit
   Niederstieg, und sein Herz ruhig im Schaun sich gestillt,

---

* Gemälde Raffaels, im Palast Pitti zu Florenz am Bette des Großherzog befindlich.

Du hast im Rosenduft den schöpfrischen Gott nicht gefunden,
Nur in dem Riesengebäu seiner Planeten erkannt!

2

Dein Gott ist der Verstand; ein anatomischer Newton
Wolltest du Nahrung für ihn, wo sie in Strömen erquillt.
Wie du dem eigenen Herzen Tyrann warst und dem Gemüte
Harter Gebieter, so gibst auch dem Gemüte du nichts.

TIZIANS VENUS

Das ist Venus, die Göttin, die hohe olympische Schönheit?
Nicht die Venus ist das, aber der Venus Geschöpf.

CANOVAS HEBE

Du bist reizend und üppig, ich leugn' es dir nicht, und die Sinne
Fühlen es, schwach ist das Fleisch, ist er auch willig der Geist.
Aber ich sorge denn doch, es ist kein uranischer Nektar,
Ist nichts Göttliches, was du auf der Schale mir beutst.

AN DIE SUPRANATURALISTEN IN DER KUNST, FIESOLANER usw.

16

Maniriert und barock ist Angelos Moses? Wohl etwa
Weil es eben nicht scheint, daß er viel Magre gespeist?

17

Das sind Bäume, so wie sie uns Pinturicchio gemalt hat —
Ja, getrocknet sind die, wie in der Bibel gepreßt.

AN DIE MISSGÜNSTIGEN UNTER DEN KÜNSTLERN

Er ist ein Künstler? — „Ein Maler." — In Rom gewesen? —
„Versteht sich."
Ist es möglich? — „Jawohl, sehen Sie, hier ist mein Paß!"

2
Lorbeer wollt ich von euch? O ihr irrt, denn ihr, meine Freunde,
Seid ja der Feigenbaum, den der Erlöser verflucht.

3
Ihr seid Künstler? Ihr malt und meißelt; doch seid ihr es darum?
Straßenpflaster ist doch immer Mosaik noch nicht.

DEUTSCHER HISTORIENMALER

— — — — — —

Und weil wir unsichtbar Unsichtbares bilden nicht können,
Sei's von der groben Natur wenigstens gänzlich entfernt.
Drum mit wenigem Fleisch und himmlischer Magerkeit kleide
Deine Heiligen, daß fast ihre Seelen man sieht. etc. etc.

Die oben angeführten und soeben bewiesenen Tugenden nun waren freilich und sind natürlicherweise noch jetzt nicht alle durchaus und gleichmäßig herrschend. Sie waren aber überdies durch Flecken mannigfacher Art von Hause aus dermaßen getrübt und verdeckt, daß schon ein liebevolles Auge dazugehörte um sie gerecht zu würdigen. Es fanden sich zähe Partien, wo ein Gedanke, entweder weil er augenblicklich nicht vollkommen reif in sich selber geworden, sich minder kräftig entfaltete oder sonst in der Form verkümmerte; selbst flache, magere und farblose Stellen welche den edeln Fortgang der vollströmenden Empfindung oft sonderbar und auffallend genug unterbrachen; kleine und große Überladungen, Längen, Abschweifungen, Schwulst. Es begegnet Waiblinger leicht daß er zu superlativ wird (wir meinen damit nicht eben die schöne Überschwenglichkeit so mancher Ode), daß er, die der Grazie so eng verwandte Modestia der Alten (im ethischen Sinne) verletzend, den Mund etwas zu weit auftut, und zwar dieses fürs erste vielfach ohne näheren Bezug auf sich selbst, sodann aber entsteht durch einen ungeschickten vorlauten Ausdruck und dergleichen auch wohl der Anschein des persönlich Prahlerischen. Beispiele von beiderlei Art sind: „Röm. Carneval". Gesamtausgabe 7. Band. S. 42—43, welche ganze Schilderung so schließt: — „Alles in Mänadenwut, Saturnalischem Vergnügen" (diese Phrasen wiederholen sich). „Und des eignen Lebens denk ich, da voll frischer Kraft und Seele meiner Jugend Feuerströme so gewaltig in mir rauschten, da sie alle kühn und mutig in bacchantischer Bewegung Schäumend sich hinabgestürzt in den Ozean der Liebe." — „St. Onofrio", Gesamtausg. S. 19, bei der Aussicht auf Rom: „Und ich knie auf die steinerne Bank und hinunter, hinunter Schau ich wie Zeus im Olymp über die Herrliche hin." — „Der Abendstern", Gesamtausgabe S. 9: „Als träumend mit großen Menschen, Großen Freunden das (mein) Auge" etc. und „Vier Elegien", Gesamtausg. S. 75: „ — Lacht' und nannte mich einen finstern Träumer, dem die Stirne zu frühe sich gefaltet." — Im seltensten Fall entschlüpft ihm sogar ein widerlich koketter Zug: „Röm. Carneval", Gesamtausg. S. 35, 40: „Und das Töchterchen der Liebe führt den Sänger leicht und tänzelnd." „Gib die Hand mir, Kind der Liebe." Man wird uns hier nicht mißverstehen; wir lassen poetisch jede Art von Übermut und Sinnlichkeit gelten, vorausgesetzt sie sei der schönen Darstellung fähig und stelle sich wirklich schön und ohne falschen individuellen Beigeschmack dar. Wir fanden ferner Einförmigkeit gewisser Klagen und in bezug auf historische, mythische, landschaftliche Gegenstände seiner Bewunderung die öftere Wiederkehr von Lieblingsanschauungen und Bildern manchmal in stehenden Worten. Die schönen klassischen und italienischen Namen sind wahrlich ein substantieller Teil der Schönheit dieser ganzen Region, sehr wirksam für die Phantasie und echte Zierden eines Gedichts, nur müssen sie weit sparsamer verwendet werden als von Waiblinger geschieht, wenn nicht der Schein kindischen Wohlgefallens oder, mit Unrecht, noch ein schlimmerer erweckt werden soll.

Soweit diese Gebrechen nicht als einfache Geschmacksverstöße sich aus der Jugend des Verfassers, dem Überflusse, der noch um das rechte Maß verlegenen Empfindung, oder aus Waiblingers Wesen, wie wir es oben angedeutet haben, hinlänglich von selbst erklären, ist eine weitere Bemerkung hier am Platze. Gleichwie die Ungeduld eines frühzeitig alles bei ihm verschlingenden Ehrgeizes seiner Gesamtentwicklung schadete, seine schriftstellerische Bildung im ganzen übereilte, so war eben diese Ungeduld und dann eine ihm eigene Raschheit bei der Arbeit ein sehr wichtiges Hindernis für ihn seiner Poesie überall diejenige Intension, Tiefe und Mannigfaltigkeit, deren sie fähig war, samt jeder Art von Ausbildung zu gewähren. Er pflegte Prosa und Verse in *einem* Gusse mit bewundernswürdiger Leichtigkeit niederzuschreiben daß man sie in der Tat wie Impromptus ansehen darf. (Seine Freunde erinnern sich noch der runden welligen Züge seiner Konzepthandschrift, die sich, in gleichen Linien fortlaufend, nur für ihn leserlich, wie eine angenehme Ziffernschrift ausnahm und selten eine Korrektur zeigte.)

Nach allem diesem mußte nun eine zweckmäßige Revision dieser Gedichte eine ganz andere Aufgabe werden, als der Herausgeber eines Verstorbenen gewöhnlich vor sich hat. Derselbe hat im gegenwärtigen Fall sich verstattet bei manchem Stücke tiefer in seinen innern Organismus einzugreifen, ganze Stellen und Strophenreihen wegzuschneiden, hie und da Verse und Versglieder völlig aufzulösen und, während der Gedanke in einer abweichenden Form derselbe blieb, oder sich auch wohl wirklich als ein anderer, zwar immer aus der lebenden Mitte des Ganzen heraus, doch mit Freiheit entwickelte, die Lücke auszufüllen usw.

Die Frage, ob ein solches Verfahren irgend jemand außer dem ersten Autor erlaubt sein konnte, läßt sich allerdings nicht ohne weiteres abweisen. Referent war anfangs selbst, als er von dieser Absicht hörte, zweifelhaft und nicht dafür, wurde jedoch bald anderer Meinung, und der Erfolg rechtfertigte, wie es manchmal geschieht, auch hier das Wagnis, wenn es eines war. Der Ausspruch: „Sint ut sunt aut non sint" auf diese Poesien angewendet wäre grausam. Und eigentlich dürfte man sagen: eben in ihrer ursprünglichen Gestalt, wenn auch etwa mit Ausscheidung des Schwächsten, gesammelt, waren sie nahezu so gut als gar nicht. Denn wer mag wohl Gedichte lesen, wenn gerade das was den meisten Anspruch auf Bedeutung hätte, mit einzelnen unerträglichen Makeln behaftet, einen reinen Genuß selten zuläßt. Der Dichter hätte diese Fehler, soviel ist entschieden, bei längerem Leben selbst verbessert, und sehr leicht; allein da dies einmal nicht hat sein sollen, wollte man deshalb das Gute und Vorzügliche lieber gar preisgeben? Eine Auswahl lediglich auf solche Stücke beschränkt welche durchaus unangetastet bleiben konnten, wer würde sie ohne Verdruß ansehen, wenn er wüßte das Wichtigste sei zum großen Teil durch diesen Grundsatz ausgeschlossen worden? Hat nun ein Dichter, hat ein Freund, von dem der Abgeschiedene bei seinen früheren Arbeiten gerne Rat annahm, in treuem Sinne seine Kunst für ihn hergeliehen, verdiente er sich nicht unsern und des Verfassers Dank? Es ist zwar eine andere Hand, doch keine unberufene, keine fremde, und wenn man zugeben muß, Mörikes Änderungen halten sich überall vollkommen natürlich im Geiste des Originals, verwischen nie die ethische Persönlichkeit, sondern nur die mißratene Äußerungsweise derselben und fallen weder unter noch über das poetische Vermögen des Verfassers, wenn es sich vielleicht zeigen sollte, es seien ihrer nicht einmal so viele als man sich nach dem bisher Gesagten etwa vorstellen möchte — wir unsererseits hätten zum Vorteil der Sache gewünscht, Mörike wäre noch weiter gegangen — so dächten wir, man dürfe sich von dieser Seite nicht beklagen. Kein bängliches Gefühl, als hätte man ein zweifärbiges Doppelwerk vor sich, wird den Leser beschleichen. Statt alles allgemeinen Lobes, das leicht parteilich scheinen könnte, sollen einige Proben der Verbesserungen folgen, damit ein jeder selbst den Grad beurteile in welchem der Redakteur die für ein solches Geschäft erforderlichen Eigenschaften, eine gewisse freie Selbsttätigkeit mit Schonung und Akkommodation, Takt, Feinheit und Gewandtheit in leisen formellen Kunstgriffen, wobei es oft auf Haarbreiten ankam, um das Rechte zu treffen, gezeigt hat.

„Lied der Weihe", Gesamtausg. 7. Bd. S. 3. Mörikes neue Ausgabe S. 3:

> Original: Drum hofft der Sänger auch willkommen
> Mit seinem Herzensgruß zu sein:
> Denn ob ihm schon das Glück genommen,
> Was wild und zart, was groß und klein
> Das heiße Herz ihm einst erfreute,
> Der Heimat wie der Liebe Lust,
> Ach Wonnen, die er nie bereute,
> Die Sehnsucht jeder Menschenbrust;

> Verbesserung: Drum hofft willkommen auch der Sänger
> Mit seinem Herzensgruß zu sein;
> Es mische nun sich auch nicht länger
> Verlorner Tage Gram darein.
> Schüchtern verhüllt er selbst der Freude
> Erinnrung sich und Lieb und Lust —
> Ach! Wonnen etc. etc.

Der „Gram verlorner Tage", sowie die Idee des Vergessens ist aus der nächstfolgenden Strophe heraufgeholt, die einer

Matthissonschen Reminiszenz wegen („das trübe Nachtstück überschwillt die reine Flut des neuen Lebens, wo die Vergangenheit versank") wegfallen mußte!

„Der Kirchhof". Gesamtausg. S. 185. Neue Ausg. S. 35. Ein auf dem Begräbnisplatz der Protestanten in Rom gedichtetes Lied, dessen schlichter, sanft resignierter Ton, zum wenigsten für uns, einen besondern Reiz hat, so daß wir die etwa noch übrigen kleinen Anstände (z. B. das nicht so ganz natürliche Bild von der Lethe) gern übersahen, nachdem Auffallenderes beseitigt ist.

    Original: (Anfang)
        Die Ruh ist wohl das Beste
        Von allem Glück der Welt;
        Mit jedem Wiegenfeste
        Wird neue Lust vergällt.

    Verbesserung: Was bleibt vom Lebensfeste,
        Was bleibt dir unvergällt?

    Original: — — — — —
        Nun weiß ich auf der Erde
        Ein einzig Plätzchen nur,
        Wo jegliche Beschwerde,
        Im Schoße der Natur,
        Wo jeder eitle Kummer
        Der mir den Busen schwellt,
        In langen tiefen Schlummer
        Wie 's Laub vom Baume fällt.

    Verbesserung: Wo jeder eitle Kummer
        Dir wie ein Traum zerfließt,
        Und dich der letzte Schlummer
        Im Bienenton begrüßt.

    Original: (Schluß.)
        Die Brüder selbst sie stören
        Hier meine Ruhe nicht,
        Nur selten daß sie hören
        Wie mir ein Ach entbricht.

>   Sie schlafen hier geschieden
>   Von aller Welt, allein;
>   O welch ein Glück hienieden
>   Kein Glücklicher zu sein!
>
> Verbesserung: Ich wär es wohl zufrieden
>   Der Ihrige zu sein.

„Der Tod" (1825). Gesamtausg. S. 252. Neue A. S. 163.

>   Original: (Schluß)
>   O wenn das grenzenlose Leben
>   Sich siegend aus dem Kampfe stritt,
>   So wie ein heller Stern der eben
>   Hervor im Jugendstrahle tritt:
>   Wer sollte da zum Gott nicht flehen;
>   Was gäbe noch die Erde mir?
>   O laß mich, laß mich nur vergehen!
>   Hinüber noch zu dir, zu dir!
>
> Verbesserung: — — — — — flehen
>   Erde, vollende diese Lust!
>   Laß unter Jauchzen mich vergehen,
>   Unsterblicher an deiner Brust!

„Abschied auf dem Genfer See", Gesamtausg. S. 235, neue Ausg. S. 170, erfuhr unter anderem folgende Änderungen:

>   Original: Hier — — — — —
>   Wo die Natur des Lebens schönste Quelle
>   So schreckhaft an des Todes Grausen rückt,
>   Da wo des Lemans rein kristallne Welle
>   Zwei Welten an die Ätherlippen drückt,
>   Hier Kind und Jungfrau sich mit Rosen kränzen
>   Und dort des Montblancs weiße Häupter glänzen.
>
>   Da scheidet sich, ich fühl's in tiefstem Beben
>   Wie einer Ahnung ernsten Geistergruß,
>   Auf ewig auch für meine Welt das Leben;
>   Und mit dem letzten stummen Abschiedskuß
>   Den ich vom Berg dem Vaterland gegeben,

Und mit dem letzten schweren Vollgenuß
Der Leiden all und ach der wenig Lieben,
Was ist mir mehr als dieses Herz geblieben.

So glaubt ich nicht die Heimat zu verlassen,
Ein Totenacker dünkte sie mir einst,
Worin die Freuden alle dir erblassen,
Und nur die Tränen rinnen, die du weinst;
Du Armer, den selbst die Geliebten hassen
Die du für ew'ge Zeit zu fesseln meinst,
Dem keine Ruh im schweigenden Gemüte
Die Totenrose nur auf Gräbern blühte.*

Verbesserung und Zusammenziehung:
— — — — — —

Zwei Welten an die Ätherlippen drückt,
Hier teilt sich auch mit bangem Widerstreite
Mein Leben, das der Dämon längst entzweite.

So glaubt ich nicht die Heimat zu verlassen,
Unwert der Liebe dünkte sie mir einst,
Wo einsam bleibt was froh sich sollte fassen,
Und nur die Tränen rinnen die du weinst.
Du Armer, den selbst die Geliebten hassen,
Die du für ew'ge Zeit zu fesseln meinst;
Ja rechne nur, von allem Glück dort drüben,
Was ist dir mehr als dieses Herz geblieben?

Original: Und wohl, ich ward, kann ich mir's doch beken-
Aus blutend voller Seele schon geliebt, [nen,
Nur daß dies ungestillte heiße Brennen
Der Tränen, ach, zu viele schon betrübt! etc.

Verbesserung: Verbirg dir nicht, was alles du besessen,
Du warst einmal, und ach wie heiß geliebt;
Nur daß du Liebe gebend ungemessen
Die Treusten auch am bittersten betrübt. etc.

* Die Aufopferung dieser Stelle ist keine historische Veruntreuung gegen den Dichter, da sie, wenn sie irgendeine Geltung haben sollte, nur eine sehr figürliche hätte, indem Waiblinger keinen besondern hieher gehörigen Verlust durch den Tod erlitt.

„Lebewohl". Gesamtausg. S. 190. Neue Ausg. S. 177.

Original: (Schluß.)
O so helft von Romas Hügeln
Dieses letzte Wort zu ihr
In die Heimat zu beflügeln,
Stürme meines Herzens mir!
Dieses letzte Wort — mein Leben,
O vergib mir meine Schuld! —
Kann sie nicht mehr dir vergeben,
Suche drüben ihre Huld.

Verbesserung: O so helft von Romas Hügeln
Dieses letzte Wort zu ihr
In die Heimat zu beflügeln
Rächerische Götter mir!
Ihres himmlischen Vergebens
Bringet mir ein Unterpfand,
Ach und alle Lust des Lebens
Schwör ich ab in eure Hand!

Viel Sorgfalt und Nachdenken verbirgt sich besonders auch in den Abkürzungen und Zusammenziehungen, hinsichtlich deren wir statt aller andern nur noch auf die in phaläkischen Versen geschriebenen vier Elegien „Olevano" aufmerksam machen (wo unter anderm eine Reihe jener mehr belobten Örtlichkeiten mit ihren wohlklingenden Namen — Genzano, Nemi, Dianenwald, Monte Cavo, Circes Vorgebirg wiederholt auftrat und das zweitemal glücklich getilgt ist). In Beziehung auf Metrik und Wohlklang ist manches getan, und zwar in folgender Art: „Keiner Blume schüchtern Gewächs entknospet der Straße, Wo das rasselnde Rad und wo der Hufschlag ertönt": — „die sich des Hufschlags nur freut und des rasselnden Rads." — „Wie's das Bedürfnis verlangt" — „wie der Bedarf es verlangt" usw.

In Absicht auf Reinheit oder Unreinheit der Reime bei Waiblinger und seinem Bearbeiter hat einer vor dem andern nichts voraus, und wenn der letztere aus Anlaß einer anderweitigen Verbesserung zufällig einen echten Reim durch einen sogenannten unechten verdrängt, so trifft es sich nicht minder zufällig auch umgekehrt. Die liberaleren Grundsätze desfalls finden in dem von unsern größten Dichtern in praxi wenigstens gegebenen Beispiel eine beträchtliche Stütze. Wie aber, wenn der hergebrachte Tadel sich zum Teil gar in Lob verwandeln sollte? Wir können nicht umhin hier bei Gelegenheit etwas davon zu sagen. Mörike will — allerdings für den ersten Anschein paradox — in einem freieren Gebrauche dieser Form, wenn nämlich Reime wie „Stille" und „Fülle", „Breite" und „heute" sparsam eingemischt werden, vorzüglich beim Sonett und der achtzeiligen Stanze, alles Ernstes eine Schönheit finden, indem dergleichen Lautmodifikationen, weit entfernt ein gebildetes, aber unbefangenes Ohr zu verletzen, vielmehr einigen Reiz auf dasselbe ausüben der auf vermehrter Mannigfaltigkeit beruhe. Die gelinde Abbeugung von dem was regelmäßig zu erwarten war, sei dem Gehör als graziös willkommen. Hierin aber liege bereits die Forderung einer sehr mäßigen Anwendung oder vielmehr Zulassung dieser Würze, die freilich ungesucht sich nur zu oft aufdringen will. — Mit der ganzen Bemerkung wird keineswegs bloß aus der Not eine Tugend gemacht; sie fließt aus einer musikalischen Erfahrung und verdient alle Aufmerksamkeit. Wer fühlt nicht ihre Wahrheit z. B. in folgender Strophe aus Goethes Epilog zu Schillers Glocke:

> Nun glühte seine Wange rot und röter
> Von jener Jugend, die uns nie entfliegt,
> Von jenem Mut, der früher oder später
> Den Widerstand der stumpfen Welt besiegt,
> Von jenem Glauben der sich stets erhöhter etc.

Ein möglicher Mißbrauch durch Konsequenzen, deren Unstatthaftigkeit freilich nicht immer demonstrierbar wäre, kommt hier nicht in Betracht; ein feiner Sinn wird das rechte Maß treffen.

Reale und sprachliche Unrichtigkeiten, die sich hin und wieder in Waiblingers Gedichten finden, entgingen dem Herausgeber nicht. In den „Felsen der Zyklopen" war Polyphem irrigerweise zu den Söhnen Gäas gezählt. Ein andermal steht für Sikelia „Sikulia" (fälschlich nach Siculus gebildet). „Purpurn bietet dir noch Indiens Feige die Frucht" ging schwerlich an. Auszustellen bliebe desfalls noch: „Hat die Natur mich ersättigt."

„Denk ich des Völkchen, wie's lebt und wie's treibt." Ebenso eine korrupte Stelle S. 205 unten, wo zu lesen wäre: „Nicht Schlachten will ich preisen, nicht Könige; Noch forschen — — ob Brutus; — — Ich singe meinen Freund" usw. In den Anmerkungen vermißt man nur ein paar zufällig zurückgebliebene Noten zu den Tempeln von Agrigent, namentlich die Stelle aus Valer. Max. über Gillias.

Von Herzen wünschen und versichern wir dem Büchlein die Gunst des deutschen Publikums, es werde nun für sich allein oder als Zugabe zu den „Gesammelten Werken" betrachtet. Eine Auswahl und Sammlung der im Verhältnis zu den Jahren Waiblingers so zahlreichen Schriften kann man nicht anders als gerecht und wünschenswert finden. Die poetischen „Erzählungen aus der Geschichte des jetzigen Griechenlands" (1826) behaupten ihre frühere von der Kritik allgemein anerkannte Bedeutung. „Drei Tage in der Unterwelt" (literarische Satire), „Die Briten in Rom" (Novelle) u. a. werden immer gern gelesen werden. Ihren besondern Wert haben die Mitteilungen über „Friedr. Hölderlins Leben, Dichtung und Wahnsinn", sowie die in einer höchst anziehenden Prose, meist Briefen, geschriebenen Schilderungen von den Umgebungen Roms, von Neapel, Pompeji etc. welche die beiden letzten Bände der Heubelschen Ausgabe bilden. Der Roman „Phaeton", ein Erstlingswerk, sowie die sogenannten „Lieder der Griechen" sind füglich verbannt. Wäre doch gleiche Gnade dem Verfasser mit den Auszügen aus seinem „Tagebuch" widerfahren! Es sind Reflexionen die er noch als Schüler des Stuttgarter Gymnasiums niedergeschrieben, und die hier ohne solche Andeutung zu sonderbarem Mißverständnis führen müssen. — Die neun Bände sind mit Waiblingers Porträt, Handschriftfaksimile und mehreren recht hübschen Kupfern geziert.*

* Die Ausstattung, Druck und Papier des Buches das nicht ganz 1 fl. kostet, ist sehr anständig. Nur hat es mehrere unglückliche *Druckfehler* und leider ohne angehängtes Verzeichnis, deswegen wir zur Anzeige der wichtigsten verpflichtet sind. S. 3. Z. 9 v. o. l. *den* st. *dem.* — S. 4 Z. 1 v. o. l. *euch* st. *auch.* — S. 19 Z. 10 v. u. nach *sproßten* setze *hier nur.* — S. 32 mitt. l. *warst* st. *wirst.* — S. 37 vorletzte Z. l. *wär'* st. *war.* — S. 49 Z. 8 v. u. streiche *die.* — S. 51 Z. 2 v. u. l. *einem* st. *einen.* — S. 66 Z. 7 v. u. nach *gepilgert* setze *spricht.* — S. 68 Z. 1 v. o. l. *nach* st. *nah.* — S. 77 Z. 3 v. o. *lächeln.* — S. 84 Z. 2 v. o. l. *nun* st. *neu.* — S. 89 Z. 14 v. o. l. *das* st. *da.* — S. 111 Z. 8 v. u. l. *bescheidenen.* — S. 157 Z. 9 l. *Roßgespanne.* — S. 192 Z. 8

v. o. nach *birgst* setze *du*. — S. 199 Z. 3 v. u. l. *da*. — S. 213 Z. 14 v. o. l. *uns* st. *und*. — Z. 7 v. u. nach *Kies* s. *und*. — S. 227 mitt. l. *findet, Wem* st. *finde, Wenn*. — S. 245 mitt. l. *dünkt* st. *drückt*. — S. 258 Z. 9 v. o. l. *doch auch*. — S. 264 Z. 10 v. u. setze *an?*

W.

ERINNERUNG AN FRIEDRICH HÖLDERLIN

Das gegenwärtige kleine Profilbild des Dichters Friedrich Hölderlin wurde ums Jahr 1825 von dem Maler G. Schreiner, welchen ich noch als Tübinger Student bei ihm einführte, skizziert. Es ist in hohem Grade ähnlich ausgefallen, besonders auch ist die Haltung, worin sich das Bemühen zeigt, einem subtilen Gedanken den gehörigen Ausdruck zu geben, sehr gut getroffen.

Ich begleite diese bildliche Mitteilung mit zwei interessanten Gedichten Hölderlins, wovon das erstere: „An eine Verlobte", offenbar aus seiner besten Zeit herrührt und deshalb in einer künftigen neuen Ausgabe der Schriften nicht fehlen darf. Ich verdanke dasselbe der Güte einer vor etwa fünfzehn Jahren zu Nürtingen verstorbenen Schwester des Dichters. Es ist, ohne Überschrift, von einer klaren weiblichen Hand für irgend jemanden kopiert, augenscheinlich von der Braut selbst; denn bei der schmeichelhaftesten Stelle: „Zwar — bist du schön" steht ein Sternchen mit der Bemerkung unten am Rande: „Dies selbst schreiben zu müssen!" —

Diese Abschrift kam später, vielleicht auf Verlangen des Dichters, dem etwa kein Konzept davon geblieben, an Hölderlin zurück, wie verschiedene Aufzeichnungen von seiner Hand auf demselben Blatte, besonders Verse aus der ersten Periode seiner Geisteskrankheit, beweisen. Die Herausgeber der ersten Sammlung der Gedichte legten das Stück als zweifelhaften Ursprungs beiseite, vermutlich durch Verstöße gegen das Versmaß beirrt, die jedoch nur auf Rechnung der Schreiberin kommen. Namentlich hat sie, weniger vertraut mit den antiken Metren, in der dritten Strophe statt eines zweisilbigen Wortes ein viersilbiges gesetzt, um einen ihr persönlich wichtigen Umstand nicht unberührt zu lassen. Sie schrieb statt „an des Jünglings (oder des Liebsten) Blicke", wie es wohl geheißen haben mag: „an des Neugefundenen". Möglicherweise hatte sie den ersten Entwurf des Verfassers vor sich, wo etwa der Ausdruck jenes Nebenbegriffs wirklich auf diese Weise versucht und wieder fallengelassen war, so daß sie ohne Unbescheidenheit nach ihrem Sinne wählen zu können glaubte. Die andern Fehler sind zufällig und der Art, daß in Wörtern wie „Wiedersehen, Wiedersehn" ein Vokal bald zuwenig, bald zuviel steht. Über Person und Verhältnisse der Braut, die ein geistvolles, der Dichtkunst nicht fremdes Mädchen gewesen zu sein scheint, wird sich etwas Näheres schwerlich ermitteln lassen.

AN EINE VERLOBTE

Des Wiedersehens Tränen, des Wiedersehns
Umfangen, und dein Auge bei seinem Gruß —
   Weissagend möcht ich dies und all der
     Zaubrischen Liebe Geschick dir singen.

Zwar jetzt auch, junger Genius! bist du schön,
Auch einsam, und es freuet sich in sich selbst,
   Es blüht von eignem Geist und liebem
     Herzensgesange die Musentochter.

Doch anders ist's in seliger Gegenwart,
Wenn an des Jünglings Blicke dein Geist sich kennt,
   Wenn friedlich du vor seinem Anschaun
     Wieder in goldener Wolke wandelst.

Indessen denk, ihm leuchte das Sonnenlicht,
Ihn tröst und mahne, wenn er im Felde schläft,
   Der Liebe Stern, und heitre Tage
     Spare zum Ende das Herz sich immer.

Und wenn er da ist und die geflügelten,
Die Liebesstunden, schneller und schneller sind,
   Dann sich dein Brauttag neigt und trunkner
     Schon die beglückenden Sterne leuchten:

Nein! ihr Geliebten! nein, ich beneid euch nicht!
Unschädlich, wie vom Lichte die Blume lebt,
   So leben, gern vom schönen Bilde
     Träumend und selig und arm, die Dichter.

Das zweite hiemit vorzulegende Stück, ungefähr aus der Zeit jenes Porträts, ist an den wackern Tischler Zimmer zu Tübingen gerichtet, in dessen Hause Hölderlin so viele Jahre im Zustande des Irrsinns verbrachte.

Der Dichter suchte diesen Versen, dem Manne zu gefallen, dem sie gewidmet sind, ein möglichst individuelles Gepräge dadurch zu geben, daß einerseits auf dessen landwirtschaftlichen Besitz, die liebevolle Pflege seines Weinbergs, andererseits auf seine Handwerksgeschicklichkeit angespielt wird, und es macht einen komisch-rührenden Eindruck, zu sehen, wie er, der bekanntlich in der altgriechischen Welt lebte und webte, auch diese Aufgabe mit Herbeiziehung des Dädalus, jenes hochberühmten mythischen Künstlers, dem unter anderem die Erfindung der Säge und des Bohrers zugeschrieben wird, in seiner gewohnten, feierlich idealischen Weise behandelt.

AN ZIMMERN

Von einem Menschen sag ich, wenn der ist gut
Und weise, was bedarf er? Ist irgendeins,
    Das einer Seele gnüget? ist ein Haben, [ist]
    Eine gereifteste Reb auf Erden

Gewachsen, die ihn nähre? — Der Sinn ist dess'
Also. Ein Freund ist oft die Geliebte, viel
    Die Kunst. O Teurer, dir sag ich die Wahrheit:
    Dädalus' Geist und des Walds ist deiner.

AUS DEM GEBIETE DER SEELENKUNDE

1

Kurz vor den Christfeiertagen des Jahres 1833 träumte mir, ich befinde mich in einem kleinen, völlig leeren Zimmer; die Wände waren weiß getüncht und kahl; nur sah ich auf einer derselben einen Kalender in Form eines einfachen Folioblatts angebracht. Die Schrift war allenthalben wie in weißen Nebel aufgelöst und nichts zu unterscheiden bis auf eine Stelle, wo zwei aufeinanderfolgende Tage, der eine schwarz, der andere rot gedruckt, stark hervortraten. Der erstere war deutlich als der 24., ohne weitere Bezeichnung, der zweite weniger bestimmt angegeben, doch zeigte die Farbe offenbar einen Sonn- oder Feiertag an. Ich stand dicht vor dem Blatt und war im Hinsehen auf die schwarze Zahl sogleich von Schmerz ergriffen, denn alsbald wußte ich, daß mir jemand an diesem Tage sterben würde. Irgendeine bestimmte Person jedoch schwebte mir nicht entfernt dabei vor. Allein am 26. Dezember erhielt ich ein Schreiben aus St. mit der Nachricht, daß mein Oheim D. M. daselbst am Vorabend des Christfests, den 24., auf der Straße von einem Hirnschlage getroffen worden und wenige Minuten darauf in einem fremden Haus gestorben sei.

2

Bei meinem mehrjährigen Aufenthalte zu M., den eine jüngere Schwester mit mir teilte, lebten wir mit der Familie S. als zufällige Hausgenossen auf freundschaftlichem Fuße; besonders aber hatte meine Schwester das innigste Verhältnis zu der Tochter. Mir war an dem täglichen Umgang der beiden vorerst nur ein sehr bescheidener Anteil vergönnt, und keines von uns dreien konnte ahnen, daß mir sechs Jahre später in dieser neuen Freundin eine Frau geschenkt sein sollte.

Sie, mit den Ihren, wohnte in dem zweiten, wir Geschwister im ersten Stockwerk. Einst, in der Nacht — es mochte eilf Uhr sein, ich hatte schon einige Zeit und zwar in vollkommener Ruhe geschlafen —, erweckte mich ein plötzliches Gefühl, als wenn mir kalte, schwere Tropfen gewaltsam in das Gesicht gespritzt würden; ich glaubte ihren Fall zugleich auf dem Deckbett zu hören. Ich fühlte nach der Nässe auf der Haut, auf Kissen und Decke umher: da aber alles durchaus trocken war, beruhigte ich mich mit dem Gedanken, es müsse Einbildung gewesen sein, obwohl ich nie mit so viel Schein der Wirklichkeit geträumt zu haben glaubte.

Den andern Tag erzählte ich die Sache in Gegenwart der Freundin. Sie war sichtlich darüber bestürzt und nachdenklich. Wir drangen vergeblich in sie, ob ihr irgendeine fatale Bedeutung oder sonst eine Erklärung dieses Vorkommens beigehe. Erst späterhin bekannte sie der Schwester Folgendes.

Sie hatte jene Nacht bei ihrem Vater, der an einer schmerzhaften Krankheit leidend langsam dem Tod entgegenging, zu wachen, verweilte aber zur gedachten Stunde noch allein auf ihrem Zimmer. In einer ungewöhnlich erhöhten Stimmung, begünstigt durch die Einsamkeit und die tiefe nächtliche Stille, verrichtete sie ihr Gebet, in welches sie nächst ihren Angehörigen auch uns einschloß. Zuletzt griff sie, als Katholikin, nach dem geweihten Wasser, und sprengte, was sie sonst nie tat, für jedes einzelne besonders, der Reihe nach und in der Richtung, wo die Lagerstätte eines jeden war, einige Tropfen in die Luft.

Hiernach erklärte sich das Rätsel einfach aus einem momentanen Fernsehen der Seele im schlafenden, völlig gesunden Zustand. Die Seele bekam oder gab vielmehr sich selbst ihre Wahrnehmung sinnlich durch einen scheinbar äußeren Eindruck zu fühlen.

Eduard Mörike.

[DOPPELTE SEELENTÄTIGKEIT]

Zur Zeit als ich in Tübingen mit Alb. Rheinwald viel umging verbrachten wir einmal, wie öfter, die halbe Nacht bei einem starken Tee auf meiner Stube (Jerusalem) in allerlei, meist heitrer Unterhaltung. Eine Weile war sehr ernsthaft von unserer Zukunft die Rede, die beiderseits äußerst unsicher, eigentlich ziel- und bodenlos vor uns lag. Wir hätten herzlich gern gewußt, ob denn auch irgend etwas aus uns werde, das den Neigungen und Wünschen eines jeden ungefähr entspräche. Halb zum Spaß, halb im Ernst befrug ich das Schicksal um mich, indem ich von Ludwigs Bücherständer, bei welchem unser Tisch (am Fenster) stand, den nächsten besten Teil des deutschen Shakespeare herunternahm, mit dem Daumen hineingriff und hier (ich meine, es war die rechte Seite, oben) sogleich auf eine Stelle stieß, die wir als bejahende Antwort nahmen. Frappant, gewissermaßen komisch-frappant, war sie dadurch, daß sie selber den Ausdruck *Orakel*, also die genaueste formale Beziehung auf meine Absicht, enthielt. Ich habe in der Folge die Sache kaum jemanden erzählt, weil jedermann sie allzu unwahrscheinlich finden muß und ich mich nicht lächerlich machen wollte. Auch hatte ich seit vielen Jahren ganz und gar vergessen, wo die Worte vorkommen. Im „Troilus" fand ich jedoch unlängst zu meiner Überraschung in den Reden zwischen dem Achill und dem Hektor, Akt IV, Szene 5, folgendes:

[ACH.: – – – Antwort, ihr Götter!

HEKT.: Mißziemen würd es heil'gen Göttern –

Antwort zu geben solcher Frage. Sprich!

Glaubst du etc.]

ACH.: *Ja, sag ich dir.*

HEKT.: *Und wärst du, solches kündend, ein Orakel,*

Nicht glaubt ich dir.

Das Unterstrichene, was, als Bescheid auf meine Frage angesehen, ganz nach Orakelart ironisch zweideutig wäre, ist ohne Zweifel eben die betreffende Stelle von jener Nacht. Was wäre nun davon zu halten? Entweder ist es purer Zufall, oder kann ich es nur mit meiner alten Hypothese von einer doppelten Seelentätigkeit erklären. In dieser Beziehung, als psychologisches Problem, hat neuerdings der Kasus ein wahres Interesse für mich.

Im allgemeinen ist meine Voraussetzung diese: die Seele strahlt und wirkt von ihrer Nacht- oder Traumseite aus in das wahre Bewußtsein herüber, indem sie innerhalb der dunkeln Region die Anschauung von Dingen hat, die ihr sonst völlig unbekannt blieben. Ihre Vorstellungen in der Tag- und Nachtsphäre wechseln in unendlich kleinen, gedrängten Zeitmomenten mit äußerster Schnelligkeit ab, so daß die Stetigkeit des wachen Bewußtseins nicht unterbrochen scheint. Ich kam auf diesen Gedanken durch den Versuch, das Geistersehen, sowie die oft so erstaunlich treffenden Aussagen bei der Tischklopferei usw. natürlich zu erklären, wo doch vieles offenbar auch nur auf einem leeren, zum Teil neckischen Spiel der Traumseele beruht.

In dem oben erzählten Fall nun hätte die wissende Traumseele den Einfall, das Buch zu befragen, bei mir angeregt und mich im folgenden durchaus geleitet: das heißt ich verhielt mich in dem Augenblick bis auf den entscheidenden Griff meines Fingers hinaus partiell somnambül. So fremd und abenteuerlich das auch aussieht, warum sollte es geradezu unmöglich sein? Und übrigens: „Eine geradezu falsche Hypothese ist besser als gar keine" sagt Goethe irgendwo in bezug auf seine Farbenlehre.

ÜBERSETZUNGEN

CLASSISCHE BLUMENLESE

Eine Auswahl von Hymnen, Oden, Liedern, Elegien, Idyllen, Gnomen und Epigrammen der Griechen und Römer; nach den besten Verdeutschungen, teilweise neu bearbeitet, mit Erklärungen für alle gebildeten Leser

Vorrede

Ist es nur überhaupt billig und wünschenswert, auch einem nicht gelehrten Publikum die Erzeugnisse antiker Poesie so nahe als möglich zu bringen, und ihm Geschmack für diese reine und gesunde Nahrung zu erwecken, so wird man in der gegenwärtigen, auf ein bequemes Verständnis eingerichteten Blumenlese, zu welcher sich einige Freunde der alten Literatur mit dem Herausgeber verbanden, keinen unwillkommenen Beitrag zur Erreichung dieses Zweckes erblicken. Wir haben zu ihrer richtigen Beurteilung einiges voranzuschicken.

Man findet hier nur wenige ganz neue Übertragungen, und zwar aus dem einfachen Grunde, weil wir nicht gemeint sein konnten, das schon vorhandene Gute und Vortreffliche durch Neues zu überbieten. Indessen haben wir uns wegen eines besondern Verfahrens hierbei zu rechtfertigen. Es erscheinen nämlich die ausgewählten Stücke bei weitem nicht alle ganz in der Gestalt, in welcher sie der eine und der andere Übersetzer gegeben; vielmehr hat man mit einer großen Anzahl derselben den Versuch gemacht, verschiedene Übersetzungen ineinander zu verarbeiten, auch vieles Eigene hinzugebracht. Daß dabei den gediegenen geistreichen Männern gegenüber, deren Arbeiten dies Buch beinahe seinen ganzen Wert verdankt, irgendein anmaßlicher Gedanke habe mit unterlaufen können, diese Lächerlichkeit soll uns niemand zutrauen. Wenn wir einesteils dasjenige, was uns da und dort besonders eingeleuchtet hat, aushoben, so sind wir weit entfernt, damit ein entscheidendes Urteil aussprechen zu wollen; wie wir denn selbst bei hundert Stellen zwischen zwei und mehreren Übertragungen, wovon jede augenscheinlich ihre besonderen Vorzüge hatte, mit unsrer Wahl im

Zweifel waren. Anderntteils aber war die letztere weit mehr durch den speziellen Zweck dieser Sammlung, als durch unsern subjektiven Beifall bedingt, und sehr häufig geschah es, daß während ein ganzes Gedicht, eine einzelne Stelle, wie sie von einem Übersetzer gegeben war, uns für uns selber nichts zu wünschen übrigließ, dennoch die Rücksicht auf den weiteren Leserkreis, dem diese Blumenlese bestimmt ist, eine Veränderung oder Vertauschung anriet, wo ein fremdartiger Ausdruck, eine dem Laien ungewohnte Wortstellung umgangen werden konnte u. dergl. Übrigens wird, wie wir zuversichtlich glauben, auch ein feineres Auge nicht etwa eine Ungleichheit der Manier, oder sonst eine unschickliche Spur jener Behandlung in den betreffenden Stücken wahrnehmen, man wird darin einen stetigen, lebendigen Hauch nicht vermissen.

Wir führen hiemit die Verdeutschungen an, deren wir uns beim ersten Bändchen, entweder auf die angegebene Weise, oder ganz unverändert, bedienten.

Homerische Hymnen von Schwenck und Voß. — Kallinus und Tyrtäus von Weber, Jakobs, Bach. — Theognis von Weber. — Theokrit von Bindemann, Voß, Witter, Naumann. — Bion und Moschus von Voß, Jakobs, Naumann. — Katull (dem man im zweiten Teile nochmals begegnen wird) von Ramler. — Horaz von Binder, Ramler, Gehlen, Scheller. — Tibull von Strombeck und Voß; hie und da mit Zuziehung einer ältern, anonym erschienenen Übersetzung, einer Jugendarbeit des nachmaligen Grafen Reinhard. Neu sind, außer einigen Kleinigkeiten, die gereimten Nachbildungen aus Horaz, womit Prof. L. Bauer in Stuttgart uns beschenkte.

Wie weit wir nun den ersten Forderungen, die man an eine Übersetzung macht, in Vereinigung jener verschiedenen Kräfte mit unsern eigenen, nachgekommen sind, möge das Büchlein selbst beweisen. Nur was die Metrik anbelangt, wird hier ein Wort nicht überflüssig sein. Wir fanden hierin die vorhandenen Arbeiten nicht alle nach gleich strengen Grundsätzen behandelt. Unter denen, die sich eine größere Freiheit gestatten, behaupten gleichwohl einige ihren eigentümlichen Rang, und man konnte, sofern man Vorteil von ihnen ziehen wollte, an den Silben nicht allzuviel rücken. Wir müssen überdies bekennen, daß manche dieser kleinen Sünden unmittelbar auf unsre Rechnung kommen. Was wir deshalb zu unsern Gunsten anzuführen hätten, versteht sich allenfalls von selbst, wiewohl wir die bekannten Entschuldigungsgründe nicht alle geradezu gutheißen mögen. Allerdings läßt sich der Deutsche die antiken Verse, insonderheit die epischen und elegischen, wie sie im allgemeinen bei uns gedeihen wollen, noch immer wohl gefallen; allein es müßte sonderbar zugehen, wenn sich die seltne Kunst, die wir bei Jakobs, Schwenck, Weber u. a. auch in dieser Beziehung bewundern, nur in dem Ohr des Philologen geltend machen sollte. Man mag sich gern zum Troste sagen, daß selbst Voß, der Vater, in seinen schönsten Leistungen sich gegen den verpönten Trochäus nicht eben feindselig erwies; doch die Berufung auf ein solches Beispiel würde man zur Not demjenigen erlauben, der es ihm noch in ganz andern Dingen nachtäte. Indessen gibt es eine Menge von Fällen, wo sich die Unvollkommenheit des Verses durch die Natur der Sprache genugsam entschuldigt; und wir haben nur darum keine umfassenden, durchweg konsequenten Gesetze in diesem Gebiet, weil ihre strenge Beobachtung auch dem Geschicktesten unmöglich bliebe. Dem sei nun, wie ihm wolle, wir unsererseits bekennen uns zufrieden, wenn man uns in dieser Rücksicht nicht allzu lässig findet.

Was die Auswahl der Gedichte selbst betrifft, die für den ersten Teil durchaus von dem Herausgeber besorgt wurde, so wird die Frage nach dem Sittlichen, wie billig, nicht die letzte sein. Der Sammler ist sich bewußt, hierin überall redlich abgewogen zu haben, und wenn man gleichwohl über einige wenige Stücke zweifelhaft wäre, so kann er nur daran erinnern, daß wir, um uns des Schönen bei den Alten zu freuen, unsere sittlichen Begriffe nicht mit den ihrigen vermengen dürfen.

Einleitungen und Anmerkungen, meist den verschiedenen Erklärern entnommen, bieten dem Kundigen nichts Neues, da dieses auch keineswegs in unsrer Aufgabe lag. Ein Teil derselben mußte in einen kleinen Anhang bei dem zweiten Bändchen verwiesen werden, worin das meiste Mythologische, auch einiges Allgemeine aus der alten Geographie und die Bezeichnung einiger Versmaße mitgeteilt wird. Das zweite Bändchen aber, mit welchem die Sammlung geschlossen ist, soll zeitig nachfolgen.

Inhaltsverzeichnis

	Seite
Homerische Hymnen	
Einleitung	596
I. Hymnus auf den Delischen Apollon (Hymn. Homer. Edit. Bothe I.)	596
II. Auf Aphrodite (VI.)	601
III. Auf Dionysos (VII.)	602
IV. Auf Demeter (V.)	604
Anmerkungen	617
Kallinus und Tyrtäus	
Einleitung	623
Kriegslieder	624
I. (Call. Edit. Bach I, p. 24)	624
II. (Tyrt. „ „ VI, p. 94)	624
III. (Ibid. VII, p. 106)	625
Anmerkungen	627
Theognis	
Einleitung	629
I. An Kyrnos	630

Nr.	Ed. Bekker.	Vers.		Nr.	Ed. Bekker.	Vers.	
1.	Ed. Bekker.	Vers.	1135*	21.	Ed. Bekker.	Vers.	77
2.	„	„	27	22.	„	„	411
3.	„	„	131	23.	„	„	299
4.	„	„	821	24.	„	„	857
5.	„	„	1179	25.	„	„	655
6.	„	„	607	26.	„	„	979
7.	„	„	133	27.	„	„	213
8.	„	„	151	28.	„	„	1217
9.	„	„	155	29.	„	„	323
10.	„	„	159	30.	„	„	325
11.	„	„	373	31.	„	„	1083
12.	„	„	731	32.	„	„	499
13.	„	„	743	33.	„	„	633
14.	„	„	573	34.	„	„	329
15.	„	„	799	35.	„	„	1171
16.	„	„	800	36.	„	„	409
17.	„	„	1225	37.	„	„	637
18.	„	„	581	38.	„	„	659
19.	„	„	301	39.	„	„	683
20.	„	„	271	40.	„	„	1117

* Die Besitzer der Welckerschen Ausgabe, deren Ordnung man, mit wenigen Versetzungen, bei dieser Auswahl folgte, werden sich mittelst derselben leicht zurechtfinden.

CLASSISCHE BLUMENLESE

Nr. 41	Ed.	Bekker.	Vers.	173	Nr. 61.	Ed. Bekker.	Vers.	945
,, 42.	,,	,,	,,	425	,, 62.	,, ,,	,,	233
,, 43.	,,	,,	,,	661	,, 63.	,, ,,	,,	39
,, 44.	,,	,,	,,	441	,, 64.	,, ,,	,,	1081
,, 45.	,,	,,	,,	695	,, 65.	,, ,,	,,	11
,, 46.	,,	,,	,,	687	,, 66.	,, ,,	,,	671
,, 47.	,,	,,	,,	817	,, 67.	,, ,,	,,	783
,, 48.	,,	,,	,,	359	,, 68.	,, ,,	,,	1123
,, 49.	,,	,,	,,	361	,, 69.	,, ,,	,,	833
,, 50.	,,	,,	,,	1029	,, 70.	,, ,,	,,	869
,, 51.	,,	,,	,,	355	,, 71.	,, ,,	,,	811
,, 52.	,,	,,	,,	1129	,, 72.	,, ,,	,,	1013
,, 53.	,,	,,	,,	461	,, 73.	,, ,,	,,	283
,, 54.	,,	,,	,,	463	,, 74.	,, ,,	,,	831
,, 55.	,,	,,	,,	335	,, 75.	,, ,,	,,	575
,, 56.	,,	,,	,,	401	,, 76.	,, ,,	,,	621
,, 57.	,,	,,	,,	419	,, 77.	,, ,,	,,	649
,, 58.	,,	,,	,,	623	,, 78.	,, ,,	,,	337
,, 59.	,,	,,	,,	293	,, 79.	,, ,,	,,	237
,, 60.	,,	,,	,,	823				

II. Aus den Gnomen an Polypädes . . . . . . S. 644
Nr. 1. Edit. Bekker. Vers. 1097
,, 2. ,, ,, ,, 83

III. Trinklieder . . . . S. 644

Nr. 1.	Edit. Bekker.	Vers.	1	Nr. 9.	Edit. Bekker.	Vers.	531
,, 2.	,, ,,	,,	5	,, 10.	,, ,,	,,	1047
,, 3.	,, ,,	,,	15	,, 11.	,, ,,	,,	877
,, 4.	,, ,,	,,	255	,, 12.	,, ,,	,,	1191
,, 5.	,, ,,	,,	885	,, 13.	,, ,,	,,	313
,, 6.	,, ,,	,,	567	,, 14.	,, ,,	,,	493
,, 7.	,, ,,	,,	983	,, 15.	,, ,,	,,	843
,, 8.	,, ,,	,,	789	,, 16.	,, ,,	,,	1043

IV. Liebesgedichte . . . . S. 647

Nr. 1.	Edit. Bekker.	Vers.	261	Nr. 5.	Edit. Bekker.	Vers.	1259
,, 2.	,, ,,	,,	1275	,, 6.	,, ,,	,,	1323
,, 3.	,, ,,	,,	959	,, 7.	,, ,,	,,	1357
,, 4.	,, ,,	,,	1231	,, 8.	,, ,,	,,	1369

Anmerkungen . . . . S. 648

Theokrit

Einleitung . . . . S. 653
   I. Die Chariten (Idyll. XVI.) 653
  II. Der Kyklop (XI.) 657

    III. Die Fischer (XXI.) . . . . S. 659
    IV. Die Liebe der Kyniska (XIV.) 662
    V. Die Syrakuserinnen am Adonisfeste (XV.) . . . 664
    VI. Damötas und Daphnis (VI.) 670
    VII. Die Zauberin (II.) 672
    VIII. Die Spindel (XXVIII.) 676
    IX. Liebesklage (XXIX.) 678
    X. Brautlied der Helena (XVIII.) 679
    XI. Herakles als Kind (XXIV.) 681
    XII. Hylas (XIII.) 684
    XIII. Der tote Adonis (XXX.) 686
    Anmerkungen 687

Bion und Moschus
  Einleitung 699
    Bion
      I. Der Vogelsteller (Idyll. II.) 699
      II. Die Schule des Eros (III.) 700
      III. Ruhe vom Gesang (V.) 700
      IV. Die Jahreszeiten (VI.) 701
      V. An den Abendstern (Edit. Schier. Mosch. VII.) . . 701
    Moschus
      I. Europa (Idyll. II.) 702
      II. See und Land (V.) 706
      III. Der pflügende Eros (Ed. Schier. p. 138) 707
    Anmerkungen 707

Catull
  Einleitung 709
    I. Hochzeitlicher Wettgesang (Carm. LXII.) 709
    II. Nänie (III.) 713
    III. An Lesbia (V.) 713
    IV. Quintia und Lesbia (LXXXVI.) 714
    V. Der Feldgott (XIX.) 714
    VI. An Fabullus (XIII.) 715
    VII. Entschluß (VIII.) 715
    VIII. An Aurelius und Furius (XI.) 716
    IX. Zwiespalt (LXXXV.) 716
    X. An Cornificius (XXXVIII.) 717
    XI. An die Halbinsel Sirmio (XXXI.) 717
    XII. Auf sein Schiffchen (IV.) 717
    XIII. Akme und Septimius (XLV.) 718
    XIV. An den jungen Juventius (XXIV.) 719
    XV. Die schönen Augen (XLVIII.) 719
    XVI. An Varrus (XXII.) 720
    XVII. Wider ein gewisses Weib (XLII.) 720

CLASSISCHE BLUMENLESE 595

 XVIII. Von einem Unbekannten und dem Redner Calvus
   (LIII.) . . . . S. 721
 XIX. Auf den Arrius (LXXXIV.) 721
   Anmerkungen 722

Horaz
 Einleitung 726
  I. An Kalliope (Od. III, 4) 727
  II. An Thaliarchus (I, 9) 730
  III. An Lydia (I, 13) 731
  IV. An Pompejus Grosphus (II, 7) 731
  V. Nereus' Weissagung (I, 15) 732
  VI. An die Freunde (I, 37) 733
  VII. An den Liebhaber der jungen Lalage (II, 5) . . . 734
  VIII. An Postumus (II, 14) 735
  IX. An Mercurius (I, 10) 736
  X. Auf Bacchus (II, 19) 737
  XI. Horaz und Lydia (III, 9) 738
  XII. An den Bandusischen Quell (III, 13) 739
  XIII. An Telephus (III, 19) 740
  XIV. An den Mäcenas (III, 29) 740
  XV. Auf den Sieg des Drusus über die Rhätier (IV, 4) . 742
  XVI. An Neära (Epod. 15) 745
  XVII. Säkularischer Festgesang 745

 Gereimte Nachbildungen
  XVIII. An Munatius Plancus (Od. I, 7) 748
  XIX. An Chloë (I, 23) 749
  XX. An Licinius Muräna (II, 10) 750
  XXI. An Mäcenas (III, 8) 751
   Anmerkungen 752

Tibull
 Einleitung 766
  I. Genügsamkeit (Eleg. I, 1) 766
  II. Preis des Friedens (I, 10) 768
  III. Der Entfernte (I, 3) 770
  IV. Die Lehre des Gottes (I, 4) 772
  V. An Marathus (I, 8) 774
  Cerinthus und Sulpicia
   I. (IV, Epist. 5.) 777
   II. (IV, 6) 778
   III. (IV, 11) 778
   IV. (IV, 7) 779
   V. (IV, 3) 779
   VI. (IV, 2) 780
   Anmerkungen 781

HOMERISCHE HYMNEN

Einleitung

Homeros, dessen Name jederzeit das Höchste in der Poesie bezeichnete, gilt für den ältesten Dichter der Griechen. Sein Leben fällt etwa in die Zeit von 1000–950 vor Chr. Er soll bei Smyrna, am Flusse Meles, geboren sein und einen gewissen Mäon zum Vater gehabt haben. Bekanntlich aber rühmten sich nicht weniger als sieben Städte, vorzüglich Chios, ihn hervorgebracht zu haben. Ohne Zweifel lebte er in Ionien. Der Sage nach war er blind, was man wohl zugeben könnte, sofern von seinem reiferen Lebensalter die Rede sein sollte. Ihm werden die beiden großen Heldengedichte, die „Ilias" und „Odyssee", zugeschrieben, über deren Entstehung jedoch die Ansichten verschieden sind. Sie wurden für die Nation ein Kodex alles Großen, Edlen und Schönen, woran jung und alt sich bilden und erbauen konnte. Man hat ferner ein komisches Epos und eine Anzahl Epigramme unter seinem Namen, was aber beides späteren Ursprungs ist; und endlich eine Reihe *Hymnen,* wovon ein Teil ein sehr hohes Alter beurkundet, ohne daß jedoch eine derselben eigentlich Homerisch wäre. Sie scheinen bei festlichen Anlässen vor dem Vortrag anderer Gedichte abgesungen worden zu sein.

I

HYMNUS
AUF DEN DELISCHEN APOLLON

Denken und nimmer vergessen Apollons will ich, des Schützen,
Den zum Palaste des Zeus eingehnd die Unsterblichen fürchten;
Und sie erheben sich alle sogleich, wie bald er herankommt,
Flugs von den Sitzen zumal, da den glänzenden Bogen er span- [net.
Leto bleibet allein bei dem donnererfreuten Kronion,
Welche die Senn ihm sofort abspannt und den Köcher verschlie-
ßet,
Und von den mächtigen Schultern herab ihm dann mit den
Händen
Nehmend den Bogen, ihn hängt an die Säul in des Vaters Ge-
mache,
Auf an den goldenen Pflock; ihn führet sie aber zum Throne.

Nektar gibt ihm sodann in der goldenen Schale der Vater,
Bringend dem Sohn ihn zu, und die anderen Seligen setzen
Sich dann wiederum hin, und es freut sich die heilige Leto,
Daß sie den bogenbewehrten, den mächtigen Sohn sie geboren.

(Chor)
Heil dir, selige Leto, die herrliche Kinder geboren,
Phöbos Apollon, den König, und Artemis, die das Geschoß freut,
In Ortygia sie, doch ihn in der felsigen Delos,
An den gewaltigen Berg und den Kynthischen Hügel gelehnet,
Neben dem Palmbaum, an des Inopos strömenden Wogen.

Wie doch soll ich dich preisen, den vielfach preislichen Herr-
Denn allwärts dir, Phöbos, erschallt vieltöniger Jubel, [scher?
Auf rindweidenden Triften des Festlands, wie auf den Inseln;
Dir sind alle die Warten geliebt und die spitzigen Kuppen
Hoher Gebirg, und hinab in das Meer sich ergießende Ströme,
Und zu dem Meere gesenkte Gestad und die Buchten der Salz-
flut.
Sing ich, wie Leto zuerst dich gebar zu der Freude der Menschen,
Hin zu des Kynthos Berge gelehnt in der felsigen Insel,
Delos, der meerumwogten? es rauscheten dunkele Wellen
Rings an das Land von dem Hauch scharfwehender Winde ge-
trieben;
Von woher du entsprossen den sämtlichen Menschen gebietest.
Wieviel Kreta in sich faßt und das Volk von Athenä,
Und Eiland Ägina, und segelberühmt Euböa.
Ägä, Eiresiä auch, und nahe dem Meer Peparethos,
Ferner der thrakische Athos und Pelions ragende Häupter,
So wie die thrakische Samos und Idas schattige Berge,
Skyros auch und Phokäa, mit Kanes hohem Gebirge,
Imbros, die trefflich bebaute sodann und die neblige Lemnos,
So wie die herrliche Lesbos, der Sitz des äolischen Makar,
Chios sodann, die der Inseln gesegnetste lieget im Meere,
Ferner der zackige Mimas, und Korykos' ragende Häupter,
Klaros, die glänzende dann, und Äsageas hohes Gebirge,
Und die bewässerte Samos, und Mykales ragende Häupter,
Auch Miletos, und Koos, die Stadt der meropischen Menschen;
Und die erhabene Knidos und Karpathos windumwehet,
Naxos und Paros auch und die felsumstarrte Rhenäa:
Diese betrat allsamt Leto, mit dem Bogner in Wehen,

Ob wohl eines der Länder dem Sohn Wohnstätte verliehe.
Aber sie fürchteten sich und bebeten; keins von denselben
Wagte den Gott zu empfangen, wie fruchtbar immer es wäre,
Ehe bevor nach Delos die heilige Leto gekommen;
Und sie befragend begann sie zu ihr die geflügelten Worte:
  „Delos, wenn du fürwahr doch ein Wohnsitz wolltest dem Sohne
Phöbos Apollon sein, und den herrlichen Tempel empfangen!
Nicht ja wird dich berühren ein anderer, oder dich ehren,
Reich nicht wirst du an Stieren, so deucht mir's, oder an Schafen,
Noch auch bringest du Wein, noch sprossest du Pflanzen in Unzahl,
Hättest du aber den Tempel des fernhinschießenden Phöbos,
Brächten fürwahr dir alle die Menschen zumal Hekatomben,
Kommend zusammen hieher, und es dampfte der Opfergeruch stets."
  Sprach's, und es freute sich Delos und sagt' antwortend zu jener:
„Leto, herrlichste Tochter o du des erhabenen Köos!
Willig und gern wohl nähm ich den fernhinschießenden König
Auf zur Geburt, denn schrecklich verhaßt ja bin ich den Menschen
Sicherlich; so doch könnt ich geehrt wohl werden vor allen.
Dies doch fürcht ich, o Leto! und will dir's nimmer verhehlen;
Denn man sagt, daß Phöbos Apollon werde gewaltig [tern,
Stolz von Gemüt, und werde mit Macht obherrschen den Göt-
So wie den sterblichen Menschen der nahrungspendenden Erde.
Drum denn fürcht ich es sehr in dem Geist und in dem Gemüte,
Daß er, sobald nur erst er des Helios Strahlen erblickt hat,
Möge die Insel verachten, dieweil ich felsig von Grund bin,
Und in die Tiefe des Meeres, verkehrt, mich stoßen mit Füßen.
Mir dann werden beständig ums Haupt die unendlichen Wogen
Spülen, und er geht fort in ein anderes Land, wo es gut ihm
Deucht sich den Tempel zu gründen und heilige Waldbaumhaine.
Doch die Polypen, die werden ihr Bett, und die dunkelen Robben
Wohnungen machen in mir sorglos, aus Mangel an Leuten.
Aber es sei, wenn du wagst, mit gewaltigem Eid mir zu schwö-
Daß er zuerst allhier sich den herrlichen Tempel errichte, [ren,
Um ein Orakel zu sein für die Sterblichen, aber hernachmals
Auch bei den anderen Menschen, dieweil vielnamig derselbe."
  Sprach's, und es schwur nun Leto der Götter gewaltigen Eidschwur:

„Des sei Zeuge die Erd und der wölbende Himmel da droben,
So wie das Wasser der Styx, das hinabrollt, welches der größte
Und der entsetzlichste Eid auch ist für die seligen Götter.
Ja, traun hier wird immer des Phöbos Opferaltar sein,
Und der geweihte Bezirk, und er wird dich ehren vor allen."
  Als sie geschworen jedoch und den Eidschwur hatte geendet,
Freute sich Delos sehr der Geburt des gewaltigen Bogners.
Doch neun Tag' und Nächte sofort ward über Erwarten
Leto von Wehn durchzuckt; und es waren die Göttinnen alle
Dort miteinander versammelt, die edelsten, Rheia, Dione,
Themis Ichnäa sodann, und die stöhnende Amphitrite,
So wie die übrigen außer der lilienarmigen Here;
Nur war nicht zu erschaun die entbindende Eileithyia;
Denn *die* saß im Olympos, in goldene Wolken gehüllet,
Heres Willen zufolge, der Königin, welche sie abhielt,
Ganz voll Eifer und Neid, weil Leto, die herrlichgelockte,
Sollte den mächtigen Sohn, den untadlichen, jetzo gebären.
  Jene nun sandten die Iris vom trefflich gebodmeten Eiland,
Eileithyia zu holen, ein Halsband dieser versprechend,
Ganz aus goldenen Fäden geknüpft, neun Ellen an Länge;
Und sie zu rufen geheim vor der lilienarmigen Here,
Daß sie dieselbe nicht wieder vom Gang abwende mit Worten.
Als sie nun alles vernommen, die windschnell eilende Iris,
Eilte sie fort und den trennenden Raum durchschritt sie geschwinde.
Doch nachdem zum Olympos, der Himmlischen Sitz, sie gekommen,
Rief sie der Eileithyia sogleich dort aus dem Palaste
Her vor die Tür, und begann die geflügelten Worte zu dieser,
Alles genau, wie's ihr die olympischen Göttinnen hießen.
Und sie beredete *der* nun das Herz in der Tiefe des Busens.
Und sie begaben sich fort, gleich schüchternen Tauben dahinziehnd.
  Als nun Delos betrat die entbindende Eileithyia,
Kam das Gebären die Göttin nun an, und sie wollte gebären.
Und mit den Armen umschlang sie die Palm und stützte die Knie
Auf den erschwellenden Rasen, und unter ihr lachte die Erde.
Und er entwand sich ans Licht, und die Göttinnen jauchzten zusammen.
Siehe, da wuschen, o Phöbos, mit lieblichem Wasser dich jene
Sauber und rein, und sie wickelten dich in ein schneeiges Linnen,

Fein und neu, und sie schlangen ein goldenes Band um dasselbe.
Doch nicht säugte die Mutter den goldenen Phöbos Apollon,
Sondern es reicht' ihm Nektar und süßes Ambrosia Themis
Mit den unsterblichen Händen sogleich, und es freute sich Leto,
Daß sie den bogenbewehrten, den mächtigen Sohn sie geboren.
  Doch, nachdem du, o Phöbos, ambrosische Speise genossen,
Wollte die goldene Schnur dich Zappelnden nicht mehr halten,
Noch dich hemmen ein Band, und es lösten sich alle die Schleifen.
Und alsbald sprach so zu den Göttinnen Phöbos Apollon:
  „Mir sei teuer die Zither, zusamt dem gekrümmeten Bogen,
Und ich verkünde den Menschen des Zeus untrüglichen Rat-
                                                    schluß."
  Also sprach er, und schritt nun auf der geräumigen Erde,
Phöbos, der Schütze, der lockenumwallete; aber es staunten
Alle die Göttinnen sehr; und Delos wurde von Golde
Rings umblüht, wie der Gipfel des Bergs von der blühenden
                                                    Waldung.
  Doch du, Fürst Ferntreffer, mit silbernem Bogen, Apollon,
Wandeltest jetzt bald hin zu den zackigen Höhen des Kynthos,
Bald auch schweiftest du rings zu den Völkern und Meereilan-
Du hast viele der Tempel und viel baumprangende Haine; [den.
Aber an Delos erfreust du das Herz, o Phöbos, am meisten,
Wo in den langen Gewanden die Ionier kommen zusammen
Dir, mit den Kindern zugleich und den züchtigen Ehegemahlen,
Welche mit Faustkampf dich, und mit Reihntanz und mit Ge-
                                                    sängen
Feiernd ergötzen allda, wann Wettstreit ihnen bestellt ist.
Ja für Unsterbliche hielte, für stets unalternde diese,
Wer hinkäme zur Zeit, wo die Ionier wären versammelt;
Denn er erblickte von allem den Reiz, und ergötzte die Seele,
Schauend die Männer zumal und die schönumgürteten Frauen,
So wie die hurtigen Schiff und die vielerlei Schätze derselben.
Dann dies Wunder so groß, des Ruhm niemalen vergehn wird,
Delische Jungfraun, dienend dem fernhinschießenden Gotte,
Welche, sobald sie zuerst den Apollon singend gefeiert,   [freut
Weiter von Leto sodann, und von Artemis, die das Geschoß
Lobpreis sangen, ein Lied auf Männer und Frauen aus alter
Zeit anstimmen sofort, die versammelten Menschen entzückend.
Sie auch können die Stimm und das Zymbelgetöne von allen
Menschen geschickt nachahmen, und selbst glaubt jeder zu spre-
Da, so schön stimmt ihnen der holde Gesang zueinander.   [chen

Aber wohlan, sei mir samt Artemis gnädig Apollon;
Seid mir gegrüßt, Jungfraun, und auch in künftigen Tagen
Denkt mein, wann euch einer der erdebewohnenden Menschen
Kommend hieher ausfraget, ein weitumreisender Fremdling:
„Jungfraun, sagt, wer ist's, der euch als süßester Sänger
Weilet dahier, und an dem ihr zumeist euch freuet vor allen?"
Dann antwortet ihm alle zusamt mit den freundlichen Worten:
„Blind ist dieser, und wohnt in dem Felseilande von Chios,
Dessen Gesänge die ersten genannt sind unter den Menschen."
Eueren Ruhm hinwieder verbreiten wir, wo wir nur irgend
Hin auf Erden gelangen in menschenbewohnete Städte;
Die dann werden es glauben, dieweil's auch selber ja wahr ist.
Ich doch höre zu preisen den Fernhintreffer Apollon,
Ihn mit dem Silbergeschoß, nie auf, den Leto geboren.

II

AUF APHRODITE

Aphrodite, die schöne, die züchtige, will ich besingen,
Sie mit dem goldenen Kranz, die der meerumflossenen Kypros
Zinnen beherrscht, wohin sie des Zephyros schwellender Windhauch
Sanft hintrug auf der Woge des vielaufrauschenden Meeres,
Im weichflockigen Schaum; und die Horen mit Golddiademen
Nahmen mit Freuden sie auf, und taten ihr göttliche Kleider
An, und setzten ihr ferner den schön aus Golde gemachten
Kranz aufs heilige Haupt, und hängten ihr dann in die Ohren
Blumengeschmeid aus Erz und gepriesenem Golde verfertigt.
Aber den zierlichen Hals und den schneeweiß strahlenden Busen
Schmückten mit goldener Ketten Geschmeide sie, welche die Horen
Selber geschmückt, die mit Gold umkränzeten, wann zu der Götter
Anmutseligem Reihn und dem Vaterpalaste sie gingen.
Doch nachdem sie den Schmuck an dem Leib ihr fertig geordnet,
Führten sie drauf zu den Göttern sie hin, die sie freudig empfingen,
Reichend zum Gruße die Hand, und ein jeglicher fühlte Verlangen,
Sie zur Gemahlin zu haben, und heim als Braut sie zu führen,

Höchlich bewundernd die schöne Gestalt der bekränzten Kythere.
Heil, Schönblickende dir, Holdselige! Aber im Kampf hier
Lasse den Sieg mir werden, und segne du meinen Gesang jetzt!
Aber ich selbst will deiner und anderen Liedes gedenken.

III

AUF DIONYSOS

Von Dionysos sing ich, der herrlichen Semele Sohne,
Jetzo, wie er erschien am Gestad ödwogender Meerflut,
Auf vorspringendem Ufer, dem Jüngling gleichend von Ansehn,
Welcher heranreift; und es umwallten ihn herrliche Locken
Dunkelen Haars, und es hüllte der Purpurmantel die starken
Schultern ihm ein. Bald kamen jedoch auf trefflichem Schiffe
Schnell Seeräuber, Tyrrhener, in purpurdunkeler Meerflut
Segelnd heran; doch führte Verderben sie; aber sie winkten,
Jenen erblickend, einander und lauerten; dann ihn ergreifend
Brachten sie hurtig ihn hin aufs Schiff, sich im Innersten freuend,
Denn sie vermuteten, daß er vom göttlichen Stamme der Herr-
scher
Sei, und sie trachteten ihn mit beschwerlichen Fesseln zu binden.
Aber das Band hielt nicht, und weit von den Händen und Füßen
Fielen die Wieden ihm weg; doch *er* mit lachendem Blick im
Dunkelen Aug saß da; und der Steuerer, solches gewahrend,
Rief gleich seinen Gefährten, und redete folgende Worte:
  „Ihr Unseligen, was doch fesselt ihr diesen, den starken
Gott da? Nimmer vermag ja das stattliche Schiff ihn zu tragen.
Denn Zeus, oder Apollon mit silbernem Bogen ja ist es,
Oder Poseidon auch; da nicht er den sterblichen Menschen
Gleich ist, sondern den Göttern, olympischer Häuser Bewohnern.
Aber wohlan, entlassen wir ihn denn gleich an das dunkle
Land; und erhebet die Hand nicht gegen ihn, daß er im Zorn
nicht
Stürmende Wind' uns mög und gewaltige Wetter erregen."
  Sprach es; der Führer jedoch schalt ihn mit den finstern
Worten:
  „Schau *du* nur nach dem Wind! und die Taue zusammengenom-
men,
Auf mit dem Segelgewand! für *den* doch werden wir sorgen.

Nach Ägypten gelangt er, so hoff ich es, oder nach Kypros,
Oder zu Hyperboreern, und weiterhin; aber am Ende
Wird er uns wohl die Verwandten und sämtlichen Schätze gestehen,
Wie auch seine Geschwister; dieweil ihn ein Gott uns gegeben."
 Sprach es, und stellte den Mast und tat auseinander das Segel.
Wind nun blies in die Mitte des Segelgewands, und das Tauwerk
Spannten sie fest; bald aber begaben sich seltsame Dinge.
Nämlich es rieselte erst in dem hurtigen, dunkelen Schiffe
Lieblicher Wein jetzt hin, süßhauchender, und es erhub sich
Göttlicher Duft; doch Schrecken ergriff, wie sie's sahen, die Schiffer.
Und bald breiteten bis zu dem äußersten Rande des Segels
Hier und dort Weinreben sich aus, und Trauben die Fülle
Hingen herab; um den Mast auch rankete dunkeler Efeu,
Sprossend mit Blüten empor, und es keimt' anmutige Frucht [dran;
Alle die Bänke bekamen Umwindungen; jene befahlen
Aber, es sehend, dem Steurer sofort, an das Ufer zu fahren
Gleich mit dem Schiff; Dionysos jedoch ward jetzo zum grausen
Leun an dem Ende des Schiffs und brüllete, doch in der Mitte
Schuf er ein Bärtier, rauch und zottelig, Wunder verrichtend.
Dies stand gierig nun auf; doch dort auf der äußersten Bank stand
Graunvoll schielend der Leu; und bang zu dem Hinterverdeck flohn
Jene, zum Steurer, hin, der begabt mit gesundem Verstand war,
Tretend in Angst um denselben; geschwind doch stürzte der Löwe
Drauf und packte den Führer; und *sie,* um dem Tod zu entrinnen,
Stürzten zumal, wie sie's sahen, hinaus in die heilige Meerflut,
Wo zu Delphinen sie wurden; des Steurers jedoch sich erbarmend,
Hielt er denselben zurück, und er macht' ihn glücklich und sagte:
 „Sei nur, Steurer, getrost, der du lieb mir bist in dem Herzen;
Wiß, ich bin Dionysos, der lärmende, welchen geboren
Semele, Kadmos' Tochter, dem Zeus in Umarmung gesellet." —
 Sei mir gegrüßt, o Sprößling der Semele! Nimmer geziemt's
Daß man süßen Gesang anordne, deiner vergessend.   [ja,

IV

AUF DEMETER

Von der umlockten Demeter, der heiligen, heb ich Gesang an,
Von ihr selbst und der Tochter der herrlichen, die Aïdoneus
Einst entführt; ihm gab sie der donnernde Herrscher der Welt,
Zeus,
Als, von Demeter entfernt, von der goldenen, früchtebegabten,
Sie mit Okeanos' Töchtern, den tiefgegürteten, spielte,
Und sich Blumen gepflückt, Safran und Violen und Rosen,
Auf weichschwellender Au, Schwertlilien und Hyakinthos,
Auch Narkissos, welchen zur Täuschung der rosigen Jungfrau
Gäa gesproßt, Zeus' Willen gemäß, Polydektes zuliebe,
Blühend, ein herrlich Gewächs, zur Bewunderung allen zu
sehen,
So den unsterblichen Göttern zumal, wie den sterblichen Menschen;
Auf von der Wurzel auch stiegen der schimmernden Kronen ihm
hundert,
Daß von dem Balsamduft ringsum der gewölbete Himmel
Lachte, die Erde zugleich und das salzige Meeresgewässer.
Jene von Staunen erfüllt nun streckete hurtig die Hände
Nach dem ergötzlichen Spiel; doch auf tat flugs sich die weite
Erd in der Nysischen Flur, und es stürmet' heraus Polydegmon,
Mit den unsterblichen Rossen, der Sohn des erhabenen Kronos.
Schnelle sie raubend, wie sehr sie sich sträubt', auf dem goldenen
Wagen
Führt' er die Jammernde fort, und sie schrie laut auf mit der
Stimme,
Rufend zu Vater Kronion empor, zu dem Höchsten und Stärksten.
Und der Unsterblichen keiner, und keiner der sterblichen Menschen
Hörte der Jungfrau Ruf, und der schönen Gespielinnen keine,
Außer des Perses Tochter allein, die zärtlich gesinnte,
Hekate, hört's in der Grotte, die weißumschleierte Göttin;
Helios ferner, der König, der strahlende Sohn Hyperions,
Als zu dem Vater Kronion sie rief; der aber befand sich
Von den Unsterblichen fern in gebetdurchhalletem Tempel,

Herrliche Opfer empfangend vom sterblichen Menschenge-
  schlechte.
Also führte die Sträubende dort auf den Rat des Kroniden
Weg ihr leiblicher Öhm, der gewaltige Fürst Polydegmon,
Mit den unsterblichen Rossen, des Kronos herrlicher Sprößling.
  Während das Erdreich nun und den sternigen Himmel die
  Göttin
Schauete noch, und des Meers fischwimmelndes, weites Gewoge,
So wie des Helios Licht, und noch sie die teuere Mutter
Hoffte zu sehn, und die Scharen der ewig lebenden Götter,
Sänftigte Hoffnung noch ihr Herz, obgleich sie betrübt war.
Und es erschallten die Gipfel der Berg und die Tiefen des Pontos
Von der unsterblichen Stimm, und die würdige Mutter vernahm
  sie.
Schmerz durchzuckte die Brust ihr im Innersten, und sie zerriß
  sich
Um die ambrosischen Locken den Hauptschmuck ganz mit den
  Händen,
Dann mit dunkelem Schleier umhüllte sie beide die Schultern,
Und eilt' über das Land und die See wie ein Vogel im Fluge,
Suchend umher; doch war kein einziger, der ihr Gewißheit
Meldete, weder von Göttern, noch auch von den sterblichen
  Menschen;
Noch kam irgendein Vogel heran als kündender Bote.
  Schon neun Tag umschweifte die heilige Deo den Erdkreis
Ringsum, haltend in Händen die hellauflodernden Fackeln;
Nie mit Ambrosiakost und lieblichem Tranke des Nektars
Labte die Traurige sich, noch gab sie die Glieder dem Bad
  hin.
Als ihr aber zum zehnten die leuchtende Eos erschienen,
Nahete Hekate ihr, mit der strahlenden Fackel in Händen,
Und ihr Kunde zu melden begann sie und redete also:
  „Heilige, Zeitigerin reich glänzender Gaben, Demeter, [schen
Wer von den Himmlischen oder den sterblich geborenen Men-
Raubte Persephone weg, und kränkte dich tief in dem Herzen?
Denn ich hörte das Schrein, doch nicht mit den Augen ersah ich
Wer es getan; dort aber der Gott, der sagt es dir wahrhaft."
  So sprach Hekate da; doch nichts antwortete Rheias
Tochter, der lockigen, ihr; sie stürmete aber mit dieser
Schleunig hinweg, in den Händen die hellauflodernden Fackeln.
Jetzo dem Helios nah, der auf Götter und Menschen herabschaut,

Traten sie vor das Gespann, und es fragte die herrliche Göttin:
  „Höre, bei Theia! mich an, o Helios! wenn ich dir jemals
Ob durch Wort, ob Werke das Herz in dem Busen erfreuet:
Das ich gebar, mein Kind, das geliebteste, herrlich von Ansehn,
Heftiges Rufen vernahm ich den Äther hindurch von der Tochter,
Gleich als zwänge man sie; doch sah ich es nicht mit den Augen.
Aber du schauest ja über die sämtliche Erd und die Meerflut,
Hoch von dem heiligen Äther herab mit den leuchtenden Strahlen;
Sag es in Wahrheit, mein lieb Töchterchen, ob du gesehn hast,
Wer sie, entfernt von mir, hat wider ihr Wollen gewaltsam
Raubend entführt, von den Göttern, den himmlischen, oder den
                                                          Menschen."
  Sprach's; es erwiderte aber darauf der Hyperionide:
„Tochter der lockigen Rheia, Demeter, erhabene Herrin,
Kund sei dir's; denn innig verehr ich dich, und es erbarmt mich
Dein, die der Gram um die Tochter so tief beugt; keiner von allen
Hat des schuld, als einzig der Wolkenversammler Kronion,
Der sie dem Aïdes schenkte, dem leiblichen Bruder, zum holden
Ehegemahl; und dieser entführte sie dir in die dunkle
Nacht mit den Rossen hinunter, die laut Aufschreiende raubend.
Doch den gewaltigen Zorn nun sänftige; nimmer geziemt dir's
Rastlos Groll zu bewahren umsonst; kein schimpflicher Eidam
Ist dir unter den Göttern der mächtige Fürst Aïdoneus,
Er, dein leiblicher Bruder und Blutsfreund; auch ja gewann er
Königsehre durchs Los, wie zuerst dreifältig geteilt ward;
Deren Beherrscher zu sein ward ihm, bei denen er wohnt."
  Redete so; und die Rosse ermuntert' er; unter dem Zuruf
Zogen den hurtigen Wagen sie schnell wie geflügelte Vögel.
Aber es tobte der Schmerz nur grimmiger ihr in dem Busen,
Schwer ihm zürnend anjetzo dem schwarzumwölkten Kronion
Eilte sie, ganz von der Götter Verein aus dem weiten Olympos
Scheidend hinweg, zu den Städten und blühenden Fluren der
                                                          Menschen,
Lange die göttliche Bildung verheimlichend; keiner der Männer
Kannte sie sehend, und keine der tiefgegürteten Frauen,
Ehe bevor sie betrat des verständigen Keleos Wohnung,
Der damals in Eleusis, der opferumdufteten, herrschte.
  Neben den Weg nun setzte sie sich, Gram tragend im Herzen,
Bei dem Parthenischen Brunn, wo die Stadt sich holet das Wasser,
Nieder im Schatten (es wuchsen des Ölbaums Äste darüber),
Gleichend von Ansehn einer Betagten, die vom Gebären

Fern schon ist, und den Gaben der lieblichen Aphrodite,
So wie die Ammen der Kinder gesetzausübender Fürsten
Sind, wie die Schaffnerin ist in den hallenden Königspalästen.
Sie nun erblickten des eleusinischen Keleos Töchter,
Welche zum lieblichen Born hereileten, Wasser zu holen
Heim in den ehernen Krügen zum teueren Vaterpalaste.
Vier, gleich Göttinnen schön, jungfräuliche Blüte bewahrend,
Demo, Kallidike auch, und Kleisidike war es, die holde,
So wie Kallithoë, welche die älteste war von den Schwestern.
Und sie erkannten sie nicht; schwer kennet die Götter ein
                                                    Mensch ja;
Nah ihr traten sie nun, die geflügelten Worte beginnend:
  „Wer und woher doch bist du, o Weib, von der Zahl der
                                                    Betagten?
Was doch hältst du dich fern von der Stadt, und gehst zu den
                                                    Häusern
Nicht, wo Frauen genug in schattiger Kühle der Wohnung,
Solche, wie du jetzt bist, und jüngere, leben gemeinsam,
Die wohl gerne mit Wort und mit Tat dir Liebes erzeigten?"
  Redeten so, und es sprach antwortend die heilige Göttin:
„Töchterchen, wer auch irgend ihr seid von den blühenden Frauen,
Seid mir gegrüßt! euch will ich es kundtun; nicht ungeziemend
Ist's, auf euere Fragen die Wahrheit euch zu verkünden.
Deo, so heißt mein Nam, ihn gab mir die teuere Mutter.
Jetzo von Kreta über den mächtigen Rücken des Meeres
Kam ich daher, nicht mit Willen; es führten mich aber gezwungen
Männer hinweg mit Gewalt, seeräubrische; diese nun endlich
Lenkten das hurtige Schiff gen Thorikos, wo die gesamten
Weiber ans Land ausstiegen sofort, und die Räuber mit ihnen;
Und sie bestellten das Essen am Hinterverdecke des Schiffes;
Aber mir sehnte das Herz sich nicht nach lieblicher Speise,
Sondern geheim fortrennend indes auf der Feste des Landes
Floh ich hinweg von den schnöden Gebietern, damit sie durch
                                                    mich nicht
Sollten sich Vorteils freuen, mich Ungekaufte verkaufend.
Also gelangt ich Verirrte zuletzt hieher, und ich weiß nicht,
Was für ein Land dies ist, und welcherlei Menschen darin sind.
Doch euch mögen die Götter, olympischer Höhen Bewohner,
Jugendgemahle verleihen, und daß ihr Kinder gebäret, [fraun,
Wie es die Eltern sich wünschen; dagegen erbarmet euch, Jung-
Meiner mit gütigem Herzen, o Töchterchen, bis ich gelange

In die Behausung von Mann und Frau, wo ich ihnen die Arbeit
Tue mit Sorgfalt, was es für ältere Weiber zu tun gibt.
Wohl ja ein Kind, das eben zur Welt kam, würd ich im Arme
Schön aufziehn als Wärtrin, und Obacht haben im Hause;
Und ich besorgte das Lager der Herrschaft auch in dem Innern
Ihres Gemachs, und lehrte die Weiber die Fraunarbeiten."
  Redete so; doch hurtig erwiderte dieser die Jungfrau
Drauf, die Kallidike, unter des Keleos Töchtern die schönste:
„Mütterchen, was uns die Götter verleihn, das müssen wir
                                                  Menschen
Tragen, wie sehr's auch kränkt; weit mächtiger sind sie wie wir ja.
Dies doch will ich dir alles verkündigen, und dir die Männer
Sagen in unserer Stadt, bei welchen die Herrschergewalt ist,
Und die dem Volk vorstehen, und unserer Stadt Ringmauern
Schirmen mit ihren Beschlüssen und gradaus gehendem Rechte.
Dies ist erstlich der weise Triptolemos, zweitens Diokles,
Polyxeinos sodann, und der edele Fürst Eumolpos,
Dolichos ferner, und endlich der treffliche Vater von uns auch.
Diesen zumal nun walten Gemahlinnen herrschend im Hause,
Deren gewiß nicht eine, sogleich beim ersten Erblicken,
Dein Aussehen verachtend, die Wohnung würde dir weigern;
Sondern sie nähmen dich auf; denn traun, gottähnlich ja bist du.
Willst du jedoch, so verweile, damit wir zum Hause des Vaters
Kehren zurück, und dies Metaneira, unserer Mutter,
Alles genau und treulich verkündigen, ob sie vielleicht dich
Heißet zu uns eingehn, nicht Obdach suchen bei andern.
Ihr ist aber ein Knäbchen, in späteren Jahren geboren,
In dem vortrefflichen Haus, das ersehnete, innig geliebte:
Wenn du ihr das aufzögst, und es käm in die Jahre des Jünglings,
Da wohl möchte dich manche fürwahr von den sämtlichen Weibern
Preisen beglückt, so reichlich belohnte sie dir die Erziehung."
  Sprach's, und es nickte die Göttin; doch jetzo die blinkenden
                                                      Eimer
Füllten am Brunnen die Mädchen und trugen sie stattlichen Ganges.
Und zu des Vaters Palast schnell kamen sie, sagten der Mutter
Hurtiglich, wie sie es sahen und höreten; diese befahl nun
Ihnen, geschwind hingehnd um gewaltigen Lohn sie zu rufen.
Jene sogleich, wie die Kälbchen, wie Hirsch' in den Tagen des
                                                      Frühlings
Springen umher auf der Wiese, gesättigt reichlich mit Futter,
Also, den Saum aufhebend der zierlichen feinen Gewänder,

Hüpften die Jungfraun fort auf dem Fahrweg, und um die Schul-
Flatterten ihnen die Locken, der Safranblüte vergleichbar. [tern
Und an dem Weg noch, so wie zuvor, die erhabene Göttin
Fanden sie dort, und führten zum teueren Vaterpalast sie
Heim dann; hinter denselben jedoch, Gram tragend im Herzen,
Schritt sie, von oben bis unten verhüllt, und der dunkele Peplos
Wallte herab bis rings um die herrlichen Füße der Göttin.
Bald nun kamen sie hin zu des göttlichen Keleos Wohnung,
Gingen die Halle hindurch, wo die würdige Mutter derselben
Saß, dicht neben der Pfoste des wohlgebühneten Saales,
Haltend ihr Kind am Busen, das blühende; diese nun liefen
Hin, doch jene betrat mit dem Fuße die Schwell, und zur Decke
Ragte das Haupt, und sie füllte mit göttlichem Glanze die Türe.
Ehrfurcht aber ergriff und erbleichende Angst Metaneira;
Und sie erhub sich vom Sessel und nötigte jene zum Sitzen,
Aber Demeter, die Zeitigerin reich glänzender Gaben,
Wollte sich nicht hinsetzen alldort auf den schimmernden Sessel;
Sondern sie blieb demütig, die herrlichen Augen gesenkt,
Bis den gezimmerten Stuhl nun Iambe, die sinnige Magd, ihr
Hatte gestellt, und darüber ein schneeiges Vlies ihr gebreitet.
Sitzend darauf nun hielt mit der Hand sie den Schleier vors
Antlitz;
Lang so blieb sie verstummt und in Gram dort sitzen am Platze,
Keiner der Frauen begegnend mit freundlichen Worten, noch
Werken,
Sondern sie saß, nicht lächelnd, der Speis und des Tranks sich
enthaltend
Stille, von Sehnen verzehrt um die schöngegürtete Tochter,
Bis mit neckischen Mienen Iambe, die sinnige Magd, nun
Allerlei Mutwill treibend die Heilige, Hehre, vermochte,
Heiter zu schaun und zu lachen und fröhlich zu sein in dem
Herzen;
Die auch später dem Herzen der Himmlischen teuer geblieben.
   Jetzt bot ihr den Pokal voll lieblichen Weins Metaneira
Dar; doch sie winkt' ihn hinweg: denn ihr nicht, sprach sie, ge-
ziem es
Purpurnen Wein zu genießen, und hieß ihr dagegen zum Tranke
Wasser und Gerste zu reichen, vermischt mit dem zarten Poleie.
Die nun macht' es und reicht' es der Himmlischen, wie sie be-
Also empfing ihr Geweihtes zuerst die erhabene Deo. [fohlen.
Und es begann Metaneira, die köstlich gegürtete Fürstin:

„Heil dir, o Weib! nicht, dünkt mich, von niedrigen Eltern
                                entstammst du,
Sondern von edlen gewiß; denn Anmut wohnet und Sitte
Dir in den Augen, wie nur bei den rechtausteilenden Herrschern.
Was uns aber die Götter verleihn, das müssen wir Menschen
Tragen, wie sehr's auch kränkt, da das Joch uns liegt auf dem
                                Nacken.
Doch da du hier nun bist, soll alles dir sein, wie es mir ist.
Aber dies Knäbchen erziehe, das spät und ganz unverhofft mir
Haben die Götter geschenkt und das mir so innig erwünscht ist.
Wenn du mir dies aufzögst, und es käm in die Jahre des Jüng-
                                lings,
Da wohl möchte dich manche fürwahr von den sämtlichen Weibern
Preisen beglückt, so reichlich belohnt ich dir die Erziehung."
    Ihr antwortete aber die schönumkränzte Demeter:
„Dir auch, o Weib, viel Heil! und segnende Gnade der Götter!
Ja, dein Knäbchen, ich nehm es und pflege dir's, wie du ver-
                                langest,
Gern. Ihm solle, so hoff ich, durch mangelnde Sorge der Wärtrin
Keine Bezauberung schaden und keins von den bösen Gewächsen,
Da mir ein Mittel dagegen bekannt, weit stärker wie Waldkraut,
Und ich den trefflichsten Schutz vor der bösen Bezauberung
    Also redete sie, und nahm's an den duftigen Busen, [kenne."
In den unsterblichen Arm; da freute sich herzlich die Mutter.
So denn pflegte dieselbe des Keleos lieblichen Sprößling,
Ihn, den Demophoon, den Metaneira hatte geboren,
Sorgsam in dem Palast; und er wuchs wie ein Gott in die Höhe,
Nichts von Speise genießend, gesäugt nicht, sondern Demeter
Rieb mit Ambrosia ihn, wie ein götterentsprossenes Knäbchen,
Sanft mit dem Mund anhauchend dabei und ihn hegend am Busen;
Nachts doch steckte sie gleichwie den Holzbrand ihn in das Feuer,
Ganz vor den Eltern geheim; doch selbigen war es ein Wunder,
Wie er so rasch aufwuchs, und den Himmlischen ähnlich zu
                                schaun war.
Ja sie macht' ihn gewiß zum Unsterblichen, frei von dem Alter,
Wenn nicht einst Metaneira, betört in dem Wahne des Herzens,
Während der Nacht auflauernd, hervor aus ihrem Gemache
Schauete; laut auf schrie sie zumal und schlug an die Hüften,
Wegen des Kindes entsetzt, und war voll Schrecken im Herzen;
Und sie erhub wehklagend sogleich die geflügelten Worte:
    „Dich, o Demophoon, birgt in gewaltigem Feuer die Fremde,

Teueres Kind, und bereitet mir Weh und unendlichen Jammer!"
Also rief sie voll Schmerz, und die herrliche Göttin vernahm [sie.
Aber erzürnt dann legte die schönumkränzte Demeter
Ihr lieb Kind, das ganz unverhofft im Palast sie geboren,
Mit den unsterblichen Händen sogleich hinweg auf den Boden
Aus dem umhüllenden Feuer, im Innersten heftig erzürnet;
Und sie begann alsbald zu der herrlichen Metaneira:
  „Törichte Menschen, ihr ganz Blödsinnigen! weder des Guten
Schickung, weder des Bösen erkennet ihr, wann sie herannaht.
So hast du dir anjetzt durch Torheit mächtig geschadet.
Denn dies zeuge mir Styx, der Unsterblichen heiliger Eidschwur:
Ja, unsterblich fürwahr, und frei von dem Alter für immer
Hätt ich den Sohn dir gemacht, und ihm ewige Ehre verliehen;
Jetzt doch geht's nicht, daß er dem Tod und den Keren entrinne;
Unvergängliche Ehre nur bleibet ihm, weil er gesessen
Hat auf unseren Knien und in unseren Armen geschlummert.
Siehe, Demeter bin ich, die gepriesene, welche den Göttern
So wie den Menschen zur Wonne gereicht und zum Segen vor
                                                      allen.
Aber wohlan, mir baue den mächtigen Tempel, und drinnen
Einen Altar dies Volk, in der Nähe der Stadt und der Mauer,
Über Kallichoros-Quell, dort auf dem erhabenen Hügel.
Ich will selber euch lehren die Orgien, daß ihr sodann mir
Heiliger Weise die Opfer begehnd das Gemüt aussühnet."
  Also sagte die Göttin, und wandelte Größ und Gestalt um,
Streifend das Alter sich ab, und rings umhauchte sie Schönheit.
Anmutsvoller Geruch von dem süß durchdufteten Peplos [Göttin
Füllte die Luft, und der Glanz vom unsterblichen Leibe der
Strahlete weit; und Locken wie Gold umblühten die Schultern.
Und es erfüllte das Haus Lichtglanz, wie vom Strahle des Blitzes;
Und sie begab sich hinweg. Doch *ihr* dort wankten die Kniee.
Lang dann blieb sie verstummt und starrete, ja sie gedachte
Nicht von dem Boden zu nehmen das spätergeborene Knäblein.
Aber die Schwestern vernahmen die klägliche Stimme desselben;
Und von dem Lager geschwind aufsprangen sie; eine sogleich nun
Nahm in die Arme das Kind, und legt' es sofort an den Busen;
Feuer beschickte die zweite, geschwind dort rannte die dritte,
Wegzugeleiten die Mutter vom duftdurchwalleten Saale.
Aber das zappelnde Kind dann wuschen sie, ringsherstehend,
Ihm liebkosend zumal, doch nicht zu besänftigen war es;
Denn weit schlechtere Ammen und Wärtrinnen pflegten es jetzo.

Sie nun sühnten die Nacht hindurch die erhabene Göttin,
Ganz durchschüttelt von Angst; doch gleich beim Erscheinen des
Frührots
Sagten dem Keleos sie, dem gewaltigen, alles genau an,
Wie es die Göttin befohlen, die schönumkränzte Demeter.
Dieser versammelte gleich unzählbares Volk zu dem Markte,
Und der umlockten Demeter den stattlichen Tempel zu bauen
Hieß er sie, und den Altar dort auf dem erhabenen Hügel.
Jene bewilligten schnell, und gehorsam seiner Ermahnung
Baueten sie nach Geheiß, und das Werk, durch göttliche Huld,
wuchs.
Aber nachdem sie vollendet, und Rast nun hatten der Arbeit,
Gingen sie heim insgesamt. Doch die goldumlockte Demeter,
Dort einnehmend den Sitz, von den Seligen allen gesondert
Blieb sie, verschmachtend in Gram um die schöngegürtete Tochter.

Aber ein schreckliches Jahr nun schuf sie dem Menschenge-
schlechte
Auf vielnährender Erde, das greulichste: nichts von dem Samen
Sproßte das Land empor; denn sie, die Demeter, verbarg ihn.
Und umsonst zog viele gebogene Pflüge das Rindvieh,
Und umsonst ward viel in das Erdreich Gerste gestreuet.
Ja nun hätte sie gänzlich der redenden Menschen Geschlechter
Aus durch schrecklichen Hunger getilgt, und der Gaben und Opfer
Herrliche Ehre geraubt der olympischen Häuser Bewohnern,
Wenn nicht Zeus es bedacht, und es wohl in dem Herzen erwogen.
Iris, die goldenbeschwingte, zuvörderst entsandt er, zu rufen
Sie, die umlockte Demeter, begabt mit der herrlichsten Bildung,
Daß zu den Scharen sie käme der ewiggeborenen Götter.

Sprach's; und jene gehorchte dem schwarzumwölkten Kronion,
Zeus, und den trennenden Raum durchlief sie geschwind mit den
Füßen.
Aber sofort nach Eleusis, der duftenden Stadt, nun gekommen,
Fand sie daselbst im Tempel die schwarzumhüllte Demeter,
Und sie begann so redend zu ihr die geflügelten Worte:

„Höre, Demeter, es ruft dich Zeus, der das Ewige denkt,
Hin zu den Scharen zu kommen der ewiggeborenen Götter.
Geh denn, laß mein Mahnen von Zeus nicht ohne Erfüllung!"

Also sprach sie und bat; doch nicht ließ die sich bereden.
Hierauf sendete Zeus die unsterblichen, seligen Götter
Alle sofort zu derselben; und die, hingehnd nacheinander,
Riefen sie denn, und boten ihr viel hochherrliche Gaben

Und was für Ehren sie selbst nur wählete unter den Göttern.
Aber es konnte nicht einer das Herz und die Seele bewegen
Der im Busen Erzürnten, und standhaft wies sie es all' ab.
Denn nicht werde, so sprach sie, zum duftumwallten Olympos
Jemals eher sie gehn, und Frucht entsenden dem Erdreich,
Ehe bevor sie mit Augen gesehn ihr liebliches Mägdlein. [Zeus,
   Als nun solches vernommen der donnernde Herrscher der Welt,
Schnell zum Erebos schickt er den goldstabführenden Hermes,
Daß er, den Aïs beredend mit sanft einschmeichelnden Worten,
Möge vom nächtlichen Dunkel die heilige Persephoneia
Führen herauf an das Licht zu den Seligen, daß mit den Augen
Möge die Mutter sie sehn, und sodann ablassen vom Zorne.
Hermes aber gehorcht', und sogleich in die Schlünde der Erde
Stürmt' er hinunter mit Eile, den Sitz des Olympos verlassend.
Dort nun fand er den König im Inneren seines Palastes,
Hin aufs Polster gelehnt mit der züchtigen Ehegemahlin,
Die nach der Mutter begehrend sich härmete, über den Ratschluß
Ewiger Götter empört und ihn unablässig verwünschend.
Nah nun tretend hinzu sprach also der Argostöter:
   „Aïdes, dunkelgelockter, den Untergegangnen gebietend,
Vater Kronion hieß mich die herrliche Persephoneia
Führen zu ihnen hinauf aus dem Erebos, daß mit den Augen
Möge die Mutter sie sehn und von Zorn und schrecklicher Rach-
                                                                                    sucht
Dann ablassen den Göttern, dieweil sie Entsetzliches aussinnt,
Daß sie die schwachen Geschlechter der irdischen Menschen vertilge,
Bergend den Samen im Land, und die Ehrengeschenke der Götter
Richtend zugrund; und sie heget Erbitterung, und zu den Göttern
Gehet sie nicht, nein, fern in dem weihrauchduftenden Tempel
Sitzt sie, jetzo die felsige Stadt Eleusis bewohnend."
   Sprach's, und es lächelt', erheiternd die Stirne, der Toten-
                                                                      beherrscher,
Fürst Aïdoneus, und er gehorchte des Königes Zeus Wort.
Hurtig befahl er sodann der verständigen Persephoneia:
   „Gehe, Persephone, hin zu der schwarzumhülleten Mutter,
Freundlichen Sinn und ein sanftes Gemüt in dem Busen bewah-
Und nicht hege du gar so über die Maßen den Unmut;   [rend,
Nicht ja bin ich ein schlechter Gemahl dir unter den Göttern,
Der ich ein leiblicher Bruder von Zeus bin; denn so du hier bist,
Wirst du von allem Gebieterin sein, was lebet und webet,
Und in dem Kreise der Götter die herrlichste Würde besitzen.

Die dich beleidigen, werden bestraft sein immer und ewig,
Welche das Herz nicht werden mit heiligen Opfern dir sühnen,
Tuend nach heiligem Brauch, und geziemende Gaben dir weihend."
Sprach's und es freute sich die verständige Persephoneia,
Und sprang rasch in der Freude vom Bett auf; jener nun aber
Gab ihr heimlich zu kosten den lieblichen Kern der Granate,
Ab nach der Seite sie wendend; damit sie für immer nicht bleibe
Dort bei der züchtigen Mutter, der schwarzumhüllten Demeter.
Drauf dann holt' er und schirrt' an den goldenen Wagen im Hofe
Seine unsterblichen Rosse, der mächtige Fürst Aïdoneus.
Und sie bestieg das Geschirr, und der tapfere Argostöter,
Neben derselben den Zaum und die Peitsch in den Händen regierend,
Jagt' aus dem Hof des Palastes, und gern hinflogen die Rosse.
Rasch unermeßliche Wege vollbrachten sie; weder die Meerflut,
Weder der Ströme Gebraus, noch grasige Bergtalgründe
Hinderten, noch auch Höhen, den Flug der unsterblichen Rosse;
Sondern darüber hinweg durchrannten sie schneidend die Lüfte.
Doch alldort, wo Demeter, die schönumkränzte, verweilte,
Hielt er sie an vor dem Tempel, dem duftigen; die, es erblickend,
Sprang gleich wie die Mänad in dem wälderbedeckten Gebirge.
Auch Persephone drüben, sobald sie das herrliche Antlitz
Sah der geliebtesten Mutter, herab von dem glänzenden Wagen
Stürzte sie sich, ihr entgegen, und schlang inbrünstig die Arme
Ihr um den göttlichen Hals; sie aber, die hohe Demeter,
Bebete, küssend ihr Kind, und sie sprach die geflügelten Worte:
„Töchterchen, hast du mir nicht dort unten bei Aïdes etwa
Speise versucht? O sprich! und verhehle mir ja nicht die Wahrheit!
Wo du nicht solches getan, so würdest du nimmer ihn schauen,
Sondern bei mir und dem Vater, dem schwarzumwölkten Kronion,
Würdest du wohnen, von allen geehrt den unsterblichen Göttern.
Aßest du aber, dann wieder hinabgehnd, wirst du beständig
Wohnen die dritte der Horen des Jahrs in den Schlünden der Erde,
Doch zwei andre bei mir und den übrigen himmlischen Göttern.
Wann alsdann das Gefild mit den duftenden Blumen des Lenzes
Tausendfältig erblüht, dann kommst du vom nächtlichen Dunkel
Wieder herauf, ein Wunder den Göttern und sterblichen Menschen."
Also die Göttin; doch jene verstummt' und es füllten sich ihre

Augen mit Tränen alsbald; da schaute die hohe Demeter
Böses im Geist und sie sagte sogleich die geflügelten Worte:
 „Wohl! ich merk, ich verstehe; so hat er es wahrlich vollendet!
Sage, mit was für Betrug Polydegmon aber dich täuschte?"
 Dieser erwiderte aber die schöne Persephone also:
„Dir ja will ich, o Mutter, in Wahrheit alles erzählen:
Als mir Hermes kam, der gesegnende, hurtige Bote,
Hin von dem Vater Kronion gesandt und den anderen Göttern,
Mich aus dem Erebos holend, auf daß du, mich nun mit den Augen
Schauend, den Göttern von Zorn ablassest und schrecklicher
                                                       Rachsucht,
Sprang ich geschwind in der Freude vom Bett auf; jener nun aber
Brachte mir heimlich bei den Granatkern, lieblich zu kosten;
Und ihn nötigt' er mich ganz gegen den Willen zu essen.
Wie er jedoch mich raubend Kronions verständigem Rat nach,
Meines Erzeugers, hinab mich geführt in die Schlünde der Erde,
Will ich dir sagen und alles verkündigen, wie du es fragest.
Sieh, wir spielten zusammen auf lieblicher Wiese, wir Mädchen,
Phaino, Leukippe sodann, und Elektra auch und Ïanthe,
Melite ferner, Ïache, Kalliroë auch und Rhodeia,
Tyche, Melobosis dann und Okyroë, rosig von Antlitz,
Auch Chryseïs, Akaste, Admete, nebst Ïaneira,
Rhodope, Pluto auch, und die anmutvolle Kalypso,
Styx, und Urania dann, mit der reizenden Galaxaure.
Wir nun spielten, und pflückten die lieblichen Blumen mit Händen,
Herrlichen Safran, nebst Schwertlilien, und Hyakinthos,
Untereinander, und Rosen und Lilien, Wunder zu schauen,
Auch Narkissos, welchen im Unmaß sproßte das Erdreich.
Ich nun pflückte vor allen mit Lust; doch es riß sich der Boden
Auf, und heraus fuhr plötzlich der mächtige Fürst Polydegmon.
Dann in die Erde mich führt' er hinab in dem goldenen Wagen,
Die ich genug mich sträubt', und ich schrie hellauf mit der Stimme.
Dies, obgleich mit Betrüben, erzähl ich dir alles getreulich."
 Also den Tag hindurch ganz eintrachtsvoll beieinander,
Füllten sie eine der andern das Herz und die Seele mit Freude,
Sich umfassend in Lieb; und es ruhte vom Grame der Busen,
Fröhlichen Mut nur empfingen und gaben sie eine der andern.
Hekate auch naht' ihnen, die weißumschleierte Göttin,
Und sie umschlang herzinnig die heilige Tochter Demeters;
Seitdem Dienerin ihr und Begleiterin war sie beständig. [Zeus,
 Doch als Botin entsandte der donnernde Herrscher der Welt,

Rheia, die schönumlockte, zur schwarzumhüllten Demeter,
Heim sie zu führen zum Götterverein, und versprach ihr zu geben
Ehren, so viel sie sich wählt' in dem Kreis der unsterblichen Götter.
Und er gewährte der Tochter, von jeglichem Jahre den dritten
Teil nur unten zu sein in dem nächtlichen Dunkel der Erde,
Aber die zwei bei der Mutter sodann und den übrigen Göttern.
Also Zeus, und willig gehorchte die Göttin dem Auftrag.
Stürmenden Schwunges entfuhr sie den Felsenhöhn des Olympos,
Kam nach Rharion dann, dem gesegneten Schoße des Feldes,
Ehmals, doch nicht jetzt ein gesegnetes, sondern geruhig
Lag es, gewächslos, da, und hielt das Getreide verborgen,
Nach Demeters Willen, der herrlichen; aber hernachmals
Sollt es geschwind sich bedecken mit hoch aufschießenden Halmen,
In dem erwachenden Lenz, und es sollten gedrängete Schwaden
Starren von Ähren im Feld und sofort in Garben geschnürt sein.
Dorthin kam sie zuerst aus der luftigen Öde des Äthers.
O wie vergnügt einander sie sahn, und sich labten die Herzen!
Doch es begann zu derselben die weißumschleierte Rheia:
„Komm, mein Kind, dich berufet der donnernde Herrscher
             der Welt, Zeus,
Daß zu der Götter Vereine du gehst, und versprach dir zu geben
Ehren, so viele du wählst in dem Kreis der unsterblichen Götter;
Und er gewähret der Tochter von jeglichem Jahre den dritten
Teil nur unten zu sein in dem nächtlichen Dunkel der Erde,
Aber die zwei bei der Mutter sodann, und den übrigen Göttern;
Also bestimmt er das Los mit gewährendem Winke des Hauptes.
Auf denn, gehe, mein Kind, in Gehorsam; nimmer auch zürne
Gar so über die Maßen dem schwarzumwölkten Kronion,
Aber die nährende Frucht laß gleich jetzt wachsen den Menschen."
 Sprach's, und willig gehorchte die schönumkränzte Demeter.
Schnell dann schickte die Frucht sie hervor aus scholligen Fluren.
Und dicht starrte von Blättern umher und von Blüten das ganze
Erdreich; aber sie selbst ging hin und zeigte den Herrschern,
Ihm, dem Triptolemos, so wie dem reisigen Fürsten Diokles,
Auch dem Eumolpos, und Keleos endlich, dem Führer des Volkes,
Heiliger Opfer Gebrauch und lehrte sie alle die hohen
Orgien, die zu verletzen durchaus nicht, oder zu hören, [tern.
Oder zu plaudern erlaubt; denn sehr hemmt Scheu vor den Göt-
— Seliger, wer das schaute der sterblichen Erdebewohner!
Wer teilhaftig der Weihn, wer's nicht ist, nicht zu vergleichen
Ist ihr Los, auch selber im Tod, in dem schaurigen Dunkel. —

Doch nachdem sie es alles, die heilige Göttin, geordnet,
Wandelte sie zum Olymp, zu der anderen Götter Versammlung.
Allda wohnen sie nun bei dem donnernden Herrscher Kronion,
Heilig und hehr. O fürwahr ein Gesegneter ist, wen jene
Freundlichen Sinns liebhaben, der sterblichen Erdebewohner!
Schnell ja senden sie dem in die stattliche Wohnung den Hausfreund
Plutos, welcher die Habe den sterblichen Menschen verleihet.

Aber wohlan, o Herrin der duftumwallten Eleusis,
Und der umfluteten Paros, und felsigen Insel von Antron,
Heilige, Zeitigerin reich glänzender Gaben, o Deo,
Du und die Tochter zugleich, die herrliche Persephoneia,
Schenkt mir in Huld für meinen Gesang anmutiges Leben!
Doch ich selbst will deiner und anderen Liedes gedenken.

Anmerkungen

Zu Hymne I

Vers 16. *Ortygia* war, nach der verbreitetsten Ansicht, ein Name der Insel *Delos* (im Ägäischen Meere), auf welcher Latona die Diana und den Apollo (jene zuerst) als Zwillinge geboren. Ursprünglich aber ist damit die kleine, an der sizilischen Küste gelegene Insel gemeint, welche in der Folge einen Teil der Stadt Syrakus ausmachte. Delos nämlich erschlich die Ehren des wahren Ortygia durch die Priester.

V. 17. Der delische Berg *Kynthos* (Cynthus) soll unbedeutend sein, so wie auch

V. 18 der *Inopos* nur ein Bach.

V. 20. folgg. Hier ist Apollo als Pfleger der Herden, als Segner der Bergtriften und der Jagd, sowie als Beschützer der Seefahrenden bezeichnet.

V. 27. *Es rauscheten* usw.; vor Freude.

V. 30—44. *Kreta*, Insel im Mittelländischen Meere; — *Ägina*, zwischen Attika und dem Peloponnes; — *Euböa*, große Insel im Ägäischen Meere; — *Ägä*, Stadt auf Euböa; — *Eiresiä*, Insel im Thermaischen Meerbusen (bei Mazedonien und Thessalien); — *Peparethos*, Insel im Ägäischen Meere; — *Athos*, hoher Berg in Thrazien (Mazedonien); — *Pelion*, Berg in Thessalien; — *Samos* (Samothrace), Insel des Äg. Meers gegen die Thrazische Küste; — *Ida*, Berg bei Troja; — *Skyros*, Insel im Äg. Meere; — *Phokäa*, Seestadt Äoliens (in Kleinasien) mit dem Vorgebirge *Kane;* — *Imbros, Lemnos, Lesbos, Chios,* Inseln des Äg. Meers; — *Makar*, König auf der Insel Lesbos, ein Sohn des Äolus, von dem der Völkerstamm der Äoler und viele Helden ihre

Abkunft herleiten; — *Mimas,* Berg auf der erythräischen Halbinsel, Chios gegenüber; — *Korykos,* hohes Vorgebirg in Ionien; — *Klaros,* Stadt bei Kolophon in Ionien, wo Apollo ein Heiligtum und berühmtes Orakel hatte und wovon er der Klarische heißt; — *Äsagea,* Berg in Kleinasien; — *Samos,* Insel bei der ionischen Küste; — *Mykale,* Berg ebendaselbst; — *Milet,* Stadt in Karien; — *Koos* (Kos), Insel des Äg. Meers bei Karien mit gleichnamiger Stadt. Die Koer aber heißen *Meropen* von ihrem Könige Merops; — *Knidos,* Stadt in Karien; — *Karpathos,* Insel zwischen Kreta und Rhodos; — *Naxos,* die größte der Cykladischen Inseln; — *Paros,* Nachbarin von Naxos; — *Rhenäa,* Insel, liegt Delos so nahe, daß Polykrates, Tyrann von Samos, sie durch eine goldene Kette soll haben mit Delos verbinden lassen, um sie dem Apollo zu weihen.

V. 47. *Sie fürchteten* dem Gott zu mißfallen, weil sie nicht fruchtbar genug wären.

V. 57. *Hekatombe,* eigentlich ein Opfer von hundert Stieren, überhaupt ein feierliches Opfer.

V. 60. *Köos,* ein Titane.

V. 80. *Vielnamig;* er bekommt viele Beinamen von den Orten, wo er verehrt werden wird: Delius, Pythius, Klarius usw.

V. 92. *Themis* heißt die ichnäische, von Ichnä, einer thessalischen Stadt, wo sie einen Tempel hatte. — *Stöhnend;* von den Tönen des bewegten Meeres hergenommenes Beiwort.

V. 114. Der *Palmbaum,* an welchem sich die Göttin hielt, wurde von nun an als Heiligtum hoch verehrt. Vrgl. Theognis' Trinklieder, Nr. 2.

V. 120. *Den goldenen;* mit goldenem Geräte versehen.

V. 121. Daß *Themis* ihn pflegt, bezieht sich auf das Orakelsprechen des Apollo; sie hatte vor ihm das Orakel zu Delphi inne.

V. 136. d. h. zu den Völkern des Festlands und zu Inselbewohnern.

V. 139 folgg. Zum Beweis, daß schon in alten Zeiten große festliche Zusammenkünfte der Ionier und benachbarten Inselbewohner auf Delos stattgefunden, führt Thucydides (geb. 470 vor Chr.) unsern Hymnus an, indem er denselben ohne weiteres dem Homer zuschreibt.

V. 154—55. *Zimbeln;* eigentlich eine Art von Kastagnetten, welche zum Tanz geschlagen wurden. Wahrscheinlich hatte der Chor, welcher bei dem delischen Feste Latonas Irrzüge sang, die Eigentümlichkeiten der verschiedenen von ihr besuchten Völker pantomimisch darzustellen.

V. 164. S. Einleit.

Zu Hymne II

V. 2. *Kypros,* die Insel Cypern im Mittelländischen Meere.
V. 19. *Kampf,* Sängerkampf.

Zu Hymne III

V. 7. Die *Tyrrhener,* Etrusker, Tusker, als Seefahrer, auch als Freibeuter bekannt, sollen ehmals ihre Herrschaft von den Alpen bis zur Sizilischen Meerenge erstreckt haben; nachher waren sie durch die Apenninen, den Fluß Macra, das Tyrrhenische Meer und den Tiber begrenzt.

V. 29. *Hyperboreer,* ein Volk, das man sich am westlichen und nördlichen Ende der Erde gedacht. (S. im Anh. Allgem. Weltk.)

Zu Hymne IV

Diese Hymne ward für die Eleusinien, d. h. zur Feier des mysteriösen Gottesdienstes der Ceres, die einen Tempel zu Eleusis, einer namhaften Stadt in Attika, hatte, gedichtet, nachdem die Eumolpiden (s. V. 154 Anm.) dem alten Feste der Saatgöttin tiefern Sinn in rätselhaften Gebräuchen untergelegt hatten. — Die Mysterien zerfielen in die kleinen und großen, wovon letztere die eigentliche Geheimlehre umfaßten. Nur einzelne wurden eingeweiht; bei Todesstrafe durften sie nichts von dem Unterricht aussagen. Man vermutet, es habe derselbe in philosophischer Ausdeutung der von dem Volk geglaubten Mythen bestanden, so daß die Priester geläuterte Religionsbegriffe mitgeteilt hätten. — Das Fest selber ward im August neun Tage lang (worauf sich V. 47 bezieht) gefeiert. Der Weg von Athen nach Eleusis, auf welchem der Zug ging, hieß die heilige Straße. — Der Zweck unserer Hymne ist, zugleich mit den würdigsten der allmählich entstandenen Sagen und Wahrzeichen die neuen Geheimnisse wie göttliche Überlieferungen zu beglaubigen. Der Verfasser ist um 660 vor Chr. zu setzen, also nicht Homer, wohl aber ein Homeride, wenn man darunter einen geistvollen Sänger in Homers Tonweise versteht. Denn unhomerisch ist die Darstellung nur da, wo der priesterliche Zweck den Ton der Legende anstimmen hieß.

V. 4. *Goldene,* eigentlich mit goldenem Schwert, nach Heroenart.

V. 6—8. *Violen,* Märzveilchen sowohl als Levkojen und Goldlack. — *Hyakinthos* heißt gewöhnlich die violblaue, ins Purpurne spielende Schwertlilie, dann auch mehrere Irisarten, später sogar eine Art Rittersporn. — *Narkissos,* unsere weiße Tazette mit gelblichem Honigkelch; hier ein großer Busch. — *Zur Täuschung,* um Proserpina von den Gespielinnen wegzulocken.

V. 9. *Polydektes* und *Polydegmon,* der Vielaufnehmende, Beiname Plutos, weil er alle Gestorbenen aufnahm.

V. 17. Die *Nysische Fl.;* auf einem fruchtbaren Abhange des Helikon, mit dem Bergflecken Nysa in Böotien.

V. 19. *Wagen;* dergleichen Vulkan aus ätherischem Golde und andern Metallen voll hebender Kraft zur Fahrt über Wasser und Luft für die Götter bereitete.

V. 24. *Perses' T.* s. Hekate im Anhang. — Die *zärtlich ges.*, als Jugendpflegerin.

V. 25. *Grotte,* ihr Heiligtum, ohne Zweifel bei Nysa. — *Weißumschleiert;* die Haare waren mit einem Schleier festgebunden, dessen Enden vor dem Gesicht herabhingen.

V. 26. *Helios* und *Hyperion* s. *Sol* im Anh.

V. 27. Jupiter hatte sich absichtlich vom Olymp in einen volkreichen *Tempel* entfernt, um sie nicht zu hören.

V. 33—35. Die Fahrt ging nach Westen zum gewöhnlichen Eingang in das Totenreich.

V. 58. *Der Gott;* sie zeigt hiebei nach dem alles sehenden Sonnengott, an welchen Ceres im Schmerz gar nicht gedacht hatte.

V. 64. Sie beschwört ihn als Mutter bei seiner eigenen Mutter *Theia*.

V. 85. *Er,* gleich dir, von Saturn und Rhea stammend.

V. 86. Die Teilung der Herrschaft *durchs Los* zwischen Jupiter, Neptun und Pluto.

V. 96. *Keleos* (Celeus), wahrscheinlich Erbkönig, dem mehrere Fürsten oder Edle in Rat und Gericht zugeordnet waren.

V. 99. Der *Parthenische,* d. h. Jungfrauenbrunnen (weil Jungfrauen Blumen dort suchten).

V. 126. *Thorikos,* Flecken in Attika am Meer, nordwärts von Sunium.

V. 153. *Triptolemos,* ist bald ein jüngerer Bruder, bald ein älterer Sohn des Celeus. Übrigens s. im Anh.

V. 154. *Eumolpos,* war aus Thrazien eingewandert; bei seinem Geschlecht, den Eumolpiden, blieb die Besorgung des Eleusinischen Dienstes.

V. 182. *Peplos,* ein langes Gewand, bes. Oberkleid.

V. 188. *Decke,* eigentlich Tragbalken, des nicht sehr hohen Frauengemachs.

V. 195. *Den gezimmerten,* d. h. einen schlichten Stuhl.

V. 202—205. *Iambe* (womit das sogenannte iambische Silbenmaß zusammenhängt), ist von den Neckereien hergenommen, welche wie bei anderen Festen, so namentlich bei dem Eleusinischen vorfielen, besonders zwischen dem Zug und den Zuschauern, wenn der erstere auf die Brücke des Cephissus gekommen war; die Beiworte „heilige, hehre", gebraucht die Magd selbst komisch. — *Die auch später,* nämlich bei dem Feste, von einer lustigen Person vorgestellt.

V. 211. Durch Empfangung des Mischtranks nahm Ceres die heilige Ehre in Besitz, daß nämlich zum Gedächtnisse hinfort die Geweihten auch nach der Faste mit solchem Tranke sich erquickten.

V. 217. *Das Joch* der Notwendigkeit.

V. 267—70. Der uralte *Tempel,* den der Sage nach schon Celeus auf Befehl der Ceres, und wie man jetzo hinzudichtete, zu mystischen Gebräuchen, erbaut hatte, stand im Osten von Eleusis gegen Athen hin, am Rharischen Gefilde, auf einem Hügel über dem Brunnen *Kallichoros*, d. h. Schönreigenbrunn. (So hieß er ehe der Tempel ihn heiligte, von Reigentänzen der eleusinischen Jugend, nach späterer Sage, weil dort zuerst die Eleusinierinnen die Göttin mit Reigen und Gesang verehrt.) Nachdem den Tempel, welchen der Dichter sah, die Perser verbrannt hatten, ward auf derselben Stelle ein größerer und prachtvollerer erbaut, dessen Inneres zu beschreiben Pausanias aus Religionsfurcht ablehnte. — *Orgien,* geheimnisvolle Religionsgebräuche.

V. 273. Die Göttinnen erhöhen ihre Schönheit durch ambrosisches Öl oder die Schönheitssalbe. (Wie hoch also verherrlicht Anakreon die Rose mit dem Lobe „der Götter Anhauch"!)

V. 311. *Goldenbeschwingte,* hier nicht mit eigentlichen Flügeln, sondern durch die Schwungkraft der gewöhnlichen Hephästischen Goldsohlen beflügelt. (Erst später erhielten die Götter zum Teil eigentliche Flügel.)

V. 329. *Duftumwallt,* von aufsteigendem Weihrauch und anderen Opferdüften.

V. 344. *Argostöter,* Merkur.

V. 370. Das Schicksal wollte, daß Proserpina, wofern sie von den Erzeugnissen des Erebus nur das Mindeste genoß, ein Drittel des Jahres dort ausharren müsse. Der *Granat*apfel war, wie der vielkörnige Mohn, Sinnbild der Fruchtbarkeit. Ein Ausleger verbindet mit letzterer Idee die der Liebe, und vermutet, daß wenn Pluto der Proserp. die Granate zu kosten gab, dies ursprünglich bedeute, er habe Liebe mit ihr gepflogen und sie durch den Ehebund an sich gefesselt.

Von V. 385—392 ist der griechische Text defekt und hier frei ergänzt. Ebenso V. 401—404.

V. 396. Je *die dritte* der Jahreszeiten; von der Saat bis zur Blumenzeit.

V. 419 bis 424 werden lauter Töchter des Oceanus aufgeführt.

V. 450. *Rharion,* Gefild in der Nähe von Eleusis, wo nach späterer Sage Triptolem zuerst Frucht gesät haben soll.

V. 479. Welcherlei Schau den Eingeweihten beselige, sagt Isokrates mit Pindar und Sophokles so deutlich, als es vor Ungeweihten geschehen durfte. Es war die neu gereifte Vernunftwahrheit, daß der Mensch, durch Kultur über das Tier erhaben, nach dem Tode fortdaure, und, wenn er hier von anhaftender Tierheit sich gereinigt, dort eingehe zu wahrhaftem Leben der Glückseligkeit, sonst aber zu allem Unheil. Hiezu kam noch die Lehre von einem einzigen Gott, dessen Unendlichkeit durch die vielfachen Götter des Volks versinnbildlicht sei.

V. 483. Auf dem Olympus empfängt Ceres, die bisherige Ackergöttin, der Erdherrschaft höheres *Ehren*amt (s. V. 326, 444, in dem Sinne wie V. 86), und mit der himmlischen Königin Rhea und der unterirdischen Proserpina in eine dreifache Naturgottheit vereint, Anteil an der Weltherrschaft; Hekate aber, als Mitwalterin in den drei Bezirken der Natur, schließt sich mit vorzüglicher Geflissenheit an die Herrscherin der Unterwelt (V. 440).

KALLINUS UND TYRTÄUS

Einleitung

Kallinos, ein uralter griechischer Dichter aus Ephesus, nahezu bis an das Homerische Zeitalter reichend, wird als Erfinder der elegischen Poesie angenommen, welche bei ihm, so wie nachher noch bei Tyrtäus, einen kriegerischen Charakter hatte. Er erlebte einen Einfall der Cimmerier, jenes nordwestlichen Volkes vom äußersten Erdrande. Sie hatten bereits Sardes verheert und bedrohten seine Vaterstadt. Bei dieser Gelegenheit dichtete er den hier mitgeteilten Kriegsgesang voll bündiger Kraft, das einzige größere Stück, was sich von ihm erhalten hat.

Tyrtäos war nach der gewöhnlichen Angabe ein Athener, und die Zeit seiner Blüte wird durch den zweiten Messenischen Krieg — 685 bis 668 vor Chr. — bestimmt. Als in diesem Kriege, so berichtet uns Pausanias, wegen eines Feldherrn, der dem großen Aristomenes die Waage hielt, die Sparter das Orakel angegangen, dieses aber sie an die Athener gewiesen, sandten letztere, die dem Gebote des Gottes nachkommen, aber den Lazedämoniern auch nicht einen leichten Sieg gönnen wollten, den Tyrtäus, der Knaben das Abc lehrte, ein lahmer stiller Mann war, dem man nicht viel Geist zutraute. Was er aber durch Waffen nicht leisten konnte, das leistete er mit der Rede und begeisterte durch seine kriegerischen Gesänge Spartas Jugend zum Kampf, stärkte, als trotzdem die Schlacht am Male des Ebers verlorengegangen war, den gesunkenen Mut, und gewann, da jetzt die Wendung der Dinge günstig geworden, den größten Einfluß daheim wie im Felde. — — (Einige sehen ein bloßes Märchen in dieser Erzählung, das die Selbstgefälligkeit der Athener auf Kosten der Spartaner ausgeheckt.) Tyrtäus ward für seine Verdienste um Sparta mit dem Bürgerrechte begabt, auch späterhin verordnet, daß im Felde vor dem Zelte des Königs die Elegieen desselben in aller Krieger Gegenwart vorgelesen wurden, wie überhaupt seine Gesänge sich bis auf die spätesten Zeiten im Munde der spartischen Jugend erhielten, über Tisch aber von derselben in die Runde gesungen wurden.

KRIEGSLIEDER

I

Bis wann meint ihr zu ruhn? Wann, Jünglinge, werdet den Mut
   ihr
Kräftigen? Schämet ihr euch vor den Umwohnenden nicht,
Also schlaff, wie ihr seid? Ihr wähnt im Frieden zu ruhen,
   Während doch ringsumher waltet der Krieg durch das Land.
Auf! und wider den Feind! mit dem mächtigen Schild ihm ent-
   gegen!
Und eur letztes Geschoß werft, wann das Leben entfleucht!
Denn preiswürdig ja ist's und verherrlicht den Mann, zu ver-
Sein heimatliches Land, Kinder und jugendlich Weib [fechten
Gegen den Feind. Einst nahet das Ende sich, wann es die Moire
Über den Menschen verhängt: Grade denn stürmet dahin,
Hochher schwingend den Speer und ein mutiges Herz an die
   Tartsche
Fest angedrängt, wann des Kampfs blutig Gewirr sich erhebt!
Denn zu entfliehn dem Todesgeschick ward unter den Männern
Keinem bestimmt, wenn auch schon Göttern entsproßte sein
   Stamm.
Oftmals blutigen Schlachten entflohn und dem Lanzengesause
   Kehrt er zurück und daheim bringt ihm die Moire den Tod.
Aber nicht ihn, traun, liebet das Volk, ihn sehnt es zurück nicht,
   Doch fällt jener, da klagt Niedrer und Hoher um ihn.
Denn es verlanget die Bürger zusamt nach dem tapferen Manne,
   Sank er, und lebend erscheint göttlicher Helden er wert.
Gleich wie ein schützender Turm ja stehet er ihnen vor Augen,
   Denn was für viele genügt, hat er als einer getan.

Kallinus.

II

Ja, ruhmwürdig erlag, wer ein tapferer Mann bei der Streiter
   Vordersten fiel, in dem Kampf schirmend das heimische Land.
Aber entflohn aus befreundeter Stadt und gesegneten Fluren
   Betteln zu ziehn, fürwahr das ist das herbste Geschick:
Wenn mit dem grauen Erzeuger er umirrt und mit der lieben
   Mutter, den Kindlein zumal und mit dem blühenden Weib!
Unwillkommen, verhaßt ist er jeglichem, welchen er antritt,

Durch schwerlastender Not harte Bedrängnis verführt,
Decket mit Schmach sein Geschlecht und entwürdigt den Adel
  der Bildung,
 Ihm folgt jeglicher Hohn, jede Verworfenheit nach.
So denn keinerlei Ehre dem Manne, dem flüchtigen, blühet,
 Und sich auf immer von ihm wendet die achtende Scheu,
Streiten ums Vaterland hochherzig wir, und für die Kinder
 Sinken wir hin, niemals feig um das Leben besorgt!
Nein, mit Beharrlichkeit fechtet, o Jünglinge, nebeneinander,
 Keiner gedenke zuerst bange der schändlichen Flucht;
Sondern erregt hochsinnig den kräftigen Mut in der Brust euch,
 Streitend im Männergefecht achtet das Leben für nichts!
Aber verlaßt die Bejahrten mir nicht! — es regen behend sich
 Ihnen die Kniee nicht mehr — bleibet zur Seite dem Greis!
Denn viel bringet es Schmach, wenn in vorderster Reihe gefallen
 Vorn vor dem jüngeren Volk liegt der betagtere Mann,
Welchem die Scheitel sich weiß und das Barthaar grau schon ge-
  färbt hat,
 Und er den mutigen Geist also im Staube verhaucht;
Da er die blutige Scham mit den eigenen Händen bedeckt hält,
 (Schmachvoll wahrlich und fluchbringend den Augen zu schaun!)
Nackt da liegend der Leib! Wohl stehet dies alles dem Jüngling:
 Wen ja der Jugendlichkeit lachende Blüte noch ziert,
Herrlich erscheint er den Männern, er dünkt liebreizend den
 Weil er lebet, und schön, fiel er im Vordergefecht. [Frauen,

Tyrtäus

III

Auf! das Geschlecht ja seid ihr des unbezwungnen Herakles;
 Fasset euch Mut! noch hält Zeus nicht den Nacken gewandt.
Nicht vor der Menge der Männer erbebt, nein, zeiget euch wacker!
 Stracks auf die Vordersten dar halte der Streiter den Schild!
Haßt mir das Leben einmal! und die finsteren Lose des Todes,
 Wenn sie in Helios' Strahl nahen, begrüßet mit Lust!
Denn hell sehet ihr leuchten die Mühn des bejammerten Ares,
 Und wohl kennt ihr des Kriegs furchtbares Wogengesaus,
Wart mit den Fliehenden auch und wart im Zug der Verfolger,
 Jünglinge, beiderlei Los habt ihr zur Gnüge geprüft.
Welche da kühn ausdauern und fest aneinander sich haltend

Stürzen ins Vordergefecht, hart auf dem Leibe dem Feind,
Deren erliegt ein geringerer Teil und sie schirmen den Nachhalt,
Doch dem Verzagten entweicht alles, so Kraft wie Geschick;
Keiner vermöchte fürwahr mit Worten genug es zu sagen,
Welcherlei Übel den Feigherzigen alles bedroht.
Denn abscheulich ja ist's, wann hinten im Rücken des Feindes
Schwert den entfliehenden Mann trifft im Getümmel der Schlacht:
Und scheuselig dem Blick liegt da im Staube der Leichnam,
Welchen die Spitze des Schafts zwischen den Schultern durchbohrt.
Dulde denn wohl ausschreitend ein jeglicher, beide die Füße
Fest aufstemmend im Grund, Zähn in die Lippen gedrückt;
Aber die Hüften und Schenkel hinab und die Brust und die Schultern
Sicher und wohl mit des Schilds räumigem Bauche gedeckt;
Doch in der Rechten erheb er zum Schwung den erdröhnenden Schlachtspeer,
Und graunregend daher wehe vom Haupte sein Busch.
Schreckliche Taten vollbringend erlern er die Werke des Krieges,
Und nicht, fern dem Geschoß, steh er im Arme den Schild;
Sondern ins Antlitz tretend dem Feind, mit des mächtigen Speers Wucht
Treff er ihn, oder das Schwert fassend, im engen Gefecht:
Und da presse sich Fuß an Fuß, und Schild sich an Schild, da
Flattere Busch an Busch, stoße der Helm sich am Helm,
Und Brust klopfe an Brust: so mög er sich fassen den Gegner,
Hoch sein Schwert in der Faust oder den ragenden Speer.
Ihr dann, rasche Gymneten, der andere hinter der andern
Schilde daniedergeduckt, necket mit grobem Gestein,
Und die geglätteten Schaft' in die Reihn unermüdlich entsendend,
Schließet euch nahe gedrängt an die Geharnischten an.

                                                           Tyrtäus

Anmerkungen

I

V. 1—2. *Jünglinge,* für kriegsfähige Mannschaft vom 20. bis zum 40. Jahre. — *Umwohnende* heißen hier die Bewohner des platten Landes um Ephesus (Kolonie attischer Ionier in Kleinasien), die von den griechischen Eroberern unterjochten und mit deren ärmerem Gefolge vermischten Ureinwohner. Diese mußten nach altgriechischer Sitte, die sich in einzelnen Gegenden noch spät erhielt, dem Ackerbau obliegen, von dem Ertrag ihrer Ernten einen Zehnten an die herrschenden Städter entrichten, Handwerke und Viehzucht für sie treiben, waren vom Anteil an der Staatsverwaltung und vom Priestertume ausgeschlossen und hatten im Kriege bloß Heerfolge in leichter Bewaffnung zu leisten. Das Verhältnis war, nach den Bedingungen, welche die siegreich Eingedrungenen zugestanden hatten, härter oder milder, in einigen Gegenden eine völlige Leibeigenschaft, wie in Thessalien, in anderen an einem Teile selbst mit Anteil an bürgerlichen Rechten verbunden, an dem anderen sogar schmähliche Knechtschaft, wie in Sparta jenes mit den Perioiken, dies mit den Heloten (dem Staat gehörigen Sklaven) der Fall war. Wo frühzeitige Aufklärung, Milde der Sitten, lebhafter Verkehr diese Unterdrückten zeitig zu einem gewissen Wohlstande und dem Gewichte einer moralischen Macht gebracht hatte, wie in Athen, ward Ausgleichung der billigen Forderungen zwischen dienendem und herrschendem Stande frühzeitig erreicht, damit aber, nach der Natur menschlicher Entwicklung, auch der Sieg des demokratischen Elementes über das oligarchische unwandelbar, zum Gedeihen großartigen Staatslebens, entschieden.

V. 5 fehlt im Original und ist neu eingesetzt. Es scheinen jedoch mehrere Verse zu fehlen.

V. 11. *Tartsche,* Schild.

V. 20. Eine schöne Parallelstelle ist in Eleg. III. des Tyrt.

Alternd auch glänzt er vor allen im Volk und keiner verletzt ihm
  Weder die ehrende Scheu, noch das gebührende Recht.
Naht er, da stehen die Jüngern ihm auf, und die Altersgenossen
  Weichen vom Sitz, und selbst Ältere treten zurück.

V. 20. *Göttlicher Helden,* d. h. Heroen, Halbgötter.

V. 22. *Denn was für viele* usw.; was schon ehrenvoll genug wäre, wenn viele es getan hätten.

II

V. 1—2. *Bei der Streiter Vordersten,* in der Linie der Schwergerüsteten.

V. 3. *Aber entflohn* usw. Ehrlosigkeit, folglich Verlust des Bürgerrechts, traf den Feigling, der sich dem Kriegsdienste entzogen hatte, oder aus dem Kampfe geflohen war.

V. 25. Über dem kurzen Leibrock, der gewöhnlich rot (Nationalfarbe) war, deckte den hellenischen Krieger der Brustharnisch: das Haupt der Helm, die Wade die Beinschiene, den Mann der Schild, gewöhnlich mannsgroß; Arme und Schenkel blieben entblößt.

III

V. 1—2. Durch seine Mutter Alkmene, die Enkelin des Perseus (s. im Anh.), hatte *Herkules* (s. Anh.) das Anrecht auf die Herrschaft in Argos (Argos ist der älteste Name des oder vielmehr der Peloponnes); seine Nachkommen machten dasselbe geltend, und die gemeinschaftlich regierenden Königsgeschlechter in Sparta stammten von ihm. Herakliden heißen sowohl des Herkules unmittelbare Abkömmlinge, als die Scharen dorischen Volks, die mit ihnen die alten Achäer und Ionier aus dem Peloponnes trieben. — *Zeus,* als Vater des Herkules, ist oberster Schutzherr von Sparta. Die Gottheit wendet, wie irdische Herrscher, ihr Antlitz zu, zum Zeichen der Gunst, und hinweg, zum Zeichen der Ungunst.

V. 35. *Gymneten*; Nackte, d. i. ohne Panzer; leichte, mit Wurfspeer, Pfeil und Bogen oder Schleuder bewaffnete Truppen, aus den Umwohnenden und Leibeigenen gewählt, dergleichen jeder Spartaner sieben im Felde bei sich zu haben pflegte, die ihn bedienen und hinter ihm im Kampfe bei der Hand sein mußten, während die großen Schilde der Schwerbewaffneten ihnen zum Verstecke dienten.

THEOGNIS

Einleitung

Die Geburtsstadt des griechischen Dichters *Theognis,* dessen gnomische Verse durch ganz Griechenland in aller Munde waren, ist Megăra, die Nachbarin von Athen. Er soll um die achtundfünfzigste Olympiade, 548–545 vor Chr., bekannt geworden sein. Aus seinen Gedichten ergibt sich, daß er eng in die politischen Wechsel seines Vaterlandes verflochten gewesen. Dieses hatte früherhin unter oligarchischer Herrschaft gestanden, die um 612–609 v. Chr. in die Tyrannei des Theagenes übergegangen war. Durch Demokratischgesinnte ward letzterer gestürzt, aber bald darauf entlud sich der Haß der Menge wider Adel und Reichtum in den wildesten Ausschweifungen gegen die vornehmen Geschlechter. „Als die Megarenser", erzählt Plutarch, „den Tyrannen Theagenes verjagt hatten, bewiesen sie nur kurze Zeit Mäßigung in ihrem Staatswesen. Denn da ihnen die Demagogen den Wein der Freiheit, um Platos Ausdruck zu brauchen, reichlich und ungemischt einschenkten, kamen sie ganz außer sich, und die Armen verfuhren sowohl im übrigen mutwillig wider die Reichen, als auch kamen sie in die Häuser derselben, ließen sich köstlich auftafeln und schmausten. Wo man ihnen nicht willfahrte, ward alles zertrümmert und verschändet. Zuletzt machten sie einen Volksbeschluß, vermöge dessen ihnen ihre Gläubiger die Zinsen, die sie ihnen gezahlt hatten, zurückgeben mußten." — Der Mißbrauch demokratischer Freiheit erschöpfte sich in Ächtungen und Vermögenseinziehungen, welche die Folge hatten, daß die ausgetriebenen Geschlechter sich sammelten, die Gegner in einer Schlacht überwanden und so zur Rückkehr und Wiederherstellung ihres Regiments gelangten. Allein sie verloren es nachher aufs neue, und ziemlich lange nach Theognis' Tod erst kam es wieder zu einer Oligarchie.

Der Dichter selbst war unter den verbannten Edlen. Er machte damals verschiedene Reisen, und scheint sich längere Zeit in Sizilien, schon als hochbejahrter Mann, aufgehalten zu haben. Die Zeit seiner Heimkehr ist ungewiß. Ohne Zweifel aber schrieb er den größeren Teil der Gnomen während jener zweiten Periode der Volksherrschaft; und zwar im bittersten Unmut über den Verlust seiner Güter, über den traurigen Zustand des öffentlichen Wesens und den gesunkenen Adel, der die Vermengung des Geblüts durch Heiraten mit der niederen Klasse zuließ. Diese Gnomen sind moralische und politische Sprüche, für die vornehme Jugend. Nach Welcker hätte man unter dem Kyrnos, welchem die größre Sammlung zugeeignet ist, nicht eine wirkliche Person oder den Geliebten des Dichters zu denken, Kyrnos ist ihm kein Eigenname, sondern bedeutet: adliger Jüngling. Unter der Benennung *Edle* und *Gute* versteht Theognis (vielleicht nach allgemeinem Sprachgebrauch seiner Landsleute, besonders seiner Standesgenossen) in der Regel die adligen und reichen Geschlechter; unter *Feigen, Schelmen, Schnöden, Frevlern* aber deren Gegner, die Gemeinen; doch gilt an mehreren Stellen der gewöhnliche moralische Begriff jener Wörter.

Neben der Gnomologie an Kyrnos und Polypädes hat man noch verschiedene andere Poesien, welche nicht alle mit gleichem Rechte unserem Dichter beigelegt werden.

Theognis, eine kräftige, rechtliche, aber einseitige Natur, deren Schroffheiten widrige Schicksale geschärft haben, zeigt sich als einen gebildeten, ja begeisterten Freund der Musen und alles Schönen, und spricht — wenn man die Sache so ansehen will — durch die Herzlichkeit seiner Zuneigung zu dem Jünglinge an, dem er nach griechischer Sitte durch das Band zärtlicher Teilnahme zugetan ist; einer Teilnahme, die in ihrer ursprünglich edeln und reinen Gestalt von den weisesten Männern des Altertums als eine Quelle hoher sittlicher und politischer Wirkungen anerkannt wurde.

I

AN KYRNOS

1

Hoffnung verbleibt noch den Menschen allein trostbringende
    Gottheit,
  Und nach olympischen Höhn kehrten die andern zurück.
Hinschied Treue, so groß vor den Göttinnen; hin auch der
    Männer
  Ernst, und die Chariten, Freund, haben die Erde geräumt.
Nicht mehr binden die Eide zum Rechttun unter den Menschen,
  Keiner auch beut Ehrfurcht ewigen Göttern annoch,

Und ausstarb das Geschlecht Frommdenkender: weder der Themis
  Ordnungen achtet man mehr, weder was Frommen geziemt.
Aber solang wer lebt, und ihm Helios' Strahlen noch leuchten,
  Ehre die Götter sein Herz, bleib er der Hoffnung getreu.
Und zu den Himmlischen fleh er, und glänzende Schenkel verbrennend
  Zünd er zuerst und zuletzt immer der Hoffnung ihr Teil.

2

Doch dir will ich in Liebe verkündigen, was ich, o Kyrnos,
  Selber von Edlen gelernt, als ich ein Knabe noch war.

3

Nichts ist süßer fürwahr, als Vater und Mutter zu haben,
  Sterblichen, Kyrnos, die noch heiligem Rechte getreu.

4

Doch wer Achtung nicht trägt vor dem Haupt hingreisender Eltern,
  Solchem besteht nicht lang, Kyrnos, in Segen das Haus.

5

Kyrnos, scheue die Götter und fürchte sie: dieses nur wehret
  So in der Tat als im Wort frevles Beginnen dem Mann.

6

Anfangs gleich frommt wenig die Lüg, und nahet der Ausgang,
  Gibt ihr Gewinn heillos gleich wie entehrend sich kund,
Beides zumal; und es bleibt nichts Würdiges ferner dem Manne,
  Folgt ihm die Lüg, und entschlüpft über die Lippen einmal.

7

Keiner, o Kyrnos, ist selbst sich des Wehs Urheber und Segens,
  Sondern die Götter allein spenden dies Doppelgeschick.
Und kein Sterblicher mühet im Schweiße sich, wissend im Geiste,
  Ob es zu fröhlichem Ziel oder zu herbem gedeiht.
Denn wer das Törichte meinte zu tun, oft tat er das Gute,
  Und wer das Gute vermeint, hat das Verkehrte getan.

So mag keinem begegnen der Sterblichen, was er begehrte,
  Denn Hülflosigkeit legt engende Banden ihm an.
Sterbliche sind wir und sinnen Vergebenes, tappend im Finstern,
  Und wie es ihnen genehm lenken die Götter das All.

8

Hoffart sendet zuerst aus verderblichen Losen die Gottheit,
  Wem sie, o Kyrnos, das Haus ganz zu entwurzeln beschloß.
Hoffart wächst aus Ersättigung auf, wenn dem frevelen Manne
  Segen gefolgt und ihn nicht sinniger Geist auch beseelt.

9

Nimmer der Armut Qual, die verzehrende, wolle dem Manne
  Du vorwerfen im Zorn, noch den verhaßten Bedarf.
Denn Zeus richtet dem Menschen ein andermal anders die Waage,
  Bald ihm zu reichem Besitz, bald daß ihm alles gebricht.

10

Nie ein verwegenes Wort entgehe dir! Keiner, o Kyrnos,
  Weiß ja, was über die Nacht reif für den Sterblichen wird.

11

Lieber, o Zeus, ich staune dich an: denn allen gebeutst du,
  Und dir bleibet die Ehr und die unendliche Macht.
Und wohl kennst du der Sterblichen Sinn, und jedes Gemütsart,
  Doch hoch über sie all herrschest, o König, nur du.
Wie nun erträgt, Kronide, dein Herz, daß in selbigem Ansehn
  Beide, den redlichen Mann und die Verruchten, du hältst?
Ob zu besonnenem Tun sich der Geist, ob zu sündigem wende,
  Daß er im Menschen dem Reiz freveler Taten gehorcht;
Und von der Gottheit nirgend den Sterblichen je ein Gesetz sich
  Zeigt, noch ein Pfad, der genehm vor den Unsterblichen macht?

12

Möchten, o Vater Zeus, doch die Himmlischen immer den Frevlern
  Gönnen ihr böses Gelüst! aber auch dieses genehm
Achten, daß wer da verhärteten Sinns leichtsinnigen Taten
  Sich hingäbe, getrost über der Götter Gericht,

Selber sofort auch büßte die Sünd, und des Vaters Verschuldung
 Nicht noch den Kindern aufs Haupt fiel' im Verlaufe der Zeit:
Und, wenn des Frevelnden Söhne das Redliche denkend auch redlich
 Handelten, scheuend im Geist, Zeus, zu entrüsten dein Herz
 (Daß sie von Anfang gleich Rechtschaffenheit übten im Volke),
 Keiner entgälte, was einst sündige Väter verwirkt.
Hielten sie doch dies billig, die Seligen! Aber der Täter
 Geht frei aus, und die Schuld träget ein anderer jetzt.

13

Dieses denn auch, der Unsterblichen Fürst! wie mag es gerecht sein,
 Daß, wenn von frevelem Tun rein sich bewahret ein Mann,
Und sich nicht Schuld ausfindet an ihm noch sündiger Eidschwur,
 Sondern gerecht er sich weiß, nicht auch Gerechtes erfährt?
Welcher hinfort wohl sollte der Sterblichen, schauend auf diesen,
 Ehre den Himmlischen tun, oder mit welchem Gefühl?
Wenn sich der frevele Mann, der vermessene, welchen der Menschen,
 Welchen der Himmlischen Zorn nimmer bewegt im Gemüt,
Frech in des Reichtums Segen ersättiget, doch die Gerechten
 Schmachten in Not, vom Bedarf schmählich daniedergedrückt.

14

Gehe dir's wohl, wie du tust! was bedürftest du anderer Botschaft?
 Für hülfreiches Bemühn findet der Bote sich leicht.

15

Aber von Tadel befreit bleibt unter den Irdischen keiner:
 Glücklich denn noch, wes Tun weniger Zunge nur müht.

16

Nie wird einer der Sterblichen sein, noch ward er zuvor je,
 Welcher von allen gelobt stiege zum Aïs hinab.
Mag doch Er selbst, der Menschen und himmlischen Göttern gebietet,
 Zeus, der Kronide, sich nie Lobes bei allen erfreun.

17

Süßer, o Kyrnos, ist nichts, als ein tugendlich Weib zu besitzen;
Zeuge bin ich, doch du sei mir ein Zeuge des Worts.

18

Doch mir ein Greul ist ein lotterndes Weib und der wüste Geselle,
Welcher ein fremd Saatland frech zu bepflügen gedenkt.

19

Herbe zugleich und lieblich erzeige dich, hart und unnahbar,
Löhnern und Knechten und wer nah an den Pforten dir wohnt.

20

Gleich zwar richteten sonst die Unsterblichen ein den Menschen
Beides, der Jugend und schwerdrückenden Alters Geschick.
Aber von allem ist doch das entsetzlichste, ja was den Tod auch
Selbst und den Unfrohmut jeglicher Seuche besiegt:
Wenn du Kinder erzogen und jegliches Liebe geleistet,
Und Reichtümer gehäuft, mancherlei duldend des Wehs,
Feinden sie an den Erzeuger und fluchen ihm, daß er verderbe,
Und scheel sehen sie ihm, wie wenn ein Bettler sich naht.

21

Wert ist, daß Gold und Silber ihn aufwägt, wer da in Zeiten
Schwerer Entzweiungen dir, Kyrnos, die Treue bewahrt.

22

Keinem der Sterblichen weichet an Wert ein trauter Gefährte,
Welchem zu sinnigem Geist, Kyrnos, die Kraft sich vereint.

23

Keiner erweist sich als Freund, wenn dem Mann Unsegen da-
herkam,
Hätt auch der nämliche Schoß, Kyrnos, zum Licht sie gebracht.

24

Ja, sieht einer der Freunde, daß irgend mich Leiden bedränget,
Kehrt er das Haupt seitwärts, mich zu erblicken besorgt.
Aber ist Heil mir geschehn, wie dem Sterblichen selten begegnet,
Dann wird Gruß mir und Kuß reichlicher Liebe gezollt.

25

Wenn du leidest, o Kyrnos, dann kranken wir bitterlich alle,
Aber was sonst uns betrübt, geht mit dem Tage dahin.

26

Kose mir nicht mit Worten und denke dann anders im Geiste,
So du mich liebest und treu schläget im Busen dein Herz.
Sondern mich lieb entweder in Lauterkeit, oder entsagend
Feinde mich an und erheb offen vor allen den Zwist.
Doch wem bei einiger Zunge das Herz zwiefältig, o Kyrnos,
Der ist ein arger Gesell, Feind mir erwünschter denn Freund.

27

Kyrnos, in jeglichen Freund mit gediegsamer Weise dich finden
Lern, anschmiegend den Sinn, wie ihn ein jeglicher hegt.
Triff der Polypen Natur, vielarmiger, welche vom Felsen,
Dran sich ihr Körper gerankt, bald auch die Farbe gelehnt.
Jetzt zwar steure nach dort, doch ein andermal zeige dich anders,
Mehr als unlenkbarer Sinn nützet gefügige Kunst!

28

Niemals, sitzen wir nahe dem Weinenden, wollen wir lachen,
Kyrnos, des eignen Gedeihns denkend in selbstischer Lust.

29

Laß uns den Freunden das Weh, da zugegen sie, tilgen im Keime,
Kyrnos, und gehen nach Rat während der Schaden erwächst.

30

Zürnt' um Verirrungen jeder sogleich jedwedem der Freunde,
Nimmer verstünde man sich herzlich und liebend annoch

Untereinander: dem Lose der Sterblichen folgt der Irrtum,
Kyrnos, und Götter allein sehen denselben nicht nach.

31

Also gebührt, daß der Edle, verändert er seine Gesinnung,
Doch bis zum Ende sie treu immer bewahre dem Freund.

32

Goldes und Silbers versichern sich kunstausübende Männer
  Prüfend in Glut: doch der Wein zeiget des Mannes Gemüt,
Wär er auch hochverständig, wenn über Gebühr er ihn hinnahm,
  Daß er Beschämung ihm bringt, war er auch weise zuvor.

33

Zweimal erwäg und dreimal, was irgend dir kam in den Busen,
  Denn zufahrender Sinn reißt in Verderben den Mann.

34

Auch den Behenden ereilet ein Langsamer, folgend mit Rate,
  Kyrnos, durch grade daherschreitendes Göttergericht.

35

Einsicht schenken die Götter als trefflichste Gabe den Menschen,
  Kyrnos; durch Einsicht kann alles beherrschen der Mensch.
Selig, o wer sie wahrt im Gemüt! Wohl darf man um vieles
  Schnöder Gewalttat sie und dem verderblichen Stolz [ärgres,
Vorziehn. Stolz ist ein Übel dem Sterblichen, daß ihm kein
  Kyrnos, denn dieser auch bringt jegliches Laster hervor.

36

Besser Vermächtnis kannst du zurück nicht legen den Kindern,
  Kyrnos, denn Scham, die den Geist edeler Männer erfüllt.

37

Hoffnung sowohl als Gefahr zeigt gleiche Gestalt für die Men-
  Denn unverlaßbar ist beider Dämonen Natur.   [schen,

Oftmals gegen Versehn und Vermutbarkeit treffen die Werke
Sterblicher zu, und es schlägt Weiseberatenes fehl.

38

Nimmer auch sollst du schwören: es kommt nie dieses zum Aus-
Götter erzürnt solch Wort, welchen das Ende vertraut. [gang!

39

Güterbesitz blüht manch Unverständigem: doch die dem Schönen
Nachgehn, solchen verzehrt bittre Bedrängnis das Herz.
So sind gleichergestalt den beiden die Hände gefesselt,
Denn, wenn die einen das Gut, hindert die andern der Geist.

40

Plutos, du anmutvollster und lieblichster unter den Göttern,
Mit dir wird auch ein Schelm bald zum vortrefflichen Mann.

41

Schwer drückt nieder den Edlen vor jeglicher Bürde die Armut,
Selbst vor ergreisendem Haar, Kyrnos, und Fiebergewalt:
Ihr zu entgehn, ja Kyrnos, in scheusalwimmelnde Meerflut
Stürz er sich, und vom Geklipp schwindelnder Felsen hinab!
Denn wenn in Not hinschmachtet ein Mann, nie freut er des
Wortes,
Nie sich der Tat, und Zwang hält ihm die Zunge gelähmt.
Rings durch die Länder der Erd und auf mächtigen Schultern
des Meeres
Muß er aus lastender Not, Kyrnos, Befreiung erspähn.
Sterben, du trautester Kyrnos, ist besser dem darbenden Manne,
Als in der Armut Qual fürder das Licht zu erschaun.

42

Nicht dasein, das wäre den Irdischen völlig das Beste,
Und niemals zu erschaun Helios' sengenden Strahl;
Aber geboren, sogleich durch des Aïdes Pforten zu wandeln,
Und still liegen, den Staub hoch auf dem Hügel gehäuft.

43

Hand anlegen doch ziemt. Schon wuchs ja aus Schlimmem, was
heilsam,
Gleich wie aus Gutem was schlimm: wie der bedürftige Mann
Bald sich gesehn in Segen, und wer unermeßlich beglückt war,
Plötzlich, in einziger Nacht, tief in das Elend gestürzt.

44

Keiner ist ganz und in allem ein Glücklicher, aber der Edle
Trägt, wenn ihn Kummer umfängt, ohn es zu zeigen jedoch.
Feigen indes weiß nimmer im Leide sich, nimmer im Glücksstand
Gleich zu gebärden der Mut. Gaben der Himmlischen nahn
Vielfach gestaltet herab zu den Sterblichen: aber mit Standmut
Ziemt's zu empfahn, was je himmlische Götter beschert.

45

Was du begehrst, ich kann nicht, o Herz, dir alles erfüllen:
Duld; um des Schönen Genuß sehnest nicht du dich allein.

46

Sterblichen kommt es nicht zu mit unsterblichen Göttern zu
Noch Anklage zu tun: keiner hat dessen ein Recht.   [hadern,

47

Dem, was die Moire verhängt, nicht kann man ihm, Kyrnos,
entschlüpfen,
Doch was die Moire verhängt, bin ich zu dulden nicht bang.

48

Lasse zuviel nicht sehn; mißratet dir etwas, o Kyrnos,
Findest du wenige nur, welche dein Kummer betrübt.

49

Wem da ein mächtiges Wehe geschah, dem schwindet das Herz
ein,
Kyrnos, doch mächtig erstarkt's, wenn er Vergeltung geübt.

50

Fasse, mein Herz, dich im Leiden, ob auch Unerträgliches dul-
  Nur in den Feigen erbraust heftig das Innre sogleich. [dend
Wolle doch du um Vergebliches nicht, selbst mehrend den Unmut,
  Dir anhäufen die Last, deinen Geliebten den Gram,
Und froh machen die Gegner! Was himmlische Götter verhängten,
  Nicht leicht mag ihm entgehn, wer vom Vergänglichen stammt,
Tauchet' er selbst in die Tiefe des purpurnen Sees hinunter,
  Hätt ihn der Tartaros auch schon in die Nebel gehüllt.

51

Fasse dich, Kyrnos, im Schmerze, du hast auch Freuden genossen,
  Wenn nun auch ihn das Geschick dir zu versuchen gebeut!
Und wie mit Leide gewechselt die Lust, so strebe dagegen
  Ihm zu enttauchen, mit Flehn zu der Unsterblichen Huld.

52

Wenig Bekümmernis macht mir die Qual herzkränkender Armut,
  Oder der Gegner Gezücht, welches den Namen mir schmäht.
Aber ich traur um die Jugend, die liebliche, welche mir fremd
  Und wehklage, daß nah drückendes Alter mir kommt. [wird,

53

Nicht am Vergeblichen weile den Geist, noch setze zum Ziel dir
  Solcherlei Tun, das nicht einen Erfolg dir verheißt.

54

Schweißlos spendeten nie die Unsterblichen Schlimmes noch Gutes
  Jemals: aber es eint mühsamer Tat sich der Ruhm.

55

Nimmer zuviel anstreben! Die Mitte nur frommet in allem,
  Und so nahst du dem Preis, Kyrnos, der schwer sich erringt.

56

Nimmer zu viel anstreben! In allem, was Menschen beginnen,
  Frommt's, zu erwägen die Zeit: oft zu gepriesenen Höhn

Eilet ein Mann, des Gewinns sich befleißigend, welchen ein Dä-
Arglistvoll in das Netz tiefer Versündigung führt, [mon
Und ihn mit Blindheit schlägt, daß Verderbliches heilsam ihm
dünket,
Leicht, und was nützlich ihm wär, ihm als verderblich er-
scheint.

57

Mancherlei geht, und ich weiß es, dahin vor mir: aber die Not
legt
Schweigen mir auf, denn ich weiß, was ich zu leisten vermag.

58

Vielfach regen sich Kräfte des Frevelen unter den Menschen,
Aber des Herrlichen auch, auch des Behülflichen viel.

59

Auch nicht der Leu speist immer im Fleische sich, sondern er selbst
Ob ein Gewaltiger schon, prüfet die Arme der Not. [auch,

60

Fördere keinen Tyrannen um Hoffnungen, frönend dem Vorteil,
Laß auf Verschwörungen auch nicht, ihn zu töten, dich ein.

61

Streng nach der Richtschnur wandl ich dahin, mich nach keiner-
lei Seite
Neigend vom Weg, denn ich muß alles bedenken nach Recht.
Frieden der Heimat geb ich, der strahlenden, weder dem Volke
Weichend, noch auch zum Rat freveler Männer gewandt.

62

Er, der als Burg dastehet und Turm dem verblödeten Volke,
Kyrnos, wie ärmlichen Preis träget der Edle davon!

63

Kyrnos, die Stadt geht schwanger: ich fürchte nur, wer ihr
entsprießet,

Steure dem trotzigen Mut, der uns im Busen erwuchs.
Selbst zwar sind noch die Bürger Verständige, aber die Führer
Streben zum Abgrund hin reichlichen Jammergeschicks.

64

Kyrnos, die Stadt geht schwanger: ich fürchte nur, wer ihr
                                                   entsprießet,
    Führ uns verwegen den Tag herber Empörung heran.
Oft ja bereits ist unsere Stadt durch der Führer Verkehrtheit
    Gleich dem enttakelten Schiff an das Gestade gerannt.

65

Jägerin Artemis, Tochter des Zeus, die geweiht Agamemnon,
    Als er mit rüstigem Zug schiffte zum Troergefild:
Höre mich Flehenden an, und verscheuche mir feindliche Keren;
    Dir ja ist, Göttliche, dies wenig, und viel ist es mir.

66

Welchergestalt wir anjetzt, da die blendenden Segel gesunken,
    Treiben aus Malischer Bucht hin durch umfinsterte Nacht:
Keiner gedenkt zu entschöpfen den Schwall, und es stürzt das
                                                   Meer doch
Hüben und drüben herein. Wahrlich mit Mühe nur mag
Retten sich wer! Doch sie sind getrost; den erfahrenen Steurer
    Taten sie fort, der Wacht übte mit kundigem Fleiß,
Und frech raffen sie Güter sich zu, und dahin ist der Anstand,
    Und ihr gebührendes Teil wird der Gemeine verkürzt,
Und Lastträger gebieten, und Schändliche treten auf Edle:
    Traun mir bangt, daß die Flut gänzlich verschlinge das Schiff!
So viel sei mir in Rätsel geschürzt für der Edelen Scharfsinn,
    Doch leicht möcht auch ein Schelm, wär er nur klug, es ver-
                                                          stehn.

67

Zwar ich wallete fern auch einst zum sikelischen Lande,
    Wallte, wo rebenumgrünt prangt die euboiische Flur,
Sah Sparte, die erglänzende Stadt des beschilften Eurotas,
    Und stets nahmen mit Huld alle den Wandernden auf:
Doch nicht mochte von ihnen Befriedigung kommen dem Herzen,
    So war teuer ihm nichts außer dem Vatergefild.

68

Denk an mein Leiden mir nicht! Ich ertrug, was ertragen Odysseus,
  Welcher zu Aïdes' Haus wandelt' und wiedergekehrt,
Dann auch die Freier noch gar mit dem grausamen Erze getilget,
  Seiner Penelope treu, die er als Mädchen gefreit;
Welche so lang sein harrt' und verzog bei dem trautesten Sohne,
  Bis er betreten das Land und den verwilderten Herd.

69

Hier geht alles in Graus und Zertrümmerung: Keiner jedoch
  Kyrnos, vom ewigen Reihn seliger Götter die Schuld: [trägt,
Sondern der Männer Vergehn und verächtliche Ränk' und Ge-
                                                walttat
  Haben vom Gipfel des Glücks uns in Verderben gestürzt.

70

Möge sogleich einstürzen auf mich des erhabenen Himmels
  Ehernes weites Gewölb, unseren Alten ein Graun,
Bin ich nicht allen nach Kraft ein Gewärtiger, welchen ich wert
Aber den Gegnern ein Weh und ein verderblicher Gram. [bin,

71

Was ich erlitt, ist geringer um nichts, als der schmähliche Tod
                                                gar,
  Und nichts schneidet mir sonst, Kyrnos, so tief in das Herz;
Denn mich verrieten die Freund! und ich selbst, nahtretend den
                                                Gegnern,
  Muß nun prüfen auch sie, wie sie es meinen im Geist.

72

Ach preiswürdig und reich, und beseliget, welcher des Drangsals
  Unteilhaftig der Nacht finstere Wohnung betrat,
Eh er vor Gegnern erbebt, und in Not Unwäges begangen,
  Und an den Freunden ersehn, wie sie es meinen im Geist.

73

Keinem vertrauend aus diesem Geschlecht aufhebe den Fuß da,
  Gläubig an Eidschwurs Kraft oder an teuren Vertrag;

Wollt er auch Zeus den Herrscher, der Himmlischen mächtigsten
Dir darstellen, auf daß Sicherheit werde dem Bund. [Bürgen,

74

Zutraun raffte mein Gut mir hinweg, Mißtrauen erhielt es,
Aber zu beiden nur mag schwer sich entscheiden das Herz.

75

Ach mich verraten die Freunde, derweil ich dem Gegner entrinne,
Gleich wie der Steurer des Schiffs Klippen des Meeres umfährt.

76

Jeglicher ehrt den begüterten Mann und verschmähet den Armen,
Und kein Sterblicher denkt anders als andre darin.

77

Ha, mutloser Bedarf, was mußt du doch also den Schultern
  Schwer aufliegen, und uns Seele verschänden und Leib?
Daß du mir Schimpfliches viel aufnötigest wider Behagnis,
  Da ich im Menschenverkehr Edles und Schönes gelernt.

78

Schenke mir, Zeus, zu vergelten den Liebenden, welchen ich
  wert bin,
Kyrnos, und sicher an Macht über den Hassern zu stehn.
Wahrlich ein Gott dann wollt ich im Menschengeschlechte mich
  dünken,
Fände mich jeglicher Schuld quitt mein Verhängnis dereinst.

79

Fittiche schuf ich für dich, ob des Meers unermeßlichen Räumen
  Hoch herschwebend, soweit Länder erscheinen, zu ziehn,
Ohne Beschwer, und jedem Gelag und jeglichem Siegsschmaus
  Wirst du nahen, im Mund vieler der Menschen genannt!
Dich wird unter Getön hellklingender Flöten im Festschmuck
  Lieblicher Jünglinge Chor laut und melodischen Klangs
Preisend erhöhn, und gingst du durch finstere Tiefen der Erde

Nieder zu Aïdes' Haus, ewiger Klagen Bezirk,
Wird nicht lassen der Ruhm vom Gestorbenen, sondern es wird
dir
Ewig im Menschengeschlecht blühen der Nam unverwelkt,
Kyrnos, da rings du begrüßest hellenische Länder und Inseln,
Über unwirtbaren Meers fischebewimmelte Flut;
Nicht auf dem Rücken der Rosse! dich werden violengekränzter
Musen Geschenke dahintragen auf glänzender Bahn.
Allen fürwahr, die des Liedes sich freun, auch künftigen Men-
Wirst du leben, solang Erde mit Sonne noch weilt. [schen,

II

AUS DEN GNOMEN AN POLYPÄDES

1

Mir drang hell zu dem Ohre des Vogels Geschrei, Polypädes,
Welcher ein Bote daher zeitigen Säegeschäfts
Sterblichen naht: da schlug mir im finsteren Busen der Unmut,
Daß mir die lachenden Aun andre besitzen anjetzt,
Und nicht mir noch die Mäuler das Joch hinziehen am Pfluge,
Wegen der Unglücksfahrt, welche nur andern gediehn.

2

Aber umsonst erspähtest du rings, auch durch jeglicher Menschen
Wohnungen (füllten doch auch kaum sie ein Schifflein zu-
samt),
Denen so gut auf der Zunge sowie auf den Augen die Scham
noch
Weilet, und nicht der Gewinn lockt zu entehrender Tat.

III

TRINKLIEDER

1

König, o Sohn Letos, Zeus' Leiblicher, deiner vergessen
Laß nie mich im Beginn, nie wenn zum Ziel ich gelangt:

Sondern zuerst und zuletzt, und inmitten auch will ich dich
preisen
Für und für; doch du selbst hör und erhöre mein Flehn!

2

Als Leto dich gebar, die gebietende, König Apollon,
　Während ihr zierlicher Arm fest um die Palme sich schlang,
Aller Unsterblichen Schönsten, am Bord des gerundeten Landsees,
　Da ward Delos erfüllt rings, die unendliche Flur,
Voll ambrosischen Duftes, es lachte die riesige Erde,
　Und laut jauchzten des Meers grauliche Wogen im Grund.

3

Musen und Chariten, Kinder des Donnerers, welche zu Kadmos'
　Hochzeit kamen, ihr sangt wahrlich ein treffliches Wort:
Was anmutig, ist wert, was nicht anmutig, ist unwert;
　Also ertönte das Lied euch vom unsterblichen Mund.

4

Trefflichstes bleibt, was am meisten gerecht; Heilsamstes, gesund
Aber am meisten beglückt, wer, was er liebte, gewann. [sein,

5

Frieden und Wohlstand walt in der Stadt, auf daß ich mit andern
Festschmaus feire, mich sehnt's nicht nach verderblichem Krieg.

6

Froh, da noch währet die Jugend, vergnüg ich mich: werd ich
doch lange,
Wann mir das Leben entfleucht, tief in der Gruft, wie ein
Lautlos liegen, verbannt aus Helios' lieblichem Lichte, [Stein,
Und, wie ich wacker auch war, nimmer erschließen den Blick.

7

Doch uns lasset das Herz darbringen dem Freudengelage,
　Während annoch es der Lust minnige Gaben verträgt.
Schleunig ja, wie ein Gedanke, vergeht frischblühende Jugend,
　Rascher nicht stürmet der Lauf mutiger Rosse davon,

Welche den Mann hintragen zum Speeraufruhre der Männer,
  Windschnell, munter einher stampfend das Weizengefild.

8

Nimmer noch mög ein Begehr an der Weisheit Statt und der
                                                    Tugend
  Neu einnehmen mein Herz; sondern mit ihnen im Bund
Will ich mich freun an der Harf und am Chorreihntanz und Ge-
  Und in der Edelen Kreis würdig bewähren den Sinn. [sange,

9

Aufgeht stets mir im Busen das Herz, wann schallender Flöten
  Sehnsuchtregender Laut lieblich mir dringet zum Ohr;
Gern auch trink ich und singe, des Flöteners Töne begleitend,
  Gerne dann halt ich auch dich, schmelzende Leier, im Arm.

10

Laßt uns anjetzt froh werden des Trunkes, Anmutiges redend,
  Aber der Zukunft Los ruht in der Seligen Hand.

11

Blühe mir, liebes Gemüt: bald werden ja andere Menschen
  Hier umwalten, doch ich modern zu düsterem Staub.

12

Nicht ob ich tot einst lieg auf ein königlich Lager gebettet
  Kümmert mich, sondern gewährt sei mir im Leben die Lust.
Sanfter auf Teppichen nicht als auf Stechkraut ruht der Ge-
                                                    storbne;
  Wenig verschlägt es, ob hart oder ob weicher das Holz.

13

Kommt's zum Rasen, so ras ich am lautesten: unter Gelaßnen
  Bin ich von allen sodann wieder gelassen zumeist.

14

Doch ihr tauschet die Wort in Verträglichkeit, weilt ihr am
  Fern abweisend was euch untereinander entzweit, [Becher,

Immer das Ganze bedenkend, und minder nicht alle wie einen,
  Also entbehrt ein Gelag nicht der ergötzlichen Lust.

15

Aber sobald, wer oben noch war, nun unten gestreckt liegt,
  Dann ist es Heimgehnszeit, daß man beende den Schmaus.

16

Schlafen wir, aber die Wacht um die Stadt mag kümmern die Wächter
  Unseres lieblichen rings sicher verwahrten Gebiets.

IV

LIEBESGEDICHTE

1

Nicht mehr trink ich des Weins, da jetzt bei dem zierlichen Mädchen
  Schaltet ein anderer Mann, schlechter um vieles als ich.
Quellflut trinken bei ihr zum Ärger mir ehrbar die Eltern;
  Hat sie das Wasser geschöpft, trägt sie es klagend um mich.
Plötzlich genaht schlang rund um das Kind ich den Arm, und den Nacken
  Küsset' ich, ach! und wie zart tönte vom Mund ihr ein Wort.

2

Zeitig ja auch taucht Eros empor, wann von neuem die Erde
  Unter dem Frühlingshauch lächelt in blumigem Schmuck:
Dann eilt Eros daher von der Kyprier prangendem Eiland
  Rings zu den Menschen, und streut über die Erde die Saat.

3

Während allein ich trank von der schwarz hinrieselnden Quelle,
  Schien mir erquicklich und klar sich zu ergießen die Flut.
Gleich nun ist sie getrübt und mit Schlamm ist die Feuchte gemischet:
  Wohl denn, nach anderem Quell, anderem Strome geschaut!

4

Arger, dich säugten, o Eros, empor die Gewalten des Wahnsinns,
Durch dich sank in den Staub Ilios' ragende Burg,
Sank auch des Ägeus Sohn, der gewaltige, sank des Oïleus
Trefflicher Sproß Ajas, deiner Betörung ein Raub.

5

Knab, an Gestalt zwar lieblich erwuchsest du, aber der Kranz-
    schmuck
Leidigen Unverstands liegt auf dem Haupte dir schwer,
Und dein Herz hat die Sitte des rasch umwendenden Weihen,
Da leichthin dich das Wort böser Gesellen berückt.

6

Stille mir, Kypros' Tochter, die Pein, und zerstreuend die Sor-
Die aufzehren mein Herz, gib mich der Freude zurück. [gen,
Schläfre mir ein den versehrenden Harm, und bei heiterem Mute
Laß, nach der Jugend Genuß, Taten des Ernstes mich tun.

7

Wer zu den Schönen gewandt sein Herz, stets drücket ein Joch
Schmerzlich, ein lästiges Mal gastlicher Liebe, den Hals. [ihm

8

Gut ist, der Gunst bei den Schönen sich freun, gut auch ihr ent-
Leichter ist Liebe gefaßt, als die Erhörung gewährt. [sagen:
Zahllos quellen die Schmerzen hervor, zahllos auch die Freuden,
Aber auch darin selbst zeigt sich des Reizes genug.

Anmerkungen

I

Nr. 1. *Hoffnung.* Es war ein Sprüchwort, daß Verbannte und Unterdrückte von der Hoffnung leben. Sie war allein in Pandoras Gefäße zurückgeblieben. — Die Scham, die Nemesis, die Treue, der

Friede usw. gehören bekanntlich dem goldenen Zeitalter an. — *Der Männer Ernst* (Sophrosyne), die Kardinaltugend griechischer Moral: die Besonnenheit, Entfernung alles Leidenschaftlichen und Übertriebenen, die modestia der Römer.

Nr. 7. *Hülflosigkeit,* die Schranken menschlicher Natur und Verhältnisse.

Nr. 8. *Hoffart,* Frevel (Hybris) und *Ersättigung,* Verwöhnung durch großen Wohlstand (Koros) kommen fast als personifizierte Wesen, gesellt mit der aus ihnen entspringenden Ate (dem aus der menschlichen Kurzsichtigkeit sich unmerkbar entwickelnden Schaden), unendlich oft in der gnomischen Poesie vor.

Nr. 9. *Zeus ... Waage;* Vrgl. Ilias VIII, 69. XXII, 209.

Nr. 11. *Und von der Gottheit nirg.* Diese Klage, wie wenig sich die leichtlebenden Götter um die Sterblichen kümmern, kommt oft genug bei den Dichtern vor, ohne daß sie bei ihnen für etwas mehr als Ausbruch augenblicklicher Verstimmung gehalten werden darf. Ihr Grund oder Ungrund hat die Philosophen ernsthaft beschäftigt, aber die meisten wußten die Ehre der Himmlischen zu rechtfertigen, besonders die Platoniker und Stoiker: wogegen Epikur sich ganz zu Verneinung göttlicher Vorsehung hingewendet hatte, kraft welches Glaubensbekenntnisses auch der alte Ennius eine tragische Person sagen ließ:

Immer hab ich gesagt, und werde sagen, himmlische Götter gibt's:
Aber ich kann nicht glauben, daß sie fragen nach uns Sterblichen:
Täten sie's, wohl ging's den Guten, bös den Bösen, was ja fehlt.

Nr. 14. *Gehe ... tust,* d. h. tue wohl und es wird dir wohl gehen.

Nr. 27. Der *Polyp* soll nach dem Platze, wo er sich anrankt, seine Farbe verändern, besonders wenn er in Furcht sei. Die Sache ist aus der gallertartigen Natur des Polypenleibes, welche auch die Farbe seiner Nahrung durchblicken läßt, hinlänglich erklärbar. Übrigens fordert der Dichter nicht charakterlose Schmiegsamkeit, sondern humane Duldung und Nachgiebigkeit.

Nr. 30. *Götter allein;* sie nur haben das Amt, auf die Versehen der Sterblichen die angemessene Strafe folgen zu lassen.

Nr. 32. *Prüfend,* durch Schmelzen, wo das Reine von den Schlacken gesondert wird.

Nr. 34. Vrgl. Odyss. VIII, 329.

Nr. 39. *Das Gut,* nämlich das mangelnde; *der Geist,* ebenso.

Nr. 41. *Fieber;* das griechische Wort heißt auch Alpdrücken.

Nr. 44. *Ohn es zu zeigen,* ohne mit seiner Standhaftigkeit großzutun.

Nr. 50. Die Überfahrt ins Land der Schatten (siehe *Orkus* im Anhang) geschieht nach den gewöhnlichen Überlieferungen auf einem der Flüsse Acheron oder Kocytus. Diese strömen ineinander und ihre Vereinigung zu einem trägen Sumpfe ist es, was hier ein See heißt.

Purpurn ist Bezeichnung des aufwogenden und eine dunkle Tiefe zeigenden Wassers, ursprünglich von dem ins Düsterrote spielenden Grunde des Mittelländischen Meeres. *Nebligt,* ein gewöhnliches Beiwort des Totenreichs zu Bezeichnung der Finsternis.

Nr. 55. *Nimmer zuviel* und *die Mitte* (das Maß) *nur frommet,* zwei bekannte Denksprüche der Sieben Weisen, jener des Chilon, dieser des Kleobulus oder des Pittakus.

Nr. 60. *Fördere keinen Tyrannen* usw. Die eine Lehre, weil die Tyrannei am wenigsten die Ansprüche der ehemals gleichstehenden Aristokratie verträgt; die andere, weil auf die Tyrannei des einen gewöhnlich die viel schlimmere der Menge folgt, wie es in Megara gegangen war.

Nr. 61. Die Stelle möchte von einem vorübergehenden Verhältnis des Dichters zu verstehen sein, wo ihn das megarische Volk in der Bedrängnis innerlicher Unruhen zum Friedensstifter und Vermittler angerufen; welche Rolle jedoch, wie aus dem gleich Folgenden erhellt, nur eine augenblickliche gewesen sein kann.

Nr. 63. *Die Stadt,* immer nach dem griechischen Begriffe zugleich *Staat,* als Inbegriff der sämtlichen Bürgergemeine.

Nr. 65. *Artemis.* Pausanias führt unter den denkwürdigen Gebäuden von Megara einen Tempel auf, den Agamemnon der Diana gebaut habe, als er nach Megara gekommen, um den dort wohnenden Seher Kalchas zum Mitzuge nach Troja zu bewegen. Auch ein Heiligtum der Iphigenia, welche die Megarenser bei sich geopfert glaubten, zeigte man daselbst dem Reisebeschreiber.

Nr. 66. Vergleichung der politischen Stürme mit dem Kampfe eines Schiffes auf den Wellen. Aus *Malischer Bucht,* d. h. aus dem sicheren Hafen auf stürmische See hinaus. Der Malische Meerbusen, benannt von den Maliern, einer thessalischen Völkerschaft und Gemeinde, bildete eine Reihe durch die vorliegende Insel Euböa gesicherter Schiffsstationen an den Küsten von Südthessalien und Lokris. — *Den erfahrenen Steurer,* wahrscheinlich Theagenes, den ehemaligen Beherrscher von Megara.

Nr. 67. *sikel. L.,* Sizilien. — *Euböa,* sehr fruchtbare Insel des Ägäischen M.

Nr. 68. *Odysseus,* s. *Ulysses* im Anh.

Nr. 70. *Unseren Alten ein Graun.* Wenn der Himmel (nach der schon veralteten Vorstellung unserer frommeren Vorväter, die ein metallenes Gewölbe glaubten) wirklich noch einfallen könnte, wollte ich doch schwören usw.

Nr. 72. *Unwäges,* Unschickliches, Unwürdiges.

Nr. 73. *Der Himmlischen mächtigsten Bürgen;* den höchsten Zeugen, der unter Göttern angerufen werden kann.

Nr. 79. *Siegsschmaus,* zu Ehren der in den Wettkämpfen erworbenen Preise. — *Violengekr.,* veilchengekränzt.

II

Nr. 1. *Vogel.* Wenn der Kranich im Herbste aus Norden gezogen kam, um dem thrazischen Winter auszuweichen, so begann die Wintersaatzeit. — *Unglücksfahrt.* Während seines Aufenthalts im Auslande waren ihm seine Güter genommen worden.

III

Nr. 2. Die Titanide *Leto* (Latona), schwanger von Jupiter mit Diana und Apollo, ward zu einem langen Irrzuge genötigt, ehe sie gebären konnte, weil alle Lande, aus Furcht vor Apollo, der so stolz als mächtig werden sollte, oder aus Furcht vor dem Zorne der eifersüchtigen Juno, sie aufzunehmen sich weigerten. Die Nymphe der Insel *Delos* ließ sich endlich erbitten, und zum Danke dafür soll das Eiland, welches vorher unstet im Meere geschwommen, fest im Meeresgrund geworden sein. Vrgl. Homer. Hymn. I, 47 und 117, Anmerk. — Von dem runden *Landsee* fanden neuere Reisebeschreiber nur noch einen unbedeutenden, mit einer Mauer umgebenen Teich.

Nr. 3. *Was anmutig* usw. Eine alte, den Geist des hellenischen Lebens treu aussprechende Gnome, deren Ursprung sich in Dunkelheit verliert, und daher von dem Dichter auf den Urquell aller Begeisterung, die Musen selbst, zurückgeführt wird.

Nr. 4. Auch diese Verse sind Einkleidung alter Gnomen. Das Distichon heißt bei Aristoteles ein delisches Epigramm; es muß also wohl an einem Orte des delischen Apollotempels angebracht gewesen sein, wie wir finden, daß in den Tempeln häufig Sinnsprüche der Dichter eingegraben wurden.

IV

Nr. 1. Passows Auslegung dieses rätselhaften Stücks ist folgende. Theognis, oder wer der Verfasser ist, liebt ein Mädchen geringer Abkunft, gewinnt sie und führt ein vergnügliches Hetärenleben mit ihr. Die Eltern finden dies auf die Länge mißlich und ahnen kein gutes Ende: darum verheiraten sie das Kind an einen Philister, der sich an Liebenswürdigkeit und Reichtum mit dem Theognis nicht messen kann, aber seiner Hausfrau ein kärgliches, doch sicheres Auskommen gibt. Die Eltern, besser mit dem Schwiegersohne zufrieden, als das Mädchen und Theognis, lassen sich bei ihm kaltes Wasser so gut schmecken, als sonst den Wein des Theognis, und das arme Kind muß es selbst am Brunnen holen. Das tut sie denn unter großen Klagen, eingedenk der Zeit, da des Geliebten Freigebigkeit ihr die harte Arbeit ersparte, und sieht es gar nicht ungern, wenn der alte Freund sie bei dem ungewohnten Geschäft überrascht, und sie an die alte Zärtlichkeit erinnert.

Nr. 2. *Kypr. Eil.*, die Insel Cypern; s. *Venus* im Anh.
Nr. 4. *Ilios*, s. *Troja* und *Paris* im Anh. — *Ägeus S.*, s. *Theseus*. — *Ajas*, des Oïleus Sohn, Fürst der opuntischen Lokrer, riß bei der Zerstörung Trojas Kassandra, des Priamus Tochter, durch ihre Schönheit ergriffen, vom Altare der Pallas, wohin sie sich geflüchtet hatte, und ging dafür durch den Zorn der Götter auf der Rückfahrt im Meere unter.
Nr. 6. Kypr., s. *Venus* im Anh.

THEOKRIT

Einleitung

Der griechische Dichter *Theokritos,* nahezu 300 Jahre vor Chr., in Syrakus, der Hauptstadt Siziliens, geboren, blühte unter der glücklichen Regierung Hiëros II. Von seinen Lebensumständen wissen wir wenig Sicheres. Er hielt sich längere Zeit in Ägypten am Hofe des Königs Ptolemäus I. (Lagus' Sohns) und Ptolemäus II. (Philadelphus genannt) in Alexandria, nachher jedoch wieder in seiner Heimat auf, und starb wahrscheinlich in einem hohen Alter. Die Notiz, daß ihn Hiëro einer Beleidigung wegen habe hinrichten lassen, beruht ohne Zweifel auf einem Irrtum.

Seine Gedichte gehören gewiß zum Vollkommensten, was wir von klassischer Literatur irgend besitzen. Sie sind, abgesehen von den Epigrammen, erzählender, dramatischer, lyrischer Art und heißen Idyllien, worunter man nicht allein ländliche Poesieen, sondern überhaupt kleine dichterische Gemälde zu verstehen hat. Darin begegnet uns die reizendste Naivetät, heitere Ironie, kräftige Leidenschaft, selbst großartige Darstellung und die reichste Mannigfaltigkeit der Anschauungen.

I

DIE CHARITEN

Immer bemüht es die Töchter des Zeus und immer die Sänger
Götter zu preisen, zu preisen die Werke der herrlichsten Männer.
Himmlische sind sie, die Musen, und Himmlische singen von
          Göttern,
Sterbliche nur sind wir, und Sterbliche singen von Menschen.
Wer von allen doch nun, so vielen der blauliche Tag scheint,
Öffnet unseren Chariten wohl, und nimmt sie mit Freuden
Auf in das Haus, und schickt sie nicht ohne Geschenke von
          dannen?
Mürrisch kehren sie wieder mit nackten Füßen nach Hause,
Schelten bitter auf mich, daß umsonst den Weg sie gewandert.
Setzen dann wieder sich hin am Boden des ledigen Kastens,

Gramvoll, niedergebeugt auf die kalten Kniee das Antlitz.
Dort ist ihr trauriger Sitz, wenn gar nichts frommte die Sendung.
Sagt, wo ist noch ein Freund? wer liebt den rühmenden Sänger?
Keinen weiß ich: es trachten nicht mehr die Menschen wie vormals
Eifrig nach Tatenruhm, sie beherrscht nur schnöde Gewinnsucht.
Jeglicher lauert, die Arme verschränkt, und sinnt, wie das Geld ihm
Wuchere, traun, er verschenkte nicht *ein* verrostetes Scherflein,
Sondern da heißet es gleich: „Mir ist näher das Kleid wie der Mantel!
Hab ich nur selber etwas! den Dichter, den segnen die Götter:
Aber was brauchen wir ihn? für alle genug ist Homeros.
Der ist der beste der Dichter, der nichts von dem Meinen davonträgt."
Toren! was nützen euch denn im Kasten die Haufen des Goldes?
Das ist nicht der Gebrauch, den Verständige machen vom Reichtum;
Sondern dem eigenen Herzen ein Teil, und ein Teil den Geliebten!
Gutes an vielen Verwandten getan und vielen der andern
Menschen zugleich; stets Opfer gebracht den Altären der Götter;
Nie unwirtlich dem Gaste begegnet, sondern am Tisch ihn
Reichlich gepflegt und entlassen, wann selbst er zu gehen verlanget.
Aber geehrt vor allen die heiligen Priester der Musen!
Daß du, verborgen im Aïs, noch werdest gepriesen auf Erden,
Und nicht ruhmlos trauerst an Acherons kaltem Gestade,
Gleichwie ein Mann, dem die Hände vom Karst mit Schwielen bedeckt sind,
Weinet sein Los, die väterererbte, die drückende Armut.
— In des Antiochos Haus und des mächtigen Fürsten Aleuas,
Holten die Monatskost sich viel dienstpflichtige Männer;
Viel auch einst, dem Skopadengeschlecht in die Hürden getrieben,
Brülleten Kälber daher, um hochgehörnete Kühe; [ben,
Und auf den Fluren um Kranon zu Tausenden ruhten im Mittags-
Schatten die herrlichen Schafe der gastlich gesinnten Kreonder:
Aber die Freude daran ist hin, da das liebliche Leben

Weg ist, die Seele den Kahn des traurigen Greises bestiegen.
Namlos jetzo, wie viel und wie Köstliches auch sie verließen,
Lägen auf ewig sie unter dem Schwarm unrühmlicher Toten,
Wenn der mächtige Sänger von Keos, wunderbar tönend
Zur vielsaitigen Laute, sie nicht den kommenden Altern
Hätte gepriesen: es teilten den Ruhm die hurtigen Rosse,
Die mit Kränzen zurück von den heiligen Spielen gekehret.
Auch der Lykier Helden, wer kennte sie? wer die umlockten
Priamiden? und wer den mädchenfarbenen Kyknos,
Hätte nimmer ein Dichter der Vorzeit Schlachten gesungen?
Nicht auch Odysseus einmal, der hundert Monden und zwanzig
Irrte zu jeglichem Volk, und zum äußersten Aïdes einging,
Lebend annoch, und entfloh aus der Höhle des grausen Kyklopen,
Freute sich dauernden Ruhms; der Schweinhirt wäre vergessen,
Sein Eumäos, Philötios auch, der den Herden der Rinder
Vorstand, selber sogar der großgesinnte Laërtes,
Hätte sie nicht der Gesang des ionischen Sängers erhoben.

 Nur von den Musen empfahn die Menschen den herrlichen Nachruhm,
Aber die Schätze der Toten verprassen die lebenden Erben.
Doch, gleich schweres Geschäft, die Wellen zu zählen am Strande,
Wenn sie vom blaulichen Meere der Wind zum Gestade dahertreibt,
Oder im glänzenden Quell den tönernen Ziegel zu waschen,
Und zu dem Manne zu sprechen, den ganz hinnahm die Gewinnsucht.
Mag er doch gehen; und mag unendlich sein Geld sich vermehren,
Mag die Begierde nach mehr ihm rastlos zehren am Herzen:
Ich will lieber die Ehr und die freundliche Liebe der Menschen
Haben, als viele Gespanne von Rossen und Mäuler in Haufen.

 Wer von den Sterblichen aber, o sagt mir, heißet willkommen
Mich in der Musen Geleit? Denn schwer sind die Pfade des Liedes
Ohne Kronions Töchter, des mächtig waltenden Gottes.
— Immer doch kreiset der Himmel noch fort in Monden und Jahren,
Manches Roß auch wird noch das Rad umrollen am Wagen:
Und es wird kommen der Mann, der meines Gesanges bedürfe,
Wann er vollbracht, was Achilleus, der Held, und der trotzige Ajas
Dort in des Simoïs Flur am Mal des phrygischen Ilos.

Sieh! der Phöniker Geschlecht, das nah an der sinkenden Sonne
Wohnt, auf der äußersten Ferse von Libya, starrt voll Schrekkens!
Sieh! schon gehn Syrakuser, die Speer' an der Mitte des Schaftes
Tragend, einher, um die Arme mit weidenen Schilden belastet!
Hiëron selbst in dem Zug, an Gestalt wie Heroen der Vorzeit,
Strahlet von Erz, auf dem Helm die schattende Mähne des
Rosses!
Wenn doch, o Zeus, ruhmvoller! und Pallas Athen' und o
Tochter,
Die du, der Mutter gesellt, habseliger Ephyräer
Große Stadt dir erkorst an der flutenden Lysimeleia:
Wenn er die Feind aus der Insel, ein schrecklicher Rächer, verjagte
Durch das Sardonische Meer, daß der Freunde Geschick sie erzählten
Weib und Kindern daheim, ein zählbarer Rest von so vielen!
O daß wieder die vorigen Bürger die Städte bewohnten,
Welche des Feindes Hände zu Schutt und Trümmer verkehrten!
Würden die grünenden Fluren gebaut! und blökten der Schafe
Wimmelnde Scharen durchs Feld, auf grasigen Triften gemästet!
Möchten die Rinder doch wieder, in Herden zurück zu den
Ställen
Kehrend, des langsamen Wanderers Fuß zur Eile gemahnen!
Würden die Brachen gepflügt zur Einsaat, wann die Zikade,
Ruhende Hirten belauschend am Mittag, singt in der Bäume
Wipfel ihr Lied. O dehnte die Spinn ihr zartes Gewebe
Über die Waffen doch aus, und der Schlachtruf wäre vergessen!
Trügen dann Hiërons Ruhm, den unsterblichen, feiernde Sänger
Über das Skythische Meer und das Land, wo, die riesige Mauer
Festigend mit Asphalt, vorzeiten Semiramis herrschte! —
Einer der Dichter sei *ich!* Doch lieben die Töchter Kronions
Auch viele andre, die alle Sikeliens Quell Arethusa
Singen, zusamt dem Volk und Hiërons herrliche Stärke.

Minysche Huldgöttinnen, geheiliget von Eteokles,
Die ihr Orchomenos liebt, die verhaßte vordem den Thebäern,
Laßt, wenn keiner uns ruft, mich zurückstehn, doch in des
freundlich
Rufenden Wohnung getrost mit unseren Musen mich eingehn!
Nimmer ja laß ich von euch! Denn was bleibt Holdes den
Menschen

Ohne die Chariten? — Könnt ich nur stets mit den Chariten
leben!

II

DER KYKLOP

Gegen die Liebe, mein Nikias, wächst kein heilendes Mittel,
Gibt es nicht Salbe, noch Tropfen, die Musen nur können sie
lindern.
Dieser Balsam, so lieblich und mild, erzeuget sich mitten
Unter dem Menschengeschlechte, wiewohl nicht jeder ihn findet.
Du, so mein ich, du kennst ihn gewiß: wie sollt es der Arzt nicht,
Und ein Mann, vor allen geliebt von den neun Pieriden?
  Also schuf der Kyklop sich Linderung, unseres Landes
Alter Genoß, Polyphemos, der glühete für Galateia,
Als kaum gelblicher Flaum ihm gesproßt um Lippen und Schläfe.
Rosen vertändelt' er nicht und Äpfel und Locken: ihn brachte
Ganz von Sinnen die Lieb, und alles vergaß er darüber.
Oftmals kehrten die Schafe von selbst in die Hürden am Abend
Heim aus der grünenden Au. Doch er, Galateia besingend,
Schmachtete dort in Jammer am schilfigen Meeresgestade,
Frühe vom Morgenrot, und krankt' an der Wunde des Herzens,
Welche der Kypris Geschoß ihm tief in das Leben gebohret.
Aber er fand, was ihm frommte; denn hoch auf der Jähe des
Felsens
Saß er, den Blick zum Meere gewandt, und hub den Gesang an:
  „O Galateia, du weiße, den Liebenden so zu verschmähen!
Bist so weiß wie geronnene Milch, und so zart wie ein Lämmlein,
Munter und wild wie ein Kälbchen, und prall wie die schwel-
lende Traube!
Immer nur kommst du hieher, wenn der liebliche Schlummer
mich fesselt,
Aber du fliehest sogleich, wenn der liebliche Schlummer ent-
weichet;
Eilest davon wie ein Schaf, das von fern den graulichen Wolf
sah.
Damals liebt ich bereits dich, Mägdelein, als du mit meiner
Mutter zuerst herkamst, dir buschige Sträuß Hyakinthen
Aus dem Gebirge zu pflücken, und ich die Wege dir nachwies.
Seitdem möcht ich dich immer nur anschaun, immer! es läßt mir

Keine Ruh; doch du, beim Zeus, nichts achtest du, gar nichts!
Ach, ich weiß, holdseliges Kind, warum du mich fliehest:
Weil mir über die ganze Stirn sich die borstige Braue
Zieht, *ein* mächtiger Bogen von einem Ohre zum andern,
Drunter das einzige Aug, und die breite Nas auf der Lefze.
Aber auch so, wie ich bin, ich weide dir Schafe bei tausend,
Trinke die fetteste Milch, und melke sie selber von ihnen.
Käse mangelt mir nimmer im Sommer und nimmer im Herbste,
Noch im härtesten Frost, schwervoll sind die Körbe beständig.
Auch die Syringe versteh ich, wie keiner umher der Kyklopen,
Wenn ich bis tief in die Nacht, o du Honigapfel, dich singe
Und mich selber dazu. Elf Kälber der Hindin erzieh ich
Dir, mit Bändern am Hals, und dann vier Junge der Bärin.
Komm nur kecklich zu mir; du sollst nicht schlechter es finden.
Laß du das bläuliche Meer, wie es will, aufschäumen zum Ufer;
Lieblicher soll dir die Nacht bei mir in der Höhle vergehen.
Lorbeerbäume sind dort und schlank gestreckte Zypressen,
Dunkeler Efeu ist dort, und ein gar süßtraubiger Weinstock,
Kühl auch rinnet ein Bach, den mir der bewaldete Ätna
Aus hellschimmerndem Schnee zum Göttergetränke herabgießt.
O wer wählte dafür sich das Meer und die Wellen zur Wohnung?
Aber wofern ich dir selber zu zottig erscheine von Ansehn,
Hier ist eichenes Holz und glimmende Glut in der Asche:
Schau, gern duld ich's, und wenn du mir gleich die Seele versengtest,
Oder mein einziges Auge, das Liebste mir, was ich besitze!
Ach, daß doch die Mutter mich nicht mit Flossen geboren!
Zu dir taucht ich hinab, und deckte mit Küssen die Hand dir,
Wenn du den Mund nicht gäbst. Bald brächt ich dir silberne Liljen,
Bald zartblumigen Mohn, mit purpurnem Blatte zum Klatschen.
Aber es blühn ja im Sommer die einen, die andern im Winter,
Drum nicht alle zugleich dir könnt ich sie bringen die Blumen.
Doch, nun lern ich — ach ja, lieb Kind, ich lerne noch schwimmen!
Steuerte nur ein Fremdling einmal an diese Gestade,
Daß ich sähe vom Schiff, was ihr Wonniges habt in der Tiefe!
Komm hervor, Galateia, und kamst du hervor, so vergiß auch,
So wie ich, hier sitzend am Ufer, nach Hause zu kehren.
Weide die Herde zusammen mit mir, und melke die Schafe,

Gieße das sauere Lab in die Milch, und presse dir Käse.
Meine Mutter allein ist schuld, und ich schelte sie billig;
Niemals sagte sie dir ein freundliches Wörtchen von mir vor,
Und doch sah sie von Tag zu Tage dahin mich schwinden.
Aber nun sag ich, im Kopf bis hinab in die Füße mir klopf es
Fieberisch, daß sie sich gräme, dieweil ich selber voll Gram bin.
— O Kyklop, Kyklop! wo schwärmete dir der Verstand hin?
Wenn du gingest und flöchtest dir Körb, und streiftest für deine
Lämmer dir junges Laub, ja fürwahr da tätest du klüger!
Melke das stehende Schaf! was willst du dem flüchtigen nach-
 gehn?
Finden sich doch Galateien, vielleicht noch schönere, sonstwo.
Laden mich doch oft Mädchen genug zu nächtlichen Spielen;
Geh ich einmal mit ihnen, da kichern sie alle vor Freuden.
Traun, ich gelte doch auch in unserem Lande noch etwas!"
 Siehe so wußte sich einst der Kyklop die Liebe zu lindern
Durch den Gesang, und schaffte sich Ruh, die das Gold nicht er-
 handelt.

III

DIE FISCHER

Armut nur, Diophantos, erweckt die betriebsamen Künste,
Sie, die Mühen und Fleiß uns lehret. Sogar ja den Schlaf nicht
Wollen die bitteren Sorgen dem Arbeitsmanne vergönnen.
Wenn auch einer bei Nacht den wenigen Schlummer erhaschte,
Plötzlich verscheucht ihn wieder die stets andringende Unruh.
 Unter der Hütte geflochtenem Dach, auf trockenem Moose
Lagen einmal zween Fischer, schon eisgrau beide, beisammen,
Angelehnt an die laubige Wand; und nahe bei ihnen
Lag am Boden ihr Handwerkszeug, die Körbe, die Ruten,
Angelhaken sodann, und Köder, umwickelt mit Seegras,
Haarseil' auch, und Bungen, und binsengeflochtene Reußen,
Schnüre daneben, ein Fell, und ein alternder Nachen auf Stützen,
Unter dem Kopf ein Mattenstück, und Kittel und Filze.
Dies das ganze Gerät und alle die Habe der Fischer;
Weder Topf noch Tiegel besaßen sie: Alles in allem
War den Leuten der Fang, und ihre Genossin war Armut;

Auch kein Nachbar umher: denn ringsum drängte das Meer sich
Spülend gegen die Hütte mit sanft anplätschernden Wellen.
Noch war nicht auf der Hälfte der Bahn der Wagen des
Mondes,
Als ihr Geschäft die Fischer gemahnete. Schnell von den Wimpern
Rieben sich beide den Schlaf, zum Gespräch die Geister ermunternd.

Erster Fischer
Du! es lügen doch alle, die sagen, es würden die Nächte
Kürzer im Sommer, wenn Zeus uns längere Tage verleihet.
Tausend Träume doch hatt ich bereits, und noch fern ist der
Morgen.
Irr ich mich? oder was ist's? Verziehn jetzt länger die Nächte?

Zweiter Fischer
Laß mir doch ungekränkt den lieblichen Sommer! die Jahrszeit
Überschreitet ja nimmer den Lauf nach eigener Willkür,
Sondern die Sorgen verkürzen den Schlaf und machen die Nacht
lang.

Erster Fischer
Ob du dich auch auf Träume verstehst? Ich sah dir ein herrlich
Traumgesicht in der Nacht; das will ich zum besten dir geben.
Wie in den Fang, so teilen wir uns auch wohl in die Träume.
Dir tut's keiner zuvor an Verstand, und, mein ich, der beste
Traumausleger ist der, dem eigner Verstand auf die Spur hilft.
Übrigens haben wir Zeit; denn was soll einer beginnen,
Wenn er am Meer so liegt, auf Blätter gebettet und Reisig,
Ruhlos, wachenden Augs? Licht — siehst du nur in Prytaneion;
Aber das hat auch beständigen Fang, so sagen die Leute.

Zweiter Fischer
Nun, so erzähle den Traum! Mir kannst du ihn sicher vertrauen.

Erster Fischer
Gestern, als ich entschlief, von dem nassen Treiben ermüdet —
(Übersättiget hatt ich mich nicht; wir aßen beizeiten,
Wenn du noch weißt, und schonten des Magens) deucht mir, ich
stiege

Einen Felsen hinan, da setzt ich mich nieder, auf Fische
Lauernd, und schüttelt am Rohr den trüglichen Köder hinunter.
Einer schwamm nun herzu, so ein fetter — (es träumet im Schlafe
Gern von Brocken der Hund, ich habe mit Fischen zu schaffen):
Richtig auch hing er mir fest am Angelhaken, und Blut floß;
Und wie er zappelte, bog sich das Rohr in den haltenden
                                                            Händen:
Beide die Arme zugleich anstrengend, hatt ich dir eine
Not, den mächtigen Fisch mit dem schwachen Eisen zu ziehen!
Könnt er nicht auch mich verwunden? so dacht ich, und: wirst
                                                 du mich beißen?
Rief ich, so beiß ich dich wieder! Er blieb, und ich streckte die
                                                 Hand aus,
Siehe, da war es vollbracht, und es lag ein goldener Fisch da,
Über und über mit Golde bedeckt. Doch hielt mich die Furcht
                                               noch,
Ob nicht vielleicht Poseidon den Fisch zum Liebling erkoren,
Ob Amphitriten, der blaulichen Göttin, nicht eigne das Kleinod.
Sachte löst ich indes von der Angel ihn, daß mir die Haken
Ja nicht etwas Gold aus den Kiefern des Fisches behielten;
Aber dann trug ich im Netz ihn vollends hinauf an das Ufer;
Sieh, und ich schwur: Nun setz ich den Fuß auch nimmer ins
                                               Wasser,
Sondern ich bleib auf dem Land und beherrsche mein Gold wie
                                               ein König!
Dies erweckte mich denn. Was sind nun deine Gedanken
Weiterhin? Mich ängstet der Eid, Freund, so ich geschworen.

Zweiter Fischer

Sei nur ruhig. Du schwurst doch nicht; du fandest den goldnen
Fisch, wie du glaubtest, ja nicht; ein Traum ist so gut wie 'ne
                                             Lüge.
Spähst du wachend indes, nicht träumend umher in der Gegend,
Dann zu Erfüllung des Traums nur fleischerne Fische gesuchet!
Daß du nicht Hungers stirbst bei all den goldenen Träumen.

IV

DIE LIEBE DER KYNISKA

Äschines
Sei mir herzlich gegrüßt, Thyonichos!

Thyonichos
　　　　　　　　　　Sei es mir gleichfalls,
Äschines!

Äschines
　　　Endlich einmal!

Thyonichos
　　　　　　　Wieso denn endlich? Was hast du?

Äschines
Hier geht's nicht zum besten, Thyonichos.

Thyonichos
　　　　　　　　　Darum so mager
Auch, und so lang dein Bart, und so wild und struppig die
Neulich kam so einer hieher, ein Pythagoreer,　　　[Locken!
Bleich und ohne Schuh: er sei aus Athene gebürtig,
Sagt' er; es war ihm an Brot, so glaub ich, am meisten gelegen.

Äschines
Du kannst scherzen, o Freund! – Mich narrt die schöne Kyniska!
Rasend macht es mich noch! kein Haarbreit fehlt und ich bin es!

Thyonichos
Immer derselbe doch, mein Äschines! Plötzlich in Feuer!
Stets soll alles nach Willen dir gehn. Was gibt es denn Neues?

Äschines
Wir, der Argeier und ich, und dann der thessalische Reiter
Apis, und Kleunikos auch, der Soldat, wir tranken zusammen
Auf dem Lande bei mir. Zwei Hühnlein hatt ich geschlachtet,
Und ein saugendes Ferkel; auch stach ich biblinischen Wein an,
Lieblichen Dufts, vierjährig beinah, und wie von der Kelter;
Zwiebeln auch langt ich hervor und Schnecken; ein herrlicher
　　　　　　　　　　　　　　　　　　　Trunk war's.
Späterhin fülleten wir mit lauterem Weine die Becher
Auf der Geliebten Wohl; nur mußt ein jeder sie nennen.

Und wir riefen die Namen und tranken nach Herzensgelüsten.
Sie — kein Wort: da saß ich; wie meinst du nun, daß mir zumut war?
„Bist du stumm?" scherzt einer, „du sahst, wie es heißet, den Wolf wohl?"
Ha, wie sie glühte! Du konntest ein Licht an der Brennenden zünden.
Lykos, *das* ist ihr der Wolf! des Nachbars Söhnchen, des Labas,
Schlank gewachsen und zart, es halten ihn viele für reizend.
Diesem zerfloß ihr Herzchen, und wie! das frage die Leute.
Heimlich kam mir einmal die schöne Geschichte zu Ohren,
Aber ich forschte nicht nach, ich, dem nur vergebens der Bart wuchs!
Gut; nun war uns der Wein schon wacker zu Kopfe gestiegen,
Als der Larisser von vorn sein Lied vom Wolfe mir anhub —
Ganz ein thessalisches Stückchen, der Bube! Doch meine Kyniska
Hält sich nicht mehr, und weint dir, wie kaum sechsjährige Mädchen,
Wenn sie stehn und hinauf in den Schoß der Mutter verlangen:
Da, du kennst mich ja wohl, da schlug ich ihr wütend die Backen
Rechts und links: sie nahm ihr Gewand zusammen, und hurtig
Auf und davon. „Gefall ich dir nicht, du schändliche Dirne?
Taugt dir ein anderer besser zum Schoßkind? Geh denn und hege
Deinen Knaben! Für ihn rinn über die Wangen das Tränlein."
Wie die Schwalbe, die unter dem Dach den Jungen nur eben
Atzung gebracht, mit Eile zurückfliegt, wieder nach Futter:
So, und schneller noch, lief vom weichen Sessel das Mädchen
Weg durch den Hof und zur Pforte hinaus, so weit sie der Fuß trug.
„Fort ist der Stier in den Wald!" so heißt es nicht unrecht im Sprichwort.
Zwanzig Tage, dann acht, und neun, zehn Tage dazu noch,
Heut ist der elfte; noch zwei, und es sind zwei völlige Monat,
Seit auseinander wir sind, und ich kaum thrakisch das Haar schor.
Ihr ist Lykos nun alles, zu Nacht wird dem Lykos geöffnet;
Wir, wir gelten nun nichts, wir werden nun gar nicht gerechnet,
Wir Megareer, so klein, nichts wert, und von allen verachtet. —
Könnt ich nur kalt dabei sein, es wäre noch wohl zu verschmerzen,
Aber so bin ich die Maus, die Pech, wie sie sagen, gekostet,
Weiß auch nirgend ein Mittel, unsinnige Liebe zu heilen.

Doch — ja! Simos, der einst Epichalkos' Tochter geliebt hat,
Ging zu Schiff und kehrte gesund, mein Jugendgenosse.
Ich auch stech in die See, der schlechteste unter den Kriegern
Nicht, und auch nicht der beste vielleicht, doch immer zu brauchen.

Thyonichos
Möge dir, was du beginnst, nach Wunsch gehn, Äschines; aber
Hast du's beschlossen einmal, dein Glück in der Fremde zu suchen,
Siehe, da wär Ptolemäos, ein Mann von fürstlicher Großmut.

Äschines
Ja? Wie ist er denn sonst?

Thyonichos
             Ich sag ein Fürst, und ein echter!
Gnädig, ein Musenfreund, und liebenswürdig und freundlich;
Freunde die kennt er genau und heimliche Feinde noch besser,
Spendet an viele so viel, und verweigert dir nimmer die Bitte,
Wies's dem Könige ziemt; du mußt nur um alles nicht bitten,
Äschines. Lüstet dich's nun, dir rechts an der Schulter das Kriegskleid
Umzuschnallen und, kräftig gestemmt auf die Füße, dem Schnauben
Dich des beschildeten Streiters beherzt entgegenzustellen:
Nach Ägyptos geschwind! Es entfärbet die Haare das Alter
Immer zuerst um die Schläfe, dann schleichen die bleichenden Jahre
Uns in den Bart: Drum Taten getan, da die Knie noch grünen!

V

DIE SYRAKUSERINNEN AM ADONISFESTE

Gorgo
Ist Praxinoa drinnen?

Eunoa
         O Gorgo, wie spät! Sie ist drinnen.—

Praxinoa
Wirklich! du bist schon hier? — Nun, Eunoa, stell ihr den Sessel!
Leg auch ein Polster darauf.

Gorgo
Vortrefflich!

Praxinoa
So setze dich, Liebe.

Gorgo
Ach! das war dir ein Ernst, Praxinoa! Lebensgefahren
Stand ich aus, bei der Menge des Volks und der Menge der
Wagen.
Stiefel und überall Stiefel, und nichts als Krieger in Mänteln!
Dann der unendliche Weg! du wohnst auch gar zu entfernt mir.

Praxinoa
Ja, da hat der verrückte Kerl am Ende der Erde   [ja nicht
Solch ein Loch, nicht ein Haus, mir genommen, damit wir doch
Nachbarn würden: nur mir zum Tort, mein ewiger Quälgeist!

Gorgo
Sprich doch, Beste, nicht so von deinem Manne; der Kleine
Ist ja dabei. Sieh, Weib, wie der Junge verwundert dich anguckt.

Praxinoa
Lustig, Zopyrion, Herzenskind! ich meine Papa nicht.

Gorgo
Ja, beim Himmel, er merkt es, der Bube. — Der liebe Papa der!

Praxinoa
Jener Papa ging neulich (wir sprechen ja immer von neulich),
Schmink und Salpeter für mich aus dem Krämerladen zu holen,
Und kam wieder mit Salz, der dreizehnellige Dummkopf!

Gorgo
Gradeso macht es der meine, der Geldabgrund Diokleidas!
Sieben Drachmen bezahlt' er für fünf Schafsfelle noch gestern:
Hündische, schäbige Klatten! nur Schmutz! nur Arbeit auf Ar-
beit! —
Aber so lege den Mantel doch an, und das Kleid mit den Span-
Komm zur Burg Ptolemäos', des hochgesegneten Königs,   [gen!
Dort den Adonis zu sehn. Ich hör, ein prächtiges Fest gibt
Heute die Königin dort.

Praxinoa
Hoch lebt man im Hause der Reichen.
Aber erzähle mir, was du gesehn; ich weiß noch von gar nichts.

Gorgo
Mach! es ist Zeit, daß wir gehn: stets hat der Müßige Festtag.

Praxinoa
Eunoa, bring mir das Becken! — So setz es doch mitten ins Zimmer
Wieder, du schläfriges Ding! Weich mögen die Katzen sich legen!
Rühr dich! Hurtig, das Wasser! denn Wasser ja brauch ich am ersten.
Wie sie das Becken trägt! So gib! Unersättliche, gieß doch
Nicht so viel! Heillose, was mußt du das Kleid mir begießen! —
Höre nun auf! Wie's den Göttern gefiel, so bin ich gewaschen.
Nun, wo steckt denn der Schlüssel zum großen Kasten? So hol ihn! —

Gorgo
Einzig, Praxinoa, steht dir dies faltige Kleid mit den Spangen.
Sage mir, Liebe, wie hoch ist das Zeug vom Stuhl dir gekommen?

Praxinoa
Ach erinnre mich gar nicht daran! Zwei Minen und drüber,
Bar; und ich setzte beinah mein Leben noch zu bei der Arbeit.

Gorgo
Aber sie ist auch darnach; ganz hübsch!

Praxinoa
Wahrhaftig, sie schmeichelt!
— Gib den Mantel nun her, und setze den schattenden Hut auch
Ordentlich! — Nicht mitnehmen, mein Kind! Bubu da! das Pferd beißt!
Weine, solange du willst! zum Krüppel mir sollst du nicht werden. —
Gehn wir denn. — Phrygia, du spiel mit dem Kleinen ein wenig;
Locke den Hund in das Haus und verschließe die Türe des Hofes! —
Götter! welch ein Gewühl! Durch dies Gedränge zu kommen,
Wie und wann wird das gehn? Ameisen, unendlich und zahllos!
Viel Preiswürdiges doch, Ptolemäos, danket man dir schon;
Seit dein Vater den Himmel bewohnt, beraubet kein schlauer
Dieb den Wandelnden mehr, ihn fein auf ägyptisch beschleichend,
Wie vordem aus Betrug zusammengelötete Kerle,
All einander sich gleich, Spitzbuben! Rabengesindel!
Süßeste Gorgo, wie wird es uns gehn! Da traben des Königs

Reisige her! — Mein Freund, mich nicht übergeritten, das bitt
ich! —
Sieh den unbändigen Fuchs, wie er bäumt! du verwegenes Mädchen,
Eunoa, wirst du nicht weichen? Der bricht dem Reiter den Hals
noch.
Wahrlich nun segn ich mich erst, daß mir der Junge daheim blieb!

Gorgo
Jetzt, Praxinoa, Mut! wir sind schon hinter den Pferden;
Jene reiten zum Platze.

Praxinoa
Bereits erhol ich mich wieder.
Pferd' und kalte Schlangen, die scheut ich immer am meisten,
Von Kind an. O geschwind! Was dort für ein Haufen uns zu-
strömt!

Gorgo
Mütterchen, aus der Burg?

Die Alte
Ja, Kinderchen.

Gorgo
Kommt man denn auch noch
Leidlich hinein?

Die Alte
Durch Versuche gelangten die Griechen nach Troja,
Schönstes Kind; durch Versuch ist alles und jedes zu machen.

Gorgo
Fort ist die Alte, die nur mit Orakelsprüchen uns abspeist!
Alles weiß doch ein Weib, auch Zeus' Hochzeit mit der Hera.
Sieh, Praxinoa, sieh, was dort ein Gewühl um die Tür ist!

Praxinoa
Ach, ein erschreckliches! — Gib mir die Hand! Du, Eunoa, fasse
Eutychis an, und laß sie nicht los, sonst gehst du verloren.
Alle mit *einmal* hinein! Fest, Eunoa, an uns gehalten! —
Wehe mir Unglückskind! Da riß mein Sommergewand schon
Mitten entzwei, o Gorgo! — Bei Zeus, und soll es dir jemals
Glücklich gehen, mein Freund, so hilf mir, rette den Mantel!

Erster Fremder
Wird schwer halten; doch wollen wir sehn.

Praxinoa
                        Ein greulich Gedränge!
Stoßen sie nicht wie die Schweine?

Der Fremde
                Getrost! nun haben wir Ruhe.

Praxinoa
Jetzt und künftig sei Ruhe dein Los, du bester der Männer,
Daß du für uns so gesorgt! — Der gute, mitleidige Mann der! —
Eunoa steckt in der Klemme! Du Tröpfin! frisch, mit Gewalt
                                                        durch!
Schön! wir alle sind drin! so sagt zur Braut, wer sie einschloß.

Gorgo
Hier, Praxinoa, komm: sieh erst den künstlichen Teppich!
Schau, wie lieblich und zart! Du nähmst es für Arbeit der Götter.

Praxinoa
Heilige Pallas Athene, wer hat die Tapeten gewoben?
Welch ein Maler vermöchte so lebende Bilder zu malen?
Wie natürlich sie stehn, und wie sie natürlich sich drehn!
Wahrlich beseelt, nicht gewebt! — Ein kluges Geschöpf ist der
                                                        Mensch doch!
Aber er selber, wie reizend er dort auf dem silbernen Ruhbett
Liegt, und die Schläfe herab ihm keimet das früheste Milchhaar!
Dreimal geliebter Adonis, der selbst noch im Hades geliebt wird!

Zweiter Fremder
Schweigt doch, ihr Klatschen, einmal mit eurem dummen Ge-
                                                        schwätze!
Schnattergänse! Wie breit und wie platt sie die Wörter ver-
                                                        hunzen!

Gorgo
Mein doch! was will der Mensch? Was geht dich unser Geschwätz
Warte, bis du uns kaufst! Syrakuserinnen befiehlst du?   [an?
Wiß auch dies noch dazu: wir sind korinthischer Abkunft,
Gleichwie Bellerophon war, wir reden Peloponnesisch;
Doriern wird's doch, denk ich, erlaubt sein, dorisch zu sprechen?

Praxinoa
O so bewahr uns vor einem zweiten Gebieter, du süße
Melitodes! Da heißt's: streich mir den ledigen Scheffel!

Gorgo

Still, Praxinoa! Gleich wird nun von Adonis uns singen
Jene Sängerin dort, der Argeierin kundige Tochter,
Die den Trauergesang auf Sperchis so trefflich gesungen.
Die macht's sicherlich schön: sie prüft schon trillernd die Stimme.

Die Sängerin

Herrscherin! die du Golgos erkorst und Idalions Haine,
Auch des Eryx Gebirg, goldspielende du, Aphrodita!
Sage, wie kam dir Adonis von Acherons ewigen Fluten
Nach zwölf Monden zurück im Geleit sanftwandelnder Horen?
Langsam gehn die Horen vor anderen seligen Göttern,
Aber sie kommen mit Gaben auch stets, und von allen ersehnet.
Kypris, Dionas Kind, du erhobst, so meldet die Sage,
In der Unsterblichen Kreis, die sterblich war, Berenika,
Sanft Ambrosiasaft in die Brust der Königin träufelnd.
Dir zum Dank, vielnamige, tempelgefeierte Göttin,
Ehrt Berenikas Tochter, an Liebreiz Helenen ähnlich,
Ehrt Arsinoa heut mit allerlei Gaben Adonis.
Neben ihm liegt anmutig, was hoch auf den Bäumen gereifet;
Neben ihm auch Lustgärtchen, in silbergeflochtenen Körben;
Goldene Krüglein dann, mit syrischer Narde gefüllet;
Auch des Gebackenen viel, was Fraun in den Formen bereitet,
Mischend ihr weißestes Mehl mit mancherlei Würze der Blumen,
Oder mit lieblichem Öle getränkt und der Süße des Honigs.
Alles ist hier, das Geflügel der Luft und die Tiere der Erde.
Grünende Laubgewölbe, vom zartesten Dille beschattet,
Bauete man; und oben, als Kinderchen, fliegen Eroten,
Gleichwie der Nachtigall Brut, im schattigen Baume geborgen,
Flattert von Zweig zu Zweig, die schüchternen Flügel versuchend,
Seht mir das Ebenholz! und das Gold! und den Adler aus weißem
Elfenbein, der zu Zeus den reizenden Schenken emporträgt!
Auf den purpurnen Teppichen hier (noch sanfter wie Schlummer
Würde Milet sie nennen und wer da wohnet in Samos),
Ist ein Lager bereitet, ein zweites dem schönen Adonis.
Hier ruht Kypris, und dort mit rosigen Wangen Adonis.
Achtzehn Jahre nur zählt ihr Geliebtester, oder auch neunzehn;
Kaum noch sticht sein Kuß, noch glänzt um die Lippen ihm
                                                     Goldhaar.
Jetzo mag sich Kypris erfreun des schönen Gemahles:
Morgen wollen wir ihn, mit dem Frühtau alle versammelt,

Tragen hinaus in die Flut, die gegen die Küste heraufschäumt:
Alle mit fliegendem Haar, um die Knöchel wallen die Kleider,
Bloß ist die Brust; so gehn wir, und stimmen den hellen Gesang
an:
„Holder Adonis, du nahst bald uns, bald Acherons Ufern,
Wie kein anderer Halbgott, sagen sie. Auch Agamemnon
Durfte dies nicht, noch Ajas, der große, gewaltige Heros,
Hektor auch nicht, von Hekabes zwanzig Söhnen der erste,
Nicht Patroklos, noch Pyrrhos, der wiederkehrte von Troja,
Nicht die alten Lapithen und nicht die Deukalionen,
Pelops' Enkel auch nicht, noch die grauen Pelasger in Argos.
Schenk uns Heil, o Adonis, und bring ein fröhliches Neujahr!
Freundlich kamst du, Adonis, o komm, wenn du kehrest, auch
freundlich!"

Gorgo
Traun! ein treffliches Weib, Praxinoa! was sie nicht alles
Weiß, das glückliche Weib! und wie süß der Göttlichen Stimme!
Doch ist es Zeit, daß ich geh; Diokleidos erwartet das Essen.
Bös ist er immer, und hungert ihn vollends, dann bleib ihm vom
Leibe!
— Freue dich, lieber Adonis, und kehre zu Freudigen wieder!

VI

DAMÖTAS UND DAPHNIS

Daphnis, der Rinderhirt, und Damötas weideten einstmals
Beide die Herden zusammen, Aratos; diesem war rötlich
Schon das Kinn, dem sproßt' es von Milchhaar. Nun an der
Hingelehnt im Sommer am Mittag, sangen sie also.   [Quelle
Daphnis zuerst hub an, denn zuerst auch bot er die Wette.

Daphnis
Schau, Polyphemos! da wirft Galateia die Herde mit Äpfeln
Dir; und Geißhirt schilt sie dich, „o du stöckischer Geißhirt!"
Doch du siehst sie nicht an, Kaltherziger; sondern du sitzest
Flötend ein liebliches Lied. O sieh doch, da wirft sie schon wieder
Nach dem Hüter der Schafe, dem Hund, der bellet und blicket
Immer ins Meer, und es zeigen die Nymphe die lieblichen Wellen,
Sanft am Gestad aufrauschend, wie unter der Flut sie daherläuft.

Hüte dich, daß er nicht gar in die Füße dem Mädchen noch fahre,
Wann aus dem Meere sie steigt, und den blühenden Leib ihr zerfleische!
— Sieh, wie verbuhlt sie nun tändelt von selbst! ganz so wie der Distel
Trockenes Haar sich wiegt, wann der liebliche Sommer es dörrte;
Bist du zärtlich, sie flieht, unzärtlich, und sie verfolgt dich.
Ja von der Linie rückt sie den Stein! Das Auge der Liebe
Nimmt, Polyphemos, so oft Unschönes ja selber für Schönheit.
 Ihm erwiderte drauf mit holdem Gesange Damötas:

Damötas

Ja, beim Pan! ich hab es gesehn, wie sie warf in die Herde,
Ja, es entging mir nicht und dem süßen, einzigen Auge —
(Dieses bleibe mir stets! und Telemos trage das Unglück
Selber nach Haus, der böse Prophet, und behalt es den Kindern!)
Aber ich ärgre sie wieder dafür und bemerke sie gar nicht,
Sag auch, ein anderes Mädchen sei mein: Ha! wenn sie das höret,
Päan! wie eifert sie dann und schmachtet! Sie stürmt aus der Meerflut
Wütend hervor, und schaut nach der Höhle dort und nach der Herde.
Ließ ich doch selber den Hund auf sie bellen! Denn als ich sie liebte,
Ehmals, winselt' er freundlich, die Schnauz an die Hüften ihr legend.
Sieht sie mich öfter so tun, ja vielleicht sie schickt mir noch Botschaft.
Aber fürwahr, ich verschließe die Tür, bis sie schwört, daß sie selber
Hier auf der Insel mir köstlich das Brautbett wolle bereiten.
Bin ich so häßlich doch auch von Gestalt nicht, wie sie mich ausschrein.
Unlängst sah ich hinein in das Meer, da es ruhig und still war:
Schön ließ wahrlich mein Bart, sehr schön mein einziger Lichtstern,
Wie mir's wenigstens deucht', und es strahlten im Wasser die Zähne
Weißer spiegelnd zurück als Schimmer des parischen Marmors.
Daß kein schädlicher Zauber mich treffe, so spuckt ich mir dreimal

Gleich in den Busen. Die alte Kotyttaris lehrte mich solches,
Die am Hippokoon jüngst auf der Pfeife den Schnittern was
vorblies.
 So das Lied des Damötas. Er küßte den Daphnis; die Flöte
Macht' er ihm drauf zum Geschenk, ihm ward die herrliche Pfeife.
Pfeifend stand nun Damötas, es flötete Daphnis der Kuhhirt,
Und es tanzeten rings im üppigen Grase die Kälber;
Sieger jedoch war keiner, sie waren sich beide gewachsen.

VII

DIE ZAUBERIN

Auf! wo hast du den Trank? wo, Thestylis, hast du die Lorbeern?
Komm, und wind um den Becher die purpurne Blume des
Schafes!
Daß ich den Liebsten, der grausam mich quält, durch Zauber
beschwöre.
Ach! zwölf Tage schon sind's, seitdem mir der Bösewicht weg ist,
Seit er fürwahr nicht weiß, ob am Leben wir oder gestorben,
Gar nicht mehr an der Türe mir lärmte, der Leidige! Sicher
Lockte den Flattersinn anderswohin ihm Eros und Kypris.
Morgen doch mach ich mich auf nach Timagetos' Palästra,
Daß ich ihn einmal nur seh, und wie er mich quälet, ihn schelte.
Jetzo beschwör ihn mein Zaubergesang. O leuchte, Selene,
Hold! Ich rufe zu dir in leisen Gesängen, o Göttin!
Rufe zur stygischen Hekate auch, dem Schrecken der Hunde,
Wann durch Grüfte der Toten und dunkeles Blut sie einhergeht.
Hekate! Heil! du Schreckliche! komm und hilf mir vollbringen!
Laß den Zauber noch kräftiger sein, als jenen der Kirke,
Als Perimedens, der blonden, und als die Künste Medeias!
 Rolle, Kreisel, mir wieder zurück zu dem Hause den Jüngling!
Mehl muß erst in der Flamme verzehrt sein! Thestylis, hurtig,
Streue mir doch! wo ist dein Verstand, du Törin, geblieben?
Bübin du, bin ich sogar auch dir zum Spotte geworden?
Streu, und sage dazu: „Hier streu ich Delphis' Gebeine!"
 Rolle, Kreisel, mir wieder zurück zu dem Hause den Jüngling!
Mich quält Delphis, und drum verbrenn ich auf Delphis den Lor-
Wie sich jetzo das Reis mit lautem Geknatter entzündet, [beer.
Plötzlich sodann aufflammt und selbst nicht Asche zurückläßt,

Also müsse dem Delphis das Fleisch in der Lohe verstäuben!
Rolle, Kreisel, mir wieder zurück zu dem Hause den Jüngling!
Wie ich schmelze dies wächserne Bild mit Hülfe der Gottheit,
Also schmelze vor Liebe sogleich der Myndier Delphis;
Und wie die eherne Rolle sich umdreht durch Aphrodita,
Also drehe sich jener herum an unserer Pforte.
Rolle, Kreisel, mir wieder zurück zu dem Hause den Jüngling!
Jetzt mit der Kleie gedampft! — Du, Artemis, könntest ja selber
Jenen eisernen Mann im Hades, und Felsen bewegen.
— Thestylis, horch, in der Stadt wie die Hunde heulen! Im Drei-
weg
Wandelt die Göttin! Geschwind laß tönen das eherne Becken!
Rolle, Kreisel, mir wieder zurück zu dem Hause den Jüngling!
— Siehe! wie still! Nun schweiget das Meer und es schweigen die
Winde,
Aber es schweiget mir nicht im innersten Busen der Jammer!
Glühend vergeh ich für den, der, statt zur Gattin, mich Arme
Ha! zur Buhlerin macht' und mir die Blume gebrochen.
Rolle, Kreisel, mir wieder zurück zu dem Hause den Jüngling!
Dreimal spreng ich des Tranks, und dreimal, Herrliche, ruf ich:
Mag ein Mädchen ihm jetzt, ein Jüngling ihm liegen zur Seite,
Plötzlich ergreife Vergessenheit ihn, wie sie sagen, daß Theseus
Einst in Dia vergaß Ariadne, die zierlichgelockte!
Rolle, Kreisel, mir wieder zurück zu dem Hause den Jüngling!
Roßwut ist ein Gewächs in Arkadien, kosten's die Füllen,
Kosten's die flüchtigen Stuten, so rasen sie wild im Gebirge:
Also möcht ich den Delphis hieher zu dem Hause sich stürzen
Sehen, dem Rasenden gleich, aus dem schimmernden Hof der
Palästra!
Rolle, Kreisel, mir wieder zurück zu dem Hause den Jüngling!
Dieses Stückchen vom Saum hat Delphis am Kleide verloren;
Nun zerpflück ich's und werf es hinein in die gierige Flamme.
Weh! unselige Liebe, was hängst du wie Igel des Sumpfes
Mir am Herzen und saugest mir all mein purpurnes Blut aus!
Rolle, Kreisel, mir wieder zurück zu dem Hause den Jüngling!
Einen Molch zerstampf ich, und bringe dir morgen den Gifttrank!
Thestylis, nimm die Kräuter, bestreiche die obere Schwelle
Jenes Verräters damit! Ach, angekettet an diese
Ist noch immer mein Herz, doch er hat meiner vergessen!
Geh, sag, spuckend darauf: „Ich bestreiche des Delphis Gebeine!"
Rolle, Kreisel, mir wieder zurück zu dem Hause den Jüngling!

Jetzo bin ich allein. — Wie soll ich die Liebe beweinen?
Was bejammr ich zuerst? Woher kommt alle mein Elend?
Als Korbträgerin ging Eubulos' Tochter Anaxo
Damals in Artemis' Hain; dort wurden in festlichem Zuge
Viele Tiere geführt, auch eine gewaltige Löwin.
  Sieh, o Göttin Selene, woher mir die Liebe gekommen!
Aber die thrakische Amme Teucharila (ruhe sie selig!),
Welche zunächst uns Nachbarin war, sie bat und beschwor mich,
Anzuschauen den Zug, und ich unglückliches Mädchen
Folgete, schön nachschleppend ein Kleid von feurigem Byssos,
Und darüber gehüllt das Mäntelchen von Klearista.
  Sieh, o Göttin Selene, woher mir die Liebe gekommen!
Schon beinah um die Mitte des Wegs, am Palaste des Lykon,
Sah ich den Delphis zugleich mit Eudamippos einhergehn.
Jugendlich sproßt' ihr Kinn, wie die goldene Blum Helichrysos,
Weißer noch glänzte die Brust, als deine Schimmer, Selene,
Wie sie nur eben gekehrt vom herrlichen Kampfe der Ringer.
  Sieh, o Göttin Selene, woher mir die Liebe gekommen!
O wie ich sah, wie ich tobte! wie schwang sich im Wirbel der
                                                    Geist mir
Elenden! Ach die Reize verblüheten; nicht auf den Festzug
Achtet ich mehr; auch wie ich nach Hause gekommen, ich weiß
                                                            es
Nicht; ein brennendes Fieber zerstörte mir Sinn und Gedanken.
Und ich lag zehn Tage zu Bett, zehn Nächte verseufzt ich.
  Sieh, o Göttin Selene, woher mir die Liebe gekommen!
Ja schon ward mir die Farbe der Haut wie Thapsos so bleich-
                                                        gelb,
Und mir schwanden die Haare vom Haupt, die ganze Gestalt war
Haut nur noch und Gebein. Wo hätt ich ein Haus nicht be-
                                                     suchet?
Wo ein Weib, das Beschwörung versteht, zu fragen vergessen?
Aber alles umsonst, und sündlich verlor ich die Tage.
  Sieh, o Göttin Selene, woher mir die Liebe gekommen!
Meiner Sklavin gestand ich am Ende die Wahrheit und sagte:
„Thestylis, schaffe mir Rat für dies unerträgliche Leiden:
Ganz besitzt mich Arme der Myndier. — Geh doch und suche
Ihn zu erspähen einmal bei Timagetos' Palästra;
Dorthin wandelt er oft, dort pfleget er gerne zu weilen."
  Sieh, o Göttin Selene, woher mir die Liebe gekommen!
„Und sobald du allein ihn antriffst, winke verstohlen,

Sag ihm dann: Simätha begehrt dich zu sprechen! und bring
ihn." —
Also sprach ich; sie ging, und brachte den glänzenden Jüngling
Mir in das Haus, den Delphis. Sowie ich ihn aber mit Augen
Sah, wie er leichten Fußes herein sich schwang zu der Türe
(Sieh, o Göttin Selene, woher mir die Liebe gekommen!),
Ganz kalt ward ich mit eins, wie der Schnee, mir troff von der
Stirne
Angstvoll nieder der Schweiß, wie rieselnder Tau in der Frühe;
Kein Wort bracht ich hervor, auch nicht so viel als im Schlafe
Wimmernden Laut aufstöhnen zur lieben Mutter die Kindlein;
Starr wie ein wächsernes Bild war rings der blühende Leib mir.
Sieh, o Göttin Selene, woher mir die Liebe gekommen!
Als der Verräter mich sah, da schlug er die Augen zur Erde,
Setzte sich hin auf das Lager, und sitzend begann er zu spre-
chen:
„Daß du jetzt in dein Haus mich geladen, noch eh ich von selber
Kam, da bist du so sehr mir zuvorgekommen, Simätha,
Als ich neulich im Lauf dem schönen Philinos zuvorkam."
Sieh, o Göttin Selene, woher mir die Liebe gekommen!
„Ja, beim lieblichen Eros, ich wär, ich wäre gekommen,
Samt drei Freunden bis vier, in der Dämmerung, liebenden Her-
Tragend die goldenen Äpfel des Dionysos im Busen,   [zens;
Und die Haare bekränzt mit Herakles' heiliger Pappel,
Ringsumher durchflochten mit purpurfarbigen Bändern."
Sieh, o Göttin Selene, woher mir die Liebe gekommen!
„Ward ich dann freundlich empfangen, was konnte mich glück-
licher machen?
Unter den Jünglingen allen da heiß ich der Schöne, der Leichte,
Doch mich hätte befriedigt ein Kuß von dem reizenden Munde.
Aber hättet ihr Delphis verstoßen, die Türe verriegelt,
Sicherlich wären dann Äxte bei euch und Fackeln erschienen."
Sieh, o Göttin Selene, woher mir die Liebe gekommen!
„Jetzo gebühret zuerst mein Dank der erhabenen Kypris,
Und nächst dieser hast *du* mich, o Mädchen, den Flammen ent-
rissen,
Wie du den Halbverbrannten in dies dein Kämmerchen riefest;
Ach, denn Eros weiß ja fürwahr oft wildere Gluten
Anzufachen, als selber der Liparäer Hephästos."
Sieh, o Göttin Selene, woher mir die Liebe gekommen!
„Jungfraun treibt er, ein wütender Dämon, aus einsamer Zelle,

Frauen empor aus dem Bett, das vom Schlummer des Gatten
                                                  noch warm ist!"
Also sagte der Jüngling, und ich Schnellgläubige faßt ihm
Leise die Hand und beugt ihn herab zum schwellenden Polster.
Bald ward Leib an Leib wie in Wonne gelöst, und das Antlitz
Glühete mehr denn zuvor, und wir flüsterten hold miteinander.
Daß ich nicht zu lange dir plaudere, liebe Selene: [sucht.
Siehe, geschehn war die Tat, und wir stilleten beide die Sehn-
Ach, kein Vorwurf hat mich von ihm, bis neulich, betrübet,
Ihn auch keiner von mir; nun kam zu Besuch mir die Mutter
Meiner Philista, der Flötenspielerin, und der Melixo,
Heute, wie eben am Himmel herauf sich schwangen die Rosse,
Aus dem Okeanos führend die rosenarmige Eos;
Und sie erzählte mir vieles, auch daß mein Delphis verliebt sei.
Ob ein Mädchen ihn aber gefesselt, oder ein Jüngling,
Wußte sie nicht; nur, daß er mit lauterem Wein sich den Becher
Immer für Eros gefüllt, daß er endlich in Eile gegangen,
Daß er gesagt, er wolle das Haus dort schmücken mit Kränzen.
Dieses hat mir die Freundin vertraut, und die Freundin ist wahr-
Dreimal kam er vordem, und viermal, mich zu besuchen,   [haft.
Setzte, wie oft! bei mir, die dorische Flasche mit Öl hin:
Und zwölf Tage nun sind's, seitdem ich ihn gar nicht gesehen!
Hat er nicht anderswo sicher was Liebes und denkt an mich gar
Jetzo mit Liebeszauber beschwör ich ihn. Aber wofern er [nicht?
Länger mich kränkt: bei den Mören! An Aïdes' Tor soll er
                                                  klopfen!
Solch ein tödliches Gift bewahr ich für ihn in dem Kästchen;
Ein assyrischer Fremdling, o Herrscherin, lehrt' es mich mischen.
Lebe nun wohl, und hinab zum Okeanos lenke die Rosse,
Himmlische! meinen Kummer, den werd ich fürder noch tragen.
Schimmernde Göttin, gehabe dich wohl! Gehabt euch ihr andern
Stern' auch wohl, die der ruhigen Nacht den Wagen begleiten.

VIII

DIE SPINDEL

O Spindel, Wollefreundin du, Geschenk
Athenes, mit den blauen Augen, du,
Nach welcher jede wackre Hausfrau stets
Herzlich verlanget, komm getrost mit mir

Zu Neleus' glanzerfüllter Stadt, allwo
Aus zartem Schilfgrün Kypris' Tempel steigt.
Dorthin erbitten wir von Vater Zeus
Uns schönen Fahrwind, daß ich bald des Freunds
Von Angesicht mich freuen möge, selbst
Auch ein willkommner Gast dem Nikias,
Den sich die Chariten zum Sohn geweiht,
Die lieblich redenden. Dann leg ich ihr,
Der Gattin meines Wirtes, in die Hand
Zur Gabe dich, aus hartem Elfenbein
Mit Fleiß geglättete. Wohl künftighin
Vollendest du mit ihr manch schön Gespinst
Zu männlichen Festkleidungen, auch viel
Meerfarbne zarte Hüllen, wie die Fraun
Sie tragen. Zweimal müssen wohl im Jahr
Der Lämmer fromme Mütter auf der Au
Zur Schur die weichen Vliese bringen, sonst
Hat unsre nettfüßige Theugenis,
Die emsige, nicht Wolle gnug; sie liebt
Was kluge Frauen lieben. In ein Haus,
Wo sorglos gern die Hände ruhn, hätt ich
Dich nimmermehr gebracht, o Landsmännin.
Dein Heimatort ist jene Stadt, die einst
Der Ephyräer Archias erbaut,
Das Mark Trinakrias, der Edlen Sitz.
Nun kommst du hin in jenes Mannes Haus,
Des Kunst so manches schöne Mittel weiß,
Das von den Menschen böse Krankheit scheucht.
Im lieblichen Miletos wohnst du dann,
Im Kreis der Ionier: daß Theugenis
Vor allen Weibchen dort Besitzerin
Der schönsten Spindel nun gepriesen sei,
Und daß du stets der Lieben ihren Gast,
Den Liederdichter, ins Gedächtnis rufst.
Denn manche, die dich siehet, sagt gewiß:
„Wie hoch sie doch die kleine Gabe hält!
So wert ist alles, was von Freunden kommt."

IX

LIEBESKLAGE

Im Wein ist Wahrheit, sagt man, lieber Knabe:
Drum laß auch uns im Rausche wahrhaft sein!
Ich will dir jetzt, was im geheimsten Winkel
Der Seele mir verborgen lag, entdecken.
Nie hast du mir so recht aus Herzensgrund
Die Lieb erwidert; lange weiß ich das:
Denn sieh, des Lebens Hälfte, so noch mein,
Nährt sich und lebt allein von deinem Bilde,
Das andre ist dahin. Wenn dir's gefällt,
So leb ich einen Tag der Seligen:
Gefällt dir's nicht, im Finstern bleib ich dann.
Wie ziemt sich das, den Liebenden zu quälen?
Doch gibst du mir, der Jüngere dem Ältern,
Gehör, so wirst du selbst es besser haben,
Und wirst mich loben noch: — O baue dir
Ein festes Nest einmal auf *einem* Baume,
Wohin kein böses Raubgewürme schleicht!
Nun aber reizt dich heute dieser Zweig,
Und morgen jener; immer flatterst du
Von einem so zum andern fort. Es darf
Nur jemand, der dich sieht, dein schön Gesicht
Dir loben, und du bist alsbald mit ihm
Vertraut gleich einem Freund von dreien Jahren
Und mehr fürwahr. Wer dich zuvor geliebt
Erhält die dritte Stelle. Ja, es scheint,
Dir stehet nach der Großen Gunst der Sinn.
Doch wähle du, solang du lebst, nur stets
Den gleichen. Tust du dies, wirst du dem Volk
Ein Wackrer heißen, Eros auch wird dir
Kein Leides bringen, welcher ja so leicht
Der Männer Herzen sich in Fesseln schlägt,
Und mich, der Eisen war, zum Kind erweichte.
Ach, immer noch, an deinen Rosenmund
Mich drückend, fest umwunden halt ich dich!
  Gedenk, o denke, noch im vor'gen Jahr
Warst du ein Jüngerer! — wir altern, eh
Wir umgeblickt, und Falten zeigt die Stirn.
Die Jugend aber holt man nicht zurück:

Als du gen Sparta kamst, dem Lande der Helden, ein Edler.
Du von allen Heroen allein wirst Eidam Kronions;
Dir nur gesellt Zeus' Tochter sich unter dem selbigen Teppich.
Schön wie diese betritt kein Weib den achaiischen Boden.
Herrliches wahrlich gebiert sie dir einst, wenn der Mutter es
    gleichet.
Viermal sechszig Mädchen sind unser, die weibliche Jugend,
All an Jahren uns gleich, und geübt auf einerlei Rennbahn
Alle, nach Jünglingsweise gesalbt am kühlen Eurotas:
Aber untadelich wäre, verglichen mit Helena, keine.
Wie der göttlichen Nacht die strahlende Eos ihr schönes
Antlitz enthüllt, der lachende Lenz dem scheidenden Winter:
So erglänzten vor uns der goldigen Helena Reize.
Wie die schlanke Zypresse dem üppigen Felde zur Zierde,
Oder dem Garten prangt, und ein Thessalerroß an dem Wagen,
So prangt' Helena auch, die rosige Zier Lakedämons.
Keine verwahret so feingesponnene Knäuel im Korbe, [dichter
Keine noch wob im künstlichen Stuhl mit dem Schiffchen ein
Zeug, und schnitt das Gewebe vom langen Baume herunter,
Keine versteht so lieblich die klingende Zither zu rühren,
Singend der Artemis Lob und der männlich gerüsteten Pallas,
Als, o Helena du, die nur Anmut blicket und Liebreiz.
O holdseliges Kind, du wärest zur Frau nun geworden?
Aber wir, wir werden nach Blumen der Wiesen im Frühtau
Traurig schleichen, uns dort süßduftende Kränze zu winden;
Deiner gedenken wir dann, o Helena, wie nach den Brüsten
Ihrer Mutter mit Schmerzen die saugenden Lämmlein verlangen.
Draußen flechten wir dir aus niederem Lotos den ersten
Kranz, und hängen ihn auf an der schattenreichen Platane,
Nehmen aus silberner Flasche für dich der lieblichen Narde
Erstlingstropfen, und träufeln sie aus am Fuß der Platane;
Und, in die Rinde geschnitten zur Inschrift, möge der Wandrer
Lesen das dorische Wort: ,Gib Ehre mir, Helenas Baume!'

  Heil dir, o Braut! Heil dir, Eidam des erhabenen Vaters!
Leto, sie geb euch, Leto, die Pflegerin, Segen der Kinder;
Kypris, die göttliche Kypris, euch gleich zu lieben einander;
Zeus dann, Zeus der Kronide, verleih unvergänglichen Reich-
Den ein edel Geschlecht auf edle Geschlechter vererbe! [tum,
Schlaft, euch Lieb einatmend ins Herz und süßes Verlangen!
Schlaft! doch auch zu erwachen am Morgenschimmer vergeßt
    nicht!

Denn an den Schultern trägt sie Fittiche;
Zu langsam, traun, sind wir für solche Flucht.
Dieses bedenkend, werde milder nun,
Und gib die treue Liebe mir zurück,
Damit, wenn einst dein Kinn sich männlich lockt,
Wir doch noch, ein achillisch Freundespaar,
Zusammenstehn. — Doch gibst du meinen Rat
Zum Raub den Winden hin, und denkst bei dir:
„Was plagt er mich, der Unausstehliche?"
So werd ich — ging ich gleich um deinetwillen
Zur goldnen Frucht der Hesperiden jetzt,
Zu Kerberos, der Toten Wächter, hin —,
Gewiß alsdann, und wenn du selbst mich rufst,
Den Fuß nicht rühren. Weg ist dann gewiß
Der Liebe Sehnsucht, die mich so gequält.

X

BRAUTLIED DER HELENA

Einst im Königspalast Menelaos' des blonden zu Sparta
Schwangen sich Mädchen im Tanz vor der neuverzierten
Kammer,
Mit Hyakinthosblüten umkränzt die lockigen Haare, [fraun,
Zwölfe, die Ersten der Stadt, ein Stolz der lakonischen Jung-
Als in dem Brautgemach, mit Tyndareos' reizender Tochter
Helena, nun sich verschloß des Atreus jüngerer Sprößling.
Fröhlich im Einklang sangen sie all, und es stampften die Füße
Rasch durcheinandergemischt, daß die Burg laut hallte vom
Brautlied.
„Trautester Bräutigam, wie? so früh schon bist du entschlummert?
Ist der Schlaf dir so lieb? und sind dir die Kniee so müde?
Oder auch trankst du zu viel, daß du nun aufs Lager dich hinwarfst?
Aber um zeitig zu ruhn, da konntest du wahrlich allein gehn,
Und bei der zärtlichen Mutter das Kind noch wohl mit den
Kindern
Spielen lassen bis dämmert der Tag: denn morgen und über-
Morgen und Jahr für Jahr ist dein, Menelaos, die Braut nun.
Glücklicher Mann, ja gewiß dir nieste zu gutem Vollbringen,

Wir auch kommen zurück, wann der tagankündende Sänger,
Wach aus der Ruh, aufkräht, schönfiederig wölbend den Nacken.
Hymen, o Hymenäos, du freue dich dieser Vermählung!"

XI

HERAKLES ALS KIND

Ihren Herakles legt' Alkmene, Mideas Fürstin,
Ihr zehnmonatlich Kind, mit Iphikles — jünger um *eine*
Nacht nur —, beide gesättigt von ihr mit Milch und gebadet,
Einst auf den ehernen Schild, die herrliche Waffe, die ehmals,
Da Pterelaos fiel, dem Amphitryon wurde zur Beute.
Leise den Knaben das Haupt anrührend, flüstert die Mutter:
„Schlaft mir, Kinderchen, süß, o schlaft den erquickenden
  Schlummer!
Schlaft, Herzlieben, ihr Brüder, ihr kräftig blühenden Kinder,
Schlummert in Ruhe nun ein, und erreicht in Ruhe das Früh-
  licht!"
Sprach's, und wiegte den Schild, den gewaltigen; und sie ent-
  schliefen.
Aber zu Mitten der Nacht, wenn sich westwärts neiget die
  Bärin,
Gegen Orion hin, der die mächtige Schulter nur sehn läßt,
Siehe, da wälzten auf Heras Geheiß, der listigen Göttin,
Zwei erschreckliche Drachen, in bläulichen Kreisen sich windend,
Gegen die Schwelle sich her und die hohlen Pfosten des Ein-
  gangs,
Ungeheuer; sie sollten den kleinen Herakles erwürgen.
Beide, sich lang ausrollend mit blutgeschwollenen Bäuchen,
Schlängelten über das Estrich, und höllisches Feuer entblitzte,
Wie sie kamen, den Augen, sie spien scheuseliges Gift aus.
Als sie den Knaben nunmehr mit züngelndem Maule genahet,
Plötzlich, geweckt durch Zeus, den allwissenden, wachten die
  holden
Kinder Alkmenes auf, und Glanz durchstrahlte die Wohnung.
Aber Iphikles schrie, wie er schaute die gräßlichen Tiere,
Auf dem gehöhleten Schild, und die graunvoll nahenden Zähne,
Schrie, und zurück mit der Ferse die wollige Decke sich stamp-
  fend,
Zappelt' er, als zu entfliehn. Doch es strebt' entgegen Herakles;

Faßt' in die Hände die zween, und also in engender Fessel
Zwang er sie, hart an der Gurgel gedrückt, wo die schrecklichen
                                                        Schlangen
Tragen ihr tötendes Gift, das selber den Göttern verhaßt ist.
  Jetzt in gewaltigen Ringen umwanden sie beide den Säugling,
Welchen mit Schmerzen die Mutter gebar, der nie nach ihr
                                                        weinte;
Doch sie ließen ihn bald, erschlafft um die Wirbel des Rückgrats,
Und arbeiteten nur, der zwängenden Faust zu entschlüpfen.
  Aber Alkmene vernahm das Geschrei und erwachte die erste.
„Auf, Amphitryon, geh! mich hält der betäubende Schrecken!
Geh doch, binde nicht erst die Sohlen dir unter die Füße!
Hörst du die Kinder denn nicht, wie laut der jüngere schreiet?
Siehest du nicht, wie tief in der Nacht die Wände des Hauses
Hell sind alle von Glanz, eh noch Frühröte sie anstrahlt?
Wahrlich im Hause geschieht was Besonderes, wahrlich, Ge-
                                                        liebter!"
  Also sprach sie; dem Lager entsprang ihr Gatte gehorchend,
Faßte sogleich empor nach dem künstlichen Schwerte, das immer
Über dem Lagergestell am zedernen Nagel ihm dahing,
Mit der einen ergriff er das neugewirkte Gehenke,
Und in der anderen hob er die herrliche Scheide von Lotos;
Aber es füllte sich wieder die räumige Halle mit Dunkel.
Und nun rief er die Knechte, die schwer aufstöhnten vom
                                                        Schlafe.
„Auf, ihr Diener! und bringet mir Licht! holt Feuer vom Herde!
Eilt, was ihr könnt! und stoßt von der Pforte die mächtigen
                                                        Riegel!
Auf, ihr wackeren Leute, erhebet euch!" Also gebot er.
Und es erschienen alsbald mit flammenden Bränden die Knechte,
Wirres Gedräng erfüllte den Saal, wie jeglicher eilte.
Aber da sie nunmehr den kleinen Herakles erblickten,
Wie er die zwei Untiere so fest in den Händen gedrückt hielt,
Laut aufschrieen sie alle; doch selbiger zeigte dem Vater
Seine Schlangen nun hin, und hoch vor kindischer Freude
Hüpft' er empor, und streckte die scheußlichen Drachen, in tiefen
Todesschlummer versenkt, Amphitryon lachend zu Füßen.
Aber es legt' Alkmene sofort an den tröstlichen Busen
Ihren von tobender Angst schon halbentseelten Iphikles.
Über den anderen legte die wollige Decke der Vater,
Ging dann wieder zu Bett und gedacht aufs neue des Schlummers.

Als zum dritten die Hähne gekräht den dämmernden Mor-
Ließ den Teiresias schnell, den wahrheitredenden Seher, [gen,
Zu sich rufen die Fürstin und sagt' ihm das nächtige Wunder
An, und begehrte von ihm, wie das endigen würde, zu wissen.
— „Scheue dich nicht; auch wenn mir Böses bereiten die Götter,
Dennoch verhehle mir's nicht! Es vermögen die Menschen ja
                 nimmer
Dem zu entgehn, was die Möre mit rollender Spindel beschleu-
                     nigt.
Doch, Euereus' Sohn, was will ich den Weisen belehren?"
 Also sagte die Fürstin; und drauf anwortete jener:
„Mutig, o Perseus' Blut, du glücklichste unter den Müttern!
Ja, bei dem lieblichen Licht, das lange mein Auge verlassen:
Manche Achaierin, wenn sie das zarte Gespinst um die Knie
Zwischen den Fingern dreht am Abende, wird von Alkmenen
Singen einmal! dich werden die Töchter von Argos noch feiern!
Solch ein Mann wird dieser dein Sohn, den sternigen Himmel
Wird er ersteigen dereinst, ein breitgebrüsteter Heros.
Keines der Ungetüme besteht ihn, keiner der Männer;
Zwölf Arbeiten vollbringt er und wohnet darnach bei Kronion;
Aber sein Sterbliches alles verzehrt der trachinische Holzstoß.
Eidam nennen ihn dann die Unsterblichen, welche, den Knaben
Jetzt zu würgen, hervor aus der Höhle die Drachen gesendet.
Einst wird kommen der Tag, da der Wolf mit schneidenden
                 Zähnen
Sieht im Lager das Junge des Hirschs und nimmer es kränket.
Aber, o Königin, laß in der Asche dir Feuer bereit sein,
Schafft dann trockenes Holz vom Aspalathos oder vom Stech-
                 dorn,
Brombeern, oder im Winde gewirbeltes Reisig der Waldbirn,
Dann verbrenn auf dem wildernden Haufen du beide die Dra-
                 chen,
Mitternachts, da sie selber den Sohn dir zu morden getrachtet.
Früh dann sammle der Sklavinnen eine die Asche des Feuers,
Trage sie über den Strom, und werfe sie alle behutsam
Vom vorstarrenden Fels grenzüber, und gehe zurück dann,
Ohne zu wenden den Blick. Mit lauterem Schwefel durchräu-
                 chert
Erst das Haus, dann sprenget mit grünendem Zweige bekränztes
Reines Wasser, mit Salze gemischt, nach der Weise der Sühnung.
Zeus dann werde, dem hocherhabnen, ein Eber geopfert,

Daß stets über den Feinden auch hocherhaben ihr stehn mögt."
  Sprach's, und hinweg sich wendend vom elfenbeinernen Sessel
Ging Teiresias heim, achtlos schwerlastenden Alters.

XII

HYLAS

Uns ward nimmer allein, wie wir wähneten, Eros geboren,
Nikias, wer von den Himmlischen auch den Knaben gezeugt
    hat.
Nicht wir haben zuerst was schön ist, schön auch geachtet,
Die wir Sterbliche sind, und kaum bis morgen voraussehn:
Sondern der Sohn Amphitryons selbst, mit dem ehernen Herzen,
Welcher den wütenden Löwen bestand, er liebte den Knaben
Hylas, den anmutsvollen, mit schöngeringeltem Haupthaar.
Alles auch lehret' er ihn, wie den Sohn ein liebender Vater,
Was ihn selber zum Helden gemacht, so edel und ruhmvoll.
Niemals wich er von ihm, nicht wann hoch strahlte der Mittag,
Nicht wann Eos mit weißem Gespann Zeus' Himmel hinanfuhr,
Noch wann wieder ihr Nest sich suchen die piependen Küchlein,
Während auf rußiger Latte die Fittiche schwinget die Mutter:
Also, daß er sich ganz nach dem Herzen erzöge den Knaben,
Dieser, geradhin furchend, dereinst ein trefflicher Mann sei.
  Als nach dem goldenen Vliese nunmehr aussteuert' Iason,
Äsons Erzeuger, und ihm die edelsten Jünglinge folgten,
Auserlesen aus jeglicher Stadt, die Tapfersten alle:
Kam auch der Mühenerfahrne zu seligen Stadt Iaolkos,
Er, der Alkmene Sohn, der mideatischen Heldin;
Auch trat Hylas zugleich in die wohlgezimmerte Argo: [blieb;
Welches Schiff unberührt von der prallenden Klippen Gewalt
Stürmend durchflog's, hineilend zum tief ausströmenden Phasis,
Schnell wie ein Aar, das Gestrudel; und seitdem standen die
    Felsen.
  Als nun das Siebengestirn sich erhob, und am Saume des
    Angers
Weidete schon das zärtliche Lamm, nach gewendetem Frühling,
Jetzo gedachte der Fahrt die göttliche Blüte der Helden.
Alle gereiht auf die Bänke der räumigen Argo, erblickten
Bald sie den Hellespont; drei Tage schon wehte der Südwind;
Kamen sodann zur Propontis, und landeten, wo den Kianern

Breit das Gefild auffurchen die Stier, abreibend die Pflug-
schar.
Dort an dem Strand aussteigend, beschickten sie emsig die
Nachtkost,
Paar und Paar; auch häuften sich viel' ein Lager gemeinsam,
Denn zu den Polstern verhalf die nahegelegene Wiese,
Wo man Butomosblätter sich schnitt und wuchernden Galgant.
Jetzt ging Hylas, der blonde, das Wasser zum Mahle zu holen,
Für den Herakles selbst, und den mutigen Telamon (beide
Pflegten am selbigen Tisch als traute Genossen zu sitzen).
Tragend den ehernen Krug erspähete jener am Abhang
Einen Quell, und es sproßten ringsum Binsen in Menge,
Grünender Adiant und dunkelfarbiges Schöllkraut,
Üppiger Efeu auch und weithin wuchernde Quecken;   [reihn,
Doch in der Mitte des Borns da tanzeten Nymphen den Chor-
Nymphen sonder Ruh, gefürchtete Wesen dem Landmann,
Malis, Eunika war's und die frühlingshafte Nycheia.
Und schon neigte der Knabe zur Flut den geräumigen Eimer,
Eilig ihn niederzutauchen: da hingen sie all an der Hand ihm:
Allen ergriff die zärtliche Brust ein Liebesverlangen
Nach dem argeiischen Knaben; er glitt in das dunkele Wasser,
Jähen Falls: wie wenn funkelnd ein Stern abgleitet vom Him-
mel
Jähen Falls in das Meer, und es sagt ein Schiffer zum andern:
„Loser die Segel gemacht, ihr Ruderer: nah ist der Fahrwind!"
Aber es saßen die Nymphen und hielten den weinenden Knaben
Dort auf dem Schoß, und sprachen ihm zu mit kosenden Worten.
Doch Amphitryons Sohn, voll stürmischer Sorg um den Lieb-
ling,
Ging, nach mäotischer Art, mit dem wohlgekrümmten Bogen
Und mit der Keule bewehrt, die er stets in der Rechten gefaßt
Dreimal ruft' er Hylas mit tief aushallender Kehle,   [hielt.
Dreimal hört' ihn der Knab, und es kam aus dem Wasser em-
por ein
Leises Stimmchen; so nah er auch war, so schien er entfernt doch.
Wie wenn ein bärtiger Löwe von fern hertönen gehöret
Einer Hindin Geschrei, ein reißender Löw im Gebirge,
Und von dem Lager in Hast zum bereiteten Schmause sich auf-
Also stürzte der Held durch wildverwachsene Dornen, [rafft:
Sehnsuchtsvoll nach dem Knaben, und irrte weit in die Gegend.
Unglückselig wer liebt! Was litt er nicht alles für Schmerzen,

Schweifend durch Wald und Gebirg! Ihn kümmert' Iason nicht
weiter!
Hoch in dem wartenden Schiff der Versammelten schwebte
die Rah nun,
Und die Jünglinge fegten bis Mitternacht das Getäfel,
Stets den Herakles erwartend: doch wild, wie der Fuß ihn um-
hertrug,
Stürmt' er in Wut; schwer hatte der Gott sein Herz ihm ver-
wundet.
So wird Hylas, der schöne, gezählt zu den seligen Göttern.
Aber Herakles schalten „den Schiffentlaufnen" die Helden,
Weil er die Argo verließ, die mit dreißig Rudern daherfuhr;
Kolchis erreicht' er zu Fuß und den Strom des unwirtlichen
Phasis.

XIII

DER TOTE ADONIS

Als Kypris den Adonis
Nun tot sah vor sich liegen,
Mit wildverworrenen Locken,
Und mit erblaßter Wange:
Den Eber ihr zu bringen
Befahl sie den Eroten.
Sie liefen gleich geflügelt
Umher im ganzen Walde,
Und fanden den Verbrecher,
Und banden ihn mit Fesseln.
Der eine zog am Seile
Gebunden den Gefangnen,
Der andre trieb von hinten,
Und schlug ihn mit dem Bogen.
Des Tieres Gang war traurig,
Es fürchtete Kytheren.
  Nun sprach zu ihm die Göttin:
„Du böses Tier, du Untier!
Du schlugst in diese Hüfte?
Mir raubtest du den Gatten?"
  Der Eber sprach dagegen:
„Ich schwöre dir, Kythere,

Bei dir, bei deinem Gatten,
Bei diesen meinen Fesseln,
Und hier bei diesen Jägern:
Ich wollte deinen schönen
Geliebten nicht verletzen,
Ich nahm ihn für ein Bildnis;
Voll brünstigen Verlangens
Stürmt ich hinan, zu küssen
Des Jägers nackte Hüfte,
Da traf ihn, weh! mein Hauer.
Hier nimm sie denn, o Kypris,
Reiß mir sie aus zur Strafe!
Was soll mir das Gezeuge,
Die buhlerischen Zähne!
Wenn das dir nicht genug ist,
Nimm hier auch meine Lippen,
Die sich den Kuß erfrechten!"

    Das jammert' Aphroditen;
Sie hieß die Liebesgötter
Ihm lösen seine Bande.

    Er folgte nun der Göttin
Und ging zum Wald nicht wieder;
Und selbst ans Feuer laufend
Verbrannt er seine Liebe.

Anmerkungen

I

Dies Gedicht ist dem Lobe Hiëros, Königs von Syrakus, gewidmet, und zur Zeit des ersten (im Jahre 264 vor Chr. begonnenen) Punischen (Karthagischen) Krieges geschrieben, nachdem sich Hiëro mit den Römern verbündet. Die *Chariten* (Grazien) sind hier die personifizierten Reize der Dichtkunst.

V. 1. *Töchter des Zeus,* die Musen.

V. 18. Das Sprüchwort heißt im Griechischen: „Das Schienbein liegt mir ferner als das Knie."

V. 34—39. Der Reichtum dieser Fürsten wird durch die Menge ihrer Leibeigenen angedeutet. Die *Aleuaden* und *Skopaden,* zwei verwandte Fürstengeschlechter in Thessalien; jene zu Larissa, diese zu *Kranon.* Skopas, Stammvater der letztern, war ein Sohn *Kreons.*

V. 41. Der *Greis* ist Charon.

V. 44—46. Simonides, von der Insel *Keos* (Ceos im Ägäischen M.), ward von den Großen, die in den Wettspielen den Preis davongetragen, zu Dichtung der Siegeshymnen immer sehr lebhaft in Anspruch genommen. — Die Pferde, mit denen man gesiegt, wurden bekränzt.

V. 48—50. Diese Verse deuten auf die Iliade Homers, so wie die folgenden sieben auf die Odyssee. — Die Helden der *Lykier* (Volks in Kleinasien), der Bundesgenossen der Trojaner (s. im Anhang Troja), sind vorzüglich Sarpedon, Glaukus und Pandarus. — *Priamiden*, die Söhne des trojanischen Königs Priamus, von denen Hektor und Paris die berühmtesten. — *Kyknos* (Cycnus), ein Sohn Neptuns, und von sehr zarter Schönheit, war im Heere der Trojaner und wurde von Achilles erlegt. — *Odysseus*, s. im Anhang *Ulysses*. — Der *Kyklop* ist der bekannte Polyphem; s. im Anh. *Zyklop*. — *Eumäos* und *Philötios*, die treuen Hirten des Ulysses, mit deren Hülfe er sich bei seiner Heimkehr nach Ithaka der herrischen Freier Penelopes entledigte. — *Laertes*, Vater des Ulysses.

V. 57. Homer ist in Ionien geboren.

V. 62. Die dem *Ziegel* eigene trübe Farbe wird durch Waschen im Wasser nicht gebessert.

V. 67. *Mäuler*, Maultiere.

V. 74. *Ajas* (Ajax), Sohn Telamons, Königs der Insel Salamis, nächst Achilles der tapferste der griechischen Helden im Trojanischen Krieg.

V. 75. *Simoïs*, Fluß bei Troja. — *Ilos*, Sohn und Nachfolger des Königs Tros, Erbauers von Troja in Phrygien; sein Grabmal stand vor der Stadt.

V. 76. *Phöniker;* die, aus Phönizien stammenden, Karthaginenser, wohnten für die Syrakusaner abendwärts in *Libyen*, Afrika (s. Anh. *Alte Weltk.*).

V. 82. Die *Tochter* ist Proserpina, die mit ihrer Mutter Ceres auf Sizilien und besonders auch zu Syrakus vorzüglich verehrt wurde.

V. 83. *Ephyra* ist der alte Name von Korinth, und Syrakus war eine korinthische Kolonie.

V. 84. *Lysimeleia*, ein See bei Syrakus.

V. 86. *Sardonisch*, Sardinisch.

V. 93. Der *Wanderer* eilt, da ihm das Eintreiben des zahlreichen Viehs von allen Seiten den Abend verkündigt.

V. 99. Das *Skythische*, das Schwarze Meer, um das ein Teil der Scythen wohnte (s. *Alte Weltk.*).

V. 100. Die assyrische Königin *Semiramis* ließ die Mauern Babylons von gebrannten, mit Asphalt (Erdharz) verbundenen Steinen erbauen. Sie waren 200 Ellen hoch und so breit, daß sechs Wagen nebeneinander darauf fahren konnten.

V. 102. *Arethusa*, die berühmte Quelle (auf dem mit Syrakus verbundenen Inselchen Ortygia), deren gleichnamige Nymphe zur Muse des Hirtenlieds wurde.

V. 104. *Eteokles*, König von *Orchomenos* in Böotien, einem Hauptsitze des Volksstamms der *Minyer*, stiftete den Dienst der Grazien, als dreier Göttinnen. Orchomenes war den Thebanern verhaßt, weil ein orchomenischer König, Erginus, um den Tod seines von den Thebanern erschlagenen Vaters zu rächen, Theben eroberte und zinsbar machte. Erst Herkules befreite Theben durch Besiegung der Orchomenier von diesem Tribute.

II

V. 1. *Nikias*, ein Arzt in Milet, einer bedeutenden Stadt Ioniens, ein Kenner der Wissenschaften und Freund unseres Dichters.

V. 7—8. *Kyklop* und *Galateia;* s. im Anh. *Zyklop.*

V. 10. Mit Blumen, Locken und vorzüglich mit Äpfeln, welche der Venus heilig waren, beschenkten sich die Liebenden.

V. 26. Seine *Mutter* war die Nymphe Thoosa. — *Hyakinthen;* s. Hom. Hymn. IV, 7 Anm.

V. 27. *Gebirg*, die Gegend des Ätna.

V. 38. *Syringe*, die vielröhrige Hirtenflöte; s. im Anh. *Pan.*

V. 40. *Hindin*, Hirschweibchen.

V. 57. *Mohnblätter* auf der Hand oder dem Arm zu zerknallen war eine Probe der Zuneigung des geliebten Gegenstands.

V. 70. Ich will eine schwere Krankheit vorgeben.

III

V. 1. *Diophantos* ist ein Freund des Dichters.

V. 18. Man muß sich die Hütte der Fischer auf einer kleinen Insel oder Halbinsel in der Nähe von Syrakus denken.

V. 36. *Prytaneion* (Prytaneum). Prytaneen waren in mehreren griechischen Städten öffentliche Gebäude, wo teils gewisse Gerichtshöfe sich versammelten, teils verdiente Männer auf Staatskosten gespeist wurden. Ebendaselbst brannte im Tempel der Vesta ein immerwährendes Feuer. Der Sinn der Stelle ist: Wir armen Fischer haben kein *Licht*, wie dort drüben das Prytaneum, welches so viele Einkünfte hat, daß es nie verlöschende Leuchten unterhalten kann.

V. 55. *Blaulich*, vom Gewande oder dem meerfarbenen Haupthaar und den Augen zu verstehen.

V. 65. Wenn du indessen den Einfall haben solltest, in jenen Gegenden, von denen dir träumte, wachend nachzusuchen, so warte ja nicht auf goldene Fische; suche dir *fleischerne;* denn nur auf diese allein konnte dein Traum dir Hoffnung machen. — Übrigens ist dies eine der strittigen Stellen dieses Stücks.

IV

Die Szene ist in Syrakus.

V. 4. Er hatte die Haare nicht mehr gepflegt und gesalbt.

V. 5—6. Die allzustrenge Lebensweise, die manche Schüler des Philosophen *Pythagoras* affektierten, machte diese Sekte zum Teil lächerlich. — *Von Athen;* ein Seitenhieb auf die Athenienser, die den Syrakusanern verhaßt waren.

V. 12. Der *Argeier,* von Argos im Peloponnes. — *Thessalien,* Landschaft des nördlichen Griechenlands.

V. 15. *Biblinischer,* ein leichter, bei den Alten sehr beliebter, thrazischer Wein, der auch bei Syrakus gepflanzt wurde.

V. 18. Bekanntlich mischte man den Wein gewöhnlich mit Wasser: bei einem solchen Ehrentrunk aber blieb das Wasser weg.

V. 21. *Sie — kein Wort.* Äschines, der ihre Gesundheit getrunken, erwartete, daß sie ihm Bescheid tun oder danken würde.

V. 22—24. Sprüchwörtlich sagte man von dem, welcher vor Schreck nicht sprechen konnte: „Er hat den Wolf gesehen." Hier liegt aber der Witz in dem Wortspiel mit dem Namen *Lykos,* welcher im Griechischen *Wolf* bedeutet.

V. 28. Ich *forschte* (damals) *nicht nach* und rührte mich nicht, wie ein rechter Kerl getan hätte.

V. 30. Der obengenannte *Apis* aus *Larissa,* einer thessalischen Stadt. — *Lied;* uneigentlich.

V. 43. Sprüchwörtlich von jemand, der nicht wiederkehrt.

V. 46. Das Unterlassen des Scherens war ein Zeichen der Trauer. Nicht einmal *thrakisch,* d. i. so schlecht wie möglich.

V. 49. *Megara,* Hauptstadt der kleinen Landschaft Megaris. Die Megarenser waren von den übrigen Griechen verachtet.

V. 59. Der ägypt. König Ptolemäus II. (Philadelphus).

V

Zu Ehren des *Adonis* (s. im Anhang) wurden in Phönizien, Ägypten usw., nicht weniger in Griechenland, jährliche Feste gefeiert, bei denen man sein Bild öffentlich ausstellte, oder in feierlichen Umzügen durch die Stadt trug, und demselben in Flüssen oder im Meere die Wunde wusch, an der er gestorben. In unsrer Idylle wird ein solches Fest beschrieben, wie es die Königin Arsinoe zu Alexandria in Ägypten gab. — Die Szene des Gedichts ist V. 1 vor der Türe von Praxinoas Zimmer; V. 2 bis 44 im Zimmer derselben; V. 44 bis 78 auf den Straßen der Stadt und V. 79 bis zu Ende in der königlichen Burg. *Gorgo* und *Praxinoa* sind wohlhabende Bürgerfrauen aus Syrakus, die mit ihren Familien in Alexandria wohnen. *Eunoa* ist die Sklavin der Praxinoa.

V. 2. *Wirklich! du bist schon hier;* ironisch.

V. 6. *Stiefel,* für: Soldaten.

V. 15. *Wir sprechen* usw.; man sagt ja aus Gewohnheit immer nur „neulich", es mag länger oder kürzer her sein.

V. 19. Der Wert einer *Drachme* schwankte im Kurs zwischen 26 und 24 kr.

V. 22. *König*, Ptolemäus II., der Bruder und Gemahl Arsinoes I.

V. 26. *Stets hat der Müßige;* Sprüchw.: Wir haben's nicht so gut, wir müssen uns eilen.

V. 28. *Weich mögen die Katzen* usw.; Eunoa wollte aus Bequemlichkeit das Wasserbecken mitten in die Stube setzen, statt es der Frau zu bringen.

V. 32. *Wie's den Göttern gefiel,* heißt ungefähr soviel als unser „so Gott will".

V. 34. Praxinoa hat den Schlüssel unterdes bekommen, und sich ein Kleid aus dem Kasten angezogen.

V. 36. Der Wert einer *Mine*, welche 100 Silberdrachmen galt, schwankte zwischen 43 und 40 fl.

V. 42. *Phrygia,* eine zweite Sklavin der Praxinoa.

V. 67. *Eutychis,* die Sklavin der Gorgo.

V. 88. Der altertümliche dorische Dialekt, in welchem Theokrit selber seine Gedichte schrieb, und welcher nur im Munde dieser Weiber so unlieblich für den Alexandriner klingen mochte, setzte oft ein a, wo der attische und ionische ein e hatte; z. B. Damater statt Demeter.

V. 91—93. Syrakus war eine *korinthische* Kolonie. — *Bellerophon* (s. im Anh.) war ein korinthischer Königssohn. Die *Dorier*, vormals nördlich, hatten sich in den Auswanderungszeiten des größten Teils vom Peloponnes und auch Korinths bemächtigt.

V. 95. *Melitodes,* Beiname der Proserpina, welche die Weiber vorzüglich anzurufen pflegten. S. Theokr. I, 82 Anm. *Streich mir* usw. Das Sprüchw. bezeichnet hier den Herrn, der seinen Sklavinnen ihr Mehl oder andere Nahrungsmittel zumessen will und haushälterisch das Maß *abstreicht.* Aber das Maß ist leer, das Abstreichen überflüssig, und läßt die betreffende Person ganz gleichgültig. Der Sinn ist daher: ich fürchte mich nicht vor deiner Herrschaft, da sie nichtig ist und mich in nichts einschränken kann.

V. 98. *Sperchis* und *Bulis,* zwei Spartaner, hatten beschlossen, für ihr Vaterland sich dem Tode zu weihen, da die Götter, erzürnt, daß die Spartaner die Gesandten des Darius ermordet hatten, alle Opfer derselben verwarfen. Sie reisten nach Susa in Persien und boten dem Xerxes (Nachfolger des Darius) ihre Köpfe zur Genugtuung an; hierauf bezieht sich der erwähnte Trauergesang. Xerxes aber schickte sie mit Geschenken wieder in ihr Vaterland zurück.

V. 100—101. *Golgos,* Stadt auf Cypern mit einem der Venus heiligen Haine. *Idalion,* Stadt auf derselben Insel, wo Venus auf dem gleichnamigen Berge einen Tempel und Hain hatte. — *Eryx,* feste

Stadt und Berg im nordwestlichen Sizilien mit einem berühmten Venustempel.

V. 102. S. im Anhang *Adonis*.

V. 107. *Berenika*, nämlich Berenice I., Gemahlin des Ptolemäus I., Mutter des Ptol. II. und der Arsinoe. (Diejenige Berenice, welche ihr schönes Lockenhaar als Dankopfer für die siegreiche Heimkehr ihres Gemahls in den Tempel der als Aphrodite vergötterten Arsinoe I. stiftete, und ihre Locke nachher durch die Schmeichelei des Astronomen Konon im Sternbilde des Löwen glänzen sah, war Berenice III., Gemahlin des Ptolem. III. [Euergetes], gehört also nicht hieher.)

V. 118. *Geflügel*. Das Backwerk hatte die Form von Vögeln und anderen Tieren.

V. 124. Den Ganymedes.

V. 125—126. Ein Kaufmann aus *Milet* in Ionien oder der benachbarten Insel und Stadt *Samos,* wo man die schönsten wollenen Zeuge verfertigte, würde ihre Weichheit auf diese Art preisen.

V. 133. *In die Flut*; s. die erste Anm.

V. 137—140. *Agamemnon;* s. im Anh. Troja. — *Ajax,* Telamons Sohn, behauptete nach dem Achilles den ersten Rang unter den griech. Helden vor Troja. — *Hektor,* Sohn des Königs Priamus und der Hekuba (Hekabe); s. Troja. — *Patroklos,* s. Troja. — *Pyrrhos,* des Achilles Sohn, zeichnete sich vorzüglich bei der Eroberung von Troja aus.

V. 141. Die *Lapithen,* ein thessalisches Heldenvolk, besonders durch ihren Kampf mit den Zentauren aus Veranlassung der Hochzeit des Lapithenkönigs Pirithous bekannt. — Unter den *Deukalionen* ist wahrscheinlich Deukalion selbst (s. im Anh.) mit seinen Söhnen Hellen und Amphiktyon zu verstehen.

V. 142. *Pelops,* Sohn des lydischen Königs Tantalus, wanderte nach Griechenland aus, erwarb die Tochter des Önomaus, Königs von Pisa in Elis, Hippodamia, und gab durch seine Macht der Halbinsel den Namen Peloponnesus (Pelops Insel). Er ist der Vater des Atreus und Thyestes, der Großvater des Agamemnon und Menelaus. — Die *Pelasger* waren die ältesten Bewohner von *Argos* (so hieß anfänglich der ganze Peloponnes).

VI

V. 2. *Aratos,* ein Freund des Theokrit, wahrscheinlich der Dichter dieses Namens.

V. 6. Die beiden Hirten stellen, aus dem Stegreif singend, eine kleine Szene dar, worin Damötas die Rolle des *Polyphem* (s. im Anh. *Zyklop)* übernimmt, und wobei sie sich die Nymphe Galatea auf dem nahen Meere gegenwärtig denken.

V. 7. *Geißhirt;* verächtlich, da er doch Schäfer ist.

V. 15. *Sieh, wie verbuhlt sie nun tändelt;* bereits ist sie von selbst in dich verliebt und kokettiert. Das Bild von den Flocken des Distelbarts kann auch auf V. 17 bezogen werden, da sie in der Tat den Verfolgenden fliehen, dem Fliehenden nachgehn. Schon Homer, Odyss. V, 327, gebraucht sie als Gleichnis.

V. 18. *Von der Linie* usw. Das Sprüchwort ist vom griechischen Brettspiel entlehnt, welches fünf Linien hatte, deren mittlere, die heilige genannt, nicht durfte überschritten werden. Der Sinn: sie versucht das Äußerste.

V. 23. *Telemos,* ein unter den Zyklopen lebender Wahrsager, hatte dem Polyphem vorausgesagt, daß er durch den Ulysses (s. denselben im Anh.) um sein Auge kommen würde.

V. 27. *Päan,* Beiname Apollos.

V. 33. *Insel,* Sizilien.

V. 38. *Paros,* Insel im Ägäischen Meer, durch ihren schönen Marmor berühmt.

V. 39. Das *Ausspucken* war ein gewöhnliches Mittel, daß einem kein böser Zauber schade. Hier ist es vielleicht mehr ein Zeichen des Abscheus und Mißfallens, wodurch man seine Freude über ein Glück zu verbergen suchte, um dem schädlichen Blick der Neider, oder auch der Rache der Götter zu entgehen, denen Selbstgefälligkeit verhaßt war.

V. 40. *Kotyttaris,* ist wohl nicht ein Name, sondern bedeutet eine Zauberin, vielmehr Priesterin der Kotytto oder Venus Pandemos (der gemeinen).

V. 41. *Hippokoon,* ein Bach.

V. 42—43. *Die Flöte,* d. h. Syringe, und die *Pfeife,* Schalmei, wurden bei Hirtengesängen zu Vor-, Zwischen- und Nachspiel gebraucht.

VII

Simätha, ein Mädchen, dem sein Liebhaber untreu geworden, sucht ihn durch Zaubermittel zu sich zurückzubringen, und erzählt die Entstehung ihrer Liebe. Die Szene muß im innern Hofe des Hauses unter offenem Himmel gedacht werden.

V. 1. *Thestylis* die Sklavin der Simätha.

V. 2. *Die purpurne Blume des Schafes;* purpurne Wolle. Bei gottesdienstlichen Handlungen wurden Priester, Opfertier und Altar mit heiligen Binden umwunden, und so hier der hölzerne *Becher,* woraus das Mädchen von dem Trank, den Zaubergottheiten zum Opfer, auf den Brandaltar gießen will. Die rote Wolle aber hielt man für besonders wirksam bei Bezauberungen.

V. 8. *Palästra,* in den größeren griechischen Städten der Ort, wo junge Leute im Ringen und andern Kampfarten sich übten; diese Schulen führten den Namen ihrer Stifter oder Vorsteher.

V. 10. *Selene* (die Mondgöttin) wird oft, wie Hekate, als Vorsteherin der nächtlichen Zaubereien und Giftmischereien gedacht.

V. 12. Man glaubte, daß Hunde die Gespenster und andere unheimliche Erscheinungen sehen.

V. 15. *Kirke* (Circe), die bekannte Zauberin (s. *Ulysses* im Anhang).

V. 16. *Perimede*, die Agamede bei Homer, der von ihr sagt, sie habe so viel Zauberkräuter gekannt, als die weite Erde trage. — *Medeia* (Medea), s. *Iason* im Anh.

V. 17. *Kreisel,* im Griechischen: Iynx, wie zunächst die in den Vogel Wendehals verwandelte Tochter des Pan und der Echo, dann dieser Vogel selbst heißt. Man glaubte, in ihm liege eine besondere Kraft zur Liebe zu reizen, und band ihn oder seine Eingeweide zu diesem Zwecke häufig an eine Art von Rad oder Kreisel, die unter Zauberformeln umgedreht wurde.

V. 23—24. *Lorbeerreiser* wurden auch sonst bei Opfern verbrannt, wo ihr Geknatter guten Erfolg andeutete. — *Auf Delphis*, d. h. auf dem *wächsernen Bilde* desselben, das vorher in die Flamme gelegt wurde und V. 28 zerfließt.

V. 28. *Gottheit;* vielleicht Hekate.

V. 29. *Myndos,* Stadt Kariens in Kleinasien.

V. 30. *Umdreht;* zunächst durch das Mädchen selber, aber auch durch geheime Liebeskraft beflügelt.

V. 33—34. Die mit Hekate und Selene vermischte *Artemis* (Diana) hat auch im Schattenreich Gewalt. Der *eiserne* Mann ist der unerbittliche Pluto.

V. 35. Die *Hunde;* s. Anm. V. 12.

V. 36. Durch Töne von Erz wurden die Zaubergottheiten besänftigt.

V. 38. Alles *schweigt* und feiert die Ankunft der Göttin.

V. 45. *Theseus, Dia, Ariadne,* s. im Anh. *Theseus.*

V. 48. *Arkadien,* Landschaft im Peloponnes.

V. 51. *Schimmernd;* vom Öle, womit sich die Ringer salbten, hergenommenes Beiwort.

V. 54. Um ihn dadurch magisch herbeizuziehen.

V. 64. Thestylis ist weggeschickt.

V. 66. *Korbträgerin;* Mädchen, die sich verheirateten, brachten einen heiligen bedeckten Korb in feierlicher Prozession der Diana, damit die ewig jungfräuliche Göttin nicht auf sie zürnen sollte. Auch bei den Festen des Bacchus, der Ceres und Pallas zu Athen wurden geheimnisvolle Körbe mit den Heiligtümern dieser Gottheiten von auserwählten Mädchen getragen, welche daher Kanephoren hießen.

V. 70. *Thrakerin;* aus Thrazien.

V. 73. *Byssos,* eine Art feiner Baumwolle.

V. 74. *Klearista.* Man pflegte zu Festen sich Kleidungsstücke bei reicheren Bekannten zu borgen.

V. 78. *Helichrysos,* eine unbekannte Blume.

V. 88. *Thapsos,* ein gelbfärbendes Holz oder Kraut.

V. 112. *Als der V. mich sah,* nämlich auf dem Ruhebette liegen, setzt' er sich gleichfalls darauf.
V. 116. *Zuvorkam;* im Wettlauf.
V. 120. *Dionysos' Äpfel,* Pomeranzen. (S. *Bacchus* im Anh.) Der Apfel (so hieß bei den Griechen und Römern alles Kernobst) war der Venus heilig und ein gewöhnliches Liebesgeschenk.
V. 121. Jünglinge, welche die Gymnasien und Palästren besuchten, pflegten sich dem Schutzgott derselben, dem Herkules, zu Ehren mit Zweigen der Weißpappel zu bekränzen.
V. 134. *Lipara,* die größte der Äolischen (Liparischen) Inseln bei Sizilien, die wegen ihrer feuerspeienden Berge für ein Heiligtum Vulkans galten.
V. 153. Eine gewöhnliche Artigkeit.
V. 156. Er blieb bei mir, statt in die Palästra zu gehen. *Dorisch;* für korinthisch (s. Theokr. V, 93 Anm.). Die korinth. ehernen Gefäße, aus einer Mischung von Kupfer, Silber und Gold, waren vorzüglich berühmt. *Öl,* s. oben zu V. 51.
V. 160. *An Aïdes' Tor soll er klopfen;* dann soll er sterben.

VIII

(Dies und das folg. Stück hat im Original ein anderes Versmaß.) Theokrit ist im Begriff nach Milet, jener berühmten Handelsstadt in Ionien, zu reisen, um seinen Freund, den Arzt *Nikias* zu besuchen, für dessen Gattin *Theugenis* er eine elfenbeinerne Spindel als Geschenk mitnimmt: denn Wollarbeiten waren in Milet vorzüglich beliebt und wurden dort sehr fein und schön gemacht.
V. 5. *Neleus,* Sohn des Kodrus, verließ seine Vaterstadt Athen und baute oder erweiterte Milet.
V. 7. *Zeus,* als Herrscher des ganzen Luftkreises.
V. 11. *Sohn* der Grazien, als ein angenehmer, geistreicher Mann mit dichterischen Gaben.
V. 27. *Archias,* aus einem königlichen Geschlecht in Korinth oder, wie es früher hieß, Ephyra, entfloh eines Verbrechens wegen nach Sizilien, wo er Syrakus gründete.
V. 29. *Trinakria,* der alte Name Siziliens, von seiner dreieckten Gestalt.

IX

V. 44. Wie Achilles und Patroklus.

X

V. 1. *Menelaos,* Sohn des Atreus, Königs von Mycene, und jüngerer Bruder des Agamemnon. Unter den vielen Freiern der Helena — Tochter Jupiters und Ledas, der Gemahlin des *Tyndareos,* Königs von Sparta — war er derjenige, der ihre Hand und damit den Thron Spartas erhielt. (S. im Anh. *Kastor* und *Troja.*)

V. 16. Das *Niesen* war bei den Alten vorbedeutend.

V. 20. *Achaiisch,* griechisch.

V. 24 Der *Eurotas* floß bei Sparta; hier in Beziehung auf Baden und Schwimmen genannt. Die abhärtende Erziehung der spart. Mädchen, ihre gymnastischen Übungen mit Laufen, Ringen (wozu man sich mit Öl salbte) und drgl. sind bekannt.

(V. 26—27 nach Bindemanns Konjektur.)

V. 30. *Thessalien,* Landsch. im nördl. Griechenl.

V. 34. *Baum,* Weberbaum.

V. 43. *Lotos,* nicht die ägyptische, in Gestalt der weißen Wasserlilie blühende, Blume, sondern eine Wiesenpflanze.

V. 45. Eine Art Opfer (Libation) mit wohlriechendem Öl, für Helena, Zeus' Tochter.

XI

V. 1. *Herakles,* s. im Anh. Herkules. — *Midea,* Stadt in Argolis im Peloponnes, dem Elektryon, Vater der Alkmene, gehörig.

V. 5. *Pterelaos,* Fürst der Teleboer (Volkes in und bei Akarnanien am Ionischen Meer), dessen Söhne den Elektryon beraubt und seine Söhne erschlagen hatten. *Amphitryon* mußte auf Verlangen Alkmenes Rache dafür nehmen.

V. 11. *Bärin;* das Sternbild.

V. 12. Als *Orion* schon am Himmel hinabsank. Im Sternbild des Or. machen zwei hellglänzende Sterne die Schulter dieses riesenhaften Jägers aus.

V. 23. *Iphikles* war der wirkliche Sohn des Amphitryon, daher beträgt er sich wie ein gewöhnliches Kind.

V. 31. *Mit Schmerzen;* Juno verzögerte die Entbindung.

V. 45. *Lotos,* hier der Lotosbaum, von einem knochenharten schwärzlichen Holze.

V. 64. *Teiresias* (Tiresias), Sohn des Eueres und der Chariklo, ein Thebaner, durch seine Wahrsagergabe berühmt, die er zum Ersatze von Pallas bekommen, als sie ihn blind machte, weil er die Göttin im Bade gesehn.

V. 72. Alkmenes Vater war ein Sohn des Heroen *Perseus* (s. Anh.).

V. 74—76. *Achaierin,* Griechin. — *Argos,* Stadt und Reich im Peloponnes.

V. 77—81. S. *Herkules* im Anh. — *Trachin* in Thessalien, unweit vom Berg Öta, statt dessen hier die Stadt genannt ist.

V. 84—85. Alle Wesen, selbst wilde Tiere, freuen sich der Vergötterung des Helden.

V. 87. *Aspalathos* heißt der orientalische Rosenbaum, aus dessen wohlriechender Wurzel ein Öl gewonnen wird; ebenso heißt aber auch das dornichte Pfriemkraut. Mit Dorngewächsen jeder Art glaubte man gewisse schädliche Einflüsse zu vertreiben.

V. 93—94. *Grenzüber;* d. h. sie bringe es ganz außer Berührung mit dem Lande. Alles Ungeheure, was Zorn der Götter zu verkündigen schien, ward zur Entsündigung wo möglich in das Meer, oder in ein zum Meere fließendes Wasser geworfen; *ohne umzusehn,* um nicht die Gottheiten, die das Ausgeworfene empfangen, wider ihren Willen in schrecklicher Gestalt zu erblicken und die Sache rückgängig zu machen.

XII

V. 2. *Nikias,* s. Theokr. II, 1. Anm.

V. 5. Sohn des *Amphitr.,* s. im Anh. *Herkules,* und das vorige Stück.

V. 7. *Hylas,* war nach einigen der Sohn des Theodamas, eines Königs in Epirus; Herkules besiegte den Vater und nahm jenen mit sich.

V. 19. *Iaolkos* (Iolkos), in der thessal. Landschaft Magnesia, der Sammelplatz der Argonauten (s. im Anhang *Iason*). — *Selig,* reich.

V. 20. S. das vorige Stück, V. 1 Anm.

V. 22. *Prallende Klippen,* nämlich die Kianeen, zwei kleine Inseln im Pontischen (Schwarzen) Meer beim Ausfluß des Bosporus, die immer zusammenliefen und die zwischen ihnen durchfahrenden Schiffe zerschellten. Wäre nur erst, so hatte es das Schicksal bestimmt, *ein* Schiff glücklich hindurchgesegelt, dann sollten alle künftigen Seefahrer nichts mehr dort zu fürchten haben. Diese glückliche Vorgängerin war die Argo, der Minervas Beistand durchhalf.

V. 23. *Phasis,* Fluß in Kolchis (s. *Alte Weltk.*).

V. 25. Mit dem Frühaufgang des Siebengestirns (der Plejaden) um den Anfang Mais endigte der Frühling und begann die Sommerweide.

V. 30. *Propontis,* das jetzige Marmorameer. — *Kianer,* Einwohner der Stadt Cios an der Propontis.

V. 35. *Butomos,* eine Art Sumpfpflanze (?).

V. 37. *Telamon,* Sohn des Äakus, Königs von Ägina (Insel bei Attika), Vater des Ajax.

V. 41. *Adiant,* ein Farnkraut.

V. 44. Man glaubte, der Anblick der Nymphen bewirke eine Art Wahnsinn.

V. 49. Es gab auch ein Argos in Epirus.

V. 50. Die Sternschnuppen hielt man für wirkliche, vom Sturm getriebene *Sterne,* und für Vorboten des Sturms.

V. 56. *Mäotisch,* d. h. wie ein Scythe vom See Mäotis, dem jetzigen Asowschen Meer, so genannt. Herkules bediente sich scythischer Pfeile und war im Bogenschießen von einem Scythen unterrichtet.

V. 68. *Rahe,* Segelstange.

V. 74. Eigentlich: die dreißig Ruderbänke hatte.

XIII

V. 45. *Feuer;* ein Ausleger versteht hierunter den Scheiterhaufen, auf welchem die Leiche des Adonis verbrannt worden sei und dessen Flammen sich der Eber aus Verzweiflung selbst übergeben habe. Ein anderer erklärt: er brannte sich seine Hauer ab.

Bion und Moschus

Einleitung

Von den beiden griechischen Dichtern *Bion* und *Moschos* hat man nur dürftige Kenntnis. Sie blühten zur Zeit Theokrits, mit dessen Vorzügen sie manches gemein haben, und waren Freunde. Bion war aus Smyrna in Ionien gebürtig, nahm aber später seinen Aufenthalt in Syrakus, wo er an Gift starb. — Von Moschus weiß man nur, daß er in Syrakus geboren war, daß er jünger als Bion, und dessen Schüler gewesen; auch hat er eine Elegie auf seinen Tod gedichtet.

Bion

I

DER VOGELSTELLER

Kunstreich übte den Fang ein vogelstellender Knabe
Im vielstämmigen Hain, und sah den entflohenen Eros,
Der auf dem Buchsbaumast ausruhete. Wie er ihn wahrnahm,
Herzlich erfreut (denn traun ein gewaltiger Vogel erschien er),
Fügt' er sie all aneinander die klebenden Rohre des Fanges,
Lauerte dann auf den hier- und dorthin flatternden Eros.
Aber der Knab, unwillig, dieweil kein Ende zu sehn war,
Warf die Rohre hinweg und lief zu dem Pflüger, dem Graukopf,
Welcher den künstlichen Fang ihn lehrete. Diesem erzählt' er
Alles und zeigt' ihm Eros, den Flatterer. Aber der Alte [wort:
Schüttelte lächelnd das Haupt und gab dem Knaben die Ant-
Laß die gefährliche Jagd, und komm nicht nahe dem Vogel!
Hebe dich fern! Schlimm meint es das Untier! Preise dich glück-
                                                                                  lich,
Während du nimmer ihn fängst. Doch sobald du zum Manne
                                                                                 gereift bist,
Dann wird er, der jetzo mit flüchtigem Schwunge zurückfährt,
Plötzlich von selbst annahn und dir auf die Scheitel sich setzen.

II

DIE SCHULE DES EROS

Neulich im Morgenschlummer erschien mir die mächtige Kypris,
Führend an niedlicher Hand den noch unmündigen Eros,
Welcher die Augen zu Boden gesenkt. Da sagte die Göttin:
„Nimm ihn, redlicher Hirt, und lehr ihn mir singen, den Eros."
Jene sprach's und entwich. Doch was ich vom Hirtengesang weiß,
Lehrt ich Törichter nun, als ob er's wünschte, den Eros.
Wie die Schalmei Athenäa erfand, wie die krumme Schalmei Pan,
Wie die Zither Apollon, und Hermes die wölbende Laute,
All das lehret ich ihn. Er achtete nicht auf den Vortrag,
Selber vielmehr, mit Gesang voll Zärtlichkeit, lehrete jener
Mich, was Götter und Menschen entzückt, und die Werke der
Jetzo vergaß ich alles, so viel ich den Eros gelehret,   [Mutter.
Was mich Eros gelehret von Zärtlichkeit, alles behielt ich.

III

RUHE VOM GESANG

Wenn nur schön mir gelangen die Liederchen, sind sie genug schon,
Mir zu erwerben den Ruhm, den zuvor mir die Möre bestimmt
Wenn sie nicht lieblich getönt, wozu noch mehrere schaffen? [hat.
Denn wenn doppeltes Leben uns gönnte Zeus der Kronide,
Oder des Wandelgeschicks Austeilerin, um zu vollenden
Dies in herzlicher Lust und Behaglichkeit, jenes in Arbeit,
Dann würd einem hinfort nach der Arbeit guter Genuß auch.
Doch wenn ein einziges Leben den Sterblichen winkende Götter
Ordneten, und dies eine so kurz, so verkümmert um alles,
Wozu wollen wir Armen Geschäft aufsuchen und Mühsal?
Was doch wenden wir lang auf werbsame Kunst und Erfindung
Unseren Geist, nachgierend dem stets anwachsenden Wohlstand?
Traun, so vergessen wir alle, der Sterblichkeit sei'n wir geboren,
Kurz nur habe die Möre den Raum uns beschieden des Lebens.

IV

DIE JAHRESZEITEN

Kleodamos

Was ist, Myrson, im Herbst, und im Frühlinge, was in dem Winter
Oder im Sommer dir lieb? wer freuet dich mehr, wenn er annaht?
Reizet der Sommer dich mehr, der zeitiget was wir bestellten?
Oder der freundliche Herbst, wo drückender Hunger entfernt bleibt?
Liebst du den schläfernden Winter? dieweil ja mancher im Winter
Gern in der Wärme sich pflegt, der behaglichen Ruhe genießend.
Oder scheint dir der Lenz anmutiger? Rede, wohin sich
Neige dein Herz; uns ladet die müßige Stunde zum Plaudern.

Myrson

Nicht uns Menschen geziemt, zu würdigen Werke der Götter,
Heilig, o Freund, und lieblich ist jegliches, was du genannt hast.
Doch sei dir zu Gefallen gesagt, was süßer mir dünket:
Nicht ist der Sommer mir lieb, dieweil mich die Sonne versenget.
Nicht lieb ist mir der Herbst, denn Krankheit zeugen die Früchte.
Auch der verderbliche Winter, mit Reif und Gestöber, erschreckt mich;
Aber der Lenz ist dreimal geliebt, o blieb' er das Jahr durch!
Wann uns weder der Frost noch glühende Sonne belästigt.
Alles wird Leben im Lenz, und das Süßeste keimet im Lenz auf;
Gleich auch ist für die Menschen die Nacht mit dem Tage gemessen.

V

AN DEN ABENDSTERN

Hesperos, goldenes Licht der reizenden Aphrogeneia,
Hesperos, heiliger Schmuck der dunkelen Nacht, o Geliebter!
Unter den Sternen so herrlich, wie weit du an Glanze dem Mond weichst,
Sei mir gegrüßt! und weil ich den Festreihn führe zum Hirten,

Leuchte mir, Trautester, du anstatt der Selene; zu frühe
Heut, im Neulicht, sank sie hinab. Nicht will ich auf Diebstahl
Ausgehn, oder dem wandernden Mann nachstellen zur Nachtzeit;
Sondern ich liebe, und dir ziemt's Liebenden freundlich zu helfen.

Moschus

I

EUROPA

Kypris schuf der Europa vordem ein liebliches Traumbild,
Um das weichende Drittel der Nacht, wann nahe das Frührot,
Wann mit des Honiges Süße der Schlaf, die Wimpern umschwe-
Alle Gelenke nun löst, und sanft die Augen verbindet,   [bend,
Und uns Träume bedeutsamer Art in Scharen umschwärmen.
Siehe, da ruhete schlummernd im Obergemach des Palastes
Europeia, die noch jungfräuliche Tochter des Phönix;
Und ihr deucht', als stritten um sie zwei Länder der Erde,
Asia und was entgegen ihr steht, wie Frauen erscheinend.
Fremd war die eine von Art, die andere aber war heimisch
Anzuschaun, vorstrebend, die eigene Tochter zu halten;
Und sie sprach, wie sie solche gebar und selber auch aufzog.
Aber die andere, stark mit gewaltigen Armen sie fassend,
Raffte die kaum sich Sträubende fort; denn sie sagte, bestimmt
Ihr vom Donnerer Zeus als Ehrenlos die Europa.   [sei
— Auf von dem Lager mit eins nun sprang die erschrockene
                                                Jungfrau,
Und ihr klopfte das Herz, denn sie sah als wach die Erscheinung.
Lange saß sie vertieft und sprachlos; beide noch immer
Schwebten den offenen Augen sie vor, die Gestalten der Weiber.
Endlich begann ausrufend mit ängstlicher Stimme die Jungfrau:
   „Wer hat solche Gesichte gesandt mir unter den Göttern?
Welcherlei sind, die eben vom Lager im stillen Gemache
Aus so lieblichem Schlummer empor mich schreckten, die Träume?
Wer die Fremde doch, welche so hell im Schlafe mir vorkam?
Wie sie das Herz mir erfüllte mit Sehnsucht! wie sie auch selber
Liebevoll mich empfing, und als ihr Töchterchen ansah!
O daß doch zum Guten den Traum mir wenden die Götter!"

Dieses gesagt, aufsprang sie, und suchte sich traute Gespielen,
Gleich an Alter und Wuchs, vergnügliche, edeler Abkunft,
Und ihr immer gesellt, sooft sie zum Reigen hervortrat,
Oder sich baden ging in dem Vorgrund stürzender Bäche,
Oder in grünender Au sich duftende Lilien abbrach.
  Alsbald kamen sie auch, und jegliche trug in den Händen
Einen Korb für Blumen. Hinaus zu den Wiesen am Meerstrand
Gingen sie nun, wo stets miteinander sie pflegten zu wandeln,
Um sich der rosigen Blüte zu freun, und des Wellengeräusches.
  Aber Europa selber, sie trug ein goldenes Körbchen,
Wundersam schön gefertigt, ein mühsames Werk des Hephästos,
Das er der Libya gab, als diese zum Bette Poseidons
Wandelte; sie dann schenkt' es der reizenden Telephaëssa,
Welche verwandt ihr war; und der unverlobten Europa
Bot das berühmte Geschenk die Erzeugerin Telephaëssa.
  Viel Kunstreiches erschien voll schimmernder Pracht an dem-
Da war hell aus Golde zu schaun die Inacherin Io, [selben.
Noch als Färse gestaltet, und nicht in weiblicher Bildung.
Ungestüm mit den Füßen durchrannte sie salzige Pfade,
Einer Schwimmenden gleich, und blau war die Farbe des Meeres;
Auch zween Männer, die standen erhöht auf dem Rande des
Ufers
Beieinander, und staunten das meerdurchwandelnde Rind an.
Dort war Zeus, wie er sanft mit göttlicher Hand liebkoste
Jener Inachischen Kuh, die am siebenmündigen Neilos
Er aus dem Tiere, dem schöngehörneten, wieder zum Weib schuf.
Silbern wand sich der Neilos, als flutet' er; aber die Kuh war
Schön von Erz; und selber in goldener Bildung erschien Zeus.
Nahe dann unter dem Kranze des wohlgeründeten Korbes
War Hermeias geformt, und neben ihm streckte sich langhin
Argos, bestellt zum Wächter mit nie einschlafenden Augen.
Ihm aus purpurnem Strome des Todesblutes erhub sich,
In vielfarbiger Blüte der Fittiche prangend, ein Vogel,
Aufgerollt das Gefieder; und gleich dem geflügelten Meerschiff
Überwölbt er den Rand des goldenen Korbs mit den Federn.
Solch ein Korb war jener der lieblichen Europeia.
  Als sie nunmehr des Gestads vielblumige Wiesen erreichet,
Jetzo das Herz mit Blumen erfreuten sie, jede nach eignem
Sinn; *die* brach sich Narkissos, den duftigen, *die* Hyakinthos,
Jene Serpyll, und jene Violen sich: vielen der Kräuter
Sank zur Erde das Haupt in den lenzgenähreten Wiesen,

Andern gefiel auch, dem Krokus die goldene Krone voll Balsams
Rasch zu entziehn um die Wette. Die Herrscherin selbst in der
 Mitte
Stand, mit den Händen die Pracht der feurigen Rose sich
 pflückend:
Anmutsvoll, wie im Kreise der Chariten strahlt Aphrodite.
Lang ach! sollte sie nicht ihr Herz mit Blumen erheitern,
Noch unverletzt ihn bewahren den heiligen Gürtel der Keuschheit,
Denn der Kronide fürwahr, so wie er sie schauete, plötzlich
Brannt ihm das Herz, durchdrungen vom unversehnen Geschosse
Paphias, welche allein auch den Zeus zu bewältigen Macht hat.
 Aber damit er entginge dem Zorn der eifernden Here,
Und des Mägdleins junges Gemüt zu verleiten begierig,
Barg er den Gott in fremde Gestalt und machte zum Stier sich;
Nicht wie einer im Stalle genährt wird, oder wie einer,
Welcher das Blachfeld furcht, den gebogenen Pflug hinziehend;
Auch nicht, wie in der Herd ein weidender, oder wie jener,
Welcher gespannt in das Joch am belasteten Karren sich abmüht.
Ihm war der übrige Leib ringsum hellbräunlichen Haares,
Aber ein silberner Kreis durchschimmerte mitten die Stirne;
Bläulich glänzten die Augen hervor, und funkelten Sehnsucht;
Gleich gekrümmt miteinander entstieg das Gehörne der Scheitel,
Wie die gebogenen Hörner des Monds im hälftigen Kreise.
 So zur Wiese denn kam er, und gar nicht schreckte die Jung-
Seine Gestalt; nein allen gelüstete, nahe zu kommen [fraun
Und zu berühren den reizenden Stier, der von fern schon am-
Duftend, selber der Au balsamische Würzen besiegte. [brosisch
 Er nun trat vor die Füße der tadellosen Europa,
Leckt' ihr dann sanftmütig den Hals, liebkosend dem Mägdlein;
Jene streichelt' ihn rings, und sanft mit den Händen vom Mund
 ihm
Wischte den häufigen Schaum sie hinweg, und küßte den Stier
 nun.
Aber mit lindem Gebrumm antwortet' er, daß man melodisch
Aus mygdonischem Horne den Wohllaut wähnte zu hören.
Dann vor die Füß ihr knieend beschaut' er sich Europeia,
Hoch den Nacken gedreht, und zeigt' ihr den mächtigen Rücken.
Jetzo erhob sie die Stimm in der Schar tieflockiger Jungfraun:
 „Freundinnen, kommt, ihr trauten Gespielinnen, daß wir auf
Stiere zusammengesetzt uns belustigen! Alle ja wahrlich [diesem
Nimmt er auf, wie ein Schiff, mit untergebreitetem Rücken.

Fromm ist dieser zu schaun, gar freundlich, und nicht wie die
                                                            andern
Stiere läßt er sich an; er scheint wie ein Mann so verständig.
Seht, wie artig er schreitet! ihm fehlt nichts weiter, denn Sprache."
   Also redete sie, und bestieg holdlächelnd den Rücken.
Auch die anderen wollten. Da sprang wie im Fluge der Stier auf,
Denn nun hatt er die Beute; und rasch zu dem Meere gelangt' er.
Rückwärts jene gewandt, den trauten Gespielinnen rief sie,
Bange die Händ ausbreitend, doch konnten ihr diese nicht folgen.
Als er das Ufer ereilt, fort stürmet' er, gleich dem Delphine.
Nereus' Töchter enttauchten der Salzflut; alle dann sitzend
Auf den schuppigen Ungeheuern fuhren sie ringsher.
Auch er selbst auf den Fluten, der tosende Ländererschütterer,
Ebnete weit das Gewog und ging durch salzige Pfade
Seinem Bruder voran, und mit ihm zogen in Scharen
Tritons Söhne einher, der Meerabgründe Bewohner,
Aus langwindenden Schnecken die Brautmelodie auftönend.
Jene nunmehr, wie sie saß auf des Zeus stierförmigem Rücken,
Hielt mit der Rechten sich fest an dem mächtigen Horn, mit der
                                                            Linken
Zog sie das faltige Purpurgewand, damit ihr den Saum nicht
Netze das Wogengeschäume der unermeßlichen Salzflut.
Hoch aufschwoll um die Schulter das weite Gewand der Europa
Gleichwie ein Segel des Schiffs, und ließ leicht schweben die
                                                            Jungfrau.
Aber nachdem sie nun weit vom Vatergefilde getrennt war,
Und kein Ufer erschien, wo es brandete, nirgend ein Berghaupt,
Oben nur Luft, und unten der endlos wogende Abgrund,
Jetzo sich weit umschauend erhob sie die Stimm und begann so:
   „Göttlicher Stier, wohin führest du mich? Wer bist du? o
                                                            Wunder!
Mit schwer wandelnden Füßen hindurchgehn, ohne des Meeres
Woge zu scheun? Nur Schiffe ja gehn die verstattete Meerbahn,
Renner der Flut; doch Stiere verabscheun salzige Pfade.
Wo wird süßes Getränk, wo Speise dir sein in dem Meere?
Bist du ein Gott? o warum ungöttliche Taten verübet?
Nie doch wagen Delphin' auf dem Lande wo, nimmer auch Stiere
Über die Fluten zu gehn: du aber zu Land und im Meere
Stürmest einher ungenetzt, und es sind dir die Klauen wie Ruder.
Ja vielleicht bald über die bläuliche Luft dich erhebend,
Wirst du mir hoch auffliegen, wie raschgeflügelte Vögel!

Wehe mir Jammervollen! mir Ärmsten! so weit von des Vaters
Hause hinweggerissen, und angeschmieget dem Rind hier,
Auf der unheimlichen Fahrt, so ganz in der Irre verlassen!
Aber, o du, Beherrscher des grauenden Meers, o Poseidon,
Freundlich begegne du mir! Denn selber zu schauen erwart ich
Ihn, der einher mir bahnet die Fahrt, Vorläufer des Weges.
Ohne die Himmlischen nicht durchwandel ich flüssige Pfade."
    Jene sprach's; ihr rufte der Stier mit hohem Gehörn zu:
„Fröhlichen Muts, Jungfrau! nicht Angst vor dem Wogenge-
                                                       tümmel!
Wiß, ich selber bin Zeus, und nahe dir schein ich von Ansehn
Als ein Stier; denn ich kann in Gestalt mich bergen nach Willkür.
Schmachtend um dich durchwandr ich die ungeheueren Wasser,
Anzuschaun wie ein Stier. Doch bald empfänget dich Kreta,
Welche mich selbst auch genährt, wo schon ein bräutliches Lager
Deiner harrt; denn du sollst mir herrliche Söhne gebären,
Welche mit mächtigem Stab einst alle gebieten den Völkern."
    Also der Gott; und es ward, wie er redete. Denn es erschien
                                                                 nun
Kreta, und Zeus von neuem in andre Gestalt sich verwandelnd,
Lösete jener den Gurt, und ihm rüsteten Horen das Lager.
Jene, zuvor Jungfrau, ward bald die Verlobte Kronions,
Und sie ruhte bei Zeus, und bald auch wurde sie Mutter.

II

SEE UND LAND

Wallet das blauliche Meer von dem kräuselnden Wehen des
                                                             Westwinds,
Regt sich mir süßes Verlangen im schüchternen Herzen; das
                                                             Festland
Ist nicht länger mir lieb; mehr lockt mich das heitre Gewässer.
Aber sobald aufbrauset die dunkelnde Tief und die Woge
Krümmt sich empor und schäumt, und die Brandungen toben von
                                                           weitem,
Schau ich nach Ufer und Bäumen zurück und entfliehe der Salz-
                                                               flut.
Nur das treue Gefild, und die schattige Waldung gefällt mir:
Wo, wenn der Sturm auch mächtig erbraust, die Fichte mir lispelt.

— Elend lebt doch ein Fischer fürwahr, des Wohnung der Nachen,
Dem das Gewerbe die See, und der Fisch ein trüglicher Fang ist.
Möge mich immer der Schlummer so süß, in des Platanos Laub-
dach,
Immer des Bergquells Rauschen erfreun in der Nähe des Lagers,
Der sanftmurmelnd ergötzt den Entschlummernden, aber nicht
aufschreckt.

III

DER PFLÜGENDE EROS

Fackel und Pfeil ablegend, ergriff den Stecken des Treibers
Eros, der Schalk, und ein Sack hing ihm die Schulter herab.
Als er ins Joch nun gespannt den duldsamen Nacken der Stiere,
Streuet' er Weizensaat über der Deo Gefild.
Auf zum Zeus dann blickt' er und rief: „Jetzt fülle die Furchen!
Oder ich hole dich gleich, Stier der Europa, zum Pflug!"

Anmerkungen

Zu Bion V

V. 4. Die Jünglinge pflegten nach einem lustigen Schmause unter
Musik einen Umzug zu halten und ihre Freunde zu begrüßen.

Zu Moschus I

V. 1. *Europa*, phönizische Königstochter. Bei Homer heißt ihr Vater
Phönix, bei andern Agenor.
V. 3. Die Morgenträume galten für die wahrhafteren.
V. 39. *Libya*, Tochter des Epaphus und der Memphis, Geliebte Nep-
tuns, von welchem sie den Agenor gebar, der nach der gewöhnlichen
Angabe mit Jelephaëssa die Europa, den Kadmus und Phönix zeugte.
V. 44. *Io*, s. im Anh.
V. 51. *Neilos*, der Nil.
V. 59. *Vogel*, der Pfau.
V. 65 folgg. *Narkissos, Hyak., Viole;* s. Hom. Hymn. IV, 6—8
Anm. — *Serpyll*, eine immergrüne Staude. — *Krokos*, Frühlingssafran.
V. 98. *Mygdonien*, Landschaft Phrygiens, wo dergleichen starktö-
nende Instrumente beim Gottesdienste der Cybele dienten.

V. 116. Neptun.
V. 154. *Kreta*, Insel im Mittelländ. Meer.
V. 156. Europa gebar dem Jupiter den Minos (König auf Kreta), Sarpedon (König in Lycien) und Rhadamanthus (Beherrscher verschiedener Inseln des Mittelländischen Meers). S. *Orkus* im Anh. Sie wurde die Gemahlin des kretischen Königs Asterius.

III

Stier der Europa, s. das vor. Stück.

CATULL

Einleitung

Cajus Valerius *Catullus,* aus einer reichen Familie im Jahr 86 vor Chr. zu Verona (oder doch in diesem Gebiete) geboren, kam schon als Knabe nach Rom. Dort machte ihn sein rasch entwickeltes Genie und seine seltne Bildung zum Liebling der geistreichsten und vornehmsten Kreise. Männer wie Cicero, der ihm wesentliche Dienste geleistet, Cinna, Cornelius Nepos waren ihm befreundet, und selbst den Julius Cäsar durfte er ungestraft necken. Trotz seines ansehnlichen Erbes befand er sich häufig in Geldverlegenheit. Er soll kaum sein dreißigstes Jahr erlebt haben, was andere jedoch bestreiten. Die Mannigfaltigkeit seiner Poesie bei einem verhältnismäßig geringen Umfang seiner Sammlung beurkundet ihn als einen ungemein reichen, gewandten Dichter, der sich an griechischen Vorbildern stärkte. Bei aller naiven Zartheit hat er ein eigenes kräftiges Korn, ebensoviel Humor als reine Schönheit. Im Sinngedicht bekennt selbst Martial nur dem einzigen Catullus nachzustehn. Freilich ist er auch in hohem Grade lasziv; dagegen seine reineren erotischen Stücke ein bezauberndes Kolorit haben. Wenn er sich zuweilen vernachlässigt, so hängt dies vielleicht sehr genau mit demjenigen zusammen, was ihn als Menschen so anziehend machte.

I

HOCHZEITLICHER WETTGESANG

Ein Jüngling

Hesperus läßt am Himmel sich sehn. Ihr Jünglinge, laßt uns
Aufstehn! Hesperus hebt die längst erwartete Leuchte.
Auf! es ist Zeit, wir müssen die leckere Tafel verlassen.
Nächstens erscheint sie, die Braut, und man stimmt den Feier-
gesang an.

Chor

Komm, Gott Hymen, o Bringer des Heils! komm, mächtiger
Hymen!

Eine Jungfrau

Seht ihr die Jünglinge stehn? Zieht ihnen entgegen, o Schwestern!
Schon erglänzt die ötäische Fackel des nächtlichen Herolds.
Saht ihr es nicht? schnell sprangen sie auf; wahrhaftig das war nicht
Ohne Bedeutung, und was sie nun singen, verlohnt sich zu hören.

Chor

Komm, Gott Hymen! usw.

Ein Jüngling

Brüder, wir werden, ich fürchte, den Sieg so leicht nicht erhalten.
Schaut, wie die Jungfraun flüstern! Sie haben sich etwas ersonnen,
Nicht vergebens ersonnen; es kommen besondere Dinge.
Doch kein Wunder, sie denken und tun auch alles mit ganzer
Seele: wir haben das Ohr stets anderwärts und die Gedanken,
Und so zieht man den kürzern, ein Sieg ja gewinnt sich im Schlaf nicht.
Nun, so nehmet zum wenigsten jetzt die Sinne zusammen,
Denn sie singen sogleich und gleich auch muß man's erwidern.

Chor

Komm, Gott Hymen! usw.

Die Jungfraun

Hesperus! ist wohl eines der himmlischen Lichter so grausam?
Ihr lieb Kind aus der Mutter Umarmung zu reißen, vermagst du's?
Ja, aus den Armen der Mutter das fest sich klammernde Mädchen!
In des verlangenden Mannes Gewalt die Keusche verrätst du?
Geht doch der Feind so grausam mit keiner eroberten Stadt um!

Chor

Komm, Gott Hymen! usw.

Die Jünglinge

Hesperus! ist wohl eines der himmlischen Lichter so freundlich?
Siehe, dein Blinken bekräftiget uns die holden Verträge.
Was die Freier zuerst, was Väter und Mütter gelobten,
Dies vollzieht man nicht eher, als bis dein Stern sich erhoben.
Selige Stunde! was können die Götter uns Lieberes geben?

Chor

Komm, Gott Hymen! usw.

Die Jungfraun

Hesper! du hast uns eine von unsern Gespielen genommen;
Böser, sobald du erscheinst, bezieht auch der Wächter die Wache;
Nachts da schleichen die Diebe herum: du grüßest sie scheidend,
Kehrst mit verändertem Namen auch oft, sie am Morgen zu treffen.

Chor

Komm, Gott Hymen! usw.

Die Jünglinge

Göttlicher! hörst du? dich schmähn mit erdichteten Klagen die Jungfraun.
Ei nun, schmäh sie doch nur, wonach sie im stillen sich sehnen.

Chor

Komm, Gott Hymen! usw.

Die Jungfraun

Wie die Blume, die still im verzäunten Garten emporblüht,
Vor der weidenden Herde geschützt und vom Stoße des Pfluges,
Wo die Lüfte sich fächeln, die Sonne sie stärkt und der Regen,
Manchen der Jünglinge reizt und alle die Mädchen heranlockt,
Aber wenn sie, mit leichtem Finger gebrochen, dahinwelkt,
Keines der Mädchen hinfort und keinen der Jünglinge reizet:
Also, die rein sich bewahrte, die Jungfrau, blüht zu der Freunde
Lust; doch nachdem sie, befleckt, der Keuschheit Blume verloren,

Bleibet sie weder die Wonne der Knaben, noch teuer den Mädchen.

Chor

Komm, Gott Hymen! usw.

Die Jünglinge

Wie die Rebe, gewachsen auf nacktem Gebreite des Feldes,
Einsam nie sich erhebt, nie lieblicher Trauben sich freuet,
Sondern, erliegend der Last, den zarten Körper herabsenkt,
Traurig die Gipfelranken zur eigenen Wurzel gebogen;
Was fragt so der Pflüger nach ihr mit seinem Gespanne?
Hat man dagegen sie erst mit der kräftigen Ulme verbunden,
Gern dann heget und schont sie mit seinem Gespanne der Land-
So auch altert verlassen die nie berührte, die Jungfrau; [mann:
Aber vermählt, wenn zur Zeit sich ein Freund, ein würdiger, findet,
Hält er sie lieb und wert, und der Mutter auch fällt sie nicht lästig.

Ein Jüngling

Doch, du Liebchen, du mußt mit solchem Gemahle nicht rechten:
Denk nur! rechten mit *ihm*, dem selber dein Vater dich schenkte,
Er, und nicht minder die Mutter; ein Kind muß den Eltern gehorchen.
Wisse, dein Mädchentum, nicht so ganz alleine gehört dir's,
Nur ein Drittel ist dein: dem Vater gehöret ein Drittel
Und ein Drittel der Mutter. Du wirst mit zweien nicht streiten,
Welche dem Eidam schenkten ihr Anrecht neben der Mitgift.

Chor

Komm, Gott Hymen, o Bringer des Heils! komm, mächtiger Hymen!

II

NÄNIE
auf den Tod eines Sperlings

Weint, ihr Grazien und ihr Amoretten,
Und was Artiges auf der Welt lebt! meines
Mädchens Sperling ist tot, des Mädchens Liebling,
Der ihr lieb, wie der Apfel in den Augen,
Und so freundlich, so klug war, und sie kannte,
Wie ein Töchterchen seine Mutter kennet;
Er entfernte sich nie von ihrem Schoße,
Sondern hüpfte nur hin und wieder, piepte,
Seiner Herrin das Köpfchen zugewendet. —
Ach! nun wandert er jene finstre Straße,
Die man ewiglich nicht zurücke wandert.
Oh! wie fluch ich dir, finstrer alter Orkus,
Der du alles, was schön ist, gleich hinabschlingst!
Uns den Sperling zu nehmen, der so hübsch war!
Welch ein Jammer! O Sperling! Unglücksel'ger!
Hast gemacht, daß mein trautes Mädchen ihre
Lieben Äugelchen sich ganz rot geweint hat.

III

AN LESBIA

Laß uns leben, mein Mädchen, und uns lieben,
Und der mürrischen Alten üble Reden
Auch nicht höher als einen Pfennig achten.
Sieh, die Sonne, sie geht und kehret wieder;
Wir nur, geht uns das kurze Licht des Lebens
Unter, schlafen dort *eine* lange Nacht durch.
Gib mir tausend und hunderttausend Küsse,
Noch ein Tausend und noch ein Hunderttausend,
Wieder tausend und aber hunderttausend!
Sind viel Tausend geküßt, dann mischen wir sie
Durcheinander, daß keins die Zahl mehr wisse,
Und kein Neider ein böses Stück uns spiele,
Wenn er weiß, wie der Küsse gar so viel sind.

IV

QUINTIA UND LESBIA

Quintia findet man schön; soll ich urteilen, so ist sie
 Weiß, lang, kerzengerad; einzelnes streit ich ihr nicht.
Aber die *Schönheit* sprech ich ihr ab: So gar nichts von Anmut,
 Auch nicht ein Körnchen Salz ist in dem großen Gewächs.
Schön ist Lesbia, ist es so ganz, als hätte die eine
 Allem, was lieb und hold, jeglichen Zauber entwandt.

V

DER FELDGOTT

Hört, ihr Jungen, dies Feld und das Meierhöfchen im Moor-
 grund,
Leicht mit Röhrig gedeckt, mit geflochtenen Binsen und Riedgras,
Wurde gesegnet von mir, den ein ländliches Beil aus der Eiche
Trockenem Stamme geformt, und ich denk es noch ferner zu
 segnen.
Denn die Besitzer des ärmlichen Hüttleins, Vater und Sohn,
 sind
Meine Verehrer, und grüßen mich Gott nach Würden; der eine
Ist gar eifrig immer bedacht, von meiner Kapelle
Weg die Dornen und wildes Gekräute zu räumen, der andre
Bringt mit reichlicher Hand mir beständig kleine Geschenke.
Mein ist das erste Kränzchen der Flur im blühenden Frühjahr;
Zart noch werden mir Ähren mit grünlichen Spitzen gewidmet,
Mir der gelbliche Mohn und mir die goldne Viole,
Bläßliche Kürbisse dann und lieblich duftende Quitten,
Purpurtrauben, gereift in schützender Blätter Umschattung.
Oft auch pflegt mir diesen Altar ein bärtiges Böcklein
(Dies im Vertrauen gesagt) und ein Zicklein blutig zu färben.
Ehrt man so den Priapus, so muß er für alles auch einstehn,
Muß er des Herrn Weinberg und muß ihm das Gärtchen be-
 schützen.
Hier mutwillige Knaben, enthaltet euch also des Stehlens!
Nächst hier an ist ein Reicher und steht ein Priap, der nicht auf-
 paßt.

Nehmt euch dort was; dann mögt ihr den Fußsteig wieder zu-
rückgehn.

VI

AN FABULLUS

Herrlich sollst du, Fabullus, nächster Tage,
So die Götter es geben, bei mir schmausen.
Wenn du nämlich ein wohlbestelltes Essen
Mitbringst, auch ein Blondinchen, und ein Fäßchen
Wein und Witz und ein fröhliches Gelächter.
Wenn du, Trauter, dies alles mitbringst, wirst du
Herrlich schmausen: denn dein Catull hat leider
Nichts im Beutel, als Spinneweben. Bare
Freundschaft sollst du dafür zurückbekommen,
Und, was köstlicher ist und delikater:
Einen Balsam, den meinem Mädchen neulich
Amoretten und Charitinnen schenkten.
Wenn du diesen nur einmal riechst, so wirst du
Rufen: Machet mich ganz zur Nas, ihr Götter!

VII

ENTSCHLUSS

Catullchen! armer Freund! werd endlich klüger,
Und was zusehends hin ist, laß dahin sein!
Wohl ehmals flossen dir die Tage heiter,
Als du noch gingst, wohin das Mädchen winkte,
Geliebt von uns, wie keine je geliebt ward.
Da gab es mancherlei der Tändeleien,
Die dir behagten, ihr nicht mißbehagten.
Da, wahrlich! flossen dir die Tage heiter.
Nun weigert sich das Ding: nun zwing auch du dich;
Verfolge nicht was läuft, und tu nicht kläglich;
Halt aus, halt eigensinnig aus, sei standhaft!
— Nun, Mädchen, lebe wohl! Catull ist standhaft.
Sucht dich nicht auf, beschwert dich nicht mit Bitten.
Ha! das wird weh tun, wenn wir nichts mehr bitten!
Denk, Arge, welch ein Leben auf dich wartet.
Wer wird nun zu dir gehn? wem wirst du schön sein?

Wen lieben? wessen Mädchen dich nun nennen?
Wen küssen? wem die Lippen wieder beißen?
Catullchen, aber du halt aus! sei standhaft!

VIII

AN AURELIUS UND FURIUS

Mein Aurel und Furius, ihr Gefährten
Eures Freundes, ging er auch zu den fernsten
Indern am Eoischen Meer, das fernher
                Brausend den Strand peitscht;
Zum erhitzten Araber, dem Hyrkaner,
Sacer, oder köcherbehangnen Parther,
Oder, wo der Nilus mit siebenfachem
                Strome das Meer färbt.
Oder überstieg' er die hohen Alpen,
Cäsars Ehrenmäler, den Rhein zu sehen,
Und der wilden äußersten Briten Eiland:
                Die ihr dies alles,
Und was sonst der Himmlischen Wille fügte,
Mit Catullus freudig bestehen würdet:
Saget meinem Mädchen ein paar nicht allzu
                Freundliche Worte:
Sie mag glücklich leben mit ihren Buhlern,
Deren sie dreihundert zugleich am Seil führt,
Keinen liebt, nur allen das Eingeweid im
                Leibe zerreißet;
Nicht soll meine Liebe sie ferner kümmern,
Die durch ihre Schuld nun auf einmal hinsinkt,
Gleich dem Frühlingsblümchen am Saum der Wiese,
                Wenn es der Pflug knickt.

IX

ZWIESPALT

Hassen muß ich und lieben zugleich. Warum? — wenn ich's
                wüßte!
Aber ich fühl's, und das Herz möchte zerreißen in mir.

X

AN CORNIFICIUS

Cornificius! dein Catull ist elend;
Elend ist er, beim Himmel! und voll Mißmut,
Und das Übel wird täglich, stündlich ärger.
Hast du wohl — und wie wenig wäre dieses! —
Ihm ein tröstliches Wörtchen zugeredet?
Zürnen sollt ich. Ist dies für meine Liebe?
Auch das mindeste Trostwort wäre Balsam,
Der Simonides' Tränen überträfe.

XI

AN DIE HALBINSEL SIRMIO

O Sirmio, du Perlchen alles dessen, was
Neptun in Landseen oder großen Meeren hegt,
Halbinseln oder Inseln — froh, wie herzlich froh
Besuch ich dich! Noch glaub ich es mir selber kaum,
Daß ich der Thyner und Bithyner Flur nunmehr
Entflohen bin, dich wiedersehe ungestört.
Wie selig macht doch überstandne Drangsal uns,
Wenn endlich man den Busen lüftet sorgenbar,
Der Arbeit in der Fremde satt, zum eignen Haus
Zurückkehrt, wieder im erwünschten Bette ruht!
Und dies ist auch mein ganzer Lohn für all die Müh.
Sei nun gegrüßt, o schönes Sirmio! nun freu
Dich deines Herrn! Ihr Wellen meines regen Sees,
Seid fröhlich! all ihr Scherze meines Hauses, lacht!

XII

AUF SEIN SCHIFFCHEN

Ihr lieben Gäste, dieser Segler, den ihr seht,
Versichert, daß er aller Schiffe hurtigstes
Gewesen sei. Kein Kiel, so vogelschnell er schoß,
Wär ihm im Fluge je zuvorgekommen, sei's,

Daß man mit Rudern oder mit dem Segel flog.
Dies werde, sagt er, nie des grimmen Adria
Gestade leugnen; auch nicht die Cykladischen
Eilande, Rhodus nicht, das rauhe Thrazien,
Propontis und des argen Pontus Busen nicht,
An dem er, nachmals Schiffchen, einst behaarter Wald
Gewesen ist, und im Cytorischen Gebirg
Oft mit den Winden tausendstimmig redete.
Dir, pontisches Amastris, und vor allen dir,
Buchstragender Cytorus, war dies wohlbekannt,
Und ist's auch noch: als Baum vom edelsten Geschlecht
Stand er auf deinem Gipfel, taucht' in deine See
Die breiten Füße, trug von dannen seinen Herrn
Durch ungestüme Meere, wo bald rechts, bald links
Der Wind die Stangen wenden hieß, auch oft der Hauch
Des Himmels gütig mitten in das Segel blies.
Auch durft er keiner Gottheit des Gestades je
Gelübde tun, vom Anfang seiner Reise an
Bis zu der letzten Fahrt, als er vom Meere her
Den weiten Weg zu diesem klaren Landsee nahm.
Doch alles das ist nun vorbei; jetzt altert er,
Versunken in die tiefste Ruh, und will sich nun
Dir, Kastors Zwillingsbruder weihn, und, Kastor, dir.

XIII

AKME UND SEPTIMIUS

Akme, seine Geliebte, auf dem Schoße,
Rief Septimius: „Meine Akme! siehst du
Übermäßig hab ich dich lieb, und will auch
Jahr für Jahr dich beständig also lieben,
So arg, wie nur ein Mensch jemals imstand ist;
Ja, sonst mag mir's geschehn, daß ich, ganz einsam,
Sei's in Libyen, sei's im heißen Inder-
Land, dem tödlichen Blick des Leun begegne!"
Wie er dieses gesagt, niest Amor, herzlich
Es bekräftigend (sonst war er ihm abhold).
Akme, rückwärts ihr Köpfchen leicht gebogen,
Und die trunkenen Augen ihres süßen
Knaben küssend mit jenem Purpurmunde,

Sprach: „Mein Leben, du mein Septimchen! ewig
Dienen beide wir *diesem* Herrn alleine,
Ich, wie du — so gewiß als mir noch weit ein
Heißer Feuer im zarten Marke glühet!"
Wie sie dieses gesagt, niest Amor, herzlich
Es bekräftigend (sonst war er ihr abhold).
Auf so günstige Zeichen nunmehr bauend,
Tauschen beide von Herzen Lieb um Liebe.
Und Septimius lebt nur noch in Akmen,
Die ihm mehr, als der weiten Erde Länder;
In Septimius' Arm nur findet Akme
Lust und Wonne der Lieb unüberschwenglich.
Kein glückseliger Paar hat man gesehen,
Keine Liebe, so schön vom Gott besiegelt.

XIV

AN DEN JUNGEN JUVENTIUS

Der Juventier Stolz, du ihre Blume!
Nicht der jetzigen nur, auch die einst waren,
Und in künftigen Zeiten noch sein werden:
Ach! ich wollte, du hättest lieber Güter
Dem gegeben, der weder Dach noch Fach hat,
Als dich so von ihm lieben lassen! — Ist er
Denn kein artiger Mensch? — Das ist er freilich,
Doch ein artiger, der nicht Dach, nicht Fach hat.
Wirf dies weg, wie du willst, und dreh's und wend es:
Wahr ist's doch, daß er weder Dach noch Fach hat.

XV

DIE SCHÖNEN AUGEN

Deine Augen, die süßen Lichter, wenn man
Nach Gefallen mir die zu küssen gäbe,
Hunderttausendmal küßt ich sie; doch wär ich
Nun und nimmer es satt, und hätt ich ihnen
Mehr als rauschender Ähren auf der Flur stehn,
Dichte Saaten von Küssen abgeküsset.

XVI

AN VARRUS

Du kennst ja den Suffenus, Freund; er ist galant,
Sehr artig, schwatzt mit vielem Witz, und macht dabei
Nicht wenig Verse; wo mir recht ist, hat er wohl
Zehntausend, oder mehr geschrieben; nicht wie sonst
Gewöhnlich ist, auf kleinen Täfelchen: o nein!
Sein Buch ist königlich Papier, der Umschlag neu,
Neu sind die Stäbchen, rot die Riemen, alles glatt
Vom Bimsstein, und die Zeilen nach dem Lineal.
Doch lies sein Werk: der Weltmann, der so artige
Suffenus ist ganz Bauer; nein, nicht plumper ist
Ein Karrenschieber: so verwandelt ist er, so
Nicht mehr er selbst. Was denkst du? Dieser feine Herr,
Scherzhaft, gewandt, anmutig, was man sagen kann,
Ist ungeschlachter, als das ungeschlachte Dorf,
Sobald er Verse macht! Und ist nie glücklicher,
Als wenn er Verse macht! ich sage dir, das Herz
Lacht ihm dabei, er ist voll Selbstbewunderung. —
Doch wer hat nicht dergleichen etwas? zeig mir den,
Der nicht in irgendeinem Stück Suffenus ist!
Ein jeder hat sein Teilchen Narrheit abgekriegt,
Nur sehn wir nicht den Sack, der uns vom Rücken hängt.

XVII

WIDER EIN GEWISSES WEIB

Auf, phaläcische Bursche! kommt zusammen!
Kommt in Rudeln herbei von allen Seiten!
Eine schändliche Metze will mich narren,
Eure Täfelchen mir nicht wiedergeben.
Ei, das leidet ihr nicht! Wohlan! verfolgt sie;
Fordert, was sie mir stahl, zurück. Ihr fraget
Wer sie sei? — die so schamlos dort einhergeht,
Die gleich einer Theatermaske lachet,
Einen gallischen Jagdhundsrachen aufsperrt.
Tretet um sie herum, und mahnt sie herzhaft:
„Geile Metze, die Täflein gib uns wieder!

Gib die Täflein uns wieder, geile Metze!"
Wie? Das achtest du nicht? O Unflat! Schandhaus!
Oder was noch verworfner irgend sein mag! —
Aber laßt es dabei noch nicht bewenden;
Und zum mindesten wollen wir ein Schamrot
In dies eiserne Petzenantlitz jagen.
Ruft noch einmal und ruft ein wenig lauter:
„Geile Metze, die Täflein gib uns wieder!
Gib die Täflein uns wieder, geile Metze!"
Doch wir richten nichts aus. Das rührt sie gar nicht.
Gut, so ändert den Angriff, und versucht, ob
Ihr imstande seid, doch noch durchzudringen: —
„Gib die Täflein uns wieder, fromme Keuschheit!"

XVIII

VON EINEM UNBEKANNTEN
UND
DEM REDNER CALVUS

Neulich machte mich einer herzlich lachen
Beim Gericht: da mein Calvus alle Frevel
Des Vatinius gründlich vortrug, hub mein
Mann die Hände verwundernd auf, und sagte:
„Götter! was hat der Bürzel für ein Mundstück!"

XIX

AUF DEN ARRIUS

„*Ordnunkh*" sagte mein trefflicher Arrius, wenn sich's von
   Handelte; „*Hefeu*", wo „Efeu" ein anderer sagt. [Ordnung
Und er glaubte dir schön ganz über die Maßen zu reden,
   Wenn er sein „Hefeu" so recht grundaus der Lunge geholt.
(Sicherlich hatte sich seine Mama, Frau Ahne desgleichen,
   Und nicht minder sein Öhm eben der Sprache bedient.)
Als er nach Syrien ging, da wünschten wir unseren Ohren
   Glück, und jegliches Wort hörte man wie sich's gebührt.
Ja wir glaubten uns los und ledig der Plage für immer,

Als man, o Schreckenspost! plötzlich die Kunde vernahm:
Seit Herr Arrius über das Meer ging, gibt es in aller
Welt kein Ionisches mehr, aber ein *Hüonisches.*

Anmerkungen

(Bei einigen Stücken dieses Dichters wurde die Versart des Originals mit einer andern vertauscht.)

I

Die *Jünglinge,* Altersgenossen des Bräutigams, befinden sich in dessen Hause, und mit ihm an der festlichen Tafel gelagert in Erwartung der Braut. Beim Aufgang des Abendsterns erheben sie sich, mit Ausnahme des Bräutigams, um sich an der Türe aufzustellen. Die Freundinnen der Braut, die dieser das Geleit nach ihrer neuen Wohnung geben, nähern sich mit derselben usf.
V. 7. Der Öta ist ein Gebirge Griechenlands, das sich unterhalb Thessaliens vom Malieïschen Meerbusen gegen Abend erstreckt. Hesperus wurde als Gottheit auf dem Öta und von den anwohnenden Lokrern und ihren Kolonien verehrt; daher die *ötäische Fackel.*
V. 35. Unter dem Namen Phosphorus oder Luzifer, als Morgenstern. (Bei dieser im Urtext lückenhaften Stelle hat sich der Übersetzer einige Freiheit erlaubt.)

III

V. 12. Bezieht sich auf den Volksglauben, daß man gewisse Dinge nicht zählen müsse, weil sonst Zauberer und Hexen bösen Gebrauch davon machen, die Sache „beschreien" könnten.

V

Eine kunstlos gearbeitete hölzerne Statue des *Priapus* ist in diesem Gedichte redend eingeführt.
V. 16. Im *Vertrauen;* weil solche Opfer eigentlich nur Göttern höheren Rangs gebührten.

VI

V. 11. *Balsam.* Bekanntlich pflegten sich die Alten bei ihren Gastmählern das Haupt zu salben.

VIII

V. 3—6. Asiatische Gegenden und Völker. *Eoisches Meer,* der östliche Ozean, aus dem Eos (die Morgenröte) aufstieg. — Die *Hyrkaner,* südöstlich, und die *Sacer*, nordöstlich am Kaspischen Meer. — Die *Parther* waren berühmt im Bogenschießen, besonders auf verstellter Flucht rückwärts vom Pferde.

V. 7. Der mit sieben Hauptmündungen ins Meer sich ergießende *Nil*, der durch sein schlammiges Wasser demselben eine trübe Farbe gibt.

V. 10—11. Von Gallien aus war der große *Cäsar* über den Rhein in Deutschland eingedrungen, auch ging er zweimal nach Britannien, welches die Römer vorher nicht kannten. — *Ehrenmäler*, die zurückgelassenen Siegeszeichen. — Ramler findet diese Stelle ironisch, weil jene Unternehmungen von geringem Nutzen gewesen. Doch dieser Ansicht widerspricht schon die Anlage unserer Ode, deren eigentümlich schöne Wirkung darauf berechnet ist, daß der erste Teil einen rein erhabenen Eindruck gebe, um sodann mit V. 15 auf überraschende Weise ins Komische, in eine launige Bitterkeit umzuschlagen und sofort wehmütig zu schließen.

X

Simonides, griech. Dichter, hatte zarte Klagelieder geschrieben, die einem gleichgestimmten Gemüte wohltun konnten.

XI

V. 1. *Sirmio*, eine reizende Halbinsel im Gebiete Veronas, vom See Benacus, dem heutigen Lago di Garda, gebildet, wo Catull ein Landgut hatte.

V. 5. *Bithynia*, samt *Thynia*, römische Provinz, ein Küstenland an der Südseite des Schwarzen M. östl. von der Propontis. Catull hatte den Memmius, der als Prätor nach Bith. ging, dorthin begleitet, in der Hoffnung, sein Glück zu machen; Mem. aber sorgte nur für sich, und seine Gefährten gingen leer aus, wie in den folgenden Versen angedeutet ist.

XII

Der Dichter steht mit seinen Gästen am Benacus-See (s. das vor. Stück).

V. 1. *Segler*, schnellsegelndes Schiff.

V. 6—9. Das *Adriatische* M. — Die *Cykladischen* Inseln im Ägäischen M. — *Rhodus*, berühmte Insel bei der südwestl. Küste Kleinasiens. — *Thracien* grenzt südlich ans Ägäische M. und an die *Propontis* (jetzt Marmorameer), östlich an den *Pontus* Euxinus (Schwarze M.).

V. 10. Zu einem Schiffe gehören viele Bäume, welche man also einen kleinen *Wald* nennen kann. — *Behaart*, belaubt.

V. 11—13. *Cytorus*, Gebirg in Paphlagonien an der Südseite des Schwarzen M. — *Amastris*, Seestadt ebendaselbst.
V. 17. *Die breiten Füße*, Ruder.
V. 21. Den Göttern des Meeres. S. Horaz XIV, 57.
V. 27. *Kastors Zwillingsbr.* Pollux; s. *Kastor* im Anh.

XIII

V. 7. *Libyen*, Afrika.
V. 9. Das Niesen war bei den Alten ominös. Vrgl. Theokrit X, 16.

XIV

V. 1. Das *Juventische* Geschlecht war eines der edelsten.

XVI

V. 5—8. *Kleinere* Pergamentblätter (besonders zum Konzept, da das Geschriebene weggeschabt werden konnte, um von neuem mit Schilfrohr und Tinte darauf zu schreiben). Es gab aber auch Blätter von Pergament und schneeweißem ägyptischem Papyros größeren Formats, die deshalb (wie unser Royalpapier) *königliches Papier* hießen. Die zusammengeleimten Blätter wurden um Stäbchen gerollt, deren beide hervorragende Enden (Knäufe) oft mit Elfenbein, Gold oder Silber verziert waren; auch bekamen die Blätter, wenn das Buch Staat machen sollte, eine gelbe oder pupurfarbene Pergamentdecke (Umschlag) und wurden zuletzt mit Riemen umbunden. Das Pergament selbst, namentl. auch den Schnitt des so gerollten Buchs, welcher nachher gefärbt wurde, glättete man mit Bimsstein.
V. 21. Nach einer Äsopischen Fabel hat Jupiter jedem Menschen einen Quersack umgehängt, dessen eine Hälfte auf der Brust, die andre auf dem Rücken liegt; in jener befinden sich die Fehler anderer, in dieser die eigenen.

XVII

Eine Person vom übelsten Rufe hatte dem Dichter seine Schreibtäfelchen entwendet. (Dies waren kleine hölzerne Blätter, mit Wachs überzogen, worein man die Schriftzüge ritzte.) Um sie von ihr wieder zurückzufordern, ruft er, gleichsam als seine Boten, die Hendekasyllaben, elfsilbige Verse, zusammen, die von dem griech. Dichter *Phaläkus* auch Phaläcische heißen und die man besonders für Schmähgedichte geeignet hielt.

XVIII

Calvus, ein Freund Catulls, als Redner und Dichter berühmt. Er war sehr klein von Person. Auf einem öffentlichen Platze der Stadt (Forum) wurde Gericht gehalten.

V. 3. *Vatinius,* ein höchst unwürdiger Mann, der vom Diktator Cäsar zum Konsul gemacht wurde.

XIX

V. 1—2. Im Latein. steht chommoda (commoda) und hinsidias (insidias).

V. 7. *Nach Syrien;* ohne Zweifel in öffentlichen Geschäften.

V. 12. Das *Meer* an der westlichen Küste des Peloponnes heißt das *Ionische,* von den Ioniern, welche dieselbe bewohnen.

HORAZ

Einleitung

Quintus *Horatius Flaccus,* römischer Dichter, im Jahre 65 vor Chr. zu Venusia, einer apulischen Stadt, geboren, war, wie er selbst gelegentlich erwähnt, von niedriger Herkunft. Sein Vater, der ein Freigelassener und wahrscheinlich Einzieher von Versteigerungsgeld war, dachte gleichwohl edel genug, der höhern Erziehung seines Sohns jedes Opfer zu bringen. Er hatte ihn nach Rom gebracht, und der junge Horaz ward in allem Wissenswürdigen und Schönen unterrichtet. Großen Fleiß widmete er besonders den Werken der griechischen Dichtkunst und der Philosophie; ja es war ihm vergönnt, die letztere an der Quelle selbst zu schöpfen und nach dem Beispiel der edelsten Jünglinge Roms nach Athen zu reisen. Er mochte kaum ein Jahr dort zugebracht haben, als die Kämpfe, die sich in seinem Vaterlande mit Ermordung Julius Cäsars eröffneten, auch ihn in Anspruch nahmen. Die Häupter der Verschwörung, Brutus und Cassius, eilten, auswärts ein Heer zu sammeln, dem sich namentlich auch die damals in Athen studierende römische Jugend anschloß, und zwar ging Horaz als Oberster einer Legion mit nach Kleinasien und Mazedonien. Hier kämpfte er die für die Sache der Freiheit so unglücklich entschiedene Schlacht in den Ebenen Philippis mit, in deren Folge Brutus und Cassius eines freiwilligen Todes starben. Horaz, da er alles verloren sah, hatte keine andere Wahl, als mit den Seinigen zu fliehen. Er konnte ohne Gefahr ins Vaterland zurückkehren, aber eines kleinen Guts, das ihm sein Vater hinterlassen, war er durch Achtserklärung verlustig geworden. Arm, wie er nun war, auf das geringe Amt eines Quästurschreibers beschränkt, wußte er sich durch sein poetisches Talent sehr bald einen Namen, Freunde und Gönner zu verschaffen. Der Dichter Virgil empfahl ihn jenem reichen Beschützer der Gelehrten, Mäcenas, der unserem Flaccus seine volle Gunst zuwandte, ihm ein Landgut im Sabinischen schenkte, und ihn dem Oktavian, nachmaligen Kaiser Augustus, zuführte. Dieser zeigte bald deutlich genug, wie sehr er den Dichter sich näher zu verbinden wünsche; allein vorsichtig zog Horaz sich zurück. Dem Philosophen und Poeten mußte wohl eine ungestörte ländliche Muße bei weitem wünschens-

werter als aller Glanz des Hofes sein, und so kostete es ihm
nichts, seine frühere Stellung als Patriot noch einigermaßen zu
bewahren, wenn er dem Augustus so wenig wie möglich verdankte, dessen verdientes Lob er bei Gelegenheit wohl singen
durfte. — Sein Tod fällt ins Jahr 8 vor Chr.

Horaz steht als Dichter sehr hoch. Eigentümliche Anmut entwickelt er in einer Art von launigen Lehrgedichten, den Satiren
und Briefen, die freilich ihrer Natur nach nicht poetisch im strengen Sinn des Worts sein können. Für uns kommen bloß seine
lyrischen Gedichte, die Oden und Epoden, in Betracht, worin
er zwar meist die Griechen vor Augen hat, die sich aber durch
eigenes Gefühl, durch ihren oft feierlichen Ernst, überraschende
Kühnheit des Ausdrucks und sinnschwere Kürze, sowie durch
einen höchst kunstreichen Organismus des Verses empfehlen.
Sie sind wie prächtige, aus starrem Erz getriebene Gebilde mit
sorgfältiger Ornamentierung. Nur wird man bei einem unbefangenen Überblick der *ganzen* Sammlung eingestehn, daß manche
Oden, zumal in Wiederholung seiner Grundsätze der Lebensweisheit, etwas Einförmiges, und andere etwas Gemachtes
haben.

I

AN KALLIOPE

O steig herab vom Himmel, Kalliope!
Stimm an die Flöte, Königin! oder sing
   Ein ewig Lied mit heller Stimme,
      Sing und begleit es mit Phöbus' Saiten!

Vernehmt ihr? — oder täuscht mich ein lieblicher
Wahnsinn? Zu hören glaub ich die Wandelnde
   Im sel'gen Götterhain, wo linde
      Säuselnde Lüftchen und Wasser strömen. — —

Mich deckten auf dem Vultur Apuliens,
Wo ich als Knabe, ferne dem Vaterhaus,
   Von Spiel und Schlaf bezwungen, dalag,
      Dichtrische Tauben mit grünen Zweigen.

Ein Wunder war es allen Bewohnern, traun,
Des hohen Felsnests von Acherontia,
   Und denen auf Bantiner Waldhöhn
     Und in der üppigen Trift Forentums,

Wie sicher ich vor Ottern und Bären schlief,
Wie mich geweihter Lorbeer umschattete,
   Und Myrtenlaub, ein mutig Kind, das
     Leise schon göttlichen Schutz empfunden.

Euch nur gehör ich, Musen! mit euch besteig
Ich nun Sabinums Hügel, nun Tiburs Hang,
   Irr in Pränestes Hainen, weide
     Mich an der heiteren Klarheit Bajens.

Mich, eurer Quellen, euerer Reigen Freund,
Hat nicht Philippis rückwärts gewandte Schlacht
   Erlegt, nicht jener Unglücksstamm, kein
     Schiffe zerschellender Palinurus.

Wo ihr mit mir seid, wag ich den Bosporus
In einem Nachen sonder Gefahr, und geh
   Mit leichtem Stabe durch den glühnden
     Sand der assyrischen Ufer, suche

Den Briten auf, den Mörder der Fremdlinge,
Und den mit Blut der Rosse sich letzenden
   Konkaner, auch den Strom der Scythen,
     Und die Gelonen, die Köcherträger.

Ihr laßt den großen Cäsar, sobald der Held
Das müde Kriegesheer in die Städte legt,
   Und seiner Arbeit Ende suchet,
     In den Piërischen Grotten ausruhn.

O sanften Rat erteilet ihr Freundlichen!
Und freut euch eures Rates. Doch wissen wir,
   Der frevelnden Titanen Rotte
     Schlug er mit schmetterndem Blitze nieder,

Er, der des Erdballs Massen, das stürmische
Weltmeer, und Städte, gleich wie das Reich der Nacht
   Regiert, und alle Götter, alle
      Menschen beherrscht mit gerechtem Szepter.

Groß war sein Schrecken, als, auf der Arme Macht
Vertrauend, jene furchtbare Jugend mit
   Dem Brüderpaar anhub, den wald'gen
      Pelion auf den Olymp zu wälzen.

Doch was vermochte Typhons und Mimas' Kraft?
Was mit der Wutgebärde Porphyrion?
   Was Rhötus, und mit ausgerißnen
      Eichen Enceladus mächtig schleudernd,

Wo Pallas ihren donnernden Götterschild
Entgegenschwenkte? Rüstig stand hier Vulkan,
   Hier Juno, hier der auf der Schulter
      Keinen untätigen Bogen führet;

Der seines Delos' grünenden Mutterhain,
Und Pataras beschatteten Strand bewohnt,
   Der seines Hauptes goldne Locken
      In die Kastalischen Fluten tauchet. —

Macht ohne Rat stürzt unter der eignen Last,
Mit Rat geführte Macht wird von Göttern selbst
   Gehoben; doch verhaßt ist ihnen
      Alle Gewalt, die nach Unheil trachtet.

Bewährt der hundertarmige Gyas nicht
Den Spruch der Weisheit? lehrt ihn Orion nicht,
   Der keuschen Cynthia Versucher,
      Durch den jungfräulichen Pfeil gebändigt?

Tellus, die Ungeheuer bedeckend, seufzt
Noch jetzt, und klagt die Brut, die der Blitz gesandt
   Zum bleichen Orkus: noch durchfraß nicht
      Gieriges Feuer die Last des Ätna.

Der Geir, bestellt zum Rächer der Schuld, verläßt
Des zügellosen Tityos Leber nicht,
    Und ewig drücken den verwegnen
      Buhler Pirithous hundert Ketten.

II

AN THALIARCHUS

Du siehst, im Schneeglanz flimmert Soraktes Haupt;
Und horch! der Wald ächzt, unter der schweren Last
    Erseufzen dumpf die Wipfel; Kälte
      Fesselt die Wasser mit scharfem Hauche.

Vertreib den Winter! reichlich den Herd mit Holz
Versehn! Dann schenke Freund Thaliarchus uns
    Vierjähr'gen Weins, und ja genug, ein
      Aus dem sabinischen Henkelkruge.

Befiehl der Götter Sorge das übrige!
Sobald nach ihrem Wink von der Stürme Kampf
    Die Meeresbrandung ruht, so ruhn auch
      Alte Zypressen und Eschen wieder.

Was morgen sein wird, frage du nicht: Gewinn
Sei jeder Tag dir, den das Geschick verleiht;
    Und nicht der Liebe Lust, o Knabe,
      Achte gering, noch die Reigentänze,

Solang die Jugend grünet, und ferne sind
Des Alters Launen. Kampf, und das Feld des Mars,
    Und nachts der Liebe leises Flüstern
      Suche noch auf zur besprochnen Stunde;

Und jenes süße Lächeln vom Winkel her,
Wo das versteckte Mädchen sich selbst verrät,
    Und du vom Arm und von dem spröd sich
      Stellenden Finger das Pfand ihr abziehst.

III

AN LYDIA

Wenn du, Lydia, Telephus'
Rosennacken mir lobst, Telephus' Arme dem
    Wachs vergleichest: o dann empört
Sich die schwellende Brust eifernder Galle voll,
    Dann vergehen die Sinne mir
Und die Farbe, dann schleicht heimlich ein Tropfen sich
    Auf die Wang, und verrät den Brand,
Der mir langsam das Mark in den Gebeinen frißt.
    Wie entbrenn ich, der Schultern Weiß
Dir vom trunkenen Kampf schändlich entstellt zu sehn!
    Ha! zu sehn, wie der Wütende
Deinem Munde des Zahns Spuren zurücke ließ!
    — Hoffe keinen Bestand von dem,
Der, ein rauher Barbar, Lippen entweihen kann,
    Denen Venus, die gütige,
Ihres Nektars ein Fünfteilchen verliehen hat!
    Überglückliches Paar, um das
Sich friedselig ein Band schlinget, ein dauerndes,
    Nie zerrissen vom bösen Zwist,
Und das Amor erst löst, wann sich das Leben schließt.

IV

AN POMPEJUS GROSPHUS

O du, dem Tod oft nahe mit mir geführt,
Da Brutus' Leitung folgte das Kriegesheer,
    Wer gab, Quirit, den Heimatgöttern
    Dich und italischem Himmel wieder?

Pompejus! erster meiner Genossen, du,
Mit dem ich oft beim Becher den langen Tag
    Verkürzte, wann bekränzt die Locken
    Von der assyrischen Narde glänzten.

Philippi fühlten wir, und die rasche Flucht,
Wobei — nicht fein! — das Schildchen verlorenging,

Als hoher Mut erlag, der Trotzer
   Stirne den blutigen Boden rührte.

Doch mich enthub Mercurius schnell dem Feind,
In dichten Nebel hüllend den Ängstlichen:
   Dich trug in neuen Kampf die Woge,
      Die dich im brausenden Strudel fortriß.

Jetzt gib dem Zeus dein schuldiges Opfermahl!
Nach langem Feldzug lege den müden Leib
   Hier unter meinem Lorbeer nieder,
      Schon auch der Krüge nicht, die dein warten;

Füll an mit sorgenbrechendem Massiker
Die blanken Kelche. Gieße den Salbenduft
   Aus weiten Muscheln. Wer flicht hurtig
      Kränze von Myrten und feuchtem Eppich?

Wen wird uns Venus geben zum Könige
Beim Trunk? O schwärmen will ich bacchantischer
   Als ein Edone! Süßes Rasen,
      Nun ich den trautesten Freund empfange!

V

NEREUS' WEISSAGUNG

Mit dem Weibe des Gastfreundes durchschnitt die Flut
Treuvergessen der Hirt auf dem Idäerschiff:
Da hieß Nereus die lautschwärmenden Winde ruhn,
      Daß er diesem sein schreckliches

Schicksal sänge: „Du führst unter verderblichem
Zeichen heim, die mit Macht Hellas bald wiederheischt,
Schon verschworen, dein Fest gräßlich zu enden, zu
      Stürzen Priamus' altes Haus.

Ha, wie triefen von Schweiß Reiter und Roß zumal!
Wie der Leichen so viel häufst du dem Dardaner-
Volk! Schon rüstet mit Helm, Ägis und Wagen sich
      Pallas, rachegedankenvoll.

Dann umsonst, auf den Schutz Cyprias allzu kühn,
Lockst du üppig das Haar, stimmst zur unkriegrischen
Zither süße Gesäng unter den Weibern an,
    Birgst umsonst in dem Brautgemach

Dich vor kretischem Pfeilhagel und Speergedräng,
Vor dem Lärm und dem schnellfolgenden Ajax dich:
Ja dann — o nur zu spät! — werden die reizenden
    Buhlerlocken mit Staub befleckt.

Siehst du deines Geschlechts Tilger, Ulysses, nicht?
Nicht aus Pylos den vielweisen Neliden dort?
Rastlos ängstet dich hier Salamis' wackrer Held,
    Teucer; Sthenelus auch, im Streit

Wohlerfahren, und kühn, wenn er zu Wagen die
Rosse lenket. Du lernst auch den Meriones
Kennen. Siehe, dich sucht wütend des Tydeus Sohn,
    Tapfrer noch als der Vater war!

Dem du feig, wie der Hirsch, welcher das Gras vergißt,
Wann den Wolf in des Tals anderem End er sieht,
Tief aufatmend vor Angst, schnell zu entfliehen suchst:
    Das versprachst du der Deinen nicht.

Zwar verzögert Achills zürnende Flotte noch
Trojas Schicksal, verschont Phrygiens Mütter noch:
Doch bestimmt ist der Tag, wo das achaische
    Feuer Ilions Türme frißt.

VI

AN DIE FREUNDE
Nach dem Sieg über die Kleopatra

Jetzt laßt uns trinken! jetzt mit entbundnem Fuß
Den Boden stampfen! jetzt ist es hohe Zeit,
    Der Götter Polster auszuschmücken
    Mit saliarischem Mahl, o Freunde!

Jüngst war es Frevel, altenden Cäcuber
Vom Keller holen, während dem Kapitol
   Die tolle Königin den Umsturz,
      Tod und Verderben dem Reiche drohte

Mit ihrer siechen Herde Verschnittener,
Betört von wild ausschweifenden Hoffnungen,
   Und trunken aus dem Kelch des Glückes.
      Aber der rasende Taumel schwand bald,

Als kaum den Feuerflammen ein Schiff entrann.
Bald jagte Cäsar ihr, die der Wein des Nil
   Verwirrte, wahre Furcht ein; drang ihr,
      Als sie dem Italerstrand enteilte,

Mit schnellen Rudern nach — wie der zarten Taub
Ein Habicht, und dem Hasen im Schneegefild
   Ämoniens ein rascher Jäger —
      Ketten dem höllischen Scheusal drohend.

Doch sie, die edler endigen will, erblaßt
Jetzt vor dem Stahl nicht feige nach Weibesart,
   Noch sucht sie mit geschwinden Schiffen
      Hinter entlegenen Küsten Zuflucht;

Sieht ihres Thrones Sturz, die Unbeugsame,
Mit heitrer Stirn an, mutig das schreckliche
   Gezücht der Schlangen fassend, läßt sich
      Tötendes Gift in die Adern rinnen.

Zum Tod entschlossen, trotzig vergönnte sie
Den letzten Sieg der Flotte nicht, wollte nicht
   Herabgewürdigt vor des Siegers
      Wagen — kein niedriges Weib! — einherziehn.

VII

AN DEN LIEBHABER DER JUNGEN LALAGE

Den ungebeugten Nacken wird diese noch
Nicht unters Joch leihn, wird des Gespannes Pflicht

Dir noch nicht halb erfüllen können:
Sieh, es verlanget die junge Färse

Derzeit nur immerdar nach dem Wiesenplan,
Wo sie des Mittags drückende Hitze bald
   Im Bache lindert, bald im feuchten
     Weidengebüsche mit Kälbchen tändelt

Voll Lust und Wohlsein. Zähme dich, rascher Freund!
Die Traub ist unreif. Kurze Geduld, so hat
   Der farbenreiche Herbst die blaue
     Beere mit Purpur dir überzogen.

Bald folgt sie selbst dir; denn mit Gewalt entflieht
Die Zeit, und setzt ihr, was sie von deinen nahm,
   An Jahren zu: bald sucht mit kecker
     Stirne sich Lalage selbst den Gatten;

Noch mehr geliebt als Pholoë, hold im Fliehn,
Als Chloris, deren Schulter dem Monde gleicht,
   Der nachts im Meere widerscheinet,
     Oder als Gyges, der junge Gnider,

Der, stünd er mitten unter der Mädchen Schar,
Gewiß den Scharfblick täuschte der Fremdlinge,
   So flattern ihm die losgebundnen
     Haare, so trüget das Zwitterantlitz.

VIII

AN POSTUMUS

Ach, wie im Fluge, Postumus, Postumus,
Entfliehn die Jahre! Frömmigkeit hält umsonst
   Das Alter, das die Schläfe furchet,
     Hält den unbändigen Tod umsonst auf;

Und brächtest du zur Sühnung auch jeden Tag
Dreihundert Opferstiere dem ehrnen Gott,
   Ihm, der den dreigestalt'gen Riesen,
     Geryon, drunten gefangenhält, und

Den ungeheuren Tityos, im Bereich
Des Stroms, den alle, die wir der Erde Frucht
    Genießen, Fürstenkinder oder
        Dürftige Pflüger, beschiffen werden.

Vergebens, Freund, entgehn wir der Wut des Mars,
Den wildgebrochnen Fluten des Adria,
    Vergebens sichern wir im Herbstmond
        Uns vor den schädlichen Mittagswinden:

Wir müssen doch den schwarzen Kocytus sehn
In krummen Ufern schleichen, des Danaus
    Verruchte Brut, den Äoliden
        Sisyphus, ewig verdammt zur Arbeit.

Verlassen mußt du Felder und Haus, und ach!
Dein süßes Weib; der Bäume, die du gepflegt,
    Wird keiner seinem kurzen Eigner,
        Als die verhaßte Zypresse, folgen.

Dann trinkt ein klügrer Erbe den Cäcuber,
Den hundert Schlösser hüten, und netzt mit Wein,
    Den edler nicht des Oberpriesters
        Tafel gewähret, den Marmorestrich.

IX

AN MERCURIUS

Redegott, Mercurius, Atlas' Enkel,
Der die wilden Sitten der jungen Menschheit
Klug durch Sprache bildet' und durch der Ringbahn
        Zierliche Künste.

Dich, des Zeus Herold und der großen Götter,
Sing ich jetzt, dich, Vater der krummen Lyra,
Vielgewandter, was dir gefällt, im Scherze
        Heimlich zu stehlen.

Als er dich, den Knaben, mit drohnder Stimme
Schreckte, wenn du nicht die geraubten Rinder

Wiedergäbst, da lachte, beraubt des Köchers,
            Phöbus Apollo.

Selbst des Atreus Söhne betrog der König,
Seine Burg verlassend, von dir geleitet,
Auch die Feuerwachen und Feindeslager
            Griechischer Scharen.

Du bringst fromme Seelen zum Sitz der Freude,
Lenkest mit dem goldenen Stab die Schwärme
Leichter Schattenbilder, der obern Götter
            Freund, und der untern.

X

AUF BACCHUS

Den Bacchus sah ich fern in der Felsenkluft
Gesänge lehren, glaube mir, Enkelwelt! —
    Sah, wie die Nymphen lauschten, und geiß-
        Füßige Satyrn die Ohren spitzten.

Evö! aufs neu erschaudert die Seele mir!
Ich fühle noch voll seliger Trunkenheit
    Den Gott im Busen. Schone, *Liber!*
        Schone, du schrecklicher Thyrsusschwinger!

Nun darf ich singen, wie die Thyade rast,
Und wie der Wein vom Felsen herunterrinnt,
    Wie Milch in Bächen fleußt und Honig
        Aus der gehöhleten Eiche träufelt;

Darf deiner Gattin himmlischen Ehrenkranz
Im Sternenschimmer strahlend, und Pentheus' Burg,
    Die schwer dahingestürzte, singen,
        Und des Lykurgus Geschick, des Thrakers.

Dir weichen Ströme, Meere gehorchen dir,
Du knüpfest schadlos, triefend von Rebensaft,
    Der Bistoniden Haar mit Schlangen,
        Wann sie dir nach von den Bergen taumeln.

Du warfst den Rhötus, als der Giganten Schar
Den hohen Thron des Vaters zu stürmen kam,
　Mit Löwenklauen durch den Äther
　　Und mit entsetzlichem Löwenrachen.

Zwar wähnten dich die Streiter zum Reihentanz,
Zu Scherz und Spielen tüchtiger, als zum Kampf:
　Du aber zeigtest dich im Frieden
　　Und im Getümmel der Schlacht gleich herrlich.

Dich, schön geziert mit goldenem Horne, sah
Der Höllenhund, lief friedsam mit regem Schweif
　Dich an, und leckte mit drei Zungen
　　Sanft dir den Fuß, da du wieder auffuhrst.

XI

HORAZ UND LYDIA

Horaz
　Als mir Lydia günstig war,
Und kein trauterer Freund seinen verliebten Arm
　Um den glänzenden Nacken schlang,
Lebt ich glücklicher als Persiens Könige.

Lydia
　Als du ganz für mich glühetest,
Keine Chloë den Rang Lydien abgewann,
　Da war Lydiens Name groß,
Nicht Roms Ilia war höher geehrt als ich.

Horaz
　Jetzt beherrscht mich die thrazische
Chloë, deren Gesang lieblich zur Laute klingt;
　Freudig litt ich den Tod für sie,
Wenn die Parze nur *ihr* Leben verlängerte.

Lydia
　Mit gleichseitiger Liebesglut
Hat des Thuriers Sohn, Kalaïs, mich entflammt.

Zweimal trüg ich den Tod für ihn,
Wenn die Göttin nur sein Leben dann fristete.

Horaz
Wie, wenn Amor zurückgekehrt?
Und ins eherne Joch neu die Getrennten schmiegt?
Wenn nun Chloë, die blonde, weicht,
Und mich Lydiens Tür wieder wie sonst empfängt?

Lydia
Zwar strahlt jener wie Hesperus,
Du bist schwankend wie Rohr, zorniger als die Flut
Des aufbrausenden Adria:
Doch gern lebt ich für dich, stürbe, wie gern! mit dir.

XII

AN DEN BANDUSISCHEN QUELL

O Bandusiens Quell, glänzender als Kristall,
Wert des süßesten Weins, festlicher Kränze wert!
Dein sei morgen ein Böcklein,
Dessen Stirne schon Hörner keimt,

Das schon Kämpfe beschließt, rüstige Kämpfe mit
Nebenbuhlern: umsonst! weil nun der lustigen
Herde Liebling mit Blut dir
Deine Welle bepurpurn soll.

Dich trifft Sirius nicht, ob er auch sengende
Flammen sprühe; du reichst liebliche Kühle dar
Dem ermüdeten Pflugstier
Und der weidenden Wollenschar.

Auch dein Name wird groß unter den Quellen sein:
Denn ich singe den Hain und den beschatteten
Hohlen Felsen, aus welchem
Dein geschwätziges Wasser springt.

XIII

AN TELEPHUS

Wieviel Jahre nach Inachus
Kodrus lebte, der kühn starb für sein Vaterland,
  Vom Geschlechte des Äakus,
Und vom Trojischen Krieg redest du immer nur,
  Doch wie teuer man Chier-Wein
Kauft, wer Wasser zum Bad wärmt, und sein Haus uns leiht,
  Daß ich dieser pelignischen
Kälte trotze: davon sprichst du mit keinem Wort.
  Hurtig, Knabe, den Becher! — *Den*
Dem aufgehenden Mond! *Den* für die Mitternacht!
  Für den Augur Muräna *den*!
Just drei Schalen, auch neun, auf den Pokal! Ihr schenkt
  Dem begeisterten Dichter heut
Dreimal drei nach der Zahl seiner Kamönen ein!
  Mehr als drei hat die Grazie
Und ihr reizendes Paar Schwestern, aus Furcht vor Streit,
  Anzurühren euch untersagt.
Auf! wir schwärmen! Warum tönt nicht die phrygische
  Flöte? Was soll die Pfeife jetzt
An der Wand bei der trüb schweigenden Leier dort?
  Tödlich haß ich die müßigen
Hände! Rosen gestreut! Lykus da drüben, voll
  Gifts, hör unsern Tumult, es hör
Uns sein Weibchen, die sich herzlich des Alten schämt.
  — Dir, vollockiger, schöner Freund,
Dir, dem Hesperus gleich schimmernder Telephus
  Glüht die reifende Rhode, ach!
Während Glycera mich langsam verschmachten läßt.

XIV

AN DEN MÄCENAS

Urenkelsohn tyrrhenischer Könige,
  Mäcenas! deiner harret ein volles Faß
    Gelinden Weins, und für dein Haupthaar
      Duftendes Öl und geschonte Rosen.

Laß endlich was dich fesselt! beschaue nicht
Das wasserreiche Tibur und Äsulas
 Gefild am Abhang und des Vater-
  Mörders Telegonus Bergflur täglich.

Hinweg von jenem lastenden Überfluß,
Dem Prachtgebäu, das hoch an die Wolken türmt!
 Bewundre länger nicht die Schätze,
  Rauch und Geräusch der beglückten Roma.

Willkommen ist den Reichen Veränderung:
Oft hat im kleinen Hüttchen ein reinlich Mahl,
 Auch ohne Teppich, ohne Purpur,
  Ihnen die düstere Stirn erheitert.

Schon zeigt der hehre Vater Andromedas
Verborgnes Feuer; Procyon wütet schon
 Und auch des wilden Löwen Stern, wann
  Trockene Tage die Sonne herführt.

Schon sucht der matte Hirt und sein lechzend Vieh
Des Baches Kühlung auf, und des ländlichen
 Silvanus Buschwerk: und hinfort nicht
  Streifen am stillen Gestad die Winde.

Du, für das Heil der Bürger nur sinnend, bist
Bekümmert, was die Seren, was Cyrus' Volk
 Im alten Baktra, was der Fehden
  Suchende Tanaïs heimlich brüten.

Es deckt die Zukunft weislich ein Gott für uns
Mit dunkler Nacht, und lachet des Sterblichen,
 Der weiter als es frommt hinaussorgt.
  Ruhig beschicke man was der Tag bringt.

Was ferner kommt, das kommt mit des Stromes Lauf,
Der heute noch zum Tuscischen Meere sanft
 Die Wellen wälzte; bald, wenn wilde
  Fluten die Wasser in Aufruhr bringen,

Durchnagte Felsenstücke, gestürzte Bäum
Und Hütten, samt den Herden im Wirbel fort-

Gerissen mit sich führt: die nahen
Wälder erbrausen, die Hügel heulen.

Der nur allein lebt seiner bewußt und froh,
Der täglich sagt: heut hab ich gelebt! es mag
   Der große Vater nun den Himmel
      Morgen in finstere Wolken hüllen,

Er mag ihn schimmern lassen im Sonnenglanz.
Vergangnes macht sein Wille nicht ungeschehn,
   Und schafft nicht um, was schon die rastlos
      Eilende Stunde davongetragen.

Fortuna führt ihr grausames Amt noch gern,
Spielt übermütig lachend ihr altes Spiel,
   Und täuscht mit ungewissen Ehren,
      Mir jetzt geneigt, und dem *andern* morgen.

Bleibt sie, so lob ich's; schwingt sie die Fittiche,
Zurück dann geb ich was sie geschenkt, und hüll
   In meine Tugend mich, die Armut
      Wählend, die redliche, sonder Mitgift.

Ich mag nicht kläglich flehn, wenn im Sturmgeheul
Der Mast erkracht, und mag nicht Gelübde tun,
   Daß meine schwer erkaufte Ware,
      Welche mir Tyrus und Cypern einlud,

Das nimmersatte Meer nicht bereichere.
Ein leichter Kahn schafft ohne Gefährde mich,
   Mit Kastors Hülf und seines Bruders,
      Durch der Ägäischen Wellen Aufruhr.

XV

AUF DEN SIEG DES DRUSUS ÜBER DIE RÄTIER

So wie den blitzetragenden Adler einst
(Dem Zeus die Herrschaft schweifender Vögel gab,
   Weil ihn getreu der Götterkönig
      Bei Ganymedes erfand, dem blonden)

Das rasche Blut des Vaters, die Jugendkraft
Vom Neste trieb, unkundig des Fluges Müh,
    Und Frühlingswinde nach verströmtem
        Regen ihn Schwünge gelehrt, den Bangen,

Die er nie wagte; und er auf Hürden bald
Als Feind herabschießt, feurigen Ungestüms,
    Bald, wann ihn Fraß und Streitlust reizen,
        Sich auf die sträubige Schlange stürzet;

Und wie den Löwen, der nun der Mutter Milch
Verschmäht, ein Reh sieht, das auf begraster Flur
    Sein Futter suchend, von dem jungen
        Zahne den blutigen Tod erleidet:

So sahn die Räter jüngst an der Alpen Fuß
Den Drusus streiten. Horden, die weit umher
    Zu siegen wußten, ha! sie lernten
        Jetzo, gewältigt durch Jünglingsklugheit,

Was angeborner Genius, was ein Geist,
Erzogen unter götterbeglücktem Dach,
    Was Vaterlieb Augustus Cäsars
        Über Neronisches Blut vermögen.

Vom edlen Stamm, vom Helden entsproßt der *Held*;
Es blüht im Stier, es blühet im Roß die Kraft
    Des Vaters, und der kühne Adler
        Wird nicht die schüchterne Taube zeugen.

Das Angeborne wächset durch Lehre groß,
Und durch gestrenge Bildung erstarkt die Brust:
    Wo aber Zucht und Sitte wich, da
        Schänden Verbrechen des Geistes Adel.

Wieviel, o Rom! du deinen Neronen dankst,
Bezeugt Metaurus' Ufer und Hasdrubals
    Vernichtung: als nach langen Nächten
        Latien endlich der Tage schönster

Erschien; der erste lachende Siegestag,
Seit jener grimme Libyer, gleich dem Sturm

Im Meer, der Flamm im Föhrenwalde
Gleich, durch Italiens Städte raste.

Seitdem erhob sich glücklicher stets im Kampf
Die Römerjugend. Alle von punischer
　　Verruchter Hand gestürzten Götter
　　　　Standen nun wieder in ihren Tempeln.

Und endlich sprach der trügrische Hannibal:
„Wir, gleich den Hirschen, reißender Wölfe Raub,
　　Verfolgen sie noch jetzt, da unser
　　　　Größter Triumph die geheimste Flucht ist?

Dies Volk, das aus dem brennenden Ilion
Gerettet, auf den tuszischen Wellen trieb,
　　Und Götter, Kinder, greise Väter
　　　　Nach der Ausonier Städten brachte,

Gewinnt, dem Eichbaum gleich, der in Algidus'
Schwarzgrünem Hain die Zweige durchs Beil verlor,
　　Selbst nach Verlust und Niederlagen,
　　　　Selbst durch das Eisen, nur neue Stärke!

So wuchs, zerstückt noch wachsend, die Hydra nicht
Dem wie verzweifelt kämpfenden Herkules
　　Entgegen; solch ein Wunder hatte
　　　　Kolchis nicht, und nicht Echions Theben.

Du senkst es in die Tiefe: weit schöner steigt's
Empor; bekämpf es: herrlich mit frischer Kraft
　　Wirft's in den Staub den Sieger, liefert
　　　　Schlachten, von denen des Enkels Weib singt.

Kein stolzer Bote geht nach Karthago mehr.
Dahin ist alle Hoffnung; verschwunden ist
　　Das Glück, das unserm Namen folgte,
　　　　Alles, seit Hasdrubal fiel, verschwunden.

Nichts läßt der Arm der Claudier unvollbracht:
Sie schützet huldvoll Jupiters Götterwink,
　　Und weise Umsicht führt sie glorreich
　　　　Aus dem gewagtesten Waffenspiele."

XVI

AN NEÄRA

Nacht war's, ohne Gewölke der Himmel, es strahlete Luna,
  Umringt von Sternen, hell herab,
Als du, Ohr und Auge der heiligen Götter zu täuschen,
  Mit schlanken Armen mich umfingst,
Dichter als Efeu dem Stamm der ragenden Eiche sich anschmiegt,
  Und mir auf meine Worte schwurst,
Schwurst: solange den Schafen der Wolf, den Schiffern Orion,
  Des Meeres Wütrich, furchtbar ist,
Und in Apollos wallendem Haar die Lüfte noch spielen,
  Bestehe dieser Liebesbund! —
Ach, Neära, wie wird einst Flaccus' Kälte dich kränken,
  Der's länger nicht unmännlich trägt,
Daß dem neuen Vertrauten die Nächte du schenkest, und bald
  Durch eine beßre Liebe rächt,   [sich
Er, auf dessen Entschluß verhaßte Reize nicht wirken,
  Nachdem man ihn so schwer verletzt.
Aber, du Glücklicher, wer du auch bist, der jetzt im Triumphe
  Hinschreitet über meinen Schmerz,
Ob du mit Herden gesegnet, ob reich an Gefilden du prangest,
  Ob ein Paktolus für dich fleußt,
Ob dir die Lehren des zweimalgebornen Pythagoras kund sind,
  Und Nireus an Gestalt dir weicht:
Ach, wie bald wirst auch du die verlorene Liebe beweinen!
  Ich aber lache dann wie du.

XVII

SÄKULARISCHER FESTGESANG

Knaben und Mädchen
Phöbus! und Diana, der Wälder Herrin!
Lichter Schmuck am Himmel! verehrbar ewig,
Und verehrt, o gebet uns, was am heil'gen
    Feste wir flehen!

Nach dem Spruch Sibyllischer Bücher singen
Auserlesne Mädchen und keusche Knaben
Heut den Göttern, welche die sieben Hügel
    Schützen, ein Loblied.

Knaben
Sonnengott, Allnährer, des heller Wagen
Bringt und birgt den Tag, der du gleich und anders
Stets erscheinst, o möchtest du Größres nimmer
  Schauen, als Roma!

Mädchen
Du, die sorgsam reife Geburt ans Licht zieht,
Sanfte Ilithya, die Mütter schütz uns,
Oder ob du lieber Lucina heißest,
  Ob Genitalis.

Knaben
Laß gedeihn das blühende Kind, und segne
Was die Väter über der Fraun Vermählung
Angeordnet, und das Gesetz, das fruchtbar
  Zeuget den Nachwuchs.

Knaben und Mädchen
Daß nach elfmal zehen umkreisten Jahren
Diese Stadt euch Spiel und Gesang erneue,
Wie wir durch drei festliche Tag und holde
  Nächte begehen.

Ihr sodann, wahrsingende Schicksalschwestern,
Was ihr einmal sprachet, und was der Ausgang
Streng bewahrt, o füget zum schon Verlebten
  Glückliche Zukunft!

Tellus, reich an Früchten und reich an Herden,
Schmücke Ceres' Stirne mit Ährenkränzen,
Nährend auch komm Jupiters Luft und Regen
  Über die Fluren.

Knaben
Gnadenreich und gütig verbirg den Bogen,
Und erhör uns flehende Knaben, Phöbus!

Mädchen
Luna, Sternenkönigin, Zweigehörnte,
  Höre die Mädchen!

Knaben und Mädchen
Ist Rom euer Werk, hat ein Heer aus Troja,
Euch gehorsam, Laren und Stadt verlassen,
Und meerüber fliehnd am Etruskerstrande
    Glücklich gelandet,

Welchem einst durch Ilions Brand Äneas
Fromm und treu, sein Vaterland überlebend,
Sichre Bahn eröffnet, um mehr zu geben
    Als er zurückließ:

Götter! so verleihet der Jugend reine
Sitten; gebt friedseligem Alter Ruhe;
Gebt dem Römervolke zu Macht und Wachstum
    Jegliche Zierde!

Jener, der euch ehret mit weißen Rindern,
Venus' und Anchises' erlauchter Sprößling,
Herrsche weit vorragend im Kampf dem Feinde,
    Mild dem Besiegten.

Knaben
Seinen Arm, allmächtig in Meer und Landen,
Fürchtet schon der Meder, und Albas Beile;
Seines Ausspruchs warten, noch stolz vor kurzem,
    Scythen und Inder.

Mädchen
Schon kehrt Treue, Frieden und Ehre wieder,
Alte Zucht und lange vergeßne Tugend
Wieder, und glückspendender Überfluß hebt
    Freudig sein Füllhorn.

Knaben
Phöbus, hell im Glanze des Köchers strahlend,
Augur, und eur Liebling, ihr neun Kamönen,
Welcher durch heilbringende Kraft die kranken
    Glieder erquicket.

Wenn er gnadvoll schaut die geweihten Höhen,
Wird er Roms Wohlfahrt und Latinermacht zum

Nächsten Lustrum stets und auf immer beßre
Zeiten verlängern.

Mädchen
Aventins und Algidus' Göttin, nimm auch
Du der fünfzehn Männer Gebet, Diana,
Huldreich auf, und neige dein Ohr der Kinder
Bitten gefällig!

Knaben und Mädchen
Daß uns Zeus erhört und die Götter alle,
Kehren wir nach Hause der frohen Hoffnung,
Wir, der Festchor, kundig, Dianas Lob und
Phöbus' zu singen.

Gereimte Nachbildungen

XVIII

AN MUNATIUS PLANCUS

Sei's Rhodus' Herrlichkeit, sei's Mitylene,
Korinth mit seinem Doppelhafen,
Der hochgeweihte Sitz vom Gott der Schwäne,
Sei's Tempe, wo Zephyre schlafen,
Thebä, wo Bacchus' heil'ge Kraft entsprungen:
Sie sind bekannt, beliebt, besungen;
Dann, rossenährend Argos, du; Mycene,
Goldreiche, Junos Stolz! und Sparta, Heldenwiege!
Vor allen deine Burg, jungfräuliche Athene!
Wen lockt sie nicht zum schönsten aller Siege,
Da vor dem Ölzweig, der ihm winkt,
Der Lorbeer selbst im Preise sinkt!
— Doch, seh ich nun mit malerischem Brausen
Den Anio Felsenwände messen,
So hab ich, wo die Wipfel Tiburs sausen,
Bald, was nicht Tibur heißt, vergessen.

Mein Freund! der Südsturm scheucht vom krausen Himmel
Gewölke, das er erst geschaffen,
Und unerwartet blinkt's wie Sterngewimmel
Aus Wettern, die vom Blitze klaffen.
So kannst du, wenn die Pulse unstet klopfen,
Des wunden Lebens bittre Schmerzen
Vertreiben, wie du willst: auf wenig Tropfen,
Wenn's Wein ist, klären sich die Herzen.
Sanft ruht sich's dann im Kreis der Kriegspaniere,
Sanfter in Hainen, wo dich Flaccus führe.

Die Heimat um des Vaters willen fliehend,
Fand Teucer trauernde Genossen;
Und doch mit Herkuls Laub die Stirn umziehend,
Sprach also der von Telamon entsprossen:
„Dort Vaters Drohn, hier taube Wogen;
Doch nie hat Phöbus noch getrogen,
Ein zweites Salamis steigt aus den Wellen
Empor uns: Drum frischauf, Gesellen!
Wir tragen nicht das erste Leid zusammen,
Das größte kaum; wo sind die Becher?
Bewaffnet gegen Fluten euch mit Flammen:
Ein Flüchtling morgen, heut ein Zecher!"

XIX

AN CHLOË

Du fliehst mich, Chloë! gleich dem scheuen Reh,
Das pfadlos forteilt über Kluft und Höh,
Der Mutter nach, und ängstlich lauscht,
Wenn in dem Wald ein Lüftchen rauscht.

Dem Lenz entgegen schauert hier das Laub,
Eidechsen rascheln grünlich dort im Staub:
Da zuckt ihm aus dem Herzen, sieh!
Der Schreck hinunter bis ans Knie.

Ein blut'ger Tiger, der dich würgen will,
Ein Löwe bin ich nicht; so halte still!

Wozu die Mutter? Einem Mann
Reift, mein ich, solche Frucht heran.

XX

AN LICINIUS MURÄNA

Du hast, Licinius, das Maß getroffen,
Wenn du verwegen nicht ins Weite strebst,
Nicht wetterscheu dich ewig an die schroffen
    Gestade klebst.

Wer einmal liebgewann die goldne Mitte,
Verkriecht sich unter kein berußtes Dach,
Und reizt die Mißgunst nicht durch Fürstensitte
    Und Prunkgemach.

Die Windsbraut greift zuerst nach hohen Wipfeln,
Dumpf stürzt und schwer des Turmes Wucht ins Tal,
Begierig züngelt nach der Berge Gipfeln
    Der Wetterstrahl.

Der Weise fürchtet, wenn das Glück ihm lächelt,
Und hofft die Änderung im Mißgeschick:
Derselbe Gott, der wintern lässet, fächelt
    Den Lenz zurück.

Es folgt auf dunkle Nacht des Tages Schimmer,
Und plötzlich weckt Apoll mit Zitherklang
Die stummen Musen auf, und spannt nicht immer
    Den Bogenstrang.

Da wo des Schicksals Pfade sich verengen,
Soll weit dein Herz, kühn deine Hoffnung sein;
Doch zieh, wenn allzu günst'ge Winde drängen,
    Die Segel ein!

XXI

AN MÄCENAS

„Ein Hagestolz den ersten März begehen?
Läßt Blumenduft, läßt Weihrauch um sich wehen,
Da heute Frauen nur zum Tempel gehen?"
    Hör ich dich fragen.

Du kennst die Vorwelt besser als mein Leben.
Gelobt ich Bacchus doch dies Mahl zu geben,
Und einen Bock, als mich ein Baum nur eben
    Nicht totgeschlagen.

Und wieder in dem schnellen Lauf der Wochen
Ist heute dieser Tag mir angebrochen:
So springt ein Stöpsel, der schon Rauch gerochen
    Eh ich geboren.

Auf Freundesrettung trinkt Mäcenas gerne;
Stoß an! Mein Lämpchen überwacht die Sterne;
Es tagt, und noch sind wir in sel'ge Ferne
    Träumend verloren.

Nicht ganz ist deine Zeit dem Staat verfallen!
Sahst Geten schon zum Kapitole wallen,
Des Meders Faust sich gegen Meder ballen:
    Sind wir nicht Sieger?

Vergeblich zeigt der span'sche Leu die Zähne,
Die Kette klirrt beim Sträuben seiner Mähne,
Auf Rückzug weist die schlaffe Bogensehne
    Nordischer Krieger.

Und sei auch noch nicht alle Welt geborgen:
Genieße jetzt! die Freude kennt kein Morgen;
Nur unter Kronen nisten Herrschersorgen:
    Leben ist klüger!

Anmerkungen

I

V. 1—2. *Kalliope; Königin,* weil sie unter den Musen den ersten Rang behauptet.

V. 9—20. Man bemerke den großartig raschen Übergang von den vorhergehenden Versen zu Vers 9 und den folgenden. Indem die Muse ihm auf seinen ersten Anruf zu Willen ist und den Begeisterten augenblicklich in ihre Nähe versetzt, erinnert sich der Dichter mit hohem Selbstgefühl an eine wundersame Begebenheit, die ihn frühzeitig als einen Liebling jener Göttinnen bezeichnete. — *Mich deckten ... Tauben* usw. Sie heißen *dichtrische,* sofern sie in den Fabeln der Poeten als dienstbare Wesen öfter vorkommen. — *Vultur,* Gebirg in Apulien und dem angrenzenden Lukanien. In der erstern Landschaft lag Horazens Geburtsort; er hatte sich also weit von Hause verlaufen. *Acherontia, Bantia, Forentum* waren benachbarte Städte.

V. 22—24. *Sabinum,* sein Gut in der bergigen *Sabiner-*Landschaft; in der Nähe *Tibur,* eine reizend am Fluß Anio gelegene Stadt in Latium (jetzt Tivoli in der Campagna di Roma). — *Präneste,* Stadt in Latium, ihrer hohen, kühlen Lage wegen ein beliebter Sommeraufenthalt reicher Römer. — *Bajä,* kleine Stadt in Kampanien (unweit Neapel), herrlich an einem Meerbusen gelegen, und einst durch seine warmen Bäder berühmt.

V. 26. Siehe das Leben des Dichters.

V. 27. Horaz wäre durch einen umstürzenden Baum auf seinem Landgute beinah erschlagen worden.

V. 28. Das Vorgebirge *Palinurus* an der lukanischen Küste, Sizilien gegenüber, hatte von Äneens Steuermann den Namen. Bei welcher Gelegenheit Horaz hier einen Sturm erlitt, ist unbekannt.

V. 29. *Bosporus,* die Thrazische Meerenge bei dem heutigen Konstantinopel. Meerengen sind besonders gefährlich zu beschiffen.

V. 32. *Assyrien,* eigentlich Syrien, das Küstenland am Mittelländischen Meer. Er meint aber die Wüsten von Palmyrene, die sich nach Petra usw. hinabstrecken.

V. 33. Die *Britannier* hatten vielleicht Ursache die *Fremden,* die an ihrer Insel landeten, für Kundschafter von Eroberern zu halten. Ein alter Scholiast sagt, sie hätten die Fremden geopfert (Baxter, ein guter Brite, setzt hinzu: dies ist von den Irländern zu verstehen).

V. 35. *Konkaner,* Volk Kantabriens in Spanien. — *Strom der Scythen,* d. h. die Scythen vom Tanaïsfluß, jetzt Don; unter welchen die Horde der *Gelonen* um den Borysthenes (Dnjeper) am Schwarzen Meer umherstreifte.

V. 40. *Piërisch;* siehe *Musen* im Anhang. Der Sinn ist: Augustus erholt sich von seiner Mühsal durch Beschäftigung mit Werken der

CLASSISCHE BLUMENLESE   753

Dichtkunst u. dergl. Dieser Beschäftigung wird auch V. 41 die Milde seiner späteren Regierung zugeschrieben.

V. 43. *Titanen*, hier mit den Giganten vermengt.

V. 51—56. *Brüderpaar*, Otus und Ephialtes; s. im Anh. — *Typhon*, sonst ein besonderes Ungeheuer, hier zu den Giganten gezählt, dergleichen *Mimas, Porphyrion, Rhötus* und *Enceladus* sind.

V. 61—64. *Delos*, Insel im Ägäischen Meer, auf welcher Apollo geboren wurde, er hatte einen Tempel und ein Orakel daselbst, hielt sich aber nur in den Sommermonaten dort auf; im Winter war er zu *Patara*, einer Seestadt Lyciens in Kleinasien, gleichfalls mit einem Tempel und Orakel. — *Kastalia*, eine dem Apollo geweihte Quelle des Parnassus (bei Delphi in Phocis).

V. 69—70. *Gyas*, eigentlich einer der Centimanen, hier mit den Giganten vermischt. — *Orion;* s. im Anhang.

V. 73—80. Die *Ungeheuer;* ihre Kinder, die Giganten. So liegt Typhon unter dem *Ätna*, aus dem er Feuer speit. Die *Brut*, die Titanen. *Tityos*, s. *Orkus; Pirithous*, s. *Theseus* im Anh.

II

V. 1. *Sorakte*, ein einzelner Berg, fünf deutsche Meilen nordöstlich von Rom, und von dort aus sichtbar. Mehrere Erklärer nehmen indessen an, jener Thaliarchus habe in der Nähe des Sorakte eine Villa gehabt, in welcher Horaz dieses Gedicht geschrieben. Die ganze Schilderung in der ersten Strophe beweist einen für Italien ungewöhnlich strengen Winter.

V. 18. Das große *Marsfeld* in Rom war unter anderm zu Leibesübungen für die Jugend bestimmt.

V. 21 folgg. *Vom Winkel her;* etwa in einem Säulengang. Einige denken hier nicht sehr passend an ein eigentliches Versteck- und Pfänderspiel nach unsrer Art.

IV

V. 2—4. *Brutus;* s. Einleit. zu Horaz. — *Quirit*, Römer; sofern der geächtete Grosphus wieder aller Rechte eines römischen Bürgers teilhaftig geworden. — *Heimatgötter*, Penaten, Laren.

V. 5—8. *Erster*, liebster. — *Assyrisch*, für Syrisch. Die römischen Kaufleute bezogen die indischen und arabischen Spezereien aus Syrien und Phönizien; die *Narden*blüte lieferte ein Öl zu einer köstlichen Salbe.

V. 10—12. Der *Schild* ward als ein Hindernis auf der Flucht weggeworfen. Dies Geständnis hat den Scharfsinn der Gelehrten, um die Ehre des Dichters zu retten, viel beschäftigt. — Die *Trotzer*, die gefallenen Soldaten des Brutus und Cassius. Die Schlacht bei Philippi wird als eine der blutigsten beschrieben.

V. 13—16. *Merkur*, als Schutzgeist der Dichter. Er hat die Leier erfunden. — Diese Art von Entrückung aus der Gefahr ist aus Homer bekannt genug. — Horaz kehrte im Jahr 41 nach Rom zurück; Grosphus hielt sich nach der Philippischen Schlacht bei der Partei des Brutus, welche zu Sextus Pompejus ihre Zuflucht nahm, der sich Sardiniens und Korsikas bemächtigt hatte. Wahrscheinlich kam Grosphus nach dem zwischen Sextus Pompejus und den Triumvirn (Oktavian, Antonius und Lepidus) geschlossenen Frieden, im Jahr 39, ins Vaterland zurück.

V. 17 folgg. *Schuldiges*, durch ein Gelübde. — *Massiker*, von dem kampanischen Gebirge Massikus, einer der ersten Weine. — *Die blanken Kelche*. Sie waren aus edlen Metallen in Gestalt der großen Blätter der ägyptischen Kolokasie gearbeitet, die denen der Wasserlilie gleichen. — *Muscheln*, Salbenschalen in Muschelform. — Der glücklichste Wurf mit den (vier) Taluswürfeln war, wenn jeder eine andere Zahl zeigte; und dieser Wurf hieß die *Venus*. — *König;* der die Trinkgesetze vorschrieb usw. Die *Edonen*, d. h. *Thrazier*, wegen ihrer Wildheit beim Trinken berüchtigt.

V

Nereus, der Meergott, weissagt dem *Paris* (s. dens. im Anhang), welcher soeben die Helena entführt, die Folgen dieses Frevels.

V. 2. *Idäer Sch.*, d. h. ein trojanisches, von dem Holze des Berges Ida gebaut.

V. 10. *Dardaner*, Trojaner; von Dardanus, Stammvater der Könige von Troja.

V. 11. *Ägis;* s. *Minerva* im Anh.

V. 16. *Birgst dich* usw.; wie dies der Fall war, als er (nach Homer, Ilias III, 380 folgg.) durch Venus dem Menelaus entrückt ward und sich in der Umarmung Helenas vergaß.

V. 17. *Kreta*, Insel im Mittelländischen Meer, lieferte vortreffliche Rohrpfeile und hatte die besten Bogenschützen.

V. 18. *Ajax*, Oïleus' Sohn, Fürst der opuntischen Lokrer, ein Held, dessen Schnelligkeit im Verfolgen berühmt war.

V. 20. *Mit Staub* und Blut.

V. 21. *Ulysses*, s. im Anh.

V. 22. *Nelide*, Nestor, Sohn des Neleus, König von Pylos (in Triphylia, Landschaft im Peloponnes), ein erfahrner Ratgeber der Griechen.

V. 24. *Teucer*, Sohn *Telamons*, Königs von Salamis, Insel und Stadt unweit Attika. — *Sthenelus* lenkte den Streitwagen des großen Diomedes.

V. 26. *Meriones*, Begleiter des kretischen Königs Idomeneus, ausgezeichnet im Speerwurf und Pfeilschießen.

V. 27. *Tydeus Sohn,* Diomedes, König von Argos, im Peloponnes.
V. 32. Iliade III, 430, sagt Helena zu ihm: „Ha! du prahltest vordem, den streitbaren Held Menelaos / Weit an Kraft und Händen und Lanzenwurf zu besiegen!"
V. 33. *Achills . . . Flotte* (oder Heer) zürnt, weil ihr Gebieter zürnt (s. Troja im Anh.).
V. 34—36. *Phrygien,* worin *Ilion* (Troja) gelegen. — Das *achaische* F., das der Griechen.

VI

V. 3. Bei öffentlichen Dank- und Sühnefesten wurden die Bildsäulen der *Götter* auf *Polstern* um die Altäre her gestellt und ihnen ein köstliches Mahl vorgesetzt, das hier ein *saliarisches* heißt, von den Saliern, den Priestern des Mars, die am ersten März zu Ehren ihres Gottes nach mancherlei anderen Feierlichkeiten eine herrliche Opfermahlzeit hielten.

V. 5. *Cäcuber,* ein vortrefflicher Wein, von Cäcubum, einer latinischen Gegend; der Name dient aber auch zur Bezeichnung irgendeines guten Weines.

V. 6—7. *Kapitol,* die alte heilige Burg auf einem Hügel innerhalb Roms; hier für den römischen Staat gesetzt, weil dem allgemeinen Glauben zufolge das Kapitol und mit ihm der Staat ewig bestehen sollte. — *Kleopatra,* Königin von Ägypten, Geliebte des mächtigen Triumvirs Antonius, beabsichtigte nicht eigentlich Roms Vernichtung, doch suchte sie auch nichts Geringeres als die römische Alleinherrschaft; aber die in unserer Ode gefeierte Seeschlacht bei Aktium (Vorgebirge an der westlichen Küste Griechenlands, an dem Ambracischen Meerbusen), in welcher Cäsar Octavianus den Antonius besiegte (2. Sept. 31 vor Chr.), vernichtete ihre kühnen Hoffnungen.

V. 9. *Ihre Herde Verschnittener;* ihre Günstlinge, in deren Händen beinahe die ganze Regierung war.

V. 13. Kleop. war gleich im Anfang des Treffens mit ihren sechzig Schiffen geflohen; Ant. tat es ihr blindlings nach, und ließ seine wakkere Flotte im Stich, welche fast ganz verbrannt wurde.

V. 14. Bei den üppigen Gastmählern der Kleopatra ward auch der Wein in reichem Maße genossen, der von ausgezeichneter Güte bei Alexandria, zwischen dem *Nil* und dem See Mareotis erzeugt wurde.

V. 15. *Wahre Furcht,* im Gegensatz zu den verschiedenen grundlosen Befürchtungen und bösen Ahnungen, wovon sie schon zuvor wie umnebelt war.

V. 16. *Italerstrand;* Italien, wohin sie zu segeln gedachte. Denn hätte Antonius die Schlacht gewonnen, so wäre sie mit ihm gerade auf Rom losgegangen.

V. 19. *Ämonien,* soviel als Thessalien, ein Teil des nördlichen Griechenlands.

V. 21. Als Kleopatra den Abgesandten des Siegers Octavianus erblickte, der den Auftrag hatte, sie festzunehmen, wollte sie sich einen Dolch in die Brust stoßen, was jedoch jener verhinderte. Einige Zeit nachher bestellte sie, scheinbar beruhigt, ein köstliches Mahl. Ein Diener aber mußte ihr, in einem Korb mit Blumen und Früchten verborgen, einige Nattern bringen; sie legte sich eine derselben an den Arm und starb an ihren Bissen eines schnellen Todes. Antonius hatte sich zuvor schon selbst entleibt und war in ihren Armen verschieden. — Horaz weicht hauptsächlich insofern von der Geschichte ab, als er die Tatsachen wie in einer raschen Folge aufeinander geschehen darstellt.

V. 32. Im Triumphzug nämlich, für den Oktavian sie aufsparen wollte.

VII

Man kann in dieser Ode eine Jugendarbeit des Dichters erblicken und den schnellen Wechsel der Bilder anfechten, ohne deshalb ihre großen Schönheiten zu verkennen.

V. 4. *Färse,* junge Kuh.

V. 13—15. Die Jahre, die noch diesseits des Zeitpunkts der höchsten Jugendblüte liegen, werden demnach als die positive und immer zunehmende Lebenszeit, die jenseitigen aber als die negative, als Abbruch, betrachtet.

V. 17. *Mehr geliebt,* d. h. sie hat mehr Anbeter. — *Im Fliehn,* als Spröde.

V. 20. *Gyges,* ein schöner Knabe aus *Gnidus* (Knidos), Stadt Kariens in Kleinasien.

VIII

V. 8—9. *Geryon;* s. im Anh. — *Tityos,* s. im Anh. *Orkus.* — *Dunkl. Strome,* dem Styx.

V. 14. Des stürmischen, klippenreichen *Adriatischen* Meers.

V. 16. Im Herbst führte der feuchte Südwind Krankheiten herbei.

V. 17—20. *Kocytus, Danaus, Sisyphus,* s. im Anh. *Orkus.*

V. 24. *Zypressen* wurden an die Gräber gepflanzt.

V. 25. *Cäcuber,* s. Ode VI, 5. Anm.

IX

V. 2—4. Um die noch im Urzustande lebenden Menschen ihrer wahren Bestimmung entgegenzuführen, und sie also zuvörderst in Gesellschaften zu vereinigen, war die erste Bedingung, ihnen eine ordentliche Sprache zu geben. Auch von der Ausbildung des Leiblichen hingen wesentliche Vorteile: Stärke, Gewandtheit, Anstand ab.

V. 6—12. Kaum vier Stunden nach seiner Geburt erfand der sinnreiche Gott die *Leier,* indem er eine Schildkrötenschale mit Darmsaiten bezog. Ebendamals entführte der Knabe dem Apollo von den heiligen Herden der Götter in Piërien fünfzig Rinder, die er sofort verleugnete. Apollo drohte ihm mit seinen Pfeilen, allein der Schalk hatte ihm bereits seinen Köcher entwendet.

V. 13—16. *Atreus' Söhne,* Agamemnon und Menelaus (s. *Troja* im Anhang). Merkur geleitete den Priamus, König von Troja, als er den Leichnam Hektors von Achilles lösen wollte, bei Nacht durch das Lager der Griechen, so daß ihn keiner bemerken konnte, zum Zelte des Helden und wieder zurück.

V. 17. *Sitz der Freude,* Elysium.

X

V. 5. „*Evö!*" war der Jubelruf der Bacchanten und Bacchantinnen (s. im Anh. *Bacchus).*

V. 7—8. *Liber,* Beiname des B. — *Schone;* triff mich nicht mit deinem Stabe, damit ich dem heiligen Wahnsinn nicht erliege.

V. 9—12. *Singen* wie der ganze überschwengliche Reichtum des goldenen Weltalters unter dem Schlage des Thyrsus aus der Erde hervorbricht. — *Thyade,* s. *Bacchus* im Anh.

V. 13. Der Ariadne hochzeitliche Krone, ein Kunstwerk des Vulkan aus Gold und indischen Edelsteinen, wurde von Bacchus unter die Sterne versetzt (s. im Anhang *Theseus* und *Bacchus).*

V. 14. *Pentheus,* König von Theben (in Böotien) hatte sich der Einführung des Bacchusdiensts gewaltsam widersetzt, den Bacchus gefesselt und auf seiner Burg gefangengenommen, welche der Gott zertrümmerte, indem er sich befreite. Penth. aber wurde von den Bacchantinnen zerrissen.

V. 16. *Lykurgus,* König der Edonen, eines thrazischen Volksstamms, wurde von Jupiter geblendet, weil er den Bacchusdienst in seinem Reich nicht dulden wollte. Nach andern hieb er sich, im Begriff Weinstöcke umzuhauen, selber die Füße ab, da B. ihn in Raserei versetzte.

V. 17. bezieht sich auf Bacchus' siegreichen indischen Heereszug. Mit seinem Wunderstab trieb er die Wasser der ihn aufhaltenden *Flüsse* Hydaspes und Orontes zurück, um trockenen Fußes hindurchzugehn; so auch stillte er das Indische Meer (s. Anh. *Alte Weltk.).*

V. 19. *Bistoniden,* d. h. *Bacchantinnen.* Die Bistonen sind ein Volk Thraziens, von dem die Mysterien dieses Gottes ausgingen. — *Schlangen;* zu einem wildaussehenden Kopfschmuck.

V. 21. *Rhötus,* ein Gigant.

V. 23. Bacchus hatte sich in einen *Löwen* verwandelt.

V. 29. Er hat zwei kurze goldne Hornspitzen, als Sinnbilder der Kraft, die in Bildwerken zuweilen unter dem Efeu und Weinlaubkranz hervorsehen.

V. 30. Bacchus holte seine Mutter Semele aus der Unterwelt in den Himmel.

XI

V. 8. *Ilia,* oder Rhea Silvia, Tochter des albanischen Königs Numitor und Priesterin der Vesta, wurde von Mars umarmt und gebar ihm die Zwillinge Romulus und Remus, die Gründer Roms.

V. 14. *Thurier,* d. h. aus Thurium, Stadt Lukaniens (in Unteritalien).

V. 24. *Adria,* das Adriatische Meer.

XII

Diese Quelle ist genaueren Untersuchungen zufolge nicht auf oder bei Horazens Landgute, sondern in seiner Heimat, sechs Miglien von Venosa zu suchen.

V. 1. Der Dichter verspricht der Nymphe ein Opfer mit Wein und Blumen, überdies einen Bock, dessen Blut wie jenes beides man in die Quelle schüttete.

V. 9. *Sirius* (ein vorstrahlender Stern am Rachen des Großen Hundes, geht um den 25. Juli auf), hier soviel als der heiße Strahl der Sonne in den Hundstagen.

XIII

Dies wie improvisiert lautende Gedicht versetzt uns mit einemmal in Horazens und seiner Freunde Gesellschaft. Sie waren zusammengekommen, um, vielleicht dem Muräna zu Ehren, ein Gelage, wozu man die Kosten zu gleichen Teilen trug, zu verabreden. Doch eh man über Wann, Wo und Wie? noch einig geworden, verirrt sich das Gespräch auf gelehrte Materien, und zwar vorzüglich durch des Telephus Redseligkeit. Der Dichter, ungeduldig, schilt ihn deshalb; er eilt zum Zweck, ja seine Einbildung reißt ihn schon mitten ins Gelage, das tief in die Nacht fortdauern soll, und schon schreibt er die Trinkgesetze vor.

V. 1. *Inachus,* der älteste König von Argos (im Peloponnes) ungefähr 1800 vor Chr.

V. 2. *Kodrus,* der letzte König von Athen. Er verkleidete sich und ließ sich von den Feinden, den Doriern, die er mit Fleiß reizte, niederhauen, weil das Orakel vorhergesagt, Athen würde die Oberhand erhalten, wenn sein König umkäme. Sein Tod fällt ins Jahr 1068.

V. 3. *Äakus,* König von Ägina (Insel bei Attika), Vater des Peleus und Telamon, Großvater des Achilles, Teucer und Ajax.

V. 5. Der Wein, von der griechischen Insel *Chios* war sehr geschätzt.

V. 6. *Zum Bad;* nach dem bekannten Gebrauch vor Tischgehen.

CLASSISCHE BLUMENLESE   759

V. 7. Das Gebiet der *Peligner* war nördlich von Samnium, in Mittelitalien, und der Gebirge wegen sehr kalt.

V. 11. Licinius Muräna, einer der Freunde, hatte kürzlich die *Augur*-Würde erhalten, ein priesterliches Amt, wobei aus dem Fluge, der Stimme der Vögel usw. geweissagt und der Wille der Götter erforscht wurde.

V. 12. Ordinäre Trinker mögen drei *Schalen* Wein unter dreimal soviel Wasser nehmen; meinesgleichen sind, um der neun Musen willen, neun Schalen Wein zu drei Schalen Wasser vergönnt.

V. 15. Die drei Göttinnen der Anmut und Schicklichkeit.

V. 18. *Phrygisch,* erinnert an den lärmenden, aus Phrygien stammenden Kultus der Cybele.

V. 25. Bei der hübschen Nachbarin fällt ihm, und zwar im Gegensatz zu dem Liebesglück des Telephus, sein eignes Schicksal ein, daher dies plötzliche Fallen des übermütig bacchantischen Tons in den der Wehmut herab.

XIV

V. 1. *Tyrrhenien,* d. h. Etrurien. Siehe Homer. Hymn. III, 7. Anm. Mäcenas leitete sein Geschlecht von den alten etrurischen Lukumonen oder Zwölffürsten ab.

V. 5—8. *Laß endlich was dich fesselt;* den Zauberkreis deiner landschaftlichen Umgebung. — *Tibur,* s. Horaz I, 22. Anm. — *Äsula,* Städtchen bei Tibur. — *Telegonus,* ein Sohn des Ulysses und der Circe, soll, nachdem er unwissend seinen Vater erschlagen, nach Italien gekommen sein und die hochgelegene Stadt Tuskulum (Frascati) erbaut haben. — Mäcenas hatte in den herrlichen Gärten des Esquilinischen Bergs einen hoch aufgetürmten Palast, von dem aus er ganz Rom und alle jene Gegenden überschaute.

V. 15. Die Bänke, auf denen man bei Tische lag, waren häufig mit *Purpur* bedeckt, auch waren im Speisezimmer, wenn es keine Felderdecke hatte, Teppiche über der Tafel befestigt, damit kein Staub von oben auf die Speisen falle.

V. 17—20. *Der Vater Androm.* (s. *Perseus* im Anh.), das Sternbild des Cepheus, das nach Columella am 9. Juli abends aufgeht. Den 15. Juli früh geht *Procyon,* ein Gestirn im Kleinen Hunde auf, und den 20. tritt die Sonne in den *Löwen.*

V. 25. Als Stadtpräfekt in Augusts Abwesenheit.

V. 26. *Seren,* im nordöstlichen Asien, nach damaliger Erdkunde der Römer das äußerste Volk des Orients. Zunächst aber hat Horaz die Parther im Sinne, da sie unaufhörliche Einfälle in das römische Gebiet machten; statt ihrer ist *Baktra* (jetzt Balkh), Hauptstadt Baktrianas (südliche Bucharei), genannt, wodurch das ganze, einst von *Cyrus* (pers. König) beherrschte, Parthische Reich bezeichnet ist.

V. 28. *Tanaïs,* hier soviel als die am Fl. Tanaïs (Don) wohnenden Scythen. *(Fehden suchend,* eigentlich: mit sich selbst entzweit.)

V. 33—36. *Strom,* der Tiber-Fl. Genauer: *seine wilden Fluten;* indem der ausgetretene Strom auch die kleinen Flüsse, die er in sich aufnimmt, den Anio u. a. austreten macht.

V. 46. *Vergangnes;* das schon genossene Gute kann Jupiter mir nicht nehmen, wenn er gleich morgen Böses über mich verhängt. Übrigens weiß ich ja, daß Fortuna usw.

V. 58. *Gelübde tun,* d. h. Opfer geloben, wobei die Hülfe des Gottes bedungen wurde.

V. 60. *Cypern,* Insel im Mittelländ. M. östlich, und *Tyrus,* Seestadt Phöniziens, durch Handel berühmt.

XV

Es ist diese Ode ausdrücklich durch Augustus veranlaßt worden, der seine beiden Stiefsöhne, und bei dieser Gelegenheit wohl ganz vorzüglich auch sich selbst, besungen wünschte. Zuvörderst also den Liebling Augusts, den 23jährigen *Drusus,* einen trefflichen Jüngling (der frühzeitig starb) und dessen älteren, schlimmgearteten, später als Kaiser bekannten Bruder Tiberius, Söhne des Tiberius Claudius *Nero* und Livias, die des Augustus Gemahlin wurde. — Die Rätier und Vindelizier (s. unten) beunruhigten vielfach das röm. Gebiet; Augustus sandte daher (im Jahre 15 vor Chr.) zuerst den Drusus gegen die Rätier, welche derselbe in der Gegend von Trident, am Fuß der Alpen in die Flucht schlug. Bald darauf wurde Drusus zum zweitenmal, und zwar mit dem Tiberius, gegen die Rätier und Vindelizier geschickt, da sie denn völlig besiegt und den Römern unterworfen wurden.

V. 1—4. S. im Anh. *Jupiter* und *Ganymedes.*

V. 7. Es ist hier der schon vorgerückte Frühling, oder Sommers Anfang gemeint.

V. 17. *Rätien* erstreckte sich zwischen dem Rhein und den Norischen Alpen bis Oberitalien herab, und grenzte nördlich an *Vindelizien.*

V. 24. *Neronisches Bl.,* eben Drusus und Tiberius.

V. 34. Der Konsul Cajus Claudius Nero, der berühmte Ahn der beiden jungen Nerone, hatte sich im zweiten Punischen (Karthagischen) Krieg (im J. 207 vor Chr.) ausgezeichnet. Als nämlich *Hasdrubal,* mit einem Heer über die Alpen kommend, bereits Italien sich näherte, um seinem Bruder Hannibal Hülfe zu bringen, der sich in Unteritalien, dem C. Nero gegenüber, befand, verließ dieser, durch aufgefangene Briefe Hasdrubals von dessen Absicht unterrichtet, heimlich mit einer auserlesenen Mannschaft sein Lager, eilte nach Umbrien, und schlug, mit dem Konsul Marc. Livius vereinigt, am Fluß *Metaurus,* das überlegene Heer Hasdrubals, welcher samt 56 000 Mann selbst auf dem Platze blieb.

V. 36. *Latium,* statt Italien.

V. 38. *Libyer,* Afrikaner; nämlich Hannibal.

V. 42. *Römerjugend;* das römische Kriegsheer.

V. 45. *Trügrisch;* Punische Treulosigkeit ist sprüchwörtlich; hier bezieht sich das Beiwort besonders auf die vertragswidrige Belagerung und Zerstörung Sagunts (einer mit Rom verbündeten Stadt Spaniens) durch Hannibal, der so den zweiten Punischen Krieg herbeiführte.

V. 49. Äneas, der Troerfürst, aus dem brennenden Troja geflüchtet, war nach verschiedenen Abenteuern zu Land und zur See mit seinem jungen Sohne Julus, seinem alten Vater Anchises und einer Schar Trojaner nach Sizilien und endlich, auf dem Tuszischen (Tyrrhenischen) Meere, nach Italien geschifft, wo er sich in Latium mit seinen Leuten niederließ, die sich sofort mit den Landeseinwohnern vermischten und nebst diesen die Stammväter der Latiner sind. Äneas hatte auch seine heimischen *Götter* (in kleinen Bildern), die öffentlichen Penaten Trojas, die Vesta mit ihrem ewigen Feuer, mitgebracht.

V. 52. *Ausonier,* altitalisches Volk, hier statt Italier.

V. 53. *Algidus,* Berg bei Rom.

V. 57. *Hydra;* s. im Anh. *Herkules.*

V. 60. Kadmus, *Thebens* Erbauer (s. dens. im Anhang), erlegte in der Gegend, wo er seine Stadt gründen sollte, einen Drachen, der ihm seine Leute getötet. Minervens Rat zufolge säete er die Zähne des Ungeheuers in die Erde, und es entstand eine ganze Schar geharnischter Männer daraus, welche sich gegenseitig umbrachten; nur fünf blieben übrig; darunter *Echion,* der jene Stadt erbauen half. — Ein Rest jener wunderbaren Zähne wurde später von Jason ausgesät (s. dens. im Anh.), als sich's um das goldene Vlies in *Kolchis* handelte.

V. 65. Nun sende ich keine Siegesboten nach Karthago mehr.

V. 68. Der Konsul Claudius Nero ließ Hasdrubals Kopf vor das Lager Hannibals werfen, der dabei ausgerufen haben soll: „Nun kenne ich das Los Karthagos!"

XVI

V. 7. *Orion,* ein Gestirn, dessen Untergangszeit leicht Stürme bringen sollte.

V. 9. Solang Apollo unbeschnittene Haare hat; d. h. solang Apollo jung bleibt.

V. 20. *Paktolus,* Fluß Lydiens (in Kleinasien), führte, wie man glaubte, Goldsand mit sich.

V. 21. *Pythagoras,* griechischer Weltweiser, der neben dem öffentlichen auch einen geheimen Unterricht gab, und unter anderem eine Seelenwanderung lehrte, deswegen er hier der Zweimalgeborne heißt. Sinn: und wenn du dich auch durch die höchste Bildung und Weisheit auszeichnetest.

V. 22. *Nireus* wird in Homers Iliade der Schönste im ganzen Heer der Griechen genannt, den Achill allein ausgenommen.

XVII

Die Römer feierten ihren Göttern, und zwar in den ältesten Zeiten den unterirdischen Todesmächten, dem Dis und der Proserpina, zur Sühnung, dann mit besonderer Rücksicht auf Apollo und Diana, gewisse Feste, welche, den Sibyllinischen Büchern (d. h. den in griechischen Hexametern abgefaßten Weissagungen der Sibylla aus Cumä in Italien) gemäß, alle hundertundzehn Jahre je drei Tage und drei Nächte lang, begangen werden sollten, und unter dem Namen der säkularischen Spiele bekannt sind. Augustus erneuerte dieselben (im Jahr 17 vor Chr.) und beauftragte den Dichter mit Verfertigung der Hymne. Sie ward im Tempel des Palatinischen Apollo (s. unten zu V. 65) abgesungen, woselbst auch die Sibyllinischen Bücher in zwei goldenen Kästchen unter dem Fußgestell des Gottes verwahrt wurden.

V. 6. *Auserlesene Knaben und Mädchen.* Es mußten freigeborne Kinder sein, und zwar aus einer feierlich geschlossenen Ehe und deren beide Eltern noch lebten.

V. 10. *Gleich und anders;* täglich mit neuem Glanze, mit frischgesammelter Kraft.

V. 14—16. *Ilithyia* (s. *Diana* im Anh.), oder wenn du dich in dieser Eigenschaft lieber mit deinem lateinischen Namen *Lucina* und *Genitalis* nennen hörst.

V. 18—20. *Die Väter,* der Senat. — *Gesetz;* das die Bevölkerung fördernde Ehegesetz, das August in jenem Jahre aufs neue betrieben und dessen Durchsetzung großen Widerstand fand.

V. 25—27. *Ihr sodann,* untrügliche Parzen, deren Aussprüche jedesmal der Erfolg unausbleiblich bestätigt.

V. 30. Bei den Ernten pflegte man die Bilder der *Ceres* mit einem Ährenkranz zu schmücken.

V. 33—35. *Den Bogen;* sofern Apollo und Diana ihn auch im Zorn gebrauchten. — *Zweigehörnte;* mit dem Sichelmond über der Stirn.

V. 37 folgg. Eine Schar Trojaner ging, auf einen Orakelspruch Apollos unter Äneas' Anführung nach Italien, um dort ein neues Reich zu gründen, dessen Hauptsitz Rom wurde. Vergl. Horaz XV, 49, Anm.

V. 43. *Mehr zu geben.* Er gab den Nachkommen die Herrschaft über den größten Teil des Erdkreises.

V. 49—50. *Mit weißen Rindern,* die in den Sibyll. Büchern ausdrücklich vorgeschrieben waren; also mit dem prächtigsten Opfer. — *Venus' und Anch. Spr.,* nämlich Augustus, als Adoptivsohn des Julius Cäsar der Julischen Familie angehörig, die sich von Julus, dem Sohne des Äneas, des Sohns der Venus und des Anchises, herleitete.

CLASSISCHE BLUMENLESE 763

V. 54. Die *Meder* (zunächst das Volk unterhalb der südlich am Kaspischen Meer gelegenen Landschaften) stehn hier im weitern Sinne anstatt der Parther; denen sie unterworfen waren. Der Partherkönig Phraates hatte seinen als Geisel in Rom gehaltenen Sohn unter der Bedingung von Augustus zurückbekommen, daß er die Gefangenen und die Feldzeichen, die man durch die Niederlagen des Crassus und Antonius verloren, ausliefere; nach langem Zögern tat er es im Jahr 20, erschreckt durch die Nachricht, daß August mit einem Heer in Asien erschienen sei. August nahm dies als Zeichen der Unterwerfung, und die Sache ward von seinen Lobrednern zur völligen Besiegung der Parther vergrößert. — Der Parther fürchtet *Albas Beile,* d. h. die Fasces der Römer, Bündel von Stäben, aus denen ein Beil hervorsah, und die den höchsten Personen als Zeichen der Macht durch die Liktoren vorgetragen wurden. — Rom war eine Kolonie der latinischen Stadt Alba longa.

V. 56. Die *Scythen,* um die Donau, welche Lentulius (im Jahr 20) jenseits des Stroms zurückgetrieben hatte. — Suetonius, der Biograph des Augustus, sagt, der Ruf seiner Tapferkeit und Mäßigung habe selbst die entfernten Scythen und Inder bewogen, sich um seine und des römischen Volks Freundschaft durch Gesandte zu bewerben.

V. 57. *Treue* usw.; vgl. Theognis an Kyrnos Nr. 1, Anm.

V. 62—64. *Augur,* Apollo als Weissager. Er ist auch Arzt.

V. 65. *Die geweihten Höhen;* den Palatinischen Berg, auf welchem der von August aus weißem Marmor erbaute Tempel des Apollo stand.

V. 67. *Zum nächsten Lustrum stets* usw.; von einer Periode zur andern.

V. 69. *Aventinus,* Hügel in Rom; *Algidus,* Berg in der Nähe der Stadt. Auf beiden wurde Diana verehrt.

V. 70. *Der fünfzehn Männer,* welchen die Aufsicht über das Orakel der Sibyll. Bücher und die Besorgung des Säkularfestes oblag.

V. 73. In einer Pause zwischen der vorhergehenden Strophe und dem Schlußchor mag wohl irgendein Zeichen die Geneigtheit der Götter geoffenbart haben.

XVIII

Lucius *Munatius Plancus,* ein bedeutender Mann, Feldherr und Redner, einst Ciceros Freund. Mehrere Ausleger meinen, er habe, von August mißtrauisch angesehen, nach damaligem Vorgang anderer Römer, aus Mißmut oder aus Ängstlichkeit auf eine freiwillige Verbannung nach Griechenland gedacht, was ihm Horaz widerrate. Doch hat das Gedicht auch ganz ohne solchen Bezug seinen guten Sinn.

Von V. 1—9 werden lauter ausgezeichnete griech. Städte und Gegenden aufgezählt. *Rhodus,* Insel und St. bei der Südküste von Kleinasien, durch wunderbare Heiterkeit der Natur, wie durch Luxus,

Kunst und Wissenschaft glänzend. — *Mitylene,* Hauptstadt auf der Insel Lesbos (im Äg. Meer nordwärts), reich an schönen Gebäuden. — *Korinth,* prachtvolle St. in der Landenge des Peloponnes. — *Der hochgew. Sitz* usw., nämlich Delphi, Stadt in Phocis, wo Apollo einen Tempel mit jenem berühmten Orakel gehabt. — *Tempe,* liebliche Talgegend in Thessalien. — *Thebä,* Hauptstadt in Böotien, von König Kadmus erbaut, mit dessen Tochter Semele Jupiter den Bacchus zeugte, um dessenwillen Theben sehr gefeiert war. — *Argos,* in Argolis, wo Juno vorzüglich verehrt wurde; das *rossenährende* bei Homer genannt. — *Mycene,* in Argolis, einst Agamemnons Königssitz, durch seine Schätze berühmt und von Juno begünstigt. *Goldreiche;* Homerisches Beiwort dieser Stadt. — Der Tempel der Minerva stand auf der Burg zu Athen, auf der sich auch der alte heilige Ölbaum dieser Schutzgöttin der Stadt befand.

V. 11. Anspielung auf die zum Teil dichterischen Wettkämpfe bei den Panathenäen, den Festen, welche zu Ehren Minervas in Athen begangen und wobei den Siegern Kränze von *Ölzweigen* gereicht wurden.

V. 14. *Anio,* Fluß, der die Gegend von Tibur (Tivoli), unfern Horazens Villa, durchzieht.

V. 27. *Telamon,* König von Salamis (Insel und Stadt bei Attika), wollte seinen Sohn *Teucer,* der von Troja zurückkam, nicht wieder aufnehmen, weil er ohne seinen Bruder Ajax, dessen Beschimpfung und Tod er wenigstens hätte rächen sollen, heimkehrte.

V. 29. Dem *Herkules,* welchem Teucer als dem Schutzgott herumschweifender Helden ein Opfer gebracht, war die Weißpappel heilig.

V. 32. *Phöbus;* Apollos Orakel.

V. 33. Teucer baute auf Cypern eine Stadt, die er nach seiner Vaterstadt *Salamis* nannte.

XX

Lucius *Licinius* Varro Muräna, ein Bruder der Terentia, der Gemahlin des Mäcenas, ein ehrsüchtiger Mann und unruhiger Kopf, der sich später mit Fannius Cäpio wider den Augustus verschwor und dessen Ermordung beabsichtigt haben soll, deshalb verbannt und mit dem Tode bestraft wurde.

V. 4. d. h. an die durch Klippen für den Seefahrer ebenso gefährlichen *Gestade* dich hältst.

V. 19. *Nicht immer* zürnen die Götter.

XXI

V. 1. Der *erste März,* dem Mars und zugleich der Juno, als Schutzgöttin der Ehe, geheiligt, wurde von den Frauen mit besonderer Feierlichkeit begangen; (s. Tibull Cerinth und Sulp. VI, I. Anm.).

V. 5. *Die Vorwelt;* als gelehrter Altertumsforscher kennst du Bedeutung und Ursprung dieser Feste sehr gründlich.

V. 6—8. *Bacchus,* als einem ländlichen und den Dichtern günstigen Gotte, dessen Schutz er damals auf seinem Landgute erfahren; vrgl. Ode I, 27. Anm.

V. 11. Man bewahrte den Wein, um ihm einen milden und vor der Zeit ältelnden Geschmack zu geben, in irdenen Krügen verpicht, und mit den Namen der Konsuln bezeichnet, in einer Rauchkammer auf.

V. 17—20. Augustus war damals (20 vor Chr.) im Orient beschäftigt; in seinem Auftrag leitete Mäcenas die Angelegenheiten Italiens. — Die *Geten,* oder vielmehr Dazier, die ungefähr die Gegenden von Siebenbürgen, Moldau und Walachei innehatten, beunruhigten fortwährend das römische Gebiet, erlitten aber durch Lentulus eine große Niederlage. — Zum *Kapit.;* freie Anspielung des Übers. auf den bekannten Gebrauch, daß die gefangenen Heerführer in den Triumphzügen römischer Sieger nach dem Kapitol mitgingen. — *Meder,* statt Parther; s. Hor. XVII, 54. Anm. Die innerlichen Kriege der Parther entstanden zwischen ihrem verjagten tyrannischen Könige Phraates und dem auf den Thron gesetzten Tiridates, welcher von jenem wieder vertrieben worden war und bei August Schutz suchte. — *Der span. Leu;* nämlich die Kantabrer, im nördl. Spanien, durch den Agrippa besiegt. — *Nordische Krieger,* die *Scythen;* s. Hor. XVII, 56. Anm.

TIBULL

Einleitung

Albius Tibullus, gewiß der liebenswürdigste Elegiker unter den Römern, um das Jahr 60 vor Chr. geboren, war aus ritterlichem Geschlecht. Bei Gelegenheit als die Gewalthaber Oktavian und Antonius nach der Schlacht von Philippi ihre Soldaten durch Äckerverteilung belohnten, ward ihm ein großer Teil seiner Besitzungen entrissen; doch begnügte er sich mit dem mäßigen, zwischen Tibur und Präneste (s. Horaz I, 22 ff.) am Fuß eines Waldbergs gelegenen Landgütchen, das ihm geblieben war. Horaz, der ihn als feinen Kunstrichter hochhielt, gehörte unter seine Freunde. Sein bedeutendster Gönner war Marcus Valerius Messala Corvinus, welcher den Dichter zu seiner Begleitung auf verschiedenen Feldzügen wünschte. Man rühmt seine schöne Gestalt, und er starb, tief betrauert, im frühen Mannesalter, zu Rom, nachdem er die letzten Lebensjahre meist in abgeschiedener Stille zugebracht. — Als Dichter atmet er leidenschaftliche Liebe und eine schöne Pietät; dabei entschiedene Neigung für ländliche Zustände. Sein Lied bewegt sich unstet, rasch, seiner starken Empfindung gemäß.

I

GENÜGSAMKEIT

Mög ein anderer reich an funkelndem Golde sich sammeln,
    Mögen mit Saaten ihm weit prangen die Felder umher:
Während im Dienste des Lagers er, nah dem Feinde, sich ängstet,
    Schmetternde Hörner ihm scheuchen vom Auge den Schlaf.
Mich soll arme Genüge durchs ruhige Leben geleiten,
    Nur daß ein Feuerchen mir helle den eigenen Herd!
Zeitig will ich mir selbst dann kindliche Reben, ein Landmann,
    Pflanzen, und edleres Obst pfropfen mit glücklicher Hand,
Nie von der Hoffnung getäuscht; sie schenke mir Haufen der
    Und mit köstlichem Most fülle die Kufen sie mir. [Feldfrucht,
Ehr ich doch fromm auch das ärmlichste Bild auf der Flur, und
                                                   den alten
Stein, der am Scheideweg pranget mit Blumen umkränzt.

Was mir immer das reifende Jahr an Früchten erzogen,
  Gerne dem ländlichen Gott bring ich die Erstlinge dar.
Blonde Ceres, dir spende mein Feld ein Kränzchen von Ähren,
  Das, an die Pforte gehängt, deine Kapelle dir schmückt.
Auch im Garten das Obst mit drohender Hippe bewachend,
  Stehe der rote Priap, der mir die Vögel verscheucht.
Euch, des gesegneten einst, nun dürftigen Feldes Beratern,
  Soll das gebührende Teil nimmer, o Laren, entgehn.
Damals blutet' ein Kalb, unzählbare Rinder zu sühnen,
  Nun ist der winzigen Flur feierlich Opfer ein Lamm.
Wohl, euch falle das Lamm! und rings soll ländliche Jugend
  Rufen: „Jó! gebt Korn! gebet uns lieblichen Wein!"
— Endlich vermag ich es, froh bei weniger Habe zu leben,
  Und nicht ruhelos nur immer die Welt zu durchziehn,
Sondern zu meiden des Sirius Glut im dunkelen Schatten
  Eines Baumes, am Bord rieselnder Quellen gestreckt.
Doch verdrieß es mich nicht, auch den Karst einmal zu versuchen,
  Oder mit spitzigem Stab säumenden Stieren zu drohn,
Gern auch trag ich ein Lamm und gern ein verlassenes Zicklein,
  Wenn es die Mutter vergaß, sorglich im Busen nach Haus;
Aber, ihr Diebe, verschonet, und Wölfe, des wenigen Viehes;
  Gilt es Beute, so sucht größere Herden euch aus!
Hier gewähr ich dem Hirten der Reinigung jährliche Feier,
  Hier bespreng ich dein Bild, friedliche Pales, mit Milch!
Kommt, o ihr Götter! verschmäht vom dürftigen Tisch aus dem
    Irdenen Opfergeschirr nicht das geringe Geschenk!   [reinen
Hirten der Vorzeit machten zuerst sich irdne Geschirre,
  Aus geschmeidigem Ton höhlten sie selber den Kelch.
Nein, ich wünsche mir nimmer der Väter Besitz und die Nutzung,
  Welche dem Ahnherrn einst lastende Speicher gezollt;
Wenige Saat ist genug, und genug, wenn im Hüttchen ein Lager
  Mich zu erquicklicher Ruh morgen wie heute empfängt.
O wie wonnig, der Stürme Gebraus im Bette zu hören,
  Während ein Liebchen sich fest an den Umarmenden drückt;
Oder wenn kalte Gewässer der Süd im Winter herabgießt,
  Sicher zu ruhn, in den Schlaf sanfter durchs Plätschern gewiegt!
Dies sei alle mein Glück! Reich werde mit Recht, wer des Meeres
    Wut und Regen und Sturm kühn zu erdulden vermag:
Mich laßt hier! In den Pfuhl, was an Gold und Smaragden die
                                       Welt hegt,
  Eh *ein* Mädchen auch nur um den Entfernten sich härmt!

II

PREIS DES FRIEDENS

Welcher der Sterblichen war des grausamen Schwertes Erfinder?
 Wahrlich ein eisernes Herz trug der Barbar in der Brust!
Mord begann nun im Menschengeschlecht, es begannen die Schlachten,
 Und du, gräßlicher Tod, hattest nun kürzeren Weg.
Doch was fluch ich dem Armen? Wir kehrten zum eignen Verderben,
 Was er gegen die Wut reißender Tiere nur bot.
Gold, dir danken wir dies! denn damals gab es nicht Kriege,
 Als noch ein buchener Kelch stand vor dem heiligen Mahl.
Keine Feste noch war, kein Wall! Es pflegte des Schlummers
 Sorglos unter den buntwolligen Schafen der Hirt.
Hätt ich damals gelebt! dann kennt ich nicht Waffen des Volkes,
 Nicht der Trompete Getön hört ich mit klopfender Brust,
Aber nun reißt man mich fort in den Krieg, und einer der Feinde
 Trägt wohl schon das Geschoß, das mir die Seite durchbohrt.
Häusliche Laren, beschützt mich, ihr habt mich gepflegt und erhalten,
 Als ich, ein munteres Kind, euch vor den Füßen noch sprang.
Kränk es euch nicht, daß ihr aus alterndem Holze geformt seid;
 So herbergte vorlängst hier euch im Hause der Ahn.
Damals gab es noch Treu und Glauben, als, ärmlichen Schmuckes,
 Unter dem niedrigen Dach wohnte der hölzerne Gott.
Ihn versöhnte man leicht, man durft ihm die Traube nur weihen,
 Oder den Ährenkranz winden ins heilige Haar.
Und wer Erhörung fand, der brachte selber den Kuchen,
 Reinlichen Honigseim trug ihm das Töchterchen nach.
— Götter, verschont mich mit ehrnem Geschoß! und zum ländlichen Opfer
 Fall euch ein Schweinchen aus vollwimmelndem Stalle dafür.
Ihm dann folg ich im weißen Gewand, und myrtenumflochtne
 Körbe dann trag ich, das Haar selber mit Myrte bekränzt.
So gefiel' ich euch gern! Ein andrer sei tapfer in Waffen,
 Strecke, mit günstigem Mars, feindliche Führer in Staub,
Daß er beim Trunke nachher mir seine Taten erzähle,
 Und das Lager dabei zeichne mit Wein auf den Tisch.
Welche Wut, durch Kriege den dunkelen Tod zu berufen!
 Droht er doch immer und hebt leise den nahenden Fuß.

Drunten ist keine grünende Saat, kein Hügel mit Reben,
  Cerberus nur und des Styx scheußlicher Schiffer sind dort,
Und es irret, verzehrt die Wange, versenget die Locken,
  Traurig die bleiche Schar hier zu dem düsteren Pfuhl.
O glückselig zu preisen ist der, den unter den Kindern,
  Sanft, im Hüttchen von Stroh, müßiges Alter beschleicht!
Selber treibt er die Schafe hinaus, und das Söhnchen die Lämmer;
  Und dem Ermüdeten wärmt Wasser zum Bade die Frau.
Wäre doch dies mein Los! und dürft einst grauen mein Haupt-
  Und erzähl ich als Greis Taten vergangener Zeit!   [haar
Friede bestell indessen die Flur. Du, Göttin des Friedens,
  Führtest, o heitre, zuerst pflügende Farren im Joch.
Reben erzog der Friede, den Nektar der Traube verwahrt' er,
  Daß noch der Sohn sich am Wein freuet' aus Vaters Geschirr.
Pflugschar glänzet im Frieden und Karst, wenn des grausamen
  Jammergeräte der Rost hinten im Winkel verzehrt.   [Kriegers
Weib und Kinderchen führet der Landmann, selig vom Weine,
  Auf dem Wagen zurück von dem geheiligten Hain.
Nun entbrennen die Kriege Verliebter; das Mädchen bejammert
  Sein zerrissenes Haar, seine zerbrochene Tür,   [Sieger
Weint, daß die liebliche Wang ihm der Jüngling schlug, und der
  Weint, daß die Faust sinnlos solch ein Verbrechen vermocht!
Aber Cupido, der Schalk, leiht bittere Worte dem Zanke,
  Während gelassen er sitzt zwischen dem zürnenden Paar.
Wahrlich, von Eisen und Stein ist der Unmensch, welcher sein
                                                Mädchen
  Schlägt in der Wut! der reißt Götter vom Himmel herab!
Ist's nicht genug, ihr am Leibe das zarte Gewand zu zerreißen?
  Nicht, daß du tölpisch des Haars schönes Geflechte zerstörst?
Siehe, sie weint! — was wolltest du mehr? o glücklich, für welchen,
  Wenn er zürnet und tobt, Tränen das Mädchen noch hat!
Aber wes Hand sich grausam vergreift, mag Schild nur und
  Tragen und ewig fern Venus, der gütigen, sein!   [Stange
Komm, o heiliger Friede, die Ähre haltend in Händen,
  Und dir regne das Obst reich aus dem glänzenden Schoß!

III

DER ENTFERNTE

Ohne mich, mein Messala, durchschifft ihr ägäische Fluten:
    Ach, so denke doch fern mit den Genossen auch mein!
Krankheit fesselt mich hier im fremden Phäazierlande.
    Laß, o finsterer Tod, ab mit der gierigen Hand!
Finsterer Tod, laß ab, ich flehe! hier fehlt mir die Mutter,
    Die das verbrannte Gebein les in den traurigen Schoß.
Ach, die Schwester ist fern, die zur Asche den syrischen Balsam
    Fügend, an meinem Grab weine mit flatterndem Haar;
Keine Delia hier, die, wie man versichert, die Götter
    Alle zuvor noch befragt, eh sie aus Rom mich entließ.
Dreimal zog sie des Knaben geweihete Lose, und dreimal
    Ward ihr der Lose Geschick deutlich vom Knaben erklärt:
Alles verhieß Rückkehr; sie achtete nichts und von neuem
    Weinete sie, mir nach immer die Blicke gewandt.
Ich, der Tröstende selbst, da ich alles bestellt und geordnet,
    Suchte mit wachsender Angst immer noch längern Verzug.
O was bracht ich nicht vor! jetzt hielten mich schreckliche Zeichen,
    Jetzo der Vögel Flug, oder der Tag des Saturn.   [schrocken:
Und wenn ich weg schon gegangen, wie oft noch rief ich er-
    „Böse Bedeutung! ich stieß mir an der Schwelle den Fuß!"
Wag es keiner hinweg ohn Amors Willen zu scheiden,
    Oder er lernt, was es heißt, reisen dem Gotte zum Trotz.
Deine Isis, was hilft sie mir nun, o Delia? was doch
    Jenes von deiner Hand häufig geschwungene Erz?
Oder daß, heiligem Brauche gemäß, du rein dich gebadet
    Daß du im züchtigen Bett (mir unvergeßlich!) geruht?
Nun, nun rette mich, Göttin! So manches Wundergemälde
    Deines Tempels bezeugt, daß du zu helfen vermagst.
Dann wird Delia, was sie gelobt, dir treulich erfüllend,
    Dort vor der heiligen Tür sitzen in Linnen gehüllt;
Zweimal täglich singe sie dir den Hymnus und strahle
    Unter dem pharischen Chor herrlich, die Locken gelöst.
Aber mir sei es vergönnt, die Vater-Penaten zu feiern,
    Weihrauch jeglichen Mond streuend dem altenden Lar!
— O da Saturn noch herrschte, wie lebte man glücklich, bevor man
    Über die Erde noch weit führende Straßen gebahnt!
Ach, da trotzte kein Mast noch den blauen Fluten, kein Segel
    Gab dem Winde den hochschwellenden Busen zum Spiel.

Noch nicht hatte, so fern dem Gewinn nachschweifend, ein
                                                   Schiffer
Schwer mit des fremden Gefilds Waren belastet den Kiel.
Damals beugte noch nicht der gewaltige Stier in das Joch sich,
   Und mit gebändigtem Maul knirschte kein Roß in den Zaum;
Türen hatte kein Haus und, die Grenze der Fluren zu sichern,
   Waren die Steine noch nicht zwischen die Äcker gesetzt;
Honig gaben die Eichen von selbst; dem geruhigen Menschen
   Trug das Euter voll Milch willig entgegen das Schaf.
Keinerlei Feindschaft war, kein Krieg, zur Schärfe des Schwertes
   Formte kein Schmied noch den Stahl durch die unseligste
                                                   Kunst.
Jetzt, da Jupiter herrscht, gibt's Wunden und Mord, ach ein Welt-
   Gibt es, und tausendfach führen die Pfade zum Tod. [meer
Schon', o Vater! es drücket kein Meineid ängstlich das Herz mir,
   Noch daß mit frevelndem Wort heilige Götter ich schalt.
Aber wofern ich bereits die verhängten Jahre vollendet,
   Nun, so zeichne mein Grab, also beschrieben, ein Stein:
„Hier ruht, unbarmherzig entrafft vom Tode, Tibullus,
   Als er zu Land und zu Meer seinem Messala gefolgt."
Ja, und weil ich dem Gott, dem zärtlichen, immer getreu war,
   Führet mich Venus auch selbst hin zu Elysiums Flur.
Dort ist ewig nur Tanz und Musik; aus melodischen Kehlen
   Flatternder Vögelchen tönt überall süßer Gesang.
Kasia trägt das Feld ungebaut, mit duftenden Rosen
   Schmücken verschwenderisch dort rings die Gelände sich aus.
Chöre der Jünglinge sieht man gemischt, mit blühenden Mädchen
   Spielend, und immer erneut Amor den lieblichen Krieg.
Hier ist der Liebenden Sitz, die der Tod frühzeitig hinwegriß,
   Und die Myrte bekränzt ihnen das lockige Haar.
Aber in gräßliches Dunkel versenkt liegt tief der Verruchten
   Wohnung, es rauschet und hallt schwarzes Gewässer umher;
Und Tisiphone, wild, statt der Haare die Schlangen verwickelt,
   Wütet, daß links und rechts flieht der Verworfenen Schar.
Schrecklich zischet am Tor mit den Drachenzungen der schwarze
   Cerberus, welcher die erzflüglichte Pforte bewacht.
Dort auch drehn sich auf sturmgewirbeltem Rad des Ixion
   Sträfliche Glieder: er hat Juno, die Hohe, versucht.
Auf neun Morgen gestreckt liegt Tityus, und des Verruchten
   Blutige Leber, sie dient ewig dem Geier zum Fraß.
Hier ist Tantalus, ringsum Wasser: schon hofft er zu trinken,

Schon vor des Lechzenden Mund schwand auch die Welle hin-
Danaus' Töchter sind dort, die der Venus Gottheit beleidigt, [weg.
Ins durchlöcherte Faß tragen sie Wasser des Styx.
Ha! dort hause, wer irgend an meiner Liebe gefrevelt,
Und mir langen Verzug unter den Waffen gewünscht.
Doch du bleibe mir, fleh ich, getreu! und die emsige Mutter,
Heiliger Keuschheit Schutz, weile beständig um dich.
Märchen erzähle sie dir und ziehe beim Schimmer des Lämpchens
Lange Fäden aus voll strotzender Kunkel herab;
Während dem Mädchen zur Seite, gebannt an die drückende
Arbeit,
Schon vom Schlafe besiegt, mählich die Spindel entsinkt.
Plötzlich komm ich alsdann, von keiner Seele gemeldet,
Wie vom Himmel gesandt stehe der Liebste vor dir.
Wie du dann bist so läufst du mir in die Arme, die langen
Flatternden Haare verwirrt, nackend der reizende Fuß.
O dies werde mir wahr! o führten so seligen Tag doch
Balde mir Auroras rosige Pferde herauf!

IV

DIE LEHRE DES GOTTES
An Titius

„O Priapus, so wahr du dir wünschest ein schattendes Obdach,
Daß nicht Sonne dem Haupt schade, nicht Regen und Schnee,
Sage, durch was für Künste du fingst die reizenden Knaben!
Wahrlich dir glänzt nicht der Bart, noch ist das Haar dir ge-
schmückt;
Nackt erträgst du den Frost in den kürzesten Tagen des Winters,
Nackt auch die brennende Zeit welche der Sirius bringt." —
Also sprach ich. Der Gott, die gebogene Sichel erhebend,
Bacchus' ländlicher Sohn, gab mir die Worte zurück:
„Hüte dich ja, zu vertraun dem lieblichen Volke der Knaben;
Denn des Bezaubernden ist hier, ich bekenn es, genug.
Dieser gefällt, wenn das Roß er im strafferen Zügel gewältigt,
Der, wenn mit blendender Brust schmeichelnde Fluten er teilt,
Der, weil sein trotziger Mut ihm so schön läßt, reizt dich, und
jener,
Weil jungfräuliche Scham lieblich die Wangen ihm färbt.
Aber verzweifle nur nicht, wenn er anfangs spröde sich zeigte,

Glaube mir, nach und nach schmiegt er den Hals in das Joch.
Einzig die Zeit nur lehrte den Löwen dem Menschen gehorchen,
Einzig die Zeit durchbricht Felsen mit tropfendem Naß.
Sie nur ist's, welche den Wein auf sonnigen Hügeln uns reifet,
Sie, die in ewigem Kreis lichte Gestirne bewegt. —
Scheu auch zu schwören dich nicht; es tragen die Winde ver- [eitelnd
Über das Land und die See Cypriens Eide hinweg.
Ha, wie dank ich dem Zeus! er selbst erklärte für nichtig
Was mit wallendem Blut alberne Liebe beschwört.
Und so läßt ungestraft bei den eigenen Pfeilen Diana
Dich, bei dem eigenen Haar Pallas beteuern ein Wort.
Aber, o Jüngling, ein Tor, wer lange noch zaudert! die Jugend
Flieht so schnelle, der Tag weilt nicht und kehret nicht mehr.
Ach! die Flur, wie verliert sie so bald die purpurnen Farben!
Du dein reizendes Haar, silberne Pappel, wie bald!
Siehe, vom Alter gebeugt, wie trauert das Roß dort am Boden,
Welches in Elis einst herrlich den Schranken entsprang!
Manchen auch sah ich wohl schon, der im Pflichtdienst männlicher Jahre
Jammerte, daß ihm die Zeit törichter Jugend entflohn.
Grausame Götter! die Schlange verjüngt sich und streifet ihr [Alter
Ab: doch holder Gestalt wurde die Dauer versagt.
Bacchus allein und Phöbus erfreuen sich ewiger Jugend;
Siehe, wie wallen so schön ihnen die Locken herab!
— Was er sich wünscht, dein Geliebter, gewähr ihm, jegliche [Laune:
Denn durch gefälligen Dienst sieget ja Liebe zumeist.
Weigre dich nicht, wie weit auch der Weg sei, ihn zu begleiten,
Nicht, wenn Sirius' Glut schmachtende Fluren versengt;
Oder Gewitter verkündigt der regenbringende Bogen,
Ringsum der Himmel sich tiefschwarz mit Gewölken umzieht.
Will er vielleicht die blauliche Flut auf dem Schiffe befahren,
Treibe den schwebenden Kahn selbst mit dem Ruder durchs
Meer.
Ja, es verdrieße dich nicht, auch die herbere Mühe zu dulden,
Und für das rauhste Geschäft sei dir die Hand nicht zu weich.
Will er als Jäger mit trüglichem Garn umstellen ein Waldtal,
Trag, wenn ein Lächeln dich lohnt, selbst auf der Schulter das
Netz.
Wünscht er zu kämpfen, so brauche nur leicht und spielend die
Waffe,
Gib ihm die Seite manchmal bloß und vergönn ihm den Sieg.

Schau, so machst du ihn mild; nun magst du ihm feurige Küsse
    Rauben, schon bietet er dir, wenn auch mit Sträuben, den Mund.
Küsse, zuerst nur geraubt, er reicht sie dem Bittenden selber:
    Endlich sogar um den Hals schlingt er die Arme mit Lust.
— Ach, armselige Künste, wie lohnet die heutige Welt euch!
    Ist doch der Knabe nun auch schon an Geschenke gewöhnt.
Dir, und sei wer du willst, der du lehrtest die Liebe verkaufen,
    Drücke das schnöde Gebein ewig ein lastender Fels!
Ehrt mir die Musen, o Knaben, und liebt die begeisterten Sänger,
    Keinem goldenen Lohn stehe die Muse zurück.
Purpurnes Haar dankt Nisus nur ihr; von der Schulter des Pe-
    Glänzte kein Elfenbein ohne der Dichter Gesang.   [lops
Wessen die Muse gedenkt, der lebt, solange die Erde
    Eichen, und Wasser der Strom, Sterne der Himmel besitzt.
Doch wer jene nicht hört, und die Liebe, der Schändliche, feilgibt,
    Sei der Idäischen Ops Wagen zu folgen verdammt!
Schmeichelnde Worte gebeut Amathusia selber, sie höret
    Mitleidregendes Flehn, schmelzende Klagen so gern."
— Also der Gott; ich sollte den Rat an Titius bringen,
    Doch die Gebieterin läßt solcherlei Lehren nicht zu:
Wohl, so gehorch er denn ihr: mich aber besuchet, den Meister,
    Ihr, die mit mancherlei Kunst listig ein Knabe bestrickt.
Jedem sein eigener Ruhm! Doch arme Verschmähte, sie mögen
    Mich befragen, es sei offen für alle mein Haus.
Einst wird kommen die Zeit, da den zärtlichen Lehrer, mich
                                                        Alten,
    Wie im Triumphe die Schar dankbarer Jünglinge führt. —
Wehe! wehe! wie quält mich des Marathus zögernde Liebe!
    Hier ist vergeblich die Kunst, ach, und vergeblich die List!
Sei barmherzig, mein Knabe! laß mich zum Märchen nicht wer-
    Meine Weisheit, o gib sie dem Gelächter nicht preis!   [den!

V

AN MARATHUS,
DEN LIEBHABER DER PHOLOË

Mir ist ja wohl nicht fremd, was heimliche Winke bedeuten,
    Was mit zärtlichem Ton flüsternd ein Liebender sagt.
Und doch lehren Orakel mich nicht, und prophetische Fibern,
    Und der Vögel Gesang kündet mir nicht, was geschieht.

Venus, die selbst mir die Arme mit magischem Knoten zurück-
band,
Hat mich dies alles, und nicht ohne zu schlagen, gelehrt.
Laß die Verstellung! Es suchet der Gott nur mit schärferer Glut
Heim, an dem er gewahrt, daß er nicht willig erliegt.   [den
Jetzt, was frommt's, daß du emsig die seidenen Locken gepflegt
Daß du bald so, bald so modisch die Haare gelegt?   [hast,
Daß ein glänzender Saft dir die Wange verschönert, so manchmal
Eine erfahrene Hand zierlich die Nägel gekürzt?
Leider umsonst wird jetzo das Kleid und die Toga gewechselt,
Und der knappere Schuh preßt dir vergeblich den Fuß.
Freilich, die Liebste gefällt, auch wenn sie die Wange nicht färbte,
Nicht mit zögernder Kunst schmückte das reizende Haupt.
Wie? hat ein finsteres Weib mit höllekräftigen Kräutern,
Hat sie mit Sprüchen in tief schweigender Nacht dich ver-
wünscht?
Zaubergesang entführt von des Nachbars Acker die Früchte,
Wütende Schlangen im Lauf bannet ein Zaubergesang;
Zauber versuchte schon Lunen herab vom Wagen zu ziehen:
Wenn nicht geschlagenes Erz tönte, gelang es gewiß.
Doch was klag ich, daß Kräuter und Sprüche dem Armen ge-
schadet!
Ach, die Schönheit bedarf nimmer der magischen Kunst.
Nein, er kam der Schönen zu nah! das ist es; er schmeckte,
Hüft an Hüfte gedrückt, lange verweilenden Kuß!
Aber, o Pholoë, du sei meinem Knaben nicht spröde;
Stolz und Härte vergilt Venus mit rächendem Zorn.
Lohn auch fordere nicht; Lohn gebe der lüsterne Graukopf,
Daß du im schwellenden Schoß frierende Glieder ihm wärmst.
Goldner als Gold ist der Jüngling mit glattem, blühendem Ant-
Der mit stachlichtem Bart nicht die Umarmte verletzt.   [litz,
Ihm, o Mädchen, nur schlinge den blendenden Arm um die Schul-
Und auf der Könige Gold blickst du verächtlich herab.   [ter,
Venus ersinnt ja schon Rat, dich geheim zu ergeben dem Jüng-
Wo er die liebliche Brust fester und fester dir preßt,   [ling,
Wo mit den Zungen ihr kämpft, und dem schwerer Atmenden
feuchte
Küsse du gibst, und des Zahns Spuren ihm drückst in den Hals.
Perl und Juwele, sie freuen *die* nicht, die das einsame Lager
Hütet im Winter, um die nimmer ein Mann sich bemüht.
Ach zu spät, wenn das welkende Haupt im Alter sich bleichet,

Ruft man die Liebe, zu spät ruft man die Jugend zurück!
Dann erkünstelt man jeglichen Reiz und, die Jahre zu bergen,
    Färbt man das Haar mit der Nuß grünender Schale sich braun;
Sorgsam wird nun das kleinste verdächtige Härchen entwurzelt,
    Und durch Wechsel der Haut schafft man sich neu das Gesicht.
Aber, o du, nun eben in frischester Blüte der Jugend,
    Nutze sie! nicht langsam gleitet von dannen ihr Fuß.
Quäle den Marathus nicht! Kein Ruhm ist's, Knaben besiegen;
    An dem veralteten Greis übe mir, Mädchen, den Trotz.
Schone des Zarten, ich flehe! nicht etwa verborgene Krankheit,
    Heftige Liebe allein machte den Jungen so blaß.
O wie verfolgt' er nicht oft die entfernte Geliebte mit bittern
    Klagen, der Arme! wie oft schwamm er in Tränen vor mir!
„Warum verachtet sie mich? Sie konnte die Hüter gewinnen —"
    Sprach er —, „es lehrt den Betrug Amor die Liebenden selbst!
Venus' Schliche, sie kenn ich, und weiß, wie man leise den Atem
    Ziehet und unhörbar raubt den verbotenen Kuß;
Weiß um die dunkelste Stunde der Nacht in das Haus mich zu [stehlen,
    Kann gar heimlich und still Riegel eröffnen und Tor.
Aber das alles, was hilft's, wenn ein Liebender also verschmäht wird,
    Wenn sie vom Bette sogar seiner Umarmung entspringt?
Oder auch, wenn sie verspricht, und doch, die Falsche, nicht Wort hält;
    Weh, da verbring ich die Nacht wachend in eitlem Verdruß.
Immer dann bild ich mir ein: nun kommt sie! beim leisesten Laute
    Wähn ich, es habe der Fuß meiner Geliebten gerauscht!"
— Laß die Tränen, o Knabe! du rührst die Unbeugsame nimmer;
    Müde von Weinen, ach, schwillt, Armer, das Auge dir schon! —
Aber dich, Pholoë, warn ich; es hassen die Götter Verachtung,
    Weihrauch streust du umsonst auf dem geheiligten Herd.
So hat Marathus jüngst der Verliebten gespottet, er ahnte
    Nicht, daß ein rächender Gott hinter dem Rücken ihm stand.
Herzliche Tränen um ihn, so sagt man, sah er mit Lachen,
    Und durch verstellten Verzug neckt' er den Schmachtenden oft.
Jetzt, wie empört ihn alles was Stolz heißt, o wie verwünscht er
    Tür und Riegel und was grausam entgegen ihm steht!
Dein auch harret die Rache, wenn du, Herzlose, dir gleichbleibst,
    Tage wie diese, dereinst rufst du sie knieend zurück.

CERINTHUS UND SULPICIA

Cerinthus, ein reicher Jüngling von griechischer Herkunft, gewann Tibulls Freundschaft und die Liebe der schönen Sulpicia, die, einer der vornehmsten Familien Roms angehörig, näheren Umgang mit Messala und Tibull hatte. Gesetzliche Vereinigung war der Wunsch beider Liebenden. Ob aber die Eltern der Sulpicia einwilligen würden, schien zweifelhaft, weil dem Cerinthus bei aller Liebenswürdigkeit der Adel römischer Geburt fehlte. — Zu den nachfolgenden, überaus zarten Gedichten epistolischer Art nun könnte unser Dichter, insoweit sie der Sulpicia in die Feder gelegt sind, den Stoff ganz wohl aus ihren an Cerinth gesandten Briefchen genommen haben. Einige wollen Sulpicia selbst zur Dichterin machen. Jedenfalls hatte das geistreiche Mädchen ein sehr nahes Verhältnis zur Poesie.

I

Sulpicia meldet dem Geliebten durch einen Vertrauten, mit welchen Empfindungen sie seinen Geburtstag in der Stille feire; denn noch ist das Verhältnis geheim.

Dieser Tag, o Cerinth, der dich mir gegeben, er soll mir
  Heilig, auf immer ein Tag festlicher Freude mir sein.
Als dich die Mutter gebar, weissagte die Parze den Mädchen
  Neue Fesseln, und du wurdest zum Herrscher bestimmt.
Aber *ich* brenne vor allen, und ach gern brenn ich, Cerinthus,
  Wenn so innige Glut dich wie mich selber beseelt.
Lieb um Liebe! Dies fleh ich bei deinen Augen, bei jenen
  Heimlichen Wonnen und beim Genius, welcher dich schützt.
Herrlicher Gott! nimm an die Gaben, erfüll ihm die Wünsche:
  Aber des Jünglings Herz glühe, wann mein er gedenkt!
Doch er schmachtet vielleicht schon jetzt nach anderer Liebe,
  Ha! dann fleh ich, verlaß, Heil'ger, des Falschen Altar!
Du auch, Cypria, sei mir gerecht! entweder er trage
  Gleiche Fesseln mit mir, oder du nimm sie mir ab!
Nein! du lässest ein mächtiges Band uns beide vereinen,
  Das, den Jahren zum Trotz, nimmer, o nimmer sich löst!
Ja! dies wünschet mein Jüngling sich auch, nur heimlicher
                                                              wünscht er's,
  Nur nicht offen gestehn will der Verschämte sein Herz.
Bist ja ein Gott, Natalis, und weißt das alles: gewähr's ihm!
  Ist es nicht gleich, ob er laut, ob er im stillen es fleht?

II

Sulpicia empfängt an ihrem Geburtstage glückwünschende Besuche mit
Geschenken. Es erscheint als Freund des Hauses auch der heimlich
begünstigte Cerinth. Man kann vermuten, daß Tibull, der Vertraute
des Geheimnisses, indem er sein Geschenk überreichte, dem Mädchen
zugleich den gegenwärtigen Glückwunsch in die Hand drückte.

Juno, Geburtsgöttin! empfange des heiligen Weihrauchs
    Opfer; mit holder Hand streut ihn das sinnige Kind.
Ganz ist heute sie dein. Sie lockte so zierlich die Haare,
    Um vor deinen Altar schöner zu treten als je.
Heilige! dieser Schmuck, dir scheinet er einzig zu gelten,
    Aber noch ist jemand, dem zu gefallen sie wünscht,
Göttin, o du sei hold, daß nichts die Liebenden trenne,
    Daß *ein* feuriges Band feßle den Jüngling und sie.
Nimmer gelingt dir ein schöneres Werk; wo wäre doch seiner
    Sonst ein Mädchen, wo ist ihrer ein Jüngling so wert?
Auch kein Hüter entdecke die sehnlich Verlangenden: gerne
    Lehre Cupido sie tausendfach wechselnde List.
Wink Erfüllung! und komm im Gewand durchsichtigen Purpurs,
    Keusche! wir opfern des Mehls dreimal, und dreimal des
                                                   Weins.
Eiferig lehrt die Mutter das Töchterchen, was sie erflehn soll;
    Aber ein anderes ist, was sie im stillen sich wünscht.
Ach, sie brennt, wie die rasch auflodernde Flamme des Altars;
    Nimmer vermöchte sie's auch, will sie genesen der Glut.
Und heut über ein Jahr noch liebe Cerinth sie wie heute,
    Doch schon als traulicher Freund grüße dann Amor das Fest.

III

Ein geheimes Briefchen von Sulpicia während bedenklicher Krankheit
an den Geliebten gesendet.

Fühlst du denn um dein Mädchen, Cerinth, auch herzliche Sorge,
    Während ihr Fieberglut wütet im matten Gebein?
Ach fürwahr, zu genesen verlangt sie nur dann, wenn sie denken
    Darf: denselbigen Wunsch trägt in der Seele mein Freund.
Denn was wäre Genesung für mich, was Leben, wofern dir
    Alle mein Leiden nicht auch einigen Kummer gebracht?

IV

Sulpicia, im glücklich erhebenden Nachgefühl einer Zusammenkunft, schreibt dem Geliebten und verschmäht alles fernere Geheimhalten.

Endlich erschien Gott Amor bei mir! Ich sollte wohl schamhaft
 Ihn verleugnen: o laßt stolz mich bekennen mein Glück!
Ja Cytherea brachte mir ihn, erbeten von meinen
 Musen, und legte mir ihn selbst an die hüpfende Brust.
Venus hat die Verheißung erfüllt; und tadle nun bitter
 Meine Seligkeit, wer nimmer ein Liebchen gehabt.
Nicht versiegelter Schrift will ich es vertrauen: sie sollen's
 Alle lesen, und selbst früher es lesen als *er*.
Ist's ein Vergehn, so ist es ein himmlisches! Weg mit Verstellung!
 Sage man, daß ich bei ihm, würdig des Würdigen, war.

V

Cerinthus, jetzt erklärter Bräutigam Sulpiciens, ist im Herbst auf dem Landgute seines Schwiegervaters, Servius Sulpicius, mit andern Gästen zu Besuch. Der Wirt hat die Gesellschaft auf die Jagd geführt, während die Schöne auf der Villa zurückbleibt.

Schone mir meinen Cerinth, o Eber, der du des Tales
 Üppige Weiden bewohnst oder ein schattig Geklüft.
Schärfe du nicht für ihn die entsetzlichen Hauer zum Angriff!
 Glücklich bringe mir ihn Amor, sein Hüter, zurück!
Weit entführte Diana den Freund durch eifrige Jagdlust,
 O wie verwünsch ich den Wald herzlich, die Hunde dazu!
Welch unsinnige Freude, mit Garnen umstellen die dichten
 Hügel, und da sich mit Lust ritzen die zärtliche Hand!
Was für ein Glück, die Schluchten des Wilds durchkriechen, am Dornbusch
 Sich das schimmernde Bein röten mit blutigem Mal!
Dennoch, o dürft ich, Cerinth, nur mit dir die Forste durchstreifen,
 Trüg ich selber das Netz durch die Gebirge dir nach,
Selber auch forscht ich dann wohl nach der Spur leichtfüßiger Hirsche,
 Löste dem flüchtigen Hund selber den eisernen Ring.
Ja, dann könnte der Wald mir gefallen! und möchten sie immer
 Flüstern: „Neben dem Netz liegt sie, vom Liebsten umarmt!"

Käme der Eber ans Garn, wir täten ihm wenig, er trabe
  Weiter und störe nur nicht inniger Liebe Genuß.
Ohne *mich* sei Venus entfernt! das bitt ich! nach Ordnung
  Delias spannst du das Netz, Keuscher, mit züchtiger Hand!
Oder wo irgendein Mädchen in meine Liebe sich einschleicht,
  Werde sie grimmig vom Zahn reißender Tiere zerfleischt!
Aber o du, laß jagen, solang ihn lüstet, den Vater,
  Ach, und komm an dies Herz ohne Verweilen zurück!

VI

Mit diesen Zeilen überreicht Cerinthus der Braut zum ersten März,
dem altrömischen Neujahrstage, seine Bescherung: Schmuck, Purpur,
Spezereien.

Mars! Sulpicia schmückte sich dir an deinen Kalenden:
  Hast du Gefühl, o so komm selber vom Himmel und sieh!
Venus verzeiht es gewiß; doch magst du dich, Heftiger, hüten,
  Daß im Erstaunen dir nicht schmählich entsinke die Wehr!
Ihr an den strahlenden Augen entzündet die doppelte Fackel
  Amor, der Schalk, wenn es euch Götter zu peinigen gilt.
Was sie beginne, wohin auch immer die Schritte sie lenke,
  Folgen ihr ungesehn schmückende Chariten nach.
Hat sie entfesselt das Haar, wohl stehn ihr die schwebenden
                                                      Ringeln,
  Kommt sie gelockt, und es gehn höhere Reize dir auf.
Ach, sie reißet uns hin, sie mag sich im Purpurgewande
  Oder im schneeigten Kleid zeigen — sie reißet dich hin!
So hat im ew'gen Olymp der wonnereiche Vertumnus
  Tausend Gestalten und er ist in den tausenden schön.
Ihr vor allen den Schwestern gebührt die zärteste Wolle,
  Die mit köstlichem Saft Tyrus ihr zweimal getränkt;
Sie nur verdient, was irgend der glückliche Araber erntet
  Von der duftenden Flur; reich mit Gewürzen bepflanzt,
Und was an kostbaren Perlen vom rötlichen Strande der
                                                      schwarze
  Indier nahe bei Sols östlichen Rossen sich liest.
Singet, o Musen, am fröhlichen Tag der Kalenden, o sing es
  Ihr, mit dem goldenen Spiel prangender Phöbus, auch du:
Oft noch müsse dies heilige Fest ihr erscheinen! Wo wäre
  Eures Geschwisterchors *eine* so würdig wie sie?

Anmerkungen

I

Die gegenwärtige, von uns wohl nicht zu ihrem Schaden abgekürzte, Elegie, ist im Jahre 31 vor Chr., welches den erneuten Streit zwischen Cäsar Octavianus und Antonius durch die Seeschlacht bei Aktium entschied (vrgl. Horaz VI, 7. Anm.), vor diesem Kriegszug gedichtet. Tibullus sollte den Messala begleiten, was jedoch der Dichter ablehnen zu müssen glaubte. Es scheint, Cäsars Sache war ihm nicht Sache des Vaterlands.

V. 1. In den Kriegen der römischen Staatsumwandlung gelangten viele, durch Raub und Äckerverteilungen, zu unermeßlichen Reichtümern.

V. 4. Bei Nacht weckt ihn die zur Wache rufende Trompete immer nach drei Stunden.

V. 11. Mancherlei Feldgötter wurden auf Äckern und Scheidewegen durch unförmliche Pfähle und Steine mehr vorgestellt, als abgebildet.

V. 14. *Dem ländl. Gott;* Silvanus.

V. 18. *Der rote Priap;* weil man ihn vollblütig dachte, wurde sein Holzbild mit Mennig übermalt.

V. 20. Die *Laren* wurden in dem Feldumgange der Frühlingsweihe zugleich mit Ceres und Bacchus und andern Feldgöttern um Gedeihen der Saaten, des Weins und der Herden angefleht. Ihr dreimal um die Felder geführtes Opfer war bei den Reichen ein Kalb, bei Ärmeren ein Lamm, wenigstens ein Ferkel.

V. 25. Hieraus erhellt, daß Tibull, sein Schicksal zu erleichtern oder zu vergessen, mehrere Jahre gegen auswärtige Feinde gedient hatte, und daß er erst neulich in sein Landgütchen sich zurückgezogen.

V. 27. *Sirius,* der Hundsstern (s. Horaz XII, 9. Anm.).

V. 36. Der Hirtengöttin *Pales* feierte man am 21. April das Palilienfest, wobei man ihr Bild flehend mit lauer Milch besprengte und die Hirten zur Entsündigung über brennende Schober wegspringen ließ.

V. 37. Die Götter, glaubte man, kamen unsichtbar zu den Opferschmäusen, um, samt dem süßen Geruch, die Erstlinge des Tranks und der Speise, jene gesprengt, diese auf besondern Tischen oder Altären auf ein Näpfchen gelegt, in Empfang zu nehmen.

V. 51. Das Köstlichste, was man im Heere des Antonius zu erbeuten hoffte, war Gold und Edelsteine. Nächst Diamanten und Perlen schätzte man die *Smaragde* so hoch, daß sie zu schneiden verboten war.

II

Nach der Aktischen Schlacht zog Messala gegen die aufrührischen Gallier, eigentlich Aquitanier, durch Italien; Tibullus folgte seinem

Gönner und dichtete zum Abschied von seinem Landgütchen diese Elegie.

V. 8. *Buchene Becher* wurden in alter Zeit sogar beim Opfer gebraucht.

V. 10. Daß er Schafe von allerlei Farbe durcheinander weidete, ist ein Zug alter Einfalt.

V. 11. *Waffen,* die der Pöbel in seinen Händeln braucht, als Messer, Beil, Feldgeräte.

V. 20. Ein Lar von Holz gebildet.

V. 23—24. Opfer*kuchen*. Die *Honig*wabe kam auf die Altäre.

V. 25. Die Spieße der Aquitanier hatten, wie in der Heroenzeit, Spitzen von *Erz* oder Kupfer.

V. 27. Die *Körbe* enthielten Opfergerät, Weihrauch usw. Die fröhliche *Myrte* war den Laren als Abwehrern der Feinde heilig; auch kränzte sie blutlose Sieger im kleineren Triumph (ovatio), wie ihn der menschliche Dichter seinem Messala wünscht.

V. 29. So, nach unblutigem Siege heimgekehrt, möge ich, Opferer, im Myrtenkranz euch Wohltätigen gefallen!

V. 35. Seinen *Saatfeldern* und *Rebhügeln* zuliebe malt der Dichter die Unterwelt mit düstern Farben, ohne ein heiteres Elysium.

V. 37. Bekanntlich verbrannten die Alten ihre Leichen. Man glaubte, daß die Toten, zumal ehe Charon sie zu den ruhigen Fluren übergesetzt, in derselbigen Gestalt erschienen, die sie sterbend oder zuletzt auf dem Scheiterhaufen gehabt.

V. 41. *Lämmer* und Zicklein wurden von Knaben auf besonderer Trift geweidet.

V. 45—68. Unterdes, während ich ferne bin, erhalte die Friedensgöttin mein Feld in schönem Anbau, und bald erscheine sie auch uns auf dem Gallischen Feldzuge!

V. 48. S. Horaz XXI, 11. Anm.

V. 52. *Haine* heißen die Bezirke um Tempel und Kapellen, die für schauerliche Gottheiten mit dichter Waldung umpflanzt waren, für heitere mit abwechselnden Bäumen, Reben und Blumen auf frischen Rasen. Bei ländlichen Festen tut sich der Landmann gütlich. Nach solchen Schmäusen gibt es auch Kriege, aber nur zwischen Verliebten, Händel, die Amor aus Mutwillen stiftet.

V. 60. Er versündigt sich an Venus und Amor, wie einer, der durch Bannsprüche Götter vom Himmel reißt.

V. 65. *Stangen* oder Pfähle mit gebrannter Spitze wurden in Schlachten und Belagerungen als Wurfspieße gebraucht.

V. 67. Die *Friedensgöttin* hatte, außer dem Ölzweig mancherlei sinnbildliche Abzeichen des Anbaus, des Handels, des Überflusses.

III

Nachdem Messala den Aufstand der Gallier gedämpft, schiffte er, an Korcyra und den griechischen Küsten vorbei, durch das *Ägäische* Meer nach Asien, um die Anhänger des Antonius in Cilicien, Syrien und den benachbarten Gegenden zu bezwingen. Tibull war als Gesellschafter mit ihm. In Korcyra war der Dichter auf der Flotte krank angekommen.

V. 3. Die Insel Korcyra, das heutige Korfu, ist vielleicht Homers Scheria, wo Alcinous die *Phäazier* beherrschte.

V. 6. Das eingeäscherte Gebein sammelten die nächsten Verwandten in den Schoß ihres schwarzen Trauergewandes; und wenn es, nach der Religionssprenge von Wein und Milch, wieder getrocknet war, bargen sie es in die Urne des Grabmals, wo man Spezereien und gewöhnlich ein Salbenkrüglein hinzufügte.

V. 9. *Delia,* eine schöne, von Delos gebürtige Libertinin (Freigelassene).

V. 11. Es wurden hölzerne, mit Zahlen bezeichnete *Lose* aus einem Geschirr voll Wasser gehoben.

V. 13. Ausbrüche der Traurigkeit wurden als schlimme Vorbedeutung gefürchtet.

V. 17. In dem verschiedenen Flug und Geschrei der Vögel, den Eingeweiden der Tiere und anderen Zufälligkeiten erkannte man bald günstige, bald ungünstige Vorzeichen.

V. 18. *Tag des Saturn,* der Sabbat der Juden. Es waren so viele Juden und Judengenossen in Rom, daß unter die abergläubische Menge auch einige Beobachtung des Sabbats kam. Nicht so ganz ernsthaft bekennt hier Tibull ein Gewissenhafter aus der Menge zu sein.

V. 24. Ein Instrument mit klingenden Stäbchen, Sistrum genannt und beim Isisdienste gebraucht.

V. 25—26. Zehn Nächte mußte die Flehende, rein und keusch, sich dem Dienste der Isis weihn. Die Antwort der Göttin wurde auf dem Tempellager abgewartet.

V. 27. Wen Isis zur See oder aus Krankheit gerettet hatte, der ließ seine Geschichte malen und im Tempel aufhängen.

V. 32. Der *Chor* der glatzköpfigen *pharischen* Priester; von Pharos, einer Insel bei Alexandria in Ägypten.

V. 35. Unter dem Gotte *Saturnus* blühte das goldne Weltalter.

V. 45. Der *Honig* schien den Alten ein ätherischer Tau, der jetzt von Erddüften und einsammelnden Bienen verfälscht werde, der aber im goldnen Weltalter ganz lauter und reichlich von den Blättern, besonders der *Eichen,* und aus den Spalten hervorschwitzend, geflossen sei.

V. 51. Frühzeitiger Tod durch Krankheiten ward als Strafe großer Vergehungen gegen die Götter, wie langes Leben als Belohnung der Frömmigkeit angesehen.

V. 58. Hiernach würde das Amt Merkurs, die Seelen in das Totenreich zu führen, ausnahmsweise von der Göttin der Liebe übernommen.
V. 61. *Kasia*, wahrscheinlich der wilde Zimt.
V. 69. *Tisiphone*, eine Furie.
V. 71—79. S. im Anh. *Orkus*.

IV

Der *Titius*, dem dieses Stück gewidmet wird, ist wahrscheinlich Titius Septimius, Horazens Freund, der lyrische Gedichte und Tragödien schrieb.

V. 1. In den Gärten stand, zum Segen und Schutz, ein *Priapus*, roh geschnitzt, gewöhnlich unter einem breitästigen Baume, der auch im Winter den Schnee abhielt.

V. 25. Selbst die strengen jungfräulichen Göttinnen, *Diana* und die blonde *Minerva*, lassen die Meineide der Liebenden ungestraft. Man schwur bei demjenigen, was einem selbst oder dem andern teuer war; also Jünglinge und Mädchen bei den Göttinnen jungfräulicher Zucht und Beschäftigung.

V. 32. In der peloponnesischen Landschaft *Elis*, auf dem Platze Olympia, war die olympische Rennbahn, in welche man die wettrennenden Gespanne aus Schranken entließ.

V. 42. *Sirius*, der Hundsstern.

V. 43. Der *Regenbogen*, glaubte man, fülle die Wolken mit aufgezogenem Wasser, und, besonders nach Mittag, bringe er Regenguß.

V 63. *Nisus*, König von Megara (Hauptstadt von Megaris in Griechenland), hatte unter seinen grauen Locken ein purpurnes Haar, an dem das Schicksal seines Reiches hing. Dies stahl ihm Scylla, seine Tochter, um es dem Minos, König von Kreta zu bringen, welcher die Stadt belagerte und den sie liebte; sie ward verschmäht und samt dem Vater in Seevögel verwandelt. — *Pelops*, von seinem Vater Tantalus (siehe im Anhang *Orkus*) den Göttern zum Schmause vorgesetzt, wurde durch Jupiter wieder zusammengekocht, und eine Lücke in der Schulter — denn Ceres hatte unwissend ein Stückchen gegessen, mit *Elfenbein* ausgefüllt.

V. 68. *Ops*, Cybele (s. dieselbe im Anh.). Ihr Bild auf einem mit Löwen bespannten Wagen ward von schwärmerischen entmannten Priestern unter wilder Musik im Lande umhergeführt.

V. 79. *Marathus*, ein schöner Knabe aus der phönizischen Stadt gleichen Namens.

V

Pholoë, eine Libertinin.
V. 3. *Fibern*, nannte man die Abteilungen der edleren Eingeweide

der Tiere durch Sehnen, Drüsen, Fasern und ästige Äderchen, woraus man der Götter Meinung enträtselte.

V. 5. In hartem Dienste ward ein Knecht mit gebundenen Händen aufgehängt und gezüchtigt. Die Anwendung auf den Dienst der Venus war desto natürlicher, da ihr der Volksglaube mancherlei *magische Liebesknoten*, Venusbande genannt, und eine strafende *Geißel* gab.

V. 7. Das Bild eines widersetzlichen Knechts, der zur Strafe *gebrannt* wurde.

V. 11—12. Die Zärtlinge pflegten, wie buhlerische Weiber, zur Erhaltung einer weichen und *glänzenden* Haut ihr Gesicht mit Umschlägen von feuchtem Brot und Gewürzen zu bedecken und mit Eselsmilch abzuwaschen. Die Sorge für schöne *Nägel* an den Händen und den, oft sichtbaren, Füßen war eine eigene Kunst der Barbiere und Aufwärter.

V. 21. Man glaubte, daß *Zauberinnen* den verfinsterten Mond mittelst des Kreisels herabzögen, und daß man diesem Zauber durch geschlagene Erzbecken begegnen könne; vrgl. Theokr. VII, 17, 36. Anm.

V. 25. Phloloë, von Marathus zum Gastmahle geladen, hatte ihm Küsse erlaubt und an seiner Seite auf dem Polster bei Tische geruht.

V. 29. Der *Graukopf* ist ein bestimmter Reicher, der das Mädchen jetzt unterhielt und bewachen ließ (V. 35).

V. 44. Plinius sagt, mit Nußlaub werde Wolle gefärbt, und mit eben hervorkeimenden Nüßchen das Haar gebräunt.

V. 46. Gleich einer Schlange verjüngt das alte Gesicht seine Haut, natürlich durch sanftmachende Umschläge (V. 11) und Schminke.

V. 72. Amor.

Zu Cerinthus und Sulpicia

I

V. 8—9. *Genius*, s. im Anh. *Dämonen*. — Die *Gaben*, d. h. Cerinths Opfer: Weihrauch, Kuchen und Wein.

V. 13. Wie Cerinthus, hat in ihrem Gemache Sulpicia ein Venusbild aufgestellt, zu welchem sie mit gestreutem Weihrauch fleht.

V. 19—20. Genius *natalis*, d. h. Geburtsort. Die Götter hörten den Betenden aus der Ferne nicht anders, als wenn er die Arme aufstreckend mit wehklagendem Ton laut rief. Ein leises Gebet aus der Ferne vernahmen nur die Götter der Weissagung. Wenn sie genaht waren, merkten sie mit feinerem Ohr als die Sterblichen haben, auch das leiseste Flehen, wie hier der eingeladene Genius.

II

V. 1. *Juno*, hier nicht Jupiters Gemahlin, sondern die Geburtsgöttin der Frauen; s. im Anh. *Dämonen*.

V. 13. Die Göttin komme ungesehn, und zwar wie ihr Bild hier, in einem Obergewand von purpurgefärbtem Seidenflor, durch welchen die Tunika hervorschimmert.

V. 15. Indem Sulpicia der Göttin dreimal von den Opferkuchen in die Flamme wirft und dreimal von dem Weine sprengt, flüstert ihr die Mutter ins Ohr, sich zum Gemahl einen edeln Römer zu erflehn; das Töchterchen fleht heimlich um Cerinthus.

V. 17. Dies Auflodern der Flamme auf das leise Gebet war eine glückliche Vorbedeutung.

III

Die feurige Sulpicia hatte dem Cerinthus, der eine gesetzliche Verbindung nicht zu hoffen wagte, seine Zurückhaltung für Lauheit ausgelegt, und aus einem hier nicht mitgeteilten Billett an ihn ist ersichtlich, daß sie ihn von einer leichtsinnigen Dirne bestrickt glaubte; ein Argwohn, worin sie durch die List eines mitbewerbenden Patriziers mag bestärkt worden sein. Mit bitterem Vorwurf kündigte sie ihm auf. In seiner Antwort, die wir nicht besitzen, wird sich der Gekränkte ohne Zweifel entschieden genug gereinigt haben. Nicht lange konnte die Trennung dauern. Vor Gram und Sehnsucht, scheint es, ward die Schöne krank, und sie gesteht in diesem Briefchen dem Geliebten, nur für ihn wünsche sie Genesung.

IV

Sulpicia wird hier, wie auch sonst, von Voß gegen arge Erklärer gerechtfertigt. Die beiden Liebenden, sagt er, nach einer Aussöhnung noch verbundener, hatten sich in einer der heimlichen Zusammenkünfte, deren in Nr. II, V. 11 gedacht wird, bei den Hindernissen ihrer Verehelichung ausdauernde Treue gelobt. *Endlich* (V. 1) nach langem Zweifel, bin ich seiner Liebe vollkommen gewiß.

V. 3. *Erbeten* usw.; vrgl. I, V. 13—16. Vielleicht hatte sie jenen Anruf bei der Feierlichkeit selbst, oder als sie dem Cerinth davon schrieb, in die Sprache der *Musen* gefaßt. Hätte ihn aber auch erst Tibull mit dem ganzen Briefe dichterisch geordnet, so stand es ihm dennoch an, sie als die begeisterte Urheberin hier zu ehren.

V. 5. Die *Verheißung* der Venus, daß sie liebend geliebt sein würde, hatte sie an günstigen Zeichen des Weihrauchopfers erkannt.

V. 7. Briefchen in die Nähe schrieb man auf zwei- oder dreifache Täflein von Holz, welche mit Wachs überzogen waren, und worein man mit einem Griffel ritzte; seltner schrieb man auf elfenbeinerne; gesiegelt wurde mit einem geschnittenen Steine. Es war also Zweck, daß die Mutter die Vertraute anhalten und den offenen Brief lesen sollte. Solche Entschlossenheit führte der Eltern Einwilligung herbei.

V

V. 20. *Delia*, Diana.

VI

V. 1. An den *Kalenden des Mars*, oder am ersten März, verehrte die Gattin samt dem Gemahl, mit Frühlingsblumen geschmückt, des Festes Gottheiten, Mars und Juno, und zugleich besondere Schutzgottheiten wie Venus und Bacchus, mit Weihrauch, Wein, Kuchen, auch Brandopfern. Wie die Gattin den Gemahl, so erwartete an diesem Tag das Mädchen den glückwünschenden Verehrer.

V. 3. *Venus* als die Geliebte des Mars.

V. 11—12. Im kunstreich umgeworfenen *Purpur*mantel, wie im häuslichen Anzuge, der weißen Tunika.

V. 16. Zweimal gefärbter Purpur von der phönizischen Seestadt *Tyrus*.

V. 19. Am Ostrande des Ozeans, der dort Rotes Meer hieß. Man glaubte, dies Gewässer sei rot vom Schein der dort aufgehenden Sonne, oder glutroter Berge und Meerkiesel; auch sollte es Perlen und Edelsteine an den Strand werfen. S. *Sol* im Anh.

THEOKRIT

Deutsch im Versmaße der Urschrift

Vorwort

In der hier vorliegenden Übersetzung Theokrits sind elf Gedichte, nämlich Idyll I, II, III, IV, V, VI, XI, XIV, XV, XVI und XXVIII b, von dem Unterzeichneten bearbeitet worden.

Ich würde zur Rechtfertigung meines kleinen Beitrags, von welchem ich wahrlich so bescheiden denke, als man nur wünschen mag, gewiß nicht viele Worte machen, wenn sich nur überall alles von selber verstünde.

Durch meine frühere Beschäftigung mit diesem Dichter, behufs einer klassischen Blumenlese für nicht gelehrte Leser*, waren mir die ältern und neuern Übersetzer zumeist genau bekannt. Bindemann (1797), Voß (1808), Witter (1819) und Naumann (1828) — jeder hat sein besonderes Verdienst. Voß bleibt in mancher Beziehung musterhaft, doch ist er mehr durch Kraft als Anmut ausgezeichnet; hinsichtlich des natürlichen Ausdrucks hat der mit Unrecht fast vergessene Bindemann unstreitig einen Vorzug vor ihm.

Es liegt in der Natur der Sache, daß, auf einer bestimmten Stufe der Sprachentwicklung, die Übersetzung eines Dichters sich nicht in infinitum steigern, oder beliebig oft und stets in gleichem Grade gut variieren läßt, ja daß manche Stelle, wo nicht alles, eigentlich nur *einmal* gut gegeben werden kann. Zu einer guten Verdeutschung eines Dichters aber, wie der unsrige, gehört, vornehmlich bei dem gegenwärtigen, für das allgemeine Publikum bestimmten Unternehmen, neben der Richtigkeit und Treue, ohne Zweifel eine dem deutschen Sprachgeist homogene, gefällige Form, wobei man lieber an der äußersten Strenge der Metrik etwas nachläßt, als daß man den natürlichen Vortrag preisgibt und dazu regelrechte, aber harte und gezwungene Verse liefert. Ist nun, wie ich mich gründlich über-

---

* Stuttgart, bei E. Schweizerbart, 1840. Erstes Bändchen.

zeugte, von den bisherigen Verdeutschern Theokrits in Einzelnheiten oder stellenweise das erreichbare Maß des Geforderten wirklich zum großen Teil erreicht, so daß diese Stellen im wesentlichen auf keine andere Art ebenso gut, geschweige besser ausgedrückt werden können — eine Behauptung, die lediglich nur durch die Tat widerlegt werden will —, was liegt alsdann näher, und, sofern es ohne Kränkung fremder Eigentumsrechte geschehen kann, was ist vernünftiger, als das durch Meisterhand bereits Gewonnene bei einer neuen Bearbeitung ganz unbefangen zu nutzen und den Wert desselben durch weitere Ausbildung und Ergänzung nach besten Kräften zu erhöhen? Um der Prätention der Neuheit willen das Gute und Vortreffliche mehr oder weniger ignorieren, es künstlich umgehen und offenbar Geringeres geben, hieße geradezu die gute Sache aufopfern und das Vertrauen des Publikums täuschen.

Dessenungeachtet wird mein Grundsatz vermutlich Widerspruch finden. Diese Aussicht und der geringe Dank, der überhaupt auf solchem Wege zu erholen ist, bestimmte mich, die Einladung zum Theokrit im Anfang abzulehnen. Zuletzt entschloß ich mich, mit einer Probe des fraglichen Verfahrens, von dem ich eine ähnliche schon früher in der erwähnten Auswahl klassischer Gedichte mitgeteilt, meinen guten Willen wenigstens zu zeigen.

Es kommen hier von den genannten Übersetzern zunächst nur Voß und Bindemann in Betracht. Die schätzbaren Arbeiten Witters und Naumanns bekam ich leider zum zweiten Male nicht mehr zur Hand. Da sie jedoch für jene Blumenlese seinerzeit gleichfalls verglichen worden sind, so kann möglicherweise aus dieser auch ein und anderes, was ihnen angehört, in gegenwärtige Bearbeitung übergegangen sein. Von den beiden ältern Vorgängern habe ich nun allerdings, soweit ich sie nach sorgfältiger Prüfung unübertrefflich fand, den freiesten Gebrauch gemacht. Indessen der Bequemlichkeit wird man mich wohl bei näherer Betrachtung schwerlich anklagen. Der Kundige weiß aus Erfahrung, wieviel Nachdenken und Geduld sich häufig schon in einer kleinen Verbesserung verbirgt, von andern augenfälligern Beweisen selbstständiger Bemühung nicht zu reden. Bemerkt sei nur, daß beide Übersetzer im einen Stücke mehr als in dem andern zu wünschen übrigließen. In den „Chariten", den „Syrakuserinnen" z. B. waren sie glücklicher als in den „Hirten" oder in „Komatas" und „Lakon"; wie überhaupt in naiven und derben Gedichten der letzteren Art gewöhnlich Ton und Ausdruck, besonders bei Voß, verfehlt ist.

Hin und wieder habe ich mir kleine Freiheiten gegen den Buchstaben erlaubt, die einer Entschuldigung wohl kaum bedürfen werden. So trug ich Id. I, V. 15 kein Bedenken, die rein formale melische Wiederholung auf eine andere Stelle des Verses zu verlegen. So wird Id. XV, V. 26 durch Zutat eines Wortes — »Sei's« — der zweifelhafte Sinn dahin entschieden, daß sich die vielbeschäftigte Praxinoa ironisch zu den „Müßigen" rechnet, indem sie das Sprichwort etwa mit jener Miene liebenswürdigen Leichtsinns anführt, womit sich jemand zu einer kleinen Extravaganz entschlossen zeigt. Ganz ebensogut kann freilich jene Redensart in Praxinoas Mund auch so verstanden werden: „du Gorgo hast immer Zeit genug für Vergnügungen übrig"; doch wird vielleicht das erstere im Lesen geschwinder einleuchten. — Der gleiche Kunstgriff kehrt im Nächstfolgenden wieder, wo Hermanns scharfsinnige Textverbesserung und Erklärung aufgenommen ist, nur daß ich den Moment, in welchem die bestürzte Magd die Seife statt des Wassers bringt, nicht erst zwischen V. 29 und 30, sondern zwischen den beiden Sätzen φέρε θᾶσσον ὕδωρ und ὕδατος πρότερον δεῖ annehme; damit jedoch die Handlung augenblicklich klar sei, schien es nötig, ein im Original nicht enthaltenes „Nein" einzuschalten. — Id. XXVIII ist in der zweiten und darum etwas freiern Übertragung ἠλακάτη nach Voßens Beispiel als „Spindel" genommen. — Wenn ich Id. II, V. 83 bei ἐτάκετο die Vorstellung des Plötzlichen ausdrücklich hinzugefügt habe, so möge man hier und in ähnlichem andern nicht etwa einen bloßen Notbehelf zu Ausfüllung des Verses erblicken. — Mich hat bei dergleichen die Rücksicht geleitet, daß diese Sammlung von alten Autoren insbesondere auch für den rein genießenden Leser bestimmt ist.

Mörike.

Theokrits Idyllen

I

THYRSIS

Thyrsis
Lieblich, o Geißhirt, ist das Getön, das die Pinie drüben
Säuselnd am Felsquell übt, das melodische; lieblich ertönt auch
Deine Syringe; nach Pan wird billig der andere Preis *dir*.
Wenn er den Bock sich erwarb, den gehörneten, nimmst du die
Ziege,
Wenn zum Lohn er die Ziege behält, dann folget das Zicklein
Dir; und fein ist das Fleisch vom Zickelchen bis du es melkest.

Geißhirt
Lieblicher tönt, o Schäfer, dein Lied mir als mit Geplätscher
Dort von dem Fels hochher in das Tal sich ergießet der Berg-
quell.
Wenn die singenden Musen ein Schaf wegführen zum Preise,
Nimmst du das zärtliche Lamm zum Lohne dir; wählen sie aber
Lieber das Lamm für sich, wirst du mit dem Schafe davongehn.

Thyrsis
Wolltest du nicht, bei den Nymphen! o Geißhirt, wolltest du
nicht hier
Her dich setzen, am Hang des Hügelchens voll Tamarisken,
Und die Syring' anstimmen? Ich achte derweil auf die Ziegen.

Geißhirt
Ja nicht um Mittag, Schäfer, die Syrinx blasen! um Mittag
Nicht! Pan fürchten wir da! Denn er pflegt, vom Jagen ermüdet,
Um *die* Stunde ja immer des Schlafs; gar wunderlich ist er,
Und ihm schnaubet der bittere Zorn aus der Nase beständig.
Aber du kennst ja, Thyrsis, ich weiß, die Leiden des Daphnis,
Und im Hirtengesang bist du vor allen ein Meister:
Komm, dort sitzen wir unter den Ulmbaum, gegen Priapos
Über und gegen die Nymphen des Quells, wo der Schäfer sich
Rasen-
Bänke gemacht in der Eichen Umschattung. Wenn du mir sängest,
Wie du einmal mit Chromis, dem Libyer, sangest im Wettkampf,

Eine Ziege bekämst du mit Zwillingen, dreimal zu melken,
Welche die Böcklein säugt und doch zwei Kannen mit Milch füllt.
Auch ein Gefäß sei dein, mit duftendem Wachse gebohnet,
Tief, zweihenklig und neu, das Holz noch riechend vom Meißel.
Efeu schlingt sich oben im Kreis umher an der Mündung,
Efeu, versetzt mit dem Golde der Blum Helichrysos; er ranket
Durch sie hin, anlachend mit safranfarbigen Träublein.
Mitten darauf ist ein Weib, kunstvoll, wie ein Göttergebilde;
Langes Gewand schmückt sie und das Stirnband. Neben derselben
Stehn zwei lockige Männer, die streiten, ein jeder von seiner
Seite, mit Worten um sie, doch rühret es wenig das Herz ihr:
Jetzo kehrt sie den Blick mit lachender Miene zum einen,
Jetzo neigt sie den Sinn zum andern, und beide vor Liebe
Brennend, das Aug vorschwellend, ereifern und mühen umsonst
Außer diesen sodann ist ein Fischer zu sehn, ein bejahrter, [sich.
Und ein zackiger Fels, auf welchen mit Eifer der Alte [anstrengt.
Schleppt zum Wurfe sein Netz, so recht wie ein Mann, der sich
Alle Kraft der Glieder, so glaubest du, beut er zur Arbeit
Auf: so starren ihm rings die geschwollenen Sehnen am Halse,
Zwar bei grauendem Haupt, doch die Kraft ist würdig der Ju-
Nur ein wenig entfernt von dem meerverwitterten Greise [gend.
Steht, gar lieblich mit purpurnen Trauben belastet, ein Weinberg,
Welchen ein Knäblein bewacht, das sitzet am Dornengehege.
Auch zwei Füchse sind dort, der eine durchwandert die Gänge
Zwischen den Reben und nascht von zeitigen Trauben, der andre
Spitzt voll List auf die Tasche des Bübleins, und er gedenkt nicht
Eher zu gehn, als bis er ihm habe genommen das Frühstück.
Jener flicht sich aus Halmen die zierliche Grillenfalle,
Wohl mit Binsen gefügt, und es kümmert ihn weder der Weinberg,
Weder die Tasche so sehr, als nun das Geflecht ihn erfreuet.
Ringsher endlich umläuft das Geschirr biegsamer Akanthos.
Staunen gewiß wirst du; ein äolisches Prachtstück ist es.
Eine Ziege bezahlt ich dem kalydonischen Schiffer
Für dasselbe, zusamt dem größesten Käse von Geißmilch. [noch
Noch nicht *einmal* die Lippen berührt' es mir, sondern es steht
Ungebraucht. Dies sollte dir jetzt mit Freuden geschenkt sein,
Ließest du jenen süßen Gesang, o Freund, mich vernehmen.
Nein, ich närre dich nicht! Fang an denn! Sicher ja wirst du
Nicht dem Aïs dein Lied, dem allvergessenden, sparen.

Thyrsis

Hebet Gesang, ihr Musen, geliebteste, Hirtengesang an!
Thyrsis vom Ätna ist hier, und die liebliche Stimme des Thyrsis.
— Wo wart ihr, als Daphnis verschmachtete, wo doch, o Nymphen?
Fern im peneiischen Tempe, dem reizenden, oder am Pindos?
Denn nicht weiletet ihr um den mächtigen Strom des Anapos,
Nicht um des Ätna Geklüft, noch Akis' heilige Wasser.
Hebet Gesang, ihr Musen, geliebteste, Hirtengesang an!
Schakaln haben ihn ja, ihn heulende Wölfe bejammert;
Klage des Löwen um ihn, da er hinsank, scholl aus dem Walde.
Hebet Gesang, ihr Musen, geliebteste, Hirtengesang an!
Ihm zu Füßen gestreckt in Haufen, wie stöhnten die Kühe,
Brüllten in Haufen die Stiere umher, und Kälber und Färsen!
Hebet Gesang, ihr Musen, geliebteste, Hirtengesang an!
Jetzt kam Hermes zuerst vom Gebirg her: „Daphnis", begann er,
„Wer doch quält dich? Um wen, o Guter, in Liebe vergehst du?"
Hebet Gesang, ihr Musen, geliebteste, Hirtengesang an!
Jetzo kamen die Schäfer, der Kuhhirt kam und der Geißhirt.
Alle sie fragten: „Was ist mit dir?" Auch selber Priapos
Kam und rief: „Was schmachtest du, Daphnis, o Ärmster! Das Mägdlein
Irrt ja umher an den Quellen und irrt durch alle die Haine —"
(Hebet Gesang, ihr Musen, geliebteste, Hirtengesang an!)
„Dir nachschleichend! O Tor, der du bist, in der Lieb, unbeholfner!
Kuhhirt nennst du dich wohl, doch ein Geißhirt bist du nun eher.
Sieht so einer die Ziege der Brunst sich fügen des Männchens,
Schmachtend zerfließt sein Auge, daß nicht er selber ein Bock ward."
Hebet Gesang, ihr Musen, geliebteste, Hirtengesang an!
„Also auch dir, wenn du siehst, wie die Jungfraun scherzen und lachen,
Schmachtend zerfließt dein Aug, daß du nicht mittanzest im Reigen."
Nichts antwortete jenen der Kuhhirt; sondern im Herzen
Trug er die quälende Lieb, und trug bis zum Ende das Schicksal.
Hebet Gesang, ihr Musen, geliebteste, Hirtengesang an!
Endlich kam Kythereia, die anmutvolle, mit Lächeln,
Heimliches Lächeln im Aug und bitteren Groll in der Seele.

„Daphnis", sprach sie, „du prahltest ja, Eros in Fesseln zu
schlagen;
Bist du nicht selbst von Eros, dem schrecklichen, jetzo gefesselt?"
Hebet Gesang, ihr Musen, geliebteste, Hirtengesang an!
Aber Daphnis darauf antwortete: „Grausame Kypris!
Kypris, unselige du! o Kypris, der Sterblichen Abscheu!
Meinest du denn, schon sei mir die Sonne, die letzte, gesunken?
Doch wird Daphnis im Aïdes noch dem Eros ein Dorn sein!"
Hebet Gesang, ihr Musen, geliebteste, Hirtengesang an!
„Geh doch zum Ida nur hin, wo ein Hirt, wie es heißt, Aphroditen
Einst ... Geh dort zu Anchises! da grünt's von Eichen und Gal-
Reif auch schon ist Adonis für dich: er weidet die Schafe, [gant!
Oder den Hasen erlegt er und andere Tiere des Waldes."
Hebet Gesang, ihr Musen, geliebteste, Hirtengesang an!
„Tritt noch einmal entgegen dem Held Diomedes und sag ihm:
‚Ich bin Daphnis', des Hirten, Besiegerin! Auf, in den Zwei-
kampf!'"
Hebet Gesang, ihr Musen, geliebteste, Hirtengesang an!
„Schakal und Wolf und Bär in den Klüften des Bergs, o ihr alle,
Lebet wohl! Ich Daphnis, der Hirt, bin nimmer in Wäldern,
Unter den Eichen mit euch und im Hain! Leb wohl, Arethusa!
Wohl, ihr Bäche, vom Thymbris die lieblichen Wellen ergießend!"
Hebet Gesang, ihr Musen, geliebteste, Hirtengesang an!
„Daphnis bin ich, derselbe, der hier die Kühe geweidet,
Daphnis, der hier zur Tränke die Stier und die Kälber geführet."
Hebet Gesang, ihr Musen, geliebteste, Hirtengesang an!
„Pan, o Pan, wo du jetzt auch weilst, auf den Höhn des Lykäos,
Auf dem gewaltigen Mänalos, komm in der Sikeler Eiland
Her! Die helikischen Gipfel verlaß und das türmende Grabmal
Jenes Sohns von Lykaon, das selber die Himmlischen ehren."
Laßt den Gesang, ihr Musen, o laßt den Hirtengesang ruhn!
„Komm und empfang, o Herrscher, die honigatmende Flöte,
Schön mit Wachse gefügt wie sie ist, um die Lippen gebogen.
Denn schon dränget mich Eros, hinab zum Aïs zu wandern."
Laßt den Gesang, ihr Musen, o laßt den Hirtengesang ruhn!
„Fortan traget Violen, ihr Brombeerranken und Dornen!
Auf Wacholdergebüsch soll blühen der schöne Narkissos!
Alles verkehre sich rings! und der Pinie Frucht sei die Birne,
Jetzo da Daphnis stirbt! Und der Hirsch nun schleppe den Jagd-
hund,

Und mit der Nachtigall kämpf im Gesang von den Bergen der
Uhu!"
Laßt den Gesang, ihr Musen, o laßt den Hirtengesang ruhn!
– Als er solches gesagt, da verstummt' er. Ihn aufrichten [war
Wollt Aphrodita; doch gar nichts mehr von der Mören Gespinst
Übrig. Daphnis durchging den Acheron und das Gestrudel
Barg den Geliebten der Musen, den auch nicht haßten die Nymphen.
Laßt den Gesang, ihr Musen, o laßt den Hirtengesang ruhn!
Und du gib das Gefäß, auch gib mir die Ziege, so melk ich
Sie und sprenge den Musen zum Dank. O Heil euch, ihr Musen!
Vielmal Heil! Euch will ich hinfort noch lieblicher singen.

Geißhirt
Honig, o Thyrsis, fülle den reizenden Mund dir, es füll ihn
Lauterer Seim! und die Feige von Ägilos reife zur süßen
Kost für dich! Du singest melodischer als die Zikade!
Hier, mein Freund, das Gefäß. O schau, wie lieblich es duftet!
Dächte man nicht, es sei in der Horen Quelle gebadet?
Komm nun her, Kissätha! Du melke sie! – Heda, ihr Geißen,
Habt doch Ruh, mit den Possen! Der Bock wird über euch kommen!

II

DIE ZAUBERIN

Auf! wo hast du den Trank? wo, Thestylis, hast du die Lorbeern?
Komm, und wind um den Becher die purpurne Blume des Schafes!
Daß ich den Liebsten beschwöre, den Grausamen, der mich zu Tod
quält.
Ach! zwölf Tage schon sind's, seitdem mir der Bösewicht ausbleibt!
Seit er fürwahr nicht weiß, ob am Leben wir oder gestorben!
Nie an der Tür mehr lärmt mir der Unhold! Sicherlich lockte
Anderswohin den flatternden Sinn ihm Eros und Kypris
Morgenden Tags will ich zu Timagetos' Palästra,
Daß ich ihn seh, und was er mir antut alles ihm sage.
Jetzo mit Zauber beschwör ich ihn denn. – O leuchte, Selene,
Hold! Ich rufe zu dir in leisen Gesängen, o Göttin!

Rufe zur stygischen Hekate auch, dem Schrecken der Hunde,
Wann durch Grüfte der Toten und dunkeles Blut sie einhergeht.
Hekate! Heil! du Schreckliche! komm und hilf mir vollbringen!
Laß unkräftiger nicht mein Werk sein, als wie der Kirke
Ihres, Medeias auch, und als Perimedes, der blonden.
 Roll, o Kreisel, und zieh in das Haus mir wieder den Jüngling!
Mehl muß erst in der Flamme verzehrt sein! Thestylis, hurtig,
Streue mir doch! wo ist dein Verstand, du Törin, geblieben?
Bin ich, Verwünschte, vielleicht auch dir zum Spotte geworden?
Streu, und sage dazu: „Hier streu ich Delphis' Gebeine!"
 Roll, o Kreisel, und zieh in das Haus mir wieder den Jüngling!
Mich hat Delphis gequält, so verbrenn ich auf Delphis den Lor-
Wie sich jetzo das Reis mit lautem Geknatter entzündet,   [beer.
Plötzlich sodann aufflammt und selbst nicht Asche zurückläßt,
Also müsse das Fleisch in der Lohe verstäuben dem Delphis.
 Roll, o Kreisel, und zieh in das Haus mir wieder den Jüngling!
Wie ich schmelze dies wächserne Bild mit Hilfe der Gottheit,
Also schmelze vor Liebe sogleich der Myndier Delphis;
Und wie die eherne Rolle sich umdreht durch Aphrodita,
Also dreh sich jener herum nach unserer Pforte.
 Roll, o Kreisel, und zieh in das Haus mir wieder den Jüngling!
Jetzt mit der Kleie gedampft! — Du, Artemis, zwängest ja selber
Drunten im Aïs den eisernen Gott und starrende Felsen.
— Thestylis, horch, in der Stadt, wie heulen die Hunde! Im Drei-
            weg
Wandelt die Göttin! Geschwind laß tönen das eherne Becken!
 Roll, o Kreisel, und zieh in das Haus mir wieder den Jüngling!
— Siehe! wie still! Nun schweiget das Meer und es schweigen die
                                                         Winde!
Aber es schweigt mir nicht im innersten Busen der Jammer.
Glühend vergeh ich für den, der, statt zur Gattin, mich Arme
Ha! zur Buhlerin macht', und der mir die Blume gebrochen.
 Roll, o Kreisel, und zieh in das Haus mir wieder den Jüngling!
Dreimal spreng ich den Trank, und dreimal, Herrliche, ruf ich.
Mag ein Mädchen ihm jetzt, ein Jüngling ihm liegen zur Seite,
Plötzlich ergreife Vergessenheit ihn: wie sie sagen, daß Theseus
Einst in Dia vergaß Ariadne, die reizendgelockte!
 Roll, o Kreisel, und zieh in das Haus mir wieder den Jüngling!
Roßwut ist ein Gewächs in Arkadien, wenn es die Füllen
Kosten, die flüchtigen Stuten, so rasen sie wild im Gebirge:
Also möcht ich den Delphis hieher zu dem Hause sich stürzen

Sehen, dem Rasenden gleich, aus dem schimmernden Hof der
            Palästra!
  Roll, o Kreisel, und zieh in das Haus mir wieder den Jüngling!
Dieses Stückchen vom Saum hat Delphis am Kleide verloren:
Schau, ich zerpflück's und werf es hinein in die gierige Flamme.
— Weh! unseliger Eros, warum wie ein Egel des Sumpfes
Hängst du an mir und saugest mir all mein purpurnes Blut aus!
  Roll, o Kreisel, und zieh in das Haus mir wieder den Jüngling!
Einen Molch zerstampf ich und bringe dir morgen den Gifttrank.
Thestylis, nimm dies tückische Kraut und bestreiche die Schwelle
Jenes Verräters damit! (Ach fest an diese geheftet
Ist noch immer mein Herz, doch er hat meiner vergessen!)
Geh, sag spuckend darauf: „Hier streich ich Delphis' Gebeine!"
  Roll, o Kreisel, und zieh in das Haus mir wieder den Jüngling!
Jetzo bin ich allein. — Wie soll ich die Liebe beweinen?
Was bejammr ich zuerst? Woher kommt alle mein Elend?
— Als Korbträgerin ging Eubulos' Tochter, Anaxo,
Hin in Artemis' Hain; dort wurden im festlichen Umzug
Viele der Tiere geführt, auch eine Löwin darunter.
  Sieh, o Göttin Selene, woher mir die Liebe gekommen!
Und die thrakische Amme Theumarida (ruhe sie selig!)
Unsere Nachbarin nächst am Haus, sie bat und beschwor mich,
Mit zu sehen den Zug, und ich unglückliches Mädchen
Ging, ein herrliches Byssosgewand nachschleppend am Boden,
Auch gar schön Klearistas Mäntelchen übergeworfen.
  Sieh, o Göttin Selene, woher mir die Liebe gekommen!
Schon beinah um die Mitte des Wegs, an dem Hause des Lykon,
Sah ich Delphis zugleich mit Eudamippos einhergehn;
Jugendlich blond um das Kinn, wie die goldene Blum Helichrysos;
Beiden auch glänzte die Brust weit herrlicher als du, Selene,
Wie sie vom Ringkampf eben zurück, vom rühmlichen, kehrten.
  Sieh, o Göttin Selene, woher mir die Liebe gekommen!
Weh! und im Hinschaun gleich, wie durchzückt' es mich! jählings
            erkrankte
Tief im Grunde mein Herz; auch verfiel mir die Schöne mit ein-
            mal.
Nimmer gedacht ich des Fests, und wie ich nach Hause gekom-
            men,
Weiß ich nicht; so verstörte den Sinn ein brennendes Fieber.
Und ich lag zehn Tage zu Bett, zehn Nächte verseufzt ich.
  Sieh, o Göttin Selene, woher mir die Liebe gekommen!

Schon, ach! war mir die Farbe so gelb wie Thapsos geworden,
Und mir schwanden die Haare vom Haupt; die ganze Gestalt nur
Haut noch und Bein! Wen frug ich um Hilfe nicht? oder wo hauset
Irgendein zauberkundiges Mütterchen, das ich vergessen? [
Linderung ward mir nicht, und es ging nur die eilende Zeit hin.
    Sieh, o Göttin Selene, woher mir die Liebe gekommen!
Meiner Sklavin gestand ich die Wahrheit endlich und sagte:
„Thestylis, schaffe mir Rat für dies unerträgliche Leiden!
Völlig besitzt mich Arme der Myndier. Geh doch und suche,
Daß du mir ihn ausspähst bei Timagetos' Palästra;
Dorthin wandelt er oft, dort pflegt er gern zu verweilen."
    Sieh, o Göttin Selene, woher mir die Liebe gekommen!
„Und sobald du ihn irgend allein triffst, winke verstohlen,
Sag ihm dann: ‚Simätha begehrt dich zu sprechen!' — und bring ihn."
Also sprach ich, sie ging, und brachte den glänzenden Jüngling
Mir in das Haus, den Delphis. So wie ich ihn aber mit Augen
Sah, wie er leichten Fußes herein sich schwang zu der Türe —
    (Sieh, o Göttin Selene, woher mir die Liebe gekommen!)
Ganz kalt ward ich zumal, wie der Schnee, und herab von der Stirne
Rann mir in Tropfen der Schweiß, wie rieselnder Tau in der Frühe;
Kein Wort bracht ich hervor, auch nicht soviel wie im Schlafe
Wimmert ein Kindchen und lallt, nach der lieben Mutter verlangend.
Und ganz wurde der blühende Leib mir starr wie ein Wachsbild.
    Sieh, o Göttin Selene, woher mir die Liebe gekommen!
Als der Verräter mich sah, da schlug er die Augen zu Boden,
Setzte sich hin auf das Lager und redete sitzend die Worte:
„Wenn du zu dir mich geladen ins Haus, noch eh ich von selber
Kam, nun wahrlich, so bist du zuvor mir gekommen, Simätha,
Eben wie neulich im Lauf ich dem schönen Philinos zuvorkam."
    Sieh, o Göttin Selene, woher mir die Liebe gekommen!
„Ja beim lieblichen Eros, ich wär, ich wäre erschienen!
Mit zwei Freunden bis drei, in der Dämmerung, liebenden Herzens
Tragend die goldenen Äpfel des Dionysos im Busen, [
Und um die Schläfe den Zweig von Herakles' heiliger Pappel,
Rings durchflochten das Laub mit purpurfarbigen Bändern."
    Sieh, o Göttin Selene, woher mir die Liebe gekommen!

„Ward ich dann freundlich empfangen, o Seligkeit! Wisse, bei
                                                          unsern
Jünglingen allen da heiß ich der Schöne, ich heiße der Leichte:
Doch mir hätte genügt, dir den reizenden Mund nur zu küssen.
Wieset ihr aber mich ab und verschloßt mit dem Riegel die Pforte,
Sicherlich kamen dann Äxte zu euch und brennende Fackeln."
    Sieh, o Göttin Selene, woher mir die Liebe gekommen!
„Jetzo gebühret zuerst mein Dank der erhabenen Kypris;
Nächst der Himmlischen hast *du* mich dem Feuer, o süßes [phis,
Mädchen, entrissen: hierher in dein Kämmerchen riefest du Del-
Halb schon verbrannt. Denn Eros, fürwahr viel wildere Gluten
Schüret er oft, als selbst in Liparas Esse Hephästos."
    Sieh, o Göttin Selene, woher mir die Liebe gekommen!
„Jungfraun treibt sein wütender Brand aus einsamer Kammer,
Frauen empor aus dem Bett, das vom Schlummer des Gatten
                                                noch warm ist!"
Also sagte der Jüngling, und ich, zu schnelle vertrauend,
Faßt ihm leise die Hand und sank auf das schwellende Polster.
Bald ward Leib an Leib wie in Wonne gelöst, und das Antlitz
Glühete mehr denn zuvor und wir flüsterten hold miteinander.
Daß ich nicht zu lange dir plaudere, liebe Selene: [sucht.
Siehe, geschehn war die Tat, und wir stilleten beide die Sehn-
Ach, kein Vorwurf hat mich von ihm, bis gestern, betrübet,
Ihn auch keiner von mir. Nun kam zu Besuch mir die Mutter
Meiner Philista, der Flötenspielerin, und der Melixo,
Heute, wie eben am Himmel herauf sich schwangen die Rosse,
Aus dem Okeanos führend die rosenarmige Eos;
Und sie erzählte mir vieles, auch daß mein Delphis verliebt sei.
Ob ein Mädchen ihn aber, ein Jüngling jetzt ihn gefesselt,
Wußte sie nicht; nur, daß er mit lauterem Wein sich den Becher
Immer für Eros gefüllt, daß er endlich in Eile gegangen,   [zen.
Auch noch gesagt, er wolle das Haus dort schmücken mit Krän-
Dieses hat mir die Freundin erzählt und sie redet die Wahrheit.
Dreimal kam er vordem und viermal, mich zu besuchen,
Setzte, wie oft! bei mir das dorische Fläschchen mit Öl hin:
Und zwölf Tage nun sind's, seitdem ich ihn nimmer gesehen.
Hat er nicht anderswo Süßes entdeckt und meiner vergessen?
Jetzo mit Liebeszauber beschwör ich ihn; aber wofern er
Länger mich kränkt — bei den Mören! an Aïdes' Tor soll er
                                                    klopfen!
Solch ein tödliches Gift ihm bewahr ich hier in dem Kästchen;

Ein assyrischer Gast, o Königin, lehrt' es mich mischen.
Lebe nun wohl, und hinab zum Okeanos lenke die Rosse,
Himmlische! Meinen Kummer, den werd ich fürder noch tragen.
Schimmernde Göttin, gehabe dich wohl! Fahrt wohl auch ihr an-
Sterne, so viele der ruhigen Nacht den Wagen begleiten. [dern

III

AMARYLLIS

Auf! Ich gehe, mein Lied Amaryllis zu singen. Die Ziegen
Weiden am Berg indes, und Tityros mag sie mir hüten.
Tityros, du mein Freund, mein trautester, weide die Ziegen!
Führe sie drauf an den Quell mir, Tityros; doch vor dem weißen
Bock dort nimm dich in acht, vor dem Libyer, denn er ist stößig.
Ach, Amaryllis, du süße, warum nicht mehr aus der Grotte
Guckst du wie sonst, und nennst mich dein Schätzlein? Bist du
    mir böse?
Dünkt dir die Nase zu platt an mir, in der Nähe gesehen,
Mädchen? zu lang mein Bart? O du ruhst nicht, bis ich mich
    hänge!
Hier zehn Äpfel für dich, sieh her! Ich pflückte sie droben,
Wo du mich pflücken geheißen, und andere bring ich dir morgen.
Schau doch, was ich erleide für Herzensqualen! O wär ich
Doch die summende Biene, so flög ich zu dir in die Grotte,
Schlüpfte durch Efeulaub und das dicht aufschießende Farn-
    kraut.
Jetzo kenn ich den Eros! Ein schrecklicher Gott! an der Löwin
Brüsten gesäugt; ihn erzog im wilden Gebirge die Mutter.
Ganz durchglüht er mich und verzehrt mir das Mark im Ge-
    beine.
Nymphe mit lachendem Blick! du steinerne! du mit den
Augenbraun, o laß im Arme des Hirten dich küssen! [schwarzen
Süße Wonne gewährt auch selber der nichtige Kuß schon.
Wart! in Stücke zerreiß ich den Kranz auf der Stelle, du willst
Den ich trage für dich, Amaryllis, den schönen, von Efeu, [es,
Rings mit knospenden Rosen durchwebt und würzigem Eppich.
Ach, was soll ich beginnen? Ich Armer! — So hörst du denn
    gar nicht?
Gut — ich werfe mein Fellkleid weg und spring in die Fluten
Gleich, da hinab, wo Olpis, der Fischer, die Thune belauert.

Bin ich des Tods auch nicht, doch wirst du dich freuen des An-
blicks.
Ob du mich liebest, versucht ich noch jüngst und erfuhr es zu
gut nur:
Denn es versagte den Knall das angeschlagene Mohnblatt:
Ganz matt ging es entzwei, am fleischigen Arme zu welken.
  Auch was Agröo gesagt, die Siebwahrsagerin, neulich,
Als sie Ähren sich las im Rücken der Schnitter, bewährt sich:
Brünstig hing' ich an dir, doch gar nichts fragest du mir nach.
  Wisse, die Geiß, die weiße, mit Zwillingen, zog ich für dich
Mermnons bräunliches Mädchen, Erithakis, hätte sie gerne, [auf,
Und ich gebe sie der, dieweil du meiner nur spottest. [noch
  Halt! da hüpfet mein Auge, das rechte, mir! Soll ich sie doch
Sehn? Ich will an die Pinie hier mich lehnen und singen.
Ist sie doch nicht von Stein, vielleicht sie tut einen Blick her.
  Als Hippomenes einst zur Braut sich wünschte die Jungfrau,
Lief er mit Äpfeln in Händen den Wettlauf, und Atalanta,
Im Hinschauen entbrannt, wie versank sie ganz in die Liebe!
  Trieb doch die Herde vom Othrys daher der Seher Melampos
Froh gen Pylos zuletzt, und es lag in den Armen des Bias
Endlich die reizende Mutter der sinnigen Alphesiböa.
  Hat nicht, der im Gebirge die Schafe geweidet, Adonis,
Selbst Kythereia, die schöne, gebracht zum äußersten Wahnsinn,
Daß sie nimmer vom Busen ihn ließ, auch als er nun tot lag?
  Mir sei selig gepriesen Endymion, welchen der tiefe
Schlaf umfing, und selig Jasion, trautestes Mädchen,
Denn er genoß, was nimmer den Ungeweiheten kund wird.
  Wehe! wie schmerzt mir das Haupt! Dich kümmert es nicht.
So verstumme
Nun mein Gesang. Hier lieg ich, da mögen die Wölfe mich
fressen!
Wahrlich, das wird dir süß eingehn wie Honig dem Gaumen!

IV

DIE HIRTEN

Battos
Sag mir, Korydon, wessen die Kühe da sind? Des Philondas?

Korydon
Nicht doch; sie sind Ägons, der mir sie zu weiden vertraut hat.

Battos
Nun, und du melkst sie doch unterderhand nacheinander am Abend?

Korydon
Ja, wenn der Alte die Kälber nicht aufzög und mich bewachte.

Battos
Aber der Kuhhirt selber, wohin denn kam er auf einmal?

Korydon
Weißt du noch nicht? Ihn nahm ja der Milon mit zum Alpheos.

Battos
Ist dem Menschen auch je Salböl vor die Augen gekommen?

Korydon
Doch dem Herakles, sagen sie, käm er an Kraft und Gewalt gleich.

Battos
Mir auch sagte die Mutter, ich sei *mehr* als Polydeukes.

Korydon
Zwanzig Schafe denn nahm er, die Hacke zur Hand, und so ging er.

Battos
Wenn nur Milon den Wolf auch beredete, gleich da zu würgen!

Korydon
Unablässig verlangen nach ihm mit Brüllen die Kühe.

Battos
Armes Vieh! war dir kein besserer Hirte zu finden!

Korydon
Arm, ja gewiß! Da gehn sie umher und wollen nicht weiden.

Battos
Seh mir einer die Färse! nicht mehr fürwahr als die Knochen
Blieben ihr. Ob sie vom Tau nur lebt, als wie die Zikade?

Korydon
Nein, bei Gäa! Ich führe sie bald am Äsaros zur Weide,
Reich ihr dabei wohl selber ein Büschel des zartesten Grases,
Bald auch tummelt sie sich auf den schattigen Höhn des Latym-
nos.

Battos
Und der Stier da, der rötliche! mein doch! Solch ein Gerippe
Möcht ich den Lampriern wünschen, dem hungerleidigen Völklein,
Wenn sie einmal ein Opfer der Here haben zu bringen.

Korydon
Aber ich treib ihn stets nach dem Meersumpf und auf den Phys-
kos,
Auch an Neäthos' Bord, wo die herrlichsten Kräuter gedeihen,
Dürrwurz, samt Geißweizen, und balsamreiche Melisse.

Battos
Ach, unseliger Ägon, dir wandern die Kühe zum Hades, [hast!
Während du nur auf den leidigen Sieg die Gedanken gestellt
Und die Syringe (du klebtest sie selbst), nun wird sie verschim-
meln.

Korydon
Nein, die nicht, bei den Nymphen! denn als er nach Pisa hinab-
zog,
Ließ er sie mir zum Geschenk. Auch ich, fürwahr, bin ein Sänger.
Stimm ich doch Glaukas Lieder und Pyrrhos' lieblich genug an.
Kroton preist mein Gesang! O herrliche Stadt Zakynthos!
Und die östliche Kuppe Lakinion! dort wo der Faustheld
Ägon einmal allein an achtzig Kuchen verzehrte.
Dort auch schleppt' er den Stier, beim Huf ihn packend, herunter
Von dem Gebirg und bracht als Geschenk ihn dar Amaryllis.
Laut aufschrieen die Fraun, doch der Kuhhirt lachte vergnüglich.

Battos
Ach, Amaryllis! wenngleich nun tot, dich trag ich allein doch
Immer im Sinn! Wie die Ziegen mich freuen, so freutest du mich,
Liebliche, die nun dahin! Weh, wehe! zu hart ist mein Schicksal!

Korydon
Mut, o Battos! Es kann sich mit dir leicht morgen schon bessern.
Hoffnung geht mit dem Leben, im Tod erst endet die Hoffnung.
Zeus auch regnet einmal, ein andermal blicket er heiter.

Battos
Ja, das ist wahr. — Ei, wirf dort unten die Kälber! am Ölbaum
Fressen sie Laub! das verruchte Gezücht, das! Sit—da! du Weißer!

Korydon
Sit—da! Hinauf den Hügel, Kymätha! nun, wirst du nicht hören?
Wart, ich komme! beim Pan, das wird dir übel vergolten,
Trollst du dich nicht dort weg. — Schau doch, nun schleicht sie sich dahin!
Hätt ich den Krummstab nur bei der Hand, wie wollt ich dich bleuen!

Battos
Korydon, sieh doch, um Zeus, hierher! Da fuhr mir ein Stachel
Unter dem Knöchel gerade hinein! Die unbändigen Disteln
Auch, überall da herum! O fahre das Kalb ins Verderben!
Während ich hinter ihr drein war, fing ich das. Siehst du dergleichen?

Korydon
Ja, schon hab ich ihn hier mit den Nägeln gepackt, und da ist er!

Battos
Ei, wie ein winziger Stich, und zähmt so mächtigen Lümmel!

Korydon
Steigst du wieder herauf ins Gebirg, so gehe nicht barfuß
Mehr; im Gebirg sind Dorn und stachlige Sträucher zu Hause.

Battos
Sage mir, Korydon, hat es dein Graukopf immer mit jenem
Lockeren Dirnlein noch, mit dem Schwarzaug mein ich, wie vormals?

Korydon
Ho, das glaub ich, du Narr! Noch gar nicht lang, daß ich selber
Ihn an der Stallwand traf, just da er wieder am Werk war.

Battos
Nun, Glück zu, du bockischer Alter! Dir wird es kein Satyr,
Kein dünnbeiniger Pan in diesem Stücke zuvortun!

V

KOMATAS UND LAKON

Komatas
Kommt mir ja nicht dem Schäfer zu nah, ihr Ziegen, ich rat euch!
Lakon aus Sybaris ist's: er mauste mir gestern ein Geißfell.

Lakon
Sit—da! werdet ihr mir von dem Quell wegbleiben, ihr Lämmer!
Kennt ihr ihn nicht, der unlängst die Syringe mir stahl, den
                                                                     Komatas?

Komatas
Welche Syringe? Wann hattest du jemals, Knecht des Sibyrtas,
Eine Syring im Besitz? Dir also wär's nicht genug mehr, [mer?
Daß du mit Korydon was auf der Halmpfeif schnarrest wie im-

Lakon
Die mir Lykon verehrte, du Edelgeborner! Doch welches
Fell nahm Lakon dir mit? Das möcht ich wissen, Komatas.
Hat doch Eumaras, dein Herr, selbst keines dergleichen zum Bette.

Komatas
Das mir Krokylos gab, das scheckige, als er den Nymphen
Neulich geopfert die Geiß. Du, Nissiger, wolltest schon damals
Bersten vor Neid, und ruhtest auch nicht seitdem, bis ich blutt
                                                                      war.

Lakon
Nein, beim Pan, dem dies Ufer gehört! der Sohn der Kaläthis,
Lakon, er raubte dir nicht dein Fell, Freund! oder ich will hier
Gleich von dem Fels wahnsinnig hinab in den Krathis mich
                                                              stürzen!

Komatas
Nein! bei den Nymphen des Sumpfs, du Redlicher, sei es ge-
                                                              schworen —

(Und ich wünsche sie hold mir gesinnt und gnädig für immer)
Keineswegs hat deine Syringe Komatas gestohlen!

Lakon
Wenn ich dir glaube, so mögen die Schmerzen des Daphnis mich
                                                                         treffen!
— Auf jetzt! willst du zum Preis ein Böcklein setzen? (es ist ja
Nichts so Großes) — ich biete die Wett, und singe dich nieder.

Komatas
Trat doch die Sau mit Athenen in Wettkampf. Siehe, da steht
                                                                              mein
Böcklein! so setz ein gemästetes Lamm zum Preise dagegen.

Lakon
Wie, du Fuchs, das hieße dir wohl ganz richtige Teilung,
Das? Wer schiert denn Zotten für Wolle? und geht an der jungen
Ziegenmutter vorbei, um die garstige Hündin zu melken?

Komatas
Wer sich, wie du, so gewiß schon des Siegs hält, wenn er als
                                                                             Wespe
Plump mit Gesums die Zikade bekämpft. Indessen, das Böcklein
Dünkt dir zu schlecht: sieh, hier ist ein Bock: wohlan, so beginne.

Lakon
Eilt es dir so? dich brennt ja kein Feur! Weit lustiger wär es,
Unter dem Waldoleaster im Busch da drüben zu singen,
Wo schön kalt das Gewässer daherrauscht, wo es an Gras nicht
Fehlt, noch an Moos zum Sitz und wo Feldheimengeschwätz ist.

Komatas
O mir eilet es nicht! Mich ärgert nur, daß du so frech kannst
Grad in das Aug mir schaun, du, den ich vorzeiten als Bübchen
Selber gelehrt. Wo blieb mein Dank? Ich wollte, du zögest
Wolfsbrut auf, Hundsbrut, und würdest gefressen von ihnen!

Lakon
Nun, wann lernt ich denn je, wann hört ich irgendwas Gutes,
Daß ich noch wüßte, von dir, du neidischer, alberner Knorp du?

Komatas
Damals, als ich von hinten dich kriegte! Du schriest, und die
Meckerten alle dazu und der Geißbock war so geschäftig! [Ziegen

Lakon
Gründlicher sollst du dereinst nicht verscharrt sein, Krummer,
                                                    als du mich
Damals kriegtest! Nur zu, komm her! Nun singst du dein Letztes!

Komatas
Nein, ich komme dir nicht. Da grünt's von Eichen und Galgant;
Und schön summen da rings um die Honigkörbe die Bienen;
Auch zwei kühlige Quellen ergießen sich, und von den Bäumen
Zwitschern die Vögel; ein Schatten ist hier, dagegen ist deiner
Nichts, und die Pinie wirft aus der Höhe mir Zapfen herunter.

Lakon
Aber du trätest bei mir auf Lammvliesdecken und Wolle,
Weicher wie Schlaf, wenn du kämst. Die Geißbockfelle bei dir da
Sind abscheulicher noch von Geruch beinah wie du selber.
Einen geräumigen Krug weißschäumender Milch für die Nym-
Stell ich dar, und einen gefüllt mit lieblichem Öle.   [phen

Komatas
Gingest du her, auf das zärteste Farnkraut würdest du treten
Und auf blühnden Polei; ich spreitete Felle von Ziegen   [sind.
Unter, wohl viermal so weich als die Lammvliesdecken bei dir
Aber zum Opfer dem Pan stell ich acht Kannen mit Milch vor,
Und acht Schalen, gefüllt mit honigtriefenden Scheiben.

Lakon
Gut, so singe du dort dein Feldlied, kämpfe von dort her!
Nimm dir den eigenen Sitz bei deinen Eichen! Doch wer ist,
Frag ich nun, Richter? Ich wollte, Lykopas käme, der Kuhhirt!

Komatas
Nicht not tut's mir um den im mindesten. Aber es holzet
Einer da drüben bei dir, er sammelt sich Heiden zu Bündlein:
Bist du's zufrieden, so rufen den Mann wir her; es ist Morson.

Lakon
Meinthalb.

Komatas
Rufe du ihn!

Lakon
He, Landsmann! Komm doch ein wenig,
Und hör uns. Wir streiten da, welcher von beiden dem andern
Käme zuvor im Gesang; nun richte du, wackerer Morson;
Weder mir zu Gefallen, noch daß du diesen begünstigst.

Komatas
Ja, bei den Nymphen! jawohl, Freund Morson, gib dem Komatas
Nichts voraus, doch räum auch dem andern nicht über Verdienst
Dort die Herde gehört dem Thurier, Freund, dem Sibyrtas, [ein.
Und hier siehst du die Ziegen des Sybariten Eumaras.

Lakon
Aber, beim Zeus, wer fragte dich denn, du Wicht, ob die Herde
Dort dem Sibyrtas gehört, ob mein? Ei über den Schwätzer!

Komatas
Ehrlicher Freund, ich rede die Wahrheit gern, und das Großtun
Lieb ich nicht, du aber, du bist ein giftiger Zänker.

Lakon
Nun — sing, wenn du was kannst, und laß mir lebendig den Mann doch
Wieder zur Stadt! O Päan! ein Schwatznarr bist du, Komatas.

Komatas
Mir sind freundlich die Musen, ja freundlicher noch wie dem Sänger
Daphnis; ich habe noch jüngst ein Zicklein ihnen geopfert.

Lakon
Mich hat Apollon erwählt zum Liebling; ich weide den schönsten
Widder für ihn, denn die Karneen sind vor der Türe nun wieder.

Komatas
Zwillinge warfen die Ziegen, nur zwei nicht; alle die melk ich;
Sieht's mein Mädchen — o Armer, so ruft sie, melkst du alleine?

Lakon
Ho! dem Dutzende nach füllt Lakon die Körbe mit Käse,
Und auf blumiger Wiese den zartesten Knaben umarmt er.

Komatas
Zärtlich bereits mit Äpfelchen wirft Klearista den Hirten,
Treibt er die Ziegen vorbei, und wispert ihm heimlich ein Wort
zu.
Lakon
Kratidas brennt mir im Herzen, der glatte! Von selber dem
Schäfer
Eilt er entgegen, ihm fliegt das glänzende Haar um den Nacken.

Komatas
Aber man wird Hambutten doch nicht, und wird Anemonen
Nicht mit den Rosen vergleichen, die blühn am Gartengehege!

Lakon
Eicheln mit Bergsüßäpfeln auch nicht; in trockene Hülsen
Steckt sie der Baum; doch diese sind schon von außen wie Honig.

Komatas
Und ich bringe dann gleich ein Ringeltäubchen dem Mägdlein,
Aus dem Wacholdergebüsch; dort brütet es oben im Neste.

Lakon
Kratidas aber bekommt weichflockige Wolle zum Mantel
Von mir geschenkt, sobald ich mein Schaf, mein schwarzes, ge-
schoren.
Komatas
Heda! vom Ölbaum fort, ihr Gelüstigen! da ist die Weide!
Hier an dem Abhang hin, wo es voll steht mit Tamarisken.

Lakon
Willst du mir weg von der Eiche, du, Konaros, und du, Kynä-
Dorthin suchet euch Futter, dem Aufgang zu, wie Phalaros! [tha?

Komatas
Mein ist ein Melkgeschirr, ein zypressenes, mein auch ein Misch-
Den Praxiteles schnitzt'; ich spare sie beide dem Mädchen. [krug,

Lakon
Und mir dienet ein Hund bei der Herde, der würget die Wölfe;
Diesen verehr ich dem Knaben: er jagt dann wacker das Wild ihm.

Komatas
Allzeit schnellt ihr mir über den Zaun, Heuschrecken, am Weinberg!
Daß ihr mir ja nicht die Reben beschädigt, weil sie noch zart sind!

Lakon
Seht mir doch, ihr Zikaden! der Geißhirt, was er sich angreift,
Weil ich ihn reize! So pflegt ihr selber zu reizen die Schnitter.

Komatas
Feind den Füchsen bin ich, den wolligen Schwänzen, die Mikons
Weinberg immer besuchen am Abende, Trauben zu naschen.

Lakon
Ebenso feind ich dem Käfergezücht, das an des Philondas
Feigen sich macht, und auf und davon dann geht mit dem Winde.

Komatas
Weißt du noch, wie ich zu Leib dir ging, und wie du mit Grinsen
Hin und her dich wandest, so schön, an der Eiche dich haltend?

Lakon
Nein, nichts weiß ich davon; doch wie einmal dich Eumaras
Dort anband und dich weidlich gegerbt, das denkt mir noch gar wohl.

Komatas
Morson, hast du gemerkt? hier steigt schon einem die Galle.
Geh doch, hole mir Skillen vom Grab, recht trockene, hurtig!

Lakon
Übel empfand hier einer den Treff; du siehst es doch, Morson?
Lauf an den Hales geschwind und grabe mir tüchtige Knollen!

Komatas
Himera ströme mir Milch statt Wasser! O Krathis und du sollst
Purpurn fließen von Wein, und das Weidicht trage mir Früchte!

Lakon
Honig mir ströme der Quell Sybaritis! da soll in der Frühe
Lauteren Seim für Wasser das Mädchen sich schöpfen im Eimer.

Komatas
Kytisos können bei mir und Ägilos weiden die Ziegen,
Mastixlaub streu ich und Arbutus ihnen zum Lager.

Lakon
Aber den Schafen bei mir zur Sättigung wächset Melisse
Ringsum, häufig auch blüht, wie Rosen zu schauen, der Kistos.

Komatas
Nicht mehr lieb ich Alkippe; sie gab kein Küßchen mir neulich,
Hold bei den Ohren mich fassend, als ich ihr brachte die Taube.

Lakon
Aber ich lieb, ich liebe Eumedes! Als ich unlängst ihm
Meine Syring' hingab, wie anmutvoll er mich küßte!

Komatas
Lakon, die Nachtigall streitet fürwahr nicht wohl mit der Elster,
Noch mit dem Wiedhopf füglich der Schwan — Armseliger Zänker!

Morson
Stille gebiet ich dem Schäfer nunmehr. Hiermit, o Komatas,
Schenkt dir Morson das Lamm. Doch wann du den Nymphen es opferst,
Sende dem Morson auch des leckeren Fleisches ein Stückchen.

Komatas
Ja, das send ich beim Pan! Hellauf, ihr Böcke! nun soll mir
Jubeln die Herde zumal! Ich selbst, ich lache die Haut mir
Über den Schäfer da voll, den Lakon! Hab ich ihm doch noch
Abgewonnen das Lamm! Ich möcht in den Himmel ja springen!
Macht euch lustig, o Ziegen, ihr hörnergeschmückten! Ich führe
Morgen euch alle gesamt zum Bad im Quell Sybaritis.
— Heda, du Weißbalg dort, du stößiger, wo du mir anrührst
Eine Geiß, ich schlage dich lahm, noch eh ich den Nymphen
Schlachte das Lamm. — Da ist er schon wieder! Nun, wenn dir das hingeht
Diesmal, will ich Melanthios heißen und nimmer Komatas!

VI

DIE RINDERHIRTEN

Daphnis, der Hirt, und Damötas weideten einst auf demselben
Platze die Rinder zusammen, Aratos. Der eine war rötlich
Schon um das Kinn, wo dem andern noch Milchhaar sproßt'. An
der Quelle
Jetzo sitzend im Sommer am Mittag, sangen sie beide.
Daphnis zuerst hub an, denn zuerst auch bot er die Wette.

Daphnis
Schau, Polyphemos! da wirft Galateia die Herde mit Äpfeln
Dir, und Geißhirt schilt sie dich, „o du stockiger Geißhirt!"
Doch du siehst sie nicht an, Unseliger; sondern du sitzest
Nur süß flötend für dich. O sieh, da wirft sie schon wieder,
Nach dem Hüter der Schafe, dem Hund; der bellet und blicket
Starr in das Meer, und es zeigen die Nymphe die lieblichen
Wellen,
Sanft am Gestad aufrauschend, wie unter der Flut sie daher-
Gib nur acht, daß er ihr nicht gar in die Füße noch fahre, [läuft.
Wann aus dem Meer sie steigt, und den blühenden Leib ihr
zerfleische!
Lüstern schon läßt sie von selbst sich herbei, und spielt, wie der
Distel
Trockenes Haar sich wiegt, wann der liebliche Sommer es dörret;
Bist du zärtlich, sie flieht, unzärtlich, und schau, sie verfolgt dich.
Ja von der Linie rückt sie den Stein. Denn, weißt du, die Liebe
Nimmt ja was unschön ist gar oft für schön, Polyphemos.
Jetzo hub auch Damötas sein Vorspiel und den Gesang an.

Damötas
Ja, beim Pan, ich hab es gesehn, wie sie warf in die Herde!
Nicht fehl schaute mein Süßes, mein Einziges (das mir auch blei-
Lebenslang, so verhoff ich, und Telemos trage das Unglück [bet
Selber nach Haus, der böse Prophet, und behalt es den Kindern!)
Aber ich ärgre sie wieder dafür und bemerke sie gar nicht,
Sag auch, ein anderes Mägdelein hätt ich. Wenn sie das höret,
Päan! wie eifert sie dann und zergrämt sich! wild aus der Meer-
flut
Springt sie hervor und schaut nach der Höhle dort und nach der
Herde.

Ließ ich doch selber den Hund auf sie bellen. Denn als ich sie
                                                            liebte,
Pflegt' er freundlich zu winseln, die Schnauz an die Hüften ihr
                                                            legend.
Sieht sie mich also tun, vielleicht da schickt sie noch Boten
Mir auf Boten. Doch schließ ich die Tür, bis die schwört, daß sie
                                                            selber
Hier auf der Insel mir köstlich das Brautbett wolle bereiten.
Traun, ich bin von Gestalt auch so unhold nicht, wie sie sagen.
Denn ich schaut in das Meer unlängst, wie es ruhig und still war:
Schön da stellte mein Bart sich dar, auch mein einziger Lichtstern
Ließ ganz schön, wie mir wenigstens daucht', und es strahlten,
                                                          gespiegelt,
Weißer die Zähne zurück wie Schimmer des parischen Marmors.
Daß kein schädlicher Zauber mir beikäm, spuckt ich mir dreimal
Gleich in den Busen. Die alte Kotyttaris lehrte mich solches.

Hiermit endigend küßte Damötas den Daphnis; die Pfeife
Schenkt' ihm dieser, und er ihm die künstliche Flöte dagegen.
Pfeifend stand nun Damötas, es flötete Daphnis der Stierhirt,
Und rings tanzeten jetzt im üppigen Grase die Kälber.
Sieger jedoch war keiner, denn fehllos sangen sie beide.

XI

DER KYKLOP

Gegen die Liebe, mein Nikias, ist kein anderes Mittel,
Weder in Salbe, noch Tropfen, so deucht es mir, außer der Musen
Kunst. Ihr Balsam, so mild und lieblich, erzeuget sich mitten
Unter dem Menschengeschlecht, obwohl nicht jeder ihn findet.
Doch du kennst ihn, mein ich, genau: wie sollt es der Arzt nicht,
Und ein Mann, vor vielen geliebt von den neun Pieriden.

Also schuf der Kyklop sich Linderung, unseres Landes
Alter Genoß, Polyphemos, der glühete für Galateia,
Als kaum jugendlich Haar ihm keimt' um Lippen und Schläfe.
Rosen vertändelt' er nicht, und Äpfel und Locken: er stürmte
Hitzig aufs Ziel gradaus, und alles vergaß er darüber.
Oftmals kehrten die Schafe von selbst in die Hürden am Abend

Heim aus der grünenden Au; doch er, Galateia besingend,
Schmachtete dort in Jammer am Felsengestade voll Seemoos,
Frühe vom Morgenrot, und krankt' an der Wunde, die Kypris
Ihm, die erhabene, gab mit dem Pfeil, tief innen im Herzen.
Aber er fand, was ihm frommte; denn hoch auf der Jähe des
Felsens
Saß er, den Blick zum Meere gewandt, und hub den Gesang an:

„O Galateia, du weiße, den Liebenden so zu verschmähen!
Weiß wie geronnene Milch, und zart von Gestalt wie ein Lämm-
chen,
Und wie ein Kalb mutwillig, und frisch wie die schwellende
Traube!
Immer nur kommst du so her, wenn der süße Schlaf mich um-
fänget,
Und gleich eilst du hinweg, wenn der süße Schlaf mich entlässet.
Ja du entfliehst wie ein Schaf, das eben den graulichen Wolf sah.
— Damals liebt ich bereits dich, Mägdelein, als du mit meiner
Mutter das erstemal kamst, Hyakinthosblumen zu pflücken
In dem Gebirg, ich war es ja, welcher die Wege dir nachwies.
Seitdem möcht ich dich immer nur anschaun, immer! es läßt mir
Keine Ruh; doch du, beim Zeus, nichts achtest du, gar nichts!
Ich weiß schon, holdseliges Kind, warum du mich fliehest:
Weil mir über die Stirn durchweg sich die borstige Braue
Streckt, ein mächtiger Bogen von einem Ohr zu dem andern,
Drunter das einzige Aug, und die breite Nas auf der Lefze.
Aber auch so, wie ich bin, ich weide dir Schafe bei tausend,
Und die fetteste Milch mir zum Leibtrunk melk ich von ihnen.
Käs auch mangelt mir nie, im Sommer nicht oder zur Herbstzeit,
Noch im härtesten Frost, schwervoll sind die Körbe beständig.
Auch die Syringe versteh ich, wie keiner umher der Kyklopen,
Wenn ich, o Honigapfel, dich sing und daneben mich selber,
Oft noch spät in der Nacht. Auch elf Hirschkälbchen dir füttr ich
Auf, mit Bändern am Hals, und dazu vier Junge der Bärin.
Ei, so komm doch zu mir! du sollst nicht schlechter es finden.
Laß du das blauliche Meer wie es will aufschäumen zum Ufer;
Lieblicher soll dir die Nacht bei mir in der Höhle vergehen.
Lorbeerbäume sind dort und schlank gestreckte Zypressen,
Dunkeler Efeu ist dort, und ein gar süßtraubiger Weinstock;
Kalt dort rinnet ein Bach, den mir der bewaldete Ätna
Aus hellschimmerndem Schnee zum Göttergetränke herabgießt.

O wer wählte dafür sich das Meer und die Wellen zur Wohnung?
Aber wofern ich selber zu haarig dir dünke von Ansehn,
Hier ist eichenes Holz und reichliche Glut in der Asche:
Schau, gern duld ich's, und wenn du die Seele sogar mir versengtest,
Oder mein einziges Auge, das Liebste mir, was ich besitze!
— Weh, o hätte die Mutter mich doch mit Kiemen geboren!
Zu dir taucht ich hinab, und deckte mit Küssen die Hand dir,
Wenn du den Mund nicht gäbst. Bald silberne Lilien brächt ich,
Bald zartblumigen Mohn, mit purpurnem Blatte zum Klatschen.
(Aber es blühn ja im Sommer die einen, die andern im Winter,
Drum nicht alle zugleich dir könnt ich sie bringen die Blumen.)
Aber nun lern ich — gewiß, o Kind, ich lerne noch schwimmen!
Wenn seefahrend einmal mit dem Schiff anlandet ein Fremdling;
Daß ich seh, was es Süßes euch ist, in der Tiefe zu wohnen.
— Komm heraus, Galateia! und bist du heraus, so vergiß auch,
So wie ich, der am Strand hier sitzt, nach Hause zu kehren.
Weide die Herde zusammen mit mir, und melke die Schafe,
Gieße das bittere Lab in die Milch, und presse dir Käse.
— Meine Mutter allein ist schuld, und ich schelte sie billig;
Niemals sprach sie dir noch ein freundliches Wörtchen von mir vor,
Und doch sah sie von Tage zu Tag mich weniger werden.
Aber nun sag ich, mir klopf und mir zuck es im Haupt und in beiden
Füßen, damit sie sich gräme, dieweil ich selber voll Gram bin.
— O Kyklop, Kyklop! wo schwärmete dir der Verstand hin?
Wenn du gingest und flöchtest dir Körb und brächtest den Lämmern
Abgeschnittenes Laub, wahrhaftig, da tätest du klüger.
Melke das stehende Schaf! was willst du dem flüchtigen nachgehn?
Du kannst mehr Galateien, vielleicht noch schönere, finden.
Laden mich doch oft Mädchen genug zu nächtlichen Spielen.
Geh ich einmal mit ihnen, das ist ein Jubeln und Kichern!
Traun, ich gelte schon auch in unserem Lande noch was."

Also linderte sich damals Polyphemos die Liebe
Durch den Gesang, und schaffte sich Ruh, die mit Gold nicht erkauft wird.

XIV

DIE LIEBE DER KYNISKA

Äschines
Vielmal sei mir gegrüßt, o Thyonichos!

Thyonichos
Sei es mir gleichfalls, Äschines!
Äschines
Endlich einmal!

Thyonichos
Wieso? Was hast du für Kummer?

Äschines
Hier geht's nicht zum besten, Thyonichos.

Thyonichos
Darum so mager
Auch, und so lang dein Bart und so wild und struppig die
Unlängst kam so einer hieher, ein Pythagoreer, [Locken!
Übelsichtig und unbeschuht: er sei aus Athene,
Sagt' er; es war ihm an Brot, wie mich dünkt, am meisten
gelegen.
Äschines
Du kannst scherzen, o Freund! — Mich höhnt die schöne Kyniska.
Rasend macht es mich noch! kein Haarbreit fehlt, und ich bin es!

Thyonichos
Immer derselbe, mein Äschines, bist du! — ein wenig zu hitzig,
Geht nicht alles nach Wunsch. Nun, sage, was gibt es denn
Neues?
Äschines
Wir, der Argeier und ich, und dann der thessalische Reiter
Apis, auch Kleunikos, der Soldat, wir tranken zusammen
Jüngst auf dem Lande bei mir. Zwei Hühnlein hatt ich
geschlachtet,
Und ein saugendes Ferkel; auch stach ich biblinischen Wein an,
Lieblichen Dufts, vierjährig beinah und wie von der Kelter.

Zwiebeln auch tischte ich auf und Schnecken; ein herrlicher
                                                    Trunk war's.
Nachgehnds schenkte man lautern ein, auf Gesundheit zu
                                                    trinken,
Wessen man wollte, nur war man die Namen zu nennen ver-
                                                    pflichtet;
Und wir riefen sie laut und tranken, wie jedem beliebte.
Sie — kein Wort! Ich daneben! Wie meinst du, daß mir zumut
                                                    war?
„Bist du stumm?" — „Du sahest den Wolf!" — scherzt' einer —
                                                    „Wie witzig!"
Sagte sie, ganz glutrot! Du konntest ein Licht an ihr zünden.
Lykos, ja, *er* ist der Wolf! des Nachbars Knabe, des Labas,
Schlank gewachsen und zart, es halten ihn viele für reizend.
In *den* ist sie verliebt zum Sterben! Die rührende Liebe!
Mir kam unterderhand einmal auch etwas zu Ohren;
Aber ich Tor, dem der Bart nur umsonst wuchs, forschte nicht
                                                    weiter.
— Jetzo stieg uns vieren der Wein schon wacker zu Kopfe,
Als der Larisser aufs neu sein Lied vom Wolfe mir anhub —
Ganz ein thessalischer Spaß —, der Bube! Doch meine Kyniska
Brach in ein Weinen dir aus, wie kaum sechsjährige Mädchen,
Wenn sie stehn und hinauf in den Schoß der Mutter verlangen.
Da — du kennst mich, Thyonichos — schlug ich ihr grimmig die
                                                    Backe,
Rechts und links. Sie nahm ihr Gewand nur zusammen und
                                                    eilend
Lief sie hinaus. „Gefall ich dir nicht, du schändliche Dirne?
Taugt dir ein anderer besser zum Schoßkind? Geh denn und
                                                    hege
Deinen Knaben! Wie werden ihm süße die Tränelein dünken!"
Als wie die Schwalbe, die unter dem Dach den Jungen nur eben
Ätzung gebracht, mit Eile zurückfliegt, wieder zu holen,
So, und schneller noch, lief sie vom weichgepolsterten Sessel
Weg, durch den Hof und zur Pforte hinaus, so weit sie der Fuß
                                                    trug.
Fort ist der Stier in den Wald! so heißet es hier nach dem
                                                    Sprüchwort.
Zwanzig Tage, dann acht, und neun, zehn Tage dazu noch,
Heut ist der elfte; noch zwei, und es sind zwei völlige Monat,

Seit auseinander wir sind, und ich nicht thrakisch mein Haar
schor.
Ihr ist Lykos nun alles; zu Nacht wird dem Lykos geöffnet;
Wir, wir gelten nun nichts, wir werden nun gar nicht gerechnet:
Megarer — ganz armselig und klein, von allen verachtet!
Könnt ich nur kalt dabei sein, noch wäre nicht alles verloren;
Aber so bin ich die Maus, die Pech, wie sie sagen, gekostet,
Weiß auch nirgend ein Mittel, unsinnige Liebe zu heilen!
— Simos indes, der vordem Epichalkos' Tochter geliebt hat,
Ging ja zu Schiff und kehrte gesund, mein Jugendgenosse.
Ich auch stech in die See, der schlechteste unter den Kriegern
Nicht, und auch nicht der beste vielleicht, doch zähl ich mit
andern.

Thyonichos
Möge dir, was du beginnst, nach Herzenswunsche gelingen,
Äschines. Aber wofern du gewillt, in die Fremde zu wandern,
Schau, da wär Ptolemäos. Er lohnet die Wackeren fürstlich,
Ist voll Huld, und ein Musenfreund, einnehmend, bezaubernd;
Seine Freunde, die kennt er, und besser noch sie, die es *nicht*
sind.
Schenkt an viele so viel und gewährt dem Bittenden willig,
Wie es Königen ziemt; du mußt nur um *alles* nicht bitten,
Äschines. Lüstet dich's nun, dir rechts um die Schulter das
Kriegskleid
Anzuschnallen und, strack auf die Füße gestemmet, dem Anlauf
Dich des beschildeten Streiters beherzt entgegenzustellen,
Dann nur gleich nach Ägyptos! — Es setzt an den Schläfen das
Alter
An bei jedem zuerst, dann schleichen die bleichenden Haare
Uns in den Bart: drum Taten getan, da die Kniee noch grünen!

XV

DIE SYRAKUSERINNEN AM ADONISFEST

Gorgo
Ist Praxinoa drin?

Eunoa
O Gorgo, wie spät! Sie ist drinnen. —

Praxinoa
Wirklich! du bist schon hier? — Nun, Eunoa, stell ihr den Sessel!
Leg auch ein Polster darauf.

Gorgo
Es ist gut so.

Praxinoa
Setze dich, Liebe.

Gorgo
Ach! halbtot, Praxinoa, bin ich! Lebensgefahren
Stand ich aus, bei der Menge des Volks und der Menge der
Wagen!
Stiefel und überall Stiefel, und nichts als Krieger in Mänteln!
Dann der unendliche Weg! Du wohnst auch gar zu entfernt mir.

Praxinoa
Ja, da hat nun der Querkopf ganz am Ende der Erde
Solch ein Loch, nicht ein Haus, mir genommen, damit wir doch
ja nicht
Nachbarn würden; nur mir zum Tort, mein ewiger Quälgeist!

Gorgo
Sprich doch, Beste, nicht so von deinem Dinon; der Kleine
Ist ja dabei. Sieh, Weib, wie der Junge verwundert dich an-
Lustig, Zopyrion, herziges Kind! sie meinet Papa nicht. [guckt!

Praxinoa
Heilige du! ja, er merkt es, der Bube. — Der liebe Papa der!
— Jener Papa ging neulich (wir sprechen ja immer von neulich),
Schmink und Salpeter für mich aus dem Krämerladen zu holen,
Und kam wieder mit Salz, der dreizehnellige Dummkopf!

Gorgo
Gradeso macht es der meine, der Geldabgrund Diokleidas!
Sieben Drachmen bezahlt' er für fünf Schafsfelle noch gestern:
Hundshaar, schäbige Klatten! nur Schmutz, nur Arbeit auf
Arbeit!
— Aber nun lege den Mantel doch an, und das Kleid mit den
Spangen!

Komm zur Burg Ptolemäus', des hochgesegneten Königs,
Dort den Adonis zu sehn. Etwas Prachtmäßiges, hör ich,
Gebe die Königin dort.

Praxinoa
Reich macht bei den Reichen sich alles.

Gorgo
Wer was gesehn, kann dem und jenem erzählen, der nichts sah.
Komm, es ist Zeit, daß wir gehn.

Praxinoa
Sei's! Stets hat der Müßige Festtag.
Eunoa, nimm mein Gespinst. So leg es doch, Träumerin, wieder
Mitten im Zimmer da hin! Weich liegen die Katzen ja gerne.
Rühr dich! Wasser geschwind! — Nein, *Wasser* ja brauch ich
am ersten!
Bringt sie mir Seife! Nun, gib! — Halt ein — Unmäßige! gieß
doch
Nicht so viel! Heillose, was mußt du den Rock mir begießen!
— Jetzt hör auf! Wie's den Göttern gefiel, so bin ich gewaschen.
Nun, wo steckt denn der Schlüssel zum großen Kasten? So hol
ihn.

Gorgo
Einzig, Praxinoa, steht dies faltige Spangengewand dir.
Sage mir doch, wie hoch ist das Zeug vom Stuhl dir gekommen?

Praxinoa
Ach! erinnre mich gar nicht daran! Zwei Minen und drüber,
Bar; und ich setzte beinah mein Leben noch zu bei der Arbeit.

Gorgo
Aber auch ganz nach Wunsche geriet sie dir.

Praxinoa
Wahrlich, du schmeichelst.
— Gib den Mantel nun her, und setze den schattenden Hut mir
Auf nach der Art. Nicht mitgehn, Kind! Bubu da! das Pferd
beißt!
Weine, solange du willst; zum Krüppel mir sollst du nicht
werden. —

Gehn wir denn. — Phrygia, spiel indes mit dem Kleinen ein
                                                    wenig;
Locke den Hund in das Haus und verschließ die Türe des
                                                    Hofes. —

Götter! o welch ein Gewühl! Durch dieses Gedränge zu kom-
                                                    men,
Wie und wann wird das gehn? Ameisen, unendlich und zahllos!
Viel Preiswürdiges doch, Ptolemäos, danket man dir schon,
Seit bei den Himmlischen ist dein Vater. Es plündert kein
                                                    schlauer
Dieb den Wandelnden mehr, ihn fein auf ägyptisch beschlei-
Wie vordem aus Betrug zusammengelötete Kerle,   [chend,
All' einander sich gleich, durchtriebenes, freches Gesindel!
— Süßeste Gorgo, wie wird es uns gehn! Da kommen des Königs
Prunkpferd', siehst du? — Mein Freund, mich nicht übergeritten,
                                                    das bitt ich! —
Ha, der unbändige Fuchs, wie er bäumt! Du verwegenes
                                                    Mädchen
Eunoa, wirst du nicht weichen? Der bricht dem Reiter den Hals
O nun segn ich mich erst, daß mir der Junge daheim blieb! [noch.

Gorgo
Faß dich, Praxinoa, Mut! wir sind schon hinter den Pferden;
Jene reiten zum Platze.

Praxinoa
Bereits erhol ich mich wieder.
Pferd' und eisige Schlangen, die scheut ich immer am meisten,
Von Kind an. O geschwind! Was dort ein Haufen uns zuströmt!

Gorgo
Mütterchen, wohl aus der Burg?

Alte
Ja, Kinderchen.

Gorgo
Kommt man denn auch noch
Leichtlich hinein?

Die Alte
Durch Versuche gelangten die Griechen nach Troja,
Schönstes Kind; durch Versuch ist alles und jedes zu machen.

Gorgo
Fort ist die Alte, die nur mit Orakelsprüchen uns abspeist!
Alles weiß doch ein Weib, auch Zeus' Hochzeit mit der Hera.
— Sieh, Praxinoa, sieh, was dort ein Gewühl um die Tür ist!

Praxinoa
Ach, ein erschreckliches! — Gib mir die Hand! Du, Eunoa, fasse
Eutychis an, und laß sie nicht los, sonst gehst du verloren.
Alle mit einmal hinein! Fest, Eunoa, an uns gehalten! —
Wehe mir Unglückskind! Da riß mein Sommergewand schon
Mitten entzwei, o Gorgo! — Bei Zeus, und soll es dir jemals
Glücklich ergehen, mein Freund, so hilf mir und rette den
Mantel!

Erster Fremder
Ja, wer's könnte! Doch sei es versucht.

Praxinoa
Ein greulich Gedränge!
Stoßen sie nicht wie die Schweine?

Der Fremde
Getrost! nun haben wir Ruhe.

Praxinoa
Jetzt und künftig sei Ruhe dein Los, du bester der Männer,
Daß du für uns so gesorgt! — Der gute, mitleidige Mann der! —
Eunoa steckt in der Klemme! Du Tröpfin! frisch! mit Gewalt
durch!
— Schön! wir alle sind drin! so sagt zur Braut, wer sie einschloß.

Gorgo
Hier, Praxinoa, komm: sieh erst den künstlichen Teppich!
Schau, wie lieblich und zart! Du nähmst es für Arbeit der Götter.

Praxinoa
Heilige Pallas Athene, wer hat die Tapeten gewoben?
Welcher Maler dazu so herrlich die Bilder gezeichnet?

Wie natürlich sie stehn, wie in jeder Bewegung natürlich!
Wahrlich beseelt, nicht gewebt! Ein kluges Geschöpf ist der
 Mensch doch!
Aber er selber, wie reizend er dort auf dem silbernen Ruhbett
Liegt, und die Schläfe herab ihm keimet das früheste Milchhaar!
Dreimal geliebter Adonis, der selbst noch im Hades geliebt wird!

Zweiter Fremder
Schweigt doch, ihr Klatschen, einmal! Könnt ihr kein Ende noch
 finden?
Schnattergänse! Wie breit und wie platt sie die Wörter verhunzen!

Gorgo
Mein! was will doch der Mensch? Was geht dich unser Geschwätz
Warte, bis du uns kaufst! Syrakuserinnen befiehlst du? [an?
Wiß auch dies noch dazu: wir sind von korinthischer Abkunft,
Gleichwie Bellerophon war; wir reden ja peloponnesisch;
Doriern wird's doch, denk ich, erlaubt sein, dorisch zu sprechen?

Praxinoa
O so bewahr uns vor einem zweiten Gebieter, du liebe
Melitodes! Nur zu! Du streichst mir den ledigen Scheffel.

Gorgo
Still, Praxinoa! Gleich nun fängt sie das Lied von Adonis
An, die Sängerin dort, der Argeierin kundige Tochter,
Die den Trauergesang auf Sperchis so trefflich gesungen.
Sicherlich macht die's fein. Schon richtet sie schmachtend ihr
 Köpfchen.

Die Sängerin
Herrscherin! die du Golgos erkorst und Idalions Haine,
Auch des Eryx Gebirg, goldspielende du, Aphrodita!
Sage, wie kam dir Adonis von Acherons ewigen Fluten
Nach zwölf Monden zurück, im Geleit sanftwandelnder Horen?
Langsam gehn die Horen vor anderen seligen Göttern;
Aber sie kommen mit Gaben auch stets und von allen ersehnet.
Kypris, Dionas Kind, du erhobst, so meldet die Sage,
In der Unsterblichen Kreis, die sterblich war, Berenika,
Hold Ambrosiasaft in die Brust der Königin träufelnd.
Dir zum Dank, vielnamige, tempelgefeierte Göttin,

Ehrt Berenikas Tochter, an Liebreiz Helenen ähnlich,
Ehrt Arsinoa heut mit allerlei Gaben Adonis.
Neben ihm liegt anmutig, was hoch auf dem Baume gereifet;
Neben ihm auch Lustgärtchen, umhegt von silbergeflochtnen
Körben, auch goldene Krüglein, gefüllt mit syrischen Düften;
Auch des Gebackenen viel, was Fraun in den Formen bereitet,
Mischend das weißeste Mehl mit mancherlei Würze der Blumen,
Was sie mit lieblichem Öle getränkt und der Süße des Honigs.
Alles ist hier, das Geflügel der Luft und die Tiere der Erde.
Grünende Laubgewölbe, vom zartesten Dille beschattet,
Bauete man: und oben als Kinderchen fliegen Eroten,
Gleichwie der Nachtigall Brut, von üppigen Bäumen umdunkelt,
Flattert umher von Zweig zu Zweige, die Fittiche prüfend.
Sehet das Ebenholz! und das Gold! und den reizenden Schenken,
Herrlich aus Elfenbein, vom Adler entführt zu Kronion!
Auf den purpurnen Teppichen hier (noch sanfter wie Schlummer
Würde Milet sie nennen und wer da wohnet in Samos)
Ist ein Lager bereitet, zugleich dem schönen Adonis.
Hier ruht Kypris, und dort mit rosigen Armen Adonis.
Achtzehn Jahre nur zählt ihr Geliebtester, oder auch neunzehn;
Kaum schon sticht sein Kuß, noch säumet die Lippen ihm Gold-
Jetzo mag sich Kypris erfreun des schönen Gemahles. [haar.
Morgen tragen wir ihn, mit der tauenden Frühe versammelt,
Alle hinaus in die Flut, die heraufschäumt an die Gestade:
Und mit fliegendem Haare, den Schoß tief bis auf die Knöchel,
Offen die Brust, so stimmen wir hell den Feiergesang an:
 „Holder Adonis, du nahst bald uns, bald Acherons Ufern,
Wie kein anderer Halbgott, sagen sie. Nicht Agamemnon
Traf dies Los, noch Aias, der schrecklich zürnende Heros,
Hektor auch nicht, von Hekabes zwanzig Söhnen der erste,
Nicht Patroklos, noch Pyrrhos, der wiederkehrte von Troja,
Nicht die alten Lapithen und nicht die Deukalionen,
Noch die Pelasger, die grauen, in Pelops' Insel und Argos.
Schenk uns Heil, o Adonis, und bring ein fröhliches Neujahr!
Freundlich kamst du, Adonis, o komm, wenn du kehrest, auch
freundlich!«

Gorgo

Unvergleichlich! dies Weib, Praxinoa! Was sie nicht alles
Weiß, das glückliche Weib! und wie süß der Göttlichen Stimme!
Doch es ist Zeit, daß ich geh; Diokleidas erwartet das Essen.

Bös ist er immer, und hungert ihn erst, dann bleib ihm vom Leibe!
— Freue dich, lieber Adonis, und kehre zu Freudigen wieder!

XVI

DIE CHARITEN

Immer bedacht sind die Töchter des Zeus und immer die Sänger,
Götter zu feiern, zu feiern den Ruhm großherziger Männer.
Himmlische sind sie, die Musen, und Himmlische singen von
    Göttern,
Wir sind Sterbliche nur, und Sterbliche singen von Menschen.
Wer von allen doch nun, so vielen der bläuliche Tag scheint,
Öffnet unseren Chariten wohl, und nimmt sie mit Freuden
Auf in das Haus, und schickt sie nicht ohne Geschenke von dan-
    nen?
Murrend kehren sie wieder mit nackten Füßen nach Hause,
Schelten bitter auf mich, daß umsonst den Weg sie gewandert;
Und mit Verdruß dann wieder am Boden des ledigen Kastens
Harren sie, niedergebeugt auf die kalten Knie das Antlitz.
Dort ist ihr trauriger Sitz, wenn gar nichts frommte die Sen-
    dung.
  Sagt, wo ist noch ein Freund? wer liebt den rühmenden Sänger?
Nein, nicht trachten die Männer, um herrliche Taten wie vor-
    mals
Jetzo gepriesen zu sein, sie beherrscht nur schnöde Gewinnsucht.
Jeglicher hält im Busen die Hand, und sinnt, wie das Geld ihm
Wuchere; traun, er verschenkte nicht *ein* verrostetes Scherflein;
Sondern da sagt er gleich: „Mir ist näher das Knie wie das
    Schienbein!
Hab ich nur selber etwas! Den Dichter, ihn segnen die Götter!
Aber was brauchen wir ihn? für alle genug ist Homeros.
Der ist der beste der Dichter, der nichts von dem Meinen davon-
    trägt."
Toren! was nützen euch denn im Kasten die Haufen des Goldes?
Das ist nicht der Gebrauch, den Verständige machen vom Reich-
    tum;
Sondern dem Herzen ein Teil und ein Teil den befreundeten
    Dienern!
Gutes an vielen Verwandten und vielen der anderen Menschen

Tun; allzeit auch mit Opfern der Götter Altäre besuchen;
Nimmer dem Gast ein kargender Wirt sein, sondern ihn reichlich
Pflegen am Tisch, und entlassen, wann selbst er zu gehen ver-
Aber in Ehren zuerst die heiligen Priester der Musen! [langet.
Daß du, verborgen in Aïdes' Nacht, noch werdest gepriesen,
Und nicht ruhmlos traurest an Acherons kalten Gestaden,
Gleichwie ein Mann, dem die Hände vom Karst inwendig ver-
          schwielt sind,
Weinet sein Los, die väterererbte, die klägliche Armut.
Einst in Antiochos' Haus und des mächtigen Fürsten Aleuas
Holten sich viele die Monatskost, dienstpflichtige Leute;
Viel auch einst, in die Ställe der edeln Skopaden getrieben,
Brülleten Kälber daher, um hochgehörnete Kühe;
Und auf den Fluren um Krannon zu Tausenden ruhten im
          Mittags-
Schatten die trefflichen Schafe der gastlich gesinnten Kreonden:
Aber die Freude daran ist hin, da das liebliche Leben
Weg ist, die Seele den Kahn des traurigen Greises bestiegen.
Namlos jetzo, wieviel und wie Köstliches auch sie verließen,
Lägen auf ewig sie unter dem Schwarm unrühmlicher Toten,
Wenn nicht der keïsche Sänger, der machtvoll sang und bezau-
Zur vielsaitigen Laute, sie noch für die kommenden Alter [bernd
Hätte verherrlicht; es teilten den Ruhm die hurtigen Rosse,
Die mit Kränzen zurück von den heiligen Spielen gekehret.
Auch der Lykier Helden, wer kennte sie? wer die umlockten
Priamiden? und wer den mädchenfarbenen Kyknos,
Wenn kein Dichter die Schlachten der Vorzeit hätte gesungen?
Auch nicht Odysseus, der umirrete hundertundzwanzig
Monde bei jeglichem Volk, und zum äußersten Aïdes einging,
Lebend annoch, und den Küsten entrann des kyklopischen Un-
          holds,
Freute sich dauernden Ruhms; Eumäos wäre, der Schweinhirt,
Lange verschollen, Philötios auch, der den Herden der Rinder
Treu vorstand, ja sogar der hochbeherzte Laertes,
Hätte sie nicht der Gesang des ïonischen Sängers erhoben.
   Nur durch die Musen erwächst den Menschen der herrliche
          Nachruhm.
Aber die Schätze der Toten verprassen die lebenden Erben.
Doch es ist ebenso schwer, am Strande die Wellen zu zählen,
Wenn sie vom blaulichen Meere der Wind zum Gestade daher-
          treibt,

THEOKRIT

Oder im schimmernden Quell den tonigen Ziegel zu waschen,
Als zu dem Manne zu sprechen, den ganz hinnahm die Gewinn-
                                                         sucht.
Mag er doch gehn! und mag sein Geld sich häufen unendlich,
Und die Begierde nach mehr ihm rastlos zehren am Herzen,
Ich will lieber die Ehr und die freundliche Liebe der Menschen
Haben, als viele Gespanne von Rossen und Mäuler in Haufen.
  Unter den Sterblichen wer, o sagt mir, heißet willkommen
Mich in der Musen Geleit? Denn schwer sind die Pfade des Lie-
Ohne Kronions Töchter, des mächtig waltenden Gottes.   [des
— Stets noch führet der Himmel im Kreislauf Monden und Jahre,
Manch ein Roß auch wird noch das Rad umrollen am Wagen.
Einst wird kommen der Mann, dem not ist meines Gesanges,
Wann er vollbracht, was Achilleus der Held und der trotzige
Dort in des Simoïs Flur am Mal des phrygischen Ilos.   [Aias
Schon seh ich den Phöniker, der nah an der sinkenden Sonne
Wohnt, auf der äußersten Ferse von Libya, schreckvoll starren;
Schon, schon gehn Syrakuser, die Speer' an der Mitte des
                                                       Schaftes
Tragend, einher, um die Arme mit weidenen Schilden belastet!
Hieron selbst in dem Heer, an Gestalt wie Heroen der Vorwelt,
Strahlet von Erz, auf dem Helme die schattende Mähne des
                                                         Rosses.
  Wenn doch, o Zeus, ruhmvoller! und Pallas Athen', und o
Die du, der Mutter gesellt, habseliger Ephyräer   [Tochter,
Große Stadt dir erkorst an der Lysimeleia Gewässern:
Wenn ihr böses Verhängnis die Feinde doch würf aus der Insel,
Durch das sardonische Meer, daß der Freunde Geschick sie er-
                                                         zählten,
Fraun und Kindern daheim, ein zählbarer Rest von so vielen!
O wenn wieder die vorigen Bürger die Städte bewohnten,
Welche zu Schutt und Trümmern die Hände des Feindes ver-
                                                         kehrten!
Würden die grünenden Fluren gebaut! und möchten der Schafe
Zahllos wimmelnde Scharen, auf grasiger Weide gemästet,
Blöken durchs Tal, und die Rinder, am Abende heim in die
                                                         Hürden
Kehrend, zur Eil antreiben den langsam schreitenden Wandrer!
Würden die Brachen gepflügt zur Einsaat, wann die Zikade,
Ruhende Hirten belauschend am Mittag, singt in der Bäume
Wipfel ihr Lied! O dehnte die Spinn ihr zartes Gewebe

Über die Waffen doch aus, und verschwände der Name des
                                                  Schlachtrufs!
Trügen dann Hierons hochgefeierten Namen die Dichter
Über das skytische Meer, und hin, wo die riesige Mauer
Festigend einst mit Asphalt, Semiramis herrschte, die große.
Einer der Dichter sei *ich*! Doch lieben die Töchter Kronions
Auch viel andre, die alle Sikeliens Quell Arethusa
Singen, zusamt dem Volk, und Hierons herrliche Stärke.
  Minysche Huldgöttinnnen, geheiliget von Eteokles,
Die ihr Orchomenos liebt, die verhaßte vordem den Thebäern,
Laßt, wenn keiner uns ruft, mich zurückstehn, doch in des
                                                  freundlich
Rufenden Wohnung getrost mit unseren Musen mich eingehn!
Nimmer doch laß ich von euch! Denn was bleibt Holdes den
                                                  Menschen
Ohne die Chariten? Möcht ich nur stets mit den Chariten leben.

XXVIIIb

DIE SPINDEL

(In bekannterem Silbenmaße)

O Spindel, Wollefreundin, Angebind
Der blaugeaugten Göttin du, den Fraun
Gewidmet, deren Sinn auf Häuslichkeit
Gestellt ist, komm nunmehr getrost mit mir
Zu Neleus' glanzerfüllter Stadt, allwo
Aus zartem Schilfgrün Kypris' Tempel steigt.
Dorthin erbitten wir von Vater Zeus
Uns schönen Fahrwind, daß ich bald des Freunds
Von Angesicht mich freuen möge, selbst
Auch ein willkommner Gast dem Nikias,
Den sich die Chariten zum Sohn geweiht,
Die lieblichredenden. Dann leg ich ihr,
Der Gattin meines Freundes, in die Hand
Zur Gabe dich, aus hartem Elfenbein
Mit Fleiß geglättete. Wohl künftighin
Vollendest du gar manch Gespinst mit ihr,
Zu männlichen Festkleidungen, auch viel
Meerfarbne zarte Hüllen, wie die Fraun

Sie tragen. Zweimal müssen jedes Jahr
Der Lämmer Mütter auf der Au zur Schur
Die weichen Vliese bringen, damit ja
Der nettfüßigen Theugenis so bald
Die Arbeit nicht ausgehen mag; sie liebt,
Was kluge Frauen lieben. In das Haus
Der unwirtschaftlich Müßigen hätt ich
Dich nimmermehr gebracht, o Landsmännin.
Dein Heimatort ist jene Stadt, die einst
Der Ephyräer Archias erbaut,
Das Mark Trinakrias, der Edeln Sitz.
Sofort nun Hausgenossin jenes Manns,
Des Kunst so manches feine Mittel weiß,
Das von den Menschen böse Krankheit scheucht,
Im lieblichen Miletos wohnest du,
Im Kreis der Ionier: daß Theugenis
Bei andern Weibchen ihres Volks die Schön-
Gezierte mit der Spindel heißen soll,
Und daß du ihren Gast ihr allezeit,
Den Liederdichter, ins Gedächtnis rufst.
Da sagt zum andern einer, der dich sieht:
„Wieviel ein klein Geschenk doch gelten kann!
So wert ist alles, was von Freunden kommt."

ANAKREON

und die sogenannten

ANAKREONTISCHEN LIEDER

Revision und Ergänzung der J. Fr. Degenschen Übersetzung
mit Erklärungen

Vorwort

Die sogenannten Anakreontischen Lieder wurden bekanntlich lange Zeit mit größter Vorliebe in den modernen Sprachen behandelt und gelesen. Unter den ältern Verdeutschungen hat sich vornehmlich die noch im Jahre 1821 zu Leipzig in eleganter Ausstattung wieder aufgelegte Arbeit von Joh. Fried. Degen ausgezeichnet, und dies in solchem Grade, daß geschmackvolle Kenner neuerdings der Meinung waren, es fehle ihr nur eine sorgfältige Revision, um sich noch heute neben jeder andern zu behaupten. Man glaubte daher den deutschen Lesern nicht besser als eben durch eine solche, im Einverständnis mit dem Eigentümer des Degenschen Werkchens unternommene Bearbeitung dienen zu können. Dabei sollte vor allem der echte Anakreon so weit möglich in einer charakteristischen Auswahl seiner Überreste, die bis jetzt außerhalb der philologischen Welt noch wenig gekannt sind, repräsentiert werden. Der Unterzeichnete, dem dieses doppelte Geschäft zufiel, hatte demnach zuvörderst jene von Degen nicht berücksichtigten Fragmente, desgleichen die Epigramme neu zu übertragen — eine Bemühung, welche man neben G. Thudichums ausgewählten Proben (Die Griech. Lyriker. Stuttg. 1859) sehr überflüssig finden wird; doch konnte er sich ihr nicht wohl entziehen. Hiebei hat er, was den Text, die Feststellung der Metren und die Erklärung anbelangt, Th. Bergks* und Schneidewins** Arbeiten benützt. Nicht weniger

---

* Anacreontis carminum reliquiae. Lips. 1834. — Poetae lyrici graeci. Lips. 1852.
** Delectus poesis Graecorum elegiacae, iamb., mel. Gotting. 1839.

kam ihm die Bergksche Ausgabe der griech. Lyriker auch für die Anakreontea nebst jener von Friedr. Mehlhorn (Glog. 1825) zustatten; fürs Biographische und anderes der betreffende Artikel von Fr. Jacobs in Erschs und Grubers Enzyklopädie, sowie Bernhardys Grundriß der Gr. Litt.; zur Erklärung und Beurteilung ferner die Welckerschen Abhandlungen im Rhein. Museum, 3. Jahrg., und dessen Kleine Schriften 1. und 2. Bd.; endlich besonders K. Bernh. Starks Quaestionum Anacreonticarum libri duo, Lips. 1846. In der hiernächst folgenden Einleitung, wie in den Noten zu den einzelnen Nummern, sind unter anderem die Erörterungen dieses Kritikers in freiem, gedrängtem Auszuge wiedergegeben, ohne daß der Name überall hinzugefügt wäre, deswegen solches hier im allgemeinen dankbar bezeugt sein soll. Was der Herausgeber da und dort von eigenen Bemerkungen eingemischt hat, kommt kaum in Betracht alle dem gegenüber, was er den eben genannten oder anderwärts namhaft gemachten Gelehrten und überdies der Paulyschen Real-Enzyklopädie schuldig ist. Inwieweit es ihm aber gelang, die verdienstvolle Leistung des ältern Übersetzers zu verbessern, kann nur eine nähere Vergleichung beider Büchlein zeigen. Die Änderungen betreffen hin und wieder die Lesarten und den Sinn, weit häufiger den Ausdruck und Wohllaut. Wenn Degen in einem Teile der Lieder von dem griechischen Versmaß abwich, so ist dies durch die Natur unserer Sprache gewiß hinlänglich gerechtfertigt. Die genaue Nachbildung der fraglichen Formen ist eine längere Reihe von Versen hindurch ohne fühlbaren Zwang nicht möglich, und der deutsche Leser würde dem Herausgeber gewiß den fleißigsten Versuch hierin nicht danken.

Stuttgart, Ostern 1864.

M.

Einleitung

Lebensumstände und Schriften des Dichters

Anakreon aus Teos, einer ansehnlichen Handelsstadt in jenem gesegneten Küstenstriche Ioniens, ist nach der gewöhnlichen Annahme im Jahre 559 vor Chr. geboren. Sein Vater soll Skythinos geheißen haben; doch werden auch andere Namen genannt. Zur

Zeit als Kyros, der Perserkönig, Vorder- und Mittelasien unterwarf und sein Feldherr Harpagos Teos erobert hatte, verließ (um 540) ein Teil der Einwohner die Stadt, um in Thrakien die Kolonie Abdera neu zu gründen. Ob Anakreon schon damals mit den Eltern oder erst viel später dorthin gezogen, ist nicht ausgemacht; jedenfalls war sein großes Talent noch in der Ausbildung begriffen, sein Ruf als Dichter aber bereits von Bedeutung, als er — wie sich aus einer lückenhaften Stelle in den Reden des Himerios nach Welckers Ergänzung ergibt — von dem Vater des jungen Polykrates zu dessen Unterricht nach Samos berufen wurde, und zwar auf Bitten des Sohnes selbst, der an Musik und Dichtung Freude hatte, und welchen denn sein Lehrer wie Phönix den Achilleus (dies Beispiel wird in gedachter Stelle gebraucht) zu Wort und Tat erzog.

Polykrates bemächtigte sich, wie bekannt, nachmals (im J. 532) mit der äußersten Kühnheit und dem unmenschlichsten Verfahren selbst gegen seine Nächsten der Herrschaft über sein freies Vaterland, und wußte sich darin durch eine schlaue Politik, zugleich von einem erstaunlichen Glück in allem, was er unternahm, begleitet, elf Jahre zu behaupten. Er empfahl sich den Bürgern, indem er sie zu Wohlstand und Reichtum kommen ließ, und entfaltete mit einem ungeheuern Aufwand für öffentliche Bauten, Kunstwerke, Büchersammlung usw. nicht etwa nur eine eitle Prachtliebe, vielmehr erwies er sich als wirklicher Freund jeder höheren Art von Kultur. Nicht umsonst trug er jenen berühmten Siegelring mit einer von Theodoros dem Samier in Smaragd geschnittenen Lyra. Anakreons Gesellschaft aber war ihm vor jeder ähnlichen — auch Ibykos von Rhegion verweilte einige Zeit bei ihm — unentbehrlich geworden.

In der Üppigkeit und dem Glanze dieses Hofes fand nun das Naturell des Teïers ein überfließend reiches Element. Dem Fürsten selber war bei der Unruhe seiner Regierung, seinen kriegerischen Unternehmungen und der steten argwöhnischen Sorge um die Sicherheit seiner Macht ein gleichmäßig abwechselnder Genuß des Lebens nicht vergönnt. Polykrates hielt eine Auswahl schöner, zum Teil in musischen Künsten unterrichteter Edelknaben, und diese Seite seiner Vergnügungen verfehlte nicht, auch auf Anakreon einen starken, bei ihm jedoch weit seelenvoller gemischten Reiz auszuüben. Er genoß die Zuneigung und das Vertrauen des Tyrannen in ungewöhnlichem Maße, ohne darum seinen Charakter verleugnen zu müssen. Das Verhältnis erhielt sich, obgleich vorübergehende Störungen nicht ausbleiben konnten, bis zum Tode des Polykrates ungeschwächt, was bei dem einen Teile eine seltene Liberalität, welche dem Genius die volle Freiheit läßt, wie beim andern große Klugheit, aber keineswegs notwendig die Schmeichelei eines Hofpoeten voraussetzt, wenn schon er auf das, was ihm an dem Fürsten preiswürdig erschien, bei jeder Gelegenheit ein helles Licht geworfen haben wird. Als Beweis für die Sinnesart eines weisen Mannes, der sich in glücklicher Unabhängigkeit fühlt, kann uns die Anekdote gelten, wonach ihm Polykrates einst zwei Talente (5500 fl.) geschenkt, die er mit der Entschuldigung zurückgegeben, ein solcher Besitz würde ihm den Schlaf rauben. Bedeutend ist die andere von Herodot gegebene Notiz, daß, als der Abgesandte des persischen Statthalters Orötes, durch dessen Arglist Polykrates nachher umkam, von diesem empfangen wurde, Anakreon zugegen gewesen, woraus zuerst Lefèbre schloß, er habe auch an Staatsgeschäften Anteil gehabt.

Nach dem unglücklichen Ende seines Gönners (522, also etwa im siebenunddreißigsten Lebensjahre des Dichters), war für ihn kein Aufenthalt in Samos mehr, wo alles sofort in die größte Verwirrung geriet. Ein zweites glänzendes Asyl tat sich — wie lang nach jener Katastrophe und wo indes sein Bleiben war, ist unbekannt — in Athen für ihn auf. Einer der beiden Söhne des Peisistratos, welche nach dessen Tode die Herrschaft daselbst hatten, der kunstliebende Hipparchos, lud ihn zu sich und ließ ihn feierlich auf einem fünfzigruderigen Schiffe abholen. Er war den beiden Fürsten vermutlich durch einen früheren Besuch von Samos aus bereits nähergekommen.

Die mehrjährige Dauer auch dieser Verbindung beweist nur abermals die Vielgewandtheit des geistreich geselligen Mannes, die jeder Forderung gewachsen war. Unter anderem mag sein Talent zu Verherrlichung der festlichen Mahle und Aufzüge, wodurch die Peisistratiden sich berühmt machten, als in Athen der Luxus überhandnahm, mehrfältig in Anspruch genommen worden sein. Sonst weiß man von seinem dortigen Leben, daß er mit den vornehmsten Familien Umgang gehabt, besonders mit Xanthippos, Vater des Perikles, sowie mit Kritias, dem Sohne des Archon Dropides, der ein Verwandter und inniger Freund Solons gewesen und dessen edles Haus von Solon und andern Dichtern belobt wurde. Unter den letztern wird auch der unsere genannt. Endlich ist zu bemerken, daß gleichzeitig mit ihm Simonides von Keos (vgl. Fragm. 14. Anmerk.) als Gast bei dem Tyrannen lebte.

Nun aber (514, acht Jahre nach Polykrates) fiel Hipparch durch die Hände des Harmodios und Aristogeiton; worauf Anakreon schwerlich länger in Athen verblieb. Über den weitern Verlauf seines Lebens hat man keine sichern Nachrichten. Bergk läßt ihn zunächst seine Zuflucht nach Teos nehmen und bei der zweiten Einnahme der Stadt durch die Perser nach Abdera gehen. Er erreichte ein Alter von fünfundachtzig Jahren und starb — wie einige wollen in Teos — der Sage nach an einem Rosinkern erstickt, was man am besten mit Teuffel als den symbolischen Ausdruck des Gedankens erklärt, daß der Gott, dem er diente, Dionysos, ihn zu sich genommen. Die Teïer errichteten ihm Bildsäulen und setzten sein Bild auf ihre Münzen. Eine derselben zeigt ihn in sitzender Figur mit dem Barte und die Leier schlagend; eine andere aufrecht stehend, nackt, mit beigeschriebenem Namen. (Die Abbildung dieser Münzen s. in den Abhandlungen der philol. histor. Klasse der k. Sächs. Gesellsch. der Wissensch. III. Bd. Leipz. 1861, bei O. Jahns Abhandl. über Darstellungen griech. Dichter auf Vasenbildern.) Auf der Akropolis zu Athen stand nach Pausanias (I, 25) seine eherne Bildsäule nahe bei der seines Freundes Xanthippos, ein Mann mit Zeichen von Trunkenheit singend*.

* Die hiermit von Pausanias angedeutete Haltung erinnert notwendig an drei Epigramme der griech. Anthologie auf ein Bild des Dichters (Anth. Planud. IV, 306—308), von denen eines der beiden dem Leonidas von Tarent zugeschriebenen hier nach Jacobs' Übersetzung Platz finden möge.

> Sieh, wie dem Greis Anakreon vom Wein berauscht
> Die Füße wanken, wie bis zu den Knöcheln ihm
> Der Mantel nachschleppt! Von den Schuhen hat er nur
> Den einen noch, den andern ließ er irgendwo.
> Der Laute goldne Saiten schlagend singet er
> Batyllos' Liebreiz oder des Megistëus.
> Trag Sorge, Bakchos, daß der trunkne Greis nicht fällt!

Alle drei Epigramme enthalten dieselben Motive. Das andere des Leonidas erwähnt noch des feuchten Blicks, worin nicht nur die Erregung des Weins, sondern auch der sehnsüchtigen Liebe ausgedrückt ist, deren Lied man von seinen Lippen zu vernehmen glaubte. Der Fuß hat ebendaselbst das Beiwort ῥιχνός, welches Jahn nicht, wie gewöhnlich, als *runzlig* versteht, vielmehr werde dadurch der unsichere

Eine schöne Marmorstatue Anakreons wurde im J. 1835 bei Montecalvo in der Sabina gefunden, die sich in der Villa Borghese befindet*.

Nach dem einstimmigen Zeugnisse des Altertums war die Poesie Anakreons einzig dem berauschenden Genusse des Lebens geweiht; dennoch sprechen die einsichtsvollsten Schriftsteller von dem sittlichen Werte derselben mit hoher Anerkennung. So wie Sokrates — sagt einer seiner großen Bewunderer, der platonische Maximos Tyrios —, so liebte auch der teïsche Dichter jede schöne Gestalt, und pries sie alle, und seine Lieder sind voll von des Smerdies schönem Gelock und Kleobulos' Augen und der Jugendblüte Bathylls: dabei aber bemerke man seine Zucht (σωφροσύνην): — mit diesen Worten wird auf die Stelle Fragm. 17 (unserer Auswahl) verwiesen; zugleich auf eine andere Zeile, worin Anakreon ausspricht: schön sei es, in der Liebe was recht und ziemlich einzuhalten (Bergk Lyr. gr. Anacr. fragm. 120); und endlich folgt noch das Zitat Fragm. 16. — In Beziehung auf seine Trinklieder nimmt Athenäos die Mäßigkeit des Dichters gegen die Menge in Schutz, die nicht wisse, daß er nüchtern Trunkenheit dichte. Überhaupt nennen die Alten seine Gesänge neben ihrer Lieblichkeit auch würdevoll (σεμνά), und einer der Tischgenossen Plutarchs, indem er den Gebrauch tadelt, die Dialogen Platons mit dem Nachtische zu mischen, setzt hinzu: auch wenn Sapphos und Anakreons Lieder gesungen würden,

Schritt der aus irgendwelcher Ursache schwach gewordenen Füße bezeichnet. Welcker (Kleine Schr. I. S. 266) nahm an den starken Zügen dieser Epigramme, besonders an jenem ῥικνός, so großen Anstoß, daß er glaubte, sie seien frei erfunden, ohne sich auf eine wirkliche Statue zu beziehen, und rührten nicht von dem Tarentiner Leonidas, sondern dem späteren Alexandriner her. Jahn dagegen macht es wahrscheinlich, daß die Gedichte wirklich eine nähere Beschreibung des athenischen Bildwerks geben.

* Wir enthalten uns nicht, Jahns Schilderung der Borghesischen Statue mitzuteilen; wobei nur vorausbemerkt sei, daß einige Teile derselben, namentlich die Finger der linken Hand und die Lyra, restauriert sind.

Auf einem stattlichen, von Löwenfüßen gestützten Sessel sitzt hier der bejahrte Dichter, die Füße übereinandergeschlagen, an welchen Sandalen mit zierlichem Riemenwerk befestigt sind. Ein Mantel von starkem, derbem Zeug — wohlgewählt für das höhere Alter, das wärmerer Kleidung bedarf — verhüllt den Unterkörper. Der eine von der rechten Schulter herabgeglittene Zipfel ist über den Schoß gesunken.

würde er aus Achtung und Scheu den Becher niedersetzen. Er heißt nicht bloß „der anmutige", „der süße" (ἥδιστο5, μελιχρός), sondern bei Platon u. a. auch „der weise" (σοφός), in solchen Verbindungen, wo von Kunstfertigkeit allein nicht die Rede sein kann. Bei diesen Eigenschaften seiner Muse ist der von Maximos ihr nachgerühmte mildernde Einfluß auf den Sinn des Polykrates nicht unmöglich.

Daß Anakreons fürstliche Gönner, die ersten Gründer von Bibliotheken, für Sammlung seiner Schriften werden Sorge getragen haben, darf man wohl für gewiß annehmen. Wie lange sich aber dieselben erhielten, muß dahingestellt bleiben. Bekannt ist, daß die Gelehrten in Alexandrien ihren Fleiß auch diesem Dichter widmeten. Sie nahmen ihn in ihren Kanon der neun größten Lyriker auf, und Aristarchos selbst besorgte eine Ausgabe, die wahrscheinlich nach Rom gelangte, wo sich seine Wirkung auf die lateinischen Dichter zuerst an Catullus bewies. Bald aber

Dies ist die natürliche Folge von der Bewegung des rechten Arms, welcher vorgestreckt ist, damit die Hand mit dem Plektron die Saiten der Leier berühre, welche die erhobene Linke von der anderen Seite her oben an den Hörnern berührte, so daß dieser Arm das Gewand festhalten konnte. Mit dem Kopf macht er eine Wendung seitwärts, welcher auch der Oberkörper folgt, wodurch nicht nur die ganze Haltung lebendiger wird, sondern die für den Liebesdichter bezeichnende Vorstellung, daß er sein Lied an einen Anwesenden richte, im Beschauer hervorgerufen wird. Die Meisterschaft, mit welcher in dem nackten Oberkörper die viridis senectus anschaulich gemacht ist, steigert sich in dem lebendigen Ausdruck des bärtigen Kopfes, welcher mit dem unverkennbaren Charakter des Alters so viel Geist und Gemüt vereinigt, daß eine ganz eigentümliche, hochbedeutende Individualität mit unwiderstehlicher Anziehungskraft hervortritt.

Die Statue ist mit Brunns Erklärung publiziert in den Annali dell' Instituto di corrisp. archeol. XXXI, p. 155 ff. Monum. ined. d. Instit. Vol. VI, tav. 25. Der Kupferstich in Fol. gibt wenigstens von dem herrlichen Kopf eine vollkommene Vorstellung. — Nach Brunns Ansicht ist das Original der Borghes. Statue dasselbe, welches Pausanias gesehen und das die Epigramme beschreiben. Allein mit Recht behauptet Jahn, diese Beschreibung passe nur auf eine stehende oder vielmehr vorwärtsschreitende Gestalt.

Eine andere Darstellung des Anakreon, welche durch eine Anspielung auf eine bedeutsame Begebenheit seines Lebens ihn charakterisiere, hat Sam. Birch auf einem Vasenbilde zu finden geglaubt (Observation on the figures of Anacreon and his dog etc. Lond. 1845). Auf einer in Vulci gefundenen Amphora des Britischen Museums nämlich ist scheint er durch die wachsende Menge griechischer und römischer Nachahmer in Vergessenheit geraten zu sein, und es ist zweifelhaft, ob seine Poesieen in ihrer Integrität bis auf die Zeiten herab kamen, wo byzantinische Priester (im 4. Jahrh.) die lyrischen und komischen Dichter verbrannten.

Die uns erhaltenen echt Anakreontischen Reste bestehen leider fast durchaus nur in kleinen Bruchstücken, die als gelegenheitliche Zitate bei verschiedenen Schriftstellern, bei den Grammatikern Athenäos, Hephästion u. a. vorkommen. Doch reicht das wenige hin, von der hohen Vortrefflichkeit dieser Gedichte einen Begriff zu geben. Was wir zu deren näherer Charakteristik hier zu sagen haben, verbinden wir am füglichsten mit der Besprechung jener unter dem Titel „Anakreontea" bekannten Liedersammlung, welche den größten Teil der gegenwärtigen Blätter anfüllt und deren Verhältnis zu den unbezweifelten Reliquien des Dichters uns vorzüglich beschäftigen wird.

auf der einen Seite ein mit Lorbeer bekränzter Mann, nackt bis auf die über die Arme geschlungene Chlamys vorgestellt, der im Vorwärtsschreiten die Leier spielt und mit stark zurückgelehntem Kopfe laut dazu singt; neben ihm läuft ein kleiner Hund her. Auf der andern Seite ist ein efeubekränzter, ebenfalls bis auf die Chlamys nackter Jüngling dargestellt, der auf der linken Schulter eine Amphora trägt, die er mit der linken Hand hält und, indem er die Rechte in die Seite stemmt, rüstig vorwärts schreitet. Den Grund, bei diesem Leierspieler an Anakreon zu denken, fand Birch in dem Hündchen, welches ihn begleitet, indem er an eine von Tzetzes (Chiliaden IV, 131, 234 ff.) erzählte Anekdote erinnert, nach welcher einst Anakreon, von einem Sklaven und seinem Hund begleitet, nach Teos gegangen sei, um Einkäufe zu machen; unterwegs habe der Sklave im Gebüsch die Geldbörse abgelegt und als er weiterging, liegen lassen, der Hund aber sei, um sie zu bewachen, zurückgeblieben und bei der Rückkehr des Herrn sterbend vor Hunger neben dem treu behüteten Gelde gefunden worden. Allein diese auf den ersten Blick sehr ansprechende Deutung, welche auch mehrere Gelehrte gebilligt haben, ist auf ein unsicheres Fundament begründet, denn ohne Zweifel hat Tzetzes eine von Älian (Tiergeschichten VII, 29) erzählte Anekdote nur aus Mißverständnis auf Anakreon übertragen, während sie von einem unbekannten Kaufmann aus Kolophon berichtet wird. Aber selbst wenn das Geschichtchen bessere Gewähr für Anakreon hätte, würden sich Bedenken gegen die Richtigkeit der Deutung erheben, indem die Darstellung keineswegs eine vereinzelte ist, sondern sich mit mancherlei Modifikationen auf mehreren Vasenbildern wiederholt. (Zu allen diesen Anmerkungen s. das Nähere bei Jahn in der angeführten Abhandl.)

Die Sammlung der Anakreonteen, wie sie heutzutage vorliegt, hat zwei Quellen: die erste Ausgabe von Henr. Stephanus, Paris 1554, und die später entdeckte Pfälzische (Heidelbergische) Handschrift der Anthologie des Konstantinos Kephalas oder den Codex Palatinus, dem jene Gedichte (Manuskript vom 10. Jahrh.) angehängt waren. Im Jahre 1623, nach der Einnahme von Heidelberg, kam dieser Kodex mit andern kostbaren Handschriften der dortigen Bibliothek in die vatikanische nach Rom, 1797 nach Paris, von wo er 1815 an Heidelberg zurückgegeben wurde, aber ohne den Anakreontischen Anhang. Inzwischen hatten Spaletti und Levesque den Text des Kodex, der schon von Stephanus benützt worden war, wiedergegeben, und ihre Ausgaben müssen seither die verlorene Handschrift ersetzen.

Von Bedeutung für die Kritik ist der alte Titel dieser Sammlung; er verheißt: „Trinklieder Anakreons in Hemijamben und Anakreontische Gedichte (ἀνακρεόντεια)", also Altes mit Jüngerem vermischt. Die Absicht, eine Auswahl verwandter Lieder von verschiedenen Verfassern zu geben, geht überdies aus dem Umstand hervor, daß am Anfang zwei Stücke mit dem Namen eines dieser Dichter bezeichnet sind.

Vermöge ihres allgemein menschlichen, leicht faßlichen Inhalts erhielten die Anakreontischen Liedchen seit ihrem Erscheinen in der Ausgabe des Stephanus überall unerhörten Beifall. Sie wurden nicht bloß fast in alle neueren Sprachen übersetzt: bei unsern deutschen Dichtern des vorigen Jahrh. ward ihre Nachahmung völlig zur Mode, und die sittlichsten, nüchternsten Männer erschienen mit der neu-teïschen Leier im Arm beinahe in ihr Gegenteil verwandelt. Damals bezweifelte nicht leicht jemand die Originalität dieser Muster, ungeachtet schon sehr frühe (1557) ein namhafter italienischer Kritiker, Franc. Robortello, ohne freilich im einzelnen sein hartes Urteil zu begründen, sie samt und sonders für abgeschmackte Tändeleien einer spätern Zeit erklärt hatte. In gleichem Sinne unerbittlich verfuhr mit ihnen der Holländer Corn. de Pauw (gest. 1799), ein übrigens nicht sehr tief gehender Philolog, der sich in einseitigem Tadel gefällt. Weit unbefangener faßte der feine Lefèbre (Tanaquillus Faber, gest. 1672), Vater der gelehrten Anna Dacier, die Sammlung von seiten ihres dichterischen Wertes an. Den meisten Gelehrten imponierte der anakreontische Titel dermaßen, daß ein Barnes die größten Anstrengungen machte, dem Text um jeden Preis den Dialekt des Ioniers durchgängig aufzuzwingen, und andere, wie Baxter, die gröbsten Fehler des Metrums, die offenbarsten Ungereimtheiten des Inhalts rechtfertigen wollten. Rich. Bentley, eine der ersten Autoritäten, erklärte im allgemeinen vieles für apokryph. In einem von Brunck mitgeteilten Briefe schreibt er 1711 aus Anlaß einer Anfrage über Nr. 48: non pauca etiam sunt spuria, quae a genuinis dignoscere paucorum erit hominum. F. A. Wolf in den Vorlesungen über griech. Lit. urteilt: Die mehrsten Stücke sind von seculo 3 an und sind nachahmerische Spielwerke. Eben daselbst (um 1800) spricht er von der monotonischen Leier, worin das Ganze fortlaufe. Das allerwenigste erkennt auch Gottfr. Hermann für echt. Während sodann Mehlhorn sich begnügt, nur die gewiß unechten Stücke zu bestimmen, deren er dreißig ausfindet, hebt Welcker noch immer 9—11 Nummern hervor, die er, jedoch nicht alle mit gleicher Bestimmtheit, auch einige nur dem Gehalte nach, dem Anakreon zuspricht. Dagegen verwirft wieder Bergk die ganze Sammlung ohne Unterschied, und Bernhardy sagt: Nichts weist in ältere, d. h. vorchristliche, Jahrhunderte zurück; — — die Mehrzahl mag wenig vor Justinian entstanden sein, als der Betrieb erotischer oder gesellschaftlicher Versifikation die feinsten und zugleich die gewöhnlichsten Köpfe beschäftigte.

Die sehr üble Stimmung der deutschen Philologie gegen das Ganze dieser Gedichte, gegen Geist und Art derselben ist, wie Welcker sagt, aus dem Gefühl und Geschmack zuerst und am meisten, und zwar nachdem hierin Joh. Friedr. Fischer den Ton angegeben hatte, entsprungen, eine Stimmung, deren Widerstreit nicht bloß gegen das Urteil der vorzüglichsten unter den älteren Philologen (z. B. Brunck), gegen das eines Lessing und einer ganzen früheren Literaturperiode, sondern auch gegen die Stimmen bedeutender ausländischer Dichter und anderer Gebildeten unserer Zeit Befremden und Neugierde erregen muß. Unter der zuletzt genannten Klasse darf man Th. Moore und Esaias Tegnér auszeichnen. Jener, der durch die wenigstens zehnmal aufgelegte Übersetzung des Anakreon zuerst seinen Namen berühmt gemacht hat, steht nicht an, die Anakreontea für die gebildetsten Überbleibsel des Altertums zu erklären. Der schwedische Dichter schrieb in Lund im Jahr 1801 eine Dissertation (Vita Anacreontis), worin er die Frage der Unechtheit ablehnend die Gedichte preist und einen fast durchgängig belehrenden und bildenden Charakter derselben behauptet.

Über Anakreons Poesie und die sog. Anakreontea

Es werden von den Alten hauptsächlich vier Arten der Lyrik, denen Anakreon sich widmete, genannt: die hymnische, melische, iambische, elegische Dichtung. Von jeder sind uns Proben überliefert: von den *Hymnen* gleich die beiden ersten Nummern unserer Auswahl. Sie waren wohl meist nicht von allgemeinem Charakter, vielmehr verwoben sie, nach Bernhardys Ausdruck, die Götter subjektiv in die Sehnsucht und die flüchtigen Wünsche des Herzens.

Die *melische* Poesie — überhaupt der Elegie, dem iambischen Gedicht und dem Epigramm entgegengesetzt, insofern das Lied mit Begleitung eines Instruments, der Lyra, Kithar u. dgl., gesungen, niemals gelesen wurde — zerfiel in zwei Hauptarten, wovon die eine, die chorische Poesie, mit kunstreich gefügtem Strophenbau, von eigens eingeübten Chören gesungen und mit mimischem Tanze verbunden, durchaus zu öffentlichen Zwecken, bei festlichen Gelegenheiten, diente, die andere aber Lieder begreift, welche, von einzelnen oder mehreren zur Leier vorgetragen, entweder Zeile für Zeile in einerlei stets wiederholtem Silbenmaße leicht hinfließend, oder in knappen, nicht weit und künstlich angelegten Strophen die Gefühle des Dichters aussprachen. Diese zweite Art, das vorzugsweise sogenannte Melos, entwickelte seinen stofflichen Umfang ganz und entschieden nur erst vom Ende des 7. Jahrh. an, als die Gesangspoesie aus den engen Grenzen ihres Berufs für Staat und Religion, auf welche sie die Dorier beschränkten, allmählich in das mannigfaltige Gebiet des individuellen Lebens überging. Was einen jeden innerhalb seines nächsten Kreises in Freude oder Leid, in Liebe oder Haß bewegte, Großes und Kleines, Scherz und Humor, wie heiliger Ernst, die sämtlichen Verhältnisse des bürgerlichen Lebens, die Interessen der politischen Partei, die mancherlei Anlässe zum geselligen Vergnügen — dies alles umfaßte nunmehr die *Ode* — d. h. das sangbare Lied — der äolischen Dichter, das eben durch sein subjektives Wesen unserer modernen Lyrik nahekommt, dessen köstliche Blüte auf lesbischem Boden uns mit den Namen Alkäos und Sappho entgegentritt, zu dessen Schöpfung übrigens schon das vielumfassende Genie des Archilochos einen wirksamen Anstoß gegeben. Die sinnlich heftige Natur des eben genannten Volksstamms äußert sich besonders im Erotischen, und zwar mit ebensoviel Grazie und bündiger Plastik, als Kraft und Innigkeit. Nahe damit verwandt ist nun die Melik des Anakreon. Er repräsentiert den ionischen Geist, das klare, gewandte, für den feinsten Lebensgenuß empfängliche Wesen in seiner höchsten Durchbildung. Vor allem ist die Liebe der Gegenstand des Dichters; deshalb er auch von den Alten gewöhnlich mit Alkäos und Sappho zusammengestellt wird. Ungleich der letzteren jedoch geht er nicht völlig in dieser verzehrenden Leidenschaft auf. Einen großen Teil seiner Gesänge machten gesellige *Trinklieder* aus, Parönia, zu welchen als eine Spezies die Skolien gehören, kleine Liedchen, mitunter Impromptus, die je von den Geschicktesten mit mehrfältiger Variation des nämlichen Themas gesungen wurden. Die Skolien hatten öfters eine ethische Tendenz, wovon man etwa eine Spur in Nr. 25 u. 38 findet.

Sehr bezeichnend für Anakreons Individualität ist die Abteilung *Jamben*; eine Versform, die sich zum Ausdruck der verschiedenartigsten Stimmungen eignet, insonderheit jedoch der Satire und jeder lebhaften Polemik dient. Bei unserem Dichter mischt sich ein gesunder Hauch von Humor wohltätig mit ein. Begreiflich werden wir bei einem Freunde des Polykrates und der Peisistratiden auch in dieser Richtung nichts von dem politischen Eifer eines Alkäos und Archilochos suchen: beleidigte Liebe vielmehr hat ihm seine heftigsten Jamben diktiert. Daß er demungeachtet nicht gleichgültig gegen sein Vaterland war, beweist Fragm. 15 (und 27), wenn das natürlichste Gefühl bei einem Dichter seinesgleichen zweifelhaft sein könnte. Erwähnt mag hier noch im Vorbeigehn werden, daß die iambische Poesie von Hause aus dem ionischen Stamm angehörte, während in der melischen Anakreon sich an die Äolier anlehnte.

Von den *Elegieen*, die sich ihrem Inhalte nach, wie es scheint, den geselligen Liedern anschlossen, hat sich nur eine, Nr. 38, von Epigrammen mehreres Echte neben Fremdem erhalten.

In den „Anakreonteen" ist nun von allen den aufgezählten Dichtungsarten — wenn wir ein ganz elendes Machwerk von Hymnos (Edit. vulg. 62) ausnehmen — nur die Rubrik des *Lieds* vertreten. Wie sich hierin hinsichtlich des poetischen Gehalts die Sammlung zu den anerkannten Überresten verhält, werden wir sogleich sehen. Der Unterschied ist handgreiflich, am augenfälligsten in der Behandlung des Erotischen.

Was zuvörderst Anakreons Liebe zu schöner männlicher Jugend betrifft, so waren nach den Zeugnissen der Griech. Anthologie (s. oben S. 9) und des Maximos Tyrios (s. Fragm. 20. Anm.)

vor allen Bathyllos, Megistes und Smerdies von ihm gefeiert. Der erstere kommt in den Fragm. nicht zum Vorschein, wohl aber der zweite, und Smerdies ist unverkennbar bezeichnet. Außer diesen wird darin noch ein Kleobulos, Leukaspis und Simalos erwähnt. Von Mädchen sodann nennen die Alten Eurypyle öfter als seine Geliebte; in Nr. 10 spricht er selber von ihr. In Nr. 6 erscheint eine lesbische, in Nr. 39 eine thrakische Schöne, und Platon (im „Theages") weiß von einem Lied auf Kallikrite. In der Liebe war aber der Dichter sehr oft unglücklich. ($\varDelta v\sigma\acute{\varepsilon}\varrho\omega$-$\tau a\ \chi\acute{\varepsilon}\lambda v v$ nennt wohl eben in diesem Sinne Leonidas in einem Epigramm die Leier des Anakreon.) Nach den Fragmenten muß man sich ihn immer von Sehnsucht, Hoffnung, Schmerz und eifersüchtigem Groll umhergetrieben denken, und wenn sich auch dies alles in der vollständigen Sammlung der Gedichte, so wie im Leben um vieles anders ausgenommen haben mag, so wird doch jener Eindruck nicht ganz grundlos sein. Bernhardy sagt von der Knabengesellschaft am samischen Hofe, sie habe dem Dichter den Stoff zu einem künstlichen Spiel in den Formen eifersüchtiger Galanterie geliefert. Wir können dieser Anschauung des geistvollen Historikers nicht unbedingt beitreten. Der in Fragm. 20 berührte Streich des Polykrates traf gewiß die verwundbarste Seite des Dichters, und schwerlich konnte ein solcher Anlaß poetisch leicht oder heiter von ihm behandelt werden. Im ganzen halten wir diese begeisterten Lieder für das gereinigte Produkt wirklicher Leidenschaft oder des innigsten Herzensanteils. Jedenfalls aber ist bei ihm alles persönlich, durchaus erlebt, nichts aus dem Blauen hergeholt, kein trivialer Zug.

Ganz anders jene Sammlung. Hier wird von Knaben nur Bathyllos, in fünf Nummern, und dann ein Kybebes genannt. Ein Mädchenname findet sich nirgends, kaum daß einigemal (Nr. 31. 21. 3. 25) von einer bestimmten Person die Rede ist. Statt jener streng unterschiedenen, in die lebendigste Beziehung zum Dichter gesetzten Gestalten schwärmt es nur von einer unbestimmten großen Menge Knaben und Mädchen. Die Glut des Affekts ist in ein artiges, leichtfertiges Spiel der Sinnlichkeit verwandelt, und diesem ganz entsprechend sinkt Eros selbst, der gebietende Gott, der dort, mehr Jüngling als Knabe, mit Dionysos und den Nymphen auf Bergesgipfeln schweift, der ein andermal den Liebenden in fürchterlichen Schlägen die Kraft seines Armes fühlen läßt und ihn aus der Feuerhitze weg in den kalten Wildbach schleudert, nunmehr fast überall zu einem neckischen Knäbchen herab. Nur ganz in der Ordnung erscheint es daher, daß der Sammler diese Liebesgedichte unter dem Titel „Trinklieder" (συμποσιακά) aufstellte, sofern sie, durchschnittlich aller individuellen Züge bar, dem geselligen Vergnügen dienen sollten.

Bei den eigentlichen Trinkliedern ist eine spezifische Verschiedenheit der Anakreonteen und der Fragmente schwerer aufzuzeigen, da der Inhalt fast nur auf das Nächstgelegene, Ermunterung der Freunde, Lob des Weins und seines göttlichen Erzeugers geht; doch bieten die echten Bruchstücke immerhin einiges Eigentümliche dar. So gibt sich in Nr. 25, wo der Trinkende seine Genossen von skythischer Roheit abmahnt und ihnen schöne Gesänge beim Becher empfiehlt, die schon erwähnte Mäßigung des Dichters zu erkennen, womit auch die in Nr. 5 ausgedrückte Enthaltsamkeit im Wünschen stimmt. — Die Anakreontea haben bei einer ziemlich bunten Auswahl auf diesem fröhlichen Gebiete doch zugleich wieder eine lästige Eintönigkeit, dazu viel Künstliches, Gesuchtes, das gegen die Natürlichkeit und wahre Naivetät (ἀφέλεια) Anakreons gar sehr absticht. So z. B. Nr. 21. 22. 23. Oft ist der mild-kräftige Wein des Dichters in ihnen verdünnt bis zum Unkenntlichen. Wenn sie ihn ferner so gerne als Greis darstellen, so spricht er freilich auch in den Fragmenten mehrmals von seinem Alter, nie aber mit jener Gleichgültigkeit von dem Tode, wie sie uns dort so häufig aufstößt. Im grellsten Widerspruch damit stünde Fragm. 37, dessen Echtheit jedoch nicht ohne Grund in Zweifel gezogen wird. Wie ernsthaft aber klingt sein Notruf nach dem letztmöglichen Ausweg in Fragm. 21!

Hier sei uns eine Bemerkung Welckers einzuschalten erlaubt. Er setzt als natürlich voraus, daß die Lieder der langen späteren und spätesten Lebensperiode, obgleich auch von Wein und Liebe erfüllt, doch dem Geiste nach von denen aus dem rauschenden Leben in Samos und Athen sich sehr stark unterschieden. In ihnen, sagt er weiter, mag der Charakter sanfter Freude und Behaglichkeit eines poetischen Spiels mit der Lust und jener anmutigen und naiven Unschuld bei den freiesten Grundsätzen sich entwickelt haben, der diesen Dichter von allen unterschied und der späterhin wegen der Vorliebe dafür und vermöge der Nachahmungen aus einer Zeit, welcher die gewaltige Leidenschaft nicht mehr gemäß und entsprechend war, als alleiniger anakreontischer Stil aufgefaßt worden ist. — — Einen Begriff von dieser Klasse geben vorzüglich Fragm. 6, 29, 35 (Anakreont.

26); auch 16, 24, 25 möchten dahin gehören. (Welck. Rhein. Mus. Jahrg. 3. S. 149 f.)

Von dieser Seite allein kannte und malte früherhin Goethe in „Wanderers Sturmlied" den Dichter, zwar nur nach dem unsichern Bilde der vielbeliebten Sammlung, demungeachtet immer noch wahr und lieblich genug als den „tändelnden", „blumenglücklichen Anakreon".

Die Anakreontea enthalten eine Reihe von Darstellungen, die teils wirkliche oder gedachte Bildwerke zum Gegenstand haben, teils für sich selbst kleine Gemälde, doch ohne ein wahrhaft persönliches Motiv, ausmachen. Sie sind zierlich und gewissermaßen witzig, stehen aber eben dadurch unserem Meister und seiner bewegten Lyrik ganz ferne, wie denn die ganze Art nicht vor der Blütezeit der alexandrinischen Poeten aufkam; ja viele solcher Stücke scheinen nur aus aufgelösten Epigrammen in Julians und Justinians Zeitalter entsprungen. Dazu kommt noch, daß die Malerei, die zu Anakreons Zeit kaum ihre ersten Anfänge hinter sich hatte und noch ausschließlich bei Götterbildern blieb, nunmehr, nachdem sie aus den Tempeln auch in die Privathäuser eingekehrt war und sich von jenen hohen Gegenständen dem Menschlichen und Kleinen zugewendet hatte, sehr häufig den Anlaß zu derlei Gedichtchen gab. Uns gemahnen diese kleinen Bilder durch ihre lebhafte, lachende Farbe, ihre feine und weiche Behandlung, an gewisse rosige Niedlichkeiten der Porzellanmalerei, bei welcher eben wie hier ein schiefer Gedanke, ein Mangel in der Komposition oder Zeichnung durch das Bestechende des Kolorits für manches Auge völlig verschwindet.

Überhaupt fürchten wir, daß nach Abzug der wenigen Nummern, deren Echtheit sich verteidigen läßt, von den sämtlichen Anakreonteen nicht vieles übrigbleiben wird, was einen reinen Geschmack vollkommen befriedigen kann.

Inzwischen sind noch einige ganz wesentliche Punkte in Kürze zu besprechen. Zunächst der *Dialekt*.

Natürlich war Anakreon als Teïer schon, und weil er sein Leben zumeist in ionischen Städten zubrachte, auf die dort herrschende Mundart angewiesen, deren er sich nach dem Zeugnis der Alten bediente und die vermöge ihrer Weichheit eben seiner Muse vorzüglich angemessen war. Nun ist man zwar über die verschiedenen Dialekte und insbesondere über den hier in Frage stehenden, seiner Mehrfältigkeit und Wandelbarkeit wegen, noch zu wenig im klaren, als daß die Kritik von dieser Seite aus überall so leicht entscheiden könnte, was unserm Dichter zuzuschreiben sei, was nicht. Dessenungeachtet ist aus seinen unbezweifelt echten Überresten genugsam zu erkennen, welch hoher Grad von Reinheit in dieser Hinsicht seiner Schreibart zukommt. Wenn er allerdings auch Dorisches zuläßt, so geschieht es nur sehr selten, stets auf die mäßigste Weise und dem besondern Charakter, dem Ernst und der Würde des Inhalts gemäß, nie mit Vermischung beider Dialekte. Dagegen werden in den Anakreonteen dorische Formen höchst willkürlich mit ionischen vermengt, und wiederum vulgäre, sogar nur bei spätern Autoren vorkommende, neben epischen gebraucht. Dies buntscheckige Wesen, das in kleinen Gedichten desto unangenehmer auffällt, erklärt sich zunächst daher, daß die Dichter zu einer Zeit, wo man die einzelnen Mundarten längst nicht mehr sprach, sondern nur noch in zufälligem Durcheinander schrieb, das Ionische mit etwas Dorischem, des vollern Klanges wegen, gern versetzten. Sodann ist leicht zu denken, daß solche Liederchen, indem sie an den verschiedensten Orten, in ganz verschiedenen Perioden, immer gesungen von Mund zu Munde gingen, unmöglich ihre erste Gestalt behalten konnten. Überdies haben es auch die Bücherabschreiber nicht immer genau mit der Einhaltung des Dialekts genommen.

In anderweitiger grammatischer Beziehung kann bei dem kleinen Umfang der echt Anakreontischen Reste die Vergleichung mit den angefochtenen Liedern zu einem entscheidenden Urteil über den Ursprung derselben nicht sehr viel tun. Gewisse syntaktische Mängel jedoch, von welchen diese Lieder strotzen, beweisen immerhin genug für die spätere Abfassung der allermeisten.

Die bewundernswürdige Mannigfaltigkeit und Schönheit der *Versmaße* endlich, worin die Poesie der Griechen überhaupt und insbesondere ihre lyrische die andern Nationen alle bei weitem übertrifft, zeigt sich aufs glänzendste auch bei Anakreon. Wie die andern seinesgleichen, hat er sich seine Metra vielfach selbst geschaffen; sie wurden denn auch von den alten Grammatikern nach ihrem Erfinder benannt.

In unserer Auswahl finden sich Beispiele von folgenden Versarten.

I. *Glykonische* (von Anakreon eigentümlich behandelt): Nr. 1. 2. 3. 4. 5. 6. 7.

II. *Choriambische:* Nr. 8. 9. 10. 11. 12. 13. 14. (Der katalektische choriambische Trimeter — in Fragm. 14 mit iamb. Dipodie statt des ersten Choriambus — wird ausdrücklich als Anakreont. Metrum angegeben.) 15.

III. *Ionische.* [Während die äolischen Dichter den steigenden Ioniker in ganzer Gestalt festhalten mildert Anakreon gerne den Vers durch die Anaklasis oder Brechung.) Nr. 16. 17. 18. (letztere Nummer mit langer Vorschlagsilbe) 19. 20. 21. 22. 23. 24. 25. (Der katalekt. Dimeter — 24 und 25 — von den Alten als Anakreontisch bezeichnet.) Hierher würden auch die strittigen Tetrameter Nr. 37 gehören, die aber in der Übersetzung trochäisch behandelt sind.

IV. *Daktylische:* Nr. 26. — 27. 28. (Die beiden letzteren sind logaödisch.)

V. *Trochäische:* Nr. 29 (gewöhnlich als Dimeter eingeteilt und unter diesem Titel dem Anakreon zugeschrieben). 30. 11. 36.

VI. *Jambische:* Nr. 32. — 33. 34. 35. (Die letzteren Versmaße, akatalekt. und katalekt. Dimeter, dem Anakreon angehörig.)

Betrachten wir nunmehr die „Anakreontea" von seiten der Metrik. — Sie sind zum Teil strophisch gebaut und ihr Versmaß ist hauptsächlich ein zweifaches.

I. Der katalekt. *iambische* Dimeter; wie in Nr. 1 und vielen andern Stücken. Von Anakreon selbst ist nur das oben angeführte Beispiel Nr. 35 übrig.

II. Der katal. *ionische* Dimeter mit den Abwechslungen des steigenden Ionikers. Eben hier hat aber der Übersetzer auf die genaue Nachbildung der Originale verzichtet; namentlich sind die beiden kurzen Silben am Anfang vieler Gedichte mit Trochäen vertauscht worden, indem es unserer Sprache durchaus an zweisilbigen kurzen Wörtern, sowie an anapästischen fehlt.

In beiden Hauptversarten erscheinen diese Lieder fast ohne Ausnahme sehr kunstlos, arm und einförmig gegen Anakreons Formenreichtum. Sie werden aber außerdem in den spätern Zeiten nach und nach jeder klassischen Regel untreu, da die Herrschaft des Akzents aus der Sprache des täglichen Lebens auch in die der Poesie eindrang, so daß zuletzt nach keiner Quantität der Silben mehr gefragt wurde. Wir haben, mit Weglassung einiger Stücke dieser Art, ein Beispiel der geringsten Sorte in Nr. 12 aufgenommen, welches in sogenannten politischen Versen abgefaßt ist, wobei der Dichter bloß dafür sorgte, daß jede Verszeile von acht Silben den Akzent immer auf der vorletzten habe. — Hier ist nun auch noch der Alliteration zu erwähnen. Sie war wohl den Griechen nie ganz fremd, und auch Anakreon hat sie (z. B. Bergk Lyr. Nr. 1: ποιμαίνεις πολιήτας. Nr. 4: Ὦ παῖ παρθένιον. usw.); doch wandten die guten Schriftsteller, weit entfernt von der spielenden Neigung römischer Poeten, dergleichen mit Bewußtsein gewiß nur sparsam und gemäß den Sachen an, so daß man bei einem Gedichte, worin sie öfter erscheint, mit Sicherheit auf seine neuere Herkunft schließen darf; es wird dann stets aus einer Zeitperiode stammen, wo man der alten Musik und der alten Rhythmen nicht mehr gewohnt war und das Ohr jenen Gleichklang der Wörter, besonders an den Versausgängen — was also unserm Reim sehr nahe kommt — mit Wohlgefallen aufnahm. In den Anakreonteen fehlt es denn auch nicht an verschiedenen Beispielen dieses Mißbrauchs. Bei Anakreon selbst erkennen wir in Nr. 2 in den Worten: Κλευβούλῳ δ' ἀγαθὸς γένευ σύμβουλος etwas absichtlich Spielendes, das nicht zu loben sein möchte.

Eine allmähliche Entstellung der nicht sowohl abschriftlich, als vielmehr auf dem Wege des Gesangs lebendig fortgepflanzten „Trinklieder" des Anakreon muß schon frühzeitig angefangen haben. Dies lag in der Natur ihres geselligen Gebrauchs. Man sang bei den Gelagen das eine und das andere echte Lied, entweder insgesamt oder je nur einer, der Reihe nach oder außer der Ordnung, je nachdem die einzelnen sich mehr oder weniger auf die Sache verstanden. Dem einen Sänger war der Text nicht mehr vollkommen gegenwärtig, er ließ davon aus, ergänzte wie der Augenblick es ihm eingab, ein anderer brachte aus dem Stegreif etwas ganz Neues vor, das gefiel und bei Gelegenheit wiederholt wurde — so kamen zu derselben Zeit eine Masse Lieder von ähnlichem Inhalt und gleichem Versmaße in Umlauf, welche dann später alle auf Rechnung des alten Meisters gesetzt wurden. (Hiezu vergleiche man als Beispiel besonders Nr. 30 nebst der Anm.) Je weiter ab von der Epoche des klassischen Vorbilds, desto mehr verschliff und verdunkelte sich seine Eigentümlichkeit in den Liedern, bis endlich nur die äußerlichste Form und die allgemeinsten Gedanken von ihm übrigblieben.

Von dieser mehr nur zufälligen Reproduktion des Dichters unterscheidet sich die Tätigkeit der eigentlichen Nachahmer, die, wie man aus vereinzelten Spuren schließen darf, zu vielen Hunderten im griechisch-römischen Reiche aufgeschossen sein müssen. Wir bezeichnen die Epochen dieser Liederdichtung mit wenigem (nach Teuffel, Pauly R. Enz. 1. Bd. Neue Ausg. S. 944 f.).

Ihr ältester Sitz war wohl Alexandria. Nächstdem wurde sie in den christlichen Jahrhunderten zu Konstantinopel schwunghaft betrieben, und namentlich aus der Zeit des Julian und des Justinian kennen wir eine Reihe von Namen solcher Dichter. So verfaßten Gregor aus Nazianz, Basilios (s. Nr. 19 und 52 unserer Samml.) und Synesios ganz ähnliche Lieder, teilweise mit christlichem Inhalt. Dann im 6. Jahrh. Johannes aus Gaza, Prokopios, Timotheos, Julianos der Ägypter (s. Nr. 49), die Zeitgenossen der Epigrammatiker Paulus (Silentiarius) und Agathias. Weiterhin färbte sich diese Fabrikation immer byzantinischer.

Die christlichen Dichter bedienten sich der altbeliebten Formen, um die neue Lehre dem Volke desto leichter eingänglich zu machen, meist auf die armseligste Art. Synesios (ums Jahr 403 Christ geworden) will, wie er ankündigt,

> „Nach dem Liederspiel des Teïers,
> Nach dem lesbischen Gesange
> Nun in heiligeren Hymnen"

sich erheben, kann aber dabei nicht umhin, Gedanken und Ausdrücke von Anakreon zu borgen. Dasselbe ist der Fall bei Gregor von Nazianz, Maximos Margunios, Sophronios. Der letztere z. B. gebraucht besonders gerne das in den Anakreonteen so oft vorkommende Tanzen figürlich zu Bezeichnung der innerlichen Freude des Christen.

Also geschah es, daß ein schwacher Nachhall der bacchischen Lust unseres Dichters noch durch die Gesänge ging, die man in Klöstern und Kirchen zum Preise Gottes, Christi und Marias anstimmte.

ANAKREON

(Fragmente etc.)

Verzeichnis

Übers. Nr.		Bergk Anacr. carm. reliqu. Nr.	Bergk P. lyr. (melici XVII.) Nr.
1	An Artemis	1	1
2	An Dionysos	2	2
3	Knabe du mit dem Mädchenblick	4	4
4	Mond Poseideon	7	6
5	Nicht das Horn der Amalthia	8	8
6	Auf mich werfend	15	14
7	Vom Dünnkuchen	16	17
8	Vom Leukadischen Fels	17	19
9	Wer doch, der auf so	18	20
10	Eurypyle liebt	19	21
11	Ha zu dem Olymp	22	24
12	Aber sobald er halbgrau	23	25
13	Aber ich floh	{ 26 / 122 }	28 / 29
14	Von Silber nicht	30	33
15	Mein arm heimatlich	33	36
16	Durch die holden Reden	42	45
17	Zum Genossen dich	43	46
18	Stets ist des Eros	44	47
19	Wie mit Machtstreichen	45	48
20	Deines Haars	46	49
21	Daß ich sterben dürfte	48	51
22	Wie das Rehlein	49	52
23	Du bist ja gastlich	56	58
24	Ha nach Wasser	61	63
25	Den Pokal	62	64
26	Alexis	67	68
27	Aber beraubt	76	72
28	Ich hasse alle	78	74
29	Thrakisch Füllen	79	75
30	Hör mich Alten	80	76

Übers. Nr.		Reliqu. Nr.	Lyr. Nr.
31	Schwelgend in des	82	78
32	Erzeigt euch jenen	85	84
33	Ich lieb, und liebe doch	89	89
34	Auch plaudre nicht	90	90
35	Hat einer Lust	92	92
36	Dich zuerst, Aristokleides . . .	Epigr. 19	114
37	Grau bereits	41	44
	Aus den Elegien		
38	Der sei nicht mein Genoß . . .	69	94
39	Nicht nach der Thrakerin . . .	71	96
40	Zum Weintrinker	72	97
	Epigramme	Epigr.	
41	Agathon	15	100
42	Dies ist Timokritos'	14	101
43	Pheidolas' wackeres Roß	2	102
44	Dir zum Dank	9	103
45	Vordem weihte Kalliteles . . .	5	104
46	Gaben, den Göttern	6	105
47	Semeles Sprößling	7	106
48	Pythons Schild	8	107
49	Die mit dem Thyrsos	1	108
50	Dieses Gewand	3	109
51	Du mit dem Silbergeschoß . . .	4	110
52	Huld und Gedeihn	10	111
53	Maias Sohn	13	112
54	Dir auch wurde	16	113
55	Weide doch abseits	17	115
56	Nicht in der Form	18	116

1

AN ARTEMIS

Flehend nah ich dir, Jägerin,
Zeus' blondlockige Artemis,
  O Wild schirmende Göttin!
Komm zum raschen Lethäos nun!
Huldreich wende die Blicke du
Auf hochherziger Männer Stadt:
Denn roh schaltende Bürger nicht
  Sind es, welche du schützest.

2
AN DIONYSOS

Herrscher! der du mit Eros' Macht,
Mit schwarzaugigen Nymphen und
  Ihr, der purpurnen Kypris,
Fröhlich spielest und gern umher
Auf hochgipfligen Bergen schweifst:
Auf den Knieen dich fleh ich an,
Sei mir hold, Dionysos, komm,
  Meinem Wunsche dich neigend.
O sprich du Kleobulos selbst
Zu mit göttlichem Rat, laß dir
  Meine Liebe gefallen!

3

Knabe du mit dem Mädchenblick,
Nach dir such ich, doch hörst du nicht,
Weißt nicht, wie du am Band allwärts
  Meine Seele dir nachziehst.

4

Mond Poseideon ist nun da,
Regenschweres Gewölk umher,
Und bestürmt von der Winde Wut
  Senkt der Zeus sich zu Tale.

5

Nicht das Horn der Amalthia
Möcht ich haben, noch hundert und
Fünfzig Jahre den Königsthron
  Von Tartessos besitzen.

6

Auf mich werfend den Purpurball
Winkt mir Eros im Goldgelock,
Mit dem farbig beschuhten Kind
 Spielend mich zu ergötzen.
Doch sie ist aus der herrlichen
Lesbos, und es mißfällt ihr mein
Graues Haar, denn ein andres gibt's,
 Dem sie brünstiglich nachschaut.

7

Vom Dünnkuchen zum Morgenbrot
 Erst ein Stückchen mir brach ich;
Trank auch Wein einen Krug dazu;
 Und zur zärtlichen Laute
Greif ich jetzo, dem zartesten
 Kind ein Ständchen zu bringen.

8

Vom Leukadischen Fels herab
Stürz ich mich in die weiß schäumende Meerflut mit dem Brand
 der Liebe!

9

Wer doch, der auf so liebliche
Jugend richtet den Sinn, tanzte wohl noch gern nach der armen
 Flöte?

10

Eurypyle liebt, die blonde, jetzt
Den vielbeleckten Artemon.
. . . .
. . . .
. . . .

Trug er den Wollgugel doch einst, jene geschnürte Wespenform,
Hölzernes Ohrwürfelgehäng, und um die Rippen zog er sich
  Ein kahles Ochsenfell, von Schmutz
Klebend, ein alt Schildfutteral; und mit der Brotverkäuferin
Trieb er's und mannssüchtigen Weibsstücken, der schlechte Arte-
  Unsauber ganz war sein Erwerb.   [mon.
Oft in dem Block lag sein Genick, desgleichen oft im Rad, und
                                                                            oft
Auch mit dem Zuchtriemen gepeitscht ward er, und hundertmal
                                                                   am Schopf
  Geschändet und sein Bart berupft.
Jetzo den Prachtwagen besteigt er, und es trägt der Sohn Kykes
Gold in den Ohrn, schattendes Dach, zierlich gestielt aus Elfen-
  Als wie ein Weib ....   [bein,

11

Ha zu dem Olymp stürm ich hinauf, stracks mit behendem
                                                                       Fittich!
Wie er mich empört — Eros! Von mir wendet sich spröd mein
                                                                      Knabe.

12

           Aber sobald er halbgrau
Schon um das Kinn her mich gesehn, fliegt er mit goldnen
Wehend vorbei.   [Flügeln

13

          Aber ich floh wiederum gleich dem Kuckuck,
Warf an des schön flutenden Stroms Ufern das Schildchen von
                                                                         mir.

14

Von Silber nicht blinkte damals noch Peitho.

15

Mein arm
Heimatlich Land werd ich denn wiedersehn.

16

Durch die holden Reden feßl ich wohl der Knaben Herzen an
mich;
Wie ich Schönes singe, weiß ich auch zu reden was da schön ist.

17

Zum Genossen dich erwünsch ich, denn der Sitten Adel schmückt
dich.

18

Stets ist des Eros Würfelspiel rasender Wahn und Kriegslärm
nur.

19

Wie mit Machtstreichen der Schmied, so hämmert' erst mich Eros,
Und im Wildbache nun schreckt er grausend kalt die Glut mir.

20

Deines Haars schmeidige reiche Pracht verschnittest du dir.

21

Daß ich sterben dürfte! Sonst ist ja doch nicht Rat
Noch Erlösung aus dem Drangsal für mich mehr da.

22

Wie das Rehlein, das noch still begnügt die Milch saugt,
Wenn die horntragende Mutter nun sich abseits
In dem Walddunkel verlief, mit Bangen umblickt.

23

Du bist ja gastlich — einen Trunk, Kind, für den Durst reichst
du wohl mir.

24

Ha nach Wasser geh, nach Wein, Bursch!
Und nach Blumenkränzen sieh mir
Nur geschwind! Denn jetzt beginn ich
Mit dem Eros einen Faustkampf.

25

Den Pokal, mein Sohn! Ein Trunk soll
Mir gedeihn, ein voller! doch nimm
Nur den Becher Wassers zehnfach
Und vom Lautern schöpfe fünfmal.
Denn nicht überkühn und maßlos
Mit dem Gott zu schwärmen denk ich.

Nicht den wilden Lärm fortan! nicht
Wie der Skythe sich des Weins freut —
Unter süßen Liedern, sinnvoll,
Nur so sachte schlürfen wir ihn.

26

Alexis
Hat noch Freiersgelüste, der Kahlkopf.

27

Aber beraubt ist die Stadt nun ihres Kranzes.

28

Ich hasse alle
Jene versteckten Gemüter, die so unhold

Sind und so schwierig; in dir, Megistes, fand ich
Eines der kindlichen Herzen.

29

Thrakisch Füllen, warum wirfst du doch auf mich so schräge
Blicke?
Grausam fliehst du mich, du traust mir wohl des Klugen wenig
zu?
Aber wisse nur, ich wollte dich aufs allerbeste zäumen,
Und dich fest im Zügel haltend lenken um das Ziel der Bahn.
Jetzt noch weidest du im Grünen, spielst umher in leichten
Sprüngen,
Denn es mangelt noch ein Reiter, der der Schule kundig ist.

30

Hör mich Alten, schönbehaartes Mädchen du im Goldgewande!

31

Schwelgend in des dunkeln Lorbeers Schatten und des heitern
Ölbaums.

32

Erzeigt euch jenen angenehmen Gästen gleich,
Die Dach und Fach und Feuer brauchen, weiter nichts.

33

Ich lieb, und liebe doch auch nicht,
Verrückt bin ich, und nicht verrückt.

34

Auch plaudre nicht, der Welle gleich
Des Meeres, mit der trätschenden

Frau Gastrodore, allezeit
Den vollen Hauspokal am Mund.

35

Hat einer Lust zu kämpfen,
Der kämpfe meinetwegen!

36

Dich zuerst, Aristokleides, klag ich aus der Freunde Zahl:
Um des Vaterlandes Freiheit in der Blüte gingst du hin.

37

Grau bereits sind meine Schläfe, und das Haupt ist weiß
                            geworden.
Hin, dahin die holde Jugend; schon gealtert sind die Zähne.

Von dem süßen Leben ist mir nur ein Restchen Zeit noch übrig.
Oft mit Tränen dies bejammr ich, vor dem Tartaros erbebend.

Denn entsetzlich ist des Hades Tiefe, leidvoll seine Straße,
Offen stets der Stieg, hinunter-, nimmermehr heraufzugehen.

AUS DEN ELEGIEN

38

Der sei nicht mein Genoß, der mir zum Weine beim vollen
    Becher von Fehden erzählt und von dem leidigen Krieg;
Vielmehr der in geselligem Frohsinn gerne der Musen
    Und Aphrodites holdseliger Gaben gedenkt.

39

Nicht nach der Thrakerin mehr neigt sich verlangend mein Herz.

40

Zum Weintrinker gemacht bin ich.

EPIGRAMME

41

Agathon, der für Abdera starb, den gewaltigen, klaget
  Neben dem Scheitergerüst laut die versammelte Stadt;
Denn aus der Jünglinge Zahl ward nimmer ein gleicher durch
  Gierige Hände gefällt in dem Gewühle der Schlacht. [Ares'

42

Dies ist Timokritos' Mal. Ein Mann war er in der Feldschlacht;
  Doch nicht die Trefflichen schont Ares, die Feiglinge wohl.

43

Pheidolas' wackeres Roß, aus Korinthos' Gefilden, das schnelle,
  Stehe, des Siegs Denkmal, hier dem Kroniden geweiht.

44

Dir zum Dank, Dionysos, der Stadt zum glänzenden Schmucke
  Stellt Echekratidas mich, Führer der Thessaler, auf.

45

Vordem weihte Kalliteles mich; nun stellten die Enkel
  Solchergestalt mich auf. Ihrer gedenke mit Dank.

46

Gaben, den Göttern geweiht von Praxagoras, Sohn des Lykäos,
  Stehen wir hier, und es schuf uns Anaxagoras' Hand.

47

Semeles Sprößling, dem kranzschmuckliebenden, dies von Me-
Areïphilos' Sohn, Sieger im Chore, geschenkt.   [lanthos,

48

Pythons Schild hängt hier in Athenes Tempel, dieweil er
  Aus dem Getümmel des Kriegs glücklich den Kämpfer
                                                    gebracht.

49

Die mit dem Thyrsos ist Helikonias, welcher zur Seite
  Geht Xanthippe, sodann Glauke. Sie schreiten im Tanz,
Von dem Gebirg herkommend, und bringen Geschenke für Bak-
  Efeu, Trauben, dazu diese gewichtige Geiß.   [chos,

50

Dieses Gewand, Prexidike hat es gemacht, von Dyseris
  Ist die Erfindung; gleich teilen sie Kunst und Geschmack.

51

Du mit dem Silbergeschoß sei huldreich Äschylos' Sohne,
  Naukrates, und mit Gunst nimm, was er fromm dir gelobt.

52

Huld und Gedeihn vom olympischen Boten erfleh für Timonax,
  Welcher den heiteren Hof schmückte durch mich für den Gott,
Der hier waltet, Hermeias. So viele begehren zur Halle,
  Fremde, wie Söhne der Stadt, heiß ich willkommen bei mir.

53

Maias Sohn, du verleihe dem Tellias glückliche Tage,
  Gnädig der Gaben gedenk, die er zum Schmuck dir gebracht.

Laß ihn auch bei seinen Euonymiäern, den wackern
Freunden von Recht und Gesetz, lange des Lebens sich freun.

54

Dir auch wurde, Kleanorides, Sehnsucht nach der Heimat
Tödlich; dich schreckte der Süd nimmer, der winterlich stürmt.
So fing dich die betrügliche Jahrszeit ein, und strömend
Spülten die Wogen den Reiz lieblicher Jugend hinweg.

55

Weide doch abseits weiter die Herde da, Hirt, daß du Myrons
Kuh nicht etwa hinaustreibst mit der lebenden Schar!

56

Nicht in der Form ist gegossen die Kuh hier, sondern vor Alter
Ward sie zu Erz, Myron prahlt; sie ist nimmer sein Werk.

Anmerkungen

1

Das Stück ist ein Ganzes, nicht etwa nur Anfang eines größeren Hymnus.
V. 4. *Lethäos,* ein Fluß Kariens, der unterhalb der Stadt Magnesia in den Mäander fällt. Arundell beschreibt den nördlichen Nebenfluß des Mäander, den er für den Lethäos hält, als einen in felsigem Bette mit unzähligen Kaskaden dahinrauschenden Fluß. — Magnesia, wahrscheinlich das heutige Inekbazar, hatte einen herrlichen Artemistempel, dessen Trümmer man dort noch sieht. Das Lied selber war wohl zu einem bevorstehenden Feste der Magnesier bestimmt.

2

Ohne Zweifel nicht bloß Fragment, sondern abgeschlossenes Lied. — Die Gunst des *Kleobulos* zu gewinnen, ruft der Dichter den Dionysos um Hülfe an, in demselben Sinne, wie Athenäos, der Grammatiker, sagt: der Wein scheint eine freundschaftstiftende Kraft zu haben, indem er die Seele erwärmt und erheitert.

Kleobulos war ein schöner Knabe oder Jüngling am Hofe des Polykrates, Tyrannen von Samos. Maximos Tyrios (Davis. ed. maj. XXVII, p. 321) erzählt eine Anekdote aus dem Jugendleben unseres Dichters, wonach etwas Verhängnisvolles bei seiner Liebe zu diesem Knaben gewesen wäre. Im Panionion, dem Versammlungsorte der verbündeten ionischen Städte, eigentlich einem heiligen Hain am nördlichen Abhange des Vorgebirges Mykale, wo große Feste zu Ehren des Poseidon gefeiert wurden, begegnete Anakreon, mit einem Kranze auf dem Haupt und berauscht, einer Amme, die ein Kind trug; unvorsätzlich stieß er dieselbe samt dem letztern übel an und warf dem Kleinen überdies ein Schmähwort zu, worauf die Amme, ohne sich weiter gegen ihn aufzulassen, nur den Wunsch aussprach, es möge dermaleinst geschehen, daß dieser Übermütige den Knaben, den er so sehr verunglimpft, mit Lobpreisungen überhäufen müsse; welche Bitte denn auch Eros erfüllte, wie so manches Lied Anakreons bezeugt.

V. 1—5. Vgl. Sophokl. König Ödip. V. 1098.

V. 1. *mit Eros' Macht* (mit dem Bändiger Eros). Nach einer neueren Erklärung könnte δαμάλης auch sehr wohl der Jugendliche heißen. Eros ist jedenfalls hier und überhaupt bei Anakr. der werdende Jüngling, wie die griech. Kunst in ihrer Blütezeit den Gott auffaßte, dessen Ideal Praxiteles in seinem Eros von Thespiä festgestellt hat (ἐν ὥρᾳ ὤν, „in dem Lebensalter, wo der Funke der Liebe in dem jungen Herzen aufzugehen und ein schwärmerisches Sehnen zuerst die ahnende Seele zu durchziehen beginnt"). Dieser Begriff ist namentlich im Gegensatz zu den spätern Anakreonteen hervorzuheben.

V. 3. *Der purpurnen,* vom Gewande gesagt.

3

Vermutlich, wie die vorige Nummer, dem Kleobulos geltend, an dem der Dichter (nach Maximos Tyr. XXIV, p. 297) besonders die Schönheit der Augen pries.

4

Wahrscheinlich der Anfang eines geselligen Lieds, worin zum Trinken aufgefordert wird.

V. 1. *Poseideon* (Poseideïon), der Dezember. Vgl. die Nachahmung bei Horaz, Epod. XIII, 1.

5

V. 1. *Amalthea,* nach der kretischen Zeussage der Name einer Ziege, welche den Zeus als Kind auf der Insel Kreta säugte; nach der gewöhnlichen griech. Sage eine Nymphe, die ihn die Milch der Ziege saugen ließ. Ein abgebrochenes Horn derselben schenkte Zeus den

Töchtern des kretischen Königs Melisseus und legte solchen Segen darein, daß sie alles, was sie nur wünschten, in ihm finden sollten; daher das berühmte Horn des Überflusses.

V. 2 ff. Arganthonios, älterer Zeitgenosse des Anakreon, König von *Tartessos*, unweit dem heutigen Cadix, wurde nach Herodot 120 Jahre alt. Anakr. läßt ihn — vielleicht, wie Thudichum bemerkt, mit launiger Übertreibung — sogar 150 J. regieren.

6

V. 1. *Den Purpurball*, Spielball; hier von gleicher Bedeutung wie der Apfel, welcher der Aphrodite heilig und Sinnbild der Liebe war. Sich Äpfel schenken, mit Äpfeln werfen, Äpfel miteinander essen, war eine Liebesbezeugung. Vgl. z. B. Theokrit, Id. V, 88. Hier ist es nun Eros selbst, welcher den Dichter reizte, mit dem Mädchen anzuknüpfen. In einem Epigramm von Meleager (Anth. Pal. V, 214) wird ein zweiter Liebesgott, der jenem nah verwandte Pothos (das Verlangen), als Mitspieler eingeführt.

Eros, den ich da hege, der ballspielkundige Knabe,
   Wirft mein bebendes Herz, Heliodora, dir zu.
Und nun nimm du den Pothos: er werfe mir deines entgegen!
   Wirfst du mich weg — weh mir über dem grausamen Spiel!

V. 5—6. *Lesbos*, die bekannte Insel im Ägäischen Meer, Vaterland der Sappho. — *Doch sie ist* usw. Sie hatte wohl den neckischen Mutwillen, den selbstbewußten Stolz, der die Lesbierinnen infolge der freieren Stellung des weiblichen Geschlechts bei den Äoliern auszeichnete und der namentlich den Ioniern auffiel, bei denen die Freigeborene nur als Hetäre die engen Schranken durchbrechen konnte, in welche die konventionelle Sitte die Frauen bannte.

Eine alte, lang geglaubte, den Poeten besonders willkommene Sage weiß von einer Liebe Anakreons zur Sappho, und so wurde denn auch schon frühzeitig Nr. 6 dahin gedeutet, als wären die Verse an die berühmte Dichterin gerichtet. Er war jedoch, als diese in der Blüte ihrer Jahre stand, noch viel zu jung. Athenäos (XIII, C. 72), bei Gelegenheit, wo er diese Verse zitiert und jenes Märchen widerlegt, führt eine andere Strophe an, welche Sappho ihrerseits ihm zur Antwort gegeben haben soll, deren Unechtheit jedoch offenbar sei (s. Bergk Lyr. gr. p. 673; nach Thudichums Übers.):

Jenen Hymnos, goldenbethronte Muse,
Lehrtest du, den her von dem frauenschönen
Edlen Land der Teïer süß der würd'ge
   Alte gesungen.

7

V. 1. Ein dünnes, leicht zu brechendes Gebäck aus Honig und Sesam, wie es namentlich in dem durch seine feinen Kuchen berühmten Samos bereitet wurde.

V. 4. *Laute,* eigentlich Pektis, eine kunstreichere Art von Lyra, mit zwanzig Saiten, wie das Barbiton, das die regelmäßige Begleitung des Gesangs bei Anakr. ist (s. Pauly Real-Enzycl. 2. Ausg. I. S. 943).

8

Unglücklich Liebende pflegten vom Leukadischen Fels — auf der Südspitze von Leukadia, einer Insel des Ionischen Meers, heute Santa Maura — herabzuspringen, weil dies von Liebespein befreien sollte. Der Sage nach hätte Sappho bei diesem Heilungsversuch den Tod gefunden.

9

Flöte, eigentlich halbgelöcherte Flöten (αὐλοὶ ἡμίοποι), im Unterschied von den vollständigen, weil sie nur die Hälfte Löcher hatten: eine kurze Art Klarinette. — Bergk vermutet, das Fragment betreffe jenes Wunder von Knabenschönheit, den Bathyllos, der am Hofe des Polykrates lebte und, wie aus einer Stelle des Maxim. Tyr. hervorgeht, als Flötenspieler Dienst tat. Der Dichter würde also hier sagen: über der Schönheit des Flötenspielers vergesse man billig des Tanzens. Nach der Schilderung, die Apulejus von der in dem prächtigen Heratempel zu Samos aufgestellten Bildsäule des Bathyllos macht, spielte derselbe aber auch die Kithara, ein Griffbrettinstrument. — Vielleicht wird in unserm Fragm. das Prädikat der Flöte τέρην zu ihrem Nachteil, wegen ihres dünnen Tons, gebraucht. Wenn Kritias (Dichter) den Anakr. einen Feind der Flöte und Freund des Barbiton (αὐλῶν ἀντίπαλον, φιλοβάρβιτον) nennt, so gilt freilich ersteres zunächst wohl nur der starktönenden Klarinette. In keinem Fall wird unser Ausdruck „arm" für τέρην sehr gefehlt sein.

Die Schilderung des gedachten Bildwerks bei Apulejus (Florida II, 15. Ausg. v. Hildebrand) hat allgemeines Interesse, deshalb sie hier folgt: — — „Auch steht vor dem Altare die von dem Tyrannen Polykrates geweihte Statue des Bathyllos. Sie ist so vollendet in der Ausführung, daß ich etwas Vortrefflicheres nicht gesehen zu haben glaube. Irrigerweise wird sie von einigen für ein Bild des Pythagoras gehalten. Es ist ein Jüngling von sehenswerter Schönheit. Das Haar ist vorne gleich gescheitelt und über die Wange zurückgestrichen, nach hinten aber fällt es reichlicher bis an das Ende der Schulterblätter herab, den Nacken beschattend, der zwischen durch scheint. Der Nacken saftig voll, der untere Teil des Angesichts schwellend; die Wangen unter den Augen etwas herausgewölbt, mitten im Kinn ein Grübchen. Die Haltung ist ganz die eines Kitharspielers. Er richtet, wie im Gesange begriffen, den Blick auf die Göttin. Die Tunika mit bunter Stickerei und griechischem Gürtel fällt bis den Füßen herunter; mit der Chlamys hat er beide Arme bis an das Handgelenke verhüllt; das übrige hängt in schönen Falten nieder. Die Kithar wird von einem Gurt mit halberhobener Arbeit straff gehalten. Seine Hände sind zart, länglich; die linke, deren Finger auseinander stehen, greift die Saiten; die rechte führt mit der entsprechenden Gebärde das Plektron gegen das Instrument, wie bereit zum Anschlagen, sobald die Stimme aussetzt; inzwischen scheint der Gesang noch aus dem rundlichen Munde, den eben halb geöffneten Lippen hervorzuquellen. Diese Statue stellt einen von Polykrates' Lieblingen dar, der zu Ehren der Freundschaft [den Teïer Anakreon?] singt."

Bathyllos wurde häufig von Anakreon besungen, was außer Horaz, Epod. XIV, 9, verschiedene Epigramme der Griech. Anthologie beweisen; vgl. unten zu Nr. 20.

10

Artemon, ein elender Mensch von gemeiner Herkunft, der aus den ärmlichsten Verhältnissen heraus zum reichen Manne geworden war und sich die Gunst eines schönen Mädchens zu verschaffen wußte, welches der Dichter liebte, wird hiemit von ihm auf eine völlig vernichtende Weise gezüchtigt. Im einzelnen gehen die Ansichten der Erklärer des merkwürdigen Stücks weit auseinander.

V. 1. *Eurypyle*. Es wird derselben auch in der Griech. Anthologie gedacht; s. unten zu Nr. 20.

V. 2. Buchstäblich: den umhergetragenen Artemon ὁ περιφόρητος 'Αρτ.). Bergk nimmt das Beiwort in der Bedeutung von berüchtigt.

V. 3. *Den Wollgugel*: βερβέριον, ein sonst nirgends vorkommender Ausdruck. Einige verstehen darunter ein schlechtes, für die niedrigste Volksklasse bezeichnendes Kleidungsstück, welches mit einem Strick um den Leib enge zusammengezogen wurde. Schömann (in einem akadem. Programm, Greifswald 1835, wovon wir leider nicht selbst Einsicht nehmen konnten) hält βερβέριον für ein fremdes Wort, womit eine Art von Kopfbedeckung, Hut oder Mitra, gemeint sei, dergleichen bei gewissen Asiaten oder den Thrakiern in der Nachbarschaft von Abdera im Gebrauch, und deren oberer Teil ganz enge zusammengeschnürt gewesen sein möge. Für eine Kopfbedeckung spricht außerdem, daß κάλυμμα, wie καλύπτρα, für sich schon einen Kopfschmuck oder ein Kopftuch der Frauen bedeutet, auch die natürliche Folge in Aufzählung der verschiedenen Teile des Anzugs. Mit dem Kleid oder Gürtel angefangen, konnte von da nicht füglich zum Ohr und dann wieder auf ein Gewandstück zurückgegangen werden. Das alte „Gugel" (cu-

culus) — spitze Kappe —, in willkürlicher Zusammensetzung mit dem andern Wort, gibt immer halbwegs eine Vorstellung.

V. 4. Die Armen hatten als Ohrgehänge Würfelchen aus Holz, statt der Juwelen. Bei asiatischen Völkern trugen die Männer einen Ohrenschmuck.

V. 5 f. Lederne Bekleidung war da und dort im Orient, z. B. bei den Persern, gebräuchlich. — Im Griech. steht: νήπλυτον εἴλυμα κακῆς ἀσπίδος, und nach Thudichum würde Artemon hier mit einem schlechten Schild in verschmutzter Überdecke verglichen. Hienach könnte der Text etwa lauten:

> Ein kahles Ochsenfell, ein recht
> Schmutzfutteral über dies Schild!

V. 6. Die Bäckerinnen waren wegen Frechheit und Liederlichkeit sehr verrufen.

V. 9. Der *Block*, ein Strafwerkzeug mit Öffnungen, worein man den Übeltätern, namentlich Sklaven, Hals und Füße steckte. Auf diese Art wurden insbesondere diejenigen gepeitscht, welche im Handel betrogen. — Auch band man die Verbrecher zur Folter auf ein *Rad*. Eine andere Anstalt, an die man hier dachte, war das petaurum für Gaukler (Petronius, Satiren, Kap. 53. 60.), ein hölzernes Gerüst mit einem freistehenden, schwingbaren Rad, auf welches sich Gaukler zu zwei legten, so daß der eine es abwärts zu schieben, der andere es oben zu erhalten suchte; siegte jener, so wurde dieser in die Luft geschleudert, wobei es Gelegenheit gab, kunstreiche Sprünge und Purzelbäume, auch mit Hindernissen, anzubringen.

Schömann und mit ihm Schneidewin verstehen V. 8 einfach von betrügerischem Erwerb, und das Folgende von den vorhin bezeichneten Strafwerkzeugen.

V. 12. *Kyke*, seine Mutter; verächtlicher Seitenblick auf seine Herkunft.

Der Ansicht Casaubons, wonach Artemon ein ehemaliger Sklave gewesen wäre, setzte schon Samuel Petit, ein älterer Ausleger, die andere, von Welcker angenommene entgegen, daß er ein Liederlicher von Gewerbe gewesen, der sich für Geld hingab und früher nebenher Kunststücke machte. Als solcher Weichling trug er weiblichen Schmuck.

Die nähere Erklärung Welckers ist so bedeutend jedenfalls, daß sie im wesentlichen wörtlich hier gegeben werden muß. — Den Wagen, sagt er, auf welchem Artemon einherfuhr, darf man sich wohl nicht als seinen eigenen denken, sondern als den eines reichen Liebhabers, den er jetzt gefunden hatte. Dieser Stand ist durch das berühmt gewordene ὁ περιφόρητος Ἀρτ. ausgedrückt. Nach Plinius (Hist. nat. XXXIV, 55) machte Polyklet einen Herakles Ageter, der die Waffen ergreift, und einen Artemon Periphoretos. Gewiß war letzterer ein Charakterbild, welchem der Künstler nach einem berüchtigten Individuum dieses

Charakters einen Namen beilegte, und die Statue hieß nach der bezeichneten Eigenschaft ohne Zweifel der „liederliche" Artemon. So erhalten wir in diesen Statuen nochmals ungefähr dieselben Gegenstücke, welche Polyklet, mit Bezug auf den gleichnamigen Sophisten Prodikos, als Repräsentanten der männlichen Tugend und der Verweichlichung in dem Diadumenos molliter juvenis und in dem Doryphorus viriliter puer dargestellt hatte, nur im Alter etwas verschieden*. Denn der Herakles Ageter war eben der Kriegsmann als Herakles, oder Herakles soldatisch, als Urbild des Kriegsmanns. Dieser hielt die Waffen in der Hand, Artemon aber vermutlich den Sonnenschirm, natürlich unaufgespannt, und trug Ohrgehänge dazu, wodurch die Figur sich als der Anakreontische Art. sogleich zu erkennen gab. Daß dieser durch das Lied bekannt genug und zum Charakternamen geschickt geworden war, beweist die Anspielung des Aristophanes in den Acharnern (V. 850), wo er von einem Musiker mit buhlerischem, oder, wie der Scholiast auch behauptet, kinädischem Haarschnitte sagt:

Κρατῖνος ἀεὶ κεκαρμένος μοιχὸν μιᾷ μαχαίρᾳ,
'Ο παμπόνηρος [Bergk: περιπόνηρος] 'Αρτέμων.

[Kratinos, allezeit nach Art des Weichlings glattgeschoren,
Der Lasterausbund Artemon.]

Nach der Bemerkung des Scholiasten wurde Artemon mit seinem Beinamen sprichwörtlich gebraucht von einem schönen Knaben, um den sich alles reißt. Dies ist, fährt Welcker fort, die richtige Erklärung; es ist der „herumgerissene", von einer Hand in die andere gegangene. Die frühere Lebensart desselben bezeichnet vortrefflich das κίβδηλον εὑρίσκων βίον (V. 8), das auf einen Sklaven nicht paßt; ebensowenig paßt der freie Umgang mit der schlechten Gesellschaft, was Sam. Petit mit allem Grunde geltend machte, indem er zugleich bemerkte, daß Athenäos (XII, C. 46, wo er das Gedicht anführt) nur von Armut spricht, aus welcher Artemon zu Reichtum emporgekommen sei, und daß diesen ein Sklave sich nicht erwerben konnte. Auch die Peitsche läßt uns hier keineswegs an einen Sklaven denken, da man nicht den Sklaven auch Haar und Bart ausraufte; bei den Händeln um den herumgerissenen Jungen und mit ihm ist dies an seinem Platz und die Prügel dazu. V. 9: „oft in dem Block — Rad" geht auf die Künste eines gemieteten Knaben in Stellungen und Bewegungen, wie der Giton des Enkolpius bei Petron welche mit dem Schermesser macht, nur von anderer Art.

---

* Brunn, Gesch. der Griech. Künstler 1. T. S. 228 bezeichnet den Diadum. moll. juv. als einen Jüngling von mehr weichen Formen, wie er sich die Binde [taenia, Siegerbinde] um das Haupt legt; den Doryph. vir. puer als kräftigen, mannhaften Knaben mit dem Speer. Nach Welcker (Kl. Schr. 2. T. S. 482 ist der erstere ein verdorbener Jüngling mit einer Liebes-Tänia.

Der Mechaniker Artemon, Zeitgenosse des Aristides, welcher lahm war und sich daher auf einem Tragstuhl zu den Werken, die er ausführte, herumtragen ließ — s. Plutarchs Perikles C. 27 — wurde offenbar mit einem Doppelsinn oder einer scherzhaften Anspielung auf den andern auch „Periphoretos" genannt. Was aber Heraklides Pontikos bei Plutarch von dem Tragbette unseres Artemon, von seiner Furchtsamkeit usw. Seltsames beibringt, trifft gar nicht zu. — Soviel aus dem Rhein. Mus. 1835, Jahrg. 3. S. 154 ff.

Brunn, Gesch. d. Griech. Künstl. 1. T. S. 227, bezweifelte die Welckersche Deutung des Artem. Periph. in bezug auf die Statue des Polyklet, indem er sagt: Abgesehen von der Zusammenstellung des Herakles mit Art., für welche, da beide bestimmte Persönlichkeiten sind, jener abstrakte Gegensatz kein hinlängliches Motiv zu gewähren scheint, ist eine Darstellung des Art. in der vorausgesetzten Weise mit dem an Polyklet gerühmten und durch seine Werke bestätigten decor (dem ernsten, ehrbaren Anstand) schwer in Einklang zu bringen.

Was unsern deutschen Text betrifft, so schließt er sich Welckers Erklärung nur teilweise an; besonders geben wir den Versen 10 f. eine andere Bedeutung. Das Wort ἐκτίλλω nämlich erinnert ganz zunächst an παρατίλλω, παρατιλμός, welches der stehende Ausdruck für das am ertappten Ehebrecher als Strafe vollzogene Ausrupfen der Haare am Leibe, also auch des Bartes, ist. Da nun jener μοιχός in der gedachten Stelle des Aristophanes eine besondere Art von Haarschnitt ist (vielleicht eine Art von Glatze), die ebenfalls bei Ehebruch als Strafe angewendet wurde, so liegt die Annahme sehr nahe, daß der komische Dichter eben durch dies Gemeinsame der Haarschändung darauf gekommen ist, den Kratinos mit dem Artemon des Anakreon zusammenzustellen, der für einen ertappten und bestraften Ehebrecher typisch geworden war.

II

V. 2. Statt der gewöhnlichen Lesart διὰ τὸν ἔρωτ' — „wegen der Liebe" — schreibt Bergk. δ. τ ῎Ερωτ': „wegen Eros". Nach dieser Auffassung ist Anakr. über den Eros entrüstet, dem er schuld gibt, daß der Knabe sich ihm entziehe (nach dem Text wörtlich „er will nicht mit mir schäkern"), deshalb er jetzt den Gott selbst im Olymp zu strafen Miene macht. Nach einer Stelle in Julians Briefen (Ep. XVIII.), wo offenbar von unserem Stück die Rede ist, scheint das unholde Benehmen des Geliebten mit einem schnöden Vorwurf gegen Anakr. verbunden gewesen zu sein; vielleicht daß er ihm, wie jene Lesbierin, Fragm. 6, sein Alter vorrückte. Wieviel der Dichter sich selbst gegen die Götter erlaubte, zeigt allerdings eine andere, von Bergk beigebrachte Stelle aus den Reden des Himerios (Or. XVI.), wonach er, durch die Gleichgültigkeit eines schönen Jünglings gekränkt, in einem seiner Gedichte den Eroten droht, er werde, wofern sie denselben nicht auf der Stelle zu seinen Gunsten verwundeten, nie mehr ein Lied zu ihrem Lobe anstimmen. — Thudichum nimmt unser Bruchstück in allgemeinerem Sinne und gibt ihm die Überschrift: „In alle Lüfte".

Bemerkenswert ist noch, daß Aristophanes in den „Vögeln", V. 1372, die erste Zeile dieses Fragments dem poetisch gespreizten Kinesias als Reminiszenz in den Mund legt.

12

Natürlich von Eros gesagt.

13

V. 1. Der *Kuckuck* ist bei seiner scheuen Art und seinem raschen Flug sehr schwer zu fangen. — Vielleicht, sagt Bergk, blieb Anakr. dem Kriegsdienste nicht ganz fremd, und was wir hier lesen, mochte er wohl von sich selber aussagen. Das Wegwerfen oder Verlieren des Schilds konnte begreiflich nicht unter allen Umständen zum Schimpfe gereichen. Zwei andere griech. Dichter, Archilochos und Alkäos, unter den Römern Horatius, bekannten ein Gleiches von sich.

14

Peitho, bei den Römern Suada oder Suadela, eigentlich die Göttin der Überredung, zugleich aber jedes sanft einnehmenden Reizes. Gewöhnlich erscheint sie wie die Eroten, Chariten, Horen, in der Umgebung Aphrodites, welche auch wohl für ihre Mutter galt; hin und wieder kommt sie als eigene Göttin vor, oder zählt man sie zu den Chariten. — Das Fragm. bezieht sich auf die Liebe, die vordem nicht käuflich gewesen. Mit Unrecht wird es in Parallele zu der von Pindar im zweiten „Isthmischen Siegesgesang" V. 6 angestimmten Klage gesetzt und namentlich auf die von den Alten öfter erwähnte Habsucht des Simonides aus Keos gedeutet, der als berühmter Dichter bei dem Tyrannen Hipparchos in Athen verweilte und sich seine Kunst teuer bezahlen ließ.

15

Mein arm usw. — wegen der vielen Drangsale, welche Teos unter der persischen Herrschaft erlitten hatte. Anakr. schrieb das Gedicht vielleicht bei seiner Abreise von Athen nach Hipparchs Ermordung.

18

Nach einer auch sonst bei den Alten nicht unbekannten Vorstellung spielt Eros zur Kurzweil mit Würfeln. Bei Apollonios dem Rhodier, einem alexandrinischen Dichter, findet ihn Aphrodite im Olymp über dieser Unterhaltung mit Ganymedes.

19

Bergk hält diese Verse für den Anfang des Gedichts, aus dem das folgende Fragment (20) genommen ist.

20

Das Stück war an den Smerdis oder Smerdies gerichtet, einen thrakischen (kikonischen) Jüngling von außerordentlicher Schönheit, der dem Polykrates zum Geschenk gemacht wurde und diesen ganz bezauberte. Vor allem wurden seine Haare bewundert. Anakreon, der ihn nicht weniger, jedoch in reinerem Sinn als jener, liebte, besang ihn und erfreute sich der achtungsvollen Zuneigung desselben, erregte aber dadurch die Eifersucht des Fürsten. Um den Dichter zu kränken und ihm den Anblick des Geliebten zu verleiden, ließ er diesem das herrliche Haar abschneiden, worüber denn Anakr. den größten Schmerz empfand, auch sein Gefühl aufs bitterste in einem Gedicht aussprach; doch war er besonnen und fein genug, nicht ihn, der diesen grausamen Befehl gab, anzuklagen; er tat vielmehr, als hätte der Jüngling selbst so mutwillig an sich gefrevelt. (Maxim. Tyr. XXVI, p. 309. Athen. XII, 57. Älian Verm. Erz. IX, 4.)

In mehreren Epigrammen der Anthologie wird Smerdis erwähnt; z. B. in dem folgenden von Dioskorides (Anth. Pal. VII, 31), in Jacobs' Übers. mit der Überschrift: Anakreon in der Unterwelt.

> Du zum innersten Mark des Gebeins durchglüht von dem Thraker
>   Smerdies, Führer im Reihn nächtlichen Festes, o Greis,
> Fröhlicher Musengenoß, o Anakreon, der du Bathyllen
>   Oft beim vollen Pokal Tränen der Liebe geweiht!
> Möge die Erde von selbst aufsprudelnde Bäche des Weinmosts
>   Spenden, und Nektar dir strömen aus himmlischem Quell!
> Veilchen auch, duftende Blumen der Abende, mögen von selbst dir
>   Aufblühn; Myrten dir auch sprießen, vom Taue genährt.
> Trunken des Nektars feierst du dann, in Eurypylens Arme
>   Sinkend, den zierlichen Tanz auch in Persephonens Reich.

22

Die horntragende M. Die Dichter geben dem weiblichen Hirsch oder Reh unbedenklich das Geweih, obschon in Wirklichkeit das Weibchen ein solches nur als seltene Ausnahme hat.

Horaz, Od. I, 23, hatte vermutlich diese Stelle vor Augen.

24

V. 4—5. Nach der Lesart ὡς δὴ (für ὡς μή) πρ. Ἑρ. πυκταλίζω.
— Die gleiche Vorstellung in Sophokl. „Trach." V. 441 f., wo ein Tor heißt wer dem Eros nach Weise des Faustkämpfers sich entgegenstelle.

25

V. 3. Die Griechen tranken den Wein bekanntlich nur mit Wasser vermischt. Das Quantum des letztern verhielt sich zu jenem gewöhnlich wie 3 zu 1, oder wie 2 zu 1, höchstens wie 3 zu 2.
V. 8. Die rohen Bewohner *Skythiens* (nördlich vom Schwarzen Meere gelegen, im Westen durch die Donau von Thrakien getrennt) werden schon von Herodot als unmäßige Weintrinker genannt; nur kann ihr Getränke nicht wohl eigentlicher Wein gewesen sein. Ähnlich erklärt sich Horaz gegen barbarische Sitten, Od. I, 27.

27

Ihr Kranz ist die Mauer. Vielleicht spricht Anakr. hier von seiner Vaterstadt Teos nach ihrem Fall durch die Perser. Vgl. Herodot I, 168.

28

Jene versteckten Gemüter — oder auch wohl: alle die sauren Gesellen usw. — *Megistes,* ein Liebling des Dichters.

29

V. 1. *Schräge Blicke;* mißtrauische oder verächtliche. Theokr. Id. 20, 13:

Das Mädchen — —
Krümmte den Mund und schielte nur so seitwärts mit den Augen.
V. 4. Um die *Ziel*säule der Rennbahn. Horaz, Od. III, 11. V. 9 bis 12, schöpfte auch hier wieder aus dem griech. Dichter.

31

Schwelgend; ταντσλίζειν, vielleicht: leben wie Tantalos; auf dessen Reichtum und Glück bezüglich. Thudichum versteht es vom Eros, der sich auf den Bäumen schaukelt.

33

Zur Vergleichung Catullus 85:
Hassen und lieben zugleich muß ich. — Wieso? — wenn ich's wüßte!
Aber ich fühl's, und das Herz möchte zerreißen in mir.

34

Gastrodore, wahrscheinlich ein scherzhaft erfundener Name, etwa: Frau Magentrost.
Hauspokal, Familienbecher. Man kennt dessen Bedeutung nicht; vielleicht, sagt Bergk, erhielt er seinen Namen, ἐπίστιος, von den Hausgöttern — θεοὶ ἐφέστιοι, Penaten, Laren —, denen zu Ehren man sich aus demselben zutrank; hienach die ungefähre Übersetzung.

35

Vgl. Anakreontea Nr. 26, wo diese Zeilen im Zusammenhang stehen.

37

Bernhardy erklärt dies Gedicht (das übrigens im Original aus ionischen akatal. Tetrametern besteht) für ein Mönchsprodukt, für das widrige Zerrbild eines völlig verwüsteten Greises, das selbst im Stil nichts von der Anmut und lebendigen Frische Anakreons verrate.

Die unserem Dichter zugeschriebenen „Epigramme" haben mit wenigen Ausnahmen den ursprünglichen Charakter dieser Gattung, als eigentliche Aufschriften, durch welche die Bedeutung des Gegenstands so kurz und bestimmt als möglich angegeben wird. Es sind teils Grabschriften (Nr. 41. 42. 54.), teils Gedichte zu Weihgeschenken (Nr. 43—53.), und eben ihre schmucklose Einfachheit ist ein Beweis für das höhere Alter der meisten dieser Stücke.

Nr. 41. spricht für einen Aufenthalt des Dichters in der neuen Heimat.

43. Bei den Olympischen Spielen, welche dem *Kroniden,* Zeus, geweiht waren, hatte das Pferd des Korinthiers *Pheidolas,* eine Stute mit Namen Aura (Luft), gleich zu Anfang des Wettlaufs seinen Reiter abgeworfen, lief aber nichtsdestoweniger zu, machte ordnungsgemäß die Wendung um das Ziel, und als es die Trompete hörte, beschleunigte es seinen Lauf. So kam es zuerst bei den Kampfrichtern an; da merkte das Tier, daß es gesiegt habe und machte halt. Die Eleer riefen den Pheidolas als Sieger aus und gestatteten ihm, das Pferd (in Erz) aufzustellen (Pausanias VI, 13).

45. Für den Apollon.

46. Die Echtheit wird bezweifelt. Mit *Anaxagoras* ist wohl der äginetische Erzgießer gemeint, der die zum Gedächtnis des Sieges bei Platää in Olympia errichtete Jupiterstatue verfertigte.

47. Dem Bakchos. Dank für einen Sieg bei der Aufführung eines dithyrambischen *Chors.* Ein Hauptbestandteil der griechischen Feste waren bekanntlich die musischen Wettkämpfe, besonders Aufführungen von Chören mit Musik und Tanz. Die Anordnung eines solchen

Chors hieß Choregie und war in Athen, wie in andern Städten, eine
den Bürgern der Reihe nach obliegende Leistung oder Liturgie: der
Choreg hatte das erforderliche Personal zu den Chören zusammenzu-
bringen, die Choreuten unterrichten und einüben zu lassen, sie während dieser Zeit zu beköstigen, sie für die Aufführung mit dem passenden Anzug und Schmuck zun versehen, lauter Dinge, die viel Mühe
und Beschwerde und bei stattlichen Chören auch großen Aufwand
verursachten. Siegte sein Chor, so erhielt der Choreg als Preis einen
goldenen Kranz oder einen Dreifuß, der nun aber nach der schönen
Sitte der Griechen von dem Sieger dem Gotte geweiht wurde, in dessen
Dienst er gesiegt, hier also dem Dionysos. Diese Weihung der Drei-
füße namentlich führte zu jenen „choragischen Monumenten", deren
berühmtestes das noch erhaltene zierliche Monument des Lysikrates in
Athen ist.

49. Das Bildwerk stellte einen Trupp Mänaden vor.

51. Dem Apollon. Mit *Äschylos* ist nicht der Tragiker gemeint; der
Name war nicht selten.

52. Ein Bild des *Hermes* vor einem Gymnasion, als Schutzgott der
Gymnastik.

53. *Maias Sohn,* Hermes. — *Euonymia,* oder Euonymos hieß eine
der Gemeinden von Attika.

54. Die Echtheit ist zweifelhaft; namentlich scheint der Gebrauch des
abstrakten ἡλικίη auf spätere Herkunft zu deuten.

55 und 56. können Anakreon nicht zum Verfasser haben, da *Myron,*
der berühmte Erzgießer, dessen Kuh in so vielen Sinngedichten gepriesen wird, in eine spätere Zeit fällt.

ANAKREONTISCHE LIEDER

Verzeichnis

der Anakreontea, wie sie bei Stark zur leichtern Übersicht in kritischer Beziehung nach Verwandtschaft des Inhalts zusammengestellt sind (wobei selbstverständlich, da die Grenzen vielfach ineinanderfließen, von einer logisch genauen Einteilung nicht die Rede sein kann). — Die Überschriften der einzelnen Stücke sind meistens frei hinzugetan.

Übers. Nr.		Ed. vulg. Nr.	Ed. Mehlhorn. Nr.	Bergk P. lyr. (melici XVIII.) Nr.
	Der Dichter bekennt seine Richtung			
1	Die Leier	1	κγ'	23
2	Verschiedener Krieg	16	κς'	26A
	Erotische Lieder			
3	Liebeswünsche	20	κβ'	22
4	Zwiefache Glut	21	ιζ'	17
5	Ruheplatz	22	ιζ'	18
6	Rechnung	32	ιγ'	13
7	Das Nest der Eroten	33	κέ	25
8	Weder Rat noch Trost	46	κζ*	27BC
	Trinklieder; Aufforderung zur Lebensfreude			
9	Genuß des Lebens	4	λ'	30
10	Genügsamkeit	15	ζ'	7
11	Unnützer Reichtum	23	λδ'	34
12	Lebensweisheit	24	λη	38
13	Sorglosigkeit	25	μγ'	43
14	Seliger Rausch	26	μς'	46
15	Tanzlust des Trinkers	27	μζ'	47
16	Wechsellied beim Weine	39	μή	48
17	Trinklied	41	λς'	36
18	Harmlos Leben	42	μ'	40
19	Beim Weine	48	β'	2
20	Das Gelage	6	μά	41
21	Die Rasenden	13	ιά	11
22	Verschiedene Raserei	31	η'	8
23	Rechtfertigung	19	κά	21
24	Antwort	11	ς'	6

ÜBERSETZUNGEN

Übers. Nr.		Ed. vulg. Nr.	Ed. Mehlhorn. Nr.	Bergk P. lyr. (melici XVIII.) Nr.
	Was den Greis vergnügt			
25	An ein Mädchen	34	μϑ'	49
26	Der alte Trinker	38	μέ	45
27	Beste Wissenschaft	36	ν'	50
28	Greisenjugend	47	λζ'	37
29	Jung mit den Jungen	54	νά	51
	Dem Epigramm und dem Idyll verwandte Stücke			
	Bildwerk und Malerei beschreibend			
30	Auftrag	17	γ'	3
31	Das Bildnis der Geliebten	28	ιέ	15
32	Das Bild des Bathyllos	29	ις'	16
33	Auf ein Gemälde der Europa	35	νβ'	52
34	Aphrodite auf einem Diskos	51	νς'	56
	Lieblingsgegenstände der Dichter			
35	Auf die Rose	5	μβ'	42
36	Lob der Rose	53	νγ'. νδ'	53.54
37	Der Frühling	37	μδ'	44
38	Kelterlust	52	νή	58
39	Auf Dionysos	50	νέ	55
40	Auf die Zikade	53	λβ'	32
	Liedchen erzählender Art			
41	Besuch des Eros	3	λά	31
42	Die Probe	7	κϑ'	29
43	Bedeutsamer Traum	44	κή	28
44	Der wächserne Eros	10	ί	10
45	Der Kampf mit Eros	14	ιβ'	12
46	Widmung des Eros	30	ιϑ'	19
47	Der verwundete Eros	40	λγ'	33
48	Die Pfeile des Eros	45	κζ'	27A
49	Eros gefangen	59	έ	5
50	Der tote Adonis	67	ξγ'	
51	Die Taube	9	ιδ'	14
52	Anakreons Kranz	65	ά	1
53	Ein Traum	8	λέ	35
54	An eine Schwalbe	12	ϑ'	9
55	Naturgaben	2	κδ'	24
56	Der Liebenden Kenner	55	κς'*	26B

1
DIE LEIER

Ich will des Atreus Söhne,
Ich will den Kadmos singen:
Doch meiner Laute Saiten,
Sie tönen nur von Liebe.
Jüngst nahm ich andre Saiten,
Ich wechselte die Leier,
Herakles' hohe Taten
Zu singen: doch die Laute,
Sie tönte nur von Liebe.
Lebt wohl denn, ihr Heroen!
Weil meiner Laute Saiten
Von Liebe nur ertönen.

2
VERSCHIEDENER KRIEG

Du singest Thebens Kriege,
Und jener Trojas Schlachten,
Ich *meine* Niederlagen.
Kein Reiterheer, kein Fußvolk
Schlägt mich, und keine Flotte.
Ein andres Heer bekriegt mich —
Aus jenem Augenpaare.

3
LIEBESWÜNSCHE

Als Fels auf Phrygiens Bergen
Stand ehdem Tantals Tochter;
Und einst als Schwalbe durfte
Pandions Tochter fliegen.

O wär ich doch dein Spiegel,
Daß du mich stets beschautest!
Könnt ich zum Kleide werden,
Daß du mich immer trügest!

Zum Wasser wenn ich würde,
Um deinen Leib zu baden!
Zum Balsam, o Geliebte,
Daß ich dich salben dürfte!

Zur Binde deines Busens,
Zur Perle deines Halses,
Zur Sohle möcht ich werden,
Damit du mich nur trätest!

4

ZWIEFACHE GLUT

Reichet, reicht mir Wein, o Mädchen,
Vollauf, atemlos zu trinken!
Ein verratner Mann! Wie kocht es
Mir im Busen — ich ersticke!

Kränze von Lyäos' Blumen
Gebt mir um die Stirn zu winden!
Meine Schläfe glühn und toben.
— Aber Eros' wilde Gluten,
Herz, wie mag ich diese dämpfen?

5

RUHEPLATZ

Hier im Schatten, o Bathyllos,
Setze dich! Der schöne Baum läßt
Ringsum seine zarten Haare
Bis zum jüngsten Zweige beben.

Neben ihm mit sanftem Murmeln
Rinnt der Quell und lockt so lieblich.
Wer kann solches Ruheplätzchen
Sehen und vorübergehen?

6
RECHNUNG

Verstehst du alle Blätter
Der Bäume anzugeben,
Hast du gelernt, die Wellen
Der weiten See zu zählen,
Sollst du allein die Summe
Berechnen meiner Mädchen.

Erst von Athen nimm zwanzig,
Und dann noch fünfzehn andre.
Dann eine lange Reihe
Von Liebchen aus Korinthos;
Denn in Achaia liegt es,
Dem Lande schöner Weiber.
Aus Ionien und Lesbos,
Aus Karien und Rhodos
Nimm an: zweitausend Mädchen.
Was sagst du, Freund? du staunest?
Noch hab ich zu gedenken
Der Schätzchen aus Kanobos,
Aus Syrien und Kreta,
Dem segensreichen Kreta,
Wo Eros in den Städten
Der Liebe Feste feiert.
Wie könnt ich, was von Gades
Und weiterher, von Baktra
Und Indien mich beglücket,
Dir alles herzerzählen?

7
DAS NEST DER EROTEN

Du kommst, geliebte Schwalbe,
Wohl alle Jahre wieder,
Und baust dein Nest im Sommer;
Allein vor Winter fliehst du
Zum Nil hin und nach Memphis.
Doch Eros bauet immer

Sein Nest in meinem Herzen.
Hier ist ein Eros flügge,
Dort in dem Ei noch einer,
Und halb heraus ein andrer.
Mit offnem Munde schreiet
Die Brut nun unaufhörlich;
Da ätzen denn die ältern
Eroten ihre Jungen.
Kaum sind die aufgefüttert,
So hecken sie auch wieder.
Wie ist da Rat zu schaffen?
Ich kann mich ja so vieler
Eroten nicht erwehren!

8

WEDER RAT NOCH TROST

Leidig ist es, nicht zu lieben;
Leidig auch fürwahr, zu lieben;
Aber leidiger als beides,
Lieben sonder Gegenliebe.

Nicht auf Adel sieht die Liebe;
Weisheit, Tugend stehn verachtet;
Gold allein wird angesehen.
O daß *den* Verdammnis treffe,
Der zuerst das Gold geliebet!
Gold — daneben gilt kein Bruder
Mehr, nicht Mutter mehr, noch Vater;
Mord und Krieg ist seinetwegen,
Und wir Liebenden — das Ärgste!
Müssen seinethalb verderben.

9

GENUSS DES LEBENS

Auf der Myrte junge Sprossen
Und auf weiche Lotosblätter

Hingelagert, will ich trinken.
Eros möge auf der Schulter
Sich das Kleid mit Byblos knüpfen,
Und so reich er mir den Becher.

Denn das Leben flieht von hinnen,
Wie das Rad am Wagen hinrollt;
Und ist dies Gebein zerfallen,
Ruhn wir als ein wenig Asche.
Drum, was soll's, den Grabstein salben?
Was, umsonst die Erde tränken?

Mich vielmehr, weil ich noch lebe,
Salbe! schling um meine Stirne
Rosen, rufe mir ein Mädchen!
Ich, bevor ich hin muß wandern,
Hin zum Reihentanz der Toten,
Will die Sorgen mir verscheuchen.

10
GENÜGSAMKEIT

Mit Gyges' Schätzen geht mir,
Mit Sardes' Königsthrone!
Nach Golde nicht verlang ich,
Noch neid ich Fürstengröße.

Nach Myrrhenöl verlang ich,
Mir meinen Bart zu salben;
Nach Rosen nur verlang ich,
Zu kränzen mir die Stirne.

Ich denke nur auf heute;
Was morgen ist, wer weiß es!

Darum bei guten Tagen
Die Würfel nimm und trinke
Und opfere Lyäen,
Denn sucht einmal die Krankheit

Dich heim, da möcht es heißen:
Den Becher von dem Munde!

11

UNNÜTZER REICHTUM

Wenn unser sterblich Leben
Mit dargewognem Golde
Der Reichtum könnte fristen,
Ich wollt ihn fleißig hüten,
Daß, wenn der Tod nun käme,
Er nähme was und ginge.
Doch weil ja nie kann kaufen
Ein Sterblicher das Leben,
Was mag das Gold mir frommen?
Denn ist mein Los zu sterben,
Wozu deshalb mich quälen?
— Darum so will ich trinken,
Des süßen Weines trinken,
Bei trauten Freunden weilend.

12

LEBENSWEISHEIT

Weil ich sterblich bin geboren,
Auf des Lebens Pfad zu wandeln,
Weiß ich wohl, wie lang bis heute —
Nicht, wie lang ich fürder walle.
Drum, ihr Sorgen, lasset mich!
Nichts mit euch hab ich zu schaffen.
Eh das Ziel mich überraschet,
Will ich scherzen, lachen, tanzen
Mit dem schönen Gott Lyäos.

13

SORGLOSIGKEIT

Trink ich den Saft der Traube,
Dann schlummern meine Sorgen:

Was soll mir all die Müh und Pein
Und Klagen und Gestöhne!
Ob gern, ob ungern, fort muß ich:
Was täuscht ich mich ums Leben!
Nein, lasset Wein uns trinken,
Des schönen Bakchos Gabe!
Denn, trinken wir der Traube Saft,
Dann schlummern unsre Sorgen.

14

SELIGER RAUSCH

Wann Bakchos erst mich heimsucht,
Dann schlummern meine Sorgen,
Reich bin ich dann, wie Krösos,
Und singe süße Weisen.

Bekränzt mit Efeu lieg ich,
Im Übermute tret ich
Verachtend alles nieder.
— Schenk ein! es gilt zu trinken!

Reich mir den Becher, Knabe!
Viel besser ist es, trunken,
Als tot am Boden liegen.

15

TANZLUST DES TRINKERS

Wann Bakchos erst, des Zeus Sohn,
Lyäos der Befreier,
Des edlen Weines Geber,
Einzog in meine Seele,
Gleich lehret er mich tanzen.

Noch andre Freude lachet
Dem taumelfrohen Zecher:

Mit Spiel und mit Gesängen
Ergötzt mich Aphrodite;
Und wieder muß ich tanzen!

16
WECHSELLIED BEIM WEINE

Trink ich ihn, den Saft der Reben,
Gleich erwarmet meine Seele
Und beginnt in hellen Tönen
Einen Preisgesang der Musen.

Trink ich ihn, den Saft der Reben,
Alsbald streu ich meinen Kummer,
All mein Zweifeln, all mein Sorgen
In den Braus der Meereswinde.

Trink ich ihn, den Saft der Reben,
Läßt mich Bakchos, der des Scherzes
Bande löset, blumenatmend,
Süßberauscht im Tanze schwanken.

Trink ich ihn, den Saft der Reben,
Wind ich Blumen mir zu Kränzen,
Schmücke meine Stirne, singe
Von des Lebens stillem Glücke.

Trink ich ihn, den Saft der Reben,
Mag ich, schön von Salbe duftend
Und im Arm das Mädchen haltend,
Gerne von Kythere singen.

Trink ich ihn, den Saft der Reben,
Wie entzückt ein Kreis von Mädchen
Mich, wo volle, tiefe Becher
Erst mir Geist und Sinn erweitern!

Trink ich ihn, den Saft der Reben —
Mir vor Tausenden gewinn ich
Was ich scheidend mit mir nehme;
Doch den Tod teil ich mit allen.

17
TRINKLIED

Wir sind guter Dinge: trinket!
Trinkt und singt den Gott der Reben!

Er hat uns den Tanz erfunden,
Er liebt volle Kraftgesänge!
Eros gleich ist er geartet,
Ist der Liebling Kythereas.

Bakchos hat den Rausch geboren,
Bakchos ist der Freude Vater;
Er ist's, der den Kummer dämpfet,
Der den Schmerz in Schlaf versenket.

Denn, wird uns der wohlgemischte
Trunk gereicht von zarten Knaben,
Flugs entweicht der Gram, im Wirbel
Fort mit allen Winden treibend.

Laßt uns denn zum Becher greifen
Und den Grillen Abschied geben!
Wozu mag es dir doch helfen,
Dich mit Sorgen abzuquälen?

Was da künftig ist, wer sagt es?
Jedem ist sein Ziel verborgen.
Drum will ich, vom Gott beseligt,
Salbeglänzend, scherzen, tanzen;

Bald mit allerliebsten Mädchen,
Bald mit Jünglingen voll Anmut.
Mag, wer will, indes nur immer
Sich mit seinen Sorgen plagen.

Wir sind guter Dinge: trinket,
Trinkt und singt den Gott der Reben!

18

HARMLOS LEBEN

Immer freuen Dionysos'
Tänze mich, des scherzereichen,
Und mit einem holden Freunde
Trinkend rühr ich gern die Leier.

Doch wenn ich, den Hyazinthen-
Kranz um meine Stirne, fröhlich
Unter jungen Mädchen weile —
Süßre Kurzweil fand ich nimmer.

Keinen Neid kennt meine Seele,
Und der Lästerzunge stumpfen
Pfeilen mag ich ferne bleiben,
Wüsten Streit beim Becher haß ich.

Lautenspiel und Tanz beim heitern
Schmause unter zarten Mädchen
Lieb ich mir: in Frieden will ich
Meinen Lebenstag verbringen.

19

BEIM WEINE

Von Basilios

Gebt mir des Homeros Leier,
Aber ohne blut'ge Saiten!
Gebt den Becher, um gehörig
Nach dem Trinkgesetz zu mischen;
Daß ich trunken möge tanzen
Und, noch klug genug im Taumel,
Zu dem Barbiton ein Trinklied
Mit gewalt'ger Stimme singen.
Gebt mir des Homeros Leier,
Aber ohne blut'ge Saiten!

20

DAS GELAGE

Kränze laßt uns, Rosenkränze,
Jetzt um unsre Schläfe winden,
Trinken unter milden Scherzen!
Einen Thyrsos in den Händen,
Welchen Efeulaub umrauschet,
Soll die Tänzerin den feinen
Fuß im Takt der Laute heben;
Und ein weichgelockter Knabe
Lasse seine würz'gen Lippen
Zu dem Saitenklang der Pektis
Herrlich von Gesange schwellen.
Eros selbst im goldnen Haarschmuck,
Mit dem schönen Gott Lyäos,
Mit der holden Kythereia,
Kommt, des Schmauses Lust zu teilen,
Dessen sich die Greise freuen.

21

DIE RASENDEN

Um Kybele, die schöne,
Soll Attis, der entmannte,
Laut schreiend auf den Bergen
Umhergeraset haben.

Am Quellrand auch zu Klaros,
Vom Wunderborne trunken
Des lorbeerreichen Phöbos,
Sind Rasende zu hören:

Ich aber, von Lyäos
Berauscht, von Salbendüften
Berauscht und meinem Mädchen —
So will, so will *ich* rasen!

22

VERSCHIEDENE RASEREI

Laßt, bei den Göttern, lasset
Mich trinken! Trinken will ich
Unabgesetzt und rasen.

Einst rasete Alkmäon,
Orest mit nackten Füßen,
Die Mörder ihrer Mütter.
Ich, keines Menschen Mörder,
Bezecht von rotem Weine,
Will ich, ja will ich rasen!

Einst rasete Herakles,
Den fürchterlichen Köcher
Und Iphitos' Bogen schüttelnd.

Auch raste jener Ajas,
Als er samt seinem Schilde
Das Schwert des Hektor schwenkte.

Ich aber — mit dem Becher
Und mit bekränztem Haupthaar
Will ich, so will ich rasen!

23

RECHTFERTIGUNG

Die schwarze Erde trinket;
So trinken *sie* die Bäume;
Es trinkt das Meer die Ströme;
Die Sonne trinkt die Meere;
Der Mond sogar die Sonne:
Was wollt ihr doch, o Freunde,
Das Trinken *mir* verbieten?

24
ANTWORT

Es sagen mir die Mädchen:
Anakreon, du alterst.
Den Spiegel nimm und siehe,
Du hast das Haar verloren;
Ganz kahl ist deine Stirne.
— Ob ich noch Haare habe,
Ob sie mir ausgegangen,
Ich weiß es nicht; doch weiß ich,
Daß holde Lust und Lachen,
Je näher kommt das Ende,
So mehr den Alten ziemet.

25
AN EIN MÄDCHEN

Nicht fliehen mußt du, Mädchen,
Vor diesen grauen Haaren!
Nicht, weil der Jugend Blume
Noch herrlich an dir leuchtet,
Verachten meine Gaben.
Sieh nur am Kranze selber,
Wie lieblich weiße Lilien
Mit Rosen sich verflechten!

26
DER ALTE TRINKER

Alt bin ich zwar, doch trink ich
Trotz einem Jüngling wacker;
Und wenn es gilt zu tanzen,
Mach ich in meinem Chore
Den tanzenden Seilenos,
    Nehme den Schlauch zum Stabe.

Geht mir mit euren Stecken!
Hat einer Lust zu kämpfen,

Der kämpfe meinetwegen.
Auf! bringe mir, o Knabe,
Gemischt mit honigsüßem
  Weine den vollen Becher!

Alt bin ich zwar, doch trink ich
Trotz einem Jüngling wacker.

27

BESTE WISSENSCHAFT

Ei, was lehrst du mich des Redners
Kunst und seine feinen Griffe?
Wozu soll ich all den Plunder
Kennen, der mir gar nichts frommet?

Lieber lehre du mich trinken
Den gelinden Saft Lyäens,
Lieber lehre du mich scherzen
Mit der goldnen Aphrodite.

Graues Haar kränzt meinen Scheitel:
Reiche, Knabe, Wein mit Wasser,
Wiege meinen Geist in Schlummer!
Bald bedeckst du den Entseelten;
Der hat nichts mehr zu begehren.

28

GREISEN-JUGEND

Ich liebe frohe Greise,
Ich liebe junge Tänzer.
Ein Alter, wenn er tanzet,
Ist wohl ein Greis an Haaren,
Doch jung an Geist und Herzen.

29

JUNG MIT DEN JUNGEN

Meine Jugend hab ich wieder,
Seh ich dich im Jünglingskreise:
Dann, ja dann zum Tanz beflügelt
Kann ich noch, ich Alter, schreiten.
Bleibe bei mir, o Kybebes!

Rosen her! — ich will mich kränzen.
Graues Alter, dich verjag ich,
Jung mit Jünglingen zu tanzen.
Reichet mir von Dionysos'
Traubennaß — und ihr sollt sehen!
Sehen eines Alten Stärke,
Der noch kann so kräftig singen,
Der noch kann so tapfer trinken
Und von Freude trunken schwärmen.

30

AUFTRAG

Arbeite dieses Silber
Für mich, Hephästos: aber
Nicht etwa Wehr und Waffen,
Nein, einen Becher mache,
So tief du kannst und räumig.

Nur von Gestirnen komme
Mir nichts darauf, kein Wagen,
Kein leidiger Orion.
Was kümmern mich Plejaden,
Und was Bootes' Sterne?

Du sollst mir Rebenstöcke,
Und Trauben daran, bilden,
Und goldne Keltertreter,
Den schönen Gott Lyäos
Mit Eros und Bathyllos.

31

DAS BILDNIS DER GELIEBTEN

Auf, du bester aller Maler,
Male, allerbester Maler,
Meister in der Kunst der Rhoder,
Male mir wie ich dir sage
Die entfernte liebste Freundin!

Erstlich weiche schwarze Haare,
Und, will es dein Wachs vergönnen,
Male sie von Salbe duftend.
Oben wo die Wangen enden
— Deren eine ganz sich zeige —
Male unter dunkeln Locken
Weiß wie Elfenbein die Stirne;
Laß die Bogen dann der Brauen
Sich nicht trennen, nicht verbinden,
Sondern, wie bei ihr, gelinde
Ineinander sich verlieren;
Dunkel wölbe sich die Wimper.
Aber zu dem Blick des Auges
Mußt du lauter Feuer nehmen.
Blau sei dieses, wie Athenes,
Wie Kytheres feucht in Liebe.
Wirst du Nas und Wange malen,
So vermische Milch und Rosen.
Gib ihr Lippen gleichwie Peithos,
Die zum Kusse lieblich locken.
In dem weichen Kinne mitten,
Um des Halses Marmor schweben
Alle Chariten vereinigt!
Endlich laß in lichtem Purpur
Ihr Gewand hinunterwallen,
Fleisch ein weniges durchschimmern
Und den Umriß nur erscheinen.
— Doch genug! Schon steht sie vor mir!
Nächstens wirst du, Bild, auch reden.

32

DAS BILD DES BATHYLLOS

Male den Bathyll mir also,
Meinen Liebling, wie ich sage.

Salbenglanz gib seinen Haaren,
Dunkel schattend nach dem Grunde,
Außen aber Sonnenschimmer.
Kunstlos nur gebunden, laß sie,
Wie sie eben wollen, selber
Sich in freie Locken legen;
Und den zarten Schmelz der Stirne
Schmücken dunkle Augenbrauen,
Dunkler als des Drachen Farbe.
Trotzig sei sein schwarzes Auge,
Doch von fern ein Lächeln zeigend;
Jenes nimm von Ares, dieses
Von der lieblichen Kythere:
Daß man bange vor dem einen,
Bei dem andern hoffen könne.
Male seine Rosenwange
Mit dem zarten Flaum der Quitte;
Und sieh zu, daß sie das edle
Rot der Scheu erkennen lasse.
Seine Lippen — weiß ich denn auch
Selbst, wie du mir diese malest?
Weich, von Überredung schwellend.
Wisse kurz: das Bild, es müsse
Redsam selber sein im Schweigen!
Unterm Kinn da schließe zierlich,
Wie ihn nicht Adonis hatte,
Elfenbeinen sich der Hals an.
Gib ihm Brust und beide Hände
Von der Maia schönem Sohne,
Leih ihm Polydeukes' Schenkel,
Bauch und Hüften ihm von Bakchos.
Dann, ob jenen weichen Schenkeln,
Jenen feuervollen, gib ihm
Eine glatte Scham, die eben

Aphrodites Freuden ahne.
— Aber deine Kunst, wie neidisch!
Kannst du ihn doch nicht vom Rücken
Zeigen! Herrlich, wenn du's könntest!
— Soll ich erst die Füße schildern? —
Nimm den Preis, den du verlangest,
Und gib diesen Phöbos auf, mir
Den Bathyll daraus zu bilden.
Wirst du einst nach Samos kommen,
Male nach Bathyll den Phöbos.

33

AUF EIN GEMÄLDE DER EUROPA

In diesem Stier da, Knabe,
Ist wohl ein Zeus zu suchen.
Denn auf dem Rücken träget
Er ein sidonisch Mädchen
Durchs weite Meer und teilet
Die Wellen mit den Klauen.
Ich wüßte nicht, daß sonsten
Ein Stier entlief der Herde
Und durch die Fluten schiffte,
Als eben nur der Eine.

34

APHRODITE AUF EINEM DISKOS

Seht dies Kunstgebilde! Wahrlich
Eine Zauberhand hat Wellen
Ausgegossen auf den Diskos.
Welch ein kühner, hochentzückter
Geist, der hier die zarte, weiße
Kypris auf dem Meere schwimmend
Schuf, die Mutter sel'ger Götter!

Nackend zeigt er sie den Blicken;
Nur was sich nicht ziemt zu schauen
Decket eine dunkle Welle.

Gleich der weißen Alge schaukelnd
Auf des sanft ergoßnen Meeres
Fläche gleitet sie umher und
In die Flut gelehnet trennt sie
Vor sich her den Schwall der Wasser.

Über ihrem ros'gen Busen,
Unter ihrem zarten Halse
Teilt sich eine große Woge.
Mitten in des heitern Meeres
Furche glänzet Kytherea
Wie die Lilie unter Veilchen.

Ob dem Silber aber wiegen
Sich auf tanzenden Delphinen
Himeros und Eros, tückisch
Lachend zu der Menschen Torheit,
Und ein Heer gekrümmter Fische
Überschlägt sich in den Wellen,
Scherzet um den Leib der Göttin,
Wo sie hin mit Lächeln schwimmet.

35

AUF DIE ROSE

Laßt die Rose, Eros' Blume,
Zu Lyäen sich gesellen;
Mit der Rose Zier die Schläfe
Kränzend, lasset uns den Becher
Leeren unter milden Scherzen!

Rose heißt die schönste Blume,
Rose heißt des Lenzes Schoßkind,
Rosen flicht der Sohn Kytheres
Um die gelben Ringelhaare,
Mit den Chariten zu tanzen.

Kränze, Bakchos, mich mit Rosen,
Und ich will, die Laute rührend,
Mit dem zierlichsten der Mädchen,

Deinen Kranz auf meinem Haupte,
Froh bei deinem Tempel tanzen.

36
LOB DER ROSE

Säng ich wohl den schön bekränzten
Lenz, und dich nicht, holde Rose?
Mädchen, auf! ein Wechselliedchen.

Wohlgeruch haucht sie den Göttern;
Sie, der Erdgebornen Wonne,
Ist der Chariten erwählter
Schmuck zur Zeit, wo in der Blüten
Fülle die Eroten schwärmen.
Aphroditens Spielzeug ist sie,
Jedes Dichters Lustgedanke,
Ja der Musen Lieblingsblume.

Lieblich duftet sie vom Strauche
Dir am dornbewachsnen Pfade;
Lieblich hauchet Eros' Blume,
Wenn du sie in zarten Händen
Wärmend ihren Atem saugest.

Bei dem Schmaus, beim Trinkgelage,
Bei Lyäos' frohen Festen,
Sagt, was möchte wohl den Sänger
Freuen, wenn die Rose fehlte?

Rosenfingerig ist Eos,
Rosenarmig sind die Nymphen,
Rosig Aphrodite selber;
Also lehren uns die Dichter.

Auch den Kranken heilt sie wieder,
Scheucht von Toten die Verwesung,
Ja sie trotzt der Zeit des Welkens:
Reizend selber ist ihr Alter
Durch den Wohlgeruch der Jugend.

Aber nun: wie ward die Rose?
— Als dem Schaum des blauen Meeres
Die betauete Kythere,
Pontos' Tochter, einst entstiegen,
Und die kriegerische Pallas,
Schrecklich selber dem Olympos,
Auf Kronions Haupt sich zeigte,
Damals ließ auch Mutter Erde
Sie, die vielgepriesne Rose,
Dieses holden Wunderwerkes
Ersten jungen Strauch, entsprießen.
Und die Schar der sel'gen Götter
Kam, mit Nektar sie zu netzen.
Alsbald blühend, purpurglänzend,
Stieg sie aus dem Dorngesträuche,
Bakchos' ewig junge Blume.

37

DER FRÜHLING

Sieh den jungen Lenz! wie ringsum
Schon die Chariten in Fülle
Ihre Rosenpracht ergießen!
Siehe, wie die Meereswelle
Sich in heitrer Ruhe wieget!
Siehe, wie die wilde Ente
Rudert! wie der Kranich ziehet!

Rein hernieder leuchtet Titan,
Und die Wolkenschatten fliehen,
Und die Flur des Landmanns glänzet.
Früchte zeiget schon der Ölbaum,
Und von Blättern und von Ranken
Strotzend will auch Bromios' Gabe
Schon, die Rebe, wieder blühen.

38
KELTERLUST

Schwarze Trauben erst in Körben
Bringen Jünglinge und Mädchen
Auf den Schultern hergetragen.
In die Kelter aber schütten
Jene sie sofort und lösen
Nun den Most, die Beeren tretend.
Hoch erschallt das Lob des Gottes,
Hoch in lauten Kelterliedern,
Während sie den jungen Bakchos
In der Tonne brausen sehen.
Und der Greis, wenn er ihn trinket,
Tanzet er auf wanken Füßen,
Daß die Silberlocken beben;
Und der junge, schöne Bursche
Überschleicht im Rausch ein Mädchen,
Das, dem schweren Schlummer weichend,
Seinen zarten Leib im Schatten
Grüner Blätter hingegossen,
Reizet es, die höchsten Rechte
Hymens keck vorauszunehmen.
Wollen Worte nichts verfangen,
Weiß er durch Gewalt zu siegen.
Denn zu wilden Taten lockt der
Trunkne Gott das junge Völkchen.

39
AUF DIONYSOS

Der dem Jüngling Kraft im Kampfe
Gibt, ihm Mut gibt in der Liebe,
Reiz, wenn er beim Schmause tanzet —
Seht, der Gott, er kehret wieder!

Seinen Wein, das Kind der Rebe,
Den gelinden Trank der Liebe,
Ihn, den lachenden, den Tröster,
Bringet er den Menschenkindern.

In die grün umrankten Beeren
Schließt er ihn und wartet seiner,
Daß, wenn wir die Trauben schneiden,
Alle Welt gesunden möge,
Frisch und schön an Leib und Gliedern,
Frisch und froh an Sinn und Herzen,
Bis zur Wiederkehr der Lese.

40

AN DIE ZIKADE

Selig preis ich dich Zikade,
Die du auf der Bäume Wipfeln,
Durch ein wenig Tau geletzet,
Singend, wie ein König, lebest.
Dir gehöret eigen alles
Was du siehest auf den Fluren,
Alles was die Horen bringen.
Lieb und wert hält dich der Landmann,
Denn du trachtest nicht zu schaden;
Du den Sterblichen verehrte,
Süße Heroldin des Sommers!
Auch der Musen Liebling bist du,
Bist der Liebling selbst Apollons,
Der dir gab die Silberstimme.
Nie versehret dich das Alter,
Weise Tochter du der Erde,
Liederfreundin, Leidenlose,
Ohne Fleisch und Blut Geborne,
Fast den Göttern zu vergleichen!

41

BESUCH DES EROS

Jüngst in mitternächt'ger Stunde,
Als am Himmel schon der Wagen
An Bootes' Hand sich drehte,
Und, ermattet von der Arbeit,
Schlafend lagen alle Menschen,

Da kam Eros noch und pochte
An der Türe meines Hauses.
„Wer doch", rief ich, „lärmt da draußen
So? wer störet meine Träume?"
„Öffne!" rief er mir dagegen:
„Fürchte nichts. Ich bin ein Knabe,
Habe mich verirrt in mondlos
Finstrer Nacht, von Regen triefend."
Mitleidsvoll vernahm ich dieses,
Nahm in Eile meine Lampe,
Öffnete, und sah ein Knäbchen,
Welches Flügel an den Schultern
Hatte, Pfeil und Bogen führte.
Alsbald ließ ich ihn zum Feuer
Sitzen, wärmte seine Hände
In den meinen; aus den Locken
Drückt ich ihm die Regennässe.
Drauf, als ihn der Frost verlassen,
Sprach er: „Laß uns doch den Bogen
Auch versuchen, ob die Sehne
Nicht vom Regen schlaff geworden" —
Spannte, traf, und mir im Busen
Tat es wie der Bremse Stachel.
Er nun hüpfte auf und lachte:
„Siehst du, guter Wirt, wie glücklich!
Unbeschädigt ist mein Bogen,
Doch dir wird das Herz erkranken."

42

DIE PROBE

Mit einem Lilienstengel
Gar grausam schlug mich Eros,
Und zwang mich, ihm zu folgen.
Durch wilde Ströme ging es,
Durch Wälder und durch Klüfte,
Daß mich der Schweiß verzehrte.
Schon auf die Lippe trat mir
Die Seele, ja schon war ich
Ganz nahe am Erlöschen:

Da wehte Kühlung Eros
Mit seinem sanften Fittich
Mir auf die Stirn und sagte:
„Noch kannst du, Freund, nicht lieben!"

43

BEDEUTSAMER TRAUM

Mir kam vor im Traum, ich liefe,
Hatte Flügel an den Schultern;
Eros, an den schönen Füßchen
Blei, erhaschte mich im Laufe.
— Was wohl dieser Traum bedeutet?

Ich, der schon von mancher Liebe
Halb verstrickt bisher noch immer
Glücklich allen war entronnen,
Soll, so will es mich bedünken,
Diesesmal doch hängenbleiben.

44

DER WÄCHSERNE EROS

Ein Mann, ein junger, brachte
Aus Wachs ein Erosbildchen
Zu Kauf. Da trat ich zu ihm
Und frug: „Was soll es kosten?"
„Nimm ihn zu jedem Preise!"
Erwidert' er auf dorisch:
„Die Wahrheit zu gestehn,
Ich bin kein Wachsbossierer;
Ich mag nur keinen solchen
Begehrlichen Genossen
Im Haus wie diesen Eros."
— „Hier nimm die Drachme! Gib mir
Den schönen Schlafgesellen.
Du aber, Eros, laß mich
Jählings entbrennen, oder
Du sollst mir selbst ins Feuer!"

45

DER KAMPF MIT EROS

Ja, lieben, lieben will ich!
— Zu lieben riet mir Eros;
Doch Törichter ich wollte
Nicht dieses Rates achten;
Da nahm er stracks den Bogen,
Griff nach dem goldnen Köcher,
Mich auf zum Kampfe fordernd.
Rasch warf ich um die Schulter
Den Harnisch wie Achilleus,
Nahm Schild und Schwert und Lanze
Und kämpfte gegen Eros.
Er schoß — doch ich, behende,
Wich ihm noch aus. Nun aber
Zuletzt, wie seine Pfeile
Fort waren, zornig fuhr er
Mit Pfeilsgewalt, er selber,
In mich, und tauchte mitten
Ins Herz, und machtlos war ich!
Was soll nun Schild und Wehre?
Was Stich und Stoß hier außen?
Ist doch der Kampf da drinne!

46

WIDMUNG DES EROS

Die Musen banden Eros
Mit Kränzen einst und brachten
Der *Schönheit* ihn zu eigen.

Nun suchet Kytherea,
Das Lösegeld in Händen,
Den Eros frei zu machen.

Doch komme wer da wolle:
Er geht nicht mehr, er bleibet,
Der schöne Dienst gefällt ihm.

47
DER VERWUNDETE EROS

In einer Rose schlummert'
Ein Bienlein, dessen Eros
Sich nicht versehn. Am Finger
Von ihm verwundet schrie er
Und schlug und schlug sein Händchen.
Halb lief er dann, halb flog er
Hin zu der schönen Kypris.
„O weh mir, liebe Mutter!
Ach weh, ich sterbe!" rief er:
„Gebissen bin ich worden
Von einer kleinen Schlange
Mit Flügeln — Biene heißet
Sie bei den Ackersleuten."
Sie sprach: „Kann so der Stachel
Von einem Bienchen schmerzen,
Was meinst du daß die leiden,
Die *du* verwundest, Eros?"

48
DIE PFEILE DES EROS

Dort in Lemnos' Feueressen
Nahm der Mann der Kytherea
Stahl und machte den Eroten
Pfeile draus; die Spitzen tauchte
Kypria in süßen Honig,
Den ihr Sohn mit Galle mischte.
Ares, einst vom Schlachtfeld kehrend
Und die schwere Lanze schwingend,
Spottet' über Eros' Pfeile.
„Schwer genug ist der", sprach Eros:
„Nimm ihn nur, du wirst es finden."
Ares nahm den Pfeil; darüber
Lächelte Kythere heimlich.
Seufzend sprach der Gott des Krieges:
„Er ist schwer: nimm ihn doch wieder!"
„Nein, behalt ihn nur!" sprach Eros.

49

EROS GEFANGEN

Von Julianos dem Ägypter

Unlängst — ich band gerade
Mir einen Kranz — da fand ich
Den Eros in den Rosen.
Ich nahm ihn bei den Flügeln,
Warf ihn in meinen Wein und
So trank ich ihn hinunter.
Nun kitzelt er mich peinlich
Ums Herz mit seinen Flügeln.

50

DER TOTE ADONIS

Als Kypris den Adonis
Nun tot sah vor sich liegen,
Mit wildverworrnem Haupthaar
Und mit erblaßter Wange:
Den Eber ihr zu bringen
Befahl sie den Eroten.
Sie liefen gleich geflügelt
Umher im ganzen Walde
Und fanden den Verbrecher
Und banden ihn mit Fesseln.
Der eine zog am Seile
Gebunden den Gefangnen,
Der andre trieb von hinten,
Und schlug ihn mit dem Bogen.
Des Tieres Gang war traurig,
Es fürchtete Kytheren.

Nun sprach zu ihm die Göttin:
„Du böses Tier, du Untier!
Du schlugst in diese Hüfte?
Mir raubtest du den Gatten?"

Der Eber sprach dagegen:
„Ich schwöre dir, Kythere,
Bei dir, bei deinem Gatten,
Bei diesen meinen Fesseln
Und hier bei diesen Jägern:
Ich dachte deinem holden
Geliebten nicht zu schaden!
Ein Götterbild an Schönheit
Stand er, und voll Verlangen
Stürmt ich hinan, zu küssen
Des Jägers nackte Hüfte,
Da traf ihn so mein Hauer.
Hier nimm sie denn, o Kypris,
Reiß mir sie aus zur Strafe!"
— „Was soll mir das Gezeuge? —
Die buhlerischen Zähne!"
„Wenn das dir nicht genug ist,
Nimm hier auch meine Lippen,
Die sich den Kuß erfrechten!"

Das jammert' Aphrodite.
Sie hieß die Liebesgötter
Ihm lösen seine Bande.

Er folgte nun der Göttin
Und ging zum Wald nicht wieder
[Und selbst ans Feuer laufend
Verbrannt er seine Liebe].

51

DIE TAUBE

Woher, o liebe Taube,
Woher kommst du geflogen?
Wie triefst du so von Salben
Und füllst die Luft im Fluge
Mit ihren Wohlgerüchen?
Was hast du vor? wer bist du?

„Anakreons Gesandte.
Zu seinem Liebling muß ich,
Muß zu Bathyllos, dem ja
Nun alles liegt zu Füßen.
Verkauft hat mich Kythere
Dem Sänger um ein Liedchen.
Anakreon vertrauet
Mir nun die größten Dinge.
Siehst du, hier hab ich eben
Jetzt Briefe zu bestellen.
Wohl hat er mir versprochen,
Mich ehstens freizulassen;
Doch, wennschon freigelassen,
In seinem Dienste bleib ich.
Wie sollt ich noch auf Bergen
Umher und Feldern schweifen,
Mich auf die Bäume setzen
Und wildes Futter schlingen?
Ich picke von dem Brote,
Das mich der Dichter lässet
Aus seinen Händen nehmen.
Auch reicht er mir zu trinken
Den Wein, von dem er trinket,
Und nach dem Trunke trippl ich
Um meinen Herrn und recke
Den Flügel, ihn beschattend.
Dann setz ich mich, zu schlafen,
Auf seiner Leier nieder.
— Nun laß mich. Du weißt alles.
Fürwahr, o Mann, du machtest
Mich schwatzhaft trotz der Krähe."

52

ANAKREONS KRANZ

Von Basilios

Anakreon, der Sänger
Von Teos — also träumt ich —
Ward mein gewahr und rief mich.
Flugs auf ihn zugelaufen

Umarmt ich ihn und küßt ihn.
Zwar schon ein Greis, doch schön noch,
Noch schön war er und zärtlich.
Wein hauchte seine Lippe,
Auf wanken Füßen ging er,
Von Eros' Hand geleitet.
Und nun vom eignen Haupte
Den Kranz herunternehmend,
Der alle Wohlgerüche
Des Sängers von sich hauchte,
Reicht' er mir den; ich nahm ihn
Und band ihn um die Schläfe,
Ich Tor! Seit jener Stunde
Weiß ich von nichts als Liebe.

53

EIN TRAUM

Von Lyäos frohgemutet
Schlief ich nachts auf Purpurdecken;
Und mir war, als wenn ich scherzend
Mich mit jungen Mädchen jagte.
Leichthin schweb ich auf den Zehen;
Sieh, da kamen Knaben, schöner
Als der weiche Gott der Reben,
Die mit bittrem Hohn mich schalten
Jener holden Kinder wegen.
Doch wie ich sie wollte küssen,
Waren alle miteinander
Im Erwachen mir entflohen,
Und ich Armer lag verlassen,
Wünschte wieder einzuschlafen.

54

AN EINE SCHWALBE

Wie soll ich dich bestrafen?
Wie, plauderhafte Schwalbe?
Bei deinen schnellen Schwingen

Dich fassen und sie stutzen?
Sag, oder soll ich etwa
Wie vormals jener Tereus
Die Zunge dir entreißen?
Was, aus so süßem Traume
Mit deinem frühen Zwitschern
Mir den Bathyll zu rauben!

55

NATURGABEN

Es gab Natur die Hörner
Dem Stier, dem Roß die Hufe;
Schnellfüßigkeit dem Hasen,
Dem Löwen Rachenzähne,
Den Fischen ihre Flossen,
Den Vögeln ihre Schwingen;
Und den Verstand dem Manne.
— So bliebe nichts den Frauen?
Was gab sie diesen? — Schönheit:
Statt aller unsrer Schilde,
Statt aller unsrer Lanzen!
Ja über Stahl und Feuer
Siegt jede, wenn sie schön ist.

56

DER LIEBENDEN KENNER

Das Roß führt an den Hüften
Ein eingebranntes Zeichen,
Und am gespitzten Hute
Mag man den Parther kennen.

Mit *einem* Blick so will ich
Die Liebenden erkennen:
Ein zartes Mal ist ihnen
Gezeichnet in die Seele.

ANAKREONTISCHE LIEDER

Anmerkungen

Die Anakreonteen

in bezug auf Originalität und Zeit der Entstehung mutmaßlicherweise geordnet. Nach Stark, Quaest. Anacr. pag. 90.

Ihre Rechtfertigung, soweit sie sich mit der nächsten Bestimmung unseres Büchleins verträgt, wird diese Klassifikation in den nachfolgenden Noten finden. Wo die sachlichen und ästhetischen Gründe hinreichend schienen, sind andere Entscheidungsgründe der Kritik dort nicht beigebracht oder nur angedeutet worden; wo die Noten über ein in diesem Verzeichnis als mehr oder weniger unecht aufgeführtes Stück nichts Näheres enthalten, hat immer die Sprache, der Dialekt, die prosodische oder die metrische Beschaffenheit über die Stellung desselben entschieden. Sprachkundige Leser verweisen wir auf die obengenannte Schrift.

I. Als echt Anakreontisch dürften folgende Lieder bezeichnet werden: 26. 30. 40.
II. Dem Inhalte nach von Anakreon, in der Form verändert, oder aus abgerissenen echten Teilen zusammengesetzt: 1. 4. 5. 8. 9. 11. 14. 18. 20. 21. 25. 28. 37. 39. 45. 54. 55.
III. Nicht echt, jedoch der Blüte griechischer Literatur nicht allzu ferne stehend: 2. 24.
IV. Nicht vor dem 2. oder 3. Jahrh. n. Chr., zum wenigsten nicht in der gegenwärtigen Form, entstanden: 10. 31.
V. Aus Julians und Justinians Zeitalter, vornehmlich nach Epigrammen gearbeitet: 6. 7. 23. 33. 36. 38. 41. 42. 43. 44. 46. 47. 48. 51. 56.
VI. Nach dem Muster anderer Anakreontea, mit schon vernachlässigter Metrik: 3. 10. 13. 15. 16. 22. 27. 29. 32.
VII. Wegen Abweichung von der alten Prosodie usw. nur erst in das 7. und 8. Jahrh. n. Chr. zu setzen: 17. 34. 53.
VIII. In sogenannten politischen Versen geschrieben, vermutlich aus dem 9. und 10. Jahrh.: 12.

I

Um überhaupt die höhere epische Poesie, die ihm versagt sei, zu bezeichnen, erwähnt der Dichter die drei berühmten Sagenkreise: den Trojanischen (mit Atreus' Söhnen Agamemnon und Menelaos), den Thebanischen (mit Kadmos, dem Gründer Thebens) und den Herakleischen. Natürlich dachte der Verfasser bei diesen heroischen Stoffen vor allem an die uns bekannten Homerischen Muster, dann aber wohl auch an jene von den Alten als Homerisches Werk genannte Thebais, sowie an eine gleichfalls sehr hochgepriesene Heraklee des Peisandros aus Rhodos. Unser Lied, das schon die römischen Dichter gekannt zu haben scheinen — vgl. die Parallelstellen bei Properz, Eleg. III, 9, V. 37; bei Ovid, Liebeseleg. I, 1, 1. I, 1, 28. — hat einen klassisch einfachen Charakter und bei aller spielenden Leichtigkeit einen gefühlten Ton; Stark ist nicht abgeneigt, es seinem Inhalt nach als echt Anakreontisch anzunehmen, da der ursprünglich ionische Dialekt später leicht in den attischen übergegangen sein konnte.

2

Anders als im vorhergehenden Liede macht hier der Dichter Miene, seinen eigenen Stoff in epischer Weise zu behandeln. Übrigens ist eine Ähnlichkeit der beiden Stücke unverkennbar und eben daraus zu schließen, daß sie nicht von einem und demselben Verf. herrühren. — Zu vergleichen ist mit dem vorliegenden Liedchen ein Epigramm des Meleager (Anthol. Pal. V, 177), wo dem vermißten Eros, der plötzlich in seinem Versteck auf der Lauer gefunden wird, der Dichter zuruft:

Weil du im Aug dich
Meiner Zenophila birgst, meinst du, ich sehe dich nicht? (Jacobs.)

3

V. 1. Niobe, eine Tochter des *Tantalos,* Königs von Lydien, auch von Sipylos in Phrygien, Gemahlin des thebanischen Königs Amphion, hatte sich ihres Glücks als Mutter von sechs Söhnen und ebenso vielen Töchtern (die Zahl wird sehr verschieden angegeben) auf Kosten der Leto gerühmt, welche nur zwei Kinder, Apollon und Artemis, geboren. Diese beiden rächten sofort ihre Mutter, indem sie den sämtlichen Kindern Niobes den Tod durch ihre Pfeile gaben. Die Königin, starr vor Entsetzen und Schmerz, wurde in einen Stein verwandelt, der immerfort von Tränen floß. (Über ein merkwürdiges altes Steinbild am Berge Sipylos, das sie in ihrer Trauer darstellt, s. Müllers Archäol. §. 64. Anm. 2 und Starks Niobe, S. 98 ff.)

V. 4. Tereus, König der Thrakier, hatte Prokne, die älteste *Tochter Pandions,* Königs von Athen, zur Gemahlin erhalten, die ihm einen Sohn, Itys, gebar. Einst, da sie ihre entfernte Schwester Philomele zu sehen wünschte, zog er aus, dieselbe abzuholen, entehrte sie aber unterwegs, verwahrte sie an einem abgelegenen Orte und schnitt ihr, damit die Untat verschwiegen bleibe, die Zunge aus. Doch Prokne sandte Philomelen ein von ihr gewirktes Tuch, auf welchem ihr Unglück im Bilde dargestellt war. Die Schwestern sahen sich hierauf beim Bakchosfeste in Athen; sie beschlossen, den Itys zu schlachten und dem Vater zum Mahl vorzusetzen. Beide entflohen, von Tereus verfolgt, und auf ihr Hülfeflehen wurden alle von den Göttern in Vögel verwandelt: Philomele in eine Schwalbe, Prokne in eine Nachtigall, Tereus in einen

Habicht oder Wiedehopf, Itys in einen Fasan. Erst von den Spätern wird Philomele als Nachtigall, ihre Schwester als Schwalbe bezeichnet.
V. 13. Diese *Binde* (taenia), die unter dem Kleide angelegt wurde und nicht mit dem Gürtel zu verwechseln ist, diente die Brust in schöner Form zusammenzuhalten.
Verliebte Wünsche, wie diese, kehren in alter und neuerer Dichtung mehrfältig wieder. Bekannt ist das alte griech. Skolion (Bergk Lyr. gr. p. 1022, nr. 19), das Thudichum gibt wie folgt:

> Daß ich die schöne Lyra doch wäre von Elfenbein,
> Und mich ein schöner Knabe trüg im dionysischen Feierchor!

Ein anderes (ebendas. nr. 20), das auch wohl mit dem vorigen in eins verbunden werden kann:

> Daß ich ein schönes und großes Gold wäre, vom Feuer rein,
> Und mich ein schönes Weib dahertrüge mit lauterem Herzenssinn!

Zwei Beispiele aus der Griech. Anthologie (A. Pal. V, 83 und 84):

> Möcht ich ein Westwind sein und du gingst in den Strahlen der
> Sonne,
> Und mit entschleierter Brust nähmst du den Hauchenden auf!
> Möcht ich die Rose doch sein und du pflücktest mich dann mit der
> Hand ab,
> Und an der blendenden Brust ließt du die purpurne ruhn!
>   (Jacobs.)

Deutsche Parallelstücke (Uhlands Volkslieder, Bd. I, S. 21):

> Wolt got dat ich wär ein hundlin klein!
> gair freundlich wolt ich mich neigen to ir,
> freundlich so wolt ich scherzen usw.
> Wolt got dat ich wär ein ketzlin klein
> und lief in irem huese usw.
> Wolt got dat ich wär ein vöglin klein
> und säß up einem grönen zweige!
> ich wolt ir fleigen ins herzen grunt usw.

In folgenden Versen aus dem Anfang des achtzehnten Jahrhunderts (Des Knaben Wunderhorn III, S. 113), ist die Nachahmung des Anakreontischen Lieds offenbar:

> Wollt Gott wäre ich ein lauter Spiegelglas
> Daß sich die allerschönste Frau
> All morgen vor mir pflanziert,
> Wollt Gott wäre ich ein seiden Hemdlein weiß
> Daß mich die allerschönste Frau
> An ihrem Leibe trüge usw.

Nächst diesen Beispielen führt Stark auch Goethes „Liebhaber in allen Gestalten" an.

Die in dem griech. Muster aneinandergereihten Wünsche sind wirklich poetisch genug. Sie werden jedoch durch die Beiziehung zweier mythologischen Vorgänge eingeleitet, die in Betracht, daß sie das Allertraurigste vergegenwärtigen, recht wie die Faust aufs Auge zu diesem Liebesliede passen. Eine so nichtige Verwendung der Mythen aber war nur zu einer Zeit möglich, wo dieselben ihre heilige Bedeutung ganz verloren hatten und bloß noch als poetischer Schmuck gebraucht wurden, den die geschäftigen Grammatiker von allen Seiten herholten, um ihn auf ihre Weise den Dichtern aufzuhängen. Hiernach erblicken wir mit dem Verfasser der Quaestiones Anacr. in dem vorliegenden Produkt eine nicht zu verachtende Amplifikation von echt Anakreontischem, worüber nachher ein Grammatiker geriet und diesen Versen einen fremden Kopf aufsetzte.

4

V. 2 ff. *atemlos*. Bei dieser derbsten Art zu trinken, welche *amystis* hieß, hielt man das Gefäß in einiger Entfernung vom Munde und ließ den Wein so einrinnen.

V. 3. nach der Lesart προδοθείς. Wir denken uns, der Dichter fand sich soeben in seiner Liebe *verraten;* es glüht in ihm, daß er tief aufstöhnt; nun soll diese Glut mit Wein gelöscht werden (wenn man will, kann er auch schon zuvor deshalb getrunken haben), aber vergeblich, das Übel wird nur ärger. — Der Vorschlag von Stephanus: προποθείς, wobei der Sinn wäre: man hat mir vorgetrunken, ich bin durch Vortrinken erhitzt worden, dürfte grammat. Schwierigkeiten haben; sonst könnte die Übersetzung etwa lauten:

Weh, vor Hitze — denn wir haben
Schon getrunken — möcht ich bersten!

Bei unserer Auffassung erhält jedoch das Lied mehr Leben und Wahrheit und erinnert an die echt Anakreontische Leidenschaft.

V. 5—6. *Lyäos*, Beiname des Bakchos, insofern er die Sorgen löst. Die Alten suchten sich in solchem Fall mit Efeukränzen, *Bakchosblumen*, zu helfen. Übrigens s. d. Anm. zur folg. Nummer.

5

V. 1—2 nach Stephanus' Lesart: Παρὰ τὴν σκιήν, Βάθυλλε, κάθισον, statt ...Βαθύλλου κάθισον oder καθίσω. — Über den Bathylls. Anakr. Fragm. 9. Anm.

V. 6. Degen: der *Überredung* (Peithos) Quelle; nach unserem Gefühl jedoch wäre die Erwähnung der Peitho (vgl. Fragm. 14) als

Liebesgöttin in diesem kleinen Naturgemälde störend; also lieber ῥέουσα πειθοῦς, von Überredung strömend.

Mehrere namhafte Ausleger wollen dies und das vorige Stück zu *einem* verbinden, so daß die Frage, womit das erstere schließt, ihre Beantwortung unmittelbar in den nachfolgenden Versen fände: d. h. der Dichter suche Linderung für seine Liebesglut im Schatten des Bathyllos. (Dabei sind Brunck und Welcker der Meinung, Bathyllos selbst sei bildlich unter dem Baume verstanden — ein Gedanke, der uns durchaus widersteht.) Allein die beiden Stücke sind von ganz verschiedenem Charakter; im ersten herrscht die heftigste Bewegung, im zweiten die süßeste Ruhe, und beide erscheinen als völlig in sich abgeschlossene Ganze.

Dies zarte Lied hat viele Ähnlichkeit mit der berühmten Schilderung des Ruheplatzes unter der Platane im Eingang des Platonischen „Phädros", und Welcker ist geneigt, in derselben eine Anspielung auf Anakr. anzunehmen.

6

V. 8. Nach Degens Übers.: „noch fünfzehn *Fremde*"; allein auch unter dieser Abteilung sind nur Athenerinnen zu verstehen. Mehlhorn bemerkt: anstatt die fünfzehn gleich zur ersten Zahl zu schlagen, tut der Dichter, als wären sie ihm hintennach erst eingefallen. Er kann indes auch wohl verschiedene Kategorien damit haben andeuten wollen.

V. 10—12. Schon Homer, auf den diese Stelle zurückweist, kennt die Schönheit der Frauen *Achaias*. In *Korinth* war der Kultus der Liebesgöttin ganz besonders zu Hause und weit und breit berühmt ihr Tempel auf der Burg; so auch die Menge der Hetären, vorzüglich infolge des Fremdenverkehrs mit diesem großen Handelsplatze, außerordentlich. Korinth war die Vaterstadt jener älteren Laïs, vor deren Türe einst ganz Griechenland gelegen, und die den Genuß ihrer Reize zu ungeheuern Preisen verkaufte; daher das Sprichwort: ein Besuch in Korinth ist nicht jedermanns Sache.

V. 16. Verdorbene Stelle. Hermann: τί φῄς; ἀνεπτερώθης; — Bergk: τί φῄς ἐκηριώθης;

V. 18 ff. *Kanobos* (Canopus) war eine durch die Üppigkeit ihrer Sitten berüchtigte Stadt unweit der westlichen Mündung des Nil. In gleichem Rufe stand *Gades,* das heutige Cadix.

Baktra, jetzt Balkh, in Afghanistan.

Was den fraglichen Autor dieses Scherzes betrifft, so kann von Anakr. schon darum kaum die Rede sein, weil, wenn die Griechen wirklich zu seiner Zeit bereits von Baktrien und Indien gehört haben sollten, dies nur ganz unbestimmte, verworrene Gerüchte gewesen sein konnten, dagegen unser Liedchen doch eine nähere Bekanntschaft voraussetzt. — Der Spaß erinnert sehr an die Registerarie des Leporello im „Don Juan", und wahrscheinlich hat Herr da Ponte von diesem Muster nach irgendeiner Übersetzung profitiert.

7

V. 5. Der *Nil* und *Memphis* stehen hier überhaupt für die südlichen Gegenden.

V. 18.—19. Nach der Lesart οὐ γὰρ σθένω τοσ. Ἔρ. ἐκσοβῆσαι (wörtlich: ich kann so viele Eroten nicht verscheuchen). Degen übersetzt: — ich kann so viele Er. nicht bewirten, nach Trillers Verbesserung ἐκτροφῆσαι, das aber nicht gebräuchlich ist. Mehlhorns Vorschlag οὐ γὰρ στέγω τοσ. Ἔρ. ἐκβοῆσαι — ich halte das Geschrei so vieler Eroten nicht aus — geht leider grammatisch nicht wohl. Wiedemann hält die beiden letzten Zeilen für unecht; mit V. 17 hätte aber das zierliche Stück keinen satten Schluß.

Hier wimmelt es nun von der winzigsten Sorte jener kleinen neckischen Liebesgötter, die Anakr. noch nicht kennt. Wenn er allerdings auch in der Mehrzahl von Eroten spricht, so sind sie doch bei ihm keineswegs als zarte Kinder zu denken; s. Anakr. Fragm. 2. Anm.

Möbius macht bei unserm Stück auf eine Platonische Stelle, Republ. IX. pag. 573, d. ff. aufmerksam, wo von der Tyrannei des Eros die Rede ist, durch die sich eine dichtgedrängte Menge böser Begierden im Herzen „einniste", welche nach Nahrung „schreien", wobei besonders eben jene Leidenschaft einen damit Behafteten wie toll umtreibe. Zudem ist Alkibiades I, am Schluß, p. 135 c. zu vergleichen.

8

Die vier abgesonderten Zeilen werden gewöhnlich mit dem Folgenden in eins verbunden; es fehlt jedoch der strengere logische Zusammenhang. Übrigens ist keines dieser beiden Fragmente entschieden für unecht zu erklären; beide zeichnen sich durch große Einfachheit aus, das zweite besonders durch den wahrhaften Ausdruck des leidenschaftlichen Schmerzes.

9

V. 2. *Lotos*, hier vielleicht das Homerische Futterkraut dieses Namens, etwa der Steinklee (trifolium melilotus).

V. 4—5. Eros ist hier, der Vorstellung Anakreons gemäß, nicht als kleiner Knabe, sondern als zarter Jüngling gehalten. — Die inneren bastähnlichen Häute des *Byblos* oder Papyros, einer ägyptischen Schilfpflanze, deren dreieckiger Stengel bis zu vier Ellen Höhe wächst, wurden zu Bändern (wie unsre Stelle zeigt), sodann zu Stricken, Segeln, Kleidungsstücken usw., endlich zu Schreibmaterial (Papier) verarbeitet.

V. 11. *Salben,* Balsam aus wohlriechenden Ölen, wozu man Rosen, Narden, Myrrhen u. drgl. nahm, wurden auch bei Leichenbegängnissen, sowohl bei dem Verbrennen, als bei dem Bewahren der Asche in der Urne gebraucht. Selbst das Grabmal pflegte man mit Wohlgerüchen zu besprengen und Fläschchen mit Parfüms hineinzusetzen. Die Grabesspenden, die von Zeit zu Zeit wiederholt wurden, bestanden aus Milch, Honig, Wein, Öl, Blumenkränzen usw. Man hing die Kränze an den Denkstein und goß die *Trankspende* in den aufgegrabenen Boden.

V. 17. *Zum Reihentanz der Toten.* Virgil sagt Än. VI, 642 ff., wo er die Freuden der Abgeschiedenen im Elysium schildert:

Einige üben die Glieder auf grasigem Plane der Ringbahn,

— — — — — — — — — — —

Andere führen den hüpfenden Reigen und singen ein Festlied.

(Binder.)

Wie überhaupt der Inhalt unseres Stücks der Poesie Anakreons durchaus entspricht, so scheinen insbesondere die in V. 9—14 ausgedrückten, auch sonst von spätern Dichtern benützten Gedanken aus ihm geschöpft. Bekannt ist das deutsche: „Hier lieg ich auf Rasen" usw.

10

V. 1—2. *Gyges,* der durch seinen Reichtum sprichwörtlich berühmte König von Lydien, 716—678 v. Chr. Herodot I, 8 ff. erzählt ausführlich das Abenteuer, das derselbe noch als Leibwächter und Günstling des Königs Kandaules mit dessen Gemahlin gehabt und wodurch er zum lydischen Throne gelangte. Das Märchen von seinem unsichtbar machenden Ring erzählt Platon, Republ. II, pag. 359 f. *Sardes,* Hauptstadt Lydiens, Residenz der Könige.

V. 12—13. Griechen und Römer liebten das *Würfelspiel* besonders beim Trinken. Der beste Wurf, die Aphrodite oder Venus geheißen, verschaffte den Vorzug des Symposiarchen (der die Ordnung beim Trinkgelage zu bestimmen hatte). — *Lyäos,* s. Nr. 4.

Die Unechtheit des Liedchens beweist zunächst der Umstand, daß die erste Strophe teilweise aus einem lyrischen Stück des Archilochos, dem alten Jambendichter und Zeitgenossen des Gyges, entlehnt ist. Vgl. Bergk Lyr. gr. Archil. Nr. 24.

Mich kümmert Gyges mit dem vielen Golde nicht,
Noch hat mich Neid ergriffen, noch bewundr ich
Der Götter Taten, noch begehr ein Fürst zu sein;
Denn weit von meinen Augen liegt dies all zurück.

(Thudichum.)

Einem Dichter wie Anakreon ist eine solche Nachahmung nicht zuzutrauen; und überdies würde er hier nicht den Gyges, sondern Krösos genannt haben. Das Gedicht ist vielmehr ein sprechendes Beispiel von der Art und Weise, wie dergleichen kleine gesellige Lieder zum Teil durch Variation von allerlei Bekanntem, gewiß mitunter aus dem Stegreif beim Gelage selbst, entstanden. — Die letzten Verse (11 ff.), worin, mit abweichendem Metrum des griech. Textes, plötzlich ein anderer angeredet wird, verknüpfen sich schlecht mit dem was vorhergeht, da der Dichter dort nur von sich und nicht etwa im Sinne der Selbstermunterung spricht; sie sind unstreitig der Zusatz eines Abschreibers oder des Sammlers.

11

Vielleicht bezieht sich das Lied auf jenes Geschichtchen von dem geschenkten Golde, das Anakr. dem Polykrates zurückgegeben; s. Einleit. S. 7.

Bei Aristophanes (Frösche, 1392) heißt ein Äschyleischer Vers:

Der einzige Gott, der nicht Geschenke liebt, der Tod.

12

Ein wunderliches Räsonnement in diesen Versen! dazu eine verkehrte Art von Vergleichung, die nur im Deutschen weniger auffällt. So ist es nach dem griech. Wortlaut nicht der Mensch, der auf der Laufbahn das Ziel erreicht, vielmehr das Ziel ereilt ihn. Schließlich will der Dichter gar mit dem Bakchos tanzen; die letzte Zeile ist aber vermutlich aus Nr. 20, V. 13. — Stark sucht diesen Anakreontiker im 9. Jahrh. in einer Mönchszelle; der Anfang des Lieds klingt allerdings ganz kirchlich.

13

Trivial und matt, auch durch die gleichförmige Anordnung der Sätze dem Anakr. höchst unähnlich.

14

V. 3. *Krösos*, König von Lydien; Anakr. war sein Zeitgenosse.

V. 8. Anstatt „*schenk ein*" (eigentlich: mache Wein zurecht) übersetzen andere: „du waffne dich!" d. h. sei Krieger wer da will! (Vgl. Nr. 35 der Fragmente.) Auch werden die drei abgesonderten Zeilen, deren Versmaß aber im Griech. von den vorhergehenden abweicht und die vermutlich den Schluß eines verlorenen Liedes machten, von andern mit den obigen vereinigt. Übrigens atmet aus beiden Bruchstücken unstreitig etwas von dem feurigen Geiste des teïschen Sängers.

15

Ein schlecht versifiziertes Stück mit dorischen Formen, die dürftigste Nachahmung von Nr. 14. Wie närrisch, daß der Mann durch den Gesang der Aphrodite ergötzt sein will! Von Mehlhorn wird zwar V. 8 auf das Vorhergehende bezogen, was aber nur mit Zwang geschieht.

16

Nicht ohne Kunst und Sorgfalt wird in diesen Strophen das Thema von Nr. 14 zu einem Wechselgesange ausgesponnen. Mehlhorn möchte statt mehrerer Sänger, wie Degen will, nur ihrer zwei annehmen, weil der Inhalt von Str. 2, 4 und 6 je mit dem der vorhergegangenen ziemlich in Parallele stehe. In Str. 1 sind augenscheinlich mehrere Worte des Textes ausgefallen; wir haben die Lücke (die Mehlhorn folgendermaßen darstellt:

...... Μούσας
.. ἄχεται λιγαίνειν

nur der Silbenzahl nach ausgefüllt. — Metrum und Sprache lassen über die spätere Abfassungszeit keinen Zweifel zu. Vornehmlich bezeichnend sind in dieser Hinsicht einzelne poetische Ausdrücke, welche Stark hervorhebt: so z. B. gemahnt V. 11 durch αὖραι πολυανθέες, blumenduftgefüllte Lüfte, an jenen Epithetenschmuck, in dessen mannigfaltigem Gebrauch sich die spätern Dichter, wenn von der Luft die Rede ist, gefallen, und anderes mehr.

17

V 13 f. ἀνεμοστρόφῳ, Faber.
Nach V. 22 fehlt im Text zum wenigsten eine Verszeile. Barnes ergänzt: μετὰ τῶν ἐφήβων.
Das Stück gehört, von seiten des dichterischen Werts betrachtet — um von Willkürlichkeiten und Fehlern der Sprache, verdorbener Prosodie, reimartigen Ausgängen nicht zu reden —, offenbar zu den geringsten seiner Art. Zuerst die abgeschmackteste Charakteristik des Bakchos, wobei er als Geliebter der Aphrodite aufgeführt wird. Der *Rausch* (Methe), die *Freude* (Charis — nicht etwa jene Homerische, die mit dem Bakchos nichts gemein hat), sogar *Kummer* und *Schmerz* (Lype, Ania) erscheinen als Göttinnen personifiziert; vgl. Nr. 46. Anmerk. Sodann verliert das Lied, das seiner Anlage nach aus Herz und Mund der ganzen Gesellschaft fließen soll, auf einmal alle Haltung, indem der Dichter nach V. 20 auf sich selbst überspringt.

18

V. 5. *Hyacinthus* ist hier wahrscheinlich die kleinere Art delphinium oder Rittersporn. Sonst heißt auch die blaue Schwertlilie, nebst mehreren verwandten Arten der regenbogenfarbigen Iris, bei den Griechen Hyakinthos.

Die letzte Strophe, die sich nicht gehörig mit den andern verbindet und eigentlich bloß Wiederholung ist, scheint Zusatz eines spätern, schwachen Poeten; das übrige wäre für einen Nachahmer immerhin gutzuheißen.

19

Nach der Überschrift im Heidelb. Kodex gehört das Lied nebst zwei andern (wovon wir das eine unter Nr. 52 geben) dem Basilios, einem sonst nicht bekannten, jedenfalls sehr späten Dichter an.

V. 2. *ohne blut'ge Saiten:* d. h. sie habe mit kriegerischen Stoffen keine Verwandtschaft.

V. 3—4. s. Anakr. Fragm. 25. Anm.

Daß der Sänger die Leier Homers verlangt, ist albern, und ebenso das rasche Abspringen von dieser zum *Barbiton;* im Griech. vernimmt er gar deren mehrere. Das Barb. ist eine Art von Lyra, mit zwanzig Saiten, nicht wesentlich verschieden von der Pektis.

20

V. 10. *Pektis,* s. die vor. Anm.

Die persönliche Teilnahme der drei Götter anlangend, denken einige Ausleger, nach Anna Daciers Vorgang, an eine Verkleidung „masquerade" von jungen Leuten, ähnlich wie im Xenophontischen Gastmahl am Schluß ein Knabe und ein Mädchen als Ariadne und Bakchos erscheinen. Näher liegt uns jedoch die Annahme, es seien die Götter selbst gemeint. Der begeisterte Dichter glaubt sie gegenwärtig zu sehen. — V. 14: *Mit der holden Kythereia,* scheint überflüssiges Einschiebsel.

21

V. 1—2. *Kybele* (Kybēbe), die Göttermutter. Ihr Verhältnis zu *Attis* wird verschieden erzählt. Nach einer der Sagen liebte sie den phrygischen Jüngling wegen seiner hohen Schönheit und machte ihn zu ihrem Priester mit der Bedingung beständiger Keuschheit. Als er sich dann mit einer Nymphe verging, ließ ihn die Göttin wahnsinnig werden, in welchem Zustand er sich selbst entmannte. Daß er aus Liebe für Kybele wahnsinnig geworden, wird außer unserer Stelle nirgends angegeben.

V. 5. *Klaros,* eine kleine Stadt bei Kolophon in Ionien; unweit davon das berühmte Orakel des Apollon (Ap. Clarius). In einem Hain daselbst war eine Grotte mit dem Quell, dessen begeisterndes Wasser die Priester jedesmal tranken, bevor sie weissagten, was in gebundener Rede geschah. — Über das Lied im ganzen vergleiche man die Anmerkung zu dem folgenden Stück.

22

V. 4—5. *Alkmäon*, ein Sohn des Amphiaraos und der Eriphyle, einer Schwester des Adrastos, Königs von Argos. Als es sich bei dem Streit der beiden Söhne des Ödipus darum handelte, dem Polyneikes, welchen sein Bruder Eteokles vertrieben hatte, zu seinem Rechte auf die Herrschaft von Theben zu verhelfen, nahm auch Amphiaraos an dem Kriegszug der sieben Helden teil, doch nur genötigt durch seine Gattin Eriphyle, welche von Polyneikes durch einen kostbaren Halsschmuck bestochen worden war; vermöge seiner Sehergabe hatte er den unglücklichen Ausgang des Unternehmens vorausgesehen. Zehn Jahre später vereinigten sich die Söhne der gefallenen sieben Fürsten zu einem zweiten Zuge gegen Theben, um für die Erschlagenen Rache zu nehmen; Alkmäon übernahm auf Antrieb der abermals durch ein Geschenk bestochenen Eriphyle den Oberbefehl, und dieser Krieg endigte mit Zerstörung der Stadt. Nunmehr vollzog Alkmäon den früher von dem Vater erhaltenen Befehl, seinen Tod an der verräterischen Mutter blutig zu rächen, worüber er wahnsinnig ward. Er genas zwar wieder, starb aber in der Folge eines gewaltsamen Todes.

Orestes, Sohn Klytämnestras und Agamemnons, Königs von Mykene. Der letztere wurde bekanntlich nach seiner Heimkehr von Troja durch Ägisthos, den Verführer Klytämnestras, mit deren Beihülfe erschlagen. Orestes rächte ihn durch Ermordung des verruchten Paares, wurde aber als Muttermörder von den Erinnyen verfolgt bis zu seiner feierlichen Lossprechung vor dem Blutgerichte in Athen, wobei Pallas zu seinen Gunsten entschied. — „*Mit nackten F.*", als Merkmal des Wahnsinnigen.

V. 10—15. *Eurytos,* König von Öchalia in Thessalien, hatte seine Tochter Iole dem *Herakles,* dem sie als Siegespreis bei einem Wettkampfe im Bogenschießen zukommen sollte, verweigert, ihn auch hernach durch einen falschen Verdacht wegen einer geraubten Rinderherde gekränkt. In einem Anfall von Wut daher tötete dieser zu Tiryns in Argolis den *Iphitos,* des Eurytos Sohn, mit dem er sonst herzlich befreundet war. Nach unserer Stelle beging er dies Verbrechen, wie es scheint, mit Iphitos' Bogen, welchen derselbe vom Vater besaß, und fiel hierauf in Raserei.

Ajas, der Sohn des Telamon, Königs von Salamis, den Lesern des Homer als einer der herrlichsten griechischen Helden im Trojanischen Kriege bekannt. Sein gewaltiger *Schild* wird oft mit ihm erwähnt.

Der Grund seines Wahnsinns war Stolz, unmäßiger Zorn darüber, daß nach des Achilleus Tode dessen Waffen nicht ihm, als dem Würdigsten, sondern dem Odysseus zugesprochen wurden. — V. 15 ist das Schwert gemeint, welches ihm Hektor bei dem unentschiedenen Zweikampf, Il. VII, 304, in freundlichem Sinne geschenkt, wogegen er jenem seinen purpurnen Leibgurt gegeben. Auch war es ebendieses Schwert, womit er sich endlich selbst den Tod gab.

Der Umstand, daß die angeführten mythologischen Beispiele sämtlich vielfach gebrauchte Gegenstände der Tragiker sind, macht es sehr wahrscheinlich, daß der Dichter an die Tragödien dachte.

Unser Stück hat die größte Ähnlichkeit mit dem vorhergehenden, und die Erklärer sind verschiedener Meinung darüber, welches von beiden die Nachahmung des andern sei. Longepierre sagt, in gutem Glauben an die Echtheit beider, von dem zweiten: „le tour de cette ode est fort heureux, et Anacréon l'a trouvé lui même si joli, qu'il s'en est encore servi dans un autre endroit." Wogegen mit Stark zu sagen ist: es bezeichnet den niedrigsten Grad von dichterischem Talent, einen guten oder auch nur erträglichen Gedanken, den man etwa erhascht, auf jede mögliche Art zu erschöpfen; hier sieht man vielmehr nur, wie die Nachahmer Anakreons dieses und jenes, was wirklich von ihm herrühren mochte, verschiedentlich und öfter in ungeschickter Breite wiederholt haben. Das ängstlich Abgemessene in der ganzen Disposition des Gedichts ist ganz und gar nicht Anakreons Art; vornehmlich aber sind jene mitleidswürdigen Beispiele, als Würze eines lustigen Trinklieds gebraucht, gerade wie bei Nr. 3, unerträglich. Im übrigen ist das Gedicht sehr gefällig und seine Versifikation ohne Tadel. Der Zeit nach wird es seinem Pendant, Nr. 21, von Stark nachgesetzt.

23

V. 1. *Die schwarze Erde:* Homerisches Beiwort.

V. 3. *Die Ströme:* nach anderer Lesart die Lüfte (d. h. feuchte Dünste).

Außer mehreren gegen die Echtheit dieser Verse sprechenden Gründen greift Stark sie namentlich von seiten der astronomischen Beziehungen an. Da nämlich jene Lehren der Naturphilosophen (eines Thales und Anaximander) von Erleuchtung des Mondes durch die Sonne, von Ernährung der Sonne durch die Dünste des Meeres, zu Anakreons Zeit begreiflicherweise nicht allgemein bekannt sein konnten, so scheint es allerdings kaum denkbar, daß er in einem leichten, auf jedermanns Verständnis berechneten Liedchen an diese Verhältnisse erinnert hätte. Der Scherz ist überdies ziemlich gesucht.

24

Der Inhalt des an sich sehr vorzüglichen Stücks ist zu allgemein und unpersönlich, um es mit Wahrscheinlichkeit dem Anakr. selbst zuschreiben zu können. Man vergleiche dagegen z. B. Fragm. 6, wo der Dichter ein bestimmtes Mädchen nennt, das ihm sein weißes Haar vorhält.

25

Ein ungemein liebliches, vollkommen Anakreons würdiges Stück, das nur im Dialekt die Spur einer spätern Hand zeigt. — Ein ähnliches Bild wie V. 7 f. hat Goethe in der Elegie „Hermann und Dorothea":

> Aber Rosen winde genug zum häuslichen Kranze;
> Bald als Lilie schlingt silberne Locke sich durch.

26

V. 4—6. *Silen,* der Erzieher und stete Begleiter des Bakchos. Er liebt den Trunk, Gesang und Tanz, und führt gewöhnlich den Weinschlauch mit sich, der ihm als Stütze dient. So erscheint er schon in den ältesten Bildwerken. — Im *Chor* der Jüngern, der Satyrn und Faune, die sein Gefolge ausmachen.

V. 7. *Stecken;* ὁ νάρθηξ der Thyrsos, eigentlich der leichte markige Stengel des Narthex (ferula communis), einer hochwüchsigen Doldenpflanze, auf welchen ein Pinienzapfen gesetzt wurde. Man trug diese Stäbe bei Bakchosfesten und Schmausereien während des Tanzes (vgl. Nr. 20) und neckte sich gelegentlich damit. In Plutarchs Gastmahl heißt es: — „wie der Gott selbst den Narthex den Trunkenen in die Hand gegeben, die leichteste und weichste Waffe, damit sie keinen Schaden anrichten, ob sie sich auch noch so grimmig schlagen".

V. 8 und 9 stehen einzeln auch in den Fragmenten; s. Nr. 35.

Die Echtheit dieses Liedes, dessen Text von K. Lachmann aufs glücklichste wiederhergestellt wurde, verteidigt Stark gegen Bergk, indem er unter anderem die Kraft des Ganzen, die rasche Folge der Gedanken, die lebenvolle Zeichnung des trunkenen Alten geltend macht. In metrischer Hinsicht wird auch die gute Wirkung der logaödischen Schlußzeilen von ihm bemerkt. — Nach der zweiten Strophe kehrt im griech. Text die Anfangszeile der ersten wieder: „Alt bin ich zwar". Möglicherweise könnte sie der Anfang einer dritten sein. Lachmann scheint sie ganz wegzuwerfen.

27

In der zweiten kleinern Hälfte des Lieds erkannte Stark ein ganz unpassend angehängtes Fragment. Es fehlt der innere Zusammenhang, und zudem fällt die Ungleichheit der Strophen auf. Daß aber beide Stücke weitab von Anakr. liegen, beweist einerseits jene Beziehung auf die viel spätere Epoche der sophistischen Rhetoren, andererseits die neuere Sprache.

29

V. 5. Die Rede ist hier unklar abgebrochen. Der folgende Zuruf (ῥόδα δός st. παράδος, nach Stephanus) gilt, wie es scheint, einem zweiten, dienenden, Knaben.

30

Es handelt sich hier von cälierter (ziselierter) Arbeit, erhobener oder halberhobener. Offenbar will der Dichter mit diesem Auftrag an die bekannte Stelle bei Homer erinnern, wo derselbe Gott auf Thetis' Bitte die Rüstung für den Achill arbeitet. Von dem reichlich mit Bildwerk geschmückten Schilde heißt es Il. XVIII, 483 ff. nach Donners Übers.:

Hier nun schuf er die Erde, das wogende Meer und den Himmel,
Schuf auch Helios' Licht, der niemals rastet, den Vollmond,
Auch die Gestirne gesamt, die rings umkränzen den Himmel,
Schuf des Orion Kraft, die Plejaden zugleich und Hyaden,
Weiter das Bärengestirn, das wohl auch Wagen genannt wird — usw.

Und ebendaselbst V. 561 ff.:

Ferner ein Rebengefilde, beschwert mit schwellender Weinfrucht
Schuf er, ein stattliches, goldnes, mit schwärzlichen Trauben behan-
Langhin standen die Pfähle gereiht — usw.   [gen.

Orion, am Himmel als kämpfender Held mit der Keule vorgestellt, war ein gefürchtetes Gestirn, weil sein Untergang gewöhnlich Sturm brachte. — *Die Plejaden,* sieben Töchter des Atlas und der Okeanide Pleione, das Siebengestirn. — *Bootes,* Arktophylax, Bärenhüter, ein Sternbild in Gestalt eines Mannes, der mit der Rechten an den Schwanz des großen Bären reicht.
V. 14. *Lyäos,* s. Nr. 4.
Stark hebt zu Begründung der Echtheit unseres Stücks die edle Einfachheit und bündige Fassung, besonders auch den Zug hervor, daß dieser Auftrag nicht irgendeinem Künstler, sondern dem Hephästos gegeben wird, insofern nach des Dichters Vorstellung ein sol-

ches Werk nur einem Gotte zukam. Wenn Plinius den Phidias (der um 444 v. Chr. blühte) als den ersten Toreuten anführt, so ist dies nicht streng wörtlich zu verstehen (vgl. Brunn Gesch. d. Gr. Künstl. I, S. 192), mithin kein Beweis gegen das Alter des Gedichts. — Das Stück ist übrigens ein merkwürdiger Beleg dafür, wie vielfache Veränderungen ihrer ursprünglichen Gestalt ein Teil dieser Lieder erfahren haben muß. Wir finden dasselbe mit sehr verschiedenem Text in Stephanus' Ausgabe, in der Heidelberger Handschrift, in der Griech. Anthologie und bei Gellius (Attische Nächte XIX, 9.), welchem letztern unsere Übersetzung mit Ausschluß eines Verses folgt. Die kürzeste Fassung, nur aus 11 Versen bestehend, und deshalb von Bergk für die älteste erklärt, ohne daß er darum das Gedicht für echt hielte, gibt die Anthologie. Sie nennt nach V. 8 neben dem Wagen und Orion nicht noch die Plejaden und den Bootes; bei den Reben und Trauben nennt sie nur den Lyäos. Der Heidelb. Kodex vereinigt sämtliche Veränderungen in 21 Versen, zum Teil auf eine lächerliche Art, und Degen wollte wenigstens auf die dort als Winzer figurierenden Mänaden und auf die Kelter nicht verzichten; dagegen wies er die lachenden Satyrn und anderes Unpassende ab.

31

Beschreibung eines enkaustischen Gemäldes.

Um zuvörderst die Technik dieser Malerei, über die man bei den unbestimmten Angaben der Alten verschiedener Meinung ist, nicht unberührt zu lassen, teilen wir in Kürze die Ansicht Welckers mit, die uns vor andern einleuchtet. — Die eingebrannte oder Wachsmalerei fand entweder auf Holztafeln oder auf Elfenbein statt. Im Elfenbein mußte, um die Farben durch Wärme hineinzutreiben, die Zeichnung eingerissen werden. Dies geschah vermutlich durch den trockenen spitzen Stift (cestrum); die Wachsfarben wurden dann über die Fläche gezogen und diese vielleicht vor dem Einbrennen abgewischt, indem die Zeichnung, nicht unähnlich dem Kupferstiche, die Farben festhielt. — Die höhere Art von Enkaustik war Pinselmalerei mit nassen kalten, in vielen Fächern eines großen Kastens gehaltenen Farben, bei deren Ansetzung Wachs, unbekannt in welcher öligen Verbindung, gebraucht wurde, worauf das Einbrennen und damit die Verschmelzung der Farben, die Erhöhung und Abschwächung des Tons, das Regeln der hellen und dunkeln Töne vermittelst eines überhin gehaltenen und geführten, unten angeglühten Stäbchens erfolgte. (Zum Auftragen der Farben konnte ein Glühstab, wie andere annehmen, nicht dienen, und das cestrum ging nur das Elfenbein an.) So wurde durch das auf das Malen selbst folgende enkaustische Verfahren Schmelz, Transparenz, Tiefe der Schatten befördert und auf Effekt und Illusion hingewirkt. Welck. Kl. Schr. 3. T. S. 412. Müllers Archäol. §. 320. Anm. 3.

Obgleich die Enkaustik nach Plinius' Zeugnis bereits von Polygnot (zwischen 460 und 420 v. Chr.) ausgeübt wurde, so kam sie doch erst nach der Blütezeit der griechischen Kunst bei thebanischen und sicyonischen Künstlern in Aufnahme. Pausias war der erste, der sich zum Teil in diesem speziellen Fach durch kleine Bilder, Kinderfiguren, Tiere und Blumen berühmt gemacht hat. V. 3 unseres Textes weist auf eine *rhodische* Malerschule als Pflegerin desselben Kunstzweigs hin, und daß Malerei wie Skulptur bei den Rhodiern eine lange Zeit hindurch blühten, ist bekannt; allein ihr Ruhm hob sich doch erst nach Protogenes, Apelles' Zeitgenossen, und insbesondere bildete sich damals erst die fragliche Malart bei den Rhodiern aus. Schon dieser Tatsache zufolge trägt unser Gedicht mit Unrecht Anakreons Namen. Mit Rücksicht auf ein prosodisches Merkmal wird es von Stark nicht über das 2. oder 3. Jahrh. nach Chr. gesetzt.

V. 10. Sie soll nicht en face, sondern mit etwas seitwärts gewandtem Gesicht dargestellt werden, so daß die eine Wange ganz, von der andern nur ein Teil sichtbar sei. Jacobs faßt ὅλη παρειή als volle Wange.

V. 13—17. Ein kleiner Mißstand bleibt es bei dieser Erklärung der zweifelhaften Stelle immer, daß nicht die Farbe der *Brauen* angegeben ist, die doch vor den *Wimpern* genannt sind.— (Von einer solchen Verbindung der Augenbrauen spricht auch Ovid, Arts. am. III, 201; und Claudian X, 267. „Mirum est vero", bemerkt der alte Stephanus bei unserer Stelle, „placuisse illis ita confusa supercilia, quum nihil a pulchritudine magis videatur alienum. Sed alia multa observabis veteribus fuisse in deliciis, quae tui non erunt stomachi.")

V. 20. Die Augen der Athene dachte sich der Grieche nicht eigentlich blau; ihre Farbe sticht ins Grünlichgraue und sie haben etwas Furchterregendes. Hier soll ihr strenger Ernst durch den Ausdruck von Liebe in den *feuchten* Augen der Aphrodite gemildert werden. Vergl. Goethes Röm. Eleg. XI.:

> Aber nach Bacchus, dem Weichen, dem Träumenden, hebet Cythere
> Blicke süßer Begier, selbst in dem Marmor noch feucht.

V. 24. *Peitho*, die Göttin der Überredung, wird öfters im Vereine mit den Chariten genannt. S. Fragm. 14.

V. 33—34. Demnach wäre zum wenigsten schon ein Contour unter den Händen des Malers zu sehen gewesen.

Von ästhetischer Seite erfordert das vielbewunderte Gedicht noch eine Betrachtung, und wäre es auch nur, weil Lessing dasselbe nebst dem Pendant, Nr. 32, einer eingehenden Erörterung in bezug auf seine Lehre von den Grenzen der Malerei und Poesie im Laokoon (Cap. XX) würdigt.

Nach Aufstellung des trefflichen Grundsatzes, daß der Dichter sich aller detaillierten Schilderung körperlicher Schönheit zu enthalten habe, belegt er diese Regel mit Beispielen des Musterhaften und Verfehlten — aus Homer, Virgil und Ovid einerseits, aus Constantinus Manasses* und Ariost andererseits. Von dem letztern führt er die Schilderung Alcinas an (Ras. Rol. VII, 11 ff.), die durch fünf Stanzen geht und wovon hier nur der Anfang, nach der Kurtzschen Übers., stehen möge:

> Und herrlicher als Maler je vermochten,
> War ihrer Glieder Bau, dazu von langen
> Lichtgelben Locken, wallend, schön geflochten,
> Ihr Antlitz mit so hellem Glanz umfangen,
> Daß sie vom Golde selbst den Sieg erfochten.
> Mit Lilien spielten Rosen auf den Wangen,
> Die heitre Stirn, in ihres Maßes Reine,
> Schien wie geformt aus glattem Elfenbeine.
> Und sieh, dort unter zwei schwarzseidnen Bogen
> Zwei schwarze Augen, nein! zwei helle Sonnen usw.

„Was für ein Bild", fährt Lessing fort, „geben diese allgemeinen Formeln? In dem Munde eines Zeichenmeisters, der seine Schüler auf die Schönheiten eines akademischen Modells aufmerksam machen will, möchten sie noch etwas sagen, denn ein Blick auf dieses Modell und sie sehen die gehörigen Schranken der fröhlichen Stirne, sie sehen den schönsten Schnitt der Nase, die schmale Breite der niedlichen Hand. Aber bei dem Dichter sehe ich nichts und empfinde mit Verdruß die Vergeblichkeit meiner besten Anstrengung etwas sehen zu wollen." Sodann, indem er auf die zwei Lieder „des Anakreon" kommt, „in welchen er die Schönheit seines Mädchens und seines Bathylls zergliedert", bemerkt der Kritiker: „die Wendung, die er dabei nimmt, macht alles gut. Er glaubt einen Maler vor sich zu haben und läßt ihn unter seinen Augen arbeiten. ‚So', sagt er, ‚mache mir das Haar, so die Stirne, so die Augen, so den Mund, so Hals und Busen, so Hüft und Hände!' Was der Künstler nur teilweise zusammensetzen kann, konnte ihm der Dichter auch nur teilweise vorschreiben. Seine Absicht ist nicht, daß wir in dieser mündlichen Direktion des Malers die ganze Schönheit der geliebten Gegenstände erkennen und fühlen sollen; er selbst empfindet die Unfähigkeit des wörtlichen Ausdrucks und nimmt eben daher den Ausdruck der Kunst zu Hülfe, deren Täuschung er so sehr erhebet, daß das ganze Lied mehr ein Lobgedicht auf die Kunst als auf sein Mädchen zu sein scheint. Er sieht nicht das Bild, er sieht sie selbst und glaubt, daß sie nun eben den Mund zum Reden eröffnen werde." — Aber, möchten wir fragen, um uns die Schönheit seiner Geliebten zu zeigen, und zugleich die Kunst oder

---

* Const. Man., ein byzantinischer Skribent aus der Mitte des 12. Jahrh. n. Chr., ist Verfasser einer in schlechten Versen geschriebenen Chronik, welche bis zu dem Jahre 1081 reicht. Bei Gelegenheit des Trojanischen Krieges ergeht er sich in einer schwülstigen Beschreibung Helenas.

den Künstler zu erheben — wofern letzteres wirklich die Absicht sein sollte —, gab es denn für den Dichter kein anderes geistreicheres Mittel, als eben solche stückweise Beschreibung? Es handelt sich ja nicht im Ernst um eine Anweisung des Malers, die uns an sich ganz gleichgültig wäre. Wenn er selber empfand, es lasse sich eine vollkommene Anschauung durch viele Worte nicht mitteilen, warum gab der Dichter uns nicht auf wahrhaft poetische Weise mit wenigem so viel zu sehen, daß unsre Phantasie gereizt und genötigt war, uns das Schönste und Eigentümlichste vorzustellen? Oder konnte dies etwa nicht füglich mit einem Kompliment für den Künstler verbunden werden? Gewiß auf hundertfache Art. So etwas lag aber nicht in der Richtung seines Geschmacks, noch in seinem Vermögen. Das Motiv des Gedichts ist recht eigentlich epigrammatisch — man sehe nur die Schlußpointe — und ohne Zweifel hat der Verfasser ein wirkliches Epigramm in seiner Manier erweiternd umgeschaffen, wobei er sich gerade auf jene umständliche Schilderung nicht wenig zugut getan haben mag. Inwiefern ihr im ganzen unpoetischer Charakter dadurch verbessert werde, daß wir sie in Form einer Bestellung beim Maler bekommen und daß sie sich schließlich in eine entzückte Anschauung des Mädchens auflöst, ist nicht wohl einzusehen; wir hatten ja nichtsdestoweniger das peinliche Gefühl, über welches sich Lessing dem Ariost gegenüber beklagt. In jedem Fall scheint Lessings Urteil diesmal mehr durch die Achtung vor einem klassischen Namen als durch die Sache selbst bestimmt worden zu sein.

Der Gebrauch, welchen derselbe im Fortgang seiner Erörterung (XXI) von einer einzelnen Stelle jener Schilderung macht, darf hier nicht unerwähnt bleiben. Dort nämlich bespricht er den Vorteil, dessen sich die Poesie im Gegensatz zur Malerei bedient, indem sie Schönheit in Reiz verwandelt. „Reiz", sagt er, „ist Schönheit in Bewegung. — — Alles was noch in dem Gemälde der Alcina gefällt und rühret, ist Reiz. — — Selbst Anakreon wollte lieber in die anscheinende Unschicklichkeit verfallen, eine Untulichkeit von dem Maler zu verlangen, als das Bild seines Mädchens nicht mit Reiz zu beleben. ‚Ihr sanftes Kinn', befiehlt er dem Künstler, ‚ihren marmornen Nacken laß alle Grazien umflattern!' Wie das? Nach dem genauesten Wortverstande? Der ist keiner malerischen Ausführung fähig. Der Maler konnte dem Kinn die schönste Rundung, das schönste Grübchen, Amoris digitulo impressum — er konnte dem Halse die schönste Karnation geben; aber weiter konnte er nichts. Die Wendungen dieses schönen Halses, das Spiel der Muskeln, durch das jenes Grübchen bald mehr, bald weniger sichtbar wird, der eigentliche Reiz war über seine Kräfte. Der Dichter sagte das Höchste, wodurch uns seine Kunst die Schönheit sinnlich zu machen vermag, damit auch der Maler den höchsten Ausdruck in seiner Kunst suchen möge." — Ob mit der letztern Bemerkung unsrem Autor nicht abermals viel zuviel Ehre erwiesen wird? Was Lessing hier hervorhebt, will uns bei einem solchen Dichter fast wie eine erborgte Verzierung oder konventionelle Phrase vorkommen.

32

V. 9. im Griechischen wörtlich: die zarte tauige Stirne.
V. 28—32. *Adonis,* der schöne Liebling der Aphrodite, welcher auf der Jagd durch einen Eber verwundet starb. — *Maia,* die älteste der sieben Töchter des Atlas und der Pleione, von Zeus geliebt und durch ihn Mutter des Hermes. — *Polydeukes* (Pollux), der als Faustkämpfer berühmte Bruder Kastors und Helenas. Beide Brüder sind bei Homer wirkliche Söhne des Tyndareos, Königs von Sparta; nach der späteren Vorstellung Söhne des Zeus (von der Leda), daher Dioskuren genannt; oder werden sie so geschieden, daß der unsterbliche Polydeukes den Zeus, der sterbliche Kastor den Tyndareos zum Vater hat.

Das Stück ist Nachahmung von Nr. 31. Es unterliegt dem gleichen Tadel wie jenes und geht in seinem mythologischen Schmuckwerk sogar noch weiter, ist aber unseres Bedünkens reicher an echt poetischen Zügen. Besonders schön sind die Stellen V. 4 u. 5; 18—21; sehr gut die Wendungen V. 38 bis 41, und ebenso der heitere epigrammatische Schluß, den, eben weil er nur Scherz ist, ein Vorwurf darüber, daß der geschilderte Bathyllos und ein Apollon wenig Ähnlichkeit haben, nicht trifft. — Die Beschreibung des Bildes setzt jene spätere Kunstperiode voraus, wo sich das Charakteristische gewisser einzelner Teile der Göttergestalten durch eine lang gepflogene traditionelle Praxis der Künstler so festgesetzt hatte, daß ein Hermes sogleich an der Bildung der gewandten Hände, Polydeukes an der Schnellkraft der Schenkel, Dionysos an der weichen Form des Unterleibs erkannt wurde. — Übrigens schwebte dem Dichter ohne Zweifel die in Samos aufgestellte vortreffliche Statue des Bathyllos vor. S. Fragm. 9. Anm.

33

V. 2. *ein Zeus* (Ζεύς τις), gerade wie auch wir von einem Bilde zu sagen pflegen: es ist ein Jupiter, ein Apollo usf.
V. 4. *ein sidonisch M.* Europa ist nach Homer eine Tochter des Phönix, nach andern des Agenor, Königs von Phönizien. In Gestalt eines Stiers entführte Zeus sie nach der Insel Kreta, wo er sich in einen schönen Jüngling verwandelte und den Minos, Sarpedon und Rhadamanthys, die nachmaligen Richter in der Unterwelt, mit ihr zeugte.

Das Stück wird ohne Not von Hermann, Degen u. a. für ein Fragment erklärt. Herder hat es mit malerischer Ausschmückung zu einem Sinngedicht in elegischer Versart umgeformt und einen unglücklichen Versuch gemacht, die von ihm vermißte Pointe in einer sittlichen Reflexion hinzuzufügen:

Ach, es ist Jupiter selbst! Die Liebe wandelt der Götter
Gott zum Tiere; wie oft hat sie es Menschen getan!

Nach Stark würde der Dichter mit den letzten Zeilen sagen: obschon du da nur einen Stier erblickst, so läßt sich doch von dem gewaltigsten der Götter etwas an ihm erkennen. Allein wir können in diesen Versen nichts finden, was auf eine Veredlung des tierischen Körpers, auf einen höhern Ausdruck (in dem Sinne wie Goethe im 6. Brief des Sammlers den Adler Jupiters behandelt wissen will) hinzeigte; vielmehr wird die im Anfang ausgesprochene Vermutung, daß man hier einen Zeus vor sich habe, lediglich nur durch die äußerlichsten Merkmale des rohen Fabelstoffs begründet. Wie, wenn eben deshalb diese Verse nur den feinsten Spott auf ein geistloses Gemälde enthielten? „Sieh doch, das ist ja wohl Zeus! Ein Stier mit einer phönizischen Schönen das Meer durchschwimmend: mir ist kein zweiter Fall bekannt, wo die drei Dinge so zusammenkämen — ein Zeus also, es fehlt sich nicht!" Daß zum Zeus eine Kleinigkeit fehle, daß hier von jenem göttlichen Tier des Moschos (Idyll II.) nichts zu merken sei, überließ der ironische Dichter seinem Leser oder dem Beschauer des Bildes selbst zu denken. Bei dieser Auffassung, welche besserem Urteil anheimgegeben sei, wäre anzunehmen, es lag der Einfall von Hause aus in der gewöhnlichen epigrammatischen Versart vor und erhielt, vielleicht nur durch Mißverständnis, die ungeeignete melische Form von einem spätern müßigen Poeten.

34

Wir haben hier die lobreiche Beschreibung eines Prachtgerätes, dessen künstlerischer Schmuck die eben aus dem Meer geborne Aphrodite, von Eros und Himeros, den Göttern der Liebe und Liebessehnsucht umgeben, darstellt. Das Gedicht ist in jeder Hinsicht schwach. Den Eingang insbesondere konnte nur ein Franzose wie Gail schön finden. „Quel burin — Quel génie heureusement téméraire — Quel génie rival des Dieux etc. Début très poétique sans doute, cependant Pauw le juge inepte; Tanneguy Lefèbvre n'y voit qu'un enthousiasme niais." — Gleichwohl mag die Verachtung, mit welcher Kritik, vorzüglich Brunck, das Stück behandelt, zum Teil auf Mißverständnis beruhen; wovon Weiteres unten.

Auf einem eigentlichen Diskos, der bekannten Wurfscheibe, konnte das Bild nicht wohl angebracht sein. Dawider spricht schon die Wahl des Gegenstandes, der sich für ein Toilettengerät unstreitig weit besser als für jenes gymnastische Werkzeug schickte. Man hatte zwar unter demselben Namen auch eine Art Teller oder Platten aus edlem Metall als Prunkstücke; vermutlich aber ist in unserem Gedicht ein runder Handspiegel gemeint, dergleichen sich verschiedene von Erz, auch von edlem Metall mit etruskischer Arbeit auf der Rückseite verziert, aus dem Altertum erhalten haben. Vgl. Müllers Archäol. §. 173. Overbecks Pompeji S. 323. Lübkes Grundriß der Kunstgeschichte.

V. 7. *die Mutter sel. Götter* ist wohl nur im Sinne späterer kosmogonischer und theogonischer Vorstellungen zu verstehen.

V. 11—15. Jedermann fühlt das Unschöne der Vergleichung mit der *Alge,* einer weißblühenden Art von Meergras oder Seemoos. Durch größere oder kleinere Veränderungen des gewöhnlichen Textes war aber hier nicht zu helfen. Wir lesen ἀλαλημένη δ' ἐπ' αὐτά, scil. κύματα. — Versuchen wir uns nun die Situation der Hauptperson und der Nebengruppe deutlich zu machen, und so vielleicht den Vorwurf der äußersten Konfusion in der Beschreibung hinwegzuräumen.

Die meisten Erklärer denken sich die Göttin in aufgerichteter Haltung. Nach unserer Vorstellung liegt sie, nur wenig in die Flut gesenkt, auf einer Seite. Gesetzt, es sei dies die rechte Seite, so ergibt sich die Zeichnung leicht folgendergestalt. Während der Körper von den Hüften an abwärts beinah in seiner ganzen Breite dem Beschauer gerade entgegenliegt, dreht sich der Oberleib, etwas emporgehoben, nicht zu gewaltsam rechts, indem die Göttin mit Armen und Händen die Bewegung des Schwimmens mehr spielender Weise als angestrengt macht. Der Kopf muß ziemlich aufgerichtet sein, das Gesicht fast Profil. Der Hals wird von einer ankommenden größeren Welle beströmt, eine kleinere vorn um die Mitte des Leibes erhebt sich so weit als nach V. 10 erforderlich ist. Hiermit fällt dann der Widerspruch hinweg, welchen Mehlhorn in der Beschreibung findet und der ihm zu beweisen scheint, daß dem Verfasser das Bild nicht klar gewesen sei: „nam si ea tantum, quae cerni non decet, unda tegebat, quomodo usque ad collum assurgere poterat?" — Im Vordergrund, vielleicht in symmetrischer Stellung genau in der Mitte, oder links und rechts die Enden einnehmend, befinden sich die beiden jugendlichen Götter. Ihre lachenden Gesichter sind gegeneinander gekehrt; der eine mag wohl auf die Fische hinzeigen, die sich begierig herzudrängen und damit, wie wir vermuten, ein Bild menschlicher Liebestorheit abgeben sollen.

Da man nicht ohne weiteres annehmen darf, es habe dieser Beschreibung kein wirkliches Bildwerk zugrunde gelegen, so ist die Frage nach dessen näherer Beschaffenheit nicht vornweg abzuweisen. Es mochte halberhobene Arbeit sein; ob aber einfach und durchaus in Silber wird durch V. 22, ὑπὲρ ἀργύρῳ δ' ὀχ., zweifelhaft. Bedeutet ἄργυρος das Meer, wie konnte es der Dichter so bezeichnen, wenn die Delphine, die Eroten und die Göttin gleichmäßig silbern waren? Man könnte fast versucht sein, das Bild nicht auf der Rückseite des Diskos, wo sonst solche Verzierungen angebracht sind, sondern im Gegenteil vorne, und zwar oben im Rahmen, in einer Art von Aufsatz, dicht über der glatten Spiegelfläche zu suchen, und also unter ἄργυρος den eigentlichen Spiegel zu verstehen.

Beachtenswert ist ferner das Farbige in der Beschreibung. Daß dieses überall nur auf Rechnung der poetischen Malerei zu setzen sei, deucht uns in Ansehung des stark hervorgehobenen Farbenunterschieds in V. 21 nicht wahrscheinlich. Man kann bei dem Kontrast der Lilie mit den Veilchen kaum umhin, die See im Bilde blau zu denken.

35

Strophe 1 ist mit den drei ersten Versen des Lieds Nr. 20 beinahe gleichlautend. Wahrscheinlich liegt beiden Stücken insoweit ein älteres Muster zugrunde. Auffallend ist der Sprung in Str. 3, wo der Dichter auf einmal bei dem Tempel des Bakchos tanzen will, nachdem doch bisher nur von einem Gelage die Rede gewesen. Da ferner V. 2 der Name Dionysos (bei uns Lyäos) bloß uneigentlich für Wein gebraucht wird, so folgt die Anrufung des Gottes selbst V. 11 nicht schicklich. Auch ist das Metrum mehrfach mangelhaft. Das Ganze scheint aus zwei verschiedenen Liedern zusammengesetzt, Str. 3 gewaltsam angefügt.

36

In der Heidelb. Handschr. steht das Lied in zwei Teile oder Lieder getrennt, so daß das erste mit V. 20: „wenn die Rose fehlte" endigt. Mehlhorn vermutet, der zweite Teil sei Nachtrag eines andern Dichters. Dacier, Longepierre, Degen, Stark sind für die Einheit des Ganzen und halten es für einen Wechselgesang.

Die Rose war sowohl dem Dionysos als der Aphrodite heilig.

V. 12 f. ist mehr Erklärung als Übersetzung; der griech. Text sagt nur: lieblich dem der sie versucht am dornigen Pfade. Der Dichter meint jedoch augenscheinlich die ungebrochene Rose im Gegensatze zu der gepflückten.

V. 17—20. Bei den zur Zeit der Frühlings-Tag-und-Nachtgleiche in Athen gefeierten Dionysien pflegte man sich mit Frühlingsblumen zu bekränzen.

V. 26. *Scheucht Verwesung.* In gleicher Absicht salbt Aphrodite schon bei Homer, Il. XXIII, 186 ff., die Leiche des Hektor mit Rosenöl.

V. 33. *Pontos,* ein Sohn des Äther und der Gäa (Erde).

V. 34—36. Pallas ward nach der bekannten Fabel aus dem Haupte des Zeus geboren. — Nachdem die sämtlichen Vorzüge der Rose, mit wenig Geschmack und allzu sichtlich auf der Spur poetischer Reminiszenz wie an den Fingern aufgezählt worden, schließt das Ganze nicht ungeschickt mit dem Mythus von dem Ursprung derselben. Sonst wird jedoch erzählt, daß Aphrodite die Rosen (nach andern die Anemonen) aus dem Blute des Adonis — s. Nr. 50 — habe entstehen lassen

37

Ein reizendes, nur leider im Text verdorbenes Gemälde.
V. 1—3. Wir fanden es unmöglich, die hier enthaltene Vorstellung mit zwei Zeilen, wie sie der Grundtext gibt, vollständig auszudrücken. Nach V. 10 folgt im Griech. eine weitere, offenbar nicht hergehörige Verszeile. Mit Unrecht wird dagegen V. 11 angefochten, welcher, besonders malerisch betrachtet, nicht wohl zu missen wäre. Bei der argen Entstellung des Originals in den drei letzten Zeilen, zu deren Berichtigung verschiedene Vorschläge (von Mehlhorn, Hermann, Böckh, Bergk) gemacht werden, half sich der Übers. wie er konnte; im Wesentlichen war der Sinn nicht zu verfehlen.

Stark will das Stück, neben aller Anerkennung seiner Schönheit, nicht vor das 2. Jahrh. n. Chr. gesetzt wissen. Er hat in dieser Beziehung zuerst auf V. 8 aufmerksam gemacht, wo *Titan* (als Sonnengott, Sol) statt Helios genannt ist. Zwar wird nach Hesiod Hyperion (Vater des Helios), nach andern Helios selbst, zu den Titanen, den Söhnen der Gäa und des Uranos, gezählt, aber erst bei den lateinischen Dichtern heißt Sol vorzugsweise und schlechthin Titan; nur nach ihrem Vorgang scheinen griechische Dichter den Namen so gebraucht zu haben, und durchaus sind es nur spätere, bei denen er in dieser Bedeutung vorkommt.

Bromios, der Lärmende, Beiname des Bakchos.

38

Vor allem gebricht es dem Stücke, das nach einem Gemälde entworfen zu sein scheint, an einem schicklichen Eingang. Ohne Zweifel schwebte dem Verfasser Homer, Il. XVIII, 561 ff., dabei vor; besonders V. 567—68:

Rosige Mädchen und Knaben mit jugendlich heiterem Sinne
Trugen die liebliche Frucht in zierlich geflochtenen Körben.
(Donner.)

Im übrigen beweist ein schlechter, mit Partizipien überladener Stil, der in der Übers. nicht hervortritt, sowie die ungehörige Verwechslung des Weingottes mit dem Wein, V. 9 u. 24, die Unechtheit zur Genüge.

Wir stellen dieser Beschreibung ein elegisches Stück von ähnlichem Inhalt und mehr Zartheit gegenüber, dessen Verfasser Agathias von Myrine, im 6. Jahrh. n. Chr., ist; die Übersetzung von Weber:

Wir nun kelternd den Segen aus reichlicher Frucht des Iakchos
Stampften gesellig im Takt muntern Winzergesangs;
Und schon strömte der Saft, der unendliche: aber wie Kähne
Schwammen die Efeukrüg über dem süßen Gewog,
Deren wir schöpfend gebrauchten, um eiligen Trunk zu entheben,
Wenig dabei um den Dienst heißer Najaden besorgt.

Aber die schöne Rhodanthe, die über die Küpe sich herbog,
  Hellte mit ihrer Gestalt lieblich bestrahlend das Naß.
Allen auch schwärmten die Geister in Trunkenheit. Keiner der Unsern
  War, der nicht folgsam erkannt Bakchos' und Paphias Macht.
Klägliche! die zwar jener in üppiger Fülle bespülte,
  Diese jedoch schalkhaft nur mit Vertröstung entließ.

Efeukrüge: ländliche Trinkgefäße aus Efeuholz mit Schnitzwerk verziert. — *Heiße Najaden* (Fluß- und Quellnymphen) für heißes Wasser (wie Bakchos für Wein). Den Wein pflegte man nach Jahrszeit und Umständen ebensowohl mit Schnee als siedendem Wasser zu mischen.

39

Diesem Kelterliedchen ist von seiten der Kritik in Lob und Tadel zu viel geschehn. Es hat einen fröhlichen Schwung, leidet aber an mehreren Fehlern der Form. Unter andern ist im Original V. 1—3 der spielende Gleichklang dreier Worte störend.

40

Das Kleinod dieser Sammlung, möglicherweise von Anakr. selbst; den deutschen Lesern längst durch Goethes Übertragung bekannt.

V. 7. *Die Horen,* Göttinnen der Jahreszeiten, gewöhnlich ihrer drei, seltener zwei oder vier, je nachdem man das Jahr einteilte.

Die südliche Zikade, oder Baumgrille, ist runder als die Heuschrecke, dunkelgrün oder braun und gelblich gefleckt, mit durchsichtigen, silbern oder rostfarb geäderten und braunfleckigen Flügeln, und Blättchen darunter an der Brust, womit sie das helle Geschwirr hervorbringt, das der Grieche so angenehm fand. Sie saugt den Saft der Blätter und Blüten, nach der Meinung der Alten aber nur den Tau. Die Anthologie hat mehrere Epigramme auf sie, wovon hier eines von Leonidas (Anth. Pal. VI, 120) in Jacobs' Übers. stehen möge:

Nicht bloß tön ich ein Lied von den schattigen Wipfeln der Bäume,
  Wann heißbrennende Glut mich zu Gesängen entflammt,
Fröhlich geleitend den wandernden Mann und sonder Belohnung
  Mit dem Gesang, vom Naß lieblichen Taues genährt:
Auch hier über dem ragenden Speer der im Helme geschmückten
  Pallas siehst du mich, Freund, sitzen die Grille der Flur.
So wie die Muse mich liebt, so ehr ich die heilige Jungfrau,
  Welche den Flöten ja selbst liebliche Töne entlockt.

V. 12. *Der Musen Liebling;* vgl. die schöne Fabel vom Ursprung der Zikaden in Platons Phädros (pag. 259. Steph.), welche Sokrates erzählt. Sie waren einst Menschen, und zwar von jenen, die vor der

Entstehung der Musen lebten. Als aber diese erschienen und mit ihnen der erste Gesang, wurden jene zum Teil so von Lust hingerissen, daß sie singend Speise und Trank vergaßen, und sogar, wie sie starben, dies nicht einmal wahrnahmen. Aus ihnen ging hernach das Geschlecht der Zikaden hervor, das von den Musen diese Gabe erhielt, daß es keinerlei Nahrung bedarf, sondern gleich von Geburt an singt, ohne Speise und Trank, bis es stirbt; worauf es zu den Musen kommt und ihnen ansagt, wer unter den Menschen hier sie verehre und welche von ihnen.

V. 15. Es war eine alte Volksmeinung, daß sie sich alljährlich häute und verjüngt weiterlebe.

V. 16. *Tochter der Erde* (γηγενής, erdgeborne). Sie galt für ungezeugt, aus der Erde entstanden, und war deshalb das natürliche Symbol jenes Nationalstolzes, der seine Ahnen nicht aus fremdem Lande einwandern, sondern „dem dunkeln Schoß der heimatlichen Flur" entsteigen ließ; die Athener, die auf ihre Autochthonie besonders stolz waren, ehrten auch die Zikade besonders hoch, und in den guten alten Zeiten trug, wie Thukydides erzählt, jeder Bürger eine goldene Zikade in Form einer Nadel oder Spange auf dem Haupt, um die auf dem Scheitel in einen Wulst zusammengefaßten Haare festzuhalten. Dem jüngeren Geschlechte erschien diese Zikade so charakteristisch für die alten Zeiten und Sitten, daß die Zikadenträger, Tettigophoren, bei Aristophanes geradezu mit den ehrenwerten „Marathonomachen" gleichbedeutend genommen werden (Ritter, V. 1330. Wolken, V. 894.).

V. 18. *Ohne Blut Geb.* Durch dieses Prädikat wird sie den Göttern ähnlich, von welchen Homer, Ilias V, 341 f., nach Donners Übers., sagt:

Denn nicht essen sie Brot, noch trinken sie funkelnden Weines;
Blutlos sind sie daher und heißen unsterbliche Götter.

41

Die angenehmste Erfindung auf musterhafte Weise von einem späteren Verfasser ausgeführt. Thorwaldsen hat diesen Gegenstand in einem reizenden Basrelief behandelt.

42

Vielleicht ein fingierter Traum. Stark verurteilt das Stück als Allegorie mit dieser ganzen Gattung, und macht ihm überdies den Vorwurf des Gesuchten. Uns will es nicht so verächtlich vorkommen; es hat wenigstens Leben, spricht seinen Sinn ohne weiteres klar genug aus und schon sein knapper Zuschnitt bewahrt es vor dem Lästigen, das man an so vielen Beispielen jener zweideutigen Dichtart kennt.

43

Eine gezwungene Allegorie in Form eines Traums. Nach der Lesart ἐνί τῳ δέ wäre der Sinn: Eros, dem ich bisher noch immer so glücklich entging, wird sich meiner, obgleich mit Mühe und spät, doch unfehlbar noch irgendeinmal bemächtigen. Die Schreibung ἐνὶ τῷδε ergibt einen bestimmten Fall (*diesem* Eros da werd ich erliegen).

44

Der Einfall erinnert an eine bekannte liebliche Darstellung auf einem herkulanischen Gemälde (s. Müllers Archäol. S. 625), die Goethe in dem Gedicht „Wer kauft Liebesgötter" vor Augen hatte.

V. 6. Die *dorische* Mundart zeichnet sich durch eine gewisse Rauheit und Härte aus und deutet im gegenwärtigen Falle mit mäßiger Komik auf einen ungebildeten Menschen.

V. 12. Eine *Drachme*, 7⁹/₁₀ Gr. = 27½ Kr.

Hinsichtlich der Entstehungszeit des Stücks kommt in Betracht, daß man in der besten Periode Griechenlands keine Götterbilder in Privathäusern hatte, so herrliche Werke die Tempel schmückten: erst in der Folge sah man dergleichen allerorten in zahlloser Menge. Auch läßt sich aus dem Sinne, in welchem der dorische Dialekt vom Dichter angewendet wird, auf eine Zeit schließen, wo in demselben schon etwas Veraltetes, Drolliges gefunden wurde.

Welcker verurteilt diesen Scherz, indem er ihn mit andern, wo es sich doch noch von lebendigen Eroten handle, besonders auch mit Nr. 49 vergleicht, als gar zu verkehrt: „wie soll ein Wachsbild in Flammen setzen?" usw. Für uns hat die naive Verwechslung der Begriffe nichts Auffallendes. Man denkt doch unwillkürlich den Eros selber unter der Figur, oder man supponiert, der Gott vernimmt die Herausforderung irgendwo.

Zur Vergleichung ein Epigramm von Meleager (Anth. Pal. V, 178.) nach Jacobs:

Auf denn, er werde verkauft! in dem Schoß noch schlummernd der
    Mutter
    Werd er verkauft. Was nützt's, nähr ich den Frevler bei mir?
Ist er doch stets voll Hohn, und beschwingt; auch kneipt er mich oft-
    Scharf mit den Nägeln, und oft weinet und lacht er zugleich; [mals
Unbeugsam auch ist er und frech und unendlich geschwätzig,
    Feurigen Blicks und selbst gegen die Mutter nicht zahm.
Seltsam ist er durchaus. Drum fort mit ihm. Schiffet ein Kaufmann
    Über das Meer und begehrt seiner, so handl' er um ihn. —
Aber er bittet mit Tränen und fleht. — Ich verkaufe dich nicht mehr;
    Tröste dich! Bleibe nur hier, meiner Zenophila nah.

45

V. 15 ff. d. h. indem er sich in einen Pfeil verwandelte.
Nach Fragm. 24, mit der dort angenommenen Lesart, hätte ein tätlicher Kampf des Anakr. selbst mit dem Eros nichts Befremdendes; nur ein so förmlicher in Waffen wäre seiner Erfindung durchaus unwürdig. Durch die detaillierte Darstellung vollends wird die Sache etwas matt und die Vergleichung mit dem Achill fällt gar ins Kindische.

46

Der Sinn des Bildes ist nach Mehlhorns Erklärung: Eros pflegte anfänglich, unstet und wild umherschwärmend, nach allem, was ihm vorkam, begierig zu greifen: seit die Menschheit sich durch Kunst und Wissenschaft zu veredeln begonnen und er die Macht des Schönen erfahren, blieb er in diesem Kreise wie gebannt und suchte nichts mehr außer demselben. — Dem großen Beifall ganz entgegen, den die Erklärer diesem Stücke zollen, sagt Stark mit gutem Grunde, die allegorische Einkleidung komme niemand als einem Grammatiker zu. Und dann, von einem *Kallos* als Gottheit des Schönen weiß die Mythologie der Alten überall nichts. Freilich hat der Verfasser an eine sublimere Schönheit als die der Aphrodite gedacht, und ob sie schon gleichsam persönlich ist, so sollte wohl einem philosophischen Leser gar nicht einfallen zu fragen, wie denn der neue Götze ungefähr gestaltet sein möchte; man weiß genug damit, daß er generis neutrius sei. Übrigens ist dieser abstrakte Schemen durchaus in römischem Geiste erfunden.

47

De toutes les odes d'Anacréon voici celle qui m'a toujours le plus touché. — La fiction en est toute ingénieuse et toute charmante, l'expression délicate et fine — enfin ce n'est que graces et que beautez. So spricht sich Longepierre über dies niedliche Bildchen aus, und ähnlich lauten andere Stimmen in Menge. Dennoch ist die Kritik bei Vergleichung dieses Stücks mit einem nah verwandten Epigramm nicht durchaus einstimmig darüber, welchem von beiden der Preis zukomme. Die Leser mögen selbst urteilen. Hier ist der „Honigdieb", der unter Theokrits Idyllen (XIX) steht:

Einst ward Eros, der Dieb, von der zornigen Biene gestochen,
Als er Honig dem Korb entwendete. Vorn an den Händen
Hatte sie all ihm die Finger zerstochen; er blies in die Hände,
Schmerzvoll, stampfte den Boden und trippelte. Jetzo der Kypris
Zeigt' er das schwellende Weh, und jammerte, daß ein so kleines
Tierchen die Biene nur sei und wie mächtige Wunden sie mache.

— Lächelnd die Mutter darauf: „Gleichst du nicht selber den Bien-
lein?
Sieh nur, wie klein du bist und wie mächtige Wunden du machest!"
(Nach Voß.)

Pauw, Welcker und Stark sind entschieden für die letztere Darstellung. Sie ist einfacher, bündiger, die kleine Diebere gibt dem Charakter des Amor etwas mehr Relief, und was er erleidet ist gerechte Buße. Die Anakreontische Fassung, welche von Mehlhorn, Degen und den übrigen Erklärern bei weitem vorgezogen wird, gefällt wohl zumeist durch die größere Lebhaftigkeit in der direkten Redeweise des Kindes. Wenn aber die beiden Stücke sich als Original und Nachbildung zueinander verhalten, so muß schon die ausführliche Behandlung des unsern (V. 8 ff.) seine Ursprünglichkeit verdächtig machen, insofern ein Nachahmer nicht leicht schlichter und bündiger als sein Muster ist, das er zu überbieten sucht. Der Sprache und dem ganzen Geiste nach fällt der Verfasser in die späteren Zeiten der alexandrinischen Poesie.

48

V. 1 ff. *Lemnos,* jetzt Stalimene, Insel im nördlichen Teil des Ägäischen Meers, dem Hephästos geheiligt. Dieser soll einst von Zeus, aus Anlaß daß er sich bei einem Streit desselben mit der Hera ihrer angenommen, aus dem Olymp auf das Eiland herabgestürzt worden sein und hier seine Werkstatt gegründet haben, dergleichen er auch sonst im Innern der feuerspeienden Berge, besonders im Ätna, gehabt. — Eros erscheint hier als sein Sohn von der Aphrodite, deren Liebesverhältnis zu Ares bekannt ist.

Tanaquil Faber, ein Mann von sehr lebhafter Empfindung, improvisierte, entzückt von dieser kleinen Dichtung, ein überschwenglich lobreiches Epigramm darauf, das uns seine gelehrte Tochter, Anna Dacier, mitteilt:

Felix, ah! nimium felix, cui carmine tali
    Fluxit ab Aoniis vena beata jugis!
Quid melius dictaret Amor, Risusque, Jocique,
    Et cum germanis Gratia juncta suis?

Zu deutsch etwa:

Einzig glücklicher Mann, dem, solche Gesänge zu schaffen,
    Einst der begeisternde Quell rauschte von Helikons Höhn!
Schöneres wüßte nicht Amor, die lachenden Götter des Scherzes
    Alle, zusamt dem Verein schelmischer Grazien, nicht!

Schade, daß ein so anziehendes Stück bei näherer Betrachtung viel von seinem Reiz verlieren muß. Die vielbesprochene Stelle V. 11 ff.

leidet unstreitig an einer Dunkelheit, die wir geständig sind nicht entschieden und befriedigend aufklären zu können. „*Ares nahm den Pfeil*" (ἔλαβεν βέλεμνον): wie ist das Nehmen gemeint? welche Bewandtnis hat es überhaupt mit dem Pfeil oder Wurfspieß? Eros bezeichnet ihn als *schwer,* vielleicht im Doppelsinn, und der getäuschte Gott, die unerwartete Wirkung empfindend, bejaht die Aussage bedeutungsvoll, indem er denselben Ausdruck uneigentlich, für schmerzhaft, gebraucht. Auf diesen Gedanken wird aber der Leser etwa nur erst nach längerem Besinnen und nicht einmal notwendigerweise geführt; er ist vielmehr geneigt, das Wort beide Male ganz eigentlich zu verstehen. Von dieser Auffassung ist aber nur ein kleiner Schritt zur Annahme einer besondern, dem Pfeil einwohnenden kontraktiven Kraft; wie denn in der Tat einer der älteren Ausleger demselben eine krampfhafte Wirkung zuschreibt, zufolge deren Ares die ergriffene Waffe nicht habe weglegen oder fallen lassen können. (Hiebei erinnert sich Schreiber dieser Zeilen eines komischen Auftritts, den er beim Besuch einer galvanisch-magnetischen Heilanstalt mit einem Franzosen erlebte, der eine Eisenstange der großen Batterie neugierig anfaßte und alsbald unter verzweifelten Gebärden mit dem Ruf „au secours! au secours!" die Gesellschaft alarmierte, auch wirklich das Eisen nicht los wurde, bis ihm der Besitzer zu Hilfe kam.) Indessen, Eros, so grausam er auch mit den Herzen umgeht, konnte den Kriegsgott doch nicht wohl mit diesem spasmodischen Denkzeichen in der Hand stehen lassen! — Nun fehlt es aber nicht an Stellen anderer Dichter, die teils vom Bittersüßen, teils von dem Feurigen an Eros' Pfeilen sprechen. So namentlich Moschos, Idyll I, wo Aphrodite den entlaufenen Knaben beschreibt und den etwaigen Finder vor seinen Tücken warnt; man möge weder Küsse, noch was er sonst anbiete, von ihm nehmen:

Saget er: „Nimm! dir schenk ich mein ganzes Gerät":—o berühr ihm Nichts! die Geschenke sind Trug; denn getaucht ward alles in Feuer.

Diese letztere Eigenschaft, obschon nicht ausdrücklich in unserer Stelle berührt, wird von den Erklärern gleichwohl zu ihrem Verständnis beigezogen. War es also die Glut, was dem Ares zusetzte, wo hat er diese eigentlich gefühlt? doch hoffentlich nicht an der Hand? Dies wäre auf ähnliche Weise lächerlich, wie vorhin der Krampf. Rich. Bentley gibt in einem durch Brunck bekanntgemachten Brief eine wundersame Erklärung. Auf die Frage, ob Amor dem Mars die Waffe nur in die Hand gegeben oder sie nach ihm geschleudert und ihn damit verwundet habe, antwortet er: keines von beiden; das Wahre liege vielmehr in der Mitte: unter der Wurfwaffe habe man sich ein lebendiges Feuer, ein ätherisches, blitzartiges Geschoß vorzustellen, das in dem Augenblick, wo Amor es dem Mars gereicht, diesem von selber in den Leib gefahren sei (— „jaculum ex vivo scilicet igne et aethereo fulgure constans in Martis corpus se sponte insinuavit et reconditum latuit"). Daher, der Wunde wegen nämlich, sein Ächzen und Bitten, dasselbe wieder herauszuziehen, weil niemand außer Amor dies gekonnt. — Nach anderer Ansicht steht die Phrase „er empfing den Pfeil" in ungewöhnlicher Bedeutung des λαβεῖν, einfach anstatt: er ward von einem Schusse des Amor getroffen; wobei jedoch Degen dem Dichter den Vorwurf der Unbestimmtheit macht. Mehlhorn weist diesen Tadel zurück; wir finden ihn, die Richtigkeit des Sinns vorausgesetzt, gerecht, und halten dafür, daß der Dichter bei vollkommener Deutlichkeit nicht notwendig hätte platt werden müssen, wie sein Verteidiger behauptet. — Seinem ganzen Charakter nach gehört das Gedicht in einerlei Reihe mit Nr. 47.

49

steht in der Heidelb. Handschr. der Anthologie mit dem Namen Julianos' des Ägypters, eines Epigrammatikers, der im 5. oder 6. Jahrh. gelebt haben soll. Eine Nachahmung dieser niedlichen Kleinigkeit findet sich bei Niketas Eugenianos, einem griech. Dichter des 12. Jahrh., der in seiner Liebesgeschichte von Charikles und Drosilla, welche sehr wenig poetischen Wert hat, jenen Einfall dadurch wirklich verbessert, daß der Dichter anfangs nicht weiß, was er verschluckt:

> Eros, der tückische, pfeilbewehrte, kroch mir jüngst
> Als Mücklein in den Becher, und so trank ich ihn
> Hinunter: alsbald mit den Flügeln macht' er drauf
> Mir ein verwünschtes Kitzeln innen in der Brust;
> Und noch zur Stunde — unerträglich! welche Pein!
> Mit Kribbeln, Beißen quält er mich — es macht mich krank!

50

V. 28. *Ein Götterbild an Schönheit* — offenbar der natürlichste Sinn dieser gewöhnlich mißverstandenen Stelle. Vgl. Euripid. Hekabe V. 554.

V. 45—46. Man hat sich vergeblich den Kopf darüber zerbrochen, was für ein *Feuer* hier gemeint sein möge. Hatte der Dichter, wie einige glauben, den Scheiterhaufen des Adonis im Sinne, so ist es nach Mehlhorns Bemerkung sehr gegen die Natur, daß sich die Göttin so geschwind von der geliebten Leiche trennen konnte. Ganz anders handelt sie bei Bion (Idyll I.), wo überhaupt von einem Scheiterhaufen nicht die Rede ist. — Statt *„seine Liebe"* sagt der griech. Text „die Eroten", welcher Ausdruck mit der Vorstellung der oben agierenden Liebesgötter, von denen hier begreiflich ganz abzusehen ist, sehr ungeschickt kollidiert: ein und dasselbe Wort wird zweifach, das eine Mal in eigentlicher, personaler Bedeutung, das andere Mal figürlich gebraucht. Sodann aber fragt sich erst noch, was es denn eigentlich war, das da verbrannt wurde, oder in welcher Form der Eber seine Sehnsucht in den Flammen sich verzehren ließ. Einige erklären ἔρωτας durch ἐρωτικοὺς ὀδόντας, die verliebten Zähne, sofern sie ihren Frevel büßen sollten (wobei man die Lesart τοὺς ἐρῶντας vorschlug); andere lassen den Eber sich mit Haut und Haar ins Feuer stürzen, und diese Ansicht wird schon in Bayles Dictionnaire crit., Artikel Adonis, empfohlen: „Notez, qu'un très bon Critique m'a fait savoir, que la correction ὀδόντας pour ἔρωτας n'est point nécessaire. La veritable explication de ces vers, dit-il, est que le sanglier τῷ πυρὶ προσελθών, en se jettant dans le feu, ἔκαιε τοὺς ἔρωτας, brûla en même tems ses amours. Il y a non seulement de la raison, mais de la finesse, à dire, que le sanglier brûlé auparavant par son amour, avoit trouvé à son tour le secret de le brûler. Policien* a bien fait valoir cette pensée dans l'Epigramme qu'il fit sur Pic de Mirande, qui jetta au feu ses vers d'amour. Ajoutez à tout ceci, qu'il est bien difficile de s'imaginer comment l'amoureux sanglier auroit pu mettre les dens au feu et les brûler, sans se brûler lui même." So wichtig nahm man die Erörterung zweier gedankenlosen Zeilen. Ohne Zweifel sind sie nichts weiter als eine müßige, sinnstörende Zutat, womit das Produkt eines mittelmäßigen Dichters durch die Hand eines zweiten, noch schwächeren vollends verunziert wurde. Denn damit, daß der Eber, nachdem ihm Aphrodite verziehen, ganz umgewandelt durch die Macht der Liebe, nunmehr der Göttin als steter Begleiter nachfolgt, ist augenscheinlich das Gedicht zu Ende. Auch fehlen die beiden Verse wirklich in einer Handschrift. — Zur Würdigung des Stücks im ganzen aber gehört noch Folgendes.

Nach der alten Fabel stirbt Adonis auf der Jagd als Opfer der Eifersucht des Ares, indem derselbe ein Wildschwein gegen den Liebling der Aphrodite sendet, oder auch selbst in Gestalt eines solchen ihn tödlich verwundet. Sehr spät erst verfielen, wie Stark bemerkt, Dichter und Künstler auf eine andere Wendung des Mythus, um dem unendlich oft behandelten Gegenstande neuen Reiz zu verleihen. So ist es denn in unserm Stücke nicht mehr ein erboster Eber, der den Jäger angreift: die Gewalt der Liebe vielmehr, die sich auch in den wildesten Tieren erweise, soll hier versinnlicht werden. Deshalb erscheint der Eber als Hauptfigur in dem Gemälde, und der Dichter kann nicht schnell genug ihn auf die Szene bringen. In einer wahrhaften Darstellung wäre vor allem der heftige Schmerz der Göttin bei der Leiche zu schildern gewesen; zu der neuen Erfindung jedoch, wo das Tier redend eingeführt wird, hätte dies allerdings übel gepaßt, ihr Läppisches wäre damit nur um so stärker hervorgetreten. Übrigens ist es bei dieser epischen Behandlung ein Fehler, daß die Verwundung des Adonis durch das Tier als Todesursache nicht sogleich

---

* Politianus, ital. Humanist des 15. Jahrh., Freund des Pico von Mirandola.

ausdrücklich berührt, nur ohne weiteres gesagt wird: sie befahl den Eber zu bringen usw. Dem Epigramm ist eine solche Voraussetzung des Bekannten natürlich, und eben dieser Zug ist daher mitbeweisend für Starks Behauptung, daß unserem Idyll ein Epigramm zugrunde gelegen, wie denn der Gedanke im ganzen dieser Dichtart durchaus gemäß ist. — Das Stück wurde früher dem Theokrit mit gleichem Unrecht wie nachher dem Anakr. beigelegt, erscheint übrigens erst seit Warton in den verschiedenen Ausgaben dieser Lieder.

51

Während vorzügliche Kenner aus älterer und neuerer Zeit, wie Lefèbre, Longepierre, Ramler, Herder, dieser Dichtung die höchsten Lobsprüche erteilen, wird sie von andern, wenigstens teilweise, minder günstig angesehen. Welcker behauptet — was wir nicht zugeben können — sie enthalte allzu viel Schmeichelhaftes für Anakr., als daß er selbst der Verfasser sein könnte; Mehlhorn nennt das, was die Taube V. 28—32 vorbringt, abgeschmackt und lächerlich, besonders das Bedecken mit den Flügeln (συγκαλύπτω), welches im Gegenteil Levesque für die naive Eitelkeit des Tierchens, das sich einbilde, seinen Gebieter völlig zu decken, sehr treffend findet. Der Übersetzer hat eine gar nicht üble Andeutung des Abschreibers im Heidelb. Codex (συσκιάσω steht über dem Textwort) benützt. — Für einen Fehler in der Komposition halten wir, daß nicht ausdrücklich irgendein Punkt, Baum oder Gemäuer angegeben ist, wo sich die Taube niederläßt, solange sie spricht.

Die Herkunft des Stücks anbelangend, so liegen, abgesehen von mehreren Indizien der Sprache, bestimmte Gründe vor, es dem Anakr. nicht zuzuschreiben. Fürs erste betreffen die Beispiele, die man von dem Gebrauch der Brieftauben im Altertum hat, eine viel spätere Zeit und größtenteils die Römer (vgl. Aelian. Verm. Erz. IX, 2. Plinius Naturgesch. X, 37.). Sodann ist diese Art zierlicher kleiner Gemälde der Muse Anakreons, wie überhaupt dem Geiste jener Zeit durchaus fremd. Es liegt, nach unserem Gefühl, selbst etwas Manieriertes in dem Ton des Gedichts, und jedenfalls geschieht dem Verfasser nicht Unrecht, wenn Stark ihm seinen Platz bei den Alexandrinern anweist.

52

Basilios, s. Nr. 19. Anm.

53

Die Erfindung wäre poetisch genug und Anakreons nicht unwürdig; seiner prosodischen Beschaffenheit nach aber kann ihm das Stück nicht zukommen. — Bei einem unserer deutschen Anakreontiker, J. P. Uz (bekanntlich ein schätzbarer Dichter und ganz moralischer Mann) kehrt dieses Thema mit witziger Steigerung wieder. Das kleine Gedicht ist „Der Traum" überschrieben, es handelt sich darin von einer badenden Schönen und der Schluß heißt:

> Sie fing nun an, o Freuden!
> Sich vollends auszukleiden:
> Doch ach! indem 's geschiehet,
> Erwach ich und sie fliehet.
> O schlief' ich doch von neuem ein!
> Nun wird sie wohl im Wasser sein.

54

Tereus, s. Nr. 3, V. 4. Anm.
In zwei Epigrammen der Griech. Anth. (A. Pal. V, 237. IX, 286) ist der gleiche Gegenstand behandelt; in dem einen, von Marcus Argentarius, folgendermaßen:

> Vogel, was raubst du den süßesten Traum mir, daß von dem Lager Pyrrhes liebliches Bild eben im Flug mir entwich!

55

In der Zusammenstellung der Tiere: Stier und Pferd, Hase und Löwe, Fische und Vögel ist ein bemerkenswerter Kontrast beobachtet.
V. 7. *Verstand.* In dem mehrdeutigen φρόνημα glaubten die meisten Ausleger eine Eigenschaft suchen zu müssen, die ausschließlich oder doch vorzugsweise dem Mann zukomme; als eine solche aber schlechtweg den Verstand zu nennen schien den Frauen gegenüber ungerecht, und so das Ganze ein verfehltes Kompliment für sie; daher wurde das Wort sehr verschieden erklärt: als kriegerische Tapferkeit und Kunst; als Seelengröße, hoher Mut; als streng logisches Denken. Mehlhorn will ungefähr wie Stephanus und Brunck: planmäßige Überlegung, Berechnung, Besonnenheit, im Gegensatz zu dem mehr instinktmäßigen Vermögen des weiblichen Geschlechts. Degen sagt: „den höhern Geist dem Manne". — Allein man sah hier nur den Wald vor lauter Bäumen nicht. Das einzig Richtige ist offenbar der ganz zunächst gelegene Begriff *Verstand.* Darin ist einerseits alles Erfinderische, die ruhige Berechnung, List, Geistesgegenwart, sowie die Schaffung künstlicher Waffen und deren zweckmäßiger Gebrauch enthalten; andererseits wird der Verstand den Frauen bei dieser Austeilung nicht abgesprochen; sie mögen ihn mit Ausnahme der kriegerischen Anwendung in allewege und gleich den Männern haben, er kommt aber für sie in jenen Fällen der Gefahr, von welchen hier allein die Rede ist, wo es sich nur um tapfere Abwehr oder um schnelle Flucht

handelt, durchaus nicht in Betracht, sie brauchen ihn in solchem Fall gar nicht, da ihnen ein weit wirksameres Hilfsmittel (zum wenigsten der Männerwelt gegenüber) von der Natur verliehen ward.

Ganz nahe verwandt mit unserm Lied ist eine Stelle des sogenannten Pseudophokylides (einer griech. Gnomologie von jüdisch-alexandrinischer, wo nicht christianisierender Färbung), V. 125 ff. Bergk Lyr. gr. pag. 367; nach Binders Übers.:

Wehr gab jedem der Gott: die Natur durch Lüfte zu fliegen
Hat er den Vögeln verliehn; Raschheit und Stärke dem Löwen;
Hörner, die selbst aufsprießen, den Stieren, und Stacheln den Bienen
Als angeborenen Schutz; Bollwerk ist die Sprache den Menschen.

56

V. 1—2. Auf diese Weise wurden die zur Rennbahn bei den griechischen Festspielen verwendeten Pferde markiert.

V. 3—4. Die *Parther,* ein kriegerisches Volk, ursprünglich im Osten und Südosten des Kaspischen Meers. Das später so genannte Parthische Reich erstreckte sich vom Kasp. bis zum Indischen M., vom Euphrat bis an den Oxus.

Die Echtheit dieses immerhin feinen und sinnreichen Stücks bezweifelte schon Stephanus. Der Name Parther war zu Anakreons Zeit noch kaum von Geschichtschreibern und Geographen gekannt. Wir finden ihn bei Herodot (III, 93) nur unter der Masse der den Persern unterworfenen Völkerschaften erwähnt. Wie konnte sich, fragt Stark mit Recht, ein so fremder Name in ein anspruchloses, populär gehaltenes Liedchen verirren? Es hätten die Perser, nicht aber die Parther genannt werden müssen. Ihre Erwähnung hier oder zunächst in dem Epigramm, aus welchem später dies Lied hervorgegangen sein mag, weist auf die Zeit hin, wo sich die Parther allen Nachbarvölkern und selbst den Römern furchtbar machten. Überdies gemahnt das den Liebenden eingedrückte Zeichen an die Platonische Lehre, wonach die Leidenschaften mannigfaltige Spuren, Narben oder dergleichen in der Seele zurückgelassen. Derselbe Glaube wird in folgendem Epigr. der Anthol. (A. Pal. V, 212) berührt.

Immer verweilt und tönt in den Ohren mir Flüstern des Eros;
Tränen der Sehnsucht auch gleiten vom Aug mir herab.
Rastlos wacht er am Tag, und rastlos wacht er die Nacht auch;
Kenntliche Male vom Brand zeiget das liebende Herz.
Habt ihr, beschwingte Eroten, vielleicht wohl Flügel zum Kommen,
Aber von hinnen zu fliehn fehlet den Schwingen die Kraft?

(Jacobs.)

ANHANG

ANMERKUNGEN

Die allgemeinen Richtlinien und die Grundlagen für die Kommentierung der Werke Mörikes sind in Band 1 dieser Ausgabe unter „Anmerkungen", Seite 1032, erläutert.

Verzeichnis der Abkürzungen

Allgemeine Abkürzungen:
E = Entstehung
D = Erstdruck
E. M = Eduard Mörike
GSA = Goethe- und Schillerarchiv Weimar
LBS = Württembergische Landesbibliothek Stuttgart
RB = Rechenschaftsbericht(e) des Schwäbischen Schillervereins Marbach
Slg. = zu Lebzeiten Mörikes gedruckte, von ihm selbst betreute Gedichtsammlung
SNM = Schiller-Nationalmuseum Marbach
T   Textgrundlage für unsere Ausgabe

Abkürzungen der Druckorte der von M selbst veröffentlichten Werke:

(Siglen meist nach Mc I, 454 f., dessen lückenhafte Angaben ergänzt worden sind. Bei Zeitschriften geben wir meist den gesamten Erscheinungszeitraum an, nicht nur die Jahrgänge, die Werke M's enthalten.)

A = Album deutscher Schriftsteller zur 4. Säkularfeier der Buchdruckerkunst. Herausgegeben von K. Haltaus. Leipzig: Festsche Buchhandlung. 1840.

AZ = Allgemeine Zeitung (Wochenausgabe). Augsburg und München: Verlag der Allgemeinen Zeitung.

BF = Blumen aus der Fremde. Poesien von Gongora, Manrique, Camoëns, Milton usw. Neu übertragen von P. Heyse,

K. Krafft, E. Mörike, F. Notter, L. Seeger. Stuttgart:
E. Schweizerbart'sche Verlagshandlung. 1862.
Cl Bl = Classische Blumenlese. Eine Auswahl von Hymnen, Oden,
Liedern, Elegien, Idyllen, Gnomen und Epigrammen der
Griechen und Römer; nach den besten Verdeutschungen,
teilweise neu bearbeitet, mit Erklärungen für alle gebildeten Leser. Herausgegeben von Eduard Mörike. Erstes [und
einziges] Bändchen. Stuttgart: E. Schweizerbart'sche Verlagshandlung. 1840.
DaZ = Damen-Zeitung. Ein Morgenblatt für das schöne Geschlecht.
Herausgegeben von C. Spindler. Jg. 1, 2. 1829—30. Stuttgart: (Jg. 2: München) Franckh.
DDS = Deutsches Dichterbuch aus Schwaben. Herausgegeben von
Ludwig Seeger. Stuttgart: Druck und Verlag von Emil
Ebner. 1864.
DKA = Düsseldorfer Künstler-Album. Herausgegeben von Wolfgang Müller von Königswinter. Jg. 1—16. 1851—1866.
Düsseldorf: Breidenbach u. Co.
DMA[1]= Deutscher Musenalmanach für das Jahr 1833 [bis 1836].
Herausgegeben von Adelbert von Chamisso und Gustav
Schwab. Jg. 4—7. Leipzig: Weidmannsche Buchhandlung.
DMA[2]= Deutscher Musenalmanach. Herausgegeben von Theodor
Echtermeyer und Arnold Ruge. Berlin: Simion. 1841.
DMA[3]= Deutscher Musenalmanach. Herausgegeben von Christian
Schad. Jg. 1—9. 1851—1859. Würzburg: Stahel.
F = Freya. Illustrierte Blätter für Deutschlands Frauen und
Jungfrauen. Jg. 1—7. 1861—67. Stuttgart: Krais und Hoffmann. (1865 ff.: Illustrierte Blätter für die gebildete Welt.)
FDM = Die deutschen Mundarten. Monatsschrift für Dichtung, Forschung und Kritik. Begründet von J. A. Pangkofer, fortgesetzt von D.G.K. Frommann. Nürnberg: Ebner. 1854.
FZ = Frauen-Zeitung für Hauswesen, weibliche Arbeiten und
Moden. Stuttgart: Verlag der Frauen-Zeitung.
HA = Hansa-Album. Herausgegeben von A. Harnisch. Halberstadt: Lindequist u. Schönrock. 1842.
Iris = Iris. Eine Sammlung erzählender und dramatischer Dichtungen von Eduard Mörike. Mit zwei Darstellungen nach
Zeichnungen von Fellner und Nisle. Stuttgart: E. Schweizerbart's Verlagshandlung. 1839.
JsDN = Jahrbuch schwäbischer Dichter und Novellisten. Herausgegeben von Eduard Mörike und Wilhelm Zimmermann.
Stuttgart: P. Balz'sche Buchhandlung. 1836.
KuU = Kunst- und Unterhaltungsblatt für Stadt und Land. Herausgegeben von C. Kneller, redigiert von G. Wöhrn. Jg. 1.
1852. Stuttgart: Verlag von C. Knellers Kunstanstalt.

ANMERKUNGEN 945

   Kunst- und Unterhaltungsblatt für Stadt und Land. Herausgegeben von Sigmund Sax. Jg. 2. 1853. Stuttgart: Verlag der literarisch-artistischen Anstalt.
Mbl = Morgenblatt für gebildete Stände. Jg. 1—59. 1807—65. Stuttgart und Tübingen: J. G. Cotta'scher Verlag. (Jg. 32 ff.: Morgenblatt für gebildete Leser.)
MN = Maler Nolten. Novelle in zwei Theilen von Eduard Mörike. 2 Bde. Stuttgart: E. Schweizerbart's Verlagshandlung. 1832.
NJ = Norddeutsches Jahrbuch für Poesie und Prosa. Herausgegeben von Heinrich Pröhle. Jg. 1. 1847. Merseburg: Louis Garcke.
Sa = Salon. Unterhaltungsblatt zur Frauen-Zeitung. (Siehe FZ.)
ÜLuM = Über Land und Meer. Allgemeine illustrierte Zeitung. Herausgegeben von F. W. Hackländer. Jg. 1 ff. 1858 ff. Stuttgart: E. Hallberger.
VE = Vier Erzählungen von Eduard Mörike. Stuttgart: E. Schweizerbart'sche Verlagshandlung. 1856.
Wb = Weihnachtsbaum für arme Kinder. Gaben deutscher Dichter, eingesammelt von Friedrich Hofmann. Hildburghausen: Bibliographisches Institut.
Wbl = Weihnachtsblüten. Ein Taschenbuch für die Jugend. In Verbindung mit anderen herausgegeben von Gustav Plieninger. Jg. 1 ff. 1838 ff. Stuttgart: Belsersche Buchhandlung.
WL = Der Württembergische Landbote. Ein Tageblatt. Jg. Mai bis Dez. 1832, 1833—1838. Stuttgart: Hallberger.

  Abkürzungen der in den Anmerkungen zitierten Briefwechsel:

Br. I, II = E. M's Briefe. Hrsg. von Karl Fischer und Rudolf Krauß. 2 Bde. Berlin 1903/04.
Br. Seebaß[2] = E. M. Briefe. Hrsg. von Friedrich Seebaß. Tübingen 1939.
Br. Seebaß[3] = E. M. Unveröffentlichte Briefe. Hrsg. von Friedrich Seebaß. 2., umgearb. Auflage. Stuttgart 1945.
Baumann III = E. M. Sämtliche Werke, Briefe. Hrsg. v. Gerhart Baumann in Verbindung mit Siegfried Grosse. Bd. 3. Stuttgart 1959.
Brautbr. = E. M. Briefe an seine Braut Luise Rau. Hrsg. von Friedhelm Kemp. München 1965.
Br. Eggert-Windegg = E. M's Brautbriefe. Hrsg. von Walther Eggert-Windegg. München 1908.
Br. Hartlaub = Freundeslieb' und Treu. 250 Briefe E. M's an Wilhelm Hartlaub. Hrsg. von Gotthilf Renz. Leipzig 1938.
Br.w. Kurz = Briefwechsel zwischen Hermann Kurz und E. M. Hrsg.

von Heinz Kindermann. Stuttgart 1919.
Br.w. Schwind = Briefwechsel zwischen E. M und Moritz von Schwind. Hsrg. von Hanns Wolfgang Rath. 2., verm. Auflage. Stuttgart 1920.
Br.w. Storm = Briefwechsel zwischen Theodor Storm und E. M. Hrsg. v. Hanns Wolfgang Rath. Stuttgart 1919.
Br.w. Vischer = Briefwechsel zwischen E. M und Friedrich Theodor Vischer. Hrsg. von Robert Vischer. München 1926.

MALER NOLTEN
(Neufassung)

In den fünfziger Jahren des 19. Jahrhunderts faßt M den Plan, den 1832 veröffentlichten *Maler Nolten* neu herauszugeben. Diesbezügliche Verhandlungen mit Schweizerbart finden damals bereits statt. In einem undatierten Brief, der nach Herbert Meyer* etwa um 1853, nicht, wie Seebaß meint, 1858 anzusetzen ist, schreibt M an seinen Verleger: „Sie erinnern sich, daß vorigen Sommer die Möglichkeit einer neuen Auflage des Maler Nolten zwischen uns zur Sprache kam. Die erste war schon nahezu vergriffen, doch wünschten Sie den kleinen Rest noch aufgeräumt zu sehen. Der Stand des Vorrats mag sich nun inzwischen wenig oder nicht verändert haben, so dringt sich mir ... wiederholt die Frage auf, ob es nicht in jedem Sinne von entschiedenem Nutzen wäre, wenn Sie sich dazu entschlössen! ... Ich würde die Revision des Buchs, sobald wir einig wären, vornehmen." (Br. Seebaß³ 302 f.)

Am 30. 1. 1854 wird der Vertrag mit Schweizerbart über eine „revidierte Ausgabe" geschlossen. (Br. M's an Ferdinand Weibert, 17. 12. 1870, Br. Seebaß³ 441 f.) Zunächst war also an eine Revision, noch nicht an eine „durchgreifende Umgestaltung" gedacht. (Br. an Georg von Cotta, 8. 5. 1859, Br. Seebaß³ 311 f.) Von der Notwendigkeit, das Jugendwerk vor einer Neuauflage gründlich zu überarbeiten, wurde der Dichter trotz der gegenteiligen Meinung der meisten Freunde immer mehr überzeugt. Auch hatte es im Kreis der literarischen Kenner zu einzelnen Punkten kritische Stellungnahmen gegeben. So schreibt M in einer Antwort auf Gustav Schwabs Rezension des *Nolten*** seinem Kritiker am 17. 2. 1833: „Das scharfe Licht, das Sie auf das Innerste der Komposition fallen lassen, hat mich, insofern es den Leser über die Hauptmomente keinen Augenblick mehr im Zweifel läßt, ganz vorzüglich erfreut, obschon ich in manchen Dingen, z. B. *was gerade die Duplizität und höhere Einheit der leitenden Ideen*

---
* Stufen der Umgestaltung des Maler Nolten, Zeitschrift für deutsche Philologie 85 (1966) S. 217.
** Blätter für literarische Unterhaltung, 20. und 21. 1. 1833, Nr. 20 f.

betrifft, gern recht behalten möchte. Da indessen der Eindruck, den namentlich der eben genannte Punkt auf Sie gemacht, keineswegs nur subjektiv sein kann, so bin ich nur noch unentschieden, ob der Fehler wirklich in der Inkongruenz der Gedanken oder etwa an der Ausführung liegen mag. — Unstreitig leidet der erste Teil an manchen organischen Gebrechen..." (Br. Seebaß[2] 387 f.)

Starke Kritik hatten bei der ersten Fassung die Gestalt und das Verhalten Constanzes erregt: der scharfe Umschlag ihrer enttäuschten Liebe in Haß und die daraus erwachsenden Handlungen, die eine Kettenreaktion des Verderbens auslösen. (Vgl. dazu Vischers Brief an M, 3. 11. 1830, Br.w. Vischer 4,12; zit. oben S. 45.) Auch Storm hatte Anfang Oktober 1854 bemerkt, „daß die Partien mit Constanze, wenigstens teilweise, im Verhältnis zum Übrigen weniger unmittelbar, ich möchte sagen, etwas rhetorisch zu sein scheinen. ...Ändern aber würde ich als Verfasser nichts daran; es gehört, wie es vorliegt, schon unsrer Literaturgeschichte an und überdies hängen wenigstens die von Heyse besprochenen Schwächen so eng mit der Tiefe und eigentümlichen Schönheit des Werkes zusammen, daß mir in der Tat mitunter ist, als hätten Sie es eben um dieser willen geschrieben." (Br.w. Storm 47)

Storms Kritik setzt weiterhin in einem Brief an M vom 27. 8. 1855 bei der Gestalt des Larkens an: „Es ist mir von verschiedenen Lesern des ‚Nolten' die Äußerung gemacht, daß sie bei dem Larkens die Darstellung oder wenigstens eine bestimmtere Andeutung der Begebenheiten vermißten, aus denen sich sein trostloses Geschick entwickeln konnte. ... Mir ist es, wie ich mich sehr wohl erinnere, ebenso gegangen, und erst später hat sich mir diese Lücke in gewisser Weise persönlich dadurch ausgefüllt, daß mir diese Figur in einem ähnlichen Verhältnis zum Dichter erschienen ist, worin z. B. Werther zum Goethe steht. ... Das Bedürfnis des Dichters war hier nicht zugleich, wie im Werther, das Erlebte zu rekapitulieren, sondern lediglich das letztmögliche Resultat festzustellen." (Br.w. Storm 87)

Bedenken hatte auch der Schluß des Romans bei den Kritikern erregt. (Br.w. Vischer 116 f. Siehe S. 48.)

Ähnlich äußert sich Hermann Kurz am 23. 6. 1837 über den „ungeheuren" Schluß des Werkes, der „weltgerichtlich" wie ein „zweischneidig Schwert durch Mark und Bein" wirke. (Br.w. Kurz 43)

Paul Heyse kritisiert besonders die Unnatürlichkeit in der Wahl der Mittel — die Hilfe dämonischer Mächte —, durch die M seine Gestalten untergehen lasse, da „gewöhnliche Mittel wider die kräftig angelegten Naturen diese vernichtende Macht nicht ausüben könnten". (Zit. nach Mc, Biogr. 386.)

Doch war offenbar gerade beim Schluß des *Nolten* eine einschneidende Änderung, die den fatalistischen Grundzug des Werkes aufheben möchte, von M nicht beabsichtigt. — Im ganzen aber waren fremdes und eigenes Unbehagen an der Erstfassung des Romans entscheidend für M's Plan zu einer Umgestaltung. M bekundet ihn erstmals im April 1854 gegenüber Theodor Storm anläßlich Heyses Artikel im *Berliner Kunstblatt:* „In Ansehung des Malers Nolten hat er [Heyse] mich offenbar geschont. Verschiedene Partien im ersten Teil desselben sind mir selbst widerwärtig und fordern eine Umarbeitung. Was denken Sie deshalb für den Fall einer zweiten Auflage?" (Br. Seebaß[2] 725 f.) Storm antwortet darauf Anfang Oktober 1854: „Ich habe das Buch diesen Sommer wieder gelesen, aber wenn Sie mich fragen, was daran zu ändern sei, so muß ich mich in diesem Fall für gänzlich urteilslos erklären..." (Br.w. Storm 46)

In einem Brief an Paul Heyse vom August 1855 äußert sich M, indem er Kritik an einem Werk Heyses übt, zugleich deutlich kritisch über den *Nolten:* „Es gibt bei uns Neuern, vornehmlich bei den Lyrikern, eine falsche Manier, von sich selber zu reden, oder auch jemandem Dinge in den Mund zu legen, die nur ein anderer und oft selbst dieser nicht gerade so von ihm aussagen dürfte, indem ein Schein des Selbstgefälligen, ein unästhetischer, entsteht. Ich habe diesen Fehler... im *Maler Nolten* nur zu oft..." (Br. Seebaß[2] 737)

Die Dichter-Freunde jedoch, Storm, Heyse, Freiligrath, Auerbach, raten von einer Veränderung des Werkes, das bereits literarhistorisch geworden sei, ab.

In einem Brief von Mitte Oktober 1854 schreibt Storm an M: „Ich war dieser Tage in Berlin, wo ich Paul Heyse mit seiner jungen Frau auf Besuch bei seinen Schwiegereltern (Kuglers) vorfand. Wir sprachen über eine zweite Auflage des ‚Nolten', und auch er stimmte mit mir gegen eine Umarbeitung. Sie müssen lieber Neues schaffen! Was seit 20 Jahren von Ihnen da ist, ist glücklicherweise Eigentum der Nation geworden; Sie haben, sozusagen, das Dispositionsrecht darüber verloren." (Br.w. Storm 52 f.)

In Storms späteren Aufzeichnungen heißt es darüber: „Als wir anderen ihm dann zuredeten, er möge sich doch lieber neuen Schöpfungen zuwenden, meinte er, es werde doch kein Maler, dem Gelegenheit gegeben sei, ein Bild zu wiederholen, mit Bewußtsein dieselben Verzeichnungen wieder hineinmalen." (Zit. nach Mc. Biogr. 381.)

Auch der Rat seiner Frau vermochte M nicht von seinem Plan abzubringen. An Hartlaub schreibt der Dichter am 30. 6. 1855: „Zunächst macht mir der Nolten jetzt unvermutet zu schaffen. Einiges mir ganz Unerträgliche muß schlechterdings noch heraus und hier und da durch anderes ersetzt werden. Wie — weiß ich selber noch nicht." (Br. II, 238; Datierung verbessert nach H. Meyer, *Zeitschrift für deutsche Philologie* 85, S. 217, Anm. 33.) So ging die Arbeit, von M ebenso hartnäckig verteidigt wie quälend empfunden, nur zögernd voran. Als Grundlage dienten ihm zwei Exemplare seiner *Nolten*-Ausgabe von 1832, die sich heute in Stuttgart und Marbach befinden.

In sie trug er über lange Zeiträume hinweg in sehr verwickelten Arbeitsgängen verändernde Randbemerkungen ein, die sich in den beiden Exemplaren jedoch nicht decken.*

Als erstes nahm M das Zwischenspiel *Der letzte König von Orplid* in Angriff und erstellte ein im ganzen druckfertiges Manuskript. (Weimarer Handschrift von 1861/62; vgl. H. Meyer, op. cit., 216.) Danach stagnierte die Arbeit am *Nolten* lange. Erst während des Lorcher Aufenthalts (Sommer 1867) wurde sie wieder aufgenommen. Am 13. 8. 1867 schreibt M an Karl Wolff: „Auch wurde vom Maler Nolten ein Stück ins Reine gebracht." (Br. Seebaß² 804.) Dagegen heißt es in einem Brief an Hartlaub vom 10. 3. 1868: „Am Maler Nolten ist in den letzten zwei Monaten wenig geschehn... Natürlich ist es auch gerade nicht die angenehmste Arbeit. Sie muß aber getan sein, und falle sie aus wie sie wolle, so weiß ich doch, daß ich mit dieser Umformung das alte Buch vertilge, d. h. den Wiederabdruck unmöglich mache." (Br. Seebaß² 816 f.)

Auf das Drängen von Karl Grüninger, der die Verlagsrechte an M's Schriften von Schweizerbart gekauft hatte, antwortet M am 21. 1. 1868: „Sie eilen allzusehr mit meinem Schmerzenssohn, dem M. Nolten, dem es zum Aufrechtstehen noch da und dort gebricht... Ich darf mich mit dieser, teilweise sehr peinlichen Arbeit immer nur von Zeit zu Zeit nach längeren Unterbrechungen befassen, um mir die Lust daran nach Möglichkeit frisch zu erhalten..." (In: *März. Eine Wochenschrift*, Jg. 1913, S. 132 f.) Gegen Ende des gleichen Jahres, am 30. 11. 1868, verkündet er Hartlaub in voreiliger Zuversicht: „Auf den Frühling soll das Buch unfehlbar in den Druck..." Immerhin „gibt es daran noch dies und jenes zu bereinigen". (Br. Seebaß² 841)

Von der stufenweisen Ausweitung der Änderungen berichtet M am 17. 12. 1870 rückschauend an Ferdinand Weibert**: „Der Schweizerbartsche Vertrag vom 30. Januar 1854 bestimmt, wie Sie wissen, für die erste ‚revidierte' Ausgabe von tausend Exemplaren fünfhundert Gulden Honorar. Es war dabei vorausgesetzt, daß sich die ‚Revision' außer leichten formellen Änderungen im erzählenden Text auf die Verbesserung des dramatischen Zwischenspiels beschränke. Später jedoch entschloß ich mich zu einer durchgreifenden Umarbeitung des ganzen ersten und teilweise des zweiten Bandes, die ich indes nach vielfacher und langer Unterbrechung endlich erst bei meinem Lorcher Aufenthalt vornahm. *Erfindung, Komposition* und *Darstellung* wurden sehr wesentlich modifiziert, gewisse Grellheiten getilgt, die Zeichnung der Hauptcharaktere bestimmter und feiner gegeben, ein paar Figuren als überflüssig ausgeschieden, dagegen eine bedeutende Mit-

---

* Zu den Einzelheiten der Bearbeitung vgl. Herbert Meyer: Stufen der Umgestaltung des Maler Nolten, Zeitschrift für deutsche Philologie 85 (1966) S. 209—223.

** Weibert hatte die Verlagsrechte an M's Werken von Grüninger gekauft.

telsperson [Fernanda] neu eingeführt, — genug, ich war bemüht, das Ganze besser zu organisieren, ihm, ohne daß dadurch der ursprüngliche Charakter des Buchs verwischt werden durfte, mehr Wahrheit und Natur, zugleich mehr Fülle im Einzelnen zu geben, und so diesem Roman einen bleibenden Platz in unserer Literatur zu sichern..." (Br. Seebaß[3] 441)

Ab Mai 1873 setzte eine neue Umgestaltungsphase am *Nolten* ein. Ausarbeitung und Abschrift der erneuerten Stücke (Weimarer Fragmente) gingen Hand in Hand. „Ich habe kürzlich einen Teil der frisch gearbeiteten Stücke des ersten Bandes ins reine geschrieben und aufs neue daraus gute Hoffnung vom Ganzen geschöpft", schreibt M am 28. 5. 1873 an Weibert. (Br. Seebaß[3] 467)

Doch geriet die Arbeit durch die Ungunst der familiären Verhältnisse erneut ins Stocken. So teilt M Weibert am 23. 10. 1873 mit: „Eine nicht vorgesehene, höchst schmerzliche Veränderung in meinen häuslichen Verhältnissen ... hat mich diese Monate her außerordentlich in Anspruch genommen, mir ist vielfach die nötige Ruhe und Stimmung zur Arbeit geraubt. Doch ist noch immer mehr geschehn, als sich unter solchen Umständen erwarten ließ." Zugleich bekundet M seine Absicht, den Roman nunmehr in drei Teile zu gliedern. „Die beiden ersten Bände (das heißt 1 und 2 nach unserer neuen Einteilung) haben bedeutende Bereicherungen erfahren, am zweiten aber gibt es noch zu tun, der dritte macht am wenigsten Mühe." (Br. Seebaß[3] 472)

Im Winter 1873/74 wurden die ausgearbeiteten Teile* teilweise mit weiteren Veränderungen von M zum Marbacher Manuskript zusammengefügt. Aus diesem zur Druckvorlage bestimmten Manuskript las er seinen Freunden gelegentlich vor. (Kalendernotizen vom 2. 8. 1873, 15. 2. 1874, 26. 4. 1874). Daß M auch im zweiten Teil trotz der beibehaltenen Grundkonzeption zahlreiche, vor allem stilistische Veränderungen geplant hatte, zeigt ein Brief vom 18. 6. [1874] an Luise Walther: „Im übrigen will ich Euch nur gestehn, daß meine Arbeit unterdessen keine großen Fortschritte gemacht hat und daß ich bei Durchlesung meines 2ten Bands mich überzeugte, wie viel da noch (trotz Hartlaubs gutem Glauben) zu ändern ist, wenn ich ihn nicht zu tief unter dem ersten halten will... Indessen bin ich nicht ganz unzufrieden mit dem was ich bis jetzt hier vor mich brachte, wenn es auch zum Teil nur erst ausgedacht ist." (Br. Seebaß[3] 478 f.)

Das Werk sollte jedoch nach zwanzigjähriger, oft lange unterbrochener Arbeit ein Torso bleiben. Zur Umgestaltung und Vollendung des zweiten Bandes fehlten dem Dichter die Kräfte. Die Lücke zwischen dem Schluß des Marbacher Manuskripts und der Rückkehr Nol-

---

* Es handelt sich um das Zwischenspiel sowie um die vorausgehenden und nachfolgenden Kapitel bis zum Abschied Noltens von Larkens. Dazu kommen *Ein Tag aus Noltens Jugendleben* und *Aus dem Diarium des Onkels Friedrich*. (Nach H. Meyer, op. cit., 221 f.)

tens nach Neuburg wurde nach M's Tod von seinem Freund Julius
Klaiber nach bestem Können überbrückt. Klaiber war von M bereits zu Korrekturvorschlägen (vermutlich beim *Nolten*) herangezogen worden. Am 16. 11. 1874 schrieb M an Klaiber: „Mit Ihren
blauen Strichen bin ich meist vollkommen einverstanden, doch gäbe
es noch hin und wieder etwas zu bereden." (Br. Seebaß[3] 487)

Nach M's Tod orientierte sich Klaiber an M's Handexemplaren und
Notizzetteln. Dazu traten Mitteilungen von Clara und Margarethe
M, die dem Bearbeiter manches über M's Vorstellungen von dem fehlenden Handlungsgefüge erschlossen. Dennoch ist das Qualitätsgefälle zwischen dem von M selbst umgearbeiteten ersten Teil und den
von Klaiber in mühevoller Arbeit zusammengefügten und ergänzten
Schlußteilen um so beträchtlicher, als M's Prosasprache entgegen den
Urteilen der älteren Forschung sich gerade in der Neufassung des
Maler Nolten in künstlerischer Reife und Schönheit vollendet.

Drucke:
Erstdruck der Neubearbeitung: *Maler Nolten, Roman von Eduard
Mörike. Zweite überarbeitete Auflage.* 2 Bde. Stuttgart. G. J. Göschen'sche Verlagshandlung. 1877. — In Bd. I, S. III—VII, steht das
Vorwort des Herausgebers, Julius Klaiber. — Historisch-krit. Ausgabe:
Eduard Mörike. Werke und Briefe. Hist.-krit. Gesamtausgabe. Bd. 4.
Maler Nolten. Bearbeitung. Hrsg. v. Herbert Meyer. Stuttgart: Klett
1968. (= T)

7 *novissima:* das Neueste, Letzte.
8 *pêle-mêle:* durcheinander.
9 *Nankingbeinkleidern:* Hose aus Baumwollgewebe. — *Steifbettler:* hartnäckiger Bettler. — *Galimathias:* Geschwätz, sinnloses Gerede.
11 *auf Tritonenart:* Triton = griech. Meeresgott.
30 *‚du siècle passé':* aus dem vorigen Jahrhundert.
32 „*König Rother":* mhd. Spielmannsepos (Mitte 12. Jh.) mit Brautwerbungsfabel. — *Pasten:* Abdrucke oder Nachbildungen von
Münzen u. a.
34 *Kleopatra:* ägyptische Königin (51—30 v. Chr.). — *Der edle Ritter von la Mancha:* Don Quijote (Romangestalt bei Cervantes).
35 *Feuerreiter:* Urbild des Feuerreiters war der umnachtete Hölderlin in Tübingen.
36 *Kollett:* ärmellose Reiterjacke, Wams. — *Vaudeville:* heiteres
Bühnenstück mit eingefügten Liedern, Singspiel.
37 „*Sehet ihr am Fensterlein ...:* Siehe das Gedicht *Der Feuerreiter.*
40 *Zinkenisten:* Zinkenbläser (Blasinstrumentbläser).
42 *Insinuation:* Einflüsterung, Beeinflussung; Zustellung eines
Schriftstücks.

43 *Salome:* Tochter der Herodias und Enkelin von Herodes I. — *con amore:* mit Liebe. — *Quodlibet:* buntes Durcheinander; hier: Kartenspiel.
45 *inquirieren:* nachforschen.
46 *Apostrophe:* Anrede.
47 *eine Zigeunerin:* Elisabeth, Elsbeth — Peregrina. Zu der verhängnisvollen Funktion dieser Gestalt vgl. Brief M's an Mährlen, 2. 9. 1832. Das Urbild war die wandernde religiöse Schwärmerin Maria Meyer (1802—1865), die M 1823 in Ludwigsburg zuerst begegnet war.
55 *Rentamtmann:* Amtmann in einem Rechnungsamt (Kassenverwaltung).
61 *Pasquinaden:* Schalkspossen.
64 *Rother am Hofe des stolzen Melias:* König Melias von Hunaland, Gestalt aus dem Bereich der Osanctrixsaga. — *Berchtold von Meran:* Gestalt im Rother-Epos; aus dem Kreis der Wolfdietrichsage stammend. — *Ute:* Mutter der Nibelungenkönige Gunther, Gernot und Giselher. — *Berchtwein, Hache:* Gestalten des Rotherepos.
65 *des grassen Bildes:* des plumpen Bildes. — *achatenes Döschen:* kleine Dose aus Achat (Halbedelstein aus verschiedenfarbigen Schichten von Quarzarten).
66 *Horen:* griech. Göttinnen der Jahreszeiten. — *... Und die Horen mit Golddiademen ...:* Hymnus Homers.
69 *Karyatiden:* Karyatide: Gebälkträgerin; Säulenfigur.
80 *findet er das Trumm:* findet er die Melodie. — *Falsett:* Fistelstimme. — *Chapeaux:* Herren mit Zylinderhüten.
81 *viva voce:* mit lebhafter Stimme. — *Grimms und Diderots Korrespondenz: Correspondance littéraire, philosophique et critique,* von Denis Diderot, Friedrich-Melchior Grimm u. a. (I. Teildruck Paris 1812—14; Neudruck, 15 Bde, Paris 1829—31). — *Garricke:* engl. Schauspieler (1716—79); vorbildlich (auch für Dtl.) durch Wiederaufführung Shakespearescher Werke. — *Carmontelle:* Louis C., franz. Schriftsteller und Maler (1717—1806).
82 *›Macbeth‹:* König von Schottland (1040—1057), Hauptfigur von Shakespeares gleichnamiger Tragödie.
83 *‚Richard den Dritten‘:* historisches Drama von William Shakespeare (1564—1616).
85 *Pastorale:* Schäferspiel. — *Seneca:* Lucius Annäus; röm. Stoiker, geb. etwa 1 n. Chr., Lehrer und Minister Neros, Tragödiendichter. Wegen angebl. Teilnahme an einer Verschwörung zum Tode verurteilt, nahm sich 65 auf Befehl Neros das Leben. — *Plautus:* Titus Maccius; röm. Dichter, gest. 184 v. Chr., übertrug mit starkem Publikumserfolg in freier Bearbeitung der Vorlagen zahl-

ANMERKUNGEN 953

reiche Stücke der mittleren und neueren attischen Komödie ins Lateinische. — *Des Ombres Chinoises:* chinesische Schattenbilder.
86 *der Homerischen:* Homer, altgriechischer Dichter (8. Jh. v. Chr.). Seine Hauptepen *Ilias* und *Odyssee* entfalten eine reiche anthropomorphe Götterlehre.
97 *Wie süß der Nachtwind...:* Siehe Gedicht *Gesang zu zweien in der Nacht.*
100 *bukolischen Geschöpfe:* ländlich einfache Geschöpfe.
101 *Chemisetten:* Vorhemden.
103 *Prospectus:* Ankündigung, Vorschlag. — *Engelgleich in ihrem Daunenbette:* Ähnlich der Wispeliade *Serenade.*
104 *J'en suis surpris:* Das überrascht mich. — *Ah traître! Ingrat! Mais courage, Sigmond — tes ésperances ne sont pas toutes perdues:* O Verräter! Undankbarer! Aber Mut, Sigmund — Deine Hoffnungen sind nicht ganz verloren.
105 *Silpelit:* Die Gestalt Silpelitt erscheint auch in M's Brief an Hartlaub vom 20. 3. 1825. (Br. Hartlaub 27 f.)
106 *jästet:* jästen = gären.
107 *Vom Berge was kommt dort um Mitternacht...:* Siehe das Gedicht *Die Geister am Mummelsee.*
111 *Bei Nacht im Dorf...:* Siehe das Gedicht *Elfenlied.*
114 *Maltersäcke:* Getreidesäcke.
115 *Retraite:* Rückzug. — *Whist- und L'hombrespiel:* Kartenspiel.
117 *Cimarosas „Heimliche Ehe":* Domenico Cimarosa (1748—1801), it. Opernkomponist, Hauptwerk: *Heimliche Ehe.*
122 *salvieren:* bewahren, retten.
123 *Sottise:* Dummheit.
125 *Aktuar:* (Gerichts)schreiber.
126 *Inquirenten:* Untersuchungsführer.
128 *Schranzen:* verächtlich für Höflinge. — *Pique:* heimlicher Groll.
137 *Kunkel:* Spinnrocken. — *Haspel:* Garnwinde.
138 *‚Sechs Bücher vom wahren Christentum':* Erbauungsbuch (1605) von Johann Arndt. — *Kann auch ein Mensch des andern auf der Erde...:* Siehe das Gedicht: *Neue Liebe.*
139 *Lambris:* Wandbekleidung aus Holz, Marmor oder Stuck.
146 *Crimen laesae majestatis:* Verbrechen der Majestätsverletzung.
147 *Tubus:* Röhre, Fernrohr.
148 *in stille Gichter fällt:* Krämpfe fällt. — *Rabulisterei:* Rechtsverdrehung.
149 *Anguilotten:* aalähnliche Fische.
150 *„Früh, wenn die Hähne krähn, ...:* Siehe das Gedicht *Das verlassene Mägdlein.*
152 *Substitut:* Vertreter.
158 *sein mockiges Gesicht:* mockig, obdt.: klumpig; hier: grämlich.
160 *Kasematte:* als Gefängnis dienender Raum in Festungen.

169 *Scheuel:* Greuel, Scheusal.
172 *Vagieren:* umherschweifen.
176 *Hannaken:* Angehörige des mährischen Volksstammes der Hannaken. — *March:* mährischer Fluß.
179 *Rekognoszierung:* Erkundung.
180 *Clinquant:* Flitter.

Fortsetzung der Bearbeitung in Klaibers Fassung

210 *Anteros:* griech. Gegenfigur zu Eros; Rächer verschmähter Liebe. — *Ariadne:* Frauengestalt aus der griech. Sage, half Theseus durch den A.-Faden aus dem Labyrinth. — *Bacchus:* röm. Gott des Weines.
211 *Panen und Satyrn:* griech. Hirtengott und griech. Waldgott.
215 *ein Sanspareil! ein Angelus!:* ein Mädchen ohnegleichen! ein Engel!
221 *Steige:* Abhang.
222 *Hier lieg ich auf dem Frühlingshügel...:* Siehe das Gedicht *Im Frühling.*
225 *wählig:* wohlig, munter, übermütig.
230 *Pessime:* sehr schlecht.
233 *Voltigieren:* Kunststücke machen.
240 *Drei Tage Regen fort und fort...:* Siehe das Gedicht *Der Jäger.*
242 *Rosenzeit! wie schnell vorbei...:* Siehe das Gedicht *Agnes.*
243 *Ad pectus manum...:* Hand aufs Herz! — *duten:* tuten.
244 *Rencontre:* Treffen.
249 *ferndigen:* vorjährigen (Ableitung von: fern).
250 *Goller:* Kragen.
251 *fahe:* fange.
252 *Und die mich trug in Mutterleib...:* Siehe das Gedicht *Jung Volkers Lied.*
253 *Jung Volker, das ist unser Räuberhauptmann...:* Siehe das Gedicht *Jung Volker.*
256 *Wampen:* Bauch. — *Sansfaçon:* ohnegleichen.
269 *poussiert:* poussieren = voranbringen.
272 *Stötzchen:* Verkleinerung von Stotz bzw. Stotzen = Stumpf.
273 *Titus:* röm. Kaiser (79—81), hier: Bart.
274 *O amitié, o fille d'avril:* o Freundschaft, Aprilkind! — *Castor und Pollux:* Zwillingsbrüder, Helden der griech. Sage; bildlich für: eng befreundete Männer. — *Loin des yeux, loin du coeur!:* Aus den Augen, aus dem Sinn! — *Quelle émotion, Monsieur!:*

Welche Erregung, mein Herr! — *tout beau! Écoutez-moi!:* Nun gut, hören Sie mich an!
275 *Sacre-bleu:* potztausend.
277 *Operment:* entstellter Ausdruck für Auripigmentum, Rauschgelb.
285 *»Die verkehrte Welt«:* Diese Märchenkomödie Ludwig Tiecks ist in Bd. 2 der Sammlung *Phantasus* (1812/17) erschienen. Sie war nach Tiecks Vorrede auch zur Aufführung bestimmt, die jedoch nicht zustandekam.
286 *Blocksberg:* in der Volkssage für Brocken (Harz) als Versammlungsort der Hexen (siehe Goethes *Faust* — Walpurgisnacht). — *Gros de Naples-Band:* Gros de Naples = eine Seidenart. — *Rataplan der kleine Tambour:* damals viel gespielte Oper von Ferdinand Pillwitz.
292 *Wir sehen einen frischen Tag:* Zu dem folgenden vgl. M's Brief an Vischer, 23. 5. 1832: „Es eröffnet sich da, wo die gegenwärtigen Druckbogen abbrechen, eine neue, heitere und von allen bisherigen durchaus verschiedene Szenerie. Der Leser, sowie Nolten mit den Seinigen, erholt sich von allerlei Trübseligkeiten und einem engen Dasein, auf kurze Zeit, auf dem Landsitz eines reichen und hochgebildeten Vornehmen. Margot, die Tochter des Präsidenten, wird eine erfreuliche Figur, zumal Agnesen gegenüber, darstellen." (Br.w. Vischer 82).
297 *Pantalon:* veraltetes Klavier, von Pantaleon Hebenstreit 1718 erfunden.
299 *die „Rosemonde" des Rucellai:* Giovanni Rucellai (1475—1525), ital. Dichter, dessen bekannteste Tragödie *Rosmunda* ist.
304 *Sonette „an L.":* Die Sonette galten Luise Rau, der Braut M's.
305 ff. *Peregrina I—V:* Siehe den Zyklus *Peregrina* in M's Gedichtsammlung.
310 *das rührendste Geheimnis:* Zu der folgenden Enthüllung des Geheimnisses vgl. Brief M's an Vischer, 23. 5. 1832: „Was ich Dir so lange wie möglich verheimlichen wollte: daß der Maler, ingleichen die Braut, tragisch endigen: wird dir, auch bereits aus gegenwärtigen Blättern, als Notwendigkeit erscheinen. — Indessen ist — teils eine Unvorsichtigkeit des Malers, teils die unerwartete Erscheinung der Elisabeth Veranlassung, daß Agnes in ihren Wahnsinn rückfällig wird. Sie geht in diesem Zustande unter." (Br.w. Vischer 82).
320 *das prächtige Denonsche Werk: Voyage dans la Basse et la Haute Égypte,* Paris 1802, von Dominique Denon.
328 *Wollest mit Freuden...:* Siehe das Gedicht *Gebet.*
331 *Der Himmel glänzt...:* Siehe das Gedicht *Zu viel.*
332 *Wenn ich, von deinem Anschaun tief gestillt...:* Siehe das Gedicht *An die Geliebte.* — *Schön prangt im Silbertau...:* Siehe das Gedicht *Nur zu!.*

333 *Am Waldsaum kann ich ...:* Siehe das Gedicht *Am Walde.* —
   In der Karwoche: Siehe das Gedicht *Karwoche.*
338 *Sausewind, Brausewind:* Siehe das Gedicht *Lied vom Winde.*
342 *Jesu benigne!:* Siehe das Gedicht *Seufzer.* — *Eine Liebe kenn ich ...:* Siehe das Gedicht *Wo find ich Trost?*
348 *der die Herzen der Menschen lenkt wie Wasserbäche:* Vgl. Sprüche Salomons 21, 1. — *Geisterchöre der gebundenen Kreatur ...:* Vgl. Röm. 8, 19; siehe das Gedicht *Die Elemente.*
349 Zur Begründung von Noltens Tod vgl. Brief M's an Vischer, 23. 5. 1832: „Noltens Tod teils Folge eines gewissen wunderbaren und wunderähnlichen Umstands, den ich jetzt nicht nennen will, teils aber vorzüglich weil, der Natur der Sache nach, sein Stern sich längst geneigt hatte. Angedeutet wird, *daß sein Verhängnis ihn auch jenseits des Grabes an die Geliebte seiner frühen Jugend, die rätselhafte Elisabeth, welche ihm nur wenige Tage im Tode vorangegangen, gekettet haben will."* (Br.w. Vischer 83) Vgl. auch Vischers Kritik an dem Ende des Romans, Brief an M, 29. 12. 1833: „Nun will mir ... das Ende keinen recht harmonischen Eindruck machen. Denn es ist zwar eine Heilung der erkrankten Gemüter und eine Versöhnung vorhanden, aber sie wird so sehr in ein Jenseits gerückt, daß die Gestalten fast ohne Vorgefühl dieser Harmonie untergehen. Daher macht der Ausgang einen mehr dumpfen als wehmütigen Schmerz ..." (Br.w. Vischer 116 f.).

NACHLESE DER GEDICHTE

Unter dem Begriff „Nachlese" werden in der M-Philologie seit Fischer und Maync die von M nicht in die Ausgabe letzter Hand seiner Lyrik (G4, 1867) übernommenen Gedichte zusammengefaßt. Dabei ergeben sich drei Abteilungen: Abteilung I enthält die Gedichte aus M's Lyriksammlungen G1 bis G3; Abteilung II umfaßt die vom Dichter einzeln an verschiedenen Druckorten veröffentlichten, aber in G1 bis G4 nicht eingegangenen Stücke. In Abteilung III der Nachlese erscheinen die zu M's Lebzeiten überhaupt nicht gedruckten Gedichte seines handschriftlichen Nachlasses.

Die Texte dieser größten Gruppe, deren Edition bis heute unabgeschlossen ist, da das reiche handschriftliche Material erst in der historisch-kritischen Gesamtausgabe voll ausgewertet werden kann, bieten die meisten Schwierigkeiten. Hierbei handelt es sich meist um „Gelegenheitsgedichte", die, zu einem bestimmten Anlaß verfaßt, weithin von ihrer Entstehungssituation geprägt sind. Viele dieser Texte wurden mit mehr oder weniger starken Umgestaltungen — dem jeweiligen Gebrauch angepaßt — mehrfach verwendet. Eine „endgül-

tige" Fassung ist daher in vielen Fällen nicht festzustellen und oft vom
Autor wohl auch nicht beabsichtigt. Da einerseits bei Mehrfachüberlieferung eines Gebrauchstextes gerade Titel und situationserläuternde
Zusätze häufig variieren, andererseits in den bisherigen M-Ausgaben
oft mehrere handschriftliche Fassungen eines Textes unkritisch kontaminiert erscheinen, ist grundsätzlich die Überprüfung der handschriftlichen Überlieferung in Nachlese III geboten. Wo es sich von
der Text- und Überlieferungssituation her empfiehlt, werden in unserer Ausgabe die Fassungen in einer der Sammelhandschriften — Mergentheimer Hausbuch SNM 2571, Lorcher Hausbuch SNM 53.335,
Abschriften in Hartlaubs Briefen LBS hist. Q 327 u. a. — bevorzugt.

Besonders unübersichtlich ist die Lage bei den zahlreichen Gedichten, die mehrfach in Einzelhandschriften verstreut überliefert sind.
Hier konnte angesichts der Fülle des noch nicht aufgearbeiteten Materials gewiß nicht immer die beste handschriftliche Quelle ermittelt
werden. Es wurde jedoch angestrebt, soweit es die jeweilige Forschungslage — ergänzt durch zahlreiche eigene Recherchen — erlaubte, die
Stücke, „denen M dann begonnene oder vollendete Überarbeitung eine
allgemeinere Gültigkeit zu geben versucht", in dieser (bedingt) gültigen Textgestalt wiederzugeben. Zur Wahl der jeweils maßgeblichen
Textgrundlage stützen wir uns soweit möglich auf die in den Aufsätzen* (Km V, VI) und in der 3. Auflage zu H. G. Göpferts M-Ausgabe von Hans-Henrik Krummacher erarbeiteten überlieferungsgeschichtlichen und textkritischen Erwägungen. Das gleiche gilt für die
meisten der bisher in den Ausgaben gedruckten Gedichte von Nachlese III. Über den Bestand der bisherigen M-Ausgaben geht diese
Edition durch die Aufnahme der meisten in RB 16 und 17 gedruckten
Gelegenheitsgedichte sowie durch einige neu aufgenommene Gedichte
der Sammlung Dr. Fritz Kauffmann, Stuttgart, hinaus. Für die Überlassung dieser Texte sowie die Hinweise zur Überlieferung danken
wir Herrn Dr. Kauffmann herzlich. Ebenfalls danken wir dem
Schiller-Nationalmuseum in Marbach/Neckar sowie der Württembergischen Landesbibliothek Stuttgart für die freundliche Übersendung
von Handschriften-Fotokopien. Den Nationalen Forschungs- und Gedenkstätten der Klassischen deutschen Literatur in Weimar (Goethe-
und Schiller-Archiv) danken wir für die Hinweise zur Überlieferung
und Datierung. Leider konnten wir für die Gedichte vom GSA bisher
kein handschriftliches Material bekommen.

Die Gliederung des Nachlesebestandes folgt den Prinzipien der
meisten bisherigen M-Editionen. Eine thematische Anordnung kann
angesichts der Vielfalt der Gesichtspunkte nicht versucht werden. Innerhalb der Nachlese III werden traditionsgemäß die an bestimmte
M nahestehende Personen (Familien M, Hartlaub) gerichteten Gele-

---

* Im *Jahrbuch der Deutschen Schillergesellschaft*, Bd. 5 und 6, (Zit. Km V, VI);
vgl. auch Bd. 1 dieser Ausgabe, S. 1032.

genheitsgedichte zu Gruppen zusammengefaßt. Das weitere Anordnungsprinzip ist chronologisch nach dem Entstehungsdatum (bzw. falls dieses fehlt, für Nachlese I und II, nach dem Datum des Erstdrucks). Die Gedichte, für die wir keine Datierung ermitteln konnten, werden jeweils an das Ende der betreffenden Gruppe bzw. am Schluß von Nachlese III in alphabetischer Folge angefügt.*

NACHLESE I
Von Mörike in den Lyriksammlungen G1 bis G3 veröffentlichte Gedichte.

359 *An einen Liebesdichter:* E: unbekannt; D: Mbl, 10. 1. 1829, Nr. 9; T: G3, S. 176.
359 *Nannys Traum:* E: Zum 2. 8. 1829; D (= T): G1, 1838, S. 141 f. — Zur Datierung: Km VI, 266. — Zum Anlaß: Brautbr. 291.
360 *An —: Ei, wer hätt es je gemeint ...* — E: Wohl um 1829; D (= T): G1, 1838, S. 200. — Zur Datierung: Km VI, 266.
361 *Auf dem Spaziergang:* E: 25. 7. 1837; D: Wb VI, 1847, S. 122; T: G3, S. 326. — (Über die Drucke: Km V, 279, Anm. 23).
361 *Einer verehrten Frau:* E: unbekannt, D (= T): G1, 1838, S. 197. — Ursprüngliche Fassung des Gedichts *Mit Reseden,* Mc I, 317.
362 *An Florentine:* E: unbekannt; D (= T): G1, 1838, S. 201.
362 *Kalter Streich:* E: unbekannt; D (= T): G1, 1838, S. 215. — V. 3 „Stunden der Andacht": Erbauungsbuch von Heinrich Zschokke (1809—16).
363 *Falsche Manier:* E: unbekannt; D (= T): G1, 1838, S. 216.
363 *An einen Prediger:* E: unbekannt: D (= T); G1, 1838, S. 225.
363 *Pastor an seine Zuhörer:* E: unbekannt; D (= T): G1, 1838, S. 226.
363 *Neutheologische Kanzelberedsamkeit:* E: unbekannt; D (= T): G1, 1838, S. 227.
363 *Lückenbüßer:* E: unbekannt; D (= T): G1, 1838, S. 227.
364 *Tout comme chez nous:* E: unbekannt; D (= T): G1, 1838, S. 230.
364 *Auf eine hohe Vermählung:* E: unbekannt; D: *(Auf die Vermählung des Fürsten von Schwarzburg-Sondershausen mit Mathilde, Prinzessin von Hohenlohe)* G1, 1838, S. 140; T: G3, S. 188.
365 *Maschinkas Lied:* E: unbekannt; D: G1, 1838, S. 61; T: G3, S. 196.

---

* Die Anmerkungen zu den einzelnen Gedichten bringen: Titel; Textanfang nur bei wechselndem, fingiertem oder fehlendem Titel; das Datum der Entstehung (E); den Ort und Zeitpunkt des Erstdrucks (D); D jedoch im allgemeinen nur bei Nachlese I und II; gegebenenfalls Hinweise zur Entstehung, zur Überlieferungs- und Textgeschichte sowie sachliche und sprachliche Erläuterungen.
Bei Nachlese III wird im allgemeinen als T die unserem Text zugrundeliegende Ausgabe oder Handschrift angegeben, auf die gesamte Überlieferung im übrigen nur mit Literaturangabe verwiesen. Der Erstdruck wird hier nur erwähnt, falls es sich um eine Veröffentlichung außerhalb der M-Ausgaben, z. B. in den Rechenschaftsberichten des Schwäbischen Schillervereins (RB), handelt.

NACHLESE II
Von Mörike einzeln veröffentlichte Gedichte, die er in keine seiner Lyriksammlungen aufgenommen hat.

367 *Venedig:* E: Wohl 1821; D (= T): DKA 15, 1865, S. 17. (Nach Km V, 281) — *Sanazars:* Jacopo Sannazaro (1455—1530), itlienischer Dichter.

367 *Unschuld:* E: 7. 6. 1822; D: Wb IV, 1845, S. 83 f.; *Monatsrosen* III, April 1845; T: DMA³ VI, 1856, S. 102 f. — Im Druck wird als Entstehungszeit irrtümlich 1820 angegeben. (Vgl. Mc I, 478) Zum Druck in den *Monatsrosen* Km V, 279; zur Datierung: Km VI, 266.

368 *Entschuldigung:* E: 4. 8. 1828; D (= T): KuU I, 1852, S. 72 f.

371 *Leben und Tod:* E: unbekannt; D (= T): Da Z, 1. 1. 1829, Nr. 1, S. 4.

371 *[An Luise] Wahr ist's...:* E: 3. 5. 1830; D (= T): MN, 1832, S. 602 f. — Gemeint ist M's Braut Luise Rau.

372 *An einen Freund:* E: 13. 6. 1831; D (= T): ÜLuM Jg. 10, Bd. XIX, Febr. 1868, Nr. 22, S. 354. — Die ursprüngliche Fassung des Gedichts ist als Originaleintrag in einen alten Hans-Sachs-Band am 13. 6. 1831 Dr. Albert Zeller gewidmet. (Zur Überlieferungsgeschichte: Km V, S. 278 f., Anm. 22).

373 *Eine Vers-Tändelei:* E Um 1831; D (= T): DMA³ VI, 1856, S. 104 bis 106.

374 *Der Schäfer und sein Mädchen:* E: Wohl bis 17. 2. 1833; D (= T): FDM I, 1854, S. 290 ff. — Vgl. Br. I, S. 230 f.

376 *Das Mädchen an den Mai:* E: 16. 4. 1836; D (= T): Wbl XXIV, 1861, S. 200.

376 *Christbescherung:* E: Zum 15. 12. 1836; D (= T): Wb V, 1846, S. 273 f.

377 *Emma Kerner:* E: 1837; D (= T) DMA², 1841, S. 280. — *Emma Kerner:* Tochter von Justinus Kerner.

378 *An Clara:* E: 1837; D (= T): Sa VI, 1858, Nr. 5, S. 40. — V. 12 *Steudel,* Johann Christian Friedrich: (1779—1837), Tübinger Dogmatiker.

379 *Albumgedicht:* Ein artig Lob ... — E: 1838?; D: (Ohne Titel) Einzeldruck, Stuttgart: Verl. d. Artist. Anstalt von Gnauth u. Nisle 1839; T: KuU 1853, unter: *Artistische Extra-Beigaben;* später in: *Westermanns Illustr. Dt. Monatsheften* 1876, S. 59 ff.

379 *Kinderlied:* E: Bis 15. 2. 1839; D (= T): Wb VI, 1847, S. 313 f. — *Agnes:* A. Hartlaub. Auf Kauffmanns Melodie von Uhlands Gedicht „Die Zufriedenen" gedichtet. (Mc I, 444).

380 *An Madame K. mit Übersendung meiner „Iris":* E: Frühjahr 1839; D (= T): DMA², 1841, S. 279. — *Madame K.:* Therese Krauß, Frau von M's Mergentheimer Arzt Dr. Krauß. Km VI, 266).

380 *Gutenbergs Erfindung:* E: unbekannt; D (= T): A, 1840, S. 174.
381 *Erwiderung an Fernande Gräfin von Pappenheim:* E: 27. 5. 1840; D (= T): Wb 1847, S. 123 ff.
382 *[Der Abgebrannte]: Ist's möglich? sieht ein Mann ...* — E. 26. 6. 1842; D (= T): HA, 1842, S. 60 f. — Auf den Brand von Hamburg 1842.
383 *Widmung: Die kleine Welt ...* — E: bis 19. 4. 1844. D: *Deutsches Künstler-Album* II, 1867, S. 16. — (Nach Km V, 281) — T: Mc I, 326 f. Widmungsgedicht, das M mit einer eigenhändigen Prachthandschrift von 120 Gedichten (B 8062) am 19. 4. 1844 an König Friedrich Wilhelm IV. von Preußen sandte. (Mc I, 452; Km V, 316—319).
383 *Rätsel:* E: Bis 10. 12. 1844; D: Wb V, 1846, S. 276; T: *Hutzelmännlein*, 1855, S. 31 (abweichend von D). — Lösung: Spinnrad.
384 *Frankfurter Brenten:* E: Bis 10. 12. 1844; D: FZ I, 1852, Nr. 9, S. 35; T: Mc I, 257 f. — Zu einer hs. Fassung: RB 14, S. 105. — Zur Datierung: Km VI, 267.
385 *Scherz: Ganz richtig hört ich sagen ...* E: 5. 2. 1845; D (= T): Sa IV, 1856, Nr. 21, S. 168. — Eine abweichende Fassung: RB 17, S. 142. — *W.:* Wermutshausen: Pfarrsitz Hartlaubs. V. 12 *Hahnemann,* Christian Friedrich Samuel: (1755—1843), bekannter Homöopath.
385 *Josephine: Dünkt euch die Schöne ...* — E: 8./21. 6. 1845; D (= T): F IV, 1864, S. 25. — Variation einiger Verse aus *Götterwink.*
386 *Corona Christi:* E: Bis 14. 7. 1845; D: FZ I, 1852, Nr. 11; T: Wbl XXV, 1862, S. 67. — Zur Datierung: Km VI, 267.
386 *Keine Rettung:* E: Bis 30. 8. 1845, vielleicht einige Jahre früher; D (= T): Mbl, 17. 2. 1846, Nr. 41, S. 162. (Mc I, 479 gibt irrtümlich Mbl 1846, Nr. 14 an.) — Zur Datierung: Km VI, 267.
386 *Vom Kirchhof:* E: 22. 9. 1845; D (= T): FZ I, 1852, Nr. 10, S. 40. Für Margarethe v. Speeth. (Mc I, 444).
386 *An M.: Ich sehe dich mit reinbewußtem Willen ...* — E: vorliegt. Fassung Herbst 1845; D (= T): FZ I, 1852, Nr. 9, S. 36. — *M.:* Margarethe v. Speeth: Ursprüngl. Fassung von 1830 für Luise Rau (= *An Luise,* siehe S. 108). — Zur Datierung: Km VI, 267.
387 *Nach einer schläfrigen Vorlesung von „Romeo und Julia":* E: Bis 24. 1. 1846; D (= T): Sa VI, 1858, Nr. 5, S. 40. — Zur Datierung: Km VI, 267 f.
387 *Auf einer Wanderung: Ich habe Kreuz und Leiden ...* — E: Wohl bis 1847; D (= T): Sa VI, 1858, Nr. 1, S. 8. — Die 1. Strophe siehe auch *Hutzelmännlein.* — Zur Datierung: Km VI, 268.
388 *In das Stammbuch von Theodor Buttersack: Wenn unsereiner sieht ...* — E: Sept. 1847; D unter dem Titel: *Zur Konfirmation:* Privatdruck Sept. 1847 (SNM 790. 61). — T: Mc I, 309, noch

unter dem aus verschiedenen hs. Fassungen kontaminierten Titel: *In das Stammbuch von Theodor Buttersack;* doch wurde das Gedicht nacheinander den Brüdern Felix (1847 u. 1848) u. Theodor B. (1848) gewidmet. (Nach W. Richter, RB 16, S. 52 und Km V, 279, Anm. 23). — Zur Datierung: Km VI, 270.

388 *Lieb in den Tod:* E: unbekannt; einige Verse bis 19. 6. 1828; D (= T): (Untertit.: *Schwäbische Mundart)* KuU I, 1852, S. 89. — Eine abweichende Fassung im *Hutzelmännlein.* — Vgl. M's Gedicht *Zwei Kameraden.* — V. 2 *Blo-Holder-Strauß:* blauer Holunder. — V. 18 *Nachthüele:* Nachtkäuzchen.

389 *Unterschied:* E: unbekannt; D (= T): KuU I, 1852, S. 185.

389 *Corinna:* E: Juni 1854; D (= T): Wb XXIII, 1864, S. 53.

389 *Zum Geburtstag seines Freundes Mährlen:* E: Zum 14. 9. 1855: D (= T): DKA IX, 1859, S. 40.

390 *Kirchengesang zu einer Trauung:* E: unbekannt; D (= T): Sa III, 1855, Nr. 20, S. 160.

390 *Zum Geburtstag:* E: unbekannt; D (= T): Sa III, 1855, Nr. 8, S. 64.

391 *In das Album einer Dame:* E: 3. 12. 1858; D (= T): Wb XXIII, 1864, S. 53 f. — Für Freifrau Elise v. Batz geb. Mörike, bei Rückgabe ihres Stammbuches, 3. 12. 1858. Vgl. RB 16, S. 101. (Mc I, 444) — V. 25 *Dolken:* schwäb.: Tintenkleckse.

392 *Die Rückkehr:* E: unbekannt; D (= T): Wbl XXII, 1859, S. 117. — Das Bild im Erstdruck ist ein kolorierter unsignierter Tondruck. (Mc I, 481).

393 *Trinkspruch:* E: Zum 22. 4. 1862; D (= T): DDS, 1864, S. 285. — V. 6 *Heureka:* griech. „Ich hab's gefunden." (Ausruf des Archimedes, als er das Gesetz des spezifischen Gewichts entdeckte.)

393 *Der Hirtenknabe:* E: Nach 1851, vielleicht erst gegen 1863; D (= T): Georg Scherers illustrirtes deutsches Kinderbuch. 4. Aufl. Stuttgart 1863, S. 76 f. — Zur Überlieferung und Datierung: Km VI, 273.

394 *Die heilige Nacht:* E: unbekannt; D (= T): Georg Scherers illustrirtes dt. Kinderbuch. 4. Aufl. Stuttgart 1863, S. 112. (Nach Km VI, 279).

395 *An Moritz von Schwind:* E: 18. 2. 1868; D (= T): AZ, 17. 7. 1868, Nr. 29, S. 449. — Vgl. Br. II, S. 326.

396 *Auf die Reise:* E: unbekannt; D (= T): *(Auf der Reise ...)* ÜLuM Jg. 10, Bd. XIX, 1868, Nr. 22, S. 354. — Auf *der* Reise wohl Druckfehler gegenüber Hss.: Auf *die* Reise (Km V, 274 f., Anm. 18).

NACHLESE III
GEDICHTE AUS DEM NACHLASS
Aus der Zeit vor Cleversulzbach (1815—34)

397 *Ein Wort der Liebe:* E: Zum 8. 9. 1815; T SNM 5152. — Ältestes von M's erhaltenen Gedichten.

400 *Die Liebe zum Vaterlande:* E: Zum 31. 12. 1819; D: RB 16, 1912, S. 47—51, T: SNM 8979. — Nach dem Vorbild von Uhlands „Prolog zu dem Trauerspiel Ernst, Herzog von Schwaben" (Mc, Biogr. 41). — V. 9 *In diesem Jahr:* Die Verfassung, die König Wilhelm I. von Württemberg am 25. 9. 1819 verkünden ließ, beendete den langjährigen Ständestreit. — V. 89 *Siege:* Wilhelm hatte 1814/15 erfolgreich am Kampf gegen Frankreich teilgenommen.

403 *Auf Erlenmayers Tod,* 2. Juni 1820: E: 2. 6. 1820; T: Mc I. 273 f. — Zur Überlieferung: Mc I, 484.

405 *Dem Senior der ersten Uracher Promotion:* E: 1820; T: LBS hist. Q 327. 7, 40. — *Senior:* M's Studienkollege Dietzsch. Nach dem Vorbild von Uhlands *Metzelsuppenlied.* — Zur Überlieferung: Mc I, 484.

406 *Fischermädchen singt:* E: Vielleicht um 1820; T: LBS hist. Q 327. 7, 4. — Zur Überlieferung: Mc I, 485.

407 *In der Hütte am Berg:* E: Wohl Ende Jan./Anf. Febr. 1822; T: LBS poet. et philol. Q 144. — (Überlieferung: Km V, 286, Anm. 36) Zu der Uracher Hütte vgl. Br. I, 13; Mc, Biogr. 38 f., 405. — V. 20 *liebliche Gestalt:* Klara Neuffer. — Zur Textkritik: Km V, 290, Anm. 42.

408 *Märchen:* E: Mai 1822; T: LBS hist. Q 327. 7, 3. — Zur Überlieferung: Mc I, 485. — Zur Textkritik: Km V, 290, Anm. 42. Das Gedicht hat Anklänge an Uhlands „Märchen" (Mc I, 445).

409 *Im Freien:* E: Bis Frühjahr 1828, wohl um 1824; T: LBS poet. et philol. Q 144. — V. 13 *vors Auge:* Konjektur nach Km V, 291, Anm. 42 (*vor Auge* Hs., *vom Auge* Mc). — *Hs. Quelle* nach Km V, 286, Anm. 36.

411 *[Rotkäppchen und Wolf]:* „Wir sind Geister, kleine Elfen... — E: März 1826; T: Mc I, 280—282. — Zur Hs. Mc I, 483; Km V, 286, Anm. 36. — Gedichtet als Ergänzung zu einer Aufführung von Tiecks *Leben und Tod des kleinen Rotkäppchens* auf Adolf M's Puppentheater im März 1826. (Nach Km VI, 268)

413 *[Variation zu „An den Schlaf"] Wenn sich die Sonne nun begräbt...* — E: 24./25. 12., spätest. 1826; T: LBS hist. Q 332, 76. — Zur Entstehung: Km VI, 291 f. — V. 21 *Luise:* L. Mörike.

414 *Nachklang:* E: Wohl um 1826; T: LBS hist. Q 327. 7, 12. — *L.:* M's Schwester Luise. — Zur Überlieferung: Mc I, 485.

414 *An L. S. Nach dem Tode ihrer Freundin: Aufs neue kehrte der geliebte Tag...* — E: Nach dem 31. 3. 1827; T: SNM 2571

Von Clara M. beigefügt: *Nach dem Tod der Schwester Luise Mörike an Charlotte Späth. 1827.*

415 *Lied eines Mädchens:* E: Bis Frühjahr 1828; T: LBS poet. et philol. Q 144 — Zur Datierung: Km V, 311; zur Überlieferung: Mc 1, 485; Km V, 286, Anm. 36.

416 *An Z.:* E: Bis Frühjahr 1828; T: LBS poet. et philol. Q 144,40. — Zur Datierung: Km V, 311. — Zur Überlieferung: Mc I, 485.

417 *Nachtgesichte:* E: Bis Frühjahr 1828; T: LBS poet. et philol. Q 144,30. — Zur Datierung: Km V, 311. — Zur Überlieferung: Mc I, 485.

419 *Die erzürnten Dichter:* E: Bis 19. 6. 1828; T: RB 29/30, 1926, S. 70.

419 *Zwei Kameraden:* E: Bis 19. 6. 1828; T: Mc I, 292 f. — Zur Datierung ud einer früheren Fassung: Km V, 309 f.; Km VI, 268. — Zur Überlieferung: Km V, 296.

421 *Einer Cousine, die durch einen Sturz vom Schlitten den Geruch verloren hatte: Mit Vergißmeinnicht: Man sagt, und freilich . . .* — E: 1828; T: Mc I, 289 f. — Zur Überlieferung und Textkritik: Km V, 296 f. Bei Mc unter dem nicht originalen Titel: *Der Base Lottchen Neuffer, die durch einen Sturz vom Schlitten den Geruch verloren hatte.*

422 *Der Hypochondrist:* E: 1828; D: RB 16, 1912, S. 87 f. T: SNM 2233.

423 *Ärztlicher Rat:* E: 1828; D: RB 16, 1912, S. 88 T: SNM 2233

423 *Der Beleidigte:* E: Wohl 1828; D: RB 16, 1912, S. 87 T: SNM 2232.

424 *Der liebenden, geliebten, vielgeprüften Braut Friederike zum Geburtstag:* E: Wohl Spätherbst 1829; T: LBS hist. Q 327.7,31. – Zur Überlieferung und Textkritik: Km V, 290, Anm. 42. — *Friederike:* Schwester von M's Braut Luise Rau.

425 *[An Luise Rau]: Hat jemand ein liebes feines Mädchen . . .* — E: Weihnachten 1829; D: RB 16, 1912, S. 77; T: SNM 8910.

426 *An Luise: Ich sehe dich mit rein bewußtem Willen . . .* — E: Um 1830; T: Mc I, 290 f. — Für Luise Rau.

426 *Auf der Teck:* E: 13. 7. 1830; T: LBS hist. Q 332, 87. — Zur Entstehung anläßlich eines Ausflugs auf die Teck vgl. Mc I, S. 446; Br. I, 139 f.

427 *An Luise: Ist's möglich, ferne von der Süßen . . .* — E: Um 1830/32; T: LBS hist. Q 332,83. — Für Luise Rau. — Zur Überlieferung: Km V, 289.

427 *Heimweh:* E: Wohl um 1830/32; T: LBS hist. Q 332,88. — Zur Überlieferung u. Textkritik: Km V, 295, Anm. 47.

428 *Nachts:* E: Bis 1832; T: Mc I, 285. — Eine kürzere Fassung in „Maler Nolten".

429 *Das ist nur Märzenschnee* ... — E: 25. 3. 1832; D: RB 16, 1912, S. 78; T: SNM 8908. — (Brief M's v. 25. 3. 1832 an Luise Rau).
429 *O Geist der Liebe, führe du* ... — E: Wohl Herbst 1832 (?); T: RB 16, 1912, S. 83. — *die Heißgeliebte:* Luise Rau.
429 *Am Silvesterabend:* E: Wohl zum 31. 12. 1832; T: Mc I, 297 f.
430 *Zum siebenundzwanzigsten Oktober: Nichts, o Geliebte* ... — E: Zum 27. 10. 1833; T: LBS hist. Q 332,84. — Zur Überlieferung u. Textkritik: Km V, 295, Anm. 47. — Zur Datierung: Km VI, 268 f. — Für Luise Rau.

Aus der Cleversulzbacher Zeit (1834—43)

432 *Die sechs oder sieben Weisen im Unterland:* E: V. 1—30 u. 46 bis 50: 1834; V. 31—45: Mitte Juni 1844; T: LBS hist. Q 327.7, 22. — Zur Überlieferung und Textkritik: Km V, 290 f., Anm. 42. — Zur Datierung: Brief v. 18. 6. 1844 an Hartlaub (Br. II, 90). — *Weisen:* Mitglieder des „Pfarrkranzes". — V. 5 *Bruder ,Regen':* M als Verfasser der *Regenbrüder;* V. 20: *Steudel,* Johann: Tübinger Dogmatiker; V. 42: *Horken:* mundartl. für Horkheim, Ort bei Heilbronn. In Hs. LBS hist Q 327. 3, 12 dazu die Randbemerkung: „Diesen kleinen Abstecher (³/₄ Stunden von Heilbronn) muß der Pfarrer mehr des Reimes wegen machen. Vielleicht hat er aber doch einen Vetter daselbst." (Km V, 290, Anm. 42.)
434 *Zur Zeichnung einer Burg: D' Jungfer Clara Mörike* ... E. Febr. 1836; T: Krauß III, 81.
434 *[Clärchen] Mit einer getrockneten Rapunzel: Die getrocknete Rapunzel* ... — E: 20. 8. 1836; T: SNM 2678, S. 10.
434 *Benjamin: Es rinnet im Tal eine Quelle* ... — E: Bis ca. 1837; T: Krauß III, 59. — Spätere Fassung von *Verborgen an einsamer Stelle* ... (Vgl. RB 16, S. 89 f.) — Zur Datierung: Km VI, 276. — Zur Geschichte: Km V, 300. M erwog eine Veröffentlichung zusammen mit anderen Gedichten. — „*Joseph und seine Brüder*": Oper „Joseph" von Etienne Méhul ((1763—1817).
434 *An — — / (M.d. 2. Sept. 1837): Armseligster Repräsentant* ... — E: 2. 9. 1837; T: LBS hist. Q 327. 1, 25. — Zur Überlieferung u. Textkritik: Km V, 293, Anm. 44. — Vgl. Mc, Biogr. 208. — Bei Mc I, 300 f. unter dem nicht originalen Titel: *[Auf einen fanatischen Priester, der Lärm schlug, weil Mörike vor einem Leichenkondukt in Mergentheim den Hut abzunehmen vergaß.]* — Zur Datierung: Km VI, 269.
435 *Impromptu an Joli: Die ganz Welt* ... — E: Kurz vor dem 29. 12. 1837; T: LBS hist. Q 327. 1, 44. — (Vgl. Br. Hartlaub 67.) — Zur Überlieferung u. Datierung: Km VI, 275. — *Joli:* M's Haushund.

ANMERKUNGEN 965

435 *Ein junger Pfarrer und ein alter Bauer: Wie mögt Ihr...* — E: Febr. 1838; T: LBS hist. Q 327. 1, 54. — Titel bei Mc: *Pfarrer und Bauer.* — Zur Überlieferung und Textkritik: Km V, 293; Anm. 45.
435 *Constance et Claire...* — E: 6. 3. 1838; D: RB 16, 1912, S. 91; T: SNM 2678, S. 74. (Brief Hartlaubs an Clara M v. Dezember 1838). — Zur Überlieferung u. Datierung: Km VI, 280.
435 *Widmung zur ersten Ausgabe der Gedichte für Oberamtsrichter Seiler: Ist's der Dichter...* — E: 1838; T: Krauß III, 103.
436 *[Sagt, was wäre die Blüte]...* — E: Juni 1839; T: SNM 27 436.
436 *Des Herrlichen, womit die volle Welt...* — E: 1839? D: RB 17, 1913, S. 139; T: SNM 11957.
436 *An Emma von Niendorf: Blauen See...* — E: 18. 1. 1841; T: SNM 29303. — Zur Entstehung : Br. II, 56; Mc, Biogr. 205, 209. — Zur Überlieferung: Mc I, 485. — Zur Textkritik: Km V, 291, Anm. 42.
437 *Verslein für Agnes: Das Klärchen hab ich gar zu gern...* — E: 15. 3. 1841; T: Krauß III, 90. — Im Brief an Hartlaub, 15. 3. 1841; Br. Hartlaub 137. — Zur Überlieferung und Datierung: Km VI, 276.
437 *Auf zwei Sängerinnen: Zwei Wandrer...* — E: 12. 8. 1841; T: LBS hist. Q 327. 2, 38/39. — Frühe Fassung von *Auf einer Wanderung.* — Zur Überlieferung und Textkritik: Km V, 295, Anm. 47.
438 *Zu einer Federzeichnung. Eine Modeherr reicht einer Dame auf einem Teller eine Orange: Mein Fräulein, frisch vom Keller...* — E: August 1841; T: Krauß III, 107.
438 *Zu einer Federzeichnung. Bauernbursche und Bauernmädchen: Mädle, gang in Keller na...* — E: August 1841; T: Krauß III, 107.
439 *Dem lieben Altvater Georg Balthasar Hermann: Vor den besten Vater kommen...* — E: Zum 21. 2. 1842; T: LBS hist. Q 327. 2, 78/79. — Zur Überlieferung und Textkritik: Km V, 295, Anm. 47.
440 *Zu einem Bildchen: Unter anmutsvollen Hügeln...* — E: 6. 6. 1842; T: Mc I, 340. — Gilt nicht Margarethe von Speeth, sondern vielleicht Agnes Hartlaub (Km V, 294). — Zur Überlieferung: Km V, 294.
440 *[Auf einen Cleversulzbacher Pfarrvikar]: Der Herr Vikare...* — E: Bis 1843; T: LBS hist. Q 327. 7, 47. — Zur Überlieferung: Mc I, 485.
441 *Herrn Professor Albert Landerer zum 14. Januar 1843: Dreiunddreißig Jahre, eine heil'ge Zahl!...* — E: Zum 14. 1. 1843; T: Krauß III, 109.
441 *Der Vikar itzunder...* — E: 2. 5. 1843; T: LBS hist. Q 327. 1,

137. — Im Brief vom 2. 5. 1843 an Hartlaub; Br. II, 66 f. (Nachweis Km VI, 277. Ebd. zur Überlieferung und Datierung.)

441 *Dem Vikar zum Geburtstag: Wird es heut auch wohl gelingen ...* — E: 1841; D: RB 16, 1912, S. 91; T: SNM 2678, S. 105.

442 *An Frau von X. / Als sie aus allen ihren bisherigen Verhältnissen zu scheiden und sich neu zu vermählen im Begriffe war, durch Clärchen M in der Verkleidung eines Lichtenauer Bauernmädchens mit einem Feldblumenkranz überbracht. Cleversulzbach, Juni 1843: Es erscheint ein schmuckes Mädchen ...* — E: Juni 1843; T: Mc I, 305. — Zur Überlieferung und Textkritik: Km V, 335. — Bei Mc I, 305 unter dem nicht authentischen Titel *[Klärchen als Bauernmädchen, an Frau von Hügel]*. — *Frau von X:* Marie v. Hügel, die spätere Frau von Justinus Kerners Sohn Theobald.

442 *An Frau Pfarrer Caroline Schmidlin: Mich mögen alle Pfarrer gern ...* — E: Herbst 1843; T: Mc I, 305 f. — Zur Textkritik: Km V, 335. — *Koferneisen:* Waffeleisen. — M schenkte beim Abschied von Cleversulzbach der Frau des Pfarrers Schmidlin ein Koferneisen, in dem ein als Waffel geschnittenes Pergamentblatt lag, das auf einer Seite bemalt, auf der anderen mit dem Gedicht beschrieben war.

Aus der Zeit nach Cleversulzbach (1843—75)

443 *Auf eine Versteinerung geschrieben: Meiner Freundin stets aufs neue ...* — E: 4. 11. 1843; T: SNM 29288.

443 *Für Herrn Oppel (den Geologen) welcher mich um eine poetische Etikette zu einem Exemplar von Chirotherium Kaupii aus den Heßberger Sandsteinbrüchen bei Hildburghausen ersuchte. Es sind die handförmigen Fußstapfen eines noch unbestimmten Tiers: Ob Riesenfrosch ...* — E: 1843; T: SNM 48644.

443 *Marie [von] Hügel: Vergib die Anmaßung ...* — E: Wohl 1843; T: BS hist. Q 327. 7, 75. — Zur Überlieferung: Mc I, 486. — Zu *Marie v. Hügel:* sieh oben An Frau von X.

444 *Im leeren Pfarrhaus: Ein Gesellschäfllein ...* — E: 8. 4. 1844; T: SNM 29556.

444 *An Schöneckern: Zwar schön ist Grün ...* — E: April 1844; T: LBS hist. Q 327. 3, 2. — V. 3 *das hohe Rot:* wohl auf die Hs. B 8062, „das rote Prachtbuch", zu beziehen. — Dazu und zur Datierung: Km VI, 278.

444 *Zu kleinen Buketts, von Mörike auf die Sohlen neuer Schuhe Constanzens gezeichnet: Blumen, die so freundlich grüßen ...* — E: 30. 11. 1844; T: Krauß III, 87.

445 *Allhier auf dieser Schiefertafel ...:* E: Bis 10. 12. 1844; T:

ANMERKUNGEN 967

SNM 2678, S. 12. — Zur Datierung, Überlieferung und Textgestalt: Km VI, 279.
445 *Frühe säe deinen Samen* ... — E: unbekannt, (2. Teil von Schiefertafel?); T: SNM 2678, S. 12. — Zur Datierung, Überlieferung und Textgestalt: Km VI, 279.
445 *An S.: Es sei ein Bübchen oder Mädchen* ... E: Bis 10. 12. 1844; T: SNM 2678, S. 37. — Zur Überlieferung und Datierung: Km V, 331, Anm. 89; Km VI, 278.
445 *[Auf ein frommes neuvermähltes Paar]: Wo sind die neuen Eheleute* ... — E: 30. 1. 1845; T: SNM 2678, S. 112. In Hs. Überschrift: *Den 30. Jan. 1845 abends 7 Uhr*. (Auf K. u. H. Ko.) —
V. 11 *Kaspar:* Vorname Lavaters. — V. 12 *Zerrenner:* Karl Christoph Gottlieb Z. (1780—1852), Pfarrer und Pädagoge, Herausgeber der Zeitschrift „Deutscher Schulfreund."
446 *Unter ein Bildchen mit Gnomen, welche schmieden: Host Gold-Erz g'nug* ... — E: Wohl zwischen 15 u. 27. 2. 1845; T: SNM 2678, S. 113. — Zur Datierung: Km VI, 279.
446 *[Katholischer Gottesdienst]: Siehst du den schettergoldnen Mariendienst* ... — E: Wohl 12. 5. 1845; T: SNM Z 2231. — Zur Überlieferung und Textkritik: Km V, 295, Anm. 47. — Zur Datierung: Km VI, 269.
446 *Auf dem Weg von Merg. nach Werm. 29. Mai 45: Gepriesnes Häuschen* ... — E: 29. 5. 1845; D: RB 17, 1913, S. 140; T: SNM 11954.
447 *Im Garten zu W. Juni 1845: Auf Zephirs Flügeln* ... — E: Juni 1845; D: RB 17, 1913, S. 140; T: SNM 11954.
447 *[Distichen]: Jetzt kein Wort von der Kirche* ... —
Droht der sichere Mann ... —
Nun, wie geht der Verkauf ... —
Wer nicht liebt Haber ... —
Weniges Wasser nur ... —
E: Juni 1845; D: RB 17, 1913, S. 140 f.; T: SNM 11954. — Die Distichen sind auf die Rückseite von Kupferstichen in einem Kalender für 1839 eingetragen. (RB 17, S. 140 f.)
447 *d. 8t. Junii 45: Wer auf mailicher Au* ... — E: 8. 6. 1845; D: RB 17, 1913, S. 141; T: SNMZ 2232.
448 *Einer kranken Freundin mit Schlafäpfeln: Der Sommer hört schon auf zu blühn* ... — E: Wohl kurz vor dem 13. 8. 1845; T: Mc I, 337. — Zur Überlieferung: Km V, 336 f. — Ursprünglich an Clara M und Margarethe v. Speeth gerichtet (SNM 2571, S. 4 u. 9); dann in überarbeiteter Fassung für *eine* Person bestimmt und so mehrfach verschiedenen Personen zugeeignet. (Km V, 336 f.) — Zur Datierung: Km VI, 274 f.
448 *Mergentheim: Ein ganzes Weilchen tät* ... — E: 12./13. 10 [1845?]; D: RB 16, 1912, S. 93 f.; T: SNM 2571.

449 *[Zu verspäteten Blümchen]: Diese dachten, ungesehen...* — E: 29. 11. 1845; T: SNM 2679, S. 26.
449 *O liebes Täflein! so zu enden!:* E: 20. 12. 1845; T: Slg. Dr. Kauffmann Aa 55 (S 41), Bruchstück einer Schiefertafel mit Datum: „Marienthal d. 20. 12. 1845".
449 *Crux fidelis:* E: Bis 29. 6. 1846; T: Mc I, 307 f. — Zur Entstehung: Br. II, 127. — Mehrfach bearbeitet. — Zur Überlieferung und Textgeschichte: Km V, 336: In mehreren Hss. ist eine dritte Strophe überliefert, die in früher Fassung bei Fischer II, 88, in späterer bei Krauß III, 58 gedruckt ist:
>Nur allein in deinem Zeichen
>Wird ein Sieg annoch erbracht,
>Mit dir segnet sich der Pilger
>In der ängst'gen Wetternacht,
>Deines Bluts ein Tröpflein beuget
>Auch der Höllen starke Macht.
450 *An Fräulein E. Bauer: Ein Städtlein blüht...* — E: 29. 11. 1848; T: Mc I, 309. — V. 1 *Städtlein:* Mergentheim.
450 *[Dichters Ende]: Als Dichtel hab ich ausgestritten...* — E: Kurz vor dem 16. 3. 1849; T: LBS hist. Q 327. 5b, 6. — Zur Überlieferung und Textkritik: Km V 293, Anm. 43.
450 *[Zu Weiß' Mörike-Zeichnung]: Und sähst du lieber...* — E: November 1851; T: SNM 2679, S. 88. — Vgl. Brief an Hartlaub, Nov. 1851; Br. II, 224. (Km VI, 270). — Zur Datierung: Km VI, 270.
451 *[Einleitungen zu fremden Gedichten.]*
1. *Mein eigenes Fäßchen läuft heut nicht...* — E: Wohl nach 1851; T: Mc I, 488.
2. *Hab ich aus dem eignen Garten...* — E: Bis 19. 1. 1865; T: Mc I, 487. — Die Verse begleiten u. a. ein Exemplar der *Blumen aus der Fremde* für Emma und Maria Bauer; vgl. Brief an E. u. M. Bauer, 19. 1. 1865; Br. Seebaß[3] 395. (Nach Km VI, 275)

Widmungsgedichte, Stammbucheinträge, Albumblätter für Schülerinnen des Katharinenstifts u. ä.

452 *[An Rektor Wolff]: Das Musterbild gekrönter Köpfe...* — E: 18. 2. 1852; T: SNM 9300. — Die Hs. (SNM 9300) ist ein Brief, in dem Wolff an M folgendes Gedicht sandte: „Als von Kaisern und Königen..." Auf der Rückseite M's Gedicht mit dem Datum „d. 18. Febr. 52". (Nach Mc I, 486; ebd. Wolffs Gedicht.)
452 *[An Frau v. Speeth]: Zum 1./23. September 1852: Die uns der Erste hat gegeben...* — E: Zum 1./23. Sept. 1852; D: RB 16, 1912, S. 99; T: SNM 2571. — Von Gretchen M beigefügt: *Erster Besuch der l. Mutter bei uns.*

ANMERKUNGEN 969

453 *[An Julie Aichele]: Hier ist ein prächtiges Kästchen...* — E: 3. 9. 1852 (wohl frühester Stammbucheintrag f. Julie Aichele; SNM 29012); T: SNM 29012. — Weitere Stammbucheinträge: 17. 6. 64; LBS hist. 8⁰ 178; abgewandelt 21. 9. 64 für Georg Scherer. (Nachweise: Km VI, 277)
453 *Roberts Toast am 6. Sept[ember] 1852: Was ich bis dato...* — E: Zum 6. 9. 1852; T: Slg. Dr. Kauffmann Aa 29. — Zur Erklärung: Brief an Clara M u. Familie Krehl, 9. 9. [1852], Br. Seebaß³ 552 f. (Nachweis: Km VI, 277)
454 *[An Constanze Hardegg]: Freundlich, o Jungfrau...* — E: Herbst 1852; T: Krauß III, 94. — In GSA I, 24, 1 (Abschrift) Empfängerin: Constanze Hardegg. — Zur Datierung: Km VI, 277.
454 *Sophie Ernst: Ist es erlaubt, mit Namen zu spielen...* — E: Herbst 1852; T: Krauß III, 94, — Zur Datierung: Km VI, 276 f.
454 *In C. Künzels Album: Die Welt wäre ein Sumpf...* — E: 15. 4. 1853; T: Mc I, 327. — Bei Mc mit dem Titel *Die Enthusiasten.* — Zur Überlieferung, Datierung u. Textkritik: Km V, 294 u. Anm. 46; Km VI, 274. — C. Künzel: Autographensammler.
454 *Fräulein Wagner (mit Anspielung auf eine französische Komödie, worin sie als Lehrjunge auftrat): Wenn du, gelehrt, wie du bist...* E: 5. 5. 1853; T: Krauß III, 92. (Text kollationiert nach SNM 45097; dort allerdings kein Titel!) — Zur Datierung: Km VI, 276.
454 *Marie Adami aus Bremen: Bald in der Heimat, ach!...* — E: Juni 1853; T: Krauß III, 92.
454 *Marie Lütscher: Allzeit kränket es mich...* — E: Juni 1853; T: Krauß III, 92.
455 *Johanna Jäger: Nicht etwa nur die kurze Jugendstrecke...* — E: August 1853; T: Krauß III, S. 93.
455 *Luise Peter (mit einer Stelle aus Lamartine samt Schwabs Übersetzung derselben): Viel Glück auf deinen Weg...* — E: Herbst 1853; T: Krauß III, 93.
455 *In das Album einer Schülerin. Stuttgart. Katharinenstift: Mit hundert Fenstern...* — E: Bis August 1853; T: Mc I, 310 f. Zur Überlieferung und Textkritik: Km V, 296. — Danach mehrfach verschiedenen Empfängern zugeeignet (nach einer Abschrift v. J. Baechtold auch für Emma Hauff.) — Zur Datierung: Km VI, 270.
455 *[Musterkärtchen]: Auf dieses Kreuz und Quer...* — E: 1852/53, bis 14. 8.; T: SNM 56874. — Mehrfach für Schülerinnen des Katharinenstifts verwendet. — Zur Überlieferung: Km VI, 270. — Zur Datierung: Mc I, 486.
456 *[In das Album der Anna Niethammer, Kerners Enkelin]: Dich, o Freundliche, hat...* — E: 11. 8. 1853; T: SNM 29335. — Zur

Überlieferung im Anhang eines Briefes von Margarethe M, 14. 8. 1853: Mc I, 486. — Zur Datierung: Km VI, 270.

456 *[Rückblick]: Bei jeder Wendung deiner Lebensbahn...* — E: Bis 15. 9. 1853; T: SNM 26571. — Zum Titel: Km V, 293, Anm. 44. — Zur Datierung (nach Hs. SNM 26571) u. Überlieferung: Km VI, 273. Mehrfach für verschiedene Empfängerinnen, u. a. auch für M's Tochter Fanny zur Konfirmation.

457 *Herrn Obersteuerrat Lempp zum 10. Januar 1854: Es gilt der erste Trunk...* — E: Zum 10. 1. 1854; T: SNM 29275.

457 *An Tante Neuffer. Mit einer Silhouette: Dieweil ich noch leibhaftig nicht...* — E: 28. 2. 1854; T: SNM 60161.

457 *[In das Stammbuch von Theodor Buttersack]: Blitze schmettern oft die Bäume...* — E: Februar 1854; T: SNM 3195. — *Theodor Buttersack:* Studienfreund M's.

458 *Fräulein Caroline Becker: Die edle Freundin...* — E: 11. 5. 1854; T: SNM 33276. — Zur Überlieferung und Datierung (nach Hs. SNM 33276): Km VI, 276.

458 *Marie Hermann: Das schöne Buch — ei, seht einmal...* — E: Bis 17. 5. 1854; T: Krauß III, 95 f. — Es folgen einige Strophen von F. Rückert. — Zur Überlieferung und Datierung: Km VI, 277.

459 *Klara Blezinger: Zwischen so viel bunten Bildern...* — E: Juni 1854; T: Krauß III, 95.

459 *Rickele Buttersack: 6. Januar 1855: Wenn sich zum angenehmsten Fest...* — E: Zum 6. 1. 1855; T: Slg. Dr. Kauffmann 24.

460 *Zum 27. Febr. 1855. Mit einem Myrtenstäudchen für Emilie Buttersack: Dir, o Liebste, zieht man heut...* — E: Zum 27. 2. 1855; T: SNM 2679, S. 99. — Zur Überlieferung u. Datierung Km VI, 277. — Frühe Fassung des Gedichtes für Emilie Abel, dessen 3. Strophe abweicht (Gedruckt Krauß III, 103 f.) zum 2. 5. 1839.

460 *[Herrn Obersteuerrat Lempp]: Heil, ruf ich, sei verliehen...* — E: Wohl kurz nach dem 13. 7. 1855; T: Krauß III, 120. — Die Hs. GSA I, 4, D ist die Rückseite einer Verlobungsanzeige von Marie Krauß mit Pfarrer Cranz am 13. 7. 1855; die zweite im Gedicht erwähnte Marie ist die Frau des Gedichtempfängers Lempp. — Zur Datierung und Erklärung: Km VI, 278.

460 *[Fanny] an Fräulein von Breitschwert mit einem illustrierten Turmhahn, zunächst als Erinnerung eines Korbs mit feinem Obst aus Wolffens Garten: Schon längst sinn ich...* — E: 13. 12. 1855; T: LBS hist. Q 327. 7, 76. — Zur Überlieferung und Datierung: Mc I, 486; Km VI, 270. — V. 4 *Dot:* Pate, Patin.

461 *An Frau Grunert zu einem bevorstehenden Familienereignis mit einem Exemplar der „Vier Erzählungen": Alles Ding hat seine*

ANMERKUNGEN 971

Zeit... — E: 1856; T: Mc I, 313. — An die Frau des Stuttgarter Schauspielers Karl Grunert. — Zum Titel: Km V, 293, Anm. 43.

461 *Einem Musiker (Gustav Pressel) mit einem Exemplar der Novelle „Mozart auf der Reise nach Prag": Den alten Meister...* — E: Um 1856; T: Mc I, 313. — Zur Textkritik: Km V, 295, Anm. 47. V. 6 *zwei:* M's Mozart-Novelle war den Komponisten Hetsch und Kauffmann gewidmet.

461 *In Charles Matheys Album: Nun lernt mein Charles*... — E: 25. 6. 1858; T: Krauß III, 127. — Zur Überlieferung und Datierung: Km VI, 279.

462 *Mit einem Riechflakon: Heut regnet's tausendfach*... — E: Zum 3. 8. 1858; T: Mc I, 313 f. — Zur Überlieferung: Mc I, 486.

462 *[Zur Hochzeit von Luise v. Breitschwert]: Daß in der Regel*... — E: Zum 13. 9. 1858; T: Krauß III, 117. — Zur Datierung, Überlieferung und Textkritik: Km VI, 227 f.

463 *Wo ist die Fürstin*... — E: 5. 12. 1858; D: RB 16, 1912, S. 101; T: SNM 1459. — An Freifrau Elise von Batz geb. Mörike, nach der Verheiratung ihres Sohnes Friedrich.

463 *An Frau Luise Walther mit einem Paar kleiner Kinderschuhe bei der Geburt ihres ersten Mädchens: 1. Auf die Sohle des linken*... — E: 1859; D: RB 16, 1912, S. 101; T: SNM 53.335.

463 *Wer seinen Ball mit Leichtsinn schmeißt*... — E: 11. 5. 1861; T: RB 16, 1912, S. 101. — Verse auf dem Fensterladen von M's Stuttgarter Gartenhaus; heute SNM.

464 *[Schönes Gemüt]: Wieviel Herrliches auch die Natur*... — E: Juli 1861; T: SNM 29283. — In das Stammbuch von Margot von Batz. (Km V, 281 f.)

464 *Quittung [über Versteinerungen, Fräulein Marie Bauer ausgestellt]: Unterzeichneter bezeugt hiermit pflichtlich*... — E: 14. 11. 1862; T: SNM 3983. — Zur Überlieferung und Textkritik: Km V, 336.

464 *Wämmesle, Wämmesle*... — E: November 1862; T: RB 16, 1912, S. 102 f. — Ebd. Datierung.

465 *Ruhig noch thronet er oben*... — E: Wohl nach dem 19. 12. 1862; D: RB 17, 1913, S. 143 f.; T: SNM 10314 (M's Eintrag auf einem Rezept d. Löwen-Apotheke mit der Darstellung von zwei Löwen); — Zur Überlieferung und Datierung: Km VI, 280.

465 *Zum fünften Februar 1863: Mit L. Richters „Vater Unser": Jenes Gebet*... — E: Bis 5. 2. 1863; T: LBS hist. Q 327. 7; 33. — Zur Überlieferung: Mc I, 486.

466 *„Bilder aus Bebenhausen"* ... *Scherzhafte Zugabe: Wer da hustet und keucht*... — E: Bis 25. 9. 1863; T: SNM 2679, 5. 66. — Vgl. Br. II, 284 f.

466 *Kinderszene: „Wie finden Sie das liebe Kind..."* — E: Wohl

1863; T: LBS hist. Q 327. 7, 68. — *Scherer:* Georg Scherer, Dichter, Freund M's. — *Docke:* Puppe. — Zur Überlieferung: Mc, 487.

467 *Dem Weinsberger Frauenverein: Die ihr treulich das Gedächtnis*... — E: Wohl um 1863; T: Mc I, 304. — Zur Überlieferung und Datierung: Km VI, 269 f. V. 7 *Berge:* Weibertreu.

467 *An Freya: Auf daß sie wachse*... — E: Zum 20. 3. 1864; T: Mc I, 316. — Zur Geburt einer Tochter des Buchhändlers Krais, des Herausgebers der Zeitschrift „Freya". — Zur Überlieferung und Textkritik: Km V, 295. Anm. 47.

468 *[Frau Dr. Menzel mit Orangen]: Nimm, wenn man Frühlingsblumen*... — E: 16. 4. 1864; T: SNM 11952. Die Überschrift fehlt in Handschrift.

468 *[Johannes Mährlen mit einem alten Holzschnitt der Stadt Ulm]: Wer diese Stadt nicht ehrt*... — E: Zum 14. 9. 1864; T: SNM 5134. — Zum Geburtstag von Johannes Mährlen, der Ulmer Bürger war.

468 *[Stammbuchvers]: Hier ist ein Schatzkästlein für Gold*... — E: 21. 9. 1864; T: RB 23, 1919, S. 85.

468 *[An Hofmusikus Keller]: Den Zauberton, den einst*... — E: 10. 12. 1864; T: LBS hist. Q 327. 7, 11. — Zur Überlieferung und Textkritik: Km V, 295, Anm. 47; 297. — V. 16 Nach Km ist die Pianistin Pauline Gmelin gemeint, in deren Haus M den Geiger Eduard Keller hörte. Das Gedicht war auch an Pauline G. gerichtet. (SNM 2679, S. 4/5.) — Zur Datierung: Km VI, 271.

469 *Aus Anlaß der Einladung zur Einweihung der Stuttgarter Liederhalle: Ach, ich käme ja mit Freuden*... — E: 11. 12. 1864; T: Mc I, 318. — Vgl. Br. II, 298.

469 *Auf eine chinesische Vase: Gönnt, o ihr Gastlichen*... — E: Kurz vor dem 6. 8. 1865; T: Krauß III, 125. — Über den Anlaß: Brief an Karl und Marie M, 6. 8. [1865]; Br. Seebaß[3] 357 f. (Nach Km VI, 278).

469 *Das Türmerskind an seine Patin: Mein Vater sah hinaus*... — E: 25. 3. 1866; T: Mc I, 318 f.

470 *[Basilisken-Blick] [Mit einer Zeichnung] nach einem Gemälde in der Bebenhäuser Kirche zur Zeit des Kissinger Attentat[s] gezeichnet: Der böse Basilisk*... — E: Mai 1866; T: SNM 33268.

470 *Der alte Cleversulzbacher Turmhahn: Dem edlen Meister*... — E: Zum 28. 9. 1866; T: SNM 2679, S. 94. — L. Richter hatte zu M's „Turmhahn" eine Zeichnung veröffentlicht.

470 *Kommt dir ein Freier nächstes Jahr*... — E: 22. 12. 1866; bisher ungedruckt; T: Slg. Dr. Kauffmann Aa 40.

471 *An Carl Künzel in Heilbronn: Ein ganzes Heft Autographa!* ... — E: 24. 1. 1867; T: LBS hist. Q 327. 7, 81. — Zu Überlieferung, Datierung und Anlaß: Km V, 282 u. Anm. 29; Km VI, 272. — Das Gedicht bezieht sich auf eine Faksimile-Publikation von Ge-

ANMERKUNGEN 973

dicht-Hss. *Autographen deutscher Dichter. Nach bisher ungedruckten Dichtungen in Original-Handschriften von* ... Hamburg: Gebr. Spiero [1867]. — Demnach meinen die letzten Verse des Gedichts M selbst. — Vgl. Brief Storms an M, 6. 7. 1865, Br.w. Storm 117.

471 *Es sei nun wenig*... — E: unbekannt; T: SNM 28964. — Für Elise Schweizerbarth, Amalie Vellnagel u. a. verwendet. — Der Eintrag ins Stammbuch der Elise Schweizerbarth (SNM 28964) ist vom 15. 3. 1867.

471 *J. G. Fischer: — — Es kümmert der Haufen uns wenig*... — E: Wohl Mai 1867; T: LBS hist. Q 327. 7, 81. — Zur Überlieferung: Mc I, 487.

471 *(An Schwind). Fragment: Zuvörderst zeigt sich eine hohe Pilgerin*... — E: Wohl 1867; T: LBS hist. Q 327. 7, 14. — Über drei Zeichnungen Schwinds zu M's Gedichten „Das Pfarrhaus von Cleversulzbach", „Der sichere Mann", „Erzengel Michaels Feder". — Zur Überlieferung: Mc I, 487.

472 *An Jul[ius] Klaiber: Was du Gutes dem Gärtner erzeigt*... — E: Kurz vor dem 31. 5. 1867; T: LBS hist. Q 327. 7, 81. — Klaibers Vortrag vom Jahr 1867 wurde am 14., 15., 16., 17. 5. 1867 in der *Allgemeinen Zeitung* gedruckt. (Vgl. Km VI, 271.) — V.1 „*Der Gärtner*": Gedicht M's. — Vgl. Brief M's an W. Holland, 31. 5. 1867; Br. Seebaß[3] 410 f. — Zur Überlieferung: Mc I, 487; außerdem: SWM 28366; SNM 2876, S. 139. — Zur Datierung: Km VI, 271.

472 *An Otto Scherzer in Tübingen: Nur wenn der treffliche Meister*... — E: Wohl 1867; T: Mc I, 320. — *Otto Scherzer:* Tübinger Musikdirektor, vertonte Gedichte M's. — Zur Überlieferung: Mc I, 487.

472 [Inschriften auf selbstgefertigte Blumentöpfe.]

472 *Auf einen Lorcher Blumentopf graviert für Wolffs Frau: Ich bin ein schlecht Gefäß*... — E: Bis 13. 8. 1867; T: LBS hist. Q 327. 7, 81. — V. 4 *Edenhall:* Anspielung auf Uhlands Ballade „Das Glück von Edenhall". — Vgl. Br. II, 322. — Zur Überlieferung dieses und der folgenden Stücke: Mc I, 487. — Zur Datierung: Km VI, 272.

472 *Für Frau Marie Lempp: Nimm hier mit Gunst*... — E: Etwa Anfang September 1867; T: Mc I, 321. — Zur Datierung: Km VI, 272.

473 *Inschrift auf eine Vase für Marie Schwind: Wie mag ich armer Topf aus Erden*... — E: Zum 9. 9. 1867; T: LBS hist. Q 327. 7, 80. — Zur Textkritik: Km VI, 272. — *Marie Schwind:* Tochter des Malers Moritz v. Sch. Nach Km waren die Verse zunächst für die Hochzeit von Julius und Sophie Klaiber bestimmt, wurden

aber schon vorher für Marie Sch. verwendet. — Vgl. Br.w. Schwind 81, 95. — Zur Datierung: Km VI, 272.

473 *So alt ich bin, so bin ich doch* ... — E: Wohl bis 25. 10. 1867; T: Mc I, 320. — Hs. LBS hist. Q 327. 7, 81 wohl Nachschrift zu Br. M's an Schwind, 25. 10. 1867; Br.w. Schwind 81; später u. a. auch Hartlaubs zugeeignet (Km VI, 272).

473 *Für Clara Mörike: So heiß, wie dieser Topf* ... — E: 8. 12. 1867; T: Mc I, 321. — Zur Überlieferung und Datierung: Km VI, 272.

473 *Inschrift auf ein ähnliches Geschirr für Pauline Hibschenberger: Schüsselchen, wie lang du lebst* ... E: Pfingsten 1868: T: Mc 1, 321. — Zur Datierung: Km VI, 272.

473 *Inschrift auf zwei gleiche Trinkschalen für Marie und Fanny: Wenn die Amseln wieder singen* ... — E: Wohl 1868; T: LBS hist. Q 327. 7, 80. — Zur Überlieferung und Textkritik: Mc I, 487.

473 *[Auf einen Lorcher Topf für Herrn Postdirektor v. Scholl]: Des Dampfes Pfeife schauervoll* ... — E: 9. 8. 1869; D: RB 16, 1912, S. 102; T: SNM 53, 336.

474 *[Zur Verlobung des Photographen Hermann Kayser mit Helene Morgenstern]: Amor führte das schönste* ... — E: 12. 2. 1868; T: LBS hist. Q 327. 7, 61. — Überliefert auf der Rückseite der Verlobungsanzeige des Paares. — Unter der Anzeige: *Erhalten den 12. Febr. und erwidert mit Folgendem.* (Mc I, 487). — Zur Datierung: Km VI, 272.

474 *An Otto Rothacker und Clara Schmid: Daß wahrsagende Träume* ... — E: 7. 5. 1868; T: LBS hist. Q 327. 7, 9. — Zu Überlieferung und Anlaß: Mc I, 487; Km VI, 272. — *Otto Rothacker:* Pfarrer (1833—91); *Clara Schmid:* Nichte von Clara Neuffer.

474 *An Fräulein Lina Lade: So viel emsige Bienlein* ... — E: 10. 10. 1868; T: SNM 53, 335. — Zur Überlieferung und Datierung: Km VI, 272 f.

474 *In Camilla Paulus' Geburtstagsalbum: Ich hatt ein Röslein wunderzart* ... — E: Zum 15. 3. 1869; T: SNM 53, 335, Bl. 26r. — Zur Überlieferung und Datierung: Km VI, 271.

475 *Ein verwaister Efeu: Nimm, o nimm mich freundlich in Schutz* ... — E: 12. 11. 1869; T: SNM 53. 335.

475 *Zu einer gestickten Zeitungsmappe, als Geschenk von Julie Beck für Herrn Otto am Tag ihrer Hochzeit mit Dr. Bockshammer; Ein Blumenstrauß auf einer Zeitungsmappe* ... — E: 21. 4. 1870; T: SNM 53. 335.

475 *In Gedanken an unsere deutschen Krieger: Bei euren Taten* ... — E: Etwa März 1871; T: Mc I, 323. — Zur Überlieferung: Mc I, 487; präzisiert bei Km V, 287, Anm. 38.

476 *[In Autographenalben]: Mein Wappen ist nicht adelig* ... — E:

ANMERKUNGEN 975

Etwa März 1871; T: LBS hist. Q 327. 7, 74. — Zur Überlieferung: Mc I, 487; präzisiert bei Km V, 287, Anm. 38. — Zur Überlieferung und Datierung: Km VI, 273.
476 *Epistel an Ludwig Mezger: Den besten Dank*... — E: 25. 1. 1872; T: Mc I, 324 f. — Im Kloster Schönthal ist Götz v. Berlichingen begraben.
477 *[An Else Kerner in Weinsberg]: Weinsberg, am 22. Jun[i] 1872. „Alle Leute sagen*... E: 22. 6. 1872; T: SNM 48639. — Hs.: SNM 48639.
477 *Herrn Obertribunalrat v. Walther: Eine Rose auf der Dose*... — E: Bis 11. 12. 1872; T: LBS hist. Q 327. 7, 37. — Zur Überlieferung: Mc I, 486.
477 *An Frau Pauline Weiller geb. Eichberg: Schönheit gab dir zum Geist die Natur*... — E: 26. 6. 1873; bisher ungedr.; T (= Hs.): Slg. Dr. Kauffmann Aa 30 (1).
478 *An Lisbeth Durand: Wenn dein munterer Witz*... — E: 2. 7. 1873; T: LBS hist. Q 327. 7, 34. — Zur Überlieferung: Mc I, 486. Zur Datierung: Km V, 301, Anm. 54.
478 *An Luise Walther zum 10. Jan. 1874: „Hole der Henker*..." — E: Zum 10. 1. 1874; T: LBS hist. Q 327. 7, 63. — Zur Überlieferung: Mc I, 488.
478 *An Luise Walther [zum 10. Jan.] 1875: Wenn es mit guten Wünschen*... — E: Zum 10. 1. 1875; T: SNM 33266. — Zur Überlieferung und Datierung: Km V, 293, Anm. 45.

Gelegenheitsgedichte und Hausverse für die Familien
Mörike und Hartlaub

Gedichte an die Schwester Clara
Zu Geburtstagen: 10. Dezember

480 *Zum zehnten Dezember 1837. Ach, muß unsre süße Kläre*... — E: Zum 10. 12. 1837; T: LBS hist. Q 327. 1, 42. — V. 12 *Hygeas:* Hygea = Göttin der Gesundheit.
480 *1839. Agnes [Hartlaub]: Heut ist fürwahr ein sondrer Tag*... — E: Zum 10. 12. 1839; T: LBS hist. Q 327. 7, 43. — Zur Überlieferung: Mc I, 488.
481 *Joli gratuliert zum 10. Dez. 1840: Soll ich lang nach Wünschen*... — E: Zum 10. 12. 1840; T: LBS hist. Q 327. 1, 158. — V. 6 *Elsaß*... Krauß: Dr. Elsäßer und Dr. Krauß waren M's Hausärzte. — V. 11 *Ilodop:* Philosoph. — V. 12 *Oëte:* Poete. (Nach Km V, 302.)
481 *1843. Ein Mägdelein zur Welt*... — E: Zum 10. 12. 1843; T: Krauß III, 77 f. — *Mit einer Zeichnung:* Reproduziert bei R. Krauß: E. M. als Gelegenheitsdichter, S. 36.

483 *1844. Zur Widmung verschiedener kleiner Gelegenheitsgedichte von mir, welche ein Freund als Manuskript gesammelt, um sie in einem schönen Bande meiner Schwester zum Geburtstage zu schenken: Statt echten Prachtjuwels* ... — E: Zum 10. 12. 1844; T: Mc I, 332. — Spätere Fassung (GSA I, 1, S. 73) des meist nach LBS hist. Q 327. 3, 30 gedruckten Geburtstagsgedichts für Clara M. — Begleitgedicht zu einem Band Hartlaubscher Abschriften *Entrochiten oder gelegentliche Scherz- und andere Reime* (SNM 2678). — Zu Überlieferung und Anlaß: Km V, 337.

483 *1844. An Clärchen. Die kleine Dot gratuliert zum 10. Dezember und verehrt eine Tabakspfeife von Zucker: Steck deinen Schnuller in den Mund* ... — E: Zum 10. 12. 1844; T: SNM 2678, S. 106. — Zur Überlieferung und Textkritik: Km V, 297 f. In M's Niederschrift (LBS hist. Q 327. 3, 31) unter dem Titel: *Zu Marieles* [Tabakspfeife] (statt des Wortes eine Zeichnung).

483 *1844. Was doch das Rauchen die Lektür versüßt* ... — E: Zum 10. 12. 1844; T: Mc I, 347 f. — Original des Begleitgedichts (GSA I, 4, A) zu einem Geburtstagsgeschenk Clara Hartlaubs für Clara M: einem Päckchen Tabak „Jungfernkanaster". Das auf dem Original befindliche Bild einer rauchenden Dame ist wiedergegeben bei R. Krauß: E. M. als Gelegenheitsdichter, S. 66. — Zu Überlieferung, Anlaß, Empfängerin: Km V, 297 f. — Zur Datierung: Km VI, 275. — V. 4 *Neudörfer:* M's Tabaklieferant.

484 *Mit einer Schürze: Liebes Klärchen in der Kürze* ... — E: Bis 10. 12. 1844; T: SNM 2678, S. 67/68. — Zur Datierung: Km VI, 274.

484 *[An Clärchen]. Mit Bockshorn und Jungfernangesichtsblume: Wie dich auch die Menschen plagen* ... — E: Bis 10. 12. 1844; T: SNM 2678, S. 9. — Zur Datierung: Km VI, 279.

484 *Fanny. Zum 10. Dez. 1855. Heut an diesem Freudentag* ... — E: Zum 10. 12. 1855; T: LBS hist. Q 327. 7, 76. — V. 7 *Mätzen:* Mädchen. — Zur Überlieferung: Mc I, 488.

485 *Der „Weißling" und der kleine „Sauberschwarz". Zum 10. Dez. 1866. Heut in der Frühe weckten* ... — E: Zum 10. 12. 1866; T: SNM 11964.

Andere Gedichte an Clara Mörike

486 *Clärchen mit Gänseblümchen: Woher? woher? bei Mutter Floren* ... — E: 6. 12. 1836; T: Mc I, 334.

486 *[Dialog]: Daß du mit dem Bügeleisen* ... — E: 11. 6. 1839; T: SNM 2678, S. 57. — Zur Datierung: Km VI, 274. — V. 10 *Wermutshausen:* Hartlaubs Pfarrei; V. 12 *Volp:* Name des Kutschers.

487 *Gespräch am Bügeltisch zwischen Clärchen und Rickele, von Eduard unmittelbar hinter dem ihm zugewendeten Rücken der*

letztern belauscht: Es ist im Grund... — E: 1841; T: SNM 2678, S. 32.
487 *Zu Clärchens Armspange: Kaum ist der Ring am Arm...* — E. Juli 1844; T: SNM 2678, S. 95. — V. 2 *Sehrmann:* Siehe M's Gedicht *An Longus.*
487 *Zu Claras Namenstage: Nach der ich früh und spät...* — E: 12. 8. 1845; T: SNM 2571. — V. 6 *Schwesterlicht:* Margarethe v. Speeth. — Zur Datierung: Km VI, 274.
487 *[Mit einem Teller wilder Kastanien]: Mir ein liebes Schaugerichte...* — E: 29. 9. 1845; T: LBS hist. Q 327. IV, 43. — Vgl. Br. an Hartlaubs, 29. 9. 1845; Br. II, 115. In der obigen Hs. steht folgende Erläuterung M's: „Ich hatte eben ein paar Gänge durch den Schloßgarten gemacht und in der dunkeln Allee gegen das Bad — unahnend daß ein Wermbrechtshäuser Wägelchen dort halte — unter allerhand Gedanken, auch an Euch, Kastanien aufgelesen, die ich, wie sie mit ihrer braunglänzenden Farbe aus der halbgeborstenen Schale hervorsahen, dem Clärchen mit einigen Reimlein auf einem Teller überreichte."
488 *Der liebe Knopf. Zum Namenstag. 1853: In Sonne-, Mond- und Wetterschein...* — E: 12. 8. 1853; T: SNM 2381. — Gemeint ist der Knopf auf einem Gartenhaus, auf das M von seinem Fenster aus blicken konnte. Das Gedicht richtet sich an Clara bei ihrem Ausscheiden aus der Hausgemeinschaft mit M. — Die obige Hs. enthält noch folgenden an Clärchen gerichteten Eintrag: *Das Bildchen ist leider nicht mehr ganz fertig geworden! Besonders in der Gartenparthie fehlt noch vieles das nachgetragen werden soll. Dein treuester Eduard.*
488 *Liebste Clara, halbes Leben!...* — E: unbekannt; T: Fischer II, 69.

Gedichte an Gretchen

Zu Geburtstagen: 10. Juni

489 *Zum zehnten Junii 1845. (Nach meiner Heimkehr): Früh, schon vor der Morgenröte...* — E: Zum 10. 6. 1845; T: Mc I, 336. — Titel nach der Hs.: SNM 2571, S. 1. — Zur Überlieferung und Textkritik: Km V, 293 f., Anm. 45.
489 *Am 10. Juni 1849: Nicht lange will ich meine Wünsche wählen...* — E: 10. 6. 1849; D: RB 16, 1912, S. 98; T: SNM 2571, S. 26.
489 *10. Jun. 1852: Mehr nicht hat der Kirschen-Peter...* — E: 10. 6. 1852; D: RB 16, 1912, S. 98; T: SNM 2571, S. 75.
489 *Den 10. Juni 1852. „Wohlauf im Namen Jesu Christ!...* — E: Zum 10. 6. 1852; T: SNM 2571.
490 *Meinem Gretchen zum zehnten Juni 1853: Drunten in des Kaufherrn Warenhalle...* E: Zum 10. 6. 1853; T: SNM 2571.

491 *1859. Mit einem Messerchen und einem kupfernen Fingerring: Von Müllers Laden her* ... — E: Zum 10. 6. 1859; T: Mc I, 342 f.

492 *1863. Durch Fanny und Marie: Abermals nur arm an Gaben* ... — E: Zum 10. 6. 1863; T: Mc I, 343.

492 *Am 10. Juni 1864. Ein Jährchen älter für und für!* ... — E: Zum 10. 6. 1864; T: SNM 2571, S. 34.

492 *Zum 10. Juni 1867. Zu fünfzigen fehlt nur noch eins* ... — E: Zum 10. 6. 1867; T: SNM 53.335.

493 *1868. [Mit der Abbildung eines sogenannten ewigen Kalenders]: Deinen ewigen Kalender Hab ich heute mir beschaut* ... — E: 8. 6. 1868; T: GSA I, 4, A (Original). — Zur Überlieferung und Textkritik: Km V, 291, Anm. 42. — Bei Mc I, 345 mit dem Textbeginn: *Dieses ist mein permanenter oder ewiger Kalender, Den ich heute lang beschaut* ... — Zur Datierung: Km VI, 275 und Göpfert: E. M. Sämtliche Werke. 3. Aufl., S. 1491.

494 *1868. [Die Tiere gratulieren]: Verehrteste! Du wirst verzeihn* ... — E: Zum 10. 6. 1868; T: LBS hist. Q 327. 7, 61. — Zur Überlieferung: Mc I, 488.

Andere Gedichte an Gretchen

494 *Margareta, so bin ich getauft* ... — E: Kurz vor dem 12. 8. 1845; T: SNM 2571, S. 2. — Zur Datierung: Km VI, 274. — Nach Km VI, 274 ist die Beziehung zu Gretchens Namenstag (13. Juli) fraglich. — V. 6 *Nur einer:* Maria.

495 *Was bringst du geflügelter Bote mit Eilen* ... — E: Nach dem 14. 8. 1845?; D: RB 16, 1912, S. 93. — Ebd. A. 2: „Auf der Rückseite des Zettels zu einem Arzneimittelfläschchen für Gretchen v. Speeth; in dem Vordruck der Firma ein schwebender Engel mit zwei Arzneikölbchen in den Händen." T: SNM 2571, S. 19.

495 *Mit Blumen aus dem Klostergarten der Dominikaner: Ein Angedenken* ... — E: 25. 8. 1845; T: SNM 2571, S. 13.

496 *20. Okt. 45.: Mit den schönsten Morgengrüßen* ... — E. 20. 10. 1845; D: RB 16, 1912, S. 94; T: SNM 2571, S. 22.

496 *Bestes Gretchen! im Vertrauen* ... — E: 4. 11. 1845; D: RB 16, 1912, S. 94 f.; T: SNM 2571, S. 9. — Auf der Rückseite datiert von Gretchen: *4. Nov. 45.*

496 *Schiefertafel-Korrespondenz: Beide seien eigenhändig* ... — E: 18. 10. 1846; D: RB 16, 1912, S. 94; T: SNM 2571, S. 43. — Zur Datierung: Km VI, 280.

497 *Mit Blumensaft — was schreib ich Dir* ... — E: 1846; D: RB 16, 1912, S. 95 f. T: SNM 2571.

497 *[An Gretchen, als sie Clärchen Schwester zu nennen anfing]: Wofern dein Schwesterchen das Paradies* ... — E: Um 1846; T: SNM 2571, S. 15.

ANMERKUNGEN 979

497 *Zwar weder Kranz, noch Ehrenpforte* ... — E: Um 1846/47?; D: RB 16, 1912, S. 98; T: SNM 2571, S. 59.
497 *Von all den auserwählten Namen* ... — E: 13. 7. 1847; D: RB 16, 1912, S. 98; T: SNM 2571, S. 20. — Auf einem Kalenderblatt mit dem Aufdruck: *13 Dienstag Margaretha*.
498 Der *„Kann-Arien-Vogel"*: *Durch weite Meer- und Länderstrecken* ... — E: 20. 7. 1847; T: SNM 2571, S. 16. — Zur Überlieferung und Textkritik: Km V, 295, Anm. 47. — V. 3 *Berkes*: Gebäck der Juden, in Mergentheim beliebt.

Gedichte an Gretchen und Clärchen

498 *An Gr[etchen] und Cl[ärchen] aus dem unteren Garten gesendet: Beiden liebsten Patienten* ... — E: 22. 8. 1845; T: SNM 2571, S. 2. Zur Überlieferung und Datierung: Mc I, 488.
499 *[An Gretchen und Clärchen zu zwei blauen Glöckchen]. (Auch an zwei): Ich fand sie dicht am Wege* ... — E: 29. 10. 1845: T: SNM 2571, S. 10.
499 *An Gretchen und Clärchen (Martinstag 1845): Müssen Sinne und Gedanken* ... — E: 11. 11. 1845; T: Mc I, 339.
500 *Denk an sie beim andern Stich* ... — E: Wohl Ende 1845; T: RB 16, 1912, S. 95.
500 *Herzlich gönnen wir dir beide* ... — E: Wohl Ende 1845; D: RB 16, 1912, S. 95; T: SNM 2571, S. 48 (2. Strophe nach der Hs. hinzugefügt.)

Gedichte an und für M's Kinder:

An Fanny Mörike

501 *Fanny der besten Großmutter zum 7. Mai 1855: Kaum daß ich selber gucke* ... — E: Zum 7. 5. 1855; T: SNM 347. — *Großmutter*: Mutter von Margarethe v. Speeth. — V. 8 *Schlotzer*: schwäb.: Saugbeutel, Lutscher für Kinder.
501 *[Auf einem Familienspaziergang]: Nur nicht wie die Unken* ... — E: Anfang Juni 1862; T: LBS hist. Q 327. Va, 77 — Vgl. Br II, 274.
501 *Selbstgespräch am 12. April 1863: Franziska heiß ich* ... — E: 12. 4. 1863; T: SNM 4107. — Die Reinschrift trägt die Subscriptio: *Zum Andenken an deinen tr. Vater M.*
501 *Der Spiegel an seinen Besitzer: Hier sieht man eine Sonn* ... — E: Bis Mitte Januar 1867; T: LBS hist. Q 327. 7, 36. — Zur Überlieferung: Mc I, 488. — Das Gedicht ist eine Beilage zu einem Brief M's an Gugler von Mitte Januar 1867 (vgl. RB 16, S. 64 f. u. 103). — Zur Datierung: Km VI, 275. — In einer Abschrift M's

für Hartlaub LBS hist. Q 327. 7, 36) trägt es die Subscriptio: *Es ist, wie Du siehst, im Geist des alten Brockes, dessen Tonweise mir aus Anlaß der Guglerischen Arbeit gerade im Kopf herumging.*

502 *Väterliche Ermahnung an Fanny nebst einem Groschen: Sparsamkeit ist eine Tugend* ... — E: 9. 6. 1868; T: SNM 53.336.

502 *[An Fanny mit einer Zahnbürste]: Mögest du mit achtzig Jahren* ... — E: 12. 4. 1869: T: SNM 53.335, Bl. 26. In Handschrift lautet die Überschrift: *Fanny! dei'* — mit der Zeichnung einer Zahnbürste — *(Zu ihrem Geburtstag, mit gerösteten Mandeln)* — Zur Überlieferung, Datierung u. Textkritik: Km VI, 275. — Bei Mc I, 347 ist das Gedicht ohne Überschrift im Anschluß an das vorige *Sparsamkeit ist eine Tugend* abgedruckt.

An Marie Mörike

503 *Der lieben Marie bei ihrer Heimkehr von Adelsheim, den 22. August 1865: Drei Makrönlein* ... — E: 22. 8. 1865; T: SNM 11951.

503 *Wie die großen Schwanenbraten* ... — E: 12. 4. 1869: T: SNM 53.335, Bl. 26. In Handschrift steht neben dem Gedicht: „Dem Mariele s. eod. dato". Dazu als Fußnote zur letzten Zeile: Ursprüngliche Lesart: „Drei bis vier fraß ich davon. Auf Befehl geändert." — Zur Datierung Km VI, 276.

Gedichte an Wilhelm Hartlaub

503 *[Improvisationen] [an Wilhelm Hartlaub im Uracher Seminar verfaßt]: Mögest immer Lichter putzen* ... — E: Um 1820; T: LBS hist. Q 327. 7, 5. — Unterhalb des Gedichts stehen in der Hs. LBS hist. Q 327. 7, 5 folgende Verse: *Lisple, Laute, lisple linde, Wie durch Laub die Abendwinde; Wecke mit dem Spiel der Töne Meine Süße, meine Schöne Von dem leichten Schlummer auf.* — Zur Überlieferung: Mc I, 484. — V. 13 „*Akkorde*": A. deutscher Klassiker, damals weit verbreitete Anthologie.

504 *[W. Hartlaub ins Stammbuch]: Wie sollten wir der frühen Zeit* ... — E: 24. 5. 1822; T: LBS hist. Q 327. 7, 2. — Zur Überlieferung: Mc I, 484. — Die Rückseite der Hs. (LBS hist. Q 327. 7, 2) enthält die *Erinnerungen an die ersten Zeiten unseres Hierseins.* (R. Krauß: E. M als Gelegenheitsdichter, S. 53 f.)

504 *Ist von wichtigen Geschichten* ... — E: 21. 3. 1842; T: LBS hist. Q 327. 2, 84. Bei Mc I, 347 mit dem Titel *Musterkärtchen.* — Zur Überlieferung, Datierung u. Textkritik: Km VI, 275.

505 *[An Hartlaub mit einem Beutel]: Daß sich Ihme nicht der Spaß* ... — E: Winter 1843/44; T: LBS hist. Q 327. 3, 1, 2, 3.

505 *[Zu einer wichtigen Postsendung]: Weil, was einen Freund gedrückt* . . . — E: 14. 1. 1845: T: SNM 2678, S. 122. In Handschrift steht der Vermerk: „An W. Bei Mitteilung eines wichtigen Briefs. Ins Couvert. 14. Jan. 1845." — Br. II, 103. — Zur Überlieferung und Datierung: Km VI, 276.

505 *[Zu einer Zeichnung aus Anlaß einer sehnsüchtig erwarteten Postsendung]: Wie einer Trübsal bläst* . . . — E: Etwa Anfang 1845; T: SNM 2678, S. 123. — In Handschrift der Vermerk: „Mit einer Zeichnung einen jungen Mann darstellend, der ein trauriges Blasinstrument spielt, mit dem Rücken gegen das Fenster gewendet, durch welches man den Eilwagen auf die Stadt zu fahren sieht." — Zur Überlieferung u. Datierung: Km V, 330, 332; Km VI, 276.

505 *Werm. 5. Febr. 1845. Auf die graue Stube etc.: Zur Warnung hört ich sagen* . . . — E: 5. 2. 1845; D: RB 17, 1913, S. 142; T: SNM 11954.

506 *Poetische Epistel an W.: Eine hübsche Ostrea* . . . — E: 2. 5. 1845; T: SNM 2678, S. 120/121. Mit der Angabe: „W. d. 2. Mai 1845." — Zur Überlieferung: Antwort auf das Schreiben eines Kollegen, das Hartlaub M mitteilte. — V. 1 *Ostrea:* versteinerte Auster.

507 *An Hartlaub als Dank für geröstete Mandeln: Heil der Pfanne* . . . — E: 9. 3. [1864 ?]; T: Mc I, 348.

Gedichte an Constanze Hartlaub

507 *An Constanze: Dies ist endlos Naturpapier* . . . — E: 23. 6. 1839; D: RB 17, 1913, S. 139; T: SNM 11949. — Original von M auf Birkenrinde geschrieben.

507 *Zum Schönthaler Gurkenrezept. An Constanze: Jedem feinen Rindfleischesser* . . . — E: Um 1842; T: SNM 2678, S. 68. — Die Hs. SNM 1865 enthält auf der Rückseite zu dem Gedicht folgende Nachschrift: *Freilich wurden mir indessen Noch ganz andere zu Theil, Und seitdem ich d i e gegessen, Ist mir dieß Recepte feil!* (Km V, 297).

508 *An Constanze H. mit etwas Salatsamen: Bis diese Samen grün aufgehn* . . . — E: 15. 5. 1844; T: SNM 29288. — V. 6 *Seine Majestät belieben:* M hatte den König von Württemberg um Erhöhung seines Ruhegehaltes gebeten.

508 *Unserer liebsten Constanze zum 3. Mai 1845. Mit einem Sommerhut: Die frischen Blüten* . . . — E: Zum 3. 5. 1845; T: SNM 2678, S. 119.

508 *Der lieben Constanze: Ohne einiges Bedenken* . . . — E: 8. 7. 1845; T: LBS hist. Q 327. 5b, 3. — Zum Anlaß: R. Krauß: E. M. als Gelegenheitsdichter, S. 69. — Das Gedicht wurde etwa gleichzeitig an Margarethe v. Speeth gerichtet; gedruckt: Briefe M's

an seine Braut M. v. Speeth. Hrsg. v. M. Bauer, S. 7. (Nach
Km V, 297)

509 *Der lieben Constanze: Eins von diesen guten Brötchen* ... — E:
1852; T: LBS hist. Q 327. 7, 73. — Zur Überlieferung: Mc I, 488.

Gedichte an und für Hartlaubs Kinder

509 *Im Garten vor der Morgenkirche der Bagnes Verse gemacht, z. B.
Dein Vater muß studieren* ... — E: 1839; D: RB 17, 1913, S. 140.
T: SNM 11960.

509 *[Mit Reisegeschenken für Hartlaubs]: Ich bin das kleine Sandweiblein* ... — E: Herbst 1840; T: LBS hist. Q 327.7, 150. T
für die zweite Strophe: Mc I, 350. — Vgl. Br. II, 316.

510 *An Agnes Bonpland zum 14. November 1843: Wie wir unter
muntern Schritten* ... — E: Zum 14. 11. 1843; T: SNM 2678,
S. 84. — *Bonpland:* Aimé B. (1773—1858); großer franz. Naturforscher, Reisebegleiter Alexander von Humboldts. — Der Name
wird Agnes Hartlaub wegen ihrer naturwissenschaftlichen Interessen von M scherzhaft beigelegt. — Zur Überlieferung: Mc I,
489.

510 *[An Agnes Hartlaub]: Nächstens wird auf grünen Wiesen* ... —
E: Frühjahr 1844; T: LBS hist. Q 327. 7, 25. — Zur Datierung:
Mc I, 450.

510 *Meinem Patlein Marie H. Frühling 1844: „Noch liegt des Lebens
längre Bahn* ... — E: Frühjahr 1844; D: RB 16, 1912, S. 92; T:
SNM 29288. — Für Marie Hartlaub. — Unter dem Gedicht (SNM
29288) steht der Zusatz: *Die Pfarrtöchter waren sehr fleißige
Spinnerinnen.*

511 *An meine Base Gnes: Was mag wohl dein Traum bedeuten* ... —
E: 9. 2. 1845; T: SNM 2678, S. 114. — *Gnes:* Agnes Hartlaub.

511 *Rührgedicht an meine Base [Agnes]: Soll ich, was ich zwar
noch nicht glaube* ... — E: Wohl Anfang 1845; T: LBS hist.
Q 327. 3, 43. Zur Überlieferung und Datierung: Km VI, 276.

512 *Rätsel. Für Clara H.: In Silber kleidet sich's* ... — E: 1845; T:
SNM 2678, S. 116. — Lösung: Repetieruhr.

512 *Der lieben Clara zum 23. September 1852: Ein Wein im Faß* ...
— E: Zum 23. 9. 1852; D: RB 16, 1912, S. 99; T: SNM 29299. —
Zum Geburtstag von Clara Hartlaub.

513 *Für Marie v. Ed. Mörike in den 1850er Jahren [Mit einer
Zither]: Sieh, da bin ich, liebstes Mädchen* ... — E: Zwischen
1851 und 1863; T: LBS hist. Q 327. 7, 15. — V. 8 *Bondorf:* Ein
Schulprovisor in B. hatte eine billige Zither angeboten. — V
12 *Institutt:* Anspielung auf eine Szene in dem Lustspiel von
Hermann Grimm: *Ein ewiges Geheimnis.* — V. 16 *Hagenschies:*
Wald bei Wimsheim. — Die 4. Strophe, die in allen Hss. vorhan-

ANMERKUNGEN 983

den ist, fehlt Mc I, 352, ist aber RB 16, 1912, S. 99 f. abgedruckt. (Vgl. Km V, 303.)
513 *An Agnes u[nd] Clara. Morgens früh: Wenn Ihr Eure Zöpfe flechtet...* E: unbekannt; T: SNM 11961.

Bisher undatierte Gedichte

514 *Mit ein paar armen Blümchen: Der neue Frühling...* — E: unbekannt; T: LBS hist. Q 327. 7, 79. — Zur Überlieferung: Mc I, 488; präzisiert bei Km V, 287, Anm. 38.
514 *An Pe. M.: Diese Bilder, diese Töne...* — E: unbekannt; T: Krauß III, 94.
514 *Meinem geliebten Gretchen: Diesen frischen Kümmelweck...* E: 5. 12. 1847; T (= lb.): Slg. Dr. Kauffmann Aa 56.
515 *Hatte lang auf dich gewartet...* — E: unbekannt; T: Slg. Dr. Kauffmann Aa 38.
515 *Ich mach mir eben nicht viel aus dem Bier; — Hab ich mein Schöppchen — dies genüget mir.* — E: unbekannt; T: Slg. Dr. Kauffmann Aa 26.
515 *Mit tausendfachem Blumensegen...* — E: unbekannt; T: Slg. Dr. Kauffmann Aa 24.
515 *Carissima ancillarum, d. h. liebste der Mägde. (Mit einer Zeichnung derselben): Nicht durch holde Gestalt...* — E: unbekannt; T: SNM 2679, S. 32. — Die Zeichnung ist reproduziert in: R. Krauß: E. M. als Gelegenheitsdichter. 2. Ausgabe 1904, S. 169.
515 *Schöner Stern!...* — E: unbekannt; T: SNM 44029. — Unter dem Gedicht Bemerkung Hartlaubs: *(Zum Eintrag. Ich fand die Worte beim Einräumen meiner Musikalien als Text zu einer 4stimmigen Composition von Hetsch, auf dessen Wunsch, so viel ich mich erinnere zu derselben von Eduard gedichtet. Sein Name steht darunter.)*
516 *Zu einer Zeichnung. (Ein junger Mann macht einem Mädchen einen Antrag): Sehen Sie, mein süßer Engel!...* — E: 1841?; T: Krauß III, 107.
516 *Mit dem Bilde eines närrischen Libertins, der sich erhenkte: Seht an, ob meinem Scheitel...* — E: unbekannt; T: SNM 2679, S. 54.
516 *Motto zum Katalog der Kolbschen Autographensammlung: Sei, was er schrieb...* — E: unbekannt; T: SNM 21132.
516 *Auf einen fürstlichen Geburtstag: 1. Siebenter Tag des lieblichsten Monds... — 2. Was wir fühlen, wie...* — E: 1842?; T: Krauß III, 109.
517 *O Vöglein, wie hast du gezwitschert...* — E: unbekannt; T: Slg. Dr. Kauffmann Aa 27.
517 *Einer Freundin: Was mag ich wohl vor allen Dingen...* — E: unbekannt; T: Krauß III, 123 f.

517 *Meiner Mutter mit einem Geburtstagsstrauß: Wenn die Blumen könnten reden...* — E: unbekannt; T: SNM 48.2196; bei Krauß III, 93 unter dem Titel: *Fräulein Ofterdinger*. Auch für Fräulein Conz. — Eines der von M mehrfach verwendeten Gelegenheitsgedichte.

518 *Wenn Sie sich nicht zu uns setzen...* — E: unbekannt; T: Slg. Dr. Kauffmann Aa 28.

Vermischte Schriften

Theologische Aufsätze

Im Sommer 1965 entdeckte Pfarrer Hans Peter Köpf* im Archiv des Evangelischen Dekanatsamts Kirchheim/Teck zwei bisher unbekannte theologische Aufsätze von Eduard Mörike. Sie stammen aus M's Köngener Vikariatszeit und sind nach den Forschungen Köpfs wohl zwischen Juni und Mitte Juli 1827 verfaßt worden. Es handelt sich hier nicht um Arbeiten, die M aus eigenem Antrieb geschaffen hat, sondern um eine Pflichtleistung des Vikars, bekennt M doch fast zur gleichen Zeit: „ich bin ein geschorener Geist mit Predigen." (Brief an Kauffmann, 1. 8. 1827; Baumann III, 101)

Gemäß einem Synodal-Erlaß von 1825 sowie einer am 20. 2. 1827 ergangenen *Instruction für die Pfarrgehülfen und Parramts-Verweser* mußte jeder Vikar für die jährliche Synode Aufsätze einsenden, um „seinen Fleiß und seine Fortschritte zu beurkunden". (Köpf, ebd., S. 104)

M wählte das Thema des ersten Aufsatzes *Ist dem Christen erlaubt, zu schwören?* in Anlehnung an ein von Dekan Dr. Bahnmaier 1826 gestelltes Thema: *Der Eid nach den Vorschriften Jesu und der Apostel...* Das Thema seines zweiten Aufsatzes scheint M im wesentlichen aus eigenem Antrieb gewählt zu haben: *Quid ex Novi Testamenti effatis statuendum sit de nexu peccatum inter et malum physicum intercedente?*

Der theologische Gehalt dieser Arbeiten spiegelt nur bedingt den rationalistischen Supranaturalismus der damaligen Tübinger theologischen Schule. Daneben setzt sich M in der zweiten selbständigeren Abhandlung auch mit dem extremen Rationalisten Paulus sowie mit dem System Schleiermachers auseinander. Der in der Tat „schulmäßige" Aufbau ist diesen Aufsätzen kaum anzulasten, bieten sie doch zugleich — mutatis mutandis — Vorteile, die M später an den Predigten eines Kollegen rühmt. In einem Brief an Hartlaub vom 25. 2. 1842

---

* Die folgenden Ausführungen stützen sich auf Hans Peter Köpf: Zwei theologische Aufsätze Eduard Mörikes. In: Jahrbuch der deutschen Schillergesellschaft 10 (1966) S. 103—129.

heißt es: „Von Jans [Stadtpfarrer in Niederstetten] Predigten hast Du in Wahrheit nicht zu viel gesagt. Es ist alles aus der Mitte des Christentums heraus, unparfümiertes Mark, und was er vorbringt, bedeutend und treffend. Die Hauptpunkte, worauf es ihm hier ankommt, werden ohne Umschweife zugleich hingestellt, welches ein Merkmal derer ist, die viel zu bieten haben . . ." (Br. Hartlaub 167).

Quellen:
Zum ersten Aufsatz:
Stäudlin, Carl Friedrich: Neues Lehrbuch der Moral für Theologen. Göttingen 1815, ²1817, ³1825.

Wahrscheinlich verwertet M auch Gedanken seines Repetenten im Tübinger Stift Carl Heinrich Stirm, der sich wohl damals schon mit dem Gegenstand seines späteren Aufsatzes beschäftigt hat: *Revision der Gründe für und wider den Eid, hauptsächlich in exegetischer Beziehung.* In: *Studien der evangelischen Geistlichkeit Wirtembergs 1* (1829) S. 82—122.

Zum zweiten Aufsatz:
Bengel, Johann Albrecht: Gnomon Novi Testamenti. Tübingen ³1773.

Paulus, Heinrich Eberhard Gottlob: Philologisch-kritischer und historischer Kommentar über das neue Testament. 4 Bde. Lübeck 1800ff.

Schleiermacher, Friedrich: Der christliche Glaube nach den Grundsätzen der evangelischen Kirche. 2 Bde. Berlin 1821—1822.

Tholuck, August: Auslegung des Briefs Pauli an die Römer. Berlin 1824.

Wahrscheinlich auch:
Kuinoel, Christian Theophil: Commentarius in Libros Novi Testamenti Historicos. 4 Bde. Leipzig ³1823 ff.

Lücke, Friedrich: Commentar über die Schriften des Evangelisten Johannes. 3 Bde. Bonn 1820—1825.

Druck:
Hans Peter Köpf: *Zwei theologische Aufsätze Eduard Mörikes:* In: *Jahrbuch der deutschen Schillergesellschaft* 10 (1966) S. 103—129. [Ebd. Abdruck der Aufsätze S. 115—129.] (= T)

GESPRÄCH MIT GUSTAV SCHWAB

Das Gespräch, das M im Dezember 1828 in seiner Stuttgarter Wohnung mit Gustav Schwab führte, wurde vom Dichter selbst aufgezeichnet. Es fällt in die Zeit, als M sich nach längerer Beurlaubung (seit November 1827) von der „Vikariatsknechtschaft" um eine Stelle bei einem Verlag bemühte, um dem geistlichen Dienst zu entrinnen.

Wie ein Brief an die Mutter vom November 1827 bekundet, dachte

M an eine Anstellung „wie z. B. die Redaktion eines ästhetischen Blattes u. dgl...., neben der ich meiner Neigung weiter leben kann". (Baumann III, 108)

Zunächst hatte er die Absicht, sich „durch irgendeine Arbeit das Zutrauen des Cotta [Verlages] zu erwerben, um indessen durch Geschäfte bei ihm einen Ausweg und von da vielleicht eine Anstellung bei einer Bibliothek zu finden". (Brief an Bauer, 9. 12. 1827; Baumann III, 109)

In einem Brief an Mährlen vom 14. 3. 1828 erwägt M: „Ob ich auch an Schwab schreibe, besinn ich mich noch. Er könnte mir durch seine vorteilhafte Meinung von mir viel nützen..." (Baumann III, 113). Am 22. 3. 1828 wendet M sich dann direkt an Schwab mit der Bitte, „Ihre so entscheidungsvolle Stimme bei Herrn Cotta insoweit für mich reden zu lassen, als Sie meine Fähigkeit kennen, bei der Redaktion eines ästhetischen Blattes... Dienste zu leisten". (Baumann III, 115)

Zwischendurch begeistert sich M an Mährlens Idee, die „Barbara Bavaria, ein Zeitungsblatt" zu gründen. (Brief an Mährlen vom 15. 4. 1828; Baumann III, 117) Zugleich fürchtet M um seine Freiheit, wenn er sich einem Verleger verschreibt: „Glaubst Du denn aber, ich werde über ein halbes Jahr die Blattläuse dem Cotta fangen müssen?" (Brief an Bauer, Juni 1828, Baumann III, 118) Doch nochmals geht er im Juni 1828 Schwab mit der Bitte um Rat an: „Übrigens gibt Herr von Cotta... in Bayern jetzt ein neues ästhetisches Blatt heraus; meinen Sie wohl, ich sollte ihn an das quasi-Versprechen erinnern, das er mir für einen solchen Fall in seinem früheren ablehnenden Schreiben gegeben hat?" (Baumann III, 119) Am 20. 7. 1828 teilt M dem Freunde Mährlen anläßlich einer Reise nach München einen neuen Plan mit: „Ich glaube, daß die G a l e r i e d e r G e - m ä l d e besonders eine originelle Veranlassung geben könnte, eine fortlaufende Reihe von Novellen, Künstlerkritiken und (aber ohne Gehässigkeit) auch selbst Personelles, Anekdoten usw. anzuknüpfen. Die Mannigfaltigkeit des Städtelebens, die tausend Reisenden bieten dem ungewohnten und unbefangenen Auge des Ausländers einen Schatz von Bemerkungen, witzigen, ernsthaften und phantastischen Kombinationen dar, die, in der Ausführung, auf spezielle Lokalitäten... gegründet, für den Münchner selbst höchst interessant werden müßten. Die ungeheure Menge von Künstlern schon würde dem Blatt seine Fortdauer zur Hälfte sichern. Der kritische Teil müßte von einem erfahrnen Künstler behandelt werden, den wir bald an der Hand hätten. Bei Gelegenheit teile ich dem Cotta den Plan schriftlich mit." (Baumann III, 123 f.) Doch inzwischen zeichnet sich ein realisierbares Projekt ab: Die Verlagsbuchhändler Gebrüder Franckh in Stuttgart fordern M auf, für ihre „Damenzeitung" regelmäßig eine „bestimmte Anzahl von erzählenden und anderen ästhetischen Aufsätzen" zu schreiben. Der Vertrag kommt durch Vermittlung Karl

Grüneisens am 12. 10. 1828 zustande. An Friedrich Kauffmann berichtet M am 30. 10. 1828: „Ich habe Dir sagen lassen, daß mich Franckh bei einer neuen Zeitung engagiert hat. Dr. Spindler... ist der Redakteur, und ich stehe bereits in einem guten Einvernehmen mit ihm. Morgen beziehe ich mein eignes Logis. Mein Urlaub ist auf ein Jahr erneuert." (Baumann III, 128)

Wie sehr M auch hier der Zwang zu regelmäßiger Produktion — der literarische Frondienst — bedrückte, zeigt ein Brief an Bauer vom 9. 12. 1828: „Nun ging ich hier einen Handel ein mit Franckh, Du weißt schon, mit seiner Damenzeitung, — ich machte aber die Präliminarien schon so halb und halb mit Bangen, wie die Katze, die im Regen ihre Pfote nicht naß machen will. Ich sah — oder vielmehr der Kerl in mir, der sich auf den Eduard Mörike besser versteht, als ich selber, sah voraus, ich würde von dem Erzählungenschreiben bald Bauchweh bekommen, ärger als je von Predigtmachen. Das ließ ich aber dem guten Kerl nicht gelten, oder vielmehr ich hörte ihn gar nicht an und wies ihm gleich die fünfzig Gulden monatliche Vorausbezahlung, die mir der Buchhändler ungefordert gab, eh er fast einen Buchstaben von mir hatte; die erste Wurst aber, so ich von dem Geld aß, schmeckte mir schon nicht recht, und eh vierzehn Tage vergingen, hatt ich das Grimmen, als läge mir Gift im Leibe... Warum ich mich wenigstens nicht ein Halbjahr zwingen könne? ... Noch eins, damit Du mich doch einigermaßen begreifst, was meine Aversion vor der Zeitungsschreiberei betrifft. Das, was ungefähr von Poesie in mir steckt, kann ich nicht so tagelöhnermäßig zu Kauf bringen. Ich bin, wenn ich mich zu so einer Arbeit hinsetze, auch schlechterdings nicht imstande, tief aus der Seele einen Anlauf zu nehmen, einen freien, unbefangenen Zug der Begeisterung zu bekommen, wie es doch sonst bei mir ist oder war, wenn ich *für mich* oder gleichsam für gar niemand etwas unternahm. Gleich verkleinert und verwächt sich alles, was eben noch frisch in mir aufsteigen wollte, von dem Augenblick an, wo ich fühle, daß ich's für die Zeitung machen soll, und daß man auf mich wartet. Dann zupft es auch immer an mir, ich *solle* und *müsse* Gegenstände von höherem Wert, größerer Ausdehnung und in bedeutenderer *Form* vornehmen. Damit meine ich die dramatische, deren Wesen in Verbindung mit einem mächtigen Stoff mich auch (nächst dem Lyrischen) fast einzig in die rechte Wärme kommen läßt, während ich bei jeder prosaischen Erzählung bald ungeduldig und laß werde, besonders unter Umständen, wie sie mir der Gang der Zeitung und das ganze Manufakturwesen mit sich bringt." (Baumann III, 128—131)

Das Gespräch M's mit Gustav Schwab mag mit dazu beigetragen haben, daß M den Entschluß faßte, den er am 20. 12. 1828 Mährlen mitteilt: „der ganze Franckhische Handel wird wieder von mir aufgesteckt..." In Pflummern bei Riedlingen nimmt M im Febr. 1829 seine Vikariatstätigkeit wieder auf.

Druck:
Adolf Baumeister: *Eine ungedruckte Handschrift Eduard Mörikes.*
In: RB 18, 1914, S. 99—106. (= T)

536 *König Enzius:* Verschollenes Bruchstück eines historischen Trauerspiels von M.

ERINNERUNGEN AN ERLEBTES

Die tagebuchähnlichen Skizzen — Impressionen und Einfälle in stichwortartiger Dichte — stammen vom März 1832, aus M's Ochsenwanger Vikariatszeit, der Zeit seiner Liebe zu Luise Rau. In diesen Aufzeichnungen spiegeln sich Gedanken und Bilder aus der Vorstellungswelt novellenartiger Bruchstücke, die zu einem in den dreißiger Jahren geplanten religiösen Roman zusammenwachsen sollten. Doch blieb das Werk fragmentarisch. (Siehe *Lucie Gelmeroth* und *Bruchstücke eines Romans*, S. 59 f., 75.)

Druck:
Otto Güntter: *Ungedrucktes von Eduard Mörike:* In: RB 16, 1912, S. 83—87. (= T)

537 *Luise:* Luise Rau.
Rat einer Alten: Siehe das Gedicht dieses Titels.
Scheer: M war mehrmals zu Besuch in Scheer an der Donau bei seinem Bruder, Amtmann Karl Mörike.
538 *Pflummern:* In Pflummern war M von Februar bis Mai 1829 Pfarrverweser.
539 *Zur ersten Novelle:* Vgl. *Bruchstücke eines Romans:* Alexis.

ZU MEINER INVESTITUR ALS PFARRER IN CLEVERSULZBACH, IM JULI 1834 GESCHRIEBEN

Anläßlich der Übernahme seiner Pfarrgemeinde Cleversulzbach verlas M gemäß damaliger Sitte im Juni 1834 nach seiner Antrittspredigt diese autobiographische Darstellung, die vor allem seinen familiären und bildungsmäßigen Werdegang nachzeichnet.

Druck:
Jakob Bächtold: *Von Eduard Mörike:* In: *Deutsche Rundschau,* Jg. 11, Bd. 41 (1884) S. 269—284. [Darin M's Text S. 270—274.] — Dann in: Mc II, 457—464. (T: Handschrift im GSA)
541 *älteren Bruders:* Karl Eberhard M (1797—1847), Amtmann in Scheer.

545 *jenes Stuttgarter Oheims:* Eberhard Friedrich von Georgii (1757 bis 1830), Obertribunalpräsident in Stuttgart. — *eines vertrauten Freundes:* Rudolf Flad (1804—1830). — *Ein jüngerer Bruder:* M's Lieblingsbruder August (1807—1824). — *ältere Schwester:* Luise M (1798—1827).

DER SPUK IM PFARRHAUSE ZU CLEVERSULZBACH

M war, wie sein Dichterfreund Justinus Kerner, Romantiker genug, um offen zu sein für die „Nachtseiten" der Natur, ihre magisch-mysteriösen Kräfte. Am 16. 3. 1838 schreibt er an Hermann Kurz: „Ich war einigemal bei Nacht einer Geistererscheinung gewärtig... Apropos, was halten Sie von Gespenstern?" (Br.w. Kurz 114) Kurz erwidert im Jahre 1838: „Man sieht, daß Sie in der Gegend von Weinsberg wohnen, wo das Dämono-Mago-Prophetische zu Haus ist." (Zit. nach Mc, Biogr. 204) M's Wohnhaus in Cleversulzbach stand im Ruch des Gespenstischen. Man sprach vom Geist des Pfarrers Rabausch, der vor einem Jahrhundert dort ein wüstes Leben geführt hatte und zur Strafe „umgehen" sollte. In einem Brief an Kurz vom 8. 9. 1838 heißt es: „Nun noch zu guter Letzt ein Rabauschianum! Ich glaube Dir gesagt zu haben, daß die Nachtseite des Lebens bei uns sehr reich besetzt ist." (Br.w. Kurz 161) Kerner hatte in der siebenten Tatsache seiner „Seherin von Prevorst" über diese Erscheinungen berichtet. Nach der Lektüre dieses Werkes schenkte auch M den Äußerungen seines „Hausgeistes" stärkere Aufmerksamkeit. An Hartlaub schreibt M am 2. 11. 1837: „Vor drei Tagen ließ der Geist sich wieder zum ersten Male spüren. Es sind die alten Späße: ein Klopfen auf den Ofen wie mit Metall, ein Fallen wie von schweren Tropfen etc. ..." (Br. Seebaß[2] 428) Über weitere okkulte Erscheinungen berichtet er Hartlaub am 8. 9. 1841: „Gestern hatten wir ein somnambul gewesenes, unstreitig noch jetzt halb magnetisches, elfjähriges Mädchen ... im Hause. Sie will den Hausgeist in Person und Amtstracht auf dem oberen Gang vor der Kammertür gesehen haben..." (Baumann III, 518)

Seit 1834 zeichnete M seine diesbezüglichen Wahrnehmungen tagebuchartig auf und faßte sie schließlich auf Kerners Wunsch für das von diesem herausgegebene „Magikon" zusammen. Am 8. 8. 1839 schreibt M an Kerner: „Die Ankündigung des Magikons und Ihre gütige Einladung zu demselben hab ich ... erhalten und mich darüber gefreut. Ich werde, was mir allenfalls für diese Sammlung Brauchbares beigehen sollte, mit Vergnügen einsenden." (Baumann III, 477)

Im ersten Jahrgang seines „Magikon" (1840) hatte Kerner S. 106 f. bereits über die Beobachtungen von M's Amtsvorgängern im Pfarrhaus zu Cleversulzbach geschrieben: „[M] wußte von den Wahrnehmungen der vorigen Herren Pfarrer nicht das mindeste. Auch er hörte das gleiche Gehen, Werfen, Töne wie von Wassertropfen (wo keine waren). Selbst ein Schuß geschah einmal im Zimmer, wo sein Vikar schlief, der auch dieser Unheimlichkeiten wegen nicht mehr blieb. Auch eine besondere Lichterscheinung ward ihm einmal im Zimmer. Nicht nur er, sondern wer sonst mit ihm dieses Haus bewohnte, wurde und wird noch durch derlei Phänomenen in ihm beunruhigt. — Nachdem Herr Pfarrer Mörike dies schon alles erfahren hatte, las er die Tatsache in der Geschichte der ‚Seherin von Prevorst'. Er wurde aufmerksam und dachte, ‚so ist das ja ganz in deinem Hause', und als er die Anfangsbuchstaben, mit denen dort die Namen des Orts und der Personen gegeben sind, näher verglich, erkannte er erst, daß hier von seinem Hause und seinen Vorgängern die Rede ist."

Am 1. 2. 1841 dankt M Kerner für „die gütige Übersendung Ihres Magikon!" Weiter heißt es: „Mit beiliegenden Blättern schicke ich, was Sie verlangen... Schreiben Sie ja an die Herren Pfarrer Hochstetter und Rheinwald. Der erstere hat grelles Zeug erfahren, und schon in Königsbronn... Erinnern Sie ihn nur an das Rauschen des Reifrocks, an das Geklapper der Hölzer-Schuhe im Nebenzimmer seiner Studierstube in dem alten Schloß- und Klostergebäude... In Cleversulzbach hatte Herr Pfarrer Hochstetter ein Dienstmädchen aus der Schweiz, über dessen Verstand und Frömmigkeit nur Eine Stimme ist, und das die Gabe, Geister zu sehen, besaß. So sah sie den Spukgeist unseres Hauses sehr häufig bei Tage, in Gestalt teils eines Hunds, teils eines Mannes, und zwar, wenn ich mich recht erinnere, in geistlicher Tracht. Man bemerkte zuweilen, daß sie auf dem Gange einem unsichtbaren Gegenstande auszuweichen schien, worüber befragt, sie endlich bekannte, daß sie ein Mann, der so und so beschaffen sei, allenthalben verfolge..." (Br. Seebaß[3] 130—132)

Die von M hier teilweise bestätigten Berichte der Pfarrer Hochstetter und Rheinwald finden sich abgedruckt in der *Seherin von Prevorst*, Bd. 2, Stück 7; im „Magikon", Bd. 1 (1840) S. 106 ff. sowie Bd. 2 (1842) S. 6 f. — Die von M beigefügten Aufzeichnungen eigener Beobachtungen druckt Kerner im „Magikon", Bd. 2 (1842) S. 7—17 innerhalb seines Beitrags „Außergewöhnliche Erscheinungen, die an bestimmten Häusern haften." (S. 1—21) Kerner schreibt dort zu Beginn: „... daß die verschiedenen Herrn Geistlichen, die nacheinander dieses Haus [das Pfarrhaus in Cleversulzbach] bewohnten, in demselben Wahrnehmungen durchs Gehör, Auge oder Gefühl hatten, die nicht auf gewöhnliche Weise zu erklären sind, denen etwas Objektives zu Grunde liegen muß, das man... Gespensterspuk zu nennen genötigt ist.

Es sind dies Erscheinungen, derer sich der Naturforscher annehmen muß. — Sind sie auch aus einer andern Natur in die unsere hereinragend, so gehören sie, eben dieses Hereinragens wegen in unsere

Natur, auch unserer Forschung noch an, so gut wie die außer unserer Welt liegenden, aber dennoch noch in sie hereinragenden andern Weltkörper..."

Im Brief vom 26. 3. 1841 teilt M Kerner „noch einige Äußerungen unseres alten Hausgasts" mit; zugleich berichtet er über ähnliche Wahrnehmungen seines Freundes Hartlaub in Wermutshausen. (Br. Seebaß[3] 133 f.; ein weiterer Bericht M's an Hartlaub vom 23. 11. 1840, Br. Seebaß[3] 527 f.)

In einem universalen physisch-psychischen Zusammenhang sieht M auch die von Clemens Brentano aufgezeichnete Geschichte der Anna Katharina Emmerich. Er schreibt am 18. 10. 1841 darüber an Kerner: „Sollte die Exaltation der Nonne nicht in nächster Verwandtschaft zu dem Somnambulismus stehen?..." (Baumann III, 519)

Am 22. 12. 1841 verspricht M in einem Brief an Kerner, „in der Beilage eine merkwürdige Geschichte mitzuteilen, die mir einer meiner Freunde [Hartlaub] vor kurzem brieflich anvertraute und welche eben gegenwärtig noch in der Entwicklung begriffen ist... Was halten Sie vom Ganzen? Wünschen Sie den Bericht jetzt oder später fürs Magikon zu benutzen, so steht er gern zu Diensten, nur bäte ich diesmal meinen Namen wegzulassen." (Br. Seebaß[3] 147 f.) Die Geschichte wurde allerdings in den weiteren Bänden des Magikon nicht abgedruckt.

Druck:
[Justinus Kerner]: *Außergewöhnliche Erscheinungen, die an bestimmten Häusern haften.* In: Magikon 2 (1842) S. 1—21. [Darin M's Bericht S. 7—17.] (= T) — Dann in: Mc II, 464—475.

NACHTRÄGE ZU SCHILLERS SÄMTLICHEN WERKEN

M, selbst Autographensammler, der auch ein Entwurfsfragment zum *Wilhelm Tell* besaß, hatte im Jahre 1838 Abschriften Schillerscher Familienbriefe aus dem Nachlaß von Schillers Schwester Luise Franckh von deren Schwiegersohn, Kaufmann Kühner in Möckmühl, für den Verlag Schweizerbart angekauft. Er veröffentlichte diese Briefe 1839 mit einem kurzen Vorwort im zweiten Band der dreibändigen *Nachträge zu Schillers Sämtlichen Werken,* herausgegeben von Eduard Boas. (Vgl. Brief M's an Georg v. Cotta, 8. 5. 1859; Br. Seebaß[3] 312)

Druck:
Nachträge zu Schillers Sämtlichen Werken. Gesammelt und herausgegeben von Eduard Boas. 3 Bde. Stuttgart: Cotta 1838—1840. — [M's Vorwort zu Schillers Familienbriefen in Bd. 2, S. 443—444.] (= T) — Dann in: Mc II, 475 f.

557 *die Mutter unsres Dichters:* M ließ 1834 das Grab von Schillers Mutter im Friedhof von Cleversulzbach instand setzen. (Vgl. das Gedicht *Auf das Grab von Schillers Mutter.*)
558 *dem Dichter doppelt bedeutsam:* Der 29. 4. 1802 war der Sterbetag von Schillers Mutter und der Tag von Schillers Einzug in Weimar.

GEDICHTE VON WILHELM WAIBLINGER
Vorwort

Waiblinger, der 1830 sechsundzwanzigjährig in Rom verstorbene Dichter, war seit 1821 M's Jugendfreund gewesen. Trotz kritischer Distanz zu den leidenschaftlich exzessiven Werken Waiblingers — vor allem den Romanen — schätzte M das lyrische Talent des Freundes sehr. Zwar lehnte er den Vorschlag eines Verlegers, eine Gesamtausgabe von Waiblingers Schriften mit einer Biographie zu verbinden, ab. Im Brief an Hartlaub vom 14. 3. 1839 heißt es darüber: „Neulich hat mir die Brodhagische Buchhandlung, eigentlich ein Associé von ihr, welcher das Recht, die Schriften Waiblingers gesammelt herauszugeben, von dessen Eltern erwarb, den Antrag gemacht, dieses Geschäft zu übernehmen und eine ausführlichere Biographie dazu zu liefern... hab ich nach reifer Überlegung die Sache ausgeschlagen... Ich habe ... nur in Beziehung auf die Frage, ob *alles* bisher Gedruckte aufgenommen oder eine Auswahl zu machen sei, mein Votum für das letztere... gegeben." (Baumann III, 471)
Am 26. 12. 1841 schreibt M wiederum an Hartlaub: „Ich habe mir diese Zeit her viel und ernstlich mit Waiblingers Schriften zu tun gemacht; nicht mit dem bewußten Roman [Lord Lilly], denn das ist ein greuliches Unding... Ich meine die gedruckten Schriften in neun Bänden*. Darunter ist das meiste mittelmäßig, sogar unangenehm. Hingegen ist ein Teil der Gedichte aller Aufmerksamkeit wert. Der Herausgeber — irgend so ein unwissender schäbiger Adelsschnauzbart... hat grade *diese* Sachen am liederlichsten traktiert... Da es nun wahrhaft schade darum ist, so fiel mir ein, ob man nicht das Vorzüglichste der lyrischen und epigrammatischen Stücke in einem Bändchen zusammenstellen sollte... Nur müßte man die Mühe einer ins Einzelne gehenden Redaktion, hier und da mit einiger Nachbesserung, mit Wegschneidung gewisser Längen etc. übernehmen... Als Dichter ihn betrachtet, war vielleicht sein Hauptfehler die Hast, womit er alles betrieb... Er war ein ungewöhnlicher Mensch und ein außerordentlich gewandtes Talent. Alle, die aus der Ferne so cava-

---

* Wilhelm Waiblingers Gesammelte Werke, mit des Dichters Leben von H. v. Canitz. Rechtmäßige Ausgabe letzter Hand. 9 Bde. Hamburg: Georg Heubel 1839—1840.

lièrement von ihm reden, sollen sich nur nicht einbilden, ihm die Schuhriemen aufzulösen." (Br. Hartlaub 158 f.)

Kurz vorher, im November 1841, hatte M dem Verleger Heubel bereits detaillierte Vorschläge über die von ihm geplante Auswahl aus Waiblingers Werken gemacht: „Ich habe Waiblingers gedruckte Schriften teils vordem, teils in Ihrer Ausgabe nun vollständig und aufmerksam gelesen, und wenn ich bei der Frage über das, was einer bleibenden Erhaltung wert sei, meine Stimme abgeben sollte, so stünden mir vom ganzen Inhalt der neun Bände die *lyrischen* und *epigrammatischen* Gedichte, nach Beseitigung gewisser Mängel und Ausscheidung des Unhaltbaren, entschieden oben an. Es sind darunter Stücke von solcher Schönheit und andere von so trefflichem Humor, als heutzutage wohl wenige Dichter anzubieten haben." (Br. Seebaß[3] 144) Im gleichen Brief spricht M sich entgegen Heubels Absichten für „eine abgesonderte Auswahl der Gedichte" aus. (ebd. 146) „Als Honorar würde ich eine Summe von fünf Louisdor bedingen."

Am 16. 3. 1842 legt M dem Verleger seine Editionsgrundsätze dar. Hier zeigt sich bereits seine Tendenz zu starken Eingriffen, die schließlich zu weitgehender Umgestaltung von Waiblingers Gedichten führte. „Bereits ist auch mit den Verbesserungen selbst ein Anfang gemacht. In dieser letzten Rücksicht nun ergab es sich, daß man dabei, wofern der Zweck vollkommen erreicht werden soll, einige Schritte weiter gehen müsse, als ich anfangs gesonnen war. Ungeachtet man sich nämlich bei einer so delikaten Aufgabe aus schuldiger Achtung gegen den Autor vor jeder Überschreitung einer bestimmten Grenze... wohl zu hüten hat, so finde ich doch unumgänglich, daß hin und wieder größere Versglieder neu gegeben werden. Besonders auch übersteigt die Anzahl der nötigen kleinen Verbesserungen meine anfängliche Schätzung." (Br. Seebaß[3] 149) Daher bittet M um eine Erhöhung des Honorars auf 110 Gulden. Zugleich zeigt er sich „geneigt, mich Ihrem Wunsche gemäß auf dem Titel als Herausgeber zu nennen, um so mehr, da ich dem Publikum schuldig zu sein glaube, in einem Vorwort einige Rechenschaft über gedachtes kritische Verfahren zu geben..." (Br. Seebaß[3] 150)

Von einem „kritischen Verfahren" im philologischen Sinne einer authentischen Textausgabe kann indessen hier keine Rede sein. Auch enthält die Rechtfertigung M's in dem knappen Vorwort keinerlei Einzelangaben über die Bearbeitungsvorgänge des Herausgebers. Immerhin holt M dieses Versäumnis teilweise nach in dem von ihm anonym publizierten Aufsatz „Waiblinger" im Septemberheft der *Monatsblätter zur Ergänzung der Allgemeinen Zeitung*, 1845, S. 396 bis 402, einer Selbstrezension seiner Waiblinger-Ausgabe. — Jene Freiheiten, die M sich gegenüber dem Werk des Dichterfreundes herausnimmt, gründen in seinem trotz aller Hochschätzung kritischen Verhältnis zu dessen Poesie. Daher lehnt M auch den Wunsch Heubels ab, ein neues Vorwort für die Gesamtausgabe zu schreiben. (Br. Seebaß³ 151; vgl. auch M's Brief an Karl Mayer, 27. 4. 1842; Br. Seebaß³ 153)

Im Spätherbst 1844 endlich liegt die einbändige Gedichtauswahl bei Heubel im Druck vor. Vom Rest der unsprünglichen Auflage erscheint 1853 eine neue in der Stuttgarter Verlagsbuchhandlung C. P. Scheitlin. Zwei Jahre später bewährt sich noch einmal M's Engagement für Waiblingers Lyrik. Am 24. 12. 1855 schreibt er an die Stammersche Buchhandlung, die die Verlagsrechte an der Ausgabe von 1844 erworben hatte: Es hat mich jederzeit gekränkt, das namhafte Verdienst, das Waiblinger als Lyriker unstreitig hat, ... sehr wenig gewürdigt zu sehen. Aller Liebe und Sorgfalt ungeachtet, womit ich bei der Revision und Überarbeitung dieser Gedichte dem Verfasser zu seinem Rechte zu verhelfen bemüht war, hat die neue Sammlung fast keine Beachtung gefunden..." (Br. Seebaß³ 289) An gleicher Stelle erklärt M seine Bereitschaft „zu einer nochmaligen genauen Durchsicht", um eine „kleinere Auswahl" herzustellen.

Drucke:
Erstdruck: *Gedichte von Wilhelm Waiblinger, herausgegeben von Eduard Mörike.* Hamburg: Verlag von G. Heubel 1844. — Der Rest dieser Auflage erschien in Stuttgart: C. P. Scheitlins Verlagsbuchhandlung 1853. (= T) — Dann in: Mc II, 476 f.
[Anzeige] *Literaturblatt zum Morgenblatt für die gebildeten Stände* 1845, Nr. 114.

WILHELM WAIBLINGER

Der von M unter dem Kryptonym W. veröffentlichte Aufsatz — eine Selbstrezension von M's Waiblinger-Ausgabe — lebt aus der Fiktion, M habe dem Rezensenten seine Ansicht über Waiblinger brieflich mitgeteilt. Die Ausführungen über Waiblingers „Talent", seine „Vorzüge" und „Fehler" dienen dem Autor als Folie für sein eigentliches Anliegen: die Rechtfertigung seiner starken Eingriffe in Waiblingers Gedichte. Um zu zeigen, wie der Herausgeber „seine Kunst für ihn (Waiblinger) hergeliehen", stellt er in einigen Beispielen die Originalfassung der Gesamtausgabe seiner, M's, neuer Ausgabe gegenüber. In einem Brief vom 24. 12. 1855 empfiehlt M den Aufsatz unter Wahrung der Anonymität dem Verleger Stammer. (Br. Seebaß³ 289)

Drucke:
Monatsblätter zur Ergänzung der Allgemeinen Zeitung, September 1845, Nr. 9, S. 396—402. (= T) — Danach: Otto Güntter: *Eduard Mörike über Wilhelm Waiblinger. Ein unbekannter Aufsatz Mörikes.* In: RB 19, 1915, S. 95—117.

ERINNERUNG AN FRIEDRICH HÖLDERLIN

Gestalt und Werk Hölderlins beschäftigen M vielfach in seinem Leben. Schon der Vierzehnjährige liest im Uracher Seminar die Schriften des älteren Landsmannes. Mit dem Freunde Bauer begegnet er 1823 dem damals bereits umnachteten Dichter in Waiblingers Wohnung auf dem Tübinger Österberg. Dem Werk Hölderlins steht M bei aller Bewunderung durchaus kritisch gegenüber, wie sein Urteil über den *Hyperion* bezeugt. (Vgl. den Brief an Mährlen, 21. 5. 1832; Baumann III, 328)

Neben Porträts besaß M auch „einiges Handschriftliche von ihm". (Brief an Hermann Kurz, 12. 4. 1838; Br.w. Kurz 128) Am 26. 6. 1838 schreibt M an Hermann Kurz: „Ich habe dieser Tage einen Rummel Hölderlinischer Papiere erhalten, meist unlesbares, äußerst mattes Zeug. Ein kurzes seltsames Fragment christlichen Inhalts muß ich Dir aber doch... mitteilen:

> Freundschaft, Liebe, Kirch' und Heil'ge, Kreuze, Bilder,
> Altar und Kanzel und Musik. Es tönet ihm die Predigt.
> Die Kinderlehre scheint nach Tisch ein schlummernd müßig
> Gespräch für Mann und Kind und Jungfrau'n, fromme Frauen;
> Hernach geht er, der Herr, der Burgersmann und Künstler
> Auf Feldern froh umher und heimatlichen Auen;
> Die Jugend geht betrachtend auch.

Was sagst Du zu der Schilderung? Das von der Kinderlehre klingt beinah diabolisch naiv, so rührend es gemeint sein mag.

Ferner eine Ode an seinen Kostherrn. (Sie liegt in einer Kopie von der Hand des Besungenen selbst vor mir, der sich dadurch ganz ungemein geschmeichelt fühlen mußte.) ..." Es folgt Hölderlins Gedicht „An Zimmern". (Br.w. Kurz 148 f.)

Über die Bekanntschaft mit weiteren Hölderlin-Manuskripten anläßlich eines Besuches bei Hölderlins Schwester in Nürtingen gibt ein Brief an Hartlaub vom 6. 2. 1843 Auskunft: „Ich fand merkwürdige Konzepte seiner (zumeist gedruckten) Gedichte mit vielen Korrekturen; mehrfach variierende reinliche Um- und Abschriften der gleichen Stücke... dann: Übersetzungen des Sophokles (zum Teil gedruckt), Euripides und Pindar; dramaturgische Aufsätze; Briefe von unbedeutenden Freunden (Siegfried Schmid, Neuffer etc.), auch einige von ihm, und eine Spur, wie ich vermute, von der Hand derjenigen, die wir als Diotima kennen; Aushängebogen der ersten Ausgabe des Hyperion ... Besonders rührend waren mir so kleine verlorene Wische aus seiner Homburger und Jenaer Zeit, die mich unmittelbar in sein trauriges Leben und dessen Anfänge versetzten." (Baumann III, 560)

Am 26. 3. 1847 sendet M an Hartlaub eine Abschrift von Hölderlins Gedicht „Heidelberg" „mit allen wesentlich veränderten Stellen des ersten Entwurfs nach seiner Handschrift..." (Baumann III, 632) 1856 veröffentlicht M einige Hölderlin-Manuskripte in Schads *Musenalmanach*. Auch für den Sammler Karl Künzel erwirbt M gelegentlich einzelne Hölderlin-Stücke. (Vgl. Brief an Künzel, 26. 5. 1859; Br. Seebaß[3] 312; 565) Als Kenner für Autographen des Dichters bietet sich M Künzel am 17. 3. 1870 an: „Mein *testimonium* für *Hölderliniana* u. dgl. steht jederzeit mit Vergnügen zu Dienst." (Br. Seebaß[3] 437; 592)

Am 13. 5. 1873, zehn Jahre nach dem Druck von *Erinnerung an Friedrich Hölderlin* in der *Freya*, sendet M das dort veröffentlichte Porträt Hölderlins von Schreiner zusammen mit der Ode „An Zimmern" an Wilhelm Hemsen: „Ihr gehaltvoller Trinkspruch bei der Hölderlinsfeier hat uns Dreien ausnehmend gefallen, und ich erwidere das schöne Blatt hierdurch mit zwei kleinen Reliquien aus meiner Tübinger Zeit. — Mein alter Freund Gottlob Schreiner*, ein geschickter Zeichner (damals mit dem lithographischen Werk der Brüder Boisserée in Stuttgart beschäftigt und später in München selbständig arbeitend) besuchte mich im Jahr 1826. Ich führte ihn zu dem kranken Hölderlin, von welchem er mir das beifolgende Bildchen hinterließ, das Sie, so unansehnlich es auch ist, gewiß nicht verschmähen. Es wurde zwar nicht im unmittelbaren Anschaun der Person, doch gleich nachher aus frischester Erinnerung an meinem Pult gemacht und ist garnicht übel geraten; besonders die Haltung mit dem bedeutsam demonstrierenden Gestus sehr charakteristisch. Zugleich erhalten Sie eine rührende, zweistrophige Ode von ihm, an seinen Quartier- und Kostgeber Zimmer, wobei man wissen muß, daß derselbe ein Tischler und Weinbergbesitzer war." (Br. Seebaß[3] 456 f.)

Drucke:
Eduard Mörike: *Erinnerung an Friedrich Hölderlin:* In: *Freya. Illustrierte Familienblätter*, Jg. 3 (1863) S. 337—338. (= T) — Dann in: Mc II, 477—480.

AUS DEM GEBIETE DER SEELENKUNDE

Die vor 1861 entstandene kleine Schrift zeugt ebenso wie die beiden folgenden von M's starkem Interesse an außergewöhnlichen Erscheinungen auf psycho-physischem Grenzgebiet.

---

* Der wirkliche Vorname Schreiners war Johann Georg. (Vgl. Br. Seebaß[3] 599.)

Drucke:
Eduard Mörike: *Aus dem Gebiete der Seelenkunde.* In: *Freya. Illustrierte Familien-Blätter,* Jg. I (1861) S. 46. (= T) — Dann in: Mc II, 480 f.

583 *D. M.:* Johann Gottlieb M (1774—1833), Obertribunalprokurator, Onkel E. M's. — *M.:* Mergentheim. — *S.:* v. Speeth. — *Tochter:* Margarethe v. Speeth.

DOPPELTE SEELENTÄTIGKEIT

Der Text ist vermutlich in den Jahren 1861/63 entstanden (Mc II, 506).

Drucke:
Zu M's Lebzeiten nicht veröffentlicht. — Erstdruck: *Eduard Mörikes Briefe. Hrsg. von Karl Fischer und Rudolf Krauß.* Bd. 2, Berlin 1904, S. 292—294. — Dann nach der Hs. verbessert: Mc II, 482 f. (T: Handschrift im GSA)

585 *Alb. Rheinwald:* M's Studienkamerad aus dem Tübinger Stift. — *Ludwig:* M's Freund Ludwig Bauer.

ÜBERSETZUNGEN

CLASSISCHE BLUMENLESE

In der Cleversulzbacher Zeit, kurz vor dem Erscheinen seines ersten eigenen Gedichtbandes, faßt M den Plan, eine Sammlung griechischer und römischer Poesie in Übertragungen herauszugeben. Am 16. 3. 1838 schreibt er darüber an Hermann Kurz: „Aus Gelegenheit eines Geschäfts, das ich mir vorgesetzt, um meine schrecklich müßige Zeit — in welcher ich nichts Tüchtiges tun kann — einigermaßen nützlich auszufüllen und wovon Ihnen Bauer vielleicht gesagt haben wird, habe ich einige Übersetzungen probiert, unter andern einiges von Catull: ‚Akme und Septimius'... (Br.w. Kurz 116) „Akme und Septimius" sowie „Auf den Arrius" übersetzte M selbständig und nahm diese Gedichte zusammen mit „Zwiespalt" sogar in seine eigene Lyriksammlung auf.

Johannes Mährlen hatte M zu einer völlig neuen Übersetzung geraten. Doch erwidert M am 9. 2. 1838 dem Freund: „Dein Brief vom vorigen Monat ist aller Ehre wert, allein ich kann, was jene kleine literarische Spekulation betrifft, über meinen ersten Plan nicht hinausgehen. Eine eigene Übersetzung wäre ein ebenso undankbares als schwieriges Geschäft, ich hätte hier mit mehreren ganz ausgezeichneten Vorgängern zu konkurrieren, und weder der Buchhändler noch das betreffende Publikum würde eine solche Arbeit schätzen. Aber auch abgesehen davon, so ist mein Vorsatz auf das genaueste für meine körperlichen Kräfte berechnet..." (Br. Seebaß[3] 89) Im gleichen Brief äußert sich M konkreter über das „Projekt": „5 Gulden 24 Kreuzer für den Bogen, wie Du meintest, schien mir doch gar zu wenig, ich forderte deshalb 8. Nun schrieb mir gestern Metzler, daß er dieses zufrieden sei. — Das Honorar wird aber keineswegs zersplittert. Ich und Schleich [M's Vikar] tun eigentlich alles, Schnitzer [Studienkollege M's] benotet nur einige Hymnen von Pindar." (Vgl. auch M's Brief an D. Fr. Strauß, 5. 2. 1838; *Lit. Echo* 24, 1922, S. 593 f.) Es folgt die Bitte, ihm die nötigen Bücher aus der Stuttgarter Bibliothek zu besorgen. — (Vgl. Brief an Adalbert Keller, 3. 5. 1838, wo M den Empfang von Ramlers Catull-Übersetzung bestätigt; Br. Seebaß[3] 90)

In einem Brief an Justin Kerner vom 4. 5. 1838 entwirft M sein Programm im einzelnen: „Ich bin in meinen bessern Stunden gegenwärtig mit einer Art von klassischer Anthologie beschäftigt, einer Auswahl der vorzüglichsten altgriechischen und römischen Lieder, Elegien, Idyllen, Epigramme, nach den besten Übersetzungen, die ich wo es not tut, verbessere und mit fortlaufenden kurzen Noten versehe, so daß es eine Lektüre für a l l e gebildeten Stände, insonderheit auch für die Frauenwelt geben soll. Es werden drei Bändchen, die bei Metzler erscheinen, das erste wohl bis gegen den Herbst. Ich arbeite soeben den herrlichen Tibullus aus und wüßte überhaupt nicht leicht ein angenehmeres Geschäft, wenn ich mich nur so recht, wie ich gern wollte, daran halten dürfte..." (Br. Seebaß[3] 91)

Ähnlich schreibt M am 24. 8. 1838 an Friedrich Theodor Vischer: „Noch immer nicht in der Verfassung, um aus eigenem Fonds etwas auf unserem Feld zu leisten, bin ich hauptsächlich um des lieben Geldes willen, an eine kleine Zwischenarbeit, kompilatorischer Natur, geraten... Ich treibe dies Geschäft, wozu ich an meinem Vikar einen willkommenen Mitarbeiter fand, nicht ohne innerliches Interesse, weil ich dadurch so manches erst jetzt kennen lerne. Die Auswahl der Stücke macht mir viel Unterhaltung; dann wird ein Übersetzer teils durch den andern korrigiert, um alles so lesbar wie möglich zu machen..." (Baumann III, 443). Im selben Brief bittet M den Freund, ihm einige benötigte Bücher zu beschaffen: „1. Die Ausgabe der *Anthologia graeca* von Jakobs, mit Kommentar. 2. Eine Ausgabe des Theognis und der Überreste von Kallinus, Tyrtaeus, Mimnermus, Solon, Simonides, Aristoteles, Archilochus, Sappho etc. ... Sie sind von Stephanus, Brunck, Boissonade gesammelt." Die hier genannten Autoren von Mimnermus bis Sappho hat M dann allerdings in seine *Classische Blumenlese* nicht aufgenommen.

Der Metzler-Verlag geht jedoch, wie M am 8. 11. 1838 an seine Mutter und an die Schwester Clara schreibt, „auf den neuen Plan mit der Anthologie nicht ein, verzichtet aber, wenn ich drauf bestünde, auf das ganze Unternehmen. Nun will ich sehen, ob kein anderer sich für die neuen Bedingungen findet. Vielleicht versuchen wir's mit Cotta und dann ist Aussicht auf gute Bezahlung. (Br. Seebaß[2] 467)

Über den Verlag, der das Werk endgültig annahm, berichtet M in einem Brief vom 3. 2. 1839 an Hartlaub: „Die Anthologie wird nunmehr bei Schweizerbart gedruckt, nachdem Metzler den neuen, von uns beiden aufgesetzten Plan (12 fl. 30 à Bogen) abgelehnt hat. . . . Findet das 1. Bändchen der Anthologie Absatz, so wird das Honorar erhöht." (Br. Hartlaub 83)

Am 15. 4. 1839 meldet M Hartlaub: „Ich bin jetzt dran, eine Art mythologischen Wörterbuchs zum ersten Teil der Blumenlese zu machen, welches ein äußerst odioses und schülerhaftes Geschäfte ist..." (Br. Seebaß[2] 480)

Die Intensität, mit der M die Arbeit betrieb, bekundet ein Brief vom 4. 8. 1839 an seinen ehemaligen Lehrer, den späteren Herausgeber der *Realenzyklopädie der klassischen Altertumswissenschaft* August Friedrich Pauly. Hier bittet M um weiteres Quellenmaterial: „Ich bin seit einiger Zeit mit besonderer Liebe zu den alten Dichtern zurückgekehrt, und habe, wie Professor Bauer Ihnen vielleicht gesagt haben wird, eine Anthologie griechischer und römischer Lieder, Idyllen, Epigramme und dergleichen, nach vorhandenen Verdeutschungen, jedoch in neuer Überarbeitung, unternommen. Das Manuskript ist bis auf Weniges fertig und soll der Druck zu Ende dieses Monats noch beginnen. Nun aber fehlten mir noch einige Stücke, die ich bis jetzt bloß aus der Übersetzung (in Webers elegischen Dichtern der Hellenen) kenne und wozu ich den griechischen Text in meinem philologischen Vorrat nicht finde. So hat Parthenios in seinen Erzählungen die Geschichte von Antheus und Kleoboia mitgeteilt, die Alexander von Pleuron — etwas seltsamerweise — in Form einer Weissagung des Apollo in siebzehn Distichen beschrieben und Parthenios mitgeteilt... Ferner hat man zwei Disticha von Asios aus Samos: ‚Lahm, Schandmäler am Leib...' Wahrscheinlich ein episches Bruchstück... Wären Sie nun wohl so gütig, mir diese beiden Gedichte (oder doch das erstere) zukommen zu lassen? entweder in der Ausgabe, worin dieselben vorkommen, oder in einer Abschrift..." (Br. Seebaß[3] 118) Die erbetenen Gedichte tauchen allerdings in der *Classischen Blumenlese* nicht auf: M's Ersuchen scheint erfolglos geblieben zu sein.

In einem Brief an Julius Krais vom 29. 7. 1840 kündigt M das baldige Erscheinen des ersten Bändchens an: „Der erste Teil, — mit Stücken aus den Homerischen Hymnen, Kallinus, Tyrtäus, Theognis, Theokrit, Bion und Moschus, Catull, Horaz (wozu L[udwig] Bauer in Stuttgart mehreres in Reimen beigetragen) und Tibull wird demnächst in der Schweizerbartschen Verlagshandlung zu Stuttgart erscheinen. Zum zweiten Bändchen, welches in etwa vier Monaten herauskommen soll, ist noch sehr wenig Manuskript beisammen. Professor Schnitzer in Heilbronn wird eine Auswahl aus Pindar, ich den Anakreon, Sappho, Properz, vielleicht auch einiges aus der *Anthologia graeca* usw. besorgen. — Hätten Sie wohl Lust, unser Mitarbeiter zu werden, und den Martial, zwei größere Stücke aus Catull (nachträglich) und eine Anzahl griechischer und lateinischer Epigramme zu liefern? — Da bei den Übersetzungen, wie gesagt, in der Regel vorhandene gute Arbeiten zu Grunde gelegt werden können, so ist des Geschäfts nicht zu viel." (Br. Seebaß[3] 122 f.) Jener geplante zweite Band kam allerdings — wohl mangels Mitarbeiter — nie zustande. Immerhin wurde das Anakreon-Projekt später in einer eigenen Ausgabe realisiert (siehe S. 156 ff.).

Über die „neulich erschienene Anthologie" berichtet M am 11. 10. 1840 an Karl Grüneisen. (Br. Seebaß[3] 128) Am 1. 11. 1840 sendet er ein Exemplar an den Freund Justinus Kerner. (Br. Seebaß[3] 128)

Quellen:
Über die verwendeten Ausgaben der Urtexte gibt M in der Vorrede zur CIBl keine Auskunft. Er erwähnt dort S. IV f. nur die wichtigsten der von ihm herangezogenen Verdeutschungen. Es handelt sich dabei einschließlich der in den Briefen nachgewiesenen Quellen um folgende Werke*:

Für Homer:
Schwenck, Konrad: Die homerischen Hymnen. Übersetzt u. m. Anm. begleitet. Frankfurt a. M. 1825.
Voß, Johann Heinrich: Hymne an Demeter. Griech. Text, Übersetzung und Erläuterungen. Heidelberg 1826.

Für Kallinus und Tyrtäus:
Weber, Wilhelm Ernst: Die elegischen Dichter der Hellenen. Nach ihren Überresten übersetzt und erklärt. Frankfurt a. M. 1826.
Jakobs, Friedrich Christian u. Richard François Philippe Brunck: Anthologia graeca. Bd. 1—13. Leipzig 1794—1814.
Fraglich ist die Verwendung von: Bach, Nicolaus: Callinus Ephes. Tyrtaei, Asii Carminum quae supersunt. Leipzig 1831.

Für Theognis:
Weber, Wilhelm Ernst: Theognis von Megara und A. Persius Flaccus, Emigrant u. Stoiker. Die Sprüche des Theognis u. d. Satiren d. A. Persius Flaccus. Deutsch m. Anm. Bonn 1834.

Für Theokrit:
Bindemann, Ernst Christoph: Theokrits Idyllen und Epigramme; aus dem Griechischen metrisch übers. u. mit Anmerkungen. Berlin 1793.

---
* Für die Überprüfung und Ergänzung der Quellenhinweise zu M's Übersetzungen danke ich Herrn Dr. Ulrich Hötzer, Stuttgart-Bad Cannstatt.

Voß, Johann Heinrich: Theokritos, Bion und Moschos. Tübingen 1808.
Witter, Johann: Theocritus, Idyllen und Epigramme übersetzt. Hildburghausen 1819.
Naumann, Aemil Wilhelm Robert: Theokrit, Bion und Moschus. Übersetzt u. m. Biographien d. Dichter, Einleitungen u. kurzen Anmerkungen versehen. 2 Bändchen. Prenzlau 1828. (Übersetzungsbibl. d. griech. u. röm. Klassiker)
Für Bion und Moschus:
Voß (siehe unter Theokrit).
Jakobs (siehe unter Kallinus).
Naumann (siehe unter Theokrit).
Für Catull:
Ramler, Karl Wilhelm: Kajus Valerius Katullus in einem Auszuge. Lateinisch u. deutsch. Leipzig 1793.
Schwenck, Konrad: C. Val. Catullus übersetzt. Frankfurt a. M. 1829.
Für Horaz:
Binder, Christian Wilhelm: Horatius /Der deutsche/ oder des Quintus Horatius Flaccus lyrische Gedichte in den Versmaßen der Urschrift verdeutscht. 2. Aufl. Bern 1832.
Ramler, Karl Wilhelm: Horazens Oden. Übersetzt u. m. Anm. erläutert. 2 Bde. Berlin 1800.
Gehlen, Friedrich: Quintus Horatius Flaccus. Sämtliche Werke. In den Versmaßen d. Urschrift, deutsch. Bd. 1: Oden, Epoden, Säculargesang. Essen 1835.
Scheller, Karl F.: Quintus Horatius Flaccus. Oden u. Epoden, deutsch. Helmstädt 1821.
Scheller, Karl F.: Horatius. Sämmtliche Werke, deutsch. 2., verb. Aufl. Halberstadt 1830.
Für Tibull:
Strombeck, Friedrich Karl v.: Des Albius Tibullus Elegien, übersetzt u. erklärt. 2. Aufl. Göttingen 1825.
Voß, Johann Heinrich: Tibullus und Lygdamus, übersetzt u. erklärt. Tübingen 1810.
Reinhard, Karl Friedrich: Albius Tibullus nebst einer Probe aus dem Properz und den Kriegsliedern des Tyrtäus. In d. Versart d. Urschrift übersetzt. Mit e. Anhang v. eigenen Elegien. Zürich 1783.

Druck:
Classische Blumenlese. Eine Auswahl von Hymnen, Oden, Liedern, Elegien, Idyllen, Gnomen und Epigrammen der Griechen und Römer; nach den besten Verdeutschungen, theilweise neu bearbeitet, mit Erklärungen für alle gebildeten Leser. Herausgegeben von Eduard Mörike. Erstes Bändchen. Stuttgart E. Schweizerbart'sche Verlagshandlung. 1840. (= T) — [Fehlt Mc]

[Anzeige]: *Literaturblatt zum Morgenblatt für die gebildeten Stände,*
24. 2. 1841.

THEOKRIT

Wie hoch M Theokrit schätzte, geht aus einem Brief vom 12. 4. 1838 an Hermann Kurz hervor: „Ich kann Ihnen für Ihren angenehmen Brief mit seinen verschiedenen Beilagen nicht besser danken, als indem ich Ihnen mit gegenwärtigem Büchlein [Theokrit] meine Leibspeise schicke; ... Fürwahr, dies ist derjenige Poete, welchem, wenn vom Anmutigen die Rede ist, *uno excepto Homero,* vor allen andern jenes Weilheimer Epitheton zukommt." (Br.w. Kurz 127) Bereits in der ClBl hatte M Theokrit ausgiebig berücksichtigt. Am 2. 4. 1853 teilt er Hartlaub zwar zunächst mit: „Für die nächste Zeit habe ich mich durch den hiesigen Professor Cloß zu einiger Teilnahme an dem neuen, vom Buchhändler Hoffmann angekündigten Übersetzungswerke alter Klassiker beschwätzen lassen: vielleicht mit einem Lustspiel des Terenz oder Plautus und dem Anakreon, nicht, wie sie wollten, dem ganzen Theokrit, dessen ich *insofern* genug habe." (Br. II, 233) Dennoch nahm M in den fünfziger Jahren die Aufforderung des Freundes Friedrich Notter an, an der Übersetzung und Herausgabe der griechischen Klassiker Theokrit, Bion und Moschos mitzuarbeiten. Die Hauptlast hatte hierbei freilich Notter zu tragen, der im Unterschied zu M auch meist selbständige Übersetzungen bot; M übernahm es, die Verdeutschungen anderer Übersetzer zu elf Theokrit-Idyllen zu bearbeiten. Sieben dieser Theokrit-Verdeutschungen hatte er bereits in der ClBl herausgegeben.* Für die neue Ausgabe feilte er jedoch noch gründlicher an Wortschatz, Metrik und Stil der Übertragungen. M griff hier auch stärker auf den Urtext zurück und setzte sich mit gelehrten Kommentaren auseinander. Gegenüber der ClBl wählte er vor allem „eine einfachere ... Sprache in der Wiedergabe." (G. Rupprecht: M's Leistung als Übersetzer aus den klassischen Sprachen. Diss. München 1958, S. 84)

Von Notter stammen neben den Übertragungen von 19 Theokrit-Idyllen sowie sämtlicher Gedichte des Bion und Moschos auch die Einleitung und die Anmerkungen. — Wie sehr auch M sich jedoch um metrische und stilistische Verbesserungen bemühte, zeigt ein Brief vom 25. 9. 1854 an Notter: „Inzwischen ist der Druck des Theokrit bis Bogen sechs inklusive fortgeschritten; ich habe Ihre Correktur so sorgfältig wie möglich besorgt (wobei ich mir nur zwei kleine das Versmaß betreffende Änderungen erlaubte: in Nr. XVII; 73 ‚unter dem Schutze Kronions' (statt ‚Obhut') und V. 92 ‚Mit der Ströme' (statt i h r e r Ströme) — freilich ein Trochäus, doch immer noch die

---

* Es handelt sich um die Theokrit-Idyllen II, VI, XI, XIV, XV, XVI, XXVIII b.

geringere Sünde, die Sie auch hie und da begehen mußten ... Ich habe meine Übersetzung vielfach nach den neuen Lesarten verbessert und einige dieser Änderungen werden auf Ihre Noten Einfluß haben ..."
(Br. Seebaß[3] 275) Von der Intensität der Bearbeitung zeugen auch die 5 Seiten „Corrigenda", die dem Brief beiliegen. (Vgl. Br. Seebaß[3] 555) Das Gemeinschaftswerk der beiden Freunde erschien zu Weihnachten 1855 in der Hoffmann'schen Verlagsbuchhandlung zu Stuttgart.

Quellen:
  (Siehe zu ClBl, S. 154.))

Druck:
Theokritos, Bion und Moschos. Deutsch im Versmaße der Urschrift von Dr. E. Mörike und F. Notter. Stuttgart, Hoffmann'sche Verlags-Buchhandlung. 1855. (= T) — Mc III, S. 409—454 enthält nur die Übersetzungen aus Theokrit.

ANAKREON UND DIE SOGENANNTEN ANAKREONTISCHEN LIEDER

Die Bearbeitung und Herausgabe einer deutschen Übersetzung des Anakreon war schon für den (nie erschienenen) zweiten Band der ClBl geplant (siehe oben S. 153). Statt dessen kam es zu einem neuen Projekt, wie ein Brief M's an Hartlaub vom 2. 4. 1853 mitteilt: „Für die nächste Zeit habe ich mich ... zu einer Teilnahme an dem neuen, vom Buchhändler Hoffmann angekündigten Übersetzungswerke alter Klassiker beschwätzen lassen: vielleicht mit einem Lustspiel des Terenz oder Plautus und dem Anakreon ..." (Br. II, 233) Davon wurde jedoch nur der Anakreon-Plan, wenngleich erst in den sechziger Jahren, verwirklicht. Nach dem übereinstimmenden Urteil der Forschung handelt es sich hier um M's reifstes übersetzerisches Werk. Zwar liegt auch beim Anakreon M's Leistung großenteils nicht in einer neuen, unabhängigen Übertragung, sondern im Auswählen und Verbessern bereits vorhandener deutscher Vorlagen, vor allem der J. Fr. Degen'schen Übersetzung. Doch geht M in Übersetzungsstil, Metrik und Anordnung vielfach eigene Wege. Besonderen Wert legt er überdies auf den echten Anakreon, wie der Brief an Hartlaub vom 19. 3. 1864 bezeugt: „... die bis jetzt, so viel ich weiß, von andern nicht übersetzten echten Stücke (Fragmente und Epigramme) — das Interessanteste an der ganzen Arbeit, wovon Du noch nichts kennst — wurden von mir mit vielem Fleiß und wegen der schwierigen, z. T. zweifelhaften Metren mit ziemlicher Mühe gemacht." (Br. II, 295) Zwar war M nicht der erste Übersetzer der echten Anakreon-Texte — hatte doch der von ihm im Vorwort S. 3 erwähnte Thudichum bereits die meisten übertragen —, doch bot er (M) bei den meisten Epigrammen und Fragmenten eine neue, selbständige Übersetzerleistung. (Vgl. Rupprecht: M's Leistung als Übersetzer aus den klassischen Sprachen. Diss. München, S. 235)

Dazu treten eine ausführliche Einleitung sowie Anmerkungen, die sowohl den damaligen Forschungsstand repräsentieren wie auch M's kritische Auseinandersetzung in vielen Einzelfällen spiegeln. Am Ostersonntag 1861 meldet M Karl Mayer: „Die Übersetzung des Anakreon ist schon länger im reinen, die Erklärung aber noch nicht angefangen." (Br. Seebaß[3] 332) Auch bei diesem Unternehmen beriet M manche philologischen Einzelprobleme mit Freunden, wie ein Brief an Gustav Ludwig vom 27. 2. 1862 bezeugt: „Fürs erste meinen angelegentlichen Dank für die eingehenden Bemerkungen zu dem Anakreon, die ich mir nach Vermögen zunutze machen will. Unter anderem war mir sehr lieb, daraus zu entnehmen, daß Du das öfters willkürlich vertauschte Versmaß, (in den unechten Stücken) insofern es dem gewöhnlichen Leser besser eingeht, nicht absolut verwirfst..." (Br. Seebaß[3] 340 f.)

Ein Brief M's an Marie Bauer vom 27. 11. 1862 zeigt, daß M inzwischen auch mit den Erklärungen begonnen hatte. (Br. Seebaß[3] 317) An Hartlaub schreibt der Dichter Ende Dezember 1863, er habe „auf *Kraisens* Erinnerung einen letzten Rucker an den fast wieder eingeschlafenen *Anacreonticis* getan, d. h. die Einleitung dazu geschrieben (einen freien Auszug aus Starks *Quaestiones* und einer langen Welckerischen Abhandlung mit geringer Zutat eigener Weisheit)." (Br. Hartlaub 384) Am 19. 3. 1864 kann M Hartlaub berichten: „Die Übersetzung ist längst fertig... Seit einigen Monaten ist weiter nichts mehr getan worden, es handelt sich doch nur um die Einleitung und die Erklärung." (Br. II, 295) Doch schon am 23. 3. 1864 schreibt er an Karl Wolff: „Die *Anakreontika* sind in der Druckerei. Julius Klaiber hat sie sorgfältig und sehr zum Vorteil des Büchleins, besonders hinsichtlich der Erklärung, durchgesehn..." (Br. Seebaß[2] 781)

An Wilhelm Hemsen berichtet M am 12. 7. 1864: „In etwa vierzehn Tagen erscheint ein Bändchen Anakreon usw., teilweise von mir übersetzt, das Ihnen zukommen wird; eine ziemlich unbedeutende Arbeit, die auch nicht aus besonderer Neigung, vielmehr nur einem übereilt gegebenen Versprechen zufolge unternommen ward." (Br. Seebaß[3] 389)

Wie sehr M, vor allem in der Einleitung und den Erläuterungen, altphilologischer Forschung, besonders den *Quaestiones Anacreonteae* von Karl Bernhard Stark, verpflichtet war, zeigt ein Brief an Stark vom August 1864: „Bei dem geringern poetischen Reiz, den die *Anacreontea* im Ganzen haben, war es für mich ein Glück, durch den scharfsinnigen Verfasser der *Quaestiones Anacreonteae* von einer andern Seite um so lebhafter für meinen Gegenstand interessiert zu werden und es blieb, nachdem ein solcher Führer einmal gefunden war, mir fast nichts andres übrig, als ihm in der Kritik und Erklärung Schritt für Schritt zu folgen... was bei ganz wenigen Fragen — von Eigenem etwa mit einfließt, ist teils noch zweifelhaft, teils nicht der Rede wert. Schwer war bei meiner kleinen Aufgabe nur, in Benutzung des Ihrigen überall das rechte Maß für den besonderen Zweck zu treffen..." (Br. Seebaß[3] 391 f.)

Über das Erscheinen des Werkes — im Sommer 1864 — berichtet ein Brief an Gustav Ludwig vom 10. 9. 1864: „Hier endlich, bester Ludwig, mein Anakreon... Ich bilde mir wahrlich gar nichts ein auf diese musivische Arbeit, worin Du unter andern auch Deinen schriftlichen Beitrag dankbar benützt finden wirst."* (Br. Seebaß[3] 392)

Von weiteren Plänen des Verlegers mit dem Anakreon schreibt M am 7. 10. 1864 an Hartlaub: „Das Kraissche Offert, eine modifizierte Miniatur-Ausgabe vom Anakreon zu drucken, ist abgelehnt. So angenehm mir die paar hundert Gulden... wären, so ging es doch wahrlich wider mein Gewissen, dem allgemeinen Publikum so etwas als besonderen Leckerbissen zu präsentieren und die in der ersten Ausgabe geübte Kritik gewissermaßen zu verleugnen. — Von Professor Stark in Heidelberg habe ich einen über alle Erwartung gutheißenden Brief über meine Arbeit... Er verspricht, natürlich unaufgefordert, eine Rezension. Eine andere hat Julius Klaiber für die *Allgemeine Zeitung* geschrieben, von der ich nur ernstlich befürchte, daß mehrere dadurch verletzt und mir nach Möglichkeit schaden werden." (Br. Hartlaub 390)

Quellen (von M im Vorwort, S. 3—5, selbst angegeben):

Ausgaben:
Degen, Johann Friedrich: Anakreon's und Sappho's Lieder nebst andern lyrischen Gedichten. Text und Übersetzung. Mit Anmerkungen für Freunde des griechischen Gesanges. Zweite, sehr vermehrte und verbesserte Ausgabe. Leipzig 1821.
Bergk, Theodorus: Anacreontis carminum reliquiae. Leipzig 1834.
Bergk, Theodorus: Poetae lyrici Graeci. Editio altera auctior et emendatior. Leipzig 1853 (Bei M 1852 angegeben).
Schneidewin, Fr. Guilelmus: Delectus poesis Graecorum elegiacae, iambicae, melicae. Göttingen 1839.
Mehlhorn, Friedrich: Anacreontea quae dicuntur, recens. et notis illustravit. Glogau 1825.
Thudichum, Georg: Die griechischen Lyriker oder Elegiker, Jambographen und Meliker. Ausgewählte Proben, im Versmaß der Urschrift übersetzt und durch Einleitungen und Anmerkungen erläutert. Stuttgart 1859. (Klassiker d. Altertums. 31)

---

* Nach Br. Seebaß[3] 573 hatte G. Ludwig in einem Brief vom 7. 2. 1862 „genaue kritische Bemerkungen zur Anakreon-Übersetzung M's" gemacht.

Sekundärliteratur:

Jakobs, Friedrich Christian: Anakreon. In: *Allgemeine Encyclopädie der Wissenschaften und Künste*, hrsg. v. J. S. Ersch u. J. G. Gruber. Bd. 3, Leipzig 1819, S. 450 f.

Bernhardy, Gottfried: Grundriß der Griechischen Literatur. Mit e. vergleichenden Überblick der Römischen. 1. Teil. Halle 1836.

Welcker, Friedrich Gottlieb: Rez. von: Theodor Bergk: Anacreontis carminum reliquiae. Leipzig 1834. In: *Rheinisches Museum* 3 (1835) S. 128—160; 260—314.

Welcker, Friedrich Gottlieb: Kleine Schriften. Teil 2: Kleine Schriften zur griechischen Literaturgeschichte. Bonn 1844—1845. (Darin S. 251—270; 356—392 = Abdruck aus: *Rheinisches Museum* 3, S. 128 ff., S. 269 ff.)

Stark, Karl Bernhard: Quaestionum Anacreonticarum libri duo. Leipzig 1846.

Druck:

Anakreon und die sogenannten Anakreontischen Lieder. Revision und Ergänzung der J. Fr. Degen'schen Übersetzung mit Erklärungen von Eduard Mörike. Stuttgart. Krais & Hoffmann. 1864. (= T) Dann in: Mc III, 455—497.

Rez.:

Julius Klaiber, in: *Beilage zur Allgemeinen Zeitung.* Stuttgart und Augsburg, 16. 12. 1864, Nr. 351, S. 5713.

Michael Bernays, in: *Kölnische Zeitung,* 1864, Nr. 357 (auch in: Bernays: *Schriften zur Kritik und Literaturgeschichte*, Bd. 4, Berlin 1899, S. 117—119.)

ZUM TEXT DER AUSGABE

Die Druckvorlagen für die in diesem Bande wiedergegebenen Werke Mörikes sind in den Anmerkungen im einzelnen genannt. Bei lediglich orthographischer Modernisierung der Originaltexte wurde deren Lautstand bewahrt, ebenso deren Zeichensetzung, auch die der Handschriften, die vielfach Entwurfcharakter haben und in denen die Interpunktion flüchtig ist und stellenweise überhaupt fehlt. Zu den Prinzipien der Textherstellung vgl. auch Bd. 1 dieser Ausgabe. — Für die Abdrucksgenehmigung der Neufassung des *Maler Nolten,* die hier dem Text des 4. Bandes der hist.-krit. Gesamtausgabe der Werke Mörikes folgt, danken wir auf das verbindlichste dem Ernst Klett Verlag, Stuttgart. Gleichfalls zu besonderem Dank verpflichtet fühlen wir uns dem Schiller-Nationalmuseum in Marbach, das uns in entgegenkommender Weise Kopien von zahlreichen Handschriften, vor allem zu den Nachlese-Gedichten, zur Verfügung stellte und uns bei der Datierung dieser Gedichte behilflich war. In dem gleichen Sinne danken wir für die Überlassung von Handschriften-Kopien der Württembergischen Landesbibliothek Stuttgart. An dieser Stelle gilt unser herzlicher Dank auch Herrn Dr. Fritz Kauffmann in Stuttgart, der uns aus seinem Archiv die Kopien von Handschriften einer Reihe noch ungedruckter Mörike-Gedichte überließ, die in unsere Ausgabe aufgenommen wurden. Schließlich danken wir den Nationalen Forschungs- und Gedenkstätten der klassischen deutschen Literatur in Weimar (Goethe- und Schiller-Archiv) für die Überlassung der handschriftlichen Vorlagen zu Mörikes Schriften *Zu meiner Investitur als Pfarrer in Cleversulzbach* und *Doppelte Seelentätigkeit* sowie Herrn Hans Peter Köpf, Nagold, für die Genehmigung des Abdrucks der von ihm 1965 entdeckten und im *Jahrbuch der Deutschen Schillergesellschaft* 10 (1966) veröffentlichten theologischen Aufsätze Mörikes.

Texte, die zu Lebzeiten Mörikes nicht in Druck erschienen sind, wurden nach den Handschriften wiedergegeben. In Fällen, in denen eine handschriftliche Vorlage nicht zugänglich war, wie z. B. bei einigen Gedichten der Nachlese, liegen die in den Anmerkungen genannten posthumen Erstdrucke zugrunde. Gegenüber diesen Vorlagen konnten jedoch einige Verbesserungen nach den Forschungen vorgenommen werden, die Hans-Henrik Krummacher in den Beiträgen des *Jahrbuches der Deutschen Schillergesellschaft,* Bd. 5 u. 6, veröffentlicht hat (zit.: Km); vgl. dazu auch Bd. 1, S. 1032, dieser Ausgabe.

Das nachfolgende Verzeichnis der Textänderungen führt alle

Stellen auf, an denen der Text der Vorlage infolge einer Konjektur geändert wurde, mit Ausnahme eindeutiger Setzer- und Schreibfehler, die stillschweigend verbessert wurden. — Nach Seiten- und Zeilenzahl — Leerzeilen und Kolumnentitel sind bei der Zählung nicht berücksichtigt — folgt in Kursivdruck die Lesart unserer Ausgabe, nach dem Doppelpunkt, ebenfalls kursiv, die Lesart der Textvorlage.

250/37 *genennt : gennent*
367/19 *posuisse : posusse*
389/20 *dem : den*
396/23 *die : der*
397/ 7 *Mörike : Mörike;* so jeweils
398/ 2 *wie : Wiie*
402/30 *stieg er : stieg;* nach Karl Fischer, Eduard Mörike, Werke, München 1806—8
410/ 5 *vors : vor* (so Hs); nach Konj. Km
413/12 *Die wandelt : Und wandelst;* nach Hs, die im übrigen fast unleserlich ist
433/19 *Da : „Da*
441/17 *blamieret, : blamiret)*
442/1-5 Titel und Untertitel nach Km
454/13 *Narrn : Narren;* nach Km
454/17 *nie : nicht;* nach Km
455/25 *Der ersten Freundschaft Glück : Der Freundschaft erstes Glück;* nach Km
455/26 *fruchtet : wirket;* nach Km
461/23 *Jünger Chor : Sängerchor;* nach Km
493/12 f. *Deinen ewigen Kalender / Hab ich heute mir beschaut : Dieses ist mein permanenter / Oder ewiger Kalender, / Den ich heute lang geschaut;* nach Km
493/20 *lang, mit : unter;* nach Km
493/23 *dies : das;* nach Km
521/34 f. *Ehrfurcht) : Erfurcht,*
522/26 *Ausdruck : Ausdrucks*
522/29 *Ausdruck: : Ausdruck;*
525/21 *descripsimus : desripsimus*
533/25 *Zeitungsmanufakturwesen, : Zeitungsmanufakturwesen*
536/21 *Schulter). : Schulter)*
537/23 *gleichfalls : Gleichfalls*
539/39 *da- : da*
543/39 *er :* in Hs unterstrichen
544/ 8 *Schilderungen : Schilderung ?*
545/32 f. *Familienereignisse : Familienereignissen ?*
549/11 *„so : so*
549/31 *unverzüglich : unvorzüglich*
553/21 *November : Oktober*
554/14 *inzwischen : entzwischen*
555/36 *war." : war.*
556/27 *Cleversulzbach : Klefersulzbach*
570/30 *Jugend : Tugend*
637/21 *gelähmt. : gelähmt*
664/17 *nimmer : immer*
690/14 *Sie — : Sie;* nach Text
692/44 *sie nun : sie*
694/29 *51 : 50*
698/ 2 *Feuer; ein : Feuer, Ein*

ZUM TEXT DER AUSGABE

719/30 *die zu* : *die*
737/27 *Die* : *Wie*
747/32 *Glieder* : *Gliede*
752/40 *Dnjeper* : *Dnieper*
757/15 *8* : *9*
757/17 *9* : *10*
758/29 *soll,* : *soll*

763/12 *ein* : *einen*
800/38 *Thune* : *Thunne*
845/21 *mit der* : *mit*
899/30 *„Hier* : *Hier*
899/34 *Feuer!"* : *Feuer!*
903/14 *Strafe!* : *Strafe*

Berichtigungen

115/39 statt *L'ombrespiel* lies *L'hombrespiel*
162/36 statt *Droschke* lies *Drotschke*
252/20 statt *im* lies *in*
274/17 statt *yieux* lies *yeux*

496/17 *[Schiefertafel-Korrespondenz]* lies ohne Klammern
485/ 9 statt „*Sauberschwanz*" lies „*Sauberschwarz*"

ALPHABETISCHES VERZEICHNIS
DER GEDICHTÜBERSCHRIFTEN UND -ANFÄNGE

Abermals nur arm an Gaben 492
Ach Bruder, bist gezogen . . 406
Ach, ich käme ja mit Freuden 469
Ach, ich merke, Freund . . 363
Ach, muß unsre süße Kläre . 480
Agnes Hartlaub 480
Albumgedicht 379
„Alle Leute sagen, ich wäre
   schön 477
Alles Ding hat seine Zeit . . 461
Allhier auf dieser Schiefer-
   tafel 445
Allzeit kränket es mich . . 454
Als Dichtel hab ich ausge-
   stritten 450
Amor führte das schönste
   Gestirn 474
Am Silvesterabend 429
Am 10. Juni 1849 489
Am 10. Juni 1864 492
An — 360
An — — 434
An Agnes Bonpland . . . 510
An Agnes Hartlaub 510
An Agnes und Clara . . . 513
An Carl Künzel in Heil-
   bronn 471
An Clara 378
An Clärchen 483, 484
An Constance 507
An Constance H. 508
An Constance Hardegg . . 454
An einen Freund 372
An einen Liebesdichter . . . 359
An einen Prediger . . . 363
An Else Kerner in Weins-
   berg 477

An Emma von Niendorf . . 436
An euch noch glaubt ich . . 409
An Fanny mit einer Zahn-
   bürste 502
An Florentine 362
An Frau Grunert 461
An Frau Luise Walther . . 463
An Frau Pauline Weiller,
   geb. Eichberg 477
An Frau Pfarrer Caroline
   Schmidlin 442
An Frau v. Speeth 452
An Frau von X. 442
An Fräulein E. Bauer . . . 450
An Fräulein Lina Lade . . . 474
An Freya 467
An Gretchen 497
An Gretchen und
   Clärchen 498, 499
An Gretchen und Clärchen
   zu zwei blauen Glöckchen 499
An Hartlaub 505, 507
An Hofmusikus Keller . . . 468
An Julie Aichele 453
An Julius Klaiber 472
An L. S. 414
An Lisbeth Durand 478
An Luise . . . 371, 426, 427
An Luise Rau 425
An Luise Walther zum
   10. Jan. 1874 478
An Luise Walther zum
   10. Jan. 1875 478
An M. 386
An Madame K. 380
An meine Base Gnes . . . 511
An Moritz von Schwind . . 395

An Otto Rothacker und
  Clara Schmid 474
An Otto Scherzer in
  Tübingen 472
An Pe. M. 514
An Rektor Wolff 452
An S. 445
An Schöneckern 444
An Schwind 471
An Tante Neuffer 457
An Z. 416
Armseligster Repräsentant . 434
Ärztlicher Rat 423
Auf daß sie wachse . . . 467
Auf dem Spaziergang . . . 361
Auf dem Weg von Merg.
  nach Werm. 446
Auf der Teck 426
Auf die Reise 396
Auf dieses Kreuz und Quer
  von Namen 455
Auf ein frommes neuver-
  mähltes Paar 445
Auf eine chinesische Vase . 469
Auf eine hohe Vermählung . 364
Auf eine Versteinerung
  geschrieben 443
Auf einem Familien-
  spaziergang 501
Auf einen Cleversulzbacher
  Pfarrvikar 440
Auf einen fürstlichen
  Geburtstag 516
Auf einen Lorcher Topf . 473
Auf einer Wanderung . . . 387
Auf Erlenmeyers Tod,
  2. Juni 1820 403
Auf Zephirs Flügeln
  wollt ich 447
Auf zwei Sängerinnen . . . 437
Aufs neue kehrte 414
Aus Adrias Gewässern . . . 367
Aus Anlaß der Einladung
  zur Einweihung der Stutt-
  garter Liederhalle . . . 469

Bald in der Heimat, ach! . . 454
Basilisken-Blick 470
Bei euren Taten, euren
  Siegen 475
Bei jeder Wendung deiner
  Lebensbahn 456
Beide seien eigenhändig . . 496
Beiden liebsten Patienten . . 498
Benjamin 434
Bestes Gretchen! im Ver-
  trauen 496
„Bilder aus Bebenhausen" . 466
Bis diese Samen grün
  aufgehn 508
Bist du goldner Frühling . . 415
Blauen See und wilde Täler 436
Blitze schmettern oft die
  Bäume 457
Blumen, die so freundlich
  grüßen 444
Carissima ancillarum . . . 515
Christbescherung 376
Clärchen 434, 486
Constance & Claire . . . 435
Corinna 389
Corona Christi 386
Crux fidelis 449
d. 8t. Junii 45 447
D' Jungfer Klara Mörike . 434
Da dein Bruder 378
Da ist ein langer Herr
  gewesen 423
Das ist nur Märzenschnee . 429
Das Klärchen hab ich gar
  zu gern 437
Das Mädchen an den Mai . 376
Das Musterbild gekrönter
  Köpfe 452
Das schöne Buch —
  ei, seht einmal 458
Das Türmerskind an seine
  Patin 469
Das Weib im Evangelio . . 492
Daß du mit dem Bügeleisen 486

ANHANG

Daß in der Regel euch der
　hellste Himmel 462
Daß sich ihme nicht
　der Spaß 505
Daß wahrsagende Träume
　von je 474
Dein Vater muß studieren . 509
Deinen ewigen Kalender . . 493
Dem edlen Meister, der
　mich kennt 470
Dem lieben Altvater
　Georg Balthasar Hermann 439
Dem Senior der ersten
　Uracher Promotion . . . 405
Dem Vikar zum Geburtstag 441
Dem Weinsberger Frauen-
　verein 467
Den alten Meister würdig
　zu geleiten 461
Den besten Dank für deinen
　dichterischen Gruß . . . 476
Den Zauberton, den einst . 468
Den 10. Juni 1852 489
Denk an sie beim andern
　Stich 500
Der Abgebrannte 382
Der alte Cleversulzbacher
　Turmhahn 470
Der Beleidigte 423
Der biblische Text 363
Der böse Basilisk 470
Der Herr Vikare 440
Der Hirtenknabe 393
Der Hypochondrist 422
Der „Kann-Arien-Vogel" . 498
Der liebe Knopf 488
Der lieben Clara 512
Der lieben Constanze　508, 509
Der lieben Marie bei ihrer
　Heimkehr von Adelsheim 503
Der liebenden, geliebten,
　vielgeprüften Braut Frie-
　derike zum Geburtstag . 424
Der Mutter eigen von dem
　Sohne 386

Der neue Frühling
　wollte gern 514
Der Schäfer und sein
　Mädchen 374
Der Sommer hört schon auf
　zu blühn 448
Der Spiegel an seinen
　Besitzer 501
Der Vikar itzunder 441
Der „Weißling" und der
　kleine „Sauberschwarz" . 485
Des Dampfes Pfeife
　schauervoll 473
Des Herrlichen, womit . . . 436
Dialog 486
Dich, o Freundliche 456
Dichters Ende 450
Die edle Freundin,
　allen lieb und wert . . . 458
Die erzürnten Dichter . . . 419
Die frischen Blüten 508
Die ganz Welt ist in dich
　verliebt 435
Die getrocknete Rapunzel . 434
Die heilige Nacht 394
Die ihr treulich das
　Gedächtnis 467
Die kleine Welt, mit deren . 383
Die Liebe zum Vaterlande . 400
Die Rückkehr 392
Die sechs oder sieben
　Weisen im Unterland . . 432
Die Tiere gratulieren . . . 494
Die uns der Erste hat
　gegeben 452
Die Welt wär ein Sumpf . . 454
Dies ist endlos Naturpapier . 507
Diese Bilder, diese Töne . . 514
Diese dachten ungesehen . . 449
Diesen frischen Kümmelweck 514
Dieses Morgens sanfte Stille 397
Dieweil ich noch leibhaftig
　nicht 457
Dir, o Liebste, zieht man
　heut 460

ALPHABETISCHES VERZEICHNIS DER GEDICHTE 1013

Distichen 447
Dort an der Kirchhofmauer 379
Draußen in der grünen
    Wildnis 381
Drei Makrönlein 503
Dreiunddreißig Jahre . . . 441
Droht der sichere Mann . . 447
Drunten in des Kaufherrn
    Warenhalle 490
Du stehest groß und kalt . 416
Dünkt euch die Schöne . . . 385
Durch Fanny und Marie . . 492
Durch weite Meer- und
    Länderstrecken 498
Ei, wer hätt es je gemeint . 360
Ein Angedenken 495
Ein artig Lob, du wirst . . 379
Ein Blumenstrauß auf einer
    Zeitungsmappe 475
Ein ernstes Jahr ist uns . . 400
Ein farbenheller
    Regenbogen 380
Ein ganzes Heft Autographa 471
Ein ganzes Weilchen tät . . 448
Ein Gesellschäftlein trat an . 444
„Ein großer Fund, gewiß! . 380
Ein Gruß vom Pechschwitzer 463
Ein Jährchen älter für
    und für 492
Ein junger Pfarrer und ein
    alter Bauer 435
Ein Mägdelein zur Welt
    war kommen 481
Ein Städtlein blüht im
    Taubergrund 450
Ein verwaister Efeu 475
Ein Wein im Faß 512
Ein Wort der Liebe 397
Eine hübsche Ostrea . . . 506
Eine Rose auf der Dose . . 477
Eine Vers-Tändelei . . . 373
Einem Musiker (Gustav
    Pressel) 461
Einer Cousine, die durch

einen Sturz vom Schlitten
    den Geruch verloren hatte 421
Einer Freundin 517
Einer kranken Freundin
    mit Schlafäpfeln 448
Einer verehrten Frau . . . 361
Einleitungen zu fremden
    Gedichten 451
Eins von diesen guten
    Brötchen 509
Emma Kerner 377
Entschuldigung 368
Epistel an Ludwig Mezger . 476
Erwiderung an Fernande
    Gräfin von Pappenheim . 381
Es erscheint ein schmuckes . 442
Es gilt der erste Trunk . . . 457
Es ist doch im April fürwahr 376
Es ist im Grund ein
    guter Mensch 487
— — — Es kümmert der
    Haufen 471
Es rinnet im Tal eine Quelle 434
Es sei ein Bübchen . . . 445
Es sei nun wenig 471
Falsche Manier 363
Fanny 484
Fanny an Fräulein von
    Breitschwert mit einem
    illustrierten Turmhahn . . 460
Fanny der besten Groß-
    mutter 501
Fern von euch 424
Fischermädchen singt: . . . 406
Frankfurter Brenten 384
Franziska heiß ich 501
Frau Dr. Menzel mit
    Orangen 468
Fräulein Caroline Becker . . 458
Fräulein Wagner 454
Freilich, schön ist er
    gewesen 463
Freundlich, o Jungfrau . . 454
Früh, schon vor der
    Morgenröte 489

Frühe säe deinen Samen . . 445
Für Herrn Oppel (den
  Geologen) 443
Für Marie v. Ed. Mörike . . 513
Ganz richtig hört ich sagen . 385
Gefall ich euch nicht, ei . . 363
Gepriesnes Häuschen . . . 446
Gesegnet sei die heilige
  Nacht 394
Gespräch am Bügeltisch
  zwischen Clärchen und
  Rickele 487
Gönnt, o ihr Gastlichen . . 469
Gräschen, wenn auch noch
  so schlicht 386
Guten Morgen, Romeo . . . 387
Gutenbergs Erfindung . . . 380
Hab ich aus dem eignen
  Garten 451
Hat jemand ein liebes . . . 425
Hatte lang auf dich
  gewartet 515
Hebt euch, sanftbeschwingte
  Lieder 364
Heil der Pfanne 507
Heil, ruf ich, sei verliehen . 460
Heiliges Kreuz 449
Heimweh 427
Herrn Obersteuerrat Lempp 460
Herrn Obersteuerrat Lempp
  zum 10. Januar 1854 . . 457
Herrn Obertribunalrat
  v. Walther 477
Herrn Professor Albert
  Landerer 441
Herz! und weißt du selber . 365
„Herzlich gönnen wir dir
  beide 500
Heut an diesem Freudentag 484
Heut in der Frühe weckten 485
Heut ist fürwahr ein sondrer
  Tag 480
Heut regnet's tausendfach
  mit Wünschen 462
Heut sieht man Büblein . . 377

Hier ist ein prächtiges
  Kästchen 453
Hier ist ein Schatzkästlein . 468
Hier ist Freude 426
Hier sieht man eine Sonn . 502
„Hochehrwürdiger Herr" . 363
„Hole der Henker die
  Federn von Stahl!" . . . 478
Horch! auf der Erde 428
Hörst du die Winde nicht
  rasen? 417
Host Gold-Erz g'nug . . . 446
Ich bin das kleine Sand-
  weiblein 509
Ich bin ein schlecht Gefäß
  aus Erden 472
Ich bin eine dürre Königin 383
Ich fand sie dicht am Wege 499
Ich ging auf grünen
  Wiesengründen 359
Ich hab einen kleinen
  Kobold 391
„Ich habe Kreuz und Leiden 387
Ich hatt ein Röslein
  wunderzart 474
Ich mach mir eben nicht
  viel aus dem Bier . . . 515
Ich sah mir deine Bilder
  einmal 395
Ich sehe dich mit rein-
  bewußtem Willen . . 386, 426
Ich will euch Kunde tun . . 408
Ich will mich selber just
  nicht rühmen 362
Im Freien 409
Im Garten 509
Im Garten zu W. 447
Im leeren Pfarrhaus 444
Impromptu in Joli 435
Improvisationen 503
In Autographenalben . . . 476
In C. Künzels Album . . . 454
In Camilla Paulus'
  Geburtstagsalbum . . . 474
In Charles Matheys Album . 461

ALPHABETISCHES VERZEICHNIS DER GEDICHTE 1015

In das Album der Anna
 Niethammer, Kerners
 Enkelin 456
In das Album einer Dame . 391
In das Album einer
 Schülerin 455
In das Stammbuch von
 Theodor Buttersack 388, 457
In der Hütte am Berg . . . 407
In Gedanken an unsere
 deutschen Krieger 475
In Silber kleidet sich's . . . 512
In Sonne-, Mond- und
 Wetterschein 488
Indes dein Geist am
 Firmament 393
Inschriften auf selbst-
 gefertigte Blumentöpfe . 472
Ist es erlaubt, mit Namen
 zu spielen 454
Ist's der Dichter 435
Ist's möglich, ferne von
 der Süßen 427
Ist's möglich? sieht ein Mann 382
Ist von wichtigen
 Geschichten 504
J. G. Fischer 471
„Jedem das Seine!" heißt
 die goldene Devise . . . 462
Jedem feinen Rindfleisch-
 esser 507
Jenes Gebet, das, Erd und
 Himmel 465
Jesu, teures Licht 429
Jetzt kein Wort von der
 Kirche! 447
Johanna Jäger 455
Johannes Mährlen 468
Joli gratuliert zum
 10. Dez. 1840 481
Josephine 385
Jüngst ich in eines
 Kaufherrn 372
Kalter Streich 362
Katholischer Gottesdienst . 446

Kaum daß ich selber gucke . 501
Kaum ist der Ring am Arm 487
Keine Rettung 386
Kinderlied 379
Kinderszene 466
Kirchengesang zu einer
 Trauung 390
Klara Blezinger 459
Kommt dir ein Freier
 nächstes Jahr 470
Kunst! o in deine Arme . . 386
Laßt, wie Opferrauch . . . 390
Leben und Tod 371
Lieb in den Tod 388
Lieber! ganz im Vertrauen
 gesagt 363
Liebes Klärchen, in der
 Kürze 484
Liebste Clara, halbes Leben! 488
Lied eines Mädchens . . . 415
Lückenbüßer 363
Luise Peter 455
Mädle, gang in Keller na . . 438
Man sagt, an solchen Tagen 361
Man sagt, und freilich muß
 ich's glauben 421
Mandeln erstlich, rat ich dir 384
Märchen 408
Margareta, so bin ich getauft 494
Marie Adami aus Bremen . 454
Marie Hermann 458
Marie Lütscher 454
Marie von Hügel 443
Maschinkas Lied 365
Mehr nicht hat der
 Kirschen-Peter 489
Mein eigenes Fäßchen läuft
 heut nicht 451
Mein Fräulein, frisch vom
 Keller 438
Mein Vater sah hinaus . . . 469
Mein Wappen ist nicht
 adelig 476
„Meine werten Herrn
 Kollegen 432

Meinem geliebten Gretchen	514
Meinem Gretchen	490
Meinem Patlein Marie H.	510
Meiner Freundin stets aufs neue	443
Meiner Mutter mit einem Geburtstagsstrauß	517
Mergentheim	448
Mich mögen alle Pfarrer gern	442
Mir ein liebes Schaugerichte	487
Mir i'st mei˜ Herz	374
Mit Blumen aus dem Klostergarten der Dominikaner	495
Mit Blumensaft — was schreib ich dir	497
Mit dem Bilde eines närrischen Libertins, der sich erhenkte	516
Mit den schönsten Morgengrüßen	496
Mit der Abbildung eines sogenannten ewigen Kalenders	493
Mit ein paar armen Blümchen	514
Mit einem Messerchen und einem kupfernen Fingerring	491
Mit einem Riechflakon	462
Mit einem Teller wilder Kastanien	487
Mit einer Schürze	484
Mit hundert Fenstern steht	455
Mit Reisegeschenken für Hartlaubs	509
Mit tausendfachem Blumensegen	515
Mögest du mit achtzig Jahren	502
Mögest immer Lichter putzen	503
Motto	516
Müssen Sinne und Gedanken	499
Musterkärtchen	455
Nach der ich früh und spät	487
Nach einer schläfrigen Vorlesung von „Romeo und Julia"	387
Nachklang	414
Nächstens wird auf grünen Wiesen	510
Nachtgesichte	417
Nachts	428
Nannys Traum	359
Neutheologische Kanzelberedsamkeit	363
Nicht durch holde Gestalt	515
Nicht etwa nur die kurze Jugendstrecke	455
Nicht lange will ich meine Wünsche wählen	489
Nichts, o Geliebte	430
Nimm hier mit Gunst	472
Nimm, o nimm mich freundlich in Schutz	475
Nimm, wenn man Frühlingsblumen	468
„Noch liegt des Lebens längre Bahn	510
Nun lernt mein Charles	461
Nun, wie geht der Verkauf	447
Nur die gesundsten Prasser	422
Nur *einen* Dotter hat doch sonst	364
Nur nicht wie die Unken	501
Nur wenn der treffliche Meister	472
„O bleibet noch	368
O Geist der Liebe führe du	429
O liebes Täflein!	449
O Vöglein, wie hast	517
Ob Riesenfrosch	443
Ohne einiges Bedenken	508
Pastor an seine Zuhörer	363
Poetische Epistel an W.	506
Quittung über Versteinerungen, Fräulein Marie Bauer ausgestellt	464

Rätsel 383, 512	Statt echten Prachtjuwels . 483
Rickele Buttersack 459	Steck deinen Schnuller
Roberts Toast 453	in den Mund 483
Rosengeruch ist klassischer	Sucht das Leben wohl den
Art 389	Tod? 371
Rotkäppchen und Wolf . . 411	Tout comme chez nous . . . 364
Rückblick 456	„Treibet, Winde 367
Ruhig noch thronet 465	Trinkspruch 393
Rührgedicht 511	Uffem Kirchhof 388
Sagt, was wäre die Blüte . . . 436	Und sähst du lieber dich
Scherz 385	vom Lichte 450
Schiefertafel-Korre-	Unschuld 367
spondenz 496	Unserer liebsten Constanze 508
Schon längst sinn ich für dich 460	Unter anmutsvollen Hügeln 440
Schöner Stern 515	Unter ein Bildchen mit
Schönes Gemüt 464	Gnomen, welche
Schönheit gab dir zum	schmieden 446
Geist die Natur 477	Unterschied 389
Schüsselchen,	Unterzeichneter bezeugt
wie lang du lebst 473	hiermit 464
Sehen Sie, mein süßer Engel 516	Variation zu „An den
Seht an, ob meinem Scheitel 516	Schlaf" 413
Sei, was er schrieb auf	Väterliche Ermahnung
das Blatt 516	an Fanny 502
Selbstgespräch am	Venedig 367
12. April 1863 501	Verehrteste! Du wirst
Siebenter Tag des	verzeihn 494
lieblichsten Monds . . . 516	Vergib die Anmaßung . . . 443
Sieh, da bin ich 513	Verslein für Agnes 437
Siehst du den schetter-	Vesperzeit, Betgeläut . . . 393
goldnen 446	Viel Glück auf deinen Weg! 455
„Sind doch ganz	Vierfach Kleeblatt! 361
verdammte Schurken . . 419	Vom Kirchhof 386
So alt ich bin, so bin ich doch 473	Von all den auserwählten
So heiß, wie dieser Topf	Namen 497
im Ofen 473	Von ehrlicher Philisterhand 389
So ist es wahr! 403	Von Liebe singt so mancher
So viel emsige Bienlein . . 474	Mann 359
Soll ich lang nach	Von Müllers Laden her . . 491
Wünschen suchen? . . . 481	Vor den besten Vater
Soll ich, was ich zwar	kommen 439
noch nicht glaube . . . 511	Vor Geist und Hexe
Sophie Ernst 454	nicht allein 377
Sparsamkeit ist eine Tugend 502	W. Hartlaub ins Stammbuch 504
Stammbuchvers 468	Wahr ist's, mein Kind . . . 371

Wämmesle 464	Wer da hustet und keucht . 466
Warm, im Sonnendunste. . 392	Wer diese Stadt nicht ehrt . 468
Was bringst du geflügelter Bote 495	Wer nicht liebt Haber . . . 447
Was doch das Rauchen die Lektür versüßt . . . 483	Wer seinen Ball 463
	Werm. 5. Febr. 1845 . . . 505
Was du Gutes dem *Gärtner* erzeigt 472	Widmung 383, 435
	Wie dich auch die Menschen plagen . . . 484
Was hilft das Schimpfen . . 423	Wie die großen Schwanenbraten . . . 503
Was ich bis dato bei Tag und Nacht 453	Wie einer Trübsal bläst . . 505
„Was ich lieb und was ich bitte 407	„Wie finden Sie das liebe Kind?" 466
Was mag ich wohl vor allen Dingen 517	Wie mag ich armer Topf aus Erden 473
Was mag wohl dein Traum bedeuten 511	Wie mögt Ihr nur so bang . 435
Was mein reisender Freund 396	Wie sollten wir der frühen Zeit 504
Was wir fühlen 517	Wie wir unter muntern Schritten 510
Weil was einen Freund gedrückt 505	Wieviel Herrliches auch die Natur 464
Weil, wenn ich Freunden sonst 390	Wildes Mädchen! 362
Weniges Wasser nur schluckte 447	Wir lesen lieber heut nicht . 504
	Wir nahn uns Euch 405
Wenn dein munterer Witz . 478	Wir sahn dich im geschwisterlichen Reigen . . 389
Wenn die Amseln wieder singen 473	„Wir sind Geister 411
Wenn die Blumen könnten reden 517	Wird es heut auch wohl gelingen 441
Wenn du, gelehrt, wie du bist 454	Wisse nur, daß, wenn, ohne durch Schönheit . . 374
Wenn es mit guten Wünschen 478	Wo ist die Fürstin, vor der als Mutter . . . 463
Wenn ich dich, du schöne Schwester 414	„Wo na, Franz 419
	Wo sind die neuen Eheleute 445
Wenn ihr eure Zöpfe flechtet 513	Wofern dein Schwesterchen das Paradies 497
Wenn sich die Sonne . . . 413	Woher? woher? bei Mutter Floren 486
Wenn sich zum angenehmsten Fest . . . 459	„Wohlauf im Namen Jesu Christ! 489
Wenn Sie sich nicht zu uns setzen 518	10. Jun. 1852 489
Wenn unsereiner sieht . . . 388	Zu Claras Namenstage . . 487
Wer auf mailicher Au . . . 447	Zu Clärchens Armspange . . 487

Zu den altgewohnten Orten 427
Zu einem Bildchen 440
Zu einer Federzeichnung . . 438
Zu einer gestickten
    Zeitungsmappe 475
Zu einer wichtigen
    Postsendung 505
Zu einer Zeichnung . . 505, 516
Zu fünfzigen fehlt nur
    noch eins! 492
Zu kleinen Buketts 444
Zu verspäteten Blümchen . . 449
Zu Weiß' Mörike-Zeichnung 450
Zum fünften Februar 1863 465
Zum Geburtstag 390
Zum Geburtstag seines
    Freundes Mährlen . . . 389
Zum Schönthaler
    Gurkenrezept 507
Zum 27. Febr. 1855 460
Zum siebenundzwanzigsten
    Oktober 430
Zum zehnten Dezember
    1837 480
Zum 10. Juni 1867 492
Zum zehnten Junii 1845 . . 489
Zur Hochzeit von Luise
    Breitschwert 462
Zur Verlobung des Photo-
    graphen Hermann Kayser
    mit Helene Morgenstern . 474
Zur Warnung hört ich sagen 505
Zur Zeichnung einer Burg . 434
Zuvörderst zeigt sich eine
    hohe Pilgerin 471
20. Oktober 45 496
Zwar schön ist Grün. . . . 444
Zwar weder Kranz, noch
    Ehrenpforte 497
Zwei Kameraden 419
Zwei Wandrer hab ich
    einmal gesehn 437
Zwischen so viel bunten
    Bildern 459

INHALT

Maler Nolten (Neufassung) 5
   Fortsetzung der Neufassung in Klaibers Bearbeitung 194
Nachlese der Gedichte 357
   Nachlese I 359
   Nachlese II 367
   Nachlese III 397
   Aus der Zeit vor Cleversulzbach (1815—34) 397
   Aus der Cleversulzbacher Zeit (1834—43) 432
   Aus der Zeit nach Cleversulzbach (1843—75) 443
   Widmungsgedichte, Stammbucheinträge, Albumblätter für Schülerinnen des Katharinenstifts u. ä. 452
   Gelegenheitsgedichte und Hausverse für die Familien Mörike und Hartlaub 480
   Gedichte an die Schwester Clara zu Geburtstagen 480
   Andere Gedichte an Clara Mörike 486
   Gedichte an Gretchen zu Geburtstagen 489
   Andere Gedichte an Gretchen 494
   Gedichte an Gretchen und Clärchen 498
   Gedichte an und für Mörikes Kinder 501
   An Fanny Mörike 501
   An Marie Mörike 503
   Gedichte an Wilhelm Hartlaub 503
   Gedichte an Constanze Hartlaub 507
   Gedichte an und für Hartlaubs Kinder 509
   Bisher undatierte Gedichte 514
Vermischte Schriften 519
   Theologische Aufsätze 521
   Gespräch mit Gustav Schwab 533
   Erinnerungen an Erlebtes 537
   Zu meiner Investitur als Pfarrer in Cleversulzbach . . . 541
   Der Spuk im Pfarrhause zu Cleversulzbach 548
   Nachträge zu Schillers Sämtlichen Werken 557
   Gedichte von Wilhelm Waiblinger. Vorwort 559
   Wilhelm Waiblinger 560

Erinnerung an Friedrich Hölderlin	580
Aus dem Gebiete der Seelenkunde	583
Doppelte Seelentätigkeit	585
Übersetzungen	587
Classische Blumenlese	589
Vorrede	589
Inhaltsverzeichnis	592
Homerische Hymnen	596
Kallinus und Tyrtäus	623
Theognis	629
Theokrit	653
Bion und Moschus	699
Catull	709
Horaz	726
Tibull	766
Theokrit	788
Vorwort	788
Idyllen	791
Anakreon und die sogenannten Anakreontischen Lieder	830
Vorwort	830
Einleitung	831
Anakreon	849
Inhaltsverzeichnis	849
Anmerkungen	860
Anakreontische Lieder	873
Inhaltsverzeichnis	873
Anmerkungen	907
Anhang	941
Anmerkungen	943
Zum Text der Ausgabe	1007
Alphabetisches Verzeichnis der Gedichtüberschriften und -anfänge	1010

Alle Rechte, einschließlich derjenigen des auszugsweisen Abdrucks und der photomechanischen Wiedergabe, vorbehalten. © 1970 by Winkler-Verlag München. Gesamtherstellung: Graph. Kunstanstalt Jos. C. Huber KG., Diessen vor München. Gedruckt auf Persia-Bibeldruck-Papier der Papierfabrik Schoeller & Hoesch, Gernsbach/Baden. Printed in Germany.